Povos Indígenas No Brasil
2011/2016

ISA

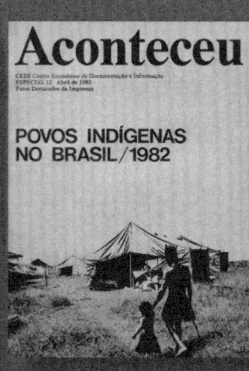

O **Instituto Socioambiental (ISA)** é uma associação sem fins lucrativos, qualificada como Organização da Sociedade Civil de Interesse Público (Oscip), fundada em 22 de abril de 1994, por pessoas com formação e experiência marcante na luta por direitos sociais e ambientais. Tem como objetivo defender bens e direitos sociais, coletivos e difusos, relativos ao meio ambiente, ao patrimônio cultural, aos direitos humanos e dos povos. O ISA produz estudos e pesquisas, implanta projetos e programas que promovam a sustentabilidade socioambiental, valorizando a diversidade cultural e biológica do país.

www.socioambiental.org

Conselho Diretor:
Jurandir M. Craveiro Jr. (Presidente), Tony Gross (Vice-presidente)
Geraldo Andrello, Marcio Santilli, Marina Kahn, Neide Esterci

Secretário executivo: André Villas-Bôas

SÃO PAULO
Av. Higienópolis, 901 – sala 30
01238-001, São Paulo (SP)
tel: (11) 3515-8900
fax: (11) 3515-8904
isa@socioambiental.org

BRASÍLIA
SCLN 210, bloco C, sala 112
70862-530, Brasília (DF)
tel: (61) 3035-5114
fax: (61) 3035-5121
isadf@socioambiental.org

MANAUS
Rua Costa Azevedo, 272, 1º andar, Largo do Teatro, Centro
69010-230, Manaus (AM)
tel/fax: (92) 3631-1244/3633-5502
isamao@socioambiental.org

BOA VISTA
R. Presidente Costa e Silva, 116
69390-670, Boa Vista (RR)
tel: (95) 3224-7068
fax: (95) 3224-3441
isabv@socioambiental.org

SÃO GABRIEL
Rua Projetada, 70, Centro, Caixa Postal 21
69750-000, São Gabriel da Cachoeira (AM)
tel/fax: (97) 3471-1156
isarn@socioambiental.org

ALTAMIRA
Av. João Pessoa, 3466, Jardim Independente II
68372-235, Altamira (PA)
tel/fax: (93) 3515-5749
isaterradomeio@socioambiental.org

CANARANA
Av. São Paulo, 202, Centro
78640-000, Canarana (MT)
tel/fax: (66) 3478-3491
isaxingu@socioambiental.org

ISA ELDORADO
Rua João Carneiro dos Santos, 149, casa 1, Cecap
11960-000, Eldorado (SP)
tel: (13) 3871-1545/ (13) 3871-1697
isaeldorado@socioambiental.org

ADRIAN COWELL
(1934 – 2011)

NATALINA DA SILVA MESSIAS
(1958 – 2015)

IRMÃ GENOVEVA
(1923 – 2015)

ABEL KANAÚ
(1952 – 2015)

CONSTANTINO FÜPEATÜCÜ TIKUNA
(1966 – 2012)

JAIRO PEREIRA DA SILVA (1969 – 2017)

CLODIODI RODRIGUES KAIOWÁ (1990 – 2016)

AMBRÓSIO VILHARVA KAIOWÁ
(1960 – 2013)

Pirakumã Yawalapiti em sessão no Senado, realizada em 16/04/2015, alertou para os efeitos das mudanças climáticas em curso no Parque Indígena do Xingu: "Estamos começando já perder água. Chegou tornado em nossa região, isso nunca tinha acontecido. Por isso é muito importante a demarcação imediata, [das terras que] estão em processo. É muito importante para nós e para todo mundo, porque pode segurar floresta, antes que destruam tudo. É muito assoreamento, desmatamento, veneno caindo no rio, matando os peixes e aparece muita epidemia".

PIRAKUMÃ YAWALAPITÍ
(1955 – 2015)

ERIVALDO ALMEIDA CRUZ (1976 – 2013)

ANTÔNIO BRAND (1949 – 2012)

EMÍLIA DE OLIVEIRA PURUBORÁ (1933 – 2013)

TAKUMÃ KAMAYURÁ (1931 – 2014)

ROBERTO BARUZZI (1929 – 2016)

HÕPRYRE PAYARÉ (? – 2014)

OZIEL GABRIEL TERENA (1977 – 2013)

JOÃO N. DOS SANTOS XUKURU-KARIRI (? – 2016)

TERENCE TURNER (1935 – 2015)

VERÁ MIRIM (1913 – 2016)

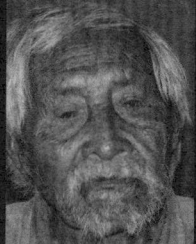

ANDREA TONACCI (1944 – 2016)

BENTO PADRINHO MACUXI (1927 – 2015)

PADRE BALDUINO LOEBENS (1941 – 2014)

MANOEL F. MOURA AHKËTO TUKANO (1952 – 2014)

ROSEANE KAINGANG (1962 – 2016)

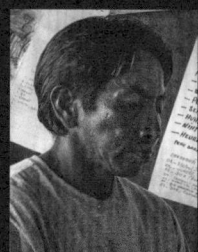

GERALDINO MUITSY RIKBAKTSA (? – 2014)

MANUEL AZEVEDO (? – 2012)

KRÔHÔKRENHUM (1927 – 2016)

TUTAWA ÃWA (193? – 2015)

JARLIEL JURUNA (1996 – 2016)

JOÃO SALES KAXINAWÁ (1955 – 2016)

JOSÉ SÁTIRO XUKURU-KARIRI (1948 – 2015)

EM MEMÓRIA

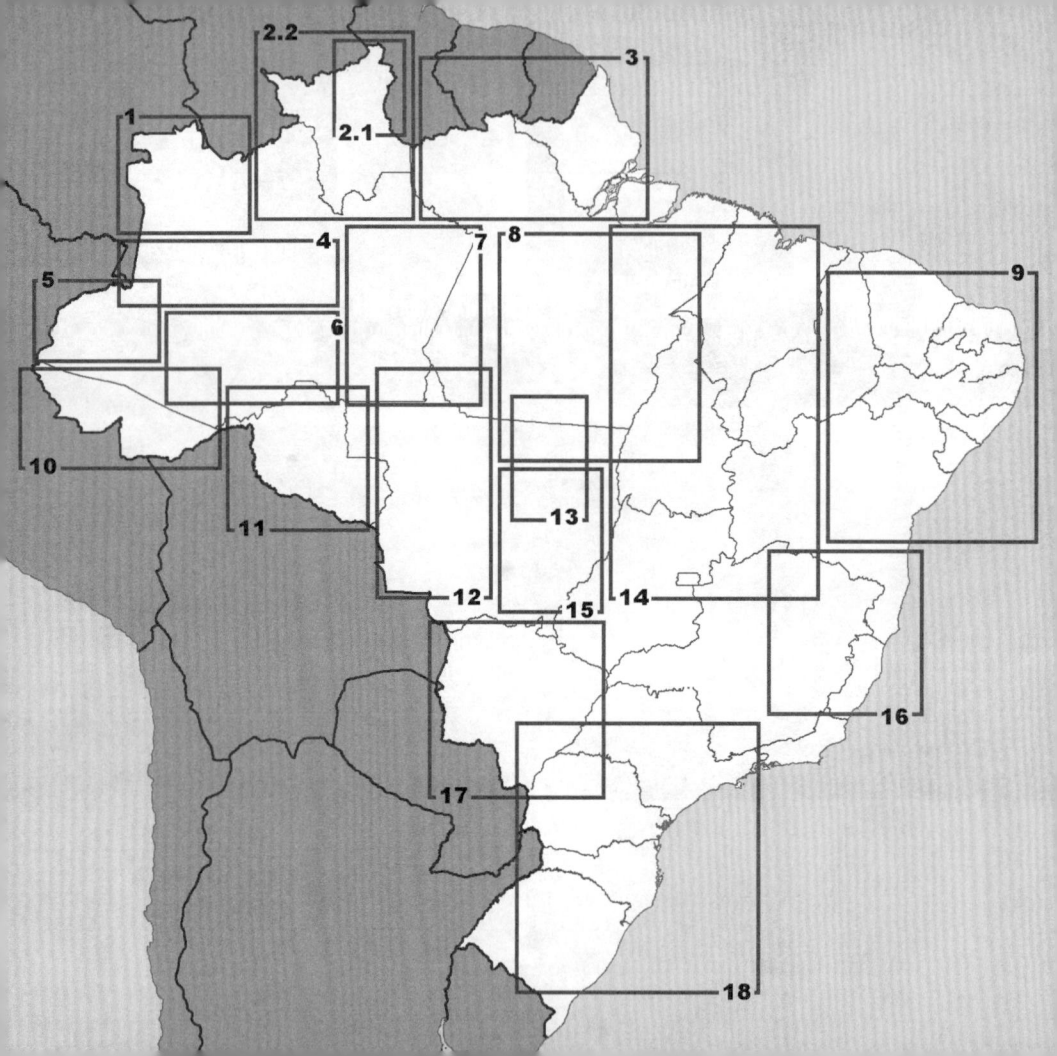

	Apresentação	**007**
	Lista de Povos Indígenas no Brasil	**009**
	Palavras Indígenas	**018**
Temas	Quem, Quantos, Onde	**051**
	Legislação	**067**
	Política Indigenista	**091**
	Terras Indígenas: Demarcação e Exploração de Recursos Naturais	**133**
	Protagonismo Indígena	**157**
Destaques 2011-2016		**173**

Regiões Geográficas

1. NOROESTE AMAZÔNICO — 205
2.1. RORAIMA SERRA LAVRADO — 253
2.2. RORAIMA MATA — 281
3. AMAPÁ/ NORTE DO PARÁ — 317
4. SOLIMÕES — 349
5. JAVARI — 371
6. JURUÁ/ JUTAÍ/ PURUS — 401
7. TAPAJÓS/ MADEIRA — 425
8. SUDESTE DO PARÁ — 461
9. NORDESTE — 509
10. ACRE — 541
11. RONDÔNIA — 573
12. OESTE DO MATO GROSSO — 597
13. PARQUE INDÍGENA DO XINGU — 621
14. GOIÁS/ TOCANTINS/ MARANHÃO — 661
15. LESTE DO MATO GROSSO — 693
16. LESTE — 709
17. MATO GROSSO DO SUL — 735
18. SUL — 773

Organizações Indígenas **811** Siglas **816** Fontes **819** Índice Geral **821**

POVOS INDÍGENAS NO BRASIL 2011 / 2016
Instituto Socioambiental, 2017

Editores responsáveis
Beto Ricardo e Fany Ricardo

Editores de texto
Tatiane Klein e Leandro Mahalem de Lima

Equipe de edição, redação e pesquisa
Marília Senlle, Isabel Harari, Bruno Bevilacqua Aguiar, Tiago Moreira dos Santos, Silvia Futada, Rafael Monteiro Tannus, Mário de Azevedo Brunoro, Rafael Pacheco Martinho, Selma Gomes, Marina Spindel

Imagens
Editor: Beto Ricardo
Pesquisa e tratamento: Claudio Tavares, Luiza Mandetta Calagian, Mariana Hessel Pantolfi, Raquel de Assis Oliveira e Vivian Sena de Oliveira

Arte
Projeto Gráfico, capa e encarte do caderno Destaques: Roberto Strauss
Editoração eletrônica: Vera Feitosa/Duo Projetos Gráficos e Editoração

Revisão:
Rhennan Felipe Siqueira Santos

Mapas e análises espaciais
Alana Almeida e Alicia Rolla

Desenvolvimento web
João Ricardo Rampinelli Alves e Silvio Carlos Pereira Lima Filho

Comunicação
Bruno Weis (coordenação), Gabriella Contoli, Letícia Leite, Maria Inês Zanchetta, Mariana Chammas, Oswaldo Braga de Souza, Victoria Franco e Victor Pires

Documentação
Leila M. M. da Silva (coordenação), Luiz Adriano dos Santos e Adriana Miranda Martins

Informática
Antenor Morais (coordenação), Luiz Carlos da Silva e Oseas Pires

Apoio administrativo
Margareth Nishiyama Guilherme, Fábio Endo

Colaboradores autorais
Os nomes dos colaboradores autorais aparecem nos créditos dos respectivos textos e fotos.

Colaboradores editoriais
Adriana Ramos, André Villas-Boas, Aloisio Cabalzar, Biviany Rojas Garzón, Carla Dias, Ciro Campos de Souza, Helena Ladeira, Luis Donisete Benzi Grupioni, Paulo Junqueira, Márcio Santilli, Marcos Wesley de Oliveira, Vera Olinda, Vincent Carelli e Uirá Garcia

Agradecimentos
Ana Cecília Venci Bueno, Ana Paula Caldeira Souto Maior, André Drago, André Lopes, Bruno Nogueira Guimarães, Camila Gauditano, Diógenes Cariaga, Georg Grünberg, Ivaneide Bandeira Cardozo, Juliana Almeida, Levi Marques Pereira, Patrícia Carvalho Rosa, Marcelo Hotimsky, Maria Inês Hargreaves, Maurício Torres, Spensy Pimentel.

Cortesias de imagens
Aida Cruz/Cimi; Aldenir Cadete/CIR; Ana Paula N. Fonte; André Baniwa; André Lopes; André Teixeira/G1; Angelita Silva Cezar; Anne Balester/Rios Profundos; Antonio Araújo/Câmara dos Deputados; Antônio Cruz/Agência Brasil; Arison Jardim/Secom; Ascom/MPF/MS; Carolina Schneider Comandulli; Caroline Maldonado/CGIIRC/Funai; Daniel Ducci; Daniel Vieira Crepaldi; Daniela Alarcon; Dante Coppi Novaes; Dominique T. Gallois; Douglas Ferreira; Douglas Fróis/Acervo MAE/UFPR; Edgar Corrêa Kanaykõ; Edison Bueno/Funai; Edvarde Bezerra Junior; Egon Heck/Cimi; Elza Fiúza/Agência Brasil; Emerson Kalif Siqueira; Emol; Fabian Küter; Fabiana Maizza; Fábio Nascimento/MNI; Fabio Rodrigues Pozzebom/Agência Brasil; Fernando Pereira; Fiona Watson; Gabriel Uchida; Girlene Medeiros/G1/AM; Gláucio Dettmar/Agência CNJ; Glenn Shepard; Guilherme G. Trevisan; Guilherme Gnipper/Funai; Guilherme Orlandini Heurich; Gustavo Godoy; Gustavo Lima/Câmara dos Deputados; Helio Carlos Mello/Acervo Projeto Xingu; Hilton S. Nascimento/Acervo CTI; Pedro Rodrigues/Índio Presente; Isaac Amorim/Agência MJ; Isabel Harari; J. Batista/Câmara dos Deputados; Jean-Paul Van Belle; João Zinclar; José Cruz/Agência Brasil; Juliana Rosalen; Kamikiá Kisêdjê; Karen Shiratori; Laila Menezes/Cimi; Laycer Thomaz/Câmara dos Deputados; Leonardo Prado/PGR; Letícia Verdi/MEC; Lucas Bonolo/Acervo CTI; Luis Carlos Da Silva Sampaio; Luís Donisete B. Grupioni; Luis Macedo/Câmara dos Deputados; Luiza Mandetta Calagian; Lula Marques/Fotos Públicas; Marcello Casal Jr./Agência Brasil; Marcelo Camargo/Agência Brasil; Marcelo Christovão/Ascom/MPF/MS; Maria Emilia Coelho; Mário Vilela/Funai; Marina Carvalho Dias; Mario Osava/IPS; Mayra Wapichana/Ascom/CIR; Melqui Bento/Metro FM; Mídia Ninja; Mônica Carneiro/Funai; Nadja Marin; Oiara Bonilla; Onofre Brito/Secom; Palácio Real De Oslo; Pollyana Mendonça/Acervo CTI; Prevfogo/Ibama/MMA; Ray Nonato/Ascom-Seel; RCA; Renato Santana/Cimi; Ribamar Ribeiro Junior; Roberto Castro/ME; Roberto Linsker/Terra Virgem; Roberto Stuckert Filho/PR; Rogério Assis; Rosamaria Loures; Rovena Rosa/Agência Brasil; Rubens Kato; Ruy Sposati; Sebastião Salgado/Amazonas Images; Sergio Sakagawa/Sema/AM; Sérgio Vale/Secom; Sumaia Villela/Agência Brasil; Tânia Caliari/ Agência Pública; Tatiana Cardeal; Thiago L. C. Oliveira; Tiago Silveira; Todd Southgate; Tomás Chiaverini; Uirá Garcia; Valter Campanato/Agência Brasil; Victor Gil/Acervo CTI; Victoria Ferraro; Vincent Carelli/Vídeo nas Aldeias; Virgínia Amaral; Virginie Lemarie; Waldemir Barreto/Agência Senado; Wilson Dias/Agência Brasil; Zé Gabriel/Greenpeace

Legendas e créditos (em ©)
Capa: caciquePiracumã Yawalapiti pede calma aos policiais militares, nas proximidades do Congresso Nacional, em Brasília, após ter sido agredido com *spray* de pimenta e golpes de cassetete, durante Mobilização Nacional Indígena (André D'Elia/2013). **Contracapa:** (Evaristo Sá/AFP Photo/2014). **Lombada:** Yanomami Isolados, conhecidos como Moxihatetea. Eles estão localizados perto da Serra da Estrutura, Roraima (Guilherme Gnipper/Funai/2016)

Créditos das imagens do *Em memória* (em ©)
1. Danica Bijeljac/Unesco **2.** Cláudio Tavares/ISA **3.** André Toral **4.** Roosevelt Pinheiro/ABr **5.** Lars Løvold **6.** Acervo ISA **7.** André Toral **8.** Arquivo Cimi Nacional **9.** Aloisio Cabalzar/ISA **10.** Jones Bastos/Agecom/UFSC **11.** Arquivo pessoal **12.** Magali Girardin/Aquaverde **13.** Richard Meech **14.** André Villas-Bôas/ISA **15.** Equipe Cimi Norte I – Arquivo Cimi **16.** Milton Guran/Agil **17.** Liliam Maria Tataxinã **18.** Simone Athayde/ISA **19.** Arquivo da família Schwade **20.** Arquivo do Comitê Intertribal **21.** Acervo Iepé **22.** Aloisio Cabalzar/ISA **23.** Acervo família Frank **24.** Rosana Gasparini/ISA **25.** Felipe Milanez

Apoio ao longo do prazo para pesquisa e edição

Apoio para a publicação do livro

Dados Internacionais de Catalogação na Publicação (CIP)
(Câmara Brasileira do Livro, SP, Brasil)

Povos Indígenas no Brasil : 2011-2016 / [editores gerais Beto Ricardo e Fany Ricardo]. -- São Paulo : Instituto Socioambiental, 2017.

ISBN 85994-85-3

1. Índios na América do Sul – Brasil 2. Povos Indígenas – Brasil I. Ricardo, Beto. II. Ricardo, Fany.

17-02723   CDD-980.41

Índices para catálogo sistemático:
1. Brasil : Povos indígenas 980.41
2. Povos indígenas : Brasil 980.41

APRESENTAÇÃO

Esta publicação traz um resumo da situação dos povos indígenas no Brasil no período de 2011 a 2016. São **160** artigos e *boxes* assinados, **745** notícias extraídas e resumidas a partir de **156** fontes, além de **243** fotos e **27** mapas. Inclui um caderno especial de 32 páginas com imagens das capas de publicações e também das mobilizações indígenas do período. Todas essas informações e análises estão organizadas em seis capítulos temáticos e 19 regionais, num total de **828** páginas. Soma-se a onze outros volumes, de uma série iniciada pelo Cedi, em 1980, e continuada pelo ISA, a partir de 1994, apoiada numa extensa rede de colaboradores voluntários.

No conjunto, a publicação dá uma visão geral sobre os **252** povos indígenas que vivem no Brasil, falantes de mais de 150 línguas, dos quais **48** habitam também do outro lado da fronteira, em países limítrofes.

O enfoque dos textos se dá principalmente na situação atual dos povos indígenas, seus direitos, suas terras e das pressões e ameaças, como as invasões de madeireiras, garimpeiros, fazendeiros, posseiros, obras de infraestrutura e outros.

Ameaças e mobilizações

Nesta edição, a capa traz o líder Pirakumã Yawalapiti pedindo calma a policiais militares durante a grande **Mobilização Nacional Indígena** de outubro de 2013, em Brasília (DF), após ter sido agredido com *spray* de pimenta e golpes de cassetete.

O período coberto por esta publicação foi marcado por inúmeros protestos relacionados às iniciativas do Legislativo federal para restringir os direitos indígenas, especialmente os territoriais. No final de 2016, eram 189 iniciativas nesse sentido, entre elas a Proposta de Emenda Constitucional (PEC) 215/2000, que visa transferir do Executivo federal para o Congresso Nacional a competência de demarcar Terras Indígenas, anular Terras já demarcadas e autorizar empreendimentos de impacto nessas áreas.

A Mobilização Nacional Indígena foi a resposta do movimento indígena à inação do Executivo em relação à demarcação das Terras Indígenas, às várias proposições do Legislativo para restringir os seus direitos e, finalmente, ao Judiciário, em que a tese do "marco temporal" tem sido aplicada para anular processos de demarcação em que as comunidades indígenas não estivessem ocupando a terra em 5 outubro de 1988 – quando foi promulgada a Constituição brasileira (*ver capítulo Legislação, p. 67*). Outro motivo para protestos indígenas no país inteiro foi a precariedade do atendimento à saúde (*ver capítulo Política Indigenista, p. 91*).

Nesse período, houve um acentuado **enfraquecimento da Funai**, como não ocorria desde o fim da ditadura civil-militar. Entre 2011 e 2016, a Funai trocou oito vezes de presidente, sendo quatro interinos. Esse quadro mostra o descaso dos governos com a Funai e as dificuldades dos dirigentes do órgão indigenista oficial, com orçamentos minguados e quase nenhuma autonomia para desenvolver suas funções, principalmente em sua atribuição de identificar e delimitar Terras Indígenas (*ver capítulo Política Indigenista, p. 91*).

Os Grupos Técnicos de identificação de Terras Indígenas, constituídos pela Funai, tiveram muitas dificuldades para realizar os procedimentos de praxe, especialmente fora da Amazônia Legal, onde a estrutura fundiária está estabilizada – excluindo os índios –, e muitos ocupantes têm títulos de propriedade dentro do perímetro TIs em identificação. Isso resultou numa intensa judicialização dos processos de demarcação e suscitou movimentos do Executivo e do Legislativo em alterar os procedimentos administrativos de demarcação de TIs – e reduzir o poder da Funai na definição dessas áreas.

Em novembro de 2015, foi criada, por iniciativa da bancada ruralista na Câmara dos Deputados, uma Comissão Parlamentar de Inquérito para investigar o trabalho da Funai e do Incra, buscando questionar o trabalho dos órgãos oficiais e criminalizar organizações da sociedade civil que apoiam os povos indígenas: o Conselho Indigenista Missionário (Cimi), o Centro de Trabalho Indigenista (CTI), a Associação Brasileira de Antropologia (ABA) e o Instituto Socioambiental (ISA).

Terras e demarcações

Entre 2011 e 2016, **21** TIs tiveram seus **processos demarcatórios** finalizados, somando 3.268.955 hectares de terras homologadas pela presidência da República. Destas, 20 estão localizadas na Amazônia Legal e apenas uma fora desta região: a TI Piaçaguera, do povo Guarani, no litoral de São Paulo. Na Amazônia, destaca-se a TI Cachoeira Seca do Iriri, dos Arara, no Pará, que levou três décadas para ser homologada.

A extensão das Terras Indígenas no Brasil com algum grau de reconhecimento oficial representa hoje 13,77% do território nacional, e as TIs na Amazônia Legal brasileira ocupam 23% da extensão da região. Há, no entanto, um grande volume de Terras Indígenas pendentes de reconhecimento. São **107** as TIs que ainda não tiveram seus estudos de identificação e delimitação publicados pela Funai.

Os protestos contra a UHE de Belo Monte, em Altamira (PA), mobilizaram os índios da Bacia do Xingu e seus parceiros, pelo grande impacto desta **obra de infraestrutura** e porque não houve consulta prévia de acordo com a Convenção 169 da OIT. O andamento das obras foi marcado por idas e vindas em relação ao licenciamento, porque a empresa não cumpriu as condicionantes socioambientais acordadas com os índios, a Funai e os ribeirinhos atingidos pela obra. As comportas da usina foram fechadas em novembro de 2015 (*ver capítulo Sudeste do Pará, p. 461*).

Outro destaque foi a luta intensa dos Munduruku e seus aliados contra o projeto do Complexo Hidrelétrico do Rio Tapajós, no Pará, e pela aprovação dos estudos de identificação da TI Sawré Muybu, que seria atingida pela hidrelétrica. Em 2016, o projeto foi suspenso e a TI Sawre Muybu teve seus estudos publicados no DOU pela Funai (*ver capítulo Tapajós/Madeira, p. 427*).

Vale destacar também a desintrusão da TI Apyterewa (PA), dos Parakanã. É uma área invadida por centenas de ocupantes e sua desintrusão é uma das condicionantes da UHE Belo Monte. Iniciada em fins de 2011, a operação despendeu grandes somas de recursos públicos e, até julho de 2016, cerca de 70.000 cabeças de gado foram retiradas da área, mas apenas uma das onze regiões da TI foi desintrusada (*ver capítulo Sudeste do Pará, p. 461*).

A situação dos Enawenê-Nawê, que tiveram o Rio Juruena (MT) barrado por dez Pequenas Centrais Hidrelétricas (PCHs), merece atenção. Essas obras estão situadas a montante da aldeia e o barramento do rio impactou fortemente a obtenção dos peixes para a alimentação e para os rituais que acalmam os "seres espíritos". Desesperados na busca de recursos para a compra de peixes de centros de piscicultura, os Enawenê montaram um pedágio na estrada, o que levou a conflitos com regionais, com mortes dos dois lados (*ver capítulo Oeste do Mato Grosso, p. 597*).

Nos capítulos Sul e Mato Grosso do Sul, destacamos a luta dos povos Guarani Kaiowá, dos Guarani Mbya e dos Guarani Ñandeva pela demarcação de suas terras e contra a escalada de violência e violação de direitos neste último período. Para os incansáveis Guarani, foram tempos de grande mobilização, solidariedade e importantes conquistas, mas marcados também por um sem-número de ataques de milícias a acampamentos e aldeias, assassinatos de indígenas, criminalização de organizações e lideranças e de ameaças diárias à sua sobrevivência, como a fome (*ver capítulo Mato Grosso do Sul, p. 735, e Sul, p. 773*).

Vale destacar o aumento da participação de famílias indígenas no Bolsa Família, programa de transferência de renda do Governo Federal. Em 2010, 66.168 famílias obtiveram o benefício; em maio de 2016, elas chegaram a 112.081 em todas as regiões do país (*ver capítulo Política Indigenista, p. 91*).

Beto & Fany, março de 2017

LISTA DE POVOS INDÍGENAS NO BRASIL

(Fonte: Banco de Dados do Programa Povos Indígenas no Brasil - Instituto Socioambiental, fevereiro, 2017)

#	Povo	Outros nomes ou grafias	Família linguística	Capítulo	UF (Brasil) Países limiítrofes	Censo/ estimativa	Ano	Fonte
1	Aikanã	Massacá, Tubarão, Columbiara, Mundé, Mondé, Huari	Aikaná	Rondônia	RO	350	2014	Siasi/Sesai
2	Aikewara	Suruí, Sororós	Tupi-Guarani	Sudeste do Pará	PA	383	2014	Siasi/Sesai
3	Akuntsu	Akunt'su	Tupari	Rondônia	RO	4	2016	Funai
4	Amanayé	Amanaié, Araradeua	Tupi-Guarani	Sudeste do Pará	PA	178	2014	Siasi/Sesai
5	Amondawa		Tupi-Guarani	Rondônia	RO	126	2014	Siasi/Sesai
6	Anacé			Nordeste	CE	2.018	2014	Siasi/Sesai
7	Anambé		Tupi-Guarani	Sudeste do Pará	PA	161	2014	Siasi/Sesai
8	Aparai*	Apalai, Apalay, Appirois, Aparathy, Apareilles	Karib	Amapá/ Norte do Pará	Guiana Francesa PA Suriname	40 514 10	2011 2014 2011	Eliane Camargo Siasi/Sesai Eliane Camargo
9	Apiaká	Apiacá	Tupi-Guarani	Oeste do Mato Grosso	MT, PA	850	2014	Siasi/Sesai
10	Apinayé	Apinaié, Apinajés, Timbira	Jê	Goiás/ Tocantins/ Maranhão	TO	2.277	2014	Siasi/Sesai
11	Apurinã	Ipurina	Aruak-maipure	Juruá/ Jutaí/ Purus e Rondônia	AM, MT, RO	9.487	2014	Siasi/Sesai
12	Aranã			Leste	MG	362	2010	Funasa
13	Arapaso	Arapasso, Arapaço	Tukano	Noroeste Amazônico	AM	448	2014	Siasi/Sesai
14	Arapium			Tapajós/ Madeira	PA	2.204	2012	Siasi/Sesai
15	Arara	Arara do Pará	Karib	Sudeste do Pará	PA	377	2014	Siasi/Sesai
16	Arara da Volta Grande do Xingu	Arara do Maia		Sudeste do Pará	PA	143	2014	Siasi/Sesai
17	Arara do Rio Amônia	Apolima-Arara		Acre	AC	434	2014	Siasi/Sesai
18	Arara do Rio Branco	Arara do Beiradão		Rondônia	MT	249	2014	Siasi/Sesai
19	Arara Shawãdawa	Arara do Acre	Pano	Acre	AC	677	2014	Siasi/Sesai
20	Arara Vermelha			Tapajós/ Madeira	PA	142	2014	Saúde e Alegria
21	Araweté	Araueté	Tupi-Guarani	Sudeste do Pará	PA	467	2014	Siasi/Sesai
22	Arikapú		Jabuti	Rondônia	RO	37	2014	Siasi/Sesai
23	Aruá		Mondé	Rondônia	RO	94	2014	Siasi/Sesai
24	Ashaninka*	Kampa	Aruak	Acre	Peru AC	97.477 1.645	2007 2014	INEI Siasi/Sesai
25	Asurini do Tocantins	Akuawa	Tupi-Guarani	Sudeste do Pará	TO	546	2014	Siasi/Sesai
26	Asurini do Xingu	Assurini	Tupi-Guarani	Sudeste do Pará	PA	182	2014	Siasi/Sesai
27	Atikum	Aticum		Nordeste	PE, BA	7.929	2012	Siasi/Sesai
28	Avá-Canoeiro	Canoeiro, Cara-Preta, Carijó	Tupi-Guarani	Goiás/ Tocantins/ Maranhão	TO, GO	25	2012	Siasi/Sesai
29	Aweti	Awytyza, Enumaniá, Anumaniá, Auetö	Aweti	Parque Indígena do Xingu (PIX)	MT	192	2014	Siasi/Sesai
30	Bakairi	Bacairi, Kurã	Karib	Leste do Mato Grosso	MT	982	2014	Siasi/Sesai
31	Banawá		Arawá	Juruá/ Jutaí/ Purus	AM	207	2014	Siasi/Sesai
32	Baniwa*	Baniva, Baniua, Curipaco	Aruak	Noroeste Amazônico	AM Colombia Venezuela	7.145 7.000 3.501	2014 2000 2011	Siasi/Sesa XIV Censo Nacional de Poblacion y Viviendas
33	Bará*	Bara tukano, Waípinõmakã	Tukano	Noroeste Amazônico	AM Colombia	30 296	2014 1988	Siasi/Sesai
34	Barasana*		Tukano	Noroeste Amazônico	AM Colombia	55 939	2014 1998	Siasi/Sesai

#	Povo	Outros nomes ou grafias	Familia linguistica	Capítulo	UF (Brasil) Países limiítrofes	Censo/ estimativa	Ano	Fonte
35	Baré*	Hanera	Aruak	Noroeste Amazônico	AM	11.472	2014	Siasi/Sesai
					Venezuela	5.044	2011	XIV Censo Nacional de Poblacion y Viviendas
36	Borari			Tapajós/ Madeira	PA/AM	1.116	2014	ISA
37	Bororo	Coxiponé, Araripoconé, Araés, Cuiabá, Coroados, Porrudos	Bororo	Leste do Mato Grosso	MT	1.817	2014	Siasi/Sesai
38	Canela Apanyekrá	Canela, Timbira	Jê	Goiás/ Tocantins/ Maranhão	MA	1.076	2012	Siasi/Sesai
39	Canela Ramkokamekrá	Canela, Timbira	Jê	Goiás/ Tocantins/ Maranhão	MA	2.175	2012	Siasi/Sesai
40	Cara Preta	Matapu, Munduruku		Tapajós/ Madeira	PA			
41	Chamacoco*		Samuko	Mato Grosso do Sul	MS	40	1994	G. Grunberg
					Paraguai	1.515	2002	II Censo Nacional Indígena
42	Charrua*			Sul	Argentina	6.397	2010	INDEC
					RS	42	2014	Siasi/Sesai
43	Chiquitano*	Chiquito	Chiquito	Oeste do Mato Grosso	Bolivia	87.885	2012	XIV Censo Nacional de Poblacion y Viviendas
							2012	
					MT	473		Siasi/Funasa
44	Cinta larga		Mondé	Rondônia	MT, RO	1.954	2014	Siasi/Sesai
45	Deni		Arawá	Juruá/ Jutaí/ Purus	AM	1.610	2015	Cimi-Tefé
46	Desana*	Desano, Dessano	Tukano	Noroeste Amazônico	Colombia	2.036	1998	
					AM	2.268	2014	Siasi/Sesai
47	Djeoromitxí	Jaboti	Jabuti	Rondônia	RO	225	2014	Siasi/Sesai
48	Dow	Maku, Kamã	Makú	Noroeste Amazônico	AM	121	2014	Siasi/Sesai
49	Enawenê-nawê	Enauenê nauê, Salumã	Aruak	Oeste do Mato Grosso	MT	737	2014	Siasi/Sesai
50	Fulni-ô		Ia-tê	Nordeste	PE	4.689	2014	Siasi/Sesai
51	Galibi do Oiapoque*	Galibi, Kalinã	Karib	Amapá/ Norte do Pará	AP	88	2014	Siasi/Sesai
					Venezuela	33.824	2011	XIV Censo Nacional de Poblacion y Viviendas
					Guiana Francesa	3.000	2002	OkaMag
					Suriname	3.000	2002	OkaMag
52	Gamela			Goiás/ Tocantins/ Maranhão				
53	Gavião Akrãtikatêjê			Goiás/ Tocantins/ Maranhão				
54	Galibi-Marworno	Galibi do Uaçá, Aruá	Creoulo	Amapá/ Norte do Pará	AP	2.529	2014	Siasi/Sesai
55	Gavião Kykatejê	Gavião do Maranhão, Timbira	Jê	Sudeste do Pará	MA	362	2014	Siasi/Sesai
56	Gavião Parkatêjê	Gavião do Mãe Maria, Gavião do Oeste, Timbira	Jê	Sudeste do Pará	PA	646	2014	Siasi/Sesai
57	Gavião Pykopjê	Gavião do Maranhão, Gavião Pukobiê, Gavião do Leste, Timbira	Jê	Goiás/ Tocantins/ Maranhão	MA	769	2014	Siasi/Sesai
58	Guajá	Avá	Tupi-Guarani	Goiás/ Tocantins/ Maranhão	MA	468	2014	Siasi/Sesai
59	Guajajara		Tupi-Guarani	Goiás/ Tocantins/ Maranhão	MA	27.616	2014	Siasi/Sesai

#	Povo	Outros nomes ou grafias	Família linguistica	Capítulo	UF (Brasil) Países limiítrofes	Censo/ estimativa	Ano	Fonte
60	Guarani	Kaiowá, Mbya, Ñandeva	Tupi-Guarani	Leste, Mato Grosso do Sul e Sul	Argentina	54.825	2016	Mapa Guarani Continental
					Bolivia	83.019	2016	Mapa Guarani Continental
					Paraguai	61.701	2016	Mapa Guarani Continental
					MS, SP, PR, RS, RJ, ES, PA, SC, TO	85.255	2016	Mapa Guarani Continental
61	Guató		Guató	Mato Grosso do Sul	MS, MT	419	2014	Siasi/Sesai
62	Guarasugwe		Tupi-Guarani	Rondônia	RO			
63	Hixkaryana	Hixkariana	Karib	Amapá/ Norte do Pará	PA, AM	1.242	2012	Siasi/Sesai
64	Hupda*	Maku, Macu	Makú	Noroeste Amazônico	AM	1.000	2012	Patricia
					Colombia	500	2012	Patricia
65	Ikolen	Gavião de Rondônia, Gavião Ikolen	Mondé	Rondônia	RO	675	2014	Siasi/Sesai
66	Ikpeng	Txicão	Karib	Parque Indígena do Xingu (PIX)	MT	477	2014	Siasi/Sesai
67	Ingarikó*	Akawaio	Karib	Roraima Lavrado	Guiana	4.000	1990	
					Venezuela	728	1992	
					RR	1.488	2014	Siasi/Sesai
68	Iranxe Manoki	Irantxe	Iranxe	Oeste do Mato Grosso	MT	408	2014	Siasi/Sesai
69	Jamamadi	Yamamadi, Kanamanti	Arawá	Juruá/ Jutaí/ Purus	AM	987	2014	Siasi/Sesai
70	Jaraqui			Tapajós/ Madeira	PA	140	2008	GT Funai
71	Jarawara	Jarauara	Arawá	Juruá/ Jutaí/ Purus	AM	271	2014	Jarawara
72	Javaé	Karajá/Javaé	Karajá	Goiás/ Tocantins/ Maranhão	GO, TO	1.484	2014	Siasi/Sesai
73	Jenipapo-Kanindé	Payaku		Nordeste	CE	328	2014	Siasi/Sesai
74	Jiahui	Jahoi, Diarroi, Djarroi, Parintintin, Diahoi, Diahui	Tupi-Guarani	Tapajós/ Madeira	AM	115	2014	Siasi/Sesai
75	Jiripancó	Jeripancó, Geripancó		Nordeste	AL	1.757	2014	Siasi/Sesai
76	Juma	Yuma	Tupi-Guarani	Juruá/ Jutaí/ Purus	AM	4	2016	Uchida, Gabriel
77	Ka'apor	Urubu Kaapor, Kaapor	Tupi-Guarani	Sudeste do Pará	MA	1.863	2014	Siasi/Sesai
78	Kadiwéu	Kaduveo, Caduveo, Kadivéu, Kadiveo	Guaikuru	Mato Grosso do Sul	MS	1.413	2014	Siasi/Sesai
79	Kawaiwete (Kaiabi)	Kayabi, Caiabi, Kaiaby, Kajabi, Cajabi	Tupi-Guarani	Parque Indígena do Xingu (PIX)	MT	2.242	2014	Siasi/Sesai
80	Kaimbé			Nordeste	BA	1.029	2014	Siasi/Sesai
81	Kaingang	Guayanás	Jê	Sul	PR, RS, SC, SP	45.620	2014	Siasi/Sesai
82	Kaixana	Caixana		Solimões	AM	928	2014	Siasi/Sesai
83	Kalabaça			Nordeste	CE	227	2014	Siasi/Sesai
84	Kalankó	Cacalancó		Nordeste	AL	329	2014	Siasi/Sesai
85	Kalapalo		Karib	Parque Indígena do Xingu (PIX)	MT	669	2014	Siasi/Sesai
86	Kamaiurá	Kamayurá	Tupi-Guarani	Parque Indígena do Xingu (PIX)	MT	604	2014	Siasi/Sesai
87	Kamba			Mato Grosso do Sul	MS	114	2014	Siasi/Sesai
88	Kambeba	Cambemba, Omaguá	Tupi-Guarani	Solimões	Peru	3.500	1994	Benedito Maciel
					AM	875	2014	Siasi/Sesai
89	Kambiwá	Cambiua		Nordeste	PE	3.105	2014	Siasi/Sesai
90	Kanamari	Canamari, Tukuna	Katukina	Juruá/ Jutaí/ Purus	AM	4.002	2014	Siasi/Sesai
91	Kanindé			Nordeste	CE	1.076	2014	Siasi/Sesai
92	Kanoê	Canoe, Kapixaná, Kapixanã	Kanoe	Rondônia	RO	319	2014	Siasi/Sesai
93	Kantaruré	Cantaruré, Pankararu		Nordeste	BA	401	2014	Siasi/Sesai

#	Povo	Outros nomes ou grafias	Família linguística	Capítulo	UF (Brasil) Países limiítrofes	Censo/ estimativa	Ano	Fonte
94	Kapinawa	Capinawa		Nordeste	PE	2.065	2014	Siasi/Sesai
95	Inỹ (Karajá)	Caraiauna	Karajá	Goiás/ Tocantins/ Maranhão	GO, MT, PA, TO	3.768	2014	Siasi/Sesai
96	Karajá do Norte	Xambioá, Ixybiowa, Iraru Mahãndu	Karajá	Goiás/ Tocantins/ Maranhão	TO	287	2014	Siasi/Sesai
97	Karapanã*	Muteamasa, Ukopinõpõna	Tukano	Noroeste Amazônico	Colombia	412	1988	
					AM	111	2014	Siasi/Sesai
98	Karapotó			Nordeste	AL	900	2014	Siasi/Sesai
99	Karipuna de Rondônia	Ahé, Karipuna	Tupi-Guarani	Rondônia	RO	55	2014	Siasi/Sesai
100	Karipuna do Amapá		Creoulo	Amapá/ Norte do Pará	AP	2.922	2014	Siasi/Sesai
101	Kariri			Nordeste	CE, PI	159	2014	Siasi/Sesai
102	Kariri-Xokó	Cariri-xocó		Nordeste	AL	1.905	2014	Siasi/Sesai
103	Karitiana	Caritiana	Arikén	Rondônia	RO	333	2014	Siasi/Sesai
104	Karo	Arara de Rondônia, Arara Karo, Arara Tupi, Ntogapíd, Ramaráma, Urukú, Urumí	Ramarama	Rondônia	RO	382	2014	Siasi/Sesai
105	Karuazu			Nordeste	AL	1.013	2010	Funasa
106	Kassupá		Aikaná	Rondônia	RO	149	2013	Siasi/Sesai
107	Katuenayana	Katuenayana	Karib	Amapá/ Norte do Pará	AM, PA	140	2014	Siasi/Sesai
108	Katukina do Rio Biá	Tukuna	Katukina	Juruá/ Jutaí/ Purus	AM	628	2014	Siasi/Sesai
109	Katukina Pano		Pano	Acre	AC	1.154	2014	Siasi/Sesai
110	Katxuyana	Caxuiana, Kaxuyana	Karib	Amapá/ Norte do Pará	AM, PA	382	2014	Siasi/Sesai
111	Kaxarari	Caxarari	Pano	Juruá/ Jutaí/ Purus	AM, RO	445	2014	Siasi/Sesai
112	Huni Kuin*	Kaxinawá, Cashinauá, Caxinauá	Pano	Acre	AC	10.818	2014	Siasi/Sesai
					Peru	2.419	2007	INEI
113	Kaxixó			Leste	MG	301	2014	Siasi/Sesai
114	Mebêngôkre (Kayapó)	Kaiapó, Caiapó, Gorotire, Mekrãgnoti, Kuben-Kran-Krên, Kôkraimôrô, Metyktire, Xikrin, Kararaô	Jê	Sudeste do Pará	MT, PA	11.675	2014	Siasi/Sesai
115	Kinikinau	Kinikinao, Kinikinawa, Guaná	Aruak	Mato Grosso do Sul	MS	600	2016	Rosaldo A. de Sousa
116	Kiriri	Kariri		Nordeste	BA	2.571	2014	Siasi/Sesai
117	Kisêdjê	Suyá	Jê	Parque Indígena do Xingu (PIX)	MT	424	2014	Siasi/Sesai
118	Koiupanká			Nordeste	AL	627	2014	Siasi/Sesai
119	Kokama*	Cocama, Kocama	Tupi-Guarani	Solimões	Peru	11.370	2007	INEI
					Colombia	236	1988	
					AM	14.314	2014	Siasi/Sesai
120	Koripako*	Curipaco, Curripaco, Coripako	Aruak	Noroeste Amazônico	AM	1.673	2014	Siasi/Sesai
					Colombia	7.827	2004	Arango e Sánchez
					Venezuela	4.925	2001	INEI
121	Korubo		Pano	Javari	AM	34	2014	Siasi/Sesai
122	Kotiria*	Wanana	Tukano	Noroeste Amazônico	Colombia	1.113	1988	
					AM	735	2005	Dsei/Foirn
123	Krahô	Craô, Kraô, Timbira	Jê	Goiás/ Tocantins/ Maranhão	TO	2.992	2014	Siasi/Sesai
124	Krahô-Kanela		Jê	Goiás/ Tocantins/ Maranhão	TO	122	2014	Siasi/Sesai

#	Povo	Outros nomes ou grafias	Família linguistica	Capítulo	UF (Brasil) Países limiítrofes	Censo/ estimativa	Ano	Fonte
125	Krenak	Crenaque, Crenac, Krenac, Botocudos, Aimorés	Krenák	Leste	MG, MT, SP	434	2014	Siasi/Sesai
126	Krenyê	Timbira	Jê	Goiás/ Tocantins/ Maranhão	MA	104	2016	Nascimento/30 RBA
127	Krikatí	Kricati, Kricatijê, Põcatêjê, Timbira	Jê	Goiás/ Tocantins/ Maranhão	MA	1.016	2014	Siasi/Sesai
128	Kubeo*	Cubeo, Cobewa, Kubéwa, Pamíwa	Tukano	Noroeste Amazônico	Venezuela	56	2011	XIV Censo Nacional de Poblacion y Viviendas
					Colombia	4.238	1988	
					AM	565	2014	Siasi/Sesai
129	Kuikuro		Karib	Parque Indígena do Xingu (PIX)	MT	653	2014	Siasi/Sesai
130	Kujubim	Kuyubi	Txapakura	Rondônia	RO	140	2014	Siasi/Sesai
131	Kulina*	Culina	Arawa	Juruá/ Jutaí/ Purus e Acre	Peru	417	2007	INEI
					AM	7.211	2014	Siasi/Sesai
132	Kulina Pano	Culina	Pano	Javari	AM	156	2014	Siasi/Sesai
133	Kuntanawa	Kontanawa, Contanawa	Pano	Acre	AC	164	2014	Siasi/Sesai
134	Kuruaya	Xipáia-Kuruáia, Kuruaia	Munduruku	Sudeste do Pará	PA	163	2014	Siasi/Sesai
135	Kwazá	Coaiá, Koaiá	Koazá	Rondônia	RO	54	2014	Siasi/Sesai
136	Macuxi*	Makuxi, Macushi	Karib	Roraima Lavrado	Venezuela	89	2011	XIV Censo Nacional de Poblacion y Viviendas
					RR	33.603	2014	Siasi/Sesai
					Guiana	9.500	2001	Guiana
137	Makuna*	Yeba-masã	Tukano	Noroeste Amazônico	Colombia	528	1988	Colômbia
					AM	22	2014	Siasi/Sesai
138	Makurap	Macurap	Tupari	Rondônia	RO	579	2014	Siasi/Sesai
139	Manchineri*	Machineri	Aruak	Acre	Bolivia	38	2012	Censo Nacional de Poblacion y Viviendas
					AC	1.214	2014	Siasi/Sesai
					Peru	90	2007	INEI
140	Maraguá			Solimões	AM	74	2010	IBGE
141	Marubo		Pano	Javari	AM	2.008	2014	Siasi/Sesai
142	Matipu		Karib	Parque Indígena do Xingu (PIX)	MT	157	2014	Siasi/Sesai
143	Matis	Mushabo, Deshan Mikitbo	Pano	Javari	AM	457	2014	Siasi/Sesai
144	Matsés*	Mayoruna	Pano	Javari	AM	1.700	2016	CTI
					Peru	2.500	2016	CTI
145	Maxakali	Maxacalis, Monacó, Kumanuxú, Tikmuún	Maxakali	Leste	MG	2.076	2014	Siasi/Sesai
146	Mehinako	Meinaco, Meinacu, Meinaku	Aruak	Parque Indígena do Xingu (PIX)	MT	286	2014	Siasi/Sesai
147	Menky Manoki	Munku, Menku, Menky Manoki	Iranxe	Oeste do Mato Grosso	MT	117	2014	Siasi/Sesai
148	Migueleno	Miqueleno		Rondônia	RO	267	2014	Siasi/Sesai
149	Miranha*	Mirana	Bora	Solimões	Colombia	445	1988	Colômbia
					AM	1.459	2014	Siasi/Sesai
150	Mirity-tapuya	Buia-tapuya	Tukano	Noroeste Amazônico	AM	88	2014	Siasi/Sesai
151	Mukurin	Mokurin		Leste	MG			
152	Munduruku	Mundurucu, Maytapu, Cara Preta	Munduruku	Tapajós/ Madeira	AM, PA	13.755	2014	Siasi/Sesai
153	Mura		Mura	Tapajós/ Madeira	AM	18.328	2014	Siasi/Sesai

#	Povo	Outros nomes ou grafias	Família linguistica	Capítulo	UF (Brasil) Países limiítrofes	Censo/ estimativa	Ano	Fonte
154	Nadob	Macú Nadob; Maku Nadeb	Makú	Noroeste Amazônico	AM	483	2014	Siasi/Sesai
155	Nahukuá	Nafukwá, Nahkwá, Nafuquá, Nahukwá	Karib	Parque Indígena do Xingu (PIX)	MT	143	2014	Siasi/Sesai
156	Nambikwara	Nambiquara	Nambikwára	Oeste do Mato Grosso	MT, RO	2.332	2014	Siasi/Sesai
157	Naruvotu		Karib	Parque Indígena do Xingu (PIX)	MT	81	2003	Fiorini
158	Nawa	Náua		Acre	AC	519	2014	Siasi/Sesai
159	Nukini	Nuquini	Pano	Acre	AC	622	2014	Siasi/Sesai
160	Ofaié	Ofaié-Xavante	Ofayé	Mato Grosso do Sul	MS	69	2014	Siasi/Sesai
161	Oro Win	Oro Towati', Oroin, Uruin	Txapakura	Rondônia	RO	88	2014	Siasi/Sesai
162	Palikur*	Paricuria, Paricores, Palincur, Parikurene, Parinkur--Iéne, Païkwené	Aruak	Amapá/ Norte do Pará	Guiana Francesa AP	720 1.712	1994 2014	Passes Siasi/Sesai
163	Panará	Kreen-Akarore, Krenhakore, Krenakore, Índios Gigantes	Jê	Sudeste do Pará	MT, PA	542	2014	Siasi/Sesai
164	Pankaiuká			Nordeste	PE	150	2011	UFPE/NEPE
165	Pankará			Nordeste	PE	2.836	2014	Siasi/Sesai
166	Pankararé			Nordeste	BA	1.648	2014	Siasi/Sesai
167	Pankararu			Nordeste e Leste	MG, PE, SP	8.184	2014	Siasi/Sesai
168	Pankaru	Pankararu-Salambaia		Nordeste	BA	108	2010	Siasi/Funasa
169	Parakanã		Tupi-Guarani	Sudeste do Pará	PA	1.576	2014	Sesai/Programa Parakanã
170	Paresí	Pareci, Halíti, Arití	Aruak	Oeste do Mato Grosso	MT	2.138	2014	Siasi/Sesai
171	Parintintin	Cabahyba	Tupi-Guarani	Tapajós/ Madeira	AM	480	2014	Siasi/Sesai
172	Patamona*	Ingarikó, Kapon	Karib	Roraima Lavrado	RR Guiana	198 5.500	2014 1990	Siasi/Sesai
173	Pataxó	Patachó, Patashó, Pataso		Leste	BA	12.326	2014	Siasi/Sesai
174	Pataxó Hã-Hã-Hãe			Leste	BA	2.866	2014	Siasi/Sesai
175	Paumari		Arawá	Juruá/ Jutaí/ Purus	AM	1.804	2014	Siasi/Sesai
176	Payayá			Nordeste	BA	47	2014	Siasi/Sesai
177	Pipipã			Nordeste	PE	1.391	2013	Siasi/Sesai
178	Pirahã	Mura Pirahã	Mura	Tapajós/ Madeira	AM	592	2014	Siasi/Sesai
179	Pira-tapuya*	Piratapuya, Piratapuyo, Piratuapuia, Pira-Tapuya	Tukano	Noroeste Amazônico	Colombia AM	400 1.325	1988 2014	Siasi/Sesai
180	Pitaguary	Potiguara		Nordeste	CE	3.623	2014	Siasi/Sesai
181	Potiguara			Nordeste	PA, CE, PE, RN	18.445	2014	Siasi/Sesai
182	Puri			Leste	MG, RJ	675	2010	IBGE
183	Puruborá		Puruborá	Rondônia	RO	243	2014	Siasi/Sesai
184	Puyanawa	Poianaua	Pano	Acre	AC	745	2014	Siasi/Sesai
185	Rikbaktsa	Erigbaktsa, Canoeiros, Orelhas de Pau	Rikbaktsá	Oeste do Mato Grosso	MT	1.514	2014	Siasi/Sesai
186	Sakurabiat	Sakiriabar, Mequéns	Tupari	Rondônia	RO	219	2014	Siasi/Sesai
187	Sapará		Karib	Roraima Lavrado	RR			
188	Sateré Mawé	Sateré-Maué	Mawé	Tapajós/ Madeira	AM	13.350	2014	CGTSM
189	Shanenawa	Katukina Shanenawa	Pano	Acre	AC	763	2014	Siasi/Sesai
190	Siriano*		Tukano	Noroeste Amazônico	AM Colombia	86 665	2014 1988	Siasi/Sesai

#	Povo	Outros nomes ou grafias	Familia linguistica	Capítulo	UF (Brasil) Países limiítrofes	Censo/ estimativa	Ano	Fonte
191	Surui Paiter	Paiter	Mondé	Rondônia	MT, RO	1.375	2014	Siasi/Sesai
192	Tabajara			Nordeste	CE, PI	2.881	2013	Siasi/Sesai
193	Tapajó			Tapajós/ Madeira	PA	74	2008	GT Funai
194	Tapayuna	Beiço de pau, Suyá Novos, Suyá Ocidentais	Jê	Sudeste do Pará	MT	132	2014	Siasi/Sesai
195	Tapeba	Tapebano, Perna-de-pau		Nordeste	CE	6.651	2014	Siasi/Sesai
196	Tapirapé	Apyãwa	Tupi-Guarani	Goiás/ Tocantins/ Maranhão	MT, TO	760	2014	Siasi/Sesai
197	Tapuia	Tapuio, Tapuya		Goiás/ Tocantins/ Maranhão	GO, CE, RN	193	2014	Siasi/Sesai
198	Tariana*		Aruak	Noroeste Amazônico	AM Colombia	2.684 205	2014 1988	Siasi/Sesai
199	Taurepang*	Taulipang, Taurepangue, Taulipangue	Karib	Roraima Lavrado	Venezuela RR	27.157 792	2001 2014	INE Siasi/Sesai
200	Tembé		Tupi-Guarani	Goiás/ Tocantins/ Maranhão	MA, PA	1.879	2014	Siasi/Sesai
201	Tenharim		Tupi-Guarani	Tapajós/ Madeira	AM	828	2014	Siasi/Sesai
202	Terena		Aruak	Mato Grosso do Sul	MS, MT, SP	26.065	2014	Siasi/Sesai
203	Ticuna*	Tikuna, Tukuna	Tikuna	Solimões	AM Peru Colombia	53.544 6.982 8.000	2014 2007 2011	Siasi/Sesai INEI Goulard, J. P.
204	Tingui Botó			Nordeste	AL	396	2014	Siasi/Sesai
205	Tiriyó*	Tirió, Trio, Tarona, Yawi, Pianokoto, Piano	Karib	Amapá/ Norte do Pará	Suriname PA	1.845 1.715	2006 2014	Ellen-Rose Kambel Siasi/Sesai
206	Torá		Txapakura	Tapajós/ Madeira	AM	330	2014	Siasi/Sesai
207	Tremembé			Nordeste	CE	3.662	2014	Siasi/Sesai
208	Truká			Nordeste	BA, PE	2.981	2014	Siasi/Sesai
209	Trumai		Trumái	Parque Indígena do Xingu (PIX)	MT	258	2014	Siasi/Sesai
210	Tsohom-dyapa	Tsohom-dyapa, Tukano, Tukún Djapá, Tukano Djapá, Txunhuân Djapá, Tsunhuam Djapa	Katukina	Javari	AM	38	2016	CTI
211	Tukano*	Ye´pâ-masa, Dasea	Tukano	Noroeste Amazônico	AM Colombia Venezuela	5.731 6.330 29	2014 1988 2011	Siasi/Sesai XIV Censo Nacional de Poblacion y Viviendas
212	Tumbalalá			Nordeste	BA	1.195	2014	Siasi/Sesai
213	Tunayana		Karíb	Amapá/ Norte do Pará	PA, AM	107	2010	IBGE
214	Tupaiú			Tapajós/ Madeira	PA	546	2014	Saúde e Alegria
215	Tupari		Tupari	Rondônia	RO	607	2014	Siasi/Sesai
216	Tupinambá	Tupinambá		Leste	BA	4.669	2014	Siasi/Sesai
217	Tupiniquim			Leste	ES	2.901	2014	Siasi/Sesai
218	Turiwara			Sudeste do Pará	PA			
219	Tuxá			Nordeste	AL, BA, PE	1.703	2014	Siasi/Sesai
220	Tuyuka*	Tuiuca	Tukano	Noroeste Amazônico	AM Colombia	1.050 570	2014 1988	Siasi/Sesai
221	Umutina	Barbados, Omotina	Bororo	Oeste do Mato Grosso	MT	515	2014	Siasi/Sesai
222	Uru-Eu-Wau-Wau		Tupi Kawahib	Rondônia	RO	123	2014	Siasi/Sesai
223	Waimiri Atroari	Kinja, Kiña, Uaimiry, Crichaná	Karib	Roraima Mata	AM	1.906	2016	PWA
224	Waiwai*		Karíb	Amapá/Norte do Pará e Roraima Lavrado	Guiana AM, PA, RR	170 2.502	2006 2014	Weparu Alemán Siasi/Sesai

#	Povo	Outros nomes ou grafias	Família linguística	Capítulo	UF (Brasil) Países limiítrofes	Censo/ estimativa	Ano	Fonte
225	Wajãpi*	Wayapi, Wajapi, Oiampi	Tupi-Guarani	Amapá/ Norte do Pará	Guiana Francesa	950	2009	Grenand
					AP, PA	1.221	2014	Siasi/Sesai
226	Wajuru	Ajujru, Wayoro	Tupari	Rondônia	RO	248	2014	Siasi/Sesai
227	Wapichana*	Wapixana, Wapishana	Aruak	Roraima Lavrado	RR	9.441	2014	Siasi/Sesai
					Guiana	6.000	1990	Forte
					Venezuela	37	2011	XIV Censo Nacional de Poblacion y Viviendas
228	Warekena*	Werekena	Aruak	Noroeste Amazônico	AM	1.039	2014	Siasi/Sesai
					Venezuela	620	2011	XIV Censo Nacional de Poblacion y Viviendas
229	Wari'	Uari, Wari, Pakaá Nova	Txapakura	Rondônia	RO	3.956	2014	Siasi/Sesai
230	Wassu			Nordeste	AL	2.014	2014	Siasi/Sesai
231	Wauja	Waurá	Aruak	Parque Indígena do Xingu (PIX)	MT	540	2014	Siasi/Sesai
232	Wayana*	Upurui, Roucouyen, Orkokoyana, Urucuiana, Urukuyana, Alucuyana	Karib	Amapá/ Norte do Pará	Guiana Francesa	800	2002	Lopes
					PA	329	2014	Siasi/Sesai
					Suriname	500	2002	Lopes
233	Witoto*	Uitoto	Witoto	Noroeste Amazônico	Colombia	5.939	1988	
					AM	84	2014	Siasi/Sesai
					Peru	1.864	2007	INEI
234	Xakriabá		Jê	Leste	MG	8.867	2014	Siasi/Sesai
235	Xavante	Akwe	Jê	Leste do Mato Grosso	MT	18.380	2014	Siasi/Sesai
236	Xerente	Acuen, Akwen	Jê	Goiás/ Tocantins/ Maranhão	TO	3.509	2014	Siasi/Sesai
237	Xetá	Héta, Chetá, Setá	Tupi-Guarani	Sul	PR	69	2014	Siasi/Sesai
238	Xipaya	Xipáya	Juruna	Sudeste do Pará	PA	173	2014	Siasi/Sesai
239	Xokleng	Aweikoma, Xokrén, Kaingang de Santa Catarina, Aweikoma-Kaingang	Jê	Sul	SC	2.020	2014	Siasi/Sesai
240	Xokó	Chocó, Xocó		Nordeste	SE	340	2014	Siasi/Sesai
241	Xukuru	Xucuru		Nordeste	PE	2.720	2013	Siasi/Sesai
242	Xukuru-Kariri	Xucuru		Nordeste	AL, BA	1.471	2014	Siasi/Sesai
243	Yaminawá*	Iaminaua, Jaminawa	Pano	Acre	Peru	600	2007	INEI
					AC	1.454	2014	Siasi/Sesai
					Bolivia	630	1997	
244	Yanomami*	Yanoama, Yanomani, Ianomami	Yanomami	Roraima Mata	Venezuela	11.341	2011	INE
					RR, AM	23.512	2016	Sesai
245	Yawalapiti		Aruak	Parque Indígena do Xingu (PIX)	MT	262	2014	Siasi/Sesai
246	Yawanawá*	Iauanaua	Pano	Acre	AC	831	2014	Siasi/Sesai
					Peru	324	1993	
					Bolivia	132	2012	Censo Nacional de Poblacion y Viviendas
247	Ye'kwana*	Yecuana, Ye'kuana, Maiongong	Karib	Roraima Mata	RR	593	2015	Siasi/Sesai
					Venezuela	7.997	2011	INE
248	Yudja	Yuruna, Juruna	Juruna	Parque Indígena do Xingu (PIX) e Sudeste do Pará	MT	880	2014	Siasi/Sesai
249	Yuhupde*	Macu; Maku Yuhúp, Yuhupde	Makú	Noroeste Amazônico	AM	754	2010	Silva
					Colombia	250	2000	Mahecha et al.

#	Povo	Outros nomes ou grafias	Familia linguistica	Capítulo	UF (Brasil) Países limiítrofes	Censo/ estimativa	Ano	Fonte
250	Zo'é	Poturu	Tupi-Guarani	Amapá/ Norte do Pará	PA	295	2016	Frente Etnoambiental Cuminapanema/Funai
251	Zoró	Pangyjej	Mondé	Rondônia	MT	711	2014	Siasi/Sesai
252	Zuruahã	Zuruwahá, Índios do Coxodoá	Arawá	Juruá/ Jutaí/ Purus	AM	171	2014	Siasi/Sesai

QUANTOS SÃO?

O dado mais completo sobre a população dos povos indígenas no Brasil, quando do fechamento desta edição, ainda é o obtido no Censo IBGE 2010, que apontou 896.917 pessoas autodeclaradas indígenas no Brasil. Esse número permanece importante pois, embora haja levantamentos mais recentes para povos específicos, o dado do IBGE inclui populações urbanas e suas autodeclarações, informações muitas vezes inacessíveis para pesquisadores em Terra Indígena.

Os dados levantados pelo ISA, por sua vez, indicam uma população de 715.213 indígenas, somadas diversas fontes com diferentes datas (vide o quadro anterior). Esse número não provém de um levantamento direto, como o do IBGE, mas de fontes de campo, geralmente interessadas no total demográfico de um povo. Temos essa inversão de método, então, onde o IBGE encontra primeiro os indivíduos para depois encontrar o povo, enquanto a maioria de nossas fontes parte do recorte do povo e então encontra seus indivíduos. É possível que a diferença que encontramos entre os dois totais populacionais refira-se principalmente à população que se declarou indígena mas não especificou uma etnia. Em 2012 o IBGE tornou público o detalhamento dos dados sobre a população indígena no Brasil. Considerando apenas aqueles que informaram sua etnia, os números do IBGE e ISA se aproximam mais: 672.524 (IBGE 2010) e 715.213 (ISA 2016),

Em relação ao total de povos, nosso levantamento lista 252 povos, 17 a mais do que na edição anterior. Desses recém adicionados, uma parte se refere a emergências étnicas recentes, destacadamente povos do Tapajós, e uma parte à reclassificação, em nossa lista, de diversas populações indígenas que estavam classificadas juntas e consideramos mais correto listá-las separadas, por exemplo as quatro etnias geralmente referidas sob o etnônimo Maku, ou os dois grupos Canela, Apanyekrá e Ramkokamekrá. Os dados detalhados do IBGE, por sua vez, informaram um total de 305 etnias. A diferença nos totais se deve ao critério de autodeclaração, que muitas vezes não coincide com as classificações acadêmicas; é o caso de alguns povos declarados que podem ser subgrupos de um mesmo povo.

Considerando a diversidade de situações demográficas vividas pelos povos indígenas no Brasil, tem-se que: 24 povos têm uma população de no máximo cem pessoas; 86 povos têm entre cem e 500 membros; 42 povos têm entre 500 e 1000 pessoas; 70 povos, entre 1000 e 5 mil pessoas; e apenas 27 povos contam com mais de 5 mil indivíduos.

Dos povos indígenas no Brasil, 48 também vivem do outro lado da fronteira, em países vizinhos; eles estão sinalizados com um (*). Se considerarmos os dados da população além-fronteira por etnia (ainda que sejam estimativas ou resultados de censos desatualizados) notamos sua importância: as fontes listadas no quadro, somadas, indicam uma população de 590.100 indivíduos desses povos habitando do outro lado fronteira, um extra equivalente a 65% da população indígena total no Brasil.

"NÓS, MULHERES INDÍGENAS"

MARÍLIA SENLLE – Cientista social, ISA

TATIANE KLEIN – Antropóloga, ISA, doutoranda no PPGAS/USP

Ao longo das últimas três edições da série Povos Indígenas no Brasil, esta seção apresentou, sob a forma de depoimentos temáticos comentados por antropólogos, pensamentos de 25 lideranças indígenas de diferentes povos: Kaiabi, Baniwa, Marubo, Yanomami, Krenak, Wapichana, Tupinambá, entre outros. Nesses 17 anos, entretanto, apenas quatro mulheres tiveram suas palavras destacadas aqui: Dona Maria Trindade Lopes, do povo Sateré Mawé; Wautomoaba Xavante; Raimunda Tapajós, do povo Arapiuns; e Kunhã Tatá, a Doralice Fernandes, do povo Guarani Mbya.

Nesta edição decidimos inverter a balança convidando dez antropólogas para apresentar os pensamentos de doze mulheres indígenas. Esse movimento foi iniciado em abril de 2016, quando conectamos propositalmente oito mulheres indígenas por meio de um aplicativo de mensagens instantâneas e, a partir das audiocartas e diálogos travados por elas, preparamos o site "Conexões Mulheres Indígenas", disponível em: <http://conexoes.socioambiental.org>.

Entre lideranças e xamãs, professoras e universitárias, idosas e jovens, este novo conjunto de depoimentos reúne mulheres dos povos Guarani, Wajãpi, Xavante, Ticuna, Bakairi, Tukano, Paumari, Ikpeng e Kawaiwete. Trata-se de solucionar um problema de representatividade e também de tornar conhecidas as trajetórias, memórias e perspectivas de algumas mulheres indígenas e, por meio delas, entrever as formas como povos e comunidades diferentes produzem conhecimentos, corpos, arte, alimento, política, diversidade.

Desde muito aprendemos com os povos indígenas que chefia – ou liderança – não é uma prerrogativa masculina. Exemplo disso está nas palavras de Wisió Kawaiwete, uma das mais prestigiosas lideranças do Território Indígena do Xingu (MT), que nos fala da caminhada pioneira, ao lado de seu esposo, nos espaços da política xinguana e das relações com os brancos. Catarina Tukano aborda outros espaços e relações, não menos importantes: ao descrever diferentes etapas do preparo dos alimentos, entre a roça, a casa-cozinha, a preparação das festas, ela mostra como as mulheres, em seus domínios, trabalham junto com os homens para a produção da pessoa tukano.

Transformações tematizam quase todas as falas. Estela Vera, a rezadora ava-guarani que puxa essa rede de mulheres, indica que o desaparecimento das rezas/cantos, pela alteração do tempo e pela falta de interesse dos mais jovens em se tornarem também rezadores, coloca em risco esta terra. A perspectiva sobre o fim do mundo que ela nos apresenta tem eco no depoimento de Wisió Kawaiwete sobre o tempo em que a terra "era aberta" e sobre as transformações que evidenciam não só um problema territorial, mas também o distanciamento entre as mulheres mais velhas e suas filhas e netas.

Aracy Xavante compartilha a angústia de não saber como as jovens vão perpetuar os conhecimentos das mulheres xavante, e ressalta que aprendeu tudo o que sabe – da coleta de alimentos a como enfrentar as dores do parto – com sua mãe e suas tias. Já Ajãreaty Wajãpi lembra dos ensinamentos dos antigos Wajãpi para revelar que a proximidade com o modo de vida dos karai kõ [não indígenas], seus alimentos e roupas têm tido muitos efeitos sobre os corpos dos jovens. É preciso falar com as plantas e seus donos, como ensinaram os antigos, para ter bons cultivos e boa comida, lembra ela.

"Os não indígenas já têm espaços demais entre nós, em nossas aldeias", testemunha Fátima Paumari, falecida em outubro de 2016. Ela, que se alegrava em ouvir sua língua ser falada pelos jovens e queria fazer viver os cantos paumari, era uma das grandes apoiadoras de iniciativas de valorização cultural e linguística. É também de iniciativas de valorização que nos falam as experiências de Koré e Magaró Ikpeng, duas das mais de 40 mulheres coletoras de sementes deste povo. Ser yarang, elas nos contam, é ter sensibilidade para conhecer e cuidar das sementes – segundo elas, uma qualidade cultivada pelas mulheres.

O aparente descompasso entre gerações que algumas falas reforçam é balanceado por depoimentos de jovens, como Fátima Iauanique e Denise Ianairu, do povo Bakairi – que falam de seus próprios corpos e do que aprenderam no convívio com as mulheres mais velhas, mesmo passando longas temporadas longe de suas aldeias.

De forma parecida, Josiane Tutchiauna e sua mãe Orcinda Ïpïna enfatizam as ferramentas de luta pelos seus direitos, nos lembrando de que a conquista de novos espaços pelas mulheres indígenas não ocorre em prejuízo dos conhecimentos específicos que elas manejam e possuem. Entre os novos espaços estão, por exemplo, as associações de mulheres indígenas, que cresceram em número no último período. Ïpïna reitera: "Nós, mulheres ticuna, somos uma autoridade; só precisamos de mais oportunidades para mostrarmos isso".

Falando de si mesmas, não raro algumas delas remetem, como Ïpïna, aos coletivos de mulheres de seu povo e de outras mulheres indígenas, uma forma, talvez, de reconhecer os problemas comuns enfrentados em seus territórios, de lembrar a importância e vitalidade de seus conhecimentos, e de compartilhar, umas com as outras, a luta contra o preconceito e a violência. Esperamos que essas falas feitas em papel deixem rastro para novos laços de poder entre mulheres indígenas – e entre mulheres indígenas e não indígenas.

PALAVRAS INDÍGENAS

PENSAMENTOS DE DOZE
MULHERES INDÍGENAS

UMA MULHER CONTRA O FIM DO MUNDO

LAURIENE SERAGUZA
Antropóloga, doutoranda em antropologia no PPGAS/USP

ESTELA VERA tem cerca de 70 anos e é uma *opuraheiva* (rezadora/xamã) do povo Ava Guarani. Ela vive no *tekoha* (território tradicional) Potrero Guasu, no município de Paranhos, em Mato Grosso do Sul – uma área declarada como Terra Indígena desde o ano 2000, mas ainda não demarcada pelos órgãos oficiais, apesar de historicamente pertencer aos povos falantes de guarani. Com uma população atual de 200 pessoas, o *tekoha* está na região de fronteira seca com o Paraguai.

À espera da demarcação e proibidos de usufruir plenamente de seu território, os Ava Guarani em Potrero Guasu vivem obrigados a uma relação desigual com o mundo não indígena e expostos a violências e pressões desmedidas de fazendeiros, de igrejas e do Estado, em detrimento de suas práticas de conhecimento e do bem viver.

Segundo Estela, o fim do mundo já está acontecendo; seus indícios e consequências são a desvalorização das rezas/cantos, a diminuição dos rezadores, a aceleração do tempo, as mudanças climáticas, em virtude da impossibilidade de circulação dos conhecimentos xamânicos e da *oguata porã*, a mobilidade desejada no território.

Desafiando o que dizia Egon Schaden nos anos 1940 – sobre a cultura guarani ser marcadamente masculina –, a voz de Estela vem se somar às de outras mulheres: com sua reza/canto que "levanta" e com sua fala "afiada", ela evidencia ser possuidora de uma *ne'ẽ* (palavra/alma) eminente – como também são percebidas as mulheres Guarani e Kaiowa. Sua fala acentua a importância da ação política das mulheres na produção da vida social e de mundos Guarani e Kaiowa nutridos pela complementariedade nas relações entre mulheres e homens. Sem mulher não há *tekoha*.

Depoimento recolhido e transcrito por Lauriene Seraguza e traduzido em conjunto com Jacy Caris Duarte Vera, professora ava guarani licenciada em Ciências da Natureza, em fevereiro de 2016.

"SE NÃO TIVER MAIS REZA, O MUNDO VAI ACABAR"

Estela Vera

AVA GUARANI

Se não tiver mais reza e rezador, o mundo vai acabar. Tudo vai acabar, os sinais de que o mundo está acabando já estão aparecendo. Hoje temos menos rezadores (*opuraheiva*), chuvas sem limite. Está tudo fora do tempo.

No mundo todo está acontecendo isso, não é só no Brasil. Aqui estamos um pouco mais protegidos porque ainda temos *opuraheiva*. Tudo vai estar perdido. Os cantos hoje estão muito mais curtos (*mbyky*) do que eram antes e os seres humanos estão morrendo muito antes nos tempos de hoje. Pelo jeito vai continuar assim, por causa do canto curto, que não é mais como o antigo (longo, *puku*).

Vivo com a minha reza ainda pela vida dos inocentes, pois ainda aparecem crianças que esperam muitas coisas de mim. Por isso tenho forças para continuar a minha vida como *opuraheiva*.

Se hoje o mundo ainda não acabou, é pela vida destes inocentes, pois, do mesmo jeito que o *Kuarahy* (Sol) ilumina a gente, ele pode sumir e acabar com tudo. Isso vai acontecer quando acabarem os *opuraheiva*. *Kuarahy* pode fazer uma troca e nos devolver o que fizemos contra terra, para, então, renovar e começar tudo de novo. [...]

Nós *opuraheiva* somos diferentes dos crentes, dos evangélicos. Nós pedimos pela vida de todas as pessoas, pedimos para melhorar cada vez mais o nosso mundo. Os crentes pedem para Jesus vir logo, acabar com tudo e levá-los embora para junto dele.

Não é o mundo que precisa de solução, somos nós que estamos fazendo tudo errado. Nós é que não obedecemos mais as inspirações que *Kuarahy* nos deixou, não estamos sendo obedientes a ele e, por isso, ele já se cansou de nós.

Temos que obedecer o *hembijoykue*, as inspirações que *Kuarahy* nos deixou. *Jasy* e *Kuarahy* são como açúcar pra nós: *Jasy* é responsável pela gravidez das mulheres; nos torna doces. *Jasy* é como açúcar, e *Kuarahy* é como uma flor. O batismo deles se chama: *Kaaguy yvoty*, *Kuarahy* e *Kaaguy açuca'i*, *Jasy*. Por isso, ainda hoje tem mulheres com filhos gêmeos: *Jasy* e *Kuarahy* são gêmeos e deixaram para ser assim na terra.

Eu me sinto muitas vezes presa, pois não sei onde vou fazer a minha reza, para quem vou contar os meus cantos, o meu conhecimento. Durante os meus sonhos, sou cobrada para fazer a minha reza e os meus cantos. Sonho sempre que tenho que rezar com dois meninos e duas meninas moça, durante quinze dias, para continuar a saber o que vai acontecer no nosso mundo. Mas acordo e penso: pra quem vou fazer meus cantos, minhas rezas? Para quem vou contar minhas histórias. Quem será que está interessado?

No Paraná, um vento forte levou um *pindó* (coqueiro) e o deixou em cima de um rio. Nós estamos assim, em cima de um rio, e a qualquer momento vamos saber o que vai nos acontecer. Eu me comparo com este *pindó*: a qualquer momento *Ñandejara* ("Nosso Deus") pode vir e tirar minhas raízes, me levar embora pra sempre, sem deixar semente nenhuma. [...]

Esta é minha palavra.

TRANSFORMAÇÕES NAS RELAÇÕES: MUDANÇAS NOS CORPOS E NO PADRÃO ALIMENTAR DOS WAJÃPI

**DOMINIQUE TILKIN GALLOIS E
JULIANA ROSALEN**
Antropólogas, professora e doutoranda no Departamento de Antropologia da FFLCH-USP, respectivamente

Quando pensa nos alimentos e nas roças, AJÃREATY lembra das palavras, gestos e ensinamentos de sua mãe. Com ela, aprendeu que as plantas cultivadas são pessoas, que têm suas falas, seus pensamentos, seus donos. Para produzirem bem, as plantas precisam estar felizes. Assim, quando cuidam e colhem produtos de suas roças, os Wajãpi alimentam relações com essas diferentes gente-planta, como no começo dos tempos, quando todos eram parte de uma mesma humanidade. A fala de Ajãreaty remete a esse tempo, quando todos se comunicavam. A proximidade excessiva e comportamentos inadequados entre tantas gentes acabaram provocando a raiva de *Janejarã* [nosso dono], que distanciou as espécies, que vivem e se reproduzem sob o cuidado de seus respectivos donos. Os Wajãpi conhecem a maneira correta de se relacionar com as plantas que cultivam, para alegrar seus donos. É assim que se gera abundância nas roças e, consequentemente, abundância de alimentos para as famílias wajãpi. Atualmente, os jovens têm se interessado pouco em aprender como se cuida bem das plantações. O crescente consumo de alimentos dos não índios e o desinteresse dos jovens pelos trabalhos agrícolas está mudando os corpos dos Wajãpi, assinalando um desequilíbrio que afeta muito além da saúde, mas impacta todo seu modo de existência, que depende da continuidade dos saberes e das práticas de que nos fala Ajãreaty.
Os depoimentos foram registrados em Wajãpi, em junho de 2016, na aldeia Kwapo'ywyry, e traduzidos por Asurui Wajãpi e Juliana Rosalen, em agosto de 2016.

"CONVERSAMOS COM O QUE A GENTE CULTIVA"

WAJÃPI

Ajãreaty Wajãpi

Quando a gente vai plantar banana, a gente tem que conversar com ela para plantar, disseram os nossos avós antigamente. É assim que a gente fala: "Você faz seu cacho igual ninho de caba, bem comprido (*kavu poko pẽ sikõ ne´anee*)". É assim que a gente diz para plantar banana e daí ela dá cacho bem comprido. Quando vamos plantar cará tem que falar: "Você tem que crescer igual *panaku* fechado, para depois a gente fazer de você bebida (*panakuruvãkãsãsã eu amẽ tẽ a´i ty romo eu ene eu*)". É assim que a gente diz para o cará, antigamente minha mãe falou para mim. Eu sei hoje o caminho de como cultivar essas plantas. Quando a gente vai plantar abacaxi, tem que também conversar com ela: "Você tem que crescer da altura do meu pescoço, vocês todas abacaxi, bem baixo, perto da terra, para dar rápido (*earypy poko pe sikõ ene nanã kõ yvyu vyu gã i´a se´e se´e je i´a*)". Antigamente minha mãe conversou comigo, por isso que hoje eu sei cultivar essas plantas. Também quando planta maniva, a gente não planta de qualquer jeito, explicava minha mãe, tem que conversar com ela e depois enfiar na terra. "Tem que dar bem a raiz para fazer caxiri (*neraposikene kasiri romõ eu ene*)", falamos para a maniva, aí a maniva fica alegre e as plantas vão crescer bem. É o que me disse minha mãe, antigamente. É assim que vai dar grandes raízes.

Para tudo que cultivamos nós falamos: cará, batata, banana, maniva, milho, pimenta... Antigamente, os antepassados diziam para a batata multiplicar bem (*jity pe eu po´a po´a po´a po´a eu*). Este ensinamento veio de antigamente, o dono da batata que falou com os nossos antepassados e nós até hoje não esquecemos esse jeito de plantar. E então a batata se multiplica para dar muitas batatas. Tem que dar também igual pedra que fica em cima da terra. "Assim que vai dar bem batata": disseram nossos antepassados e até hoje não perdemos esse jeito de plantar. Para pimenta falamos também: "Você dá como se fosse fruta *maruka*" (fruta doce e vermelha que dá em árvores altas em determinadas regiões, ao pé de montanhas). Ela fica feliz e dá muita pimenta. Para algodão a gente diz: "Você dá bem igual a algodão de *pirisi* (periquito)", e aí que algodão vai dar. Conversamos com o algodão, com o que a gente cultiva.

O que minha mãe me ensinou antigamente eu não esqueci. Para a pupunha a gente fala: "dá igual fruta de *maraja´y*" (fruta doce que dá em grande quantidade em uma árvore que nasce na beira dos igarapés). É assim que vai dar bem o que a

> Para tudo que cultivamos nós falamos: cará, batata, banana, maniva, milho, pimenta...

> Conversamos com o algodão, com o que a gente cultiva.

> O que minha mãe me ensinou antigamente eu não esqueci.

WAJÃPI

> Antigamente a casa falava, o fogo falava, a cerâmica falava. E aí nosso dono tirou a fala deles, por isso não ouvimos mais.

> As caças também falavam, todos falavam. a floresta também falava antigamente. Se a gente vai derrubar a árvore, ela grita: "Ai!". Se a gente vai matar a caça, ela grita também: "Ai, não me mata!".

> Nós falamos, mas hoje em dia os jovens não obedecem a nossa fala.

gente planta, falou minha mãe antigamente. Nosso dono fez as plantas cultivadas, deu a fala para elas e elas falaram para os nossos antepassados: "Vocês têm que conversar com a gente quando vai plantar". E cada planta ensinou o que falar para o nosso antepassado. E com eles nós aprendemos e até hoje não esquecemos esse conhecimento. Eu mesma estou usando o que eu aprendi, mas não sei se outras pessoas usam. Eu não sei se outros pais repassam esses conhecimentos para seus filhos. Para plantar urucum, temos que dizer: "Você tem que dar igual *urukurana*" (planta nativa que tem folha e fruto parecido com o urucum e dá muito no mato) e aí que urucum vai dar muito fruto. Quando falamos isso, todos os urucum vão ficar felizes e vão dar frutos para a gente se pintar. Tem os donos das plantas cultivadas, eles escutam nossa fala e ficam felizes e falam para plantas darem bem.

Antigamente a casa falava, o fogo falava, a cerâmica falava. E aí nosso dono tirou a fala deles, por isso não ouvimos mais. Por isso que hoje em dia as plantas, as casas, o machado, a panela, a massa de mandioca, a nossa comida não conversam mais. Acho que nossas comidas e nossas plantas falaram alguma coisa que o nosso dono não gostou e então ele tirou a fala deles.

As caças também falavam, todos falavam. A floresta também falava antigamente. Se a gente vai derrubar a árvore, ela grita: "Ai!". Se a gente vai matar a caça, ela grita também: "Ai, não me mata!". Por isso que eu acho que o dono deles falou para *Janejara* (nosso dono) retirar a fala deles. Eu acho que foi assim, mas não tenho certeza. Até mandioca também gritava antigamente. Quando a gente vai arrancar ela da terra, aí ela grita: "Aaaai!" É por isso que hoje em dia, antes de arrancar a mandioca, temos que conversar com ela para poder puxar: "Cuidado, eu vou te arrancar". Aí que ela vai saber que a gente vai arrancar, minha mãe sempre falou. Todas as plantas que estão em uma roça nova a gente tem que conversar com elas antes de tirar, para elas não ficarem chateadas, porque têm seus donos [e eles também podem ficar chateados].

Antigamente, eu acho que pajé que sabia dos donos e depois falou para a gente. Minha mãe falou para mim que todos têm dono. É sobre esse caminho que eu estou falando: não errei o que minha mãe me ensinou. Se matamos caça, vai fazer mal para a criança pequena, porque tem os donos das caças. Quando nós temos filho pequeno não podemos pegar água e muitas outras coisas, porque tem donos que podem até matar a criança.

Hoje em dia não sei se os jovens respeitam estas palavras, não sei se estão sabendo sobre isso. Nós falamos, mas hoje em dia os jovens não obedecem a nossa fala. Eu não sei por que os jovens estão assim. Depois do contato com os *karai kõ* (não índios), os nossos jovens não ouvem mais a gente: tomam banho no rio como se não tivesse dono do rio. Nós falamos que tem *moju*, tem a dono do rio que pode matar rápido a pessoa, mas eles não escutam, não sei por quê. Eles dizem: "Não tem dono, sucuriju não mata a pessoa". Mas tem dono! Dono das plantas cultivadas, da maniva... tem dono. Nós falamos para elas (as jovens) que quando elas têm filho pequeno não podem arrancar mandioca, mas elas não escutam. E elas perguntam: "O que é isso (donos das plantas cultivadas)"?

WAJÃPI

Eu converso com as minhas netas que quando estão menstruadas não podem ir no rio, não podem arrancar mandioca, não podem pegar na terra; assim explicou minha mãe antigamente para mim. E é por isso que hoje em dia eu não sinto dor nos braços, também eu não desmaio, nem falo assim: "Eu estou com dor de cabeça". Somente quando eu pego gripe e malária eu sinto dor de cabeça. Eu acho que hoje em dia os jovens não escutam mais essas coisas e ficam falando: "Eu estou sentindo dor de cabeça e tontura também". "Eu não sei o que é isso", falei para eles. "Parece que vocês estão comendo muita comida de *karai kõ*. E os *karai kõ* mesmo estão falando que a comida deles faz mal". Nós não misturamos nosso alimento. Nós bebemos *kasiri miti* (bebida pouco fermentada de mandioca), bebida de batata damos para as crianças e também *kasiri miti* doce. Os adultos bebem *kasiri wasu*, bebida forte, bem fermentada. Aqueles que são muito jovens não deveriam tomar *kasiri forte*, mas hoje em dia os rapazes tomam. Nós pedimos para eles não tomarem, mas assim mesmo eles tomam. "*Kasiri* não faz mal", eles dizem.

Não sei por que está acontecendo isso hoje em dia, os jovens não escutam nossas palavras. Não escutam de jeito nenhum. Eles bebem também bebida de não índio. Esses jovens não sabem andar no mato, não têm flecha e não fazem utensílios. Por isso hoje em dia nós falamos para eles fazerem utensílios. Os jovens da minha aldeia fazem bem utensílios, fazem peneira, tipiti, tipoia, plantam e fiam algodão. Do *kasiri* a gente não vai esquecer, até no futuro. As festas, eles deixaram de fazer. Eles não fazem nenhuma festa para eu ver. Eu falo para eles fazerem festa, mas eles não fazem. Festa dá alegria para nós, eu falo.

Kasiri também dá alegria para gente. Eles não ouvem. "Toca flauta para eu escutar"; só que eles não tocam. De vez em quando eles tocam. Essa flauta que dá alegria para o *kasiri*, falaram nossos antepassados. Muitas vezes os jovens tomam *kasiri* grande, mas não fazem festa. E as donas do *kasiri* falam para eles fazerem festa, mas eles não fazem. Também para os velhos conhecedores nós falamos para fazer festa, mas eles respondem: "Nós estamos velhos para fazer". Nós falamos para os jovens aproveitarem, pois os velhos conhecedores estão ainda hoje conosco.

ILUSTRAÇÃO DE JANUARI (1983), EXTRAÍDAS DE VIDAL, LUX (ORG). *GRAFISMO INDÍGENA*. SÃO PAULO: STUDIO NOBE, FAPESP, EDUSP, 1992.

MOVIMENTOS NA TERRA

EQUIPE DE EDIÇÃO

WISIO KAWAIWETE é uma das mais importantes lideranças políticas na região do Baixo e Médio Território Indígena do Xingu (MT). Profunda conhecedora da cultura alimentar e da culinária de seu povo, ela foi, junto com Tuiaraiup, seu esposo, responsável por um projeto de resgate e multiplicação de 42 variedades de amendoim conhecidos pelos Kawaiwete. Nesse processo, ela percorreu diversas aldeias e roças, levantando as variedades agrícolas manejadas por seu povo. Wisio é uma anfitriã de prestígio, que sabe como reunir e alimentar as pessoas, e também é dona de uma oratória admirada por todos, mulheres e homens. Além de congregar as mulheres de sua região, ela atua na diplomacia com os Kĩsedjê, povo cuja língua ela também fala.
Com o casamento, lembra Wisio, ela se acostumou ao marido Tuiaraiup e, além de apoiá-lo em suas obrigações como pajé, passou a acompanhá-lo em importantes reuniões no território indígena, na cidade e em Brasília (DF), para "cobrar os chefes grandes": "Eu não estava sozinha na luta. Dentro da nossa reserva, tinha as mulheres que participavam da reunião, mas fora, na cidade, elas não tinham coragem – ou o marido não deixava. Então eu, com minha coragem, enfrentava tudo isso". Assim, Wisio se tornou uma das pioneiras Conselheiras de Saúde no TIX e até hoje ajuda a pautar as ações de atenção à saúde promovidas pelo Projeto Xingu, da Universidade Federal de São Paulo (Unifesp).
A dedicação à política trouxe dificuldades e, algumas vezes, a afastou de seus filhos e filhas. Mesmo assim, a nora do pajé Prepori Kawaiwete deixa um caminho trilhado para as jovens lideranças: "Hoje estou chegando na idade em que não consigo participar como antes, e é por isso que elas estão aí, no caminho que eu passei". Nesse depoimento, ela fala sobre o contato com os não indígenas e todas as transformações que ele produziu na terra, nos alimentos e na vida dos Kawaiwete.
O depoimento foi colhido por Isabel Harari na Aldeia Kwaryja, no Território Indígena do Xingu (MT) em junho de 2016. A tradução foi feita por Aruta Kawaiwete, seu genro.

"ANTES DO CONTATO A TERRA ERA TÃO ABERTA..."

KAWAIWETE

Wisio Kawaiwete

Meu nome é Wisio, sou da aldeia Kwaruja, e fui escolhida como representante das mulheres para falar sobre o interesse do nosso povo, para nós, mulheres kaiabi.

Antes de tudo, quero dizer que estou preocupada com os produtos da roça do meu povo; alguns estão enfraquecidos. O produto que nós temos não tem veneno, não tem química. Isso é importante nunca deixar acabar, porque a gente tem que manter do jeito que os nossos ancestrais vinham cuidando. Nessa parte eu sempre vou ajudar. É a nossa alimentação e ela não pode acabar.

Antes do contato com o homem branco, a terra era suficiente e quando a terra que a gente morava enfraquecia os produtos, a gente mudava de um lugar para o outro. Antes do contato, a terra era tão aberta... Está ficando difícil porque **nós estamos em uma reserva, uma ilha, então isso dificulta quando a terra enfraquece para nossa produção**. A gente tem pouco espaço, sim. **Mesmo tendo a demarcação da área, ela é insuficiente para o movimento** e para a produção. Na minha visão, a terra é que produzia os nossos produtos, como amendoim, milho, inhame, se reproduzem bem naquela terra preta, que chamamos de capoeira – onde tem uma aldeia antiga e uma terra boa para produzir.

Do passado para o presente, as coisas estão mudando. Atualmente, quando as mães fazem aquele trabalho que os antigos faziam, não têm o acompanhamento das moças, da filha, da neta; às vezes, a mãe fica trabalhando sozinha. Isso vem me preocupando.

A gente pode aprender a falar português, mas tem que saber falar a sua língua, não deixar de falar. Isso me preocupa muito porque tem não índio que tem essa religião que está tendo aí e que já está começando a entrar na nossa reserva, impedindo que a gente use a nossa própria cultura, fale a própria língua, use os nossos alimentos, aprenda a ser pajé...

Foi Tuiararé mesmo quem nos transformou em humanos, que fez a gente. Ele, quando transformou, fez língua uma só... depois é que separou as regiões do mundo começou a mudar as línguas, para cada etnia ficar com uma língua diferente. Por isso que a língua da gente é diferente uma da outra.

KAWAIWETE

Eu sempre ouvi na história que nós, indígenas, fomos separados do não indígena. Ele deu orientação para não destruir a terra, saber utilizar, saber cuidar e não destruir os rios. Então, conforme a nossa origem indígena, nós usamos com respeito as coisas da natureza. O mesmo deus, quando passava em outro povo, deu outra orientação, então somos diferentes: **nós indígenas usamos as matas diferente de vocês. Nós somos todos iguais, mas na utilização dos recursos naturais, a sua destruição é muito maior do que a nossa.**

Eu não sei bem a história de não índio. **Não sei como o deus orientou o seu povo.** Com o passar dos anos, com os contatos, as coisas vão mudando. Acho que **você mesma já percebe que as coisas não estão ficando bem, está mudando o clima. E por que isso? Porque o não índio está destruindo o que não deve ser destruído. Isso está afetando o que não era para ser destruído.** Não devia ser construída barragem; não podia cortar os córregos. O deus que criou aqueles recursos, esse mundo, não está satisfeito com isso e por isso que acontece enchente, chuva imensa que alaga a cidade.

É isso que nós indígenas enxergamos. O nosso mundo é equilibrado com a natureza saudável, com a mata fechada. É ela que chama as chuvas e deixa o ar puro para a gente respirar. Alguns de vocês estão preocupados com isso, mas tem alguns que não se preocupam, como os governos, e é isso que vem afetando a natureza e a sobrevivência de nós, humanos.

Falando dos cerrados e da montanha, aquele morro para nós é uma casa dos espíritos poderosos, que construíram todos os recursos. Cada montanha onde existem esses morros é uma casa dos espíritos; eles que transformaram esses recursos. Não sei se os não índios percebem que, **quando uma montanha é destruída, o dono se revolta contra quem a destruiu.** Isso vem acontecendo nos países que destruíram casas dos poderosos espíritos.

Na verdade, nós não estaríamos aqui no [Parque Indígena do] Xingu, mas os dois irmãos Villas-Boas foram ao Rio Teles Pires, encontraram com o finado do meu sogro e convidaram ele para visitar o Xingu. Nossa aldeia era longe; era apenas para vir para o Xingu "de passageiro" e depois ia voltar para aldeia. Foi isso que foi falado, mas nada disso aconteceu. **A gente não acostumou com o Xingu e ficamos de voltar para nossa aldeia, mas não deixaram a gente voltar para os lugares de onde viemos.** Nós deixamos muitas coisas lá: produtos de roça, criação de porco, criação de frango. Tudo isso meu pai deixou. Ele ficou muito triste e, por isso, quis voltar pra lá, mas o Claudio e o irmão dele não deixaram, falando que os seringueiros estavam judiando, massacrando.

Na época, quando existiam ainda muitos pajés poderosos que sabiam muito das coisas, não chovia logo que passava a época de queimada. Aquela comunidade tinha que conversar com aquele pajé e dar um jeito de falar com espírito ou, até mesmo cantar, para mandar chuva. Isso acontecia no passado, mas isso não acontece mais porque as pessoas estão nem aí, elas não lembram mais o que eram as nossas coisas.

Mas como hoje em dia os não índios estão desmatando muito, tudo isso está causando problema. Por quê? Porque aquele dono que transformou a mata e a água, com toda a destruição que está acontecendo, não está gostando nada, e por isso impede que chova. E é isso que os pajés de hoje contam: ele está fazendo o clima esquentar, a chuva demorar para chover.

Fortalecer o pajé, fortalecer aquela coisa que os antigos faziam, conversar com o pajé... tudo isso está deixando de ser feito. Existe uma outra religião que vem impedindo isso. Aquele que era pajé está deixando de seguir sua função e está valorizando outra religião. Eu acho que isso que vem impedindo que as coisas se fortaleçam.

Eu, como liderança, deixo aqui de mensagem para mulheres kaiabi e também para outras etnias: "Vocês têm que ser corajosas, têm que pensar em seus filhos e em seu povo. Para conseguir as coisas, vocês têm que ser fortes, têm que ir atrás das coisas. Mostrar o que você tem de bom para ajudar seu povo. **Quero que isso aconteça com muitas de vocês que são mulheres lideranças indígenas. Mostre a força, mostre o que você tem de verdade.**

Sempre lembramos dos lugares de onde nosso povo veio. Tem vezes que dá uma saudade e lembramos de todos os recursos que têm naqueles lugares, só que infelizmente eles foram ocupados pelos fazendeiros. Foi dado pelo governo os lugares onde nós indígenas vivemos e ele tem que considerar que indígena também faz parte daquele lugar.

Por isso a gente sempre quer pegar os recursos que usávamos para fazer artesanato, mas quem está lá, ocupando, nos considera como invasores. Sempre quer matar índio, mostrar as armas que tem. Mas não é bem assim. Nós pertencemos àqueles lugares onde eles estão ocupando. Aqui onde moramos não tem muitos recursos que precisamos, somente naqueles lugares.

Os antepassados comiam as frutas, tinham ervas medicinais, e, com tudo isso, eles tratavam seus filhos. Então, naquela época, era difícil ter as doenças que hoje estamos tendo. Essas doenças, que não são do nosso costume, vêm mais por causa da produção, que tem química. É daí que vêm as doenças: vêm dos lugares que circulamos, vêm da cidade. Essa é minha visão.

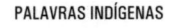

NÓS, MULHERES XAVANTE

CAMILA GAUDITANO
Antropóloga

ARACY nasceu na aldeia Pimentel Barbosa. É neta de Apowë Xavante, liderança que fez o contato de seu povo com os homens brancos na década de 1940. Hoje, Aracy vive na mesma aldeia em que nasceu. Quando menina morou em outras aldeias de seu povo, percorreu e conheceu o territorio xavante em expedições conhecidas como *zöomo'ri*, junto à sua família e comunidade. Os Xavante andavam grande parte do ano em expedição, onde a vida acontecia: crianças nasciam e cresciam, cerimônias eram celebradas, homens e mulheres praticavam seus conhecimentos em diferentes ambientes do cerrado. Os *ritewá* eram os responsáveis por retornar à aldeia, avaliar o crescimento do milho e avisar o pessoal da expedição que voltasse para a colheita. Neste depoimento, Aracy fala sobre a importância da observação e da brincadeira para o aprendizado das crianças; sobre as principais fases de vida para a mulher xavante; sobre a importância da alimentação baseada em cocos e carás; e sobre a proteção física e espiritual.
O depoimento foi gravado na aldeia Pimentel Barbosa, TI Pimentel Barbosa, Mato Grosso, em 2010.
A tradução foi realizada por Cipassé Xavante.

"A GENTE APRENDE OBSERVANDO AS NOSSAS MÃES"

XAVANTE

Aracy Xavante

Eu nasci aqui nesta aldeia [Pimentel Barbosa], nasci e vivo aqui onde estão estas casas e onde minha mãe mora hoje, minha mãe Pewapa. Meu pai Warodi, meu pai. E depois, quem acabou de me criar foi meu tio, Serebzabdi, e me levou para um lugar próximo do Rio das Mortes, no lago chamado *Ötõ*, onde tinha uma outra aldeia. Vivi lá e terminei de crescer em *Wedeze* [São Domingos]. Quando eu era *baõno*, meu tio me criou, me assumiu, foi o pai que me criou. Ele era um bom caçador, eu comia o que ele caçava, *aihö* (veado campeiro), *uhöri* (caititu) e tudo o que ele caçava; como filha, tinha uma parte que ele sempre guardava para mim. Logo depois de *Wedeze*, nos mudamos para *Ötõ*, e de *Ötõ* para a beira do Rio das Mortes, na aldeia chamada Barreira. Quando viemos para cá já era *azarudo*, aqui onde nós estamos morando agora, depois de *baõno*, *azarudo*. Depois de *azarudo*, o meu namorado fez *dabasa* e casamos, depois de *azarudo*, *tsoimbá*, é o começo da nossa relação com o marido. O marido decide, dependendo da formação, se ele é *ritewá* ou *ipredu*, quando faz as visitas frequentes e é a partir daí que começa a nossa relação. A gente começou a conviver porque eu já era *adabá*.

Quando eu era *baõno*, eu aprendi a coletar com a minha tia; ela sempre me levava, a gente acompanhava o grupo. Quando eu era *baõno*, eu não tinha preguiça de andar, eu gostava demais de andar, eu não cansava. Dependia da época de coleta... podia ser *mooni*, *mooni'höiré* ou *nororẽ*. Eu comecei a coletar *nororẽ* porque era a época que as mulheres estavam fazendo essa coleta lá no *Wedeze*. Comecei a conhecer um tipo de palmito que se chama *noroĩpó* (coco) e eu aprendi a tirar *noroĩpó*. Não é como hoje, as jovens têm muita preguiça de andar, eu gostava de andar e até hoje eu gosto de andar e de fazer coleta.

Quando pequena, a gente aprende observando as nossas mães, a gente aprende brincando. Nós que temos curiosidade e é a primeira vez que estamos vendo aquilo, a gente observa as nossas mães e vendo, a gente imita as nossas mães fazerem as coisas: fazer cesta, fazer cesta grande para carregar criança, fazer esteira, tudo. Eu aprendi vendo a minha mãe.

GRAFISMO XAVANTE FONTE: DESENHO DE ÖWA´U RURI´Ö

XAVANTE

Outra atividade que a gente observa é tecer algodão. Eu comecei a fazer quando eu tive a primeira filha, não era mais *adabá*. Tudo o que a gente aprende é observando. Eu tinha em mente o jeito de fazer, só não tinha experimentado fazer na prática. Só comecei quando tive a primeira filha. E fazer esteira eu aprendi quando era *adabá*, observando o meu pai de criação. O material de tecer o algodão que se chama *wató*, é com isso que a gente aprende. Também aprendi como preparar o palmito de macaúba olhando a minha mãe: foi com ela que aprendi a abrir o *sé*, que tem muito espinho. Aprendi a procurar coco, onde tem coco e tirar qualquer tipo de batata, *mooni'höiré*, *aodo*, coquinho da macaúba. Então tudo isso a gente aprende vendo as nossas mães. Não como hoje, que as meninas não conseguem nem andar.

Quando a chuva parar, nós vamos tirar *mooni'höiré*. Eu gosto demais de tirar *mooni'höiré*. Quando eu saía para fazer coleta sozinha, matava muita caça durante a coleta; matei tamanduá, matei caititu, *padi* e *uhöri*. Tudo é importante, até fazer algodão, porque é com ele que se faz a cerimônia. É bom não esquecer que nós começamos aprender a tecer com cabaça quebrada, a gente improvisa esse material para tecer algodão e até com semente de algodão a gente tece. Depois dessa experiência, usamos aquele material, o *wató*. É importante não esquecer que, sem o algodão, não é possível acontecer a cerimônia. O tempo que a gente leva para aprender o algodão pode ser um dia, dependendo de cada pessoa. Eu mesma fiquei um dia inteiro querendo aprender aquilo ali, levei um dia para pegar o jeito. Arrebentando e você se interessando, aprende no mesmo dia.

Hoje a comida do *warazu* não presta, não é boa para o nosso organismo. Eu gosto mais de *abahi*, *mooni*, *mooni'höiré*. A comida tradicional que é gostosa! Hoje eu não sei como vai ser a reação desta geração. É muito difícil eu falar como vai ser depois de mim a função das mulheres, é muito importante as jovens seguirem a nossa trajetória, mas é muito difícil prever, falar que eles vão andar por outro caminho, baseado nas coisas que eu falei. Para mim é muito difícil dizer se vai ser bom, se vai acabar ou não. É difícil.

A decisão sobre o casamento é de nossas mães e nossos pais. Meu pai decide quem escolheu, avisa minha mãe, minha mãe pensa e talvez apoia a decisão do marido e a função dela é socar milho e fazer bolo depois de decidido. Não é a partir do momento que fica comprometida que o namorado vai visitar: leva tempo, tem época certa para ele me visitar e quando ele foi a primeira vez me ver eu já era *azarudo*, ele só foi lá para ver, conhece o lugar, o quarto dele, a cama dele. É assim. Todo mundo participa da negociação do compromisso: minha mãe fez minha cama e logo depois a gente vira *adabá*. São os pais das pessoas que são comprometidas, no caso, a família mais próxima de nossos namorados, que decide a caçada e o dia do casamento; os tios, os pais, os primos decidem essa caçada e logo depois ele vai me visitar, qualquer *adabá*, e a nossa relação de casado começa nessa primeira visita. O homem é sempre mais corajoso nessa hora e nós, que somos mulheres, mesmo tendo muita

XAVANTE

coragem de andar sozinha, essa é a nossa primeira experiência e é por isso que eu falo que eu fiquei com medo dele, da respiração dele e de ele deitar do meu lado. Eu não sabia o que ia acontecer. A gente sempre lembra a orientação de nossas mães, mas, mesmo assim, naquela hora a gente fica com medo, porque é a primeira vez que nós vamos namorar aquela noite. Eu fiquei com medo. Logo depois o homem fica contente, a partir daí nossa relação começa a se aproximar cada vez mais. Eu penso assim dos homens.

A maneira de se comportar durante a gestação e quando chega o dia de sentir as dores, nossas mães também orientam: não temos que ficar assustadas, temos que ficar calmas. Quando eu tive a primeira filha, eu senti a primeira dor. Eu não sei se todo mundo pensa assim, mas temos que enfrentar a dor porque somos mulheres e não temos que deixar nosso marido ou a família dele envergonhados. Falando a verdade, eu tenho medo. Eu tenho medo, porque nem todas as mulheres são fortes, mesmo assim a gente enfrenta, a gente vence. Existem mulheres muito fortes, que não sentem dor. Eu acho que não existem coisas que não tem dor, tudo tem dor, mas como mulher a gente tem que deixar nosso marido contente e não deixar ele envergonhado, mas eu tenho medo.

Hoje tenho um pouco de idade e vejo que naquela época não precisava levar comida: no *zöomo'ri* tinha tudo. Durante o *zöomo'ri*, comiam-se frutas, batatas e *noroĩpó*, palmito do coco. Todos os lugares tinham coisas diferentes, uma região para cada coisa e, por isso, durante o *zöomo'ri*, tanto homem quanto mulher, buscam alimentos, os homens caçadores e as mulheres coletoras. A mulher usa um certo tipo de material para que nenhuma coisa ruim se aproxime. O homem usa o brinco na orelha para fazer uma boa caçada. Nós, mulheres, usamos um certo tipo de madeira que se chama *norozãpsatazé* para evitar que a onça ataque as coletoras, porque não temos armas. Isso funciona e evita um monte de coisas. Também usamos broto de coco, que se chama *norõrewaipó*, e é usado também para que nada de ruim se aproxime ou atinja as mulheres. Assim retornamos sem que nada aconteça. Não é só o homem que tem conhecimento da região onde tem a melhor caça: nós também conhecemos a região onde tem muita batata, muita fruta do cerrado. É difícil a mulher se perder; as nossas mães, as nossas avós já andaram ali, esse lugar já é conhecido e elas que transmitem o conhecimento do lugar. O que eu conheço é que na região de campo aberto só tem caça e além da caça tem os cocos; não tem batatas naquela região. Para fazer a melhor coleta é no tabocal onde tem *wededu*, onde tem qualquer tipo de batata é na região onde tem muita taboca.

Nós, mulheres, sonhamos muito. Algumas mulheres sonham com choro, sonham com qualquer tipo de sonho, mas a gente esquece muito. Acorda pensando, mas depois que come qualquer coisa, aquilo ali some de uma hora para outra. Eu mesma sonho mais com choro, acordo lembrando do choro, mas depois esqueço.

AS MULHERES COLETORAS DO XINGU

EQUIPE DE EDIÇÃO

As mulheres coletoras do povo Ikpeng se autodenominam *Yarang*. O termo quer dizer "saúva" na língua ikpeng e é inspirado no movimento de recolher sementes do chão da floresta e levá-las para limpar em casa. KORÉ e MAGARÓ, que vivem no Território Indígena do Xingu (MT), são duas das 65 coletoras de sementes que fazem parte do Movimento das Mulheres Yarang. Essas mulheres começaram trabalhar na coleta, beneficiamento, organização e comercialização de sementes porque ouviam notícias trazidas por seus filhos, e pelos brancos, dos impactos do desmatamento sobre seu território. Em 2008, a partir da Campanha 'Y Ikatu Xingu, tomaram a decisão de se organizar em um movimento, para ajudar a melhorar a qualidade da água na região e gerar recursos para suas comunidades.
Os depoimentos foram gravados por Isabel Harari nas aldeias Moygu e Arayo, Território Indígena do Xingu, Mato Grosso, em 2016. A tradução foi realizada por Oreme Ikpeng.

IKPENG

"MINHAS FILHAS ESTÃO ME CHAMANDO DE SEMENTE"

Magaró Ikpeng

O trabalho com as sementes é um trabalho que se adaptou muito fácil com as mulheres, que têm mais paciência, mais habilidade na coleta de sementes. Os homens não conseguiram porque eles não têm essa sensibilidade com essa atividade. Tem muitos tipos de sementes: tem sementes que tem aqui perto e tem semente que é muito longe. Então você tem que ir muito longe para colher ou você colhe aqui perto. Tem semente que fica nas matas ciliares, que dão na beira do rio, e tem as sementes que dão na terra firme. Eu acredito que isso deu certo para as mulheres porque a atividade da coleta é das mulheres, é para mulheres.

QUANDO ELA ACORDA, SEMPRE ACORDA PENSANDO NAS SEMENTES, PORQUE VAI FAZER SEMENTE. QUANDO ESTÁ DORMINDO OU ESTÁ DEITADA À NOITE, JÁ PENSA: "EU VOU PEGAR TAL SEMENTE, NAQUELE LUGAR". Fica deitada, pensando... Os homens não têm isso; eles não ficam pensando nas sementes. Eles têm outras atividades, não têm esse tempo para trabalhar com as sementes. Acordo já cedo com a ideia de colher semente e, inclusive, minhas filhas estão me chamando de Semente. Tem muito tipo de semente e cada semente é um trabalho. Semente grande, você vai e pega; e se for carnosa, você tem que trabalhar ela. Se for pequena, tem que procurar e peneirar. O que não caiu, você tem que subir pra tirar. Isso que a gente faz com as sementes. A GENTE TEM QUE ANDAR NO SAPÉ, NO SAPEZAL, NA MATA FECHADA, OU NA MATA ABERTA. CADA SEMENTE É UM LUGAR E UM DESAFIO PARA COLHER.

Aí a gente fica sabendo que a Terra vai esquentar, que a Terra vai explodir, que as pessoas vão morrer, e que a Terra está muito quente por causa das mudanças climáticas. Tudo isso todo mundo sabe. Os próprios brancos que ficam falando, contando isso, mas são os próprios brancos que também desmatam. Foi com esse objetivo que a gente começou e agora está colhendo essas sementes. OS BRANCOS ACHAM QUE SÓ NÓS VAMOS SER IMPACTADOS COM OS IMPACTOS QUE ELES ESTÃO CAUSANDO. NÃO SÃO SÓ OS INDÍGENAS; NÃO SOU EU QUE VOU MORRER. SOMOS TODOS NÓS QUE VAMOS MORRER. Por isso estamos falando para vocês, que respeitem o meio ambiente, porque o impacto não vem só pra mim, vem pra vocês também. A natureza mantém a temperatura, a umidade e a qualidade de vida das pessoas. Hoje, com a diminuição das matas, o Sol fica muito quente, a terra fica escassa, e a gente sentiu isso na agricultura, porque a chuva não chegou. A chuva depende da mata e, esse ano, faltou chuva, não choveu muito. A gente fez o plantio e o Sol estava tão quente que torrou todas as ramas. Atrasou a produção e aí não produziu muito mandioca. A gente ficou sem comida e isso é uma consequência muito grave das mudanças climáticas. Antes era bem frio, e agora, como não tem mais mato, vai esquentar e vai ser fácil de pegar fogo. A gente tem risco de não ter também esses recursos, sementes, que dependem da água.

IKPENG

Antigamente o Sol era muito baixo. Os Ikpeng antigos puxaram esse Sol e levantaram ele lá em cima, amarraram bem amarrado com corda. Quando o homem branco começou a mexer com a terra, ir lá no céu – porque homem branco gosta de mexer em tudo, né? De cavar e ir lá no céu, não sei mais onde eles vão agora, porque eles já exploraram tudo. E, se arrebentar a corda, cai, e vai matar as pessoas e o mundo se acaba. Então as mudanças climáticas estão causando essas consequências.

SEMENTE, PARA MIM, SÃO AS MINHAS COISAS. Porque, das sementes, vem embira [cipó], vêm frutas pra gente comer, material para construir artesanato, algumas ervas medicinais. Para mim semente é vida, para mim semente é tudo.

Desde a criação do mundo, desde que deram os nomes para as plantas, A GENTE SABE QUE TODAS AS PLANTAS TÊM SEU ESPÍRITO-DONO — E ESSE ESPÍRITO-DONO É QUE APARECE LÁ DENTRO. Por isso que os antigos falavam assim "não pode comer muito murici da mata senão vai causar dor de dente". Quando você olha em todos os frutos, pega uma fruta e vê um bichinho dentro dela, ele é o espírito-dono. A GENTE SÓ PROCURA UM JEITO DE NÃO FAZER SELEÇÃO, PORQUE A GENTE NÃO PODE DESRESPEITAR A NATUREZA DISTINGUINDO COM ESSES ESPÍRITOS-DONOS, QUE OS BRANCOS CHAMAM DE PRAGA. MAS NÃO SÃO PRAGAS, SÃO DONOS. Então a gente faz seleções, a gente procura o jeito de evitar eles – mas isso sempre vai ter.

Quando eu vou trabalhar, vou com minhas noras, minhas netas, minhas sobrinhas, minhas filhas, porque aí elas ajudam na colheita. Sou a chefe delas aqui dentro da casa, mas todas ajudam e mandam em meu nome. Então a gente é assim, né? A gente está meio dividido, mas geralmente tem uma pessoa que lidera a coleta das mulheres e todas colhem e ajudam, mandam em nome daquela pessoa, e, quando recebe o dinheiro, às vezes divide ou compra alguma coisa que vai ser útil pra todas. O dinheiro beneficia todos da casa, não só as mulheres, mas também os homens.

Eu sou uma liderança, então tenho essa responsabilidade de estar no centro, de estar nas decisões, de falar. Mas dentro da casa, também: cada um tem sua pessoa de referência, tem uma liderança de casa que lidera também o seu grupo. Eu não sou chefa das pessoas, eu sou líder delas, das mulheres. Então as mulheres decidem, falam, eu só falo o que elas decidirem.

A todas as meninas indígenas, que estudem, que aprendam, que se dediquem na sua comunidade, para lutar por seus direitos, para aprender a ser professora, ser agente de saúde, ser dentista, ser liderança na sua aldeia. E também ser liderança para representar mulheres.

Vocês têm que se valorizar, têm que se dedicar, assumir responsabilidade na aldeia de vocês, na casa de vocês, para poder ter esse diálogo, ter essa força das mulheres. Para quando chegar lá, defender de uma forma certa e não na ideia da cidade. VOCÊ FOI LÁ E APRENDEU NA CIDADE E VAI DEFENDER INTERESSE DA CIDADE? NÃO! VOCÊ TEM QUE DEFENDER INTERESSE DA SUA COMUNIDADE, DA SUA REALIDADE.

"TODO MUNDO TEM QUE SER *YARANG*"

IKPENG

Koré Ikpeng

Todas as coletoras estavam percebendo mudança na produção de sementes. Cafezinho-do-pasto, cafezinho-da-mata são os que mais estão sofrendo com essa mudança. Esse cafezinho-da-mata deu muita flor, todas deram flor e todas elas morreram queimadas, e produziram muito pouco, assim como outras também. Lobeira, que é muito carnosa e tem muita água, deu muita flor e produziu pouco, frutas bem pequenas. Aí fico pensando: "SERÁ QUE É POR CAUSA DOS INCÊNDIOS QUE PASSAM? SERÁ QUE É PORQUE A TERRA ESTÁ FRACA? OU POR CAUSA DAS MUDANÇAS DE TUDO?" De todos eles. Os que dão fruta são os que ficam na beira do rio, nas matas ciliares, dos brejos; esses ainda estão conseguindo produzir. Mas aqueles de terra firme, da capoeira, que antes produziam muito, estão todos fracos, murchando. Quando levei meus netos para pegar o néctar da flor da mamoninha, que chamam de menkuá, foram lá e não encontraram muito. Antes não: quando você ia, encontrava muito, pegava muito néctar para fazer mingau.

MAS AS YARANG NÃO DESISTEM NÃO! AS YARANG SÃO ASSIM: QUANDO ACABA ALGUM RECURSO E NÃO ENCONTRAM ESSE RECURSO, VÃO MUITO LONGE. Você vê uma das Yarang aqui e a distância que elas vão buscar folha. Então Yarang também é assim: a gente está triste com as mudanças, mas a gente está muito animada com esse trabalho. O OBJETIVO DE NOSSAS SEMENTES É REFLORESTAR AS MATAS QUE ELES DESTRUÍRAM. Por isso que a gente fala: nossa semente é para reflorestar as matas. Vocês têm que reflorestar; se vocês estão usando para outras coisas, que paguem para nós.

No Encontro da Rede de Sementes, depois que viram que as Yarang são as mulheres, coletoras de sementes, outros grupos também começaram aparecer. Agora a gente se encontra e conversa com coletoras indígenas mulheres. A gente gostou muito de receber a visita das Xavante que vieram aqui fazer intercâmbio. E QUANDO A GENTE VAI PARTICIPAR DE ENCONTROS, A GENTE CONVERSA COM AS MULHERES, EXPLICA PARA ELAS, ENSINA ELAS A TRABALHAR. SER REFERÊNCIA PARA AS MULHERES XINGUANAS É MUITO BOM. Então, isso que faz com que a gente seja mais fortalecida.

A todas as lideranças do Xingu, que se unam a nós. A gente nunca falou que todo mundo tem que ser Yarang ou que ninguém pode ser; a gente não tem esse pensamento. Que se unam a nós, que nos ajudem, e que se dediquem realmente a ajudar a fortalecer o movimento das mulheres do Xingu.

ÀS MENINAS, QUE SE DEDIQUEM E APRENDAM, PARA SEREM INTÉRPRETES DELAS MESMAS, LIDERANÇAS DELAS MESMAS, PARA SEREM MAIS FORTES. Aos brancos que falam que o índio atrapalha ou que impede o progresso, vocês têm que agradecer a gente! A GENTE ESTÁ ENVIANDO SEMENTE PARA VOCÊS REFLORESTAR; NEM SEMENTE VOCÊS TÊM MAIS! A qualidade da água, a qualidade de vida, de natureza, a gente está garantindo e vocês não agradecem a gente. Nós somos donos da água, do vento, da mata. Então vocês têm que agradecer a gente.

SOMAR LUTAS E SOMAR SABERES ENTRE MULHERES

PATRÍCIA C. ROSA
Antropóloga, professora da UFPR e doutora em Antropologia Social pela Unicamp

JOSIANE TUTCHIAUNA é mulher Ticuna, de 36 anos, mãe, pertencente ao clã de pássaro japó, é liderança, militante no movimento indígena, especialmente no âmbito de políticas educacionais de ensino superior e problemáticas que envolvem temas de relações de gênero e sexualidade. ORCINDA ÏPÜNA, de 66 anos, mãe de Tutchiauna, é artesã e pertencente ao clã avaí. Ambas vivem em Bom Jardim, comunidade ticuna em processo de reconhecimento territorial, no município de Benjamin Constant, no Amazonas.

Esses depoimentos nasceram de uma conversa em conjunto realizada na casa de Ïpüna, quando reunidas em torno de seus artefatos tecidos em tucum e outras fibras que utiliza para compor seus cestos, redes e bolsas, estas duas mulheres ticuna enunciavam seus pontos de vistas. Os eixos norteadores de seus depoimentos foram os saberes construídos em conjunto, marcados geracionalmente por trajetos de vida diferenciados que, ao entrecruzarem-se, desvelaram ensejos encorajadores às continuidades das lutas por espaços políticos já conquistados por elas e suas parentas.

Tutchiauna, graduanda em Antropologia Social, iniciou sua trajetória política aos doze anos, quando passou a acompanhar, ao lado de seus pais, o movimento indígena. Momento este em que, ela e sua mãe Ïpïna relembram, que as mulheres indígenas não ocupavam espaços de voz ativa no âmbito dos debates da política indigenista local tampouco assumiam a posição de interlocutoras em pesquisas e projetos que envolviam seus parentes. Ïpüna destaca que um dos espaços de luta conquistados pelas mulheres ticuna são as associações de mulheres, arena em que conquistaram "autonomia", expressando, assim, sua "força e trabalho". Já Tutchiauna conta-nos que nesse "longo e difícil trajeto de aprendizado sobre política indigenista", percebeu que o seu povo precisava de pessoas que se envolvessem com as políticas públicas e as situações vividas pelas mulheres, um dos motivos que a incentivou a participar e seguir engajada no movimento.

Ela e sua mãe falam sobre os desafios de ser mulher indígena no Alto Solimões, cenário que historicamente produziu tensas e violentas relações com os indígenas, e revelam como, pouco a pouco, conseguiram quebrar tabus e se inserir nas lutas ticuna com suas ações entre mulheres.

Os depoimentos foram recolhidos e transcritos em julho de 2016. O depoimento de Ïpüna foi traduzido por Patrícia C. Rosa em conjunto com Tutchiauna.

"É HORA DE SEGUIRMOS CONSTRUINDO ESSES LAÇOS DE PODER ENTRE AS MULHERES"

TICUNA

Josiane Tutchiauna

"Ser mulher ticuna na minha geração é ser mulher guerreira, batalhadora, mulher que trabalha continuamente pela defesa de seu povo, de sua comunidade. Ser mulher indígena e ticuna é ser aquela que mantém, lado a lado com os homens indígenas, o espírito guerreiro dos nossos ancestrais no seu corpo, na sua alma, no seu espírito, sem temer a nada. Hoje eu vejo que os jovens se preparam como se fossem ir para uma guerra; [é] como se essa nova geração de mulheres ticuna, mesmo vivendo em contextos muito diferenciados daqueles em que viviam nossas mães, que deixaram os caminhos para a gente seguir, tornaram-se novas guerreiras. Hoje tentamos manter nossa autonomia. Pouco a pouco, a geração de que eu faço parte está alcançando o objetivo de conseguir um espaço como mulher líder; e de não deixar morrer esse espírito de guerreiras que tinham nossas antepassadas. HOJE, NÓS, MULHERES TICUNA,

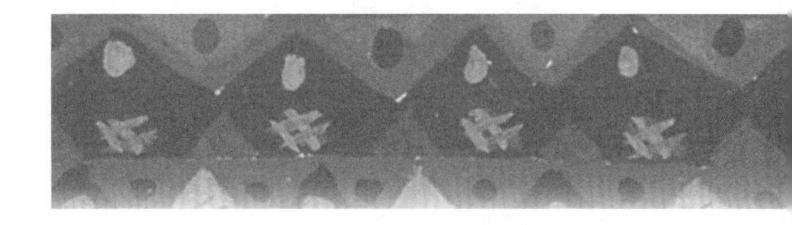

TICUNA

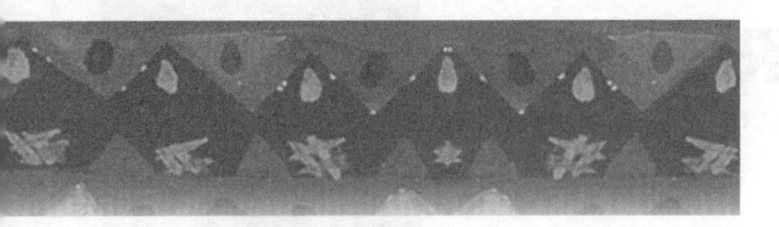

também buscamos igualdade de gênero na política. O objetivo é seguir mostrando que as mulheres também sabem sobre política, dos saberes tradicionais, da cultura, de educação e de saúde; está na hora das mulheres Ticuna serem as protagonistas. É hora de seguirmos construindo esses laços de poder entre as mulheres, para nosso conhecimento não acabar. Isso é nossa preocupação. Uma vez unidas, nós teremos um único objetivo: preparar o caminho para as nossas futuras crianças. Queremos mostrar aos jovens que somos ricos sem saber, que não precisamos viver na dependência do sistema capitalista, que controla todo mundo. Hoje temos mulheres ticuna na coordenadoria local da Fundação Nacional do Índio, de cacicas, pesquisadoras, antropólogas, professoras, presidentes de associações, enfermeiras, um dia teremos reitoras de universidade. SER MULHER TICUNA HOJE É ISSO: É SER MULHER GUERREIRA QUE LUTA PELOS DIREITOS DAS MULHERES INDÍGENAS.

TICUNA

"NÓS TEMOS MUITO VALOR E CONHECIMENTO"

Orcinda Ïpüna

"Muitas vezes, os brancos acham as mulheres indígenas francas. O ensinamento que eles passam para gente é apenas um complemento para melhorar a nossa escrita, para falarmos de nossos direitos como mulher. Esse conhecimento serve para que possamos nos defender; a fala da língua portuguesa é uma defesa para nós nos defendermos das ofensas que fazem sobre nós mulheres indígenas. Os brancos, pelo fato de sermos mulheres indígenas, nos desvalorizam, nos desqualificam, nos desrespeitam e brincam com nossos sentimentos porque não entendemos bem o português. Mas isso não quer dizer que não somos pessoas inteligentes. Nós, mulheres ticuna, temos muito valor e conhecimento para mudar isso; temos que debater sobre nosso conhecimento tradicional, mostrando que ninguém é melhor do que ninguém. Isso se chama força das mulheres indígenas. NÓS, MULHERES, TEMOS QUE NOS ESPELHAR UMA NA OUTRA, assim, como se fôssemos professoras umas para as outras, que recebem e passam ensinamentos, que encorajam as parentes em suas comunidades. NÓS, MULHERES TICUNA, SOMOS UMA AUTORIDADE, só precisamos de mais oportunidades para mostrarmos isso. Um conselho para as parentes indígenas é não deixar de fazer o que fazemos no nosso dia a dia, fortalecer os vínculos, ser mulher indígena na comunidade ensinando e passando seu conhecimento para as crianças e para os jovens para que eles coloquem em prática tudo que herdamos de nossa própria cultura. MEU PENSAMENTO É ESSE, GRANDE E FORTE."

CAMINHOS QUE SE ENCONTRAM, NAS ALDEIAS E NAS CIDADES

VALÉRIA MACEDO
Antropóloga, professora na Unifesp

Registrei esse depoimento de FÁTIMA e DENISE em 8 de setembro de 2016, no Parque do Ipiranga, em São Paulo. Nos cerca de seis meses em que estiveram na cidade, elas foram muitas vezes passear ali, por ser próximo à Casa de Saúde Indígena (Casai), onde ficaram hospedadas durante o tratamento de saúde de Denise. Nos conhecemos na Casai, instituição que frequento há quase dois anos e onde participo de exibições semanais de cinema indígena.
As duas são irmãs por parte de mãe e nasceram na Terra Indígena Bakairi, no estado do Mato Grosso. Fátima foi viver em Cuiabá há duas décadas, onde trabalha na casa de uma família e onde criou sua filha. Ela nunca deixou, porém, de estar ligada à sua família e todos os anos passa algumas semanas na aldeia no período de férias. Quando a irmã Denise precisou vir à São Paulo para tratamento de saúde, Fátima veio como sua acompanhante e ali puderam voltar a viver muito próximas cotidianamente.
Na Casai também fizeram outras amizades. Cada uma de seu jeito, Fátima mais extrovertida e Denise mais tímida, ambas são fonte de alegria e companheirismo para muitos na Casai que enfrentam os desafios de estar numa cidade como São Paulo, onde pode ser muito difícil viver quando não se domina a língua portuguesa, ou não se sabe ler e escrever, ou ainda se as dificuldades do adoecimento são agravadas pela vulnerabilidade dos corpos pela distância dos parentes, das comidas e das atividades que garantem a força de existir. O quarto em que estão essas irmãs bakairi estava sempre cheio de pessoas de diferentes povos, idades e gêneros, para quem elas foram importantes companheiras nessa difícil viagem.
Em nossa conversa aqui editada, elas escolheram contar sobre a preparação do corpo de mulher quando o sangue desce na primeira menstruação. A moça é protegida e preparada por suas parentes mais velhas, para então poder ser festejada por todos. Também contam do corpo com o sangue enfraquecido por outros e dos caminhos incertos para seu fortalecimento, tanto na aldeia quanto nas cidades. Nas cidades ainda falam de encontros e desencontros que viveram, das saudades dos parentes e de comer peixe matrinxã!

BAKAIRI

"AS MENINAS APRENDEM SENTANDO PERTO DAS MAIS VELHAS"

Fátima Iauanique e Denise Ianairu

Fátima Iauanique – Minha menstruação desceu com 11 anos. Contei pra minha mãe e ela disse que eu ia ter que ficar pelo menos uma semana deitada na rede. Ela me dava só mingau de arroz ou de polvilho. A gente fica em reclusão e não come coisa que tem açúcar, nem sal, nem gordura. Almoço e janta é tudo sem tempero. Pode ser arroz cozido sem sal, frango só cozido, sem gordura. Depois que acabou minha reclusão de uma semana, fiquei mais uma semana assim. Eu queria que passasse logo porque os parentes não podiam me ver, só minha mãe entrava no quarto para levar comida. Eu ficava naquele quarto escuro...

Também tomava remédio caseiro. Minha avó fez um litro, com um monte de raiz. Ela falava que era para tirar a sujeira do corpo, tudinho. Ela disse para eu tomar cinco horas da manhã, de estômago vazio. Até que não era tão ruim, o cheiro é que era forte. Eu tomava tudo e depois botava pra fora para limpar o corpo. A gente fica fraca porque não come nada e ainda põe pra fora, mas você se sente mais leve.

Só que não acaba por aí, porque depois vem o arranhador de dente de peixe-cachorro. Minha avó passou no meu corpo inteiro. Sai o sangue e passa outro remédio no corpo pra tirar tudo de ruim do corpo. Arde porque o remédio é preparado uma semana antes, então fica mais consistente. Mas não pode se mexer, não pode chorar nem fazer nada. Hoje em dia acho que a meninada não tem nem mais força pra isso.

Denise Ianairu – Tem família que faz festa depois da reclusão. Mas aí a menina tem que ficar dois meses em casa. Nesse tempo ela pode trabalhar dentro de casa, ajudar a mãe a fiar algodão, fazer artesanato. Só não pode ficar saindo pra fora de casa.

O trabalho que é só das mulheres é tecer rede. As meninas aprendem sentando perto das mais velhas. Prende no pé e no toco de madeira o fio de algodão natural, que pode ser branco ou avermelhado, meio marrom. Fica bonito! Não é fácil não, tem que seguir a linha retinha. Se entortar, tem que desmanchar tudo. Se desviar do caminho, sai tudo torto.

Quando chega perto da festa o pai organiza a caçada com os parentes. Pode caçar capivara, anta, caititu, veado mateiro, queixada. Mas agora está tudo desmatado na região e os bichos estão sumindo. No dia a dia a gente come mais peixe... matrinxã, pacu, piau, pintado, jaú... Acompanhado de beiju e farinha de mandioca. Além de mandioca, a gente também planta abóbora, cana, batata-doce, cará-branco, cará-roxo. Mingau de cará-roxo é muito bom!

O pai convida os caciques das aldeias e eles avisam as pessoas da festa da moça. Quem quiser ir, fica na casa dos parentes. As mulheres fazem o beiju e o mingau. Tem que acordar lá pelas três horas da manhã pra preparar tudo...

BAKAIRI

Enquanto isso, a moça é enfeitada pela tia. Primeiro pinta ela de jenipapo, com desenho que pode ser de pele de peixe, passarinho, libélula. O rosto é pintado de urucum, fazendo um risco saindo do nariz, tipo um V de lado. Também usa uma tinta que mistura uma resina com carvão em pó. A moça usa colar de miçanga, e cordão de algodão no joelho e no tornozelo. Na cabeça, ela coloca cocar de arara, que espanta espírito que queira a moça.

Quando está pronta, o pai e a mãe saem de dentro de casa com ela. Os convidados ficam lá fora esperando pra ver. O pai fala pra todo mundo e depois tem a música. Os músicos assobiam com um vidrinho e também usam flauta de taquara. Todo mundo vai jogando milho no sol, depois jogam milho na moça.

Pode também ter dança de taquara. Primeiro só das mulheres, esticando e recolhendo a taquara. Depois os homens. Depois juntos. Então fica liberado pra comer no pátio.

Para os meninos com 14 para 15 anos tem a furação de orelha; em agosto mesmo teve. Eles ficam tudo junto numa oca só e um idoso fura os meninos. As meninas não podem ver, então eles fazem à noite. Eu não tive festa de moça nova. Já nasci com sangue fraco, minha mãe disse. Mas nunca cheguei de fazer tratamento em médico. Não tinha carro, era muito difícil antigamente. Desde pequeninha eu sofria muito, saía sangue do meu nariz, doía meus ouvidos, ficava com dor de cabeça. Então tomava remédios caseiros que minha mãe ou minha avó preparavam. Eu ia com elas na mata e aprendi sobre remédios. Pra mim antes era tudo igual, mas fui aprendendo a ver direito aquela folha, aquela ou essa raiz. Algumas têm que cozinhar, algumas têm que colocar de molho, são vários tipos de preparo.

Com 25 pra 26 anos fui me sentindo cada vez mais cansada, com aquele desânimo. Quando comecei a fazer exames, apareceu anemia e que eu estava sangrando. Mas não descia sangue nenhum! Não sei pra onde eu estava sangrando. Não deu sangue nas fezes, nem na urina. Eu ia no posto da aldeia e depois fui pra Cuiabá, onde fiquei na Casai. Mas não descobriam o que eu tinha e minha mãe mandou me buscar pra me levar para o pajé. Ele viu, fez todo o trabalho, depois o benzedor também fez trabalho.

A minha prima, filha do meu tio, se afogou na água. Eu não sei muito bem essa história, mas ela morreu dentro da água. Eu sonhava muito com ela, o espírito dela me incomodava muito. Também sonhava com meu primo, que fazia tratamento aqui em São Paulo e também morreu. No sonho eles vinham me buscar pra viajar com eles. Eu disse que não queria viajar, que estava bem aqui. Aí fui piorando cada vez mais. Depois pajé viu e falou que era eles que estavam me perturbando. Ele tirou coisas de mim, com fumaça de uma folha. Minha cabeça doía muito e ele tirou vela da minha testa.

Fui me recuperando um pouquinho, mas depois me amarraram pra eu não voltar pra Cuiabá. Aqui [região da lombar], doía, doía, doía... eu não conseguia mais levantar da rede nem andar. Eu comia e vomitava. Estava ficando mais fraca, aí minha mãe foi de novo no pajé. Ele tirou barbante de lã das minhas costas; mostrou pra minha mãe. Por isso meu corpo doía tudinho. Também fui tomando remédio. Minha mãe queimava uma folha, negramina, pra espantar os espíritos com a fumaça na casa inteira. Às vezes ela cozinhava essa folha pra eu tomar banho.

Fátima Iauanique – Ela foi ficando cada vez mais desanimada. A bem dizer, ela se isolou. Não queria comer, não queria conversar. Ela me ligava e mandava a caçula me falar que não estava muito bem. Eu contava pra minha patroa e ela falava pra meu patrão, que ia quase toda semana no Dsei de Cuiabá pra ver se dava um jeito de mandar ela pra São Paulo. Em Cuiabá não conseguiram saber o que estava acontecendo e mandaram pra São Paulo. Aqui estão falando que ela tem um tipo raro de anemia.

BAKAIRI

"EU SEMPRE SONHO COM A ALDEIA"

Fátima Iauanique – Eu mesmo não sabia, mas meu pai é descendente de Nahukua e Kuikuro, e minha bisavó era Kayabi. Eu sou também um pouco Xerente, um pouco Xavante, por parte de meu avô, pai da minha mãe. Ele chegou a conhecer o Marechal Rondon, trabalhou com ele na época em que o xavante era mais bravo. Então não sou só Bakairi...

Quando eu tinha 14 anos, um senhor que tinha casa na aldeia e na cidade perguntou se eu podia ir pra Cuiabá pra cuidar da neta dele, porque ele não confiava nos brancos. Eu fui pra cidade e morei com eles um ano. Cuidava da menina até meio-dia, aí a mãe chegava e eu ia para a escola. Sofri no começo porque não conhecia quase ninguém, aí fui pegando umas amizades. Só que a senhora não me deixava sair. Aí fui para a aldeia nas férias e disse que não queria mais ficar lá. Mas também não queria ficar mais na aldeia...

Eu tinha uma tia que trabalhava de doméstica em Cuiabá e fui com ela procurar alguém para trabalhar. Fiquei com ela uma semana e depois a patroa dela disse que tinha o sobrinho e a esposa que precisavam de alguém pra ficar com as crianças. A mais velha tinha 14 anos, a do meio 8 e a caçula 6. A casa que eles moravam era bem pequeninha. Eu dormia com as filhas deles, no beliche com a caçula.

Então fiquei grávida. O rapaz era vizinho. Estudei com as irmãs dele e a gente ia junto pra aula. Ele gostou de mim e eu gostei dele. Mas... e a coragem pra contar pra minha patroa? Disse que se ela quisesse eu ia embora. Mas pediram pra eu ficar. Me ajudaram na gravidez e depois que minha filha nasceu também, como me apoiam até hoje. Minha filha quase não vê o pai. Ela chama meu patrão de pai, e diz que tem duas mães e dois pais.

Eu terminei meu estudo e fiz um curso técnico de agente de saúde. Percebi que muitas coisas que a gente vê não é do jeito que a gente pensa. Fiz aula de laboratório e vi o corpo tudo divido, cortado. Fomos aprendendo como são as coisas, coração, rim, tudo aberto. Quando terminei, fiz concurso e fiquei em terceiro lugar, mas chamaram só uma pessoa.

Faz 22 anos que estou fora da aldeia, mas não esqueço minha língua. Minha irmã e minha mãe me ligam e a gente fala só na língua. Já minha filha não fala, mas entende uma coisinhas. E ela tem orgulho de ser índia. Na escola todas as amigas sabem que ela é índia e me conhecem.

Eu nunca cheguei de conviver com uma pessoa como marido, então eu acho que não consigo... Mas eu tenho namorado, só que ele nem mora na cidade. Faz seis meses que a gente não se vê, desde que eu vim pra cá. Mas ele falou que sente que são anos! Pedi pra ele levar matrinxã pra eu comer quando voltar pra Cuiabá. Ele falou assim: "Achei que você ia me querer e você quer é peixe...!!!".

Denise Ianairu – Já gostei de um rapaz que era mais novo que eu, mas era meu tio. O pai dele é irmão da nossa vó. A mãe dele não aceitou porque era parente próximo. Agora eu tenho um namorado que conheci aqui na CASAI. Ele é xavante e só sei o nome em português. Eu gostei dele. Mas nem sei a doença dele, não pergunto essas coisas. Acho que ele volta em janeiro, mas eu mesma acho que só vou voltar em março.

Fátima Iauanique – O Xavante foi atrás dela. Estava só eu e Denise no quarto, deitadas, conversando. Aí ele e o irmão entraram lá. Primeiro o pessoal espantou ele. Mas depois fomos acostumando. Ficava ele e Denise lá embaixo conversando, mas ninguém deixava eles em paz, todo mundo perguntando. Ele é tímido, ficava com vergonha. Ele foi embora antes que a gente, mas liga pra Denise direto. Ele liga no meu celular pra falar com ela. Eu já falei: "Ó, se você quiser ela, você vai viver na minha aldeia, porque minha irmã não vai na sua aldeia não!". Até o pai dele ligou pra ela!

Denise Ianairu – Esses dias sonhei que estava chegando na aldeia, falando com meu pai e minha mãe. Eu sempre sonho com a aldeia aqui em São Paulo!

UMA MULHER COM HISTÓRIA

Oiara Bonilla
Antropóloga, professora no Departamento de Antropologia da UFF

FÁTIMA PAUMARI é uma mulher com história. Ainda bem jovem, na década de 1960, viu o hidroavião das missionárias do Summer Institute of Linguistics (SIL) pousar pela primeira vez nas águas do Lago Marahã, na região Bacia do Rio Purus (AM). Alguns anos mais tarde, tornou-se uma das principais tradutoras dos textos bíblicos na língua paumari. Ao longo de sua vida, chegou a ser iniciada a técnicas e conhecimentos xamânicos por seu avô materno, em seguida se casou e teve duas filhas que criou sozinha, morando sempre na aldeia, à proximidade da sua irmã Gisi, de seu cunhado Antônio. Mais recentemente, criava três netos, filhos de sua filha caçula. Fátima era minha amiga e minha companheira de trabalho de muitos anos, desde 2000. Era uma mulher fora do comum por ser grande conhecedora dos rituais e dos cantos paumari. Muito respeitada e querida por todos, com uma personalidade forte e irreverente, cultivando incansavelmente a alegria, era sem dúvida uma liderança incontornável que "animava" e "puxava" reuniões, encontros, festas, manifestações. Amava cantar, dançar e contar histórias. Ela sempre pontuava nossas conversas com cantos, mitos, evocações de sua história de vida e reflexões sobre o mundo. No último mês de setembro, durante o Terceiro Campeonato da Língua Paumari, ela me recebeu em sua casa junto com minha amiga antropóloga Karen Shiratori e a amiga e companheira de trabalho dela, Mowe Jamamadi. Foram dias de muitas conversas, trocas de experiências (inclusive sobre o aprendizado das línguas paumari e jamamadi, o bilinguismo, a escola, casamentos e relacionamentos) e de lembranças comuns. Dias marcados pela alegria, pelo carinho e pela amizade, apesar de Fátima estar cansada e preocupada com o futuro da família e de seu povo. Foi nesse contexto que gravei este depoimento. No dia 26 de outubro de 2016, um mês depois, Fátima faleceu na cidade de Lábrea (AM), após ser transferida com urgência da aldeia com uma pneumonia que não foi diagnosticada a tempo. A publicação destas palavras fica como uma homenagem.

O depoimento foi gravado por Oiara Bonilla durante o III Campeonato da Língua Paumari, na aldeia Crispim, TI do Lago Marahã, Amazonas, em setembro de 2016. A transcrição e a tradução foram realizadas em conjunto com Edilson Rosário Paumari, professor do Programa Sou Bilíngue, Lábrea (AM)).

"AGORA VIVEMOS NA MISTURA"

PAUMARI

Fátima Paumari

Hoje em dia, essa nova geração não dá mais ouvidos, nem obedece os conselhos da mãe. Dizem que o que as mães aconselham não é verdadeiro. No meu tempo, crianças, moças e rapazes ouviam e seguiam os conselhos das mães, mas agora não dão mais ouvido para nada.

Antigamente, casávamos com nossos primos de verdade, esse era o jeito dos nossos antepassados. Agora há uma grande mistura, os jovens casam com não indígenas, ou com Apurinã. Ainda não casam com Jamamadi, nem com Deni.

Os não indígenas já têm espaço demais entre nós, em nossas aldeias.

Aconteceu comigo também. Minha filha não quis ouvir meus conselhos, casou com não-indígena e não gosto de chamá-lo de genro.

Ficaria muito alegre se ele fosse nosso parente. Se fosse assim, ele saberia falar na nossa língua, entenderia o jeito do meu povo e como a gente entende as coisas. Mas sou obrigada a falar com ele em português e isso eu não aceito.

Há muitos anos atrás, um homem não indígena se interessou por uma mulher paumari e se casou com ela quando ela saiu da reclusão. Ele a carregou nas costas (no ritual de puberdade *amamajo*), e só então ela se tornou sua esposa. Até hoje são casados, e ele fala na nossa língua.

Agora vivemos na mistura. Não queremos mais saber do jeito dos antigos.

Gostaria muito que nossos filhos e netos ainda quisessem saber da nossa língua, dos nossos cantos. Eu ainda continuo fazendo viver a nossa língua, os nossos cantos, para a nova geração.

Gostaria que, no futuro, meus netos, por sua vez, ensinassem nossa língua aos netos deles, e assim manteríamos a nossa língua viva.

Por isso, fico muito feliz com este trabalho da língua que está acontecendo agora [o Campeonato da Língua Paumari]. Acho muito lindo ouvir somente a nossa língua sendo falada. Quero que meu povo viva como nossos outros parentes, os que vivem do outro lado: os Jamamadi, os Jarawara, os Deni. Eles falam somente em sua língua. Queria ser do mesmo jeito: falando na minha língua, ouvindo as crianças falando entre elas em Paumari.

Agora aqui não querem mais que eu fale na língua, mesmo se insisto em conversar em Paumari com meus filhos e netos. Isso me deixa muito triste. Penso, falando comigo mesma: "Gostaria tanto que eles se esforçassem para falar a nossa língua, para que eles soubessem usá-la também aqui neste grande encontro que está acontecendo na nossa aldeia". É assim a situação da nossa língua, Já faz três anos que acontece esse encontro!

Não quero que devalorizemos mais a nossa língua, como se a jogássemos fora. Vamos nos esforçar para conhecer a nossa língua. Nossos cantos já não são cantados como antigamente, mas eles ainda são lindos.

Também gosto dos cantos de louvor ao nosso pai [cânticos evangélicos], eles são belos como os cantos antigos do *ihinika* [rituais alimentares]; também os cantamos na nossa língua. Gostaria que todas as pessoas do meu povo fossem capazes de cumprimentar e responder na nossa língua.

Essa foi a minha conversa. Termino aqui a minha fala sobre como era o jeito de nossos antigos e como é nosso jeito hoje.

MULHERES PODEROSAS: PRODUÇÃO DA COMIDA, CONSTRUÇÃO DA PESSOA E DO MODO DE SER TUKANO

Melissa Santana de Oliveira
Antropóloga, doutora em Antropologia Social pela Universidade Federal de Santa Catarina (USFC)

Boa parte do dia a dia das mulheres tukano é dedicada às atividades que se passam entre a roça e a casa-cozinha. Tukano é um dos 22 povos que compõem a região do Alto Rio Negro e um dos dezenove grupos de descendência exogâmicos e patrilineares falantes de línguas da família Tukano Oriental, que habitam uma ampla região no Brasil e na Colômbia, nas bacias do rio Uaupés e Pirá Paraná. CATARINA PEDROSA, 80 anos, moradora da comunidade de Cunuri, no trecho médio do Rio Tiquié, assim como outras mulheres Tukano, dedicou grande parte da sua vida à produção de toda alimentação de consumo familiar e comunitário: beiju, *quinhampira*, peixe, *mujeca*, mingau de tapioca, carne de caça, *maniuaras*, *chibé*, vinhos de frutas diversas e, para os dias de trabalho comunitário e festas, o *caxiri* (bebida fermentada à base de mandioca). No depoimento apresentado aqui, Catarina fala sobre o seu cotidiano na roça e na casa-cozinha, parte fundamental das moradias no Alto Rio Negro, e ao relembrar o passado, revela o papel das mulheres no cultivo e processamento da mandioca brava – e no preparo de diversos tipos de comidas, além de bebidas e pinturas faciais e corporais. Esse papel é essencial, e poderoso, não só para a subsistência das aldeias, mas principalmente para a produção do corpo e da pessoa Tukano, em complemento ao xamanismo desempenhado pelos homens.

Catarina também fala sobre alterações nos modos de preparo de alimentos, nas dietas, nas festas, nos corpos. Mesmo com a desintegração das malocas e com todas as transformações sociais pelas quais estes povos passaram nos últimos séculos, grande parte da atualização do modo de ser Tukano passa pela continuidade dos processos de transmissão de geração em geração de conhecimentos femininos, de modo especial, a culinária.

O depoimento de Catarina foi recolhido por Melissa e por Patrícia Massa, filha da entrevistada, durante o trabalho de campo de doutorado da antropóloga em 2013. Transcrição e tradução dos antropólogos Tukano Rivelino Barreto e Dagoberto Azevedo.

TUKANO

"TINHAM MUITAS PRÁTICAS BOAS, OS ANTIGOS"

Catarina Pedrosa

Assim é o nosso cotidiano de vida. Parto para roça e, ao chegar lá, arranco mandioca e começo a raspá-la. Depois disso retorno e ao chegar no rio lavo o tubérculo da mandioca. Chego em casa e procuro fazer refeição acompanhado de peixes, caso tiver. Tomo *chibé*. Terminando a refeição, começo a ralar a mandioca com *sokorõ* (ralo). Terminando de ralar, começo espremer a massa da mandioca. Feito isso parto em busca da lenha. Geralmente carrego um feixe de lenha. Chegando em casa cozinho *manicuera*. Antes de tomá-la faço esfriar. Na falta de beiju procuro preparar também.

Eu aprendi todo o processo de preparo de alimentos dos antigos com minha tia, porque meus pais faleceram quando eu era criança. Ela cozinhava o líquido da mandioca, depois temperava o peixe com ele antes de alimentar-se. Misturava na *quinhampira* (caldo de pimenta com peixe), isso faziam os mais antigos, os moradores dos igarapés, antes da chegada dos padres. Assim, feito e preparado, ela servia para nos alimentar. Naquela época, se alimentavam de maniçoba. Ela ralava as folhas de mandioca, cozinhava, depois colocava nos peixes para ser servido. Tirava do forno e nos servia. Já naquela época se alimentavam do beiju.

Da fruta cunuri (*Cunuria spruceana*) colhiam, descascavam e cozinhavam. Feito isso, ralavam até conseguir juntar uma porção suficiente. Depois, colocavam no *kiputu* (panela de argila) grande e iam mexendo até ficar bom. Cozinhavam bem para não ser tóxico. Depois misturavam com peixes e então se serviam para alimentar. Todos os homens iam pescar e no retorno colocavam peixes nas panelas preparadas com cunuri. Tinham também *taaka*, um tipo de cogumelo que nasce nas madeiras caídas na floresta ou na roça. Colhiam e colocavam no bahti (balaio de cipó) e depois ralavam e serviam para se alimentar. Alguns destes tinham líquido oleoso, com isso temperavam e alimentavam. Isso faziam os mais antigos. Presenciei isso quando era criança, os alimentos que eles serviam.

Naquela época não tinha sal, sal dos não indígenas, alimentavam-se sem tempero do sal. Veja como estou hoje depois de ter consumido sal... Estou sem dentes [risos]. Na missão de Taracua, no rio Uaupés, **fui crescendo sob os cuidados das paya numiã (irmãs) e lá me alimentei de charque, pirarucu, carne, conserva, arroz, feijão, pão feito com trigo, bolo e frito. Eu me alimentei com muito prazer, pois eram alimentos das paya (irmãs).** Mas algumas crianças, ao se alimentarem disso ficaram pálidas, fracas... Hoje em dia ninguém se alimenta de maniçoba. Depois fui cozinheira das irmãs na missão de Pari Cachoeira, no rio Tiquié.

Naquela época faziam *dabucuri* (rito de oferta de alimentos) de ucuqui (*Pouteria ucuqui*), que são frutas silvestres. **Somente uma mulher preparava caxiri em uma casa.** Na véspera eles coletavam ucuqui para oferecer para a pessoa que preparou *caxiri*. Iam colher e no retorno ofereciam-na acompanhado de ritmo de flauta *mawako wekamu, wekamu*. Também tocavam flauta *cariçu*. Para fazer oferecimento de ucuqui, acordavam às duas horas da madrugada. No dia de *dabucuri*, o caxiri era servido já no porto. Antigamente, estes ritos incluíam *Mirĩ* (flautas sagradas). Quando eu era criança eu ouvi o som do *Mirĩ*. As mulheres não podiam ver. A gente se acomodava na outra casa, distante da maloca. Escutava-se de longe *hu, hu*. Tem ainda preparado pelos antigos. Nunca vi, mas apenas ouvi o som dele. Depois eles levavam para dentro da casa.

TUKANO

À uma hora da tarde, eles ofereciam frutas para a pessoa que preparou *caxiri*. Cada um ia entrando e colocando no meio da casa já como oferta. Assim também faziam no *dabucuri* de cunuri. **As mulheres antigas preparavam wee, numa panela de cerâmica e no dia da véspera de dabucuri já começavam a fazer pinturas corporais de cor preta**. Passavam *wee* nos cabelos para evitar o aparecimento precoce de cabelos brancos. Eu vi isso quando já tinha certa idade. Faziam pinturas faciais com tinta carajuru vermelha. Era sempre assim. Os antigos, às duas horas da madrugada, já iam no porto para cheirar pimenta. **O rosto tornava-se limpo, esplêndido, pronto para ser feito pintura facial. Cheiravam com muito prazer, aspirando. Uma vez tentei cheirar mais doía muito. Por falta disso estou com rosto seco**. As pessoas daqui não têm rosto esplêndido. Tinham muitas práticas boas, os antigos... Estou informando conforme meu conhecimento e os conhecimentos que eu ouvi.

Os homens tomavam *kahpi* (*Banisteriopsis caapi*) antes da dança tradicional, principalmente os *bayaroa* (mestres de cerimônias). Adornavam-se com plumas de arara, faziam pinturas faciais com carajuru e corporal com sumo de jenipapo. As mulheres também adornavam-se com pinturas corporal e facial esplêndidas. No pescoço e na frente, colocavam colar de miçanga. Tinham os corpos robustos e os homens também. Depois de terem tomado *kahpi*, começavam a dança.

Para o dia da dança cerimonial somente se fazia *kahtise peru* (caxiri vivo). Eu presenciei o preparo de *kahtise peru* quando era criança. Primeiro arrancava-se mandioca. No retorno deixavam e somente na madrugada as 3 horas ralavam as mandiocas até as 4 horas. Logo depois uma outra começava seu preparo, pois só tinham um ralo, um *tohõpa* (cumatá) para espremer e somente um tripé. Todas as outras tinham que esperar o término de sequência de preparo de *kahtise peru*. A mulher que dominava o sono começava o preparo de *kahtise peru* à meia-noite. Em seguida outra e assim por diante. Em certa hora terminavam de ralar mandioca, toda a mulherada. Terminavam de torrar todas no forno somente à noite. Adoçavam com *manicuera*. **Este é kahtise peeru. Não tinha açúcar. Cozinhavam bem a manicuera para "adoçar" o caxiri vivo**. À meia-noite elas acordavam para coar *kahtise peru*. Preparavam também *tusabeke* (caxiri fermentado e forte). Uma trazia mandioca cheia em um *aturá*, outra dois *aturás* cheios de mandioca. Preparavam com muito prazer, as mulheres antigas. Eu vi isso quando era criança. Nenhuma delas deixava de fazer. **Hoje em dia, a gente traz pouca mandioca com aturá pequeno para preparar caxiri**.

Desse jeito que nossos avós, nossos antepassados, viviam, dançavam e bebiam. O *baya* (mestre de cerimônia) bebia só *caxirizinho*, *caxiri* puro, mas o restante bebia *caxiri* forte, como se diz, *arʉ ko* (caxiri de cana). Mulherada que oferecia; os homens começavam a moer cana às três da madrugada. Eu vi isso quando era criança. Nessa hora continuavam moendo cana para "adoçar" o *tusabeke*. Elas amassavam, depois começavam a coar. **Amanheciam coando caxiri. Elas eram trabalhadoras, nós não somos trabalhadoras**. Naquele tempo nossos avós plantavam muita cana, mas nesses dias é um pouco difícil. Apesar dos padres terem trazido muito açúcar, não era usado frequentemente como "adoçante" do *caxiri*. **O uso do açúcar no caxiri se proliferou mais com a explosão do garimpo, época de trabalho do ouro**, exatamente em 1983.

Depois que os *Miriã* foram levados pelos padres, este ritual começou a acabar. **Assim faziam os antigos. Os atuais, os meus filhos, desconhecem dessa forma de fazer dabucuri**; não fazem por serem da geração de estudo de outras coisas. Eu presenciei quando era criança.

Quem, Quantos, Onde
Indianidade Diversidade
Isolados Demografia

DEMOGRAFIA

O Que o Censo de 2020 Pode Revelar Sobre os Povos Indígenas no Brasil?

Marta Maria Azevedo — Antropóloga e demógrafa, coordenadora do Nepo/Unicamp

Alessandra Traldi Simoni — Demógrafa, Nepo/Unicamp

Anne Karoline Rocha da Cruz — Economista e doutoranda em Demografia no IFCH/Unicamp

EM 2010, O CENSO DO IBGE AVANÇOU NA COLETA DE DADOS SOBRE POVOS INDÍGENAS, REVELANDO UMA POPULAÇÃO DE 896.917 PESSOAS. PARA O PRÓXIMO, EM 2020, É PRECISO APRIMORAR AS ANÁLISES SOBRE PERFIS E DINÂMICAS DEMOGRÁFICAS E RELACIONÁ-LAS ÀS POLÍTICAS PÚBLICAS

O censo demográfico de 2010 avançou bastante na metodologia de coleta das informações sobre os povos indígenas no Brasil, acompanhando tendências de países da América Latina e também de outros continentes, ao dar visibilidade estatística a esses povos[1].

O total da população indígena recenseada em 2010 foi de 896.917 pessoas distribuídas por Terras Indígenas em áreas urbanas ou rurais. Não foram consideradas as terras em processo de identificação, ou identificadas, mas sem portaria declaratória do Ministério da Justiça.

Para todas essas pessoas autodeclaradas e "autoconsideradas" indígenas foi perguntada qual a sua etnia e línguas faladas. Esse detalhamento possibilitou a divulgação de resultados por cada um dos povos indígenas, muito embora ainda existam dificuldades para divulgação de informações sobre as diferentes etnias por Terras Indígenas. Os resultados apontaram a existência de 305 povos indígenas, falantes de 274 línguas diferentes, além do português.

Como o censo trabalha com o critério da autodeclaração, tanto as informações sobre povos quanto aquelas sobre línguas faladas (que não o português) podem ter disparidades com as classificações acadêmicas etnológicas e linguísticas. Em alguns casos, por exemplo, alguns povos declarados podem ser subgrupos de um mesmo povo e algumas línguas podem ser variedades específicas de uma mesma língua.

A expressiva diferença entre os habitantes em Terras Indígenas e fora delas mostra que o perfil demográfico dos primeiros segue sendo o de uma população jovem, possivelmente com taxas mais altas de fecundidade – se comparadas com a baixa fecundidade encontrada entre a população não indígena, de todos os outros segmentos de raça/cor ou da população não indígena habitante de áreas rurais. Esse perfil etário se acentua nas regiões Norte e Centro-Oeste; nas regiões Nordeste, Sudeste e Sul, o perfil etário dos indígenas habitantes das TIs se aproxima mais daquele encontrado entre os não indígenas destas regiões.

Para que se obtivesse essa melhora na qualidade e detalhamento das informações, quatro pontos foram cruciais: a) a pergunta sobre raça/cor da pele, inserida no questionário do universo, aplicado em todos os domicílios no país; b) as perguntas seguintes sobre etnias e línguas faladas, também incluídas no questionário do universo; c) a inclusão da pergunta sobre documentação, incluindo o registro administrativo indígena (RANI), feito pela Funai; d) por fim, o compartilhamento das malhas territoriais cartográficas entre Funai e IBGE, fundamental para que as informações do recenseamento da população residente em TIs fossem espacializadas.

POPULAÇÃO EM TERRAS INDÍGENAS

No total o IBGE contabilizou 505 Terras Indígenas em todo o Brasil, para as quais as informações disponibilizadas estão no Sistema IBGE de Recuperação Automática (Sidra) no *site* do instituto. As demais Terras Indígenas, aquelas em processo de identificação e já identificadas, mas sem portaria declaratória, foram também recenseadas, porém não foram identificadas como tais na base de dados do IBGE. Com a inclusão da pergunta raça/cor no questionário do universo, e a segunda pergunta feita para os residentes de Terras Indígenas, temos o seguinte quadro:

DISTRIBUIÇÃO DA POPULAÇÃO INDÍGENA EM TIS

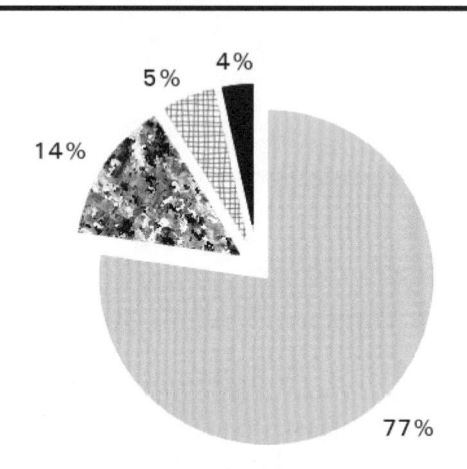

- Declararam-se indígenas — 77%
- Não se declararam indígenas, mas se consideravam indígenas — 14%
- Não se declararam indígenas, nem se consideravam indígenas — 5%
- Sem declaração — 4%

Fonte: IBGE, Censo Demográfico, 2010.

Do total de 567.582 pessoas residentes em TIs no Brasil, a grande maioria (77,25%) se declarou indígena, apontando que houve uma boa compreensão da questão de autodeclaração. Para as demais, 129.153 pessoas (22,75% do total), havia três possibilidades de resposta: "não se declarou, mas se considerou" (13,91%); "não se declarou, nem se considerou indígena" (5,41%) e "sem declaração" (3,44%).

Para melhor compreender o padrão de resposta à pergunta sobre a autodeclaração seria importante analisarmos o processo do recenseamento, através de uma etnografia da aplicação dos questionários pelos recenseadores, o que não temos. O que o IBGE e seus técnicos, juntamente com instituições de outros países, realizaram foram vários testes-piloto do censo demográfico, com descrições e análises do comportamento das respostas pela população. Dois desses testes-piloto foram realizados em Terras Indígenas, uma na Bahia e outra no Paraná, esta última com população Guarani. Em ambas as ocasiões, profissionais da Funai acompanharam e ajudaram na realização e posterior discussão dos resultados. Também seria importante analisar o contexto sociopolítico de cada TI. As hipóteses para a não declaração como indígena podem variar, desde a não compreensão da pergunta e/ou da categoria "indígena"; até à falha do recenseador no momento da pesquisa; passando também pela presença de não indígenas nas TIs.

Trataremos a seguir do exemplo de duas Terras Indígenas no Médio Xingu com grande volume e proporção de indivíduos que não se declararam, mas se consideraram indígenas.

TIS APYTEREWA E CACHOEIRA SECA DO IRIRI

Como parte do levantamento nas TIs, as informações disponibilizadas proporcionam também o mapeamento populacional de áreas com a presença de não indígenas, particularmente em TIs com conflitos territoriais em decorrência da presença de não indígenas em seus territórios.

Este é o caso das TIs Cachoeira Seca do Iriri e Apyterewa, ambas localizadas na região do Médio Xingu (PA). Mesmo sendo já homologadas e fazendo parte das condicionantes da UHE Belo Monte, ambas as terras ainda não foram completamente desintrusadas de residentes não indígenas.

Como resultado desta situação, no Censo de 2010, a grande maioria da população nestas TIs constituía-se de não indígenas que ainda serão reassentados em outras áreas. Através da ferramenta recém-disponibilizada pelo IBGE, a "Grade Estatística", é possível observar a sobreposição entre a área desmatada e a população recenseada em ambas as TIs.

TI CACHOEIRA SECA DO IRIRI, PA

Quesito condição de indígena	total	%
Declararam-se indígenas	98	3,55
Não se declararam indígenas, mas se consideraram indígenas	2.191	79,30
Não se declararam indígenas, nem se consideraram indígenas	423	15,31
Sem declaração	51	1,85
Total	2.763	100,00

Fonte: IBGE, Censo 2010.

TI APYTEREWA, PA

Quesito condição de indígena	total	%
Declararam-se indígenas	387	9,10
Não se declararam indígenas, mas se consideraram indígenas	3201	75,23
Não se declararam indígenas, nem se consideraram indígenas	610	14,34
Sem declaração	57	1,34
Total	4255	100,00

Fonte: IBGE, Censo 2010.

Os dados são expressivos: na TI Cachoeira Seca, 2.191 pessoas se consideraram indígenas, correspondendo a 79% dos residentes. Ao ampliarmos o escopo, temos a porcentagem de 96% de residentes que não se declararam indígenas. Já na TI Apyterewa, 75% dos residentes (3.201 pessoas) se consideraram indígenas e 90% do total não se declarou indígena.

Para ambos os casos, o total de pessoas que se autodeclarou indígena corresponde aos dados da população na aldeia do povo Arara (TI Cachoeira Seca) e nas aldeias do povo Parakanã (TI Apyterewa), segundo informações da Funai e do Sistema de Informações à Saúde Indígena (Siasi, Ministério da Saúde) do Dsei Altamira para o ano 2010.

Nestes dois casos, portanto, é possível supor que a população não indígena respondeu que "se considerou" indígena tendo como critério o pertencimento ao local, uma TI. É importante ressaltar, ainda, que a não garantia de posse efetiva dos povos indígenas sobre as TIs demarcadas para eles contribui para a situação de vulnerabilidade de todos os residentes da TI, indígenas e não indígenas, e para a existência de crimes ambientais, dada a falta de fiscalização e vigilância das áreas.

GRUPOS DOMICILIARES

O Censo de 2010 também alterou a metodologia de coleta de informações sobre grupos domiciliares[2] ou unidades domésticas, que também possibilitam análises sobre os povos indígenas. Essas informações estão no questionário do Censo desde 1940 ainda que tenham sofrido mudanças conceituais e operacionais ao longo do tempo. Em 1980, por exemplo, o Censo captou como pessoas de referência, tanto o chefe do domicílio quanto o chefe da família, ou das famílias. A metodologia se estendeu até o Censo de 2000 e, através dela, era possível obter informações do grupo domiciliar como um todo, com a vantagem de saber se no domicílio havia mais de uma família. Em 2010, a pessoa de referência passou a ser o responsável pelo domicílio, que deveria ter, no mínimo dez anos de idade, e ser reconhecida como tal pelos demais moradores do domicílio.

As relações de parentesco também foram mais detalhadas neste último Censo, apontando relações entre pessoas de mesmo sexo, filhos somente do cônjuge ou somente do responsável do domicílio, pessoas conviventes, entre outras. Elaboramos algumas tabulações para as TIs da região do Alto Rio Negro, para demonstrar as possibilidades de composições de grupos domésticos entre povos indígenas.

Neste último Censo, os domicílios, classificados como particulares ou coletivos, poderiam ser identificados como: casa, apartamento, casa de vila ou em condomínio, habitação em casa de cômodos, cortiço ou "cabeça de porco" e "ocas ou malocas". Esta última categoria foi inserida pela primeira vez no questionário do Censo como um tipo de domicílio particular permanente, diferentemen-

TABELA 1. FREQUÊNCIA ABSOLUTA DOS TIPOS DE DOMICÍLIOS PRESENTES NAS TI DA REGIÃO DO ALTO RIO NEGRO, 2010

Terra Indígena	Domicílio, espécie	Domicílio, tipo	Nº absoluto	%
TI ALTO RIO NEGRO	particular permanente ocupado	Casa	2.478	70,82
		Casa de vila ou em condomínio	X	X
		Apartamento	X	X
		Oca ou maloca	152	4,34
	particular permanente fechado	Casa	76	2,17
		Oca ou maloca	X	X
	particular improvisado ocupado	Dentro do estabelecimento	X	X
	coletivo	Asilo, orfanato e similares com morador	6	0,17
		Alojamento de trabalhadores com morador	X	X
		Outro com morador	24	0,69
TI MÉDIO RIO NEGRO I	particular permanente ocupado	Casa	357	10,20
		Oca ou maloca	29	0,83
TI MÉDIO RIO NEGRO II	particular permanente ocupado	Casa	234	6,69
		Oca ou maloca	13	0,37
	particular permanente fechado	Casa	X	X
TI RIO APAPÓRIS	particular permanente ocupado	Casa	1	0,03
		Oca ou maloca	71	2,03
TIO RIO TÉA	particular permanente ocupado	Casa	57	1,63
	coletivo	Outro com morador	1	0,03
Total de domicílios			**3.499**	**100,00**

Fonte: IBGE, Censo Demográfico de 2010, BME. Dados do Universo.

te do que ocorria anteriormente, em que "ocas ou malocas" eram qualificadas como "domicílios improvisados". Tal modificação permitiu o acesso a mais informações a respeito das condições de moradia e níveis de qualidade de vida para as famílias e comunidades indígenas.

A exemplo, pode-se citar o caso da TI do Alto Rio Negro que, em termos absolutos, apresenta o maior número de domicílios classificados como "oca ou maloca" (152 domicílios) em comparação com as TIs do Médio Rio Negro I e II (que, juntas, somam 42 domicílios), conforme podemos visualizar na Tabela 1. Nesse tipo de domicílio, para maioria dos casos encontrados nessa região, as residências não possuíam energia elétrica ou banheiro, e a água era proveniente de poço, nascentes fora da "propriedade", da água da chuva ou dos rios.

Além disso, pode-se conhecer também quantos domicílios coletivos com ou sem morador estão presentes nas TIs. Na região do Alto Rio Negro, somente uma TI apresenta esse tipo de domicílio e isso condiz com a realidade da região, já que há presença, por exemplo, de quartéis de fronteiras do Exército nessas áreas[3], inseridos na categoria "outro com morador". Essa categoria agrega, além dos quartéis, os postos militares, hospitais, clínicas etc., que, no caso da TI Alto Rio Negro, somam 24 unidades.

Quando se trata de família, o Censo dá conta somente de captar a família domiciliar, ou seja, o conjunto de pessoas com relações de parentesco (na concepção ocidental) que vivem juntas em uma mesma unidade residencial. Assim, têm-se quatro tipos de famílias domiciliares: "unipessoal", constituída por uma única pessoa; "nuclear", formada por um casal ou um casal com filhos ou uma pessoa com filhos; "estendida", constituída pela pessoa responsável com pelo menos um parente; e a "composta", constituída pela pessoa responsável, com ou sem parentes, e com pelo menos uma pessoa sem parentesco – como convivente, agregado, empregado doméstico. Essa composição da família domiciliar foi realizada *a posteriori* em 2010, sendo derivada das seguintes variáveis: número de pessoas residentes no domicílio, relação de parentesco ou de convivência com a pessoa responsável pelo domicílio, e sexo. A concepção de família para os povos indígenas habitantes das TIs utilizada foi a mesma para toda a população residente no país.

Ao analisar as informações para as TIs do Alto Rio Negro, poderíamos considerar que as famílias nucleares são as mais prevalentes em todas as TIs, com mais de 50% do total de domicílios, seguidas das famílias estendidas. Contudo, para analisar os grupos familiares dos povos dessa região, devemos pensar algumas particularidades.

Primeiro, as terminologias de parentesco utilizadas pelos povos da região do Alto Rio Negro obviamente diferem daquelas utilizadas pelo IBGE. A título de exemplo, podemos citar as terminologias usadas para o "irmão da mãe" e a "irmã do pai", que equivalem para esses povos, respectivamente, a "sogro" e "sogra". Por isso, os "filhos do irmão da mãe" e os "filhos da irmã do pai" são considerados não consanguíneos, e, portanto, cônjuges

TABELA 2. FREQUÊNCIA ABSOLUTA E RELATIVA (%) DE DOMICÍLIOS SEGUNDO O TIPO DE FAMÍLIA DOMICILIAR NA REGIÃO DO ALTO RIO NEGRO, 2010

Terra Indígena	Unidade doméstica, espécie	Nº absoluto	%
TI ALTO RIO NEGRO	Unipessoal	59	1,69
	Nuclear	1.934	55,32
	Estendida	651	18,62
	Composta	71	2,03
	Não aplicável	33	0,94
TI MÉDIO RIO NEGRO I	Unipessoal	17	0,49
	Nuclear	229	6,55
	Estendida	135	3,86
	Composta	X	X
TI MÉDIO RIO NEGRO II	Unipessoal	11	0,31
	Nuclear	161	4,61
	Estendida	74	2,12
	Composta	X	X
TI RIO APAPÓRIS	Nuclear	62	1,77
	Estendida	9	0,26
	Composta	X	X
TI RIO TÉA	Nuclear	32	0,92
	Estendida	18	0,51
	Composta	X	X
Total de domicílios		**3.496**	**100**

Fonte: IBGE, Censo Demográfico de 2010, BME. Dados do Universo.

em potencial. Algo que não ocorre com os "filhos da irmã da mãe" e do "irmão do pai", que são considerados consanguíneos.

Outro ponto que merece menção é o fato de que, para os povos falantes de línguas da família linguística Tukano, um homem pertencente a uma das etnias ou grupos linguísticos dessa família linguística, de uma determinada comunidade, deve se casar com uma mulher de outra comunidade, que pertença a outra etnia ou grupo linguístico e que, portanto, fale uma língua diferente da dele.

Ademais, são povos que possuem a regra de descendência patrilinear associada a uma regra de residência virilocal – caso em que a mulher, depois de casar, deve passar a viver na comunidade do marido. Portanto, fazem parte do grupo familiar de um indivíduo somente os membros do grupo de seu pai. Dessa forma, o estudo sobre a composição familiar dessas populações mereceria um detalhamento maior e um certo cuidado em suas análises, já que os questionários não são aplicados nos idiomas falados por esses povos.

RECOMENDAÇÕES PARA O CENSO 2020

Em dezembro último, o IBGE realizou a 3ª Conferência Nacional de Produtores e Usuários de Informações Estatísticas, Geográficas e Ambientais (Infoplan), durante a qual foram realizados debates sobre os resultados do Censo 2010 sobre povos indígenas e populações tradicionais, incluindo quilombolas, ribeirinhos e outras. Participamos desse debate e fizemos algumas recomendações para o Censo 2020, estão abaixo reproduzidas.

Para aprimorar as análises sobre os perfis e dinâmicas sociodemográficas dos povos indígenas no Brasil, incluindo questões relativas ao monitoramento e avaliação das políticas públicas, gostaríamos de levantar alguns pontos importantes:

a) Compatibilização das informações das diferentes bases de dados governamentais sobre povos indígenas, como os censos escolares do Inep/MEC, os dados do Siasi/Sesai/MS, com discussões substantivas sobre conceitos e categorias utilizadas em cada uma dessas bases de dados;

b) Aprimoramento da descrição dos setores censitários inseridos nas Terras Indígenas, com descrição específica no caso dos setores das aldeias;

c) Definição de setores de aldeias com malha cartográfica localizando cada uma delas e harmonizando os conceitos utilizados entre Siasi, Inep e IBGE;

d) Aplicação da pergunta "se considera indígena" para todos os domicílios, após a pergunta sobre raça/cor da pele, além daqueles situados em Terras Indígenas;

e) Estabelecer um diálogo com as organizações e comunidades indígenas e ONGs que atuam junto a esses povos, para que o recenseamento de 2020 possa ser feito por recenseadores indígenas ou pelo menos com uma maior participação e acompanhamento de suas lideranças e de profissionais que conheçam as aldeias e TIs;

f) Com participação de antropólogos e demógrafos da ABA e Abep, elaborar e realizar treinamento específico para os recenseadores que forem para as Terras Indígenas, incluindo a elaboração de cartilhas ou outros materiais audiovisuais que possam auxiliar na comunicação com os residentes da TI;

g) Possibilitar o acompanhamento de antropólogos ou outros cientistas sociais ao campo em algumas regiões do país para a realização de diferentes etnografias dos processos do recenseamento, cujos resultados possam ser utilizados (resguardando-se todas as regras de sigilo aplicadas ao censo) para melhorar as análises e as próximas pesquisas. *(setembro, 2016)*

NOTAS

[1] Conferir "Metodologia do Censo Demográfico de 2010. Série Relatórios Metodológicos. Volume 41. Rio de Janeiro, 2013" e "Manual do Recenseador. Rio de Janeiro, 2010", ambos do IBGE.

[2] Entende-se como grupo domiciliar o conjunto de pessoas, parentes ou não parentes, que vivem em uma unidade residencial e compartilham bens públicos como também outras trocas.

[3] AZEVEDO, Marta Maria. 2003. Demografia dos povos indígenas do Alto Rio Negro/AM: um estudo de caso de nupcialidade e reprodução. Campinas: Unicamp. Tese de Doutorado.

LÍNGUAS INDÍGENAS

Línguas Silenciadas, Novas Línguas

Bruna Franchetto | Linguista, Museu Nacional/UFRJ

CERCA DE 160 LÍNGUAS AMERÍNDIAS SOBREVIVEM NO BRASIL, MESMO SILENCIADAS PELO ESTADO, PELAS MISSÕES, MEIOS DE COMUNICAÇÃO E ESCOLAS. MAS INICIATIVAS INDÍGENAS DE REVITALIZAÇÃO TÊM POVOADO ESSA PAISAGEM DE PERDA E SUBTRAÇÃO COM NOVAS LÍNGUAS

No final do século passado, a previsão era de que, das cerca de 5000/6000 línguas existentes no mundo, 90% estariam em risco de extinção neste século. Os críticos do catastrofismo linguístico dizem que línguas sempre morrem ou se transformam, no passado e hoje, e que novas línguas surgem do encontro entre povos, mas é inegável que uma perda vertiginosa da diversidade linguística, nada natural, caracteriza a era da conquista europeia dos novos e velhos mundos, sobretudo nos últimos 500 anos e, ainda mais, nos últimos 200 anos.

O Brasil é, ainda, multilíngue: além das línguas trazidas por imigrantes, das variedades regionais do português brasileiro e dos falares afrodescendentes, estima-se que no Brasil ainda sobrevivem, em graus variados de vitalidade, em torno de 160 línguas ameríndias, distribuídas em 40 famílias, duas macrofamílias (troncos) e uma dezena de línguas isoladas. Esta diversidade linguística continua sendo silenciada, com estratégias variadas, pelo Estado, por missões, meios de comunicação, escolas, em todos os níveis do chamado 'sistema educacional'. A soberania de uma única língua, a dos conquistadores que conformaram a 'nação', é mantida de todas as maneiras.

Tendo como base o último Censo (2010) divulgado pelo Instituto Brasileiro de Geografia e Estatística (IBGE), apenas 37,4% dos 896.917 que se declararam "indígenas" falam sua língua nativa, a dos seus pais ou avós, e somente 17,5% desconhecem o português. O censo também revelou que 42,3% dos "indígenas" já não vivem em áreas indígenas e que 36% se estabeleceram em cidades, sendo esta porcentagem em rápido crescimento. Dos que não estão mais em Terras Indígenas, apenas 12,7% falavam a(s) língua(s) dos seus pais ou avós. O português era falado por 605,2 mil indivíduos (76,9% dos "indígenas") e por praticamente

Eufrásia Ferreira, indígena Guató, na cozinha de sua casa, escuta registro da língua de seu povo, município de Corumbá, Mato Grosso do Sul.

todos os que vivem fora de suas terras (96,5%). A proporção entre 5 e 14 anos que falava uma língua indígena era de 45,9%, 59,1% dentro de Terras Indígenas e 16,2% fora delas. Nas Terras Indígenas, boa parte dos falantes de língua indígena não falavam português, sendo o maior percentual o dos indivíduos com mais de 50 anos (97,3%), enquanto que, fora das terras, nessa mesma faixa etária, o Censo revelou um percentual bem menor (40,7% de falantes somente de língua indígena). O quadro é claro: a transmissão esperada entre gerações é interrompida.

Segundo estimativas, já desatualizadas, o panorama não é animador: a média é de 250 falantes por língua; muitas línguas são usadas apenas em domínios restritos ou podem ser consideradas 'inativas'; outras definham para o *status* de 'línguas adormecidas', um eufemismo politicamente correto, já que se supõe que elas sempre possam ser 'acordadas'. O último falante de Apiaká morreu no começo de 2012, outras línguas contam com menos de 10 falantes, outras com semifalantes sem comunicação entre si, outras ainda manifestam sinais de declínio, como o abandono de artes verbais, de partes do léxico culturalmente cruciais, o uso do português como língua-franca, o crescente bilinguismo (língua(s) indígena(s)/português). As línguas 'ameaçadas' são a maioria absoluta, muito mais do que as oficialmente declaradas como tais, se adotarmos o critério internacional que define como 'línguas em perigo' as que têm menos de mil falantes.

Sabemos ainda pouco sobre essas línguas, apesar dos avanços importantes e crescentes dos estudos e pesquisas nos últimos vinte anos. Os recursos humanos formados ou em formação para a investigação de línguas ameríndias – e seus campos de aplicação – continuam muito aquém do necessário, incluindo em destaque, aqui, a formação de pesquisadores indígenas.

QUANTAS LÍNGUAS INDÍGENAS?

De fato, não há nenhum levantamento atualizado e os números são aproximativos (150? 160?); muito menos sabemos sobre a diversidade dialetal interna a cada língua. Uma língua sem diversidade interna é uma ficção: qualquer língua varia no tempo e no espaço (geográfico e social) e de uma situação comunicativa para outra. Não temos com relação às línguas indígenas a mesma atenção destinada à variedade interna do português; elas são quase sempre apresentadas como 'objetos' homogêneos. Destaca-se e faz pensar o número de línguas indígenas que consta do Censo de 2010: 274.

Nessa dança dos números de objetos (línguas) supostamente contáveis, cabe uma pergunta: afinal, o que é uma língua? Trata-se de um construto ideológico, que resultou, no Brasil, por exemplo, na perpetuação torturante da distinção entre, de um lado, língua nacional (uma nação, uma só língua) e línguas de civilização com suas literaturas (as que têm assento nos departamentos universitários) e, do outro lado, aquelas que até hoje custam a ser chamadas de 'línguas', talvez 'idiomas', ou dialetos e 'gírias', sendo estes dois últimos termos claramente estigmatizantes.

O número de 274 línguas indígenas que consta do Censo gerou alarme entre os linguistas por colidir com as suas estimativas, mesmo as mais generosas. O 'equívoco' do Censo deve ser interpretado e leva a conclusões instigantes, já que ele não expressa tanto um número por si só, mas traduções, apropriações, representações – com força e valor políticos – por parte dos alvos da operação censitária. Diante das opções 'raciais', os que se autodeclararam 'indígenas' acessavam perguntas a respeito de seu 'idioma' ou 'língua', uma inovação introduzida com o propósito de avaliar quantitativamente e qualitativamente a existência e vitalidade das línguas indígenas no Brasil.

O Censo produziu dados extremamente valiosos a esse respeito, mas o número fatídico tanto 'escandalizou' linguistas quanto deixou perplexo ou excitado o público em geral. Foram realizados seminários e discussões abertos em torno dos resultados do Censo, mas, que eu saiba, não sobre a questão das 'línguas indígenas', o que revela as dificuldades de compreender o que é 'língua', chegar a uma definição que convença falantes, supostos não falantes que se definem decididamente falantes de línguas consideradas 'extintas' ou 'adormecidas', linguistas e não linguistas, agentes do Estado responsáveis por 'patrimonializar línguas' etc.

Muitas vezes, os que se autodeclararam para o Censo como falantes de uma língua considerada 'extinta' pertencem a grupos que conseguiram ressurgir da invisibilidade e do silêncio. Em sua luta para o reconhecimento de sua existência e resistência, bem como de seus direitos territoriais, se declarar falantes de uma 'língua' é um corolário lógico e uma urgência política. Algumas dessas comunidades não ficam apenas na retórica política, mas estão, no momento, empenhados em se apropriar de uma língua, seja junto a vizinhos falantes de variedade ou 'língua' aparentada (geneticamente e/ou historicamente), seja através de uma recriação por meio da mesma engenharia sociolinguística, genial, que está gerando, por exemplo, o Patxohã, a "língua dos guerreiros" Pataxó.

Novas vidas e novas línguas voltam a povoar uma paisagem de perda e subtração, em iniciativas espontâneas de revitalização, sacudindo a omissão e à revelia das tímidas e fragmentadas políticas linguísticas do Estado. Em suma, é a noção de 'língua' como construto político que interessa daqui em diante: 'língua' declarada para existir, resistir, reagir.

DOCUMENTAÇÃO, PATRIMONIALIZAÇÃO

É uma estratégia desastrosa esperar até que os falares ameríndios se tornem tão frágeis e raros, antes de começar a pensar em investir na sua sobrevivência ou no seu resgate. Não há no Brasil nenhuma política linguística clara e, muito menos, consolidada que inclua o respeito ativo das línguas minoritárias, sobretudo as dos povos originários. Diferentes comunidades formulam demandas de apoio a processos de revitalização, alguns dos quais já iniciados por vontade política própria.

Se desconsiderarmos os espaços da academia e da pesquisa – onde se mantém, ou até cresce, aquém do necessário, o que se faz com ou para as línguas minoritárias, em particular indígenas –, a tímida e incipiente política brasileira de defesa dos direitos linguísticos das minorias tem tomado alguma forma em três frentes: (i) a transformação de falares de tradição oral em línguas escritas no contexto da escolarização, num primeiro momento nas mãos de instituições missionárias evangelizadoras, em seguida, através de uma passagem quase imperceptível que não representou uma ruptura, nas mãos do estado e de seu sistema educacional (público); (ii) a implementação de programas de documentação; (iii) a patrimonialização de imateriais sonoros, "línguas", como bens de um capital simbólico que agrega valor a boas ações oficiais.

A documentação das chamadas 'línguas ameaçadas' se tornou um considerável mercado de financiamentos, por programas internacionais, para projeto destinados à construção de amplos *corpora* multimídia digitais, através do registro, em campo, de todos os dados e eventos de fala passíveis de registro.

Os projetos de documentação realizados no Brasil, assim como em outros países da América Latina, têm sido caracterizados por uma concepção e práticas fortemente colaborativas, com formação de pesquisadores indígenas que queiram dominar as novas tecnologias da documentação e, assim, realizar 'autonomamente' seus projetos. Amadureceu, também, uma demanda qualificada vinda dos próprios índios: ter de volta materiais de pesquisa, compartilhar resultados, mobilizar uma assessoria que compense as falhas da formação oficial de professores e de outros agentes e mediadores.

Em 2009, foi instituído por decreto presidencial o Programa Brasileiro de Documentação de Línguas Indígenas (ProDoclin) junto ao Museu do Índio (Funai, RJ). O razoável sucesso dos treze projetos do ProDoclin motivou a criação de programas de documentação de 'musicalidades indígenas' (ProDocsom) e de gramáticas pedagógicas, baseadas, estas, em teorias e metodologias do bilinguismo e do ensino-aprendizagem de línguas de herança como segunda língua.

Foram alcançados mais de trinta grupos indígenas, com o envolvimento de cerca de cinquenta pesquisadores indígenas aos quais foram destinados equipamentos para a condução autônoma de suas próprias iniciativas. Além disso, quase todos os projetos de documentação têm possibilitado finalizar teses e dissertações. Foram produzidos acervos digitais, dicionários, gramáticas descritivas básicas e treze livros monolíngues (em língua indígena) ou bilíngues baseados na documentação de narrativas, cantos e rituais ou destinados ao letramento. À experiência do ProDoclin se acompanha a dos linguistas do Museu Paraense Emílio Goeldi: é estreita a colaboração entre as duas iniciativas, com seus arquivos digitais estruturados em paralelo e mutuamente accessíveis.

Ainda mais recente é a implementação, no Brasil, de uma política governamental de patrimonialização de línguas. Seu alcance e seus resultados têm sido, até o momento, limitados; o problema maior está no equívoco e no impasse insuperável da própria noção de 'língua(s) como patrimônio'. O Inventário Nacional da Diversidade Linguística (INDL) é um órgão interministerial, criado e implementado em 2010 e gerido pelo Instituto do Patrimônio Histórico e Artístico Nacional (Iphan), do Ministério da Cultura. Através de uma espécie de censo nacional, acompanhado por diagnósticos sociolinguísticos e documentação, o INDL pretende identificar as línguas minoritárias tendo em vista o seu "reconhecimento como referências culturais brasileiras". Decretado tal "reconhecimento" – algo muito distinto de uma qualquer 'oficialização' – seriam postas as condições suficientes para propostas de salvaguarda e revitalização. O INDL se encontra, no momento, num impasse financeiro, político e de gestão cuja superação é ainda imprevisível.

EDUCAÇÃO PARA A DIVERSIDADE?

Não são muitas as escolas indígenas que contam com programas de educação bilíngue ou que oferecem o ensino de língua indígena como segunda língua, de acordo com a realidade sociolinguística de cada grupo. Pouco sabemos das situações de bilinguismo ou de multilinguismo no Brasil indígena, dos processos de transformação e de obsolescência linguísticas. Há uma imensa ignorância a este respeito; a pesquisa sociolinguística é titubeante.

A definição da 'educação escolar indígena' como bilíngue, intercultural, diferenciada e específica esconde um fracasso institucional, didático e pedagógico por trás da retórica oficial, que reverbera, vazia e insidiosa, de alto a baixo, dos ministérios, às secretarias estaduais e municipais de educação, às escolas indígenas. A atuação das ONGs e de iniciativas para-acadêmicas, nesse campo, com raras exceções, não é menos falha. Professores, pesquisadores e jovens indígenas despertam do tédio dos cursos de formação do qual são alvos (e vítimas) quando se deparam com a riqueza das formas e estruturas de suas línguas, um exercício altamente intelectual, que repercute de imediato e positivamente sobre atitudes e valores, mas muito pouco realizado.

A lei 11.645, de 10 de março 2008, que "estabelece as diretrizes e bases da educação nacional, para incluir no currículo oficial da rede de ensino a obrigatoriedade da temática 'História e Cultura Afro-Brasileira e Indígena'", significativamente não menciona 'línguas', que, supõe-se, estariam subsumidas por 'culturas' e que continuam silenciadas. As universidades abriram brechas para incluir num só sentido, sem ousar se abrir para experimentar transformações ao serem adentradas por alunos indígenas. As línguas que não são de 'civilização' não são toleradas para escrever monografias ou teses ou além de sua fossilização escrita para estudos e gramáticas, nem induziram serviços de tradução qualificada nos raríssimos casos de cooficialização em nível municipal.

O Brasil de muitas línguas está cada vez mais ameaçado por uma escolarização medíocre, pela mídia monolíngue, pelo imorredouro fantasma da 'segurança nacional' que mantém a falta crônica de qualquer política linguística.

Há um outro lado, todavia, sempre. A língua oficial nacional (no caso, o português) domina as línguas nativas através da escrita, da escolarização, das mídias, e se insinua em cada uma com palavras, morfemas gramaticais, marcadores discursivos, expressões inteiras, dando origem às línguas 'misturadas' faladas pelos mais jovens. Línguas morrem e novas línguas surgem dos interstícios, nas fronteiras, num constante processo de criatividade expressiva, em novas variedades tanto orais como escritas. Por exemplo, o 'internetês misturado', português/língua indígena, usado nas comunicações via *e-mail*, Facebook, Twitter, etc. Línguas morrem e são enterradas em funerais apressados (que lástima! Não foi possível salvá-las...); línguas sobrevivem em variedades inesperadas, fenômeno ignorado, pelo menos no Brasil. Jovens indígenas pulam capítulos inteiros da história da escrita alfabética ocidental, passando de uma forma de oralidade (a 'tradicional') para outra (vídeos, televisão, filmes, música, desenho etc.), inventando incessantemente novas poéticas, novos 'textos', novas ironias, novas metáforas, novos xingamentos, em suas línguas 'misturadas'... estamos em pleno 'glocal', a explosão do local no coração do global. Os índios sempre foram bilíngues e multilíngues, mesmo antes dos brancos chegarem.

O veto da presidência da República ao PL 5944/2013, que inseria na LDB a possibilidade de critérios diferenciados de avaliação para escolas indígenas e ampliava o uso de línguas indígenas para os Ensinos Médio, Profissionalizante e Superior, revelou a real política linguística oficial. A diversidade linguística é considerada um obstáculo e não uma riqueza a ser defendida, preservada, promovida. Nisso, os governos não se diferenciam entre si: são todos assimilacionistas, colonialistas e estupidamente desenvolvimentistas. Foi uma agressão aos direitos linguísticos de toda e qualquer minoria, sobretudo das populações indígenas.

Cada vez mais, jovens indígenas têm acesso aos níveis de ensino além do básico; para muitos deles o português é a segunda ou terceira ou quarta língua. Os índios são, desde sempre, bilíngues, trilíngues, multilíngues. Sabemos que o monolinguismo é empobrecedor, cognitivamente e culturalmente. E todas as línguas têm o mesmo valor e a mesma natureza.

As línguas indígenas, todas ameaçadas, enfraquecidas, devem ter seu lugar, sua voz, em todos os níveis de ensino, não somente para garantir os direitos dos já muitos alunos indígenas além do ensino básico, mas também para abrir as cabeças dos alunos não indígenas de escolas e universidades, cuja formação é sabidamente limitada e medíocre no Brasil. O que aconteceria se as línguas indígenas invadissem as escolas não indígenas, as cidades, as universidades, a mídia, os congressos, os seminários, a literatura, o cinema, com boas traduções (nas duas direções)? Cantos são poemas, narrativas contam outras histórias, as oitivas de Belo Monte não teriam sido pantomimas de fachada para 'escutar os índios' sem entender o que dizem. *(agosto, 2016)*

POVOS ISOLADOS

Novos Desafios da Ação Indigenista Oficial

Fabrício Amorim | CGIIRC/Funai

COMPLEXAS SITUAÇÕES DE CONTATO MARCARAM O PERÍODO, SUSCITANDO VIVOS DEBATES SOBRE A GESTÃO DA POLÍTICA PÚBLICA E AS CONDIÇÕES DE ATUAÇÃO DA FUNAI NESTES CASOS. É NECESSÁRIO APERFEIÇOAR OS INSTRUMENTOS EXISTENTES, SEM QUE ISSO IMPLIQUE EM MUDANÇAS NO PARADIGMA DE RESPEITO À AUTONOMIA DOS POVOS EM ISOLAMENTO

A política de proteção aos povos indígenas isolados adotada pelo Estado brasileiro foi estabelecida a partir de 1987, no contexto da constituinte de 1988 e da formulação da Convenção nº 169 pela Organização Internacional do Trabalho (1989). Naquele período, a Funai instituiu um setor específico e um "Sistema de Proteção aos Índios Isolados", cuja atuação passou a se basear na diretriz que estabelece que "a existência de índios isolados não determina, necessariamente, a obrigatoriedade de contatá-los", modificando as velhas práticas que tinham na intervenção em contato a única alternativa para a sua proteção. Passados 30 anos de implementação da política estamos, hoje, em um novo momento em que novas gerações indigenistas atuam sob novos desafios.

AS FRENTES E A PRESENÇA DE POVOS ISOLADOS

As antigas Frentes de Contato passaram a ser denominadas Frentes de Proteção Etnoambiental (FPEs) no ano 2000. Desde 2009, quando a Funai foi reestruturada, o número subiu de 6 para 12 unidades, diretamente ligadas à Coordenação Geral de Índios Isolados e Recém-Contatados (CGIIRC) e Diretoria de Proteção Territorial (DPT).

Entre 2010 e 2015, apesar das dificuldades, houve uma sensível ampliação no conhecimento institucional sobre a presença de povos isolados no Brasil que, em muito, se deve à ampliação das Frentes. Destaca-se a confirmação de duas referências pela FPE Vale do Javari (AM); a confirmação da presença dos Mashko Piro no Parque Estadual Chandless (AC); a localização de uma maloca dos Moxihatëtëa na TI Yanomami (RR); e a localização de roçados um grupo isolado na TI Waimiri Atroari (AM e RR).

Também foi possível aprimorar conhecimentos sobre as dinâmicas de ocupação de povos isolados em diversas regiões. Sabe-se mais sobre os Yrapararikwara, na TI Uru Eu Wau Wau; os isolados Awá, na TI Arariboia (MA); e os diferentes grupos isolados, na TI Vale do Javari e no Acre. Também foi reformulado o quadro de registros da presença de isolados em diversas regiões da Amazônia: o norte do Pará, o Médio Xingu, o Médio e Alto Tapajós, o Médio Purus e seu interflúvio com o Madeira. Em 2011, trabalhava-se com um total de 70 registros, sendo 23 confirmados e 47 estudo[1]. Atualmente (2016), o banco de dados da CGIIRC dispõe de 103 registros, sendo 26 referências confirmadas e 77 em estudo. Assim, entre 2011-2015, foram acrescidos três novos registros confirmados e 30 novos registros da possível presença de isolados no Brasil.

No total, as 15 TIs com presença confirmada desses povos somam 25,9 milhões de hectares. Considerando também as 48 TIs onde há registros em estudo, chega-se a 60 milhões de hectares, metade da extensão das TIs reconhecidas no Brasil. Além destas, existem ainda as TIs instituídas pela Funai como "Restrições de Uso", isto é, com interdição de quaisquer atividades econômicas, enquanto as FPEs realizam expedições de localização e proteção. Atualmente (2016), existem sete restrições de uso vigentes, totalizando 1,49 milhão de hectares: Taboca do Alto Tarauaca (AC), Jacareuba/Katawixi (AM), Piripkura (RO), Tanaru (RO), Piriti (RR), Ituna/Itata (PA), e Kawahiva do Rio Pardo (MT).

Yanomami isolados, conhecidos como Moxihatetea. Eles estão localizados perto da Serra da Estrutura, Roraima.

Em relação à demarcação de TIs, destaca-se a declaração pelo MJ em 2016, da TI Kawahiva do Rio Pardo como tradicionalmente ocupada por este povo isolado de língua Tupi-Kawahiva. Trata-se de um avanço importante para um processo que se arrasta desde 1999, quando a equipe da FPE Madeirinha comprovou sua presença na região, permitindo à Funai publicar, em 2001, uma primeira portaria de Restrição de Uso. Uma outra conquista foi a homologação da TI Cachoeira Seca do Iriri, habitada pelos Arara, povo de língua Karib, considerado como de recente contato pela Funai, que habita a região de impacto direto da UHE Belo Monte. Cumpre citar, ainda, a delimitação pela Funai em 2015 da TI Kaxuyana-Tunayana (PA e AM), em que há indícios, registrados pela FPE Cuminapanema, da presença de povos isolados em três regiões distintas. Em 2011, também foi delimitada a TI Apiaka do Pontal e Isolados (MT) – entre os rios Telles Pires e Juruena, formadores do Tapajós – habitada pelos Apiaká e Munduruku, com informações sobre a presença de um grupo isolado.

SITUAÇÕES DE CONTATO

Os contatos – que, na perspectiva oficial, marcam o início de interações contínuas e permanentes entre os povos indígenas em isolamento e os agentes do Estado/Funai – foram, sem dúvida, o destaque do período 2011-2015.

A primeira situação ocorreu em junho de 2014, quando um grupo isolado, falante de uma língua da família Pano, localizado no Alto Envira, entre o Peru e o Acre, estabeleceu contato com os Ashaninka, povo falante de uma língua da família Aruak, moradores da aldeia Simpatia, também no Alto Envira[2]. Não se sabe ao certo o que os motivou a se aproximarem da aldeia Simpatia, mas sabe-se, a partir do monitoramento realizado pela FPE Envira e CGIIRC, que nos anos anteriores eles estavam formando seus roçados cada vez mais longe da fronteira com o Peru, possivelmente em decorrência da expansão da exploração madeireira e do narcotráfico na região peruana das cabeceiras dos Rios Envira e Juruá. Logo após o primeiro contato com os Ashaninka, equipes da Funai e Sesai chegaram à região, iniciando ações de pós- contato que permanecem até os dias atuais. Indígenas Jaminawa, de língua bastante próxima à falada pelo grupo contatado, vêm apoiando determinantemente na condição de intérpretes, desde o início as ações oficiais junto a esse grupo. Após o contato, eles abriram roçados e construíram casas (*kupichawas*) às margens do Igarapé Xinane, próximo à Base da FPE Envira, mantendo a ocupação intermitentemente dos afluentes do Alto Envira e Alto Tarauacá. Sua situação atual é relativamente estável no que diz respeito à segurança alimentar e epidemiológica.

O segundo contato direto ocorreu em setembro do mesmo ano (2014), na TI Vale do Javari (AM), com um grupo isolado Korubo, formado por seis pessoas[3]. Foi estabelecido no Rio Itaquai entre eles e indígenas Kanamary, e, de imediato, ao ser notificada, a Funai deslocou uma equipe ao local. Esse pequeno grupo Korubo relatou, então, que o restante grupo que permaneceu em isolamento estava doente, o que justificou a decisão em efetuar o contato com este segundo grupo, após a Funai comprovar por sobrevoo que seus roçados estavam, de fato, abandonados. Cerca de 30 dias depois, uma equipe composta por experientes servidores da Funai e por indígenas Matis, Kanamary e do grupo Korubo contatado em 1996 estabeleceu o primeiro contato com o restante grupo, formado por 15 pessoas. A situação epidemiológica alarmante do grupo foi confirmada pelos exames realizados logo após o primeiro contato, com a constatação de três casos de malária infantil.

Em setembro de 2015, ocorreu um novo contato na TI Vale do Javari, novamente com isolados Korubo, desta vez ocupantes do interflúvio entre os Rios Branco e Coari, uma região relativamente distante do Rio Itaquai, habitado pelo grupo local Korubo contatado em 2014. O contato de 2015 ocorreu a partir da iniciativa de indígenas Matis, moradores do Rio Branco. Estes, ao perceberem a aproximação dos isolados ao redor de suas aldeias, decidiram intervir, fazendo o contato e os trazendo para a margem do rio Branco. A decisão foi fundamentada, provavelmente, pelo conflito

SAÚDE PARA POVOS INDÍGENAS ISOLADOS E DE RECENTE CONTATO

As enfermidades têm sido a principal causa de depopulação indígena desde a época da invasão europeia ao continente americano, tendo sido, em alguns casos, até mais letais que as armas de fogo. E não foram apenas as doenças em si, mas, sendo populações dependentes exclusivamente de recursos naturais, o impedimento da execução de ações cotidianas fez com que algumas sociedades entrassem em colapso com a falta de água, fogo e alimento, principalmente. Outras sociedades sofreram o impacto no "equilíbrio coletivo psíquico", tendo como consequências fenômenos descritos por Neptali (2007) como desespero, "morte por tristeza" ou "por deixar morrer".

Portanto, há cinco séculos de contato com os não indígenas, as doenças infecciosas foram peças-chave na desestruturação de algumas sociedades (Coimbra, 2003). Assim, mesmo com o avanço na concepção do atendimento à saúde dos povos indígenas, com a existência de uma política específica, doenças como gripe, sarampo, varicela, coqueluche, hepatite e doenças venéreas ainda são uma realidade.

No caso dos povos indígenas de recente contato, o estado de saúde, dentre outras, é a sua principal causa de vulnerabilidade (Huertas, 2007). Considerada como uma situação especial, o Alto Comissariado das Nações Unidas para os Direitos Humanos (ACNUDH) indicou diversas recomendações específicas para a saúde de povos indígenas de recente contato: estabelecimento de "cordões sanitários", com programas de atendimento permanente à saúde da população que vive no entorno das regiões ocupadas por aqueles povos; tratamento diferenciado dentro do próprios território; consideração das especificidades e dos contextos de cada cultura; definição de políticas públicas específicas; criação de equipes com qualificação para atender esses povos; planejamento e ação rápidas em casos de contato através da elaboração de planos de contingência, entre outras.

Ao contrário do que se pensa comumente, a vulnerabilidade epidemiológica não é causada por um sistema imunológico ineficiente, mas, como aponta Rodrigues, as populações recém-contatadas, entre outras características, possuem pouca variabilidade genética. Assim, são mais vulneráveis ao surgimento abrupto de epidemias de etiologia viral como gripes, sarampo e varicela com alta mortalidade. Além disso, em situações de contato, há a impossibilidade de desenvolver, em curto prazo, defesas orgânicas para as doenças infectocontagiosas. Estima-se que essas necessitariam de três a cinco gerações para ser constituída. Dessa maneira, é ainda mais imprescindível o estabelecimento de um atendimento de saúde eficiente.

Contraditoriamente, o atendimento à saúde aos povos indígenas de recente contato e isolados é pouco mencionado na Política Nacional de Saúde Indígena do Brasil, apesar de eleito como uma "situação especial". Alguns povos considerados de recente contato acumulam todas ou várias características elegidas como situações especiais: grande mobilidade e em zonas de fronteira; projetos de desenvolvimento econômico e social; violência decorrente da precariedade das condições de vida e da expropriação e intrusão das Terras Indígenas.

É estabelecida, ainda nesse documento, a importância de se ter "normas técnicas específicas e ações de saúde especiais que diminuam o impacto causado à saúde no momento do contato e pelos desdobramentos posteriores. Deverão ser contemplados: a preparação e capacitação de equipes de saúde para situações especiais, quarentena pré e pós-contato, imunização da população, estruturação de sistema de vigilância e monitoramento demográfico". No entanto, diferente de outros países, essas normativas ainda não existem no Brasil.

Em 2013, foi criado um grupo de trabalho interministerial (Portaria interministerial n° 171 de 06/02/2013), para a elaboração de Planos de Contingência para situações de contato com grupos indígenas isolados e para surtos e epidemias em grupos de recente contato. Uma portaria foi assinada pelo ex-ministro Alexandre Padilha, na TI Zo'é, porém não foi publicada.

Ora, se são consideradas como situações especiais, é necessário construir normativas mais específicas ainda dentro da política de atenção à saúde, ainda mais em uma época em que processos de contato estão sendo estabelecidos com mais frequência do que nas últimas duas décadas. O atendimento aos povos indígenas isolados e de recente contato deve ter alguma priorização dada a sua situação de vulnerabilidade epidemiológica intrínseca e também considerando que, apesar de uma política de saúde indígena construída nos pilares de respeito à diversidade e à autonomia indígena, essas diretrizes não se aplicam na prática, de modo a proteger de maneira eficiente a saúde dos povos indígenas de recente contato e isolados.

Seguindo os princípios e diretrizes expressas nas leis internacionais sobre o tema, as situações de estabelecimento de processos de contato devem ser tratadas como emergência sanitária, onde outras esferas de governo possam ser rapidamente acionadas para enfrentar epidemias em contextos pós-contato. No entanto, existe uma falta de harmonia entre as regras da administração pública, as esferas do SUS e a capacidade administrativa das unidades descentralizadas do Estado em locais remotos da Amazônia de realizarem gestões como contratos de prestações de serviços, compras de insumos, aquisição de material permanente, entre outros. Ou seja, nos lugares mais remotos, onde se tem mais necessidade de novas e modernas tecnologias, visando uma alta resolutibilidade dentro das TIs, evitando, dessa maneira, remoções para centros urbanos, é onde mais se tem a dificuldade de acessá-las.

ocorrido um ano antes, no Rio Coari, que ocasionou a morte de dois indígenas Matis e cerca de uma dezena de indígenas isolados Korubo. Desde então, os Matis pediam que a Funai realizasse o contato com os Korubo culminando, em 2015, em sua própria iniciativa em fazer o contato com esse grupo Korubo. Esta situação em específico suscitou um vivo e complexo debate público, ainda em curso, sobre as engrenagens (ou falta de engrenagens) da política indigenista oficial para lidar com situações de contatos marcados por tensão e conflitos. Atualmente, os grupos Korubo contatados em 2014 e 2015 vivem junto com os grupos Korubo contatados em 1996, em duas aldeias no Rio Itui, em território de ocupação tradicional do povo Korubo, somando 82 pessoas.

Em dezembro de 2014, ocorreu outro contato direto, desta vez na TI Caru, no Maranhão, entre os Awá ou Guajá – povo Tupi de recente contato – e um pequeno grupo isolado da mesma etnia, formado por três adultos (duas mulheres e um homem)[4]. Em 2005, eles já havia chegado viver durante um tempo na aldeia dos Awá contatados, mas decidiram voltar à situação de isolamento. Não se sabe ao certo as circunstâncias do contato, mas é amplamente conhecida a pressão de madeireiros ilegais nessa TI, bem como a existência de um outro grupo isolado, maior demograficamente, que estabelecia relações conflituosas com os integrantes desse pequeno grupo.

É importante frisar que não houve, até o momento, nenhuma morte em decorrência de doenças durante nenhum dos caso de contato, o que reverte a lógica histórica da ocorrência de mortes epidêmicas em massa no pós-contato. Conclui-se que, apesar das debilidades estruturais da Funai e da Sesai, houve nos últimos anos um efetivo aprimoramento institucional no que diz respeito às práticas sanitárias e indigenistas de contato e pós-contato. Destaca-se a situação de 2015, que envolveu inúmeros e rígidos protocolos de trabalho pós-contato e ampla participação indígena na equipe.

AÇÕES DE PROTEÇÃO DE TERRAS INDÍGENAS

Para proteger os territórios dos isolados, as equipes enfrentam diversas situações que extrapolam as atribuições da Funai. Um exemplo é o caso do noroeste Maranhão, onde diversos povos indígenas, entre os quais os já citados Awá isolados e de recente contato, têm suas terras sistematicamente invadidas para sustentar a rede ilegal de extração de madeira ali instalada. As TIs Awá, Alto Guamá, Alto Turiaçu, Rio Pindaré e Caru, junto à Rebio do Gurupi, são as últimas porções de floresta da região. Foi nesse contexto de calamidade que, em 2014, foi realizada a operação de desintrusão da TI Awá, coordenada pela Secretaria da Presidência da Republica e a Funai, com a participação do Exército Brasileiro, Força Nacional, Polícia Federal, Ibama, Incra, entre outros órgãos.

Outra desintrusão, realizada entre 2013 e 2014 retirou doze fazendeiros da TI Yanomami, na região do Ajarani, onde vivem cerca de 80 indígenas Yawaripë. A retirada dos fazendeiros era demandada pelos Yanomami desde a homologação da TI em 1992 e teve contribuição determinante dos indígenas daquela região, da Hutukara Associação Yanomami e do MPF em Roraima. É preciso destacar também que, nos últimos anos, o garimpo ilegal de ouro – um problema crônico na TI Yanomami – vem

---

Ou seja, o atendimento a povos indígenas em situação de contato, considerado como parte da atenção primária, deve ser realizado no interior da Terra Indígena, porém com o uso de tecnologias muitas vezes mais complexas e efetivas. Remover indivíduos de recente contato para centros urbanos é um risco muito grande para contaminação e outras consequências de ordem psíquica.

Em situações pós-contato, é muito crucial realizar a interação da noção de saúde dos povos indígenas com o sistema biomédico ocidental, buscando sempre a complementariedade e não hierarquização de uma sobre a outro, o que é possível apenas com um conjunto de fatores entre eles, a presença de equipes de referência permanentes que criem vínculos sociais mínimos com os indígenas de recente contato. A terceirização dos recursos humanos, mediante contratação por empresas, tem sido caracterizada por grande rotatividade que acaba por impedir a capacitação adequada das equipes nas especificidades de atendimento a essas populações. Há também uma enorme dificuldade em encontrar esse perfil de profissional disposto a permanecer longos períodos em locais de difícil acesso.

Outro fator a ser considerado ao analisar o atendimento a povos indígenas de recente contato é que, em sua grande maioria, não participa dos fóruns de controle social como as instâncias do Conselho Distrital de Saúde Indígena (Condisi), por exemplo, ou o faz de maneira muitas vezes não qualificada. Há uma dificuldade de participação por questões linguísticas e/ou culturais e barreiras metodológicas, como tipo de linguagem técnica utilizada comumente nas reuniões. Assim, as suas demandas são pouco ou não inseridas dentro dos Planos Distritais de Saúde.

Diante desse cenário, ainda há o desafio a priori para o poder público de promover um atendimento em situações de contato. Os contatos não são programados e devem ser concebidos como um processo que pode durar anos ou décadas. Não é apenas a marcação de um evento burocrático, como se pudéssemos dizer que "fez-se contato com aquele ou esse povo no dia tal do ano tal".

Por esse motivo, além de um território protegido, tendo recursos naturais em abundância para viverem de maneira autônoma, são povos que necessitam de um sistema de atenção à saúde que funcione efetivamente e na prática, baseado pelos princípios especificidade, intersetorialidade e interdisciplinaridade. A participação efetiva dos povos indígenas de recente contato ou daqueles que vivem no entorno de seus territórios é fundamental e deve ser facilitada com a utilização de novas formas de diálogo. (Clarice Jabur, CGIIRC/Funai, setembro, 2016)

atingindo, inclusive, a região ocupada pelos isolados Moxihatëtëa, localizados pela Funai em 2011.

Em 2015, foi a vez da desintrusão da TI Rio Omerê, homologada em 2006, na região de Corumbiara (RO). Nela vivem os Akuntsu (família linguística Tupari) e Kanoê (família linguística Kanoê), considerados como de recente contato. As ações em campo contaram com o apoio da PF, do MPF em Rondônia, do Ibama e da Agência de Defesa Sanitária Agrosilvopastoril do Estado de Rondônia (Idaron).

É importante destacar que, nas desintrusões das TIs Yanomami e Rio Omerê, a Justiça Federal reconheceu o poder de polícia da Funai, representando uma importante jurisprudência para o fortalecimento administrativo do órgão indigenista oficial na execução destas ações.

FORTALECIMENTO DA POLÍTICA PARA ISOLADOS

Os contatos ocorridos em 2014 e 2015 desencadearam um amplo debate no meio indigenista e acadêmico, nacional e internacional, sobre a efetividade da atual política de proteção aos isolados. Para qualificar as discussões, é necessário reconhecer os resultados positivos da política oficial vigente, evidenciados pelo expressivo crescimento da população em isolamento e dos territórios garantidos a estes povos desde 1987. Foi a metodologia desenvolvida pela Funai, reconhecida internacionalmente, que garantiu a demarcação e proteção das TIs, sem a necessidade de contatá-los.

No entanto, desde 2011, intensificaram-se os problemas de gestão e as limitações estruturais para a efetiva implementação das políticas voltadas aos isolados. Os aportes orçamentários não acompanharam o acréscimo de demandas e como resultado tivemos o fechamento de bases e a diminuição de ações de vigilância, monitoramento e diálogo com os habitantes do entorno (indígenas ou não) dos povos isolados. Junte-se a isso o aumento vertiginoso de empreendimentos de infraestrutura – hidrelétricas, estradas, linhas de transmissão – que impactaram direta ou indiretamente seus territórios.

Sugerimos, assim, alguns caminhos para o fortalecimento da política indigenista: (i) os investimentos de ordem orçamentária e de recursos humanos nas FPEs; (ii) o aprimoramento da gestão da política pública, pela normatização e institucionalização das metodologias desenvolvidas em campo; (iii) os investimentos em ações de localização em campo, com vistas à confirmação das 77 referências sobre a possível presença desses povos; (iv) a reabertura das bases atualmente fechadas, abertura de novas e estruturação das que operam com fragilidade, para efetuar o monitoramento constante das ameaças e dos processos territoriais dos 26 registros de isolados confirmados; (v) a ampliação das ações conjuntas com outros órgãos do Estado que tenham interface com a questão da proteção dos territórios povos indígenas isolados; (vi) a ampliação das cooperações técnicas com outros países, para a atuação em situações transfronteiriças, bem como com organizações da sociedades civil, indígenas ou indigenistas, com vistas ao aumento do potencial de efetividade da política pública; (vii) a incorporação de mais vozes para refletir, monitorar e prover transparência à execução da política – incluindo maior participação dos povos indígenas; (viii) a sistematização e normatização de diretrizes para desenvolvimento de planos de contingência em situações de contato e conflitos; e (ix) o desenvolvimento (à luz da Convenção OIT nº 169) de mecanismos normativos e metodológicos de avaliação de impactos diretos e indiretos sobre os territórios ocupados por povos isolados, no âmbito dos processos de licenciamento de grandes obras.

Finalmente, em encontro ocorrido em junho de 2016, nós, servidores da CGIIRC/FPEs, divulgamos uma carta aberta, reiterando que "(...) acreditamos que o Estado Brasileiro deve se reorganizar para a possibilidade do aumento de situações de contato. Assim, é necessário aperfeiçoar os instrumentos normativos e metodológicos existentes para intervenções em caso de contato, sem que isso implique necessariamente em mudanças no paradigma da política pública de respeito à autonomia dos povos indígenas isolados. (...) Reconhecemos os limites do Estado no que diz respeito às garantias orçamentárias e estruturais para dar conta dos desafios impostos pela crescente pressão sobre os territórios ocupados pelos povos indígenas isolados. Contudo, não proferimos e não apoiamos discursos derrotistas que assumam como inevitável que interesses econômicos sobrepujem os direitos dos povos indígenas, e que atribuam ao contato a única solução para a sobrevivência desses povos". *(dezembro, 2016)*

NOTAS

[1] Para mais, leia o artigo de A. Vaz, "Da Tutela para a Política de Direitos", na edição 2006-2010 da coletânea *Povos Indígenas no Brasil* (B. Ricardo & F. Ricardo, ISA, 2011).

[2] Para mais, leia o artigo de G. Shepard, "A Década do Contato" no Capítulo "Acre" nesta Coletânea.

[3] Para mais, leia o artigo de F. Amorim, "Tensões e Distenções na Linha Tênue entre o Isolamento e o Contato" no Capítulo "Javari", nesta Coletânea.

[4] Para mais, leia o artigo de U. Garcia, "A Floresta, o Fogo e os Jabotis" no Capítulo "Goiás/Tocantins/Maranhão", nesta Coletânea.

Legislação
Conhecimentos Tradicionais Indígenas
Aplicação da Convenção 169 OIT
Estatuto das Sociedades Indígenas

JUDICIÁRIO

O "Marco Temporal" e a Reinvenção das Formas de Violação dos Direitos Indígenas

Juliana de Paula Batista — Advogada, ISA
Maurício Guetta — Advogado, ISA

A TEORIA DO "MARCO TEMPORAL", QUE VEM SENDO APLICADA PARA ANULAR DEMARCAÇÕES DE TIS NO JUDICIÁRIO, MANTÉM O HISTÓRICO PROCESSO DE VIOLÊNCIA E NEGAÇÃO DOS DIREITOS TERRITORIAIS INDÍGENAS – AGORA POR MEIO DE UMA INTERPRETAÇÃO RESTRITIVA DA CONSTITUIÇÃO QUE LEGITIMA ESSAS MESMAS VIOLÊNCIAS

Em entrevista publicada na edição 2001-2006 do livro *Povos indígenas no Brasil*, o antropólogo Eduardo Viveiros de Castro escrevia sobre "tornar-se índio: um problema para o judiciário". Na época, ele mencionava as declarações do então presidente da Fundação Nacional do Índio (Funai), Mércio Gomes, para quem o Supremo Tribunal Federal (STF) teria que definir "um 'limite' para as reivindicações cada vez mais 'excessivas' por novas Terras Indígenas".

Para Viveiros de Castro, "o Mércio está dizendo a mesma coisa dos governos da ditadura. Em essência, ele está dizendo que tem índio demais". Castro, então, ironiza: "Sejamos liberais: não é preciso matar ninguém; os índios que temos são bons; são mesmo necessários. Mas, sobretudo, eles são suficientes. Vamos fechar a porteira. Vamos fazer uma escala. (...). Onde vai parar o corte? Na cara de quem vai se fechar a porteira?".

A resposta a essas indagações veio no julgamento, em março de 2009, do paradigmático caso sobre a demarcação da Terra Indígena (TI) Raposa Serra do Sol (RR), pelo STF[1]. A decisão estabeleceu 19 "condicionantes" ou "salvaguardas". Nenhuma delas, contudo, refere-se ao "marco temporal de ocupação indígena".

Não obstante, foi nesse julgamento que o STF aplicou a teoria do "marco temporal de ocupação", segundo a qual exige-se a presença dos índios na área objeto da demarcação no dia 5 de outubro de 1988 para que sejam reconhecidos seus direitos originários. Noutros termos, o STF interpretou o artigo 231 da Constituição, enunciando que a expressão "terra que tradicionalmente ocupam" deveria ser lida como "terras que tradicionalmente ocupam na data de 5 de outubro de 1988".

Muito embora a decisão não tenha efeitos vinculantes, ou seja, não obrigue juízes e tribunais a aplicar o mesmo entendimento a outros processos relativos a TIs, a tese do "marco temporal de ocupação" passou a orientar a hermenêutica do artigo 231 da Constituição Federal e constitui precedente judicial que, nessa condição, está a influenciar decisões em todas as instâncias do Poder Judiciário. Os resultados têm sido a anulação de processos de demarcação[2], aumento dos conflitos no campo, insegurança jurídica e incertezas sobre os direitos territoriais indígenas.

A tese do "marco temporal de ocupação", no entanto, é juridicamente questionável sobre diversos aspectos. Primeiramente, porque sempre que as Constituições Federais[3], desde 1934 até a de 1988, quiseram trabalhar com "data certa" elas o fizeram de forma expressa: jamais deixaram ao arbítrio do julgador estabelecer quais seriam os "marcos temporais" de sua aplicação.

Sobre o assunto, o constitucionalista José Afonso da Silva bem anotou: "Onde está isso na Constituição? Como pode ela ter trabalhado com essa data se ela nada diz a esse respeito, nem explícita, nem implicitamente? Nenhuma cláusula, nenhuma palavra do art. 231 sobre os direitos dos índios autoriza essa conclusão. Ao contrário se se ler com a devida atenção o *caput* do art. 231, ver-se-á que dele se extrai coisa muito diversa". E completa: "Deslocar esse marco para ela [a Constituição de 1988] é fazer um corte na continuidade da proteção constitucional dos direitos indígenas, deixando ao desamparo milhares de índios e suas comunidades, o que, no fundo, é um desrespeito às próprias regras e princípios constitucionais que dão proteção aos direitos indígenas. Vale dizer: é contrariar o próprio sistema constitucional, que deu essa proteção continuadamente".

Condicionar as demarcações à presença dos índios nas terras em data certa também nega a histórica vulnerabilidade dos indígenas ante as violências que permearam o processo pós-colonial, a abertura das frentes de expansão pelo Brasil e as violações de direitos durante o período da ditadura militar, conforme denunciou, recentemente, o relatório da Comissão Nacional da Verdade[4].

Além disso, o "marco temporal" também desconsidera as especificidades culturais de cada etnia, em contrariedade ao que estabeleceu o constituinte originário: "são reconhecidos aos índios sua organização social, costumes, línguas, crenças e tradições". A genealogia desse reconhecimento precisa considerar os princípios hermenêuticos garantidores da força normativa da Constituição e da máxima efetividade das normas constitucionais, no sentido de respeitar as cosmovisões indígenas garantidas pela Constituição, bem como extirpar imposições culturais etnocêntricas.

Para tanto, a análise do que é uma "terra tradicionalmente ocupada" requer que não se tente definir "o que é habitação permanente, modo de utilização, atividade produtiva, ou qualquer das condições ou termos que as compõem, segundo a visão civilizada, a visão do modo de produção capitalista ou socialista, a visão do bem-estar do nosso gosto, mas segundo o modo de ser deles, da cultura deles"[5], como remarca José Afonso da Silva.

Não bastasse tudo isso, o debate em questão ainda impõe outra reflexão. Se a sobrevivência física e cultural dos indígenas depende necessariamente de estarem na posse de suas terras tradicionais, tal como estabelece a própria Constituição, anular processos de demarcação com base no "marco temporal", além de se mostrar juridicamente questionável, tem como efeito direto e inexorável condenar os indígenas ao relento da assimilação forçada, paradigma que, este sim, a Constituição quis deliberadamente estancar. Em última instância, é, ainda, negar o direito fundamental à identidade étnica, pois sem terras não há índios ou coletividades indígenas.

O RENITENTE ESBULHO

O "marco temporal", de acordo com o STF, só não seria aplicável naqueles casos em que se comprove a ocorrência de "renitente esbulho"[6], ou seja, em que se demonstre que os indígenas foram retirados à força de suas terras e, por isso, não detinham a posse permanente da área em 5 de outubro de 1988.

Todavia, no julgamento que anulou a demarcação da TI Limão Verde[7], ao aplicar o "marco temporal", a Segunda Turma do STF criou concepção altamente restritiva sobre como deveria ocorrer a prova do "renitente esbulho". De acordo com esse julgado, a comprovação do "renitente esbulho" pode se dar pela demonstração de duas hipóteses: a primeira, por conflito que tenha perdurado até a promulgação da Constituição Federal de 1988, materializado por "circunstâncias de fato"; a segunda, pela existência de ação judicial possessória.

No tocante à primeira, vincular o direito dos indígenas à manutenção de um conflito até 5 de outubro de 1988 não é nada crível, pois é latente tanto o grau de violência que subjaz estes conflitos quanto a extrema vulnerabilidade das comunidades indígenas. Quem, em pleno gozo de suas faculdades mentais, manter-se-ia em conflito com fazendeiros fortemente armados ou resistiria ao aparato repressivo do Estado?

Ora, exigir a existência de um conflito deforma por completo os fundamentos que justificam a própria existência do Estado, a essência dos princípios republicanos, bem como a base ontológica das garantias fundamentais: exigir conflito é reinstaurar a "guerra de todos contra todos".

Demais disso, é importante destacar um dos pontos levantados por Deborah Duprat em um artigo que problematiza a ideia de "renitente esbulho" aplicada ao caso da TI Limão Verde, recuperando a obra do antropólogo James Scott. Ela lembra que, conforme o autor, grupos historicamente subordinados costumam travar "pequenas guerrilhas silenciosas", com impacto maior do que rebeliões, revoltas e levantes: "Ele tem em mente armas comuns, tais como corpo mole, a dissimulação, a submissão falsa, as sabotagens, os saques, os incêndios premeditados, a ignorância fingida, a fofoca. Se nós pegarmos os laudos de todas as áreas indígenas, todos eles relatam vários episódios de quebrar a cerca, do furto do gado, do colocar fogo na área, daquelas pequenas sabotagens cotidianas. Essa é a forma de resistência possível a esses grupos. Então, como considerar que não houve resistência ao esbulho? É só por uma visão hegemônica, por uma visão que referenda uma concepção de posse que é particularidade de um determinado segmento da sociedade. Não faz jus mais ao pluralismo, não faz jus sequer ao direito civil – lembrando que o estatuto da questão indígena é constitucional, não civil".

Quanto à segunda hipótese, qual seja, a existência de controvérsia possessória judicializada, vale lembrar que os indígenas eram impedidos de figurar como partes em juízo até o advento da Constituição Federal de 1988, quando foram liberados do regime tutelar e tiveram reconhecida sua capacidade processual pelo artigo 232. Aliás, muitas comunidades nem mesmo dispunham de relações com a sociedade nacional ou detinham conhecimento suficiente da legislação para formalizar denúncias ou mover ações judiciais – de modo que não é razoável destituir os índios dos seus direitos em decorrência de eventual omissão da União no exercício da tutela.

Já o Ministério Público sequer tinha atribuição para propor, sem a provocação da União, "as medidas judiciais adequadas à proteção da posse dos silvícolas sobre as terras que habitem" (artigo 36,

Cacique Tito Vilhalva nasceu e resiste em Guyraroká, terra indígena transformada em fazendas e cuja demarcação foi anulada pelo STF.

da Lei nº 6.001/1973), já que a sua estruturação para a defesa dos direitos e interesses coletivos dos indígenas consolidou-se apenas com o advento da Constituição Federal de 1988.

De mais a mais, o Estado, o Serviço de Proteção ao Índios (SPI) e sua sucessora, a Funai, muito embora tutelassem os indígenas, eram os principais responsáveis pelas ações ou omissões de violação de seus direitos, de forma que não ajuizaram "demandas possessórias" para resguardar os índios e proteger as TIs.

A decisão restringe, ainda, a amplitude probatória estabelecida pela legislação processual, dado que existem muitas outras formas legítimas de se comprovar a ocorrência do renitente esbulho – documentos, registros históricos, jornalísticos, cartas das comunidades aos órgãos públicos competentes, entre outros documentos, a ser considerados conforme as peculiaridades de cada caso concreto.

A valer a conclusão da Segunda Turma para o caso da TI Limão Verde, as provas disponíveis e a forma encontrada por cada comunidade para documentar as violências das quais foram vítimas não serão consideradas pela mais alta corte do país. Temos que lembrar que a tradição jurídica que privilegia a escrita, a documentação e a judicialização dos conflitos é "natural" para a nossa "metafísica dos costumes", entretanto, pouco familiar para os povos indígenas, minorias étnicas de tradição eminentemente oral.

Ademais, ao requerer prova que sequer era exigível ao tempo da ocorrência dos esbulhos, a Segunda Turma se vale da "flecha lançada" e da "oportunidade perdida" para engendrar um alto requinte burocrático na comprovação de violências, transferindo para os violentados o ônus da prova.

Diante do reconhecimento da "organização social, costumes, línguas, crenças e tradições" dos índios, a maneira plausível de se garantir direitos territoriais indígenas seria a partir de um exercício hermenêutico e intercultural que buscasse analisar os esbulhos segundo a lógica própria de cada povo.

Para isso, há de se verificar o histórico de remoção dos índios de suas terras, por que e em que condição saíram delas, os meios dos quais dispunham para denunciar ou resistir aos esbulhos, dentre outras perspectivas, exercício que coloca em diálogo intercultural as sensibilidades jurídicas envolvidas no processo. Senão, ao fim e ao cabo, fecha-se a porteira e legitimam-se no tempo e nos direitos as antigas, e agora reinventadas, formas de exclusão dos direitos indígenas.

E AGORA, JOSÉ?

Anuladas as demarcações de TIs com fundamento no "marco temporal" ou na desconsideração da ocorrência do "renitente esbulho", para onde irão os indígenas?

A teoria do "marco temporal", tal como está posta, mantém o histórico e secular processo de violência e negação dos direitos territoriais indígenas, agora, por intermédio de uma interpretação constitucional restritiva e que legitima essas mesmas violências. Nesse sentido, é preciso indagar muito seriamente: o que os Poderes da República, diante dos direitos fundamentais garantidos à pessoa humana e aos índios em particular, farão com os índios e seus direitos?

Afinal, a aceitar a teoria do "marco temporal", então é fundamental que se investigue: se não estavam os índios nas terras que hoje reivindicam, onde estariam em 5 de outubro de 1988?

E por que não estavam a exercer seu direito territorial e a ocupar suas terras tradicionais? As decisões judiciais que consideram o "marco temporal" determinarão providências específicas ao Poder Executivo, tal como a abertura de novos processos de demarcação de terras, para que se possa aferir onde estavam os índios em 5 de outubro de 1988, e, assim, proceder a demarcação? Farão perícias para identificar esses lugares? Assegurarão que os indígenas continuem em suas terras até que se encontre uma alternativa ou solução para os graves conflitos fundiários que envolvem a demarcação? Ou continuarão apenas a condenar os indígenas ao degredo de sua condição étnica e à manutenção, *ad eternum*, de direitos válidos e jamais eficazes?

Caso seja sedimentada a teoria do "marco temporal" para todas as TIs, a desconsiderar que os índios constituem coletividades reais, vulneráveis, portadoras de identidade étnica minoritária e que dependem de segurança territorial para continuar existindo, estaria a se validar a assimilação forçada que a Constituição Federal quis estancar e, também, todas as violações de direitos fundamentais, notadamente de direitos territoriais, perpetradas historicamente contra os índios no Brasil

Compreendemos que todo o conjunto de princípios que rege a tradição republicana e democrática, (re)inaugurada a partir de 5 de outubro de 1988, aponta na direção de uma justiça de transição efetiva, que contemple os povos indígenas no âmbito da reparação e da efetividade de seus direitos civis, econômicos, sociais, culturais, tão atrozmente violentados antes e durante a ditadura militar. A prosperar a "linha de corte" imposta pelo "marco temporal", o direito fundamental de ocupar uma terra segundo usos, costumes e tradições indígenas, reconhecido pela Constituição Federal de 1988, terá tido validade por apenas um dia, não traduzindo garantia permanente de direitos.

Dessa forma, espera-se que nos próximos anos o STF pondere as graves consequências e violações de direitos fundamentais que vêm sendo legitimadas pela teoria do "marco temporal de ocupação" e adote técnica de decisão que possa melhor traduzir o real sentido dos direitos fundamentais garantidos aos índios pelo constituinte originário de 1988. *(novembro, 2016)*

NOTAS

[1] Supremo Tribunal Federal. Tribunal Pleno. Petição n.º 3.388/RR. Relator: Ministro Carlos Ayres Britto. DJe 01.07.2010.

[2] Com fundamento na tese do "marco temporal de ocupação", o Supremo Tribunal Federal anulou a demarcação da Terra Indígena Guyraroká, no Mato Grosso do Sul. Para maiores informações, vide: Supremo Tribunal Federal. Segunda Turma. RMS nº 29087/DF. Relator para Acórdão Ministro Gilmar Ferreira Mendes. DJe 14/10/2014.

[3] Nesse sentido, vide o artigo 119, § 6º e 133, da Constituição da República dos Estados Unidos do Brasil de 1934; o artigo 242, da Constituição Federal de 1988; os artigos 1º, 19, 21, 29, § 3º, 45, 58 e 69, do Ato das Disposições Constitucionais Transitórias (ADCT).

[4] KEHL, Maria Rita. Violações de Direitos Humanos dos Povos Indígenas. Disponível em: <http://200.144.182.130/cesta/images/stories/CAPITULO_INDIGENA_Pages_from_Relatorio_Final_CNV_Volume_II.pdf>. Acesso em 27.07.2016.

[5] SILVA, José Afonso da. *Curso de Direito Constitucional Positivo*. 38ª ed. São Paulo: Malheiros, 2015, p. 874-875.

[6] Supremo Tribunal Federal. Tribunal Pleno. Pet. nº 3.388/RR. Relator: Ministro Carlos Ayres Britto. DJe: 01/07/2010.

[7] Supremo Tribunal Federal. Segunda Turma. ARE nº 803.462-AgR/MS. Relator: Ministro Teori Zawascki. Dje: 12/02/2015.

MARCO TEMPORAL

O Caráter Permanente dos Direitos Indígenas na Constituição Federal de 1988

Equipe de edição

LIDERANÇAS POLÍTICAS DO PAÍS E EX-DEPUTADOS CONSTITUINTES SUSTENTAM QUE NÃO HOUVE INTENÇÃO DE INCLUIR LIMITE TEMPORAL PARA OS DIREITOS TERRITORIAIS DOS ÍNDIOS NO TEXTO DA CONSTITUIÇÃO[1]

O ataque contra os direitos indígenas, de populações tradicionais, assentados de reforma agrária e o meio ambiente aprofunda-se no governo Temer. Segue como ameaça, no Legislativo, a Proposta de Emenda Constitucional (PEC) 215 e seus apensos que pretendem transferir aos parlamentares a última palavra sobre a demarcação de Terras Indígenas, a titulação de Terras Quilombolas, a criação de Unidades de Conservação e de Assentamentos da Reforma Agrária. No Judiciário, a ameaça é a tentativa de generalizar a tese do "marco temporal", pela qual só teriam direito à terra os indígenas que estivessem em sua posse em 5 de outubro de 1988, data da promulgação da Constituição.

Diante desse quadro, o ISA enviou perguntas para seis lideranças políticas nacionais e ex-constituintes. A série foi inaugurada com dois ex-constituintes e ex-presidentes da República, Fernando Henrique Cardoso (PSDB/SP) e Luiz Inácio Lula da Silva (PT/SP), além da ex-ministra e ex-senadora presidenciável Marina Silva (Rede Sustentabilidade). Também foram entrevistados três outros deputados constituintes, então integrantes do PMDB (assim como FHC), que se transferiram para outras legendas. São eles: o sociólogo maranhense José Carlos Saboia, atualmente filiado ao PT; o advogado carioca Luís Carlos Sigmaringa Seixas, também ligado ao PT; e o advogado paulista Fábio Feldmann, atualmente filiado ao PSDB.

Como o Sr./Sra. vê o aumento das reações à demarcação de Terras Indígenas, titulação de Quilombos, criação de Unidades de Conservação e Assentamentos da Reforma Agrária? Como concluir a contento o resgate histórico dos direitos dessas populações no atual contexto político?

Fernando Henrique Cardoso – "Eu sou francamente favorável à continuidade das demarcações, dentro da lei. A despeito da 'maré reacionária', há condições de resistir. É preciso encontrar aliados no Congresso e no Judiciário. Mais importante é dar a batalha de ideias no âmbito da opinião pública, sem sectarismo. Há muita gente que, embora divirja em questões partidárias, está do mesmo lado quando essas questões estão sobre a mesa".

Lula da Silva – "O ataque às Terras Indígenas acontece no contexto do ataque a nossa democracia e aos direitos conquistados na Constituição de 1988 e ao longo da maior sucessão de estabilidade política e governos eleitos da nossa história republicana, que foi interrompida com o golpe na presidenta Dilma Rousseff. Nesse contexto, grupos de interesse poderosos estão atacando os direitos e conquistas dos mais fracos – os pobres, os negros, as mulheres e também as populações indígenas, quilombolas e de assentamentos da reforma agrária. É necessária a permanente mobilização popular e, principalmente, o restabelecimento da democracia com um governo eleito, para que voltemos a ter a normalidade democrática que respeita ao mesmo tempo a vontade das maiorias e os direitos das minorias, e a preservação do meio ambiente".

Marina Silva – "Vejo com profunda tristeza e extrema preocupação. Estamos vivendo um pesadelo histórico. O conjunto de retrocessos contra os direitos indígenas e outros povos tradicionais e contra a governança socioambiental é uma reação dos segmentos econômicos que nunca aceitaram os avanços da Constituição de 1988. Na prática, o que eles estão fazendo é uma reforma da Constituição ao revogarem direitos que dela emanaram na forma de uma legislação infraconstitucional. Acredito que chegamos a esse dramático estado de coisas porque a política no Brasil entrou em estado de completa estagnação. Nossa democracia está em aguda crise.

A operação Lava Jato está apenas começando a revelar o *modus operandi* de como determinados interesses econômicos controlam o Legislativo e ditam políticas e prioridades no âmbito do Governo Federal. A existência da corrupção institucionalizada e sistêmica coloca em xeque todo o processo eleitoral, as leis aprovadas e a destinação das verbas públicas. Índios, quilombolas e o meio ambiente são as vítimas primeiras desse colossal conluio de criminosos escondidos sob o manto das instituições e da cultura da impunidade. Não vejo saída sem que a justiça exerça sua função primordial de limpar do ambiente político os parasitas que condenam a todos nós ao atraso, sofrimento e vergonha. A justiça eleitoral precisa garantir um ambiente de legalidade para que o cidadão possa fazer sua escolha livre e soberana, sem a influência das estruturas econômicas e políticas financiadas pelas máfias políticas que historicamente dominam e subvertem a política em prol de seus interesses espúrios. Sem isso, só nos restará, na melhor das hipóteses, o caos diante desse fim do mundo".

José Carlos Saboia – "Os governos de Fernando Henrique Cardoso, Lula e Dilma Rousseff poderiam ter sido denunciados e impedidos por não terem uma política de demarcação das Terras Indígenas e por permitirem a existência da grilagem e da indústria de derrubada das suas florestas. Essa é a história do fortalecimento da dominação de classes e ampliação da desigualdade étnica que se repete desde o governo de Getúlio Vargas quando, para impedir o avanço dos conflitos urbano-industriais, garante direitos na CLT [Consolidação das Leis do Trabalho] para os trabalhadores da indústria, basicamente em São Paulo, e desconhece a existência dos trabalhadores rurais e do trabalho escravo.

No Brasil de hoje, 26 anos pós-Constituinte, os atores políticos possivelmente minimizariam as garantias constitucionais dos povos indígenas garantindo, assim, a expropriação de suas terras e o genocídio étnico. Na atual conjuntura econômica de 13 milhões de desempregados e de fortalecimento das políticas de maior exclusão social para todas as populações de baixa renda... viva a tirania das políticas do mercado, viva o capitalismo! A sociedade pode ser mais e mais desorganizada, a exclusão social e econômica pode aumentar e o mercado financeiro e os rentistas não tomarão conhecimento. O golpe político-parlamentar contra o governo de Dilma Rousseff deixou o Estado e a sociedade com um governo sem legitimidade. É possível continuar acreditando que nós brasileiros seremos capazes de forjar novas propostas de mudança para o Brasil como fizemos na Constituinte ao tentar superar os males de 21 anos de ditadura militar?".

Fábio Feldmann – "Retrospectivamente, eu diria que dificilmente nós conseguiríamos os avanços na Constituição que foram obtidos pela Assembleia Nacional Constituinte. Por várias razões. Uma delas é porque eu acho que nossos adversários não estavam, de certa maneira, tão atentos e preparados para nos enfrentar como estão hoje. Eu acho que hoje é um momento muito diferente. Muito do que está no texto constitucional só veio a ser reconhecido no direito internacional depois. É um movimento que tem contradições e não tem linearidade. Eu imagino que essa fase que a gente está vivendo também não vai perdurar para sempre. Estamos em um momento muito crítico de reação contra nós. [Precisamos] de estratégia clara de resistência. Reconhecer que é um momento muito difícil, continuar resistindo e fazendo um grande esforço para conseguir novos apoios. Porque, se de um lado, a gente está com essas dificuldades, por outro lado, são temas que ganharam importância na opinião pública e na sociedade. Mas nós não conseguimos traduzir esse aumento de sensibilidade e legitimidade da população em termos políticos e político-eleitorais. Acho que esse é o grande desafio. A gente não conseguiu traduzir isso ainda em densidade política eleitoral, que eu acho que é um problema superssério".

Luís Carlos Sigmaringa Seixas – "Acho que a pergunta mistura coisas diferentes sob muitos aspectos: os indígenas e suas terras possuem – como se reconheceu – um direito com fundamento em ancestralidade. Eles estavam aqui antes de qualquer um, e sua caracterização e identificação é relativamente simples. Os quilombos não têm o mesmo direito ou o mesmo fundamento. Sua ancestralidade tem raízes africanas e sua identidade merece ser protegida, mas desde que haja uma caracterização bastante rigorosa. Sabe-se hoje que, em alguns casos, há uma certa dose de oportunismo de interesse nesta caracterização.

Criar assentamentos em Terra Indígena é um absurdo. Na verdade pode se tornar um pretexto para se quebrar o muro de proteção que a Constituição Federal de 1988 criou em favor dos índios. Finalmente, a criação de áreas de proteção ambiental em território indígena não me parece, em princípio, contradizer os objetivos da proteção conferida aos indígenas, desde que se respeitem seus costumes e seu modo de vida e, portanto, não se considere, por exemplo, como prática predatória os casos inevitáveis de caça e extrativismo indígena de recursos naturais. Pode-se avançar, aí, mas com cautela".

Houve intenção dos constituintes em estabelecer um limite temporal à vigência dos direitos territoriais dos índios?

Fernando Henrique Cardoso – "Que eu me recorde, não. As Constituições quando prescrevem direitos, eles geralmente são atemporais".

Lula da Silva – "Eu participei da elaboração da Constituição de 1988, fui um dos deputados constituintes. Não houve essa intenção de forma alguma".

Marina Silva – "O constituinte originário reconheceu o direito das comunidades indígenas à terra em que sempre viveram como forma de corrigir uma injustiça histórica. Para mim, estamos vivendo um processo ilegítimo de revisão de direitos constitucionais. Ilegítimo porque essas leis que estão sendo aprovadas desvirtuam os objetivos originários e porque quem as está fazendo não tem legitimidade plena para isso. Não foram eleitos com esse mandato e, muitos dos que hoje são protagonistas desses retrocessos, não deveriam jamais ter sido eleitos, pois muitos deles foram eleitos de maneira ilegal, como as revelações da Lava Jato estão a mostrar. Acho que os atos dos parlamentares envolvidos nesses processos deveriam ser invalidados, especialmente no que concerne à mudança nos direitos e garantias fundamentais assegurados na Constituição aos grupos vulneráveis de nossa sociedade, como é o caso dos indígenas".

José Carlos Saboia – "O conceito de direitos à vida, à cultura própria e à terra foi uma conquista e uma visão inovadora e revolucionária em oposição à barbárie colonizadora presente na história dos índios no Brasil. Todos estes direitos definidos nos Artigos 231 e 232 da Constituição foram, no entanto, aprovados com a condição básica de se negar o conceito de nação indígena defendido pelos índios, por várias instituições e constituintes que os apoiavam. O conceito de nação agredia a concepção dos órgãos de segurança nacional e os interesses estratégicos das grandes empresas mineradoras. Os constituintes decidiram que as terras ocupadas pelos índios destinam-se a sua posse permanente, quer sejam demarcadas ou não. O Estado não pode negar este direito à medida que dificulta o processo de demarcação das Terras Indígenas".

Fábio Feldmann – "Acho que não. A grande discussão era aculturados ou não aculturados, porque isso resolveria essa questão. O que eles diziam é o seguinte: o índio, no momento em que ele fica aculturado, que é alguma coisa absolutamente gelatinosa, ele perderia seus direitos enquanto indígena. Isso foi muito forte, foi defendido pelos militares. Era posição dos militares. É maluco você dizer o que é um índio aculturado. O índio que usa a roupa de branco é aculturado? O índio que usa computador? É uma forma muito maliciosa. Isso era para permitir constitucionalmente a retirada dos direitos indígenas. Não é um preceito constitucional. Até teve a discussão – que envolveu basicamente a questão mais emblemática – dos Yanomami, que foi a questão da peregrinação indígena. Essa questão tem que ser colocada nesse contexto. Essa permanência tem que ser relativizada pelo fato de que – e o caso dos Yanomami é o mais emblemático – você tem um território grande, que é ocupado, mas é ocupado através de fluxos. Mas a Constituição não fixou isso".

Luís Carlos Sigmaringa Seixas – "Para os que pensavam em termos de integração, inclusão, assimilação, esta ideia era compatível, ou seja, a partir de sua integração não haveria mais necessidade de uma legislação protetora específica. Mas o pensamento majoritário aderiu à ideia de uma espécie de soberania indígena, de integração, sem necessariamente assimilação. Nestes termos, não fazia sentido se pensar em prazos, mas, sim, em princípios". *(fevereiro, 2017)*

NOTA

[1] Editado a partir de notícias originais publicadas no *site*: <www.socioambiental.org> em 23/12/2016 e 16/01/2017.

LEGISLATIVO

O Estado Longe de Ser Democrático e de Direito

Juliana de Paula Batista — Advogada, ISA
Maurício Guetta — Advogado, ISA

ATUALMENTE, TRAMITAM 103 PROPOSIÇÕES LEGISLATIVAS NA CÂMARA DOS DEPUTADOS, E OUTRAS 86 NO SENADO FEDERAL, RELACIONADAS AOS POVOS INDÍGENAS. A MAIORIA DELAS PRETENDE SUPRIMIR OU RESTRINGIR DIREITOS DOS ÍNDIOS SOBRE SUAS TERRAS TRADICIONAIS

Não é de hoje que o Congresso Nacional, com suas maiorias parlamentares de ocasião vinculadas a interesses eminentemente privados, vem atuando no sentido de vilipendiar e impor retrocessos a direitos conquistados pelos povos indígenas no ordenamento jurídico brasileiro.

Atualmente, tramitam 103 proposições legislativas na Câmara dos Deputados e outras 86 propostas no Senado Federal relacionadas às questões de interesse dos povos indígenas, incluídas nestes dados propostas de emenda à Constituição Federal, projetos de lei, projetos de decretos legislativos, entre outros. Em sua maioria, tais proposições pretendem suprimir ou restringir direitos dos índios sobre suas terras tradicionais, classificadas pela própria Carta Constitucional como essenciais para a sua sobrevivência física e cultural.

São propostas sobre temas variados, como alterações constitucionais voltadas a paralisar a demarcação das Terras Indígenas ainda pendentes de reconhecimento estatal, anular Terras Indígenas já demarcadas, homologadas e implantadas, bem como permitir o desenvolvimento de atividades minerárias, hidrelétricas e agropecuárias dentro de territórios tradicionais. Há, ainda, propostas destinadas a enfraquecer e flexibilizar o licenciamento ambiental, as quais, caso aprovadas, resultariam em impactos negativos aos povos indígenas, notadamente no que diz respeito ao licenciamento para obras de infraestrutura, causadoras de significativa degradação socioambiental.

Não obstante as evidentes contrariedades à Constituição Federal contidas nessas proposições legislativas, sua tramitação segue sem grandes entraves – ressalvada a atuação de alguns parlamentares aliados dos povos indígenas, em número minoritário, e a ampla resistência oferecida pelo movimento indígena e por organizações indigenistas.

A MAIOR AMEAÇA: PEC Nº 215/2000

De todas as ameaças legislativas, a mais danosa aos povos indígenas do Brasil é a PEC n.º 215/2000, uma vez que objetiva impor drásticas e substanciais alterações no artigo 231 da Constituição Federal, no qual estão previstos os direitos e garantias fundamentais indígenas, além dos artigos 45 e 61 do texto constitucional, bem como dos artigos 67 e 68 do Ato das Disposições Constitucionais Transitórias.

Nesse sentido, o que se propõe na PEC 215/2000 e suas propostas apensas é, em resumo: (1) a alteração da sistemática de reconhecimento das Terras Indígenas, transferindo do Executivo ao Legislativo o poder de decisão final sobre as demarcações, o que imporia significativas dificuldades para a conclusão de processos demarcatórios; (2) a abertura das Terras Indígenas a empreendimentos econômicos e atividades de impacto, como aquelas definidas em lei complementar como sendo de relevante interesse público da União (abrindo margem, tal como definido no Projeto de Lei Complementar n.º 227/2012, à exploração mineral e de potenciais hidrelétricos e à construção de oleodutos, gasodutos, portos, aeroportos, linhas de transmissão de energia, dentre outros), bem como assentamentos rurais de não indígenas e atividades agropecuárias, inclusive mediante arrendamento de terras; e (3) a inserção da tese do "marco temporal da ocupação", aplicada pelo Supremo Tribunal Federal no julgamento da ação sobre a demarcação da TI Raposa Serra do Sol (RR), no texto da

Constituição Federal, como fator temporal limitador do direito originário indígena às terras que tradicionalmente ocupam.

As referidas propostas, contudo, encontram obstáculo intransponível na própria Constituição Federal, uma vez que esbarram em matérias classificadas pelo artigo 60, § 4.º, como cláusulas pétreas – isto é, que se encontram no núcleo intangível da Lei Maior, sobre os quais nem mesmo o Poder Legislativo pode deliberar. Entre essas limitações aplicáveis ao Congresso Nacional figura a impossibilidade de abolir ou violar o núcleo essencial de direitos e garantias fundamentais, devido ao reconhecimento de sua importância vital para a manutenção dos valores mais elevados estatuídos Constituição, pilares do Estado Democrático de Direito.

Ao pretender subordinar o reconhecimento de Terras Indígenas a uma decisão política de maiorias parlamentares de ocasião, bem como abrir tais territórios à exploração de atividades de impacto alheias aos usos costumes e tradições dos povos indígenas, a PEC n.º 215/2000 acaba por atingir gravemente o mais relevante dos direitos fundamentais dos povos indígenas: o seu direito às terras tradicionais, classificado pela própria Constituição como sendo originário, inalienável, indisponível e imprescritível, além de imprescindível para o seu bem-estar e para a sua sobrevivência física e cultural[1].

Tal conclusão foi respaldada pelo Ministro Luís Roberto Barroso, do STF, que, ao apreciar o pedido liminar em mandado de segurança contra a tramitação da PEC n.º 215/2000, bem afirmou: "condicionar o reconhecimento de um direito fundamental à deliberação político-majoritária parece contrariar a sua própria razão de ser. Com efeito, tais direitos são incluídos na Constituição justamente para que as maiorias de ocasião não tenham poder de disposição sobre eles. (...) O ponto é particularmente relevante quando a tutela se volta a grupos minoritários e/ou historicamente marginalizados, os quais, como regra, não dispõem de meios para participar em condições adequadas do debate político. É esse o caso dos índios, no Brasil e em diversas outras partes do mundo[2]."

Além disso, a pretensão de transferir do Poder Executivo ao Poder Legislativo a competência para a deliberação final sobre os processos de demarcação de Terras Indígenas também viola o princípio da separação de poderes, igualmente alçado à condição de cláusula pétrea pela Constituição Federal. Nesse sentido, o documento intitulado "Senadores apoiam sociedade civil contra a PEC 215/2000"[3], assinado por 48 Senadores da República, afirma: "A confirmação de direitos de minorias não pode ficar suscetível a maiorias temporárias. A demarcação é um ato técnico e declaratório. Não há sentido em introduzir o componente político neste ato. É incabível trazer essa matéria para o âmbito do Congresso, um equívoco político e jurídico, um atentado aos direitos dos povos indígenas."

Na mesma direção da PEC nº 215/2000, há projetos de lei, propostos por deputados integrantes da bancada ruralista, destinados a alterar o procedimento de demarcação de TIs e para conferir interpretações restritivas ao artigo 231 da Constituição Federal, que trata deste tema. Os exemplos mais drásticos em termos de violação de direitos são os Projetos de Lei (PL) nº 1216/2015 e nº1218/2015. Apenas para se ter uma ideia, o último prevê que apenas serão consideradas Terras Indígenas aquelas que tiveram seu processo de demarcação devidamente concluído até 04/10/1993, excluindo os demais territórios de tal reconhecimento.

O MOTE RURALISTA PARA PARALISAR E ANULAR DEMARCAÇÕES DE TIS: CPI DA FUNAI/INCRA

O ano de 2015 foi marcado, entre outras polêmicas, pela adoção de uma nova estratégia de parlamentares da bancada ruralista: a instalação de uma Comissão Parlamentar de Inquérito (CPI) destinada a investigar atos da Funai e do Incra. A intenção central dessa estratégia consiste em enfraquecer a atuação desses órgãos, notadamente no que diz respeito aos processos de reconhecimento de TIs e Territórios Remanescentes de Quilombo (TRQs), visando criar um "ambiente argumentativo" para justificar as pretendidas alterações legislativas.

Trata-se de uma resposta às vitoriosas estratégias dos movimentos indígena e indigenista, além de parlamentares aliados e outros relevantes segmentos públicos e sociais.

No afã de se apropriar das TIs, parte do setor do agronegócio, por intermédio das bancadas parlamentares por eles financiadas, decidiram seguir a linha da criminalização de órgãos públicos de proteção dos índios e dos quilombolas, bem como dos seus funcionários, além de lideranças do movimento indígena, de organizações indigenistas e também da classe dos antropólogos como um todo, através de descabidas e ilegais ofensivas contra a atuação de profissionais que participaram de processos demarcatórios e da própria Associação Brasileira de Antropologia (ABA). Tudo em nome da apropriação indevida e inconstitucional das Terras Indígenas.

O AVANÇO SOBRE OS RECURSOS NATURAIS

Não bastassem as ameaças legislativas ao processo demarcatório, também tramitam no Congresso Nacional projetos de lei destinados a permitir o uso e a exploração de recursos naturais incidentes dentro de Terras Indígenas.

Nesse sentido, uma das proposições mais preocupantes é o PL nº 1610/1996, que pretende permitir a exploração de minérios localizados dentro de Terras Indígenas por meio da regulamentação do § 3º do artigo 231 da Constituição. Entre as várias disposições contrárias aos direitos dos índios, o projeto de lei lhes nega o direito de vetar atividades minerárias em suas terras; ou seja, permite que atividades de mineração sejam realizadas dentro de territórios indígenas, a despeito da contrariedade dos índios que detêm o direito sobre a terra.

Apesar da atividade ser proibida atualmente, em 2016, Departamento Nacional de Produção Mineral (DNPM) registrava 4181 processos minerários incidentes sobre 177 TIs. O ouro é o mineral mais pesquisado, além de ser um dos mais danosos, devido ao seu processo de exploração. Só na TI Yanomami constam 678 processos minerários.

A exploração de potenciais energéticos é outra ameaça constante. Há, hoje, no Congresso Nacional, sete projetos de decretos legislativos tendentes a autorizar tais atividades dentro de TIs.

UM LONGO CAMINHO A PERCORRER

Os direitos e garantias fundamentais previstos pela Constituição Federal constituem o fundamento máximo do Estado Democrático de Direito. Sua principal finalidade é justamente garantir que os direitos mínimos do cidadão e da coletividade não sejam alterados pelo legislador e não possam ser objeto de violação por parte dos demais membros da sociedade ou do próprio Estado.

Em verdade, "os direitos fundamentais são hoje o parâmetro de aferição do grau de democracia de uma sociedade[4]." Aliás, a doutrina e jurisprudência afirmam e reafirmam que "a própria existência dos direitos fundamentais seria colocada em risco caso fosse admitida restrição contra eles, sob o argumento de que tal restrição traria benefício geral para a maioria da sociedade ou então para o próprio governo, ou ainda viabilizaria a preservação do interesse público[5]." Os direitos fundamentais, portanto, devem ser amplamente resguardados, ainda que sua efetividade esbarre em interesses da maioria da população ou do Poder Público.

Tais premissas basilares do Estado Democrático de Direito, instaurado pela Constituição Federal de 1988, se aplicam com maior rigor quando se está a tratar de direitos fundamentais de grupos minoritários da sociedade, como é o caso dos povos indígenas no Brasil.

Apesar disso, esses direitos são alvo de violações rotineiras por parte do Poder Legislativo, atualmente dominado por bancadas parlamentares que mais representam setores empresariais (bancadas da mineração, do agronegócio, das empreiteiras, dos bancos etc.) do que setores político-ideológicos. Como nos mostram as ofensivas parlamentares contra os direitos fundamentais dos povos indígenas, nossa jovem democracia ainda tem muito a se aperfeiçoar. Quando o Brasil passar a respeitar os direitos de grupos minoritários, como os povos indígenas, poderemos, enfim, celebrar a existência de um verdadeiro e pleno Estado Democrático de Direito. *(outubro, 2016)*

NOTAS

[1] Tal como decidido em diversas oportunidades pelo Supremo Tribunal Federal. Como exemplo, vide: Supremo Tribunal Federal. 1.ª Turma. Recurso Extraordinário n.º 183.188/MS. Relator: Ministro Celso de Mello. D.J. 14.02.1997.

[2] Supremo Tribunal Federal. Decisão monocrática. Medida Cautelar em Mandado de Segurança n.º 32.262/DF. Relator: Ministro Luís Roberto Barroso. D.J. 24.09.2013.

[3] Disponível em: <http://www.socioambiental.org/pt-br/noticiassocioambientais/numero-de-senadores-contra-a-proposta-deemenda-constitucional-215--ja-chega-a-48>.

[4] BRANCO, Paulo Gustavo Gonet. "Aspectos de Teoria Geral dos Direitos Fundamentais." In: MENDES, Gilmar Ferreira; COELHO, Inocêncio Mártires; BRANCO, Paulo Gustavo Gonet. (Coords.) *Hermenêutica Constitucional e Direitos Fundamentais*. Brasília: Brasília Jurídica, 2000. p. 104.

[5] ABBOUD, Georges. "O mito da supremacia do interesse público sobre privado. A dimensão constitucional dos direitos fundamentais e os requisitos necessários para se autorizar restrição a direitos fundamentais." In: *Revista dos Tribunais*, 2011, n.º 907, p. 95/97.

LICENCIAMENTO AMBIENTAL EM XEQUE

O Direito Socioambiental vive tempos de retrocessos. Após a aprovação da Lei nº 12.651/2012, que dilacerou o antigo Código Florestal, e da Lei nº 13.123/2015, que abriu as portas da exploração desenfreada da biodiversidade e dos conhecimentos tradicionais, a "bola da vez" eleita pelo Congresso Nacional, a serviço de interesses privados, é, sem dúvida alguma, o licenciamento ambiental, principal instrumento da Política Nacional do Meio Ambiente, com ampla proteção constitucional.

Considerado um mero entrave burocrático e custoso por determinados setores, o licenciamento ambiental, consolidado há mais de 30 anos no país, possui fundamental relevância para a preservação dos direitos difusos da sociedade brasileira ao meio ambiente ecologicamente equilibrado e à sadia qualidade vida; para a proteção dos direitos das populações atingidas pelos impactos decorrentes da instalação e operação de empreendimentos potencialmente poluidores; para a composição ou atenuação de conflitos; além, evidentemente, de funcionar como instrumento imprescindível aos desideratos constitucionais da prevenção e mitigação de danos.

Importante pontuar que muitos dos entraves à efetividade do licenciamento não seriam resolvidos por meras alterações legislativas, como se verifica, por exemplo, com a desestruturação dos órgãos públicos responsáveis pela emissão de atos administrativos no bojo do procedimento de licenciamento ambiental.

Tramitam, atualmente, 40 proposições legislativas destinadas a alterar a atual legislação sobre licenciamento ambiental. Entre elas, destacam-se, pela densidade política com que tramitam no Congresso Nacional e pelo conteúdo, os seguintes: Proposta de Emenda à Constituição – PEC nº 65/2012, Projeto de Lei do Senado – PLS n.º 654/2015 e Projeto de Lei – PL nº 3729/2004.

Quanto à PEC nº 65/2012, que pretende inserir um § 7º ao artigo 225 da Constituição, ao prever que a mera apresentação de Estudo Prévio de Impacto Ambiental (EIA) resulta em autorização para a execução da obra, o projeto pretende simplesmente extinguir o licenciamento ambiental, intenção que configura um gravíssimo e inaceitável retrocesso aos direitos fundamentais da sociedade brasileira. Ao estabelecer que as obras não poderão ser suspensas ou canceladas após a apresentação do EIA, a PEC nº 65/2012 fere cláusulas pétreas relacionadas aos princípios da separação dos poderes, da inafastabilidade do controle jurisdicional, da efetividade das decisões judiciais e do acesso à justiça, cânones essenciais do Estado Democrático de Direito.

Já o PLS nº 654/2015 pretende que os empreendimentos de infraestrutura considerados estratégicos para o interesse nacional sejam licenciados através de um singular e diminuto rito procedimental, o que faz mediante uma série de medidas para flexibilizar o controle exercido pelos órgãos licenciadores e demais órgãos envolvidos no licenciamento ambiental. Assim como a PEC nº 65/2012, o conteúdo do PLS nº 654/2015 representa grave ameaça aos direitos fundamentais protegidos pelo licenciamento ambiental, na medida em que estabelece o menor grau de prevenção, controle e fiscalização, sem qualquer direito à informação e participação, justamente para empreendimentos causadores de significativa degradação socioambiental. Ademais, é preciso considerar que, ao afrouxar o controle e prevenção das atividades potencialmente poluidoras, o PLS aumenta os riscos de ocorrência de desastres socioambientais.

Por fim, o PL nº 3729/2004 tem por escopo criar a "lei geral do licenciamento ambiental". Apesar de ser grande o número de substitutivos (16) atrelados ao seu processo legislativo, dois são os textos que, quando do fechamento deste artigo, podem ser votados pelo Plenário da Câmara dos Deputados.

O primeiro, relatado pelo deputado ruralista Mauro Pereira (PMDB/RS), possui conteúdo altamente preocupante, na direção da intensa flexibilização do licenciamento, para além de sua precariedade quanto à técnica legislativa. Apenas para se ter uma ideia, esse substitutivo estabelece a possibilidade de cada estado federativo definir, autonomamente, quais empreendimentos serão objeto ou não de licenciamento, bem como quais procedimentos e estudos ambientais serão aplicados em cada caso. Estaria, com isso, instaurada a "guerra pela flexibilização do licenciamento", a exemplo da "guerra fiscal", deixando o licenciamento submetido a interesses de atrair investimentos de cada estado. Esse texto determina, ainda, que o licenciamento simplificado, de caráter autodeclaratório, seja aplicável à maioria das atividades licenciadas, além de prever uma série de mecanismos para reduzir a participação e simplificar procedimentos e estudos. Não bastasse, estabelece dispensas de licenciamento para atividades potencialmente poluidoras, atendendo diretamente interesses privados de setores específicos, como o agronegócio. Há, portanto, uma série de inconstitucionalidades nesse substitutivo ao projeto de lei.

O segundo texto, com maior aderência política, é o substitutivo a ser apresentado pelo Governo Federal, sobre o qual deixaremos de apresentar considerações por ainda não ter qualquer definição sobre seu conteúdo quando da conclusão desse artigo.

Qualquer que seja a proposição legislativa, é importante ter em mente que, diante das disposições constitucionais aplicáveis à matéria, bem como da relevância crucial desse instrumento para a efetividade dos direitos fundamentais de natureza socioambiental, o licenciamento ambiental deve ser fortalecido pelo Estado brasileiro, garantindo-se mais efetividade aos direitos à informação e à participação social, melhores condições institucionais aos órgãos ambientais, independência e autonomia às decisões dos agentes públicos, melhoria da qualidade dos estudos de Avaliação de Impacto Ambiental, entre outras medidas amplamente debatidas com os mais diversos setores da sociedade e do Poder Público, incluindo-se o Ministério Público (Federal e Estaduais), a comunidade científica, os órgãos ambientais, os movimentos sociais, os povos indígenas e outros. (Maurício Guetta, ISA, outubro, 2016)

CONVENÇÃO 169 OIT

Regulamentação do Direito de Consulta no Brasil

Erika Yamada — Advogada, perita sobre Direitos dos Povos Indígenas na ONU e relatora da Plataforma Dhesca Brasil

PROCESSOS ATROPELADOS DE REGULAMENTAÇÃO DO DIREITO DE CONSULTA TENDEM A SER PREJUDICIAIS AOS POVOS INDÍGENAS E OUTRAS COMUNIDADES TRADICIONAIS. MAIS DO QUE AVANÇAR NUM INSTRUMENTO COM REGRAS E PRAZOS UNIFORMES PARA A DIVERSIDADE DOS CASOS, É PRECISO QUE OS AGENTES DO ESTADO RECONHEÇAM PRINCÍPIOS E ORIENTAÇÕES JÁ FORMULADOS

Desde 1988, os povos indígenas têm garantido, na Constituição Federal, o direito de manter e desenvolver suas línguas, costumes e tradições. O território passou a ser reconhecido como a base para o gozo desses e de todos os demais direitos fundamentais. Afastou-se o ideário assimilacionista que vigorava até então e reconheceu-se a autonomia indígena na defesa de seus direitos, a partir de seus próprios termos. Nesse processo de mudança de paradigma, ainda incompleto, destaca-se a Convenção 169, aprovada em 1989 pela Organização Internacional do Trabalho (OIT/ONU) e incorporada ao ordenamento jurídico nacional pelo Decreto 5051/2004. De acordo com seu texto, o direito de consulta livre prévia e informada é um importante instrumento para que os povos indígenas, os quilombolas e outras populações tradicionais sejam considerados pelas autoridades e participem das decisões administrativas ou legislativas que lhes possam afetar.

Mas podemos dizer que o direito de consulta tem sido implementado na prática no Brasil? Lamentavelmente, ainda hoje, inexiste prática legislativa que considere a efetiva participação e consulta aos povos indígenas e tradicionais, de maneira a influenciar a tomada de decisões. Em 2015 e 2016, tramitaram ou foram aprovadas sem consulta, em plenário ou comissões, legislações que os afetam diretamente. É o caso da PEC 215 na Comissão Especial do Congresso Nacional; do PL 1057, que condena práticas tradicionais ao tratar do infanticídio nas sociedades indígenas; da Lei 13.123, que dispõe sobre direitos relacionados à biodiversidade e conhecimentos tradicionais associados; ou da proposta de liberação da mineração em TIs, sem consulta aos povos indígenas, nas discussões do Código de Mineração. No Executivo federal, percebe-se o crescente reconhecimento formal da necessidade de se realizar a consulta. Contudo, o reconhecimento ainda não se reflete na prática de maneira satisfatória. Diversas violações relacionadas à falta de consulta foram denunciadas em grandes projetos de desenvolvimento e infraestrutura, como a UHE Belo Monte no Xingu, o projeto UHE São Luiz do Tapajós, as obras de transposição do Rio São Francisco ou a mineração de diamantes na TI Cinta Larga.

Em 2008, organizações indígenas, quilombolas e a Central Única dos Trabalhadores (CUT) apresentaram reclamação junto à OIT denunciando a violação do direito de consulta e consentimento. Em decorrência disso, o Brasil foi colocado numa lista preliminar de países a serem monitorados pelo órgão da ONU em 2011. Em setembro de 2011, a Funai organizou um *workshop* com James Anaya, então Relator Especial da ONU sobre Direitos dos Povos Indígenas, com o objetivo de sensibilizar representantes dos órgãos de governo e aprofundar aspectos técnicos para a implementação do dever da consulta. Em outubro de 2011, cerca de 40 organizações indígenas, indigenistas e parceiras organizaram na Universidade de Brasília (UnB), com o apoio do MPF, um seminário internacional sobre o tema[1]. Estes eventos resultaram em entendimentos compartilhados e recomendações claras de que a consulta deve: (1) ser um processo e não um evento; (2) considerar a diversidade étnica, sendo flexível nos procedimentos e no tempo necessário para sua execução; (3) ser realizada de boa-fé, com apresentação de informação verídica, completa e oportuna, manifestando a vontade do Estado de chegar a um acordo ou obter o consentimento; (4) ser livre de pressões políticas, econômicas ou morais; e (5) respeitar as formas próprias de representação e de tomada de decisões coletivas, incorporando as decisões dos povos indígenas. Reconheceu-se, também, que ainda faltava maior divulgação sobre o direito de consulta entre os próprios indígenas, quilombolas e outras populações tradicionais[2].

Em janeiro de 2012, a SG/PR constitui um Grupo de Trabalho Interministerial (GTI) para apresentar uma proposta de regulamentação da consulta. Essa medida garantiu que o Brasil não fosse incluído, naquele momento, na lista definitiva de monitoramento da OIT. Contudo, nos registros e documentações do GTI, muitas das propostas da Funai para a efetiva defesa dos direitos dos povos indígenas foram invisibilizadas ou distorcidas. De fato, os trabalhos participativos do GTI, enquanto grupo, se deram até meados de 2013. Naquele contexto, contudo, a paralisação das demarcações de TIs no Executivo, a publicação da Portaria 303 pela AGU – que transforma em orientação geral para a atuação da AGU as salvaguardas fixadas pelo STF apenas para caso da TI Raposa Serra do Sol (Petição 3.388 RR) –, e o avanço da PEC 215 no Congresso foram entendidos pelos membros do GTI e os representantes indígenas e quilombolas como uma grave contradição no posicionamento do Governo Federal.

Assim, os representantes indígenas se retiraram alegando que a inexistência de boa-fé sinalizava que a já duvidosa regulamentação do direito de consulta iria servir apenas para explorar as TIs e suas riquezas naturais. A Funai se manifestou em favor do posicionamento indígena, mas o processo ainda assim seguiu no âmbito da SG/PR. Não obstante a falta de diálogo, consta que foi elaborada uma minuta de decreto de regulamentação do direito de consulta. Esses fatos revelam dificuldades de concepção, método e vontade política no âmbito do executivo[3]. É notória a falta de entendimento entre as instituições de governo e a recorrente tentativa de ignorar o papel e as contribuições da Funai para o aprimoramento das relações do Estado com os povos indígenas. Por isso, é mandatório que as diversas agências não se coloquem como detentoras de uma posição fechada de um grupo em detrimento de outro, mas como defensoras de interesses públicos, capazes de resguardar posições que ainda precisam ser conhecidas a partir de diálogos interculturais.

Pela experiência e abertura ao diálogo intercultural internacional, o Itamaraty mostrou-se um grande aliado da Funai – que exerce uma espécie de mediação diplomática no interior do país. Ambos concordaram que seria mais uma grave violação seguir sua regulamentação da consulta sem a participação dos sujeitos de direito. Também manifestaram o entendimento legal de que o direito de consulta é autoaplicável, ou seja, independe de regulamentação. A Funai, então, divulgou orientações e critérios mínimos para a realização de consultas adequadas[4]. A iniciativa propôs superar o argumento de que falta de orientação aos órgãos justificaria a não realização de consultas efetivamente livres, prévias e informadas.

No caso de medidas que afetam povos indígenas isolados e de recente contato, foi apontada a necessidade de processos de consulta também diferenciados, com uma atuação específica do órgão indigenista sem substituir a autonomia dos povos indígenas. A Funai entende que o isolamento voluntário constitui uma expressão autônoma de não consentimento a qualquer tipo de interferência sobre suas terras e seus modos de vida, cabendo ao órgão indigenista manifestar-se tecnicamente quanto à sua localização e sobre os impactos que podem afetá-los de maneira irreversível. Ainda de acordo com a Funai, todo processo de consulta deve considerar, em suas diferentes etapas, os seguintes procedimentos:

1. Identificar a decisão a ser previamente consultada, o tomador da decisão e o nível de consulta que se deve realizar junto aos povos indígenas (local, regional, nacional);

2. Conhecer regras e protocolos feitos pelo povo interessado ou afetado e propor diretrizes indigenistas ao processo, visando proteger suas formas próprias de organização social;

3. Informar ao Congresso Nacional e órgãos de governo envolvidos sobre as particularidades socioculturais da implementação de processos de consulta em casos concretos;

4. Respeitar tais regras e sistemas de representatividade para construção conjunta de um plano de consulta;

5. Pactuar um plano de consulta garantindo-se etapas de informação, diálogo, formação de consensos e dissensos, devolução dos resultados, monitoramento da decisão tomada e das pactuações consensuadas, com prazos adequados;

6. Garantir informações amplas, em linguagem adequada e com tempo suficiente para a formação de entendimentos sobre as medidas em questão e o próprio processo de consulta;

7. Garantir condições para que as etapas pactuadas sejam transparentes e de boa-fé, livres de pressões, não colocando em risco as formas de organização social dos grupos afetados ou interessados;

8. Garantir tomadas de decisão coletivas por parte dos povos indígenas naquilo que pode ser consensuado para ser considerado nas decisões do Poder Legislativo;

9. Devolver os resultados da consulta de maneira transparente, identificando aquilo que pode ou não ser consensuado e quais as medidas adotadas para a mitigação de impactos apontados pelos indígenas;

10. Monitorar o cumprimento dos acordos consensuados, se cabível.

Apesar das orientações da Funai, que poderiam solucionar muitos dos questionamentos levantados para a adequada aplicação do direito de consulta por parte do governo, a SG/PR e depois a Casa Civil, juntamente com o Ministério e Minas e Energia (MME) indicam que vêm mantendo sua posição sobre a necessidade da regulamentação desse direito. Ao divulgar, em 2014, o "cumprimento total" de seu compromisso frente à OIT, o governo brasileiro menciona a existência de uma nova minuta de regulamentação que nunca foi publicamente divulgada. De acordo com informações obtidas em 2015 junto à SG/PR por meio do Serviço de Informação ao Cidadão, a proposta elaborada regulamentaria apenas a consulta a comunidades quilombolas, privilegiando de maneira desproporcional a definição de prazos para uma consulta pro-forma em detrimento da efetiva proteção dos direitos das comunidades afetadas. Representantes da Coordenação Nacional de Articulação das Comunidades Quilombolas (Conaq) argumentam que houve uma distorção no processo informativo desenvolvido pelo GTI, sendo que a referida proposta não constitui o produto de um processo dialogado.

Em 2016, o Governo Federal voltou a afirmar a existência de uma minuta de regulamentação pronta para consulta, mantendo-a, contudo, sob sigilo. Essa informação foi colocada pela Secretaria de Direitos Humanos (atual SDH/MJC) no relatório preliminar para o terceiro período de Revisão Periódica Universal do Conselho de Direitos Humanos da ONU, sem disponibilização do documento[5]. No mês seguinte, em novembro de 2016, durante audiência pública no Congresso Nacional, um representante do MME afirmou ter acabado de participar de reunião na Casa Civil sobre regulamentação da consulta prévia. Mesmo tendo sido instituído no âmbito do Governo Federal o Conselho Nacional de Política Indigenista, com participação de diversos Ministérios e inclusive da Casa Civil, durante as reuniões realizadas em 2016, essas informações não foram levadas ao conhecimento dos representantes indígenas no conselho. A falta de diálogo do governo e de efetiva participação dos povos indígenas nos assuntos que lhes interessam e afetam, bem como as violações de direitos humanos relacionadas à não implementação do direito de consulta e consentimento no caso de grandes empreendimentos, foram apontadas com preocupação pela Relatora da ONU sobre Direitos dos Povos Indígenas, Victoria Tauli Corpuz, após sua visita ao país em março de 2016.

A Relatora da ONU concluiu que, nos últimos oito anos, não houve avanço e há ameaças de sérios retrocessos na proteção dos direitos indígenas no Brasil. Ela identificou práticas de racismo institucional contra os povos indígenas e fez alertas e recomendações para que o país encare com seriedade as violações de direitos territoriais, ambientais e culturais enfrentadas hoje pelos povos indígenas e também relacionadas ao desrespeito ao direito de consulta e consentimento[6]. Sem melhoras no contexto nacional de respeito aos direitos dos povos indígenas e outras populações tradicionais, mais do que avançar num instrumento uniformizador de regras e prazos, é preciso reconhecer e aplicar os princípios e orientações já formuladas pela Convenção 169 da OIT, bem como aquelas desenvolvidas pela Funai, organizações indígenas e indigenistas. A regulamentação, como trabalhada pelo GTI e por uma parte do governo, sem participação dos sujeitos do direito e por meio de deficiente diálogo com os órgãos especializados, tende a ser prejudicial às especificidades de povos indígenas e comunidades quilombolas.

Antes de seguir com um processo atropelado e enviesado de regulamentação, é importante que o Estado reconheça e aplique as regras de consultas específicas definidas por cada povo ou comunidade, a exemplo daquelas apresentadas em Protocolos de Consultas e Consentimento, como é o caso dos Wajãpi no Amapá, dos Munduruku e das comunidades de Montanha e Mangabal no Tapajós, e dos povos da Parque Indígena no Xingu[7]. Esses protocolos, por si próprios, são a expressão da autonomia que se quer resguardar. São, por isso, instrumentos eficazes para o diálogo intercultural, para a participação e para a influência nos processos de tomada de decisões, a partir da possibilidade de outros modos de vidas e modelos de desenvolvimento, como manda a OIT/ONU. Fundamentalmente, é necessário que o Estado se permita construir novas relações com os povos indígenas, quilombolas e tradicionais. *(dezembro, 2016)*

NOTAS

[1] Para mais, leia a matéria "RCA realiza oficina sobre o direito de consulta prévia no Brasil" (18/10/2011) disponível em: <www.rca.org.br>.

[2] Veja a cartilha informativa, formulada neste contexto: E. Yamada & L.A. Andrade (Org.). 2013. A Convenção 169 da OIT e o Direito à Consulta Livre, Prévia e Informada. Brasília: Funai/GIZ. 32p. Disponível em: <www.consultaprevia.org>.

[3] Para mais, veja o documento "Dificuldades e resistências no processo de implementação do direito à consulta livre, prévia e informada no Brasil" (2016) produzido pela Rede de Cooperação Amazônica (RCA). Em: <http://rca.org.br>.

[4] Acesse o Memorando 244/2013/Funai/MJ em: <www.funai.gov.br/arquivos/conteudo/presidencia/>.

[5] Acesse o "Terceiro relatório nacional do estado brasileiro apresentado no mecanismo de revisão periódica universal do Conselho de Direitos Humanos das Nações Unidas" (2016), em: <www.sdh.gov.br/assuntos/atuacao-internacional/>.

[6] A íntegra do "Relatório da missão ao Brasil da Relatora Especial sobre os direitos dos povos indígenas" (2016) pode ser acessada em: <http://unsr.vtaulicorpuz.org>.

[7] Para mais sobre os protocolos indígenas de consulta, leia a seguir, nesta Coletânea, o texto de L.D.B. Grupioni, "Elaborações Indígenas do Direito de Consulta no Brasil".

PROTOCOLOS DE CONSULTA

Elaborações Indígenas do Direito de Consulta no Brasil

Luís Donisete Benzi Grupioni | Antropólogo, coordenador do Iepé, secretário-executivo da RCA

PARA GARANTIR SUA PARTICIPAÇÃO EM DECISÕES E PROCESSOS QUE OS AFETEM, OS POVOS INDÍGENAS E OUTRAS COMUNIDADES TRADICIONAIS VÊM ELABORANDO PROTOCOLOS DE CONSULTA QUE EXPLICITAM MODOS ADEQUADOS DE DIÁLOGO, APONTANDO RUMOS E LIMITES PARA ACORDOS E CONSENSOS POSSÍVEIS

Entre as principais inovações trazidas pela Convenção 169 da Organização Internacional do Trabalho (OIT/ONU) está a instituição do direito à consulta prévia, livre e informada aos povos indígenas e tribais[1], que emergiu no bojo dos debates sobre a efetivação do direito à autodeterminação. Uma solução jurídica que, de um lado, afasta o temor de vários países de que o reconhecimento de tal princípio implica na possibilidade de "independência" desses povos frente aos governos nacionais; e, de outro, garante que medidas administrativas e legislativas que os afetem não continuem a ser adotadas à sua revelia, impactando seus direitos, bens e interesses. Em última instância, o exercício prático da consulta prévia tem por finalidade alcançar um acordo vinculante entre os agentes do Estado e os representantes dos povos indígenas, quilombolas e outras comunidades tradicionais.

UMA HISTÓRIA EM PASSOS LENTOS

No Brasil, a Convenção 169, adotada pela OIT em 1989, ficou em tramitação por cerca de 15 anos até ser integrada ao ordenamento jurídico nacional em 2004 (Decreto Presidencial 5.051). Oito anos depois, em 2012, o Governo Federal assumiu o compromisso de regulamentar a consulta prévia, em resposta a OIT, após denúncias de que seus termos não vinham sendo respeitados no país. Este processo de regulamentação tem sido marcado por duas posições distintas. De um lado, aqueles que se manifestam pela não regulamentação argumentam que a norma já tem aplicação plena e direta desde que a Convenção se tornou lei nacional. De outro, aqueles que se posicionam a favor de uma normatização nacional defendem a necessidade de se discutir e estabelecer regras para a efetividade do mecanismo de consulta.

Reforça o movimento contrário à regulamentação o fato de que, em alguns países da América Latina que construíram regras de consulta, tais experiências acabaram por limitar o conteúdo do direito, em vez de indicar caminhos de como ele deveria ser implementado. Por sua vez, o movimento a favor avalia que normas nacionais imputariam um procedimento comum ao governo, reafirmando o direito e impondo orientações aos seus diferentes órgãos. Reforçam essa posição manifestações do judiciário de que a inexistência de procedimentos explicitados impede a obrigatoriedade da consulta, pela falta de parâmetros.

O poder Executivo ensejou um processo de regulamentação em 2012, com a criação de um Grupo de Trabalho Interministerial (GTI). Contudo, passados dois anos de trabalhos desenvolvidos sem a participação dos sujeitos de direito, o grupo não foi capaz de construir consensos internos ao próprio governo. Importante reconhecer que, desde que passou a vigorar com força de lei no Brasil, a Convenção 169 não rompeu com a velha e conhecida tendência, em nosso país, de reconhecimento de direitos formais que não se efetivam na prática. A adesão voluntária do Brasil a acordos e compromissos internacionais de direitos humanos fica suplantada pelo fortalecimento da velha concepção de que populações tradicionais e meio ambiente são como que entraves para o progresso e as grandes obras. Porém, é preciso afirmar que o direito à consulta vigora no país, ainda que seja desrespeitado ou erroneamente compreendido. E que estas situações vêm sendo sistematicamente documentadas e denunciadas por diversas organizações da sociedade civil[2].

AVANÇAR DE MODO INDEPENDENTE

Foi no contexto de obstrução dos canais de diálogo com o governo, de ausência de confiança nas intenções da regulamentação e com a convicção de que se o processo de regulamentação avançar será, necessariamente, uma regulamentação genérica face a enorme sociodiversidade brasileira que organizações indígenas e parceiras, integrantes da Rede de Cooperação Amazônica[3], propuseram avançar de forma independente, preparando-se para o exercício do direito à consulta prévia. Surgiu, assim, a proposta de elaboração de protocolos próprios, em que os povos indígenas e outras populações tradicionais definem e explicitam como consideram adequada a consulta por parte do Estado brasileiro.

O direito reconhece que cada povo e comunidade, indígena e quilombola, têm sua própria forma de organização social, suas próprias autoridades e seus próprios procedimentos para tomar e executar decisões. Por isso, o exercício da autonomia é base de qualquer processo de consulta e deve estar claramente expresso nos procedimentos e ações dos representantes dos povos interessados que o lideram. Já o Estado, embora reconheça a pluralidade de formas e organizações sociopolítica das populações tradicionais, tende a desconhecer suas particularidades e a tratá-las genericamente, da mesma forma e com procedimentos homogeneizadores.

Os protocolos de consulta surgem como uma alternativa a esse paradoxo. Sua elaboração representa a oportunidade para que povos indígenas, quilombolas e outras comunidades tradicionais se preparem para exercer o direito de serem consultados, decidindo livremente e de modo consensuado quem poderá falar por cada povo ou comunidade envolvida, qual a melhor maneira de se manter um diálogo com os representantes do Estado, de forma que todos se sintam representados e comprometidos com o que está sendo discutido, reflitam sobre quanto tempo e de que forma será possível construir consensos e garantir que os acordos a serem estabelecidos sejam cumpridos e tenham legitimidade. Ao serem formalizados, os protocolos são a definição explícita e pública de regras de representação, organização e acompanhamento de processos de tomada de decisões de cada povo, organização ou comunidade.

Consensualizando e difundindo regras internas de tomada de decisão e de representação política, os protocolos de consulta preparam, politicamente, os povos e comunidades tradicionais para o diálogo com o governo, empoderando-os nas arenas de discussão e cumprindo o papel de informar aos representantes do Estado as regras que eles devem respeitar na realização dos processos de consulta com os povos indígenas, comunidades tradicionais e quilombolas. Podem garantir, assim, segurança e legitimidade a processos que, de saída, tendem a ser conflitivos e desiguais.

Face a uma oportunidade de consulta, com um (1) protocolo próprio em mãos, representantes do governo e dos povos interessados, podem partir para a (2) discussão e aprovação de um plano conjunto de consulta, que orientará o (3) processo de consulta, de modo a se chegar ao (4) conteúdo de uma decisão, a ser firmada em (5) ata de acordos, que devem prever (6) mecanismos e oportunidades de acompanhamento das decisões acordadas. Os Wajãpi do Amapá foram o primeiro povo indígena a elaborar um protocolo próprio de consulta no país: *Wajãpi kõ oõsãtamy wayvu oposikoa romõ ma´ë* – Protocolo de Consulta e Consentimento Wajãpi, publicado em 2014, o que serviu de inspiração para a elaboração de dois outros protocolos de consulta, na região do Tapajós: o dos Munduruku e de Montanha e Mangabal[4]. Mais recentemente foi a vez dos 16 povos indígenas que habitam o Território Indígena do Xingu aprovarem um protocolo autônomo de consulta. Tem-se notícias de que Arara e os Tiriyó, do Parque Indígena do Tumucumaque, no Pará, assim como os povos indígenas do Acre[5] estão em processo de discussão de seus próprios protocolos. O Ministério Público Federal tem apoiado estes e outros processos de elaboração de protocolos de consulta em algumas regiões do país, e já se manifestou que estes instrumentos constituem uma ferramenta importante para efetivar o direito de consulta no país.

Os protocolos autônomos podem garantir os procedimentos apropriados ao processo de consulta, não somente em relação às características específicas e peculiares do povo ou comunidade a ser consultado, mas também da medida ou proposta a ser consultada, face à impossibilidade de um procedimento único e previamente definido de consulta, que desconsidera a natureza da medida a ser consultada e o povo ou comunidade a ser impactado por ela.

PROTOCOLOS DE CONSULTA E PGTAS

No contexto de implementação da Política Nacional de Gestão Territorial e Ambiental em Terras Indígenas (PNGATI) e de elaboração de Planos de Gestão Territorial e Ambiental (PGTAs), os Protocolos de Consulta emergem como uma ferramenta complementar para organizar o diálogo dos povos indígenas com o Estado, quando da possibilidade de empreendimentos que possam afetar seus territórios, os recursos naturais ou o entorno de suas terras demarcadas, reforçando a governança interna dos territórios indígenas e as propostas de gestão territorial em curso.

Via de regra, a maior parte dos PGTAs já elaborados reúne um conjunto de acordos comunitários e de prioridades estabelecidas em termos de vigilância territorial, atividades produtivas, de recuperação ambiental e de manejo de recursos naturais, registrando e informando, inclusive para o Estado, quais os acordos internos firmados para garantir a qualidade de vida e a sustentabilidade ambiental. Representam, em última instância, o compromisso com um conjunto de ações e de intenções para os próximos anos, sujeito a revisões e atualizações. Já os protocolos de consulta

WAJÃPI KÕ OÕSÃTAMY WAYVU OPOSIKOA ROMÕ MA´Ë – PROTOCOLO DE CONSULTA E CONSENTIMENTO WAJÃPI

Nós resolvemos fazer este documento porque muitas vezes vemos que o governo quer fazer coisas para os Wajãpi, mas não pergunta para nós o que é que estamos precisando e querendo. Outras vezes o governo faz coisas no entorno da Terra Indígena Wajãpi que afetam nossos direitos, mas também não pergunta nossa opinião. O governo nunca fez uma consulta ao povo Wajãpi.

Quando o governo quer fazer alguma coisa sem nos consultar, na nossa terra, no entorno da nossa terra ou mesmo fora da nossa terra, pode afetar diretamente a nossa vida, os lugares importantes da história de criação do mundo, a vida dos animais, os rios, os peixes e a floresta. Nós achamos que o governo deve escutar nossas preocupações, ouvindo nossas prioridades e nossas opiniões antes de fazer o seu planejamento.

Não achamos bom quando o governo chega com projetos prontos para nós, com dinheiro para gastar em coisas que não são nossas prioridades. Sabemos que existem muitos projetos que não são só para os povos indígenas, e que o governo quer atender os Wajãpi através desses projetos. Mas nós entendemos que os povos indígenas têm direito de receber uma assistência diferenciada dos órgãos do governo. E sabemos também que o governo tem obrigação de consultar os povos indígenas.

Sabemos que a Convenção 169 da OIT, sobre a relação dos governos com os povos indígenas, é lei no Brasil desde 2004, e que nessa lei está garantido nosso direito de ser consultados e de escolher nossas prioridades de desenvolvimento. A Convenção 169 da OIT também fala que só os povos indígenas podem decidir como o governo deve fazer as consultas.

Viseni Wajãpi, professor e liderança, se preparando para apresentar o protocolo de consulta aos povos do Xingu.

se voltam para lidar com a possibilidade de propostas governamentais que tenham potencial de impactar seus territórios e, portanto, as propostas de gestão territorial pactuadas, como obras de infraestrutura e aproveitamento de recursos naturais, dentro ou no entorno de terras indígenas.

Ao fazerem emergir consensos quanto ao modo e quem toma decisões em nome de determinado povo e comunidade, permitem que os povos fortaleçam seus modelos internos de governança. Permitem, também, discutir, à luz dos próprios PGTAs, a viabilidade de empreendimentos e encaminhar questões relativas à efetividade e pertinência de medidas de mitigação e compensação. Como o Estado brasileiro lidará com esses instrumentos, de explícita autonomia política e cultural, é uma questão ainda em aberto. *(dezembro, 2016)*

NOTAS

[1] Para mais, ler também artigo de E. Yamada "Regulamentação do Direito de Consulta no Brasil" nesta seção desta Coletânea.

[2] Para mais, ler também Garzón, Yamada e Oliveira, 2016. *O direito à consulta e consentimento de povos indígenas, quilombolas e comunidades tradicionais*. Washington/São Paulo, DPLF & RCA.

[3] A Rede de Cooperação Amazônica (RCA), que congrega 13 organizações indígenas e indigenistas com atuação na Amazônia brasileira, elegeu esse tema como uma de suas prioridades de trabalho. Mais em: <www.rca.org.br>.

[4] Acesse o "Protocolo de consulta e consentimento Wajãpi" (2014) em: <www.rca.org.br> e os protocolos dos Munduruku e dos agroextrativista de Montanha e Mangabal (2014) em: <www.consultaprevia.org>.

[5] Para mais, leia do artigo de V. Olinda e G. Teixeira, "Oficinas Sobre o Direito de Consulta", no capítulo Acre, e o de I. Bocchini, "Novas Formas de Governança Multiétnica", em Parque Indígena do Xingu, nesta Coletânea.

BIODIVERSIDADE

O Novo Marco Legal e a Erosão dos Direitos

Nurit Bensusan | Bióloga, ISA

O NOVO MARCO LEGAL QUE TRATA DO ACESSO AO PATRIMÔNIO GENÉTICO E AO CONHECIMENTO TRADICIONAL, QUE COMPREENDE A LEI 13.123/2015 E O DECRETO 8.772/2016, TRAZ EM SEU BOJO UM CONJUNTO DE AFRONTAS AOS DIREITOS DOS DETENTORES DE CONHECIMENTOS TRADICIONAIS E TAMBÉM À CONVENÇÃO SOBRE DIVERSIDADE BIOLÓGICA (CDB)

Para entendermos a dimensão de tais afrontas, temos que retroceder e examinar as intenções originais da CDB, uma das convenções assinadas na Eco-92, e analisar como os direitos daqueles que possuem conhecimentos tradicionais vinculados aos recursos genéticos foram tratados ao longo do tempo.

A CDB possui três grandes pilares estratégicos para a manutenção da biodiversidade. O primeiro é a própria conservação da biodiversidade, operacionalizada por meio de instrumentos já consagrados, entre eles o estabelecimento de Áreas Protegidas. O segundo, revolucionário à época em que a CDB entrou em vigor, é o uso racional da biodiversidade, considerado como uma estratégia de conservação. O terceiro pilar, o mais complexo e até hoje o menos implementado, é a repartição de benefícios oriundos do uso da biodiversidade, expressa nos recursos genéticos de cada país membro da CDB.

A repartição de benefícios, vale ressaltar, é uma estratégia de conservação da biodiversidade. Ou seja, sua concepção tinha a intenção de minorar o desequilíbrio entre os países detentores de tecnologia e os possuidores de biodiversidade. A ideia era garantir uma espécie de troca: quando a biodiversidade fosse acessada e transformada em produtos inovadores por países que possuem tecnologia, algo deveria voltar para o país de onde a biodiversidade se originou, tanto para manter a integridade de sua biodiversidade quanto para contribuir no seu desenvolvimento científico e tecnológico.

Nada disso, porém, se concretizou. Em parte, porque as tecnologias estão em mãos privadas e sua transferência é complexa e, muitas vezes, esbarra em resistências traduzidas em cipoais de burocracias e mecanismos de propriedade intelectual. Além disso, a CDB falhou em sugerir instrumentos para que a repartição de benefícios fosse, de fato, colocada em prática. Mas a despeito desse cenário desolador, a lógica da repartição de benefícios foi introjetada nas políticas internas dos países. Assim, países estabeleceram regras para que empresas, mesmo nacionais, que usassem recursos genéticos, repartissem benefícios. Alguns criaram mecanismos de repartição de benefícios com órgãos de proteção ambiental e de fomento à ciência e à tecnologia.

Paralelamente, cabe lembrar, a CDB também reconheceu, explicitamente pela primeira vez, o papel fundamental que comunidades tradicionais e povos indígenas têm na conservação da biodiversidade. Seus conhecimentos, práticas e inovações foram e continuam sendo essenciais para a manutenção da integridade ecológica. Esse dispositivo, talvez o mais famoso artigo da Convenção, enfrentou problemas similares à repartição de benefícios. A CDB afirma claramente que o uso desses conhecimentos deve ser feito mediante um processo de consentimento prévio informado (CPI), mas não sugere ferramentas para que esse processo seja executado. A CDB também estende a repartição de benefícios para as situações onde esse conhecimento tradicional é usado, mas tampouco diz como fazê-lo.

Ainda assim, o consentimento prévio informado e a repartição de benefícios, derivada do uso do conhecimento tradicional, se tornaram presentes também nas legislações nacionais, inclusive na nossa. E deveriam ser tratados como estratégias de conservação da biodiversidade.

Vale, porém, assinalar que, para que a repartição de benefícios se materialize como uma estratégia de conservação, ela precisa acontecer. A tradução disso é que ela não pode ser um processo excessivamente burocrático a ponto de desestimular aqueles que querem acessar e usar os recursos genéticos e o conhecimento tradicional. E nem pode ser excepcional, acontecendo apenas em situações muito raras. Aqui no Brasil, como veremos, migramos de um polo a outro, ou seja, da excessiva burocracia à repartição de benefícios como exceção, pervertendo sua lógica e não fazendo dela uma estratégia de conservação da biodiversidade.

Ao longo dos anos em que esses temas foram debatidos no âmbito da CDB, ficou claro que não bastaria o reconhecimento que o texto da CDB deu aos conhecimentos tradicionais para garantir sua proteção. Também ficou evidente que os mecanismos clássicos de propriedade intelectual não se prestam à proteção do conhecimento tradicional. Esses formas de conhecimento possuem uma natureza diversa e não podem ser dissociado de seu contexto cultural. Assim sendo, houve sucessivas discussões acerca do tema e da necessidade de criar um sistema *sui generis* para a proteção desse conhecimento.

Enquanto isso, o Brasil inaugurou sua primeira legislação sobre o tema da pior forma possível, publicando uma Medida Provisória (MP 2186-16/2001) destinada a disciplinar o assunto que atropelou a discussão que se dava no Congresso Nacional sobre um projeto de lei dedicado ao tema. Depois de 16 reedições e algumas melhorias, a MP se tornou definitiva e regulou o tema até 2015, quando foi revogada com a promulgação da Lei 13.123/2015.

A referida MP pecava pelo excesso de burocracia, é fato, mas revelava uma legítima preocupação com a proteção dos conhecimentos tradicionais e com os direitos dos detentores de tais corpos de conhecimentos. Afinal, garantia seu poder de decisão sobre o destino de seus saberes, regulava a repartição de benefícios relativa ao conhecimento tradicional de forma que ela acontecesse sempre e estabelecia regras para o consentimento prévio informado. Ainda assim, ela foi de difícil implementação e gerou muita polêmica. Ao longo do tempo, porém, as resoluções e deliberações do Conselho de Gestão do Patrimônio Genético (CGen), órgão responsável pela gestão do acesso e do uso aos recursos genéticos e ao conhecimento tradicional, criaram condições para que o sistema funcionasse e, assim, tanto a pesquisa científica quanto o desenvolvimento tecnológico passaram a acontecer.

Foi justamente o azeitamento do sistema que levantou as forças que levaram à mudança da legislação. Ao longo dos anos de vigência da MP, foram feitas inúmeras tentativas de criar um novo marco legal que redundaram em fracassos sucessivos. Com o funcionamento do sistema e a decorrente aplicação de multas, o setor empresarial fez gestões para a mudança e foi bem-sucedido.

O problema maior é que, ao longo desse tempo, o mundo mudou. Antes, o cerne da discussão ligada à proteção dos conhecimentos tradicionais era o estabelecimento de um regime *sui generis* de proteção. Hoje, tal tema sequer é aventado e determinadas garantias que se julgavam essenciais foram desprezadas sem mais delongas. O conhecimento tradicional foi sendo estreitado pela ideia de conhecimento tradicional "associado" à biodiversidade, ao patrimônio genético, aos recursos genéticos ou a qualquer outra coisa. Essa delimitação, aparentemente inofensiva, cristalizada pela MP 2186-16/2001, foi muito útil para aqueles que querem restringir a repartição de benefícios derivada do uso do conhecimento tradicional e limitar a participação de comunidades tradicionais, pequenos agricultores e povos indígenas nos processos de decisão sobre seus conhecimentos.

Entre os malefícios que a Lei 13.123/2015 trouxe, talvez o pior deles seja a separação entre os recursos genéticos, chamados na lei, em consonância com nossa Constituição Federal, de patrimônio genético e os conhecimentos tradicionais. Afinal, o que está "associado" pode ser "dissociado". Assim, a nova lei tem dois sistemas separados: um para o acesso ao patrimônio genético e outro para o acesso ao conhecimento tradicional.

Dessa forma, além do conjunto de dispositivos da lei que afrontam os direitos dos detentores de conhecimento tradicional – como a limitação da participação nos processos de decisão sobre seus saberes, a não atribuição específica do conhecimento tradicional intrínseco nas variedades e raças locais e crioulas a detentores determinados, a frouxidão do processo de consentimento prévio informado e de sua verificação, bem como a enorme quantidade de situações onde não haverá repartição de benefícios – a Lei 13.123 não reconhece o conhecimento tradicional amalgamado ao patrimônio genético. Aquele conhecimento que resulta da seleção, manejo e domesticação das espécies não existe no novo marco legal. Dessa forma, um dos maiores valores do conhecimento tradicional, a essência da cultura desses povos e comunidades, é simplesmente ignorado.

O Decreto, assinado no apagar das luzes do governo Dilma Rousseff, ao estabelecer os mecanismos para implementação da Lei, consolidou o estreitamento dos direitos dos detentores do conhecimento tradicional sobre seus próprios saberes. Assim, passamos a ter um marco legal em que o acesso ao patrimônio genético e ao conhecimento tradicional é reportado apenas por meio de um cadastro declaratório, que pode, inclusive, ser feito muito tempo após o momento da coleta da amostra ou da informação. O processo de consentimento prévio informado, necessário apenas em casos nos quais o conhecimento tradicional é acessado, não será obrigatoriamente checado e validado antes que o acesso aconteça. Tal cenário conduz a uma situação paradoxal, pois eventuais vícios posteriormente identificados não poderão ser sanados sem prejuízo para os povos e comunidades detentores de conhecimento tradicional.

Não é preciso muito para perceber que há naturalmente um desequilíbrio de forças entre usuários e provedores: índios, ribeirinhos, quebradeiras de coco, ciganos, extrativistas e pequenos agricultores não possuem o mesmo poder que empresas e instituições de pesquisa. A Lei deveria ter criado formas de contrabalançar esse desequilíbrio, mas não o fez; o Decreto, tampouco.

Além disso, sozinha, sem apoio dos detentores de conhecimento tradicional e da sociedade brasileira, a Lei 13.123/2015 certamente não vai parar em pé. Acompanhada de seus defensores, parte da indústria que esteve envolvida em sua gênese, a Lei se revela um tiro no pé. Ela só funcionaria se apostasse na lógica de regular o acesso ao patrimônio genético e ao conhecimento tradicional, para gerar uma repartição justa e equitativa de benefícios monetários que servisse para proteger a biodiversidade e os povos indígenas, as comunidades tradicionais e os agricultores familiares, entendidos como atores fundamentais nos processos de conservação e uso sustentável da natureza.

Se os detentores de conhecimento tradicional não são ouvidos, não participam de fato dos processos do novo marco legal sobre o acesso ao patrimônio genético e ao seu conhecimento. Se a sociedade brasileira está alijada do debate e se a lei reflete apenas os interesses de parte dos usuários do nosso patrimônio genético e do conhecimento tradicional, então o novo marco legal não obedecerá à lógica da repartição de benefícios. Isso quer dizer que ele não vai gerar benefícios que vão retroalimentar a conservação da biodiversidade e a proteção do conhecimento tradicional.

Esse cenário se reflete na participação da sociedade civil no Conselho de Gestão do Patrimônio Genético, o CGen, órgão responsável pela coordenação, elaboração e implementação das políticas ligadas ao tema do acesso e a repartição de benefícios. O atual Conselho, ao contrário de seu predecessor, tem representações não governamentais. Essas representações visam, em tese, contemplar os setores da sociedade interessados no tema e, mais, fazê-lo de uma forma equitativa. Porém, mais uma vez, como quase tudo nesse novo marco legal, a participação e a equidade são uma farsa.

Dos nove membros, três são representantes de usuários empresariais, três são representantes da academia e três são representantes dos detentores de conhecimento tradicional. Antes de qualquer outro exame, vale a pena lembrar que a Lei nº 13.123/2015 amarra a participação desses três "setores", de maneira que eles sempre devem ter o mesmo número de representantes no Conselho. Se essa era uma tentativa de paridade, ela evidentemente falhou. De acordo com a lei, nesse sistema, há usuários e provedores. Os usuários são aqueles que querem utilizar componentes do patrimônio genético ou conhecimento tradicional para fazer pesquisa ou desenvolver produtos.

O novo marco, as empresas e os pesquisadores são os usuários e os provedores são os detentores de conhecimento tradicional, como povos indígenas, comunidades tradicionais e agricultores familiares. Usando essa lógica, teremos sempre, no CGen, uma participação da sociedade enviesada: dois terços de usuários e um terço de provedores. Como é fácil imaginar que os interesses dessas partes, em geral, não coincidem, fica claro o desequilíbrio.

Uma análise puramente aritmética se esgotaria aqui e já teria deixado óbvio o desbalanço, mas, como a vida é muito mais do que matemática, podemos agregar alguns importantes argumentos que acentuam a disparidade. Ninguém pode se iludir a ponto de achar que a participação dos usuários no CGen seria equivalente à dos provedores, mesmo que os números fossem iguais. Os representantes do setor empresarial são a Confederação Nacional da Indústria (CNI) e a Confederação Nacional da Agricultura (CNA). Possuem centenas de funcionários, muitos advogados, representam indústrias e coletivos de empresas ricas e poderosas.

Por fim, vale lembrar que a Convenção sobre Diversidade Biológica adotou um protocolo sobre o tema em sua décima Conferência das Partes, no Japão, em 2010. Trata-se do "Protocolo de Nagoia sobre Acesso aos Recursos Genéticos e a Repartição Justa e Equitativa dos Benefícios Decorrentes de sua Utilização", aberto para assinaturas em fevereiro de 2011, e em vigor desde outubro de 2014. O Brasil – que assinou em fevereiro de 2011, mas não ratificou o documento até o momento – desempenhou um papel importante em suas negociações, mas perdeu seu protagonismo e até agora não conseguiu fazer uma avaliação realista dos eventuais impactos positivos ou negativos de sua ratificação.

As mudanças na lógica da lei e no mundo que a circunda foram tantas que falhamos até mesmo em perceber a dimensão da afronta que esse novo marco legal representa. Um marco que não vai contribuir para a conservação do nosso patrimônio genético, não vai estimular a geração de inovação a partir da biodiversidade, não vai ajudar a preservar o conhecimento tradicional e não vai criar mecanismos de proteção para os detentores de conhecimento tradicional. Ou seja, perdemos todos. *(fevereiro, 2017)*

BPBES

Conhecimentos e Práticas dos Povos Indígenas e Tradicionais

Manuela Carneiro da Cunha | Antropóloga, membro da Academia Brasileira de Ciências

PLATAFORMAS INTERNACIONAIS E NACIONAIS DE ESPECIALISTAS EM BIODIVERSIDADE ESTÃO EVIDENCIANDO A CONTRIBUIÇÃO DOS POVOS INDÍGENAS E COMUNIDADES LOCAIS PARA A CONSERVAÇÃO DA BIODIVERSIDADE. MAS O ESCOPO DOS DIAGNÓSTICOS PRECISA SER ALARGADO PARA AUMENTAR VISIBILIDADE DESSAS PRÁTICAS E CONHECIMENTOS

IPBES é o acrônimo inglês da Plataforma Intergovernamental da Biodiversidade e Serviços Ecossistêmicos, criado em 2012, sob os auspícios de vários órgãos das Nações Unidas. É uma organização que emulou em grande parte o muito mais antigo e conhecido IPCC, também chamado de Painel do Clima. Como o IPCC, o IPBES se propõe reunir e organizar o estado do conhecimento acumulado sobre seu tema – neste caso a Biodiversidade e os chamados "Serviços Ecossistêmicos"[1] – para informar e guiar políticas públicas.

A grande inovação em relação ao IPCC que o IPBES trouxe desde sua concepção foi ter insistido na importância de não se ater ao conhecimento acadêmico e saber apreciar e incorporar nas análises os conhecimentos tradicionais. Isso se traduziu em procedimentos inéditos, como os de levar em conta a chamada "literatura cinza", aquelas publicações que, diferentemente das revistas científicas, submetem qualquer artigo à análise de seus "pares".

Os produtos do IPBES, semelhantes nesse sentido aos do IPCC, são relatórios ou diagnósticos sobre temas considerados importantes. O primeiro a ser produzido, a pedido de vários governos alarmados sobre a queda das populações de abelhas e outros polinizadores, foi justamente sobre a questão da polinização e o que se sabe sobre a situação, as causas e efeitos da crise dos polinizadores em várias partes do mundo.

Já nesse primeiro diagnóstico, a contribuição dos conhecimentos e práticas dos povos indígenas e comunidades locais para a conservação da diversidade e quantidade de abelhas e demais polinizadores ficou evidente.

A complexa estrutura do IPBES se baseia no seguinte: como em todos os acordos das Nações Unidas, Estados são e continuam soberanos sobre o destino que darão aos diagnósticos. No entanto, enquanto um coletivo, eles tomam decisões conjuntas em última instância sobre o teor e a linguagem dos Diagnósticos. Uma série de órgãos os auxiliam nesta função, entre eles um conselho de especialistas, por sua vez assessorados por forças tarefa com diferentes mandatos e incumbências de produzir regras ou recomendações de procedimentos.

Os diagnósticos são elaborados em várias fases e por vários conjuntos de especialistas. Um desses conjuntos define o escopo do que será tratado (*scoping*) no documento, em detalhe, capítulo por capítulo. Isso se dá antes mesmo de que sejam indicados e convidados a participar do grupo, os redatores e seus líderes, que recebem, portanto, uma encomenda supostamente fechada, com métodos, regras e procedimentos definidos pelas várias forças tarefa. Uma vez se chegando a uma versão considerada adequada, ela é submetida ainda a um minucioso trabalho de revisão por ainda outra equipe de especialistas.

O BPBES

Esse é o acrônimo, novamente em inglês, para a Plataforma Brasileira da Biodiversidade e Serviços Ecossistêmicos. Encabeçado pelos biólogos Carlos Joly e Fábio Scarano, essa Plataforma não está submetida às mesmas estritas regras do IPBES, embora se inspire em seus procedimentos. Mas seus relatórios ou diagnósticos se configuram como levantamentos do que já se conhece por um conjunto independente de cinquenta especialistas, entre seniores e juniores, como uma força tarefa da SBPC. Com essa autoridade, tem potencial para ser influente e muito útil para tomadores de decisões e para os interesses do país como um todo. Conta com o apoio financeiro do MCTIC/CNPq, do Programa Biota da Fapesp e da Fundação Brasileira de Desenvolvimento Sustentável.

O grau de autonomia do BPBES, criado em 2015, em relação ao IPBES deve se manifestar de várias maneiras. Uma delas é a liberdade de repensar os escopos dos diagnósticos, ajustando-os ao que distingue e interessa ao Brasil. Em particular, o modo como povos indígenas e comunidades locais vão aparecer nos relatórios do BPBES é da maior importância. O primeiro diagnóstico brasileiro deverá ser divulgado em junho de 2018, a tempo, em princípio, de poder influir nos programas de governo dos candidatos à presidência da república.

O escopo do Relatório do IPBES sobre o estado da biodiversidade e dos serviços ecossistêmicos no Continente Americano não contempla adequadamente a contribuição e os entraves dos povos tradicionais. Restringe-se em larga medida a inventariar os benefícios que a biodiversidade traz a esses povos. Mas esses povos, como reconhece explicitamente a Convenção da Diversidade Biológica (CDB) de 1992, não são apenas recipientes passivos dos benefícios da biodiversidade. Eles trazem também, com seus conhecimentos, práticas e inovações, contribuições fundamentais para a conservação e até para o aumento da biodiversidade. Basta pensar, a título de exemplo, na sua conservação e incremento da agrobiodiversidade, nas suas técnicas apuradas de controle do fogo e de espécies invasoras, no conhecimento detalhado da diversidade de paisagens, estruturas e espécies presentes em seus territórios.

É de suma importância, portanto, alargar o escopo dos Diagnósticos do BPBES e acrescentar-lhe pelo menos os seguintes itens, relativos aos povos indígenas e comunidades locais:

- As suas contribuições, em termos de conhecimentos, práticas e inovações, para a biodiversidade e serviços ecossistêmicos;

- As tendências atuais que estão afetando essas contribuições;

- As políticas públicas, tanto locais quanto regionais ou nacionais que estão sendo entraves, diminuindo ou impedindo a contribuição dos povos indígenas e comunidades locais à biodiversidade e serviços ecossistêmicos. *(fevereiro, 2017)*

NOTA

[1] O vocabulário empregado pelo IPBES e em particular o uso da expressão "serviços ecossistêmicos" foram muito criticados por sua conotação neoliberal e recentemente substituídos nos relatórios do IPBES pela expressão "benefícios da Natureza para as pessoas".

Política Indigenista
Funai Balanço
Saúde
Educação Escolar

POLÍTICA INDIGENISTA

A Funai da Interinidade

Márcio Santilli | PPDS/ISA

EM TODOS OS GOVERNOS PODE-SE IDENTIFICAR MELHORES E PIORES MOMENTOS NA CONDUÇÃO DA POLÍTICA INDIGENISTA E NO TRATAMENTO DADO PELAS INSTÂNCIAS SUPERIORES À FUNAI E ÀS DEMAIS AGÊNCIAS RELACIONADAS À SUA IMPLEMENTAÇÃO. PORÉM, EM NENHUM MOMENTO ANTERIOR DO PERÍODO DEMOCRÁTICO RECENTE, A FUNAI FOI TÃO FRAGILIZADA COMO NO PERÍODO DILMA-TEMER

O primeiro mandato da presidente Dilma Rousseff começou ainda com Márcio Meira (PT/PA) na presidência da Funai, o mais longevo da sua história (04/2007-04/2012), que conseguiu promover, durante o segundo mandato do presidente Lula, uma reestruturação administrativa, um concurso público e alguma recuperação orçamentária do órgão. Mas começou com ele já decidido a deixar o cargo diante da perspectiva de retrocesso na política indigenista.

Para a Funai, o governo Dilma representou uma ruptura com os governos anteriores do período democrático recente, com a sua capacidade institucional sendo progressivamente tolhida, a ponto de impedir o cumprimento das suas funções legais básicas. O ritmo das demarcações caiu drasticamente e o seu orçamento também voltou a cair, sobretudo a partir de 2013. Sucederam-se presidências interinas (*veja também nesta coletânea a "Galeria da Crise Permanente"*).

Contudo, a inflexão negativa não se limitou à política indigenista, pois também houve, no mesmo período, um atraso ainda maior na titulação de Quilombos e na criação de Unidades de Conservação e Assentamentos da Reforma Agrária. Enquanto isso, acelerou-se a "regularização" e titulação de terras na Amazônia para ocupantes informais e grileiros e o desmatamento voltou a crescer. Uma lógica produtivista e patrimonialista passou a restringir a destinação de terras públicas para fins socioambientais.

No inicio do segundo mandato de Dilma Rousseff, a bancada do PT, consciente da precariedade que já assolava a política indigenista, indicou o ex-senador José Pedro Gonçalves da Costa (PT/AM) para a presidência da Funai e logrou a sua nomeação como titular. Quando a presidente já estava sendo apeada do cargo e José Eduardo Cardozo foi substituído por Eugênio Aragão no Ministério da Justiça, também se rompeu o represamento político do procedimento demarcatório e várias terras foram identificadas (11), declaradas (12) e homologadas (03).

Porém, com a posse provisória de Michel Temer e a nomeação de Alexandre de Moraes ao Ministério, sucederam-se novas interinidades na presidência da Funai e os procedimentos demarcatórios foram congelados, com sérias ameaças de andarem para trás. De fato, em novembro de 2016, 19 processos de demarcação prontos para avançarem no Ministério da Justiça e na Casa Civil retornaram à Funai para verificar, conforme informou o governo, a conformidade dos procedimentos e a existência de eventuais óbices judiciais. Entretanto, possíveis pendências administrativas ou judiciais deveriam ser sanadas pelo próprio Ministério da Justiça ou a Casa Civil, antes de os processos chegarem à Presidência da República, e não retorná-los à Funai.

LOTEAMENTO DE CARGOS

Com Temer confirmado na Presidência da República, os cargos de direção da Funai foram loteados para pessoas indicadas pela bancada do Partido Social Cristão (PSC), que integra a sua base de sustentação e cujo presidente, o deputado federal André Moura, foi alçado à posição de líder do governo na Câmara. Houve uma sucessão inusitada de episódios grotescos, começando com a indicação para a presidência da Funai de Sebastião Roberto Peternelli Júnior, um general da reserva defensor da ditadura militar. Houve protesto das organizações indígenas e a indicação repercutiu mal, sendo substituída pela de outro general, Franklimberg Ribeiro de Freitas, que se apresenta como sendo descendente da etnia Mura e que acabou nomeado Diretor de Promoção ao Desenvolvimento Sustentável, no lugar de Arthur Nobre Mendes.

Já a Presidência do órgão foi entregue a um terceiro indicado do mesmo partido, Antônio Fernandes Toninho da Costa, dentista, pastor evangélico em Luziânia (GO) e assessor parlamentar do PSC, mas apresentado como técnico por sua atuação na área da saúde indígena. Entre 2005 e 2009, trabalhou na Missão Evangélica Caiuá, sediada em Dourados (MS), uma das três entidades que mantêm atualmente convênios com a Secretaria Especial de Saúde Indígena (Sesai) para prestar serviços de saúde aos índios. De 2010 a 2012, com a transferência da competência para a prestação desses serviços da Funasa para a Sesai, Costa assumiu a sua Coordenação-geral de Monitoramento da Saúde Indígena.

No período em que Antônio Fernandes atuou na Sesai, a Missão Caiuá ampliou de 7 para 18 o número de Distritos Sanitários Indígenas atendidos, tornando-se a sua maior conveniada. Porém, houve uma significativa piora nos indicadores de saúde no mesmo período, enquanto o seu orçamento saltou de R$ 325 milhões (2011) para R$ 1,5 bilhão (2015). Conforme o portal Transparência Brasil, o valor conveniado com a Missão saltou de 9,25 para 597 milhões entre 2010 e 2013, patamar que se mantém.

Foi ainda muito significativo o fato de que a determinação presidencial para as nomeações na Funai tivesse ocorrido numa reunião interministerial para discutir a retomada de obras de infraestrutura. Supostamente, os interesses indígenas estariam obstruindo a execução de obras pretendidas pelo governo e as nomeações pretendem viabilizá-las.

MUDANÇAS NAS DEMARCAÇÕES

Mas não foram apenas as nomeações que caracterizaram um ciclo ainda mais radical de degeneração da política indigenista. Em dezembro de 2016, os jornais publicaram uma extensa minuta de decreto alterando profundamente o procedimento administrativo vigente, a ponto de poder torná-lo inexequível. A proposta – uma aberração sem precedentes – bem que poderia chama-se "decreto da covardia histórica", pois, em vez de viabilizar o mandamento constitucional de demarcar essas terras, propunha criar uma longa série de restrições de direitos e de obstáculos incabíveis. A minuta nega o caráter "originário" do direito territorial indígena e o subordina a quaisquer interesses incidentes sobre a área identificada como indígena. Para tanto, distorce decisões do Supremo Tribunal Federal (STF) e destitui de direitos as comunidades expulsas das suas terras antes da promulgação da Constituição de 1988, consolidando os crimes praticados contra os índios durante a ditadura civil-militar instalada em 1964.

Diante da ampla repercussão negativa, o Ministério da Justiça desmentiu a existência da proposta, mas cerca de um mês depois, em 14 de janeiro de 2007, editou uma portaria ministerial (hierarquicamente inferior ao decreto presidencial) com uma parte das alterações que constavam daquela minuta. A Portaria nº 68/MJ criou um Grupo Técnico Especializado (GTE) para subsidiar o ministro quanto à demarcação de Terras Indígenas do qual fazem parte representantes da Funai, Consultoria Jurídica, Secretaria Especial de Direitos Humanos e a Secretaria de Políticas de Promoção da Igualdade Racial. Para se ter uma ideia, a nova norma chegava a admitir a hipótese de, em vez de demarcar a TI, pagar uma indenização em dinheiro ao grupo indígena, reivindicante além de outras disposições de duvidosa constitucionalidade.

Sua publicação no Diário Oficial da União foi o suficiente para provocar fortes protestos que levaram à sua revogação e substituição, cinco dias depois, por outra portaria ministerial (nº 80), contendo apenas a parte da versão anterior (que já era parte da minuta de decreto anteriormente pretendido) que cria o GTE no âmbito do Ministério para reanalisar o trabalho de identificação feito pela Funai, com poderes para modificá-lo, antes da decisão ministerial sobre os limites a serem efetivamente demarcados.

PENÚRIA ORÇAMENTÁRIA

Falar em arrocho orçamentário na Funai é um lugar-comum, pois o órgão jamais dispôs de recursos suficientes para desempenhar a contento suas competências legais e dar respostas às demandas dos índios. Nos seus melhores momentos, chegou a saldar dívidas acumuladas e recuperou alguma capacidade de investimento. Mas agora corre o risco de ver o seu orçamento congelado por vinte anos no pior patamar da história, correndo o risco de viver num estado permanente de penúria e de desmantelamento.

Uma nota técnica divulgada em novembro de 2016 pelo Instituto de Estudos Socioeconômicos (Inesc) mostra que o orçamento do órgão naquele ano, R$ 542 milhões (incluídos créditos adicionais), corresponde a apenas 0,018% do orçamento da União e que, apesar disso, foi reduzido em R$ 137 milhões. Além disso, evidencia que 90% do orçamento da fundação está comprometido com salários, previdência e custos de manutenção (aluguéis, diárias, telefone etc.). A análise conclui que, com o congelamento de gastos, o órgão "estará fadado ou à extinção ou a ocupar um título meramente figurativo no governo federal". Outra consequência seria o estímulo a propostas de abertura das TIs a grandes projetos econômicos, como a mineração, como alternativa de desenvolvimento.

Em 2016, a proposta orçamentária enviada pela Funai ao Ministério da Justiça no ano passado requeria cerca de R$ 180 milhões para custeio e investimento (excetuada a folha de pagamentos) da sede e de 260 unidades espalhadas pelo país. Estão incluídos aí, entre outros, gastos com a identificação e demarcação das TIs; a análise do licenciamento ambiental de obras que afetam essas áreas (que recebe críticas de empresários e setores do governo pela suposta lentidão da concessão licenças); despesas administrativas em geral (pagamento de aluguéis, luz, água, diárias etc.). A proposta que saiu do MJ e foi enviada ao Congresso, no entanto, previa apenas R$ 139 milhões. Não satisfeito, o parlamento promoveu novo corte, aprovando uma previsão de apenas R$ 116 milhões. No fim de setembro deste ano, estava autorizado o empenho de apenas R$ 107 milhões. A Funai solicitou uma suplementação orçamentária de pelo menos R$ 30 milhões, mas a resposta foi um novo corte de mais R$ 6 milhões. Se a imposição desse arrocho adicional se confirmar, a Funai deverá chegar ao final do ano com um déficit de cerca R$ 12 milhões para seu funcionamento.

O cenário para 2017 também é grave. O orçamento para custeio e investimento proposto pelo governo é de R$ 110 milhões, mas análise feita pelo órgão indica que seriam necessários R$ 180,4 milhões para manter as atividades normalmente. Só para fiscalização das TIs seriam necessários R$ 24 milhões, mas estão sendo propostos apenas R$ 13,1 milhões, quase metade. A rubrica para a análise do licenciamento ambiental de obras que afetem as TIs precisaria de R$ 18,7 milhões, mas a perspectiva é de disponibilizar, no máximo, R$ 10,3 milhões. No caso das despesas administrativas em geral, o montante necessário é de R$ 101,4 milhões, mas a previsão é de apenas R$ 67,7 milhões.

É preciso reafirmar, contudo, que estes cortes não são isolados, pois desde 2013 o orçamento do órgão indigenista vem caindo de forma significativa. Para se ter uma clara dimensão da tendência, o orçamento total previsto para 2017 representa uma queda de 43% em relação ao aprovado há quatro anos e é igual ao orçamento de 14 anos atrás (sem a correção da inflação do período).

Ainda por cima, com a aprovação no Congresso, em dezembro de 2016, da emenda constitucional que fixa um teto para os gastos da União – que só poderão aumentar na proporção da inflação nos próximos vinte anos – a tendência é que o orçamento de vários órgãos da administração pública seja mantido congelado. Essa medida, no entanto, deve afetá-los de forma diferenciada. No caso da Funai, a instituição do teto ocorre num momento de forte depressão orçamentária, projetando a situação atual de penúria por um longo período.

O teto orçamentário instituído deverá acirrar disputas internas entre ministérios e órgãos por recursos, com a tendência de que políticos, empresários e segmentos da burocracia que dispõem de maior poder de pressão levem vantagem, fazendo com que órgãos mais desprezados pelas autoridades cheguem ao estrangulamento.

Um exemplo bizarro está justamente na portaria do Ministério da Justiça que fixou os parâmetros do arrocho orçamentário para seus órgãos vinculados, deixando várias cláusulas que excepcionam a Polícia Federal e a Polícia Rodoviária Federal dos maiores impactos, mas desprotegendo completamente a Funai. Além da paralisação dos serviços, o órgão indigenista não terá como manter a maior parte da sua estrutura, o que deve causar grandes prejuízos aos índios, suscitando fortes reações.

A penúria orçamentária inédita impossibilitará qualquer ação da Funai para atenuar a situação crítica de grupos indígenas que vivem em condições precárias e aguardam o reconhecimento oficial das suas terras. É mais do que provável a eclosão de conflitos diretos com proprietários de terras em algumas regiões, já que há situações graves que vêm tendo suas soluções postergadas há vários anos, constituindo um campo minado.

O acirramento de conflitos envolvendo índios poderá comprometer ainda mais a imagem do país e os esforços para atrair recursos externos que ajudem a sua recuperação econômica. Que o governo depois não diga que não ouviu, agora, a tragédia sendo por ele mesmo anunciada. *(fevereiro, 2017)*

FUNAI

"Diante da Pressão, o Que Mais Importa É o Diálogo"

Entrevista à equipe de edição

EM FEVEREIRO DE 2017, UM MÊS APÓS SER NOMEADO, O 38º PRESIDENTE DA FUNAI, ANTÔNIO DA COSTA, FOI CONVIDADO A VISITAR SEDE DO ISA EM BRASÍLIA PARA CONCEDER UMA ENTREVISTA E APRESENTAR SEUS PLANOS PARA O ÓRGÃO

No período de 2011 a 2016, a Funai teve quatro presidentes interinos, sinalizando um certo desprestígio do órgão junto ao o Governo Federal. Uma presidente interina, Maria Augusta Assirati, alegou que saiu porque os Munduruku a pressionavam para reconhecer as TIs que ela não podia aprovar por determinação do MJ – caso, por exemplo, da TI Sawre Muybu, na área de impacto do projeto do Complexo Hidrelétrico do Tapajós (PA). Como o senhor lidará com esse tipo de pressão?

Administrar pressões é através do diálogo, mostrar até onde a Funai pode chegar e até onde nós podemos resistir diante de uma legislação que precisa ser cumprida. Diante da pressão, o que mais importa é o diálogo.

Nas últimas décadas, houve muitos avanços na demarcação de TIs na Amazônia Legal, uma região com menos conflitos. No entanto, em entrevista ao jornal *Valor Econômico* há poucos dias (13/02/2017), o senhor afirmou que um dos objetivos da sua gestão é trabalhar na demarcação de terras fora de áreas de conflito. Qual será a postura deste Governo e de sua gestão com relação à demarcação de terras onde estão os conflitos, como o Mato Grosso do Sul e o sul da Bahia, por exemplo?

Nós estamos levantando essas questões na Casa Civil. No Mato Grosso do Sul, existe a questão da demarcação de Sidrolândia, que é a fazenda dos Buritis, a TI Buriti. O governo passado chegou a uma mesa de negociação com a outra parte com duas avaliações de terras, uma aproximadamente de 80 milhões de reais, que foi a avaliação oficial do Incra e a outra que foi dos grupos contratados pelos próprios fazendeiros. E essa chegou a 120, 128 milhões de reais. No momento da assinatura, não houve acordo por parte dos fazendeiros. Nós estamos resgatando essa conversa porque nós temos que dar uma solução. E eu vejo que há um momento de busca novamente do entendimento, em especial na região do MS, que são duas especificidades: os Terena e os Guarani Kaiowá, que merecem um carinho todo especial porque não são povos produtores, são povos que sempre foram coletores e que sempre tiveram dificuldade na regulamentação das suas terras. Agora, eu vejo que há necessidade de uma base orçamentária, que se possa deixar reservado um orçamento para essas questões fundiárias quando o Governo tem que fazer os pagamentos. Essa é a grande dificuldade.

Nesta mesma entrevista ao *Valor*, chamou a atenção quando o senhor falou de ensinar os índios a pescar, contrapondo-se a uma suposta atuação assistencialista da Funai. Mas, quando os rios estão limpos e não barrados, o que os índios mais sabem fazer é pescar, caçar, coletar. O que o senhor quis dizer com isso?

O pescar é um pejorativo que é usado no popular, de uma tradição milenar, quando você trabalha numa comunidade para ensinar ela a produzir. Não é a pesca, mas a produção. O entendimento seria não o pescar dos peixes – isso eles sabem melhor do que a gente –, mas o pescar da tecnologia, da capacitação, da produção. E pode ser às vezes as questões de autoafirmação em projetos sustentáveis de ecoturismo, pesca esportiva, em regiões que podem ser potencializadas nesse sentido. Hoje, pela própria situação em que está a Funai, o assistencialismo se esgota, o Estado não tem mais condições. Não podemos ficar parados esperando que o assistencialismo haverá de voltar de forma forte porque isso não vai acontecer.

Há inúmeras propostas no Legislativo visando alterar o procedimento de demarcação das Terras Indígenas e no Judiciário vem ganhando força a chamada tese do "marco temporal", com efeitos nefastos, como a anulação de terras já declaradas e homologadas. A Funai fará frente a essas tentativas de mudança na forma como as TIs são demarcadas?

A minha opinião é que, no momento, não houve mudança da legislação, então a Funai tem que cumprir o que está na Constituição. Agora, você vê que as populações indígenas estão em alto crescimento, então tem que haver uma decisão dentro de uma grande negociação com o Congresso Nacional para que possamos encontrar – se querem alterar a Constituição – alguma forma que essa alteração não venha causar prejuízos às populações indígenas. Então esse marco legal, na verdade, criaria mais conflitos, porque para onde iriam as populações que estão crescendo? Eu dou um exemplo nítido: Jaguapiru e Bororó em Dourados (MS), que foi projetado para uma população X e que hoje a população já passa dos 15 mil habitantes, numa aldeia próxima a uma cidade. E agora? Marco legal? E para onde irão os excedentes?

Mas a TI Dourados é uma reserva criada pelo SPI antes de 1988. Nas terras de maior extensão, os Kaiowá e Guarani e outros povos conseguem viver conforme seus modos de vida tradicionais. Então, ali é uma situação de exceção criada pelo próprio Estado...

É verdade. Houve um erro estratégico e esse erro continua persistindo. Lá hoje eles têm casa, têm saneamento, têm luz, elétrica, têm água, têm escola, todo tipo de organização de um bairro, como é a aldeia Marçal de Souza em Campo Grande. Se você fizer uma pesquisa com essas populações, grande parte delas não quer sair daquele local porque foi ali que eles plantaram culturalmente a sua terra. Jaguapiru e Bororó são aldeias urbanas, não têm meios nem terras para plantar. Ao mesmo tempo, nós temos terras dos Guarani Kaiowá que precisam também do entendimento para a produção, para a sustentabilidade.

> ... no momento, não houve mudança da legislação, então a Funai tem que cumprir o que está na Constituição.

> Não podemos ficar parados esperando que o assistencialismo haverá de voltar de forma forte porque isso não vai acontecer.

Entrevista do presidente da Funai Antonio Costa no ISA.

A Funai pretende incorporar a tese do "marco temporal", tida como inconstitucional por muitos juristas?

Não. A Funai hoje segue o que está previsto na Constituição. Agora, a Funai, como órgão indigenista, irá acatar a decisão que o Congresso Nacional tomar, porque senão estaria descumprindo a lei.

Como o senhor pretende recuperar o orçamento da Funai frente, justamente, à aprovação da PEC que congela os gastos públicos por 20 anos, feita por esse Congresso que o senhor está apostando que pode salvar a Funai?

Eu não estou apostando que o Congresso vai salvar a Funai. Quem sou eu? Não tenho essa pretensão. Para salvar a Funai, nós temos que resgatar a composição orçamentária dela, que veio, a partir de 2012, sendo cortada e fragilizada. O meu pensamento de fortalecimento da Funai passa por alguns vieses. O primeiro é dar aos servidores da Funai uma tranquilidade que não é uma interinidade e a segurança de um novo projeto. Segundo, fazer com que nossas coordenações e CTLs possam ter o básico para dar soluções lá na base. E o terceiro ponto é buscar parcerias com o Congresso Nacional, através das emendas. Aí nós vamos trabalhar a partir de 2018 um novo orçamento dentro da realidade que a gente precisa.

E o senhor tem dialogado também com os indígenas?

Lideranças praticamente do Brasil todo. Nossa agenda está aberta permanentemente. Já atendemos populações do Xingu, Xavante, Pataxós, do Nordeste, os Munduruku, da aldeia do nosso querido cacique maior Raoni [Metutire]. Eu estou sendo muito receptivo porque eles é que sabem dos problemas da base.

O senhor tem algum interesse de implantar na Funai um modelo de convênios e parcerias análogo ao que vige na Sesai?

Há uma diferença no modelo de contratação da Sesai, que é via convênio com entidades, e o modelo Funai, que é um concurso mais específico. Mas eu vejo a necessidade de criar convênios na área de produção, na área de tecnologia, na área de capacitação, especificamente coordenada pela Funai. Diferentemente do modelo Sesai, que precisa contratar enfermeiros, médicos, porque não tem concurso para médico da Sesai. Ninguém gostaria de fazer um concurso para ficar lá no Vale do Javari. Fica lá um mês, dois meses, depois pede para sair. Aí, tem que utilizar esse modelo que está sendo contestado pelo próprio tribunal de contas.

Em 1994, a Funai publicou uma Instrução Normativa (nº 2) que regulamenta a atuação das missões religiosas em TIs. A Instrução proíbe a abertura de frentes proselitistas,

> Os nossos problemas maiores são os madeireiros, os garimpeiros, os invasores que levam a prostituição para dentro das aldeias.

sobretudo entre os povos em isolamento, e veda a formalização de convênios com organizações que atuam com este propósito. Esta Instrução, que inclusive é questionada por movimentos proselitistas no STF, será revista?

Essa resolução, na prática, não funciona. Eu não vejo essas entidades como perigo para as populações indígenas, até porque, se elas estão lá, é porque os índios estão concordando. Não são esses os problemas da Funai. Os nossos problemas maiores são os madeireiros, os garimpeiros, os invasores que levam a prostituição para dentro das aldeias. Cimi, comunidades evangélicas, não são o problema. Não vejo necessidade de regulamentação.

Muitas das medidas do Governo Temer e da base que o sustenta no Congresso atacam a Funai e outros órgãos intervenientes, com propostas para flexibilizar o licenciamento ambiental, reduzindo os prazos para para manifestações no caso de obras que impactam as TIs. A posição do governo não está em contradição com as prerrogativas da Funai?

Não. Eu fui indicado pelo PSC porque eu dava assessoria a esse partido, como técnico, e eles viram por bem que eu poderia contribuir, não com o partido, mas com o Brasil. A política que eu vou adotar é a política que a Funai executa, que a Constituição determina. Agora, eu vou fazer o possível para que a indicação que foi feita pelo partido seja honrada com meu trabalho.

Então a Funai deve continuar como um órgão forte, ativo nos processos de licenciamento?

Sim. O nosso comprometimento é com a legislação. Eu não posso mudar uma legislação, eu tenho que cumprir. Se a legislação for mudada, não sou eu que mudei, foi o Congresso Nacional. Muitas das vezes a Funai é criticada, querem flexibilização, simplicidade nas decisões, e a legislação não permite. Se querem que a Funai atue dessa forma, modifiquem a lei. Mas enquanto estiver na legislação, nós temos que cumprir. Agora, se a legislação mudar, nós temos que seguir o que preconiza a legislação.

Especificamente sobre a Portaria 80, que foi editada após ter sido revogada a Portaria 68 do Ministério da Justiça, alterando a forma como o Ministério atua no processo de

demarcação. Essa Portaria não pode aumentar as ingerências e fazer com que os processos de demarcação se tornem ainda mais morosos?

Não. Sse não tivesse a presença da Funai é que seria preocupante. Agora, dentro do GT, tem a presença da Funai, não há mudança na lei.

Mas, na prática, vai revisar o trabalho feito pela Funai, não vai?

Não. Nós vamos apenas trazer para o Grupo de Trabalho o que a gente já faz da nossa forma normal, com nossos técnicos que são os mais capacitados do país. A Funai hoje está presente em todos os Grupos de Trabalho na Casa Civil. E nesses 30 dias, nós já mostramos que a Funai não é o "patinho feio" dos empreendimentos. O que a gente está mostrando é que os outros órgãos precisam compreender que há determinados empreendimentos em que, às vezes, as condicionantes são feitas a toque de caixa. Belo Monte é, para a Funai, um exemplo que deve ser seguido e deve ser corrigido a partir do momento que se faz um plano de trabalho. Eu acho que a Funai deveria estar presente já neste momento, para que o empreendedor faça algo que a Funai já preconiza. Muitas das vezes o pensador quer que execute a obra, mas existem os impactos que precisam ser corrigidos, porque, quando a obra está feita, fica muito mais difícil de se corrigir.

Uma questão que o movimento indígena está sempre trazendo à pauta quanto a obras de infraestrutura é o consentimento livre, prévio e informado, garantido pela Convenção 169/OIT. Como sua gestão vai tratar esse tema?

Nós vamos procurar a partir de agora que novos empreendimentos possam obedecer de uma forma mais tranquila o que preconiza a 169 – até porque nesse momento não tem nenhum empreendimento novo. Para isso, nós temos que ter um fortalecimento da Funai para se fazer presente nesse processo de forma inicial. Esse processo se fragiliza até por conta da situação que a instituição passa, de a gente não ter condições nem de mandar alguém para começar uma discussão nesse sentido. Mas, até agora, são empreendimentos anteriores que a gente não tem nem como mais mexer, porque muitos já estão em fase até de conclusão.

> ... eu vejo a necessidade de criar convênios na área de produção, na área de tecnologia, na área de capacitação...

> Nós vamos procurar a partir de agora que novos empreendimentos possam obedecer de uma forma mais tranquila o que preconiza a 169...

O senhor disse que conversou com dezenas de parlamentares nos últimos 30 dias. Esses parlamentares estão preparando mudanças na legislação indigenista?

A grande notícia é que eles estão querendo conversar com a Funai. Mas não foi tratado nada de bastidores, nada de mudanças, até porque esse processo tem que ser tratado lá dentro da Casa mesmo. O que nós estamos recebendo é apoio. Eu recebi uma doação de um caminhão escritório de uma empresa [Raízen] que já trabalha há muitos anos no Mato Grosso do Sul. Há um despertamento nesse sentido. A gente precisa de parceiros, mas parceiros que venham contribuir para ajudar nesses 50 anos da Funai. Foi o primeiro presente que a Funai ganhou, a primeira velinha dos 50 anos.

Mas justamente Raízen, que já foi questionada por comprar cana-de-açúcar produzida em terras guarani em Mato Grosso do Sul... É um presente mesmo?

É um presente, porque ela poderia ter dado outro presente negativo. O que ela fez foi na forma da lei, ela tem um termo de compromisso com a instituição que não foi feito comigo, é desde 2012. De tanta coisa que falam da Funai, ganhar um caminhão é o maior presente. Nós precisamos de tudo. Se for para doar, será bem-vindo. *(fevereiro, 2017)*

FUNAI

GALERIA DA CRISE PERMANENTE
38 PRESIDENTES EM 44 ANOS (DEZ. 1967 A JAN. 2017)

A história do controvertido órgão indigenista oficial, a Fundação Nacional do Índio (Funai), pode ser contada por meio da sucessão de seus 38 (ou 39, incluindo Artur Nobre duas vezes) presidentes ao longo de quase 48 anos, de 1967 a 2016.

Nos seis anos abarcados por esta edição do livro, oito presidentes da Funai ocuparam o cargo de direção do órgão indigenista. Destes, quatro eram interinos.

1. José de Queiróz Campos, jornalista, dez. 67 a jun. 70
2. Oscar Jeronymo Bandeira de Mello, militar, jun. 70 a mar. 74
3. Ismarth Araújo de Oliveira, militar, mar. 74 a mar. 79
4. Ademar Ribeiro da Silva, engenheiro, mar. 79 a nov. 79
5. João Carlos da Veiga, militar, nov. 79 a out. 81
6. Paulo Moreira Leal, militar, out. 81 a jul. 83
7. Otávio Ferreira Lima, economista, jul. 83 a abr. 84
8. Jurandy Marcos da Fonseca, advogado, mai. 84 a set. 84
9. Nelson Marabuto, policial, set. 84 a abr. 85
10. Ayrton Carneiro de Almeida, indicado pelo ministro Costa Couto, foi impedido, por um conjunto de índios, de assumir o cargo no dia 18 de abril de 1985. Sua nomeação ficou no papel.
11. Gérson da Silva Alves, militar, abr. 85 a set. 85
12. Álvaro Villas-Bôas, indigenista, set. 85 a nov. 85
13. Apoena Meirelles, sertanista, nov. 85 a mai. 86
14. Romero Jucá Filho, economista, mai. 86 a set. 88
15. Íris Pedro de Oliveira, advogado, set. 88 a mar. 90
16. Airton Alcântara, militar, mar. 90 a ago. 90
17. Cantídio Guerreiro Guimarães, militar, ago. 90 a jul. 91
18. Sidney Possuelo, sertanista, jun. 91 a mai. 93
19. Cláudio dos Santos Romero, mai. 93 a set. 93
20. Dinarte Nobre de Madeiro, set. 93 a set. 95
21. Márcio José Brando Santilli, filósofo, set. 95 a mar. 96
22. Júlio Marcos Germany Gaiger, advogado, mar. 96 a jul. 97
23. Sulivan Silvestre, advogado, ago. 97 a fev. 99
24. Márcio Lacerda, político, fev. 99 a nov. 99
25. Carlos Frederico Marés, advogado, nov. 99 a abr. 2000
26. Roque Barros Laraia, antropólogo, abr. 00 a mai. 00
27. Glênio Alvarez, geólogo, mai. 00 a jun. 02
28. Otacílio Antunes Reis Filho, jun. 02 a jul. 02
29. Artur Nobre Mendes, antropólogo, ago. 02 a jan. 03
30. Eduardo Aguiar de Almeida, jornalista, fev. 03 a ago. 03
31. Mércio Pereira Gomes, antropólogo, set. 03 a mar. 07
32. Márcio Augusto Freitas de Meira, antropólogo, abr. 2007 a abr. 2012
33. Marta Maria Azevedo, antropóloga, abr. 2012 a jun. 2013
34. Maria Augusta Boulitreau Assirati, jun. 2013 a out. 2014
34. Flávio Chiarelli Vicente de Azevedo, out. 2014 a jun. 2015
36. João Pedro Gonçalves da Costa, jun. 2015 a jun. 2016
37. Artur Nobre Mendes, jun. 2016 a set. 2016
38. Agostinho do Nascimento Netto, set. 2016 a jan. 2017
39. Antonio Fernandes Toninho Costa, jan. 2017 –

MÁRCIO MEIRA
[ABR. 2007 A ABR. 2012]

Formado em História pela Universidade Federal do Pará (UFPA), com mestrado em Antropologia pela Universidade de Campinas (Unicamp), pesquisou os povos Warekena, da região do Rio Xié, um dos afluentes do Rio Negro, no Amazonas, no início dos anos 1990. É o autor da tese "No tempo dos Patrões", sobre o regime de aviamento que ainda vigora nas relações entre extrativistas e comerciantes no interior da Amazônia. Sua atuação com os povos indígenas, porém, é anterior e data desde sua participação na luta pelos direitos indígenas na Constituição Federal de 1988. Foi também responsável pelo GT da Funai de identificação das Terras Indígenas (TIs) do Médio Rio Negro, localizadas nos municípios de São Gabriel da Cachoeira e Santa Isabel do Rio Negro. Meira foi um dos interlocutores das organizações indígenas na equipe de transição do Governo Lula, em 2002. Sua gestão foi responsável pelo processo de reestruturação da Funai, que renovou o quadro funcional (com 425 novas contratações) e a estrutura administrativa do órgão. Também foi responsável pela inauguração do Centro de Formação em Política Indigenista em Sobradinho/DF. Apesar de ter priorizado a participação do movimento indígena e de ter implantado a Comissão Nacional de Política Indigenista (CNPI), ao final da gestão Meira ocorreu um rompimento da bancada indigenista com a comissão, no qual entidades ligadas à Articulação dos Povos Indígenas do Brasil (Apib) decidiram deixar a CNPI.

MARTA MARIA AZEVEDO
[ABR. 2012 A JUN. 2013]

Professora e pesquisadora do Núcleo de Estudos de População (Nepo) da Universidade Estadual de Campinas (Unicamp), Marta Maria do Amaral Azevedo é antropóloga, demógrafa, e autora de um dos primeiros trabalhos de pesquisa sobre demografia dos povos indígena. Nascida em São Paulo, formou-se em Ciências Sociais em 1978 pela Universidade de São Paulo (USP). Em 1980 integrou o grupo de Educação Indígena da Comissão Pró-Índio de São Paulo (CPI-SP) e atuou como colaboradora do Programa Povos Indígenas no Brasil do Centro Ecumênico de Documentação e Informação (CEDI). Também foi colaboradora do ISA, do Núcleo de História Indígena e do Indigenismo da Universidade de São Paulo – onde ajudou a fundar o Grupo Mari de Educação Indígena – e do Conselho Indigenista Missionário (CIMI), no início da década de 1990. Participou da equipe de demógrafos que, em conjunto com o IBGE, Funai e especialistas de várias e diferentes instituições, aprimorou a coleta das informações sobre os povos indígenas para o censo brasileiro de 2010. Suas investigações envolvem temas como educação indígena, segurança alimentar e saúde das mulheres indígenas, os quais contam com o comprometimento de Marta em sua gestão.

Em um ano e dois meses no cargo, Marta aprovou os estudos de identificação de 14 Terras Indígenas. Destacamos algumas: a TI Iguatemipeguá I com mais de 41 mil hectares, para os Kaiowá, localizada em região de intensos conflitos com fazendeiros, no Mato Grosso Sul; também aprovou os reestudos de duas terras guarani em S.Paulo, a Jaraguá (com 532 ha, na capital) e a Boa Vista do Sertão Pró-Mirim (no município de Ubatuba com 5.520 ha); seis terras mura tiveram seus estudos de identificação aprovados nos municípios de Borba, Autazes, Carreiro da Várzea, Manaquiri e Careiro, todos no estado do Amazonas, somando 72.631 ha. A ministra-chefe da Casa Civil, Gleisi Hoffmann, exonerou, a pedido, Marta Maria do Amaral Azevedo da presidência da Funai em Junho de 2013.

MARIA AUGUSTA BOULITREAU ASSIRATI
[JUN. 2013 A OUT. 2014]

Advogada, dirigiu o Departamento de Promoção ao Desenvolvimento Sustentável (DPDS) da Funai e assumiu a Presidência interinamente, com a exoneração de Marta Maria Azevedo. Mesmo mantida em interinidade durante um ano e quatro meses, em um governo que primou pela paralisia das demarcações de Terras Indígenas, ela conseguiu aprovar e publicar três estudos de identificação das TIs: Tapeba com 5.838 hectares, no Ceará; da Herareka Xetá com 2.686 hectares, no Paraná; e a ampliação da TI Xakriabá com 43.357 em Minas Gerais.

Maria Augusta pediu demissão por conta de um curso de doutorado em Portugal, mas segundo o jornal *O Globo*, de 25 de setembro de 2014, alguns dos motivos principais seriam as divergências envolvendo a construção de hidrelétricas e a disputa enfrentada pela própria Funai, no interior do governo, para realizar sua tarefa primordial: a demarcação de terras indígenas. A interferência política do governo sobre a atuação da Funai foi apontada pela ex-presidente em entrevista na Agência Pública, de janeiro de 2015:

"A orientação é no sentido de que nenhum processo de demarcação em nenhum estágio, delimitação, declaração, ou homologação, tramite sem a avaliação do Ministério da Justiça e da Casa Civil. Isto é, nada mais, nesse momento, 'depende apenas da Funai'." (A Pública, jan/2015)

FLÁVIO CHIARELLI VICENTE DE AZEVEDO
[OUT. 2014 A JUN. 2015]

Foi chefe da Procuradoria Federal Especializada da Funai. Assumiu a Presidência interinamente, em substituição à também interina Maria Augusta Assirati. Permaneceu os 8 meses de sua gestão como presidente interino.

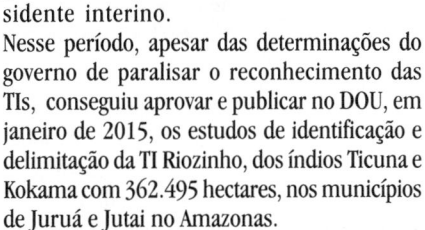

Nesse período, apesar das determinações do governo de paralisar o reconhecimento das TIs, conseguiu aprovar e publicar no DOU, em janeiro de 2015, os estudos de identificação e delimitação da TI Riozinho, dos índios Ticuna e Kokama com 362.495 hectares, nos municípios de Juruá e Jutai no Amazonas.

Criou três Grupos Técnicos (GTs) para estudos de novas TIs: uma para os Ticuna, em Fonte Nova/Amazonas, outra em Paraty no Rio de Janeiro para os Guarani, e a pela primeira vez a Funai criou um GT para reconhecer uma TI no Rio Grande do Norte, no município de Baía Formosa: a Sagi/Trabanda.

Em junho de 2015, com a nomeação do novo presidente da Funai, João Pedro Gonçalves da Costa, Flávio Chiarelli foi nomeado assessor especial do Ministro da Justiça.

Segundo ele, o governo tem um olhar não indígena para os povos tradicionais, *"achando que eles são os causadores de problemas. Quando, na verdade, a gente deveria parar para olhar o lado deles e enfrentar a real causa do problema"*. (Greenpeace, Jun/15)

JOÃO PEDRO GONÇALVES DA COSTA
[JUN. 2015 A JUN. 2016]

Foi deputado estadual, vereador e senador suplente do estado do Amazonas (PT). Também trabalhou como superintendente estadual do Instituto Nacional de Colonização Reforma Agrária no Amazonas. Assumiu a presidência da Funai no lugar de Flávio Chiarelli Vicenti de Azevedo, que foi presidente interino durante 8 meses.

Segundo nota d'*A Crítica* (14/06/15), sua indicação *"foi uma costura de parlamentares petistas do Norte com o argumento de que o Governo Dilma precisa dar mais espaços a políticos da Amazônia assim como Lula fez quando pôs Marcus Barros no Ibama, e Marina Silva, no Ministério do Meio Ambiente"*. Seu mandato coincidiu com os últimos meses antes de a Presidente Dilma Roussef ser afastada do cargo e nesse curto período buscaram reverter a paralisia de demarcações que até então marcara esse governo. Durante seu mandato foram aprovados pela Funai os estudos das terras: Cobra Grande (PA) dos povos Arapiuns, Jaraqui e Tapajó; Kaxuyana-Tunayana (AM/PA), dos Kaxuyana, Tunayana e outros; Jurubaxi-Téa (AM), dos Baré, Tukano, Baniwa e outros; Sawré/Muybu (PA), dos Munduruku; Sambaqui (PR), Pakurity (MS), Peguaoty (MS) e Cerco Grande (PR), dos Guarani Mbya; Ypoi-Triunfo (MS), dos Guarani Ñandeva; Dourados Amambaipeguá I, dos Kaiowáa e Ñandeva; e Mato Castelhano-Fág TY KA (RS), dos Kaingang.

ARTUR NOBRE MENDES
[JUN. 2016 A SET. 2016]

Funcionário de carreira da Funai, o antropólogo Artur Nobre Mendes assumiu a presidência do órgão em substituição a João Pedro Gonçalves, exonerado pelo governo interino de Michel

Temer. Artur Nobre Mendes já fora presidente da Funai entre 2002 e 2003 e no momento ocupava o cargo de diretor de Promoção ao Desenvolvimento Sustentável.

Em 2016, permaneceu no cargo de presidente substituto por aproximadamente quatro meses e aprovou três TIs do povo Guarani no estado de São Paulo. Foi exonerado em setembro, poucos dias após a Funai criticar a organização dos Jogos Paralímpicos Rio 2016 por terem afirmado, na apresentação da menina Igani Suruwaha, que ela e a mãe tiveram que deixar a comunidade onde viviam para "evitar o infanticídio indígena". Em nota de repúdio, a Funai afirmou que a informação do Comitê Organizador dos Jogos promovia *"ofensa e desrespeito aos povos indígenas do Brasil, referindo-se ao 'infanticídio ou homicídio, abuso sexual, estupro individual ou coletivo, escravidão, tortura, abandono de vulneráveis e violência doméstica' como 'práticas tradicionais' indígenas. A Funai entende que tal posicionamento revela uma total incompreensão sobre a realidade indígena no país, refletindo uma visão preconceituosa e discriminatória sobre esses povos, suas culturas e seus modos de vida".*

AGOSTINHO DO NASCIMENTO NETTO
[SET. 2016 A JAN. 2017]

Assessor especial do Ministério da Justiça desde junho de 2016, desconhecido do movimento indígena e indigenista, foi nomeado Presidente substituto da Funai em setembro de 2016. Durante sua curta gestão, ele aprovou a TI Pindoty/Araçá-Mirim, no Vale do Ribeira, em S.Paulo, no dia 29 de dezembro de 2016, com 1.030 hectares.

ANTONIO FERNANDES TONINHO COSTA
[JAN. 2017 –]

Antônio Fernandes Toninho Costa é dentista e pastor evangélico de Luziânia (GO), e já atuou como assessor parlamentar. Interessante notar o contexto da decisão de sua nomeação como novo presidente da Funai. Segundo a reportagem da Globo News, o presidente da República, Michel Temer, em reunião com ministros sobre obras de infraestrutura, foi informado sobre impasses e conflitos com índios, que estariam impedindo a continuidade das obras, e que a Funai estava com um presidente interino. Ele então solicitou ao ministro da Justiça que resolvesse a questão – provavelmente com a expectativa de conseguir a aprovação da Funai para as obras paralisadas. Dentro da lógica de loteamento à base aliada, Temer aceitou a indicação do Partido Social Cristão (PSC), cujo presidente é o Pastor Everaldo e que é integrado por Jair Bolsonaro e Marcos Feliciano. Costa já trabalhou com povos indígenas na Secretaria Especial de Saúde Indígena (Sesai) e na Missão Evangélica Caiuá [http://www.missaocaiua.org.br/atual] – antiga missão que prestava assistência aos Guarani em Mato Grosso do Sul e hoje atua em diversos Distritos Sanitários Especiais de Saúde Indígena (DSEIs) através de convênio com a Sesai.

MINISTROS DA JUSTIÇA

JOSÉ EDUARDO CARDOZO
[JAN. 2011 A FEV. 2016]

Foi ministro em todo primeiro mandato de Dilma Rousseff, além de mais um ano e dois meses no segundo, tornando-se o ministro mais longevo no cargo. Deixou o ministério para assumir a Advocacia Geral da União. Essa decisão ocorreu por motivo de desgaste pessoal e político provocado pelas investigações da Polícia Federal relacionadas à Operação Lava Jato. Sofreu forte pressão por parte de políticos de seu partido (PT) que achavam que o ministro não se esforçava para controlar a Polícia Federal.

Em cinco anos e pouco de mandato, declarou apenas 13 Terras indígenas, dez delas no primeiro mandato e três no último ano.

TERRAS INDÍGENAS

TI	Povo	Extensão (ha)	UF
Rio Negro Ocaia	Wari	235.070	RO
Piaçaguera	Guarani Nandeva	2.795	SP
Jatayvary	Guarani Kaiowá	8.800	MS
Passo Grande do Rio Forquilha	Kaingang	1.916	RS
Marakaxi	Tembé	720	PA
Mato Preto	Nandeva e Mbya	4.230	RS
Paquiçamba	Juruna	15.733	PA
Cué Cué Marabitanas	Baré, Desano	808.645	AM
Guanabara	Kokama	15.600	AM
Tremembé de Queimadas	Tremembé	767	CE
Jaraguá	Guarani Mbya	532	SP
Tremembé da Barra do Mundau	Tremembé	3.580	CE
Ponciano	Mura	4.329	AM

WELLINGTON CÉSAR LIMA E SILVA
[MAR. 2016]

No dia 29 de fevereiro de 2016, foi escolhido para ocupar o cargo de ministro da Justiça. O baiano Wellington César Lima e Silva atuou como procurador de Justiça no Ministério Público do Estado da Bahia (MP-BA). No início de março tomou posse, porém em uma ação proposta pelo Partido Popular Socialista, o Supremo Tribunal Federal entendeu que seria inconstitucional o exercício de função de governo por membro do Ministério Público e determinou que, para continuar no cargo de ministro da Justiça, ele deveria abandonar a carreira no MP, o que ele decidiu não fazer, pedindo demissão após apenas 11 dias na função.

EUGÊNIO ARAGÃO
[MAR. 2016 A MAI. 2016]

Procurador desde 1987, Eugênio Aragão foi escolhido pela presidente Dilma Rousseff para o cargo de Ministro da Justiça, em substituição ao procurador Wellington César

Lima e Silva, que o STF determinou ser inconstitucional um membro do Ministério Público assumir cargo no Executivo sem se desligar do órgão. Esse impedimento, porém, não se aplicaria a Aragão, por ele haver ingressado no MP antes da vigência da Constituição de 1988. Nesses dois meses em que atuou como ministro, ocorria o processo de *impeachment* da presidente Dilma. Nesse período ele declarou 12 Terras Indígenas

TERRAS INDÍGENAS

TI	Povo	Extensão (ha)	UF
Estação Parecis	Paresi	2.170	MT
Kawahiva do Rio Pardo	Isolados	411.844	MT
Sissaíma	Mura	8.780	AM
Murutinga/Tracajá	Mura	13.286	AM
Riozinho	Ticuna Kokama	362.495	AM
Taunay-Ipegue	Terena	33.900	MS
Tenondé-Porã	Guarani Mbya, G.Ñandeva	15.969	SP
Bragança Marituba	Munduruku	13.515	PA
Munduruku-Taquara	Munduruku	25.323	PA
Irapua	Guarani Mbyá	222	RS
Lago do Limão	Mura	8.210	AM
Taego Âwa	Avá-Canoeiro	28.510	TO

ALEXANDRE DE MORAES [MAI. 2016 A FEV. 2017]

Tornou-se Ministro da Justiça e Segurança Pública em 12 de maio de 2016; em fevereiro de 2017 se licenciou do cargo, porque foi indicado ao Supremo Tribunal Federal pelo presidente da República.
Nos oito meses em que permaneceu no Ministério, não declarou nenhuma Terra Indígena. Porém, em sentido contrário, em dezembro de 2016, assinou uma portaria de nº 68, alterando o processo de reconhecimento das TIs, a ponto de torná-lo inexequível. A proposta, em vez de viabilizar o mandamento constitucional de demarcar essas terras, propunha a criar uma longa série de restrições de direitos e de obstáculos incabíveis. A minuta nega o caráter "originário" do direito territorial indígena, subordinando esse direito a quaisquer interesses incidentes sobre a área identificada como indígena.

Diante da ampla repercussão negativa, o Ministério da Justiça desmentiu a existência da proposta, mas cerca de um mês depois, em 14 de janeiro de 2007, editou uma portaria ministerial (hierarquicamente inferior ao decreto presidencial) com uma parte das alterações que constavam daquela minuta. A Portaria nº 68/MJ criou um Grupo Técnico Especializado (GTE) para subsidiar o ministro quanto à demarcação de Terras Indígenas do qual fazem parte representantes da Funai, Consultoria Jurídica, Secretaria Especial de Direitos Humanos e a Secretaria de Políticas de Promoção da Igualdade Racial. Para se ter uma ideia, a nova norma chegava a admitir a hipótese de, em vez de demarcar a TI, pagar uma indenização em dinheiro ao grupo indígena, reivindicante além de outras disposições de duvidosa constitucionalidade.

Sua publicação no Diário Oficial da União foi o suficiente para provocar fortes protestos que levaram à sua revogação e substituição, cinco dias depois, por outra portaria ministerial (nº 80), contendo apenas a parte da versão anterior (que já era parte da minuta de decreto anteriormente pretendido) que cria o GTE no âmbito do Ministério para reanalisar o trabalho de identificação feito pela Funai, com poderes para modificá-lo, antes da decisão ministerial sobre os limites a serem efetivamente demarcados.

BALANÇO DAS TIS

HOMOLOGADAS

O período abarcado por este livro coincide com o governo Dilma Rousseff, que homologou 21 Terras Indígenas que somam 3.268.955 hectares. Nesse período houve uma queda acentuada no reconhecimento de TIs, se compararmos com os governos anteriores (veja quadro). É claro que isso é relativo, já que a maior parte das terras já foram reconhecidas e certamente nunca será possível um novo presidente ter a mesma performance dos anteriores. Mas o ponto é que restam ainda muitas pendências e, portanto é necessário cumprir o que diz a Constituição.

Os decretos da presidente Dilma Rousseff ficaram restritos à região da Amazônia Legal, que concentra 98% da extensão total das TIs no Brasil. Das 21 TIs homologadas só uma fica fora da região Amazônica, a TI Piaçaguera, dos Guarani, com 2.773 hectares, localizada no litoral de São Paulo.

Esses números mostram que as TIs fora da Amazônia, localizadas em regiões mais densamente povoadas, têm os processos de reconhecimentos mais contestados judicialmente, porque os ocupantes não indígenas, em geral, dispõem de títulos de propriedades, que seriam anulados pelo reconhecimento das TIs.

No caso das terras localizadas na Amazônia, onde predominam os grileiros e posseiros, o número de casos de judicialização dos processos de demarcação é menor. Contudo, devido à grande riqueza mineral e florestal existente nestas áreas, observa-se a ocorrência de graves e acirrados conflitos.

Outro fator importante são as obras de infraestrutura, tais como hidrelétricas, PCHs, grandes projetos de mineração e estradas, cujos licenciamentos podem ser complicados caso impactem alguma TI.

DECLARADAS

Os Ministros da Justiça José Eduardo Cardozo e Eugênio Aragão declararam um total de 25 TIs. Dessas, 15 estão dentro da Amazônia Legal, a maioria no Amazonas, e outras 10 fora dela. Dessas, três se encontram em São Paulo, três no Rio Grande do Sul, duas no Mato Grosso do Sul e duas no Ceará. Entre abril e maio de 2016, Aragão assinou quase o mesmo número de portarias declaratórias que seu antecessor, Cardozo, que ocupou a pasta por mais de cinco anos: foram 12 de Aragão contra 13 de Cardozo.

IDENTIFICADAS E DELIMITADAS

Os sete presidentes da Funai, quatro deles interinos, aprovaram os estudos de identificação e delimitação de 52 TIs nesses seis anos, a maioria delas entre 2011 e 2013. Dessas TIs aprovadas, 38 ainda não tiveram portaria declaratória publicada pelo MJ. Nove delas, aprovadas pelo órgão indigenista entre 2008 a 2011, ainda estão sem sequência no procedimento demarcatório devido às contestações e judicializações, sendo algumas de reestudos com ampliações.

EM IDENTIFICAÇÃO E DELIMITAÇÃO

No período do livro, o desempenho da Funai também ficou aquém das reivindicações indígenas para que fossem iniciados os estudos de suas terras. Nesse período foram assinadas apenas 29 portarias instituindo Grupos Técnicos (GTs) para produzir estudos de identificação e delimitação de TIs reivindicadas. Conforme os dados compilados pelo Monitoramento/ISA, atualmente são 107 TIs em estudo pela Funai em todo país, sendo 40 na Amazônia Legal, 11 no Mato Grosso do Sul, 40 na Região Sul/Sudeste e 16 no Nordeste/Leste.

A QUESTÃO É O QUE FALTA

Nos últimos anos, a Diretoria de Proteção Territorial (DPT) da Funai não divulgou listas públicas com estimativa do número de Terras Indígenas oficialmente reivindicadas, que ainda se encontram sem providências administrativas. A não divulgação, ou mesmo a não sistematização destas informações, é por si só um indicador da falta de atenção ou prioridade dada a estas demandas por parte do órgão indigenista oficial. Os números que seguem são, portanto, estimativas extraoficiais que não pretendem encerrar uma lista fechada, mas, sim, apontar as regiões com maior incidência de reivindicações ainda não estudadas.

As TIs ocupam 23% da extensão da Amazônia Legal; 98,32% da extensão das Terras Indígenas do país estão concentradas na Amazônia Legal, sendo que os 1,68% restantes espalham-se ao longo das regiões Nordeste, Sudeste, Sul e Centro-Oeste.

DEMARCAÇÕES NOS ÚLTIMOS SEIS GOVERNOS

Ao lado, tabelas com o reconhecimento de Terras Indígenas no Brasil, nos governos dos presidentes José Sarney, Fernando Collor, Itamar Franco, Fernando Henrique Cardoso, Luis Inácio Lula da Silva e Dilma Rousseff.

COMPUTO DA SITUAÇÃO JURÍDICA DAS TIS NO BRASIL (JANEIRO DE 2017)

Situação		Nº Terras Indígenas	Extensão (hectares)**
Em Identificação*		107	3.104
Com restrição de uso a não índios		6	1.080.740
	Total	113 (16,05%)	1.083.844 (0,92%)
Identificada		39 (5,54%)	5.468.243 (4,66%)
Declarada		72 (10,23%)	3.927.234 (3,35%)
Reservada		31	118.686
Homologada		13	2.472.585
Reservada ou Homologada com Registro no CRI e/ou SPU		436	104.240.037
Total		480 (68,18%)	106.831.308 (91,07%)
Total Geral		**704 (100%)**	**117.310.629 (100%)**

* A extensão neste grupo refere-se às TIs em revisão.
** A extensão das TIs representam 13,77% do território brasileiro.

COMPUTO DA SITUAÇÃO JURÍDICA DAS TIS NA AMAZÔNIA LEGAL (JANEIRO DE 2017)

Situação		Nº Terras Indígenas	Extensão (hectares)
Em Identificação*		39	3.100
Com restrição de uso a não índios		6	1.080.740
	Total	45 (10,74%)	1.083.840 (0,94%)
Identificada		13 (3,10%)	5.054.752 (4,38%)
Declarada		31 (7,40%)	3.609.359 (3,13%)
Reservada		5	7.086
Homologada		7	2.438.255
Reservada ou Homologada com Registro no CRI e/ou SPU		318	103.148.809
Total		330 (78,76%)	105.594.150 (91,55%)
Total Geral		**419 (100%)**	**115.342.101 (100%)**

* A extensão neste grupo refere-se às TIs em revisão.

BRASIL (JANEIRO DE 2017)	TIs Declaradas		TIs Homologadas*	
Presidente [período]	Nº**	Extensão (ha)**	Nº**	Extensão (ha)**
Dilma Rousseff [jan 2015 a maio 2016]	15	932.665	10	1.243.549
Dilma Rousseff [jan 2011 a dez 2014]	11	1.096.007	11	2.025.406
Luiz Inácio Lula da Silva [jan 2007 a dez 2010]	51	3.008.845	21	7.726.053
Luiz Inácio Lula da Silva [jan 2003 a dez 2006]	30	10.282.816	66	11.059.713
Fernando Henrique Cardoso [jan 1999 a dez 2002]	60	9.033.678	31	9.699.936
Fernando Henrique Cardoso [jan 1995 a dez 1998]	58	26.922.172	114	31.526.966
Itamar Franco [out 92 a dez 94]	39	7.241.711	16	5.432.437
Fernando Collor [mar 90 a set 92]	58	25.794.263	112	26.405.219
José Sarney [abr 85 a mar 90]	39	9.786.170	67	14.370.486

AMAZÔNIA LEGAL (JANEIRO DE 2017)	TIs Declaradas		TIs Homologadas	
Presidente [período]	Nº*	Extensão (ha)	Nº*	Extensão (ha)
Dilma Rousseff [jan 2015 a mai 2016]	10	878.462	9	1.240.776
Dilma Rousseff [jan 2011 a dez 2014]	5	964.170	11	2.025.406
Luiz Inácio Lula da Silva [jan 2007 a dez 2010]	26	1.821.205	13	7.690.239
Luiz Inácio Lula da Silva [jan 2003 a dez 2006]	20	7.917.596	52	10.988.935
Fernando Henrique Cardoso [jan 1999 a dez 2002]	47	15.767.121	18	9.642.668
Fernando Henrique Cardoso [jan 1995 a dez 1998]	32	17.138.447	81	30.709.327
Itamar Franco [out 92 a dez 94]	23	6.518.162	10	5.499.776
Fernando Collor [mar 90 a set 92]	35	23.390.618	74	25.795.019
José Sarney [abr 85 a mar 90]	34	11.009.449	21	9.452.807

* As colunas "Número de terras" e "Extensão" não devem ser somadas, pois várias Terras Indígenas homologadas em um governo foram redefinidas e novamente homologadas. (Por exemplo, a TI Baú que já havia sido declarada no Governo FHC com 1.850.000 hectares, e no Governo Lula foi reduzida para 1.543.460 hectares. Também a TI Raposa Serra do Sol, que já tinha sido declarada em 1998 no Governo FHC, foi posteriormente declarada por Lula, com a mesma extensão. Nesses casos, a extensão foi contabilizada duas vezes, o que impede a simples somatória dos campos).

AS TRÊS CNPIS E SEUS DESDOBRAMENTOS

Em 2007, após anos de reivindicações do movimento indígena e organizações de apoio, o Ministério da Justiça criou, por meio da Portaria nº 1.396, a Comissão Nacional de Política Indigenista (CNPI); um órgão colegiado e consultivo com a prerrogativa de apoiar, propor e articular a política indigenista oficial. Entre seus principais objetivos estavam a elaboração de um anteprojeto de Lei para a constituição de um Conselho Nacional de Política Indigenista (também CNPI) com funções deliberativas; e, a viabilização da realização da 1ª Conferência Nacional de Política Indigenista (também CNPI), com vistas a estruturar o amplo leque de demandas indígenas país afora e orientar o trabalho do poder público.

É importante relembrar, contudo, que nenhuma das três CNPI contemporâneas se confunde com o Conselho Nacional de Proteção ao Índio (CNPI), instância criada em 1939 pelo governo de Getúlio Vargas (Decreto nº. 1.794), e extinta com criação da Funai em 1967, que estipulou a participação de um representante do Museu Nacional na formulação das políticas indigenistas, abrindo caminho para a inserção no SPI de antropólogos como Darcy Ribeiro e Roberto Cardoso de Oliveira, comprometidos com os direitos dos povos indígenas. As três CNPIs do pós-marco constitucional de 1988 têm um cunho mais democrático e visam garantir a participação direta dos povos indígenas na formulação, monitoramento e efetivação das políticas públicas que lhes dizem respeito.

De volta aos desdobramentos da Comissão Nacional de Política Indigenista, apenas em 2015, oito anos depois de sua criação, foi realizada a 1ª Conferência Nacional de Política Indigenista, em um contexto marcado por graves retrocessos, como a paralisação das demarcações de TIs pelo Executivo e o avanço de projetos e ações contra os direitos indígenas no Legislativo e no Judiciário. Ao todo, foram 142 etapas locais e 26 etapas regionais, que antecederam a etapa nacional realizada em dezembro daquele ano em Brasília, onde os delegados indígenas definiram 865 propostas, em seis eixos temáticos: (1) "Territorialidade e direito territorial indígena"; (2) "Autodeterminação, participação social e direito à consulta"; (3) "Desenvolvimento sustentável de terras e povos indígenas"; (4) "Direitos individuais e coletivos dos povos indígenas"; (5) "Diversidade cultural e pluralidade étnica no Brasil"; e (6) "Direito à memória e à verdade". O evento nacional foi marcado pela presença da então presidente da República, que esboçou ali uma tentativa de se aproximar dos povos indígenas após anos de afastamento. Na ocasião, Dilma Rousseff anunciou a criação do aguardado Conselho, prometeu destravar processos de demarcação e criticou ameaças legislativas como a PEC 215.

No dia da plenária final da conferência (17/12), a presidente publicou o Decreto nº 8.593 que cria o Conselho Nacional de Política Indigenista (CNPI) como um órgão colegiado e consultivo. Na composição estabelecida, o Conselho é formado por 45 membros, dentre os quais 15 representantes do executivo com direito a voto; 28 representantes dos povos e organizações indígenas (sendo 13 com direito a voto); e dois representantes de entidades indigenistas, ambos com direito a voto. O órgão foi oficialmente instalado em 27 de abril de 2016 no Ministério da Justiça, em meio à crise que levou ao impedimento da presidente. O então ministro da pasta, Eugênio Aragão, aproveitou a oportunidade para fazer o mea culpa da política indigenista do governo Dilma: "poderíamos ter feito muito mais. Talvez o momento de crise seja um momento de reflexão. Deixamos de fazer muita coisa, nos omitimos muito e devemos pedir desculpas àqueles que foram afetados por isso".

Apesar da criação do Conselho ser uma demanda histórica, seu arranjo interno foi criticado pelo movimento indígena e organizações parceiras. Primeiro por não ter caráter deliberativo e autônomo, sendo um órgão meramente consultivo, assim como a recém extinta Comissão Nacional de Política Indigenista. Além disso, a expectativa – amparada pela portaria de criação da Comissão Nacional de Política Indigenista (2007) – era que o Conselho fosse criado na forma de Lei, o que também não ocorreu. Sem o caráter deliberativo e autônomo, garantido em Lei, o Conselho corre o risco de ser esvaziado pela sistemática ausência de membros do primeiro escalão do governo, raramente abertos ao diálogo com os povos indígenas. Além disso, fica sujeito a perder relevância a partir de ações governamentais como as chamadas "mesas de diálogo", criadas pelo então Ministro da Justiça, José Eduardo Cardozo, para supostamente mediar conflitos relacionados à regularização de Terras Indígenas, esvaziando as atribuições da Comissão e confundindo critérios técnicos com acordos político eleitorais.

Desde sua instalação, o CNPI realizou duas reuniões ordinárias, a primeira em abril e a segunda em agosto de 2016; a terceira é prevista para o primeiro semestre de 2017. Contudo, dada sua fragilidade e em meio ao aprofundamento dos ataques contra os direitos indígenas que marca o Governo Temer, a tendência é mesmo o Conselho assumir uma função cada vez mais figurativa. De fato, em nota coletiva divulgada em 23 de janeiro de 2017 no blog da Mobilização Nacional Indígena, organizações indígenas e parceiras, entre as quais a Apib e o ISA, repudiaram a ausência de diálogo com o Conselho por parte do Ministério da Justiça chefiado por Alexandre de Moraes e o Governo Federal, de modo geral. (A partir fontes oficiais e produzidas por ISA, CTI, CPDoc e Mobilização Nacional Indígena, fevereiro, 2017)

COMISSÃO NACIONAL DA VERDADE RECONHECE VIOLAÇÕES DE DIREITOS DE POVOS INDÍGENAS

Na manhã desta quarta-feira (10), em Brasília, ocorreram as solenidades de entrega do relatório final da Comissão Nacional da Verdade (CNV) à sociedade brasileira e à Presidência da República. O relatório, com um total de mais de 4300 páginas divididas em três volumes, inclui povos indígenas entre as vítimas de graves violações de direitos humanos ocorridas entre 1946 e 1988, reconhecendo que estes povos, assim como seus apoiadores, foram de fato vistos pelo Estado brasileiro como seus opositores.

O capítulo sobre os povos indígenas do relatório da CNV inaugura a inclusão das populações indígenas nos debates oficiais sobre a Justiça de Transição, em conjunto com o processo concedeu anistia política a um grupo de 14 indígenas do povo Aikewara, em setembro deste ano. O texto conclui: "o Estado brasileiro, por meio da CNV, reconhece a sua responsabilidade, por ação direta ou omissão, no esbulho das terras indígenas ocupadas ilegalmente no período investigado e nas demais graves violações de direitos humanos que se operaram contra os povos indígenas articuladas em torno desse eixo comum" (p. 247).

Inserido no Volume II do relatório geral, assinado por Maria Rita Kehl, o capítulo "Violações de direitos humanos dos povos indígenas" apresenta, ao longo de 60 páginas, um número limitado de casos de violações de direitos contra povos indígenas, entre eles: o esbulho dos territórios Ava-Guarani, Guarani Kaiowá, no noroeste do Paraná e no sul do Mato Grosso do Sul, respectivamente; a emissão de certidões negativas sobre os territórios dos Nambikwara (MT); os processos de desagregação social e extermínio dos Xetá (PR), Tapayuna (MT) e Avá-Canoeiro (TO); as mortandades causadas pela construção estradas e hidrelétricas entre os Panará (MT), Parakanã (PA), Akrãtikatejê (PA), Yanomami (RR) e Waimiri-Atroari (AM). O texto apresenta também a constituição de sistemas punitivos sob a égide do SPI e da Funai e práticas de tortura, como no caso do Reformatório Krenak (MG), em que indivíduos de vários povos foram encarcerados. No capítulo sobre a Guerrilha do Araguaia, no Volume I do relatório, as violações cometidas contra os Aikewara (PA) também foram detalhadas.

O capítulo apresenta a estimativa de que pelo menos 8.350 indígenas foram mortos no período investigado e revela, como uma das particularidades dessas violações, o fato de se destinarem não a indivíduos, mas a povos inteiros – por meio do esbulho de suas terras, remoções forçadas de seus territórios, contágio por doenças, prisões, torturas e maus tratos. Ele é fechado por uma lista de recomendações que vão desde pedidos públicos de desculpas do Estado até a regularização, desintrusão e recuperação ambiental de terras indígenas, abrindo perspectivas de reparação coletiva.

Com base em pesquisas documentais e material colhido em viagens a campo, audiências públicas e depoimentos, o capítulo constata que "em quase todos os casos, não apenas uma, mas múltiplas violações ocorreram contra um mesmo povo" (p. 215). O texto registra que os efeitos dessas violações, em muitos casos, são sentidos ainda hoje, mais de 25 anos depois da promulgação da Constituição de 1988. Entre as principais conclusões está também a de que essas violações obedeciam a uma sistemática que transformava "o 'modo de ser' de cada um dos povos indígenas em alvo político da perseguição do Estado visando a apropriação de seus territórios" (p. 216).

Apesar de trazer perfis de apenas 434 mortos e desaparecidos políticos – os quais a CNV teve condições de confirmar –, o texto do relatório reconhece que as graves violações contra camponeses e indígenas resultaram em um número de vítimas ainda mais expressivo, fato reiterado pelo próprio coordenador da CNV, Pedro Dallari, durante a cerimônia de entrega à Presidência. Diferentemente das violações cometidas contra outros setores da sociedade, os crimes perpetrados contra indígenas careciam de sistematização até o momento e, portanto, o relatório indica a continuidade das investigações, por meio da instalação de uma comissão exclusiva para aprofundar e ampliar o escopo da pesquisa. (Tatiane Klein, ISA, 10/12/2014)

BOLSA FAMÍLIA

A Diferença e o Benefício

Bruno Guimarães — Antropólogo, doutorando pelo MN/UFRJ
Oiara Bonilla — Antropóloga, professora da UFF
Spensy Pimentel — Antropólogo, professor da UFSBA

EM MAIO DE 2016, 112.081 FAMÍLIAS INDÍGENAS ESTAVAM CADASTRADAS NO PROGRAMA BOLSA FAMÍLIA (PBF), DO GOVERNO FEDERAL. MAS QUAIS SÃO OS EFEITOS DESSA POLÍTICA DE TRANSFERÊNCIA DE RENDA NAS TERRAS E NAS VIDAS INDÍGENAS?

O Programa Bolsa Família foi criado em 2003, no âmbito do Ministério de Desenvolvimento Social e Combate à Fome (MDS), do Governo Federal. Nos últimos anos, sua presença entre os povos indígenas, que já era observada, passou a chamar mais atenção – assim como seus efeitos, positivos e negativos. Hoje, as famílias indígenas representam 0,4% do total de famílias cadastradas no Programa em todo o país. Em 2013, o MDS resolveu investigar a situação, contratando antropólogos para investigar o tema em sete diferentes Terras Indígenas, dentro e fora da Amazônia Legal. Nessa entrevista à equipe de edição do *Povos Indígenas no Brasil*, três desses pesquisadores revelam algumas das limitações do PBF para "tirar os indígenas da pobreza" – como deseja a política estatal. Os pesquisadores ponderam: "Mesmo sendo uma política universal, o PBF precisa contemplar contextos distintos com o devido cuidado. A decisão sobre o que o Bolsa Família deveria ser em cada um desses lugares precisa ser tomada em diálogo com os próprios povos indígenas, algo que não se parece cogitar".

Nos últimos anos, inúmeros relatos antropológicos têm tematizado efeitos do Programa Bolsa Família (PBF) sobre povos e Terras Indígenas. Quais impactos vocês observaram em suas pesquisas?

É importante tratar o Programa Bolsa Família junto aos povos indígenas de forma contextualizada, regionalmente falando. Mais de 98% das áreas das Terras Indígenas hoje regularizadas estão na Amazônia Legal, região onde vivem 48% dos 896,9 mil indígenas aferidos pelo Censo de 2010. Por outro lado, fora da Amazônia estão os outros 52% dos indígenas, vivendo em áreas que somam pouco menos de 2 milhões de hectares ao todo. Temos, portanto, realidades muito distintas no país – não se podem comparar as dificuldades sofridas por povos como os Guarani e Kaiowá em Mato Grosso do Sul, a segunda maior população indígena do país, com boa parte do que se verifica na Amazônia, onde as extensões das TIs são centenas de vezes maiores, e as densidades demográficas bem mais baixas.

No Centro-Sul, o maior motor dos problemas está, portanto, na falta do acesso à terra, o que faz com que a alternativa de adquirir os bens básicos para a subsistência se desloque para o dinheiro recebido via PBF. Nessas áreas, benefícios sociais trazem uma solução paliativa, emergencial, para a fome. Vejamos o emblemático caso dos Guarani e Kaiowá: entre 2005 e 2006, gerou-se um escândalo nacional por conta de um alegado aumento de mortes de crianças indígenas em decorrência da desnutrição na região de Dourados (MS). A reação dos Governos Federal e Estadual foi rapidamente ampliar a distribuição de cestas básicas e cadastrar massivamente as famílias indígenas no Bolsa Família. Essa era a solução paliativa. Num segundo momento, sob pressão do MPF, a Funai assinou um Termo de Ajustamento de Conduta comprometendo-se a agilizar de uma vez a identificação de terras na região.

Essa era a solução estrutural. Em 2008, foram lançadas as portarias que criaram grupos de trabalho para atuar nesse sentido. A questão é que, até hoje, esses processos de identificação e regularização das terras estão travados pelo impasse com os ruralistas da região. Assim, após a crise da desnutrição, nos últimos dez anos, nenhuma área nova foi ocupada pelos Guarani e Kaiowá como resultado de um processo oficial – só as retomadas têm funcionado nesse sentido! Por aí se vê o descompasso entre as políticas emergenciais e as estruturais – nesse sentido, o PBF continua sendo necessário, imprescindível até, mas, ao mesmo tempo, leva a mudanças significativas, como a perda da experiência da agricultura familiar pelas novas gerações. É uma transformação no modo de vida bastante significativa no contexto de luta pela terra.

Mas mesmo nas TIs já homologadas do Mato Grosso do Sul, as políticas de apoio à produção familiar não funcionam, e os benefícios sociais, além do trabalho fora das terras indígenas, são a base da sobrevivência das famílias indígenas. Nesses lugares, o Bolsa Família representa um apoio importante, mas, ao mesmo tempo, quando se torna uma política permanente, vai, sim, progressivamente aproximando o perfil dos indígenas ao das famílias pobres urbanas da região. Muitas lideranças indígenas estão preocupadas com isso, e o movimento de luta pela terra é uma reação cultural a essa imposição histórica do confinamento.

Já em áreas tipicamente amazônicas, o que ocorre? O PBF de fato tem potencializado os deslocamentos para as cidades em áreas onde isso não costumava ocorrer. O que torna este deslocamento tão complicado não é o programa em si, e sim a ausência de uma política indigenista séria, capaz de pensar a assistência social indígena, de oferecer educação bilíngue e saúde de qualidade, assim como as condições de permanência nas zonas urbanas, os impactos do uso de dinheiro nas aldeias (em povos que possuem uma economia não monetizada), os problemas nutricionais e a própria percepção indígena sobre o Bolsa Família.

Para os Canela do Maranhão, por exemplo, a crescente aquisição de carne de gado com dinheiro do PBF ocorre em paralelo com a decréscimo de caça disponível em seu território, em virtude de madeireiros e caçadores. Para acessar o Bolsa Família, os Canela precisam se deslocar até a cidade, onde não possuem local onde se hospedar e dependem de dinheiro para se alimentar. Ficam em um barracão em ruínas, sem acesso a água ou esgoto. É uma situação de vulnerabilidade, em que eles dependem de intermediários para obter o benefício: um motorista para fazer o trajeto aldeia – cidade, alguém que lhes ceda dinheiro para se manter na zona urbana caso o dinheiro do PBF acabe antes deles retornarem, alguém que lhes auxilie no caminho burocrático dos cadastramentos e recadastramentos (porque o poder público não o faz).

E aí surge a figura do "patrão": uma pessoa que fornece esses serviços em troca da posse do cartão do beneficiário. O patrão fará o saque, tomará uma parte do dinheiro para si (descontando o valor do transporte e os juros do dinheiro adiantado como empréstimo ao beneficiário) e estabelecerá, ele próprio, as datas de recebimento do PBF para seus "clientes". A situação na cidade se agrava, portanto, porque a cada mês as dívidas crescem e, se o patrão não for para a aldeia antes de o dinheiro do beneficiário acabar, este passará fome e terá que se endividar novamente. Esta lógica faz com que a fome na zona urbana seja um risco real e acaba criando uma relação de dependência em um cenário que se propunha emancipatório. Os Canela não percebem isso como "pobreza" e chegam a rejeitar o termo, mas a fome e a vulnerabilidade são reais e precisam ser encaradas por quem faz a política pública.

O antropólogo Eduardo Viveiros de Castro, em artigos recentes, tem afirmado que a tentativa de transformar os índios em "não pobres" – ou de alçá-los à categoria de "cidadãos" – seria uma forma de negar o direito à diferença; para ele, os índios seriam vistos como um "subtipo de pobre". Vocês percebem, a partir das pesquisas de vocês, que os indígenas têm se visto como "empobrecidos pelo Estado"?

O que nos parece estar em jogo aí é o próprio conceito de pobreza. Primeiro, o que nós entendemos como pobreza, depois, o que cada povo poderia dar como definição de pobreza. É importante dizer que o principal objetivo do PBF é justamente "combater a pobreza". Mas "pobreza", como foi dito, não é um conceito universal, e não temos aí apenas um problema de tradução, trata-se de uma questão que envolve várias dimensões da vida.

No Mato Grosso do Sul, o dinheiro dos benefícios sociais é visto por algumas das lideranças do movimento de luta pela terra quase como uma compensação pelos abusos praticados pelo Estado brasileiro, uma forma de reparação. Ou seja, num contexto como aquele, é o esbulho da terra que pode ser compreendido como origem da pobreza.

Já os Canela, do Maranhão, não se veem "pobres" aos olhos do Estado, muito menos do PBF; identificam que o PBF é um direito deles, que eles não produzem dinheiro e que, por isto, precisam do benefício. Ao mesmo tempo, deixam claro que a situação a que são submetidos para se relacionar com os "brancos" e acessar os programas do Estado são muito ruins e desrespeitosas para com eles. Não é uma questão de pobreza material, é uma questão ética que eles enfatizam. Na verdade, é um empobrecimento do Estado, que nega aos indígenas a possibilidade de coexistir com os "brancos" e assim abdica de relações com a diferença. A pobreza de relações é a pobreza de fato.

Esses efeitos negativos são exclusividade do PBF? Como os povos com quem vocês pesquisam lidam com aposentadorias, bolsa maternidade, salários?

Todos esses benefícios envolvem dinheiro e, nesse sentido, têm alguns impactos semelhantes sobre essas populações. O PBF tem a particularidade de poder atingir praticamente todas as famílias de uma comunidade indígena, daí sua amplitude.

A aposentadoria tem um efeito interessante entre os Canela: tradicionalmente, os idosos eram sustentados pelas gerações mais novas, quando já não conseguiam mais lavrar, caçar ou pescar. Assim, dependiam do envio de carne de seus filhos, filhas e genros. Com as aposentadorias, isso mudou. E, como o valor das aposentadorias é ainda maior do que o do PBF, os mais velhos passaram a ter uma importância na economia material da aldeia, e hoje são os maiores contribuintes das festas e dos rituais de iniciação dos jovens. Esta não é uma mudança negativa – e os Canela não veem isso como algo ruim. Mas afeta apenas uma parcela pequena da aldeia, quem já se encontra em uma idade avançada e possui os documentos para comprovar isso.

O PBF amplia o acesso ao dinheiro, mas o faz de uma maneira: qualquer "família", desde que no perfil do programa – uma renda per capita inferior a R$170 mensais –, pode se cadastrar. Então, o fluxo de pessoas para as cidades e o fluxo de comerciantes nas aldeias aumentam. Os problemas decorrentes (segurança, nutrição etc.) se potencializam. Não é exclusividade do Bolsa Família, mas ele muda a escala desses processos e tem efeitos inesperados. Além de impor deslocamentos, como os demais benefícios, ele exige também um recadastramento bianual e possui condicionalidades de saúde e educação. Considerando que a saúde e a educação indígenas são mais do que precárias, isso acaba multiplicando uma série de problemas.

Num contexto como o das reservas de MS, um benefício como o PBF, quando não acompanhado de outras políticas, se torna também um vetor de fragilização das famílias extensas, que se organizam em torno da terra. O PBF chega para a família nuclear e, na ausência de apoio às roças familiares, ele favorece um atomismo e uma economia fragmentária. Poderia ser diferente se fosse acompanhado de programas complementares (previstos pelo PBF) de apoio às roças, mas isso está longe de ser realidade.

Além disso, as condicionalidades do PBF – frequência mínima de 85% nas escolas e cumprimento de um conjunto de obrigações com a saúde –, consideradas positivas fora do contexto indígena, são um desrespeito à autonomia das comunidades e um ataque à Constituição Federal, que, no artigo 231, reconhece aos indígenas "sua organização social, costumes, línguas, crenças e tradições", incluindo-se a saúde e a educação nativas. Também desconsidera a Convenção 169, da OIT, da qual o Brasil é signatário. Você não pode obrigar uma criança indígena a frequentar uma escola, especialmente uma que não tem nenhuma condição de atendê-la, para que sua família tenha acesso a um programa universal. Eles já possuem a educação deles. O mesmo com a saúde.

Dizer que um indígena descumpre com as obrigações educacionais ao não forçar a criança a ir para a escola não indígena é não reconhecer o que é protegido pela Constituição. E, localmente, vira um jogo de poder, na forma de chantagem e/ou ameaças. No Mato Grosso do Sul, há casos de médicos que ameaçam as mulheres que não querem ser examinadas com a perda do benefício. No Maranhão, onde o MPF investiga um conjunto de fraudes na saúde, algumas aldeias debateram antes se fariam as denúncias, por conta do risco de perderem o benefício. Em uma situação de conflito, as condicionantes viram uma arma nas mãos de quem está do outro lado.

A pesquisa com os Guarani e Kaiowá de Paranhos mostrou que o dinheiro do PBF acaba sendo usado para garantir que as crianças frequentem a escola, usando roupas e materiais da mesma qualidade que as dos não indígenas – já que a discriminação de crianças e adolescentes indígenas na região é particularmente violenta. Assim, grande parte do dinheiro é destinada à compra mensal de calçados, roupas e materiais escolares novos. O PBF, ao mesmo tempo, permite e obriga a frequência escolar. O recurso adicional que chega é, em grande parte, direcionado para atender às exigências que a própria escola cria.

Um dos principais trunfos dos "patrões", como são chamados no interior do Maranhão, é conseguir carros para transportar seus "clientes" para a cidade, onde poderão fazer compras. O mesmo ocorre no MS e em muitas outras regiões do país. O deslocamento é um dos maiores problemas enfrentados, porque os beneficiários ficam dependendo de outra pessoa. E, quando estão na cidade, não há segurança do retorno. Se o intermediário não vai voltar logo, o seu dinheiro acaba enquanto você se sustenta na zona urbana. E aí você precisa se endividar com o mesmo intermediário. E, para isso, você precisa deixar seu cartão com ele, por mais tempo. E vira uma bola de neve.

Um programa criado para ser emancipador de homens e mulheres historicamente explorados pode acabar produzindo mais patrões e dívidas. No caso dos Paumari (AM), povo amazônico que tem relações históricas com os patrões (da borracha, no passado, e dos comércios, hoje), o PBF é considerado primeiro como uma ajuda do Estado para aqueles que não têm salário e principalmente para aqueles que se mudam para as cidades. Mas ele não se revela emancipador em relação ao endividamento com os patrões, dado que ele se tornou mais um meio de controle destes sobre os Paumari. Os cartões (e suas senhas) ficam empenhados nos comércios, sem que jamais seus donos consigam recuperá-los. Outro problema é produzido pela condicionalidade da educação. Considerando que as escolas indígenas nas aldeias só oferecem até o 5º ano do Ensino Fundamental, muitas famílias paumari agora optam por se instalar na cidade para que os filhos possam continuar estudando e para não perder o benefício, do qual dependem para viver na cidade. Aqui, o recurso parece existir para atender às próprias condicionalidades, produzindo um êxodo para as cidades.

E quais foram os impactos positivos identificados nessas pesquisas?

O principal, em áreas como as do Centro-Sul, é o combate emergencial à insegurança alimentar, no curto prazo. Claro que, em certos lugares, há todas as questões decorrentes das mudanças nos hábitos alimentares, que levam a epidemias de hipertensão e diabetes, mas, nos cenários de fome, onde a terra é escassa e as áreas de caça e pesca estão comprometidas, o PBF pode resolver o problema imediato. Há também situações em que a necessidade de a família indígena se deslocar até a cidade a coloca em uma situação de fome, já que essas viagens acontecem sem nenhum suporte e o dinheiro obtido pode não ser suficiente para bancar os custos do transporte e da estadia fora da aldeia.

Além disso, vale dizer que o acesso ao dinheiro e às mercadorias é de interesse de muitos povos indígenas, por razões que podem ir do uso ritual dos bens dos "brancos" à possibilidade de uma família ajudar um jovem que estuda na cidade e tem dificuldade para se manter. Para os Canela, o dinheiro é uma imposição dos "brancos" para se relacionar e, portanto, ele é indispensável para se permanecer ou se deslocar no ambiente destes. Para eles, o PBF é vital por isto: permite que todos os indígenas tenham acesso a relações que, sem o dinheiro, eles não acessariam. É apenas com dinheiro que eles conseguem viajar (inclusive, para lutar por seus direitos e defender sua terra), manter-se nas cidades, adquirir bens no comércio, etc. Este ponto positivo é colocado em xeque pela contradição gerada ao se dar o recurso mas não garantir as vias de acesso a este. Isso abre espaço para os patrões, que invertem a lógica do programa.

Vocês foram consultores da SAGI/MDS, no "Estudo de caráter etnográfico sobre os efeitos do Programa Bolsa Família sobre povos indígenas residentes em Terras Indígenas", cujos resultados foram liberados para o público apenas na forma de um sumário executivo. Os estudos, contudo, não foram publicados. As comunidades participantes já tiveram algum acesso aos resultados das pesquisas?

Após o término das pesquisas fomos comunicados que apenas um relatório final, assinado pelo coordenador da pesquisa, Ricardo Verdum, seria publicado. É uma sistematização dos principais achados das sete pesquisas realizadas, mas, por sua natureza, não se aprofunda nas questões encontradas e nos problemas locais. Por isso, é importante que os resultados específicos das pesquisas também se tornem públicos. Originalmente, estavam previstas devolutivas para as comunidades pesquisadas, até porque todos os pesquisadores trabalharam com colaboração direta de alguns indígenas. Soubemos que dois outros consultores foram contratados em 2015 para articular essas devolutivas, mas até hoje as comunidades não tiveram acesso aos produtos, tampouco um retorno sobre possíveis providências do Governo Federal. Esta falta de resposta, aliás, desconsidera o que foi proposto pelo próprio MDS aos indígenas, que garantiu a estes que eles participariam ativamente da pesquisa e que teriam retorno sobre os resultados. Antes de as pesquisas começarem, eles foram consultados: representantes do MDS e da Funai visitaram as aldeias e expuseram o interesse da pesquisa, depois os representantes das aldeias foram a Brasília para uma primeira reunião. Quando as conclusões etnográficas chegaram ao MDS, contudo, o diálogo com os indígenas minguou, e até hoje eles aguardam resposta. *(setembro, 2016)*

ESCOLA INDÍGENA

Que Educação Diferenciada é Essa?

Luís Donisete Benzi Grupioni | Antropólogo, coordenador do Iepé, secretário-executivo da RCA

MESMO COM A EXPANSÃO NA FORMAÇÃO DE PROFESSORES INDÍGENAS, AS ESCOLAS INDÍGENAS TÊM SE CARACTERIZADO PELA PRECARIEDADE E BAIXA QUALIDADE. NA PRÁTICA, O MODELO DA ESCOLA NACIONAL CONTINUA SE IMPONDO E A POLÍTICA NACIONAL VEM CONSOLIDANDO MAIS PROBLEMAS QUE SOLUÇÕES

A efetivação do direito dos povos indígenas a uma educação de qualidade, que respeite e valorize conhecimentos, saberes e práticas tradicionais e que promova igualdade de oportunidades e formação, garantidas a todos os cidadãos, enfrenta sérios desafios. Não obstante a existência de compromissos internacionais e de uma legislação nacional avançada, que acolhe reivindicações indígenas por escolas de qualidade em suas aldeias, há, na prática, entraves e dificuldades que vêm se cristalizando ao longo dos anos, gerando uma situação de discriminação na garantia do acesso à educação de qualidade para crianças e jovens indígenas em todo o país, caracterizando sistemáticas violações de direitos.

Em certas regiões do país, notadamente no Centro-Oeste, Sul e Nordeste, em que se acirram a violência e o racismo contra os povos indígenas, em geral associados à disputa por terra, a escola tem se tornado um espaço em que violências afrontam a dignidade de alunos e professores indígenas. Inexistência de merenda escolar, impedimento de uso de transporte escolar, proibição de uso de línguas indígenas, desconsideração por práticas culturais e tradicionais, afirmações racistas e vexatórias em aulas de história e geografia são algumas das violações mais recorrentes que vêm sendo registradas e documentadas nos últimos anos.

A insatisfação de muitas famílias indígenas com as escolas existentes em suas comunidades tem resultado num êxodo para as cidades, em busca de uma educação de melhor qualidade. Este êxodo leva a um afastamento de crianças e jovens do convívio familiar e comunitário, enfraquecendo vínculos identitários e submetendo crianças e jovens a situações de discriminação racial e social. A falta de qualidade da educação escolar indígena faz com que a escola passe a figurar como um eixo da desestruturação da vida coletiva e da autonomia dos povos indígenas, com consequente aumento da vulnerabilidade e enfrentamento de discriminações e preconceitos nas cidades.

A legislação educacional do país afirma o direito dos povos indígenas a uma educação própria, que valorize conhecimentos e práticas tradicionais, que seja bilíngue e valorize as línguas indígenas, e que acolha os anseios das comunidades em termos de formação e qualificação, com calendários diferenciados e a partir de propostas político-pedagógicas próprias. Mas, na prática, é o modelo da escola nacional que continua se impondo. A legislação educacional indígena vem sendo sistematicamente desrespeitada e a oferta da educação nas aldeias indígenas tem se caracterizado pela baixa qualidade do ensino, pela precariedade das condições de infraestrutura e pela ausência de práticas pedagógicas específicas aos contextos indígenas.

O período de 2010 a 2015, abordado nesta publicação, evidencia, de modo geral, a consolidação de impasses estruturais nos processos escolares nas aldeias, resultando num ensino de baixa qualidade e numa insatisfação generalizada. A realização da I Conferência Nacional de Educação Escolar Indígena (I Coneei) em 2009 em nada impactou o desempenho dessa política pública nos anos seguintes: suas propostas foram ignoradas pelo MEC e pelos sistemas de ensino estaduais e municipais. A criação dos Territórios Etnoeducacionais, também em 2009, por meio do Decreto Presidencial 6.861, não consolidou um novo modelo de gestão e de arranjo administrativo para execução dessa política. Passados mais de seis anos, esse novo modelo de gestão pouco avançou. Apenas 25 territórios foram pactuados, poucos planos de trabalho foram elaborados e alguns conselhos dos territórios se reuniram uma única vez, outros nem isso[1]. A esperada participação e controle social não aconteceram, e os sistemas de ensino continuam operando indiferentes aos preceitos legais e ao direito à educação diferenciada, ofertando uma educação de baixa qualidade nas aldeias do país.

A autonomia dos sistemas de ensino estaduais e municipais, em função do pacto federativo, e a incapacidade administrativa e política do MEC de conduzir mudanças e reorientações dessa política em nível nacional, respondem pelo que se verifica na prática e na contramão dos preceitos e diretrizes estabelecidos na legislação e nos próprios documentos orientadores da política nacional de educação escolar indígena. A maior parte das escolas indígenas são precárias, muitas não contam com prédios próprios, várias não têm materiais didáticos próprios, muitas não praticam o ensino bilíngue.

INFRAESTRUTURA E PRÁTICAS PEDAGÓGICAS

Os dados coletados pelo Censo Escolar do MEC, em 2015, são esclarecedores dos impasses vividos nos últimos anos. Existem hoje no Brasil 3.085 escolas indígenas[2]. Destas 29,3% não contam com prédios próprios, funcionando em galpões, ao ar livre, na casa de professores ou outra forma improvisada. Apenas 7,1% das escolas indígenas contam com abastecimento de água da rede pública, enquanto 10,3% não dispõem de abastecimento. Mais de um terço delas (39,4%) não dispõe de qualquer fonte de energia. Quase a metade das escolas indígenas (48,5%) não contam com esgoto sanitário. Em termos de equipamentos, a situação das escolas indígenas é de extrema precariedade. Somente 15,3% contam com acesso à internet e apenas 11,1% têm laboratórios de informática. As escolas indígenas praticamente desconhecem a existência de laboratórios de ciências: ínfimas 1,2% contam com esse recurso. E, agravando o quadro, somente 10,9% das escolas indígenas possuem bibliotecas. De modo geral, as condições de infraestrutura e de equipamentos de apoio ao ensino das escolas indígenas no país são precárias e deficientes para abrigar um ensino que deveria ser pautado pela interculturalidade e pela especificidade.

Em termos de qualidade e de processos pedagógicos, o Censo Escolar do MEC de 2015 informa que em praticamente metade das escolas indígenas do país não há materiais didáticos próprios, diferenciados, construídos a partir das línguas e culturas indígenas (46,4%). E em um terço das escolas do país (33,1%) o ensino é ministrado apenas na língua nacional. Esses dados revelam que a educação oferecida nas aldeias não tem se pautado pela perspectiva da educação intercultural, tal como previsto na legislação, e que nem as culturas, saberes, práticas, conhecimentos e línguas indígenas são valorizados pela educação escolar, que vem seguindo os padrões nacionais, em claro prejuízo ao direito à identidade, à autonomia e à participação social dos povos indígenas.

PROFESSORES E ALUNOS INDÍGENAS

Ainda que tenha havido progressos no processo de formação de professores indígenas, com as políticas de formação implementadas pelo Governo Federal em articulação com os sistemas de ensino, universidades e organizações não governamentais, o quadro configura-se como marcado por iniciativas pontuais, descontínuas e sem avaliação. Em termos dos docentes que atuam nas escolas das aldeias, em 2015, eles eram 20.238 professores, a grande maioria, indígena, ainda que o Censo do MEC não permita verificar quantos professores não índios também lecionam nas escolas indígenas. Hoje, 46% dos professores contam com formação superior, um salto até surpreendente em relação aos últimos anos, mas permanece o desafio de ampliar a formação universitária para 46,5% dos professores que têm o nível médio e para os 6,9% que contam apenas com o ensino fundamental, completo ou não.

Em termos da situação funcional, verifica-se uma situação alarmante: apenas 21,3% dos professores em atuação nas escolas das aldeias são concursados ou efetivos, enquanto a grande maioria (71%) tem contrato de trabalho temporário ou provisório. Em muitas situações há professores indígenas há mais de uma década que são contratados e demitidos todos os anos, sem nenhum direito trabalhista respeitado. Muitos não têm isonomia salarial com os demais professores do Estado ou do Município, numa clara discriminação trabalhista. Ainda que a legislação educacional indígena tenha a previsão da criação da carreira de magistério indígena, da criação do cargo de professor indígena e da realização de concursos públicos diferenciados, a maior parte dos estados brasileiros não efetivou esses preceitos. E é assim que boa parte do professorado indígena no país permanece, ainda hoje, sendo contratada e remunerada por meio de contratos administrativos provisórios. Trata-se de uma situação que tem gerado ilegalidades administrativas, preconceito, discriminação, bem como a negação de direitos, contribuindo para a baixa qualidade da educação nas aldeias.

E essa situação não se modifica não obstante uma série de intervenções judiciais, por recomendações ou por ações na Justiça, por parte do Ministério Público Federal, para salvaguardar direitos e prerrogativas já inscritas em textos legais, e sistematicamente descumpridas no cotidiano por parte dos sistemas de ensino. Com mais de 70% dos professores em atuação nas escolas das aldeias do país não estáveis, vivenciando uma situação de precariedade das formas de contratação e remuneração por meio de contratos sazonais, temporários, com restrição de direitos trabalhistas e sem isonomia salarial, é possível afirmar que são vítimas de uma discriminação estatal.

O Censo Escolar do MEC indica que, em 2015, eram 262.013 alunos, distribuídos de forma desigual entre os diferentes níveis de ensino. A maior parte dos estudantes está concentrada nos primeiros anos do Ensino Fundamental (43,5%) e nos anos finais (25,2%). No Ensino Médio estão apenas 10,4%. Isso revela a pouca estruturação do ensino nas aldeias. Os estudantes indígenas que querem prosseguir nos estudos têm que sair de suas comunidades e buscar escolarização em cidades, reforçando o êxodo e o abandono das Terras Indígenas.

CONFERÊNCIAS NACIONAIS

No final de 2015, o governo brasileiro realizou a I Conferência Nacional de Política Indigenista. Nada menos que 65 propostas foram aprovadas na plenária final, tratando especificamente do tema da educação escolar indígena e evidenciando que as aspirações dos povos indígenas pelo cumprimento do seu direito a uma educação escolar diferenciada e de qualidade não vêm sendo garantida pelo Estado brasileiro[3]. A implementação de um regime de colaboração específico, previsto no Plano Nacional de Educação, para efetivação e implementação da política dos territórios etnoeducacionais, a partir da criação de um sistema próprio de educação escolar indígena foi uma das proposições aprovadas.

Neste mesmo ano, o MEC deu início à preparação de uma segunda Conferência Nacional de Educação Escolar Indígena (II Coneei), para ser realizada entre 2016 e 2017, com suas etapas locais, regionais e nacional. Um grande ceticismo paira no ar: uma nova lista de demandas e proposições deve ser produzida, mas ela será capaz de apontar caminhos que rompam com a estagnação verificada nos últimos anos? Haverá vontade política para uma reorientação da ação governamental, que garanta direitos efetivos, ou esta se resumirá a uma nova lista de proposições bem intencionadas, que floreiam documentos oficiais, mas em nada impactam as políticas públicas? *(dezembro, 2016)*

NOTAS

[1] Confira o Documento-base do Seminário Nacional de Lançamento da II Conferência Nacional de Educação Escolar Indígena (2016). Brasília: MEC. 52p.

[2] Cômputos produzidos a partir de planilhas referentes a 2015 cedidas pelo Instituto Nacional de Estudos e Pesquisas (Inep), autarquia ligada ao MEC, responsável pela produção de dados estatísticos e avaliações.

[3] Nas etapas regionais da I CNPI, 4.821 proposições foram aprovadas: 803 delas relativas ao tema da educação escolar (representando 17% do total), o que demonstra a importância do tema para os participantes deste processo.

ENSINO SUPERIOR

Povos Indígenas na Universidade: Avanços e Desafios

Antonio Carlos de Souza Lima | Antropólogo, professor titular de Etnologia no Museu Nacional/UFRJ, presidente da ABA (2015-2016)

A PRESENÇA INDÍGENA NA UNIVERSIDADE CRESCEU SIGNIFICATIVAMENTE NOS ÚLTIMOS ANOS, MESMO COM A RETRAÇÃO GERAL NO RECONHECIMENTO DE DIREITOS E APESAR DAS AÇÕES DE ESTADO TEREM SIDO INCIPIENTES E DIFERENTES DAQUELAS ALMEJADAS. OS INTELECTUAIS INDÍGENAS SÃO, DE CERTO, OS MAIS HABILITADOS A CONSTRUIR UMA VISÃO DE SÍNTESE QUE APONTE NOVAS DIREÇÕES

Sabemos que, na prática, a administração pública do Estado não é coerente como a sua imagem estampada no direito constitucional. Suas agências vivem senão em conflito, em total descompasso. O período 2011-2016, e antecedentes que abarcam mandatos petistas, são um bom exemplo disso. Por diversos ângulos, estes foram tempos marcados pela retração do reconhecimento dos direitos indígenas, mas, por outro lado, algumas demandas foram reconhecidas, ainda que de modo precário, como é o caso do acesso e da permanência no Ensino Superior.

Na gestão de André Lázaro à frente da ainda Secad (2007-2010), em 2009, realizou-se a primeira Conferência Nacional de Educação Escolar Indígena (Coneei) — uma segunda está programada para apenas para 2017. Também criou-se, em 2009, a figura dos Territórios Etnoeducacionais (TEEs). Trata-se de um instrumento de gestão pensado para implementar sob marcos étnicos e territorializados a política de educação escolar indígena, ultrapassando os limites que as discordâncias entre os três níveis da federação impõem a qualquer política, em especial as de cunho social. Sua execução foi confirmada pela I Conferência Nacional de Política Indigenista, realizada em 2015. Nela, um papel fundamental estava reservado não só aos professores indígenas e às licenciaturas interculturais, como às próprias universidades públicas (com ou sem licenciatura intercultural), que passariam, a partir do programa "Observatório de Educação Escolar Indígena", a operar como centros de investigação e formação de pesquisadores. Assim, poderiam alimentar reflexivamente cada território, auxiliando-os a criar estratégias para a execução da política de educação escolar indígena. A política dos TEEs supunha ainda, dentre outras medidas e ações, suporte à formação de professores indígenas, através do Programa Institucional de Bolsa de Iniciação à Docência (Pibid) para a Diversidade, também viabilizado via a Capes. Nesse leque de programas, também consta o Programa de Educação Tutorial (PET) articulado ao Programa Conexões de Saberes[1].

Para se ter uma ideia do crescimento, em 2004, Luiz Otávio Pinheiro da Cunha, com base em dados da Funai referentes à concessão de variadas formas de auxílio financeiro, estimava em torno de 1.300 os alunos indígenas no Ensino Superior, basicamente matriculados em universidades e faculdades particulares[2]. Em 2016, estima-se que sejam mais de 10.000 alunos indígenas, muitos matriculados em universidades federais e estaduais, e outros tantos na rede particular. Também foram divulgados os editais do Programa de Apoio à Formação Superior e Licenciaturas Indígenas (Prolind) levados a cabo com amplo protagonismo da Coordenação Geral de Educação Escolar Indígena (CGEEI) vinculada à Secretaria de Educação Continuada, Alfabetização e Diversidade e Inclusão (Secadi/MEC). A iniciativa fez com que, em 2016, se tenha 27 cursos de licenciatura intercultural nas instituições de Ensino Superior, estaduais e federais, brasileiras.

Mas apesar de ter encontrado suportes, o crescimento da demanda indígena por acesso e permanência no Ensino Superior foi significativo, e as medidas para acompanhá-la bastante incipientes. Para muitos indígenas, a educação superior passou a ser uma alternativa (às vezes investida de expectativas exageradas) por, ao menos, três razões. Primeiro, a possibilidade de obtenção de recursos – em especial em casos de terras exíguas e de difícil aproveitamento – via profissionalização como professores, agentes de saúde e de saneamento, ou em cargos na Funai, na administração municipal, ou mesmo como vereadores nas assembleias municipais. Segundo, um melhor entendimento da avassaladora entrada das ações de Estado no cotidiano das aldeias (muitas vezes irrefletida, mas nem por isso menos solicitada) e suas implicações no exercício de funções de mediação entre a política cotidiana e a política estatal. E, terceiro, a aquisição de conhecimentos percebidos como instrumentais para o estabelecimento de um diálogo menos desigual em todas as escalas. Afinal, essa foi a década em que articulação em redes virtuais tornou-se essencial também às mobilizações dos povos indígenas.

Jovens pataxó se manifestam contra a PEC 2015, no centro de Florianópolis, durante o III Encontro Nacional dos Estudantes Indígenas.

Em inícios de 2011, primeiro ano do primeiro mandato de Dilma Rousseff, já se apresentavam impasses que limitaram o espaço da educação escolar indígena no MEC, que havia sido ampliado com a criação, em 2004, da Secad, em cuja Diretoria de Políticas de Educação do Campo, Indígena e para as Relações Étnico-Raciais, foi instalada a Coordenação Geral de Educação Escolar Indígena (CGEEI). Ainda que contando com uma equipe técnica exígua, a CGEEI conseguira desenvolver inúmeras ações. Mas a reestruturação do MEC e a saída de André Lázaro se somaram para conduzir os anos de 2011 e 2012 a uma grande paralisia. As decisões tomadas na I Coneei, em 2009, foram em larga medida desconsideradas, em especial com a junção entre a Secad e a Secretaria de Educação Especial (Seesp), transformadas em Secadi, o "i" sendo de inclusão.

Um bom exemplo das interrupções sofridas foi o destino da proposta de implantação de um programa de bolsas específicas, ao nível de mestrado e de doutorado, para ações afirmativas para indígenas e negros. Os recursos foram repassados à Capes ainda em 2010, mas nada houve, assim como não houve qualquer cobrança ou ação por parte da Secadi. De fato, a Capes tem sido uma das agências de Estado mais resistentes às ações afirmativas, além de balizada pela equívoca meritocracia contábil da produção científica. Essa postura nunca mudou, apesar dos programas fomentados pela Secadi. Se as agências de fomento oficiais não se sensibilizaram (até hoje) para a necessidade de ações afirmativas na pós-graduação, a Fundação Ford, através do *International Fellowships Program* (IFP) – aqui executado pela Fundação Carlos Chagas –, atuou fornecendo bolsas de maior valor e que contemplavam uma etapa preparatória inclusive com aulas de português e língua estrangeira[3].

Na CGEEI, o longo processo de saída de Gersem Luciano (Baniwa) do posto de coordenador (2008-2012) e a demora na entrada de Rita Nascimento (Potyguara), já em 2012, agravaram ainda mais a fraca definição de projetos e ações. Muito pouco foi implementado ou negociado em 2011 e parte de 2012. Supôs-se que as licenciaturas interculturais indígenas tivessem passado a ser orçamentarizadas pelas universidades que as implementaram e que souberam utilizar o Programa de Apoio a Planos de Reestruturação e Expansão das Universidades Federais (Reuni), instituído em 2007 no âmbito do Plano de Desenvolvimento da Educação (PDE). Contudo, esta suposição se mostrou falsa, pois o fluxo de recursos para as licenciaturas foi mantido com inúmeros problemas e percalços, que exigiram um trabalho de gestão extenuante por parte das suas equipes executoras. Sobre esses processos, tanto as equipes gestoras quanto os indígenas cursistas teriam muito a dizer sobre o racismo institucional na vida universitária. Por outro lado, ainda que uma grande quantidade de indígenas tenha acessado o Programa Universidade para

Todos (Prouni), não temos números claros e públicos para uma avaliação, nem numérica e muito menos qualitativa. Sabemos, contudo, que há exemplos de poucas universidades particulares que dão excelente assistência a estudantes indígenas. O resultado desse quadro geral – um retrato da (in)ação da direção da Secadi nesses anos – foi a não inserção das ações do MEC para a área no Plano Plurianual (PPA) 2012-2015.

A Funai também teve um importante papel na viabilização do acesso e permanência de indígenas no Ensino Superior[4]. Mas apesar do PPA 2012-2015 de seu Programa de Promoção e Proteção dos Direitos indígenas ter previsto ações para todos os níveis da educação escolar indígena, a extinção de sua Coordenação de Educação tornou ainda mais nebulosas as possibilidades reais de execução.

A completar o cenário, em 26 de abril de 2012, o STF aprovou a constitucionalidade das cotas para acesso afirmativo às universidades e das propostas do MEC para sua ampliação. Contudo, as menções feitas na própria lei quanto ao preenchimento de possíveis vagas ociosas pela população discriminada majoritária, mais uma vez mostraram que a diversidade sociocultural pode funcionar como um poderoso vetor de desigualdades, quando as perspectivas são as de políticas homogeneizantes para grandes massas[5]. Os prejuízos para indígenas, tanto mais no cenário presente, foram evidentes, já que houve o abandono dos programas de acesso diferenciado arduamente conquistados por indígenas e seus aliados[6].

O segundo semestre de 2012, no entanto, trouxe algumas alterações muito importantes e alentadoras no plano da ação governamental. A entrada da Profª Macaé Maria Evaristo como titular da Diretoria de Políticas de Educação do Campo, Indígena e para as Relações Étnico-Raciais, e posteriormente sua nomeação, já em 2013, para o cargo de Secretária da Secadi (com a indicação do Thiago Tobias para a Diretoria em seu lugar), alteraram em larga medida o bloqueio da pauta da diversidade nas ações educacionais. A sanção presidencial da "Lei de Cotas" (12.711) em de 29 de agosto de 2012, sua regulamentação pelo MEC em 11 de outubro de 2012 (Decreto 7.824 e Portaria Normativa 18), bem como o Programa Bolsa Permanência, criado 9 de maio de 2013 (Portaria 389), foram algumas das medidas que tendem a modificar positivamente o quadro desanimador de 2011 e de parte de 2012.

A elas se seguiu o Programa de Desenvolvimento Acadêmico Abdias Nascimento, visando "atender, preferencialmente, a candidatos autodeclarados pretos, pardos, indígenas e pessoas com deficiência, transtornos globais do desenvolvimento e altas habilidades e superdotação", instituído pelo MEC em 17 de novembro de 2013 (Portaria 1.129), que lançou em 2014 dois editais. Um deles voltado para a mobilidade acadêmica de alunos aos níveis de graduação e doutorado; o outro, ao fomento de cursos de pré-formação acadêmica de acesso à pós-graduação. Esses dois editais foram das poucas ações em que a Capes se envolveu juntamente com a Secadi.

É importante sinalizar que as mudanças que se iniciaram em 2013 continuaram tendo desdobramentos. Ainda que o trabalho de pactuação dos chamados TEEs tenha sido tímido, muitas ações foram desenvolvidas desde então, como a retomada das publicações, do planejamento e da ação. Em 25 e 26 de novembro de 2013, realizou-se o seminário "Educação Superior de Indígenas: balanço de uma década, perspectivas para o futuro", em parceria entre a CGEEI/Secadi e o Laced/Museu Nacional-UFRJ[7]. O encontro deixou subsídios para o enfrentamento de uma das mais importantes demandas dos povos indígenas no campo da educação superior: a criação de uma universidade intercultural indígena. Assim, em 24 de janeiro de 2014, Ministro da Educação instituiu um "Grupo de Trabalho com a finalidade de realizar estudos sobre a criação de instituição de educação superior intercultural indígena que promova, por meio do ensino, pesquisa e extensão, atividades voltadas para a valorização dos patrimônios epistemológicos, culturais e linguísticos dos povos indígenas, considerando-se suas demandas e necessidades" (Portaria 52), do qual pude participar.

O grupo trabalhou intensamente ao longo do ano de 2014, tendo fechado seus trabalhos só em 2015, no segundo governo de Dilma Rousseff. O resultado foi entregue para apreciação e tramitação a partir da Secadi nas instâncias superiores do MEC sob a forma de um plano de ações concatenadas que visariam atingir o objetivo que foi pautado essencialmente pelos integrantes indígenas do GT: a criação de um modelo inovador de universidade intercultural indígena. No final da Iª Conferência Nacional de Política Indigenista, realizada em Brasília, nos dias de 14 a 17 de dezembro de 2015, a presidente comprometeu-se a criar a universidade indígena, o que, se feito, corresponderia apenas parcialmente ao planejado pelo grupo de trabalho.

É importante mencionar que, desde 2013, vêm acontecendo, anualmente, os chamados Encontros Nacionais de Estudantes Indígenas (ENEIs), financiados com recursos do MEC, inspirados na experiência do I Congresso Brasileiro de Acadêmicos, Pesquisadores e Profissionais Indígenas, organizado pelo Centro Indígena de Estudos e Pesquisas (Cinep) na Universidade de Brasília, em 2009. O primeiro Enei foi realizado na Universidade Federal de

São Carlos (Ufscar); o segundo na Universidade Católica Dom Bosco (UCDB), em Campo Grande (MS); o terceiro na Universidade Federal de Santa Catarina (UFSC), em Florianópolis; e o quarto, na Universidade Federal do Oeste do Pará (Ufopa), em Santarém. Esses encontros vêm sendo oportunidades para a discussão e socialização de postulados teóricos e metodológicos, assim como de posicionamentos políticos, presentes em pesquisas voltadas para o Ensino Superior indígena, bem como sobre saberes locais, educação, saúde, gestão territorial, direito, entre outros. Um espaço privilegiado que tem como interlocutores os pesquisadores indígenas sobretudo no que tange a práticas educativas em contexto intercultural.

Muitas outras ações e processos correram paralelos aos aspectos da (in)ação governamental aqui delineados. O emaranhado de redes, concepções e ações que entraram nos espaços de discussão sobre a educação superior de indígenas está por ser objeto de uma visão de síntese que retrate essa dispersão capaz de encobrir projetos muito distintos. De certo, os intelectuais indígenas formados e em formação são os mais habilitados a fazê-lo, avaliando o quanto suas demandas foram infletidas por projetos muito diferentes daqueles por eles almejados. No momento, face a conjuntura mais geral, nada parece caminhar em qualquer direção. *(dezembro, 2016)*

NOTAS

[1] Mais em: Freitas, A. E. C. (org). 2015. *Intelectuais indígenas e a construção da universidade pluriétnica no Brasil*. RJ: MN-UFRJ. Em: <http://laced.etc.br>.

[2] Mais em: Souza Lima, A. C. & Barroso-Hoffmann, M. (org). 2007 [2004]. *Desafios para uma educação superior para os povos indígenas no Brasil*. RJ: MN-UFRJ. Em:< www.trilhasdeconhecimentos.etc.br>.

[3] Veja contribuição de F. Rosemberg e L. F. Andrade em Souza Lima, A.C. & Barroso, M. 2013. *Povos Indígenas e Universidade no Brasil*: contextos e perspectivas. RJ: MN-UFRJ. Pp.133-162. Em: <http://laced.etc.br>.

[4] Veja Almeida, N. P. 2014. *Entre a tutela e a autonomia:* a atuação da Funai na promoção do acesso e da permanência de indígenas no Ensino Superior. RJ: MN-UFRJ [Doutorado]. Em: <http://minerva.ufrj.br>.

[5] Veja, notadamente, os artigos 4º e 5º da Lei 12.711, de 29/08/2012, que "Dispõe sobre o ingresso nas universidades federais e nas instituições federais de ensino técnico de nível médio e dá outras providências". Disponível em: <www.planalto.gov.br>.

[6] Ver Daflon, V. T.; Feres Júnior, J. & Moratelli, G. 2014. "Levantamento das políticas de ação afirmativa 2014", Textos para discussão GEMAA (IESP-UERJ), n. 4, pp. 1-10. Em: <http://gemaa.iesp.uerj.br>.

[7] Ver Souza Lima, A. C. (Org). *A educação superior de indígenas no Brasil. Balanços e perspectivas*. RJ: MN-UFRJ, 2016, pp. 173-209, disponível em: <http://laced.etc.br>.

SAÚDE INDÍGENA

Cenários e Tendências da Saúde dos Povos Indígenas no Brasil

Carlos E.A Coimbra Jr. — ENSP/Fiocruz
Ana Lucia Pontes — ENSP/Fiocruz
Ricardo Ventura Santos — ENSP/Fiocruz e MN/UFRJ

AS DEFICIÊNCIAS NA SAÚDE INDÍGENA SE EXPRESSAM EM PREOCUPANTES ESTATÍSTICAS E INDICADORES. INDIGNAÇÃO E REVOLTA DE USUÁRIOS E LÍDERES INDÍGENAS TAMBÉM REVERBERAM POR TODO PAÍS, ASSIM COMO OS RELATOS DE FRUSTRAÇÃO POR NÃO CONSEGUIREM SE FAZER OUVIR, A PARTIR DE SUAS ALDEIAS, NOS LONGÍNQUOS GABINETES DE BRASÍLIA

Há aproximadamente uma década, publicamos, na coletânea *Povos Indígenas no Brasil 2001-2005*, um texto intitulado "Sistema em transição", no qual afirmamos que "a partir de 1999 aconteceram importantes mudanças no sistema de saúde voltado para os povos indígenas, com a implantação dos Distritos Sanitários Especiais Indígenas (Dsei)", e que "um dos grandes desafios na implementação do modelo é estruturá-lo – envolvendo centenas de milhares de usuários e agências governamentais e não governamentais – sem perder de vista a imensa sociodiversidade". Passados tantos anos, a impressão é que pouco avançamos.

No que diz respeito ao perfil de saúde, não somente as ditas "velhas" doenças infecciosas e parasitárias persistem como causas de adoecimento e morte em níveis significativamente mais elevados que para a população brasileira em geral, como também vem se ampliando, de forma preocupante, a frequência de doenças crônicas não infecciosas, como obesidade, hipertensão arterial e diabetes *mellitus*. A estas somam-se os altos índices de invasões de Terras Indígenas e assassinatos, de suicídios entre adolescentes, de envolvimento em acidentes automobilísticos, bem como de intoxicação por agrotóxicos ou por mercúrio advindo de garimpos ilegais, entre outras ameaças.

No amplo leque de questões candentes no campo da saúde indígena no Brasil ao longo dos últimos cinco anos, optamos por destacar neste texto duas temáticas que, em essência, são intimamente relacionadas e conformam as próprias bases da Política Nacional de Atenção à Saúde dos Povos Indígenas. Inicialmente apresentamos, de forma sucinta, questões recentes e prementes sobre os rumos da política pública. A seguir, nos detemos sobre algumas das principais evidências das desigualdades que marcam a saúde dos povos indígenas no Brasil, a partir dos resultados do Primeiro Inquérito Nacional de Saúde e Nutrição dos Povos Indígenas, realizado pela Associação Brasileira de Saúde Coletiva (Abrasco), entre 2008 e 2009, e divulgado a partir de 2010.

RUMOS DA POLÍTICA PÚBLICA EM SAÚDE

A Lei Arouca 9.836/99 instituiu o Subsistema de Atenção à Saúde Indígena (Sasi) como responsável pela atenção primária em saúde, estabelecendo o restante da rede de serviços do Sistema Único de Saúde (SUS) como retaguarda e referência. A Política Nacional de Atenção à Saúde dos Povos Indígenas (PNASPI), de 2002, ainda vigora como a principal referência do modelo de atenção dos 34 Dsei[1].

Se até 2010 a coordenação e execução das ações de saúde indígena estavam sob responsabilidade da Fundação Nacional de Saúde

(Funasa), o Decreto 7.336/2010 (MS) repassou a gestão do subsistema para a Secretaria Especial de Saúde Indígena (Sesai) do Ministério da Saúde[2]. A transição da Funasa para a Sesai implicou em maior centralização do controle gestor, ao contrário da tendência descentralizadora verificada no restante da rede SUS. Houve um expressivo aumento no número de portarias referentes à gestão e regulamentação do sistema, mas, infelizmente, pouca atenção tem sido dada aos dispositivos voltados para a melhoria do acesso e qualidade da atenção oferecida à população indígena[3].

Do ponto de vista de recursos humanos, a Sesai mantém a terceirização da força de trabalho e da contratação de serviços por entidades privadas, em detrimento do vínculo estatutário, o que implica em alta rotatividade dos profissionais de saúde (*veja também Garnelo & Maquine 2015, nota 3*). Atualmente, a execução dos recursos vem sendo mantida por meio de 34 convênios celebrados com três entidades selecionadas por chamada pública: o Instituto de Medicina Integral Professor Fernando Figueira (IMIP) de Recife (PE), a Associação Paulista para o Desenvolvimento da Medicina (SPDM) de São Paulo (SP) e a Missão Evangélica Caiuá de Dourados (MS).

Análise recente da evolução do financiamento da saúde indígena (*veja também Garnelo & Maquine 2015, nota 3*) indica que, no período 2004-2007, houve aumento de 78,7%, enquanto que entre 2008 e 2011 o incremento foi de apenas 9%. O orçamento executado da saúde indígena passou de R$ 122.636.643,00, em 2002, para R$ 325.887.608,00, em 2011, porém não implicando em melhoria da qualidade da atenção e dos indicadores de morbimortalidade. Mais recentemente, de 2012 a 2015, o orçamento aprovado passou de R$ 827.702.859,00 para R$ 1.500.180.000,00. Em larga medida, esse aumento está relacionado com o significativo incremento de profissionais atuando no subsistema (8.975 em 2010 para 12.185 em 2012, primeiro ano de execução do orçamento na Sesai). O último dado disponível é de 2015, quando a Sesai referiu 20.983 trabalhadores, dos quais somente 2.107 efetivados. Em 2010, havia 164 médicos atuando e, com o Programa Mais Médicos (PMM), outros 330 foram incorporados ao Sasi. Com isso, a saúde indígena passou a contar com um médico para cada 1.260 habitantes, valor maior do que o de 1 para 3.500 preconizado pela Política Nacional de Atenção Básica. Entretanto, não se pode avaliar o impacto dessa expansão de profissionais devido à ausência de dados disponibilizados pela Sesai.

Vale destacar que o crescimento da força de trabalho não foi acompanhado de uma política de formação dos profissionais para a atuação no contexto indígena (*mais em Cardoso 2015, nota 2*). Até o momento, a Sesai não divulgou a proposta de qualificação inicial dos Agentes Indígenas de Saúde (AIS). Os médicos do PMM tiveram seu curso de especialização iniciado, mas encontram dificuldades na sua continuidade. De resto, o que se observa é a realização de cursos de curta duração e focados em temas específicos, estratégia que não favorece o fortalecimento e reorganização do processo de trabalho e da atenção à saúde.

Com relação ao controle social, houve um aumento significativo no número de reuniões dos Conselhos Distritais de Saúde Indígena (Condisi), além de ter sido criada, em 2012, uma nova instância, chamada Fórum de Presidentes dos Condisi, por meio da Portaria 755. Não obstante, permanecem muitos desafios para a consolidação do controle social, em particular no âmbito dos Dsei (*mais em Cardoso 2015, nota 2*).

Em 2013 foram realizadas as Conferências Locais e Distritais de Saúde Indígena e a 5ª Conferência Nacional de Saúde Indígena (CNSI), em Brasília. A 5ª CNSI ocorreu sete anos após a anterior, e teve como tema o "Subsistema de Atenção à Saúde Indígena e SUS: Direito, Acesso, Diversidade e Atenção Diferenciada". Tal conferência contou com cerca de 1200 delegados, gerando um relatório com 453 propostas para o subsistema, o que evidenciou que os desafios da saúde indígena são complexos e que existem muitas visões diferentes sobre as soluções. Algumas questões tiveram propostas discordantes aprovadas, como o concurso público e o acesso aos serviços de atenção secundária e terciária.

Poucos meses após a 5ª CNSI, o então secretário da Sesai, Antônio Alves, propôs uma controversa mudança na gestão, pouco debatida nas instâncias de controle social, que foi a criação do Instituto Nacional de Saúde Indígena (INSI). Caso operaciona-

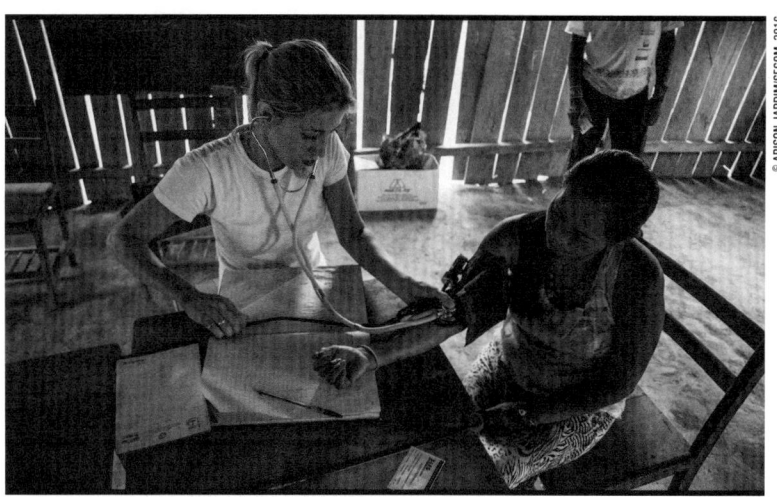

Enfermeira mede pressão de mulher kaxinawá durante ação de saúde em sua aldeia, município de Tarauacá (AC).

lizada, essa proposta transferiria para o INSI a execução das ações e serviços de saúde, no modelo de uma entidade privada que presta serviços de interesse público (também chamada de paraestatal). Entretanto, uma crítica importante é que esse tipo de entidade não garantiria a atuação das instâncias de controle social, conforme preconizado pelo SUS, além de não equacionar os problemas da contratação de profissionais e tampouco garantir a execução dos recursos.

CRESCENTE VISIBILIDADE DAS DESIGUALDADES EM SAÚDE

Nos últimos anos tem havido uma ampliação de análises com foco nas populações indígenas a partir de dados do Sistema de Informação sobre Mortalidade (SIM), do Sistema de Informação de Vigilância Epidemiológica (Sivep) e do Censo Demográfico Decenal, entre outras fontes. Vale indicar que esforços no sentido de explorar essas bases de informação esbarram em limitações importantes, com destaque para a dificuldade de se identificar etnias específicas, aldeias ou mesmo Terras Indígenas. Por exemplo, o SIM e o Sivep não apresentam dados relativos à etnia ou Terra Indígena. No caso do Censo Demográfico de 2010, mesmo que tenham sido coletados dados acerca de etnia, esses não foram ainda disponibilizados pelo IBGE em bases que permitam realizar cruzamentos com a ocorrência de óbitos. O Sistema de Informação da Atenção à Saúde Indígena (Siasi) permanece como uma promessa de produção e disponibilização de dados sobre saúde indígena, longe de se concretizar.

A realização do primeiro *Inquérito Nacional de Saúde e Nutrição dos Povos Indígenas* constituiu um importante marco da saúde coletiva brasileira por ter sido a primeira iniciativa do gênero que almejou uma amostra representativa da população indígena no país (com foco na população adstrita aos Dsei)[4]. Essa iniciativa aconteceu com décadas de atraso em relação ao contingente não indígena da população brasileira, visto que importantes inquéritos de abrangência nacional, sobre diferentes aspectos relacionados à saúde, nutrição e alimentação – são realizados desde a década de 1970, sem incluir os povos indígenas.

Especificamente o *Inquérito Nacional* teve por objetivo caracterizar o estado nutricional de mulheres entre 14 e 49 anos de idade e crianças menores de cinco, com base em uma amostra probabilística representativa da população indígena residente em aldeias de quatro macrorregiões do país, a saber: Norte, Nordeste, Centro-Oeste e Sul/Sudeste. Ao final, foram visitadas 113 aldeias (91,9% do planejado) e entrevistadas 6.692 mulheres e 6.128 crianças. Os achados da investigação apontaram não apenas para a existência de importantes diferenças inter-regionais, como também expressivas iniquidades existentes entre o Brasil indígena e o não indígena.

Saneamento é um tema absolutamente central nos debates no campo da saúde pública. Nesse âmbito, os resultados do *Inquérito Nacional* evidenciaram que, em cerca de 63% dos domicílios indígenas no país, os dejetos são coletados em fossas rudimentares, sendo que o porcentual chega a 91% na Região Norte. Ou seja, as aldeias indígenas praticamente não dispõem de infraestrutura sanitária minimamente adequada. Em contraposição, a pesquisa nacional de saneamento básico mais recente mostrou um país onde 90% dos domicílios apresentam algum tipo de recurso sanitário e, apesar de ainda insuficiente, aproximadamente 50% dos municípios brasileiros têm esgotamento sanitário realizado por rede coletora, o que abrange cerca de 80% da população geral.

Com relação à origem da água utilizada para beber, a maioria dos domicílios indígenas referiu fontes locais. A princípio, isso não deve ser visto como um problema, mas em um contexto de aldeias permanentes e sem saneamento básico, seria importante a proteção das fontes e a implementação de medidas de tratamento prévio da água consumida. No Nordeste, a água procedente da rede pública foi referida em 28% dos domicílios. No Norte, cerca de 40% dos domicílios indígenas obtêm sua água em poços rasos ou a coletam diretamente em cursos d'água. Em todo o país, 55% dos domicílios indígenas usam poço artesiano como fonte para obtenção de água.

É importante frisar que, mesmo quando a aldeia dispõe de poço artesiano, a água nem sempre chega às bicas, sejam essas coletivas ou individuais. Segundo várias lideranças entrevistadas nas aldeias visitadas pelas equipes do *Inquérito Nacional*, são comuns problemas como bomba d'água quebrada, falta de combustível para ligar o gerador elétrico, registro hidráulico defeituoso, ou mesmo encanamento furado ou cuja instalação se deu de maneira incompleta.

Quanto ao manejo do lixo doméstico, os habitantes de 79% do total de domicílios indígenas nas quatro regiões referiram que este é enterrado, queimado ou simplesmente jogado no entorno da aldeia. Em contraste, aproximadamente 40% das aldeias situadas no Nordeste contam com serviço púbico de coleta de lixo. Um aspecto reiterado pelas lideranças indígenas durante as entrevistas do *Inquérito Nacional* foi a percepção de que o acúmulo de lixo, em particular aquele relacionado ao consumo de produtos industrializados, é um crescente problema em comunidades indígenas em todo o país.

No que se refere à criança indígena, o *Inquérito Nacional* revelou um quadro marcado por preocupantes níveis de desnutrição crônica. Cerca de um quarto (25,7%) das crianças examinadas apresentaram déficit de estatura para a idade sendo que, na região Norte, a prevalência foi de 40,8%. Essa cifra equivale à observada para as crianças brasileiras na década de 1970. Os resultados da mais recente Pesquisa Nacional de Demografia e Saúde da Criança e da Mulher (PNDS-2006) apontaram para uma prevalência de déficit de crescimento em crianças brasileiras em geral nessa mesma faixa etária de 5,5% (14,7% no Norte).

A prevalência de anemia na criança indígena, verificada no *Inquérito Nacional*, foi de 51,2% e, também nesse caso, a região Norte apresentou a frequência mais alta (66,4%). Em contraste, a prevalência de anemia na criança brasileira não indígena foi de 20,9%, segundo a PNDS-2006.

O *Inquérito Nacional* também evidenciou elevadas prevalências de hospitalização por condições sensíveis à atenção básica nos 12 meses que antecederam as entrevistas no campo – diarreia (37,2%) e infecção respiratória aguda (47,6%). Além disso, aproximadamente um quarto (23,6%) das crianças indígenas teve diarreia na semana que antecedeu a entrevista, o que remete às questões de saneamento acima apontadas.

Em linhas gerais, os resultados do *Inquérito Nacional* estão em consonância com a literatura recente que tem sido produzida no país com base em estudos em comunidades ou etnias específicas ou, mais raramente, bancos de dados secundários de abrangência regional. Por exemplo, é somente dentre os estudos realizados em comunidades indígenas que se encontram referências a frequências de desnutrição crônica superiores a 50% em crianças menores de cinco anos; e da ordem de 80% de anemia nesta mesma faixa etária.

Resultados de análise recente de abrangência nacional apontaram que os indígenas apresentam as maiores taxas de incidência de tuberculose no país, registrando aumento de cerca de 10% (de 95,4/100.000, em 2008, para 104/100.000, em 2011). Esses preocupantes cenários de saúde se refletem em um coeficiente de mortalidade infantil próximo de 40 óbitos em menores de um ano por 1.000 crianças indígenas nascidas vivas (dados de 2009/2010), mais do que o dobro do reportado para a criança brasileira em geral.

No que se refere à mulher indígena, o *Inquérito Nacional* revelou um cenário no qual, assim como na criança, a questão nutricional se destaca. No entanto, em vez de desnutrição, o estado nutricional da mulher indígena é marcado pelo excesso de peso – 46% das mulheres pesquisadas apresentaram sobrepeso ou obesidade. Não obstante os indicadores antropométricos apontarem no sentido de "sobrenutrição", a prevalência de anemia permanece elevada (32,7%) na mulher indígena, chegando a 46,8% na Região Norte.

Ao abordar a saúde da mulher indígena, é importante lembrar que estamos tratando de mulheres que experimentam a maternidade cedo em suas vidas e apresentam taxas de fecundidade total elevadas, não raro alcançando 5 filhos ou mais por mulher. Os dados sobre a mulher indígena coligidos pelo *Inquérito Nacional* ainda não foram totalmente analisados, mas já sabemos que a realização do pré-natal, estratégia considerada de suma importância tanto para a saúde da mulher quanto da criança indígena, em especial do recém-nascido, peca por sua irregularidade nos quesitos cobertura e qualidade.

A expectativa dos pesquisadores que realizaram o *Inquérito Nacional*, assim como das lideranças indígenas das aldeias visitadas, com as quais longas conversas foram travadas, é de que esse esforço contribua para uma revisão crítica das iniciativas e atuação dos serviços de saúde. Frente aos desafios que se impõem, as ações são ainda tímidas, e pouco alinhadas com a diversidade de cenários socioculturais, ambientais e epidemiológicos nos quais se inserem as 300 etnias indígenas reconhecidas no último censo decenal brasileiro. A realização rotineira de inquéritos de base populacional com foco na população indígena e a ampla disseminação de seus resultados devem ser vistas como estratégicas para fornecer a informação necessária não apenas ao melhor conhecimento dos perfis de saúde dos povos indígenas, mas também para que se avance nos campos da política e do planejamento das ações de saúde.

COMENTÁRIOS FINAIS

Nesse cenário negativo, as lideranças indígenas têm expressado de forma cada vez mais veemente suas preocupações quanto ao atual quadro na área da saúde. O depoimento recente de uma liderança Xavante, Paulo Supretaprã, ao antropólogo James R. Welch, no 10º Congresso Brasileiro de Saúde Coletiva, realizado em Porto Alegre, em 2012, é incisiva. Ainda que seja possível que em algumas localidades a atenção à saúde seja de melhor qualidade, muitas vezes pelo esforço de equipes locais de saúde, o cenário descrito para a realidade Xavante é certamente um microcosmo de como está a atenção à saúde indígena no país de forma mais geral:

> (...) Falha por não assegurar de maneira ininterrupta os serviços mais rotineiros previstos na atenção básica, assim

como o tratamento de doentes crônicos (constantemente faltam insulina ou anti-hipertensivos no posto de saúde, apesar de várias pessoas na aldeia precisarem desta medicação diariamente). As equipes de saúde visitam as aldeias (...) de maneira irregular e sem avisar, o que retarda a realização de diagnósticos, dificulta o acompanhamento de pacientes em tratamento e atrapalha o calendário vacinal. A infraestrutura dos poucos postos de saúde (...) também é precária: os postos não oferecem conforto ou privacidade para o atendimento adequado aos pacientes, não existe habitação adequada para os profissionais de saúde que residem nas aldeias e não há manejo seguro do lixo; este é lançado em um buraco raso e deixado a céu aberto, expondo crianças e animais ao contato com materiais contaminados. Supretaprã também chamou atenção para a irregularidade do acompanhamento das gestantes e do atendimento odontológico nas aldeias, o limitado acesso à água potável de qualidade e a tênue atuação do Dsei na intermediação dos serviços de saúde municipais quando, não raro, pacientes indígenas ficam sozinhos em enfermarias coletivas, sem informação e em condições precárias"[5].

Não se diz que uma imagem expressa mais que mil palavras? O relato apresentado, ao abordar o cotidiano dos que convivem com as deficiências do subsistema de atenção à saúde indígena, encapsula o que nossas análises sobre políticas e indicadores epidemiológicos também buscam delinear, mas sem atingir a mesma contundência. *(fevereiro, 2017)*

NOTAS

[1] Leia: Cardoso AM, Santos RV, Garnelo L, Coimbra Jr CEA, Chaves MBG. 2012. "Políticas públicas de saúde para os povos indígenas". In: Giovanella L, Escorel S, Lobato LVC (Org.). *Políticas e Sistema de Saúde no Brasil*. Rio de Janeiro: Ed. Fiocruz. pp. 911-32.

[2] Mais em: Cardoso MD. 2015. "Políticas de saúde indígena no Brasil: do modelo assistencial à representação política". In: Langdon EJ, Cardoso MD (Org.). *Saúde Indígena:* Políticas Comparadas na América Latina. Florianópolis: Ed. UFSC. pp. 83-106.

[3] Veja também: Garnelo L, Maquine A. 2015. "Financiamento e gestão do subsistema de saúde indígena: considerações à luz dos marcos normativos da administração pública no Brasil". In: Cardoso MD, Langdon EJ (Org.). *Op. cit* pp. 107-43

[4] Coimbra Jr. CEA. 2014. 2014. "Saúde e povos indígenas no Brasil: reflexões a partir do I Inquérito Nacional de Saúde e Nutrição Indígena". In: *Cadernos de Saúde Pública*, 30(4). pp. 855-9.

[5] Welch JR. 2014. "Fórum: Saúde e povos indígenas no Brasil". In: *Cadernos de Saúde Pública*. 30(4). pp. 851-4.

SAÚDE

Jornadas Cirúrgicas em Aldeias Isoladas

Equipe de edição

NOS ÚLTIMOS 13 ANOS, A ONG EXPEDICIONÁRIOS DA SAÚDE LEVOU UM CENTRO CIRÚRGICO MÓVEL A DIVERSAS ALDEIAS NA AMAZÔNIA E REALIZOU MAIS DE 6.000 CIRURGIAS

Criada em 2003 por um grupo de médicos voluntários de Campinas (SP), a Associação Expedicionários da Saúde (EDS) leva medicina especializada, principalmente atendimento cirúrgico, a populações indígenas e ribeirinhas que vivem em regiões isoladas na Amazônia brasileira, evitando a necessidade de deslocamento, nem sempre viável, do doente e sua família aos centros urbanos.

O "Programa Operando na Amazônia", implantado em 2004, é realizado em parceria com instituições de saúde locais, bem como os Distritos Sanitários Especiais Indígenas (Dseis) e Conselhos Distritais Indígenas (Condisis), ligados à Secretaria Especial de Saúde Indígena (Sesai) do Ministério da Saúde. Trata-se de um serviço complementar à rede pública.

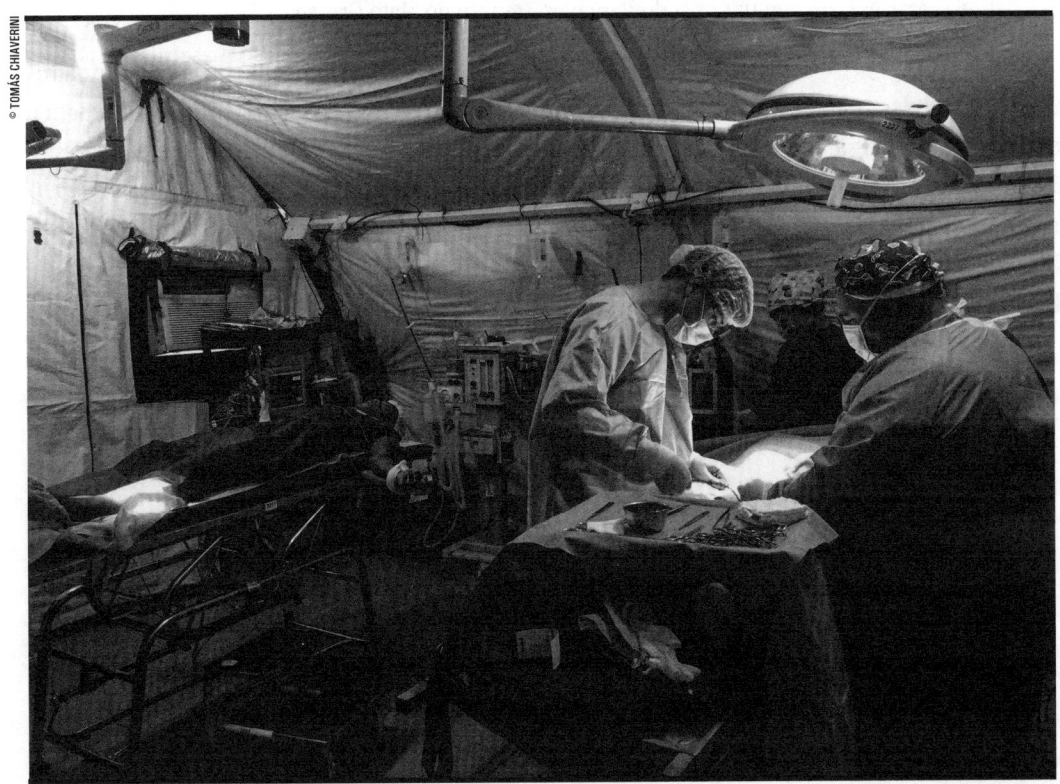

Complexo Hospitalar montado na Comunidade de Assunção do Içana, Município de São Gabriel da Cachoeira.

Os pacientes, com roupa cirúrgica, na porta do pré-operatório esperando sua vez para serem operados.

Para fazer as cirurgias em aldeias remotas, os Expedicionários da Saúde desenvolveram um Centro Cirúrgico Móvel, que é transportado e montado especialmente para essa finalidade. Até novembro de 2016 foram realizadas 37 expedições, com um total de 6.367 cirurgias de média e alta complexidade, e 40.552 atendimentos clínicos em diversas especialidades. O maior número de cirurgias realizadas envolve procedimentos em oftalmologia, pediatria, ortopedia, ginecologia e cirurgia geral; as mais comuns são catarata, tracoma/triquíase (cegueira) e hérnia.

Ao longo desses 13 anos, as expedições atenderam diversos povos indígenas e ribeirinhos em diferentes regiões amazônicas, como: os Yanomäe, Ye'kwana, Sanomã na TI Yanomami (RR); os Macuxi, Taurepang, Wapixana, Patamona, Ingarikó e Waiwai na TI Raposa/Serra do Sol (RR); os Tukano, Tariano, Desana, Arapaso, Piratapuia, Tuyuka, Baniwa, Hupda, Werekena no Alto Rio Negro (AM); os Ticuna, Kokama, Kambeba, Mayuruna, Kulina, Miranha no Médio Solimões; os Marubo, Kanamari, Matís e Mayoruna na TI Vale do Javari; os Sateré-Mawé e Hixkaryana nos Rios Andirá e Maués; os Munduruku, Apiaká, Kayabi no Médio e Alto Tapajós (PA); comunidades ribeirinhas no Baixo Tapajós e Arapiuns (PA); os Kamaiurá, Ikpeng, Kalapalo, Kuikuro, Ksedjê, Trumai, Yawalapiti, Aweti no Xingu (PA); os Kayapó no Sudeste do Pará e os Xavante no Mato Grosso.

Além dos médicos voluntários, a EDS conta com o apoio de outros profissionais e instituições, entre as quais o ISA, que ajudam a viabilizar seu programa, bem como o patrocínio de empresas, instituições e pessoas físicas socialmente responsáveis. *(A partir de informações fornecidas pela EDS, <www.eds.org.br>, fevereiro, 2017)*

SAÚDE INDÍGENA

Cronologia do Caos

Equipe de edição

A CRIAÇÃO DA SECRETARIA ESPECIAL DE SAÚDE INDÍGENA (SESAI), EM 2010, TROUXE A ESPERANÇA DE MELHORIAS NA ATENÇÃO À SAÚDE CULTURALMENTE DIFERENCIADA, MAS A SITUAÇÃO CONTINUA GRAVE EM TODO O PAÍS. APESAR DO AUMENTO DE RECURSOS, FALTA TUDO: MÉDICOS, POSTOS, REMÉDIOS, TRANSPORTES, SANEAMENTO E ÁGUA POTÁVEL. ALÉM DISSO, O NÚMERO DE MORTES POR DOENÇAS TRATÁVEIS E FALTA DE ASSISTÊNCIA CONTINUAM EXTREMAMENTE ELEVADOS, SOBRETUDO ENTRE AS CRIANÇAS. INDICAÇÕES POLÍTICAS, INCOMPETÊNCIA, DESCASO E CORRUPÇÃO CONTINUAM A ASSOLAR O SETOR. ACOMPANHE ESTA CRONOLOGIA COM AS PRINCIPAIS MANCHETES SOBRE O TEMA PUBLICADAS ENTRE 2011 E 2015

2011

JANEIRO

Em Manaus (AM), representantes dos Marubo, Miranha, Kambeba e Tukano denunciam corrupção na saúde. Indígenas do Médio Rio Solimões reivindicam eleições diretas para a coordenação do Distrito Sanitário Especial Indígena (Dsei). Relatório divulgado pelo CTI aponta pelo menos 325 óbitos nos últimos 11 anos (de 2000 a 2010) na TI Vale do Javari por falta de assistência, uma morte a cada 12 dias. Doenças como hepatite, pneumonia, infecções respiratórias, meningite, tuberculose e diarreia são responsáveis pela maioria das mortes. Em Rio Branco (AC), nove povos acampam em frente à Funasa desde 11/2010; eles protestam contra o caos na saúde e pedem a exoneração do coordenador do Dsei. Secretário de saúde de Campinápolis (MT) denuncia morte de 72 crianças xavante em 2010 por desnutrição, infecções e viroses nas TIs Parabubure e Chão Preto.

FEVEREIRO

Em Brasília, Zo'é relatam surto de gripe e Ministro da Saúde reconhece necessidade de uma política de saúde específica para os povos isolados e de recente contato. Mura, Apurinã e Munduruku denunciam abusos na administração do Dsei Manaus (AM). Na TI Vale do Javari, índios repudiam indicações políticas para a coordenação do Dsei Vale do Javaris. No MA, Guajajara fecham a Estrada de Ferro Carajás e fazem funcionários reféns para reivindicar melhorias na saúde.

MARÇO

Falta refeição a índios doentes em todo o Amazonas; funcionários do Dsei Manaus denunciam grave de calamidade em Itacoatiara. Waiwai (PA) demandam tratamento de água e exames de malária. Na TI Caramuru/ Paraguaçu (BA), Pataxó-Hã-Hã-Hãe protestam por saneamento; fonte de água está poluída. MPF/MT denuncia precariedade da saúde na TI Nambiquara. Em Brasília, lideranças Guajajara (MA) e Pankararu (PE) reivindicam melhoras no atendimento a saúde prestado nas aldeias. Em Barra do Ribeiro (RS), MPF pede fornecimento de água potável e atendimento médico aos Guarani e Kaingang na TI Guarita (RS).

ABRIL

Ministério da Saúde lança novo modelo de gestão da saúde indígena; a medida dá maior autonomia aos Dseis. Transição Funasa/Sesai é prorrogada até 31/12/2011 para finalizar concorrência pública de prestação de serviço. Coordenador do Dsei Manaus é exonerado por irregularidades. MPF/AP denuncia ex-gestores da Associação dos Povos Indígenas do Tumucumaque (Apitu) e empresários por desvios em convênio com a Funasa. MPF/RO investiga 110 violações de direitos dos índios em Porto Velho e Guajará-Mirim; 31 relacionam-se à saúde. Apenas em 2011, 35 Xavante morreram em Campinápolis (MT), município decreta estado de emergência.

MAIO

Segundo PF, dinheiro da saúde indígena no Amapá e Norte do Pará foi desviado para campanhas da família do senador Geovani Borges (PMDB/AP). Indígenas reivindicam a exoneração da coordenação do Dsei de Porto Velho (RO), suspeita de desvios. Yanomami e Ye'kuana não aceitam indicações do senador Romero Jucá (PMDB/RR) para a saúde indígena; em protesto, ocupam Funasa Boa Vista (RR) e retêm avião na TI Yanomami. Assessor da Sesai/Brasília diz que falta até comida nas Casas de Saúde do Índio (Casais) de Parintins, Nhamundá e Maués (AM). Saúde é precária em AL e SE; MPF exige providências. No MA, MPF quer que Sesai atenda os Kreniê, sem terra demarcada, que vivem na periferia de Barra do Corda.

JUNHO

Relatório do Cimi aponta falta de medicamentos, estrutura e pessoal na saúde indígena em todo o país. Crise no Dsei Yanomami (RR) piora; em carta ao relator especial na ONU, Yanomami destacam precariedade no atendimento, ingerências políticas nas nomeações técnicas e garimpagem ilegal dentro da TI como causas do caos na saúde. Wajãpi pedem apoio do MPF/AP para acompanhar a aplicação dos recursos federais na saúde. Em Tocantinópolis (TO), Apinajé buscam soluções para problemas na saúde. Em Salvador, Pataxó Hã-Hã-Hãe protestam no Dsei Bahia por água tratada e atendimento, a Funasa recebe os recursos desde 2001, mas eles continuam bebendo água poluída.

JULHO

Governo do PA reivindica tratamento diferenciado aos estados da Amazônia Legal por parte do Ministério da Saúde devido às especificidades da região. Vigilância Sanitária Estadual (RR) interdita prédio do Dsei Leste. Em Rio Tinto (PB), falta de saneamento básico gera calamidade nas aldeias potiguara. Para funcionários do Dsei MG/ES, falta de contrato ativos é entrave para regularizar atendimentos.

AGOSTO

Sem salários, profissionais de saúde indígena do AM entram em greve; cerca de 30 mil estão desassistidos, doentes continuam a passar fome. No Dsei Médio Rio Purus (AM), apenas em 2011 foram 32 mortes evitáveis, maioria crianças. Bororo, Guató, Xavante e Umutina denunciam abandono na Casai de Cuiabá (MT). Na TI Xambioá (TO), Karajá e Xambioá requerem posto de saúde prometido pela Funasa; Sesai alega falta de recursos. Para MPF/AL, falta de profissionais e irregularidades são os principais problemas enfrentados pelos indígenas no Dsei AL e SE. Em Dourados (MS), Guarani Kaiowá saem às ruas para cobrar saúde e demarcação. No RS, Kaingang bloqueiam sete rodovias por melhorias na saúde; eles querem um Dsei para o estado.

SETEMBRO

Ministério da Saúde seleciona três entidades conveniadas para executar os serviços de saúde indígena: Sociedade Paulista para o Desenvolvimento da Medicina (SPDM), Missão Evangélica Caiuá (MS) e Instituto Materno Infantil de Pernambuco (Imip). Sesai afirma que convênios são recurso temporário e que objetivo é a plena implementação do Subsistema de Atenção à Saúde Indígena (Sasi), no âmbito do Sistema Único de Saúde (SUS), com controle social, observando as práticas de saúde e as medicinas tradicionais. Em Porto Velho (RO), Jiahui, Tenharim, Parintintin, Karitiana, Karipuna, Kassupá ocupam Funasa; eles pedem a substituição da coordenação do Dsei. Em Florianópolis (SC), indígenas ocupam Dsei; eles suspeitam que edital da Sesai beneficiou a ONG vencedora. Kayapó bloqueiam BR-163 em Novo Progresso (MT), construção de estrada e uma Casai são reivindicações prioritária. Em Aragarças (GO), Casai e veículos emergenciais estão abandonados.

OUTUBRO

Para representantes dos Marubo, Miranha, Kambeba, Tukano e Coiab, a contratação de ONGs para gerir a saúde favorece o desvio de recursos destinados ao setor. MPF ajuíza ação que questiona edital sobre serviços de saúde indígena. Nas TIs Dourados e Caarapó (MS), medicamentos de rotina da atenção primária estão em falta.

NOVEMBRO

Por falta de remédios e atendimento nas aldeias, Enawenê-nawê bloqueiam MT-170. Indígenas afirmam que Casai Manaus, que já era ruim, piorou. MPF/PA pede a contratação emergencial de profissionais para o Guamá-Tocantins; cerca de 7 mil índios estão desasistidos.

DEZEMBRO

Transição da saúde indígena da Funasa para a Sesai termina dia 31/12. Por determinação da Justiça, Sesai faz processo seletivo simplificado para o Dsei Amapá e Norte do Pará; esta é a segunda seleção direta de profissionais por pedido judicial; a primeira foi no RS e contratou profissionais para atuar na TI Guarita.

2012

JANEIRO

Documentos apontam esquemas de corrupção na Funasa e Ministério da Saúde nos Dseis em todo o país. MPF/AM apura maus-tratos a indígenas em hospital de São Gabriel da Cachoeira. Por assistência a saúde nas aldeias, Aikewara (Suruí) bloqueiam BR-153 (PA). No AC, treze crianças indígenas morrem com suspeita de rotavírus, 05 morrem nos municípios de Eirunepé (AM) e Santa Rosa do Purus (AC).

FEVEREIRO

Por todo o país, recaem suspeitas sobre convênios firmados pela Funasa com ONGs. Fundação Poceti, conveniada da Funasa até 10/2011 para o Dsei Manaus, é investigada por desvios; eles receberam R$ 41 mi em quatro anos. Por melhorias na saúde nas aldeias, Kayapó ocupam Dsei Tapajós em Itaituba (PA); manifestação foi reforçada pelos Munduruku. Xavante ocupam Funasa em Barra do Garças (MT); em 2011, 89 crianças morreram nas TIs São Marcos e Merure. Em Curitiba (PR), indígenas ocupam Sesai e mantém funcionários reféns; eles pedem melhorias e o fim do convênio com a SPDM.

MARÇO

Número de funcionários na saúde indígena tem aumento de 43% e sobe para 12.160. No PA e MA, faltam remédios, ambulatórios e médicos. Em RR, funcionários fazem greve até que a conveniada Missão Evangélia Caiuá regularize salários; indígenas também ficam sem atendimento. Em Feijó (AC), Huni kuin fazem médico refém para chamar a atenção para calaminade na saúde; mesmo interditada pela vigilância sanitária, Casai Rio Branco continua superlotada. Deputado Federal Padre Ton (PT/RO) entrega à Sesai relatório sobre gravidade da situação sanitária e fundiária vivida pelos Guarani Kaiowá no MS.

ABRIL

Na TI Yanomami, oito crianças são internadas com H1N1; em Feijó (AC), são 14 casos confirmados entre indígenas. Entre 12/2011 e 02/2012, vírus matou 22 crianças nas aldeias de Santa Rosa do Purus (AC). MPF/TO constata precariedade na saúde nas aldeias javaé. Xavante reocupam Funasa em Barra do Garças (MT); desvios de recursos geram revolta. Fundação São Jorge, conveniada Funasa para o Dsei Médio Solimões e Afluentes, é investigada por desvios pelo MPF/AM. Em protesto, Tupinambá ocupam Dsei Bahia em Salvador.

MAIO

Em São Luís (MA), indígenas protestam na Assembleia Legislativa contra falta de atendimento médico. No MS, MPF exige atendimento de saúde aos Guarani Kaiowá acampados em beiras de estrada. No AM, atividades da Sesai estão paralisadas em todo o Estado; Sateré-Mawé protestam em Maués. Em Rio Branco (AC), novos protestos contra caos e dezenas de mortes. Por melhorias na saúde, Kaingang, Xocleng e Guarani Mbyá ocupam Ministério da Saúde em Brasília e sedes da Sesai no Litoral Sul, além de fechar cinco rodovias. Em Palmas (TO), Tembé ocupam Dsei Guamá-Tocantins e em Belém (PA) Kayapó ocupam Casai, contra falta de tudo. Na TI Areões (MT), Xavante se revoltam com "investimento em caixões" pela Sesai e entram em confronto com PM.

JUNHO

Decreto institui Comitê de Gestão integrada de Atenção à Saúde e Segurança Alimentar para populações indígenas. Relatório do Cimi indica que, em 2011, 126 crianças menores de 5 anos morreram desassistidas; em 2010, foram 92 casos registrados. Problemas na saúde predominam na 7ª reunião da CNPI; tema é debatido na Cúpula dos Povos da Rio+20. Karitiana e Karipuna ocupam Casai de Porto Velho (RO); e Tenharin, Parintintin, Jiahui e Apurinã ocupam a de Humaitá (AM). Xikrin do Cateté protestam em Marabá (PA), Tembé em Paragominas (PA) e Guajajara em Grajaú (MA); MPF investiga suspeitas de desvios e omissão. Em Miranda (MS), Terena bloqueiam BR-262 por acesso a assistência médica e cestas básicas.

JULHO

Presidente do Condisi/MS afirma que Casai em Dourados (MS) está sucateada; MPF/MS faz "devassa" nas contas da saúde indígena no Estado; servidores locais reclamam de intimidações da Sesai por denunciarem crise. MPF/RR requere multa contra Dseis Yanomami e Leste de Roraima por falta de atendimento. Yanomami denunciam que empresas aéreas suspensas envolvidas com o garimpo ilegal dentro da TI, voltaram a operar voos da Funai e Sesai. MPF/MT pede que Dsei Araguaia preste atendimento de saúde a índios Kanela.

AGOSTO

Em João Pessoa (PB), Sesai intervém no Dsei Potiguara para viabilizar atendimentos; índios temem que demissão de funcionários que atuam nas aldeias. Em Guaíra (MS), Guarani Mbyá fecham estrada em protesto por demarcação, saúde e educação. Conselho de Defesa dos Direitos da Pessoa Humana (CDDPH) denuncia abandono da saúde de indígenas na Amazônia; alto índice de doenças e mortes no Vale do Javari é destacado.

SETEMBRO

Secretário da Sesai diz que avanço da tuberculose entre indígenas preocupa. MPF/MA pede assistência médica aos Guajajara e Tembé. Em RO, aumento de índios diabéticos preocupa profissionais da saúde; em Ji-Paraná (RO), Arara, Gavião e Zoró ocupam sede da Funai por melhorias na saúde. MPF/MT move ação para garantir abastecimento de água para a Casai de Aragarças (GO).

OUTUBRO

MPF/AM exige que Barcelos, Santa Izabel do Rio Negro e São Gabriel da Cachoeira prestem contas de recursos destinados à saúde indígena entre 2010 e 2012. Aumento do vírus HIV no Alto Solimões e Vale do Javari (AM) preocupa. No Vale do Javari (AM), indígenas aliciados por funcionários da Sesai para votar em Atalaia do Norte (AM), ficam abandonados no porto da cidade e são acometidos por surto de diarreia; quatro crianças morreram. Em Zé Doca (MA), Polo-Base que atende TIs Awa e Alto Turiaçu é interditado. Em Resplendor (MG), Krenak denunciam irregularidades e falta de atendimento. Pelo menos 30 suicídios foram registrados entre os Guarani Kaiowá (MS) em 2012.

NOVEMBRO

No MA, Guajajara protestam no Pólo Base do município de Arame contra ingerência e negligência. MPF/RO quer que União construa poços nas aldeias Kaxarari em Porto Velho; a água está poluída.

DEZEMBRO

MPF promove ofensiva judicial nacional em favor da saúde indígena, o "Dia D da Saúde Indígena"; ações e recomendações pedem, entre outras: transparência nas contas, fornecimento de remédios, tratamento de água, construções e reformas, transporte emergencial, atendimento aos não aldeados e fim do loteamento político de cargos.

2013

JANEIRO

Em São Gabriel da Cachoeira (AM), aldeia dos Hupda vive surto de vômito e diarreia, quatro crianças morreram. Em todo Rio Negro e afluentes, centenas estão desassistidos. MPF/MA demonstra irregularidades na saúde Indígena e exige regularização do atendimento; situação dos Tembé, Ka'apor e Awá na TI Alto Rio Guamá (MA) é alarmante. Justiça exige reforma na superlotada e desequipada Casai de Cuiabá; lixão próximo também preocupa. No Parque Indígena do Xingu (MT), indígenas denunciam que falta de médicos nas aldeias desde 2010. Pankaraku denunciam Dsei-PE por dessassistência e desconsideração. Vigilância sanitária apura surto de diarreia na aldeia Wassu Cocal (AL). MPF/MS exige água potável os Guarani Kaiowá da aldeia Ypo'i em Paranhos (MS); córrego está poluído, suspeita-se de envenenamento. Em Dourados (MS), pesquisa relaciona tuberculose entre indígenas a trabalho em usinas de cana-de-açúcar.

FEVEREIRO

MPF/MA exige fornecimento de água potável a 17 aldeias no município de Imperatriz. Justiça pede fornecimento de água potável a cerca de 70 mil índios no Alto Solimões e Vale do Javari. Após ação do MPF/RO, Paumari que vivem em Porto Velho devem receber atendimento pela Sesai. Kayabi protestam por melhorias na saúde em Alta Floresta (MT). Xoekleng (SC) entram em acordo com Dsei Interior Sul para regularizar o atendimento.

MARÇO

Com 80% de crianças desnutridas, Xavante de Marãiwatsédé denunciam calamidade na saúde, agravada por falta de água potável e restrições de acesso ao seu território tradicional. Justiça exige contratação de equipe atender os Cinta Larga; alto número de diabéticos preocupa. Na TI Dourados (MS), Guarani Kaiowá sofrem com falta de água potável.

ABRIL

Krahô e Apinajé protestam contra piora no já precário serviço prestado pelo Dsei Guamá/TO; Tembé, Asurini, Kayapó, Gavião e Ka'apor ocupam Sesai em Belém (PA); para eles, loteamento e corrupção estão na raiz dos problemas. Governos do AC e MS confirmam altos índices de subnutrição infantil entre os povos indígenas. Na TI Raposa/Serra do Sol (RR), estradas precárias dificultam acesso a saúde.

MAIO

Indígenas fecham a BR-222 em Marabá (PA) e BR-153 em Bom Jesus do Tocantins em protestos contra caos no Dsei Guamá-Tocantins. Por saúde e água, Guarani Kaiowá retêm 40 funcionários públicos na aldeia Porto Lindo, em Japorã (MS); para MPF/MS, apesar de haver recursos, saúde indígena em Dourados continua precária.

JUNHO

Em São Luís (MA), indígenas ocupam sede do Dsei/MA; em 2012, 60 morreram sem atendimento, coordenação é acusada de má gestão e omissão. MPF/RR apura negligência na morte de mulher ingarikó em trabalho de parto. Apesar de compensação milionária, cacique Avá-Canoeiro (GO) está sem tratamento para câncer.

JULHO

Povos do Vale do Javari protestam contra "falta de tudo nos Polos-Base". Por saúde, Krenjê, Tenetehara, Awá, Apãniekra, Ramkokramekra, Gavião e Krikati bloqueiam Estrada de Ferro Carajás; Guajajara fazem comitiva do Ministério da Saúde refém em Barra do Corda (MA); e Tembé retém servidoras da Sesai na TI Alto Rio Guamá (PA). Em Altamira (PA), ISA denuncia descumprimento pela Norte Energia de acordos para a atenção à Saúde Indígena, condicionante de Belo Monte. MPF/PI pede inclusão dos Tabajara e Kariri no Subsistema de Atenção à Saúde Indígena. Em Campo Grande (MS), Guarani Kaiowá e Terena protestam contra desvios e pedem saída da direção do Dsei/MS. Em Peruíbe e Itanhaém (SP), Guarani e Tupiniquim ocupam posto de saúde e sede da Funai contra precariedade e corrupção na saúde; em São Paulo ocupação é na sede da SPDM, conveniada da Sesai.

AGOSTO

MPF/AM pede atendimento permanente aos Pirahã em suas aldeias. MPF/BA pede que município de Teixeira Freiras construa Casais, contrate médicos e compre equipamentos e medicamentos para atendimento aos Pataxó. Em Corumbá (MS), Guató estão há 50 dias sem água potável. Xakriabá protestam no Polo-Base de São João das Missões (MG) contra péssimo atendimento e desmandos políticos.

SETEMBRO

Segundo o Ministério da Saúde, 89,5% dos médicos brasileiros inscritos para atuar em TIs desistiram de assumir o posto. No Amazonas, cerca de 160 mil indígenas esperam Mais Médicos para terem atendimento. Em Boa Vista (RR), indígena dá a luz em frente a hospital. Indígenas ocupam sedes do Dsei de Lábrea (AM) e Campo Grande (MS) e pedem saída de coordenadores. No MS e RS, Guarani Kaiowá e Mbya pedem presença da Sesai nas aldeias; Guarani Mbyá têm saúde precária dentro de São Paulo.

OUTUBRO

Em grande manifestação por melhorias na saúde, indígenas bloqueiam rodovias e ocupam sedes da Sesai em todo país; eles querem o fim do loteamento político e exigem a saída de coordenador da Sesai, que coloca cargo à disposição. Yanomami denunciam Missão Evangélica Cauiá na gestão de saúde e protestam. Pesquisa evidencia aumento na incidência de doenças crônicas entre índios do Xingu. Índice de suicídios entre os povos Guarani é 34 vezes maior que a média nacional. No MS, mortes de crianças indígenas aumentam em 43,5%. Justiça exige saneamento básico para os Kaingang da TI Apucarana (PR).

NOVEMBRO

Sem consulta aos indígenas e sob suspeitas de favorecimentos e irregularidades, Sesai abre edital para (re)contratação de convênios; apesar de aumento dos recursos, qualidade da saúde indígena piora em todo o país. Conselho Indígena de Roraima (CIR) conclama indígenas de todo o país a denunciarem irregularidades na Sesai. Xakriabá ocupam Dsei em Governador Valadares (MG) contra precariedade no Dsei MG e ES.

DEZEMBRO

Portaria do Ministério da Saúde garante presença de índios em reuniões sobre destinação de verbas da saúde. Mais Médicos espera beneficiar 212 mil indígenas em todo país. Sucateada, Casai desativa 10 de 29 leitos em Dourados (MS).

2014

JANEIRO

MPF/AM recomenda envio urgente de equipe de saúde às aldeias do Vale do Javari (AM). Enawenê Nawê (MT) sofrem com a falta de medicamentos e péssimas condições na saúde. Em manifestação contra o caos na saúde, Guarani Kaiowá bloqueiam MS-295 em Iguatemi (MS).

FEVEREIRO

MPF/DF denuncia cinco ex-servidores da Funasa por desvio de R$ 13 milhões da saúde indígena. MPF e MPT acionam Justiça para que União cesse contratações ilícitas na saúde indígena. Levantamento da Sesai, obtido pela BBC Brasil, aponta que 419 crianças indígenas morreram de desnutrição no país desde 2008; a cada 100 índios mortos no Brasil, 40 são crianças. Relatório da Câmara Federal denuncia gravíssimo problema de desnutrição infantil indígena no MS e MT; situação entre os Guarani Kaiowá e Xavante é alarmante. Indígenas ocupam Funasa em Marabá (PA) e Dsei em Rio Branco (AC). Apenas fevereiro, quatro crianças indígenas morreram de virose em Santa Rosa do Purus (AM).

Revoltados com Sesai e conveniada, indígenas paralisam várias estradas no Cone Sul do país.

MARÇO

Controladoria Geral da União vê ágio de 8,7% em remédios para índios em PE, RO e TO. Auditoria aponta desvios milionários entre 2010 e 2012 na saúde indígena em MG, ES e MT. Ministério da Saúde afasta oito servidores por envolvimento em contratos superfaturados na saúde indígena. Pataxó, Tupinambá e Tuxá protestam em Brasília. Clamando por soluções, indígenas voltam fazer ocupações em Paragominas (PA), Campo Grande (MS), Cuiabá (MT) e Curitiba (PR).

ABRIL

Deputada federal Janete Capiberibe (PSB/AP) denuncia loteamento político de cargos na saúde indígena. Em Guajará-mirim (RO), povos Wari' ocupam Funai para protestar contra precariedade na saúde e educação. Dois casos confirmados do vírus H1N1 entre os Xickin (PA) preocupam. Superlotação na Casai em Altamira (PA) volta a revoltar indígenas. Contra a calamidade, Tapeba, Pitaguary, Anacé, Tapuya-Kariri e Tabajara ocupam Dsei em Fortaleza (CE).

MAIO

Em Cruzeiro do Sul (AC), Nukini denunciam condições da Casai do Juruá. Em Miranda (MS), Terena fazem sete reféns em lixão por melhorias na saúde, educação e infraestrutura. Tupinambá de Olivença ocupam o Polo Base da Sesai em Ilhéus (BA).

JUNHO

Em quatro anos, desde abertura da Sesai, Missão Evangélica Caiuá, de Dourados (MS), passou a concentrar 64% dos recursos nacionais da saúde indígena; em 2014 repasses devem chegar a R$ 420 milhões. Yanomami denunciam piora na saúde, mesmo com aumento de recursos; Frente de Proteção Etnoambiental pede decreto de estado de emergência; MPF aponta desvios. Obesidade entre os Xavante preocupa especialistas; na TI Marãiwatsédé (MT), duas crianças morrem de desnutrição.

JULHO

Relatório do Cimi aponta que mais de 1500 crianças indígenas de 0 a 5 anos morreram num período inferior a dois anos, em razão principalmente da falta de assistência em saúde; principais causas são pneumonia, diarreia, gastroenterite, infecções generalizadas, gestações de curta duração, baixo peso ao nascer e agressões. Em 2012, número de mortes infantis no Dsei Yanomami subiu de 70 para 124; no MS estima-se ao menos 90 óbitos. MPF exige atendimento aos Guajajara em Barra do Corda (MA), aos Maxakali no Vale do Mucuri (MG), aos Kaingang em Mato Castelhano (RS), aos Potiguara em Baía da Traição e Marcação (PB) e aos Guarani Mbyá em Angra dos Reis (RJ). Contato com povos isolados no Acre e Vale do Javari alerta para necessidade de planos de contigência de atenção à saúde desses povos. No Peru, vazamento de óleo mata toneladas de peixe e afeta saúde de indígenas no Alto Solimões.

AGOSTO

Diante do caos, Ministério da Saúde propõe criação do Instituto de Saúde Indígena (Insi), instituição privada, mantida com recursos da Sesai, para prestar atendimento. O Insi não seria obrigado a cumprir exigências nas licitações e contratações; centenas de cargos de confiança ficariam à disposição dos Ministérios da Saúde e Planejamento. Para MPF e Cimi, proposta de terceirização atesta a ineficiência e a corrupção generalizada na Sesai em seus quatro anos de funcionamento; entre 2011 e 2014, orçamento saltou de R$ 326 milhões para R$ 1,045 bilhão. Organizações indígenas em todo o país – Apib, Coiab, CIR, Foirn, Mupoiba, Opiron, entre outras – repudiam a proposta de privatizar saúde indígena e questionam: "onde vai parar o dinheiro da saúde indígena?".

SETEMBRO

Mais organizações indígenas – Comissão Guarani Yvyrupa, Atix, Univaja, Xavante, Apinajé, Terena – protestam contra criação do Insi. Para 6ª Câmara do MPF, modelo proposto para o instituto é inconstitucional. Servidores do Ministério da Saúde denunciam pressões e ameaças da Sesai por adesões à criação do Insi. Mais contratos e gestores da saúde indígena sob suspeita. PF faz buscas na BA e DF para apurar fraudes. Dois anos depois, diarreia e vômito voltam a matar crianças indígenas no Alto Rio Purus (AM).

OUTUBRO

Segundo Ministério da Saúde, índice de suicídios entre indígenas chega a ser seis vezes maior do que taxa nacional. Em São Félix do Araguaia (MT), Karajá ocupam Dsei, fazem coordenador refém e retém barcos e carros por melhoria na saúde; eles reclamam das muitas mortes por falta de atenção básica.

NOVEMBRO

Na Câmara Federal, indígenas, especialistas e MPF denunciam precariedade saúde indígena, repudiam Insi e pedem mudanças para melhor. Além de falta de terra, escassez de água potável continua alarmante entre os Guarani Kaiowá no MS. No MT, alto índice de mortalidade nos Dseis Xavante e Xingu preocupa. De janeiro de 2013 a março de 2014 foram registradas 31 mortes de crianças indígenas menores de dois anos no Médio Araguaia. Indígenas e ribeirinhos continuam sem atendimento no Rio Solimões e afluentes; calamidade é igual nas demais regiões do Amazonas.

DEZEMBRO

Em Fernando Falcão (MA), surtos de coqueluche e H1N1 assolam os Canela; seis morreram em novembro, sem prevenção ou tratamento. Sem atendimento em Humaitá (AM) depois de incendiada a Casai em protestos anti-indígenas, Tenharin, Jiahui, Pirahã, Parintintin e Kawahiva procuram atendimento em Porto Velho (RO), onde Casai está superlotada.

2015

JANEIRO

Em Boa Vista (RR), Yanomami ocupam novamente Dsei e fazem funcionários reféns; segundo as lideranças, cada dia que se passa a situação fica mais caótica. Falta de água continua alarmante nas aldeias Guarani Kaiowá em Dourados (MS). De junho a setembro de 2014, 11 crianças morreram com suspeita de coqueluche na TI Kaxinawá/Ashaninka do Rio Breu (AC). Por saúde, Wari' voltam a ocupar a Casai em Guarajá-mirim (RO).

FEVEREIRO

Terena e Kayapó fecham BR-163 e ocupam Sesai em Colíder (MT); eles querem remédios, infra-estrutura, médicos e a saída da atual coordenação do Dsei Kayapó. MPF/PA recomenda que este Dsei também atenda os Atikum em Redenção; eles não tem terra demarcada e sua identidade indígena é questionada.

MARÇO

Indígenas voltam a protestar por melhoras na superlotada Casai em Boa Vista (RR); falta até água. Na TI Vale do Javari (AM), indígenas denunciam coordenador do Dsei pelo caos na saúde; acusação é de desvios e abusos político-eleitorais na Sesai. MPF/AM quer ações de vacinação contra o HPV no Solimões e Javari; possível surto preocupa. Em Ji-Paraná (RO), Justiça obriga União e Estado a atenderem indígenas pelo SUS; a sentença é uma demanda dos Paiter Suruí. MPF/PA pede à Justiça que Vale retome apoio à saúde dos Gavião da TI Mãe Maria (PA); empresa não cumpre a obrigação em represália a manifestações próximas à Estrada de Ferro Carajás. Justiça condena prefeito de Paranatinga (MT) e dentista por corrupção no atendimento aos Xavante e Bakairi. Apesar de seguidos repasses de recursos, aldeias Guarani Kaiowá em Dourados (MS) continuam sem saúde, saneamento e água tratada.

ABRIL

Especialistas da Fiocruz reiteram falta de participação indígena e desrespeito às suas concepções médicas como entraves à saúde indígena. Wajãpi apresentam reinvindicações ao governador do Amapá; para vencer precariedade, eles querem ampliar atuação direta na saúde e educação. Estado de saúde Awá recém-contatada piora, enquanto Funai e Sesai discutem responsabilidades. MPF/PA pede saneamento nas aldeias Munduruku em Itaituba. Situação sanitária dos Xokleng na comunidade Laklãnõ e em acampamento da barragem de José Boiteaux (SC) preocupa presidente da Funai.

MAIO

Dados do Ministério da Saúde, obtidos pela *Folha de São Paulo*, revelam que gripe e fome mataram 1.156 crianças indígenas de até um ano entre 2010 e 2012, um quinto do total de mortes entre indígenas no período. Na região do Surucucus, TI Yanomami (RR), indígenas mantêm 30 servidores da Sesai reféns; eles querem atendimento de saúde e retirada de garimpeiros. MPF/PA move ação para que 13 povos indígenas no Baixo Tapajós sejam incluídos no Subsistema de Atenção à Saúde Indígena. Krenyê e Gamela "desaldeados" denunciam descaso da Funai e Dsei MA; água contaminada preocupa. Em Recife (PE), Xucuru, Fulniô, Pankaruru, Atikum, Pankará e Pipipã protestam por atenção.

JUNHO

Segundo Cimi, em 2014, 14% das 785 crianças indígenas mortas no país são Xavante; uma morte a cada três dias, a maioria na TI Sangradouro, diarreia é a principal causa. Apenas em 2014, 135 indígenas se suicidaram, 48 só no Mato Grosso do Sul. Surto de tuberculose entre os Awá na TI Caru (MA) é foco de denuncias e preocupação. Justiça ordena atendimento de saúde para Tembé que moram em duas aldelas não demarcadas em Santa Maria do Pará.

JULHO

Segundo Ministério da Saúde, com o Programa Mais Médicos subiu de 247 para 582 o número de profissionais para atender a 666 mil indígenas nos 34 Dseis de todo o país. Ainda não é possível mensurar impacto, mas melhora é percebida pelos indígenas, sobretudo em lugares mais remotos, diz coordenador da Sesai. Pataxó, Pataxó Hã Hã Hãe, Tupinambá e Tumbalalá reivindicam água tratada, medicamentos e transporte emergencial. Guarani de Piraquê-Açu (ES) sofrem com Estação de Tratamento de Esgoto dentro da aldeia; mal-cheiro e risco de contaminação preocupam. Aumenta dependência de antidepressivos e ansiolíticos entre os Sateré-Mawé e Hixkaryana, afirma especialista.

AGOSTO

Segundo dados do Ministério da Saúde obtidos pela BBC Brasil, entre 2011 e 2015, mesmo com aumento de 221% nos recursos, aumentou a mortalidade infantil indígena em 25 dos 34 Dseis; desvios, falta de médicos e abandono são problemas crônicos. MPF/PA quer esclarecer consequências para a saúde indígena do não cumprimento de condicionantes obrigatórias para redução do impacto da UHE Belo Monte; falta de água potável, insegurança alimenta, alcoolismo e depressão geram caos entre os indígenas. No Amapá, fim de contratos para a saúde preocupa representantes indígenas. Usina Onça Puma, da Vale, contamina Rio Catetê com metais pesados; água e peixes estão impróprios para consumo, graves doenças começam a surgir nas aldeias xikrin, informa especialista; Justiça Federal suspende operações da usina.

SETEMBRO

Em seis meses, 20 crianças indígenas de até um ano de idade morreram no Vale do Javari; níveis malária e hepatite continuam críticos. Em Grajaú (MA), povos Timbira ocupam e fazem reféns na Sesai; falta de ações de saúde e piora na qualidade da água revoltam os indígenas. Refrigerantes e doces causam epidemia de diabetes entre os Xavante; segundo especialista, 28% tem a doença nas TIs Sangradouro e São Marcos (MT). Representantes indígenas criticam demarcações em ilha em meio fazendas de soja que poluem os rios com agrotóxicos, dificultando a continuidade da dieta tradicional.

OUTUBRO

Em Boa Vista (RR), Yanomami fazem manifestação na Sesai, indicações políticas voltam a preocupar; 40 crianças morreram no último ano. Novas doenças provenientes de mudanças no modo de viver como obesidade, dislipidemia, diabetes, hipertensão, e doenças cardiovasculares, além do paradoxal aumento da desnutrição, preocupam indígenas e especialistas no Território Indígena do Xingu.

NOVEMBRO

Para médico, mortalidade infantil xavante é extremamente alta por conta da falta de saneamento, oferta de água e tratamento do lixo; problema é generalizado em todo o país. Chefe do Programa de Saúde no Unicef alerta para os altos índices de mortalidade infantil indígenas no Brasil por doenças evitáveis como diarreia, malária, infecção respiratória ou mesmo desnutrição; problema maior não é falta de recursos mas má gestão, alerta. Mesmo com vagas abertas, não há médicos interessados em trabalhar no Dsei Xavante (MT).

DEZEMBRO

Após receber críticas de indígenas por autoritarismo, Terena suspenso da coordenação do Dsei/MS volta a receber apoio e é reconduzido ao cargo; reclamações de falta de saúde são generalizadas. *(dezembro, 2016)*

Terras Indígenas: Demarcação e Exploração de Recursos Naturais

Demarcação
Arrendamento Mineração
Conservação

GESTÃO TERRITORIAL E AMBIENTAL

Desafios de Implementação da PNGATI

Jaime Siqueira | Coordenador de gestão ambiental da Funai

A RECÉM-CRIADA POLÍTICA NACIONAL DE GESTÃO TERRITORIAL E AMBIENTAL DAS TERRAS INDÍGENAS (PNGATI) É UM DOS EXEMPLOS MAIS MARCANTES DE PARTICIPAÇÃO E DE CONSULTA AOS POVOS INDÍGENAS NA CONDUÇÃO DE POLÍTICAS PÚBLICAS NO BRASIL. MAS AINDA PERMANECEM UMA SÉRIE DE DESAFIOS PARA SUA IMPLEMENTAÇÃO

Analisar a PNGATI, decretada em 2012, não é tarefa fácil, por pelo menos por dois motivos: a diversidade de ações e aprendizados, e minha dificuldade de distanciar-me, uma vez que estive à frente da coordenação do seu Comitê Gestor pela Funai nos últimos anos.

A PNGATI representa um dos exemplos mais marcantes de processo participativo e de consulta aos povos indígenas na construção de políticas públicas no Brasil. Combina políticas ambientais e indígenas e pode gerar um impacto significativo nas relações interculturais, providenciando um novo caminho para o movimento ambientalista também incorporar as demandas dos povos indígenas. Estes, por sua vez, não estão apenas aprendendo a "jogar pelas regras" do desenvolvimento sustentável, ou sua nova roupagem – a gestão territorial e ambiental –, mas assumindo a difícil tarefa de inventar novas formas de etnodesenvolvimento e interculturalidade no Brasil.

PARTICIPAÇÃO E PROTAGONISMO INDÍGENA

O processo de construção da PNGATI começou com diversas discussões do movimento indígena a partir de meados dos anos 2000, mas teve início formal em setembro de 2008, com a instituição de um Grupo de Trabalho Interministerial (GTI), reunindo setores do Ministério do Meio Ambiente (MMA), da Funai e representantes da Articulação dos Povos Indígenas do Brasil (APIB), com a finalidade de elaborar uma proposta. O GTI conduziu o processo, que contou com a participação de diversas instituições parceiras e foi composto de forma paritária, contando com seis representantes do governo e seis representantes indígenas, referendados pela então Comissão Nacional de Política Indigenista (CNPI).

A primeira etapa resultou na formulação de um texto-base, intitulado "Documento de Apoio para as Consultas Regionais", contendo as diretrizes e os objetivos da Política. Este documento foi submetido, na segunda etapa, a cinco Consultas Regionais aos povos e organizações indígenas, com o propósito de que representantes indígenas pudessem discutir e propor adequações, a partir de suas especificidades, demandas e reivindicações. Nessas consultas, que se constituíram em grandes eventos, participaram aproximadamente 1.250 indígenas, representantes de 186 povos. Também foram realizadas reuniões prévias regionais, especialmente naquelas regiões com maior complexidade e diversidade cultural.

Após a consolidação da minuta de decreto, a proposta circulou por mais de um ano em vários ministérios e setores de governo, que impuseram cortes significativos na versão final, assinada em junho de 2012, às vésperas da Rio+20. Questões importantes, como uma zona de proteção no entorno de Terras Indígenas ou a priorização da posição dos índios nos conflitos decorrentes da sobreposição entre TIs e UCs, foram sumariamente suprimidas.

LIMITES DAS POLÍTICAS UNIVERSALIZANTES E INSTÂNCIAS DE PARTICIPAÇÃO INDÍGENA

A governança da PNGATI integra o seu Comitê Gestor, os Comitês Regionais da Funai, o CNPI e a Conferência Nacional da PNGATI. O Comitê Gestor é uma instância paritária composta por órgãos de governo e organizações indígenas, que já realizou nove reuniões ordinárias e criou Câmaras Técnicas para qualificar as discussões, tendo funcionado nos dois primeiros anos sob a coordenação da Funai. Atualmente é coordenado pelas próprias organizações indígenas. As organizações indigenistas também participam das reuniões, que são abertas e públicas.

Entre 2003 e 2010 foram realizadas 74 conferências nacionais sobre diferentes temas, sendo que 70% deles foram debatidos pela primeira vez. Esse movimento provocou avanços importantes nas estruturas burocráticas do governo federal, no sentido de abertura para o diálogo, constituindo-se como um dos principais instrumentos de participação e controle social existentes, juntamente com os Conselhos (cerca de 85 na esfera federal), audiências públicas, mesas de diálogo etc.

Em alguns casos, quanto mais atribuições importantes tem um Conselho, mais esvaziado ele é em termos de sua representação governamental. Esse baixo comprometimento de setores governamentais também contribui para a falta de integração e coordenação entre os processos participativos. Para alguns críticos, há falta de sincronia entre o discurso governamental da participação social como um método de governo e a experiência concreta dos atuais espaços de participação. O governo federal tem operado com uma lógica de governabilidade social e consulta, não avançando na construção de espaços de participação deliberativos.

Entretanto, a "escuta" é apenas o primeiro passo em uma estratégia de participação social que deve ter como objetivo o compartilhamento de poder, a partir de uma ideia ampliada de democracia. Para a administração federal, o processo de ouvir já é tão difícil que por vezes se esgota nele mesmo. Há dificuldades em processar e operacionalizar o que se ouviu. Este é um ponto central para o aprimoramento dos atuais mecanismos de participação social existentes.

A participação indígena em comissões e programas de governo é uma realidade e, nos últimos anos, as organizações indígenas têm atuado frente ao Estado Nacional, seja como agências implementadoras, executando projetos por meio de convênios e acordos de cooperação técnica, seja através da participação em comissões que analisam e direcionam a implementação de ações ou mesmo a política indigenista como um todo.

O fato é que o sentido da participação indígena vem se alterando. De um cunho eminentemente político e marcado pela busca de autonomia no diálogo com as agências de governo, a participação indígena foi se convertendo numa presença de caráter mais técnico, burocrático e por vezes figurativo. Questões como a heterogeneidade e a falta de articulação entre os conselhos e as conferências, a falta de autonomia da sociedade nos conselhos, a qualificação, a sub e a sobrerrepresentação, além da falta

O PROJETO GATI

O Projeto Gestão Territorial e Ambiental de Terras Indígenas (GATI) nasceu com uma vocação, sustentado por inúmeras expectativas, principalmente das organizações indígenas que foram as principais responsáveis pela sua construção. Vocação de ser tão importante para os povos indígenas como foi por exemplo o PPTAL, o PDA, o PDPI ou a Carteira Indígena, que atendiam parte das demandas de apoio direto aos seus projetos. Passados seis anos e com sua finalização em 2016, talvez não seja possível afirmar que essa vocação tenha se viabilizado plenamente. Mas é certo que numa escala menor, o projeto, concentrado em apenas de 32 TIs, deixou contribuições extremamente relevantes, não apenas para essas terras.

O GATI operou com recursos do Fundo Global do Meio Ambiente (GEF), criado em 1990, e de contrapartidas do governo federal, tendo um desenho institucional complexo, concebido dessa forma desde a sua origem. Além da Funai, fazem parte do arranjo para gestão do projeto, o MMA e o ICMBio, por parte de governo, o PNUD, pela cooperação internacional, diferentes organizações indígenas com representação regional e a ONG The Nature Conservancy (TNC), por parte da sociedade civil. A sinergia entre o projeto GATI e a PNGATI é bastante evidente, sendo ressaltada por todos os atores e organizações que participaram dos seus processos de construção e implementação. O início do projeto GATI chegou a ser postergado em função das consultas que estavam sendo realizadas para elaboração da proposta da PNGATI, uma vez, inclusive, que as instituições governamentais e as organizações indígenas envolvidas eram basicamente as mesmas.

O Projeto colocou em prática as propostas contidas na Política, cumprindo um papel primordial na perspectiva de ser um piloto da PNGATI, indicando rumos promissores para várias de suas ações. O conjunto de TIs participantes foi bastante heterogêneo, agregando desde experiências consolidadas, até casos em que os índios ainda estão iniciando a discussão sobre alternativas de sustentabilidade. Como o Projeto não estava direcionado somente para a Amazônia, algumas áreas de referência em outras regiões do país possuíam situação extremamente complexa, decorrente de décadas de impactos de empreendimentos, agronegócio, monoculturas e da própria atuação equivocada do órgão indigenista oficial.

Se por um lado, o GATI trabalhou numa escala menor do que os outros projetos acima citados, por outro, ele conseguiu extrapolar os limites da Amazônia, dando vazão aos projetos dos povos de regiões muitas vezes esquecidas pelas tradicionais fontes de financiamento, como a Mata Atlântica, o Cerrado e a Caatinga. O fato do GATI atuar em âmbito nacional favoreceu também, em grande medida, o seu apoio à construção da PNGATI. A relação praticamente simbiótica estabelecida entre o Projeto e a Política foi extremamente positiva para ambos, especialmente para a PNGATI, que pôde contar com uma espécie de laboratório, um balão de ensaio, para pautar a maioria de suas ações. Será importante dar continuidade às iniciativas do GATI por meio de outros projetos e financiamentos, garantindo dessa forma a própria implementação da Política. (J. Siqueira, outubro, 2016)

de mecanismos de comunicação, prestação de contas, entre outras, contribuem para o mau funcionamento e esvaziamento dessas instâncias de participação. O Comitê Gestor da PNGATI por exemplo, começa a se ressentir disso e pode sofrer o risco de inoperância, não pelos seus representantes indígenas, que estão sempre presentes e articulados, mas pela falta de interesse, presença e efetividade da participação governamental.

Uma das maneiras possíveis para dar concretude ao protagonismo indígena – seja na perspectiva de manter a "politização", seja para garantir a "indigenização" das políticas públicas – pode ser pela efetiva participação indígena e seus parceiros no Comitê Gestor da PNGATI, construindo pautas propositivas e pressionando o governo a organizar e articular melhor sua própria agenda. Espera-se também um papel ativo do recém-instalado CNPI, que tem a tarefa de monitorar a implementação das propostas apresentadas na Conferência Nacional de Política Indigenista. A Conferência Nacional da PNGATI, por sua vez, teve sua data de realização adiada algumas vezes, estando agendada para acontecer em 2017.

RISCOS DA "ECOLOGIZAÇÃO" DOS DISCURSOS INDÍGENAS

Os discursos políticos de diferentes líderes dos movimentos indígenas no Brasil, proferidos em reuniões, assembleias e outros eventos explicitam os argumentos e estratégias de uma retórica de resistência, ao mesmo tempo em que demonstram uma certa "ecologização" desses mesmos discursos. Um conjunto potencial de parcerias constitui o quadro sociopolítico no qual se desenvolveram e no qual operam centenas de associações indígenas da Amazônia para articular seus projetos de desenvolvimento social e econômico. O grande número de associações, conselhos e federações indígenas atesta o sucesso da "atualização das formas tradicionais" diante da necessidade do diálogo com a sociedade envolvente.

A PNGATI coloca-se como um exemplo interessante de apropriação e uso pelos povos indígenas no Brasil dessa retórica, atualizando os discursos conservacionistas e de autonomia indígena no contexto de construção dessa nova Política. Ela também tem sido frequentemente o ponto de convergência da cooperação entre Funai, agências de financiamento e diferentes ONGs e tem sido objeto de editais e projetos articulados por ambos os lados.

Mas um risco que a Política ainda pode correr é o de servir de "cortina de fumaça" para encobrir articulações anti-indígenas e campanhas contra novas demarcações de Terras Indígenas, priorizando unicamente a gestão das terras já demarcadas. A PNGATI pode sofrer um preocupante processo de despolitização, desvinculando a gestão ambiental da necessidade de regularização fundiária dos territórios indígenas. A vinculação indissolúvel entre gestão ambiental e territorial foi claramente colocada e discutida desde o início das consultas regionais aos povos indígenas e está conceitualmente presente na definição da PNGATI. Mas vale lembrar que as novas retóricas ambientais e indigenistas sempre podem ser reapropriadas pelas práticas tutelares do Estado brasileiro.

PERSPECTIVAS E DESAFIOS

Para a implementação futura da Política, uma série de desafios ainda permanecem. Um dos principais é o de continuar e ampliar a captação de recursos para novos projetos de cooperação, focados nas temáticas de gestão territorial e ambiental. Trata-se de tarefa indispensável e perene, garantindo que os bons projetos existentes nas TIs possam ser viabilizados e ter continuidade. A PNGATI e os temas que ela trata têm chamado a atenção da cooperação internacional, constituindo uma oportunidade para alavancar mais recursos e apoio técnico para os povos indígenas. Essa oportunidade precisa ser trabalhada tanto pelas organizações indígenas quanto pelos órgãos de governo comprometidos com os destinos dessas populações.

Apesar do grande apelo ambiental da Amazônia, a PNGATI deu visibilidade e demonstrou que existe uma enorme demanda e também muitas boas experiências sendo desenvolvidas para além de suas fronteiras. Novos projetos e investimentos precisam ser realizados junto aos povos indígenas do Nordeste e do Centro-Sul, que vivem realidades absolutamente conflitantes. Para tanto, outro desafio é recuperar e manter o nível de articulação governamental que a construção da Política provocou em determinado momento, pois essa articulação é fundamental tanto para a construção como para a execução de novos projetos.

É necessário que exista uma boa comunicação interna da Funai e desta com o MMA, MDA e demais órgãos de governo, incrementando os espaços de discussão e diálogo com o movimento indígena, suas representações regionais e com as organizações indigenistas. Essa almejada articulação deve resultar também num maior fortalecimento dos órgãos de governança da PNGATI, seu Comitê Gestor e os Comitês Regionais da Funai. Especial atenção precisa ser dada aos Comitês Regionais da Funai e esta precisa assumir estrategicamente a necessidade de fortalecimento, e em alguns casos reformulação dessas instâncias.

Sendo o principal resultado da reestruturação da Funai em 2010, os Comitês Regionais têm o importante papel de deliberar, com efetiva participação dos indígenas e seus parceiros, sobre a política indigenista, bem como orientar e monitorar a implementação da PNGATI na esfera regional, mas ainda não obtiveram a devida atenção do órgão indigenista oficial.

Em que pese o processo de reestruturação da Funai, instaurado há pouco mais de cinco anos, observa-se que nada ou quase nada mudou em seu modus operandi com relação à criação de instâncias internas mais democráticas de participação. As práticas tutelares persistem, apesar de muito se falar em consulta, protagonismo e participação indígena. Assim, a Funai de hoje não é nem uma coisa nem outra. Ficou a meio caminho da reestruturação e não dá mostras de ter fôlego e/ou vontade política para viabilizá-la plenamente ou, mais do que isso, atualizá-la e aperfeiçoá-la. Ao mesmo tempo, apesar da valorosa resistência e comprometimento de muitos servidores, percebe-se o aumento de uma certa "tecnificação", com a consequente despolitização dos processos.

A efetiva continuidade das ações da Política deve ocorrer, em princípio, por meio da própria execução do seu Plano Integrado de Implementação, amplamente pactuado no âmbito do seu Comitê Gestor. A emergencialidade característica do órgão indigenista oficial, seu esvaziamento de servidores e de orçamento, aliado ao contexto anti-indígena atual, tanto no Congresso como em setores do próprio governo, impõem enormes dificuldades para a construção de um projeto estratégico para a política indigenista no Brasil. A paralisação dos processos de demarcação vem acirrando os conflitos em diferentes regiões do Brasil, especialmente no sul da Bahia, Mato Grosso do Sul e região Sul, aumentando os casos em que a Funai precisa continuar "apagando incêndios".

Como criar condições para as bases de uma nova política indigenista nesse contexto? Em grande medida, a PNGATI poderia se constituir no pano de fundo para a construção desse processo, junto ao incremento da efetiva participação das organizações indígenas e indigenistas, o resgate da importância dos antropólogos na formulação e acompanhamento de políticas indigenistas, o investimento na formação qualificada e continuada de novos quadros indigenistas, o fortalecimento da Funai e a implementação das propostas da I Conferência Nacional de Política Indigenista. São questões que devem ser enfrentadas pelo governo e, talvez, ainda mais pela sociedade civil, cuja responsabilidade cresceu nesses tempos de instabilidades políticas e crises de governabilidade. *(outubro, 2016)*

GESTÃO TERRITORIAL E AMBIENTAL

"PNGATI é Resultado do Esforço do Movimento Indígena e Indigenista"

Entrevista à equipe de edição

EM NOVEMBRO DE 2015, MÁRIO NICÁCIO WAPICHANA, COORDENADOR-GERAL DO CONSELHO INDÍGENA DE RORAIMA (CIR), FOI ESCOLHIDO E INDICADO PELOS REPRESENTANTES INDÍGENAS PARA ASSUMIR A COORDENAÇÃO DO COMITÊ GESTOR DA POLÍTICA NACIONAL DE GESTÃO AMBIENTAL E TERRITORIAL DE TERRAS INDÍGENAS (PNGATI). EM JULHO DE 2016, ELE ESTEVE EM SÃO PAULO E FALOU AO ISA SOBRE SUA EXPERIÊNCIA COMO O PRIMEIRO INDÍGENA A OCUPAR A FUNÇÃO E AVALIOU O ANDAMENTO DA PNGATI, MAIS DE CINCO ANOS DEPOIS DE SUA CRIAÇÃO

Quais foram os antecedentes da criação da Política Nacional de Gestão Ambiental e Territorial de Terras Indígenas (PNGATI)?

Eu não vivi aquele tempo, mas as lideranças mais experientes e tradicionais falam muito da Eco 92. Eles colocam também que não pode ser "índio da Funai, do MMA, da Igreja ou da Sesai", tem que ser uma política de integração. A PNGATI é fruto do Projeto Gati [Gestão Territorial de Terras Indígenas], que conseguiu trabalhar com 32 TIs, mais no Cerrado, no Nordeste... Ela veio com essa meta de articular as atividades – etnodesenvolvimento, gestão, saúde, educação – para que possam realmente dar respaldo para as comunidades. A assinatura do Decreto [nº 7747] foi em 2012, mas ela só foi instalada em 2014. Demorou porque a PNGATI não tem recursos próprios, é uma política sem grana. Aí tem que articular com os ministérios e a cooperação internacional para poder viabilizar.

Como está funcionando a governança da PNGATI?

A PNGATI tem uma governança rotativa entre a Funai, o Ministério do Meio Ambiente (MMA) e o movimento indígena. Primeiro foi a Funai, agora é o movimento indígena e depois vai ser o MMA. A secretaria executiva é feita pela Funai, independente da coordenação política. Mas a gente discute muito essa estrutura. Na Funai, a gente não sabe se vai ficar na CGGAM [Coordenação Geral de Gestão Ambiental], porque é uma política pela qual a Funai é responsável como um todo. No MMA quem está acompanhando mais é a Secretaria de Extrativismo e Desenvolvimento Rural Sustentável (SEDR).

E como é a representação indígena dentro do comitê gestor da política?

É dividido por região, a maior que é a Amazônia tem dois representantes, o Nordeste também tem dois porque é a região com mais população, e o restante tem um cada um. Tem uma dis-

Mário Nicácio.

cussão mais política que as lideranças tradicionais fazem bem e tem outra discussão mais técnica, que é leitura, pesquisa, aí entra essa nova geração. Eu sou o mais novo lá e faço mais essa parte.

Essa proporção e esse modelo de representação é razoável, na sua avaliação?

No comitê de gestão, o MEC, o MinC, o Ministério da Saúde não têm uma cadeira, mas mesmo assim quem coordena [a PNGATI] têm que conversar [com estes ministérios], então tem que inclui-los [no comitê]. Também o Mato Grosso do Sul, por exemplo, tem muitos indígenas, mas pouca representação. E não só a representatividade, a questão também é ter condições de chegar nas comunidades com informações e poder enfrentar os problemas. Hoje, diversos ministérios tem ações com os povos indígenas, mas antes tinha uma abertura muito visível no MMA, com o PDPI [Projeto Demonstrativo de Povos Indígenas], o Gati, as ações de ponta. Mas não podemos ser vistos só por uma ação específica do MMA, porque não é só meio ambiente, é muito mais que isso. E nós estamos discutindo também como fortalecer a Funai. Estamos colocando esta pauta no CNPI, o Conselho Nacional de Política Indigenista, porque lá são mais ministérios. Mas ter essa governabilidade transversal e rotativa entre indígenas, MMA e a própria Funai é estratégico. Tem também o lado positivo de que essa Política é o resultado de uma discussão anterior. Agora, como isso chega nos municípios, nos estados? Como vou discutir com uma comunidade indígena que está do lado da minha e que não foi demarcada? Isso é um problema porque o Decreto excluiu isso, só pode trabalhar com terra que já foi identificada pela Funai. Eu que sou da TI Serra da Moça não posso discutir, por exemplo, com a comunidade Anzol, que fica bem perto mas não é demarcada. O Decreto não dá abertura para trabalhar com TIs que estão em processo de retomada ou identificação. Esse é um ponto questionável. Sempre colocamos que isso deve ser discutido no CNPI, mas o CNPI é só consulta, não é deliberativo, quem decide é o Governo – que no momento é o [Michel] Temer.

As políticas já elaboradas saíram ou estão saindo do papel?

Uma das atividades que deram certo foram os cursos de formação, nos quais participaram indígenas, indigenistas e o próprio governo, discutindo o que poderia ser feito em conjunto. Um exemplo foi uma atividade de implementação de uma ação conjunta com o ICMBio em Roraima, que eu conheço bem, na Ilha de Maracá [Esec Maracá], que faz fronteira com as TIs Boqueirão e Aningal. É uma ação positiva que surgiu dentro de um curso de formação. Tem um [curso] que está sendo realizado agora com os indígenas do Cerrado. Esse era um problema porque, muitas vezes, o dinheiro vinha da cooperação internacional e a maioria ia para a Amazônia. Achavam que índio só tinha na Amazônia e dissemos "não, tem que distribuir para as outras regiões". Aí conseguimos também pro Sul, pro Cerrado, Centro-Oeste. Essa é um pouco a discussão que nós fazemos no movimento indígena.

A PNGATI trouxe para o centro do debate a necessidade de construção dos Planos de Gestão Territorial e Ambiental (PGTAs) para Terras Indígenas. Como está ocorrendo esse processo?

Foram feitos muitos etnozoneamentos e etnomapeamentos em todo o país, uma das metas dos PGTAs. Está acontecendo, mesmo que a Política seja bem novinha e com toda a pressão contra os povos indígenas... Nas elaborações de PGTAs houve discussões como etno ou ecoturismo, mapeamento territorial e mudanças climáticas, que é um tema novo. Um outro projeto importante são os centros de formação, que nós implementamos junto com as universidades e institutos federais em cada estado ou com as entidades indigenistas. Outro são as atividades em ecologia, manejo de água, que nós tivemos lá em Roraima, que eu conheço mais. Também os intercâmbios que nós fazemos entre os povos. Lá em Roraima foram parentes do Nordeste e os de Roraima foram para lá. Tem também o trabalho com as sementes, de produção e comercialização. Agora, o que falta e estamos cobrando é ter subsídio para divulgar os trabalhos a nível local, regional e nacional. Em Roraima, hoje, nós temos uma parceria interessante com a universidade federal [UFRR], que tem um curso específico de gestão territorial. Há sete PGTAs, mas poucas ações de fato sendo implementadas. Avaliamos que não vale a pena criarmos 80 PGTAs e não conseguirmos viabilizar. A ideia é tentar fazer a integração com o estado, os municípios, e por isso estamos trabalhando a formação dos indígenas mesmo, não só do coordenador de organização, para poder articular isso tudo nas TIs. Mas nós vemos a elaboração como uma ação positiva. Todo mundo fala: "um projeto que vai até a comunidade é o PGTA", mas precisa ainda levar mais informações. Hoje eu não consigo porque não tem recurso para correr as cinco regiões. Esses dias aqui em São Paulo, por exemplo, conversando com Iepé, ISA e outras entidades para saber o que o que vem sendo feito junto com os parentes indígenas é muito importante.

Como você disse, muitas iniciativas já existiam antes da PNGATI, que é uma política sem recursos. Na sua avaliação, qual a diferença que esta política faz na prática?

Nós do comitê gestor vemos que, independente de financiamento com recursos públicos (que é uma tragédia para as organizações indígenas, pelo tamanho da burocracia), a PNGATI deu mais segurança, porque você chega com um documento que é um Decreto, um projeto do Estado. Mas nós também precisamos que os municípios e estados possam implementar as políticas de território e cidadania.

Então, mesmo sem recursos, o Decreto produz um efeito positivo sobre os gestores públicos, ajuda no diálogo e convencimento sobre a importância dos projetos nas TIs...

Sim, e hoje em dia também existem as Secretarias do Índio nos municípios e estados, mas isso é muito relativo, porque os atores de governo são muito diferentes. Uma coisa é você discutir no CNPI com oito membros do Governo [Federal], outra é você discutir nos municípios e estados, com senadores e deputados ruralistas. Essa é uma dificuldade para alavancar novas possibilidades de apoio financeiro para os projetos nas comunidades.

Como você disse, em muitas TIs nem se sabe da existência da PNGATI. Mas, de um modo ou outro, os povos indígenas têm que lidar com uma nova forma de territorialidade, a Terra Indígena. Primeiro o desafio da demarcação; depois o de gerir as terras delimitadas. Como você vê essas discussões?

Uma das avaliações, agora no Acampamento Terra Livre, é que as conquistas que foram feitas precisam ser informadas nas comunidades, não só pelos indígenas, mas pelas entidades públicas. Uma das estratégias é usar a estrutura da Sesai, que tem em todo canto, além da Funai, para informar e fazer a formação das lideranças. Muitas vezes as pessoas acham que a PNGATI só trabalha com gestão e meio ambiente, mas envolve toda a política na ponta, saúde, educação, está tudo nos sete eixos. E é preciso que essas discussões sejam feitas nas TIs, que o próprio CNPI, que é o conselho de governança da PNGATI, também possa trabalhar na base. E a Funai tem que fazer cooperações urgentes através do Ministério da Justiça, mas parece que não tem um interesse claro do Estado brasileiro. Muitas vezes, são os indígenas e indigenistas que levam essa discussão, mas acaba sendo o "filho de ouro" do Estado, que diz "olha, nós temos uma política de gestão, proteção e conservação junto com os povos indígenas e quilombolas". Mas, na prática, nós vemos outra realidade, de corte de financiamentos e de retirada de espaços públicos já conquistados. É o caso do MDA [Ministério do Desenvolvimento Agrário], onde foi enfraquecida a estrutura do Incra, que muitas vezes ajudava as populações tradicionais e indígenas, e fragilizou muito esse apoio, que faz parte da PNGATI.

Você mencionou a complicada burocracia que as organizações indígenas enfrentam para acessar e gerir projetos com recursos públicos. Como estão os pedidos das organizações indígenas para acessarem diretamente os recursos do Fundo Amazônia? Nós sabemos que é um fundo muito difícil de acessar. As exigências que o BNDES coloca são superiores às da União Europeia, que é um financiador bastante exigente, ou do modelo implantado no PDPI. Não limita muito o acesso?

Sim. Nós tivemos uma reunião lá em Oslo sobre o Fundo, enviamos a Joênia [Wapixana, advogada]. E houve esse questionamento para o Governo norueguês, que a doação para o Brasil nessa linha de conservação, proteção e gestão estava sendo administrada pelo BNDES, que tem uma outra visão de proteção de territórios. E você trabalhar proteção na Amazônia é você cair na realidade do que acontece. Levamos também para a Embaixada da Noruega a possibilidade de criação de um programa que possa ser o guarda-chuva para poder atender essa iniciativa.

Qual sua expectativa sobre o futuro da PNGATI?

O trabalho da PNGATI é o resultado do esforço do movimento indígena e indigenista. E nós estamos num cenário político muito conservador do Estado brasileiro, mas existe muita esperança de que nós possamos reverter ainda. Não é de hoje que nós enfrentamos vários problemas. E a PNGATI é mais uma política que veio para reforçar o que as comunidades pretendem fazer sobre os seus territórios, para gerenciar as conquistas que já foram feitas. Essa geração um pouco veio para reforçar o que já foi conquistado e também para participar dessas lutas correntes que acontecem todo dia no Brasil e no mundo afora. Então esse é o alerta que nós fazemos como lideranças indígenas preocupadas com o que está ocorrendo hoje no Brasil. *(novembro, 2016)*

MINERAÇÃO

Interesses Minerários nas TIs da Amazônia Legal

Equipe de edição

A MINERAÇÃO CAUSA FORTES IMPACTOS SOCIOAMBIENTAIS E, APESAR DE NÃO SER PERMITIDA EM TIS, PARLAMENTARES LIGADOS À ATIVIDADE TRABALHAM PELA APROVAÇÃO DE UM PROJETO DE LEI PARA LIBERÁ-LA, CONFIGURANDO UMA GRANDE AMEAÇA AOS POVOS INDÍGENAS NO BRASIL

Altamente impactante, a mineração pode contaminar os cursos d'água, o solo e a fauna e flora locais. Além disso, historicamente, expõe os povos indígenas diretamente afetados a graves situações de violência. O parágrafo terceiro do artigo 231 da Constituição Federal de 1988 estabelece que "a pesquisa e a lavra das riquezas minerais em Terras Indígenas só podem ser efetivados com autorização do Congresso Nacional, ouvidas as comunidades afetadas, ficando-lhes assegurada participação nos resultados da lavra, na forma da lei". Os interessados em realizar atividades minerárias em TIs podem ser apenas apresentar requerimentos para garantir a prioridade da exploração futura, também chamados de pretensões ou interesses minerários.

O PL 1610/1996 de autoria do senador Romero Jucá (PMDB/RR), que tramita há 20 anos no Congresso Nacional, propõe alterar a Constituição e liberar a atividade em TIs, retirando dos indígenas o direito de dar a palavra final sobre a entrada de empresas mineradoras em suas terras. Muitas das TIs que são objeto de pretensões minerárias já estão cercadas por empreendimentos deste tipo ou são alvo de invasões garimpeiras.

Atualmente (12/2016), na Amazônia Legal, são 177 Terras Indígenas com interesses minerários em seus territórios, com incidência de mais de 4 mil requerimentos, que somados representam 24,5% da extensão das TIs na Amazônia Legal. As informações sistematizadas a seguir foram extraídas do Sistema de Informações Geográficas da Mineração do Departamento Nacional de Produção Mineral (DNPM) e integradas ao Sistema de Informações Georreferenciadas sobre Terras Indígenas do ISA.

Para informações detalhadas caso a caso, acesse a plataforma virtual em:<https://terrasindigenas.org.br>.

PROCESSOS MINERÁRIOS INCIDENTES EM TIS

Nº de TIs com processos	Nº de processos incidentes	Extensão total das TIs (ha)	Extensão coberta por processos (ha)	% cobertas por processos
177	4.181	81.717.752	28.103.079	46,57

TÍTULOS IRREGULARES INCIDENTES EM TIS[1]

Autorização de pesquisa	114
Licenciamento	15
Concessão de lavra	4
Total	**133**
Processos Minerários[2]	
Requerimento de pesquisa	3.854
Requerimento de lavra garimpeira	115
Disponibilidade	63
Requerimento de lavra	10
Requerimento de licenciamento	5
Requerimento de registro de extração	1
Total	**4.048**

[1] Que devem ser revogados já que a Lei que regulamenta mineração em TIs não foi aprovada.

[2] Por enquanto são pretensões.

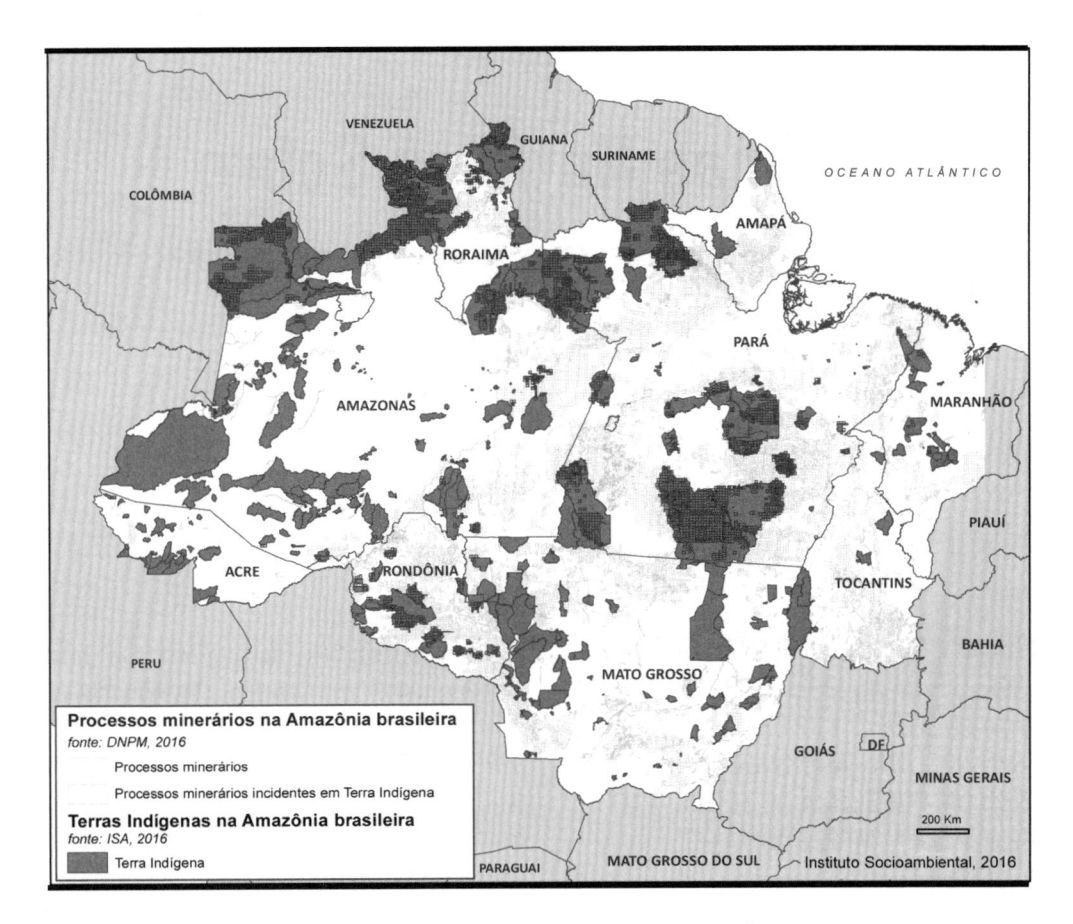

Processos minerários na Amazônia brasileira
fonte: DNPM, 2016
- Processos minerários
- Processos minerários incidentes em Terra Indígena

Terras Indígenas na Amazônia brasileira
fonte: ISA, 2016
- Terra Indígena

Instituto Socioambiental, 2016

TIS COM TODO SUBSOLO REQUERIDO POR INTERESSES MINERÁRIOS

Terra Indígena	Área da TI	Nº de processos	Área com processos
TI Capivara	650,65	2	650,65
TI Guapenu	2189,77	3	2189,77
TI Miguel/Josefa	1677,64	2	1677,64
TI Natal/Felicidade	259,15	1	259,15
TI Itaitinga	108,13	1	108,13
TI Morro Branco	49,25	1	49,25
TI Paracuhuba	941,77	1	941,77
TI São Pedro	616,62	1	616,62
TI Recreio/São Félix	243,56	1	243,56
TI Padre	802,84	1	802,84

TIS COM MAIOR NÚMERO DE PROCESSOS

Terra Indígena	Nº de processos
TI Yanomami	678
TI Menkragnoti	396
TI Alto Rio Negro	387
TI Kayapó	236
TI Baú	218
TI Waimiri Atroari	193
TI Rio Paru d'Este	174
TI Mundurucu	165
PI Tumucumaque	164
TI Trombetas/Mapuera	146

DEZ TIS COM TÍTULOS IRREGULARES

Terra Indígena	Nº de processos	Tipo de processo
TI Kaxuyana-Tunayana	17	Autorizações de pesquisa
TI Rio Paru d'Este	15	Concessão de lavra/ Autorizações de pesquisa
TI Kayapó	13	Licenciamento/ Autorizações de pesquisa
TI Trombetas/Mapuera	10	Autorizações de pesquisa
TI Apyterewa	7	Autorizações de pesquisa
TI Jauary	7	Autorizações de pesquisa
TI Xipaya	5	Autorizações de pesquisa
TI Kuruáya	4	Concessão de lavra/ Autorizações de pesquisa
TI Vale do Guaporé	4	Licenciamento
TI Camicuã	3	Licenciamento

(fevereiro, 2017)

ANTROPOCENO

Últimas Notícias Sobre a Destruição do Mundo[1]

Eduardo Viveiros de Castro | Antropólogo, professor do Museu Nacional/UFRJ

AO CABO DE 500 ANOS, OS DESCENDENTES DOS EUROPEUS QUE INVADIRAM AS AMÉRICAS ESTÃO CONSEGUINDO, FINALMENTE, O QUE PRETENDIAM: ACABAR COM OS ÍNDIOS. MAS AGORA QUE O FIM DO MUNDO SE TORNOU UM PROBLEMA DE TODOS, SÃO OS POVOS INDÍGENAS QUEM MAIS PODEM NOS ENSINAR SOBRE ISSO[2]

Se me perguntassem qual o problema mais importante hoje no mundo, eu diria sem hesitar que é a entrada do planeta em um novo regime de equilíbrio termodinâmico, resultado da ação humana ou, mais precisamente, da sedimentação de diversas ações de certos setores da população humana localizados em certas partes do planeta ao longo dos últimos 250 anos, a partir da Revolução Industrial e do uso intensivo de combustíveis fósseis.

Em 2014, o primeiro grande escrito de Curt Unkel Nimuendajú completou 100 anos de sua publicação: "As lendas da criação e destruição do mundo como fundamentos da religião dos Apapocúva-Guarani". Achei apropriado homenagear esse centenário com um título que fizesse referência ao tema dos mitos, a saber, a especulação indígena sobre a origem e o fim do mundo. Assim, homenageio também a sabedoria e a resistência do povo Guarani.

O que vemos hoje é o retorno súbito, inesperado e crescente às inquietudes cosmológicas dos povos originários e das civilizações do passado (o ocidental inclusive), as quais, como observa Bruno Latour em um livro recente, "percebemos subitamente que não eram assim tão infundadas"[3]. Tratarei aqui dessa relação entre as inquietudes cosmológicas "antigas", como ele diz – das quais o livro de Nimuendajú seria um bom exemplo – e as inquietudes cosmológicas contemporâneas, das quais o livro do Latour e uma quantidade de outros são um testemunho.

O tema é pertinente de várias maneiras para nós, hoje. Em primeiro lugar, porque os Guarani, hoje mais do que nunca, estão se tornando um símbolo concreto da ofensiva final em curso contra os povos indígenas brasileiros. O seu mundo, esse mundo de que falava Nimuendajú, o mundo de criação e destruição, está de fato, sendo destruído. Mas o "nosso mundo" também.

Ainda que o mundo de todos os povos indígenas no Brasil tenha, em certo sentido, acabado já em 1500, avassalado por um outro mundo; ainda que o que lhes resta de mundo não vá porém acabar assim tão facilmente quanto certos agentes econômicos e políticos desejam, o fato é que, se alguma coisa nos interpela hoje, é a ligação entre a expressão "destruição do mundo" e o etnônimo "Guarani" – o que vemos acontecer hoje no Mato Grosso do Sul em particular. Ou seja, o mundo deles está, de fato, acabando – ou melhor, sendo acabado – pelos brancos, escusado dizer. Por uma espécie muito particular de brancos. E é também um certo mundo, um certo Brasil que vai se acabando junto com esse mundo.

Assim, escolho os Guarani para falar sobre destruição do mundo por eles serem hoje um símbolo particularmente pungente e ultrajante desse massacre físico, jurídico e político de que são alvo os povos indígenas. Ao cabo de 500 anos, os descendentes dos europeus que invadiram as Américas estariam conseguindo, finalmente, o que pretendiam desde o começo, a saber, acabar com os índios, depois de sitiar, cercar e envenenar o mundo deles? Eu poderia ter escolhido outros povos, cujo destino é ainda mais absurdo. Poderia ter escolhido os Akuntsu, que estão reduzidos a cinco pessoas em Rondônia, ou tantos povos que foram reduzidos a uma, duas, três pessoas, e outros tantos que desapareceram sem deixar sequer memória ou nome.

Mas poderia ter escolhido, ao contrário, os Panará, um povo que quase se extinguiu mas renasceu, por conta do esforço de outros brancos, esses poucos outros que esses muitos que querem acabar com os índios. Poderia ter escolhido ainda os Maia da Mesoamérica como símbolos do fim do mundo, por conta do boato bobo – mas nem por isso sem significação – de que eles teriam previsto o fim do mundo para dia 21 de dezembro de 2012. Mas escolho os Guarani porque, para muitos deles pelo menos, o inverso absoluto da "Terra sem Males" parece estar sendo atingido hoje. Um mundo sem terra e um mundo só males. Males sem terra.

Outra razão é que os Guarani também continuam especulando sobre o fim do mundo. Um certo fim de um certo mundo, com um certo número de consequências. Nimuendajú insistiu muito que os Guarani eram senhores de um pensamento especulativo pleno, uma reflexão escatológico-filosófica altamente elaborada. Daniel Pierri, em trabalhos recentes[4], restaura os direitos especulativos desse pensamento, contra a voga hipercriticista e "materialista" que recusou qualquer tipo de fundamento religioso aos deslocamentos territoriais dos Apapocúva-Guarani, em nome de considerações ecológicas. (Não deixa de ser irônico que um dos principais avalistas dessa interpretação antirreligiosa tenha sido um jesuíta, grande autoridade nos Guarani).

Pierri mostrou que a especulação cosmológica, escatológica e filosófica dos Guarani não é separável e menos ainda excludente de uma reflexão sobre as condições materiais de existência desses povos. Essa oposição simplista que, na verdade, dominou nas últimas décadas um debate acadêmico entre os que defendiam a motivação puramente religiosa ou a motivação puramente material da busca da Terra sem Males é uma oposição insubsistente. O pensamento especulativo guarani, como todo pensamento especulativo, é necessariamente correlacionado a determinadas condições materiais de existência. Mas uma reflexão não é um reflexo. Esse pensamento é uma reflexão filosófica feita a partir das condições históricas de opressão e de dominação que os povos guarani sofreram ao longo de cinco séculos.

Por fim, o tema me pareceu relevante porque nós também, os brancos, andamos especulando freneticamente sobre o fim do mundo. O problema do fim do mundo e as lendas sobre a destruição do mundo – "lendas", isto é, narrativas de toda sorte, científicas e outras – tornaram-se um assunto dominante para todos. Ou antes, "todos" é que se tornou uma categoria altamente problemática, a partir do momento em que o problema do fim do mundo tornou-se um problema de todos.

A IDADE DO HUMANO

O problema com o qual nós todos nos defrontamos hoje é a nossa entrada naquilo que vem sendo chamado de Antropoceno, ou seja, Idade do Humano. Antropoceno é o nome de uma nova época geológica. Nome e época que foram propostos por um químico atmosférico, Paul Crutzen, um especialista no sistema atmosférico da Terra, e Eugen Stoermer, um biólogo. Na verdade, a partir do momento em que a Guerra Fria tornou o inverno nuclear um problema possível, e, em certo momento, provável, a Climatologia entrou em uma nova etapa, em que o problema de uma mudança climática global começou a se colocar[5].

A analogia não é ocasional. Há uma relação entre o modo como a crise nuclear e a Guerra Fria foram vividas entre os anos 1940 e 1960 e o que hoje estamos vivendo sob o nome equivocado de "crise ambiental". Antropoceno, então, foi proposto por esses cientistas para designar uma nova época, dentro do período Quaternário. A ideia é que o Holoceno acabou, está acabando, ou teria acabado. Estaríamos entrando em um período da história do planeta sob cujas condições climatológicas – e outras – no qual jamais vivemos, e que durará provavelmente muito mais tempo do que a espécie que o batizou.

O nome Antropoceno foi sugerido para designar isto: entramos numa nova época geológica que é uma nova era antropológica, estamos indo em direção a um outro mundo. Um mundo que não é mais o da Era moderna, nem mais o da Era Humana, no sentido de dominância da espécie *Homo sapiens* sobre o ecúmeno – um mundo no qual nós não temos ideia exata do que vai acontecer. Há uma série de projeções e especulações – algumas muito parecidas com as narrativas guarani – sobre os vários modos possíveis pelos quais o mundo vai acabar. Assim, há várias estimativas sobre quantos graus a mais de temperatura média da Terra serão necessários para que nós fritemos de vez. Quanto tempo vai levar para que atinjamos 2, 3, 4, 6 graus Celsius a mais? Os cenários são tão inquietantes quanto aqueles previstos na escatologia dos xamãs guarani.

Mas nem "todo mundo" está preocupado com o Antropoceno, nem com a crise climática. Quando digo que este é um problema de todos, não quero dizer que todos achem que é um problema de todos – assim como suponho que nem todos os Guarani estejam necessariamente preocupados com o fim do Mundo como um todo. Mas vários Guarani, cuja opinião nós devemos levar a sério, estão. Vários xamãs e pensadores guarani estavam e estão; continuam pensando no problema do fim do mundo.

Eu lembro, mais uma vez, que a palavra Antropoceno também foi criada para designar uma coisa que antigamente chamava-se "aquecimento global". Esse termo descritivo foi censurado pelo Partido Republicano norte-americano e eufemizado em "mudança climática" porque, enfim, "aquecimento global" é um pouco mais inquietante que "mudança climática", não é mesmo? Na verdade, a mudança climática é apenas uma das muitas mudanças pelas quais a Terra está passando. Ela tornou-se o ícone, ou a sinédoque, para essas mudanças todas, que incluem a acidificação dos oceanos, a extinção da biodiversidade, o excesso de nitrogênio no solo etc.

Essa nova era é uma era que tem o nosso nome, mas esse nome não foi dado para nos elogiar, nem para nos homenagear: foi dado para dizer que "o Homem" tornou-se uma força geofísica. Muitos argumentam que não foi a humanidade inteira, que foi o Capitalismo, que foram as classes privilegiadas, as nações perdulárias de energia e freneticamente consumistas. Verdade. Não foi toda a humanidade que se tornou uma força geofísica. Mas o fato é que se diz também que "o homem chegou à Lua" e não foram todos os homens que pisaram na Lua. Foram doze estadunidenses do sexo masculino, no total.

A ação antrópica sobre o ambiente é maciçamente originária dos países que são grandes consumidores de combustíveis fósseis e de energia em geral, mas ela tem efeitos sobre toda a população humana (e não humana) do planeta. E sabemos que a população mundial tende a adotar cada vez mais – o Brasil é um exemplo espetacular disso – padrões de consumo energético modelados por aqueles dos países que, justamente, conduzem a "mudança climática", as locomotivas antropocênicas. Antropoceno, então, significa, antes de mais nada, uma situação de inversão de papéis na relação entre o que chamávamos de "humanidade" e o que chamávamos de "ambiente". A espécie, parte do macroambiente terrestre, tornou-se um fator fortemente desestabilizador do ambiente — como se tivesse se tornado ela própria o "ambientante" (o determinante), e o "ambiente" se tornado o "ambientado" (o determinado).

A TERRA COMO AGENTE POLÍTICO

Há uma palavra complementar a Antropoceno: Gaia, a deusa grega da Terra, que sugere exatamente a inanidade cosmológica desse movimento de inversão entre figura e fundo. O humano tornou-se uma força geofísica na mesma medida em que a Terra tornou-se um interlocutor, um personagem, um ator político com o qual os homens tem que se haver. A ideia de que havia uma escala de tempo geológica e uma escala de tempo antropológica, e de que essas escalas eram de ordens completamente diferentes, tornou-se obsoleta.

O que se vê hoje, assim, é o colapso dessas escalas, uma tendência à convergência entre elas, a tal ponto que há fenômenos geológicos acontecendo com mais rapidez que fenômenos antropológicos. Os parâmetros biogeofísicos do planeta que habitamos parecem estar mudando mais rápido que as sociedades humanas. Isto é, houve mudanças na estrutura da atmosfera, na circulação dos ventos, em todos os parâmetros termodinâmicos do planeta, numa velocidade maior que a das mudanças de sistemas sociais – o que é, no mínimo, irônico e, no máximo, apavorante.

Alguns chamam este momento de crise ambiental. Isabelle Stengers[6], contudo, afirma que "crise" é um péssimo termo para descrever o que está acontecendo, porque ele pressupõe que se vá sair de tal crise. Mas nós não vamos sair do que está acontecendo, porque já aconteceu. Estamos sentindo o efeito de ações que já aconteceram há muitos anos, e as ações de hoje só terão efeito muitos anos depois. O tempo, portanto, saiu dos seus eixos. O passado está determinando o presente de um modo inesperado, ou, para sermos mais diretos, desesperador. Essa situação de crise que não é crise – Stengers a chama de catástrofe ambiental – foi, naturalmente, caracterizado pejorativamente como "catastrofismo", uma visão pessimista, melancólica, "apocalíptica" – visão que, de resto, coincide com caracterização que Nimuendajú fez da visão de mundo dos Guarani. Os Guarani seriam, segundo ele, um povo obcecado pela questão do fim do mundo, um povo dominado pela melancolia e com uma visão francamente pessimista em relação ao mundo.

Essa atitude era, para Nimuendajú, própria de um povo cansado – cansado de lutar, cansado de perder, cansado de ser perseguido – e que dizia que não só eles próprios estavam cansados, mas que a Terra estava cansada. A Terra estava pedindo a *Nhanderuvuçu* que acabasse com ela, porque ela estava exausta. Havia muitos mortos enterrados dentro dela e ela estava querendo ser destruída para ser renovada; o tema da renovação é importante no catastrofismo guarani. Evidentemente, a ideia de uma melancolia e pessimismo guarani ecoa com a nossa atual situação de melancolia e pessimismo.

Para voltarmos à Terra sem Males. O que vemos hoje é uma acumulação de males, que ameaçam tornar-nos a todos uma gente "sem Terra". Nós seremos os "sem Terra" no sentido planetário, os sem-mundo. Lembro aqui uma frase de Günther Anders[7], escrita durante a crise nuclear, que me parece mais atual do que nunca: "Invejamos a alternativa 'mau mundo ou bom mundo'. Com o fim que nos ameaça hoje, a alternativa é entre 'mundo ou não mundo'".

Anders estava pensando, evidentemente, na ameaça nuclear, cujas analogias com a "crise" ambiental são inúmeras, mas cujas diferenças também são grandes. A catástrofe nuclear seria muito provavelmente mais súbita e brutal. A "crise" ambiental, ao contrário, não é um evento pontual, é um processo multidimensional, multicêntrico e multifatorial, sistêmico; ele não depende de um botão ou de um telefone vermelho. Além do que, é algo que já aconteceu, enquanto a crise nuclear era sempre algo que estava para acontecer. E que não deixou de ainda poder acontecer.

Bruno Latour[8] entende hoje que estamos num estado de guerra. Essa guerra é entre o que ele chama com ironia de "os humanos" – que são, na verdade, os modernos, aqueles que se consideram a vanguarda do *front* de modernização que vai conquistar todo o planeta e levá-lo, assim pensam eles (ou fingem pensar), para o Milênio do consumo padrão americano – e "os terranos", todos aqueles povos e espécies que se veem ameaçados pela ofensiva modernizadora e "progressista". Há então uma guerra entre os "terranos" e os "humanos", e é preciso decidir de que lado se está.

Essa decisão não será tomada na base de argumentos científicos, por uma simples razão: o consenso científico é maciço de que existe uma grande catástrofe ambiental em curso, e que essa crise é de origem antrópica. Isso não impede, entretanto, que uns poucos cientistas (vários deles a soldo das grandes corporações de energia e/ou bioindustriais) e muitos políticos (idem) contestem esse consenso dizendo "não é bem assim", "não é antropogênico", "para tudo há uma solução tecnológica" etc.

A ciência pode apresentar os dados mais irrefutáveis: isso não impedirá a controvérsia de continuar, pois não é uma controvérsia entre ciência e não ciência, é uma controvérsia política. Uma controvérsia que se resume à pergunta: em que tipo de mundo, em que regime da Terra, queremos viver? Não se trata apenas de responder à questão com argumentos científicos, mas sim de tomar decisões existenciais, isto é, políticas.

ESPECIALISTAS EM FIM DE MUNDO

Essa é uma questão que concerne diretamente aos índios. Eles, entre outras tantas minorias extramodernas do mundo, são uma resposta viva a essa pergunta. Eles são a resposta que consiste em dizer: "Existem outras formas de viver; existem outros tipos de mundo que esse no qual vocês vivem".

Há uma ponte que liga a cosmoescatologia especulativa dos índios americanos em geral com a nossa presente experiência da "intrusão de Gaia" (Stengers)[9], ou do fim do mundo. Essa ponte dá aos índios uma oportunidade inesperada, porque eles são especialistas em fim de mundo: pois seu mundo não acabou há cinco séculos, e no entanto eles resistiram, e continuam aí? Os índios, suspeito, se tornarão mais requisitados do que nunca neste momento em que vivemos uma situação parecida, em escala mundial, ao que eles viveram nos séculos XVI e XVII.

Ao propor a ideia de uma guerra entre os "terranos" e os "humanos", Latour, na verdade, não acredita que os povos ameríndios possam ser os "terranos". "Nenhum desses povos chamados tradicionais", diz ele, "cuja sabedoria nós frequentemente admiramos, me parece preparado para *scale up* seus modos de vida até as dimensões das gigantescas metrópoles técnicas em que a raça humana está cada vez mais encurralada", sustenta.[10]

Se com a época moderna, porém, história humana e história geológica entraram em convergência, e as escalas entraram em colapso, não vejo por que magnitudes demográficas possam ser usadas como argumento. Latour tampouco considera a possibilidade de que esses povos e sua "pobreza" tecnológica possam vir a ser um recurso crucial para um futuro pós-catastrófico. Pois talvez sejamos nós, os povos industrializados, fóssil-combustibilizados, internetizados, transgenizados, estabilizados farmacologicamente, que teremos que *scale down*, e não os índios que terão que *scale up*.

A ONU estima em 370 milhões de pessoas o número de minorias indígenas no planeta; a minoria não é tão pequena assim. De resto, quem é que sabe o que acontecerá com a demografia humana nos próximos cem anos, se houver um aumento de 4ºC na temperatura? Sem esquecermos que, se todas as sete bilhões de pessoas vivessem como vivem os 300 milhões de norte-americanos, seriam preciso cinco ou seis planetas Terra.

Os povos nativos das Américas têm muito a nos ensinar sobre fins de mundo e sobre perdas de mundo, catástrofes biológicas e terminações históricas, visto que seu mundo já acabou. Acabou em 1492, para ser mais exato. E, não obstante, eles continuam aí, sobrevivendo, vivendo em um mundo que não é mais deles, tentando recuperar parte de seu mundo perdido e esperando que os brancos não destruam, se possível, o seu próprio mundo – isto é, deles, brancos, agora nosso mundo comum, depois de terem destruído o mundo dos índios.

Eu comecei com os Guarani e termino com os Maia. Com a invasão da América pelos europeus no século XVI, os Maia foram, como todos os demais povos nativos do continente, literalmente dizimados. O extermínio a ferro e fogo – e a vírus – dos povos ameríndios, o fim do mundo para eles, foi o começo do mundo moderno para nós. Sem a espoliação da América, a Europa jamais teria deixado de ser um mero fundo de quintal da Eurásia, continente que, durante a Idade Média, abrigava civilizações imensamente mais ricas e sofisticadas que a civilização europeia. Sem o saque das Américas, não haveria Capitalismo, nem Revolução Industrial.

E com tudo isso, apesar de terem passado por sucessivos fins de mundo, de terem sido reduzidos a um campesinato pobre e oprimido, de terem tido seu território retalhado e administrado por diversos Estados nacionais, os Maia continuam a existir: sua população aumenta, sua língua floresce, seu mundo resiste – diminuído, mas irredento.

Por fim, são os Maia que nos oferecem hoje o exemplo de uma insurreição popular bem-sucedida. Esta rara revolta, o movimento zapatista, é um exemplo possível de "sustentabilidade", no sentido ecológico e político do termo. Os Maia, portanto, que viveram vários fins de mundo, mostram-nos hoje como é possível viver depois do fim do mundo.

Como é possível desafiar o Estado e o Mercado e fazer valer o direito à autodeterminação dos povos? É nesse sentido que especialistas em fim de mundo, os índios – os Maia, os Guarani e todos os outros – têm muito a nos ensinar. Nós, que agora estamos no início do processo de transformação do planeta em algo parecido com a América do século XVI: um mundo invadido, arrasado e dizimado por bárbaros estrangeiros. No caso, nós mesmos. *(janeiro, 2017)*

NOTAS

[1] Para Debi, companheira na esperança apesar de tudo.

[2] Texto editado a partir da III Conferência Curt Nimuendajú, ministrada pelo autor em dezembro de 2013, a convite do Centro de Estudos Ameríndios da Universidade de São Paulo (CestA/USP), cuja íntegra está disponível em vídeo: <https://vimeo.com/81488754>. A conferência se inspirou largamente no livro de Déborah Danowski e Eduardo Viveiros de Castro, *Há Mundo Por Vir? Ensaio sobre os Medos e os Fins*, então em elaboração e posteriormente publicado (Desterro: Cultura & Barbárie/Instituto Socioambiental, 2014).

[3] *Enquête sur les modes d'existence. Une anthropologie des Modernes*. Paris: La Découverte, 2012.

[4] D. Pierri, "Como acabará essa terra? Reflexões sobre a cataclismologia guarani-mbyá, à luz da obra de Nimuendajú" (Tellus, 24, 2013); id., "O dono da figueira e a origem de Jesus, Uma crítica xamânica do cristianismo" (Revista de Antropologia, 511, 2014).

[5] P. Crutzen foi um dos formuladores da teoria do "inverno nuclear".

[6] I. Stengers, No tempo das catástrofes: resistir à barbárie que se aproxima. São Paulo: Cosac Naify, 2015.

[7] G. Anders, Le temps de la fin. Paris: L'Herne, 2007.

[8] Ver Face à Gaia. Huit conférences sur le nouveau régime climatique. Paris: Les Empêcheurs de Penser en Rond/La Découverte, 2016.

[9] Op.cit.

[10] Essa passagem foi tomada da versão inicial do livro Face à Gaia, a saber, as Gifford Lectures ministradas por Latour em Edinburgo em 2013, que circularam amplamente na internet antes da publicação do livro supracitado, o qual retoma e reavalia várias das afirmações feitas nas conferências Gifford. O livro de Danowski & Viveiros de Castro dialoga centralmente com estas últimas.

MUDANÇAS CLIMÁTICAS, ORGANIZAÇÕES E POVOS INDÍGENAS

Os últimos anos marcaram a definitiva inserção dos povos indígenas no debate sobre as mudanças climáticas. Em 2009 o tema foi destaque na turma de Gestão Etnoambiental do Centro Amazônico de Formação Indígena (Cafi), da Coordenação das Organizações Indígenas da Amazônia Brasileira (Coiab), resultando na publicação Mudanças Climáticas e Povos Indígenas. A publicação traz, de forma resumida e em linguagem simples, explicações sobre o que são as mudanças climáticas e suas relações diretas e indiretas com povos indígenas e seus territórios.

A inclusão do tema em processos formativos contribuiu para fortalecer a participação dos indígenas brasileiros no Caucus Indígena, espaço de mobilização dos povos indígenas na Convenção do Clima. Em 2011, na 17ª Conferência das Partes da Convenção do Clima (COP-17), realizada em Durban, África do Sul, quatro representantes indígenas da Coiab participaram do encontro. O Instituto de Pesquisas da Amazônia (Ipam) elaborou vários estudos sobre o papel das Terras Indígenas da Amazônia para a regulação do clima global, bem como pesquisas mais recentes sobre a vulnerabilidade das Terras Indígenas às mudanças climáticas, contribuindo para gerar subsídios importantes para a participação dos povos indígenas do Brasil nos debates.

Em 2014, na 20º Conferência do Clima, em Lima, Peru, pela primeira vez houve um espaço de eventos específico para os Povos Indígenas, o Pavilhão Indígena, que desde então passou a ser parte fundamental da estrutura das COPs. Essas oportunidades ampliaram a visibilidade dos povos indígenas no âmbito da Convenção, apesar da ausência formal deles como partes nas negociações.

Os relatos dos impactos das mudanças climáticas nos territórios indígenas têm contribuído para o debate sobre adaptação às mudanças climáticas. Mudanças percebidas pelas comunidades, como maior incidência de fogo, diminuição da fauna, incluindo polinizadores, baixa produção de alimentos e escassez de matéria prima para construção, são algumas das evidências que tem sido relatadas.

Mais recentemente, a Funai, com apoio do Ipam e participação da Associação dos Povos Indígenas do Brasil (Apib), criou o Comitê Indígena de Mudanças Climáticas (CIMC), com o objetivo de instituir um espaço de discussão para subsidiar a participação indígena nas negociações, nacionais e internacionais, como também permitir trocas de informações sobre estratégias de adaptação às mudanças climáticas nas Terras Indígenas.

Durante a COP de Paris as organizações indígenas Apib, Associação dos Povos Indígenas do Nordeste, Minas Gerais e Espírito Santo (Apoinme), Coiab e o Comitê Indígena de Mudanças Climáticas assinaram carta endereçada à presidente Dilma Rousseff pedindo revisão da Comissão Nacional de Redd+, cuja composição prevê apenas dois representantes da sociedade estando em desacordo, inclusive, com a salvaguarda de participação para REDD+ previstas nos Acordos de Cancun pela UNFCCC.

O governo não acatou a proposta, mas a Apib foi indicada para ocupar uma das vagas titulares da Comissão. A escolha foi feita em março de 2016, em reunião do Fórum Brasileiro de Mudanças Climáticas. O Observatório do Clima, rede de organizações não governamentais atuantes no tema foi indicado como suplente. A outra vaga da sociedade civil foi ocupada pelo Conselho Nacional das Populações Extrativistas (CNS), com suplência da Carta de Belém, uma coalizão de entidades socioambientais que se opõe ao REDD+. Apesar das limitações e dificuldades, as organizações Indígenas brasileiras conquistaram espaços importantes e o reconhecimento de que não há solução possível para os dilemas climáticos sem sua participação. (Adriana Ramos, ISA, janeiro de 2017)

TIS E UCS

Sobreposições em Números

Fany Pantaleoni Ricardo — Antropóloga, coordenadora do Programa de Monitoramento de Áreas Protegidas, ISA

Silvia de Melo Futada — Bióloga e mestre em Ecologia, ISA

Em março de 2017, data do fechamento desta coletânea, contabilizava-se em todo o país 74 casos de sobreposição territorial envolvendo 58 TIs e 55 UCs (36 federais e 19 estaduais), que somam cerca de 11,4 milhões de hectares, correspondentes a 9,7% da extensão total das TIs no território nacional. A grande maioria dos casos encontra-se na Amazônia Legal (51) e o restante se distribui entre as regiões Sul-Sudeste (17) e Nordeste (06). Do total de UCs envolvidas, 32 destinam-se à Proteção Integral: são 14 Parque Nacionais (Parnas), oito Parques Estaduais (PESs), quatro Estações Ecológicas (Esecs), quatro Reservas Biológicas (Rebios), uma Reserva Ecológica (Resec) e um Refúgio da Vida Selvagem (RVS). Outras 23 destinam-se ao Uso Sustentável: sete Reservas Extrativistas (Resex), uma Resec, nove Florestas Nacionais (Flonas), três Florestas Estaduais (FES) e três Aries.

PROTEÇÃO INTEGRAL

A maior parte dos casos de sobreposição envolvendo UCs de Proteção Integral é herança de meados do século passado, quando Áreas Protegidas deste tipo eram criadas sem o devido levantamento da ocupação humana, ou mesmo sem considerar os direitos de povos indígenas e outras populações tradicionais. Além disso, naquela época, era comum que povos indígenas com pouco contato fossem entendidos como parte integrante da natureza a ser conservada, em virtude de seu modo de vida ser considerado de baixíssimo impacto.

Na Amazônia Legal, há 22 TIs sobrepostas a 20 UCs de Proteção Integral, federais (13) e estaduais (07). Entre estas, apenas quatro unidades (duas federais e duas estaduais) foram criadas a partir do ano 2000, quando foi instituído o Sistema Nacional de Unidades de Conservação (Snuc). Embora o Snuc tenha indicado a criação de um Grupo de Trabalho para regularizar as sobreposições, entre órgãos responsáveis pela execução das políticas ambiental e indigenista, o grande marco deste campo foi a determinação do Programa Áreas Protegidas da Amazônia (Arpa), lançado em 2002, em não apoiar a criação de UCs até que estas tivessem solucionado as questões pendentes com as terras e povos indígenas que afetavam.

No norte do Mato Grosso, a TI Apiaká do Pontal e Isolados – identificada e delimitada em 2011 a partir de processo iniciado em 2008 – se sobrepõe quase integralmente (97%) à Resec Apiacás, criada em 1982, e parcialmente (10,9%) ao Parna do Juruena, de 2006. No leste do mesmo estado, a TI Wedezé, dos Xavante, foi identificada em 2011 com uma pequena parcela (8%) sobreposta à RVS Quelônios do Araguaia. No Amazonas, em região próxima a Porto Velho (RO), a Área de Restrição de Uso Jacareúba/Katawixi – instituída em 2007 pela Funai para a proteção de povos em isolamento na região do Complexo Hidrelétrico do Rio Madeira – foi sobreposta quase integralmente (96%), no ano seguinte, ao Parna Mapinguari. No norte do Pará, a Esec Grão-Pará, criada em 2009, passou a se sobrepor à TI Kaxuyana-Tunayana – com presença de isolados – identificada e delimitada em 2015, a partir de processo iniciado em 2008.

Fora da Amazônia Legal, são 18 casos envolvendo 17 TIs sobrepostas a 12 UCs de Proteção Integral, sendo cinco federais e sete estaduais. Entre as sete estaduais, criadas entre 1961 e 1995, seis se encontram no estado de São Paulo – entre a Capital, o Litoral e o Vale do Ribeira – e uma no litoral catarinense. O PES Serra do Mar, criado em 1977, por exemplo, se sobrepõe a seis diferentes TIs ocupadas pelos Guarani Mbya. Na capital São Paulo, nos últimos anos, também foi instaurada a sobreposição entre o PES Jaraguá, criado em 1961, e a TI Jaraguá também ocupada pelos Guarani, cujo reestudo foi aprovado pela Funai em 2013, tendo sido a terra declarada pelo Ministério da Justiça em 2015.

Na região Nordeste, os três casos efetivos de sobreposição entre TIs e UCs de Proteção Integral se encontram na Bahia. A TI Barra Velha, dos Pataxó, homologada em 1991, se sobrepõe integralmente ao Parna Monte Pascoal, criado em 1961. Também a TI Barra Velha do Monte Pascoal, área de reestudo da TI Barra Velha, identificada em 2014, se sobrepõe parcialmente (30%) à mesma UC. Além dessas, recentemente foi instaurado o caso da sobreposição territorial entre o Parque Nacional do Descobrimento, criado em 1999, e parte (14%) da TI Comexatiba (Cahy-Pequi), também dos Pataxó, identificada pela Funai em 2015, em processo iniciado em 2005.

USO SUSTENTÁVEL

A grande maioria das situações de sobreposição territorial entre TIs e UCs de Uso Sustentável encontra-se na Amazônia Legal; são 26 casos envolvendo 22 TIs e 19 UCs, 13 federais e seis estaduais. Entre estes casos, 13 (11 TIs, oito Flonas, três FES) envolvem unidades que, embora admitam a permanência de populações tradicionais desde a instituição do Snuc (2000), se destinam prioritariamente à exploração madeireira empresarial, atividade incompatível com as Terras Indígenas.

Cumpre destacar que quatro das UCs desta categoria se encontram sobrepostas parcialmente a três TIs com presença de povos isolados: a Yanomami (RR), a Kaxuyana-Tunayana (PA) e Riozinho do Envira (AC). A estes casos, somam-se ainda outras três TIs reservadas povos isolados, regularizadas entre 2007 e 2016, que se sobrepõem parcialmente a duas Resex. São elas: a TI Jacareúba-Katawixi (AM) sobreposta em 19% à Resex Ituxi; e as TIs Piripikura (MT) e Kawahiva do Rio Pardo (MT) sobrepostas, respectivamente, em 1,5% e 0,6% à Resex Guariba Roosevelt.

Atualmente, no Médio Solimões e Afluentes (AM), quatro TIs – Acapuri de Cima, Porto Praia, Jaquiri e Uati-Paraná –, identificadas entre os anos 1990 e 2000, se sobrepõem integralmente (ou quase) à Reserva de Desenvolvimento Sustentável Mamirauá. Esta, a primeira unidade desta categoria, recategorizada em 1996, a partir da Estação Ecológica homônima, criada em 1990 e destinada à proteção integral da natureza. Desde então, diversos coletivos classificados de modo genérico como ribeirinhos, pescadores ou caboclos passaram se reconhecer como povos indígenas. Atualmente, conforme levantamento produzido por Deborah Lima e Rafael Barbi (*veja capítulo Solimões*), são cerca de 10 mil indígenas pertencentes a pelo menos dez povos: Kambeba/Omágua, Kokama, Kaixana, Kanamari, Katukina, Madi-Já/Kulina, Mayoruna, Miranha, Mura, Ticuna. Ainda conforme o levantamento, as quatro TIs supracitadas são apenas uma pequena parcela das TIs 30 reivindicadas por aproximadamente 45 comunidades/aldeias distribuídas pelas RDSs Mamirauá e Amanã, além da Resex Auati-Paraná.

Situação semelhante ocorre na região do Baixo Tapajós e Arapiuns (PA), onde constam duas TIs munduruku declaradas em 2016 – Taquara e Bragança/Marituba – que se encontram integralmente sobrepostas à Flona Tapajós; a primeira unidade do tipo a ser criada no Brasil em 1974. Estas TIs estão vinculadas a coletivos que passaram a se reconhecer como indígenas em meados de 1998. Há ainda na região 14 TIs reivindicadas e sem providências, das quais oito se encontram no interior da Resex Tapajós Arapiuns. São cerca de 7 mil indígenas em toda a região, pertencentes a 12 povos – Apiaká, Arapium, Arara Vermelha, Borari, Cara Preta, Jaraqui, Kumaruara, Maytapu, Munduruku, Tapajó, Tupaiu e Tupinambá.

Fora da Amazônia Legal há cinco casos de sobreposição entre cinco TIs e quatro UCs de Uso Sustentável. Na Paraíba, a Arie Manguezais da Foz do Rio Mamanguape, criada em 1985, se sobrepõe a 1,9% da área da TI Potiguara, homologada em 1991 (declarada em 1983), e a 14% da da TI Potiguara de Monte-Mor; ambas habitadas pelos Potiguara. Por ser constituída por terras públicas ou privadas, a Arie não apresenta, a princípio, um dos tipos de sobreposições mais conflitantes. No Ceará, a TI Lagoa Encantada, dos Jenipapo-Canindé, declarada em 2011 a partir de processo iniciado em 1997, se sobrepõe em 82% à Resex Batoque, criada em 2003. Os outros dois casos se encontram na região sul do país. Em Santa Catarina, a TI Ibirama-La Klãnõ – dos Guarani, Kaingang e Xokleng – declarada em 2003 em processo iniciado em 1997 instaurado para rever os limites de uma pequena área reservada pelo SPI em 1927 – se encontra sobreposta em 9% de sua extensão à Arie Serra da Abelha, criada em 1996. No Rio Grande do Sul, a TI Mato Castelhano-Fág Ty Ka, dos Kaingang, identificada em 2016, a partir de processo iniciado em 2009, se sobrepõe a uma ínfima porção (1,3%) da Flona Passo Fundo. *(março, 2017)*

Terra Indígena		Unidade de Conservação		Sobreposição na TI		
Nome	Situação atual	Categoria/Nome*	Criação	Área (ha)	%	Isolados
AMAZÔNIA LEGAL						
Acre						
1 Arara do Rio Amônia	Declarada, 2009	PARNA Serra do Divisor	1989	2.487	11,76	
2 Arara do Rio Amônia	Declarada, 2009	RESEX Alto Juruá	1990	12.227	57,84	
3 Arara/Igarapé Humaitá	Homologada, 2006	RESEX Riozinho da Liberdade	2005	9.866	11,3	
4 Jaminawa /Envira	Homologada, 2003	FLONA Santa Rosa do Purus	2001	70.988	87,48	
5 Rio Gregório	Declarada, 2007	FES Rio Liberdade*	2004	42.557	21,92	
6 Rio Gregório	Declarada, 2007	RESEX Riozinho da Liberdade	2005	2.880	1,48	
7 Riozinho do Alto Envira	Homologada, 2012	FLONA Santa Rosa do Purus	2001	6.378	2,43	Sim
Amazonas						
8 Acapuri de Cima	Declarada, 2000	RDS Mamirauá*	1990	18.516	94,63	
9 Balaio	Homologada, 2009	PARNA Pico da Neblina	1979	37.890	14,67	
10 Balaio	Homologada, 2009	REBIO Morro dos Seis Lagos*	1990	242.018	93,73	
11 Betânia	Homologada, 1995	ARIE Javari-Buriti	1985	330	0,27	
12 Betânia	Homologada, 1995	ESEC Jutaí-Solimões	1983	5.497	4,47	
13 Cué-Cué/ Marabitanas	Declarada, 2013	PARNA Pico da Neblina	1979	200.629	25,39	
14 Diahui	Homologada, 2004	FLONA Humaitá	1998	31.604	66,6	
15 Inauini/Teuini	Homologada, 1997	FLONA Mapiá-Inauini	1989	4.852	1,03	
16 Inauini/Teuini	Homologada, 1997	FLONA Purus	1988	62.233	13,22	
17 Jacareúba/ Katawixi	Restrição de Uso, 2007	PARNA Mapinguari	2008	586.261	96,08	Sim
18 Jacareúba/ Katawixi	Restrição de Uso, 2007	RESEX Ituxi	2008	19.083	3,13	Sim
19 Jaquiri	Homologada, 1991	RDS Mamirauá*	1990	1.885	100	
20 Médio Rio Negro II	Homologada, 1998	PARNA Pico da Neblina	1979	48.946	15,48	
21 Porto Praia	Homologada, 2004	RDS Mamirauá*	1990	4.170	100	
22 São Domingos do Jacapari e Estação	Homologada, 2009	ESEC Jutaí-Solimões	1983	31.853	23,77	
23 Uati-Paraná	Homologada, 1991	RDS Mamirauá*	1990	9.558	7,49	
Amazonas/Pará						
24 Andirá-Marau	Homologada, 1986	PARNA Amazônia	1974	89.593	11,25	
25 Kaxuyana-Tunayana	Identificada, 2015	ESEC Grão-Pará*	2006	24.632	1,12	Sim
26 Andirá-Marau	Homologada, 1986	FLONA Pau-Rosa	2001	21.673	2,72	
27 Kaxuyana-Tunayana	Identificada, 2015	FES Faro*	2006	391.985	17,83	Sim
28 Kaxuyana-Tunayana	Identificada, 2015	FES Trombetas*	2006	1.600.381	72,79	Sim
Amapá						
29 Uaçá I e II	Homologada, 1991	PARNA Cabo Orange	1980	13.023	2,76	
Mato Grosso						
30 Apiaká do Pontal e Isolados	Identificada, 2011	PARNA Juruena	2006	109.280	10,94	Sim
31 Apiaká do Pontal e Isolados	Identificada, 2011	RESEC Apiacás*	1992	978.175	97,92	Sim
32 Enawenê Nawê	Homologada, 1996	ESEC Iquê	1981	219.719	29,3	
33 Kawahiva do Rio Pardo	Declarada, 2016	RESEX Guariba-Roosevelt*	1996	2.823	0,69	Sim
34 Piripkura	Restrição de Uso, 2008	RESEX Guariba-Roosevelt*	1996	3.820	1,57	Sim
35 Portal do Encantado	Declarada, 2010	PES Serra de Santa Bárbara*	1997	11.427	26,43	
36 Wedezé	Identificada, 2011	RVS Quelônios do Araguaia*	2001	11.876	8,16	
Pará						
37 Bragança/ Marituba	Declarada, 2016	FLONA Tapajós	1974	13.627	100	
38 Munduruku-Taquara	Declarada, 2016	FLONA Tapajós	1974	25.580	100	
39 Sawré Muybu (Pimental)	Identificada, 2016	FLONA Itaituba II	1998	154.798	85,67	
Rondônia						
40 Igarapé Lourdes	Homologada, 1983	REBIO Jaru	1961	13.017	6,64	
41 Massaco	Homologada, 1998	REBIO Guaporé	1982	409.772	97,2	Sim
42 Rio Negro Ocaia (reestudo)	Declarada, 2011	REBIO Rio Ouro Preto*	1990	33.067	25,28	
43 Rio Negro Ocaia (reestudo)	Declarada, 2011	RESEX Rio Ouro Preto	1990	1.089	0,83	
44 Rio Negro Ocaia (reestudo)	Declarada, 2011	RESEX Rio Pacaás Novos	1995	95.220	72,78	

* Unidades de Conservação Estaduais.

	Terra Indígena		Unidade de Conservação		Sobreposição na TI		
	Nome	Situação atual	Categoria/Nome*	Criação	Área (ha)	%	Isolados
45	Uru-Eu-Wau-Wau	Homologada, 1991	PARNA Pacaás Novos	1979	709.024	37,78	Sim
	Roraima						
46	Raposa Serra do Sol	Homologada, 2005	PARNA Monte Roraima	1989	114.199	6,54	
47	Yanomami	Homologada, 1992	FLONA Amazonas	1989	1.597.283	16,73	Sim
48	Yanomami	Homologada, 1992	PARNA Pico da Neblina	1979	1.125.324	11,78	Sim
49	Yanomami	Homologada, 1992	PES Serra do Aracá*	1990	1.525.794	15,98	Sim
	Tocantins						
50	Inãwébohona	Homologada, 2006	PARNA Araguaia	1959	379.442	100	
51	Utaria Wyhyna/Iròdu Iràna	Declarada, 2010	PARNA Araguaia	1959	179.777	100	
FORA DA AMAZÔNIA LEGAL							
	Bahia						
52	Barra Velha	Homologada, 1991	PARNA Monte Pascoal (Parque Nacional e Histórico)	1961	8.896	100	
53	Barra Velha do Monte Pascoal (reestudo)	Identificada, 2008	PARNA Monte Pascoal (Parque Nacional e Histórico)	1961	13.623	30,93	
54	Comexatiba (Cahy-Pequi)	Identificada, 2015	PARNA Descobrimento	1999	4.165	14,64	
	Ceará						
55	Lagoa Encantada	Declarada, 2011	RESEX Batoque	2003	82	4,75	
	Minas Gerais						
56	Xakriabá (reestudo)	Identificada, 2014 (Suspensa/Justiça)	PARNA Cavernas do Peruaçu	1999	18.629	43,22	
	Paraíba						
57	Potiguara	Homologada, 1991	ARIE Manguezais da Foz do Rio Mamanguape	1985	405	1,91	
58	Potiguara de Monte-Mor	Declarada, 2007	ARIE Manguezais da Foz do Rio Mamanguape	1985	1.145	15,08	
	Paraná						
59	Cerco Grande	Identificada, 2016	ESEC Guaraqueçaba	1982	516	36,78	
	Rio de Janeiro						
60	Guarani de Araponga	Homologada, 1995	PARNA Serra da Bocaina	1971	218	100	
	Rio Grande do Sul						
61	Mato Castelhano-FÁg TY KA	Identificada, 2016	FLONA Passo Fundo	1968	1.307	36,64	
	Santa Catarina						
62	Ibirama-La Klãnõ	Declarada, 2003	ARIE Serra da Abelha	1996	3.310	9,01	
63	Ibirama-La Klãnõ	Declarada, 2003	REBIO Sassafrás*	1977	360	0,98	
64	Morro dos Cavalos	Declarada, 2008	PES Serra do Tabuleiro*	1975	1.777	83,43	
	São Paulo						
65	Boa Vista do Sertão do Promirim	Identificada, 2013	PES Serra do Mar*	1977	4.957	95,2	
66	Guarani do Aguapeú	Homologada, 1998	PES Serra do Mar*	1977	1.899	42,67	
67	Jaraguá (reestudo)	Declarada, 2015 (Suspensa/Justiça)	PES Jaraguá*	1961	298	56,02	
68	Pakurity (Ilha do Cardoso)	Identificada, 2016	PES Ilha do Cardoso*	1962	5.810	100	
69	Peguaoty	Identificada, 2016	PES Carlos Botelho*	1982	5.094	82,16	
70	Peguaoty	Identificada, 2016	PES Intervales*	1995	696	11,23	
71	Peruíbe	Homologada, 1994	PES Serra do Mar*	1977	94	19,83	
72	Ribeirão Silveira	Declarada, 2008	PES Serra do Mar*	1977	4.881	58,29	
73	Rio Branco (do Itanhaém)	Homologada, 1987	PES Serra do Mar*	1977	2.285	79,53	
74	Tenondé Porã	Declarada, 2016	PES Serra do Mar*	1977	9.853	61,29	

* Unidades de Conservação Estaduais.

GESTÃO DAS TIS

Oportunidades Eternamente Perdidas?

Milene Maia Oberlaender | Advogada, PPDS/ISA

O QUADRO NORMATIVO ATUAL ADMITE COMO SOLUÇÃO PARA AS SOBREPOSIÇÕES ENTRE TIS E UCS DE PROTEÇÃO INTEGRAL O INSTITUTO DA DUPLA AFETAÇÃO. O FORTALECIMENTO DOS DIREITOS E TERRITÓRIOS TRADICIONAIS NÃO CONSTITUI UMA AMEAÇA, AO CONTRÁRIO, É IMPRESCINDÍVEL PARA A PROTEÇÃO DA BIODIVERSIDADE

Os conflitos derivados das sobreposições entre Terras Indígenas e Unidades de Conservação de Proteção Integral têm suas origens em um modelo de conservação da biodiversidade no qual não há lugar para os humanos. Por muito tempo, essa questão parecia um dilema irresolúvel: ambientalistas que defendem a ideia de conservação sem gente, por um lado, e indigenistas que consideram o estabelecimento das Unidades de Conservação uma ameaça sobre os direitos dos índios, por outro. A polêmica dividia movimentos sociais, ambientalistas, indigenistas e se projetava também nos órgãos públicos, como Funai e ICMBio, dificultando a busca de soluções concretas a inúmeros conflitos.

Atualmente, em todo o Brasil, como informado durante reunião com a presidência do ICMBio, em setembro de 2016, existem aproximadamente 60 casos de sobreposições entre TIs e UCs, assim designadas na legislação ambiental.

As TIs regularizadas ocupam cerca de 12% (Funai, 2016) da extensão do território brasileiro e as UC, públicas e privadas aproximadamente 17% (MMA, 2010). Diversos estudos científicos demonstraram a eficácia das TIs e UCs para conter o desmatamento na Amazônia nos últimos anos, ratificando a importância indiscutível dessas áreas para a proteção da sociobiodiversidade.

Com a instituição de instrumentos legais como o Plano Nacional de Áreas Protegidas (PNAP, Decreto nº 5.758/06), a Política Nacional de Gestão Territorial e Ambiental da Terras Indígenas (PNGATI, Decreto nº 7.747/12) e o instituto jurídico da Dupla Afetação – criado em 2005 com a homologação da TI Raposa/Serra do Sol, para regularizar a sobreposição de 6,5% com o Parna Monte Roraima[1] – a polêmica perdeu força. O PNAP criou as condições para uma maior aproximação entre os campos ambientalistas e indigenistas, de modo a permitir o delineamento uma nova realidade para a gestão de áreas protegidas sobrepostas. A instituição de políticas como a Política Nacional de Povos e Comunidades Tradicionais (Decreto 6.040, 2007) completou o quadro de reconhecimento do papel das comunidades tradicionais na conservação. Mas o que seria um quadro normativo adequado para uma superação das limitações institucionais que inviabilizaram por muito tempo o tratamento das sobreposições não foi suficiente para romper a barreira das disputas ideológicas.

Entre 2010 à 2015, o Governo Federal suspendeu todas as iniciativas de grupos de trabalho para efetivar o instituto da dupla afetação, retrocedendo a uma postura de impedimento da gestão compartilhada. O acórdão do Supremo Tribunal Federal relativo ao julgamento da demarcação da TI Raposa/Serra do Sol estabeleceu a liderança do processo de gestão da área sob dupla afetação ao Instituto Chico Mendes de Conservação da Biodiversidade, de forma de que, sem a disponibilidade desse órgão, nada acontece, mesmo que haja interesse dos povos indígenas.

Para além das disputas ideológicas, a respeito das sobreposições, hoje, há muitas outras forças contrárias ao fortalecimento e, até mesmo a existência do Sistema de Áreas Protegidas – tanto Unidades de Conservação quanto Terras Indígenas. Um exemplo é a atuação da bancada ruralista do Congresso Nacional, responsável pela PEC 215, proposta de Emenda à Constituição que transfere a competência da União na demarcação das Terras Indígenas para o Congresso Nacional e possibilita a revisão das terras já demarcadas. Além disso, altera os critérios e procedimentos para a demarcação destas áreas, que passariam a ser regulamentados por lei, e não por decreto como é atualmente. Estes sim são os grandes inimigos das Áreas Protegidas.

CONFLITOS: FALSO DILEMA?

A multiplicação de conflitos entre populações tradicionais e áreas naturais é consequência de um processo histórico de colonização, destruição ambiental, concentração de terras e exclusão que começou com o domínio português e continua até hoje, com o avanço da fronteira agrícola e grandes obras de infraestrutura no Cerrado e Amazônia.

Enquanto a sociedade industrial se apropria de forma destrutiva da maior parte dos recursos e espaços naturais, as populações tradicionais, confinadas em remanescentes minguantes de ecossistemas, geram impactos crescentes sobre ecossistemas fragilizados e cada vez mais raros, multiplicando conflitos entre instituições de gestão ambiental e organizações ambientalistas, de um lado, e populações tradicionais, movimentos sociais e instituições socioambientais, do outro. Essas populações marginalizadas, parcialmente ou totalmente fora da economia formal, dependem dos ecossistemas para sobreviver. Da mesma forma, sofrem diretamente os efeitos da sua degradação[2].

Isso levou populações tradicionais a desenvolverem, no decorrer dos séculos, estratégias conscientes de sustentabilidades garantindo a perenidade de recursos a seus descendentes. Práticas de recuperação da fertilidade de solos, manutenção da biodiversidade e proteção dos mananciais foram amplamente documentados nos trópicos. No entanto, mudanças climáticas, redução dos espaços e esgotamento recursos disponíveis colocam em xeque essas estratégias ancestrais, levando essas populações à superexploração de seus recursos[3].

No caso específico das Terras Indígenas, a degradação ocorre principalmente por dois motivos: falta de opção quanto aos meios de sobrevivência no curto prazo, principalmente em áreas já degradadas e subdimensionadas, e desagregação social do grupo, levando à cooptação de lideranças por agentes econômicos externos – agravada pela falta de efetiva proteção do Estado, aos territórios tradicionais.

Segundo a Funai, 85% das TIs sofrem com a exploração ilegal dos seus recursos naturais e a implementação no seu entorno, de empreendimentos sem qualquer planejamento social e ambiental[4]. Mesmo assim, TIs de grandes dimensões, como as existentes na Amazônia, comprovadamente garantem maior proteção às florestas que no seu entorno, o que aumenta ainda mais a pressão externa para sua exploração ilegal.

Esse quadro se complica pelo fato que globalmente, a população indígena brasileira está crescendo e mudando seus padrões de consumo. Há décadas, praticamente todas as comunidades tradicionais nos trópicos estão ativamente procurando se desenvolver nas áreas de saúde, educação e acesso à economia de mercado.

As questões ambientais não podem ferir a autonomia destas populações em decidir sobre seu futuro em função de novas aspirações de consumo e definições de bem-estar, nem uma parceria ecológica poderia ter como base a desigualdade social. As populações tradicionais têm direito à busca da melhoria de sua qualidade de vida e à aquisição de bens de consumo visando o bem viver.

Passando por mudanças socioculturais rápidas, a maioria das culturas tradicionais enfrentam crises profundas. Conflitos de gerações e de governança são frequentes. O apelo do consumo e da modernidade provoca um êxodo de jovens para centros urbanos. A maioria das populações tradicionais encontra-se nessa encruzilhada entre vários futuros possíveis, cobrando uma redefinição coletiva de si mesma em relação à sociedade moderna. Esse processo de transição, em vez de destruir identidades, pode fortalecê-las na defesa e proteção de valores coletivos e de territórios essenciais para sua perenidade. Novas estruturas sociais emergem, além dos sistemas tradicionais de representação. Grupos se mobilizam e se agregam para enfrentar novas ameaças a seu futuro.

Neste sentido, o fortalecimento dos direitos e dos territórios tradicionais não constitui uma ameaça, ao contrário: é imprescindível para conservação da riqueza biológica e cultural do Brasil.

O PROTAGONISMO INDÍGENA ENTRE O PNAP E A PNGATI

Por trás dessas novas políticas públicas, que aproximaram os campos ambientalistas e indigenistas, está o protagonismo indígena. Derivado da lutas pelos direitos dos índios na Constituição Federal de 1988, o movimento indígena cresceu e passou a incorporar em suas reivindicações maior proteção às suas terras e aos recursos naturais ali presentes. Essas demandas passaram a dialogar com o campo ambientalista, revelando a necessidade do desenvolvimento de estratégias de gestão territorial, e consolidando as Terras Indígenas como instrumentos importantes na luta pela conservação da biodiversidade brasileira.

Depois de uma aproximação entre UCs e TIs, em 2006, por conta do Plano Nacional de Áreas Protegidas, o PNAP, houve um conjunto de iniciativas que visavam assegurar a conservação da biodiversidade nas Terras Indígenas. Em 2007, com a instalação da Comissão Nacional de Política Indigenista (CNPI), o diálogo entre governo e povos indígenas se intensificou. As diversas reuniões da CNPI e a reformulação do Plano Plurianual do Governo Federal para o período de 2008 a 2011, com a elaboração de um novo Programa de Proteção e Promoção dos Povos Indígenas, acabaram desencadeando a construção da Política Nacional de Gestão Ambiental e Territorial de Terras Indígenas (PNGATI), em 2012[5].

As novas possibilidades que se delineiam também trazem novos desafios. Como conviverão os povos indígenas com a gestão ambiental e territorial de suas terras? Como as estratégias de conservação da biodiversidade, em geral tão unidimensionais, se conformarão para lidar com a gigantesca diversidade sociocultural existente nas Terras indígenas?

DUPLA AFETAÇÃO E NOVAS PERSPECTIVAS

A despeito das querelas históricas, o quadro normativo hoje abre várias possibilidades para que a solução das sobreposições se dê no âmbito da gestão das áreas por meio da dupla afetação. A começar pela possibilidade de planejamento e zoneamento conjunto das áreas, de modo a se definir em comum acordo com as comunidades o que serão áreas de conservação e de uso das unidades de conservação. Como as sobreposições se dão em situações muito distintas, é possível elencar uma diversidade de potenciais soluções e dar oportunidade e condições aos gestores e populações para manejar os instrumentos de gestão de acordo com a realidade e necessidades locais.

O tratamento das sobreposições não pode se limitar aos conflitos meramente formais ou institucionais, é importante focar no que é relevante, no caso, a conservação e o uso sustentável dos recursos naturais. Não é admissível que um Sistema de Unidades de Conservação que admite até atividades de mineração em uma de suas categorias – que nem por isso ela deixa de ser uma Unidade de Conservação – não possa compartilhar a gestão de áreas com povos e comunidades que comprovadamente estão aptas a manejar o território com práticas de baixo impacto e a quem a conservação dos recursos naturais é condição constitutiva de sobrevivência. *(fevereiro, 2017)*

NOTAS

[1] O regime jurídico de dupla afetação de bem público da União é uma prerrogativa exclusiva da Presidência da República que, segundo interesse público, atribui mais de uma destinação ao bem. O decreto de homologação da TI Raposa/Serra do Sol (2005) estipulou que o Parna Monte Roraima passaria a ser submetido a um "regime jurídico de dupla afetação, destinado à preservação do meio ambiente e à realização dos direitos constitucionais dos índios" e que sua gestão deveria se dar em conjunto pela Funai, o Ibama (ICMBio a partir de 2007) e as comunidades indígenas.

[2] Timmers, J.F. 2004. "Respeitar a vida e o ser humano: a preservação do meio ambiente com e pelos índios evita a definitiva condenação da biodiversidade". In: Ricardo, F. (Org.). *Terras Indígenas e Unidades de Conservação da Natureza: o desafio das sobreposições*. São Paulo: ISA. pp. 174-186.

[3] Roué, M. "Novas perspectivas em etnoecologia: 'saberes tradicionais' e gestão dos recursos naturais". In: Castro, E. e Pinton, F. (org.) Faces do trópico úmido: conceitos e questões sobre desenvolvimento e meio ambiente. Belém, UFPA/Naea, 1997.

[4] Indriunas, L. "85% das reservas dos índios são alvo de invasões". In: *Folha de S. Paulo*, 13.08.2000.

[5] Ferreira, I. V. 2014. "O dilema das Terras Indígenas no SNUC". In: Bensusan, N. e Prates, A. P (Org.). *A diversidade cabe na Unidade:* Áreas Protegidas no Brasil. Brasília: Mil Folhas/IEB.

TIS E OUTROS TERRITÓRIOS TRADICIONALMENTE OCUPADOS SE COMPLEMENTAM?

As duas regiões com a maior quantidade de TIs ainda não identificadas na Amazônia brasileira – o Médio Solimões (AM) com 30 e o Baixo Tapajós (PA) com 14 – abrangem diversas sobreposições com outros territórios tradicionalmente ocupados.

Estes casos envolvem povos em processo de renascimento cultural – também chamados de resistentes ou emergentes – que passaram a assumir identidades indígenas desde o marco constitucional de 1988. E também as ditas "comunidades caboclas" ou ribeirinhas – pescadores, lavradores e extrativistas – cujas ocupações, como as dos indígenas, foram regularizadas por meio de reservas de usufruto coletivo sustentável destinadas a populações tradicionais, no âmbito do ICMBio (Resex, RDS, Flona), Incra (PAE, PDS, PAA), e de órgãos estaduais.

Apesar de diferentes, os direitos garantidos a essas populações na CF 88 se assemelham em seus aspectos fundamentais – os arts. 231 e 232 para os indígenas; e os arts. 215, 216 e 68 do Ato das Disposições Constitucionais Transitórias, para quilombolas e outras comunidades tradicionais. Os indígenas, quilombolas e populações tradicionais também são amparados pela Convenção nº 169 da OIT, que, além de garantir a participação em processos que lhes afetem, veda a remoção forçada de territórios tradicionais (art. 16). Terras Indígenas, Territórios Remanescentes de Quilombo e de Uso Sustentável são Áreas Protegidas pela União, indisponíveis ao mercado e destinadas à posse coletiva. A grande diferença é que TIs e TRQs garantem o usufruto permanente, ao passo que, nas de Uso Sustentável, a posse coletiva é condicionada à renovação periódica.

Soluções conjuntas para esses casos são afirmadas em diversos planos e políticas instituídas ao longo das últimas duas décadas. Da Política Nacional da Biodiversidade (Decreto 4.339/2002) consta a orientação de se "promover um plano de ação para solucionar os conflitos devidos à sobreposição de UCs, TIs e de TQs". O Plano Estratégico Nacional de Áreas Protegidas (Decreto 5.758/2006) propõe "definir e acordar critérios em conjunto com os órgãos competentes e segmentos sociais envolvidos para identificar os casos e propor soluções" e "apoiar a participação dos representantes das comunidades locais, quilombolas e povos indígenas nas reuniões dos Conselhos das UCs". A Política Nacional de Desenvolvimento Sustentável dos Povos e Comunidades Tradicionais reafirma a necessidade de "solucionar ou minimizar os conflitos" (Decreto 6.040, 2007) e a Política Nacional de Gestão Territorial e Ambiental de Terras Indígenas (Decreto 7.747, 2012) destaca a construção de "planos conjuntos de administração das áreas de sobreposição (...) garantida a gestão pelo órgão ambiental e respeitados os usos costumes e tradições dos povos indígenas".

A câmara temática "Povos Indígenas e Comunidades Tradicionais", a 6ª Câmara de Coordenação e Revisão do MPF, vem dedicando atenção especial ao tema. Para a subprocuradora-geral da República e ex-coordenadora da 6ª CCR, Deborah Duprat, "ao assumir o caráter pluriétnico da nação, a Constituição de 1988 tornou impositiva a aplicação analógica do tratamento dado à questão indígena e aos demais grupos étnicos" (O Estado Pluriétnico, 2013).

Para a procuradora Maria Luiza Grabner, coordenadora da 6ª CCR, "os direitos territoriais dos povos quilombolas e outros povos e comunidades tradicionais gozam da mesma hierarquia dos povos indígenas, pois ambos desfrutam de estatura constitucional" de modo que "em casos de conflito" faz-se "necessário buscar a harmonização entre estes direitos, consideradas as especificidades de cada situação". A elaboração de um "plano de ação" é uma "via possível para a resolução de conflitos entre APs, TIs e TQs" (Direitos territoriais, dupla afetação e gestão compartilhada, 2015).

A interpretação legal depende de uma avaliação caso a caso, levando em conta princípios da razoabilidade e da proporcionalidade, procurando traduzir as formas de entendimento entre indígenas e tradicionais em ações coordenadas nos contextos locais. Conforme o argumento, estas ações são fundamentais para estimular soluções criativas, que visem a complementaridade, a cogestão e mútuo fortalecimento entre as populações. Afinal, as sobreposições são apenas um dos modos de interconexão entre TIs e outros territórios tradicionais. Mesmo que um dia deixem de se sobrepor formalmente, estas zonas de ocupação multicomunitárias continuarão relacionadas, formando extensos corredores de circulação entre bacias hidrográficas.

Não são processos simples. No Médio Solimões, o antropólogo Rafael Barbi relata que "o passar para indígena em uma comunidade depende da formação de um consenso entre seus moradores", embora a posse e o manejo compartilhado sejam objeto de discórdia influenciados por fatores diversos, como conversões, migrações e cisões (em "Reconhecer-se indígena...", capítulo Solimões).

Na Resex Tapajós Arapiuns, as audiências mediadas pelo MPF, as reuniões do Conselho Deliberativo da Resex e os seminários conjuntos – ocorridos entre 2013 e 2016 – são ainda situações tensas em que indígenas e tradicionais continuam a "se confrontar como no passado". Apesar das tensões, o antropólogo indígena Florêncio Vaz e os estudantes indígenas João Tapajós (Arapium) e Luana Cardoso (Kumaruara) (em "Lutando por direitos...", capítulo Tapajós Madeira) afirmam que não desejam "expulsar os tradicionais", mas avançar "rumo a soluções mais integradas de uso e gestão comum do território". Mais do que isso, reconhecem que sua reorganização política como indígenas" se deu no contexto dos trabalhos da Igreja Católica, do movimento sindical e da mobilização pela criação da Resex Tapajós Arapiuns. Assim, para eles, a igreja, o sindicato e o movimento extrativista são componentes fundamentais de sua própria história indígena. (Leandro Mahalem de Lima, antropólogo, ISA, março, 2017)

Protagonismo Indígena
Projetos Indígenas
Literatura Vídeo
Fortalecimento da Identidade

POLÍTICA INDÍGENA

"Se Não Fosse a Persistência, Já Tínhamos Acabado"

Entrevista à equipe de edição

AILTON KRENAK É AINDA HOJE UMA DAS PRINCIPAIS LIDERANÇAS INDÍGENAS NO BRASIL. EM UMA ENTREVISTA[1] REALIZADA EM 7 DE SETEMBRO DE 2016, ELE FALA SOBRE OS IMPACTOS NO TERRITÓRIO KRENAK DO MAIOR CRIME SOCIOAMBIENTAL JÁ REGISTRADO NO BRASIL; SOBRE OS CRIMES COMETIDOS CONTRA SEU POVO AO LONGO DO SÉCULO XX; OS ATAQUES AOS DIREITOS INDÍGENAS QUASE 30 ANO DEPOIS DA PROMULGAÇÃO DA CONSTITUIÇÃO DE 1988; E SOBRE OS "RITUAIS DE MÁSCARAS" DOS BRANCOS

Houve pouca projeção na imprensa o fato de que o Rio Doce é essencial para os Krenak, uma das populações diretamente atingidas pelo desastre de Mariana (MG), em novembro de 2016. Como está a situação na aldeia hoje?

O evento mais dramático que o povo da Bacia do Rio Doce vive, segue vivendo, é essa derrama de veneno na cabeceira do rio. Aquela gosma da Samarco e da Vale, aquele material tóxico, recobriu as lajes de pedra com uma coisa plástica, que não deixa nem que o lodo, o líquen, que novos materiais orgânicos se constituam ali para criar um ambiente de vida aquática. A ictiofauna, as espécies de água, foram todas eliminadas.

Não foi um acidente. Quando eu ouço perguntarem sobre 'o acidente' de Mariana, eu reajo dizendo que não foi um acidente. Foi um incidente, no sentido da omissão e da negligência do sistema de licenciamento, supervisão, controle, renovação das licenças, autorização de exploração. O Estado e as corporações constituíram um ambiente promíscuo e delinquente, em que ninguém controla ninguém e no qual os engenheiros e os chefes de segurança, que informam os relatórios, também sabem que não tem consequência nenhuma se eles matarem um patrimônio inteiro, uma vila inteira ou, eventualmente, se matarem uma comunidade inteira.

Eles estão assentados sobre uma história colonial miserável, em que acham que fazem um favor enorme de estar comendo aquelas montanhas, empacotando aquelas montanhas e registrando um aumento no PIB brasileiro. Essa mentalidade estúpida, desse capitalismo que não dá nem pra chamar de selvagem, só pensa na exaustão dos recursos da natureza – que eles muito apropriadamente chamam de 'recursos naturais' e, cinicamente, matam rios, montanhas, florestas com a justificativa de que estão fazendo o desenvolvimento.

Watu, que é como nós chamamos aquele rio, é uma entidade; tem personalidade. Ele não é um 'recurso' como os pilantras dos engenheiros da Vale, administradores do Governo, da Agência Nacional das Águas, do Comitê de Bacias sugerem. Eles criam

Ailton Krenak.

toda essa linguagem despistante, malandra, para sugerir que foi um acidente, que eles usam recursos e que as pessoas, os coletivos, as comunidades que são atingidas por esse dano, são vitimadas por esse evento, são 'beneficiários'. Os beneficiários da presença dessas corporações na nossa região ficam sujeitos a acordar soterrados por uma lama venenosa.

Dia 5 de novembro [de 2016] completa um ano desde que milhares de famílias foram, de uma hora para outra, divorciadas do corpo do rio. Os municípios que estão ao longo dessa bacia têm uma população de um milhão e meio de pessoas, diretamente afetadas pela derrama da lama tóxica sobre o Rio Doce. "Diretamente" significa que, indiretamente, pode-se colocar isso na casa dos dez milhões. Mas e a biodiversidade? A Bacia do Rio Doce foi cauterizada. Agora, aquele corredor de 800 km é uma calha morta. E surpreendeu a todos nós que, logo nos primeiros 15 dias daquele grave desastre, as pessoas tenham saído em defesa da Vale e da Samarco, dizendo: "Ah, vamos recuperar o Rio Doce". Ora, o que nós temos, de fato, é que a Bacia do Rio Doce vem sendo assaltada pelas atividades de mineração e também pela implantação das indústrias de processamento de celulose e de minério.

TIRO DE MISERICÓRDIA

O Rio Doce, o *Watu*, pode ser pensado como um lugar onde, na primeira metade do século XX, até a década de 1920, os Krenak viviam com a inocência de ter um rio sagrado, carregado de significado, de símbolos, onde os espíritos da água interagiam com as pessoas – de onde as famílias tinham certeza de que podiam tirar comida, remédio. Quando a atividade de abrir a estrada de ferro Vitória-Minas se iniciou, foi o fim da vida livre dos Krenak no Rio Doce. Há imagens que mostram os engenheiros aliciando os índios para cortar troncos na floresta do Rio Doce para fazer os dormentes. E, como os índios tinham curiosidade da presença daqueles trabalhadores, eles acabaram atravessando o rio e iam para a margem direita para ver os brancos, ficar perto deles.

Essa curiosidade dos Krenak custou caro, porque pegaram muitas doenças dos brancos e morreu muita gente; crianças, velhos. Um dos marcos do desastre que tem sido a ocupação do Rio Doce para os Krenak é a abertura da ferrovia Vitória-Minas. Aí é que a vida dos índios virou um inferno. Na década de 1930, havia uma estrada de ferro cortando a terra Krenak!

E, com todo o abuso do Estado, todo o autoritarismo característico daquela época, os índios eram como moscas. Se o trem matasse meia dúzia deles, não fazia diferença alguma. Há relatos dos antigos sobre o tanto de gente que morria atravessando a ferrovia, porque não tinha nenhum sistema de vigilância, nem de alerta, para explicar aos índios que não podiam atravessar o leito da ferrovia – ou que não podiam caminhar acompanhando os trilhos do trem. Eles eram surpreendidos com o trem em cima deles, às vezes.

É desse tempo que os Krenak deram pro trem o nome de *Guapo*. É uma expressão muito curiosa, porque é como se eles estivessem chamando o trem de 'braço mecânico'. É uma ideia totalmente abismada; eles achavam que aquela ferragem que movimenta o trem era uma coisa viva, um braço. A ferrovia foi se consolidando cada vez mais. Colocou as bitolas largas, máquinas maiores: a terra dos índios diminuindo e a máquina aumentando. As nossas montanhas virando mercadoria nesses trens e vagões; todas composições grandes para transportar minério para o porto do Espírito Santo. Toda essa industrialização da década de 1940 e 50 para cá, sangra a vida dos Krenak, encurralou as famílias. Essa derrama agora foi o tiro de misericórdia.

A aldeia está sendo abastecida por dois caminhões pipa que passam nas casas enchendo caixas-d'água duas vezes por semana e entregam nas casas das famílias um fardo com 20 garrafas de 2 litros [de água mineral], porque o Ministério Público obrigou a Vale e a Samarco a fazerem a entrega para essas famílias que foram vítimas desse crime ambiental incalculável.

Você imagina como uma comunidade ou uma família vai criar bichos sem água? Qual sustentabilidade tem manter aquela população bebendo água mineral? Isso parece aquela história da Revolução Francesa, próximo da tomada da Bastilha, quando falaram para a rainha que o povo estava sem pão e ela respondeu: "Mandem comer brioches!". Então, esses cretinos, quando disseram que o povo do Rio Doce estava sem água, eles falaram: "Bebam água mineral!".

UM RIO EM COMA

Mesmo que a empresa seja condenada a suprir aquela gente com água mineral naquele lugar, parece que você está colocando uma pessoa num balão, botando soro nela, oxigênio, e ela vai ficar em coma como o rio. O rio está em coma. De certa maneira, essa prontidão que as pessoas estão vivendo na margem do rio agora deixa elas no mesmo estado simbólico de coma em que o corpo do rio está. Eu vejo isso como uma coisa tão assustadora, que tenho dificuldade em falar no *Watu* sem me revoltar.

A desgraça de estarmos vivendo um momento político extremamente pobre também não cria canais de interlocução. Se não fosse o Ministério Público ficar esgoelando em cima desse episódio... O Executivo estadual anda de joelhos para as mineradoras; e o Governo Federal, a [então] ministra do meio ambiente sobrevoou a Bacia do Rio Doce e teve a cara de pau de dar um relatório três semanas depois, dizendo que a empresa tinha sido vítima de uma tragédia. 'A empresa foi vítima de uma tragédia'! O governador Fernando Pimentel (PT/MG) se reuniu com os diretores da Samarco e deu uma entrevista dizendo que era solidário com a empresa.

O ICMBio e o Ibama não têm competência para avaliar a extensão do desastre, então contrataram uma consultoria internacional, que concluiu que houve um abalo sísmico e que nem é possível fazer um seguro – porque essas grandes corporações têm seguros bilionários dessas minas. Mas, ao concluir um laudo – uma auditoria interplanetária! – dizendo que foi um acidente sísmico, você não só dá um chapéu no seguro: dá um chapéu em todo mundo, um chapéu tipo mexicano, um amplo chapéu em todos os otários do planeta.

Tenho a impressão de que eles estão arrumando uma maneira de dar no pé, sair da cena do crime, sem nem pedir desculpa. Se continuarem espremendo a Vale e a Samarco, eles podem arrumar uma maneira de a Samarco decretar insolvência, falência, ou qualquer coisa do tipo, sumir daqui e reaparecer em qualquer outro continente depois, detonando o planeta, sem pagar a conta do que eles deixaram pra trás.

Esse evento denuncia um quadro global, no qual paisagens, territórios e comunidades humanas fazem parte de um pacote que essas grandes fortunas, através das suas corporações, continuam tratando como material descartável. Nós somos ajuntamentos nada relevantes para esses caras e eles nos manipulam do jeito que querem.

É até significativo que estejamos tendo esse papo hoje, no dia 7 de setembro, que eles dizem que é o Dia da Independência. Ora, independência da Venezuela, independência do Brasil, da Bolívia, do Paraguai, do Congo é uma mitologia que a gente continuou difundindo para animar a nossa ideia de povos com identidades, com autonomias. Mas somos todos colônias. Somos colônias avassaladas. Esses caras fazem o que querem com os nossos territórios, nosso litoral, nossa floresta.

O Rio Doce só grita de uma maneira incontida o fato de estarmos todos sujeitos a ser plasmados por uma meleca tóxica dessas em qualquer lugar e não ter nem a quem reclamar. Nós estamos em maus lençóis.

Em 2013 foi iniciado oficialmente o processo de demarcação da TI Sete Salões, do povo Krenak, nesses últimos cinco anos o tema da terra retornou com força. Como está esse processo agora?

Havia já uma intervenção dos Krenak sobre a passagem da estrada de ferro na margem direita do Rio e a constante pressão sobre o nosso território. Aqueles quatro mil hectares de terra que é a Reserva Indígena Krenak, criada em 1923, 1924 e era chamada de Posto Indígena Guido Marlière nos tempos do SPI, sempre

> Esse evento denuncia um quadro global, no qual paisagens, territórios e comunidades humanas fazem parte de um pacote que essas grandes fortunas, através das suas corporações, continuam tratando como material descartável.

ficaram espremidos naquela região do Rio Doce – como se a gente estivesse na marca de chute. Os mineiros sempre trataram a gente como alguém que ia ser chutado dali: não era pra gente viver ou ficar ali; aquela terra não era para continuar existindo. E o Instituto de Terras de Minas, 30 ou 40 anos depois de ter sido criada a Reserva, teve a cara de pau de fazer a doação daquelas terras para uma colônia. Deram 48 títulos de terra para os colonos em cima da Terra Indígena Krenak! Quando brigamos para retomar a terra, já tínhamos passado por todas aquelas experiências torturantes de presídio, de exílio entre os Maxakali, de despejo dos Krenak para outras aldeias. Existem famílias krenak em Tupã, no interior de São Paulo, que foram despejadas para cá na década de 1950; tem Krenak despejado em Goiás e no Mato Grosso do Sul. A ideia era acabar com a presença dos índios na margem esquerda do Rio Doce.

Na década de 1990, conseguimos uma decisão do Supremo, em uma ação que durou 19 anos, e obrigou a retirada dos colonos – que tinham títulos, inclusive, dizendo que aquelas terras eram doadas pela Rural Minas, a empresa de colonização do Governo de Minas. Eles foram jogados para fora, se sentiram injustiçados, e as famílias Krenak foram reintegradas à posse da terra. Isso foi em 1995!

Começamos um trabalho de restauração ambiental de alguns dos sítios e, em 2003 ou 2004, o Governo Lula deu licença para construir uma hidrelétrica em Aimorés, cerca de 30 km abaixo da aldeia. Em janeiro de 2005 a hidrelétrica foi inaugurada, fecharam as comportas, e a reivindicação das famílias krenak de um estudo dos impactos ambientais dessa usina sobre a nossa vida foi negada. Então os Krenak atravessaram o rio e fecharam a ferrovia. Quando nós fechamos, foi a primeira vez que demos um prejuízo de verdade no pacote industrial de Minas, na mineração, na indústria, porque é por ali que passava toda a exportação de Minas, que ia para o porto do Espírito Santo.

Eu estava assessorando o Governo do Estado de Minas Gerais quando os Krenak fecharam a ferrovia. Foi nessa ocasião que o Ministério Público entrou na ação e aplicou uma multa de 30 milhões na Vale do Rio Doce, na Cemig e no Governo de Minas Gerais juntos. Isso virou uma indenização, por tempo indeterminado, a todas as famílias Krenak, que, desde essa época, recebem algumas compensações em dinheiro, em suprimentos, coisas como cesta básica e na constante oferta de projetinhos para tentar engabelar as famílias em torno da ideia de sustentabilidade. O pessoal continuou irado com essa abordagem ofensiva.

Não acredito que vá prosperar a ideia de ampliação da Terra Indígena Krenak com a anexação do Parque Estadual de Sete Salões. Essa reivindicação não é recente. Tem um acordo de uma lauda que ainda guardamos, lavrado pelo juiz no Fórum de Resplendor e ditado pelo dom Luciano Mendes de Almeida, nosso advogado na reunião com a Cemig e o consórcio Vale do Rio Doce... Dos seis ou oito pontos que estão lá, um é que a Vale ia entregar a área do Sete Salões para a gestão compartilhada com os Krenak

> **Eu repudio a condição de animais em cativeiro que eles estão nos impondo. E acho que as novas gerações vão botar pra quebrar.**

e a Secretaria de Meio Ambiente de Minas Gerais. Acontece que o Governo de Minas nunca se interessou por implementar esse compromisso e a Funai sempre protelou. Só quando tem conflito é que eles sacam esse salvo-conduto de oferecer Sete Salões.

E a área de Sete Salões também foi afetada pelo drama do Rio Doce. Hoje os Krenak não têm como produzir comida na margem esquerda do Rio Doce. Eles ficam com esse discurso da segurança alimentar, nós somos a flagelança alimentar: bebendo água que vai em caminhão-pipa, água mineral engarrafada; comendo pacote de comida levado pelas corporações que estão nos estrangulando. Eu repudio a condição de animais em cativeiro que eles estão nos impondo. E acho que as novas gerações vão botar pra quebrar.

UMA FOTOGRAFIA NA PAREDE

Em 2014, os Krenak também apareceram muito nos jornais por conta da redescoberta do Reformatório Krenak, das graves violações de direitos relacionadas a essas remoções e à Guarda Rural Indígena. Você poderia comentar essa "redescoberta", esse olhar, ainda que momentâneo, do Estado brasileiro para os crimes cometidos por ele no período investigado pela Comissão Nacional da Verdade. Você tem esperança de que essas violações sejam um dia reparadas?

Eu nasci em 1953. Desde que nasci, nós estamos sendo chutados, aviltados de toda maneira. Eu sou uma das pessoas que poderia nem saber mais de onde veio, assim como muitos outros que se perderam por aí e não sabem de onde são. A dispersão que eles fizeram sobre as nossas famílias era para acabar com a gente. Se sobrassem algumas pessoas, era para serem pessoas idiotas, traumatizadas. E é muito provável que ainda haja algumas pessoas, parentes nossas, jogadas em alguma beirada, em alguma dobra do Brasil por aí afora. Se você perguntar de onde ela é, o que ela é, não está nem interessada mais em saber. Assim como fizeram com muitos outros povos. O que fazem com os Kaingang hoje no Sul é uma espécie de etnocídio. Só vão permitir que eles continuem vivendo quando eles esquecerem que são Kaingang. Então, tem muita gente do meu povo que continua viva por aí afora porque esqueceu que é Krenak e pode continuar vivendo, pode circular por aí. Se você insistir em lembrar quem você é, vai pagar um preço por isso.

Essas prisões, essas torturas, esses exílios, essa espécie de banimento na nossa própria terra que vivemos nos últimos 50, 60 anos é uma prova de que o Brasil não mudou com relação aos povos indígenas e de que a nossa Constituição de 1988 está beirando aquela situação de um poema do Drummond: "Itabira é apenas uma fotografia na parede". Aquele território, as florestas do Rio Doce, o Rio Doce, seguem o mesmo caminho, de virar só um retrato pendurado na parede. O que acontece em situações como essa é que, simbolicamente, os governos pedem perdão pelos danos que causaram, mas são pessoas verbalizando uma conversa fiada, de uma entidade abstrata que é o Estado – e que só funciona quando tem que colocar a polícia pra quebrar a nossa boca, a nossa cara. Quando tem que indenizar, não funciona.

NÃO TEM REPARAÇÃO

Qual seria uma reparação decente?

Não tem reparação. Eu vi uma vez um arquiteto que participou do coletivo que fez o projeto do memorial do Holocausto, em Berlim. Esse grupo desenvolveu um projeto em que foram deixados alguns espaços que são para nada; criaram espaços nesse memorial para o vazio. Eu me identifiquei muito com o que aquele arquiteto falou: aquilo era um lugar para pensar a impossibilidade absurda de representar o que aconteceu. Se você aceitasse a possibilidade de uma reparação, você estaria pondo um termo, mesmo que não seja um preço, a um evento que é impossível de ser admitido. Senão, ele pode se repetir e depois ser reparado.

A lógica do capital no planeta é de que sempre se pode reparar o dano. Por isso, inclusive, criou-se uma avaliação de risco para tudo. Um *Boeing* decola de um aeroporto em Nova York com 360 pessoas a caminho de Hong Kong. Há um contrato de reparação se todo mundo explodir no espaço, que vai indenizar as famílias, a companhia e até a vaca sobre a qual caiu um pedaço dos destroços. Nós somos vacas pastando solenemente no jardim até que um avião caia nas nossas cabeças. E a reparação já está calculada. Você mata milhões de pessoas e já tem uma grana separada, uma reparação.

Ou reparação é o Papa ficar de joelhos e pedir desculpas pelo que a América sofreu quando os brancos vieram para cá assaltá-la? Ou reparação é quando Deus descer da cruz e falar: "Meus filhos, desculpa eu ter acabado com vocês todos!"? Ou quando o capeta dançar na praça e falar: "Caracas, eu ferrei o mundo!"? Qual é a reparação que nós vamos querer? Que reparação? Que papo furado é esse? Não tem reparação.

Em vez de reparação, qual seria o projeto de futuro possível?

Nós temos que ter, de verdade, o sentido do que estamos fazendo uns com os outros. Não é só porque são os índios. Olhem as beiradas miseráveis do mundo com as quais nós estamos convivendo, aqueles imensos tanques que entram em vilas passando por cima da cabeça de todo mundo; metendo tiro em todo mundo ou plasmando tudo de meleca... O capital está fazendo isso, está assolando o planeta. Já acabou com aquela nossa ideia ingênua de que existiam autonomias regionais, governos locais; isso é bobagem, não existe.

Nós ficamos sofrendo, tristes e chateados porque detonaram uma presidenta nossa e botaram uma quadrilha no lugar, mas estamos reclamando de um ponto de vista ingênuo. Porque isso é o que tem para o momento. Não é só aqui, é em qualquer lugar do mundo. Na África e na Ásia também. Os porta-aviões estão entupidos de democracia querendo mandar para algum lugar. Querem que mandemos uma democracia para a Síria? Para a Líbia? Para o Egito? No Brasil está faltando democracia?

Qual sua leitura sobre o quadro de ameaças sobre os direitos que você ajudou a plasmar na Constituição, junto com o movimento indígena e seus aliados, em 1988?

Nós pensávamos que uma Constituição, que aquilo que estávamos elaborando ali, seria uma peça para a eternidade. Olhando da distância que estou agora, fico vendo como nós éramos ingênuos! Que boa inocência a gente tinha nas nossas cabecinhas de achar que estávamos fazendo um contrato social para durar. O acordo que deu na Constituição de 1988 refletia muito mais uma expectativa daquelas gerações, que fizeram a campanha das Diretas Já!, e, no auge da mobilização por essa redemocratização, tinha direito a tudo. Inclusive aos capítulos 231 e 232.

Parece aquela leitura poética da Declaração Universal dos Direitos do Homem feita pelo Thiago de Mello. É uma poesia. Na Constituinte de 1988, então, havia muita gente com essa visão poética da vida social, de como nos organizamos em sociedade. É admirável ver que aquele texto tenha sobrevivido quase 30 anos. Eu me lembro que tinha gente que falava: "Ah, veja os Estados Unidos! Eles têm uma Constituição que é a primeira, feita pelo Thomas Jefferson e os primos dele, e está lá até hoje escrita em pedra". Aí você olha essa mitologia toda e de onde é que nós estamos falando? De um remoto lugar na América do Sul; não estamos falando do Império. O estatuto do Império é aquele lá, o estatuto das periferias é o que der. Nós temos os porta-aviões que eles têm para bancar a nossa Constituição? Quem banca Constituição é porta-aviões, míssil. Não é o discurso, não é empatia, simpatia social. Quando o pau quebra aqui, metade da população vai pra rua vestida de verde e amarelo pra socar a outra metade que não tem nem dinheiro pra comprar roupa verde e amarela e que fica vestindo roupas coloridas, vermelhas, azuis, brancas – e que apanha porque não sabe distinguir a cor que vestiu.

Esse acordo que tivemos até agora é tão frágil que, diante de uma situação de golpe igual a esse que estamos vivendo agora, esses caras podem se reunir numa urgência, rasgar essa Constituição e fazer um ato institucional qualquer dizendo que, daqui pra frente, a roupa de baixo vamos usar em cima, a de cima vamos usar embaixo e fica decretado que a nossa língua é o sueco – como naquele filme do Woody Allen.

OS BRANCOS E SEU RITUAL DE MÁSCARAS

Durante o Acampamento Terra Livre de 2016 você falou que os governantes estavam fazendo "o ritual de máscara deles"...

Essa ideia do ritual de máscara, que eu me inspirei pra falar com os parentes, era exatamente o tom da conversa possível num momento daquele do Acampamento Terra Livre. As lideranças que tinham memória de um movimento indígena de resistência estavam falando no palanque; olhei aquela cena e me inspirei. Os brancos estão fazendo o ritual de máscara deles. Assim como eles vão às nossas cerimônias e ficam plasmados lá no terreiro, assistindo ao ritual quando nós o fazemos com o uso das máscaras – e eles não sabem quem é que está ali –, vamos ficar espertos que, agora, eles estão fazendo o ritual de máscaras deles e nós não sabemos exatamente no que esse negócio vai dar. O Executivo, os deputados, os senadores... estava todo mundo naquele ritual. Era um alerta que eu estava querendo passar às lideranças, para eles não se confundirem e não saírem dali escolhendo amiguinhos.

Nós estamos passando por um momento de absoluta insegurança política. Ao contrário da conversa mole desses caras, de que nós estamos vivendo "insegurança jurídica". A malandragem deles é ficar com essa conversa de juiz, papo dos empresários oportunistas, dos pilantras internacionais todos. Eles querem uma declaração de que você concorda com tudo. Enquanto você não dá isso pra eles, está lançando o mundo numa insegurança jurídica.

Eu falei isso com todo mundo que estava lá e senti que todo mundo entendeu, que a gente estava diante de um ritual dos brancos de alta complexidade. E que não era pra gente dar bobeira não, porque eles podiam vir pra cima da gente de uma maneira brutal. Inclusive engabelando a gente.

Aquela história, por exemplo, de queimar a PEC [215/2000], que está no *Índio Cidadão*, para mim, é uma das imagens mais significativas do tipo de esquizofrenia que estamos vivendo na relação do poder político no Brasil com a memória da existência dos índios. O presidente da Câmara dos Deputados sai com uma gravatinha xavante no pescoço, brandindo um papel e dizendo: "Vamos queimar a PEC!". E os índios todos – Kayapó, Xavante, todo mundo – aceitam aquela sinalização, vão para o lado de fora, enfiam uma borduna no papel, acendem fogo e todo mundo começa a gritar "Queima a PEC! Queima a PEC!", num ritual totalmente insano. E o Paiakã chega, põe a mão no meio e fala com o cara: "Não! A gente não quer queimar a PEC aqui fora, a gente quer fazer isso lá dentro! Porque é lá dentro que o jogo de vocês vale. É porque é índio que você está fazendo aqui!". Aí o cara: "Não... esse aqui vale sim! Vamos! Queima a PEC!". Você viu como eles conseguiram criar um ritual ali? Olha que coisa incrível, que golpe! Naquele instante, todo mundo aliviado. Pronto, queimamos a PEC! Mas a PEC 215 e seus sucedâneos estão todos lá, tramitando, e as comissões detonando... todo mundo ferrando com os índios. O ritual de máscara é esse.

VALA COMUM

Eu não queria abrir essa conversa, mas o Partido dos Trabalhadores (PT) tem uma responsabilidade ainda não avaliada do que fez com a luta indígena, a luta dos sem-terra, dos movimentos sociais. O PT jogou os índios, os trabalhadores, essa gente chamada populações tradicionais na beira de uma vala comum, onde os nossos inimigos vão achar facinho enterrar a gente. Porque foi o jeito que o PT interpretou os direitos sociais que estão na Constituição de 1988. Não no sentido jurídico, mas no sentido político.

Se a direita fica brandindo a lança da segurança jurídica, os nossos coleguinhas que se achavam da esquerda, com o PT na frente e sua estrela, vinham acenando com a garantia daqueles direitos sociais, sem fazer um nada para que eles se efetivassem e que o empoderamento de verdade acontecesse.

Eles preferiram também fazer o baile de máscaras deles, de insinuar que estavam empoderando os movimentos sociais, quando, na verdade, o que fizeram foi acabar com todos os autênticos comitês, conselhos, organizações de base e substituir por setoriais disso e daquilo. Eu mesmo fui convidado mais de uma vez para fazer parte do Setorial de Cultura Indígena do Ministério da Cultura (MinC)... Consumiram a nossa capacidade de mobilização atendendo a chamadas deles: desaparelhando a sociedade civil e aparelhando o Estado.

Agora a direita vai e pega o Estado com essa espécie de embolia que ele está vivendo e eu nem sei no que pode dar. Esses caras que tomaram o governo não são exatamente experientes em operacionalizar a máquina que opera o Estado, fazer funcionar as instituições. E eles estão botando todo mundo que acham suspeito pra fora: o maquinista, o cobrador, o piloto! Todo mundo pra fora! E esses caras, quando tiverem que dirigir o trem, até entenderem como funcionam os mecanismos todos, podem criar a maior falência no processo de decisão, nas políticas. Como estão fissurados em diminuir o Estado, se eles continuarem assim, de repente, até acabam com ele. Vão dirigir o Estado com um braço mecânico, porque não vai ser com pensamento, com elementos da cultura informando o processo político, ou com a sociedade interagindo. A gente está falando "Fora Temer", eles estão falando "Fora Gente".

Os povos indígenas nunca estiveram exatamente dentro dessa visão de populações que precisavam ser atendidas

> Nós estamos passando por um momento de absoluta insegurança política.

por políticas que o Partido dos Trabalhadores levou a cabo. Existe alguma chance de o movimento indígena escapar dessa vala?

Na verdade, nos últimos 12, talvez 15 anos, a aproximação exagerada dos índios com a política pública tem comprometido essa capacidade crítica e de produzir novidade. O pensamento do povo indígena foi muito afetado pela cooptação que o PT fez da sociedade. Eu estava lendo as anotações do relatório da Comissão de Direitos Humanos da ONU, aquele da senhora Victoria [Tauli-Corpuz], e olhando a gravíssima situação de aproximadamente 70% da população indígena, que está de alguma maneira vinculada a programas sociais. Um dos que mais preocupa é o Bolsa Família. O perigo de você formar uma geração inteira de pessoas indígenas que, em vez de pescar, caçar e tecer, vão ficar esperando passar o cartão em algum lugar ou entregar ele para o comerciante. Está cheio de comércios na Amazônia nos quais o que movimenta a atividade toda são os cartões dos índios, dos ribeirinhos, das chamadas populações tradicionais.

Lembro que encontrei o Eduardo Suplicy, a Marta e o João, filho deles, voltando de uma visita ao Demini, no ano de 1995 ou 1996, trazendo balaios yanomami, cheios de presentes, em Manaus. Eduardo disse que tinha ido visitar os Yanomami porque queria saber se devia estender o benefício social que estava apresentando no Congresso – o projeto da Renda Mínima – para os índios... Se não seria um perigo. Eu falei que tinha uma enorme admiração por ele e que achava que ele estava corretíssimo em desconfiar disso e que seria muito perigoso estender um programa desse para as comunidades indígenas. Os Estados Unidos tinham feito no século XX, nós iríamos fazer no século XXI: matar os índios por assistência. Já que você não conseguiu matar seus índios a bala, mate por excesso de assistência. Você vai criar tanto programa social para eles, que [eles] vão morrer, virar terminais de programa social. Não precisa fazer mais nada... era como aplicar um raio paralisante. Tem várias maneiras de sacanear um povo.

O CHÃO DA PERSISTÊNCIA

Quando eu tiver perdido todos os chãos para ficar em pé, o último chão no qual vou pisar será esse, o da persistência. É por isso também que estou minimizando a relevância dos eventos políticos. Por exemplo, discutir a PEC, ir para dentro do Congresso, confrontar o Congresso, encarar os ministros do Supremo, encarar o Executivo, ir lá bater uma cara com o presidente mesmo, igual muitas lideranças já fizeram com o Collor, com o Sarney, com Fernando Henrique, com o próprio o Lula, com a dona Dilma – que se negava a receber os índios... Todas essas picardias são muito demarcadas pela ideia da resistência, que precisa ser feita no embate. Ela pode também acabar arregimentando toda a nossa energia, consumir a nossa criatividade, a nossa resiliência. Você só entra lá para moer gente. Eu convivo e valorizo um outro tipo de resistência – essa que estamos chamando aqui de persistência. Acredito que persiste uma forte identidade e continuidade do pensamento que pode se chamar de indígena. Mas eu também já acho gasta essa ideia de "indígena" porque, afinal de contas, isso é um equívoco de português.

Essa diversidade toda de povos, que têm em comum o tipo de escolha que fizeram de seguir a vida aqui na Terra, celebrando com todas as outras formas de vida, com todos os outros seres – que agora alguns estudos chamam de humanos e não humanos –, essa gente que nunca distinguiu "humanos" de "não humanos" e sempre compartilhou a vida como uma experiência para ser experimentada por todos os vivos, ganhou o apelido de "índios". Isso foi um prejuízo enorme. Quando ficaram plasmados nesse apelido, passaram a pagar o preço desse estigma. É um estigma.

Quem sabe não seja a mesma coisa que o Ocidente fez com uma parte da humanidade que eles chamam de "negros". "Os negros". "Os índios". Quando o Ocidente começou a atribuir sentido aos outros povos, não ocidentais, fizeram isso de um lugar quase supremo, de onde eles podiam designar os outros. No caso dos "negros", eles já decidiram que seriam os escravos da terra. No caso dos "índios", eles também destinaram um papel. E vocês podem ter certeza de que essas insígnias, esses tratamentos nunca foram para encontrar o Outro, mas para criar um Outro. Ao invés de encontrar o Outro, eles criaram um Outro para eles: para eles botarem para fazer a segurança, carregar bagagem.

Talvez o que precisemos fazer agora no começo do século XXI seja descobrir quais as camadas de reconhecimento de Outros que podemos alcançar para livrar os "índios" desse estigma. Assim como os "negros" continuam lutando ativamente no mundo inteiro para se livrar desse estigma. Alguns pensadores negros de diferentes lugares do mundo denunciam o perigo de uma história só ou de uma só versão, de uma narrativa única. Eu acho, então, que devemos estimular muitas narrativas, quantas forem possíveis. Porque a narrativa do Ocidente continua sendo a que vale. Essa conversa de o Ocidente ficar carimbando as outras visões de mundo, como se fossem os fiscais da galáxia, nós temos que desbaratinar.

E para acessar muitas políticas ainda é preciso ter um CNPJ, uma associação indígena etc. Tem que aceitar a insígnia e ainda se conformar com papelada...

Na verdade, é uma capacidade incrível de te capturar, de comer o tempo e o imaginário das pessoas. Um cara que podia estar fazendo um balaio, tecendo a rede dele, pescando, caçando, desenhando, fazendo qualquer outra coisa, vai ter que perder seu tempo respondendo a um monte de procedimentos, para receber um convite três vezes por ano, para ir a uma reunião em Brasília, em Belém ou em Manaus. Sequestra a vida do cara. E, se ele não estiver desperto, por algum tempo vai achar que tem a maior eficácia naquilo que está fazendo.

Na década de 1990, você recebia uma bolsa para ir a Genebra, ficar lá no mês de junho ou julho, participando de jornadas, de cursos de formação em Direitos Humanos, de GTs que estavam discutindo a Declaração Universal dos Direitos dos Povos Indígenas. Aquela coisa de sair daqui, ir para Genebra ou Nova York, que uma geração inteira de lideranças indígenas da América Latina fez, eu me neguei a fazer. É o Império convocando. Você tem que sair de lá das suas remotas batucadas e atender esses caras no Olimpo, onde eles emanarão as bênçãos deles sobre a sua cabeça miserável e você voltará para o seu remoto lugar no mundo abençoado. Temos que sair dos nossos lugares para ir fazer a mímica deles. Eu não vou não! Nunca fui. Genebra, tô fora!

Dizem que os Potiguara juntaram uma trupe deles uma vez, saíram da sua província no Rio Grande do Norte e insistiram que queriam ir conversar com o rei de Portugal. O chefe era um cara muito persistente e conseguiu ir até Portugal conversar com o rei. Esse homem decidiu que ele ia lá, no modo dele, conversar com o rei. Foi recebido, falou o que tinha que falar, voltou de lá com cartas reais na mão e tudo. Agora vão 20 ou 30 representantes para Genebra, falar com o porteiro! O cara foi falar com o rei! Ele era chefe e queria falar com outro chefe. Olha onde é que viemos parar! Se não fosse a persistência, já tínhamos acabado. *(setembro, 2016)*

NOTA

[1] Entrevista conduzida por Marília Senlle, Mario Brunoro Azevedo, Rafael Monteiro Tannus e Tatiane Klein.

MOBILIZAÇÃO NACIONAL INDÍGENA

"Não Admitiremos Nenhum Retrocesso nos Nossos Direitos"

Equipe de edição

EM 2013, OS POVOS INDÍGENAS NO BRASIL CRIARAM UMA FRENTE PERMANENTE DE LUTA CONTRA OS RETROCESSOS NOS SEUS DIREITOS, A MOBILIZAÇÃO NACIONAL INDÍGENA. CONFIRA CRONOLOGIA COM AS PRINCIPAIS AÇÕES NOS ÚLTIMOS QUATRO ANOS

Desde 2004, o Acampamento Terra Livre (ATL) reúne durante uma semana na capital federal, Brasília (DF), as lideranças indígenas do Brasil inteiro, que todos os anos se organizam para cobrar o Estado pela efetivação de seus direitos coletivos, garantidos na Constituição Federal, e para lutar contra os retrocessos.

Em 2013, momento em que a Constituição celebrava seus 25 anos de existência, as ameaças e violações aos direitos dos povos indígenas, quilombolas, outras populações tradicionais e meio ambiente se intensificaram e o ATL passou a ser a principal frente de uma mobilização permanente, a chamada Mobilização Nacional Indígena (MNI).

A MNI, que em 2016 chegou ao quarto ano consecutivo de ações concomitantes país afora, é organizada pela Articulação dos Povos Indígenas do Brasil (Apib), composta por seis organizações indígenas, que reúnem, em suas bases, centenas de associações e comunidades indígenas: Coordenação das Organizações Indígenas da Amazônia Brasileira (Coiab), Articulação dos Povos e Organizações Indígenas do Nordeste, Minas Gerais e Espírito Santo (Apoinme), Articulação dos Povos Indígenas do Sul (Arpinsul), Articulação dos Povos Indígenas do Sudeste (Arpinsudeste), Conselho dos Povos Indígenas de Mato Grosso do Sul e Grande Assembleia do Povo Guarani (Aty Guasu).

Essa mobilização permanente também tem contado com o apoio de organizações da sociedade civil e movimentos sociais, como Conselho Indigenista Missionário (Cimi), Instituto Socioambiental (ISA), Centro de Trabalho Indigenista (CTI), Greenpeace, Instituto Internacional de Educação do Brasil (IEB), Movimento de Apoio aos Povos Indígenas (Mapi), Movimento Uma Gota no Oceano, Movimento Índio É Nós, Mídia Ninja, entre outros.

Veja a seguir alguns dos momentos da Mobilização Nacional Indígena desde 2013. Para acompanhar todas as ações da Mobilização, acesse o *site* <https://mobilizacaonacionalindigena.wordpress.com>.

2013

INDÍGENAS PRESSIONAM CONGRESSO

Mais de 1,3 mil pessoas protestaram na Praça dos Três Poderes, em Brasília, em defesa da Constituição, dos direitos de povos indígenas e quilombolas. Representantes do acampamento foram barrados na porta do Senado, mesmo tendo sido convidados formalmente a participar de uma audiência na Comissão de Direitos Humanos. Depois de longa negociação, o grupo conseguiu entrar. Hoje, o presidente da Câmara, Henrique Alves (PMDB-RN), determinou a suspensão dos procedimentos e atividades relacionadas à questão indígena. *(Oswaldo Braga de Souza, ISA, 01/10/2013)*

PROTESTOS DA MNI SE ESPALHAM PELO PAÍS

Uma marcha juntou cerca de mil indígenas e quilombolas na avenida Paulista, em São Paulo. Quase 800 índios fecharam a BR-174, que liga Boa Vista (RR) à Venezuela, perto de Pacaraima. Cerca de 200 indígenas Kaingang e Guarani ocuparam a sede do Incra, de Porto Alegre (RS), se juntaram ao Bloco de Luta, agrupamento de movimentos sociais, e seguiram em um total de 700 pessoas até o Palácio Piratini, sede da administração estadual. Em Palhoça, na Grande Florianópolis (SC), aproximadamente 100 Guarani bloquearam por quase duas horas os dois sentidos da BR-101. No Maranhão, aproximadamente de 300 indígenas Guajajara, das TIs Pindaré e Caru, interditaram trecho da BR-316, perto de Bom Jardim. Ontem (1/10), mais de 100 Xavante bloquearam um trecho da BR-070. *(Oswaldo Braga de Souza, ISA, 02/10/2013)*

ÍNDIOS FAZEM ENTERRO SIMBÓLICO DE RURALISTAS...

Indígenas acampados em Brasília promoveram enterro simbólico de parlamentares ruralistas, da ministra da Casa Civil, Gleisi Hoffmann, e do advogado-geral da União, Luís Inácio Adams. Eles cavaram uma cova no gramado em frente à sede do Legislativo, enterraram um caixão com fotos e fixaram cruzes no local. Depois, entoaram cantos e dançaram. *(Oswaldo Braga de Souza, ISA, 03/10/2013)*

... E OCUPAM A SEDE DA CNA

Cerca de mil manifestantes ocuparam a sede da Confederação da Agricultura e Pecuária do Brasil (CNA) em Brasília. "Estamos aqui, ocupando esta casa, porque ela é presidida pela senadora Kátia Abreu, a principal responsável por violar a Constituição Federal e nossos direitos", discursou Sônia Guajajara, coordenadora da Apib, que convocou a mobilização. *(Oswaldo Braga de Souza, ISA, 03/10/2013)*

MANIFESTO EM DEFESA DA CONSTITUIÇÃO FEDERAL, DOS DIREITOS TERRITORIAIS INDÍGENAS, QUILOMBOLAS, DE OUTRAS POPULAÇÕES E DA MÃE NATUREZA

Nós, caciques e lideranças indígenas de todo o Brasil, mobilizados em Brasília, com cerca de 1.500 participantes de mais de 100 povos distintos, e simultaneamente em vários estados da Federação, de 30 de setembro a 05 de outubro de 2013, em aliança com outros movimentos e populações (quilombolas, comunidades tradicionais e camponeses), contando com o irrestrito apoio e solidariedade de amplos setores e organizações sociais (ONGs, sindicatos e movimentos populares, entre outros), repudiamos de público os ataques orquestrados pelo governo da presidente Dilma Rousseff e parlamentares ruralistas do Congresso Nacional, com expressiva bancada, contra os nossos direitos originários e fundamentais, principalmente os direitos sagrados à terra, territórios e bens naturais garantidos pela Constituição Federal de 1988.

A bancada ruralista, a serviço de interesses privados, quer a qualquer custo suprimir os nossos direitos, rasgando a Constituição Cidadã, por meio de dezenas de projetos de lei e emendas à Constituição, em especial a PEC 215/00, PEC 237/13, PEC 038/99, PL 1610/96 e PLP 227/12 e outras tantas iniciativas legislativas nocivas, destinadas a legalizar a exploração e destruição, disfarçada de progresso, dos nossos territórios e da mãe natureza, em detrimento da integridade física e cultural das atuais e futuras gerações dos nossos povos e culturas.

Os ruralistas e seus comparsas querem fazer o mesmo que fizeram no ano de 2012, quando aprovaram um novo Código Florestal adequado a seus interesses e aos de multinacionais do agronegócio que os patrocinam.

O governo da presidente Dilma é conivente com essa ofensiva que busca mudar a Constituição Federal. Por isso tem promovido a desconstrução da legislação ambiental e indigenista que protege os nossos direitos (...). Essa conduta omissa e conivente, de pactuação e submissão aos interesses do capital, materializa-se na edição de medidas que agravam a desconstrução dos nossos direitos, tais como a Portaria Interministerial 419/2011, a Portaria 303/2012 da AGU, a Portaria 2498 e o Decreto 7957/2013, ao mesmo tempo que promove a destruição dos nossos territórios por meio da expansão do agronegócio, das hidrelétricas e de tantos outros grandes empreendimentos do PAC.

Para piorar, o governo Dilma paralisou, como seu antecessor, a demarcação das terras indígenas, a criação de unidades de conservação, a titulação de quilombos e a efetivação da reforma agrária. Toda essa ofensiva é destinada a inviabilizar e impedir o reconhecimento e a demarcação das terras indígenas que continuam usurpadas (...). Objetivos esses que aumentam o acirramento de conflitos, a criminalização das nossas comunidades e lideranças, enfim, a insegurança jurídica e social que perpetua o genocídio inaugurado pelos colonizadores contra os nossos povos há 513 anos.

Verificamos assim, por parte do Estado, flagrantes desrespeitos à Constituição Federal e aos tratados internacionais assinados pelo Brasil, como a Convenção 169 da OIT e a Declaração da Organização das Nações Unidas sobre os Direitos dos Povos Indígenas, desconsiderando a contribuição milenar dos nossos povos e a importância estratégica dos nossos territórios para o Bem Viver da humanidade e do planeta terra.

Diante dessa realidade, de forma unânime, de uma só voz, declaramos e exigimos do Estado brasileiro, inclusive do Poder Judiciário, que respeite os nossos direitos, que valorize a diversidade e pluralidade da sociedade brasileira. Reafirmamos que vamos resistir, inclusive arriscando as nossas vidas, contra quaisquer ameaças, medidas e planos que violam os nossos direitos e buscam nos extinguir, por meio da invasão, destruição e ocupação dos nossos territórios e bens naturais, para fins neodesenvolvimentistas e de interesses de uns poucos.

(...) Estamos mobilizados e dispostos a autodemarcar, proteger e desintrusar os nossos territórios, custe o que custar, em memória dos nossos ancestrais, dos nossos antepassados e líderes dos nossos povos que há 25 anos lutaram de forma aguerrida, junto com outros segmentos da população brasileira, contra a ditadura militar, por uma sociedade realmente plural, justa e democrática, e uma Constituição Cidadã que garantisse, por fim, o reconhecimento e garantia dos nossos direitos originários, coletivos e fundamentais. (Mobilização Nacional Indígena, Brasília, 03 de outubro de 2013)

"A GENTE ENFRENTA O PRECONCEITO DUAS VEZES, POR SER INDÍGENA E POR SER MULHER"

Em abril de 2016, entrevistamos Sonia Bone Guajajara, a mulher que está à frente da Articulação dos Povos Indígenas no Brasil (Apib). Junto com outras organizações indígenas, a Apib protagoniza a Mobilização Nacional Indígena.

Quais são, na sua opinião, os principais desafios enfrentados pelas mulheres indígenas hoje?

Primeiro, o principal de todos, é a garantia do território. Existe uma pressão do próprio Congresso Nacional em relação às ameaças legislativas que estão a todo instante tentando retroceder direitos constitucionais. Tem a questão dos grandes empreendimentos e seus impactos que aumentam a cada dia, além da flexibilização da legislação facilitando cada vez mais [a consolidação desses empreendimentos], a exemplo do próprio Licenciamento Ambiental. E eu acho que o outro desafio que talvez não apareça tanto, mas pra gente é importante, é a tentativa de ocupar espaços públicos do Parlamento, precisamos enfrentar isso e tentar avançar. São dificuldades muito grandes que a gente precisa superar.

Pode dar exemplos de diferentes realidades e problemas – saúde, educação, participação nas organizações indígenas, machismo?

É um desafio diário, inclusive para a gente ocupar estes espaços de discussão. Como tem esta questão mesmo da cultura, do machismo, embora tenham muitas lideranças ativas e empoderadas, ainda somos um número muito pequeno de mulheres que consegue ir além do espaço da aldeia. E a gente precisa cada vez mais tentar chegar mais junto e ocupar e fazer com que a voz da mulher seja escutada, não só dentro da nossa própria terra como fora também. As mulheres precisam se empoderar muito para se libertar disso.

E qual é o seu principal desafio, estando à frente da Articulação dos Povos Indígenas do Brasil (APIB), que comanda as mobilizações de mulheres e homens indígenas em todo o Brasil?

Acho que é continuar mantendo essa confiança e credibilidade junto aos povos indígenas. É muito difícil conseguir alcançar esta credibilidade sendo mulher. Hoje, embora possa haver críticas e divergências, eu sinto muita confiança, força e motivação. Muita gente me diz: "Isso mesmo, Soninha, estamos juntos, pode contar com a gente".

E você acha que estando à frente da Apib pode influenciar as mulheres que estão a frente de associações regionais ou mesmo começando a atuar politicamente, dentro e fora da aldeia?

Muitas mulheres me procuram, pedem conselhos e também me motivam: "Não se sinta sozinha", elas falam. Temos milhares de mulheres lideranças muito boas, comprometidas, mas nem sempre elas conseguem alcançar uma visibilidade, e quando a alcançam, as pessoas realmente enxergam e se inspiram. Ser mulher é um diferencial nessa luta, a gente entra com muita força, muita coragem, muita convicção.

Para além da luta, quais são os desafios de ser uma mulher, de uma cultura diferente, diante de uma sociedade machista, como é a não indígena?

Precisamos dar conta de dois desafios. Primeiro, conquistar o espaço e depois manter esta credibilidade, esta confiança junto aos nossos povos, e também sensibilizar a sociedade. A gente já enfrenta o preconceito duas vezes: por ser indígena e por ser mulher.

Quais dificuldades você mesma enfrentou na sua trajetória até chegar a essa posição?

As dificuldades foram várias, acontecendo no dia a dia. Mas nada é motivo para desistir. Foi uma luta de muito tempo, eu vim conquistando no passo a passo, traçando um caminho, e quando me dei conta me escolheram pra ser coordenadora da Apib! Hoje eu ocupo esse cargo com mais quatro pessoas, eu de mulher e mais quatro homens, um de cada região do Brasil.

E como começou a sua trajetória?

Eu sempre fui muito de luta, desde criança! Sempre estava participando do dia a dia na aldeia, conversando, nas reuniões... Em 2001 eu participei de uma conferência em Brasília, foi o meu primeiro encontro nacional, e a partir daí eu percebi que não podia ficar de fora, tinha que me movimentar, juntar mais gente e organizar o movimento indígena no Maranhão. E aí fomos trabalhando!

Você enfrenta muito machismo no movimento indígena?

Eu enfrentei muito. Muitas vezes eu não falei nada, outras eu recuei para não bater de frente. Fui buscando outras estratégias para estar ali participando, abrindo mais o caminho até que as pessoas começaram a me identificar mais como liderança. Hoje eu não sinto mais isso. Claro, sempre tem um ou outro que não aceita comando ou liderança de mulher e ainda quer questionar, mas isso não tem conseguido interferir muito.

Como é a situação das mulheres do povo Guajajara, que vive no Maranhão?

Guajajara é mulher muito forte, aguerrida, lutadora. Tem mulheres no anonimato, mas que são autônomas, independentes, são elas que definem qualquer luta, qualquer batalha.

Frente a tantas ofensivas contra os direitos indígenas, você acredita que as mulheres indígenas estão sendo afetadas de forma diferente?

Sempre são as mulheres as que mais se preocupam e são as mais atingidas. Por exemplo, o avanço do agronegócio, os grandes empreendimentos – se os filhos são afetados por algum tipo de doença, são as mulheres que têm que se desdobrar mais para poder dar conta. Sempre os impactos atingem primeiro as mulheres. Os povos indígenas já estão num grupo vulnerável, as mulheres indígenas mais ainda! (abril, 2016)

2014

10º ATL COMEÇA EM BRASÍLIA

Mais de 500 índios, de 100 povos diferentes de todo Brasil, estão reunidos em Brasília de hoje até quinta. "Vivenciamos uma pactuação dos poderes do Estado e dos representantes do capital contra os direitos indígenas", alerta Sônia Guajajara, da coordenação executiva da Apib. *(MNI, 26/05/2014)*

INDÍGENAS SOFREM VIOLÊNCIA POLICIAL...

Movimentos sociais e a Mobilização Nacional Indígena denunciaram a violência policial cometida na repressão à manifestação pacífica realizada, ontem (27/5), no centro de Brasília, em protesto contra as violações de direitos perpetradas em todo País para viabilizar a Copa do Mundo. *(MNI, 28/05/2014)*

... E INTERDITAM MINISTÉRIO DA JUSTIÇA

Mais de 500 pessoas interditaram as entradas do Ministério da Justiça e ocuparam parte do Eixo Monumental. Segundo os líderes indígenas, o ministro afirmou que seguirá implantando "mesas de diálogo" locais – envolvendo governos, produtores rurais e índios – para discutir as demarcações. *(MNI, 30/05/2014)*

2015

XI ATL REÚNE CERCA DE 1,5 MIL INDÍGENAS

A Apib convocou a todos os povos, organizações e lideranças indígenas a participarem da Semana de Mobilização Nacional Indígena 2015, de 13 a 16 de abril. Estão previstas manifestações em Brasília (DF), onde ocorrerá o Acampamento Terra Livre (ATL), e, simultaneamente, atividades em todas as regiões do país. *(MNI, 13 e 14/04/2015)*

INDÍGENAS FAZEM VIGÍLIA NO STF

Indígenas que participam da MNI em Brasília realizaram uma vigília no STF contra três decisões recentes que ameaçam os direitos indígenas garantidos pela Constituição. As decisões em questão, tomadas pela 2ª Turma do Supremo entre setembro e dezembro de 2014, anulam as portarias declaratórias de três TIs em diferentes estágios do processo de demarcação. *(MNI, 14/03/2015)*

Índios durante protesto em frente ao STF e Palácio do Planalto, em Brasília.

PROTESTOS SE ESPALHAM PELOS ESTADOS

Uma marcha com mais de 2 mil pessoas está em curso na cidade de Salvador (BA) e envolve os povos Pataxó, Pataxó Hã-hã-hãe, sem terras, quilombolas e mais uma gama diversificada de organizações dos movimentos sociais. Na Paraíba, mais de mil indígenas Potiguara fecharam nesta quarta-feira (15/4), a rodovia BR-101, na altura do município de Rio Tinto. Em Rondônia, estão previstos diversos protestos, desde trancamento de rodovias e entrega de lista de reinvindicações em órgãos públicos federais. Os povos Aikanã, Kauazá e Oro Waran Xejein participarão dos atos. No Maranhão, mais de 100 indígenas do povo Gamela fecharam a rodovia estadual MA-014, na altura do município de Viana. No Rio Grande do Sul, as ações do movimento indígena ocorreram em aliança com os quilombolas. Em Minas Gerais, a agenda começa nesta quinta-feira (16/4), com o I Mutirão dos Povos Indígenas e Populações Tradicionais do Norte de Minas Gerais, na aldeia Brejo Mata Fome, município de São João das Missões. *(MNI, 15/04/2015)*

INDÍGENAS RECEBEM APOIO, MAS SÃO CONSTRANGIDOS

Último dia do ATL foi marcado por duas sessões solenes, na Câmara e no Senado, em homenagem ao Dia do Índio. Na Câmara, apenas 180 indígenas foram autorizados a participar da sessão no Plenário. A sessão teve início com dois episódios constrangedores. A ausência do presidente da Câmara, Eduardo Cunha (PMDB/RJ), e a censura a um filme sobre as lutas dos povos em Brasília. No Senado, foi a vez de objetos sagrados, como *mbarakás*, serem barrados. *(MNI, 16/04/2015)*

"RESPOSTA POSITIVA" DO GOVERNO NÃO AGRADA

Após a semana de mobilização, a presidência da República anunciou a homologação de três terras indígenas na Amazônia Legal - as TIs Setemã, Mapari e Arara da Volta Grande do Xingu. A resposta, contudo, foi considerada tímida pelos povos e organizações indígenas participantes do movimento. *(Tatiane Klein, ISA, 30/04/2015)*

MOBILIZAÇÃO PEDE HOMOLOGAÇÕES A DILMA

Carta do ATL reitera [entre outras] a reivindicação encaminhada em 26 de março pela Apib e a MNI na qual se exigia a homologação de mais de 20 TIs "sem impedimento judicial e/ou administrativo" e a publicação de Portarias Declaratórias e de Relatórios Circunstanciados paralisadas no Ministério da Justiça e na Funai. *(Apib, 01/06/2015)*

LIDERANÇAS FAZEM VIGÍLIA E SÃO SITIADAS NA CÂMARA

A Câmara Federal viveu mais um dia triste de autoritarismos praticados pelo atual presidente, Eduardo Cunha (PMDB-RJ). Indígenas, quilombolas e representantes de outras comunidades tradicionais ocuparam pacificamente, em vigília, durante toda essa madrugada, um dos plenários do corredor de comissões da Câmara dos Deputados, em Brasília. A plenária foi sitiada pelas forças policias, e o ar-condicionado e as luzes da sala foram desligados com o intuito de acabar com o protesto pacífico. *(MNI, 06/10/2015)*

2016

O GOVERNO MUDA, MAS LUTA DOS POVOS INDÍGENAS CONTINUA

Indígenas reunidos em Brasília no XII ATL deixaram claro que não aceitarão nenhum retrocesso em seus direitos e vão continuar mobilizados para impedi-los. Depois de três dias de mobilização, o governo anunciou a publicação de cinco portarias declaratórias e cinco relatórios de identificação de TIs. O ATL influenciou essas medidas, horas antes que o Senado aprovasse a admissibilidade do *impeachment* da presidente Dilma Rousseff. *(MNI, 12/05/2016)*

MOVIMENTO OCUPA SEDES DA FUNAI EM TODO O BRASIL

Em resposta aos ataques desferidos pelo governo interino de Michel Temer e sua base aliada no Congresso Nacional contra os direitos indígenas, o movimento indígena vinculado à Apib protagonizou, com auge no dia 13, o movimento Ocupa Funai. A ação foi promovida para explicitar o desacordo, a indignação e o repúdio dos povos e organizações indígenas do país inteiro contra o processo de desmonte do órgão indigenista. *(Apib, 20/07/2016)*

... E OCUPA SESAI CONTRA MUDANÇAS NA SAÚDE

Ministro da Saúde, Ricardo Barros, voltou atrás, em menos de três dias, e resolveu revogar as portarias 1.907 e 2.141, que desmontariam o subsistema de Saúde Indígena do SUS. A Articulação dos Povos Indígenas do Brasil (Apib) convocou uma série de manifestações, o "Semana de Luta Ocupa Sesai", e cerca de 11 mil indígenas, representantes de quase 20 povos, realizaram ocupações às sedes dos DSEIs, bloqueando uma dezena de rodovias. *(ISA, 26/10/2016)*

PRODUÇÃO AUDIOVISUAL

Vídeo nas Aldeias Comemora 30 Anos[1]

Diego Matos | Coordenador de arquivo, pesquisa e acervo do Videobrasil

O VÍDEO NAS ALDEIAS É UM DOS MAIS LONGEVOS E ÍNTEGROS PROJETOS DE EDUCAÇÃO, MOBILIZAÇÃO COLETIVA E EMPODERAMENTO CULTURAL, QUE INTEGRA CARACTERÍSTICAS BASILARES COMO RELEVÂNCIA POLÍTICO-SOCIAL, AÇÃO CULTURAL E PATRIMONIAL E EXPERIMENTAÇÃO ARTÍSTICA DOS POVOS INDÍGENAS

No Brasil de hoje, o Vídeo nas Aldeias é um dos mais longevos e íntegros projetos de educação, mobilização coletiva e empoderamento cultural, que integra características basilares como relevância político-social, ação cultural e patrimonial e experimentação artística. Nele, o vídeo e tecnologias afins são os dispositivos usados pelos indígenas na definição de um modo de produção de imagem controlado e protagonizado pelos próprios.

Formam-se realizadores indígenas, que objetivam o olhar sobre si e seu entorno e que, portanto, trabalham a partir da premissa da autorrepresentação.

O Vídeo nas Aldeias é responsável por capacitar cineastas, produzir e divulgar material audiovisual, o que contribui de imediato para o combate à ignorância secular das populações urbanas brasileiras quanto ao amplo, diverso e complexo universo indígena – suas culturas, conhecimentos e cosmologias. Naturalmente, tal recurso faz com que se despertem novas formas de mobilização indígena, passo importante para romper com a invisibilidade social e com o próprio entendimento ocidental desses outros universos. A ideia de Eduardo Viveiros de Castro de que "o outro dos outros é sempre outro" é exemplificada quando duas comunidades indígenas desconhecidas entre si são postas em contato por meio de imagens cruzadas, o que nos remete ao projeto *Espírito da TV* (1990) do Vídeo nas Aldeias. Cria-se assim um processo de reflexividade mediado pela câmera.

Mais do que formalizar registros das culturas indígenas, a radicalidade da proposta do Vídeo nas Aldeias está na forma subversiva com que propõe uma outra rede de comunicação entre os povos indígenas, em que a negociação entre distintos povos não se dá por meio da presença de um observador externo. Esses filmes editados e seus realizadores constituem um novo corpo de pensamento audiovisual, que complexificam o léxico imagético e teórico de que são constituídos os saberes contemporâneos. A própria noção de documentário ganha uma nova camada de valoração, pois constrói uma história indígena em seus próprios termos, distinto do modelo filmográfico de distanciamento entre o observador e observado, como comenta Lilia Schwarcz ao analisar a produção seminal do Vídeo nas Aldeias.

É do mergulho no acervo com mais de 7.000 horas de registros, que captam 40 povos distintos e 88 filmes finalizados, ao longo de 30 anos de trajetória, que nasce a proposta para a 32ª Bienal de São Paulo. Vincent Carelli, indigenista e cineasta idealizador do projeto, e os diversos profissionais da organização trazem para a Bienal um recorte significativo dessa produção, por meio de fragmentos que apresentam contextos de luta e resistência a reiterados processos de colonização, tentativas de genocídio e apagamento cultural.

Extraídos de material bruto, esses pequenos filmes representam cerca de 20 povos distintos, entre eles os Xavante, Enawenê Nawê, Guarani Kaiowá, Fulni-ô, Gavião, Krahô, Huni Kuin, Mbya Guarani, Maxacali, Tupinambá, Yanomami, Kayapó. Esse arquivo de grande amplitude está espacializado de forma fluida, promovendo interferências sonoras. Em alguns casos, a propositada ausência de legendas coloca o público em desequilíbrio e fora de protagonismo. A visibilidade agora é do outro, a qual sempre negamos. *(fevereiro, 2017)*

NOTA

[1] Originalmente publicado no catálogo da 32ª Bienal de São Paulo – Incerteza Viva (2016).

DESTAQUES DO PERÍODO 2011-2016

Este caderno de 32 páginas reúne imagens de alguns destaques do que foi publicado no período sobre a temática indígena, agrupados por gênero e temas.

Não se trata de um inventário exaustivo, mas de uma edição de informações que chegaram espontaneamente ao ISA entre 2011 e 2016, complementadas com algum esforço de busca ativa.

Vale ressaltar que esse período foi marcado por intensas mobilizações indígenas contra os retrocessos que ameaçam seus direitos constitucionais. Elas ganham destaque na última seção deste caderno.

Por limitações de espaço, não foram incluídas as teses acadêmicas apresentadas no período.

174	POVOS
175	FAMÍLIAS LINGUÍSTICAS
176	PUBLICAÇÕES
178	CONHECIMENTO, MANEJO E GESTÃO TERRITORIAL
181	EXPOSIÇÕES
182	FOTOGRAFIA
183	DIREITOS E POLÍTICAS PÚBLICAS
186	CARTOGRAFIA
188	NARRATIVAS
189	LIVROS
190	DIDÁTICOS
194	VÍDEOS
197	WEB
198	ISOLADOS
199	MOBILIZAÇÕES INDÍGENAS

Povos

• Aikanã • Aikewara • Akuntsu • Amanayé • Amondawa • Anacé • Anambé • Aparai • Apiaká • Apinayé
• Apurinã • Aranã • Arapaso • Arapium • Arara • Arara da Volta Grande do Xingu • Arara do Rio Amônia
• Arara do Rio Branco • Arara Shawãdawa • Arara Vermelha • Araweté • Arikapú • Aruá • Ashaninka
• Asurini do Tocantins • Asurini do Xingu • Atikum • Avá-Canoeiro • Aweti • Bakairi • Banawá • Baniwa • Bará
• Barasana • Baré • Borari • Boe (Bororo) • Canela • Cara Preta • Chamacoco • Charrua • Chiquitano
• Cinta larga • Deni • Desana • Djeoromitxí • Dow • Enawenê-nawê • Fulni-ô • Galibi do Oiapoque
• Galibi-Marworno • Gamela • Gavião Parkatêjê • Gavião Akrãtikatejê • Gavião Kykatejê • Gavião Pykopjê • Guajá
• Guajajara • Guarani Kaiowá • Guarani Mbya • Guarani Ñandeva • Guarasugwe • Guató • Hixkaryana
• Huni Kuin (Kaxinawá) • Hupdäh • Ikolen • Ikpeng • Ingarikó • Inỹ (Karajá) • Iranxe Manoki • Jamamadi • Jaraqu
• Jarawara • Jenipapo-Kanindé • Jiahui • Jiripancó • Juma • Ka'apor • Kadiwéu • Kawaiwete (Kaiabi) • Kaimbé
• Kaingang • Kaixana • Kalabaça • Kalankó • Kalapalo • Kamaiurá • Kamba • Kambeba • Kambiwá • Kanamari
• Kanindé • Kanoê • Kantaruré • Kapinawa • Karajá do Norte • Karapanã • Karapotó • Karipuna de Rondônia
• Karipuna do Amapá • Kariri • Kariri-Xokó • Karitiana • Karo • Karuazu • Kassupá • Katuwena
• Katukina do Rio Biá • Katukina Pano • Kaxarari • Kaxixó • Katxuyana • Mebêngôkre (Kayapó)
• Kinikinau • Kiriri • Kĩsêdjê • Koiupanká • Kokama • Koripako • Korubo • Kotiria • Krahô • Krahô-Kanela
• Krenak • Krenyê • Krikati • Kubeo • Kuikuro • Kujubim • Kulina Pano • Kumaruara • Kuntanawa • Kuruaya
• Kwazá • Madiha (Kulina) • Makuna • Makurap • Macuxi • Manchineri • Maraguá • Marubo • Matipu • Matis
• Matsés • Maytapu • Mehinako • Mỹky • Migueleno • Miranha • Mirity-tapuya • Mucurim • Munduruku • Mura
• Nadöb • Nahukuá • Nambikwara • Naruvotu • Nawa • Nukini • Ofaié • Oro Win • Palikur • Panará • Pankaiuká
• Pankará • Pankararé • Pankararu • Pankaru • Parakanã • Paresí • Parintintin • Patamona • Pataxó
• Pataxó Hã-Hã-Hãe • Paumari • Payayá • Pipipã • Pira-tapuya • Pirahã • Pitaguary • Potiguara • Puri • Puruborá
• Puyanawa • Rikbaktsa • Sakurabiat • Sapará • Sateré Mawé • Shanenawa • Siriano • Surui Paiter • Suruwaha
• Tabajara • Tapajó • Tapayuna • Tapeba • Tapirapé • Tapuia • Tariana • Taurepang • Tembé • Tenharim
• Terena • Ticuna • Tikmü'ün (Maxacali) • Tingui Botó • Tiriyó • Torá • Tremembé • Truká • Trumai
• Tsohom-dyapa • Tukano • Tumbalalá • Tunayana • Tupaiú • Tupari • Tupinambá • Tupiniquim • Turiwara
• Tuxá • Tuyuka • Umutina • Uru-Eu-Wau-Wau • Waimiri Atroari • Waiwai • Wajãpi • Wajuru • Wapichana
• Warekena • Wari' • Wassu • Wauja • Wayana • Witoto • Xakriabá • Xavante • Xerente • Xetá
• Xikrin (Mebêngôkre) • Xipaya • Xokleng • Xokó • Xukuru • Xukuru-Kariri • Yaminawá • Yanomami
• Yawalapiti • Yawanawá • Ye'kwana • Yudja • Yuhupdëh • Zo'é • Zoró

Existem hoje no Brasil 252 povos indígenas, que falam mais de 150 línguas e somam uma população de 896.917 pessoas (IBGE 2010). A população indígena no Brasil está crescendo, assim como o número de etnias, embora alguns povos estejam ameaçados de extinção. Trata-se de um mosaico de microssociedades: 152 povos têm uma população de até 1000 pessoas, 27 têm mais de 5000 e 48 etnias têm parte de sua população habitando países vizinhos, como os Guarani, que vivem na Argentina, Bolívia, Brasil e Paraguai e somam cerca de 280 mil, dos quais 85 mil estão no território brasileiro. Há ainda 103 evidências de povos "isolados", das quais 26 estão confirmadas e 77 em estudo pela Funai.

Famílias Linguísticas

Tronco Tupi

Tupi-Guarani: Aikewara, Amanayé, Amondawa, Anambé, Apiaká, Araweté, Asurini do Tocantins, Asurini do Xingu, Avá-Canoeiro, Guajá, Guajajara, Guarani Kaiowá, Guarani Mbya, Guarani Ñandeva, Guarasugwe, Jiahuí, Juma, Ka'apor, Kamaiurá, Kambeba, Karipuna de Rondônia, Kawaiwete (Kaiabi), Kokama, Parakanã, Parintintin, Tapirapé, Tembé, Tenharim, Uru-Eu-Wau-Wau, Wajãpi, Xetá, Zo'é

Arikém: Karitiana

Awetí: Awetí

Jurúna: Xipaya, Yudja

Mondé: Aruá, Cinta larga, Ikolen, Surui Paiter, Zoró

Tuparí: Akuntsu, Makurap, Sakurabiat, Tupari, Wajuru

Mundurukú: Kuruaya, Munduruku

Ramaráma: Karo

Mawé: Sateré Mawé

Tronco Macro-Jê

Jê: Apinayé, Canela, Gavião Akrãtikatejê, Gavião Kykatejê, Gavião Parkatêjê, Gavião Pykopjê, Kaingang, Mebêngôkre (Kayapó), Kĩsêdjê, Krahô, Krahô-Kanela, Krenyê, Krikati, Panãrá,Tapayuna, Xakriabá, Xerente, Xikrin (Mebêngôkre), Xokleng, Xavante

Karajá: Inỹ (Karajá), Javaé, Karajá do Norte

Bororo: Boe (Bororo), Umutina

Maxakalí: Pataxó, Pataxó Hã-Hã-Hãe, Tikmü'ün (Maxakali)

Krenák: Krenak

Guató: Guató

Ya-tê: Fulni-ô

Ofayé: Ofaié

Rikbaktsá: Rikbaktsa

Outras Famílias

Karíb: Aparai, Arara, Bakairi, Galibi do Oiapoque, Hixkaryana, Ikpeng, Ingarikó, Kalapalo, Katuwena, Katxuyana, Kuikuro, Macuxi, Matipu, Nahukuá, Naruvotu, Patamona, Sapará, Taurepang, Tiriyó, Tunayana, Waimiri Atroari, Waiwai, Wayana, Ye'kwana

Aruák: Apurinã, Ashaninka, Baniwa, Baré, Enawenê-nawê, Kinikinau, Koripako, Manchineri, Mehinako, Palikur, Paresí, Tariana, Terena, Wapichana, Warekena, Wauja, Yawalapiti

Páno: Arara Shawãdawa, Huni Kuin (Kaxinawá), Katukina Pano, Kaxarari, Korubo, Kulina Pano, Kuntanawa, Marubo, Matis, Matsés (Mayoruna), Nukini, Puyanawa, Shanenawa, Yaminawá, Yawanawá

Tukáno: Arapaso, Bará, Barasana, Desana, Karapanã, Kotiria, Kubeo, Makuna, Mirity-tapuya, Pira-tapuya, Siriano, Tukano, Tuyuka

Arawá: Banawá, Deni, Jamamadi, Jarawara, Madiha (Kulina), Paumari, Suruwaha

Makú: Dow, Hupdäh, Nadöb, Yuhupdëh

Katukina: Kanamari, Katukina do Rio Biá, Tsohom-dyapa

Txapacura: Kujubim, Oro Win, Torá, Wari'

Irántxe: Iranxe Manoki, Mỹky

Jabuti: Arikapú, Djeoromitxí

Mura: Mura, Pirahã

Aikaná: Aikanã, Kassupá

Bora: Miranha

Chiquito: Chiquitano

Creoulo: Galibi-Marworno, Karipuna do Amapá

Guaikuru: Kadiwéu

Kanoe: Kanoê

Koazá: Kwazá

Nambikwára: Nambikwara

Samuko: Chamacoco

Tikuna: Ticuna

Trumái: Trumai

Yanõmamɨ, Yanomae, Sanöma, Ninam, Yãroamë: Yanomami

Witoto: Witoto

Língua Portuguesa

Anacé, Aranã, Arapium, Arara da Volta Grande do Xingu, Arara do Rio Amônia, Arara do Rio Branco, Arara Vermelha, Atikum, Borari, Cara Preta, Charrua, Gamela, Jaraqui, Jenipapo-Kanindé, Jiripancó, Kaimbé, Kaixana, Kalabaça, Kalankó, Kamba, Kambiwá, Kanindé, Kantaruré, Kapinawa, Karapotó, Kariri, Kariri-Xokó, Karuazu, Kaxixó, Kiriri, Koiupanká, Kumaruara, Maraguá, Maytapu, Migueleno, Mucurim, Nawa, Pankaiuká, Pankará, Pankararé, Pankararu, Pankaru, Payayá, Pipipã, Pitaguary, Potiguara, Puri, Puruborá, Tabajara, Tapajó, Tapeba, Tapuia, Tingui Botó, Tremembé, Truká, Tumbalalá, Tupaiú, Tupinambá, Tupiniquim, Turiwara, Tuxá, Wassu, Xokó, Xukuru, Xukuru-Kariri

PUBLICAÇÕES

Memórias sertanistas
Felipe Milanez (org.)
Sesc
Vanessa R. Lea
Riquezas Intangíveis de Pessoas Partíveis
edusp
A única vida possível
Brasil Indígena – Histórias, saberes e ações
Vídeo nas aldeias 25 anos
Questões indígenas e museus
Histoires de voir
Fondation Cartier pour l'art contemporain
Histórias Mestiças
Carlos Eugênio Marcondes de Moura
Estou Aqui. Sempre Estive. Sempre Estarei.
Expedicionários da Saúde
Metoro Kukràdjà
Memória do SPI
Povos indígenas no Brasil
Rosa Gauditano
João Farkas Amazônia Ocupada
Rogério Assis
Amazonie
Bancos indígenas do Brasil
Guardianes de la selva
Barcelos indígena e ribeirinha | um perfil socioambiental
ISA FOIRN
Ciclos anuais no Rio Tiquié
Manejo dos peixes na bacia do rio Tiquié
Salaka põ • Peixes, Crustáceos e Moluscos
Ana amopö • Cogumelos Yanomami (Sanöma)
Hee Yaia Godo ~Bakari
El territorio de los jaguares de Yurupari
o que a gente precisa para viver e estar bem no mundo
Corredor Territorial de Pueblos Indígenas en Aislamiento y Contacto Inicial Pano, Arawak y otros
O último da tribo
Monte Reel
Um dia na aldeia
Cosacnaify
Almanaque socioambiental Parque Indígena do Xingu 50 anos
Povos indígenas no Brasil Mirim
Bacuêbon Dadauate
Aprendendo português – Caderno 3
Moroneta Kamayura
Tacumã Kamayura e Kanutary Kamayura

CONHECIMENTO, MANEJO E GESTÃO TERRITORIAL

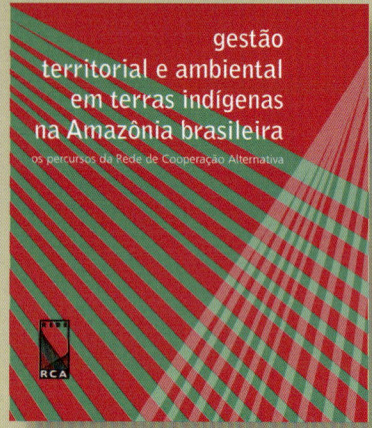

gestão territorial e ambiental em terras indígenas na Amazônia brasileira
os percursos da Rede de Cooperação Alternativa
RCA, 140p., 2013.

MAKUCHANA — Em busca da autonomia e sustentabilidade das Terras Indígenas do Taiano
CIR/ISA, 47p., 2013.

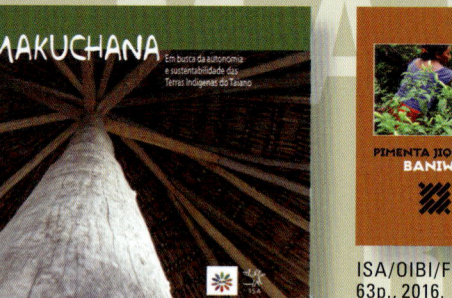

PIMENTA JIQUITAIA BANIWA
ISA/OIBI/FOIRN, 63p., 2016.

AMAZAD PANA'ADINHAN — Percepções das comunidades indígenas sobre as MUDANÇAS CLIMÁTICAS — Região Serra da Lua - RR
CIR, 154p., 2014.

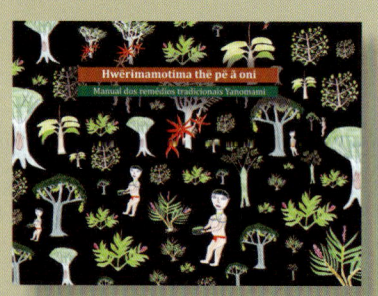

Hwërimamotima thë pë ã oni — Manual dos remédios tradicionais Yanomami
Da série Saberes da floresta yanomami, ISA/Hutukara, 256p., 2015.

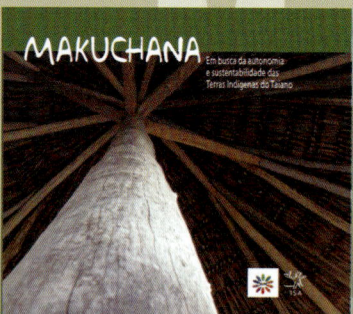

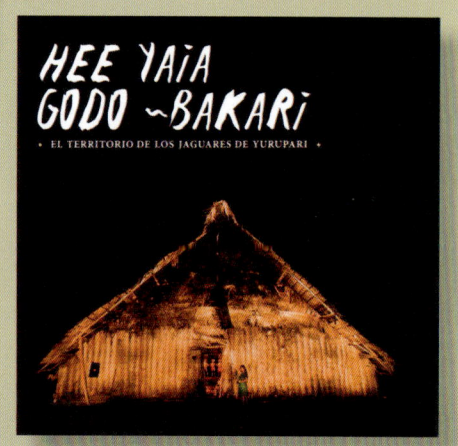

HEE YAIA GODO ~BAKARI — El territorio de los jaguares de Yurupari
ACAIPI/Fundación Gaia Amazonas, 420p., 2015.

CICLOS ANUAIS NO RIO TIQUIÉ — Pesquisas colaborativas e manejo ambiental no noroeste amazônico
ISA/FOIRN, 132p., 2016.

Ana amopö — Cogumelos — Enciclopédia dos Alimentos Yanomami (Sanöma)
Salaka pö — Peixes, Crustáceos e Moluscos — Enciclopédia dos Alimentos Yanomami (Sanöma)
Da série Saberes da floresta yanomami, ISA/Hutukara, 108p. e 116p., respectivamente, 2016.

Uasei, o livro do açaí — saberes do povo Karipuna
O livro do arumã — Wama Pampila / Aruma Papeh
Iepé, 75p. e 128p., respectivamente, 2015.

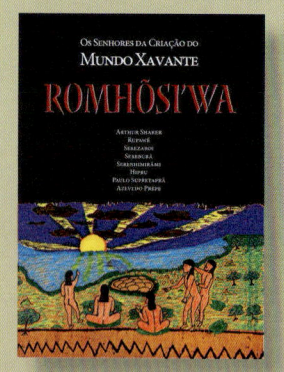

Os Senhores da Criação do Mundo Xavante — ROMHÕSI'WA
Os senhores da criação do mundo Xavante, Arthur Shaker, 727p., 2016.

PLANO DE GESTÃO TERRITORIAL DA TERRA INDÍGENA DO ESCONDIDO — Povo Rikbaktsa, junho 2014
ICV/ASIRIK/AMOURIK, 79p., 2014.

ka'aguy re vivemos na mata jaiko
CTI, 95p., 2016

CONHECIMENTO, MANEJO E GESTÃO TERRITORIAL

Indigenous and Local Knowledge about Pollination and Pollinators associated with Food Production
Unesco, 106p., 2015.

Una Isĩ Kayawa – Livro da Cura do povo Huni Kuĩ do rio Jordão
CNCFlora/JBRJ/Dantes Ed., 260p., 2011.

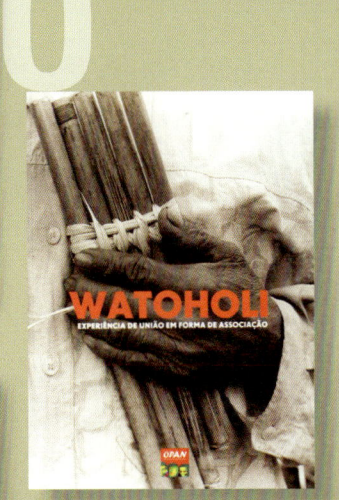

Watoholi – experiência de união em forma de associação
OPAN, 128p., 2015.

Coleção "O que a gente precisa para viver e estar bem no mundo", ISA/ACEP; ISA/CEDEH, 2011-2013, 2 vols.

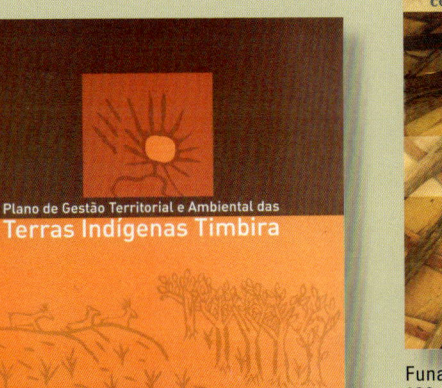

Plano de Gestão Territorial e Ambiental das Terras Indígenas Timbira
Associação Wyty-Catë/CTI, 62p., 2012.

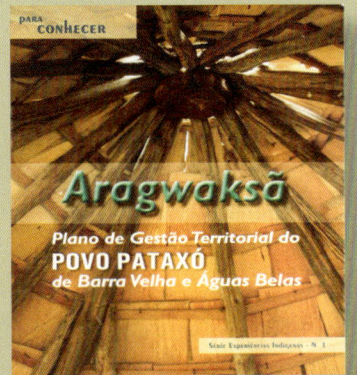

Aragwaksã – Plano de Gestão Territorial do Povo Pataxó de Barra Velha e Águas Belas
Funai/CGMT/CGETNO/CGGAM, 109p., 2012.

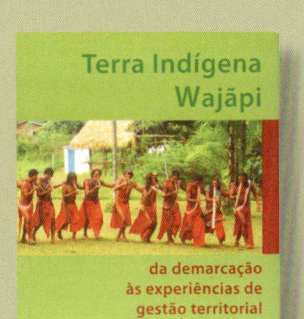

Terra Indígena Wajãpi – da demarcação às experiências de gestão territorial
Iepé, 128p., 2011.

Etnomapeamento dos Potiguara da Paraíba
Funai/CGMT/CGETNO/CGGAM, 107p., 2012.

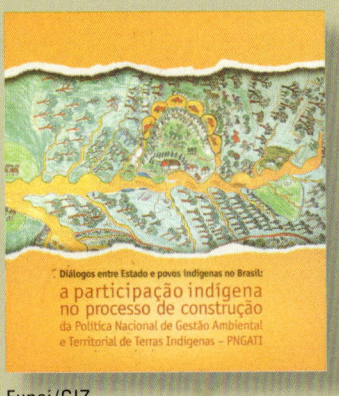

Diálogos entre Estado e povos indígenas no Brasil: a participação indígena no processo de construção da Política Nacional de Gestão Ambiental e Territorial de Terras Indígenas – PNGATI
Funai/GIZ, 78p., 2012.

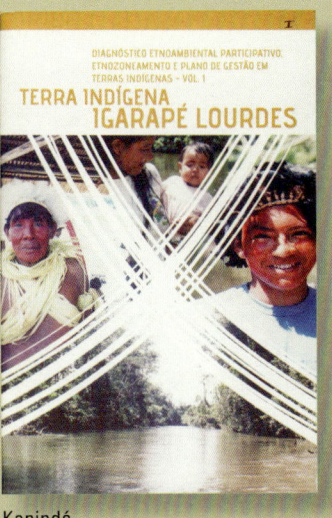

Diagnóstico etnoambiental participativo, etnozoneamento e plano de gestão em Terras Indígenas – Vol. 1 – Terra Indígena Igarapé Lourdes
Kanindé, 92p., 2012.

Peixes, Pescarias e os modos de viver no médio rio Negro
ISA, 2012.

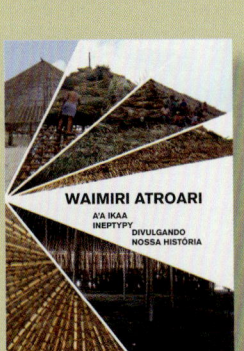

Waimiri Atroari – A'a Ikaa Ineptypy divulgando nossa história
Programa Waimiri Atroari/ISA, 143p., 2017.

Plano de Gestão Terra Indígena Pirineus de Souza
OPAN/Associação Kolemace, 80p., 2013.

Gestão territorial em Terras Indígenas no Brasil
MEC/Unesco, 268p., 2015.

CONHECIMENTO, MANEJO E GESTÃO TERRITORIAL

Etnozoneamento da Porção Paraense das Terras Indígenas Trombetas-Mapuera e Nhamundá-Mapuera
EDUFRO, 200p., 2012.

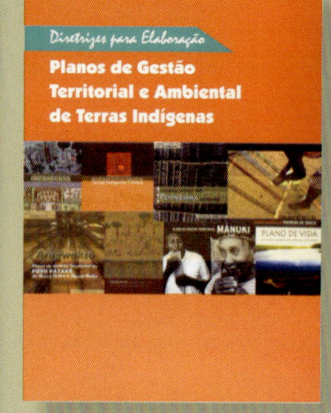

Diretrizes para Elaboração — Planos de Gestão Territorial e Ambiental de Terras Indígenas
Funai, 25p., 2013.

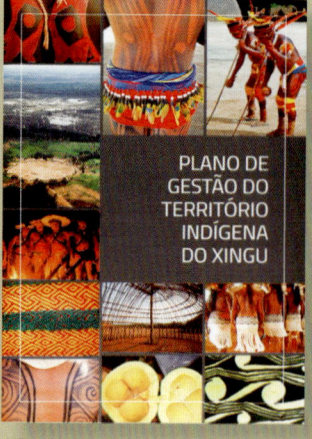

Plano de Gestão do Território Indígena do Xingu
ATIX/IPEAX/ISA/Funai, 56p., 2016.

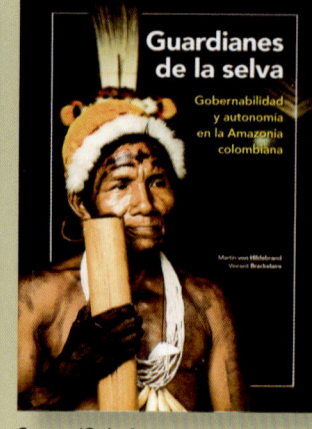

Guardianes de la selva. Gobernabilidad y autonomía en la Amazonia colombiana
Coama/Gaia Amazonas, 248p., 2012.

Na Primeira Margem do Rio: Território e Ecologia do Povo Xavante de Wedezé
Museu do Índio-Funai, 248p., 2013.

A experiência do Projeto GATI em terras indígenas
Coleção/Série A experiência do projeto GATI em terras indígenas, IEB, 5 vols., 2016.

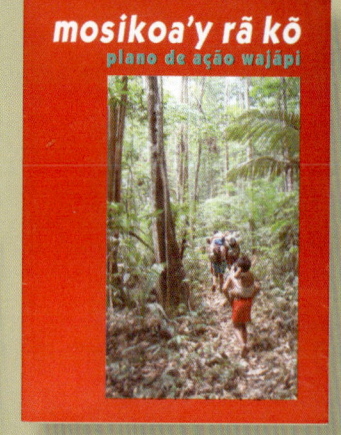

Plano de Gestão da Terra Indígena Marãiwatsédé
OPAN, 160p., 2016.

Barcelos indígena e ribeirinha
ASIBA/FOIRN/ISA, 156p., 2013.

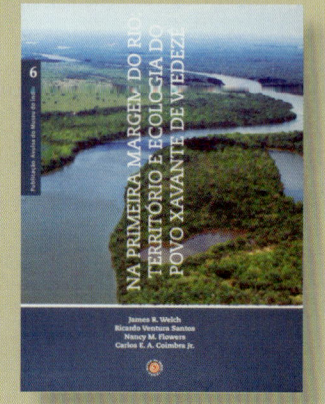

Nossas Coisas e Saberes Timbira
CTI, 184p., 2012.

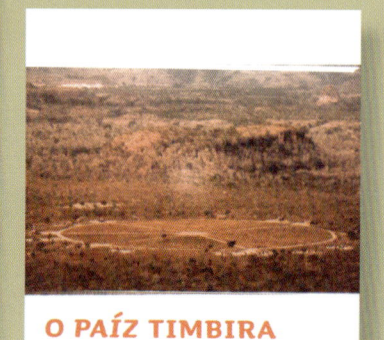

O Paíz Timbira
CTI, 52p., 2014.

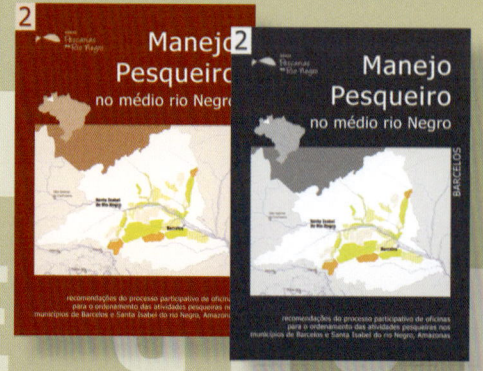

Mosikoa'y rã kõ — plano de ação wajãpi
Iepé/Awatac/Apina/Apiwata, 60p., 2012.

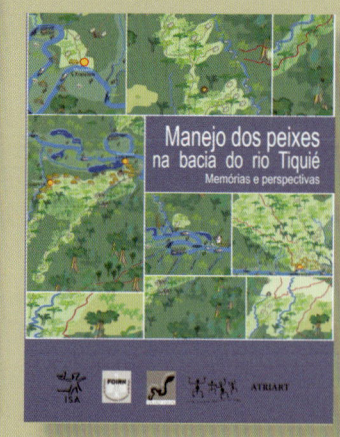

Manejo dos peixes na bacia do rio Tiquié — Memórias e perspectivas
ISA/FOIRN, 296p., 2012.

Manejo Pesqueiro no médio rio Negro
Série Pescarias no Rio Negro, ASIBA/FOIRN/ACIMRN/ISA, 2012.

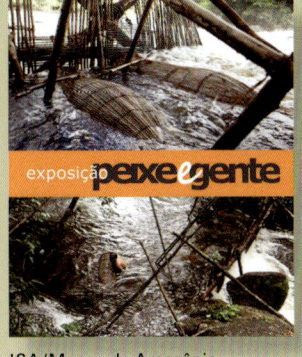

EXPOSIÇÕES

ISA/Museu da Amazônia, 118p., 2013.

MEG/Somogy, 208p., 2016.

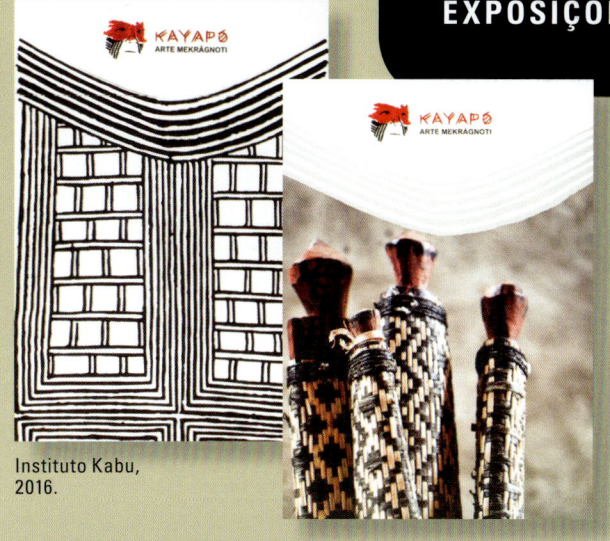

Instituto Kabu, 2016.

Sesc/USP/MAE, 80p., 2016.

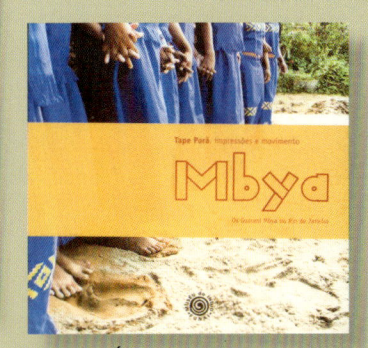

Museu do Índio-Funai, 96p., 2012.

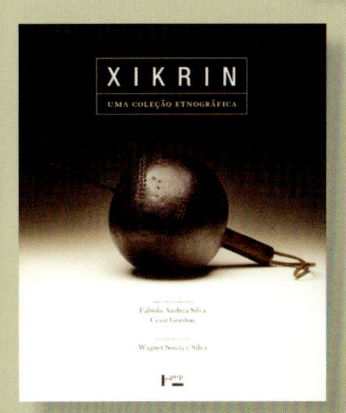

Edusp, 304p., 2011.

Iepé/Museu Kuahí, 191p., 2013.

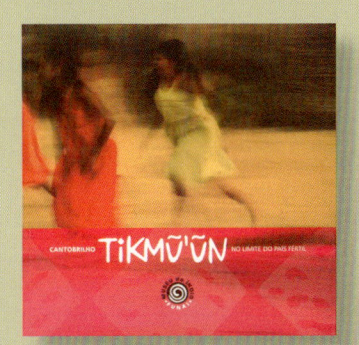

Museu do Índio-Funai, 96p., 2010.

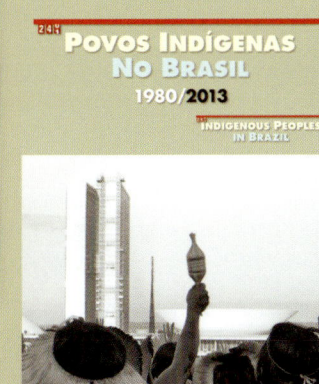

ISA, 48p., 2013.

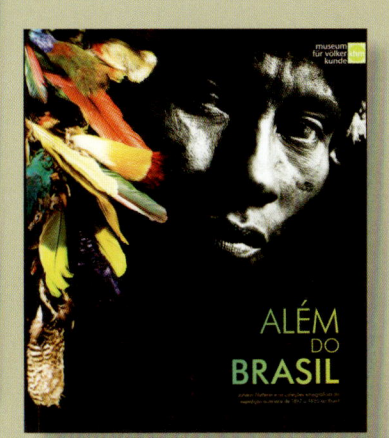

Museum für Völkerkunde, 199p., 2013.

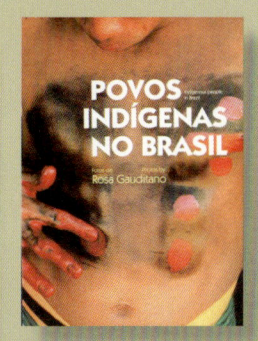

Studio R, 79p., 2011.

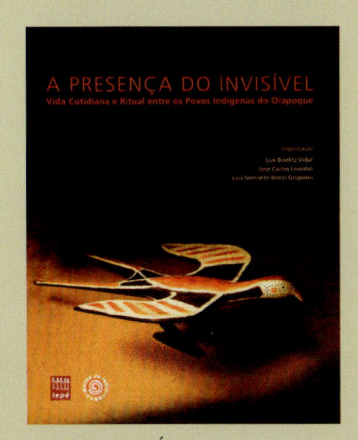

Iepé/Museu do Índio, 384p., 2016.

O olhar de Hercule Florance sobre os índios brasileiros, MACC, 2016.

Eduardo Viveiros de Castro: Variações do corpo selvagem, Sesc, 2016.

BEI, 352p., 2013.

FOTOGRAFIA

ImageMagica,
165p., 2013.

ANSA/OPAN,
58p., 2012.

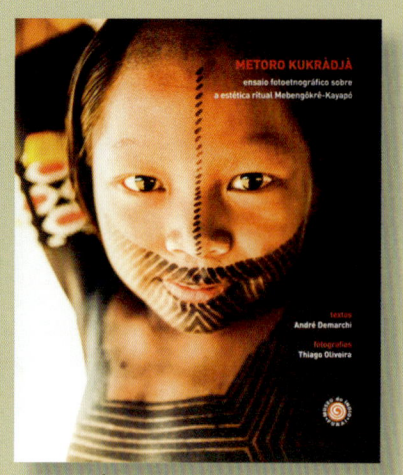

Museu do Índio/Funai,
199p., 2015.

CTI,
46p., 2014.

Museu do Índio/Funai,
492p., 2011.

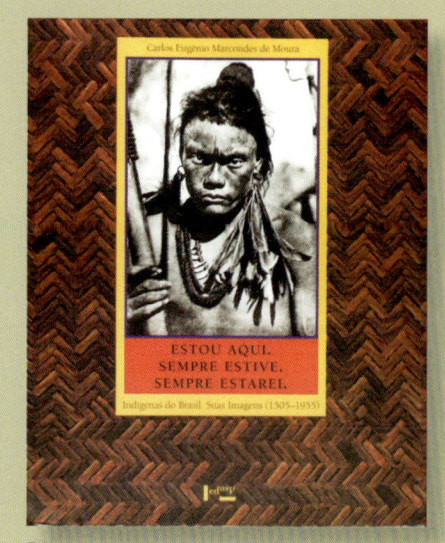

Edusp,
688p., 2012.

Terceiro Nome,
128p., 2013.

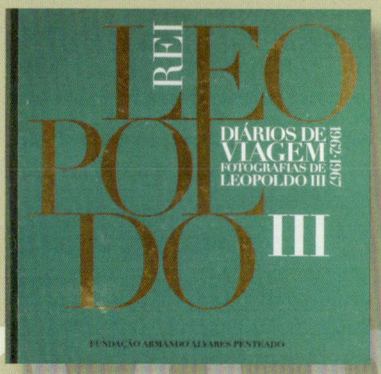

FAAP,
120p., 2010.

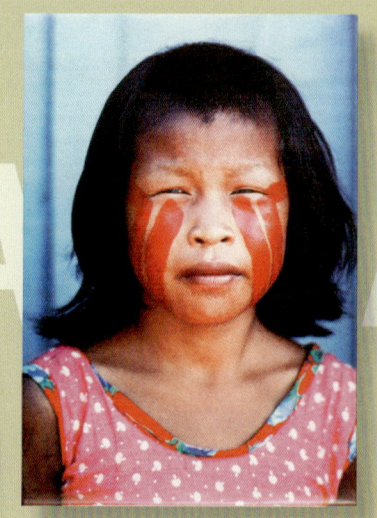

Amazônia Ocupada,
João Farkas, Sesc,
238p., 2015.

Publicações avulsas
do Museu do Índio,
entre 2010 e 2015.

DIREITOS E POLÍTICAS PÚBLICAS

Claro Enigma, 160p., 2012.

Editora Café com Lei, 224p., 2015.

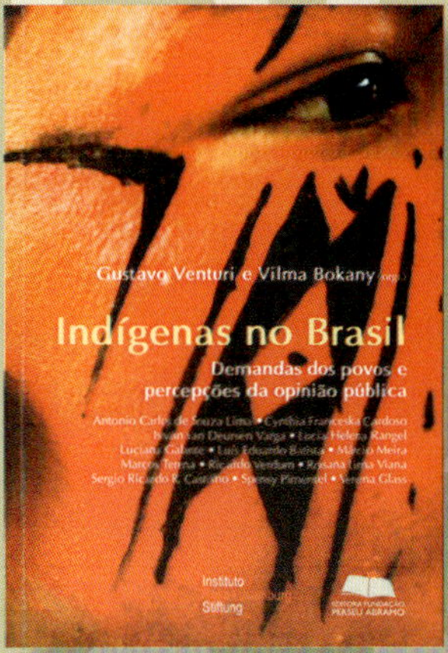

Editora Fundação Perseu Abramo, 280p., 2013.

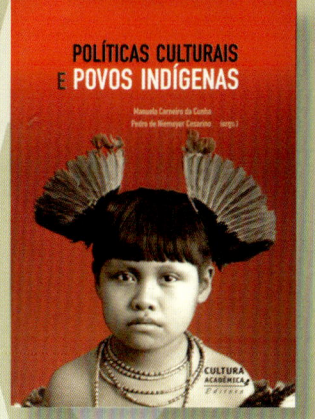

Cultura Acadêmica, 518p., 2014.

Letra da Lei, 354p., 2013.

Cimi, 167p., 2016.

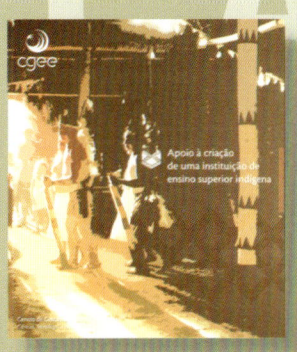

Centro de Gestão e Estudos Estratégicos, 312p., 2014

Editora Fiocruz, 262p., 2014.

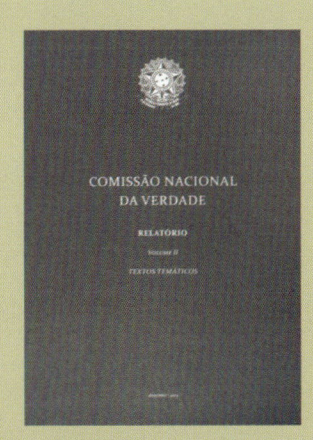

Violações de Direitos dos Povos Indígenas, CNV, tomo II, 416p., 2014.

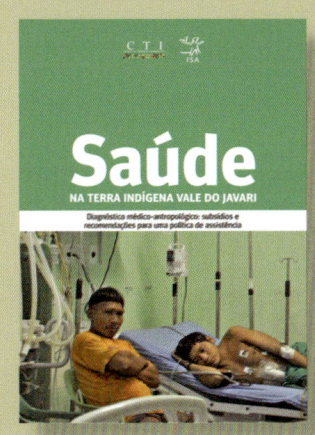

ISA/CTI, 134p., 2011.

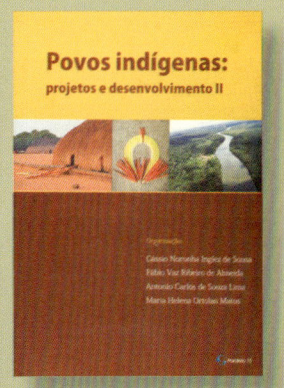

Paralelo 15, 234p., 2010.

Sesc/MEC/MinC, 624p., 2014.

CTI, 44p., 2011.

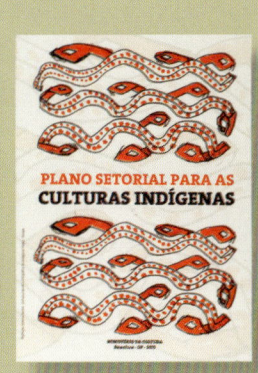

MinC, 146p., 2015.

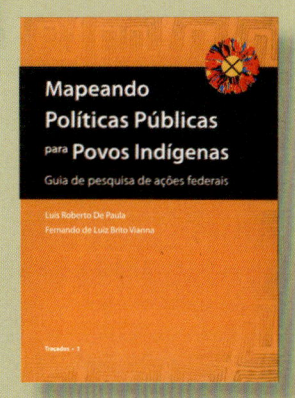

Contra Capa/LACED/ Museu Nacional/UFRJ, 116p., 2011.

UEA Edições, 250p., 2015.

DIREITOS E POLÍTICAS PÚBLICAS

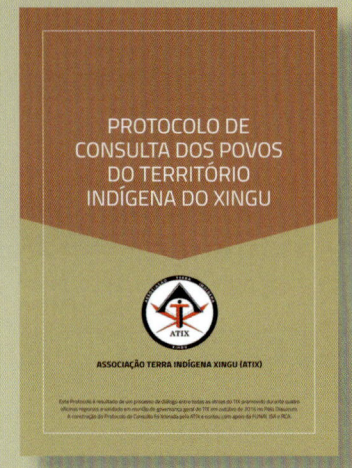

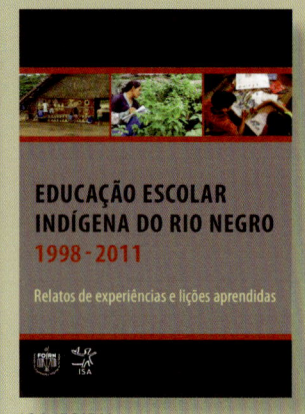

PROTOCOLO DE CONSULTA DOS POVOS DO TERRITÓRIO INDÍGENA DO XINGU
ATIX,
4p., 2016.

EDUCAÇÃO ESCOLAR INDÍGENA DO RIO NEGRO 1998-2011 — Relatos de experiências e lições aprendidas
ISA/FOIRN,
431p., 2012.

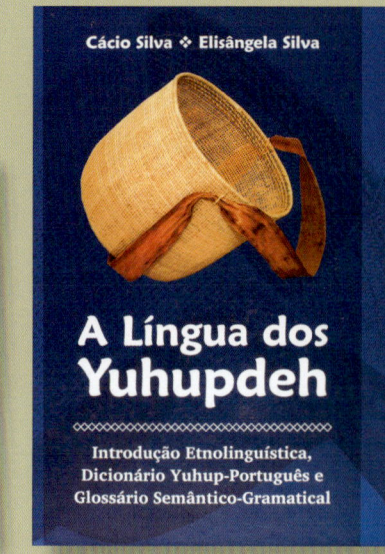

A Língua dos Yuhupdeh — Introdução Etnolinguística, Dicionário Yuhup-Português e Glossário Semântico-Gramatical
Cácio Silva • Elisângela Silva
Aecipy/Pró-Amazônia,
592p., 2012.

Códigos e Normas Paiter Suruí
Edufro,
40p., 2014.

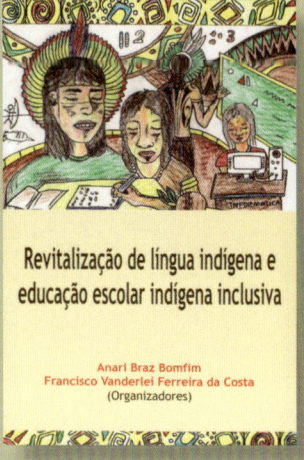

Revitalização de língua indígena e educação escolar indígena inclusiva
Anari Braz Bomfim, Francisco Vanderlei Ferreira da Costa (Organizadores)
EGBA,
232p., 2014.

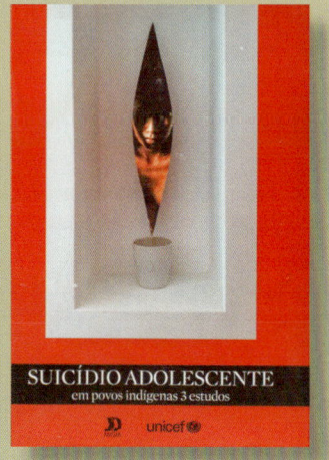

SUICÍDIO ADOLESCENTE em povos indígenas 3 estudos
Arte Brasil Editora,
220p., 2014.

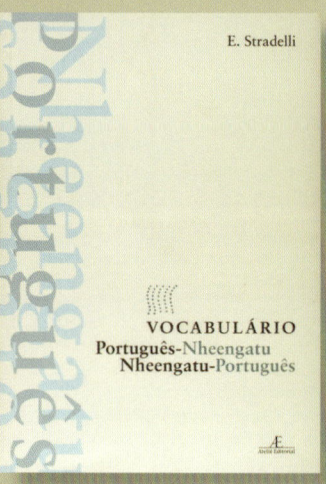

VOCABULÁRIO Português-Nheengatu Nheengatu-Português
E. Stradelli
Ateliê Editorial,
536p., 2014.

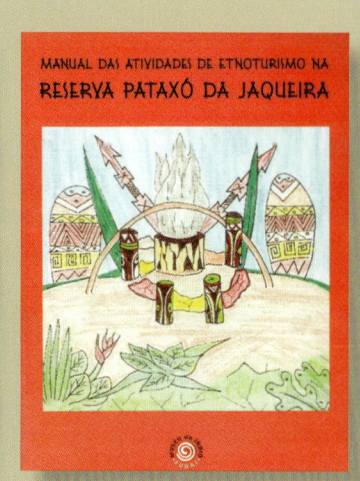

MANUAL DAS ATIVIDADES DE ETNOTURISMO NA RESERVA PATAXÓ DA JAQUEIRA
Museu do Índio/Funai,
132p., 2011.

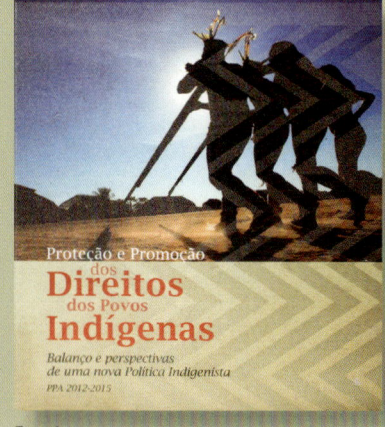

Proteção e Promoção dos Direitos dos Povos Indígenas — Balanço e perspectivas de uma nova Política Indigenista PPA 2012-2015
Funai,
202p., 2012.

OCEKADI — Hidrelétricas, conflitos socioambientais e resistência na Bacia do Tapajós
International Rivers Brasil/PAA-Ufopa,
536p., 2016.

RELATÓRIO Violência contra os povos indígenas no Brasil — DADOS DE 2013
Cimi,
124p., 2014.

BELO MONTE E A QUESTÃO INDÍGENA
João Pacheco de Oliveira, Clarice Cohn (orgs.)
ABA,
458p., 2014.

DIREITOS E POLÍTICAS PÚBLICAS

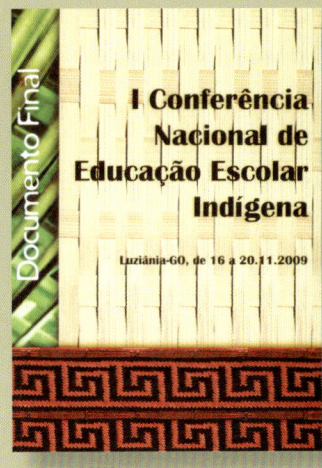

I Conferência Nacional de Educação Escolar Indígena
Luziânia-GO, de 16 a 20.11.2009
Secadi/MEC,
167p., 2014.

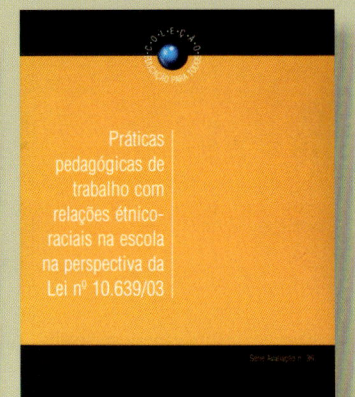

Práticas pedagógicas de trabalho com relações étnico-raciais na escola na perspectiva da Lei nº 10.639/03
MEC/Unesco,
424p., 2012.

Protocolo de Consulta e Consentimento Wajãpi
Wajãpi kõ omõsãtamy wayvu oposikoa romõ ma'ẽ
Apina/Apiwata/Awatac/RCA/Iepé,
40p., 2014.

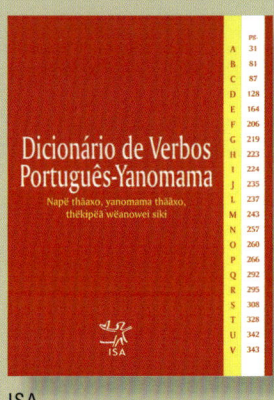

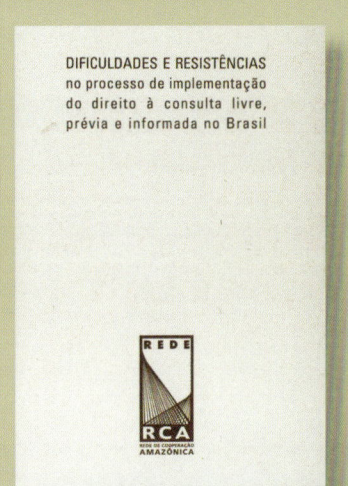

Dicionário de Verbos Português-Yanomama
Napé thãaxo, yanomama thãaxo, thëkapëã wãanowei sikí
ISA,
352p., 2011.

Disputa na Justiça pelas terras de ocupação Kaingang e Guarani — a decisão judicial
Cecília Helm
Edição do autor,
47p., 2011.

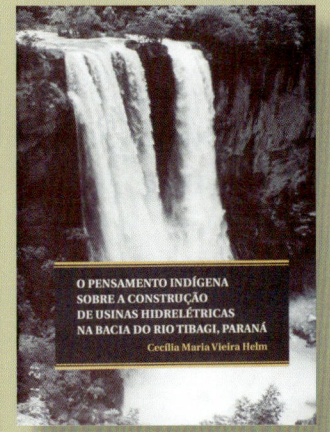

O pensamento indígena sobre a construção de usinas hidrelétricas na bacia do Rio Tibagi, Paraná
Cecília Maria Vieira Helm
Edição do autor,
64p., 2014.

Dificuldades e resistências no processo de implementação do direito à consulta livre, prévia e informada no Brasil
RCA,
19p., 2016.

Paisagens Ameríndias — Lugares, circuitos e modos de vida na Amazônia
Marta Amoroso e Gilton Mendes dos Santos (Orgs.)
Terceiro Nome,
344p., 2013.

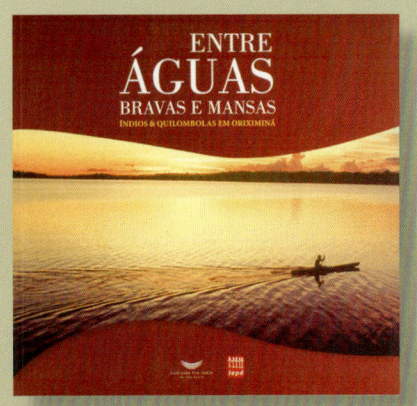

I Encontro Paulista Questões Indígenas e Museus / III Seminário Museus, Identidades e Patrimônio Cultural

II Encontro Paulista Questões Indígenas e Museus — Enfoque Regional para um Debate Museológico
Coleção Museu Aberto,
228p. e 212p. respectivamente,
2012 e 2014.

Entre Águas Bravas e Mansas — Índios & Quilombolas em Oriximiná
Comissão Pró-Índio/Iepé,
322p., 2015.

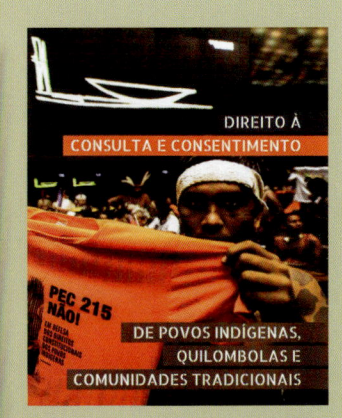

Direito à Consulta e Consentimento de Povos Indígenas, Quilombolas e Comunidades Tradicionais
DPL/RCA,
64p., 2016.

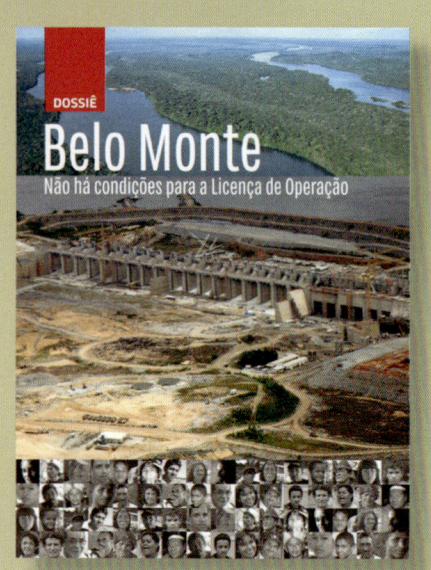

CARTOGRAFIA

ISA, 56p., 2015.

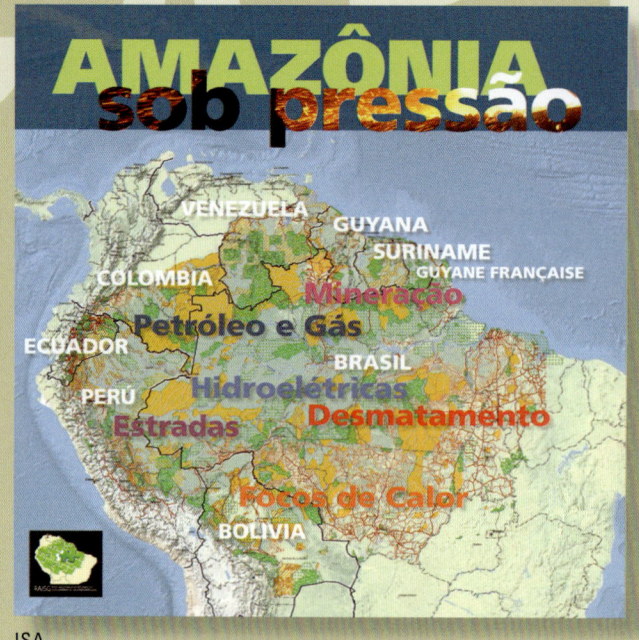

ISA, 67p., 2012.

ISA, 2014.

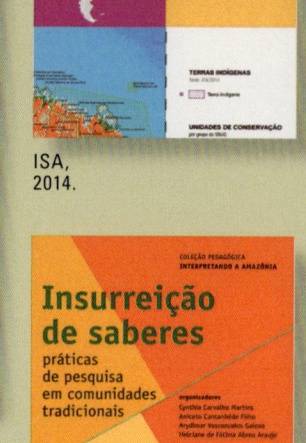

ISA, 2015.

UEA, 238p., 2011.

ISA, 2012 e 2015.

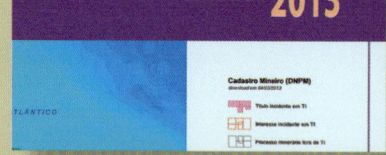

Da coleção Cartô Brasil Socioambiental, ISA, Publicações realizadas entre os anos de 2011 a 2014.

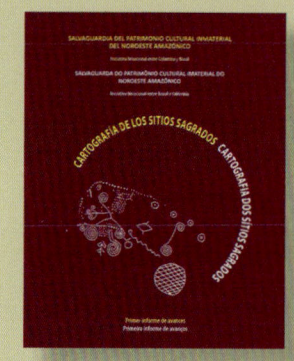

ISA, 2013.

Da série Salvaguarda do Patrimônio Cultural Imaterial do Noroeste Amazônico, ISA/Iphan/Ministério de Cultura de Colômbia, 2013.

Do projeto Nova Cartografia Social da Amazônia, série de mapeamento social dos povos e comunidades tradicionais do rio Tapajós, UEA Edições, 2015.

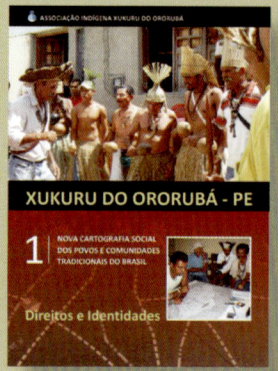

UEA Edições, 12p., 2012.

CARTOGRAFIA

Atlas das Terras Guarani no Sul e Sudeste do Brasil 2015

CTI/CGY, 2015.

DESMATAMENTO na AMAZÔNIA (1970-2013)

ISA, 2015.

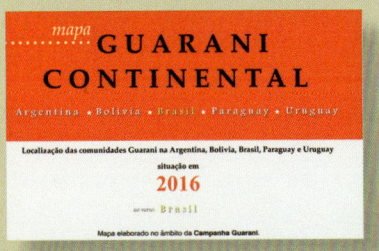

Mapa Guarani Continental, 2016. É acompanhado por um caderno de 52 páginas sobre os povos Guarani na Argentina, Bolívia, Brasil e Paraguai.

RAISG/COICA/WHRC/EDF, 2014.

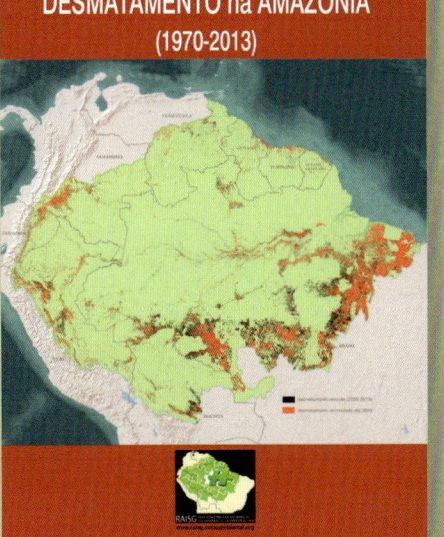

Territorio y Comunidades Yanomami Brasil-Venezuela 2014

ISA/WATANIBA/HUTUKARA/HORONAMI, 2014.

Garimpo Ilegal nos Territórios Yanomami e Ye'kwana (Brasil-Venezuela) 2017

ISA/WATANIBA/HUTUKARA/HORONAMI, 2017.

Do projeto Nova Cartografia Social da Amazônia (PNCSA), série dos movimentos sociais, identidade coletiva e conflitos, UEA Edições, Publicações realizadas entre os anos de 2012 a 2013.

Da coleção Cartô Brasil Socioambiental, ISA, Publicações realizadas entre os anos de 2011 a 2014.

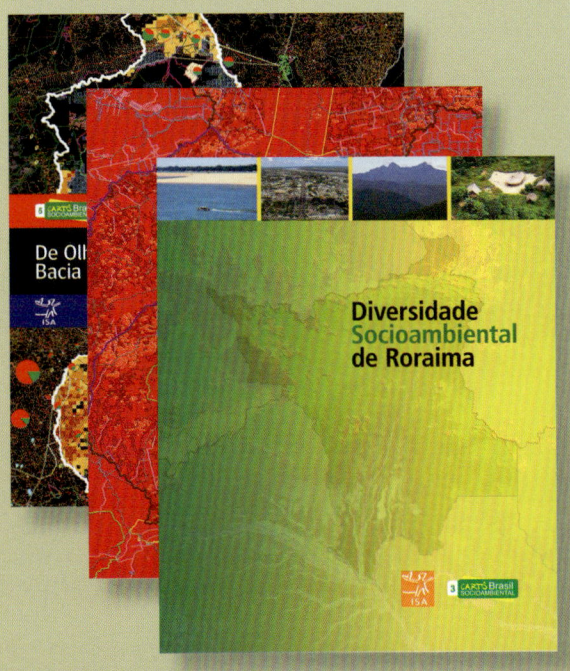

ISA/Foirn, 2011

POVOS INDÍGENAS NO BRASIL 2011/2016 - INSTITUTO SOCIOAMBIENTAL

DESTAQUES DO PERÍODO 2011 - 2016 | 187

NARRATIVAS

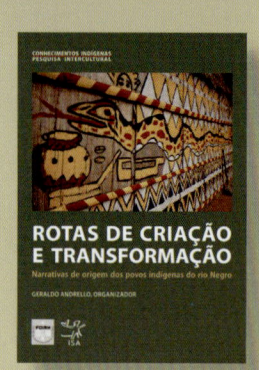

ROTAS DE CRIAÇÃO E TRANSFORMAÇÃO
FOIRN/ISA, 263p., 2012.

Quando a Terra deixou de falar
Editora 34, 320p., 2013.

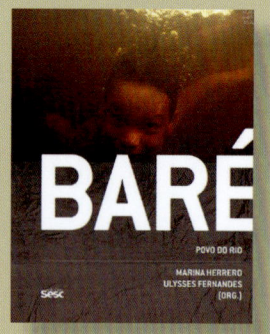

BARÉ
Sesc, 340p., 2015.

MAPEANDO PARENTES
UFBA, 40p., 2012.

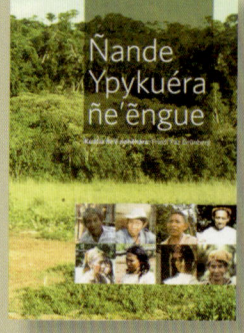

Ñande Ypykuéra ñe'ẽngue
"As Palavras dos Nossos Antepassados". Tradições orais em guarani, FALE-UFMG, 160p, 2012.

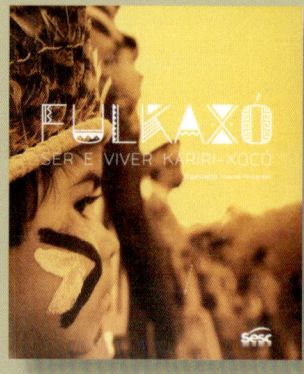

MẼIKWỸ TEKJÊ RI — Isto pertence ao meu povo
Associação Indígena Parkatêjê, 196p. 2011.

FULKAXÓ — Ser e viver Kariri-Xoco
Sesc, 159p., 2013.

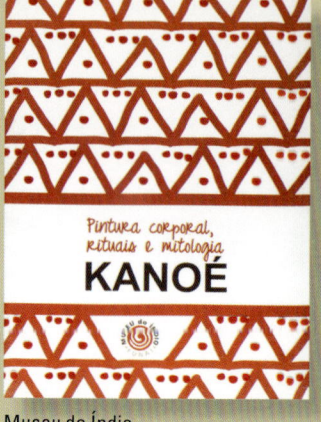

Pintura corporal, rituais e mitologia KANOÉ
Museu do Índio, 116p., 2014.

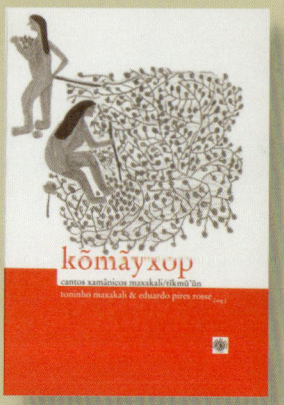

kõmayxop
Museu do Índio, 808p., 2011.

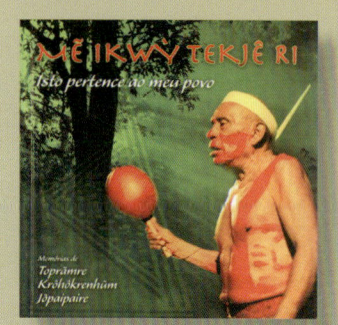

cantos do povo gavião-espírito
FALE-UFMG/Museu do Índio, 179p., 2014.

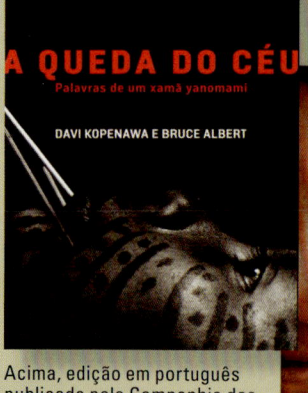

A QUEDA DO CÉU — Palavras de um xamã yanomami
Davi Kopenawa e Bruce Albert

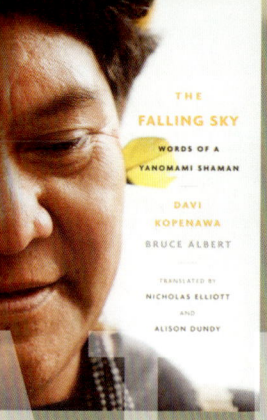

THE FALLING SKY — Words of a Yanomami Shaman
Davi Kopenawa, Bruce Albert

Acima, edição em português publicada pela Companhia das Letras, 734p., 2015. À direita, edição em inglês publicada pela Harvard University Press, 626p., 2013.

Coleção Índios do Xingu. Fundação Ipiranga, três volumes, 2010.

XONDARO MBARAETE — A força do Xondaro
CTI, 60p., 2013.

XAPIRI THËÃ ONI — Palavras escritas sobre os xamãs Yanomami
Hutukara Associação Yanomami/ISA, 95p., 2014.

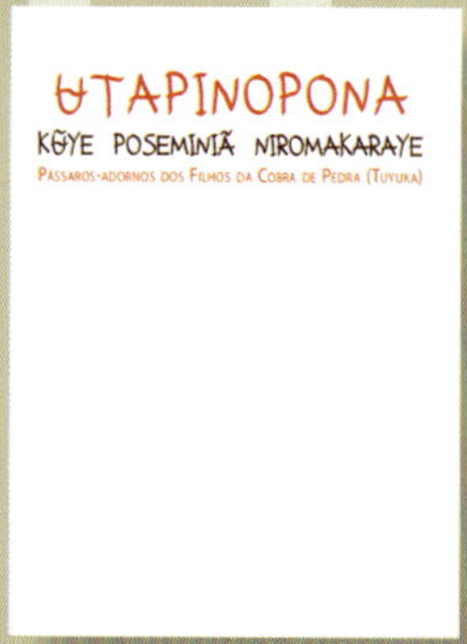

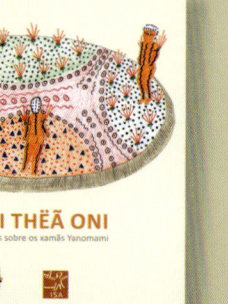

UTAPINOPONA — Kỹye Poseminĩã Niromakaraye
FOIRN/ISA/Associação Escola Indígena Utapinopona Tuyuka, 135p., 2012.

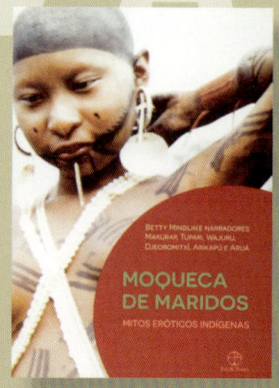

MOQUECA DE MARIDOS
Paz & Terra, 320p., 2014.

LIVROS

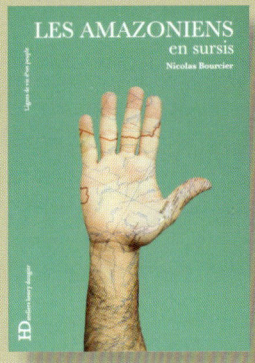

Ateliers Henry Dougier,
142p., 2016.

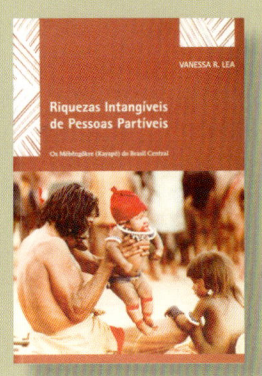

Edusp/Fapesp,
496p., 2012.

Cobogó/Instituto Tomie Ohtake, 376p., 2014.

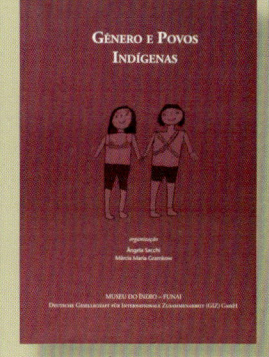

Museu do Índio/ GIZ, 272p., 2012.

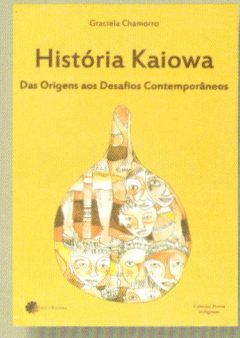

Nhanduti Editora,
320p., 2015.

Museu do Índio,
316p., 2011.

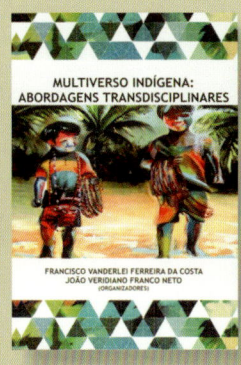

IFBA,
380p., 2014.

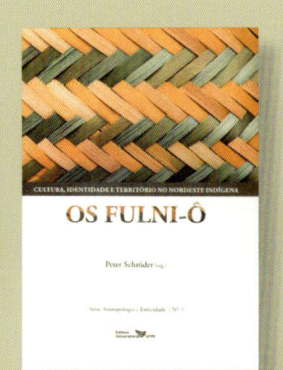

UFPE,
262p., 2012.

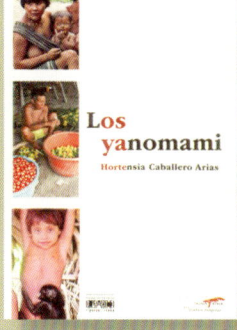

Fundacion Editorial El perro y la rana, 94p., 2011.

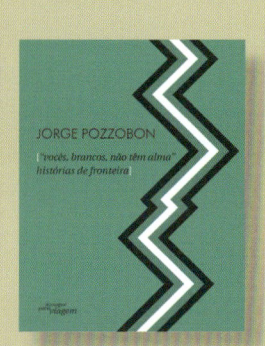

Azougue/ISA,
144p., 2013.

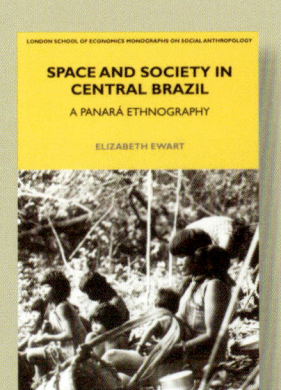

Bloomsbury,
285p., 2013.

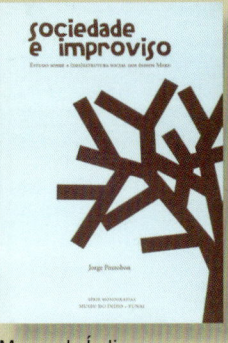

Museu do Índio,
160p., 2011.

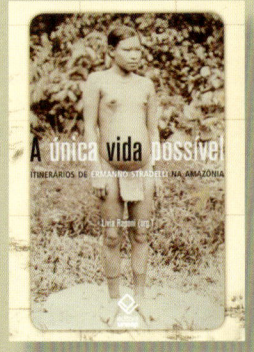

Unesp,
258p., 2016.

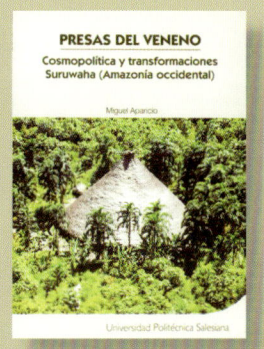

Universidad Politecnica Salesiana, 287p., 2015p.

Sesc,
304p., 2013.

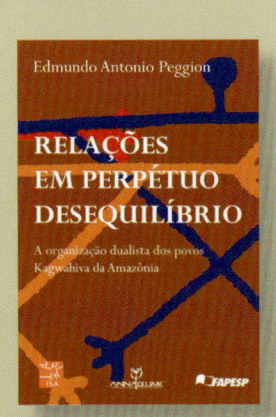

Annablume/ISA,
298p., 2011.

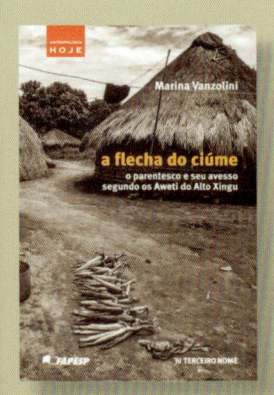

Terceiro Nome,
373p., 2015.

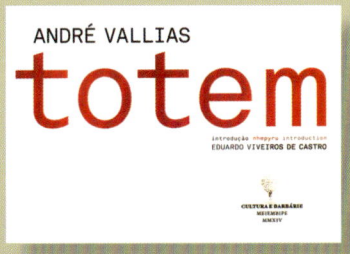

André Vallias, Cultura e Barbárie, 2013.

Etnografias de Christine e Stephen Hugh-Jones. Universidad Central, Colômbia, 376p. e 408p. respectivamente, 2013.

DIDÁTICOS

Coleção "Um Dia na Aldeia",
Cosac Naify, Capa Comum,
48p, 2014-2015, 6 vol.

Cosac Naify, 32p., 2015.

Coleção produzida pelo Projeto de
Documentação de Línguas Indígenas,
Museu do Índio - Funai, 2014, 10 vol.

DIDÁTICOS

Narrativas dos índios Kotiria sobre os ciclos da água, Reggo, 2014, 2 vol.

Livro infantil inspirado no filme Ashaninka "No Tempo do Verão". Também disponível na internet. Vídeo nas Aldeias/UNESCO, 2014.

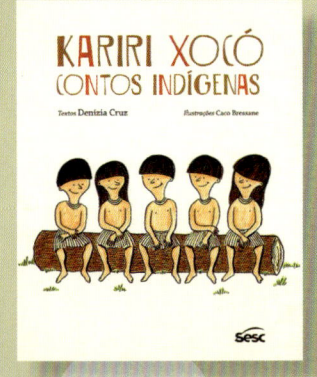

Fundação Roberto Marinho, 70p., 2012.

Coleção sobre os modos de alimentação Wajãpi, Iepé, 2013.

Sesc 72p., 2014

Coleção "Série Oralidade", CTI, Publicações realizadas entre os anos de 2012 a 2015, 7 vol.

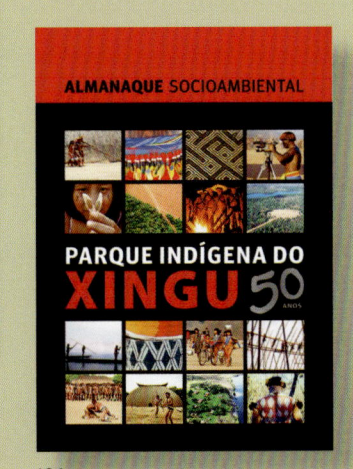

ISA, 316p., 2011

POVOS INDÍGENAS NO BRASIL 2011/2016 - INSTITUTO SOCIOAMBIENTAL

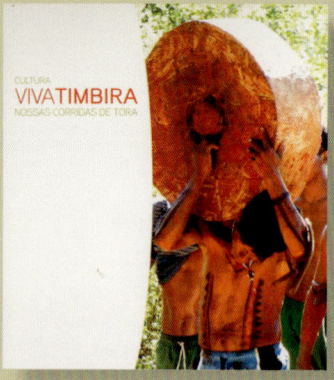

DIDÁTICOS

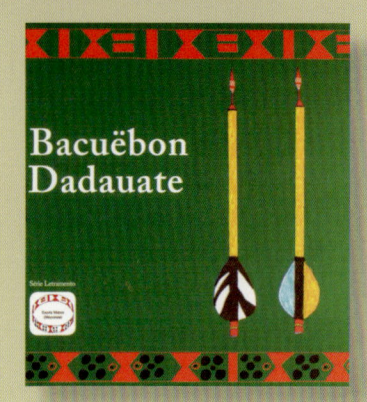

Bacuëbon Dadauate
CTI, 221p., 2014.

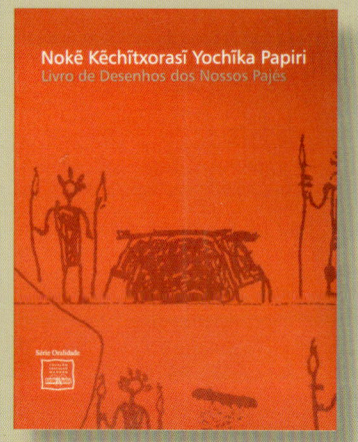

CTI/Wity Catë, 64p., 2013.

CTI, 95p., 2015.

PAPE MĨRETOM YOMUKATOHU
Iepé, 108p., 2015.

Nokẽ Kẽchĩtxorasĩ Yochĩka Papiri
CTI, 62p., 2012.

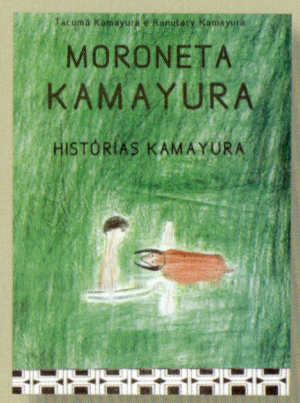

MORONETA KAMAYURA – HISTÓRIAS KAMAYURA
Literaterras/FALE-UFMG, 469p., 2013.

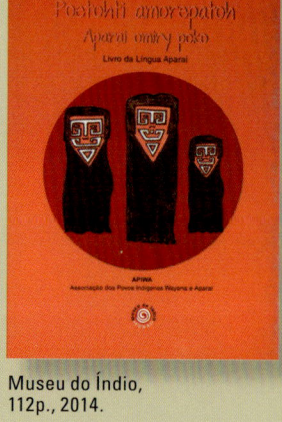

Museu do Índio, 112p., 2014.

Museu do Índio, 112p., 2014.

MIRIM Povos Indígenas do Brasil
ISA, 127p., 2015.

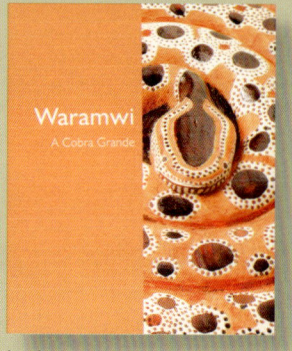

Waramwi – A Cobra Grande
Iepé, 92p., 2013.

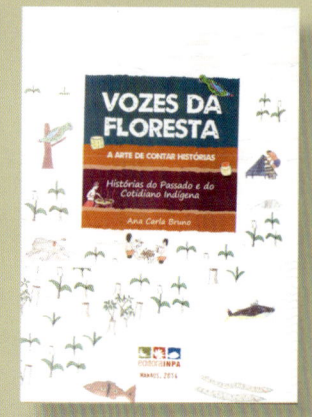

VOZES DA FLORESTA
Narrativas indígenas Waimiri Atroari, Inpa, 59p., 2014.

O mundo dos insetos aquáticos
Inpa, 44p., 2014.

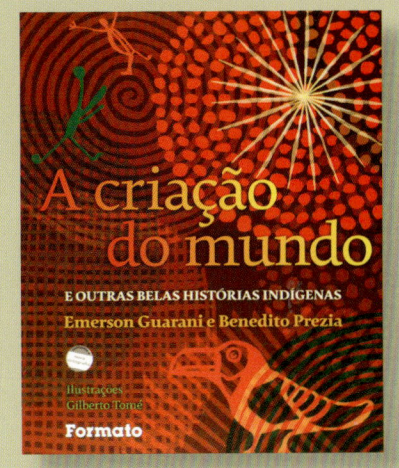

DIDÁTICOS

A criação do mundo e outras belas histórias indígenas
Emerson Guarani e Benedito Prezia
Formato, 72p., 2011.

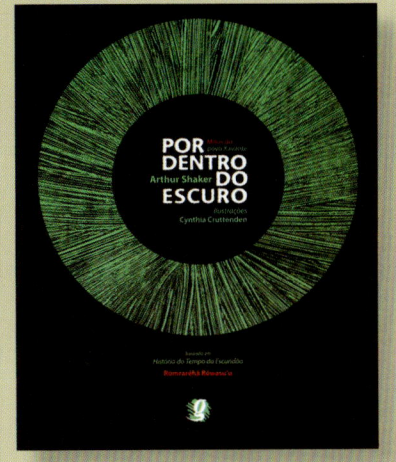

Por dentro do escuro
Arthur Shaker
Global, 63p., 2011.

Ati umukhore suori nirã kihti
ISA/Foirn/AEITY, 24p., 2011.

Nirõ kahse ukũri turi — Yepa Pirõ Porã tuoñase bueri turi
ISA/AEITYPP, 144p., 2011.

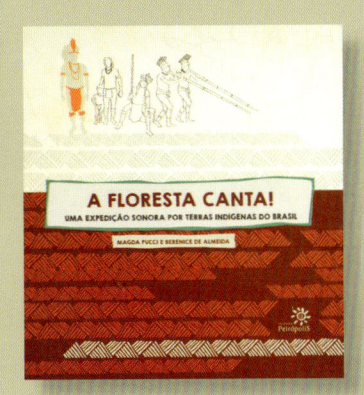

A floresta canta! Uma expedição sonora por terras indígenas do Brasil
Magda Pucci e Berenice de Almeida
Peirópolis, 72p., 2014

O Bem Viver na Criação
Cledes Markus, Renate Gierus (Organizadoras)
Oikos, 168p., 2013

Manual das crianças Huni Kuĩ — Yumebu hã uitã hariri ikaiti
Livros da Matriz, 80p., 2015

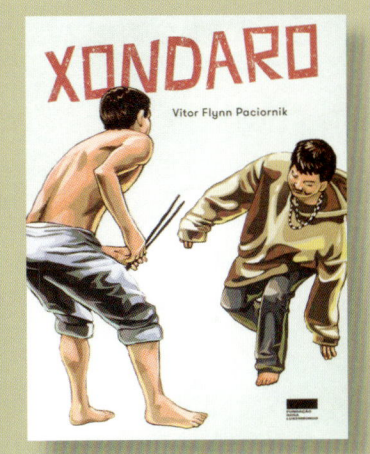

Xondaro
Vitor Flynn Paciornik
Fundação Rosa Luxemburgo, 60p., 2016

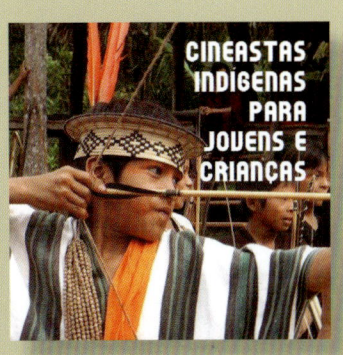

Cineastas indígenas para jovens e crianças
Vídeo nas Aldeias, 201p., 2010.

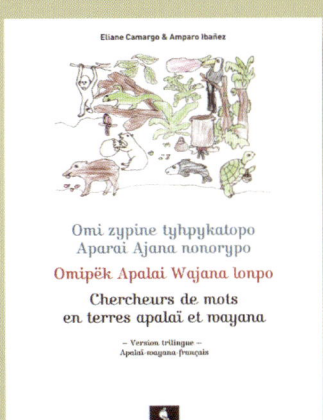

Omi zypine tyhpykatopo Aparai Ajana nonorypo / Omipëk Apalai Wajana Ionpo / Chercheurs de mots en terres apalaï et wayana
Eliane Camargo & Amparo Ibañez
Educação Aparai e Wayana na Guiana Francesa. Versão trilíngue. Migrilude, 124p., 2015.

Tupaça Honupa e outras plantas utilizadas pelo povo Kaikur
ATIX/Escola Estadual Indígena Central Karib, 64p., 2016.

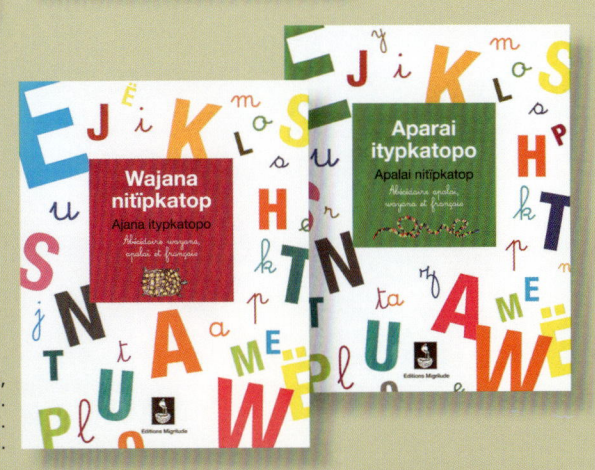

Abecedário Wayana, Aparai e Francês. Wajana nitïpkatop / Aparai itypkatopo
Dois volumes. Migrilude, 2015.

VÍDEOS

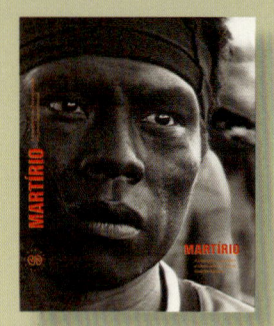

A insurgência pacífica e obstinada do povo Guarani Kaiowá, 2016, 162'

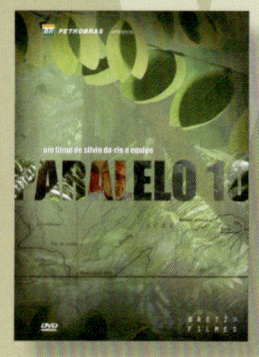

O trabalho pioneiro e arriscado realizado na Base de Proteção Etnoambiental Xinane, 2011, 87'

Festa do Mbebe Akaee, 2015, 21'

Manejo dos peixes no Rio Tiquié, 2012, 23'

Construção e execução do trompete Iburi, do povo Ticuna, 2014, 12'

Série de documentários das comunidades indígenas contemporâneas no Brasil, 2015

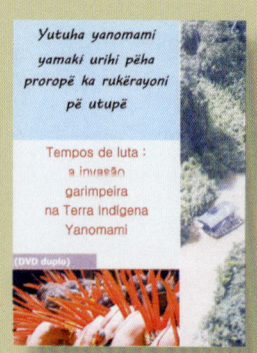

Tempos de luta: a invasão garimpeira na Terra Indígena Yanomami

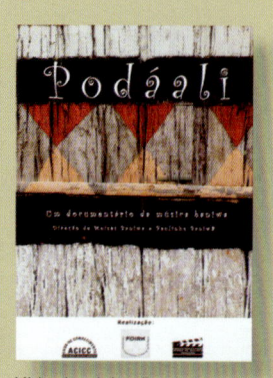

Vida ritual dos Baniwa, 2011, 30'

Uma imersão na espiritualidade e na cultura dos Mbya-Guarani da Aldeia Koenju, 2011, 48'

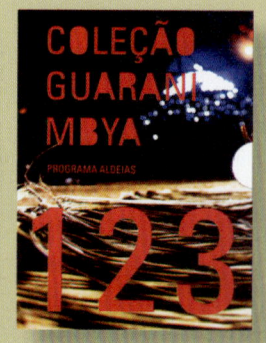

Coleção de vídeos do Programa Aldeias/ Guarani Mbya

Série documental sobre o Brasil contemporâneo, 2015, 26'

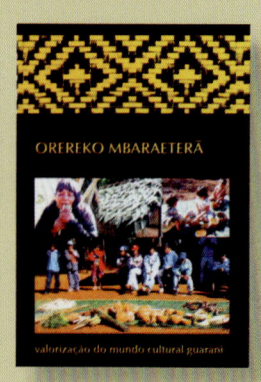

Atividades de salvaguarda realizadas em aldeias Guarani Mbya, 2011

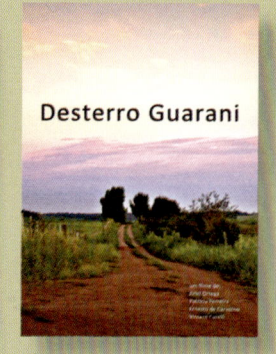

Histórico do contato dos Mbya-Guarani com os colonizadores, 2011, 38'

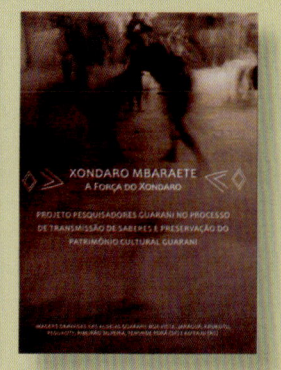

Prática do xondaro entre os Guarani Mbya, 2013, 45'

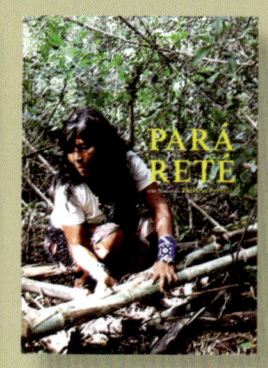

A caminhada sagrada e gerações de mulheres Mbya-Guarani, 2015, 40'

2014, 20'

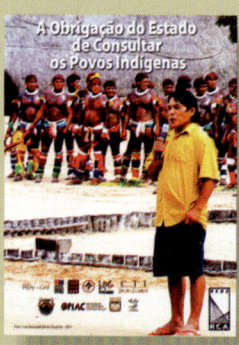

2013, 11'

2013, 70'

2011, 103'

2015, 33'

VÍDEOS

Ações de intercâmbio do Projeto Gestão Ambiental e Territorial Indígena, 2013, 52'

Tuyuka: escola e língua de fronteiras, 2012, 20'

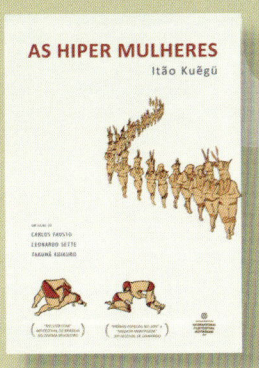

As Hiper Mulheres, 2011, 80'

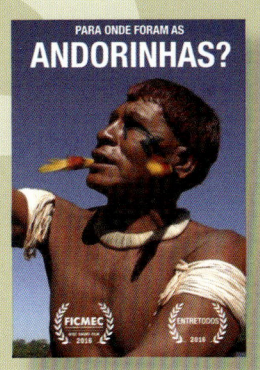

Para onde foram as Andorinhas?, 2015, 22'

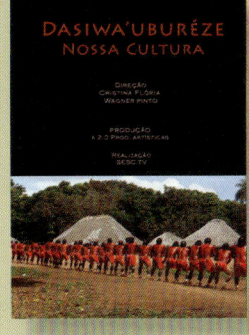

Aborda rituais e narrativas dos A'uwê, 2014, 51'

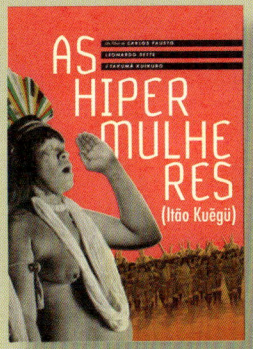

As Hiper Mulheres, 2012, 120'

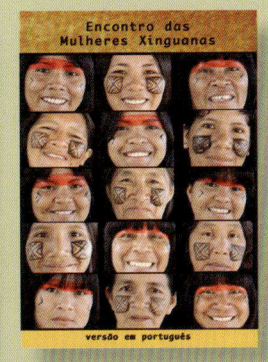

Encontro das Mulheres Xinguanas, 2014, 19'

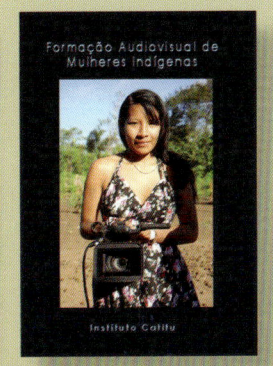

Formação Audiovisual de Mulheres Indígenas, 17'

Indenização no Rio Jibóia – Açu, 2011, 20'

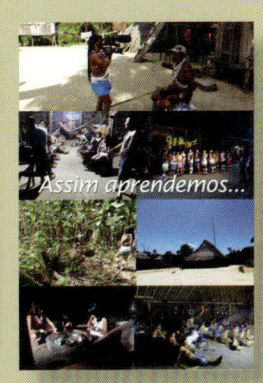

Diferentes processos de produção e transmissão de conhecimentos no cotidiano das aldeias, 2014, 34'

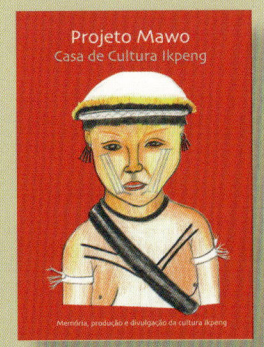

Memória, produção e divulgação da cultura Ikpeng, 2014, 34'

Receitas Kawaiwete - Temi'u Resaukaawa Kawaiwete, 2013, 60'

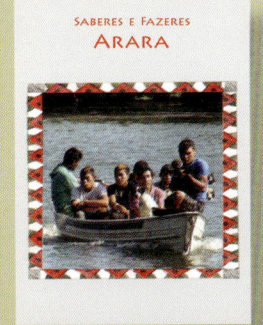

Saberes e Fazeres Arara, 2015, 120''

História Tapayuna, 2012, 50'

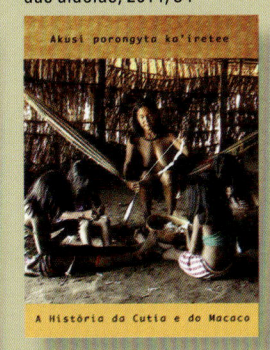

História tradicional do povo kawaiwete, 2011, 12'

Xamanismo Yanomami, 2012, 52'

História dos Arara, 2015, 45'

Índio Cidadão, 2014, 52'

Krahô da aldeia Nova, 26'

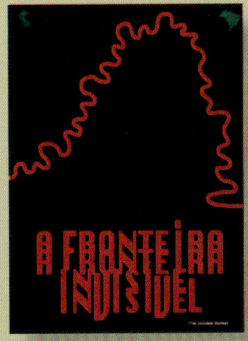

2016, 22'

POVOS INDÍGENAS NO BRASIL 2011/2016 - INSTITUTO SOCIOAMBIENTAL

VÍDEOS

Vídeo instalação, do vídeo nas aldeias na Bienal de São Paulo, 2016

2014, 21'

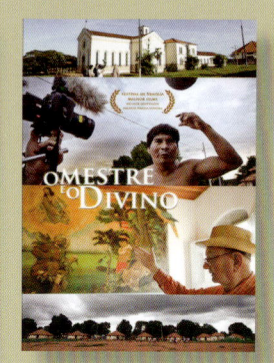

Cineastas retratam a vida na aldeia e na missão de Sangradouro, 2013, 84'

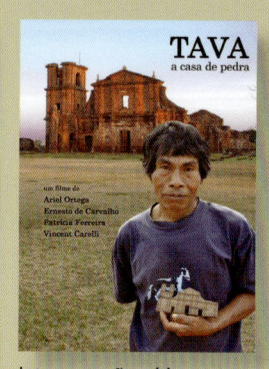

Interpretação mítico-religiosa dos Mbya-Guarani, 2012, 78'

Yoonahle - A palavra dos Fulni-ô, 2013, 45'

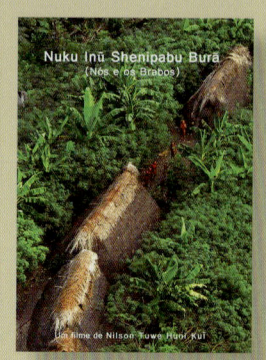

Nós e os Brabos, 2011, 26'

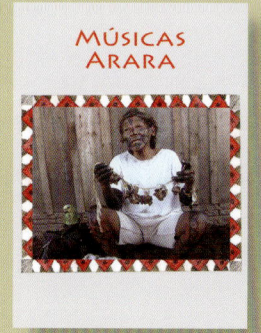

Música Arara, 2015, 90'

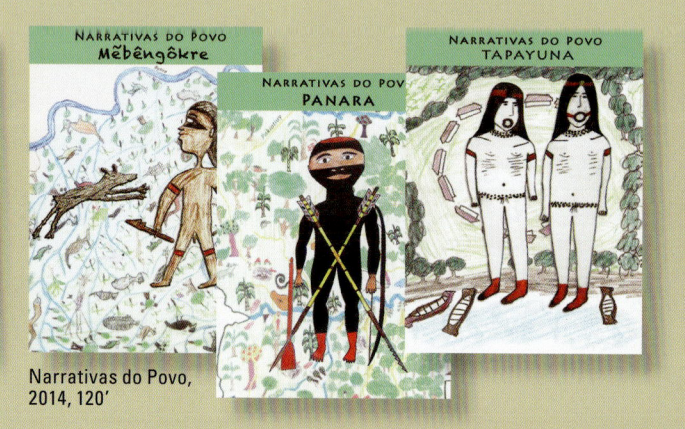

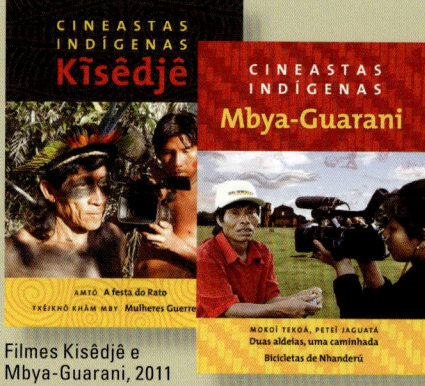

Narrativas do Povo, 2014, 120'

Filmes Kisêdjê e Mbya-Guarani, 2011

CDRom interativo sobre os índios Xetá

Artesanos Del Bajo Orinoco, 2011

Depoimentos sobre violação de direitos indígenas

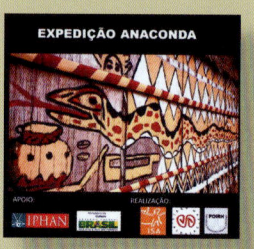

Expedição para documentar sítios sagrados e arqueólogos

Curta das crianças Huni Kuin, 2014

A luta contra a barragem de Belo Monte na Amazônia e contra a corrupção na Copa do Brasil, 2014, 77'

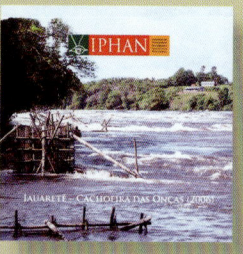

Iauaretê - Cachoeira das Onças, 2006, 48'

2016, 58'

Vídeo nas Aldeias - 25 anos, 2011

WEB

#SomosTodosGuaraniKaiowá

#DemarcaçãoJá
#PEC215Nao

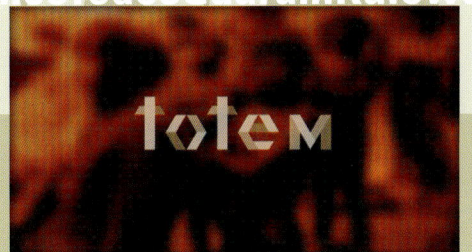

Totem, vídeo-poema de André Vallias, disponível em <https://vimeo.com/57330266>

mobilizacaonacionalindigena.wordpress.com

#MenosPreconceitoMaisÍndio

www.socioambiental.org/maisindio

www.foirn.org.br

Yandê, a primeira rádio indígena online do Brasil, www.radioyande.com

@coletivombyacinema

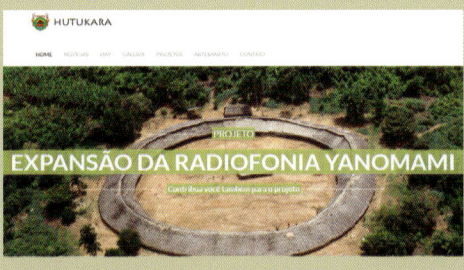

www.hutukara.org

#AssinaLogoCardozo

www.yvyrupa.org.br

Núcleo de Pesquisas Linguísticas, nupeli-gela.weebly.com

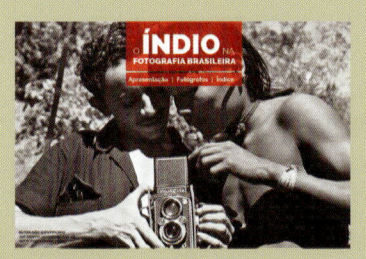

www.povosindigenas.com

terrasindigenas.org.br

www.indio-eh-nos.eco.br

boletimisolados.trabalhoindigenista.org.br

armazemmemoria.com.br/centros-indigena

www.amazoniasocioambiental.org

Jogos Mundiais Indígenas, www.jmpi2015.gov.br

www.somai.org.br

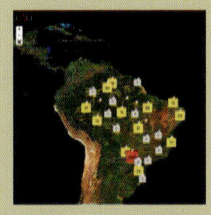

Cartografia de Ataques Contra Indígenas, caci.rosaluxspba.org

ISOLADOS

Companhia das Letras,
272p., 2011.

OEA,
82p., 2013.

Edições Sesc,
424p., 2015

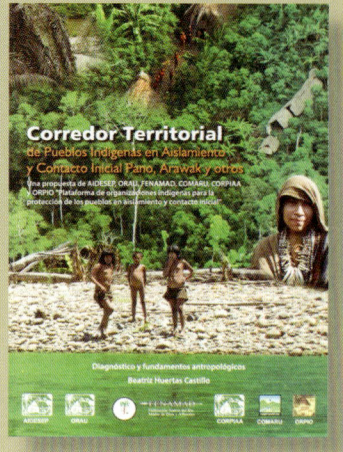

AIDESEP/ORAU/FENAMAD/
CORPIAA/COMARU/ORPIO,
208p., 2015

Primeiras imagens do povo Xatanawa, nas
proximidades do Rio Xinane, estado do Acre,
fronteira com o Peru, em março de 2014
© Lunae Parracho/Reuters

MOBILIZAÇÕES INDÍGENAS

Abril 2013 - Sônia Guajajara, coordenadora da Articulação dos Povos Indígenas do Brasil (APIB), Raoni Metuktire e outras lideranças participam de audiência na Comissão de Constituição e Justiça da Câmara dos Deputados em Brasília
© J. Batista/Câmara dos Deputados

Abril 2013 - Indígenas de várias etnias protestam no plenário da Câmara dos Deputados, em Brasília, contra as ameaças de retrocesso dos seus direitos. Um conjunto de iniciativas do Legislativo visa retirar do Executivo o poder de demarcar Terras Indígenas
© Alan Marques/Folhapress

Abril 2013 - Indígenas ocupam o plenário da Câmara dos Deputados em defesa de seus direitos e contra a PEC 215/00
© Gustavo Lima/Câmara dos Deputados

MOBILIZAÇÕES INDÍGENAS

Outubro 2013 - Indígenas são reprimidos em frente ao Congresso, na Esplanada dos Ministérios, durante a semana de Mobilização Nacional Indígena
© Mídia Ninja

Abril 2013 - Depois de quase doze horas de negociações e protestos na Câmara contra a PEC 215/00, instalação da comissão especial para analisar a proposta é adiada
© Luis Macedo/Câmara dos Deputados

Outubro 2013 - Vice-presidente da Câmara dos Deputados, André Vargas, cumprimenta Raoni Metuktire durante encontro em Brasília para discutir reivindicações das comunidades indígenas
© José Cruz/Agência Brasil

Outubro 2013 - Liderança do povo Xavante participa de manifestação em frente ao Congresso Nacional
© Laycer Thomaz/Câmara dos Deputados

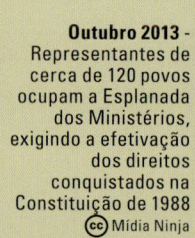

Outubro 2013 - Representantes de cerca de 120 povos ocupam a Esplanada dos Ministérios, exigindo a efetivação dos direitos conquistados na Constituição de 1988
© Mídia Ninja

Julho 2013 - Primeiro encontro da presidenta Dilma Rousseff com lideranças indígenas em seu governo. Da esquerda para a direita: Jacir de Souza Macuxi (RR); Winty Suyá Kisêdjê (MT); Eunice Antunes, Guarani (SC); Deoclides de Paula, Kaingang (RS); Davi Kopenawa Yanomami (RR/AM); Damião Xavante (MT); Dilma Rousseff; Raoni Metuktire, Kayapó (MT); Sônia Guajajara (MA); Claudeci da Silva Braz Potiguara (PB); Dourado Tapeba (CE); Letícia Luisa Yawanawá (AC)
© Roberto Stuckert Filho/PR

MOBILIZAÇÕES INDÍGENAS

Maio 2014 - Manifestação conjunta da MMI e de movimentos sociais contra a Copa parou o centro de Brasília, reunindo mais de duas mil pessoas. Ato foi violentamente dispersado pela polícia
© Mídia Ninja

Maio 2014 - Indígenas protestam no gramado do Congresso Nacional, cercado por policiais militares
© Laycer Thomaz/Câmara dos Deputados

Maio 2014 - Policiais reprimem ato "Copa pra quem?", organizado pelo Comitê Popular da Copa, que teve a participação do movimento indígena
© Mídia Ninja

POVOS INDÍGENAS NO BRASIL 2011/2016 - INSTITUTO SOCIOAMBIENTAL

MOBILIZAÇÕES INDÍGENAS

Março 2015 - Liderança indígena tenta acalmar policiais militares durante protesto da delegação de representantes Pataxó, Pataxó Hãhãhãe, Kaimbé, Kariri e Tupinamba na Esplanada dos Ministérios
© Marcello Casal Jr./ Agência Brasil

Abril 2015 - Cacique Babau Tupinambá e Neguinho Truká, ao centro, participam de protesto no Supremo Tribunal Federal (STF) contra retrocessos dos direitos territoriais indígenas no Judiciário
© José Cruz/Agência Brasil

Março 2015 - Deputado Nilson Leitão (ao centro) é eleito presidente da comissão especial para tratar da PEC 215/00
© Fabio Rodrigues Pozzebom/ Agência Brasil

Abril 2015 - Indígenas do nordeste lideram passeata durante a Mobilização Nacional Indígena, em Brasília (DF)
© Valter Campanato/ Agência Brasil

Abril 2015 - Ato indígena toma o Eixo Monumental em Brasília, rumo à Praça dos Três Poderes
© Valter Campanato/ Agência Brasil

MOBILIZAÇÕES INDÍGENAS

Abril 2015 - Davi Kopenawa discursa contra a PEC 215/00 no Senado, em sessão que homenageou os povos indígenas durante o Acampamento Terra Livre: "Essa casa é a casa da cobra grande. Nós queremos matar essa cobra grande; matar, queimar e enterrar para não nascer mais aqui. Fizeram essa lei, sem consulta com ninguém, para matar o nosso povo"
© Waldemir Barreto/Agência Senado

Abril 2015 - Neguinho Truká, liderança de Pernambuco, critica ataques aos direitos indígenas em sessão especial no Senado: "Mataram a gente com a Bíblia e com a espada, e hoje matam com leis"
© Waldemir Barreto/Agência Senado

Abril 2015 - Tupinambá, liderados pelo cacique Babau, protestam na Praça dos Três Poderes, durante a Mobilização Nacional Indígena
© Valter Campanato/Agência Brasil

Abril 2015 - Sob forte chuva, lideranças protestam contra decisões do STF que anularam demarcações de Terras Indígenas com base na tese do "marco temporal"
© Valter Campanato/Agência Brasil

MOBILIZAÇÕES INDÍGENAS

Julho 2016 - Tuíra Kayapó pinta rosto de Sônia Guajajara durante o #OcupaFunai, em Brasília. Indígenas ocuparam as sedes da fundação em várias cidades do país contra o desmonte das políticas indigenistas
© Mídia Ninja

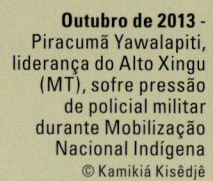

Outubro de 2013 - Piracumã Yawalapiti, liderança do Alto Xingu (MT), sofre pressão de policial militar durante Mobilização Nacional Indígena
© Kamikiá Kisêdjê

Abril 2015 - Indígenas caminham para o Palácio do Planalto, onde entregaram carta a Dilma Rousseff exigindo o cumprimento de compromissos de campanha em relação aos povos indígenas
© Fábio Nascimento/MNI

Abril 2015 - Câmara dos Deputados recebe indígenas para ato solene em homenagem ao Dia do Índio, mas o então presidente da Câmara, Eduardo Cunha (PMDB/RJ), não comparece. No ano anterior, os indígenas haviam sido proibidos de entrar no Congresso Nacional
© Fábio Nascimento/MNI

Kotiria
Koripako
Kubeo
Makuna
Mirity-Tapuya
Nadöb
Pira-Tapuya
Siriano
Tariana
Tukano
Tuyuka
Warekena
Yuhupdëh
Isolados

1. Noroeste Amazônico

1. NOROESTE AMAZÔNICO

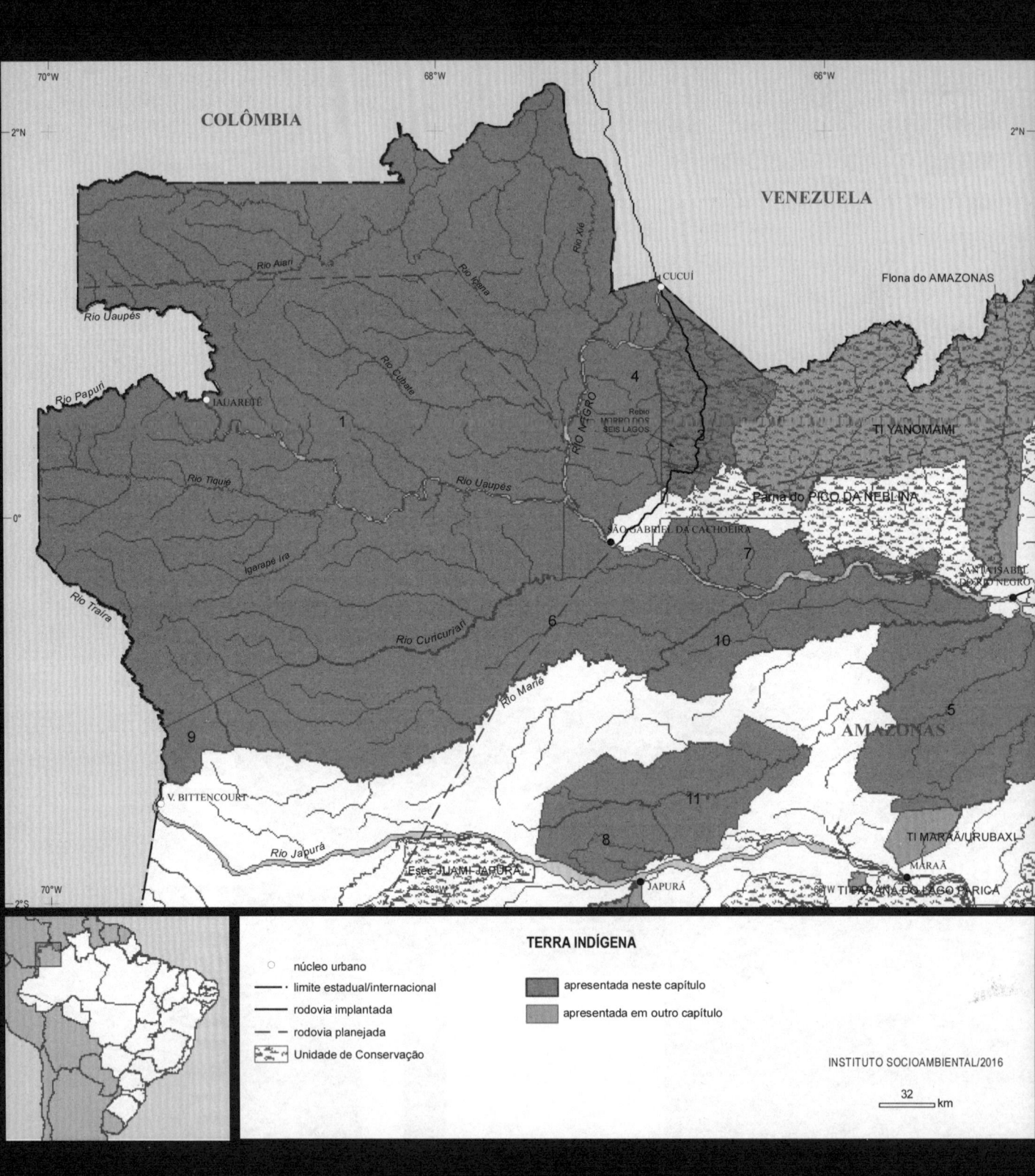

NOROESTE AMAZÔNICO
Terras Indígenas
Instituto Socioambiental - 14/02/2017

Nº Mapa	Terra Indígena	Povo	População (nº, fonte, ano)	Situação Jurídica	Extensão (ha)	Município	UF
1	Alto Rio Negro	Arapaso, Baré, Barasana, Bará, Baniwa, Makuna, Karapanã, Yuhupde, Desana, Hupda, Mirity-tapuya, Pira-tapuya, Kubeo, Coripaco, Siriano, Tuyuka, Tukano, Tariana, Kotiria, Warekena	26.046 - Siasi/Sesai : 2013	HOMOLOGADA. REG CRI E SPU. Decreto s/n de 14/04/1998 publicado em 15/04/1998. Reg. CRI na comarca de Japurá (633.279,2773 ha) Matr.14 Lv 01 Fl.14. em 22/06/99. Reg. CRI na comarca de SGC (7.366.101,8910 ha) Matr. 1.503 Lv.2-8 Fl.242. em 12/04/99. Reg. SPU certidão n. 010 em 13/07/2000.	7.999.380	Japurá, São Gabriel da Cachoeira	AM
s/I	Aracá-Padauiri (Baixo Rio Negro)	Baré, Baniwa, Tukano		EM IDENTIFICAÇÃO. Portaria 1309 de 30/10/2009 publicado em 03/11/2009.		Barcelos	AM
3	Balaio	Baré, Baniwa, Desana, Pira-tapuya, Kubeo, Coripaco, Tuyuka, Tukano, Tariana	328 - Siasi/Sesai : 2013	HOMOLOGADA. REG CRI. Decreto s.n. de 21/12/2009 publicado em 22/12/2009. Reg.CRI matr.1823, L.2-10, Fl.74 Cartorio do Primeiro Oficio de S.G.da Cachoeira.	257.281	São Gabriel da Cachoeira	AM
4	Cué-Cué/Marabitanas	Arapaso, Baré, Baniwa, Desana, Pira-tapuya, Coripaco, Tukano, Tariana, Warekena	1.864 - GT/Funai : 2010	DECLARADA. Portaria 1.703 de 19/04/2013 publicado em 22/04/2013.	808.645	São Gabriel da Cachoeira	AM
5	Jurubaxi-Téa	Arapaso, Baré, Baniwa, Desana, Dow, Pira-tapuya, Coripaco, Ticuna, Tukano, Tariana	904 - GT Funai : 2013	IDENTIFICADA/APROVADA/FUNAI. SUJEITA A CONTESTAC. Despacho 30 de 14/04/2016 publicado em 19/04/2016.	1.208.155	Barcelos, Santa Isabel do Rio Negro	AM
6	Médio Rio Negro I	Arapaso, Baré, Baniwa, Yuhupde, Desana, Dow, Mirity-tapuya, Pira-tapuya, Coripaco, Tukano, Tariana	1.989 - IBGE : 2010	HOMOLOGADA. REG CRI E SPU. Decreto s/n de 14/04/1998 publicado em 15/04/1998. Reg. CRI no município e comarca de Sta. Isabel do R. Negro (117.013 ha) Matr. 182 Lv 2-C FL 01 em 03/11/99. Reg. CRI no município e comarca de Japurá (654.086 ha) matr.n. 13 Lv.01 Fl 13 em 22/06/99. Reg. CRI no município e comarca de São Gabriel da Cachoeira (1.766.139 ha sic.lista Funai) matr.1.504 Lv 2-B Fl.245 em 12/04/99. Reg. SPU Certidão n. 6 de 02/06/00.	1.776.140	Japurá, Santa Isabel do Rio Negro, São Gabriel da Cachoeira	AM
7	Médio Rio Negro II	Arapaso, Baré, Baniwa, Desana, Mirity-tapuya, Pira-tapuya, Coripaco, Tukano, Tariana	1.367 - IBGE : 2010	HOMOLOGADA. REG CRI E SPU. Decreto s/n de 14/04/1998 publicado em 15/04/1998. Reg. CRI no município e comarca de Sta. Isabel do Rio Negro (49.566 ha) Matr.183 Lv 2-C Fl 1 em 03/11/99. Reg. CRI no município e comarca de São Gabriel da Cachoeira (266.628 ha) Matr. n. 1.505 Lv. 208 Fl 244 em 12/04/99. Reg. SPU Certidão n. 13 de 01/08/00.	316.194	Santa Isabel do Rio Negro, São Gabriel da Cachoeira	AM
8	Paraná do Boá-Boá	Nadöb	347 - Cimi-Tefé : 2013	HOMOLOGADA. REG CRI E SPU. Decreto s/n de 03/11/1997 publicado em 04/11/1997. Reg. CRI no município e comarca de Japurá (240.545 ha) Matr. n. 51 Lv. 2-RG Fl. 1 em 21/05/01. Reg. SPU Certidão n. 1 de 20/02/02.	240.545	Japurá, Santa Isabel do Rio Negro	AM

NOROESTE AMAZÔNICO
Terras Indígenas (continuação)
Instituto Socioambiental - 14/02/2017

Nº Mapa	Terra Indígena	Povo	População (nº, fonte, ano)	Situação Jurídica	Extensão (ha)	Município	UF
9	Rio Apapóris	Yuhupde, Desana, Tuyuka, Tukano	349 - IBGE : 2010	HOMOLOGADA. REG CRI E SPU. Decreto s/n de 14/04/1998 publicado em 15/04/1998. Reg. CRI no município e comarca de Japurá (106.960 ha) Matr. 12 Lv. 01 Fl. 12 em 22/06/99. Reg. SPU Certidão n. 4 de 11/02/00.	106.960	Japurá	AM
10	Rio Tea	Baré, Desana, Nadöb, Pira-tapuya, Tukano	323 - IBGE : 2010	HOMOLOGADA. REG CRI E SPU. Decreto s/n de 14/04/1998 publicado em 15/04/1998. Reg. CRI no município e comarca de Santa Isabel do Rio Negro (333.036 ha) Matr. 184 Liv. 2-C Fl. 01 em 03/11/99. Reg. CRI no município e comarca de São Gabriel da Cachoeira (78.795 ha) Matr. 1.502 Liv. 2-8 Fl. 241 em 12/04/99. Reg. SPU Certidão n. 12 de 27/07/00.	411.865	Santa Isabel do Rio Negro, São Gabriel da Cachoeira	AM
11	Uneiuxi	Nadöb	249 - IBGE : 2010	DECLARADA. Portaria 2.360 de 15/12/2006 publicado em 18/12/2006.	554.332	Japurá, Santa Isabel do Rio Negro	AM

PATRIMÔNIO SOCIOAMBIENTAL

Geografias Indígenas e Lugares Sagrados

Aline Scolfaro | Antropóloga, Programa Rio Negro/ISA

ENTRE OS POVOS INDÍGENAS DO NOROESTE AMAZÔNICO, MAPEAR LUGARES SAGRADOS E CONHECIMENTOS ASSOCIADOS É, CADA VEZ MAIS, UMA PRÁTICA COMUM E ESTRATÉGICA; NÃO APENAS PARA SALVAGUARDAR CULTURAS, AMBIENTES E DIREITOS, COMO PARA VIABILIZAR A GOVERNANÇA MULTIÉTNICA SOBRE O TERRITÓRIO E MANTER O EQUILÍBRIO DO PRÓPRIO COSMOS

Para os grupos das famílias tukano, aruak e maku que vivem no noroeste da Amazônia, região de fronteira entre Brasil, Colômbia e Venezuela, o território é muito mais do que o espaço geográfico visível de onde extraem os recursos necessários para a sua sobrevivência. O território e suas paisagens são também história, memória e fonte de poderes espirituais fundamentais para a manutenção da vida dos coletivos e das pessoas, humanas e não humanas. O que para nós, não indígenas, é uma simples pedra, uma serra, um banco de areia ou uma ilha qualquer no meio do rio, para os conhecedores indígenas[1] do Noroeste Amazônico é uma casa ancestral, onde estão guardados as memórias e os poderes criativos do tempo da origem do mundo e da humanidade. Ou podem ser também a morada de algum espírito da floresta, em geral responsáveis pela vida e reprodução dos peixes e outros animais. Do mesmo modo, o que os diversos grupos indígenas do Noroeste Amazônico consideram como sendo seu território ancestral, na maioria dos casos, se estende muito além das terras em que hoje vivem, transcendendo as fronteiras nacionais e integrando um vasto território.

Durante segunda etapa da Expedição Anaconda, conhecedores das etnias Bará e Barasana conversam sobre a história e os significados das formações rochosas em sítio sagrado no Baixo Rio Uaupés.

FORTALECIMENTO CULTURAL E A GOVERNANÇA TERRITORIAL

Foi pensando em salvaguardar as cosmovisões dos povos indígenas do Noroeste Amazônico sobre o seu território que, desde 2009, uma iniciativa de cooperação binacional (Brasil-Colômbia) começou a ser construída para discutir e apoiar processos de fortalecimento cultural e governança territorial nessa região. Do lado do Brasil, ISA, Federação das Organizações Indígenas do Rio Negro (Foirn) e Instituto do Patrimônio Histórico e Artístico Nacional (Iphan) foram parceiros nessa iniciativa, aqui apelidada de Projeto Mapeo. E do lado da Colômbia, o processo veio sendo liderado pelo Ministério da Cultura da Colômbia, com participação de várias AATIs (Associações de Autoridades Tradicionais Indígenas), ONGs (como Gaia e Etnollano) e outros órgãos do governo, como Parques Nacionais Naturais, ligados ao Ministério do Meio Ambiente.

Desde 2009, foram realizadas três grandes reuniões binacionais para definir os temas prioritários, as linhas orientadoras e as agendas conjuntas para a iniciativa, que passou a ser denominada de *Salvaguarda do Patrimônio Cultural Imaterial do Noroeste Amazônico*. Já nas primeiras conversas, que contaram com a participação de lideranças e conhecedores indígenas dos dois países, a temática dos "sítios sagrados" e conhecimentos associados foi considerada central para orientar as discussões sobre fortalecimento cultural e governança dos território indígenas da região. Desde então, nos últimos cinco anos, diversos esforços foram feitos para apoiar iniciativas de documentação e proteção dos sítios sagrados e fortalecer conhecimentos associados, nas diferentes regiões do Noroeste Amazônico onde as associações indígenas e as outras instituições parceiras atuam.

Tais iniciativas têm se centrado em experiências de mapeamento participativo ou cartografia cultural, envolvendo os jovens e velhos conhecedores, na elaboração de mapas do território baseados nos conhecimentos tradicionais. Esses mapas apontam para o minucioso conhecimento que os diversos grupos, por meio de seus conhecedores, possuem da geografia regional, bem como os profundos e complexos significados que essa geografia guarda.

Para dar visibilidade a essas iniciativas locais, em 2014 foi publicada uma compilação dessas experiências denominada *Salvaguarda do Patrimônio Cultural Imaterial do Noroeste Amazônico: Cartografia dos Sítios Sagrados*. A compilação inclui experiências desenvolvidas em várias regiões do Alto Rio Negro, Apaporis e Japurá/Caquetá, protagonizadas por diversos povos das famílias linguísticas Tukano Oriental e Arawak. Foi lançada como o primeiro volume de uma série de informativos sobre o "patrimônio cultural imaterial dos povos indígenas no Noroeste Amazônico", que a Iniciativa Binacional pretende publicar nos próximos anos, conforme novos processos se desenrolem nos dois lados da fronteira.

ANTECEDENTES DO PROJETO MAPEO

Em 2006, o Estado brasileiro, por meio do Iphan, reconheceu a Cachoeira da Onça – em Iauaretê no Alto Rio Negro – como patrimônio cultural brasileiro e lugar sagrado dos povos indígenas dos Rios Uaupés e Papuri. Gerado em um contexto regional em que se multiplicavam iniciativas de fortalecimento cultural e registro dos conhecimentos tradicionais, o pleito foi inicialmente reivindicado por indígenas do grupo Tariano, tradicionais moradores de Iauaretê, pertencentes à família linguística Arawak.

Mas o registro logo precisou se expandir no que diz respeito a seus detentores, já que outros grupos étnicos que vivem na região, pertencentes à família linguística tukano, também reivindicaram ligações ancestrais com a Cachoeira da Onça[2]. Nos anos seguintes ao registro, e já no decorrer das Ações Emergenciais de Salvaguarda empreendidas em Iauaretê entre 2006 e 2008, tornou-se patente que na concepção dos povos indígenas da região, em especial os grupos Tukano, a Cachoeira da Onça faz parte de um conjunto muito mais amplo de lugares sagrados que se localizam não apenas na própria área de Iauaretê, ao longo dos Rios Uaupés e Papuri, mas por todo o território multiétnico e transfronteiriço da bacia do Rio Negro. Para os conhecedores indígenas, esses lugares encontram-se conectados uns aos outros, formando uma grande rede de energia vital, encadeando histórias de origem e de ocupação da região pelas diversas etnias que compõem o sistema sociocultural do Noroeste Amazônico.

Nesse contexto, novas demandas por iniciativas de documentação e valorização de lugares sagrados e rotas ancestrais foram surgindo, sobretudo no Alto Rio Negro. Grupos pertencentes à família tukano em particular, moradores dos Rios Uaupés e Papuri, e que também foram incluídos como detentores no registro da Cachoeira da Onça, começaram a reivindicar a identificação e reconhecimento de toda a rota de origem de seus ancestrais pelo extenso curso dos Rios Negro, Uaupés e Papuri, adentrando o território colombiano.

Ao mesmo tempo, experiências transfronteiriças que já se desenrolavam na região desde o início dos anos 2000, vinham proporcionando ricas reflexões acerca dos sítios sagrados e chamavam a atenção para a necessidade de se pensar a gestão e proteção integrada desses territórios ancestrais transfronteiriços entre o Brasil, a Colômbia e a Venezuela. É o caso dos chamados Canoitas, encontros intercomunitários entre povos e associações indígenas nos três países, que ocorrem já há mais de dez anos no âmbito da rede Canoa (Cooperação e Aliança no Noroeste Amazônico).

Um ponto recorrente nessas discussões é a percepção de que, no contexto atual, os conhecimentos tradicionais e as práticas rituais associadas ao manejo do território e da vida estariam se enfraquecendo cada vez mais e, como consequência, o mundo estaria sofrendo um sério desequilíbrio. Para os conhecedores indígenas, muitos eventos ecológicos e climáticos adversos que vêm afetando hoje as condições de existência das comunidades indígena — escassez de peixes e animais de caça, mudanças nos regimes de seca e cheia, aparecimento de enfermidades desconhecidas — passaram a ser percebidos como consequências da perda de saberes pelas novas gerações e do não cumprimento de certas regras e práticas tradicionais relacionadas ao manejo xamânico do território e dos sítios sagrados. Assim, a questão da transmissão de conhecimentos entre as gerações e a suposta falta de interesse e preparo dos jovens de hoje para o aprendizado desses saberes é algo que tem preocupado e mobilizado tanto os conhecedores mais velhos, como outras lideranças mais sensibilizadas com o destino coletivo dos povos da região.

Foi a partir dessas percepções e demandas dos grupos indígenas que começaram os esforços para a articulação da Iniciativa Binacional, buscando aliar discussões e acordos em um nível mais político e governamental (nas áreas da cultura, meio ambiente e assuntos indígenas), com o apoio a processos locais protagonizados pelos povos e comunidades indígenas das diversas regiões do Noroeste Amazônico. Do lado do Brasil, os processos locais se centraram, até agora, junto aos povos da bacia do rio Uaupés, Alto Rio Negro, em especial os grupos da família linguística tukano oriental. Dentre esses processos, destaca-se uma experiência de documentação de suas rotas de origem ancestral e conhecimentos associados.

REFAZENDO E DOCUMENTANDO A ROTA DA COBRA-CANOA ANCESTRAL

Já dissemos que no âmbito do projeto Mapeo, a cartografia tem sido uma ferramenta fundamental para os processos de fortalecimento dos sistemas culturais e dos conhecimentos tradicionais acerca do território. Os mapas, elaborados em contextos comunitários e participativos, sob a orientação dos conhecedores, são peças essenciais para se pensar a gestão e governança dos territórios indígenas no contexto atual. Porém, apesar de sua inestimável riqueza e valor político e pedagógico, os resultados que geram são muitas vezes limitados para promover e abarcar processos mais profundos e complexos de exegese da "geografia xamânica" dos povos do Noroeste Amazônico. Quanto mais em relação às referências espaciais mais distantes dos territórios em que hoje vivem os diversos grupos. Por isso mesmo, os índios demonstram um grande interesse em visitar fisicamente esses lugares e trechos das rotas de origem ancestral que muitos só conhecem em pensamento — ou no plano espiritual do cosmos. E para os mais jovens, além da documentação possibilitada pelos mapas, há um grande interesse também nos registros audiovisuais.

Foi esse interesse que levou um grupo de *kumua* (conhecedores tradicionais) do Alto Rio Negro, pertencentes a diferentes grupos da família tukano, a embarcar em duas expedições pelos Rios Negro e Uaupés (realizadas entre 2013 e 2015), a fim de refazer parte da rota de origem de seus ancestrais. As duas experiências, realizadas no âmbito do Projeto Mapeo, contaram com o apoio do ISA, da Foirn e do Iphan, além de instituições parceiras na Colômbia.

A primeira expedição percorreu mais de 800 quilômetros pelo curso do Rio Negro, desde a sua foz — no encontro das águas com o Solimões (imediações da cidade de Manaus) — até a cidade de São Gabriel da Cachoeira. Os conhecedores participantes são moradores de comunidades dos Rios Uaupés, Papuri, Tiquié, Pirá--Paraná e afluentes, pertencentes aos grupos Desana, Pira-tapuia, Tukano, Tuyuka, Bará, Makuna. Participaram também alguns pesquisadores não indígenas (antropólogos e um arqueólogo), uma equipe de documentaristas (indígenas e não indígenas) e lideranças indígenas da Foirn e Acaipi, importantes organizações indígenas do Noroeste Amazônico.

Foram, ao todo, 14 dias de viagem e 23 pontos de parada. Os lugares visitados iam sendo previamente indicados pelos conhecedores com base nas referências contidas nas narrativas de origem e também em mapas do trajeto. Em algumas ocasiões, foram os sonhos que orientaram as paragens. No curso baixo do Rio Negro, o apoio dado pelo arqueólogo Raoni Valle foi também fundamental, já que possibilitou aos conhecedores localizar certos pontos de grande valor nas narrativas e que, no curso da experiência, tiveram um papel importante para estimular a reflexão sobre essa geografia xamânica. Pois, até então, a grande maioria dos kumua participantes só conhecia esses lugares no plano do pensamento, das viagens espirituais que fazem em suas práticas de benzimento. Em cada ponto de parada, os conhecedores narravam os eventos relacionados ao lugar e conversavam sobre os seus significados, enquanto a equipe de documentaristas filmava e gravava as sempre longas sessões de conversas.

No início de 2015, uma segunda expedição foi realizada com o objetivo de completar a identificação dos lugares sagrados do trecho comum da rota de origem tukano, até o buraco de surgimento da humanidade, na Cachoeira de Ipanoré, médio Rio Uaupés, dentro dos limites da Terra Indígena Alto Rio Negro. Essa expedição percorreu cerca de 200 quilômetros, começando pelo trecho do Rio Negro acima da cidade de São Gabriel da Cachoeira, entrando pelo Rio Uaupés até a Cachoeira Ipanoré. O grupo de conhecedores participantes foi praticamente o mesmo da primeira, com algumas exceções.

Dessa vez, foram registrados quase 40 lugares em 12 dias de viagem. Como na outra expedição, a maioria dos conhecedores, provenientes de outras calhas de rios, só conhecia tais lugares em pensamento, das viagens que fazem em suas práticas xamânicas. Quem conhecia empiricamente esses locais eram geralmente conhecedores mais velhos das comunidades próximas, que aprenderam com seus pais e avôs as histórias, as restrições de comportamento e os perigos relacionados a esses lugares. Foram esses moradores que guiaram as visitas à maioria dos locais que a expedição visitou.

O material gerado nas duas expedições soma mais de 250 horas de registros audiovisuais. Com o objetivo de dar visibilidade a essa experiência e à cosmovisão dos povos da família tukano acerca de seu território ancestral, um filme longa-metragem está sendo produzido, com previsão de lançamento até o final desse ano (2016). A produção do filme, cujo nome será *Pelas águas do rio de leite*, tem sido um grande desafio. Pois a tarefa é a de tornar o filme acessível e interessante para um público mais amplo, sem perder de vista o caráter documental e o rigor conceitual das narrativas e da complexa cosmologia que as informa. Além disso, as 250 horas de registros audiovisuais foram organizadas e legendadas com o intuito de criar um acervo documental a ser armazenado pela Foirn e que possa ser acessado por jovens pesquisadores e documentaristas indígenas, no intuito de produzir novos filmes para circulação interna.

CONSIDERAÇÕES FINAIS

Essas experiências têm demonstrado que, para os grupos indígenas do Noroeste Amazônico, as histórias, memórias e práticas rituais associadas ao manejo do território garantem não apenas a existência dos grupos enquanto coletivos diferenciados, mas também o equilíbrio do mundo e da vida em geral: os ciclos ecológicos, a vitalidade dos peixes e animais de caça, o controle das enfermidades. Nesse sentido, os lugares sagrados, como fontes de memória e de poderes espirituais responsáveis pela reprodução da vida, assumem uma importância central na luta desses povos por seus direitos culturais e territoriais e mesmo por um mundo mais equilibrado. É a essa cosmovisão que o projeto Mapeo e a Iniciativa Binacional visam dar visibilidade, com o objetivo de contribuir para o fortalecimento dos sistemas culturais dos povos da região e com a proteção do patrimônio socioambiental dos territórios indígenas do Noroeste Amazônico. *(dezembro, 2016)*

NOTAS

1 "Conhecedor indígena" é um termo genérico – corrente no Noroeste Amazônico entre falantes de línguas tukano, arawak e maku – para se referir a diversas modalidades de sábios e especialistas rituais, detentores de conhecimentos xamânicos.

2 Para mais, veja o *Dossiê Iphan 7. Cachoeira de Iauaretê* (2007). Brasília: Iphan e a compilação de experiências *Salvaguarda do Patrimônio Cultural Imaterial do Noroeste Amazônico: Cartografia dos Sítios Sagrados* (2014). São Paulo: ISA; Brasília: Iphan; Bogotá: Ministerio de Cultura de Colombia.

RIO NEGRO

Manejo do Mundo e Planos de Gestão

Carla Dias — Antropóloga, Programa Rio Negro/ISA

Renato Martelli Soares — Antropólogo, Programa Rio Negro/ISA

DESDE 2012, A PNGATI VEM GERANDO DIVERSOS ENCONTROS, EM QUE OS INDÍGENAS NO RIO NEGRO DESTACAM A IMPORTÂNCIA DO FORTALECIMENTO DE SUAS INICIATIVAS E MODOS DE VIVER. O TEMOR É QUE NADA SAIA DO PAPEL, OU QUE TUDO SEJA DISTORCIDO E DESARTICULADO

Numa região onde o ordenamento territorial é prática cotidiana e periódica, baseada em calendários ecológico-culturais, códigos de ética, benzimentos e resulta num manejo integrado do mundo, há uma ampla gama de saberes e práticas que orientam e configuram os usos e cuidados com os espaços e recursos. No Rio Negro, para muita gente, faz parte do cotidiano acompanhar as políticas indigenistas e seus desdobramentos sobre as práticas tradicionais de manejo. Seja em eventos como seminários, assembleias, oficinas, reuniões, conselhos, festas e viagens ou em conversas informais, é comum a troca de informações sobre a conjuntura política, aquela fundada e praticada pelos *pehkasi*, *kariwa* e *yalanawi*. Substantivos que definem nas três línguas co-oficiais de São Gabriel da Cachoeira – Tukano, Nhengatu e Baniwa – os estrangeiros, não indígenas ou brancos. No Noroeste Amazônico, estas três línguas indígenas se juntam a outras tantas, como as da família Maku.

O engajamento nestes movimentos pode ser entendido como um processo de domesticação e digestão destes, por vezes estranhos, caminhos e escolhas das políticas do Estado e sociedade envolvente. Se observarmos a agenda da principal organização indígena da região, a Federação das Organizações Indígenas do Rio Negro (Foirn), encontramos, só no primeiro semestre de 2016, 57 eventos que contaram com sua participação e organização; todos relacionados a políticas indigenistas, ações socioambientais e projetos de fortalecimento associativo. A figura da associação indígena – mediadora de instrumentos jurídico-legais, saberes e práticas de diferentes povos – é bastante conhecida e ocupada na região.

Neste contexto, a Política Nacional de Gestão Territorial e Ambiental em Terras Indígenas (PNGATI), instituída em 2012, não passou desapercebida e têm sido acompanhada e debatida amplamente desde as primeiras reuniões de elaboração. O comentário mais generalizado, nos diferentes encontros que abordam a institucionalização da Política, tem sido a necessidade do reconhecimento oficial, mesmo que tardio, do importante manejo que estes povos realizam em seus territórios.

Na região, o movimento indígena organizado tem uma força notável, acumulando valorosas conquistas aos direitos indígenas que se tornaram guias para as políticas públicas. A Foirn conta atualmente com 93 associações de base, cinco coordenadorias regionais[1], uma sede com diretoria executiva, setores técnicos (secretaria, financeiro, almoxarifado, projetos e comunicação) e departamentos políticos (educação, juventude e mulheres). Mais de 10 milhões de hectares de Terras Indígenas foram demarcados. A política educacional escolar teve grandes avanços rumo ao respeito à diversidade de conhecimentos e métodos de aprendizado através de escolas piloto Utapinopona, Yupuri, Pamaali e Khumuno Wɨ'ɨ. Além disso, o registro e o fortalecimento da cultura indígena têm sido alvos de trabalhos cotidianos destas associações.

No âmbito da gestão territorial não é diferente. Nove anos antes de o decreto da PNGATI ser assinado, pesquisadores e lideranças indígenas elaboraram o "Plano de Desenvolvimento Indígena Sustentável do Rio Negro" (PRDIS), cujos temas fundamentais – governança, proteção territorial, educação escolar, agrodiversidade, manejo agroflorestal, convivência com militares, cidadania indígena, mineração, urbanização, saúde e comercialização de produtos indígenas – foram compilados como subsídio para políticas públicas mais adequadas à região e suas particularidades.

Região pluriétnica, multilíngue, localizada em zona de fronteira e de grandes extensões territoriais, as populações rionegrinas criam estratégias próprias que lhes possibilitam (re)existir ao longo de uma história de escravização, descimentos, catequização, movimentos messiânicos, sistemas de imobilização por dívidas e empreendimentos externos. Vale ressaltar o ótimo estado de conservação da bacia do Rio Negro, com apenas 5% de desmatamento acumulado nos últimos anos. Também o reconhecimento, fruto de pesquisas colaborativas e interculturais, de dois patrimônios culturais pelo Instituto do Patrimônio Humano e Artístico Nacional (Iphan): Cachoeira de Iauaretê e Sistema Agrícola Tradicional do Rio Negro. Para citar algumas outras iniciativas atuais, há a rede de agentes indígenas de manejo ambiental (AIMAs), que trabalha há mais de uma década nos Rios Tiquié, Içana e seus afluentes. Como produtos desenvolvidos e comercializados por suas comunidades podemos destacar a pimenta baniwa e a loja Wariró, que através de uma proposta de comércio, oferece diferentes artesanatos.

Estes exemplos se somam, entre outros, a iniciativas realizadas no Rio Negro como: a formação de lideranças indígenas, a implementação de estações de piscicultura e projetos de segurança alimentar; a instalação de uma rede de estações de radiofonia com placas solares em mais de 200 comunidades indígenas; os levantamentos e censos socioambientais em São Gabriel da Cachoeira, Cucuí, Iauaretê, Santa Isabel e Barcelos; a elaboração do Programa Regional de Desenvolvimento Indígena Sustentável do Rio Negro (PRDIS); e, a elaboração de Planos de Manejo de Recursos Hídricos e Pesqueiros.

A PNGATI é uma resposta para a necessidade de uma estratégia para a gestão de Terras Indígenas; orienta o uso de instrumentos de etnomapeamento e etnozoneamento, frisa a importância de fortalecer os saberes e práticas locais, bem como a governança indígena. Neste sentido, a análise rionegrina era de que esta política viria a reconhecer e fortalecer os esforços e iniciativas já em curso. Afinal, a própria coordenação regional da Funai, expoente principal da política, tem atualmente à sua frente uma liderança com amplo histórico nas associações indígenas (e fora), indicada por estas para o posto. No entanto, como bem se escuta na maloca da Foirn, "o governo nunca dá algo de graça, sempre há dificuldades".

ELABORANDO PGTAS

Com a nova política nacional, não bastam os trabalhos já realizados, as centenas de documentos encaminhados; ela aponta a necessidade de se elaborar um plano no formato de um Plano de Gestão Territorial e Ambiental (PGTA). Torna-se essencial, assim, buscar informações atualizadas e reunir os anseios e propostas de diferentes etnias, línguas, histórias de contato e territórios em planos cuja referência de unidade territorial oficial é a Terra Indígena.

O PGTA pode ser resumido como um instrumento de diálogo entre os povos que residem numa mesma TI e sua região, bem como entre os povos indígenas e o Estado. O plano pode regulamentar atividades econômicas; ajustar acordos com populações do entorno e com áreas protegidas sobrepostas às Terras Indígenas; trazer dados atualizados de população, associações e do sistema de governança próprio daquela TI. Além disso, pode também não registrar o que os povos indígenas decidirem que não deve ser de conhecimento público. Ou seja, é um documento de caráter público elaborado a partir das populações indígenas, com propósitos internos mas também voltado a orientar políticas governamentais e da sociedade civil que envolvem direta ou indiretamente estas populações.

A partir de 2013, a Foirn começou a elaborar um projeto para um curso de formação de lideranças focado em temas interessantes para o futuro, tendo por referência experiências passadas. Desde então, diversos esforços se voltaram à difusão da PNGATI e à construção dos PGTAs. Neste contexto, projetos de fortalecimento institucional, comunicação e pesquisas interculturais passaram a envolver a necessidade de se difundir a PNGATI e construir os PGTAs.

Em 2014, um projeto dedicado diretamente à construção dos PGTAs contou com o apoio do Projeto Demonstrativo dos Povos Indígenas (PDPI). Por meio dele foi organizado o "Curso básico de Gestão Territorial e Ambiental de Terras Indígenas". Para selecionar os participantes foi elaborado um edital de convocação que visava garantir a representatividade das diferentes regiões e instituições do Rio Negro. Esta chamada teve sua seleção realizada pela Foirn, coordenadora do projeto, e a comissão pedagógica do curso foi formada pelas equipes do Instituto Chico Mendes para a Biodiversidade (ICMBio), do Instituto Socioambiental (ISA) e do Instituto Federal do Amazonas (Ifam). O grupo foi composto por representantes indígenas das cinco coordenadorias regionais da Foirn (três de cada região), servidores públicos da Funai e do ICMBio, assessores do ISA e lideranças Yanomami de Maturacá e do Rio Marauiá. No total foram quatro módulos presenciais e três etapas de dispersão que resultaram, além da formação dos participantes, na publicação dos *Cadernos de gestão territorial e ambiental no noroeste amazônico: diálogos com a PNGATI*, sistematizados pelos cinco grupos correspondentes às coordenadorias regionais da Foirn, além de um relativo à TI Yanomami.

Após este curso, entre setembro e dezembro de 2015 uma série de oficinas inaugurais deu sequência à agenda continuada de socialização da PNGATI e mobilização para os PGTAs. Organizadas pela Foirn, Funai, ISA e pesquisadores colaboradores, estas oficinas foram realizadas em diferentes comunidades, desde as mais populosas, como Iauaretê, onde residem aproximadamente 3 mil pessoas, até aldeias com cerca de 50 pessoas. Em cada uma das cinco maiores reuniões, realizadas em comunidades estratégicas – Taracuá, Tunuí, Iauaretê, Juruti e cidade de Santa Isabel do Rio Negro – foram contabilizados cerca de 200 participantes. Além de socializar as diretrizes da PNGATI e dos PGTAs, as oficinas também permitiram iniciar o diagnóstico sobre os principais problemas existentes, atualizando informações cartográficas, histórias de uso e ocupação e territorialidades tradicionais por meio de mapeamentos participativos, modos de governança, censos e definição de temas prioritários para a elaboração dos PGTAs nos próximos três anos. Alguns dos temas que ecoaram em todas oficinas foram: manejo de recursos florestais e pesqueiros; lixo e poluição; saúde; patrimônios culturais; transporte e meios de comunicação; energia; fiscalização; economia indígena e geração de renda; proteção e promoção da organização social e religiosa; educação; fortalecimento das associações; e reconhecimento de caminhos e territórios tradicionais.

PERSPECTIVAS FUTURAS

A partir de então e pelos próximos três anos, o processo de construção dos PGTAs avança para o aprofundamento de uma cooperação interinstitucional, que foi formalizada em maio de 2016 com um Acordo de Cooperação Técnica (ACT) entre Foirn, Funai e ISA, que conta também com outros atores por meio de uma comissão de governança e de trabalhos em conjunto. O próximo passo é o levantamento de dados sobre economia, censo populacional, percepção acerca do atendimento de saúde e educação, estrutura de comunicação e energia de cada comunidade e sítio na ampla região do Rio Negro.

Tal esforço vem sendo comparado àquele feito na época da demarcação, duas décadas atrás, quando todas as comunidades das atuais terras reconhecidas foram visitadas. Em uma região de acesso remoto e meios de transportes custosos, há muitas comunidades cujas políticas de amplo escopo – sejam elas governamentais ou propostas da sociedade organizada – chegam só de raspão e cheias de ruídos. O levantamento será realizado por uma rede de 45 pesquisadores indígenas e não indígenas que farão entrevistas coletivas e domiciliares com os moradores das comunidades, a partir de um questionário elaborado pela equipe do ISA junto com diretores da Foirn e Funai.

A partir deste levantamento, um grupo de trabalho irá elaborar documentos preliminares que devem retornar a comunidades estratégicas em grandes oficinas para que sejam devidamente revisados e tenham sua construção final orientada. A esperança é que em 2018, ano em que o movimento indígena realiza suas assembleias regionais e geral, os planos estejam em um nível de representação que abarque a complexidade da região, recomende iniciativas articuladas de salvaguarda do riquíssimo patrimônio socioambiental e fortaleça o sistema de governança local. Prevemos que o processo possa inspirar a construção e implementação de PGTAs em territórios de grande extensões geográficas, multiétnicas e localizadas em zonas de fronteira.

Finalmente é de se esperar que uma reação comum à PNGATI seja a de que o resultado pode ser só mais um plano, um papel que não se digere bem e não muda, em quase nada, a vida. Afinal trata-se de um lugar onde foram vários os modos de ver e viver a chegada de diferentes políticas externas, cada qual propondo resolver problemas através de soluções elaboradas sem a participação indígena e sem considerar os contextos locais. Outro risco é de que o PGTA se torne mais um cardápio de projetos, que, se implementados, seguirão seus ciclos de início, meio e fim. Tais projetos são e continuam a ser guias para boas práticas de manejo mas se sustentam somente durante sua existência e não necessariamente se traduzem em políticas de longo prazo. Interromper um projeto/política pode significar mais do que a perda de contratos, pode influenciar também modos de existência que constroem e conservam a floresta e a diversidade socioambiental. *(dezembro, 2016)*

NOTA

[1] Todas fundadas em 2003. São elas: a CABC (Coordenadoria das Associações Baniwa e Curipaco), a Coitua (Coordenadoria das Organizações Indígenas do Tiquié, Uaupés e Afluentes), a CAIMBRN (Coordenadoria das Associações do Médio e Baixo Rio Negro) a CAIARNX (Coordenadoria das Associações Indígenas do Alto Rio Negro e Xié) e a Coidi (Coordenadoria das Organizações Indígenas do Distrito de Iauaretê).

COLÔMBIA

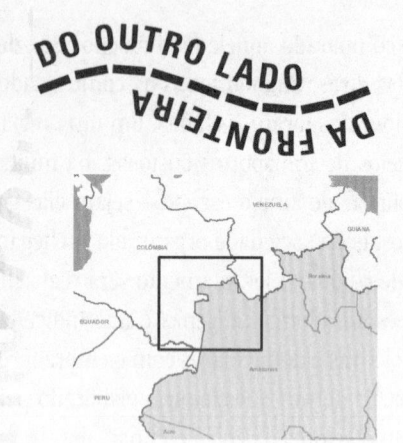

La Amazonia Frente a Posibles Escenarios de Paz

Natalia Hernández Escobar | Asesora Externa Fundación Gaia Amazonas

EN LA AMAZONIA COLOMBIANA, EL CONFLICTO ARMADO NACIONAL HA CONTRIBUIDO A LA DEFORESTACIÓN HISTÓRICA DE CERCA DEL 17,4% DE LA COBERTURA BOSCOSA – EN UNA REGIÓN EN QUE HABITAN 64 PUEBLOS INDÍGENAS. LA ADOPCIÓN DE UN ACUERDO DE PAZ SE PODRIA TRADUCIR EN UNA NUEVA DINÁMICA TERRITORIAL, SOCIAL, POLÍTICA Y AMBIENTAL

La Amazonia colombiana ocupa 483.164 km², 42,3% del territorio nacional continental y cuenta con una alta diversidad biológica, ecosistémica y geológica debido a que en ella confluyen elementos Andinos, Amazónicos y del Escudo Guyanés. También cuenta con una alta diversidad étnica y cultural, pues allí habitan 64 pueblos indígenas de los 85 que hay a nivel nacional. Existen figuras de manejo especial (áreas protegidas y resguardos indígenas[1]) en el 61% de su territorio, que han facilitado la conservación de su diversidad biológica y cultural.

Es una de las regiones periféricas del país que, al igual que en toda América Latina, se caracteriza porque: (i) cuenta con una escasa presencia institucional, (ii) se ubica en zonas fronterizas internacionales, (iii) es una de las más atrasadas en términos de desarrollo económico, (iv) tiene una baja participación poblacional en el total nacional y (v) buena parte de su población se encuentra altamente dispersa en las zonas rurales.

Allí el Estado colombiano, por acción u omisión, ha fomentado de manera paralela y simultanea pero no coordinada, tanto formas divergentes y contradictorias de apropiación de la tierra, de extracción de los recursos naturales y de cambios en los usos del suelo, como estrategias de conservación de los ecosistemas naturales y de salvaguardia del patrimonio cultural en la región. Por ello, el encuentro de múltiples intereses de una manera desarticulada y desordenada, es la principal fuente de conflictos socioambientales en la Amazonia colombiana.

En la subregión noroccidental se ha privilegiado el aprovechamiento minero-energético, la provisión e integración de infraestructura de transporte y energía, y el desarrollo de actividades agropecuarias como principales fuentes de ingreso para los entes territoriales. Allí se concentra la intervención antrópica y, por tanto los mayores cambios de usos del suelo para actividades agropecuarias. La población predominante es conocida como colona porque proviene de otras partes del país y ha ocupado o colonizado tierras baldías con el fin de hacerlas productivas mediante actividades agropecuarias, pero no se ha formalizado la tenencia de la tierra. Abarca cerca del 34,5% de la superficie amazónica.

Por su parte, en la subregión suroriental se ha privilegiado la conservación de la biodiversidad, la protección de los servicios ecosistémicos, la definición de la situación legal de las áreas no municipalizadas y la generación de ingresos para sus entidades territoriales. En ella se presentan menores niveles de intervención y cambios de uso del suelo. La población predominante es la indígena, y habita en grandes resguardos y áreas protegidas del orden nacional. Abarca el 65,5% del territorio amazónico.

Desde el punto de vista institucional, las fuerzas de transformación en la Amazonia dependen del ámbito territorial en el que se encuentran, lo que plantea una interacción compleja de patrones de ocupación y apropiación del territorio.

En este contexto, la escasa presencia estatal y la debilidad institucional han facilitado la captura del poder local por parte de los grupos armados organizados al margen de la ley (guerrillas, autodefensas, narcotraficantes, bandas criminales) que en sus áreas de influencia ejercen funciones que el Estado no ha podido cumplir. Así, estos grupos han aprovechado la falta de coherencia estatal respecto a la Amazonia para establecer, fomentar y administrar toda la cadena productiva del narcotráfico[2] y la minería ilegal de oro y de coltán[3]. Tales actividades se han consolidado como las principales fuerzas motrices de la deforestación, el cambio de usos del suelo, la contaminación de los ríos con mercurio, y el daño de los recursos hidrobiológicos. De igual manera han causado enfrentamientos armados, desplazamientos forzados de la población local y reclutamiento forzado de niños, niñas y adolescentes.

El conflicto armado nacional ha contribuido a la deforestación histórica de cerca del 17,4% de la cobertura boscosa amazónica. Entre 1990 y 2013, la cobertura boscosa de la Amazonia pasó de 41.924.100 hectáreas a 39.888.214 ha. Las áreas con la mayor deforestación se encuentran en los departamentos de Caquetá, Putumayo, Meta y Guaviare donde las dinámicas espaciales de la deforestación han generado un alto grado de fragmentación de los bosques amazónicos y pone en peligro su conectividad con los relictos de bosque andino especialmente en el sector del Parque Nacional Natural (PNN) La Macarena y entre este y el PNN Chiribiquete.

Por todo lo anterior, la implementación del acuerdo para la terminación del conflicto y la construcción de una paz estable y duradera suscrito el 24 de noviembre de 2016 entre el gobierno nacional y las fuerzas armadas revolucionarias armadas de Colombia (FARC) y aprobado por el Congreso Nacional, se podrá traducir en una nueva dinámica territorial, social, política, económica y ambiental para conjugar los diferentes intereses y prioridades que confluyen en la Amazonia de una manera sostenible y pacífica. En este sentido resulta fundamental el empoderamiento e intervención de los pueblos indigenas en las cuestiones públicas, los procesos de corresponsabilidad mediante la inclusión de grupos y redes en la atención de problemas colectivos, el control de los resultados, la rendición de cuentas y la evaluación pública.

Tener en cuenta el estado legal del territorio en la Amazonia, también es un aspecto fundamental, en la medida que exige la participación articulada y complementaria de las entidades competentes en el ordenamiento, planificación y administración de cada una de las figuras existentes, a saber: Reserva Forestal de la Amazonia (Ley 2ª de 1959), Sustracciones a la Reserva Forestal de la Amazonia, Resguardos Indígenas, Áreas del Sistema de Parques Nacionales Naturales, Distritos de Manejo Integrado, Distritos de Conservación de Aguas y Reservas Forestales Productoras Nacionales.

De acuerdo a todo lo anterior, que es solo un pequeño esbozo de la compleja realidad amazónica y de los efectos del conflicto armado a nivel socioambiental en esta región, la implementación del acuerdo con las FARC en la Amazonia colombiana podría incluir los siguientes escenarios:

• Expansión de la frontera agropecuaria: Las actividades agropecuarias representan una oportunidad para generar empleo, suplir las necesidades de las áreas urbanas y son fuente de ingreso. En este sentido, un escenario de posconflicto significará el crecimiento de este tipo de actividades y por lo tanto un aumento en la demanda de tierras para este fin.

• Aumento de la población: La desmovilización de grupos armados, producto de un proceso de paz en Colombia, implicará un aumento de la población en centros poblados y en las zonas rurales amazónicas donde históricamente se ha ubicado el conflicto.

• Desplazamiento de la población rural: Aún sin conflicto armado, el problema del desplazamiento de a población rural en Colombia sigue siendo inminente. Teniendo en cuenta que en la Amazonia existen grandes extensiones de baldíos (principalmente en los departamentos de Meta, Guaviare, Caquetá y Putumayo), estos terrenos resultan estratégicos para resolver en buena medida el problema de acceso a la tierra en el país.

• Informalidad laboral: Esta informalidad es potenciada por el aumento de población y las bajas oportunidades de empleo. Actualmente no existe una oferta suficiente para atender la nueva demanda laboral creando escenarios de informalidad y aumentando los índices de inseguridad en las ciudades. Participación en política: Parte de los acuerdos que darán fin al conflicto armado tienen que ver con la participación en política de desmovilizados de los grupos armados. Esto implicará que lleguen nuevas ideas y nuevas orientaciones políticas a los gobiernos locales que pueden llegar a cambiar las condiciones bajo las cuales gobiernan las autoridades indígenas actualmente.

• Fortalecimiento de las estrategias existentes de protección para la Amazonia: El fin del conflicto armado en la Amazonia puede favorecer el desarrollo económico y social de la región amazónica pues permitirá una mayor presencia institucional en la región, una mayor oferta de bienes y servicios públicos, el desarrollo de alternativas productivas en diferentes ámbitos, la inversión del sector privado y la inversión extranjera, entre otros. De igual forma, este desarrollo va a generar nuevas presiones sobre las áreas protegidas y los resguardos indígenas que existen actualmente.

• Creación de nuevas instituciones y actualización de las existentes: Una condición importante para abordar el posconflicto es la creación de nuevas instituciones o actualización de las existentes de manera que estas permitan atender las nuevas necesidades de surgirán en esta coyuntura.

• Fortalecimiento de la educación: En un escenario de posconflicto, la educación es una herramienta que ayudará a generar recursos humanos y capacidades para las regiones y para el país en general. En la región amazónica colombiana es necesario mejorar la cobertura de la educación, los niveles educativos (básica, media y universitaria) y la calidad académica, en aras de formar recursos humanos con capacidades suficientes para gobernar, ordenar y planificar sus territorios.

• **Formalización de la propiedad:** En esta subregión, existe una población colono-campesina sin ningún reconocimiento territorial oficial pero que ha estado allí durante más de 40 años. Por otra parte, están los colonos que llegaron en las décadas de 1980 y 1990 aprovechando la bonanza cocalera, y que hoy también reclaman el acceso a la tierra. A pesar de lo anterior, no se tiene conocimiento sobre el estado legal de los predios por lo cual, es urgente la actualización catastral de las zonas rurales en esta subregión que permita avanzar en los procesos de formalización de la propiedad.

• **Alternativas económicas:** El escenario de posconflicto va permitir una dinamización de la economía regional. Es este sentido es necesario identificar, diseñar y desarrollar alternativas económicas para ello. Los recursos naturales tanto renovables como no renovables se han posicionado como parte fundamental de las alternativas posibles en esta región. Entre estas alternativas se encuentran la reconversión productiva agropecuaria, el turismo (naturaleza, aventura, cultural), la investigación aplicada, la investigación endógena, pago por servicios ambientales, la explotación de petróleo y la minería.

Los pueblos indígenas que habitan en la subregión suroriental de la Amazonia colombiana, donde se han reconocido sus derechos territoriales sobre más de 20 millones de hectáreas, juegan un papel importante en la orientación de estos nuevos escenarios de paz acordes con sus culturas y procesos de gobierno propio y amparados por la normatividad vigente. En ese sentido, la contribución de las comunidades, autoridades tradicionales y organizaciones locales indígenas resulta fundamental para:

• La estabilidad regional con base en principios de unidad territorial, cultura y autonomía.

La conservación de la biodiversidad a través de los conocimientos, prácticas y tecnologías tradicionales articuladas con tecnologías de información y comunicaciones.

• La salvaguardia de las culturas indígenas y de sus manifestaciones a través de programas educativos interculturales.

• La gobernanza de los resguardos indígenas de manera transparente y eficiente.*(oncro, 2017)*

NOTAS

[1] Territorios indígenas legalmente reconocidos; son inembargables, imprescriptibles e inalienables.

[2] Cultivos de coca para uso ilícito, laboratorios para la producción de cocaína, vías y medios de transporte, comercialización, etc.

[3] Mineral compuesto principalmente de niobio y tantalio.

ALTERNATIVAS ECONÔMICAS

A Boa Pimenta que Vem dos Territórios da Diversidade

Adeilson Lopes da Silva | Ecólogo, Programa Rio Negro/ISA

DEPOIS DE TEREM SEU SISTEMA AGRÍCOLA RECONHECIDO COMO PATRIMÔNIO CULTURAL BRASILEIRO, O POVO BANIWA INVESTE NA VALORIZAÇÃO DE UM DE SEUS PRINCIPAIS SÍMBOLOS: A PIMENTA. MAS ENTRE AS ROÇAS INDÍGENAS E AS COZINHAS DE RESTAURANTES NO BRASIL E NO MUNDO, EXISTE UMA REDE DE CASAS DE PIMENTA GERIDA PELAS PRÓPRIAS COMUNIDADES

Tudo de relevante que a humanidade come é resultado de muito esforço intelectual e laboral de povos indígenas. Este capítulo da história da humanidade, da domesticação das plantas e animais que são a base dos sistemas agroalimentares da atualidade, precisa ser melhor reconhecido. Mas costuma ser sorrateiramente mal contado porque daí derivam vários tipos de problemas para a supremacia da indústria das sementes modificadas, do agrotóxico, da comida de mentira e ultraprocessada que está associada ao agronegócio.

Entretanto, pequenos sinais de ruído vêm surgindo nos últimos anos. Um deles, que venho acompanhando de perto há uma década, é a experiência da Pimenta Jiquitaia Baniwa. Através das suas pimentas, o povo Baniwa, uma população falante de língua Aruak que vive na fronteira entre Brasil, Colômbia e Venezuela, no Noroeste Amazônico, vem refazendo história. E informando ao mundo, por meio de suas maravilhosas pimentas, que foram os índios os responsáveis por domesticar este patrimônio do qual hoje desfruta ao menos 1/3 da humanidade no dia a dia. Contam também como essas pimentas são manejadas em roças e jardins agroflorestais onde se pratica, há milênios, uma agricultura de baixíssimo impacto ambiental, que preserva e mantém as funções ecológicas dos ecossistemas locais.

Abomi (avó) Florinda Emília (1933-2015) em seu jardim de pimenta na comunidade de São José do Rio Içana.

Graciela Paiva Brazão, gerente de produção da nova Casa da Pimenta Baniwa, comunidade de Ucuqui Cachoeira.

No mercado formal desde 2013, a Pimenta Jiquitaia Baniwa já arrebata paladares no mundo inteiro. Receitas de pastas, peixes, carnes e embutidos, chocolates, com frutas frescas, até mesmo de bebidas usando jiquitaia como ingrediente, surgem diariamente na internet. Uma iguaria conhecida e usada há séculos por vários povos indígenas amazônicos, mas que só recentemente torna-se conhecida e prospera na culinária brasileira em geral. Isso graças ao empreendedorismo de lideranças baniwa e à inventividade da nossa nova geração de chefs de cozinha, a maioria deles inspirada pela genialidade do cozinheiro Alex Atala, que foi um pioneiro no uso da jiquitaia no circuito gastronômico do sul-sudeste brasileiro.

Ele e outros grandes chefs de países amazônicos já perceberam que interagir com o enorme patrimônio biológico dos nossos biomas e com os conhecimentos dos povos indígenas pode abrir caminhos promissores para suas cozinhas. Os povos da floresta estão aí na Amazônia sinalizando estes caminhos já há muito tempo. Mostrando que a boa comida existe, coexiste, na floresta. Que uma floresta em pé, viva, é capaz de alimentar bem o corpo e a alma de muita gente.

COZINHAS TOTAIS

A essas cozinhas nativas, milenares, autônomas, dos povos indígenas, eu chamo de cozinhas totais. Imaginem quantos povos do planeta podem cozinhar com ingredientes como as pimentas, o cacau, a mandioca, a pupunha, o abacaxi, o amendoim, a castanha... e tantos outros, domesticados por seus antepassados diretos? Ou quantos povos podem dispor de comida oficialmente ainda não-domesticada, ou semidomesticada, no prato do dia a dia?

Os Baniwa passam a maior parte do tempo pensando e correndo atrás da comida que será servida no dia. Seja caçando, pescando, coletando frutas nas florestas ou cuidando de produzi-las em pequenas clareiras abertas da mata – onde estabelecem suas roças –, ou no processamento dos alimentos: homens e mulheres baniwa gastam 90% do seu tempo útil tratando de produzir a comida.

Cultivam, por exemplo, uma enorme diversidade de pimentas em suas roças. E as concebem como escudos que foram oferecidos à humanidade por seu herói criador, Ñapirikoli, como uma proteção essencial para seus corpos contra a agressividade dos inimigos, dos espíritos de peixes e de animais que eles abatem diariamente para alimentar-se. Para o herói, a pimenta era seu liwaapere, ou limorodale, seu escudo-espada, adorno-poder. Em episódios de guerra e em outros momentos de necessidade de defesa, era a pimenta um recurso indispensável.

Em um episódio mítico recorrentemente narrado nas comunidades baniwa, é registrado o surgimento e primeiro uso da pimenta. Na ocasião, Ñapirikoli a utiliza para cozinhar o peixe cru e neutralizar o perigo que isso representa à sua vida e saúde. Assim, oferece às futuras gerações uma técnica de proteção e purificação fundamental dos alimentos, indispensável na pratica culinária baniwa até os dias atuais.

Uma das partes mais importantes dos rituais de iniciação dos jovens baniwa consiste em provar frutos de pimenta benzida pelos adultos, depois de um longo período de jejum. Assim, dizem os xamãs, eles terão seu corpo "cozido" pela pimenta, o que garante uma espécie de escudo invisível para cada um. Esse "cozimento do corpo" se completa com o açoite por chicotes, o que prepara as futuras gerações para viverem bem no território ancestral.

Para os Baniwa, a pimenta está imbricada de significados que vão muito além do valor nutritivo, culinário, cosmético, ocupando papel de destaque no sistema social e cosmológico deste povo. Segundo manifestam: "A pimenta está no centro da nossa cultura; no centro da nossa alimentação; no centro da nossa formação tradicional; no centro da nossa medicina de proteção contra espíritos maléficos que atacam os homens; no centro da transmissão de conhecimento e ética baniwa. Existem vários episódios em que o Ñapirikoli [o grande herói mítico baniwa] usou a pimenta para cozinhar alimento. Por isso, hoje, nós walimanai [a humanidade que povoa o mundo atual], a usamos no dia a dia. A pimenta nos dá saúde, nos protege. Ela é nosso remédio de todos os dias"[1].

No que estou chamando aqui de cozinha total, praticada pelos povos indígenas, a comida só é possível e perene quando se estabelece uma relação saudável, respeitosa, de convivência com o que é consumido e com o meio ambiente. Uma relação que vai além da relação entre um sujeito e um objeto, entre um predador e uma presa. Mas uma relação de troca, de interdependência mútua, onde aspectos tão importantes da vida humana como a memória, a arte, a religião e as relações sociais são também expressões do ato de cozinhar e de alimentar-se.

NA SOCIEDADE DE MERCADO

Por meio da Rede de Casas da Pimenta Baniwa geridas por jovens da etnia, essa iguaria passou recentemente a conectar roças de inúmeras mulheres indígenas da Bacia do Rio Içana a mercados de alto valor agregado em várias capitais brasileiras. Se tudo correr bem, em breve Europa e EUA também terão o prazer à mesa. Esta Rede de Casas da Pimenta Baniwa cumpre papel fundamental na gestão da iniciativa e para que a pimenta baniwa circule com rastreabilidade e a qualidade devida pelo mercado formal. Composta atualmente de quatro casas em funcionamento e uma em construção, sua ampliação é o que garantirá que os benefícios da iniciativa cheguem a um maior número de comunidades. A primeira foi construída em 2013, na comunidade de Tunui Cachoeira, Médio Rio Içana; a segunda veio em 2014, em Ucuqui Cachoeira, no Alto Rio Ayari; seguidas, em 2015, pela do Alto Rio Içana, na comunidade escolar EIBC-Pamáali e pela de São Gabriel da Cachoeira, na comunidade do Yamado.

Os Baniwa ocupam cerca de 200 comunidades e sítios de três países: Brasil, Colômbia e Venezuela. Até o momento, as Casas da Pimenta chegam a no máximo 50 destas comunidades e apenas no lado brasileiro da fronteira. A estratégia que se busca é de ampliação horizontal dos benefícios do projeto, evitando sobrecarregar poucas comunidades e roças com a demanda crescente pela iguaria. Elas funcionam em rede sob um protocolo de cogestão firmado entre os principais parceiros da iniciativa, entre eles a Organização Indígena da Bacia do Içana (Oibi), a Federação das Organizações Indígenas do Rio Negro (Foirn) e o ISA/Programa Rio Negro. A melhoria nos indicadores gerais (produção, vendas, valor de mercado, participação de comunidades e exposição na mídia) vem sendo percebida ano após ano e anima a rede de parceiros indígenas e não indígenas, a seguir apostando no projeto.

Ademais, estamos mapeando uma série de novos produtos do sistema agrícola do Rio Negro com potencial semelhante ao da jiquitaia, seja no território baniwa, seja no território das outras 23 etnias que compõe o complexo de povos do Noroeste Amazônico. O mercado gastronômico, se bem explorado, certamente poderia representar uma boa alternativa econômica para a região como um todo. Somos testemunhas frequentes dos suspiros dos chefs de cozinha que viajam pela região e provam dessas novidades. Além do que, essa cozinha total rionegrina, e indígena em geral, realmente é capaz de nos conduzir a perspectivas estranhas, que jamais serão as nossas, mas que podem ser capazes de nos despir de vários preconceitos e questões mal resolvidas na

Primeira Casa da Pimenta, construída pela comunidade de Tunui Cachoeira, médio rio Içana.

Terceira Casa da Pimenta, construída pela comunidade escolar EIBC-Pamáali, no alto rio Içana.

Inauguração da Casa da Pimenta na comunidade Baniwa de Ucuqui Cachoeira.

Quarta Casa da Pimenta, construída pela comunidade do Yamado nas cercanias de São Gabriel da Cachoeira.

Felipe Schaedler, Bela Gil e Alex Atala na inauguração da Casa da Pimenta na comunidade Yamado Baniwa, Rio Negro.

sociedade brasileira. O sucesso alcançado pelas formigas saúvas, que estão hoje em várias receitas de prestígio dos chefs Alex Atala e Felipe Schaedler, por exemplo, contribuiu definitivamente para expandirmos nosso conceito do que é uma iguaria.

O que se desafia e se experimenta com tudo isso é: em que medida os territórios da diversidade socioambiental espalhados pelo Brasil, sobretudo pela Amazônia, poderão figurar no mercado – e sobreviver – por meio de produtos que são uma total novidade para os consumidores dos grandes centros, que em muitos casos apenas podem ser produzidos em pequena escala e sob marcos de gestão e precificação totalmente incomuns?

Produtos – bens na verdade –, provenientes de povos que são, em princípio, antissociais ao mercado capitalista, mas que cada vez mais flertam com este como exigência das novas gerações que hoje necessitam acessar itens como roupas, artigos de higiene pessoal e de limpeza, material escolar, de transporte, sal, artigos de caça e pesca, motores, computadores, celulares...

Na Amazônia, sobretudo na faixa de fronteira, à parte os escassos empregos formais oferecidos pelo Estado a professores e agentes de saúde em suas terras, o Bolsa Família e demais benefícios sociais, em geral, o que os índios encontram pela frente, como forma de ganhar algum dinheiro, é subemprego ou contravenção: garimpo, extrativismo predatório, narcotráfico. É isso que estamos enfrentando na Bacia do Içana com a iniciativa da Pimenta Baniwa. É isso que enfrentam várias iniciativas que vêm surgindo nos territórios da diversidade na Amazônia indígena.

Como as Terras Indígenas representam uma parte expressiva da região – 23,03% da extensão da Amazônia Legal –, apenas o valor dos serviços socioambientais que essas comunidades e territórios promovem para a sociedade, caso fosse reconhecido e ressarcido, seria mais que suficiente para garantir uma boa fonte de renda às comunidades. É de fato uma pena que em meio a grave crise climática que enfrentamos estes serviços sejam ainda invisíveis e subdimensionados, apesar das evidências lógicas de sua grandiosidade e de sua importância para a segurança climática do planeta.

Está claro que o mercado, tal qual aí está, não vai salvar a floresta nem os povos que nela vivem. Mas, em regiões ameaçadas como a Amazônia, iniciativas *sui generis* para estruturar cadeias de valor e fortalecer o acesso a nichos de mercados justos para os produtos florestais e agroflorestais podem exercer um papel muito positivo sobre o processo de desenvolvimento da sociedade como um todo, ajudando a reverter os rumos de deterioração do patrimônio de ecossistemas e povos. E para isso há muito o que enfrentar. Nossa experiência até aqui já permitiu identificar um conjunto preciso de desafios técnicos, jurídicos, logísticos, de gestão organizacional, historicamente acumulados, e em escalas que vão do local ao regional e global, que impedem ou dificultam que se estabeleçam pontes saudáveis e justas entre mercados e as comunidades da floresta. No Amazonas, por exemplo, existe isenção e estímulos tributários, vários, para as multinacionais instaladas no Polo Industrial de Manaus. Mas, para cada potinho de jiquitaia processada que parte da terra baniwa é paga, proporcionalmente, uma taxa maior de impostos do que nas linhas de montagem de televisores, motores e demais produtos das gigantes instaladas ali. Isso precisa ser revisto!

Gerentes das Casas de Pimenta em funcionamento.

TEM QUE SER BARATO?

"– Tem que ser de graça!"

Essa era a ideia dos primeiros colonizadores europeus que chegaram à Amazônia. Com trabalho escravo e terra devastada eles até que conseguiram. Atualmente – incluindo no pacote os altos subsídios do governo aos ruralistas – grande parte deles também consegue. Produzem boi, milho e soja a preços irrisórios para dar de comer aos rebanhos de porcos na China e em outros países importadores dessas *commodities*.

Mas, se realmente quisermos comer comida que conecta justiça social e conservação ambiental à nossa atitude alimentar diária, teremos que estar preparados e dispostos a assumir os verdadeiros custos que isso implica. O resultado geralmente compensa, pois está cada vez mais que comprovado que comida saudável é um dos melhores investimentos que podemos fazer em nós mesmos. E se essa comida ainda é capaz de ajudar a blindar territórios incríveis, como os territórios da diversidade manejados por indígenas, quilombolas e ribeirinhos, das agruras de economias predatórias, o gostinho será melhor ainda.

Produtos, ademais, carregados de simbolismos e histórias incríveis relacionadas com a saga humana em nosso continente. No caso específico da Jiquitaia Baniwa, um bem que é parte do primeiro sistema agrícola declarado patrimônio cultural do Brasil, o Sistema Agrícola Tradicional do Rio Negro. E é com esse status de patrimônio que os Baniwa estão organizando-se para compartilhar, com os não indígenas, este que é um símbolo desse sistema, a pimenta. *(agosto, 2016)*

NOTA

[1] Texto publicado originalmente no livro *Pimenta Jiquitaia Baniwa*, editado em 2016 por uma parceria entre a Foirn, o ISA e a Oibi.

TURISMO

Pesca Esportiva em Terras Indígenas no Médio Rio Negro[1]

Camila Barra — Antropóloga, Programa Rio Negro/ISA

A CRIAÇÃO DA PNGATI, EM 2012, AS PARCERIAS ESTABELECIDAS NO RIO NEGRO E O POTENCIAL DE PESCA ESPORTIVA DO RIO MARIÉ, CRIARAM UM CENÁRIO FAVORÁVEL PARA UMA INICIATIVA DE TURISMO ASSOCIADA À GESTÃO TERRITORIAL. COM ESTUDOS DE IMPACTO SOCIOAMBIENTAL E UM MODELO DE BASE COMUNITÁRIA, ESSA EXPERIÊNCIA CONTRIBUIU PARA A REGULAMENTAÇÃO DA VISITAÇÃO TURÍSTICA EM TIS, PUBLICADA EM PORTARIA PELA FUNAI EM 2015

O Rio Negro tem sido manejado por sistemas tradicionais de uso orientados pelo conhecimento indígena de povos que habitam a região há mais de três mil anos. A bacia é uma das regiões mais conservadas da Amazônia, com menos de 1% de desmatamento acumulado, graças a uma diversidade de fatores relacionados à sua característica ambiental, ao histórico de ocupação de baixo impacto por populações tradicionais e pelo reconhecimento de Áreas Protegidas (APs) em 62% de sua extensão territorial (Raisg, 2015).

Caracterizada pela modalidade "pesque e solte", a pesca esportiva é uma atividade crescente no Brasil – e especialmente na Amazônia, pela sua diversidade de rios e espécies. Segundo dados do Ministério da Pesca, no ano de 2013 foram licenciados mais de 400 mil pescadores amadores no Brasil. O principal atrativo para a pesca esportiva na Amazônia é o tucunaré (*Cichla*), espécie-alvo de 85% dos turistas entrevistados em 2010 na região do Médio Rio Negro.

Desordenada, sem fiscalização, sem manejo das áreas de uso ou monitoramento dos impactos, a atividade exerce grande pressão sobre os estoques pesqueiros e concorre com as pescas tradicionais. A percepção das populações locais afetadas e do próprio setor é de redução da disponibilidade dos recursos, o que tem estimulado o avanço da pesca esportiva em áreas mais preservadas, especialmente nas TIs. É neste contexto que a pesca esportiva foi inserida no Rio Marié, limite entre os municípios de Santa Isabel do Rio Negro e São Gabriel da Cachoeira e divisor de três Terras Indígenas.

A EXPERIÊNCIA DO RIO MARIÉ

O Rio Marié é uma importante área de uso tradicional de 15 comunidades multiétnicas com mais de 250 famílias majoritariamente Baré, Baniwa e Tukano. Além de fundamental para o equilíbrio ambiental da região e para a segurança alimentar dessas famílias, destaca-se pela grande disponibilidade de recursos (pesca, caça e extração de madeira, palhas e frutos) e sua importância para a prática de *ajuri* – atividades coletivas, realizadas de forma esporádica ou como parte do calendário sociocultural. Algumas famílias também realizam a pesca artesanal de pequena escala com fins de comercialização. Essas comunidades estão localizadas dentro das TIs Médio Rio Negro I e Médio Rio Negro II e estão organizadas e representadas pela Associação das Comunidades Indígenas do Baixo Rio Negro (ACIBRN), filiada à Federação das Organizações Indígenas do Rio Negro (Foirn).

Área acessível, próxima à cidade, navegável o ano todo e sem fiscalização, a região da ACIBRN sofria constante invasão de barcos de pesca comercial, exploração de madeira e mesmo garimpo ilegal. A ausência do poder público e a desestruturação

Guilherme Veloso e Francisco Pereira em expedição de coleta de dados do estoque de tucunaré no Rio Marié.

de serviços básicos, em especial saúde e educação, tornaram as comunidades ainda mais vulneráveis às pressões externas. O Rio Marié foi invadido por empresas de turismo, em 2010, com a divulgação do potencial para o turismo de pesca após a captura do recorde mundial de tucunarés. O interesse das empresas encontrou a demanda das comunidades por melhorias de infraestrutura – energia, água, comunicação e transporte – e a busca por oportunidades de geração de renda.

A partir de negociações ilegais e aliciamento de lideranças indígenas, a disputa entre as empresas pela exclusividade da área produziu conflitos entre as comunidades. A documentação desse processo foi encaminhada pela Foirn como denúncia ao Ministério Público Federal (MPF), resultando, em 2012, em uma operação coordenada pela Funai e o Exército Brasileiro para retirada das empresas. Em 2013 o MPF publicou uma recomendação proibindo qualquer empresa de operar na região sem que antes fossem feitos estudos de impacto socioambiental coordenados pela Funai e pelo Ibama. Esta recomendação foi crucial para iniciar o processo de regularização do turismo de pesca, uma vez que possibilitou à Coordenação Regional da Funai em São Gabriel da Cachoeira priorizar a realização dos estudos e acessar recursos financeiros para desempenhar as atividades necessárias.

Foi construída uma estratégia entre as organizações indígenas, as agências governamentais e o Exército Brasileiro para garantir que os estudos de impactos socioambientais e o processo de consulta entre as comunidades fossem realizados com segurança e respeitando os interesses coletivos. A Funai estabeleceu uma cooperação técnica com o Ibama e o ISA para realizar os estudos e promover a avaliação e discussão dos resultados de forma participativa, dando condições aos indígenas de decidirem se e como pretendiam desenvolver o turismo em seu território.

Os estudos foram realizados no mesmo ano, em duas etapas ao longo de quatro meses, para garantir tempo e qualidade de reflexão entre as comunidades e para confirmação dos dados levantados. No componente sociocultural os objetivos foram: i) avaliar a compreensão das comunidades acerca do turismo de pesca esportiva, dos estudos de impacto e do processo de regulamentação da atividade; ii) levantar a dinâmica socioeconômica, caracterizar as atividades pesqueiras e mapear as áreas e formas de uso dos recursos. No componente ambiental foram realizadas duas expedições para avaliação dos estoques de Tucunaré. Foi percorrido um trecho de aproximadamente 500 km do Rio Marié e georreferenciados mais de 200 pontos com potencial para a pesca esportiva. Os resultados foram analisados a partir de indicadores de conservação e de uma metodologia construída pelo Ibama, a qual confirmou o alto potencial para o turismo e tornou-se base para o monitoramento do projeto.

Um termo de referência com todos os critérios técnicos para implementação do turismo de pesca no Rio Marié foi então elaborado ao longo de três assembleias. A Foirn realizou uma chamada pública de empresas interessadas em serem parceiras da ACIBRN. A empresa que melhor atendeu ao termo de referência e aos anseios das comunidades foi selecionada e o projeto iniciado em 2014 foi orientado por um contrato que determinou: repartição equivalente de benefícios entre as comunidades e a empresa; investimento dos resultados feito a partir de decisões coletivas; capacitação e contratação de mão de obra local; implementação de um programa de gestão e vigilância do território associado ao manejo e monitoramento das atividades de pesca; expedições anuais de avaliação com acompanhamento da Funai e do Ibama.

O projeto foi desenhado buscando uma escala limitada e com impactos socioambientais controlados, além de respeitar a dinâmica social das comunidades e garantir que estas tivessem o controle sobre a execução e gerência das atividades de visitação, com a devida repartição de benefícios. A temporada anual é restrita a 12 semanas, no período da seca, recebendo até 144 turistas que irão pescar exclusivamente na modalidade pesque e solte, na área pré-determinada pelo projeto sem impactar as áreas de subsistência. Os turistas são acompanhados por uma dupla de guias: um profissional de "pesque e solte" e um guia indígena, que realiza o monitoramento da operação e orienta sobre o comportamento do tucunaré e as áreas de pesca.

Além dos treinamentos e capacitações, foi feito um investimento inicial para a estruturação da Acibrn (compra de voadeiras e motor para a equipe de fiscalização, construção de postos de fiscalização e a aquisição de um barco que apoia as atividades da associação) e das comunidades (reforma e construção de espaços coletivos, aquisição de geradores e radiofonias e compra de equipamentos e computadores).

Os resultados das duas primeiras temporadas renderam para a ACIBRN R$717.476,17 em investimentos coletivos. A decisão de cada comunidade sobre o uso do recurso é apresentada e aprovada em assembleia, em que também é realizada a prestação de contas do projeto, com a participação de todas as lideranças. Além dos benefícios diretos para as comunidades, a ACIBRN faz a gestão do sistema de proteção e vigilância: durante todo o ano uma equipe de 18 vigilantes indígenas se reveza na fiscalização do seu território.

MODOS DE VIDA E GOVERNANÇA

A dieta alimentar dos povos indígenas sedentarizados em comunidades ribeirinhas encontra sua base proteica nos peixes. O manejo dos recursos pesqueiros, antes orientado por um conjunto de regras sociais e cosmológicas que regulamentavam os direitos e formas de uso, em certa medida desestruturou-se. Os relatos das lideranças das comunidades da ACIBRN descrevem os conflitos e reapropriações simbólicas desse território. Nos registros dos relatórios de identificação para demarcação das TIs do Médio Rio Negro – produzidos na década de 1990 – consta o histórico da colonização até os períodos mais recentes de exploração extrativista por aviamento, o garimpo e, com isso, a chegada de famílias de outras etnias que não conheciam e/ou respeitavam as áreas e formas de uso dos recursos conforme as regras costumeiras das famílias Baré, ocupantes mais antigas da região.

A pressão sobre os recursos pesqueiros aumentou consideravelmente nos últimos vinte anos para abastecer as cidades e gerar renda para as famílias indígenas, agravando o quadro com a introdução de técnicas não tradicionais, sem controle, como as redes de malha estreita feitas de *nylon* (malhadeira) e inserção de técnicas de alto impacto e, por isso mesmo, ilegais como "mergulho", "arrasto" e "bateção". Neste contexto multiétnico e de reconfiguração da organização social, após a demarcação das TIs, as associações indígenas passaram a ter um papel fundamental na articulação do debate sobre o manejo dos recursos.

O projeto de Turismo de Pesca de Base Comunitária do Rio Marié fortaleceu a governança das comunidades indígenas sobre seu território: tornou-se oportunidade e motivo para a construção de regras para o manejo e viabilizou a implementação de um sistema de monitoramento, proteção e vigilância gerido por eles – e em diálogo e com o apoio do Ibama e da Funai. Após dois anos do projeto, a percepção das lideranças é de que os peixes "estão voltando", pois conseguem ter maior sucesso nas pescarias nas proximidades das comunidades. A avaliação é de que a vigilância e o manejo das áreas reduziram a pressão sobre os estoques pesqueiros. Segundo os relatórios do Ibama, o equilíbrio no Rio Marié está sendo mantido, tendo sido registrados, em 2016, os melhores índices de crescimento dos tucunarés desde os primeiros estudos, em 2013. Da perspectiva sociocultural, a ACIBRN e as comunidades reestabeleceram uma rotina de encontros e decisões coletivas. Dois interessantes indicadores de sucesso do projeto são a ampla participação nas reuniões, assembleias e festas, e o retorno de algumas famílias que estavam morando na cidade.

APRENDIZADOS

A experiência do Rio Marié destaca a importância de garantir que a regulamentação de atividades econômicas e produtivas, especialmente quando envolvem outros atores e órgãos governamentais, seja construída de forma participativa, para que os compromissos e responsabilidades estejam definidos desde o início. Os esforços referentes à metodologia para uma ampla consulta e para a efetiva participação das comunidades indígenas não impede o surgimento de uma série de dificuldades – considerando as diferenças e adaptações socioeconômicas necessárias para um projeto de turismo com populações tradicionais. No entanto, esse procedimento dimensiona os desafios e permite estruturar o processo com as etapas necessárias.

Realizados os estudos de impacto e viabilidade socioambiental e garantido o entendimento das comunidades indígenas sobre todos os aspectos de interação do turismo de pesca esportiva em seus modos de vida, deve ser desenvolvido um sistema de monitoramento e vigilância que assegure a sustentabilidade da iniciativa. Este sistema pode ser implementado em parceria e diálogo com órgãos competentes, mas é desejável que tenha os custos dimensionados dentro do próprio projeto, garantindo autonomia e continuidade.

Para que a atividade econômica – seja o turismo de pesca ou outra iniciativa externa – ocorra de forma sustentável e em consonância com o que as comunidades definiram para a gestão de seu território e visão de futuro para suas vidas, devem desenvolver rotinas de acompanhamento e mecanismos de controle social específicos de acordo com as formas próprias com que se organizam.

Cabe aos parceiros governamentais e não governamentais promover: i) o protagonismo das comunidades em todo o processo; ii) a repartição de benefício de acordo com os interesses coletivos e iii) o desenvolvimento da atividade dentro da perspectiva de gestão do território. Para atividades tão novas e estranhas à dinâmica tradicional, é importante constituir instâncias de mediação do diálogo e avaliação dos resultados mais técnicos, tanto da perspectiva ambiental quanto econômica. No caso do projeto do Rio Marié, um Comitê Gestor da Pesca reúne-se duas vezes ao ano para discutir o plano operacional do turismo e avaliar os resultados contábeis e do monitoramento ambiental. Além dos gestores do projeto – ACIBRN, Foirn e a empresa parceira, Untamed Angling do Brasil (UAB) – a Funai, o Ibama e o ISA assessoram as reuniões do comitê. Dessa forma, a atividade é ajustada ao longo do processo e as comunidades decidem coletivamente o rumo que querem dar para o seu projeto. Em paralelo, há um investimento contínuo na capacitação e formação das lideranças e jovens envolvidos na operação.

Iniciativas estratégicas como o projeto de turismo do Rio Marié, que promovem a qualidade de vida nas comunidades e o fortalecimento da governança indígena, são promissoras para a conservação das espécies e para a sustentabilidade e gestão dos territórios indígenas. *(outubro, 2016)*

NOTA

[1] Agradecimento às valiosas contribuições de Daniel Vieira Crepaldi, analista do Ibama responsável pelos estudos de impacto ambiental e pelo acompanhamento do Projeto Marié. Este artigo é uma versão reduzida e adaptada do original *Recreational Fishing and Territorial Management in Indigenous Amazonia*, publicado pela FAO/ONU na coletânea com os resultados e recomendações da Conferência Global sobre Pesca Continental, realizada em janeiro de 2015.

HUPD'ÄH E YUHUPDËH

Das Comunidades ao "Beiradão"

Bruno Marques — Doutor em Antropologia, Museu Nacional/UFRJ
Danilo Paiva Ramos — Pós-doutorando em Antropologia, USP
Henrique Junio Felipe — Doutorando em Antropologia, UFScar
Pedro Lolli — Antropólogo, UFScar

UM AUMENTO NO FLUXO DE FAMÍLIAS HUPD'ÄH E YUHUPDËH COM DESTINO A SÃO GABRIEL DA CACHOEIRA (AM) TEM EXPOSTO ESSES POVOS, DE RECENTE CONTATO, A SITUAÇÕES DE ALTA VULNERABILIDADE SOCIAL. ENQUANTO ISSO, NAS COMUNIDADES, ELES LUTAM PARA FORTALECER A GESTÃO DE SEUS PRÓPRIOS TERRITÓRIOS

O contato dos Hupd'äh e Yuhupdeh com a cidade começou a se intensificar de maneira mais acentuada nos anos de 2006 e 2007, quando as Secretarias Municipais de Educação e de Saúde passaram a contratar professores e agentes de saúde Hupd'äh e Yuhupdëh. Com isso, parcelas dessas populações, que somam juntos, hoje, 3.071 pessoas (Sesai, 2013), viram-se obrigadas a fazer incursões mais constantes à cidade, para regularizar documentações pessoais, receber salários e resolver pendências com essas secretarias. A partir de 2012, com a realização do "Mutirão de Registro Civil e Documentação Básica entre os Povos Hupd'äh e Yuhupdeh", o fluxo migratório sazonal em busca dos benefícios sociais aumentou ainda mais e alcançou essas populações de modo mais abrangente.

Após dias viajando pelos rios da região, as famílias hup e yuhup instalam-se às margens do perímetro urbano em acampamentos sobre pedras das margens do rio, para tentar, por meses, o acesso a benefícios sociais (aposentadoria, Bolsa Família e auxílio-maternidade); a expedição de documentos pessoais e o saque de dinheiro para a compra de mercadorias. Essas famílias vêm sofrendo com os problemas decorrentes da forma de permanência no município por estarem expostas a condições insalubres de alojamento e alta vulnerabilidade social.

De modo dramático, desde então, registra-se o aumento da mortalidade infantil; dos casos de desnutrição grave; de suicídios entre os jovens; do consumo intenso de bebida alcoólica não indígena; e da adoção ilegal de crianças indígenas, visando, em certos casos, à escravidão doméstica. A discriminação sofrida durante as estadas na cidade pode ser vista como crítica e causadora da forte omissão das instituições locais no acolhimento e apoio a essas populações. Além disso, os abusos e práticas dolosas de instituições financeiras somam-se às práticas análogas à escravidão por dívida realizada por comerciantes locais – por meio de retração de cartões e senhas bancárias, cadernetas de dívidas e incentivo ao consumo abusivo de bebidas alcoólicas.

A inclusão desses povos indígenas de recente contato como beneficiários de políticas públicas de transferência de renda e de assistência social de tendência universalista não tem sido um processo sem impactos negativos consideráveis.

OS ACAMPAMENTOS NA CIDADE

No período de dezembro a março, centenas de famílias hup e yuhup que vivem em comunidades afastadas da sede de São Gabriel da Cachoeira deslocam-se para a cidade e ficam acampadas nas margens e pedras do Rio Negro, em condições precárias. Em sua maioria, os acampamentos concentram-se numa área identificada ora como sendo de propriedade da prefeitura municipal, ora como sendo de propriedade privada do ex-prefeito Juscelino Otero. As famílias reportaram sofrer, ano após ano, ameaças de expulsão por parte dos "donos" das áreas ocupadas.

O motivo principal das viagens é acessar os benefícios sociais, expedir documentos pessoais e sacar dinheiro para a compra de mercadorias. Professores e agentes indígenas de saúde desses povos também vêm à cidade para resolver pendências de seus trabalhos. Devido à péssima atenção à saúde prestada pelo DSEI-RN nas comunidades, os Hupd'äh e Yuhupdëh procuram ter acesso aos equipamentos de saúde do município, como hospitais e postos de saúde.

Os locais de acampamento são marcados pela alta incidência de malária, diarreia, doenças sexualmente transmissíveis e uso excessivo de bebidas alcóolicas. O acesso à água de qualidade é prejudicado pela alta concentração de pessoas, que rompe a lógica sanitária tradicional desses povos. Os suicídios, a fome, as doenças e as constantes mortes de crianças desnutridas são parte desse cenário, além das situações de violência e roubo de suas embarcações e motores – o que muitas vezes inviabiliza o retorno das famílias a suas comunidades.

Essas situações acabam por estender em muito a estadia na cidade, deixando-os vulneráveis ao endividamento junto aos comerciantes locais, que, além disso, estabelecem relações trabalhistas ilegais com famílias hup e yuhup. Elas passam a prestar serviços domésticos e a trabalhar roçados de comerciantes em troca de alimentos industrializados, tendo seus documentos e cartões bancários retidos e sofrendo ameaças a sua integridade física. A vulnerabilidade afeta também jovens mulheres hup e yuhup, vítimas de violência sexual.

A situação crônica desses povos em área urbana contribuiu para que, em 2014, se constituísse um grupo de trabalho interinstitucional em São Gabriel da Cachoeira envolvendo representantes da secretaria municipal, DSEI, Foirn, ISA, Funai, e pesquisadores colaboradores dessas instituições, para propor ações e melhorias ao atendimento das populações Hupd'äh e Yuhupdëh junto aos órgãos públicos.

O grupo foi gestado para avaliar a articulação interinstitucional ocorrida no mesmo ano e formular futuras estratégias de ação não somente na cidade, mas também nas comunidades. As ações no "Beiradão", como ficaram conhecidas, sucederam-se nos anos de 2013, 2014 e 2015, sob a coordenação da Funai, e visaram promover o atendimento à saúde dessas populações, além do acompanhamento dos trâmites legais associados ao acesso de benefícios sociais.

Em 2015, face a esse difícil contexto, os Hupd'äh e os Yuhupdëh manifestaram seu interesse no desenvolvimento de Planos de Gestão Territorial e Ambiental (PGTA) de suas terras de ocupação tradicional e em que habitam atualmente. Como pode ser percebido nos levantamentos participativos de problemas e soluções possíveis, a busca pela segurança nas incursões ao centro urbano e o intuito de fortalecer a gestão de seus próprios territórios – com ações de etnomapeamento, etnozoneamento, controle social em saúde, manejo de recursos faunísticos, frutíferos, pesqueiros e de caça, melhorias no atendimento de saúde e das escolas – foram apontados como formas de enfrentar os problemas atuais, garantir a boa qualidade de vida, e conter um processo de migração para o centro urbano, indesejado por essas comunidades.

A EDUCAÇÃO NAS COMUNIDADES

No contexto dessas ações, há que se destacar o esforço que muitas comunidades Hupd'äh e Yuhupëh vêm fazendo, junto com ONGs, Assessores Pedagógicos Indígenas (APIs), e assessores universitários, como pedagogos, linguistas e antropólogos, no sentido de fortalecer e desenvolver um projeto pedagógico adequado às necessidades locais. Nesse sentido, em junho de 2013 a Funai promoveu um levantamento geral da situação das escolas Hupd'äh e Yuhupdëh. Como resultado, foi produzido o "Relatório de Diagnóstico da Educação Escolar Indígena entre os Povos Hupd'äh e Yuhupdëh" no qual se constataram inúmeras dificuldades quanto ao funcionamento das escolas, dentre as quais podemos destacar: a falta de acompanhamento pedagógico regular por parte da Secretaria Municipal de Educação e Cultura (Semec); a falta de materiais didáticos que respeitem o conhecimento hup e yuhup; e, por fim, a falta de estrutura física das escolas.

Diante desse diagnóstico, a Funai e a Foirn apoiaram uma série de atividades propostas e realizadas pela Associação de Escolas e Comunidades do Povo Yuhupdëh (Aecipy). A começar pela realização da 1ª Oficina Pedagógica do Povo Yuhupdëh, que aconteceu em outubro de 2013, sob a coordenação de dois antropólogos. Os objetivos principais da realização da oficina foram discutir a elaboração do Projeto Político Pedagógico Indígena (PPDI) e desenvolver materiais didáticos que privilegiem o conhecimento yuhup.

Entre abril e maio de 2014, mais uma vez foi realizado um levantamento geral sobre as escolas das comunidades Hupd'äh e Yuhupdëh, com a participação e o apoio da Foirn, da Coitua, Casai, ISA e Funai. Foram reforçados os diversos pontos já mencionados: a construção de edificações para abrigar escolas; a necessidade de realização de oficinas pedagógicas focadas no debate sobre os objetivos, conteúdos escolares e de ensino tradicional; o fortalecimento da língua; e a elaboração do PPDI. Mais uma vez, a morosidade das instituições para resolver esses problemas foi destacada.

Ainda em 2014, foi realizada 2ª Oficina Pedagógica do Povo Yuhupdëh que deu continuidade aos trabalhos iniciados na primeira. Nesta etapa, a oficina contou com a assessoria de um antropólogo e um etnomusicólogo, que realizaram o o registro sonoro das músicas e cantos yuhup. Outra oficina foi feita em 2014 para produzir um levantamento cartográfico de lugares sagrados, dando origem, em 2015, ao projeto "Caminhos dos Yuhupdeh", que percorreu os lugares sagrados afim de georreferenciá-los e gravar vídeos da viagem para registrar o conhecimento dos antepassados yuhup. Também em 2015 foi feita uma oficina de escrita da língua yuhupdëh.

Em 2016, o processo de fortalecimento das escolas Hupd'äh e Yuhupdëh ganhou novo impulso com a realização das duas etapas (janeiro e julho/2016) do "Programa de Formação Continuada: Fortalecendo Escolas Indígenas Hupd'äh, Yuhupdëh e Dâw" coordenado pela professora Beatriz O. Stumpf. Atendendo a solicitações das lideranças hup e yuhup de assessoria pedagógica continuada, o programa realiza-se como uma parceria do Instituto Federal da Amazônia (Ifam) com o Coletivo de Apoio aos Povos Yuhupdëh e Hupd'äh (Capyh); a Funai; a Semec; a Foirn e o ISA. O objetivo principal dos encontros é proporcionar espaços e atividades de construção participativa para o fortalecimento da Escola Indígena Diferenciada das etnias Hupd'äh, Yuhupdëh e Dâw.

Apesar dos crescentes esforços para a consolidação de assessoria pedagógica contínua para as escolas indígenas diferenciadas dos Hupd'äh e Yuhupdëh, nos encontros, seminários e oficinas do PGTA os professores e lideranças reafirmaram os velhos problemas de falta de estruturas adequadas para o funcionamento das escolas; de materiais escolares e didáticos; de contratação de professores hupd'äh, yuhupdëh e dâw; e de cursos de formação para novos professores dessas etnias. Além disso, destacaram o número crescente de professores de outras etnias (Tukano principalmente) ocupando as vagas de professores Hupd'äh e Yuhupdëh e a dificuldade de aprovação pela Semec e pela Seducde calendários escolares diferenciados, respeitando as atividades rituais e de caça, pesca e coleta Os problemas relacionados à frequência dos alunos pelas viagens constantes de suas famílias a São Gabriel. A inexistência de um compromisso claro da Semec e Seduc com a educação diferenciada desses povos de recente contato envolve também a ausência de um regime de contratação permanente dos professores que são, anualmente, ameaçados pela não reintegração no quadro de docentes do município.

OS VELHOS PROBLEMAS DE ATENDIMENTO À SAÚDE

O Dsei-RN, responsável pelas ações de atenção básica aos povos indígenas nos municípios de São Gabriel da Cachoeira, Santa Isabel do Rio Negro e Barcelos, perece há mais de onze anos com gestões desarticuladas aos propósitos da política nacional de saúde indígena, equipes em saúde despreparadas para o trato intercultural e caos logístico para prestar um serviço com eficiência.

A situação agrava-se principalmente quanto ao atendimento à saúde de povos de recente contato como os Hupd'äh e Yuhupdëh. Já denunciado inúmeras vezes, o Dsei-RN surge para as lideranças hup e yuhup como um dos principais responsáveis pelos sérios problemas de saúde e altíssimos índices de mortalidade de seus povos.

Nos últimos anos, houve um agravamento da vulnerabilidade social e do risco à saúde desses povos devido aos longos períodos de estadia em acampamentos em áreas insalubres na cidade de São Gabriel. A discriminação sofrida pelos Hupd'äh e Yuhupdëh durante as estadias na cidade acentuam ainda mais a omissão das instituições locais no acolhimento e apoio a essas populações.

Os Agentes Indígenas de Saúde vêm denunciando há anos a falta e a precariedade da radiofonia comunitária, única forma de solicitar resgates em caso de emergência. Situações extremamente graves dificilmente recebem socorro em tempo das equipes de saúde. Além disso, raramente recebem visitas das equipes de saúde e, quando elas acontecem, são sempre rápidas. Outro problema é a falta de medicamentos e orientações para que os AIS possam realizar atendimentos iniciais e tratamentos dos pacientes.

Durante as oficinas do PGTA em 2015 e 2016, o aumento vertiginoso dos casos de suicídio foi apontado pelas lideranças hupd'äh como um dos principais problemas de saúde de seu povo. Dada a incapacidade do Dsei-RN em promover atendimento aos povos Hupd'äh e Yuhupdëh, não há dados fidedignos que permitam um diagnóstico real para a elaboração participativa de estratégias para o entendimento e enfrentamento do problema.

Os motivos apontados pelas famílias como "causas" dos suicídios giram em torno de discussões familiares sobre relacionamentos amorosos e conjugais; proibições ou restrições impostas pelos pais; uso abusivo de bebidas alcoólicas; vivência de situações de violência; e discriminação no meio urbano. Um levantamento realizado em 2012 por pesquisadores em diferentes comunidades

OS PGTAS DOS HUPD'ÄH E YUHUPDËH

No segundo semestre de 2015, foram iniciadas as atividades para o desenvolvimento dos Planos de Gestão Territorial e Ambiental dos povos Hupd'äh e Yuhupdëh, em uma parceria entre as lideranças desses povos e instituições como o Capyh, a Foirn, a Funai e o ISA. Na primeira etapa de elaboração do PGTA com os Hupd'äh e Yuhupdëh, foi adotado o modelo de "oficina itinerante"; ao todo, foram 12 oficinas que contaram com a ampla participação de moradores de 18 comunidades.

Em 2016, os planos de gestão desses povos passaram a ser incluídos em um projeto de desenvolvimento dos PGTAs para as Terras Indígenas do Alto Rio Negro – o que vem garantindo a continuidade das ações da primeira etapa e o início do diagnóstico participativo na comunidade Hupd'äh de Taracuá Igarapé (Tiquié). Além das oficinas, está sendo realizado um censo para levantar dados populacionais, socioeconômicos, educacionais e sanitários em todas as comunidades hup e yuhup.

Em 2015, as oficinas foram feitas em aldeias de quatro regiões diferentes: Yuhupdëh dos Igarapés Cunuri e Ira, nas comunidades São Martinho, Guadalupe e São Felipe; Hupd'äh do Rio Tiquié, nas comunidades Taracuá Igarapé e Barreira Alta; Hupd'äh do Igarapé Japu e Iauaretê, nas comunidades Fátima, Jacaré Banco, Jacaré Banquinho, Santa Cruz do Cabari, Piracema, Santa Rosa, Boca do Traíra, Água Viva e Santo Atanásio; Hupd'äh do Rio Papuri, nas comunidades Santa Cruz do Turi, Cabeça da Onça, São Fernando e Waguiá.

Em cada oficina foram expostas as diretrizes da PNGATI, os processos de elaboração dos PGTAs e a importância do desenvolvimento dos planos de etnomapeamento e etnozoneamento como instrumentos metodológicos. A partir daí, os participantes elaboraram mapas, levando em consideração os locais a serem cartografados, e também discutiram os problemas da vida atual e as soluções possíveis para eles. As oficinas serviram também como espaço de reivindicação de demandas relativas a temas variados como o fortalecimento das organizações indígenas específicas dos Hupd'äh e Yuhupdëh, a melhoria na atenção à saúde, os casos crescentes de suicídio dos jovens, entre outros.

As regiões em que foram realizadas as oficinas apresentam diferentes potencialidades e desafios aos trabalhos do PGTA, mas, de modo geral, percebe-se que o plano está sendo pensado como um meio de estabelecer um novo equilíbrio: equacionar a vida como se dava no "tempo dos antigos" e a vida atual, em grupos locais com menor padrão de mobilidade e de maior concentração demográfica – em territórios também pressionados por projetos de mineração e estradas.

As reflexões tratam também da dinâmica entre o interior da floresta e as incursões à cidade, apresentando-os como dois polos extremos e as comunidades como ponto médio. A continuidade dos trabalhos do PGTA deve seguir essa dinâmica, que é a tônica do pensamento contemporâneo dos Hupd'äh e Yuhupdëh, para contemplar tanto a defesa de seu vasto território como os problemas de outras ordens, concentrados, mas não exclusivos, nas recentes experiências no ambiente urbano. (Bruno Marques, Danilo Paiva Ramos, Henrique Junio Felipe e Pedro Lolli, agosto de 2016)

dessa etnia registrou a ocorrência de 25 suicídios entre os anos de 2008 e 2012. Em outro levantamento recente (2015-2016), o representante dos Hupd'äh e Yuhupdëh na Funai, Sr. Américo Socot, registrou 24 casos de suicídios de jovens da comunidade de Santa Cruz do Cabari (Rio Japú), de 2009 a 2016.

O enforcamento e o envenenamento são as formas comuns de realização do suicídio, prática inexistente entre essa população antes do ano de 2005. Entretanto, os Hupd'äh vêm percebendo também alguns tipos de afogamento como práticas de suicídio. Contando com uma população total de aproximadamente 2.200 pessoas (Dsei-RN, 2013) distribuída em cerca de 35 aldeias, pode-se perceber a gravidade do problema, que vem se intensificando a cada ano. Já entre os Yuhupdëh, os casos de suicídios são menos frequentes.

Durante os debates sobre a situação de atenção à saúde de seu povo nas oficinas do PGTA, as lideranças reivindicaram a criação do cargo de Conselheiro Local de Saúde e voltaram a afirmar a necessidade da criação de um Dsei específico para o atendimento das comunidades Hupd'äh e Yuhupdëh, nos moldes de funcionamento do Dsei-Yanomami. *(agosto, 2016)*

SUICÍDIOS

São Gabriel e Suas Mortes

Natalia Viana | Agência Pública

EM 2012, SÃO GABRIEL DA CACHOEIRA FOI RECORDISTA NAS ESTATÍSTICAS DE SUICÍDIO: FORAM 51,2 CASOS POR 100 MIL HABITANTES. MAS POR QUE O MUNICÍPIO MAIS INDÍGENA DO BRASIL TORNOU-SE TAMBÉM O QUE TEM O MAIOR ÍNDICE DE SUICÍDIOS?

A Secretaria Municipal de Saúde do município de São Gabriel da Cachoeira, à beira do Rio Negro, noroeste do Amazonas, fica no segundo andar de um predinho branco na abarrotada rua principal da cidade. Muitas lojas formam o agitado comércio, e, ao som do forró eletrônico que toca incessantemente, vende-se de tudo: ventiladores, colchões, chinelos, panelas, cadernos, tachos de secar farinha de mandioca, galões para encher de gasolina os motores dos barquinhos de madeira que vão para as comunidades do interior da floresta. Do seu escritório, o secretário de saúde Luiz Lopes responde à reportagem pelo telefone. A pergunta é se a prefeitura tem alguma ação voltada para os suicídios indígenas na cidade. "Não", diz. E prossegue, com sinceridade invejável: "Eu não sei falar disso com você agora. Continua acontecendo, e muito. Mas é muito subjetivo, eu não consegui ainda ler nenhum trabalho voltado a essa questão em São Gabriel que fosse conclusivo. Não tem um material, não tem dados concretos".

A ligação aconteceu na etapa final da apuração para a reportagem "São Gabriel e seus Demônios", publicada em maio de 2015 pela Agência Pública e vencedora do Prêmio Gabriel García Marquez de Jornalismo. Viajei até a cidadezinha, a 850 KMs de Manaus, depois de ler os assombrosos dados do Mapa da Violência 2014. De acordo com o relatório, São Gabriel era recordista nas estatísticas de suicídio por habitante dos municípios brasileiros. Em 2012 haviam sido 51,2 suicídios por 100 mil habitantes – dez vezes mais que a média nacional. Foram 20 pessoas mortas.

São Gabriel é também o município mais indígena do Brasil. As 23 etnias que há pelo menos 3 mil anos ocupam as margens do Rio Negro e de seus afluentes correspondem a 76% da população, segundo o IBGE.

Os cerca de 42 mil habitantes se dividem entre a área urbana – ocupada desde a fundação do forte São Gabriel pelos portugueses, em 1761 – e as centenas de comunidades espalhadas dentro do maior conjunto de Terras Indígenas do país, com 130.000 km² de área, um território maior do que Portugal (segundo o IBGE, o município tem 109.181 km²).

Os suicídios rio-negrinos se inserem em um alarmante contexto nacional: em 2010, os indígenas representavam 0,4% da população brasileira, mas respondiam por 1% dos suicídios.

Em São Gabriel, dentre as 73 mortes ocorridas entre 2008 e 2012, apenas cinco não foram de indígenas. Entre os nativos, 75% eram jovens. E muitos dos familiares e amigos contam que se suicidaram depois de terem sido assombrados por seres da escuridão, por parentes mortos, ou mesmo pelo próprio diabo, os quais, chamando-os durante meses a fio, afinal os arrastaram para a forca.

O maior e mais assustador surto se deu no final de 2005, a partir do suicídio de uma indígena de 13 anos, aluna da Escola Estadual Irmã Inês Penha. O choque gerado pela morte da menina ultrapassou o seio familiar e arrastou consigo a escola toda e, com o tempo, a cidade. Foi um fim de ano negro. Outros alunos, vizinhos e conhecidos começaram a ter visões e a tentar se enforcar como ela. Em comum, as vítimas diziam escutar aqueles que já haviam morrido chamando-os para a morte. Um homem de capa preta também passou a ser visto por dezenas de adolescentes e tornou-se pesadelo de todos na cidade. "No dia 19 de novembro somos chamados para atender outra jovem de 16 anos que estava completamente atordoada", escreveu na época a tenente Graciete Carvalho, então enfermeira no Hospital de Guarnição militar. "Quando cheguei na emergência do Hospital, vi o desespero dos familiares segurando a jovem porque ela corria de um lado para o outro e colocava as mãos no ouvido, tremia e com um olhar assustado dizia que estava vendo um homem de preto e os três menores que se enforcaram e que diziam que queriam levá-la. De acordo com o amigo que a socorreu ela estava sozinha em casa, gritando num canto da casa com as mãos na cabeça dizendo que não queria ir".

Segundo uma investigação do Ministério Público Federal (MPF), nove jovens morreram e 26 tentaram se matar entre 2005 e 2006. Outros 21 adolescentes chegaram tristes, "atordoados" ou com "perturbações auditivas" ao hospital. Os suicídios não pararam por aí; espalharam-se para outras cidadezinhas na região e para as aldeias rio acima, dando origem ao número recorde assinalado no Mapa da Violência, seis anos depois.

A ORIGEM DO DIABO

À reportagem, ao telefone, o Secretário de Saúde continuava: "Eu acho que tem que determinar a causa, os fatores que influenciam esses suicídios. Infelizmente a gente não sabe isso. Tá voltado a quê? Alcoolismo? Droga? É uma questão cultural?".

Ele parecia ignorar a inerente injustiça que é associar os suicídios com uma característica cultural dos indígenas. Significa ignorar os aspectos históricos, em especial os primeiros contatos com os brancos, sempre traumáticos. Em São Gabriel, não há um dentre esses adolescentes que não traga na própria vivência ou na memória de seus familiares episódios de violências inconfessáveis em nome da construção da nação brasileira. E com elas o diabo, introduzido pela vívida imaginação dos padres salesianos que comandaram a região durante quase todo o século passado, encravou-se ali para ficar.

Dona Elza é sempre risonha, ri da vida como se eternamente estivesse caçoando das freiras salesianas que a educaram; quando alguém vem puxar conversa, pela janela da sua casinha sobre um beiradão de pedra à margem do rio, é difícil não encontrá-la, a cadeira de rodas diante da máquina de costura, disposta. Ri do medo que as pessoas têm dela, por estar sempre naquela cadeira; ri das tragédias e dos suicídios da cidade de São Gabriel da Cachoeira; ri das lendas que vão ganhando corpo, como a de que teria visto numa noite chuvosa o próprio demo, aquele que levava ao suicídio os meninos e as meninas. "Demônio, eu não vi não; se aparecesse alguma pessoa, acho que eu tinha visto era Nossa Senhora pra mim", diz ela. E ri.

A fé inabalável, o jeito desenvolto com que fala em português sem nenhum sotaque; as costuras que faz dia e noite, noite e dia; e até o riso debochado como se fosse um desafio – tudo nessa pequena e velha índia é resultado do seu tempo no internato salesiano, onde cursou o ensino primário. Assim como seu marido, Alfredo, um jovial Tukano, também temente a Deus, e como quase todos os índios da região do Rio Negro nascidos entre 1920 e 1970. Segundo estimativas da imprensa da época, havia mais de 200 padres e freiras salesianas, grande parte europeus, nas sete missões nos Rios Negro, Uaupés, Içana e Tiquié. Segundo uma reportagem da *Folha de S. Paulo,* de 1980, os internatos chegaram a receber 4 mil crianças naquele ano.

A Congregação Salesiana chegou com carta branca e financiamento do Governo Federal para educar e catequizar os indígenas. Em 1914, a primeira sede de missão foi construída, junto à igreja que ainda está lá, acima da janela de dona Elza. A partir de então, os padres passavam de aldeia em aldeia recolhendo crianças de 6 ou 7 anos aos internatos. A ideia era separá-las dos pais para salvá-las da herança "pecadora", em quase tudo repleta do diabo. As malocas, símbolo da vida comunitária, foram destruídas. A última foi demolida em 1960. Jurupari, herói de diversas etnias, foi identificado com o "diabo". As festas comunitárias, como *dabacuri*, eram vistas como demoníacas e sumariamente proibidas. Os pajés foram ridicularizados, e seus ritos, proibidos. "Não deixavam a gente falar nossa língua, não", diz a dona Elza. Por ser apanhada falando Tukano, as freiras a fizeram andar uma tarde toda diante das outras alunas, carregando nas costas a placa: "Eu sou o diabo". Ela lembra; e ri da malvadeza das irmãs católicas.

Nos internatos, a vigilância era constante e os castigos corporais eram comuns: palmatória, ficar de joelhos durante horas, comer sal. Todas as meninas tinham os cabelos cortados e os meninos, raspados. Despertavam às seis para ir à missa, assistiam às aulas durante a manhã e, à tarde, faziam esportes e trabalhavam duro na roça; limpando as imponentes edificações salesianas; ou nas oficinas de carpintaria e costura, onde faziam as roupas e construíam os móveis e outros equipamentos usados nas missões. As meninas lavavam quilos de roupas e realizavam os afazeres domésticos.

Apenas nos anos 1980, os internatos foram denunciados e substituídos por escolas públicas. Além de causarem dano irreparável ao imaginário e à cultura indígena, os salesianos ganharam muito dinheiro à custa dos "catequizados", vendendo produtos artesanais com uma bela margem de lucro em São Paulo, Rio e no Museu do Índio em Manaus, que também administravam; os produtos eram transportados gratuitamente pela FAB, com presença constante na área durante a ditadura. Também "inseriam" os jovens indígenas na sociedade manauara como bons empregados. "Hoje, em Manaus, a família que necessitar de uma empregada pode se dirigir à sede dos salesianos na cidade, que logo vai conseguir uma índia para trabalhar como doméstica em Manaus", descreve reportagem da *Folha de S.Paulo* de março de 1980.

É verdade que não foram os salesianos que inventaram a maldade por ali; a exploração dos indígenas na região tem raízes bem mais antigas. Já no século, 17 colonos portugueses e missionários subiam os rios Amazonas e Negro para capturar escravos a serem enviados a Belém, capital da colônia do Grão-Pará e Maranhão. Estima-se que o número de indígenas escravizados apenas naquela região tenha chegado a 20 mil, sem contar aqueles assassinados por oferecer resistência e os mortos pelos surtos de varíola e sarampo.

SÃO GABRIEL E SEUS SÁBIOS

A poucos metros da praça central de São Gabriel está o prédio do Distrito Sanitário Especial Indígena (DSEI), onde 25 equipes de saúde e três médicos cuidam da saúde de cerca de 38 mil índios em 673 aldeias. Nos últimos anos, o distrito elaborou linhas de ação e prevenção e uma ficha específica de investigação do óbito autoinfligido.

À equipe do Dsei cabe registrar, investigar e reportar ao Ministério da Saúde todos os casos de suicídio ocorridos no interior. Mas "normalmente a equipe volta com nenhuma informação ou muito pouca", diz a psicóloga Valéria Magalhães, que coordena o trabalho. Valéria é responsável, também, por preparar e ouvir as equipes em seus problemas de relacionamento com os indígenas. Muitas vezes, têm dificuldade em lidar com o que é a doença e o que é a cura para os índios. É comum que se ressintam, por exemplo, quando eles preferem acorrer aos pajés quando doentes. Ou então, que os pajés se ressintam dos enfermeiros do Dsei.

"A verdade é que o que a gente conhece da nossa psicologia não se encaixa na realidade indígena. A gente tem que se despir desse nosso conhecimento pra tentar entender o deles e ver no que a gente pode contribuir", diz. Por isso, ela sente falta de antropólogos no Dsei. "Eles podem ajudar a gente a entender o que é um suicídio pro indígena, porque a gente não tá preparado para isso", explica.

Já em 2011, uma detalhada investigação feita pelo MPF apontava a urgência de sanar a desinformação sobre os casos de morte autoinfligida. Segundo o relatório, não existe nenhuma instância que se responsabilize pelo registro das mortes ou tentativas. Os que tentaram o suicídio deveriam receber atenção especial por pelo menos seis meses, de modo a evitar a reincidência. Outro ponto levantado pelo MPF é que "o 'saber ancestral' indígena continua sendo ignorado no contexto das instituições locais". O MPF recomenda que haja um esforço pela "real participação de pajés e benzedores nos itinerários terapêuticos adotados no âmbito do Dsei Alto Rio Negro e serviços municipais de saúde".

Na salinha que ocupa no prédio da Fundação Oswaldo Cruz, em Manaus, o médico psiquiatra e pesquisador Maximiliano Loiola Ponte de Souza é um dos poucos que têm se debruçado sobre o espinhoso tema. Seu ponto de partida foram suas pesquisas de mestrado e doutorado. Delas, trouxe uma compreensão rara sobre a importância de ouvir os sábios, ou "intelectuais nativos", como define. "Eu uso o mito para compreender não o que acontece, mas como as pessoas entendem o que acontece." O suicídio, diz ele, tem características inerentes do indivíduo, atributos do mundo social e atributos do mundo espiritual.

Maximiliano enxerga um padrão: "Você tem um conflito prévio, que muitas vezes tem a ver com questões da sexualidade ou da obediência às regras. E aí, no momento de uso do álcool, esse conflito se reagudiza. Agora, você resumir que a culpa é do álcool é muito pouco", afirma.

Os índios, desde sempre, usavam o caxiri, bebida fermentada feita de mandioca e milho, exclusivamente pelas mulheres, e apenas para as festas. E então todos bebiam até cair no chão, acordar e dançar tudo de novo no dia seguinte. A festa durava quanto tempo durasse o caxiri. "Esse era o momento de resolução dos conflitos, seja apaziguando, fazendo novas alianças ou quebrando o pau mesmo", descreve Maximiliano. Permanece até hoje a ideia de "beber até acabar o que tem, até cair". Mas na cidade a bebida não acaba. Nem nas comunidades.

"Antes, por exemplo, eu podia ter um problema com um cara, quebrar um pau com o cara, minha família virava inimiga da dele, eu pegava minhas tralhas, ia pro outro lado do rio. E não ia conviver com ele no cotidiano." Ele aponta que o ponto fundamental dessa nova convivência é a escola. "A escola é a criadora do conceito de juventude", diz. É a juventude, criada pelos internatos salesianos, que capitaneia a migração para as cidades, em busca de educação e um futuro melhor, e herda suas brutais consequências.

Maximiliano não deixa de lado também o que chama de "dimensão espiritual" do suicídio. Fala sobre a crença de que os espíritos daqueles que se matam ficam na terra e voltam para puxar aqueles que eram próximos. "É como se fosse um cabo de guerra entre os vivos e os mortos", explica. "É bem documentada a existência do que os estudiosos de saúde pública chamam de 'suicídio por contágio'. Tem alguma dinâmica na qual pessoas interrelacionadas se matam em cadeia. Eu acredito que a tese dos espíritos que vêm buscar tem, de algum modo, relação com isso. Não deixa de ser o modo nativo de explicar isso".

Ele reflete sobre uma palavra: contágio. "Veja como nós, do mundo ocidental, lemos a coisa. Como um 'contágio'. Porque temos no nosso arcabouço de mitos que existe uma coisa chamada bactéria, que passa de um pro outro. Na concepção nativa, eles possivelmente experienciam a mesma vivência, que é a de observar que pessoas próximas acabam se matando. Só que o repertório explicativo deles vai beber das fontes da sua cosmologia. São estratégias, diante de um fenômeno mesmo – pessoas aparentadas próximas umas das outras que se matam –, para se explicar por que isso acontece".

OS PAJÉS

"Alguém do governo veio procurar o senhor, seu Mandu?". A resposta é um aceno negativo de cabeça. Nenhum serviço de saúde, psicólogo ou membro do governo procurou seu Mandu, um dos mais poderosos pajés que vive hoje em São Gabriel, único pajé-onça do povo Baniwa, conhecido por sua sabedoria xamânica ancestral. Os pajés-onça são o estágio mais avançado de xamanismo entre os Baniwa; seu treinamento demora cerca de dez anos. Ercília, a filha, diz que o pai tem 94 anos, é quem traduz a fala veemente, em Baniwa, de seu Mandu a respeito dos "enforcamentos". Só a idade lhe faz pausar e deixar a filha falar à vontade, interpretando-o. Às vezes ele a corrige – tanto em português como em Baniwa – e a voz salta por cima da dela.

Na última década, sua casa foi o lugar aonde acudiram dezenas de famílias que enfrentavam as tentativas de suicídio. O pajé-onça diz ter visto o tal espírito. "Ele disse que ele é um preto… Preto, alto, bem forte", descreve a filha. Esse espírito negro que continua a assombrar os bairros de São Gabriel é possuidor de uma corda e viaja pelo céu, na narrativa do pajé. "Depois ele manda, ele vem descendo, descendo, até entrar. Aí entra aqui, depois, ele puxa pra segurar… A corda vem lá de cima", diz seu Mandu baixinho, como a voz calejada permite. "Aí ele puxa", e faz o gesto, como se fosse fisgar uma presa.

Outro pajé que também acode jovens assombrados pela ideia do suicídio, o tariana Armando Lima, contou à reportagem o seu benzimento: "Como eu tava sonhando, estava amarrado lá no Rio de Janeiro, porque lá é onde começaram, foi lá que começaram viver os índios, desde a criação. Então lá está amarrada esta corda, amarra, passa lá pra cima, chega assim o laço. Aí eu tiro esse laço com meu segredo, com meu espírito, enrolo… Tiro de lá, enrolo e guardo lá no céu esse laço. Aí depois eu faço pra a pessoa né, de uma alegria. A alegria é como os pássaros. Tu já viu rouxinol, tu já viu esse… Como chama, japim, japim são dois, preto e vermelho. Tem o sabiá, tem outro, mais passarinho né, com esse a gente chega no espírito dele, chama pra ficar tanto com menino e a mulher, né? Aí a gente chama mais… Você já viu japu, você já viu, esse galo de serra, tem mais esse pássaro grande que mora lá em cima do alto, pássaro, como esse a gente chama ele com espírito, né, dizer fica com eles nessa alegria. Depois a gente, andorinha, que em cima do pau, chama ele, fica com ele, aí depois tem desses… O pequenininho passarinho que tá tudo por aqui tem, esse que chama bi-tian-tian bi-tian-tian ti-tian-tian, ele canta. Depois de tudo isso é o chefe mesmo, pai dele, pai, chefe, rei de todos eles, da mata, Jacamê. Ele canta, grande, tu-tu-tu-tu-tu, eu não sei se você já ouviu tu-tu-tu-tu-tu, ele canta, né? Aí, com esse corpo dele a gente chega, com essa alegria a gente tem que estar. Eu rezo assim, termino. Esse é meu benzimento". *(agosto, 2016)*

BOLSA FAMÍLIA

"A Gente que Anda" e os Percursos da "Cidadania"

Adriana Athila | Antropóloga, Colaboradora ISA

SE A CIDADE JÁ FAZIA PARTE DAS "ROTAS DE PEREGRINAÇÃO" DOS POVOS DO ALTO RIO NEGRO, O PROGRAMA BOLSA FAMÍLIA (PBF) E OUTRAS POLÍTICAS PÚBLICAS IMPUSERAM NOVOS TRÂNSITOS. CONTUDO, MAIS DO QUE O DINHEIRO, A BUSCA PELO PBF PODE TER REAÇÕES COLATERAIS PREOCUPANTES

A etnografia contemporânea sobre os povos do Alto Rio Negro assinala a importância para toda gente de lá da maestria sobre os constantes "trajetos", "trajetórias" e "rotas" pela região. Já há algum tempo, estas "rotas" passaram a incluir os "brancos", a "cidade" e recursos materiais e imateriais associados a eles, sob a forma de "bens" ou atributos valorizados pelos indígenas.

Este intenso trânsito precisa ser diretamente evocado nesta pequena nota sobre o Programa Bolsa Família (PBF) no Alto Rio Negro. Embora não tenha como detalhá-las aqui, as variadas formas nativas de manejo do PBF podem ir da complementação da merenda escolar e reforma de escolas sucateadas à manutenção de espaços coletivos. Uma das mais interessantes é o encontro entre o eixo educacional do Programa e o valor que a "educação formal" tem para esses indígenas, vista como um recurso imaterial que permite transcender posições de prestígio dentro do sistema regional.

Este encontro pode parecer desejável, à primeira vista. Mas há também dissonâncias entre o fato de que o PBF obriga seus beneficiários a frequentarem escolas que, na maior parte do Alto Rio Negro, como entre outros povos indígenas do país, não são diferenciadas e o direito de Povos Indígenas a uma educação culturalmente sensível e mesmo a que possam escolher seus próprios caminhos de aprendizagem. Dissonâncias a parte, mulheres indígenas associam o Programa, desafiando cálculos matemáticos, a uma "ajuda" no acesso a graus mais elevados de escolarização de seus filhos, em outras comunidades, em São Gabriel da Cachoeira e até outras cidades do país. "Ajuda", mas nunca "sustento", que é substancialmente retirado do contínuo e diário trabalho em suas roças, as partes visíveis de um conjunto de saberes hoje patrimonializado pelo Iphan.

Entre o desejo de serem auxiliados e o efetivo recebimento dos recursos do Programa pode haver longos e tortuosos percursos.

São muitos os encontros e desencontros entre os povos indígenas da região e os direitos assistenciais oferecidos pelo Estado. A começar pelos diversos graus de acesso ao PBF entre os povos da região e pela intensidade com que cada um sente os efeitos adversos, de natureza semelhante, do Programa. Todos – de povos e comunidades mais ou menos distantes da cidade – experimentam longos, custosos e nem sempre conclusivos caminhos, que têm ocorrido, em boa parte dos casos, em condições calamitosas e desiguais.

QUAL O "LUGAR" DOS INDÍGENAS?

No Alto Rio Negro, o espaço da "cidade" é parte de uma cartografia na qual os pelo menos 24 povos desse sistema regional transnacional têm existência milenar e em constante transformação. A vida e as dinâmicas trajetórias de pessoas e relações mais amplas de parentesco articulam "sítios", "roças" e "comunidades" periurbanos e também mais longínquos e fronteiriços, independente de estarem ou não em Terras Indígenas regularizadas.

Da perspectiva dos povos do Alto Rio Negro, há talvez mais continuidades do que descontinuidades entre o que todos nós, "brancos" e indígenas, indiscriminadamente chamamos de "cidade" e as "aldeias" ou "comunidades". A "cidade" é uma forma possível de existir e de falar sobre algum lugar e que pode ser concomitante ou se somar a outros modos de viver. Há, por exemplo, Associações Comunitárias e bairros indígenas em São Gabriel; na célebre "cidade do índio", Iauaretê; mas também em comunidades muito menos densamente povoadas do Uaupés, do Içana e do Xié.

No caso do Alto Rio Negro, a questão é mais complexa do que a ideia, presente nas narrativas regionais e de representantes do poder público, de que os indígenas deveriam permanecer em seus "lugares" – ou seja, dentro de Terras Indígenas. Só não fica bem claro se é para não sofrerem ou para não causarem problemas, em razão de Programas Sociais. Falta saber, no entanto, como a formulação destes Programas e de outras ações do Estado interferem ou não na frequência, na intensidade, nas formas e nas condições, ou na completa falta de condições, desses povos estarem onde e quando desejam.

A busca direta por programas sociais, ou pelos muitos protocolos obrigatórios à admissão de indígenas neles, têm representado um incremento inédito àqueles movimentos. Mas muitas das relações entre "brancos" e indígenas, obrigatoriamente estabelecidas neste trânsito, têm apresentado incontrolável assimetria e, no limite, violações.

UM SISTEMA "ESTRANHO": CONCEITOS, AÇÕES E APELOS DO PROGRAMA

Em São Gabriel da Cachoeira, cerca de 96% das famílias beneficiárias do PBF são identificadas como "indígenas" no Cadastro Único de Programas Sociais do Estado, o Cadúnico. Entre 2013 e 2015, salta aos olhos a ampliação do Programa naquele município. Em julho de 2013, eram mais de 6.400 famílias indígenas inscritas no Cadúnico, das quais 4.916 eram beneficiárias do Programa. Em dezembro de 2015, o número de famílias indígenas cadastradas subiu para 7.530, chegando a 7.709, em maio de 2016. Apesar deste ligeiro aumento, o número de famílias indígenas que efetivamente recebia os recursos diminuiu de 5.964 para 5.850, entre um e outro período, sem que possamos saber as razões desta queda ou mesmo se ela anuncia alguma tendência para o futuro.

Se os dados dos Relatórios de Informação Social sobre o PBF no município registram quase nenhum problema de bloqueio, cancelamento ou outras adversidades, os povos no Alto Rio Negro têm uma outra perspectiva sobre seu funcionamento. Não exclusiva ou necessariamente por seu desejo, povos indígenas, com diferentes históricos e graus de contato, devem se relacionar com "brancos", com o espaço da "cidade", com "bens" e "recursos" de diversas ordens, produzidos pelo Programa ou por meio dele. Se não em seu cadastramento, muitas vezes realizado em mutirões nas aldeias e comunidades, os povos indígenas são levados a ser relacionar com os "brancos", "bens", "recursos" e com o espaço da "cidade", em alguma ou todas as demais etapas do Programa como: a habilitação de senhas e cartões; resolução de problemas e ainda no saque do recurso, a partir de dias determinados e que não podem ser acumulados por mais de 90 dias.

Problemas e incompreensões atingem a todos, mas podem ter diferentes ênfases, a depender dos povos em questão, seu grau de escolarização e proficiência no português e, ainda, se as famílias indígenas vivem na cidade ou em comunidades. Mas não só os procedimentos logísticos ou o idioma do Programa são estranhos aos indígenas: seus conceitos fundamentais e de programas complementares, como o de Erradicação do Trabalho Infantil – em desacordo com a diversidade de modos indígenas de viver e criar seus filhos –, pouco dialogam com a realidade e a vida dos povos do sistema regional.

Sob a perspectiva dos indígenas, o apelo do PBF, que os inscreve sob a categoria naturalizada de "pobres", é ofensivo. Um olhar mais respeitoso entre o Estado e os indígenas resultaria também em outras formas de lidar, não com a "pobreza", mas – para utilizar o idioma das políticas públicas – com as "desigualdades" que acometem povos indígenas brasileiros e possíveis formas de combatê-las. Isto é algo que escapa e pode mesmo se contrapor à lógica da renda e da inserção no mercado.

Além disso, a promoção das "condições de vida" de indígenas não pode prescindir de tomá-los como "sujeitos de direitos" e, assim, permitir que eles produzam, participem e tenham acesso a resultados de pesquisas sobre eles. Mais do que da transferência de renda, do controle de indicadores não culturalmente específicos de educação e da precariamente monitorada saúde de mulheres e crianças indígenas, não se pode abrir mão de decisões macropolíticas do Estado; reconhecimento, garantia de sustentabilidade, exclusividade no usufruto e saneamento ambiental de seus territórios são algumas delas.

ROTAS DESVIANTES DO PBF

Para aqueles indígenas que estão em comunidades, com variáveis distâncias da cidade, tudo depende também de condições materiais. Disponibilidade de canoas, barcos, combustíveis, formas de se manterem durante o trajeto e estadia na cidade, ou alguém que antecipe estes recursos, são fatores decisivos. É intenso o trânsito de mulheres, responsáveis familiares preferenciais do PBF, afastadas das atividades diárias em suas roças, sempre acompanhadas de seus filhos pequenos.

As viagens podem durar de uma semana até vários meses, a depender da comunidade e das formas de manejo utilizadas. Muitos indígenas seguem de "carona" e, com isso, podem não ter garantia de retorno, seja por desentendimentos com parentes, seja por falta de recursos ou até por um descompasso temporal com a resolução dos problemas ou do cumprimento das diversas etapas entre o cadastramento e o saque dos recursos do PBF.

Se estes deslocamentos têm alto custo, a estadia em São Gabriel pode ser menos custosa para aqueles com parentes dispostos a acolher. Aos que não os têm – e são muitos, de diferentes famílias linguísticas – restam dois barracões; um deles mantido por uma instituição religiosa. Outras famílias acabam aportadas em pedras e, às que não têm barcos, sobretudo dos povos Hupd'äh e Yuhupdëh, resta montar barracas de lona – quando elas existem – em pedras e praias da cidade.

Todos ficam expostos ao tempo, à malária, saques e outras formas de violência. A comida é a que talvez tenha sobrado, depois das longas viagens e trocas entre comunidades e povos que vão fazendo pelo caminho, maestria do sistema regional sem a qual as viagens não seriam possíveis. Podem não conseguir receber o recurso ou resolver pendências relacionadas a ele. Nem sempre têm clareza ou são esclarecidos dos motivos: podem "chegar fora de hora" ou encontrar o "sistema" fora do ar. São histórias e trajetórias desviantes, que não encontram seu perseguido fim.

Já vulneráveis em suas comunidades, a saúde de mulheres e crianças menores – paradoxalmente, alvos preferenciais do Programa e das políticas públicas para povos indígenas – pioram nos longos percursos, ainda mais, sob as condições de permanência na cidade. Da comunidade à cidade, o somatório destas impropriedades pode chegar à morte de crianças indígenas, dando visibilidade ao lamentável fenômeno epidemiológico registrado entre povos vivendo em TIs, especialmente na região norte do Brasil: taxas de baixo peso para a idade, na casa dos 40,8% e anemia entre crianças indígenas com menos de 5 anos na casa dos 66,4%, segundo a primeira e única pesquisa nacional disponível sobre Saúde e Nutrição de povos indígenas, realizada entre os anos de 2008 e 2009 pela Abrasco, para o Ministério da Saúde. Já em 2013, o município de São Gabriel da Cachoeira participava do Programa de Atenção Nutricional à Desnutrição (Andi), do Ministério da Saúde, por apresentar uma das maiores prevalências de desnutrição infantil e déficit ponderal em crianças menores de 5 anos de idade.

No Alto Rio Negro, a operacionalização do PBF está segmentada em diferentes bairros da cidade. As estruturas físicas e tecnológicas para o atendimento são precárias e têm diferentes horários de funcionamento. Mulheres, com crianças ao colo e sob o sol amazônico, podem ter de andar de um a outro lado da cidade, sem saber exatamente onde deveriam fazer exatamente o quê e nem a que horas.

A busca pelo Programa e por outras políticas sociais, o recebimento de salários e aposentadorias e a repactuação de contratos de professores e agentes indígenas de saúde mobilizam indígenas até a cidade. Em determinados períodos do mês e, principalmente, entre dezembro e março, período de férias escolares, entregas de relatórios e assinaturas de contratos, o fluxo de indígenas "para" e "na" cidade ganha contornos de calamidade. Alguns não possuem ou perderam seus documentos, fator impeditivo de acesso a Programas e outras iniciativas – os quais, vale assinalar, até o momento, derivam de direitos constitucionais de povos indígenas.

Mais do que o dinheiro, a busca pelo PBF pode ter reações colaterais preocupantes, tanto pela exclusão quanto pela inclusão imperfeita de indígenas no Programa. Violações e manipulações regionais podem englobar o PBF, ocasionando sua capitalização política local por toda a sorte de agentes.

Regionalmente, o Programa pode ser usado para coagir indígenas a votar em tal ou qual candidato, abrir tal ou qual modalidade de conta bancária e até a agir de tal ou qual modo, mesmo por representantes de instituições públicas, com as melhores intenções. A retenção de cartões por comerciantes em troca de mercadorias supervalorizadas e a subtração de valores, até pelo menos 2013, acontecia de formas variadas, conforme apontou uma pesquisa etnográfica realizada em conjunto com a Foirn e a Funai, sob a encomenda do então Ministério do Desenvolvimento e Combate à Fome (MDS), parcialmente divulgada em meados de 2016.

Com o fechamento da única lotérica da cidade e na ausência de uma agência plena da Caixa Econômica Federal, em agosto de 2016, o pagamento era feito mensalmente no ginásio da cidade. Se, em teoria, isso pode evitar fraudes, impõe ainda mais rigor à realização de viagens e uma concentração simultânea sem precedentes de famílias indígenas na cidade, dos mais diferentes povos e procedências.

População de São Gabriel da Cachoeira faz fila para receber o Bolsa Família.

PARADOXOS DA DESCENTRALIZAÇÃO

Os recursos do PBF têm valor médio pouco expressivo, mas seu atual critério de renda *per capita* e de um perfil familiar que inclui crianças e jovens até 17 anos, teoricamente, torna seu acesso uma possibilidade quase universal a famílias indígenas. Por esta mesma razão, estes recursos têm participação muito significativa na receita de municípios que abrigam povos indígenas. Especificamente em São Gabriel, o repasse total mensal de recursos relativos apenas ao PBF ultrapassava os 1,9 milhões de reais em julho 2016. Um valor variável (cerca de 15 mil reais, em março de 2016), referente ao Índice de Gestão Descentralizada do Programa (IGD), é também mensalmente repassado à gestão municipal.

Apesar de o Governo Federal ser o responsável por apurar se uma família tem um perfil adequado para inclusão no Programa, no Rio Negro, como em qualquer unidade da federação, é o Poder Municipal quem recruta as famílias e é o responsável pela articulação das políticas públicas relacionadas a ele. Para povos indígenas, esta forma descentralizada de execução é crucial e, usualmente, prejudicial. Ela determinará um contexto de relações interétnicas que, historicamente, é desfavorável para os indígenas. no caso do PBF e de outras políticas públicas que têm como condição de execução a interação com comerciantes, bancos, correios, loterias, agentes locais do Estado e a população regional.

Os possíveis manejos frutíferos do Programa pelos indígenas não se separam das narrativas de sofrimento, tristeza, dificuldades e até opressão. Nas narrativas indígenas, as tortuosas "rotas" do PBF assumem ares de verdadeiras peregrinações. Estas rotas são também aquelas através das quais, imperfeitamente e a grande custo, os povos do sistema regional vão se tornando "sujeitos de direitos", elegíveis a políticas públicas, como beneficiários de programas sociais que, em sua maioria, desejam.

A inclusão de povos indígenas no PBF sugere a reflexão sobre uma necessária adequação de seu apelo, critérios, conceitos e procedimentos às particularidades socioculturais Brasil afora. Subsiste uma equação, por ora inconsistente, entre o objetivo formal do Programa em promover as tais "condições de vida" de indígenas e as especificidades que as políticas públicas têm assumido entre eles, na prática, na contramão de fundamentos essenciais a seu bem viver. *(agosto, 2016)*

CONHECIMENTO INDÍGENA

Pesquisas Interculturais, do Local ao Global

Aloisio Cabalzar | Antropólogo, Programa Rio Negro/ISA

PESQUISAS INDÍGENAS NO ALTO RIO NEGRO ESTÃO REVELANDO A IMPORTÂNCIA DOS CONHECIMENTOS INDÍGENAS – E DA PRODUÇÃO INTERCULTURAL DE CONHECIMENTO – PARA A GOVERNANÇA AMBIENTAL E PARA O DESENVOLVIMENTO SUSTENTÁVEL DOS TERRITÓRIOS INDÍGENAS

Nos últimos anos, projetos inovadores baseados na colaboração entre conhecimentos indígenas e científicos têm sido desenvolvidos em parceria por associações indígenas e organizações não governamentais no Noroeste Amazônico. Existem hoje diferentes redes unindo instituições da região amazônica tanto na produção de conhecimentos quanto na incidência política para a governança ambiental e territorial desse bioma.

Através desses projetos vem sendo revelada a importância dos conhecimentos e práticas dos povos indígenas que dizem respeito às relações ecossistêmicas e à história natural das vastas paisagens em que estão seus territórios. Mais que isso, eles têm evidenciado como esses sistemas de conhecimentos podem fazer a diferença no manejo ambiental adequado, sustentável e inteligente desses territórios. São sistemas de conhecimento e manejo desenvolvidos através de gerações, durante milênios habitando essas regiões, que se conectam com as alianças para a proteção e o fortalecimento dos territórios indígenas na Amazônia.

Uma das premissas desses projetos de produção de conhecimento é a de que os povos indígenas são os que melhor conhecem a Amazônia, onde habitam há milênios e que ajudaram a cultivar e reproduzir. Diversas paisagens amazônicas são produtos de interações persistentes entre as sociedades indígenas e seu meio ambiente – veja, por exemplo, as Terras Pretas de Índio e a distribuição de espécies importantes como a castanha-do-brasil. Mesmo passando de maioria a minoria ao longo do processo colonial, os povos indígenas mantêm práticas agrícolas, de pesca, coleta de frutos, e insetos, caça, dentre outras atividades, que foram desenvolvidas através de gerações manejando os mesmos ambientes.

Esses conhecimentos práticos não circulavam por escrito, mas através da oralidade, de geração em geração. Hoje em dia estão sendo retomados e reelaborados em ambientes de pesquisa colaborativa. A outra premissa, portanto, é que os conhecimentos indígenas podem ter uma interface com outros conhecimentos, considerando-se as condições necessárias para que essas relações sejam simétricas e complementares. Essa interface é operada por pesquisadores indígenas (in)formados, mas com a participação ativa de conhecedores e especialistas indígenas.

CICLOS ANUAIS

Iniciativas desenvolvidas pelo ISA, pela Foirn e por associações e comunidades indígenas no Alto Rio Negro apontam vias para a pesquisa, monitoramento e governança ambiental e climática no Noroeste Amazônico. São parcerias de longo termo que buscam favorecer ambientes de produção colaborativa de conhecimentos, formando pesquisadores e lideranças indígenas para interagir criticamente com políticas públicas abrangentes – nacionais e intergovernamentais; e construindo formas apropriadas de comunicação e interação com outras redes tecnocientíficas, a partir das concepções e conhecimentos indígenas sobre manejo do mundo.

Umas das estratégias do projeto é apoiar a ampliação da rede de Agentes Indígenas de Manejo Ambiental (AIMA). Essa categoria de agente comunitário surgiu no contexto de crescente interesse das organizações indígenas por fortalecer a governança ambiental de seus territórios, como relatado na edição passada do *Povos Indígenas no Brasil 2006-2010*.

Eles desempenham o papel de pesquisadores e animadores de acordos intercomunitários nos planos de manejo ambiental. Além de informação, diagnósticos e pesquisas, os AIMAs também promovem boas práticas de manejo nas comunidades onde moram e vizinhas, ligadas à destinação do lixo, à busca de entendimentos e acordos sobre manejo de peixes, caça, frutas silvestres etc., e ao mapeamento das diversas áreas de uso.

De diferentes faixas etárias e níveis de formação nos Ensinos Fundamental e Médio, alguns são ex-alunos de escolas indígenas que adotam metodologia de ensino via pesquisa e currículo próprio, tendo, portanto, formação prévia em pesquisa[1]. Eles também participam de programas de formação em pesquisa e intercâmbio de conhecimentos realizados por essas associações e escolas, em parceria com o ISA.

Os AIMAs dedicam-se parcialmente às atividades de pesquisa e às outras mencionadas, pois estão envolvidos em trabalhos cotidianos com suas famílias, como todos os moradores. Eles recebem uma bolsa de pesquisa, além de alguns instrumentos de trabalho e combustível para os deslocamentos necessários, dependendo da disponibilidade de recursos financeiros nos projetos que apoiam essas atividades, além de articularem processos colaborativos de trocas de conhecimentos – que enriquecem a tradução entre diferentes sistemas de conhecimento, assim como entre as gerações.

Um conjunto de temas move as observações, percepções, registros, conversas e aprendizados dos pesquisadores indígenas, relacionadas a processos ambientais e climáticos. Processos que formam ciclos temporais, com regularidade anual e cadeias interespecíficas de fenômenos que informam as práticas de manejo nas comunidades são alguns dos objetos de pesquisa privilegiados.

A vivência de gerações nessas regiões, paisagens que se expandem desde as beiras dos rios, resultou na produção de narrativas múltiplas de conhecedores indígenas, que circulam desde os mais velhos até os mais jovens, paulatinamente adensadas, modificadas, aprimoradas. Ao mesmo tempo, a narrativa sobre ciclo anual traz para os dias de hoje a ordem instaurada no começo dos tempos, na origem própria do mundo.

Exemplo dos resultados desses esforços de pesquisa estão na pesquisa intercultural *Ciclos anuais do Rio Tiquié*, que teve alguns de seus resultados apresentados em 2015, na 21ª Conferência do Clima, em Paris. Através do *site* <http://ciclostiquie.socioambiental.org> e da publicação da pesquisa, os conhecimentos sobre os ciclos temporais observados pelos pesquisadores indígenas foram traduzidos sob a forma de calendários e infográficos interativos, revelando, a pesquisadores não indígenas, não só a forma como essas comunidades observam os ciclos anuais.

Em conjunto com estudos sobre clima, ecologia, agronomia etc., essa pesquisa está gerando informações detalhadas referentes aos ciclos anuais a partir de observações e interpretações realizadas nas comunidades indígenas permitindo apreender possíveis mudanças climáticas nessa região, bem como criar entendimento

Oficina dos AIMAs em Pirarara, Rio Tiquié.

e propostas para políticas públicas pertinentes. Outro resultado está no desenvolvimento e aplicação prática de metodologias de monitoramento e análise ambiental que poderão ser estendidas para outras regiões do Rio Negro e da Amazônia. Essa pesquisa permitirá aos pesquisadores e lideranças indígenas discutir simetricamente a questão das mudanças climáticas e os impactos em seus territórios e formas de manejo, bem como as políticas de governança ambiental para a Amazônia.

Durante a realização de pesquisas interculturais como a exemplificada, os pesquisadores indígenas, mais que realizar esses ciclos em seus registros diários, buscam entender como acontecimentos e processos dos quais são parte afiguram desenvolvimentos muito mais amplos, globais, e como podem compreendê-los em ambientes onde circulam e se produzem conhecimentos interculturais. Nesse aspecto, pode-se identificar semelhanças entre os pesquisadores indígenas e pesquisadores voluntários que existem em outros contextos, como aqueles envolvidos em projetos de *citizen sciences*, mas há diferenças também.

Os AIMAs não são coletores de dados que serão processados e analisados por cientistas profissionais: eles miram um entendimento contemporâneo de sua situação e seus próprios projetos de manejo ambiental e governança territorial. Buscam, na interação com pesquisadores e expertos não indígenas, relações de colaboração em todas as etapas da pesquisa, desde seu desenho até a formulação da maior parte das análises e resultados. Os pesquisadores indígenas atuam na produção de conhecimentos interculturais, partindo das interpretações nas narrativas e ensinamentos dos mais velhos. Desse modo, os conhecimentos indígenas podem assumir de forma mais qualificada seu espaço nos debates, por exemplo, sobre governança ambiental e climática da Amazônia.

Tornar compreensíveis as conexões entre conhecimentos indígenas sobre seus territórios e ciclos de vida, manejo adequado e a gestão ambiental atual, considerando o contexto de aceleradas transformações socioambientais, exige uma plataforma abrangente e de longo prazo de colaboração e pesquisas interdisciplinares e interculturais.

Essa tarefa, que vem sendo concretizada por projeto como os exemplificados aqui, inclui pesquisas temáticas, análises integradas e sistêmicas, divulgação apropriada, fortalecimento da governança indígena, incidência e interação com políticas públicas apropriadas, em diversas escalas. Pesquisas acadêmicas isoladas não alcançam esses objetivos: são necessárias articulações interinstitucionais, amplas equipes compostas por pesquisadores indígenas e não indígenas, esforço constante de formulação e execução de projetos multitemáticos e multiescalares – ações que só são viáveis a partir de parcerias e programas de trabalho colaborativos permanentes e de longo prazo.

O diálogo de conhecimentos gera subsídios para a governança ambiental e para o desenvolvimento sustentável dos territórios indígenas, mosaicos ou corredores de áreas protegidas em que estão inseridos. O principal desafio, agora, é fortalecer os conhecimentos indígenas, em suas formas próprias de circulação e validação. *(janeiro, 2017)*

NOTA

[1] Ver Dias Cabalzar, 2012.

ACONTECEU

GERAL

SÃO GABRIEL DA CACHOEIRA NO COMBATE A VIOLÊNCIA

Sociedade civil e representantes de órgãos governamentais reúnem-se para combater aumento de criminalidade decorrente do narcotráfico, da falta de perspectivas de vida para os jovens e omissão do Poder Público. Outro objetivo é buscar soluções para resolver o problema da segurança alimentar na região. A mobilização já conseguiu instalar uma Defensoria Pública e garantir a permanência de uma promotora de Justiça na cidade. Um fórum interinstitucional foi criado no final de fevereiro para discutir e encaminhar propostas às diversas instâncias de governo. A ideia também é propor políticas públicas que cheguem às aldeias indígenas. *(ISA, 11/04/2011)*

MAPEAMENTO DE LUGARES SAGRADOS

A reunião binacional foi realizada em 10 e 11 de outubro, na cidade colombiana de Letícia, na fronteira com o Brasil, onde os dois países apresentaram o projeto de cartografia cultural, que vêm desenvolvendo desde 2009, para identificar e mapear locais considerados sagrados pelos indígenas da região e contribuir para a sua salvaguarda. *(ISA, 17/10/2012)*

EXPEDIÇÃO ANACONDA CHEGA A SÃO GABRIEL

A embarcação aportou em Camanaus, São Gabriel da Cachoeira, na tarde do último sábado (2/3), depois de percorrer cerca de 800 quilômetros identificando 23 locais importantes apontados pelos conhecedores indígenas como "lugares sagrados" ou "casas de transformação". Esses locais foram os pontos de parada de seus primeiros ancestrais no curso da "viagem de transformação" que os levou até o centro da terra, o território onde até hoje vivem os diversos grupos tukano que compartilham deste corpus mitológico, nas bacias dos rios Uaupés e Apapóris. *(ISA, 06/03/2013)*

TÉCNICAS INDÍGENAS EM DESTAQUE NO MUSA

Para quem está em Manaus e não pode visitar o Alto Rio Negro para conhecer as armadilhas para pegar peixe, basta visitar as três tendas montadas em uma exposição que acontece no Jardim Botânico da Reserva Florestal Adolpho Ducke pelo Museu da Amazônia (Musa). Não há dúvida de que até quem é do Amazonas se surpreenderá com as informações. "Peixe e Gente", nome da exposição, é uma referência à mitologia indígena tukano e tuiuka. É também uma associação entre o pescador indígena e seus conhecimentos ictiológicos. A exposição é uma parceria do Musa com pesquisadores do ISA e com o artista plástico Zeca Nazaré. *(A Crítica, 03/01/2013)*

BACIA DO RIO NEGRO ENTRA NO MAPA DAS UHEs

A bacia do rio Negro entrou no mapa de hidrelétricas na Amazônia do governo federal. Desde julho deste ano, a empresa Igplan Inteligência Geográfica Ltda., cuja sede é em Curitiba (PR), realiza levantamento na área. A empresa foi contratada pela Empresa de Pesquisa Energética (EPE), vinculada ao Ministério de Minas e Energia. Conforme contrato firmado com a EPE, a IGPlan realizará em 360 dias "serviços técnicos especializados para elaboração de estudos para o diagnóstico socioambiental e dos usos múltiplos da água da bacia do rio Negro". O estudo, chamado de pré-inventário, tem orçamento de R$ 1 milhão. O levantamento, segundo o edital da EPE, abrange "desde a região das cabeceiras inseridas no território nacional até a confluência com o rio Amazonas". A nascente do rio Negro é na Colômbia e sua foz é na capital amazonense, Manaus. O Negro é considerado o segundo maior rio do mundo em volume de água, atrás do rio Amazonas. Suas corredeiras, contudo, estão localizadas apenas nas cabeceiras, localizadas no Alto Rio Negro, fronteira do Brasil com a Colômbia, onde estão situadas várias terras indígenas e unidades de conservação. O local também é rico em substâncias minerais, como ouro e nióbio.

O principal município do Alto Rio Negro é São Gabriel da Cachoeira, onde 90% da população são indígenas. No mês passado, Igplan e EPE solicitaram a Foirn um "banco de dados" com informações sociais, ambientais e demográficas. O pedido não foi atendido, segundo Nildo Fontes, da etnia tukano, e um dos diretores da Foirn. Em entrevista ao Amazônia Real, Fontes disse que o pedido "chegou por e-mail e de surpresa" e deixou os indígenas apreensivos com a possibilidade de construção de uma hidrelétrica na região. Ele afirmou que a Foirn ainda está estudando se responde ou não o pedido de informações das empresas. "Chegou para a Foirn uma solicitação sem muita clareza, mas nos pareceu um projeto pronto para ser implementado e executado. O pedido está na nossa assessoria jurídica para avaliação", disse Fontes. O diretor da Foirn afirmou que a realização do estudo é "uma preocupação a mais" que os indígenas do Alto Rio Negro terão que enfrentar. "Uma das nossas maiores preocupações atuais é o projeto de regulamentação de mineração em terra indígena. Agora nos surpreendemos com esse estudo para a possível construção de hidrelétrica", disse Fontes. Fontes disse que o pedido de informações também foi enviado para o ISA, organização que desenvolve trabalho junto aos indígenas do Alto Rio Negro.

No início do mês passado, EPE e Igplan realizaram em Manaus uma oficina intitulada "Indicação de Alvos e Metas de Conservação na Bacia do Rio Negro". No convite enviado para especialistas em fauna e flora que atuam no Amazonas, as empresas informam que um dos objetivos do evento é o "mapeamento de áreas críticas para conservação da biodiversidade na bacia através da metodologia do Planejamento Sistemático da Conservação". Um dos participantes da oficina que pediu para não ter seu nome publicado nesta matéria disse ao Amazônia Real que o representante da EPE informou que o estudo feito pela Igplan é um pré-inventário cujo objetivo é analisar relevo e hidrometeorologia do Alto Rio Negro. Um mapeamento das faixas de fronteira em escalas menores já estaria sendo realizado pelo Exército com o objetivo de ajudar no pré-inventário. O levantamento também avaliaria melhor o potencial dos afluentes do rio Negro. "O representante da EPE nos disse que após todos esses levantamentos o Ministério de Minas e Energia vai definir se haverá abertura para realizar inventários e estudos de viabilidade. A EPE admite que o entrave é justamente as terras indígenas e o isolamento da área que geraria problemas logísticos para escoar a energia gerada para outras regiões", disse o participante. Durante a oficina, o representante da EPE também teria informado que outras bacias já estão sendo avaliadas. Uma delas é a do rio Branco (afluente do rio Negro) onde o inventário foi aprovado e a fase atual é de avaliação de potencial. A etapa seguinte é uma decisão política do governo federal. "Na minha opinião, apesar da presença de corredeiras, construir barragens naquela área do Negro é inviável, sem falar que é tudo terra indígena. Talvez para as pequenas barragens sim, mas não é essa a intenção da EPE, que quer exportar energia para fora da Amazônia. A área não tem aptidão para receber grandes empreendimentos. O problema é que este governo está numa busca ensandecida por potencial energético na Amazônia que não me surpreenderia se alguma hidrelétrica fosse construída naquela região", disse. O portal também apurou que a EPE tentou realizar inventários em afluentes do rio Negro localizado no território demarcado dos índios Yanomami, mas estes não deixaram. (Amazônia.org, 12/11/2013)

tradicional indígena no rio Cuieiras, localizado na margem esquerda do rio Negro, próximo ao igarapé do Tarumã, zona rural de Manaus. A sentença obriga ainda o Incra a verificar a presença de ocupantes não-índios na região. *(MPF, 22/01/2014)*

INSTITUTO DOS CONHECIMENTOS E PESQUISAS INDÍGENAS

Representantes do CGEE, da Foirn, do MEC, do ISA e lideranças indígenas locais expuseram expectativas e debateram conteúdos possíveis para o instituto. Reunidos na sede do ISA, os participantes lembraram da importância do processo que levou à ideia de criação do Instituto dos Conhecimentos e Pesquisas Indígenas do Rio Negro (ICPIRN). Tal trajetória envolve experiências piloto em educação indígena cujos eixos de trabalho abarcam valorização dos conhecimentos locais, metodologia por meio de pesquisas, elaboração de materiais nas línguas indígenas e conceituação do bem viver dos povos indígenas do Rio Negro. Em 2012, Foirn e o ISA apresentaram ao MEC a proposta do ICPIRN, relacionando conhecimentos interculturais e pesquisa no Rio Negro, e após discussões o Centro de Gestão e Estudos Estratégicos (CGEE), órgão vinculado ao Ministério da Ciência, Tecnologia e Inovação, juntou-se ao processo. *(ISA, 10/04/2014)*

BANIWA REENCONTRAM SUA CERÂMICA TRADICIONAL

Entre 4 e 11 de maio, uma comitiva Baniwa, do Rio Aiari, visitou o Rio de Janeiro como parte do Projeto de Documentação da Cultura Baniwa (Prodocult Baniwa), realizado pelo Museu do Índio/Funai/Unesco, com coordenação do antropólogo Thiago Oliveira. O Prodocult Baniwa é um projeto centrado na salvaguarda da cerâmica baniwa e dos saberes associados a esta tradição. Por essa razão foram convidadas três ceramistas dessa etnia, engajadas na manutenção deste saber. *(ISA, 31/05/2014)*

Produção de cerâmica na comunidade Baniwa de Ucuqui-Cachoeira, Igarapé Waranã, afluente do Rio Aiary, Bacia do Içana (AM).

Integrantes da Comitiva Baniwa, do Rio Aiari, participam de diversas atividades do Projeto de Documentação da Cultura Baniwa (Prodocult Baniwa), no Museu do Índio, Rio de Janeiro.

Lideranças indígenas e Beto Ricardo discutem no MEC em Brasília a criação do Instituto dos Conhecimentos Indígenas do Rio Negro, Brasília. Ao centro, Aloizio Mercadante, ministro da Educação do Governo Dilma.

ACONTECEU

CASA DE PRODUTOS INDÍGENAS DO RIO NEGRO É CONSUMIDA POR INCÊNDIO

Na madrugada de 9 de junho de 2014, um grande incêndio atingiu a Wariró – Casa de Produtos Indígenas do Rio Negro, em São Gabriel da Cachoeira (AM). Câmeras de segurança registraram imagens de uma pessoa ateando fogo no telhado de palha e iniciando o incêndio que consumiu a casa e tudo o que nela havia, mas a polícia de São Gabriel considerou o incidente acidental e não abriu inquérito. O prejuízo estimado é de 1,5 milhão de reais. Inaugurada em maio de 2005, a Wariró também funcionava como centro cultural e seu objetivo é a valorização do artesanato e produtos tradicionais para promover a geração de renda a comunidades indígenas, por meio do comércio justo com o mercado, sem a participação de intermediários. Entre os artigos perdidos estavam bolsas de fibra de tucum, cerâmica tukano, cestos yanomami, pimenta em pó, farinha de tapioca, pupunha, mandioca, artesanatos de várias etnias, além de livros, vídeos e CDs. *(ISA, 9/6/2014)*

Fachada da sede da Federação das Organizações Indígenas do Rio Negro (Foirn) em São Gabriel da Cachoeira (AM).

Um grande incêndio atingiu a Wariró, casa de produtos indígenas do Rio Negro, ao lado da sede da Foirn em São Gabriel da Cachoeira (AM).

FOIRN ENCERRA CURSO DE GESTÃO TERRITORIAL E AMBIENTAL

Após quatro módulos presenciais realizados no telecentro do ISA em São Gabriel da Cachoeira, noroeste amazônico, e três módulos de dispersão e pesquisa nas comunidades, alunos entregam trabalhos de conclusão e planejam a continuidade das ações. O curso, promovido pela Federação das Organizações Indígenas do Rio Negro (Foirn) com apoio do Ministério do Meio Ambiente por meio dos Projetos Demonstrativos dos Povos Indígenas (PDPI), encerrou-se com a realização da última etapa entre 24 e 28 de fevereiro. Foram revisitados o histórico, o conteúdo e os instrumentos da Política Nacional de Gestão Territorial e Ambiental em Terras Indígenas (PNGATI). *(ISA, 05/03/15)*

2ª EDIÇÃO DO SEMINÁRIO VISÕES DO RIO NEGRO

Cerca de 110 pessoas de 40 organizações participaram do II Seminário Visões do Rio Negro em Manaus. Durante os três dias do evento, 30 palestrantes participaram de mesas-redondas e conferências abordando temas como a inadequação das políticas sociais às comunidades indígenas do Rio Negro, criação e reconhecimento de áreas protegidas, turismo, alternativas econômicas, patrimônios do Rio Negro, como o Sistema Agrícola Tradicional e práticas sustentáveis de manejo baseadas no conhecimento tradicional. *(ISA, 09/09/2015)*

PF PRENDE COMERCIANTE COM 284 CARTÕES DO BOLSA FAMÍLIA

Agentes da PF com apoio de homens Exército Brasileiro cumpriram mandados de busca e apreensão em São Gabriel da Cachoeira, na Casa Lotérica Cucuí, localizada na Avenida Castelo Branco e na Comercial Três Irmãos, onde foram presos em flagrante o comerciante Moisés Freire da Cunha e sua esposa a indígena Lucineia Rodrigues Gomes. No comércio os federais apreenderam cerca de 284 cartões do Bolsa Família que de acordo com as investigações o comerciante aplicava golpes em indígenas. Moisés Freire e a esposa são acusados de reterem cartões de programas sociais do Governo Federal para garantir o pagamento de compras realizadas pelos indígenas nos oito estabelecimentos comerciais que ele possui na cidade do Alto Rio Negro. *(Fato Amazônico, 01/10/2015)*

BANIWA E WAIWAI CONHECEM PROJETO NO XINGU

A comunidade Rio Novo, na Reserva Extrativista (Resex) do Rio Iriri, na Terra do Meio (PA), foi o ponto de encontro do intercâmbio

ACONTECEU

sobre processamento de produtos da floresta promovido pelo ISA. O objetivo foi mostrar o que os extrativistas vêm fazendo e inspirá-los a melhorar suas técnicas tradicionais de extração de produtos da floresta e obter renda de forma justa e autônoma, mantendo a floresta em pé. *(ISA, 10/11/2015)*

JUSTIÇA BLOQUEIA BENS DE EMPRESÁRIO

O MPF/AM conseguiu na Justiça a determinação do bloqueio de R$ 500 mil em bens e valores da empresa L. C. Morais Rocha Comercial (Irajá Fibras Naturais da Amazônia) e de seu proprietário, o empresário Luiz Cláudio Morais Rocha. Ele é alvo de ação civil pública pelos danos causados a comunidades indígenas e ribeirinhas do município de Barcelos por meio da contratação irregular e exploração de trabalho em condições semelhantes às de escravidão na extração da fibra da piaçava. *(MPF/AM, 24/11/2015)*

LIVRO SOBRE CONHECIMENTOS INDÍGENAS DO RIO PIRA PARANÁ

A obra é resultado de dez anos de pesquisas de uma centena de jovens, sob a orientação de 60 velhos sabedores, das sete etnias que vivem na região de Pirá Paraná, na Amazônia colombiana, fronteira com Brasil. A publicação é uma compilação dos conhecimentos sobre território, a cultura e a vida na floresta. *(ISA, 27/11/2015)*

ALTO RIO NEGRO

MANEJO DO MUNDO É VENCEDOR DO PRÊMIO JABUTI 2011

O livro *Manejo do Mundo - Conhecimentos e Práticas dos Povos Indígenas do Rio Negro* venceu o Jabuti na categoria Ciências Humanas da 53ª edição do prêmio, considerado um dos mais importantes do mercado editorial no Brasil. Editado pelo ISA e pela Foirn e publicado em 2010, o livro é o primeiro volume da coleção "Conhecimentos Indígenas, Pesquisa Intercultural", que tem o apoio do Instituto Arapyau. *(ISA, 17/10/2011)*

INTERCÂMBIO ENTRE YE'KUANA E POVOS DO ALTO RN

Três Ye'kuana da região de Auaris, em Roraima, na fronteira do Brasil com a Venezuela passaram por Manaus, São Gabriel da Cachoeira e chegaram no Alto Rio Tiquié, na TI Alto Rio Negro, noroeste amazônico. Ao longo do trajeto foram trocadas muitas experiências especialmente na área de educação, onde participaram das formaturas de ensino médio das escolas Tuyuka e Tukano Yupuri. *(ISA, 29/11/2011)*

BANIWA E CORIPACO CRIAM CONSELHO KAALI

Foram quatro dias de assembleia da Coordenadoria das Associações Baniwa e Coripaco (CABC) em Tunuí Cachoeira, Médio Içana, em São Gabriel da Cachoeira. Nas discussões e debates sobre a "Valorização dos Conhecimentos Tradicionais e Conservação de Biodiversidade no Território Baniwa e Coripaco", tema central da assembleia, viu-se a necessidade de um diálogo ampliado e aprofundado sobre o tema. Por isso foi proposto e aprovado o Conselho Baniwa e Coripaco de Gestão de Patrimônio Cultural, ou Conselho Kaali. *(Foirn, 31/08/2014)*

CAIARNX INAUGURA SUA SEDE

A comunidade Juruti fica no Alto Rio Negro, aproximadamente 3 horas de viagem subindo o rio de São Gabriel da Cachoeira (de motor 40 hp). Foi lá que aconteceu no dia 24 de setembro a inauguração da sede da CAIARNX (Coordenadoria das Associações Indígenas do Alto Rio Negro). A CAIARNX é a primeira Coordenadoria Regional a ter a sede concluída (as das outras estão em fase de construção). "O espaço será de grande importância para a região, pois, nele serão realizados encontros, assembleias, cursos de formação e outros eventos que vão acontecer na região"- disse Evanildo Mendes, Coordenador da CAIARNX. *(Foirn, 26/09/2014)*

ASSOCIAÇÕES DO BRASIL E DA COLÔMBIA SE REÚNEM

Foi realizada na comunidade São Pedro, Alto Rio Tiquié, TI Alto Rio Negro, a V Canoita, encontro entre diversos povos, comunidades e associações indígenas do noroeste amazônico, tanto do lado brasileiro quanto do lado colombiano. A Canoita vem ocorrendo há mais de dez anos no âmbito da rede Canoa (Cooperação e Aliança no Noroeste Amazônico). O objetivo é promover o intercâmbio de conhecimentos e de rituais entre os povos que vivem e compartilham um vasto território. Além da troca de informações o encontro visa discutir estratégias e propostas para a proteção e governança dos territórios indígenas do noroeste amazônico. Desta vez, os temas foram as pesquisas interculturais e a gestão territorial, com a participação de cerca de 150 lideranças e pesquisadores indígenas dos rios Uaupés, Tiquié, Pirá-Paraná e Apapóris, falantes das línguas tuyuka, tukano, bará, makuna, letuama, tatuyo, eduria, yeba masã, barasana, kotiria e kubeo. Esses povos fazem parte de um vasto território sociocultural que se estende pelas bacias dos rios Negro e Japurá/Caquetá. *(ISA, 18/11/2014)*

OIBI FAZ BALANÇO DE 22 ANOS DE ATIVIDADES

A Organização Indígena da Bacia do Içana (OIBI) realizou na Escola Pamáali, Médio Rio

150 representantes de 16 comunidades durante a 12ª Assembleia da Organização Indígena da Bacia do Içana (Oibi) na Escola Pamáali, TI Alto Rio Negro (AM).

O cantor Gilberto Gil com Luis Laureano da Silva, mestre da "maloca do conhecimento" de Itacoatiara Mirim. Na reunião, Gil tocou flautas de pan, conhecidas como carriçu. O cantor desembarcou em S. Gabriel, última escala de gravação de um documentário cujo nome provisório é Connecting South: the new world according to Gilberto Gil *que tem a direção do suíço Pierre Yves Borgeaud.*

Içana, a 12ª Assembleia Ordinária com o tema: Consolidando Política e Gestão Participativa Indígena nas comunidades Baniwa. Participaram do evento 150 representantes de 16 comunidades do Rio Içana. *(ISA, 26/11/2014)*

MAIS UMA COMUNIDADE "CONECTADA" À RADIOFONIA

A comunidade Santa Rosa, Médio Içana, mais conhecida em Baniwa de "Owhiikaa", que para o português significa "Casa de Sarapó", é mais mais uma a ser beneficiada pelo projeto "Fortalecimento das Coordenadorias Regionais", apoiada financeiramente pela Embaixada da Noruega. "Estamos buscando esse meio de comunicação há vários anos, agora, vamos poder comunicar, nos informar sobre as ações realizadas pelo movimento indígena e comunicar com os parentes de outras comunidades", comemorou o líder da comunidade. *(Foirn, 12/06/2015)*

FUNAI REALIZA REUNIÃO COM REPRESENTANTE HUPD'ÄH

A Funai recebeu pela primeira vez em Brasília um representante da etnia Hupd'äh, Américo Salustiano Socot, /Kä'/. As principais demandas apresentadas por Américo foram: servidor ou colaborador da FUNAI específico para o atendimento dos Hupd'äh e Yuhupdëh na sede da Coordenação Regional e para ações dentro da terra indígena, abrindo-se inclusive a possibilidade de sua contratação como CTL; atendimento contínuo de saúde no interior da terra indígena; apoio de ferramentas agrícolas para produção das roças; e atendimento diferenciado em São Gabriel da Cachoeira (AM) para a emissão de documentação básica e acesso aos benefícios sociais e previdenciários. Foi também solicitado o apoio para o enfrentamento das situações de consumo de bebidas alcoólicas e do aumento crescente dos casos de suicídio. Diante desse pedido, os representantes das coordenações da Funai presentes comprometeram-se a solicitar o apoio da Sesai que vem desenvolvendo ações exitosas quanto a essas questões. *(Funai, 21/07/2015)*

EXPLORAÇÃO SEXUAL

CASO PASSOU À ESFERA FEDERAL

O caso de exploração de crianças e adolescentes indígenas em São Gabriel da Cachoeira passou à esfera federal. Além da investigação aberta há cerca de um mês a pedido do MPF, agora a Secretaria dos Direitos Humanos da Presidência da República e os deputados federais da Comissão Parlamentar de Inquérito sobre Tráfico de Pessoas passaram a acompanhar o caso. Na semana passada, a ministra Maria do Rosário visitou o centro de acolhida Kunhantãi Uka suri (Casa da Menina Feliz), onde vítimas de abusos receberam apoio de freiras salesianas. Os deputados, por sua vez, não só aprovaram requerimento para uma diligência na cidade, como também a realização de uma audiência pública para debater o problema. *(Repórter Brasil, 26/11/2012)*

PRESOS NOVE SUSPEITOS DE EXPLORAÇÃO SEXUAL

A Polícia Federal prendeu ontem nove pessoas suspeitas de exploração sexual de meninas indígenas em São Gabriel da Cachoeira, na fronteira com a Colômbia. Uma pessoa está foragida. A Operação Cunhatã (menina, em tupi) apontou a existência de um "comércio de virgindade" na cidade. Segundo a PF e o MPF, os suspeitos, entre eles três comerciantes, tiravam proveito da pobreza de meninas de 12 a 16 anos e mantinham relações sexuais com elas em troca de dinheiro, presentes ou até mesmo comida. *(Folha de São Paulo, 23/05/2013)*

STJ MANDA COMARCA DO AMAZONAS JULGAR RÉUS

O STJ decidiu transferir da Justiça Federal para uma Comarca da Justiça do Amazonas a competência para processar e julgar os dez réus acusados de explorar sexualmente meninas indígenas do município de São Gabriel da Cachoeira. A Justiça do Amazonas vem sendo alvo de investigação do Conselho Nacional de Justiça por morosidade no julgamento dos

ACONTECEU

crimes contra crianças e adolescentes. O MPF no Amazonas informou que vai recorrer da decisão do STJ com um recurso extraordinário da PGR no STF. O objetivo é que a ação penal seja julgada na Justiça Federal, onde o processo tramita desde 2012. Os dez réus foram presos durante a Operação Cunhantã, da PF do Amazonas, em 22 de maio de 2013. Eles são acusados de manter relações sexuais com meninas indígenas virgens, com idades entre 9 anos e 14 anos, em troca de dinheiro, presentes, alimentos e bombons. As garotas são das etnias tariano, wanano, tukano e baré, que vivem na periferia de São Gabriel da Cachoeira, cuja população é 90% indígena. *(Elaíze Farias e Kátia Brasil, Amazônia Real, 13/05/2014)*

PGR RECORRE AO STF PARA MANTER JULGAMENTO

A Procuradoria Geral da República, em Brasília, ingressou com o recurso extraordinário no Supremo Tribunal Federal (STF) para manter na Justiça Federal do Amazonas a competência de julgar os dez réus da Operação Cunhantã acusados de explorar sexualmente meninas indígena do município de São Gabriel da Cachoeira, na fronteira do Estado com a Colômbia. *(Amazônia Real, 21/05/2014)*

JUSTIÇA FAZ AUDIÊNCIA SOBRE ABUSOS

A Justiça do Amazonas inicia nesta quinta(18), na Comarca de São Gabriel da Cachoeira, a audiência de instrução na qual serão ouvidas as vítimas, as testemunhas de acusação e defesa e os nove acusados por crimes de violência sexual e abusos contra meninas indígenas. O décimo acusado está foragido da Justiça há três meses. Os crimes contra 12 meninas indígenas com idades de 9 a 15 anos foram denunciados pela missionária italiana Giustina Zanato, da Congregação das Irmãs Salesianas, à Polícia Civil de São Gabriel da Cachoeira, em 2008. Devido ao poder econômico e político dos envolvidos, os três inquéritos abertos não prosperaram, ficando os acusados na impunidade. Só em 2012 é que os casos chegaram ao Ministério Público Federal, quando o procurador da República Julio Jose Araújo Junior pediu investigação da Polícia Federal. Em 2013, a PF prendeu os dez acusados durante a Operação Cunhantã. Quatro meninas indígenas foram ameaçadas de morte, assim como a missionária Giustina Zanato, que foi transferida pela Igreja Católica para Moçambique. Ela disse à reportagem que não foi convocada pela Justiça para depor na audiência de instrução. *(Amazônia Real, 17/06/2015)*

MÉDIO E BAIXO RIO NEGRO

REDE DISCUTE GESTÃO E ORDENAMENTO TERRITORIAL

Entre os dias 25 e 27 de outubro de 2011, a Rede Rio Negro, atualmente composta pelo ISA, FVA, IPÊ, WWF e Secoya, realizou o Seminário Prioridades para a Gestão e Ordenamento Territorial do Médio e Baixo Rio Negro, girando em torno de questões fundiárias, de atualização de propostas de criação de UCs, do Mosaico de áreas protegidas do Baixo Rio Negro e redefinição de limites de algumas áreas, entre outras. *(ISA, 04/11/2011)*

MONITORAMENTO DA PESCA É TEMA DE OFICINAS E CAPACITAÇÃO

Entre 24 de janeiro e 4 de fevereiro, o ISA e parceiros promoveram em Santa Isabel do Rio Negro e em Barcelos, oficinas de trabalho e curso de formação de pesquisadores para realizar o monitoramento da pesca. O objetivo é gerar e disponibilizar informações que sirvam de subsídio à organização das atividades pesqueiras nessa região amazônica, além de fortalecer as associações representativas de classe e a formulação de políticas públicas mais adequadas à realidade local. *(ISA, 18/02/2013)*

CONDIÇÕES ANÁLOGAS À ESCRAVIDÃO EM BARCELOS

Uma operação do MPF-AM e do Ministério Público do Trabalho resgatou 13 pessoas em condições análogas à da escravidão em Barcelos (AM), cerca de 400 quilômetros a noroeste de Manaus. Elas estavam trabalhando na extração da piaçava, fibra utilizada na produção de vassouras. A operação envolveu também o Ministério do Trabalho e o apoio do Exército e da Polícia Rodoviária Federal. *(ISA, 16/05/2014)*

JUSTIÇA OBRIGA DEMARCAÇÃO...

A Justiça Federal do Amazonas concedeu uma liminar atendendo pedido do MPF para obrigar o governo federal a apresentar, em 45 dias, o relatório de identificação e concluir, em no máximo dois anos, todo o processo de demarcação das terras ocupadas pelos povos indígenas do Médio e Baixo Rio Negro, nos municípios de Santa Isabel do Rio Negro e Barcelos, no noroeste do estado. A decisão fixa multa diária de R$ 5 mil caso o prazo final seja descumprido. *(ISA, 31/03/2014)*

... E GOVERNO IDENTIFICA A TI JURUBAXI-TÉA

A Funai publicou os estudos de identificação de quatro TIs, entre elas a TI Jurubaxi-Téa, na margem direita do Rio Negro (AM). "É a melhor notícia que nós podíamos receber hoje", comemora Marivelton Baré, da diretoria da Federação das Organizações Indígenas do Rio Negro (Foirn) e da Associação das Comunidades Indígenas do Médio Rio Negro (Acimrn). Segundo ele, a identificação e delimitação da TI Jurubaxi-Téa, nos municípios de Santa Isabel do Rio Negro e Barcelos (AM), era reivindicada pelas comunidades e pelo movimento indígena regional há 22 anos – mas os estudos de identificação só foram iniciados em 2007. Marivelton conta que a morosidade no processo de identificação prejudicou por muito tempo a vida das oito comunidades, que enfrentam a escassez de pescado e os impactos da pesca comercial, do turismo de pesca esportiva, do garimpo e da extração de madeira e seixo. *(ISA, 20/04/2016)*

EDUCAÇÃO INDÍGENA

DEZ ANOS DE ESCOLA PRÓPRIA

Pioneira no ensino escolar indígena diferenciado, a Escola Indígena Baniwa e Coripaco tem muito a festejar. Fundada no ano 2000, tornou-se referência quando o assunto é educação diferenciada. Localizada no Rio Içana, noroeste amazônico, a escola completou dez anos. Quem conta essa história e convida todos a participar da festa é André Baniwa, um dos principais idealizadores e coordenador de implantação do projeto que resultou na escola. Liderança da etnia Baniwa é atualmente vice–prefeito de São Gabriel da Cachoeira. *(André Baniwa, Especial para o ISA, 05/05/2011)*

FOIRN E ISA DEFINEM RECOMENDAÇÕES

Em reunião realizada em São Gabriel da Cachoeira, o grupo sistematiza 15 anos de

ACONTECEU

experiências com educação escolar no Rio Negro, avalia resultados de consulta ampliada realizada por mobilizadores indígenas nas calhas do rio, organiza demandas e elenca recomendações das comunidades. Desde 2009, o grupo está construindo um programa de educação escolar indígena diferenciado. *(ISA, 11/08/2011)*

SIMPÓSIO DISCUTE CRIAÇÃO DE UNIVERSIDADE INDÍGENA

A Universidade Federal do Amazonas (Ufam) e a FOIRN, com o patrocínio da Unesco, realizaram no município de São Gabriel da Cachoeira o I Simpósio Internacional "Diálogos Interculturais na Fronteira Panamazônica". O objetivo principal do encontro era a discussão de princípios e parâmetros para a construção de uma universidade indígena no Alto Rio Negro, além de conhecer as experiências de projetos de universidades indígenas dos países latino americanos, refletir sobre a importância da autodeterminação indígena no Rio Negro, divulgar os trabalhos de pesquisa sobre questão indígena na Amazônia desenvolvido pelos indígenas e não-indígenas e propor a construção do Conselho de Ética Indígena Deliberativo para projetos e pesquisas científicas da FOIRN. *(A Crítica, 15/09/2011)*

ESCOLA TUYUKA FORMA SEGUNDA TURMA

À espera do reconhecimento oficial pelo governo do Amazonas do ensino médio da Escola Tuyuka-Aeitu (Associação da Escola Indígena Tuyuka Utapinopona), situada no Alto Rio Tiquié, noroeste amazônico, formaram-se em novembro do ano passado, 11 alunos da segunda turma. Na mesma data, formaram-se dez alunos do ensino fundamental. *(ISA, 03/02/2012)*

REDE DE ESCOLAS BANIWA E CORIPACO LANÇA PUBLICAÇÃO

Uma pesquisa intercultural sobre uso e conservação de ambientes realizada pela rede coordenada pela Escola Pamáali, acabou transformada no primeiro volume da série "Kaawhiperi Yoodzawaaka – O que a gente precisa para viver e estar bem no mundo". A publicação foi apresentada por alunos e professores indígenas em São Gabriel da Cachoeira. O trabalho, que reúne 13 monografias de alunos de ensino médio da Escola Pamáali, iniciou-se em 2005 e contou com a colaboração de inúmeras pessoas ao longo do processo de construção. A Rede de Escolas Baniwa e Coripaco, idealizadora da experiência, é formada atualmente por 13 escolas de ensino fundamental completo. *(ISA, 05/03/2012)*

INDÍGENA SE TORNA ANTROPÓLOGO PELA UFAM

O índio tukano João Rivelino Rezende Barreto tornou-se o primeiro indígena formado pelo Programa de Pós-Graduação (Mestrado e Doutorado) em Antropologia Social da Universidade Federal do Amazonas (Ufam), criado em 2007. Em sua dissertação, Barreto optou estudar o seu povo, o seu grupo e sua organização, que em seu trabalho foi nomeada pela categoria "coletivo". Carlos Dias, orientador de João Rivelino, descreveu o momento (a defesa da dissertação) como "um rito de passagem" que "iniciou" não apenas Barreto, mas o antropólogo britânico Stephen Hugh-Jones (foi a primeira vez que Hugh-Jones participou de uma banca no Brasil) e dele próprio, já que o indígena foi o seu primeiro orientando. *(Elaíze Farias, A Crítica, 22/04/2012)*

ALUNOS REIVINDICAM DIDÁTICOS NA LÍNGUA HUP

Sem livros didáticos específicos na língua Hup, os alunos indígenas da etnia Hupd'äh enfrentam dificuldades para preservação da linguagem nativa na área do Alto Rio Negro, que fica na Região Norte amazonense. Além da falta de material escolar, os índios convivem com a precariedade das escolas da comunidade isolada Taracuá Igarapé, distante 220 quilômetros da região urbana de São Gabriel da Cachoeira. *(G1, 27/01/2013)*

SEMINÁRIO DE EDUCAÇÃO NO BAIXO E MÉDIO RIO NEGRO

Palestras e trabalhos em grupo movimentaram os debates em seminário na comunidade de Itapereira. Ênfase foi na importância da transmissão do conhecimento oral para o fortalecimento da educação escolar indígena. *(ISA, 06/02/2014)*

ALFABETIZAÇÃO BILÍNGUE PARA ALUNOS INDÍGENAS

Professores da rede municipal de educação, que atuam em escolas e espaços culturais onde há alunos indígenas, estão participando de formação para oferecer a alfabetização bilíngue. Nessas unidades de ensino, o estudante indígena aprende a língua portuguesa e a língua materna da etnia da qual pertence. A formação faz parte da 'Ação Saberes Indígenas na Escola', realizada pela Semed em parceria com a Secretaria de Educação Continuada, Alfabetização, Diversidade Inclusão (Secadi) do Ministério da Educação (MEC) e Universidade Federal do Amazonas, Ufam. *(Semed/Manaus, 22/04/2014)*

RIO NEGRO DEBATE EDUCAÇÃO ESCOLAR INDÍGENA

A Foirn em parceria com o ISA, com apoio da Funai, realizou o seminário de Educação Indígena e o encontro do Território Etnoeducacional do Rio Negro, em São Gabriel da Cachoeira. Cerca de 350 professores e lideranças indígenas das comunidades localizadas nos municípios de Barcelos, Santa Isabel do Rio Negro e São Gabriel da Cachoeira, participaram do evento denominado "Nossas experiências e lições aprendidas para políticas públicas - Agenda estratégica para as próximas décadas". Também marcaram presença representantes de instituições governamentais caso da Coordenação Geral de Educação Escolar Indígena, do Ministério da Educação; da Secretaria Estadual de Educação do Amazonas; da Secretaria Municipal de Educação de São Gabriel da Cachoeira; do Conselho Estadual de Educação Escolar Indígena; da Coordenação Geral de Índios Isolados e Recém-Contatados (Funai) e da Coordenação Geral de Promoção da Cidadania (Funai). *(ISA, 17/06/2014)*

PROFESSORES DO XINGU VÃO A ESCOLA TUYUKA

De 22 de maio a 1º de junho, onze professores das etnias Arawetê, Xikrin, Kuruaya, Parakanã e Assurini do Médio Rio Xingu, no Pará, visitaram a Escola Indígena Tuyuka - Utapinopona, localizada no Alto Rio Tiquié, próximo da fronteira com a Colômbia. Nesse caso específico, essas etnias estão na área de influência da usina hidrelétrica de Belo Monte, em construção no Rio Xingu, no Pará. O objetivo do intercâmbio foi mostrar aos índios do Xingu o programa de educação escolar dos povos Tuyuka, no Rio Negro, que baseiam sua metodologia de ensino na pesquisa e tem como princípio o fortalecimento da cultura tuyuka. Com base nisso, os professores indígenas do Xingu podem se inspirar na construção dos seus próprios Projetos Políticos Pedagógicos. *(ISA, 12/06/2015)*

MINERAÇÃO

SEIND (AM) FIRMA ACORDO COM MINERADORA CANADENSE

A Secretaria Estadual dos Povos Indígenas (Seind) assinou nesta segunda-feira (29) com a empresa mineradora canadense Cosigo Resources Ltda um acordo para realização de um inventário das potencialidades de mineração na região de São Gabriel da Cachoeira, no Alto Rio Negro, e na calha do Japurá (AM). A assinatura do documento teve intermediação da Secretaria de Estado de Mineração, Geodiversidade e Recursos Hídricos (SEMGRH). O "Projeto de Extrativismo Mineral no Estado do Amazonas" vai abranger as terras indígenas das regiões dos rios Içana e Tiquié, Alto Rio Negro, e Apaporis, no rio Japurá. *(A Crítica, 29/08/2011)*

FOIRN REPUDIA ACORDO ENTRE GOVERNO E MINERADORA

A Foirn divulgou carta repudiando o acordo firmado entre a Secretaria Estadual de Povos Indígenas do Amazonas (Seind) e empresa mineradora canadense Cosigo para realização de inventário das potencialidades de mineração na região do município de São Gabriel da Cachoeira, no Alto Rio Negro, e na calha do Rio Japurá. *(ISA, 01/09/2011)*

FOIRN PROMOVE DEBATE SOBRE MINERAÇÃO NAS TIS

Mais de 120 lideranças participaram de seminário sobre mineração com foco nos Planos de Gestão Territorial e Ambiental em São Gabriel da Cachoeira. O documento final enfatiza que os povos e comunidades indígenas têm de ser consultados antes da aprovação de qualquer proposta legislativa e que sejam garantidos sua autonomia e protagonismo sobre atividades de extração mineral em suas terras. *(ISA, 08/10/2015)*

CARTA PÚBLICA SOBRE MINERAÇÃO EM TERRAS INDÍGENAS

A FEDERAÇÃO DAS ORGANIZAÇÕES INDÍGENAS DO RIO NEGRO (FOIRN), que representa os interesses e direitos de mais de 70 organizações de base de 23 povos indígenas que vivem em 750 comunidades indígenas no Rio Negro, constituindo 10% da população indígena total do país, reunida no "Seminário de Aprofundamento e Aprimoramento do Tema de Mineração em Terras Indígenas Visando os Planos de Gestão Territorial e Ambiental (PGTAs)", realizado na sua sede em São Gabriel da Cachoeira/AM, entre os dias de 29/09/2015 a 01/10/2015, onde estiveram presentes representantes e lideranças das cinco regiões de abrangência da Federação, além de representantes do Exército Brasileiro, da FUNAI, do Instituto Socioambiental - ISA e Instituto Federal do Amazonas - IFAM, vem apresentar suas deliberações e posicionamentos, o que faz em razão de todas as experiências de atividades ilegais de extração mineral ocorridas em nossas Terras desde a década de 1970, com impactos sociais, econômicos e ambientais às comunidades, bem como em vista dos atuais debates que vêm ocorrendo no Congresso Nacional.

- Que seja realizada consulta aos povos e comunidades indígenas previamente à apresentação do relatório e à aprovação de qualquer proposta legislativa, principalmente do Projeto de Lei n. 1610/1996, respeitando seus costumes, tradições, línguas, normas internas, formas de representatividade e tempo de deliberações, conforme asseguram a Constituição Federal, a Convenção n.169 da Organização Internacional do Trabalho e demais Tratados Internacionais sobre o tema;

- Que seja considerada como base das discussões legislativas a Proposta de novo Estatuto dos Povos Indígenas apresentada pela Comissão Nacional de Política Indigenista - CNPI em 2009 na sua íntegra, especialmente nos seus capítulos V e VI, que tratam das normas reguladoras da consulta pública e da mineração em Terras Indígenas;

- Que sejam garantidos o protagonismo e a autonomia dos povos indígenas em relação a qualquer atividade de extração mineral em suas Terras, conforme garantido constitucional e legalmente;

- Que os recursos minerais e o seu eventual aproveitamento sejam considerados na elaboração dos PGTAs, que vêm sendo debatidos pelas comunidades indígenas;

- Que as comunidades possam pleitear ao Governo Federal a realização de levantamentos e diagnósticos do potencial mineral em suas Terras, mediante a aplicação de técnicas modernas e não invasivas, garantido o acesso integral e prévio às informações e resultados;

- Que seja devidamente regulamentado o processo de consulta prévia, livre e informada das comunidades indígenas em todas as fases de eventuais processos de autorização de mineração em Terras Indígenas, respeitando seus costumes, tradições, línguas, normas internas, formas de representatividade e tempo de deliberações;

- Que seja devidamente assegurado o poder de veto em caráter vinculante, isto é, o direito de dizer "sim" ou "não" a eventuais interesses minerários sobre as Terras Indígenas, conforme publicamente assegurado pelo Deputado Édio Lopes (PMDB/RR), relator do Projeto de Lei n.º 1610/1996;

- Que sejam legalmente previstas garantias para a proteção e recuperação do meio ambiente, bem como para a proteção integral dos direitos das comunidades indígenas;

- Que sejam legalmente previstos mecanismos e políticas específicas de fiscalização pelas comunidades indígenas, com os devidos apoios técnico e financeiro fornecidos pelo Poder Público, além das regulares atividades de controle por partes dos órgãos públicos competentes; e

- Que os debates sobre o tema da mineração em Terras Indígenas sejam aprofundados com as comunidades em seus territórios, mediante a realização de oficinas, seminários, audiências e atividades escolares, tudo com a disponibilização de materiais de informação, visando a novas deliberações.

Maloca da FOIRN, São Gabriel da Cachoeira, 01 de outubro de 2015.
Seguem assinaturas de 105 lideranças indígenas de várias etnias e das cinco regionais da FOIRN

FOIRN

FOIRN COMEMORA 25 ANOS E ELEGE PRIMEIRA MULHER PRESIDENTE

Entre 5 e 8 de novembro, a Foirn realizou a XVII Assembleia em sua sede na cidade de São Gabriel da Cachoeira (AM) e Almerinda Ramos de Lima foi eleita presidente pelos próximos quatro anos. A assembleia reuniu 230 participantes, dos quais 100 delegados das cinco sub-regiões – 20 de cada uma –, com direito a voz e voto. A agenda incluiu relatos dos 25 anos de atuação da Foirn, o balanço da diretoria 2009-2012, o lançamento do site institucional, a discussão com autoridades e convidados sobre temas de relevância para a região e dos três municípios da área de abrangência da Foirn, e a eleição da nova diretoria executiva para a gestão 2013-2016. *(ISA, 12/11/2012)*

I CONFERÊNCIA LIVRE MUNICIPAL DE CULTURA

Começa na próxima segunda-feira, 13/01, na Casa dos Saberes da FOIRN a I Conferência Livre de Cultura que em três dias terá na programa apresentações culturais e debates sobre a cultura, com objetivo de ao final propor e reivindicar fomento, salvaguarda e contribuição para a cultura do Rio Negro. *(Foirn, 10/01/2014)*

ASSEMBLEIA GERAL DA FOIRN EM SANTA ISABEL

Em 27 anos de existência foi a primeira vez que a Foirn realizou sua assembleia geral em Santa Isabel do Rio Negro que ao lado de Barcelos e São Gabriel da Cachoeira formam a área de

ACONTECEU

A nova presidente, Almerinda Ramos de Lima (Tariana), (primeira à dir.) é saudada (da dir. para a esq.) por Maria Diva Moreira (Tariana), Carmem Figueiredo (Wanano) e Judite Teixeira (Wanano), XVII Assembleia da Foirn em São Gabriel da Cachoeira (AM).

abrangência da organização. A decisão de realizar a assembleia em Santa Isabel foi tomada com o objetivo de promover a melhoria das políticas públicas governamentais e fortalecer a atuação do movimento indígena e parceiros na região, suas iniciativas e demandas. *(ISA, 27/11/2014)*

SAÚDE

MAIS DE 28 MIL INDÍGENAS SEM ATENDIMENTO NO RIO NEGRO

Aproximadamente 28 mil indígenas de áreas isoladas no interior do Amazonas estão sem atendimento médico desde o último dia 5 de agosto. A paralisação aconteceu devido à falta de pagamento de cerca de 320 servidores do Distrito Sanitário Especial Indígena do Alto Rio Negro, região que concentra o maior número de índios do Brasil. Os profissionais não recebem salário da Fundação Nacional de Saúde (Funasa) desde o mês de junho, apesar do órgão ter recebido R$ 90 milhões exclusivos para os serviços nas DSEIs. *(M. Souza, G1, 06/10/2011)*

TARIANAS SÃO PRIMEIRAS ENFERMEIRAS INDÍGENAS

"Quando eles dizem que está doendo o coração, na verdade, estão se referindo ao estômago. Quando é dor no coração mesmo, eles apontam o peito". É assim, com a propriedade de quem tem conhecimento sobre a língua e a cultura de seu povo, que a recém-formada em Enfermagem pela Universidade do Estado do Amazonas (UEA), Maria Rosineite Feitoza, 39, quer dar sua contribuição ao atendimento à saúde indígena na região do Alto Rio Negro. Já Eufélia Lima, 26, quer quebrar paradigmas. "Estamos mudando o estigma de que o indígena, quando se forma nunca volta para a comunidade. Esta é a nossa oportunidade de mostrar que o indígena pode fazer um trabalho diferente nas comunidades. Acho que a palavra é compromisso", diz Eufélia. Maria Rosineide Feitoza e Eufélia Lima são as primeiras recém-graduadas indígenas em Enfermagem pela UEA - e, provavelmente, do Estado do Amazonas. Ambas são da etnia tariana. *(Elaíze Farias, A Crítica, 12/03/2012)*

JUSTIÇA COBRA MEDIDAS DA URGÊNCIA NA SAÚDE

As mortes de duas crianças devido a um surto de virose não identificada em uma aldeia de São Gabriel da Cachoeira, extremo noroeste do Brasil, levou a Justiça Federal a determinar que a União adote medidas urgentes para preservar a saúde da comunidade da etnia Hupda. As mortes foram notificadas à Sesai no último dia 18. Segundo o MPF-AM, pelo menos 13 moradores da aldeia Taracuá-Igarapé podem ter sido contaminados pelo mesmo vírus. *(Alex Rodrigues, Agência Brasil, 05/02/2013)*

CARTA ABERTA DENUNCIA PRECARIEDADE NA SAÚDE

Lideranças indígenas do Rio Negro aprovaram documento denunciando o descaso com a saúde indígena e propondo a adoção urgente de um conjunto de medidas para destravar um problema que se perpetua há décadas. As lideranças se reuniram na Câmara Municipal de São Gabriel da Cachoeira para ler a carta na qual denunciam a precariedade da infraestrutura, de equipamentos e de fornecimento de insumos para atendimento com qualidade nas comunidades indígenas e nos postos de atendimento de referência (Polo Base). O documento menciona ainda as condições inadequadas para transporte das equipes de saúde e dos pacientes - faltam motores e botes de alumínio -, a continuidade da terceirização na contratação dos profissionais e a falta de uma política de profissionalização dos Agentes Indígenas de Saúde e de Saneamento. *(ISA, 07/08/2014)*

POR QUE OS ÍNDIOS LIDERAM O RANKING DOS SUICÍDIOS NO BRASIL?

Entre os mais de 5 mil municípios brasileiros, a cidade de São Gabriel da Cachoeira, no noroeste da Amazônia, ficou na primeira posição do ranking brasileiro de suicídios. Fiquei surpreso por dois motivos. Primeiro, porque em 1998 estive nesse lugar inesquecível, cortado pelo Rio Negro e no meio da Floresta Amazônica. Mas a razão principal do espanto é que a população de São Gabriel é quase toda indígena. Os novos dados do Mapa da Violência 2014 revelam que, entre 2008 e 2012, a taxa de suicídios na cidade foi de 50 casos por 100 mil habitantes, dez vezes maior do que a média brasileira. Entre os que se mataram, 93% eram índios. Oito entre dez se enforcaram. O suicídio por ingestão de timbó, raiz venenosa que causa sufocamento, foi o segundo método mais usado. *(Bruno Paes Manso, Estadão, 07/07/2014)*

NOVOS TÉCNICOS NA ÁREA

O público considerável que compareceu à solenidade de formatura organizada no ginásio Arnaldo Coimbra, em São Gabriel da Cachoeira, talvez não tivesse noção do longo e árduo caminho que cada um dos 139 concludentes percorreu para chegar até ali. Foram seis anos de desafios para que aqueles homens e mulheres pudessem receber, naquela noite chuvosa de 11 de abril, o título de Técnicos Agentes Comunitários Indígenas de Saúde, formação que fortalece sua capacidade de atuação dentro do Subsistema de Atenção à Saúde Indígena e os legitima como elo fundamental de ligação entre o SUS e as comunidades onde atuam, na região do DSEI-RN. Todos eles já trabalhavam como agentes indígenas de saúde (AIS), embora apresentassem diferentes níveis de escolaridade e capacitação técnica. Agora, todos têm certificado de conclusão do ensino médio e da formação técnica em saúde. *(Adriano De Lavor, Radis/ENSP/Fiocruz, 01/06/2015)*

PESCA

ÍNDIOS ACUSAM EMPRESA DE REALIZAR PESCA SEM PERMISSÃO

Indígenas da região do município de São Gabriel da Cachoeira, acusam a empresa de turismo norte-americana Acute Angling de realizar turismo e pesca esportiva durante dois meses em terra demarcada sem autorização das comunidades. A indignação dos indígenas é maior ainda porque, embora tenham sido flagrados no início deste mês em plena captura do tucunaré (espécie preferida da pesca esportiva), os organizadores da pesca esportiva foram considerados livres de infração pela Polícia Federal e ainda tiveram seus equipamentos liberados. *(Elaíze Farias, A Crítica, 22/11/2011)*

EXPERIÊNCIAS DO RIO NEGRO EM CONFERÊNCIA DA FAO-ONU

De 26 a 28 de janeiro, a Organização das Nações Unidas para a Alimentação e Agricultura (FAO-ONU) promove em sua sede, em Roma, a Conferência Global sobre pesca em águas continentais, patrocinada pela Universidade do Estado de Michigan (MSU-EUA). O agrônomo Pieter Van der Veld e a antropóloga Camila Barra, ambos do ISA, participam do evento. *(ISA, 23/01/2015)*

SUSPENSÃO DE TURISMO E PESCA ESPORTIVA SEM PERMISSÃO

O MPF/AM expediu recomendação às empresas Acute Angling e Liga de Eco-Pousadas da Amazônia para que suspendam qualquer atividade de exploração turística e de pesca esportiva no rio Marié e seus afluentes, no município de São Gabriel da Cachoeira, até que seja devidamente autorizada pelos órgãos responsáveis pela proteção e promoção dos direitos indígenas e do meio ambiente, com a participação dos povos indígenas envolvidos. A situação irregular chegou ao conhecimento do MPF por meio de representação encaminhada pela Foirn. *(MPF/AM, 21/05/2013)*

SISTEMA AGRÍCOLA

INTERCÂMBIO DISCUTE O SISTEMA AGRÍCOLA

Agricultores e lideranças indígenas reuniram-se na comunidade do Yamado e na sede do ISA em São Gabriel da Cachoeira. Na pauta, novas formas de valorização econômica do Sistema Agrícola Tradicional do Rio Negro, patrimônio cultural brasileiro. O intercâmbio-oficina foi dividido em dois momentos. O primeiro teve como objetivo discutir entraves no acesso às políticas públicas para a agricultura familiar indígena na região. O segundo momento aconteceu na comunidade Yamado e teve como objetivo promover um intercâmbio e troca de experiências junto aos gerentes das Casas de Pimenta, projeto coordenado pela Oibi e pelo ISA. *(Wilde Itaborahy, ISA, 10/04/2015)*

ÍNDIOS DÃO CURSO DE PRÁTICAS DA AGRICULTURA

Em Santa Isabel do Rio Negro, aconteceu o curso Relevância dos Saberes e Práticas da Agricultura Tradicional do Rio Negro. Indígenas conhecedores das práticas relacionadas ao Sistema Agrícola Tradicional do Rio Negro (SAT-RN) ministraram aulas aos técnicos do Instituto de Desenvolvimento Agropecuário do Amazonas (Idam) sobre os processos de abertura, manejo e práticas de roça. O curso teve como objetivo dar maior visibilidade e apresentar os elementos principais dos saberes e práticas que estão na base do SAT-RN, reconhecido como Patrimônio Imaterial Brasileiro, em 2010. No evento, foram enfatizadas a soberania alimentar das famílias, as especificidades locais desses saberes e práticas e seus papeis numa agricultura de baixo impacto ambiental que permite a seleção e a conservação de mais de 300 espécies e variedades cultivadas, sendo 110 variedades de manivas. *(Wilde Itaborahy e Laure Empreraire, ISA, 05/05/2014)*

PROGRAMA DIFERENCIADO PARA AGRICULTURA TRADICIONAL

Em entrevista, o líder indígena Carlos Nery cobra a implantação de políticas que respeitem a diversidade dos sistemas de produção indígena e denuncia que as atuais iniciativas governamentais estão colocando em risco um Patrimônio Cultural Brasileiro e a segurança alimentar das comunidades da região. As comunidades indígenas do Rio Negro estão lutando para que os programas de compras governamentais da agricultura familiar sejam adaptados aos sistemas agrícolas tradicionais indígenas. Para as lideranças indígenas, o ideal é que fossem criados programas diferenciados para os povos indígenas que valorizassem os produtos das roças tradicionais, seu modo peculiar de produção e seus conhecimentos tradicionais. *(ISA, 29/06/2015)*

Ingarikó
Makuxi
Taurepang
Patamona
Sapará
Waiwai
Wapichana

2.1. Roraima Serra e Lavrado

2.1 RORAIMA LAVRADO

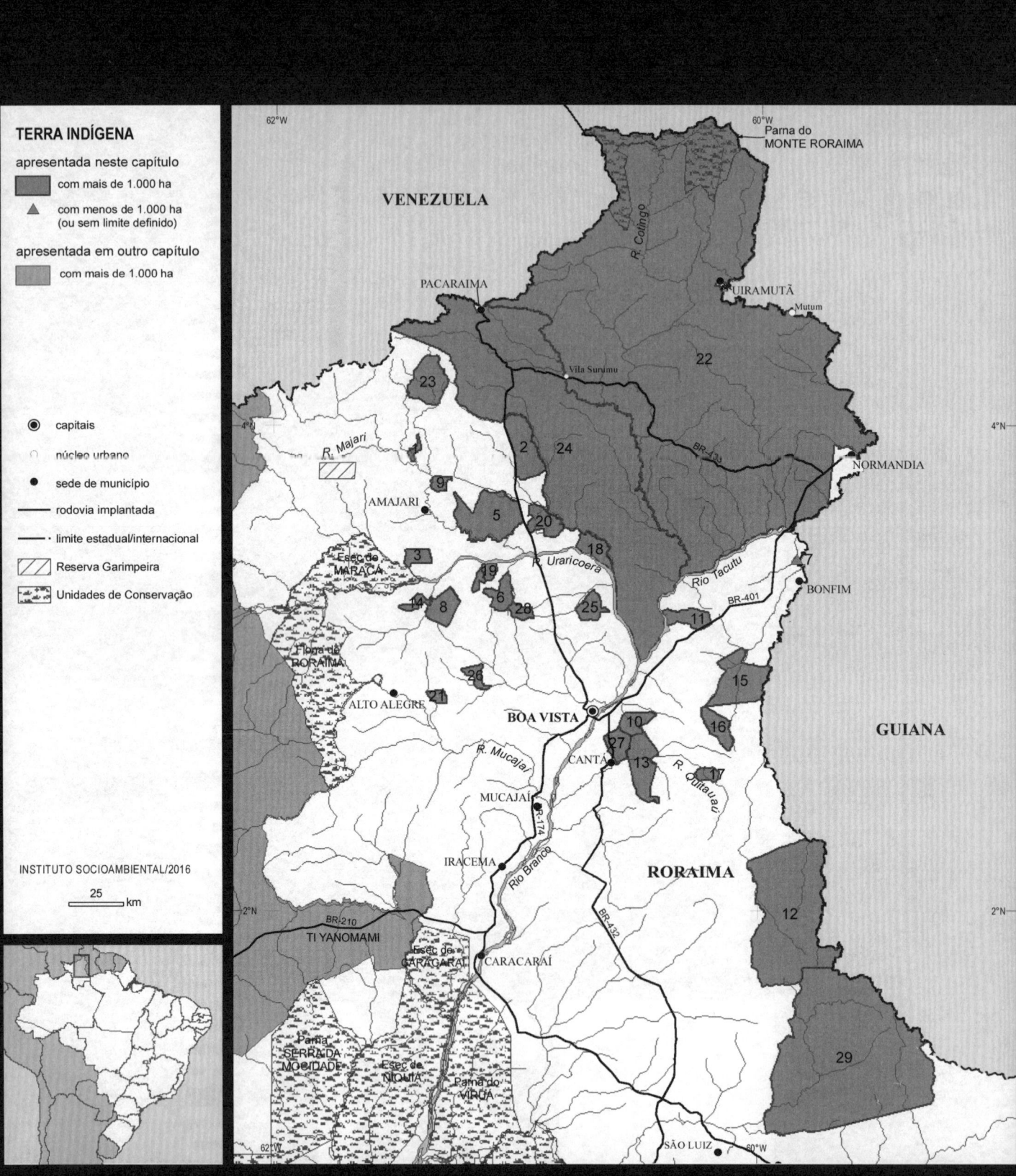

RORAIMA SERRA E LAVRADO
Terras Indígenas
Instituto Socioambiental - 14/02/2017

Nº Mapa	Terra Indígena	Povo	População (nº, fonte, ano)	Situação jurídica	Extensão (ha)	Município	UF
1	Ananás	Macuxi Wapichana	9 - CIR : 2016	HOMOLOGADA. REG CRI E SPU. Decreto 86.920 de 16/02/1982 publicado em 17/02/1982. Reg. CRI do município e comarca de Boa Vista (1.769 ha) Matr. 9340 Liv 2-RG Fl 01 em 22.11.88. Reg. SPU Certidão n. 021 em 05/12/95.	1.769	Amajari	RR
2	Anaro	Wapichana	42 - CIR : 2015	HOMOLOGADA. REG CRI. Suspensa parcialmente por liminar da Justiça. Decreto s/n. De 21/12/2009 publicado em 22/12/2009)Reg.CRI matr.45443, Liv.2-RG, Fol.1 Comarca de Boa Vista	30.473	Amajari	RR
3	Aningal	Macuxi	245 - CIR : 2015	HOMOLOGADA. REG CRI E SPU. Decreto 86.933 de 17/02/1982 publicado em 18/02/1982. Reg. CRI do município e comarca de Boa Vista (7.627 ha) Matr. 9.343 Liv 2/RG Fl 01 em 22.11.88. Reg. SPU Certidão 018 em 01/12/95.	7.627	Amajari	RR
4	Anta	Macuxi Wapichana	183 - CIR : 2015	HOMOLOGADA. REG CRI E SPU. Decreto 376 de 24/12/1991 publicado em 26/12/1991. Reg. CRI do município e comarca de Boa Vista (3.174 ha) Matr. 12.483 Liv. 2 RG Fl 01 em 24/03/92. Reg. SPU Certidão n. 3 de 20/11/95.	3.173	Alto Alegre	RR
5	Araçá	Macuxi Wapichana	2.016 - CIR : 2015	HOMOLOGADA. REG CRI E SPU. Decreto 86.934 de 17/02/1982 publicado em 18/02/1982. Reg. CRI no município e comarca de Boa Vista (50.018 ha) Matr. 9341 Liv 2-RG Fl 01 em 22.11.88. Reg. SPU Certidão n. 013 em 28/11/95.	50.018	Amajari	RR
6	Barata/Livramento	Macuxi Wapichana	710 - CIR : 2010	HOMOLOGADA. REG CRI E SPU. Decreto s/n de 10/12/2001 publicado em 11/12/2001. Reg CRI no município Alto Alegre, Comarca de Boa Vista (12.883 ha) Matr. 23.734, livr. 2-RG Fls 001 em 21/03/2002. Reg. SPU Certidão n. 11 de 03/06/02.	12.883	Alto Alegre	RR
7	Bom Jesus	Macuxi Wapichana	57 - CIR : 2015	HOMOLOGADA. REG CRI E SPU. Decreto 257 de 29/10/1991 publicado em 30/10/1991. Reg. CRI do município e comarca de Boa Vista (859 ha) Matr.9.176 Liv. 2RG, Fl 01V em 23/8/88. Reg. SPU n.011 em 02/12/96.	859	Bonfim	RR
8	Boqueirão	Macuxi Wapichana	464 - CIR : 2015	HOMOLOGADA. REG CRI E SPU. Decreto s/n de 06/06/2003 publicado em 06/06/2003. Reg.CRI no município de Alto Alegre, Comarca de Boa Vista (16.354 ha) Matr.n. 28.247 Lv2-RG. Fl. 001 em 08/03/05. Reg.SPU Certidão n. 01 de 28/02/2008.	16.354	Alto Alegre	RR
9	Cajueiro	Macuxi	168 - CIR : 2015	HOMOLOGADA. REG CRI E SPU. Decreto 86.932 de 17/02/1982 publicado em 18/02/1982. Reg. CRI no município e comarca de Boa Vista (4.304 ha) Matr. 9.345 Liv R/RG Fl 01 em 22/11/88. Reg. SPU Certidão 020 em 04/12/95.	4.304	Amajari	RR
10	Canauanim	Macuxi Wapichana	982 - CIR : 2015	HOMOLOGADA. REG CRI E SPU. Decreto s/n de 15/02/1996 publicado em 16/02/1996. Reg. CRI no município de Bonfim, comarca de Boa Vista (11.182 ha) Matr. n. 23.751 Liv 2-RG Fl.001 em 01/04/02. Reg. SPU. Certidão n. 28 em 11/10/2004.	11.182	Cantá	RR
11	Jaboti	Macuxi Wapichana	380 - CIR : 2015	HOMOLOGADA. REG CRI E SPU. Decreto s/n de 15/02/1996 publicado em 16/02/1996. Reg. CRI no município de Bonfim e comarca de Boa Vista (14.210 ha) matr.23.993 Lv 2-RG Fl. 01 em 25/06/02. Reg. SPU Certidão n. 19 de 19/09/02.	14.210	Bonfim	RR
12	Jacamim	Wapichana	1.461 - CIR : 2015	HOMOLOGADA. REG CRI E SPU. Decreto s/n. de 11/10/2005 publicado em 13/10/2005. Reg CRI no município de Bonfim e comarca de Boa Vista (94.341 ha) Matr.26.237, Liv. 2-RG. Fl 001 em 22/09/2003. Reg CRI no município e Comarca de Caracaraí (99,151 ha) Matr.2.776 Liv. 2-J Fl 168 em 05/09/2003. Reg SPU Certidão n. 003 em 06/10/2006.	193.493	Bonfim Caracaraí	RR
13	Malacacheta	Wapichana	1.073 - CIR : 2010	HOMOLOGADA. REG CRI E SPU. Decreto s/n de 05/01/1996 publicado em 08/01/1996. Reg. CRI no município de Bonfim, comarca de Boa Vista (28.831 ha) Matr. 17.305 Liv.2/RG, Fl. 01/02 em 19/01/98. Reg. SPU Certidão n. 9 de 14/05/99.	28.631	Cantá	RR
14	Mangueira	Macuxi Wapichana	93 - CIR : 2015	HOMOLOGADA. REG CRI E SPU. Decreto 86.923 de 16/02/1982 publicado em 17/02/1982. Reg. CRI no município de Alto Alegre, comarca de Boa Vista, (4.063 ha) (Matr. 9.339, Liv 2-RG, Fl. 01 em 22.11.88. Reg. SPU Cert. n.019 de 01/12/95.	4.063	Alto Alegre	RR
15	Manoá/Pium	Macuxi Wapichana	2.268 - CIR : 2015	HOMOLOGADA. REG CRI E SPU. Decreto 86.924 de 16/02/1982 publicado em 17/02/1982. Reg. CRI no município de Bonfim comarca de Boa Vista (43.336 ha) Matr. 9336 Liv 2RG Fl. 1v/2v em 22/11/88. Reg. SPU Cert. n. 14 de 29/11/95.	43.337	Bonfim	RR
16	Moskow	Macuxi Wapichana	626 - CIR : 2015	HOMOLOGADA. REG CRI E SPU. Decreto s/n de 30/05/2003 publicado em 02/06/2003. Reg CRI no município de Bonfim, comarca de Boa Vista (14.212 ha) Matr.27.865 Liv.2-RG Fl 001/v 24/11/2004. Reg SPU Certidão 43 em 26/09/2005.	14.212	Bonfim	RR
17	Muriru	Wapichana	184 - CIR : 2015	HOMOLOGADA. REG CRI. Decreto s/n de 23/06/2003 publicado em 24/06/2003. Reg. CRI no município de Bom Fim, comarca de Boa Vista (3.332 ha) Matr.34.851, Liv 2 RG., Fls 001 em 13/09/2007. Reg CRI no município de Canta, na comarca de Boa Vista (2.223 ha) Matr.34.849, Liv. 2-RG, Fls001 em 13/09/2007.	5.555	Bonfim Cantá	RR
18	Ouro	Macuxi	189 - CIR : 2015	HOMOLOGADA. REG CRI E SPU. Decreto 86.931 de 17/02/1982 publicado em 18/02/1982. Reg. CRI no município e comarca de Boa Vista (13.572 ha) de Matr. 9.338 Liv 2-RG Fl. 01 em 22/11/88. Reg. SPU RR-43 Liv 382 em 29/07/88.	13.573	Amajari	RR
19	Pium	Macuxi Wapichana	325 - CIR : 2015	HOMOLOGADA. REG CRI E SPU. Decreto 271 de 29/10/1991 publicado em 30/10/1991. Reg. CRI no municipioe comarca de Boa Vista (4.607 ha) Matr. 12.335 Liv. 2RG Fl. 01 em 02/01/92. Reg. SPU Cert. n.009 de 24/11/95.	4.607	Alto Alegre	RR
20	Ponta da Serra	Macuxi Wapichana	315 - CIR : 2015	HOMOLOGADA. REG CRI E SPU. Decreto 86.935 de 17/02/1982 publicado em 18/02/1982. Reg. CRI no município e comarca de Boa Vista (15.597 ha) Matr. 9.337 Liv. 2-RG Fl. 01 em 22/11/88. Reg. SPU Cert. n. 017 de 30/11/95.	15.597	Amajari	RR

RORAIMA SERRA E LAVRADO
Terras Indígenas (continuação)
Instituto Socioambiental - 14/02/2017

Nº Mapa	Terra Indígena	Povo	População (nº, fonte, ano)	Situação jurídica	Extensão (ha)	Município	UF
21	Raimundão	Macuxi Wapichana	385 - CIR : 2015	HOMOLOGADA. REG CRI E SPU. Decreto s/n de 03/11/1997 publicado em 04/11/1997. Reg. CRI no município de Alto Alegre, comarca de Boa Vista (4.276 ha) Matr. 17.301 Liv. 2-RG Fl. 01 em 19/01/98. Reg. SPU Certidão n. 3 de 29/05/98.	4.276	Alto Alegre	RR
22	Raposa Serra do Sol	Ingarikó Macuxi Patamona Taurepang Wapichana	23.119 - CIR : 2015	HOMOLOGADA. REG CRI E SPU. Decreto s/n de 15/04/2005 publicado em 18/04/2005. Reg CRI no município de Normandia, comarca de Boa Vista (673.971 ha) Matr.28.897 liv.2-RG Fl 01 em 12/08/2005. Reg CRI no município de Pacaraima, comarca de Boa Vista (261.709 ha) Matr.28.896 Liv 2-RG Fol 01 em 12/08/2005. Reg CRI no município de Uiramutã, comarca de Boa Vista (811.783 ha) Matr. 28.895 Liv2-RG, Fl 01 em 12/08/2005. Reg SPU Certidão n. 002 em 12/09/2006.	1.747.464	Normandia Pacaraima Uiramutã	RR
23	Santa Inês	Macuxi	195 - CIR : 2015	HOMOLOGADA. REG CRI E SPU. Decreto 86.922 de 16/02/1982 publicado em 17/02/1982. Reg. CRI no município e comarca de Boa Vista (29.698 ha) Matr. 9.345 Liv. 2-RG Fl. 01/02 em 22/11/88. Reg. SPU Cert. n. 016 de 30/11/95.	29.698	Amajari	RR
24	São Marcos	Macuxi Taurepang Wapichana	5.838 - CIR : 2015	HOMOLOGADA. REG CRI E SPU. Decreto 312 de 29/10/1991 publicado em 30/10/1991. Reg. CRI no município e comarca de Boa Vista (654.110 ha) Matr. 23.752 Liv. 2-RG Fl. 001 em 01/04/02. Reg. SPU Certidão n. 21 de 27/09/02.	654.110	Boa Vista Pacaraima	RR
25	Serra da Moça	Wapichana	697 - CIR : 2015	HOMOLOGADA. REG CRI E SPU. Decreto 258 de 29/10/1991 publicado em 30/10/1991. Reg. CRI no município e comarca de Boa Vista (11.626 ha) Matr. 6.691 Liv. 2-ZRG Fl. 192 em 10/01/86. Reg. SPU n. 012 em 06/12/96.	11.626	Boa Vista	RR
26	Sucuba	Macuxi Wapichana	343 - CIR : 2015	HOMOLOGADA. REG CRI E SPU. Decreto 86.921 de 16/02/1982 publicado em 17/02/1982. Reg. CRI no município de Alto Alegre comarca de Boa Vista (5.983 ha) Matr. 9.444 Liv. 2-RG Fl. 01 em 22/11/88. Reg. SPU- Certidão . n. 014 em 04/09/2000.	5.983	Alto Alegre	RR
27	Tabalascada	Macuxi Wapichana	682 - CIR : 2015	HOMOLOGADA. REG CRI E SPU. Decreto s.n. de 19/04/2005 publicado em 20/04/2005. Reg. CRI no município de Cantá comarca de Boa Vista (13.014 ha) Matr. 28;589 Liv 2-RG Fl 001 em 02/06/2005. Reg SPU certidão n; 001 em 25/05/2006.	13.014	Cantá	RR
28	Truaru	Wapichana	413 - CIR : 2015	HOMOLOGADA. REG CRI E SPU. Decreto 387 de 24/12/1991 publicado em 26/12/1991. Reg. CRI no município e comarca de Boa Vista (5.562 ha) Matr. 12.482 Liv. 2 RG Fl. 01 em 24/03/92. Reg. SPU Cert. n. 009 em 30/05/97.	5.653	Alto Alegre Boa Vista	RR
29	WaiWái	Waiwai	365 - Siasi/Sesai : 2013	HOMOLOGADA. REG CRI. Decreto s/n de 23/06/2003 publicado em 24/06/2003. Reg CRI no município e comarca de Caracaraí (112.698 ha) Matr.2,777 Liv 2 -J/RG, Fl 169 em 05/09/2003. Reg CRI no município de Caroebe e comarca de São Luiz (258.275 ha) Matr. 1.647, Liv. 2-F/RG Fl 147 em 02/09/2003. Reg CRI no município de São João da Baliza, comarca de São Luiz (34.724 ha) Matr.1.646 Liv. 2-F Fl 148 em 02/09/2003. Ofício ao SPU n. 42/DAF de 28/01/04.	405.698	Caracaraí Caroebe São João da Baliza	RR

RAPOSA SERRA DO SOL

Dez Anos Depois da Homologação

Joenia Wapichana | Advogada indígena, CIR

DEPOIS DE 30 ANOS NA LUTA PELA DEMARCAÇÃO DA TI RAPOSA SERRA DO SOL, FINALMENTE HOMOLOGADA EM 2005 E RATIFICADA PELO STF EM 2009, OS INGARIKÓ, MACUXI, WAPICHANA, TAUREPANG E PATAMONA VOLTAM-SE PARA NOVOS TEMAS – E LUTAM PARA GARANTIR A SUSTENTABILIDADE DA TERRA

Em 2015 completaram-se dez anos da homologação da Terra Indígena Raposa Serra do Sol. Algumas pessoas acreditam que, agora que a maioria dos não indígenas foram removidos do território indígena e a demarcação foi afirmada pelo Supremo Tribunal Federal (STF), tudo está bem dentro da Raposa Serra do Sol. Reconhecemos que houve progresso, no entanto, entendemos que a demarcação e a desintrusão não são soluções completas para os direitos indígenas em muitos aspectos.

Diante desse quadro, nos anos após a homologação as comunidades voltaram-se para a gestão territorial e ambiental da TI e têm abordado temas como o planejamento de uso do território e a proteção contra invasões. O que se observa é a iniciativa das comunidades indígenas em buscar parcerias para o desenvolver esses planos de futuro e utilizar de forma sustentável os recursos naturais.

O Conselho Indígena de Roraima (CIR) tem implementado uma série de capacitações no sentido de fortalecer a gestão territorial e ambiental na Raposa e em outras TIs do Lavrado. Dois Planos de Gestão Territorial e Ambiental (PGTAs) foram desenvolvidos na TI RSS no último período, sendo um no Centro Indígena Maturuca,

Comemoração da conquista da homologação da TI Raposa/Serra do Sol na aldeia Maturuca, Roraima.

que abrange cinco comunidades da região das Serras, e outro no Polo Base Sana Cruz, que abrange seis comunidades da região Raposa. Os PGTAs têm o objetivo de apresentar uma discussão coletiva e um olhar holístico sobre os próximos anos da TI RSS e os objetivos das comunidades indígenas. Neles, as comunidades apresentaram suas demandas sociais, territoriais, econômicas, culturais e ambientais.

Desde a homologação, o desmatamento na TI foi reduzido drasticamente. O último pico de desmatamento verificado foi em 2010, quando 1599 hectares (ha) foram desmatados. Enquanto no período de 2001 a 2010 a média de desmatamento foi de 506,7 ha/ano, entre 2011 e 2014, com a terra já em plena posse dos índios, ela foi de 65,75 ha/ano, uma redução de 87% no desmatamento anual.

Na região das Serras discutem-se alternativas energéticas, como o estudo sobre a energia eólica que tem sido realizado em parceria com ISA e está em fase de buscar parcerias para implementação. Também estão em discussão a criação de cooperativas comunitárias, o incentivo à graduação de jovens para no curso de gestão territorial e ambiental, e a formação de brigadas de fogo e de agentes territoriais e ambientais indígenas (ATAIs).

Entre outros temas recentes de atenção para as comunidades está o investimento em atividades produtivas sustentáveis, dedicadas a aprimorar sua capacidade de produção agropecuária e a diversificar seus cultivos. Em 2012, realizaram a 1ª Feira de Ciências e Sementes dos Povos Indígenas de Roraima, evento que, em 2016, chegou a sua quarta edição, com participação de índios de outras partes do Brasil. Os indígenas destacam-se também na pecuária: a TI conta hoje com mais de 35 mil cabeças de gado.

A construção de um regimento interno para o território – um conjunto de regras indígenas para solucionar problemas internos – também tem aparecido nas discussões. Em 2016, o Conselho Nacional de Justiça (CNJ) reconheceu um grupo de conciliadores indígenas que tem auxiliado as lideranças indígenas da Raposa nas aplicações das normas internas. Da mesma forma, as comunidades indígenas têm tido a iniciativa de criar e capacitar grupos de proteção e vigilância do território, buscando parcerias com diferentes órgãos públicos para dar maior segurança às comunidades.

Em 2015, o Centro Indígena de Formação e Cultura Raposa Serra do Sol (CIFCRSS), uma escola de ensino médio profissionalizante das próprias comunidades indígenas sob a responsabilidade institucional do CIR, recebeu o prêmio internacional Bartolome de Las Casas. O Centro se constituiu como uma referência de modelo de escola específica e diferenciada comunitária, que visa a melhoria das comunidades a partir de formação de jovens indígenas na valorização da cultura, sobre o uso e o manejo ambiental dos recursos e da terra.

O local onde funciona o CIFCRSS também é um referência histórica aos povos indígenas de Roraima, pois lá aconteceu a 1ª Assembleia dos Tuxauas, em 1971, considerada também a primeira assembleia do CIR. Por representar tanta importância de luta e resistência, o Centro foi por três vezes invadido e destruído. O maior ataque foi em 2005, por conta da homologação da TI RSS, quando manifestantes encapuzados incendiaram as estruturas da escola. Ainda tramita na Justiça uma ação criminal sobre o caso, ainda sem conclusão.

ATENTADOS IMPUNES

Esse caso não é isolado. Os atentados e violências sofridos pelas comunidades indígenas durante os anos de luta pela demarcação, por exemplo, ainda não foram a julgamento. Entre os que seguem impunes estão os atentados que destruíram cinco comunidades na região de Baixo Cotingo (Homologação, Brilho do Sol, Insikiran, Jawari e TaiTai); onze anos depois, a Justiça não julgou os arrozeiros que são acusados pelas lideranças de terem destruído e ateado fogo nas comunidades. um outro atentado, em 2008, deixou dez indígenas baleados.

Essas violações foram ocasionadas pela crescente oposição dos produtores de arroz ao reconhecimento dos direitos territoriais indígenas e pela insegurança jurídica sobre as terras, fazendo com que a ocupação inconstitucional e as operações dos arrozeiros no território causassem danos ambientais significativos, incluindo a contaminação de rios, e anos de violência brutal contra os povos indígenas na Raposa.

As violências, assim, estiveram diretamente relacionadas ao atraso do Estado em demarcar o território indígena, afirmar e proteger o controle efetivo dos povos indígenas sobre suas terras e recursos – além de investigar e processar os perpetradores de violência, que agiram contra os povos indígenas e seus direitos.

O CASO NA COMISSÃO INTERAMERICANA DE DIREITOS HUMANOS DA OEA

Em 2004, os povos indígenas representados pelos CIR e a Fundação Rainforest apresentaram uma petição à Comissão Interamericana de Direitos Humanos (CIDH) da Organização dos Estados Americanos (OEA), pelo fato do Governo do Brasil não ter atendido a reivindicação doméstica dos povos indígenas – demanda desde da década de 1970 – para reconhecer, demarcar e remover intrusos hostis de seu território tradicional.

Os peticionários relataram à Comissão que, nos 20 anos que antecederam o caso, segundo os arquivos do CIR, haviam sido registrados mais de 21 assassinatos de indígenas, 23 tentativas de assassinato, quatro incidentes de tortura, 86 ameaças de morte, 57 ataques físicos e aproximadamente 80 casas indígenas destruídas. Um ataque contra cinco comunidades indígenas, em 2004, num único dia deu origem a medidas cautelares que estão em vigor hoje. Nessas medidas, a Comissão recomendou o Estado Brasileiro a investigar efetiva e exaustivamente os fatos que cercam esses atos de violência.

Embora os ocupantes não indígenas tenham sido indenizados para deixar a TI da Raposa, nenhuma pessoa indígena, família ou comunidade recebeu até hoje uma compensação pela perda de um ente querido; por ter tido sua casa e seus pertences incendiados; por ter sido baleado no rosto, como no caso de Jocival do Contantino; ou por ter perdido a sensibilidade nas mãos por um ferimento de bala, como foi o caso de Jeremias Miguel André. Na verdade, este atraso na Justiça resultou até mesmo no arquivamento de uma série de casos devido ao prazo da prescrição para punir.

Em 20 de outubro de 2015, durante a audiência de instrução, testemunhas foram ouvidas e o Estado brasileiro ofereceu entrar com um procedimento de solução amistosa com o CIR e a Fundação Rainforest, que já em 2007 haviam oferecido entrar com esse procedimento – rejeitado pelo Estado à época. O caso segue em análise para a decisão de mérito.

UIRAMUTÃ E AS COMUNIDADES INDÍGENAS EXCLUÍDAS

Existem ainda impactos sobre a natureza do território demarcado, gerados pelas decisões do STF em 2009 e 2013 sobre a TI RSS. O resultado combinado é que agora existem limitações inesperadas a território, bem como uma grande incerteza quanto aos direitos reais que os povos indígenas da Raposa têm sobre suas terras recém-demarcadas.

Quando a terra foi demarcada, por exemplo, o Governo excluiu do território tradicional, sem razão conhecida, o núcleo urbano do Município de Uirumutã, que hoje, sob a lei brasileira, não faz mais parte da demarcação da terra indígena. Assim, cinco comunidades indígenas - Kaxirimã, São Francisco, Nova Esperança, Makunaíma, e Eremutakem - acordaram um dia e se viram arbitrariamente no exterior de seu território.

Segundo as lideranças indígenas da região das Serras, há em andamento plano municipal para usar a área excluída da TI RSS e evidências de um projeto para construção de pista de pouso no meio da comunidade São Francisco. Além disso, a municipalidade de Uiramutã tem impactos sociais, ambientais, culturais e políticos adversos nessas comunidades, entre os quais se inclui a presença de um aterro sanitário dentro das comunidades indígenas, que poluem os rios. Já o centro urbano do município de Pacaraima, embora não excluído da TI RSS, continuou a exercer a governança sobre sua área dentro da Raposa de forma não controlada, inclusive com um depósito dentro das comunidades indígenas que pode poluir uma cabeceira de um rio sagrado para os povos da RSS.

O Governo também continuou a incluir dentro do território o Parque Nacional Monte Roraima, sobreposto à TIRSS sem consulta e sob a objeção expressa dos povos indígenas Ingaricó e Macuxi da região. A gestão deste parque depende exclusivamente do Estado através da sua entidade delegada, o Instituto Chico Mendes de Conservação da Biodiversidade (ICMBio). Uma característica central deste parque é ser um dos locais mais sagrados para os povos indígenas da RSS, representando uma porção significativa do território de Raposa sobre o qual os povos indígenas, de acordo com a lei brasileira, não têm controle efetivo.

Por fim, também persistem os ataques de parlamentares ruralistas que, impossibilitados de reverter a demarcação da TI RSS, buscam transformá-la em um "ponto final" nas demarcações no Brasil. Essa tentativa pode ser confirmada por meio de decisões judiciais relacionadas a outras TIs, que incorporaram argumentos como o da "vedação à ampliação de terras demarcadas", inserida entre as 19 condicionantes impostas à demarcação TI RSS em 2009, e do "marco temporal". Essas interpretações restritivas dos direitos territoriais indígenas contradizem o próprio Supremo, que, em 2013, ao julgar os embargos declaratórios sobre o caso da Raposa, determinou que as condicionantes não tinham efeito vinculante, não poderiam ser aplicadas a outras TIs.

No caso da TI Guyra Roka, dos Guarani Kaiowa em Mato Grosso do Sul, a 2ª Turma do STF anulou o processo de demarcação com a aplicação do argumento do "marco temporal", afirmando que a comunidade não ocupava a área na data de promulgação da Constituição, 5 de outubro de 1988. No caso da TI Porquinhos, o STF anulou a ampliação do território, citando a condição de vedação à ampliação de TIs já demarcadas. No caso da TI Limão Verde, dos Terena, em Mato Grosso do Sul, o Supremo também utilizou o argumento do "marco temporal", a despeito de a comunidade ter sido expulsa da sua terra nos anos 1950, e ter registrado constantes reivindicações nos anos 1970 e 1980. A Turma opinou ainda que a comunidade não estava judicialmente disputando a posse da TI em 5 de outubro de 1988.

Em abril de 2013, parlamentares ruralistas contrários ao reconhecimento das Terras Indígenas, visitaram a Raposa e fazendo alarde em meios de comunicação sobre a demarcação que chamaram de "um desastre para a economia do estado, tanto para fazendeiros quanto para os indígenas". Com a visita, buscaram tratar a demarcação da TI como um exemplo negativo, a fim de que repercutisse sobre os processos de reconhecimento de Terras Indígenas pelo Brasil afora. Os deputados afirmaram que os indígenas na Raposa passavam fome, buscavam comidas em lixões e viviam pior após a demarcação.

As lideranças das organizações indígenas, sentindo-se caluniadas, convidaram então outra comissão de parlamentares para visitar a área. A nova comissão, chefiada pelo Deputado Padre Ton (PT/DF), visitou aldeias da TI em dezembro de 2013, afirmando, em seu relatório final, que os tuxauas haviam rebatido com veemência a calúnia de que estariam passando fome e exibido uma feira de produtos indígenas variados: "Pode-se afirmar, sem medo de errar, que as denúncias propagadas pelos parlamentares que visitaram a região em abril deste ano, são totalmente falsas e caluniosas", registrou o documento.

Tudo isso em um contexto em que os processos legislativos para tentar reverter o direito indígena à terra se aceleram. A PEC 215/00, que vem sendo discutida na Câmara dos Deputados, é um exemplo disso; ela tem o potencial de limitar seriamente os direitos constitucionais dos povos indígenas no Brasil. Outra questão é a do direito de consulta: diferentes propostas legislativas intentam de implementar projetos sem a devida consulta prévia, livre e informada. É o caso da Hidrelétrica do Tamanduá, que atingiria o Rio Cotingo, no meio da Raposa Serra do Sol, e é objeto do PDC 2540/2006. Em 2015, no entanto, a Comissão de Constituição e Justiça deu parecer pela inconstitucionalidade da proposta de construção da hidrelétrica. *(novembro, 2016)*

ENERGIA

Raposa Serra do Sol e dos Ventos

Ciro Campos | Biólogo, ISA

TERRA INDÍGENA VAI SE TORNAR A PRIMEIRA DO BRASIL A TER UM PROJETO DE GERAÇÃO DE ENERGIA ELÉTRICA A PARTIR DA FORÇA DO SOL E DOS VENTOS

Durante quase 40 anos o principal motor da organização e da resistência dos povos indígenas da Raposa Serra do Sol foi a luta pela terra. Após o desfecho vitorioso dessa luta, em meados de 2009, o movimento indígena teve a oportunidade de concentrar sua energia em uma agenda interna, de construção dos seus planos de vida. E a energia elétrica teria um papel importante na concretização destes planos, em áreas como educação, saúde, geração de renda, comunicação, gestão territorial, entre outros. É neste contexto que foi aprovada a realização do estudo do vento para a geração de energia elétrica, durante a 39ª Assembleia dos Povos Indígenas de Roraima, em março de 2010.

A decisão de estudar o potencial do vento e do sol veio junto com a negativa da assembleia à proposta de construção de uma mini hidrelétrica para atender às comunidades, através do Programa Luz Para Todos. Em 2014 uma comitiva de lideranças visitou 08 mini hidrelétricas no estado de Mato Grosso e apresentou seu relato para a Assembleia da Região das Serras que se manteve a decisão contra a construção de mini hidrelétricas. A construção de hidrelétricas na região, seja grande ou pequena, remete à tentativa de construção do Complexo Hidrelétrico do Rio Cotingo, em meados da década de 1990, que previa várias barragens, e que resultou na prisão de diversas lideranças indígenas em confrontos com a Policia Militar. Embora Cotingo não apareça mais nos planos oficiais, ainda permanece no discurso dos políticos locais e continua sendo uma ameaça para os povos da região. Os povos indígenas de Roraima também se manifestaram contra a construção da Hidrelétrica do Bem Querer, no rio Branco, o maior rio de Roraima, que está prevista no Plano de Aceleração do Crescimento (PAC-2).

Desde a aprovação do estudo em 2010 até a aprovação do projeto pelo Programa Luz Para Todos em abril de 2016 foi percorrido um caminho que envolveu o debate em reuniões e assembleias, estudo de potencial, estudo de risco social, elaboração de pro-

Com torre Tamanduá instalada, equipe estuda o potencial eólico na TI Raposa/Serra do Sol.

Com torre Tamanduá instalada, equipe estuda o potencial eólico na TI Raposa/Serra do Sol.

jetos técnicos, intercâmbios, capacitação, georrefenciamento e levantamento da demanda energética em mais de oitenta comunidades, diversas reuniões de entendimento com as agencias governamentais do setor elétrico e a Funai, e uma séria de ações realizadas por mais de vinte pesquisadores indígenas, tuxauas e lideranças do Conselho Indígena de Roraima (CIR), técnicos do Instituto Socioambiental (ISA) e da Universidade Federal do Maranhão (UFMA). Percorrida esta longa trajetória, o projeto encontra-se pronto, com a parte técnica finalizada, tendo o aval das comunidades, a aprovação dos governos estadual e federal, e a decisão expressa pelo Ministério de Minas e Energia de iniciar a execução do projeto ainda em 2016.

EXCLUSÃO ENERGÉTICA

A maioria das comunidades da Raposa Serras do Sol vive em um cenário de exclusão energética, que também é compartilhado por centenas de comunidades na Amazônia. Embora a região seja auto suficiente e até exportadora de energia elétrica para os grandes centros, esta energia não consegue chegar nas regiões remotas, onde as comunidades permanecem sem energia elétrica ou com fornecimento precário e intermitente por geradores à diesel. Na última década o país avançou bastante na universalização do acesso a energia, restando hoje menos de 1% da população nacional sem energia elétrica. Entretanto essa pequena fração da população é formada por mais de um milhão de pessoas, que não tem perspectiva de atendimento pelas distribuidoras de energia devido ao elevado custo de extensão das redes por longas distâncias. Desta forma é necessário o desenvolvimento de novos modelos de geração e distribuição, que utilizem os potenciais disponíveis em cada região, e que ganhem escala através de políticas públicas específicas para estas populações.

O PROJETO CRUVIANA

Depois da deliberação favorável da assembleia geral, em fevereiro de 2010, o Conselho Indígena de Roraima (CIR) e o Instituto Socioambiental (ISA) firmaram uma parceira para avaliar a viabilidade do uso de energias alternativas na região. Em seguida foi pactuado um processo debate realizado de acordo com organização política local, com as decisões sendo tomadas em reuniões nas comunidades e nos Centros Regionais, e depois confirmadas pela Assembleia Regional e, em alguns casos, também pela Assembleia Geral. Ao longo de cinco anos o projeto foi debatido em dezenas de seminários, reuniões e assembleias. E foi em uma dessas reuniões, realizada no Centro Regional Maturuca, que foi tomada a decisão de enviar uma comitiva de lideranças indígenas para conhecer outros projetos comunitários de geração solar e eólica no Brasil.

Em novembro de 2011, uma comitiva formada por oito lideranças indígenas viajou para o Maranhão e visitou a Ilha de Lençóis, no município de Cururupu, onde funciona um sistema de geração de energia eólica e solar que abastece uma comunidade de pescadores. A comitiva conheceu o sistema de geração e realizou uma série de entrevistas com os moradores, perguntando sobre a qualidade da energia e também sobre os benefícios e os problemas de ter energia elétrica 24 horas por dia. A visita também foi acompanhada por técnicos da Universidade Federal do Maranhão (UFMA), responsáveis pelo desenvolvimento e pela gestão do projeto.

Em seguida a comitiva visitou o Laboratório do Núcleo de Energias Alternativas da UFMA e iniciou as conversações que um ano mais tarde resultaram na elaboração de um Convênio de Cooperação (*) envolvendo CIR, ISA e UFMA com o objeto de estudar o potencial solar e eólico e realizar o processo de consulta aos povos indígenas. E caso fosse confirmado o potencial, o convênio também previa a concepção, desenvolvimento e implantação de sistemas híbridos de geração de energia na Terra Indígena Raposa Serra do Sol, em Roraima (convênio 003.022.102/2012, Diário Oficial da União, 22/11/2012).

UMA POTÊNCIA DO SOL E DO VENTO

A região tem as características que favorecem o potencial solar, como a proximidade com a linha do Equador e a nebulosidade abaixo da média amazônica, como já indicavam os mapas de irradiação solar e os dados de outras estações meteorológicas no estado. Entretanto, não havia dados para confirmar o potencial dos ventos. Embora o Atlas Brasileiro do Potencial Eólico, lançado em 2001, já apontasse a região como viável para a geração de energia eólica, faltavam estudos sistemáticos realizados em campo para confirmar este potencial. E foi com o objetivo de estudar o potencial eólico na região que teve início o Projeto Cruviana(*), pioneiro no estudo dos ventos e (em breve) na geração de energia eólica nesta parte do Brasil.

As primeiras estações meteorológicas foram instaladas em 2013, no alto das serras, e após um ano de operação os dados confirmaram este potencial. O trabalho de instalação das torres, realizado por dezenas de pessoas, foi registrado em vídeo e mostra o cenário típico daquela região, dominado por montanhas e campos naturais. As torres com os sensores de sol e de vento, medindo 10 metros de altura, foram instaladas nas comunidades Maturuca, Pedra Branca e Tamanduá, que ficam na porção norte da terra indígena, chamada de "Região das Serras". Os resultados mostraram ventos mais fortes em Maturuca e Tamanduá, onde a medição foi feita a 950 metros de altitude, do que em Pedra Branca, onde a medição foi feita a 550 metros de altitude.

Os resultados obtidos após um ano de operação mostraram que no alto das serras sopra um vento forte e constante, e quando ajustados da altura de medição (torre de 10 metros) para altura de geração (torre de 30 metros) revelaram ventos com velocidade média anual de 7 metros por segundo, com médias mensais variando de 5 a 9 metros por segundo. O resultado não foi uma surpresa para os moradores, que já tinham a percepção que a porção norte da Raposa Serra do Sol é uma região de vento forte e constante. A região tem cobertura vegetal formada por campos naturais, altitude em torno de 1.000 metros, e um conjunto de montanhas que, por capricho de Makunaima, tem uma suave inclinação apontando justamente na direção do vento predominante.

O SISTEMA DE GERAÇÃO DE ENERGIA

Nesta primeira fase serão atendidas cerca de 1 mil pessoas, nas comunidades Maturuca, com sistema híbrido de vento+sol+diesel+baterias, e Pedra Branca, sem o componente vento, apenas sol+diesel+baterias. Nestas duas comunidades vivem aproximadamente 1 mil pessoas, e na segunda fase de execução serão atendidas cerca de duas mil pessoas em oito comunidades. Nesta região da terra Indígena vivem cerca de 10 mil pessoas, quase metade da população da terra indígena.

O sistema de geração de energia vai utilizar energia eólica e solar fotovoltaica, e vai ter também um gerador a diesel para complementação da oferta e um banco de baterias para armazenamento. A potencial total do sistema vai ser de 110 kW, com aproximadamente 90% da energia fornecida pelos componentes solar e eólico e 10% pelo gerador a diesel. O componente eólico do sistema de geração é formado por 04 aerogeradores de pequeno porte, cada um com potencia de 10 kw, que serão instalados sobre torres de 30 metros de altura, no alto da serra do Maturuca, localizada a cerca de 2 Km da comunidade. Também serão utilizados 150 painéis solares de 250 Wp, cobrindo uma área de 240 m^2, que serão instalados na Casa de Controle, onde também fica localizado o sistema de armazenamento formado por 144 baterias estacionárias de 1200 Ah, além dos inversores e todos os componentes eletrônicos do sistema de controle. O sistema de geração e distribuição vai operar em baixa tensão e corrente alternada, favorecendo a segurança e a ações de manutenção. Na comunidade Pedra Branca, onde não foi identificado o potencial para geração eólica, a energia fotovoltaica vai ser responsável pela maior parte da oferta de energia.

No caso da comunidade do Tamanduá, que apresentou alto potencial eólico, o sistema de geração da não se enquadrou no perfil que pode ser financiado pelo Programa Luz Para Todos, pois o sistema foi dimensionado não apenas para a comunidade, mas também para o atendimento do Centro de Produção Regional, que absorveria a maior parte da energia. Por está razão o projeto está buscando uma alternativa para o atendimento do centro de produção, que é uma iniciativa prioritária do movimento indígena, voltada para a produção e também para o beneficiamento dos produtos vindos de outras comunidades da região. Além de favorecer os projetos comunitários, a transição para os sistemas sol e de vento vai resultar na redução das emissões de carbono. Atualmente o consumo de diesel na comunidade Maturuca é de 25 mil litros por ano.

PRÓS E CONTRAS

A preocupação com os impactos socioambientais relacionados à instalação dos equipamentos à chegada energia 24h nas comunidades apareceu com frequência nas reuniões e assembleias, sobretudo na fala das mulheres. Entre as preocupações estão o endividamento por causa das contas de energia e da aquisição de eletrodomésticos, os acidentes e mortes por descargas elétricas, incêndios causados por instalações precárias, mudança nos horários de dormir e acordar, o excesso de televisão na rotina da família, o aumento do consumismo, da violência e do alcoolismo entre os jovens, sexualidade precoce, individualismo, diminuição da autonomia da comunidade, brigas conjugais, conflito de gerações, entre outros. Portanto desde o início do processo de discussão sobre o projeto já estava claro que a energia elétrica, assim como pode ajudar muito, também pode causar muitos problemas.

Essas questões foram discutidas em uma série de reuniões e resultaram em algumas ações para minimizar o impacto na vida das comunidades. Por recomendação das assembleias foi realizado um estudo de Risco Social, em parceria com a Secretaria de Mulheres do CIR, que apresentou um diagnóstico e ofereceu recomendações para minimizar o impacto no modo de vida das comunidades. Também está sendo realizado um estudo de campo sobre a fauna de aves, para conhecer melhor as espécies e facilitar o monitoramento dos impactos, embora isso não tenha sido relatado na comunidade da Ilha de Lençóis/MA, que utiliza um sistema semelhante.

Para melhor entendimento das contas de energia foi realizado um seminário e reuniões complementares, fazendo simulações de consumo e cobrança com a ajuda dos professores da comunidade e material fornecimento pelas agências de energia. As simulações mostraram que cerca de metade das famílias ficaria isenta de pagamento da conta de energia, porque consomem menos de 50 kW/h/mês, muitas pagariam menos de R$ 20 e apenas algumas famílias pagariam 'preço de cidade', porque consomem acima de 200 kW/h/mês, valores considerados razoáveis pela comunidade, e similares ao que gastam hoje com a manutenção do gerador a diesel.

Entretanto o benefício da "Tarifa Social" não se aplica às 'unidade consumidoras de uso coletivo', como o clube de corte e costura, oficina de artesanato, borracharia, marcenaria, cozinha comunitária, malocão de reuniões, cantina comunitária, escritório regional, e outros. Nestes casos o desconto seria menor, com acesso apenas à "Tarifa Rural" e algumas normas e programas destinados à agricultura e outras atividades produtivas. Para facilitar o uso da energia pelas iniciativas comunitárias o projeto está avaliando a viabilidade de complementar a energia nestes locais usando sistemas fotovoltaicos independentes.

PEQUENA ESCALA

O projeto não tem como objetivo a instalação de grandes parques eólicos, e toda a energia gerada nesta iniciativa será para uso das comunidades. As lideranças da Raposa Serra do Sol tem conhecimento da luta de povos tradicionais contra parques eólicos, como os pescadores do Estado do Ceará e o povo indígena Zapotec, em Oaxaca, México, e pretendem realizar um intercâmbio com estes povos para ter mais informações sobre o problema, e também para verificar se existe outro modelo de empreendimento que permita ao povo local se tornar parceiro ou sócio do projeto, e não apenas beneficiário de compensações pelo impacto causado nas suas vidas. A realização de intercâmbios e a busca de conhecimento sobre o tema se torna importante para os povos da região à medida que o potencial eólico chama atenção das empresas do setor e dos planejadores da politica energética. Sobretudo em um estado que ainda não está interligado ao Sistema Interligado Nacional e tem uma matriz elétrica baseada na energia térmica à diesel e na importação de energia a partir da distante hidrelétrica de Guri, na Venezuela. *(setembro, 2016)*

INGARIKÓ

Areruya: Religião sem Fronteiras

Dilson Ingaricó — Secretário do Índio de Roraima e Assessor do Coping

Virgínia Amaral — Antropóloga, doutoranda no PPGAS/Museu Nacional/UFRJ

NA I CONFERÊNCIA DA CULTURA INGARIKÓ, POVOS KAPON E PEMON CELEBRAM SUA RELIGIÃO E DEBATEM POSSIBILIDADES DE LIVRE ACESSO TERRITORIAL E INTERCÂMBIO CULTURAL

Entre os dias 23 e 28 de março de 2016, os Ingarikó realizaram sua I Conferência da Cultura na comunidade Manalai, situada no extremo norte do território *Wîi Tîpî* da Terra Indígena Raposa Serra do Sol, que faz a fronteira do Brasil com a Guiana e a Venezuela.

O evento foi organizado pelo Conselho do Povo Indígena Ingarikó (Coping), que estima a participação de mais de 700 pessoas: uma dúzia de parceiros *karaiwa* (não indígenas); alguns convidados de etnias pemon; e uma grande maioria kapon. Das 25 comunidades indígenas que estiveram representadas, quatro são pemon e 21 kapon – muitas delas localizadas nos países vizinhos e afastadas, por caminhadas de apenas um ou dois dias, das 11 comunidades habitadas pela população ingarikó, de 1.429 pessoas (DSEI Leste/Roraima, 2015).

A programação proposta pelo Coping teve o objetivo de evidenciar aos participantes a riqueza de seu próprio universo cultural para, assim, fortalecê-lo. A começar pelas refeições coletivas, que foram predominantemente constituídas de iguarias da culinária kapon e pemon: *damorida*, beiju e caxiri. Houve também uma feira de sementes, artesanatos e alimentos produzidos na região. E, paralelamente às negociações da feira, contação de estórias e competições de remo e natação no rio Panari.

Durante toda a conferência, nas madrugadas, e em períodos diurnos intermitentes, os participantes celebraram, com danças

Participantes reunidos na comunidade Manalai, TI Raposa-Serra do Sol, durante a I Conferência da Cultura Ingarikó.

e cantos, a religião Areruya, que consideram ser o principal elo cultural entre os povos kapon e pemon habitantes da região da tríplice fronteira Brasil-Guiana-Venezuela. Assim, as lideranças políticas e religiosas presentes reservaram um dos dias do evento para debater os aspectos problemáticos da intervenção dos Estados nacionais em seu modo de vida, avaliando em que medida as fronteiras têm dificultado a união entre os habitantes locais, em conflito com os princípios da religião Areruya.

POVOS DE FRONTEIRA?

A região *circum*-Roraima, assim designada em função da circunvizinhança ao monte homônimo, situa-se na porção ocidental do maciço das Guianas. É habitada, desde tempos imemoriais, por etnias karib que se autodenominam Kapon (os Akawaio, Ingarikó e Patamona) e Pemon (os Macuxi, Taurepang, Arekuna e Kamarakoto). Etnias que, além de participar dos mesmos sistemas de trocas matrimoniais e comerciais, compartilham as mesmas narrativas cosmogônicas, protagonizadas por *Makunaimë* e seu irmão mais novo, de nome variável; a mesma tradição material, com ênfase no processamento da mandioca e na confecção de cestarias, redes de algodão e panelas de barro; e os mesmos ritos – ainda que a assiduidade de sua prática varie bastante de um subgrupo para outro. Em suma, os Kapon e Pemon, apesar das especificidades linguísticas e históricas, participam de um mesmo complexo sociocultural que não se deixa limitar pelas fronteiras nacionais agregadas ao território *circum*-Roraima, justamente porque as precede historicamente e as transpõe metafisicamente, sobretudo, no plano espiritual tratado pela religião Areruya.

ARERUYA: O CORAÇÃO DO MUNDO

Nas cerimônias religiosas, o *sosi epuru* (líder da igreja) conduz cantos e um bailado em roda, às vezes interrompido por sermões. Depois de horas, os dançarinos se dirigem ao pátio exterior à igreja, onde recitam a ladainha final, seguida de uma refeição. Eis a imutável sequência litúrgica da religião Areruya. Já os cantos entoados variam de um *epuru* para outro, apesar de sempre exprimirem a mesma ética e a mesma cosmologia.

Chamados de pîrata, "dinheiro" nas línguas kapon e pemon, os cantos e as rezas são retribuições, ou pagamentos, a Paapai (Deus), que concede aos humanos o ar, a água, as caças, os demais alimentos, enfim, a vida. Não são orações restritas ao espaço cerimonial da igreja. As pessoas cantam em casa, deitadas em sua rede, antes das refeições coletivas ou, por exemplo, quando abrem uma nova roça. Nestas ocasiões, podem entoar cantos dedicados à entidade *pîreri paasi*, a irmã das manivas, em troca de seu auxílio na abundância das roças e dos alimentos constituídos à base de mandioca.

Muitos cantos versam sobre a condição provisória deste mundo, que será destruído por *paraw* (um cataclismo), anunciado pelo advento de Sisosikîrai (Jesus Cristo). A destruição da terra é inevitável, mas ela não precisa ser súbita. Deus pode mantê-la no eixo caso seja agraciado com as orações da religião Areruya – daí dizerem que ela é pata ewan (o coração do mundo).

Os religiosos não estão, entretanto, apenas preocupados com a manutenção do equilíbrio terrestre. Mediante as orações faladas, cantadas e dançadas, procuram se transformar à imagem de Jesus Cristo, pois sabem que, no momento do cataclismo, somente os pukkenak (os sábios ou profetas) subirão ao céu junto dele e de Deus. Já os descompromissados com a ética religiosa, morrerão e terão seu espírito fadado à escuridão.

UMA RELIGIÃO INDÍGENA

Sabe-se que, a partir do século XVII, missionários de diversas ordens cristãs estiveram na região *circum*-Roraima e que houve uma brecha de quase 100 anos desde a expulsão dos capuchinhos do território venezuelano, no início do século XIX, até o retorno de missões permanentes, com a instalação dos anglicanos no rio Pirara, em 1908. Até então, estes buscaram atrair as populações ameríndias locais para missões situadas em regiões vizinhas ou lançaram mão de métodos heterodoxos de pregação: catequese itinerante; distribuição de folhetos com temas bíblicos traduzidos para as línguas maternas e visitas aos assentamentos de madeireiras que empregavam jovens indígenas.

Especula-se que a heterodoxia e a maleabilidade de tais métodos de pregação fomentaram a eclosão dos diversos movimentos proféticos noticiados no mesmo período. Movimentos conduzidos por Kapon ou Pemon cujo contato com os religiosos brancos teria inspirado sua busca pela condição divina no paraíso celestial. Sugere-se ainda que tais profetismos, mais tarde, se cristalizariam em cultos como os de Areruya.

Esta versão sobre a origem da religião é predominante na bibliografia antropológica e histórica. Os Akawaio a corroboram. Dizem que seu fundador foi Iisiwon, um Macuxi das montanhas Kanuku, que estudava as palavras de Deus com homens brancos. Um dia, os instrutores levaram-no à Inglaterra, onde ele sentiu que estava sendo enganado. Tanto desejou que logrou conversar com Deus, que o informou sobre a mentira dos homens brancos e lhe deu condições para que transmitisse um conhecimento verdadeiro aos parentes. Quando voltou para casa, Iisiwon passou a difundir as novas ideias.

Conforme a história oral ingarikó, a saga de Iisiwon é relativamente recente. Os rituais de Areruya datariam da época do profeta indígena *Pîraikoman*, irmão de *Nua* (Noé). Seriam, portanto, mais antigos que o próprio Cristo. Os Ingarikó não endossam, nesse sentido, a versão mais difundida sobre a origem de sua religião. E, quando confrontados com as hipóteses acadêmicas a respeito da influência missionária sobre os profetas precursores, afirmam tratar-se de uma religião indígena. Mas não apenas: fazem questão de que ela seja a única praticada em seu território, onde é proibida a entrada de missões proselitistas.

TRÊS ESTADOS, UMA RELIGIÃO

Na manhã do dia 26, o quarto dia de conferência, um monomotor aterrissou na pista de pouso da Manalai. Trazia a governadora de Roraima, Suely Campos (PP/RR), que foi recebida com cantos religiosos e uma enorme roda de Areruya. Ela estava ali por conta da feira de artesanatos e sementes. E, como é de praxe, escutou algumas das reivindicações das comunidades ingarikó, mediante a leitura de um documento que lhe foi entregue. A única liderança que lhe dirigiu a palavra diretamente foi uma senhora akawaio, representante da igreja de Amokokupai, localizada na Guiana.

Em 1977, os líderes religiosos de Amokokupai lograram que sua religião integrasse o Conselho de Igrejas daquele país. Na prática, isso significa que os batismos e os casamentos oficiados por esta igreja são reconhecidos pelo governo e, conforme a legislação local, os últimos possuem efeitos civis. Em função deste reconhecimento oficial, as lideranças locais pleiteiam a prerrogativa de oficiar casamentos e batismos, inclusive, nas comunidades kapon e pemon de alhures. Estas, por sua vez, não se opõem ao *status* de *headquarter* que a igreja de Amokokupai reivindica para si e entendem que os preceitos básicos de sua religião estão de acordo com as leis presentes em um regimento escrito e registrado pelos religiosos Akawaio.

Conforme a líder akawaio dizia à governadora, são essas leis que, há muito tempo, orientam o convívio dos povos Kapon e Pemon e o manejo de seu território. Quando os três estados nacionais intervêm na região, sem contemplar o conhecimento indígena que a mantém tal como ela é, estão desrespeitando a política interna e a própria religião Areruya. Desrespeitam-na, também, quando impedem a livre circulação de seus praticantes, cuja moralidade repercute as noções religiosas de *meruntë* – uma força geralmente associada à coletividade, à união entre as pessoas – e *ekkaisarë* – a igualdade que elas atingem mediante um convívio bem orquestrado, à maneira da sintonia que a dança de Areruya cria entre os dançarinos.

É verdade que os indígenas não são proibidos de cruzar as fronteiras, mas têm sua livre circulação impedida quando, por exemplo, desistem de residir em comunidades de países vizinhos – onde possuem parentes ou até mesmo onde cresceram – por conta de constrangimentos burocráticos que, senão impossibilitam, dificultam seu acesso à documentação e aos direitos locais.

HIDRELÉTRICAS E MINERAÇÃO

Nos últimos anos, o governo guianês tem negociado com multinacionais a construção de duas hidrelétricas inter-relacionadas, nas regiões do Alto Mazaruni e do Alto Potaro. A energia gerada pelas duas hidrelétricas serviria ao consumo interno, à venda para o Brasil e, também, ao desenvolvimento da mineração, com a exploração de bauxita e a instalação de um complexo metalúrgico. O ambicioso projeto exigiria a construção de uma estrada de acesso à região do Alto Potaro, tornando-a ainda mais vulnerável ao desmatamento, ao garimpo e ao assédio das mineradoras. Se tais empreendimentos forem concretizados, é provável que as comunidades patamona, localizadas na região onde foram identificadas as reservas de bauxita, testemunhem a degradação e o aumento da insegurança em seus territórios. Estima-se também que grande parte do território habitado pelos Akawaio e Arekuna seja alagada, inclusive, algumas de suas comunidades mais populosas. Tratar-se-ia, enfim, de um grande desastre socioambiental[1].

No segundo dia de conferência, enquanto discutiam os limites para a concretização de seus ideais de equilíbrio social e também cósmico, as lideranças presentes apontaram como principais obstáculos as relações com os Estados nacionais. Um líder patamona, de Kankarumë, mencionou as hidrelétricas impostas e manifestou seu descontentamento com intervenções governamentais dessa natureza. Além de degradarem o meio-ambiente, elas criam desagregação social, até mesmo conflitos internos, quando algumas comunidades não são beneficiadas com as medidas compensatórias destinadas às outras.

Para os Kapon e Pemon, os três Estados também se fazem notar pela omissão diante do garimpo ilegal. A atividade traz diversos problemas às comunidades da Guiana e, nos últimos anos, tem crescido também na Venezuela. Seus impactos ambientais e sanitários já se fazem sentir até mesmo entre os Pemon que vivem no

Parque Nacional Canaima, eleito Patrimônio da Humanidade pela Unesco em função da impressionante beleza natural e da grande relevância ecológica. O Monte Roraima e os demais *tepuis* que o compõem são algumas das formações geológicas mais antigas da Terra, que abrigam diversas espécies endêmicas e onde nascem importantes rios que irrigam a circunvizinhança.

Além de não combater a invasão garimpeira, o próprio governo venezuelano ameaça degradar a região, que é um dos principais destinos turísticos da Venezuela. Em 2016, o presidente Nicolás Maduro anunciou a criação do *Arco Minero del Orinoco*, uma zona de exploração mineral de mais de 111 mil quilômetros quadrados, que afetará territórios habitados por diversas etnias indígenas, inclusive, a bacia do rio Caroní, que nasce no majestoso *tepui* Kukenan.

OUTRAS ARTIMANHAS DO ESTADO

Sarik puk era pajé e *pukkenak*. No início do século XX, fundou a igreja do Rio Panari, para onde atraiu diversas famílias. Esta seria a origem da atual Manalai. Enquanto viveu e liderou a comunidade ingarikó, Sarik puk opunha-se ao contato de seu povo com os *karaiwa* (não indígenas). Entretanto, sabia que no futuro construiriam ali, na Manalai, uma pista de pouso e uma escola. E dizia que, neste dia, os Ingarikó começariam a perder sua cultura, pois, através da escola, o Estado os transformaria em anzóis. Isto é, os instrumentalizaria a serviço de seus próprios interesses.

Nos debates da conferência, um morador da Manalai resgatou o caso de Sarik puk, do qual extraiu uma observação interessante: o mundo de Sarik puk já está em extinção e os Ingarikó devem, agora, saber operar as armas deste novo mundo em que adentraram. Não tem mais volta. É verdade que a escola pode enfraquecer a cultura local, mas ela pode ser útil. O que o povo, com o auxílio dos professores, deve perseguir é uma inversão dos papéis: fazer da escola um local onde os jovens aprenderão a usar o Estado como seu anzol.

PROTAGONISMO INGARIKÓ

A dificuldade de acesso à região, que favorece a conservação, é também motivo de problemas quando o assunto é o acesso das comunidades às políticas públicas federais, estaduais e municipais. Em 2011, a Assembleia do Conselho do Povo Indígena Ingarikó (Coping), fez um balanço das suas várias conquistas, mas avaliou que falta um esforço por parte do Estado para garantir serviços públicos, respeitando e promovendo a diversidade cultural, a esta região.

Entre os temas mais debatidos está a educação, pois a situação das escolas é de abandono em termos de estrutura e o seus corpos técnicos têm dificuldades para conciliar o calendário escolar com a realidade das aldeias. Os problemas são inúmeros; o transporte do material e da merenda escolar, por exemplo, até pouco tempo era realizado pelos próprios professores, que se cotizavam para levar da cidade até as aldeias. Hoje a Secretaria de Educação não autoriza mais os professores a fazer o transporte particular, mas também não o realiza com regularidade.

Os Ingarikó enfrentaram também problemas na saúde com a ocorrência de casos de beribéri, doença causada por falta de vitamina B1. Sua dieta é baseada em carboidratos, composta por damorida, um prato feito de pimentas e de peixes, raros na região das serras, ou de carne de caça, também escassa, e por caxiri, bebida fermentada feita à base de mandioca. Por outro lado, o orçamento da saúde indígena aumentou consideravelmente nos últimos anos, mas ao invés de ser investido em prevenção nas comunidades indígenas, ele tem sido absorvido pelo serviço de remoção de pacientes – o que beneficia as empresas que fazem as remoções por via aérea e terrestre.

O difícil acesso à região, a escassez de caça, peixes e matas para fazer roças, as secas e as enchentes mais severas não bastam para explicar as dificuldades agravadas ora pela negligência, ora pela intervenção inadequada do Estado na vida deste povo.

Recentemente, o Coping criou o Nutrir, um centro para criação de animais de grande e pequeno porte e a manutenção da variedade de sementes nativas em um viveiro de mudas. Está prevista para este ano a implantação de uma escola técnica em agroecologia pelo IFRR na comunidade Serra do Sol. Há também o trabalho com o ISA para elaborar o Plano de Visitação para a região Ingarikó. Estas são iniciativas, que com o apoio de órgãos públicos, podem vencer o isolamento geográfico de forma a contribuir com a sustentabilidade da região.

Os Ingarikó, por meio do Coping, têm apostado em parcerias com critérios, para evitar a exploração predatória do seu território e a sua exposição à interesses externos aos kapon, olhando sempre para novas oportunidades. O desafio é fazer isso passo-a-passo com eles, prestando atenção nos seus comandos, como se faz nas danças do Areruya.

NOTA

[1] Para informações detalhadas, veja o relatório da antropóloga Audrey Butt Colson na página da ONG Survival. Disponível em <http://www.survivalinternational.org/news/9568>

INGARIKÓ DISCUTEM GESTÃO DO PARQUE NACIONAL MONTE RORAIMA E TURISMO

Habitantes da região circum-Roraima, desde 2011 os Ingarikó vêm debatendo sobre cidadania indígena e políticas públicas. Entre estas políticas está a implementação do Parque Nacional (Parna) Monte Roraima, uma Unidade de Conservação sobreposta à TI Raposa-Serra do Sol.

O decreto de homologação da TI, em 2005, reconheceu pela primeira vez a figura da dupla afetação e estabeleceu que a gestão da área seria feita de maneira compartilhada entre o Ibama, a Funai e os Ingarikó – que surgiram no cenário político como os principais articuladores de um plano de gestão para a área de sobreposição do Parna. Em 2008, foi constituído um grupo de trabalho interministerial, composto também por representantes indígenas do Coping e do Conselho Indígena de Roraima (CIR), que elaborou de maneira participativa o Plano Pata Eseru, uma proposta abrangente de como deveria ser a gestão do Parna.

A aprovação desse plano, no entanto, foi suspensa em 2008 e hoje a forma de gestão do Parna é a principal preocupação dos Ingarikó, que querem manter o caminho apontado no Pata Eseru.

Em 2012 foi criado o Conselho Gestor do Parna Monte Roraima, que é integrado também por representantes ingarikó. O ICMBio, no entanto, com orçamento restrito, tem priorizado nos últimos anos as atividades de manutenção do acesso e segurança no lado brasileiro do topo do Monte Roraima – área vulnerável por conta do aumento de visitantes acima da capacidade, já que o acesso é feito pela Venezuela.

A elaboração do Plano de Visitação da região Wîi Tîpî, a ser realizada com ampla participação dos Ingarikó, aparece como uma oportunidade de geração de renda para as comunidades e de atualização do Plano de Manejo do Parna, datado de 2000.

Assim, em meados de 2015, com a regulamentação do turismo em Terras Indígenas por meio de uma instrução normativa da Funai, cresceu a expectativa de que os Ingarikó tivessem maior segurança jurídica para ordenar o turismo que ocorre ocasionalmente em seu território.

A área, de beleza cênica extraordinária, é de difícil acesso, o que a mantém bem conservada. A visitação da região pode ser uma possibilidade de valorização da biodiversidade e da cultura kapon, de geração de renda, promoção do conhecimento indígena e melhoria da qualidade de vida das onze comunidades indígenas que nela vivem.

As poucas e intermitentes visitas turísticas no território Wîi Tîpî já havia motivado alguns Ingarikó a se qualificarem em cursos técnicos de turismo oferecidos pelo Instituto Federal de Roraima (IFRR) e a suspenderem temporariamente a entrada de turistas na região até que a logística seja estruturada e as atividades turísticas sejam organizadas.

Por isso também os Ingarikó visitaram em outubro de 2015 duas comunidades pemon, Kuramakapay e Paraitepuy, no Parque Nacional Canaima, sul da Venezuela, para compreender melhor os impactos e os benefícios das atividades turísticas em territórios indígenas.

Na ocasião, a comissão ingarikó foi recebida por autoridades indígenas e do Estado venezuelano, que explicaram como funciona o turismo na região, os desafios ligados ao relacionamento com as operadoras de turismo; a influência dos valores e costumes ocidentais nas comunidades; a dificuldade de controlar o acesso ao Monte Roraima; e os problemas relacionados à destinação do lixo deixado pelos turistas.

Foram mencionados também os benefícios trazidos com a geração de renda por meio de venda do artesanato, dos restaurantes e hospedagens nas comunidades indígenas e o pagamento aos guias e carregadores. Muitas pessoas enfatizaram a importância da atividade como alternativa ao garimpo, que cresceu muito na região venezuelana devido à crise econômica naquele país.

O que é o Pata Eseru

O Plano Pata Eseru foi concebido com base no seguinte consenso construído a partir da homologação da TI RSS:

(a) a gestão de um território superposto pressupõe o reconhecimento dos direitos indígenas sobre a área, da importância da área para a conservação da diversidade biológica e da necessidade de unir esforços estatais em prol do alcance dos objetivos de cada categoria de área protegida;

(b) o Plano de Administração definirá o arranjo institucional que será responsável pela gestão da área;

(c) o Plano Pata Eseru será o instrumento de gestão territorial com equivalência a outros instrumentos que pretendam cumprir o mesmo objetivo (Plano de Manejo e Plano de Vida);

(d) a área de abrangência desses instrumentos será a Área sob Dupla Afetação e seu entorno de dez quilômetros; e

(e) os esforços empreendidos através desses instrumentos deverão combinar os objetivos das duas categorias em favor de melhores condições de vida para as comunidades indígenas e da conservação da natureza. (Ana Paula Caldeira Souto Maior, setembro, 2016)

DO OUTRO LADO DA FRONTEIRA

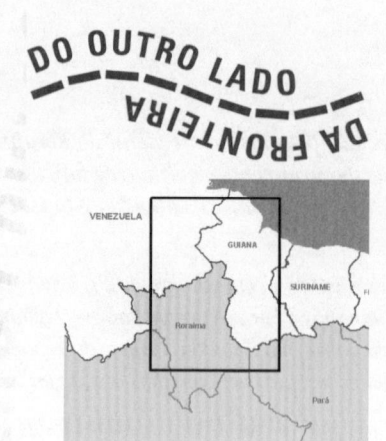

GUIANA

Entre Futuros Distintos

Lisa Katharina Grund — Antropóloga, doutoranda na Universidade de St. Andrews

APÓS AS ELEIÇÕES DE MAIO DE 2015, A GUIANA VIVE UM IMPASSE ENTRE VELHAS ESTRUTURAS SOCIOECONÔMICAS E MUDANÇAS PARA NOVOS MODELOS DE DESENVOLVIMENTO – COM EFEITOS DIRETOS SOBRE OS POVOS INDÍGENAS E SEUS TERRITÓRIOS. PROPOSTAS DE UMA ECONOMIA VERDE E DE CRIAÇÃO DE NOVAS RESERVAS AMBIENTAIS E INDÍGENAS SÃO COMBINADAS COM A REINTRODUÇÃO DA MINERAÇÃO DE GRANDE ESCALA

Os povos indígenas na Guiana, nos últimos anos, debatem e vivenciam fortemente o impasse em que se encontra o país, diante de modelos de desenvolvimento antagônicos. O governo anterior foi marcado por negociações duvidosas e escândalos de corrupção, inclusive em seu alto escalão, ao mesmo tempo em que o garimpo e a grilagem de terras aumentaram de modo exponencial e, em consequência, a pressão sobre as terras indígenas. Com as últimas eleições, em maio de 2015, abriram-se possibilidades para se repensar práticas e modelos para o futuro.

Uma grande mudança política ocorreu, com efeito, nas eleições de maio de 2015. Depois de 23 anos de governo do People's Progressive Party (PPP), a maioria dos cidadãos guianenses votou pela coalizão multirracial de oposição, da A Partnership for National Unity (APNU) e Alliance for Change (AFC), com David Granger para presidente. Ao ser eleito, Granger nomeou Sydney Allicock como Vice-Presidente e Ministro dos Assuntos Indígenas. Pela primeira vez na história, um macuxi ocupa tais cargos. Foi um momento de entusiasmo nacional e vontade política de mudança.

Grande parte do PIB da Guiana não se constitui na estreita e superpovoada área costeira, mas, antes, no interior, predominantemente indígena, onde ocorrem a mineração, o corte de madeira e, de modo crescente e algo contraditório, o ecoturismo.

CONSERVAÇÃO E MODERNIZAÇÃO

O destino mais procurado pelo turismo, as savanas no sul do Rupununi, é considerado o interior da Guiana por excelência. Tal contribui, largamente, para tornar a região atraente ao ecoturismo, bem como aos projetos de conservação nacionais e internacionais e às oportunidades de financiamento, beneficiando muitas das comunidades macuxi, wapishana e waiwai na área. Ao norte, o interior coberto por floresta, menos acessível, onde vivem outros povos pemon e kapon – akawaio, arekuna e patamona –, oferece nítido contraste, marcado pela extração de recursos naturais.

O governo recém-eleito fez do turismo uma prioridade. Diversas comunidades macuxi, dentre as 28 espalhadas pelas savanas do Rupununi, administram seus próprios hotéis ecológicos; algumas começaram suas próprias concessões de corte de madeira, em sistema de parceria, tentando equilibrar as práticas conflitantes de conservação e observação de animais silvestres, com a extração comunal de produtos da floresta. Estas atividades econômicas têm tido impacto considerável na distribuição da renda, no acesso a bens caros, como veículos, bem como à tecnologia da informação e à internet.

Além disso, o novo governo identifica o distrito do Rupununi como futuro expoente para a agricultura, na forma de "agricultura familiar" e processamento de castanhas e frutos para exportação. Outras regiões, em particular as comunidades macuxi ao sul da cordilheira da Pacaraima, permanecem alheias a tais processos.

Um projeto de longa data prevê a melhoria e pavimentação da estrada de terra que liga Lethem à costa, de modo a torná-la um corredor viável e permanente de Manaus ao Oceano Atlântico. Muitas comunidades macuxi no norte do Rupununi, situadas próximas à estrada, serão, portanto, afetadas. A maior parte dos residentes parecem ser a favor de sua melhoria e estudos de viabilidade são feitos há bastante tempo, em sua maioria custeados pela União Européia e pelo Banco Mundial. Por ora, o projeto será financiado pela Iniciativa para a Integração da Infraestrutura Regional Sul-Americana (IIRSA), que inclui a construção de uma usina hidrelétrica, em área Arekuna e Akawaio, e um porto de águas profundas na costa da Guiana – projeto visto como crucial para o desenvolvimento nacional. Tanto o governo anterior quanto o atual comemoraram esta iniciativa; a construção de uma ponte sobre o Rio Essequibo prevê uma pequena hidrelétrica para fornecimento de energia à ponte e às comunidades macuxi circundantes.

O novo governo prometeu tornar-se um modelo de economia verde para o Escudo Guianense, ao se afastar da atual dependência do petróleo venezuelano, em busca de energia renovável – principalmente solar, eólica e hidrelétrica. Infelizmente, a energia hidrelétrica continua a ser considerada energia limpa, sem que sejam ponderados os prejuízos que causa ao meio ambiente.

"ÀS ESCONDIDAS DE DEUS"[1]: COMUNAL X COMERCIAL

Em comparação à atenção dada pela mídia às condições e à futura pavimentação da estrada Linden-Lethem, que conecta Georgetown ao Brasil, a construção de uma estrada de terra, pela Mineradora Omai, a partir de 2013, que atravessa os territórios macuxi e patamona, pela cadeia de montanhas Pacaraima, permanece quase ignorada pelo público.

Muitas das comunidades, antes bastante isoladas, são agora cruzadas por crescente tráfego de veículos, especialmente de caminhões, que carregam mercadorias para os garimpos. Não houve consentimento informado prévio; nenhum estudo de impacto social e ambiental foi feito; a mão de obra indígena, que reside no local, não foi empregada. A estrada encontra-se estreitamente vinculada à atividade mineradora, que ocorre ao norte, e ao projeto de integrar a região da Pacaraima em potenciais "opções de desenvolvimento"[2].

Distante, invisível ao centro do poder, o distrito de Karasabai ao sul das Pacaraima, nos limites do território macuxi da Guiana, em área fronteiriça com o Brasil, tornou-se alvo de uma disputa relativa ao uso de recursos naturais. Região montanhosa, com poucas fontes de água, ali as comunidades dependem de longas caminhadas para pescar peixes maiores. Tradicionalmente, ao menos uma vez por ano, uma grande expedição vai ao Rio Tacutu-pequeno, permanecendo muitos dias ou semanas para pescar, de modo a trazer peixes para importantes eventos comunais.

A relevância cultural destas expedições é imensa, pois várias práticas coletivas fazem parte da expedição, de danças a técnicas de caça e pesca, de rezas a celebrações coletivas, todas enfatizadas em narrativas desta área. Porém, entre 1998 e 1999, quando foi feita demarcação de terras em vigor, o território foi diminuído, apesar da decidida oposição dos macuxi. Ainda que os residentes permanecem inconformados, os dados da Comissão Geológica e de Minas indicam, claramente, a exploração de recursos na área.

Até abril de 2015, a agência governamental havia expedido numerosas autorizações de prospecção de minério, incidindo nas terras limítrofes à área demarcada, que são tradicionalmente utilizadas e valorizadas pelas comunidades indígenas. Ao lado da pressão exercida pela extração de minério e madeira, e como seus correlatos, verificam-se pesca e caça comerciais e de larga escala. Tais atividades ilegais, que são testemunhadas pelos residentes locais, têm impacto negativo sobre a população animal, bem como humana, afetando sobremaneira a celebração das festas coletivas macuxi.

A economia da Guiana continua a depender da indústria extrativista: ouro é o principal produto de exportação; 600.000 onças são a expectativa para o ano de 2016. Madeireiras asiáticas conseguiram acumular "cerca de 80% das concessões de longo termo e de larga escala na Guiana, o equivalente a um terço dos 15,8 milhões de hectares de florestas em terras públicas"[3]. Isto foi possível por meio de negociações feitas pelo governo anterior e pela quebra das leis guianenses relativas às florestas. Para evitar o tráfico de animais e a grilagem de terras, os funcionários responsáveis precisam cumprir a lei, o que também deixou de ser feito no governo anterior. Críticos dizem, ainda, que pouco foi feito para garantir o primado da lei, no governo atual, e que a manutenção das estruturas políticas e institucionais impede mudanças sérias. Porém, a iniciativa recente de revogar as grandes concessões de terra da companhia chinesa Baishanlin é um sinal otimista.

ENTRE DISCURSO E PRÁTICA

A prática corrente de demarcação de terras indígenas em pequenos bolsões em meio a áreas acessíveis à exploração por terceiros, em vez de terras contínuas mais amplas para o uso e circulação da população indígena, aumenta a possibilidade de conflito fundiário. Ao que tudo indica, sob o novo governo, o projeto de áreas protegidas – tanto de demarcação do território wapishana, bem como da reserva Rupununi Wetlands, que incluem as comunidades macuxi do Rupununi central e setentrional – tem maiores chances de sucesso.

A proposta de economia verde, com a criação de novas reservas ambientais e indígenas, será combinada, contraditoriamente, com a reintrodução da mineração de grande escala – para trazer "os tempos bons" de volta –, ao mesmo tempo em que se promete um futuro sustentável para todos.

A sociedade organizada, índios e não índios, devem pressionar o governo e empresas, a fim de negociarem um futuro que valorize outros modos de vidas, sustentáveis, para, talvez, a longo prazo, diminuir a importância de setores econômicos extrativistas estabelecidos, abrindo espaço para novas formas de produção, num movimento em direção a uma economia "verde", de fato. Há, por certo, pronunciamentos mais interessantes, neste sentido, do que no governo anterior. Resta saber que alcance este discurso terá, na prática. *(setembro, 2016)*

NOTAS

[1] Expressão comum de garimpeiros que vem da costa. É referência ao trabalho de Terence Roopnaraine: Roopnaraine, T. R. R. (1996). *Freighted fortunes : gold and diamond mining in the Pakaraima Mountains, Guyana*. (doctoral thesis).

[2] Ver http://www.lands.gov.gy/, "Development Options Hotspots and Linkages".

[3] Segundo Bulkan, J. 2014. "Forest Grabbing Through Forest Concession Practices: The Case of Guyana". *Journal of Sustainable Forestry*, 33, p. 423 doi:10.1080/10549811.2014.899502.

ACONTECEU

GERAL

ENCONTRO DE JOVENS INDÍGENAS

Após a Assembleia Geral dos Povos Indígenas de Roraima, a juventude indígena seguiu com encontros regionais. Foi realizado o II Encontro Regional dos Jovens Indígenas de Amajarí, com o tema "Preservação da Cultura, Meio Ambiente e Fortalecimento da Nossa Autonomia". São iniciativas que buscam dar continuidade à luta em defesa da terra, autonomia e outras causas que envolvem a participação coletiva. *(Combate Racismo Ambiental, 02/04/2014)*

COLETA DE LIXO NAS COMUNIDADES

Doze comunidades indígenas da zona Rural de Boa Vista vão receber orientações sobre o descarte correto do lixo. As regiões da Serra do Truaru, da Moça, Morcego e Baixo São Marcos, no interior do estado, também vão ser contempladas com os serviços de limpeza. De acordo com o tuxaua da comunidade do Truaru, o lixo que antes era incinerado. Segundo o secretário municipal de Gestão Ambiental, UMA parte do lixo será descartada no aterro sanitário e outra será destinada a uma trincheira para decomposição. *(G1/RR Globo, 28/02/2015)*

PROTAGONISMO DA MULHER INDÍGENA REAFIRMADO

Em Roraima, o protagonismo da mulher indígena se reafirma a cada conquista de espaço nas mais variadas funções, tanto no movimento indígena como no âmbito governamental. Trata-se da conquista pela composição da Coordenação Geral do Centro Indígena de Formação e Cultura Raposa Serra do Sol (CIFRSS) por duas jovens mulheres indígenas, dos povos Sapará e Macuxi. *(M. Wapichana, Combate Racismo Ambiental, 02/06/2015)*

TURISMO NO LAGO CARACARANÃ

O lago Caracaranã que fica dentro da TI Raposa Serra do Sol está aberto à visitação. O lago ficou fechado por um período depois que o STF decidiu pela homologação. O Conselho Regional da Raposa Serra do Sol está com projetos para a reestruturação do local. Segundo o coordenador do CIR, o Caracaranã é uma perspectiva de renda. *(N. Oliveira, Folha de Boa Vista, 12/01/2012)*

TURISMO EM TIS EM DEBATE

Audiência pública, no lago Caracaranã, discutiu potencialidades e impactos da exploração do etnoturismo em terras indígenas. No País, ainda falta uma regulamentação para a atividade, mas experiências positivas nos estados do Amazonas, do Acre e da Bahia são referência. *(Portal Amazônia, 17/07/2012)*

MUNICÍPIO ADOTA LÍNGUAS MACUXI E WAPICHANA

A partir deste ano, a população do município de Bonfim, em Roraima, passa a contar com outras duas línguas além do português. Isso porque foi aprovada no final de 2014 no município de Bonfim, uma lei que torna a Macuxi e Wapichana línguas cooficiais no município. O diálogo com a Câmara de Vereadores se deu por meio do Instituto Insikiran, vinculado a UFRR. Pela lei, a Prefeitura, em parceria com as organizações indígenas e Instituições Federais de Ensino Superior, tem até 5 anos para contratar tradutores e intérpretes indígenas. Além disso deve traduzir placas de sinalização, oferecer atendimento à população nessas duas línguas, traduzir as Leis municipais e financiar publicação de livros nas línguas Macuxi e Wapichana que serão usados nas escolas públicas do município. Bonfim, com 11 mil habitantes e 40% da população indígena, é o terceiro município brasileiro a tornar línguas indígenas cooficiais. Em São Gabriel da Cachoeira (AM) foram oficializadas as línguas Nheengatu, Tukano e Baniwa. Na cidade de Tacuru (MS), o Guarani foi reconhecido como a segunda língua oficial. Informações do Museu do Índio no Rio de Janeiro apontam que o Brasil corre o risco de perder, no prazo de 15 anos, um terço de suas línguas indígenas. *(M. Moreira, Radioagência Nacional/EBC, 22/01/2015)*

EDUCAÇÃO

ÍNDIOS ESTUDAM EM ESCOLA IMPROVISADA

Os 199 alunos de 1ª a 8ª série estudam em salas de aulas improvisadas na comunidade Serra do Sol, no Município do Uiramutã, norte do Estado. A escola estadual indígena está em fase de construção. Segundo os professores da região, a unidade está sendo construída com recursos dos próprios professores. A professora que leciona as matérias Língua Materna (Ingarikó) e Geografia, disse que a dificuldade de chegar até a região e a falta de recursos são os motivos do atraso na construção. *(O. Ferreira, Folha de Boa Vista, 02/03/2012)*

MATERIAL ENTREGUE É INSUFICIENTE

Funcionários da escola estadual Indígena Wai-Wai, localizada no Município de Caroebe, sul do Estado, reclamam da insuficiência de material escolar para atender os 120 alunos matriculados nas séries de ensino fundamental e médio. Segundo o funcionário, outras escolas também receberam a lista de material e dizem que é insuficiente. *(Folha de Boa Vista, 07/03/2012)*

UFRR OFERECE 150 VAGAS PARA INDÍGENAS

A UFRR tornou pública a realização de três Processos Seletivos Específicos para ingresso de indígenas nos cursos de graduação da instituição. *(Folha de Boa Vista, 14/05/2012)*

... E APROVA A CRIAÇÃO DE GRADUAÇÃO INDÍGENA

A UFRR aprovou a criação de um novo curso de graduação, Bacharelado em Saúde Coletiva com ênfase em Gestão da Saúde Indígena. A meta é contribuir para a consolidação de práticas mais adequadas às necessidades de saúde desta população, considerando suas especificidades culturais. As vagas são provenientes do Reuni. *(Folha de Boa Vista, 11/07/2012)*

RORAIMA CONTRATA PROFESSORES INDÍGENAS

A capital de Roraima vai contratar 1.077 professores indígenas substitutos para atender a Educação Indígena do Estado. Conforme dados do Censo Escolar da Educação Básica 2013, o Estado de Roraima possui 253 escolas indígenas, 6.603 alunos matriculados e 1.465 docentes. As escolas indígenas também ofertam a modalidade de Educação Especial. *(Portal Amazônia, 30/01/2014)*

INDÍGENAS ESTÃO INSATISFEITOS COM PLANO DE EDUCAÇÃO

O MPF/RR expediu recomendação ao Governo do Estado para que realize consulta pública junto às comunidades indígenas, assegurando sua participação na elaboração do Plano Estadual de Educação (PEE). A recomendação é consequência de procedimento instaurado a partir da Carta de Repúdio da 1ª Assembleia Extraordinária da OPIRR 2015, na qual professores indígenas relatam a insatisfação em relação à elaboração do PEE. *(MPF/RR, 11/08/2015)*

ACONTECEU

EDUCAÇÃO INDÍGENA FORA DO PLANO ESTADUAL

Indígenas protestaram contra a retirada do eixo Educação Indígena, do Plano Estadual de Educação na Assembleia Legislativa de Roraima (ALE-RR). A retirada do eixo impede a chegada de recursos para Roraima e o Estado não teria como manter. *(Y. Guedes, ALE-RR, 11/08/2015)*

EDUCAÇÃO INDÍGENA NÃO RECEBE RECURSOS DO FUNDEB

A secretária de Educação, Selma Mulinari, afirmou que a educação indígena de Roraima não recebe recursos do Fundeb. Essa distorção federativa no modelo de financiamento da educação é um dos temas da carta elaborada pelos secretários de Educação da Região Norte, entregue à presidente Dilma Rousseff e ao Congresso Nacional. O custo aluno no modelo atual, segundo Selma Mulinari, leva em consideração a realidade dos estados do centro-sul do país, que é completamente diferente do que é vivenciado no norte do Brasil. *(R. Lins, Governo do Estado de Roraima, 17/08/2015)*

INDÍGENAS REIVINDICAM APROVAÇÃO DO PEE

Indígenas de seis etnias recepcionaram os deputados no Plenário da ALE-RR no dia 19. O movimento pede a aprovação do PEE, que inclui a modalidade indígena. De acordo com um dos coordenadores do movimento, hoje, 100% das escolas indígenas estão paralisadas e não há data para o retorno das aulas. O Projeto de Lei do PEE foi protocolado no dia 24 de junho na ALE-RR sem o capítulo voltado para educação indígena. *(C. Dall, ALE-RR, 19/08/2015)*

... ACAMPAM NA PORTA DO PALÁCIO DO GOVERNO

Descontentes com a retirada arbitrária da modalidade indígena do PEE, 4.800 indígenas estão acampados na frente da sede do Governo do Estado. De acordo com o presidente do CIR, os 40 itens que compõem a modalidade indígena passaram por consulta entre os dez povos de Roraima e recentemente foram aprovados pelo Conselho Estadual de Educação. O movimento pede a exoneração da atual secretária, Selma Mulinari. *(CIMI, 21/08/2015)*

... NA MAIOR MOBILIZAÇÃO PELA EDUCAÇÃO INDÍGENA NO ESTADO

A maior mobilização de professores, estudantes, tuxauas e demais lideranças em defesa dos direitos à Educação Escolar Indígena da história de Roraima completou um mês. Entre os 53 itens de reivindicações, o pedido de exoneração da secretária estadual de Educação, Selma Mulinari, irmã da governadora Suely Campos (PP), e a melhoria da qualidade do ensino e da estrutura das 255 escolas que atendem 14 mil alunos em comunidades situadas nas 32 terras indígenas do Estado. A mobilização iniciou com a IV Marcha dos Povos Indígenas de Roraima realizada pelo CIR no dia 10 de agosto, data alusiva ao Dia Internacional dos Povos Indígenas. Para não demitir a irmã, Suely Campos alega que o cargo é de confiança. Ela foi nomeada junto com outros 18 parentes quando a irmã tomou posse. Em nova reunião, quem assumiu o diálogo com o movimento indígena foi o ex-governador Neudo Campos (PP), marido da atual governadora. Em 2014, ele teve o registro negado por ter sido condenado por peculato pelo TRF da 1ª Região e por rejeição de contas pelo TCU. Com as condenações, foi barrado

Após um mês de mobilização, indígenas de Roraima celebram a inclusão da Educação Escolar Indígena no PEE.

Em Boa Vista (RR), povos indígenas fazem mobilização histórica por melhor ensino e exigem saída da secretária de Educação.

ACONTECEU

pela Lei da Ficha Limpa. Para o coordenador do CIR, a luta indígena em Roraima começou na década de 1970 quando os povos começaram a buscar os direitos da demarcação fundiária, saúde, educação. O ano de 2015, segundo ele, é marcado pela defesa da educação escolar indígena. *(M. Wapichana, Amazônia Real, 10/09/2015)*

PROFESSORES INDÍGENAS E GOVERNO CHEGAM A ACORDO

Em uma reunião com a governadora, os professores indígenas encerraram a paralisação que durou 36 dias. A reunião contou com a presença de 70 representantes, entre professores e lideranças de 13 regiões indígenas, além do coordenador do CIR. Foi apresentada uma pauta resumida com 26 pontos reivindicados pelas comunidades que foram debatidos e aprovados na íntegra pela governadora. O resultado foi comemorado pelos professores, lideranças e pela governadora. *(Folha de Boa Vista, 16/09/2015)*

SEGURANÇA ALIMENTAR

COMUNIDADES INDÍGENAS RECEBEM ALIMENTOS

Para contornar a falta de alimentos que afeta 1,4 mil índios de nove aldeias da etnia Ingarikó, o MDS doou 1,2 mil cestas básicas em caráter emergencial. No ano passado, as comunidades sofreram com a perda da produção agrícola devido a diversas secas intercaladas com período de enchentes. A região foi a mais prejudicada também pela dificuldade de acesso, feito somente por aeronaves. *(Y. Lima, Folha de Boa Vista Web, 13/01/2011)*

INDÍGENAS REALIZAM FEIRA DA INDEPENDÊNCIA NO BONFIM

Agricultores indígenas das comunidades do Sapo, Pium, São João, Cumarú, Manoá, Novo Paraíso e Vila São Francisco, participam de mais uma edição da Feira da Independência. A feira foi criada pela Casa do Produtor Rural (CPR) do Bonfim. Mensalmente são vendidas na feira toneladas de farinha, legumes e frutas, queijos e ovos, além de pequenos animais como galinhas, patos e porcos. De acordo com o tuxaua da comunidade do Pium, muitos produtores não tinham como escoar a sua produção e acabavam amargando prejuízos. *(Folha de Boa Vista Web, 04/02/2011)*

PRODUÇÃO DE MELANCIA MUDA A VIDA DE COMUNIDADE INDÍGENA

Indígenas da comunidade da Ilha (TI São Marcos) se preparam para colher na primeira quinzena de abril uma expressiva safra de melancia. Aos poucos, os índios conquistam autonomia financeira, mudam o padrão de vida e incentivam as novas gerações a retornar ao campo. Além de vender o produto para a Conab e para o Programa de Aquisição de Alimentos do Governo Federal, os agricultores abastecem o mercado de Boa Vista e já conseguiram mandar parte da produção para Manaus. Desde a primeira colheita eles passaram de 200 covas para 13 mil covas neste ano. As feiras indígenas têm rendido bons resultados. *(A. Mendonça, Agência Roraimense de Notícias, 24/03/2011)*

COMUNIDADES ILHADAS E ROÇAS DESTRUÍDAS PELAS CHUVAS

A situação das comunidades indígenas em todo o Estado é crítica, segundo afirmou ontem o coordenador-geral do CIR, que fez um sobrevoo no Estado junto com o administrador regional da Funai. As águas isolaram as aldeias nas TIs Raposa Serra do Sol e São Marcos. Nessas localidades ninguém consegue sair ou entrar e as roças foram destruídas pelas águas. A Conab informou ao CIR que está distribuindo cestas básicas para as famílias atingidas pelas cheias. *(Folha de Boa Vista Web, 10/06/2011)*

ÍNDIOS TERÃO PROJETOS DE SUSTENTABILIDADE

Para garantir a prosperidade e sustentabilidade dos povos indígenas da reserva indígena de São Marcos, projetos nas áreas de agricultura, pecuária e piscicultura serão implantados a partir deste mês. Os recursos são oriundos da Eletronorte, em função da compensação da linha de transmissão de Guri que passa por dentro das terras de São Marcos. Foi disponibilizado para a realização desses projetos R$ 1,1 milhão, para serem aplicados em nove comunidades beneficiadas, totalizando aproximadamente 800 indígenas beneficiados. *(T. Rodrigues, Folha de Boa Vista Web, 16/09/2011)*

Indígenas expõem seus produtos agrícolas no Centro Regional Campo Formoso, TI Raposa/Serra do Sol.

ACONTECEU

CONTINUA A VACINAÇÃO CONTRA A FEBRE AFTOSA EM TIS

Em homenagem ao Dia do Índio, oficialmente comemorado no dia 19 de Abril, a Prefeitura de Boa Vista está realizando durante este mês a programação "Abril Indígena". A programação inclui a primeira etapa da vacinação contra a febre aftosa. A meta é que sejam vacinados 100% dos rebanhos nas 14 comunidades indígenas. *(Folha de Boa Vista Web, 09/04/2012)*

EMBRAPA QUER VALORIZAR AGRICULTURA INDÍGENA

A Embrapa Roraima lançará nesta quinta-feira (19) o programa VAI - Valorização da Agricultura Indígena. O projeto visa a capacitação de grupos de mulheres indígenas por meio do aprendizado de tecnologias sustentáveis para agricultura familiar e prevê a instalação de quatro unidades de produção para fins de diversificação alimentar e qualificação em tecnologias agrícolas. Cada unidade será conduzida por um grupo de seis mulheres, no espaço de 1hectare, em área que possua a estrutura de água e energia. Essas unidades também funcionarão como pólo irradiador de tecnologias e como unidade multiplicadora de sementes crioulas. *(C. Monteiro, Embrapa, 17/04/2012)*

GOVERNO ADQUIRE ALIMENTOS DE COMUNIDADES INDÍGENAS

Quatro comunidades indígenas da zona rural de Boa Vista realizaram a venda de produtos agrícolas por meio do Programa de Aquisição de Alimentos (PAA) para o Governo do Estado. A primeira compra aconteceu na comunidade da Ilha, onde foram adquiridos 3.600 quilos de melancia de produtores daquela localidade. Na comunidade do Morcego os indígenas venderam 1.300 quilos de melancia, 160 quilos de paçoca e 300 quilos de banana. Os alimentos foram doados a todas as escolas das comunidades Morcego, Serra da Moça, Truarú e Truarú da Cabeceira. Na vila da Serra da Moça, além de banana, melancia e paçoca o governo também comprou 80 quilos de abacate e distribuiu para escolas daquela comunidade. Mais de 500 quilos de melancia, banana e paçoca foram entregues aos estudantes para o reforço da merenda escolar. *(Boa Vista News, 24/10/2012)*

PRODUÇÃO SUSTENTÁVEL MOBILIZA RAPOSA SERRA DO SOL

Três anos depois da demarcação contínua da TI Raposa Serra do Sol, a preocupação com a produção e a sustentabilidade para as novas gerações vem mobilizando os indígenas, que aos poucos dão uma nova identidade à terra, antes ocupada em sua maioria por produtores de arroz. Pensando na recuperação do meio ambiente e nas gerações futuras, os índios criaram um plano de desenvolvimento para a terra indígena que está em fase de implantação. O plano prevê ações para os próximos 30 anos. O planejamento traçado pelos índios tem na pecuária a principal atividade econômica. O rebanho atual chega a 70 mil cabeças, o dobro do que havia antes da decisão do STF de homologar a terra de forma contínua. Além da pecuária, as tradicionais lavouras de mandioca, feijão e milho têm sido incrementadas com técnicas mais modernas, introduzidas pelos próprios índios, alunos do Centro de Formação. A maior parte da produção ainda é voltada para a subsistência das comunidades, mas os índios já começaram a vender para o Programa de Aquisição de Alimentos (PAA), que compra produtos da agricultura familiar. *(L. Nascimento, Agência Brasil, 15/04/2013)*

AGRICULTURA INDÍGENA EM EXPOSIÇÃO

Entre os produtos agrícolas estavam expostas abóbora, macaxeira, farinha, goma, milho, arroz, banana, pimenta, feijão, e dos alimentos, a carne de caça, bovina e peixe. A exposição dos produtos foi um demonstrativo de como as comunidades indígenas tem sobrevivido ao longo dos anos a base de produções saudáveis, e que apesar da dificuldade de escoamento estão produzindo. A produção, ainda não em grande escala, mas em quantidade suficiente para o consumo coletivo das comunidades indígenas. O tuxaua Raimundo Fernandes frisou a dificuldade de escoamento dos produtos. *(CIR, 27/11/2013)*

ÍNDIOS REPUDIAM PROPAGANDA DE QUE PASSARIAM FOME

A Frente Parlamentar de Apoio aos Povos Indígenas publicou, nesta terça, 17, o relatório da viagem à TI Raposa Serra do Sol. A deputada Janete Capiberibe (PSB/AP) disse não ter encontrado um único indígena para corroborar o discurso de parlamentares ruralistas de que estariam passando fome depois da desintrusão. Segundo os parlamentares, há grande preconceito com os povos indígena que se se manifesta, por exemplo, no fato do governo do Estado não ter feito mais a manutenção nas estradas que levam às aldeias. "As escolas e os postos de saúde existentes foram construídos pela própria comunidade com a ajuda de parceiros", disse o coordenador-geral do CIR, Mário Nicácio. Nicácio condenou o discurso dos deputados da Comissão da Amazônia que lá estiveram em abril deste ano. Para a comitiva de parlamentares, não há dúvida de que os povos indígenas vivem melhor agora do que antes. Atualmente, com apoio da Diocese de Roraima, a produção de gado chega a 60 mil cabeças. Eles produzem arroz, milho e farinha e criam outros animais, como porcos e galinhas. *(M. Paraguassu, J. Capiberibe/ Blog, 18/12/2013)*

MULHERES INDÍGENAS FORTALECEM PRODUÇÃO SUSTENTÁVEL

Em 2013, a Secretaria do Movimento de Mulheres Indígenas, instância da Coordenação Geral do CIR finalizou as atividades do ano, proporcionando as mulheres indígenas resultados positivos, com a execução do Projeto de Aves, em oito etnoregiões do Estado. O Projeto de Aves foi uma construção coletiva das mulheres indígenas, que apresentaram à Secretaria as suas demandas e necessidades de trabalhar na área da sustentabilidade e gerar a sua própria renda. As mulheres indígenas, que historicamente tiveram participação direta na luta pela terra, sempre dedicadas pelo bem estar da família, educação dos filhos, pela saúde de forma tradicional e coletiva da comunidade, hoje, se deparam com novos desafios. O desafio de desenvolvimento e ocupação do território demarcado e homologado, atuando com responsabilidade e compromisso em defesa de suas terras e comunidades indígenas. *(CIR, 04/02/2014)*

EXÉRCITO LEVA ALIMENTOS E MATERIAL ESCOLAR AOS INGARIKÓ

O Sétimo Esquadrão de Transporte Aéreo (7o ETA), ou Esquadrão Cobra, finaliza nessa sexta-feira (04/04) missão que leva alimentos, material escolar e professores indígenas, que estavam fazendo curso de capacitação na capital Boa Vista, nas aeronaves da unidade para a comunidade indígena Ingarikó, em Raposa Serra do Sol (RR). A bordo da aeronave C-98 Caravan os pilotos do Esquadrão Cobra já transportaram duas toneladas de carga para o local para apoiar os moradores. A comunidade é considerada bastante isolada e os indígenas não têm acesso por rodoviais e nem por vias fluviais. " *(FAB, 04/04/2014)*

ACONTECEU

ESTIAGEM GERA SOFRIMENTO EM RAPOSA SERRA DO SOL

Indígenas da Comunidade Raposa I, na terra indígena Raposa Serra do Sol, alegam sofrer com a falta de chuva na região. A estiagem, que já dura cinco meses, tem prejudicado o abastecimento de água para 886 pessoas da localidade, além de maltratar as plantações de mandioca, raiz que é a base da alimentação indígena. A Raposa I fica há 215 quilômetros de Boa Vista, no município de Normandia, região Nordeste do estado. A distribuição de água às famílias da comunidade é feita por meio de uma fonte natural, que secou por falta da chuva. *(G1/RR Globo, 12/04/2014)*

VACINAS GARANTIDAS PARA IMUNIZAR REBANHO INDÍGENA

A Federação da Agricultura e Pecuária do Estado de Roraima, em conjunto com o Conselho Nacional de Pecuária conseguiu lote extra de 50 mil vacinas para atender à demanda do rebanho das Comunidades Indígenas. A vacinação será promovida pelo serviço oficial, que contará com o apoio da iniciativa privada e da Fundação Nacional do Índio. *(Boa Vista News, 17/04/2014)*

SEGURANÇA ALIMENTAR INDÍGENA EM DEBATE

Comida de verdade no Campo e na Cidade: por direitos e soberania alimentar' foi o tema do 3º Encontro de Segurança Alimentar e Nutricional dos Povos Indígenas de Roraima realizado na sede da SEI (Secretaria Estadual do Índio de Roraima). Dentre os desafios apontados, está o apoio do poder público para a produção de melancia: as comunidades indígenas representam o 2º maior produtor do estado. Esta atividade, somada à produção de gado e mandioca, representam as principais produções das comunidades indígenas, conforme afirma o secretário estadual do Índio, Ozélio Izidório Messias. *(S. Cesário, Roraima em Foco, 27/04/2015)*

INDÍGENAS QUEREM MULTIPLICAR BOVINOCULTURA

Índios das etnias Macuxi e Wapichana ligados à Sociedade de Defesa dos Índios Unidos de Roraima (Sodiur), em Boa Vista, criaram um projeto que prevê a multiplicação da bovinocultura em 50 comunidades indígenas. Conforme o presidente do Sodiur, Lu Pedro, a proposta, denominada "Duas vacas para cada índio", está orçada em R$ 12 milhões e poderá beneficiar 14 mil índios. Além da proposta ligada à bovinocultura, uma outra que propõe o fortalecimento da avinocultura, também foi oficializada. *(E. Costa, G1/RR Globo, 28/08/2015)*

INDÍGENAS SE TORNAM PRODUTORES DE FEIJÃO

Em Roraima, a produção de feijão tipo Jalo começa a ganhar força em áreas indígenas, com destaque para a comunidade do Flexal, localizada no Município de Uiramutã. A produção do grão é feita há aproximadamente 20 anos, sendo um dos produtos mais fortes da localidade, juntamente com o cultivo de mandioca e de milho. O projeto prevê aquisição de recursos de R$ 500 mil, via Ministério do Desenvolvimento Agrário, com uma contrapartida de 10% do Estado. *(M. Lopes, Folha de Boa Vista, 30/10/2015)*

WAIWAI FAZEM DIAGNÓSTICO DE SUA TERRA E PARTICIPAM DE INTERCÂMBIO SOBRE PRODUTOS DA FLORESTA

A TI Waiwai foi homologada em 2003 com 405.698 hectares, tem duas comunidades, com uma população que contava 315 habitantes em 2014. De outubro de 2013 a fevereiro de 2015, foi desenvolvido um projeto de diagnóstico socioambiental da TI Waiwai, uma parceria do Programa de Monitoramento de Áreas Protegidas do ISA com a Associação do Povo Indígena Waiwai do Xaary (APIWX) e as comunidades Xaary e Anauá. O levantamento das informações foi feito por pesquisadores indígenas escolhidos pelas comunidades. Uma das principais motivações para a realização desse levantamento foi a possibilidade de realizarem o monitoramento dos limites da TI e dos castanhais existentes na área – já que a castanha da Amazônia é o principal produto comercializado pelas famílias. Na época do levantamento, as duas comunidades participavam do Projeto de Coleta de Castanha da APIWX, em parceria com a Conab e a Funai. Além da castanha, os recursos financeiros das famílias da TI Waiwai advêm do acesso a benefícios sociais (aposentadorias e Programa Bolsa Família) e da venda de produtos da roça, principalmente banana e farinha de mandioca.

Foram mapeadas 133 castanheiras próximas a aldeia Xaary, com uma estimativa de produção anual de 475 latas (ou 119 sacas) e 30 castanheiras próximo ao Rio Anauá, além de outros 14 castanhais que são as bases familiares de extração de castanhas ao longo do Rio Anauá.

No segundo semestre de 2015, foi a vez de participarem de um intercâmbio sobre o processamento de produtos da floresta na comunidade Rio Novo, na Reserva Extrativista (Resex) do Rio Iriri, na Terra do Meio (PA). O encontro envolveu, além dos Waiwai, os Baniwa do Alto Rio Negro (AM), moradores da Resex do Rio Xingu, na Terra do Meio, e agricultores familiares da Associação Agroextrativista Sementes da Floresta (Assflor), do município de Uruará, mostrou aos indígenas o que os extrativistas vêm fazendo para melhorar suas técnicas tradicionais de extração de produtos da floresta e obter renda de forma justa e autônoma, mantendo a floresta em pé.

Nos quatro dias de intercâmbio, os participantes puderam conhecer o beneficiamento da castanha desidratada, dos óleos de castanha e babaçu, do tecido encauchado (emborrachado) com leite de seringa, da farinha do mesocarpo de babaçu, da pimenta Baniwa, de sabonete e xampu de andiroba (produzidos pela Assflor). Agora, os Waiwai estão planejando a construção de dois paióis para organizar a comercialização de castanha nas Terras Indígenas Waiwai (RR) e Trombetas-Mapuera (RR/AM/PA). A ideia é conquistar um contrato justo e ficar independente dos atravessadores, desafio enfrentado por muitas comunidades.
(Selma Gomes, ISA, setembro, 2016)

Tarcízio Wai Wai aprende a descascar castanha durante o Intercâmbio na Miniusina da comunidade Rio Novo, na Resex do Rio Iriri, Terra do Meio (PA).

ACONTECEU

ENERGIA ELÉTRICA

CONSULTA SOBRE CONSTRUÇÃO DE MCHS E PCHS EM TIS

Em consulta realizada pela CERR, na comunidade do Flexal, no Município de Uiramutã, os técnicos discutiram com as lideranças as vantagens da construção de uma MCH. Segundo a presidente da CERR existem duas propostas de MCHs em TIs, uma na Raposa Serra do Sol, outra em São Marcos. Ela destacou que as TIs possuem escolas, postos de saúde, laboratórios de informática e outras instalações que necessitam de energia. Na maioria das comunidades não há energia e, nas demais, a luz vem de geradores a diesel que funcionam apenas uma parte do dia. A coordenação do CIR remeteu à presidente D. Rousseff (PT) manifestação contrária das comunidades indígenas à construção da hidrelétrica do rio Cotingo, e também à construção das Mini Centrais Hidrelétricas, especialmente na Raposa Serra do Sol. O deputado federal PC Quartiero (DEM) defende que a prioridade seja a hidrelétrica de Cotingo, para sanar a instabilidade energética em todo o estado. *(V. Lima, Folha de Boa Vista Web, 26/01/2011)*

INDÍGENAS SÃO CONTRA UHE EM RAPOSA SERRA DO SOL

Foi aprovado pela Comissão de Minas e Energia o Projeto de Decreto Legislativo 2540/2006, do Senado, que cria uma usina hidrelétrica no rio Cotingo, na TI Raposa Serra do Sol. A TI tem cerca de 19 mil índios divididos em 194 comunidades. A advogada do ISA, Ana Paula Souto Maior, o Congresso Nacional não acredita que a usina se concretize. Seria necessário, para isso, que existisse uma lei determinando condições específicas de aproveitamento de recursos hídricos em terras indígenas. O Congresso Nacional só pode quando o pedido vem do Poder Executivo e a usina da TI Raposa Serra do Sol não consta entre as prioridades MME. Além disso, seriam necessários estudos com aprovação da Agência Nacional de Energia Elétrica (Aneel) para iniciar o processo. O vice-coordenador do CIR explica que os tuxaua (líderes) não querem a obra por conta do impacto ambiental e de prováveis inundações de comunidades indígenas, caso dos Macuxi e Ingarikó. *(D. Spolti, Eco Amazônia, 28/06/2011)*

UHE COTINGO FOI ACORDADA COM GOVERNO FEDERAL

Apenas depois da aprovação pelo Congresso Nacional do projeto que autoriza o Executivo a construir a usina hidrelétrica de Cotingo, na Raposa Serra do Sol, a edificação da obra será definida. Conforme o senador M. Cavalcanti (PTB), foi acertado em 2006 com a então ministra das Minas e Energias e hoje presidente D. Rousseff (PT), que o projeto seria encaminhado ao Congresso. O texto foi aprovado no senado em dez de 2006 e desde então está na Câmara. *(É. P. Rodrigues, Folha de Boa Vista Web, 23/06/2011)*

MOVIMENTO CONTRÁRIO A UHES APONTA IMPACTOS

Evento realizado nesta sexta-feira (5), na Universidade Federal de Roraima (UFRR), chama a atenção sobre o futuro das corredeiras do Bem-Querer, um dos principais pontos turísticos do Estado, no município de Caracaraí. Intitulado 'Salve o Rio Branco no dia da Amazônia, não à hidrelétrica', o encontro alerta sobre possíveis problemas que o Estado vai enfrentar devido à construção da hidrelétrica na região. De acordo com o biólogo Ciro Campos, o principal problema que o Estado vai enfrentar é o desaparecimento de praias, de ilhas e peixes de pele, que não conseguem superar as usinas. Ele afirma que, com a obra, Caracaraí, Boa Vista e Mucajaí ficarão na beira de um lago, pois não haverá mais correnteza. "Precisamos saber se realmente é necessário estrangular o rio Branco, o nosso único e principal rio, para fazer uma hidrelétrica que já é considerada uma das piores da Amazônia, do século 21, pelos seus problemas de engenharia". Questionado pela reportagem do Portal Amazônia sobre os comentários que surgiram de que as frequentes quedas de energia no Estado seriam provocadas com o intuito de acelerar a implantação da usina, o biólogo afirma que não foi comprovado nada até o momento. "O comprovado é que os quatro maiores doadores de campanha eleitoral no Brasil são as empreiteiras construtoras de hidrelétricas, então existe muita pressão para que elas sejam construídas, pois é uma obra estimada em cinco bilhões de reais. À medida que o projeto fica mais complexo esse valor é recalculado". A melhor solução segundo Ciro Campos é contar com as hidrelétricas que já existem e as que se encontram em fase de construção. "Acredito que o contrato com a Venezuela permaneça, embora com um fornecimento menor. Se o plano de desenvolvimento para o futuro for indústrias, a gente vai ter que construir muitas hidrelétricas porque Bem-Querer não vai dar conta". Campos diz que são inúmeros os problemas para uma usina desnecessária, já que a previsão é que as obras terminem somente em 2025. Segundo o biólogo, os preços de energias que não agridem tanto o meio ambiente estão despencando a cada ano. Além disso, ele afirma que Roraima corre o risco do aumento de violência contra crianças e adolescentes durante a obra, como foi registrado em Belo Monte, e a destruição das corredeiras. Organizado pelo movimento Puraké, a ação tem o objetivo de mostrar para a sociedade de Roraima os problemas que o Estado vai enfrentar devido à construção da hidrelétrica. "É um ato público, pois os roraimenses precisam conhecer as alternativas para evitar que isso ocorra". Rio Branco pode virá lago com a construção da Usina de Bem Querer. A Usina Hidrelétrica (UHE) do Bem-Querer é um projeto do Governo Federal. O projeto visa a construção da Usina nas corredeiras do Bem Querer, localizadas no município de Caracaraí, a 125 quilômetros de Boa Vista. A obra faz parte do Programa de Aceleração do Crescimento - PAC 2. A potência identificada para a UHE é de 708,4 MW. *(Portal Amazônia, 05/09/2014)*

SAÚDE

ABASTECIMENTO DE MEDICAMENTOS NOS DSEIS É IRREGULAR

O Juiz Federal L. S. Bianco suspendeu a decisão liminar que obrigava a Sesai a restabelecer o fornecimento de medicação e material hospitalar para Casai de Boa Vista. A suspensão foi determinada após a constatação de que providências para aquisição, reposição e estoque de medicamentos já vinham sendo tomadas pelos DSEIs Yanomami e Leste de Roraima, que administram 71 Polos Base. A Sesai se comprometeu em entregar um planejamento para reestruturação dos estabelecimentos. *(Portal da Saúde, 25/05/2012)*

ESTRADAS DIFICULTAM ACESSO À SAÚDE

Os índios reclamam que, depois da retirada dos arrozeiros, o governo estadual deixou de fazer a manutenção das vias que cortam a região. Reclamam também da falta de apoio do governo estadual à construção e manutenção das escolas e postos de saúde. Eles contam com agentes de saúde indígenas e também apostam na medicina tradicional. Contudo, quando existe um caso mais grave, as estradas precárias se transformam em um problema. Em comunidades como a Serra do Sol, localizada na fronteira com a Guiana e a Venezuela, onde vivem os povos ingaricós, o acesso se dá exclusivamente por avião. (L. Nascimento, Agência Brasil, 17/04/2013)

INDÍGENAS DENUNCIAM CAOS NA SAÚDE

Comunidades indígenas do Polo Base Campo Formoso, TI Raposa Serra do Sol, apresentam nota de repúdio contra os serviços precários que vêm sendo feitos pelo DSEI-Leste/Sesai/RR. O documento também foi entregue para o o MPF, a Funai, o CIR, entre outros. (Combate ao Racismo Ambiental, 26/11/2013)

MPF QUESTIONA SESAI SOBRE DESTINAÇÃO DE VERBAS

O MPF/RR solicitou à coordenação do DSEI/Leste informações sobre a destinação de verbas liberadas pelo Ministério da Saúde. Caso a verba não seja aplicada em favor da população indígena, o MPF/RR tomará medidas para obrigar os órgãos responsáveis. (Folha de Boa Vista, 01/03/2014)

'MAIS MÉDICOS' ENTRE OS INDÍGENAS EM RORAIMA

Com a chegada de mais 20 profissionais do "Mais Médicos", Roraima passa a estar entre os estados brasileiros que receberam mais de 100% do número de médicos requisitados para o programa. Foram solicitados 88 médicos e o estado agora conta com 97, e aguarda a chegada de mais sete, o que totalizará 104 profissionais do programa dando cobertura ao estado. Os médicos atuarão em Boa Vista, Caracaraí, e Distrito Sanitário Especial Indígena (Dsei) Leste. Cinco cubanos irão atuar no Dsei Leste. (G1/RR Globo, 26/03/2014)

INDÍGENAS SE FORMAM COMO AUXILIARES EM SAÚDE BUCAL

Seis indígenas que moram na região do DSEI/Leste receberam carteiras profissionais do Conselho Regional de Odontologia de Roraima (CRO-RR) como auxiliares em saúde bucal. Com o registro oficializam sua situação. Os auxiliares poderão atuar exclusivamente nas comunidades indígenas que compõem o DSEI. (CRO/RR, 05/04/2014)

CRIMES E JUSTIÇA

ACUSADOS DE ASSASSINAR INDÍGENA SÃO ABSOLVIDOS

O TRF/RR absolveu, por falta de provas, os três acusados pelo assassinato do líder macuxi A. Mota, 52, morto a tiros em janeiro de 2003. Para organizações indigenistas, o assassinato é um dos vários crimes cometidos em função da disputa por terras durante a demarcação da TI Raposa Serra do Sol. Seu corpo, encontrado por parentes, estava enterrado em uma fazenda de Uiramutã, cidade criada em 1995, ocupada na época pelo ex-vereador F. Silva, conhecido como Chico Tripa, acusado pelo MPF de ter contratado [capangas] para matar o índio macuxi. O CIR prometeu recorrer da decisão. (A. Rodrigues, Agência Brasil, 21/05/2012)

IRMÃOS INDÍGENAS EXECUTADOS POR ADMINISTRADOR

Dois irmãos etnia Macuxi foram encontrados mortos na terça-feira. O duplo homicídio aconteceu na fazenda S. F., localizada depois da comunidade indígena Mangueirano, no Município de Alto Alegre. O administrador da fazenda se apresentou à polícia e confessou o crime. O delegado afirmou que, por ter se apresentado espontaneamente, seria liberado. (N. Souza, Folha de Boa Vista Web, 07/06/2012)

MÉTODOS TRADICIONAIS DE COIBIR DE DELITOS RECONHECIDOS

O MPF/RR reconheceu a aplicação de métodos tradicionais para a repressão de delitos cometidos por índios dentro de sua comunidade. Após apurar uma tentativa de furto de álcool para o consumo como bebida do posto de saúde da Funasa, dentro do território indígena, foi constatado que o tuxaua da comunidade do Contão estabeleceu como punição a "capinagem" da área do posto de saúde. "Este caso apresenta nítida hipótese para aplicação do reconhecimento estatal da autonomia da esfera de juridicidade dos indígenas", ponderou o procurador. (MPF/RR, 27/09/2013)

PRIMEIRO JÚRI POPULAR INDÍGENA EM TERRA INDÍGENA

O primeiro júri popular indígena aconteceu no comunidade do Maturuca, TI Raposa Serra do Sol. De acordo com o coordenador da Região das Serras essa forma de julgamento "é uma reivindicação antiga dos indígenas". O crime julgado foi uma tentativa de homicídio ocorrida em janeiro de 2013, em um bar no município de Uiramutã. Os dois réus e a vítima são da etnia macuxi. O júri foi presidido pelo juiz titular da comarca de Pacaraima. O corpo de jurado foi composto por indígenas da região. A sessão resultou na absolvição de um réu e na reclusão de três meses do outro, que responderá em liberdade. O promotor de Justiça questionou a decisão dos jurados. O crime foi divulgado na mídia como relacionado ao Canaimé, uma entidade brava e perigosa que se manifesta geralmente por meio de animais ou até mesmo pessoas estranhas. Seria como se a vítima fosse o Canaimé, o que durante o julgamento foi descartado tanto pela defesa, quanto pela acusação. Para o tuxaua do Maturuca e assessor dos tuxauas da região das Serras, esse crime específico não está relacionado ao Canaimé e sim ao consumo de álcool. (J. Souza, Conselho Indígena de Roraima, 25/04/2015)

ÍNDIOS REFAZEM SENTENÇA DO PRIMEIRO JÚRI INDÍGENA

Insatisfeitos com o primeiro júri popular integrado apenas por indígenas e realizado dentro de uma aldeia, líderes se reuniram e decidiram punir os condenados à sua própria maneira. Na prática, a decisão dos índios macuxis anula o resultado anterior do júri. O novo resultado pode inclusive ter efeito jurídico e ser reconhecido pela Justiça daquele Estado. Os macuxis classificaram a arguição da defesa e dos promotores como "desrespeitosa" e "brutal". Uma semana depois do júri, em evento fechado, decidiram aplicar uma pena seguindo seus próprios costumes. Na nova decisão, os dois réus, e mais um terceiro que teria incentivado a briga, foram expulsos da aldeia por dois anos. Eles terão que fazer trabalhos comunitários em outra aldeia e não podem participar dos eventos da comunidade. Abertamente, os índios dizem que o julgamento aprofundará discussões internas sobre a solução dos problemas, mas não gostaram do comportamento das autoridades no evento. Os indígenas também recorreram ao Ministério Público Federal para evitar que o laudo antropológico que consta no processo seja divulgado ou utilizado para fins de pesquisa. Em representação, dizem que o documento tem passagens "racistas" e que desconhecem a cultura da região. (J. Marques, Folha de São Paulo, 22/05/2015)

PRIMEIRO POLO DE CONCILIAÇÃO E MEDIAÇÃO INDÍGENA

O ministro Lewandowski, presidente do STF e do CNJ, foi recebido na comunidade de Maturuca [TI Raposa Serra do Sol]. O motivo foi a inauguração do primeiro Polo de Conciliação e Mediação indígena do Brasil, que faz parte do Centro Judiciário de Solução de Conflitos e Cidadania (Cejusc) da Comarca de Pacaraima, e a entrega de certificado aos primeiros 16 indígenas conciliadores do Brasil. Os formandos apresentaram um caso comum

conflito, a destruição de roça por invasão de gado, concluído com um acordo de pagamento pelos prejuízos causados. O juiz explicou que o objetivo é evitar que pequenos conflitos como este possam ir parar no Judiciário. O ministro destacou que "os conflitos serão resolvidos de acordo com os valores culturais dos próprios indígenas" e que a experiência é "um elemento de pacificação". Para uma das novas mediadoras, o reconhecimento por parte do judiciário é importante para as comunidades indígenas: "é uma nova metodologia para melhorar o que já fazíamos antes", afirmou. *(O. Braga, TJ/RR, 07/09/2015)*

Presidente do CNJ e STF, Ministro Ricardo Lewandowski participa da formatura da primeira turma de mediadores e conciliadores indígenas do país, no Maturuca, TI Raposa/Serra do Sol.

Hixkaryana
Katwena
Waiwai
Waimiri Atroari
Yanomami
Ye'kwana
Isolados

2.2. Roraima Mata

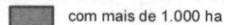

2.2 RORAIMA MATA

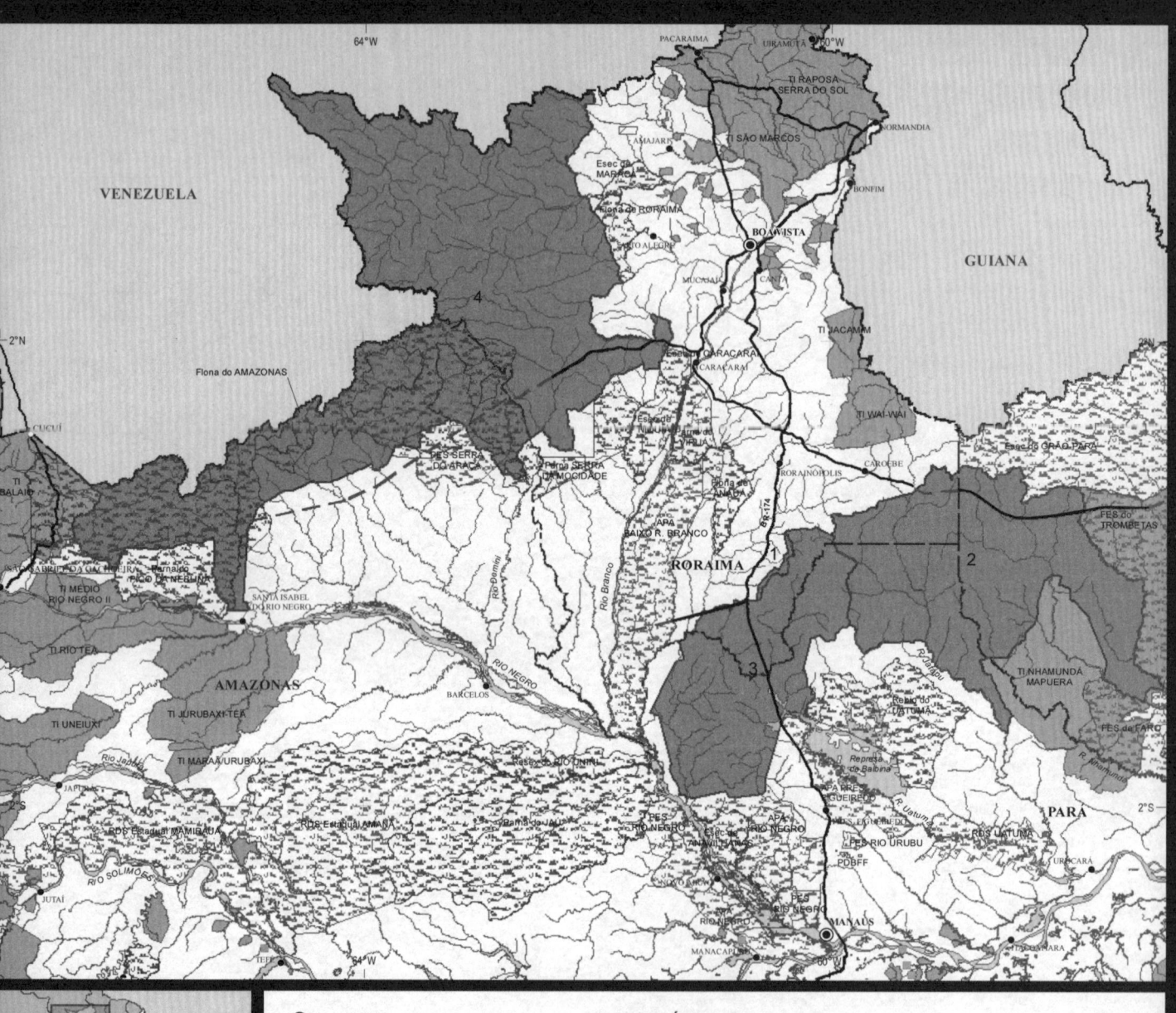

RORAIMA MATA
Terras Indígenas
Instituto Socioambiental - 14/02/2017

Nº Mapa	Terra Indígena	Povo	População (nº, fonte, ano)	Situação Jurídica	Extensão (ha)	Município	UF
1	Pirititi	Isolados Piriutiti	- :	COM RESTRIÇÃO DE USO. Portaria 1271 de 22/12/2015 publicado em 23/12/2015.	40.095	Rorainópolis	RR
2	Trombetas/Mapuera	Hixkaryana Katuenayana Waiwai Isolados Karapawyana	523 - Siasi/Sesai : 2013	HOMOLOGADA. REG CRI. Decreto s.n. de 21/12/2009 publicado em 22/12/2009. Reg.CRI matr.1,140, Liv.2-E, Fl.74v Nhamundá/AM. Reg.CRI matr.2.108 Liv.2-H, Fl 18 Cartório Félix da Comarca de S.Luiz. Reg.CR matr.2109, Liv.2-H, Fl 19 Cartorio Félix da Comarca de S.Luiz. Reg.CRi matr.1.773, liv.2-I, Fl.173 Unico Oficio da comarca de Oriximiná/PA. Reg.CRI mat.52, Liv. 2-A, Fl.52 Unico Oficio de Faro. Reg.CRI matr.640, Liv. 2-RG, Fol.001 Urucará/AM.	3.970.898	Nhamundá Urucará Faro Oriximiná Caroebe São João da Baliza	AM/PA/RR
3	Waimiri Atroari	Isolados Piriutiti Waimiri Atroari	1.906 - Programa Waimiri-Atroari : 2016	HOMOLOGADA. REG CRI E SPU. Decreto 97.837 de 16/06/1989. Reg. CRI no município de Presidente Figueiredo, comarca de Itapiranga (889.400 ha) Matr. 459, Liv. 2-RG Fl. 225 em 17/4/89. Reg. CRI no município e comarca de Novo Airão, (1.030.200 ha) Matr. 755 Liv. 2-B, Fl. 368 em 17/6/89. Reg. CRI no município e comarca de São Luiz,(539,000) Matr. 1.225 Liv.2-E, Fl 26 em 18/02/1999. Reg. CRI no município deSão João da Baliza, comarca de São Luiz (127.311 ha) Matr. 1.226 , Liv. 2 -E, Fl. 26 em 17/02/1999. Reg. SPU Cert. n. 292 de 22/11/88. Reg SPU Certidão n. 016 em 01/10/1999.	2.585.910	Novo Airão Presidente Figueiredo Urucará Rorainópolis São João da Baliza	AM/RR
4	Yanomami	Yanomami Ye'kwana	23.512 - Sesai/DSEI Yanomami : 2016	HOMOLOGADA. REG CRI E SPU. Decreto s/n de 25/05/1992 publicado em 26/05/1992. Reg. CRI no município de São Gabriel da Cachoeira (73.932 ha) Matr. 1.209, Liv. 2/7 Fl. 43 em 10/10/92. Reg. CRI no município de Santa Izabel do Rio Negro (1.575.072 ha) Matr. 102, Liv. 2-B, Fl. 37/49 em 16/11/92. Reg. CRI no município de Barcelos (2.223.302 ha) Matr. 296 Liv. 2-A1, Fl. 113 em 15/09/92. Reg. CRI no município de Boa Vista (1.562.718 ha) Matr.12.687 Liv. 2/RG Fl. 01/08 em 24/06/92. Reg. CRI no município de Alto Alegre (1.942.082 ha) Matr. 12.086 Liv. 2-RG, Fl. 01/02 em 24/6/92. Reg. CRI no município de Caracaraí (838.328 ha) Matr. 2.185 Liv. R-HRG, Fl. 68 em 16/2/93. Reg. CRI no município de Mucajaí (1.449.541 ha) Matr. 552 Liv. 2-B Fl. 252/253 em 1/10/93. Ofício ao SPU 113 e 114 em 11/08/93.	9.664.980	Barcelos Santa Isabel do Rio Negro São Gabriel da Cachoeira Alto Alegre Amajari Caracaraí Iracema Mucajaí	AM/RR

GARIMPO

O Povo Yanomami Está Contaminado por Mercúrio

Marcos Wesley de Oliveira | Coordenador-adjunto do Programa Rio Negro do ISA

ESTUDO INÉDITO DA FIOCRUZ, EM PARCEIRA COM O ISA, APONTA PRESENÇA DE ALTOS NÍVEIS DE MERCÚRIO EM HABITANTES DA TI YANOMAMI

Viver em um território que tenha em seu subsolo grandes reservas de ouro pode parecer uma benção e um sinônimo de riqueza. Infelizmente, para os Yanomami, esta situação tem sido a sua maior maldição. Um estudo recente conduzido pela Fundação Oswaldo Cruz (Fiocruz), em parceria com o ISA, mostra que a contínua invasão ilegal de garimpeiros em seu território tem trazido graves consequências: algumas aldeias chegam a ter 92% das pessoas examinadas contaminadas por mercúrio.

"São muitos os garimpeiros que trabalham ilegalmente em nossos rios e além do desastre ambiental e social que causam, nós desconfiamos que nosso povo está sendo envenenado com o mercúrio utilizado pelos garimpeiros", denunciou em março de 2013 Davi Kopenawa Yanomami.

Assim, atendendo ao pedido da Hutukara Associação Yanomami (HAY) e da Associação do Povo Ye'kwana do Brasil (Apyb), uma equipe de pesquisa da Fiocruz visitou 19 aldeias, em novembro de 2014. Foram coletadas 239 amostras de cabelo, priorizando os grupos mais vulneráveis à contaminação: crianças, mulheres em idade reprodutiva e adultos com algum histórico de contato direto com a atividade garimpeira. Também foram coletadas 35 amostras de peixes que são parte fundamental da dieta alimentar destes índios. O estudo foi realizado nas regiões de Papiú e Waikás, onde residem as etnias Yanomami e Ye'kwana.

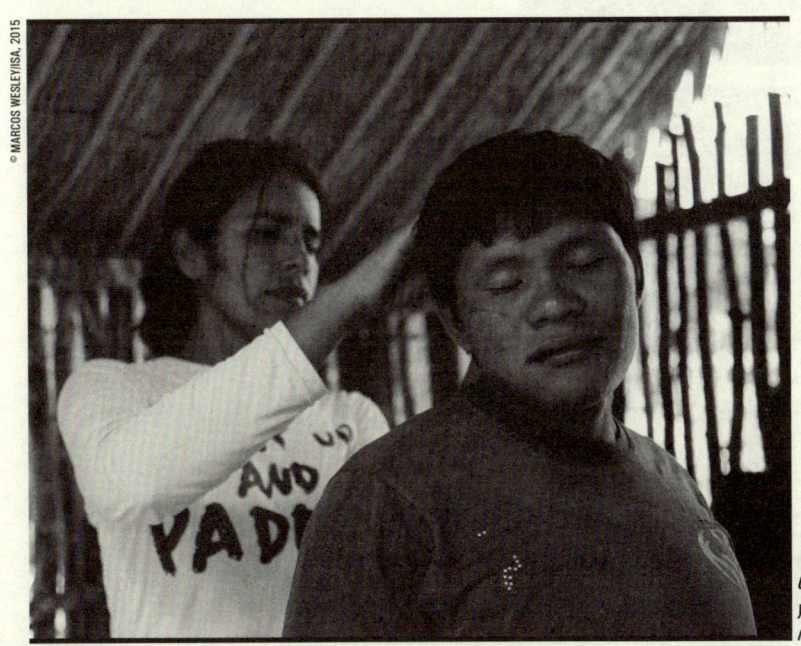

Coleta de amostra de cabelo de rapaz yanomami, para avaliar contaminação por mercúrio, na comunidade de Aracaçá, TI Yanomami.

O caso mais alarmante foi o da comunidade Yanomami de Aracaçá, na região de Waikás, onde 92% do total das amostras apresentaram alto índice de contaminação. Esta comunidade, entre todas as pesquisadas, é a que tem o garimpo mais próximo. Na região do Papiú, onde foram registrados os menores índices de contaminação – 6,7% das amostras analisadas – a presença garimpeira é menos acentuada.

COMO SE DÁ A CONTAMINAÇÃO POR MERCÚRIO

O uso do mercúrio faz parte do processo tradicional utilizado no garimpo para viabilizar a separação do ouro dos demais sedimentos. Uma parte dele é despejada nos rios e igarapés e a outra é lançada na atmosfera. Uma vez na atmosfera, ele acaba caindo nas proximidades das áreas de exploração. As águas dos rios e os peixes que ingerem o mercúrio podem levá-lo para regiões mais distantes. A contaminação de seres humanos se dá especialmente através da ingestão de peixes contaminados, sobretudo os carnívoros e de tamanho maior.

O mercúrio é um metal altamente tóxico e seus danos costumam ser graves e permanentes: alterações diretas no sistema nervoso central, causando problemas de ordem cognitiva e motora, perda de visão, doenças cardíacas entre outras debilidades. Nas mulheres gestantes, os danos são ainda mais graves, pois o mercúrio atinge o feto, causando deformações irrecuperáveis.

GARIMPO NA TI YANOMAMI

O garimpo já deixou marcas profundas no povo e no território Yanomami. Entre 1986 e 1990, estima-se que 20% da população

Pista de pouso clandestina na TI Yanomami.

Balsa de garimpo no Rio Uraricoera, TI Yanomami.

(ou 1.800 pessoas) morreu em função de doenças e violências causadas por 45 mil garimpeiros que invadiram suas terras.

A invasão e a tensão crescente do garimpo culminaram, nos anos de 1990, em um episódio de grande repercussão mundial por sua barbárie. Em julho de 1993, garimpeiros invadiram uma aldeia Yanomami e assassinaram a tiros e golpes de facão 16 indígenas, entre eles idosos, mulheres e crianças. Conhecido como o Massacre de Haximu, foi o primeiro caso julgado pela Justiça brasileira no qual os réus foram condenados por genocídio.

A repressão à atividade, realizada principalmente por meio do trabalho de investigação da Polícia Federal, de ações regulares do Exército Brasileiro, da Funai e mais recentemente do Ibama, não tem sido suficiente para diminuir a lesividade do garimpo. Atacada, a rede ilegal de atividades constituída diminuiu, mas se reestruturou e permanece ativa, movimentada de acordo com as mudanças cambiais do ouro: quanto mais valorizado o ouro, maiores os riscos que os garimpeiros estão dispostos a correr.

Para acabar com o garimpo ilegal na TI Yanomami é preciso identificar quem são os seus financiadores e fazer com que eles sejam responsabilizados criminalmente e civilmente pelos danos causados aos índios Yanomami e Ye'kwana e ao seus territórios. São, de fato, os financiadores do garimpo que realmente lucram e sustentam a atividade.

Neste sentido, a Polícia Federal realizou duas operações que levantaram apenas a beira do manto que encobre esta atividade ilegal: a operação Xawara, em 2012, e a operação Warari Koxi, em 2015. Além de descobrirem alguns comerciantes e donos de avião em Roraima, também descobriram que o ouro chega a uma Distribuidora de Títulos e Valores Mobiliários (DTVM), na Avenida Paulista, na cidade de São Paulo (SP). Fica o alerta: o ouro comercializado nos grandes centros financeiros do Brasil pode carregar com ele o (sofrimento) genocídio do povo Yanomami.

ASPECTOS ÉTICOS DA PESQUISA

As coletas feitas em novembro de 2014 foram precedidas por consultas aos indígenas, que autorizaram a retirada de amostras de seus cabelos, com a condição de que, após a análise, elas seriam devolvidas. Este pedido se deve à obrigação de que, para os Yanomami, todos os pertences e partes corporais devem ser cremados após a morte. É também uma precaução adotada depois que tiveram conhecimento do caso de roubo de seu sangue por pesquisadores norte-americanos na década de 1970.

Tanto as consultas para autorização quanto a apresentação dos resultados foram feitas em língua indígena, com o auxílio de intérpretes e material explicativo bilíngue, visando garantir a compreensão por parte de todos os envolvidos na pesquisa.

Uma comitiva formada por lideranças Yanomami e Ye'kwana, e representantes da Fiocruz e do ISA, foram à Brasília, em março de 2016, para divulgar o diagnóstico junto aos órgãos responsáveis. A comitiva entregou cópias às Presidências da Funai e do Ibama, ao coordenador da Secretaria Especial de Saúde Indígena (Sesai), ao Ministério Público Federal (MPF) e à Relatora Especial sobre Direitos Indígenas da ONU, que estava em visita ao Brasil. As lideranças indígenas também exigiram a retirada imediata dos garimpeiros da Terra Indígena Yanomami e um atendimento especial em saúde para as pessoas que estão contaminadas.

Após as denúncias, em junho de 2016, uma operação realizada pelo Ibama, com apoio da Funai, destruiu 20 balsas no Rio Uraricoera, região de Waikás. Faz-se necessário, no entanto, que o Estado tenha um plano de ação permanente que fiscalize a Terra Indígena, impedindo que as invasões se instalem, como hoje ocorre e que o poder judiciário condene os financiadores desta atividade letal ao povo Yanomami. A atuação repressora do garimpo ao longo do tempo fez com que a atividade se concentrasse em algumas regiões e seja financiada por alguns atores que permanecem impunes aos crimes praticados contra a integridade física, a saúde e a vida dos Yanomami e Yek'wana.

Apesar de ter um orçamento considerável, cerca de 100 milhões ao ano, o Distrito Especial de Saúde Yanomami e Yek'wana (Dsei-Y) não dispõe de ações que cruzem os indicadores de saúde com as informações das áreas mais afetadas pelo garimpo, para planejar e executar com eficiência ações de prevenção e combate à doenças como a malária, à desnutrição, garantia de qualidade de água potável e livre de contaminação por mercúrio.

Até o fechamento deste artigo, nenhuma providência havia sido tomada por parte da Sesai no sentido de averiguar se as pessoas contaminadas por mercúrio sofrem de algum dado no organismo.
(julho, 2016)

YANOMAMI "ISOLADOS"

Um grupo de Yanomami "isolados", formado por aproximadamente 70 pessoas, foi localizado em julho de 2011 pela HAY e pela Frente de Proteção Etnoambiental Yanomami Yekuana (FPEYY) da Funai. Considerados desaparecidos desde a segunda metade dos anos 1990, os Moxi hatëtëma thëpë – nome dado a eles por seus antigos vizinhos e inimigos, que remete ao fato de que eles manteriam o prepúcio do pênis (moxi) preso entre dois barbantes (hatëtë) amarrados na cintura – foram vistos durante um reconhecimento aéreo que identificou também a presença de grupos de garimpeiros atuando a poucos quilômetros de distância. Desde então a FPEYY tomou medidas para coibir o garimpo e assim proteger os Moxi hatëtëma thëpë: foi reativado o posto de proteção na Serra da Estrutura, local próximo e anteriormente utilizado pelos garimpeiros como ponto de apoio logístico; e foram deflagradas missões para destruir balsas, equipamentos e retirar garimpeiros.

Embora insuficientes por falta de pessoal e recursos, as missões realizadas pela FPEYY em parcerias com distintos órgãos (Exército, Polícia Federal, Polícia Militar e Ibama) conseguiu durante alguns anos controlar a atividade garimpeira, evitando um novo boom como o ocorrido nas décadas do 1980 o 1990. Infolizmonto a situação piorou durante novembro de 2014 e abril de 2016, período em que não foi realizada nenhuma missão de combate ao garimpo na TI Yanomami. Nesse período, a FPEEY passou por forte crise, iniciada depois que a Polícia Federal e o MPF abriram investigação sobre funcionários supostamente envolvidos em um esquema de propina paga pelos garimpeiros. O posto de proteção da Serra da Estrutura foi desativado pela FPEEY e os garimpeiros voltaram a ocupar o local, voltando a utilizar a pista de pouso como centro de distribuição de mantimentos para outras regiões.

Coincidentemente ou não, durante este período os Moxi hatëtëma thëpë desapareceram. Abandonaram suas casas sem deixar pistas sobre o que havia acontecido com eles ou para onde teriam ido. Havia o receio de que pudessem ter fugido depois de conflitos com os garimpeiros ou de terem sido acometidos por alguma epidemia. A equipe da FPPEYY que esteve no local não identificou marcas de violência ou qualquer outra pista.

Felizmente, e para surpresa geral, uma nova moradia dos Moxi hatëtëma thëpë *foi localizada em maio de 2016, a cerca de 15 km de sua última moradia. Grandes áreas para novos roçados foram identificas ao redor da casa coletiva, formada por 17 secções de tetos inclinados justapostos. Em 2011, a casa possuía 15 secções, o que pode indicar uma aumento da população de lá pra cá.*

Diante da ineficiência do Estado brasileiro para cumprir seu dever de garantir a integridade física e cultural dos Moxi hatëtëma thëpë*, é importante que a sociedade tome conhecimento dessa situação, denuncie as violações de direitos e faça propostas na busca de soluções. Enquanto isso desejamos aos* Moxi hatëtëma thëpë *que continuem sendo exímios na arte de desaparecer aos olhos dos brancos e das lentes de seus satélites.* (Marcos Wesley de Oliveira, ISA, julho, 2016)

Maloca de grupo Yanomami isolado, conhecido como Moxihatetea, perto da Serra da Estrutura, TI Yanomami.

YE'KWANA

Em Busca de Bons Caminhos a Trilhar

Majoí Gongora | Doutora em Antropologia Social (USP)

OS YE'KWANA ESTÃO CONSTRUINDO INICIATIVAS PARA COMBATER O DESCOMPASSO ENTRE GERAÇÕES, JÁ QUE O TEMPO DEDICADO À ESCOLA É VISTO COMO UMA DAS CAUSAS DO ENFRAQUECIMENTO DA PESSOA YE'KWANA, PELA APROXIMAÇÃO COM AS "COISAS DO BRANCO" – IMPREGNADAS DE UM "VENENO PERFUMADO". NAS PALAVRAS DE WOTUUJUNIIYU, TUXAUA DA ALDEIA FUDUUWAADUNNHA: "ANTIGAMENTE NÃO TINHA ESTUDO, NÃO TINHA CADERNO, ANTIGAMENTE AS PESSOAS APRENDIAM CONVERSANDO, PERGUNTANDO, ENSINAVA *AICHUDI*, CANTO, SEM PAPEL, SÓ INTELIGÊNCIA"

Os Ye'kwana são o único povo falante de uma língua karíb que vive na TI Yanomami. São 593 pessoas (Siasi/Sesai, 2015) distribuídas em quatro comunidades que estão localizadas às margens dos Rios Auaris e Uraricoera: Tajäde'datonnha, Fuduuwaadunnha, Kudaatannha e Wachannha.

É na Venezuela onde se encontra a maior parte de sua população. De acordo com o censo realizado em 2011 (Instituto Nacional de Estatística, Venezuela), havia 7.997 pessoas vivendo em mais de 60 comunidades nos estados venezuelanos de Amazonas e Bolívar.

Apesar de viverem em áreas de difícil acesso, os deslocamentos dos Ye'kwana para a cidade de Boa Vista se intensificaram bastante nas últimas décadas. A instalação em suas aldeias de postos de atendimento à saúde do Distrito Sanitário Especial Indígena Yanomami-Ye'kwana (Dsei-YY) favoreceu esta dinâmica, pois, com a presença constante de técnicos da saúde indígenas e não indígenas, a rotina de voos permitiu aos Ye'kwana uma mobilidade que era impensável até pouco tempo atrás.

Há menos de meio século, os homens adultos empreendiam longas viagens de canoa até a capital de Roraima, que não passava de uma pequena vila, ou iam até as fazendas de gado situadas nas cercanias para obter bens como sabão, sal, munição, espingardas, terçados e miçangas, seja por meio da troca, seja por meio do trabalho assalariado. A viagem durava cerca de 30 dias devido às inúmeras corredeiras e cachoeiras existentes no trajeto que liga os Rios Auaris e Uraricoera ao Rio Branco e, muitas vezes, era necessário o transporte das canoas em trilhas construídas na mata. O retorno à região do Alto Auaris levava em média 90 dias, pois, ao invés de descer as cachoeiras, era preciso subir.

A partir da segunda metade do século XX, esta rota fluvial deixou de ser frequente. Com a instalação das pistas de pouso, a assistência regular de saúde e a implantação de escolas nas comunidades as dinâmicas de deslocamento se alteraram profundamente. Por um lado, teve início um processo de sedentarização da população, que passou a construir suas aldeias nas proximidades da pista de pouso e do posto de saúde. Por outro, as viagens de avião a Boa Vista passaram a ser cada vez mais frequentes e, se antes eram somente os homens adultos que realizavam este longo percurso, agora jovens, mulheres e crianças também se lançam nestes mundos desconhecidos e começam a se aproximar dos modos de vida dos não indígenas, chamados em sua língua de *yadaanawichomo*.

Um dos principais fatores que estimularam estes movimentos em direção à cidade, além da busca por tratamentos de saúde, foi e continua sendo o interesse pela educação escolar formal. Na década de 1980, alguns adultos e jovens ye'kwana alfabetizados por uma missionária da Missão Evangélica da Amazônia (Meva) – organização que se instalou na região do Auaris logo depois da abertura da pista de pouso em 1965 –, foram estudar em Boa Vista para concluir o ensino fundamental. Alguns deles se tornaram os primeiros professores da única escola ye'kwana que havia no Brasil, reconhecida em 1991 pela Secretaria da Educação do estado. Ao longo do tempo, outros professores se formaram no curso de Magistério Parcelado Indígena e no curso de Licenciatura Intercultural oferecido pelo Instituto Insikiran de Formação Superior Indígena, da Universidade Federal de Roraima (UFRR), e hoje são as pessoas que estão à frente das escolas nas comunidades.

Apesar do forte envolvimento dos Ye'kwana com o desenvolvimento do ensino escolar em suas aldeias, ainda não foi possível implementar o Ensino Médio em nenhuma das escolas e este é um dos grandes gargalos na perspectiva dos próprios indígenas, pois boa parte dos jovens, assim que concluem o Ensino Fundamental, vão viver na cidade para ingressar no Ensino Médio. Um levantamento sobre a presença dos Ye'kwana na cidade feito pelos próprios indígenas, com colaboração do ISA, aponta que, em 2011, mais da metade dos jovens de 15 a 27 anos de Fuduuwaadunnha, a maior aldeia ye'kwana, estava vivendo na cidade e, na maioria dos casos, a mudança estava ligada à continuação do ensino formal. Estes dados continuam atuais.

ESCOLA: VETOR DE TRANSFORMAÇÃO

A ausência destes jovens na vida cotidiana das comunidades afeta a socialidade de diferentes formas. Um dos aspectos que nos interessa destacar aqui é o descompasso entre os jovens e os velhos – que vem se acentuando desde a introdução do ensino escolar nas aldeias. A escola tem sido avaliada negativamente pelos mais velhos, muitos dos quais, em sua juventude, desejaram a sua criação. Os pais, apesar de incentivarem a presença de seus filhos na escola, têm demonstrado preocupação com a falta de interesse deles em buscar conhecimentos fora deste contexto e, além disso, estão bastante preocupados com o interesse crescente dos jovens e crianças pelos modos de vida dos *yadaanawichomo*.

Os discursos são ambíguos. De um lado, se reconhece a necessidade de aprender português para fortalecer a atuação na interface com os não indígenas na cidade e nas aldeias (a formação de técnicos de saúde, professores, 'acadêmicos' etc.); a escrita alfabética também é vista como uma ferramenta para o aprendizado da língua indígena e registro de seus conhecimentos. De outro, os mais velhos têm questionado o contato intenso que as novas gerações vêm tendo com as "coisas do branco" (*yadaanawi nödödö*).

A chegada da escola é vista como um movimento de aproximação ao jeito de viver dos não indígenas e simultaneamente como um movimento de distanciamento em relação aos antigos modos de existência. A fala de Wotuujuniiyu é contundente a este respeito: "Já pegamos, já deixamos o caminho ye'kwana, esse caminho já fechou, abriu o caminho dos brancos, vamos limpar o caminho dos brancos". Esta imagem de dois caminhos opostos é bastante recorrente nas reflexões ye'kwana sobre suas condições de vida, assim como a ideia de que não parece ser improvável a retomada do caminho aberto pelos antigos: "Estamos um pouco desviados da nossa cultura de origem", pois "agora estamos no meio deles", "nos acostumamos com o papel, a cultura dos brancos, não tem como voltar". A escola surge nestes discursos como o principal vetor de transformações: "Agora já vivemos este tempo e ninguém mais pode impedir" (Lourenço Ye'kwana) ou "Nós vivemos hoje aquilo que os ancestrais já haviam dito, eles já sabiam de tudo, nós estamos no fim do mundo" (Pery Magalhães).

Presságios de antigos xamãs, recontados hoje pelos mais velhos, falam da emergência de um novo cataclismo (*tunaamö*, "dilúvio"), que será desencadeado por uma aproximação excessiva com os não indígenas. Tal relação de proximidade é concebida como um processo de contaminação e de transformação radical, e muitos fenômenos contemporâneos são vistos como indícios claros de que se vivem hoje tempos estranhos: a morte do último grande pajé (*föwai*); o número diminuto dos "donos de canto" (*aichudi/ädeemi edhaajä*); o grande espaço que a escola ocupa na vida das novas gerações; o interesse crescente pelas "coisas dos brancos"; o fluxo intenso de pessoas em direção à cidade; a fragilização dos corpos; a interrupção de formas de transmissão dos saberes antigos por desinteresse dos jovens; a chegada de novas doenças; e os suicídios entre os jovens.

Há dois processos que parecem caminhar juntos: a fragilização dos corpos e a incapacidade das novas gerações de ouvir as falas dos mais velhos e de encorporar saberes antigos. O tempo dedicado às atividades escolares é visto como uma das causas deste processo de enfraquecimento da pessoa ye'kwana, pois é neste contexto que os jovens e crianças passam a lidar cotidianamente com as "coisas do branco" (papel, dinheiro, livro, caderno, caneta, desodorante, perfume, batom, esmalte, sabonete, combustível, comida industrializada etc.) que estão impregnadas por uma substância invisível, um "veneno perfumado", *fäshi*.

O contato com estas substâncias provoca uma espécie de envenenamento gradual nos corpos e aos poucos a vitalidade da pessoa vai sendo minada. Os jovens, por estarem cada vez mais em contato com as "coisas do branco" e também por se descuidarem dos resguardos e outras práticas profiláticas associadas ao cuidado com o corpo (pintura corporal, uso de plantas *mada* etc.), ficam mais suscetíveis aos efeitos de *fäshi* e às ações deletérias de diversos tipos de entes invisíveis, os *odo'shankomo*. Assim, os jovens "pegam a loucura do branco", vão sendo contagiados pelo "jeito do branco" e "pegam o jeito dele de morrer". Os suicídios são, do ponto de vista ye'kwana, o "jeito de morrer do branco", *yadaanawi yäämatoojo*.

Ao serem contaminados por estas substâncias-veneno, os corpos dos jovens se alteram de tal forma que se tornam incapazes de conter ou *encorporar* os saberes da mesma maneira que seus pais ou avós o faziam. O descompasso entre gerações é, portanto, um indicador desta fragilização, pois, estar alheio aos conhecimentos antigos é, para os Ye'kwana, uma obstrução a seu modo de vida e implica na interrupção da circulação de saberes fundantes para a constituição da pessoa.

Como comenta o cantador Luís Manoel Contrera, "a inteligência dele tá no caderno", "jovem agora não decora na cabeça deles, não aprende a cultura deles, só a do branco mesmo". O corpo da pessoa deixa de ser um continente da inteligência celeste (*widiiki*, "cristal-sabedoria") e dos próprios duplos internos (*äkaatokoomo*) e vai se configurando como um espaço vulnerável a ataques de entes agressivos invisíveis, que podem se apossar deste corpo esvaziado.

NOVOS PROJETOS

A Associação do Povo Ye'kwana do Brasil (APYB) criada em 2006 permaneceu inativa até 2011, quando ganhou novas forças. Desde então tem se articulado de diferentes formas para discutir com as lideranças locais, os *kajichana*, problemas que suas comunidades vêm enfrentando. E uma das principais preocupações são as novas gerações, o seu engajamento com o mundo dos não indígenas e o seu desvinculamento com os processos de produção e circulação de conhecimentos que se dão no interior da vida cotidiana.

Uma das iniciativas no sentido de aproximar os conhecimentos dos mais velhos ao contexto escolar foi a realização de um Projeto Político Pedagógico unificado para as suas três escolas estaduais: Apolinário Gimenes, Waikás e Mötaaku. Depois de cinco anos de trabalho, este processo, que contou com a colaboração de inúmeros parceiros, entre eles o ISA, chegou ao fim em 2016, quando finalmente foi aprovado pela Secretaria de Educação de Roraima.

Outra iniciativa ligada à educação escolar é a participação dos professores ye'kwana na ação Saberes Indígenas na Escola, criada pela Secretaria de Educação Continuada, Alfabetização, Diversidade e Inclusão (Secadi/MEC) que é voltada à produção de material em língua indígena e que está sendo articulada pela Universidade Federal de Minas Gerais (UFMG). Esta ação entre os Ye'kwana construiu-se por meio de oficinas coletivas entre 2014 e 2016 nas três principais aldeias ye'kwana. Os materiais escritos e audiovisuais produzidos neste contexto estão em finalização e darão origem a quatro livros e três vídeos produzidos pelos próprios Ye'kwana para suas escolas.

É importante destacar um projeto que nasceu entre os próprios Ye'kwana para promover o encontro entre as diferentes gerações

Ye'kwana arrastam canôa durante expedição pelos Rios Branco, Uraricoera, Parima e Awaris.

e fomentar a circulação de conhecimentos que estão nas mãos dos velhos sábios. Foi pensando em uma das mais conhecidas histórias dos antigos viajantes que a APYB organizou uma grande expedição fluvial pelos Rios Branco, Uraricoera, Parima e Auaris (que, na língua ye'kwana, levam um nome só, *Fadiime*) para percorrer o caminho que os mais velhos faziam ao deixar a região em direção a suas comunidades de origem.

Este projeto foi chamado pelos sábios ye'kwana de *Aasseseimä*, uma pessoa originária, que nos tempos primordiais escreveu as palavras do demiurgo; isto porque um dos objetivos da viagem foi justamente registrar, por escrito, em áudio e vídeo, as falas dos velhos ao longo do trajeto. *Aasseseimä* aconteceu no segundo semestre de 2014 e contou com a colaboração de inúmeros parceiros[1]. A viagem foi feita sobre uma enorme canoa construída especialmente para a ocasião, além de outros barcos que levaram vinte pessoas, entre elas, doze jovens e cinco sábios como o mais antigo ye'kwana, Pery Magalhães, e o "dono do canto", *aichudi edhaajä*, Vicente Castro.

A viagem, que durou 45 dias, partiu de Boa Vista no dia 19 de novembro de 2014, e as paradas ao longo do caminho foram em acampamentos improvisados na mata e nas próprias comunidades. O destino final foi a comunidade de Fuduuwaadunnha, na região de cabeceiras. No dia 2 de janeiro de 2015, os viajantes foram recebidos com muito caxiri (*yadaake*) e, assim, teve início a festa *Tanöökö*, que durou quatro dias e foi animada pelos sons dos instrumentos rituais (*wana*, *samjuda*, *wasaaja* etc.) e pelos cantos que são o combustível de todo ritual ye'kwana.

Além de ter mobilizado todas as comunidades com encontros, festas e rituais, esta viagem foi uma experiência marcante para as pessoas que estiveram ao longo de quase dois meses sobre as canoas, manejando saberes relacionados à pesca e à caça, à navegação, à construção de canoas e abrigos temporários, ao uso profilático de plantas *mada*, às formas adequadas de se comportar durante uma viagem que percorre moradas cujos "donos" (*ädhaajä*) são entes poderosos e invisíveis aos olhos humanos.

As paisagens por onde passaram, os igarapés, as pedras, os lajedos, as serras, as cachoeiras, são marcos na história dos antigos (*wätunnä*), pois são resultado ou transformação de acontecimentos ou ações do começo dos tempos, como a Serra Waata'jödö, nas proximidades da comunidade Wachannha. A cada lugar que passavam, os sábios Pery e Vicente contavam as "histórias verdadeiras" (*wätunnä neene*).

A construção de uma casa redonda em Fuduuwaadunnha estava prevista no plano inicial do projeto, mas só foi possível iniciá-la neste ano. É um desejo antigo do tuxaua Wotuujuniiyu, e a possibilidade de concretizá-lo trouxe alegria a este povo que, apesar dos desafios que vem enfrentando, está sempre olhando para frente – e tentando traçar, nesta terra contaminada, um caminho bom: *ääma ashichaato*. (agosto, 2016)

NOTA

[1] Entre os parceiros deste projeto estiveram os pesquisadores Manuela Carneiro da Cunha e Mauro W. Almeida, através do CNPq; a Fundação Ford; o ISA Boa Vista, no apoio logístico e operacional; a Sesai; a Hutukara Associação Yanomami (HAY) e o Observatório de Educação Escolar Indígena (OEEI-UFMG), que viabilizou a oficina de formação audiovisual dos jovens cineastas ye'kwana.

YANOMAMI

Conhecimento Indígena: Cogumelos Comestíveis Sanöma

Moreno Saraiva Martins | Antropólogo, Programa Rio Negro/ISA

"VOCÊS (NÃO INDÍGENAS) NÃO CONHECEM A FLORESTA E, POR ISSO, DESMATAM INDISCRIMINADAMENTE. ONDE TEM PÉS DE *KOANARISI* (PATAUÁ) VOCÊS DERRUBAM, ONDE TEM *MOKAMOSI* (MARAJÁ) VOCÊS DERRUBAM, ONDE TEM PÉS DE *HOKOSI* (BACABA) VOCÊS DERRUBAM. VOCÊS ESTRAGAM A FLORESTA SEM PENSAR NAS CONSEQUÊNCIAS. NÓS YANOMAMI NÃO FAZEMOS ASSIM. E POR ISSO OS COGUMELOS COMESTÍVEIS, *ANA AMO*, NASCEM NA FLORESTA", DAVI KOPENAWA YANOMAMI

Os Yanomami são a maior população humana da Terra que vive em alto grau de isolamento na floresta tropical. São cerca de 40 mil pessoas, distribuídas em 550 comunidades, sendo 300 no extremo noroeste da Amazônia Brasileira e 250 no sul da Venezuela. O governo brasileiro demarcou a TI Yanomami em 1992 com uma área de 9.664.975 hectares de floresta tropical, reconhecida por sua alta relevância em termo de proteção da biodiversidade amazônica.

Apesar da agricultura hoje ter um peso grande na composição das fontes de alimentação yanomami, a caça e coleta entre eles representam importantes atividades no cotidiano das comunidades, compatíveis com a alta mobilidade territorial, que acontece na maior parte do seu território. O conhecimento yanomami associado à caça e à coleta é um dos maiores patrimônios desse povo, e que foi, em parte, apresentado em livros publicados nos últimos anos: *Urihi: a Terra Floresta Yanomami* (2009) e *Hwërëmamotima thëpë – Manual de Remédios Tradicionais* (2015), ambos publicados pela parceria ISA e Hutukara Associação Yanomami (HAY).

Os Yanomami são formados pelo menos por cinco grupos que falam línguas aparentadas: sanöma, ninam, yanomam, yanomamɨ e ỹaroamë. Os Sanöma, ocupantes da parte noroeste do território yanomami, somam aproximadamente 6.000 pessoas, divididas igualmente entre o Brasil e a Venezuela. No Brasil habitam 20 comunidades na região de Awaris, TI Yanomami, nas florestas de montanha do extremo noroeste de Roraima, no vale do Rio Awaris e seus afluentes. O acesso à região é feito quase que exclusivamente por pequenas aeronaves, em viagens que duram duas horas, desde Boa Vista, capital do estado. Os Sanöma compartilham o território no Brasil e na Venezuela com os Ye'kwana, povo de língua karíb.

Como resultado de um projeto de formação de pesquisadores sanöma, iniciado em 2011, em 2016 foram lançados os livros: "Ana Amopö: Cogumelos Yanomami" e "Salaka Pö: peixes, crustáceos e moluscos". Essas publicações são os dois primeiros volumes de uma série de livros que irão compor a Enciclopédia de Alimentos Yanomami – esforço que busca valorizar o saber yanomami ao promover um diálogo entre os conhecimentos indígenas sobre alimentos e os conhecimentos científicos.

A pesquisa sobre os cogumelos comestíveis conhecidos pelos Sanöma, além de um inédito livro sobre cogumelos comestíveis no Brasil, deu origem também ao produto Cogumelos Yanomami, uma mistura das 15 espécies de cogumelos conhecidas pelos indígenas, vendidos desidratados no mercado de alto valor agregado.

A formação de pesquisadores e o projeto de venda de cogumelos para geração de renda fazem parte de um esforço para garantir o bem-viver dos Yanomami em sua Terra, promovendo ações de gestão territorial a partir da cultura Sanöma e que dialoguem com os desafios trazidos por um recente, mas impactante, contato com o mundo não indígena.

DOENÇAS E SEDENTARIZAÇÃO

O contato sistemático dos Sanöma com a população não indígena data da década de 1960, quando Missionários da Missão Evangélica da Amazônia (MEVA) negociaram com os indígenas a abertura de uma pista de pouso e a instalação de uma Missão às margens do Rio Awaris. No final daquela década, os Sanöma somavam pouco menos de 300 pessoas na região.

Na década de 1980, a TI Yanomami foi marcada por uma massiva invasão de garimpeiros. Estima-se que 40.000 invasores adentraram no território, com consequências catastróficas para os menos de 10.000 Yanomami na época: um grande caos sanitário e um grande impacto social e ambiental. Estima-se que nesse período 20% da população Yanomami morreu em decorrência direta da invasão garimpeira.

A região de Awaris, apesar de não ter sido invadida por garimpeiros, sofreu indiretamente: no início da década de 1990, o número de casos de malária superava o total da população da região, ou seja, em um ano era comum que as pessoas pegassem malária mais de uma vez. Com a capacidade produtiva das pessoas impactada pelas complicações da malária, a produção de alimentos fica comprometida – o que faz com que a situação geral de saúde das pessoas piore ainda mais.

A situação geral da saúde na região só teve melhoras significativas no início da década de 2000, quando a ONG Urihi assumiu o atendimento à saúde, trabalhando de forma a respeitar as especificidades da ocupação do território e a cultura sanöma: o atendimento era feito de forma descentralizada, nas comunidades, sem que os indígenas tivessem que se deslocar até um posto de saúde. Além disso, a formação de Agentes Indígenas de Saúde era um dos pilares do sistema de saúde da Urihi que logrou, por exemplo, diminuir a mortalidade infantil de 161 por mil nascidos vivos em 1998 para 38 em 2001, nas regiões em que prestava assistência.

Em 2005, no entanto, a Funasa assumiu a assistência à saúde em todas as Terras Indígenas no Brasil. No caso da TI Yanomami, iniciou-se um desmonte gradual da estrutura de atendimento à saúde que era baseada na formação de indígenas e no atendimento nas comunidades. Os Agentes Indígenas de Saúde tornaram-se, em sua maioria, carregadores ou faxineiros de chão do posto de saúde. Os atendimentos que antes eram feitos nas comunidades, passaram a ser feitos nos postos construídos na beira das pistas de pouso. O resultado foi que a taxa de mortalidade infantil voltou a subir, chegando a 139,5 por mil nascidos vivos em 2007[1].

A centralização do atendimento de saúde é uma das causas da crescente sedentarização das comunidades no entorno das pistas de pouso da TI Yanomami. Na região de Awaris, no final da década de 1960 viviam pouco menos de 300 pessoas. Atualmente são 3.500, distribuídas em mais de 20 comunidades.

A concentração populacional e a sedentarização tem importantes impactos na situação das comunidades, principalmente nas atividades econômicas. Os locais de caça rentáveis ficam cada vez mais distantes, assim como os locais de se fazer roça, pois uma determinada área de floresta derrubada é usada por no máximo quatro anos, e depois desse período é preciso escolher outro local. Além disso, as folhas de palmeira, utilizadas para a cobertura das casas, também começam a escassear nas redondezas das comunidades.

O impacto de uma baixa mobilidade, associada a um intenso uso dos recursos ambientais, tem como resultado o aumento do tempo de trabalho necessário para suprir as necessidades das famílias, fazendo com que elas ou tenham menos tempo para outras esferas da vida – gerando uma percepção constante de escassez ao exigir que as pessoas trabalhem mais do que o socialmente aceito; ou as famílias que não têm a força de trabalho suficiente para suprir as suas necessidades por algum motivo (poucos filhos em idade produtiva, por exemplo), veem a situação geral de saúde de seus membros deteriorar. Awaris tem os mais altos índices de desnutrição, mortalidade infantil e mortalidade geral da TI Yanomami.

PROJETOS ECONÔMICOS E CONHECIMENTO

Dentro desse contexto, em 2007 a Comissão Pró-Yanomami (CCPY), que posteriormente teve seus projetos assumidos pelo ISA, fez um diagnóstico socioambiental da região que apontou para a possibilidade da realização de três linhas de ação em Awaris: criação de peixes; adensamento das roças e quintais agroflorestais; e apoio a mudança para regiões com menor pressão sobre os recursos ambientais.

As duas primeiras foram objetos de projetos realizados pelo ISA nos últimos cinco anos. O sucesso da empreitada, no entanto, esbarrou em especificidades culturais do povo Yanomami. Caçadores e coletores estabelecem uma relação com a obtenção de alimentos incompatível com a criação de animais e com a intensificação da agricultura: não se come o que se alimenta. Em 2015, então, as comunidades da região se reuniram pela primeira vez para debater a possibilidade de expandir o território Sanöma para regiões mais fartas na TI Yanomami. Esse processo deve ter início nos próximos anos.

As experiências de piscicultura e de manejo agroflorestal tiveram como resultado o início de pesquisas sobre os recursos ambientais da região, mais especificamente sobre as espécies usadas na alimentação pelos Sanöma. Se não era possível trazer processos de produção de alimentos alheios à cultura indígena, que tipos de atividades econômicas, em sentido amplo, poderiam ser potencializados na região?

Em 2011, o ISA em parceria com a HAY, depois de um processo de avaliação de mais de 10 anos do Projeto de Educação Yanomami, iniciou a formação de pesquisadores com objetivo de aproximar sistematicamente as pesquisas interculturais e intervenções socioambientais.

Os professores-pesquisadores Sanöma, então, iniciaram um exaustivo levantamento de informações sobre as mais de 400 espécies conhecidas e utilizadas na alimentação. As informações começaram a ser sistematizadas em fascículos de uma *Enciclopédia dos Alimentos Yanomami (Sanöma)* e em 2016 foram lançados os dois primeiros volumes: Peixes e Cogumelos.

COMESTIBILIDADE DE COGUMELOS: UM CONHECIMENTO TRADICIONAL

A diversidade de toxinas que um cogumelo pode conter é tão grande, que, não sabendo exatamente qual substância tóxica procurar, um cientista de laboratório não tem a segurança para afirmar a comestibilidade de um cogumelo ainda não descrito como comestível – por isso, até os dias de hoje não existe uma maneira segura de se definir em laboratório se um cogumelo é comestível ou se tem alguma toxina que apresenta riscos para a saúde.

Ou seja, a comestibilidade das espécies de cogumelos conhecidas é definida pelo saber tradicional. O conhecimento das populações europeias e asiáticas sobre os cogumelos comestíveis nativos de suas regiões é um conhecimento "popular". Obviamente, hoje os cientistas são capazes de identificar de qual espécie se trata cada cogumelo, mas a comestibilidade foi definida pelo conhecimento tradicional.

Por isso, hoje no Brasil, a maior parte da literatura sobre cogumelos comestíveis tem como base o conhecimento indígena. O conhecimento registrado, no entanto, deve representar uma ínfima

Um dos livros resultado do trabalho dos pesquisadores sanöma, iniciado em 2011.

parte do que se perdeu com a invasão europeia e o consequente extermínio da maioria dos povos indígenas que aqui habitavam.

A publicação de dois artigos do botânico britânico Ghillean Tolmie Prance, resultados de pesquisas realizadas no final dos anos 1960, notabilizou os Yanomami como um dos povos da Amazônia que mais conhecem e utilizam os fungos comestíveis: foram 21 espécies reportadas na região de Awaris. Posteriormente, em 2004, uma publicação da FAO sobre a importância de fungos selvagens na alimentação das populações humanas listou como fonte de pesquisa para os cogumelos comestíveis nativos do Brasil, um artigo de Prance, publicado em 1984, em que os Sanöma são apresentados como o povo que mais conhece espécies de cogumelos comestíveis.

Para a identificação científica dos cogumelos conhecidos pelos Sanöma nas pesquisas realizadas pelos indígena, foi firmada uma parceria com o Instituto Nacional de Pesquisas da Amazônia (Inpa) e com o Instituto Botânico (IBt) de São Paulo. Os cogumelos foram coletados em uma oficina de identificação realizada pela pesquisadora Noemia Ishikawa, do Inpa, e foram então encaminhados para o IBt, com a condição de que, depois de identificados, as amostras deveriam ser devolvidas para os Sanöma.

No mês de agosto de 2016, os pesquisadores sanöma fizeram uma visita ao IBt, conheceram o trabalho de identificação morfológica e genética realizado no material enviado, visitaram o herbário e receberam de volta os cogumelos. Esse material está agora em Boa Vista, na sede da Hutukara e inaugura a coleção botânica da Associação, que pode também receber materiais de outras pesquisas etnobotânicas realizadas por pesquisadores yanomami.

Além disso, o resultado das pesquisas realizadas pelos pesquisadores Yanomami em parceria com o INPA, IBt e Tottori Mycological Institute/Japão indica que a quantidade e a variedade dos cogumelos comestíveis consumidos pelos Sanöma são produto direto do seu sistema agrícola: o manejo da roça está diretamente relacionado à oferta de cogumelos comestíveis encontrados nas plantações de mandioca e nas capoeiras remanescentes.

O PRODUTO COGUMELOS YANOMAMI: UMA ALTERNATIVA PARA A GERAÇÃO DE RENDA

Apesar de uma quase total autonomia com relação à sociedade não indígena, os Sanöma desenvolveram nos últimos dois séculos um estilo de vida que depende cada vez mais de um item que não tem sua contraparte no mundo indígena: o metal.

Para fazer roças, casas, caçar, ou seja, atividades básicas para a vida indígena, as ferramentas de metal, o terçado ou facão, por excelência, rapidamente tornaram-se essenciais. Assim, essa população indígena, que vive em contato muito restrito com a cidade, tem poucas chances de um acesso regular aos bens hoje essenciais para a sua reprodução física e cultural.

O projeto de venda de cogumelos, que beneficia principalmente as mulheres, coletoras por excelência, busca valorizar o conhecimento yanomami ao mesmo tempo em que consolida a cadeia de valor de um produto inédito no país: cogumelos nativos brasileiros. É uma experiência que tem como inspiração a cadeia de valor da Pimenta Baniwa, que segue um modelo de acesso dos produtos indígenas a mercados justos, que reconhecem o valor do produto para a promoção do bem-estar, igualdade de gêneros, conservação e valorização da biodiversidade e do conhecimento indígena.

Para viabilizar a comercialização dos Cogumelos do Sistema Agrícola Yanomami, foi desenhada uma cadeia compatível com cotidiano desse povo. Para a desidratação dos cogumelos está sendo usado um misto de técnicas de secagem, utilizando sol e/ou fogo, que não demandaram a construção de estruturas físicas nas comunidades.

Para o desenvolvimento do produto em si, foram feitas parcerias com o Instituto Atá, do chef Alex Atala, e com o Restaurante Banzeiro de Manaus, do chef Felipe Schaedler, que conceberam duas apresentações: um pacote com uma mistura de cogumelos em pó e outra de uma mistura de cogumelos inteiros.

Assim, Cogumelo Yanomami, que é o primeiro produto de cogumelos nativos do Brasil a ser colocado no mercado brasileiro, cria um valor simbólico ao conhecimento indígena – ao oferecer ao público a possibilidade única de ter acesso a esses cogumelos da Amazônia –, mas traz também um valor material, que é a renda com a venda, totalmente convertida para as comunidades produtoras. *(outubro, 2016)*

NOTA

[1] Fonte: Martins, M. S. 2014. *Indicadores de Saúde na TI Yanomami*: Subsídios para Discussão dos Futuros da Saúde Yanomami – Boa Vista, Hutukara Associação Yanomami.

Acima, selo dos cogumelos sanöma, que passaram a ser comercializados em 2016. Ao lado, da esq. para dir., o chef Alex Atala (Instituto Atá) com os pesquisadores sanöma, Sandro Sanumá, Oscar Sanumá e Lukas Sanumá.

GESTÃO TERRITORIAL

O Desafio de Proteger a Maior Terra Indígena do Brasil

Estevão Benfica | Geógrafo, ISA

MESMO COM UM BAIXO ÍNDICE DE DESMATAMENTO, A TI YANOMAMI VEM SOFRENDO NOS ÚLTIMOS ANOS COM INVASÕES, EXPLORAÇÃO ILEGAL DE MADEIRA, INCÊNDIOS DESCONTROLADOS, GRILAGEM E COM O PERSISTENTE GARIMPO, QUE PERSISTE COMO A PRINCIPAL AMEAÇA AO TERRITÓRIO YANOMAMI E YE'KUANA

A TI Yanomami é a maior Terra Indígena do Brasil, com uma área de mais de nove milhões de hectares, localizada em dois estados, Amazonas e Roraima, e oito municípios. Somada ao território Yanomami na Venezuela, forma uma das maiores e mais importantes áreas de floresta contínua do mundo, com baixíssimos índices de desmatamento, – menos de 1%, – e degradação florestal, e de reconhecida importância para a conservação e produção da biodiversidade.

Apesar do baixo índice de desmatamento e da degradação pouco aparente, a TIY não está livre de pressões. Além do garimpo, que desde a década de 1980 consiste na principal ameaça à integridade física e cultural dos povos que vivem nesta área, outras invasões têm se tornado mais frequentes e críticas. Exploração ilegal de madeira, invasão de não indígenas, incêndios descontrolados e grilagem são alguns dos novos desafios que os Yanomami e os Ye'kwana têm pela frente, sobretudo no chamado limite leste da Terra Indígena, fronteira de mais de 700 km localizada na zona de transição floresta-lavrado, no Estado de Roraima.

Ao observar as imagens de satélite do entorno da TI Yanomami dos últimos anos dez anos nota-se um rápido avanço do desmatamento em direção aos limites, com manifestas marcas de invasão em algumas regiões. Este processo, por sua vez, está diretamente relacionado à ausência de ordenamento territorial e fiscalização por parte dos órgãos competentes, e tem levado a uma ocupação da floresta de Roraima cada vez mais perniciosa ao meio ambiente e aos interesses públicos.

Nos municípios do limite leste da TIY, Caracaraí, Iracema, Mucajaí, Alto Alegre e Amajari, em Roraima, o desmatamento na última década tem se mantido crescente, apesar de não registrarem números alarmantes. Se analisada a localização e o sentido deste desmatamento, porém, observa-se que ele está concentrado nas pontas das estradas vicinais que se prolongam para fora dos assentamentos em direção às áreas de floresta primária que bordeiam a TI Yanomami.

Além das áreas devolutas, o prolongamento dos ramais já atinge algumas das Unidades de Conservação Federais presentes na região, como a Floresta Nacional de (Flona) Roraima e a Estação Ecológica (Esec) de Caracaraí, favorecendo a invasão dessas áreas, a retirada ilegal de madeira, a pesca e a caça ilegal, entre outros ilícitos.

Em Roraima, o desmatamento em larga escala é um fenômeno pós-década de 1980, associado à construção de estradas e à ocupação das áreas de floresta em Projetos de Assentamento (PA). A insuficiência dos serviços e das políticas públicas voltadas aos assentados contribuiu, entre outros fatores, para a ocupação desordenada e predatória da floresta nos assentamentos – e também para o abandono e venda de lotes que se constituíram em fazendas, assim como para a expansão do desmatamento e da ocupação irregular nas áreas adjacentes aos projetos.

Especuladores imobiliários ou pequenos agricultores, que foram "expulsos" das áreas mais valorizadas, utilizam-se da estrutura viária criada para atender aos assentados, prolongando ilegalmente as estradas de terra, e loteando de forma arbitrária lotes em terras de domínio público. Essas picadas são geralmente abertas com o apoio de madeireiros, que remuneram os ocupantes pelas árvores retiradas do seu futuro lote. A partir da ocupação ilegal, eles esperam a legalização de seus lotes, que muitas vezes ocorre através de atores políticos locais que procuram ganhar votos em troca da criação de novos projetos de assentamento.

EXPEDIÇÕES PELA FRONTEIRA

Neste contexto de pressão, a Hutukara Associação Yanomami (HAY), em parceria com o ISA e a Funai, deu início a um projeto de expedições para percorrer toda linha demarcatória da fronteira Leste, com o objetivo de produzir um diagnóstico detalhado da região e ajudar na construção de um Plano de Vigilância permanente. Em função da grande extensão deste limite e das dificuldades logísticas, o projeto foi dividido em quatro etapas, realizadas entre 2012 e 2015.

A primeira expedição aconteceu em 2012, percorrendo mais de 150 km na região do Ajarani, nos municípios de Iracema e Mucajaí. Foram identificados diversos pontos de invasão nos trechos limítrofes aos projetos de assentamento, inclusive o loteamento de uma área dentro da TI, que estava sendo conduzido por um morador do PA Massaranduba. Após a expedição, foi formalizada uma denuncia à Polícia Federal que voltou ao local e desmontou o esquema.

No trecho fluvial da viagem, registraram-se também muitos problemas relacionados à invasão de pescadores e tartarugueiros, que adentram o Rio Ajarani nos meses de defeso para escapar da fiscalização no Rio Branco.

A expedição, que deveria acabar no Rio Apiaú, foi finalizada prematuramente devido a uma grande operação da Funai contra o garimpo ilegal naquela região. Na ocasião, foram presos mais de 50 garimpeiros e uma dezena de máquinas de garimpo foi destruída.

Em 2013, foi realizada a segunda etapa, que teve como ponto de partida o mesmo Rio Apiaú. Foram percorridos mais 114,28 km, com trechos realizados por caminhada e barco, durante 13 dias. Nesta etapa, que se encerrou na Base de Proteção da Funai no Rio Mucajaí, foram registrados acampamentos de apoio ao garimpo ilegal, e um rancho ilegal com cerca de 30 hectares localizado entre a TI e Flona de Roraima.

Esta etapa chamou atenção para a estreita relação entre alguns sítios e fazendas na borda da TI e o garimpo ilegal. Conforme estudo realizado no auge do garimpo nos anos 1990, muitos dos garimpeiros que conseguiram acumular algum capital com a extração e venda do ouro investiram na compra de terras na borda do território yanomami, onde se criaram bases de apoio à atividade, sobretudo, para os garimpos que dependem de uma logística fluvial.

A terceira etapa, promovida em 2014, percorreu a linha seca que define os limites da TIY, entre os Rios Uraricoera e Mucají. A viagem teve início na Base de Proteção Etnoambiental do Mucajaí e chegou até o Igarapé do Arame, a 17 km da meta proposta. Apesar de não ter logrado atingir a margem esquerda do Uraricoera, a expedição foi bem-sucedida na coleta de informações sobre esse pedaço da fronteira, que revelou estar em uma situação de baixa pressão. No interflúvio Mucajaí-Uraricoera não foi encontrado nenhum vestígio de invasão ou ameaça, com exceção da sua vulnerabilidade a incêndios descontrolados, originários dos assentamentos localizados a poucos quilômetros da fronteira.

O limite Leste, por ser uma região de contato entre tipologias de floresta ombrófila densa e florestas sazonais, é mais suscetível ao fogo que zonas de floresta ombrófila do interior da TI. A presença de tipologias florestais abertas e estacionais, o histórico de incêndios, o uso frequente de queimadas, a persistência do desmatamento e da degradação florestal e a ocupação desordenada, tornam a região mais suscetível à ocorrência de incêndios, sobretudo, em períodos de clima extremo, como o "El Niño".

Finalmente, a última etapa, realizada em 2015, percorreu cerca de 150 quilômetros em uma região de difícil acesso, localizada entre a Esec de Maracá e a TI Yanomami. Diferentemente das viagens anteriores, que incluíram caminhadas na floresta, todo o percurso desse trecho foi feito por via fluvial, percorrendo o chamado Furo Santa Rosa, no Rio Uraricoera, e depois o Rio Uraricaá, afluente que nasce no interior da TI Yanomami.

Apesar da dificuldade de acesso, o rio tornou-se, nos últimos anos, uma das rotas preferidas do garimpo ilegal em Roraima, que ocorre, sobretudo, nos barrancos de pequenos igarapés tributários do Rio Uraricaá. A expedição identificou diversas estruturas que dão suporte aos garimpeiros, como acampamentos e pistas clandestinas.

O trecho do rio compreendido entre a TI Yanomami e a Esec de Maracá é reconhecido por especialistas como área de grande relevância para a conservação da biodiversidade e, em 1996, ela

Equipe ISA, em parceria com a Funai e Hutukara Associação Yanomami, faz expedição pelo Rio dos Veados para fiscalizar a Terra Indígena Yanomami.

foi incluída na proposta de ampliação da Esec. Mas a morosidade do processo de regularização fundiária tem facilitado a invasão da área.

A expansão da Esec havia sido garantida por um decreto(nº 6754/2009), entretanto, o Governo Estadual fez uma contraproposta para a destinação da área: transformá-la em uma Floresta Estadual, um tipo de UC que permite a instalação de mineradoras em seu interior. Caso a contraproposta seja adotada, os riscos são enormes, pois a área tem diversos requerimentos para mineração de ouro registrados no Departamento Nacional de Produção Mineral (DNPM).

A instalação de mineradoras poderia impulsionar também o garimpo dentro da TI Yanomami, já que, em um cenário de baixa fiscalização, o ouro retirado ilegalmente da área poderia ser facilmente "esquentado" nas mineradoras para futura comercialização – como acontece hoje com mineradoras de outros estados.

EMERGÊNCIA DE UM PLANO DE VIGILÂNCIA

Considerando-se as características das pressões e ameaças no limite Leste da TIY e o acúmulo de outras experiências de fiscalização em áreas protegidas na Amazônia, seria recomendável a adoção imediata de um Plano de Vigilância com obrigações compartilhadas pelas principais instituições públicas que intervêm na terra e no seu entorno. Recomenda-se, ainda, a implementação de um sistema de fiscalização móvel e regular.

A fiscalização móvel, em comparação com a manutenção de bases fixas, possui um custo de operação menor e tem sido considerada mais eficaz por agentes dos órgãos de fiscalização. Esse sistema também parece mais adequado à realidade dos órgãos competentes locais, que possuem efetivos reduzidos e dificuldades de manter as estruturas das bases fixas.

Para otimizar a ação de órgãos públicos com orçamentos limitados numa área com grandes desafios, é essencial o estabelecimento de parcerias entre ICMBio, Exército Brasileiro, Polícia Federal e Ibama para realizar a fiscalização nas oito rotas mais vulneráveis Rio Mucajaí, Rio Uraricuera, Rio Ajarani, Rio Catrimani, Rio Uraricaá, Rio Apiaú, entorno Ajarani e interflúvio Apiaú-Mucajaí.

Da mesma maneira, é importante que o desenvolvimento do plano e das ações de fiscalização envolva a formação de agentes indígenas de monitoramento territorial. Para os Yanomami a proteção de seu território é considerada fundamental, não apenas para a garantia dos recursos necessários para a sua sobrevivência, mas também para o equilíbrio do mundo e o controle das forças que promovem a ordem cosmológica: a fúria dos trovões e dos ventos de tempestade, a regularidade da alternância do dia e da noite, da seca e das chuvas, a abundância da caça, a fertilidade das plantações etc. Na metafísica yanomami, a floresta não é um mero espaço inerte de exploração econômica – o que chamamos de "natureza"). Trata-se de uma entidade viva, inserida numa complexa dinâmica cosmológica de intercâmbios entre humanos e não humanos.

Nas palavras do xamã Davi Kopenawa: "A terra-floresta só pode morrer se for destruída pelos brancos. Então, os riachos sumirão, a terra ficará friável, as árvores secarão e as pedras das montanhas racharão com o calor. Os espíritos *xapiripë*, que moram nas serras e ficam brincando na floresta, acabarão fugindo. Seus pais, os xamãs, não poderão mais chamá-los para nos proteger. A terra-floresta se tornará seca e vazia. Os xamãs não poderão mais deter as fumaças-epidemias e os seres maléficos que nos adoecem. Assim, todos morrerão". *(agosto, 2016)*

YANOMAMI FESTEJAM SAÍDA DOS ÚLTIMOS FAZENDEIROS

Em 31 de maio de 2014, a HAY promoveu uma grande festa na aldeia Xikawë para comemorar a retomada de parte de seu território tradicional na região do Ajarani, que há quarenta anos estava ocupada por não indígenas, mesmo após a homologação da TI Yanomami, em 1992, realizada durante a ECO 92, no Rio de Janeiro. O ato comemorativo teve início com uma apresentação de cantos e danças para recepcionar os convidados, seguida de uma mesa de exposição das instituições presentes, um almoço coletivo, visitas às fazendas desocupadas e uma cerimônia de fechamento da porteira que dá acesso à TI.

A ação de retirada finalizou o cronograma de desocupação estabelecido no Termo de Ajustamento de Conduta (TAC) firmado pelo MPF no fim de 2013, com ocupantes de 12 fazendas de gado, remanescentes de um projeto de colonização realizado pelo Incra dentro da Terra Indígena antes da sua demarcação. A saída dos últimos fazendeiros, que haviam comprado os lotes de demais e acumulado ocupações acima de dois mil hectares, foi realizada nos meses de dezembro de 2013 e abril e maio de 2014, devolvendo aos Yawaripë, grupo yanomami habitante da região, além dos 9.000 hectares ocupados ilegalmente, o direito de transitar livremente pelo seu território.

A desintrusão da região é uma longa luta dos Yanomami, que tiveram o apoio da CCPY e posteriormente do ISA. Desde então, intensificaram-se os trabalhos de atuação perante à Funai, para que fossem finalizados os levantamentos das benfeitorias dos fazendeiros e houvesse a análise por parte da Comissão que examina a boa-fé das benfeitorias construídas. Durante este processo, a Funai modificou a sua forma de avaliar a boa-fé dos ocupantes e passou a não mais indenizar desmatamentos realizados sem licença do órgão ambiental.

Um momento marcante do dia foi a fala da liderança yanomami Davi Kopenawa, que rememorou o histórico de lutas pela defesa dos direitos territoriais de seu povo e os embates jurídicos que enfrentou para garantir que o Ajarani voltasse ao controle de seus verdadeiros donos, sem violência e com capacidade de resistência de seu povo.

A Hutukara, paralelamente à desintrusão, tem cobrado do Governo Federal apoio para a elaboração do Plano de Gestão da TI Yanomami, que definirá, entre outras coisas, o seu monitoramento e fiscalização. Foram pagos mais de um milhão de reais em benfeitorias para os fazendeiros. A festa contou com a participação de grupos yanomami de diferentes regiões, e representantes de diversas instituições indígenas e não indígenas. (Estevão Benfica Senra e Ana Paula Caldeira Souto Maior, ISA, junho de 2014)

Yanomami festejam saída dos últimos fazendeiros, 22 anos após a homologação de suas terras, aldeia Xikawë, Caracaraí, RR.

YANOMAMI

A Dança das Cadeiras na Saúde

Rogerio Duarte do Pateo | Antropologia, professor da UFMG

NO ÚLTIMO PERÍODO, A SAÚDE INDÍGENA CONTINUOU SENDO UM DOS MAIS IMPORTANTES TEMAS DE MOBILIZAÇÃO YANOMAMI. AINDA ASSIM, A AMEAÇA DE EXTERMÍNIO E A NECESSIDADE CONSTANTE DE DENUNCIAR OS DESMANDOS QUE CONTINUAM CEIFANDO A VIDA DE SUAS CRIANÇAS PARECEM LONGE DE ACABAR

Em junho de 2016, o TRF-1 arquivou o processo que acusava os diretores da ONG Urihi-Saúde Yanomami de peculato e irregularidades na gestão dos convênios celebrados com a então Fundação Nacional de Saúde (Funasa) entre os anos 2000 e 2004. A Urihi foi criada no final dos anos 1990 pelos profissionais que haviam sido responsáveis por um programa permanente de assistência à saúde – coordenado pela Comissão Pró-Yanomami, outra ONG dedicada à defesa dos direitos dos Yanomami desde o final dos anos 1970 – e que atendia cerca de 10% da população indígena.

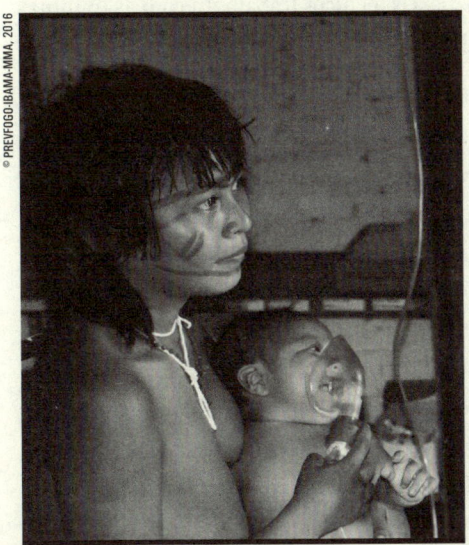

Criança da TI Yanomami recebe nebulização por conta dos efeitos da fumaça, quando o estado viveu a pior seca em 18 anos.

O trabalho da Urihi foi exemplar. Em seu período de atuação, a incidência de malária foi reduzida em 99%. Cerca de 30 indígenas foram capacitados para diagnosticar a doença em suas comunidades e, de maneira inédita, casos de tuberculose foram tratados na Terra Indígena, minimizando o sofrimento dos doentes, que antes eram obrigados a passar meses na cidade de Boa Vista, longe de seus familiares. O tratamento da Oncocercose atingiu o maior nível das Américas. A cobertura vacinal em crianças menores de um ano chegou pela primeira vez aos níveis preconizados pelo Ministério da Saúde e, aliada a um controle nutricional regular, produziu uma queda de 65% na mortalidade infantil em menos de cinco anos.

No ano 2000 permaneci cerca de três meses em uma das regiões de atuação da Urihi. O cenário era desolador. Um "hospital" de madeira em péssimas condições abrigava dezenas de doentes, muitos com problemas respiratórios, verminoses, problemas de pele, entre outras doenças. Retornei à região em 2001, e qual não foi minha surpresa ao ver o antigo hospital quase totalmente vazio. Em um ano de atuação, o atendimento da Urihi havia controlado as doenças a ponto de não haver mais necessidade de abrigar os indígenas naquela estrutura. Em todas as comunidades via--se o sorriso dos mais velhos, cercados por dezenas de crianças felizes e barulhentas que enchiam de alegria as grandes casas coletivas; uma cena que não se via desde os anos 1970, quando uma série de invasões provocaram uma grande mortandade entre os Yanomami.

Além do atendimento propriamente dito, a Urihi expandiu a infraestrutura de atendimento, abrindo novas pistas de pouso. Preocupados com o bem-estar e as condições de trabalho de seus funcionários, construíram novos polos base e reformaram instalações antigas. Ampliaram a rede de radiofonia, essencial para o atendimento de emergências, instalaram equipamentos de captação de energia solar nos polos base a fim de garantir o funcionamento de equipamentos essenciais para conservação de vacinas e medicamentos, capacitaram o pessoal técnico e criaram uma rede de escolas para a saúde responsável pela alfabetização de muitos daqueles que iriam se tornar microscopistas e Agentes Indígenas de Saúde. Em algumas regiões, essas escolas foram as primeiras iniciativas em educação escolar indígena vivenciadas pelos Yanomami.

Apesar do sucesso de sua atuação, a Urihi decidiu interromper sua relação com a Funasa em 2004, quando mudanças na legislação que regia o atendimento à saúde indígena relegaram as instituições da sociedade civil a um papel periférico, reduzido à contratação de pessoal, e devolveram a gestão direta do atendimento às instituições públicas. Os anos seguintes foram marcados pelo desmonte da estrutura de atendimento criada pela Urihi, com queda nos indicadores sanitários e um escandaloso aumento dos gastos que gerou uma enxurrada de denúncias ao Ministério Público.

A situação entre os Yanomami, e também no restante do país, era tão grave que, em 2010, foi criada a Sesai, abrigada no Ministério da Saúde, responsável por coordenar a Política Nacional de Atenção à Saúde dos Povos Indígenas e da gestão do Subsistema de Atenção à Saúde Indígena (SasiSUS). A criação da Sesai atendeu à demanda indígena e surgiu como uma possível solução para problemas de corrupção, má gestão e ineficiência que se seguiram ao desmonte da política de terceirização em 2004 e o retorno da Funasa à administração direta do atendimento. No entanto, como veremos, diversos problemas estruturais que afligiam a antiga Funasa continuaram a incidir sobre a Sesai, que nunca realizou plenamente a promessa de dar maior autonomia (inclusive de gestão financeira) aos Distritos Sanitários Especiais Indígenas.

A Sesai chegou a Roraima em meio a um aumento exponencial dos casos de malária e o crescimento dos casos de tuberculose na Terra indígena Yanomami. A corrupção do período anterior foi finalmente comprovada e os responsáveis, ligados a fundações da Universidade de Brasília, devidamente processados. Na denúncia, o MPF/DF apontou irregularidades no repasse de recursos, além de enriquecimento ilícito de alguns dos envolvidos. O repasse dos recursos da Funasa para a UnB era "terceirizado" a uma estrutura paralela que cobrava taxas de administração abusivas. Foram detectadas também as praticas de simulação de licitações, contratação de empresas de fachada, consultorias fantasmas, pagamentos em duplicidade, contratação de parentes e amigos dos acusados, gastos sem comprovação, entre outras acusações.

O dinheiro destinado ao atendimento à saúde dos Yanomami foi gasto com pagamento de festas, viagens internacionais, jantares, móveis e eletroeletrônicos para uso particular, aquisição de canetas Montblanc e outras ações de interesse pessoal do então reitor da UnB, Thimothy Mulholland.

Após a vitória da intensa mobilização indígena pela criação da secretaria, no entanto, políticos locais continuaram tentando indicar os coordenadores do Distrito Sanitário Especial Indígena Yanomami e Yekuana (Dsei-Y). Para os indígenas e seus apoiadores, o risco desse tipo de articulação era que a ingerência política e a corrupção continuassem inviabilizando um atendimento de qualidade aos índios e esvaziassem o propósito da criação da Sesai. Revoltados, os diretores da Hutukara Associação Yanomami (HAY) se manifestaram contra qualquer indicação política para cargos de gestão da saúde em Roraima. Contrariando os interesses políticos por meio de ocupações da sede do Dsei-Y e retenção de aviões no interior da TI, exigiram a nomeação de Joana Claudete Mercês Schuertz, uma antiga funcionária da Funasa que mantinha uma boa relação com os Yanomami havia muitos anos.

A queda de braço entre os índios e os políticos de Roraima em torno da indicação do coordenador do Distrito Sanitário resultou em uma carta, elaborada pela HAY, endereçada ao então relator especial da ONU sobre os Povos Indígenas, James Anaya, que passava pelo Brasil naquele período. A falta de respostas do governo brasileiro sobre a demanda indígena motivou a mudança de estratégia e o apelo à comunidade internacional. Na carta, os Yanomami denunciaram a falta de autonomia orçamentária, as ingerências políticas e o aumento do garimpo no interior da TI, além da precariedade no atendimento à saúde: "Não há remédios, vacinas para os Yanomami. Os postos de saúde estão velhos, precisando de reforma. Os técnicos trabalham com as mínimas condições de trabalho".

A pressão indígena teve resultado. Em junho de 2011, Joana Claudete foi finalmente nomeada Coordenadora do Dsei-Y pelo então Ministro da Saúde, Alexandre Padilha, mas cerca de nove meses depois de sua nomeação a situação continuava caótica no interior da TI. Atrasos crônicos no pagamento de salários de servidores, interrupção nos voos por pendências da empresa contratada com a Anac e uma escandalosa falta de medicamentos nos polos-base e na Casa do Índio em Boa Vista chamaram a atenção do Ministério Público Federal. Após uma vistoria *in loco*, o MPF decidiu aplicar uma multa diária aos gestores da saúde no estado e ingressou com uma ação civil pública a fim de normalizar o fornecimento de remédios e o atendimento aos indígenas.

Em 2013 as boas relações entre os Yanomami e Joana Claudete chegaram ao fim. Uma gravação apresentada aos Yanomami na reunião do Condisi no início de outubro daquele ano mostravam uma articulação entre parlamentares estaduais e membros do Dsei para a manutenção da Missão Evangélica Caiuá, empresa terceirizada responsável pela contratação de funcionários do distrito. Além disso, os Yanomami denunciavam a falta de transparência na gestão dos recursos e a ausência da apresentação periódica dos dados epidemiológicos. O aumento dos recursos disponibilizados e a piora nas condições de saúde e na infraestrutura dos polos chamou atenção dos índios, que pediram o afastamento da coordenadora. Em uma carta da HAY endereçada a Antônio Alves, então Secretário Especial de Saúde Indígena, à própria Joana Claudete e a Ismael Cardeal, Coordenar Regional da Missão Evangélica Caiuá, os Yanomami se mostraram surpresos com a discrepância entre o volume de recursos alocados e a baixa qualidade do atendimento. Em suas palavras:

"Não compreendemos como o DSY pode estar prestando um serviço de saúde com os problemas que vivenciamos tendo cerca de 48 milhões só para o exercício de 2013, fora os mais 38 milhões da Missão Evangélica Caiuá que é responsável apenas pela contratação dos funcionários. Este orçamento em anos anteriores era de 8 milhões no máximo. Aumentaram os recursos, mas não melhorou a saúde e a qualidade de vida. Hoje, existe mais remoção do que prevenção dentro da TI Yanomami. Chama a atenção o fato de que, em 2012, foi gasto R$ 16.500,00 destinado a pagamento de funerária, e, no período de janeiro a setembro de 2013, esse gasto aumentou para R$ 81.880,00."

Após mais protestos e ocupações, Joana Claudete foi exonerada e deixou o Dsei-Y com um índice de mortalidade infantil, segundo dados da Sesai, de 113,5 por mil nascidos vivos, uma taxa semelhante a de países como a Somália e Serra Leoa, quando no ano 2000 esse índice era de 49,03%. A malária registrou 70,6 casos em cada mil habitantes contra 41,8 dez anos antes. No mesmo intervalo de tempo, o tratamento de verminoses foi reduzido de 94,5% da população para 37,5%. Como afirmaram os próprios Yanomami, essa situação não estava ligada à falta de recursos, uma vez que, segundo o Portal da Transparência, foram investidos, só em 2013, 69,8 milhões de reais (cerca de R$ 85.5 milhões em valores atualizados) no atendimento à saúde dos Yanomami e Ye'kuana.

Depois da queda de Joana Claudete, a situação continuou precária no interior da TI Yanomami. Com a falta de tratamentos preventivos, a prática de remoção dos doentes para Boa Vista, adotada indiscriminadamente, provocou o caos na já problemática Casa do Índio, além de expor uma grande quantidade de indígenas aos problemas da vida urbana. Alcoolismo e diversos tipos de violência, incluindo a sexual, se intensificaram, e uma busca incessante dos mais jovens por dinheiro e acesso a bens de consumo vem transformando a relação dos Yanomami com os não índios de maneira descontrolada. Nesse cenário, o clientelismo local, as tentativas de aliciamento e a atração para atividades ilegais, como o garimpo, têm colocado em risco o frágil equilíbrio demográfico no interior da Terra Indígena. No contexto conturbado em que vivemos é urgente desfazer o nó da saúde indígena para que, inspirados na experiência de sucesso da Urihi-Saúde Yanomami, os Yanomami tenham tranquilidade e autonomia para definir os rumos de seu futuro, livres da ameaça de extermínio e da necessidade constante de denunciar os desmandos que continuam ceifando a vida de suas crianças. *(setembro, 2016)*

VENEZUELA

O Desafio de Viver dos Dois Lados da Fronteira

Marcos Wesley de Oliveira | Coordenador-adjunto do Programa Rio Negro/ISA

A CRIAÇÃO DE UM FÓRUM PERMANENTE BINACIONAL, EM 2014, MARCA AS INICIATIVAS DOS POVOS YANOMAMI E YE'KWANA PARA FORTALECER SUA REDE DE ALIANÇAS – E MELHORAR A QUALIDADE DE VIDA EM SUAS COMUNIDADES

Os povos Yanomami e Ye'kwana são vizinhos e habitam os dois lados da fronteira Brasil-Venezuela, compartilhando entre si parte de seus territórios. Apesar da proximidade física, são povos culturalmente muito distintos. Para se ter uma ideia, o primeiro pertence à família linguística yanomami (isolada) e o segundo ao tronco linguístico karib. No Brasil os Yanomami somam 21.627 e os Ye'kwana, 593. Já na Venezuela os Yanomami são 11.341 e os Ye'kwana, 7.997. No histórico de relação entre eles existem alianças, trocas e episódios de conflitos, quase sempre devido a disputas territoriais.

Hoje, apesar de desavenças pontuais que possam existir, a relação entre eles é de cooperação e tem como objetivo maior a melhoria da qualidade de vida nas comunidades. Reconhecem a necessidade de unirem forças contra inimigos comuns, sendo os principais desafios a retirada dos garimpeiros de ouro de suas terras e a melhora da qualidade da assistência à saúde que lhes é prestado. Para encarar esses desafios, as lideranças Yanomami e Ye'kwana têm alertado para a necessidade dos governos do Brasil e da Venezuela implementarem políticas públicas que tenham como princípio a cooperação binacional. Avaliam que somente com ações planejadas e implementadas conjuntamente pelos dois países é que as políticas públicas terão êxito.

O combate ao garimpo de ouro é um bom exemplo para ilustrar a relevância da cooperação binacional para se obter êxito. Desde a década de 1980 até os dias de hoje, os territórios dos Yanomami e Ye'kwana, dos dois lados da fronteira, sofrem com a invasão de garimpeiros. Muitos focos de garimpo estão na região de fronteira e os garimpeiros transitam de um lado a outro do limite internacional, conforme encontram maior ou menor controle por parte dos órgãos de fiscalização do Brasil e da Venezuela. Os órgãos que fazem o combate ao garimpo, por sua vez, não podem ultrapassar a fronteira. Tampouco existe entre os dois países um fluxo de informações periódico e sistemático que permita um planejamento de ações combinadas que possam sufocar o garimpo ao mesmo tempo dos dois lados da fronteira.

A assistência à saúde é outro exemplo da necessidade de cooperação binacional. Epidemias e doenças transmissíveis não (re)conhecem fronteira entre países, mas as campanhas de vacinação e o trabalho de rotina das equipes de saúde são limitados por ela. Numa região de fronteira não é possível, por exemplo, controlar a malária se a campanha de combate não for realizada dos dois lados da linha imaginária que divide os países. Não há como controlar a transmissão sem envolver todas as pessoas daquela localidade e sem fazer o controle do vetor, nos dois lados da fronteira.

Além de sentirem a necessidade de uma cooperação binacional efetiva entre os governos do Brasil e da Venezuela na elaboração e implementação de políticas públicas, as principais lideranças Yanomami e Ye'kwana também sentiram a necessidade de um espaço de discussão sobre as questões que os afetam. Hoje, esses povos estão organizados em dez associações que os representam, sendo seis no Brasil e quatro na Venezuela. Para fortalecer essa rede de alianças, foi criado em 2014 o Fórum Permanente Binacional Yanomami Ye'kwana, que reflete também o desejo desses povos de ter uma instância para consulta reconhecida pelos governos e pelo setor privado.

A ideia de criar o Fórum começou a se desenvolver em 2007, com o início de intercâmbios entre lideranças Yanomami do Brasil e da Venezuela, com o apoio da Hutukara Associação Yanomami (HAY), do Instituto Socioambiental (ISA) e da Wataniba, esta última da

Grupo que participou do III Encontro Binacional Yanomami Ye'kwana que discutiu o funcionamento interno do Fórum Binacional Permanente.

Durante o II Encontro Binacional Yanomami Ye'kwana, Davi Kopenawa, presidente da Hutukara, apresenta o mapa binacional yanomami que teve como tema "Komi yamakini urihi yama a noamai – Juntos protegendo a floresta". Iago Caracararã, TI Raposa/Serra do Sol

Ato público realizado em Puerto Ayacucho (Venezuela), para lembrar os 20 anos do massacre de Haximu, quando 16 Yanomami foram mortos por garimpeiros brasileiros na Venezuela.

Venezuela. Os intercâmbios e a participação dos Yanomami da Venezuela nas assembleias da HAY inspiraram a criação, em 2012, da Horonami Organización Yanomami (HOY), que representa os Yanomami da Venezuela.

Em outubro de 2013 aconteceu o I Encontro Binacional Yanomami, realizado na cidade de Puerto Ayacucho (Venezuela) e promovido pelas organizações HAY, HOY, ISA e Wataniba. Com o tema "Direitos Indígenas y políticas nacionales: analizando el caso de los Yanomami de Venezuela y Brasil", contou com a presença de representantes do governo e da sociedade civil dos dois países. Do Brasil participaram a Fundação Nacional do Índio (Funai) e a Secretaria Especial de Saúde Indígena (Sesai). Da Venezuela estiveram presentes o Centro Amazônico de Investigação e Controle de Enfermidades Tropicais (Caicet), a Direção Regional de Saúde do Estado Amazonas, a Coordenação de Saúde Indígena do Amazonas, o Distrito Sanitário Alto Orinoco, o Centro de Antropologia do Instituto Venezuelano de Investigações Científicas (Ivic), a Unicef Venezuela, além da Organización Regional de los Pueblos Indígenas de Amazonas (Orpia), Organización de Piaroas Unidos del Sipapo (Oipus) e Kuyuhani, entre outras.

Na ocasião foi consolidado o Grupo de Trabalho interinstitucional para a organização do Sistema de Informações Georreferenciadas Yanomami, formado por HAY, HOY, ISA e Wataniba, grupo que passou a ter protocolos definidos para disponibilização e integração de dados. O primeiro produto a ser produzido pelo grupo foi um mapa binacional de comunidades yanomami, finalizado em 2014 e lançado em 2015.

O II Encontro Binacional Yanomami Ye'kwana aconteceu em 2014, quando foi criado oficialmente o Fórum Permanente Binacional Yanomami Ye'kwana. Realizado no Lago Caracaranã, na Terra Indígena Raposa-Serra do Sol (RR), ele contou com a participação de 60 representantes de diversas instituições, entre elas nove associações indígenas e seis organizações da sociedade civil parceiras. Essa foi uma oportunidade singular para a troca de experiências e, mais do que tudo, para a formulação de uma agenda propositiva para responder às demandas das comunidades e marcou a entrada efetiva do povo Ye'kwana para a aliança transfronteiriça.

Já o III Encontro Binacional Yanomami Ye'kwana aconteceu em outubro de 2015, novamente na TI Raposa-Serra do Sol, com a participação de dez organizações indígenas, seis organizações da sociedade civil aliadas, quatro instituições do governo brasileiro, duas do governo venezuelano e uma organização internacional. Nele foram definidos os objetivos, missão e forma de funcionamento do Fórum, que consiste na formação de um "grupo animador" em articulação com pontos focais por organização. Também foi construída uma agenda de trabalho comum para 2016; os temas prioritários são: a demarcação das terras na Venezuela; o levantamento da situação do garimpo ilegal nos territórios em ambos os países; e a formação de agentes indígenas de saúde para o combate de doenças que afetam os dois lados da fronteira, com destaque para a eliminação da oncocercose.

Neste encontro, o número de participantes e de organizações indígenas envolvidas aumentou, e uma associação de mulheres Yanomami passou a compor o Fórum. A participação de órgãos do governo brasileiro e de organizações transfronteiriças também facilitou o desenvolvimento de planos de ação sobre pontos específicos da agenda. Isto mostra que o Fórum Binacional já está sendo considerado uma instância de consulta para pautar as ações governamentais.

No encontro de 2015 também foi discutida a possibilidade de criar um plano de trabalho conjunto para formação de agentes de saúde no combate da oncocercose na Terra Indígena Yanomami. Um mapa de casos dessa doença, elaborado pelo ISA e pela Sesai, servirá como base para a elaboração do plano de trabalho para os próximos anos. O IV Encontro Binacional está previsto para acontecer em 2016, desta vez em Puerto Ayacucho, Venezuela. Na ocasião deverá ser publicado um mapa binacional sobre garimpo nos territórios Yanomami e Ye'kwana, buscando chamar atenção para o problema e pressionar ambos os governos para que ações efetivas de proteção a estes territórios sejam tomadas. Além disso, será analisada pelo governo venezuelano a proposta de autodemarcação de um dos territórios yanomami apresentada pela Associação Yanomami Horonami (HOY) à Comisión Regional de Demarcación del Estado Amazonas em março de 2016. *(julho, 2016)*

YANOMAMI

Amostras de Sangue Repatriadas dos Estados Unidos São Enterradas

Ana Paula Caldeira Souto Maior | Advogada, ISA

Estevão Benfica Senra | Geógrafo, ISA

AMOSTRAS DE SANGUE DEVOLVIDAS POR INSTITUIÇÕES AMERICANAS FORAM ENTERRADAS EM CERIMÔNIA FÚNEBRE REALIZADA NA TI YANOMAMI, EM ABRIL E SETEMBRO DE 2015. O MATERIAL FOI COLETADO NO BRASIL POR PESQUISADORES AMERICANOS, HÁ MAIS DE 40 ANOS, SEM CONSENTIMENTO PRÉVIO E INFORMADO

Em 2008, instituições norte-americanas aceitaram devolver amostras de sangue dos índios Yanomami coletadas no Brasil, em 1967, pelo geneticista James Neel. A repatriação atendeu uma reclamação feita pelos Yanomami, em 2001, e promovida pelo Ministério Público Federal de Roraima (MPF).

Em esforço realizado nos últimos dois anos, o MPF e o Itamaraty conseguiram viabilizar a repatriação de todas as amostras que estavam em posse da Universidade do Estado da Pensilvânia. Um certificado de autenticidade, de março de 2015, atesta que o material devolvido é mesmo sangue dos Yanomami ou parte dele.

O documento é assinado por Kenneth M. Weiss, pesquisador emérito de Antropologia e Genética da universidade.

O certificado concedido informa que, depois de Neel aposentar-se, ele queria preservar o material para futuras pesquisas. Em 1990, ele entregou amostras do sangue a ex-estudantes de outras universidades e foi assim que as amostras foram parar em outras instituições americanas.

CERIMÔNIA FÚNEBRE

O enterro do sangue ocorreu no dia 3 de abril, na Aldeia Piau, região do Toototobi, no Amazonas, próxima à fronteira entre Brasil e Venezuela. Cerca de 300 Yanomami participaram da cerimônia, entre moradores da aldeia, grupos aliados e familiares de aldeias vizinhas.

Amostras de sangue devolvidas pela Universidade do Estado da Pensilvânia são enterradas em cerimônia fúnebre por Davi Yanomami (à esq.) e outros indígenas na Aldeia Piau, região do Toototobi (TI Yanomami).

Os Yanomami realizaram um ritual fúnebre reservado, sem a participação de não indígenas, para chorar os mortos que tiveram sangue coletado. Em seguida, a caixa com as 2.693 amostras de sangue processado e DNA purificado foi deixada ao lado de uma cova de pouco mais de um metro de profundidade. Nesse momento, os xamãs inalavam *yãkoana* para conectarem-se aos seus espíritos auxiliares, os *xapiri pë* (ou *hekura pë*), e aos fantasmas dos mortos (*pore pë*). À medida que dois xamãs, protegidos por luvas cirúrgicas, abriam os recipientes e despejavam o sangue de seus familiares na terra, os demais lembravam e choravam os falecidos de seu parentesco com as pessoas ali presentes.

"Eu sou o seu filho, e aqui está o seu genro", dizia um dos xamãs para apaziguar os fantasmas dos mortos. Esse ritual durou quase três horas, até todas as amostras serem cuidadosamente despejadas. Por fim, antes de cobrirem a cova, os xamãs ofereceram mingau de pupunha e tabaco aos mortos.

Apesar da tristeza evocada pela lembrança dos mortos, a cerimônia foi marcada também por sentimentos de alegria e gratidão. À tarde, mulheres e homens cantaram e dançaram, celebrando o retorno do sangue. Ao final do dia, os Yanomami discursaram em agradecimento às pessoas e instituições envolvidas na repatriamento, em especial à subprocuradora-geral da República Deborah Duprat, ao procurador federal Gustavo Alcântara, ao diplomata da divisão de direitos humanos do Itamaraty Marco Túlio Scarpelli Cabral, presentes na cerimônia, e à equipe do ISA.

CONTEXTO

O caso começou em 2001, quando o líder indígena Davi Kopenawa Yanomami tomou conhecimento, por meio do livro de Patrick Tierney *Trevas no Eldorado*, de que amostras de sangue Yanomami coletadas no Brasil, na sua infância, ainda estavam conservadas e sendo utilizadas por diversos laboratórios norte-americanos em pesquisas genéticas.

As amostras foram coletadas pelo geneticista James Neel e o antropólogo Napoleon Chagnon, em 1967, em várias aldeias da região do Toototobi, com o apoio de missionários locais da Missão Novas Tribos do Brasil (MNTB). Segundo os Yanomami, a coleta foi feita em troca da distribuição de bens manufaturados e de promessa de futuros tratamentos médicos, mas em nenhum momento os índios foram devidamente informados sobre o sangue coletado ser utilizado para pesquisas e nem que ele seria mantido em laboratórios por décadas nos EUA. O próprio Davi Kopenawa, com cerca de 6 anos de idade, lembra de ter seu sangue coletado pelos americanos.

Em 2001, Davi participou da Reunião Anual de Antropólogos Americanos (AAA), quando anunciou que ele e seus parentes queriam as amostras de volta. Em seguida, foi convidado para participar do Seminário "Tragédia na Amazônia: Vozes Yanomami, Controvérsia Acadêmica e a Ética na Pesquisa", organizado pelo antropólogo norte-americano Terence Turner, da Universidade de Cornell, e pela Comissão Pró-Yanomami (CCPY), ocasião em pode disseminar ainda mais na América do Norte a vontade dos Yanomami de terem as amostras de sangue de volta.

O princípio do "consentimento livre, prévio e informado" em pesquisas biomédicas é previsto desde o Código de Nuremberg, de 1947, e pela Declaração de Helsinque da Associação Médica Mundial, de 1964, anteriores, portanto, às expedições de James Neel entre os Yanomami do Brasil e da Venezuela. Mesmo assim, os pesquisadores o ignoraram durante o processo de coleta das amostras, e, mesmo após as pesquisas iniciais, o sangue continuou a ser utilizado, sendo reprocessado com novas técnicas de laboratório nos anos 1990, por várias instituições diferentes, sem que os Yanomami fossem sequer informados sobre o que estava acontecendo.

CAMINHO ABERTO PARA NOVAS REPATRIAÇÕES

A demanda pela repatriação e as questões levantadas por ela tiveram também repercussão internas no Brasil. O MPF, a partir do pleito inicial, identificou e recuperou material genético yanomami extraído de amostras de sangue coletadas sem consentimento prévio e informado também por universidades brasileiras. Em 1990, professores da Universidade Federal do Pará, durante uma missão de atendimento médico, coletaram material pertencente a 86 Yanomami. O material foi devolvido às comunidades de origem, em 2006, e reforçou a luta pela repatriação do material genético existente no exterior.

Em virtude da exposição na mídia e no mundo acadêmico da questão sobre a ética na condução de pesquisas nos Estados Unidos, cinco instituições norte-americanas concordaram em devolver as amostras de sangue que possuíam e começaram negociações com autoridades brasileiras. Entre elas estão o Instituto Nacional de Câncer e a Universidade do Estado da Pensilvânia.

Questões diplomáticas, garantias legais, procedimentos de segurança e de logística, envoltas em burocracia, porém, arrastaram o processo por anos. Recentemente, Itamaraty e MPF negociaram um termo aceitável de transferência do material biológico que foi assinado em março de 2015. A devolução das primeiras amostras abriu o caminho e, em setembro do mesmo ano, o Ministério Público Federal (MPF), por meio do Procurador Geral da República, Rodrigo Janot, devolveu aos Yanomami mais um lote de sangue repatriado entregue pelo Instituto Nacional de Câncer dos Estados Unidos, contendo 474 amostras.

Restam ainda algumas amostras em poucas instituições americanas, com as quais o MPF está trabalhando para que assinem o termo de repatriação. A utilização das amostras nos laboratórios de pesquisa e as consequências de seu uso indevido são questões ainda em aberto, mas esta incerteza não deve encobrir a força simbólica da repatriação como reconhecimento do erro cometido.

A repatriação de amostras de sangue coletadas sem o pleno conhecimento informado do que seria feito com elas traz ainda para a atualidade a obrigação de se respeitar o direito de comunidades indígenas de serem devidamente consultadas sobre qualquer decisão que poderá afetá-las.

A repatriação de material coletado sem autorização para uso científico é uma das questões éticas mais importantes do debate sobre pesquisa genética com povos indígenas. *(setembro, 2015)*

WAIMIRI ATROARI

Linhas, Mapas e Fronteiras: Desafios à Territorialidade Kinja

Rodrigo Folhes | Antropólogo, doutorando do PPGSoc/UFMA

OS ÚLTIMOS ANOS TÊM SIDO MARCADOS POR UM NOVO CONJUNTO DE PRESSÕES SOBRE A TI WAIMIRI ATROARI. ENTRE 2008 E 2011 DOIS CASOS ENTRARAM EM PAUTA PARA OS KINJA: A NOVA PROPOSTA DE DEMARCAÇÃO E O LICENCIAMENTO AMBIENTAL DA LINHA DE TRANSMISSÃO MANAUS-BOA VISTA

Os Waimiri Atroari, autodenominados Kinja, estão em plena recuperação demográfica. Até maio de 2016 somavam 1.898 pessoas distribuídas em 41 *mydy taba* (aldeia, casa ou maloca comunal). Levando em conta as estimativas feitas em fins dos anos de 1960 e início de 1970, que contabilizavam 3.000 índios, e as projeções de crescimento demográfico atuais, na faixa de 5% ao ano, observa-se que ainda faltam alguns anos para se aproximarem do contingente populacional de quando o governo militar iniciou a construção da estrada Manaus-Caracaraí, hoje, a BR-174.

A construção dessa estrada afetou decisivamente a territorialidade kinja – conforme demonstrou o relatório da Comissão Nacional da Verdade, em 2014, reconhecendo as graves violações de direitos humanos cometidas pelo Estado brasileiro nesse período. No choque de distintos padrões territoriais, que amplificaram os conflitos pelos usos e controles de determinados recursos ou porções de terra, viram-se reduzidos a poucas centenas de pessoas.

Não é à toa que os kinja nunca se propuseram a festejar a demarcação e a homologação, pelo Estado, de parte de seu território tradicional em fins da década de 1980. Qualquer análise mais detida nos autos dos processos referentes aos procedimentos administrativos de identificação e delimitação da TI Waimiri Atroari – bem como da literatura antropológica produzida sobre os Waimiri Atroari – permite identificar as muitas pressões políticas e econômicas para delimitar a atual TI sem que houvesse prejuízos à ocupação econômica na região.

Mantém-se, dessa forma, um conflito fronteiriço muito real, que opõe os índios a aqueles que aspiram expulsá-los do que sobrou de seus territórios tradicionais. Basta ver os inúmeros processos judiciais que os kinja são instados a acompanhar regularmente. Os mais notórios dizem respeito às tentativas de proibição do uso das correntes na BR-174 – iniciadas pelo 6º BEC e continuada pelos kinja para fechar o tráfego no período noturno de cargas não perecíveis e automóveis de passeio – e da utilização de placas sinalizadoras de Terra Indígena nas proximidades da Reserva Biológica do Rio Uatumã (criada como compensação da UHE Balbina, da década de 1970) e no leito dos Rios Macucuaú e Jauaperi – locais de conhecida territorialidade waimiri atroari com farta documentação historiográfica de ocupação.

Os últimos anos têm sido marcados por um novo conjunto de pressões que revelam o caráter ambíguo de mediação do Estado. Entre 2008 e 2011, dois casos entraram em pauta para os kinja: nova proposta de demarcação e o licenciamento ambiental da linha de transmissão Manaus-Boa Vista.

LINHA DE TRANSMISSÃO MANAUS-BOA VISTA

Uma das obras do Programa de Aceleração do Crescimento (PAC 2), a LT 500 kv Manaus-Boa Vista e Subestações, não foi pensada para levar energia ao Estado de Roraima, mas para escoar a energia a ser produzida nele. O estudo de inventário hidrelétrico da Bacia do Rio Branco, elaborado pela Empresa de Pesquisa Energética (EPE), indicou um potencial de 1.049 MW em 2010;

como a demanda de energia elétrica em Roraima era inferior a esse potencial, decidiu-se por implementar um sistema de transmissão para escoar para o Sistema Interligado Nacional (SIN).

Em princípio, essa linha de transmissão deveria inaugurar um novo procedimento administrativo para os kinja acerca de como avaliar impactos ambientais de grandes empreendimentos. No entanto, antes mesmo de o licenciamento ambiental ser iniciado, os kinja já questionavam os estudos que embasaram o leilão do lote do empreendimento, pela ausência de consulta livre, prévia e informada.

Em janeiro de 2012, o Ibama emitiu o Termo de Referência para os estudos ambientais para a linha de transmissão, contendo as orientações da Funai para a elaboração do Estudo do Componente Indígena. Em agosto do mesmo ano, foi encaminhado aos Waimiri Atroari o Plano de Trabalho que orientaria o estudo de impacto do empreendimento em suas terras, mas a comunidade indígena respondeu à Funai com a devolução dos documentos: "Agradecemos a remessa dos documentos sobre os estudos, mas nós não tomamos conhecimento do que está escrito e estamos devolvendo para que fique claro que não queremos conversar sobre o assunto – construção de linhas de transmissão dentro de nossas terras – enquanto não for renovado o Programa Waimiri Atroari".

O Programa Waimiri Atroari (PWA) teve início em 1988, como um conjunto de ações mitigadoras empreendidas pela Eletrobrás/Eletronorte na TI Waimiri Atroari, devido aos impactos provocados pela construção e operação da UHE Balbina. Com previsão de duração de 25 anos, em 2012 o programa seria encerrado. Com o intuito de manter as ações do PWA, os Waimiri Atroari entraram com um pleito de renovação do programa junto à Eletrobrás Eletronorte, mas as negociações foram encerradas em 2013.

Havia, e ainda há, um grande receio entre os kinja de que esse empreendimento constitua mais uma tipologia de empreendimento no quadro de vivência de impactos e passivos decorrentes de rodovia (BR-174), hidrelétrica (UHE Balbina), mineração (Taboca) e fibra de cabo ótico. Em grande medida, esses impactos foram avaliados no Estudo do Componente Indígena (ECI), a partir de discussões com os kinja que participaram ativamente do estudo.

O cumprimento do Termo de Referência do ECI só foi possível porque foi celebrado um Protocolo de Intenções entre as Centrais Elétricas Eletrobras, Eletronorte, Funai e a Associação Comunidade Indígena Waimiri Atroari (Aciwa), autorizando o início imediato dos estudos em suas terras. Condicionou-se, assim, a renovação das atividades do PWA ao aceite indígena à realização dos estudos de impacto de outro empreendimento, com participação ativa da mesma empresa. Com isso, os kinja e os indigenistas que os acompanham garantiram por mais dez anos a continuidade do programa, que prevê uma redução de 30% do volume de recursos a partir de 2018. Mas a Eletronorte juridicamente se viu desobrigada dos impactos causados, mantendo o "exemplo positivo de relacionamento responsável", ao se comprometer a ajudá-los na busca por autonomia e "sustentabilidade".

Anterior ao procedimento administrativo de licenciamento ambiental, os kinja já haviam questionado as alternativas locacionais e a escolha do traçado passando por suas terras divulgado em estudos que embasam o leilão do lote do empreendimento (conhecido como R2). Nenhuma das alternativas apresentadas foi considerada satisfatória. Se realmente houvesse a necessidade de construção do linhão, os Waimiri Atroari entendem que ela deveria passar pela margem direita do Rio Negro, acompanhando o Rio Branco e, de lá, seguindo até Boa Vista. Em diversos documentos e reuniões, os kinja se posicionaram contra esse projeto de Linha de Transmissão e questionaram a legitimidade do governo em decidir a alternativa do traçado, sem que fossem devidamente consultados.

Destacam-se, dois grandes problemas na perspectiva Waimiri Atroari quanto à ameaça destes empreendimentos, especialmente quanto à Linha de Transmissão em análise: 1) a não observação dos direitos indígenas, que se evidencia com a negligência em efetivar os mecanismos de consulta aos kinja; 2) a perda e destruição de espaços objeto de ação cultural, receptáculo de símbolos culturais e também produtor de sentido, permeados de vida (humana, animal, vegetal, sobre-humana), sentimentos, histórias e memórias, fundamentais para sua reprodução física e cultural.

O projeto de engenharia previa a construção de 250 torres no trecho de 122 km dentro da TI, contabilizando, em condições ideais, duas torres a cada 1 km. OS Waimiri Atroari visualizaram e perceberam tratarem-se de 250 obras: com limpezas de praças, aberturas de acessos, máquinas e homens trabalhando em muitas frentes de trabalho. Para eles, a linha seria uma "estrada" composta por duzentos e cinquenta partes: 250 obras com desmatamento, 250 locais para abertura de acessos, 250 futuros passivos, 250 áreas para monitoramento e fiscalização, 250 focos de doenças, enfim, 250 "empreendimentos" com seus respectivos impactos. Eles puderam compreender isso durante as visitas a outras linhas de transmissão em construção e operação, entendendo que não se trata de uma linha, mas de um empreendimento complexo e de muitas interferências socioambientais.

O andamento dos estudos chegou a ser paralisado pelo MPF/AM em 2013, mas, como virou praxe nos licenciamentos ambientais, a suspensão de liminares garantiu a sua continuidade. O ECI, traduzido para a língua indígena para que os indígenas pudessem se manifestar sobre ele, foi finalizado em 2014, sugerindo à Funai que sua decisão considerasse a inviabilidade do empreendimento, considerando: 1) 37 impactos identificados como negativos, sendo 27 irreversíveis; 2) o conflito sobre o uso exclusivo de empreendimento dentro de Terra Indígena; 3) a fragilidade dos índios em isolamento voluntário.

A equipe técnica da Funai corroborou as análises realizadas e indicou a inviabilidade da obra, mas o empreendedor contratou outra equipe consultora, possivelmente mais identificada com os seus interesses, que, sem conversar com a equipe que havia feito o estudo anterior, quiçá com os kinja, considerou o empreendimento viável de ser licenciado. A partir do protocolo das "Informações complementares do ECI", que lembra mais um contralaudo, a presidência da Funai foi pressionada, contrariando sua equipe técnica, a se manifestar favoravelmente à continuidade do empreendimento em 2015.

Os kinja, perplexos com essa situação, se manifestaram diretamente ao Ibama informando que não se consideravam representados pela Funai e que mantinham seu posicionamento contrário ao empreendimento. Desde então, uma série de ações políticas já ocorreram de modo a convencer os kinja a permitirem o andamento do licenciamento ambiental. Foram, inclusive, acusados como responsáveis por uma fuga de presos em Roraima, por falta de energia, em reunião ocorrida dentro da Terra Indígena, com intuito de se configurar como "consulta".

Com a licença prévia outorgada pelo Ibama em dezembro de 2015, a TNE alega não ter dinheiro para construir a obra. Para o setor elétrico, nenhum contratempo poderia modificar o calendário de execução da obra; o principal gargalo poderia ser a Terra Indígena. Todavia, como se tratava de uma terra onde a Eletrobrás/Eletronorte mantinha um famoso programa há quase 25 anos, acreditou-se que não haveria maiores dificuldades para conquistar os índios; tampouco se contestava a possibilidade de inviabilidade do empreendimento. Esqueceram de perguntar aos kinja qual seria a música a embalar os passos do empreendimento.

REESTUDO DE LIMITES

Tanto as notícias vindouras de mais um "veneno" – como por diversas vezes se referem à linha de transmissão – quanto a notícias de que a Funai, finalmente, realizaria o reestudo de limites da TI Waimiri Atroari inserem-se em mais um capítulo de criação de novos mapas e fronteiras (visto sobre a forma de "conquista"), a servir de base ao planejamento territorial do Estado brasileiro.

O histórico dos atos normativos referentes ao território Waimiri Atroari são exemplos de como a atividade cartográfica atendeu a determinados interesses, em contraposição ao que eles definem como "sua região". Esta se traça a partir de linhas de afetividade, que se cruzam e se fundam em experiências ecológicas íntimas com esses lugares. Por isso, os kinja se ressentem de regiões que ficaram de fora dos limites da TI.

No caso da bacia hidrográfica do Rio Uatumã, eles viram seu território tradicional ser alagado, ação que acreditavam não ser possível. O lago de Balbina afogou os caminhos de muitos grupos kinja, que, até os anos 1970, faziam do Rio Uatumã o elo na constituição de sentidos de pertencimento estabelecido com essa região, habitada por seus *iaska*. Tão fortemente marcado que nem a morte da calha do rio e seus afluentes e da vegetação asfixiou as interações que os kinja estabeleceram com esse ambiente.

Parte dessa região se viu em litígio entre a Eletronorte e os supostos donos da terra inundada, vulgarmente conhecidos como "paulistas". Seja quem for, é improvável que qualquer um dos "donos" chegue ao seu provável terreno sem a ajuda de um kinja. Entretanto, para muitos operadores do direito, o que vale são documentos comprobatórios do ato de compra e venda, títulos fundiários.

Em busca de tal objetividade, uma recomendação do MPF/AM lançou, em 2008, a seguinte pergunta à Funai: de quem são as terras inundadas pelo lago de Balbina? Em ações civis públicas posteriores, o MPF ampliou o questionamento sobre a posse tradicional indígena para além da região alagada e acionou juridicamente a Funai para estabelecer, definir e cumprir o procedimento administrativo para identificar e delimitar o território tradicional waimiri atroari.

Só em 2014 criou-se o GT para atender às ações do MPF, impondo à Funai esforços para finalizar o reestudo de limites da TI Waimiri Atroari. Os kinja estão muito bem afinados e preparados para um desfecho com *maryba* (festa). Resta saber se o Estado saberá como cantar em *kinja iara*. *(outubro, 2016)*

ACONTECEU

YANOMAMI

CONDISI-YY REPUDIA INDICAÇÕES VINCULADAS À FUNASA

Os conselheiros Yanomami e Ye'kuana encaminham carta à Sesai para informar que qualquer nomeação de cargo que não passe por uma consulta às comunidade yanomami e ye'kuana não será aceita. Explicitam no texto que não querem que pessoas indicadas por coordenadores da antiga Funasa e acusadas de corrupção continuem coordenando as ações do DSEI Yanomami e Ye'kuana. Lembram ainda que a saúde indígena saiu da Funasa para atender reivindicações das lideranças indígenas visando melhorar a qualidade e por fim à corrupção. *(ISA, 27/05/2011)*

PELA PRIMEIRA VEZ YANOMAMI VÃO CURSAR A UFRR

O resultado do vestibular específico para indígenas, divulgado em 22 de junho pela Universidade Federal de Roraima, mostrou que entre os 13 yanomami que participaram do processo seletivo, oito foram classificados para o curso de Licenciatura Intercultural e um para o curso de Gestão Territorial no Núcleo Insikiran daquela universidade. Os nove Yanomami que cursaram o Magistério Yarapiari desenvolvido a partir de 2000 e concluído no final de 2009, esperam ainda pela certificação (são 18 os professores formados em 2009) pelo Magistério Yarapiari e pelo seu reconhecimento oficial e sua continuidade. *(ISA, 29/06/2011)*

ACORDO BENEFICIA CASTANHA DO BRASIL WAI WAI

Durante o I Festival da Floresta em Roraima, foi assinado o Acordo de Resultado do Projeto de Extrativismo da Castanha do Brasil Wai Wai, desenvolvido pela Fundação Nacional do Índio (Funai) e parceiros. A meta do acordo é aumentar o volume da produção e venda da Castanha do Brasil até dezembro de 2013, bem como ter implementado junto aos Wai Wai e cooperativas, técnicas de boas práticas do manejo da castanha. O projeto é desenvolvido por 137 famílias, de oito comunidades indígenas pertencentes às TIs Wai Wai e Trombetas Mapuera, todas na região sul de Roraima. *(Funai, 23/09/2011)*

ORGANIZAÇÃO YANOMAMI DA VENEZUELA NÃO CONFIRMA MASSACRE

A Organização Yanomami Horonami lançou nesta terça (25/9), em Puerto Ayacucho, Venezuela, nota afirmando que, "embora não se possa determinar indícios de um massacre, o que para nós é motivo de alegria, queremos que a opinião pública saiba que existe uma presença abundante de garimpeiros ilegais instalados há anos na região do Alto Ocamo, provenientes do Brasil". A Horonami representa os Yanomami na Venezuela. No dia 28/8, a Coordenação das Organizações Indígenas da Amazônia, que congrega 13 entidades da Amazônia Venezuelana, divulgou um documento dando conta de um suposto massacre de Yanomami por garimpeiros brasileiros na comunidade Irotatheri, no lado venezuelano da fronteira com o Brasil. De acordo com o documento, garimpeiros cercaram a casa coletiva e dispararam contra a comunidade. Posteriormente, teriam ateado fogo à edificação. No dia 31/8, com o apoio do ISA, a Hutukara Organização Yanomami, que congrega os Yanomami no Brasil, solicitou ao governo venezuelano a apuração dos fatos em conjunto com o governo brasileiro. Em poucos dias, as autoridades venezuelanas enviaram uma comissão até o local do suposto massacre, o que é reconhecido pela Horonami em sua nota. Apesar disso, o texto considera fundamental que a comissão divulgue os resultados da investigação realizada e que seja implantado um plano de retirada dos garimpeiros da região. *(ISA, 25/09/2012)*

COMUNIDADES DO AJARANI RECEBEM ENCONTRO DE XAMÃS

Hutukara Associação Yanomami e ISA promoveram o IV Encontro de Xamãs Yanomami entre 10 e 14/11, na comunidade Serrinha, na região do Ajarani (RR). O evento reuniu 12 xamãs de diferentes lugares da TIY, além de convidados e moradores de comunidades vizinhas. O encontro foi marcado por sessões de cura e pela iniciação no xamanismo de dois jovens Yawari, moradores das comunidades locais. Um dos principais objetivos foi restabelecer o vínculo das comunidades do Ajarani com a tradição xamânica yanomami, e toda a riqueza intelectual e poética que a envolve. Os encontros de xamãs tiveram início em 2011 por iniciativa do líder Davi Kopenawa Yanomami. *(ISA, 27/11/2013)*

INTERCÂMBIO PARA FORMAÇÃO DE XAMÃ YANOMAMI

Em 8 de novembro, Márcio Yawari, jovem aprendiz de xamã da região do Ajarani (RR), viajou para a comunidade do Watoriki, na companhia do líder Davi Kopenawa, onde deverá permanecer por pelo menos quinze dias, para continuar sua formação. Márcio foi recebido por cinco experientes e respeitados xamãs yanomami que deverão acompanhar e orientá-lo durante o árduo processo de iniciação ao xamanismo. Este intercâmbio faz parte de um conjunto de iniciativas protagonizadas pela Hutukara, com o apoio do ISA, para fortalecer a tradição xamânica yanomami por meio de Encontros de Xamãs e de Pesquisas Interculturais sobre o tema. *(ISA, 18/11/2014)*

DAVI KOPENAWA É AMEAÇADO DE MORTE

De acordo com a carta aberta divulgada hoje (28/7) pela HAY, a intimidação começou em

Encontro de Xamãs, maloca do Demini, TI Yanomami.

maio último quando um de seus diretores, Armindo Góes, foi abordado na rua, em São Gabriel da Cachoeira (AM) por garimpeiros que mandaram um recado: Davi estava sendo procurado e não chegaria vivo ao final do ano. Daí em diante, o clima de insegurança tomou conta da sede da HAY. As prováveis razões para as ameaças podem estar na atuação que a Hutukara vem desenvolvendo de combate ao garimpo ilegal, fornecendo mapas dos locais, pontos geográficos de localização, prefixos de aeronaves, apelidos de pilotos e nomes de pessoas que financiam a atividade. Esta ação sistemática resultou na operação Xawara, desencadeada em julho de 2012, na qual pilotos, donos de balsas e de joalherias foram presos pela primeira vez. Seja como for, a HAY pede na carta aberta que o Estado brasileiro tome as providências necessárias para proteger a integridade física de seu presidente Davi Kopenawa e intensifique ações de vigilância e proteção do território Yanomami. *(ISA, 28/07/2014)*

DAVI DENUNCIA AMEAÇAS EM PALESTRA NA FLIP

O líder yanomami Davi Kopenawa deu um depoimento emocionante no encerramento da 12ª edição da Festa Literária Internacional de Paraty (Flip), no Rio de Janeiro, quando falou das ameaças de morte que vem sofrendo e das invasões à TI Yanomami Davi pediu ajuda para defender as terras indígenas e a floresta e foi bastante aplaudido. «Estou muito preocupado, junto com meu povo yanomami. Os fazendeiros e os garimpeiros têm muito dinheiro para matar um índio. Não quero repetir o que aconteceu há 40 anos passados: estou lembrando do meu amigo Chico Mendes. O meu amigo já morreu. Os fazendeiros já mataram ele, que defendia a floresta, o direito do povo dele», disse Kopenawa. Ele lembrou que, mesmo já reconhecida e demarcada, a TI Yanomami continua sendo invadida por garimpeiros, o que é ilegal. Na semana passada, a Hutukara Associação Yanomami (HAY) divulgou carta em que denuncia ameaças sofridas por Davi, exige uma investigação e proteção oficial ao líder indígena. A suspeita é de que as ameaças sejam um represália ao trabalho realizado pelos Yanomami, em conjunto com órgãos do governo, para investigar e desmontar as redes de garimpo implantadas na TI Yanomami nos últimos anos. *(ISA, 04/08/2014)*

HUTUKARA MANIFESTA-SE SOBRE ATENDIMENTO À SAÚDE

Queremos manifestar nossa grande preocupação com a grave situação de saúde enfrentada atualmente pelos Yanomami em algumas regiões. Por conta disso, a Hutukara juntamente com o presidente do Condisi e as demais organizações da TI Yanomami- Kurikama, Apyb, Ayrca e Texoli, está solicitando uma audiência urgente com o Ministro da Saúde, Dr. Arthur Chioro, e com o responsável pela Sesai, Dr Antonio Alves, na esperança de terem suas reivindicações atendidas. É importante lembrar que após a saída da antiga coordenadora do DSEI YY, em janeiro de 2013 a Hutukara organizou, em março de 2014, um encontro com as lideranças, conselheiros e organizações indígenas Yanomami e Ye´kuana, para discutir a grave crise da assistência à saúde na Terra Indígena, caracterizada por altas taxas de mortalidade infantil, baixa cobertura de vacinação, aumento do número de casos de malária, ausência de medicamentos e falhas no serviço de prevenção (...) É fundamental que a coordenação do Distrito seja pessoa de capacidade técnica e alguém de confiança das organizações indígenas, e não apenas indicação política. Nesse sentido a Hay acredita que a mera rotatividade dos coordenadores da Sesai em Boa Vista não resolverá a questão da saúde Yanomami, que exige uma reforma profunda do sistema de atendimento à saúde. *(HAY, 26/03/2015)*

A QUEDA DO CÉU REVELA PENSAMENTO YANOMAMI

Com 720 páginas, *A queda do céu, Palavras de um xamã yanomami*, será lançado pela editora Companhia das Letras na Livraria Cultura, em São Paulo, no próximo 1º de setembro. Foi escrito a partir de relatos de Davi Kopenawa, recolhidos em língua Yanomami pelo etnólogo Bruce Albert. Ambos são amigos há mais de 30 anos. O líder Yanomami relata sua história e suas meditações de xamã frente ao contato predador dos brancos com o qual seu povo teve de se defrontar depois dos anos 1960. Ao final, Davi alerta em tom profético que quando a Amazônia sucumbir à devastação desenfreada e o último xamã morrer, o céu cairá sobre todos e será o fim do mundo. *(ISA, 24/08/2015)*

MPF/RR QUER QUE FUNAI REATIVE BASES DE PROTEÇÃO

O MPF/RR expediu recomendação à Funai para que sejam tomadas as medidas necessárias à manutenção e funcionamento adequado das Bases de Proteção Etnoambiental (Bapes) das Terras Indígenas Yanomami. As investigações realizadas pelo MPF/RR mostraram que a Funai, além de não operar nas Bapes Demarcação e Crocorema, teria abandonado a pista de pouso e a Bape Serra da Estrutura, deixando no local radiofonia, televisor, antena parabólica, geladeira, entre outros, «de modo que toda estrutura montada pela autarquia federal, atualmente, está sendo utilizada para atividade garimpeira», destaca trecho da recomendação. Após o abandono e a invasão da base por garimpeiros, o grupo indígena isolado Moxi Hatëtëa teria desaparecido da região. *(MPF/RR, 16/10/2015)*

WAIMIRI ATROARI

ATUAÇÃO MILITAR NA TI WAIMIRI ATROARI

O MPF/AM entrou com ação civil pública na Justiça Federal para responsabilizar a União e condená-la a reparação por danos morais coletivos causados ao povo indígena Waimiri Atroari, pela prática de atos abusivos em des-

Davi Kopenawa e Marcos Wesley de Oliveira em São Paulo (SP) no lançamento do livro A Queda do Céu, produzido pelo líder e xamã yanomami e o antropólogo Bruce Albert.

ACONTECEU

respeito aos seus modos de vida por militares do 9º Distrito Naval da Marinha, durante a Operação Ágata 4. No dia 6 de maio de 2012, militares se aproximaram da TI Waimiri Atroari com forte armamento e adotaram postura ofensiva aos indígenas que estavam no local, sem qualquer respeito às peculiaridades socioculturais ou preocupação em estabelecer um relacionamento que respeitasse os seus modos de vida. A abordagem dos militares incluiu questionamentos sobre a colocação de boias e restrições à navegação no rio Jauaperi, situação que está sob análise no STF. O MPF/AM pede à Justiça que a União seja condenada a reparar os danos causados ao povo Waimiri Atroari com a elaboração de programa de treinamento e de cartilhas destinadas aos servidores das Força Armadas que esclareçam sobre as peculiaridades das etnias indígenas, em especial dos Waimiri Atroari, e formas de abordagem adequadas. *(MPF, 20/02/2014)*

RELATÓRIO DENUNCIA EXTERMÍNIO NA DITADURA

Um relatório foi entregue pelo Comitê da Verdade, Memória e Justiça do Amazonas ao MPF no Estado. Com mais de cem documentos e mais de 200 documentos referenciados, aponta o desaparecimento de mais de dois mil integrantes do povo indígena waimiri-atroari e estabelece a relação da construção da BR-174 com o massacre dos índios. Aldeias inteiras da etnia foram dizimadas por expedições militares

Rei Harald V, da Noruega, é recebido por Davi Kopenawa na Yanomami, em maio de 2013. Em setembro, foi a vez do líder yanomami visitar o castelo real da Noruega.

Mulheres de oito regiões da TI Yanomami se reuniram na comunidade Waroma, no Catrimani, para discutir problemas comuns e compartilhar experiências. O primeiro encontro aconteceu em 2002, organizado pela Equipe Missionária da Missão Catrimani e mulheres da região. Em 2011, o encontro ganhou fôlego com o apoio da Hutukara e do ISA.

ou por matadores profissionais. *(Terra Magazine, 19/10/2012)*

ÁREA DE ISOLADOS PIRITITI TEM RESTRIÇÃO DE INGRESSO

Portaria da Funai, publicada no Diário Oficial da União, restringe o direito de ingresso, locomoção e permanência de pessoas estranhas aos quadros da Funai, em uma área de aproximadamente 43 mil ha, vizinha à TI Waimiri-Atroari, em Roraima. A restrição, válida por três anos, se justifica pela confirmação de presença de grupo de índios isolados na região. Citados pelos Waimiri-Atroari desde a época da identificação e delimitação de suas terras, na década de 80, o grupo isolado é chamado por eles de Pirititi ou ainda Tiquiriá, e seriam seus parentes. Durante a demarcação da TI Waimiri-Atroari, acreditava-se que esses indígenas estariam protegidos dentro da área demarcada. No entanto, estudos posteriores confirmaram sua presença fora da TI. Em 2011, foram avistadas maloca e roçado do grupo, durante sobrevoo da equipe da Funai, gerando necessidade de proteção imediata, diante de pressões externas, como desmatamento para criação de gado e presença de loteamentos. *(Funai, 20/12/2012)*

CARTA DA FUNAI AO IBAMA LIBERA OBRAS DO LINHÃO

A governadora de Roraima, Suely Campos (PP), informou que a Funai enviou ofício ao Ibama para que o licenciamento ambiental seja concedido e se dê continuidade à construção do Linhão de Tucuruí, que trará energia do Amazonas ao estado. De acordo com o documento, as especificidades dos povos indígenas devem ser obedecidas, tendo em vista que as obras passam pela TI Waimiri-Atroari. «Por volta das 14h de hoje, recebi um telefonema da presidente Dilma me comunicando que teria sido protocolada no Ibama a carta de anuência da Funai. Desde agosto, eu e ela havíamos conversado a respeito da questão energética. Na segunda, durante a audiência, ela foi enfática ao dizer que iria resolver o impasse», declarou Suely. *(O Globo, G1, 26/11/2015)*

WAIMIRI ATROARI DESAUTORIZAM LINHÃO EM CARTA AO IBAMA

"*Senhora Presidente, Tomamos conhecimento do OFICIO 610/2015 do Senhor Presidente da FUNAI enviado a Vossa Senhoria, tratando de assunto relacionado com o LICENCIAMENTO AMBIENTAL da linha de transmissão Manaus-Boa Vista - LT 500 kV Manaus — Boa Vista e subestações, informando ao IBAMA das dificuldades e impactos que o referido empreendimento se construído por dentro de nossas terras, causará. Informa ainda o Senhor Presidente da FUNAI de que a nossa comunidade não foi consultada previamente sobre o referido empreendimento e que em função disto, e na probabilidade e proximidade do licenciamento ser concedido por parte desse IBAMA, já está causando problemas internos entre os grupos sociais que compõe a nossa NAÇÃO.*

Estudo ambiental foi realizado por empresa contratada pela firma que ganhou o leilão para a execução da obra, apontou 37 impactos ambientais, caso a obra venha a ser construída dentro da terra indígena Waimiri Atroari. Apontando como inviável o empreendimento para que seja construído dentro das terras indígenas.

É sabido e fixado em normas ambientais que a construção de um empreendimento que atinja terras indígenas, há necessidade de que o empreendedor realize no mínimo o estudo de 02 opções de locação e que não houve, para que se possa optar para a menos impactante.

Com estas implicações reconhecidas por estudos realizados por técnicos contratados pela empresa ganhadora do Leilão e por exigências legais e como está sendo mantido, as lideranças solicitaram ao Governo Federal, que explicasse quais as razões da opção por esse traçado que implicará em grandes impactos na Terra Indígena Waimiri Atroari. Compareceram técnicos de várias instituições do Governo Federal à reunião com as lideranças na Terra Indígena Waimiri Atroari para explicarem a insistência, de que com vários problemas - os empreendimentos - 250 torres e 125 quilômetros de linha de transmissao, terao que ser construidos dentro da Terra Indigena. Infelizmente por mais esforço que desprenderam os técnicos que lá compareceram não conseguiram explicar a razão de escolher aquele traçado da linha passando pela Terra Indígena Waimiri Atroari. Nós ainda não entendemos a razão. Agora tomamos conhecimento deste OFICIO 610/2015 da FUNAI para o IBAMA, explicando as dificuldades que já estão ocorrendo com nossa comunidade, surgindo entre nós conflitos que estavam contidos desde a construção da BR 174, que foi construída dentro de nossas terras, e que resultou em quase extinção de nosso povo.

Reforçando as preocupações da FUNAI quanto aos problemas que já estamos tendo, em função das discussões sobre a referida obra que trará problemas para o nosso povo, temos a dizer o seguinte:
- Após a última reunião realizada na Terra Indígena Waimiri Atroari, com representantes do Governo Federal, acertamos com a FUNAI, que qualquer decisão por parte do órgão com relação a Linha de Transmissão, precisávamos ser comunicados com a antecedência necessária.
- Este Ofício, mesmo não demonstrando a nossa posição com relação a linha de transmissão c, portanto, não liberando o IBAMA, a emitir licenciamento sobre os empreendimentos, não foi previamente discutido com as nossas lideranças. Portanto sem nenhum valor quanto a refletir a posição de nossa comunidade.
- A FUNAI, mesmo sendo uma instituição do Governo com missão de defender os direitos dos índios no Brasil, LEGALMENTE não pode falar em nome da nossa Comunidade.
Tão logo tomamos conhecimento pelas notícias e pelas comemorações dos habitantes e políticos de Roraima que entenderam ter sido liberado o licenciamento da construção da linha de transmissão passando por nossas terras e mais tarde do teor do OFICIO 610/2015 da FUNAI, que ao nosso ver não autoriza o IBAMA a emitir a licença em referência, nos apressamos a informar a Vossa Senhoria, de que a COMUNIDADE WAIMIRI ATROARI, ainda não decidiu pela concordância da instalação de 250 torres de sustentação de 125 quilômetros de linha de transmissão. Assim como alguns moradores de Roraima e políticos ficaram alegres, nós os Waimiri Atroari nos revoltamos por mais uma vez não sermos consultados a respeito da emissão do OFICIO 610/2015 emitido pela FUNAI para o IBAMA
Não somos contra a luz chegar em Roraima, só não entendemos do porque da Linha ter de ser dentro de nossas terras, trazendo de volta um passado que gostaríamos que não tivesse acontecido - no qual nossos parentes foram mortos e não tínhamos o direito de ter opinião. E o que está acontecendo agora de novo. A Linha é a continuação da estrada c continuamos sem ter o direito de opinar sobre nosso futuro.
Por favor, REPETIMOS, NÃO CONSIDERE OS TERMOS DO OFICIO 610/2015 que a FUNAI escreveu para o IBAMA, como sendo uma autorização da comunidade Waimiri Atroari, para que seja emitida licença ambiental para a construção dos empreendimentos 250 torres de sustentação de 125 quilômetros de linha de transmissão dentro das terras dos Waimiri Atroari.
NÓS NÃO FALAMOS PARA O PRESIDENTE DA FUNAI PARA ELE AUTORIZAR O IBAMA A EMITIR LICENÇA"

(Comunidade Waimiri Atroari, 30/11/2015)

Tunayana
Wajãpi
Wayana
Waiwai
Zo'é
Isolados

3. Amapá / Norte do Pará

3. AMAPÁ
NORTE DO PARÁ

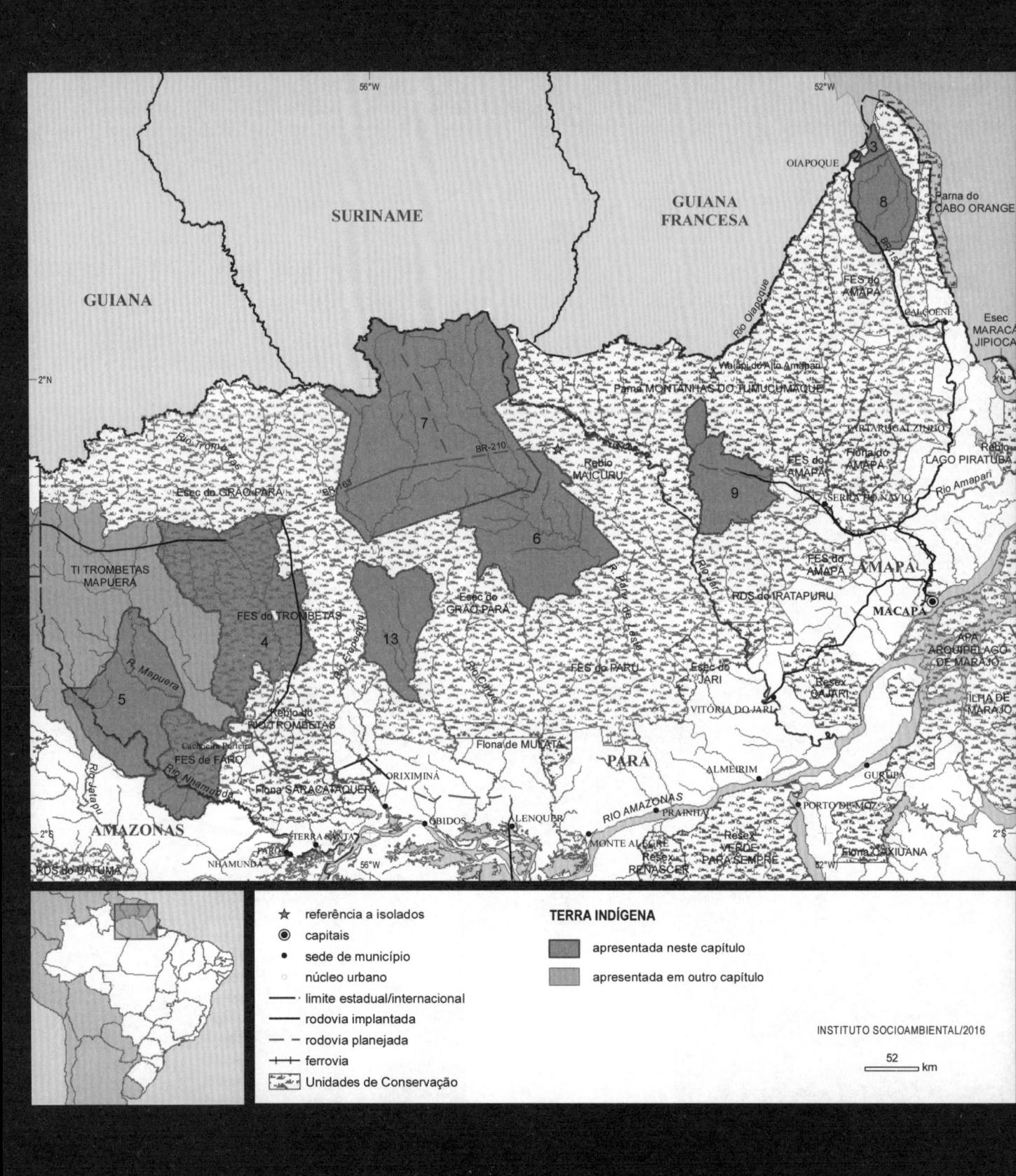

AMAPÁ / NORTE DO PARÁ
Terras Indígenas
Instituto Socioambiental - 14/02/2017

Nº Mapa	Terra Indígena	Povo	População (nº, fonte, ano)	Situação Jurídica	Extensão (ha)	Município	UF
2	Galibi	Galibi do Oiapoque Karipuna do Amapá	151 - Siasi/Sesai : 2013	HOMOLOGADA. REG CRI E SPU.Decreto 87.844 de 22/11/1982 publicado em 24/11/1982. Reg. CRI no município e comarca de Oiapoque (6.689 ha) Matr 01 Liv 02 Fl 01 em 10/10/83. Reg. SPU PA-71 em 12/12/83.	6.689	Oiapoque	AP
3	Juminã	Galibi-Marworno Karipuna do Amapá	121 - IBGE : 2010	HOMOLOGADA. REG CRI E SPU.Decreto s/n de 21/05/1992 publicado em 22/05/1992. Reg. CRI no município e comarca de Oiapoque (41.601 ha) Matr. 16, Liv.2 FIL.17F em 15/09/92. Reg. SPU Certidão 02 de 20/03/95.	41.601	Oiapoque	AP
4	Kaxuyana-Tunayana	Kaxuyana Tunayana	575 - GT Funai : 2010	IDENTIFICADA/APROVADA/FUNAI. SUJEITA A CONTESTAC. Despacho 72 de 19/10/2015 publicado em 20/10/2015.	2.184.120	Nhamundá Faro Oriximiná	AM/PA
5	Nhamundá-Mapuera	Kaxuyana Hixkaryana Katuenayana Waiwai	1.961 - IBGE : 2010	HOMOLOGADA. REG CRI E SPU.Decreto 98.063 de 17/08/1989 publicado em 18/08/1989. Reg. CRI no município de Nhamundá - AM (191.520 ha), Matr. 556 Liv. 2-C, Fl.v176. Reg. CRI no município de Faro -PA (322.000 ha), Matr.1.030, Liv. 2-A, Fl.v230 em 15/06/90. Reg. CRI no município de Oriximiná -PA (536.000 ha) Matr. 1029, Liv. 2-A, Fl. .229 em 15/06/90. Reg. SPU Cert. 11 de 21/09/90.	1.049.520	Nhamundá UrucaráFaro Oriximiná	AM/PA
6	Rio Paru d'Este	Aparai Wayana	240 - Funai/Macapá : 2011	HOMOLOGADA. REG CRI E SPU.Decreto s/n de 03/11/1997 publicado em 04/11/1997. Reg. CRI no município e comarca de Monte Alegre,(53.663 ha) Matr. 4.548 Lv.2-R Fl. 50 em 03/04/98. Reg. CRI no município e comarca de Alenquer,(85.619 ha) Matr. 2.855 Liv. 2-J, Fl. 166 em 03/06/98. Reg CRI no município e comarca de Almeirim (1.056.502 ha) Matr. 100 Liv 2-A Fl 100 em 18/08/1998Reg. SPU Certidão s/n de 17/11/98.	1.195.790	Alenquer Almeirim Monte Alegre	PA
7	Tumucumaque	Aparai Kaxuyana Tiriyó Wayana	1.700 - Funai/Macapá : 2011	HOMOLOGADA. REG CRI E SPU. Decreto s/n de 03/11/1997 publicado em 04/11/1997. Reg. CRI no município de Laranjal do Jari, Matr. 13, Liv. 2-A Fl. 19 em 21/11/97. Reg. CRI no município de Alenquer. Matr. 2.854 Liv. 2-J em 03/06/98. Reg. CRI no município de Óbidos, Matr. R1-2100 Liv. 2/RG Fl.2100 em 18/11/97. Reg. CRI no município de Oriximiná, Matr. R1/338 Liv. 2-G Fl. 185 em 21/07/98. Reg. SPU Certidão s/n de 30/06/80.	3.071.070	Laranjal do Jari Alenquer Almeirim Óbidos Oriximiná	AP/PA
8	Uaçá I e II	Galibi-Marworno Karipuna do Amapá Palikur	4.462 - Funai/Macapá : 2011	HOMOLOGADA. REG CRI E SPU.Decreto 298 de 29/10/1991 publicado em 30/10/1991. Reg. CRI no município e comarca de Oiapoque (470.164 ha) Matr. 16, Liv. 2, Fl.16 em 06/03/92. Reg. SPU Cert. 01 de 17/02/95.	470.164	Oiapoque	AP
9	Waiãpi	Wajãpi	919 - Funai/Macapá : 2011	HOMOLOGADA. REG CRI E SPU.Decreto s/n de 23/05/1996 publicado em 24/05/1996. Reg. CRI no município de Pedra Branca do Amapari (262.243 ha) , Matr. 001 Liv. 2-RG Fl. 01 em 31/03/97. Reg. CRI no município e comarca de Laranjal do Jari (344.773 ha), Matr. 004 Liv.2-A Fl. 006 em 20/12/96. Reg. SPU Cert. s/n de 25/04/97.	607.000	Laranjal do Jari Mazagão Pedra Branca do Amaparí	AP
s/l	Yanwaka			EM IDENTIFICAÇÃO. Portaria 1.189 de 06/12/2007 publicado em 13/12/2007.		Oiapoque	AP
13	Zo´é	Zo'é	295 - Frente Etnoambiental Cuminapanema/Funai : 2016	HOMOLOGADA. REG CRI. Decreto s.n. de 21/12/2009 publicado em 22/12/2009. Reg.CRI matr.2.972, Liv.2-D, Fls 005-005v Primeiro Oficio da Comarca de Óbidos/PA.	668.565	Óbidos	PA

COMPLEXO DO TUMUCUMAQUE

Um Cipoal de Identidades e Territorialidades

Denise Fajardo Grupioni | Antropóloga, Coordenadora do Programa Tumucumaque/Iepé

EM PARALELO À REDISPERSÃO TERRITORIAL E À REGULARIZAÇÃO DA TI KATXUYANA-TUNAYANA, UM FENÔMENO IDENTITÁRIO TOMA FORÇA NESSA PORÇÃO DA AMAZÔNIA, MAIS LEMBRADA POR SEUS MINÉRIOS E POTENCIAL ECONÔMICO DO QUE POR SUAS GENTES OU YANAS. TRATA-SE DE UMA EXPRESSIVA SOCIODIVERSIDADE NATIVA AINDA POUCO CONHECIDA, MAS QUE ESTÁ GANHANDO VISIBILIDADE NO NORTE DO PARÁ

Com a identificação e delimitação da Terra Indígena Katxuyana-Tunayana pela Funai em outubro de 2015, somam-se cinco TIs, dispostas de forma quase contínua no extremo norte do Pará. Este conjunto de terras, predominantemente habitadas por povos falantes de línguas Karib, será aqui denominado de "Corredor Karib-Norte Paraense". Neste "Corredor", as TIs Parque do Tumucumaque e Rio Paru d'Este compreendem o que chamaremos de "Complexo Tumucumaque", situado entre o Pará e uma pequena faixa no Estado do Amapá, na região de fronteira com o Suriname e a Guiana Francesa. Por sua vez, as TIs Trombetas-Mapuera, Nhamundá-Mapuera e Katxuyana-Tunayana compõem o "Complexo Trombetas", em sua maior parte no noroeste do Pará, estendendo-se também ao sudeste de Roraima e extremo leste do Amazonas.

Em todo o "Corredor", no Brasil e nos três países vizinhos (Guiana, Suriname e Guiana Francesa), são mais de 10 mil pessoas inter-relacionadas por redes de parentesco. Pode-se falar também em profundas familiaridades culturais, enraizadas ao longo do histórico de relações pacíficas e guerreiras entre seus ancestrais, descritas na literatura clássica no eixo dos processos de "acultu-ração intertribal"[1]. Essa mesma literatura registra a existência de mais de 140 "tribos" vivendo espalhadas em centenas de aldeias até meados do século XX. Contatados nos anos 1950/60, estes contingentes populacionais foram atraídos e concentrados em torno de cinco aldeias-base principais: Kassawá, na TI Nhamundá/Mapuera; Jatapuzinho, na porção roraimense da TI Trombetas/Mapuera; Mapuera, na porção paraense da mesma TI; além da Missão Tiriyó e Bona, na TI Parque do Tumucumaque. Essas aldeias, geridas pela Funai e/ou missões religiosas, chegaram a reunir, cada uma, até mais de mil moradores (como no caso de Mapuera), funcionando como postos de atração e assistência em saúde, educação e apoio logístico, com propósitos evangelizadores e "civilizatórios".

Para simplificar a identificação das coletividades e seus tantos nomes – em geral acompanhados pelo sufixo Karib -yana ou análogos, como -yó, -koto, e outros, elas passaram a ser oficialmente agrupadas em categorias genéricas como Hixkariyana (em Kassawa), Waiwai (em Mapuera e Jatapuzinho), Katxuyana (em Kassawa e Missão Tiriyó), Tiriyó (na Missão Tiriyó), Wayana e Aparai (em Bona). Paralelamente, em cada uma dessas grandes aldeias, ocorreram processos de uniformização linguística com a adoção de uma única língua para uso geral, selecionada para o ensino escolar e a tradução da Bíblia, bem como estimulada para o uso cotidiano. Assim, aos poucos, muitos acabaram deixando de lado o uso corrente de inúmeras línguas e dialetos específicos, que antes eram, praticamente, tantos quantos eram as chamadas "tribos".

Neste sentido, trata-se de um histórico, relativamente recente, de perda de diversidade linguística e de invisibilização de uma expressiva sociodiversidade, que se deu em decorrência de uma política de desterritorialização, efetivada por meio da atração e concentração populacional em grandes aldeias. Tais adversidades produzem efeitos até hoje na visão que se tem da região como uma imensidão de florestas virgens pontualmente habitadas por alguns poucos povos indígenas, justamente aqueles que se tornaram oficialmente reconhecidos. Contudo, o que estudos atuais atestam é que a memória viva de suas origens diferenciadas, no tempo e espaço desta ampla região geográfica, permanece presente e operante entre eles. E é com base nessa memória, e diante da dificuldade de adaptação à vida em grandes concentrações populacionais, diretamente associadas ao esgotamento dos recursos naturais, que, a partir do final dos anos 1980, começaram a surgir iniciativas de retomada de seus territórios de origem, em busca de um outro padrão próprio de bem viver.

Essa tendência tomou uma força tamanha que, se em toda essa região (de 11 milhões de hectares) chegaram a existir apenas cinco aldeias, observa-se atualmente cerca de 90 ao longo destes dois complexos de TIs (em torno de 50 no Tumucumaque e de 40 no Trombetas). É importante destacar que essa redispersão não se deu de forma aleatória, e sim com base na reocupação de áreas antigamente habitadas pelos próprios ancestrais próximos, quando estes ainda não haviam sido englobados em identidades étnicas genéricas, mas se reconheciam como pertencentes a diferentes *yanas* e, enquanto tal, com direitos de ocupação específicos, de acordo com suas redes de parentesco e suas relações políticas atuais.

Sendo o pertencimento a tal ou qual *yana* um importante critério do direito de abertura de novas aldeias, o que passou a se observar foi uma espécie de desvelamento de identidades que, no contexto anterior de centralização, permaneceram subsumidas ou amalgamadas nas poucas unidades étnicas oficiais. No contexto atual de redispersão, estas identidades vêm reaparecendo, pois é a este plano que operam como marcadores de diferenças que se expressam em termos de direitos territoriais. Não se trata de identidades e/ou direitos territoriais excludentes, pois que, via de regra, cada pessoa não considera pertencer a apenas um *yana*, mas sempre a dois ou mais. Assim como, invariavelmente, representantes de dois ou mais *yanas* compartilham e controlam territórios de habitação e uso comuns. Estas dinâmicas evidenciam que a memória dos *yanas* aos quais se pertence é até hoje operante nos modos de organização social, territorial e política desses povos.

Com efeito, um dos resultados dos levantamentos[2] realizados nessas cinco TIs pela Associação dos Povos Indígenas Tiriyó, Katxuyana e Txikiyana (Apitikatxi), em parceria com o Iepé e a Funai, foi o de atestar a contemporaneidade de grande parte das outrora chamadas "tribos Karib-norte paraenses". Diversas origens e pertencimentos em termos de *yanas* foram apontados pelos moradores, quando indagados sobre por que abriram tal aldeia em tal território. Nestes estudos, foram mencionados 53 *yanas*, em sua maioria associados à família linguística Karib, permitindo atualizar a existência e as feições de um verdadeiro corredor de povos indígenas (que atravessa essas cinco TIs): Ahpama, Ahpamano, Aipïpa, Akïyó, Akuriyó, Alakapai, Aparai, Arahasana, Aramaso, Aramayana, Aturaiyana, Caruma, Farukwoto, Hixkaryana, Inkarïnyana, Kahyana, Kaiku Apërën, Arimisana, Kamarayana, Karapawyana, Karará, Karaxana, Katuwena, Katxuyana, Kukuyana, Manipoyana, Maraso, Mawayana (Arawak), Murumuruyó, Okomoyana, Opakyana, Osenepohnomo, Wezamohkoto, Patakaiyana, Piayanakoto, Pïrëuyana, Pirixiyana, Pïropë, Ramayana, Sakëta, Tarëpisana, Tiriyó, Tunapeky, Tunayana, Txarumã, Txikiyana, Upuruiyana, Waiwai, Waripi, Wayana, Werehpai, Xerew, Xowyana.

Entender a necessidade que esses povos têm hoje de não mais se esconderem nas denominações genéricas passa por entender o processo histórico de descentralização territorial vivido na região. Conforme buscam se redispersar, fazem-no rumo a seus territórios de ocupação tradicional e com base na recuperação de seus próprios princípios de organização sociopolítica, que não estavam mais operando no contexto da centralização em grandes aldeias, mas que voltam a fazer sentido em um contexto em que o plano é se redispersar pelo território e viver em aldeias menores.

RECONECTANDO IDENTIDADES E TERRITORIALIDADES

Até 2012, antes da TI Katxuyana-Tunayana estar esboçada no mapa, os complexos de TIs vizinhas pareciam bastante distantes e isolados entre si. "Agora estamos ilhados", era o que diziam muitos de seus moradores. Mas eis que, com a redispersão que já vinha ocorrendo internamente aos limites dessas TIs, começaram também a ser refundadas antigas aldeias situadas fora delas. Nesse processo reverso de retorno a territórios de ocupação tradicional, configurou-se aos poucos uma Terra do Meio, que viria a ser a Terra Indígena Katxuyana-Tunayana. Esta tem sido fundamental, não apenas para a reversão da centralização em grandes aldeias, mas para a própria heterogeneização dos amálgamas étnicos que durante décadas serviram de zona de conforto para o Estado e a sociedade envolvente se eximirem de lidar com as complexidades desses povos. Para muito além dos nomes genéricos atribuídos a eles, tratava-se de fazê-los assimi-

Presidente da Funai, João Pedro da Costa, visita as TIs Kaxuyana-Tunayana, Parque do Tumucumaque e Rio Paru d'Este, no extremo norte do Pará.

lar e reproduzir concepções outras sobre si mesmos, como se coubesse serem representados pela figura de "caciques gerais", dentre tantas outras projeções. De modo tal que, após décadas confundindo-se com os Tiriyó a leste e com os Waiwai e Hixkariyana a oeste, é como Katxuyana, Kahyana, Katuwena, Inkarïyana, Txikiyana, Tunayana, Xerewyana, Xowyana que diversos voltam às calhas de rios e igarapés de onde se viram obrigados a sair nos anos 1960, e que hoje compõem a TI Katxuyana-Tunayana.

É com base em conexões entre a memória dos *yanas* e as possibilidades de ocupação advindas desses pertencimentos que eles encontram como se ressituar no espaço e no tempo de suas próprias identidades e territorialidades. Trata-se de uma das especificidades da organização sociopolítica desses povos, ou *yanas* karib-norte paraenses, central em seus modos de fazer o que chamamos de gestão territorial e ambiental. Negar estas especificidades seria desconsiderar aquilo que a própria Política Nacional de Gestão Ambiental em Terras Indígenas (PNGATI) propõe como uma de suas diretrizes basilares, a saber: "reconhecimento e valorização das organizações sociais e políticas dos povos indígenas e garantia das suas expressões, dentro e fora das Terras Indígenas".

Embora haja quem alegue que essas diferenciações dizem respeito ao passado e que hoje são todos Tiriyó, Wawai ou algo semelhante, é somente explicitando suas origens diferenciadas que alguns *yanas* têm hoje conseguido, por exemplo, se "des-waiwaizar", no sentido de se "des-generalizar" e, assim, voltar para seus territórios de origem. Este é o caso dos Katuwena, Xerewyana e outros recém-saídos da grande aldeia Mapuera em direção a seus territórios de origem na TI Katxuyana-Tunayana. Nesse contexto, os processos de diferenciação não são um "retorno ao passado" ou a uma suposta autenticidade. Não se trata de um movimento de "resgate do passado", mas de uma "memória para o futuro", algo que esteve sempre ali, presente e operante nas relações locais, embora fosse imperceptível ao olhar estrangeiro e colonizador. Portanto, é de futuro que se trata, e de novas perspectivas de relação com o Estado e a sociedade envolvente, quando se traz à tona o cipoal de *yanas* e suas territorialidades conexas.

SITUAÇÃO DA DEMANDA PELA TI KATXUYANA-TUNAYANA

Toda a área proposta para a TI Katxuyana-Tunayana, com exceção da altura em que se encontra a comunidade quilombola de Cachoeira Porteira, permaneceu como terra devoluta, sem ocupação por não indígenas, até 2006, quando foi arrecadada pelo Estado do Pará para a criação de cinco UCs, sendo duas de Proteção Integral (Esec Grão Pará e Rebio Maicuru) e três de Uso Sustentável (Florestas Estaduais Trombetas, Faro e Paru), somando ao todo cerca de 12,8 milhões de hectares. Essa destinação acabou se estendendo também às áreas de ocupação e uso tradicional indígenas e quilombolas, sobrepondo-se tanto a aldeias situadas na TI Katxuyana-Tunayana, como também às comunidades quilombolas de Cachoeira Porteira (com processo de titulação aberto pelo Instituto de Terras do Pará em 2004) e Ariramba (com processo aberto em 2005). Nestas áreas foram criadas, em 2006, as Flotas Trombetas e Faro.

A demanda colocada pela TI Katxuyana-Tunayana abrange 2,2 milhões de hectares de territórios de uso tradicional, para habitação e uso sustentável de povos indígenas locais. Hoje existem, nessa TI, 18 aldeias ansiosamente à espera da conclusão do processo de demarcação e homologação. Nelas vivem mais de 800 pessoas, sem contar as referências a povos em "isolamento voluntário" no interior dessa Terra Indígena, apontadas pela Coordenação de Índios Isolados e de Recente Contato (CGIIRC) da Funai.

Diante da sobreposição territorial e da necessidade de tratativas e acordos entre indígenas e quilombolas, em 2011 a Procuradoria da República em Santarém instaurou um Inquérito Civil Público com o objetivo de acompanhar o caso. Então, o Iepé, que já atuava entre os Katxuyana, e a CPI/SP, entre os quilombolas de Oriximiná, passaram a promover uma agenda de articulações. Esta agenda foi inaugurada em setembro de 2012, na comunidade quilombola de Abuí, no médio rio Trombetas, com o "1º Encontro Índios & Quilombolas de Oriximiná". Em 2013, diante da morosidade na publicação do RCID da TI Katxuyana-Tunayana e da situação de insegurança instaurada, o MPF moveu uma Ação Civil Pública contra a União e a Funai, recomendando a conclusão da identificação e delimitação da TI Katxuyana-Tunayana.

No âmbito da Aliança Índios & Quilombolas de Oriximiná, três anos depois daquele primeiro encontro em Abuí, lideranças indígenas e quilombolas decidiram se reunir no mesmo local em 30 de maio de 2015, sem a presença de nenhum representante governamental, para selarem um acordo de limites territoriais a ser apresentado aos órgãos oficiais competentes (Funai e Iterpa). Dois meses depois, em 30 de julho de 2015, esse Acordo foi formalizado junto ao MPF e ao MPE, em Santarém (PA). Ciente desse Acordo, em 16 de outubro de 2015, o então presidente da Funai, João Pedro Gonçalves, assinou e publicou a Portaria de reconhecimento dessa TI. Também em reconhecimento à vontade dos povos indígenas e quilombolas manifesta no Acordo, o Estado do Pará declarou, no final de 2015, o início do processo de "retificação dos limites do Território Quilombola de Cachoeira Porteira". Em princípio, o Estado do Pará faria isso independentemente dos trabalhos da Funai, mas com auxílio do MPF e MPE/PA, em março de 2016, decidiu-se pela concretização, de forma conjunta, da expedição de campo necessária para o levantamento das coordenadas dos limites entre a TI e a TQ envolvidas. Os trabalhos dessa expedição foram concluídos no início de abril de 2016. Agora espera-se que os processos possam avançar para suas próximas etapas, e que as relações de vizinhança e parceria entre índios e quilombolas sejam fortalecidas. *(setembro, 2016)*

NOTAS

[1] Leia, por exemplo, P. Frikel. 1961. "Fases Culturais e Aculturação Intertribal na região do Tumucumaque". Bol. MPEG (Antrop.), V. 16. Belém, 16 p.

[2] Projetos desenvolvidos no âmbito do PDPI/MMA, com apoio da Fundação Moore: *Fortalecimento da Gestão Territorial e Ambiental das TIs Parque do Tumucumaque, Rio Paru d´Este, Nhamunda-Mapuera e Trombetas-Mapuera (2012-15)* e *Construindo nossos PGTAs: mobilização e diagnóstico socioambiental nas TIs Parque do Tumucumaque, Rio Paru d'Este, Trombetas/Mapuera e Nhamundá/Mapuera (2014-15)*.

ZO'É

Ameaças e Desafios da Construção de uma Política Indigenista

Fabio A. Nogueira Ribeiro | Antropólogo, Coordenador da FPE Cuminapanema/Funai

NOS ÚLTIMOS CINCO ANOS, INÚMEROS EVENTOS AFETARAM A VIDA DOS ZO'É. AS AMEAÇAS A SUA TERRA, NO NORTE DO PARÁ, SE AMPLIARAM, ASSIM COMO OS DESAFIOS DA CONSTRUÇÃO DE UMA POLÍTICA INDIGENISTA PARA POVOS CONSIDERADOS COMO DE "RECENTE CONTATO" PELO ESTADO BRASILEIRO

Os Zo'é são falantes de uma língua tupi-guarani e vivem no interflúvio entre os rios Erepecuru e Cuminapanema (calha norte do Rio Amazonas), na região norte do Pará (municípios de Óbidos e Oriximiná). Somam hoje (set. 2016) aproximadamente 295 pessoas, distribuídas em cerca de dez aldeias. Contatados tragicamente por missionários evangélicos fundamentalistas da Missão Novas Tribos do Brasil (MNTB) em meados dos anos 1980, passaram a ser assistidos em 1989 pelo Departamento de Índios Isolados (DII/Funai) que, em 1991, conseguiu retirar os missionários da então Área Indígena Cuminapanema/Urucuriana, figura que antecedeu o reconhecimento da TI Zo'é[1].

Embora apresentados na grande imprensa à época do contato oficial como um dos últimos povos "isolados" da Amazônia, sabemos hoje, sobretudo por meio das pesquisas da antropóloga Dominique Gallois, que os Zo'é, no período anterior ao encontro com os missionários e com agentes do Estado brasileiro, já estavam conectados a vastas redes de relações de trocas com outros

Zo'é queimando torrador, TI Zo'é (PA).

povos indígenas, principalmente de língua Caribe, na região do planalto das Guianas (formado por regiões dos atuais Brasil, Suriname, Guiana Francesa, Guiana e Venezuela). Contudo, embora inadequadas e equivocadas, ainda são recorrentes as referências aos Zo'é como um "povo isolado", "puro", "em harmonia com a natureza e sem chefes"; enfim, uma "cultura preservada", os autênticos "índios de verdade"[2].

A partir de 1996, com objetivo de garantir a proteção territorial e a integridade física e cultural dos Zo'é, a Funai, por meio da Frente de Proteção Etnoambiental Cuminapanema (FPEC/Funai), passou a implantar um modelo de atuação fortemente focado na atenção à saúde e na restrição do acesso dos Zo'é ao "mundo dos brancos" (saberes, bens industrializados, pessoas). Contudo, apesar de em quinze anos (1996-2010) essa política ter sido bem-sucedida em diversos aspectos, notadamente no que tange aos indicadores de saúde, os Zo'é começaram a questionar, a seu modo, os termos e as condições dos modos de relação propostos pela Funai.

DOS CAMPOS GERAIS AO TUMUCUMAQUE

No início de outubro de 2010, um grupo com 96 Zo'é de várias idades se deslocou para a região de castanhais conhecida como Campos Gerais do Erepecuru, situada na zona rural do município de Oriximiná (ao sul da TI Zo'é), com o objetivo de, segundo eles, "pegar as coisas dos brancos". Divulgada inicialmente na mídia local, a notícia logo tomou grandes dimensões, chegando ao conhecimento da direção da Funai e do Ministério Público Federal em Brasília. Meses antes, em fevereiro de 2010, índios Tiriyó provenientes da aldeia *Kwamarasamutu* (bacia do rio Sipaliwini), situada no sul do Suriname, fizeram uma visita-relâmpago a uma aldeia zo'é nas adjacências do rio Erepecuru, acompanhados de missionários protestantes. Na ocasião, um jovem zo'é decidiu acompanhar os visitantes de volta àquela localidade no país vizinho, tendo ali permanecido por cerca de três meses. Esse intercâmbio inicial abriu caminho para outras visitas recíprocas, dessa vez envolvendo os Tiriyó[3] da aldeia Boca do Marapi (localizada no sul do PI do Tumucumaque), nas quais muitas coisas e ideias foram trocadas.

À época, ambas iniciativas zo'é foram caracterizadas em relatórios produzidos pela Coordenação da FPE Cuminapanema como "evasões induzidas", ou como movimentos passivos induzidos pelos missionários evangélicos. Com efeito, na região das Guianas é bem conhecida e recorrente a estratégia evangélica de incentivar povos indígenas já "cristianizados" e inclinados à visitação intercultural a realizar expedições para "levar o Evangelho" aos povos isolados[4]. Contudo, não podemos desconsiderar que estes movimentos foram empreendidos pelos Zo'é por diversas razões, não apenas pela demanda por bens industrializados, mas também pelo interesse de conhecer outros lugares e construir relações com outros povos e pessoas. Foi diante destas notícias que, em fevereiro de 2011, a direção da Funai decidiu chamar a Brasília sete chefes zo'é. Para estes, tratava-se de uma oportunidade privilegiada para, antes de mais nada, solicitar espingardas e outros bens desejados àqueles que eles viam como os chefes dos brancos. Na perspectiva do órgão indigenista, o modelo de proteção radical estava esgotado: era preciso mudar os rumos da relação com os Zo'é.

O ano de 2011 foi especialmente turbulento. Mesmo com a realização de uma operação conjunta entre Funai, Sesai e MPF no final de 2010 para tentar convencer os Zo'é a regressarem para a Terra Indígena, permaneceu o vaivém de diversos jovens para os Campos Gerais por aproximadamente um ano. Durante essas estadias, os Zo'é ficaram em contato cotidiano com castanheiros e missionários. Em outubro de 2011, eclodiu na TI Zo'é uma epidemia de malária (*Plasmodium falciparum*), trazida dos castanhais dos Campos Gerais. Em pouco tempo, 85% da população foi atingida, fato que exigiu uma intensa mobilização dos servidores da Funai e da Sesai em área. Apenas em meados de 2012, após um atrito com os castanheiros, os Zo'é decidiram abandonar os Campos Gerais. Ainda em agosto de 2011, e a convite dos Tiriyó, cerca de trinta Zo'é se deslocaram para a aldeia Boca do Marapi (sul do PI do Tumucumaque), onde parte deles permaneceu por três meses, ajudando os Tiriyó na abertura manual de uma pista de pouso, até que um desacerto no "pagamento" do serviço fez com que os Zo'é voltassem para as suas aldeias.

Por parte do Estado, diversas medidas foram tomadas para tentar reverter a situação, todas apoiadas em Inquéritos Civis e Policiais instaurados pelo MPF e a Polícia Federal. Entre 2013 e 2015, um missionário e um castanheiro envolvidos com os Zo'é nos Campos Gerais foram denunciados à Justiça Federal no Pará por reduzir os Zo'é a condições de trabalho análogas à escravidão, bem como pelo fornecimento de armas de fogo[5]. A Funai, por sua vez, fez uma mudança na Coordenação da FPE Cuminapanema e pactuou com os Zo'é a criação do Programa Zo'é.

Na situação dos Campos Gerais, foram realizadas incursões aos castanhais em 2011 e 2012 para negociar com os Zo'é o retorno para a Terra Indígena. No caso envolvendo os Tiriyó, a coordenação atual da FPE Cuminapanema vem participando das Assembleias Anuais dos Tiriyó no PI do Tumucumaque desde 2011, com objetivo de consolidar a interlocução com aquele povo. Em 2012, três indígenas zo'é participaram de uma dessas assembleias, realizada na Missão Tiriyó. Como resultados dessas articulações, a partir do final de 2012 não foram mais observadas incursões de castanheiros e missionários na TI Zo'é e os Zo'é decidiram não mais fazer viagens aos Campos Gerais e às aldeias Tiriyó.

INSISTÊNCIA DA MNTB

Quase na mesma época em que os Zo'é decidiram deixar de ir para os Campos Gerais e para as aldeias Tiriyó, o Supremo Tribunal Federal, em Decisão de 29 de março de 2012, determinou a abstenção da atuação da MNTB na TI Zo'é. Diante dessa negativa, os missionários passaram a tentar acessar os Zo'é por outras vias que incluem a consolidação de bases missionárias no entorno da TI com objetivo de incentivar os povos indígenas vizinhos (principalmente Kaxuyana, Waiwai e Tiriyó) a adentrarem o território zo'é; a pressão sobre a direção do órgão indigenista por meio da articulação com políticos ligados à bancada evangélica do Congresso Nacional[6]; e, recentemente, a tentativa por parte de um dos missionários da MNTB de ingressar na TI como pesquisador vinculado à Universidade Federal do Oeste do Pará (Ufopa). Após análise e identificação de vários vícios no processo, e principalmente pelo fato do referido missionário ser vinculado à MNTB e não à Ufopa, a solicitação formal foi indeferida pela Presidência da Funai. Essas novas táticas evidenciam que os missionários fundamentalistas dificilmente abandonarão o projeto de tentar evangelizar os Zo'é.

AMEAÇA GARIMPEIRA E INTERESSES MINERÁRIOS

Em 2012, a FPE Cuminapanema foi informada pelo Instituto Imazon sobre a presença de uma pista de pouso clandestina nas proximidades do rio Erepecuru, a 14 quilômetros do limite sudoeste da TI Zo'é, no interior da Zona Intangível de vinte quilômetros criada no entorno da TI em 2008 pelo Estado do Pará[7]. Após algumas expedições terrestres e sobrevoos para reconhecimento da área, foi verificada a presença de um garimpo em atividade há pelo menos vinte anos. De fato, a presença de garimpeiros nas adjacências do território zo'é não é propriamente uma novidade. Há registros desde a década de 1980, sendo essa inclusive uma das razões pelas quais a Funai interditou, em 1987, a Área Indígena Urucuriana-Cuminapanema. No final dos nos 1990, garimpeiros alcançaram a aldeia Kuruaty, localizada na porção sul do território zo'é, tendo então sido expulsos por servidores da Funai.

Em 2014, os Zo'é encontraram vestígios dos garimpeiros em uma aldeia às margens do rio Erepecuru, na região sudoeste da TI Zo'é. Diante da iminência de uma invasão e da demora dos órgãos competentes em coibir a atividade, em dezembro de 2014 17 homens zo'é decidiram fechar o garimpo por conta própria. De acordo com os relatos dos índios, os garimpeiros fugiram do local ao perceberem a chegada dos Zo'é, que, então, queimaram as casas e destruíram os maquinários das dragas. No entanto, após

Jovens lideranças Zo'é, TI Zo'é (PA).

seis meses dessa ação, a Funai identificou, em 2015, o retorno dos garimpeiros ao local. Diante de tais notícias, o MPF decidiu ajuizar uma Ação Civil contra a União. Em março de 2016, a Justiça Federal em Santarém (PA) determinou o fechamento do garimpo. No mês seguinte, foi deflagrada uma operação conjunta entre Funai, Ibama e Polícia Federal que acabou resultando na prisão de seis pessoas (entre garimpeiros e pilotos de avião) e na destruição do maquinário para extração de ouro. Contudo, em ação de monitoramento realizada pela Funai em maio, foi identificado um outro garimpo nas proximidades daquele que fora alvo da operação. Em julho, a Justiça Federal determinou o fechamento do novo garimpo identificado. Em agosto, foi deflagrada uma segunda operação conjunta entre Funai, Ibama, Polícia Federal e Estado do Pará, que acabou resultando na destruição de dois garimpos e na prisão de oito garimpeiros.

Além da atividade praticada de modo bastante rudimentar por garimpeiros, sabemos também que a TI Zo'é e as UCs do entorno são cobiçadas por grandes mineradoras, como a Mineração Rio do Norte (MRN). Conforme informações sistematizadas pelo Instituto Socioambiental a partir de dados fornecidos pelo Departamento Nacional de Produção Mineral (DNPM), há um processo minerário incidente sobre a TI Zo'é (cobrindo 0,33% da área da TI), 93 sobre a Floresta Estadual do Trombetas (cobrindo 15% da área da UC), 963 sobre a Floresta Estadual do Paru (cobrindo 80% da área da UC) e 97 sobre a Estação Ecológica do Grão-Pará (cobrindo 12% da área da UC).

DESAFIOS DA CONSTRUÇÃO DE UMA POLÍTICA INDIGENISTA COM OS ZO'É

Tendo em vista tanto as ameaças externas sobre o povo e a terra dos Zo'é como a escassez crônica de recursos financeiros e de pessoal do órgão indigenista, a questão central que se coloca ao Programa Zo'é da Funai é a de como sair de uma política de controle e assistencialismo para uma política de participação, informação e autodeterminação. O objetivo, portanto, é colocar em prática um conjunto de atividades que dialoguem pra valer com os modos zo'é de conhecer e suas formas de organização socioespaciais, viabilizando a incorporação de conhecimentos (por exemplo, sobre a língua portuguesa, a organização do Estado, o dinheiro e as cidades) para a boa gestão das relações interculturais.

Atualmente está sendo iniciado um projeto que é fruto da parceria entre os Zo'é, a FPE Cuminapanema/Funai e o Instituto Iepé. Ainda que as diretrizes do projeto estejam alinhadas à PNGATI e que o objetivo seja a construção de um Plano de Gestão Territorial e Ambiental (PGTA), a ideia é evitar que esse plano seja implantado de fora pra dentro ou que sejam feitas propostas de "etnozoneamento" do território indígena estranhas às concepções nativas. Como construir um plano de gestão territorial que incentive a continuidade da dispersão dos Zo'é pelo território, uma política de saúde que leve em conta as concepções zo'é sobre o corpo, e uma prática pedagógica que considere os modos zo'é de circulação de saberes? Eis alguns dos desafios. *(agosto, 2016)*

NOTAS

[1] Em 1987, a Funai interditou a Área Indígena Cuminapanema/Urucuriana, com 2.059.700,00 hectares, visando resguardar o território dos Zo'é e outros possíveis "povos isolados" de língua Caribe. A TI Zo'é foi homologada em 2010 com 668.565,00 hectares.

[2] Para uma leitura aprofundada, veja Gallois, D. T. 2015. "Sobre alguns modos zo'é de fazer coletivos e lideranças". In: Fajardo Grupioni, D. & Andrade, L. M. M. (Org.). *Entre águas bravas e mansas: índios e quilombolas em Oriximiná*. São Paulo: CPI-SP/Iepé.

[3] Faço aqui a distinção Trio/Tiriyó para me referir, respectivamente, aos grupos do Suriname e do Brasil, tendo em vista os distintos históricos de relações desses grupos com os estados nacionais e missões religiosas.

[4] A "atração" dos Karafawyana pelos Waiwai (no Brasil) ou a dos Akuriyó pelos Trio (no Suriname) são exemplos típicos destas experiências que especialistas chamam de "evangelismo cumulativo" ou "piramidal". Para mais, veja: Gallois, D.T. & Grupioni, L.D. 1999. "O índio na missão novas tribos". In: Wrigth, R. (Org.). *Transformando os deuses*. Campinas: EdUnicamp.

[5] Resumos das notícias no "Aconteceu" adiante neste Capítulo. Para íntegra, acesse o site do MPF.

[6] Para mais, veja Ribeiro, F. A. N. 2015. "Os Zo'é e as metamorfoses do fundamentalismo evangélico". In: Fajardo Grupioni, D. & Andrade, L. M. M. (Org.). *Op. cit.*

[7] Conforme o Decreto Estadual (27/09/2008), "a Zona Intangível no entorno da TI Zo'é é uma área onde a natureza permanece intacta, não sendo permitidas quaisquer alterações humanas. (...) Seu objetivo é a preservação, garantindo a evolução natural dos ecossistemas, sendo proibido o uso direto dos recursos naturais que coloque em risco a preservação da diversidade biológica e a etnia indígena do entorno".

SAÚDE INDÍGENA

Avanços e Retrocessos na Atenção à Saúde dos Wajãpi

Juliana Rosalen | Antropóloga, Iepé e PPGAS/USP

DESCONTINUIDADES NA ASSISTÊNCIA, FORMAÇÃO E GESTÃO ESTÃO NA BASE DA PIORA (OU MELHORA PONTUAL) DAS CONDIÇÕES DE SAÚDE. A ESTRATÉGIA FUTURA PARA QUEBRA DESSE CICLO PERVERSO SE ASSENTA NA FORMAÇÃO TÉCNICA E POLÍTICA DOS WAJÃPI PARA QUE A ATENÇÃO À SAÚDE SEJA INTEGRALMENTE APROPRIADA E MANEJADA POR ELES

Escrever sobre a saúde indígena é como um eterno reeditar. As duas edições anteriores da coletânea Povos Indígenas no Brasil (2001-2005; 2006-2010) trazem textos nada animadores sobre a política nacional de saúde indígena e apontam para mudanças aceleradas nos perfis epidemiológicos destas populações em todo o país[1]. Impossível não falar de mazelas comuns ao traçar um panorama da situação atual de saúde dos Wajãpi. Por outro lado, também é importante reconhecer avanços pontuais nos últimos anos, em especial a intensificação da participação política dos Wajãpi nas instâncias de controle social e a formação de agentes de saúde wajãpi.

CONTEXTO GERAL DA ATENÇÃO À SAÚDE NA TIW

Atualmente a população wajãpi é de aproximadamente 1.200 pessoas vivendo em 95 aldeias dispersas em uma TI de 607.017 hectares. A quantidade de aldeias vem crescendo sistematicamente à medida que a população vem aumentando. Esta nova fase de dispersão pode garantir que novas gerações ainda usufruam de uma boa qualidade de vida, já precária nas aldeias mais antigas e próximas à BR-210, que adentra a TI. Contudo, na contramão deste positivo processo de dispersão, instituições de educação e saúde continuam contribuindo fortemente para a sedentarização e, consequentemente, para o aumento gradativo de doenças na TIW. A Secretaria de Educação, por exemplo, promove quatro módulos anuais de formação em Ensino Médio (com duração de um mês cada) em quatro polos na TIW. Alunos de diversas aldeias se deslocam para estes polos e ali permanecem por um mês, assistindo aulas de segunda a sábado em período integral.

Vale salientar, porém, que esta intensificação dos módulos anuais foi uma demanda dos próprios Wajãpi, que, de modo geral, percebem na escolarização a possibilidade futura de assumir alguma função remunerada. Os jovens acreditam que quanto mais rápido se formarem mais facilmente conseguirão cargo, salário e, por consequência, acesso a bens de consumo. Entre os resultados não previstos e indesejados deste processo estão: a desvalorização gradual das práticas de conhecimento wajãpi, o aumento massivo do consumo de alimentação industrializada nos períodos de curso, bem como a intensificação da incidência de epidemias (malárias, gripes etc) e doenças crônicas (diabetes, hipertensão, obesidade, colesterol). Para complicar ainda mais a situação, observa-se constantes problemas de descontinuidade ou subnotificação de diversas doenças, especialmente as crônicas, conforme apontam as próprias fontes oficiais[2].

É importante destacar que as instituições responsáveis pela atenção à saúde possuem enormes dificuldades em oferecer uma assistência que respeite as formas de organização social e territorial dos Wajãpi. Estas dificuldades estão associadas a fatores diversos como o desconhecimento ou pouco entendimento das formas de organização sociopolítica e das práticas de conhecimento locais, posturas etnocêntricas de profissionais e a falta

"KUSIWARÃ É A BASE DE TODOS OS CONHECIMENTOS QUE NÓS TEMOS"

"Nós Wajãpi do Amapá conhecemos e transmitimos nossos padrões gráficos, que não são de uma só pessoa, mas de todos que vivemos na TI Wajãpi. Isso não quer dizer que somos donos dos padrões, mas que pegamos eles para usarmos na pintura corporal. Esse kusiwarã não é nosso, apenas nós somos responsáveis pelo kusiwarã que tem seus próprios donos. Pelo nosso conhecimento, desde os tempos da origem até hoje, os padrões kusiwarã são as marcas de jiboia, sucuri, borboleta, surubim, passarinhos e de muitas outras gentes". Através de explicações como essas, desde que a Arte Gráfica Kusiwa foi registrada, em 2002, pelo Iphan como patrimônio cultural imaterial do Brasil, os Wajãpi ressaltam a importância dos conhecimentos que sustentam o uso dos grafismos. Temos aqui um caso interessante de patrimonialização de um bem cultural que não é "dos Wajãpi", mas cuja continuidade depende da manutenção de conexões complexas entre modos específicos de perceber, de aprender, de reconhecer e de explicar as complexas relações entre grafismos e seus donos, entre diferentes gentes etc. Valorizar tais práticas de conhecimento foram o principal objetivo do Plano de Salvaguarda idealizado em 2000 com os Wajãpi, para submissão das "Expressões Orais e Gráficas dos Wajãpi do Amapá" à Unesco, no âmbito da 2ª Proclamação das Obras do Patrimônio Oral e Imaterial da Humanidade; quando foi registrado no Brasil, o título mudou para "Arte gráfica e pintura corporal". Desde então, os Wajãpi encontram dificuldades para explicar que se trata menos de um produto acabado – os grafismos – mas de um modo específico de conhecimento, relacionado ao xamanismo, a procedimentos adequados para aproximar humanos e não humanos. Por este motivo, entre 2004 e 2014, o Plano de Salvaguarda apoiado pelo Iphan e desenvolvido com assessoria do Iepé teve como foco a formação de pesquisadores indígenas e ações de difusão cultural por eles orientadas. Não pretendia incidir na valorização da arte gráfica de forma isolada, mas consistiu em ações de monitoramento e promoção de amplos debates em torno das transformações nos modos de existência dos Wajãpi; o plano, enfim, visava fortalecer sua capacidade de intervenção política na defesa de sua qualidade de vida. Os saberes e práticas envolvendo os padrões gráficos kusiwarã dizem respeito aos modos adequados de cuidar do corpo e da saúde, às etiquetas de relações entre parentes e não parentes, aos modos controlados de relacionamento entre humanos e não humanos. "O conhecimento sobre kusiwarã não está sozinho, tem muitos outros conhecimentos ligados nele. Kusiwarã juntamente com seus conhecimentos é base de todos os outros conhecimentos que nós, Wajãpi, temos", escrevia em seu relatório Roseno Wajãpi, um dos

Reunião que aprovou a revalidação do registro dos grafismos kusiwa junto à Unesco, TI Wajãpi.

pesquisadores engajados na avaliação dos resultados do plano de Salvaguarda. Os grafismos manifestam não apenas a existência, mas a efetiva presença dessas outras gentes – e de outros mundos – que os Wajãpi designam hoje de modo sintético como os "donos" (–jarã) controladores de diferentes espaços do cosmos – águas, serras, florestas etc – com os quais é preciso manter relações adequadas. A pintura diferencia corpos, seja porque esconde a pessoa (e sobretudo as crianças) dos perigosos –jarã, seja porque ela torna o corpo atraente, promove relações de aproximação, identifica a pessoa "como Wajãpi". Temos aqui dois efeitos combinados, muito interessantes: esconder e/ou ressaltar. Tudo depende do contexto, como é normal, já que o uso de pinturas corporais é um ativador de relações. Portar grafismos pintados no corpo exige que se saiba quando e como se aproximar, ou se distanciar, e implica, portanto, saber ver e ouvir essas outras gentes, perceber os múltiplos mundos nos quais os humanos circulam. Por este motivo, a escolha das tinturas (urucum, jenipapo, resinas perfumadas) e os cuidados corporais associados, são diferentes para homens, mulheres, crianças ou adultos, favorecendo o equilíbrio nas relações com essas outras gentes de quem se roubou, ou copiou as marcas. Por isso, não se pode cobrir um corpo humano com uma única marca que aproximaria perigosamente a pessoa do dono dessa marca. Desses modos apropriados de uso dos grafismos decorre a excepcionalidade da arte gráfica kusiwa, que consiste na composição de vários motivos em arranjos criados no momento da realização da pintura, e que quase nunca se repetem. Já passaram mais de dez anos desde o registro patrimonial e, como prevê a legislação, o Iphan promoveu em 2013 a "revalidação" desse registro. Um estudo detalhado foi desenvolvido em 2014 e 2015, através de levantamentos feitos por cinco pesquisadores wajãpi e por mim; desde então, técnicos do Iphan estão avaliando a revalidação do título. Se aprovado, a próxima etapa será o detalhamento e a implantação de um novo Plano de Salvaguarda. A comunidade wajãpi, que organizou duas grandes plenárias para discutir esse plano durante o processo de revalidação, já definiu suas metas. Entre as várias ações sugeridas, estão a continuidade da formação de pesquisadores; a retomada de debates em torno da educação escolar diferenciada; o apoio ao plano de gestão da terra demarcada; o apoio à realização regular de grandes festas para promover o interesse dos jovens nos saberes tradicionais; a valorização dos conhecimentos dos pajés. Uma das expectativas dos conhecedores mais velhos é que, como acontece em muitas outras Terras Indígenas, tais atividades possam resultar numa maior implicação dos jovens nos saberes e práticas tradicionais. (Dominique Tilkin Gallois, setembro de 2016)

de infraestrutura e recursos adequados para atenção à saúde. A prática que tem sido recorrente é a fixação dos profissionais nos postos de saúde e a realização de rápidas e descontínuas visitas de acompanhamento ("itinerantes") às aldeias de mais fácil acesso. Atualmente, existem cinco postos de saúde na TIW, sendo que dois estão em estado bastante precário. Destes cinco postos, apenas três (todos situados em locais mais acessíveis) recebem profissionais de saúde. Esta prática tem sido justificada pela gestão do Distrito Sanitário Especial Indígena (DSEI) do Amapá e Norte do Pará, devido à falta de infraestrutura básica (motor, combustível, alimentação) para apoiar a dispersão dos profissionais pelos postos, bem como para realização dos "itinerantes".

Há também um imenso déficit de profissionais no quadro da Equipe Multidisciplinar de Saúde Indígena. Para situar a questão, vale fazer aqui um pequeno balanço do histórico da atuação dos profissionais de saúde junto aos Wajãpi nos últimos cinco anos. Em 2011, houve um processo seletivo simplificado para a contratação, por tempo determinado, de 318 profissionais de saúde para atuarem no DSEI/AP. Em 2012, as vagas não foram totalmente ocupadas, mas mesmo assim a situação melhorou significativamente. No início de 2013, finalmente, as vagas para médicos foram preenchidas através do Programa Mais Médicos do Governo Federal. A partir de 2013, as notificações de doenças e agravos passaram a ser mais efetivas e a mortalidade infantil nos dois anos seguintes sofreu uma queda. Porém, em 2014 e 2015, recomeçaram as baixas de profissionais, por conta de pedidos de transferência para outras TIs e exonerações. Geralmente, os motivos alegados para os pedidos de transferência vão da não adaptação ao trabalho nas aldeias à falta de infraestrutura para poder desempenhar a função de maneira adequada.

No início de 2015, em meio à piora no panorama da saúde, um grupo formado por pesquisadores, lideranças, agentes indígenas de saúde (AIS) e professores wajãpi solicitou apoio do Ministério Público Federal no Amapá para a realização de uma reunião conjunta com representantes da Sesai e Funai. A mobilização ocorreu em abril, na sede do MPF em Macapá, com participação 45 representantes wajãpi, além da gestora, suas equipes, o coordenador regional da Funai e Iepé. Na ocasião, os Wajãpi entregaram documentos que denunciavam a situação de saúde na TIW e solicitavam resoluções urgentes por parte do DSEI/Sesai. Ao final, foi assinado um termo de compromisso com propostas de resoluções das demandas. Estabeleceu-se também a necessidade do monitoramento do processo por meio de reuniões mensais na Procuradoria.

É importante notar que esta mobilização, além de servir de exemplo para outros povos indígenas do Amapá e Norte do Pará, reforçou para os próprios Wajãpi a importância de se organizarem politicamente para além das instâncias de controle social legalmente estabelecidas (ou seja, os conselhos de saúde). Apesar dessas instâncias serem fundamentais por garantirem a participação indígena nos processos decisórios, via de regra são submetidas a pressões políticas que impedem a efetividade da participação dos representantes indígenas. Contudo, ainda que a mobilização tenha garantido algumas melhorias, em maio de 2016, com a mudança da gestora do DSEI/AP, a situação de saúde na TIW voltou a se agravar. Atualmente, a equipe que atua na TIW conta com apenas 14 profissionais não indígenas, sendo que, no mínimo, deveria ter 22. Tal desestruturação da assistência tem provocado uma superlotação na Casa de Saúde Indígena (Casai) em Macapá e, consequentemente, tem facilitado o acesso dos Wajãpi a novas enfermidades[3].

Em meio a todo este contexto desfavorável, pode-se dizer que o contraponto mais efetivo da precariedade na assistência tem sido o trabalho desenvolvido na TIW pelos agentes de saúde wajãpi, resultado de uma parceria exitosa entre DSEI/AP e as organizações não governamentais Iepé e Poema.

CERTIFICAÇÃO: O EMPODERAMENTO DOS AGENTES DE SAÚDE WAJÃPI

No dia 16 de janeiro de 2016, os Wajãpi acordaram em festa. Nesta data foi realizada na TIW uma cerimônia de entrega de certificados pelo DSEI/AP para 16 agentes de saúde wajãpi, atestando a conclusão dos seis módulos de formação preconizados pelo Ministério da Saúde (MS) e voltados à Educação Profissional Básica para os AIS. Embora possa não parecer muito, os Wajãpi tinham, de certo, motivos de sobra para comemorar. Afinal, são poucos os povos indígenas no Brasil que conseguiram concluir todos estes módulos. Via de regra, os processos de formação têm sido bastante descontínuos: não avançam e não produzem impactos efetivos nas ações dos agentes de saúde em suas TIs. Para os AIS wajãpi, o reconhecimento significou o fechamento de um ciclo de formação que teve início em 1998, no âmbito do Programa de Saúde Wajãpi (PSW)[4], e que foi ganhando novos contornos com a implantação do DSEI/AP em 2000 e a parceria com o Iepé a partir de 2007[5]. Constituiu-se então, a partir de uma demanda dos Wajãpi, uma nova turma de AIS para garantir, no futuro, cobertura de saúde nas aldeias nos limites da TIW.

Em 2012, foi assinado um termo de cooperação entre o Iepé e o DSEI/AP formalizando a parceria para garantir a continuidade da formação e certificação dos agentes de saúde wajãpi. Outras cooperações informais entre as duas instituições continuam também sendo levadas adiante, como a participação ativa do Iepé nas capacitações dos conselheiros de saúde wajãpi ou nas reuniões conjuntas para afinar metodologias de trabalho junto aos Wajãpi. Mas os desafios pela frente não são poucos. A turma de AIS que hoje promove uma cobertura mínima da saúde na TIW pretende continuar os estudos na área da saúde. Para isso, a maior preocupação é conseguir recursos para que sua formação como técnicos de enfermagem possa ser realizada na TIW e esteja voltada especificamente para a realidade nas aldeias. Espera-se que os agentes de saúde possam obter mais conhecimentos da biomedicina, mas também e, sobretudo, promover uma reflexão e valorização das práticas de conhecimentos e recursos locais de forma a propiciar, no futuro, um viver mais autônomo da população wajãpi.

DESENHANDO O FUTURO

Nesta breve descrição do contexto atual da assistência à saúde indígena na TIW, é possível identificar algumas características comuns que também afetam outros povos indígenas no Brasil, como equipes defasadas, inadequação da assistência à realidade local e a falta de infraestrutura básica. Parece não haver dúvida de que o problema mais estrutural é a descontinuidade da assistência, seja na sua dimensão mais básica (a intermitência da atuação de profissionais não indígenas nas aldeias), seja na gestão político-administrativa dos DSEIs locais, marcada por uma rotatividade de gestores, selecionados para o cargo a partir de acordos político-partidários que passam ao largo de qualquer tentativa de controle social por parte das comunidades indígenas.

As descontinuidades na assistência, formação e gestão estão na base da piora (ou, de maneira mais pontual, à melhora) das condições de saúde. Diante desse quadro, a estratégia futura para quebra desse ciclo perverso se assenta na intensificação da formação técnica e política dos Wajãpi para que, num futuro próximo, a assistência à saúde seja integralmente apropriada por eles, de modo a promover o bem viver, em seus próprios termos.

Os Wajãpi costumam enfatizar que um bem viver inclui ter roça, ter caça para comer, mudar de aldeia, construir casas novas, fazer limpeza das picadas, produzir cestarias, fazer festas, comer bem, beber caxiri etc. Em uma carta de reivindicações entregue aos representantes do DSEI/AP em abril de 2015, o Apina reitera: "Os AIS não moram sempre na mesma aldeia. Cada AIS tem casas e roças em duas aldeias diferentes e passa uma parte do ano em cada lugar. Porque na aldeia antiga não tem lugar bom para fazer

Festa de comemoração da certificação dos Agentes Indígenas de Saúde (AIS) wajãpi, aldeia Kwapo'ywyry, TI Wajãpi.

roça, as plantas não crescem bem e também tem pouca caça e peixe. Por isso a gente procura um lugar bom morar e viver com saúde. Queremos fortalecer nosso jeito de morar e de nos alimentar para ter saúde. Os AIS trabalham nas aldeias para fazer cobertura da saúde na TIW. Onde a comunidade vai os AIS têm que acompanhar. (...) Para promover saúde os AIS não trabalham somente no atendimento dos pacientes. Nós precisamos fazer roça, caçar, pescar, mudar de aldeia, fazer casa nova, fazer festa e artesanato. Já está garantido na lei que os AIS podem trabalhar de jeito diferenciado dos não índios, com respeito ao modo de vida Wajãpi". Os agentes de saúde, com bastante persistência e coragem, já começaram a trilhar este caminho, exigindo que as instituições respeitem seus direitos já garantidos na Constituição e na legislação de saúde indígena e desenhando desta forma seu futuro. *(agosto, 2016)*

NOTAS

[1] Os textos a que faço referência são: PIB 2001/2005: "O Novo modelo de atendimento"; "Caos e retrocesso"; "Tratar de índio não é barato" ; "Sistema em transição" e PIB 2006/2010: "Cronologia do caos".

[2] Dados retirados do SIASI-SESAI/MS, 2016, revelam uma descontinuidade nas notificações relativas às doenças crônicas.

[3] As longas estadias de pacientes na CASAI em Macapá e as precárias condições de hospedagem proporcionam contato dos pacientes e de seus acompanhantes a inúmeras outras enfermidades, agravando ainda mais a situação de saúde dos Wajãpi.

[4] Este Programa, gestado pelo Centro de Trabalho Indigenista (CTI), vigorou na TIW de 1996 a 1999 e contou com apoio financeiro do Governo do Estado do Amapá, Secretaria de Saúde e coordenação técnica da Dra. Maria Ferreira Bittencourt.

[5] Os recursos financeiros, logísticos e técnicos disponibilizados para a formação dos AIS wajãpi a partir de 2007 foram resultado da parceria firmada entre a ONG Poema da Alemanha, Médico Internacional (MI), Iepé e DSEI AP.

DO OUTRO LADO DA FRONTEIRA

GUIANA FRANCESA

Modernidade na Mata

Eliane Camargo — Etnolinguista (Centro EREA do LESC-CNRS, Ipê)

TRANSFORMAÇÕES OCORRIDAS NOS ÚLTIMOS ANOS, COMO A CHEGADA DA ELETRICIDADE, CASOS DE SUICÍDIO E DE POSSESSÃO NOS TERRITÓRIOS INDÍGENAS NO ALTO MARONI E OIAPOQUE MOSTRAM QUE O CONTATO ENTRE INDÍGENAS E NÃO INDÍGENAS CONTINUA SENDO UM DIÁLOGO DE SURDOS NA GUIANA FRANCESA

Setecentos e trinta km de fronteira separam a Guiana Francesa, departamento ultramarino francês, do Brasil. De um lado da fronteira, encontra-se o Parque Amazônico da Guiana (PAG) e do outro o Parque Nacional Montanhas do Tumucumaque (PNMT) e as Terras Indígenas Parque do Tumucumaque e Paru D´Este. Diferentes povos indígenas transitam nessa fronteira, sendo quatro deles habitantes oficiais, de ambos os lados: Apalai, Wayana, Wajãpi e Palikur. Moldando-se à sociedade nacional à qual pertencem, cada um desses grupos mostra, cada vez mais, sinais de que o contato ainda continua sendo um diálogo de surdos: a falta de conhecimento das respectivas culturas é ainda um desafio de comunicação. Vejamos três casos que têm dado pano para manga: a instalação de rede elétrica nas aldeias; a questão dos suicídios indígenas no Congresso Nacional francês; e as crises de possessão.

ELETRICIDADE EM ÁREAS INDÍGENAS

No Alto Maroni, instigados por pessoas não indígenas transitando em áreas indígenas, o povo wayana-apalai passou a requerer junto à Coletividade Territorial de Guiana e ao Parque Amazônico da Guiana que a empresa estatal *Électricité de France* (EDF) levasse eletricidade a essa região. Por ora, a energia é produzida por meio de geradores à base de óleo diesel, geralmente um por família indígena. Uma das aldeias dispõe de um gerador de uso coletivo, que funciona por cerca de quatro ou cinco horas por dia, com uma contribuição aldeã de 200 litros de diesel. Painéis solares são ainda raros.

Entre 2012 e 2015, o governo guianês objetivou eletrificar mais de dez zonas distantes do centro rural, aldeias situadas na mata. Procurando soluções de eletrificação adaptadas e duráveis, para alimentar localidades não conectadas à rede elétrica geral da Guiana, criou-se em 2009 um *Serviço de comarcas do interior*, cuja missão é garantir qualidade e continuidade do serviço público de eletricidade, da produção à distribuição às áreas rurais longíquas – mobilizando diferentes parceiros. Seguindo o modelo da primeira central elétrica híbrida fotovoltaica/diesel do mundo, instalada na cidade de Kaw, a EDF planeja fazer o mesmo no interior, aproveitando as cachoeiras e atendendo às principais aldeias. Assim, desde 2015, os equipamentos necessários, como relógios e cabos, têm sido instalados, custando mil euros por casa.

Daniel Fritsch, responsável pelo projeto de eletrificação do interior da Guiana, declara haver um *real desejo da população de dispor de eletricidade como bem de consumo corrente*, porém ainda hoje a maior parte dela parece não ter entendido que isso acarreta um custo mensal, cujo atraso no pagamento pode representar multas e cortes no fornecimento. A rede deve ficar operacional em 2016. No Oiapoque, a eletrificação existe há mais tempo, sem que as casas sejam individualmente ligadas à rede elétrica; a rede sustenta entre 15 e 20 casas. Sem ser puxada de poste, a instalação improvisada representa um alto custo para a casa que detém o relógio.

Com a modernidade chegando à mata longínqua, desde 2012 as aldeias maiores do interior guianês dispõem de telefonia (celular) e internet de banda reduzida. Na área de Camopi, há possibilidade de assinatura de telefonia por cartão, porém, sem haver "tarifa especial para indígena", o seu custo é alto para o consumidor. Em Trois-Sauts e no Alto Maroni, há três operadoras, entre elas a Orange (francesa) e a Digicel (francesa e surinamesa, esta fazendo forte concorrência com a primeira).

CASOS DE SUICÍDIO

Há quase dez anos, casos de suicídio junto aos povos indígenas mobilizaram diferentes instituições na Guiana (governo, associações, profissionais da saúde), a fim de remediar o 'mal-estar' advindo de um 'sofrimento' ou 'aflição'. Diferentes programas foram implantados sobretudo pela Associação para o Desenvolvimento, a Educação e a Pesquisa (Ader). Esta associação além de escutar os aldeãos, de orientar as 'sentinelas locais' – cujo papel era o de observar jovens potencialmente suicidas –, organizou diferentes atividades esportivas para despertar novos sentidos na vida dos jovens e apoiou atividades artesanais com fins de valorização de saberes da arte feminina.

Realizado por voluntários, o programa sentinela cessou em 2013, por não oferecer formação adequada para as intervenções no seio familiar. Porém, mesmo que houvesse essa formação, as comunidades vivem em um modelo próprio a elas: não se abrem para pessoas fora de sua linhagem paterna. Mesmo com a participação de pesquisadores, os métodos implantados não se adequam por não se adaptar à realidade local. O erro persiste.

Em dez anos, as causas dos suicídios foram objeto de estudos antropológicos e psicossociais. Revelaram o óbvio: a perda de referência e mal social profundo levariam adolescentes e jovens adultos a romper com o seu meio social, devido ao distanciamento obrigatório para o acesso à escolarização – sem falar da inadaptabilidade da escola ao meio sociocultural indígena. A obrigatoriedade da escolarização afasta o jovem de suas famílias, sem oferecer estrutura adequada. Essa condição leva à desestruturação familiar, amplificando a desordem emocional.

A conservadora Secretaria de Educação (*Académie de Guyane*) cedeu um pouco, adotando um programa de Intervenção em Língua Materna (ILM), no qual a criança aos 3 anos chega à escola tendo um mestre que lhe fala em sua língua; porém desde os 5 anos a escolarização é toda em francês – mesmo se o mestre for indígena. A recomendação formal é de não usar, em caso algum, a língua local, mesmo se o aluno nada entender! A rigidez ainda é onipresente na educação oficial francesa, não ajudando em nada a questão da fragilidade emocional dos jovens indígenas do Maroni e do Oiapoque.

A recorrência dos casos de suicídio e o aumento das tentativas de suicídio levaram, em maio de 2015, Gabriel Serville, deputado da Guiana, a alertar o Ministério dos Departamentos Ultramarinos. O primeiro-ministro, Manuel Valls, tomando conhecimento do risco de um agravamento, requereu um balanço sobre a prevenção do suicídio entre as populações autóctones, na Guiana. Duas parlamentares foram enviados para essa tarefa, Marie-Anne Chapdelaine, deputada socialista, e Aline Archimbaud, senadora ecologista, que passaram uma semana junto às populações indígenas nos rios de fronteira (Maroni e Oiapoque).

O relatório intitulado "Suicídio dos jovens indígenas na Guiana"[1], apresentado em dezembro de 2015 no Congresso Nacional, contém 37 medidas para coibir o fenômeno. As parlamentares não medem palavras: falam em "causas multifatoriais dessa epidemia silenciosa, ausência de perspectivas de futuro e conflitos identitários".

ECLOSÃO DA POSSESSÃO

Entre março e abril de 2016, além da fatalidade do suicídio, um outro fenômeno eclodiu no Alto Maroni: a possessão. Em efeito dominó, dezenas de jovens wayana do colégio de Maripasoula foram tomadas por fortes crises de agitação corporal, acompanhadas de gritos. Estavam possuídas. Possessão, atribuída ao *bakulu* (wayana)/*baclou* (créole). Os possuídos descrevem ver um "ente de aparência múltipla, que tem a vocação do bem e também a do mal. Feio, pequeno, parece uma criança de cabeça de porco e de pés virados por nascer antes de seu embrião estar totalmente formado; adota a forma de criança ou de mulher que se transforma progressivamente, permitindo entrar facilmente em contato com a vítima".

A sua presença não foi objeto de reflexões da comunidade wayana, em parte devido à disputa entre católicos e evangélicos pelo domínio espiritual cristão no Alto Maroni – ocasião de intervenção imediata para tirar as possessões e realizar batismos. Se as crises começaram com meninas-moças no internato, elas se alastraram para os meninos e, em seguida, a adultos, geralmente pai ou mãe dos afetados. Essa crise foi interpretada pelos não indígenas – governo, imprensa, agentes de saúde – como 'histeria'!

A origem de tal epidemia é atribuída às más condições de saneamento no internato de Maripasoula; tal fenômeno afeta os jovens que, longe de seu meio familiar, declaram ser tratados a gritos pelas supervisoras, sofrendo pressão por não serem fiéis cristãos. Eles vêm, muitas vezes, de um contexto familiar complicado – desde pequenos assistem a violentas brigas conjugais, assim como à violência nas aldeias. Estão entre dois mundos sem conhecer bem nenhum deles.

A escola separa os jovens muito cedo de suas famílias. São mergulhados em uma língua que não é a usada em casa; saem de suas aldeias; e ficam vulneráveis a um comportamento desconhecido. Estão habitados por um mal-estar tanto dentro quanto fora de suas aldeias; sem rumo, porém conscientes da pressão que lhes pesa para seguir um modelo ocidental, condição *sine qua non* para serem reconhecidos tanto fora como dentro de suas comunidades. O fenômeno do *baclou* também tem sido encontrado na região do Camopi, onde jovens que tentaram recentemente se suicidar dizem terem visto um pequeno ente, cuja voz lhes pedia para se matar.

A francesização desordenada, adaptação para viver em dois sistemas assimétricos, parece estar levando a uma profunda autodesvalorização do ser entre os povos indígenas do interior da Guiana. A chegada da eletricidade quebra mais do que nunca o espaço da transmissão da cultura oral, enquanto programas sociopsicológicos diversos e empregos precários são oferecidos, sem grandes resultados. Até um programa de transmissão de saberes foi implantado; quando funciona, é porque os participantes são de uma mesma família. A dificuldade em administrar esses problemas, por parte do governo, associações, agentes de saúde e mesmo por alguns pesquisadores, reside em não entenderem o diverso e não respeitarem a diversidade existente em seu próprio solo – uma terrível herança deixada pela Revolução Francesa, devido ao lema de uma República única e indivisível. (*outubro, 2016*)

NOTA

[1] Disponível em: < http://alinearchimbaud.fr/wp-content/uploads/2015/12/Suicide-des-jeunes-amérindiens-rapport-parlementaire-2.pdf >.

MOSAICO DA AMAZÔNIA ORIENTAL

Uma Articulação entre UCs e TIs

Décio Yokota | Coordenador Executivo Adjunto, Iepé

EM POUCO MAIS DE DOIS ANOS, DESDE A CRIAÇÃO DO MOSAICO EM 2013, COMEÇAMOS A COLHER OS PRIMEIROS FRUTOS DE UMA GESTÃO INTEGRADA E PARTICIPATIVA NA REGIÃO OESTE DO AMAPÁ E NORTE DO PARÁ, QUE INTEGRA O MAIOR BLOCO CONTÍNUO DE FLORESTAS TROPICAIS LEGALMENTE PROTEGIDAS DO MUNDO

Mosaicos são instrumentos de gestão de áreas protegidas, próximas, vizinhas ou sobrepostas, previstos pelo Sistema Nacional de Unidades de Conservação (SNUC). Seu objetivo é promover a gestão integrada e participativa de uma região, podendo incluir unidades de conservação, terras indígenas, terras quilombolas e outros tipos de áreas protegidas. Na prática, o mosaico é uma articulação de vários atores dentro de um território, representados em seu conselho consultivo, reunido periodicamente com o objetivo de promover o desenvolvimento sustentável, a conservação ambiental e a valorização da diversidade biológica, social e cultural no contexto regional.

O "Mosaico da Amazônia Oriental" foi reconhecido oficialmente pelo Ministério do Meio Ambiente em janeiro de 2013, com o nome oficial de "Mosaico do Oeste do Amapá e Norte do Pará". Depois três anos de seu reconhecimento, é ainda hoje o mais novo dos 23 mosaicos reconhecidos a nível federal e estadual no Brasil e também o primeiro a integrar as terras indígenas dentro do seu território oficialmente reconhecido. Afinal, embora outros cinco também tenham interfaces com territórios indígenas, estes não integram seu arranjo interno. São eles: o "Mosaico Baixo Rio Negro", o "Mosaico da Amazônia Meridional", o "Mosaico Sertão Veredas Peruaçu", o "Mosaico Extremo Sul da Bahia" e o "Mosaico Bocaína".

Fazem parte do Mosaico da Amazônia Oriental nove áreas protegidas de nível federal, estadual e municipal de diferentes níveis de proteção e em diferentes estágios de implementação, perfazendo uma área total de 12.397.040 hectares. São seis unidades de conservação: Parque Nacional Montanhas do Tumucumaque, Floresta Nacional do Amapá, Floresta Estadual do Amapá, Reserva de Desenvolvimento Sustentável do Rio Iratapuru, Reserva Extrativista Beija-Flor Brilho de Fogo e Parque Natural Municipal do Cancão correspondentes a cerca de 60% da área total do Mosaico. E três terras indígenas: Waiãpi, Parque Indígena do Tumucumaque e Rio Paru d'Este, que respondem pelos 40% restantes (veja Mapa).

NO INÍCIO...

As terras indígenas na região do Amapá e norte do Pará tiveram, em sua maior parte, seus processos de reconhecimento legal finalizados na década de 1990. Já na década de 2000, a criação da maioria das unidades de conservação consolidou o atual bloco de áreas protegidas que cobre mais de 75% da região. Proteção essa que se expande por mais de 400 mil km² englobando Amapá, Pará, Roraima, Amazonas e os vizinhos Guiana Francesa, Suriname e Guiana, formando o maior bloco contínuo de florestas tropicais legalmente protegidas do mundo.

Na região do Mosaico da Amazônia Oriental, a articulação entre as comunidades da região e os órgãos gestores das unidades de conservação iniciou-se com a implementação das primeiras dessas unidades e de seus conselhos gestores. Notadamente, o Parque Nacional Montanhas do Tumucumaque, maior parque nacional do mundo, com mais de 3,8 milhões de hectares, com o qual a Terra Indígena Waiãpi divide mais de três quartos de suas fronteiras. A implantação do conselho do parque em 2005 foi um marco na gestão compartilhada da região com a participação dos Wajãpi e comunidades de agricultores familiares assentados no entorno.

É importante destacar alguns elementos que contribuíram para o desenvolvimento dessa articulação na região. Entre eles, a ausência de disputas territoriais, configurando na prática uma extensa floresta contínua bastante preservada, onde as definições de limites são claras e efetivas apenas nos mapas. Contando com uma equipe comprometida e estável, aliada a um conselho consultivo mobilizado, o Parque Nacional Montanhas do Tumucumaque desenvolveu um plano de manejo sensível às questões do entorno.

Por seu lado, as comunidades da TI Waiãpi vinham de um processo de consolidação de suas estratégias de gestão do seu território, resultado de toda mobilização pelo reconhecimento dos seus direitos territoriais, que culminaram na demarcação e homologação de sua terra indígena ainda em 1996. Essas estratégias de gestão, baseadas na dispersão e ocupação dos limites do seu território por meio da abertura de novas aldeias, formaram a base do seu Plano de Gestão Territorial e Ambiental (PGTA), que eles preferem chamar de "Plano de Gestão Socioambiental".

INCENTIVO À CRIAÇÃO DE MOSAICOS DE ÁREAS PROTEGIDAS

A partir das discussões realizadas na Conferência Mundial do Clima (COP 7) em 2004, o governo brasileiro instituiu um grupo de trabalho interministerial com a missão de adaptar o programa de trabalho de áreas protegidas da Convenção da Diversidade Biológica (CDB) para o Brasil. No contexto de discussão dessa política, o Ministério do Meio Ambiente, através do Fundo Nacional do Meio Ambiente (FNMA), lançou, em 2005, um edital de apoio à criação de mosaicos de áreas protegidas, esclarecendo que "se entende por áreas legalmente protegidas as áreas previstas do SNUC, no Código Florestal, Terras Indígenas e Terras de Quilombos". Em 2006, o Plano Nacional de Áreas Protegidas (PNAP) foi instituído por meio de decreto, consolidando o arcabouço legal que passou a reconhecer formalmente as terras indígenas e territórios quilombolas como áreas protegidas.

Essas definições e marcos legais foram importantes por esclarecer o entendimento difuso que havia sobre a incorporação de outras áreas protegidas, além das unidades de conservação, dentro do instrumento jurídico dos mosaicos. A lei do SNUC deixa claro que o instrumento se aplica às áreas protegidas, mas o decreto e a portaria que vieram a regulamentar a lei trazem alguns pontos que podem causar entendimentos mais limitados do que o definido na lei.

Esse edital foi um passo importante no reconhecimento dos mosaicos como instrumentos de gestão integrada entre áreas protegidas. Foram financiadas oito propostas, uma delas a do Iepé – Instituto de Pesquisa e Formação Indígena para a região do Amapá e norte do Pará. Essa proposta teve como parceiros o Conselho das Aldeias Wajãpi – Apina, a Secretaria do Meio Ambiente do Estado do Amapá, o Ibama (posteriormente ICMBio) e a ONG WWF/Brasil. Das oito propostas, quatro resultaram no reconhecimento formal de novos mosaicos, todos eles com participação indígena: o Mosaico da Amazônia Oriental, o Mosaico Sertão Veredas Peruaçu, Mosaico do Baixo Rio Negro e Mosaico Extremo Sul da Bahia.

EXPANSÃO DAS ARTICULAÇÕES

Entre 2007 e 2010, as articulações envolvendo os gestores de unidades de conservação, órgãos governamentais federais, estaduais e municipais, representantes das comunidades indígenas, extrativistas e de agricultores familiares e organizações da sociedade civil foram realizadas através de reuniões, oficinas, seminários e capacitações. O desenvolvimento dessas atividades foi gradativamente expandindo o escopo da articulação, passando a envolver novas unidades de conservação, órgãos governamentais e representantes comunitários até se chegar à proposta final enviada em 2011 para o Ministério do Meio Ambiente.

Apesar do interesse manifesto por representantes de outras áreas protegidas para fazerem parte do Mosaico, dois fatores principais limitaram seu escopo na proposta final. O primeiro diz respeito à escala da gestão integrada abarcando grandes áreas, como é a realidade amazônica, com enormes desafios logísticos e de comunicação. Mesmo formando na prática um bloco de áreas protegidas muito maior e contínuo, a gestão compartilhada de uma extensão territorial dessa magnitude, com a efetiva participação de suas comunidades, traz desafios consideráveis, o que, muitas vezes, favorece arranjos mais localizados e menos integrados. O segundo fator diz respeito a mudanças na política ambiental brasileira. Lamentavelmente, o clima favorável de aproximação entre unidades de conservação, terras indígenas e quilombolas, refletida no edital do FNMA e no PNAP, deu lugar a uma visão pouco favorável a gestão integrada de áreas protegidas. Este ambiente político desfavorável aos mosaicos, especialmente desfavorável a uma proposta inovadora de inclusão de terras indígenas, também contribuiu para a limitação da proposta.

MOSAICO DA AMAZÔNIA ORIENTAL – TIS E UCS

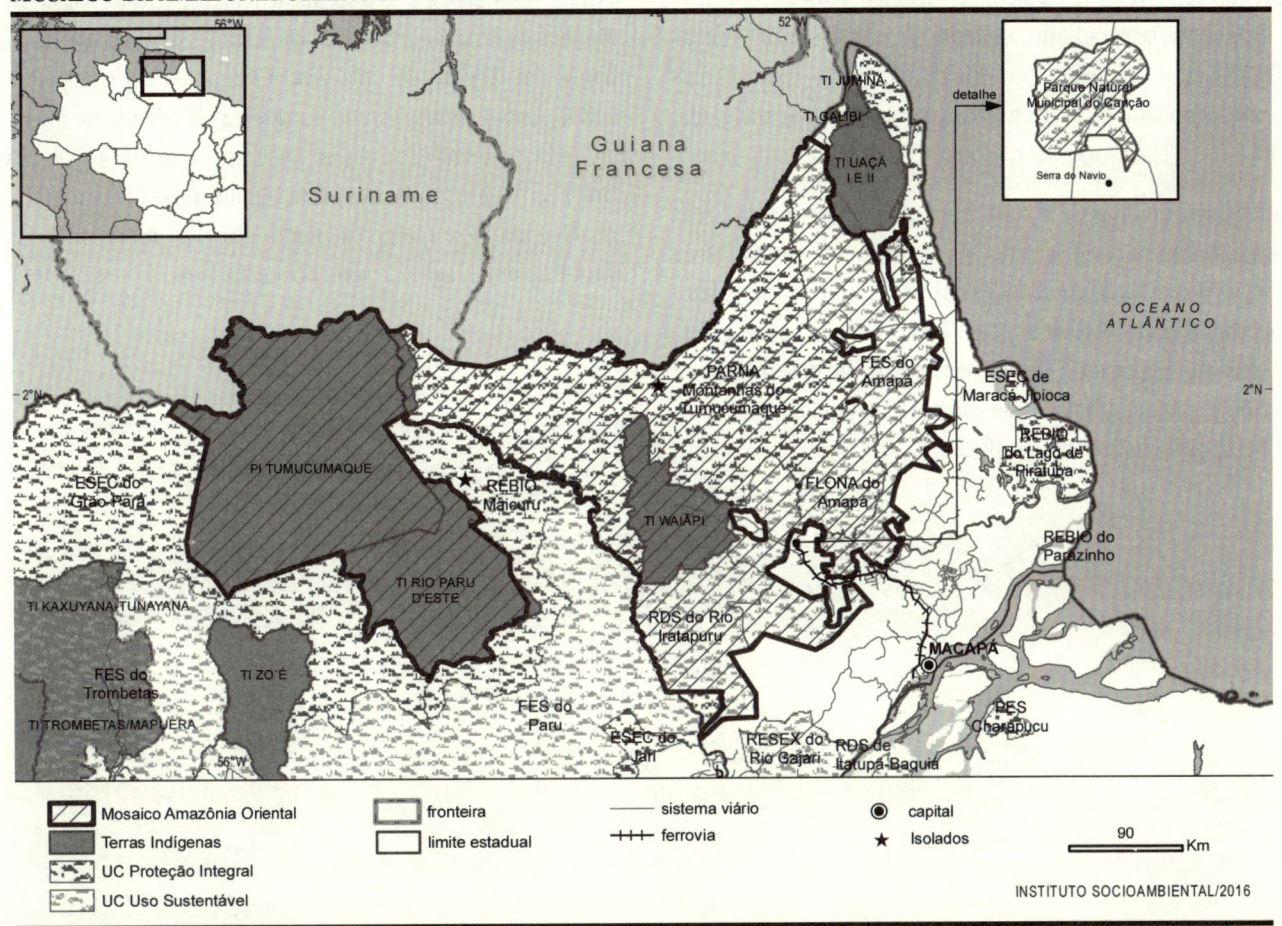

CONSELHO CONSULTIVO E SOCIODIVERSIDADE

O conselho consultivo do Mosaico é composto por 30 cadeiras, sendo a representação dos órgãos e entidades públicas definida através de portaria ministerial. Seu arranjo inclui os gestores das seis unidades de conservação e outros órgãos públicos, federais, estaduais e municipais relevantes para a gestão desse território e do seu entorno.

A representação da sociedade civil no conselho é dividida, de forma paritária, entre os três grupos comunitários mais significativos na região do Mosaico: os povos indígenas, comunidades de extrativistas da castanha e agricultores familiares assentados. A representação indígena é definida por etnia, dos cinco grupos que habitam as três terras indígenas que fazem parte do Mosaico: Wajãpi, Tiriyó, Katxuyana, Wayana e Aparai. Os castanheiros são representados pelas comunidades tradicionais usuárias da Reserva de Desenvolvimento Sustentável do Rio Iratapuru. E os assentados são representados pelas comunidades dos projetos de assentamento ao longo do principal acesso a região do Mosaico, a Rodovia Perimetral Norte (BR-210). Uma vaga adicional é garantida para uma organização não governamental socioambiental atuante na região. Essas vagas, ao contrário da representação governamental, não são definidas na portaria de criação do Mosaico, e, portanto, podem ser ajustadas conforme mudanças nas representações comunitárias.

O Mosaico da Amazônia Oriental tem nas atividades de seu conselho consultivo um fórum inovador para avançar na gestão compartilhada da região. Não só pela efetiva participação das comunidades indígenas e seus territórios, mas também pela representação ativa dos assentados como grupo mais significativo do entorno desse grande bloco de conservação.

DESAFIOS E OPORTUNIDADES DA GESTÃO COMPARTILHADA

A Política Nacional de Gestão Ambiental e Territorial de Terras Indígenas (PNGATI), instituída em 2012, reconhece os PGTAs como instrumentos importantes para a gestão das terras indígenas. Os PGTAs funcionam à semelhança dos Planos de Manejo das unidades de conservação. Eixos comuns de proteção (fiscalização, vigilância e monitoramento) e manejo de recursos naturais nesses processos de planejamento contribuem para a construção de uma visão integrada de unidades de conservação e terras indígenas em um mesmo território. É necessário avançar mais nas políticas públicas que contribuam para a essa visão integrada, como foi a iniciativa inovadora do PNAP, por ora abandonado.

A construção de uma visão comum para a relação dessas áreas protegidas com a população do seu entorno dos benefícios da conservação para as comunidades também é aspecto-chave para a incorporação dos assentamentos a essa mesma estratégia de conservação. Essa é uma questão especialmente desafiadora na Amazônia, em que unidades de conservação ainda apresentam um baixo grau de implementação.

Em pouco mais de dois anos de articulações desde a criação do Mosaico da Amazônia Oriental, começamos a colher os primeiros frutos em direção de uma gestão integrada e participativa na região. Como aponta estudo recente da efetividade de mosaicos como instrumentos de gestão integrada, conduzido pela WWF/Brasil[1] em outros mosaicos, a efetividade desse instrumento está relacionada ao seu tempo de maturação e ao aporte de recursos para implementação de seus planejamentos. *(agosto, 2016)*

NOTA

[1] Para mais, leia G. Germann & C. Costa. 2015. "Gestão integrada de áreas protegidas: uma análise de efetividade de mosaicos". WWF/Brasil.

GESTÃO TERRITORIAL E AMBIENTAL

Experiências dos Povos Indígenas no Oiapoque

Ana Paula Nóbrega da Fonte — Cientista social, coordenadora do Programa Oiapoque do Iepé

Roselis Remor de Souza Mazurek — Bióloga, consultora do Projeto GATI Amapá

O INVESTIMENTO NO MANEJO E NA COMERCIALIZAÇÃO DO AÇAÍ, FRUTO ABUNDANTE E BEM INSERIDO NAS PRÁTICAS LOCAIS, APRESENTA POSSIBILIDADES REAIS DE INCREMENTAR A GERAÇÃO DE RENDA, VALORIZANDO A SOCIOBIODIVERSIDADE NATIVA

Nos últimos cinco anos, a gestão ambiental em terras indígenas encontrou um importante momento político para o seu desenvolvimento. Fruto de um longo processo de reivindicações, negociações e consultas entre povos indígenas e governo, a Política Nacional de Gestão Ambiental em Terras Indígenas (PNGATI) nasceu com os grandes desafios de estruturar mecanismos financeiros que a sustentem, dar organicidade e institucionalidade às políticas públicas em diferentes esferas (federal, estadual e municipal) e incorporar as lições aprendidas em projetos pilotos (como PPTAL, PDPI, PDA, Carteira Indígena, entre outras iniciativas). Nesse contexto, as experiências dos povos indígenas do Oiapoque em gestão territorial e ambiental tornaram-se referências para a PNGATI. Este texto apresenta uma síntese dos instrumentos e processos sociais participativos orientadores das ações ocorridas entre 2010 e 2015.

A formulação do Programa de Gestão Territorial e Ambiental das Terras Indígenas do Oiapoque (PGTA) tem como referência a integração das prioridades estabelecidas nos eixos temáticos: "Meio Ambiente e Território" e "Produção do Plano de Vida dos Povos e Organizações Indígenas de Oiapoque". A construção coletiva do PGTA estruturou-se em cinco oficinas ao longo de 2010, que contaram com a participação de lideranças Karipuna, Galibi Marworno, Palikur e Galibi Kali'na das TIs Uaçá, Galibi e Juminã, agentes ambientais e professores, representantes de organizações indígenas e das instâncias locais, regionais e nacionais da Funai, secretarias estaduais e municipais indígenas e de meio ambiente,

Gina Feitosa, do Iepé (à esq.), e Isabel Forte, da aldeia Ariramba, trabalham em oficina do PGTA Oiapoque.

ICMBio, Polícia Federal e Conselho Estadual de Meio Ambiente. O apoio técnico e financeiro necessário à realização das oficinas foi dado pela Funai e organizações parceiras (TNC e Iepé).

Os três eixos estruturantes do PGTA são: (1) "Controle Territorial"; (2) "Formação para a Gestão Ambiental"; e (3) "Manejo e Uso Sustentável dos Recursos Naturais". Esse desenho foi definido em 2010 numa oficina de planejamento seguida de oficinas específicas para a definição de objetivos, metas e estratégias de implementação das ações do programa a curto, médio e longo prazo. Esse movimento de construção coletiva originou-se das percepções dos povos indígenas de Oiapoque, tendo por referência fundamental seus conceitos e experiências no trato com os eixos temáticos. Decidiu-se que cada oficina temática produziria um projeto que abordasse as prioridades, do ponto de vista dos índios, com possibilidades reais de apoio técnico-financeiro do setor público ou privado para sua implementação no curto prazo.

No eixo "Controle Territorial" foram abordadas as noções de território e terras indígenas, envolvendo as ameaças correntes e futuras à integridade territorial e suas localizações geográficas nas TIs; as atribuições e responsabilidades governamentais; a participação indígena no controle do território; o papel das organizações parceiras; e, por fim, as ações no curto, médio e longo prazo para atender às demandas de proteção.

O tema "Formação para a Gestão Territorial" aborda temas em educação escolar como o ensino diferenciado e a educação complementar, as experiências exitosas de formação de agentes ambientais indígenas e a inserção transversal dos conteúdos de "Gestão Ambiental" nos currículos do Ensino Fundamental e Médio. Como produto gerou-se uma matriz curricular para a "Formação de Agentes Ambientais Indígenas", visando instrumentalizar a comunidade escolar para discutir questões relativas à gestão ambiental e territorial, ao fortalecimento organizacional e à formação política para autonomia e autodeterminação.

Por sua vez, o eixo "Manejo de Recursos Naturais" tem abrangência temática maior e mais diversa, pois envolve o manejo produtivo de espécies de populações naturais, aliado à regeneração de paisagens. Visando "conservar os ecossistemas com sustentabilidade para as populações indígenas", o eixo priorizou necessidades de manejo sustentável já diagnosticadas pelos índios como os recursos extrativistas não madeireiros para artesanato, comercialização e alimentação; as populações de jacarés e quelônios e os recursos pesqueiros. Além de avaliar as espécies de caça sujeitas a pressão, enriquecer as áreas de capoeira, garantir a integridade das bacias dos rios, bem como controlar e combater incêndios. Neste eixo, a estruturação da cadeia produtiva do açaí foi o projeto prioritário escolhido pelos indígenas.

Além das oficinas temáticas que estruturaram os eixos do PGTA, acordou-se a necessidade de se construir arranjos institucionais de governança, implementação, monitoramento e avaliação. A ausência ou inconsistência na manutenção dos compromissos formais de apoio técnico entre instituições e representações indígenas na execução e controle social das ações prioritárias, além da fragilidade de instrumentos financeiros para viabilizá-las, no longo prazo, são os principais gargalos para o êxito destas iniciativas. O arranjo institucional do

Treinamento em manejo de açaizais, aldeia Amapá.

PGTA integra representações indígenas formais e não formais (Coordenações Técnicas Locais e Comitê Regional da Funai), com o apoio de ONGs parceiras. Atualmente encontra-se em implementação o "Núcleo Técnico de Gestão do PGTA", do qual têm participado todas as instâncias mencionadas. Esse arranjo aponta para uma gestão integrada que busca convergência de ações e complementaridade entre seus integrantes, e tem no fortalecimento de representações indígenas autônomas a base das principais instâncias de gestão do PGTA.

MANEJO E USO SUSTENTÁVEL DE RECURSOS NA PRÁTICA

Como resultado da elaboração do PGTA, no eixo "Manejo e Uso Sustentável dos Recursos Naturais", os povos indígenas do Oiapoque decidiram investir no manejo, apoio e melhoria da comercialização do açaí, um fruto abundante na região, importante na alimentação e bem inserido nas práticas locais. Trata-se de um produto extrativista com mercado crescente e possibilidades reais de incrementar a geração de renda, valorizando a sociobiodiversidade nativa.

A região de várzea do baixo Rio Kuripi, habitada pelos Karipuna, concentra uma grande área de açaizais que se estende além de sua foz no Rio Uaçá. Trata-se de um lugar tradicional de coleta do fruto para as festas religiosas, consumo e venda. Existem também outras manchas de açaizais que incluem zonas de terra firme. Na região das TIs de Oiapoque, os indígenas diferenciam diversos tipos e qualidades de açaí. Para isso levam em consideração a espessura e umidade da polpa, o tamanho do fruto, a associação

ZONEAMENTO DAS TERRAS INDÍGENAS NA REGIÃO DO OIAPOQUE

A delimitação dos nossos territórios se estabeleceu pela nossa história e está dentro da nossa cabeça. O ato de colocá-los num mapa não é pra dividir, mas para ajudar a planejar melhor o seu uso no longo prazo. *(Domingos Santa Rosa, Galibi Marworno. Aldeia Kumenê, julho de 2014)*

O zoneamento das Terras Indígenas Juminã, Uaçá e Galibi se insere nas ações de longo prazo de gestão do território e seus recursos naturais inscritas no "Plano de Vida e PGTA dos Povos Indígenas do Oiapoque". Começou em 2007, com uma ação específica de manejo de áreas de usos e recursos na TI Uaçá, visando aumentar populações animais consideradas importantes para a subsistência. Entre 2013 e 2014 foi retomado pelo CCPIO, com apoio de parcerias (Funai, GATI, Iepé e TNC), como uma ampla estratégia de gestão do território habitado e seus recursos naturais, selecionando espécies e zonas ocupacionais, caracterizando intensidades de uso para caçar, pescar, proteger, enriquecer, repovoar, plantar, manejar, reflorestar, e extrair, de acordo com as prioridades locais. Foi feito em dez das 49 aldeias, a partir da construção de mapas mentais focados sobre as áreas de uso para diferentes fins, abrangendo os principais rios e regiões de acordo com a distribuição espacial dos povos Palikur, Galibi Marworno, Karipuna e Galibi Kali'na. A metodologia consistiu de encontros para discussão e elaboração dos mapas, ajustados às dinâmicas cotidianas das aldeias, durando entre seis e nove dias cada.

O conceito de "etnozoneamento", debatido em longos processos de discussões interculturais coletivas, abrange as percepções, classificações e descrições dos elementos da paisagem, envolvendo a distribuição da flora e fauna (aquática e terrestre), as dinâmicas sazonais e suas repercussões nas atividades cotidianas de subsistência, a presença e os modos de relação com seres espirituais, bem como a distribuição geográfica das áreas de uso e intensidades para as atividades de subsistência e regras associadas. Assim, a referência às percepções e categorias indígenas acaba por converter o "zoneamento" em um instrumento mais familiar às suas práticas.

As discussões nas aldeias produziram mapas muito detalhados, baseados na memória sobre a distribuição da rede hidrográfica, dos tipos de vegetação, os locais de concentração de recursos florestais e não florestais, as toponímias, os locais históricos e míticos e a áreas de ocorrência e reprodução da fauna aquática e terrestre. Nas dinâmicas, os ambientes foram distribuídos em treze categorias, que permitem evidenciar que os povos indígenas do Oiapoque utilizam diferencialmente partes do seu território representadas por zonas de diversas intensidades, em função da distância das aldeias e da facilidade de acesso. Nas TIs Galibi e Juminã destaca-se o acúmulo de zonas que evidenciam a presença de invasores. Zonas de proteção específicas para o manejo do pirarucu e do tracajá foram destacadas nas aldeias Flexa (Rio Urukauá) e Açaizal (Rio Curipi) na TI Uaçá, bem como em Kunanã na TI Juminã. Zonas de exploração madeireira para uso local associadas a áreas de proteção de algumas espécies foram caracterizadas nas aldeias Açaizal e Kumarumã. Nesta última, com mais de 2.000 habitantes, e notabilizada pela produção comercial de canoas, seus moradores apontam para o declínio de algumas espécies madeireiras.

O zoneamento como instrumento de gestão territorial precisa ter seus resultados avaliados para analisar sua efetividade. Esta tarefa é facilitada se as informações são quantificadas. Neste sentido, a aldeia Flexa decidiu monitorar a população de pirarucu e tracajá no Lago Tuhumã, onde já desenvolvem um trabalho comunitário de proteção. A aldeia Açaizal, por sua vez, propôs o monitoramento de recursos madeireiros e de alguns animais de caça associados a Zile Komu, um local definido como reserva para uso futuro. Algumas das zonas prioritárias para ações de proteção e manejo de recursos aquáticos (como Txi Juminã, Dhá e Maruane) são lagos ricos em pescado, localizados nos limites das TIs e frequentemente invadidos. Daqui em diante, os próximos passos deverão ser a formação e capacitação de pessoas das aldeias para o monitoramento e a conclusão do etnozoneamento das TIs de Oiapoque. (Roselis Remor de Souza Mazurek)

aos ambientes (várzea ou terra firme), além das diferentes épocas de produção (como "açaí de verão" e de "de inverno". O "açaí da terra firme" é mais seco e produz menos polpa, apesar de ser maior que o encontrado na várzea. A polpa de açaí produzida particularmente pelos Karipuna na aldeia Açaizal, uma das mais antigas do Rio Kuripi, é reputada entre os compradores de Oiapoque e Macapá como sendo de qualidade superior às demais variedades. Estes tendem a procurar os indígenas para a compra, sobretudo durante a entressafra do sul do Amapá, que coincide com o período de safra no Oiapoque, onde a produção ocorre entre março e julho (início da estação seca). Cabe destacar que os conhecimentos indígenas sobre esta espécie vegetal e suas variedades não se resumem às suas funções alimentares e econômicas. Afinal, sua importância se revela em histórias e mitos que remetem à construção das identidades sociais dos povos indígenas habitantes da bacia do rio Uaçá – Karipuna, Galibi Marworno e Palikur, bem como aos relatos da vida ritual e cotidiana, notadamente entre os Karipuna do Açaizal.

As primeiras reuniões de estruturação ocorreram em 2011 e passaram a incluir temas complementares como as pragas da banana e a revitalização de antigos laranjais. O projeto foi, então, convertido no em 2012 plano "Açaí, Banana e Citros – ABC da Fruticultura Familiar", com duração de três anos, que tem por foco central o manejo da palmeira do açaí. Uma parceria com a Embrapa no Amapá promoveu o manejo de açaizais de baixo impacto em parcelas demonstrativas, localizadas em ecossistemas diversos da TI, com o objetivo final de fortalecer a comercialização do fruto de forma sustentável. A estratégia de manejo procurou aumentar a produção dos açaizais próximos às aldeias, mantendo a biodiversidade vegetal associada.

Foram realizadas sete etapas de treinamento, nas quais os participantes indígenas e os técnicos dos órgãos governamentais puderam intercambiar conhecimentos e aprender técnicas de manejo de açaí por meio de atividades práticas em 11 áreas de cinquenta metros quadrados, totalizando 2.500 m² manejados. A escolha específica das áreas foi realizada pelos índios, que têm profundo conhecimento sobre a ocorrência do açaí nativo e levaram em consideração fatores como a distância a percorrer a partir de suas aldeias e a ocorrência de outros tipos de vegetação.

O manejo indígena de baixo impacto agrega diversas técnicas, entre as quais: a manipulação da quantidade de luz do sol que entra no açaizal (aspecto limitante ao crescimento vegetal) e o controle das áreas plantio (o número de pés de açaí em uma mesma touceira, bem como o número de touceiras e outras espécies de árvores em relação na área de manejo). Estes procedimentos são feitos para aumentar a produção de frutos e manter a biodiversidade das espécies que vivem naturalmente junto aos açaís. Se há muitos pés de açaí numa mesma touceira, eles acabam competindo tanto pelos nutrientes do solo quanto pela quantidade de luz, não produzindo tanto quanto poderiam. Se houver muitas touceiras numa mesma área, elas não só competem por sol e nutrientes com outras touceiras, como também com outras árvores que vivem no mesmo espaço, fazendo algumas desaparecem, diminuindo, assim, a biodiversidade. Se houver um número muito grande de árvores de outras espécies no açaizal, elas podem impedir as touceiras de açaí de crescer e produzir muitos frutos. Assim, o manejo nativo, cuja eficiência foi testada e validada pelos técnicos da Embrapa, consiste em fazer o desbaste planejado e integrado de cada touceira, do conjunto das touceiras e das espécies associadas à área de manejo. Além destes fatores, é importante destacar que, para os indígenas, o desbaste e retirada de árvores precisa considerar também a importância cultural de certas regras de respeito a determinadas espécies vegetais que envolvem dimensões de conhecimento não consideradas *a priori* pelas técnicas de manejo desenvolvidas pela Embrapa.

A partir do panorama atual da comercialização do açaí em Oiapoque, os indígenas em suas instâncias representativas como o CCPIO (Conselho de Caciques dos Povos Indígenas de Oiapoque) e seus parceiros (Funai, TNC, Iepé) traçaram estratégias para diminuir as dificuldades enfrentadas e potencializar benefícios existentes. Neste contexto, a Embrapa no Amapá e o Instituto Estadual de Florestas (IEF) figuram como parceiros importantes, em função da longa experiência no desenvolvimento e utilização de técnicas de baixo impacto na floresta. Aliado a eles, o Instituto de Desenvolvimento Rural do Amapá (Rurap), com presença permanente em na região do Oiapoque e foco na extensão rural, passou a integrar o projeto. Um aspecto muito importante deste arranjo foi possibilitar a articulação integrada de instituições de ação indigenista, pesquisa, extensão rural e conservação ambiental, distribuindo atribuições e definindo um grupo coordenador, além de uma agenda de reuniões semestrais de acompanhamento do projeto. Esta iniciativa dialogou com políticas públicas como o "Plano Nacional de Promoção das Cadeias de Produtos da Sociobiodiversidade" (Portaria Interministerial MDA/MDS/MMA nº 239, de 21/07/09), criado pelo Governo Federal para promover a conservação e o uso sustentável da biodiversidade, garantindo alternativas de geração de renda para as comunidades rurais, por meio do acesso às políticas de crédito, assistência técnica e extensão rural, aos mercados e instrumentos de comercialização e à política de garantia de preços mínimos.

Este arranjo tem se se revelado muito eficiente na articulação e execução das ações em campo, que exigem um planejamento detalhado, dada a complexidade logística, cultural e ambiental envolvida em todas as atividades, durante todas as etapas do projeto. *(agosto, 2016)*

GERAL

RECURSOS DA SAÚDE INDÍGENA DESVIADOS PARA CAMPANHAS

Agentes da PF, procuradores do MPF e funcionários da Funai percorreram aldeias no Amapá e no norte do Pará e encontraram uma tragédia: ao menos 20 índios haviam morrido por negligência no atendimento médico. A PF abriu inquérito e a Controladoria-Geral da União comprovou fraudes em licitações, compras com preços acima dos praticados no mercado, além de pagamentos indevidos por serviços não prestados. Os relatórios expõem a influência do senador Gilvam Borges (PMDB) nas atividades da Funasa no Amapá. O caso mais significativo envolve um convênio firmado em 2006 entre a Funasa e a Associação dos Povos Indígenas do Tumucumaque (Apitu): em três anos, a Apitu recebeu R$ 6 milhões da Funasa. Depois de receber os recursos do governo, a Apitu repassou R$ 667 mil à AFG Consultores Ltda. Os serviços nunca foram prestados. Das contas da AFG, os recursos saíram para contas dos comitês eleitorais do PMDB no Amapá, a fim de financiar as campanhas a prefeito de dois irmãos de Gilvam. *(A. Meireles, Revista Época, 14/05/2011)*

500 PROCESSOS DE MINERAÇÃO EM TIS SÃO SUSPENSOS

Uma decisão da Justiça Federal pediu a anulação dos processos que solicitam exploração, pesquisa e concessão de atividade mineral em áreas indígenas no Amapá. O objetivo é evitar a devastação das terras, uma vez que não existem leis aprovadas pelo Congresso Nacional que regulem essas atividades. Os cerca de 500 processos que aguardam autorização desde 1988 deverão ser indeferidos pelo DNPM, responsável por ceder as concessões. De acordo com o MPF, o DNPM não observou que os processos de solicitação estavam comprometendo de 70% a 80% desses territórios em todo o Amapá, dividido em aldeias como Uaçá e Wajãpi. *(J. Pacheco, G1 Globo, 05/03/2015)*

OIAPOQUE

DISTÂNCIA É DESAFIO PARA A SAÚDE NO TUMUCUMAQUE

Ivone Medeiros, gestora do DSEI/AP, falou da importância da participação do Amapá em busca de melhorias para a saúde dos povos indígenas do Tumucumaque, que têm como maior dificuldade o acesso à área, que só pode ser feito via aérea, o que compromete o deslocamento dos indígenas que necessitam de especialidades médicas e são encaminhados para atendimento em Macapá na rede do SUS. "Com o Estado do Pará atuando em parceria com a Funasa temos grandes possibilidades de melhorar esse atendimento", disse a gestora. O Parque Nacional Montanhas do Tumucumaque fica em uma área de 3,8 milhões ha, nos estados do Amapá e Pará. Possui uma população indígena estimada em mais de 2 mil índios das etnias Apalai, Waiãpi, Wayana, Tiriyó, Kaxuiana, Txykuyana e Akurió, distribuídos em 50 aldeias. *(Antonio Correa Neto Online, 24/06/2008)*

JOGOS INDÍGENAS NA REGIÃO DO OIAPOQUE

Os Jogos são realizados pelo Governo do Amapá, Funai, Funasa e Prefeitura de Oiapoque. Segundo o secretário dos Povos Indígenas, Coaracy Maciel, cerca de 300 atletas, entre homens e mulheres, participam da competição nas diversas modalidades que incluem Futebol, Voleibol, Arco e Flecha, Cabo de Guerra, Canoagem, Atletismo, Corrida de Tora, Arremesso de Lança, Subida do Açaizeiro, Natação, Zarabatana, Pintura Corporal e Contos de Mitos. Durante os três dias de festa a aldeia de Kumarumã vai reunir mais de 3 mil índios das etnias Galibi Marworno, Galibi Caliña, Palikur e Karipuna, entre outras. *(M. Tomaz, Secom/AP, 05/08/2011)*

ÍNDIOS DO OIAPOQUE RECEBEM CAPACITAÇÃO EM CONSERVAÇÃO DE ACERVOS

Administradores do Museu Kuahí, representantes Palikur, Galibi, Galibi Marworno e Karipuna participam do treinamento promovido, de 14 a 19 de outubro, pelo Iepé, com o apoio do Museu do Índio/Funai. A parceria com os povos do Oiapoque (AP) começou em 2008, quando o Museu do Índio montou, no Kuahí, a exposição etnográfica "Jane Reko Mokasia: organização social Wajãpi". *(Museu do Índio, 16/10/2013)*

PRIMEIROS PROFESSORES INDÍGENAS PALIKUR SE FORMAM

A Secretaria de Estado da Educação do Amapá promove neste sábado, 14, no Casarão da Aldeia Kumenê, município de Oiapoque, a colação da primeira turma do Curso de Formação de Professores de Nível Médio Normal para Magistério nas áreas indígenas. O curso para a etnia Palikur, desenvolvido desde 2008, ficou paralisado de 2009 a 2010. Em 2013, foi concluído com a formação de 50 professores palikur. *(Brasil 247, 10/12/2013)*

PAVIMENTAÇÃO EM RODOVIA REALOCA SETE ALDEIAS DA TI UAÇÁ

Cerca de 1,5 mil indígenas pertencentes a sete aldeias da TI Uaçá, em Oiapoque, serão realocados. A medida é para dar continuidade das obras da rodovia federal BR-156 no trecho Norte, entre os municípios de Calçoene e Oiapoque. O Departamento Nacional de Infraestrutura e Transporte autorizou a liberação de R$ 19,3 milhões para a construção de casas para os indígenas. A medida é uma das condicionantes para que as licenças ambientais sejam liberadas. O projeto para realocação das aldeias foi acordado entre o DNIT, o Ibama, a Funai e a Secretaria Estadual de Transportes do Amapá. Todas as aldeias serão realocadas para um espaço delimitado de cerca de quatro quilômetros da aldeia original, os terrenos foram escolhidos e definidos junto aos indígenas. *(Portal Amazônia, 23/01/2014)*

ARQUEÓLOGOS ENCONTRAM URNAS FUNERÁRIAS NO AMAPÁ

Arqueólogos encontraram urnas com restos mortais de índios que habitaram o Amapá entre os anos 1000 e 1300. Os achados estavam enterrados em um ramal localizado na comunidade Curiaú Mirim, Zona Rural de Macapá. Produzidos em argila, os artefatos foram confeccionados por tribos que originaram a etnia Palikur, segundo o Instituto de Pesquisas do Amapá. Ao todo, 19 urnas já foram descobertas. *(D. Martins, G1 Globo, 02/05/2014)*

JOVENS INDÍGENAS DO OIAPOQUE PARTICIPAM DE OFICINA DE FOTOGRAFIA

Entre os dias 5 a 12 de março, aconteceu na aldeia Santa Izabel, localizada na Terra Indígena Uaçá, Oiapoque (AP), a Oficina de Fotografia da Natureza. A oficina teve como objetivo ensinar as principais técnicas de fotografia, para fins de registro da biodiversidade e da vida silvestre. Participaram 22 jovens indígenas das etnias Karipuna, Galibi Marworno e Palikur, pertencentes a oito aldeias da região. O evento foi uma realização conjunta entre o Projeto GATI, o Iepé e o Projeto Dipolopp, que atua na região fronteiriça Amapá-Guiana Francesa. *(GATI/Funai, 24/03/2015)*

ACONTECEU

ALDEIAS VÃO INDICAR ÍNDIOS PARA OCUPAR CARGOS NO GOVERNO DO AMAPÁ

O governo do estado decretou a criação dos cargos comissionados para intermediar conversas entre o poder executivo e os povos indígenas de diversas etnias que moram na floresta amapaense. Todos serão indicados pela própria comunidade. Os cargos terão a função de "fazer o meio-campo" entre as comunidades e o governo na cobrança de melhorias na qualidade de vida dos povos. Terão representantes as aldeias Kumarumã, Kumenê e Manga. O Dsei do Polo Base de Saúde Indígena Kumene atende a uma população de aproximadamente 1576 pessoas. *(A. Santiago, G1 Globo, 30/04/2015)*

MÉDICO APOIA RECUPERAÇÃO DA MEDICINA TRADICIONAL

Os Palikur da aldeia Kumenê, no Oiapoque, estão retomando os saberes da medicina tradicional com a ajuda do médico cubano Javier Lopez Salazar. Ele buscou os professores da escola local para fazer uma campanha de conscientização sobre a importância da medicina tradicional, ao mesmo tempo em que resgatava esses saberes com a população mais velha da aldeia. A iniciativa foi apoiada pelo cacique Azarias Ioio Iaparrá. "Eu disse para o médico que nós tínhamos esse conhecimento, do remédio caseiro. Ele então reuniu as comunidades, chamou os idosos, todos nós conversamos. E hoje em dia ele fez a comunidade ver a importância disso, a horta está lá, tão bonita". *(Carta Maior/SP, 23/07/2015)*

NORTE DO PARÁ

ETNOZONEAMENTO DE TIS É FEITO NO PARÁ

Comunidades indígenas e lideranças de nove aldeias da porção paraense das TIs Trombetas e Nhamundá-Mapuera, município de Oriximiná, participaram juntamente com a Secretaria de Estado de Meio Ambiente (Sema) de oficinas para validação dos resultados do diagnóstico etnoambiental e elaboração do zoneamento participativo de seu território, na Aldeia Mapuera, no início do mês. Na ação, foram treinados mais de 30 pesquisadores indígenas que puderam trabalhar em parceria com pesquisadores não indígenas para viabilizar os estudos da sociobiodiversidade nesta região do Estado. *(K. Oliveira, Agência Pará de Notícias, 14/05/2012)*

MPF QUER RECONHECIMENTO DO TERRITÓRIO DE COMUNIDADE TRADICIONAL

O MPF entrou com uma ação na Justiça pedindo o reconhecimento do território da comunidade do Sítio São João, no município de Barcarena, como pertencente a comunidade tradicional. O pedido de ajuda partiu dos próprios moradores do sítio, que constantemente são ameaçados por empresas particulares, órgãos públicos e também por novas instalações da Alunorte. Após o pedido, o MPF solicitou uma perícia sobre a comunidade para o Núcleo de Altos Estudos Amazônicos (Naea) da UFPA que concluiu que, de fato, "se trata de uma comunidade com tradição e consciência de identidade quilombola e indígena". *(MPF/PA, 17/03/2015)*

WAJÃPI

WAJÃPI SÃO PIONEIROS NA CRIAÇÃO DE PROTOCOLOS DE CONSULTA

Indígenas da TI Wajãpi elaboraram seu próprio protocolo de consulta, que estabelece regras de como devem ser feitas as consultas pelo governo nos projetos que impactem a comunidade e o seu modo de vida. O protocolo é dividido em três fases. Em um primeiro momento, a comunidade se reúne com governo, com a presença de assessores da comunidade e parceiros, como o MPF e Funai, para receber informações sobre o assunto que será objeto da consulta. Depois, o assunto é discutido internamente na comunidade para tirar dúvidas, receber informações independentes e estabelecer a decisão do grupo. A última etapa compreende reuniões entre o governo e os Wajãpi para apresentar condições para aceitar a proposta ou sugestão de modificações. "A consulta só termina quando se chega a um acordo entre indígenas e governo", explica um dos representantes da etnia, Jawaruwa Wajãpi. *(MPF, 16/11/2015)*

WAJÃPI SERÃO CONSULTADOS SOBRE DELIMITAÇÃO DE ASSENTAMENTO

Uma audiência foi proposta pelos índios, que se disseram ameaçados por uma suposta invasão de terras para demarcação de assentamento do Incra, entre os municípios de Pedra Branca do Amapari e Serra do Navio. A consulta prévia aos povos Wajãpi é desdobramento de um protocolo montado pela própria comunidade e apresentado em novembro durante um seminário, em Macapá. *(A. Santiago, G1 Globo, 22/12/2015)*

ZO'É

POVO ZO'É RECEBE VISITA DA PRESIDENTA DA FUNAI E DO MINISTRO DA SAÚDE

Durante o encontro, Padilha assinou portaria, fruto do Trabalho do Grupo Interministerial integrado pela Sesai e Funai, instituído em fevereiro de 2013, com finalidade de elaborar diretrizes e estratégias de ações em saúde para Povos Indígenas Isolados e de Recente Contato. No caso dos Zo'é foi assinado um convênio de R$ 50 mil por mês com o Hospital Regional do Baixo Amazonas para qualificar e melhorar o atendimento da população indígena na região e especial atenção para os povos recém-contatados. O ministro também entregou à comunidade um novo consultório odontológico, a climatização da área de atendimento médico instalada na aldeia e anunciou a aquisição de um gerador exclusivo para a unidade de saúde instalada na aldeia. *(Funai, 28/01/2014)*

MISSIONÁRIO E CASTANHEIRO SÃO ACUSADOS POR EXPLORAR ÍNDIOS ZO'É

O MPF denunciou à Justiça Federal o castanheiro Manoel Ferreira de Oliveira e o missionário Luiz Carlos Ferreira por reduzirem à condição análoga à de escravos um total de 96 índios da etnia Zo'é, no oeste do Pará. Os índios eram levados pelo missionário para a região dos Campos Gerais de Óbidos, próximo à Santarém, onde eram convencidos a coletar castanha em troca de panelas, roupas velhas, redes e outras mercadorias industrializadas. Ferreira é hoje ligado à Igreja Batista de Santarém e tem uma "base missionária" dentro das terras de Oliveira de onde faz as incursões no território indígena, para convencer os índios a irem trabalhar no castanhal. Ambos fizeram parte, na década de 1980, da Missão Novas Tribos do Brasil, uma agência missionária que tem como objetivo declarado evangelizar os povos indígenas e que foi expulsa da região pela Funai em 1988. A Missão está proibida de voltar por decisão do Supremo Tribunal Federal, que concordou com um pedido feito pelo MPF. *(MPF/PA, 08/04/2015)*

ACONTECEU

WAJÃPI COMEMORAM 20 ANOS DA DEMARCAÇÃO DE SUA TERRA INDÍGENA

Entre os dias 12 e 15 de agosto de 2016, aconteceu a comemoração dos 20 anos da demarcação da TI Wajãpi, no Centro de Formação e Documentação Wajãpi e na aldeia Kwapo'ywyry. Homologada em 1996, com 607.017 ha, esta terra foi identificada nos anos 1970, mas sua delimitação formal só aconteceu em 1980; a demarcação só viria entre os anos de 1994 e 1996. Desde então, os Wajãpi vêm criando estratégias para lidar com os desafios de viver em uma terra demarcada. Neste processo, têm se elaborado diversos documentos norteadores, como o "Plano de Ação", o "Protocolo de Consulta e Consentimento Wajãpi" e, mais recentemente, o "Plano de Gestão Socioambiental da TI Wajãpi". A festa foi iniciativa dos Wajãpi para celebrar a demarcação da sua terra, junto com índios de outras regiões e seus parceiros. O evento contou com a participação de representantes indígenas de diferentes localidades do país: Parque Indígena do Xingu, Alto Rio Negro, Raposa Serra do Sol, Kaxinawa do Rio Jordão, Uaçá, Juminã, Galibi e Parque Indígena do Tumucumaque, além dos parceiros Iepé, RCA, TNC e Target, e representantes de órgãos governamentais, como a Funai e o NEI/SEED-AP. A abertura do evento foi feita por Viseni Wajãpi e Makaratu Wajãpi, professores e organizadores da festa, que deram boas-vindas aos convidados e fizeram uma breve apresentação sobre os Wajãpi. Viseni destacou: "Todos os povos indígenas do Brasil lutam para ter terras definitivas, por isso os Wajãpi lutaram pela demarcação da terra. Foi difícil, foram muitos anos de luta junto com parceiros e a Funai. Os chefes sempre disseram que a terra é importante, pois sem a terra, a floresta e os rios, nós não viveremos. Nós cuidamos da nossa floresta. Agradecemos o CTI, Iepé, a GTZ, a Funai, os parceiros do Oiapoque que hoje estão aqui presentes e apoiaram na abertura de clareiras e picadas. Vamos comemorar juntos os 20 anos de homologação da TI Wajãpi!". Em seguida, se apresentam também os representantes das organizações Wajãpi, seguidos pelos representantes das organizações indígenas que compõe a Rede de Cooperação Amazônia (RCA). Após essas apresentações iniciais, foi feita uma homenagem aos chefes Wajãpi de cada uma das regiões que compõem a TI e que participaram ativamente do processo da demarcação. O restante do dia foi dedicado a uma roda de conversa entre os Wajãpi e os índios convidados sobre os processos de demarcação e a gestão socioambiental das TIs. A comemoração, que foi organizada pela diretoria do Apina e AWATAC, contou com uma mesa redonda com os principais atores que participaram da demarcação da terra Wajãpi: Dominique Gallois, antropóloga, Gabriel Pedrazzani, representante da CGGAM/FUNAI, Giovani Musial, da TNC, e Lúcia Szmrecsányi, coordenadora do Programa Wajãpi. Também foi feito um debate em torno da elaboração do direito à consulta livre, prévia e informada, a partir do Protocolo de Consulta e Consentimento Wajãpi. No dia 13/7, uma grande festa tradicional dos Wajãpi (pikyry moraita) realizada na aldeia Kwapo'ywyry: todos os participantes foram convidados a dançar e beber kasiri (bebida tradicional) e a festa terminou com muita emoção. (Ana Blaser, Iepé, agosto de 2016)

Intercâmbio e festa nos 20 anos da homologação da TI Waiãpi.

Lideranças wajãpi recebem os convidados da RCA, Renato Tukano (Foirn), Yakagi Kuikuro Mehinaku (Atix), Josias Maná Hunikui (Amaaiac) e Ivaldo Macuxi (CIR).

Karapanã
Katukina
Kulina
Kokama
Matsés (Mayoruna)
Miranha
Mura
Ticuna
Witoto

4. Solimões

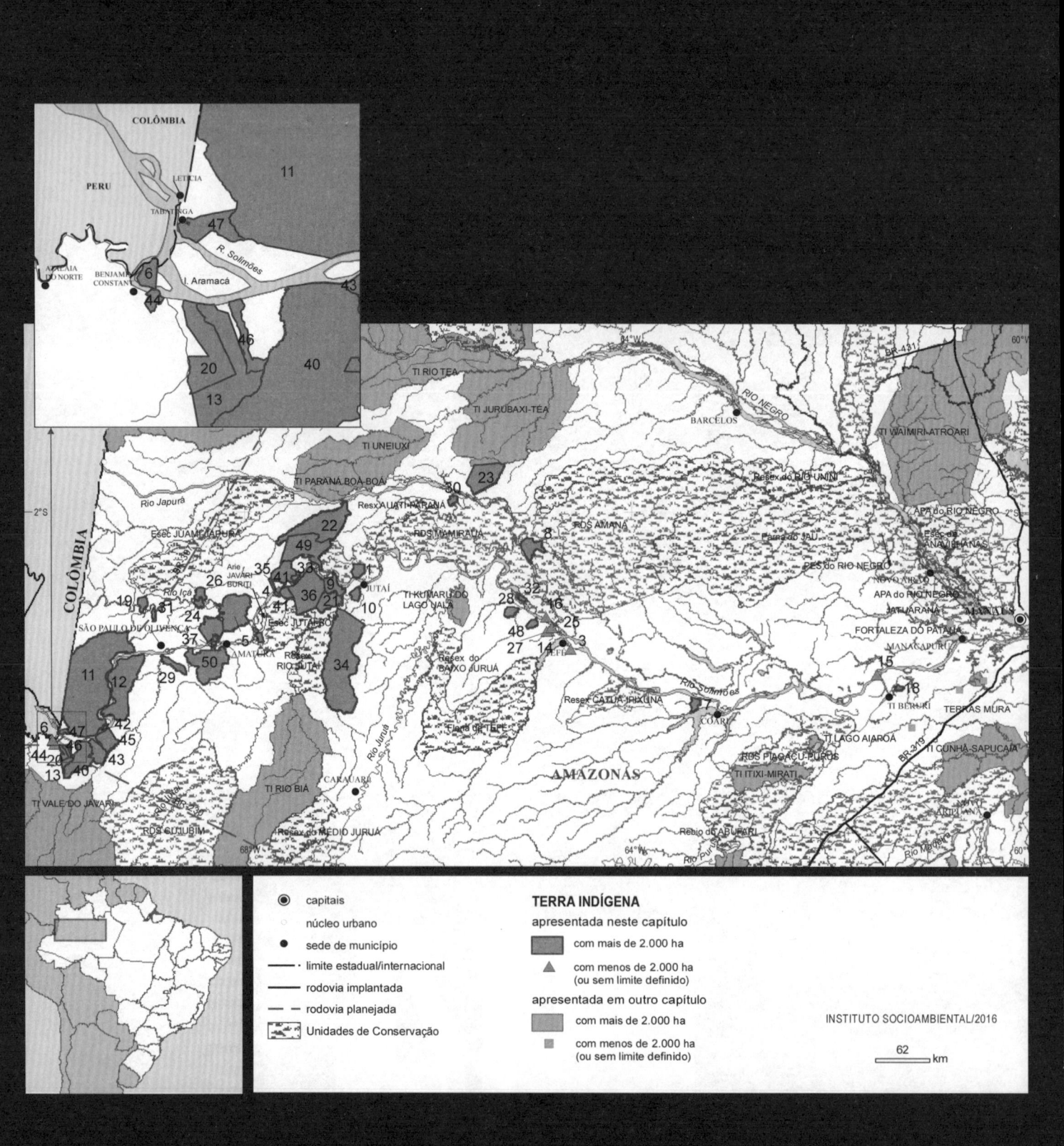

Legend:
- capitais
- núcleo urbano
- sede de município
- limite estadual/internacional
- rodovia implantada
- rodovia planejada
- Unidades de Conservação

TERRA INDÍGENA

apresentada neste capítulo
- com mais de 2.000 ha
- com menos de 2.000 ha (ou sem limite definido)

apresentada em outro capítulo
- com mais de 2.000 ha
- com menos de 2.000 ha (ou sem limite definido)

INSTITUTO SOCIOAMBIENTAL/2016

62 km

SOLIMÕES
Terras Indígenas
Instituto Socioambiental - 14/02/2017

Nº Mapa	Terra Indígena	Povo	População (nº, fonte, ano)	Situação Jurídica	Extensão (ha)	Município	UF
1	Acapuri de Cima	Kokama	237 - Siasi/Sesai : 2013	DECLARADA. Portaria 287 de 13/04/2000 publicado em 17/04/2000.	19.400	Fonte Boa Jutaí	AM
s/I	Auati Paraná (Santa União)	Ticuna		EM IDENTIFICAÇÃO. Portaria 59 de 23/01/2015 publicado em 02/02/2015.		Fonte Boa	AM
3	Barreira da Missão	Kambeba Kaixana Miranha Ticuna Witoto	788 - Funai/Alto Solimões : 2011	HOMOLOGADA. REG CRI. Decreto 303 de 29/10/1991 publicado em 30/10/1991. Reg. CRI do município e comarca de Tefé (1.772 ha) Matr. 2.178, Lv 2 I, Fl. 230V em 20/11/91.	1.772	Tefé	AM
4	Barro Alto	Kokama	62 - Funai/Alto Solimões : 2011	HOMOLOGADA. REG CRI. Decreto s/n. de 19/04/2011 publicado em 20/04/2011. Reg.CRI matr.n.1.165, Liv.2-G, Fl.65 Comarca Sto Antonio do Içá (1937 ha).	1.937	Tonantins	AM
5	Betânia	Ticuna	5.341 - Funai/Alto Solimões : 2011	HOMOLOGADA. REG CRI E SPU. Decreto s/n de 03/07/1995 publicado em 04/07/1995. Reg. CRI no município e comarca de Santo Antonio do Içá (122.769 ha) Matr.107, Liv. 2-B, Fl.107 de 10/10/95. Reg. SPU Certidão n. 002 em 19/03/96.	122.769	Amaturá Jutaí Santo Antônio do Içá Tonantins	AM
6	Bom Intento	Ticuna	378 - Funai/Alto Solimões : 2011	HOMOLOGADA. REG CRI E SPU. Decreto s/n de 05/01/1996 publicado em 08/01/1996. Reg. CRI no município e comarca de Benjamim Constant (1.613 ha) Matr. n. 586, Liv. 2-3, Fl 8V em 12/01/96. Reg SPU Certidão n.35 em 05/11/2004.	1.693	Benjamin Constant	AM
7	Cajuhiri Atravessado	Kambeba Miranha Ticuna	51 - Funai/Manaus : 2010	HOMOLOGADA. Decreto s.n. de 17/12/2015 publicado em 18/12/2015.	12.455	Coari	AM
8	Cuiú-Cuiú	Miranha	721 - Funai/Alto Solimões : 2011	HOMOLOGADA. REG CRI E SPU. Decreto s/n de 23/06/2003 publicado em 24/06/2003. Reg CRI no município e comarca de Autazes (36.450 ha) Matr. 181, Liv 2-A/RG Fl 172 em 11/03/04. Reg. SPU Certidão n. 26 de 16/06/04.	36.450	Maraã	AM
9	Espírito Santo	Kokama	425 - Funai/Alto Solimões : 2011	HOMOLOGADA. REG CRI E SPU. Decreto s/n de 19/04/2005 publicado em 20/04/2005. Reg CRI no município e comarca de Jutaí (33.849 ha) Matr. 599 , Liv.2-2, Fl 169 em 25/05/05. Reg SPU Certidão n. 008 3m 13/09/06.	33.849	Jutaí	AM
10	Estrela da Paz	Ticuna	645 - Funai/Alto Solimões : 2011	HOMOLOGADA. REG CRI E SPU. Decreto s/n de 03/07/1995 publicado em 04/07/1995. Reg CRI no município e comarca de Jutaí (12.876 ha) Matr. 252 Liv. 2/RG, Fl 52 em 25/08/95. Reg.SPU certidão n. 14 de 31/07/1997.	12.876	Jutaí	AM
11	Évare I	Ticuna	18.086 - Funai/Alto Solimões : 2011	HOMOLOGADA. REG CRI E SPU. Decreto s/n de 05/01/1996 publicado em 08/01/1996. Reg. CRI no município e comarca de São Paulo de Olivença (57.205 ha), Matr.541, Liv 2-C-I, Fl 61 em 20/06/96. Reg. CRI no município e comarca de Tabatinga (307.173 ha) Matric. n.242, Liv. 2-B, Fl 97 em 01/03/96. Reg. CRI no município e comarca de Santo Antonio do Içá, Mat. 138 Liv.2-B, Fl 138 em 15/04/96. Reg.SPU. Certidão n. 007 de 24/02/2010.	548.177	Santo Antônio do Içá São Paulo de Olivença Tabatinga	AM
12	Évare II	Ticuna	2.347 - Funai/Alto Solimões : 2011	HOMOLOGADA. REG CRI E SPU. Decreto s/n de 05/01/1996 publicado em 08/01/1996. Reg. CRI no município de São Paulo de Olivença, Matr. 542, Liv 2C-1, Fl.62 em 20/06/96. Reg. SPU Cert. s/n em 18/02/97.	176.205	São Paulo de Olivença	AM
13	Guanabara	Kokama	382 - Funai/Alto Solimões : 2011	DECLARADA. Portaria 1.704 de 19/04/2013 publicado em 22/04/2013.	15.600	Benjamin Constant	AM
14	Igarapé Grande	Kambeba	52 - Funai/Alto Solimões : 2011	HOMOLOGADA. REG CRI E SPU. Decreto s/n de 19/04/2004 publicado em 20/04/2004. Reg. CRI no e comarca de Alvarães (1.539 ha) Matr.171, Liv 2-A, Fl 171 em 14/05/2004. Reg. SPU certidão n. 29 de 19/01/2004.	1.539	Alvarães	AM
15	Ilha do Camaleão	Kokama Ticuna	565 - Siasi/Sesai : 2014	HOMOLOGADA. REG CRI E SPU. Decreto s/n de 03/07/1995 publicado em 04/07/1995. Reg. CRI no município de Anamã, Matr. n. 01 Liv 1-RG, Fl. 01V em 30/09/96. Reg. SPU Cert. s/n em 02/04/97.	236	Anamã	AM
16	Jaquiri	Kambeba	82 - IBGE : 2010	HOMOLOGADA. REG CRI E SPU. Decreto 264 de 29/10/1991 publicado em 30/10/1991. Reg. CRI no município e comarca de Maraã, (1.819 ha) Matr. 081, Liv. 2-A, Fl. 77 em 27/11/91. Reg. SPU Cert. n. 002 em 20/11/95.	1.820	Uarini	AM
18	Lago Beruri	Ticuna	26 - IBGE : 2010	HOMOLOGADA. REG CRI E SPU. Decreto s/n de 03/07/1995 publicado em 04/07/1995. Reg. CRI no município e comarca de Beruri, (4.080 ha) matr. 79 Liv. 2/RG, Fl. 41 em 22/09/95. Reg. SPU Cert. n.001 de 11/03/96.	4.080	Beruri	AM
19	Lago do Correio	Kokama Ticuna	50 - Funai/Alto Solimões : 2011	HOMOLOGADA. REG CRI. Decreto s.n. de 21/12/2009 publicado em 22/12/2009. Reg.CRI matr.n.1.166, liv.2-G, Fl. 65, Comarca Sto Antonio do Içá (13.209 ha).	13.209	Santo Antônio do Içá	AM
20	Lauro Sodré	Ticuna	667 - Funai/Alto Solimões : 2011	HOMOLOGADA. REG CRI E SPU. Decreto s/n de 27/10/2004 publicado em 28/10/2004. Reg CRI no município e comarca de Benjamim Constant (9.478 ha) Matr. n. 764 liv. 2/3-B Fl.92 em 11/05/2006. Reg SPU Certidão n.002 em 08/06/2006.	9.478	Benjamin Constant	AM
21	Macarrão	Ticuna	721 - Funai/Alto Solimões : 2011	HOMOLOGADA. REG CRI E SPU. Decreto 260 de 29/10/1991 publicado em 30/10/1991. Reg. CRI no município e comarca de Jutaí, (44.267 ha) Matr. 62, Liv. 2 Fl. 62 em 25/11/91. Reg. SPU Certidão n. 3 de 11/03/02.	44.267	Jutaí	AM
22	Mapari	Kaixana	36 - Funai/Alto Solimões : 2011	HOMOLOGADA. Decreto s.n. de 17/04/2015 publicado em 20/04/2015.	157.246	Fonte Boa Japurá Tonantins	AM

SOLIMÕES
Terras Indígenas (continuação)
Instituto Socioambiental - 14/02/2017

Nº Mapa	Terra Indígena	Povo	População (nº, fonte, ano)	Situação Jurídica	Extensão (ha)	Município	UF
23	Maraã/Urubaxi	Kanamari	185 - GT/Funai : 1993	HOMOLOGADA. REG CRI E SPU. Decreto s/n de 11/12/1998 publicado em 14/12/1998. Reg. CRI no município e comarca de Maraã (94.405 ha) Matr. 150 Lv 2-A Fl. 140 em 29/01/99. Reg. SPU Certidão n. 9 de 11/07/00.	94.405	Maraã Santa Isabel do Rio Negro	AM
24	Maraitá	Ticuna	181 - Funai/Alto Solimões : 2011	HOMOLOGADA. REG CRI. Decreto s/n de 01/11/2006 publicado em 03/11/2006. Reg.CRI matr.675, liv.2-D, Fls96 na Comarca de S.Paulo de Olivença.	53.038	Amaturá	AM
25	Marajaí	Matsés	543 - Funai/Alto Solimões : 2011	HOMOLOGADA. REG CRI E SPU. Decreto 288 de 29/10/1991 publicado em 30/10/1991. Reg. CRI no município e comarca de Alvarães,(1.196 ha) Matr. 001, Liv. 2-A, Fl. 32 em 05/12/91. Reg. SPU Cert. n.005 em 14/05/97.	1.196	Alvarães	AM
26	Matintin	Ticuna	274 - Funai/Alto Solimões : 2011	HOMOLOGADA. Decreto s.n. de 05/06/2012 publicado em 06/06/2012.	21.760	Santo Antônio do Içá Tonantins	AM
27	Méria	Karapanã Mura Miranha Witoto	68 - Funai/Alto Solimões : 2011	HOMOLOGADA. REG CRI E SPU. Decreto s/n de 04/10/1993 publicado em 05/10/1993. Reg. CRI no município e comarca de Alvarães,(585 ha) Matr. 018 , Liv. 2-A, Fl. 018 em 10/11/93. Reg. SPU. Cert. n.11 em 27/11/95.	585	Alvarães	AM
28	Miratu	Karapanã Mura Miranha Witoto	126 - Funai/Alto Solimões : 2011	HOMOLOGADA. REG CRI E SPU. Decreto 390 de 24/12/1991 publicado em 26/12/1991. Reg. CRI no município de Uarini, comarca de Tefé (13.198 ha) , Matr. 2.183, Liv. 2-I, Fl.208 em 14/01/92. Reg SPU Certidão n. 37 em 12/11/2004.	13.199	Uarini	AM
29	Nova Esperança do Rio Jandiatuba	Ticuna	275 - Funai/Alto Solimões : 2011	HOMOLOGADA. REG CRI. Decreto s/n de 27/10/2004 publicado em 28/10/2004. Reg CRI no município de Amaturá, comarca de São Paulo de Olivença (482 ha) Matr.658 Li v.2-D Fl 78 em 26/06/2006. Reg CRI no município e comarca de S.Paulo de Olivença (19.521 ha) Matr. 657 Liv 2-D Fl 77 em 26/06/2006. Ofício n. 635/DAF encaminhado ao SPU em 13/10/2006.	20.003	Amaturá São Paulo de Olivença	AM
30	Paraná do Paricá	Kanamari	34 - Funai/Alto Solimões : 2011	HOMOLOGADA. REG CRI E SPU. Decreto s/n de 08/09/1998 publicado em 09/09/1998. Reg. CRI no município e comarca de Maraã (7.866 ha) Matr. 160 Lv. 2-A Fl. 151 em 25/09/00. Reg. SPU Certidão n. 2 de 25/04/01.	7.866	Maraã	AM
31	Porto Limoeiro	Ticuna	31 - Funai/Alto Solimões : 2011	HOMOLOGADA. Decreto s.n. de 05/06/2012 publicado em 06/06/2012.	4.587	Santo Antônio do Içá	AM
32	Porto Praia	Ticuna	420 - Funai/Alto Solimões : 2011	HOMOLOGADA. REG CRI E SPU. Decreto s/n de 19/04/2004 publicado em 20/04/2004. Reg CRI no município de Uarini, comarca de Alvarães (4.769 ha) Matr.172, Liv2-A Fl 172 em 14/05/2004. Registro SPU certidão n. 32 de 26/01/2004.	4.769	Uarini	AM
33	Prosperidade	Kokama	156 - Funai/Alto Solimões : 2011	HOMOLOGADA. REG CRI. Decreto s.n. de 21/12/2009 publicado em 22/12/2009. Reg.CRI Matr. n.1.164 liv.2-G, Fl.64 Comarca de Sto Antonio do Içá (5.572 ha).	5.572	Tonantins	AM
34	Riozinho	Kokama Ticuna	196 - GT de Identificaçao -Funai : 2012	DECLARADA. Portaria 485 de 22/04/2016 publicado em 25/04/2016.	362.495	Juruá Jutaí	AM
35	Santa Cruz da Nova Aliança	Kokama	339 - Funai/Alto Solimões : 2011	HOMOLOGADA. Decreto s.n de 05/06/2012 publicado em 06/06/2012.	5.969	Tonantins	AM
36	São Domingos do Jacapari e Estação	Kokama	604 - Funai/Alto Solimões : 2011	HOMOLOGADA. REG CRI. Decreto s.n. de 21/12/2009 publicado em 22/12/2009. Reg.CRI matr.1.163, Liv.2-G, Fl 63 Comarca de Sto Antonio do Içá. Reg.CRI matr.1.041 Liv.2-5/RG, Fl.52 Comarca de Jutaí.	134.781	Jutaí Tonantins	AM
37	São Francisco do Canimari	Ticuna	130 - Funai/Alto Solimões : 2011	HOMOLOGADA. REG CRI. Decreto s/n de 01/11/2006 publicado em 03/11/2006. Reg.CRI matr.674, Liv.2-D, fol.95 Comarca de S.Paulo de Olivença.	3.331	Amaturá	AM
s/I	São Gabriel/São Salvador	Kokama		EM IDENTIFICAÇÃO. Portaria 962 de 25/08/2005 publicado em 29/08/2005.		Santo Antônio do Içá	AM
40	São Leopoldo	Ticuna	1.062 - Funai/Alto Solimões : 2011	HOMOLOGADA. REG CRI E SPU. Decreto s/n de 12/08/1993 publicado em 13/08/1993. Reg. CRI no município e comarca de Benjamim constant,(69.270 ha) Matr. 401, Liv.2-B Fl.164 em 26/05/89. Reg. SPU Certidão n. 22 de 02/01/02.	69.270	Benjamin Constant São Paulo de Olivença	AM
41	São Sebastião	Kaixana Kokama	494 - Funai/Alto Solimões : 2011	HOMOLOGADA. REG CRI. Decreto s/n de 19/04/2005 publicado em 20/04/2005. Reg.CRI Matr.1.167, Liv.2-G, fl.67 Comarca de Sto Antonio do Içá (61.058 ha).	61.058	Tonantins	AM
42	Sapotal	Kokama	524 - Funai/Alto Solimões : 2011	HOMOLOGADA. Decreto s/n. de 19/04/2011 publicado em 20/04/2011.	1.264	Tabatinga	AM
43	Sururuá	Kokama Ticuna	197 - Funai/Alto Solimões : 2011	DECLARADA. Portaria 3.077 de 27/09/2010 publicado em 28/09/2010.	36.125	Benjamin Constant São Paulo de Olivença	AM
44	Tikuna de Santo Antônio	Ticuna	1.961 - Funai/Alto Solimões : 2011	HOMOLOGADA. REG CRI E SPU. Decreto 311 de 29/10/1991 publicado em 30/10/1991. Reg. CRI no município e comarca de Benjamim Constant (1.065 ha)Matr. 546, Liv. 2-2 Fl. 109 em 18/06/95. Reg. SPU Certidão n. 20 de 24/09/02.	1.065	Benjamin Constant	AM
45	Tikuna Feijoal	Ticuna	4.510 - Funai/Alto Solimões : 2011	HOMOLOGADA. REG CRI E SPU. Decreto s/n de 05/01/1996 publicado em 08/01/1996. Reg. CRI no município de Benjamim Constant, Matr. 585, Liv. 2-3 Fl. 08V em 06/11/95. Reg SPU Certidão n. 41 em 25/11/2004.	40.948	Benjamin Constant São Paulo de Olivença	AM
46	Tikuna Porto Espiritual	Ticuna	410 - Funai/Alto Solimões : 2011	HOMOLOGADA. REG CRI E SPU. Decreto s/n de 05/01/1996 publicado em 08/01/1996. Reg. CRI no município e comarca de Benjamim Constant,(2.839 ha) Matr. 587 Liv. 2-3 Fl. 09 em 29/01/96. Reg. SPU Cert n. 008 de 22/04/96.	2.839	Benjamin Constant	AM
47	Tukuna Umariaçu	Ticuna	7.219 - Funai/Alto Solimões : 2011	HOMOLOGADA. REG CRI E SPU. Decreto s/n de 11/12/1998 publicado em 14/12/1998. Reg. CRI no município e comarca de Tabatinga (4.855 ha) Matr. 1.498 Lv. 2-C Fl. 98 em 20/11/00. Reg. SPU Certidão n. 1 de 09/02/01.	4.854	Tabatinga	AM

SOLIMÕES
Terras Indígenas (continuação)
Instituto Socioambiental - 14/02/2017

Nº Mapa	Terra Indígena	Povo	População (nº, fonte, ano)	Situação Jurídica	Extensão (ha)	Município	UF
48	Tupã-Supé	Ticuna	735 - Funai/SEII : 2011	HOMOLOGADA. REG CRI E SPU. Decreto s/n de 19/04/2004 publicado em 20/04/2004. Reg CRI no município e comarca de Alvarães (4.324 ha) Matr.173 Liv 2-A Fl 173 em 14/05/2004. Reg CRI no município de Uarani, comarca de Alvarães (4.264 ha) Liv. 2-A Fl 174 em 14/05/2004. Reg SPU Certidão n. 007mem 12/09/2006.	8.589	Alvarães Uarini	AM
49	Uati-Paraná	Ticuna	772 - Funai/Alto Solimões : 2011	HOMOLOGADA. REG CRI E SPU. Decreto 284 de 29/10/1991 publicado em 30/10/1991. Reg. CRI no município e comarca de Fonte Boa,(127.199 ha) Matr. 743 Liv. 2-RG, Fl. 001/005 em 03/05/93. Reg. SPU Cert. n. 007 de 22/11/95.	127.199	Fonte Boa Japurá Tonantins	AM
50	Vui-Uata-In	Ticuna	1.898 - Funai/Alto Solimões : 2011	HOMOLOGADA. REG CRI E SPU. Decreto s/n de 03/07/1995 publicado em 04/07/1995. Reg. CRI no município de Amaturá,comarca de S.Paulo de Olivença (121.198 ha) Matr. 534 Liv. 2C-1 Fl. 54 em 02/05/96. Reg. SPU Cert. n. 002 de 21/01/98.	121.198	Amaturá	AM

MÉDIO SOLIMÕES

Prossegue o Movimento de "Passar Para Indígena"

Deborah de Magalhães Lima | Antropóloga, docente da UFMG

O PROJETO DE TRANSFORMAR GENTIOS EM CRISTÃOS, SELVAGENS EM CIVILIZADOS E INDÍGENAS EM BRANCOS FOI DADO COMO PROGRESSIVO E UNIDIRECIONAL, UM PROCESSO ESPERADO DE "EVOLUÇÃO SOCIAL". HOJE, O QUE CARACTERIZA O CENÁRIO INDÍGENA REGIONAL É A SUSPENSÃO DO PROCESSO DE TRANSFORMAÇÃO ANTERIOR. A VIRADA, OU, COMO ALGUNS CHAMAM, *A PASSAGEM PARA INDÍGENA*, É, ANTES DE TUDO, UMA ESCOLHA POLÍTICA VOLUNTÁRIA

Em julho de 2016, a União dos Povos Indígenas do Médio Rio Solimões e Afluentes (Unipi-MSRA), entidade que representa os indígenas da região, organizou um ato público em Tefé (AM) para protestar contra os retrocessos na política indigenista federal. A manifestação fez parte da Mobilização Nacional Indígena, organizada pela Apib. Segundo a nota publicada no *site* do Cimi, o ato público incluiu discursos, apresentação de danças rituais e recolhimento de assinaturas em apoio a uma carta endereçada às autoridades federais, reivindicando a garantia dos direitos aos povos indígenas. O documento havia sido preparado por lideranças Kokama, Kambeba, Miranha e Tikuna de quatro Terras Indígenas da região – Boará e Boarazinho, Porto Praia de Baixo, Nossa Senhora de Fátima do Lago do Catuá e Barreira da Missão.

A articulação de lideranças de povos diferentes é uma característica marcante do movimento indígena regional, formado em sua maioria por representações plurietnicas. No documento, a Unipi-MSRA condena o retrocesso e os ataques sistemáticos aos direitos dos povos indígenas, proclama a sua resistência e lista uma série de demandas particulares, dirigidas a órgãos regionais. Reivindicam o atendimento de direitos específicos e diferenciados relacionados às suas demandas fundiárias, de educação e de saúde.

Em 2014, lideranças indígenas regionais promoveram outro ato público na cidade. Cerca de 200 indígenas acamparam em frente à sede do Dsei, em protesto contra a administração do órgão. Exigiram a exoneração do coordenador e demandaram pleno cumprimento dos serviços e obrigações do Dsei.

Nessas duas manifestações mais recentes, moradores da cidade de Tefé puderam testemunhar as reivindicações do movimento indígena da região "Médio Rio Solimões e Afluentes". Situada em torno de Tefé, essa divisão territorial é adotada por instituições indigenistas e é replicada nas representações de seus povos indígenas, tais como a Associação das Mulheres Indígenas do Médio Solimões e Afluentes (Amimsa); Associação dos Agentes Indígenas de Saúde do Médio Solimões (AAISMS); Associação Cultural dos Povos Indígenas do Médio Solimões e Afluentes (Acpimsa) e Organização dos Professores Indígenas do Médio Solimões e Afluentes (Opimsa). Abrange, além do Médio Curso do Rio Solimões, os Rios Coari, Japurá, Mineruá, Copacá, Uarini, Tefé, Auatí-Paraná e o Médio e Baixo Curso dos Rios Juruá e Jutaí. Nela encontram-se em torno de 10 mil indígenas de dez povos distribuídos em 13 municípios: Kambeba/Omágua, Kokama, Kaixana, Kanamari, Katukina, Madi-Já/Kulina, Mayoruna, Miranha, Mura, Ticuna – além das etnias Catauixi e Apurinã, representadas por apenas alguns indivíduos.

Até o final do século XX, a região contabilizava apenas sete Terras Indígenas. Neste século, mais nove terras foram homologadas, três foram declaradas e, contra todas as previsões de desapareci-

Como parte das ações da Mobilização Nacional Indígena, centenas de indígenas do Médio Rio Solimões realizam protesto em Tefé (AM).

mento, um extraordinário número de comunidades ribeirinhas encaminhou pedidos de reconhecimento indígena e titulação de terras. Desde o final do século passado, foram apresentados quase 60 novos pedidos, revelando a magnitude e o caráter do despertar indígena regional: uma extensa e corajosa guinada étnica, na qual dezenas de pequenas coletividades se voltam para a sua origem indígena.

O que torna esse movimento especialmente notável é o fato de ocorrer em uma região marcada pelo extermínio e pela transformação de seus povos nativos. Desde o início da colonização no século XVII até essa virada atual, predominou um longo e violento processo de "catequização, civilização e aculturação" da população nativa, segundo os termos que o adjetivaram nas suas diferentes épocas. Durante todo esse extenso período – que inclui a chegada das missões, o advento das aldeias, a escravidão, o trabalho forçado, passando pela rendição ao apelo da mercadoria e ao modo de vida não diferenciado do nacional – o processo teve uma direção muito bem definida. O projeto de transformar gentios em cristãos, selvagens em civilizados e indígenas em brancos foi dado como progressivo e unidirecional, um processo esperado de "evolução social".

Hoje, o que caracteriza o cenário indígena regional é a suspensão do processo de transformação anterior. A virada, ou, como alguns chamam, *a passagem para indígena*, é, antes de tudo, uma escolha política voluntária. Mais do que uma volta, a passagem é uma declaração de oposição. De uma evolução, passa-se a uma revolução. Como afirmou Seu Chico Ramo, uma liderança da comunidade Monte Muriám, em 2011: "acabou isso de indígena ficar por baixo! Acabou o tempo da escravidão do índio. Até vereador nosso, se ele quiser que a gente vote, ele tem que botar a cara aqui. Tem que discutir conosco!".

Sem tratar aqui do tema das causas manifestas dessa passagem – múltiplas e nem sempre coincidentes, requerendo uma cobertura etnográfica que permita ultrapassar o foco nas demandas específicas, enumeradas na carta da Unipi de julho –, é possível comentar com segurança que a condição indispensável para esse movimento é a afirmação pública de autoestima. Esse é o pré-requisito básico, mas nem um pouco elementar, da declaração de autorreconhecimento como indígena. Em lugar da vergonha própria – quando havia, como reação à censura e ao preconceito exterior – assiste-se a manifestações de orgulho indígena. Surge um *indian pride* regional que, por estar acontecendo em uma região até então "desprovida de verdadeiros índios", produz um misto de surpresa e desconfiança. É como se essa virada viesse cumprir o presságio feito por Caetano Veloso, ao anunciar a vinda do Índio "depois de exterminada a última nação indígena":

> *... e aquilo que nesse momento se revelará aos povos, surpreenderá a todos, não por ser exótico, mas pelo fato de poder ter sempre estado oculto, quando terá sido o óbvio...* (Um Índio, 1992)

A surpresa de tão numerosa adesão ao movimento de passar para indígena inclui o fato mesmo de não serem, os povos indígenas do Médio Solimões, exóticos. Essa é também a razão por que falta a esse movimento um outro reconhecimento, mais amplo e para além do reconhecimento oficial que lhes concede a cidadania indígena. Falta ao público reconhecer que o principal significado da passagem para indígena é a suspensão da passagem anterior para branco, expondo a renúncia à sua proposição. Pois quem está passando para indígena não são brancos, são ribeirinhos. Passam, de volta, aqueles que já foram chamados de caboclos e que, como tais, ficaram eternamente suspensos, em limbo, por conta de uma promessa ardilosa, por definição inalcançável. Pois caboclo significa uma posição intervalar e negativa. Entre branco e índio, caboclo não é nem uma coisa nem outra. Passar para branco é até possível, mas essa é uma mudança de outra natureza: não é étnica. Como mostraram nos anos 1950 Charles Wagley e Eduardo Galvão, na Amazônia a classificação étnico-racial é baseada na definição de classe. Branco não é cor de pele ou atribuição étnico-racial, mas uma condição social. Um comerciante-patrão de pele negra ou acobreada pode ser dado como branco. Pode se passar como branco, por ter passado para branco. Entretanto, contra a autenticidade dessa passagem não se faz a mesma crítica que reclama da suposta inautenticidade dos "novos índios", que não "cortam gíria", nem têm aparência tão dessemelhante quanto ainda se espera que tenham.

Resta superar qualquer dúvida a respeito de serem "verdadeiros". Lembrando o que se deu (e em muitos casos ainda se dá) com os quilombolas, é preciso promover o novo significado de indígena, para além de qualquer sentido primordialista. Resta reconhecer no movimento dessas categorias uma demanda e uma opção em favor do laço com a terra, do pertencimento ao território e da recusa ao devir branco. Em tempos de Antropoceno, qualquer pedido de exclusão inclusiva, de saída do mundo dos brancos e inserção no dos povos tradicionais merece reconhecimento, pois significa um reforço ao contingente de terranos, assumindo a opção mais condizente com o futuro no planeta Gaia[1]. *(setembro, 2016)*

NOTA

[1] Para mais sobre este tema, leia D. Danowski e E. Viveiros de Castro. 2014. *Há mundo por vir? Ensaio sobre os medos e os fins*. São Paulo: ISA.

MÉDIO SOLIMÕES

Reconhecer-se Indígena, o Primeiro Passo

Rafael Barbi Costa e Santos | Antropólogo, Instituto de Desenvolvimento Sustentável Mamirauá (IDSM) e doutorando no PPGAS/UnB

NOS ÚLTIMOS CINCO ANOS, CRESCEU O NÚMERO DE COMUNIDADES QUE SE RECONHECEM COMO INDÍGENAS E REQUEREM DIREITOS NO MÉDIO SOLIMÕES. A DIFICULDADE É ESPECIFICAR EM QUAL SITUAÇÃO ENCONTRAM-SE SUAS REIVINDICAÇÕES FUNDIÁRIAS

Reconhecer-se como indígena é um primeiro passo em um movimento mais amplo, havendo casos nos quais as comunidades podem estar mais engajadas na luta por direitos como saúde e educação, outras mais propriamente envolvidas na demanda pelo reconhecimento de direitos fundiários.

Na lista de Terras Indígenas Reivindicadas disponibilizada em 2009 pela Diretoria de Assuntos Fundiários da Funai, constam 136 reivindicações de regularização de TIs no Rio Solimões. Essa contabilidade oficial engloba as regiões do Médio e Alto Solimões. Dessas 136, 57 reivindicações pertencem à região do Médio Solimões e afluentes, e 79 são do Alto Solimões. O número de reivindicações e de comunidades que reivindicam seu direitos são dados de natureza diferente. Reivindicações frequentemente incluem mais uma comunidade. Estes dados mostram de modo contundente o fato de que a demanda por reconhecimento indígena não está diretamente ligada à presença de unidades de conservação.

Nossa experiência de campo no contexto de duas Reservas de Desenvolvimento Sustentável na região do Médio Solimões permite tecer alguns comentários a respeito desse movimento. Em primeiro lugar, a própria lista de demandas fundiárias do Médio Solimões constitui um desafio ao entendimento: é comum que as várias comunidades contíguas e unidas em torno de uma mesma Terra Indígena tenham enviado cada uma um pedido à Funai. Além disso, o passar para indígena em uma comunidade depende da formação de um consenso entre seus moradores, mais do que o protagonismo de lideranças locais e regionais. Há ainda casos de comunidades entre as quais se reconhece uma condição indígena mas não se envolvem no movimento indígena regional.

Entender o que se passa ao nível local, no âmbito das relações intra e inter comunitárias, é fundamental para dar conta da natureza do fenômeno do passar para indígena na região do Médio Solimões e afluentes, sobretudo no caso de conflitos envolvendo sobreposições territoriais. Mais do que a relação das comunidades com agências envolvidas em políticas indigenistas ou de conservação, são as relações entre as próprias comunidades a chave para entender esses conflitos. Em geral, eles se dão entre comunidades vizinhas e, não raro, aparentadas.

As cisões políticas em nível local são influenciadas por conversões religiosas, migrações, padrões multilocais de residência, adesão ou rejeição a iniciativas de manejo de recursos naturais e reivindicações de propriedade, posse e direito sobre determinadas áreas. É sobre esses últimos pontos (manejo participativo, propriedade, posse e direito) que as políticas da conservação e do indigenismo têm encontrado seu pomo da discórdia.

Mesmo não sendo um movimento exclusivo de comunidades associadas a unidades de conservação, é fato que houve um aumento nos pedidos entre as comunidades da Reserva. Cabe destacar que as comunidades indígenas que requerem terras sobrepostas à UCs estão em uma situação diferente. Se muitas delas, por um lado, já contam com relativa segurança fundiária, por outro seu processo exige articular um delicado arranjo multi-institucional.

No número anterior dos Povos Indígenas do Brasil (Ricardo, 2011), informamos que nas RDS Mamirauá e Amanã o número de comunidades requerendo reconhecimento como indígena era em torno de 30 entre 261 localidades de moradores e usuários (Lima et al. 2011) – incluindo aí comunidades que não estão sobrepostas às RDS, mas fazem uso de seus recursos naturais.

Atualizamos esses dados a partir de trabalho de campo e de documentação cedida por outras organizações (Cimi, Opan, Unip-MSA, Funai, Copiju e OPIFB). Com esse levantamento, podemos concluir que nas RDS Mamirauá e Amanã, houve um crescimento no número de solicitações, além de entender que houve uma subnotificação em 2011. São agora 45 comunidades que se reconhecem como indígenas. Esse número é a soma total, que pode ser melhor qualificada. Cerca de um quinto estão em algum nível do processo para regularização de suas terras. Destas, 35 requerem áreas parcial ou integralmente sobrepostas à RDS Mamirauá, sendo que 30 estão localizadas em Mamirauá de Cima, cinco nas áreas do Japurá-Maraã e Mamirauá de Baixo; além de uma no Setor São José da RDS Amanã.

A diferença no crescimento das solicitações entre duas áreas da RDS – uma de atuação mais antiga e outra mais recente. Na RDS Mamirauá, a maioria das ações de manejo e desenvolvimento foram realizadas na chamada "Área Focal", atualmente chamada de "Mamirauá de Baixo", ao passo que a maioria das solicitações cresceram nas áreas onde a onde há menor atuação de instituições ligadas à políticas de conservação.

As tabelas a seguir contêm a lista de todas as comunidades em processo nas RDS Mamirauá e Amanã. Estão separadas por região, a Tabela 1 contendo as comunidades em processo na região de Mamirauá de Baixo e Amanã – região que compreende o baixo rio Japurá, e o Solimões da foz do Japurá até o paraná do Aranapu. A Tabela 2 contém a lista das comunidades em processo na região de Mamirauá de Cima é toda área rio acima: compreendida entre o Solimões e o Auati-Paraná. Na tabela também é possível ver quais comunidades estão mobilizadas em torno da reivindicação de Terras Indígenas comuns. É importante notar que tais arranjos estão sujeitos a mudanças com o passar do tempo.

A emergência de comunidades indígenas no Médio Solimões é uma realidade e, embora não haja previsão para a regularização das TIs demandadas, a discussão já é marcadamente interinstitucional. É cada vez mais necessário buscar uma aproximação possível entre o indigenismo e a conservação, um novo pacto. *(setembro, 2016)*

TABELA 1. COMUNIDADES INDÍGENAS EM PROCESSO NAS RDS MAMIRAUÁ (DE BAIXO) E RDS AMANÃ

Terra Indígena	Aldeias / Comunidades	Povos	Sobreposição	Município
Cuiú-Cuiú (ampliação)	Jubará	Miranha	RDSA total.	Maraã
Arauacá	Bom Jesus do Araucá	Miranha	RDSA total. Usuário RDSM	Maraã
Nova Jerusalém do Caruara	Nova Jerusalém do Caruara	Miranha	RDSM total.	Maraã
Ébenezer	Ébenezer	Miranha	RDSA total.	Maraã
Assunção	Assunção	Kokama	não. Usuário RDSM.	Alvarães
Canariá	Canariá	Kanamari	não. Usuário RDSM.	Alvarães
Aicuá	Aicuá	Miranha	RDSM total.	Uarini
Boca do Mamirauá	Boca do Mamirauá	Kokama	RDSM total.	Alvarães
Jurupari	Jurupari	?	não. Usuário RDSM.	Alvarães
Novo Tapiira	Novo Tapiira	?	não. Usuário RDSM.	Alvarães
Vila Alencar	Vila Alencar	Kaixana	RDSM total.	Alvarães
Nossa Senhora de Fátima	Nossa Senhora de Fátima	Mura	não. Usuário RDSM.	Maraã
Nova Betânia	Nova Betânia	Miranha	não. Usuário RDSM.	Maraã
Putiri	Putiri	Mura	não. Usuário RDSM.	Maraã
Cauaçu	Cauaçu	?	Total.	Uarini

TABELA 2. COMUNIDADES INDÍGENAS EM PROCESSO NA RDS MAMIRAUÁ (DE CIMA)

Terra Indígena	Aldeias / Comunidades	Povos	Sobreposição	Município (área)
Ilha do Xibeco	Nossa Sra. da Saúde São Francisco do Xibeco Nova Esperança do Xibeco	Kokama	RDSM total.	Fonte Boa
Santa Luzia	Floresta / Pinheiro de Cima Santa Luzia Síria	Kokama	RDSM total.	Fonte Boa
Jerusalém e Nova Esperança	Jerusalém Nova Esperança do Urutuba	Kaixana	RDSM total.	Tonantins
Acapuri do Meio	Acapuri do Meio	Kokama	RDSM total.	Fonte Boa
Monte Moriá	Pacu Boca do Anarucu / Monte das Oliveiras Curupira Monte Muriá Nova Vida do Mari Pirapitinga São Bento São Francisco do Buiuçu São Franscisco do Tucuxi São Sebastião do Cedro	Kokama, Tikuna e Kambeba	Parcial.	Fonte Boa
Porto Alves	Porto Alves	Kokama	RSDM / RESEX Auati-Paraná	Fonte Boa
Santa Maria do Inambé	Maguari	Kokama	RSDM / RESEX Auati-Paraná	Fonte Boa
Santa União	Santa União	Kokama	RSDM total.	Fonta Boa
Martião	Martião	Kokama	RDSM total.	Fonte Boa
Monte Carlo	Monte Carlo	Kokama	RDSM total.	Fonte Boa
Santa Terra	Mulato	Kokama	RDSM total.	Fonte Boa
Nova Esperança	Pãozal	Kokama	RDSM total.	Fonte Boa
Monte Sião	Monte Sião	Kokama	RDSM total.	Fonte Boa
Capote	Boa Vista do Capote Santa Tereza Triunfo	Kokama	RDSM total.	Fonte Boa

Fontes: Cimi, Opan, Unip-MSA, Funai, Copiju e OPIFB.

TICUNA

A "Polícia Indígena do Alto Solimões" e Outras Ações Propositivas[1]

Mislene Metchacuna Martins Mendes | Ticuna, Antropóloga, Agente em Indigenismo, Coordenadora Regional do Alto Solimões/Funai

HÁ TEMPOS, OS TICUNA VÊM REIVINDICANDO AOS ÓRGÃOS DO ESTADO PROVIDÊNCIAS CONCRETAS PARA SANAR PROBLEMAS DE VIOLÊNCIA E CRIMINALIDADE QUE OCORREM NAS COMUNIDADES. A DECISÃO DE ATRIBUIR A SI PRÓPRIOS A FUNÇÃO DE PROMOVER A SEGURANÇA PÚBLICA NAS ALDEIAS DEVE SER PENSADA COMO UMA RESPOSTA ÀS NOVAS CONDIÇÕES E DESAFIOS IMPOSTOS AOS SEUS MODOS DE VIDA

Desde 2008, acompanho o desenvolvimento de uma forma alternativa de organização denominada Polícia Indígena do Alto Solimões, criada pelos Ticuna da Terra Indígena Umariaçu, situada no município de Tabatinga, e posteriormente difundida pelas demais TIs e aldeias da região. Com o passar do tempo, venho observando o quanto a pauta das discussões indígenas tem mudado desde os anos 1980, quando a principal reivindicação era a demarcação dos territórios tradicionalmente ocupados. Em meados dos anos 1990, o movimento indígena ticuna no Alto Solimões passou a ganhar visibilidade, no contexto regional e nacional, por conta de sua organização para defesa étnica, cultural, social e territorial, apropriando-se de novos conhecimentos e habilidades necessários para lidar com as transformações nas relações inter e intraétnicas ocorridas nos últimos anos. É preciso destacar também que a rede ampliada de relações dos Ticuna do Alto Solimões extrapola as articulações políticas do movimento indígena nacional, se considerarmos sua vivência e circulação nos três lados da fronteira que divide o Brasil, o Peru e a Colômbia.

Em meados de 2007, caciques e lideranças ticuna iniciaram suas idas e vindas reivindicatórias a diversas instituições estatais (Funai, PF, MPF etc.) em busca de uma estratégia de ação sociopolítica e de resistência étnica para resolução de conflitos e casos de violência dentro das comunidades. Historicamente, a relação dos indígenas com os agentes da política indigenista na região esteve sempre num patamar hierarquicamente desigual e sem pontos de conciliação e negociação. Nesse contexto recente, intensificaram-se as reivindicações por providências e medidas externas, provenientes do Estado, com relação à situação de vulnerabilidade social vivenciada em Umariaçu e nas demais comunidades indígenas do Alto Solimões.

Assim, a busca pelos órgãos estatais passou a ser uma estratégia de luta bastante recorrente, na medida em que os Ticuna passaram a acreditar que, quanto mais lideranças fossem, por exemplo, ao MPF para reivindicar por soluções imediatas, mais força teria a reivindicação e mais possibilidade teria de ser atendida. Neste contexto, dois fatores se revelaram muito importantes nas discussões entre os Ticuna. Primeiro, o reconhecimento social de questões que geram a violência e a sensação de insegurança. E segundo, o protagonismo indígena no estabelecimento de estratégias e ações para amenizar a insegurança coletiva em suas comunidades. Até então, as ações dos caciques e lideranças se resumiam à intenção de promover proteção e segurança aos membros de suas comunidades, contra os riscos causados pela desordem e violência ali existentes. Com a ideia de que suas comunidades estavam doentes, seus discursos envolviam um conjunto de elementos interligados na vida humana ticuna: territorial, ambiental, político, social, cultural, espiritual e físico.

Para eles, somente com o reequilíbrio de todos esses elementos, a comunidade poderia recuperar sua saúde. Mas como encontrar o ponto de equilíbrio desses elementos dentro do contexto social que vivenciam os Ticuna? Os agentes sociais que faziam constantes reivindicações possuíam como objetivo a satisfação coletiva e a garantia de uma vida sem medo e violência nas comunidades, embora esta ideia de satisfação não alcançasse a integração entre todos esses elementos.

É preciso dizer que, embora temas como a segurança nas comunidades venham ganhando destaque, a questão do reconhecimento dos territórios jamais ficou de fora da iniciativa das lideranças e caciques ticuna de aprofundarem suas relações com as instituições estatais, que são reconhecidas por eles com atribuições de proteger e promover os direitos indígenas. Assim, no atual contexto interétnico, os Ticuna vêm expressando várias reivindicações aos órgãos do Estado (Federal e Estadual, sobretudo), para que estes tomem providências para sanar os problemas existentes nas comunidades. Conclui-se, portanto, que hoje os Ticuna necessitam de articulação, não apenas entre os indígenas, mas também com agentes e agências do Estado.

Vale ressaltar aqui as diferenças entre os cenários mais antigos do indigenismo no Brasil, nos quais os índios não tinham espaço para se mobilizar a favor de seus direitos e interesses, e os atuais cenários do movimento indígena, marcados por um notável aumento no número de indígenas que passaram a ocupar espaços e posições nas instituições estatais responsáveis pela atenção diferenciada aos povos indígenas. Mas ocupar cargos e posições não é suficiente para que haja participação indígena nas políticas públicas, uma vez que existem múltiplos sentidos para o papel exercido pelos indígenas que assumem funções dentro de instituições do Estado, principalmente as de chefia. Nestes contextos, suas concepções sobre os papéis e atribuições das autoridades passam a ser redefinidas. Para alguns significa a garantia de pontos de apoio em referência ao grupo étnico. Para outros, trata-se de uma autoridade que não pode ultrapassar as limitações impostas pelo Estado, ocasionando internamente cisão social. Mesmo assim, ainda que esses sujeitos acabem reproduzindo a política do órgão estatal, os demais indígenas da chamada "base política" esperam que seus representantes possam participar e representar seu povo e suas comunidades enquanto autoridades que utilizam como instrumento o poder político do Estado. Caso considerem que os funcionários indígenas não os representam, os Ticuna acionam a mobilização para discutir e retomar os rumos de tais situações, caracterizadas como ineficiência política e representativa, havendo choques e disputas de interesses. Por outro lado, não raro acontece o inverso, isto é, situações em que alguns funcionários indígenas atuam e discursam dentro de instituições do Estado como estivessem na qualidade de caciques ou lideranças de suas comunidades.

A Constituição Federal de 1988, e outros instrumentos da legislação indigenista, reconhecem a cidadania indígena diferenciada, tendo seus direitos e interesses protegidos e promovidos pelo Estado brasileiro, sobretudo pelo órgão indigenista oficial (Funai) e demais entidades com atribuições específicas. Desse modo, no decorrer das reivindicações dos Ticuna por segurança pública em suas comunidades, a concepção de cidadania indígena é sempre acionada pelos indígenas por estar garantida na legislação brasileira. Devemos considerar que a Constituição Federal de 1988 dispõe de um capítulo específico que trata dos índios e seus interesses, por conta de intensa mobilização indígena anterior aos anos 80, em nível nacional e internacional, propiciando mudanças nas relações entre os povos indígenas, o Estado e a sociedade não indígena. Nesse sentido, as mudanças sociais ocorridas nas relações entre segmentos da população nacional dominante e segmentos das populações indígenas foram marcadas e limitadas pela situação de choque de interesses e ideologias de diversos atores da sociedade nacional.

O novo cenário de relações sociopolíticas dos Ticuna abrange desde a construção e articulação de estratégias e formas etnopolíticas tradicionais, até o esforço de alcançar novas posições e interesses individuais e/ou coletivos bastante eficazes para manutenção de prestígio social. Enfim, a força da rede de relações de poder assegura a capacidade de negociação de ações e estratégias entre os Ticuna frente ao Estado, através de reivindicações que propõem, por exemplo, a criação da guarda indígena como mecanismo para solucionar problemas como a comercialização e consumo de bebidas alcoólicas e drogas, ou para reprimir práticas criminosas e violentas.

No decorrer da atuação da polícia indígena, os Ticuna passaram a reivindicar e propor reconhecimento funcional dos indígenas, também como solução para outro problema que é o desemprego e a falta de expectativas para reservistas do Exército Brasileiro, bem como pelo fato de executarem atividades cuja atribuição é do Estado, conforme afirmação do cacique Odácio Bastos. Em suma, os próprios Ticuna ressignificam os mecanismos de ordem e proteção provenientes do Estado, a partir de suas proposições étnicas de como esses elementos devem atuar no interior das comunidades ao enfrentar práticas violentas dos indivíduos.

Foi assim que, em 2008, caciques e lideranças ticuna reivindicaram respostas e providências do MPF para reprimir o intensivo uso de álcool e entorpecentes químicos, assim como o aumento dos índices de violência física e moral dentro das comunidades. Como já foi ressaltado, longe de ser espaço de consenso e harmonia, as comunidades indígenas se caracterizam por serem espaços de encontro de distintas visões políticas, culturais e sociais relacionadas à tomada de decisões coletivas para resolver os problemas internos. Portanto, a demanda pelo apoio de instituições estatais também é pauta de discussão sobre que caminhos os Ticuna deveriam tomar para encontrar as soluções para os problemas de violência interna, que um dos caciques da TI Umariaçu chama de "violência permitida pelas instituições irresponsáveis pela aplicação das leis, que após tantos pedidos, até hoje não apresentaram nenhuma resposta que realmente trouxesse a segurança pública para dentro das aldeias".

Assim, ao propor a criação de uma organização (polícia) já instituída dentro da estrutura estatal, os Ticuna ressaltam não apenas a intenção de exercer plenamente sua autonomia, como também apontam uma solução concreta para a ausência de políticas públicas apropriadas em seus territórios. Sobre a ideia de autonomia, política e econômica, lideranças e caciques ticuna reafirmam a importância de serem eles mesmos, os protagonistas da formulação e controle de políticas públicas do interesse de suas comunidades, garantindo a autogovernança territorial e ambiental. Uma ideia comum entre os funcionários indígenas é a necessidade de haver maior representação política, como estratégia para garantir os interesses nas comunidades.

CONSIDERAÇÕES FINAIS

Como se nota, de um modo geral, a principal demanda dos Ticuna é o pleno reconhecimento de seus direitos enquanto povos indígenas, o que, na prática, o Estado nem sempre compreende ou simplesmente não sabe como fazer ou por onde começar. O maior problema, portanto, não é a falta ou a inexistência de leis, mas a dificuldade de aplicá-las de modo eficiente desde o princípio. E este é o grande desafio vivido não só pelos Ticuna, como pelos mais diversos povos indígenas por todo o país.

É importante ressaltar que, embora esta forma alternativa de organização (guarda ou polícia) possa moldar os posicionamentos políticos dos Ticuna, suas características especificas também os fazem repensar o próprio conceito e forma de exercer o poder político internamente, à maneira tradicional. Neste sentido, esta forma organizacional não deve ser confundida com as formas de organização tradicionais. Ou seja, a guarda e, posteriormente, a polícia indígena foram concebidas pelos Ticuna como a aplicação de um mecanismo repressivo institucionalizado para conter a violência no interior das aldeias. A decisão de atribuir a si próprios a função de promover a segurança pública nas aldeias deve ser pensada como uma resposta étnica às novas condições e modos de vida de suas comunidades. Esta luta evidencia que os Ticuna não se apropriam de políticas e ações do Estado brasileiro como ponto de partida para proporem soluções para seus problemas internos, mas, sim, como ponto de chegada do protagonismo Ticuna que monta suas estratégias conforme as situações sociais, em cada contexto historicamente vivenciado. *(setembro, 2016)*

NOTA

[1] Este artigo resume argumentos apresentados em minha dissertação de mestrado, *A Trajetória da Polícia Indígena do Alto Solimões: política indigenista e etnopolítica entre os Ticuna*, defendida na Universidade Federal do Amazonas (Ufam), em 2014.

DO OUTRO LADO DA FRONTEIRA

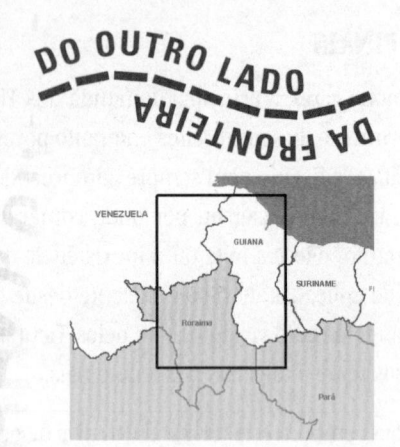

PERU / COLÔMBIA

Entre os Tikuna, Dois Processos[1]

Jean-Pierre Goulard | Centre de Recherches sur les Mondes Américains (Cerma/EHESS)

ATUALMENTE, OS TIKUNA QUE VIVEM NO PERU TÊM SIDO ASSEDIADOS PELO NARCOTRÁFICO, CUJOS RECURSOS FINANCEIROS TÊM TIDO EFEITOS SOBRE A VIDA LOCAL. NA COLÔMBIA, O RECENTE AUMENTO DO TURISMO TAMBÉM TÊM LEVADO MUITOS A COLHEREM BENEFÍCIOS ECONÔMICOS, ESTIMULANDO PROCESSOS DE VALORIZAÇÃO CULTURAL

No território peruano habitado pelos Tikuna, o Estado é pouco presente. Como consequência desta ausência, há uma verdadeira confrontação entre vários movimentos de cunho religioso. Aqueles que reivindicam pertencer a uma seita protestante continuam a manifestar interesse pelos Tikuna. Em 2012, o novo diretor da Igreja Aliança Cristã e Missionária de Lince insistia em sua intenção de finalizar uma tradução da Bíblia (Antigo Testamento) "com o propósito de ler e aplicar as Escrituras", a partir de uma perspectiva local.

Por sua parte, a Igreja Católica está considerando uma abordagem claramente transnacional. Sua intenção é organizar as populações indígenas (não só os Tikuna) por encontros multiétnicos e transnacionais, por meio da Rede Eclesiástica Panamazônica. O projeto gira "em torno dos temas do território (tema central), cultura, educação escolar indígena, desafios da fronteira e alianças para compartilhar as diversas espiritualidades e práticas religiosas" para formar "uma Igreja com cara amazônica", ou seja, um projeto global.

Ao mesmo tempo, o povo Tikuna que vive no território peruano é também influenciado por um outro fenômeno, o narcotráfico. A cultura da folha de coca se generalizou em diversas comunidades, proporcionando proventos econômicos que produzem notáveis efeitos sobre a vida local. Os envolvidos passaram a ter acesso a bens que eles não podiam adquirir até então, como casas de alvenaria, motores de popa e barcos de alumínio. Contudo, firmar estes compromissos tem suas consequências. Em 2010, por exemplo, a expulsão da população de várias aldeias pelos narcotraficantes, que queriam instalar uma base (laboratórios, pistas de pouso...), vem resultando, até hoje, na prisão de várias dezenas de Tikuna, capturados em operações realizadas pelas Forças Armadas em várias comunidades.

A maioria das comunidades tikuna neste país estão agrupadas em duas federações, a Federação de Comunidades Ticunas e Yaguas do Baixo Amazonas (Fecotyba) e a Federação de Comunidades Nativas Ticunas e Yaguas (Feconatiya).

A situação na Colômbia é diferente. Embora também presentes, os impactos provocados pelas igrejas protestantes, assim como pela cultura da folha de coca, parecem ser menores. A presença da Igreja Católica ali é efetiva: orienta e exerce controle sobre uma grande parte da população tikuna, não somente por meio de seus internatos, onde os jovens tikuna são escolarizados no ensino secundário. Ao mesmo tempo, a repartição das aldeias em "resguardos" e seu agrupamento em varias federações – Associação de Autoridades Indígenas Ticuna, Cocama, Yagua (Aticoya), Cabildo Indígena de Tarapaca (Cimtar), Associação de Cabildos Indígenas do Trapézio Amazônico (Acitam) – favorecem o "controle político" destas comunidades.

A população tikuna que vive no território colombiano escolheu um outro modo de desenvolvimento econômico do que aquele que prevalece no Peru. O recente aumento do turismo levou muitos a colherem seus benefícios. Várias aldeias fazem parte os circuitos e excursões organizados pelas agências da capital do país, favorecendo o surgimento de grupos de artesãos que oferecem aos visitantes diversos "objetos indígenas", apresentados no interior de uma "maloca", onde encenam um "ritual" acompanhado por cantos. Para complementar sua renda, estes artesãos vendem parte de sua produção nas *boutiques* de Letícia. Mais recentemente apareceu, com apoio de ONGs, uma nova opção: o alojamento dos visitantes nas comunidades e a organização de circuitos para a descoberta dos "segredos" da floresta amazônica.

Como consequência do contexto atual – tanto religioso quanto econômico – os Tikuna que habitam o território destes dois países são levados efetuarem deslocamentos transfronteiriços, individuais ou familiares, temporários ou semipermanentes, conforme as oportunidades que se oferecem às suas redes familiares.

Atualmente, a maior parte da população é bilíngue. O uso da língua tikuna prevalece na vida local e familiar e o da língua espanhola nas relações com o exterior: comércio, politica e até certo grau, escola e religião. A prática do ritual da puberdade feminina continua, principalmente no território colombiano. Será graças ao impacto menor ali das seitas protestantes? Contudo, os moradores de algumas aldeias que abandonaram este ritual há uma ou duas gerações procuram hoje reintroduzi-lo. *(setembro, 2016)*

NOTA

[1] Originalmente escrito em francês; tradução para o português feita por Patrick Menget.

ACONTECEU

MÉDIO SOLIMÕES

ÁGUA CONTAMINADA EM COMUNIDADE MAYORUNA

Pesquisa realizada na comunidade Marajaí, no município de Alvarães (AM), apontou que é alta a incidência de coliformes fecais nos igarapés da aldeia. A falta de energia elétrica que limita o uso do poço artesiano, a ausência de técnicas de armazenamento da água e o acesso de rebanhos de gado aos igarapés são as principais causas da contaminação da água de uma comunidade maioruna. O resultado da pesquisa está no projeto "Análise da Qualidade de Água na Terra Indígena Marajaí", coordenada por Sandra Zanotto, da Universidade do Estado do Amazonas. "Um indígena maioruna e uma antropóloga da Fepi procuraram a gente para que fosse feito um trabalho na comunidade.", disse a pesquisadora. Conforme Sandra, os três igarapés que margeiam a comunidade estão contaminados e não podem ser utilizados para o banho ou lavagem de roupa ou louça. Como resultado, a maioria dos indígenas é vitimada de doenças como diarreia, verminoses e hepatite. Após as visitas, os pesquisadores deixaram kits de análise da água para que os próprios estudantes realizassem o trabalho. A comunidade indígena Marajaí fica a 15 minutos de lancha de Alvarães. Possui 487 pessoas que vivem do extrativismo da castanha e da mandioca e utilizam-se do rebanho apenas para subsistência. "Eles não têm diesel. Sem a bomba para fazer a extração de água, acabam indo para os igarapés contaminados", disse. *(A Crítica, 10/01/2011)*

MAYORUNA ORGANIZAM ASSOCIAÇÃO DE MULHERES

Entre os dias 14 e 15 de janeiro aconteceu a I Assembleia da Associação das Mulheres Indígenas Mayoruna (Amim), na aldeia Marajaí, município de Alvarães. Participaram da atividade, além do coletivo de mulheres, lideranças indígenas Mayoruna e do povo Tuxaua. A assembleia teve como objetivo a fundação da associação, com eleição da diretoria. De maneira consensual, a diretoria aclamada ficou com a indígena Maria de Nazaré Lima dos Santos como presidente e na vice-presidência, Joselma Noteno de Almeida. Na avaliação das indígenas presentes, a associação irá beneficiar as mulheres e a aldeia, porque irá trabalhar em prol dos direitos das mulheres e do bem estar de toda a comunidade. Lourival Tuxaua, morador da Aldeia Marajaí, conduziu a solenidade de posse da Amim. Disse em sua fala: "Há bastante tempo queríamos organizar o movimento de mulheres aqui na aldeia e hoje estamos fazendo isso. As mulheres estão em todos os espaços, conquistando seus direitos, compromissadas pela luta e por seu próximo". *(Cimi, 27/01/2012)*

ÍNDIOS DO MÉDIO SOLIMÕES REJEITAM CHEFE DO DSEI

O movimento indígena do Médio Rio Solimões exige que o coordenador do Dsei da região seja trocado. O chefe do Dsei é eleito pelo Ministério da Saúde através da Sesai. De acordo com o representante dos povos indígenas, os chefes escolhidos não conhecem as especificidades da região Amazônia e dificultam o atendimento médico às comunidades. O presidente da União dos Povos Indígenas do Médio Solimões e Afluentes, André Kambeba, afirmou ao G1 que o coordenador anunciado pela Sesai ainda não compareceu à comunidade pertencente ao Dsei. "Queremos eleger o enfermeiro Marcos Azevedo como nosso coordenador. Ele já trabalha há quatro anos aqui na região do Médio Solimões. Os chefes indicados pela Sesai não conhecem a nossa realidade e não apoiam a saúde indígena como deveriam. Ás vezes, priorizam o atendimento de brancos em vez de índios", denunciou. O Ministério da Saúde informou ainda que o novo chefe do Dsei do Médio Rio Solimões e Afluentes, Narciso Cardoso, tomou posse no dia 31 de outubro e iniciou as atividades nesta terça-feira (1). Sobre o desconhecimento da região, o Ministério da Saúde enfatizou que o novo chefe possui larga experiência em saúde indígena, já atuou em conjunto com o ministro da Saúde, Alexandre Padilha, e que há um chefe interino trabalhando na região para que não haja interrupção das atividades em área. *(Portal G1, 02/11/2011)*

INVESTIGAÇÃO DE DESVIO DE VERBAS DA SAÚDE INDÍGENA

Um dia depois da Polícia Federal deflagrar uma operação para apurar o suposto desvio de R$ 19 milhões por um esquema no qual estariam envolvidas as prefeituras de Tefé, Tabatinga e Pauini, prefeitos e ex-prefeito apresentaram ontem as suas versões. A Operação Imperador, da Polícia Federal, cumpriu dez mandados de busca e apreensão em Manaus e nos Municípios de Tefé, Pauini e Tabatinga. A ação investiga o desvio de recursos do Fundo Nacional de Desenvolvimento da Educação, do programa de Saúde Indígena, da merenda escolar e do Plano de Atenção à Saúde Básica. A representação de Pauini contestou as informações que sugerem fraude em licitações para o uso de verba federal e afirma não ter recebido os R$ 2 milhões para aplicar no Programa de Saúde Indígena do município. O prefeito de Tefé, Jucimar Veloso (PMDB), disse que o desvio dos recursos causou prejuízos ao município principalmente na área da educação. Veloso informou que ao assumir a prefeitura, registrou a falta de documentação que informasse os repasses federais e as obras em andamento no município em um Boletim de Ocorrência (BO). A vice-prefeita de Tabatinga (1.106 km de distância de Manaus), Eliziane Lima, afirmou que a verba de R$ 6 milhões, soma dos repasses dos anos de 2009 e 2010, foi aplicada no pagamento de funcionários, recuperação e construção de escolas, compras de materiais didáticos e equipamentos. A Prefeitura de Tabatinga deverá formalizar a sua defesa na Justiça Federal na próxima semana. *(A Crítica, 16/04/2011)*

KANAMARI FAZEM PROJETO DE COMERCIALIZAÇÃO DO PUXURI

"A exemplo do que já ocorre com a castanha (em Alvarães e Uarini) e a banana (em Autazes), o puxuri é outro produto que começará a ser comercializado pelos indígenas. Aproximadamente 12 toneladas dessa semente estarão disponíveis para comercialização ainda no primeiro semestre deste ano, na Terra Indígena Maraã/Urubaxi. O projeto deverá ser elaborado pela Secretaria de Estado para os Povos Indígenas, a pedido da Associação das Mulheres Indígenas do Médio Solimões e Afluentes. "Hoje a oferta do puxuri é grande, mas não há comprador, por isso eles nos procuraram para pedir o apoio"", informou Zuza Cavalcante, da Seind. Os preços vão ser tratados diretamente com os próprios indígenas, que também têm potencial para a produção de castanha e óleo de andiroba em Maraã. *(Portal Seind, 29/02/2012)*

RESPONSÁVEIS POR CONVÊNIO COM A FUNASA SÃO ALVO DE AÇÃO

O Ministério Público Federal no Amazonas (MPF/AM) ajuizou ação de improbidade administrativa contra os responsáveis por irregularidades na execução de convênio firmado entre a Funasa e a Fundação São Jorge, em outubro de 2006, para promover benefícios à saúde das populações indígenas do Dsei do Médio Solimões e Afluentes, no Amazonas. Os recursos repassados pela Funasa à Fundação São Jorge totalizaram R$ 2.577.928,95. O Convênio consistia na contratação de profissionais de saúde para promover ações de prevenção a doenças e aquisição de produtos alimentícios de modo a atender comunidades indígenas

A GUERRA DE IRANDUBA

Maria morava há mais de 13 anos no "Alagadinho", Cacau Pirêra, distrito do município de Iranduba (AM). Saiu de lá, onde vivia submersa durante a cheia, para realizar "o sonho de moradia" em área de propriedade do Estado. Fez roça no quintal. Plantou macaxeira, abacaxi, pimenta de cheiro e plantas medicinais. Acontece que a área foi grilada por particulares. E na quarta-feira (25), o trator, protegido pelas botas da polícia, entrou lá, esmagou plantinhas, esperanças, sonhos. Destruiu tudo. Só deixou lágrimas, fome e Maria, sem casa, sem roça, sem ter o que dar de comer aos filhos.

– "Vocês têm arco e flecha; a gente tem é bala". Esse foi o "argumento" que um policial militar disparou contra uma índia Kokama, durante a operação dizque "pacífica", iniciada na segunda-feira (23), para impedir o acesso a uma área ocupada por indígenas e não-indígenas, na rodovia Manoel Urbano (AM-070), região metropolitana de Manaus. Usou a "lógica" colonial do Raposo Tavares, Borba Gato e outros bandeirantes.

A violência da polícia contra os "invasores" foi ocultada e silenciada a exemplo do que ocorreu com os bandeirantes. As agressões físicas e os palavrões com os quais os policiais intimidavam até as mulheres e as crianças – nada disso emergiu nos relatos. As notícias, como regra geral, registraram uma "operação pacífica" de reintegração de posse da terra, com atuação "exemplar" do Estado que colocava um ponto final na "indústria da invasão". O importante era que os "supostos índios" saíssem de lá.

"SUPOSTOS ÍNDIOS"

A versão dos "escrivães da frota" só foi contestada porque uma equipe de pesquisadores do Projeto Nova Cartografia Social da Amazônia (PNCSA), documentou tudo, entre eles a antropóloga Márcia Meneghini, que realizou trabalho de campo durante os três meses de "invasão".

– Nesse período – escreve Márcia – descobrimos que não se tratava de uma "invasão", mas de um ato de mobilização coletiva em torno da legítima reivindicação da posse de terra numa área de propriedade do Estado "supostamente" grilada por particulares. Esse ato de mobilização é chamado de "ocupação" pelas pessoas que dela participam. Nesse sentido, ela é vivida e representada como algo que lhes pertence: a terra. Recebe o nome de "Comunidade Deus é por nós".

A extensão e localização da área variam conforme quem divulga: Km 5 ou Km 6? Quantos são: 10 mil ou 18 mil? O que se sabe é que entre eles há centenas de índios, mas até isso os zeguedegues cretinos questionam com indagações sobre se os "invasores" tem RANI (Registro Administrativo de Nascimento Indígena), se usam cocar, tanga, arco, flecha. Em caso contrário, concluem que não são 'índios de verdade', são 'civilizados', 'aculturados' e portanto – incrível! – sem direito à terra. Surge na imprensa nova categoria ignorada por antropólogos – o "suposto índio".

Mas afinal o que seria esse "suposto índio", que nunca é ouvido? É uma categoria criada para esconder um problema antigo – a distribuição de terra na região metropolitana de Manaus. Ela designa índios que migraram para Manaus. São Kokama, Kambeba, Paumari, Mura, Arara, Tukano, Tuyuka, Sateré-Mawé, Macuxi, Tariano, Piratapuia, Carapana – distribuídos em 1.040 famílias – segundo informaram os índios a Márcia Meneghini, que acompanhou neste sábado (28) a operação de reintegração de posse, quando a FUNAI ainda negociava a permanência dos indígenas na área.

Nem o juiz, nem a Polícia e nem a mídia ouviram os pesquisadores da Nova Cartografia Social da Amazônia. Se fizessem a consulta, saberiam que as manifestações surgem porque uma apropriação desigual da terra vem definindo a configuração da cidade. Manaus tem sua história marcada pela prática do Estado de conceder terras a particulares para benefício de grupos do poder. Mas quando grupos étnicos se mobilizam para juntos reivindicarem a posse comum de terra do Estado, são rapidamente taxados de "supostos índios" com o objetivo de desqualificá-los.

MOBILIZAÇÃO NACIONAL

A polícia não quer conversa, usa a porrada como argumento. Casos de violência física foram relatados aos pesquisadores. O objetivo é isolar a área, quem está fora não entra. Um Tuyuka, de 16 anos, mostrou as marcas no corpo da agressão sofrida quando retornava com água e mantimentos ao local na manhã de segunda-feira (23). "Me algemaram e me jogaram dentro do camburão. O policial me trancou com ele sozinho na sala e disse: 'agora nós vamos conversar'. Puxou o cassetete dele. O delegado [de Iranduba] chegou. [Eles] me seguraram e me deram um murro", disse o menor. O rapaz também contou que foi ameaçado.

Casas foram destruídas por tratores. Sem poder entrar, as pessoas se aglomeravam do lado de fora, relatando a violência da polícia. "Uma jovem, aqui, foi apoiar sua mãe, e um policial do Iranduba bateu nela. Todo mundo viu, agora ninguém pode falar nada, porque, se falar, ele volta de tarde e bate na pessoa", afirmou J.W., cuja casa e objetos pessoais foram destruídos.

A guerra de Iranduba acontece no momento em que a bancada ruralista no Congresso Nacional lança poderosa ofensiva para anular os direitos dos índios e quilombolas garantidos pela Constituição Federal que comemora, agora, em outubro, 25 anos de vigência.

No sábado (28) à tarde, Michelle Kokama informou que a operação de retirada de índios e não índios havia terminado. É uma vergonha para o Amazonas, o maior Estado do Brasil, a polícia dar porrada em quem busca um lugar para morar. (José Ribamar Bessa Freire, Taqui Pra Ti, 29/09/2013)

Polícia Militar atua para encerrar ocupação indígena em Iranduba (AM).

residentes no âmbito do Dsei Médio Solimões e Afluentes (AM). No entanto, o Tribunal de Contas da União (TCU) detectou uma série de irregularidades que impossibilitaram a execução do convênio. Dentre elas, destacam-se processos licitatórios fraudulentos, realizados no último mês de vigência; aplicação indevida dos recursos em outras despesas; e pagamento em duplicidade de pessoal contratado pela Fundação São Jorge. *(MPF/AM, 18/04/2012)*

PROTESTO CONTRA ATENDIMENTO À SAÚDE

Cerca de 200 indígenas de vários povos estão acampados em frente à sede do Dsei, na cidade de Tefé, em protesto contra as precárias condições no atendimento á saúde e pela exoneração do Coordenador local do Dsei, Narciso Cardoso Barbosa. Eles denunciam nepotismo no Dsei, desvio de função de profissionais, funcionários fantasmas que recebem diárias sem trabalhar, falta de transporte e infraestrutura nos polos base localizados em aldeias de 14 municípios do Médio Solimões e afluentes. O coordenador do DSEI do Médio Solimões, Narciso Cardoso Barbosa, é apontado pelos indígenas como responsável pela situação precária em que se encontra o atendimento às aldeias. Da manifestação em Tefé participam indígenas Kambeba, Kokama, Kaixana, Tikuna. Miranha e Kanamari. O Dsei do Médio Solimões e Afluentes é responsável pelo atendimento a cerca de 20 mil indígenas em 14 municípios. *(Cimi, 25/08/2014)*

MINISTRO DA JUSTIÇA DECLARA TI RIOZINHO

Declarada a TI Riozinho, localizada nos municípios Juruá e Jutaí (AM), como de posse permanente dos povos indígenas Kokama e Tikuna, com superfície aproximada de 362.495 hectares e perímetro aproximado de 461 km. Durante os estudos do Grupo Técnic foram percorridos os limites da terra sem que tenham sido encontrados quaisquer sinais de ocupação não-indígena na área. Todavia, as lideranças relataram a ocorrência de invasões sazonais para pesca e caça e, ainda, invasões ocasionais para a retirada de madeira. *(Funai, 25/04/2016)*

ALTO SOLIMÕES

IBRAM E UFRJ FAZEM COOPERAÇÃO COM MUSEU MAGÜTA

O primeiro e único museu organizado por uma tribo indígena, os ticuna, no Alto Solimões (AM), vai ter ajuda da Universidade Federal do Rio de Janeiro para se tornar uma instituição. Instalada na cidade de Benjamin Constant (a cerca de mil quilômetros de Manaus), a unidade reúne coleções do povo da etnia Ticuna, além de documentação produzida sobre a história e os costumes dos mais de 30 mil índios das aldeias da tribo, mas ainda não tem organização institucional. Para tanto, o Instituto Brasileiro de Museus (Ibram), órgão vinculado ao Ministério da Cultura, repassou para a UFRJ R$ 93 mil. "Já estamos ajudando a consolidar o projeto, que existe desde 1990 e que apesar de ter uma presença política forte na região e também junto aos indígenas, ainda não tem uma fachada pública organizada", afirmou o antropólogo e professor da UFRJ, João Pacheco de Oliveira, coordenador do projeto na universidade. Ele lembrou que a iniciativa do museu Magüta foi premiada pelo Conselho Internacional de Museus em 1996, o que não a livrou de dificuldades de funcionamento devido à complexidade dos projetos organizados pelos próprios indígenas. "A nossa ideia, a partir dessa parceria com o Ibram, é integrar o museu Magüta ao Sistema Nacional de Museus e resolver, por exemplo, algumas dificuldades financeiras", explicou. O presidente do Ibram, José do Nascimento Júnior, enfatizou que essa parceria com a UFRJ vai reforçar a relação que o órgão já tem com o museu Magüta e com os ticuna. Ele adiantou que já há entendimentos para expandir o projeto, com a instalação de módulos do museu nas diversas aldeias da tribo no Alto Solimões. *(Agência Brasil, 01/01/2011)*

TICUNA BUSCAM APOIO PARA MANEJO DE PESCA

Para impedir o avanço da pesca predatória em suas terras, indígenas da região de São Paulo de Olivença se articularam para conseguir apoio técnico e financeiro à execução do projeto Gestão e Manejo da Pesca. As atividades serão realizadas nas Terras Indígenas Tikuna Éware 1 e Éware 2. Há quase dez anos, os indígenas do Alto Solimões sentem o impacto da falta de peixe. Entre as espécies em fase de desaparecimento estão tambaqui, pirarucu e tucunaré. O objetivo é apoiar o manejo comunitário dos recursos pesqueiros, de modo a suprir o consumo local do produto nas comunidades e a comercialização do excedente a preços justos. Durante a 5ª. Oficina sobre Gestão e Manejo da Pesca nas Terras Indígenas Tikuna Éware 1 e Éware 2, realizada na aldeia Campo Alegre, eles definiram as regras para o manejo do pescado na região. *(A Crítica, 22/07/2011)*

DEMARCAÇÃO IRREGULAR NO ALTO SOLIMÕES

Indígenas da comunidade Vila Presidente Vargas, no Município de Santo Antônio do Içá, acusam fazendeiros, trabalhadores rurais, vereadores e até a prefeitura do município de invadir terras indígenas para lotear e vender os terrenos. A denúncia foi feita pelo indígena da etnia Caixana, Eledilson Correia. Eledilson veio a Manaus para elaborar uma denúncia formal à Funai, em Brasília. Na denúncia, ele relata que as ações arbitrárias da prefeitura e dos fazendeiros vêm ocorrendo desde 2009, mediante a supressão vegetal e ameaças aos indígenas. "Essa área é uma terra indígena há mais de 600 anos, mas desde 2009 os fazendeiros, apoiados pela prefeitura e pelos vereadores, começaram a lotear nossas terras. Esta semana eles começaram a demarcar os lotes que eles pretendem vender antes que a Funai venha até aqui para delimitar as terras", disse o indígena. Ele contou que os indígenas solicitaram a demarcação do território à Funai, mas temem que a área seja devastada, loteada e vendida pelos "grileiros" antes da intervenção federal. Segundo Eledilson, pessoas que teriam se identificado como sendo do Instituto de Terras do Amazonas (Iteam) começaram a delimitar os lotes, que seriam vendidos. A situação levou os indígenas a acreditar que o Iteam, órgão do governo do Estado, estaria favorecendo os fazendeiros e a prefeitura na disputa pelas terras. Por meio de nota, o (Iteam) esclareceu que não há equipes do órgão trabalhando atualmente no Município de Santo Antônio do Içá. *(A Crítica, 26/09/2011)*

FALTA D'ÁGUA E SANEAMENTO EM ALDEIA TIKUNA É DENUNCIADA

A audiência pública que irá discutir o serviço de saúde oferecido às populações indígenas do Amazonas deve gerar polêmica e trazer à tona denúncias sérias envolvendo problemas de abastecimento de água e saneamento básico, que acabam afetando a qualidade de vida nas comunidades e aldeias. Há denúncia de que milhares de índios estão sem água desde 2010. A reunião, que acontece nesta terça-feira (4), na Assembleia Legislativa do Amazonas, foi proposta pela Comissão de Direitos Humanos, Cidadania e Assuntos Indígenas. O deputado Sidney Leite (DEM), membro da Comissão, afirma que um dos problemas a serem tratados é a falta de água potável, uma das dificuldades enfrentadas pelos tikunas do Alto Solimões. "Em Tabatinga, por exemplo, mais de 4 mil indígenas que moram na comunidade Belém do Solimões estão sem água desde o ano passado. As funcionárias da escola

ACONTECEU

caminham um quilômetro para buscar água no rio, que é usada na preparação da merenda dos alunos, sem passar por qualquer tratamento", observa. *(O Globo, 03/10/2011)*

PF APREENDE ARMAMENTO DE GUERRA EM ALDEIA

A Polícia Federal apreendeu na tarde desta terça-feira (18) em uma comunidade indígena da região do Alto Solimões, no Amazonas, uma arsenal de guerra, como granada e fuzil. As armas estavam em poder de um colombiano e um brasileiro não-indígena, segundo a PF. As armas foram localizadas em um terreno da aldeia Umariaçu II, onde vive população da etnia ticuna, localizada a 20 minutos o município de Tabatinga, fronteira com a Colômbia. Foram apreendidos um fuzil, 11 granadas, seis granadas de lança (além de uma lança-granada), uma sub-metralhadora calibre Ponto 40 e uma pistola 9mm. *(Elaíze Farias, A Crítica, 18/10/2011)*

SEGUNDA EDIÇÃO DAS OLIMPÍADAS INDÍGENAS...

A segunda edição das Olimpíadas Indígenas do Eware será realizada entre os dias 27 de abril e 1o de maio na comunidade indígena Belém do Solimões. Para participar, o indígena precisa pegar a ficha na secretaria da paróquia e apresentar frutos da terra durante o processo de inscrição. Os produtos vão ser entregues aos participantes e ao público que prestigiar as olimpíadas. Aproximadamente mil indígenas (entre atletas e público) são esperados para a disputa de modalidades tradicionais como arco e flecha, zarabatana, subida em açaizeiro e coquito; e não tradicionais, como futsal, vôlei, handebol, atletismo, natação, queda de braço e cabo de guerra. *(Portal Seind, 15/02/2012)*

TRÁFICO DE DROGAS PREOCUPA TICUNA NA FRONTEIRA

"Um dos maiores problemas aqui na nossa aldeia é o recrutamento para o tráfico de drogas"", diz o cacique Valdir Mendes, da comunidade indígena Umariaçu I. Ele conta que há um intenso movimento de ticunas peruanos e colombianos ligados ao crime que vêm para as aldeias brasileiras com o objetivo de aliciar os indígenas daqui. Como os índios conhecem os rios da Amazônia como ninguém, acabam se transformando em mão de obra qualificada para o trabalho de transporte da droga - as infames mulas. O ticuna Raul Curico aceitou trabalhar para os traficantes. Foi preso em flagrante com 2,4 quilos de pasta-base em plena terra indígena. "Enquanto um pai de família na aldeia não ganha mais que 600 reais por mês, quem trabalha para o tráfico chega a receber 1000 reais por quilo de pasta-base transportado até Manaus", diz. "O problema é que muitas vezes a pessoa faz o serviço e volta de mãos abanando. Que índio vai reclamar com traficante armado de fuzil?"; pergunta. Devido à ausência de policiamento, alguns criminosos acabam se instalando dentro das próprias aldeias ou convencem algum indígena a se tornar dono de uma pequena boca para abastecer o consumo local. *(Veja, Drogas, p. 116-118, 29/08/2012)*

FALTA REGISTRO CIVIL PARA INDÍGENAS EM TABATINGA

Nos municípios de Amaturá, Atalaia do Norte, Benjamin Constant, Jutaí, Santo Antônio do Içá, São Paulo de Olivença, Tabatinga e Tonantins, inquérito civil público foi instaurado para apurar cobranças de taxas irregulares para o registro de indígenas e a recusa dos cartórios em anotar nos livros públicos de registro os nomes indígenas escolhidos pelos pais. Com o andamento do inquérito, o MPF apurou que os indígenas têm encontrado dificuldades em efetivar o registro civil com nome indígena, sob o argumento de que não se pode registrar nomes suscetíveis de expor seus portadores ao ridículo. Até mesmo a ausência de realização do 'teste do pezinho' tem sido apontada como justificativa para a não efetivação do registro civil de crianças indígenas. *(MPF/AM, 11/03/2013)*

POLÍCIA INVESTIGA CASOS DE ESTUPRO EM ALDEIA

Um trio de indígenas da etnia Tikuna está sendo investigado pela Polícia Civil por suspeita de participação em estupros de meninas da comunidade de Campo Alegre, localizada no município de São Paulo de Olivença. Um deles já foi preso no início de março e os outros dois ainda não foram encontrados. Até o momento, foram comprovados atos de violência sexual contra três meninas - de idades entre 10 e 16 anos. Uma delas, de 16, morreu após ser estuprada e estrangulada. Um dos indígenas foi preso após o fato, ocorrido em 8 de março deste ano, suspeito do crime. *(Camila Henriques, G1, 01/04/2014)*

ALDEIA TIKUNA GANHA CUBANO MAS PERDE EM ESTRUTURA

O médico cubano Gustavo Vargas Ramirez, de 50 anos, foi levado à floresta por meio do programa Mais Médicos para viver e clinicar na Aldeia Palmares. A satisfação em ter, pela primeira vez, um médico fixo começa a se misturar com queixas por melhoria em infraestrutura. Se agora a comunidade tem um médico, ainda falta no polo de atendimento soro contra picada de cobras, problema comum na região. Se hoje há tratamento para diarreia e parasitoses, a falta de água potável ainda torna difícil a prevenção desse tipo de doença. Formado por 189 aldeias e 55 mil índios, o DSEI Alto Solimões hoje tem 25 médicos - 16 cubanos. Embora o distrito já tivesse nove médicos brasileiros antes da chegada dos estrangeiros, nenhum deles ficava fixo na comunidade. Em todo os 34 DSEIs espalhados pelo Brasil, são 294 médicos do programa, o que fez o número de doutores saltar de 205 para 499 entre 2013 e 2014. *(OESP, 31/08/2014)*

ÍNDIO KAMBEBA NA SELEÇÃO DE TIRO COM ARCO

Dream Braga da Silva é o primeiro indígena a fazer parte da equipe olímpica brasileira na modalidade de tiro com arco. "Não imaginava fazer parte tão cedo de uma seleção", afirma o garoto de apenas 18 anos. *(Rádio Nacional da Amazônia, 11/02/2015)*

AVIÃO CAI EM COMUNIDADE INDÍGENA

Uma aeronave com seis passageiros caiu na comunidade indígena do Umariaçu 2, no município de Tabatinga, na noite desta quarta-feira (11). O aeroporto da cidade estava fechado no momento do acidente por conta de fortes chuvas. As vítimas teriam sofrido apenas ferimentos leves. O avião modelo Cessna 210, caiu por volta das 19h na comunidade que fica localizada próximo à pista de decolagem e pouso do aeroporto de Tabatinga. *(Diego Toledano, G1, 11/03/2015)*

TICUNA COBRAM AÇÃO CONTRA A VIOLÊNCIA...

Neste dia 12 de junho, aconteceu na Comunidade Ticuna de Belém do Solimões, em Tabatinga, a I Marcha contra a violência nas aldeias indígenas do Alto Solimões. Teve como principal objetivo chamar a atenção das autoridades para o alto índice de violência entre jovens indígenas. O vice cacique da comunidade de Belém do Solimões, Carlos Santana, falou que o consumo de drogas e bebidas alcoólicas é uma das principais causas dos vários tipos de violência, existente nas aldeias indígenas. A moradora Socorro Carneiro de Belém do Solimões, relatou que os jovens brigam e depois usam facas e armas. A iniciativa da marcha foi do Conselho do DSEI do Alto Rio Solimões, com a participação da Funai, o MPF de Tabatinga, a Sesai, e a Rádio Nacional do Alto Solimões. *(Marcello Bhacana, Rádio Nacional do Alto Solimões/EBC - 13/06/2015)*

... MPF RESPONDE E ENCAMINHA RECOMENDAÇÕES AO ESTADO...

O apelo do Conselho Distrital Indígena por mais segurança na comunidade Belém do Solimões levou o MPF a visitar a localidade, na Terra Indígena Evaré. O representante do Conselho do DSEI, Eládio Kokama, informou que inúmeros pedidos foram feitos às autoridades para adoção de medidas que combatam a violência, todos sem sucesso. Eládio lembrou ainda que as comunidades chegaram a criar sua própria "polícia indígena" diante da omissão do Estado. A comunidade possui cerca de 5,5 mil habitantes, com predominância ticuna entre as etnias que dela fazem parte. A psicóloga do DSEI do Alto Solimões, Maria Cristina Lima, contou que até a equipe de saúde já recebeu ameaças de agressão por parte de grupos violentos que atuam na região. Arnaldo Fidelis, administrador da comunidade, afirmou que mesmo o consumo de bebidas tradicionais da cultura indígena deixou de ser incentivado em função dos casos de violência. Diante da forte demanda pela repressão dos crimes registrados, Sales informou que o MPF acionará as instituições responsáveis pela segurança pública no Estado para que informem sobre a possibilidade de instalação de um posto policial permanente na comunidade. *(MPF/AM, 17/06/2015)*

... ESTADO DO AM NÃO CUMPRE E É PROCESSADO...

O MPF/AM, por meio da Procuradoria da República no Município de Tabatinga ingressou na Justiça com ação civil pública para que o Estado e a União se comprometam a planejar e implementar segurança pública nas comunidades indígenas Umariaçu I, Umariaçu II e Belém do Solimões, nas terras indígenas Tukuna Umariaçu e Évare I. A ação é resultado de demanda dos indígenas, que relataram frequentes casos de violência na região. Uma recomendação expedida em julho deste ano à Secretária de Segurança Pública chegou a pedir diretamente à SSP/AM que implementasse o policiamento na área, mas o pedido sequer foi respondido no prazo, o que motivou o órgão a levar o caso à Justiça. *(MPF/AM, 16/10/2015)*

... MAS JUSTIÇA DETERMINA CUMPRIMENTO

A Justiça Federal em Tabatinga atendeu ao pedido do MPF/AM e determinou que o Estado do Amazonas instale uma base da Polícia Militar na comunidade indígena Belém do Solimões e promova policiamento ostensivo nas comunidades Umariaçu I e Umariaçu II. O Estado do Amazonas deverá realizar curso de capacitação antropológica dos policiais que atuarão junto às comunidades, com conteúdo aprovado pelo MPF. Ao final da capacitação, o Estado deverá iniciar o policiamento nas comunidades Umariaçu I e II e terá 15 dias para implantar a base policial na comunidade Belém do Solimões. *(MPF/AM 16/12/2015)*

BELÉM DO SOLIMÕES GANHA ABASTECIMENTO DE ÁGUA

O sistema de abastecimento de água da comunidade Belém do Solimões será inaugurado neste sábado (7). Além da inauguração do sistema de água da comunidade, no mesmo dia, na escola GM3, no município de Tabatinga, acontecerá a entrega de equipamentos permanentes médico-hospitalares, de informática e, ainda, embarcações. *(Rádio EBC, 05/11/2015)*

SEITA RESSURGE EM MAIS DE 170 ALDEIAS DA AMAZÔNIA

Perdida nos cafundós da Amazônia, a Missão da Ordem Cruzada, Católica, Apostólica e Evangélica – ou simplesmente Irmandade da Santa Cruz – cresce a passos largos entre as comunidades indígenas do Alto Solimões, especialmente Ticuna e Kocama. A congregação segue o rastro do rio Solimões e se espalha em mais de cem pequenas aldeias entre os 500 quilômetros que separam Tabatinga de Tefé. Na região de Tabatinga, na fronteira entre Brasil, Peru e Colômbia, já existem 49 comunidades ostentando a cruz vermelha no ponto mais alto da vila. No Amazonas, único Estado do Brasil onde a seita tem seguidores, a Santa Cruz está presente em 109 aldeamentos. Fundada pelo pregador José Francisco da Cruz em 1972, a igreja quase se extinguiu após a morte de seu líder espiritual. O retorno é consistente: na região amazônica há mais de 170 comunidades que voltaram a seguir seus dogmas, que incluem restrições severas a festas e a bebidas alcoólicas e aos direitos femininos. "A gente pode se pintar, mas bem pouquinho. Quando está nos dias [menstruada], não nos deixam entrar na igreja ", descreve a indígena cocama Tirça Penedo Felipe, 32, moradora da comunidade de Mato Grosso, às margens do Solimões. A ticuna Elisabeth Perez de Souza, 52, viu a igreja florescer na sua aldeia, a vila do Bom Caminho, quando ainda era uma adolescente. Hoje não frequenta mais os cultos, embora diga não ter "nada contra" a Santa Cruz. E, mesmo sem ser congregada, faz doações regulares, de dinheiro e de bens. Tirça e a família dão todos os meses entre R$ 10 e R$ 20 para a igreja --uma enormidade para a pobreza da região. Quando não têm dinheiro, ela e o marido trabalham às sextas-feiras, das 7h às 14h, na construção ou na limpeza do templo. *(Flávio Ilha, UOL, 12/02/2016)*

ALDEIAS TÊM MENOR ÍNDICE DE SUICÍDIO

O psicólogo Luiz Felipe Barboza Lacerda, que atua junto a comunidades indígenas do Alto Solimões desde os anos de 1990, diz que o ressurgimento da seita Santa Cruz tem sido responsável pelo maior fluxo migratório entre Peru e Brasil na última década. O motivo é a busca do "evari", que quer dizer paraíso no dialeto ticuna e, segundo a seita, fica no Brasil. A congregação tem aproveitado esse fluxo constante para se fixar em comunidades pequenas e isoladas, onde há poucas alternativas de contestação e onde a mística religiosa é sempre dominante. O pesquisador adverte, entretanto, que é preciso "deixar os preconceitos de lado" na hora de analisar o papel da Santa Cruz junto a essas comunidades. "É uma congregação de cunho pentecostal bem reducionista, com uma divisão de gênero muito forte e bastante radical em seus dogmas. Mas são, por outro lado, as aldeias com menor índice de suicídios e com menos registros de alcoolismo", pondera. *(Flávio Ilha, UOL, 12/02/2016)*

Marubo
Matis
Matsés (Mayoruna)
Tsohom-Dyapá
Isolados

5. Javari

5. JAVARI

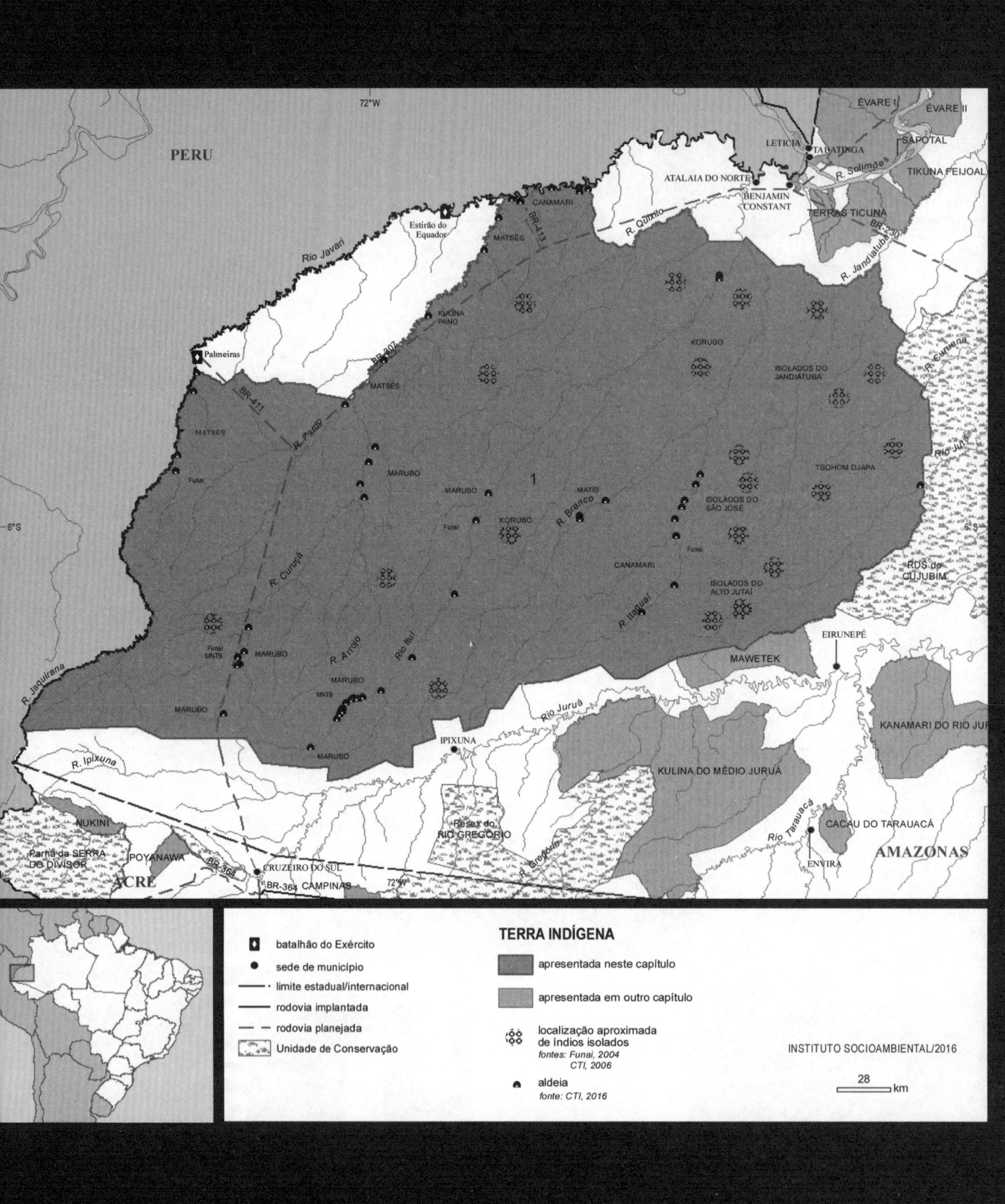

JAVARI
Terras Indígenas
Instituto Socioambiental - 14/02/2017

Nº Mapa	Terra Indígena	Povo	População (nº, fonte, ano)	Situação Jurídica	Extensão (ha)	Município	UF
1	Vale do Javari	Kanamari Tsohom-dyapa Isolados do Jandiatuba Isolados do Alto Jutaí Kulina Pano Marubo Matsés Isolados do São José Matis Isolados do Quixito Korubo Isolados Korubo	4.433 - Siasi/Sesai : 2013	HOMOLOGADA. REG CRI E SPU. Decreto s/n de 30/04/2001 publicado em 02/05/2001. Reg. CRI no município de Atalaia do Norte (6.504.456 ha) Matr. 362 Lv. 2-A Fl. 385-387 em 29/05/02. Reg. CRI no município de Benjamim Constant (610.690 ha) Matr. 678 Lv. 2/3-B Fl. 46/v em 27/05/02. Reg. CRI no município de Jutaí (810.951 ha) Matr. 458 Liv. 2-B Fl. 58 em 23/05/02. Reg. CRI no município de São Paulo de Olivença (618.383 ha) Matr. 621 Liv. 2-D Fl. 141 em 10/06/02. Reg. SPU Certidão n. 013, 014, 015 e 016 de 31/07/02.	8.544.480	Atalaia do Norte Benjamin Constant Jutaí São Paulo de Olivença	AM

SAÚDE

À Beira do Contágio[1]

Maria Emília Coelho | Jornalista

ATÉ HOJE O ESTADO BRASILEIRO NÃO POSSUI UM PLANO DE CONTINGÊNCIA PARA ATUAR EM SITUAÇÕES DE EMERGÊNCIA SANITÁRIA ENVOLVENDO POVOS INDÍGENAS EM ISOLAMENTO VOLUNTÁRIO. É URGENTE CORRER ATRÁS DESTE PREJUÍZO HISTÓRICO, PARA IMPEDIR O EVITÁVEL EXTERMÍNIO DE INDÍGENAS POR DOENÇAS TRATÁVEIS EM PLENO SÉCULO XXI

Motor desligado. "Eles estão ali pra cima", garantiu Korak Kanamari em uma voadeira que subia o Rio Itaquaí. O cacique sabia que os isolados estavam por perto porque imitavam o som de uma ave para se comunicar com a gente. No barco, alguns Kanamari e Marubo, a equipe da Funai e eu. Nossa missão era encontrar um dos grupos isolados que vive na TI Vale do Javari, área de 8,5 milhões de hectares (segunda maior do Brasil), que abriga – além dos Kanamari, Korubo, Kulina, Marubo, Matis, Mayoruna (ou Matsés) e Tsohom-dyapá – a maior concentração de povos isolados na Amazônia, e, possivelmente, no mundo. São 14 referências confirmadas pelo Estado.

Subimos mais um pouco o rio e lá estavam eles: um grupo de isolados korubo. Os cinco índios à beira da praia, nus ao nosso modo de ver, acenavam para o barco. Quem conversou com eles foi Beto Marubo, pois sua língua tem similaridades com a dos Korubo. Beto perguntou onde ficavam suas casas. Os isolados responderam que estavam com fome e que queriam farinha.

Avançamos mais um pouco no sentido da margem do rio. Eles de novo pediram farinha e panela, mas não queriam que nós encostássemos o barco – nem era nossa intenção. Ligamos o motor e partimos rumo às aldeias Kanamari do Alto Itaquaí. O encontro durou cinco minutos, suficientes para compreender como esses índios correm riscos hoje. Estavam ali, à beira de um contágio.

ALTA VULNERABILIDADE

Os quase cinco mil índios que vivem hoje em contato permanente na TI Vale do Javari enfrentam graves problemas de saúde. A mortalidade infantil é extremamente elevada. Epidemias de malária são constantes, além da alta incidência de filárias e de hepatites A, B C e Delta. Recentemente, foram registrados casos de Aids. Segundo um relatório do CTI de 2010, em 11 anos foram ao menos 325 mortes, em média uma a cada 12 dias. Fui contratada pelo CTI e pelo ISA como consultora para o diagnóstico médico antropológico *Saúde na TI Vale do Javari: subsídios e recomendações para uma política de assistência*. Lançado em outubro de 2011, o documento jogou luz, mais uma vez, na gravidade da situação. Durante o levantamento, Fabrício Amorim, [então] coordenador da Frente de Proteção Etnoambiental Vale do Javari (FPEVJ), pediu que destacássemos a fragilidade epidemiológica dos isolados: "até uma simples gripe pode desencadear um processo veloz de extermínio". "A falta de imunidade faz dos isolados os índios mais vulneráveis que existem", afirmou o geógrafo Carlos Travassos, [então] coordenador geral de Índios Isolados e Recente Contato (CGIIRC) da Funai.

REMÉDIO DO MATO E REMÉDIO DO BRANCO

"Remédio do mato não tá curando doença de branco. Antes, Xikxu pegava remédio do mato e curava", contou a líder indígena Maya, em maio do ano passado, quando visitei a aldeia Mário Brasil do Rio Ituí, onde vive um grupo Korubo contatado em 1996 pela Funai. Na época, um pequeno grupo estava saindo da TI e entrando em embates com os ribeirinhos. Um conflito desequilibrado. Havia risco de massacre e a Funai decidiu realizar o contato. Em 1998, um homem e dois meninos Korubo morreram ao contrair malária. A Funasa (agora Sesai) e a Funai estabeleceram uma parceria para a assistência a esse grupo Korubo contatado. No cenário alarmante do Javari, o trabalho é considerado positivo. O último inquérito sorológico constatou que eles não são portadores de hepatite. Por outro lado, a malária os tem agredido muito. Uma criança de seis anos teve sua formação prejudicada por oito surtos da doença.

Um outro grupo de recente contato são os Tsohom-dyapá, que há cerca de 17 anos estabeleceram relações os Kanamari do Rio Jutaí. Parte deles vive hoje na aldeia Jarinal, junto aos Kanamari. O contato se deu sem a participação da Funai e de não-índios, dentro de um contexto de relação entre povos que compartilham territórios. O diagnóstico do CTI & ISA identificou a urgência de um trabalho sistemático da Sesai, e a presença de fato da Funai, entre os Tsohom-dyapá. O coordenador geral da CGIIRC relatou os problemas que os Tsohom-dyapá enfrentaram logo após o contato: "Alguns morreram. Outros contraíram doenças que podiam ter sido evitadas com vacina. Quando tinham problemas iam para a cidade e contraiam mais doenças".

Ao longo da história, o contato tem trazido como consequências mortes em massa provocadas pela contaminação. Um exemplo no Vale do Javari foi a experiência vivida pelos Matís. O "contato oficial", empreendido entre 1976 e 78, provocou uma trágica derrocada populacional. Segundo a antropóloga Barbara Arisi, consultora do diagnóstico, "dois terços da população morreu

NAS MÃOS DO PAJÉ

Quinta-feira, 5 de junho, final de tarde. Após um dia de filmagem com os Matis e a equipe de Céline Cousteau, neta de Jacques Cousteau, tomar um banho de rio parece ser o merecido presente para um longo dia ouvindo as trágicas narrativas de mortes e perdas que fazem parte do cotidiano de quem vive na TI Vale do Javari.

Desço no rumo do Rio Branco e ela me escolhe. A dor aterrissa na minha panturrilha. Sinto o veneno entrar na carne, a queimação. Grito em inglês para o colega da equipe que caminhava à frente: snake bite. E em matis: dunu peax, a cobra picou. Aperto minha perna e correm dois fios de sangue. Meu irmão adotivo indígena Tëpi me segura e vamos para a casa de madeira serrada que abriga a farmácia da aldeia Tawaya. Entro e o enfermeiro está arrumando a maca estropiada onde costuma fazer atendimento ambulatorial dos indígenas. Felipe Machado começou a trabalhar no Javari em janeiro, antes estava na área Ticuna. "É meu primeiro acidente ofídico, mas eu conheço o protocolo", responde ele.

Já vi quatro acidentes assim. Sempre carreguei o soro produzido na Colômbia cuja importação é proibida pela Anvisa. No Brasil, temos soros que precisam de geladeira para serem armazenados. Quem se salva com soro quase sempre usa o colombiano. Estou a 14 horas da cidade de Atalaia do Norte. Um menino do povo Marubo, vítima de acidente ofídico como eu, teve a perna amputada neste ano. Chega o ancião matis Binan Chapu Chunu, herborista e conhecedor de tratamentos para cobras. Ele me olha tranquilo e pergunta se tenho dor de cabeça, se meu pé dói, se vomitei. Felipe começa a aplicar o soro e Binan Chapu se oferece para chupar a picada e sugar para cuspir o veneno.

A comunicação por rádio UHF não opera depois das 18 horas, mas Felipe consegue informar Magna Nobre, técnica da Sesai, sobrevivente da queda da aeronave que, em 2009, levava a equipe de vacinação de Cruzeiro do Sul (AC) para Tabatinga (AM). Graças a Txema Matis, ancião que caçava quando percebeu a queda, ela e seus colegas foram achados no dia seguinte. Ela consultou o chefe do Dsei, Jean Heródoto Salles, que informou que remoção por helicóptero era só para indígenas. Felipe, incrédulo, questionava: "E se fosse da equipe da saúde?". O gerador para de funcionar e acendemos três velas. Alguns matis e um piloto da equipe de saúde partem para a aldeia Bokwat-Paraíso, para buscar outra ampola de soro. Às 23h, chega a canoa, e aplicamos mais uma ampola. Na parede, move-se uma caranguejeira. Seguro a bolsa de soro enquanto Felipe mata a aranha com um pau de vassoura.

Às 7h, transportam-me pelos rios com um motor de 200 HP. Fomos pelo Rio Branco, desembocamos no Rio Itacoaí e às 17 horas chegamos à base de vigilância da Funai. O enfermeiro de lá me avaliou e descemos pelo Rio Javari no rumo de Atalaia do Norte. Chegamos na sexta às 20h30, perto de um hospital. Mas não há médicos no plantão, o que não é surpresa para mim. Em 2011, participei, a pedido do ISA e do CTI, da realização de um diagnóstico com recomendações para uma política de saúde indígena na região. Agora vivia a vulnerabilidade de uma emergência.

O coordenador da regional da Funai, Bruno Pereira, dirigiu mais 25 km até Benjamin Constant pela péssima estrada. Chegamos ao hospital geral, onde fui atendida por um médico que administrou mais cinco ampolas de soro antiofídico e entrou com antibióticos. Muitos doutores que atendem lá são da Colômbia, Peru e Bolívia, pois não há médicos brasileiros que se candidatem a essas vagas. Esses doutores não têm registro no CRM e não podem "referenciar" pacientes para prosseguir tratamento em outros hospitais ou prescrever medicações. Como eles, enfermeiros, técnicos e auxiliares são terceirizados, não possuem plano de carreira nem direitos trabalhistas. Fiquei hospitalizada dois dias, até assinar um documento em que me responsabilizava por optar sair do hospital. De Benjamin, peguei um barco catraia para Tabatinga, de lá para Manaus e então para São Paulo.

Para os Matis, cobras só atacam quando alguém manda. O aparecimento da aranha na mesma noite comprova que os animais que têm xó (poder xamânico) andavam à minha espreita. Como vivi depois de uma "quase morte", agora o dunu tssusin (força desencorporada da cobra) vai me ensinar e posso seguir estudando para ser pajé. O caminho é longo, mas certamente menor do que lutar por uma mudança do governo quanto à saúde dos povos indígenas e daqueles que, como o enfermeiro Felipe e eu, trabalham com eles na Amazônia. A saúde dos brancos pelo jeito nunca será solução.

(Bárbara M. Arisi, *OESP, Aliás*, 15/06/2014)

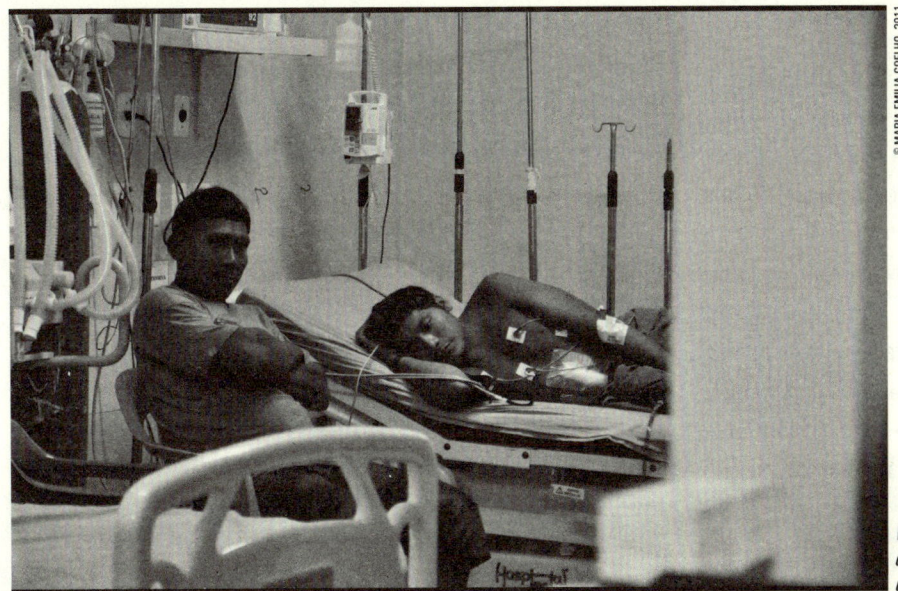

Wanka Korubo, com seu pai no Hospital de Tabatinga (AM), após ser operado de uma inflamação dos linfáticos.

devido à total falta de preparo e estrutura da Funai na época". "Morreu tanta gente que não tínhamos como enterrar", conta o velho Txemã, que viveu o processo. "Antes [do contato] não tinha doença, éramos um povo com saúde", lembra. Mas como enfrentar hoje uma situação de emergência? O contato com um desses grupos em isolamento pode acontecer a qualquer momento.

POSSÍVEL CONTAMINAÇÃO

O termo "isolado" adotado pelo Estado brasileiro designa segmentos remanescentes de povos que recusam relações permanentes com distintos atores da nossa sociedade, o que não significa estar à margem do que ocorre à sua volta. Os isolados que realizam trocas esporádicas com os índios contatados vivem sob a permanente ameaça do contágio.

Os mais expostos são os Korubo que encontramos à beira do Rio Itaquaí, e que vivem entre a confluência dos Rios Coari e Branco, aparecendo também nas margens do Rio Ituí. Desde 2005, têm-se tornado cada vez mais comuns os relatos de contato e troca com os Matis e Kanamari contatados, ambos com altos índices de malária. Os profissionais que frequentemente sobem e descem esses rios já registraram ocorrências de trocas de materiais como alimentos e roupas usadas, que os expõem à gripe, tuberculose e enfermidades de pele, como a escabiose. "Vi os isolados na beira do rio várias vezes, mas sempre vou embora. A gente pode passar doenças da cidade. Se o korubo pegar malária, não escapa", contou Raminho Kanamari, que compunha a nossa expedição. "Somos contaminados e por isso não podemos dar roupas e comida para eles. Estamos cansados de falar para os nossos parentes", explicou Nego Kanamari, enquanto subíamos o Itaquaí.

Uma situação semelhante também ocorre no Rio Ituí, envolvendo encontros entre os isolados Korubo do Coari e os índios Matis e Marubo. O cacique Txemã Matis acha que "eles já se contaminaram". "Farinha, bolacha, panela, roupa, tudo isso está contaminado". Outros exemplos são os isolados do Rio Quixito, que vivem em uma zona com presença maciça de madeireiros e altos índices de malária, e os isolados do Igarapé Flecheira, que vivem perto dos Mayoruna da comunidade Nova Esperança, no Rio Pardo. "Existe a possibilidade de contágio sim, e nesses contatos esporádicos às beiras dos rios os riscos aumentam. Realizamos um trabalho de sensibilização com os indígenas do entorno", explica Carlos Travassos.

CONFLITOS E PROTEÇÃO

Em 2010, a FPEVJ iniciou com os Matis o projeto Roças Antigas, com o objetivo de sensibilizá-los para a necessidade de proteção aos Korubo isolados, seus vizinhos. O projeto pretende discutir com os Matis seus anseios de reocupar antigos territórios, hoje também usados pelos Korubo isolado. O diagnóstico de saúde recomenda à Funai e à Sesai que se preparem para receber os Korubo do Coari com estrutura médica e sanitária adequada, e que esse processo seja acompanhado por linguistas e etnólogos capazes de auxiliar na mediação entre os diferentes atores. Alguns encontros recentes revelam um histórico de conflitos anterior ao contato estabelecido pela Funai. No final de 2011, uma antiga rixa pode ter sido a causa do confronto entre grupos contatados e isolados korubo na aldeia Mário Brasil, que deixou dois feridos. Em abril deste ano [2012], outro conflito com os Korubo atemorizou os Kanamari que vivem na região.

DESPREPARO PARA O CONTATO

O Estado brasileiro ainda não possui um plano de contingência para atuar em situações de emergência envolvendo grupos indígenas em isolamento voluntário. Perguntei a representantes da Sesai e à Funai se estão preparados hoje para o contato. Todos responderam que não. "Não temos infraestrutura adequada para acessar essas regiões com equipamentos e tecnologias necessárias. Não existem hoje especialistas da saúde para a questão do índio isolado. Existem grandes epidemiologistas no Brasil, porém nunca estudaram especificamente essas situações", respondeu Travassos, da Funai. "Não temos um plano estabelecido, mas vamos fazer das tripas coração para que o melhor seja feito", respondeu a socióloga Vera Lopes, da Sesai.

Desde o ano passado, a secretaria e a CGIIRC têm trabalhado em parceria com a Sesai para a formação de um Grupo de Trabalho Interministerial, formado por técnicos das duas instituições, com o objetivo de formular as diretrizes para uma política específica de atenção à saúde aos povos isolados e de recente contato. Profissionais das áreas da saúde, antropologia e linguística também serão convidados. No Peru, onde está a segunda maior concentração de povos indígenas isolados na América do Sul, algo semelhante foi instituído em 2007 pelo Ministério da Saúde. Segundo Vera Lopes, da Sesai, essa guia técnica com instruções para casos de interação com povos em isolamento e de recente contato serve de modelo para o Governo brasileiro. O primeiro passo será percorrer as comunidades de grupos recém contatados para a produção de pilotos de atuação. A partir daí se construirá uma estratégia de abordagem da saúde para povos isolados. Pela primeira vez o Estado começa a correr atrás de um prejuízo histórico, pensando em como impedir o evitável o extermínio de indígenas por doenças em pleno século XXI. *(setembro, 2016)*

NOTA

[1] Versão editada a partir de artigo originalmente publicado na *Carta Capital* em 08/08/2012.

MATSÉS / MAYURUNA

Luta por Direitos nos Dois Lados da Fronteira

Helena Ladeira | Jornalista, CTI

Victor Gil | Geógrafo, CTI

UMA FRONTEIRA POLÍTICA CRIADA HÁ MAIS DE DOIS SÉCULOS DIVIDIU A REGIÃO DA BACIA DO RIO JAQUIRANA EM DOIS PAÍSES – BRASIL E PERU – E LANÇOU OS MATSÉS AO DESAFIO DE MANEJAR SEU TERRITÓRIO COMO ÚNICO E, AO MESMO TEMPO, LIDAR COM DIFERENTES ESTADOS NACIONAIS E SUAS DISTINTAS POLÍTICAS PÚBLICAS E DIREITOS PARA OS POVOS INDÍGENAS

No Brasil, os Matsés vivem na TI Vale do Javari, onde são mais conhecidos como Mayuruna, e somam aproximadamente 1.700 pessoas em 13 aldeias. No Peru, suas 14 aldeias (ou anexos) na *Comunidad Nativa Matsés* (*CN Matsés*) têm população total estimada em 2.500 pessoas. No Peru, além destas áreas, fazem parte do território tradicional deste povo as terras que abrangem a Reserva Nacional Matsés, a proposta de Reserva Indígena Yavarí-Tapiche e o recém-categorizado Parque Nacional Sierra del Divisor – sendo também, estas últimas, território de povos isolados.

A região do rio Jaquirana sempre foi muito cobiçada pela riqueza de seus recursos e alvo constante de caçadores, pescadores, madeireiros e empresas petroleiras. No lado peruano, dois lotes para a exploração de hidrocarbonetos foram concessionados pelo governo nacional sobre o território Matsés e de povos isolados. Os Matsés rechaçam os interesses destas empresas sobre suas terras, por entenderem que os impactos associados a este tipo de exploração afetam a integridade territorial e o bem-estar do seu povo e também dos povos indígenas isolados que vivem em ambos os lados da fronteira. Buscando reverter estas ameaças, os Matsés vêm fortalecendo suas articulações políticas e traçando diretrizes e estratégias internas e com parceiros, para confrontar seus principais desafios, especialmente os relacionados à integridade de seu território.

ARTICULAÇÕES BINACIONAIS

A realização das Reuniões Binacionais Brasil-Peru tem sido a principal forma encontrada pelos Matsés para o seu fortalecimento político e a construção contínua de alianças estratégicas para a proteção de seu território. Reunindo representantes de aldeias da TI Vale do Javari e *CN Matsés*, além de representantes de instituições governamentais e não governamentais de ambos os países, o fórum é o espaço para que lideranças discutam suas posições, troquem informações, pactuem estratégias, estabeleçam diálogos e apresentem suas demandas.

A I Reunião Binacional Matsés Peru-Brasil foi realizada em novembro de 2009, na aldeia Buenas Lomas Nueva. Ocorreu a partir de articulações entre as lideranças das aldeias da Comunidad Nativa Matsés, pressionadas com a exploração petroleira no lado peruano, aliadas a uma maior aproximação destas com organizações indígenas e indigenistas no Brasil. Naquele ano, foi criada a primeira associação Matsés no Brasil, a Organização Geral dos Mayuruna (OGM), com o intuito inicial de integrar as aldeias Matsés na TI Vale do Javari e de atuar em conjunto com os dirigentes da *CN Matsés*. Desde então, outras cinco edições da Reunião Binacional Matsés foram realizadas, cada vez reunindo mais representantes Matsés e ampliando a participação de instituições parceiras.

A III Reunião Binacional Brasil-Peru, ocorrida na aldeia Soles (TI Vale do Javari) em 2011, foi a primeira a ser realizada no lado brasileiro da fronteira, e também a primeira que pôde contar com a presença de representantes da presidência da Funai. Dois anos depois, na IV Reunião Binacional, realizada na aldeia Lobo (mesma TI), o órgão indigenista se faria mais presente com uma comitiva de coordenações da Funai, entre as quais a Coordenação Geral de Índios Isolados e de Recente Contato (CGIIRC), além de, novamente, a assessoria da presidência e a assessoria internacional do órgão. O Ministério Público Federal (MPF) também esteve presente. Nesta reunião, os Matsés demandaram que a Funai atuasse pela proteção de seu território e dos isolados na região do Jaquirana, intercedendo junto ao Estado peruano em relação aos impactos da exploração petroleira na região. A IV Reunião Binacional Matsés foi registrada no filme "A Fronteira Invisível", produzido pelo CTI em parceria com a OGM.

Em 2015, diante da falta de resultados de suas exigências anteriores, os Matsés anunciaram, durante V Reunião Binacional (realizada no anexo de Santa Rosa, no Peru), que levariam a cabo uma denúncia na Corte Interamericana de Direitos Humanos (CIDH) da Organização Internacional do Trabalho (OIT), contra os responsáveis pela concessão dos lotes de exploração de petróleo na região. No mesmo ano, um relatório técnico elaborado pelo MPF sobre o caso dos Matsés recomendou aos procuradores do órgão que os Estados brasileiro e peruano fossem denunciados à CIDH por violação de direitos fundamentais. A principal argumentação é que as concessões dos lotes e as atividades sísmicas foram feitas sem consulta prévia, violando a Convenção 169 da OIT, da qual o Peru é signatário desde 1995. Além disso, nem o Estado peruano deu sinais de atender às solicitações dos Matsés e nem o brasileiro havia iniciado planos de gestão para, junto ao país vizinho, salvaguardar os direitos dos Matsés e dos povos isolados da região. Afinal, isso é algo deveria ser feito, uma vez que os lotes petrolíferos impactam águas binacionais e o povo Matsés como um todo.

A denúncia não chegou a ser formalizada até o momento, mas o assunto vem sendo discutido internamente no Governo brasileiro. A cobrança pela intervenção junto ao Estado peruano voltou a ser feita em 2016, durante a VI Reunião Binacional Matsés Brasil-Peru, realizada na aldeia Trinta e Um (TI Vale do Javari). Nesta reunião, compareceram a presidência da Funai e um representante do Ministério das Relações Exteriores do Brasil (MRE) para assuntos relacionados aos povos indígenas. Na ocasião, os Matsés reafirmaram a demanda que vinham fazendo ao longo dos últimos anos: que o órgão indigenista brasileiro, em diálogo com o MRE, transmita aos órgãos de Estado do Peru, a posição do povo Matsés sobre a concessão dos lotes petroleiros em suas terras.

AÇÕES COORDENADAS

Com suas articulações políticas, os Matsés têm conseguido atrair atenção para sua agenda, que tem sido tema de reportagens em veículos brasileiros, peruanos e europeus. Cada vez mais, suas reuniões têm recebido a participação de autoridades dos Estados peruano e brasileiro, o que demonstra a disposição para o diálogo, mesmo que até agora seus direitos não tenham sido efetivamente respeitados.

Como resultado destas aproximações e diálogos, os dirigentes da *CN Matsés* e da OGM têm promovido, para além das reuniões binacionais, encontros e reuniões com parceiros não governamentais e, por vezes, governamentais, para definir estratégias e ações conjuntas para a promoção de avanços na agenda de proteção da região do Rio Jaquirana.

Em 2012, em parceria com o CTI e o *Instituto Nacional de Desarrollo de los Pueblos Andinos, Amazónicos y Afroperuanos* (INDEPA)[1], a OGM e a *CN Matsés* colaboraram em campo com a elaboração de um estudo realizado pelo órgão peruano para fundamentar a proposta de constituição da Reserva Indígena Yavarí-Tapiche[2]. Já em 2014, no lado brasileiro da fronteira, a OGM e a *CN Matsés* realizaram, em parceria com a Funai, uma expedição para localização de isolados na bacia do Rio Jaquirana[3].

Ainda no que tange a proteção de povos isolados, a OGM participou de uma reunião em Lima, no Peru, em julho de 2016, com especialistas em assuntos indígenas dos países membros da Organização do Tratado de Cooperação Amazônica (OTCA) e com a presença de membros do *Viceministerio de Interculturalidad* peruano. Na ocasião, puderam defender a posição dos Matsés sobre a exploração petroleira na região, reclamar a urgência com que seja tratado o caso e apresentar o trabalho desempenhado na proteção dos povos isolados da região.

VIGILÂNCIA, MONITORAMENTO TERRITORIAL E OUTRAS DEMANDAS

Durante os encontros binacionais, os Matsés também têm discutido a realização de ações de vigilância e monitoramento territorial no rio Jaquirana, reivindicando apoio e maior participação de órgãos estatais nestas ações, tanto no lado peruano da fronteira quanto no lado brasileiro.

No Peru, os Matsés já realizam a vigilância territorial na Reserva Comunal Matsés, com apoio do *Servicio Nacional de Áreas Naturales Protegidas por el Estado* (SERNAMP), e estabeleceram um acordo com o órgão para expandir estas atividades

Jovens Matsés durante a IV Reunião Binacional Brasil-Peru, na aldeia Lobo, TI Vale do Javari.

ao Parque Nacional Sierra del Divisor. No Brasil, há até pouco tempo, os Matsés vinham realizando ações de vigilância de forma independente, acionando as instituições governamentais responsáveis pela fiscalização na região – como a Funai e o Exército Brasileiro – somente quando necessário. Com o apoio do CTI e da Funai, a OGM estruturou as aldeias com embarcações, motores e instrumentos de apoio (como GPS, câmeras e gravadores) e elaborou um "Plano de Vigilância" no Rio Jaquirana.

Os objetivos são tanto o combate imediato a invasões na TI Vale do Javari quanto a identificação das áreas mais susceptíveis à presença de invasores. Além disso, procuram também fornecer evidências mais precisas e atualizadas sobre a presença de isolados na região do Rio Jaquirana, atuando, desta forma, pela proteção do território destes povos junto à Funai e ao *Viceministerio de Interculturalidad*. Com o "Plano de Vigilância", os Matsés têm realizado algumas ações coordenadas com a Funai, construindo casas de apoio à vigilância na região e promovendo expedições ao longo dos limites da TI Vale do Javari e em outras áreas sensíveis a invasões.

REDEFININDO A FRONTEIRA

O povo Matsés, por meio de suas representações, OGM e CNM, e através das reuniões binacionais tem feito denúncias conjuntas ou ações diretas de proteção de seu território. Vem executando uma política que reforça a continuidade do território Matsés nos dois países e que procura repelir os impactos que a fronteira lhes impõe, assim como buscam realizar a gestão de seu território de forma coordenada. Os Matsés também procuram colaborar com os Estados peruano e brasileiro, a fim de estabelecer diálogo e coordenação efetivos nas políticas nacionais para a região, promovendo um ordenamento territorial harmônico entre os dois países e que respeite, sobretudo, os direitos assegurados aos Matsés em ambos os lados da fronteira. *(setembro, 2016)*

NOTAS

[1] Órgão de Estado peruano vinculado ao *Viceministerio de Interculturalidad* e, então, responsável pelo reconhecimento territorial para povos isolados.

[2] Leia o artigo "A grave situação dos isolados na bacia do rio Javari-Jaquirana", neste Capítulo.

[3] Leia o artigo "Retomada da agenda de explorações no Vale do Javari", neste Capítulo.

GESTÃO TERRITORIAL

Kanamari se Fortalecem para Garantir seu Bem-estar

Victor Gil — Geógrafo, CTI
Pollyana Mendonça — Antropóloga, CTI

NOS ÚLTIMOS ANOS, ARTICULAÇÕES POLÍTICAS ENTRE DIFERENTES ALDEIAS KANAMARI NOS RIOS JAVARI, ITAQUAÍ, JURUÁ E JUTAÍ CULMINARAM NA CRIAÇÃO DA COMISSÃO KANAMARI *OHÜMAHIK WAMAN NYAMA*, COM O OBJETIVO DE INTERCAMBIAR INFORMAÇÕES, GERIR O TERRITÓRIO E GARANTIR O BEM-ESTAR DO POVO KANAMARI

Nos últimos anos, os Kanamari que vivem nos Rios Itaquaí e Javari (TI Vale do Javari) têm investido tanto nas articulações políticas internas às aldeias quanto nas externas. Este investimento é uma resposta a preocupações diversas como a continuidade de suas formas de transmissão de conhecimentos tradicionais, a viabilização de práticas rituais fundamentais à gestão territorial, bem como a necessidade de reverter o quadro de marginalidade no acesso a direitos e agências públicas locais. Estes investimentos dão continuidade a esforços de longa data, descritos em edições anteriores da coletânea *Povos Indígenas no Brasil*. Nosso objetivo aqui é apresentar uma atualização deste panorama.

Em 2008, os Kanamari fundaram a Associação Kanamari do Vale do Javari (Akavaja) e realizaram o I Festival de Cultura Kanamari. Desde então, vêm realizando em suas aldeias encontros anuais que reúnem lideranças, cantadores, xamãs e contadores de histórias. Assim, gradativamente, eles têm agregado parceiros, iniciado a execução de projetos, ampliado sua presença no movimento indígena organizado do Vale do Javari e ocupado espaços nas instituições responsáveis pela execução de seus direitos.

Para além de sua agenda de compromissos junto às aldeias nos Rios Itaquaí e Javari, a associação passou a também organizar atividades em aldeias kanamari situadas em outras bacias hidrográficas e TIs. Em 2013, a Akavaja promoveu um encontro entre vários marinawa (especialistas em ayahuasca) na aldeia Castanhal, no Rio Jutaí. No ano seguinte, uma segunda edição do encontro foi realizada nas aldeias Mamori e Barreiro (TI Kanamari do rio Juruá), reunindo, pela primeira vez, representantes de todas as aldeias Kanamari nos Rios Javari, Itacoaí, Jutaí e Juruá. Em 2015, a terceira edição foi realizada na aldeia Jarinal, no alto curso do Rio Jutaí, (TI Vale do Javari), habitada também pelos Tyohom-dyapa[1], povo de "recente contato" (*ver Box*). Em 2016, um quarto encontro ocorreu na aldeia São Luiz, também na TI Vale do Javari.

Neste contexto, os Kanamari lograram fazer com que suas questões prioritárias fossem incorporadas na agenda de trabalho da Funai, principalmente após a restruturação do órgão e de algumas de suas lideranças terem ocupado cargos na CR Vale do Javari. O CTI, parceiro desde o início desde processo, tem atuado não só na assessoria e apoio aos Kanamari na realização dos encontros, como também em colaboração com a Funai. Estas colaborações focam não apenas os problemas de acesso a direitos fundamentais, mas também no apoio às suas iniciativas de gestão territorial e de fortalecimento da transmissão de conhecimentos tradicionais[2].

Os Kanamari sempre mantiveram uma intensa rede de relações entre as aldeias nas diferentes regiões. Os encontros intensificam as viagens pelos rios e varadouros, reúnem jovens e velhos, possibilitam visitas entre parentes apartados pelo tempo, revisitam memórias e promovem o intercâmbio de informações e conhecimentos tradicionais. Neles, os Kanamari têm traçado estratégias de gestão de seu território e deflagrado um processo de denúncias e de articulações com o objetivo de reverter a ausência de uma política indigenista adequada para a região dos Rios Juruá e Jutaí.

"ISOLADOS"

A sequência de encontros também tem permitido que representantes das diversas regiões aprofundem suas trocas de informações sobre a presença de povos "isolados" no entorno das aldeias e que discutam uma política comum de compartilhamento territorial com estes povos. Neste eixo, a principal estratégia que tem sido adotada pelos Kanamari é a de monitorar a proximidade destes povos e, quando necessário, tanto reajustar a localização de suas aldeias quanto escolher novas áreas para uso e obtenção de recursos.

Ao longo das últimas décadas, os Kanamari do Rio Jutaí têm, com frequência, deslocado suas aldeias a fim de evitar a proximidade com os "isolados", assim como, nos últimos anos, aldeias no Rio Itaquaí foram transferidas com a mesma finalidade. Nem sempre esta estratégia de compartilhamento territorial traz consequên-cias positivas para os Kanamari. A proximidade cada vez maior destes povos das aldeias do Jutaí foi um dos principais motivos que os levaram a fundar, nos últimos quatro anos, as aldeias Castanhal e Igarapé Preto, ambas fora dos limites demarcados da TI Vale do Javari. Além disso, para sustentar na prática o compartilhamento territorial pacífico com estes povos, os Kanamari precisam ainda se preocupar com as constantes invasões dos não indígenas sobre seu território, que não só comprometem os recursos disponíveis, como colocam em risco os "isolados". Teme-se que estas invasões possam pressionar estes povos a se deslocarem para ainda mais perto das aldeias Kanamari, ou que possíveis confrontos entre invasores e "isolados" possam deflagrar um contexto belicoso de grandes e dramáticas dimensões.

MONITORAMENTO DE INVASÕES

O controle de invasões tem sido uma tarefa bastante difícil, principalmente na porção oriental da TI Vale do Javari. O rio Juruazinho, que estabelece o limite natural de boa parte da TI nesta região, é bastante frequentado por pescadores e caçadores oriundos da

Crianças kanamari brincam com as vestimentas do ritual Pidah-nyanim, *depois de sua realização.*

cidade de Eirunepé. Estes têm mantido diversos acampamentos nas margens dos rios que servem de apoio para incursões na TI Vale do Javari. A TI Mawetek é bastante pressionada por invasores e também por fazendeiros do entorno que chegam a abrir pastagens no interior da TI para a criação de gado. Para tentar conter estas invasões, os Kanamari as têm monitorado durante seus deslocamentos para as cidades, caçadas, pescarias ou outras incursões pelo seu território. A fim de fazer com que a relação com o entorno seja a menos tensa possível, procuram estabelecer diálogos amistosos para que seu território seja respeitado. Contudo, nem sempre isso acontece e, com frequência, a população do entorno faz demonstrações de animosidade contra os Kanamari, principalmente nos Rios Jutaí e Juruá, onde a presença da Funai e de outros órgãos responsáveis pela fiscalização é historicamente insuficiente e os Kanamari não encontram a devida colaboração do Estado em suas ações.

AUSÊNCIA DE DIREITOS FUNDAMENTAIS E ORGANIZAÇÃO POLÍTICA

Investindo em uma organização política mais ampla e com a alegria de suas festas, rituais e encontros, os Kanamari buscam minimizar os efeitos do recorte de seu território histórico e tradicional em diferentes TIs (Vale do Javari, Mawetek, Kanamari do Rio Juruá) e da assimetria provocada pelas muitas jurisdições que definem a atuação de órgãos públicos responsáveis pela execução de seus direitos.

Em 2013, durante o encontro na aldeia Mamori, os Kanamari instituíram a Comissão Kanamari *Ohümahik Waman Nyama*, organização não-formal que reúne representantes de todas as aldeias da região dos Rios Javari, Itaquaí, Jutaí e Juruá para assuntos relativos à gestão do território e ao bem-estar do povo Kanamari. A partir de então, foi criado em 2015, no encontro da aldeia Jarinal, o Conselho Kanamari dos Rios Juruá e Jutaí (Cikaju), entidade representativa das aldeias Kanamari localizadas nestes rios e que, ao lado da Akavaja, tem buscado dialogar com órgãos públicos e gestionar a resolução dos principais problemas enfrentados pelo povo Kanamari.

Fortalecer a presença da Funai no Médio Juruá e Alto Jutaí é uma das principais reivindicações dos Kanamari e da Comissão Kanamari. De acordo com o próprio órgão indigenista oficial, a região está sob jurisdição da Coordenação Regional (CR) Vale do Javari, que dispõe de apenas uma Coordenação Técnica Local (CTL) e um funcionário para atender cerca de cinco mil indígenas (entre Kanamari, Deni e Madiha), distribuídos em aproximadamente 70 aldeias. Além de recursos humanos, faltam também insumos e estrutura para uma ação adequada. Este cenário não só limita o acesso dos indígenas a direitos fundamentais (educação, saúde e cidadania), como facilita o aumento das invasões nas TIs, acirrando também a hostilidade enfrentada pelos Kanamari na cidade de Eirunepé. A região do Médio Juruá se destaca pelo latente preconceito aos povos indígenas, cuja presença nos núcleos urbanos é comumente rechaçada, não raro com violência, pela população local. Não é exagero dizer que a Funai, com sua parca estrutura na região, pouco consegue fazer, além de encaminhar o acesso à documentação civil, viabilizar o acesso a programas sociais e gestionar conflitos entre indígenas e não indígenas na delegacia de polícia local.

Após os Kanamari terem denunciado publicamente as práticas anti-indígenas na região, inclusive as existentes na gestão pública local, a Funai promoveu o "1º Seminário de Promoção e Proteção dos Direitos Sociais Indígenas do Médio Juruá", que reuniu, em 2014, representantes de instituições governamentais locais e diferentes instâncias do órgão indigenista oficial, com o objetivo de discutir e pactuar ações entre as partes. Embora o evento tenha contado com a presença da então presidenta da Funai Maria Augusta Assirati, e da então Ministra da Secretaria de Direitos Humanos da Presidência da República, Ideli Salvatti, o quadro pouco se alterou. Ainda persiste a dificuldade dos Kanamari em obterem e implementarem uma educação escolar de qualidade nas aldeias. Cientes de que por meio das escolas eles podem preparar seu povo para trabalhar em defesa de seus direitos, eles buscam reverter o quadro de ausência de escolas, programas de formação de professores e de materiais didáticos bilíngues nas aldeias.

SAÚDE É O QUE MAIS PREOCUPA

Mas, dentre os muitos problemas, o que mais os preocupa é a saúde. Conforme informações da Sesai regional, o Polo Base Eirunepé, vinculado ao DSEI/Médio Solimões e Afluentes, é responsável pelo atendimento de 34 aldeias Kanamari e Madiha, que, juntas, somam aproximadamente 1.900 pessoas. Com uma pequena equipe que não ultrapassa 15 funcionários, com falta de estruturas de saúde nas aldeias, embarcações, medicamentos ou sistema de radiofonia e remoção, os Kanamari se veem obrigados a fazer viagens de dias por rios e varadouros para obter atendimento na cidade.

O quadro é alarmante. Entre 2009 e 2015, conforme os dados oficiais, das 657 crianças indígenas nascidas vivas no Médio Juruá, 102 vieram a óbito antes dos 10 anos de idade. Para complicar, a Sesai reporta a maioria dos casos como se meramente provocados por "diarréia e vômito", furtando-se à realização de diagnósticos mais aprofundados sobre as causas destes sintomas e mortes. As ações do órgão, quando ocorrem, seguem sendo paliativas, com foco no tratamento de sintomas, sem enfrentar suas causas. Com efeito, os Kanamari vêm chamando a atenção para a delicada situação do povo de recente-contato Tyohom-dyapa, que habitam a aldeia Jarinal, no Alto Rio Jutaí, juntamente com os Kanamari.

Nos últimos cinco anos, ao menos seis crianças Tyohom-dyapa vieram a óbito, número igual ao total de crianças vivas contabilizadas no diagnóstico. Todas elas teriam falecido por conta de quadros clínicos de fácil reversão, apresentando sintomas típicos de doenças infectorrespiratórias, diarreia ou vômito. Contudo, cumpre destacar que o alto número de falecimentos de crianças não é exclusivo dos Tyohom-dyapa. Neste mesmo período, doze crianças kanamari que também vivem na aldeia vieram a óbito com os mesmos sintomas. Após denúncias dos Kanamari ao MPF de Tabatinga, o órgão instaurou um Inquérito Civil Público para investigar a situação de omissão da Sesai no atendimento aos Tyohom-dyapa e Kanamari. O inquérito acabou impulsionando a formulação e a apresentação de um plano de trabalho por parte desta Secretaria, que, contudo, nunca chegou a ser plenamente efetivado.

Assim como o CTI, os Kanamari entendem ser necessário implantar uma Unidade Básica de Saúde Indígena na aldeia, disponibilizar um sistema de remoção aérea e, ainda, que a Funai, por meio da FPEVJ, atue junto aos Tyohom-dyapa e aos Kanamari em função da presença de isolados na região. *(setembro, 2016)*

NOTAS

[1] Oficialmente são reconhecidos pela grafia Tsohom-dyapa. Aqui, adotamos a grafia definida pelos professores kanamari do Vale do Javari.

[2] Um exemplo neste sentido, é a parceria entre a Akavaja, o Museu do Índio e o CTI para a produção do vídeo-documentário de curta-metragem *Marinawa o Hikinim: conversa de Marinawa* (2015), que registra atividades rituais e políticas ocorridas durante o encontro na aldeia Mamori em 2013.

TYOHOM-DYAPA

Os Tyohom-dyapa, povo falante de uma língua Katukina-Kanamari, residem junto aos Kanamari na aldeia Jarinal, no alto curso do Rio Jutaí (TI Vale do Javari). Eles se autodenominam tüküna *(gente), assim como os outros povos deste tronco linguístico. "Tyohom-dyapa" é uma designação atribuída a eles pelos Kanamari. Esta designação, composta pelo nome de um animal (tyohom, 'tucano') sufixado por -dyapa, é geralmente praticada pelos povos Katukina-Kanamari para designar seus próprios subgrupos. Historicamente, os Tyohom-dyapa fizeram parte da rede de relações existente entre os diferentes povos Katukina-Kanamari na região compreendida entre os Rios Juruá, Jutaí e Itacoaí. Contudo, acabaram por reduzir a amplitude desta rede diante da agressividade das frentes extrativistas no início do século XX. Por volta dos anos 1950, os Tyohom-dyapa adotaram um padrão de ocupação territorial de intensa mobilidade, estabelecendo relações com alguns outros grupos Katukina-Kanamari e realizando visitas esporádicas a não indígenas da região. Desde então, eles experimentaram um forte decréscimo populacional provocado por diversas doenças. Nos anos 80, foram impactados por graves epidemias sanitárias que atingiram a região do Rio Jutaí e vivenciaram sérios conflitos com outros povos que vivem em situação de isolamento voluntário na região. Há aproximadamente dez anos, passaram a residir junto com os Kanamari, buscando evitar seu desaparecimento. Atualmente, somam apenas 38 indivíduos e, devido à sua fragilidade epidemiológica, continuam sofrendo um decrescimento populacional por mortes ocasionadas por enfermidades que poderiam ser facilmente evitadas por meio de um tratamento adequado de saúde. Pelo pouco tempo de contato permanente, são considerados pela Funai como um "povo de recente-contato".*

Casal Tyohom-dyapa na aldeia Jarinal.

FRONTEIRA BRASIL/PERU

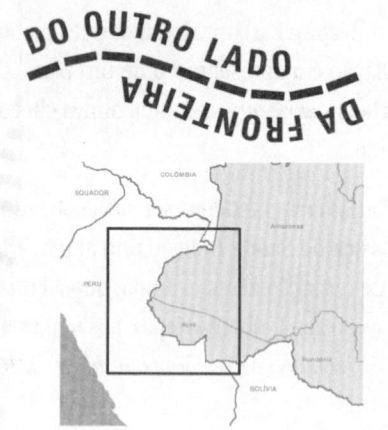

A Grave Situação dos Isolados na Bacia Javari-Jaquirana

Hilton S. Nascimento — Ecólogo, CTI

Beatriz Huertas — Antropóloga, Plataforma de Organizaciones Indígenas para la Protección de los Pueblos en Aislamiento y Contacto Inicial

COM A MAIOR CONCENTRAÇÃO DE POVOS ISOLADOS DO MUNDO, A REGIÃO TEM VIVIDO NAS ÚLTIMAS DÉCADAS UMA ESCALADA DE PRESSÕES SOBRE SEUS RECURSOS NATURAIS, COMO PETRÓLEO, GÁS E MADEIRA, ACOMPANHADAS POR GRANDES PLANOS DE INVESTIMENTO EM INFRAESTRUTURA, COMO EM ESTRADAS E HIDRELÉTRICAS

No Brasil, os isolados são alvo de uma política contraditória que, por um lado, protege direitos, e, por outro, promove ameaças. No Peru, a situação é ainda mais complicada: setores-chave do governo até mesmo negam sua existência, para assim viabilizar a anexação de seus territórios ao mercado mundial de *commodities*. Em 2005, com o objetivo de promover o reconhecimento efetivo dos direitos desses povos, o CTI e a Funai, apoiados pela Fundação Rainforest da Noruega (RFN), iniciaram um processo de articulação binacional entre organizações indígenas, indigenistas e governamentais. Desde então, estas ações têm se concentrado na bacia dos Rios Javari-Jaquirana, marco de fronteira entre os dois países, indiscriminadamente ocupada por diversos povos isolados.

No lado brasileiro, estes extensos territórios integram a TI Vale do Javari, que assegura direitos exclusivos de usufruto aos diversos povos indígenas que nela habitam. No lado peruano, envolve a área reivindicada, desde 2003, pela *Asociación Interétnica de Desarrollo de la Selva Peruana* (Aidesep), para a demarcação da Reserva Territorial[1] Yavari-Tapiche-Blanco-Yaquerana (RT Yavari-Tapiche), destinada aos povos isolados e de contato inicial. Apesar de reivindicada há mais de uma década, não houve até hoje nem um sinal concreto para seu reconhecimento, a solicitação se encontra em um lento e confuso processo que dificulta sua efetivação. Para piorar, em 2007, o governo peruano aprovou um contrato de concessão para uma empesa canadense (*Pacific Rubiales Energy* ou *Pacific Stratus*) prospectar petróleo e gás no chamado lote 135, totalmente incidente sobre a RT Yavari-Tapiche. Na mesma época, outro lote, o 137, sobreposto à *Comunidad Nativa Matsés* (CNM), também foi entregue à mesma empresa. Essa situação impulsionou uma grande mobilização por parte dos Matsés no Peru, que acabou abrindo caminho para as articulações transfronteiriças que culminaram na I Reunião Binacional Matsés Peru-Brasil realizada em 2009[2].

A MOBILIZAÇÃO INDÍGENA E INDIGENISTA

Em 2011, um estudo realizado em parceria entre o CTI e a RFN demonstrou a complexa situação fundiária no lado peruano, com a existência não só de lotes de prospecção minerárias, mas também de uma série de propostas de criação de *Áreas Naturales Protegidas* (Unidades de Conservação Ambiental) e *Comunidades Nativas* sobrepostas às áreas reivindicadas para os isolados. Este diagnóstico acabou por evidenciar também a urgência de se produzir o "saneamento fundiário" dessa área, para então dar sequência aos planos conjuntos de gestão desses territórios. Nesse mesmo ano, foi realizada a III Reunião Binacional Matsés Brasil-Peru, a primeira no lado brasileiro. Além de reafirmar sua resistência à exploração petrolífera, os Matsés incorporaram a defesa dos direitos dos isolados com os quais compartilham seus territórios. Na ocasião, a Organização Geral Matsés (OGM) no Brasil elaborou e apresentou à Funai e a outras organizações que atuam na região um projeto de monitoramento e proteção dos territórios ocupados por eles e pelos isolados.

O ano seguinte (2012) foi um período de grandes avanços nessa articulação, com o estabelecimento de acordos e convênios de cooperação técnica firmados entre organizações indígenas (Aidesep e OGM) e indigenistas (CTI e RFN), abrindo também um canal formal de diálogo com o *Instituto Nacional de Desarrollo de los Pueblos Andinos, Amazónicos y Afroperuanos* (Indepa)[3]. Apesar desses avanços, no fim de 2012, a *Pacific Rubiales Energy* entrou em campo para, de acordo com os Estudos de Impactos Ambientais, abrir 18 linhas

Reunião dos Matsés da Aldeia de Puerto Alegre com o representante do Indepa.

sísmicas com distância média de 7 km entre as linhas e picadas de 1,5 metro, totalizando 1.185 km de extensão, em pleno território dos isolados do Alto Jaquirana. Os trabalhos previam também a abertura de 263 clareiras para pouso de helicópteros, além da circulação permanente de mais de 500 pessoas durante seis meses. Assim, os isolados do Alto Jaqui

Estes encontros possibilitaram diversos desdobramentos. O CTI elaborou uma *Nota Técnica sobre la presencia de indígenas en aislamiento voluntario en la región del río alto Yaquerana, frontera Brasil-Perú* para subsidiar a demarcação da RT Yavarí-Tapiche, que demonstrou, com consistência, a presença ininterrupta (e sempre nas mesmas regiões) de diversos destes povos, desde ao menos a década de 1970. Neste contexto, a equipe do CTI realizou – em parceria as organizações indígenas (Indepa, Aidesep-Orpio e CNM) – um sobrevoo sobre a área proposta. Do lado brasileiro do Jaquirana, ficou a cargo da Funai a realização de um expedição por terra, que só veio a ser realizada um ano depois e não tornou acessíveis às organizações parceiras as informações levantadas.

Em outubro de 2012, o Indepa deu início aos estudos técnicos para verificar os fundamentos apresentados pela Aidesep e seus parceiros em defesa do reconhecimento da RT Yavarí-Tapiche. Neste contexto, este instituto peruano promoveu uma visita a comunidades vizinhas à área reivindicada (com a participação da Orpio e do CTI), que permitiu reunir mais evidências da presença de isolados, como: avistamentos, pegadas, objetos abandonados, além de declarações diversas do desaparecimento de produtos e alimentos (frutos, plantas, carne de caça). Essa viagem resultou na elaboração pelo Indepa, em 2013, de um expediente técnico que recebeu qualificação favorável do *Viceministério de Interculturalidad*, responsável pela proteção dos povos isolados e em contato inicial no Peru. Ainda no final de 2012, um grupo de madeireiros atuante na região proposta para a RT Yavarí-Mirin (outra área com solicitação formal de reconhecimento como território de isolados) encontrou, depois de anos sem nenhum registro, vestígios de um grupo na região do igarapé Negro.

Em 2013, os Matsés deram sequência às suas mobilizações. A IV Reunião Binacional Matsés Brasil-Peru foi novamente realizada do lado brasileiro. O evento contou com a presença de representantes de sete coordenações da Funai, além do MPF e o Exército Brasileiro, mas ficou marcado pela total ausência de autoridades peruanas. Um dos resultados foi a realização de duas comitivas Matsés, uma a Lima, capital do Peru, e outra a Brasília. Neste contexto, a ONG britânica *Survival International* lançou uma campanha em defesa do reconhecimento da RT Yavarí-Tapiche, que acabou atraindo a atenção de importantes agências de notícias internacionais como a, também britânica, BBC. Além disso, novos avistamentos e outras evidências continuaram a ser documentadas pelos Matsés do Peru, reforçando as evidências e a urgência das políticas de proteção.

MUITOS ACORDOS E POUCOS AVANÇOS

A pressão junto aos governos brasileiro e peruano teve como efeito uma maior aproximação entre ambos, formalizada com a assinatura, em 24 de março de 2014, de um "Memorando de Entendimento sobre a Cooperação Interinstitucional para a Proteção e Promoção dos Direitos de Povos Indígenas Isolados e Recém-Contatados entre o Ministério da Cultura da República do Peru e a Fundação Nacional do Índio da República Federativa do Brasil", válido por dois anos. Contudo, apesar deste documento ter ratificado oficialmente a vulnerabilidade destas populações face a projetos como as grandes obras de infraestrutura e a exploração de hidrocarbonetos, bem como ter facilitado caminho para o compartilhamento de capacidades técnicas, até o presente momento não teve nenhum efeito prático.

De fato, os Matsés e seus parceiros conseguiram chamar a atenção dos governos e da opinião pública internacional para questões fundamentais que estavam fora das agendas oficiais. Entretanto, a falta de interesse, recursos e autonomia decisória, aliadas a burocracia e instabilidade institucional em órgãos chave como a Funai e o Indepa, acabaram por frustrar o avanço da garantia dos direitos dos isolados. Dificuldades análogas e problemas nas relações entre organizações indígenas e indigenistas nos dois países também não contribuíram positivamente. Assim, o projeto de vigilância, aprovado em 2011 pelos Matsés em ambos os países e apresentado aos órgãos responsáveis, começou a ser implementado somente após cinco anos. Com isso, acabamos chegando a 2016, ano de expiração da validade do memorando, sem qualquer reconhecimento formal dos isolados no lado peruano da Bacia Javari-Jaquirana.

SOBREPOSIÇÕES FUNDIÁRIAS E INCERTEZAS

Em 2011, já dito, a zona de ocupação dos isolados no Peru constituía uma confusa e complexa sobreposição de solicitações de Áreas Naturais Protegidas e Comunidades Nativas para povos contatados, que acabou por não reconhecer a presença dos isolados. Assim, em 2015, o Estado peruano criou o *Parque Nacional Sierra del Divisor* abrangendo a maior parte da proposta da RT Yavarí-Tapiche, sem qualquer menção à presença destes povos. Para complicar, o plano de zoneamento deste parque estabeleceu condições perigosas para a subsistência dos isolados. A delimitação da chamada Zona de Uso Especial, que abrange parte considerável da RT proposta, implica a possibilidade de se executar atividades econômicas como a exploração de hidrocarbonetos. Além disso, outra parte da RT proposta foi convertida nas *CNs Nueva Esperanza e Fray Pedro*, garantidas a povos contatados apoiados por importantes madeireiras que pretendem negociar o estoque de madeiras dessas comunidades (o que é permitido no Peru). A situação provocou protestos e demandas de várias organizações indígenas (como a Orpio e a Aidesep) contra o *Servicio Nacional de Áreas Naturales Protegidas* (Sernanp) e o *Viceministerio de Interculturalidad*. Deste modo, o que se viu em 2015 foi o retalhamento das áreas propostas para a proteção dos isolados em um complexo mosaico de áreas com finalidades e interesses bem distintos. Estas medidas esvaziaram completamente a proposta da RT, colocando os direitos e o futuro dos isolados em um cenário de incertezas.

PLATAFORMA DE ORGANIZAÇÕES E CORREDORES TERRITORIAIS

Em 2011, algumas organizações indígenas que assumiram a luta pelos direitos dos isolados criaram a *Plataforma de Organizaciones Indígenas para la Protección de los Pueblos en Aislamiento y Contacto Inicial*. Trata-se de um mecanismo para fortalecer o intercâmbio de informações, realizar estudos para fundamentar a existência de grandes corredores territoriais transfronteiriços de povos isolados e em contato inicial, bem como definir estratégias e decisões políticas integradas. O primeiro estudo conduzido pela Plataforma foi o do corredor *Pano, Arawak y outro*, na fronteira entre o Peru e o Acre. Atualmente, focaliza no corredor norte que envolve, entre outras ao longo do Javari-Jaquirana, as propostas de reconhecimento das RTs Yavarí-Tapiche e Yavarí-Mirim. Com a proposta dos Corredores Territoriais, o que a Plataforma defende é que todas as zonas habitadas pelos isolados, e não somente alguns fragmentos descontínuos, sejam oficialmente reconhecidas por ambos os governos. Entende-se que estes corredores são a estratégia mais adequada para a proteção da existência e do modo de vida destas populações. É importante destacar que, além dos isolados, os corredores propostos são também constituídos por comunidades de indígenas contatados que compartilham seus territórios com os povos isolados e de contato inicial e algumas delas têm assumido atitudes de respeito para com seus vizinhos. Estas posturas têm resultado em acordos e planos de gestão territorial compartilhados, imprescindíveis à proposta de proteção integral dos corredores territoriais.

Vemos, assim, que as organizações indígenas e seus parceiros continuam sua mobilização em defesa dos direitos dos isolados seja por meio da proposta de consolidação de Corredores Territoriais, seja pela contínua realização de reuniões binacionais, como a quinta edição realizada em abril de 2016 que, pela primeira vez, contou com a participação de um representante do Ministério de Relações Exteriores do Brasil. Contudo, enquanto o governo peruano continua resistindo em reconhecer até mesmo a existência dos isolados, o governo brasileiro continua demonstrando uma notável incapacidade de conduzir um diálogo binacional que faça valer a proteção efetiva de seus cidadãos transfronteiriços. Resta como última esperança a luta permanente pelo reconhecimento e proteção dos direitos destes povos através da articulação binacional capitaneada pelos Matsés, sendo os isolados um tema central dessa agenda. *(setembro, 2016)*

NOTAS

[1] No Peru, as Reservas Territoriais são áreas oficialmente destinadas aos povos isolados e em contato inicial. Trata-se de figuras jurídicas transitórias, isto é, vigentes até que os "isolados" se integrem à sociedade nacional, quando se inicia sua recategorização e titulação como *Comunidad Nativa*, que é a figura jurídica no Peru que reconhece conjuntos de famílias que pertencem a um povo indígena e os territórios que ocupam. Em 2006, a promulgação da lei para a proteção desses povos substituiu, nominalmente, a categoria Reserva Territorial pelo análogo Reserva Indígena.

[2] Para mais, leia "Luta por direitos nos dois lados da fronteira", de V. Gil e H. Ladeira ,neste Capítulo.

[3] Criado em abril de 2005, instituição responsável pelas políticas nacionais para os povos indígenas, andinos e afroperuanos, tendo sido desativado em 2013 e substituído pelo *Viceministerio de Interculturalidad*.

KORUBO/MATIS

Tensões e Distensões na Linha Tênue Entre o Isolamento e o Contato[1]

Fabrício F. Amorim | CGIIRC/Funai[2]

RECENTES SITUAÇÕES DE CONTATO COM GRUPOS KORUBO EVIDENCIAM NÃO A FALÊNCIA MAS A ALTA COMPLEXIDADE DA EFETIVAÇÃO, NA PRÁTICA, DA ACERTADA POLÍTICA DE RESPEITO ÀS DECISÕES DE ISOLAMENTO DOS POVOS INDÍGENAS, ADOTADA PELO ESTADO BRASILEIRO DESDE OS ANOS 1980. O GRANDE PROBLEMA RESIDE NO CRESCENTE ENFRAQUECIMENTO DO ÓRGÃO INDIGENISTA OFICIAL, QUE LEVA À PRECARIZAÇÃO DAS CONDIÇÕES DE ATUAÇÃO DAS FRENTES DE PROTEÇÃO ETNOAMBIENTAL

Os Korubo, povo falante de uma língua Pano próxima à dos Matis e Matsés (Mayoruna), ocupam a região de interflúvio entre os Rios Ituí e Itaquaí, com destaque para a zona entre os rios Branco e Coari (TI Vale do Javari). Pelo menos desde os anos 1960, são conhecidos por sua resistência às invasões. Apesar das primeiras tentativas de contato datarem dos anos 1970, apenas em 1996 a Funai estabeleceu o primeiro contato oficial com um dos subgrupos Korubo, que então habitava confluência entre o Ituí e Quixito. Este subgrupo, então constituído por cerca de dez pessoas, passou a ser conhecido como "grupo da Maya", em alusão à mulher mais velha entre eles[3]. Em 2014, havia registros confirmados de outros três grupos em isolamento nas regiões dos Rios Coari, Itaquaí e Curuena. Destes, apenas este último, o grupo do Curuena, permanece não contatado oficialmente até os dias atuais.

É importante registrar que estes três subgrupos korubo constituem apenas uma pequena parcela do universo dos povos isolados que habitam a região. Entre 2010 e 2013, a Frente de Proteção Etnoambiental do Vale do Javari (FPEVJ/Funai) localizou 79 "sítios"[4] de grupos isolados no interior dessa TI. Apenas em um sobrevoo realizado em 2012, foram localizados 21 malocas e 58 tapiris, distribuídos ao longo de 28 roçados, alguns cultivados pelos três grupos Korubo até então em isolamento. Desde 1996, o grupo da Maya vivia em uma situação de crise permanente. A redução demográfica a que foram submetidos antes do contato, decorrente de sucessivos massacres, gerou enormes dificuldades para encontrarem parceiros matrimoniais de seu próprio povo. Em seus diálogos com as equipes da Funai, seus integrantes sempre expressaram sua vontade de contatar os demais grupos Korubo, sobretudo o "grupo do Itaquaí", por terem com estes relações mais próximas de parentesco.

Em fins de 2011, integrantes do grupo da Maya chegaram a fazer – por conta própria e sem o envolvimento da Funai – uma tentativa de comunicação com o grupo do Coari. Contudo, a tentativa acabou terminando em um conflito, que envolveu diversos feridos, três do grupo da Maya, além de um número incerto entre os isolados. Também neste contexto, eles decidiram realizar incursões em busca por vestígios dos Korubo do Itaquaí, chegando a localizar e avistar alguns de seus tapiris (habitações simples de palha), embora não tenham estabelecido nenhum diálogo.

Em princípio, os Korubo da Maya escondiam da Funai essas investidas, em virtude do posicionamento regimental da instituição contrário a ações deste tipo. Apenas aos poucos eles foram revelando as histórias, sobretudo após o conflito com o grupo do Coari de fins de 2011 e após fazerem algumas viagens junto com as equipes da Funai entre 2012 e 2014 – primeiro, para localizar os tapiris dos Korubo isolados do Itaquaí, e depois, para excursionar por capoeiras antigas do povo Matis ao longo dos

Rios Branco e Coari (junto com os Matis)[5]. A partir de então, os diálogos entre as equipes da Funai e os Korubo da Maya passaram a ficar mais fluídos, o que foi determinante nas situações de contato que vieram a ocorrer com o grupo do Itaquaí em 2014, e do Coari em 2015.

RETOMADAS MATIS NA REGIÃO DOS RIOS COARI E BRANCO

Embora tenham estabelecido relações de troca com seringueiros e madeireiros desde o início do século XX, o "contato oficial" da Funai com os Matis se deu apenas nos anos 1970. A maior parte deles vivia em malocas no Alto Jacurapá, tributário do Rio Ituí, na região dos Rios Coari e Branco. Por conta de um grave surto de gripe ocorrido em 1982, ao menos dois terços de sua população morreu, levando os sobreviventes a se concentrarem nas adjacências do Posto Indígena de Atração (PIA) então estabelecido em um dos tributários Ituí[6].

Desde 2006, alguns segmentos matis que viviam em uma aldeia chamada Aurélio, fundada em 1998 às margens do Ituí, passaram a abrir roçados na região do Rio Coari, e, em 2010, passaram a formar ali habitações mais permanentes. Na época, a FPEVJ se manifestou contrária à mudança por conta da curta distância em relação às áreas ocupadas pelos Korubo do Coari. Ainda assim, jamais a equipe deixou de reconhecer a importância, para os Matis, da retomada de seus territórios ancestrais. Em 2011, os diversos segmentos matis que haviam permanecido em Aurélio (e Beija-Flor), no Ituí, acabaram se transferindo para o Rio Branco. Apesar de novamente expor um posicionamento contrário, a Funai apoiou logisticamente a fundação da nova aldeia. Afinal, sua permanência no Rio Ituí havia se tornado insustentável, em função de razões diversas como doenças e escassez de caça, além do seu interesse político-cultural pela retomada dos antigos territórios. O problema era que, passadas cerca de três décadas de afastamento forçado da área, os isolados (os Korubo do Coari) acabaram por ocupá-la.

CONTATO COM OS KORUBO DO ITAQUAÍ EM SETEMBRO DE 2014

Os recentes contatos com os Korubo do Itaquaí ocorreram em dois momentos no segundo semestre de 2014: o primeiro no início de setembro e o segundo em meados de outubro. Na primeira ocasião, segmentos kanamary da aldeia Massapê, localizada no Alto Itaquaí, avistaram um casal e crianças korubo próximos à margem do rio e os levaram para a aldeia. De imediato, integrantes das equipes da Funai e Sesai se deslocaram para lá, acompanhados de intérpretes matis e korubo do grupo da Maya. Inicialmente, esta família korubo do Itaquaí foi transferida para a Base da FPEVJ e, em seguida, para as adjacências do grupo da Maya no Ituí, onde permaneceram em quarentena e tratamento médico. Esse grupo familiar ficou conhecido como "grupo do Visa", em referência homem adulto existente entre eles. Na ocasião, Visa relatou que a maior parte de seus parentes, entre eles

Grupo isolado do povo Korubo é contatado no Amazonas.

sua mãe, estava no Itaquaí. Afirmou ainda ter havido diversas mortes recentes por doenças, que muitos estavam doentes e que, precisamente por isso, haviam decidido migrar para a região do Alto Itaquaí, habitada pelos Kanamary.

A Funai decidiu diagnosticar a ocorrência e avaliar a pertinência de se efetuar, ou não, o contato com o restante do grupo. A FPE-VJ, que já dispunha de informações sobre a localização de suas ocupações, efetuou um sobrevoo e constatou que seus roçados estavam, de fato, abandonados. No dia seguinte ao sobrevoo, os Kanamary de Massapê informaram, via rádio, que um outro segmento korubo se encontrava próximo a eles. Então, os integrantes da Funai e Sesai se deslocaram para aquela aldeia e confirmaram a presença dos Korubo. Tendo em vista a alta probabilidade de estarem doentes, uma equipe formada por indigenistas e intérpretes matis e korubo (um do grupo da Maya e o Visa) partiu para tentar estabelecer contato oficial, mas, no curto intervalo entre o avistamento e a chegada da equipe, eles já haviam partido.

Decidimos, então, procurá-los. Entramos na mata e logo localizamos um varadouro limpo. Mais adiante, um tapiri novo. A partir de então, os interpretes korubo passaram a gritar, chamando-os do jeito tradicional (*I'e*). Após várias tentativas, finalmente ouvimos a resposta ao longe. Demoraram um pouco e, finalmente, se aproximaram. Decidimos recuar e retornar para o nosso bote, amarrando-o próximo à margem do rio, onde começava o caminho deles. Pretendíamos, dali, iniciar uma conversa a distância. Após alguns minutos, eles apareceram, desarmados, correndo, pintados de urucum. Pularam no rio e nadaram até o bote, arrastando-o para a margem. Primeiro, surgiram só os adultos, entre eles a mãe do Visa. Se havia alguma tensão no primeiro momento, logo já estavam gargalhando e falando todos ao mesmo tempo, ao típico estilo korubo. Apenas, então, apareceram algumas crianças e o ambiente ficou ainda mais pacífico.

Prontamente, o médico da Sesai, que compunha a equipe, fez os primeiros diagnósticos médicos e, no dia seguinte, foram colhidas lâminas de sangue de grande parte deles para o diagnóstico de malária. Estes primeiros exames apontaram para três casos positivos. De fato, eles estavam doentes. Pudemos constatar, também, que esse grupo, um total de 15 pessoas, era basicamente formado por descendentes (filhos e netos) da Maya. Inclusive, a mãe do Visa – Lalanvet – era filha da Maya. Na ocasião, os até então isolados ficaram surpresos e eufóricos ao descobrirem que Maya, que julgavam morta há pelo menos 30 anos, ainda estava viva.

CONTATOS E CONFLITOS ENTRE OS MATIS E OS KORUBO DO COARI ENTRE 2014 E 2015

Em fins de 2014, um pequeno grupo formado por cerca de seis homens korubo do Coari surgiu em uma roça dos Matis da aldeia Todowak (formada às margens deste rio em 2010) enquanto três homens desse povo iniciavam o plantio de milho. Após uma primeira troca de palavras, um clima de tensão se instaurou, levando o grupo Korubo a atacar os Matis com "paus secos" (restos de galhos derrubados para o roçado). Um deles conseguiu correr e sobreviver, mas infelizmente os outros dois não tiveram a mesma sorte. Após o incidente, uma equipe da Funai, integrada (entre outros) pelo chefe da FPEVJ (H. Vargas) e pelo coordenador da Coordenação Regional do Vale do Javari (B. Pereira), se deslocou para Todowak para dialogar com os Matis, que passaram a demandar que a Funai contatasse os Korubo do Coari, para, assim, solucionar o conflito.

Em setembro de 2015, os Matis decidiram, por conta própria e sem a participação da Funai, estabelecer contato com este grupo. Este evento acabou por desencadear o terceiro contato oficial entre a Funai e os isolados korubo no Vale do Javari (os anteriores ocorreram em 1996 e em 2014). Na ocasião, os Matis encontraram um "coxo" (canoa feita a partir de um único tronco da palmeira paxiúba) encostado na margem do rio e, a partir dele, seguiram os rastros até encontrarem cinco crianças, que estavam coletando frutos enquanto os adultos seguiam mais adiante. As crianças foram levadas para Tawaya e um grupo de homens matis permaneceu às escondidas no varadouro à espera dos adultos, que foram surpreendidos e levados, junto com crianças, para um acampamento formado às margens do Rio Branco. Cerca de duas semanas depois, os Matis encontraram um outro grupo do Coari constituído por dez pessoas, que foram todas levadas ao encontro dos demais recém-contatados, no acampamento estabelecido no Rio Branco.

Em meio a esta situação, cumpre destacar que as equipes da Funai (FPEVJ e CRVJ) e Sesai puseram em prática um plano complexo de contingência para lidar com situações de contato e potencial contaminação, baseado em protocolos que vêm sendo aprimorados ao longo dos anos. Os procedimentos colocados em prática superaram rigidez e eficácia aqueles que foram aplicados nas mais recentes situações ocorridas em 2014, tanto no Vale do Javari quanto no Maranhão, entre os Awá. A partir dos relatos dos isolados, as agências oficiais puderam tomar conhecimento de diversos surtos epidemiológicos recentes ocorridos entre eles, que afetaram consideravelmente sua população. O que se acredita é que as mortes por doença tenham sido a principal motivação do ataque à roça dos Matis na aldeia Todowak, ocorrido em fins de 2014. Ainda conforme os relatos, teria sido na sequência deste trágico evento que os Matis teriam decidido revidar o ataque, causando a morte de vários destes Korubo isolados do Coari. Por diversos fatores, como a dificuldade de dialogar sobre o tema, somada à evitação cultural de se mencionar os nomes dos mortos, não se sabe ao certo o total mortes ocorridas, possivelmente algo entre cinco e 15 pessoas.

Desde o contexto do conflito com mortes no roçado matis do Todowak, acabou se instaurando uma divergência pública entre a equipe da Funai e os Matis, representados pela Associação Indígena Matis (AIMA). Em suas narrativas, objetivadas em documentos escritos publicados em meio virtual, teria sido por conta do deslocamento dos Korubo do Itaquaí (o grupo do Visa) para a mesma região do Rio Ituí habitada pelo grupo da Maya, que os Korubo do Coari teriam decidido ir ao encontro dos Matis do Todowak em busca de satisfações, acabando por responsabilizá-los pelo suposto desaparecimento do grupo Korubo do Itaquaí. Contudo, essa versão não foi confirmada a nós pelos Korubo do Coari em nossos primeiros diálogos para que tenhamos maior clareza, é necessário realizar maiores aprofundamentos.

Uma outra insatisfação publicizada em cartas pela AIMA se deu porque, após o contato com os grupos Korubo do Coari, a Funai tomou a iniciativa de promover seu deslocamento, da região do Rio Branco perto das aldeias matis para uma área mais próxima de onde vivem, atualmente, os grupos da Maya e do Visa, contatados em 1996 e 2014. Mas apesar da discordância dos Matis, este deslocamento promovido pelo órgão indigenista oficial teve como fundamento a decisão dos próprios Korubo do Coari de não permanecerem naquela região, por ainda temerem a possibilidade de sofrerem outros ataques dos Matis e também pela vontade expressa se aproximarem dos demais Korubo em contato. Além disso, tanto nós, da Funai, quanto a equipe da Sesai avaliávamos como insustentável a permanência dos Korubo naquele local, devido não só à maior escassez de alimentos mas, sobretudo, à maior exposição a doenças.

ALGUMAS LIÇÕES E DESAFIOS

Os casos aqui apresentados brevemente explicitam a necessidade de uma séria discussão sobre as formas de se garantir, na prática, o respeito aos direitos reservados aos povos indígenas isolados e de recente contato. O que está em questão aqui é a autodeterminação de dois ou mais povos que possuem entre si complexas relações de troca e diferentes perspectivas sobre tais relações. A visão que os Matis têm de sua relação com os Korubo não é necessariamente a mesma que os Korubo têm dessa mesma relação. De fato, ainda estão por ser constituídos mecanismos eficientes de consulta, diálogo e tomada de decisões conjuntas envolvendo os Matis, os Korubo e as agências oficiais. Avaliamos que as ações de pós-contato estabelecidas pela Funai e a Sesai junto aos Korubo do Coari no Rio Branco em 2015, conduzidas em situação de extrema tensão, foram bastante sistemáticas e representam um verdadeiro aprimoramento institucional. Rígidos procedimentos médicos e sanitários, aliados a protocolos de segurança e comunicação construídos com a participação dos indígenas da equipe, orientaram permanentemente o trabalho da equipe pós-contato, composta em sua maioria por indígenas da TI Vale do Javari.

A questão fundamental não está na diretriz fundamental adotada pelo Estado brasileiro de respeitar e proteger as decisões de isolamento, mas sim, e justamente, no atual enfraquecimento dessa política, o que leva à atual situação de precariedade administrativa que as Frentes de Proteção Etnoambiental enfrentam, rotineiramente, para desenvolverem suas difíceis e arriscadas ações em campo. É necessário e urgente que o Estado brasileiro reúna condições para conduzir e aprimorar ações e protocolos eficazes de proteção e vigilância dos territórios ocupados pelos povos em isolamento, assim como, cada vez mais, qualificar e desenvolver mecanismos de diálogo, consulta e tomada de decisão junto aos povos indígenas que compartilham seus territórios ou vivem em contiguidade territorial aos isolados. *(setembro, 2016)*

NOTAS

[1] Agradeço os comentários da antropóloga Beatriz A. Matos, autora do recente "Diagnóstico Participativo do Uso do Território dos Rios Coari e Branco pelo Povo Matis" (2015), realizado pela parceria Funai/Pnud.

[2] Foi coordenador da FPEVJ entre 2010 e 2014. Atualmente, ocupa a Coordenação de Proteção e Localização de Índios Isolados (COPLII) e, como substituto, a Coordenador Geral de Índios Isolados e Recém-Contatados (CGIIRC).

[3] Para uma breve retrospectiva, veja: AMORIM, F. & CONDE, A. 2011. "Situações de Contato e Isolamento no Vale do Javari". Em: *Povos Indígenas no Brasil 2006/2010*. São Paulo: ISA.

[4] Na metodologia adotada, "sítio" denota um conjunto de vestígios que caracterizam a ocupação de um grupo indígena isolado. O conceito é semelhante e inspirado naquele utilizado pela arqueologia.

[5] Assista em linha ao filme *Korubo: uma etnia entre fronteiras*, de 2013, dirigido por M. Fagundes, L. Abramo e E. Solis, e produzido pela parceria Noctua/IWGIA. Disponível gratuitamente no Youtube ou em <http:noctua.art.br>.

[6] Para uma breve retrospectiva, veja: NASCIMENTO, H. e ERIKSON, P. 2006. "Desastre Sanitário (Matis)". Em: RICARDO B. & RICARDO, F. (Eds.). *Povos Indígenas no Brasil 2001/2005*. São Paulo: ISA.

PETRÓLEO E GÁS

Retomada da Exploração de Petróleo e Gás no Vale do Javari[1]

Conrado R. Octavio | CTI

OS POVOS INDÍGENAS DO VALE DO JAVARI SEGUEM CONTRÁRIOS À PRESENÇA DE EMPRESAS PETROLÍFERAS NA REGIÃO E TÊM SE MOBILIZADO JUNTO A UMA REDE DE ALIADOS PARA QUE SEJAM RESPEITADOS EM SUA POSIÇÃO. POR ENQUANTO, O BAIXO PREÇO DO PETRÓLEO TEM CONTRIBUÍDO PARA REDUZIR O PASSO DA CORRIDA EXPLORATÓRIA

As primeiras atividades de prospecção na região do Vale do Javari foram realizadas pelo Departamento Nacional de Produção Mineral (DNPM) na década de 1930. Mas foi apenas nas décadas de 1970 e 1980 que a exploração se intensificou, com a perfuração de poços e a abertura de milhares de quilômetros de picadas para a realização de levantamentos sísmicos no interior da Terra Indígena Vale do Javari pela Petrobrás e em território matsés no Peru pelas companhias Arco, Sexpet e Amoco.

A maior parte das picadas foi aberta na bacia do Rio Jaquirana e em trechos das bacias dos Rios Jutaí, Jandiatuba e Itaquaí. No Jaquirana, atuação da "Companhia" (que é como os Matsés mais velhos se referem à Petrobrás) se deu no contexto de contato de alguns grupos deste povo. Depoimentos de Matsés que viveram esse contato com a Petrobrás destacam a contração de doenças e migrações forçadas pela intensa movimentação de trabalhadores e maquinário. No lado peruano da fronteira também houve conflitos entre índios e trabalhadores das empresas petrolíferas na década de 1970.

Nos Rios Jandiatuba e Itaquaí, trabalhadores foram flechados e ao menos um servidor da Funai e um funcionário a serviço da Petrobrás foram mortos por índios isolados nos anos de 1983/84.

Relatos extraoficiais apontam ainda a morte de pelo menos um indígena do povo Korubo. No Jandiatuba, as explorações foram feitas em uma das áreas de maior concentração de malocas de isolados então conhecida na Terra Indígena. Documentos da época registram malocas queimadas ou abandonadas nesta área durante o período de atuação da Petrobrás. A invasão a territórios de isolados promovida pela empresa e os confrontos entre petroleiros e indígenas passaram a mobilizar a opinião pública de forma mais contundente nesse período, levando a Petrobrás a deixar a região.

REATIVAÇÃO DA FRONTEIRA EXPLORATÓRIA DE PETRÓLEO E GÁS

O Vale do Javari permaneceu sem a presença de empresas petrolíferas desde a metade da década de 1980 até a década de 2000. No Brasil, o fomento à exploração de novas fronteiras terrestres promovido pela Agência Nacional de Petróleo, Gás e Biocombustíveis (ANP) resultou na retomada de estudos na região. Entre 2007 e 2012, a ANP realizou diversos levantamentos nas bacias geológicas do Acre-Madre de Dios e do Solimões. Em 2012, a prospecção sísmica realizada pela empresa Georadar (a serviço da ANP) foi executada desrespeitando as recomendações da Funai e sem qualquer tipo de comunicação prévia com os povos indígenas do Vale do Javari[2]. Por demanda da Funai, em janeiro de 2013 o Ibama recomendou à Georadar a suspensão imediata de suas atividades em trechos próximos à TI Vale do Javari, mas os levantamentos sísmicos já haviam sido realizados.

Com base no conjunto de informações sobre as reservas de hidrocarbonetos na região, a ANP decidiu incluir a Bacia do Acre-Madre de Dios na 12ª Rodada de Licitações de Petróleo e Gás, realizada em novembro de 2013. Neste leilão foram ofertados 240 blocos em sete bacias sedimentares terrestres para a exploração de recursos convencionais e não convencionais. Em quatro destas bacias – Acre-Madre de Dios (Acre e Amazonas), Paraná (Paraná e São Paulo), Parecis (Mato Grosso) e Paranaíba (Maranhão, Piauí e Tocantins) – os blocos, quando não colidem com os limites de Terras Indígenas (TIs) ou distam menos que 10 km destas, se sobrepõem a áreas com processos de regularização fundiária em curso, em fase de identificação ou correção de limites. A distância mínima entre os blocos originalmente propostos pela ANP e a TI Vale do Javari era de apenas 18 metros.

Os únicos lotes que sofreram alteração de limites, observando as recomendações da Funai, foram aqueles situados na bacia do Acre-Madre de Dios imediatamente ao sul da TI Vale do Javari, devido a informações sobre a presença de índios isolados. Contudo, a ANP se omitiu com relação aos impactos sobre as demais TIs e unidades de conservação, como a proposta de UC Campinaranas do Rio Ipixuna, que tramita em fase de análise ICMBio (já tem área proposta de 307.763 ha) e é afetada pelos blocos AC-T-08 e AC-T-09 na bacia sedimentar do Acre-Madre de Dios.

Além desses problemas, um dos objetos da 12º Rodada de Licitações foi a exploração de recursos não convencionais (*shale gas*, em inglês), tema polêmico em razão dos altos riscos ambientais envolvidos nas técnicas de exploração e produção. Dentre os impactos, destaca-se o comprometimento de recursos hídricos, o alto índice de emissão de metano e outros gases de efeito estufa, a contaminação de solos por metais pesados e elementos radioativos, e a falta de regulamentação para o emprego de substâncias químicas utilizadas no método de fraturamento hidráulico (*fracking*, em inglês).

Diversas organizações da sociedade civil e instituições científicas se manifestaram contrariamente ao leilão em função disso, solicitando a moratória da exploração e produção de recursos não convencionais e a suspensão da 12ª Rodada. Por ação do MPF, em diferentes partes do país foram concedidas liminares suspendendo os efeitos do leilão. No âmbito do Poder Legislativo, a Comissão de Legislação Participativa da Câmara dos Deputados realizou uma Audiência Pública sobre a questão, com base em nota do CTI. O evento contou com a participação de lideranças dos povos Guarani, Matsés e Marubo. Ao término da audiência foi elaborada uma moção pelo cancelamento da 12ª Rodada de Licitações de Petróleo e Gás da ANP.

Apesar dos problemas e manifestações, o leilão ocorreu no dia 28 de novembro de 2013. Na bacia do Acre-Madre de Dios, apenas um dos blocos foi arrematado. A Petrobrás levou o contrato do bloco AC-T-8, justamente o mais problemático daquela bacia, por distar apenas 39 metros da TI Nukini e 10 metros da TI Poyanawa, ambas com reivindicações de reestudo de limites. Além disso, o bloco se sobrepõe à proposta de UC Campinaranas do Rio Ipixuna, a duas Áreas Prioritárias para a Conservação, Uso Sustentável e Repartição de Benefícios da Biodiversidade Brasileira, e está próximo a varadouro utilizado tradicionalmente pelo povo Marubo para acessar as cidades de Guajará (AM) e Cruzeiro do Sul (AC), no Alto Juruá.

No lado peruano, a concessão de lotes conduzida pela agência reguladora do setor petrolífero naquele país, a Perupetro, antecede a investida da ANP no lado brasileiro em anos recentes. Diversas medidas de fomento à indústria petrolífera adotadas pelo Estado peruano a partir do início da década de 2000 levaram a um crescimento expressivo de áreas concessionadas para esta finalidade em toda a região amazônica daquele país – de 15% da superfície do bioma em território peruano no ano de 2003 para cerca de 72% em 2009.

Até meados de 2007, no entanto, nenhum lote havia sido outorgado em áreas adjacentes à Terra Indígena Vale do Javari. No final do mesmo ano, a concessão de lotes contíguos a esta terra indígena deu um salto: mapa da Gerência de Exploração da Perupetro datado de 21 de novembro de 2007 aponta três lotes com contrato – 135 e 137 (empresa *Pacific Stratus Energy*), e 142 (*Occidental Oil and Gas of Peru*). Em meados de 2008 – período em que o barril de petróleo atingiu seu valor máximo, chegando à cifra de 140 dólares – praticamente toda a porção peruana da bacia do Javari encontrava-se loteada para empresas petrolíferas, em extensa sobreposição a territórios indígenas, incluindo comunidades nativas já tituladas e reivindicadas, além de propostas de reservas indígenas para isolados ainda não reconhecidas pelo Estado peruano. Entre 2008 e 2016, novos lotes foram concedidos e outros cancelados ou modificados, reduzindo os empreendimentos petrolíferos na fronteira do Vale do Javari à região do Rio Jaquirana, principal formador do Rio Javari. Além da ausência de infraestrutura, dificuldades logísticas e queda do preço do barril de petróleo, a mobilização de povos e organizações indígenas e de organizações da sociedade civil tem sido decisiva para frear o avanço de empreendimentos petrolíferos na região.

PRESSÃO EXPLORATÓRIA E FRAGILIZAÇÃO DE DIREITOS

A debilitação dos direitos dos povos indígenas no Peru em favor da exploração de recursos naturais em seus territórios foi acentuada em anos recentes, sobretudo durante a gestão do presidente Alan

García Pérez (2006-2011). Não por acaso, os empreendimentos petrolíferos na Amazônia peruana têm enfrentado forte resistência por parte de comunidades indígenas, que alegam o desrespeito a normas internacionais das quais o Peru é signatário, como a Convenção 169 da OIT e a Declaração das Nações Unidas Sobre os Direitos dos Povos Indígenas. As políticas de fomento à exploração de recursos naturais violaram por diversas vezes estas normas, levando a um quadro de conflitos cujo momento mais dramático se deu em 5 de junho de 2009, no evento que ficou conhecido como o "massacre de Bagua", em localidade de mesmo nome. Na ocasião, forças policiais reprimiram violentamente um protesto indígena contra decretos legislativos que flexibilizavam direitos indígenas e ambientais, e contra a política de concessões petroleiras, madeireiras e minerais, resultando em 33 mortes (entre indígenas e policiais).

Na região do Vale do Javari, diversas manifestações ao longo das décadas de 2000 e 2010 têm evidenciado a oposição radical do povo Matsés à atuação de empresas petrolíferas em seu território. Em outubro de 2007, a *Comunidad Nativa Matsés* (CNM) foi surpreendida por informação da Perupetro a respeito da assinatura prevista dos contratos para a exploração e produção de petróleo e gás nos lotes 135, 137 e 142. Naquela ocasião, os Matsés rechaçaram a iniciativa, destacando que não houve um processo de consulta às comunidades, que as referidas áreas incidiam sobre seu território e que a rapidez do Estado peruano em conceder o direito de exploração e produção a empresas contrastava com sua lentidão para reconhecer duas reivindicações fundiárias preexistentes da CNM (também sobrepostas pelos lotes 135 e 137). Ao longo de 2008, o tema ganhou repercussão em alguns dos principais meios de comunicação nacionais do Peru. No ano seguinte teve início um importante processo de aproximação e articulação entre lideranças matsés e organizações indígenas e indigenistas do Brasil e Peru, com a realização das reuniões binacionais matsés[3].

Meses antes havia sido criada a *Reserva Nacional Matsés*, atendendo parcialmente à reivindicação dos Matsés pela criação de uma reserva comunal. A medida fazia parte da estratégia adotada pelo governo peruano para distencionar o conflito entre a CNM e a empresa petrolífera *Pacific Stratus Energy* com relação ao lote 137. No entanto, a medida não mudou o posicionamento dos Matsés de rechaço à atividade petrolífera em seu território e ao diálogo com a empresa concessionária dos lotes 135 e 137. A CNM havia condicionado este diálogo ao atendimento de duas reivindicações fundiárias, e uma delas ainda restava sem atendimento por parte do governo – seria atendida em meados de 2012, com a ampliação da *CN Matsés*, que não significou mudanças em seu posicionamento com relação à atividade petrolífera.

Se esta negativa dos Matsés resultou na paralisação das operações da *Pacific Stratus* no lote 137, o mesmo não se deu com relação ao lote 135. Entre 2009 e 2011, o processo de licenciamento ambiental para a realização do projeto de prospecção sísmica e perfuração de poços exploratórios seguiu tramitando junto às instâncias competentes. Em maio de 2011, o Estudo de Impacto Ambiental foi aprovado pelo Ministerio de Energia e Minas. Em novembro de 2012, a empresa deu início aos levantamentos sísmicos no lote 135. Ironicamente, a chegada das primeiras equipes a serviço da empresa na região coincidiu com a realização de trabalho de campo de técnicos do Instituto Nacional de Desenvolvimento dos Povos Andinos, Amazônicos e Afroperuanos (Indepa, órgão hoje extinto, após sua incorporação ao Ministerio de Cultura) para avaliar a proposta da Reserva Indígena Yavarí-Tapiche, para isolados[4]. Em dezembro de 2012, os chefes das 14 aldeias da CNM reiteraram em carta à opinião pública que não permitiriam a entrada de nenhuma empresa petroleira em seu território e demandaram ao Estado (então sob o governo do presidente Ollanta Humala) que respeitasse sua posição.

Em agosto de 2013, a mobilização dos Matsés repercutiu junto aos demais povos indígenas do Vale do Javari, e a União dos Povos Indígenas do Vale do Javari (Univaja) divulgou a "Carta aberta dos povos do Vale do Javari sobre a ameaça de projetos petroleiros no Brasil e Peru", demandando a paralisação de atividades de exploração petrolífera na região. Este documento foi encaminhado à Procuradoria da República em Tabatinga (PRM/TBT) e à 6ª Câmara de Coordenação e Revisão do MPF em Brasília. Em outubro de 2013, uma comitiva de lideranças da TI Vale do Javari viajou a Brasília para realizar audiências com a Funai, ANP, MPF, Ministério das Relações Exteriores e representante do corpo diplomático peruano no Brasil, ocasiões em que foram reiteradas as preocupações e posicionamentos com relação à atividade petrolífera na região do Vale do Javari. Em 2014, o CTI promoveu a viagem de uma comitiva de representantes do povo Matsés ao Rio Corrientes para trocar experiências com o povo Achuar e organizações indígenas no Peru sobre impactos da atividade petrolífera em territórios indígenas. No mesmo ano foi realizada a V Reunião Binacional Matsés.

CONSIDERAÇÕES FINAIS

Apesar das diversas manifestações e articulações, as atividades de prospecção sísmica no lote 135 não foram interrompidas, tampouco foi reconhecida pelo Estado peruano a proposta de *RT*

Yavarí-Tapiche, para isolados. O contrato do lote 137 foi encerrado em julho de 2016, em razão da resistência dos Matsés em permitir o ingresso da empresa *Pacific Stratus Energy* em seu território. No lado brasileiro, irregularidades da 12ª Rodada de Licitações seguiram provocando liminares Brasil afora, a última delas da Justiça Federal em Cruzeiro do Sul (AC), em agosto de 2016, suspendendo os atos decorrentes do contrato do bloco AC-T-8, e condicionando as atividades relacionadas à exploração de petróleo e gás na Bacia Sedimentar do Acre à realização de consulta prévia aos povos indígenas e à realização da Avaliação Ambiental da Área Sedimentar (AAAS). Os povos indígenas do Vale do Javari seguem contrários à presença de empresas petrolíferas na região e têm se mobilizado junto a uma rede de aliados para que sejam respeitados em sua posição. Por ora, o preço do barril de petróleo no mercado internacional tem contribuído para reduzir a marcha da corrida pelo petróleo e gás na Amazônia – a ver até quando... *(setembro, 2016)*

NOTAS

[1] Esta é uma versão editada e reduzida do texto "Concessões petrolíferas e a retomada da agenda de petróleo e gás no vale do javari", que pode ser encontrado no endereço http://bd.trabalhoindigenista.org.br/tese/rios-varadouros-e-outros-caminhos-fronteiras-e-territorialidades-em-transforma%C3%A7%C3%A3o-no-vale-do-ja).

[2] Para saber mais, acesse a documentação disponível no *site* <www.trabalhoindigenista.org.br>.

[3] Para saber mais, leia o artigo "Luta por direitos nos dois lados da fronteira", neste Capítulo.

[4] Para saber mais, leia o artigo "A grave situação dos isolados na bacia Javari-Jaquirana", neste Capítulo.

ACONTECEU

GERAL

MPF/AM RECOMENDA AÇÕES ARTICULADAS DE PROTEÇÃO TERRITORIAL

Em visita à base da Frente de Proteção Etnoambiental do Vale do Javari (FPEVJ), o MPF/Tabatinga verificou precariedade e risco tanto para os indígenas como para os servidores e expediu recomendação à Funai visando implementar ações articuladas com outros órgãos como Ibama, Exército e PF. *(MPF/AM, 07/05/2013)*

OPERAÇÃO ARTICULADA APREENDE MADEIRA ILEGAL

Na última quinta-feira, 16, foi deflagrada uma ação entre Funai, PF e Exército, articulada pela CR da Funai em Atalaia do Norte e pela FPEVJ, que resultou na apreensão de aproximadamente 250 toras de madeira ilegal no rio Quixito, no entorno da TI Vale do Javari. *(Funai, 22/05/2013)*

MISSIONÁRIOS AVANÇAM SOBRE TI VALE DO JAVARI

Segundo o coordenador regional da Funai em Atalaia do Norte, Bruno Pereira, nos últimos anos o Vale do Javari tem sido alvo de missionários, mas a maioria das lideranças se recusa a aceitá-los. Para serem aceitos, a estratégia é oferecer serviços inexistentes nas comunidades (e que seriam obrigação do Estado brasileiro), como escolas, postos de saúde e até poços artesianos. Outra maneira de aproximação é evangelizar um indígena (que em geral se torna pastor) de uma determinada aldeia (inclusive no Peru) e, tempos depois, promover o seu retorno para que ele continue o trabalho junto aos demais. *(E. Farias, A Crítica/AM, 17/03/2013)*

JAVARI COMO ÁREA INSUBSTITUÍVEL DE BIODIVERSIDADE

No território brasileiro, quatro áreas, entre elas duas TIs, estão entre as consideradas excepcionalmente valiosas para a preservação da biodiversidade, segundo um estudo publicado na revista científica *Science*. Foram destacadas as TIs do Alto Rio Negro e do Javari, além da Reserva da Biosfera da Mata Atlântica e a Área de Proteção Ambiental da Serra do Mar. O estudo utilizou dados sobre a ocorrência de espécies raras em cada uma de 173 mil áreas de conservação do mundo. A noção de insubstituível está relacionada à importância dessas áreas para que sejam atingidas as metas globais de conservação da biodiversidade e também à dificuldade de se atingir estas metas, casos elas sejam perdidas. *(V. Fonseca, (o)eco, 14/11/2013)*

MATSÉS CRIAM ENCICLOPÉDIA DE MEDICINA TRADICIONAL

A enciclopédia, compilada por cinco xamãs com a ajuda do grupo de conservação Acaté, detalha plantas utilizadas como remédio. Os Matsés imprimiram sua enciclopédia só em sua língua para garantir que o conhecimento medicinal não seja roubado por empresas ou pesquisadores, como já aconteceu no passado. A enciclopédia pretende ser um guia para a formação de jovens xamãs. *(G. Vera e L. Kurtzberg, InfoAmazônia, 10/07/2015)*

SAÚDE / CIDADANIA

UNIJAVA REPUDIA LOTEAMENTO DE CARGOS E PRECARIEDADE NA SAÚDE

A União dos Povos Indígenas do Vale do Javari (Univaja) manifesta a sua preocupação frente às negociatas políticas que hoje imperam na Sesai e no Dsei. Enquanto prevalece esse ciclo vicioso de ocupar cargos para satisfazer apadrinhamentos políticos, as ações de saúde no Vale do Javari continuam sendo precárias. São tristes episódios que estamos passando diante da situação em que a nossa história poderia ser escrita de forma diferente, amparada de forma digna pelo estado brasileiro. De Atalaia do Norte. *(Univaja/Coiab, 17/02/2011)*

AÇÃO PROMOVE ACESSO DE INDÍGENAS A DOCUMENTOS BÁSICOS

Mais de 300 indígenas foram atendidos em Atalaia do Norte, como parte do projeto "Rede de Serviço de Registro Civil de Nascimento para Ribeirinhos e Povos Indígenas", que integra a mobilização nacional pela erradicação do Subregistro Civil de Nascimento e ampliação do acesso à documentação básica no Amazonas. *(Sec. de Estado para os Povos Indígenas/AM, 14/06/2011)*

SURTO DE DIARREIA E MORTES EM ACAMPAMENTO

Equipes de saúde em Atalaia do Norte (AM) detectaram um surto de diarreia entre o grupo de índios que ficou sem dinheiro para retornar às suas aldeias após votar nas eleições, há duas semanas. No fim da semana, duas crianças com menos de dois anos já morreram com esse quadro. O temor é que o surto se espalhe nas aldeias. Heródoto Jean, coordenador do Dsei, disse que equipes da Força Nacional de Saúde e da Defesa Civil estão na cidade dando assistência. Eles detectaram que a água consumida pelos índios, que foram abrigados em canoas e barracas de lona na margem do rio, estava contaminada. *(FSP, 16/10/2012)*

PREVENÇÃO DE DOENÇAS EM ACAMPAMENTO

No porto de Atalaia do Norte foi realizada uma triagem antes que os indígenas voltassem às suas aldeias. Segundo o coordenador regional da Funai, B. Pereira, a maioria dos indígenas já deixou o município. Quatro crianças, com idades abaixo de cinco anos, das etnias Kanamari e Mayoruna faleceram após a estadia de mais de mil indígenas em Atalaia do Norte, onde votaram no primeiro turno das eleições municipais. Após o surto, a Funai, a Força Nacional de Saúde do SUS, a Sesai e a Defesa Civil montaram um Gabinete de Operações Integradas (GOI), que fez levantamentos e estruturou ações logísticas. *(C. Henriques, G1 Globo, 06/11/2012)*

MPF/AM INVESTIGA IRREGULARIDADES NO ATENDIMENTO À SAÚDE

O procedimento foi instaurado em Tabatinga, a partir de notícias recebidas no final de 2013 dando conta da morte de duas crianças na aldeia São Sebastião. Novos relatos de mortes possivelmente por demora na remoção dos pacientes chegaram ao conhecimento do MPF, desta vez na Aldeia 31 Jaquirana. Duas crianças teriam morrido e pelo menos mais 21 estariam doentes nessa mesma aldeia, com diarreia e vômito. O surto já teria se alastrado para a aldeia Lobo. *(MPF/AM, 28/01/2014)*

JUSTIÇA ELEITORAL FAZ ELEIÇÕES DENTRO DA TI VALE DO JAVARI

Os eleitores da TI Vale do Javari votaram pela primeira vez, no dia 5 de outubro, em seções eleitorais instaladas em seis comunidades pelo TRE. A votação dentro das aldeias era uma reivindicação das lideranças das etnias Marubo, Matis, Mayuruna (ou Matsés), Kanamari e Kulina. Nas eleições de 2012, ao menos mil índios receberam combustível em troca dos votos para viajar de barco das aldeias e votar na sede do município de Atalaia do Norte. Ficaram vivendo dentro de 96 canoas ancoradas num porto improvisado. A falta de água potável e saneamento básico do lugar provocaram um surto de diarreia. Cinco crianças morreram. A PF e o MPF continuam investigando políticos de Atalaia do Norte em segredo de justiça. *(K. Brasil, Amazônia Real, 08/10/2014)*

NOVO SURTO DE DIARREIA E VÔMITO SE ALASTRA PELAS ALDEIAS

No final de 2013, a Procuradoria da República em Tabatinga (PRM/Tabatinga) instaurou procedimento para acompanhar o atendimento médico na região, a partir da morte de duas crianças indígenas, na aldeia São Sebastião. No início deste ano, tinha-se notícia da morte de mais duas, na aldeia 31 Jaquirana, e de outras 21 que estariam doentes, com diarreia e vômito, num surto que já teria se alastrado para a aldeia Lobo. *(T. Pacheco, Combate ao Racismo Ambiental, 03/02/2014)*

Indígenas da etnia Matis fazem demonstração de zarabatana, I Jogos Mundiais dos Povos Indígenas.

POVOS DO JAVARI DENUNCIAM COORDENADOR DO DSEI POR MÁ GESTÃO

Um documento divulgado nesta quarta-feira (18) pela Univaja denuncia o atual coordenador do Dsei, Heródoto Sales, pela situação calamitosa da saúde na TI Vale do Javari. Os relatos apontam a má gestão como causa da perda de 409 doses de Interferon, antiviral que venceu nas prateleiras, enquanto pacientes portadores de hepatites virais necessitavam do tratamento. O Conselho Distrital de Saúde Indígena (Condisi) revela ainda a suspeita de fraude dos dados de atendimentos. Enquanto isso, o número de mortes de crianças indígenas na região é alarmante. Atual gestor do Dsei, Heródoto de Sales (PT) vem sendo questionado sobre o uso da máquina pública para fins políticos. As tentativas de diálogo são fracassadas e quando os indígenas cogitaram ocupar a sede do Dsei/Javari em protesto, Heródoto declarou que chamaria a PF para retirá-los com balas e que "índio não manda aqui". *(C. Fasolo e Unijava, Cimi, 18/03/2015)*

PRECARIEDADE NO SUS PREJUDICA SAÚDE INDÍGENA

Segundo o coordenador da secretaria em Atalaia do Norte (AM), Heródoto J. Sales, 49, uma simples viagem pode custar até R$ 15 mil. Depois que o índio é socorrido pela Sesai,

NOVAS EXPERIÊNCIAS MARUBO NO MANEJO DE QUELÔNIOS

A parceria entre pesquisadores Marubo e o CTI vem realizando uma experiência de monitoramento participativo das desovas e ciclos reprodutivos das três principais espécies de quelônios (tartarugas, tracajás e pitiús) que povoam no Médio e Alto Rio Ituí. A iniciativa partiu dos próprios Marubo, preocupados com a pressão associada à venda dos animais e seus ovos, que, em alguns casos, ajuda a garantir a permanência na cidade, seja pelo dinheiro que recebem, seja pela relação de confiança que constroem com os compradores.

Os quelônios têm também uma função cultural, que se manifesta na realização de festas (Saiki, na língua indígena) sazonais de verão, para comer ovos de quelônios (Shawẽ Vatxi Pia). Além de celebrar a abundância, estes eventos intercomunitários são também importantes momentos de compartilhamento de conhecimentos tradicionais, como os cânticos míticos que narram a gênese e as transformações do cosmos. Estas festas podem ser entendidas como parte de suas estratégias de manejo, uma vez que os ninhos com ovos são preservados nas praias para serem coletados em um único momento e, então, consumidos coletivamente.

Entre 2009 e 2012, a festa não foi realizada por conta de divergências políticas que envolvem o problema da crescente escassez de ovos e animais, para a qual agora buscam alternativas que possam se somar às suas práticas tradicionais. Aldeney Marubo, professor, membro da diretoria da Organização Marubo do rio Ituí (Oami), líder e iniciador do processo, se inspirou em experiências que conheceu em 2006 no "V Festival Yawanawa" (TI Rio Gregório, AC), em um intercâmbio apoiado pelo CTI. Nos anos de 2012 e 2013, moradores de aldeias do Médio Ituí desenvolveram seus primeiros planos para a proteção extensiva de praias e tabuleiros de desova, que contribuíram com a recuperação da população de quelônios, e estimularam a retomada da tradicional festa dos ovos em 2013. Uma outra estratégia incorporada por eles foi a proteção e soltura dos filhotes recém-nascidos, viabilizando a devolução para o rio de mais de dois mil filhotes. Além disso, passaram também a ensaiar esforços para a incorporar as complexas técnicas de criação de quelônios adultos em praias e açudes artificiais.

Embora ecologicamente eficazes, estas técnicas integradas de manejo e proteção exigem o estabelecimento de difíceis acordos internos envolvendo os kakaya (caciques) das diversas malocas. Via de regra, as áreas de caça e coleta são internamente distribuídas de acordo com relações de parentesco e vizinhança, mas as praias são de uso comum, o que exige a realização de esforços compartilhados para reavaliar e acordar adaptações a antigas práticas costumeiras. Assim, por muitas razões, as novas experiências de manejo de quelônios, que perpassam diversas dimensões da vida social (ambiental, econômica, política e cultural) marubo, constituem um importante marco no processo, atualmente conduzido por eles, de construção de alternativas interculturais de manejo ambiental.

(Andrea Abdala Raimo, CTI, setembro de 2016)

vai para os hospitais do SUS. "Em Atalaia não se tem especialidade nenhuma", disse. *(R. Valente, FSP, 17/05/2015)*

PF REPRIME MÁFIA QUE RETÉM CARTÕES DO BOLSA FAMÍLIA

Um grupo de 20 agentes recolheu cartões de beneficiários indígenas do programa social que estavam em poder de nove comerciantes de Atalaia do Norte. O mandado de busca e apreensão dos cartões foi expedido pela Justiça Federal em Tabatinga. As investigações continuam em outros municípios com predomínio de população indígena. É o velho "sistema do barracão" do começo do século XX: o dono de seringal fornecia produtos para seus empregados que, diante do aumento da dívida, não podiam deixar o trabalho sob pena de tortura e morte. *(L. Nossa, OESP, 04/10/2015)*

ISOLADOS

NOVA REFERÊNCIA DE ÍNDIOS ISOLADOS NO JAVARI

Uma das referências foi identificada em 2010, quando uma maloca no rio Quixito foi vista durante sobrevoo da Funai. No último dia 22 de abril uma nova referência surgiu durante expedição da FPEVJ. Foram identificados três grupos de malocas na região na bacia do rio Jutaí, afluente do Solimões. Nas malocas registradas, os indigenistas acreditam que vivem pelo menos 100 pessoas. Há registros de malocas menores, tapiris e plantações de milho. A Coordenação Geral de Índios Isolados e de Recente Contato (CGIIRC) reiterou que a identificação dos isolados não pressupõe que o contato será feito. *(E. Farias, A Crítica, 16/06/2011)*

ÍNDIOS KORUBO FAZEM SEGUNDO CONTATO EM 18 ANOS

No dia 9 de setembro, um homem e uma mulher, acompanhados de quatro crianças, formalizaram diálogos com indígenas da etnia Kanamari da aldeia Massapê. A Funai informou que os índios isolados da etnia Korubo recém-contatados estão desde o dia 10 de setembro abrigados na base de Proteção Etnoambiental Ituí-Itaquaí do órgão. Embora não apresentassem doenças, foram vacinados preventivamente por funcionários da Sesai.

De acordo com a Funai, a população atual de índios Korubo contatados é de 33 pessoas. Eles vivem em uma área do rio Ituí. *(Amazônia Real, 17/09/2014)*

ATAQUE KORUBO AOS MATIS DEIXA DOIS MORTOS

A Univaja informou nesta segunda-feira (08) que duas lideranças matis foram mortas a bordunadas por isolados korubo na aldeia Todowak, no Rio Coari, em 05 de dezembro. Em entrevista, o indígena marubo e membro da Univaja, Manoel Chorimpa, disse que as lideranças mortas, Ivan e Damã, estavam na roça quando foram atacadas. Em nota, a Univaja afirma que após o ataque dos korubo, 30 guerreiros matis partiram para selva para revidar as mortes. Segundo Chorimpa, um subgrupo composto por seis pessoas apareceu no Rio Itaquaí, próximo à aldeia Massapê, onde vivem os índios Kanamari, e foi mantido em quarentena pela FPEVJ. Ele disse que, em seguida o subgrupo foi levado pela Funai para a aldeia korubo na área do Rio Ituí, onde vivem indígenas conhecidos como "grupo da Maiá", contatado em 1996. "A Funai fez isso para evitar transtorno com os kanamari, mas acabou causando conflito com os matis".

A preocupação agora é com um conflito iminente. Indígenas matís, inclusive os que moram na cidade de Atalaia do Norte, seguiram para suas aldeias para se vingar da morte dos dois membros de sua etnia. O coordenador da Funai em Atalaia do Norte, Bruno Pereira, junto com outros três servidores seguiram para a área dos matis no mesmo dia das mortes, segundo Chorimpa. Ele afirmou que uma das medidas que já está sendo feita pela Funai é a transferência dos Matis da aldeia Todowak para a aldeia Tawaya, no Rio Branco, para evitar novos confrontos. Chorimpa afirmou que há uma recente preocupação dos indígenas com o aumento da frequência dos contatos de alguns subgrupos de índios isolados. "Pelos depoimentos que conseguimos deste subgrupo que fez contato em setembro, ficamos sabendo que o problema é que vem aparecendo muitas doenças, mas não sabemos ao certo", disse. Conforme o indígena marubo, o maior problema está na pouca estrutura financeira e de quadro de pessoal da Funai na área. A população matis é pouco mais de 300 pessoas. *(K. Brasil e E. Farias, Amazônia Real, 08/12/2014)*

CONTRA-ATAQUE MATIS DEIXA KORUBO ISOLADOS MORTOS

Uma "guerra tribal" teria provocado um massacre de índios isolados da etnia Korubo, informação que vem à tona no fim do mês de setembro. A Funai, que ainda investiga o caso, estima entre 7 e 15 mortes. O conflito teve início com o assassinato de dois integrantes da etnia Matis em dezembro de 2014 e se desenvolve em meio a uma profunda crise na gestão do setor de índios isolados da Funai. *(F. Milanez, Carta Capital, 19/11/2015)*

NOVO GRUPO ISOLADO KORUBO É CONTATADO PELOS MATIS

O grupo é composto por 21 pessoas. O contato foi estabelecido após indivíduos Matis abordarem o grupo Korubo, atravessando o Rio Branco, em área próxima às aldeias matis. O contato ocorreu no fim de setembro. Os isolados foram acompanhados por equipes da Funai e Sesai, em acampamento montado no local do contato visando a segurança e a proteção epidemiológica do grupo. Os Matis empreenderam o contato ao se sentirem ameaçados. Tal receio decorre das consequências de um encontro estabelecido em novembro de 2014, quando isolados Korubo se aproximaram da aldeia Todowak e se estabeleceu um conflito, resultando na morte de dois Matis.

Após esse conflito, a Funai atuou no sentido de apoiar o deslocamento dos Matis da aldeia Todowak, localizada no Rio Coari, para outra aldeia Matis no Rio Branco, a aldeia Tawaya, a fim de evitar novos confrontos. A Funai realizou uma reunião com os Matis, em fevereiro de 2015, com o objetivo de acordar condutas e nivelar entendimentos para evitar novas confrontações. Os Matis deixaram clara sua visão de que a Funai deveria realizar o contato com os Korubo isolados. No entanto, a Funai, em razão de suas diretrizes de atuação, compreende que a opção de se estabelecer o contato não pode ser definida por uma visão unilateral. A própria reação violenta dos Korubo frente aos Matis, no episódio de 2014, sinaliza, por parte dos isolados, uma rejeição quanto a uma aproximação de outros grupos ao seu território. Segundo relatório elaborado pela CGIIRC da Funai, de outubro de 2014, a maioria das informações históricas referentes aos Korubo do Rio Itaquaí refere-se a situações de conflitos. *(C. Tavares, Funai, 19/11/2015*

ically meaningful,
6. Juruá / Jutaí

6. JURUÁ
JUTAÍ
PURUS

JURUÁ / JUTAÍ / PURUS
Terras Indígenas
Instituto Socioambiental - 14/02/2017

Nº Mapa	Terra Indígena	Povo	População (nº, fonte, ano)	Situação Jurídica	Extensão (ha)	Município	UF
1	Acimã	Apurinã	89 - IBGE : 2010	HOMOLOGADA. REG CRI E SPU. Decreto s/n de 03/11/1997 publicado em 04/11/1997. Reg. CRI na comarca de Lábrea, Matr.RI-1963, livro 2-H, Fl 25 em 15/12/97. Ofício n. 33 abre processo no SPU em 19/01/98. Reg. SPU certidão 008 em 19/04/99.	40.686	Lábrea	AM
2	Água Preta/Inari	Apurinã	349 - IBGE : 2010	HOMOLOGADA. REG CRI E SPU. Decreto s/n de 03/11/1997 publicado em 04/11/1997. Reg. no CRI da Comarca de Pauini (139.763 ha), Mat. 276, Lv.2-A Fl.83/83V em 17/05/99. Reg. SPU certidão 011 em 17/07/2000.	139.763	Pauini	AM
3	Alto Sepatini	Apurinã	75 - Siasi/Sesai : 2013	HOMOLOGADA. REG CRI E SPU. Decreto s/n de 03/11/1997 publicado em 04/11/1997. Reg CRI no município e comarca de Lábrea (26.095 ha) Matr. R1-1962, Lv 2-H, Fl 24 em 15/12/97. Reg. SPU Certidão n. 2 em 31/03/99.	26.095	Lábrea	AM
4	Apurinã do Igarapé Mucuim	Apurinã	93 - Siasi/Sesai : 2014	HOMOLOGADA. REG CRI. Decreto s.n. de 31/12/2010 publicado em 31/12/2010. Reg. CRI Matr.2.738, Lv. 2-N. Fl.37 Comarca de Lábrea.	73.350	Lábrea	AM
5	Apurinã do Igarapé São João	Apurinã	142 - Funai/Purus : 2010	HOMOLOGADA. REG CRI E SPU. Decreto s/n. de 12/03/2007 publicado em 13/03/2007. Reg CRI no município e comarca de Tapauá (18.232 ha). Matr.$-1-1 143, Liv 2 -F, Fls.133 em 04/05/2007. Reg.SPU Certidao n.004 em 18/06/2009.	18.232	Tapauá	AM
6	Apurinã do Igarapé Tauamirim	Apurinã	295 - Funai/Purus : 2010	HOMOLOGADA. REG CRI E SPU. Decreto 253 de 29/10/1991 publicado em 30/10/1991. Reg. CRI no município e comarca de Tapauá (96.456 ha). Matr. RI-613 Liv. 2-D, Fl 15 em 31/05/90. Reg. SPU Certidão 006 em 16/04/96.	96.456	Tapauá	AM
7	Apurinã km-124 BR-317	Apurinã	209 - Funai/Rio Branco : 2002	HOMOLOGADA. REG CRI E SPU. Decreto 251 de 29/10/1991 publicado em 30/10/1991. Reg. CRI no município e comarca de Boca do Acre (8.900 ha) Matr.n.1758, Liv2, FIL 79 em 09/12/91. Reg. CRI no município e comarca de Lábrea (33.297 ha) Mat.n.1642, Liv 2F, Fl 386 em 28/11/91. Reg. SPU Certidão n. 17 de 14/12/99.	42.198	Boca do Acre Lábrea	AM
s/I	Baixo Seruini/Baixo Tumiã	Apurinã		EM IDENTIFICAÇÃO. Portaria 425 de 20/04/2012 publicado em 23/04/2012.		Lábrea Pauini	AM
10	Banawá	Banawá	207 - Siasi/Sesai : 2014	HOMOLOGADA. Decreto s.n. de 17/12/2015 publicado em 18/12/2015.	192.659	Canutama Lábrea Tapauá	AM
11	Boca do Acre	Apurinã	248 - Funai/Rio Branco : 2002	HOMOLOGADA. REG CRI E SPU. Decreto 263 de 29/10/1991 publicado em 30/10/1991. Reg. CRI do município e comarca de Boca do Acre (8.772 ha) Matr. 1.716, Liv. 2-D, Fl 30 em 21/12/90. Reg. CRI do município e comarca de Lábrea (17.512 ha) Matr. n. 1.508, Liv.2-F, Fl 209 em 02/05/89. Reg. SPU Certidão n. 30 de 15/06/99.	26.240	Boca do Acre Lábrea	AM
12	Cacau do Tarauacá	Kulina	230 - Funai : 2003	HOMOLOGADA. REG CRI E SPU. Decreto 272 de 29/10/1991 publicado em 30/10/1991. Reg. CRI no município e comarca de Envira (28.367 ha) Matr. n. R-1-171, Liv. 2-A, Fl 171 em 22/10/91. Reg. SPU Certidão n. 015 em 15/08/97.	28.367	Envira	AM
13	Caititu	Apurinã Jamamadi Paumari	1022 - Funai/Purus : 2010	HOMOLOGADA. REG CRI E SPU. Decreto 282 de 29/10/1991 publicado em 30/10/1991. Reg. CRI no município de Lábrea, comarca de Labrea (308.062 ha) Matr. 1.503 Liv 2-F Fl 192-195 em 31/03/89. Reg. SPU AM-173/378 em 29/07/88.	308.062	Lábrea	AM
14	Camadeni	Jamamadi	148 - Funai/Purus : 2010	HOMOLOGADA. REG CRI E SPU. Decreto s/n de 03/11/1997 publicado em 04/11/1997. Reg. CRI no município e comarca de Pauini (150.930 ha) Matr. 280 liv. 2-A fl.89 em 17/05/99. Reg. SPU Certidão n. 2 de 07/01/00.	150.930	Pauini	AM
15	Camicuã	Apurinã	454 - Funai/Rio Branco : 2002	HOMOLOGADA. REG CRI E SPU. Decreto 381 de 24/12/1991 publicado em 26/12/1991. Reg. CRI no município e comarca de Boca do Acre (58.519 ha) Matr. n. 1.766, Livro 2 G, Fl.87/88 em 22/01/92. Reg. SPU Certidão 10 em 24/11/95.	58.519	Boca do Acre	AM
16	Catipari/Mamoriá	Apurinã	197 - Funai/Rio Branco : 2002	HOMOLOGADA. REG CRI E SPU. Decreto s/n de 03/11/1997 publicado em 04/11/1997. Reg. CRI no município e comarca de Pauini (115.044 ha) Matr. n. 279 Lv 2-A Fl 88/88V em 17/05/99. Reg. SPU Certidão n. 3 de 14/01/00.	115.044	Pauini	AM
17	Deni	Deni Kulina	1,470 - Siasi/Sesai : 2013	HOMOLOGADA. REG CRI E SPU. Decreto s/n de 27/10/2004 publicado em 28/10/2004. Reg CRI no município e comarca de Itamarati (1.132.323) Matr.045 Liv 2-A, FL 23v em 19/04/05. Reg CRI no município e comarca de Lábrea (75.223 ha) Matr.2.397, Liv 2-J FL 126 em 28/07/06. Reg CRI no município e comarca de Tapauá (316.076 ha) Matr. 1.091, Lv 2-F, FL 81 em 02/03/05. Reg.SPU certidão n. 006 de 19/07/2007.	1.531.300	Itamarati Lábrea Pauini Tapauá	AM
18	Fortaleza do Patauá	Apurinã	22 - Funai/Manaus : 2010	HOMOLOGADA. REG CRI E SPU. Decreto s/n de 19/04/2004 publicado em 20/04/2004. Reg CRI no município e comarca de Manacapuru Matr. n. 572 Liv 2-RG Ficha 1 em 14/10/04. Reg SPU Certidão n. 009 em 21/09/06.	743	Manacapuru	AM
19	Guajahã	Apurinã	65 - Funai : 2002	HOMOLOGADA. REG CRI E SPU. Decreto s/n de 11/12/1998 publicado em 14/12/1998. Reg. CRI no município e comarca de Pauini (5.038 ha) Matr. 282 Lv 2-A Fl. 91/91V em 17/05/99. Reg. SPU Certidão n. 8 de 19/06/2000.	5.036	Pauini	AM
20	Hi-Merimã	Isolados Marimã		HOMOLOGADA. REG CRI E SPU. Decreto s/n de 22/09/2005 publicado em 23/09/2005. Reg CRI no município e comarca de Lábrea (81.960) Matr.2.543, Liv 2-L, Fls 117 em 09/07/2007. Reg CRI no município e comarca de Tapauá (595.880) Matr.R-1-1.142, Liv 2-F, Fls 132 em 04/05/2007.Reg.SPU certidão n. 002 de 17/01/2008.	677.840	Lábrea Tapauá	AM

JURUÁ / JUTAÍ / PURUS
Terras Indígenas (continuação)
Instituto Socioambiental - 14/02/2017

Nº Mapa	Terra Indígena	Povo	População (nº, fonte, ano)	Situação Jurídica	Extensão (ha)	Município	UF
21	Igarapé Capanã	Jamamadi	85 - IBGE : 2010	HOMOLOGADA. REG CRI E SPU. Decreto s/n de 03/11/1997 publicado em 04/11/1997. Reg. CRI no município e comarca de Boca do Acre (122.555 ha) Matr. 2.030 Livr 2-H, Fl. 75/76 em 29/12/97. Reg SPU Certidão n. 36 em 10/11/2004.	122.555	Boca do Acre	AM
s/I	Igarapé Paiol	Apurinã		EM IDENTIFICAÇÃO. Portaria 763 de 21/06/2004 publicado em 22/06/2004.		Manaquiri	AM
23	Inauini/Teuini	Jamamadi	246 - IBGE : 2010	HOMOLOGADA. REG CRI E SPU. Decreto s/n de 03/11/1997 publicado em 04/11/1997. Reg. CRI no município e comarca de Boca do Acre (9.345 ha), Matr. n. 2.029, Livr.2-H, Fl. 74 em 29/12/97. Reg. CRI no município e comarca de Pauini (459.650 ha), Matr.278 Liv. 2-A, Fl 86/87V em 17/05/99. Reg. SPU Certidão n. 7 de 14/06/2000.	468.996	Boca do Acre Pauini	AM
s/I	Isolados na Cabeceira do Rio Cuniá	Isolados da Cabeceira do Rio Cuniuá		EM IDENTIFICAÇÃO. Portaria 736 de 02/07/2013 publicado em 18/07/2013.		Canutama	AM
25	Itixi Mitari	Apurinã	311 - IBGE : 2010	HOMOLOGADA. REG CRI. Decreto s/n. de 19/04/2007 publicado em 20/04/2007. Reg. CRI no município e comarca de Beruri (6.928 ha) Matr. 27 liv 2/RG Fl 15v em 13/04/92. Reg.CRI matr.732, Liv.2, Fl 01/v Cartorio Judicial e Anexos da Comarca de Anori. Reg.CRI matr.1.148, Liv.2-F, Fl. 140 Cartorio Judicial e Anexos de Tapauá. Reg SPU Certidão n. 4 em 13/05/97(6.928 ha).	182.134	Anori Beruri Coari Tapauá	AM
26	Jacareúba/Katawixi	Isolados Katawixi		COM RESTRIÇÃO DE USO Portaria 215 de 03/03/2010 publicado em 08/03/2010.	647.386	Canutama Lábrea	AM
s/I	Jamamadi do Lourdes	Jamamadi		EM IDENTIFICAÇÃO. Portaria 617 de 02/05/2004 publicado em 01/06/2004.		Boca do Acre	AM
s/I	Jaminawa da Colocação São Paulino	Yaminawá		EM IDENTIFICAÇÃO. Portaria 829 de 01/07/2004 publicado em 01/07/2004.		Boca do Acre	AM
29	Jarawara/Jamamadi/ Kanamanti	Jamamadi Jarawara	527 - IBGE : 2010	HOMOLOGADA. REG CRI E SPU. Decreto s/n de 14/04/1998 publicado em 15/04/1998. Reg. CRI no município e comarca de Lábrea (390.233 ha), Matr. R1-2007 Lv 2-H Fl. 89 em 04/02/99. Reg. SPU Certidão n. 12 de 22/07/02.	390.233	Lábrea Tapauá	AM
30	Jatuarana	Apurinã	65 - Funai : 1996	HOMOLOGADA. REG CRI E SPU. Decreto 273 de 29/10/1991 publicado em 30/10/1991. Reg. CRI no município e comarca de Manacapuru (5.251 ha) Matr.4.023, ficha 1 em 24/02/2003. Reg. SPU Certidão n. 23 de 17/04/03.	5251	Manacapuru	AM
31	Juma	Juma	15 - Uchida, Gabriel : 2016	HOMOLOGADA. REG CRI E SPU. Decreto s/n de 19/04/2004 publicado em 20/04/2004. Reg CRI no município e comarca de Canutama (38.351 ha) Matr.902, Liv.2-A-1, Fl 191/191 v em 31/08/2005. Reg SPU Certidão n. 011 28/09/2006.	38.351	Canutama	AM
32	Kanamari do Rio Juruá	Kanamari	806 - IBGE : 2010	HOMOLOGADA. REG CRI E SPU. Decreto s/n de 03/11/1997. Reg. CRI no município e comarca de Eirunepé (179.849 ha), Matr.1.371 Lv 2-AF Fl. 266 em 26/03/01. Reg. CRI no município e comarca de Itamarati (401.318 ha), Matr. 12 Lv 2-RG Fl.06 em 21/02/01. Reg. CRI no município e comarca de Pauini (15.265 ha), Matr. 277 Lv. 2-A Fl.84/84 V em 17/05/99. Reg. SPU Certidão n. 9 de 03/04/02.	596.433	Eirunepé Itamarati Pauini	AM
33	Kaxarari	Kaxarari	445 - Siasi/Sesai : 2014	HOMOLOGADA. REG CRI E SPU. Decreto s/n de 13/08/1992 publicado em 14/08/1992. Reg. CRI no município de Lábrea (97.204 ha), Matr. 1.441, LIV. 2-F, Fl. 113/114 em 13/07/88. Reg. CRI no município de Porto Velho (48.647 ha), Matr. 4.909 Liv.2-RG, Fl. 01 de 23/12/88. Reg. SPU Certidão n. 90 de 20/09/99.	145.889	Lábrea Porto Velho	AM RO
34	Kulina do Médio Juruá	Kulina	2.458 - IBGE : 2010	HOMOLOGADA. REG CRI E SPU. Decreto s/n de 11/12/1998 publicado em 14/12/1998. Reg. CRI no município e comarca de Eirunepé (501.922 ha) Matr.1.370 Lv 2-AF Fl. 265 em 22/03/01. Reg. CRI no município e comarca de Envira (46.211 ha) Matr. 276 Lv 2-A Fl. 276 em 25/07/01. Reg. CRI no município e comarca de Ipixuna (182.009 ha) Matr. 175 Lv 2-A Fl. 175 em 08/05/00. Reg. SPU Certidão n. 6 de 25/03/02.	730.142	Tarauacá Eirunepé Envira Ipixuna	AC AM
36	Kumaru do Lago Ualá	Kulina	802 - Funai/Alto Solimões : 2011	HOMOLOGADA. REG CRI E SPU. Decreto s/n de 27/10/2004 publicado em 28/10/2004. Reg CRI no município e comarca de Juruá (80.035 ha) Matr. n 183, Lv 2-B Fl 183 em 0312/2004. Reg. SPU certidão n. 42 de 29/03/2005.	80.036	Juruá Uarini	AM
s/I	Lago do Barrigudo	Apurinã		EM IDENTIFICAÇÃO. Portaria 763 de 21/06/2004 publicado em 22/06/2004.		Beruri	AM
38	Mawetek	Kanamari	151 - IBGE : 2010	HOMOLOGADA. REG CRI E SPU. Decreto s/n de 30/04/2001 publicado em 02/05/2001. Reg. CRI no município e comarca de Eirunepé (115.492 ha) Matr. n.1.384 LV 2-A-F Fl 279 em 05/06/02. Reg. SPU Certidão n. 25 de 29/04/04.	115.492	Eirunepé Ipixuna Jutaí	AM
39	Paumari do Cuniuá	Apurinã Paumari	96 - Funai/Purus : 2010	HOMOLOGADA. REG CRI E SPU. Decreto s/n de 03/11/1997 publicado em 04/11/1997. Reg. CRI no município e comarca de Tapauá,(42.828 ha) Matr.1.755 Liv. 2-E, Fl. 45 em 31/12/97. Reg. SPU Certidão n. 5 de 06/04/99.	42.828	Tapauá	AM
40	Paumari do Lago Manissuã	Paumari	63 - Funai/Purus : 2010	HOMOLOGADA. REG CRI. Decreto s/n de 05/05/2003 publicado em 06/05/2003. Reg. CRI no município e comarca de Tapauá (11.229 ha) Matr. n. R1-792 Lv. 2-E Fl. 82 em 13/01/99. Ofício ao SPU n. 1.077/ DAF em 26/01/99.	22.970	Tapauá	AM
41	Paumari do Lago Marahã	Apurinã Paumari	1.076 - Funai/Purus : 2010	HOMOLOGADA. REG CRI E SPU. Decreto s/n de 10/02/2003 publicado em 11/02/2003. Reg. CRI no município e comarca de Lábrea (79.140 ha) Matr. 2.032 Lv. 2-H Fl. 125 em 19/10/99. Reg CRI no muncipio e comarca de Lábrea (118.766 ha) Matr. Av. 3-2 032 Liv 2-H, Fl 125 em 15/04/2003. Reg. SPU-AP Certidão n. 5 de 29/08/03.	118.766	Lábrea	AM

JURUÁ / JUTAÍ / PURUS
Terras Indígenas (continuação)
Instituto Socioambiental - 14/02/2017

Nº Mapa	Terra Indígena	Povo	População (nº, fonte, ano)	Situação Jurídica	Extensão (ha)	Município	UF
42	Paumari do Lago Paricá	Apurinã Paumari	159 - Funai/Purus : 2010	HOMOLOGADA. REG CRI E SPU. Decreto s/n de 08/09/1998 publicado em 09/09/1998. Reg. CRI no município e comarca de Tapauá (15.792 ha) Matr. R1-800 Lv. 2E-RG Fl. 90 em 18/01/99. Reg. SPU Certidão n. 4 de 05/04/99.	15.792	Tapauá	AM
43	Paumari do Rio Ituxi	Paumari	235 - Funai/Purus : 2010	HOMOLOGADA. REG CRI E SPU. Decreto s/n de 11/12/1998 publicado em 14/12/1998. Reg. CRI no município e comarca de Lábrea (7.572 ha) Matr. 2.008 Lv. 2-H Fl. 90 em 04/02/99. Reg. SPU Certidão n. 6 de 07/04/99.	7.572	Lábrea	AM
44	Peneri/Tacaquiri	Apurinã	791 - IBGE : 2010	HOMOLOGADA. REG CRI E SPU. Decreto s/n de 03/11/1997 publicado em 04/11/1997. Reg. CRI no município e comarca de Pauini (189.870 ha) Matr. 281 Lv. 2-A Fl. 90 em 17/05/99. Reg. SPU Certidão n. 1 de 04/01/00.	189.870	Pauini	AM
45	Rio Biá	Katukina do Rio Biá	488 - Siasi/Sesai : 2014	HOMOLOGADA. REG CRI E SPU. Decreto s/n de 03/11/1997 publicado em 04/11/1997. Reg. CRI no município e comarca de Carauari, (701.378 ha) Matr. 1.233 Liv. 2-E Fl. 248 em 12/01/98. Reg CRI no município e comarca de Jutaí (484.413 ha) Matr.323 Liv 2-RG Fl 1123 08/12/1997. Reg SPU Certidão n. 006 em 11/09/2006.	1.185.790	Carauari Jutaí	AM
46	São Pedro do Sepatini	Apurinã	123 - IBGE : 2010	HOMOLOGADA. REG CRI E SPU. Decreto s/n de 03/11/1997 publicado em 04/11/1997. Reg. CRI no município e comarca de Lábrea,(27.644 ha) Matr. R-1964 Liv. 2-H Fl. 26 em 15/12/97. Reg. SPU Certidão n. 3 de 31/03/99.	27.644	Lábrea	AM
47	Seruini/Marienê	Apurinã	159 - IBGE : 2010	HOMOLOGADA. REG CRI E SPU. Decreto s/n de 12/09/2000 publicado em 13/09/2000. Reg. CRI no município e comarca de Lábrea (96.859 ha) Matr. R1/2.060 Lv. 2-H Fl. 175 em 16/11/00. Reg SPU Certidão n. 39 e n. 40 em 23/11/2004.	144.971	Lábrea Pauini	AM
49	Tumiã	Apurinã	66 - IBGE : 2010	HOMOLOGADA. REG CRI E SPU. Decreto s/n de 03/11/1997 publicado em 04/11/1997. Reg. CRI no município e comarca de Lábrea,(124.357 ha) Matr. R1-1965 Liv. 2-H Fl. 27 em 15/12/97. Reg. SPU Certidão n. 7 de 09/04/99.	124.357	Lábrea	AM
50	Zuruahã	Zuruahã	171 - Siasi/Sesai : 2014	HOMOLOGADA. REG CRI E SPU. Decreto 266 de 29/10/1991 publicado em 30/10/1991. Reg. CRI no município e comarca de Tapauá (239.069 ha) Matr. 614, Liv. 2-D, Fl. 17 em 13/06/90. Reg. SPU Cert. n. 004 de 12/04/96.	239.070	Tapauá	AM

JAMAMADI/HI-MERIMÃ

A Vida Errante, o Isolamento e o Contato

Daniel Cangussu — Coordenador da Frente de Proteção Etnoambiental Madeira-Purus

Karen Shiratori — Antropóloga, doutoranda do PPGAS/Museu Nacional

ENTRE ENCONTROS E DESENCONTROS COM OS ISOLADOS HI-MERIMÃ, OS JAMAMADI ESTÃO HOJE ENTRE OS PRINCIPAIS AGENTES DE PROTEÇÃO DO SETOR LESTE DA TI HI-MERIMÃ E SÃO IMPORTANTES PARCEIROS DA FUNAI NA INVESTIGAÇÃO E COMPREENSÃO DO COMPLEXO DE POVOS MADI

A reabertura e a estruturação das atividades da Frente de Proteção Etnoambiental Madeira-Purus (FPEMP), a partir de 2008, fortaleceu as ações de proteção do território dos Hi-Merimã, povo indígena isolado habitante da margem direita da microbacia do Rio Cuniuá, e reestabeleceu o diálogo com os povos da região, sobretudo os Jamamadi, população falante de uma língua arawá, que habita a região do médio curso do Rio Purus (AM). Neste novo cenário, delineia-se um outro momento de reflexão acerca da relação Jamamadi/Hi-Merimã, apontando de forma ampla para uma compreensão mais precisa dos grupos arawá, das políticas públicas destinadas aos povos isolados e de seu entorno, bem como dos próprios conceitos de isolamento e contato.

De acordo com as diretrizes da Funai, os índios considerados em isolamento são aqueles que evitam o contato permanente ou mesmo esporádico com a sociedade nacional ou com outros povos indígenas. A recusa voluntária destas relações historicamente se justifica tanto por conflitos interétnicos quanto pelos efeitos desastrosos do encontro com frentes pioneiras aos quais foram anteriormente submetidos. Na incompreensão que move o contato, os povos indígenas acabam ameaçados em suas especificidades culturais, quando não aniquilados fisicamente por epidemias e toda sorte de violência. Recusar as relações com os indígenas e os não indígenas é uma escolha destes povos em vista de garantir sua sobrevivência física e cultural, portanto não resulta do desconhecimento da existência do mundo exterior, de outros povos indígenas e dos homens brancos.

Cabe ressaltar que a condição de isolamento não deve ser confundida com a ausência completa de contato, uma vez que a dinâmica fluida da territorialidade destes povos não se restringe aos rígidos limites estabelecidos pelas ações demarcatórias do Estado. Ademais, relatos de encontros eventuais sugerem que estes nem sempre ocorrem de forma inadvertida. Movidos pela curiosidade ou pelo interesse em obter objetos manufaturados, sobretudo ferramentas, estes povos buscam de forma eventual e controlada aproximar-se de seus vizinhos ribeirinhos e indígenas para melhor conhecê-los e obter tais bens. A circulação de objetos, por meio de furtos e troca de presentes, é uma via de manter, à distância, a relação com os brancos e indígenas que relativiza o ideal romântico da condição de isolamento, erroneamente entendida como resquício perdido de um passado primitivo, congelado no tempo ou um retrato vivo de como viveriam os indígenas na época da chegada de Cabral.

A Coordenação Geral de Índios Isolados e Recém-contatados (CGIIRC) e suas Frentes de Proteção Etnoambientais atuam idealmente segundo a premissa da não obrigatoriedade do contato com os povos em isolamento voluntário. Uma vez constatada a existência de um povo indígena em uma determinada referência, as ações se concentram no monitoramento e na vigilância de seu território, sem intervenções diretas. Um exemplo emblemático desta política foi a homologação, em 1998, da Terra Indígena (TI) Massaco, a primeira a ser demarcada sem que fosse necessário realizar o contato. Paralelamente, busca-se estreitar o diálogo com os ribeirinhos e povos indígenas em vista de que colaborem com a vigilância e o monitoramento do território.

No Médio Purus, o funcionamento das Bases de Proteção Etnoambientais, instaladas em regiões estratégicas do território hi-merimã – a saber, na foz do Igarapé Canuaru, afluente do Igarapé Mamoriá, e na foz do Igarapé Aripuanã, afluente do Rio Piranha –, dependem da colaboração dos Jamamadi que, cada vez mais, participam das atividades desta FPEMP e cumprem períodos nestas bases. Felizmente, constata-se um interesse crescente por parte dos Jamamadi de que a vigilância de seu território, limítrofe com a TI Hi-Merimã em sua porção sudoeste, através do Igarapé Canuaru, e norte, pelo Igarapé Aripuanã, seja realizada sempre com sua participação, pois eles desejam acompanhar e compreender os trabalhos desenvolvidos pela FPEMP. Esta aproximação demonstra que os desentendimentos cultivados durante anos e as dúvidas que pairam a respeito dos propósitos da construção das bases, além da presença frequente da Funai em seu território, desvanecem paulatinamente conforme os laços com os Jamamadi são fortalecidos.

Os Jamamadi relatam que a região do Igarapé Mamoriá teria sido, no passado, palco de incontáveis conflitos envolvendo os Hi-Merimã, além de outros subgrupos falantes de dialetos da língua madi – falada pelos habitantes do interflúvio do Cuniuá-Purus, como os Wayafi, possivelmente os Hi-Merimã e os Jamamadi atuais – e de guerreiros Apurinã – o nome de um deles, Kamiri, é lembrado até hoje por sua ferocidade. Os ataques mútuos às malocas, a guerra constante e a intensa prática xamânica impulsionaram a dispersão de parte desses coletivos madi para o interior da terra firme e em direção aos afluentes mais distantes. A estimativa feita pelos Jamamadi é de que essa separação teria ocorrido na segunda metade do século XIX.

Até então, os Hi-Merimã, reconhecidos pelos Jamamadi como parte desse coletivo madi falante de dialetos mutuamente inteligíveis e que habitam as terras firmes da margem esquerda do Médio Rio Purus, integravam sua extensa rede de relações de parentesco, de prestações rituais e de práticas xamânicas. Simultaneamente, a violência e a chegada dos patrões nesta região potencializou conflitos prévios – estes valeram-se de forma oportunista das animosidades existentes com o objetivo de impor seus interesses comerciais colonizadores –, contribuindo, inequivocamente, para a ruptura completa das relações e o isolamento definitivo dos Hi-Merimã.

Antes de seus parentes levarem uma "vida errante" na mata, de acordo com as palavras dos Jamamadi, o trânsito entre as malocas desses grupos era intenso e constante. Um calendário ritual comum integrava esses coletivos, que se reuniam ao longo de todo o ano em caçadas coletivas e pescarias com timbó, na iniciação xamânica dos rapazes e na saída da menina em reclusão pubertária. Ouvidas a grande distância, as buzinas avisavam as malocas que um ritual, *mariná*, em breve, teria início. Também a prodigalidade de uma colheita ou caçada eram motivos suficientes para que todos se encontrassem para visitar os parentes, banquetear e cantar seus *wayoma*, gênero musical masculino, e *yowiri*, gênero musical feminino. Os filhos de pais Hi-Merimã que hoje vivem entre os Jamamadi se ressentem da interrupção dessa rede de relações que interconectava os grupos; assumindo certa responsabilidade, afirmam que seus parentes hoje estão abandonados à própria sorte, privados de vínculos sociais que outrora lhes eram constituintes.

No passado, ao encontrar acampamentos ou vestígios da passagem dos Hi-Merimã, os Jamamadi iniciavam expedições de maneira autônoma, sempre fracassadas, na tentativa de contatá-los. Outras expedições com a finalidade de localizar os Hi-Merimã, igualmente malsucedidas, foram organizadas por missionários que atuavam na região e contaram com a participação dos Jamamadi como guias e intérpretes. Um importante cacique jamamadi da aldeia São Francisco relata que sobrevoou com aqueles missionários extensas áreas da região do Rio Piranha e do Rio Branco em busca de sinais da presença de seus parentes isolados.

Em agosto de 1995, o então coordenador da Frente de Proteção Purus, Rieli Franciscato, interrompeu um grupo missionário da Jocum que havia iniciado uma viagem na região do Rio Branco com o objetivo de contatar os Hi-Merimã; os diários de campo interceptados narram em detalhes os planos e intenções desta organização evangélica. Atualmente, muito embora divirjam da lógica das ações adotadas pela FPEMP, os Jamamadi não insistem no contato e evitam determinadas regiões de seu território quando partem em expedições de caça e extração do óleo de copaíba.

Assertivos ao afirmar que foram responsáveis por contatar e amansar os Banawá, os Jamamadi referem-se a este precedente como justificativa de seu desejo de retomar, caso autorizados, as iniciativas de contatar os Hi-Merimã. Em meados da década de 1950, a mando do patrão seringalista Firmino Cunha, três Jamamadi lançaram-se em busca dos Banawá na região do Igarapé Banawá (por estes chamado de *kitia*). O interesse de Cunha era aumentar o número de seus fregueses e expandir sua rede de fornecedores de seringa, copaíba, castanha, carnes de caça e peles. O relato deste contato revela uma estrutura que emulava a chegada, algumas décadas antes, do patrão Chico Cudeiro às malocas Jamamadi do Rio Aripuanã: a entrega de ferramentas e o ensino de como utilizá-las corretamente; as mudanças no corpo com novos cortes de cabelo e o uso de roupas; o batismo com nomes de brancos; a insistência no consumo de seus alimentos; e o acostumar do paladar ao sal, ao açúcar e, principalmente, à cachaça.

Ainda segundo os Jamamadi, os deslocamentos de seus parentes em isolamento são entendidos como expressão de uma vida errante de fugas contínuas de um passado já superado. Eles continuam fugindo, alimentando-se de frutos escassos, expostos aos perigos da mata e à severidade da vida nômade. O isolamento resulta para eles do abandono e do medo; em geral, os Jamamadi não aceitam que negar o contato seja fruto de uma escolha informada. Eles seguem fugindo de guerras findadas por temor de inimigos que há muito deixaram de existir. Os Jamamadi são categóricos ao dizer que hoje não há mais motivos que justifiquem a vida de refugiados, o abandono das práticas agrícolas e a interrupção da relação com seus parentes. O contato é preferível à vida de penúria no mato, avalia o cacique da aldeia São Francisco, pois "se eles não têm botas, machucam seus pés nos espinhos e são picados por cobras. Eles são gente, por isso não podem viver à deriva". A liberalidade dos patrões e a abundância de suas mercadorias fazem contraponto com a escassez marcante do passado ao qual os Hi-Merimã estariam, ainda, condenados, segundo os Jamamadi. A dita bondade dos patrões, contudo, não os faz esquecer que sua "generosidade" lhes impunha dívidas impossíveis de quitar, que os enredavam no trabalho compulsório e que no presente se fazem com a retenção dos cartões de benefício social durante meses.

O contato, neste sentido, é entendido pelos Jamamadi como a possibilidade de expandir sua rede de relações, resgatar o parentesco fraturado pelas guerras e pela chegada dos patrões, adquirir as mercadorias dos brancos, suas plantas agrícolas, suas ferramentas e seus nomes. Trata-se, evidentemente, de uma aventura perigosa na qual sempre se corre o risco de esquecer-se, leia-se, transforma-se em *Jara*, branco. Isso não significa que os Jamamadi desejem viver nas cidades em proximidade com os *Jara*, ao contrário, costumam ser esquivos e permanecem discretos em suas incursões urbanas, hoje mensais, limitando suas estadias a poucos dias, o suficiente para receber os benefícios sociais e fazer algumas compras.

Nos últimos anos, foram registrados pela FPEMP no interior da TI Hi-Merimã acampamentos sazonais de caça e pesca com timbó, varadouros, grandes habitações e amostras da cultura material, que permitem conhecer um pouco sobre os hábitos alimentares,

Mowe Jamamadi e André Jamamadi seguram cesto feito pelos Hi-Merimã.

organização social e dinâmica de ocupação territorial dos Hi-Merimã. Em seus acampamentos centrais é comum encontrar grandes moquéns com restos de caça, além de frutos de patauá, de pequiá e de restos processados de batatas, algumas delas conhecidas pelos pelos Jamamadi como *kenero*, *taiya* e *yamo* (*Casimirella rupestris*), o que sugere a adoção de tecnologias elaborados para manejar a floresta e obter alimentos. A expansão e o uso cada vez mais dinâmico do território, o aumento dos registros de vestígios deixados por crianças, como arcos e flechas de brinquedo, cestarias diminutas, pequenos cortes e quebradas nos pontos baixos das árvores sugerem um crescimento demográfico constante dos Hi-Merimã, que hoje contam com uma população em torno de 50 indivíduos.

As informações obtidas nas expedições de monitoramento do território hi-merimã oferecem um contraponto à perspectiva jamamadi acerca do isolamento e do contato e respaldam as ações de vigilância e proteção adotadas pela FPEMP. Infelizmente, deve-se ressaltar que, a despeito da gradativa reestruturação da Funai ao longo da última década, seu crescente sucateamento com a falta de recursos e pessoal comprometem seriamente o funcionamento da instituição. É patente a cumplicidade do Estado em fazer vistas grossas ao assédio que sofrem os povos indígenas e à ameaça perene da espoliação dos recursos naturais do que restou de suas terras.

Por fim, menos que um impasse, o desencontro das perspectivas sobre o isolamento e o contato apresentadas permite entrever uma trama complexa de relações, que não se resolve através de soluções preconcebidas. *(setembro, 2016)*

PAUMARI

A Precarização da Vida e o Desenvolvimentismo Batendo à Porta

Oiara Bonilla | Antropóloga, professora da Universidade Federal Fluminense

NAS DUAS ÚLTIMAS DÉCADAS, O CENÁRIO POLÍTICO E ECONÔMICO DA REGIÃO DO MÉDIO PURUS PASSOU POR TRANSFORMAÇÕES RÁPIDAS E RADICAIS. ESSA DINÂMICA SE CONSOLIDOU E SE GENERALIZOU NOS ÚLTIMOS CINCO ANOS, GERANDO MUDANÇAS PROFUNDAS NOS MODOS DE VIDA DOS POVOS QUE HABITAM A REGIÃO

Os Paumari, povo falante de língua arawá, estimados em cerca de 1.800 pessoas (Sesai, 2014), vivem hoje em três áreas do médio curso do Rio Purus: a Terra Indígena do Lago Marahã e a Terra Indígena do Rio Ituxi, localizadas a montante da cidade de Lábrea, e a região do Rio Tapauá, afluente do Rio Purus (TI do Lago Manissuã, TI do Rio Cuniuá e TI do Lago Paricá), a jusante.

Para compreender a dimensão das transformações ocorridas nos últimos anos, é preciso olhar para a região como um todo, isto é, incluindo o norte de Rondônia (e Porto Velho) e a região de Boca do Acre (AM), na divisa entre Rondônia, Acre e sul do Amazonas, onde o desmatamento e a grilagem estão fazendo estragos sem precedentes.

As transformações se deram em vários planos. Primeiro, a região começou a ser verdadeiramente devastada pelo desmatamento. Isso se dá principalmente pela BR 230 (Humaitá-Lábrea) – na esteira da reforma da BR 319 (Porto Velho-Manaus) – cuja manutenção é hoje feita regularmente, facilitando o fluxo regular de transporte de pessoas e mercadorias entre Porto Velho e a beira do Purus. Agora, circulam nela uma linha de ônibus ligando Lábrea a Humaitá, táxis, fretes e caminhões. A maior parte das balsas que permitiam a travessia dos igarapés que cruzam a estrada foram substituídas por pontes. A habilitação da estrada propiciou o desmatamento entre as duas cidades. Hoje, o entorno da estrada está praticamente todo ocupado por fazendas e a fumaça das queimadas escurece o céu da região ao longo de todo o verão amazônico.

Paumari reunidos durante um dos Campeonatos da Língua Paumari.

Ainda relacionado com a estrada, mas também com o "crescimento econômico" (temporário) gerado pelos canteiros de obras das hidrelétricas em Rondônia – e com o fluxo monetário gerado pelos benefícios sociais –, a cidade de Lábrea viveu o seu mini *boom*, com abertura de comércios novos, restaurantes, lanchonetes, lojas de importados, hotéis diversos, assim como sua inclusão na rota de uma nova linha aérea entre Porto Velho e Manaus. Junto com o *boom*, o *front* do desmatamento avançou, incentivando cada vez mais as invasões de Terras Indígenas e áreas protegidas, a grilagem e a violência agrária – principalmente no sul do Amazonas (sul de Lábrea, região do Curuquetê, afluentes e curso principal do Rio Ituxi) e em Boca do Acre, onde elas já eram graves há uma década e hoje se tornaram corriqueiras.

A devastação ambiental, atrelada ao processo de colonização desenvolvimentista, ainda não atingiu em cheio as terras paumari, mas já afeta os povos da região, principalmente os Apurinã da Terra Indígena Caititu (nos limites da cidade de Lábrea) e das terras situadas na região de Boca do Acre. Os Paumari reportam hoje invasões frequentes à Terra Indígena Paumari do Lago Marahã, pelo Rio Ituxi.

POLÍTICAS PÚBLICAS E CONTRADIÇÕES

Por outro lado, a generalização dos programas de distribuição de renda, principalmente o Programa Bolsa Família, além de transformar a paisagem econômica da cidade, no que diz respeito aos Paumari, consolidou uma dinâmica que já era visível em 2010. Naquele momento, muitas famílias começavam a se instalar na cidade para que as crianças e os adolescentes pudessem continuar a estudar para além do 5º ano do Ensino Fundamental, já que as escolas indígenas não oferecem formação além desse nível.

O acesso ao benefício monetário do PBF acabou consolidando essa tendência, dando às famílias condições para se sustentar (ao menos parcialmente) na cidade. Se, por um lado, o acesso ao benefício pode ter melhorado a vida daqueles que optaram por uma vida urbana – e complementado os gastos mensais daquelas que permanecem nas aldeias –, por outro, um dos efeitos mais evidentes do programa é o de drenar parte da população Paumari para a cidade.

Além disso, as condicionalidades do Programa acabam produzindo o próprio êxodo, já que as escolas indígenas não proporcionam o Ensino Fundamental completo e não frequentar a escola acarreta a perda do direito ao benefício. Isso acaba incentivando as famílias a morar na cidade para garantir a continuidade da educação dos filhos. Assim, a política pública, mesmo que bem-intencionada, produz ou potencializa os problemas que ela mesma cria ou não consegue resolver.

No caso dos Paumari, observa-se que cada vez mais famílias alugam ou compram casas (a prestações) para instalarem-se na cidade, nos bairros da Fonte e da Beira Mar; progressivamente, vão atraindo mais membros da família e agregados. Assim, existem casas onde por vezes coabitam mais de 20 pessoas, que têm de sobreviver com dois ou três benefícios sociais – incluindo aí aposentadorias e Bolsa Família. Nessas condições, muitos acabam também procurando empregos na cidade. Aqueles que não conseguem se empregar junto a órgãos públicos como a Funai e a Sesai acabam muitas vezes em empregos precários e mal remunerados.

Junto a isso, observa-se um aumento da violência entre indígenas na cidade. Nos últimos anos foram vários os casos em Lábrea, com consequências graves: acusações de estupro; assassinatos; brigas com feridos entre os próprios Paumari ou com parentes de outros povos. Questões políticas e querelas de parentesco acabam rapidamente se tornando "casos de polícia".

A vida na cidade também produz uma série de outros problemas comuns no mundo não indígena, mas ainda desconhecidos para os Paumari e seus vizinhos. São problemas ligados, por exemplo, à má qualidade da alimentação; ao aumento dos casos de alcoolismo, de prostituição e abusos sexuais diversos; assim como surgimento de novas doenças: diabetes, câncer, obesidade etc. A esses problemas se soma a questão da atenção à saúde indígena. Os Paumari na cidade são regularmente impedidos de acessar a saúde através da Sesai, tendo que procurar atendimento pelo SUS ou recorrer a consultas particulares. É comum que acabem comprando seus próprios medicamentos "por fora", com o dinheiro dos benefícios sociais. Todas essas mudanças aqui assinaladas acabam configurando uma precarização das condições de vida dos Paumari.

MOVIMENTO INDÍGENA REVIGORADO

As mudanças na paisagem socioeconômica e ambiental da região foram acompanhadas por grandes transformações políticas para os povos indígenas. Após a extinção da primeira organização indígena regional – financeiramente aniquilada após o convênio assinado com a Funasa na década de 2000 –, o movimento indígena regional se reconstruiu progressivamente a partir de 2010, data da criação da Federação das Organizações e Comunidades Indígenas do Médio Purus (Focimp). Desde então, a Federação vem se consolidando em um contexto de efervescência política sem precedentes, mobilizando e articulando lideranças e povos, literalmente nos quatro cantos da região, tanto nas aldeias quanto nas cidades. Diversas organizações indígenas locais surgiram na região, a partir da refundação do movimento indígena regional e em articulação com ele.

Simultaneamente, além da atuação contínua dos parceiros históricos, o Conselho Indigenista Missionário e a Operação Amazônia Nativa (Opan), novos atores foram mobilizados pelo movimento indígena, para, com agências financiadoras diversas, implementar projetos que visam principalmente a conservação e o manejo dos recursos naturais, assim como a proteção das fronteiras e das Terras Indígenas da região.

Assim, desde 2009, a Opan desenvolve um projeto de manejo sustentável do pirarucu, especificamente nas TIs paumari da região do Rio Tapauá, envolvendo a gestão territorial e ambiental destas áreas. O projeto vem se consolidando desde a primeira "despesca" em 2013 e a certificação do Ibama para a comercialização do peixe manejado. Em 2015, os Paumari receberam dois prêmios pelos resultados do projeto, dentre os quais o Prêmio Nacional da Biodiversidade (MMA). O Instituto Internacional de Educação do Brasil (IEB) é outro parceiro importante, atuando na região toda desde 2006; hoje, em parceria estreita com a Focimp e outras organizações indígenas da região, realizam o "Projeto Formar PNGATI – Formação para Implementação da Política Nacional de Gestão Territorial e Ambiental em Terras Indígenas na Amazônia".

No que diz respeito à política indigenista, a região era literalmente esquecida até a reestruturação da Funai, em 2009. Foi então criada a Coordenação Regional do Médio Purus, em Lábrea (assim como Coordenações Técnicas Locais em Pauini, Tapauá e Canutama), para atender os 18 povos da região – o que, até aquela data, era assegurado por único um servidor, alocado num posto indígena na cidade. Existe hoje uma reivindicação para que sejam abertas outras CTLs para abranger de fato toda a região.

O Centro de Trabalho Indigenista (CTI) também atua hoje no Médio Purus, em parceria com a Focimp, a Frente de Proteção Etnoambiental do Madeira-Purus (FUNAI), e a própria CR Médio Purus, com o projeto "Proteção Territorial de povos indígenas isolados e de recente contato na Amazônia brasileira" junto aos isolados Hi-Merimã e ao povo Suruahá.

Ao mesmo tempo em que a política indígena regional se reconstitui e se fortalece, tomando novos rumos, os povos da região têm que lidar com uma multiplicidade de atores novos, agências financiadoras e interesses políticos e econômicos com os quais não têm ainda familiaridade.

Foi o caso, por exemplo, no início de 2014, quando os Paumari avistaram dezenas de balsas da Petrobrás subindo o Rio Tapauá e denunciaram o fato à Funai local. A Petrobrás estava iniciando uma atividade de pesquisa do subsolo em vista da exploração de petróleo na região. O local onde foi aberto o poço localizava-se além da distância legal de impacto para as Terras Indígenas do entorno, mas o empreendimento, que ocorreu sem nenhum tipo de aviso ou consulta prévia, serviu para alertar os povos da região sobre os interesses de exploração dos recursos naturais por mega e grandes empresas como a Petrobrás. A pesquisa estendeu-se por um semestre, até julho de 2014, quando as balsas se retiraram. Segundo a Funai, a Petrobrás informou posteriormente que os resultados da pesquisa foram inconclusivos.

Ao longo destes anos, os Paumari vêm se articulando politicamente de forma cada vez mais potente. Primeiro, participando ativamente das atividades da Federação indígena regional, desde sua criação, mas também localmente em suas aldeias e no seio de cada uma de suas Terras Indígenas. Em 2012, após denunciar ao MPF a permanência e ações de ocupantes não indígenas na TI Paumari do Lago Marahã, conseguiram que a Funai realizasse a desintrusão da área. A preocupação com as invasões do "fundo da área", isto é, a parte da Terra Indígena situada do lado do Rio Ituxi, levou os Paumari a encorajar a abertura de duas aldeias novas nessa área: Aldeia Ilha da Onça e Aldeia Nova Bandeira. Em 2013, a pedido dos Paumari dessa mesma Terra Indígena, a Focimp e a Funai iniciaram a primeira etapa da construção de um Plano de Gestão Ambiental e Territorial. Em 2014, entraram com um novo pedido oficial de ampliação desta mesma Terra junto ao órgão indigenista, pedido que permanece até hoje sem resposta.

FALANDO DA LÍNGUA, FAZENDO POLÍTICA E EXPERIMENTANDO A "CULTURA"

Finalmente, é preciso mencionar que, em julho de 2014, os Paumari iniciaram um projeto de revitalização de sua língua, o Campeonato da Língua Paumari, que vem acontecendo anualmente desde então. O evento, que consiste numa competição linguística entre aldeias, concebida como um grande encontro festivo interaldeão destinado à revalorização da língua, foi inicialmente idealizado pelo professor Edilson Makokoa Paumari, que, após um período estudando fora da aldeia, voltou para a região e constatou que seus parentes estavam deixando de falar a língua e que os jovens estavam se desinteressando pela língua e pelo modo de vida paumari e sendo cada vez mais atraídos pela língua portuguesa e pela "cultura do *Jara*" (pelo consumo, pela tecnologia). Ele imaginou, então, um evento que fosse realizado fora do espaço escolar e envolvesse todas as gerações, na forma de uma competição entre aldeias, para chamar a atenção das crianças e dos jovens – e incentivar os mais velhos a voltar a sentir orgulho de usar seu idioma para falar com os filhos, procurando mostrar que ela é um vetor de união (e não de separação) entre as gerações.

Para a competição, cada aldeia forma um time, cada time escolhe uma história que é contada ao público sem uso de termos em português. Um jurado, composto por membros (Paumari) de cada uma das aldeias, avalia a apresentação, a história e suas ilustrações, segundo quesitos predefinidos. Outra parte da competição consiste na apresentação de um canto e de uma dança que também é avaliada pelo jurado. A ideia inicial era que as histórias vencedoras fossem transformadas em animações gráficas, faladas e legendadas em Paumari e desenhadas por eles, mas ainda falta financiamento para realizar essa etapa do projeto. Outro objetivo é a produção de material didático para as escolas, tanto no formato de cartilhas e coletâneas de histórias, quanto no de filmes, animações, fotografias, jogos eletrônicos etc.

O evento é realizado pela Focimp e articulado por uma Comissão organizadora composta por homens e mulheres paumari, lideranças, professores das aldeias e da cidade. As dificuldades para conseguir financiamento foram consideráveis. Em um primeiro momento, o Campeonato foi apoiado pelo Museu do Índio (Funai), e em suas duas últimas edições pela CR do Médio Purus (Funai/Lábrea). Ele conta também com o apoio do Cimi/Lábrea que todo ano disponibiliza seu barco para auxiliar no transporte dos participantes, assim como diversos outros itens importantes para a realização do encontro. O Campeonato também foi pensado como um espaço de formação dos jovens às técnicas audiovisuais. Isso levou a Federação indígena e a Comissão organizadora a procurar mais parceiros, convidando em 2015 dois alunos (estes da UFF e um estudante indígena da UFMG) para realizar um filme sobre o evento. Em 2016, o Instituto Mpumalanga (patrocinado pela Disney, Itaú e pelo canal ESPN), que promove as Caravanas das Artes e do Esporte, também foi convidado e organizou uma oficina de vídeo para alunos paumari e apurinã.

Na edição de 2015 ficou claro que o campeonato, único evento que atualmente consegue reunir durante três dias consecutivos todas as comunidades paumari – independentemente de sua adesão religiosa (evangélicos ou não) e da distância de suas aldeias – tornou-se um espaço para a discussão coletiva de questões importantes. Assim, a educação escolar indígena; a falta de material bilíngue; o despreparo dos professores não indígenas e a ausência ou deficiência de aulas na língua paumari nas aldeias

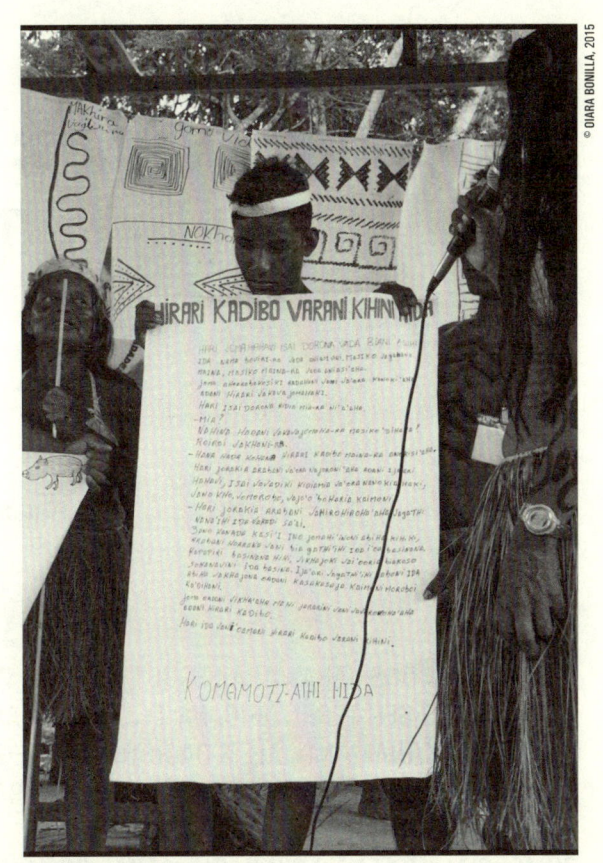

Jovem paumari apresenta cartaz do II Campeonato da Língua Paumari.

foi o pano de fundo das questões debatidas nos dois primeiros campeonatos. Mas outras questões também viraram pauta de conversas coletivas. Foi o caso do uso das pinturas corporais, quando foi decidido que os motivos gráficos usados para o ritual de puberdade feminino seriam reservados e que, para eventos públicos e políticos, outros motivos seriam usados para enfeitar os corpos. Outra questão debatida foi o da pertinência de se tocar e dançar forró ou brega, junto com cantos paumari, nos intervalos do campeonato. Enquanto alguns pediam mais espaço para dançar forró, outros se manifestavam contra isso. Isso gerou um debate acirrado sobre o que deve ou não ser considerado como parte da "cultura paumari".

Em 2016, o forró foi abolido, mas o evento se revelou politicamente cada vez mais potente, abrindo espaço para uma intensa troca entre os Paumari, que passaram a promover debates, não apenas sobre cultura e educação, mas também sobre suas questões fundiárias e políticas. Hoje, os Paumari estão fundando sua própria organização, no âmbito da Focimp, para discutir questões internas e fortalecer sua representação no seio do movimento indígena regional. *(outubro, 2016)*

JARAWARA

Invasões Íntimas: a BR-319 e as Pressões Sobre as Terras Jarawara

Fabiana Maizza | Antropóloga, CEstA/USP

O COTIDIANO DOS JARAWARA SEGUE MARCADO POR INVASÕES AO SEU TERRITÓRIO. NA TI JARAWARA/JAMAMADI/KANAMANTI, ALÉM DA RETIRADA ILEGAL DE MADEIRA, CAÇA DE ANIMAIS SILVESTRES PARA A VENDA NA CIDADE DE LÁBREA E PELA PESCA COMERCIAL ILÍCITA NO RIO CAINÃ. ESSAS INVASÕES PARTICULARES, POR PESSOAS QUE TRAVAM RELAÇÕES DE PROXIMIDADE COM OS JARAWARA, REFLETEM A DIFICULDADE DOS ÓRGÃOS FEDERAIS PARA CONTER O FLUXO DE ENTRADA E SAÍDA NA TI

Depois de muitas conquistas na região, a Terra Indígena Jarawara/Jamamadi/Kanamanti, homologada desde 1998, faz divisa com outras duas TIs (TI Banawá e a TI dos isolados Hi-Merimã) e com a Reserva Extrativista (Resex) do Médio Purus, sendo assim praticamente protegida em três quartos de seu entorno. Eu não poderia pensar, no Brasil atual, em uma situação mais idílica em termos de proteção territorial: uma terra indígena homologada cercada por terras protegidas.

No entanto, o cotidiano dos Jarawara é ainda marcado por invasões ao seu território, retirada ilegal de madeira, caça de animais silvestres para a venda na cidade de Lábrea e pela pesca comercial ilícita no Rio Cainã. Muitas dessas infrações são cometidas impunemente, o escoamento dos produtos é feito na própria cidade de Lábrea, ou de forma cada vez mais simples, em direção às grandes cidades do Norte do país, devido a restauração da BR-319. Esta estrada, que liga Manaus (AM) a Porto Velho (RO), tem sido alvo de grande investimento para a sua manutenção e recuperação por parte do estado do Amazonas. Muito bem acolhida pela população local, mas com problemas ambientais sérios – evidenciados nas diversas polêmicas e controvérsias com relação a sua reconstrução e no fato de que o Ibama embargou as obras de um longo trecho em 2015 –, seus impactos sociais e principalmente ambientais são grandes.

O desmatamento que acompanha todo o entorno da rodovia é visto a olho nu, bem como a abertura para a possibilidade de exploração de uma das regiões mais protegidas da floresta Amazônica. Os Estados do Amazonas e de Rondônia estão atualmente na posição catastrófica dos dois estados que mais desmatam no Brasil – o que não podemos desassociar destas estradas e das, cada vez mais agressivas, atividades agropecuárias no Sul do Amazonas.

Voltando aos "vizinhos" dos Jarawara, grande parte das pessoas que foram acolhidas na Resex Médio Purus, criada legalmente em 2008, eram conhecidas dos Jarawara desde a época em que trabalhavam para os mesmos patrões da região. A relação entre eles foi por anos muito tensa, devido sobretudo à sensação que os não indígenas tinham de terem sido "esquecidos" pelo Estado quando as populações indígenas começaram a ter suas terras demarcadas, e passaram a possuir um atendimento de saúde exclusivo – que, por mais complicado que fosse, aos olhos das pessoas que poderíamos chamar de "ribeirinhas", era invejável.

Com a recente proteção de suas terras e dos recursos dos quais dependem, os trabalhadores extrativistas da Resex estão em processo de reconhecerem seus direitos e deveres; a participação do Instituto Chico Mendes da Conservação da Biodiversidade (ICMBio) vem sendo fundamental neste sentido. Quanto aos Jarawara, eles começam de forma lenta a perceber que seus vizinhos são agora parceiros em potencial para a proteção ambiental; inclusive há forte indicação de que a Funai e o ICMBio farão uma parceria para a vigilância da divisa entre a TI Jarawara/Jamamadi/Kanamanti e a Resex Médio Purus – área constantemente invadida e predada.

Na TI Jarawara o problema com relação à entrada de não indígenas é de longa data. No início dos anos 2000, o Projeto Integrado de Proteção às Populações e Terras Indígenas da Amazônia Legal (PPTAL), em parceria com a Funai, introduziu os Jarawara de forma consistente à importância da vigilância de seu território e aos seus direitos e deveres com relação à sua Terra. O projeto trouxe uma conscientização praticamente generalizada: hoje, homens e mulheres mais velhos, e aqueles e aquelas na faixa dos 30 anos, reconhecem com facilidade qualquer tipo de infração e sabem da importância da mediação de parceiros como a Funai, a Federação das Organizações e Comunidades Indígenas do Médio Purus (Focimp) e o Ibama. Atualmente, a Funai está elaborando, em parceria com os Jarawara, um plano de gestão territorial focado principalmente no manejo de recursos – castanha, copaíba e pesca – e na vigilância. Um dos primeiros resultados foi a construção de um barco flutuante que fica em um lugar estratégico, tanto em termos de vigilância quanto de armazenamento de materiais para a entrada e saída das aldeias Casa Nova e Água Branca, como motores de barco e gasolina.

Duas comunidades se instalaram na Terra Indígena Jarawara/Jamamadi/Kanamanti após sua homologação. Uma delas, chamada Escondido, é constituída em sua maioria por pessoas que se autodeclaram do povo Apurinã; e a segunda, Mabideri, já no limite da TI com o Rio Purus, é constituída por brancos e pessoas que se autodeclaram do povo Paumari. Se, por um lado, os Jarawara se incomodam profundamente com a presença de pessoas pertencentes a outros povos em sua terra, por outro a proximidade que eles passam a ter com elas se transforma em uma relação que mistura amizade e ressentimento.

A amizade se constrói por meio de trocas, campeonatos de futebol e festas, principalmente forrós. Recentemente, uma moça da comunidade Escondido se casou com um jarawara da aldeia Saubinha, e assim as relações vêm se tornando lentamente laços de parentesco. O problema, pelo que me explicam os Jarawara, é que algumas dessas pessoas que se instalaram em suas terras não utilizam o território apenas para se sustentar e tendem a extrapolar a retirada de recursos em época de abundância. Paradoxalmente, a tolerância que os Jarawara e a Funai têm com essas comunidades, em deixar, por enquanto, elas onde estão, é para que ajudem na proteção da TI.

Essas questões refletem a complexa rede de relações em que as pessoas se inserem. O que acontece é que algumas pessoas, sendo recentemente instaladas no local, possuem ligações pessoais, amigos, conhecidos, compadres e comerciantes a quem devem; e então acionam o acesso que possuem às áreas protegidas, à TI e à Resex, para fortalecer esses vínculos ou resolver problemas pessoais. Assim, algumas convidam parentes da cidade para caçarem; outras deixam seus compadres pescarem; e outras, devido a pressões e constrangimentos, permitem, ou pelo menos não denunciam, o fato de um barco de pesca, por exemplo, entrar no Rio Cainã para a retirada massiva de peixes, por conhecerem alguém que está trabalhando no barco – ele/a mesmo/a sendo explorado/a por um sistema maior.

Estas invasões particulares refletem a dificuldade que os órgãos federais têm para conter o fluxo de entrada e saída da Terra Indígena – e também da Resex. Os projetos para gestão territorial são bastante complexos e bem planejados; o projeto que está

Jovens jarawara saindo para caça na Aldeia Nascente, TI Jarawara/Jamamadi/Kanamanti.

sendo desenvolvido atualmente pela Funai, por exemplo, trava um diálogo estreito com os Jarawara das três aldeias principais (Casa Nova, Água Branca e Saubinha), em que os jovens estão sendo ouvidos e muito animados para ajudar e participar, sabendo da grande importância em "cuidarem"/"vigiarem" (*kakatoma*) suas terras, que os brancos tanto cobiçam. Os caciques Jarawara, sempre que chamados, mobilizam-se para atender às reuniões e conversar sobre a proteção do território e sobre a conservação e manejo dos recursos em suas terras. Já os jovens se reúnem periodicamente para fazerem excursões de vigilância quando ficam sabendo de alguma entrada ilegal de brancos.

Os problemas enfrentados não se referem à motivação e conscientização por parte dos Jarawara, mas, sim, ao financiamento para a execução dos projetos. A falta de recursos materiais e também de técnicos da Funai é uma grande questão, que afeta tanto os funcionários da Coordenação Regional (CR) do Médio Purus quanto os indígenas, que, às vezes, ficam descrentes na instituição. Por outro lado, os próprios Jarawara se veem sob a responsabilidade de cuidarem sozinhos de seus territórios, por exemplo pagando do próprio bolso a gasolina para fazer a vigilância dos rios e lagos dentro de suas terras. A proteção da TI se dá por meio destes encontros e desencontros, entre a grande motivação gerada pelas reuniões com a Funai e as frustrações que seguem, quando meses se passam sem notícias do órgão e seus funcionários – eles mesmos submergidos por tantas demandas e projetos simultâneos, além dos problemas locais cotidianos.

Se a Funai vem priorizando a proteção territorial sobre outras questões é porque os Jarawara têm atualmente (se assim podemos falar, pois não se trata exatamente de um problema atual) uma ameaça íntima muito próxima as suas terras. Como disse, mais de dois terços da Terra Indígena Jarawara/Jamamadi/Kanamanti é cercada por outras terras protegidas, mas existe uma parte da fronteira que está exatamente na situação oposta, e se encontra em divisa com a terra privada de um político local influente e importante. Ele é filho de um patrão com o qual os Jarawara trabalharam na década de 1970, sobretudo as pessoas que moram atualmente nas aldeias Saubinha e Água Branca. Este senhor procura manter relações de proximidade com as pessoas destas aldeias, assim como incentiva "conhecidos" seus a se instalarem nas comunidades próximas das Terras Indígenas, onde há um acesso fácil e desprotegido aos territórios indígenas.

Ele também se esforça para se aproximar de um jovem líder de uma das aldeias Jarawara, por meio de conversas nas quais desonra a Funai e faz promessas, argumentando que pode ajudar os Jarawara de uma forma muito mais rápida e efetiva em suas demandas mais imediatas – como a instalação de uma torre de telefone satélite, por exemplo, que ele já instalou em outras comunidades na beira do Rio Purus "sem pedir nada em troca". Ele também promete ajudar o jovem a entrar na política partidária local e a se candidatar como vereador. A relação que ele procura forjar com este jovem jarawara parece estar baseada em promessas, favores e sedução – e que são desfeitos constantemente por meio das pressões de outros Jarawara, que inclusive trabalharam para o seu pai e se lembram muito bem das situações difíceis que vivenciaram. "A gente trabalhava a semana toda, pegava pesado, e no final ganhava uma garrafa de cachaça, esse era nosso pagamento", são declarações que ouço com frequência, e que mostram a memória viva do passado escravizante dos patrões.

O que vemos pela influência deste político nas comunidades próximas aos Jarawara é que a lógica do território pressupõe que uma comunidade pode ser delimitada pelos limites do grupo. Na prática, o que ocorre é que as pessoas não pensam a si mesmas em termos de fronteiras e acham que suas relações pessoais não interferem nos limites estabelecidos pelo Estado. A questão é que a região antes bastante isolada da TI Jarawara/Jamamadi/Kanamanti se vê hoje cada vez mais perto das cidades. O investimento no melhoramento das estradas BR-319, já mencionada, e da BR-230 (Transamazônica), é uma ameaça real para os Jarawara, por mais que isso não apareça de forma clara nas discussões internas do grupo.

Cada vez mais, os direitos que os indígenas e extrativistas conquistaram com muitas lutas, e com a ajuda de diversos parceiros e mediadores, podem facilmente se dissipar frente à forte pressão dos políticos do Amazonas e Rondônia para se apropriarem ilegalmente dos recursos das áreas protegidas – alegando, é claro, o progresso necessário para a região. Essas invasões particulares sobre as quais falo são aparentemente sem grande perigo, no entanto, configuram aberturas para que danos cada vez maiores sejam feitos – sempre na mesma lógica de enviar para "a linha de frente" da invasão da TI alguém conhecido das pessoas, um "amigo", "parente" ou "alguém que cresceu por lá". O político local que tem propriedade próxima às TIs e à Resex parece saber que é justamente por meio destes pequenos "furos" e "falsas intimidades" que ele conseguirá se beneficiar dos recursos indígenas e extrativistas. O melhoramento das estradas permite agora um escoamento muito mais fácil e simples do que cinco anos atrás, por exemplo – o que transparece nos níveis cada vez maiores de desmatamento na região.

As boas novas são que o povo Jarawara teve recentemente uma grande conquista: o Ensino Médio dentro da Terra Indígena. O pedido veio dos alunos da aldeia Casa Nova, que haviam concluído, em 2014, o Ensino Fundamental, também estabelecido dentro da aldeia, vinculado à Secretaria Municipal de Educação de Lábrea. No início de 2016, depois de uma recusa inicial e da grande insistência por parte dos Jarawara, sobretudo os professores indígenas, a Secretaria de Estado de Educação (Seduc) concordou com a instalação dos aparelhos necessários e a contratação de uma professora. A aldeia Casa Nova agora faz parte do programa "Ensino Médio Mediado por Tecnologias", desenvolvido pelo Centro de Mídias de Educação da Seduc do Governo do Estado do Amazonas. As aulas são ministradas nos estúdios em Manaus e são transmitidas ao vivo via satélite. Os estudantes são acompanhados pela professora presencial que, em dois momentos determinados durante as mais de três horas de aula noturna cotidiana, tira as dúvidas e ajuda os alunos a resolver os exercícios. Cada dia da semana é dedicado a uma matéria.

Existem diversas questões e problemas relacionados ao ensino não diferenciado para comunidades indígenas, como a falta de adequação dos conteúdos, o ritmo acelerado de revisão quando muitos alunos estão de fato vendo as matérias pela primeira vez, entre tantos outros que não enumero aqui. No entanto, o Ensino Médio em Casa Nova vem resolver um problema que tem afetado bastante a aldeia vizinha, Água Branca: o deslocamento dos jovens para a cidade de Lábrea para terminarem o Ensino Médio. A vontade dos jovens de estudar, e eventualmente fazerem faculdade, é muito grande, e vem motivando algumas famílias a se mudarem de forma quase que definitiva para Lábrea. Manter-se na cidade é muito caro e é apenas possível para aquelas famílias que possuem pelo menos um assalariado fixo. Apesar de viverem pior do que em suas aldeias, muitos pais estão dispostos a se sacrificarem pois também consideram importante os filhos "terminarem os estudos".

No entanto, Lábrea continua a ser um lugar inóspito para os Jarawara, como vemos em um episódio em 2014, quando quatro jovens, voltando de uma festa de madrugada, decidiram fazer uma parada em um bar perto da casa deles. Devido a um olhar e uma troca de palavras mal colocadas, eles se viram atacados por diversos homens não indígenas com pedaços de madeira e facas nas mãos. Dois deles conseguiram correr e escapar, mas os outros dois acordaram apenas horas depois no hospital municipal de Lábrea, onde permaneceram alguns dias internados. A violência a que os jovens jarawara estão expostos na cidade é uma ameaça as suas vidas, e eles sabem disto. A possibilidade de eles poderem estudar em suas próprias aldeias tem, por isso, um valor inestimável. *(setembro, 2016)*

JUMA

As Palavras de Aruká

Gabriel Uchida | Jornalista

EM 2013, OS JUMA PUDERAM FINALMENTE RETORNAR AO SEU TERRITÓRIO TRADICIONAL, EM CANUTAMA, SUL DO AMAZONAS – APÓS 14 ANOS DE AFASTAMENTO E QUATRO TENTATIVAS DE REGRESSO MALSUCEDIDAS ENTRE OS ANOS DE 2008 E 2011

Aruká é o último homem do povo Juma. No século XVIII eram cerca de 15 mil índios desta etnia, mas hoje só restaram o senhor de 82 anos e suas filhas Maitá, Borehá e Mandeí. Como são patrilineares, ou seja, seguem a linhagem paterna, e como não existem mais homens, o futuro dos Juma já está condenado – esta é a família final.

A história segue o mesmo triste roteiro de outros povos indígenas no Brasil. Inicialmente, foram dizimados pelos portugueses, depois, pelas doenças do homem branco e, em seguida, por seringueiros, garimpeiros e ladrões de terra. Foi um massacre constante e existem relatos de chacinas, mas não de condenações. No final da década de 1970, um grupo invadiu a aldeia para roubar e matou mais de 60 índios. O caso apareceu no jornal local, mas não apareceram culpados. Ser indígena no Brasil é como ser jovem, negro e morador de favela, mas com ainda menos programas sociais e menor visibilidade da imprensa ou de organizações de direitos humanos.

Em 1998, só existia um grupo de apenas seis pessoas juma: as meninas Borehá, Maitá e Mandeí, o pai Aruká e o casal de tios idosos Inté e Marimã. Eles foram retirados de forma irregular, sem estudo antropológico, do território tradicional por um administrador da Fundação Nacional do Índio (Funai) e levados, inicialmente, para a Casa de Saúde do Índio (Casai), em Porto Velho, Rondônia. Na ocasião, não havia também mais homens com idade para casar com as adolescentes Borehá, Maitá e Mandeí.

Não bastasse todo o sofrimento histórico, em 1998 os poucos Juma restantes foram transferidos pela Funai de sua terra para dos Uru Eu Wau Wau, em 1999. Os dois povos falam a língua Tupi-Guarani e são denominados Kagwahiva – fato este que feria não só a cultura tradicional do povo mas também a Constituição Brasileira, que proíbe a remoção de indígenas de sua área original. Os motivos seriam que eles estavam à mercê de invasores e correndo perigo de vida. Após perderem seus familiares e também sua terra, o que sobrou aos poucos restantes foi a tristeza.

Durante o primeiro ano de afastamento do território tradicional, o casal Inté e Marimã morreu "provavelmente de tristeza e inadaptação ao novo lar", como diz a Funai. Na aldeia do Alto Rio Jamari, que fica no município de Jorge Teixeira (AM), as três adolescentes Juma aceitaram os casamentos com os Uru-eu-wau-wau para garantir a continuidade da família. Borehá Juma casou com Erovak Uru Eu Wau Wau e ambos tiveram quatro filhos. Maitá uniu-se a Puruwá Uru Eu Wau Wau, com quem teve dois filhos, mas ele morreu, em 2009, quando foi atingido por um raio. Maitá se casou novamente. Com Puruen Uru Eu Wau Wau, ela teve mais duas crianças. Mandeí Juma casou com Kuary Uru Eu Wau Wau, com quem teve três filhos. Atualmente, Mandeí e Kuary estão separados.

Ivaneide Bandeira, de 57 anos, é indigenista da ONG Kanindé e trabalha há mais de 30 anos na Amazônia. Ela acompanha de perto a história dos Juma e relata: "Quando eles viviam com os Jupaú, conhecidos como Uru-eu-wau-wau, estavam tristes sem poder exercer sua própria identidade porque estavam na terra de outro povo, então acabavam tendo que obedecer outras normas e códigos sociais. O Aruká era muito triste porque sempre foi o líder do povo dele e lá não se sentia respeitado como estava acostumado".

Somente em 2013 os Juma puderam regressar ao seu território tradicional em Canutama, após 14 anos de afastamento e quatro tentativas de regresso malsucedidas entre os anos de 2008 a 2011. Atualmente, a família Juma-Uru Eu Wau Wau é formada por 18 pessoas. Aruká, com mais de 80 anos de idade, tem 12 netos e uma bisneta. Quando vivia na Aldeia do Alto Rio Jamari, ele havia se casado com uma indígena Uru Eu Wau Wau, mas depois o casal se separou. Aruká não voltou a casar novamente. Ivaneide acompanhou o processo: "Quando o Aruká retornou para a sua área, ficou orgulhoso de voltar a liderar o seu povo e de ter sua cultura e identidade Juma valorizadas, ele estava superfeliz em construir suas próprias moradias com as filhas".

Os últimos Juma: as irmãs Mandeí, Maitá, Borehá e o pai Aruká.

O sofrimento histórico dos Juma é refletido em sua aldeia: diferentemente do que é encontrado em outras terras, ali não tem posto de saúde, nem igreja, nem pajé e nem campo de futebol. Também não tem eletricidade e o único gerador à gasolina está quebrado. São apenas cinco casas, uma construção para a escola que foi montada, mas nunca funcionou, e um pequeno tapiri tradicional onde os habitantes se reúnem para as refeições. Além dos quatro sobreviventes, também moram no local alguns indígenas de outras etnias ou misturados.

No entorno da aldeia encontram-se mandioca, castanha e milho. Mas eles também mantêm a tradição de caçar e pescar – que é a principal fonte de alimento e também diversão para as crianças. O acesso até o local é difícil. Do município de Humaitá, que fica a onze horas de carro de Manaus, segue-se pela Transamazônica em uma interminável reta sem asfalto. Dependendo do tempo, os buracos e a terra viram lama que mais parece sabão sob os pneus. Depois disso, ainda falta uma hora de barco até a aldeia, que está às margens do Rio Assuã. Um pequeno porto é a entrada das embarcações e também o local para o banho. Dali ainda é puxada a água para algumas torneiras improvisadas.

Os Juma não têm pajé, mas têm cacique – algo raro, um mulher: Mandeí. Assim como as irmãs, é uma pessoa simpática, mas de postura firme. Em 2014, ela estava caçando na floresta e foi picada no pé por uma cobra jararaca, cujo veneno pode ser fatal. Mas a cacique aguentou e só foi atendida dois dias depois, sem necroses ou perda de membros – o que é comum acontecer. Mandeí é, sem dúvidas, uma mulher forte. Pela organização e rotina da aldeia é claro notar que são as três Juma que tomam a frente e comandam o lugar – afinal, a terra é delas.

PRESERVANDO A CULTURA

Em 2014, os Juma realizaram o primeiro ritual da Festa da Menina-Moça. A menina que passou pelo rito foi Kunhãvé, hoje com 16 anos, filha de Maitá e Puruwá. A cerimônia aconteceu na aldeia do Alto Jamari, na terra dos Uru Eu Wau Wau. Em abril de 2016, foi a vez da menina Tejuvi, de 12 anos, filha da cacique Mandeí Juma com Kuary Uru Eu Wau Wau. Dessa vez, a festa foi na TI Juma, em Canutama. A cerimônia foi realizada com o apoio da Funai de Humaitá (AM) e da ONG Kanindé.

Assim que teve a primeira menstruação, Tejuvi foi levada para uma rede, onde permaneceu reclusa. "A minha filha Tejuvi ficou moça e nós resolvemos fazer a festa aqui na aldeia Juma. Ela ficou deitada na rede por 21 dias", contou a mãe da menina, a cacique Mandeí Juma.

Além de realizar a Festa da Menina-Moça de Tejuvi no território tradicional, os Juma inauguraram a primeira escola na aldeia, também em abril de 2016. Construída em madeira pela Prefeitura de Canutama (AM), a obra deveria ter ficado pronta em 2013. Houve atrasos na entrega das cadeiras, dos livros e dos demais materiais na aldeia, que fica no rio Assuã, afluente do Purus. O acesso à comunidade se dá pela rodovia BR-210, a Transamazônica.

A escola de ensino fundamental vai evitar a separação das famílias Juma e Uru Eu Wau Wau. Antes, as nove crianças em idade escolar tinham que viajar de Canutama até a aldeia dos pais Uru-eu-wau-wau, no Alto Rio Jamari, em Jorge Teixeira (RO). Isso tudo em um percurso de 800 km, em que eles faziam de barco, carro e ônibus, com apoio da Funai.

Segundo a cacique Mandeí Juma, as crianças não falam a língua Tupi-Guarani e precisariam do ensino bilíngue, mas a professora contratada só ensina em português. "Lá na aldeia Uru Eu tem a professora que fala português e o professor fala a nossa língua, mas aqui não conseguimos o estudo bilíngue. Então a nossa preocupação é que elas [as crianças] aprendem na língua. Um dia eles não vão falar a língua Juma", disse a cacique, destacando que a aldeia ainda necessita do saneamento ambiental, de energia e segurança territorial. "Os pescadores continuam invadindo nossa terra", alertou. *(junho, 2016)*

"COMO QUE NÃO TEM MAIS JUMA?"

Apesar da idade, o senhor Aruká tem um corpo imponente, anda com firmeza e caça sozinho. Ele fala pouco e quando o faz é breve e apenas na língua indígena – não entende o português. Mas seus olhares são poderosos e ele está sempre atento. Enquanto todos comem, conversam, fazem piadas e fumam tabaco, ele se senta na ponta da mesa e fica calado observando como se estivesse tomando conta de tudo. Aruká não gosta muito de ter sua rotina incomodada, mas com a ajuda e tradução das filhas, respondeu a uma entrevista. As respostas são curtas e simples, pobres de detalhes mas extremamente ricas em sentimento e ilustram um sofrimento histórico.

Gabriel Uchida – Ontem o senhor estava com dor nas costas, está melhor agora depois daquele remédio que lhe dei?

Aruká Juma – Melhorou um pouco.

GU – Quando esta aldeia foi montada?

AJ – Eu vim andando por ali, depois colocaram a aldeia mais para dentro e depois mais próximo daqui e aí fizeram para cá porque o povo queria ajuntar com o branco da Funai.

GU – Originalmente os Juma eram nômades, certo?

AJ – Sim. A gente ia andando e voltando. Ficava de 5 a 10 dias no lugar e seguia. A gente era muitos e depois vieram o seringueiro e o garimpeiro para matar o povo do Juma todinho.

GU – Por que vocês decidiram ficar nesta aldeia e não sair mais?

AJ – Porque a gente é pouco demais. E porque é mais próximo com o "branco" da Funai, é fácil para eles fazerem visita aqui.

GU – Como foi o contato com o "branco", além do seringueiro e garimpeiro? Teve contato com a igreja?

AJ – Não. A gente entrou em contato com o pessoal do americano.

GU – Quantos anos você tinha?

AJ – Era novinho.

GU – O que os americanos vieram fazer aqui?

AJ – Eles vieram para fazer a pista do avião. Tem a pista lá pra dentro, era onde o nosso pessoal vivia antes.

Filha – O americano veio porque tinha ouro, mas o povo Juma antigamente não conhecia isso.

GU – Fale um pouco dos seus pais.

AJ – Meu pai morreu porque levou tiro. O seringueiro deu tiro nele.

GU – E a sua mãe?

AJ – Morreu de doença, malária.

GU – Teve muita doença aqui?

Filha – A verdade mesmo é que o americano entrou e trouxe doença para o Juma. Antigamente e hoje a gente não se acostuma no meio do branco. A gente pega gripe, coisa assim. Não é acostumado com perfume, sal, coisa que come.

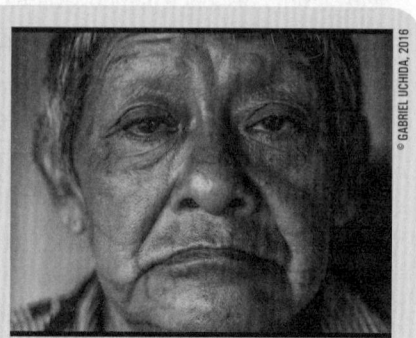

Senhor Aruká, o último homem do povo Juma.

GU – E o branco trouxe algo de bom?

AJ – A Funai deu um barco e um motor. Mas o branco verdadeiro nunca trouxe nada para mim.

GU – O que você acha da cidade do branco?

AJ – Não gosto muito da cidade porque tenho rancor do branco. Ele matou meus parentes.

GU – Ainda vem branco aqui?

Filha – Só caçador. Pessoal que caça e pesca na nossa reserva incomoda a gente. O que tem para caçar e pescar é pouco para gente. Por isso a gente quebra castanha.

GU – Qual a diferença da terra de antigamente para hoje?

AJ – Hoje em dia sinto sozinho e penso muito em antigamente que tinha muita gente.

GU – Você preferia ter vivido sem nenhum contato?

AJ – Pensava que não ia entrar em contato com o branco. Como não tinha mais como esconder, o pessoal teve contato.

GU – E vocês tiveram conflito com outros indígenas?

AJ – Sim, com o Apurinã. Ele veio junto com o garimpeiro.

GU – Você tem algum sonho?

AJ – Fazer uma maloca.

GU – Mas por que não constrói?

AJ – Porque não tem mais gente.

GU – Se pudesse mudar algo que fez no passado, o que seria?

AJ – Hoje em dia meu pensamento é que o Juma aumentasse mais. Como que não tem mais Juma? Para voltar atrás porque antigamente o Juma era mais feliz e hoje só tem eu. Penso como vai ficar daqui pra frente... *(junho, 2016)*

ACONTECEU

GERAL

ENCONTRO FORTALECE MOVIMENTO INDÍGENA

Os índios Katukina do Rio Biá apresentaram em um encontro, realizado no município de Jutaí, um etnomapeamento da região. Eles são os únicos do município com um Plano de Gestão Territorial, que expõe acordos internos entre as aldeias para a gestão dos recursos naturais da Terra Indígena do Rio Biá e suas mais importantes necessidades para compor uma agenda de negociações com parceiros, governamentais ou não. Atraíram a atenção de autoridades e parceiros locais, como extrativistas das UCs do entorno, que demonstraram bastante interesse em colaborar com as propostas. "A Associação dos Extrativistas da Resex do Rio Jutaí (Asproju) vai fazer o que estiver ao nosso alcance para escoar e apoiar a produção dos Katukina e outros povos indígenas", declarou Francisco da Cruz Freitas Nunes, presidente da Asproju. Produtos indígenas como vassoura de cipó-titica, óleo de copaíba e de andiroba representam hoje a maior parte do volume comercializado pela associação. "Nos últimos 4 meses, comercializamos 2.400 vassouras Katukina. Antes, o máximo que conseguíamos eram 400 por ano", completou. "Estamos, através deste documento, pedindo apoio para que tenhamos a nossa qualidade de vida", disse o tuxaua Kokama da aldeia Inglaterra, na Terra Indígena Estrela da Paz. *(A Crítica, 15/09/2011)*

GARIMPO AMEAÇA INDÍGENAS NO AMAZONAS

Lideranças indígenas do município de Jutaí, no interior do Amazonas, denunciaram que garimpeiros teriam invadido a TI Rio Biá e que a invasão foi facilitada por funcionários do DSEI - Médio Solimões, que atuam no Polo Sanitário Biá. Os garimpeiros teriam participado de uma reunião entre os Katukina da aldeia Boca do Biá e negociado a permanência no local, segundo as lideranças. De acordo com os indígenas que fizeram a denúncia, os garimpeiros estariam prospectando a região conhecida como 'Ressaca da Onça'. *(A Crítica, 19/09/2011)*

ISOLADOS SÃO IDENTIFICADOS EM ÁREA DE IMPACTO DE UHE

Expedição da Frente de Proteção Etnoambiental do Madeira, da Funai, confirmou a presença de índios isolados em uma área da Terra Indígena Katauixi/Jacareúba, no Amazonas, entre os municípios de Lábrea e Canutama, na divisa com Rondônia. A área onde sinais da presença de isolados foram encontrados fica a 30 quilômetros do canteiro de obras das hidrelétricas de Jirau e de Santo Antônio. A Funai baixou uma portaria reconhecendo a presença do grupo e restringindo o acesso ao local. O coordenador da FPEA Madeira, Rogério Vargas Motta, confirmou que há dois meses a expedição foi abordada por meio de assobios simulando sons de animais pelos índios isolados. Motta disse que as informações sobre a presença deste grupo já existia há 20 anos, mas somente agora é que os vestígios foram detectados. Há suspeitas de que pertençam ao mesmo grupo dos índios juma, cujos últimos remanescentes são apenas quatro pessoas. O coordenador de índios isolados da Funai, Leonardo Lenin dos Santos, disse ao portal que os trabalhos da FPEA Madeira vão ser intensificados. Segundo Motta, há outros indícios da presença de outros grupos isolados na região e não apenas este confirmado em 2011 pela FPEA. *(A Crítica, 26/12/2011)*

FALSO PASTOR É PRESO PELA POLÍCIA

A polícia do município de Canutama prendeu o falso pastor evangélico Antônio Alenquer Pereira Pontes, 47, que estava desaparecido há quase duas semanas com 14 indígenas da etnia paumari, da aldeia Crispim. A aldeia fica na região do município de Lábrea. A prisão aconteceu nesta sexta-feira (20) na comunidade Belo Monte, na calha do rio Purus. O grupo de indígenas levados por Pontes é formado por 14 e não 13 indígenas, como se acreditava anteriormente. Entre eles, sete têm menos de 18 anos. O sargento Lenildo Silva Mota, chefe da 18o Delegacia de Polícia de Canutama, que participou da captura, disse que Pontes já havia se estabelecido na comunidade, novamente usando o nome falso de Alexandre Campos. Na comunidade Belo Monte, segundo o sargento, Pontes havia convencido os membros de uma igreja evangélica que era, de fato, um pastor. Os indígenas estão abrigados na casa da parente de um dos indígenas, em Canutama. Eles deverão ser encaminhados para a sua aldeia quando uma equipe da Funai chegar ao município. *(E. Farias, A Crítica/AM, 21/01/2012)*

MULHERES INDÍGENAS CRIAM ASSOCIAÇÃO EM TAPAUÁ

Após uma mobilização que durou quase dois anos, aproximadamente 60 mulheres indígenas dos povos Deni, Paumari, Apurinã e Katukina criaram na região do médio rio Purus, a Associação das Mulheres Indígenas do Município de Tapauá (Amimt). A entidade é resultado de uma luta direcionada ao fortalecimento, conquista de espaço e participação nas discussões do movimento indígena naquela região do Estado do Amzonas. Eleita como primeira coordenadora da Amimt, Leonita Francisca da Silva, do povo Paumari, informa que a organização irá trabalhar com projetos que tratem das questões tradicionais e econômicas. "Teremos nossa primeira reunião no próximo dia 10, para elaborarmos o documento que iremos enviar à Seind e a outras instituições, que podem nos ajudar na elaboração dos projetos", informou Leonita. "Vamos visitar as vinte e seis aldeias para divulgar a Amimt e ouvir sugestões das comunidades, acrescentou a vice-coordenadora, Lidia Aiden Pereira, do povo Kokama. *(Portal Seind, 08/05/2013)*

JUIZ DÁ PRAZO PARA ÍNDIOS FICAREM EM CIDADE

Portaria assinada no dia 21 de fevereiro pelo juiz estadual Leoney Figliuolo Harraquian proíbe a venda de bebidas alcoólicas a indígenas e restringe a permanência deles no prazo máximo de 48 horas na cidade. A decisão vem causando críticas dos índios e sendo questionada por funcionários da Funai. O juiz adverte a Funai a providenciar o retorno dos indígenas, assim que estes receberem seus benefícios sociais na cidade, às suas aldeias em até dois dias sob pena de multa de R$ 100 mil. Os índios só poderão ficar mais tempo na cidade em casos de necessidade, como doenças. O juiz diz que sua medida foi tomada devido o "excessivo uso de bebida alcoólica por parte dos indígenas que chegam de suas comunidades a fim de receber seus benefícios (...)". Em Eirunepé vive uma população de cerca de cinco mil Kulina e Kanamari. As TIs estão localizadas a longas distâncias da cidade. De canoa ou embarcação de pequeno porte, as viagens levam no mínimo três dias. *(Elaíze Farias, Amazônia Real, 03/03/2014)*

PETROBRAS DEVE RETIRAR BALSAS DO ENTORNO DE TIS

A Funai informou que recomendou a suspensão das atividades de navegação de balsas da Petrobras na bacia do rio Tapauá, afluente do rio Purus, região que fica no entorno de terras indígenas no Amazonas. Segundo a Funai, apesar das atividades da Petrobrás estarem distantes mais de 100 quilômetros das TIs, há de se considerar que as balsas estão margeando as reservas. Isto ocorre especialmente em área do rio compreendida entre as Terras Indígenas do Lago Manissuã e Paumari do Lago Paricá. A terra indígena Paumari é a que fica mais próxima da área onde a Petrobrás iniciou as atividades de prospecção em fevereiro passado. Na nota enviada pela assessoria de imprensa, o órgão diz ainda que, após reunião com a Petrobras, a empresa disse que se trata de perfuração em solo para verificar uma estrutura mapeada em pesquisa sísmica anterior. *(Elaíze Farias, Amazônia Real, 17/03/2014)*

Representantes dos Apurinã, Paumari e Jamamadi, vinculados à Focimp, são recebidos em Brasília pelo então presidente da Funai, João Pedro Gonçalves, para apresentar suas experiências em gestão territorial e ambiental nas TIs do Médio Purus.

JUSTIÇA DETERMINA SAÍDA DE OCUPANTES NÃO INDÍGENAS DE TERRA JAMINAWA

A Justiça Federal atendeu ao pedido do MPF/AM em ação de reintegração de posse e determinou, em medida liminar, a retirada de três não indígenas da colocação São Paulino, uma área tradicionalmente ocupada por índios Jaminawa no município de Boca do Acre. O MPF fez novo pedido de liminar à Justiça na ação que já tramita desde 2012 após visitar o local, em novembro de 2013, e constatar que três ocupantes não indígenas chegados a cerca de três anos na área não possuem relação diferenciada com a terra, a exemplo dos pequenos produtores que convivem harmonicamente com os Jaminawa. Segundo relatos, eles estariam impondo restrições quanto à área de roçado e de acesso à água dos igarapés aos indígenas e impedindo a circulação dos indígenas em áreas onde anteriormente realizavam caça. A área encontra-se em processo de demarcação desde 2004, atualmente em fase de estudos. *(MPF/AM, 24/10/2014)*

APURINÃ FAZEM MUTIRÃO NA TI CAITITU

O povo Apurinã, da TI Caititu, trabalha desde o ano passado com sistemas agroflorestais, que é o uso e o manejo da terra e uma imitação da cobertura vegetal da floresta. Das 22 aldeias da TI Caititu, quatro foram escolhidas para receber essa ação do projeto Raízes do Purus, realizado pela Operação Amazônia Nativa (Opan), com patrocínio da Petrobras. Durante o mutirão, as aldeias Novo Paraíso, Nova Esperança II, Tucumã e Idecorá, receberam 16 variedades de mudas, somando 490 mudas por aldeia, dentre as quais: castanha, cerejeira, cacau, cedro, mogno, graviola, laranja, coco anão, etc. Também foram distribuídas 20 variedades de sementes, totalizando 23 quilos de sementes por aldeia. *(C. Ninos, Opan, 18/11/2014)*

FUNAI PEDE ANULAÇÃO DE ADOÇÃO DE MENINA JUMA

O TJ de Rondônia destituiu em sentença o poder familiar de pais indígenas de uma adolescente, justificando que eles se mostram civilizados em fotografias quando consentiram com a adoção da menina para um casal de missionários da Jocum. Em entrevista a mãe Borehá Juma disse que entregou a menina ao casal, em 2006, quando ela estava com sete anos de idade para estudar em Porto Velho, mas não a recebeu de volta, apesar de inúmeros pedidos feitos aos missionários. Em 2013, a Funai ingressou com uma ação rescisória pedindo a anulação da adoção. Na ação, diz que a adoção ocorreu de forma "demasiadamente" simplificada, sem onbservânica da legislação de regência, notadamente quanto à necessária participação do órgão federal indigenista em todos os atos processuais, bem como à realização de estudo de cunho antropológico, psicológico e social". O índio é índio quando assim se reconhece e é reconhecido pelos seus pares. Não há portanto, índio civilizado ou índio selvagem. Apenas índio (sic). A adoção não ocorreu pelo "tipo de índio" que os pais biológicos são, mas por interpretação equivocada tanto pelo juízo de primeiro grau, quanto pelo TJ de Rondônia", afirma a Procuradoria da Funai, em nota. *(Amazonia Real, 23/04/2015)*

ENTIDADES RELIGIOSAS SÃO PROIBIDAS DE EXIBIR VÍDEO SOBRE ZURUAHÃ

O MPF em Brasília pediu que a Justiça proíba a veiculação do documentário Hakani - A história de uma sobrevivente. Para o órgão, o vídeo produzido por duas organizações religiosas pode incitar o ódio, aumentar o preconceito contra comunidades indígenas, além de configurar um abuso à liberdade de expressão. Produzido a partir do drama de Hakani, uma criança da tribo Suruwahá que foi adotada por um casal de missionários, o documentário trata do tema infanticídio. Os responsáveis pelo vídeo são as entidades Jocum Brasil e Atini: Voz pela Vida. A afirmação dos pais adotivos - que são os coordenadores de uma das entidades - é que a menina foi salva pelo irmão depois de ter sido enterrada viva. No pedido a ser analisado pela Justiça Federal, a produção é classificada como "mais um elemento da campanha difamatória em face dos índios brasileiros, bem como uma justificativa para a atuação religiosa e missionária das organizações em aldeias indígenas". A procuradora da República A. C. Alves Roman lembra que, ao ser disponibilizado via internet – no Youtube com link direto do canal oficial da Jocum –, o documentário gerou na população um sentimento de revolta em relação aos povos indígenas. A procuradora lembra ainda que, embora trate de uma simulação, a produção é capaz de confundir quem assiste ao vídeo. "O atores, todos indígenas, dão à produção um tom de verossimilhança capaz de confundir o telespectador, que acredita estar assistindo a um documentário e, portanto, pensa testemunhar um verdadeiro infanticídio", afirma em um dos trechos da ação. O pedido do MPF faz ainda uma referência ao posicionamento da Associação Brasileira de Antropologia (ABA) que já emitiu nota sobre o documentário. No texto, a entidade afirma que o filme é resultado da encenação de uma entidade fundamentalista norte-americana. "Não é uma campanha pró-vida, mas uma tentativa de criminalização das coletividades indígenas", classificou a ABA. *(MPF/DF, 11/05/2015)*

PETROBRAS DEVE INDENIZAR KULINA

O MPF/AM conseguiu na Justiça a condenação da Petrobras ao pagamento de indenização de R$ 100 mil ao povo Kulina que vive na TI Kumaru do Lago Ualá, no município de Juruá. Ao lado do Instituto de Proteção Ambiental do Amazonas - processado por omissão - a empresa foi condenada por causar danos ambientais às comunidades indígenas com a exploração de petróleo nas localidades de Porto Mário e Base Uarini, durante a década de 90. A juíza determinou que a indenização seja revertida em favor do próprio povo Kulina, com o rateamento do valor entre cada chefe de família, considerando o modelo de organização patriarcal adotado pela etnia. Indícios de contaminação do solo, de cursos d'água e lençóis freáticos por óleo, desmatamento sem a devida recuperação da área, fossas sépticas e esgotos saturados e materiais plásticos abandonados a céu aberto foram alguns dos danos deixados pela Petrobras nas duas localidades, situadas em área próxima a aldeias. Já com a ação em tramitação, duas perícias químicas, físicas e biológicas realizadas por ordem judicial, em 2003 e 2010, confirmaram tecnicamente a contaminação dos lençóis freáticos, das águas superficiais e do solo. *(MPF/AM, 28/05/2015)*

SERVIDORES DA FUNAI E POLICIAIS ACUSADOS DE TORTURA

Funcionários da Funai em Tapauá (AM) e policiais da delegacia local estão sendo acusados de espancar e torturar M. P., de 16 anos de idade, para que ele confessasse o suposto assassinato de seu primo de 10 anos, que ficou desaparecido por oito dias e foi encontrado perdido na floresta. A denúncia foi encaminhada ao Ministério Público Federal (MPF) em Manaus. M. P. é indígena do povo Paumari. *(J. Roscha, Cimi, 17/07/2015)*

KAXARARI E KASSUPÁ

STF SUSPENDE DECISÃO QUE AMPLIA TI KAXARARI

Uma liminar do ministro Marco Aurélio Mello, do STF, suspendeu os trabalhos de revisão e ampliação da TI Kaxarari. Para Marco Aurélio há "evidente insegurança jurídica" no processo, com "potencial risco de conflito fundiário entre índios e produtores rurais". Em 2008, o MPF entrou com uma ação na Justiça pedindo o aumento do território, alegando que a demarcação anterior não atendeu à Constituição porque alguns grupos tradicionais ficaram fora da reserva. O pedido do MPF foi aceito pela Justiça Federal em Rondônia, que determinou à Funai a abertura de procedimento para ampliar a reserva. Em abril de 2012, a Funai criou grupo técnico para atuar na questão, mas o caso não andou. O MPF acionou mais uma vez a Justiça, e no início de setembro, a juíza da 5ª Vara Ambiental e Agrária de Rondônia, deu prazo de 30 dias para a Funai iniciar o processo de revisão da área. Essa decisão foi contestada no STF pelo município de Lábrea, que argumentou que a ampliação da área vai trazer sérios prejuízos econômicos para os produtores da área e para a população economicamente ativa da região. Marco Aurélio atendeu parcialmente o pedido do município, afastando os efeitos da portaria da Funai que instituiu os grupos de trabalho e a recente sentença que dava prazo para a apresentação das conclusões. O ministro ainda suspendeu os

---

GRANDE ENCONTRO DO POVO KANAMARI

Aconteceu, entre os dias 31 de maio e 8 de junho, nas aldeia Mamori e Barreiro, na TI Kanamari do rio Juruá, um grande Encontro do Povo Kanamari, provavelmente o único encontro nessas proporções que se tem notícia, desde a dispersão destes povos nos tempos do segundo ciclo da borracha. Sob o mote de encontro de Marinawas (xamãs da ayahuasca), o encontro reunião lideranças tradicionais, caciques, xamãs, cantadores, professores, agentes indígenas de saúde e jovens de 26 aldeias, inclusive oito representantes dos Tyohom-dyapa. As delegações vieram das bacias hidrográficas do Juruá, Javari, Terras Indígenas Vale do Javari, Mawetek e Kanamari do Rio Juruá. O Encontro foi promovido pela Associação Kanamari do Vale do Javari (AKAVAJA), juntamente com a Funai e Museu do Índio, em parceria com o CTI e apoio da Secretaria de Estado para os Povos Indígenas do Amazonas (Seind/AM). Durante os três primeiros dias do encontro as lideranças se reuniram para discutir sobre as questões mais prementes para o bem estar do povo e de seus territórios. A discussão sobre o atendimento à saúde, ponto de maior fragilidade em todas as aldeias, durou dois dias. A equipe do DSEI ouviu os problemas mais graves das aldeias, tais como falta de equipe atuando em área, ausência de aparelhos de radiofonia, falta de embarcações e combustível para remoção de pacientes, falta de diagnósticos assertivos e de medicamentos apropriados, ausência de atendimento nas aldeias do Rio Jutaí e tributários (onde também vivem os Tyohom-dyapa, de recente contato), e o alarmante índice de mortalidade infantil na região. Durante a discussão sobre a estrutura e funcionamento da Funai local, mais uma vez foram levantados pelos índios uma ampla lista de problemas, especialmente com relação à falta de fiscalização e monitoramento nas TIs, falta de um flutuante que sirva de porto seguro na beira do rio Juruá e falta de uma Casa de Apoio que possa hospedar os índios na cidade, evitando assim problemas recorrentes entre índios e não índios. No último dia de reunião foram discutidas educação escolar indígena e à gestão ambiental territorial. Os Kanamari criaram a Comissão Kanamari "Ohumahik Waman Nyama", formada por lideranças de todas as TIs, com o objetivo de trocar informações, fortalecer politicamente na defesa de seus direitos e de se organizarem para garantir a reprodução sócio-cultural do povo kanamari em seus territórios. Os três dias que se seguiram às reuniões foram dedicados à rituais tradicionais do Povo Kanamari, nos quais os sabedores, pajés, cantores e jovens puderam trocar conhecimentos, estreitar laços parentais e se divertir bastante. (Centro de Trabalho Indigenista, 07/07/2014)

processos administrativo e judicial que tratam sobre a questão até a decisão definitiva do STF. *(D. Zampier, STF, 28/09/2012)*

KAXARARI SE REÚNE COM MINISTRO DO STF

O procurador da República em Rondônia Raphael Bevilaqua e lideranças dos indígenas kaxarari se reuniram com o ministro do STF Marco Aurélio Mello. O objetivo do encontro foi conversar sobre a liminar concedida pelo magistrado que suspendeu os trabalhos de revisão da demarcação da terra indígena desse povo. O ministro ouviu as dificuldades enfrentadas pelas lideranças kaxarari e falou que analisará os fatos para dar andamento ao caso. *(MPF/RO, 24/10/2013)*

ARQUIVADA RECLAMAÇÃO SOBRE AMPLIAÇÃO DA TI KAXARARI

O ministro Marco Aurélio, do STF, negou seguimento à Reclamação ajuizada pelo Município de Lábrea (AM) contra decisão judicial que havia determinado a revisão e ampliação da TI Kaxarari, situada entre Lábrea (AM) e Porto Velho (RO). O município apontou descumprimento da decisão tomada no julgamento sobre a demarcação da Raposa Serra do Sol. Segundo explicou o ministro Marco Aurélio, no julgamento o Plenário "não sufragou o entendimento sobre o fato articulado" na reclamação do Município de Lábrea. Isso porque, pela decisão do Supremo, as salvaguardas fixadas no caso concreto da demarcação da TI Raposa Serra do Sol não foram estendidas para a demarcação de outras reservas. Com esses argumentos, o ministro negou seguimento ao pedido do Município e derrubou liminar por ele concedida para suspender as atividades da Funai que cumpriam a determinação de revisão e ampliação da reserva feita pelo juízo da 5ª Vara Federal Ambiental e Agrária de Rondônia. *(STF, 18/12/2013)*

IBAMA COMBATE EXPLORAÇÃO ILEGAL DE MADEIRAS NA TI

Fiscais do Ibama realizaram a apreensão de um caminhão toreiro, 18 toras de madeira (cem metros cúbicos) e cem litros de combustíveis na TI Kaxarari. A TI é alvo constante de invasão de madeireiros, que exploram ilegalmente madeiras nobres. Ao perceber a chegada da equipe de fiscalização, os madeireiros fugiram para a floresta. No caminhão, havia plaquetas utilizadas para identificar tocos e toras de áreas de planos de manejo florestal, o que indica haver um esquema de "esquentamento" das madeiras, que eram encaminhadas às serrarias da região. O infrator foi identificado e multado em R$ 17 milhões. Ele também responderá criminalmente à Justiça Federal por invasão de terra indígena e exploração ilegal de madeira. As toras serão doadas aos indígenas das aldeias Pedreira e Paxiúba, que as utilizarão para melhoria de suas moradias e construção de escolas e postos de saúde. *(Ibama, 06/04/2015)*

MENDES JÚNIOR E DNIT SÃO CONDENADOS A PAGAR INDENIZAÇÃO

O procurador da República Leonardo Sampaio ressaltou três recentes resultados positivos para os povos indígenas Kaxarari e Cassupá. O primeiro resultado é a condenação da Mendes Júnior Engenharia S/A e do Departamento Nacional de Estrada de Rodagem (atual DNIT) ao pagamento de indenização ao povo Kaxarari em valor acima de um milhão de reais. Durante o processo judicial, comprovou-se que Mendes Júnior e DNIT causaram danos ao meio ambiente; diminuição de área de caça; restrição à pesca causada por represamento de água; aumento de incidência de casos de doenças endêmicas. Isso se deu em razão da exploração de uma jazida por três anos para retirada de brita com o fim de execução de serviços de implantação e melhoramentos na BR-364. Em outra decisão judicial favorável aos indígenas Kaxarari, a União foi condenada a construir poços artesianos nas aldeias Central, Nova e Buriti, a aperfeiçoar os poços das aldeias Pedreira, Barrinha Paxiúba e Marmelinho, e a instalar placas de energia solar para o funcionamento das bombas hidráulicas. O terceiro resultado positivo aos indígenas foi a condenação de um jornalista e dois proprietários de sites de notícias por crime de discriminação contra os indígenas Cassupá. A condenação foi devido a uma publicação de nota em coluna jornalística sobre a morte de um indígena Cassupá após colisão de sua motocicleta com um ônibus. O título da nota era "Bem Feito" e o texto trazia opinião considerada preconceituosa e que incitava à discriminação. *(MPF/RO, 15/04/2015)*

INSS DEVE CONCEDER SALÁRIO-MATERNIDADE ÀS MÃES MENORES DE 16 ANOS

O MPF/AM ingressou com ação na Justiça Federal para que o INSS deixe de exigir idade mínima de 16 anos para concessão do salário-maternidade às mulheres indígenas Kanamari, levando em conta as peculiaridades socioculturais da etnia. No pedido liminar, requer ainda que o INSS seja obrigado a revisar todos os requerimentos de salário-maternidade das mulheres kanamari e conceda o benefício a todas que tiveram o pedido negado por não terem a idade mínima exigida pelo Instituto. O MPF pede à Justiça a confirmação da decisão liminar para impedir que nenhum novo pedido de salário-maternidade feito pelas mulheres kanamari seja negado por da idade e requer a condenação do INSS ao pagamento de R$ 100 mil por danos morais coletivos ao povo Kanamari. *(MPF/AM, 28/11/2012)*

ALDEIA SURUCUCU NA TI RIO BIÁ USA RADIOFONIA PARA COMUNICAR EMERGÊNCIAS

Há cerca de 10 dias a Opan instalou um sistema de radiofonia na aldeia Surucucu, inaugurando um tempo em que os moradores poderão se comunicar com mais agilidade. Nessa aldeia onde vivem nove famílias, alguns indígenas dizem que nunca receberam atendimento do DSEI Médio Solimões e afluentes, sediado em Tefé. Outros afirmam que houve visita há mais de 10 anos. Para chegar até o Polo ase Boca do Biá, na Terra Indígena Rio Biá, os Katukina da aldeia Surucucu, conhecida como Terra Alta, precisariam remar durante 15 dias. O DSEI Médio Solimões e Afluentes, já sinalizou que o trabalho vai ser feito e abrangerá o Surucucu. *(Dafne Spolti, Opan, 18/11/2015)*

7. Tapajós / Madeira

- Apiaká
- Apurinã
- Arara Vermelha
- Arapium
- Borari
- Cara Preta
- Jaraqui
- Jiahui
- Kanamari
- Kawaiwete (Kaiabi)
- Kumaruara
- Maraguá
- Maytapu
- Munduruku
- Mura
- Parintintin
- Pirahã
- Sateré Mawé
- Tapajó
- Tapuia
- Tenharim
- Torá
- Tupinambá
- Tupaiú
- Isolados

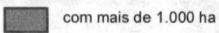

7. TAPAJÓS/MADEIRA

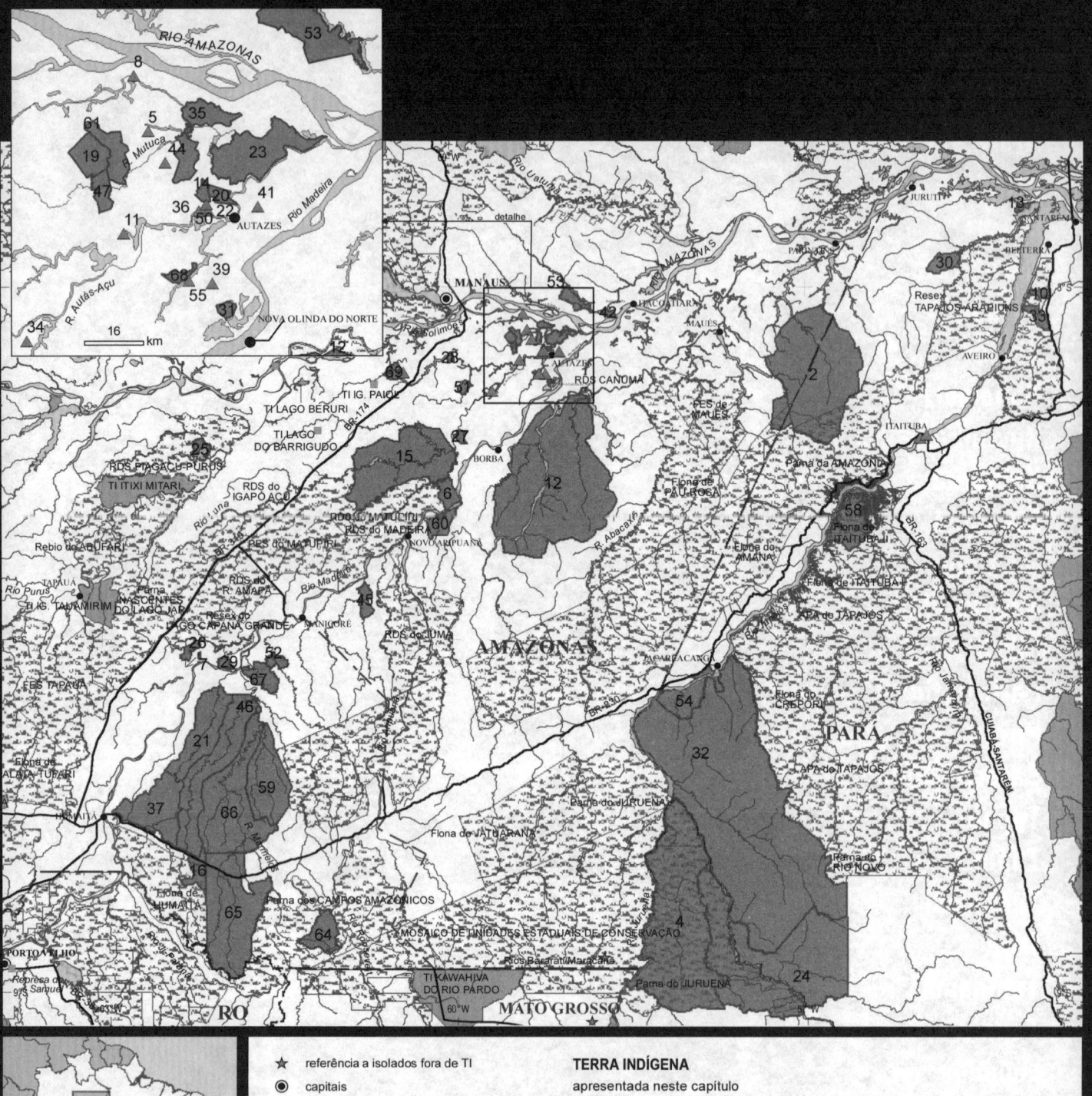

TAPAJÓS / MADEIRA
Terras Indígenas
Instituto Socioambiental - 14/02/2017

Nº Mapa	Terra Indígena	Povo	População (nº, fonte, ano)	Situação Jurídica	Extensão (ha)	Município	UF
s/l	Aldeia Beija Flor	Baré Kambeba Desana Marubo Mura Munduruku Sateré Mawé Tuyuka Tukano Borari	574 - Siasi/Sesai : 2014	DOMINIAL INDÍGENA. Lei 302 de 25/08/2008 publicado em 29/11/2008.	1.238	Rio Preto da Eva	AM
2	Andirá-Marau	Sateré Mawé	13.350 - CGTSM : 2014	HOMOLOGADA. REG CRI E SPU. Decreto 93.069 de 06/08/1986 publicado em 07/08/1986. Reg. CRI do município e comarca de Parintins (30.994 ha) Mat.1.888, Liv.2 G Fl 141 em 10/02/87. Reg. CRI do município e comarca de Barreirinha (143.044 ha) Mat. 266, Liv. 2-B, Fl 89 em 16/02/87. Reg. CRI do município de Aveiro e comarca de Itaituba (115.253 ha) Mat. 3.060, Liv.2-G, Fl 29 em 26/02/87. Reg. CRI do município e comarca de Itaituba (350.615 ha) Mat. 3.059, Liv. 2-G, Fl 28 em 26/02/87. Reg SPU PA-07 em 07/05/87. Reg SPU RR-160 Fl 359 em 01/05/87.	788.528	Barreirinha Maués Parintins Aveiro Itaituba	AM/PA
s/l	Aningalzinho	Tupaiú		EM IDENTIFICAÇÃO. Portaria 777 de 04/07/2008 publicado em 09/07/2008.		Santarém	PA
4	Apiaká do Pontal e Isolados	Apiaká Munduruku Isolados Apiaká	262 - Siasi/Sesai : 2013	IDENTIFICADA/APROVADA/FUNAI. SUJEITA A CONTESTAC. Despacho 14 de 19/04/2011 publicado em 20/04/2011.	982.324	Apiacás	MT
5	Apipica	Mura	488 - Siasi/Sesai : 2013	HOMOLOGADA. REG CRI E SPU. Decreto s/n de 05/05/2003 publicado em 06/05/2003. Reg CRI mun icipio Careiro da Várzea, Comarca idem (63.358 ha) Mat.957 Lv.2 em 30/06/2003. Registrada SPU, certidão n. 33, de 26/01/2004.	652	Careiro da Várzea	AM
6	Arary	Mura	200 - GT/Funai : 2002	HOMOLOGADA. REG.CRI Decreto s.n. de 17/12/2015 publicado em 18/12/2015.	40.548	Borba	AM
7	Ariramba	Mura	73 - Funai : 1996	HOMOLOGADA. REG CRI E SPU. Decreto s/n de 11/12/2001 publicado em 12/12/2001. Reg. CRI no município de Manicoré, matr. 335, Lv. 2-B, fl. 35 em 05/10/2004. Reg SPU certidão n. 010 em 26/09/06.	10.357	Manicoré	AM
8	Boa Vista	Mura	54 - Funai/Manaus : 2010	HOMOLOGADA. REG CRI E SPU. Decreto s/n de 10/02/2003 publicado em 11/02/2003. Reg. CRI no município de Careiro, Comarca ide Careiro (133 ha) Matr.249 Lv 2-RG Fl 01 em 10/01/2001. Reg CRI no município de Careiro da Várzea , Comarca de Careiro (337 ha) Matr. 249 , Lv 2, em 09/09/2004. Reg. SPU Certidão n. 3 de 13/03/02.	337	Careiro da Várzea	AM
s/l	Borari/Alter do Chão	Borari		EM IDENTIFICAÇÃO. Portaria 776 de 04/07/2008 publicado em 09/07/2008.		Santarém	PA
10	Bragança/Marituba	Munduruku	231 - GT/Funai : 2008	DECLARADA. Portaria 567 de 11/05/2016 publicado em 12/05/2016.	13.515	Belterra	PA
11	Capivara	Mura	247 - Funai/Manaus : 2010	EM IDENTIFICAÇÃO/RESERVADA/SPI. Portaria 680 de 24/06/2008 publicado em 25/06/2008.	650	Autazes	AM
12	Coatá-Laranjal	Munduruku Sateré Mawé	2.484 - Funai/Manaus : 2010	HOMOLOGADA. REG CRI E SPU. Decreto s/n de 19/04/2004 publicado em 20/04/2004. Reg CRI no município de Borba, comarca de Borba (1.153.210 ha) Matr. n. 1.424, Liv 2-G Fl 59 em 26/05/04. Reg. SPU Certidão n. 31 de 20/01/2004.	1.153.210	Borba	AM
13	Cobra Grande	Arapium Tapajó Jaraqui	583 - GT Funai : 2008	IDENTIFICADA/APROVADA/FUNAI. SUJEITA A CONTESTAC. Despacho 55 de 25/09/2015 publicado em 29/09/2015.	8.906	Santarém	PA
14	Cuia	Mura	77 - Funai/Manaus : 2010	HOMOLOGADA. REG CRI E SPU. Decreto 309 de 29/10/1991 publicado em 30/10/1991. Reg. CRI no município e comarca de Autazes (1.322 ha) Matr. N. 531, Liv.2 B, Fl 191 em 26/02/92. Reg. SPU Certidão n. 010 E de 03/06/97.	1.322	Autazes	AM
15	Cunhã-Sapucaia	Mura	587 - Funai/Manaus : 2010	HOMOLOGADA. REG CRI. Decreto s/n de 01/11/2006 publicado em 03/11/2006. Reg CRI no município e comarca de Borba (431.410 ha) Matr.1.561, Liv.2-G, ficha 001 em 19/03/2007. Reg CRI Matr.n.1.171, Liv.2-F-RG, Fl 04 na comarca de Autazes.	471.450	Autazes Borba	AM
16	Diahui	Jiahui	115 - Siasi/Sesai : 2014	HOMOLOGADA. REG CRI E SPU. Decreto s/n de 27/10/2004 publicado em 28/10/2004. Reg CRI no município e comarca de Humaitá (47.354 ha) Matr. 1.618 . Liv 2-H, FL 180 em 25/04/05. Reg. SPU Certidão n. 003 em 09/06/06.	47.354	Humaitá	AM
s/l	Escrivão	Maytapu Cara Preta		EM IDENTIFICAÇÃO. Portaria 773 de 04/07/2008 publicado em 09/07/2008.		Aveiro	PA
18	Fortaleza do Castanho	Mura	83 - Funai/Manaus : 2010	HOMOLOGADA. REG CRI E SPU. Decreto s/n de 05/05/2003 publicado em 06/05/2003. Reg CRI no município e comarca de Manaquiri (2.756 ha) Matr.2,756 Liv2-RG, ficha 13 em 10/07/03. Reg. SPU Certidão n. 24 de 25/09/03.	2.756	Manaquiri	AM
19	Gavião	Mura	115 - Funai/Manaus : 2010	HOMOLOGADA. REG CRI E SPU. Decreto 305 de 29/10/1991 publicado em 30/10/1991. Reg. CRI no município e comarca de Careiro (8.611 ha) Matr. 29 Lv 2 RG Fl 01 em 06/05/97. Reg. SPU Certidão n. 17 de 09/08/02.	8.611	Careiro da Várzea	AM
20	Guapenu	Mura	527 - Funai/Manaus : 2010	EM IDENTIFICAÇÃO/RESERVADA/SPI. Portaria 681 de 24/06/2008 publicado em 25/06/2008.	2.450	Autazes	AM
21	Ipixuna	Parintintin	64 - IBGE : 2010	HOMOLOGADA. REG CRI E SPU. Decreto s/n de 03/11/1997 publicado em 04/11/1997. Reg. CRI no município e comarca de Humaitá (215.362 ha), Matr. 2.527 Kv 2-I Fl. 272 em 28/07/98. Reg. SPU Certidão n. 5 de 24/08/01.	215.362	Humaitá	AM

TAPAJÓS / MADEIRA
Terras Indígenas (continuação)
Instituto Socioambiental - 14/02/2017

Nº Mapa	Terra Indígena	Povo	População (nº, fonte, ano)	Situação Jurídica	Extensão (ha)	Município	UF
22	Itaitinga	Mura	25 - Funai/Manaus : 2000	HOMOLOGADA. REG CRI. Decreto s/n de 05/05/2003 publicado em 06/05/2003. Reg CRI no município e comarca de Autazes (135 ha) Matr.n. 882, Liv . 2 -D, Fl 182 em 17/09/2003. Ofício ao SPU n. 884/DAF de 05/12/03.	135	Autazes	AM
23	Jauary	Mura	337 - Siasi/Sesai : 2014	IDENTIFICADA/APROVADA/FUNAI. SUJEITA A CONTESTAC. Despacho 746 de 05/10/2012 publicado em 10/10/2012.	24.831	Autazes	AM
24	Kayabi	Apiaká Kaiabi Munduruku	768 - Siasi/Sesai : 2013	HOMOLOGADA. Decreto s.n. de 24/04/2013 publicado em 25/04/2013.	1.053.257	Apiacás Jacareacanga	MT PA
25	Lago Aiapuá	Mura	623 - IBGE : 2010	HOMOLOGADA. REG CRI E SPU. Decreto s/n de 12/08/1993 publicado em 13/08/1993. Reg. CRI no município e comarca de Beruri (24.866 ha) , Matr. 075, Liv. 2-RG, Fl. 40V em 09/12/94. Reg. SPU Cert. n.001 em 17/11/1995.	24.866	Anori Beruri	AM
26	Lago Capanã	Mura	197 - IBGE : 2010	HOMOLOGADA. REG CRI E SPU. Decreto s/n de 11/12/2001 publicado em 12/12/2001. Reg. CRI no município e comarca de Manicoré (6.321 ha) Matr. n. 326, Lv. 2-B/RG, fl. 16 em 10/11/2003. Reg. SPU-AM Certidão n. 30 de 19/10/2004.	6.321	Manicoré	AM
27	Lago do Limão	Mura	115 - Siasi/Sesai : 2014	DECLARADA. Portaria 563 de 10/05/2016 publicado em 12/05/2016.	8.210	Borba	AM
28	Lago do Marinheiro	Mura	75 - Funai/Manaus : 2010	HOMOLOGADA. REG.CRI Decreto s.n. de 05/06/2012 publicado em 06/06/2012.	3.586	Careiro	AM
29	Lago Jauari	Mura	187 - IBGE : 2010	HOMOLOGADA. REG CRI. Decreto s/n de 27/10/2004 publicado em 28/10/2004. Reg. CRI no município e comarca de Manicoré (12.023 ha) matr. 1.614, lv. 2-2, fl. 284 em 29/11/2004. Ofício n. 094/DAF solicita ao SPU-AM o registro do próprio nacional. (por meio do ofício 147/GRPU/AM, foi solicitado a correção do nome de um igarapé que faz parte do memorial descritivo, enquanto isso a GRPU não pode realizar o cadastro da TI.)	12.023	Manicoré	AM
30	Maró	Arapium Borari	239 - GT/Funai : 2008	IDENTIFICADA/APROVADA/FUNAI. SUJEITA A CONTESTAC. Despacho 107 de 07/10/2011 publicado em 10/10/2011.	42.373	Santarém	PA
31	Miguel/Josefa	Mura	448 - IBGE : 2010	HOMOLOGADA. REG CRI E SPU. Decreto s/n de 20/04/2001 publicado em 23/04/2001. Reg. CRI no município e comarca de Autazes (1.628 ha) Matr. 856 Lv 2-RG Fl 154 em 19/03/02. Reg. SPU Certidão n. 10 de 20/05/02.	1.628	Autazes	AM
32	Mundurucu	Apiaká Munduruku	6.518 - Siasi/Sesai : 2012	HOMOLOGADA. REG CRI E SPU. Decreto s/n de 25/02/2004 publicado em 26/02/2004. Reg CRI no município de Jacareacanga, comarca de Itaituba (2.381.795 ha) Matr. n. 5.480 Liv 2-RG , Fl 01/02 em 28/04/2004. Reg. SPU Certidão n. 10 de 04/06/04.	2.381.800	Itaituba Jacareacanga	PA
33	Munduruku-Taquara	Munduruku	171 - GT/Funai : 2008	DECLARADA. Portaria 568 de 11/05/2016 publicado em 12/05/2016.	25.323	Belterra	PA
34	Muratuba	Mura	##############	EM IDENTIFICAÇÃO. Portaria 680 de 24/06/2008 publicado em 25/06/2008.	0	Autazes	AM
35	Murutinga/Tracajá	Mura	1.534 - Siasi/Sesai : 2014	DECLARADA. Portaria 483 de 20/04/2016 publicado em 22/04/2016.	13.286	Autazes	AM
36	Natal/Felicidade	Mura	118 - IBGE : 2010	HOMOLOGADA. REG CRI E SPU. Decreto de 29/10/1991 publicado em 30/10/1991. Reg. CRI no município e comarca de Autazes (313 ha), Matr. 533, Livro 2B, Folha 191 em 25/02/92. Reg.SPU Cert.n.012 de 16/06/97.	313	Autazes	AM
37	Nove de Janeiro	Parintintin	206 - Funai/Madeira : 2010	HOMOLOGADA. REG CRI E SPU. Decreto s/n de 03/11/1997 publicado em 04/11/1997. Reg. CRI no município e comarca de Humaitá (228.777 ha), Matr. 2.528 Lv 2-I Fl 274 em 28/07/98. Reg. SPU Certidão n. 4 de 14/08/01.	228.777	Humaitá	AM
s/I	Pacovão	Mura		EM IDENTIFICAÇÃO. Portaria 1.039 de 04/11/1999 publicado em 09/11/1999.		Borba	AM
39	Padre	Mura	22 - Funai : 2003	HOMOLOGADA. REG CRI E SPU. Decreto s/n de 05/05/2003 publicado em 06/05/2003. Reg CRI no município e comarca de Autazes (391 ha) Matr.747 liv 2-RG Fl 48 em 22/01/1997. Reg. CRI no município e comarca de Autazes (797 ha) Av 1.0747 Lv. 2-D Fl. 48 em 17/09/2003. Reg. SPU Cert. n. 13 em 19/06/97. (ref. área de 391 ha) Reg. SPU Cert. n. 27 de 21/06/04.	797	Autazes	AM
s/I	Pantaleão	Mura		EM IDENTIFICAÇÃO. Portaria 471 de 06/04/2010 publicado em 07/04/2010.		Autazes	AM
41	Paracuhuba	Mura	134 - IBGE : 2010	HOMOLOGADA. REG CRI E SPU. Decreto 310 de 29/10/1991 publicado em 30/10/1991. Reg. CRI no município e comarca de Autazes(927 ha) , Matr. 530, Liv. 2-B, Fl. 191 em 25/02/92. Reg. SPU Cert. n. 011 de 06/06/97.	927	Autazes	AM
42	Paraná do Arauató	Mura	103 - Funai/Manaus : 2010	HOMOLOGADA. REG CRI E SPU. Decreto s/n de 27/10/2004 publicado em 28/10/2004. Reg CRI no município e comarca de Itacoara (5.915 ha) Matr. 13.370, Lv 2/RG Fl 01 em 15/03/2005. Reg SPU Certidão n. 44 em 26/09/2005.	5.915	Itacoatiara	AM
44	Patauá	Kanamari Mura	47 - GT/Funai : 1998	HOMOLOGADA. REG CRI E SPU. Decreto s/n de 05/05/2003 publicado em 06/05/2003. Reg CRI no município e comarca de Autazes (615 ha) Matr. 881 Liv 2-D Fl 181 em 17/09/2003. Registro SPU certidão n. 34 de 29/01/2004.	615	Autazes	AM
45	Pinatuba	Mura	608 - IBGE : 2010	HOMOLOGADA. REG CRI E SPU. Decreto s/n de 10/12/2001 publicado em 11/12/2001. Reg. CRI do 2o. Ofício no município e comarca de Manicoré,(29.564) Matr. 351, lv. 2-B, fl. 51 em 25/07/2005. Reg SPU Certidão n. 005 17/07/2006.	29.564	Manicoré	AM
46	Pirahã	Pirahã	592 - Siasi/Sesai : 2014	HOMOLOGADA. REG CRI E SPU. Decreto s/n de 03/11/1997 publicado em 04/11/1997. Reg. CRI no município e comarca de Humaitá (229.777 ha) Matr. 2.528 Liv. 2-I Fl. 274 em 28/07/98. Reg SPU Certidão n. 6 de 11/09/01.	346.910	Humaitá	AM
47	Ponciano	Mura	225 - Siasi/Sesai : 2014	DECLARADA. Portaria 2084 de 11/12/2015 publicado em 14/12/2014.	4.329	Autazes Careiro da Várzea	AM

TAPAJÓS / MADEIRA
Terras Indígenas (continuação)
Instituto Socioambiental - 14/02/2017

Nº Mapa	Terra Indígena	Povo	População (nº, fonte, ano)	Situação Jurídica	Extensão (ha)	Município	UF
48	Praia do Índio	Munduruku	125 - Funasa : 2010	RESERVADA. Lote demarcado pelo INCRA em 1986, no Projeto Fundiário Cachimbo, lote 739, Gleba Arraia (FUNAI/BELEM).	28	Itaituba	PA
49	Praia do Mangue	Munduruku	168 - Funasa : 2010	RESERVADA. Lote demarcado pelo INCRA no projeto Fundiário Cachimbo, lote 738, Gleba Arraia (FUNAI/BELEM).	30	Itaituba	PA
50	Recreio/São Félix	Mura	172 - IBGE : 2010	HOMOLOGADA. REG CRI E SPU. Decreto 295 de 29/10/1991 publicado em 30/10/1991. Reg. CRI no município e comarca de Autazes,(251 ha) Matr. 532, Liv. 2-B, Fl. 191 em 25/02/92. Reg. SPU Cert. n. 006 de 22/11/95.	251	Autazes	AM
51	Rio Jumas	Mura	211 - IBGE : 2010	HOMOLOGADA. REG CRI. Decreto s/n de 27/10/2004 publicado em 28/10/2004. Reg CRI no município e comarca de Careiro (9.462 ha) Matr. n. 522 Liv 2 Fl 01 em 07/12/2004. Oficio n. 602/DAF em 10/11/2005.	9.482	Careiro	AM
52	Rio Manicoré	Mura	221 - IBGE : 2010	HOMOLOGADA. REG CRI E SPU. Decreto s/n de 10/12/2001 publicado em 11/12/2001. Reg CRI no município e comarca de Manicoré (19.481 ha) Matr.356 Liv 2-B Fl 56 dm 12/12/2005. Reg SPU Certidão n. 001 em 08/01/2007.	19.481	Manicoré	AM
53	Rio Urubu	Mura	378 - Funai/Manaus : 2010	HOMOLOGADA. REG CRI E SPU. Decreto s/n de 27/10/2004 publicado em 28/10/2004. Reg. CRI no município e comarca de Itacoatiara, (27.354 ha) matr. 13.369, Lv. 2/RG, fl. 01 em 15/03/2005. Reg SPU Certidão n. 45 em 26/09/2005.	27.354	Itacoatiara	AM
54	Saí Cinza	Munduruku	1.739 - Siasi/Sesai : 2013	HOMOLOGADA. REG CRI E SPU. Decreto 393 de 24/12/1991 publicado em 26/12/1991. Reg. CRI no município e comarca de Itaituba (125.552 ha) Matr. 4.155 Liv. 2 Fl. 275 em 10/01/90. Reg. SPU Certidão n. 06 em 07/03/1989.	125.552	Jacareacanga	PA
55	São Pedro	Mura	93 - IBGE : 2010	HOMOLOGADA. REG CRI E SPU. Decreto s/n de 05/01/1996 publicado em 08/01/1996. Reg. CRI no município e comarca de Autazes,(726 ha) Matr. 314 Liv. 2-A Fl. 314 em 14/12/87. Reg. SPU Certidão n. 175, Livro 380 em 29/07/88.	726	Autazes	AM
s/I	Sawré Apompu (KM 43)	Munduruku		EM IDENTIFICAÇÃO. Portaria 1.096 de 23/09/2014 publicado em 24/09/2014.		Itaituba	PA
s/I	Sawré Juyubu (São Luiz do Tapajós)	Munduruku		EM IDENTIFICAÇÃO. Portaria 1.390 de 30/10/2012 publicado em 31/10/2012.		Itaituba	PA
58	Sawré Muybu (Pimental)	Munduruku	168 - Siasi/Sesai : 2014	IDENTIFICADA/APROVADA/FUNAI. SUJEITA A CONTESTAC. Despacho 28 de 14/04/2016 publicado em 19/04/2016.	178.173	Itaituba Trairão	PA
59	Sepoti	Tenharim	110 - IBGE : 2010	HOMOLOGADA. REG CRI. Decreto s/n de 27/10/2004 publicado em 28/10/2004. Reg CRI no município e comarca de Humaitá (289 ha) Matr. n. 1.619 Liv 2-H Fl 182 em 25/04/2005. Reg CRI no município e comarca de Manicoré (251.059 ha) Matr. 398 Liv 2-A Fl 98 em 17/01/2007.	251.349	Manicoré	AM
60	Setemã	Mura	198 - IBGE : 2010	HOMOLOGADA. REG.CRI. Decreto s.n. de 17/04/2015 publicado em 20/04/2015.	49.772	Borba Novo Aripuanã	AM
61	Sissaíma	Mura	296 - Siasi/Sesai : 2014	DECLARADA. Outros 482 de 20/04/2016 publicado em 22/04/2016.	8.780	Careiro da Várzea	AM
62	Tabocal	Mura	16 - Funai/Manaus : 2010	HOMOLOGADA. REG.CRI. Decreto s.n. de 17/12/2015 publicado em 18/12/2015.	907	Careiro	AM
64	Tenharim do Igarapé Preto	Tenharim	100 - Peggion : 2011	HOMOLOGADA. REG CRI E SPU. Decreto s/n de 19/04/2004 publicado em 20/04/2004. Reg. CRI no município e comarca de Novo Aripuanã (87.413 ha) Matr. 1.644, Lv.2-A, Fl. 245 em 30/09/04. Reg SPU Certidão n. 004 em 17/07/2006.	87.413	Novo Aripuanã	AM
66	Tenharim Marmelos (Gleba B)	Tenharim	393 - GT/Funai : 2002	HOMOLOGADA. REG.CRI. Decreto s.n. de 05/06/2012 publicado em 06/06/2012.	474.741	Humaitá Manicoré	AM
65	Tenharim/Marmelos	Tenharim	535 - Funai/Madeira : 2010	HOMOLOGADA. REG CRI. Decreto s/n de 05/01/1996 publicado em 08/01/1996. Reg. CRI no município de Manicoré (257.662 ha), Matr. 1.295, Liv. 2-4, Fl. 264 em 31/01/96. Reg. CRI no município de Humaitá, Matr. 2.458 Liv. 2-I Fl. 178 em 19/03/96. Ofício ao SPU n. 174/DAF em 19/03/96.	497.521	Humaitá Manicoré	AM
67	Torá	Apurinã Torá	326 - Siasi/Sesai : 2013	HOMOLOGADA. REG CRI. Decreto s/n de 27/10/2004 publicado em 28/10/2004.	54.961	Humaitá Manicoré	AM
68	Trincheira	Mura	251 - Funai/Manaus : 2010	HOMOLOGADA. REG CRI E SPU. Decreto 378 de 24/12/1991 publicado em 26/12/1991. Reg. CRI no município e comarca de Autazes, (1.624 ha) Matr. 288 Liv. 2-A, Fl. 313 em 14/12/87. Reg. SPU AM-174 em 29/07/88.	1.624	Autazes	AM
69	Vista Alegre	Mura	117 - Siasi/Sesai : 2014	IDENTIFICADA/APROVADA/FUNAI. SUJEITA A CONTESTAC. Portaria 424 de 30/07/2012 publicado em 01/08/2012.	13.206	Careiro Manaquiri	AM

MUNDURUKU

Queremos Respeito, Estamos Defendendo a Vida[1]

Jairo Saw | Munduruku, historiador, liderança do Movimento Munduruku Ipereg Ayu

SERÁ QUE O MUNDO VAI PERMITIR ESSE GENOCÍDIO QUE ESTÁ SENDO ANUNCIADO COM A DECISÃO DO GOVERNO BRASILEIRO DE CONSTRUIR GRANDES HIDRELÉTRICAS NA REGIÃO AMAZÔNICA, CAUSANDO IMPACTOS IRREVERSÍVEIS PARA TODA A HUMANIDADE?

Somos povos nativos da floresta Amazônica, existimos desde a origem da criação do mundo, quando o Karosakaybu nos transformou do barro (argila) e nos soprou com a brisa do seu vento, dando a vida para todos nós. Desde o princípio conhecemos o mundo que está ao nosso redor e sabemos da existência do *pariwat* (não índio), que já vivia em nosso meio. Éramos um só povo, criado por Karosakaybu, criador e transformador de todos os seres vivos na face da Terra: os animais, as florestas, os rios e a humanidade. Antes, outros povos não existiam, assim como os *pariwat* não existiam.

O *pariwat* foi expulso do coração da Amazônia, devido ao seu pensamento muito ambicioso, que só enxergava a grande riqueza material. Portanto, a sua cobiça, a sua ganância, a sua ambição, o seu olho grande despertou o grande interesse econômico sobre o patrimônio que estava em seu poder. Não pretendia proteger, guardar, preservar, manter intactos os bens comuns, o maior patrimônio da humanidade, e isso despertou o seu plano de destruição da vida na Terra. Por isso, o Karosakaybu achou melhor tirar a presença do *pariwat* deste lugar tão maravilhoso, onde há sombra e água fresca.

Nossos ancestrais, no decorrer do tempo, nos transmitiram oralmente esses relatos sobre a vinda dos *pariwat*, oriundos de outro continente, a Europa. Contaram-nos que um dia chegariam a esse paraíso onde nós estamos. Hoje, podemos presenciar os fatos sendo consumados.

O *pariwat* chegou, depois de viajar pelo mundo em busca de especiarias, produtos, mercadorias. Foram ampliando a expedição, em busca de conhecer outro mundo ou outra terra. Viajavam em caravelas até chegar ao chamado "novo continente", que se

Guerreiros munduruku comemoram instalação de placa oficial pela Funai após identificação e delimitação da TI Sawre Muybu.

conhece hoje como continente americano, onde está o Brasil, desde o século XIV.

Nossos avós diziam que, quando os *pariwat* chegassem até o nosso território, eles iriam tomar nossas terras, nossas mulheres, nossas crianças. Iriam nos matar, não nos poupariam vidas para possuir tudo aquilo que nos pertence: a nossa riqueza, os bens que possuímos, incluindo a nossa cultura, a forma como vivemos.

Invadiram nossa terra, muitos de nossos parentes foram massacrados, assassinados, foram submetidos à tortura e foram usados nos trabalhos forçados, servindo de mão de obra escrava.

Já no século XXI, na era contemporânea, continuamos sendo oprimidos, como nos tempos passados. Apesar de termos alcançado várias conquistas e garantido nossos direitos específicos e diferenciados na Constituição Federal ainda assim esses direitos não são respeitados e reconhecidos. Hoje se utilizam do poder para impor o lema do "progresso e desenvolvimento", a base da bandeira nacional: "ordem e progresso". Tudo em nome do capital.

No primeiro momento, o objetivo era seguir exatamente como está escrito no símbolo da bandeira: pôr em ordem, organizar a política da sociedade civil. As leis estão organizadas desde o princípio, elas não devem ser mudadas, o que se deve fazer é cumprir e obedecer.

Nós, Munduruku, obedecemos leis e, embora não se encontrem escritas em nenhum arquivo, as conhecemos há milhões de anos e até hoje cumprimos essas leis.

A natureza tem leis e devem ser obedecidas. Se nós violarmos suas regras, ela se vingará e sofreremos as conseqüências. As leis estão em ordem, não devem sofrer interferência alguma.

Os "civilizados" escreveram leis e, a despeito delas, usam o poder para oprimir as pessoas que julgam ter menos conhecimentos. Não reconhecem os seus direitos, chegam até a intimidar, a ponto de ficarem submissas. A razão é dada apenas por um indivíduo ou classe com maior poder econômico.

Os "civilizados" dariam bom exemplo de cidadão pleno e letrado para as pessoas humildes, porque a lei foi feita por causa das injustiças criadas pelos *pariwat* de outro continente. Justiça é saber o que é certo e o que é errado, sem favorecer a um ou a outro, a balança não deve pesar nem para a direita e nem para a esquerda.

Existe uma haste entre os dois pratos da balança e a justiça deve ser feita para o cumprimento da lei, deve ser obedecida e aplicada a quem tentar infringi-la. Então, ao surgir a lei escrita, ela desvendou os nossos olhos, passamos a enxergar as coisas erradas dos *pariwat* a nosso respeito. Os nossos direitos estão em jogo. Falam tanto a nosso respeito, somos tratados como empecilhos para o desenvolvimento econômico do país. Mas nós não somos contra o desenvolvimento, o que queremos é que sejamos respeitados e que nossos direitos como indígenas sejam reconhecidos. A Constituição diz que é dever do Estado proteger, demarcar os territórios, garantir a segurança, respeitar as formas próprias de organização social e as culturas diferenciadas, por isso queremos respeito. Até a nossa crença, a nossa religião deve levar em consideração o modo como vivemos.

Respeitamos sempre a natureza, ela é de suma importância para nós e é essencial para a vida no planeta. Nós estamos preocupados com o equilíbrio do clima, com as mudanças climáticas. Resta apenas uma parte da floresta que está dando vida ao planeta chamado Terra e a seus habitantes. Esta pequena parte tornou-se alvo da ganância do *pariwat*.

Nós percebemos que os países ricos querem levar o chamado "desenvolvimento" para o coração da Amazônia. Não levam em consideração os povos nativos desse continente, que estão aqui há milhares de anos. Estamos lutando, resistindo, protegendo com unhas e dentes esse nosso patrimônio, mas ninguém ouve nossos gritos de socorro em prol da vida no planeta. Sabemos que a vida dos *pariwat* também está em risco e não estamos apenas nos defendendo: estamos defendendo toda a vida, toda a biodiversidade.

Existem tantos cientistas que estudam os fenômenos da natureza e alguns devem estar percebendo as mudanças climáticas, dia após dia, ano após ano. Em outros países vemos as consequências dos impactos causados pela ação humana. As consequências estão sendo sentidas e estão fora da normalidade. A natureza está sofrendo alterações no seu funcionamento, que vão além da sua capacidade, ela já não está suportando a pressão causada pelos humanos.

Alguns exemplos dessa pressão são: poluição do ar produzida pelas grandes fábricas e indústrias, automóveis, desmatamento, explosão de dinamites, dentre outros. A natureza não consegue transformar o oxigênio para devolver para nós, porque a impureza do ar contaminado é maior do que a sua capacidade. O acúmulo de ar poluído torna-se pesado para as árvores. É notado isso claramente nas leis da física.

As árvores não conseguem absorver todo esse ar impuro. O peso do ar não é visto por nós, mas percebemos através do aquecimento. Em algumas regiões, o clima é seco e quente, geralmente as fontes de água secam, secam as relvas, assim como as folhas das árvores caem e os animais não conseguem encontrar abrigos e alimentos. Por falta de vegetação, o equilíbrio está ameaçado, colocando em risco a vida dos homens e dos animais. Não há mais vapores de água produzidos pelas árvores, pela manhã não há gotas de orvalho. Nas grandes cidades, o clima não é diferente. Para dizer a verdade, as pessoas estão sedentas, cansadas, querem sentir a brisa de ar frio pela manhã. No interior das casas, seja de noite ou de dia, o ambiente não é favorável, já é quente.

Outro fator de alto risco é o acúmulo de gás poluente, as fumaças das grandes queimadas, que chegam e se alojam na camada de ozônio. Muitas vezes chegam pouco a pouco de algumas regiões e outras vezes chegam em grandes quantidades, aumentando a extensão do volume de gás poluente, rompendo a barreira de proteção da filtração de raios solares em direção à terra. Nem podemos imaginar a causa disso.

Mulheres e crianças munduruku na Praça dos Três Poderes, Brasília, em protesto contra a construção de hidrelétricas no Tapajós.

Pode ser que digam que isso é o aquecimento global ou o efeito estufa, prejudicial à nossa saúde.

Todo mundo sente e vê os impactos dos fenômenos estranhos decorrentes da mudança da natureza. Em alguns países vemos terremotos, enchentes, secas, doenças, tsunamis, acidentes, maré alta, vulcões, chuvas com raios e trovoadas. Tudo isso é conseqüência causada pelas mãos dos homens. Eles estão desequilibrando o equilíbrio do ecossistema. Estão colocando em risco a vida da humanidade. O planeta todo vai ao caos.

Alguns estudiosos, como astrônomos, físicos, meteorologistas, que entendem de ciências naturais, podem explicar melhor cientificamente, tecnicamente e filosoficamente. A natureza tem uma lei. Ela age e faz acontecer tudo naturalmente, sem que o homem interfira.

Mas essa lei não é obedecida, é desobedecida. Dá pra entender que temos leis (Constituição) para nos punir. Do mesmo modo, a natureza nos pune. Temos capacidade além da natureza, mas nunca vamos entender as suas ações.

A Terra está sofrendo impactos, está sendo tirada a sua cobertura (vegetação), seu teto destruído (camada de ozônio), alterada a sua fonte de vida (água) e todas as formas de vida. A sua estrutura sólida, que é a base de sustentação das rochas, solos e águas, está sendo destruída com explosão de dinamites. O lençol freático, com a base rompida, poderá abrir frestas e a água potável poderá secar o seu leito. A rocha, após sofrer explosões, elas racham, se quebram, rompem, se afastam uma das outras. Ela não vai estar sólida.

Na superfície da Terra, quando é provocada a estrutura que sustenta a camada externa, com o tremor, a tendência da vida externa é sofrer impacto. Logo se abre a abertura numa determinada camada da terra, causando a erosão, a fratura da base subterrânea. Começa a encontrar um caminho para o fundo da terra, através das enxurradas penetram as águas potáveis, poderá secar a fonte de água doce, com rompimento das camadas de rochas.

Nosso receio é a liberação de gás prejudicial à vida dos seres humanos. O próprio vulcão inativo se ativará. Será um desastre não só para a Amazônia; o mundo todo sofrerá calado. Ao ser liberado o calor dos vapores do vulcão, quando a água penetrar pelo canal aberto até o manto, o calor através de vapores do contato com a água, o ar será aquecido, sendo prejudicial à vida existente no planeta terra.

Será que o mundo vai permitir esse genocídio que está sendo anunciado com a decisão do governo brasileiro de construir grandes hidrelétricas na região amazônica, causando impactos irreversíveis para toda a humanidade? É a vida na Terra que está em perigo e nós estarnos dispostos a continuar lutando, defendendo a nossa floresta e os nossos rios, para o bem de toda a humanidade. E vocês? Vocês estão dispostos a ser solidários nessa luta? *(outubro, 2014)*

NOTA

[1] Texto originalmente publicado no *blog* "Autodemarcação no Tapajós", em 19/10/2014.

TI SAWRE MUYBU

A Incômoda Existência

Maurício Torres | Cientista social, professor colaborador do PPGRNA/Ufopa

SÃO LUIZ DO TAPAJÓS FOI ANUNCIADA COMO A PRIMEIRA HIDRELÉTRICA AMAZÔNICA EM REGIÃO DE FLORESTA SEM OCUPAÇÃO HUMANA, DESCONSIDERANDO A EXISTÊNCIA DE INDÍGENAS E RIBEIRINHOS EM SUA ÁREA DE IMPACTO DIRETO. A META DE CONCLUIR O LEILÃO EM 2014 NÃO OCORREU SOBRETUDO POR CONTA DA RESISTÊNCIA DOS MUNDURUKU, QUE ATRASARAM O PROCESSO ATÉ QUE O CENÁRIO POLÍTICO-ECONÔMICO DO PAÍS MUDASSE DRASTICAMENTE. AINDA ASSIM, NADA ESTÁ SELADO

Em 2011, logo após a aprovação dos estudos de inventário do aproveitamento hidrelétrico do Tapajós, o povo Munduruku deu início a uma série de manifestações em oposição ao projeto, exigindo, desde o início, seu direito de ser ouvido, conforme especificado na Convenção 169 da Organização Internacional do Trabalho (OIT). Em novembro do mesmo ano, os então ministros da Secretaria Geral da Presidência da República e da Justiça, receberam diversas lideranças indígenas Munduruku, Kayabi, Kayapó e Apiaká em Brasília, e, em nome do governo, garantiram que manteriam um canal aberto de diálogo e que procederiam a regulamentação da Convenção nº 169 da OIT.

Entretanto, por outro lado do mesmo governo, membros do primeiro escalão de órgãos ligados ao Ministério de Minas e Energia (MME) – como Maurício Tolmasquin, então presidente da Empresa de Pesquisa Energética (EPE) – mantinham-se insistentes nas afirmações, amplamente divulgadas na imprensa, de que a planejada hidrelétrica de São Luiz do Tapajós, seria a primeira a ser construída em região não habitada ou em áreas da floresta amazônica onde não havia ocupação humana. Com isso, desconsiderava-se a existência de indígenas, ribeirinhos e camponeses que viviam na área de impacto direto da pretendida hidrelétrica.

Ou, talvez, fosse desconsiderada apenas sua humanidade. E, a tomar pelos fatos, o que pautava o governo federal era a versão da inexistência humana. Mostra disso foi que, quatro meses após a promessa de diálogo feita pelos ministros, um importante local sagrado para o povo Munduruku, a Cachoeira de Sete Quedas, foi dinamitada para viabilizar a construção da UHE Teles Pires, sem que houvesse qualquer vislumbre de consulta aos povos e comunidades tradicionais. Contudo, o povo Munduruku não se aquietou ante a privação de seus direitos e mobilizou uma árdua campanha contra os projetos hidrelétricos, com diversas ações, que envolveram desde a ocupação do canteiro de obras da UHE de Belo Monte, no rio Xingu, à detenção de pesquisadores envolvidos no licenciamento das barragens no Tapajós que invadiam o que os Munduruku reconhecem como seu território.

Em paralelo a isso, tramitava na Funai o processo de reconhecimento da Terra Indígena Sawre Muybu, em área que seria parcialmente alagada caso a hidrelétrica de São Luiz do Tapajós fosse levada adiante. Depois de esperar por vários anos pela publicação do Relatório Circunstanciado de Identificação e Delimitação (RCID), em fevereiro de 2013, em reunião na Funai, em Brasília, lideranças munduruku ouviram da presidência do órgão, o compromisso de que o documento seria publicado. Entretanto, a promessa acabou esbarrando no interesse barrageiro e nada aconteceu.

Em outubro de 2014, ao deferir parcialmente um pedido de liminar ajuizado pelo Ministério Público Federal (MPF), em Santarém, a Justiça Federal em Itaituba determinou um prazo de 15 dias para que a Funai publicasse o RCID de Sawre Muybu, visto que os argumentos do órgão para a demora careciam de razoabilidade e fundamentação válida, além de invocar uma genérica e vazia alegação de priorização das regiões Centro-Sul, Sudeste e Nordeste, de modo que os direitos dos indígenas fossem perpetuamente postergados. A decisão, entretanto, não foi cumprida e, poucos dias depois de sua publicação, o Tribunal Regional Federal da 1ª Região (TRF1) concedeu efeito suspensivo, isto é, sua suspensão temporária até o julgamento do recurso.

Apesar das alegações oficiais da Funai para não dar prosseguimento ao processo, em setembro de 2014, a então presidente interina do órgão, Maria Augusta Assirati, em reunião com lideranças munduruku realizada na sede da Funai, em Brasília, justificava que não havia cumprido o compromisso assumido com os índios em virtude das pressões do próprio Governo Federal, que antevia que o reconhecimento da TI inviabilizaria a construção da hidrelétrica de São Luiz do Tapajós. Afinal, a TI Sawre Muybu, situada na região da foz do rio Jamanxim no Tapajós, seria diretamente afetada pelos projetos de barramento, e, sem a publicação do RCID, a área sequer seria considerada de "ocupação tradicional indígena", apesar da sabida existência de indígenas no local. Afinal, conforme a regulamentação proposta na Portaria Interministerial n° 419/2011, apenas seriam consideradas Terras Indígenas "as áreas ocupadas por povos indígenas, *cujo RCID tenha sido aprovado por portaria da Funai e publicado no Diário Oficial da União*, ou áreas que tenham sido objeto de portaria de interdição expedida pela Funai em razão da localização de índios isolados" (grifo meu).

Em 1° de outubro daquele ano, nove dias depois desta tensa reunião com os Munduruku, a então presidente interina apresentou seu pedido de exoneração. Em sua primeira entrevista fora da Funai, concedida à jornalista Ana Aranha e publicada no portal da *Agência Pública*, em 27 de janeiro de 2015, Assirati revelou que as manobras para licenciar a hidrelétrica a obrigaram a descumprir compromissos assumidos e a não publicar o relatório que delimitaria a TI Sawre Muybu: "Nós tivemos que descumprir esse compromisso em razão da prioridade que o governo deu ao empreendimento. Isso é grave". Neste contexto, e entre idas e vindas a Brasília, os Munduruku decidiram ir para a ação. Em outubro de 2014, os "guerreiros munduruku", conforme seus termos, deram início à autodemarcação física de suas terras. Para eles, o maior desafio não era, propriamente, percorrer em meio à floresta, os mais de 200 quilômetros de perímetro a serem demarcados, mas sim experienciar o brutal saqueio de madeira e palmito de que a área é vítima. E, note-se, desde 1998, a área já era uma Unidade de Conservação, a Floresta Nacional de Itaituba II.

Porém, apesar de todas as dificuldades, a autodemarcação seguia e já pouco se esperava do governo quando, após a Câmara

TI SAWRÉ MUYBU CERCADA POR HIDRELÉTRICAS PLANEJADAS (ISA, 2016)

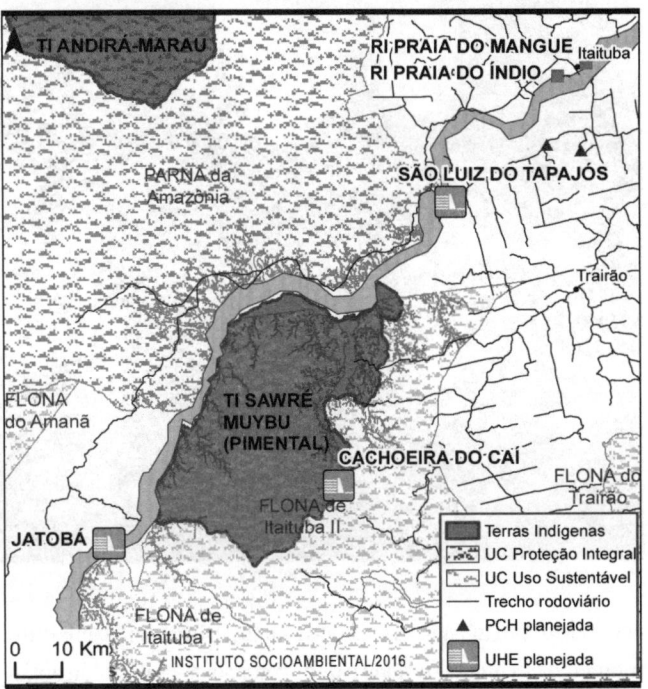

Cacique tupinambá Babau (ao centro) acompanha guerreiros munduruku na ocupação de Belo Monte.

Munduruku entregam ao representante do Governo Federal carta resposta à ordem de desocupação de Belo Monte.

Federal votar o afastamento da presidente Dilma Rousseff, num momento em que se rompeu o dito "governo de coalizão", o então presidente da Funai assinou o Despacho nº 28, aprovando o RCID de Sawre Muybu, publicado no *Diário Oficial da União* em 19 de abril de 2016. Meses depois, em 4 de agosto, o Ibama acabou arquivando o processo de licenciamento da planejada hidrelétrica de São Luiz do Tapajós. Entre os motivos do arquivamento, estava o alagamento da TI Sawre Muybu e a remoção forçada de aldeias, algo vedado constitucionalmente, senão por razões humanitárias excepcionais como epidemias ou outras catástrofes, mediante aprovação do Congresso Nacional.

MUNDURUKU, UM PROTAGONISMO DE BASTIDORES

Sem dúvida, foram muitos os fatores que atravancaram o barramento do rio, para viabilizar a UHE de São Luiz do Tapajós. Em primeiro lugar, a crise econômica que desde o final do primeiro mandato de Dilma Rousseff se agravava somada ao perfil do empresariado brasileiro que jamais gasta dinheiro próprio, sabendo que é bem melhor fazê-lo com dinheiro público. O recém-nomeado ministro da economia, Joaquim Levy, antes mesmo de assumir o cargo, já dava sinais de que não haveria mais tanto dinheiro para obras de infraestrutura, apontando para a guinada neoliberal, ocorrida a partir do início do segundo governo Dilma. Por outro lado, havia também o passivo da UHE Belo Monte, no Xingu, que se tornava cada vez mais indisfarçável e com um peso político cada vez maior sobre este que era o próximo megaempreendimento da lista do PAC.

Contava também o fato de que, ao contrário do que se passou com os povos do Xingu, no Tapajós a Justiça Federal obrigou taxativamente o Governo Federal a cumprir a lei e realizar a CLPI, conforme tanto exigiram os Munduruku, algo que não era tão simples, uma vez que o governo nunca o havia feito. E, por fim, a eclosão da Lava Jato, criando uma enorme crise política e desmascarando o esquema de corrupção que envolvia grandes empreiteiras e os megaempreendimentos públicos, pôs uma pá de cal nas pretensões imediatas do barramento de São Luiz do Tapajós.

A intenção do governo era que São Luiz do Tapajós estivesse leiloada já em 2014, antes de todos esses eventos. E o leilão só não ocorreu por conta da aguerrida resistência do povo Munduruku pelo seu território. Sua luta, articulada pelo movimento Ipereğ Ayũ, foi o grande e verdadeiro responsável por atrasar o processo de licenciamento e leilão da obra até que todo esse cenário político se alterasse. Ainda assim, nada está selado. O RCID de Sawre Muybu está no período administrativo do julgamento das contestações. Dentre os pedidos apresentados de impugnação a esta TI estão os do Ministério de Minas e Energia e do Consórcio Tapajós, grupo composto pela Eletrobrás e mais seis empresas, dentre as quais a empreiteira Camargo Corrêa e outras do setor elétrico. O interesse em desconstituir e negar o direito originário do povo Munduruku se traduz, literalmente, na intenção direta do barramento do Rio Tapajós. *(outubro, 2016)*

MOVIMENTO IPEREG̃ AYŨ

Habilidades de Quem Sabe se Defender

Rosamaria Loures — Engenheira-agrônoma, mestranda em Ciências Ambientais, Ufopa

Maurício Torres — Cientista social, professor colaborador do PPGRNA/Ufopa

FORMADO EM 2012, O MOVIMENTO MUNDURUKU IPEREG̃ AYŨ LIDEROU A OPOSIÇÃO À IMPLANTAÇÃO DE HIDRELÉTRICAS NO TAPAJÓS, ENTENDIDAS COMO A PRINCIPAL AMEAÇA AOS SEUS DIREITOS E TERRITÓRIOS. NO CERNE DE SUAS REIVINDICAÇÕES ESTÁ O DIREITO À CONSULTA LIVRE, PRÉVIA E INFORMADA, DESRESPEITADO PELO GOVERNO FEDERAL. PELA PRIMEIRA VEZ NA HISTÓRIA DO BRASIL, ESTUDOS DE IMPACTO AMBIENTAL FORAM CONDUZIDOS SOB ESCOLTA ARMADA

Na madrugada de 3 de julho de 2012, guerreiros e guerreiras munduruku derrubaram parte da parede da delegacia de polícia de Jacareacanga (PA). O ato era uma resposta ao assassinato de Lelo Akay Munduruku, ocorrido dez dias antes naquela cidade após roubarem as pepitas de ouro que ele levava no bolso. Com a "ação da delegacia", como viria a ficar conhecida, os Munduruku exigiam uma resposta ao crime.

Para muitos, esse foi o ato fundante do Movimento Munduruku Ipereg̃ Ayũ (MMIA) – ou, ao menos, o momento em que a organização de enfrentamento munduruku se alinhou em torno desta denominação. A partir daí, o MMIA seguiu se fortalecendo a cada novo ato e ganhando contornos mais precisos, ao colocar, no centro de suas discussões internas, a oposição às pretensões de implantação de hidrelétricas na região do Tapajós, ainda que não tenha se restringido a essa pauta. Ao contrário, a importância da resistência às barragens decorria do fato de representarem o que o MMIA entendia como a principal ameaça ao que seria, essa sim, sua razão de ser: o território e os direitos do povo Munduruku. Ao ser perguntado sobre o primeiro movimento de seu povo, Jairo Saw, um importante representante dos Munduruku, respondeu de pronto: "foi no contato com os brancos". E, de fato, os Munduruku sempre forjaram, desde tempos remotos, inúmeros movimentos em defesa de seus territórios, tanto contra outros povos indígenas quanto contra os não indígenas (*pariwat*). De modo que, para os integrantes do MMIA, "movimento" é uma tradição munduruku.

O MMIA também não foi o primeiro movimento contra projetos desenvolvimentistas que atropelavam seus direitos territoriais, e, tampouco, o primeiro contra as pretensões de barramento do Tapajós. Uma ata da assembleia do povo Munduruku de 1987, por exemplo, registrava: "Nós estivemos reunidos para debater vários assuntos do nosso interesse. Principalmente a represa do Rio Tapajós. Porque isso vai causar muitos problemas para a área munduruku. Tiveram (*sic*) 47 líderes das comunidades indígenas debatendo esse assunto. Esta barragem pode trazer muito dano para reserva, principalmente caças e o alagamento das florestas que são de grande utilidade para a lavoura. (...) Então por isso a comunidade Munduruku não aceita a construção dessa barragem nesse local. E por isso estamos pedindo ao governo para que não seja feita essa represa".

HISTÓRICO E SIGNIFICADOS DO IPEREG̃ AYŨ

Ipereg̃ ayũ, na língua Munduruku, pode significar 'o povo que sabe se defender', ou que 'não é fácil de enganar', ou, ainda, que 'não é fácil de pegar'. A organização social do MMIA foi estruturada em estreita conexão com a cosmologia munduruku, na medida em que mimetiza o grupo de guerreiros liderado por Karodaybi, o grande guerreiro-criador Munduruku, que havia escolhido os cinco mais hábeis guerreiros para sua proteção: Pukorao Pik

Pik, Pusuru kao, Waremucu Pak Pak, Surup Surup e Wakoburũ. Como o mito, o MMIA se organiza em cinco grupos, cada qual associado ao nome de um dos guerreiros de Karodaybi, sendo um deles (Wakoburũ) formado por mulheres guerreiras. Em cada um deles há um pajé na linha de frente, que "conserva o sagrado forte", para acompanhar o grupo. Sua importância vai da proteção espiritual que invoca aos guerreiros, ao uso de suas duas visões, que permitem ver para além do plano material. Os pajés são capazes de compreender para além, conseguem prever o que está por vir e o que pode lhes afetar. E, por apontar caminhos, são consultados nos diversos momentos e contextos do movimento.

As ações do MMIA são, também, momentos de reprodução ritualística. Canções são evocadas em ações de vigilância e disputa, como nas ocupações dos canteiros de obras da UHE Belo Monte (*ver adiante*). Os/As "cantores(as) munduruku" são importantes membros integrantes do MMIA, já que conhecem e bem entoam os cantos rituais munduruku, que têm o poder de enfraquecer o inimigo, entre muitas outras coisas.

TRAVESSIAS DE (R)EXISTÊNCIAS

Em uma das ações do MMIA, quando pararam o canteiro de obras de Belo Monte, os Munduruku ouviram de um cacique do povo Arara – que havia vivido a trágica experiência do "licenciamento cosmético" de Belo Monte – que, se quisessem impedir a construção das hidrelétricas no Tapajós, teriam que evitar a conclusão dos estudos. Os Munduruku o ouviram e decidiram resistir a todas as pesquisas efetivadas sem qualquer processo de consulta, como entendiam ter direito.

Em meio a esse conturbado processo de realização dos estudos para o licenciamento ambiental, em março de 2013, o Governo Federal editou o Decreto 7.957, que formalizou a participação da Força Nacional de Segurança Pública (FN) na escolta aos pesquisadores, a fim de garantir a realização dos estudos exigidos. No mesmo mês, foi iniciada a Operação Tapajós e enormes contingentes da FN, da Polícia Federal e da Polícia Rodoviária Federal, com forte aparato militar aéreo e terrestre, deslocaram-se ao Médio e Alto Rio Tapajós para escoltar os técnicos que iriam realizar os estudos de viabilidade do Complexo Hidrelétrico do Tapajós (CHT); uma verdadeira operação de guerra.

É importante lembrar que, em novembro de 2012, na TI Kayabi, Rio Teles Pires, o Governo Federal já havia deflagrado a polêmica e trágica Operação Eldorado, anunciada como um esforço de combate à garimpagem irregular, que foi entendida pelos Munduruku como uma forma de intimidação para viabilizar a implantação do Complexo Hidrelétrico do Tapajós. A truculenta e inesperada invasão da aldeia Teles Pires teve como principal saldo 19 indígenas feridos e o assassinato da uma liderança, Adenilson Kirixi Munduruku. Em 2013, a consequência direta foi um expressivo aumento da tensão entre os Munduruku e as tropas que escoltavam os autores da dita pesquisa, quando estas cercavam por dias seguidos as aldeias e comunidades beiradeiras, efetuando atos de violência, intimidação e forte pressão psicológica[1].

Esses ocorridos e o posicionamento do Governo Federal em não dialogar – embora estivesse sempre disposto a um simulacro de comunicação, por meio da Secretaria Geral da Presidência da República (SGPR) – concorreram para que os Munduruku, em 2013, acirrassem seus ímpetos de resistência. No cerne de suas reivindicações estava o direito de serem consultados nos termos da Consulta Livre Prévia e Informada (CLPI), pactuada pela Convenção 169 da OIT, da qual o Brasil é signatário. Ou seja, lutavam para que o próprio Governo Federal cumprisse a lei.

Estrategicamente, o MMIA entendeu que conseguiria maior repercussão política se ocupasse o canteiro de obras de Belo Monte. Parada a maior obra de engenharia do Programa de Aceleração do Crescimento (PAC) em andamento, certamente, o Governo não poderia ignorá-los. Maio e junho de 2013 foram dois meses em que os Munduruku, em analogia com suas expedições ancestrais, percorreram mais de 900 quilômetros de distância até o Rio Xingu. Fizeram duas ocupações no canteiro de obras da UHE Belo Monte; a primeira de 2 a 9 de maio, e a segunda de 27 de maio a 4 de junho. A entrada para ocupação dos canteiros foi pacífica e contou com cerca de 170 pessoas das etnias Munduruku, Juruna, Kayapó, Xipaya, Kuruaya e Arara, além de pescadores e ribeirinhos. Durante as duas ocupações manteve-se a mesma pauta, clara e anunciada por cartas e pronunciamentos, demonstrando que não estavam lá para negociar com os construtores de Belo Monte e, menos ainda, para apresentar uma lista de pedidos a serem atendidos, conforme destacaram em uma carta pública divulgada em 3 de maio de 2013:

> *Nós estamos aqui para dialogar com o governo. Para protestar contra a construção de grandes projetos que impactam definitivamente nossas vidas. Para exigir que seja regulamentada a lei que vai garantir e realizar a consulta prévia – ou seja, antes de estudos e construções! Por fim, e mais importante, ocupamos o canteiro para exigir que seja realizada a consulta prévia sobre a construção de empreendimentos em nossas terras, rios e florestas*[2].

Após inúmeras reuniões e pressões do Governo Federal para que uma comitiva de poucos Munduruku partisse para uma reunião em Brasília, a proposta do número restrito foi rejeitada pelo MMIA, apontando que só aceitariam a reunião com todos os 150 manifestantes e dois cachorros. E assim foi aceita a condição pelo Governo, que enviou dois aviões da Força Aérea Brasileira (FAB) para transportar todos os manifestantes. Uma vez em Brasília, o então ministro Gilberto Carvalho, entretanto, limitou-se a dizer que o Governo não abriria mão dos projetos de barramento no Rio Tapajós e, quanto à CLPI, afirmou que, embora a consulta prévia tivesse que ser ampla e devesse acolher sugestões, não haveria qualquer direito de veto. Assim, os representantes do MMIA decidiram retornar para o seu território na bacia do Tapajós e empreender outras formas de defesa.

Munduruku protestam em pista de pouso em Brasília contra a construção de hidrelétricas no Tapajós, Xingu e afluentes.

No final de junho, no retorno de Brasília, mais uma vez o MMIA se deparou com denúncias de pesquisadores empenhados com o licenciamento do CHT em território munduruku. Já não era a primeira vez: ao menos desde agosto de 2012, havia denúncias sobre pesquisas realizadas pelas empresas envolvidas com o licenciamento ambiental do CHT. A fim de apurarem as denúncias, o grupo realizou uma expedição e encontrou 25 pesquisadores contratados pela empresa Concremat para a realização dos estudos demandados para o licenciamento da hidrelétrica de Jatobá, também planejada para a região.

O Governo alegava que tais pesquisadores estavam fora da TI Munduruku formalmente demarcada. Por outro lado, o MMIA dizia que os estudos eram realizados em todo o curso do Tapajós, que integra o território munduruku. Chocavam-se, assim, concepções distintas do que seriam as terras e o território munduruku. Enquanto o governo sustentava que o território seria equivalente à terra estipulada por atos normativos, os Munduruku entendiam como seu território a porção tradicionalmente ocupada por eles e seus ancestrais. E, de fato, conforme o item 2 do artigo 13 da Convenção 169 da OIT, a alegação do movimento encontra base legal, pois o conceito de terra toma por referência o conceito de território, que "abrange a totalidade do habitat das regiões que os povos interessados ocupam ou utilizam de alguma outra forma". Nesse sentido, o local onde os pesquisadores foram encontrados era território munduruku, por ser em frente à pedra do Cantagalo, onde há pinturas rupestres que são fundamentais à sua cosmologia.

Então, os Munduruku abordaram a equipe de pesquisa, confiscaram seus materiais e detiveram três pesquisadores, de forma a garantir a atenção do Governo Federal. Dois dias após a captura dos pesquisadores, representantes da Funai de Brasília (falando também em nome da SGPR) estavam em Jacareacanga, prometendo, em praça pública, a imediata suspensão dos estudos e garantindo que sua continuidade estaria condicionada a realização da CLPI. Mediante essas condições, os pesquisadores foram soltos. Porém, confirmando a precariedade da palavra do Governo Federal empenhada com o MMIA, menos de um mês depois, o Ibama ratificou a autorização de pesquisa à Concremat, garantindo assim continuidade arbitrária dos estudos. A Concremat, então, retornou ao Tapajós tendo, de um lado, pesquisadores que se submetem a esse tipo de trabalho e, de outro, um aparato de guerra para constranger ou mesmo impedir à força a mobilização dos Munduruku. Daí em diante, todos os trabalhos de pesquisa foram realizados sob escolta da FN, que acompanhou cada um dos pesquisadores todo o tempo. Como fruto da resistência munduruku, tivemos, pela primeira vez na história do Brasil, estudos de impacto ambiental conduzidos sob escolta armada.

Com o arquivamento do processo de licenciamento do barramento planejado em São Luiz do Tapajós, o projeto de aproveitamento hidrelétrico de Jatobá será o próximo a ser protocolado pelo Governo Federal para a região. Será a próxima ameaça ao povo Munduruku, mas também, certamente, a próxima pauta de resistência. *(outubro, 2016)*

NOTAS

[1] Para mais, leia M. TORRES. 2014. "De seringais, gateiros e garimpos: o Alto Tapajós e suas gentes". In: Sousa Jr., Wilson Cabral de (org.). *Tapajós: hidrelétricas, infraestrutura e caos: elementos para a governança da sustentabilidade em uma região singular.* São José dos Campos: ITA/CTA.

[2] Esta carta e outros materiais podem ser acessados em: <https://ocupacaobelomonte.wordpress.com>.

MUNDURUKU

Ibaorebu, Educação que Empodera

André R.F. Ramos — Historiador e indigenista, Funai
Izabel Gobbi — Antropóloga, Funai

UMA EXPERIÊNCIA DE EDUCAÇÃO DIFERENCIADA VEM SE CONSTITUINDO COMO UM ESPAÇO PRIVILEGIADO PARA O EXERCÍCIO DA AUTONOMIA E DO PROTAGONISMO MUNDURUKU, CONTRIBUINDO PARA O ENFRENTAMENTO DAS GRANDES QUESTÕES VIVENCIADAS POR ELES NOS ÚLTIMOS ANOS

Em 2006, na aldeia Sai-Cinza (TI Sai-Cinza, Alto Tapajós, PA), caciques, pajés, parteiras, professores e professoras, sábios e sábias, velhos e jovens de várias aldeias se reuniram para discutir e encontrar caminhos sobre o tipo de Ensino Médio mais adequado à realidade de suas comunidades. Assim, começou o "Projeto Ibaorebu de Formação Integral Munduruku". Dos diferentes sentidos, dados pelos Munduruku, para a palavra *Ibaorebu*, um deles talvez seja o que melhor traduz a experiência que vem sendo realizada: a criação constante, que não termina, quase infinita. Trata-se de um processo de construção e valorização de conhecimentos voltados a uma formação que dialoga com os significados de "ser homem" e de "ser mulher" munduruku, ultrapassando os limites da escolarização e mantendo sempre a coerência com o eixo estruturante do "Projeto Cultura e Direitos do Povo Munduruku".

Realizado por meio da pedagogia da alternância, com etapas intensivas ou "tempo escola" (aulas presenciais) e etapas de acompanhamento ou "tempo comunidade" (momento de orientação às pesquisas desenvolvidas pelos cursistas), ao longo dos anos, o Projeto Ibaorebu se constituiu como um espaço privilegiado para o exercício da autonomia e do protagonismo dos Munduruku. O primeiro ciclo de formações, realizado entre 2008 e 2016, contou com 210 cursistas, distribuídos em turmas de "Magistério Intercultural", "Técnico em Enfermagem" e "Técnico em Agroecologia". Importa ressaltar que o Ibaorebu é coordenado pela Funai[1] em parceria com os Munduruku, e teve a colaboração de profissionais das diferentes áreas de conhecimento, de modo que as atividades presenciais do "tempo-escola" foram sempre orientadas tanto por professores colaboradores não indígenas quanto por professores munduruku. A certificação dos três cursos foi possível graças à parceria com o Instituto Federal de Educação, Ciência e Tecnologia do Pará (IFPA/Campus Rural de Marabá).

CONHECIMENTOS EM AÇÃO: "FAZER POLÍTICO" E "FAZER CULTURAL"

Conhecidos como um povo "guerreiro", para os Munduruku, o "fazer político" é um "fazer cultural". Tal aspecto contribuiu para o engajamento dos jovens e adultos munduruku do Ibaorebu nas grandes questões enfrentadas por eles nos últimos anos, tais como os projetos hidrelétricos na bacia dos Rios Teles Pires e Tapajós e a demarcação da Terra Indígena Sawré Muybu — ou, para os Munduruku, *Daje Kap'ap Eipi* — na região do Médio Tapajós.

A metodologia do Projeto, centrada na pesquisa como princípio educativo e na participação ativa dos cursistas e professores munduruku, propiciou também o envolvimento de pessoas representativas das comunidades, suas lideranças, sábios e sábias. Dos intensos debates e avaliações constantes, somados à contribuição dos colaboradores não indígenas, chegava-se à definição de temas para as etapas de alternância do chamado "tempo escola". Assim, assuntos como: os grandes empreendimentos e seus impactos, território e sustentabilidade, afirmação da identidade e valorização da cultura para o combate ao preconceito e à discriminação, dentre outros, geraram conhecimentos e práticas que passaram a se fazer presentes no cotidiano dos Munduruku.

Deste modo, contextualizar o Ibaorebu é também situar a realidade vivenciada pelos Munduruku diante da atual política indigenista. Essa situação ganhou contornos específicos e reveladores, principalmente a partir das mobilizações em razão das pressões e violências relacionadas aos projetos hidrelétricos nos Rios Tapajós e Teles Pires. Em diferentes fases de licenciamento e autorização, esses projetos passaram a ser a principal ameaça aos ecossistemas existentes na bacia daqueles rios, além dos lugares sagrados dos Munduruku, Kayabi e Apiaká, gerando instabilidades de diferentes ordens, afetando a vida dos indígenas e não indígenas, assim como o andamento de propostas criadoras, como o Projeto Ibaorebu.

Contudo, estas pressões e ameaças acabaram por suscitar elementos para a reflexão e constituição de processos educativos e de cidadania, que contribuíram para um melhor enfrentamento a essas situações. As discussões que foram se construindo no decorrer do Projeto Ibaorebu passaram a repercutir nas comunidades, por meio das interações construídas nas pesquisas e nos seminários realizados pelos cursistas. Um dos momentos de ampla exposição dos posicionamentos dos Munduruku acerca das ameaças ao seu território e ao seu modo de vida envolveu cartas escritas pelos cursistas do Magistério Intercultural durante os estudos em Antropologia realizados na sétima etapa do "tempo escola", ocorrida em dezembro de 2012, um mês após o ataque violento feito pela Polícia Federal à aldeia Teles Pires (TI Kayabi), durante a chamada Operação Eldorado, ocorrida em 7 de novembro de 2012 e que resultou no assassinato de Adenilson Kirixi Munduruku. A pedido dos cursistas, as cartas elaboradas por eles foram publicadas em portais da internet e amplamente divulgadas em redes sociais, sob o título *Mensagens do Povo Munduruku para o Mundo*, com o propósito de dar voz aos Munduruku e divulgar o que pensavam e o que sentiam, especialmente num momento de ameaças e violações extremas aos direitos indígenas. Foi desse modo que o Projeto Ibaorebu passou a ter visibilidade para além do Tapajós.

Há que se destacar que foram os próprios Munduruku que fizeram do Ibaorebu um importante espaço de debates, um fórum permanente sobre questões como educação, saúde, meio ambiente, terra, sustentabilidade, cultura, direitos e relações com os não índios. Nesse contexto, ações estratégicas para a luta do Povo Munduruku em defesa do seu território e dos seus direitos foram refletidas e organizadas, tal qual a ação de vigilância das TIs Munduruku e Sai-Cinza, promovida pelos cursistas do Ibaorebu, no início de 2013, e que culminou com a retirada dos garimpeiros não indígenas da área. E assim vieram outros tantos momentos de mobilização e resistência, em que cursistas e professores do Ibaorebu, ao lado de caciques e outras lideranças munduruku, foram dando visibilidade a esse povo historicamente guerreiro e ampliando os seus espaços de luta. Um dos momentos mais exemplares foi a ocupação do canteiro de obras de Belo Monte, entre abril e maio de 2013, que contou com presença de 140 homens, mulheres e crianças munduruku, ao lado de representantes de outros povos indígenas. Logo após a saída de Belo Monte, ocorreu a ocupação do prédio da Funai em Brasília.

Com o tempo, a estreita relação entre as práticas do movimento social dos Munduruku e os assuntos debatidos no Ibaorebu ganharam maior organicidade, demonstrando o quanto os Munduruku haviam se apropriado do Projeto. A partir das conexões entre território, bens naturais e patrimônio cultural, os cursistas da turma de Agroecologia, junto com representantes dos outros cursos, realizaram, no segundo semestre de 2014, uma expedição ao canteiro de obras da UHE Teles Pires, quando constataram a destruição do salto de Sete Quedas e verificaram que os achados arqueológicos feitos no local, com diversas peças identificadas como pertencentes ao povo, foram levadas para estudos, sob a guarda do Iphan e sem o consentimento dos Munduruku. Os cursistas então elaboraram um relatório sobre a expedição e um documento que foi entregue ao Ministério Público Federal (MPF) em Santarém, reivindicando o imediato retorno das peças para a TI Munduruku. Por conta do interesse suscitado por essa experiência, na etapa seguinte do "tempo escola" do Ibaorebu, foi oferecido o componente curricular de Arqueologia, quando os cursistas de Agroecologia tiveram a oportunidade de realizar escavações e identificar peças de cerâmica antiga em vários locais da Aldeia Sai-Cinza. Como se nota, as escolhas de assuntos para serem trabalhados durante as etapas do Ibaorebu privilegiam temáticas instigadoras de abordagens transdisciplinares, possibilitando a integração entre diferentes áreas de conhecimentos e a experiência do outro.

INTERCULTURALIDADE E APROPRIAÇÃO DE CONHECIMENTOS

A complexidade da proposta resulta da dinâmica com que ela é apropriada e materializada pelos Munduruku. Tal fato, mais do que as atividades de "aulas" propriamente ditas, foi o que viabilizou a constituição de um projeto de educação próprio desse povo. A partir dos conhecimentos construídos nas três áreas de formação, o Ibaorebu integrou as questões relativas à saúde, à educação e ao meio ambiente, sempre buscando soluções e estratégias para os desafios do cotidiano, como podemos evidenciar com os exemplos a seguir.

Certa vez, a situação de falta de água potável durante uma das etapas de estudos, quando o motor da bomba d'água da aldeia Sai-Cinza encontrava-se avariado, acabou estimulando discussões sobre a necessidade de se preservar os "olhos d'agua" do igarapé que abastece a caixa d'água da aldeia. A partir do diagnóstico, os cursistas tomaram a decisão de plantar 600 mudas de plantas nativas para adensar a capoeira onde se encontram as nascentes. Essa iniciativa deu origem a uma área de preservação e experimentação das práticas do curso de Agroecologia, que ganhou o nome de Parque Ibaorebu, onde foram plantadas cerca de 1000 mudas de frutíferas e outras espécies florestais.

Durante duas etapas específicas do "tempo escola", os cursistas do Ibaorebu realizaram diversos registros audiovisuais, com o objetivo de falar sobre a cultura munduruku, divulgar a experiência do Projeto e, ainda, produzir um vídeo sobre o combate ao preconceito e à discriminação. As propostas de vídeos foram todas concebidas pelos Munduruku, a partir de um processo de reflexão e identificação de diversas situações de preconceito, discriminação e opressão vivenciadas cotidianamente e, principalmente, sobre a importância da valorização da cultura e da afirmação da identidade na luta em defesa dos direitos. Durante as discussões, também foram identificadas situações de "racismo institucional" presentes em políticas públicas e em projetos de desenvolvimento econômico. Um dos produtos dessa iniciativa foi o documentário intitulado *Mensagem do Povo Munduruku para o Combate ao Preconceito e à Discriminação*, de autoria dos cursistas de Magistério Intercultural: foram eles os roteiristas, diretores, cinegrafistas e atores, ou seja, um vídeo munduruku, feito por eles e para eles[2].

CONSIDERAÇÕES FINAIS

Em síntese são vários aspectos a serem destacados:

- O eixo estruturante do *Projeto Cultura e Direitos do Povo Munduruku*, manteve-se como elemento articulador das reflexões e da produção de conhecimentos, que tem por referência suas próprias concepções de mundo.

- Na articulação entre os sistemas de saúde (tradicional e ocidental) ressaltou-se sempre a necessidade da medicina ocidental buscar compreender como opera a medicina tradicional, uma vez que as práticas relativas aos cuidados e à cura remetem aos conhecimentos sobre as propriedades medicinais extraídas de espécies naturais e às suas concepções de mundo.

- A constatação, a partir de significados e sentidos atribuídos pelos Munduruku, da permanente ameaça representada pela expansão de projetos econômicos e pelas pressões de um processo de colonização contínuo.

- Os bens naturais não são concebidos como elementos externos, pois estão estreitamente relacionados à constituição do ser Munduruku. Natureza e homem fazem parte do mesmo campo, da mesma constituição de vida no universo.

- A experiência do Ibaorebu jamais esteve restrita à escolarização com formação profissional, mas se constituiu como experiência de formação para a vida, em um contexto de intensas relações interétnicas. A apropriação do Projeto pelos cursistas e comunidades fez com que o currículo se construísse na busca de repostas para essas questões. Com isso, a trajetória de reflexão e construção do conhecimento pelos cursistas sempre apresentou surpresas, superando as dificuldades e as proposições inicialmente planejadas.

Assim, o "Projeto Ibaorebu de Formação Integral Munduruku" se constituiu como uma experiência de educação diferenciada, em que o aprendizado se constrói de forma coletiva e no qual a autonomia e o protagonismo se fortalecem e se recriam para repercutir em outros espaços de luta e resistência. *(outubro, 2016)*

NOTAS

[1] O Projeto é realizado com o apoio técnico e financeiro da Coordenação Geral de Promoção da Cidadania (CGPC) e Coordenação Regional (CR) do Tapajós.

[2] A produção dos vídeos foi estimulada pela aprovação de um projeto encaminhado pela Associação Da'uk ao Fundo Brasil de Direitos Humanos. O documentário destacado pode ser acessado na internet: <https://vimeo.com/146773026>.

BAIXO TAPAJÓS

Lutando por Direitos, Apesar do Forte Preconceito

Florêncio Almeida Vaz Filho | Indígena maytapu e antropólogo, Ufopa
João Antônio Tapajós Pereira | Indígena arapium e estudante, Ufopa
Luana da Silva Cardoso | Indígena kumaruara e estudante, Ufopa

AO LONGO DE 20 ANOS DE SUA ORGANIZAÇÃO COMO MOVIMENTO POLÍTICO E LUTANDO POR SEUS DIREITOS, OS POVOS INDÍGENAS DO BAIXO TAPAJÓS E ARAPIUNS VÊM CADA VEZ MAIS SE AFIRMANDO PERANTE O ESTADO BRASILEIRO E A SOCIEDADE REGIONAL, APESAR DA FORTE ONDA DE PRECONCEITOS

Na região do Baixo Tapajós e Arapiuns, oeste do Pará, 12 povos indígenas vivem em cerca de 67 aldeias e reivindicam a demarcação de 18 Terras Indígenas nos municípios de Santarém, Aveiro e Belterra. Morando nestas aldeias, estimamos um total de sete mil pessoas, pertencentes aos povos Apiaká, Arapium, Arara Vermelha, Borari, Cara Preta, Jaraqui, Kumaruara, Maytapu, Munduruku, Tapajó, Tupaiu e Tupinambá. Há 20 anos iniciamos nossa reorganização política como indígenas, no contexto dos trabalhos da Igreja Católica, do movimento sindical e da mobilização pela criação da Reserva Extrativista (Resex) Tapajós Arapiuns. Face a um contexto de muito preconceito e negação de direitos, respondemos com o fortalecimento de nossa cultura e identidade, e muita mobilização política, tendo à frente o Conselho Indígena dos Rios Tapajós e Arapiuns (Cita) e o Grupo Consciência Indígena (GCI). Apresentamos aqui um pouco de nossas lutas, conquistas e desafios nos últimos anos, com destaque para educação, território e saúde.

Indígenas fazem ritual durante etapa dos Jogos Indígenas do Baixo Tapajós realizada na aldeia Cabeceira do Amorim, Resex Tapajós Arapiuns.

GRANDES MOBILIZAÇÕES E PROTESTOS

O período entre 2011 e 2016 foi cheio de grandes mobilizações. A preparação da Conferência Nacional de Políticas Indigenista, em 2015, trouxe muita efervescência. A etapa local reuniu cerca de 500 indígenas na aldeia Aminá, Rio Arapiuns, onde discutimos nossa realidade e reivindicações até então ignoradas pelo Estado. Foi um ensaio para a etapa regional, em Santarém, quando fizemos manifestações em favor do Ensino Modular Indígena diante do vice-governador do Pará. Naquele contexto, o movimento também "apreendeu" dois servidores da Funai e uma do Ministério da Justiça, vindos de Brasília, com o objetivo de chamar a atenção do presidente da Funai para a publicação dos Relatórios Circunstanciados de Identificação e Delimitação (RCIDs) das TIs Cobra Grande (dos Arapium, Jaraqui e Tapajó no Arapiuns) e Sawre Muybu (dos Munduruku no Médio Tapajós). A pressão resultou na ida de uma comissão de 25 lideranças para Brasília, que se reuniu com representantes da Funai, MJ, ICMBio, Sesai e MEC. Um mês depois foi publicado o relatório da TI Cobra Grande.

Em 13 de agosto de 2015, cerca de 200 indígenas ocuparam a sede do ICMBio em Santarém para exigir a suspensão do projeto de comercialização de créditos de carbono, que vinha sendo implementado na Resex Tapajós Arapiuns, sem consulta aos povos indígenas que vivem na área, como estabelece a Convenção 169 da OIT. Os indígenas, que ficaram acampados durante três dias no ICMBio, também questionavam a contestação feita pelo órgão aos RCIDs das TIs dos Munduruku localizadas na Floresta Nacional (Flona) do Tapajós. Sob pressão, e diante dos indígenas, o ICMBio anunciou a suspensão do projeto de crédito de carbono e negou que fosse contra a demarcação das TI na Flona. Mas, de fato, o órgão entrou, em 2010, com uma contestação em que deixa claro que não reconhece a ancestralidade munduruku dos indígenas e sugere a não demarcação da TI com os limites propostos.

Outra ocasião de protesto foi o 3º Chamado da Floresta, realizado em outubro do mesmo ano na comunidade São Pedro, Rio Arapiuns. Coordenado pelo ICMBio e pelo Conselho Nacional das Populações Extrativistas (CNS), o evento reuniu cerca de duas mil pessoas, segundo os organizadores. Sentindo-se excluído da programação, o movimento indígena irrompeu no local com suas faixas, pinturas, cantos e palavras de ordem. Conseguimos, então, espaço no palco principal onde denunciamos o preconceito, reivindicamos a demarcação de nossas terras e gritamos contra as hidrelétricas na região e a matança de indígenas país afora.

Para além da política, uma importante iniciativa foram os Jogos Indígenas do Baixo Tapajós (Jibat), que ocorreram entre abril e julho de 2016 em diversas localidades, e mobilizaram centenas de indígenas e não indígenas em todas as suas etapas. Nos rituais e performances, além das competições, os indígenas mostraram sua alegria e beleza de uma forma muito especial. As imagens ganharam espaço na imprensa local e regional. Foi um outro tipo de visibilidade, mais positiva, diferente das manifestações de protesto.

Um dos fatos mais emblemáticos do período foi a sentença de 26 de novembro de 2014, do juiz federal Airton Portela, que declarava inexistentes os indígenas Borari e Arapium e a TI Maró, na região do Rio Arapiuns. É que a demarcação ameaçava a exploração da madeira na área, uma vez que os indígenas já tinham conseguido embargar estas operações na sua TI. Era uma sentença muito conveniente aos invasores. Segundo o juiz, ali havia apenas "populações tradicionais ribeirinhas que em nada se diferenciavam dos demais moradores das comunidades vizinhas" e que o processo de autoidentificação indígena teria surgido "por ação ideológico-antropológica exterior", que trouxe consigo uma "cultura indígena postiça". Muito revoltados, marchamos pela cidade em direção à sede da Justiça Federal em Santarém, onde acampamos durante dois dias, pedindo a anulação da sentença.

Em 4 de fevereiro de 2015, o MPF em Santarém entrou com uma apelação e, no mês seguinte, a Justiça Federal de Santarém suspendeu a sentença. Assim, voltaram a vigorar os embargos contra a atuação das madeireiras na TI Maró. Daí então, voltamos às ruas para comemorar. Cerca de um ano depois, em 20 de janeiro de 2016, o Tribunal Regional Federal da 1ª Região (TRF1, Brasília) ratificou a anulação, garantindo o prosseguimento da demarcação. O feito foi uma vitória para todos os povos indígenas no país: nenhum juiz tem poder para decidir se um grupo é indígena ou não. Todas estas ousadas mobilizações só podem ser entendidas se relacionadas com a entrada de muitos indígenas no ensino superior a partir de 2010 (*mais adiante*).

RECONHECIMENTO DE TERRITÓRIOS E TERRAS INDÍGENAS

Em relação ao reconhecimento de nossos territórios, houve poucos avanços, dentre eles a publicação pela Funai dos RCIDs da TI Maró, em outubro de 2011, e da TI Cobra Grande, em setembro de 2015. Em 12 de maio de 2016, pouco antes do impeachment da presidente, o Ministério da Justiça declarou as TIs Munduruku-Takuara e Munduruku Bragança-Marituba aprovadas pela Funai em 2009.

Os estudos para o reconhecimento das TIs Borari de Alter do Chão e Escrivão na Resex, iniciados em 2008, não tiveram prosseguimento. Os territórios mais ameaçados pelo agronegócio da soja são aqueles localizados nas imediações da Rodovia Santarém-Curuauna (PA-370) dos Munduruku e Apiaká (TIs Munduruku do Planalto e São Pedro-Palhão). Áreas enormes estão devastadas, igarapés estão assoreados e envenenados e, apesar das denúncias, a Funai ainda não tomou nenhuma providência. Também sem providências, porém mais protegidas, pois que dentro do Projeto de Assentamento Agroextrativista (PAE-Incra) Lago Grande, estão outras três TIs reivindicadas: Arapium-Miripixi, Camará-Novo Horizonte e Iauaretê; todas na margem esquerda do Arapiuns.

Chama a atenção que 8 das 14 TIs reivindicadas se encontram no interior Resex Tapajós Arapiuns. Cerca de metade de suas 75 comunidades são indígenas, mas a convivência com a organização da Resex e com o ICMBio tem sido tensa. Por exemplo, em dezembro de 2013, numa audiência mediada pelo MPF, que reuniu indígenas, não indígenas, ICMBio e Funai na aldeia Solimões, foi acordado que os indígenas teriam representação no Conselho Deliberativo da Resex. Mas em uma reunião do Conselho, em 2015, representantes indígenas chegaram a se retirar em protesto por não se sentirem respeitados. A partir dali foram encaminhadas outras formas de diálogo para garantir o trabalho conjunto. Mas em um seminário ocorrido em outubro de 2016 se viu que as partes ainda não conseguiram falar a mesma língua, e continuam se confrontando como no passado: o ICMBio dizendo que se já existe a Resex, os indígenas não precisam de demarcação de TIs; e os indígenas respondendo que não abrem mão das demarcações, como uma forma de se "livrar" das imposições do ICMBio. E até anunciaram que a autodemarcação dos territórios tupinambá, iniciada em 2015, que incomodou os vizinhos não indígenas, vai continuar. O clima é de tensão. Cita, Associação da Resex (Tapajoara), ICMBio, Funai, entre outros precisam avançar nas discussões rumo a soluções mais integradas de uso e gestão comum do território.

EDUCAÇÃO ESCOLAR DIFERENCIADA E ENSINO SUPERIOR

As Escolas Indígenas funcionam desde 2007 nos três municípios. O movimento indígena conseguiu em 2010 a inclusão na sua grade curricular das disciplinas de Línguas Indígenas (Munduruku e o Nheengatu) e Notório Saber, que trabalha saberes tradicionais. Apesar destas conquistas, em junho de 2014 foram necessárias manifestações na Secretaria de Educação Municipal (Semed) e no prédio da Prefeitura de Santarém, para evitar o fechamento de escolas e pressionar pela continuidade da educação escolar indígena. Conseguimos uma reunião com a Prefeitura de Santarém, OAB e Funai, quando foi criado o Fórum Permanente de Educação Indígena, coordenado pelo MPF. Desde então, foram várias reuniões em que pudemos acompanhar de perto o trabalho das três prefeituras, monitorando o cumprimento dos compromissos assumidos em junho de 2014.

Com a necessidade de professores de Nheengatu, em 2014, a Ufopa se juntou ao GCI, que desde 1999 já oferecia oficinas com professores vindos do Rio Negro, falantes de Nheengatu. O atual curso de extensão de Nheengatu tem quatro módulos (360h) e conta tanto com professores indígenas do Rio Negro quanto com linguistas não indígenas vindos de universidades paulistas. As primeiras turmas se formaram em 2016. Foram produzidos, de forma pioneira, o livro *Nheengatu Tapajowara* e o CD *Nheengatu – Canções na Língua Geral Amazônica*, que geraram um impacto muito positivo entre os indígenas. Por sua vez, as aldeias munduruku em Belterra também passaram a ter professores munduruku, falantes da língua, vindos do Alto e Médio Tapajós, pagos pela Prefeitura. Também cresceu o número de escolas que ofertam o Ensino Médio odular nas aldeias. Até outubro de 2016, havia 16 aldeias com Ensino Médio na região.

Com relação ao Ensino Superior, entre 2010 e 2016 entraram mais de 200 indígenas do Baixo Tapajós na Ufopa, via Processo de Seleção Especial Indígena (PSEI). Sob sua liderança foi criado, em 2012, o Diretório Acadêmico Indígena (Dain), que, desde então tem denunciado casos de preconceito, constrangimento e racismo contra os estudantes indígenas na universidade e na sociedade regional, cobrando soluções. Conseguimos também garantir espaço permanente na instância máxima deliberativa da Ufopa, o Conselho Universitário (Consun), e a participação direta na comissão de elaboração do Processo Seletivo Especial Indígena (PSEI). As Semanas dos Povos Indígenas, que passaram a ocorrer anualmente em abril, têm como responsáveis os próprios estudantes indígenas, e têm proporcionado maior visibilidade aos povos indígenas de toda a região. Um exemplo de como os estudantes indígenas na Ufopa vêm se destacando foi nossa participação ativa no 2º e 3º Encontro Nacional de Estudantes Indígenas (Enei), quando conseguimos que, em 2016, o quarto encontro fosse realizado na Ufopa, reunindo em Santarém centenas de indígenas de todo o país, o que significou uma grande conquista. É bom destacar que a Universidade do Estado do Pará (UEPA) também oferta duas turmas de licenciatura intercultural para professores indígenas, que funciona em períodos intervalares.

Em todas as grandes mobilizações e reuniões com autoridades que ocorreram nos últimos anos, temos sempre na liderança os universitários indígenas. Os líderes tradicionais, que vivem nas aldeias, estão sempre presentes, mas o direcionamento destes movimentos está nas mãos dos acadêmicos. A entrada no Ensino Superior, de fato, inaugurou uma nova era para o movimento indígena, marcada por maior domínio das linguagens da sociedade não indígena – como a imprensa e as instituições do Estado – potencializando nossa capacidade de negociação. Desde 2011, a diretoria do Cita passou a ser ocupada, em sua maioria, por universitários que trazem para as práticas políticas do movimento, conhecimentos adquiridos no contexto acadêmico. Os coordenadores do Ensino Modular Indígena, no âmbito da Seduc, também têm sido universitários indígenas.

Fazendo referência ao direito da consulta prévia, os universitários indígenas conseguiram paralisar a implantação da comercialização o crédito de carbono na Resex, entendida como algo que restringiria a liberdade dos indígenas em seus territórios. Estudantes dos cursos de Antropologia, Direito e Pedagogia, entre outros, também desmontaram os argumentos da sentença do juiz federal Airton Portela. É claro que os indígenas poderiam contestar mesmo sem ter curso superior, mas fizeram o enfrentamento nas bases do Direito, da Antropologia e da História, diferente do que fariam seus país e avós. Digamos que passamos a usar as mesmas armas do juiz, só que com muito mais propriedade. Não se pode negar que os indígenas contaram com o apoio de advogados, antropólogos, ONGs e MPF, mas, mesmo assim, observa-se um espírito de maior autonomia política e intelectual nas novas lideranças. Por meio de leituras e participação em encontros promovidos pela Coiab, Apib, Cimi ou Funai, temos nos apropriado de uma linguagem que, não raro, impressiona até gestores do governo. Um sinal eloquente do atual papel dos acadêmicos indígenas neste processo de lutas no baixo Tapajós é o fato de que este artigo foi escrito por um professor e dois estudantes de antropologia, todos os três indígenas da região. Tudo isso aponta para o exercício da autonomia e da descolonização das mentes e da fala. É algo difícil e desafiador. Mas, no Tapajós, já estamos em marcha.

SAÚDE INDÍGENA

No atendimento à saúde, os povos indígenas da região continuavam abandonados até meados de 2016, pois a Secretaria Especial de Saúde Indígena (Sesai) negava o atendimento diferenciado, com a justificativa de que nossas TIs ainda não estão homologadas. Não havia um Distrito Sanitário Especial Indígena (Dsei), nem uma Casa de Saúde Indígena (Casai) em Santarém para atender os povos do Baixo Tapajós. A situação continuava caótica, com casos de hepatite em crianças e doenças causadas pela poluição dos rios, e continuamos cobrando o atendimento via MPF. Em janeiro de 2016, a Justiça Federal determinou que, dentro de 90 dias, a União tomasse medidas para operacionalizar o atendimento. Como até agosto, a determinação ainda seguia ignorada, dezenas de indígenas ocuparam a sede da Sesai em Santarém durante dez dias. Na ocasião, o líder e estudante Poró Borari foi preso pela Polícia Federal, acusado injustamente de manter os servidores do órgão em cárcere privado. Mas a prisão acabou fortalecendo ainda mais a ocupação, que só se encerrou quando representantes da Sesai e do Ministério da Saúde em Brasília vieram a Santarém ouvir nossas demandas. Imediatamente, o órgão iniciou um plano emergencial de cadastramento, para inserir os indígenas no Sistema de Informação da Atenção à Saúde Indígena (Siasi).

A partir de agora, o atendimento efetivo depende de mais entendimentos e decisões dos Ministérios da Saúde e do Planejamento, e da pressão dos indígenas e do MPF. Porém, no que depender de mobilização, nós, indígenas do Baixo Tapajós, bem como os Munduruku no Alto e Médio Tapajós, já demonstramos nossa disposição e determinação. E o Governo sabe disso. O Tapajós é um rio que ferve. *(outubro, 2016)*

SATERÉ-MAWÉ

Às Armas da Educação

Ana Luísa Sertã — Antropóloga, NAU/USP
Ana Letícia de Fiori — Antropóloga, NAU/USP
José Agnello A. D. de Andrade — Antropólogo, NAU/USP
Marielli Bimbatti Mazzochi — Antropóloga, NAU/USP

COMO O ATUAL TUXAUA GERAL DO RIO ANDIRÁ, AMADO MENEZES FILHO, SINTETIZA: "NINGUÉM MAIS VAI USAR ESSE COSTUME DE CACETAR, DE FLECHAR, DE MATAR. OS NOSSOS FILHOS, OS NOSSOS NETOS, OS NOSSOS TATARANETOS, ELES NÃO VÃO USAR ESTA ARMA. VÃO USAR A LEI, PELO ESTUDO QUE ELES VÃO APRENDER".

A fala acima atualiza para o campo da educação um tema comum da cosmologia Sateré-Mawé: a instabilidade e reversibilidade entre modos de relação baseados nas práticas guerreiras e aqueles que privilegiam o uso das "boas palavras" para a constituição da harmonia social. Dessa forma, os Sateré-Mawé estabelecem também relações com Outros, "de fora", arrogando para si a posição de sujeitos dos processos históricos no qual estão envolvidos. O engajamento dos Sateré-Mawé com as políticas de educação escolar – assumindo a organização das escolas, a elaboração de currículos e os postos de professores – implicam este duplo movimento, traduzido por vezes por expressões como "educação diferenciada" ou "interculturalidade". Trata-se, ao mesmo tempo, de usar as ferramentas da educação da sociedade nacional contra o processo colonial que persiste, buscando formular um projeto de futuro de resistência e não subordinação, valorizando as práticas de conhecimento constitutivas de suas visões de mundo.

Nesse contexto, os modos de conhecimento, a própria constituição do mundo vivido e o projeto de futuro para o povo Sateré-Mawé encontrados em narrativas míticas se entrelaçam diante da agenda pragmática do papel da escolarização formal como arma de luta.

Dentre esses temas narrativos, destaca-se a jornada do demiurgo, chamado de "Imperador", que partiu para terras distantes legando aos Sateré-Mawé os cuidados de Nosoken, a maloca primordial feita de pedra nas densas florestas das cabeceiras dos rios Marau e Andirá, prometendo que retornaria trazendo as coisas boas que conheceu para que todos pudessem desfrutá-las com seus parentes. O mito do Imperador é hoje atualizado para pensarem a relação com os brancos e suas coisas para além da perspectiva da guerra: este Outro que, mediante uma relação controlada, pode trazer coisas de valor.

Já as narrativas sobre a origem dos Sateré-Mawé os apresentam como os filhos do Waraná (guaraná). Chamado de "o verdadeiro tuxaua", o Waraná é entendido como viabilizador da potência das boas palavras na constituição dos ideais Sateré-Mawé indispensáveis para a reprodução da vida propriamente humana, tais como generosidade, solidariedade e união. O guaraná ralado, o *çapó*, é servido em cuias sustentadas pelos *patawis*, suportes que têm a forma da estrutura do mundo e representam as lideranças indígenas – que levam consigo conhecimento e boas palavras. Não por acaso, o projeto de educação autônomo dos Sateré-Mawé é chamado de Academia Livre do Wará. Nas palavras de um de seus idealizadores, Obadias Batista Garcia:

O guaraná é importante porque não se pode perder de vista a tradição. O guaraná significa o princípio do conhecimento. Na história do guaraná, ele é uma universidade. Se for buscar informação sobre o que é o guaraná, todo o conhecimento, educação integrada, está ali. Aí sim vamos criar o verdadeiro projeto político para o povo Sateré-Mawé.

O ENSINO ESCOLAR ENTRE OS SATERÉ-MAWÉ

Ao longo do século XX, a educação escolar esteve ao encargo de atores diversos, a partir de diferentes projetos políticos guiados por ideais de "civilização" e "evangelização" nos quais os Sateré-Mawé inseriram-se ativamente, apesar dos constrangimentos assimilacionistas patentes em tais programas.

Em um balanço realizado na ocasião de elaboração da Proposta Político-Pedagógica Indígena Sateré-Mawé (PPPISM), nos anos de 2013 e 2014, os professores sateré-mawé indicam o ano de 1912 como o marco do início da Educação Escolar nas suas aldeias da região do Rio Marau. O mesmo documento menciona a criação de uma escola na comunidade de Araticum, Rio Andirá, em 1932. Entre as décadas de 1950 e 1960, escolas confessionais foram criadas com a atuação de professores de missões católicas, batistas, adventistas do sétimo dia e por missionários evangélicos do *Summer Institute of Linguistics*. Com a criação da Funai, em 1967, os Sateré-Mawé que haviam recebido educação escolar começaram a ser contratados como professores indígenas para atuarem nas aldeias. Em 1975, o tuxaua Donato Lopes da Paz conseguiu a criação de uma escola na aldeia Simão, no Médio Rio Andirá.

Quando, entre o final dos anos 1970 e o decorrer dos anos 1980, coletivos indígenas começaram a se articular politicamente sob a forma de associações e movimentos de escalas variadas, as articulações de professores indígenas se tornaram um dos principais vetores de luta pela garantia de seus direitos. Ao mesmo tempo, lideranças Sateré-Mawé que estavam engajadas em reivindicações contra as invasões das companhias de prospecção de petróleo, de madeireiros e de garimpeiros a seu território – no processo que marca o início pela luta pela demarcação da TI Andirá-Marau, homologada em 1986 –, assumiram posições de destaque na Coordenação de Organizações Indígenas da Amazônia Brasileira (Coiab) e durante a Constituinte.

No final dos anos 1980, foram fundadas escolas com professores indígenas bilíngues atuando em turmas multisseriadas. Novas escolas foram progressivamente construídas ao longo dos anos 1990 e 2000, em comunidades às margens dos Rios Andirá, Uaicurapá e Marau, impulsionando o aumento da demanda por professores indígenas. No estado do Amazonas, estas escolas são geridas pelas Secretarias Municipais de Educação dos municípios de Parintins, Maués e Barreirinha.

Um marco na educação escolar na área foi a criação da Escola Técnica Agrícola São Pedro no Rio Andirá, reivindicada originalmente por lideranças da TI Andirá-Marau como um Centro de Formação voltado para a economia agrícola. Em 1989, a Escola São Pedro sediou a criação de uma Organização dos Professores Sateré-Mawé, a OPISM, representando professores do Andirá e Marau. Em 1997, devido às distâncias geográficas, decidiu-se pela criação da Associação dos Professores do Rio Marau e Urupadi (Womupe) representando os professores atuantes nas aldeias dos Rios Marau, Urupadi e Miriti. Já na região do Rio Uaicurapá, surge a Organização dos Professores Indígenas Sateré-Mawé dos Rios Andirá e Uaicurapá (Opisma).

Atualmente, a maior escola da TI é a Escola Municipal Professora Rosa Cabral localizada na aldeia de Ponta Alegre, Baixo Rio Andirá, construída no início dos anos 2000. A escola abriga turmas de Ensino Fundamental I e II, Ensino Médio em sistema de Educação à Distância (EAD) gerido pela Secretaria Estadual de Educação. O uso de EAD, todavia, é avaliado de forma ambígua pelos profissionais indígenas de educação, principalmente pela sua utilização priorizar métodos e materiais didáticos que não levam em conta a realidade vivida dos alunos indígenas sateré-mawé, potencialmente minando, inclusive, o protagonismo dos professores e professoras indígenas na elaboração dos conteúdos e métodos de ensino em sala de aula.

Além das escolas em área indígena, um grande número de sateré-mawés vem se deslocando para as cidades de Barreirinha, Parintins, Maués e Manaus, desde os anos 1970, com o objetivo de dar prosseguimento a seus estudos, com o apoio de instituições religiosas e estatais ou mesmo de parentes previamente estabelecidos nos centros urbanos. Apesar de muitos jovens sateré-mawé – homens, em sua maioria – efetivamente ingressarem nas escolas, há inúmeros relatos de jovens mulheres que deixaram suas aldeias em direção às cidades para trabalhar forçadamente nas chamadas "casas de família", atraídas por falsas promessas de iniciar ou dar continuidade a seus estudos. Como resposta a esse movimento, novas iniciativas e demandas políticas protagonizadas por mulheres sateré-mawé vêm se desdobrando em diferentes localidades nas últimas décadas juntamente às pautas relacionadas à educação

O PROJETO PIRAYAWARA: AVANÇOS E LEGADOS

Em 1991, a Secretaria Estadual de Educação vinculou a educação escolar indígena ao Instituto de Educação Rural (IER), criando uma Comissão Interinstitucional que, com a participação de educadores e organizações indígenas, desenvolveu diferentes projetos de formação de professores entre 1993 e 1997. Com a extinção do IER e criação da Gerência de Educação Escolar Indígena em

1998, foi implementado o Projeto Pirayawara para formação de professores em todo o estado do Amazonas, tendo formado, desde então, três turmas entre os Sateré-Mawé. A última turma concluiu o curso em 2015, com aulas na Escola São Pedro, na Escola Rosa Cabral na aldeia Ponta Alegre e na sede do município de Barreirinha, com apoio da prefeitura, no decorrer do mandato (2008-2012) do prefeito conhecido como Mecias Sateré - o "prefeito índio", como por vezes é lembrado pelos locais. Além da formação de professores, técnicos e administradores para o sistema escolar, as sucessivas edições do Projeto Pirayawara deixaram como legado as redes de contatos formadas entre os professores indígenas e demais profissionais envolvidos, além de uma gama de materiais escolares produzidos, muitas vezes, de modo bilíngue. Com o estatuto de formação magisterial, o Pirayawara também criou um contingente de professores indígenas habilitados para o ingresso no ensino superior, tendo ou não cursado o que hoje é denominado Ensino Fundamental e Médio.

ACESSO AO ENSINO SUPERIOR E ÀS LICENCIATURAS INTERCULTURAIS

Ao longo dos anos 2000, com a ampliação e a interiorização do Ensino Superior promovida pelo governo Lula, foram criados campi e polos da Universidade Estadual do Amazonas (UEA) e da Universidade Federal do Amazonas (Ufam) nas sedes dos municípios vizinhos à Terra Indígena Andirá-Marau. Jovens indígenas que haviam se escolarizado em área urbana, cujas famílias já há muitos anos residiam em cidades, foram os primeiros a ingressar na universidade, via vestibular. Entre 2005 e 2009, a Ufam sediou cursos de Licenciatura Intercultural voltados aos professores indígenas em diversas regiões. A UEA, por sua vez, criou cotas étnicas para seus cursos de graduação, por força da Lei Estadual 2894-2004 – uma conquista articulada pela COIAB e MEIAM. Em 2012, cerca de 15% dos estudantes indígenas da UEA em todo o estado eram Sateré-Mawé.

Em 2009 tem início o curso de Pedagogia Intercultural Indígena (Proind) em 52 municípios, com composição heterogênea entre universitários indígenas e não indígenas. Os Sateré-Mawé ocuparam cerca de 70% das vagas oferecidas no campus de Parintins e nos polos de Barreirinha e Maués da UEA, consolidando uma turma de acadêmicos indígenas no Ensino Superior.

"Para nós a formação é algo bom, mas quando a gente olha o lado cultural, muitas vezes acontece de ele ser deixado de lado. Quando a gente estuda a história da educação, a gente vê que a escola, se não souber usar, ela vai destruir a nossa cultura. Com a nossa formação, a gente tem que usar a escola como arma para fortalecer a cultura, a língua, os costumes."

Assim como a fala de Marilúcia Souza Menezes, professora sateré-mawé e aluna do Proind do polo da UEA de Parintins, a cerimônia de formatura do Proind em 2014 foi marcada por discursos de professores e lideranças sateré-mawé em defesa da educação formal como arma na luta por direitos, sem que a escola oblitere outros processos de aprendizado e construção de modos de vida na Terra Indígena.

Alguns egressos dos cursos estão realizando suas pós-graduações e especializações. Nem todos os acadêmicos indígenas retornam ou atuam na área, todavia muitos deles cresceram nas cidades e hoje atuam nas escolas em área indígena, revelando que a mobilidade ocorre em múltiplos sentidos. Cabe observar que nem todos os acadêmicos indígenas tiveram sua formação voltada para a Educação ou ocuparam posições na estrutura de ensino. Digna de nota foi a formatura de Tito de Souza Menezes como o primeiro Sateré-Mawé bacharel em Direito (e advogado aprovado na OAB), tendo contribuído para a inclusão das violações da petrolífera francesa Elf Aquitaine e do governo brasileiro na Terra Indígena nos anos 1950, 70 e 80 no relatório da Comissão Nacional da Verdade. Atualmente, Jafé Ferreira de Souza também cursa Direito na Universidade Federal de Santa Catarina, tendo para lá se transferido do curso de Engenharia da Ufam.

A ACADEMIA LIVRE DO WARÁ: PROJETOS DE EDUCAÇÃO PARA O FUTURO

Em parceria com grupos europeus ligados ao movimento de Comércio Justo, em 1993 o Conselho Geral da Tribo Sateré--Mawé concebeu o Projeto Guaraná, um programa de etnodesenvolvimento que estimula a associação entre as famílias na TI para a produção de guaraná para exportação, sendo o dinheiro reinvestido nas famílias e no financiamento de bolsas de estudo para jovens sateré-mawé.

O Consórcio de Produtores Sateré-Mawé, fundado em 2009, exibe hoje uma linha de produtos certificados pela marca Nusoken, além do xarope de guaraná utilizado para fabricar o refrigerante Guaranito, comercializado na Europa. No domínio <www.nusoken.com>, além de documentos referentes ao Consórcio e seus produtos, encontra-se uma seção denominada *Livre Academia do Wará*. Este portal digital traz um amplo repositório de estudos e documentos sobre os Sateré-Mawé, produzidos por indígenas e não indígenas, divididos entre os temas patrimônio histórico-cultural; biblioteca acadêmica; estudos sobre o guaraná; e licenciatura.

Contudo, a Livre Academia do Wará tem maiores ambições: criar uma universidade na TI, formulada para além dos parâmetros da educação escolar instituída pelo governo brasileiro, na qual os sábios e conhecedores sateré-mawé seriam os professores. Ainda que conceba parcerias com a Ufam, esta proposta marca uma posição crítica a uma educação formal que, apesar de ser apresentada como "diferenciada", tem recrutado indígenas a deixarem suas aldeias para dar continuidade aos estudos. Busca-se, sobretudo, um projeto educacional de contenção de efeitos assimilacionistas percebidos no formato tradicional das escolas, bem como a crescente dependência de equipamentos e suprimentos industrializados na TI Andirá-Marau, como enfatizam os professores sateré-mawé no PPPISM:

> *Uma educação libertadora para o povo Sateré-Mawé é aquela que se preocupa em preparar os Sateré-Mawé para minimizar os problemas que enfrentam na sua sociedade: escassez de alimentos, incentivando o plantio e a criação de animais. Uma educação que valorize o conhecimento dos educandos, a fim de formar cidadãos críticos capazes de dialogar com os governantes. Uma educação que produza conhecimentos ao invés de repassar conhecimentos construídos. (outubro, 2016)*

AS ASSOCIAÇÕES DE MULHERES SATERÉ-MAWÉ

Fundada com o apoio de lideranças da TI Andirá-Marau e de organizações como a COIAB e a AMARN, a Associação de Mulheres Indígenas Sateré-Mawé (AMISM) foi a primeira a surgir, no início dos anos 1990, com a proposta de fornecer apoio a mulheres Sateré-Mawé em área urbana e na TI, contando com coordenações em Manaus, no Rio Andirá e no Rio Marau. No auge de sua atuação, mulheres integrantes da AMISM em Manaus dedicaram-se à proteção e ao resgate de jovens indígenas trazidas para cidade para o trabalho doméstico, ao combate à violência doméstica e à autonomia das mulheres pela produção de artesanato com sementes, impulsionando trocas constantes entre a cidade e as aldeias e procurando desencorajar novas migrações para a área urbana. A partir de 2007 a associação passou por grandes transformações em sua estrutura, resultando em uma significativa redução em sua composição e uma atuação mais focada na produção de artesanato na cidade. Em 2015, a AMISM voltou a estabelecer parcerias para aquisição e trocas de sementes na região do Rio Marau e deu início a um novo projeto em Manaus, a loja Kakury.

A partir da criação da AMISM e da crescente participação política de mulheres indígenas no cenário regional e nacional, surgiram outras iniciativas locais como a Organização de Mulheres Indígenas de Manaus (OMISM). Criada em 2005 por mulheres Sateré-Mawé, com ampla participação de diferentes povos da Amazônia brasileira, a OMISM vem se esforçando, nos últimos anos, para conquistar sua regularização, contando também com a participação de mulheres sateré-mawé que transitam regularmente entre Manaus e as comunidades do Rio Andirá.

Em Parintins (AM), próximo a aldeias do Rio Andirá, uma nova associação tomava forma no ano de 2013 por iniciativa de integrantes da Casa de Trânsito local. Com o apoio de professores da Universidade Estadual do Amazonas (UEA), mulheres sateré-mawé deram início a debates sobre violência na aldeia de Molongotuba, com a intenção de articular uma nova associação de mulheres voltada principalmente às sateré-mawé da aldeia e de passagem por Parintins. Com o falecimento de sua principal articuladora, Jana Michiles, o projeto ficou em suspenso, mas parece refletir um crescente interesse no debate de pautas específicas voltadas às mulheres e transformações de seu papel político em área urbana e na TI.

A violência doméstica foi também tema de atuação de mulheres sateré-mawé moradoras de Manaus que integraram equipes de divulgação da Lei Maria da Penha em diferentes áreas indígenas entre os anos de 2009 e 2011. Em 2016, o tema volta à agenda da AMISM com o projeto de um grande encontro para debater a referida Lei em aldeias Sateré-Mawé, ainda sem data definida. (Ana Luísa Sertã, outubro de 2016)

MURA

Respeito e Convivência como Aliados da Conservação[1]

Sergio Sakagawa — Biólogo, ex-chefe do Parest Matupiri
Henrique Pereira dos Santos — Agrônomo, Centro de Ciências do Ambiente, Ufam
Juliane Franzen Stancik — Bióloga

ALÉM DE USUÁRIOS HISTÓRICOS, OS MURA DA TI CUNHÃ-SAPUCAIA SÃO TAMBÉM IDENTIFICADOS NA REGIÃO COMO OS PROTETORES DO PARQUE ESTADUAL MATUPIRI. ASSIM, VISANDO FORTALECER A GESTÃO DA UC, RESPEITANDO E RECONHECENDO OS DIREITOS CONSTITUCIONAIS PRETÉRITOS DOS MURA, CRIOU-SE A ZONA DE USO ESPECIAL INDÍGENA

O Parque Estadual do Matupiri (Parest Matupiri), criado em 2009, com área aproximada de 513.747 hectares é uma Unidade de Conservação (UC) de proteção integral criada com o objetivo de proteger as áreas florestais de influência da BR-319, contra os avanços dos impactos que acompanharão a revitalização desta rodovia no sul do Amazonas. Segundo seu estudo de criação, os principais fatores que justificaram a escolha da categoria de parque foram a inexistência de moradores em seu interior e a existência de complexos de campinas amazônicas, ambientes extremamente peculiares e pouco representados no Sistema Estadual de Unidades de Conservação do Amazonas. Cercado por quatro UCs de uso sustentável, pelo projeto de assentamento agroextrativista Jenipapo e pela Terra Indígena Cunhã-Sapucaia (TICS), torna-se uma área de extrema importância quanto ao seu papel ecológico como área fonte para a geração, manutenção e reprodução de recursos naturais para as populações humanas residentes em seu entorno.

A TI Cunhã-Sapucaia foi homologada em 2006 com área de 471.450 ha, onde vive uma população Mura de aproximadamente 580 indígenas. Segundo o plano de gestão do Parest do Matupiri, os Mura, conhecidos pela sagacidade em navegar por rios, lagos e igarapés, habitam a região dos Rios Madeira, Japurá, Solimões, Negro e Trombetas desde o século XVII, de acordo com registros históricos. A TICS possui oficialmente 11 aldeias reconhecidas pela Funai. Porém, as aldeias diagnosticadas como tradicionalmente usuárias e protetoras históricas do Rio Matupiri, área inserida nos limites do Parest Matupiri, são as aldeias do Piranha, Vila Nova, Sapucaia, Sapucainha, Tapagem e Corrêa. Estas aldeias são representadas por aproximadamente 90 famílias, onde estes indígenas reivindicam o uso da área do Parest, por conta de seu contexto de uso e proteção pretéritos. Neste sentido, destaca-se que os indígenas que utilizam os recursos do Parest realizam esta prática a pelo menos mais de cinco décadas e durante este período não existia o Parest Matupiri. Dentre as atividades, o extrativismo vegetal e a pesca, além da caça para a subsistência, são práticas desenvolvidas nas áreas do Parest.

Mesmo residindo fora dos limites do Parest, os Mura da TICS reivindicam seu reconhecimento como usuários dos recursos naturais e protetores históricos da bacia do rio Matupiri, principal acesso fluvial da UC. Já foram observados diversos vestígios de uso da área por estes indígenas, tais como capoeiras, esteios de casas e áreas de trabalho madeireiro. Este uso foi confirmado em reunião realizada com indígenas ex-moradores do rio Matupiri e em reuniões na TICS com o gestor do Parque, visando apresentar a UC, esclarecer seus objetivos, suas regras e benefícios.

A principal via de acesso fluvial da UC é o Rio Matupiri e a foz ou "boca" deste rio se encontra dentro da área da TICS e os Mura, além de usuários históricos, também são identificados na região como os protetores do Matupiri. Este rio, que já foi muito explorado pela sua riqueza madeireira, de "bicho de caça", quelônios e pescado, hoje em dia é uma área bem conservada devido à luta destes indígenas. O Parque é também uma das áreas de exploração de espécies madeireiras para construção e reforma de suas casas e barcos. As espécies exploradas no Parest Matupiri para esta finalidade são: itaúba, marupá, louro-cedro, angelim, entre outras. Dentre os produtos não madeireiros extraídos estão, por ordem de importância, a castanha, os cipós, os óleos de copaíba e andiroba, açaí, buriti, bacaba, patauá e mel de abelha. Sobre atividades de pesca, o plano de gestão aponta, dentro do Parest, dezoito áreas de produção de pescado, que foram mapeadas pelos Mura. Dentre estas, 90% são destinadas à pesca de subsistência.

Outra atividade econômica de destaque entre os indígenas é o turismo de pesca esportiva. A atividade sempre ocorreu na TICS, nos Rios Igapó-Açú, Tupana e Matupiri – este último atualmente compartilhado com a RDS e o Parest Matupiri. Ressalta-se que, em decorrência da criação do Parque, houve uma redução significativa na renda obtida pelos Mura, já que a pesca esportiva teve sua área de atuação reduzida quase pela metade. Esta modalidade de turismo merece destaque, pois os Mura entendem a atividade como um dos motivos que mantêm as áreas do Parest muito bem conservadas, já que a cultura de conservação dos rios pelos Mura tornou o Matupiri um excelente e expressivo local nas agendas de pesca esportiva da região.

Por todas essas razões, a administração da UC entendeu que, sem a sua participação efetiva em um modelo de gestão compartilhada do Parque, a estratégia de conservação do Interflúvio Purus-Madeira se tornaria eternamente incompleta, frágil e com a possibilidade de potencialização de conflitos. Diante desta realidade local registrada através do diagnóstico socioeconômico e do mapeamento de uso de recursos naturais do Parest, o plano de gestão apresenta como solução para esta sobreposição, entre direitos constitucionais indígenas e as legislações pertinentes a parques, a criação da Zona de Uso Especial Indígena. Consultadas as categorias de zonas existentes em UCs de proteção integral brasileiras que respaldariam este uso histórico do Parest, foram encontradas a Zona de Uso Conflitivo no Roteiro para a Elaboração de Planos de Gestão do Centro Estadual de Unidades de Conservação do Amazonas (Ceuc) e a Zona de Superposição Indígena no Roteiro Metodológico de Planejamento do Ibama. Todavia, ambas foram descartadas: a primeira foi desconsiderada por entender que não foram os Mura que geraram conflitos na UC, mas, pelo contrário, foi a criação do Parque que causou esta situação a eles. Já a segunda mantém a prerrogativa de zona temporária, ditando, assim, que as práticas culturais de uso de recursos naturais pelos Mura devem ter tempo de vencimento, não sendo pertinente constitucionalmente.

Assim, a partir do conhecimento dessas realidades e com o respaldo institucional do Ceuc apoiando a iniciativa através da elaboração de Termos de Compromissos, o zoneamento do Parest Matupiri realizou-se em dois momentos. No primeiro, ocorreu a sua contextualização, o resgate do diagnóstico socioeconômico, do mapeamento participativo e sua efetiva elaboração. No segundo, apresentou-se o zoneamento, já em formato de mapas confec-

Mapeamento do Parest Matupiri com os Mura da TI Cunhã-Sapucaia.

cionados pelo Ceuc, quando foi apreciado pelos Mura, e, após correções e ajustes propostos, validado. Como resultado desta conjuntura, criou-se a Zona de Uso Especial Indígena (Zuei).

De acordo com o plano de gestão do Parest a Zuei é caracterizada por ser " (...) aquela onde, mediante a construção e assinatura de termos de compromisso entre a população usuária e o órgão gestor da Unidade, prevê-se o manejo de alguns recursos naturais centrais para a reprodução cultural daquela população". Considera-se a criação da Zuei uma iniciativa para conciliar as especificidades do ponto de vista biológico, com seus fatores político-histórico-culturais, devido ao Parque ser área de uso tradicional pela população Mura da TICS. Como resultados positivos da criação da Zuei do Parest Matupiri, podemos citar:

- A resolução parcial da sobreposição do uso do Parest Matupiri pela comunidade da TI Cunhã-Sapucaia;

- A diminuição da angústia dos Mura em relação às ações de gestão e implementação do Parest Matupiri;

- O comprometimento dos Mura na conservação de toda a bacia do Rio Matupiri, principalmente das áreas do Parest do Matupiri, já que esta se manteria acessível às suas necessidades;

- A aquisição de uma parceria sólida entre TI Cunhã-Sapucaia e Parest Matupiri, por meio das lideranças indígenas e CEUC;

- A presença e atuação efetiva dos Mura e suas representações sociais e institucionais no Conselho Gestor do Parest;

- A consideração aos acordos internacionais, que relevam o respeito às populações tradicionais e povos indígenas presentes em Unidades de Conservação, dos quais o Brasil é signatário como: OIT 169, Programa de Trabalho sobre Áreas Protegidas da Convenção da Diversidade Biológica, Metas de Aichi e Congresso Mundial de Parques da IUCN;

- O respeito a marcos legais nacionais como a Constituição da República Federativa do Brasil, Plano Estratégico Nacional de Áreas Protegidas e Política Nacional de Desenvolvimento Sustentável de Povos e Comunidades Tradicionais;

- A garantia de maior proteção das áreas e populações que estarão expostas aos impactos gerados pela revitalização da BR-319, através da conservação da biodiversidade e da manutenção sociocultural dos Mura.

Entretanto, deve-se pensar em como esta área será gerida daqui para frente. Neste sentido, apenas iniciou-se uma caminhada longa e trabalhosa, em que o órgão gestor terá que gastar esforços e *expertise* para manter os objetivos de conservação do Parque e garantir a reprodução física e cultural dos Mura. As Unidades de Conservação do Amazonas são indissociáveis da presença humana, sejam estas indígenas, caboclas, ribeirinhas ou quilombolas. Suas presenças nestas áreas são muito mais benéficas do que prejudiciais à conservação da natureza, sejam em áreas de uso sustentável ou de proteção integral. Porém, este benefício somente se consolida quando estas presenças são interpretadas como uma "potência" a mais para o alcance de uma meta complexa e audaciosa em comum, que é a conservação da biodiversidade.
(setembro, 2016)

NOTA

[1] Editado a partir de artigo original publicado no *site* Unidades de Conservação no Brasil do ISA: <uc.socioambiental.org>.

ALTO TAPAJÓS

FUNAI APROVA A TI APIAKÁ DO PONTAL E ISOLADOS

Localizada no município de Apiaká (MT), com 972 mil ha, nessa terra há índios Apiaká e Munduruku, totalizando cerca de 144 indivíduos e também uma população de isolados. *(Funai, 19/04/2011)*

APIAKÁ QUEREM CONCLUSÃO DA DEMARCAÇÃO

Em dezembro de 2012, na aldeia Curva, TI Rikbaktsa, os Apiaká entregaram uma carta em que relatam restrições impostas pelos servidores do ICMBio, gestores do PN do Juruena, que se sobrepõe à área indígena, limitando a pesca e a coleta. *(MPF/MT, 19/04/2013)*

JUSTIÇA SUSPENDE LEILÃO DE UHE SÃO MANOEL

Os Kayabi, Apiaká, Munduruku e Kayapó enviaram carta ao MPF do PA e do MT acusando o governo federal de descumprir acordo que previa adiamento das audiências públicas da usina hidrelétrica de São Manoel. Pelo acordo, a audiência deveria ter sido adiada depois de cinco dias de tensão em que ficaram reféns na aldeia Kururuzinho, em Alta Floresta, sete servidores da Empresa de Pesquisa Energética e da Fundação Nacional do Índio. Mesmo antes, no dia 21 de outubro, a Justiça Federal em Sinop (MT), já havia determinado o adiamento da audiência por 90 dias até que os estudos sobre os impactos aos índios estivesse concluído. A decisão também suspendeu o leilão da usina, determinou um maior número de audiências nas terras indígenas kayabi e munduruku, bem como a tradução do estudo para as línguas dos povos indígenas afetados (kayabi, munduruku e apiaká). *(MPF, 17/11/2011)*

COLONOS REIVINDICAM TI KAYABI

Segundo produtores, a ampliação de 117 mil hectares para 1.053 milhão de hectares da TI Kayabi, localizada entre Jacareacanga (PA) e Apiacás (MT) irá apropriar uma jazida de calcário. Segundo a Funai a área pertence aos Kayabi desde 1915. *(V. Lessa, G1 Globo, 02/12/2011)*

UHE TELES PIRES VAI DESTRUIR ÁREA SAGRADA

As águas esverdeadas e velozes do Teles Pires escondem um santuário de belezas naturais e um reino místico da cultura indígena. Para o "homem branco", nada mais é do que a sequência de sete quedas de corredeiras. Entre os povos indígenas, trata-se de um lugar sagrado, que não pode ser mexido. Ali, eles acreditam que vivem os espíritos de seus antepassados, a mãe dos peixes e da água. "Se for destruído, coisas ruins vão acontecer para o homem branco e para a comunidade indígena", prevê o cacique João Mairavi Caiabi, que aos 51 anos comanda 206 pessoas da aldeia Cururuzinho. Os caiabis moram a alguns quilômetros das corredeiras Sete Quedas, nas margens do rio onde está sendo levantada a Hidrelétrica de Teles Pires. Na região, também moram os índios da etnia munducuru, considerados mais arredios. Juntos somam uma cerca de 600 índios. A preocupação é que, só na Bacia do Teles Pires, devem ser construídas mais quatro hidrelétricas, além das duas em andamento (Teles Pires e Colíder). Cerca de 70 mil hectares de floresta dariam lugar aos lagos. Em março, a Justiça suspendeu a licença de instalação da usina, alegando que os índios não haviam sido ouvidos. As obras, na época com 2 mil trabalhadores, ficaram paralisadas por 12 dias. *(R. Pereira, OESP, 01/07/2012)*

COLONOS PROTESTAM CONTRA TI KAYABI

É com a frase "Unidos contra a demarcação de terras indígenas" que a pequena cidade de Paranaíta (MT), de 10 mil habitantes, recebe seus visitantes. Os trabalhos para elevar de 117 mil para mais de 1 milhão de hectares o tamanho da reserva das três etnias (caiabis, mundurucus e apiacás) deveriam ter sido iniciados dia 22, mas foram suspensos pelo STJ. Os fazendeiros que ajudaram a fundar a cidade em 1979 são os mais arredios. *(R. Pereira, OESP, 01/07/2012)*

IBAMA RETIRA 1,8 MIL CABEÇAS DE GADO DA TI KAYABI

Desde 2002, os infratores promovem o desmatamento ilegal e, na sequência, dão início a um esquema para grilagem da terra e exploração dos recursos naturais. *(Ibama, 05/07/2012)*

GOVERNO SUSPENDE OBRA DE UHE TELES PIRES

O governo voltou atrás e decidiu acatar decisão suspendendo a licença ambiental de instalação. Ontem, a 5ª Turma do TRF-1 avaliou embargos de declaração relativos à consulta prévia dos índios da região onde é construída a usina de Belo Monte e entendeu que o Decreto-Lei 788, de 2005 não levou em conta a Convenção 169 da OIT. Por essa norma, incorporada à Constituição, seria necessário ouvir as comunidades indígenas afetadas antes de o Legislativo tomar a decisão de aprovar o decreto-lei. *(O Globo, 14/08/2012)*

UHES BARRAM RIO TELES PIRES NAS IMEDIAÇÕES DAS TIS KAYABI E MUNDURUKU

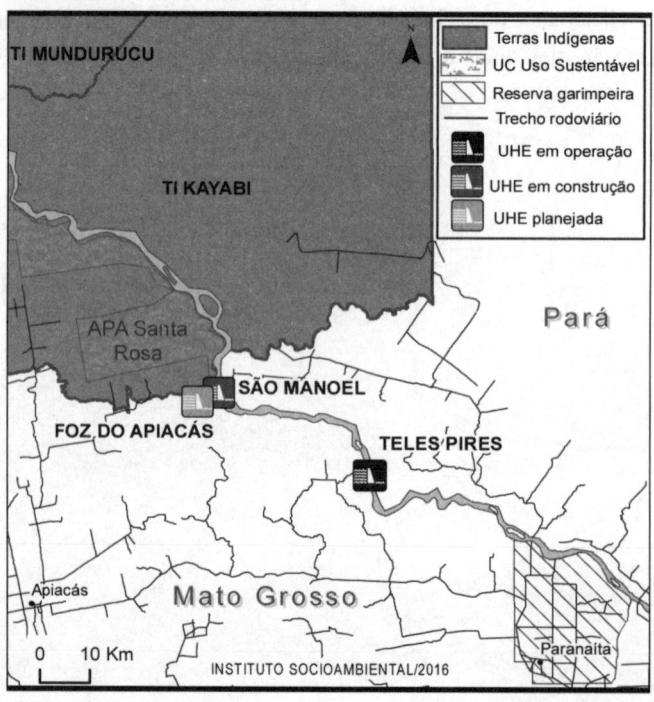

ACONTECEU

POUSADA DE PESCA NA TI KAYABI É DESATIVADA

A coordenação da Funai em Colíder informou que a Pousada Rio Cururu "explora e ludibria os índios", para conseguir manter irregularmente sua estrutura. O empreendimento, que tinha balsa clandestina e pista de pouso, cobrava até R$ 7.000 por pescador. Os donos tinham um acordo com índios e, segundo o Ibama, pagavam R$ 4.000 mensais para exercer a atividade. *(R. Vargas, FSP, 25/09/2012)*

CASAS DE GRILEIROS SÃO DESTRUÍDAS NA TI KAYABI

De acordo com o Ibama, cerca de 100 pessoas ocupam a área desde 2001. Foram emitidos 25 autos de infração, que geraram R$ 15 milhões em multa. Duas pessoas foram encontradas em situação análoga à escravidão. *(K. Martins, G1 Globo, 29/09/2012)*

PF COÍBE GARIMPO NA TI KAYABI

A Operação Eldorado da PF desbaratou ontem, com cerca de 300 agentes, uma organização especializada na extração ilegal de ouro em áreas indígenas e sua venda para investidores financeiros em São Paulo. A atividade aurífera se concentrava em terra indígena dos Kayabi e Munduruku. *(F. Lessa, OESP, 07/11/2012)*

MUNDURUKU MORRE EM OPERAÇÃO DA PF

Mundurucus localizaram ontem o corpo de um integrante da etnia que estava desaparecido desde o confronto de anteontem com agentes da PF. Segundo o relato dos índios, o corpo de Adenílson Krixi Munducuru, 28, tinha marca de tiro na cabeça. Dois índios, com ferimentos a bala, foram transferidos para Cuiabá. Líderes mundurucu e caiabi, segundo as investigações, participavam do esquema. Segundo Waru Munduruku, a aldeia foi alvo de um "ataque": "nós queremos saber por que o delegado invadiu a aldeia, jogando bombas de efeito moral, atirando com bala de borracha nas pessoas, atirando nas casas e amedrontando nossas crianças. A operação era somente no rio". Segundo relato de policiais, o objetivo era verificar a existência de armamentos escondidos e atender feridos. *(R. Vargas, FSP, 09/11/2012)*

MUNDURUKU, KAYABI E APIAKÁ PROTESTAM CONTRA PF

Na Assembleia Extraordinária, a invasão e violência cometida pela PF na Aldeia Teles Pires, no dia 7 de novembro, de 2012, foi denunciada como brutal desrespeito aos direitos humanos e aos direitos indígenas. (...) Após a ação, a PF passou a divulgar na imprensa que foi atacada e só reagiu com balas de borracha, pois os Munduruku estavam armados. A Funai, no dia 5 de dezembro, assinou um documento alegando que a polícia não agiu com excesso, mas como medida de defesa. O que o órgão pretendeu foi passar para a população brasileira a imagem de que os índios foram culpados, mais uma vez a ideia que o povo indígena é um bando de selvagem. Tudo não passa de mentiras, por que o nosso povo não tinha armas de fogo e tentou convencer o delegado para não usar a força mostrando documentos que a comunidade já havia discutido com a Funai e autoridades federais, com entendimentos para solução do problema do garimpo. (...) Há anos que apresentamos ao Governo propostas alternativas de auto-sustentação para o nosso povo a partir do nosso costume com uso dos recursos da floresta, como óleo de babaçu e castanha. (...) A ação da PF foi feita contra um povo que luta contra as hidrelétricas, na tentativa de ameaçar e amedrontar-nos. (...) Não somos contra o desenvolvimento do país, mas não aceitamos ter nossa vida destruída em nome de um tipo de progresso que só irá beneficiar os grandes empresários que ficarão cada vez mais ricos. Aldeia Sai Cinza, Pará, 31 de Janeiro de 2013. *(Assembléia Munduruku, Cimi, 01/02/2013)*

INDÍGENAS COBRAM ALTERNATIVAS ECONÔMICAS

Segundo a PF, os índios recebiam R$ 30 mil por balsa garimpeira ilegal que chegava a render aos operadores do esquema R$ 500 mil. Segundo Valdenir Munduruku, um dos líderes da Aldeia Teles Pires, "até a década de 1980, o governo não fazia nada para impedir. Nós é que fomos lá e tiramos a maior parte dos garimpeiros", disse, ressaltando que permitiram que poucas pessoas continuassem garimpando em uma parcela menor do território indígena para receber algo em troca. Ontem (21), a vice-procuradora-geral da República, Deborah Duprat, recebeu os líderes mundurukus e garantiu que o MPF também está investigando as denúncias. A vice-procuradora, contudo, destacou que o MPF não aprova a prática de garimpo nas áreas indígenas, defendendo a criação de alternativas econômicas viáveis. Para Valdenir, nenhum representante do governo federal assumiu qualquer compromisso de atender as exigências dos mundurukus, insistindo em discutir a construção de hidrelétricas no Rio Tapajós. *(A. Rodrigues, Agência Brasil, 22/02/2013)*

COLONOS BLOQUEIAM MT-206 CONTRA TI KAYABI

Produtores rurais de Apiacás pedem a revogação da portaria que ampliou a demarcação da TI Kayabi em Apiacás e Jacareacanga (PA), pois terão que deixar a área reconhecida como pertencente aos indígenas. Hoje, cerca de 350 famílias vivem no local e devem ser despejadas. O prefeito de Apiacás, Adalto Zago, informou que, além de desalojar as famílias, a demarca-

Em Brasília, caciques munduruku exibem foto de Adenílson Krixi, morto pela PF na TI Kayabi em 2012.

ACONTECEU

ção impede a exploração de calcário na região. *(P. Araújo, G1 Globo, 01/07/2013)*

MINISTRO DO STF SUSPENDE TI KAYABI

O fundamento da decisão do ministro Luiz Fux é o de que as terras objeto da demarcação não eram "tradicionalmente ocupadas" pelos Kayabi ao tempo da promulgação da Constituição de 1988. Segundo o ministro, a pretensão do estado encontra "amparo" na decisão tomada no julgamento da demarcação da TI Raposa Serra do Sol. *(STF, 07/11/2013)*

UHE SÃO MANOEL É APROVADA

Há duas semanas, a Funai encaminhou um ofício ao Ibama destacando que o projeto contabilizava 28 impactos sobre os povos indígenas. Nas duas últimas semanas, foram realizadas várias reuniões entre os membros da fundação e do setor elétrico. Poucos dias depois, um novo parecer foi encaminhado ao Ibama. A Funai manteve parte das indagações feitas anteriormente, mas, atenuou suas críticas e deixou o caminho livre para o Ibama liberar a licença. São Manoel não atinge diretamente terras indígenas. Ocorre que sua barragem (66 km²) está a menos de 2 km do limite declarado da TI Kayabi, onde vivem cerca de mil índios. A cerca de 150 km rio abaixo está a terra Munduruku, onde cerca de 9 mil índios sequer permitiram a entrada de pesquisadores na região. Duas usinas - Teles Pires e Colíder - já estão em fase de construção e uma terceira - Sinop - foi leiloada em agosto. *(A. Borges, Valor Econômico, 03/12/2013)*

... E NOVAMENTE SUSPENSA

Os indígenas pedem a demarcação da TI Munduruku e que a AGU não recorra da decisão do juiz Illan Presser, da 1ª Vara da Justiça Federal de Mato Grosso, que suspendeu o leilão da UHE São Manoel, no rio Teles Pires. *(C. Medeiros, Canal Energia, 10/12/2013)*

MINISTRA DO STF GARANTE TI KAYABI

Rosa Weber, do STF, definiu no dia 11 de março que as decisões aplicadas no caso da Raposa não se estendem às demais terras indígenas. Segundo a ministra "a tradicionalidade da posse nativa não se perde onde, ao tempo da promulgação da Lei Maior de 1988, a reocupação apenas não ocorreu por efeito de renitente esbulho por parte de não-índios". *(L. Luizy, Cimi, 26/03/2014)*

MAIS UMA VEZ, IBAMA LIBERA SÃO MANOEL

O órgão ambiental condicionou o licenciamento à entrega de 37 programas ambientais que deverão ser desenvolvidos ao longo da etapa de construção da usina. *(A. Borges, OESP, 23/08/2014)*

... E JUSTIÇA PARALISA

A JF no Mato Grosso suspendeu novamente o licenciamento da usina São Manoel, no rio Teles Pires, a pedido do MPF dessa vez pelo descumprimento da obrigação da consulta prévia, livre e informada prevista na Convenção 169 da OIT. *(MPF, 17/09/2014)*

GOVERNO DESISTE DE NOVAS HIDRELÉTRICAS

Além do Parque Nacional do Juruena, os reservatórios de São Simão Alto e Salto Augusto Baixo alagariam o Parque Estadual Igarapés do Juruena e as TIs Escondido e Apiaká do Pontal. Parte do Parque Estadual do Sucunduri, no Amazonas, além de outras terras indígenas, também seriam atingidos. *(D. Bragança, O Eco, 29/09/2014)*

JUSTIÇA BARRA MAIS UMA VEZ UHE SÃO MANOEL

O relatório de impacto ambiental afirma que as obras podem causar problemas como o aumento da prostituição e de doenças sexualmente transmissíveis. Para a Promotoria, há risco de genocídio e não houve consulta aos indígenas. Para o governo, a São Manoel não interfere nas terras indígenas porque estará fora delas. *(E. Bertoni, FSP, 19/01/2015)*

... E GOVERNO GARANTE CONTINUIDADE DAS OBRAS

Pela sexta vez desde 2011, a Justiça derrubou uma liminar que paralisava as obras de instalação da hidrelétrica de São Manoel. *(Estêvão Bertoni, FSP, 23/01/2015)*

MÉDIO TAPAJÓS

MUNDURUKU NÃO QUEREM UHE SÃO LUIZ DO TAPAJÓS

Na semana passada, cerca de 80 pesquisadores, escoltados por homens da Força Nacional, começaram coleta de dados sobre fauna e flora da região de Itaituba, que deve abrigar a usina de São Luiz do Tapajós (SLT). Índios mundurucu relatam intimidação e dizem que não foram consultados sobre a presença dos pesquisadores. "Os soldados entraram armados sem avisar ninguém. Os índios estão sem poder caçar e pescar", disse o índio Valdemir Munduruku. Segundo ele, o foco de tensão é a aldeia Sawre Muybu, onde vivem 200 índios, a duas horas de barco de Itaituba. A Funai corrobora a queixa. *(K. Brasil, FSP, 02/04/2013)*

LICENCIAMENTO AMBIENTAL DA UHE SLT É SUSPENSO

O acórdão ainda resultou na suspensão da operação militar e policial Tapajós. *(Agência Brasil, 18/04/2013)*

ÍNDIOS PARAM BELO MONTE PARA BARRAR TAPAJÓS

Munduruku, Juruna, Kaiapó, Xipaya, Kuruaya, Asurini, Parakanã, Arara, pescadores e ribeirinhos ocuparam nesta quinta-feira o local onde esta sendo construída a casa de força principal da usina, a 50 km da cidade de Altamira-PA. Além de pedir a suspensão das obras de Belo Monte, exigem a suspensão de estudos relacionados às barragens nos rios Tapajós e Teles Pires e que seja feita consulta aos povos da região antes de decidir sobre a construção do Complexo Tapajós. *(L. Leite, ISA, 03/05/2013)*

MUNDURUKU PROTESTAM CONTRA PESQUISADORES

Os líderes mundurukus decidiram soltar três biólogos que foram sequestrados em Jacareacanga, enquanto faziam estudo de impacto ambiental na região, a serviço da Concremat, contratada da Eletrobras. Em troca, o governo prometeu que os estudos para implantar as hidrelétricas SLT e Jatobá serão suspensos e uma consulta será feita aos três povos indígenas, que somam 20 mil pessoas. *(Agência Brasil, 24/06/2013)*

... E CONTRA VEREADORES

Cerca de 100 Munduruku lotaram a Câmara Municipal de Vereadores de Jacareacanga, nesta segunda-feira, 24, para protestar contra os vereadores que são favoráveis ao projeto do governo de construir hidrelétricas no rio Tapajós. *(Cimi, 24/06/2013)*

OPERAÇÃO MILITAR APOIA ESTUDOS TÉCNICOS

Aviões e tropas da Força Nacional estão em Jacareacanga para garantir a entrada de 130 técnicos no território indígena Munduruku para estudos necessários às usinas hidrelétricas de São Luiz do Tapajós e Jatobá. *(R. Santana, Brasil de Fato, 13/08/2013)*

CHEFE MUNDURUKU VAI A OEA

Hoje, Josias Munduruku, pretende dizer à Comissão Interamericana de Direitos Humanos (CIDH) da Organização dos Estados Americanos (OEA), em Washington, que o governo "não está fazendo a consulta". *(D. Chiaretti, Valor Econômico, 28/03/2014)*

LEILÃO DA UHE SLT É DESMARCADO

O MME voltou atrás e revogou ontem a Portaria 485, publicada na última sexta-feira, que previa a realização do leilão para concessão da usina hidrelétrica SLT no dia 15 de dezembro. *(D. Fariello, O Globo, 17/09/2014)*

VIABILIDADE ECONÔMICA É QUESTIONADA

O diagnóstico leva a chancela de 20 pesquisadores e surge em um momento crucial do licenciamento da usina de São Luiz do Tapajós. Mesmo no cenário "mais otimista", as hidrelétricas teriam grande dificuldade para se viabilizar financeiramente. *(D. Rittner e M. Camarotto, Valor Econômico, 22/09/2014)*

MUNDURUKU AUTODEMARCAM TI SAWRÉ MUYBU

A ação acontece frente à previsão do leilão para a construção da usina hidrelétrica São Luiz do Tapajós, que afetará diretamente os índios alagando aldeias, florestas e cemitérios. *(D. Silveira, Brasil de Fato, 30/10/2014)*

... E CONSTROEM PROTOCOLO DE CONSULTA

Entre várias determinações, o Protocolo de Consulta define que os Munduruku não aceitarão a presença de homens armados durante a consulta e não aceitarão ser removidos de seus territórios. O Protocolo de Consulta foi aprovado em assembleia extraordinária do povo Munduruku realizada neste último final de semana, 13 e 14 de dezembro, na aldeia Sai Cinza, na TI de mesmo nome, em Jacareacanga, oeste do Pará. A elaboração do protocolo contou com a assessoria do MPF no Pará e do Projeto Convenção 169. Os Munduruku decidiram que a consulta prévia, livre e informada só ocorrerá depois do avanço no procedimento de demarcação da TI Sawré Muybu. *(MPF/PA, 18/12/2014)*

ESTUDOS DE IMPACTOS DE SLT SÃO INSUFICIENTES

Em avaliações técnicas divulgadas entre novembro de 2014 e o início de março, o Ibama aponta diversas falhas no estudo de impactos sociais e ambientais da hidrelétrica e pede sua reformulação. Em julho de 2014, o grupo apresentou os estudos de impacto às comunidades indígenas do Tapajós, mas a Funai julgou as informações precárias. A segunda versão do estudo foi apresentada em setembro. Nela, os pesquisadores apontam que aldeias indígenas serão diretamente afetadas e recomendam sua remoção, o que é vetado por lei. Por isso, a Funai produziu um parecer interno que considerou o projeto de São Luiz do Tapajós inviável. *(J. Mota, Agência Pública, 07/04/2015)*

FUNAI É MULTADA POR NÃO DEMARCAR SAWRÉ MUYBU

A Justiça Federal de Itaituba (PA), a pedido do MPF intimou a Funai nesta segunda-feira (10). O motivo foi o descumprimento de uma sentença judicial, que ordenava o prosseguimento da demarcação da Terra Indígena Sawré Muybu. *(G1 Globo, 10/08/2015)*

HIDRELÉTRICA DO TAPAJÓS VAI A LEILÃO NO 2º SEMESTRE DE 2016

O MME promete que vai fazer o leilão da Hidrelétrica de São Luiz do Tapajós no segundo semestre de 2016. A Funai já analisou a área e concluiu que São Luiz possui 14 impactos negativos aos índios e às terras indígenas - 6 dos quais, irreversíveis. Na avaliação da autarquia, o projeto também seria inconstitucional por alagar áreas indígenas, o que é proibido pela Constituição. Há ainda forte apreensão sobre a reação dos índios que vivem no Alto Tapajós, onde nasce o rio, na divisa de Mato Grosso com o Pará, onde vivem cerca de 12 mil índios munducus. *(OESP, 25/12/2015)*

ONU PREMIA MOVIMENTO MUNDURUKU

A presença das lideranças Munduruku no evento do Centre 104, em Paris, foi motivada pela entrega do Prêmio Equador, na segunda-feira (7) à noite. Nele, as Nações Unidas premiaram 21 iniciativas de povos indígenas e comunidades locais de todo o mundo. Entre as iniciativas estava o Movimento Ipereg Ayu, que foi premiado pela autodemarcação da TI Sawre Maybu. Os Munduruku, premiados na categoria "Ativismo pela justiça ambiental", foram representados na cerimônia por Maria Leusa Munduruku e Rozeninho Saw Munduruku e aproveitaram para protestar contra a construção das barragens, com a mensagem "Libertem o Tapajós" grafada em um pequeno cartaz. *(T. Klein, Notícias Socioambientais, 10/12/2015)*

Representantes munduruku recebem prêmio na COP-21 em Paris.

ACONTECEU

BAIXO TAPAJÓS

MANEJO DE MADEIRA EM TIS É DESAUTORIZADO

O ICMBio acatou a recomendação do MPF/PA de não autorizar a exploração de madeira em áreas localizadas nas TIs Munduruku-Taquara e Bragança-Marituba. O manejo comunitário vai ser mantido, mas apenas nas áreas fora dos limites dos territórios indígenas. *(MPF/PA, 12/06/2012)*

SUPOSTA INEXISTÊNCIA INDÍGENA É QUESTIONADA

O MPF/PA divulgou apelação cível contra decisão da JF de Santarém que determinou que a TI Maró, formada pelos povos Borari e Arapium, não existe. Para o MPF, a sentença "incide na mesma prática que tenciona historiar, qual seja, o etnocídio de povos indígenas". O MPF informa que o mesmo advogado que assina o processo das associações é advogado de diversos madeireiros que tiveram licenças embargadas na TI. A pedido do MPF, Eduardo Viveiros de Castro e Jane Beltão, emitiram parecer em que refutam as considerações antropológicas do juiz. A apelação deverá ser julgada no TRF1 em Brasília. *(G1 Globo, 11/02/2015)*

SENTENÇA CONTRA INDÍGENAS É SUSPENSA

A suspensão fica em vigor até que o TRF1 julgue a apelação. Na prática, com isso fica mantida a delimitação da TI Maró e a proibição da entrada de madeireiros. *(MPF/PA, 05/03/2015)*

SATERÉ-MAWÉ

JOVEM EM CONDIÇÃO ANÁLOGA A ESCRAVIDÃO

De acordo com um dos técnicos da Funai, a adolescente, 16, veio para Manaus da TI Andirá-Marau, Maués, com o consentimento da família para estudar na capital e trabalhar em uma casa de família. Entretanto, além de não estar estudando, efetuava tarefas domésticas, cuidava de duas crianças menores de 6 anos de idade, e não recebia nada. *(S. Maciel, A Crítica/AM, 12/04/2011)*

RITUAL É MANTIDO NAS REDONDEZAS DE MANAUS

Desde que passou a viver em uma comunidade da Vila Ariaú, em Manacapuru, Zelinda da Silva Freitas, de 60 anos – que veio da aldeia Ponta Alegre, em Barreirinha – carrega a tradição do ritual da tucandeira com sua família. Um desses "encontros" aconteceu na semana passada. A aceitação de mulheres no ritual tem sido comum nos últimos anos. A aldeia Sahu-Apé foi fundada há 20 anos. Na comunidade vivem mais de 50 pessoas. O local, mesmo reconhecido, ainda não tem regularização da Funai. *(E. Farias, Amazônia Real, 25/11/2013)*

CRIANÇA "ADOTADA" VOLTA PARA ALDEIA

O MPF em Volta Redonda (RJ) moveu ação civil pública para garantir a ida de uma criança indígena de três anos à TI Andirá Marau, junto de sua mãe biológica e de sua aldeia. A menina foi entregue por missionários da ONG Atini e da Associação Jocum a um casal que vive em Volta Redonda. Para o MPF, a história da mãe indígena e de sua filha foi distorcida até parecer uma doação comum de uma criança vulnerável com mãe incapaz. Porém se trata "de mais um exemplo da atuação sistemática desses grupos missionários contra os povos indígenas e seus modos de vida", alertam os procuradores da República. *(MPF/RJ, 08/10/2014)*

RITUAIS MARCAM A INCORPORAÇÃO DE MIGRANTES

O complexo ritualístico serve para marcar a integração de migrantes não indígenas - como os retirantes nordestinos que, a partir da década de 1940, foram acolhidos por em meio às provações do *waymat*. O grupo dos cearenses, na opinião de famílias Sateré estabelecidas em Parintins, teve notoriedade na medida em que foram incorporados aos ideários nativos. O agrupamento foi avolumado nas comunidades de Ponta Alegre e Molongotuba, a sul de Parintins, já adentrando na TI Andirá-Marau. *(R. Albuquerque, Amazônia Real, 09/03/2015)*

MURA/PIRAHÃ

TURISMO SEXUAL É DENUNCIADO NA JUSTIÇA DOS EUA

A ONG norte-americana de combate ao turismo sexual de mulheres, *Equality Now*, divulgou em seu site que quatro indígenas brasileiras entraram com um processo contra a empresa *Wet-A-Line*, dos EUA. O caso foi noticiado na edição deste sábado (09) no jornal *The New York Times* e reproduzido na edição deste domingo (10) no portal Folha Online. De acordo com a Equality Now, a Wet-A-Line operava em parceria com a empresa Santana Eco Fish Safari, que tem sede em Manaus. Conforme indigenista da Funai, as embarcações e hidroavião com os turistas costumavam pousar, sem autorização, no lago Cunhã-Sapucaia, pertencente à TI de mesmo nome, no município de Borba. O superintendente da PF no Amazonas disse pelo menos 15 meninos foram vítimas de estupros. *(E. Farias, A Crítica/AM, 10/07/2011)*

OCUPAÇÃO MURA ESTÁ FICANDO REDUZIDA A ILHAS

Autazes é um município do Amazonas que tem uma peculiaridade: um bairro indígena em plena zona urbana. Pantaleão, como é chamado, não era para ser um bairro, mas uma terra indígena. Antes de Autazes surgir, Pantaleão já existia. Nos últimos 40 anos, contudo, os mura que vivem na região de Careiro, Careiro da Várzea e, sobretudo, Autazes, passaram a sofrer toda sorte de ataques contra a regularização de seu território. Os mura têm que lidar não apenas com os não-muras ou não-indígenas com os quais convivem, mas especialmente contra a demora e descaso da Funai. A área onde vivem os índios mura está ficando cada vez mais reduzida a ilhas. E cada ano que passa, resulta em redução das terras dos mura. Resulta também em mais hostilidade e em discurso anti-indígenas, a maioria das vezes fruto da desinformação. *(E. Farias, A Crítica/AM, 27/09/2012)*

MUNICÍPIO É CONDENADO POR ESTRADA NA TI RIO URUBU

A Justiça Federal julgou parcialmente procedentes os pedidos do MPF/AM e condenou o município de Itacoatiara a recuperar uma área localizada na TI Rio Urubu, de posse dos índios Mura, desmatada pela abertura de um ramal sem autorização legal. *(MPF/AM, 03/07/2013)*

... E EMPRESA POR OUTRA NA TI MURUTINGA

A AGU assegurou, na Justiça, multa de R$ 300 mil à Construtora Etam Ltda. por destruir seis hectares de floresta. A empresa queria abrir uma estrada dentro da TI Murutinga, próximo à Aldeia Tauari, do município de Autazes à Vila Novo Céu (AM). *(L. Ribeiro, AGU, 08/07/2013)*

INDÍGENA É MORTA APÓS REUNIÃO PARA DEMARCAÇÃO

Maria Carvalho Barreto, filha de indígenas Mura do Mataurá, em Manicoré, foi encontrada morta ontem (03/03), na entrada da sua casa. Maria assinou anteontem o pedido de Demar-

ACONTECEU

cação da Aldeia Patakuá Deus é Bom, elaborado pela comunidade durante uma reunião. Das 34 aldeias no município de Manicoré, apenas 13 estão em terras homologadas. *(J. De Souza, Combate Racismo Ambiental, 05/03/2014)*

PETRÓLEO PRESSIONA TIS MURA

A Agência Nacional de Petróleo, Gás Natural e Biocombustíveis (ANP) lançou no último dia 12 de junho, sem consulta prévia à Funai, um pré-edital de licitação para exploração e produção de petróleo e gás em sete blocos que estão nas proximidades de 15 terras indígenas no Estado do Amazonas. A ANP informou, em nota que os blocos não estão "dentro" destes territórios e que "não há sobreposição". As TI pertencentes ao povo Mura, mais afetadas são Trincheira, Gavião, Sissaíma, São Pedro, Miguel/Josefa e Rio Juma nos municípios de Autazes, Careiro da Várzea e Careiro Castanho. Outros dois dos sete blocos na bacia do Amazonas também estão próximos da TI Andirá Marau, do povo Sateré-Mawé. *(E. Farias, Amazônia Real/AM, 10/07/2015)*

MURA QUEREM REINTEGRAÇÃO NA TI MURUTINGA

Lideranças Mura da comunidade de Murutinga, estão recorrendo ao MPF/AM para que interponha recurso contra mandado expedido pelo juiz estadual da Comarca de Autazes, em favor da Cooperativa de Produtores Leite de Autaz Mirim (Cooplam), que se diz proprietária de uma área de aproximadamente 1,75 hectares dentro da TI Murutinga. Há pouco mais de um mês, o local foi palco de uma ação da Polícia Militar e Guarda Municipal de Autazes que resultou na agressão contra vários indígenas. Murutinga tem 13.276 hectares e uma população de aproximadamente 1.700 pessoas. O resumo do relatório de identificação e delimitação foi publicado no Diário Oficial da União, em 01 de agosto de 2012. *(Cimi, 12/08/2015)*

SAÚDE PERMANENTE AO POVO PIRAHÃ

O MPF/AM recomendou aos Distritos Sanitários Especiais Indígenas (DSEIs) Manaus e Porto Velho a realização de atendimento de saúde contínuo e permanente ao povo indígena Pirahã, que se distribui em diferentes grupos no território que segue a extensão do rio Maici, no município de Humaitá. No último dia 6 de junho, representantes da etnia estiveram reunidos com o procurador da República Araujo Junior e relataram ausência de atendimento em saúde na TI Pirahã. *(MPF/AM, 16/08/2013)*

KAWAHIVA

QUADRILHA EXTRAIA CASSITERITA DENTRO DE TI

Segundo a Polícia, nos últimos cinco anos a quadrilha extraiu mais de 2.500 toneladas de cassiterita da TI Tenharim do Igarapé Preto. Com a venda, o grupo teria lucrado aproximadamente R$ 60 milhões de reais. Cerca de mil hectares de floresta foram derrubados na exploração ilegal. *(Portal Amazônia, 17/06/2011)*

MOROGITA-KAWAHIVA É CONTRA USINA TABAJARA

Em encontro realizado no fim de outubro, em Humaitá, lideranças do Movimento Indígena Morogita-Kawahiva prepararam uma carta direcionada ao governo federal sobre sua insatisfação com a construção de mais uma hidrelétrica (a quarta) na bacia do rio Madeira. A Usina está sendo planejada para ser instalada no rio Machado ou Ji-Paraná, o principal afluente do rio Madeira, onde já estão Jirau, Santo Antônio e Samuel. "Essa hidrelétrica não é bem-vinda, vai mexer em todo o ecossistema e nada trará para nosso bem", disse Ivanildo Tenharim, um dos organizadores do encontro. Nos anos 80 e 90, houve várias discussões para a instalação de uma hidrelétrica no mesmo local, mas as comunidades conseguiram adiar o projeto, agora retomado. *(L. Albuquerque, Amazônia Real, 25/11/2013)*

JUSTIÇA ACATA PEDIDO DE REPARAÇÃO POR CRIMES NA DITADURA

A JF concedeu decisão liminar em ação movida pelo MPF/AM determinando que a União e a Funai adotem medidas para reparar os danos permanentes causados aos povos indígenas Tenharim e Jiahui em decorrência da construção da rodovia Transamazônica (BR-230) em seus territórios. O MPF sustenta que os fatos ocorridos por ocasião da construção da estrada representaram ofensa aos direitos fundamentais dos povos Tenharim e Jiahui, ensejando a reparação por dano moral coletivo. *(MPF/AM, 17/02/2014)*

PARINTINTIN REALIZAM FESTA DO GUERREIRO

O ritual foi realizado na aldeia Taíra, na TI Nove de Janeiro, em Humaitá. Esta é segunda vez que o povo Parintintin realiza o Irerua - Festa do Guerreiro. A primeira foi em 2012. Foram anos de pesquisa até que os indígenas pudessem resgatar com os mais antigos esse importante ritual. *(Associação Kanindé, 24/08/2015)*

GESTÃO DA FLONA DO HUMAITÁ ENVOLVE OS JIAHUI

O acordo define como beneficiários os moradores, usuários permanentes e seus descendentes, que, desde 1998, usufruem historicamente da área. O documento traz ainda um item sobre o acordo de pesca selado entre as comunidades da Flona e a TI Jiahui. *(E. Augusto, ICMBio, 19/07/2013)*

TI TENHARIM MARMELOS

AMEAÇAS DE MADEIREIROS PASSAM A SER FREQUENTES

Na semana passada, servidores da Funai identificaram dois quilômetros de terra desmatada dentro da TI. Também foi encontrado um acampamento. Dois servidores da Funai foram ameaçados por madeireiros de Santo Antônio do Matupi, área conhecida como "180" (em referência ao quilômetro 180 da Transamazônica) em Manicoré, vizinha de Humaitá. *(E. Farias, A Crítica/AM, 15/08/2011)*

MORTE DE CACIQUE TENHARIM LEVANTA SUSPEITAS

Morreu no último dia 03 de dezembro o cacique da Aldeia Kampinhu'hu Ivan Tenharim, de 45 anos. [Ele] foi encontrado ainda com vida às margens da Transamazônica, no caminho entre o Matupi (km 180) e a aldeia, no dia 02. O cacique estava desacordado com inúmeros ferimentos na cabeça, no entanto a moto, o capacete e a bagagem estavam quase intactos, levantando suspeitas sobre a causa da morte. As autoridades competentes devem ser capazes, agora, de dar uma resposta a altura da importância que o cacique tinha para os Tenharim. *(I. Bocchini, Combate Racismo Ambiental, 26/12/2013)*

REVOLTA CONTRA INDÍGENAS EM HUMAITÁ

A PF enviará uma força-tarefa para investigar dentro da TI Tenharim/Marmelos o paradeiro de três pessoas desaparecidas há 11 dias. Como consequência, manifestantes ameaçaram de morte 140 índios tenharim, parintintin, jiahau e uru-eu-wau-wau. Eles estão refugiados dentro do quartel do 54º Batalhão de Infantaria de Selva (BIS) do Exército desde ontem. A proteção ocorreu depois que cerca de 3.000 moradores

ACONTECEU

atearam fogo em carros e barcos da Funai, na sede do órgão e na Casai. A PM trabalha com a suspeita de que os desaparecimentos estejam relacionados com a morte do cacique Ivan Tenharim, 45 anos. *(K. Brasil, Amazônia Real, 26/12/2013)*

CERCA DE 300 ATACAM OS TENHARIM DENTRO DA TI

Elas se dividiram em carros e caminhonetes, passaram pela aldeia Mafuí, atearam fogo em casas e destruíram um pedágio criado pelos índios no quilômetro 145 da Transamazônica. *(C. Siqueira, OESP, 28/12/2013)*

FUNAI EXONERA COORDENADOR REGIONAL

O ex-coordenador regional da Funai em Humaitá é autor do texto que levantou a hipótese de assassinato do líder indígena morto em 3 de dezembro. *(J. M. Tomazela, OESP, 11/01/2014)*

FUNAI DISTRIBUI 330 CESTAS BÁSICAS

Os Tenharim estão praticamente isolados nas aldeias desde o último dia 25. *(I. Richard, Agência Brasil, 11/01/2014)*

MORADORES DO "180" QUEREM OS RECURSOS DA TI

Santo Antônio do Matupi tem a maior concentração de serrarias do Estado. Além das 36 madeireiras legalizadas, há dezenas clandestinas. De acordo com o cacique Zelito Tenharim, eles abriram cinco estradas vicinais para entrar na área protegida. *(J. M. Tomazela, OESP, 12/01/2014)*

COORDENADOR DA FUNAI FOI "BODE EXPIATÓRIO"

Em nota, lideranças de entidades e acadêmicos acusam a mídia e a imprensa local do Amazonas de utilizarem o Coordenador Regional da Funai, Ivã Bocchini, como bode expiatório para a crise instalada em Humaitá. A nota aponta que a tentativa de atribuir a culpa dos acontecimentos a I. Bocchini "é insustentável", dada a complexidade da situação local. *(Carta Capital, 29/01/2014)*

FORÇA-TAREFA PRENDE CINCO ÍNDIOS TENHARIM

Segundo o Exército, as prisões ocorreram nesta quinta-feira (30) durante grande operação que contou com apoio de helicópteros e a presença do superintendente da PF de Rondônia, na região da aldeia Tracuá, na TI Tenharim-Marmelos. *(K. Brasil, Amazônia Real, 30/01/2014)*

JUSTIÇA ACATA PROCESSOS CONTRA PORTAIS DE NOTÍCIAS

De acordo com a decisão liminar, os administradores das páginas Portal Apuí, A Crítica de Humaitá e Chaguinha de Humaitá devem remover publicações onde foram identificadas incitação ao ódio, práticas criminosas, generalização de responsabilidade e discurso injurioso contra defensores dos direitos indígenas. *(MPF/AM, 18/02 e 14/03/2014)*

PRESIDENTA DA FUNAI VAI À TENHARIM MARMELOS

Um dos projetos apresentados a M. A. Assirati foi a retomada da pesca esportiva praticada por turistas, que acontecia desde 2005 mas foi suspensa em 2012. "A empresa responsável pela atividade não queria mais pagar o que havia se comprometido", disse Ivanildo Tenharim. Os indígenas propuseram à Funai a construção de uma pousada. Os Tenharim e Jiahui solicitaram outras formas de geração de renda, como a contratação de mais indígenas nos serviços do PrevFogo, do Ibama, além de aumento nos valores do bolsa família. Conforme Ivanildo, os indígenas acordaram com a presidente da Funai que a cobrança do pedágio continua suspensa por mais quatro meses e, neste ínterim, o órgão deve encaminhar periodicamente informações sobre como os projetos estão sendo encaminhados. *(E. Farias, Amazônia Real, 10/03/2014)*

TENHARIM PRESOS CIRCULAM POR CADEIAS

Eles serão transferidos para a base Hi-Merimã da Funai, usada como ponto de apoio para proteção de isolados. Os Tenharim foram presos em 30 de janeiro e levados para a Penitenciária Estadual "Panda", em Porto Velho (RO). No dia 4 de fevereiro, o grupo foi transferido para o Centro de Ressocialização Vale do Guaporé (RO). No dia 3 de setembro, foram levados para Lábrea. O grupo chegou a passar por Humaitá, onde os crimes ocorreram. A chegada dos acusados gerou princípio de tumulto na cidade. *(G1 Globo, 04/11/2014)*

FORÇA NACIONAL REFORÇA EFETIVO EM HUMAITÁ

Em novembro, uma decisão da Justiça permitiu que dois dos cinco índios presos saíssem da prisão para participar de uma cerimônia tradicional dos tenharins. A medida causou protestos e ameaças contra a comunidade indígena. Desde a morte dos brancos, os tenharins são hostilizados na cidade. *(J. M. Tomazela, OESP, 16/12/2014)*

PF USA ANÔNIMOS PARA ACUSAR ÍNDIOS

Embora existam outros indícios da participação de indígenas no crime, o inquérito se vale de anônimos para dizer o que fez cada um dos índios presos. A "testemunha no 4", por exemplo, disse que o crime ocorreu depois que "um bruxo macumbeiro do distrito de Auxiliadora" recebeu R$ 2.500 para apontar o carro que teria matado o cacique. O "bruxo" não foi localizado nem ouvido em depoimento. Segundo a PF, essa falsa informação levou os índios a pararem o carro errado. *(R. Valente, FSP, 22/12/2014)*

INCÊNDIO DESTRÓI TI TENHARIM MARMELOS

Um incêndio de grandes proporções está destruindo a TI Tenharim Marmelos e o PN dos Campos Amazônicos, no Sul do Amazonas. De acordo com o Ibama, os focos de incêndio estão distribuídos em vários pontos e as causas do incêndio estão sendo investigadas. Em 2011, aproximadamente 20 mil hectares de área do PN foram destruídos com incêndio provocado por um invasor e também atingiu a TI Tenharim-Marmelos. De acordo com o Ibama, estima-se que até ontem, o fogo tenha destruído seis mil hectares. *(N. Cruz, A Crítica/AM, 19/08/2015)*

TENHARIM PRESOS VOLTAM PARA SUAS ALDEIAS

O TJ do Amazonas determinou o retorno deles à TI Tenharim-Marmelos, mas com medidas de restrições. A notícia da liberdade deles causou indignação às famílias dos três mortos *(E. Farias, Amazônia Real, 16/11/2015)*

8. Sudeste do Pará

- Aikewara
- Amanayé
- Anambé
- Arara
- Arara da Volta Grande do Xingu
- Araweté
- Asurini do Tocantins
- Asurini do Xingu
- Guarani Mbyá
- Gavião Parkatejê
- Gavião Akrãtikatejê
- Gavião Kykatejê
- Yudja (Juruna)
- Mẽbengôkre (Kayapó)
- Kuruaya
- Munduruku
- Panará
- Parakanã
- Tapayuna
- Tembé
- Terena
- Turiwara
- Mẽbengôkre (Xikrin)
- Xipaya
- Isolados

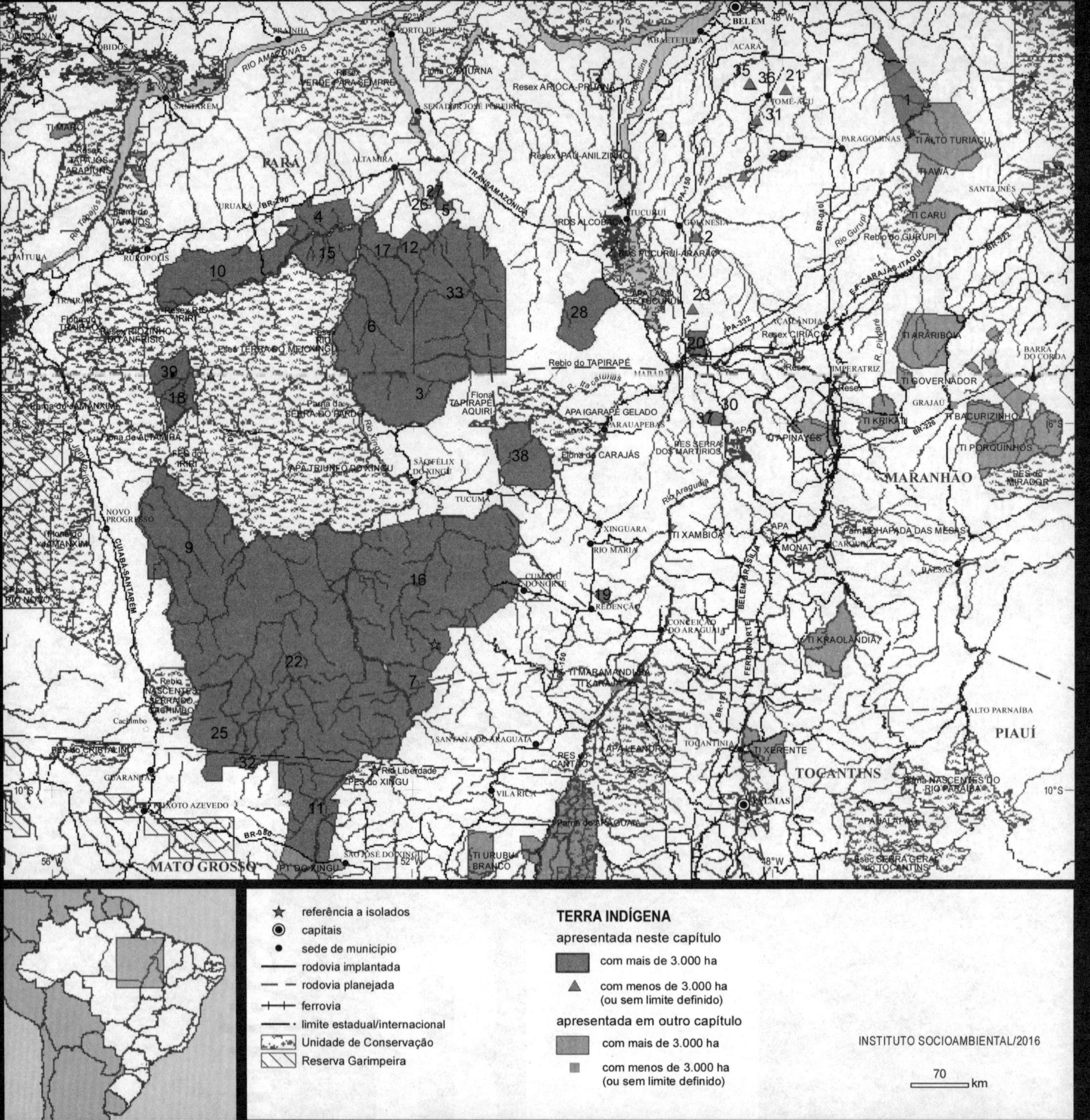

SUDESTE DO PARÁ
Terras Indígenas
Instituto Socioambiental - 14/02/2017

Nº Mapa	Terra Indígena	Povo	População (nº, fonte, ano)	Situação jurídica	Extensão (ha)	Município	UF
1	Alto Rio Guamá	Guajá Tembé Ka'apor	1.727 - Siasi/Sesai : 2014	HOMOLOGADA. REG CRI E SPU. Decreto s/n de 04/10/1993 publicado em 05/10/1993. Reg. CRI no município de Nova Esperança do Piriá, Comarca de Vizeu, Mat.1.518 Liv. 2-E Fl 18 em 13/09/94. Reg. CRI no município de Santa Luzia do Pará, Comarca de Ourém, Mat. 5.410 Liv. 2-L Fl.79 em 14/09/94. Reg. CRI no município de Paragominas, Mat. 4.849 Liv.2-P Fl.189 em 17/10/94. Reg. SPU Certidão n. 07 de 29/07/94.	279.897	Nova Esperança do Piriá Paragominas Santa Luzia do Pará	PA
2	Anambé	Anambé	161 - Siasi/Sesai : 2014	HOMOLOGADA. REG CRI E SPU. Decreto 380 de 24/12/1991 publicado em 26/12/1991. Reg. CRI do município e comarca de Moju (7.883 ha), Matr. 4.024, Lv. AT, Fl 124v em 20/03/92. Reg. SPU Certidão n.09 em 05/08/94.	7.883	Moju	PA
3	Apyterewa	Parakanã	470 - Funai - : 2016	HOMOLOGADA. REG CRI E SPU. Decreto s/n. de 19/04/2007 publicado em 20/04/2007. Reg CRI no município de S.Felix do Xingu Comarca idem (773.470 ha) Matr.n.3.291, Lv 2-R, Fls 094v em 08/05/07. Reg. no SPU certidão s/n. em 14/10/2008.	773.470	São Félix do Xingu	PA
4	Arara	Arara	298 - Siasi/Sesai : 2014	HOMOLOGADA. REG CRI E SPU. Decreto 399 de 24/12/1991 publicado em 26/12/1991. Reg. CRI no município e comarca de Altamira (206.862 ha) Mat. 21.084, Liv 2 ACC, Fl 255 em 15/07/92. Reg. CRI no município e comarca de Uruará (35.530 ha) Mat. n.103, Liv 2-A, Fl 103 em 06/02/06. Reg. SPU Certidão 04 de 22/06/94.	274.010	Altamira Brasil Novo Medicilândia Uruará	PA
5	Arara da Volta Grande do Xingu	Arara da Volta Grande do Xingu	143 - Siasi/Sesai : 2014	HOMOLOGADA. REG.CRI Decreto s/n. de 17/04/2015 publicado em 20/04/2015.	25.524	Senador José Porfírio	PA
6	Araweté/Igarapé Ipixuna	Araweté	467 - Siasi/Sesai : 2014	HOMOLOGADA. REG CRI E SPU. Decreto s/n de 05/01/1996 publicado em 08/01/1996. Reg. CRI do município e comarca de São Félix do Xingu (175.126 ha) Mat. 1.485, Liv. 2-H, Fl 76 em 09/02/96. Reg. CRI do município e comarca de Senador José Porfírio Matr. n.522 , Liv.2-C, Fl 29 em 09/02/96. Reg. CRI no município e comarca de Altamira (721.149 ha) Matr. n. 22.357, Liv.2-AAQ, Fl 220 em 04/03/96. Reg. SPU Certidão s/n em 20/05/97.	940.901	Altamira São Félix do Xingu Senador José Porfírio	PA
7	Badjônkôre	Kayapó Kuben Kran Krên Kayapó	230 - Funasa : 2006	HOMOLOGADA. REG CRI E SPU. Decreto s/n de 23/06/2003 publicado em 24/06/2003. Reg. CRI no município de Cumaru do Norte, comarca de Redenção, matr. 10.681, Lv.-, fl.- em 28/08/2003. Reg. CRI no município e comarca de São Félix do Xingu, matr. 2.707, Lv. 2-O, fl. 31, em 02/09/2003. Reg. SPU Certidão n. 6 de 10/02/04.	221.981	Cumaru do Norte São Félix do Xingu	PA
8	Barreirinha	Amanayé	86 - Funasa : 2010	HOMOLOGADA. REG CRI E SPU. Decreto s.n. de 18/04/2006 publicado em 19/04/2006. Reg CRI no município de Paragominas, Comarca idem (2.373 ha) Matr.6.637 Liv 2-V Fl 196 em 06/07/2006. Reg.SPU certidão s/n. em 14/10/2008.	2.374	Paragominas	PA
9	Baú	Kayapó Kayapó Mekrãgnoti	188 - Funasa : 2010	HOMOLOGADA. REG CRI E SPU. Decreto s.n. de 19/06/2008 publicado em 20/06/2008. Reg CRI no município e comarca de Altamira (1.540.930 ha) Matr 25.602, Lv. 2-AAAD, Fl 197 em 25/07/2008. Reg.SPU certidão s/n. de 14/10/2008.	1.540.930	Altamira	PA
10	Cachoeira Seca do Iriri	Arara	88 - Siasi/Sesai : 2014	HOMOLOGADA. Decreto s.n. de 04/04/2016 publicado em 05/04/2016.	733.688	Altamira Placas Uruará	PA
11	Capoto/Jarina	Kayapó Kayapó Metyktire Tapayuna	1.388 - Funai/Colíder : 2010	HOMOLOGADA. REG CRI E SPU. Decreto s/n de 25/01/1991 publicado em 28/01/1991. Reg. CRI no município de Luciara, comarca de São Félix do Araguaia (139.000 ha), Matr. 6.162 Liv. 2, Fl 01/02 em 16/04/86. Reg. CRI no município e comarca de Colíder (495.915 ha) Matr.1.790 Liv.2, em 7/07/87. Reg. SPU Certidão s/n em 18/05/87. Reg. SPU Certidão n. 94 de 23/09/99.	634.915	Peixoto de Azevedo Santa Cruz do Xingu São José do Xingu	MT
12	Ituna/Itatá	Isolados do Ituna/Itatá	- :	COM RESTRIÇÃO DE USO. Portaria 50 de 21/01/2016 publicado em 22/01/2016.	142.402	Altamira Senador José Porfírio	PA
s/I	Jeju e Areal	Tembé		EM IDENTIFICAÇÃO. Portaria 959 de 07/08/2013 publicado em 08/08/2013.		Santa Maria do Pará	PA
s/I	Kapôt Nhinore	Yudja Kayapó Kayapó Mekrãgnoti Kayapó Metyktire		EM IDENTIFICAÇÃO. Portaria 1.249 de 27/09/2004 publicado em 29/09/2004.		Santa Cruz do Xingu Vila Rica São Félix do Xingu	MT PA
15	Kararaô	Kayapó Kararaô Kayapó	58 - Sesai : 2014	HOMOLOGADA. REG CRI E SPU. Decreto s/n de 14/04/1998 publicado em 15/04/1998. Reg. CRI no município e comarca de Altamira (330.837 ha), Matr. 22.890 Lv.2-AAQ Fl. 284 em 04/03/99. Reg. SPU Certidão n. 2 de 06/01/99.	330.838	Altamira	PA
16	Kayapó	Kayapó Gorotire Kayapó Kuben Kran Krên Kayapó Kôkraimôrô Kayapó	4.548 - Siasi/Sesai : 2014	HOMOLOGADA. REG CRI E SPU. Decreto 316 de 29/10/1991 publicado em 30/10/1991. Reg. CRI Matr.18.807, Liv. 2-AAD, Fl.129 em 21/12/87. Reg. SPU n.3 em 27/10/87.	3.284.005	Bannach Cumaru do Norte Ourilândia do Norte São Félix do Xingu	PA
17	Koatinemo	Asurini do Xingu	182 - Siasi/Sesai : 2014	HOMOLOGADA. REG CRI E SPU. Decreto s/n de 05/01/1996 publicado em 08/01/1996. Reg. CRI no município e comarca de Altamira (387.834 ha) , Matr. 22.341 Liv. 2-AAQ, FL 197 em 05/02/96. Reg. SPU Certidão n. 9 de 23/09/03.	387.834	Altamira Senador José Porfírio	PA
18	Kuruáya	Kuruaya	163 - Siasi/Sesai : 2014	HOMOLOGADA. REG CRI. Decreto s.n. de 18/04/2006 publicado em 19/04/2006. Reg CRI no município e comarca de Altamira (166.784 ha) Matr. n. 25.206 , Lv 2-AAAB, Fls 125 em 29/08/2006. Ofício n. 608/DAF encaminhado ao SPU em 05/10/2006.	166.784	Altamira	PA

SUDESTE DO PARÁ
Terras Indígenas (continuação)
Instituto Socioambiental - 14/02/2017

Nº Mapa	Terra Indígena	Povo	População (nº, fonte, ano)	Situação jurídica	Extensão (ha)	Município	UF
19	Las Casas	Kayapó Gorotire Kayapó	409 - Siasi/Sesai : 2014	HOMOLOGADA. REG CRI. Decreto s.n. de 21/12/2009 publicado em 22/12/2009. Reg.CRI matr. 16.216 Liv.2-V, Fl 162 Comarca de Redenção. Reg CRI matr.26.894 Liv.2-CS, fol.30 Floresta do Araguaia. Reg.CRI matr.15.590, Liv.2-S, Fl. 133 Redençao/PA.	21.344	Floresta do Araguaia Pau D'Arco Redenção	PA
20	Mãe Maria	Gavião Parkatêjê Gavião Kykatejê Gavião Akrãtikatêjê	760 - Siasi/Sesai : 2014	HOMOLOGADA. REG CRI E SPU. Decreto 93.148 de 20/08/1986 publicado em 21/08/1986. Reg. CRI no município de S.João do Araguaia ,comarca de Marabá(62.488 ha) Matr. 6.587 Liv. 2-Z Fl. 01 em 17.07.85. Reg. SPU PA-04 Liv 2 Fl. 484/485 de 08.09.86. Reg SPU Certidão n. 4 em 07/03/89.	62.488	Bom Jesus do Tocantins	PA
21	Marakaxi	Tembé	32 - Siasi/Sesai : 2013	DECLARADA. Portaria 595 de 11/04/2012 publicado em 12/04/2012.	720	Aurora do Pará	PA
22	Menkragnoti	Kayapó Mekrãgnoti Isolados Mengra Mrari	1.264 - IBGE : 2010	HOMOLOGADA. REG CRI E SPU. Decreto s/n de 19/08/1993 publicado em 20/08/1993. Reg. CRI no município de São Félix do Xingu (1.432.481 ha), Matr.1.209, Liv. 2-F, Fl. 195 em 26/6/95. Reg. CRI no município de Altamira (3.336.390 ha), Matr. 22.341 Liv. 2-AAQ, Fl. 197 em 9/2/96. Reg. CRI no município de Peixoto Azevedo (128.305 ha) Liv. 2-RG Fl. 01V em 27/09/93. Reg. CRI no município de Matupá, comarca de Peixoto Azevedo (17.078 ha), Matr. 1.742 Liv. 2-RG Fl. 01 em 12/12/93. Reg. SPU-MT 26 em 03/05/94. Reg. SPU-PA 05 em 05/07/94.	4.914.255	Matupá Peixoto de Azevedo Altamira São Félix do Xingu	MT PA
23	Nova Jacundá	Guarani Guarani Mbya	110 - IBGE : 2010	DOMINIAL INDÍGENA. REG CRI. Terra adquirida pelos índios Guarani Mbyá com o apoio do CTI e recursos financeiros de Wilde Ganzen -Holanda. Reg. CRI no município e comarca de Jacundá (424 ha) Matr. Escrit. Liv.006 FL 53v/54 em 14/02/96.	424	Rondon do Pará	PA
s/l	Pacajá	Asurini do Tocantins		EM IDENTIFICAÇÃO. Portaria 519 de 04/06/2003 publicado em 10/06/2003.		Portel	PA
25	Panará	Panará	542 - Siasi/Sesai . 2014	HOMOLOGADA. REG CRI E SPU. Decreto s.n. de 10/01/2000 publicado em 22/04/2008. Reg. CRI no município e comarca de Altamira (375.296 ha) Matr. 24.220 Liv. 2-AAQX Fl. 248 em 03/07/02. Reg. CRI no município e comarca de Guarantã do Norte (3.747 ha) Matr. 5.796 Lv. 2-RG Fl 01 em 29/05/02. Reg. CRI no município e comarca de Matupá (114.974 ha) Matr. 5.795 Lv. 2-RG Fl. 01 em 29/05/02. Reg. SPU Certidão n. 14 de 09/09/02.	100.710	Guarantã do Norte Matupá Altamira	MT PA
26	Paquiçamba	Yudja	95 - Funai/Altamira : 2011	HOMOLOGADA. REG CRI E SPU. Decreto 388 de 24/12/1991 publicado em 26/12/1991. Reg. CRI no município e comarca de Senador José Porfírio (4.348 ha) Matr.103 Liv. 2 A Fl. 108 em 12/11/90. Reg. SPU Cert. 10 de 05/08/94.	4.348	Vitória do Xingu	PA
27	Paquiçamba (reestudo)	Yudja	83 - GT/Funai : 2012	DECLARADA. Portaria 904 de 30/05/2014 publicado em 02/06/2014.	15.733	Anapu Senador José Porfírio Vitória do Xingu	PA
28	Parakanã	Parakanã	1.000 - Programa Parakanã : 2014	HOMOLOGADA. REG CRI E SPU. Decreto 248 de 29/10/1991 publicado em 30/10/1991. Reg. CRI no município de Itupiranga, comarca de Marabá, (229.497 ha) Matr. 9.681 Liv. 2-AM Fl. 1V/02 em 29/05/87. Reg. CRI no município e comarca de Jacundá, (122.200 ha) Matr. 004 Liv. 2-A, Fl. 002. em 18/05/1987. Reg. SPU Cert. 02 de 27/10/87.	351.697	Itupiranga Novo Repartimento	PA
29	Sarauá	Amanayé	184 - IBGE : 2010	HOMOLOGADA. REG CRI. Decreto s/n. de 19/04/2011 publicado em 20/04/2011. Reg.CRI matr.n.3.627, Liv.2-K/RG, Fl. 75 Comarca de São Domingos do Capim (18.610 ha).	18.610	Ipixuna do Pará	PA
30	Sororó	Aikewara	385 - Siasi/Sesai : 2014	HOMOLOGADA. REG CRI E SPU. Decreto 88.648 de 30/08/1983 publicado em 31/08/1983. Reg. CRI no município de São João do Araguaia, comarca de Marabá (26.257 ha), Matr. 4.857, Liv. 2 RG, Fl. 001 em 07/03/89. Reg. SPU Cert. n. 05 de 07/03/89.	26.258	Brejo Grande do Araguaia Marabá São Domingos do Araguaia São Geraldo do Araguaia	PA
31	Tembé	Tembé Turiwara	148 - IBGE : 2010	HOMOLOGADA. REG CRI E SPU. Decreto 389 de 24/12/1991 publicado em 26/12/1991. Reg. CRI no município e comarca de Tomé Açu (1.075 ha) Matr. 2.970, Liv. 2 em 29/01/92. Reg. SPU Cert. n. 03 de 15/06/94.	1.075	Tomé-Açu	PA
32	Terena Gleba Iriri	Terena	680 - Funai/Colíder : 2010	RESERVADA. REG SPU. Portaria 867 de 02/07/2004 publicado em 07/07/2004. Reg SPU certidão n. 109 de 18/10/2005.	30.479	Matupá	MT
33	Trincheira/Bacajá	Kayapó Kararaô Kayapó Kayapó Xikrin	746 - Funai/Altamira : 2011	HOMOLOGADA. REG CRI E SPU. Decreto s/n de 02/10/1996 publicado em 04/10/1996. Reg. CRI no município e comarca de Senador José Porfírio,(1.451 203 ha) Matr. 535 Liv. 2-C Fl. 42. Reg. CRI no município e comarca de Altamira,(63.940 ha) Matr. 22.552 Liv. 2-AAQ Fl. 167 em 02/04/976. Reg. CRI no município de Pacajá, comarca de Portel (25.482 ha) Matr. 1.075 Liv. 2-I, Fl. 142 em 04/05/98. Reg. CRI no município e comarca de S.Félix do Xingu, (17.458 ha) Matr. 1.742 Liv. 2-I, Fl. 141 em 04/05/98. Reg. CRI no município e comarca de S.Félix do Xingu, área II,(91.833 ha) Matr.1.743 Liv. 2-I, Fl. 142 em 04/05/98. Reg. SPU Certidão s/n de 01/09/98.	1.650.939	Altamira Anapu São Félix do Xingu Senador José Porfírio	PA
34	Trocará	Asurini do Tocantins	565 - Siasi/Sesai : 2014	HOMOLOGADA. REG CRI E SPU. Decreto 87.845 de 22/11/1982 publicado em 24/11/1982. Reg. CRI no município de Baião, Matr. 1.066 Liv. 2-F Fl. 292 em 22/09/83. Reg. CRI no município de Tucuruí, Matr. 3.092 Liv. 2-N Fl. 269 em 24/05/90. Reg. SPU/PA Cert. n. 72 de 12/12/83.	21.722	Baião Tucuruí	PA
36	Turé Mariquita II	Tembé	- :	RESERVADA. Área adquirida pela Pará Pigmento SA como parte dos compromissos com a FUNAI e Comunidade Indígena devido aos impactos da exploração de caulim. Escritura de compra e venda regularizada.	587	Tomé-Açu	PA
35	Turé-Mariquita	Tembé	38 - IBGE : 2010	HOMOLOGADA. REG CRI E SPU. Decreto 304 de 29/10/1991 publicado em 30/10/1991. Reg. CRI no município e comarca de Tomé Açu (148 ha) Matri. 2.964, Liv. 2-I, Fl. sem/inform., em 16/12/91. Reg. SPU Cert. n. 01 em 21/06/94.	147	Tomé-Açu	PA

SUDESTE DO PARÁ
Terras Indígenas (continuação)
Instituto Socioambiental - 14/02/2017

Nº Mapa	Terra Indígena	Povo	População (nº, fonte, ano)	Situação jurídica	Extensão (ha)	Município	UF
37	Tuwa Apekuokawera	Aikewara	404 - GT/Funai : 2011	IDENTIFICADA/APROVADA/FUNAI. SUJEITA A CONTESTAC. Despacho 24 de 24/01/2012 publicado em 25/01/2012.	11.764	Marabá São Geraldo do Araguaia	PA
38	Xikrin do Cateté	Kayapó Kayapó Xikrin	1.183 - Siasi/Sesai : 2014	HOMOLOGADA. REG CRI E SPU. Decreto 384 de 24/12/1991 publicado em 26/12/1991. Reg. CRI no município ecomarca de Parauapebas,(439.150 ha) Matr. 98, Liv. 2 RG, Fl. 98 em 17/08/92. Reg. SPU Cert. n. 02 de 21/06/94.	439.151	Água Azul do Norte Marabá Parauapebas	PA
39	Xipaya	Xipaya	173 - Siasi/Sesai : 2014	HOMOLOGADA. REG.CRI. Decreto s.n. de 05/06/2012 publicado em 06/06/2012.	178.724	Altamira	PA

BELO MONTE

O Nefasto Legado

André Villas-Bôas	Indigenista, Programa Xingu/ISA
Biviany Rojas Garzón	Advogada, Programa Xingu/ISA
Carolina Reis	Advogada, Programa Xingu/ISA
Ana de Francesco	Antropóloga, doutoranda no PPGAS/Unicamp

UM ANO APÓS A EMISSÃO DA LICENÇA DE OPERAÇÃO DE BELO MONTE E O BARRAMENTO DEFINITIVO DO XINGU, O LEGADO DA MAIOR USINA HIDRELÉTRICA NA AMAZÔNIA ESTÁ ERGUIDO SOBRE GRAVES VIOLAÇÕES AOS DIREITOS HUMANOS E AO MEIO AMBIENTE

Principal obra do Plano de Aceleração do Crescimento (PAC), instalada em uma região com ausência histórica do Estado, Belo Monte continua a ser, sete anos depois do leilão para construção, símbolo de inadimplência socioambiental e desrespeito às populações atingidas.

A Norte Energia S.A., empresa concessionária da Usina, foi capaz de erguer a terceira maior usina hidrelétrica do mundo em três anos, mas não conseguiu construir um hospital público em Altamira a tempo de atender à demanda gerada no pico das obras.

Na cidade de Altamira, os mais de R$ 485 milhões investidos na implantação de tubulações e na estação de tratamento de esgoto e de água ainda não garantem o funcionamento do saneamento básico. Os moradores continuam usando o antigo sistema de fossas e poços, pois ninguém foi conectado ao sistema construído pela Norte Energia. Em novembro de 2016, a Norte Energia havia concluído apenas 2,85% das ligações de esgoto e 4,1% de água um ano após o barramento definitivo do rio – sendo que essa era uma das principais condicionantes de viabilidade ambiental da obra.

Os R$ 115 milhões investidos em segurança pública também não serviram para fazer de Altamira uma cidade mais segura. Entre 2011 e 2014, o número de assassinatos por ano saltou de 48 para 86 – um aumento de aproximadamente 80% –, enquanto a população do município, segundo estimativas da prefeitura, teria crescido de aproximadamente 100 mil para cerca de 150 mil habitantes – um aumento de 50%. Os homicídios, acidentes de trânsito, casos de violência contra mulheres e adolescentes, furtos e roubos praticamente duplicaram desde o início da construção da usina, em 2011.

Nos últimos cinco anos, a situação da TI Cachoeira Seca – habitada pelo povo Arara e onde, antes do início da obra, já se registravam ocupações não indígenas e prática de atividades ilegais – só piorou. Só em 2014, um volume de madeira equivalente a R$ 200 milhões foi saqueado dessa TI, evidenciando o nível extremo de vulnerabilidade a que os povos da região estão sendo expostos.

Um ano após a emissão da Licença de Operação (LO) da hidrelétrica de Belo Monte e o barramento definitivo do Xingu, o legado da maior usina hidrelétrica construída na Amazônia está erguido sobre graves violações aos direitos humanos e ao meio ambiente. A usina encerra 2016 com três tentativas de suspensão da LO na Justiça, suspeita de superfaturamento de R$ 3,384 bilhões de reais nas obras e inadimplente nas principais obrigações socioambientais.

As obrigações que foram repassadas de licença em licença, diante da incapacidade da empresa e do próprio governo em cumprir as condições de viabilidade e instalação da usina, são dívidas acumuladas do processo de licenciamento de Belo Monte e, com a aprovação da LO, ganharam o status de "adiadas indefinidamente".

Ao longo dos sete anos de licenciamento, a Norte Energia já recebeu Autos de Infração que culminaram com a aplicação de multas ambientais no montante de mais de R$ 60 milhões em decorrência de diversas infrações, crimes ambientais, reporte de informações falsas, entre outras irregularidades constatadas pelos analistas ambientais do Ibama que acompanham a obra.

Cabe à construtora e ao governo prestarem contas à sociedade acerca dos volumosos recursos gastos até o momento em medidas socioambientais que não conseguem atingir os objetivos de mitigar e compensar adequadamente os impactos negativos da obra.

SOBROU PARA OS ÍNDIOS E PARA OS RIBEIRINHOS

A emissão da LO só foi possível porque a Norte Energia assinou um Termo de Cooperação com a Funai para a implementação imediata do Plano de Proteção Territorial (PPT) das Terras Indígenas impactadas por Belo Monte. Um ano depois, a Funai confirma que, apesar de transcorrido 50% do tempo de vigência do Termo, apenas uma terceira parte dos compromissos assinados foram cumpridos, como a instalação do Centro de Monitoramento Remoto na sede da Funai de Brasília (DF) e de Altamira (PA) e a contratação de técnicos e agentes de monitoramento das TIs.

O PPT era ação antecipatória, deveria estar pronto antes do começo da instalação da usina e do pico do afluxo populacional para a região, previsto em 74 mil pessoas. Diante da não realização, chegou o plano ser judicializado pelo MPF (Processo nº 655–78.2013.4.01.3903). Cinco anos depois, das 11 unidades de proteção territorial que deveriam ser entregues nas TIs, foram construídas seis bases operativas e dois postos de vigilância. Ainda faltam construir três, que nem começaram, sendo uma delas a Base Operacional Transiriri, na TI Cachoeira Seca, hoje a TI mais desmatada do Brasil.

Até o final de 2016 as equipes técnicas contratadas para trabalharem nessas bases não ainda não haviam sido alocadas. Sem o trabalho de campo nas bases e postos de vigilância, boa parte das informações coletadas pelas equipes de geoprocessamento nos escritórios da Funai estão subutilizadas. As informações do monitoramento remoto deixam de subsidiar ações de fiscalização em tempo hábil, como era seu objetivo original, e o PPT perde efetividade.

ISOLADOS EM RISCO

O caso que melhor ilustra os efeitos práticos da ausência de implementação integral do PPT corresponde precisamente à área de restrição de uso para proteção de índios isolados, a TI Ituna/Itatá, localizada a menos de 70 km do Sítio Pimental, principal canteiro de obras da usina.

Dados do monitoramento sobre desmatamento feito pelo Governo Federal mostram como a destruição da floresta da TI vem aumentado exponencialmente desde 2011, ano do início de construção de Belo Monte. Ao mesmo tempo, revelam a aceleração do processo de desmatamento precisamente durante o segundo semestre de 2014 – que coincide com o início da desativação dos canteiros da obra. Entre 2014 e 2016, o corte raso de floresta dentro da área "interditada para a proteção de povos em isolamento voluntário" dobrou. Veja gráfico abaixo.

A obrigação do Governo Federal de retirar os não indígenas das TIs Apyterewa, Cachoeira Seca do Iriri e Arara da Volta Grande tampouco está finalizada. Também não foi adquirida área para permitir o acesso dos Juruna da TI Paquiçamba, na Volta Grande do Xingu, ao reservatório do Xingu (medida fundamental para que possam continuar pescando, atividade essencial para sua

DESMATAMENTO ACUMULADO ITUNA-ITATÁ (EM HA)

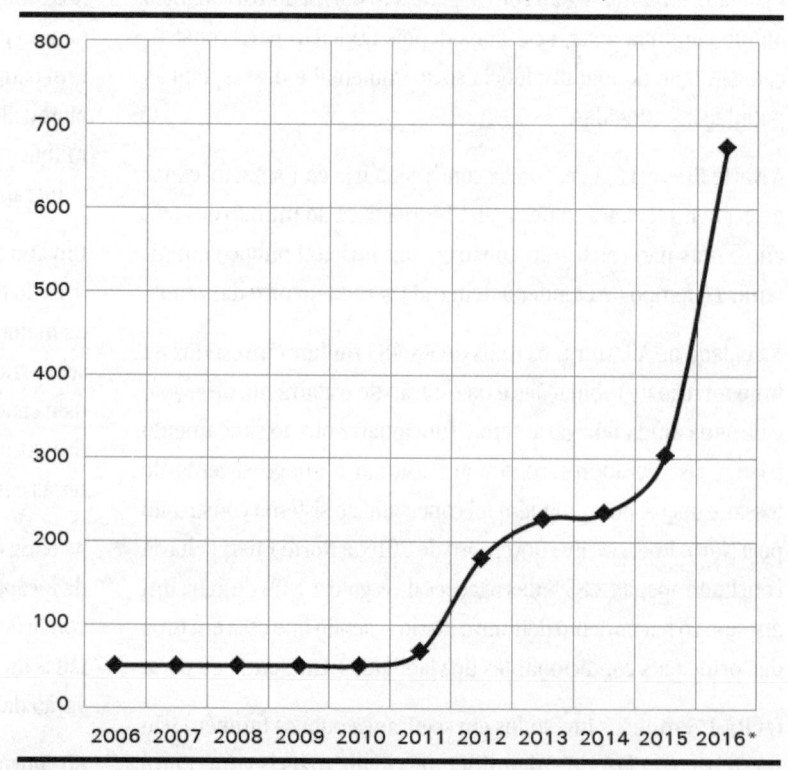

Dados 2006-2015: Prodes, Inpe, 2016.
*Mapeamento ISA sobre imagem Landasat 8, 02/02/2016.

subsistência), e nem foi finalizado o reavivamento dos limites de todas as TIs impactadas por Belo Monte – reiterado nas condicionantes da Licença de Instalação (LI) da usina. A meta de finalizar os processos de demarcação física das TIs também não foi atingida.

A DÍVIDA DO REASSENTAMENTO RIBEIRINHO

Dentre o conjunto de descumprimentos, os mais graves, sem dúvida, têm a ver com a população que ainda luta pelo respeito do direito de ser reassentada próxima ao Rio Xingu, em condições dignas e com possibilidades reais de reconstrução de suas vidas, redes sociais e atividades econômicas.

Para poder barrar o Rio Xingu e encher o lago do reservatório principal de Belo Monte, a Norte Energia removeu compulsoriamente mais de 5 mil famílias que residiam tanto na cidade de Altamira quanto nas ilhas e nas margens do Rio Xingu. Muitas dessas famílias removidas compõem população tradicional ribeirinha, que guarda especial relação com o rio, do qual dependem para reproduzir seu modo de vida social, cultural e econômico.

As negociações realizadas com a empresa Norte Energia possibilitaram que as famílias tivessem apenas baixas indenizações monetárias, pois não foram consideradas como população tradicional com direito a reassentamento na beira do rio para manter o modo de vida. Muitas, assim, deixaram o rio para se mudarem para os loteamentos construídos pela empresa, ou lotes na Transamazônica longe do rio, longe de familiares, vizinhança e sem meios de subsistência.

DESCOMPASSO ENTRE AS OBRIGAÇÕES SOCIOAMBIENTAIS

Em agosto de 2010, quando o contrato de concessão da usina foi assinado, apesar dos imensos desafios colocados pelas condicionantes socioambientais, o cronograma estabelecido já previa o início da operação comercial para fevereiro de 2015. Já era notório, então, que esse prazo não condizia com a magnitude das obrigações do licenciamento ambiental – àquela época, o PBA não havia sequer sido desenhado. Mas a lógica caminha invertida: são as ações antecipatórias e de compensação dos impactos que acabam tendo de se adaptar ao cronograma energético imposto pelo governo, e não o contrário, como seria de se esperar.

A finalização da obra atrasou um ano em relação ao cronograma presente no contrato de concessão. A Norte Energia alegou à Agência Nacional de Energia Elétrica (Aneel) que os atrasos teriam ocorrido devido à demora na emissão de autorizações ambientais pelo Ibama e pela Funai, assim como em razão dos protestos indígenas, das ações judiciais propostas por pescadores e das greves de trabalhadores. Essas razões, segundo a empresa, não possuiriam qualquer relação com sua responsabilidade pelo cumprimento oportuno das obrigações socioambientais.

Porém, ao analisar as causas do descumprimento do cronograma, o corpo técnico da Aneel, em pareceres posteriormente

Canteiro de obras de Belo Monte.

confirmados pela presidência da autarquia, considerou o empreendedor responsável por atrasos no avanço do licenciamento ambiental, dada a "baixa qualificação técnica" dos projetos de mitigação e compensação de impactos, a falta de detalhamento executivo das medidas propostas e os "atrasos no início das ações antecipatórias".

Fica evidente que não houve uma consideração realista do tempo necessário para o cumprimentodas obrigações socioambientais. O descompasso entre o cumprimento das condicionantes e o cronograma da obra impediu a devida realização das ações antecipatórias, que deveriam prevenir e minimizar impactos. Depois de iniciada a obra, o descompasso só se aprofundou.

Nem mesmo com o atraso na construção da usina as ações de mitigação socioambiental estão em dia. O Ibama chegou rejeitar a autorização de operação da usina em setembro de 2015, mas foi obrigado a rever seu parecer técnico e, em novembro do mesmo ano, liberar a licença de operação da hidrelétrica, sem que nenhuma das pendências denunciadas poucos meses antes tivessem sido resolvidas.

Sempre intermediado por "técnicos" e "especialistas", o processo de licenciamento também tem sido monopolizado pelo empreendedor e dificilmente as populações atingidas têm conseguido se fazer escutar. Por sua vez, os representantes do Ibama, que não conhecem o território e nem vivem ali, limitam-se a realizar vistorias setoriais, sem periodicidade fixa e sem previsão de espaços institucionais de diálogo direto, não intermediado pelo empreendedor, com as populações atingidas. Essa blindagem é um vício de origem da implementação de obras de infraestrutura, dentre as quais Belo Monte se destaca pela forma como foi imposta à sociedade brasileira, sem oitivas aos povos indígenas e com audiências públicas meramente formais.

PODER JUDICIÁRIO NEUTRALIZADO

Em dezembro de 2015, duas semanas após sair a LO de Belo Monte, o MPF ingressou na Justiça Federal de Altamira com uma ação civil pública alegando o etnocídio dos nove povos indígenas afetados por Belo Monte, em decorrência da destruição da organização social, costumes, línguas e tradições dos grupos indígenas impactados pela usina, bem como pela falta de proteção às TIs.

A ação contém 16 pedidos de urgência, mas, um ano depois, o Judiciário ainda não apreciou nenhum deles, e a Justiça Federal declinou a competência do processo para Belém, o que deve retardar bastante a apreciação das liminares.

Originalmente concebido e aprovado como Programa Médio Xingu (PMX), o PBA-CI vem sendo implementado com diversas irregularidades, ilegalidades e imposições unilaterais pela empresa e se soma aos efeitos deletérios do até então implementado Plano Emergencial indígena, pelo qual a Norte Energia distribuiu, de forma clientelista, mesadas, bens de consumo e mercadorias às aldeias e que ajudou a desarticular, entre 2010 e 2012, as TIs da região.

Uma das principais conclusões da ação do MPF: "Resta amplamente demonstrado que a usina de Belo Monte põe em curso um processo de eliminação dos modos de vida dos grupos indígenas afetados, ao não impor barreiras às transformações previstas e acelerar ainda mais a sua velocidade com ações homogeneizantes e desestruturantes".

A autorização para operar a usina também saiu sem que medidas de proteção territorial indígena, de responsabilidade também do Governo Federal, fossem implementadas. Tanto ações de regularização fundiária quanto de fiscalização das TIs permanecem inadimplentes.

Não obstante, as esperanças numa resolução judicial das injustiças promovidas no processo são modestas. O Judiciário teve todas as decisões contrárias à continuidade das obras de Belo Monte sustadas por tempo indeterminado, por meio de um artifício que tem suas origens na ditadura militar: a suspensão de segurança.

Como o critério para suspensão da decisão judicial contrária ao poder público não diz respeito à violação ou não de um direito, mas a critérios amplos e vagos, todas as ações que determinaram a paralisação das obras, do licenciamento, do financiamento ou do leilão de Belo Monte foram suspensas sob o argumento de que seria necessário garantir o cronograma energético estruturado pelo governo. Isso apesar das 23 ações civis públicas propostas pelo MPF e de outras ações, propostas por diversos atores sociais, denunciando ilegalidades e violações de direitos ocorridas ao longo do planejamento, aprovação e implantação da usina. Em suma, Belo Monte é uma obra *sub-judice*, mas sem efeitos jurídicos.

A somatória de erros e omissões de Belo Monte não pode se repetir em obras de infraestrutura planejadas ou já em andamento na Amazônia. A ausência de planejamento e o desrespeito às instituições democráticas vão na contramão de qualquer projeto de desenvolvimento sustentável para essa região do país[1].
(fevereiro, 2017)

NOTA

[1] Para mais, acesse na web o "Dossiê Belo Monte" disponível em: <www.socioambiental.org/pt-br/dossie-belo-monte>.

CRONOLOGIA

Belo Monte 2011-2016

Equipe de edição

INDÍGENAS AMEAÇADOS, SISTEMA DE SANEAMENTO BÁSICO EM ALTAMIRA INCOMPLETO, HOSPITAL FECHADO, RIBEIRINHOS EXPULSOS DE SUAS CASAS, TERRAS INDÍGENAS DESPROTEGIDAS E O RIO XINGU DEFINITIVAMENTE TRANSFORMADO. O BARRAMENTO DO RIO XINGU E A CONSTRUÇÃO DA UHE AVANÇARAM, APESAR DO DESCUMPRIMENTO DAS CONDICIONANTES SOCIOAMBIENTAIS E DOS INCANSÁVEIS PROTESTOS DE INDÍGENAS, RIBEIRINHOS E OUTROS AFETADOS PELO EMPREENDIMENTO

MANIFESTANTES DETÊM REPRESENTANTES DA CASA CIVIL

Denominado Acampamento Xingu 2011 - O Despertar para Novos Tempos, o movimento teve início em 29 de agosto e terminou nesta quinta-feira, 1º de setembro, em Altamira (PA). A ação é pacífica e quer chamar a atenção dos Governos Federal e Estadual para a situação de descaso que ocorre em Altamira e na região de influência direta da usina de Belo Monte. *(ISA, 02/09/2011)*

CHEGAM AS PRIMEIRAS MÁQUINAS

E obras iniciam em ritmo acelerado. *(Grandes Construções, 26/09/2011)*

JUÍZA FEDERAL VOTA PELA ANULAÇÃO DA LICENÇA

Desembargadora diz que houve falha no decreto que autorizou a construção de hidrelétrica. *(C. Angelo, FSP, 18/10/2011)*

ÍNDIOS PARAM OBRAS POR MAIS DE 15 HORAS

Os manifestantes encaminharam carta à presidente, ao ministério da Justiça e à Funai, exigindo a paralisação das obras. Eles justificam a ocupação alegando que "diante da intransigência do governo em dialogar, e da insistência em nos desrespeitar, ocupamos a partir de agora o canteiro de obras de Belo Monte e trancamos seu acesso pela rodovia Transamazônica. *(O Globo, 28/10/2011)*

Tuíra protesta na Câmara dos Deputados em Brasília diante do então vice presidente da casa, André Vargas. Em 1989, ela passou um facão no rosto do então presidente da Eletronorte em manifestação contra a construção da hidrelétrica Kararaô, atual Belo Monte.

FUNAI DEMITE CACIQUE QUE É CONTRA BELO MONTE

A Funai demitiu, sem justificativas, sumariamente e sem aviso prévio, o cacique kayapó Megaron Txucarramãe da coordenação regional da Funai em Colíder (MT). *(OESP, 03/11/2011)*

MPF/PA VAI AO SUPREMO CONTRA BELO MONTE

TRF decide que indígenas não precisam ser ouvidos sobre a usina. Procurador teme por reação dos índios. *(O Globo, 10/11/2011)*

GLOBAIS GRAVAM VÍDEO DE PROTESTO

Eles participam de um movimento chamado "Gota d'Água", cuja primeira campanha do movimento discute o planejamento energético do país pela análise do projeto da usina de Belo Monte. *(FSP, 17/11/2011)*

XIKRIN ENVIAM CARTA DE APOIO À ATUAÇÃO DO MPF

A carta é uma resposta às acusações da AGU contra o procurador Felício Pontes Jr., que atendeu a um convite dos índios para falar dos impactos da usina em outubro. *(MPF/PA, 13/12/2011)*

ESQUECERAM DO CUSTO SOCIOAMBIENTAL

Os impactos socioambientais diretos e indiretos da construção de uma usina da magnitude de Belo Monte na Amazônia geram consequências que vão além da emissão de gases causadores de Efeito Estufa e das áreas afetadas diretamente com as construções. Deslocamento de milhares de pessoas, desmatamentos, acirramento de conflitos de terra em função da atração de pelo menos 96 mil pessoas para uma região com situação fundiária instável e sem infraestrutura. Todos esses impactos poderiam ser previstos, compensados ou mitigados, caso os estudos tivessem sido feitos prévia e conclusivamente, e o processo de licenciamento previsto por lei respeitado. *(A.Villas Bôas, M.Salazar, O Globo, 29/12/2011)*

GOVERNO FAZ MEGADESAPROPRIAÇÃO E REVOLTA ENTIDADE

Agência Nacional de Energia Elétrica desapropria em três cidades do Pará área equivalente à metade do Distrito Federal. Para Movimento Xingu Vivo, área é bem maior que plano original e afetará dez mil pessoas a mais. É a última desapropriação necessária à execução das obras. *(Carta Maior, 04/01/2012)*

XINGU+23 MARCA NOVA MOBILIZAÇÃO CONTRA UHE

Vinte e três anos depois do 1º Encontro dos Povos Indígenas do Xingu, em Altamira, pescadores, ribeirinhos, indígenas, pequenos agricultores, acadêmicos, pesquisadores, ativistas, moradores da cidade e defensores do Xingu reafirmam sua resistência ao barramento do rio, em Vitória do Xingu (PA). *(ISA, 06/06/2012)*

MAIS DE MIL INDÍGENAS PROTESTAM DIANTE DO BNDES

Cerca de mil indígenas se reuniram para protestar contra a participação da entidade financeira estatal em obras de infraestrutura realizadas em áreas indígenas no País, tais como a construção da usina hidrelétrica de Belo Monte. *(OESP, 19/06/2012)*

INDÍGENAS DESOCUPAM CANTEIRO DE OBRAS

Depois de 21 dias de paralisação do Sítio Pimental, um dos principais canteiros de obra da usina de Belo Monte, índios aceitam proposta da Norte Energia. Além do cumprimento das condicionantes da hidrelétrica, eles pedem indenizações pelos danos que já sofrem por conta do empreendimento. *(ISA, 12/07/2012)*

DESCUMPRIMENTO DE CONDICIONANTES REVOLTA ÍNDIOS

Reunião para apresentar mecanismo de transposição do Rio Xingu fracassa e acaba com engenheiros detidos na aldeia Muratu, na TI Paquiçamba. A iniciativa dos indígenas foi motivada pelo descumprimento dos acordos firmados entre eles e a diretoria da Norte Energia no início do mês. O MPF ajuizou ação cautelar em que pede a suspensão da licença de instalação. *(ISA, 25/07/2012)*

FUNAI DIZ SOFRER PRESSÃO PARA LIBERAR OBRA

A Funai afirmou que está sendo pressionada para liberar as ações de transposição do Rio Xingu. A consulta às comunidades sobre o mecanismo de transposição é uma condição que a Funai está tentando garantir perante o Governo Federal. A presidente da Funai diz que é preciso ouvir as comunidades indígenas 'o mais breve possível'. *(A. Borges, Valor Econômico, 02/08/2012)*

BARRAMENTO DEFINITIVO DO XINGU PODE SER LIBERADO

À revelia do que foi acordado com os indígenas em reuniões anteriores, Funai ameaça liberar ensecadeira que barrará definitivamente o Rio Xingu. A pressa é motivada por "pressões" que o órgão vem sofrendo para liberação do mecanismo de transposição do rio. *(ISA, 02/08/2012)*

NORTE ENERGIA TROCA COMANDO APÓS MANIFESTAÇÕES

Carlos Nascimento deixa a presidência da empresa responsável pela implantação da hidrelétrica de Belo Monte, dá lugar a Duílio Diniz, que entra com um cenário conturbado, sem muita "experiência" com a questão indígena e com muitas negociações em andamento. Substituição se dá após manifestações no canteiro de obras pedindo cumprimento de condicionantes. *(ISA, 03/08/2012)*

OBRAS SÃO PARALISADAS ATÉ REALIZAÇÃO DE CONSULTAS

Em decisão histórica, a 5ª turma do Tribunal Regional Federal da 1ª Região decidiu, por unanimidade, pela suspensão das obras da hidrelétrica. A medida foi tomada após o tribunal julgar recurso de embargo do MPF que pedia a revogação da licença ambiental da megausina pela falta de consulta prévia aos povos indígenas. *(ISA, 15/08/2012)*

OBRAS CONTINUAM CONTRARIANDO DECISÃO JUDICIAL

Empresa alega ainda não ter sido notificada oficialmente pelo TRF1. *(ISA, 20/08/2012)*

AYRES BRITTO ACATA PEDIDO DA AGU E OBRAS SÃO RETOMADAS

Em tempo recorde, presidente do STF decide pelo deferimento do pedido de liminar formulado pela AGU. A decisão suspende a determinação que mandava interromper as obras da usina hidrelétrica de Belo Monte até que as comunidades indígenas afetadas fossem ouvidas pelo Congresso Nacional. *(ISA, 28/08/2012)*

INDÍGENAS SE UNEM A PESCADORES E OLEIROS E PARALISAM UHE

Cerca de 120 indígenas Xipaia, Kuruaia, Parakanã, Arara, Juruna e Assurini juntaram-se aos pescadores de Altamira que estão acampados próximos ao canteiro de obras do Pimental, e paralisaram as obras em protesto contra o não cumprimento pela Norte Energia das condicionantes e de acordos firmados. *(ISA, 10/10/2012)*

INDÍGENAS COMEÇAM A DEIXAR CANTEIRO DE OBRAS

Norte Energia concorda em atender a pauta dos manifestantes que ficaram acampados por mais de uma semana. *(OESP, 17/10/2012)*

IBAMA APONTA IRREGULARIDADES NAS CONDICIONANTES

Do total de condicionantes socioambientais que a Norte Energia deveria ter cumprido por conta da construção da hidrelétrica de Belo Monte apenas 19% delas foram cumpridas. *(ISA, 18/02/2013)*

ÍNDIOS DESOCUPAM NOVAMENTE CANTEIRO DE OBRAS

Depois de uma tensa reunião, ribeirinhos e lideranças indígenas aceitaram desocupar o Sítio Pimental da usina de Belo Monte. Segundo nota da Norte Energia, a condição para a saída dos manifestantes foi o esclarecimento de algumas questões relacionadas aos agricultores e a revisão dos prazos de desocupação da área a ser inundada. *(OESP, 23/03/2013)*

Ocupação Indígena no local de construção da casa de força principal da usina de Belo Monte em Vitória do Xingu, Pará.

BNDES NÃO CUMPRE EXIGÊNCIA AMBIENTAL NO CRÉDITO A UHE

Financiada pelo BNDES, a construção de Belo Monte tem recebido tratamento privilegiado. Embora o contrato determine a suspensão dos desembolsos em caso de descumprimento das exigências ambientais ou atrasos na adoção de medidas para minimizar o impacto da obra no meio ambiente, na prática, essa determinação não está sendo seguida. Mesmo descumprindo exigências ambientais, o que já resultou na aplicação de multa pelo Ibama, a obra segue recebendo regularmente os recursos do financiamento de R$ 22,4 bilhões, o maior crédito da história do banco. *(O Globo, 05/05/2013)*

MURO DE PEDRAS FOI CONSTRUÍDO PARA EVITAR OCUPAÇÕES

Para se proteger de novas ocupações a empresa responsável pela construção da obra, a Norte Energia, ergueu um muro de pedra na entrada principal além de uma cerca de arame e reforçou o policiamento. *(ISA, 18/06/2013)*

JUVENTUDE DE ALTAMIRA VAI ÀS RUAS

Mais de mil pessoas participaram de manifestação pedindo instrumentos populares de fiscalização das condicionantes da usina hidrelétrica de Belo Monte. *(ISA, 28/06/2013)*

JUSTIÇA CONSIDERA VÁLIDO LICENCIAMENTO AMBIENTAL

A Justiça considerou legais os procedimentos usados para o licenciamento da UHE de Belo Monte. A decisão da 9ª Vara da Seção Judiciária do Pará julgou improcedente o pedido do Cimi para paralisar as obras sob o argumento de que seria necessário aguardar a elaboração de uma lei específica sobre exploração de potenciais projetos energéticos dentro de terras indígenas, conforme determina o Artigo 176 da Constituição Federal. O juiz Marcelo Honorato considerou que a paralisação da obra atenta contra a ordem e a economia públicas. *(Agência Brasil, 15/07/2013)*

IBAMA AFIRMA QUE O CUMPRIMENTO DE CONDICIONANTES PIOROU

Novo relatório confirma o descompasso entre o ritmo da obra e o cumprimento das condicionantes socioambientais. Apenas quatro das 23 condicionantes foram atendidas. *(ISA, 30/07/2013)*

MPF PROCESSA NORTE ENERGIA, IBAMA E BNDES

O MPF iniciou mais uma ação judicial contra irregularidades no projeto da UHE de Belo Monte. Dessa vez, os índios Xikrin, moradores do Rio Bacajá, tiveram seus direitos violados pela Norte Energia, pelo Ibama e pelo BNDES que iniciaram a obra sem medir os impactos que terá sobre eles. O Bacajá deságua no Xingu exatamente no trecho do rio que vai perder 80% da vazão, a Volta Grande do Xingu. Mas até agora, mesmo com previsão no licenciamento da obra, não foram esclarecidos os impactos sobre o ecossistema nem garantidas compensações aos índios. *(MPF/PA, 09/09/2013)*

ÍNDIOS VÃO A BRASÍLIA COBRAR CONDICIONANTES

Cerca de 30 índios das etnias Juruna e Parakanã vão cobrar do governo o cumprimento das condicionantes da UHE de Belo Monte. *(ISA, 17/09/2013)*

E GOVERNO ESTABELECE NOVO PRAZO PARA CUMPRIR

O governo estabeleceu novo prazo em acordo com índios da etnia Parakanã para retirada de invasores da TI Apyterewa. Segundo a presidenta da Funai, Maria Augusta Assirati, a previsão é que o trabalho ocorra em abril de 2014. *(L. Nascimento, Agência Brasil, 18/09/2013)*

GOVERNO E NORTE ENERGIA VOLTAM A ADIAR CONDICIONANTES

Presidente da Funai promete retirada completa de ocupantes não índios da Terra Indígena Apyterewa para abril de 2014. Medida foi definida como condicionante de licença de hidrelétrica e deveria ter sido atendida em 2010. *(ISA, 19/09/2013)*

JUSTIÇA MANDA SUSPENDER OBRAS DE BELO MONTE

A decisão do TRF1 acata o pedido realizado pelo MPF, anula a Licença de Instalação e manda suspender as obras da UHE de Belo Monte por descumprimento de ações socioambientais. *(ISA, 26/10/2013)*

AGU RECORRE E JUSTIÇA CANCELA SUSPENSÃO

O presidente do Tribunal Regional Federal da 1ª Região (TRF1) suspendeu decisão da última que determinara a interrupção das obras da usina de Belo Monte. *(ISA, 30/10/2013)*

FUTURO DOS ÍNDIOS ATINGIDOS POR BELO MONTE É INCERTO

O Termo de Compromisso que deverá garantir os recursos para a implementação das ações de prevenção, mitigação e compensação dos impactos socioambientais aos povos indígenas atingidos pela usina de Belo Monte ao longo de 35 anos está sendo redigido pela Funai. *(ISA, 18/02/2014)*

JUSTIÇA DETERMINA CUMPRIMENTO DE PROTEÇÃO ÀS TIS

Liminar reconhece que há mais de dois anos a Norte Energia tem descumprido a obrigação de apoiar a proteção territorial das Terras Indígenas da região. *(ISA, 28/04/2014)*

PESCADORES EXIGEM INDENIZAÇÕES DA EMPRESA

Ibama confirma redução de pesca e aumento de esforço de pescadores. No licenciamento da obra, não há qualquer tipo de compensação por prejuízos individuais aos mais de três mil pescadores associados em Altamira e Vitória do Xingu. *(ISA, 30/05/2014)*

CONSULTA AOS POVOS INDÍGENAS ARRASTA-SE HÁ ANOS

Organizações da sociedade civil protocolaram petição judicial de apoio técnico ao STF e uma carta solicitando o julgamento de ações sobre grandes hidrelétricas na Amazônia. A petição judicial traz novos argumentos para apoiar o STF no julgamento da ação judicial que questiona a ausência de consulta prévia aos indígenas afetados pela usina de Belo Monte. *(ISA, 03/07/2014)*

DEFENSORIA PÚBLICA DA UNIÃO CHEGA A ALTAMIRA

Três anos após o início das obras de Belo Monte, seis defensores públicos da União e quatro servidores chegam a Altamira, no momento em que milhares de famílias estão negociando a saída de suas casas para dar lugar ao reservatório da usina de Belo Monte. A Defensoria Pública será a única opção de assistência jurídica gratuita às pessoas. *(ISA, 19/01/2015)*

INDÍGENAS BLOQUEIAM ACESSO A CANTEIRO DE OBRAS

A pauta de reivindicação é a mesma dos protestos anteriores: saneamento básico, construção de escolas, postos de saúde, de vigilância, além da indenização pela perda da pesca ornamental, importante atividade de subsistência dos indígenas da Volta Grande. Três anos depois do início da construção da usina, quase 70% da hidrelétrica concluída, a empresa Norte Energia está prestes a pedir a Licença de Operação, que pode lhe dar direito a barrar definitivamente o Xingu e operar as primeiras turbinas de Belo Monte. *(ISA, 10/02/2015)*

TIS NO ENTORNO DA UHE SOFREM COM ROUBO DE MADEIRA

Enquanto a construção da polêmica usina de Belo Monte passa por sua fase final, indígenas vizinhos ao empreendimento enfrentam uma explosão da extração de madeira ilegal em suas terras. É o que denunciam o MPF e ONGs que atuam na região do entorno de Altamira. Para estas instituições, as obras da usina, estão diretamente ligadas ao aumento da degradação, devido ao forte crescimento populacional que provocaram na área. *(M. Schreiber, BBC, 11/05/2015)*

MPF APRESENTA RESULTADO DE INSPEÇÃO EM BELO MONTE

O documento enumera 55 constatações sobre o descumprimento das obrigações da usina e violações dos direitos dos atingidos. O relatório recomenda intervenção urgente no processo para paralisar as demolições e violações de direitos das populações removidas. Uma das primeiras medidas que precisa ser tomada é a paralisação da chamada balsa da demolição, que há meses percorre o Xingu fazendo a remoção dos ribeirinhos e pescadores que estão nas áreas a serem alagadas por Belo Monte. *(ISA, 16/06/2015)*

IBAMA MULTA CONSÓRCIO DE BELO MONTE

Agentes do Ibama multaram o Consórcio Construtor Belo Monte em R$ 250 mil por receber madeira irregular no Complexo da Hidrelétrica de Belo Monte. *(ISA, 25/08/2015)*

... E DIZ QUE NÃO HÁ CONDIÇÕES PARA A LICENÇA DE OPERAÇÃO

Com sistema de água e esgoto inoperante e mais uma dezena de pendências socioambientais da usina de Belo Monte, no Rio Xingu (PA), a diretoria de licenciamento do Ibama comunicou, ontem (22/9), que não poderá conceder a Licença de Operação (LO) enquanto dez das pendências socioambientais da obra não forem atendidas. *(ISA, 23/09/2015)*

FUNAI DIZ QUE AINDA NÃO É POSSÍVEL CONCEDER PARECER

Órgão indigenista federal exige a assinatura de um termo de ajustamento de conduta (TAC) pela concessionária para dar aval ao enchimento do reservatório da usina. *(ISA, 26/09/2015)*

MPF/PA DENUNCIA AÇÃO ETNOCIDA

O MPF iniciou processo judicial na Justiça Federal em Altamira em que busca o reconhecimento de que a implantação de Belo

Monte constitui uma ação etnocida do Estado brasileiro e da concessionária Norte Energia, "evidenciada pela destruição da organização social, costumes, línguas e tradições dos grupos indígenas impactados". A ação etnocida comprovada por longa investigação do MPF acaba por ser potencializada com a recente permissão de operação, por conta do descumprimento deliberado e agora acumulado das obrigações de todas as licenças ambientais que a usina obteve do governo. *(MPF/PA, 10/12/2015)*

RELATORA DA ONU VISITA ALDEIAS ATINGIDAS

Victoria Tauli-Corpuz, relatora da ONU para povos indígenas, ouviu denúncias sobre a cooptação de lideranças indígenas, destruição do modo de vida tradicional e do meio ambiente no Rio Xingu. Ela prometeu fazer um relato sobre a situação ao governo brasileiro antes de sua partida do país. *(L. Leite, ISA, 16/03/2016)*

JURUNA PROTESTAM POR CUMPRIMENTO DE CONDICIONANTES

Um grupo bloqueou a Transamazônica e o acesso aos canteiros de obras da UHE (27/6). O cacique Giliarde Juruna afirma que várias obras de infraestrutura não foram executadas e as atividades produtivas estão paralisadas nas aldeias da TI Paquiçamba, há quase um ano. A ampliação da área e a garantia de acesso ao lago reservatório também estão na lista de reivindicações. *(L. Leite, ISA, 29/06/2016)*

NORTE ENERGIA É CONDENADA POR DANOS MORAIS

A Justiça Federal condenou a Norte Energia a pagar R$ 15 milhões a título de danos morais causados pelo empreendimento às populações dos municípios de Altamira, Vitória do Xingu e Anapu. *(TRF1/PA, 09/06/16)*

FGV CONFIRMA DESCUMPRIMENTO DE CONDICIONANTES

Por 18 meses, FGV monitorou os investimentos dos R$ 3,2 bilhões emprestados para a Norte Energia para o cumprimento de condicionantes de Belo Monte, o maior investimento socioambiental da história do BNDES. Conforme o estudo, o saneamento básico até o momento não se tornou realidade para os atingidos e o programa de reassentamento rural fracassou. O documento aponta falta de capacidade financeira e de gestão dos municípios e conclui que o desmatamento indireto não foi abordado de maneira estratégica, resultando na intensificação da extração ilegal. A publicação também denuncia que nenhuma das obras previstas para a saúde indígena nas aldeias foi concluída. *(L. Leite, ISA, 11/07/2016)*

RIBEIRINHOS EXIGEM PARTICIPAÇÃO EM PROJETOS DE MITIGAÇÃO

Moradores das Reservas Extrativistas da Terra do Meio (PA) exigem ter voz nas tomadas de decisão sobre os investimentos dos recursos de projetos de mitigação dos danos causados pela hidrelétrica na pesca. *(I. Harari, ISA, 26/08/2016)*

AÇÃO DO ISA E MPF OBRIGA BANCO A ABRIR CAIXA PRETA

Depois de três anos, sociedade civil vence batalha pela divulgação dos relatórios de auditoria independente realizada pelo BNDES na maior obra do país. O acordo obriga a Norte Energia a publicar os relatórios de auditorias sobre o cumprimento das obrigações

Cerca de 110 índios de quatro aldeias, Xipaia, Arara da Volta Grande do Xingu e Juruna bloqueiam uma das estradas de acesso ao Sítio Pimental, um dos canteiros de obra de Belo Monte.

socioambientais definidas no licenciamento da usina. *(L. Leite, ISA, 20/09/2016)*

BARRAMENTO DO XINGU LEVA TONELADAS DE PEIXES À MORTE

O fechamento das comportas, em novembro de 2015, intensificou as mudanças provocadas pela usina. Depois de desviar definitivamente o Rio Xingu, Norte Energia foi responsabilizada pelo Ibama pela morte de 16 toneladas de peixes em um espaço de três meses. Ribeirinhos e indígenas relatam que a quantidade de carapanãs, como eles chamam o mosquito, aumentou vertiginosamente desde a instalação da usina. A Canoada Bye Bye Xingu, realizada pela Associação Indígena Yudja Miratu da Volta Grande do Xingu (Aymix) e pelo ISA, busca monitorar e chamar a atenção para os problemas que os povos e comunidades do Xingu enfrentam desde a instalação da usina. *(I. Harari, ISA, 30/09/2016)*

CONSELHO DE DIREITOS VERIFICA VIOLAÇÕES

Representantes do Conselho Nacional de Direitos Humanos (CNDH) visitam a região do Médio Xingu, no Pará, nos municípios de Altamira, Senador José Porfírio e Vitória do Xingu para verificar violações de direitos humanos provocadas por Belo Monte e futuros impactos a serem provocados pela mineradora Belo Sun, que já conseguiu a Licença Prévia. *(ISA, 18/10/2016)*

SBPC APONTA VIOLAÇÕES DE DIREITOS DE RIBEIRINHOS EXPULSOS

O MPF/PA vai partir das conclusões de um estudo da Sociedade Brasileira para o Progresso da Ciência (SBPC) para propor às autoridades federais e à Norte Energia S.A. mudanças no tratamento dado aos ribeirinhos do Xingu expulsos pela usina de Belo Monte. Segundo o relatório, a maneira como a empresa vem conduzindo o processo não garante condições para a reprodução da vida e pede retorno dos ribeirinhos à área do reservatório de Belo Monte. *(MPF/PA, 17/11/2016)*

Indígenas, pescadores, ribeirinhos e ativistas em frente ao Sítio Pimental durante a "Canoada Bye Bye Xingu". O protesto, que percorreu cerca de 100 km, marcou a triste despedida da Volta Grande do Xingu e outras paisagens drasticamente transformadas pela construção de Belo Monte.

ARAWETÉ

A Barragem e a Canoa de Jawitï

Guilherme Orlandini Heurich | Antropólogo

AS COMPENSAÇÕES DOS DANOS GERADOS PELA CONSTRUÇÃO DA UHE BELO MONTE COMEÇARAM A CHEGAR ÀS ALDEIAS ARAWETÉ EM 2011, SOB A FORMA DE MERCADORIAS. DESDE ENTÃO, UM NOVO DESAFIO SE IMPÕE A ESSE POVO: COMO ENXERGAR O FUTURO QUANDO UMA BARRAGEM TAPA OS OLHOS?

Antes do Plano Básico Ambiental (PBA), a compensação pelos danos gerados pela Usina Hidrelétrica de Belo Monte aos povos ameríndios da região de Altamira, no Pará, se dava através de um repasse em dinheiro feito pela Norte Energia S/A (Nesa), responsável pela construção da Usina. Esse repasse, parte de um Plano Emergencial, era de 30 mil reais por mês para cada aldeia, mas não podia ser acessado em espécie, pois o dinheiro tinha de ser gasto em produtos que seriam levados às aldeias.

Cada aldeia, incluindo as do povo Araweté, que somam hoje 474 pessoas (Sesai, 2014), elaborava uma lista dos produtos que queria receber naquele mês e, em seguida, a lista passava pelas mãos do administrador da Funai de Altamira – quem vetava ou não certas mercadorias. Esse poder de veto foi um grande gerador de tensões entre os povos indígenas e a Funai, pois os primeiros entendiam que o dinheiro era deles e que poderiam comprar o que bem quisessem, enquanto o segundo entendia que era importante evitar que certos produtos chegassem às mãos dos índios.

No meio do imbróglio, a Nesa se colocava em uma posição muito confortável: aos índios, dizia que eles podiam comprar o que bem entendessem, que a Nesa não via problema em gastar o dinheiro em qualquer tipo de produto e que a única pessoa que não queria deixá-los possuir mercadorias era o administrador da Funai. Num contexto como esse, não demorou muito para que o poder de veto fosse retirado do administrador da Funai e as listas passassem a ser negociadas apenas entre as lideranças indígenas e a Nesa, sem supervisão do órgão indigenista oficial.

O Plano Emergencial foi concebido como um mecanismo para evitar os impactos da construção da usina, mas acabou se tornou um instrumento desses impactos. Com o Plano, o empreendimento entrou de fato nas aldeias, seja na forma de mercadorias e alimentos ou na concretude das novas edificações – casas, escola, posto de saúde –, que tomaram conta delas a partir do final de 2013.

O texto a seguir, apresentado em maio de 2013 à 6ª Câmara de Coordenação e Revisão da Procuradoria Geral da República em uma reunião a respeito dos impactos do Plano Emergencial sobre os povos indígenas da região, fala da presença das mercadorias na vida araweté e de como essas mercadorias se relacionam com o propósito central da barragem. Fala também do papel que a Nesa passou a ocupar na região e das possibilidades de superar essa realidade de afogamento, literal e metafórico. Além disso, traz a reflexão de Moinowihi Araweté e de seu filho Jawitï sobre como enxergar o futuro quando uma barragem tapa nossos olhos.

*

Quando cheguei ao território araweté, em julho de 2011, o Plano Emergencial estava começando a ganhar fôlego. O rancho vinha mensalmente, assim como o combustível, e as listas estavam em pleno vapor. Nos primeiros dias, me chamaram pra ajudar a construir uma canoa. Depois dessa, fizemos outras três, em sequência, em locais diferentes da mata. Enquanto fazíamos, eu me perguntava o porquê de tantas canoas. E o Kamaratï me dizia: "E tu não viu os motores todos encostados lá na beira?".

Em 2013, quase dois anos depois, quando voltava pela terceira vez aos Araweté, me surpreendi com o fato de alguns jovens, muito jovens, serem donos de canoas/voadeiras. Dois pequenos, de cerca de 11 anos de idade, por exemplo. Um deles, de nome Jawitï, parceiro de pescarias e de algumas viagens, pilota seus pais pra cima e pra baixo nesse Xinguzão, com um motor 13 na popa de sua canoa. Não foi à toa que um motor desses chegou até Jawitï, mas é apenas o resultado de um processo de "decantação de motores" que se efetua a cada chegada de novas voadeiras: alguns trocam seus velhos por novos, deixam os velhos pros filhos, caso eles não tenham novos, os quais passam seus velhos adiante. Um fluxo constante de motores, nesses últimos dois anos, que vi chegar até as aldeias araweté.

O que a Norte Energia fez, durante o Plano Emergencial, foi fornecer um fluxo constante de mercadorias em direção às aldeias. A Norte Energia se colocou como o grande doador, universal e infinito, de produtos não indígenas, tendo como intermediárias entre ela e os índios apenas as listas, as quais eram monitoradas pela Funai durante o primeiro ano do plano. Como os próprios funcionários da Funai diziam à época, "a verdadeira barragem aqui é a Funai", que tentava impedir que as consequências do empreendimento chegassem aos índios. Ao mesmo tempo, me dizia outro funcionário, "o maior impacto de Belo Monte sobre os índios sou eu", pois seu trabalho envolvia elaborar, junto com os índios, as listas de mercadorias a serem recebidas, monitorar a chegada dos produtos e, ao final, avisar os índios para que recebessem as mercadorias. Barragem ou impacto? Evidentemente, as duas coisas juntas. Nessa relação entre a Funai e os índios, no contexto do emergencial, tem uma frase que me chama muito à atenção, a qual era repetida várias vezes, por pessoas diferentes. A frase é: "O que os índios querem não é o que nós queremos pra eles". O equívoco fundamental que está expresso nessa frase, me parece, é o ponto de partida para compreender o que aconteceu durante esse plano emergencial.

Nesse hiato entre o fim das listas e o futuro início do PBA, o único fluxo em direção às aldeias que continuou foi o do combustível: 800 litros de gasolina e 300 de óleo diesel, por mês. Algumas voadeiras continuaram e continuam aparecendo, mas ainda fruto das listas, segundo entendi. Além disso, está aí a construção das casas: começando pela aldeia mais à jusante do território araweté, todas as casas tradicionais serão substituídas por casas de tábua com teto de *brasilit*. Cerca de 14 casas já estão quase prontas numa das aldeias, algumas delas aguardando apenas a madeira das paredes – pois estas agora precisam vir de Altamira, visto que a retirada de tábuas de dentro das Terras Indígenas foi vetada para essa atividade. Não sei exatamente há quanto tempo esse projeto estava pronto, mas sua execução está apenas começando.

Não sei quem elaborou esse projeto, mas tenho a impressão que aspectos importantes do uso de que os Araweté fazem de suas casas não foram levados em conta. Talvez a duração seja o motivo do desejo por casas de tábua, talvez seja a beleza de tábuas de marupá encostadas uma na outra. Não sei, mas posso tentar entender. Só não entendo as telhas de *brasilit*. Os grupos familiares araweté possuem uma casa de fogo, de referência, onde realizam a maioria de suas refeições. É uma casa igual àquela onde dormem, porém sem paredes: uma casa de fogo, enfim, a qual muitas vezes reúne mais de uma família. Ainda assim, a maioria das pessoas faz fogo dentro da casa em que dorme. Não consigo minimizar a importância do fogo, principalmente daquele que se faz dentro de casa. Fogo que se faz dentro de casa, mas cuja fumaça escapa e atravessa essa mesma casa: um desavisado poderia achar que é um incêndio que está acontecendo quando alguém está cozinhando dentro de casa dada tanta fumaça que escapa pelo teto. Fumaça que a *brasilit* vai conter, toda ela, dentro de casa. É a *brasilit* impedindo a comensalidade doméstica.

Alguns podem dizer que aquilo que acontece em casa não é o mais importante, que os grandes impactos da barragem vão ocorrer fora das casas, isto é, no ambiente que circunda as aldeias. Talvez. Porém, é impossível esquecer a célebre frase proferida durante a fatídica reunião na Casa do Índio (Casai), em novembro de 2011, quando tudo mudou... Aquela reunião em que fomos todos expulsos. A frase é dita enquanto os índios falavam sobre a atuação da Funai em relação às listas, a grande questão naquela época. Os índios dão exemplos dos cortes feitos nas listas e, em determinado momento, uma das lideranças relata o famoso caso das "camas-box", as quais foram cortadas pela Funai. Diz a liderança, ao lembrar o caso, que isso é um absurdo e, no alto da sua voz, grita: "Porque todo mundo sabe que índio quer dormir em cama!". A plateia vem abaixo em palmas e gritos de aprovação. Essa frase, na minha opinião, sintetiza o momento de virada na execução do Plano Emergencial, quando as listas deixaram de ser monitoradas pela Funai e passaram diretamente ao controle da Norte Energia. Acho que tem muita coisa para ser tirada dessa frase.

O que quero deixar aqui como reflexão é o seguinte. O fato de a Norte Energia ter ocupado, nos últimos dois anos, o papel de doador universal e infinito de mercadorias me parece fundamental para compreender a relação dos índios com o plano emergencial. A figura do sovina, como se sabe, é uma das mais desprezadas pelos grupos indígenas, seja em seus rituais ou em mitos: aquele que tem ciúme de suas coisas, que não dá nada para ninguém, é um tipo de personalidade que os índios não valorizam. Entender por que os índios acham positivo o papel ocupado pela Norte Energia nos últimos anos, me parece, passa por aí: a Norte Energia não foi sovina, não teve ciúmes das coisas que possuía.

Mas isso não é tudo: é preciso voltar aos motores de que falava no início.

Os motores pediam suas canoas enquanto eu tentava entender por onde circulavam todas essas mercadorias recebidas através do Plano Emergencial. E respostas por vezes surgem em conversas inusitadas. Conversava eu certa tarde com Moinowihi sobre as mercadorias que ela e seu pai tinham enviado para seu tio quando este apareceu no canto de Kanipayero. Algumas vezes, quando o pajé canta, aquele que está cantando o canto – que na verdade não é o pajé, mas sim alguém que já morreu e é transmitido pela voz dele – pede algumas coisas. Machados, facões, às vezes açúcar e café, enfim, coisas que faltam lá no céu. É um aspecto muito interessante do xamanismo araweté que, infelizmente, não trago aqui. Conversávamos, então, sobre isso, quando Moinowihi mudou o papo, mas talvez nem tanto, para as coisas que a Norte Energia estava enviando mensalmente através das listas.

Moinowihi dizia que todas essas coisas, incluindo as voadeiras, os motores e o rancho, eram a contrapartida de uma morte que ainda viria acontecer.

As coisas eram o *pepikã*, a contrapartida, da futura morte de todos da aldeia.

— E o que vai matar, Moinowihi?

— A água.

— A água?

— Sim, a água da barragem.

*

A análise araweté da razão das mercadorias não poderia ser mais clara e precisa: tudo aquilo que o Plano Emergencial despejou dentro das aldeias é o pagamento antecipado da morte que acontecerá quando a aldeia for inundada pelas águas de Belo Monte. Nesse sentido, a expectativa entre os Araweté é que o PBA vai continuar na trilha aberta pelo plano emergencial: rancho, combustível e a lista de 30 mil por mês. A transição para o modo-projeto, aí, não será nada fácil.

E com a análise dessa tragédia em mente, trago outra vez meu amigo Jawitï, o pequeno possuidor de uma canoa a motor, quem me disse o seguinte, no ano passado:

— A barragem vai alagar nossa aldeia todinha, né Diréme?

— Não sei, Jawi, não sei.

— Vai sim, vai sim.

— E a gente vai morar aonde?, disse eu.

— A gente vai construir uma canoa bem grande... pra morar todo mundo no meio do rio. *(Originalmente apresentado à 6ª Câmara de Coordenação e Revisão do MPF em reunião sobre os impactos de Belo Monte, maio, 2013)*

Joropitoro e Majoro transportando uma canoa não terminada".

PARAKANÃ

Desintrusão da TI Apyterewa

Fabian Kürten — Indigenista especializado, Funai
Camilo da Costa — Indigenista especializado, Funai

A DESINTRUSÃO DA TI APYTEREWA CONTINUA SEM DATA PARA SER CONCLUÍDA – AINDA QUE GRANDES SOMAS DE RECURSOS PÚBLICOS TENHAM SIDO DISPENDIDOS NA OPERAÇÃO PELO GOVERNO FEDERAL NOS ÚLTIMOS ANOS. ATÉ JULHO DE 2016, CERCA DE 70.000 CABEÇAS DE GADO FORAM RETIRADAS DA ÁREA, MAS APENAS UMA DAS ONZE REGIÕES DA TI FOI DESINTRUSADA

Já se vão quase trinta anos desde a constituição do primeiro grupo de trabalho para a demarcação da Terra Indígena Apyterewa, em São Félix do Xingu (PA), e até o momento o processo de regularização fundiária do território de ocupação tradicional dos índios Parakanã permanece indefinido. A TI Apyterewa foi homologada em 19 de abril de 2007, abrangendo uma área de 773.000 ha, com perímetro de 678 km, depois de um longo e contencioso processo, envolvendo disputas judiciais e a oposição ativa de produtores rurais e lideranças políticas locais.

O povo indígena Parakanã é reconhecido pela Funai como sendo de recente contato, categoria que se define não apenas pelo lapso temporal decorrente desde o "encontro" com a sociedade envolvente, mas também pela natureza das relações estabelecidas entre ambos e da preservação de certos traços de sua organização social. Hoje, a comunidade Parakanã está dividida em seis aldeias, com uma população de 470 indivíduos na TI Apyterewa.

Os Parakanã fazem parte do grupo linguístico Tupi-Guarani e se autodenominam *awaete* – "gente de verdade". No século XIX se fracionaram em dois subgrupos, os Parakanã orientais e ocidentais. Os primeiros entraram em contato com os *toria* – "os não indígenas" –, no momento da construção da Rodovia Transamazônica nos idos de 1970, e vivem atualmente na TI Parakanã, localizada nos municípios de Itupiranga (PA) e Novo Repartimento (PA). Já o outro subgrupo se estabeleceu no início da década de 1980 no interflúvio Xingu-Bacajá, em uma área situada entre os Igarapés Bom Jardim (ao norte) e São José (ao sul), após uma série de conflitos com os índios Xikrin e Araweté. A fixação dos Parakanã em seu atual território ocorreu no contexto de abertura do sul do Pará a empreendimentos agroflorestais e mineralógicos de grande vulto, cuja pressão por terra e pela exploração dos recursos naturais confinou a população indígena até os dias de hoje em uma pequena parcela da TI.

Dentre as iniciativas de integração regional promovidas pelo Governo Militar a partir do final da década de 1970 merecem destaque: a) o início do projeto de colonização do atual município de Tucumã (PA), executado pela construtora Andrade Gutierrez com o objetivo de incentivar a vinda de migrantes para a região, onde estes desenvolveriam atividades agropecuárias; b) a instalação de empresas madeireiras com atuação no mercado internacional, como Maginco, Impar e Perachi, visando à exploração de mogno; c) a implantação de um polo de extração de cassiterita comandado pela maior empresa do mundo neste setor, a Mineração Taboca, nas proximidades da área pretendida pela Funai para os Parakanã; e d) a proliferação de garimpos de ouro nas cabeceiras do Rio Bacajá e do Igarapé Bom Jardim.

Diante do cenário desenhado pelas novas frentes de ocupação, e visando garantir à comunidade indígena uma área para sua reprodução física e cultural, em 1988, a Funai constitui um grupo de trabalho para realizar os estudos de identificação e regularização fundiária do território Parakanã. Em 1992, foi publicada a Portaria Ministerial nº 276/MJ, reconhecendo uma área de 980.000 ha como de posse permanente da etnia Parakanã.

No entanto, o processo de regularização da TI Apyterewa nos anos 1990 foi inviabilizado pela incapacidade do Governo Federal em se fazer presente na região; pela desarticulação entre os órgãos governamentais (a exemplo do assentamento de famílias dentro da área indígena realizado pelo Incra em 1994); e pela falta de uma política efetiva de ordenamento territorial, conjugadas à forte pressão exercida pelos atores locais interessados em se apropriar de largas extensões de terra, que logo seriam convertidas em pastagem para a criação de gado.

Ainda nessa década, com a mudança dos procedimentos administrativos referentes à demarcação de TIs, introduzida pelo Decreto 1.775/96, novos estudos foram realizados para amparar a pretensão territorial dos Parakanã. Em 1997, por determinação do ministro da Justiça Nelson Jobim, a área foi reduzida para 773.000 ha. Em 2001, foi publicada a Portaria nº 1192/01, referendando a supressão de 207.000 ha do território indígena. No ano seguinte, essa Portaria foi declarada nula pelo Superior Tribunal de Justiça (STJ), por meio de um Mandado de Segurança impetrado pelo município de São Félix do Xingu. Somente em 2004, a situação foi contornada com a publicação de uma nova portaria declaratória (Portaria 2581/04). O passo seguinte foi dado em 2007, com a homologação da Terra Indígena.

Após a demarcação física da área, entre 2006 e 2008, a Funai enviou equipes de campo para realizar o levantamento fundiário e identificar as benfeitorias derivadas de ocupação de boa-fé para pagamento de indenização. Em 2009, a regularização fundiária da TI Apyterewa foi apontada pela Funai como uma das condicionantes para o licenciamento ambiental da Usina Hidrelétrica de Belo Monte. No final de 2011, a Funai, em parceria com outras agências governamentais – Departamento de Polícia Federal, Força Nacional de Segurança Pública e Incra –, colocou em campo a Operação Apyterewa, para a retirada dos posseiros e realização de ações de fiscalização e monitoramento territorial na TI. A operação inseria-se no Plano Emergencial de Proteção às Terras Indígenas sob Influência da Usina Hidrelétrica de Belo Monte, constituindo uma das ações do planejamento estratégico do Plano de Prevenção e Controle do Desmatamento na Amazônia Legal (PPCDAM).

Contudo, não demorou para que a Operação fosse paralisada por determinação do Juízo da Subseção Judiciária de Redenção (PA) e do STJ, concedendo a permanência dos ocupantes não indígenas na TI até o julgamento do mérito. Esse revés sofrido no âmbito jurídico significou, na prática, um retrocesso nas ações de proteção ambiental e territorial em curso desde o início da Operação: os posseiros, amparados por decisões judiciais, continuaram desenvolvendo livremente suas atividades produtivas, muitas vezes com práticas danosas ao meio ambiente, como queimadas, desmatamentos etc.

A situação só não se agravou ainda mais porque, entre 2013 e 2015, a Funai manteve em funcionamento duas bases operacionais localizadas em pontos estratégicos da TI, para promover atividades de monitoramento e fiscalização, evitando assim novas invasões e o aumento de atividades ilícitas, como o desmatamento e a retirada de madeira.

Finalmente, no início de 2016, com a suspensão das liminares que haviam impedido a desintrusão, e dando cumprimento à

Vista aérea da Base Operacional São Sebastião na TI Parakanã.

Ação Civil Pública nº 2005.39.01.000339-7, emanada do TRF-1, a Funai retomou o processo de retirada das famílias não indígenas da TI Apyterewa, em articulação com o Exército Brasileiro, Polícia Federal, Força Nacional de Segurança Pública, Agência Brasileira de Inteligência, Censipam, Ibama e Incra. Segundo informações da Coordenação Geral de Monitoramento Territorial (CGMT), da Funai, até julho de 2016 foram retiradas cerca de 70.000 cabeças de gado e apenas uma das onze regiões da TI foi completamente desintrusada.

Não obstante o cumprimento de todas as etapas do rito administrativo demarcatório e de todo o esforço empreendido pelo Governo Federal com o dispêndio de grandes somas de recursos públicos para custear a Operação nos últimos anos, a desintrusão da TI Apyterewa continua sem data para ser concluída. Concorrem para esse quadro de incertezas não só a ação articulada de associações de produtores rurais, fazendeiros e políticos locais em ano eleitoral – que têm dado suporte logístico e financeiro aos posseiros que permanecem na área indígena –, como também o momento de instabilidade política e institucional que o país atravessa em função de mudanças na condução do Poder Executivo – o qual tem se mostrado incapaz de dar uma resposta definitiva ao problema, mesmo inexistindo qualquer óbice jurídico ao cumprimento da ordem de desintrusão.

A situação de vulnerabilidade da TI Apyterewa tende a se agravar devido ao acirramento das disputas por terra, à dilapidação dos recursos naturais e à presença de novos invasores. Nesse sentido, a expansão do agronegócio no município de São Félix do Xingu (PA), que possui hoje o maior rebanho bovino do país, com 2,2 milhões de cabeças de gado, tem aumentado a pressão sobre as terras públicas, especialmente as TIs.

Convém lembrar que, ao longo dos anos 2000, a TI Apyterewa esteve entre as TIs com maior índice de desmatamento, chegando a 138 km² em 2004. Com o início da Operação Apyterewa e as ações de proteção territorial realizadas pela Funai, a partir do segundo semestre de 2011, esse quadro foi sendo revertido a tal ponto que, em 2012, a taxa de desmatamento caiu para 0,77 km².

Apesar disso, diante da inércia do poder público, existe a possibilidade concreta de que novas invasões aconteçam, o que poderia incidir novamente no crescimento dos índices de desmatamento e degradação florestal. De acordo com relatórios de campo da Operação, no mês de outubro de 2015, foi registrada a entrada de 40 famílias na TI Apyterewa, havendo rumores de que outros posseiros se estabeleceriam no local com o apoio de sindicatos rurais da região.

A comunidade Apyterewa já manifestou em diversas ocasiões sua indignação com a demora na retirada dos posseiros de seu território, ameaçando, inclusive, removê-los por conta própria. De outro lado, há relatos de que lideranças indígenas parakanã estariam sendo assediadas por fazendeiros para estabelecer contratos de arrendamento de terras no interior da TI, e participar de reuniões em Brasília para tratar sobre uma possível redução dos limites territoriais de Apyterewa.

Além de penalizar a comunidade Parakanã, que há décadas vem lutando pela efetivação do direito constitucional de posse plena e usufruto exclusivo do território indígena, a indecisão sobre o processo de desintrusão gera expectativa nos posseiros de que haverá de fato redução nos limites da TI. Alimentados por essa esperança, muitos destes, mesmo já indenizados pela Funai e com direito a terra no PA Belauto, criado pelo Incra para alojar os ocupantes da TI, recusam-se a deixar a área indígena.

Além disso, a demora na conclusão desse processo traz prejuízo aos cofres públicos, uma vez que o Estado tem mantido, às expensas do erário, um forte aparato de segurança que não tem conseguido evitar a exploração irrestrita de atividades econômicas por particulares – sem recolhimento de tributos, sem qualquer tipo de controle, inclusive sanitário, e com práticas ambientais incorretas em uma Terra Indígena demarcada e homologada.

No momento em que assistimos a um movimento de retrocesso em relação aos direitos das comunidades indígenas e à tentativa de mudança do processo administrativo de demarcação de TIs no país, a solução a ser dada à desintrusão da TI Apyterewa poderá ensejar um novo marco acerca das relações estabelecidas entre o Estado brasileiro e os povos indígenas. *(agosto, 2016)*

DEMARCAÇÃO

A Cachoeira Seca é dos Arara

Isabel Harari | Jornalista, ISA

ASSINATURA DO DECRETO HOMOLOGAÇÃO DA TI CACHOEIRA SECA, EM 2015, ERA UMA DAS PRINCIPAIS CONDICIONANTES DA USINA HIDRELÉTRICA DE BELO MONTE, MAS OS ARARA AINDA LUTAM CONTRA A EXPANSÃO DO DESMATAMENTO E A INVASÃO MADEIREIRA NA TI CACHOEIRA SECA

Em abril de 2016, uma das Terras Indígenas do povo Arara finalmente teve seu processo de demarcação concluído. Publicada no Diário Oficial, a homologação da TICachoeira Seca, no Pará, com 788.633 hectares, foi finalmente reconhecida como de posse dos Arara. A finalização do processo demarcatório é uma vitória da comunidade que esperou mais de 30 anos pela demarcação da área.

A homologação da TI é uma das mais importantes condicionantes para o licenciamento da hidrelétrica de Belo Monte e deveria ter sido efetivada antes do início das obras, seis anos atrás. Ainda assim, a notícia foi recebida com alegria pelos Arara: "A nossa luta pela demarcação da nossa terra não é de hoje. A gente brigou, lutou por tudo isso. É bom ver a nossa vitória", comemora o cacique Mobu-Odo.

A TI faz parte do conjunto de áreas protegidas da Terra do Meio, entre os rios Iriri e Xingu, no centro-sul do Pará, e é alvo de conflitos desde a década de 1970. Ele resguarda uma das maiores biodiversidades da Amazônia, além de ser um muro de contenção à expansão do desmatamento e degradação ambiental – que se alastra do Mato Grosso ao Amazonas. Mesmo com mais essa etapa da regularização fundiária vencida, as 20 famílias Arara que ali vivem ainda enfrentam o avanço da exploração ilegal de madeira e a intensificação do desmatamento em suas terras.

"Ao contrário do que esperávamos, após a homologação, ao invés de nos sentirmos mais seguros, temos percebido uma grande reação dos grupos que têm interesse em nosso território, que começaram a nos ameaçar diretamente. Nos sentimos mais vulneráveis e estamos ficando amedrontados", diz um trecho da carta feita pela comunidade Arara e entregue ao Ministério Público Federal (MPF), Instituto Brasileiro do Meio Ambiente (Ibama), Instituto Chico Mendes de Biodiversidade (ICMBio) e Fundação Nacional do Índio (Funai).

DESMATAMENTO E DEGRADAÇÃO AMBIENTAL

A Cachoeira Seca foi a TI mais desmatada no Brasil em 2016 e também a mais degradada no estado do Pará. Segundo a Funai, até setembro de 2016 foram desmatados 680 hectares, em que a vegetação foi totalmente suprimida, e degradados outros 1.773 hectares.

Apenas em 2016, foi retirado o equivalente a mais de 1,2 mil caminhões de madeira da área. "A situação está a cada dia pior. Tem muita saída de madeira, muitas pessoas diferentes entrando na nossa área. Já apresentamos o problema e nada foi feito, enquanto isso essas invasões só aumentam", alerta Mobo-Odo. A comunidade relatou que é possível ouvir o barulho das máquinas dos madeireiros e com isso deixou de utilizar áreas para a abertura de roças e coleta de produtos da floresta, como a castanha e o babaçu. Em três anos, um grupo de invasores avançou 65 km na floresta e agora estão a apenas 12 km da aldeia.

Entre 2014 e 2015, o desmatamento na Cachoeira Seca aumentou 73% e a extensão das estradas de madeireiros ilegais, 48%, contabilizando mais de 43 mil hectares desmatados e 333 quilômetros de estradas. Desde 2011, foram abertos mais de 1,3 mil km de estradas, 258 km só em 2016, para escoar milhares de toneladas de madeira. Calcula-se que, só no ano de 2014, tenham sido movimentados R$ 200 milhões em vendas ilegais de madeira da área.

MOBILIDADE EM RISCO

Os Arara utilizam grandes porções de seu território para coleta de castanha, babaçu, caça e outros insumos essenciais para sua subsistência. A exploração madeireira, além de promover intensa degradação ambiental, impede que a comunidade percorra a TI para exercer essas atividades. Uma das frentes madeireiras, na região do Igarapé Dois Irmãos, incide sobre áreas utilizadas pelos indígenas para a coleta de castanha.

Área desmatada na TI Cachoeira Seca do Iriri.

"Além de extrair toda a riqueza da floresta, o dano também se dá nestes termos: de tirar a condição de uma atividade extrativa não impactante, própria do modo de vida dos Arara. Eles [madeireiros] restringem, de forma ilegal e criminosa, a mobilidade que é a condição de uma exploração sustentável do território", atenta Márnio Teixeira Pinto, antropólogo que trabalha com os Arara desde a década de 1980.

A demarcação das áreas contíguas foi uma luta dos Arara e dos antropólogos responsáveis por delimitar a área. As incisões no território, porém, impedem que os Arara da Cachoeira Seca acessem livremente a TI Arara. Com a homologação, foi declarada a posse permanente do povo Arara da TI Cachoeira Seca, conectada à TI Arara, apesar disso, "nunca pudemos usufruir plenamente de nosso território. Exigimos respeito a essa delimitação e, portanto, a nossa integridade territorial reconhecida agora de forma plena pela homologação", alerta a comunidade em carta.

BELO MONTE

Localizada na zona de influência da hidrelétrica de Belo Monte, a TI Cachoeira enfrenta pressões que vieram com o aumento populacional intenso provocado pela construção da usina. Aumento do desmatamento, das invasões e da sobrepesca são impactos latentes que podem se agravar após o término das obras.

Outra preocupação é a permanência de trabalhadores de Belo Monte na região. O Estudo de Impacto Ambiental (EIA) previu um afluxo populacional de 74 mil pessoas na área de influência do empreendimento. Em 2016, parte dos trabalhadores que construíram a usina já começou a retornar para sua terra de origem, mas alguns permanecerão na região, gerando maior pressão fundiária de ocupantes não indígenas sobre os recursos naturais nas TIs, em especial na TI Cachoeira Seca. O aumento de pescadores no entorno também coloca em risco a segurança alimentar dos Arara, que dependem do peixe para sobreviver.

As medidas de mitigação e compensação para os povos indígenas, desenhadas pela Funai, consistiam em 31 condicionantes, de responsabilidade do empreendedor e do poder público, e em um Plano Básico Ambiental do Componente Indígena (PBA-CI), com 35 anos de duração. Até o momento, a Norte Energia já aplicou aproximadamente R$ 351 milhões nas ações previstas no PBA-CI, porém, em lugar de serem investidos de forma estruturada na mitigação e compensação dos impactos, esses recursos foram principalmente utilizados no fornecimento de bens materiais "consolidando um inaceitável padrão clientelista de relacionamento entre empresa e povos indígenas", segundo informações do Dossiê Belo Monte, conjunto de análises feitas pelo ISA em novembro de 2015.

Ainda segundo o documento, essa foi uma maneira de o empreendedor e o Estado controlarem os processos de organização e resistência indígena, deixando como legado a "desestruturação social e o enfraquecimento dos sistemas de produção de alimentos nas aldeias, colocando em risco a saúde, a segurança alimentar e a autonomia desses povos".

Em dezembro de 2015, duas semanas após sair a LO, o Ministério Público Federal ingressou na Justiça Federal de Altamira com uma ação civil pública alegando o etnocídio dos nove povos indígenas afetados por Belo Monte, os Arara da Cachoeira Seca entre eles, em decorrência da destruição da organização social, costumes, línguas e tradições dos grupos indígenas impactados pela usina, bem como pela falta de proteção às terras indígenas.

Uma das principais conclusões da ação do MPF é que "a usina de Belo Monte põe em curso um processo de eliminação dos modos de vida dos grupos indígenas afetados, ao não impor barreiras às transformações previstas e acelerar ainda mais a sua velocidade com ações homogeneizantes e desestruturantes".

DESINTRUSÃO

De acordo com a Funai, foram identificadas 1.085 ocupações de não indígenas no interior da área, sendo 72% pequenas propriedades. O órgão indigenista pretende agora encaminhar a saída gradativa e o reassentamento dos ocupantes, em sua maioria posseiros de boa-fé. Entre eles, também há ribeirinhos que, assim como os Arara, dependem dos recursos da floresta e para os quais será necessária uma relocação diferenciada para garantir seus direitos. A retirada e a realocação das famílias não indígenas que vivem na Cachoeira Seca também é uma das condicionantes de Belo Monte que deveria ter sido cumprida antes do início das obras.

A implantação de postos de vigilância nas TIs afetadas pela hidrelétrica – dois deles na Cachoeira Seca – é outra condicionante não cumprida pela Norte Energia. Segundo os Arara a construção do posto, prevista para começar em 2012, foi impedida com violência por ocupantes não indígenas que bloquearam a passagem dos materiais e da equipe de construção na época. Depois disso, a empresa não tomou mais providências. "É fundamental que a construção das Unidades de Proteção seja priorizada e que entrem em operação com urgência, para impedir o agravamento das invasões, pressões e extração de madeira e nosso recursos", afirmam em carta.

ATORES DE SUA PRÓPRIA HISTÓRIA

Diante desse quadro, os Arara vêm desenvolvendo estratégias de enfrentamento e modos de ocupar seu território. São excelentes caçadores e movimentam-se muito bem na floresta, conhecem seus usos e formas de manejar seus materiais. Recentemente participaram de uma intensa troca de experiências com os ribeirinhos que vivem nas Reservas Extrativistas, a Semana do Extrativismo da Terra do Meio. Ali, os Arara aprenderam com os ribeirinhos da Resex do Rio Iriri o trabalho com o coco-babaçu, ofício tradicional de seu povo mas que foi perdido nos últimos anos por conta das invasões madeireiras em sua terra. "Antigamente a gente usava, a nossa avó usava, eu mesmo me criei comendo aquele coco-babaçu com peixe. Nós perdemos isso e estamos querendo resgatar esse conhecimento", conta Totó Arara logo após a oficina.

O antropólogo Márnio Teixeira Pinto vê na recente homologação uma vitória para o povo Arara: "Gostaria de pensar que toda essa demora ocorrida, com suas idas e vindas, grupos e mais grupos de trabalho, tentativas e frustrações que agora ficam pra trás, possa ser interpretada como evidência da extrema importância de todo este longo processo de resguardar a área para eles".

30 ANOS DE LUTA

Em 1972, a construção de um trecho da Transamazônica cortou ao meio o território dos Arara, que até então viviam em isolamento voluntário, fazendo com que a região fosse invadida por colonos, garimpeiros e madeireiros ilegais. Além de terem seu território drasticamente reduzido, os Arara sofreram com conflitos, mortes, desagregação social dos subgrupos e desestabilização da sua vida produtiva – caso que foi registrado como grave violação de direito humano pelo Relatório da Comissão Nacional da Verdade, publicado em 2014.

Uma Frente de Atração foi instituída ainda nos anos 1970, e os primeiros grupos foram contatados quase uma década depois, entre 1981 e 1984. Apenas em 1987 a comunidade que hoje vive na TI Cachoeira Seca foi oficialmente contatada. Nesse meio-tempo, os estudos de identificação das áreas foram avançando, ainda que de forma lenta por conta dos conflitos na região. Uma delas, a TI, Arara foi identificada em 1978 e homologada em 1991.

Já a área que viria a ser a TI Cachoeira Seca, mais intensamente invadida, foi interditada para estudos em 1985 e homologada mais de 30 anos depois, tornando esse processo de demarcação um dos mais longos da história. Essa é a única Terra Indígena no Brasil cuja regularização fundiária foi iniciada antes da promulgação da Constituição Federal de 1988 e ainda não tinha sido homologada. *(novembro, 2016)*

KARARAÔ

Faccionalismo e Dinamismo de um Subgrupo Mẽbêngôkré

Sayonara Maria Oliveira da Silva | Indigenista, mestre em Desenvolvimento Sustentável junto a Povos e Terras Indígenas
Luís Carlos Sampaio | Biólogo, pós-graduado em Educação e Meio Ambiente
Daniel Tiberio Luz | Indigenista, pós-graduado em Gestão Ambiental

REDUZIDOS A 58 PESSOAS, OS KARARAÔ QUE SOBREVIVERAM À VIOLÊNCIA DO CONTATO. HOJE ARCAM COM O IMPACTO SOCIAL NEGATIVO POR PARTE DE INCENTIVOS MAL PLANEJADOS DA UHE BELO MONTE. E O ASSISTENCIALISMO EXACERBADO DO PLANO EMERGENCIAL (R$ 30 MIL/MÊS), ENTRE 2012 E 2013, FEZ ESTENDER O DESAFIO A SER ENFRENTADO POR ELES NO FUTURO

Os Kararaô, povo que se autodenomina Mẽbêngôkré, pertence ao tronco linguístico Macro-Jê e constitui um dos subgrupos do povo Kayapó. Povo seminômade, atualmente habitam uma única aldeia situada às margens do Rio Iriri e realizam como principais atividades de subsistência caça, pesca, extrativismo e agricultura em menor escala[1]. Vivem na aldeia Kararaô na Terra Indígena que recebe a mesma denominação.

Gustaaf Verswinjver[2] descreve o povo Kararaô como sendo o único subgrupo Kayapó jamais pesquisado por antropólogos. Atualmente existe apenas uma publicação especificamente tratando desses índios: um texto de Expedito Arnaud e Ana Rita Alves da "A extinção dos índios Kararaô no Baixo Xingu", publicado do Boletim do Museu Paraense Emílio Goeldi, em 1974.

Hoje os Kararaô do Iriri constituem o maior grupo de sobreviventes do contato, com uma população atual de 58 pessoas, remanescentes dos três grupos pacificados entre 1930 e 1960. Segundo o censo demográfico da Sesai (2014), há 13 mulheres na única aldeia; destas, duas são xikrin e uma xipaia; 22 crianças; três adolescentes e 20 homens, sendo dois xikrin e um kayapó de outra aldeia.

Além da aldeia Kararaô, em 2015 foi registrada presença desses indivíduos e famílias nas aldeias Baú e Kamaú na TI Baú, localizada no Alto Rio Curuá, bem como em aldeias de outros subgrupos Kayapó.

À BEIRA DE EXTINÇÃO

Ancestrais do grupo Kayapó Gorotire, estima-se que os Kararaô se separaram deste grupo quando viviam aldeados junto à "casa de pedra" no Rio Vermelho, afluente do Rio Fresco, como apontou o texto de Adriano Jerozolimski na última edição do *Povos Indígenas no Brasil*. Os Kayapó foram se dividindo após sucessivas mudanças, possivelmente por conflitos internos e/ou com a sociedade envolvente, bem como massacres e doenças contagiosas.

Com a separação do grupo ancestral Gorotire, os Kararaô desceram o Rio Xingu e foram habitar um território entre os Rios Iriri e Curuá. Durante anos foram confundidos com outros subgrupos Kayapó, e, por conflitos internos em 1920, cindiram-se em dois grupos. Um dos que permaneceu na aldeia posteriormente cindiu-se em outros, pelos mesmos motivos.

Em uma entrevista realizada em 2014 com Ymejtí, um velho Kararaô que mora em Kamôktikô (uma aldeia Xikrin), ele afirmou que um daqueles grupos antigos, o grupo de Pukrã, ainda se encontra vivo. Um destes grupos permaneceu no Sítio de Pykatôti, por volta de 1936 e ficou conhecido como Kubẽkrãkêjn, onde foi contatado formalmente apenas em 1952 (Verswijver, 1992).

Os Kararaô também são um dos subgrupos Kayapó que mais sofreu com as técnicas de pacificação, chegando à beira da extinção, como apontam os relatos de Lux Vidal[3], mas, devido à falta de registros, não é possível saber concretamente quantos grupos Kararaô existiam antes do contato. Segundo Arnaud & Alves (1974), um dos grupos que vivia na região do Curuá-Iriri estabeleceu contatos pacíficos em 1957 com uma frente de atração do SPI liderada por Francisco Meirelles junto a quatro indígenas Kayapó Gorotire. Devido a uma expedição punitiva organizada por seringalistas em 1950, o SPI teve que intensificar seus trabalhos para estabelecer contatos pacíficos com o grupo Kararaô. Nesta época já se tinha notícia do grupo Kararaô do Iriri, que permaneceu isolado e ignorado até a abertura da Transamazônica.

Com a obra, em 1971, a Funai estabeleceu contatos pacíficos com os Kararaô do Iriri, construindo um Posto Indígena para assisti-los; a população encontrava-se reduzida a apenas 38 indivíduos. Em 1973, após a pacificação, o grupo foi transferido para Reserva Indígena Kararaô, na confluência dos Rios Iriri e Xingu, com uma delimitação que incluiu os Igarapés Cajueiro (afluente do Xingu) e Moçoró (afluente do Iriri). O grupo Kararaô do Iriri foi atingido por várias doenças que culminaram na morte de alguns e no abandono da aldeia por outros.

Desta forma, como relata Vidal, a população passou a ser majoritariamente feminina, obrigada a desenvolver atividades de cunho masculino como a caça e a pesca. Diante disso, a Funai decidiu transferi-los para o Posto Indígena (PI) Bacajá em maio de 1979, quando a população estimada era de seis mulheres, aproximadamente 15 crianças e um homem Kayapó, conhecido por Kamaiurá, que se juntara a eles durante o contato com a Funai, casando-se com uma das mulheres, Nhakangoti. Segundo testemunhou Kamaiurá em 2014, entre estas crianças estavam Kubeká Kayapó, Irekõtú Kayapó, Kaôro Kayapó, Mrykarà Kayapó, Nhàkngrí Kayapó, Bekwynhdjàití Kayapó, indígenas vivos e residentes da aldeia atual.

A transferência do grupo culminou na desativação do PI Kararaô, mas, como não houve adaptação ao PI Bacajá, eles desejaram retornar à sua Reserva, como também nos relatou Kamaiurá. O retorno ocorreu na década de 1980, quando passaram a habitar uma área de terra firme. Em 1988, havia cinco casas de adobe com palha, bem como uma enfermaria, uma escola e casas do PI, a população aumentou nesta mesma década, contando com 31 indivíduos em 1984 (Funai). Em tempos recentes três Kararaô se mudaram para aldeia Kriketum, localizada na TI Kayapó, sendo um deles assassinado e encontra-se enterrado na aldeia Kararaô; existem ainda dois na aldeia Tukaya (TI Xipaya).

Existiam ainda dois grupos Kararaô ainda não contatados e que permaneciam isolados: os Kararaô do Jamanxim, que possivelmente viviam entre os rios Jamanxim e Curuá, e os Kararaô do Guajará, que ocupavam a região do Baixo Rio Guajará, no município de Prainha (PA). Estima-se que o grupo contatado pelo SPI em 1957, assim como o do Jamanxim e do Curuá, tenha sido extinto em 1970. Alguns indígenas desses grupos se integraram aos Xikrin: dois casais (junto a duas filhas) passaram a viver com os Xikrin do Bacajá e uma família composta por uma mulher e dois homens, com os Xikrin do Cateté. De acordo com Vidal (1988), possivelmente 14 indígenas Kararaô residiam junto a outras aldeias Kayapó em 1986.

TERRITÓRIO E VULNERABILIDADE TERRITORIAL

A TI Kararaô está localizada no município de Altamira, tem uma extensão de 330.837 hectares, fazendo divisa com a TI Arara (Rio Iriri) pela face leste; com as TIs Koatinemo e Araweté do Igarapé Ipixuna (Rio Xingu) a oeste; e com a Estação Ecológica Terra do Meio, ao sul. Essas terras estão inseridas no mosaico de áreas protegidas da Bacia do Rio Xingu, que se configura como um corredor de áreas protegidas de aproximadamente 26 milhões de hectares

Hoje, para acessar a aldeia Kararaô é preciso atravessar diversas cachoeiras, que impõem enormes dificuldades para a travessia em tempos de chuva baixa vazante entre os meses de agosto a outubro. A sequência de cachoeiras talvez explique o fato de os Kararaô terem optado por não morar próximo ao Rio Xingu – chamado por eles de *Bytire* – ou na margem dele. É possível que as cachoeiras existentes no Rio Iriri, onde residem os Kararaô, por mais dificultosas que sejam no período seco, se mostrem mais favoráveis – em especial pela distância e facilidade para chegar a Altamira, o centro referencial dos povos do Médio Xingu para comércio, negócios, busca de meios de subsistência e assistência.

A TI Kararaô, apesar de protegida, também é envolvida por alguns travessões; um deles, parte da Transamazônica na altura do município de Brasil Novo (PA), facilita a entrada de pescadores ilegais vindos do município até uma fazenda cuja sede está na margem esquerda do Rio Iriri. Os Kararaô costumam frequentar este local para fazer compras e vender peixes. A presença do Projeto de Assentamento Laranjal, na altura da foz do Rio Iriri, também constitui um vetor de entrada de caçadores e pescadores ilegais.

Existem nove ilhas no limite da TI que não pertencem às TIs Kararaô e Koatinemo, mas a delimitam e são habitadas por ribeirinhos e beiradeiros – que acabam facilitando a entrada de pescadores ilegais na TI. Essas atividades impactam não só os peixes, mas também outros animais que fazem parte da dieta Kararaô, como porco-do-mato, anta e quelônios, muito apreciados como jabuti e tracajá.

É importante ressaltar também a presença das estradas Transasurini e Transiriri, no entorno e interior de TIs do Médio Xingu. Ambas as estradas foram incluídas no Plano Plurianual (PPA) 2008-2011 do estado do Pará, cuja oficialização pelo estado pode institucionalizar as invasões nas TIs da região.

TRANSFORMAÇÕES KARARAÔ

Os Kararaô arcam ainda com o impacto social negativo por parte de incentivos mal planejados da UHE Belo Monte. O assistencialismo exacerbado do Plano Emergencial, que, entre 2012 e 2013, destinou R$ 30 mil por mês à aldeia, fez estender o desafio a ser enfrentado por eles no futuro. Hoje, os Kararaô já não vivem em grupo familiares extensos por casa: cada casal reside em uma casa separada, com gerador próprio, televisão, luz elétrica, *freezer* para congelar pescado, carne de caça. Os meios para manter esse *high standard* assim que a usina entrar em funcionamento ainda não foram previstos.

Eles continuam sendo comandados pelo destemido Kamayurá (Kwyrykrô) considerado por todos como o aríete – o motor que faz mover a sociedade Kararaô no cotidiano. Como os velhos possuem força moral, Kamayurá não está sozinho: os verdadeiros descendentes de Patykre (chefe ancestral), como Nhàkràx, Bekwoimti, Pãnhkamrêk, Irékõntu e Mrykàrà, sempre o acompanham e o ajudam impulsionar as atividades na aldeia. Os mais novos, a exemplo dos homens casados, se ocupam mais com a pesca; as mulheres, com os afazeres domésticos e as roças.

A comunidade construiu recentemente um dos símbolos mais importantes da sociedade mẽbêngôkré, a "casa dos homens" (*ngà*), provavelmente para transformar novamente no espaço das importantes decisões, de natureza social, política, como acontece em aldeias de outros subgrupos.

No âmbito geral parece instigante pensar como os Kararaô, assim como outros povos indígenas no Médio Xingu, após sofrerem intensos processos de fragmentação e terríveis ataques por parte da sociedade envolvente, conseguiram formar novos arranjos matrimoniais e manter vivo um grupo que chegou à beira da extinção. *(setembro, 2015)*

NOTAS

[1] Para construção deste artigo foram utilizadas referências bibliográficas e dados de campo. Boa parte das informações presentes foi levantada a partir de trabalho em campo nos anos de 2014 e 2015 no desenvolvimento do PBA da UHE de Belo Monte e é de total responsabilidade dos autores.

[2] No "Relatório da missão para pesquisar a história do povo Kararaô (subgrupo Kayapó)", um documento interno da Verthic, produzido por Gustaaf Verswijver em 2015.

[3] Conforme VIDAL, L. B. Os Kararaô do Rio Xingu. In: *As Hidrelétricas do Xingu e os Povos Indígenas*. São Paulo: Comissão Pró-Índio de São Paulo, 1988.

Todos 58 membros do subgrupo Kayapó-Kararaô na aldeia Kararaô, Rio Iriri.

MẼBÊNGÔKRE-KAYAPÓ

Estratégias de Luta e o Papel de suas Organizações

Adriano Jerozolimski — Coodenador-executivo, AFP

Fernando Niemeyer — Antropólogo, AFP

UM CENÁRIO DE FORTE PRESSÃO SOBRE OS TERRITÓRIOS MẼBÊNGÔKRE-KAYAPÓ, SOMADO AO ENFRAQUECIMENTO DA FUNAI, CRIOU UM AMBIENTE EM QUE NOVAS ESTRATÉGIAS DE ATUAÇÃO SE TORNARAM FUNDAMENTAIS. UM PASSO DECISIVO PARA OS KAYAPÓ, NOS ÚLTIMOS ANOS, FOI FORTALECER SUAS PRÓPRIAS ORGANIZAÇÕES, FAZENDO DELAS AGENTES ATIVOS DE TRANSFORMAÇÃO SOCIAL

Este texto trata dos Mẽbêngôkre-Kayapó e das estratégias de suas organizações locais, no contexto das transformações mais recentes. Devido à dinâmica de divisão dos subgrupos mẽbêngôkre e à complexidade de suas denominações, utilizaremos neste texto o termo "Mẽbêngôkre--Kayapó" em referência ao povo que vive em seis Terras Indígenas (TIs) do sul do estado do Pará e norte do Mato Grosso, a saber: Badjonkôre, Baú, Capoto/Jarina, Kayapó, Las Casas e Menkragnoti.

CONTEXTO SOCIOECONÔMICO E POLÍTICO

No Xingu, os territórios mẽbêngôkre-kayapó somam cerca de 11 milhões de hectares e representam aproximadamente 40% do corredor de áreas protegidas desta bacia hidrográfica, composto por dez Unidades de Conservação (UC) e 20 Terras Indígenas e habitado por ribeirinhos e indígenas de 26 distintos povos.

No sul e sudeste do Pará, a pecuária extensiva, associada à abertura de pastagens, continua sendo a principal atividade promotora de mudanças na cobertura do solo. Nesta região está o município com o maior rebanho de gado bovino do país, São Felix do Xingu, onde a grilagem de terras da União, devolutas até

Mobilização dos Kayapó contra o sucateamento da Funai em Tucumã/PA.

cerca de dez anos atrás, resultou no desmatamento de extensas áreas, como é o caso da Terra do Meio, ao norte dos territórios mẽbêngôkre-kayapó. A partir de 2004, parte considerável desta região foi destinada à constituição de um mosaico de UCs. Ainda assim, a pecuária continua a ser praticada em muitas delas onde é expressamente proibida, incluindo áreas de proteção integral.

Apesar de, entre 2010 a 2015, as taxas anuais de desmatamento da região dentro de um raio de 50 quilômetros dos limites da TI Kayapó terem sido menores que as da década anterior, apenas neste período foi acumulado nesta região um desmatamento de cerca de 7.900 km². Em contraponto, o desmatamento acumulado dentro dos territórios mẽbêngôkre-kayapó continua sendo muito pequeno, evidenciando sua efetividade como barreira ao desmatamento. Com isso, acentuou-se ainda mais o contraste entre as regiões do entorno e os territórios essencialmente florestados do povo mẽbêngôkre-kayapó.

Nos últimos cinco anos, os Mẽbêngôkre-Kayapó acompanharam a concretização de grandes empreendimentos no entorno dos seus territórios, dos quais destacamos o asfaltamento da BR-163, a oeste, a UHE de Belo Monte, ao norte, e o empreendimento Onça Puma, de exploração e beneficiamento de níquel, localizado 30 km do limite nordeste da TI Kayapó.

Também tiveram de conviver com um crescimento espantoso da pressão por atividades ilícitas no entorno e dentro de seus territórios. A partir de 2012, o aumento do preço do ouro promoveu uma verdadeira corrida pelo metal e uma crescente pressão sobre os territórios mẽbêngôkre-kayapó, particularmente nas TIs Kayapó e Baú. Porém, neste novo ciclo, entraram em cena novos atores: as enormes retroescavadeiras, conhecidas regionalmente como PCs, conferindo outra escala para o garimpo em terra firme, tanto em termos de capacidade de devastação quanto de volume de ouro retirado. A exploração madeireira, muitas vezes associada à atividade garimpeira, também tem se expandido. Por fim, a exaustão dos recursos pesqueiros fora das áreas protegidas tem resultado no aumento expressivo da pesca ilegal e predatória nos territórios indígenas e UCs da região, processo bastante evidente no trecho do Rio Xingu que adentra na TI Kayapó, assim como no trecho do Rio Iriri ao longo da ESEC da Terra do Meio.

Paralelamente, está cada vez mais claro o processo de precarização gradativa dos serviços públicos prestados aos Mẽbêngôkre--Kayapó (e aos povos indígenas de forma geral), com graves problemas no atendimento básico à saúde indígena (tanto nas aldeias quanto nas cidades); uma oferta de educação formal de baixíssima qualidade; a quase inexistência de políticas públicas acessíveis que promovam a autonomia e a produção sustentável, e o triste processo de sucateamento da Fundação Nacional do Índio (Funai), perceptível de forma bastante aguda na Coordenação Regional Kayapó Sul do Pará por uma redução significativa de orçamento e de pessoal.

Com recursos humanos e financeiros cada vez mais limitados, os órgãos públicos que compartilham da atribuição de garantir a fiscalização e proteção dos territórios indígenas – Funai, Ibama, Polícia Federal e, eventualmente, a Força Nacional – não têm conseguido conter o avanço das atividades ilícitas.

FORTALECIMENTO DAS ORGANIZAÇÕES MẼBÊNGÔKRE-KAYAPÓ

Hoje são três as principais organizações indígenas do Povo mẽbêngôkre-kayapó: a Associação Floresta Protegida (AFP), o Instituto Kabu (IK) e o Instituto Raoni (IR). Cada uma representa comunidades e territórios específicos: o Instituto Raoni, com sede em Colider (MT), representa 12 comunidades mẽbêngôkre, nove localizadas na TI Capoto/Jarina e três no extremo sul da TI Menkragnoti; além de algumas comunidades dos povos Juruna, Panará, Tapayuna e Trumai. O Kabu, com sede em Novo Progresso (PA), representa as duas comunidades mẽbêngôkre da TI Baú e oito da TI Menkragnoti. A AFP, por sua vez, representa as três comunidades da TI Las Casas, 17 comunidades da TI Kayapó e duas da TI Menkragnoti. Há outras nove comunidades kayapó, oito localizadas na TI Kayapó e uma na TI Badjonkôre, que não estão associadas a nenhuma das três principais organizações mẽbêngôkre-kayapó.

Ao mesmo tempo em que os Mẽbêngôkre-Kayapó viam o atendimento público às suas necessidades básicas diminuindo nos últimos anos, conseguiram estruturar e fortalecer suas próprias organizações – tanto em termos de capacidade de gestão quanto em seus processos de governança. A estrutura formal de uma associação é, a princípio, estranha às formas próprias que os Mẽbêngôkre-Kayapó possuem para legitimar e conferir representatividade a seus projetos e suas decisões. Entretanto, eles têm compreendido cada vez melhor esta instância de representação *kuben* (não indígena) e conseguido utilizá-la de forma mais efetiva, como ferramenta para atingir seus objetivos sociais, políticos ou econômicos.

A busca por autonomia econômica fez com que o desenvolvimento de atividades sustentáveis de geração de renda se tornasse uma das principais metas das organizações mẽbêngôkre-kayapó. Entre as cadeias agroextrativistas apoiadas destacam-se a da castanha-do-pará, do artesanato e do cumaru. Pelas características das operações de compra e venda que começou a praticar, a AFP apoiou a constituição, em 2011, de outra organização, a Bay Cooperativa Kayapó de produtos da Floresta (CooBay), com a qual passou a atuar em parceria.

O valor pago aos Mẽbêngôkre pela saca da castanha teve um aumento de cerca de 300% nos últimos seis anos. Em 2016, a AFP e a CooBay iniciaram o beneficiamento da castanha, em parceria com uma cooperativa de São Felix do Xingu (Camppax), e lançaram um produto para o varejo, com a identidade mẽbêngôkre-kayapó, em uma bela embalagem de 150 gramas. O artesanato, por sua vez, se tornou uma oportunidade concreta e não sazonal de geração de renda, empoderando as mulheres indígenas através de sua arte e criatividade.

Com o intuito de agregar valor aos produtos comercializados e ao mesmo tempo valorizar sua origem, as três organizações mẽbêngôkre-kayapó também ajudaram no processo de desenvolvimento do selo Origens do Xingu, coordenado pelo Imaflora em parceria com o ISA. Agora o pacote de castanha ou uma peça de artesanato podem ser vendidos com um código (QR code) que, ao ser acessado pelo computador ou telefone, leva o consumidor à origem daquele produto: ao extrativista ou artesão, à sua comunidade, sua organização e ao seu território. Mais um avanço muito comemorado.

Desde 2013, a AFP também vem apoiando a comunidade de Kendjam, localizada na TI Menkragnoti, nas margens do Rio Iriri, no desenvolvimento de um projeto de turismo de pesca esportiva com devolução obrigatória, categoria de atividade que foi recentemente regulamentada com a publicação da Instrução Normativa nº 3 de 11 de junho de 2015. O sucesso obtido até aqui com esta iniciativa estimulou a AFP a avaliar a possibilidade de expandi-la para as quatro aldeias da TI Kayapó localizadas na beira do Rio Xingu. Outra modalidade de turismo está em fase inicial de desenvolvimento em outras duas comunidades no Alto Riozinho, também na TI Kayapó.

Ao longo dos últimos dez anos, a AFP consolidou ainda, junto à comunidade de A'Ukre, uma iniciativa de extensão universitária de cursos de campo em desenvolvimento e conservação. Estes cursos, conduzidos em parceria com as Universidades de Maryland, de Brasília (UNB), Purdue e Federal de Uberlândia (UFU), além de contribuírem significativamente para a geração de renda, têm se mostrado uma ferramenta extremamente efetiva de fortalecimento cultural e empoderamento desta comunidade.

Uma importante missão que as organizações mẽbêngôkre-kayapó têm desempenhado é a de promover a mobilização política a nível nacional, em articulação com o movimento indígena e indigenista. Em tempos de graves ameaças aos direitos indígenas e seus territórios, vindo dos três poderes da República, estratégias de nível macropolítico passaram a ser tão ou mais importantes que as estratégias adotadas localmente para a garantia de um futuro digno para as próximas gerações.

AS ORGANIZAÇÕES MẼBÊNGÔKRE-KAYAPÓ E O ACESSO A RECURSOS

Nos últimos anos, os Mẽbêngôkre-Kayapó passaram a exigir que os recursos de compensação e mitigação de impactos dos empreendimentos que afetam seus territórios fossem recebidos e geridos por suas próprias organizações locais, e não por empresas privadas, na maioria das vezes alheias à sua realidade sociocultural. Assim, desde 2010, o Kabu vem executando o Plano Básico Ambiental (PBA) da BR-163; a AFP e o Kabu são, desde 2012, as organizações executoras de recursos de compensação da UHE Belo Monte advindos da Eletrobras/Norte Energia; e a AFP vem executando, desde 2014, o Componente Indígena Kayapó do PBA Onça Puma. Não é difícil imaginar que não foram e nem tem sido processos simples. A seguir faremos breve menção a alguns de seus aspectos mais relevantes.

Em relação ao empreendimento Onça Puma, de exploração e processamento de níquel pela empresa Vale S/A, foram mais de dez anos de discussões e papeladas entre o início do processo de licenciamento ambiental, em 2004, e o início da execução do PBA pela AFP, em 2014. O PBA, que deveria começar antes das obras, teve início, de fato, anos depois das licenças de operação da mina e da usina terem sido emitidas (2010) e sua operação ter sido iniciada (2011).

Já com relação à Belo Monte, o Estado e os empreendedores definiram uma estratégia para permitir o apoio financeiro aos Mẽbêngôkre-Kayapó, mesmo que eles não estivessem diretamente incluídos no PBA deste empreendimento. Segundo um parecer técnico emitido pela Funai em 2009 (Parecer 21) em referência ao componente indígena do Estudo de Impacto Ambiental, os territórios kayapó ao sul da Terra do Meio não seriam estudados devido à distância da obra. O documento registra que, no entanto, os Mẽbêngôkre-Kayapó seriam incluídos no Programa de Comunicação do PBA de Belo Monte, "devido aos impactos psicossociais desta obra no imaginário e sistema de representação simbólica do povo Kayapó".

CENSO POR ALDEIA E SUAS ORGANIZAÇÕES REPRESENTATIVAS EM SEIS TIS MẼBÊNGÔKRE-KAYAPÓ, FEV. 2017

	TI	Aldeia	Organização representativa	População	Data
1	Badjonkôre	Krãnhãmpare	Sem informação	136	06/2016
2	Baú	Baú	Instituto Kabu	110	05/2015
3	Baú	Kamaú	Instituto Kabu	190	05/2015
4	Capoto Jarina	Mopkrôre	Instituto Raoni	101	10/2016
5	Capoto Jarina	Metyktire	Instituto Raoni	297	10/2016
6	Capoto/Jarina	Bytire	Instituto Raoni	58	10/2016
7	Capoto/Jarina	Jatobá	Instituto Raoni	49	10/2016
8	Capoto/Jarina	Kenpó	Instituto Raoni	27	10/2016
9	Capoto/Jarina	Kremoro	Instituto Raoni	595	10/2016
10	Capoto/Jarina	Krétire	Instituto Raoni	24	10/2016
11	Capoto/Jarina	Kromare	Instituto Raoni	43	10/2016
12	Capoto/Jarina	Piaraçu	Instituto Raoni	343	10/2016
13	Capoto/Jarina	Pykatànkwyry	Instituto Raoni	19	10/2016
14	Capoto/Jarina	Ropni	Instituto Raoni		
15	Kayapó	Apêjti	Associação Floresta Protegida	81	06/2016
16	Kayapó	Àukre	Associação Floresta Protegida	353	06/2016
17	Kayapó	Kedjêrêkrã	Associação Floresta Protegida	52	06/2016
18	Kayapó	Kôkrajmôrô	Associação Floresta Protegida	391	06/2016
19	Kayapó	Krẽmajti	Associação Floresta Protegida	36	06/2016
20	Kayapó	Krimejny	Associação Floresta Protegida	27	06/2016
21	Kayapó	Kubẽnkrãkêj	Associação Floresta Protegida	170	06/2016
22	Kayapó	Môjkàràkô	Associação Floresta Protegida	484	06/2016
23	Kayapó	Ngôiamroti	Associação Floresta Protegida		
24	Kayapó	Ngômejti	Associação Floresta Protegida	70	06/2016
25	Kayapó	Pinkeitykre	Associação Floresta Protegida	34	06/2016
26	Kayapó	Pykarãrãnkre	Associação Floresta Protegida	128	06/2016
27	Kayapó	Pykatum	Associação Floresta Protegida	98	06/2016
28	Kayapó	Rikaro	Associação Floresta Protegida	89	06/2016
29	Kayapó	Tepdjâti	Associação Floresta Protegida	89	06/2016
30	Kayapó	Bananal	Sem informação	17	06/2016
31	Kayapó	Gorotire	Sem informação	918	06/2016
32	Kayapó	Irãrãndjàre	Sem informação		06/2016
33	Kayapó	Kanwá	Sem informação	6	06/2016
34	Kayapó	Kenkrô	Sem informação	19	06/2016
35	Kayapó	Kikretũm	Sem informação	304	06/2016
36	Kayapó	Kokokwedjã	Sem informação	68	06/2016
37	Kayapó	Krânhkrô	Sem informação	85	06/2016
38	Kayapó	Krénhêdjã	Sem informação		06/2016
39	Kayapó	Kriny	Sem informação	150	06/2016
40	Kayapó	Ladeira	Sem informação	160	06/2016
41	Kayapó	Mãtinó	Sem informação	20	06/2016
42	Kayapó	Môjdjam	Sem informação	21	06/2016
43	Kayapó	Mómókre	Sem informação	58	06/2016

	TI	Aldeia	Organização representativa	População	Data
44	Kayapó	Mrotikôre	Sem informação	4	06/2016
45	Kayapó	Mutum	Sem informação	13	06/2016
46	Kayapó	Ngôkon ngôtire	Sem informação	30	06/2016
47	Kayapó	Nhakin	Sem informação		06/2016
48	Kayapó	Piabanha	Sem informação		06/2016
49	Kayapó	Pidjokôre	Sem informação	24	06/2016
50	Kayapó	Piôkrótikô	Sem informação	27	06/2016
51	Kayapó	Piyredjam	Sem informação	22	06/2016
52	Kayapó	Ponte	Sem informação	21	06/2016
53	Kayapó	Purure	Sem informação	5	06/2016
54	Kayapó	Pykakwyti	Sem informação	24	06/2016
55	Kayapó	Pykationgôre	Sem informação		06/2016
56	Kayapó	Pykatô	Sem informação	57	06/2016
57	Kayapó	Ropkróri	Sem informação	17	06/2016
58	Kayapó	Santo Antoninho	Sem informação	9	06/2016
59	Kayapó	Tepóre	Sem informação	18	06/2016
60	Kayapó	Turedjam	Sem informação	319	06/2016
61	Kayapó	Tyrytikrô	Sem informação	12	06/2016
62	Kayapó	Nhonhmydjare	Sem informação	13	06/2016
63	Kayapó	Desaldeados - Redenção	Sem informação	85	06/2016
64	Las Casas	Kaprãnkrere	Associação Floresta Protegida	125	06/2016
65	Las Casas	Ronekôre	Associação Floresta Protegida	50	06/2016
66	Las Casas	Tekrejarôtire	Associação Floresta Protegida	187	06/2016
67	Menkragnoti	Kawatire	Associação Floresta Protegida	71	06/2016
68	Menkragnoti	Kēndjam	Associação Floresta Protegida	196	06/2016
69	Menkragnoti	Kawatum	Instituto Kabu	58	05/2016
70	Menkragnoti	Krãbari	Instituto Kabu	22	05/2016
71	Menkragnoti	Krimej	Instituto Kabu	54	05/2016
72	Menkragnoti	Kubenkókre	Instituto Kabu	649	05/2016
73	Menkragnoti	Mekragnoti Velho	Instituto Kabu	37	05/2016
74	Menkragnoti	Pykany	Instituto Kabu	189	05/2016
75	Menkragnoti	Pykatoti	Instituto Kabu	42	05/2016
76	Menkragnoti	Pyngraitire	Instituto Kabu	73	05/2016
77	Menkragnoti	Kâkamkuben	Instituto Raoni	49	06/2016
78	Menkragnoti	Koróróti	Instituto Raoni	133	01/2016
79	Menkragnoti	Omeikrankum	Instituto Raoni	39	01/2016
			TOTAL	**8.594**	

Fonte: DSEI Kayapó (PA)/Sesai.

ALDEIAS MEBÊNGÔKRE KAYAPÓ NO SUL DO PARÁ E NORTE DE MATO GROSSO

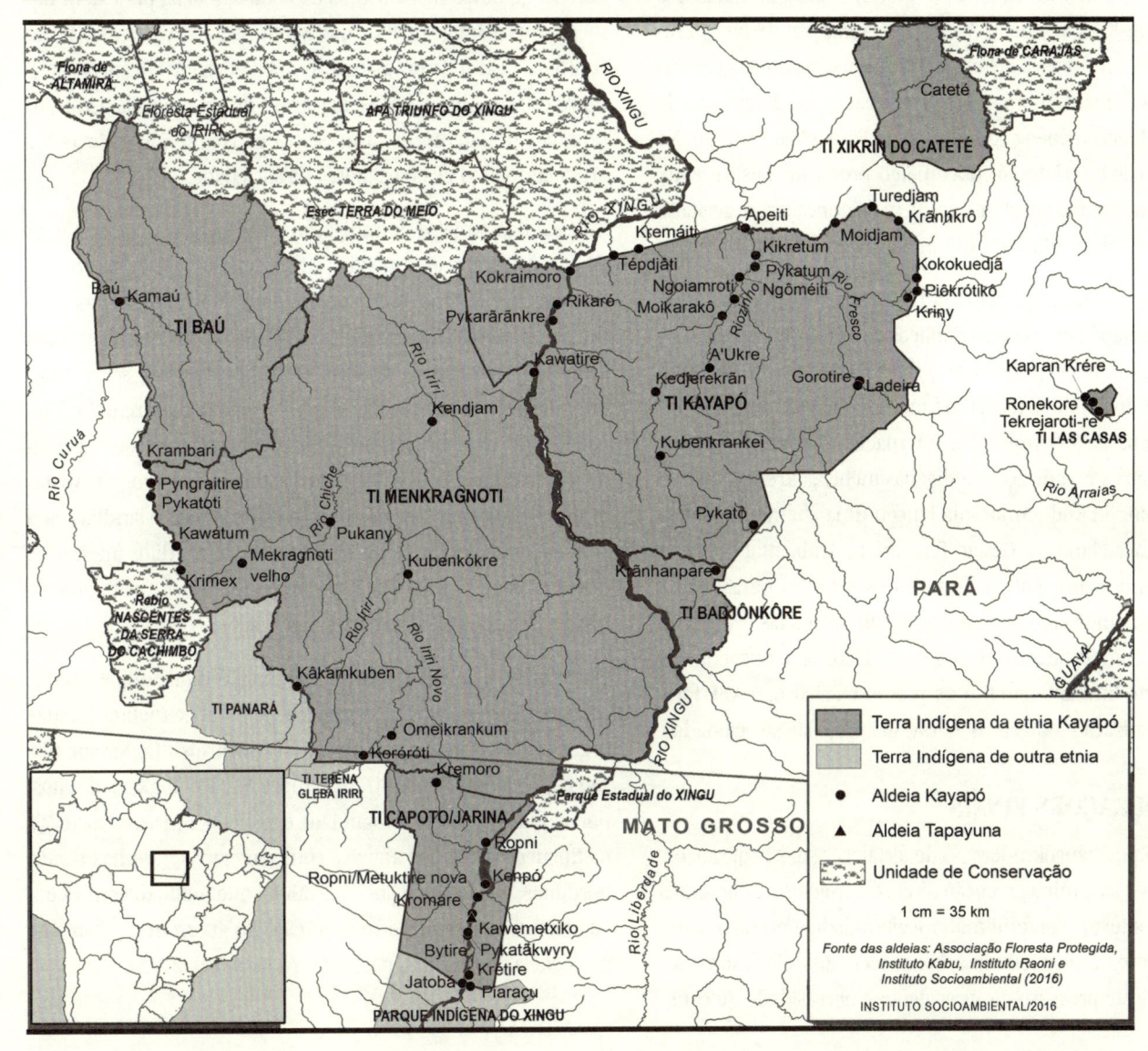

Assim, em novembro de 2010, foi formalizado o Protocolo de Intenções entre a Funai e a Centrais Elétricas Brasileiras S.A., abrindo a possibilidade de apoio a programas de assistência aos povos e TIs citados no Parecer 21. Mesmo estando a cerca de 350 km do empreendimento, os Mêbêngôkre-Kayapó foram, em 2012, os primeiros indígenas a terem contratos estabelecidos com o empreendedor que, ao contrário do ocorrido com todos os demais povos afetados pela obra, foram feitos diretamente com suas organizações, e não com empresas privadas. Curiosa também a inclusão das aldeias mêbêngôkre-kayapó da TI Las Casas, mesmo estando este território na Bacia do Rio Araguaia. Ora, nessa TI vive uma das maiores lideranças indígenas que historicamente se opôs à obra: a índia Tuíre Kayapó, que em 1989 ficou mundialmente conhecida ao protestar conta a obra, encostando seu facão no rosto do então diretor de planejamento da Eletronorte, José Antonio Muniz Lopes.

Em 2013, em uma assembleia geral da AFP, como um último suspiro da luta contra a construção da barragem, os Mêbêngôkre-Kayapó fizeram uma carta dizendo que não aceitavam "este dinheiro sujo". Mantiveram esta posição por quase dois anos, até que, com a conclusão das obras e reconhecendo com pesar a derrota de uma luta que travaram durante décadas, acabaram por retomar o diálogo com o empreendedor. Como argumento, disseram que a postura de não aceitar o dinheiro já não tinha mais a mesma força política: "se a obra está pronta, e não há mais como brigar contra esta violência ao Rio Xingu, que ao menos nos paguem o que é nosso por direito". Cabe citar que o grupo mêbêngôkre-kayapó do Mato Grosso, sob chefia de Raoni Metuktire, sempre manteve a postura de não dialogar com o empreendedor ou aceitar qualquer recurso advindo deste empreendimento. Apesar dos distintos posicionamentos, a defesa do

Xingu e seus afluentes ainda é um grande motivo de união dos Mêbêngôkre-Kayapó. Em 2013 as três organizações mêbêngôkre-kayapó se uniram para organizar um grande encontro que reuniu, na aldeia Kokraimoro, cerca de 400 caciques e lideranças de todas as aldeias mêbêngôkre-kayapó do Pará e Mato Grosso. No "Manifesto do Povo Kayapó", documento produzido neste evento, deixaram mais uma vez claro que, além de nunca terem aceitado Belo Monte, não aceitarão nenhum outro barramento no Xingu.

Por fim, os últimos anos marcaram também o acesso das organizações Kayapó aos recursos públicos do Fundo Amazônia. Em 2014, após um longo período de gestação, teve início a execução de projetos do Fundo Kayapó, um fundo criado no âmbito do Fundo Amazônia pela Conservação Internacional, especificamente para o apoio às organizações indígenas mêbêngôkre-kayapo. No mesmo ano, o Fundo Amazônia lançou uma chamada pública direcionada a Planos de Gestão Territorial e Ambiental Indígena na Amazônia Legal. Apesar de todos os esforços para que as organizações indígenas conseguissem submeter suas propostas, o nível de complexidade das exigências técnicas e burocráticas foi um forte limitante. Ao fim do processo seletivo, a AFP foi a única organização indígena que teve sua proposta selecionada.

CONSIDERAÇÕES FINAIS

A estratégia mêbêngôkre-kayapó de fortalecer suas próprias organizações e assumir a execução direta de projetos de diferentes fontes e contextos conferiu maior legitimidade e protagonismo para seu povo e maior controle sobre os recursos a ele destinados. Ao longo deste processo, ficou evidente a necessidade de constituição de novos mecanismos de controle social para além dos mecanismos tradicionais, o que tem contribuído para minimizar conflitos e garantir uma atuação mais eficiente e transparente. Entre estes mecanismos se destacam as assembleias gerais, as reuniões de lideranças, a presença constante nas aldeias e a articulação com diversos atores da sociedade.

No caso dos projetos de mitigação e compensação de impactos de grandes empreendimentos, sua execução pelas organizações mêbêngôkre-kayapó tem sido fundamental não apenas para mitigar e compensar os impactos previstos, mas também para evitar que os recursos, de somas significativas, não sejam mais prejudiciais que as próprias obras – levando, por exemplo, à intensificação de cisões nas comunidades com a consequente multiplicação de pequenas aldeias, ao distanciamento progressivo das práticas tradicionais, ao deslocamento de aldeias e famílias para regiões limítrofes da TI, ao acirramento de conflitos internos e, de forma geral, à desunião. Estas forças representam atualmente um dos maiores desafios enfrentados pelos Mêbêngôkre-Kayapó.

Entretanto, a avaliação local é que, até aqui, e apesar dos incontáveis percalços, a estratégia de fortalecimento de suas organizações trouxe resultados muito positivos. "Os Kayapó não vão parar de lutar", enfatizam sempre. Lutam por seus direitos, por seus territórios, por dignidade e respeito. Em seus discursos distinguem a luta dos antigos, com seus arcos e flechas e suas bordunas, das lutas de hoje que, ainda que muito diferentes em sua forma, preservam o mesmo espirito guerreiro e a força de resistência de seus antepassados. *(novembro, 2016)*

TI TRINCHEIRA/BACAJÁ

Ngô Beyêt: Água Suja, Parada, Morta

Thais Mantovanelli | Antropóloga

SEGUNDO AS TEORIAS APAVORANTES DE HOMENS E MULHERES MẼBENGÔKRE-XIKRIN, A CONSTRUÇÃO DE BELO MONTE FARÁ O RIO BACAJÁ PERDER SEU FLUXO, SEU REGIME DE CHEIA E ENTRARÁ NUM ESTADO DE INÉRCIA E IMPRODUTIVIDADE, OU FIM DA VIDA

As apreciações críticas dos Mẽbengôkre-Xikrin sobre os impactos do barramento do Rio Xingu, a partir do licenciamento e construção do Complexo Hidrelétrico de Belo Monte, na Terra Indígena Trincheira-Bacajá foram obliteradas em documentos técnicos e desconsideradas pelos cálculos de impacto. Para dar destaque a elas, que se expressam pode meio de teorias apavorantes, apresento neste texto algumas situações etnográficas que demonstram as visões desse povo com relação aos brancos de Belo Monte e sua política, considerada negligente e devastadora.

Os Mẽbengôkre-Xikrin na TI Trincheira-Bacajá, situados geograficamente na Amazônia paraense, vivem, juntamente com demais povos da região, os impactos do licenciamento e construção do Complexo Hidrelétrico de Belo Monte. A TI é entrecortada pelo Rio Bacajá, afluente direito do Rio Xingu e alvo do barramento da hidrelétrica, cujo processo de licenciamento e implantação voltou a ser uma questão de suma importância a partir de 2008, afetando o povo Mẽbengôkre-Xikrin diretamente e intensificando negativamente suas relações com setores da burocracia nacional.

As pessoas Mẽbengôkre-Xikrin a quem me refiro vivem o que eu chamo de "era dos impactos". Essa afirmação advém de fontes distintas, mas principalmente do uso recorrente do termo "impacto", ao longo de minhas estadias em campo entre 2011 e 2016, para falar sobre Belo Monte. Composições de fala como "Vocês precisam aprender, entender as coisas, ouvir os homens e as mulheres Mẽbêngôkre" ou "Vocês precisam entender que nosso conhecimento e nossa cultura que não é uma coisa fraca; nós somos quem sabemos o que vai acontecer com o nosso rio; vocês não sabem e precisam ouvir nosso conhecimento" eram frequentemente enunciadas pelos chefes e guerreiros mẽbengôkre-xikrin nas reuniões com os membros da Norte Energia e demais representantes da burocracia governamental e empresarial.

Ngô beyêt é como os Mẽbengôkre-Xikrin referem-se à Usina Hidrelétrica de Belo Monte. *Ngô* significa água e a palavra é também utilizada para se referir a rios em geral e aos Rios Bacajá e Xingu especificamente. *Beyêt* significa tanto o verbo trancar ou prender quanto os substantivos trancamento e prisão ou aprisionamento. Nesse sentido, a expressão *ngô beyêt* refere-se a Belo Monte como "água parada", "água barrada", "água trancada" e é também utilizada a partir de ampliações de tradução para "água podre", "água suja", "água velha", "água morta". Água podre, suja, velha, morta e parada é o espectro de Belo Monte sobre o rio, uma previsão acurada que nenhum cálculo técnico de "impacto da obra" consegue, ou quer, apurar[1].

Os Xikrin do Cateté e diversos grupos Kayapó autodenominam-se Mẽbêngôkre. Apesar de a tradução do etnônimo ser controversa entre os pesquisadores, mantenho aqui a tradução oferecida por Lux Vidal (1977)[2], "povo que saiu do buraco d'água", que permite relacionar a origem da humanidade mẽbengôkre-xikrin aos fluxos das águas e ao conceito de leste ou céu (*koikwá-krai*) – meio que sintetiza a produção e criação desses humanos e os regimes das águas.

Essa tradução refere-se também à narrativa mitológica sobre a origem da humanidade. Nela, as águas relacionam-se diretamente com os processos contínuos de transformação dos ancestrais Mẽbêngôkre de gente-ave para a condição humana (Giannini,

1991)³. Essa narrativa também reflete sobre os perigos ocasionados pela ação canibal dos estrangeiros do oeste ou do mundo subterrâneo, os *kuben kamrik*.

Se imaginarmos as ações dos brancos de Belo Monte, uma gente vinda do oeste (aqui no sentido de ocidente), como semelhante às práticas mortíferas dos estrangeiros canibais mencionados na narrativa, é possível elaborarmos uma forma bastante potente da "era dos impactos" vivida pelos Xikrin atualmente. Porque, como se pode ver com a construção de Belo Monte, os perigos advindos do mundo subterrâneo (oeste ou ocidente) podem aparecer novamente e colocar em risco a vida dos Mẽbengôkre e seus modos de existência.

BARRAMENTO DAS ÁGUAS, FIM DO FLUXO, FIM DA VIDA

São muitas as preocupações Mẽbengôkre-Xikrin sobre a construção de Belo Monte e o barramento do Rio Xingu. Vale lembrar que suas teorias de impacto e suas reflexões acerca da relação hidrológica entre os Rios Xingu e Bacajá não foram satisfatoriamente consideradas pelos documentos técnicos de análise de impacto ambiental, nem tampouco levadas em conta como indicadores para formulações de ações de mitigação ou indenizações decorrentes da implantação do empreendimento hidrelétrico.

Apesar da pouca atenção às teorias mẽbengôkre-xikrin de impacto nos laudos dos estudos de impacto ambiental, o MPF encaminhou, em 2015, uma Ação Civil Pública denunciando a implantação de Belo Monte como uma ação etnocida do Estado brasileiro e da concessionária Norte Energia. A ação civil encaminhada contou com relatórios feitos por antropólogos, que continham descrições etnográficas acerca do processo de implantação do Plano Emergencial como mais um impacto vinculado ao empreendimento. Nesse documento, além de denunciar o não cumprimento das ações de mitigação, o MPF critica a implantação do chamado Plano Emergencial como uma ação ilegítima, cujos efeitos negativos ainda não foram mensurados por nenhum órgão competente. Nas palavras do órgão denunciante[4]:

"O que ficou vulgarmente conhecido como 'Plano Emergencial' foi um caminho à margem das normas do licenciamento, definido longe dos espaços legítimos de participação e protagonismo indígena, por meio do qual o empreendedor obteve o êxito de, ao atrair os indígenas aos seus balcões, mantê-los longe dos canteiros de obras de Belo Monte, mesmo sem cumprir condicionantes indispensáveis. Uma política maciça de pacificação e silenciamento, que se fez com a utilização dos recursos destinados ao etnodesenvolvimento. E que, dos escritórios da Eletronorte aos balcões da Norte Energia, rapidamente atingiu a mais remota aldeia do médio Xingu, com danos nem sequer dimensionados, mas já presentes."

Inicialmente, os Xikrin foram considerados como parte do grupo de povos diretamente afetados pela obra sendo a Funai – responsável pelo parecer técnico que, em 2009, analisou o componente indígena dos estudos de impacto ambiental de Belo Monte. No entanto, após uma sugestão das empresas, o órgão reclassificou os Xikrin, indicando que, embora sofram impactos, eles estariam geograficamente mais distantes do empreendimento. Essa mudança foi acompanhada de um pedido de realização de um estudo de impacto ambiental complementar, específico para a região do Bacajá, que também era defendida pelos Xikrin. As preocupações dos Xikrin voltavam-se também para as datas do cronograma de construção da obra e o cumprimento das condicionantes pelo empreendedor, visto que esses estudos complementares só foram iniciados em 2011, quando a construção da usina já estava adiantada.

O descontentamento dos homens e mulheres mẽbengôkre-xikrin acerca da negligência por parte da empresa empreendedora com relação ao desenvolvimento dos programas de mitigação que compunham o escopo do Plano Básico Ambiental – Componente Indígena (PBA-CI) levou o grupo a ocupar o canteiro de obras do Sítio Pimental durante vinte e um dias em 2012. Durante a ocupação, os Xikrin destacaram em suas falas para equipes da imprensa nacional e internacional o atraso da implementação dos programas de mitigação e a rapidez do andamento de construção da hidrelétrica.

"Belo Monte está adiantada, sua construção está sendo rápida. Todos vocês podem ver isso aqui no canteiro. Nas nossas aldeias nada está acontecendo. Não sabemos quais programas estão previstos e quando esses programas irão começar. Estamos preocupados com a situação de seca do Rio Bacajá como impacto do barramento do Xingu. Mas os brancos de Belo Monte não se importam. Eles não se importam com o nosso futuro, nem com o futuro de nossos filhos, filhas, netos e netas."

As apresentações da versão final dos Estudos Complementares do Rio Bacajá geraram muitos desentendimentos entre os Xikrin e os engenheiros. Isso porque os Xikrin perceberam que suas teorias sobre o Rio Bacajá, a relação deste com o Xingu e suas previsões de impacto, não estavam contempladas no documento. O principal ponto de desacordo entre os engenheiros que apresentavam os estudos e os Xikrin recaiu sobre a relação hidrológica do Rio Bacajá com Rio Xingu e as previsões de impacto no primeiro.

Segundo os engenheiros, o impacto do barramento do Xingu não seria significativo para o Bacajá, porque apenas uma determinada região, a Cachoeira Percata, estaria na área de influência do Xingu. Além de discordarem da hipótese dos engenheiros e expressarem seu descontentamento, os Xikrin alertavam para uma relação hidrológica cujo ciclo de cheia e seca tem aproximadamente dez anos de intervalo, quando os Rios Bacajá e Xingu vivenciam uma seca bastante severa e mais duradora. Por esse motivo, afirmavam que um ano de realização de estudos não era suficiente para que os engenheiros entendessem e vissem esse período de seca.

Os descontentamentos e as inseguranças com relação aos impactos de Belo Monte continuaram a afetar as preocupações dos Xikrin. Numa manhã, durante uma de minhas estadias em campo, as mulheres da aldeia Bacajá, com seus facões e paneiros em mãos, chamaram-me para acompanhá-las em mais uma de suas atividades: a retirada de uma casca de árvore (*bàt prãn*) usada como carvão para confecção da tintura de jenipapo (*mroti kango*). O trajeto em um motor rabeta[5] cruzava a névoa matinal e um rio bonito e triste mostrava-se a mim como se ele soubesse que toda aquela paisagem seria brutal e permanentemente modificada pela barragem. Mopkure ajeitava pacientemente seu cachimbo entupido pelo excesso de tabaco consumido nos dias anteriores, quando o silêncio da nostalgia visionária foi quebrado por Irekà ao ver dois filhotes de tracajás[6] (*krantoe ngrire*) tomando sol no tronco de uma árvore caída na margem do rio. Diante da cena, disse:

"Barragem é *punure* [feia, horrível], as tracajás vão morrer, os filhotes das tracajás vão morrer, á agua vai secar, não terá mais água boa para banhar. Barragem é *punure*, as mulheres não querem barragem. Nós vamos bater no chefe da barragem e vamos cortar a orelha dele. Estamos bravas. Não estamos brincando. Os homens brancos fazem muitas reuniões falsas. Nós, mulheres, somos fortes, não somos fracas, não. Vamos falar duro contra a barragem. Vamos tomar as chaves das máquinas e nunca mais vamos devolvê-las."

A formulação de Irekà ocorreu após a ocupação do canteiro de obras da hidrelétrica, ocorrida entre os meses de julho e agosto de 2012. A imagem da parede de pedra obstruindo as águas do Rio Xingu tinha se tornado uma realidade e assombrava as conversas das pessoas nas aldeias. Especialmente, as mulheres evidenciavam em suas conversas a possibilidade da mudança radical dos seus modos de vida decorrentes do barramento das águas do Xingu. Ver as tracajás ao sol no tronco caído levou Irekà a expressar seu pavor e fúria, fazendo-a imaginar o secamento do Rio Bacajá; o desaparecimento dos animais aquáticos; a fuga dos animais de caça; a morte das plantas que compõem as margens do rio; o fim das regiões alagadas na época das cheias e; sobretudo, a incerteza em como gerir suas vidas naquelas condições. Um pavor que se associa com a possibilidade da perda do controle de seus modos de existência.

Tomar as chaves das máquinas pareceu a Irekà a maneira mais eficiente de interromper a continuidade da construção da obra, de manter o fluxo das águas e garantir o regime de cheias do Rio Bacajá. Irekà formulou uma imagem interessante que associo agora com uma proposta de ação para evitar a invasão do leste (*koikwá krai*), ponto de origem da vida, pelo oeste, morte. Segundo narrativas que compõem a cosmologia Mebêngôkre, o Leste (*koikwa-krai*) é um ponto de origem da humanidade, da vida e das águas; o Oeste (*koikwa-ênhôt*), por sua vez, não é referido por meio de localização, mas por meio dos seus efeitos decorrentes da capacidade de destruição do mundo – e, por isso, associado à escuridão e ao fim do mundo.

Quero tomar de empréstimo essa reflexão cosmológica de leste e oeste para situar conceitualmente os brancos de Belo Monte, a barragem do Xingu e a política dos brancos ao lado do oeste, do fim do mundo, fim da vida e escuridão. O ponto de surgimento dos Mẽbengôkre ou da humanidade, leste, é também designado como origem dos fluxos das águas, das corredeiras e rios. Juntos, fluxos de água e pessoas Mẽbengôkre, povo que saiu do buraco d'água, originaram-se no leste.

As águas, seus fluxos e a humanidade (Mẽbengôkre) relacionam-se mutuamente de modo a se estabelecerem como condições imbricadas de existência, formatando poderosas conexões de origem e continuidade. Belo Monte é a concretização da imagem pavorosa do oeste, do barramento de um rio, fim da vida e dos fluxos da água. Belo Monte é uma invasão do oeste no leste. O oeste, meio de produção do homem branco e da civilização ocidental ou, mais precisamente, da política dos brancos, ao se intrometer no leste, quer pôr fim aos fluxos das águas.

Com Belo Monte, segundo as teorias apavorantes de homens e mulheres Mẽbengôkre-Xikrin, o Rio Bacajá perderá seu fluxo, perderá seu regime de cheia e entrará num estado de inércia e improdutividade, ou fim da vida. O barramento das águas causa a morte, de espécies animais e vegetais, e pode se estender aos próprios Xikrin, que constantemente anunciam suas preocupações e medo: "O que irão comer os nossos netos? Como iremos viver assim?". Belo Monte, emblema da devastadora política dos brancos, o oeste, o fim das águas, a escuridão, o fim da vida.

A preocupação Mẽbengôkre-Xikrin com relação ao secamento do Rio Bacajá como decorrência do barramento do rio Xingu tornou-se ainda mais assustadora nos anos de 2015 e 2016, quando presenciaram um regime de seca extrema do Rio Bacajá e que associam à construção da hidrelétrica. Em diversos momentos presenciei homens e mulheres mẽbengôkre-xikrin expressarem suas preocupações e pavor em relação à situação de seca do Rio Bacajá. Reproduzo abaixo um desses momentos.

"Agora podemos mesmo dizer desse impacto de Belo Monte. Ninguém está interessado com o que está acontecendo aqui nas aldeias. Córregos e igarapés que não secavam antes, agora estão sem água. Igarapés como Queiroz, Dois Irmãos, Golosa, Rio Branco, Arroz Cru e Prazer estão cortados. O Rio Bacajá está tão seco que é possível atravessar de uma margem à outra a pé. Está muito difícil pescar porque não conseguimos mais chegar até os poções. O Rio Bacajá está cheio de lodo e de algas, a água está ruim, opaca e barrenta. Quando a turbina da usina de Belo Monte for ligada nosso Rio Bacajá irá secar para sempre. Essa é nossa preocupação. Não temos segurança e não sabemos o que vai acontecer com a gente. Queremos saber como poderemos ter uma boa vida e garantir uma boa vida para nossos parentes, nossos filhos, filhas, netos e netas."

Belo Monte, o trancamento ou o barramento das águas do Rio Xingu estão associados diretamente a ações de egoísmo e sovinice que marcam a política dos brancos. Essa política dos brancos, marcada pelas ações egoístas dos brancos de Belo Monte é considerada perigosa e execrável, desde o ponto de vista Mẽbengôkre-Xikrin. De fato, os homens e mulheres Xikrin realmente empenham-se em expurgar ações egoístas nos seus cotidianos, seja nas aldeias ou na cidade. Relações de egoísmo e avareza (*odjy*) como se negar a colocar em circulação, de determinadas maneiras, alimentos, nomes ou prerrogativas cerimoniais são consideradas incorretas, horríveis, execráveis [*punu/punure*].

Os homens e mulheres mẽbengôkre-xikrin com quem estive esforçam-se cotidianamente para repelir ações que possam assumir o caráter do egoísmo, porque assumir, ainda que momentaneamente essa característica, implica em uma desqualificação enquanto gente mẽbengôkre. Circulação e fluxo são as palavras que definem seus modos de existência ou cultura, kukràdjà (Cohn, 2006)[6]. A vida Mẽbengôkre é uma ação contínua para manutenção da movimentação e do fluxo, de modo que não se deve reter e nem barrar nada, incluindo as águas de um rio. O barramento é acompanhado do estático, do improdutivo, da morte.

Assim como os nomes circulam entre casas (Lea, 2012)[7], as águas devem seguir seus fluxos de vazão e relegar um rio ao estado de uma seca perene é impor o fim do fluxo, o fim da vida. O barramento e a retenção, seja do que for, são a ação primordial do egoísmo e da sovinice. É o impedimento proposital do movimento e da circulação. É o fim da generosidade e da partilha. É um mundo incorreto com gente horrível. É o fim da vida e da humanidade. *(outubro, 2016)*

NOTAS

[1] MANTOVANELLI, Thais. Os Xikrin da Terra Indígena Trincheira-Bacajá e os Estudos Complementares do Rio Bacajá: reflexões sobre a elaboração de um laudo de impacto ambiental. *Horizontes Antropológicos*, n. 46, p. 159-188, 2016.

[2] VIDAL, Lux Boelitz. *Morte e vida de uma sociedade indígena brasileira*. São Paulo: Edusp, 1977.

[3] GIANNINI, Isabelle Vidal. Os domínios cósmicos: um dos aspectos da construção da categoria humana kayapó-xikrin. *Revista de Antropologia*, n.34, p. 35-58, 1991.

[4] Para acesso ao documento e à notícia da vinculação da denúncia, ver: <http://www.prpa.mpf.mp.br/news/2015/mpf-denuncia-acao-etnocida-e-pede-intervencao-judicial-em-belo-monte> (acessado em 5 de janeiro de 2016).

[5] Tipo de motor bastante comum na região amazônica e usado em diversos tipos de embarcações como as que possuem cascos de madeira e aquelas cujos cascos são de metal.

[6] Tipo de quelônio de água-doce, da família dos pelomedusídeos (*Podocnemis unifilis*), encontrado nos rios amazônicos, com cerca de 50 cm de comprimento, carapaça abaulada, pardo-escura, e cabeça com manchas alaranjadas.

[7] COHN, Clarice. Relações de diferença no Brasil Central. Os Mebengokré e seus Outros. São Paulo. Tese (Doutorado em Antropologia). Faculdade de Filosofia e Ciências Humanas, Universidade de São Paulo (USP), São Paulo, 2006.

[8] LEA, Vanessa. *Riquezas intangíveis de Pessoas Partíveis:* os Mebengokre (Kayapó) do Brasil Central. São Paulo: Edusp, 2012.

AKRÃTIKATÊJÊ

Paiaré, Uma História de Resistência

Ribamar Ribeiro Junior | Sociólogo, professor do Instituto Federal do Pará

OS AKRÃTIKATÊJÊ TIVERAM SEU TERRITÓRIO ALAGADO PELA UHE TUCURUI E, DURANTE MAIS DE TRÊS DÉCADAS, O LÍDER PAIARÉ LUTOU PARA CONQUISTAR O DIREITO A UMA ÁREA EQUIVALENTE PARA SEU POVO. CONSEGUIU A VITÓRIA NA JUSTIÇA, MAS MORREU ANTES DE TER A NOVA TERRA

Era manhã de 29 de março de 2014, quando recebemos a notícia do falecimento de Hõpryre Rõnôre Jõpikti. Foi inesperado: eu havia marcado com ele uma continuação da entrevista para o dia seguinte, na qual também estaria sua mãe – Rõnôre Kapêre Temejakrekatêjê. Nos últimos dias, ele insistia para as gravações. Era como se fosse um sinal. Paiaré tinha outro nome registrado pelo SPI: Edivaldo Valdenilson. Mas se reportar a ele dessa forma seria uma violência sem tamanho para quem, em sua trajetória, nos deu uma lição de luta marcada pela persistência em defesa de seu povo.

Os Akrãtikatêjê habitam hoje a Terra Indígena Mãe Maria, junto com os Parkatêjê e Kyikatêjê, cuja área total é de 62.488 hectares, localizada no município de Bom Jesus do Tocantins, estado do Pará – fazendo limites com Rio Flecheiras a leste; pelo Rio Jacundá ao norte; e, ao sul, por fazendas. Essa área foi homologada no governo Sarney em 1986 e nela os "Gavião" vivem em três grupos locais, divididos atualmente em onze aldeias com diversas lideranças. Depois da morte de Paiaré, os Akrãtikatêjê passaram ser liderados por sua filha Tonikiré (Kátia Silene Valdenilson); uma segunda aldeia desse povo também foi constituída após a morte do líder, tendo como cacique Ruivaldo Valdenilson.

Foi nessa nova aldeia meu encontro com essa importante liderança – e com sua história de luta contra a Eletronorte, em busca do direito ao território alagado pela construção da Hidrelétrica de Tucuruí na década de 1970.

NAS TERRAS DA MONTANHA

Na década de 1970, com a construção da Hidrelétrica de Tucuruí, os Akrãtikatêjê foram deslocados compulsoriamente para a Terra Indígena Mãe Maria, tendo em vista que um decreto presidencial (nº 78.659 de 01/11/76) havia declarado o território deles como área de utilidade e, portanto, destinada à desapropriação para formação do reservatório. Ali, viviam de suas roças, da caça e da pesca, além de guardar seus antepassados e manter suas tradicionais festas. Era uma vasta extensão de terras, de aproximadamente 3.600 hectares, que foi reconhecida pelo Estado em 1945; desde então vivam ali e mantinham contato com os *kupen* em Tucuruí, onde negociavam peixe e castanha.

É importante ressaltar que, no passado, os Jê-Timbira, entre eles os Akrãtikatêjê, tiveram o domínio de longas extensões do território que compreende as regiões do Vale do Rio Mearim e Grajaú no estado do Maranhão, e só depois cindiram-se e espalharam-se entre o norte do Tocantins e o Pará. Nos anos 1940, Nimuendajú

Hõpryre Rõnôre Jõpikti, o Paiaré, um ano antes de seu falecimento.

foi um dos primeiros pesquisadores a descrever os diferentes subgrupos, que, naquela época, se dividiam em quinze. Atualmente estão divididos em sete grupos: Krahô e Apinajé, que habitam no norte do Tocantins; os Krikati, os Gavião Pukobiê, os Apãniekra-Canela e os Ramkokamekra-Canela, no centro do Maranhão; e os Gavião (da mata, do oeste), no Pará, divididos em três grupos locais; Parkatêjê, Kyikatêjê e Akrãtikatêjê[1].

Os Akrãtikatêjê são um dos grupos locais que se cindiu ao longo do tempo, o que justifica a dissensão atual com o grupo Parkatêjê, liderado por Krôhôkrenhũm, antes da chegada à Terra Indígena Mãe Maria.

Em um depoimento registrado em 2014, Paiaré demonstra que esse movimento de dissensão dos chamados "Gavião" faz parte de sua experiência histórica interna, exigindo deles uma (re)organização permanente: "A diferença de unir é a mesma diferença de sempre, só quando aumenta ele vai ser uma divisão. Quanto mais vai crescendo, nunca para isso; é muito antigo. A gente deixa aquele povo. Não tem o que discutir aquele nome lá. Aí, se ele não der conta, ele volta de novo. (…) A experiência neste caso custou muito".

O deslocamento para Mãe Maria não se deu de forma pacífica; ao contrário, foi uma negociação tensa e conflituosa com a Eletronorte e outros representantes do Estado, tendo envolvido inclusive um enfrentamento físico com posseiros que começaram a ocupar área antes da construção do acampamento de obras da hidrelétrica. Outro relato de Paiaré registra também uma ameaça feita por um militar da Aeronáutica, caso os Akrãtikatêjê não saíssem da "montanha". Mesmo assim, parte do grupo foi de fato transferido, permanecendo lá apenas a família do líder Paiaré, que, em um primeiro momento, se negou a deixar seu território.

UMA BATALHA JUDICIAL

Com advento da construção da barragem, os Akrãtikatêjê iniciaram uma nova luta para permanecer em seu território. No âmbito jurídico, em 1989, foi iniciada uma ação contra a Eletronorte para anular um contrato pelo qual a empresa pagava um valor determinado valor pelas terras da "montanha". O contrato foi intermediado pelo advogado da Funai à época e assinado por Paiaré durante uma internação em um hospital em Tucuruí – onde era tratado de uma pneumonia gravíssima.

Esta ação, além de pedir a anulação do contrato, pedia a devolução da área ou a reposição de novas terras em igual dimensão – mas foi indeferida no ano de 1994. Os Akrãtikatêjê e seus apoiadores entraram com recurso contra o indeferimento, e Paiaré passou, então, a travar uma árdua luta nos tribunais até que a sentença desse processo fosse proferida pelo TRF, em 2002, reconhecendo o direito dos Akrãtikatêjê a novas terras.

Após essa decisão, a Eletronorte ajuizou um embargo declaratório, protelando o cumprimento da sentença, e, ainda em 2011, o Ministério Público Federal, apurou que a Eletronorte havia ingressado com outro recurso protelatório, alegando que não tinha as informações necessárias para a compra das terras indicadas pela Justiça.

Quando veio a falecer, em 2014, Paiaré, de forma habilidosa, ainda negociava junto à empresa o cumprimento da decisão – tendo em vista a possibilidade de compra de uma área contígua à TI Mãe Maria ou de outra área que contemplasse os 3600 hectares perdidos por seu povo. Até hoje, os Akrãtikatêjê aguardam pelo cumprimento da sentença e a reposição de suas terras.

A ASPIRAÇÃO DE UMA NOVA ALDEIA

Na varanda de sua residência na aldeia, Paiaré recebia a todos que o procurassem e, de forma paciente, relatava o que estava ocorrendo ao seu povo. Era também ali que se esforçava para dar aulas da língua indígena aos mais novos.

De qualquer forma, a supressão arbitrária do território impôs constrangimentos, colidindo com o modo de existência desse povo. A partir de 2009, os "Gavião da Montanha" se reorganizaram em uma aldeia dentro da TI Mãe Maria, pois, desde seu deslocamento forçado, eles conviviam com os Parkatêjê e Kyikatêjê.

Este fato propiciou uma situação de reconhecimento externo. Por um lado, por permitir aos Akrãtikatêjê se reorganizarem enquanto grupo local e expressarem seu modo de existência, Por outro, por assegurar a continuidade da luta pelo território em um novo ambiente. Assim contava Paiaré: "Eu falei para o capitão [Krôhôkrenhũm] que estava vendo o povo nosso perdendo, né? Aprendendo a desigualdade, não querendo trabalhar… E fica muito ruim demais. Eu falei: Capitão, eu vou escolher um lugar para poder trabalhar, que aqui é terra da união, é terra do governo, né?",

Assim, o líder reflete o sentido de pertencimento enquanto "Gavião", em um território ao qual tem direito. Mas mesmo escolhendo sair da aldeia dos Parkatêjê e formar a sua própria aldeia na TI Mãe Maria, ele continuou lutando pelo direito ao território expropriado dos Akrãtikatejê.

Após sua morte, ocorreu uma cisão nessa aldeia, e um de seus filhos, Ruivaldo da Costa Valdenilson (Nenzinho), organizou a criação de uma nova aldeia Akrãti, para onde levou parte de sua família. Hoje, a nova aldeia fica localizada nas proximidades do Rio Flecheira, na área sudeste da TI Mãe Maria, a aproximadamente 5 km da BR-222. Essa é a área em que, na década de 1980, o órgão fundiário de então assentou um grupo de posseiros; agora, ela conta com cinco famílias indígenas, enquanto, na aldeia antiga, restam 70 indígenas, dos povos Akrãtikatêjê, Canela, Tembé e Karajá. *(setembro, 2016)*

NOTA

[1] Como descreve Gilberto Azanha em sua dissertação de mestrado, em 1984.

Grafismo Asurini do Xingu
Fonte: "Grafismo Indígena", Lux Vidal (org), 1992

ACONTECEU

GERAL

REUNIÃO PARA PENSAR NOVAS FORMAS PARA PROTEGER O XINGU

Índios, ribeirinhos e pesquisadores se reúnem para discutir as ameaças como desmatamento, estradas, hidrovias e hidrelétricas no Rio Xingu e articulações para proteção do patrimônio socioambiental da bacia foram temas debatidos no Encontro Xingu + Diversidade Socioambiental no coração do Brasil, realizado em Altamira. Falaram também sobre as possíveis articulações entre os povos e instituições para fortalecer o patrimônio socioambiental da bacia. *(ISA, 14/10/2013)*

PROTEÇÃO AO XINGU EM DEBATE

O 2º Encontro Xingu+ reúne lideranças indígenas e populações tradicionais do corredor de diversidade socioambiental da Bacia do Xingu, em Altamira (PA), para debater estratégias de proteção e buscar soluções frente aos seus desafios. *(ISA, 03/11/2015)*

GAVIÃO AKRÃTIKATÊJÊ

ELETRONORTE SE RECUSA A CUMPRIR SENTENÇA

O processo judicial chegou ao fim mas a empresa entrou com recurso protelatório alegando que não tem os dados para comprar as terras indicadas pela Justiça O MPF/PA mandou manifestação à Justiça pedindo que a Eletronorte seja obrigada imediatamente a comprar terras para compensar a área que os índios akrãnkykatejês, conhecidos como gavião da montanha, perderam com a construção da usina hidrelétrica de Tucuruí. O caso tramita desde 1989 na Justiça Federal e teve decisão transitada em julgado - sem possibilidade de recurso. A ordem judicial data de junho de 2010, mas, em vez de cumpri-la, a Eletronorte interpôs no mês passado embargos de declaração, tipo de recurso cabível apenas para esclarecer dúvidas quanto a uma sentença. *(MPF, 29/03/2011)*

GAVIÃO PARKATÊJÊ

ÍNDIOS OCUPAM FERROVIA NA RESERVA MÃE MARIA

No final da tarde desta quarta-feira (25), dezenas de indígenas da etnia Gavião Parkatêjê ocuparam a Estrada de Ferro Carajás (EFC), na Reserva Indígena Mãe Maria, em Bom Jesus do Tocantins. O protesto foi a forma encontrada pelos indígenas para forçar a Mineradora Vale a renovar o Termo de Compromisso firmado com o Povo Indígena Gavião, cujas negociações estão em curso desde novembro do ano passado. *(Marabá Notícias, 26/02/2015)*

MPF QUER RETOMADA DE APOIO DA VALE

Mineradora descumpre desde fevereiro obrigação devida aos Gavião da TI Mãe Maria. O Ministério MPF/PA pediu à Justiça Federal que obrigue a mineradora Vale a voltar imediatamente a dar apoio à saúde dos indígenas da TI Mãe Maria, em Bom Jesus do Tocantins, no sudeste do Estado. *(MPF, 13/03/2015)*

Roda de conversa sobre patrimônio cultural e serviços florestais durante o Encontro Xingu + Diversidade no Coração do Brasil, em Altamira (PA). Da esq. para dir., o cacique Sadea Juruna (ou Tinini) da aldeia Tuba Tuba, o cacique Aritana Yawalapiti, o antropólogo Eduardo Viveiros de Castro, o climatólogo Philip Fearnside, o arqueólogo Michael Heckenberger e o antropólogo Antônio Guerreiro.

Penúltimo dia dos IV Jogos Tradicionais Indígenas do Pará, com danças e luta corporal, na praia de Marudá, em Marapanim, nordeste do Estado.

ACONTECEU

ASURINI

JUSTIÇA MANDA ELETRONORTE COMPENSAR ÍNDIOS ASSURINI

A Justiça Federal em Marabá determinou que a Eletronorte implante programa de medidas compensatórias e mitigatórias em favor da comunidade indígena Asurini do Trocará, impactada pela construção da usina hidrelétrica de Tucuruí. *(MPF/PA, 29/06/2011)*

TEMBÉ

TEMBÉ VIVEM ACUADOS NA PRÓPRIA TERRA

Ao longo do Rio Gurupi, pelo menos 11 aldeias indígenas vivem acuadas em terras que, pela lei, deveriam ser protegidas. Cerca de 50% dos 279 mil hectares da TI do Alto do Rio Guamá, no Pará, já foram invadidos por traficantes, desmatadores ou fazendeiros. Ultimamente, chegam também garimpeiros, interessados em retirar amostras e pedras de um solo que, já se sabe, é rico em minérios. *(O Globo, 04/09/2011)*

E PROTESTAM CONTRA INVASÕES

O protesto é contra a invasão de madeireiros na reserva e contra a derrubada ilegal da floresta na reserva indígena Alto Rio Guamá. *(G1/Globo 28/09/2012)*

IBAMA AUMENTA A FISCALIZAÇÃO ONDE HOUVE REAÇÃO VIOLENTA

"O Ibama manterá sua presença na região e promoverá ações ainda mais duras para combater essas práticas criminosas", disse o chefe da Fiscalização do órgão no Pará, Paulo Maués. *(Ibama, 03/12/2012)*

MPF PEDE À JUSTIÇA PERÍCIA URGENTE SOBRE IMPACTOS

Há informações de que o uso de agrotóxicos pela empresa Biopalma está provocando sérios impactos no meio ambiente e, principalmente, na saúde das famílias indígenas Tembé. *(MPF/PA, 17/11/2014)*

TEMBÉ SÃO REINTEGRADOS À ÁREA DE FAZENDA INVADIDA

Os indígenas Tembé foram reintegrados na quinta-feira (18), na posse da área de 9,2 mil hectares conhecida como fazenda Mejer, em Nova Esperança do Piriá, no nordeste do Pará, invadida em 1974. "Nosso povo está em festa", comemora uma das lideranças dos indígenas Tembé, Puyr Tembé, ao falar sobre a reintegração de posse, enfatizando que a vitória não é apenas dos caciques, e sim de toda a etnia. *(G1/Globo, 19/12/2014)*

Festa do Moqueado (rito de puberdade) realizada pelos Tembé em novembro de 2013 na Aldeia Itaputyr (TI Alto Rio Guamá), município de Capitão-Poço (PA).

TERENA

TERENA BLOQUEIAM BR-163 PARA NEGOCIAR COM FUNAI

Os indígenas cobram do governo a implantação de uma coordenação técnica local. Em comunicado feito ao MPF em Sinop, informaram que o objetivo da manifestação é reivindicar a criação de um posto da Funai dentro da TI Terena na cidade de Peixoto de Azevedo. *(L. J. Nascimento, Só Notícias, 16/03/2011)*

JURUNA

ÍNDIOS PEDEM CONSULTA SOBRE MINERAÇÃO BELO SUN

os moradores da Paquiçamba, da etnia Yudjá, também conhecidos como Juruna, se reuniram na aldeia Miratu, na margem da Volta Grande, para debater a situação de duplo impacto a que podem se ver submetidos. Diante de representantes da Funai, do MPF e da Universidade Federal do Pará, eles decidiram que vão exigir, antes de qualquer estudo sobre a mineradora, que seja finalmente garantido o direito à consulta prévia, previsto na legislação, mas nunca assegurado em Belo Monte. Uma das preocupações dos índios e da Funai é com o risco de contaminação do rio pela mineração da Belo Sun. *(MPF/PA, 17/07/2015)*

ARARA

DEMARCAÇÃO DE CACHOEIRA SECA PROVOCA TENSÃO

Mais de três mil trabalhadores rurais ameaçam ocupar a Reserva Cachoeira Seca, por discordar da medição. Pela demarcação da Funai, os índios de etnia Arara, que moram na Cachoeira Seca, têm direito às terras que se limitam à dos índios Arara do Laranjal, trecho onde se concentram colonos e ribeirinhos. *(O Liberal, 20/06/2011)*

FISCALIZAÇÃO PRENDE MADEIREIROS ILEGAIS NA TI

Nove integrantes de uma quadrilha que extraía madeira ilegal dentro da Terra Indígena Cachoeira Seca, do povo Arara, no Pará, foram presos em flagrante durante ação de fiscalização do Ibama. *(Greenpeace, 02/10/2015)*

PARAKANÃ

MPF APURA AUMENTO DO NÍVEL DE ÁGUA DA UHE DE TUCURUÍ

O aumento da cota do reservatório da hidrelétrica de 72 para 74 metros estaria causando problemas para a comunidade indígena Parakanã. *(MPF/PA, 08/11/2013)*

MILÉSIMO PARAKANÃ

No dia 22 de dezembro de 2013, na aldeia Itagoá - TI Parakanã, nasceu o milésimo indígena Awaete Parakanã. Uma menina, filha de Waxoirawa e Kytya Parakanã. Os Parakanã foram contatados na década de 70 em decorrência da abertura da BR 230, a Rodovia Transamazônica, e que foi posteriormente removido de parte de suas terras tradicionais, em razão da construção da Usina Hidrelétrica de Tucuruí. *(Funai, 23/01/2014)*

AGU ASSEGURA SAÍDA DE NÃO ÍNDIOS DA TI APYTEREWA

A Advocacia-Geral da União (AGU) assegurou, na Justiça, a retirada de 27 não índios que ocupavam indevidamente áreas da comunidade indígena Apyterewa localizada no município de São Felix do Xingu (PA). Os procuradores comprovaram a legalidade de todos os procedimentos realizados pela Fundação Nacional do Índio (Funai) para a desocupação do local. *(Portal Brasil, 06/05/2014)*

OPERAÇÃO DE DESINTRUSÃO DA TI APYTEREWA É INICIADA

A região faz parte do complexo de terras indígenas afetadas pela Usina Hidrelétrica de Belo Monte e sua regularização fundiária, incluindo a retirada dos ocupantes não indígenas, é uma das condicionantes governamentais presentes no processo de licenciamento ambiental do empreendimento. Mesmo regularizada, apenas 20% de sua superfície de 773.470 hectares está sob a posse plena dos indígenas. *(A. H. d'Arcanchy, Funai, 22/12/2015)*

KAYAPÓ

OPERAÇÃO CONJUNTA FECHA SERRARIAS

O Ibama, em operação conjunta organizada pela Funai, fechou, pela segunda vez este ano, um pólo madeireiro irregular nas imediações da TI Kayapó, localizada no município de Cumaru do Norte, estado do Pará. *(Funai, 23/08/2011)*

Lideranças kayapó reunidas em junho de 2013 na aldeia Kokraimoro (TI Kayapó), margem direita do Rio Xingu, para falar sobre os retrocessos nos direitos indígenas e definir uma estratégia de luta.

ÍNDIOS KAYAPÓ PARALISAM OBRAS DA BR-163

Em uma carta enviada dos Kayapó ao diretor geral do DNIT, eles reivindicam o acordo celebrado entre o DNIT e o Instituto Kabu, que são as melhorias em seus ramais de acesso a TI Mekragnotire e TI Baú, dois veículos restantes que estavam em processo de aquisição e os projetos para construção da Casa de Saúde e a Casa de Artesanato que estavam para ser licitadas. *(Folha Progresso, 12/09/2011)*

SEMA E CI FARÃO ETNOMAPEAMENTO DE TIS

As TI Baú, Menkragnoti, Kayapó e Badjonkore, no Pará, serão etnomapeadas. A iniciativa é da SemA, por meio da Diretoria de Áreas Protegidas, em parceria com a Conservação Internacional, pelo Programa de Povos Indígenas & Tradicionais, que irão contratar consultoria para execução do Mapeamento Cultural Participativo dessas áreas, que servirão de subsídio ao plano de manejo das TIs. *(K. Oliveira, Agência Pará de Notícias, 16/01/2012)*

MPF E FUNAI PEDEM RETIRADA DE INVASORES DA TI KAYAPÓ

O Ministério Público Federal e a Funai pediram à Justiça Federal de Redenção que determine a reintegração de posse, em favor dos índios Kayapó. Invasores não-índios chegaram ao local conhecido como Motayto, dentro da TI em 2001 e já foram retirados quatro vezes, mas retornaram. A invasão acaba funcionando como porta de entrada de madeireiros ilegais, que vêm causando estragos no patrimônio florestal dos Kayapó. *(MPF/PA, 17/04/2012)*

TRIBUNAL OBRIGA FUNAI A DELIMITAR TI KAPOTNHINORE

A Funai e a União foram condenadas nesta terça-feira, 8, a concluir o procedimento de identificação e delimitação da TI Kapotnhinore, habitada pelos índios Kayapó, no norte do Mato Grosso, divisa com o Pará. A ação inicial, proposta pelo MPF no Pará, acusa a Funai de não cumprir o prazo para demarcação da TI Kapotnhinore, o que vem gerando diversos conflitos fundiários na região. *(MPF, 15/05/2012)*

KAYAPÓ DO LESTE ROMPEM COM ELETROBRÁS

Os Mebengôkre/Kayapó afirmam: "Não aceitamos Belo Monte e nenhuma barragem no Xingu". *(ISA, 07/03/2013)*

PROPINA PARA LIBERAR GARIMPO NO PARÁ

Índios kayapós acusam policiais civis e militares do Pará de cobrar propina para liberar o garimpo ilegal de ouro nos limites da TI Kayapó, no município de Ourilândia do Norte, no sudeste paraense. A região enfrenta um surto de garimpo que tem poluído rios e destruído vastas áreas de floresta em um dos últimos redutos de mata nativa no sudeste do Pará. *(J. Fellet, BBC, 01/08/2014)*

© ANDRÉ D'ELIA, 2013

ACONTECEU

XIKRIN

MPF PEDE A SUSPENSÃO DAS ATIVIDADES DA ONÇA-PUMA

O Ministério Público Federal ajuizou ação civil pública contra a Vale, a Secretaria de Meio Ambiente do Pará e a Funai pedindo a suspensão liminar das atividades da Mineração Onça-Puma, empreendimento de extração de níquel da Vale em Ourilândia do Norte, no sudeste do Pará, até que sejam cumpridas as condicionantes de compensação e mitigação dos impactos sobre os índios Xikrin e Kayapó. *(MPF, 28/05/2012)*

PROJETO ONÇA PUMA PARA POR DE DETERMINAÇÃO JUDICIAL

As três aldeias Xikrin da região do Cateté, no sudeste do Pará, entre as cidades de Ourilândia do Norte, Parauapebas e São Félix do Xingu, foram cercadas por quase todos os lados por uma das atividades econômicas mais poluidoras, a mineração. São 14 empreendimentos no total, extraindo cobre, níquel e outros minérios, todos de propriedade da Companhia Vale do Rio Doce, alguns já implantados, outros em implantação. Um dos empreendimentos, de extração e beneficiamento de níquel, chamado Onça Puma, em sete anos de atividade contaminou com metais pesados o rio Cateté e inviabilizou a vida dos cerca de 1300 Xikrin. Casos de má-formação fetal e doenças graves foram comprovados em estudos. Agora, por ordem do desembargador Antonio Souza Prudente, do Tribunal Regional Federal da 1a Região, em Brasília, a Onça Puma teve que paralisar as atividades.

A decisão atende pedido do Ministério Público Federal em Redenção, é do dia 6 de agosto e ordena, além da suspensão das atividades, o pagamento imediato de R$ 1 milhão por mês para cada aldeia. O dinheiro é necessário para que os indígenas possam estruturar um modo de vida de acordo com as condições novas do ambiente, que não permite mais a caça ou os banhos de rio. Os impactos foram previstos em estudos feitos pela própria Vale, mas até hoje nenhuma forma de compensação foi implantada. "O chão da aldeia treme com as bombas advindas da operação do empreendimento, afugentando a fauna e prejudicando a caça. O rio está completamente contaminado, conforme relatório já apresentado nos autos, o que tem acarretado doenças nos indígenas e má-formação nos fetos. A cultura já foi afetada pelo contato com o empreendimento, tornando o dinheiro uma realidade concreta na vida dos índios, que tiveram descaracterizado seu modo de vida originário.

Todos esses impactos tornam clara a necessidade de subsidiar projetos para que as aldeias Xikrin possam promover sua subsistência por meios lícitos, tal como por meio da agricultura. Também tornam necessária a adaptação das residências do local para que as comunidades tenham formas de habitar e cozinhar alimentos, sobrevivendo sem utilizar a caça e a pesca como formas principais para obter alimentos, já que os impactos gerados pelo empreendimento já tornaram inviável e inconcebível essa forma de viver antes praticada", diz a procuradora da República Luisa Astarita Sangoi, de Redenção, responsável pelo processo judicial. A decisão no Tribunal foi provocada pelo MPF depois que a Justiça Federal em Redenção, mesmo concordando com a existência de todos os graves impactos, não paralisou as atividades da mineração e determinou o pagamento de valor equivalente ao dobro da média regional do bolsa-família para os indígenas afetados. O MPF discorda do valor e considera fundamental a paralisação do empreendimento. "É necessário que os valores a serem arbitrados sejam altos o suficiente para a realização dos projetos necessários para a estruturação das aldeias, sendo irrisório o arbitramento de apenas R$ 390,0 por indígena", diz a procuradora no agravo enviado ao TRF1.

A certa altura, o agravo relata que, em uma reunião na procuradoria da República em Redenção, um índio Xikrin perguntou sobre o andamento do processo e disse: "por que razão a senhora e o juiz têm água limpa, ficam no conforto, e nós estamos lá nos banhando e bebendo água contaminada? Que lei é essa que permite que isso aconteça?" Com a paralisação do empreendimento, as compensações às aldeias serão pagas até que sejam efetivamente implantadas as medidas para proteção dos Xikrin e para que possam continuar vivendo no seu território. *(MPF/PA, 14/08/2015)*

VALE CONSEGUE SUSPENDER DECISÃO JUDICIAL

A Vale informou ontem que obteve na segunda-feira liminar suspendendo a decisão judicial que paralisava as atividades de mineração do empreendimento de níquel de Onça Puma, no Pará, desde meados de agosto. *(OESP, Negócios, 03/09/2015)*

MPF PEDE QUE VALE INDENIZE INDÍGENAS

O Ministério Público Federal ajuizou nesta sexta-feira, 13 de novembro, recurso contra decisão do Superior Tribunal de Justiça que suspendeu compensação financeira pela mineradora Vale S/A aos povos indígenas Xikrin e Kayapó, localizados no Pará. *(PGR/MPF, 13/11/2015)*

XIKRIN E KAYAPO PROTESTAM CONTRA VALE

Os índios Xikrins e Kaiapós protestam nesta segunda-feira (7), em Ourilândia do Norte, sudeste do Pará, contra a empresa Vale. Os indígenas afirmam que a empresa desobedece decisão do STJ, que determinou a paralisação das atividades da mineração na região. As atividades de exploração da área, de acordo com o STJ, têm acarretado prejuízos à saúde da população e ao meio ambiente. *(G1/Globo, 07/12/2015)*

XIPAYA

JUSTIÇA FEDERAL PÕE FIM A UM DOS MAIORES "GRILOS"

A sentença também entendeu como procedente o pedido da Funai, para que algumas áreas da fazenda grilada sejam devolvidas às tribos indígenas que ocupam as reservas Baú, Xipaya e Kuruaya, sobrepostas à Fazenda Curuá. *(JF/PA, 27/10/2011)*

AIKEWARA/SURUI

POR INDENIZAÇÃO, ÍNDIOS BLOQUEIAM RODOVIA NO PARÁ

Um grupo de índios da reserva indígena Sororó, no sudeste do Pará, bloqueou a rodovia BR-153. Os índios exigem o pagamento de uma indenização pelo fato de a BR-153 passar dentro de um território indígena. *(A. Talento, FSP, 25/01/2012)*

MPF DENUNCIA 4 POR EXTRAÇÃO ILEGAL DE MADEIRA EM TI

O Ministério Público Federal (MPF) em Marabá denunciou à Justiça Federal três moradores do assentamento Gameleira e o fazendeiro Josiel Cavalcante Silva por extração ilegal de madeira na TI Suruí-Sororó, entre São Domingos e São Geraldo do Araguaia, no Pará. *(G1/Globo, 16/04/2012)*

SURUÍ IMPACTADOS PELA DITADURA SÃO ANISTIADOS

A Comissão de Anistia reconheceu hoje a anistia política a um grupo de índios da etnia Suruí vítimas da ação da ditadura militar durante a Guerrilha do Araguaia. Ao reconhecer a violação dos direitos dos índios, o presidente da Comissão de Anistia, Paulo Abrão, pediu desculpas pela ação do Estado brasileiro. "O conjunto de uma comunidade indígena também foi vítima da ditadura militar e que essa repressão, que aconteceu ao povo que vivia em torno da região da Guerrilha do Araguaia, atingiu não apenas os camponeses, os guerrilheiros, mas também as comunidades indígenas que lá estavam", disse Abrão. A presidenta da Funai, Maria Augusta Assirati, disse que o reconhecimento da exploração dos suruís pelos militares foi histórico. "Pela primeira vez, em 13 anos, [o Estado] reconhece o processo de vitimização de uma comunidade indígena, de um povo indígena em função de atos de exceção praticados pela Estado brasileiro no período da ditadura militar", disse. (L. Nascimento, EBC, 19/09/2014)

A OUTRA "BELO" QUE QUER SE INSTALAR ÀS MARGENS DO XINGU

A empresa canadense Belo Sun anunciou, em 02/02/2017, a concessão da licença de instalação do projeto Volta Grande de Mineração, vizinho à hidrelétrica de Belo Monte, em Senador José Porfírio (PA), antes do governo paraense formalizar a medida. Previsto como a maior mina de ouro a céu aberto do Brasil, o empreendimento é uma bomba-relógio, com potencial de causar uma tragédia das dimensões do rompimento da barragem em Mariana (MG), em 2015. A área prevista para a mina já é seriamente impactada pela hidrelétrica.

Conforme o estudo de impacto ambiental, o projeto minerário prevê deixar montanhas gigantes de rejeito com aproximadamente duas vezes o volume do Pão de Açúcar e a construção de um reservatório também de rejeitos, ainda mais tóxicos do que os liberados no desastre de MG. A mina tem o estudo de viabilidade ambiental assinado pelo mesmo engenheiro indiciado por homicídio pelo rompimento da barragem de Mariana.

A licença atropela parecer da Funai que exige a revisão dos estudos sobre o componente indígena, pois entende que a versão apresentada pela Belo Sun é insuficiente para avaliar os impactos. "Contrariando a manifestação das instituições públicas responsáveis pelas populações indígenas, novamente esses povos que são vulneráveis são deixados em uma situação de fragilidade, a exemplo do que aconteceu com Belo Monte", aponta André Villas-Bôas, do ISA.

A Defensoria Pública da União e do Pará ingressaram com duas ações para impedir a licença. O MPF enviou à Sec. de Meio Ambiente (PA) uma recomendação contra a medida. Já havia duas outras ações anteriores movidas pelo MPF contra o empreendimento.

[Para] Ben Hur Daniel da Cunha, defensor público federal, "não foi obedecido o procedimento que exige que sejam feitos os estudos prévios de impacto sobre a população indígena, [o que] impede que essas comunidades exerçam um direito básico, que é participar das decisões sobre suas vidas", alerta. As comunidades indígenas diretamente afetadas não foram consultadas sobre o projeto, como determina a Convenção 169 da OIT, ratificada pelo Brasil.

Em abril de 2016, a Semas chegou a marcar uma cerimônia para anunciar a licença, mas voltou atrás. Alguns meses depois, a relatora da ONU Victoria Tauli-Corpuz sobre Povos Indígenas no Brasil denunciou a situação.

Uma das condições para a concessão da licença ambiental de Belo Monte foi o monitoramento do trecho de vazão reduzida do Rio Xingu por seis anos, já que os estudos indicaram que não havia certeza sobre os impactos socioambientais da obra na área. Um novo megaempreendimento não poderia, portanto, ser implantado na região antes desse período.

A mineradora tem a pretensão de se instalar a 9,5 km de distância da Terra Indígena (TI) Paquiçamba, a 13,7 km da TI Arara da Volta Grande do Xingu e também próxima à TI Ituna/Itatá, habitada por indígenas isolados. A mina encontra-se próxima da Vila da Ressaca, comunidade de 300 famílias que depende da roça, pesca e do garimpo artesanal para sobreviver. Se o projeto "Volta Grande" sair do papel, elas terão que ser reassentadas. Em 12 anos, a estimativa é que serão extraídas 600 toneladas de ouro. Ao final da exploração, as duas pilhas gigantes de rejeito de material estéril quimicamente ativo terão, somadas, área de 346 hectares e 504 milhões de toneladas de rochas, sem previsão para sua remoção. (Oswaldo Braga de Souza e Isabel Harari, ISA, fevereiro, 2017, editado)

Atikum
Fulni-ô
Jenipapo-Kanindé
Jiripancó
Kaimbé
Kalankó
Kambiwá
Kantaruré
Kapinawá
Karapotó
Kariri
Kariri-Xokó
Karuazu
Kiriri
Pankararé
Pankararu
Pankaru
Payayá
Pipipã
Pitaguary
Potiguara
Tabajara
Tapeba
Tapuia
Tingui Botó
Tremembé
Truká
Tumbalalá
Tuxá
Xokó
Xukuru
Xukuru-Kariri
Wassu

9. Nordeste

9. NORDESTE

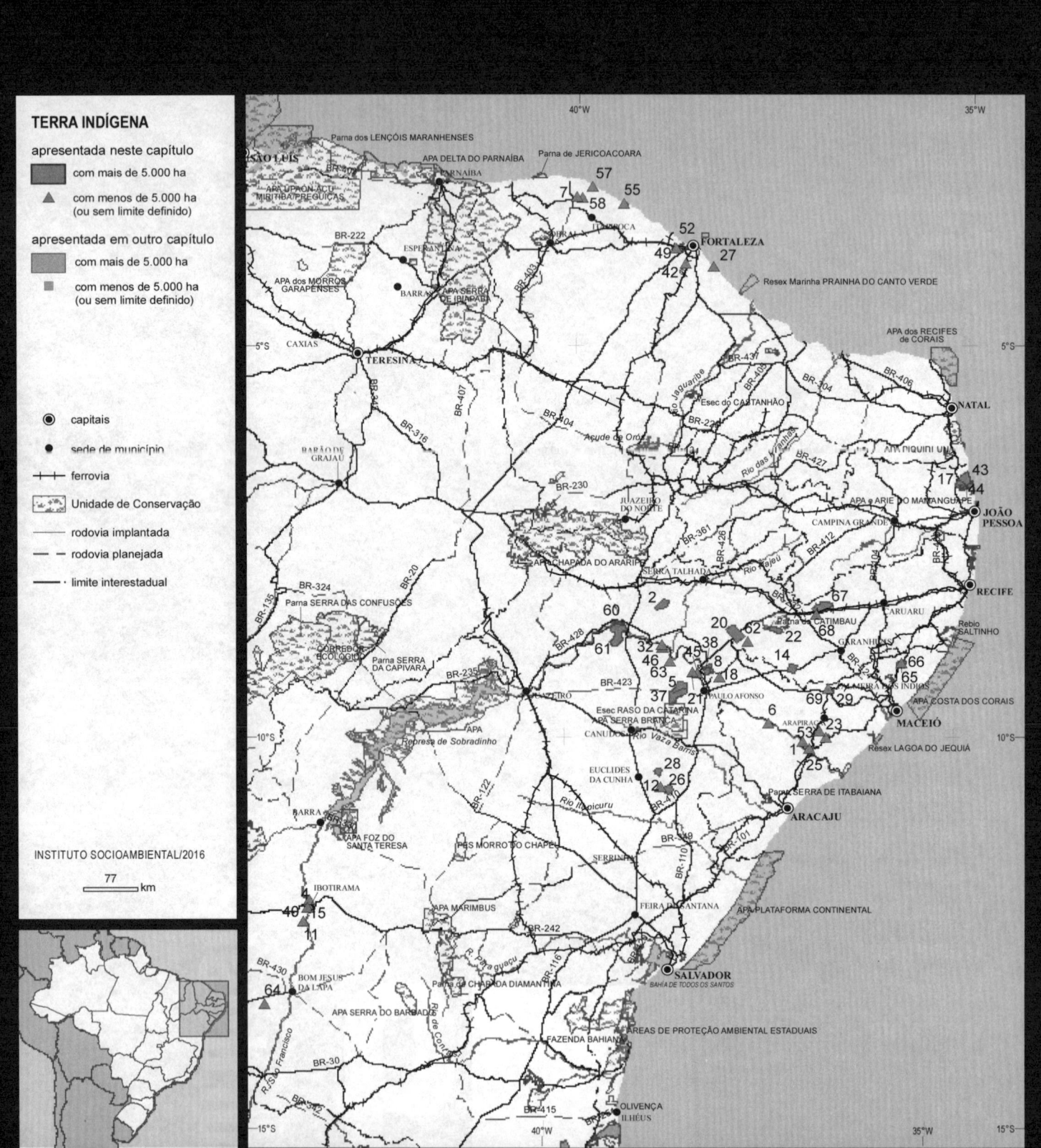

TERRA INDÍGENA

apresentada neste capítulo
- com mais de 5.000 ha
- ▲ com menos de 5.000 ha (ou sem limite definido)

apresentada em outro capítulo
- com mais de 5.000 ha
- ■ com menos de 5.000 ha (ou sem limite definido)

- ● capitais
- • sede de município
- +++ ferrovia
- Unidade de Conservação
- —— rodovia implantada
- – – rodovia planejada
- —·— limite interestadual

INSTITUTO SOCIOAMBIENTAL/2016

77 km

NORDESTE
Terras Indígenas
Instituto Socioambiental - 14/02/2017

Nº Mapa	Terra Indígena	Povo	População (nº, fonte, ano)	Situação jurídica	Extensão (ha)	Município	UF
1	Aconã	Tingui Botó	78 - Siasi/Sesai : 2014	RESERVADA. REG CRI. Portaria 500 de 30/05/2003 publicado em 09/06/2003. Reg R-1 1.020 Liv 2F/RG, FL 155 27/10/2003.	268	Traipu	AL
2	Atikum	Atikum	4.404 - Funasa : 2010	HOMOLOGADA. REG CRI E SPU. Decreto s/n de 05/01/1996 publicado em 08/01/1996. Reg. CRI no município de Carnaubeira da Penha, Comarca de Floresta (16.290 ha) Mat. n. 1.099 Liv 2-I, Fl.26 em 18/01/96. Reg. SPU Certidão n. 005 em 27/08/96.	16.290	Carnaubeira da Penha	PE
s/I	Atikun Bahia	Atikum		EM IDENTIFICAÇÃO. Portaria 1.086 de 22/08/2006 publicado em 25/08/2006.		Santa Rita de Cássia	BA
4	Barra	Atikum Kiriri	183 - Funai/SEII : 2010	RESERVADA. REG CRI E SPU. Outros de 31/12/1986. Reg. CRI do município de Muquém de São Francisco, comarca de Barra (62 ha) Matr. Av.1-2.963 Lv 2-L FI13 em 15/04/02. Reg. CRI do município de Muquém de São Francisco, comarca de Barra (62 ha) Matr. Av.1-2.963 Lv 2-L FI13 em 15/04/02. Reg SPU Certidão n. 110 em 15/10/2002.	62	Muquém de São Francisco	BA
5	Brejo do Burgo	Pankararé	1.309 - Funasa : 2011	HOMOLOGADA. REG CRI E SPU. Decreto s/n de 30/04/2001 publicado em 02/05/2001. Reg. CRI no município de Glória, comarca de Paulo Afonso (5.544 ha) Matr. R-1-9938 Lv 2-BA Fl 53 em 21/05/02. Reg. CRI no município e comarca de Paulo Afonso (794 ha) Matr.R-1-9.937 Lv 2-BA Fl. 52 em 21/05/02. Reg. CRI no município de Rodelas, comarca de Paulo Afonso (11.585 ha) Matr. R-1.9939 Lv 2 BA Fl.54 em 21/05/02. Reg. SPU Certidão n. 112 de 15/01/02.	17.924	Glória Paulo Afonso Rodelas	BA
6	Caiçara/Ilha de São Pedro	Xokó	340 - Siasi/Sesai : 2014	HOMOLOGADA. REG CRI E SPU. Decreto 401 de 24/12/1991 publicado em 26/12/1991. Reg. CRI no município e comarca de Porto da Folha (4.316 ha) Mat.1-4-685 Liv 2-U Fl. 14 em 31/08/92. Doação averbada 3.211 em 19/08/85. Reg. SPU certidão n. 1 de 13/07/04.	4.316	Porto da Folha	SE
7	Córrego João Pereira	Tremembé	478 - Funasa/Estêvão Palitot : 2009	HOMOLOGADA. REG CRI E SPU. Decreto s/n de 05/05/2003 publicado em 06/05/2003. Reg CRI no município de Acaraú , comarca de Acaraú (431 ha) Matr. 3.384 liv 2-N FL 153 em 24/02/06. Reg CRI no município de Itarema, comarca de Acaraú (2.730 ha) Matr.3.385 Liv 2-N, Fil 154 em 24/02/06. Reg. SPU Certidão 148 em 04/08/06.	3.162	Acaraú Itarema	CE
8	Entre Serras	Pankararu	1.072 - GT/Funai : 2001	HOMOLOGADA. REG CRI. Decreto s/n. de 19/04/2007 publicado em 20/04/2007. Reg CRI no município de Jatobá, comarca de Petrolândia (172,9285) Matr 10.600, Liv. 2-RGI, ficha 01/04 em 08/05/07. Reg CRI no município de Jatobá, comarca de Tacaratu (172,9185) Matr.806, Liv. 2-F, ficha- em 24/05/07. Reg CRI no município e comarca de Petrolândia (2..289,8226) Matr.10.600, Liv. 2-RGI, ficha 01/04 em 08/05/07. Reg CRI no município de Petrolândia e comarca de Tacaratu (2.289,8226) Matr.806, Liv.2-F em 24/05/07. Reg CRI no município de Tacaratu e comarca de Petrolândia (5.087,3364) Matr.10.600, Liv.2-RGI ficha 01/04 em 08/05/07.	7.550	Jatobá Petrolândia Tacaratu	PE
s/I	Fazenda Cristo Rei	Pankararu		EM IDENTIFICAÇÃO. Portaria 977 de 14/10/2003 publicado em 20/10/2003.		Jatobá	PE
11	Fazenda Remanso	Tuxá		RESERVADA. REG CRI. Outros s.n. de 27/11/2008 publicado em 27/11/2008. Reg CRI R-1-2.676, Lv. 2-L, fls. 169 R-1-2.676, Lv. 2-L, fls. 169 em 25/11/2008.	327	Muquém de São Francisco	BA
12	Fazenda Sítio	Tuxá		RESERVADA. REG CRI. Contrato 333/2010 de 29/12/2010 publicado em 03/01/2011.	414	Banzaê	BA
s/I	Fazenda Tapera	Truká		EM IDENTIFICAÇÃO. Portaria 287 de 30/03/2012 publicado em 23/04/2012.		Orocó	PE
14	Fulni-ô	Fulni-ô	4.689 - Siasi/Sesai : 2014	DOMINIAL INDÍGENA EM REVISÃO Portaria 927 de 11/08/2008 publicado em 12/08/2008.	11.506	Águas Belas Itaíba	PE
15	Ibotirama	Tuxá	792 - Siasi/Sesai : 2013	HOMOLOGADA. REG.CRI. Decreto 379 de 24/12/1991 publicado em 26/12/1991.	2.019	Ibotirama	BA
s/I	Ilha da Tapera/ São Felix	Truká	250 - Funai/SEII : 2011	RESERVADA. Portaria 426 de 20/04/2012 publicado em 25/04/2012.		Orocó	PE
17	Jacaré de São Domingos	Potiguara	438 - IBGE : 2010	HOMOLOGADA. REG CRI E SPU. Decreto s/n de 01/10/1993 publicado em 04/10/1993. Reg CRI Matr.2G/RG Fl. 225 em 17/11/93. Reg. SPU Cert.01 em 03/01/95.	5.032	Marcação Rio Tinto	PB
18	Jeripancó	Jiripancó		EM IDENTIFICAÇÃO. Portaria 1.407 de 16/11/2006 publicado em 17/11/2006.		Pariconha	AL
s/I	Kalancó	Kalankó		EM IDENTIFICAÇÃO. Portaria 924 de 16/06/2011 publicado em 17/06/2011.		Água Branca	AL
20	Kambiwá	Kambiwá	3.105 - Siasi/Sesai : 2014	HOMOLOGADA. REG CRI E SPU. Decreto s/n de 11/12/1998 publicado em 14/12/1998. Reg. CRI no município e comarca de Floresta, Matr. 4.188 Lv. 2-U Fl. 211 em 22/08/01. Reg. CRI no município e comarca de Ibimirim (6.934 ha), Matr. 571 Lv 2-D Fl.74 em 22/10/99. Reg. CRI no município e comarca de Inajá (17.849 ha), Matr. 1.539 Lv 2-I Fl. 58V em 11/05/99. Reg. SPU Certidão n. 1 de 18/02/02.	31.495	Floresta Ibimirim Inajá	PE
21	Kantaruré	Kantaruré	401 - Siasi/Sesai : 2014	HOMOLOGADA. REG CRI E SPU. Decreto s/n de 12/09/2000 publicado em 13/09/2000. Reg. CRI no município de Glória, comarca de Paulo Afonso (1.811 ha), Matr. R-1 8.902 Lv.2-AS Fl.121 em 31/10/00. Reg. SPU Certidão n. 7 de 15/02/01.	1.811	Glória	BA
22	Kapinawá	Kapinawa	2.065 - Siasi/Sesai : 2014	HOMOLOGADA. REG CRI E SPU. Decreto s/n de 11/12/1998 publicado em 14/12/1998. Reg. CRI no município e comarca de Buíque (12.0403 ha), Matr.4.377 Lv 2-W Fl. 19/V em 27/08/01. Reg. SPU Certidão n. 2 de 18/02/02.	12.403	Buíque Ibimirim Tupanatinga	PE

NORDESTE
Terras Indígenas (continuação)
Instituto Socioambiental - 14/02/2017

Nº Mapa	Terra Indígena	Povo	População (nº, fonte, ano)	Situação jurídica	Extensão (ha)	Município	UF
23	Karapotó	Karapotó	900 - Siasi/Sesai : 2014	RESERVADA. REG CRI. Decreto s/n de 11/08/1992 publicado em 12/08/1992. Reg. CRI Matr. R-5-525 Liv. 2-D Fl. 54v em 31/07/03.	1.810	São Sebastião	AL
25	Kariri-Xokó	Kariri-Xokó	2.300 - Siasi/Sesai : 2013	DECLARADA. Portaria 2.358 de 15/12/2006 publicado em 18/12/2006. Reg. CRI no município de Porto Real do Colégio (301 ha) matr.1.358 Lv. FL. 1.358 em 17/03/99. Reg. CRI no município e comarca de São Brás, (397 ha) matr. 1.52 Lv.2G/RG Fl 007 em 03/03/99. Reg. SPU certidão n. 13 de 19/09/02.	4.419	Porto Real do Colégio São Brás	AL
26	Kiriri	Kiriri	2.498 - Siasi/Sesai : 2014	HOMOLOGADA. REG CRI E SPU. Decreto 98.828 de 15/01/1990 publicado em 16/01/1990. Reg. CRI no município e comarca Ribeira do Pombal (12.299 ha) Matr. 2969 LIV 2-M, FL 83 em 22/03/90. Reg. SPU. Cert. n. 28 em 14/06/96.	12.300	Banzaê Quijingue Ribeira do Pombal	BA
27	Lagoa Encantada	Jenipapo-Kanindé	328 - Siasi/Sesai : 2014	DECLARADA. Portaria 184 de 23/02/2011 publicado em 24/03/2011.	1.731	Aquiraz	CE
28	Massacará	Kaimbé	1.002 - Funai/SEII : 2011	HOMOLOGADA. REG CRI E SPU. Decreto 395 de 24/12/1991 publicado em 26/12/1991. Reg .CRI no município e comarca de Euclides da Cunha (8.020 ha), Matr. 2813 Liv 2-H, Fl. 577 em 23/12/88. Reg. SPU Cert. n.066 de 16/10/96.	8.020	Euclides da Cunha	BA
29	Mata da Cafurna	Xukuru-Kariri	391 - IBGE : 2010	DOMINIAL INDÍGENA. Portaria 959/E de 16/07/1981 publicado em 16/07/1981. Portaria 959/E de 16.07.81. Foi incluída na TI XUkuru Kariri. Reg. CRI no município de Palmeira dos Índios, Matr. 3.149 Liv. 2-N Fl. 117 em 23/02/81.	117	Palmeira dos Índios	AL
s/I	Mundo Novo/ Viração	Potiguara Tabajara Tapuio		EM IDENTIFICAÇÃO. Portaria 1.138 de 29/09/2005 publicado em 30/09/2005.		Monsenhor Tabosa Tamboril	CE
32	Nova Rodelas (área urbana)	Tuxá	409 - Funasa : 1999	ADQUIRIDA P/ASSENTAMENTO. Área adquirida pela CHESF para reassentamento dos Tuxá atingidos pela UHE de Taparica. Parte da comunidade de Rodelas transferida, cf. acordo Chesf/Funai sobre inundação da área. (Funai: 1987)	104	Rodelas	BA
s/I	Pankaiuká	Pankaiuká		EM IDENTIFICAÇÃO. Portaria 1.299 de 29/10/2008 publicado em 31/10/2008.		Jatobá	PE
s/I	Pankará da Serra do Arapuá	Pankará		EM IDENTIFICAÇÃO. Portaria 1.014 de 04/09/2009 publicado em 08/09/2009.		Carnaubeira da Penha	PE
37	Pankararé	Pankararé	1.562 - Funasa : 2006	HOMOLOGADA. REG CRI E SPU. Decreto s/n de 05/01/1996 publicado em 08/01/1996. Reg. CRI no miunicípio de Glória, comarca de Paulo Afonso (29.597 ha) Matr. 5.888, Liv. 2 AB-RG, Fl. 44 em 16/01/96. Reg. SPU Cert. n. 31 em 14/06/96.	29.597	Glória Paulo Afonso Rodelas	BA
38	Pankararu	Pankararu	5.365 - IBGE : 2010	HOMOLOGADA. REG CRI E SPU. Portaria 1.230 de 22/09/2006 publicado em 26/09/2006. Reg. CRI no município de Petrolândia (8.051 ha) Matr. 1.557 Liv. 2-I , Fl. 91 em 18/09/89. Reg. CRI no município de Taracatu (49 ha) Matr. 666 Liv. 2-F, Fl. 09 em 12/10/89. Reg. SPU Certidão n. 3 de 31/08/99.	8.376	Jatobá Petrolândia Tacaratu	PE
s/I	Pankararu (BA)	Pankararu		RESERVADA. Outros s.n. de 15/10/2015 publicado em 18/11/2015.	1.000	Muquém de São Francisco	BA
40	Pankaru	Pankaru		RESERVADA/SPI. REG CRI. Portaria 462 de 18/12/2014 publicado em 19/12/2014. Mat. no 2.736, Livro no 2-M, do CRI da Comarca de Ibotirama,BA.	1.000	Muquém de São Francisco	BA
s/I	Pipipã	Pipipã		EM IDENTIFICAÇÃO. Portaria 802 de 20/07/2005 publicado em 21/07/2005.		Floresta Inajá Petrolândia Tacaratu	PE
42	Pitaguary	Pitaguary	3.623 - Siasi/Sesai : 2014	DECLARADA. Portaria 2.366 de 15/12/2006 publicado em 18/12/2006.	1.735	Maracanaú Pacatuba	CE
43	Potiguara	Potiguara	14.831 - Siasi/Funasa : 2010	HOMOLOGADA. REG CRI E SPU. Decreto 267 de 29/10/1991 publicado em 30/10/1991. Reg. CRI no município Baia da Traição e comarca de Rio Tinto (5.740 ha) Matr. 901 Liv. 2-F Fl. 69 em 10/06/87. Reg. CRI no município e comarca de Rio Tinto, (15.498 ha) Matr. 900 Liv 2-F Fl. 69 em 10/06/87. Reg. SPU Cert. 002 de 07/02/95.	21.238	Baía da Traição Marcação Rio Tinto	PB
44	Potiguara de Monte-Mor	Potiguara	9.143 - IBGE : 2010	DECLARADA. Portaria 2.135 de 14/12/2007 publicado em 17/12/2007.	7.487	Marcação Rio Tinto	PB
45	Quixabá	Xukuru-Kariri	126 - Funai : 2003	RESERVADA. Área adquirida pela Funai, de possueiro, para remoção do grupo familiar dos Satiro, vindos da Fazenda Canto (SAMPAIO:1989). Reg CRI Mat.3.753, Lv.2N Fl.126.	16	Glória	BA
46	Riacho do Bento	Tuxá	708 - Funai : 1994	RESERVADA. Adquirida pela CHESF, porém ainda sob sua posse, nos termos do acordo CHESF/FUNAI, referente à transferência dos Tuxá da área inundada pela UHE de Itaparica (SAMPAIO: 1989).	4.032	Rodelas	BA
s/I	Sagi/Trabanda	Potiguara		EM IDENTIFICAÇÃO. Portaria 428 de 28/05/2015 publicado em 29/05/2015.		Baía Formosa	RN
49	Taba dos Anacés	Anacé	2.018 - Siasi/Sesai : 2014	RESERVADA. Outros s/n. de 11/12/2013 publicado em 11/12/2013.	543	São Gonçalo do Amarante	CE
s/I	Tabajara	Tabajara		EM IDENTIFICAÇÃO. Portaria 882 de 10/09/2015 publicado em 11/09/2015.		Alhandra Conde Pitimbu	PB
52	Tapeba	Tapeba	6.651 - Siasi/Sesai : 2014	IDENTIFICADA/APROVADA/FUNAI. SUJEITA A CONTESTAC. Despacho 920 de 26/08/2013 publicado em 27/08/2013.	5.838	Caucaia	CE
53	Tingui Botó	Tingui Botó	326 - Funasa : 2010	RESERVADA. REG CRI. Portaria 1.406 de 16/11/2006 publicado em 17/11/2006. Reg. CRI no município de Arapiraca, Matr. R3-308 e R3-532 Liv. 2-B, Fl. 8V e 232V em 04/09/84. Reg. CRI no município de Girau do Ponciano, Matr. 2144, Liv.2-I, Fl. 142 em 15/03/89.	535	Feira Grande	AL

NORDESTE
Terras Indígenas (continuação)
Instituto Socioambiental - 14/02/2017

Nº Mapa	Terra Indígena	Povo	População (nº, fonte, ano)	Situação jurídica	Extensão (ha)	Município	UF
55	Tremembé da Barra do Mundaú	Tremembé	580 - Siasi/Sesai : 2014	DECLARADA. Portaria 1.318 de 07/08/2015 publicado em 11/08/2015.	3.580	Itapipoca	CE
s/l	Tremembé de Acaraú	Tremembé		EM IDENTIFICAÇÃO. Contrato CLT01809 de 18/09/2009 publicado em 16/10/2009.		Acaraú	CE
57	Tremembé de Almofala	Tremembé	2.113: Funai/ Fortaleza 2011	IDENTIFICADA. ENCAMINHADA AO MJ. Despacho 37 de 08/07/1993 publicado em 27/07/1993.	4.900	Itarema	CE
58	Tremembé de Queimadas	Tremembé	282 - Funai/Fortaleza : 2011	DECLARADA. Portaria de 19/04/2013 publicado em 22/04/2013.	767	Acaraú	CE
s/l	Tremembé Mundo Novo/Viração	Tremembé		EM IDENTIFICAÇÃO. Contrato 1267/2009 de 13/07/2009 publicado em 29/07/2009.		Boa Viagem Monsenhor Tabosa Tamboril	CE
60	Truká	Truká	5.899 - Funasa : 2010	DECLARADA. Portaria 26 de 15/01/2002 publicado em 28/01/2002.	5.769	Cabrobó	PE
61	Tumbalalá	Tumbalalá	1.195 - Siasi/Sesai : 2014	IDENTIFICADA/APROVADA/FUNAI. SUJEITA A CONTESTAC. Despacho 33 de 01/06/2009 publicado em 02/06/2009.	44.978	Abaré Curaçá	BA
62	Tuxá de Inajá/ Fazenda Funil	Tuxá	1.671 - Funasa : 2010	RESERVADA. Outros de 31/12/1989 publicado em 31/12/1989. Terra adquirida pela Chesf para reassentamento dos Tuxá atingidos pela UHE de Itaparica. (SAMPAIO:1989)	0	Mata Grande Inajá	AL PE
63	Tuxá de rodelas	Tuxá	1.141 - Funai/SEII : 2011	RESERVADA. Decreto s/n. de 13/03/2014 publicado em 14/03/2014.	4.392	Rodelas	BA
64	Vargem Alegre	Pankaru	138 - Siasi/Sesai : 2014	HOMOLOGADA. REG CRI. Decreto 247 de 29/10/1991 publicado em 30/10/1991. Reg. CRI no município de Bom Jesus da Lapa, Matr. 8.205, Liv. 2 E, Fl. 153 em 11/12/91.	981	Serra do Ramalho	BA
66	Wassu Cocal (reestudo)	Wassu		IDENTIFICADA/APROVADA/FUNAI. Suspensa por decisão da Justiça. O pres.da Funai aprova os estudos de identificação da TI, publicado em 13/07/2012 . O STJ determinou que o ministro da Justiça , não amplie a TI , publicado em 12/08/2015.	6.354	Colônia Leopoldina Joaquim Gomes Matriz de Camaragibe Novo Lino	AL
65	Wassu-Cocal	Wassu	2.018 - Siasi/Sesai : 2014	HOMOLOGADA. REG CRI E SPU. Decreto s/n. de 19/04/2007 publicado em 20/04/2007. Reg. CRI no município de Joaquim Gomes comarca de Passo do Camaragibe, (2.758 ha) Matr. 855 Liv 2-G Fl. 65 em 05/07/1988. Reg. SPU Cert. n. .042 de 08/06/88.	2.744	Colônia Leopoldina Joaquim Gomes Matriz de Camaragibe Novo Lino	AL
67	Xucuru	Xukuru	7.672 - IBGE : 2010	HOMOLOGADA. REG CRI. Decreto s/n de 30/04/2001 publicado em 02/05/2001. Reg. CRI no município e comarca de Pesqueira (27.555 ha) Matr. 9.447, Liv.2/CF Fl.167 em 18/11/2005. Oficio n. 693/DAF enviado ao SPU em 22/12/2005.	27.555	Pesqueira Poção	PE
68	Xukuru de Cimbres	Xukuru	12.006 - Funasa : 2010	RESERVADA. Decreto s.n. de 04/06/2009 publicado em 05/06/2009.	1.666	Alagoinha Pedra Pesqueira Venturosa	PE
69	Xukuru-Kariri	Xukuru-Kariri	1.318 - Siasi/Sesai : 2014	DECLARADA. Portaria 4.033 de 14/12/2010 publicado em 15/12/2010.	7.033	Palmeira dos Índios	AL

DEMARCAÇÕES

Terras Indígenas no Nordeste: Novo Balanço

Ugo Maia Andrade — Antropólogo, professor da Universidade Federal de Sergipe

Maria Rosário de Carvalho — Antropóloga, professora da Universidade Federal da Bahia

INVASÕES, CONFLITOS COM FAZENDEIROS E EMPREENDIMENTOS LIGADOS À INDÚSTRIA, AO SETOR HOTELEIRO E À ESPECULAÇÃO IMOBILIÁRIA CONTINUAM AMEAÇANDO AS CERCA DE 150 TIS NO NORDESTE. MAS O DESASTRE SOCIOAMBIENTAL NÚMERO UM É A TRANSPOSIÇÃO DO RIO FRANCISCO, QUE PODE PRODUZIR IMPACTOS SEM PRECEDENTES NO NORDESTE INDÍGENA

No ano de 2010 a situação geral das Terras Indígenas na região Nordeste do Brasil não era animadora. Passado esse tempo, pode-se afirmar que houve um significativo agravamento do cenário, seja em função da estagnação dos processos demarcatórios que já estavam em curso em 2010 – a exemplo das TIs Tumbalalá, Tupinambá de Olivença, Barra Velha (interrompida judicialmente por três liminares) e Comexatiba – seja em razão do aumento da demanda pela abertura de novos processos de regularização ou da pressão exercida sobre os territórios demarcados ou em vias de demarcação.

Tal realidade reflete mais de uma década de retrocesso no quantitativo dos processos de regularização territorial no Brasil, situação confirmada a partir de dados bastante conhecidos sobre homologações de TIs nos últimos governos: 128 na gestão de Fernando Collor/Itamar Franco (1990-94), 145 na gestão de

Praiás (encantados) durante a Festa dos Hereges do povo Kambiwá, que ocorre todo mês de agosto nos dias de lua cheia, TI Kambiwá, sertão de Pernambuco.

Fernando Henrique Cardoso (1995-2002), 87 na gestão de Lula (2003-2010) e 21 na gestão de Dilma Rousseff (2011-2016).

As sombrias ameaças que pairam, hoje, sobre os processos demarcatórios de TIs no Brasil – que incluem não apenas a interrupção, mas a possibilidade de revisão, pelo Congresso Nacional, de Terras já homologadas – demonstram o propósito de promover uma segunda Lei de Terras e disponibilizar, no mercado, as áreas constitucionalmente asseguradas às populações indígenas – tornando-as acessíveis às mineradoras, ao agronegócio, à indústria do turismo e à especulação imobiliária. Em paralelo, considerem-se ainda os interesses governamentais voltados às políticas desenvolvimentistas que fazem com que as TIs sejam vistas como obstáculos à construção de estradas, usinas hidrelétricas, gasodutos, oleodutos, portos, parques eólicos e outros.

No que concerne à região Nordeste, as grandes ameaças à integridade das TIs continuam sendo projetos oficiais ou empreendimentos da iniciativa privada, especialmente ligados à indústria, ao setor hoteleiro e à especulação imobiliária. Os clássicos conflitos com fazendeiros e invasões por caçadores persistem em boa parte das TIs da região, todavia, não produzem impactos da dimensão que devem provocar as obras de transposição do Rio São Francisco, o número um em desastre socioambiental no nordeste indígena. Para tal, considere-se que a transposição é um complexo de grandes obras que incluem a construção das usinas hidrelétricas de Pedra Branca e Riacho Seco, no submédio São Francisco, atividades cujo início foi adiado por conta da paralisação do PAC, mas que não tiveram seus projetos abandonados, figurando como perigo concreto e iminente.

Apenas em relação às remoções provocadas pela construção dessas hidrelétricas, fala-se em 17 mil famílias ribeirinhas em oito municípios da Bahia e de Pernambuco, além de duas dezenas de povos indígenas e outro tanto de comunidades quilombolas. Isso como projeção, mas os efeitos das obras de transposição do Rio São Francisco – que, por ora, estão concentradas na inauguração dos canais de transposição dos eixos Norte e Leste – já são sentidos na deterioração da qualidade das águas do rio, vitais para o consumo das comunidades que vivem às suas margens.

Não obstante a paralisação das obras das hidrelétricas de Riacho Seco e Pedra Branca, o Governo Federal anuncia que a obra de transposição está cerca de 90% concluída e com inauguração prevista para 2017. Destaca-se ainda, sob o rótulo das grandes obras, a construção da Usina Nuclear de Itacuruba (PE), que deverá atingir cerca de 5.000 índios Pankará, já atingidos pelos efeitos deletérios da transposição do Rio São Francisco.

OUTROS NÚMEROS

Em 2010, as TIs na região Nordeste somavam cerca de cem, 1/3 delas na Bahia. Em 2016, só neste estado são 62 Terras Indígenas, aumento que se deve, especialmente, à demanda por novas áreas em função do tamanho inadequado ou da intrusão de áreas preexistentes. Segundo dados da Anai sobre a situação fundiária das TIs na Bahia (2016), a grande maioria encontra-se degradada, insuficiente ou intrusada. Pouco mais da metade já teve seus GTs de identificação e delimitação constituídos, de forma que as demais terras permanecem inexistentes para o Estado.

O segundo estado em número de TIs, em 2010, era Alagoas, com cerca de 20. Juntos, Bahia e Alagoas somavam quase 60% das TIs da região Nordeste, sendo seguidos por Ceará (17), Pernambuco (15) e Sergipe e Paraíba, cada qual com três TIs. Do montante geral, 20% apresentavam algum nível de intrusão e 10% sofriam de degradação ambiental. Todavia, esses números tendiam a crescer em função de impactos iminentes gerados por empreendimentos como indústrias, complexos turísticos, atividade turística, construção de estradas e obras de transposição do Rio São Francisco que, como já se disse, incluíam a construção de duas usinas hidrelétricas, uma delas vizinha aos povos Truká e Tumbalalá. Naquela época tínhamos notícia de 47 povos indígenas na região Nordeste, 31 deles habitando a Bacia do Rio São Francisco, distribuídos entre todos os estados, exceto PI e RN, números que, todavia, não podiam ser tomados como definitivos ou precisos.

Seis anos depois, em 2016, PI e RN apresentam, respectivamente, três e oito Terras Indígenas; Alagoas tem cerca de trinta, Ceará e Pernambuco contam com cerca de vinte; Sergipe tem com duas Terras Indígenas, e Paraíba tem seis, totalizando, junto com a Bahia, aproximadamente, 150 Terras Indígenas.

No Piauí, as TIs estão aguardando o início do processo de regularização fundiária e são habitadas pelos povos Cariri, Codó e Tabajara – dos municípios de Queimada Nova, Dom Pedro e Piripiri –, organizados em torno de associações indígenas. A área que as famílias Tabajara vêm ocupando foi adquirida por elas mesmas em um bairro periférico da cidade piauiense de Piripiri, constituindo um espaço exíguo e inadequado para abrigar as quase 300 pessoas que formam o grupo.

No Rio Grande do Norte, apenas uma TI já teve processo demarcatório iniciado, por meio da constituição de um GT, ao passo que as outras sete aguardam providências por parte da Funai. Os povos que habitam essas terras são de origem Potiguara, localmente diferenciados, mas vivendo, todos, algum nível de conflito fundiário. Assim, os Potiguara Sagi-Trabanda – único povo do RN com GT de identificação e delimitação constituído e usufruindo do atendimento pela Sesai – vivem disputas com empresários do setor hoteleiro por um território sem acesso à Mata Atlântica e altamente degradado pelos canaviais em seu entorno – situação que se replica para os Eleutérios de Catu, dos municípios de Canguaretama e Goianinha, e para os caboclos da Lagoa do Tapará, também de origem Potiguara. A situação ambiental é um pouco mais grave para os caboclos do Açu, do município homônimo, que sofrem com a falta de acesso à água potável.

Em Sergipe, a novidade é que – contrariando os demais estados da região – o número de TIs diminuiu em relação a 2010, uma vez que os Caxagó, que habitam a TI Kariri-Xokó, na divisa Sergipe-Alagoas, abandonaram o pleito pelas terras remanescentes do antigo aldeamento de Pacatuba (SE) e passaram a reclamar uma fazenda próxima à aldeia Kariri-Xokó de Porto Real do Colégio (AL). Sergipe conserva, hoje, duas TIs: uma homologada – considerando as terras contíguas às TIs Caiçara e Ilha de São Pedro, dos índios Xokó, e outra sem providências, dos Xokó-Kaurá, que hoje estão, majoritariamente, na periferia da cidade de Porto da Folha.

Está na Bahia o principal foco de tensão entre índios e não índios na região Nordeste, problema que se agrava e se arrasta sem solução por anos a fio, opondo os Tupinambá a representantes dos poderes Executivo, Judiciário, Legislativo e policial, por causa da demarcação da TI Tupinambá de Olivença, cujo Relatório Circunstanciado de Identificação e Delimitação, pronto desde 2004, está parado no Ministério da Justiça.

Ainda no Sul da Bahia emerge uma nova frente de ação coordenada contra os povos indígenas, vitimando mais de 500 famílias Pataxó, nos municípios de Santa Cruz Cabrália e Porto Seguro, que receberam, da Justiça Federal em Eunápolis, ordem de despejo de seis aldeias localizadas em uma área reivindicada como parte da TI Coroa Vermelha. Em 2007 a Funai publicou a Portaria nº 1.082, instituindo um GT para realizar a etapa preliminar da revisão de limites da referida TI e, quase dez anos depois, o relatório aguarda a publicação. A empresa imobiliária Góes Cohabita – uma das maiores da Bahia e com escritório em Porto Seguro – é a autora do pedido de reintegração de posse, curiosamente apresentado à Justiça no momento em que as terras na região passaram a ser visadas pelo setor hoteleiro após a seleção alemã de futebol ter se hospedado no Campo Bahia, município de Santa Cruz Cabrália, durante a Copa de 2014.

O cacique xokó, Lucimario Lima, busca novas formas de sustento para seu povo, que depende do Rio São Francisco, depois que a construção da represa de Itaparica interrompeu suas atividades tradicionais de agricultura e pesca.

Em relação à população indígena por estado, mantém-se a proporcionalidade de 2010, com a seguinte ordem decrescente: Pernambuco, Bahia, Ceará, Alagoas/Paraíba – acrescido, na sequência, do Rio Grande do Norte e Piauí – e, por fim, Sergipe. Dessa população, hoje estimada em torno de 150.000 indivíduos, segundo dados da Anai, ao menos 18% residem em área urbana, normalmente periferias de cidades do interior, agravando as suas condições de existência e a falta de acesso à terra produtiva.

Persistem, no Ceará, três graves ameaças às cerca de 20 TIs (incluindo as que estão em estágio de demanda) que há no estado: as atividades do grupo Ypióca Agroindustrial que, por meio do lançamento de vinhoto na Lagoa da Encantada, vem degradando as terras dos índios Jenipapo-Kanindé; a construção do complexo turístico da Nova Atlântida em área disputada com os índios Tremembé; e o complexo industrial e portuário do Pacém, incidente diretamente na TI Anacé.

Destaca-se ainda a monocultura da empresa Ducoco, que ocupa, com coqueirais, cerca de 1/3 da TI Tremembé, sendo a principal responsável pela obstrução legal do seu processo demarcatório. No estado de Pernambuco, as TIs Pankaiuká e Pankará estão com seus processos de identificação e delimitação em curso ou recentemente concluídos, ao passo que a TI Pankararu Entre Serras – uma das mais antigas na região, homologada desde 1987 – é alvo de contestação por fazendeiros da cidade de Tacaratu.

Alagoas e Paraíba apresentam um quadro de relativa estabilização das tensões com não índios, o que não indica, entretanto, pacificação dos conflitos em torno das TIs. Em Alagoas, o MPF faz a mediação de disputas pela fazenda Urucuzinho, no município de Joaquim Gomes, envolvendo os Wassu-Cocal e agricultores assentados em lotes do Incra vizinhos ao território indígena. Os índios acusam os agricultores de invadir suas terras e vender partes delas a terceiros, denúncias confirmadas pelo próprio Incra.

No município de Porto Real do Colégio, no mesmo estado, os Kariri-Xocó vêm tentando reconquistar a posse integral de seu território, batalha que, após uma década, sofreu, em 2016, um grave retrocesso com a anulação, pelo Tribunal Regional Federal da 5ª Região, da sentença em 1ª instância que havia sido concedida em favor dos índios.

As TIs na Paraíba, atualmente em número de seis, estão distribuídas entre os Potiguara e Tabajara. O processo de demarcação das TIs dos Potiguara começou no ano de 1980 e em 1991 a TI Potiguara já estava homologada, sendo seguida pela homologação da TI Jacaré de São Domingos. Hoje, os Potiguara lutam ainda pela regularização da TI de Monte Mor, nos municípios de Rio Tinto e Marcação, após a anulação, em 1997, de seu Relatório Circunstanciado de Identificação e Delimitação, refeito há pouco menos de dez anos; e reivindicam a delimitação da TI Aldeia Taiepe, no município de Rio Tinto.

Para os Tabajara a situação é um pouco mais delicada. O seu antigo território – situado entre os municípios de Conde, Alhandra e Pitimbu e oriundo de uma doação real do século XVII – foi diversas vezes ocupado por segmentos diversos, e no tempo presente as TIs Tabajara e Tabajara/Barra do Gramame encontram-se degradadas, por anos seguidos de cultivo de cana-de-açúcar, e ocupadas por assentamentos do Incra, pela destilaria Tabu e pelo grupo empresarial Elizabeth, dono de uma fábrica de cimento recentemente instalada. Com a pressão exercida pelos Tabajara e repercussão na imprensa de sua luta, os trabalhos de identificação e delimitação das duas Terras Indígenas foram realizados pela Funai no ano de 2015, e agora os índios aguardam a publicação dos relatórios de identificação e delimitação.

Além da ação de fazendeiros, intrusão pelo agronegócio ou degradação ambiental por indústrias, algumas TIs apresentam sobreposição com áreas de conservação, a exemplo de Comexatiba (BA) e Pipipã da Serra Negra (PE). Tais sobreposições costumam ser tratadas com rigor pelo ICMBio que, diante delas, ingressa na Justiça com ações de reintegração de posse contra os índios, impedindo o seu acesso não apenas à terra, mas à mata, aos rios e aos lugares especiais para a produção ritual.

NOVAS AMEAÇAS DOS VELHOS PODERES

O crescimento das forças anti-indígenas nos últimos anos – representadas por setores da sociedade civil a serviço do agronegócio, das grandes mineradoras, da indústria do turismo e do mercado imobiliário – tem tido expressivo respaldo institucional. Iniciativas como a PEC 215/2000 e a CPI Incra/Funai, encerrada em agosto de 2016 sem relatório final e recriada três meses depois, embasam discursos que claramente opõem as TIs aos interesses do agronegócio.

Parlamentares como Luiz Carlos Heinze (PP-RS) anunciam muito claramente a plateias formadas por produtores rurais, que há uma frente parlamentar devotada a "desmontar a farsa da questão indígena". A virulência das forças políticas que atuam no Legislativo, visando paralisar e reverter o processo de demarcação de TIs, é notória no texto de requerimento de instalação da CPI Incra-Funai – de autoria dos deputados Alceu Moreira (PMDB-RS), Marcos Montes (PSD-MG), Nilson Leitão (PSDB-MT), Valdir Colatto (PMDB-SC) e Luiz Carlos Heinze (PP-RS) – "[...] estabeleceram-se processos administrativos de titulação de terras para quilombos subjetivos e até fraudulentos, onde a simples opinião de um antropólogo se sobrepõe a tudo e a todos e a registros públicos seculares, onde os direitos constitucionais do devido processo legal, do contraditório e da ampla defesa dos atingidos, inclusive dos entes federados, não são respeitados. O resultado é o que se conhece: reservas imensas, sem qualquer justificativa, atritos entre os próprios grupos indígenas e expulsão de agricultores de suas propriedades" (p. 03).

Essas ataques que se abatem sobre todas as Terras Indígenas no Brasil, são especialmente perigosos em contextos como o do Nordeste, em que o Estado tarda em reconhecer o direito indígena à terra. Sob o jugo de um *ethos* político inclinado a criminalizar movimentos sociais e a ver como "privilégios" direitos constitucionais de minorias vulneráveis, as lutas indígenas correm o risco de reviver o tempo anterior à Constituição de 1988, quando a polícia, o Legislativo e o Judiciário constituíam forças repressoras que agiam à luz do dia. *(novembro, 2016)*

RIO GRANDE DO NORTE/PIAUÍ

Invisibilidade, Resistência e Reconhecimento Indígena

José Glebson Vieira — Antropólogo, docente UFRN
Cinthya Kós — Antropóloga, discente UFPI

O PIAUÍ E O RIO GRANDE DO NORTE, ANTES CONSIDERADOS ESTADOS SEM PRESENÇA INDÍGENA OFICIALMENTE RECONHECIDA, ASSISTIRAM NOS ÚLTIMOS ANOS À "EMERGÊNCIA ÉTNICA" DOS CABOCLOS, KARIRIS, POTIGUARAS, TAPUIAS E TABAJARAS – UM PROCESSO APOIADO NO ASSOCIATIVISMO E NA VALORIZAÇÃO DE HISTÓRIAS E CULTURAS HÁ MUITO INVISIBILIZADAS

A presença indígena no Nordeste foi sempre objeto de desconfiança e deslegitimação. Estes coletivos foram, historicamente, alvos de políticas de Estado que no seu cerne atuaram para esvaziar seus vínculos territoriais e culturais, seja pelo chamado "caboclismo", seja pela extinção e depopulação causada por guerras. A invisibilização face ao Estado e a sociedade envolvente, aliada à pouca distintividade cultural em relação à população regional dificultaram o reconhecimento de seus direitos específicos, assegurados sobretudo pela Constituição Federal de 1988.

No Rio Grande do Norte e Piauí, a invisibilidade indígena foi sempre alimentada pelos intelectuais. A historiografia, em especial, contribuiu para a popularização da ideia do extermínio total dos indígenas, ao reafirmar sem críticas as diversas declarações oficiais de extinção ocorridas ao longo da história desde os primeiros séculos de colonização. A Guerra dos Bárbaros, ocorrida por volta de 1690, teria supostamente posto fim aos índios no RN. De fato, a guerra implicou no extermínio de alguns grupos, mas também promoveu deslocamentos compulsórios para o trabalho forçado (ou escravo) em canaviais ou nas missões de aldeamento. Em 1697, o padre Miguel de Carvalho citou, em sua *Descrição do Sertão do Piauí*, 36 tribos que viviam em território piauiense. Em *Pesquisas para História do Piauí* (1975), o historiador Odilon Nunes cita, no decorrer do texto, 26 povos que habitaram o território piauiense ou estiveram de passagem. Versões historiográficas resumidas contemporâneas falam em sete etnias históricas extintas: os Acroá, Gueguê, Jaicó, Pimenteiras, Tremembé, Timbira e Tabajara.

O período entre a criação do Diretório Pombalino (1755) e a Lei de Terras (1850) marca o avanço de fazendas de gado e a fundação de vilas e cidades sobre os territórios com presença indígena, fazendo "emergir" um tipo social novo, desprovido de especificidades étnicas e culturais. A opinião comum, como afirmou Câmara Cascudo em *História do Rio Grande do Norte* (1955), era de que os indígenas "foram sumindo, misteriosamente". Os Mendonça do Amarelão de João Câmara, por exemplo, foram descritos pelo célebre intelectual norte rio-grandense como "mestiços tupis fugidos dos aldeamentos que se tornaram vilas". Contrariando a sentença, é possível perceber – sobretudo nas áreas rurais onde habitavam povos declarados extintos – a força da herança indígena manifesta nos fenótipos, na arquitetura, no artesanato, na música, bem como nas práticas alimentícias, agrícolas e medicinais.

Como em muitos lugares do Brasil, a perseguição, o preconceito e a inferiorização social dos que não se coadunam com a imagem do não europeu, moderno e industrial, colocou as manifestações autóctones no Piauí numa posição de invisibilidade ou folclorização. No contexto contemporâneo, a categoria "caboclo", tal como acionada pelos índios no RN e PI, marca um contraste em relação ao passado, na medida em que está associado aos chamados "índios brabos", tidos como seus ancestrais remotos. Este contraste expressa uma interessante apropriação de um tipo de narrativa muito comum no nordeste indígena para aludir à própria origem nativa: "somos índios porque minha avó foi pega a dente de cachorro ou a casco de cavalo". Atualmente, a categoria "caboclo" também aponta para uma identificação positivada e de base étnica, uma categoria de autoidentificação indígena.

MARCOS DA MOBILIZAÇÃO INDÍGENA

A mobilização indígena no Rio Grande do Norte teve como marco uma audiência pública realizada na Assembleia Legislativa do Estado em junho de 2005, em que três comunidades se apresentaram como "remanescentes" indígenas: os Catu dos Eleotério, os Mendonça do Amarelão e os Caboclos do Açu. Na semana anterior a esse evento, lideranças dos Mendonça do Amarelão e dos Eleotério de Catu participaram da VI Assembleia da Articulação dos Povos e Organizações Indígenas do Nordeste, Minas Gerais e Espirito Santo (Apoinme), em Baía da Traição (PB). Foi um momento importante, pois no encontro ocorreu o reconhecimento existência de índios no RN por parte das lideranças de povos indígenas resistentes da ampla região representada pela associação.

As três comunidades que participaram da audiência pública na ALRN passaram a desenvolver diversas mobilizações para dar visibilidade às suas demandas. Elas contaram com a colaboração e a interlocução de instituições públicas, como UFRN, o Museu Câmara Cascudo, a Fundação José Augusto e a então Administração Regional da Funai em João Pessoa. Nesse período, diversas outras comunidades – Potiguara do Sagi/Trabanda, Tapuia de Tapará, Tapuia Paiacu e Potiguara do Serrote de São Bento – passaram a integrar o movimento indígena. Foram realizados vários eventos, como a Assembleia dos Povos Indígenas do RN (2009, 2011, 2013 e 2015); a Assembleia de Mulheres Indígenas do RN (2012 e 2016); o Encontro de Jovens Indígenas do RN (2012); e a Assembleia Microrregional da Apoinme (2013). Esses eventos são momentos relevantes, em que são traçadas estratégias de ação para o acesso a direitos políticas públicas garantidas aos povos indígenas.

A emergência étnica no Piauí tem como marco a autodeclaração dos Tabajara, no município de Piripiri, norte do Estado, em 1999. Na mesma época, em um município vizinho, os Codois Cabeludos também começaram sua jornada de luta por reconhecimento. Paralelamente, no sudeste do Estado, emergiram também os Kariri. Neste ano (2016), outro grupo Tabajara, no município Lagoa de São Francisco, também passou a reivindicar seu reconhecimento. E é bem provável que processo não pare por aí. Afinal, é comum encontrar na caatinga piauiense comunidades que têm um forte histórico de ancestrais indígenas, ou "caboclos". Nesse contexto, há a comunidade Batemaré, no município de Simões e um corredor de comunidades no Vale do Uruçui Preto.

Uma importante conquista para os indígenas no RN e PI foi a instalação de uma Coordenação Técnica Local (CTL) da Funai em Natal (RN) e outra em Piripiri (PI), cuja presença confirma o reconhecimento, por parte do Estado brasileiro, da existência das comunidades indígenas e da legitimidade de suas demandas. Deste modo, é possível que outras comunidades passem a integrar o movimento indígena, na medida em que a garantia dos direitos constitucionais e o acesso a políticas públicas diferenciadas, bem como a maior visibilidade dos índios, podem promover a valorização e a positivação das identidades indígenas. Foi o que provavelmente sucedeu nos últimos anos com três comunidades no RN que se integraram ao q movimento indígena: os Tapuia da Lagoa do Tapará em Macaíba, os Tapuia Paiacu em Apodi e os Mendonça do Serrote de São Bento em João Câmara.

POTIGUARAS, CABOCLOS E TAPUIAS NO RN

Os Potiguara do Catú, também chamados de "os Eleotério" possuem atualmente uma população estimada em 724 pessoas, conforme levantamento de lideranças locais 2016. A aldeia do Catu está localizada nos municípios de Goianinha e Canguaretama na região do agreste potiguar. Os Potiguara do Catú conectam sua história ao rio Catu e aos movimentos migratórios da Paraíba, mais precisamente, de Rio Tinto/PB (antigo aldeamento da Preguiça) e Baía da Traição/PB (antigo aldeamento de São Miguel). A região compreende as faixas de terras que compunham o Engenho Cunhaú, o primeiro e mais bem-sucedido da então Capitania do Rio Grande, e o antigo aldeamento de Igramació, administrado pelos carmelitas reformados, cuja sede compreende hoje a cidade de Vila Flor (RN) e a Missão dos Índios da Freguesia de Goianinha. Os índios atualmente vivem em meio aos plantios de cana-de-açúcar e desenvolvem atividades agrícolas, coleta, caça e pesca. As fazendas e as usinas sucroalcooleiras recrutam entre eles mão de obra para as atividades de fruticultura, da monocultura açucareira e da produção de calcário. A aldeia possui, desde 2012, a primeira e única escola indígena do RN.

Os Mendonça do Amarelão e do Serrote de São Bento se definem como Potiguara e habitam o município de João Câmara, na região do Mato Grande potiguar. A história de ocupação da área remete à migração dos Mendonça da região conhecida como Brejo paraibano. A população, aproximadamente 1.146 pessoas (levantamento das lideranças locais, 2016), sendo 220 no Serrote de São Bento e 926 no Amarelão, vive da agricultura, da caça e da coleta e, sobretudo, do beneficiamento da castanha-de-caju.

Os Caboclos do Açu habitam uma região de fronteira entre os municípios de Açu e Paraú, no oeste potiguar. É uma região marcada pela extrema escassez de água e aridez do solo. A população atual é de aproximadamente 95 pessoas (segundo lideranças locais) que vivem da agricultura, da pecuária (bovinos e caprinos), da pesca, da caça e da coleta. Em suas memórias de ocupação, os índios apontam expulsões de aldeias nas regiões serranas próximas à ribeira do Açu, seguidas por migrações ao longo dos Rios Paraú-Açu e a permanência em latifúndios em torno do Rio Paraú, onde hoje se encontram. As terras de onde tiram seu sustento são de fazendeiros, com quem estabelecem relações de patronagem na condição de meeiros.

Os Tapuia da Lagoa do Tapará, no município de Macaíba (RN), ocupam uma área de muita disputa com fazendeiros. Com uma população estimada em 400 pessoas, de acordo com a liderança indígena local, os Tapuia passaram a integrar o movimento indígena em 2013. Desde então, suas lideranças têm atuado significativamente nas organizações indígenas locais e regionais como a Apoinme. Os Tapuia vivem da agricultura, da pesca, da coleta e da caça, e algumas pessoas são recrutadas para o trabalho na cana-de-açúcar. A região onde hoje está a comunidade indígena compreende a antiga área do segundo engenho da Capitania do Rio Grande, o Potengi, posteriormente, denominado Engenho do Ferreiro Torto, palco de diversos conflitos envolvendo, no tempo colonial, portugueses, indígenas e holandeses, como o Massacre de Uruaçu, em meados do século XVII.

Na região do oeste potiguar, algumas famílias residentes em comunidades rurais e na área urbana de Apodi (RN) passaram a se identificar como Tapuia-Paiacu. Essa identificação está diretamente vinculada às atividades realizadas pelo Centro Histórico-Cultural Tapuias Paiacus da Lagoa do Apodi (CHCTPLA) por meio do Museu do Índio Luíza Cantofa. Tem por referência o levantamento de fontes históricas e arqueológicas, que sugerem o vínculo com a aldeia de São João Batista do Apodi, que foi assistida pelos jesuítas nas primeiras décadas do século XVII e, posteriormente, sob a administração dos capuchinhos, até ser declarada extinta em 1761. A formação da Missão de São João Batista do Apody relaciona-se com os conflitos que os indígenas estiveram envolvidos durante a "Guerra dos Bárbaros", numa ação de contenção dos índios Paiacu.

Por fim, as aldeias potiguara de Sagi/Trabanda, localizadas no litoral sul potiguar, na fronteira com a Paraíba. Com uma população de 476 pessoas (censo demográfico realizado pelo Grupo Técnico de Identificação e Delimitação do Território Sagi/Trabanda em 2015), passaram a fazer parte do movimento indígena regional a partir de sucessivos conflitos fundiários. O estopim foi a disputa por uma faixa de terras de aproximadamente 75 hectares que compreende a aldeia Trabanda. Diante da pressão advinda dos processos judiciais movidos por um empresário do ramo imobiliário, um grupo de famílias passou a se articular em torno da identidade potiguara. Para tanto, concorreu o fato de muitas famílias residentes no Sagi/Trabanda possuírem laços de parentesco com os Potiguara da Paraíba e vínculos históricos com a região do antigo aldeamento de Igramació (atual Vila Flor) e do Engenho do Cunhaú. Diante da iminência de reintegração de posse da área em litígio em desfavor dos índios, e dos conflitos existentes em áreas contíguas e adjacentes à do litígio, nas quais os índios sempre retiraram água para consumo e desenvolvem atividades produtivas (agricultura, coleta, caça e pesca), a Funai acatou uma recomendação do MPF e da AGU e instituiu em 2015 um Grupo Técnico para Identificação e Delimitação da TI Sagi/Trabanda.

TABAJARA E KARIRI NO PI

No Piauí, os Tabajara da comunidade Itacoatiara, originários da Serra da Ibiapaba (CE), têm na seca de 1942, o marco de sua diáspora. Eles pretendiam inicialmente chegar aos vales férteis do Maranhão, porém estabeleceram-se e adaptaram-se no norte do Piauí, no município de Piripiri, vivendo da agricultura e do artesanato, além de "bicos" e esmolas em áreas urbanas. Atualmente, o toré é considerado pelos Tabajara como uma forma de aproximação com os rituais ancestrais, elevação espiritual e coesão grupal. Grande parte das atividades de fortalecimento cultural e outros tipos de atividades são realizadas no ponto de cultura da Associação Itacoatiara de Remanescentes Indígenas, espaço cedido pelo Governo do Piauí.

Os Kariri vivem no município de Queimada Nova, microrregião do Vale do Canindé, na parte piauiense da Serra Grande, que faz divisa com Pernambuco e Bahia. Atualmente, somam 155 pessoas (C. Kós, 2015) e descendem das caboclas que viviam em uma das raras fontes de água existente na região. Trata-se de mais uma história de rapto e casamento forçado, como dizem, foram "pegas no dente de cachorro e no casco do cavalo". Tal episódio teve como agentes fazendeiros, peões e conquistadores, que tocavam boiadas da Bahia para o Piauí, para instalar currais. A ligação com a fonte, chamada pelos Kariri de Minador, é mantida. Nessa e em outras cavernas próximas, as quais chamam de morada dos índios, há gravuras rupestres e utensílios de pedra.

Os principais problemas que assolam a vida dos Kariri são a falta de água e de terra. A questão fundiária vem se intensificando nos últimos anos com o avanço de um parque eólico sobre as terras que tradicionalmente ocupam. Já o problema da água é crônico em decorrência das cíclicas estiagens, porém a escassez das chuvas e das fontes naturais de água das proximidades, devido às mudanças climáticas e à concorrência do uso por empreendimentos que se instalaram próximo, tornou o problema mais grave. As atividades produtivas mais comuns entre os Kariri são a agricultura, a pecuária bovina e caprina e a criação de galinhas. Nos períodos de estiagem, a inviabilidade de continuar tais atividades força a migração de dezenas de pessoas para centros urbanos distantes, como São Paulo e Petrolina. Programas como Bolsa Família e o programa de cisternas contribuíram para sutis mudanças nestes cenários. Primeiro, por ter diminuído o número de migrações; segundo, por ter colocado as mulheres no centro das decisões comunitárias; e terceiro, por ter proporcionado liberado tempo e energia para que as lideranças (formadas neste contexto) pudessem participar de outras experiências políticas, como as atividades do sindicato rural do município e do movimento quilombola.

Os Kariri e os Tabajara vêm ganhando uma gradativa visibilidade dentro e fora do estado. No Piauí, são ocasionalmente convidados a participar de eventos, sobretudo em instituições de ensino, para dialogar sobre temas relacionados a cultura, etnicidade, desenvolvimento social, direitos humanos, entre outros. Também participam anualmente das atividades relacionadas ao Dia do Índio, organizada pelo Museu do Piauí, evento no qual receberam considerável apoio do atual Governo do estado, que criou neste ano (2016) o projeto "O Piauí tem índio sim", que busca dar visibilidade aos grupos indígenas existentes no estado, valorizando o reconhecimento de suas peculiaridades e afastando estereótipos. *(novembro, 2016)*

TI TAPEBA

Acordão Assegura Demarcação?[1]

Henyo Trindade Barretto Filho | Antropólogo, professor do DAN/UnB e membro da CAI/ABA

A DEMARCAÇÃO DA TI TAPEBA, NO CEARÁ, TEM SERVIDO COMO UMA ESPÉCIE DE BALÃO DE ENSAIO PARA REDEFINIÇÕES JURÍDICO-ADMINISTRATIVAS HETERODOXAS NO PROCEDIMENTO DE DEMARCAÇÃO DE TIS NO BRASIL – E O ACORDO FIRMADO EM 2016 PODE TER ABERTO UM GRAVE PRECEDENTE PARA OUTROS CASOS

No quinquênio mais recente, testemunhamos desdobramentos no mínimo preocupantes no andamento da demarcação da Terra Indígena (TI) Tapeba, em Caucaia, zona metropolitana de Fortaleza, Ceará. Os Tapeba aparecem como protagonistas de alguns desses desdobramentos, embora se possa dizer também que eles foram sujeitados a aceitar um caminho para a efetivação da demarcação da sua terra que, até o momento, não só foi ineficaz, como pode ter aberto um grave precedente para casos similares em que haja conflitos de interesses entre indígenas e particulares ou órgãos públicos.

Passados 25 anos de luta pela demarcação e de incessantes vicissitudes, tanto judiciais quanto administrativas – incluindo as várias mudanças no procedimento de demarcação de TIs ao longo desse período –, em 2010, foi constituído o terceiro grupo técnico (GT) de identificação e delimitação da TI Tapeba. Visava-se, à época, sanar um suposto vício procedimental apontado por um entendimento judicial *sui generis*, que anulou o processo de demarcação anterior, recuperando uma decisão do Superior Tribunal de Justiça (STJ) em face do Mandado de Segurança (MS) nº 5.505/DF (97/0085188-5), impetrado pela Prefeitura Municipal de Caucaia em 1997.

A principal tese do mandado era que todos os atos praticados pelo Ministro da Justiça (MJ) na demarcação da TI Tapeba anteriores à Portaria Declaratória nº 967/97 deveriam ser anulados, devido à ausência de representante município no GT de identificação da TI. A tese foi acolhida pelo STJ, anulando a primeira identificação da terra.

Já em 2007, uma reclamação judicial da Prefeitura de Caucaia colocou que a Funai não poderia ter constituído um segundo GT para identificar a TI Tapeba em 2002 sem incluir nele a participação de um representante do município depois daquela decisão do STJ. A reclamação foi julgada procedente pelo STJ em 2008, o acórdão foi publicado no mesmo ano e embargos de declaração foram interpostos pelo Ministério Público Federal, mas logo em seguida rejeitados, em 2010. Anulou-se, assim, o segundo processo de identificação da TI Tapeba, determinando que a eventual realização de novos estudos deveria contar com a participação do município no GT.

Até 2010, quando foi publicado o acórdão anulando a segunda identificação da TI Tapeba, ainda não havia previsão legal de participação de entes federados nos processos administrativos de demarcação de TIs. Isso só veio a ocorrer em 2011, por meio da Portaria nº 2.498 do MJ, fruto de uma força-tarefa de representantes do MJ, da Funai e da AGU. A portaria foi objeto de forte oposição pelo movimento indígena no ano de 2013, sendo criticada como uma das medidas que agravavam a desconstrução dos direitos indígenas. Eu mesmo participei de uma das reuniões desta força-tarefa no MJ, em 2011, na qual relatei minha experiência de coordenar um dos primeiros e pioneiros GTs a contar com a participação de representantes dos entes federados, do município e do estado. Foi assim que a demarcação da TI Tapeba serviu como balão de ensaio para redefinições jurídico-administrativas heterodoxas do processo de demarcação de Terras Indígenas.

Pouco tempo depois do acórdão suprarreferido, em 2010, reuniram-se na sede da Funai, em Brasília (DF), lideranças Tapeba, servidores da Funai, incluindo o presidente do órgão, representantes da Articulação dos Povos e Organizações Indígenas do Nordeste, Minas Gerais e Espírito Santo (Apoinme), da PMC e do Governo do Estado do Ceará, incluindo o Procurador do Estado e técnicos da Secretaria de Meio Ambiente do Estado do Ceará (Semace). Nessa reunião, os encaminhamentos relativos à constituição de um novo GT de identificação e delimitação da TI Tapeba foram acordados e as portarias autorizando os procedimentos foram publicadas meses depois. O mais recente Relatório Circunstanciado de Identificação e Delimitação (RCID) da TI Tapeba foi finalizado em 2013, recebendo parecer favorável da Coordenação Geral de Identificação de Terras da Funai em maio do mesmo ano, mas sua aprovação e publicação aguardaram mais três meses – e foram precedidas de mobilizações e articulações, que sugerem a subordinação do processo a injunções políticas.

IDENTIFICAÇÃO, COM AVAL DO GOVERNO

Em 13 de agosto de 2013, representantes indígenas Tapeba, Pitaguary, Tabajara, Anacé, Tapuya-Kariri, Kanindé, Kalabassa e Potiguara ocuparam a sede da Coordenação Regional Nordeste II (CR NE II) da Funai, em Fortaleza, como forma de pressionar o governo pela demarcação das TIs no Ceará. Uma semana e meia depois, em Brasília, nos dias 22 e 23 de agosto, ocorreu a 8ª Reunião Extraordinária da Comissão Nacional de Política Indigenista (CNPI), na qual se instalou uma "Mesa de Diálogo Permanente" entre o Governo Federal e os povos indígenas, determinada pela então presidenta da República, Dilma Rousseff, em reunião ocorrida um mês antes no Palácio do Planalto. Na ocupação e na reunião, soube-se que o então ministro da Justiça, José Eduardo Cardozo, teria condicionado a publicação da identificação da TI Tapeba à sua apreciação pelo Governo do Estado do Ceará, na pessoa do então governador, Cid Gomes.

Tal postura foi fortemente repudiada em nota pública dos indígenas que ocupavam a sede da CR NE II, lida durante a reunião da CNPI: "Demonstramos aqui a nossa indignação, pela postura recém-adotada pelo Ministro da Justiça, que, mesmo diante do [RCID da TI] Tapeba, há alguns meses tecnicamente concluído, [...] de forma tendenciosa, optou por determinar que a referida portaria só será encaminhada para a sua publicação no [DOU] após o aval do Governado do Estado do Ceará"[2].

Tudo indica que tal postura já vinha sendo construída pelo MJ desde a "mesa de diálogo" em torno da TI Buriti, do povo Terena, em Mato Grosso do Sul – que ocorreu no seio de uma ação judicial. Segundo essa postura, as medidas administrativas da Funai e do MJ deveriam ser precedidas por tais "mesas de diálogo" com as diferentes "partes envolvidas", sob a justificativa de se evitar a judicialização dos procedimentos.

Fato é que o despacho da então presidente da Funai que aprovou as conclusões do relatório de identificação da TI Tapeba, logo após a reunião da CNPI, foi publicado em 26 de agosto de 2013, por ocasião de um encontro com o governador do Ceará e sua assessoria; o prefeito de Caucaia e treze lideranças indígenas tapeba e de outros povos do Ceará. Enquanto a reunião acontecia no Palácio da Abolição, cerca de 200 indígenas Tapeba, Potiguara, Pitaguary, Anacé e Jeninpapo-Kanindé, apoiadores da causa, parlamentares e membros de organizações indigenistas promoviam um ato em frente ao Palácio em favor da demarcação da TI.

Os indígenas presentes à reunião e ao ato saíram desconfiados de que o Governo do Estado iria contestar administrativamente o RCID. Tal suspeita se confirmou em dezembro de 2013, gerando fortes reações de lideranças tapeba nas redes sociais: "notícia que não nos pegou de surpresa pela inusitada e nojenta reunião ocorrida em agosto [...] pressionada pelo MJ e Casa Civil [em que] queriam que abdicássemos de uma parte da nossa terra"[3].

Enquanto isso, na esfera judicial, ainda em 2013, uma nova ação foi interposta para anular a demarcação da TI Tapeba no Tribunal Regional Federal (TRF) da 5ª Região. Por meio da Medida Cautelar nº 0801865-92.2013.4.05.000, o espólio de Emmanuel de Oliveira de Arruda Coelho alegava que lhe teria sido negado o direito ao contraditório no decorrer do procedimento administrativo e que seu imóvel, a Fazenda Soledade, parcialmente incidente na TI delimitada, era explorado economicamente pela sua família desde o início do século XX. O argumento foi acatado e a demarcação foi suspensa.

Diante desse mais novo impasse e dos prejuízos causados aos Tapeba pela recorrência da suspensão da demarcação por medidas judiciais, em 2014 foram iniciadas tratativas para destravar o processo, envolvendo lideranças tapeba, representantes da família Arruda, o Governo do Estado, a PMC, a Funai e o MJ. Assim, foi elaborada uma minuta de Termo de Acordo entre as partes, prevendo a supressão de algumas áreas da TI delimitada em agosto de 2013: parte da Fazenda Soledade e outras duas de interesse da PMC, as quais, contudo, não foram mencionadas na minuta de acordo.

Como compensação, outras duas partes da referida fazenda permaneceriam dentro da TI delimitada, uma das quais (chamada

"Gleba 3") apenas parcialmente incidente na TI, mas que seria integralmente incorporada a esta nos termos do acordo proposto. Isso ocorrendo, a Família Arruda se comprometeria a desistir das ações judiciais e o Governo do Estado, a PMC e a Funai se empenhariam em implementar ações de política habitacional, ambiental (revitalização do Rio Ceará), de saúde, saneamento, educação e etnodesenvolvimento, com ênfase nas áreas das Pontes e Jandaiguaba[4].

Ao longo desse processo de "negociação", o que os Tapeba haviam definido em setembro de 2014 como uma "proposta imoral e indecente" (Fls. 4), um ano depois, em outubro de 2015, se converteu em "nossa livre manifestação [...] de que as áreas [...] previstas para serem excluídas da área já identificada e delimitada, não ocasionará prejuízos à nossa reprodução física e cultural, tampouco limitará o usufruto exclusivo do restante da nossa terra indígena quando totalmente regularizada" (fls. 10). A Informação Técnica da Funai nº 09/CGID/2016 de 21.01.2016 (fls. 99 e ss.), de um lado, reiterou a preocupação com os efeitos do referido acordo para quaisquer questionamentos futuros do princípio da indisponibilidade das TIs, gerando precedente para outros casos de conflitos de interesses com particulares ou instâncias do poder público; e de outro, lembrou que o procedimento de demarcação da TI Tapeba estava, à época, na fase de contraditório administrativo, advertindo para o risco de outras ações judiciais serem interpostas por demais particulares afetados – o que não poderia ser evitado pelo acordo, que se referia apenas a um particular. Por isso a CGID sugeriu consultas à Procuradoria Federal Especializada (PFE) da Funai para apreciar se os termos do acordo se adequavam ou não ao marco legal que regula a demarcação de TIs.

A PFE/Funai manifestou-se engenhosamente, observando que o procedimento de demarcação estava em andamento e "no prazo em que os interessados [...] pode[ria]m apresentar manifestações sobre o RCID" – visto que o procedimento estava suspenso. A juízo da PFE, foi a própria Comunidade Tapeba que apresentou "fatos novos [...] os quais levam a crer que as áreas mencionadas [...] podem ser excluídas da área delimitada [...] em razão da declaração dos indígenas de que não haveria prejuízo em sua exclusão" – "a declaração de limites levada a efeito pelo Estado não pode[ndo] se dar à revelia da vontade dos povos envolvidos". A Procuradoria também afastou a contradição entre "a necessidade de ajuste da área delimitada" e "a plena conformidade do RCID e do procedimento até então", ao argumentar que a demarcação, enquanto não finalizada, se reveste de um caráter dinâmico e dialógico, sendo possível que fatos ou argumentos novos modifiquem as conclusões do procedimento até sua conclusão.

Assim sendo, a versão final do acordo foi assinada em solenidade no Palácio da Abolição no dia 19 de fevereiro de 2016, com a presença do governador Camilo Santana; do então ministro da Justiça, José Eduardo Cardozo; do então presidente da Funai, João Pedro Gonçalves; e de uma ampla delegação indígena. O acordo foi judicialmente homologado no emblemático dia 19 de abril de 2016 e a sentença veio a ser publicada um mês depois.

Todos esses desdobramentos indicam tendências preocupantes na condução dos procedimentos de identificação de TIs em geral, pois, como vimos, o que se passou com a TI Tapeba está em consonância com uma postura mais ampla no tratamento de situações similares. Temos aí a desconsideração do RCID como peça técnica integral com consistência interna. Apesar das referências a "um processo de identificação e delimitação hígido" e à "plena conformidade do RCID e do procedimento", o relatório serviu apenas como plataforma para negociação política posterior.

É sintomático que os relatórios de vistoria *in situ* e de avaliações de viabilidade técnica e ambiental de obras de infraestrutura, plantas e mapas, produzidos tanto pela Funai, quanto pelos órgãos estaduais e municipais envolvidos nessa re/descaracterização da TI, não dialogam nem se referem às caracterizações dessas mesmas áreas e de seus usos tal como apresentadas no RCID aprovado pela Funai. No mesmo sentido, o antropólogo coordenador dos dois últimos GTs de identificação da TI Tapeba, supostamente responsável pela "conformidade do RCID", e que em momentos anteriores do procedimento foi consultado para vários fins, foi desconsiderado como eventual parte legítima no "esforço de diversas instituições que chegaram a uma solução consensual".

Tudo se passa como se a hermenêutica *sui generis*, ambivalente e temerária, que caminha no gume da navalha da constitucionalidade, em sua expressão de respeito à vontade livre e soberana dos Tapeba de abdicarem de parte de sua terra tradicionalmente ocupada, precisasse resguardar tão bem o RCID a ponto de desconhecê-lo.

Ainda que admitida a plausibilidade do acordo, até o momento sua efetividade ainda resta por ser demonstrada. Após a homologação, a família Arruda desistiu da ação e a Funai prosseguiu com a análise técnica e jurídica de 39 contestações administrativas à demarcação, já que três foram retiradas. Os prazos, contudo, não foram cumpridos, pois, a partir da data da extinção da ação ordinária, a Funai teria 60 dias para dar conta das contestações e o Ministério da Justiça, 30 dias para decidir sobre a "tradicionalidade da ocupação tapeba" – tal como (re)definida por meio do acordo. Todos os demais prazos decorrentes destes estão, assim, prejudicados.

O caso Tapeba escancara a orientação de subordinar as medidas administrativas da Funai e do MJ a acordos e negociações políticos explícitos, sejam eles prévios, para legitimar medidas (condicionando a aprovação do RCID), com forte oposição dos índios, ou posteriores, para emendá-las (re/descaracterizando a tradicionalidade), com o apoio livre e soberano destes.

Instala-se, assim, uma lógica de câmara de arbitragem de conflitos no próprio procedimento técnico e administrativo de demarcação da TI, com participação de entes particulares e distintas instâncias do poder público, sem que haja clara previsão legal para tanto. Os Tapeba, por sua vez, foram colocados em uma posição estruturalmente subordinada e vulnerável.
(dezembro, 2016)

NOTAS

[1] Este artigo traduz exclusivamente o meu entendimento sobre o processo aqui descrito, não representando as posições de nenhuma das instituições às quais estive e estou vinculado, ou para as quais prestei serviço como colaborador, e muito menos a concepção dos próprios Tapebas, que têm as suas próprias formas de expressão e organização, e instituições representativas. Agradeço imensamente a Nina Paiva Almeida, colega antropóloga, indigenista especializada da Fundação Nacional do Índio (Funai), Coordenadora de Delimitação e Análise da Coordenação-Geral de Identificação e Delimitação da Diretoria de Proteção Territorial (CODAN/CGID/DPT) da Funai, tanto por possibilitar-me acesso ao Processo º 08620.071770/2015-36 (que trata do "Acordo Tapeba – Lideranças Tapeba e os Representantes da Família Arruda") quanto por uma leitura atenta e crítica de uma primeira versão deste texto. Toda e qualquer imprecisão que tenha persistido é de minha inteira responsabilidade.

[2] As fontes para este e os próximos dois parágrafos são a própria "Ata da 8ª Reunião Extraordinária da CNPI" (disponível em <http://www.funai.gov.br/arquivos/arquivos_old/conteudo/presidencia/pdf/Atas_CNPI/Ata_8_Reuniao_Extraordinaria.pdf>), a nota das lideranças ocupantes da sede da CR NE II (<http://racismoambiental.net.br/2013/08/23/nota-de-repudio-ao-ministerio-da-justica-pela-postura-anti-indigena-e-contraria-a-publicacao-da-portaria-de-identificacao-e-delimitacao-da-terra-indigena-tapeba>) e matérias na imprensa regional (<https://www.ecodebate.com.br/2013/08/28/a-saga-do-povo-tapeba-na-luta-pela-demarcacao-da-terra>) e em portais de organizações indigenistas da sociedade civil (<http://www.trabalhoindigenista.org.br/boletim/di%C3%A1logo-ou-negocia%C3%A7%C3%A3o-diverg%C3%AAncia-entre-governo-e-movimento-ind%C3%ADgena-marca-8%C2%AA-reuni%C3%A3o-extrao>).

[3] Ver: <https://www.facebook.com/joao.tapeba/posts/564654703612930>.

[4] A fonte para este e os próximos parágrafos são os autos do processo referido, o que explica a referência à paginação deste ("fls.").

CEARÁ

Terra dos Tremembé é Ameaçada por *Resort* Espanhol[1]

Ciro Barros | Jornalista

HÁ QUASE QUINZE ANOS OS TREMEMBÉ LUTAM PELA DEMARCAÇÃO DE SUA TERRA EM ITAPIPOCA. COBIÇADA POR EMPREENDIMENTO TURÍSTICO, A ÁREA FOI DECLARADA PELO MINISTÉRIO DA JUSTIÇA EM 2015, MAS AINDA NÃO FOI HOMOLOGADA

É dia de festa – e de luta – no Sítio São José, uma das quatro aldeias que compõem a Terra Indígena Tremembé da Barra do Mundaú, em Itapipoca, a 130 quilômetros de Fortaleza (CE). Nas cercas e nas palhoças deste território ameaçado estão as faixas exigindo a demarcação das terras. Uma delas aponta o inimigo que há quase quinze anos cobiça a área dos Tremembé: "Fora Nova Atlântida!", exige a faixa.

Caso a batalha na Justiça Federal seja vencida pelo grupo empresarial espanhol, as palhoças, os roçados, a cultura e o modo de vida dos Tremembé darão lugar a piscinas repletas de turistas endinheirados degustando caipirinhas enquanto esperam a próxima partida de golfe. A intenção da Nova Atlântida é construir um megaempreendimento turístico nesse quinhão do litoral oeste cearense, ainda pouco explorado. O nome, escolhido em alusão à lendária metrópole grega que repousa no oceano, pretende transmitir a grandiosidade do projeto.

Por isso, as faixas continuam penduradas durante a Festa do Murici e Batiputá (ao final da colheita desses dois frutos nativos) – uma das celebrações mais importantes dos Tremembé. "No meio da luta tem as festas também, né? É uma festa que vem dos nossos antepassados, mas tava meio esquecida e nós estamos resgatando", diz Erbene Tremembé, que divide a liderança da aldeia com outra mulher, Adriana Tremembé. "Aqui é meio diferente, são as mulheres que mandam", brinca Erbene.

E não é qualquer inimigo que os indígenas liderados por Erbene e Adriana enfrentam. De acordo com um artigo do espanhol Juan Ripoll Mari, que está à frente do empreendimento, "em sua primeira fase [o projeto] prevê a construção de 27 hotéis e *resorts*, seis condomínios residenciais e três campos de golfe. Se aprovado, ocupará 12 quilômetros contínuos da orla da Praia da Baleia, em Itapipoca, com 3,1 mil hectares de área, "terra onde o sol brilha na maioria dos 365 dias do ano, emoldurado por dunas deslumbrantes e pelos decantados 'verdes mares'", descreve o empresário. "Não se trata de um simples empreendimento turístico, mas de uma cidade constituída de 42 empreendimentos, 120 mil leitos e mais de 200 mil empregos diretos e indiretos". E conclui: "Estou falando da implementação de um projeto que, sozinho, vai duplicar o volume de turistas que o país recebe anualmente", anunciava Mari àquela época, enaltecendo a localização estratégica, "a pouco mais de seis horas de voo dos Estados Unidos e Europa".

O sonho desse novo descobrimento espanhol atingiu em cheio os Tremembé, que ainda não tinham obtido a demarcação da terra. Para complicar, parte dos moradores da comunidade passou a apoiar o empreendimento, seduzida pela promessa de geração de empregos e movimentação da economia em decorrência do empreendimento orçado em US$ 15 bilhões, segundo a imprensa cearense. Os Tremembé partiram para a luta divididos.

"DISSEMOS QUE ÍAMOS FICAR COM O NOSSO POVO"

Erbene conta que o embate com a Nova Atlântica começou em 2002, quando a empresa apareceu na região. "Eles chegaram com uma planta já feita, com a nossa terra toda fatiada entre as empresas do grupo. A gente vê que tem uma cobiça muito grande pelas nossas belezas: aqui tem a praia, as matas, dunas, rios, mares, nascentes, lagoas...", diz. "Eles chegaram na comunidade, mostraram um mapa e falaram que a gente ia ser retirado da nossa casa. Esse local que a gente tá aqui hoje eles iam desocupar pra eles fazer o complexo deles. Foi aí que o pessoal da comunidade, os mais idosos, se sentaram comigo e perguntaram o que a gente ia fazer. A conquista da empresa era muito grande: promessa de emprego e tudo mais. Nós sabíamos que ia ser difícil, mas dissemos pra eles que íamos ficar do lado do nosso povo. A partir daí começou a luta. Nessa área aqui, no São José, eles já chegaram cercando. Lá no Buriti do Meio [outra aldeia Tremembé] eles fizeram outra área privada também", relata a líder indígena.

"Não dava mais para a gente ficar calado e ser massacrado como os nossos antepassados", diz a outra líder, Adriana Carneiro. Segundo ela, a região era alvo de disputas constantes pela terra. "Nossos antepassados foram impedidos inclusive de falar que eram índios, porque os posseiros aqui dominavam tudo. Os nossos troncos velhos [índios mais idosos] nos contam como os posseiros chegavam e diziam pra eles que tinham comprado essa terra. Eles não tinham conhecimento de documento, dessa questão de leis. Quem chegava e dizia que era o dono, virava dono. Era aquela coisa dos coronéis, eles tinham que obedecer pra continuar vivo e pra ficar morando aqui e tiveram que se calar porque amavam a terra", conta.

Os posseiros permitiam que os índios ocupassem pequenas áreas na região, sob condições severas, continua Adriana. "Você tinha que dar metade de tudo que era seu. Se era da mandioca, tinha que dar metade da farinha, do milho, do feijão. Se vendesse fora, tinha que dar o dinheiro. Eles ficaram calados muito tempo pra não sair da sua terra". Com ela concordam as lembranças de um dos indígenas mais antigos do grupo, Paulo Tremembé. "Era assim mesmo. Pessoal não conseguia se reconhecer, tinha muito medo de morrer, de perder as terras", conta.

Depois da negativa decidida das líderes indígenas, a empresa adotou outra estratégia. "Como a comunidade se manifestou contra o empreendimento, a primeira coisa que eles fizeram foi conquistar um grupo bem bom pro lado deles. Então a partir daí a comunidade se dividiu", diz Erbene. "Eles foram dando a terra e deixando o povo de vigia. Eles tavam pagando o pessoal daqui, os índios que não se reconhecem como índio para combater seu próprio povo. Botaram um contra os outros, tavam pagando pra isso, pra haver a divisão e pro grupo enfraquecer", conta.

"Foi muito triste ver nossos parentes nos renegando. Dentro de uma mesma família tinha irmão que se dizia índio e outro que não se reconhecia. Foi uma tristeza muito grande", lamenta o indígena Estevão Tremembé. O conflito chegou a ponto de provocar uma morte. "Até por conta desse preconceito foi que uma jovem foi apedrejada dentro de um carro de feira [pau de arara], uma jovem indígena. Ela estudava na Vila dos Pracianos [distrito de Itapipoca] e vinha da escola dentro de um carro junto com os outros. A gente sofria preconceito. Eles diziam que índio fedia, alguns evangélicos diziam que nossos cultos eram do demônio", relembra Erbene.

A BATALHA NA JUSTIÇA

Mas outra missionária cruzou o caminho dos índios, essa para ajudá-los na luta pelo reconhecimento de seu território. Maria Amélia Leite, então à frente da ONG Ação Missionária Tremembé, passou 38 de seus 84 anos de vida lutando pelos direitos indígenas. Dedicou-se aos Tremembé da Barra do Mundaú e de outras aldeias (como Almofala e o Córrego João Pereira, nos municípios de Itarema e Acaraú) e à defesa do processo de demarcação de terras de outras etnias (como os Kanindé, também no Ceará, e os Xocó, em Sergipe).

A partir de 2003, ela começou a receber ameaças, quando passou a ajudar os Tremembé "de longe, sem andar lá", conta. "Porque eu fui tão perseguida pelos advogados de Itapipoca que você nem queira saber. Fui ameaçada de todo jeito, até de morte. Também fui processada na justiça", relata pausadamente Maria Amélia, que aproximou os índios da mesma etnia de outras aldeias, mais adiantadas no processo de demarcação.

Enquanto os Tremembé começavam a tomar consciência de seus direitos, o Nova Atlântida seguia o seu projeto. Em 3 de novembro de 2004, o Conselho Estadual do Meio Ambiente (Coema) do Ceará aprovou o EIA-Rima do empreendimento, depois licenciado pela Superintendência Estadual do Meio Ambiente do Ceará (Semace). No mesmo dia da aprovação do Coema, o MPF entrou com uma ação cautelar pedindo a suspensão do licenciamento.

"Já havia indícios de que havia uma ocupação tradicional dos índios ali, havia artefatos, materiais arqueológicos", conta o procurador federal do MPF em Itapipoca, Ricardo Magalhães de Mendonça, hoje à frente da ação. Desde 2003, a Funai havia determinado estudos técnicos na região. "O Ministério Público entrou com uma ação pedindo a nulidade dessa licença ambiental porque foi feita de uma maneira incompetente, já que havia todos esses indícios da presença indígena ali", relata o procurador.

Depois da suspensão do licenciamento, representantes dos Tremembé da Barra do Mundaú foram convidados a participar de uma reunião na sede do MPF, onde estava presente também a missionária Maria Amélia, que pediu a Antônio Jeovah Meireles, professor do Departamento de Geografia da Universidade Federal do Ceará (UFC), para fazer um estudo técnico na mesma área em que foi feito o EIA-Rima. O resultado foi um estudo de quase cem páginas, feito por pelo professor em parceria com a mestra em antropologia e doutora em arqueologia da Universidade Estadual do Ceará (Uece), Marcélia Marques, que contradiz os estudos encomendados pela empresa.

"Nós pegamos o Estudo de Impacto Ambiental e fizemos uma visita técnica no local para mostrar como esse estudo estava conduzindo a sociedade ao erro", conta Jeovah Meireles. "Ali nós constatamos realmente que se tratava de uma Terra Indígena e que o empreendimento ocupava as áreas tradicionalmente ocupadas pela etnia. Os hotéis e resorts estavam sendo projetados em Áreas de Preservação Permanente (APPs). E também vimos que não haviam sido aplicados vários princípios no estudo como o da ampla participação, da equidade, da soberania e da segurança alimentar daquela comunidade. Também detectamos que no local havia cinco sítios arqueológicos não observados no EIA. O estudo praticamente invisibilizava o grupo indígena", critica o professor.

Esse parecer técnico embasou a Ação Civil Pública, movida pelo MPF a partir de 2005, que visa a impedir definitivamente que o complexo turístico se instale ali.

O EIA-Rima do projeto Nova Atlântida foi feito pela Geoconsult. Segundo reportagem no jornal *O Povo*, o presidente da empresa, o geólogo Tadeu Dote de Sá, foi alvo recente da Operação Marambaia, da Polícia Federal. Sá foi condenado a 32 anos e meio de prisão por elaborar laudos fraudulentos para quatro empreendimentos nos municípios de Aquiraz e Caucaia, também no litoral cearense, ainda segundo a reportagem d' *O Povo*.

Em sua defesa, o Nova Atlântida apresentou um estudo feito pelo Instituto Moreira D'Nobrega, coordenado pela professora de sociologia da UFPB, Rosa Lourdes Pereira (falecida em 2013). O estudo, incluído nos autos do processo, trazia depoimentos de pessoas que negavam ocupação indígena no local e concluía: "nas terras onde se localizam o Sítio São José e Buriti não se encontram vestígios de que tenha sido ali morada de índio, quer de forma natural ou por aldeamento; não existe, conforme documentação cartorial, nenhum registro que faça referência à presença indígena nas terras desde 1744; é bem clara a cadeia sucessória de proprietários".

Um título de posse da terra registrado em um cartório de Itapipoca no final dos anos 1970 foi exibido pela empresa, que comprou o título de um casal de moradores locais. Segundo os índios, os "vendedores" eram posseiros.

"Aparentemente, esses documentos da empresa são irregulares. Nada impede que os títulos sejam emitidos em Terras Indígenas", argumenta o promotor Ricardo Mendonça. "Qualquer título emitido em Terra Indígena não tem valor legal. É inconstitucional".

"FOMOS AO LOCAL E NÃO VIMOS NENHUM ÍNDIO"

Fora dos tribunais, a disputa também se acirrava – e ganhava novos personagens. Em julho de 2008, o então governador do Ceará e atual ministro da Educação, Cid Gomes, levou à Barra do Mundaú uma comitiva formada por parlamentares da Comissão de Turismo da Câmara Federal, o embaixador da Espanha no Brasil à época, Ricardo Peidró, e empresários do Nova Atlântida.

"Fomos até lá, conversamos com a população local e não vimos nenhum índio. O que vimos foram pessoas que querem a implantação de um projeto que irá trazer desenvolvimento e empregos", disse o então deputado Albano Franco (PSDB-SE). "O que existe é uma ONG que já recebeu quase R$ 1 milhão para aliciar pessoas na região para se passarem por índios", afirmou a deputada Gorete Pereira (PR-CE), referindo-se à Missão Tremembé.

COAF INVESTIGA O NOVA ATLÂNTIDA

Outro personagem a entrar na história foi o Conselho de Controle de Atividades Financeiras (Coaf), ligado ao Ministério da Fazenda, que passou a investigar os sócios do Nova Atlântida – o empresário espanhol Juan Ripoll Mari, seu filho David Ripoll e sua mulher Iselda Ripoll. Em 2007, foi divulgado um relatório do Coaf apontando movimentação financeira incompatível com a renda declarada por Mari. Só em uma conta bancária, ele havia movimentado R$ 30 milhões em 11 meses em remessas à Espanha. Procurado pela Pública, o Coaf afirmou que não comenta casos específicos.

Ainda assim, em 2010, o grupo Nova Atlântida conseguiu derrubar a liminar obtida pelo MPF. A Funai passou a averiguar se, de fato, a Barra do Mundaú era uma área indígena enquanto a empresa tentava barrar as pesquisas do órgão. No dia 6 de fevereiro de 2012, enfim, o resumo do estudo da antropóloga Claudia Signori Franco, da Universidade de Brasília (UnB), foi publicado no *Diário Oficial da União*, comprovando que a área era realmente indígena.

FOGO NAS PALHOÇAS

Revigorados por, enfim, terem sua terra reconhecida pela Funai, os Tremembé retomaram, em 2013, uma área dentro do Sítio São José mais próxima à praia, invadida 11 anos antes pela Nova Atlântida. Os índios se uniram e expulsaram os vigias do sítio. Em seguida, montaram suas palhoças, roçados e até mesmo uma casa de alvenaria para se fixar no local. Eles também cercaram a área.

Em setembro do ano passado, veio a tormenta. "Quando vimos tudo calmo, a gente acabou se afastando um pouco da área retomada. Deixamos as barracas sem ninguém, na época. Aí um dia, de madrugada, eles vieram e tocaram fogo nas palhoças", diz Ezequiel.

"Quando a gente retomou esse sítio, é claro que eles não se conformaram da gente ter uma riqueza tão grande dessa que é a dos nossos mananciais, das nossas nascentes, os nossos olhos-d'água, o nosso manguezal. Eles nao gostaram da gente ter de volta aquilo que teve na mão deles durante onze anos. Queimaram nossos roçados, uma carroça que a gente tinha", acusa a liderança Adriana Tremembé. "A gente sabe que foi gente daqui da aldeia que é contra a gente, que é do lado da empresa. A gente foi no Ministério Público, foi na delegacia fazer BO e nada aconteceu", denuncia Erbene.

O mesmo sítio – onde estão hoje as cercas de faixas dependuradas – voltou a ser atacado mais recentemente. "Um sujeito chamado Sérgio, que é ligado à empresa e tem uma palhoça ali mais na frente contratou 15 seguranças armados de revólver e vieram, invadiram aqui, com advogado da empresa e aí abriram as cercas tudinho do pessoal, deixaram a roça do pessoal toda aberta", conta Erbene Tremembé. "Eles disseram que tinham um documento em mãos trazido de um cartório por um advogado e ele trazia esse documento dizendo que a terra era do Nova Atlântida e eles iam tomar de volta", explica.

O procurador federal Ricardo Magalhães pediu então a instauração de um inquérito na Polícia Federal para investigar os episódios de agressão. Desde novembro de 2014 vigora uma liminar que proíbe a Nova Atlântida de construir no local e também a emissão ou transferência de títulos de posse na região.

Ainda assim, os indígenas não se sentem seguros. "A gente continua recebendo ameaça o tempo todo. Aqui é uma área aberta e toda hora passa alguém dando recado, dizendo que vão arrancar nossa cabeça, que vão matar a gente", conta Paulo Tremembé. *(janeiro, 2015)*

NOTA

[1] Versão editada da reportagem "No Ceará, Terra dos Tremembé é ameaçada por *resort* espanhol", publicada em 30/01/2015 pela *Agência Pública* e premiada pelo 4º Prêmio República de Valorização do MPF, na categoria Jornalismo Web.

XUKURU DO ORORUBÁ

A Luta Não Tem Fim

Clarissa Martins Lima | Antropóloga, doutoranda na UFScar

HÁ CERCA DE 30 ANOS, OS XUKURU DA SERRA DO ORORUBÁ DAVAM INÍCIO À LUTA PELA RETOMADA DE SUAS TERRAS, EXPROPRIADAS NO DECORRER DE MAIS DE TRÊS SÉCULOS DE HISTÓRIA. EMBORA DESINTRUSADA NOS ANOS 2000, A TI XUKURU AINDA VIVE A PRESSÃO DE FAZENDEIROS, ALÉM DE ENCARAR NOVOS DESAFIOS

Sob a liderança do Cacique Xicão, que se tornaria uma liderança indígena nacional, e com uma população então estimada em três mil pessoas, o processo de retomada da TI Xukuru, localizada entre o agreste e o sertão pernambucanos, começou no início dos anos 1980. O processo formal de reconhecimento do território por parte do Estado, contudo, foi aberto apenas em 1989, um ano após a homologação da Constituição Federal.

A luta pela terra estendeu-se pela década seguinte, quando aprovados estudos de identificação e delimitação pela Funai, e não terminou sem que uma nova década se iniciasse. Xicão foi assassinado em 1998, e, apenas em 2001, a TI Xukuru foi homologada, não sem conflitos com os fazendeiros que ocupavam a área, e desintrusada nos anos seguintes. Atualmente, de acordo com dados fornecidos na assembleia que acontece anualmente na TI, entre os dias 17 e 20 de maio (data da morte de Xicão, quando ocorre uma celebração na mata em que está enterrado e onde foi assassinado), os Xukuru somam mais de 11 mil pessoas, distribuídas em mais de 20 aldeias. As aldeias estão localizadas nos 27,5 mil hectares da TI, dos quais, ainda de acordo com dados da Assembleia, apenas cerca de 5% restam a ser desintrusados.

Estes são números importantes, embora infelizmente não representem a realidade de grande parte dos índios no Nordeste, que ainda lutam não apenas por suas terras tradicionais, mas por terem mesmo a sua identidade étnica reconhecida e seus direitos constitucionais garantidos. O povo Xukuru conseguiu reaver grande parte do território considerado sagrado pelo grupo, teve seus direitos assegurados, passou a ter o controle de sua existência e viu sua população quase quadruplicar – confirmando o

Xukuru do Ororubá em ritual durante a XIII Assembleia do povo, TI Xukuru (PE).

que já se dizia na década de 90, quando diversos pesquisadores questionavam os decretos de extinção de índios no Nordeste que marcaram o início do século XX. No entanto, como sempre me lembram os Xukuru, a luta não acabou e, em meio aos benefícios conquistados nos últimos 30 anos, muitos problemas surgiram e outros tantos teimam em não desaparecer, assombrando o grupo e a perpetuação de suas conquistas.

Como dito, os moradores da TI Xukuru estão divididos em mais de 20 aldeias, cada uma delas com tamanho e população relativamente diversos. As duas maiores são Cana Brava e Vila de Cimbres, locais de importância fundamental para o grupo. A primeira por ser a aldeia de origem da família de Xicão, e a segunda por ser onde grande parte dos espaços considerados sagrados pelos Xukuru estão localizados. São lugares como a igreja de Nossa Senhora das Montanhas, morada de Mãe Tamaim, santa que deu a eles as terras em que vivem, e a Pedra do Lajedo, onde anualmente os antepassados se reúnem aos vivos para serem festejados.

As aldeias são agrupadas, ainda, em três grandes regiões, de acordo com a proximidade geográfica e afinidades socioambientais: Agreste, Serra e Ribeira. A TI está, em sua maioria, localizada no município de Pesqueira (PE), mas também abrange uma parcela do município de Poção (PE). Existem alguns rios e diversos açudes que atravessam o território, que têm a sua capacidade hídrica radicalmente restringida em períodos prolongados de seca – como a que vem sendo enfrentada nos últimos cinco anos. A divisão territorial corresponde a um modo de se organizar também politicamente após a desintrusão da TI, e de reunir pessoas que, até então, ficavam dispersas no território, sem contato sistemático com o movimento, sob o domínio dos fazendeiros. Em outras palavras, foi uma maneira de criar uma unidade e gerir a população dentro desse novo cenário. Dar conta das diversas demandas características de cada uma das regiões não é uma tarefa fácil, diante das especificidades de cada uma das aldeias, do aumento da população frente a um tamanho relativamente reduzido de terra, em uma região onde a seca é um problema frequente para o qual governantes sucessivamente deixam de encontrar respostas.

Para além dessas questões, é preciso notar que existia, logo após a desintrusão, como existe ainda hoje, uma forte e frequente pressão dos fazendeiros que foram retirados da TI, para retomarem as terras que ocupavam. Sobretudo aqueles que não receberam as indenizações pagas pelo governo para as benfeitorias avaliadas como de boa-fé e, mais especialmente, entre os que insistem em alegar que não existem índios ali. Opinião, aliás, partilhada por grande parte dos moradores de Pesqueira e, não custa lembrar, veiculada também pela grande mídia. Foi também em resposta a essa pressão e diante da certeza que ela impunha – de que a luta pela terra não se encerrava com a desintrusão – que os Xukuru se organizaram territorial e politicamente

Já após a morte de Xicão, seu filho, Marcos, assumiu o seu lugar e passou a ser o cacique do povo Xukuru, o que implica em ser a pessoa responsável por estabelecer diretrizes e tomar decisões em nome do grupo, bem como atuar fora de seus limites, buscando aliados e lutando pela garantia dos direitos conquistados. Ao seu lado, dona Zenilda, sua mãe, e Seu Zequinha, o pajé, ocupam lugar central dentro da organização política local, não apenas pelos papéis que tiveram no decorrer da luta pela terra, mas também pela relação específica que estabelecem com o mundo espiritual, atuando como intermediários entre o mundo dos vivos e o dos mortos. Além disso, existe um conselho que dialoga frequentemente com o cacique, influenciando em suas decisões, composto por pessoas que tiveram papel ativo na retomada do território, e que coincidem, no mais das vezes, com as que os Xukuru chamam de lideranças. Além disso, cada uma das aldeias passou a ter uma liderança, escolhida pelos encantados – espíritos dos antepassados que habitam o território –, responsável por resolver questões locais e por levar as demandas da aldeia que representa ao conselho e, não menos importante, ao conhecimento do cacique.

Para além de criar uma organização política interna própria e independente da sociedade envolvente – o que não era possível nos tempos dos fazendeiros, que perseguiam todos os que tentavam –, os Xukuru também passaram a ocupar paulatinamente cargos relativos à política indigenista e que não lhes eram acessíveis antes da desintrusão, ainda que já estivessem familiarizados com alguns dos serviços públicos de saúde e educação. Hoje, não só as equipes de Agentes Indígenas de Saúde e Agentes Indígenas de Saneamento são formadas pelos Xukuru, mas também grande parte dos enfermeiros, técnicos de enfermagem, professores e merendeiros que trabalham na área são da etnia. Merece destaque, ainda, Ednaldo Rodrigues, formado em psicologia e responsável não só por atender os Xukuru, sua etnia, mas também todas as etnias no estado de Pernambuco.

A possibilidade de acesso a estes cargos não pode ser entendida, apenas, com a entrada em vigor das políticas indigenistas. De fato, um conjunto de aspectos deve ser levado em conta. Primeiro, é preciso notar que, até a desintrusão, os Xukuru, adultos e crianças, trabalhavam para os fazendeiros na colheita de frutas (especialmente de tomates para o abastecimento da Peixe, indústria de enlatados localizada em Pesqueira) e na lida com o gado (na maioria das vezes brocando mato e, eventualmente, como vaqueiros). Dependiam do parco salário que recebiam para sobreviver, visto que lhes era proibido realizar atividades agrícolas de subsistência nas terras ocupadas pelos fazendeiros – o que, virtualmente, correspondia a quase toda a terra disponível. Com a saída dos fazendeiros, os Xukuru ocuparam as terras e passaram a se dedicar às atividades agrícolas próprias e à criação de animais. Ao mesmo tempo, o número de escolas na área aumentou e, já não precisando trabalhar para os fazendeiros – e incentivados por políticas governamentais que atrelam benefícios à frequência escolar –, a maior parte das crianças Xukuru passou a frequentar a escola. É esta nova geração, ao lado de algumas pessoas que frequentaram tardiamente a escola, que passou a ocupar paulatinamente os cargos vinculados às políticas indigenistas e que, de maneira cada vez mais recorrente, busca novas especializações, em cursos técnicos ou universidades que ficam fora da TI.

No entanto, é preciso ressaltar um efeito desse processo que me era sistematicamente lembrado pelos Xukuru: como me diziam, não dá pra todo mundo ser técnico de enfermagem e professor. O que ressaltavam com isso eram duas questões que caminham paralelas e que, de certa forma, também estão atreladas à desintrusão. Se, por um lado, essa crítica se destina aos poucos empregos disponíveis para os que se formam – na maioria das vezes vinculados à política indigenista, visto que são poucas as opções de trabalho nos municípios vizinhos –, por outro lado a frequência escolar tem feito com que os jovens percam o interesse pela agricultura ou pela criação de animais, trabalhos que consideram muito pesados e pouco rentáveis por conta da escassez de chuvas e os prejuízos frequentes que isso acarreta.

Na medida em que trabalhar para os fazendeiros já não é mais uma opção, o número de jovens ociosos é cada vez maior, o que preocupa as gerações mais velhas, especialmente por não ser incomum que a falta de serviço venha acompanhada do consumo de bebidas alcoólicas e do desejo, muitas vezes concretizado, de sair do território em busca de outras oportunidades. Assim, a garantia da terra não acarretou, de maneira geral, a garantia da subsistência do grupo – ainda que tenha assegurado a autonomia nas decisões dos usos dos espaços e que o desejo do grupo, de poder desenvolver suas atividades agrícolas tal qual era feito por seus antepassados e sem a intervenção externa, tenha se concretizado –, o que representa um desafio, uma nova luta que os Xukuru começam agora a enfrentar.

No que diz respeito ao aspecto religioso do grupo – e uso aqui o termo "religioso" por ser este o que os Xukuru mobilizam –, é importante destacar que práticas proibidas no tempo dos fazen-

Xukuru do Ororubá durante manifestação realizada em Cimbres (PE) durante a XIII Assembleia do povo.

deiros, especialmente o *toré* (ritual partilhado por diversos povos indígenas no Nordeste, que envolve, no caso Xukuru, o contato com seres espirituais em busca de força e conselhos), voltaram a ser realizadas e foram mesmo intensificadas. E isso mesmo após o fim do processo de desintrusão, algo que contradiz o que muitos sugeriram, relacionando o *toré* a uma questão puramente identitária. Mas é preciso destacar também que, assim como grande parte dos povos indígenas no Nordeste, os Xukuru são católicos e devotos de Nossa Senhora das Montanhas, que é considerada a mãe do povo – um catolicismo próprio, que recebeu pouca atenção dos pesquisadores. Além disso, existem alguns grupos evangélicos e outros adeptos do candomblé que habitam o território, configurando um sistema religioso aberto e plural, mas localmente orientado. De fato, ainda que a relação com a santa nunca tenha desaparecido, a retomada das terras garantiu que esta relação voltasse a ser o que nunca deveria ter sido alterado. "A terra", as pessoas me diziam com frequência, "é da santa", e é justamente nascer e se criar naquele lugar, no domínio de Nossa Senhora das Montanhas, o que faz com que as pessoas sejam e possam continuar sendo Xukuru – nas mais variadas formas culturais que possam assumir. *(dezembro, 2016)*

ACONTECEU

Grafismo Tremembé
Fonte: "A tradição por trás da criação - Cartilha do povo Tremembé".
Evaldo Mendes Silva, Ivo Sousa, Karla Virgínia Monteiro.
Fortaleza: Seduc, 1998.

CEARÁ / GERAL

EMPRESA É PROIBIDA DE ATUAR NA LAGOA ENCANTADA

A empresa Pecém do Grupo Ypióca está obrigada a parar suas atividades na Lagoa Encantada, em Aquiraz. Foram detectadas irregularidades no uso de recursos hídricos, além de alta mortalidade de peixes. A liminar expedida pelo TRF (07/07) é uma resposta, em segunda instância, a ação de 2006. O advogado da Pecém questiona a existência de TI e afirma que a empresa tem licenciamento ambiental válido da Superintendência Estadual do Meio Ambiente (Semace). A comunidade Jenipapo-Canindé, com posse da TI Lagoa Encantada, será ouvida. *(A. Jonathas, O Povo online, 16/07/2011)*

TURISMO IRREGULAR EM TIS GERA VIOLÊNCIA

A questão fundiária está ligada à violência e ao uso de drogas nas aldeias indígenas cearenses. No sábado (11), os Jenipapo-Kanindé fizeram uma "corrente humana" para impedir o acesso à Lagoa da Encantada. A atitude foi tomada após o assassinato de um morador da comunidade, no último dia 6, que teria sido motivado pelo uso de drogas. Recentemente, os Pitaguarys permaneceram acampados por quase cinco meses, impedindo o acesso ao açude da aldeia, em Maracanaú. Já em Caucaia, entre os Tapeba da comunidade da Ponte, próximo ao Rio Ceará, o problema são os crimes. A historiadora Ana Lúcia Tófoli chama a atenção para o turismo irregular: "As pessoas que procuram esses espaços para o lazer, muitas vezes, o fazem associado ao consumo de álcool e drogas. Via de regra, não estabelecem relações respeitosas com as populações nativas e desconsideram ou desconhecem os limites das terras". *(K. Garcia, Diário do Nordeste, 20/08/2012)*

PEDREIRA GERA REVOLTA NA TI PITAGUARY

Os Pitaguary, residentes em Pacatuba (CE), ocupam, desde 15/11/2011, o terreno da pedreira Britaboa, dentro de terras declaradas indígenas [pelo MJ] em 2006. O processo de demarcação teve início em 1989. A empresa entrou com ação de reintegração de posse de 36 ha. A Justiça determinou a redução da área de exploração para 3 ha, e a desocupação do terreno pelos índios. Rosa Pitaguary afirma que os índios não aceitam a pedreira em suas terras. Segundo Semace, a empresa protocolou Licença de Operação em out. de 2012. Entretanto, segundo a Funai, quando um empreendimento gera impactos a comunidades indígenas, é necessário que o órgão licenciador seja federal. *(Diário do Nordeste, 21/03/2013)*

Manifestação do povo Pitaguary na CE-060, município de Pacatuba (CE), contra a atividade da pedreira Britaboa no interior da TI Pitaguary.

CEARÁ / ANACÉ

DEMARCAÇÃO É ESSENCIAL PARA CONSTRUÇÃO DE REFINARIA

Em meio às dúvidas sobre a instalação da refinaria Premium II, a Procuradoria da República no CE volta a cobrar da Funai a conclusão dos estudos para identificação e delimitação da TI Anacé. O procurador Regional da República no CE defende como essencial à legitimidade da construção a conclusão dos estudos e a publicação no DOU. *(C. Eugênio, Diário do Nordeste, 28/07/2011)*

COMPRA DE TERRA PARA OS ANACÉ É ACORDADA

O governo do CE e a Petrobras fecharam ontem, em Brasília, acordo para a aquisição de uma área de 725 ha em Caucaia, para o reassentamento da comunidade Anacé. *(A. Furtado, Diário do Nordeste, 21/09/2012)*

TERRENO PARA A RESERVA INDÍGENA É DESAPROPRIADO

O governo estadual está com a posse dos 543 ha do terreno que abrigará a RI Anacé. Os Anacé chegaram a afirmar, quando da visita

Antônio Alexandre, morador da TI Taba dos Anacés. Com projeto de refinarias cancelado, índios temem que Petrobras não cumpra acordo de transferência.

da presidente Dilma à Fortaleza, em julho passado, que eles não eram empecilho para a refinaria. "Nós aceitamos desde que seja feita a indenização das famílias, construídas as nossas casas e feita toda a infraestrutura do local para a nossa comunidade", informou na ocasião o representante da comunidade, Júnior Anacé. *(S. Sousa, Diário do Nordeste, 08/08/2013)*

REFINARIA É CANCELADA, ANACÉ AGUARDAM

Com o cancelamento da construção, o povo Anacé teme que a Petrobras descarte também o apoio à transferência para uma nova reserva. Em 28 de janeiro, a Petrobras informou que as duas refinarias Premium, no Ceará e Maranhão, não sairiam do papel. São 134 famílias de Matões e 29 de Bolso já indenizadas esperando a conclusão da reserva para fazer a mudança. *(A. Teixeira, G1 Globo, 07/02/2015)*

PARAÍBA / POTIGUARA

CACIQUE POTIGUARA ASSASSINADO

O cacique Potiguara Geusivan S. L., 30 anos, morreu neste domingo, 5, em João Pessoa. A liderança foi vítima de um atentado na última terça, 31, na aldeia Brejinho, município de Marcação. Os pistoleiros atiraram também contra Claudemir F. S.. De acordo com o cacique geral do povo Potiguara, Sandro G. B., o atentado se soma a ameaças, agressões e tentativas de homicídio sofridas por sete caciques Potiguara e relatadas para a PF e MPF entre 2011 e este ano. Em abril a comunidade da aldeia Brejinho retomou 90 ha de área ocupada por fazendas de cana de açúcar, dentro da TI já demarcada. Geusivan liderou os indígenas, iniciando a construção de moradias e abrindo roçados. A medida atendeu decisão dos 32 caciques Potiguara: dentro das TIs, nenhuma muda de cana deveria ser plantada e as lavouras existentes não renovadas; os arrendamentos de terra impedidos. As denúncias registradas, ao menos em alguns casos, envolvem indígenas cooptados por latifundiários e não-indígenas que residem dentro do território e arrendam áreas para a plantação de cana. *(R. Santana, Cimi, 06/08/2012)*

SOBREPOSIÇÃO EM DEBATE EM RIO TINTO

A equipe da APA da Barra do Rio Mamanguape (PB) acaba de participar da 2ª reunião do Conselho Regional do Projeto de Gestão Ambiental e Territorial Indígena Nordeste I, na aldeia Monte Mor, em Rio Tinto (PB), abrangido pela UC. Eles discutiram temas referentes à PNGATI ao lado de representantes da Funai e lideranças indígenas. Os índios manifestaram preocupação com as pressões externas e salientaram a necessidade de maior articulação com órgãos ambientais e instituições de pesquisa, com o objetivo de se buscar alternativas para a geração de renda de maneira sustentável. *(Victor Souza, ICMBio, 02/08/2013)*

REJEITOS DE CANA PREJUDICAM OS POTIGUARA

A usina de açúcar Monte Alegre, em Mamanguape, derramou centenas de litros de vinhoto, subproduto da cana de açúcar, nas águas do rio que leva o mesmo nome e corta o território Potiguara. O fato aconteceu em setembro. Aproximadamente 500 famílias acabaram prejudicadas. Em 1987 o povo Potiguara passou por situação semelhante. Na ocasião a usina Agican, de Rio Tinto, jogou vinhoto no rio Camaratuba. O caso segue impune. *(Cimi, 21/10/2013)*

PERNAMBUCO

JUSTIÇA DEMANDA DESINTRUSÃO DA TI ATIKUM

O MPF em Serra Talhada/Salgueiro (PE) obteve na JF decisão que obriga a Funai a adotar as medidas necessárias à retirada dos não-índios que vivem na TI Atikum, em Carnaubeira da Penha. A TI Atikum foi demarcada e homologada em 1996, com 16.290 hectares. Mais de 15 anos depois, não houve a regularização fundiária. *(MPF/PE, 25/09/2012)*

NA TERRA FULNI-Ô, MAIORIA É NÃO INDÍGENA

Na TI Fulni-ô, com 11,5 mil hectares, 78% dos moradores não são índios - ou não se descrevem assim. São 18.647 pessoas. O município de Águas Belas está praticamente todo dentro dela. Os Fulni-ô ganharam lotes após um decreto estadual de 1928, que permitia o arrendamento. Na época, a distribuição de 427 lotes foi feita pelo SPI. Além dos lotes, os índios ganharam uma área coletiva, a aldeia-sede. É lá que vivem hoje. *(F. Luchete, FSP, 11/08/2012)*

FULNI-Ô LUTAM POR ENSINO DIFERENCIADO

Os Fulni-ô são os únicos que mantiveram a língua materna em PE. Há oito anos, o estado começou a criar vínculos empregatícios com os professores. Dessa forma, passou a interferir na metodologia e currículo da escola. O nome da escola é Antônio José Moreira, homenagem ao professor de Iatê e liderança dos Fulni-ô. "Tínhamos que mudar o nome para homenagear políticos e personalidades do Estado", destaca o jovem professor Idiarrury de Araújo. Entre setembro e novembro, os Fulni-ô entram na principal prática ritualística do povo: o Ouricuri. Tudo para na aldeia, inclusive as aulas, mas o estado alega que a escola não cumpre as 200 horas-aula, também exige que todos descrevam o ensinado nas aulas. Surge aí uma dificuldade: o ensino do Iatê é ligado ao Ouricuri, ritual sagrado e secreto, então como descrever o ensinado? *(R. Santana, Cimi, 16/02/2012)*

EXPLORAÇÃO DE ÁGUA NAS TIS FULNI-Ô E XUKURU É REJEITADA

A Comissão de Direitos Humanos e Minorias rejeitou, na quarta-feira (28), proposta da ex-dep. Ana Arraes (PSB-PE) que autoriza a Companhia Pernambucana de Saneamento a aproveitar recursos hídricos nas terras ocupadas pelos Fulni-ô, em Águas Belas, e pelos Xucurus, em Pesqueira (PE). Para o relator, dep. Padre Ton (PT-RO), não foi feita consulta prévia às populações indígenas afetadas nem à Funai. *(C. Siqueira, Agência Câmara, 06/12/2012)*

FULNI-Ô DENUNCIAM ARBITRARIEDADE POLICIAL

Representantes do povo Fulni-ô de Águas Belas manifestam o sentimento de repúdio e indignação à entrada não autorizada de policiais militares alocados em Águas Belas e Garanhuns, na área Fulni-ô. Antes de tudo, reconhecemos que indivíduos indígenas na comunidade são acusados de responderem por atos criminosos. Entretanto, ainda que esses crimes fossem sentenciados, não justificaria as frequentes investidas que a PM vem fazendo nos espaços doméstico e comunitário das aldeias. Apesar de zelarmos pela boa convivência, recordamos que o município de Águas Belas está encravado irregularmente dentro do território Fulni-ô. A polícia não pode se posicionar como instituição inimiga da comunidade. Não aceitamos o abuso de autoridade. Aldeia Fulni-ô, 03/02/2014. *(Combate Racismo Ambiental, 08/02/2014)*

HOMEM É ASSASSINADO NA ALDEIA FULNI-Ô

De acordo com a Polícia Civil, a vítima - um agricultor de 43 anos - estava na frente de casa quando uma pessoa não identificada passou e atirou contra ela. *(G1 Globo, 18/04/2014)*

ACORDO COM UC GARANTE RITUAL PIPIPÃ E KAMBIWÁ

A realização do ritual "Aricuri" na ReBio de Serra Negra (PE) está garantida por um acordo entre o ICMBio, a Funai, representantes dos Pipipã e Kambiwá e Procuradoria da República Pólo Serra Talhada/Salgueiro. A cerimônia é realizada desde o século 19 no mesmo local, mas havia risco de não ocorrer este ano por falta de entendimento entre os indígenas e a coordenação regional do ICMBio responsável pela Reserva que faz limite com a TI Kambiwá, habitada pelas duas etnias. Parte da Reserva, onde se encontra a área do ritual sagrado, é pleiteada pelos Pipipã e está em estudo pela Funai. O "Aricuri" também é conhecido por "Ouricuri" entre outros povos da região, como os Fulni-ô. *(Funai, 27/09/2011)*

Mobilização por Educação e ocupação da Secretaria de Educação de Pernambuco, em Recife (PE), contaram com a presença de mil indígenas de 11 povos. Da esquerda para a direita, cacique Marcos Xukuru, Pretinha Truká, Manoelzinho Pankará e Neguinho Truká.

CONFLITO PIPIPÃ DEIXA CRIANÇAS FORA DA ESCOLA

O MPF em Serra Talhada (PE) vai promover, em 5/12, audiência pública para solucionar conflitos que têm impossibilitado o acesso de crianças da etnia Pipipã à sala de aula, na Aldeia Travessão do Ouro, município de Floresta. Desavenças entre duas facções resultaram na retirada de crianças da escola e na demissão de professoras indígenas. O local teve de ser interditado pela PF no início de 2012. *(MPF/PE, 03/12/2012)*

XUKURU TEM PENA POR CONFLITO EM 2003 DIMINUÍDA

Após terem sido condenados em primeira instância a cumprir pena de 10 a 12 anos de prisão em regime fechado, por conta de conflito na cidade de Pesqueira em 2003, 35 índios xucurus - incluindo o cacique Marcos - tiveram as penas diminuídas. A decisão saiu na quinta (18), após julgamento no TRF da 5ª Região no Recife. Os índios passam a cumprir penas de 4 anos, em regime aberto, com possibilidade de transformar em pena alternativa. Em fevereiro de 2003, o cacique Marcos sofreu um atentado na Zona Rural de Pesqueira, quando dois índios foram assassinados. De acordo com o MPF, os indígenas revoltados atiraram contra [a vila de] Cimbres, danificaram carros, ônibus, saquearam 22 imóveis e incendiaram outros quatro. De acordo com o TRF, a pena de 4 anos foi considerada suficiente por conta da gravidade dos delitos causados pelo grupo. *(G1, 19/10/2012)*

CACIQUE É IMPEDIDO DE EMBARCAR PARA NOVA YORK

O cacique Marcos Xukuru recebeu o aviso da Funai de que não poderia embarcar para Nova York e participar da 1ª Conferência Mundial sobre os Povos Indígenas, na sede das Nações Unidas, devido a um processo judicial envolvendo a luta pela demarcação da TI Xukuru do Ororubá, no município de Pesqueira (PE), em 2003, que já transitou e foi julgado pelo TRF-5. O cacique, por medida cautelar da OEA, faz parte do programa de proteção do estado de Pernambuco. *(R. Santana, Cimi, 23/08/2014)*

JUSTIÇA DETERMINA IRRIGAÇÃO PARA OS TRUKÁ

Após ação do MPF em Petrolina/Juazeiro, a JF determinou que a Funai deverá providenciar o necessário para projeto de irrigação para subsistência dos índios trukás, que compartilham área rural em Sobradinho (BA) com agricultores da Associação Fonte de Vida. A Funai também terá que regularizar o fornecimento mensal de cestas básicas às famílias indígenas até que elas possam garantir o próprio sustento. De acordo com o MPF, os índios vivem em absoluta miséria. Além disso, a convivência na terra dos agricultores da Associação Fonte de Vida é tensa. O MPF intermediou, nos anos de 2009 e 2010, várias reuniões no intuito de solucionar os problemas, até que fossem adquiridas terras definitivas para os indígenas. *(MPF/PE, 23/02/2011)*

TRUKÁ INTERDITAM BR-843 CONTRA TRANSPOSIÇÃO

Protestos com interdição da BR-428 marcaram a visita da presidente Dilma Rousseff ao município de Cabrobó (PE), onde vistoriou obras da transposição do Rio São Francisco. O líder Yssô Truká, indignado, comandou uma dança Toré, de protesto. Ele defende que a transposição só atende os interesses do agronegócio. "Fomos traídos pelos governos Lula e Dilma", disse. A comunidade Truká em Cabrobó vive na ilha de Assunção, com uma população de 6 mil pessoas, a maioria da etnia. *(O Estado de São Paulo, 13/05/2014)*

KAPINAWÁ RETOMAM TERRITÓRIO NO SERTÃO

O povo Kapinawá retomou neste mês terras localizadas entre Buíque e Ibimirim (PE) para pressionar a Funai a demarcar território não contemplado na delimitação anterior. Há dez anos em poder dos índios, a área recuperada fica dentro de uma fazenda. Nas terras vivem 600 famílias kapinawá - cerca de 2.500 indígenas - em doze aldeias: Quridalho, Lagoa, Puiu, Maria Preta, Colorau, São João, Cajueiro, Caranaúba, Caldeirão, Baixa da Palmeira, Coqueiro e Batinga. Todas reconhecidas pela Funai desde 1999, além de atendidas pela saúde e educação diferenciadas. Em julho deste ano começaram a correr boatos de que o fazendeiro iria vender as terras ou construir uma pousada para os turistas do PN do Vale do Catimbau. A insegurança se instalou entre os indígenas.

ACONTECEU

Yssô Truká (na foto, ao microfone), liderança do povo Truká, foi atingido por três tiros durante atentado de pistoleiros em Caruaru (PE).

"Marcha pelas Águas" do Rio São Francisco e ato contra usina nuclear mobilizam os Pankará em Itacuruba.

No decorrer da década de 1980, a Funai identificou e delimitou as terras kapinawá em 14 mil hectares. No entanto, deixou de fora famílias que não se assumiam indígenas. A questão tornou-se mais delicada quando em 2001 o governo FHC criou o PN do Vale do Catimbau, em cujos limites foram incluídas terras kapinawá, homologadas, bem como das famílias que não estavam incluídas no processo de identificação da Funai na década de 80. *(R. Santana, Cimi, 22/08/2011)*

PROJETO NUCLEAR NO SERTÃO AMEAÇA OS PANKARÁ

Quando o governo transferiu a aldeia Pankará da margem do Rio São Francisco para um terreno pedregoso e sem água, em Itacurubá, o então cacique Geraldo Cabral pensou que o megaprojeto da Represa de Itaparica era o último ataque. Mas a história se repete. Tratores cortaram a comunidade onde vivem 65 famílias para a abertura de uma estrada estadual, construída com recursos federais. O susto maior foi quando os índios receberam a notícia de que o caminho levaria a uma usina nuclear. O projeto de uma usina no semiárido nordestino chegou a ser anunciado no ano passado pelo ministro de Minas e Energia, Edison Lobão. A ideia está engavetada. Uma estrada, porém, começou a ser aberta na terra dos pankarás para garantir o acesso a um sítio reservado para a usina, a 8 km das malocas. Os técnicos do governo espalharam no centro de Itacurubá a versão de que, durante as obras, serão criados 4 mil empregos. Era uma notícia robusta para os habitantes de Itacurubá, Rodelas e Petrolândia, cidades reconstruídas pela Companhia Hidrelétrica do São Francisco (Chesf) após a inundação da represa. Os moradores da região saíram de uma economia de subsistência, de pequenas criações e lavouras, para viver ao redor das prefeituras e dos salários do funcionalismo público, em novos centros urbanos.

Até dezembro de 2002, os índios da região utilizavam vários nomes e expressões para reafirmar sua distintividade étnica, como "caboclo" e "braiado". No começo de 2003, passaram a adotar o etnônimo Pankará da Serra do Arapuá. Hoje, o povo indígena reúne quase 3 mil pessoas - a Funai só tomou providências quanto ao reconhecimento territorial em 2005. Eles não se opõem a obras de infraestrutura do governo, mas criticam a falta de diálogo e a ausência de compromisso para garantir que a comunidade seja beneficiada. *(L. Nossa, OESP, 15/07/2012)*

COMPANHIA ENERGÉTICA DEVE RESSARCIR OS PANKAIWKÁ

A Companhia Energética de Pernambuco cortou a energia do local por causa de débito e ligação clandestina. Um medidor único para 42 famílias (155 pessoas) levou à impossibilidade de quitar dívida. Os Pankaiwká perderam plantações irrigadas em 2012, no município de Jabotá, depois que tiveram a energia cortada. À época, a Funai entrou com uma ação e a JF entendeu que houve prejuízos coletivos. A Celpe também foi condenada a implantar rede elétrica adequada. *(G1 Globo, 25/03/2015)*

PANKARARU E XOCÓ CONVIVEM MAL COM ÁGUAS REPRESADAS

A hidrelétrica de Itaparica ocupou o território dos Pankararu, mas enquanto outros foram compensados, a eles coube apenas perder suas terras e o acesso ao rio São Francisco. Quase 200 quilômetros rio abaixo, a comunidade

ACONTECEU

Xokó sofre a diminuição de água, contida acima por grandes represas, inviabilizando os arrozais de aluvião e reduzindo drasticamente a pesca. Com 30 anos, Apolônio Lima, o cacique xokó, explicou que busca para sua gente, pouco mais de 400 pessoas, um futuro sustentável. Para isso, estimula a apicultura e outras produções alternativas, luta pela revitalização do São Francisco e se opõe à transposição de suas águas. "Antes de fazer isso, é preciso dar vida ao rio", afirmou o cacique.

Os líderes pankararu se sentem roubados. O ex-cacique apelidado de Zé Índio, luta por indenizações milionárias, porque os indígenas foram excluídos das compensações por sua terra inundada, ao contrário dos municípios, cujas prefeituras recebem benefícios, e os camponeses assentados nas chamadas agrovilas com áreas irrigadas. Zé Índio esteve preso e perdeu seu cargo por liderar, em 2001, um protesto que danificou linhas de transmissão elétrica que passam por montanhas do território pankararu sem compensação alguma. A terra fértil é outra fonte de conflitos. Desde a demarcação da Reserva Pankararu, em 1987, os indígenas pressionam o governo para retirar os agricultores brancos que ocupam a melhor parte do território. O povo pankararu vive em uma reserva de 8.376 ha e em 2003 contava com 5.584 integrantes, segundo a Funai. Outros milhares emigraram para as cidades, especialmente São Paulo, onde mantêm sua identidade e se reúnem em ritos religiosos e festas indígenas. *(M. Osava, Envolverde, 22/01/2014)*

ALAGOAS E SERGIPE

DIFICULDADE PARA VACINAR ÍNDIOS EM ALTO SERTÃO

Dos dez municípios alagoanos com aldeias indígenas, Pariconha, no Alto Sertão, é o que registra o menor índice de cobertura vacinal. No polo base de saúde que atende as aldeias das etnias katokine e karuazu ainda há vacinas estocadas. Na aldeia dos jeripankós, a três quilômetros da cidade, os agentes de saúde indígena se esforçam para cumprir a meta. Apenas 13 dos 102 municípios alagoanos atingiram a meta de vacinação satisfatória de 80%. *(O Globo, 13/05/2011)*

POVO TAPEBA SOFRE COM ENCHENTE DO RIO CEARÁ

Cerca de 50 famílias tapeba em Caucaia estão desabrigadas na Comunidade Tapeba 1 e 20 na Comunidade Tapeba 2. *(Souto Filho, O Estado/CE, 11/03/2011)*

TETO DE ESCOLA TAPEBA DESABA SOBRE ESTUDANTES

O acidente aconteceu na Escola Diferenciada Índios da Terra, em Caucaia. Segundo o professor e líder indígena Weibe Tapeba, cerca de 20 estudantes foram atingidos. *(O Povo online, 11/03/2011)*

MPF/AL QUER INDENIZAÇÃO PARA OS XUKURU-KARIRI

Procurador diz considerar que Funai e União foram omissas por não demarcar a TI em Palmeira dos Índios: "a Funai iniciou o processo em 1988 [...] e, passados mais de 24 anos não foi concluído". Segundo ele, os Xucuru-Kariri têm direito à terra desde 1700, quando a Coroa portuguesa concedeu a esses índios o equivalente a 36 mil ha. O MJ reconheceu em 2010 que uma área de 6.927 ha pertence aos índios. De acordo com o MPF, hoje, apenas 1.315 hectares são ocupados por famílias indígenas. *(D. Carvalho, Folha de São Paulo, 04/07/2012)*

XUKURU-KARIRI AMPLIAM RETOMADAS

Duzentos indígenas do povo Xukuru-Kariri retomaram na última terça-feira, 18, cerca de 50 ha em Palmeira dos Índios. O território faz parte dos 7 mil ha já declarados pelo MJ. Com o objetivo de acelerar o processo de regularização, os Xukuru-Kariri têm realizado retomadas. Em outubro de 2011, o movimento ocorreu em uma área de 184 ha. Os fazendeiros invasores pediram reintegração de posse, não autorizada pela Justiça. A primeira retomada foi em 1979, e de lá para cá aconteceram cerca de oito. A PM foi acionada pelos posseiros que ameaçam partir para o confronto. *(L. Luizy, Cimi, 20/12/2012)*

JF QUER DEMARCAÇÃO DA TI XUKURU-KARIRI

Nesta quarta-feira (16), o juiz federal A. C. Araújo, da 8ª Vara Federal em Arapiraca, atendeu aos pedidos do MPF e condenou a União e a Funai a concluírem a demarcação física da TI Xukuru Kariri. Um GT da Funai estava realizando o levantamento fundiário dentro da TI em agosto, quando teve seus trabalhos suspensos por um memorando que alegava falta de recursos. A suspensão aconteceu há pouco mais de uma semana de um encontro entre o presidente do Senado, Renan Calheiros (PMDB-AL), o ministro da Justiça, J. E. Cardozo, a ministra-chefe da Casa Civil, Gleisi Hoffmann e o prefeito James Ribeiro, de Palmeira dos Índios. *(P. Bonilha, Cimi, 18/10/2013)*

XUKURU-KARIRI NÃO QUEREM EXPULSAR MORADORES

A Prefeitura de Palmeira dos Índios vai recorrer na Justiça da decisão do dia 12 da 8ª Vara Federal em Arapiraca que determinou a demarcação das terras Xukuru-Kariri na cidade. O líder indígena Gecinaldo Xukuru-Kariri e o antropólogo Jorge Viana questionaram a versão, recorrente na cidade, de que os índios querem expulsar os moradores de Palmeira dos Índios de suas casas. "O que se quer é uma compensação em outro local pela área que está dentro da cidade. E mesmo na parte rural, eles exigem que os pequenos posseiros, sejam reassentados e indenizados", diz Viana. Gecinaldo confirma essa posição. "Isso é discurso dos políticos locais para conseguirem os votos dos posseiros e seus familiares". Um relatório da Funai, publicado no DOU em 20/10/2008, aponta que a demarcação não vai entrar no perímetro urbano de Palmeira dos Índios, apesar de, historicamente, o território indígena abranger parte dessa área. *(C. Amaral, Tribuna Hoje/AL, 20/03/2015)*

KARAPOTÓ OCUPAM FAZENDA NO SUL DE ALAGOAS

Os Karapotó, com apoio de outras etnias, alegam que a fazenda, no município de São Sebastião, ocupa uma área tradicionalmente indígena. Segundo o cacique Jorge Barnabé, os povos da região estão sem terra para plantar e alimentar as aldeias. *(C. Pimentel, Agência Brasil, 28/04/2011)*

KARAPOTÓ INTERROMPEM DUPLICAÇÃO DA BR-101

Cerca de 70 índios da etnia karapotó plak-ô ocuparam o canteiro de obras de duplicação da rodovia que passa pelas terras da aldeia em São Sebastião. Com o rosto e o corpo pintados, os índios fizeram um toré às margens da pista antiga em sinal de protesto. Os karapotós pedem que o DNIT, forneça máquinas e veículos para o trabalho agrícola, além da compra de cabeças de gado, a construção de uma casa de farinha e de uma barragem. Eles também cobram o apoio da Funai. *(G1 Globo, 07/03/2012)*

WASSU INVESTEM EM MEL DE ABELHA

São 280 colmeias em cinco apiários espalhados na mata e a expectativa é de que a aldeia Wassu Cocal produza cerca de uma tonelada

ACONTECEU

de mel neste primeiro semestre. Com o apoio da Funai, os apicultores aderiram a um financiamento para investir no projeto. "O grupo compra todo equipamento", explicou o cacique Jeová Onório. A estimativa é de uma produção de quatro toneladas no trimestre de janeiro a março. *(G1 Globo, 17/02/2011)*

SURTO DE DIARREIA NA TI WASSU COCAL

A principal suspeita, até o momento, está na água consumida pela comunidade. *(Alagoas 24 horas, 22/01/2013)*

JUSTIÇA NEGA INDENIZAÇÃO NA TI WASSU-COCAL

A AGU conseguiu, na Justiça, suspender pagamento indevido, pelo Incra, de R$ 11 milhões a título de indenização pela desapropriação de imóvel sobreposto à TI Wassu-Cocal, nos municípios de Joaquim Gomes e São Luiz do Quitunde. O imóvel havia sido desapropriado pelo Incra em 2011 para instalação de um projeto de assentamento de reforma agrária. Após o acordo já homologado, a Funai reconheceu a área como tradicionalmente ocupada. Dessa forma, os títulos apresentados pela Agro Industrial Serrana Ltda. (Agrisa) seriam nulos. *(AGU, 01/04/2013)*

PRISÃO DE ÍNDIO WASSU GERA REVOLTA

Segundo um agente de Polícia Civil de Novo Lino, o índio foi detido com uma espingarda caseira (conhecida como 'soca tempero'). O acusado alegou que estava retornando de uma caçada na mata. Revoltados com a situação, cerca de 300 Wassu Cocal bloquearam a BR-101, no início da noite desta sexta e a liberaram às 2h da madrugada deste sábado após o preso ser liberado. *(Alagoas 24 Horas, 09/11/2013)*

STJ VETA REESTUDO DA TI WASSU-COCAL

Os índios da Aldeia Wassu-Cocal, em Joaquim Gomes, receberam em agosto uma decisão do STJ que proíbe a ampliação de suas terras. A Primeira Seção concedeu mandado de segurança preventivo a proprietários de uma fazenda próxima à área protegida, demarcada antes da Constituição de 1988. A propriedade pertence à família de C. A. Canuto, prefeito de Pilar. No início dos anos 2000, os impetrantes adquiriram terras no município do Joaquim Gomes. Porém, em 2012, a Funai constituiu grupo de trabalho com a finalidade de identificar áreas tradicionalmente ocupadas pelos Wassu-Cocal. O relatório concluiu que toda a área do imóvel rural é considerada TI. As conclusões foram aprovadas pela presidência da Funai.

Segundo o ministro Kukina, o STF, muito embora reconheça a ausência de eficácia vinculante ao acórdão proferido na Pet 3.388 (TI Raposa Serra do Sol), entende que os pressupostos estabelecidos para a validade de demarcação de TI não são direcionados apenas àquele caso específico, mas a todos os processos sobre o mesmo tema. *(TNH1/, 27/09/2015)*

DESMATAMENTO NA TI KARIRI-XOCÓ GERA PROCESSO

O MPF em Arapiraca (AL) ingressou com ação civil pública de responsabilidade por danos causados ao meio ambiente, em área tradicionalmente ocupada por índios kariri-xocós, situada na Fazenda Unajara (ou Inajara), entre os municípios de Porto Real do Colégio e São Brás. O MPF pede que os réus sejam condenados a reparar o dano, com o devido replantio da vegetação em toda a área afetada pela prática ilegal de corte e desmatamento. *(MPF/AL, 01/04/2011)*

...LIXÃO TAMBÉM

A prefeitura de Porto Real do Colégio (AL) e a Funai são rés na ação proposta, nesta segunda-feira, 16 de julho, pelo MPF em Arapiraca (AL). Pesa contra a prefeitura a instalação de um lixão a céu aberto - com resíduos hospitalares - nas terras destinadas à comunidade Kariri Xocó. Já a Funai foi omissa quanto à proteção da TI. O analista pericial do MPF/AL verificou que o depósito fica entre as moradias e o espaço destinado aos rituais religiosos. As terras foram declaradas como pertencentes aos Kariri-Xocó pelo MJ há seis anos. *(MPF/AL, 16/07/2012)*

KAXAGÓS REIVINDICAM TERRA

A etnia Kaxagó requer que a Funai adquira uma área no município de Gararu (SE). As terras reivindicadas têm 200 ha. Os Kaxagós vivem na TI Kariri-Xocó (AL). Eles afirmam sofrer discriminação por parte dos Kariri-Xocós, além de estarem em situação de vulnerabilidade, uma vez que não dispõem de terras para o sustento da comunidade. *(MPF/SE, 19/08/2011)*

JUSTIÇA PEDE TERRA PARA OS FULKAXÓ

A JF determinou que a União e a Funai adquiram e demarquem terras para mais de 70 famílias Fulkaxó. Atualmente, os Fulkaxós vivem na TI Kariri-Xocó, em Porto Real do Colégio (AL). Desde 2006, eles informaram à Funai a existência de tensões entre as duas etnias e a impossibilidade de habitarem a mesma TI. *(MPF/SE, 28/02/2014)*

KARIRI-XOCÓ COBRAM CASAS

Cerca de 500 famílias cobram a construção de 250 casas do programa federal "Minha Casa Minha Vida". As novas residências começaram a ser construídas em setembro do ano passado, mas em outubro, um mês depois, a obra parou e nunca mais foi retomada. *(G1 Globo, 14/04/2014)*

A RETOMADA DO POVO KARIRI-XOKÓ

Em Porto Real do Colégio (AL) tem uma fazenda que há mais 45 dias está sendo ocupada por cerca de 600 indígenas Kariri-Xokó. A retomada - nome dado à reconquista das terras pelos povos originários - foi a ação adotada pelos Kariri-Xokó. Ao chegarmos na pequena cidade percebemos que ela carrega em seus moradores os traços indígenas. Dentro do município tem uma rua, como se fosse uma vila de casas, que é chamada de aldeia Kariri-Xokó. Na terra existia uma fazenda que foi resgatada pelos índios na primeira retomada indígena do Brasil, em 1978. Hoje os Kariri-Xokó reivindicam a posse de cerca de 4.000 hectares, para que as 4.700 pessoas que residem na aldeia possam ter terra suficiente para plantar e cultivar suas tradições e religião. Conforme informações da Funai, a área está declarada pelo MJ e ainda não foi homologada. Em junho do ano passado, a JF de Alagoas negou liminar que pretendia anular a demarcação feita em favor dos Kariri-Xokó. A ação de anulação foi proposta por nove fazendeiros da região de Porto Real do Colégio. *(G. Gomes, Revista Rever, 21/04/2015)*

ÍNDIOS XOCÓ DESALDEADOS QUEREM TERRA

Em consequência de um conflito intra-étnico, várias famílias da etnia foram impedidas de voltar à terra indígena dos Xokó e, atualmente, vivem em periferias de Aracaju (SE), N. S. do Socorro (SE) e Maceió (AL). Os índios também têm encontrado problemas para ter acesso à saúde. O conflito teve início quando uma família, pertencente à etnia Xokó, há muitos anos vivendo fora da TI, tentou voltar, mas foi impedida pelos demais índios. Estes alegam que a família não esteve junto aos demais durante o processo para conquista de suas

ACONTECEU

Advogado Delson Lyra fala sobre o resultado de julgamento sobre demarcação da TI Kariri Xocó no TRF5 em Maceió (AL).

terras. A TI Caiçara/Ilha São Pedro já demarcada está localizada na Ilha de São Pedro, em Porto da Folha, próximo ao Rio São Francisco. A área, homologada em 1991, possui 4.317 hectares. Outras famílias da mesma etnia tentaram adentrar à comunidade e também foram impedidas. Ficou demonstrado ser impossível reintroduzir estes índios na TI já demarcada. Diante do impasse, o MPF requer que seja comprada uma outra área para que se reúnam as famílias Xocós desaldeadas. *(MPF/SE, 19/06/2012)*

JUSTIÇA EXIGE ÁGUA PARA OS XOKÓ

Atendendo a um pedido do MPF/SE, a JF determinou, liminarmente, o imediato abastecimento de água potável para a comunidade Xocó. A aldeia na Ilha de São Pedro é abastecida com água do Rio São Francisco, que está contaminado por esgotos lançados pelos municípios à montante da comunidade. *(MPF/SE, 02/05/2013)*

BAHIA

KIRIRI E TUXÁ SOFREM COM A SECA

A nação Kiriri e Tuxá vem decretar estado de emergência em nosso território e região do semiárido Nordeste II, nos municípios de Banzaê, Kaimbé, Massacará, Euclides da Cunha, Toca do Cru e Quijingue. Nos últimos três anos (2010, 2011 e 2012) sofremos com longas estiagens. A situação em 2013 chega em estado de emergência. O governo Federal e governo Estadual investiram R$ 15 milhões em perfurações de poços artesianos de alta vazão na região. Se tivesse investido pelo menos parte para irrigação da agricultura familiar nas TIs, talvez não estivesse nessa situação. Somos uma população de 5.200 indígenas em situação critica. *(Povo Kiriri Canta Galo, Biblioteca Itinerante Barca das Letras, 26/01/2013)*

PRODUÇÃO KIRIRI RECEBE SELO DE ORIGEM

O Selo de Identificação de Origem – 'Indígenas do Brasil' – foi instituído pela Funai e pelo MDA em 2014, no âmbito da PNGATI, com o objetivo de identificar e valorizar a origem dos produtos advindos da agricultura familiar indígena. A permissão foi concedida à Associação Comunitária Kiriri Santo André da Marcação para utilização do selo em carnes de ovino, caprino, bovino, suíno, frango, ovos, castanha de caju, feijão, milho e produtos oleícolas. A TI Kiriri localiza-se nos municípios de Banzaê e Quijingue (BA). *(M. Carneiro, Funai, 01/12/2015)*

MINISTRO DO STF SUSPENDE RESERVA TUXÁ

O ministro do STF Gilmar Mendes suspendeu o decreto presidencial que determinou o assentamento de famílias indígenas da comunidade Tuxá de Rodelas. A norma foi publicada no dia 13 de março de 2014 e declarou propriedades rurais em Rodelas (BA) como área indígena. Na decisão, Mendes diz que as terras em disputa não são tradicionalmente ocupadas por indígenas e ressaltou que os proprietários foram reassentados nas atuais terras, no fim da década de 1980, pela Companhia Hidro-Elétrica do São Francisco (Chesf), depois que foram removidos das propriedades originais, devido à construção da UHE de Itaparica. Além disso, o ministro entendeu que as propriedades são produtivas e não podem ser desapropriadas. *(A. Richter, Agência Brasil/EBC, 13/04/2015)*

Arara do Rio Amônia
Arara Shawãdawa
Ashaninka
Huni Kuin (Kaxinawá)
Katukina Pano
Kulina Pano
Kuntanawa
Madiha (Kulina)
Manchineri
Nawa
Nukini
Puyanawa
Shanenawa
Yaminawá
Yawanawá
Isolados

10. Acre

10. ACRE

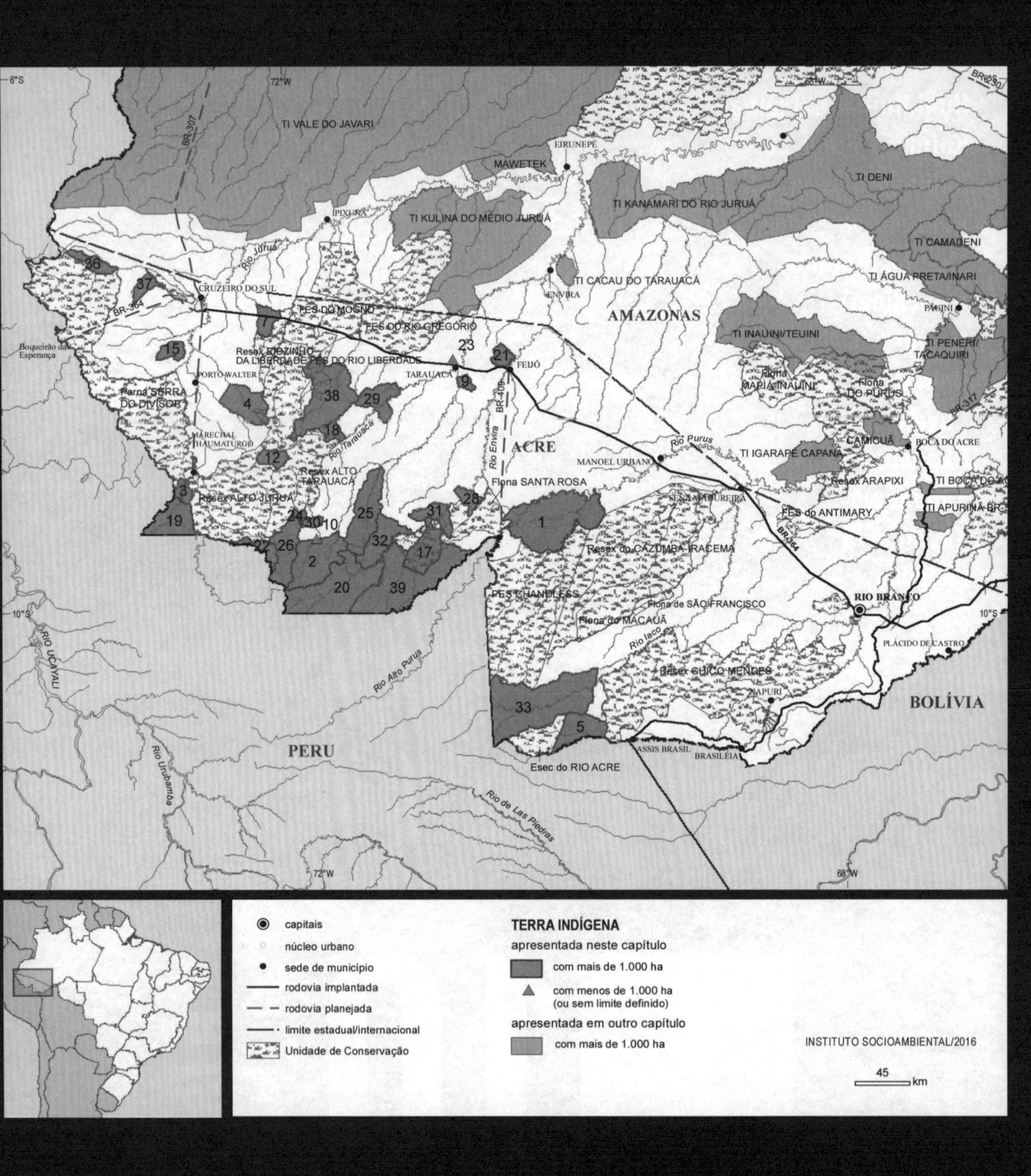

ACRE
Terras Indígenas
Instituto Socioambiental - 14/02/2017

Nº Mapa	Terra Indígena	Povo	População (nº, fonte, ano)	Situação Jurídica	Extensão (ha)	Município	UF
1	Alto Rio Purus	Yaminawá Kulina Kaxinawá	1.871 - Siasi/Sesai : 2014	HOMOLOGADA. REG CRI E SPU. Decreto s/n de 05/01/1996 publicado em 08/01/1996. Reg. CRI na Comarca de Sena Madureira, município de Manoel Urbano (43.419 ha), Matr.2.061 Liv. 2-RG, Fl.130 em 17/01/96. Reg. CRI na Comarca e município de Sena Madureira (219.710 ha), Matr. 2.062, Liv.2-RG, Fl.131 em 17/01/96. Reg. SPU certidão n.10 em 30/08/2002.	263.129	Manoel Urbano Santa Rosa do Purus	AC
2	Alto Tarauacá	Isolados do Alto Tarauacá		HOMOLOGADA. REG CRI E SPU. Decreto s/n de 27/10/2004 publicado em 28/10/2004. Reg CRI no município e Comarca de Feijó/AC (56.426 ha). Matr. 756 Liv 2-D, Fl 204 em 15/02/05. Reg CRI município de Jordão/AC em andamento. Reg.SPU Certidão n. 11 em 29/09/2009.	142.619	Feijó Jordão	AC
3	Arara do Rio Amônia	Arara do Rio Amônia	434 - Siasi/Sesai : 2014	DECLARADA. Portaria 2.986 de 08/09/2009 publicado em 10/09/2009.	20.764	Marechal Thaumaturgo	AC
4	Arara/Igarapé Humaitá	Arara Shawãdawa	419 - Siasi/Sesai : 2014	HOMOLOGADA. REG CRI E SPU. Decreto s.n. de 18/04/2006 publicado em 19/04/2006. Reg CRI no município de Porto Walter, Comarca de Cruzeiro do Sul (86.805 ha) Matr.4.831 , Lv.2-P, Fl 187 em 16/05/06. Reg CRI no município de Tarauacá , Comarca idem (766 ha) Matr.1.085, Lv.2-E, Fl 48 em 02/08/06. REG SPU Certidão n. 001 em 29/11/06.	87.572	Porto Walter Tarauacá	AC
5	Cabeceira do Rio Acre	Isolados da cabeceira do Rio Acre Yaminawá	238 - Iglesias e Aquino : 2005	HOMOLOGADA. REG CRI E SPU. Decreto s/n de 14/04/1998 publicado em 15/04/1998. Reg. CRI no município de Assis Brasil, comarca de Brasiléia (78.512 ha) Matt. n. 2.464 Liv. 2-E Fl.429 em 05/06/98. Reg. SPU Certidão n. 64 de 15/09/99.	78.512	Assis Brasil Sena Madureira	AC
s/l	Cabeceiras dos rios Muru e Iboiaçu	Isolados das Cabeceiras dos Rios Muru e Boiaçu		EM IDENTIFICAÇÃO. Portaria 1.243 de 07/10/2009 publicado em 08/10/2009.		Tarauacá	AC
7	Campinas/Katukina	Katukina Pano	700 - Ruth Beirigo : 2016	HOMOLOGADA. REG CRI E SPU. Decreto s/n de 12/08/1993 publicado em 13/08/1993. Reg. CRI no município e comarca de Ipixuna (6.762 ha) Matr. n. 76 Liv. 2-A Fl.76. Reg. CRI no município e comarca de Tarauacá (25.861 ha) Matr. 758, Liv 2-B Fl. 03 em 12/01/95. Reg. SPU Certidão n. 11 de 21/06/99.	32.623	Cruzeiro do Sul Tarauacá	AC
9	Igarapé do Caucho	Kaxinawá	386 - IBGE : 2010	HOMOLOGADA. REG CRI E SPU. Decreto 278 de 29/10/1991 publicado em 30/10/1991. Reg. CRI no município e comarca de Tarauacá (12.317,89 ha) Matr. 583 Liv.2-C Fl. 119 em 12/12/91. Reg. SPU Cert. n. 004 em 25/06/98.	12.318	Feijó Tarauacá	AC
10	Igarapé Taboca do Alto Tarauacá	Isolados do Igarapé Taboca do Alto Tarauacá		COM RESTRIÇÃO DE USO Portaria 17 de 11/01/2008 publicado em 19/02/2008.	287	Jordão	AC
s/l	Jaminawa do Caiapucá	Yaminawá		EM IDENTIFICAÇÃO. Portaria 964 de 05/10/2007 publicado em 08/10/2007.		Boca do Acre	AC
15	Jaminawa do Igarapé Preto	Yaminawá	171 - IBGE : 2010	HOMOLOGADA. REG CRI E SPU. Decreto s/n de 11/12/1998 publicado em 14/12/1998. Reg. CRI no município de Rodrigues Alves, comarca de Mâncio Lima (25.651 ha), matr.89 Liv. 2-A Fl, 90 em 25/01/99. Reg. SPU Certidão n. 35 de 22/04/99.	25.651	Cruzeiro do Sul	AC
s/l	Jaminawa do Rio Caeté	Yaminawá		EM IDENTIFICAÇÃO. Portaria 964 de 05/10/2007 publicado em 08/10/2007		Sena Madureira	AC
12	Jaminawa/Arara do Rio Bagé	Arara Shawãdawa Yaminawá	195 - IBGE : 2010	HOMOLOGADA. REG CRI E SPU. Decreto s/n de 11/12/1998 publicado em 14/12/1998. Reg. CRI no município de Marechal Thaumaturgo, comarca de Cruzeiro do Sul (28.926 ha) matr.4.319 Lv 2-N Fl.209 em 15/03/99. Reg. SPU Certidão n. 82 de 08/09/99.	28.926	Jordão Marechal Thaumaturgo Tarauacá	AC
17	Jaminawa/Envira	Ashaninka Kulina	77 - IBGE : 2010	HOMOLOGADA. REG CRI E SPU. Decreto s/n de 10/02/2003 publicado em 11/02/2003. Reg CRI no município e comarca de Feijó (80.618 ha) Matr.707, Liv. 2-D, Fl 144 em 09/06/92. Reg. SPU Certidão n. 60 de 05/08/03.	80.618	Feijó Santa Rosa do Purus	AC
18	Kampa do Igarapé Primavera	Ashaninka	26 - IBGE : 2010	HOMOLOGADA. REG CRI E SPU. Decreto s/n de 23/04/2001 publicado em 24/04/2001. Reg. CRI no município e comarca de Tarauacá (21.987 ha), Matr. 950 Lv 2-D Fl 207 em 02/01/02. Reg. SPU Certidão n. 2 de 01/04/02.	21.987	Tarauacá	AC
19	Kampa do Rio Amônea	Ashaninka	940 - Siasi/Sesai : 2014	HOMOLOGADA. REG CRI E SPU. Decreto s/n de 23/11/1992 publicado em 24/11/1992. Reg. CRI no município de Marechal Taumaturgo, comarca de Cruzeiro do Sul (87.205 ha) Matr. 3.764 Liv 2L/RG, Fl. 202 em 29/12/92. Reg. SPU Cert. n. 008 de 23/11/95.	87.205	Marechal Thaumaturgo	AC
20	Kampa e Isolados do Rio Envira	Ashaninka Isolados Sapanahua	283 - Iglesias e Aquino : 2005	HOMOLOGADA. REG CRI E SPU. Decreto s/n de 11/12/1998 publicado em 14/12/1998. Reg. CRI no município e comarca de Feijó (232.795 ha), Matr. 603 Liv.2-D Fl.13/V em 09/02/99. Reg. SPU Certidão n. 85 de 13/09/99.	232.795	Feijó Jordão	AC
21	Katukina/Kaxinawa	Kaxinawá Shanenawa	1.259 - IBGE : 2010	HOMOLOGADA. REG CRI E SPU. Decreto 283 de 29/10/1991 publicado em 30/10/1991. Reg. CRI no município e comarca de Feijó (2.830 ha), Matr.430 Liv.2-C, FL.93 em 04/10/89. Reg. CRI no município e comarca de Envira, Matr. R-1-223, Liv.2, FL 223 em 06/05/97. Reg. SPU Certidão n. 12 de 06/07/99.	23.474	Feijó	AC
23	Kaxinawa da Colônia Vinte e Sete	Kaxinawá	114 - IBGE : 2010	HOMOLOGADA. REG CRI E SPU. Decreto 268 de 29/10/1991 publicado em 30/10/1991. Reg. CRI no município de Feijó, Matr. 321, Liv. 2- B 141 em 04/09/85. Reg. SPU Cert. n. 005 em 15/04/96.	105	Tarauacá	AC
24	Kaxinawa do Baixo Jordão	Kaxinawá	172 - IBGE : 2010	HOMOLOGADA. REG CRI E SPU. Decreto s/n de 30/04/2001 publicado em 02/05/2001. Reg. CRI no município de Jordão, comarca de Tarauacá (8.726 ha), matr. 948 Lv. 2-D Fl. 205 em 02/01/02. Reg. SPU Certidão n. 1 de 14/03/02.	8.726	Jordão	AC

ACRE
Terras Indígenas (continuação)
Instituto Socioambiental - 14/02/2017

Nº Mapa	Terra Indígena	Povo	População (nº, fonte, ano)	Situação Jurídica	Extensão (ha)	Município	UF
25	Kaxinawa do Rio Humaitá	Ashaninka Kulina Kaxinawá	331 - IBGE : 2015	HOMOLOGADA. REG CRI E SPU. Decreto 279 de 29/10/1991 publicado em 30/10/1991. Reg. CRI no município e comarca de Feijó (127.383 ha) Matr. 313, Liv.2-B, Fl. 252 em 08/10/86. Reg. SPU RO-54 em 23/09/87.	127.383	Feijó	AC
26	Kaxinawa do Rio Jordão	Kaxinawá	1.470 - IBGE : 2010	HOMOLOGADA. REG CRI E SPU. Decreto 255 de 29/10/1991 publicado em 30/10/1991. Reg. CRI no município de Tarauacá, (87.293 ha) Matr. 392, Liv.2-B, Fl.219 em 04/07/88. Reg. SPU AC-55 em 28/04/88.	87.293	Jordão	AC
s/I	Kaxinawa do Seringal Curralinho	Kaxinawá		EM IDENTIFICAÇÃO. Portaria 832 de 10/10/2001 publicado em 11/10/2001.		Feijó	AC
28	Kaxinawa Nova Olinda	Kaxinawá	406 - IBGE : 2010	HOMOLOGADA. REG CRI E SPU. Decreto 294 de 29/10/1991 publicado em 30/10/1991. Reg. CRI no município e comarca de Feijó,(27.533 ha) Matr. 439, Liv. 2-C, Fl. 105V em 01/08/90. Reg. SPU Certidão n. 11 de 30/08/02.	27.533	Feijó	AC
29	Kaxinawa Praia do Carapanã	Kaxinawá	571 - IBGE : 2010	HOMOLOGADA. REG CRI E SPU. Decreto s/n de 30/04/2001 publicado em 02/05/2001. Reg. CRI no município e comarca de Tarauacá (60.698 ha), matr .949 Lv 2-D Fl. 206 em 02/01/02. Reg. SPU Certidão n. 1 de 14/03/02.	60.698	Tarauacá	AC
30	Kaxinawa Seringal Independência	Kaxinawá	209 - IBGE : 2010	DOMINIAL INDÍGENA. REG CRI. Essa terra foi comprada pelos índios, e esperam que seja regularizada como terra indígena. Registro de domínio no CRI.	14.750	Jordão	AC
22	Kaxinawa/Ashaninka do Rio Breu	Ashaninka Kaxinawá	503 - IBGE : 2010	HOMOLOGADA. REG CRI E SPU. Decreto s/n de 30/04/2001 publicado em 02/05/2001. Reg. CRI no município de Jordão, comarca de Tarauacá (20.464 ha), Matr. 961 Lv 2-D Fl.218 em 17/06/02. Reg. CRI no município de Marechal Thaumaturgo, comarca de Cruzeiro do Sul (10.814 ha), Matr. 4.541 Liv. 2-O Fl. 100 em 15/04/02. Reg. SPU Certidão n. 0 de 19/07/02.	31.277	Jordão Marechal Thaumaturgo	AC
31	Kulina do Igarapé do Pau	Kulina	270 - IBGE : 2010	HOMOLOGADA. REG CRI E SPU. Decreto s/n de 18/04/2001 publicado em 19/04/2001. Reg. CRI no município e comarca de Feijó(45.590 ha), Matr. 664 Liv. 2-D Fl. 87 em 06/06/01. Reg. SPU Certidão n. 2 de 31/01/01.	45.590	Feijó	AC
32	Kulina do Rio Envira	Kulina	166 - IBGE : 2010	HOMOLOGADA. REG CRI E SPU. Decreto 280 de 29/10/1991 publicado em 30/10/1991. Reg. CRI do município e comarca de Feijó,(84.364 ha) Matr. 405, Liv. 2-C em 04/08/88. Reg. SPU Cert. n.013 em 11/12/96.	84.365	Feijó	AC
33	Mamoadate	Yaminawá Manchineri	1.105 - Iglesias e Aquino : 2005	HOMOLOGADA. REG CRI E SPU. Decreto 254 de 29/10/1991 publicado em 30/10/1991. Reg.CRI no município e comarca de Sena Madureira,(152.846 ha) Matr. 1.518 , Liv. 2-E, Fl.148 em 09/04/87. Reg.CRI no município de Assis Brasil, comarca de Brasiléia (160.800 ha), Matr. 946 Liv. 2-C Fl.167 em 08/10/87. Reg.SPU Certidão n. 061 em 02/07/1999.	313.647	Assis Brasil Sena Madureira	AC
s/I	Manchineri do Seringal Guanabara	Manchineri		EM IDENTIFICAÇÃO. Portaria 1.073 de 14/11/2003 publicado em 19/11/2003.		Assis Brasil Sena Madureira	AC
s/I	Nawa	Nawa		EM IDENTIFICAÇÃO. Portaria 1.071 de 14/11/2003 publicado em 19/11/2003.		Mâncio Lima	AC
36	Nukini	Nukini	622 - Siasi/Sesai : 2014	HOMOLOGADA. REG CRI E SPU. Decreto 400 de 24/12/1991 publicado em 26/12/1991. Reg. CRI no município e comarca de Mâncio Lima,(27.263 ha) Matr. 3.620, Liv. 2-L, Fl. 49 em 15/01/92. Reg. SPU Cert.s/n de 12/05/97.	27.263	Mâncio Lima	AC
37	Poyanawa	Puyanawa	745 - Siasi/Sesai : 2014	HOMOLOGADA. REG CRI E SPU. Decreto s/n de 30/04/2001 publicado em 02/05/2001. Reg. CRI no município e comarca de Mâncio Lima (23.353 ha) Matr.165 Lv 2-A Fl. 166 em 29/05/02. Reg. CRI no município de Rodrigues Alves, comarca de Mâncio Lima (1.126 ha) Matr. n. 166 Lv 2-A Fl. 167 em 29/05/02. Reg. CRI no município de Guajará, comarca de Ipixuna (19.425 ha) Matr. 219 Lv 2-B/RG Fl. 19 em 04/06/02. Reg. SPU Certidão n. 18 de 14/08/02.	24.499	Mâncio Lima Rodrigues Alves	AC
38	Rio Gregório	Yawanawá Katukina Pano	560 - Siasi/Sesai : 2013	DECLARADA. Portaria 1.388 de 14/08/2007 publicado em 15/08/2007. Reg. CRI no município e comarca de Tarauacá (92.859 ha) Matr.320, Liv.2-B Fl. 142 em 03/09/85. Ainda não tem registro da área ampliada em 2006. Reg. SPU Certidão n. 6 de 04/07/02.	187.400	Tarauacá	AC
39	Riozinho do Alto Envira	Ashaninka Isolados do Riozinho do Alto Envira	101 - IBGE : 2010	HOMOLOGADA. Decreto s.n. de 05/06/2012 publicado em 06/06/2012.	260.972	Feijó Santa Rosa do Purus	AC

ASHANINKA DA APIWTXA

Expandindo os Horizontes da Gestão Territorial e Ambiental

Coletivo de líderes — Associação Apiwtxa
Carolina Schneider Comandulli — Antropóloga

A APIWTXA ESTÁ CADA VEZ MAIS FORTALECIDA NO PAPEL DE MULTIPLICADORA DE SABERES E CONHECIMENTOS E TEM EXPANDIDO SEUS APRENDIZADOS E EXPERIÊNCIAS PARA ALÉM DE SUAS FRONTEIRAS TERRITORIAIS. DENTRE AS INICIATIVAS EM CURSO NA ATUALIDADE, A APIWTXA ESTÁ EM DIVERSOS PROJETOS COM ATORES NACIONAIS E INTERNACIONAIS

A Terra Indígena Kampa do Rio Amônia, situada no Município de Marechal Thaumaturgo (AC), hoje com cerca de 800 habitantes, foi demarcada em 1992, com um total de 87.205 hectares. A demarcação foi resultado de uma luta dos Ashaninka que teve início na década de 1980 contra a invasão de suas terras por madeireiros ilegais e pelo reconhecimento do direito ao seu território.

GESTÃO E ORGANIZAÇÃO COMUNITÁRIA

Os Ashaninka do Rio Amônia têm se empenhado em fazer uma gestão adequada de seu território e dos recursos imprescindíveis à sua reprodução física e cultural e em fortalecer a sua autonomia. Nesse processo de luta pela terra, a comunidade fundou sua própria cooperativa, denominada Ayõpare ("troca/negócios", em Ashaninka) e sua própria associação, denominada Apiwtxa ("todos juntos", em Ashaninka). Essas instituições são geridas por um coletivo de líderes – homens e mulheres – que fazem parte da comunidade e estão em constante diálogo com a população da Terra Indígena.

Entre 1995 e 1997, a comunidade toda se mudou para uma mesma localidade próxima a uma das fronteiras de sua terra, nas margens do Rio Amônia, com o fim de fortalecer a proteção territorial e de melhorar a gestão ambiental do território. Esta grande aldeia também se chama Apiwtxa. Ainda na década de 1990, realizaram intensos diálogos, durante os quais planejaram como se (re)organizariam no território e como fariam a gestão dos recursos de sua terra. Assim, construíram suas estratégias de gestão territorial e ambiental, que posteriormente foram sistematizadas no Plano de Gestão Territorial e Ambiental da Terra Indígena (PGTA). O PGTA é um instrumento que reflete os anseios que a comunidade tem para seu futuro nos diversos domínios de sua existência, como educação, saúde, atividades produtivas, entre outros. Nesse processo, também realizaram o etnomapeamento de seu território, fazendo um reconhecimento dos espaços e dos recursos da Terra Indígena, a fim de planejar sua forma de uso.

Munidos destas ferramentas e ancorados por esse processo de organização comunitária, os Ashaninka atraíram uma série de iniciativas para a Terra Indígena e têm se beneficiado por diversos projetos, os quais têm auxiliado na obtenção dos objetivos estabelecidos pela comunidade no período pós-demarcação. Os projetos têm auxiliado a promover o manejo de recursos naturais de seu território – como o manejo de quelônios, a criação de peixes e a implementação de sistemas agroflorestais – de modo a proteger esses recursos e também a garantir a segurança alimentar da comunidade.

A partir do conjunto dessas experiências, os Ashaninka da Apiwtxa criaram, em 2007, com o apoio de parceiros e amigos, o Centro

Yorenka Ãtame ("saberes da floresta", em Ashaninka). Trata-se de uma área de 87 hectares que foi por eles adquirida e que está situada em frente ao núcleo urbano de Marechal Thaumaturgo com a finalidade de multiplicar e compartilhar os conhecimentos e aprendizados sobre a floresta entre indígenas e não indígenas. Busca-se que as atividades realizadas nesse espaço também influenciem e contribuam com políticas públicas, programas e ações adequadas aos povos da floresta.

Como resultado de todas essas iniciativas, hoje a Apiwtxa conta com uma ampla gama de parceiros governamentais e não governamentais nos níveis local, estadual, nacional e internacional.

PARA ALÉM DAS FRONTEIRAS

Atualmente, a Apiwtxa está cada vez mais fortalecida no papel de multiplicadora de saberes e conhecimentos e tem expandido seus aprendizados e experiências para além de suas fronteiras territoriais. Dentre as iniciativas em curso na atualidade, a Apiwtxa está envolvida em diversos projetos que envolvem o engajamento com atores nacionais e internacionais.

Um deles foi o recém-concluído projeto de piscicultura, denominado "Fortalecendo Experiências Sócioprodutivas no Alto Juruá", aprovado no ano de 2014 e apoiado pela Fundação Banco do Brasil, com recursos do Fundo Amazônia. Este projeto teve por objetivo fortalecer o manejo pesqueiro e agroflorestal da Terra Indígena Kampa do Rio Amônia, da Comunidade Raio do Sol, situada no Assentamento do Incra PA Amônia, do Centro Yorenka Ãtame e da Terra Indígena Kaxinawá-Ashaninka do Rio Breu, por meio da abertura de açudes, limpeza de lagos, capacitação e incremento do estoque pesqueiro com vistas à promoção da segurança alimentar dessas comunidades.

Outra grande iniciativa na qual os Ashaninka da Apiwtxa estão envolvidos é o Projeto Alto Juruá, aprovado em abril de 2015 pelo Banco Nacional de Desenvolvimento Econômico e Social (BNDES), também com recursos do Fundo Amazônia. Trata-se do primeiro projeto do BNDES/Fundo Amazônia aprovado diretamente para uma associação indígena no Brasil. O projeto tem a duração de três anos. Seus três principais eixos são: i. o assessoramento, capacitação e implantação de sistemas agroflorestais com vistas à geração de renda sustentável; ii. o apoio à gestão territorial e ambiental às comunidades indígenas e tradicionais do Alto Juruá, e; iii. o desenvolvimento institucional das organizações comunitárias. Dentre as atividades do projeto estão a realização de cursos de formação na área de agroecologia, de gestão territorial e ambiental e de gestão de projetos, a construção de bases de vigilância e de estrutura para a produção e comercialização de polpa de frutas.

O projeto tem como beneficiários os habitantes da Terra Indígena Kampa do Rio Amônia, representados pela Apiwtxa, mais as comunidades da Terra Indígena Kaxinawá-Ashaninka do Rio Breu e 50 comunidades da Reserva Extrativista Alto Juruá. Outra iniciativa complementar ao Projeto Alto Juruá é a instalação, no Centro Yorenka Ãtame, da primeira agroindústria do Alto Juruá, financiada pelo governo do Acre, voltada para o beneficiamento da produção de polpa de frutas para comercialização, com a finalidade de gerar uma alternativa de renda sustentável para as comunidades locais.

As atividades do Projeto Alto Juruá junto à população indígena e extrativista da região têm reativado o espírito da Aliança dos Povos da Floresta – união que foi estabelecida na década de 1980 no Acre entre indígenas e seringueiros na luta pelo direito às suas terras. No entanto, o desafio contemporâneo é outro: o da gestão territorial e ambiental dessas áreas. Os Ashaninka da Terra Indígena Kampa do Rio Amônia conseguiram, desde a década de 1990, aprimorar e desenvolver estratégias de gestão territorial que hoje servem de modelo e inspiração para aquelas comunidades que ainda estão enfrentando desafios e dificuldades na condução autônoma de seus territórios.

Além disso, desde 2014, a Apiwtxa também está recebendo apoio pela organização francesa *Pur Projet* para o plantio de 90 mil mudas no Centro Yorenka Ãtame, Comunidade Raio do Sol e na Terra Indígena Kampa do Rio Amônia, a fim de promover o reflorestamento e o plantio de frutíferas com vistas à recuperação de áreas degradadas, formação de jovens, fortalecimento da segurança alimentar e melhoria da qualidade de vida das comunidades.

Outro projeto em curso na região do Alto Juruá liderado pela Apiwtxa é o de coleta e comercialização de sementes nativas. Esta iniciativa tem o apoio tanto do Projeto Alto Juruá quanto da Secretaria de Meio Ambiente do Estado do Acre (Sema/AC). O objetivo é investir na profissionalização de indígenas Ashaninka na coleta de sementes nativas de interesse comercial, e colocá-las no mercado, para que possam servir de fonte para ações de reflorestamento na Amazônia. Com a implementação da legislação do Novo Código Florestal e com a regularização fundiária promovida pelo Cadastro Ambiental Rural (CAR), a demanda por sementes nativas é crescente, ao passo que a oferta de sementes certificadas é escassa.

Por fim, mas não por último, os Ashaninka da Apiwtxa ampliaram, em 2015, sua articulação junto às comunidades e organizações Ashaninka no Peru, com foco no fortalecimento da

II Congresso Binacional do Povo Ashaninka no Brasil e Peru. Pucallpa/Peru.

união do povo Ashaninka e na proteção de sua história e de seus lugares sagrados. Entre julho e agosto de 2015 foi realizada uma expedição pelo território Ashaninka na Selva Central peruana, ao longo do curso dos Rios Perene, Tambo e Ucayali, a fim de situar os lugares sagrados do povo Ashaninka e resgatar a sua história.

Em setembro de 2015, a Apiwtxa conseguiu o apoio financeiro para a realização do Primeiro Encontro Binacional do Povo Ashaninka do Brasil e do Peru, na cidade de Pucallpa. Neste encontro, mais de 150 líderes Ashaninka estiveram reunidos para discutir os problemas que têm afetado seus territórios e seus direitos e tratar de sua organização enquanto povo. Como resultado dessa reunião, foram produzidas duas declarações – uma para o governo do Peru e outra para ser apresentada internacionalmente – como manifestação do povo Ashaninka a respeito de suas demandas.

A intenção dos Ashaninka da Apiwtxa é seguir apoiando os próximos congressos binacionais do povo Ashaninka no Brasil e Peru, além de produzir um filme sobre os lugares sagrados do povo Ashaninka no Peru, com a participação de representantes e sábios Ashaninka de diversas aldeias.

FUTURO

Os projetos que a Apiwtxa vem desenvolvendo voltados à geração de renda sustentável e fortalecimento da Cooperativa Ayõpare marcam um novo passo da organização em direção à sua autonomia financeira com vistas à sustentabilidade das ações atreladas ao seu projeto de vida. A ideia é, com o tempo, passar a depender cada vez menos de recursos de projetos pontuais e passar a trabalhar com a renda direta proveniente de atividades econômicas da comunidade.

Além disso, a Apiwtxa pretende seguir apoiando as comunidades do entorno e o povo Ashaninka no Peru a fim de inspirar ações que mantenham a floresta em pé, as águas limpas e os animais vivos, além de promover as culturas dos povos da floresta. *(setembro, 2016)*

NOTA

Para saber mais sobre os projetos desenvolvidos pelos Ashaninka da Apiwtxa, acesse o *site* da Associação: www.apiwtxa.org.br

KATUKINA

Canteiro de Obras, Insegurança Alimentar e Outros Problemas Socioambientais

Ruth Beirigo | Antropóloga

ALÉM DE GERAR NOVOS PROBLEMAS, AS OBRAS DA RODOVIA BR-364, FEITAS SEM O DEVIDO LICENCIAMENTO, VÊM AGRAVANDO OS VELHOS PROBLEMAS – JÁ MUITAS VEZES DENUNCIADOS –, TANTO NO INTERIOR QUANTO NO ENTORNO DA TI CAMPINAS/KATUKINA. EM 2013, A SITUAÇÃO ERA DE INSEGURANÇA ALIMENTAR, VIOLÊNCIA LATENTE E MUDANÇAS RADICAIS IMPOSTAS AOS MODOS DE VIDA KATUKINA

Em dezembro de 2013, a TI Campinas/Katukina – habitada por cerca de 700 pessoas do povo Katukina Pano – parecia um grande canteiro de obras. Nas aldeias, máquinas de construção, tratores e operários não indígenas, muito lixo, muito ruído. Mais de um quilômetro de floresta para dentro das aldeias estava desmatado, e casas de alvenaria e madeira estavam sendo construídas em linha, ao estilo 'conjunto habitacional'. Tratava-se do desenvolvimento do projeto localmente conhecido como "Minha casa, minha vida, rural" e oficialmente intitulado Programa Nacional de Habitação Rural (PNHR), que é parte das políticas do Governo Federal para mitigar as pressões criadas sobre TI pela construção da BR-364.

Na BR-364, na entrada da TI – cercada por fazendas e vilas rurais – há muitos comércios, postos de gasolina e tráfego intenso de carros, caminhões e motos. Dentro da TI, observa-se a presença intensa dos *yará* (não índios) em motos vendendo de tudo: pão, melancia, coco, açaí, buriti, picolé e até carne de caça. Se o desmatamento do entorno afastou os animais, a construção da estrada os empurrou para ainda mais longe. Em 2013, a caça, já escassa, havia se tornado raríssima. O desgaste do solo e a desequilibrada presença de formigas de roça fizeram os roçados diminuírem de tamanho e todo mundo passou a depender um pouco do comprado. Em sua maior parte, o dinheiro do Bolsa Família, das aposentadorias especiais rurais e dos salários dos professores e agentes indígenas de saúde (AIS) era investido na cidade para comprar comida de *yará* da pior qualidade, que, com ela, traz muito lixo para as aldeias. Com as obras, as consequências da rodovia sem licenciamento, já tantas vezes denunciadas, se intensificaram.

ESCASSEZ E INSEGURANÇA ALIMENTAR

Nos últimos anos, a TI Campinas/Katukina tem apresentado sérios agravos em seus problemas socioambientais. Dentre eles, a insegurança alimentar, inúmeras vezes denunciada desde o fim da obra de asfaltamento em 2004. O governo empreendeu algumas ações para tentar combater o problema, mas, devido a inadequações diversas, as propostas não tiveram resultados positivos. Em março de 2014, o falecimento de uma criança katukina no Hospital do Juruá, por grave desnutrição, trouxe novamente às pautas da Funai e do Dsei o problema da insegurança alimentar na TI Campinas/Katukina.

Na análise dos Katukina, suas capacidades técnicas de plantar e do solo de produzir são hoje limitadas. Antigamente, comiam-se carne e peixe, na folha e moqueado, técnicas de preparo que exigem grandes quantidade de carne. Hoje, a caça é escassa, e o peixe vem quase sempre da cidade, assim como o frango. A dependência do dinheiro para se alimentar faz com que o volume de consumo seja bem reduzido, impedindo o preparo da carne na folha e do peixe moqueado. Só na fartura se pode comer ao modo tradicional: com escassez só sobra o caldo, para render a carne e fazer pirão com farinha. A escassez de comida, portanto, não é um problema só de saúde, nem a única causa destes. O consumo alimentar e os cuidados tradicionais com a saúde são complementares. Para eles, o cuidado com a saúde exige a manutenção de uma vida social também saudável, que inclui, além de medicamento e comida, a continuidade do modo de vida katukina.

Um outro exemplo é a crescente dificuldade de desenvolvimento que certas frutíferas vêm apresentando. A escassez de mamão, por exemplo, tem consequências para além da alimentação, pois é parte de uma prática cultural tradicional, o *shōpa viti*, ou a "brincadeira do mamão". Neste sentido, a improdutividade dos roçados atrapalha a alimentação, mas também limita a realização de brincadeiras tradicionais que, além de recreativas, têm um forte cunho educativo, envolvendo lições de cooperação, relações de gênero, economia e preparo do corpo para as atividades cotidianas. Um dos objetivos da "brincadeira do mamão" é que as mulheres tenham posse de todos os mamões em jogo, o que pode ser aproximado da regra de economia comunitária que estabelece que todos os alimentos devem ser controlados e distribuídos pelas mulheres.

O mesmo tipo de efeito ocorre na redução das caçadas. Os Katukina sentem que estão perdendo um importante espaço pedagógico para ensinar as crianças a se orientarem na floresta, rastrear e abater os animais, e regras de distribuição da carne entre as casas na aldeia. Com a escassez de caças e peixes, eles têm recorrido cada vez mais às mercadorias, não só peixe e frango congelado, mas também carne bovina, conservas enlatadas, biscoitos, salgados fritos, sucos, refrigerantes, balas e picolés. Essas mudanças vêm trazendo sérias consequências para a saúde dos Katukina. Conforme eles reiteram, os animais criados em cativeiro, comprados já abatidos, congelados ou conservados em gelo, estão cheios de substâncias estranhas (remédios, hormônios), além de terem sido alimentados com ração cheia de produtos químicos. O problema dessas substâncias é que, para os Katukina, elas não atuam apenas no corpo (enquanto matéria), mas também sobre o caráter e as qualidades da pessoa. Comer determinado animal implica em apreender seu espírito, forças e energias, que auxiliarão na constituição de uma pessoa corajosa, forte, trabalhadora, generosa e gentil. Além disso, a artificialidade das substâncias introduzidas nos alimentos age como veneno. O controle das substâncias é fundamental para bom desenvolvimento do corpo, e a sua construção depende desse controle. E como, cada vez mais, os Katukina só consomem alimentos da cidade, eles afirmam que estão ficando cada vez mais impossibilitados de cumprir dietas e resguardos tradicionais, o que os deixa ainda mais fracos e suscetíveis a doenças.

A conclusão dos Katukina é que as diversas "consequências da BR" – a escassez de caça, a improdutividade dos roçados, a dependência do dinheiro e da comida da cidade – são a principal causa da desnutrição das crianças. Afinal, a comida que o dinheiro compra – da qual se tornaram cativos – é inadequada. Diante desse quadro, a geração de renda aparece frequentemente em seus discursos como a solução para todos seus problemas, tendo por referência a ideia de que o comércio e a prestação de serviços possam lhes garantir autonomia econômica e soberania alimentar. Contudo, o problema dessas alternativas é que elas se concentram na causa errada, pois tudo se passa como se o problema da segurança alimentar indígena fosse a falta de renda para comprar comida. Mas como ressaltado em diversos outros discursos katukina, o problema não é propriamente a falta de dinheiro, mas a dependência dele e dos alimentos envenenados que pode ele comprar.

NOVOS DE EMPREENDIMENTOS E VELHOS PROBLEMAS

Se, por um lado, a BR-364 e as obras do PNHR afastaram os animais, por outro, aproximaram o *yará* das aldeias, trazendo um clima de insegurança constante. Durante as obras habitacionais, foram dois casos de estupro e um de sequestro, além de outras tantas ameaças e assédios. O banho no igarapé e a espera por transporte na estrada viraram motivo de medo. A Secretaria de Habitação, responsável pela obra, demitiu uns tantos por conta de denúncias, mas nunca providenciou segurança. Ainda que os trabalhadores pernoitassem fora da TI, o acesso pela estrada facilitava a entrada daqueles que trabalham lá durante o dia, conheciam bem as casas e suas rotinas. Em alguns momentos, chegaram a ocorrer invasões durante a noite por parte de pessoas alcoolizadas. Em situações desse tipo, espingardas foram roubadas e houve agressões físicas.

Outros empreendimentos impactantes também vêm sendo desenvolvidos, entre eles o projeto de construção de um "linhão". A proposta de ampliação do sistema já existente de linhas e torres de transmissão entre Rio Branco e Sena Madureira é uma preocupação porque a referência para sua instalação é a BR-364. O plano inicial do traçado previa a presença de torres a menos de oito quilômetros de quatro Terras Indígenas, sendo a distância em relação à TI Campinas/Katukina de apenas 660 metros. Trata-se de uma irregularidade e um desrespeito aos Katukina, afinal, dois dias antes do leilão do empreendimento, houve uma reunião em que foi acordado que se respeitaria um limite mínimo de oito quilômetros de distância destas áreas que, mesmo assim, são insatisfatórios se considerados os impactos que a rede, em toda sua extensão, trará ao ambiente.

Outra preocupação é a reprodução dos problemas já vividos com a BR e a intensificação dos impactos gerados no contexto da construção das casas pelo governo. Essas preocupações são também dirigidas aos demais projetos desenvolvimentistas do governo do Acre, como a ampliação da rede de ramais no entorno da TI, que incrementa o contato (já intenso) com moradores vizinhos – grande parte deles moradores do Projeto de Assentamento Dirigido (PAD/Incra) Santa Luzia. Em 2012, o governo abriu e pavimentou 14 km de um ramal (Boa Hora), que segue o curso do Rio Campinas, margeando os limites da TI. O ramal 7 tem sido há alguns anos foco de conflitos, por ser um local onde os Katukina mantêm seus tapiris de caça, além de ser alvo de incursões de caçadores vizinhos.

AUMENTO DE VEÍCULOS E DE MORTES

Em 2010, o aumento do fluxo de veículos na BR causou uma morte violenta. Rodrigo Pequeno, agente de saúde indígena, foi atropelado. Os dois meses seguintes a sua morte foram marcados por quatro suicídios. No mesmo ano houve um capotamento, que feriu oito indígenas, e outro acidente, com a morte de três *yará*. Um professor indígena, Teka, também foi fatalmente atingido por um veículo na BR. Em 2015, uma criança da aldeia Tauari (TI Gregório), que estava a passeio pela estrada, também foi atropelada. Dessa vez, no entanto, o motorista era um Katukina, o que tornou o desolamento maior.

O envolvimento dos Katukina não só como vítimas mas como agentes da violência é visto como mais um problema trazido pela rodovia. Nesse contexto, ocorreram em 2012 as prisões de quatro Katukina. Os crimes foram cometidos na BR e envolveram vítimas *yará*. Um dos presos foi condenado a 24 anos em regime fechado, pelo homicídio qualificado de um taxista que havia sido contratado na cidade para levá-lo à aldeia. Os dois bebiam juntos na cidade e, ao chegar na TI, o taxista assediou a mulher do acusado, que reagiu com uma garrafa. Os outros três presos são acusados do estupro de uma menor não indígena. A adolescente caminhava pela rodovia teria pedido carona para três Katukina que passeavam em duas motos dentro da TI. O estupro teria acontecido nas margens da BR.

Ambos os crimes aconteceram em dezembro de 2011. Nessa época se consumia muita bebida alcoólica, sobretudo nos finais de semana e feriados. A bebida alcoólica entra na TI pela BR, mas, como vimos, ela não traz só cachaça mas também a violência: agressões verbais de quem passa de carro aos indígenas a pé, roubos, raptos e atropelamentos. O poder de sedução que as motos têm sobre os jovens se alia a esses males, tornando os Katukina pacientes e agentes dessas violências que, depois das condenações, acabam tendo continuidade tanto nas aldeias quanto nos presídios. Oito meses após a prisão, os presos se queixavam de maus-tratos no presídio.

A MORTE DE ORLANDO VIÑO

Além da BR, dos empreendimentos do governo e suas consequências, outro fator marcante de desestabilização sociopolítica na TI Campinas/Katukina foi a morte de Orlando Viño, integrante de uma linhagem de importantes lideranças katukina fluentes no trato interétnico. Manoel de Pinho, o Toshpiya, foi o primeiro *yará* com quem os Katukina fizeram contato pacífico. Ele foi o pai de criação de Vari Shina, que era pai de Washme que, por sua vez, era pai de Orlando Viño. Seguindo o exemplo de seu pai e de seu avô, Orlando cumpria um importante papel de mediação das relações dos Katukina com os *yará* tanto na TI Campinas, quanto na Gregório.

Em dezembro de 2014, Orlando foi diagnosticado com câncer de estômago. Até sua morte em março de 2015, muitas coisas aconteceram. Na tentativa de curá-lo, vários pajés, rezadores e cantores se debruçaram sobre ele. Neste contexto, as pajelanças se tornaram frequentes em toda a TI e os jovens passaram a demonstrar interesse em tomar *oni* (ayahuasca). A instabilidade política também cresceu descontroladamente, pois muitos tinham medo que Orlando morresse e as informações circulavam de aldeia em aldeia: "o Orlando viu cobra grande", "o pajé disse que é feitiço", entre outras formulações em torno do que poderia ser e acontecer.

A aldeia de Orlando, Masheya, acabou adquirindo um aspecto de abandono, o mato cresceu e uma família decidiu se mudar para a outra TI, Rio Gregório. Alguns diziam que era um caso isolado, mas com o tempo foram justificando a mudança porque tinha feitiço rondando. Era o início de uma nova fase migratória. Às vésperas de Orlando morrer, a liderança da aldeia Varinawa refez um documento de reivindicação de uma área no Igarapé Miolo. Com a morte de Orlando, essa reivindicação acabou tomando uma nova força.

De fato, a morte e as suspeitas de feitiçaria despertaram o ímpeto de deslocamento entre os Katukina. A despeito da construção das novas casas do PNHR, da escola, de um polo de saúde e da proximidade de Cruzeiro do Sul, logo após o incidente, cinco famílias da aldeia Varinawa se mudaram para a TI Rio Gregório por influência de um pajé. Nas outras aldeias, algumas famílias também passaram a expressar sua vontade de ir para o Gregório. A liderança geral da TI Campinas tentou apaziguar a instabilidade política que havia incitado o desejo em várias famílias de se mudarem, sob o argumento de que mudanças e reivindicações como a do Igarapé Miolo eram fruto de inconstâncias pessoais de lideranças isoladas que queriam alimentar conflitos internos, incentivando a saída da TI. Contudo, mesmo diante de protestos, em menos de um ano, as famílias que integravam Aldeia Bananeira – morada do principal pajé que cuidou de Orlando – foram quase todas para a TI Rio Gregório. Das seis aldeias existentes na TI Campinas, em apenas duas ninguém se mudou o Gregório: a Campinas, da liderança geral, e a recém-fundada Waninawa.

Fato é que o deslocamento entre as suas duas TI sempre foi intenso. Nos anos 1990, a tendência era sair do Gregório rumo a Campinas. De 1994 a 1998, entre migrações e novos nascidos, a população *noke koĩ* da TI Campinas aumentou 70% e a do Gregório caiu quase 40%. Entre 2013 e 2015, o que passou a haver foi uma inversão da tendência, com a migração de 80 pessoas da TI Campinas para a Gregório, além das outras famílias que atualmente se preparam para ir também. *(agosto, 2016)*

FRONTEIRA ACRE/PERU

Articulações Transfronteiriças Para a Defesa dos Direitos Indígenas

Maria Luiza Pinedo Ochoa — Arqueóloga e gestora ambiental, CPI-Acre

Maria Emilia Coelho — Jornalista e documentarista, CPI-Acre

HÁ MAIS DE UMA DÉCADA, COMUNIDADES INDÍGENAS QUE VIVEM NA FRONTEIRA DO ACRE COM O PERU VÊM DISCUTINDO ESTRATÉGIAS DE PROTEÇÃO DOS SEUS TERRITÓRIOS E MODOS DE VIDA, AFETADOS PELA EXPANSÃO DE PROJETOS DE INFRAESTRUTURA E DE EXPLORAÇÃO DE RECURSOS NATURAIS, SOMADOS A ILÍCITOS COMO O NARCOTRÁFICO. A SOBREVIVÊNCIA E A AUTODETERMINAÇÃO DESTES POVOS ESTÃO AMEAÇADAS, ESPECIALMENTE AS DOS ISOLADOS

A fronteira entre o Acre e o Peru é marcada por uma expressiva sociodiversidade nativa. São 33 povos indígenas e seis famílias linguísticas, com uma presença significativa de grupos isolados, além de outras populações tradicionais ribeirinhas. Diversos povos indígenas – como os Huni Kuĩ (Kaxinawá), Ashaninka, Jaminawa (Yaminawa), Madija (Kulina) e Manchineri (Yine) – vivem em ampla mobilidade entre o Estado do Acre e os departamentos peruanos de Madre de Dios e Ucayali. O trânsito entre as linhas que definem os limites políticos entre os dois países é constante e constitutivo de suas dinâmicas sociofamiliares. Entre os Ashaninka, por exemplo, são intensas as trocas entre as comunidades Apiwtxa (TI Kampa do Rio Amônea, AC), Sawawo Hito 40 e Alto Tamaya-Saweto, no Peru; ou entre a comunidade Dulce Glória, na região do Juruá peruano, e as comunidades na TI Ashaninka/Kaxinawá do Rio Breu, no lado brasileiro.

Segundo fontes oficiais brasileiras e peruanas, nessa região de fronteira vivem cerca de 62.652 mil[1] indígenas. No lado acreano, existem 35 Terras Indígenas e 21 Unidades de Conservação de uso direto (uso sustentável) e indireto (proteção integral), que representam 47,8% do território do estado. Desse total, 19 TIs e seis UCs estão localizadas na zona de fronteira com o Peru, compreendendo um território de 5.327.571 hectares, que contempla uma grande variedade de paisagens e recursos naturais, reconhecida como uma das regiões mais ricas em biodiversidade no mundo.

PRESSÕES E AMEAÇAS

Esta ampla e complexa zona transfronteiriça é intensamente afetada por projetos de infraestrutura (construção de hidrelétricas e estradas), pela expansão de atividades econômicas (exploração de petróleo, extração de minério e exploração florestal), pelas atividades ilegais de exploração madeireira e mineração e pelo crescente narcotráfico na fronteira Brasil-Peru, que impõem modificações severas às dinâmicas territoriais dos grupos indígenas da região. Cada vez mais famílias indígenas da Selva Central do Peru ocupam as áreas de floresta da região de Ucayali. Um exemplo é o caso das famílias Ashaninka e Yanesha do Peru que chegaram para viver próximas às aldeias Kaxinawá situadas no lado brasileiro do Rio Breu, afluente do Rio Juruá.

Em ambos os lados da fronteira internacional, as comunidades que vivem na floresta estão alertando os governos de ambos os países sobre os impactos acarretados pelas políticas interestatais de integração regional, que aplicam ainda um modelo de desenvolvimento que se opõe aos princípios da conservação e da sustentabilidade socioambiental na atualidade. Acordos bilaterais que visam uma carteira de empreendimentos entre os governos do Brasil e Peru são discutidos e firmados sem a participação sistemática dos povos e organizações indígenas afetadas.

Os governos do Brasil e do Peru estão investindo na construção de estradas para a conexão viária entre os dois países com a promessa de benefícios para a região onde serão construídas. Alguns argumentos, como tirar do isolamento diversos municípios, facilitar o transporte da produção local para outros mercados, entre outros, são usados pelos defensores das obras. Contudo, observa-se a ausência de uma reflexão e de um debate público sobre os problemas que também chegam com as estradas na Amazônia.

A Estrada Interoceânica Sul, que liga o Acre aos departamentos peruanos de Madre de Dios, Cusco e Puno, foi finalizada em 2011. Com a conclusão do trecho peruano, surgiram muitos problemas relativos à concentração fundiária, ao aumento do desmatamento, à migração desordenada, ao tráfico de drogas na tríplice fronteira (Brasil, Bolívia e Peru), além de problemas sociais e de saúde na população. A estrada, que no Brasil conecta com a Estrada do Pacífico, ou BR-317, também desencadeou o planejamento de uma outra via entre os municípios peruanos de Iñapari e Puerto Esperanza, prevista para atravessar territórios reservados para índios isolados e o Parque Nacional Alto Purus, no Peru, passando próximo dos limites das TIs Cabeceira do Rio Acre e Mamoadate, da Estação Ecológica do Rio Acre, e do Parque Estadual do Chandlles, no Brasil.

Ao longo de duas décadas, outras propostas entraram na pauta dos governos nacionais, regionais e locais para a conexão viária dos dois países. Na região do Alto Juruá, na fronteira Acre-Ucayali, existem duas propostas para ampliar a integração viária regional – uma rodovia ligando Cruzeiro do Sul, no Brasil, à cidade de Pucallpa, no Peru, e uma ferrovia. Em maio de 2015, foi firmado um memorando de entendimento entre Brasil, China e Peru para a realização de estudos básicos para a construção de uma Conexão Ferroviária Bioceânica, cujo objetivo principal é possibilitar o embarque, pelo Pacífico, de milhões de toneladas de grãos e minérios, evitando o canal do Panamá. A ferrovia pretende ligar os Estados do Rio de Janeiro, Minas Gerais, Goiás, Mato Grosso, Rondônia e Acre, até o Pacífico, no Peru, cortando a Floresta Amazônica.

Os governos do Acre e Ucayali, grupos políticos e empresários da região têm interesse na integração física entre os dois países, mas ainda não existe um traçado oficial para o trecho que ligará o Brasil ao Peru. Porém, independente do seu traçado final, a previsão é de que a ferrovia atravessará uma região onde existe um corredor de Áreas Naturais Protegidas e territórios de populações indígenas e tradicionais e de índios isolados.

Na fronteira Acre-Peru, também existem diversas concessões cedidas às empresas privadas pelos governos dos dois países para a exploração de madeira e de recursos minerais. Os projetos para a exploração de petróleo e gás natural dos governos brasileiro e peruano estão sendo definidos e executados sem qualquer processo de consulta livre, prévia e informada às comunidades locais e às suas organizações, conforme recomenda a Convenção 169 da Organização Internacional do Trabalho (OIT) e a Declaração das Nações Unidas sobre os Direitos dos Povos Indígenas, das quais o Brasil e o Peru são signatários.

No Brasil, o processo de prospecção de petróleo e gás na região do Juruá, na bacia Acre-Madre de Dios, foi realizado em três etapas pela empresa Georadar Levantamentos Geofísicos. Em 2015, por ordem da Justiça Federal, foi suspensa, liminarmente, todas as atividades do processo de licitação referentes ao lote AC-T-8, assim como a outorga de contrato para a exploração e produção de petróleo e gás natural. Os argumentos e estudos apresentados colocam que a licitação da Agência Nacional de Petróleo continha irregularidades, tanto do ponto de vista ambiental quanto social.

A atividade ilegal madeireira no Peru também representa uma grande ameaça para a sociobiodiversidade da região, promovendo a abertura de estradas que chegam até a linha de fronteira com o Brasil, sem qualquer estudo de impacto e planejamento. As madeiras são enviadas às serrarias na cidade de Pucallpa e Puerto Maldonado, no Peru, e, em seguida, exportadas para países como os Estados Unidos. Esta situação vem promovendo uma frente de ocupação madeireira na região de Ucayali e Madre de Dios, que avança sobre os territórios onde habitam povos indígenas e grupos isolados, como as Reservas Indígenas Mascho-Piro e Murunahua e o Parque Nacional Alto Purus.

PROBLEMAS E SOLUÇÕES

Há mais de uma década surgiram iniciativas comunitárias de cooperação e articulação para a troca de experiências sobre gestão territorial e ambiental. Comunidades indígenas localizadas nos limites da fronteira Brasil-Peru começaram a discutir estratégias para proteger seus territórios e as grandes extensões de floresta que existem na região. Em 2005, organizações da sociedade civil envolvidas na luta pelos direitos das populações indígenas e agroextrativistas criaram o Grupo de Trabalho para a Proteção Transfronteiriça da Serra do Divisor e Alto Juruá Brasil-Peru

(GTT). Embora tenha sido criado para influenciar as políticas para a região da Bacia do Juruá, anos depois teve sua atuação ampliada para o Alto Rio Acre. Desde então, organizações indígenas e da sociedade civil e instituições governamentais de ambos os países, vêm se mobilizando em espaços de debate sobre os problemas e desafios dessa região amazônica.

Dentre as soluções possíveis, surgiram iniciativas de cooperação entre as comunidades do Brasil e do Peru para o monitoramento e a vigilância dos seus territórios, como: a cooperação entre as comunidades indígenas localizadas nas bacias dos Rios Juruá, Amônia, Breu e Tamaya, dos povos Ashaninka, Amahuaca, Kaxinawá e Jaminawa; a cooperação entre a Comunidade Nativa do Alto Tamaya-Saweto e a Aldeia Apiwtxa da Terra Indígena Kampa do Rio Amônia do povo Ashaninka; e a cooperação entre os Manchineri da Terra Indígena Mamoadate e os Yine da Comunidade Nativa de Monte Salvado.

O debate já contribuiu para mudanças relacionadas ao uso sustentável do território e dos recursos naturais em comunidades indígenas do Peru que trabalhavam associadas a madeireiros. Os intercâmbios também possibilitaram a produção de informações sobre a situação das Terras Indígenas, no Brasil, e das Comunidades Nativas e Reservas Territoriais e Indígenas, no Peru, e sobre os problemas que suas populações estão enfrentando por conta da caça e da pesca ilegal, dos projetos de desenvolvimento econômico e infraestrutura, e da exploração de madeira, petróleo, minério e gás natural.

As comunidades indígenas exigem cada vez mais a presença dos órgãos governamentais nas áreas de fronteira para coibir a exploração ilegal da madeira, a extração do ouro e o narcotráfico em seus territórios. Lideranças indígenas também vêm denunciando os crimes ambientais e contra os direitos humanos que são provocadas por essas atividades ilícitas presentes em toda a região da fronteira peruana-brasileira.

No dia 2 de setembro de 2014, na região dos Marcos Internacionais 43 e 44, entre Brasil e Peru, foram assassinados quatro líderes peruanos do povo Ashaninka na região da fronteira Acre-Ucayali: Edwin Chota, Leoncio Meléndez, Francisco Pinedo e Jorge Peres. A comitiva da Comunidade Nativa do Alto Tamaya-Saweto se deslocava em direção à Aldeia Apiwtxa, no Brasil, para participar de uma reunião com as lideranças Ashaninka brasileiras para discussão da continuidade das estratégias e ações de vigilância e fiscalização da fronteira. Há mais de uma década, eles lutavam pela titulação do seu território no Peru, e contra a atuação de madeireiros e narcotraficantes que exploram ilegalmente a região.

COOPERAÇÃO PARA A PROTEÇÃO DOS POVOS ISOLADOS

A discussão sobre as dinâmicas de fronteira desencadeou, nos últimos anos, o debate sobre a situação de vulnerabilidade dos povos indígenas isolados e de recente contato que vivem nesta região e que também sofrem as consequências das invasões dos seus territórios por madeireiros e narcotraficantes. As populações indígenas que vivem próximo às áreas com presença de índios isolados também vêm discutindo sobre como compartilhar seus territórios com esses grupos evitando contato e conflitos. Durante reuniões, oficinas e cursos nas comunidades, os indígenas pensam em suas estratégias de uso e ocupação do território, e também propõem o diálogo com as comunidades não indígenas que vivem no entorno das suas Terras Indígenas.

A necessidade de informação qualificada sobre os povos isolados e seus territórios, bem como de ações para a sua proteção através do diálogo e do estabelecimento de parcerias entre organizações indígenas e da sociedade civil e instituições governamentais dos dois países, deram origem ao Grupo Técnico de Trabalho para o Monitoramento Georreferenciado de Índios Isolados na região Acre-Peru. Criado em 2012, o grupo busca influenciar sobre as políticas de proteção para povos isolados do Brasil e Peru, através do mapeamento das evidências da presença dos isolados na fronteira Acre-Ucayali-Madre de Dios, do monitoramento das suas ameaças, do intercâmbio de informações georreferenciadas e da análise dos problemas socioambientais da região.

Em 2014, foi assinado um memorando de entendimento para a cooperação interinstitucional entre a Fundação Nacional do Índio (Funai) e o Ministério de Cultura do Peru para promover atividades e o compartilhamento de experiências e capacidades técnicas para a proteção dos direitos dos povos indígenas isolados e de recente contato que vivem na fronteira brasileira-peruana. Um primeiro passo para aproximação entre as instituições indigenistas dos dois países, que ainda precisa ser efetivada com a elaboração em conjunto de um plano de trabalho, sobretudo para a proteção dos grupos de isolados Mashco-Piro, que não conhecem as fronteiras nacionais vivendo das atividades de caça e coleta entre os territórios peruano e brasileiro.

Em maio de 2015, a *Plataforma de organizaciones indígenas para la protección de los Pueblos Indígenas en Aislamiento Voluntario y en Contacto Inicial*, do Peru, lançou a proposta de *Corredor Territorial de Pueblos en Aislamiento y Contacto Inicial Pano, Arawak e outros*, localizado nesta região da fronteira entre os departamentos de Madre de Dios, Cusco e Ucayali e o

Estado do Acre. A proposta de reconhecimento e proteção deste Corredor[2] é uma iniciativa que vem potencializar a manutenção desses espaços de articulação política e diálogo criados há mais de 10 anos na fronteira Acre-Peru, possibilitando a troca de experiências e informações, e a construção de propostas entre as organizações indígenas, as instituições governamentais e a sociedade civil para a proteção dos povos indígenas isolados e de recente contato do Brasil e Peru.

URGÊNCIA DE MEDIDAS INTEGRADAS

O esforço coletivo de se pensar as dinâmicas desta região de fronteira em espaços públicos binacionais indica cada vez mais a necessidade de os governos brasileiro e peruano adotarem medidas mais eficazes para garantir tanto a sobrevivência física e cultural quanto a autodeterminação dos povos indígenas e dos grupos isolados e de recente contato que vivem nesta área amazônica. A articulação e cooperação entre organizações indígenas, indigenistas e ambientalistas, brasileiras e peruanas, pode contribuir para a formulação de políticas locais, frente aos projetos de desenvolvimento e integração regional, e influenciar a opinião pública, as políticas de fronteira e os acordos bilaterais Brasil-Peru.

Em dezembro de 2012, foi criada a Câmara Técnica de Desenvolvimento Sustentável (CTDS), uma das seis câmaras do Núcleo Estadual para o Desenvolvimento e Integração da Faixa de Fronteira do Estado do Acre (NEDIFAC), do Plano Brasil Fronteira, do Ministério da Integração Nacional. As câmaras são espaços de debate entre sociedade civil e governos para se discutir desenvolvimento e integração transfronteiriça. Hoje, a CTDS precisa ser retomada para a discussão da agenda socioambiental em espaços binacionais e oficiais, pois sua última reunião aconteceu em 2013.

Na região Acre-Madre de Dios-Ucayali, os povos indígenas estão articulados com estratégias transfronteiriças para a proteção dos seus direitos, territórios e modos de vida. Mas o bem-viver das populações indígenas e das comunidades locais, e suas boas práticas de gestão territorial e ambiental, dependem de políticas públicas que considerem o indígena como sujeito de proteção e desenvolvimento de seus territórios, e que estejam em consonância com os marcos legais nacionais e convenções internacionais para a garantia dos direitos das populações indígenas e tradicionais. Na fronteira do Brasil com o Peru, suas estratégias e planos de ações também devem ter uma abordagem transfronteiriça. *(setembro, 2016)*

NOTAS

[1] Somatório da população indígena no Acre – 18.240 – fonte: Sesai/AC e Governo do Acre, 2013. Em 2009, conforme censo do Instituto Nacional de Estadística e Informática (INEI), do Peru, a população indígena Ucayali era de 40.407 indivíduos, e no departamento Madre de Dios, 4.005.

[2] Mais informações no *Informativo Dinâmicas Transfronteiriças: Brasil-Peru* (CPI-Acre, out.2015).

DO OUTRO LADO DA FRONTEIRA

PERU

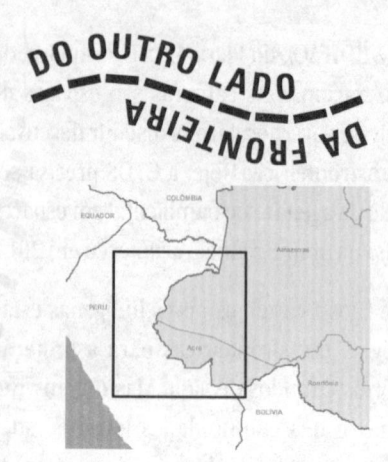

A Década do Contato

Glenn H. Shepard Jr. | Antropólogo, MPEG

O ESTADO TEM UM PAPEL FUNDAMENTAL EM GARANTIR DIREITOS RESERVADOS AOS POVOS INDÍGENAS ISOLADOS. MAS O CENÁRIO ATUAL DE GRANDES OBRAS DE INFRAESTRUTURA, EXPANSÃO DA FRONTEIRA AGRÍCOLA, MADEIREIRA E GARIMPEIRA E MAIOR CONECTIVIDADE DO MUNDO DE MODO GERAL DEMANDA UMA NOVA POLÍTICA QUE DEFINA CONCEITOS E PROTOCOLOS PARA LIDAR COM SITUAÇÕES DE CONTATO IMINENTE

O sertanista José Carlos Meirelles chama o momento atual para índios isolados na Amazônia "a década do contato". Após inúmeras experiências trágicas em iniciar o contato com povos indígenas isolados na segunda metade do século XX, resultando quase sempre na sua dizimação, a política oficial do Departamento de Índios Isolados da Funai, desde 1987, tem sido de identificar e fiscalizar os territórios de índios isolados sem iniciar, desnecessariamente, o processo de "contato". Em casos extraordinários, como foi o caso dos Korubo do Rio Javari, em 1996, e os Txapanawa do Rio Envira, em 2014, a Funai tem iniciado o contato com cuidados médicos, práticos e culturais especiais para evitar ameaças iminentes. Organizações indígenas e agências de governo em países vizinhos têm se inspirado no exemplo da Funai, incorporando o princípio do "não contato" nas suas políticas para povos isolados.

Mas a pavimentação da Estrada Interoceânica (antiga Transamazônica) entre Peru e Brasil, a continuada expansão da fronteira agrícola, a crescente exploração de gás e petróleo, bem como as atividades de madeireiros, garimpeiros, narcotraficantes e outros agentes externos vêm penetrando cada dia mais em regiões remotas da Amazônia que outrora serviram como refúgios para índios isolados. Por causa dessas pressões externas, mas talvez por dinâmicas sociais internas, os índios isolados da região de fronteira entre Peru e Brasil – quase nunca vistos durante décadas anteriores – têm se tornado cada vez mais visíveis e até agressivos na sua aproximação com populações vizinhas.

Em 2011, um flecheiro Mashco-Piro, na região de Madre de Dios no Peru, matou a Nicolas "Shaco" Flores, índio Matsigenka de uma comunidade vizinha que mantinha relações de troca e diálogo com o grupo há muitos anos. No Rio Envira, em 2014, foram os próprios índios Txapanawa isolados que se aproximaram dos agentes da Funai e de comunidades indígenas vizinhas e iniciaram o contato, aparentemente como medida de proteção apos ataques feitos por madeireiros e narcotraficantes. Já em 2015, o povo Matis iniciou um processo de contato violento e descontrolado com Korubos isolados, levando a mortes de ambos lados, contágio de doenças entre os Korubo e uma crise no Departamento de Índios Isolados da Funai.

Foi assim que a década do contato se iniciou.

Numa crescente onda durante esse período, diversas fontes de mídia internacionais publicaram textos e fotos sensacionais sobre povos indígenas isolados "emergindo da floresta". Nesse contexto, os antropólogos norte-americanos Robert Walker e Kim Hill sugeriram que o contato era inevitável, e que os índios isolados remanescentes deviam ser sujeitos ao "contato controlado" para sua própria proteção. O artigo gerou grandes controvérsias na mídia e no meio acadêmico, polarizando os debates sobre as políticas de proteção aos índios isolados e reduzindo a complexidade do assunto numa falsa dicotomia entre o "contato forçado" e o princípio do não contato: a chamada política de "deixe-os em paz."

À diferença do Departamento de Índios Isolados da Funai, que tem décadas de experiência de campo acumulado, um quadro de sertanistas veteranos e uma nova geração de jovens agentes de proteção, o Ministério de Cultura do Peru criou, apenas em 2013, a *Dirección de Pueblos Indígenas en Aislamiento y Contacto Inicial* (Daci) com uma pequena equipe e um orçamento limitado. Anteriormente, o assunto dos índios isolados tinha sido levantado de forma ainda mais limitada pelo *Instituto Nacional de Desarrollo de los Pueblos Andinos, Amazónicos y Afroperuanos* (Indepa), fundada em 2006. Durante anos, interesses econômicos ligados ao setor de petróleo no Peru negavam a existência de povos indígenas isolados. Nesse período, foi principalmente a *Federación Nativa de Madre de Dios* (Fenamad) que advogou pela proteção dos índios isolados na região de Madre de Dios, enquanto a *Asociación Interétnica de Desarrollo de la Selva Peruana* (Aidesep) articulou o tema no nível nacional sem atividades em campo. O Ministério de Cultura, através da Daci, finalmente assumiu essa responsabilidade, dando continuidade às políticas iniciadas pela Fenamad, incluindo o princípio do "não contato".

Mas o Ministério de Cultura chegou tarde, pois a década do contato já tinha começado. Entre 2013 e 2014, os Mashco-Piro foram vistos frequentemente na beira do Rio Madre de Dios pedindo roupas, comida e ferramentas dos barcos de turismo e de madeireiros que passavam. Missionários evangélicos chegaram a se aproximar dos Mashco-Piro para entregar roupas. Em várias ocasiões entre 2010 e 2014, um grande grupo mashco-piro se aproximou da comunidade indígena de Monte Salvado, no Río de las Piedras, pedindo comida, corda e ferramentas. Ao longo de 2014 e 2015, os Mashco-Piro invadiram a comunidade de Shipetiari, no Rio Madre de Dios, levando comida e ferramentas, ameaçando alguns moradores com flechadas e matando um jovem indígena Matsigenka em maio de 2015. O processo de contato já tinha sido iniciado e estava prosseguindo de forma totalmente caótica.

Desde o início dos anos 2000, e Departamento de Índios Isolados da Funai procurava formas de colaborar com o governo peruano sobre a situação dos índios isolados na área de fronteira, que abrange a maior concentração de grupos indígenas isolados no planeta. Mas devido à falta, na época, de um órgão análogo à Funai no Peru, o

Família de índios isolados da etnia Mashco-Piro, na Amazônia peruana

Adultos Mascho-Piro no rio Madre de Dios sobem no barco dos agentes de proteção do Ministério de Cultura do Peru.

trabalho se limitou a reuniões e alguns sobrevoos de fiscalização. Em março de 2014, o Ministério de Cultura assinou um Memorando de Entendimento com Funai para facilitar ações em conjunto, mas, devido aos continuados entreves burocráticos, a colaboração se limitou ao intercâmbio de informação e documentos. Com o agravamento da situação dos Mashco-Piro em 2013-2014 – com episódios de contato descontrolado frequentes, o risco de contágio iminente, incidentes de violência e forte atenção na mídia – o Ministério de Cultura aceitou com entusiasmo minha proposta de estreitar uma colaboração direta com especialistas brasileiros experientes em situações de contato.

Foi nesse contexto que viajei ao Peru, em março de 2015, acompanhando o sertanista aposentado José Carlos Meirelles e o médico Douglas Rodrigues, da Unifesp. Meirelles e Rodrigues colaboraram com Funai e o governo do Acre, em agosto de 2014, para iniciar um contato pacífico e montar uma resposta médica emergencial para o grupo Txapanawa que apareceu inesperadamente na Aldeia de Simpatia. Comparado com típicas situações do contato com isolados, quando a mortalidade costuma ser muito alta, o contato com os Txapanawa foi extremamente bem-sucedido, sem nenhuma morte até o momento por causa de doenças contagiosas. Isso se deve principalmente à longa experiência em campo do Dr. Rodrigues, que trabalha com povos isolados desde os anos 1970. Rodrigues ajudou a equipe médica ligada ao Daci no Peru a se prevenir e se preparar para emergências de saúde com os Mashco-Piro. Por sua parte, Meirelles transmitiu sua longa experiência em campo defendendo índios isolados, o que incluiu ser atingido em 2004 por uma flechada no pescoço de um guerreiro Txapanawa. A lição que passou para os agentes do Daci é de extrema precaução em situações de contato inicial, que facilmente levam a mal-entendidos culturais e violência.

A política oficial do Daci, inspirada na política de Funai, é de não iniciar o contato com povos isolados. Fundamental nessa política é reconhecer que os povos indígenas isolados não são povos "sem contato" ou da "Idade da Pedra" que ficaram milênios num estado primitivo. Ao contrário, estes povos quase sempre escolheram o isolamento de forma consciente em tempos recentes como estratégia de sobrevivência. Os Mashco-Piro são um exemplo paradigmático. Hoje são caçadores-coletores totalmente nômades, sem aldeias, roças, nem casas permanentes. Mas os Mashco-Piro falam um dialeto muito próximo do idioma Yine, falado tanto pelos Piro, no Peru, quanto os Manchineri, no Brasil. Os Piro e os Manchineri praticam agricultura sedentária e pertencem ao tronco linguístico Arawak, considerado o grupo cultural "civilizador" da Amazônia pré-histórica e difusor da agricultura. Os Mashco-Piro, mesmo na sua condição isolada, ainda jogam cabeçabol, um jogo com bola de borracha praticado por outros povos Arawak desde o sul do Brasil até o Caribe. Fica evidente que a condição de caçador-coletor é uma adaptação muito recente entre eles.

Mas como os Mashco-Piro se tornaram caçadores-coletores se todos seus parentes linguísticos mais próximos são agricultores sedentários? O jornalista Euclides da Cunha relata um massacre cometido pelo "rei da borracha" peruano Carlos Fermin Fitzcarrald, nas cabeceiras do Rio Manu, em 1894, contra um povo assentado chamado apenas de "Mashco", no qual morreram mais de cem índios. Após o massacre, aparentemente, os sobreviventes fugiram de suas aldeias para a mata, perdendo a agricultura e os hábitos sedentários e se tornando os Mashco-Piro nômades de hoje. O irônico da situação é que esse grupo, que parece ser a exímia sociedade "primitiva" de caçadores-coletores, deve seu modo de vida contemporâneo à mesma invenção paradigmática da modernidade que estrutura a vida de todos nós: o automóvel e seus pneus de borracha; ou seja, os Mashco-Piro são tão modernos quanto nós. Seu isolamento não é uma condição primordial, mas uma consequência, uma escolha, uma estratégia de sobrevivência. Essa escolha deve ser respeitada tanto por governos, cientistas, missionários, quanto pelos "irmãos" indígenas vizinhos.

Mas o que acontece quando os próprios índios isolados iniciam o contato com seus vizinhos ou acenam aos barcos de turistas para pedir roupas e comida? A política oficial de "não contato" deixou a Daci sem estratégias práticas para lidar com essa situação. Observando, ao longo de 2013-2014, os frequentes contatos entre os Mashco-Piro e turistas, biólogos, indígenas vizinhos, madeireiros, e missionários evangélicos, Lorena Coz Prieto, a diretora do Daci do Peru, observou: "todo mundo está fazendo o contato com eles, menos a gente".

Perplexo com essa situação contraditória, um dos agentes de campo do Daci perguntou para Meirelles, durante sua visita, se precisava se criar um novo termo para essa situação, como "contato esporádico". Meirelles respondeu com seu característico senso de humor: "a pessoa não pode estar esporadicamente grávida. Ou é, ou não é". Olhando fotografias coletadas pelo Ministério de Cultura ao longo de 2012-2014, mostrando diferentes agentes externos interagindo com os Mashco-Piro, dando roupas, comida e até uma garrafa de Coca-Cola, Meirelles observou: "o contato já aconteceu. Vocês que ainda não perceberam".

Na sua apresentação a membros da equipe, o Dr. Rodrigues enfatizou este ponto com uma legenda vermelha sobre uma fotografia mostrando um Mashco-Piro próximo a um interlocutor Piro: "CONTATO = CONTÁGIO". Rodrigues mostrou uma tabela resumindo o impacto drástico de epidemias exógenas sobre índios isolados entre os anos 1960-1990, com taxas de mortalidade entre 30% e 90%. Mas, com esse acúmulo trágico de experiência, a Funai e os médicos colaboradores, como Rodrigues, conseguem hoje lidar com a emergência médica do contato de uma forma mais controlada, como foi o caso dos Zoé no final dos anos 1980, os Korubo em 1996 e os Txapanawa em 2014, com taxa de mortalidade por doença contagiosa de praticamente 0%. Essa drástica redução de mortalidade foi resultado de intervenções médicas rápidas, coordenadas e diferenciadas para essas populações vulneráveis.

A visita de Meirelles e Rodrigues ao Peru foi fundamental para a inauguração de uma nova política mais proativa do Daci com os Mashco-Piro a partir de 2015. Infelizmente, as mudanças não vieram rápido o suficiente para salvar a vida do jovem indígena Leo Perez da Aldeia de Shipetiari, morto por uma flechada Mashco-Piro em maio de 2015. Mas depois desse episódio trágico, os agentes indígenas falantes da língua Yine, junto com antropólogos do Daci e uma equipe médica, iniciaram um processo de diálogo com o pequeno grupo Mashco-Piro que tinha ameaçado essa aldeia nos últimos anos. Convenceram os Mashco-Piro de se manterem longe de Shipietari e de evitarem contatos com outros estranhos para não se contagiarem com doenças. A equipe de saúde redobrou suas atenções médicas e campanhas de vacinas nas comunidades no entorno do território Mashco-Piro para criar um "muro epidemiológico", até o momento em que seja possível vacinar os próprios Mashco-Piro.

Durante uma visita à região, que fiz na companhia do jornalista Jon Lee Anderson em novembro de 2015, a situação caótica, confusa, conflituosa e de iminente desastre que reinava apenas poucos meses antes, tinha sido completamente revertida. Os Mashco-Piro saem para a praia regularmente para encontrar e dialogar com a equipe do Daci, que, via intérpretes piro, monitora a saúde dos indivíduos, constrói laços de confiança e indaga cuidadosamente sobre o grupo, seus movimentos, motivações e aspirações. Nas interações observadas por mim e pelo jornalista, os Mashco-Piro se relacionam de forma amigável e familiar com os agentes de proteção, em alguns momentos fazendo brincadeiras, corridas e até rindo de alegria. A equipe mantém a vigilância constante da região para evitar o tipo de contato descontrolado que era frequente em 2013-2014. Com esse contato e confiança com os agentes de proteção, os Mashco-Piro não voltaram mais para ameaçar a comunidade de Shipetiari.

O Departamento de Índios Isolados da Funai realiza um trabalho crucial para a proteção das populações indígenas isoladas, extremamente vulneráveis, de ambos os lados da fronteira Peru-Brasil. Essa contribuição inclui o trabalho de demarcação e fiscalização, a colaboração institucional entre a Funai e o Peru desde a década de 2000, bem como o recente intercâmbio realizado com sertanistas e médicos como Meirelles e Rodrigues. Inspirada nas políticas da Funai, a recém-criada Daci iniciou seu trabalho partindo do princípio do "não contato". Mais recentemente, grupos isolados na região de fronteira como os Mashco-Piro e os Txapanawa começaram a tomar a iniciativa, aproximando-se de comunidades indígenas vizinhas e de outros agentes externos, expondo tanto os isolados quanto os seus vizinhos a riscos mútuos de contágio e violência. O Estado tem um papel fundamental em garantir os territórios, os direitos, a saúde e a integridade cultural de povos indígenas isolados. Mas o cenário atual de abertura de estradas, grandes obras de infraestrutura, expansão da fronteira agrícola, madeireira e garimpeira e maior conectividade do mundo de modo geral demanda uma nova política que defina conceitos e protocolos para lidar com situações de contato iminente. A "década do contato" já chegou. Neste contexto, uma política ingênua de "não contato" do tipo – "deixe-os em paz!" – acaba se tornando não apenas uma contradição, mas um ato de negligência. *(setembro, 2016)*

AGENTES AGROFLORESTAIS INDÍGENAS

Novos Atores nas Terras Indígenas do Acre[1]

Renato Antonio Gavazzi — Geógrafo, Coordenador Pedagógico da Formação de Agente Agroflorestal Indígena, CPI-Acre

HÁ DUAS DÉCADAS, UMA NOVA E ESTRATÉGICA CATEGORIA PROFISSIONAL VEM CUMPRINDO UM PAPEL FUNDAMENTAL NA GESTÃO, MANEJO, CONSERVAÇÃO E PROTEÇÃO DE TIS NO ACRE. GRANDE PARTE DOS AGENTES AGROFLORESTAIS INDÍGENAS (AAFIS) SÃO BILÍNGUES E FORAM ALFABETIZADOS POR PROFESSORES INDÍGENAS. PARA CONSOLIDAR SUA ATUAÇÃO, SERÁ NECESSÁRIO QUE O ESTADO RECONHEÇA PLENAMENTE ESTES PROFISSIONAIS COMO AGENTES IMPRESCINDÍVEIS PARA O DESENVOLVIMENTO SUSTENTÁVEL AUTÔNOMO DOS POVOS INDÍGENAS

Os agentes agroflorestais indígenas são na sua grande maioria homens[2], jovens e adultos, na faixa etária entre 18 e 40 anos.

Representam uma nova geração de jovens das sociedades indígenas do Acre, que são a expressão dos processos escolares de aquisição da escrita e da segunda língua e de outros bens e técnicas demandadas pelo contato com a sociedade nacional. Grande parte dos AAFIs foi alfabetizada por professores indígenas e é bilíngue nas modalidades oral e escrita. Eles foram indicados para assumir a sua função pelas lideranças de suas comunidades e participam dos cursos de Formação de Agente Agroflorestal Indígena, que têm como objetivo valorizar, intensificar e expandir os conhecimentos e as práticas de gestão territorial e ambiental nas Terras Indígenas, por meio de processos educacionais, técnicos, profissionalizantes, integrados à educação básica.

Atualmente existem no Acre 179 AAFIs, de 14 povos, em 30 Terras Indígenas, todos com seus "suplentes" (denominação dada por eles), pertencentes a duas famílias linguísticas, Pano e Aruak. Entre os primeiros encontram-se os Huni Kuĩ (Kaxinawá), Nawa, Jaminawa, Yawanawá, Katukina, Shawãnawá, Shanenawa, Jaminawá Arara, Kontanawa, Nukini e Puyanawá; entre a família Aruak, encontram-se os Ashaninka e Manchineri[3]. Essas TIs estão distribuídas em 11 municípios do Acre e possuem uma área agregada de 2.083.217 hectares e, juntas, compõem uma população aproximada de 17.164 indivíduos que habitam regiões de fronteira Brasil-Peru.

AAFIs em atividades durante o XXII Curso de Formação em Rio Branco (AC).

PROMOÇÃO DE ALTERNATIVAS PARA O DESENVOLVIMENTO COMUNITÁRIO

Os AAFIs têm atuado como importantes lideranças na conscientização de seus respectivos grupos a respeito dos condicionamentos socioambientais impostos pela atual conjuntura histórica. Os conteúdos programáticos dos cursos, oficinas itinerantes e assessoria às TIs têm discutido, a partir de uma filosofia socioambiental, diversas alternativas de desenvolvimento comunitário e de manejo de sistemas agroflorestais, como:

– a construção e manutenção de viveiros de mudas, tanto de frutíferas como de outras espécies úteis;

– o plantio definitivo destas mudas, enriquecimento as paisagens cultivadas (capoeiras, roçados, terreiros, quintais, trilhas e parques medicinais);

– a recuperação e recomposição de matas ciliares e outras áreas degradadas com a introdução de frutíveras, leguminosas e técnicas de adubação verde;

– o aprimoramento de técnicas biológicas de combate às pragas e implantação de hortas orgânicas, à base de compostagem;

– a produção de alimentos beneficiados a partir das plantas cultivadas (como chocolate, pó de café, sucos e frutas desidratadas);

– o manejo de palha (palmeira) e outras espécies usadas para a construção de habitações e utensílios;

– o manejo de animais de caça e pesca, desenvolvendo técnicas de domesticação como a construção manual de barragens para a criação de peixes e quelônios, e o incremento da meliponicultura e avicultura;

– a incrementação de técnicas para coleta de água de chuva para uso doméstico;

– a consolidação de estratégias de coleta e destinação do lixo nas aldeias, procurando soluções coerentes com a realidade local;

– planos de reciclagem de madeiras desvitalizadas dos roçados, ou árvores caídas na mata ou rio, com o seu uso na confecção de mobiliário e esculturas.

MANEJANDO PAISAGENS CULTURAIS OU AGROFLORESTAS

Os AAIFs vêm implementando e manejando, junto às suas comunidades, diferentes variedades de agroflorestas, isto é, de paisagens culturais manejadas, que constituem extensos jardins cultivados. Os modelos agroflorestais indígenas integram consórcios formados por grande diversidade de plantas nativas e exóticas combinadas – como as espécies perenes dos roçados, as medicinais, as sagradas, as ornamentais, as frutíferas e as hortaliças – que oferecem uma ampla gama de usos e recursos, cumprindo um papel fundamental para a segurança alimentar e nutricional de suas comunidades. Além de alimentos, os plantios agroflorestais são também estratégicos para garantir o suprimento de materiais como lenha, palha, madeira para construção de casa e outros recursos necessários para a vida cotidiana. Estes modelos também contribuem para a recuperação de áreas degradadas, aproximação da caça ao entorno das aldeias, para a fertilidade natural do solo, proteção das nascentes, bem como para a recuperação e reposição de matas ciliares.

Deste modo, os AAFIs têm dado importante contribuição à construção coletiva de alternativas para encarar os novos desafios e para implementar um amplo leque de ações de gestão territorial e ambiental, assumindo a posição de lideranças na organização social e política de suas aldeias. Para além do crescente reconhecimento profissional, eles vêm conquistando novos espaços através de parcerias órgãos municipais, estaduais e federais. Portanto, embora seja uma categoria social relativamente recente na Amazônia brasileira, é possível afirmar que os AAFIs vêm obtendo importantes conquistas sociais e ambientais. São vários os resultados de atuação agroflorestal profissional, influenciando a renovação dos modos de uso da terra e de manejo dos recursos naturais e agroflorestais, bem como as políticas públicas para a gestão de seus territórios.

FORMAÇÃO DE AAIFS E CONSOLIDAÇÃO DE PGTAS

Antes de surgir o primeiro Plano de Gestão Territorial e Ambiental (PGTA) em Terras Indígenas, no Acre, em 2004, os AAFI já discutiam e executavam em suas comunidades vários de seus componentes. Ao analisarmos o conjunto dos 29 PGTAs existentes no Acre, constatamos que todos os temas que compõem estes planos já vinham sendo trabalhados pelos AAFIs. Nesse sentido, a recente construção destes planos de gestão em oficinas de etnomapeamento, sempre esteve relacionada às atividades de mapeamento que integram a formação dos AAFIs.

As ações de etnomapeamento ou de mapeamento participativo são instrumentos que contribuem com os planos de uso e proteção dos territórios indígenas. Os etnomapas podem ser entendidos como a base da construção dos planos de gestão, uma ferramenta política imprescindível para se projetar as estratégias de proteção territorial e ambiental das TIs. Neste sentido, não só os mapas, como também os processos de mapeamento, vêm se consolidando enquanto instrumentos imprescindíveis para a gestão territorial e ambiental. Afinal é, literalmente, "em cima" dos mapas das aldeias e TIs que acontecem as reflexões, discussões e pactos para aprimorar o manejo sustentável da biodiversidade e a proteção territorial. Nesse sentido, a cartografia indígena tem estado presente em todo o ciclo de consolidação dos planos de gestão, da criação à implementação. Há, assim, uma complementaridade fundamental entre a construção de etnomapas e planos de gestão, que vem sendo bastante aprofundada nas dinâmicas desenvolvidas pelos AAFIs no Acre.

Os planos de gestão territorial e ambiental também foram pensados para o fortalecimento das experiências dos AAFIs, para ajudá-los no trabalho de conscientização junto às comunidades no uso, manejo e conservação dos recursos naturais e agroflorestais, bem como para discutir as questões socioambientais. Foram também pensados como uma estratégia para envolver a comunidade de forma mais ampla, bem como para construir consensos em gestão territorial e ambiental. Todas as TIs que contam com os AAFIs têm uma grande vantagem na construção e execução do PGTA, porque eles já possuem uma prática e uma reflexão do vários e complexos processos da gestão territorial de suas terras e de seu entorno. Podemos afirmar que os planos de gestão no Acre são o resultado da formação dos AAFIs, pois eles não nasceram desconectados de uma ação educacional para a gestão das Terras Indígenas.

SURGIMENTO E CONSOLIDAÇÃO DA CATEGORIA PROFISSIONAL DOS AAFIS

O surgimento da categoria dos AAFIs no Acre marca uma nova fase no movimento indígena acreano, pois eles vêm portando significativas contribuições aos processos de gestão territorial e ambiental das Terras Indígenas, assumindo crescentemente seu papel social e político como lideranças dentro de suas terras e fora delas. Hoje, no Acre, o AAFI é um importante sujeito social que discute, argumenta, elabora, apresenta e propõe, a partir dos trabalhos práticos, interessantes modelos de desenvolvimento comunitário. Eles também fazem escolhas e tomam posições acerca das mais variadas questões sociais, ambientais, econômicas, educacionais e culturais.

Os AAFIs, com a capacidade de deliberação e influência, podem intervir, discutir e mostrar soluções viáveis ao complexo desafio da gestão territorial e ambiental das Terras Indígenas e, por meio de seus trabalhos, vêm se destacando e se consolidando como um "movimento" socioambiental que trabalha e luta pela a melhoria da qualidade de vida de seus povos. Dentro das várias estratégias para o fortalecimento de sua categoria profissional e para a conquista de melhores políticas públicas, direcionadas à gestão de suas terras, ocupam importantes funções dentro dos governos (municipal e estadual), e também fora dele (presidente de associações, diretor de escola, cineasta etc).

Os AAFIs tem um papel fundamental, pois fazem a interlocução com suas comunidades. Eles se destacam para levar as "novas ideias" e os conhecimentos para a gestão territorial, mostrando através de suas práticas e discutindo com as suas comunidades as várias maneiras de trabalhar na produção de alimentos, na proteção do território, do meio ambiente e no desenvolvimento comunitário. Eles mesmos se definem como "mensageiros", pois estão sempre levando as informações e as novidades para dentro de suas comunidades, logo após a finalização de um curso, um seminário, uma viagem de intercâmbio ou de uma reunião realizada fora da Terra Indígena. Estão em um constante movimento de reunir suas comunidades para reafirmar a relevância social de seus trabalhos para a gestão da Terra Indígena e o bem-estar das pessoas.

Os AAFIs criaram, em setembro de 2002, sua própria organização de representação política, a Associação do Movimento dos Agentes Agroflorestais Indígenas do Acre (AMAAI/AC), que visa representar e defender os interesses desses profissionais e articulações para o fortalecimento da sua categoria. Uma das mais fortes reivindicações do "movimento" dos AAFIs é o reconhecimento profissional da categoria pelo governo do Estado do Acre.

Para consolidar esse trabalho, será necessário que o governo do Acre incorpore como política pública o reconhecimento profissional dos AAFIs como gestores ambientais, "servidores da floresta," estabelecendo um mecanismo permanente de contratação e remuneração pelos serviços sociais e ambientais prestados à sociedade, entre os quais está a proteção das florestas e a manutenção da biodiversidade, que são as bases para um desenvolvimento sustentável e autônomo.

Os AAFIs reivindicam serem contratados como profissionais indígenas que atuam na gestão territorial e ambiental de suas terras e entorno. Pleiteiam também serem reconhecidos como extensionistas indígenas, pois são eles que dão assistência técnica e fazem a extensão rural junto a seus povos. O reconhecimento da profissão dos AAFIs precisa se dar através de um ato político, que é a sua contração pelo governo do Estado do Acre. Atualmente, o governo do estado vem pagando uma bolsa para 106 AAFIs, porém o que reivindicam é serem contratados, com direito a salário correspondente aos trabalhos executados, e almejam ter suas carteiras profissionais assinadas, pois isso significa ter uma série de benefícios para o trabalhador e para sua família. Os benefícios do serviço ambiental que eles vêm prestando no manejo e na conservação das florestas tropicais em suas Terras Indígenas e no seu entorno também se estendem ao estado, ao país e ao planeta. A contratação dos AAFIs como gestores ambientais representará uma grande conquista, nessa época nebulosa pela qual vem passando o Brasil, de escândalos de corrupção, de graves acidentes ambientais e de retrocessos políticos nas conquistas sociais e ambientais. O reconhecimento profissional dos AAFIs será um grande avanço político e democrático nas questões indígenas e socioambientais e contribuirá muito para que as sociedades indígenas intensifiquem seus processos de autodeterminação, garantindo a segurança, o controle de suas terras, de suas riquezas naturais e florestais, possibilitando, assim, uma sobrevivência mais farta para as atuais e futuras gerações.

"PARQUE MEDICINAL", UMA NOVA CATEGORIA FLORESTAL HUNI KUĨ

Nos últimos anos, surgiu, na TI Kaxinawá do Rio Jordão, um "novo" espaço específico dentro da floresta, chamado pelos indígenas de "parque medicinal". Estes parques são lugares onde os pajés, junto com os AAFIs e comunidades, desenvolvem o cultivo de várias espécies de plantas medicinais que recolhem em diferentes partes da floresta e onde realizam o tratamento de pajelança para cura de determinadas enfermidades. Os parques também são locais para estudo, pesquisa, lazer, descanso e reuniões. Geralmente, nos parques medicinais, há um local chamado de "praça", onde os indígenas organizam vários troncos de madeiras dispostos no chão em forma de quadrado que servem de bancos, em que eles ficam sentados conversando, fumando, ou tomando rapé com amigos e parentes. Essa ideia propagou-se para outras Terras Indígenas do Acre que também criaram os seus próprios parques medicinais. *(setembro, 2016)*

NOTAS

[1] Versão editada de texto originalmente elaborado no âmbito da Carta de Acordo firmada entre o Projeto GATI e a CPI-Acre.

[2] A partir de 2012, vem surgindo, em algumas aldeias Huni Kuĩ, a mulher como Agente Agroflorestal Indígena.

[3] Quinze desses povos habitam 22 Terras Indígenas demarcadas e regularizadas; 2, as TIs Rio Gregório (Yawanawa e Katukina), em situação de declarada/demarcada; 3, Kaxinawá do Seringal Curralinho, Jaminawa do Rio Caeté e os Nawa, estão em situação de identificação; 1, Kaxinawá do Seringal Independência, em situação dominial; 1, Arara do Rio Amônia, em situação declarada; e 1 Kontanawa, em sobreposição à Resex do Alto Juruá, em situação a identificar.

CONVENÇÃO Nº 169 - OIT

Oficinas Sobre o Direito de Consulta aos Povos Indígenas no Acre

Vera Olinda Sena — Educadora, Funai, mediadora das oficinas

Gleyson Teixeira — Cientista Social/CPI-AC, mediador das oficinas

A FALTA DE DIÁLOGO EFETIVO, A POUCA PREOCUPAÇÃO DO ESTADO COM A ESTRUTURAÇÃO DE POLÍTICAS ESPECÍFICAS E O IMPACTO DE VÁRIAS INICIATIVAS EM MARCHA PODEM SER APONTADOS COMO A ORIGEM IMEDIATA DE MUITOS DOS PROBLEMAS VIVIDOS PELOS POVOS INDÍGENAS NO ACRE. ALÉM DE INFORMAR SOBRE A CONVENÇÃO 169 E O DIREITO DE CONSULTA, O CICLO DE OFICINAS REALIZADAS NOS ÚLTIMOS ANOS PROCUROU CONTRIBUIR PARA A ELABORAÇÃO E REGULAMENTAÇÃO DE PROTOCOLOS PARA A IMPLMENTAÇÃO DO DIREITO DE CONSULTA

Em 2008, diversas discussões sobre a implementação[1] da Convenção nº 169 sobre Povos Indígenas e Tribais em Estados Independentes (1989) da Organização Internacional do Trabalho (OIT/ONU), aprovada pelo Congresso brasileiro em 2002, passaram a destacar a necessidade de se definir propostas concretas para a efetiva regulamentação do direito de consulta livre, prévia e informada. Em 2009, esta necessidade foi também destacada e incentivada pelo relatório anual publicado pelo então relator especial da ONU sobre direitos dos povos indígenas, James Anaya.

No Acre, naquele contexto, buscava-se ampliar a participação dos povos indígenas e suas representações nos processos de implementação de políticas públicas, sobretudo desenvolvidas pelo executivo estadual e federal, assegurando o envolvimento desses povos sobre qualquer ação pública proposta para suas terras e seu entorno. Os espaços públicos consultivos precisavam ser fortalecidos e se queria chamar atenção para a integração entre estas discussões e o tema da consulta, tal como destacado na Convenção 169. Nos anos seguintes, esse debate foi se intensificando através vários encontros e seminários promovidos pelo Programa de Políticas Públicas e Articulação Regional da CPI-Acre, em parceria com a Organização dos Professores Indígenas do Acre (Opiac) e a Associação do Movimento dos Agentes Agroflorestais Indígenas do Acre (AMAAIAC).

Em 2011, a Funai realizou, em Brasília, uma oficina dando os primeiros passos governamentais para essas discussões, reunindo cerca de 60 lideranças indígenas de todo o país, além de representantes da OIT, do Ministério Público Federal (MPF), da Advocacia Geral da União (AGU) e de organizações não governamentais. Um dos desdobramentos desta iniciativa foi a realização, pela Rede de Cooperação Amazônica (RCA), de um seminário oficina que discutiu tanto as regras de aplicação do direito de consulta livre, prévia e informada no Brasil, como os princípios gerais que regem o processo de consulta, tendo por referência diversos casos concretos.

Em 2012, o Governo Federal criou um Grupo de Trabalho Interministerial (GTI) formado por 22 membros de diferentes ministérios e órgãos federais com a incumbência de apresentar uma proposta de regulamentação da consulta, prevista na Convenção 169. Como desdobramento desses primeiros passos, a Secretaria-Geral da Presidência da República, por meio da Secretaria Nacional de Articulação Social, realizou em março daquele ano em Brasília, o seminário "Convenção 169 da OIT: experiências e perspectivas". Contudo, a notícia do contraditório lançamento da Portaria nº

303 da AGU – um ataque aos os direitos indígenas já garantidos – em meio à etapa de planejamento das atividades do GTI, acabou ferindo o que estava sendo construindo, levando os representantes indígenas no GTI a recuarem em sua disposição de dialogar.

Foi nesse contexto que o tema do direito de consulta e da aplicação da Convenção 169 no Brasil se estruturou, e ganhou espaço, entre os povos indígenas no Acre. Entre 2011 a 2016, aconteceram quatro grandes oficinas e oito encontros de articulação política, coordenadas pela CPI-AC, Opiac e AMAAIAC, em que estes temas foram abordados, seja em discussões exclusivas sobre o tema, seja em discussões ampliadas sobre políticas públicas[2]. As oficinas aconteceram no Centro de Formação dos Povos da Floresta, escola de formação de indígenas da CPI-AC. A média de participantes das oficinas foi de 37 lideranças. Nos encontros políticos e seminários, participaram cerca de 70 lideranças, chegando a reunir, para algumas pautas, algo em torno de 100 indígenas. Ao todo, representantes de 18 Terras Indígenas e 22 associações[3] se fizeram presentes.

A realização das oficinas buscou, além de informar sobre a Convenção 169 e o direito de consulta, contribuir para a elaboração de protocolos de consulta por povos indígenas. Este processo se deu a partir da análise de programas e projetos de governos que estão sendo executados nas Terras Indígenas, bem como da apresentação e avaliação dos impactos das grandes obras previstas no Programa de Aceleração do Crescimento (PAC). Além disso, foram feitas avaliações conjuntas sobre o fortalecimento das políticas anti-indígenas em âmbito nacional, ligadas à tramitação de medidas, projetos de lei e iniciativas no Congresso Nacional e no Executivo (como a PEC 215, o PLP 227, o PL 1610/96, ou a Portaria 419) que ameaçam direitos territoriais, políticos e sociais conquistados.

A falta de diálogo efetivo dos Governos Estadual e Federal com as organizações indígenas, a pouca preocupação do Estado com a estruturação de políticas específicas e o impacto de várias iniciativas em marcha na vida dos povos indígenas – reiterados pela ausência de mecanismos participativos – podem ser apontados como a origem imediata de muitos dos problemas vividos por estas populações no Acre. Programas e ações governamentais também foram avaliados; em especial, a educação indígena e os projetos de produção sustentável como casos concretos no âmbito do Governo Estadual; a saúde indígena no Governo Federal; alguns PLs e a PEC 2015 como situação de ameaça aos indígenas no legislativo nacional. Também foram questionados o caráter e a validade de reuniões pontuais que, segundo os governos, caracterizariam o cumprimento do dever da consulta. Essas discussões ajudaram não só a construir um entendimento partilhado sobre a diferença entre "reunião informativa" e "consulta livre, prévia e informada", como também a fortalecer decisões coletivas para que medidas políticas unilaterais não cheguem às TIs a qualquer custo.

No período contínuo das atividades, as lideranças participantes faziam ano a ano um alinhamento sobre a situação geral das TIs, como um balanço entre elas. A partir daí, encaminhamentos referentes às áreas de educação, saúde, gestão territorial e ambiental, articulação interna e externa, interlocução com os governos iam sendo definidos e avaliados. Tratavam-se, assim, de estratégias e articulações das associações indígenas, mas que também envolveram lideranças sem associação, oriundas de diversas TIs, pactuando trabalhos em conjunto para enfrentar situações que afetam seus modos de vida.

Um outro ponto que também marcou as oficinas foi a presença de membros de setores de governo, tomadores de decisão, como: Marta Azevedo e Maria Augusta, como presidentes da Funai; Tião Viana, governador do Acre; vários secretários de estado e outros gestores; além de membros do legislativo acreano. Estes tomadores de decisões públicas compareceram para ouvir as lideranças e apresentar informações e esclarecimentos sobre determinadas medidas, ao passo em que ouviam críticas, recomendações e sugestões de procedimentos para as ações de seus mandatos nas Terras Indígenas. Foram momentos que, por abordarem programas e projetos concretos, experiências e posicionamentos políticos, não se descolavam de desconfianças e tensões.

Em especial nos anos de 2011 a 2013, o tema das mudanças climáticas e salvaguardas socioambientais foi abordado nas oficinas. Sendo o Acre o primeiro estado no Brasil a criar uma política ampla para promoção de serviços ambientais, foi necessário aprofundar e prosseguir com a construção de instrumentos de participação e monitoramento previstos no Sistema Estadual de Incentivos a Serviços Ambientais (lei nº 2308/2010), como um dos temas concretos das oficinas[4].

ENTENDIMENTOS BASE PARA A CONSTRUÇÃO DE PROTOCOLOS

O entendimento para se chegar a uma decisão sobre a construção de protocolos de consulta também foi destacado, envolvendo diversas áreas e situações estratégicas, como educação escolar, assistência e promoção da saúde, produção agroflorestal, programas de habitação e projetos de desenvolvimento como a exploração de petróleo e gás. Em especial, a educação escolar e a saúde indígena são áreas em que a ausência da consulta está causando estragos sérios na vida das populações indígenas. Em resumo, foram coletivamente construídos os seguintes posicionamentos para o exercício da consulta livre, prévia e informada:

· Lideranças e instituições da confiança dos indígenas devem fazer o acompanhamento da consulta, em todas suas etapas (início, meio e fim).

· Ouvir os povos indígenas. Não dizer o que os povos indígenas devem fazer.

· Ouvir e respeitar a decisão dos povos indígenas.

· A Funai deve ser parceira e emitir pareceres técnicos sobre os assuntos/questões debatidos e alvo da consulta. Nesse sentido, o órgão indigenista oficial deve: (i) dar o parecer ouvindo as comunidades; (ii) mediar a ação entre o interessado e os povos indígenas; (iii) acompanhar a consulta, ouvir e apoiar o acordo da comunidade sobre as questões que são discutidas, consultadas; (iv) deixar que as comunidades falem primeiro; (v) fiscalizar e proteger os povos indígenas nos processos jurídicos, informando sobre as questões da consulta.

· Tem que se fazer respeitar o pensamento das comunidades.

· Ter parcerias para fiscalizar todos os projetos, fazer oficinas com acompanhamento nas Terras Indígenas e fortalecer mais as parcerias com as categorias profissionais, como professores e agentes agroflorestais indígenas.

· Ouvir as reivindicações, orientar e acompanhar a execução dos projetos em Terras Indígenas, informar e defender os direitos.

· O tempo para consulta deve ser o necessário para que, com suas comunidades, discutam, entendam e decidam sobre a medida, com base na informação livre, prévia e de boa-fé.

CONSIDERAÇÕES FINAIS

Para concluir, destacamos que as quatro oficinas e os oito encontros de articulação política, sobre os quais discorremos brevemente, foram sem dúvida um espaço importante para tratar da interlocução entre os indígenas e os governos, como também para fortalecer a unidade política do grupo de lideranças participantes, motivadas pelo estudo e análise de informações referentes aos assuntos abordados. Observa-se a importância destes processos de afirmação da integração coletiva das lideranças pelas presenças constantes e intensas participações em todo andamento das atividades, marcada pela permanente demanda por novas "vagas", e a um número significativo de documentos escritos, produzidos e entregues aos governos, diretamente pelas as associações comunitárias, no decorrer das oficinas.

Em síntese, algumas das principais aprendizagens e resultados dos ciclos de oficinas e reuniões ocorridas nos últimos anos foram: (i) a ampla difusão de informações sobre a Convenção 169; (ii) a evidência da relevância de definir e aplicar procedimentos para consulta e reconhecer o papel dos atores envolvidos, visando planejar estratégias para levar informações e garantir a participação dos povos indígenas, no contexto das atividades promovidas pelas prefeituras e Governos Estadual e Federal; (iii) o fortalecimento da articulação política entre as lideranças de várias TIs, estimulando a união, a mútua compreensão e a atualização de estratégias compartilhadas de defesa dos direitos indígenas; (iv) a formação de jovens lideranças: pela presença de um número significativo de jovens, foi visível a evolução de seu engajamento ao longo do processo, tomando para si a responsabilidade de defender e proteger suas comunidades; (v) a presença de mulheres indígenas discutindo direitos indígenas, políticas públicas e atuando em espaços externos de articulação. Em todas as oficinas, trabalhos em grupos e plenárias, foram reservados a elas espaços específicos para que pudessem apresentar situações e questões fundamentais para o debate, a partir do ponto de vista da mulher shawãdawa, nukini, nawa, ashaninka, manxineru ou shanenawa, que participaram das atividades. Ao final do processo das oficinas também foram definidos planos para elaboração e publicação, no prazo de um ano, de dois protocolos específicos de consulta, sendo um em uma Terra Indígena, localizada na faixa de fronteira Brasil (Acre)/Peru, e outro temático sobre educação.
(setembro, 2016)

NOTAS

[1] Aqui, em destaque, o *Seminário Internacional Oportunidades e Desafios para a Implementação da Convenção 169 da OIT sobre Povos Indígenas e Tribais*, realizado em Brasília pela CPI/SP e o ISA, em 2008; e o *Ciclo de Reuniões sobre a Convenção 169*, realizadas pela CPI/AC, em Rio Branco.

[2] Em módulos específicos como *Clima e Serviços ambientais* e *Elaboração de protocolos* houve a participação da RCA, Funai, ISA e *Forest Trends*. Os encontros foram apoiados financeiramente pela RFN, Fundo CASA e *Forest Trends*.

[3] A relação completa das associações participantes, bem como outras informações de interesse, podem ser acessadas em www.cpiacre.org.br/ ou em www.amaaiac.org.br/

[4] Para mais, acesse no *site* da CPI-AC a edição especial do *Jornal Yuimakɨ: Povos Indígenas e Serviços Ambientais* (2014), produzida como resultado das oficinas sobre este tema.

HUNI KUIN

Mahku: um Movimento de Pesquisadores-Artistas Indígenas

Amilton Pelegrino de Mattos | Antropólogo, Ufac Floresta

O MAHKU É UM COLETIVO DE PESQUISADORES-ARTISTAS DO POVO HUNI KUIN, CUJA GÊNESE EVOCA O PROCESSO DE FORMAÇÃO DO PESQUISADOR-ARTISTA IBÃ HUNI KUIN (ISAIAS SALES), JUNTO A SEU PAI TUIN HUNI KUIN (ROMÃO SALES), NOTÁVEL CONHECEDOR HUNI KUIN, QUE, AO LONGO DE SUA VIDA, RESGUARDOU SABERES MUSICAIS E RITUAIS AMEAÇADOS PELA FRENTE SERINGALISTA

Ao se formar professor, Ibã passou a se interessar pela promoção da aliança entre os saberes tradicionais e os instrumentos da escrita e da pesquisa, registrando e publicando cantos e outras expressões culturais. Sentindo a necessidade de aprofundar as pesquisas junto às novas gerações, Ibã e seu filho Bane Huni Kuin (Cleiber Sales) decidiram adotar a expressão visual do desenho e da pintura para fazer traduções visuais dos cantos.

A partir da inserção dos Huni Kuin na Licenciatura Indígena da Ufac Floresta, abriu-se a eles a possibilidade de expressão audiovisual no âmbito do Laboratório de Imagem e Som (Labi) da Universidade, dando origem ao projeto de pesquisa participativa *Espírito da Floresta*. A partir de então, os Huni Kuin passaram a se abrir a novas perspectivas com relação a outros suportes para suas composições artísticas, sempre procurando aliar imagem e som. Em 2011, a organização do I Encontro dos Artistas Desenhistas Huni Kuin, na TI Kaxinawá do Rio Jordão, e da I Exposição dos Artistas Desenhistas Huni Kuin, na cidade de Rio Branco, foram um marco neste processo. Em 2012, os artistas huni kuin foram, então, convidados para expor na Fundação Cartier para a Arte Contemporânea em Paris.

Desenhos feitos por três importantes artistas Huni Kuin (Ibã, Bane e Isaka Huni Kuin), do Acre, em paredes do antigo Hospital Matarazzo, na região da Av. Paulista. O convite aos artistas foi feito pelos curadores da Bienal de Artes de São Paulo.

Foi, então, a partir dessas experiências, que os artistas huni kuin decidiram criar o Mahku - Movimento dos Artistas Huni Kuin, que, formalmente, é uma associação cujos principais objetivos são fortalecer a pesquisa e a arte, além de criar fontes de renda dignas que valorizem a "cultura viva" e a "vida na floresta". Os trabalhos dos artistas, em maioria homens, consistem quase sempre em traduções visuais de cantos da ayahuasca, os chamados *huni meka*, pesquisados por Ibã. Eventualmente desenham outros cantos rituais e mitos. Atualmente, a criação de desenhos continua vigorando, mas a pintura tem ocupado cada vez mais espaço entre os artistas huni kuin.

O SONHO DO *NIXI PAE* E A FORMAÇÃO DE JOVENS MESTRES

O sonho do nixi pae é o título de um filme – lançado em 2015 e realizado entre 2009 e 2014 sob direção de Amilton Mattos – que apresenta os trabalhos de pesquisa de Ibã e registra processo de surgimento do coletivo Mahku desde o I Encontro de Artistas-Desenhistas Huni Kuin (2011), bem como o andamento do projeto *Espírito da Floresta* (UFAC Floresta). O filme dedica especial atenção ao processo de incorporação de novos meios de expressão visual como a pintura em murais e em processos de aprendizagem e intercâmbio em espaços culturais. Nos últimos anos, a crescente participação dos jovens huni kuin em cursos, exposições e oficinas vem contribuindo significativamente para consolidar seu processo de formação como mestres de conhecimentos tradicionais de notório saber. Mais recentemente, estas iniciativas inspiraram a criação do Centro Mahku Independente, situado nas proximidades da TI Kaxinawá do Rio Jordão.

Estas diversas iniciativas, protagonizadas pelos Huni Kuin, permitem chamar a atenção para os novos tempos do coletivo Mahku, que tem se voltado cada vez mais para o que Ibã chama de "pedagogia huni kuin" ou "pedagogia Tuin", em que a arte figura como espaço privilegiado de pesquisa e troca de conhecimentos entre gerações. Um outro sinal positivo dos novos tempos é que estes processos de criação e transmissão de saberes, pela via da expressão artística, têm cada vez mais envolvido a presença marcante e criativa das mulheres huni kuin.

Em seu relato feito em língua portuguesa *(ver box ao lado)*, coletado por mim em Rio Branco, em agosto de 2016, e aqui transcrito quase na íntegra, o pesquisador-artista Ibã Huni Kuin, fundador do Mahku, fala um pouco mais sobre a história e a relevância deste movimento – em que ele e seu pai ocupam uma posição de destaque – para os próprios Huni Kuin. *(setembro, 2016)*

VENDE A TELA, COMPRA A TERRA

Meu nome é Ibã. Eu sou da aldeia Chico Curumim, Alto Rio Jordão. O zelo que a gente está trazendo é o conhecimento das tradições das gerações: pai do meu avô, meu avô, meu pai, gerando agora nós e, então, filhos e netos. Gerações por gerações. Esse conhecimento não é o que a gente vem aprendendo na escola não. Essa é nossa escola tradicional, nossa vida. Esse trabalho que a gente está trazendo, conhecimento do meu pai, antigo. Os huni kuin têm muitas gerações, vêm girando, vêm seguindo. Hoje, ainda que seja do passado, o conhecimento está junto, olhando você pertinho mesmo, junto. Passado não é passado, está junto com a gente, é história nossa. Não está esquecendo não. Seja meu avô, ainda falando. Hoje eu estou assim, levando os conhecimentos do meu avô. Significa que esse trabalho que a gente tem é junto ainda. Por isso que eu falo: espírito da floresta. A pesquisa que eu tenho é o conhecimento do meu pai. Meu pai é o autor desses conhecimentos, cantor, aproveitou bem. Não sei como ele aprendeu nessa oralidade. Oralmente eu sinto que é muito mais difícil de aprender. Mais se tiver assim ligado, você aprende quando está rodando movimento. Meu pai sempre no final da tarde, de manhã, na reunião, alguma coisa, começa a cantar e canta mesmo. Por isso que a gente está ao lado. Também acho que ele deixou a natureza para fazer isso pra mim. Agradeço ao pai superior que deixou tudo isso pra gente.

O conhecimento do meu pai que mais me impressionava é a cantoria da ayahuasca, chama nixi pae, que eu me encantei muito, desde a infância. Duas coisas que eu tenho praticado do conhecimento dos meus antigos: as músicas, os mitos e as ervas medicinais, que a gente ainda não está divulgado, não está no papel, está na cabeça ainda, dentro da gente. Você sabe, a música é infinita. Eu comecei a pesquisar as músicas tradicionais, eu senti muito infinito, muito longe, a língua muito antiga, língua muito encantada desses animais que viviam com a gente. Por isso que hoje, a gente zelando a pedagogia do meu pai, eu falo a pedagogia tuin, hoje eu estou trabalhando. Então hoje tem um movimento, a pesquisa é longa, eu venho pesquisando os conhecimentos tudinho.

Então eu via a cantoria do meu pai, o restinho que estava chegando pra gente. E nesse tempo que estava trabalhando, a tecnologia era proibida para os povos indígenas. Liderança dizia que não pode pegar tecnologia. Mas olhando um lado a tecnologia que eu estava olhando – gravando meu pai, tirando fotografia – digo que a tecnologia dá apoio. Eu vou comprar e vou gravar, senão perde tudo os conhecimentos que a gente tem. Então, eu apoio a tecnologia. Eu guardava tudo isso e terminei a pesquisa de 58 músicas, dos cantos do nixi pae.

Quando eu era jovem estava muito conectado com bebida sagrada. Eu estava mais conectado nessas mirações que eu estou trabalhando. Entrando 2001, encontrei Amilton, que estava se formando na universidade com parentes guarani. Em 2009, ele veio como nosso orientador, nosso professor. Aí eu mostrei o trabalho. Ao mesmo tempo falando com meu filho Bane: "vamos desenhar essas cantorias".

Minha parte é essa, pesquisando mesmo: música, tradição junto com meu pai, gravando, escrevendo essa formação que vinha. Eu não me agrado nada desse forró, festa, coisa assim não. "Ele não gosta de forró não, deixa ele mesmo". Não tem como responder, língua diferente, língua dos outros. Para mim, responder é na minha língua. Eu falei: "um dia eu vou encostar todos esses conhecimentos que a gente tem, tem que multiplicar, tem que praticar primeiro". Como é que eu poderia responder? Hoje eu estou trazendo esses conhecimentos de pedagogia, incentivando o conhecimento, descobrindo.

Comecei trabalho da pintura, eu escolhi palavra: nai, mãpu, yubekã. Nai, que fala, é o céu. Mãpu fala pássaro. Yube que fala é jiboia. Fica fácil agora. Miração seja bem escondido, vamos traduzir agora a escrita das músicas. Pintura significa tradução das músicas. Hoje eu estou sentindo que eu me transformei, já está transformado. Não é só eu que transformo, nós todos transformados. De 2008 pra cá, em parceria com a UFAC nós criamos movimento Mahku. A proposta que a gente tem é o intercâmbio com os parentes. São 12 terras aqui no estado do Acre. Tem que encontrar os parentes, por que qual o tempo de vivência nossa? Será que nós vamos esquecer? Será que nós vamos ficar só Huni Kuin, não significa nada? Não, nós vamos criar Huni Kuin. Se nós vamos criar Huni Kuin, vamos buscar nosso conhecimento. Eu estou apostando que minha língua vai ser falada no outro século, porque estamos praticando hoje a língua mais antiga, a música. Por isso que a gente está abraçado com a música, encantado com a música, que é a língua mais antiga que ficou do Huni Kuin.

Então, o Mahku foi criado para troca de experiências, intercâmbio e divulgação. Tem que ter movimento. Hoje nós estamos de parabéns. Seguramos a nossa língua. Mahku é multimídia. Nós temos língua, pintura, cerâmica, medicina e comida típica. E, além disso, ainda entrando o eletrônico. Aquilo que nós quase perdemos, aquilo de importante que nós temos, que agora nós reunimos com os jovens, na mão dos jovens. Hoje não tem mais tradicionais de 60, 70 anos na aldeia não. Hoje você encontra jovens na comunidade. Esse desenho que a gente está fazendo, quando sai a obra, eu estou comprando a terra com dinheiro da pintura. A minha proposta é essa. Nós estamos crescendo, a terra que nós recebemos não cresce. Então a proposta que a gente tem: vende a tela, compra a terra.

É essa minha proposta do trabalho que eu estou desenvolvendo. Pega a tela, esquece parente não. Tem grupo organizado, Mahku, é movimento. É o Centro Mahku Independente. Mas Mahku não é uma casa. Mahku é o povo, nós. Nós tudo Mahku. Então minha proposta é essa, meu trabalho é artista, é sonho. Tem filme O espírito da floresta, tem filme O sonho do nixi pae. Então a proposta Mahku é continuar dando aula para o não indígena. Para aqueles que são interessados, essa é nova aula pra mim, como uma nova universidade, universidade huni kuin, Centro Mahku Independente, pintando nessa pedagogia, trabalho importante que a gente tem. Não está destruindo nada. É isso mesmo que a gente queria fazer. Essa multiplicação de conhecimento é minha organização: política dos artistas. É isso que estou adquirindo dentro da minha comunidade, adquirindo dentro das minhas aulas. É isso que a gente tem sonho, que a gente está seguindo esse trabalho de Mahku. Haux, haux. (Ibã Huni Kuin, pesquisador-artista, fundador do movimento Mahku, agosto de 2016, Rio Branco)

ACONTECEU

Grafismo Ashaninka
Fonte: Catálogo de exposição. Funarte, CNFCP, 2000

SAÚDE/GERAL

DIARREIA E VÔMITO VOLTAM A MATAR CRIANÇAS NO ALTO PURUS

Ao menos sete crianças morreram de diarreia, vômito e desnutrição em setembro em aldeias espalhadas pelo Alto Rio Purus, dois anos depois de um surto similar, que matou 34 crianças. Comunidades Madja (Kulina) e Huni Kui (Kaxinawá) denunciam que a falta de atenção à saúde na região segue sendo a principal causa das mortes. *(R. Santana, Cimi, 19/09/2014)*

POSSÍVEL EPIDEMIA DE COQUELUCHE MATOU 11 CRIANÇAS

De junho a setembro de 2014, 11 crianças da TI Kaxinawá/Ashaninka do Rio Breu, morreram com suspeita de coqueluche. Não há sistema de comunicação ou água potável nas aldeias (com exceção de Jacobina) e a Sesai não oferece transporte e combustível para as emergências. Além disso, as visitas de equipes de saúde às aldeias são esporádicas: em 2014, foram apenas duas. O Pólo Base da Sesai em Marechal Thaumaturgo funciona de forma precária. A coordenadora da unidade explica que são apenas duas equipes para cobrir toda a região, que abrange cinco TIs e 1,7 mil pessoas. *(C. Fasolo, Cimi/Cruzeiro do Sul, 26/01/2015)*

CONSTRUÇÕES ABANDONADAS EVIDENCIAM DESCASO COM SAÚDE E SANEAMENTO

Das nove aldeias visitadas pela reportagem do *El País* no mês passado, apenas uma não possuía alguma obra abandonada, a Nova Mudança, fundada há oito anos. Os Dseis também sofrem com obras que não saem do papel. Na área do Alto Rio Purus, onde vivem 10.422 índios em 129 aldeias, 80 pessoas morreram entre 2000 e 2013 por causa da diarreia, o segundo maior número de vítimas, depois da TI Yanomami. Os dados, entretanto, podem apresentar subnotificação. Sem remédios, rádio para se comunicar ou canoa para chegar a qualquer lado onde haja socorro médico, o cacique e professor da Nova Mudança, Francisco Bardalhes, investe em uma farmácia viva. "Antes, a gente só adoecia por causa do espírito do animal que a gente comia. Agora, é por causa da contaminação dos brancos", diz Francisco. *(T. Bedinelli, El País, 29/08/2015)*

DEMARCAÇÃO/GESTÃO TERRITORIAL

ARPA PROMOVE INTEGRAÇÃO ENTRE ENTRE TI ALTO RIO PURUS E PARQUE DO CHANDLESS

Por meio do Parque Estadual Chandless, a Sema/AC concorreu no fim deste ano ao edital do Programa Áreas Protegidas da Amazônia (Arpa). O projeto aprovado contará com um montante de R$ 130 mil, que serão utilizados para promover a articulação interinstitucional (Sema/Funai) e comunitária (indígenas e demais populações residentes no parque) visando a utilização sustentável de recursos naturais na UC. A TI Alto Rio Purus congrega atualmente 50 aldeias e uma população de cerca de 2,5 mil pessoas, distribuídas em 236 mil hectares e limita-se ao sul com o PE Chandless. *(M. Galvao e C. Lacerda, Página 20, 30/12/2014)*

POVO JAMINAWÁ REALIZA ENCONTRO E EXIGE DEMARCAÇÃO DE SUAS TERRAS

Provenientes de acampamentos às margens dos rios onde estão as suas terras, cerca de 70 líderes debateram em Sena Madureira, nestes dias 02 e 03 de abril, estratégias a serem adotadas. Os Jaminawá reivindicam há anos que o governo brasileiro, por meio da Funai, instale processo para demarcação das terras Cayapucá, Estirão e São Paulino, no rio Purus, Guajará, no rio Yacco, e Caeté, no rio Caeté. Destas, apenas em relação à terra Cayapucá foi constituído GT, na década de 1990, para identificação e delimitação. Embora convidada, a representação da Funai não compareceu. *(C. Buzatto, Cimi, 03/04/2012)*

ISOLADOS

FRENTE DE PROTEÇÃO ETNOAMBIENTAL DO ENVIRA É ATACADA POR TRAFICANTES

Funcionários da Frente de Proteção Etnoambiental (FPE) Envira relataram a invasão do território brasileiro por grupos armados vindo do Peru. O alerta, via rádio, partiu de indígenas Ashaninka. No final de julho, a base da Funai, que fica a 32 quilômetros da fronteira do Peru e a cinco dias de barco de Feijó (AC), foi invadida e saqueada por traficantes peruanos. Com ajuda dos mateiros que trabalham na Frente, uma equipe de 25 policiais da PF conseguiu prender, no dia 3 de agosto, o narcotraficante português Joaquim Antônio Custódio Fadista. Ele atua no Peru e já havia sido capturado na mesma base em março deste ano. *(Funai, 11/08/2011)*

GRUPO ISOLADO FAZ CONTATO COM OS ASHANINKA DO ALTO RIO ENVIRA

De acordo com intérpretes da equipe da Funai, eles pertencem a um subgrupo do tronco linguístico Pano. O grupo indígena isolado relatou que sofreu violência no território peruano. O contato aconteceu no último dia 26 de junho e foi estabelecido com os servidores da FPE Envira e e indígenas Ashaninka na Aldeia Simpatia, TI Kampa e Isolados do Alto Rio Envira, no município de Feijó. Segundo a Funai, o grupo de isolados contraiu gripe e se deslocou junto a equipe para a Base de Proteção Etnoambiental Xinane, onde foi possível realizar o atendimento médico. Em entrevista, Ninawa Huni Kuin disse que a Funai precisa reativar a base da FPE no Rio Xinane, próxima à Aldeia Simpatia, que foi fechada depois de uma invasão de narcotraficantes peruanos em 2011. *(K. Brasil, Amazônia Real, 17/07/2014)*

ÍNDIOS ISOLADOS SAEM DA ALDEIA SEM RESISTÊNCIA PARA DOENÇAS COMUNS

Há um ano, um vídeo que mostrava sete homens quase nus, que tentavam uma aproximação com os Ashaninka. Eles faziam parte da etnia Sapanahua. Desde então, quase 30 índios da etnia decidiram deixar o isolamento. E todos pegaram gripe, doença para a qual não têm imunidade. Quando a saída do isolamento parte dos próprios índios, como nesse caso, cabe à Funai atendê-los e, caso seja a vontade deles, auxiliar para que façam suas aldeias. Os sapanahua decidiram seguir por esse caminho. Criaram uma aldeia perto da base da Funai, mas ainda voltam de tempos em tempos para a aldeia antiga, onde viviam, que fica distante dali. Atualmente, possuem um roçado. Eles dividem com os ashaninka, a TI Kampa e Isolados do Rio Envira, de 650.000 hectares. Segundo relatos obtidos pela reportagem, todos os sapanahua que ficaram doentes passam bem e foram vacinados. Há relatos de que outros isolados têm se aproximado de aldeias e, durante a noite, levam embora objetos, como facões, panelas e roupas, que podem estar contaminados e representar risco à saúde deles. *(T. Bedinelli, El País, 30/08/2015)*

ACONTECEU

PLANTIO DE ROÇADOS PARA OS SAPANAWA GERA POLÊMICA

Desde o contato, a FPE tem sido criticada no Acre por antropólogos e indigenistas porque não teria se preocupado em plantar roçados para alimentar o grupo de 34 sapanawa. Uma criança nasceu após o contato. Os sapanawa se dividiram em dois grupos em busca de comida nas bases da Funai. Alguns foram para a base do Douro, que fica no Rio Tarauacá, acima da município de Jordão. Há menos de dois quilômetros em linha reta, abaixo da base, existe uma comunidade de brancos com mais de cem pessoas. Funcionários da FPE da Funai têm sido criticados porque perderam tempo com permacultura da quinoa, quando se sabe que o alimento básico dos índios é macaxeira, milho e banana. Há tempos que os sapanawa peregrinam em busca de comida pela aldeia Simpatia, abaixo da base do igarapé Xinane e mais recentemente na base do Douro. Até o uso de roupa sem o cuidado de lavar tem causado muita micose nos índios recém contatados, além de gripes e outras doenças tropicais. Consultado pela reportagem, o indigenista Leonardo Lenin, que chefia a FPE, explicou que na base do igarapé Xinane existe uma equipe técnica de saúde permanente. O chefe da FPE disse que todos os roçados da base Xinane estão sendo reativados para prover alimentação suficiente aos indígenas, mas que esse é um trabalho demanda tempo. A preocupação maior da Funai é com a permanência de sete indígenas de recente contato na base do Douro, que se deslocaram para lá por causa da existência de mais comida. Porém, a proximidade com os moradores brancos da região os deixa mais vulneráveis às doenças. *(Altino Machado, Blog do Altino Machado, 13/11/2015)*

Frame retirado do vídeo "Índios isolados – 1º contato no Acre".

Contato estabelecido entre índios isolados do Alto Rio Envira e os Ashaninka e Yaminawá, na Aldeia Simpatia, da TI Kampa, próximo ao município de Feijó, no interior do Acre.

YAWANAWA

PARCERIA COM GOVERNO DO ACRE INAUGURA MARCENARIA SUSTENTÁVEL

Ação se deu no último Festival Yawa, onde Tião Viana e Jorge Viana descerraram a placa de inauguração da moderna marcenaria onde 30 índios irão produzir móveis, tábuas e outras peças de casas com a madeira de centenas de árvores que caem todos os anos no rio Gregório com as cheias do inverno amazônico. Além disso, os índios irão reflorestar a sua terra com palmeiras de paxiúba e de cocão para a produção de pisos, paredes e tetos de casas, substituindo o uso das chamadas madeiras de lei. A renda do povo Yawanawá é complementada com os recursos arrecadados anualmente no Festival Yawa e nos encontros de pequenos grupos de nacionais e estrangeiros que visitam periodicamente a terra indígena para participar de seus cantos, danças e rituais espirituais. A maioria dos pais de família também dispõe de recursos do programa Bolsa Família, com os mais velhos também ganhando aposentadorias pelo Funrural. *(Romerito Aquino, Notícias do Acre, 12/11/2013)*

Com trajes e pinturas corporais tradicionais, 49 indígenas recebem diplomas de graduação em cursos superiores pela UFAC, Rio Branco. Eles frequentaram aulas de cursos feitos especialmente para indígenas: Ciências Sociais e Humanidades; Ciências da Natureza; e Linguagem e Artes.

ACONTECEU

TURISMO ESPIRITUAL

Na década de 1970, os Yawanawá (que na língua indígena significa "povo da queixada") eram candidatos à extinção. Espremidos entre os seringalistas e missionários evangélicos americanos que, com o aval da ditadura militar, passaram décadas catequizando e aculturando indígenas na região, os cerca de 200 remanescentes da etnia sofriam com conflitos por terra, trabalho análogo à escravidão e epidemia de alcoolismo. "Fomos proibidos de falar nossa língua, nossos rituais eram considerados diabólicos, dependíamos dos fazendeiros para comer, dependíamos dos missionários para ter remédios", afirma o cacique Biracy Yawanawá.

A sorte dos Yawanawá começou a mudar quando, em 1983, tiveram demarcado seu território às margens do Rio Gregório. No mesmo período, Biracy saiu da aldeia para estudar. Em Rio Branco, militou ao lado de Chico Mendes e Marina Silva e participou da fundação do PT. Viajou para congressos de direitos indígenas pelo Brasil e na América do Sul. Longe de suas terras, recuperou a identidade indígena e ganhou força política.

Em 1992, voltou para a tribo, confrontou os mais velhos, que já eram evangélicos, tomou o poder e expulsou os missionários das TIs. Queimou todas as Bíblias que sobraram na aldeia. Como forma de retomada da cultura, Biracy instituiu escolas indígenas que ensinassem o português e o Yawanawá. Proibiu qualquer bebida alcoólica nas aldeias e, tempos depois, liberou o uso da ayahuasca para mulheres e jovens. Tradicionalmente, a bebida era exclusiva dos homens adultos. Reabilitou os pajés (a primeira mulher pajé, Rucharlo Yawanawá, é um dos líderes espirituais) e a medicina tradicional. Atualmente, a tribo cultiva uma horta com as ervas curativas que conhece.

O pulo do gato do cacique, no entanto, foi entender que a maior fonte de renda do grupo não viria da terra, mas da própria cultura. Ele criou o que chama de "turismo espiritual". Em troca de dinheiro, permite que visitantes não índios participem dos rituais, que incluem o chá alucinógeno ayahuasca, o rapé e incensos feitos de resina de árvore, além das comidas típicas. "A aldeia hoje vive disso. Cobramos R$ 2 mil por uma visita curta e US$ 5 mil para que a pessoa fique conosco para uma dieta de três meses", explica Biracy.

Anualmente, os índios promovem, sempre em outubro, o Festival Yawá. São cinco dias de festa, com comidas típicas, muitos rituais com ervas, música e contato com a natureza. Para participar, é preciso pagar entre R$ 2 mil e R$ 5 mil, além de passagem aérea até Rio Branco. O alto custo e o exotismo da proposta não afugentam. Os índios afirmam que entre os frequentadores estão expoentes da moda, como os executivos da Lacoste e da Cavalera, o arquiteto Marcelo Rosenbaum e até o astro hollywoodiano Joaquin Phoenix, que protagonizou o filme "Ela", lançado em 2013. "Por festival recebemos cerca de 250 pessoas, além dos que visitam fora da temporada. E a cada ano temos mais procura", afirmou Biracy. Além de trazer o sustento, a presença de visitantes ilustres na aldeia ajuda a espalhar a fama internacional dos índios. No ano passado, Rosenbaum levou uma luminária Yawanawá para a Semana de Design, em Milão. O mundo dos Yawanawá é cada vez maior do que as terras amazônicas às margens do Rio Gregório. (M. Sanches, O Globo, 20/10/2014)

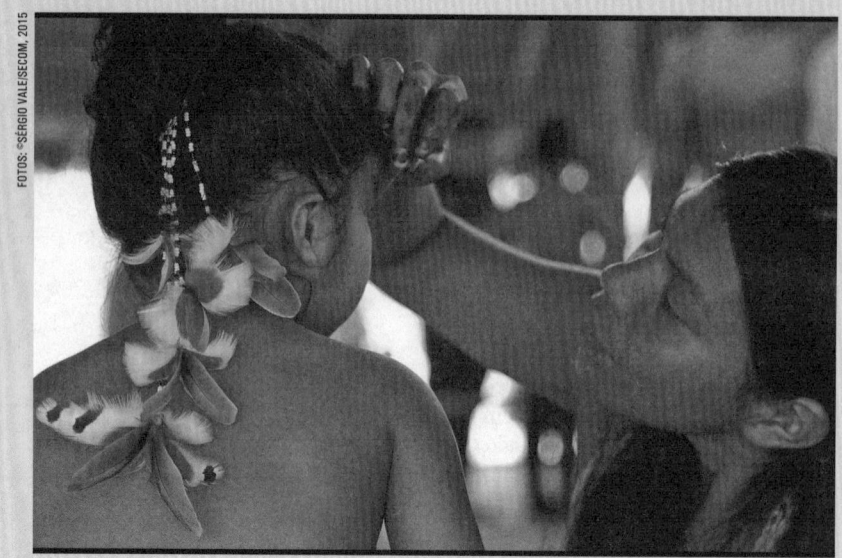

Mulher pinta criança para rituais, festas e brincadeiras do Mariri, celebração da tradição yaminawá que dura cinco dias e cinco noites.

Jovem adulto e crianças yaminawá se preparam para o Mariri.

Adultos, jovens e crianças yaminawá durante celebração do Mariri.

Aikanã
Akuntsu
Amondawa
Apurinã
Arara do Rio Branco
Arikapú
Aruá
Cinta Larga
Djeoromitxi
Guarasugwe
Ikolen
Juma
Kanoê
Karipuna de Rondônia
Karitiana
Karo
Kassupá
Kujubim
Kwazá
Makurap
Migueleno
Nambikwara
Oro Win
Puroborá
Sakurabiat
Suruí Paiter
Tupari
Jupari (Uru-eu-wau-wau)
Wajuru
Wari
Zoró
Isolados

11. Rondônia

11. RONDÔNIA

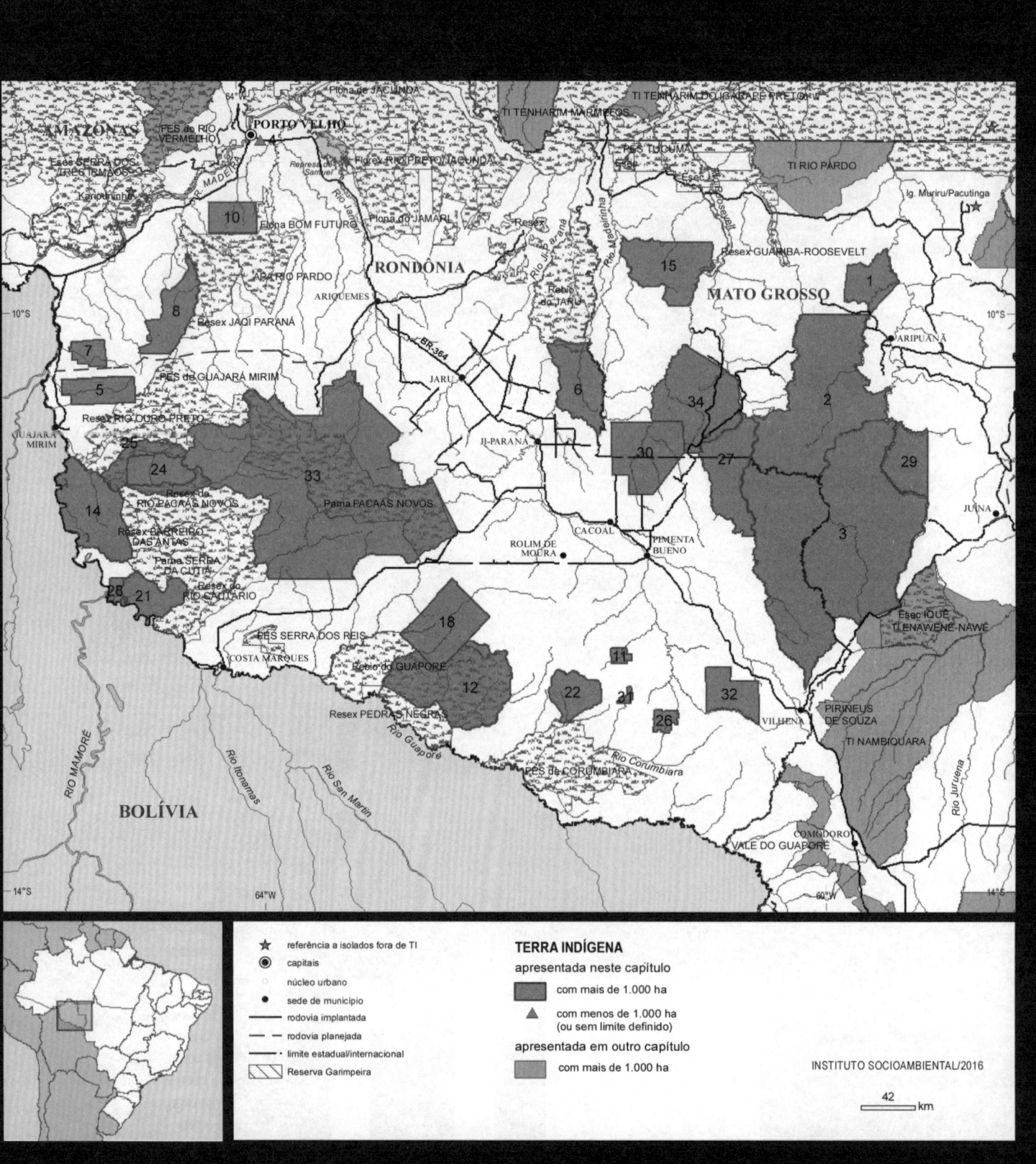

RONDÔNIA
Terras Indígenas
Instituto Socioambiental - 14/02/2017

Nº Mapa	Terra Indígena	Povo	População (nº, fonte, ano)	Situação Jurídica	Extensão (ha)	Município	UF
1	Arara do Rio Branco	Arara do Rio Branco	249 - Siasi/Sesai : 2014	HOMOLOGADA. REG CRI E SPU. Decreto s/n de 26/12/1996 publicado em 27/12/1996. Reg. CRI no município de Aripuanã e comarca de Cuiabá (114.842 ha) Mat. n.54.317. Liv.2-IS, Fl.191 em 01/04/97. Reg. SPU Certidão n. 011 em 26/02/98.	114.842	Aripuanã Colniza	MT
2	Aripuanã	Cinta larga	352 - Siasi/Sesai : 2014	HOMOLOGADA. REG CRI E SPU. Decreto 375 de 24/12/1991 publicado em 26/12/1991. Reg. CRI município de Juína, comarca de Cuiabá (140.725 ha) Mat.46.633, Liv. 2-GS, Fl 159 Verso em 22/01/92. Reg. CRI município de Aripuanã, comarca de Cuiabá (609.924 ha) Mat. 46.634, Liv. 46.634, Liv. 2/GS, Fl 160 em 22/01/92. Reg. SPU Certidão 12 em 25/01/94.	750.649	Aripuanã Juína	MT
3	Aripuanã	Cinta larga	394 - IBGE : 2010	HOMOLOGADA. REG CRI E SPU. Decreto 98.417 de 20/11/1989 publicado em 21/11/1989. Reg. CRI do município de Juína (938.200 ha) Matr. 31.351 Liv 2-DH Fl 160 em 05.11.87. Reg. CRI do município de Vilhena (671.500 ha) Matr. 4146 Liv 2-RG Fl 01 em 21.11.88. Reg. SPU MT Certidão s/n de 06/11/87. Reg. SPU RO Certidão n. 101/389 de 29/07/88.	1.603.250	Juína Vilhena	MT/RO
4	Cassupá	Kassupá	149 - Siasi/Sesai : 2013	RESERVADA. REG CRI E SPU. Portaria 298 de 17/10/2013 publicado em 21/10/2013.	5	Porto Velho	RO
5	Igarapé Lage	Wari'	783 - Funai/Guajará-Mirim : 2010	HOMOLOGADA. REG CRI E SPU. Decreto 86.347 de 09/09/1981 publicado em 10/09/1981. Reg. CRI no município e comarca de Guajará-Mirim, (107.321 Ha) Matr. 2.059 Liv 2-I Fl 265 de 23/09/81. Reg. SPU s.n. em 09/10/81.	107.321	Guajará-Mirim Nova Mamoré	RO
6	Igarapé Lourdes	Karo Ikolen	984 - Siasi/Sesai : 2013	HOMOLOGADA. REG CRI E SPU. Decreto 88.609 de 09/08/1983 publicado em 11/08/1983. Reg. CRI no município e comarca de Ji-Paraná (185.533 ha) Matr. 5339 Liv 2-R FL 259 em 18/01/84. (Reg. SPU DG-RO-90/293 em 18/12/86 antigo). Reg SPU Certidão n.09 30/08/2002.	185.534	Ji-Paraná	RO
7	Igarapé Ribeirão	Wari'	289 - Funai/Guajará-Mirim : 2010	HOMOLOGADA. REG CRI E SPU. Decreto 86.347 de 09/09/1981 publicado em 10/09/1981. Reg. CRI no município e comarca de Guajará-Mirim, (47.863 ha) Matr. 2.060 Liv 2-I Fl. 266 em 23/09/81. Reg. SPU AM/RO-69 Certidão s.n. em 09/10/81.	47.863	Nova Mamoré	RO
8	Karipuna	Karipuna de Rondônia	55 - Siasi/Sesai : 2014	HOMOLOGADA. REG CRI E SPU. Decreto s/n de 08/09/1998 publicado em 09/09/1998. Reg. CRI no município e comarca de Porto Velho (73.073 ha), Matr.13.871 Lv 2-RG Fl. 01 em 22/10/98. Reg. CRI no município de Nova Mamore, comarca de Guajará Mirim (79.856 ha), Matr. 5.163 Lv 2-AB Fl. 07 em 20/10/98. Reg SPU Certidão n. 50 de 24/06/99.	152.930	Nova Mamoré Porto Velho	RO
10	Karitiana	Karitiana	333 - Siasi/Sesai : 2014	HOMOLOGADA. REG CRI E SPU. Decreto 93.068 de 06/08/1986 publicado em 07/08/1986. Reg. CRI no município e comarca de Porto Velho (89.682 ha) Matric. 2677 LIV 1-A FL. 01 em 02/12/87. Reg. SPU RO/95 em 23/09/87.	89.682	Porto Velho	RO
11	Kwazá do Rio São Pedro	Aikanã Kwazá	25 - Paca : 2001	HOMOLOGADA. REG CRI E SPU. Decreto s/n de 10/02/2003 publicado em 11/02/2003. Reg CRI no município de Parecis e comarca de Santa Luzia d´Oeste (16.799 ha) Matr.n. 1.222, Liv 2-RG, Ficha 03 em 04/06/2003. Reg. SPU Certidão n. 81 de 24/09/03.	16.799	Parecis	RO
12	Massaco	Isolados da Rebio Guaporé	- :	HOMOLOGADA. REG CRI E SPU. Decreto s/n de 11/12/1998 publicado em 14/12/1998. Reg. CRI no município e comarca de Alta Floresta d'Oeste (112.401 ha) Matr. 3.706 Lv. 2-S Fl 107 em 15/03/99. Reg. CRI no município e comarca de Costa Marques (309.493 ha) Matr. R1-625 Lv2-D Fl 30/31 em 15/04/99. Reg. SPU Certidão n. 86 de 15/09/99.	421.895	Alta Floresta D'Oeste São Francisco do Guaporé	RO
s/I	Migueleno	Migueleno		EM IDENTIFICAÇÃO. Contrato CLTO1188 de 30/08/2010 publicado em 23/09/2010.		Ariquemes Costa Marques Guajará-Mirim São Francisco do Guaporé	RO
14	Pacaás-Novas	Wari'	1.312 - IBGE : 2010	HOMOLOGADA. REG CRI E SPU. Decreto 256 de 29/10/1991 publicado em 30/10/1991. Reg. CRI no município e comarca de Guajará Mirim (279.906 ha) Matr. 4.046, Liv. T, Fl. 80 em 03/04/92. Reg. SPU Cert. n. 004 em 21/11/95.	279.906	Guajará-Mirim	RO
15	Piripkura	Isolados Tupi Kawahib	- :	COM RESTRIÇÃO DE USO Portaria 1.264 de 03/10/2012 publicado em 04/10/2012.	242.500	Colniza Rondolândia	MT
s/I	Puruborá	Puruborá		EM IDENTIFICAÇÃO. Portaria 1.582 de 26/10/2010 publicado em 27/10/2010.		Costa Marques Guajará-Mirim Porto Velho Seringueiras	RO
18	Rio Branco	Arikapú Aikanã Aruá Kanoê Djeoromitxí Makurap Tupari	679 - Funai/Ji-Paraná : 2008	HOMOLOGADA. REG CRI E SPU. Decreto 93.074 de 06/08/1986 publicado em 07/08/1986. Reg. CRI no municipiio e comarca de Costa Marques (236.137 ha) Matr. 366, Liv. 2-B, Fl. 167/168 em 10/11/86. Reg. SPU Certidão n. 13 edm 19/09/2002em 23/09/87.	236.137	Alta Floresta D'Oeste São Francisco do Guaporé São Miguel do Guaporé	RO
s/I	Rio Cautário	Kanoê Kujubim Djeoromitxí		EM IDENTIFICAÇÃO. Portaria 273 de 22/03/2013 publicado em 25/03/2013.		Costa Marques Guajará-Mirim	RO
21	Rio Guaporé	Arikapú Aikanã Wajuru Aruá Kanoê Kujubim Djeoromitxí Makurap Wari' Sakurabiat Tupari	911 - IBGE : 2010	HOMOLOGADA. REG CRI E SPU. Decreto s/n de 23/05/1996 publicado em 24/05/1996. Reg. CRI no município e comarca de Guajará Mirim, (115.788 ha) Matr. 4.759 Liv.2-Z Fl. 001 em 20/06/96. Reg. SPU Cert. s/n em 22/05/97.	115.788	Guajará-Mirim	RO
22	Rio Mequéns	Makurap Sakurabiat	95 - Siasi/Sesai : 2014	HOMOLOGADA. REG CRI E SPU. Decreto s/n de 23/05/1996 publicado em 24/05/1996. Reg. CRI no município e comarca de Alta Floresta do Oeste, (107.553 ha) Matr. 3.285 Liv. 2-RG Fl. 01/v em 12/07/96. Reg. SPU Cert. s/n em 26/05/97.	107.553	Alto Alegre dos Parecis	RO

RONDÔNIA
Terras Indígenas (continuação)
Instituto Socioambiental - 14/02/2017

Nº Mapa	Terra Indígena	Povo	População (nº, fonte, ano)	Situação Jurídica	Extensão (ha)	Município	UF
25	Rio Negro Ocaia (reestudo)	Wari'	51: ISA, 2016	DECLARADA. Portaria 185 de 23/02/2011 publicado em 24/02/2011.	131.006	Guajará-Mirim	RO
24	Rio Negro/Ocaia	Wari'	764 - Siasi/Sesai : 2014	HOMOLOGADA. REG CRI E SPU. Decreto 86.347 de 09/09/1981 publicado em 10/09/1981. Reg. CRI no município e comarca de Guajara Mirim (104.063 ha) Matr. 2.058 Liv 2-I Fl. 264 em 23/09/81. Reg. SPU Certidão s/n. em 09/10/1981.	104.064	Guajará-Mirim	RO
26	Rio Omerê	Akuntsu Kanoê	7 - Funai : 2016	HOMOLOGADA. REG CRI. Decreto s.n de 18/04/2006 publicado em 19/04/2006. Reg CRI no município de Chupinguaia , na comarca de Vilhena (822,9463) Matr.13.304, Liv.2-RG, Fls 01 em 18/07/07. Reg CRI no município de Corumbiara em andamento.	26.177	Chupinguaia Corumbiara	RO
27	Roosevelt	Apurinã Cinta larga	1.817 - Siasi/Sesai : 2014	HOMOLOGADA. REG CRI E SPU. Decreto 262 de 29/10/1991 publicado em 30/10/1991. Reg. CRI no município de Aripuanã, comarca de Cuiabá (86.410 ha), Matr. 46.635 Liv. 2 GS Fl. 161 em 22/01/92. Reg. CRI no município de Pimenta Bueno (6.320 ha), Matr. 2.816 Liv 2 RG, Fl. 01 em 24/01/92. Reg. CRI no município de Espigão do Oeste (138.096 ha), Matr. 1.480 Liv. 2-RG Fl. 01 em 15/01/92. Reg. SPU-MT Cert. n. 13 de 25/01/94.	230.826	Rondolândia Espigão D'Oeste Pimenta Bueno	MT/RO
28	Sagarana	Wari'	342 - Siasi/Sesai : 2014	HOMOLOGADA. REG CRI E SPU. Decreto s/n de 23/05/1996 publicado em 24/05/1996. Reg. CRI no município e comarca de Guajará Mirim,(18.120 ha) Matr. 4.757 Liv. 2-X Fl. 198 em 07/06/96. Reg. SPU Cert. s/n de 23/05/97.	18.120	Guajará-Mirim	RO
29	Serra Morena	Cinta larga	131 - IBGE : 2010	HOMOLOGADA. REG CRI E SPU. Decreto 98.824 de 15/01/1990 publicado em 16/01/1990. Reg. CRI Matr. 41.255 Liv. 2-FO Fl. 11 em 08/03/90. Reg. SPU MT-001 em 11/03/90.	147.836	Juína	MT
30	Sete de Setembro	Surui Paiter	1.375 - Siasi/Sesai : 2014	HOMOLOGADA. REG CRI E SPU. Decreto 88.867 de 17/10/1983 publicado em 18/10/1983. Reg. CRI no município e comarca de de Cacoal (100.468 ha) Matr. 544 Liv. 2-C Fl. 144 em 18/01/84. Reg. CRI no município de Aripuanã comarca de Cuiabá (147.401 ha) Matr. 24.215 Liv. 2-CC em 11/04/86. Reg. SPU- Certidão 087 em 16/06/1996 (MT 147;401 ha). Reg SPU - Certidão 087 em 16/09/1999 (RO 100.468 ha)	247.870	Rondolândia Cacoal Espigão D'Oeste	MT/RO
31	Tanaru	Isolado do Tanaru	- :	COM RESTRIÇÃO DE USO Portaria 1.392 de 31/10/2012 publicado em 01/11/2012.	8.070	Chupinguaia Corumbiara Parecis Pimenteiras do Oeste	RO
32	Tubarão/Latundê	Aikanã Nambikwara Nambikwara Sabanê Nambikwara Latundê Kwazá	195 - IBGE : 2010	HOMOLOGADA. REG CRI E SPU. Decreto 259 de 29/10/1991 publicado em 30/10/1991. Reg. CRI no município e comarca de Vilhena,(116.613 ha) Matr. 5.299, Liv. 2 RG, Fl. 01 em 02/12/91. Reg. SPU Cert. 005 em 21/11/95.	116.613	Chupinguaia	RO
33	Uru-Eu-Wau-Wau	Juma Oro Win Uru-Eu-Wau-Wau Amondawa	209 - Siasi/Sesai : 2014	HOMOLOGADA. REG CRI E SPU. Decreto 275 de 29/10/1991 publicado em 30/10/1991. Reg. CRI no muncípio de Jaru (351.117 ha) Matr. 1.571 Liv. 2-H Fl. 172 em 30/01/87. Reg. CRI no muncípio de Ouro Preto do Oeste (46.000 ha) Matr. 1.892 Liv. 2-J, Fl. 111 em 09/03/87. Reg. CRI no muncípio de Presidente Médici (117.000 ha) Matr. 2.231 Liv. 2-L Fl. 312 em 23/02/87. Reg. CRI no muncípio de Porto Velho (64.000 ha) Matr. 2.903 Liv. 1-A Fl. 001 em 23/01/87. Reg. CRI no muncípio de Guajará Mirim (606.000 ha) Matr. 3.304 Liv. 2-P Fl. 119 em 20/03/87. Reg. CRI no muncípio de Costa Marques (661.000 ha) Matr. 422 Liv. 2-C Fl. 24 em 27/02/87. Falta registrar em Ariquemes c/ 15.303 ha. Reg. SPU-RO 131 em 14/09/88. Reg SPU Certidão n.01 em 06/02/2001.	1.867.120	Alvorada D'Oeste Cacaulândia Campo Novo de Rondônia Costa Marques Governador Jorge Teixeira Guajará-Mirim Jaru Mirante da Serra Monte Negro Nova Mamoré São Miguel do Guaporé Seringueiras	RO
34	Zoró	Zoró	711 - Siasi/Sesai : 2014	HOMOLOGADA. REG CRI E SPU. Decreto 265 de 29/10/1991 publicado em 30/10/1991. Reg. CRI no município de Aripuanã,comarca de Cuiabá (352.600 ha) Matr. 31.352, Liv. 2-DH, Fl.161 em 05/11/87. Reg. SPU Cert. s/n de 06/11/87.	355.789	Rondolândia	MT

KARITIANA

"Fazendeiro Passou Trator Em Cima do Cemitério do Meu Pai"

Felipe Vander Velden | Antropólogo, Universidade Federal de São Carlos

A DIFÍCIL TRAJETÓRIA DOS KARITIANA PELA RETOMADA DE SEU TERRITÓRIO TRADICIONAL, APÓS 40 ANOS DE REIVINDICAÇÕES E A PARALISAÇÃO DA DEMARCAÇÃO DA TI KARITIANA EM 2011

"Fazendeiro passou trator em cima do cemitério do meu pai". Indignado, foi assim que Cizino Dantas Morais – grande xamã ou pajé, como é mais conhecido, e uma das maiores lideranças contemporâneas do povo indígena Karitiana, em Rondônia – expressou a profunda tristeza que sentiu ao ver o túmulo do pai revirado pela máquina que preparara a terra para plantar. "Fui lá pescar e fiquei frio quando vi. Por que eu não posso mexer no osso do pai do fazendeiro, mas fazendeiro pode mexer no osso do meu pai? Fazendeiro tirou osso do meu pai. Também destruiu cemitério da minha mãe. Isso foi crime moral e ambiental. Não pode destruir cemitério. Senti muito isso". Antônio Morais, pai de Cizino, foi o chefe que conduziu parte dos Karitiana ao contato com os brancos.

Situado no local conhecido como Myn'emo, na margem direita do Rio Candeias, o cemitério de Antônio Morais constitui um dos marcos da trajetória dos Karitiana no caminho das terras que ocupam hoje, onde estão há cerca de 50 anos: ali ocorreu uma das últimas paradas do grupo que, já muito demograficamente reduzido, fugia da avassaladora ocupação dos vales dos grandes rios do norte de Rondônia em meados do século XX. Permaneceram em Myn'emo por um tempo (até meados dos anos de 1960, ao que tudo indica) antes de atravessarem o grande rio na direção oeste, por insistência do já moribundo Antônio Morais, para o lugar onde seriam definitivamente contatados por missionários do *Summer Institute of Linguistics* (SIL) e, logo em seguida, pelo órgão indigenista oficial nos anos de 1968 e 1969; as datas são imprecisas. Agora, o lugar Myn'emo jaz destruído pela grade de um trator, assim como um grande número de outros sítios de antigas aldeias que se espalham pelas bacias dos pequenos igarapés entre os Rios Candeias e Jamari, não muito distante da capital do estado, Porto Velho, e seus pouco mais de 500 mil habitantes (2015).

É possível argumentar que os Karitiana vêm tendo problemas oficiais com suas terras desde que se tornaram conhecidos pela literatura indigenista, em 1907, pela pena do marechal Rondon, quando deles teve notícia como trabalhadores de um seringal na Bacia do Rio Jaci-Paraná. Já naquele momento o grupo, que considera como parte importante de seu território tradicional a margem direita do Rio Candeias, empreendia um movimento no rumo do ocidente na tentativa de escapar das violências perpetradas pelos colonizadores que, em busca sobretudo da borracha, percorriam rapidamente os cursos d'água deste canto do sudoeste da Amazônia brasileira.

Deste modo, as narrativas coletadas hoje entre os Karitiana sustentam uma origem a sudeste de onde estão atualmente: por volta da segunda metade do século XIX vários grupos locais devem ter iniciado um movimento na direção noroeste – pressionados, também, pela penetração de grupos de língua Tupi-Kagwahiwa (os ancestrais dos Uru-Eu-Uau-Uau) pelo centro-leste de Rondônia, de quem os Karitiana eram inimigos mortais – até o interflúvio entre os Rios Candeias e Jamari, onde parecem ter permanecido por cerca de um século. Ali passaram a sofrer mais intensamente os efeitos da colonização que avançava sobre aquele território, e que acabou por forçá-los a deixar aquela área e a buscar refúgio em terras mais distantes, no Vale do Rio das Garças, este um afluente da margem esquerda do Candeias.

Com efeito, ao serem localizados oficialmente às margens do Igarapé Sapoti, tributário do Rio das Garças – onde ainda hoje está sua maior e mais antiga aldeia, Kyõwã ('aldeia nova'), ou Aldeia Central – no final dos anos de 1960, os Karitiana tiveram suas terras demarcadas por uma série de atos administrativos, efetuados entre 1976 e 1986. Não foram efetivados, portanto, os estudos antropológicos e cartográficos que, de acordo com o Decreto 76.999, de 8 de janeiro de 1976, já eram exigidos para a definição dos limites, atendendo os preceitos constitucionais e o que dispunha a Lei 6.001, de 19 de dezembro de 1973, o Estatuto do Índio.

Não é à toa que a Terra Indígena Karitiana seja um retângulo quase perfeito. Na verdade, o retângulo é fruto da duplicação de um quadrado original, desenhado num mapa em um gabinete, que, percebeu-se depois em campo, tinha um de seus lados dividindo a aldeia Kyõwã bem ao meio e deixava, desta forma, parte da comunidade de fora da área demarcada. Ainda assim, já nesta época os Karitiana reclamavam que boa parte de suas terras tradicionalmente ocupadas haviam sido excluídas da demarcação, e por elas passaram a reclamar ativamente.

Por quase 30 anos o grupo tentou alertar as autoridades para o fato, encaminhando uma série de ofícios à Brasília, mas só em 2003 a Funai constituiu um grupo técnico (GT) para reavaliar a situação da TI Karitiana. Este GT, assim como um segundo, constituído em 2008, não deu em nada, por razões variadas, tudo permanecendo como estava, o mesmo retângulo original, e as terras na Bacia do Rio Candeias abertas à incansável exploração por madeireiros e pecuaristas.

Entrementes, os Karitiana iniciaram por conta própria um processo de reocupação de partes de seu antigo território tradicional, abrindo aldeias na margem direita do Rio Candeias (a aldeia de Byyjyty ot'soo aky, em 2003) e no Igarapé Preto (E'se emo, em 2008), na tentativa de resguardarem ao menos uma fração dos territórios em que nasceram e viveram por algum tempo todos os Karitiana hoje com mais de 50 anos de idade.

Num ritmo muito mais acelerado, contudo, a região dos tributários da margem direita do Rio Candeias veio sendo dramaticamente ocupada pela contínua expansão da sociedade rondoniense, tendo em vista a proximidade da zona com a capital, Porto Velho, e, principalmente, com o crescimento vertiginoso da atividade pecuária, fator crucial na ocupação das terras no estado. Ali se espalha uma miríade de antigos locais de habitação e exploração dos Karitiana, nos quais muitos vestígios antigos, como cacos de cerâmica, túmulos e esteios de antigas residências, são visíveis mesmo ao rés do chão.

Todas as esperanças foram, assim, depositadas no GT constituído pela Funai em 2011, que buscava, mais uma vez, a solução do problema, propondo-se a identificar e delimitar a TI Karitiana, realizando, finalmente, os estudos antropológicos que nunca haviam sido efetuados. Os trabalhos de campo ocorreram em um clima de euforia, pontuado por alguns momentos de verdadeiro júbilo, como quando, em julho de 2011, conseguiu-se localizar – no interior de um fragmento de floresta acumulado pelas reservas legais dos fundos confinantes de várias fazendas no Alto Igarapé de Taboca, no município de Candeias do Jamari – a lagoa junto à qual, como recordam os mais velhos, localizava-se a antiga aldeia de Pa'ororoj, de grande importância histórica para o grupo. Cenário belíssimo, onde a água cristalina permitia ver de longe peixes em abundância, é mesmo difícil acreditar que ainda poderia ser encontrado em meio a toda a devastação que se vê pelos arredores, provocada primeiro pelos madeireiros e, depois, pela voraz fome de terras que têm o gado e seus donos.

UMA NOVA RAPOSA-SERRA DO SOL

Não obstante, o GT encontrou muita resistência, em especial por parte de entidades públicas e privadas do município de Candeias do Jamari, que poderia ter boa parte de seu território incluído nos novos limites do território Karitiana. A imprensa porto-velhense bradava que "uma nova Raposa"(Serra do Sol) estaria sendo estabelecida no estado, uma vez que uma enormidade de terra seria dada a um punhado de índios, o que acabaria por inviabilizar a economia de mais de 500 imóveis produtivos, condenar a produção agrícola do município e lançar na miséria os muitos pequenos proprietários cuja sobrevivência dependia integralmente daquele pedacinho de chão – descontado o fato de que, ao se percorrer a região que interessa aos Karitiana, veem-se apenas pasto e enormes propriedades rurais praticamente vazias de gente, além, é claro, as áreas ainda cobertas pela floresta.

Apoiados em peso por políticos e empresários rondonienses, com destaque para os então deputados federais Moreira Mendes (PPS-RO) e Carlos Magno (PP-RO), a Associação dos Produtores Rurais do Igarapé Três Casas, um dos afluentes da margem direita do Candeias, contestou em 2013 os trabalhos do GT na Justiça, impetrando um mandado de segurança que, acatado pelo juízo da 21ª. Vara Federal da Seção Judiciária do Distrito Federal, declarou nula a portaria de criação do GT e proibiu a Funai de reestudar ou revisar os limites da TI Karitiana. Desde então, os trabalhos encontram-se paralisados, e a agonia do povo indígena

Karitiana só faz aumentar, como mostra o depoimento de Cizino a respeito da violação do cemitério de seu pai – na verdade, da destruição contínua e, muitas vezes, deliberada, dos sítios em que se assentam os vestígios das antigas aldeias e, portanto, da história deste povo.

Os problemas, todavia, não se resumem ao desrespeito a sepulturas e antigas aldeias – de resto, diga-se de passagem, patrimônio arqueológico completamente abandonado por seu responsável, o Governo Federal. A pequena aldeia de Byyjyty ot'soop aky, com seus 36 moradores (em 2015) – a maioria crianças e jovens –, está situada no interior de uma fazenda e, assim, permanece totalmente desprotegida. A primeira maloca (*abi atana*, 'casa redonda') que Cizino ergueu ali em 2003 foi queimada por um antigo dono da propriedade, o que causou enorme consternação no grupo, uma vez que as casas redondas são como manifestações do criador (*Botyj*) na Terra. Persistente, o pajé e seu grupo reconstruíram a aldeia, mas ela continua a sofrer permanente assédio de funcionários da fazenda, além de madeireiros, caçadores e, sobretudo, pescadores, que transitam com frequência pelas imediações em busca das piscosas águas próximas à cachoeira de São Sebastião, que é vizinha da aldeia.

De acordo com os Karitiana, os pescadores, oriundos principalmente das cidades de Candeias do Jamari e Ariquemes, sujam as praias e o rio com lixo urbano e chegam a pescar com explosivos, além de abusarem da prática de fechar pequenos igarapés com malhadeiras em sua foz, praticamente eliminando, deste modo, a vida aquática nesses pequenos cursos d'água. Já se diz em Byyjyty ot'soop aky que pescar está ficando difícil.

Parte do problema, em nível regional, reside na valorização recente das terras situadas nos municípios da região norte de Rondônia, notadamente em Candeias do Jamari e na própria capital. Com efeito, o avanço das lavouras de soja, milho e arroz pelo centro-oeste do estado vem forçando pecuaristas a transferirem seus plantéis para o norte e noroeste, onde ainda há significativa oferta de áreas não ocupadas. Os números apontam que a criação de gado no extenso município de Porto Velho – onde está localizada porção significativa das terras tradicionalmente ocupadas pelos Karitiana, tanto demarcadas quanto fora da demarcação – vem crescendo velozmente, impulsionada pelo gigantesco negócio da carne no Brasil contemporâneo. Rondônia tem o oitavo maior rebanho bovino do país e é o quinto exportador de carne entre todos os estados da federação. Tal cenário econômico, ao incidir justamente sobre os territórios de origem dos Karitiana – onde estão ainda hoje os vestígios de seu passado, as antigas aldeias em que nasceram e cresceram e os cemitérios onde estão enterrados seus mortos –, torna a solução da questão da TI Karitiana um sonho ainda lamentavelmente distante.

O desfecho da história desta Raposa-Serra do Sol rondoniense, assim, não se concretizou (ainda) com o sucesso que foi – felizmente – a homologação definitiva da verdadeira TI Raposa-Serra do Sol, em Roraima. Na verdade, é possível reconhecer que a polêmica provocada pelo processo de identificação e delimitação da TI Karitiana – que foi, naturalmente, lido como processo de "revisão de limites" e de "ampliação" da mesma terra pelos políticos da Frente Parlamentar da Pecuária (FPA) –, iniciado em 2011, constituiu um dos marcos dessa nova fase, muito mais agressiva, dos movimentos contrários aos direitos indígenas constitucional e legalmente estabelecidos no Brasil.

Já em 2011, os deputados da FPA procuraram o Supremo Tribunal Federal (STF) para explicitarem aos ministros a versão de que a demarcação da TI Karitiana repetiria o caso da Raposa-Serra do Sol – e isso, claro, à revelia de decisão do próprio STF. Em 18 de outubro do mesmo ano, uma audiência pública na Comissão de Agricultura da Câmara dos Deputados achincalhou o então presidente da Funai, Márcio Meira, tendo o caso da terra do povo indígena Karitiana como o carro-chefe das virulentas acusações contra o órgão, algumas delas tão antigas quanto estapafúrdias, como aquela que aponta interesses internacionais escusos na demarcação de terras tradicionalmente ocupadas por povos indígenas. O GT constituído pela Funai para atender às demandas dos Karitiana em 2011, inclusive, seria coordenado por um antropólogo "canadense que sequer fala o português"!

Distantes da maioria dessas negociações em Brasília, os Karitiana seguem, contudo, confiantes: a região do Rio Candeias é vista não só como uma terra de abundância e fartura – de caça, de peixes, de terras boas para o plantio, tendo em vista o esgotamento crescente dos recursos em Kyõwã, permanentemente habitada há quase meio século pela população Karitiana inteira – como também um lugar que traz a oportunidade de como que voltar no tempo, reconstituindo-se, de certa forma, o que este povo indígena fora antes das múltiplas perdas ocasionadas com o contato.

Retomando o fio de uma história interrompida com o abandono do passado pela marcha forçada para o oeste, assim os Karitiana planejam o dia em que tomarão, de novo, posse da região que reconhecem como seu centro de origem. Enquanto esperam, produzem crianças, narram histórias do passado e planejam ações futuras às margens do Rio Candeias. Triste que, no mesmo compasso, os bois – também deslocados de um outro ponto – agora reclamem para si o mesmo pedaço de chão. (*setembro, 2016*)

CINTA LARGA

Garimpo de Diamantes: Destruição Ambiental e Etnocídio

Nadja W. Marin | Documentarista e antropóloga, PPGAS/USP

DEZESSEIS ANOS APÓS A DESCOBERTA DE DIAMANTES NO IGARAPÉ LAJE DENTRO DO TERRITÓRIO CINTA LARGA, A OMISSÃO DO ESTADO BRASILEIRO CONTINUA PERMITINDO O SUCESSIVO DESMATAMENTO, CONTRABANDO, VIOLÊNCIA, DESESTRUTURAÇÃO DA COMUNIDADE INDÍGENA E DEGRADAÇÃO DA BIODIVERSIDADE EM PLENA AMAZÔNIA LEGAL

O território dos Cinta Larga é formado por quatro Terras Indígenas contíguas: Roosevelt, Aripuanã, Parque do Aripuanã e Serra Morena, numa área total de 2,7 milhões de hectares, composto em sua maior parte pelo bioma amazônico e trechos de Cerrado, abrigando uma rica biodiversidade com grande número de espécies endêmicas da fauna e da flora.

A região ficou praticamente desconhecida da sociedade brasileira até a década de 1960, quando começou a ser invadida por seringueiros e garimpeiros em busca de ouro e cassiterita, responsáveis pela maior parte dos conflitos e mortes relatados nos jornais da época. As retiradas ilegais de madeira das Terras Indígenas nas décadas de 1980 e 1990, algumas respaldadas em contratos estabelecidos pela própria Funai, deram início ao processo de esbulho e destruição ambiental no território indígena, que seria agravado com a descoberta, em 1999, de diamantes no leito do Igarapé Laje, afluente do Rio Roosevelt, no Parque Indígena do Aripuanã.

A ANTIGA "QUESTÃO CINTA LARGA" E O GARIMPO LAJE

A facilidade em encontrar diamantes na superfície, em depósitos aluviais, atraiu garimpeiros, traficantes de pedras preciosas, empresários da mineração e até cartéis internacionais à Terra Indígena, onde mais de cinco mil pessoas buscaram explorar o garimpo nos primeiros anos da descoberta. Segundo estudos geo-

Balsa abandonada pelos garimpeiros no lago formado por garimpo de diamantes no Parque Indígena do Aripuanã, Rondônia.

lógicos, os diamantes retirados do alto da bacia do Rio Roosevelt, como os do Laje, são de boa qualidade gemológica e portanto de alto valor comercial, o que explica o grande número de pessoas interessadas em suas pedras.

Em 2002, Agência Brasileira de Inteligência (Abin) e a Polícia Federal estimaram que um total de 20 milhões em diamantes ilegais saíam anualmente da Terra Indígena, e a Companhia de Pesquisa e Recursos Minerais (CPRM) levantou que a capacidade de produção da mina do Roosevelt era de 1 milhão de quilates por ano. Não foram encontrados números oficiais ou atualizados sobre a atividade.

Dezesseis anos após a descoberta dos diamantes, a dificuldade cada vez maior de encontrar as pedras na superfície tem feito com que novas áreas de exploração estejam sendo abertas e equipamentos pesados estejam sendo utilizados na remoção da lama e do cascalho. Como não há regulamentação sobre a exploração, a atividade segue invisível aos olhos do Estado e dos órgãos ambientais, continuando a serem abertas à prospecção, pesquisa e lavra sem qualquer estudo de impacto ou responsabilidade ambiental. Após as atividades, as áreas permanecem abandonadas na forma de imensos lagos turvos e sem vida, causando a degradação da paisagem, desaparecimento da cobertura vegetal, poluição e assoreamento dos igarapés e fuga de animais.

A atividade de mineração em Terras Indígenas no Brasil ainda não foi regulamentada pelo Congresso Nacional, apesar de prevista na Constituição Federal. Mas a complexa relação da comunidade indígena hoje com o garimpo e seus financiadores torna difícil a completa paralisação dessas atividades ilegais – mesmo com as constantes ações da Polícia Federal (PF).

A pressão exercida sobre os Cinta Larga para que liberem a entrada dos trabalhadores, a dinâmica de dívidas e dependência econômica da comunidade em relação aos garimpeiros, a ausência de projetos que busquem alternativas econômicas sustentáveis e a precariedade dos recursos do governo destinados à comunidade têm tornado há anos inefetivas as ações de controle e combate à extração mineral dentro da Terra Indígena.

Segundo o Ministério Público Federal, o governo estaria há anos gastando muito mais na repressão às atividades ilegais dentro do território do que na sua proteção, uma vez que o orçamento destinado à repressão e fiscalização repassado à PF supera em muito o orçamento gasto com programas sociais e apoio a atividades alternativas. Em um ano, o orçamento da PF para coibir as atividades ilegais na região chegou a R$7 milhões, enquanto o da Funai não teria passado de R$1,2 milhão para a mesma região[1].

A intensa atividade madeireira vista em anos anteriores no território também persiste, chegando a ser constatada em 2015 até mesmo uma serraria dentro da Terra Indígena, nas proximidades de uma das aldeias cinta larga. Como o local é de difícil acesso e as TIs são cercadas por fazendas de manejo florestal, as madeiras não encontram dificuldade em deixarem a área já cortadas e certificadas. Assim como acontece com o garimpo, a ausência de mecanismos de controle eficientes e de planos de manejo contribui para a desvalorização das madeiras, o desmatamento indiscriminado e a extinção das espécies nativas.

Além do aumento da violência na região, das dívidas, mortes e prisões de indígenas, o garimpo possibilita que altas quantias de dinheiro cheguem às mãos de algumas lideranças, fato que tem trazido conflitos internos e desigualdade dentro do próprio grupo. A desintegração social e cultural da comunidade e a iminência de um novo conflito com mortes levaram a Procuradoria da República em Rondônia a iniciar, em 2013, uma nova campanha em prol do povo Cinta Larga, que conta com a criação do grupo Cinta Larga Amigos em Movimento pelo Resgate (Clamor), com o objetivo de tornar visível a situação da comunidade indígena e pressionar as autoridades e o governo a encontrarem uma solução definitiva para a questão.

MASSACRES E CONFLITOS

Os Cinta Larga, denominados assim por utilizarem um cinturão de entrecasca de árvore amarrado ao corpo, foram contatados no final da década de 1960 pelo antigo SPI numa extensa região entre os Rios Juruena, no Mato Grosso, e Roosevelt, em Rondônia. Quando contatados, formavam grupos diversos que habitavam em aldeias pequenas e espalhadas pelo território.

Com o tempo e a instalação dos postos da Funai, passaram a habitar os arredores dos postos, formando aldeias maiores que agregavam famílias e grupos de diferentes localidades. Essas aldeias ficam hoje em sua maioria nos limites das TIs e são passagem obrigatória aos garimpeiros e madeireiros que adentram a área, sendo comum, portanto, ver pessoas desconhecidas, automóveis, motos e caminhões transitando pelas aldeias. Essa passagem se tornou também uma forma de controle pelos indígenas.

No final da década de 1960, massacres ocorridos contra aldeias inteiras dos Cinta Larga vieram a público na imprensa nacional e internacional. Um conjunto deles ficou conhecido depois de um integrante, não tendo recebido o pagamento devido, ter denunciado os crimes na sede do SPI em Cuiabá. O Massacre do Paralelo 11, como foram chamados os diversos massacres a mando da empresa seringalista Arruda, Junqueira e Cia., está descrito no Relatório Figueiredo – um documento de 7 mil páginas contendo inquéritos de crimes contra povos indígenas durante a ditadura militar, recuperado pela Comissão Nacional da Verdade (CNV). Os massacres teriam sido cometidos tanto por pistoleiros quanto por envenenamento e, apesar da dificuldade de se precisar um número de mortos, estima-se que cinco mil Cinta Larga tenham morrido entre as décadas de 1960 e 1980, vítimas de massacres e de doenças contraídas no contato[2].

As modificações no modo de vida da população trazidas pelos postos da Funai e as invasões ao seu território fizeram com que muito cedo, após o contato, os índios estabelecessem acordos e dívidas com madeireiros e garimpeiros, utilizando os recursos naturais e minerais da Terra Iindígena como moeda de troca. *Zapyvaj* é como eram chamados os "donos das malocas", lideranças comunitárias que foram substituídas pelos "caciques" nas aldeias grandes. São estes últimos que, por meio de suas associações ou cooperativas, negociam com madeireiros, garimpeiros e fazendeiros – e que respondem pelo provimento das necessidades nas aldeias, como casas, transporte, medicamentos e alimentação.

Com o aumento da população e a desconfiança no governo, essas lideranças passaram a negociar a construção de casas diretamente com madeireiros, adquirindo também, nas transações, residências na cidade e carros para o transporte de estudantes, doentes e beneficiários de programas do governo federal. A comunidade Cinta Larga se diz hoje dependente das atividades madeireiras e do garimpo, principalmente por estar refém das dívidas contraídas nessas negociações e nos comércios das cidades próximas.

Apesar de algumas lideranças se beeficiarem com os rendimentos vindos dessas atividades, a situação nas aldeias hoje é uma contradição com toda riqueza do território, bastante precária pela falta de moradias, escolas, remédios, saneamento, roupas e até alimentação. Devido à situação permanente de conflito e desconfiança, são poucos os *zarey* (não indígenas) que se aventuram a trabalhar ou desenvolver projetos na área.

Com o envolvimento em atividades consideradas ilegais, e por se associarem a contrabandistas e outros criminosos, lideranças Cinta Larga passaram a responder por um número crescente de processos na Justiça. Segundo o MPF, a desassistência jurídica enfrentada por eles tornam a dinâmica do endividamento e do garimpo ainda mais complexas. Em dezembro de 2015, por exemplo, três caciques foram presos pela operação Crátons da PF, acusados de envolvimento no esquema de contrabando ilegal

PROJETO DE LEI E O FUTURO DO GARIMPO LAJE

A regulamentação da atividade minerária em TIs no Brasil é polêmica e marcada por muita discussão e divergência entre políticos, empresários do setor mineral, ambientalistas e movimento indígena. A divergência de posicionamentos sobre como deveria ser regulamentada a extração de minérios dentro dos territórios indígenas se reflete nas três propostas que tratam da regularização da mineração em TIs que tramitam no Congresso Nacional brasileiro: o Projeto de Lei nº 1610/96, de autoria do senador Romero Jucá; o Novo Estatuto dos Povos Indígenas, apresentado em 2009 pela Comissão Nacional de Política Indigenista (CNPI) para substituir o Estatuto de 1973; e o Projeto de Lei nº 37/2011, conhecido como Novo Código da Mineração.

Dentre as principais críticas dos Cinta Larga ao PL 1610/96 está a porcentagem do lucro das atividades destinada a eles e a impossibilidade de veto do empreendimento pelas comunidades, as quais, mesmo obrigatoriamente consultadas, teriam sua opinião subjugadas pelos interesses do governo e das empresas mineradoras. A proposta também não menciona a impossibilidade da mineração onde existam índios isolados e não especifica como seriam realizadas as consultas às comunidades.

O Novo Código da Mineração traz propostas ainda piores do ponto de vista das comunidades indígenas, colocando os interesses minerários acima de quaisquer outros interesses, como demarcações de TIs e Territórios Remanescentes de Quilombo – além de não citar a consulta prévia a comunidades afetadas, permitir a mineração em Unidades de Conservação, e outros pontos controversos em relação ao licenciamento ambiental e licitações.

Com a demora na regulamentação da matéria e a omissão do governo frente à gravidade da situação, com possibilidade de novos conflitos com morte no território cinta larga, o MPF em Rondônia elaborou uma proposta em caráter de urgência para aprovação de Lei Federal, que autorizaria a exploração de diamantes apenas nas terras do povo Cinta Larga. O anteprojeto de lei tem como objetivos: que toda a população Cinta Larga seja beneficiada com a venda dos diamantes; que sejam recolhidos todos os devidos impostos das atividades no Laje; que os diamantes possam sair da área com a devida certificação Kimberley; e que possa haver algum tipo de controle ambiental na região, através da recuperação das áreas degradadas e da não abertura de novas áreas de exploração.

Segundo o próprio MPF em Rondônia, a aprovação da lei é tarefa difícil, uma vez que seria preciso convencer o Estado brasileiro da necessidade de estabelecer prioridade e exceção à situação que ocorre no território Cinta Larga – sob pena de se ver a contínua morte, se não física, sociocultural da comunidade indígena e de parte da biodiversidade amazônica. (setembro, 2016)

de diamantes financiado pelo doleiro Carlos Habib Chater, condenado na Lava Jato. Em uma reunião do grupo Clamor, em 2016, uma liderança Cinta Larga mostrou preocupação com relação ao pagamento dos cerca de R$105 mil reais devidos pelos índios aos advogados do caso.

O processo criminal que julga 23 Cinta Larga pela morte de 29 garimpeiros dentro da TI, em abril de 2004, corre hoje em segredo de Justiça. Entre 2000 e 2003, 20 outros assassinatos na região foram relacionados ao garimpo de diamantes, tendo como causas, em sua maioria, o não pagamento devido; conflitos entre indígenas e garimpeiros que tentavam sair com pedras escondidas; e dívidas contraídas no próprio garimpo.

Durante os 16 anos de atividade minerária no entorno do Laje, o garimpo foi diversas vezes fechado pela PF e mantido inativo pelas lideranças indígenas por meio de acordos com o governo. Face ao descumprimento das promessas e acordos pelos órgãos governamentais e a pressão externa de empresários e garimpeiros, os Cinta Larga acabam por permitir o retorno das atividades.

O Projeto Laje, rebatizado de Assepnum em 2013 e criado pela Funai em parceria com a comunidade indígena, foi uma das tentativas provisórias de paralisar o garimpo até sua regulamentação, através do pagamento a "guerreiros" Cinta Larga para que realizassem a vigilância e a fiscalização da área do Lage enquanto a Funai apoiava logisticamente atividades produtivas sustentáveis – como a produção da castanha e da borracha. Depois de sucessivas tentativas, a Funai suspendeu o projeto devido à constante reabertura do garimpo, – lideranças relataram conflitos internos na distribuição do dinheiro do projeto, atrasos no pagamento e insuficiência dos recursos para suas necessidades. Pelo Projeto Laje cada um dos 25 indígenas que se revezava no garimpo recebia pelo mês de permanência e vigilância o valor de R$ 1.530 reais. O orçamento total do projeto era de R$3.190.000,00.

DIVERSIDADE CULTURAL E BIOLÓGICA AMEAÇADA

A degradação da floresta com a retirada das árvores nativas, a abertura de estradas e clareiras em locais de mata fechada e a poluição dos igarapés decorrentes das atividades de mineração e extração de madeira possuem consequências graves para a biodiversidade do território, afetando a sustentabilidade de parte do povo que ainda sobrevive da caça, pesca e venda de artesanatos, alimentando, assim, a espiral de dependência e vulnerabilidade.

A população Cinta Larga soma hoje 1823 pessoas (Sesai, 2013), a maioria falante da língua nativa, o tupi-mondé. Apesar das muitas transformações sofridas pelos Cinta Larga no seu modo de vida desde a criação das aldeias em torno dos postos da Funai e dos problemas com o garimpo e a madeira, o contato recente faz com que existam pessoas que detêm um rico conhecimento sobre as plantas, os mitos, os rituais, as pinturas, as técnicas de caça e pesca, artesanato, tecelagem, alimentação, culinária tradicional e técnicas de roçado. Ou seja, todo um arcabouço cultural específico que se encontra ameaçado pelas pressões externas e o desmembramento das comunidades.

Os rituais, crenças e práticas, como a dieta alimentar dos pais e mães de filhos pequenos; a restrição alimentar dos caçadores e o uso dos *morat* – remédios para caçar –; a interpretação dos sonhos e seus significados; a reclusão da mulher até o casamento e o aprendizado do artesanato durante a reclusão; os *berewa* – falas cantadas cerimoniais –; as histórias do *pawo* – encantados da mata –, a festa em que se bebe chicha, dança e se sacrifica um animal criado pelo anfitrião; entre tantos outros, apesar de estarem sendo cada vez menos praticados, fazem parte da rica cosmologia do povo Cinta Larga.

A ameaça ao território, portanto, não somente afeta a paisagem local, os igarapés, os rios, a mata e os animais; está colocando em risco toda uma cosmologia indígena, um modo de pensar e agir que estende a humanidade a plantas e animais, baseada em uma complexa relação entre eles, presente nos mitos e percebida nos rituais. *(setembro, 2016)*

NOTAS

[1] Segundo informações prestadas pela PF ao MPF, os valores previstos para o grupo operacional foram R$ 5.700.000,00, em 2006; R$ 7.470.000,00 em 2007; R$ 8.340.000,00 em 2008 e R$ 6.940.000,00 em 2009. Já para a Funai, em 2008, foram investidos apenas R$ 469.589,14 e, em 2009, R$ 694.880,62.

[2] Conforme registra o relatório da CNV, no capítulo "Violação de Direitos dos Povos Indígenas", de dezembro de 2014.

HIDRELÉTRICAS

Complexo do Rio Madeira: Notas Sobre a Controvérsia

Gilles de Catheu | Médico, indigenista, missionário da Diocese de Guajará-Mirim (RO)

OS INDÍGENAS, RIBEIRINHOS E SEUS PARCEIROS TÊM CLARA DIMENSÃO DOS IMPACTOS QUE RESULTARIAM DA EFETIVAÇÃO DAS UHES RIBEIRÃO E *C. ESPERANZA*, QUE TAMBÉM VIABILIZARÃO A CONSTRUÇÃO DE UMA HIDROVIA TRANSNACIONAL. O QUE SE ANUNCIA PARA O FUTURO PRÓXIMO É AINDA MAIS GRAVE DO QUE A TRAGÉDIA JÁ EM CURSO COM A CONSTRUÇÃO DE SANTO ANTÔNIO E JIRAU

Em processo de implementação há uma década, o Complexo Hidrelétrico do Rio Madeira suscita uma viva controvérsia. De um lado, o Governo Federal, aliado a políticos de Rondônia e donos do capital determinados a impor um modelo de desenvolvimento baseado na exportação de matérias-primas. De outro, setores da sociedade civil – populações tradicionais, entidades parceiras, cientistas e Ministério Público Federal – preocupados em defender os direitos socioambientais. As mazelas deixadas pela construção de Usinas Hidrelétricas (UHEs) como Belo Monte, no Xingu, não foram motivo para o governo redirecionar sua política energética para a Amazônia. Pelo contrário, diversos novos estudos são realizados em sigilo e continua-se a vender a energia hidrelétrica como "limpa e barata". A promessa de compensações e empregos temporários iludem a população local que acaba sendo sacrificada por gerações.

A UHE Samuel no Rio Jamari, a primeira construída em Rondônia (1984), é um exemplo do que vem se repetindo: o lago formado é muito maior do que o previsto e os ribeirinhos expulsos continuam a reivindicar a indenização que lhes foi prometida. Para justificar as obras, o governo faz pairar a ameaça do "apagão" e converte *megawatts* em milhões de lares atendidos. Trata-se de propaganda enganosa, já que o consumo doméstico representa apenas 15%, sendo a maior parte direcionada a indústrias siderúrgicas voltadas a alavancar exportações primárias (p. ex. alumina). Em geral, os povos indígenas afetados se manifestam contrários à construção das usinas. Apesar de intimidações e tentativas de cooptação, as comunidades continuam a resistir. É como a liderança Maria Eva Canoé da TI Sagarana reitera: "nós, povos indígenas, não estamos contra o progresso. Estamos contra um progresso para poucos e a qualquer custo!".

PROJETO "COMPLEXO HIDRELÉTRICO DO RIO MADEIRA"

O Madeira é o maior afluente do Amazonas e também o mais carregado em sedimentos. É formado pela confluência de dois gigantes, o Beni e o Mamoré, próximo à cidade de Nova Mamoré (RO) no município homônimo. Ambos têm suas nascentes nos Andes. O Beni permanece boliviano em todo seu trajeto e seu principal afluente, o Madre de Dios, tem suas nascentes em território peruano. O Mamoré é boliviano no seu primeiro trecho e torna-se fronteiriço com o Brasil a partir da foz do Guaporé, principal afluente cujas nascentes encontram-se na Serra dos Parecis (RO, MT). Portanto, a bacia do Madeira é trinacional, embora não navegável no trecho entre Guajará-Mirim e Porto Velho devido às numerosas cachoeiras.

O projeto do "Complexo Hidrelétrico do Rio Madeira" é composto por quatro UHEs com eclusas, mais uma hidrovia trinacional. Em 2001, o Banco Interamericano de Desenvolvimento (BID) qualificava-o como o principal eixo da Iniciativa para a Integração

TIS E UCS NA REGIÃO BRASIL-BOLÍVIA E O COMPLEXO DO MADEIRA

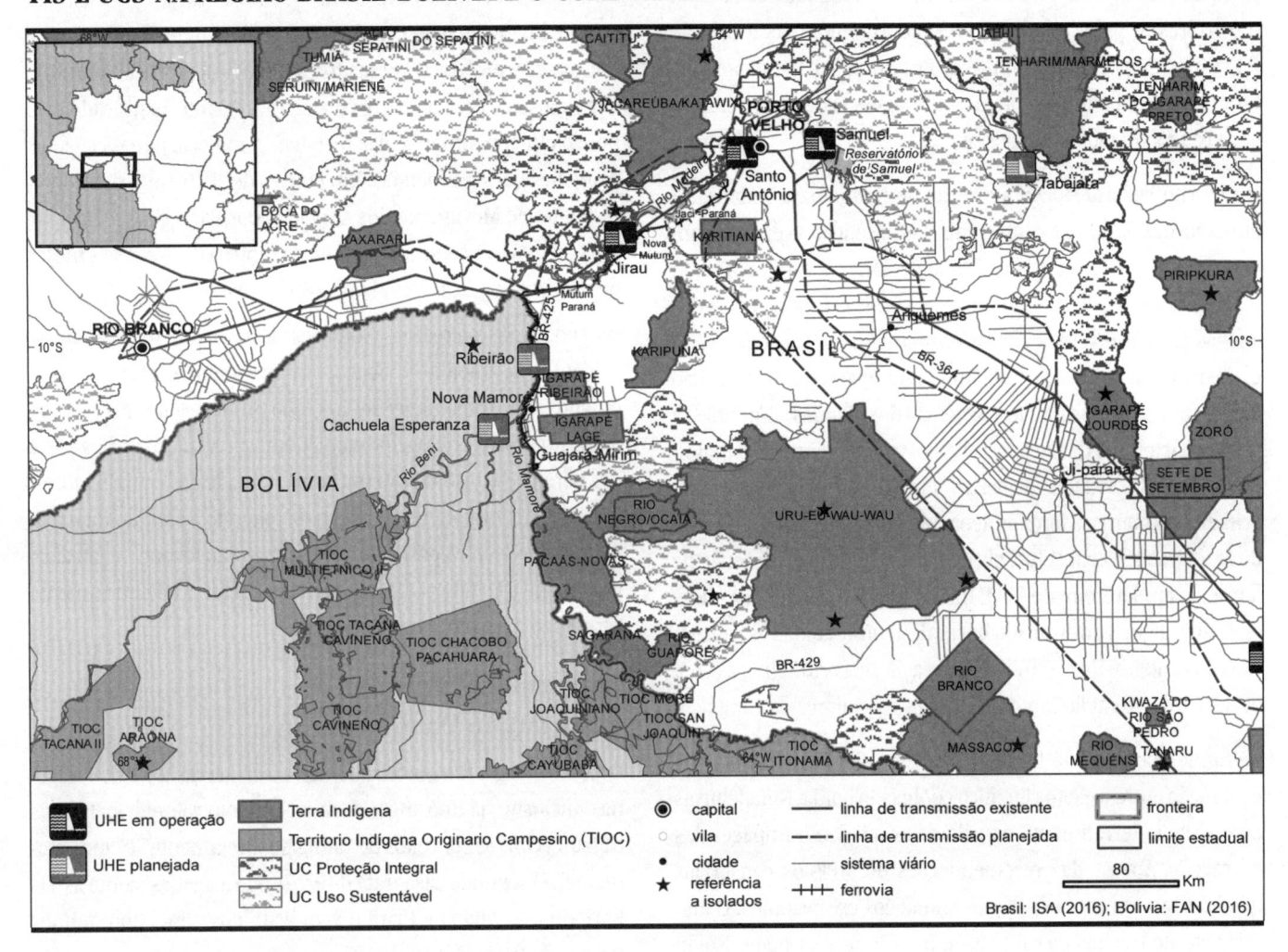

da Infraestrutura Regional Sul-Americana (IIRSA). No Brasil, integra o Programa de Aceleração do Crescimento (PAC) e é financiado pelo BNDES. A primeira fase, em vias de conclusão, consiste na construção das UHEs Santo Antônio e Jirau no Madeira (Rondônia). A segunda, em estudo, prevê a UHE Binacional de Ribeirão no Madeira (Brasil-Bolívia) e a UHE Cachuela Esperanza no rio Beni (Bolívia). A terceira prevê a construção de eclusas para viabilizar a hidrovia.

PRIMEIRA FASE: CONSTRUÇÃO DE SANTO ANTÔNIO E JIRAU (RO)

Santo Antônio (44 turbinas bulbo, com capacidade total prevista de 3.150 MW) e Jirau (46 turbinas bulbo, 3.450 MW) estão localizadas a 10 km e 136 km à montante de Porto Velho. O leilão de Santo Antônio foi ganho pelo Consórcio Mesa (Madeira Energia Sociedade Anônima), formado por Furnas, Odebrecht e o banco espanhol Santander. E o de Jirau pelo Consórcio ESBR (Energia Sustentável do Brasil), liderado pela franco-belga GDF-Suez. As concessões são por 30 anos.

Ambos os Estudos e Relatórios de Impacto Ambiental (EIA/Rima) foram contratados por Furnas e Odebrecht. Técnicos do Ibama e do MPF destacaram diversas inconsistências, como a não abordagem da bacia como um todo e a omissão dos impactos da Hidrovia de 4.225 km e do Linhão de 2.350 km. Também são evasivos em relação aos impactos levantados, como a destruição do patrimônio arqueológico e a ameaça à vida de várias espécies de peixes. O Estudo também minimiza o acúmulo de sedimentos que, de acordo com cientistas independentes, poderão alcançar as turbinas dentro de 30 anos (prazo da concessão), inviabilizando seu funcionamento. Consultada na época do EIA/Rima, a Funai negou a existência de indígenas em isolamento voluntário na região afetada. Contudo, ONGs indigenistas fundamentaram a presença de, ao menos, dois grupos próximos a Santo Antônio, obrigando o reconhecimento oficial. Após a confirmação, e a partir de ação movida pelo MPF/RO, uma liminar judicial obrigou o consórcio a parar as obras de Santo Antônio, mas a decisão foi cumprida por apenas um dia. Em 2015, seus vestígios não foram mais encontrados, levantando suspeitas de que tenham se afastado, ou pior, sido mortos.

O Governo Federal trocou a direção do Ibama para viabilizar a emissão das Licenças Ambientais (as Licenças Prévias foram entregues em 2007, a de Instalação de Santo Antônio em 2008 e a de Jirau em 2009). As audiências públicas foram realizadas apenas em Porto Velho e tiveram mínima participação indígena e ribeirinha. Os graves problemas que apareceram no início das obras confirmam a inconsistência dos estudos. Em 2008, a primeira explosão da Cachoeira Santo Antônio represou e matou por asfixia 11 toneladas de peixes. Em 2012, após a abertura da primeira comporta, a força da água desmoronou a margem direita do Madeira até Porto Velho, obrigando a expulsão de dezenas de famílias. Em fevereiro de 2011, uma rebelião explodiu nas obras de Jirau e alguns dos trabalhadores destruíram todas as instalações do canteiro. Uns 20 mil fugiram a pé até Porto Velho, a cerca de 120 km, e o medo tomou conta dos moradores da capital.

A grande enchente na bacia do Madeira em 2014 resultou da conjunção entre o efeito climático conhecido por La Niña (chuvas excessivas e derretimento do gelo dos Andes) e o impacto das barragens. Apesar das recomendações do MPF, os consórcios não levaram em conta os efeitos climáticos excepcionais. O alagamento de trechos das BR-364 e BR-425 praticamente isolou por três meses os municípios de Nova Mamoré e Guajará-Mirim. A enchente repercutiu no abastecimento de produtos e no acesso a serviços, levando também à paralisação das obras. Milhares de famílias foram expulsas de suas casas em Porto Velho e Guajará-Mirim. Nas áreas ribeirinhas, que incluem numerosas aldeias indígenas, a enchente destruiu também roçados e outros plantios.

"MAR DE ROSAS" OU "MAR DE LÁGRIMAS"?

Governo e consórcios prometeram um "mar de rosas", mas a realidade frustrou as expectativas. Os consórcios divulgam compensações ambientais obrigatórias de 0,5% do valor do empreendimento (tendo em vista que são isentos de impostos) como realizações espontâneas. Em Porto Velho, obras viárias e de saneamento não foram concluídas e a expansão desordenada piorou as condições de moradia e transporte. Os índices de homicídio, prostituição, narcotráfico e consumo de drogas aumentaram de maneira alarmante, com destaque para o distrito de Jaci-Paraná. O atendimento à saúde, já precário, piorou ainda mais. Milhares de ribeirinhos, como os moradores do distrito de Mutum-Paraná,

foram transferidos para Nova Mutum-Paraná, uma cidade artificial não planejada sequer para o plantio de frutíferas ou a criação de galinhas. Os pescadores estão desempregados devido à proibição de pescar na área do lago e à jusante, justificado pelo perigo em aproximar-se das turbinas. A maioria não recebeu as compensações prometidas. Em janeiro de 2016, uma moradora, militante do Movimento dos Atingidos por Barragens (MAB), foi assassinada e encontrada boiando na represa de Jirau, seis meses depois, em condições ainda não esclarecidas.

Os consórcios oferecem condições de trabalho sub-humanas. Acidentes de trabalho e óbitos, em sua maioria, não são computados. Um trabalhador foi imolado na massa de um pilar de Santo Antônio e a obra continuou. Com a finalização de boa parte das obras, os consórcios demitiram a metade dos trabalhadores. Milhares ficaram na região e vem disputando o escasso mercado de trabalho local. A partir de 2015, a recessão tornou-se tão alarmante que o Estado pediu ao Governo Federal um financiamento específico para o período Pós-Usina.

COMPENSAÇÕES PARA AS ASSOCIAÇÕES INDÍGENAS

O Complexo do Rio Madeira atinge várias terras e povos indígenas, inclusive, já dito, alguns em isolamento voluntário. Furnas trabalha com os conceitos de "atingido diretamente" e "indiretamente". O segundo caso trata de áreas não alagadas, como as TIs Karipuna, Karitiana e Uru Eu Wau Wau, dos povos homônimos (região de Porto Velho). O MPF procurou fazer valer a Convenção 169 da OIT que estabelece que todas as comunidades indígenas "atingidas" têm que ser ouvidas. Técnicos acabaram visitando as comunidades, mas menos para ouvir que para justificar. Convênios acabaram sendo firmados com associações indígenas destes povos. O mesmo aconteceu em Jirau onde a ESBR firmou convênios com as associações indígenas das TIs Igarapé Lage e Ribeirão, dos Wari', e da TI Kaxarari, do povo homônimo. Contudo, o impacto dos convênios é insignificante, senão negativo. As escolas garantidas pelo consórcio foram excluídas do planejamento da Seduc e, anos depois, ainda falta algumas a serem construídas. Os postos de fiscalização construídos nas TIs Igarapé Lage e Ribeirão nunca foram inaugurados. As caminhonetes compradas para a fiscalização das TIs operaram por tempo limitado.

SEGUNDA FASE: UHES BINACIONAL/RIBEIRÃO E *CACHUELA ESPERANZA*

A UHE Ribeirão é imprescindível para o funcionamento da hidrovia planejada. Mas ambas trarão impactos incalculáveis, em especial aos povos indígenas. Desde 2005, a Organização Oro Wari', que congrega os 24 povos indígenas da região de Guajará-Mirim, vem realizando diversas manifestações contrárias à sua construção. Na última sessão parlamentar de 2011, os deputados federais aprovaram, em poucos minutos, o Plano Plurianual PPA 2012-2015 que incluía a UHE Ribeirão, orçada em 10 bilhões. Em janeiro de 2012, a Presidente Dilma Rousseff vetou o PPA, mas o projeto não foi esquecido. Desde 2015, Brasil e Bolívia vem assinando acordos para estudar a viabilidade das UHEs da segunda fase, com financiamento do BNDES. Todos os trâmites vêm acontecendo "na calada da noite". Em abril de 2016, moradores das margens da BR-425, próximos à ponte do igarapé Ribeirão, receberam do DNIT uma notificação de "processo de expulsão". A cachoeira do igarapé Ribeirão localizada em Nova Mamoré, nas adjacências de Guajará-Mirim, fica também próxima de três TIs já citadas – Ribeirão, Lage e Karipuna.

O projeto da UHE Ribeirão é uma cópia de Jirau e contará com 20.000 trabalhadores nos primeiros anos. *Cachuela Esperanza* dobrará o número de trabalhadores. Diferente da capital, com cerca de 400.000 habitantes, a população de Guajará-Mirim e Nova Mamoré não passa, respectivamente, de 40.000 e 20.000. Já precários e campeões em tráfico de cocaína e contrabando, estes municípios não reúnem condições mínimas para suportar o inchaço populacional. Assim, o impacto será maior do que em Porto Velho, com sérios riscos também às TIs e UCs que representam 95% de Guajará-Mirim. As previsões são dramáticas: indígenas saindo de suas terras para trabalhar na usina, trabalhadores aliciando mulheres indígenas, diminuição dos recursos pesqueiros, dificuldades de deslocamento aquático com a transformação dos rios e igarapés, além do alagamento de áreas sagradas e históricas. Este é o caso de vários cemitérios dos Wari', incluso o que foi formado na foz do igarapé Ribeirão para sepultar os dizimados pelas epidemias pós-contato, nas proximidades do antigo "Posto de Atração" montado pelo SPI na década de 50, onde, em 1961, os Oro Mon e Oro Waram Xijein (Wari') foram reunidos.

Até agora, as TIs e UCs da região são como ilhas de floresta cercadas por desmatamento. A invasão inédita e orquestrada das TIs Ribeirão, Lage e Karipuna por grileiros e madeireiros, ocorrida em novembro de 2015, é apenas uma alerta daquilo que poderá acontecer numa escala maior. Os invasores só saíram depois de dois meses, com a intervenção do Exército e da Polícia Federal acionados pelo MPF/RO.

À montante do Madeira, outras TIs também sofrerão com alagamentos, principalmente em anos de fortes enchentes. Em 2014, a mídia, que divulgou o drama vivido nas cidades, silenciou-se com relação à tragédia vivida pelos ribeirinhos, dentre os quais cerca de mil famílias indígenas que habitam as TIs Rio Negro Ocaia, Pacaás-Novas e Sagarana (povos Wari'), bem como a TI Rio Guaporé, habitada por onze povos (Aikanã/Massaká, Arikapú, Aruá, Djeoromitxi, Kanoê, Kujubim, Makurap, Salamãe/Mondé, Tupari, Wajuru e Wari'). Para os povos Wari', o impacto foi grande, pois recordavam seu mito de origem que começa com o alagamento e a destruição da terra. Na Bolívia, houve dezenas de mortos, milhares de famílias desalojadas e dezenas de milhares de cabeça de gado afogadas.

Os garimpos de ouro no Madeira foram abertos nos anos 1980. Toneladas de mercúrio foram jogadas no rio. Nos anos 1990, expandiram-se pela margem direita (local previsto da construção), deixando escavações enormes onde o mercúrio era aterrado. Com as obras, a previsão é que o "lixão" de mercúrio aflore e alcance o leito do rio. Isso aumentará a contaminação do plâncton, dos peixes e do homem, através da cadeia alimentar. Em 2003, a bioquímica Elisabeth C. Oliveira publicou, nos *Cadernos de Saúde Pública da Fiocruz*, um estudo realizado nos anos 1990 com cerca de 1.000 indígenas (Wari', entre outros), na região de Guajará-Mirim, que revela altos índices de contaminação por metilmercúrio relacionados ao consumo de peixe. Apesar das recomendações, nenhuma política de monitoramento e controle jamais foi implantada. Casos variados de câncer e malformação neurológica, possivelmente relacionadas à contaminação mercurial, foram diagnosticados entre os Oro Wari' e vêm aumentando. Apenas em 2016, a Assembleia Legislativa de Rondônia aprovou um Projeto de Lei que obriga as maternidades do Estado a dosarem o mercúrio no sangue dos cordões umbilicais dos recém-nascidos.

TERCEIRA FASE: HIDROVIA MADEIRA-MAMORÉ OU "HIDROVIA DO DIABO"?

A expressão "Hidrovia do Diabo" é inspirada no livro de Manoel Rodrigues Ferreira (*A Ferrovia do Diabo*, 1962) que narra a trágica história da estrada de ferro Madeira-Mamoré no início do século XX. As eclusas planejadas deverão impactar as diversas TIs já afetadas pelas hidrelétricas das duas primeiras fases. Prevê-se que as grandes embarcações provoquem o desmoronamento das margens do rio e dificultam a navegação das pequenas. A hidrovia será também acompanhada pela expansão de monoculturas agrícolas (como a soja), tendo também como consequência a poluição do solo e das águas com agrotóxicos. Na Bolívia, o projeto atinge também os territórios dos Moré e Chacobo, além dos Pakauara, povos em isolamento voluntário que descendem dos remanescentes Karipuna/Pakauara que fugiram da época da construção da ferrovia. Com cerca 100 anos de intervalo, os paralelos entre as tragédias da Ferrovia e do Complexo do Rio Madeira são gritantes. Embora a hidrovia seja potencialmente mais impactante, ambos privilegiam o desenvolvimento econômico, a ocupação de novas terras e o aumento das exportações, à revelia das populações locais e do meio ambiente.

CONSIDERAÇÕES FINAIS

Com a anuência da Agência Nacional de Energia Elétrica (Aneel), o consórcio "Santo Antônio Energia" implementou, em outubro de 2016, seis novas turbinas que não constam no projeto inicial, colocando todos diante do fato consumado. Essa ampliação que corresponde à produção de duas UHEs Samuel elevaria o nível da água em 80 cm, o que contraria o compromisso feito depois da enchente de 2014 em não levantar mais o reservatório. O Consórcio e o Governo vêm passando por cima dos trâmites legais que exigem a conclusão do relatório de impactos socioambientais e a realização de audiências públicas. Infelizmente, nem sequer o recente rompimento da barragem da Samarco no Rio Doce (MG), em 2015, a maior catástrofe socioambiental no Brasil, está levando o Governo a mudar e agir com responsabilidade. O MPF está atuando no caso. O MAB e demais entidades dos movimentos sociais estão mobilizados para impedir mais um golpe.

As inúmeras mazelas socioambientais acima descritas são motivo suficiente para o Governo, se for de boa-fé, cancelar o avanço do Complexo. Contudo, as recentes negociações Brasil-Bolívia apontam na direção contrária. Os indígenas, ribeirinhos e seus parceiros têm clara dimensão dos impactos em curto, médio e longo prazo que resultariam da efetivação das UHEs Binacional-Ribeirão e C. Esperanza, que viabilizarão a Hidrovia Trinacional. O que se anuncia para o futuro próximo é ainda mais grave do que a tragédia já em curso com a construção de Santo Antônio e Jirau. *(setembro, 2016)*

A AMAZÔNIA COMO ESPERANÇA E SOLUÇÃO

As maiores inundações das últimas décadas em Rondônia, principalmente em Porto Velho, por causa do Rio Madeira e das hidrelétricas nele construídas, segundo muitos especialistas; as enchentes no Acre e o bloqueio de rodovias abertas há décadas; a polêmica sobre deficiências no estudo de impacto ambiental no Rio Madeira – tudo isso trouxe a Amazônia de volta ao centro de discussões. Na questão do Rio Madeira, segundo técnicos, o problema da contribuição das hidrelétricas para as enchentes calamitosas se deve a que seu estudo de impacto ambiental (EIA) não levou em consideração os aumentos dos fluxos de água vertida pelos reservatórios, vindos para o Brasil em decorrência do derretimento de gelos nos Andes – fenômeno observado há décadas pelos cientistas da área do clima. Mas a presidente da República criticou a visão dos técnicos.

O debate logo se ampliou para toda a questão de hidrelétricas na Amazônia, já que estão planejadas também usinas para a bacia do Tapajós e para a área do Rio Teles Pires (igualmente criticadas por técnicos e ambientalistas). Em meio a tudo, voltou à cena parecer do Ibama, de 2007, que sugerira que se dobrasse a área alagável prevista nos projetos do Madeira e um EIA-Rima mais abrangente, incluindo a Bolívia. Também na Amazônia, a Justiça de Rondônia mandou agora rever os estudos do EIA-Rima de outra usina, Belo Monte.

Polêmicas sobre hidrelétricas na Amazônia são antigas. Basta lembrar a que cercou a construção da Usina de Tucuruí, principalmente para fornecer energia mais barata que a do mercado a empresas fabricantes de alumínio, que vieram até de outros países. Outra discussão é a dos impactos decorrentes dos fluxos de migrantes gerados por projetos como esses – e outros. Agora mesmo, em Porto Velho, um dos problemas está exatamente na ausência de infraestruturas para receber esses fluxos, centenas de milhares de pessoas (que já se fixaram em Porto Velho). Em Tucuruí também foi assim, como já está sendo em Altamira, por causa de Belo Monte. Ao todo, há 366 projetos hidrelétricos em oito países amazônicos, já planejados, em implantação ou em operação.

Mas nada demove os planejadores oficiais. Não anunciou a própria presidente o lançamento de edital para a implantação da Hidrovia Tocantins-Araguaia, que começará pelo derrocamento (remoção de pedras submersas) do Pedral do Lourenço, com a construção de um canal de calado mínimo de 3 metros e largura de 145 a 160 metros no Tocantins (Agência Brasil, 21/3)? Projeto semelhante tem sido defendido para um canal no Rio Araguaia, mais extenso que o Canal do Panamá, para assegurar um leito navegável, já que o rio recebe resíduos de erosões que mudam o leito navegável de lugar de ano para ano (milhões de metros cúbicos anuais, já medidos por hidrólogos da Universidade Federal de Goiás). Nas duas obras, quem pagará? Que fará para remover os resíduos conduzidos pelo rio e os o que forem retirados na implantação? E não é para finalidades como as da hidrovia que se está acabando de implantar a Ferrovia Norte-Sul?

O Brasil precisa de uma estratégia para a Amazônia que deixe de considerar a floresta ou os povos que a habitam como "obstáculos" ao progresso. Não podemos fazer da Amazônia um problema – ela deve ser uma solução. (Washington Novaes, O Estado de S. Paulo, 28/03/2014)

PAITER SURUÍ

A Luta Para Proteger o Território

Ivaneide Bandeira Cardozo | Indigenista e doutoranda em Geografia (UNIR), Kanindé Associação de Defesa Etnoambiental

A TI SETE DE SETEMBRO, LOCALIZADA NO CHAMADO "ARCO DO DESMATAMENTO" DA AMAZÔNIA BRASILEIRA, SOFRE PRESSÃO DE MADEIREIROS, GARIMPEIROS E FAZENDEIROS. OS SURUÍ, NA CONTRAMÃO DESSAS PRESSÕES E AMEAÇAS, CONSTRUÍRAM UM PROJETO DE CARBONO FLORESTAL PARA CONTER O DESMATAMENTO E DESENVOLVER ALTERNATIVAS ECONÔMICAS

O povo indígena Paiter Suruí habita a Terra Indígena Sete de Setembro, localizada nos municípios de Cacoal (RO) e Rondolândia (MT), com aproximadamente 248 mil hectares. Desde o contato em 1969, o povo indígena vem lutando contra o esbulho de sua terra, buscando retirar os invasores de seu território e desenvolver atividades econômicas que possam gerar recursos e manter a floresta em pé.

Em 1988, os Paiter Suruí criam a Associação Metareilá do Povo Indígena Suruí para defender os direitos indígenas e lutar contra o roubo dos recursos naturais de seu território. Em 1999, liderados pelo líder Almir Suruí, eles resolvem buscar recursos para fazer um diagnóstico de sua terra e elaborar um Plano de Gestão que trouxesse alternativas econômicas para retirar os indígenas das atividades ilegais, como a venda de madeira, e os envolvessem na proteção da terra. Conseguem o apoio do Ministério do Meio Ambiente, via Secretaria de Agroextrativismo.

Os estudos são realizados e, então, demonstram que 7% do território indígena estava desmatado, a comunidade, mais pobre, e a cultura transformada pela presença de missionários e envolvimentos com os madeireiros. Diante destes fatos, os Suruí conseguem apoio para projetos importantes como o de reflorestamento e o de carbono florestal.

O PROJETO CARBONO FLORESTAL SURUÍ

Esse projeto traz quatro eixos temáticos: fiscalização e meio ambiente; segurança alimentar e produção sustentável; fortalecimento institucional; e desenvolvimento e implantação de um mecanismo financeiro – o Fundo Suruí. Os Paiter acreditavam que, com estes eixos, conseguiriam colocar fim no desmatamento e nas atividades ilegais que vinham ocorrendo na TI e, assim, definiram que evitariam o desmatamento de 13.575,3 hectares dentro da TI Sete de Setembro, até o ano de 2038.

Foi criado um manual do fundo com as diretrizes e normas para se acessar recursos do projeto por todas as organizações e comunidades indígenas, que foi aprovado por todos. Eles conseguiram as certificações VCS e CCA, e, atualmente, a Metareilá vende apenas os créditos certificados, pois não queria correr o risco de vender créditos futuros. Para que a Metareilá pudesse repassar os recursos a outras associações indígenas, estas tinham que cumprir com as diretrizes definidas no Manual do Fundo, com direitos e deveres, como apresentar uma proposta e fazer a prestação de contas.

A Metareilá, como idealizadora da proposta, convidou vários parceiros para ajudá-la na elaboração e execução do projeto, montando uma rede de parceiros com papeis definidos por um acordo técnico. A Equipe de Conservação da Amazônia (Ecam) realiza o consentimento prévio e informado; o Idesam construiu as linhas de base e o documento de concepção do projeto e sua validação e verificação nos padrões VCS (Padrão de Carbono Verificado) e CCB (Clima, Comunidade e Biodiversidade), os inventários de biomassa e carbono e o monitoramento florestal por sensoriamento remoto; a Kanindé Associação de Defesa Etnoambiental realiza o biomonitoramento; o *Forest Trends* atua na negociação junto ao mercado de carbono; o Fundo Brasileiro para Biodiversidade (Funbio) faz a gestão financeira; o Instituto de Manejo e Certificação Florestal e Agrícola (Imaflora) lida com a certificação; e a *Rainforest Alliance* atua como certificadora internacional.

Nos últimos anos, com recursos do projeto foram realizadas várias atividades de fiscalização, denunciando constantemente o roubo de madeira, garimpo e arrendamento de terra dentro do território Paiter para o Ministério Público Federal (MPF) e Funai. No entanto, o combate às atividades ilegais tem se mostrado um enorme desafio. A retirada de madeira representa dinheiro imediato e dificulta a implementação das ações de proteção do território.

Almir Suruí, coordenador-geral da Associação Metareila dos Suruí, na abertura do segundo dia do "Fórum Desmatamento Zero: o Brasil por um clima melhor", Tucarena/PUC-SP.

Os conflitos se acirraram entre os indígenas que cometem ilícitos ambientais e os que lutam para manter a floresta em pé. Os Paiter Suruí que querem tirar os invasores e continuar desenvolvendo o Projeto de Carbono Florestal Suruí se sentem abandonados pelo poder público e passam a desacreditar nas instituições, por entender que estas só têm interesse em proteger os que causam danos ao meio ambiente e que prejudicam os direitos indígenas. O roubo de madeira e a garimpagem aumentam na região de Pacarana e as inúmeras denúncias feitas aos órgãos públicos não têm nenhum resultado.

Com este cenário, a Metareilá reuniu um conjunto de informações sobre o projeto para deixar à disposição do MPF e da Funai, solicitando que se faça um diagnóstico sobre os prejuízos causados aos Paiter Suruí pelo roubo de madeira, garimpo e desmatamento e que haja a retirada dos invasores.

Em carta encaminhada ao MPF em 2016, a Metareilá reitera o pedido para desintrusão de seu território: "Reiteramos o pedido feito ao MPF durante a reunião, para que, ao fazer o diagnóstico sobre o carbono, antes faça o diagnóstico da quantidade de metros cúbicos de madeira que foi roubada da terra indígena, a quantidade de hectares desmatados, os danos a biodiversidade com a morte dos animais e aos igarapés e rios, os envolvidos com o roubo, e os valores em reais resultantes da venda da madeira e onde foram aplicados os recursos junto ao povo Paiter Suruí. Esperamos, ainda, que também seja feito o diagnóstico de quanto foi roubado de ouro e diamante da Terra Indígena Sete de Setembro, quem está envolvido com o roubo, os danos ambientais causados pelo uso de mercúrio, a contaminação das águas de igarapés, nascentes e rio, sua extensão, quanto foi gerado de recursos financeiros e onde estes foram aplicados em benefício do povo Paiter Suruí. Feitos estes diagnósticos, solicitamos que sejam informados todo o povo Paiter Suruí o tamanho dos danos ambientais, sociais, econômicos e culturais e quanto em recursos financeiros deixou de ser repassado para o povo Paiter Suruí, pelos que roubam madeira e garimpam na Terra Indígena Sete de Setembro".

As atividades ilegais têm gerado conflito com os Paiter Suruí desde o contato em 1969. No entanto, muitos têm culpado o Projeto de Carbono Florestal Suruí, contribuindo desta forma para mascarar e desviar as atenções da realidade na TI. Um projeto de carbono só funciona se os órgão públicos que têm a responsabilidade de defesa do meio ambiente atuarem na fiscalização e na vigilância do território, o que não ocorre na TI Sete de Setembro, onde os que causam os danos ambientais e culturais parecem ter o apoio destes para continuarem destruindo o território.

A luta dos indígenas que fazem parte da Associação Metareilá do Povo Indígena Suruí na defesa dos direitos indígenas, do meio ambiente e na busca do desenvolvimento sustentável fica cada vez mais difícil, pois se faz necessário que os órgãos públicos cumpram com seu papel, principalmente os que tem a responsabilidade de proteção do patrimônio territorial. *(setembro, 2016)*

Grafismo Zoró
Fonte: CD "Zoró, seu povo, sua arte". Panagyej, 1999

ACONTECEU

GERAL

LUZ PARA TODOS CHEGA AOS GAVIÃO

A Eletrobrás Distribuição Rondônia, através do Programa Luz para Todos, atendeu no primeiro mês deste ano, 753 famílias rurais de várias localidades de Rondônia. Entre os beneficiados está a tribo indígena Gavião, situada no município de Ji-Paraná. Para que a energia chegasse até a tribo, a Eletrobras Distribuição Rondônia construiu aproximadamente 33 quilômetros de rede de distribuição, sendo 27,5 quilômetros de rede monofásica e 4,7 quilômetros de rede bifásica. Essa rede vai levar energia elétrica à tribo e aos ramais da região. Para oferecer qualidade e segurança à rede, foram utilizados cabos multiplexados em redes de baixa tensão. O investimento atenderá 116 pontos de consumo dos quais 91 são de famílias indígenas, 12 de agricultores, sete poços d'água comunitários da Funasa, cinco escolas indígenas e uma construção da Funai. *(Rondonotícias, 23/02/2011)*

MPF/RO INVESTIGA VIOLAÇÕES DE DIREITOS DOS ÍNDIOS

Do total de 110 investigações, 31 relacionam-se à saúde indígena. Para o MPF/RO, o atendimento à saúde é uma das áreas mais problemáticas para os povos indígenas de Porto Velho e Guajará-Mirim. Nesses municípios, há indígenas residentes fora de suas aldeias de origem. Exemplos desta situação são os povos indígenas Puruborá, Migueleno, Cujubim, Wayoró, Canoé, Cassupá, Salamãi, Macurap, Tupari, dentre outros. Para os índios que ficam doentes nas aldeias, faltam remédios e equipamentos de radiocomunicação com as Casai para relatar os casos de emergências e nem sempre há veículos para estes atendimentos. Além disso, muitas etnias não dispõem de agentes de saúde ou de saneamento indígenas. As equipes multidisciplinares de saúde indígena são poucas e não conseguem fazer visitas regulares às aldeias. Segundo o MPF, na região de Guajará-Mirim há necessidade de acompanhamento sorológico sobre a concentração de mercúrio em indígenas e populações tradicionais que vivem às margens do Rio Madeira e seus afluentes. A preocupação do MPF sobre este assunto aumentou com as hidrelétricas do Rio Madeira porque as obras podem potencializar o índice de mercúrio na água, ao transportar para o curso d'água aquele mercúrio que se encontra depositado nas antigas áreas de exploração de minério, que serão alagadas pelo reservatório das usinas. *(MPF, 19/04/2011)*

ICMBIO DEVE ACOMPANHAR DEMARCAÇÃO DE TI DOS MIGUELENO

A recomendação do MPF em Rondônia expõe que há indícios de que boa parte da área a ser demarcada alcança a Reserva Biológica do Guaporé. A procuradora da República Nádia Simas explica na recomendação que o processo de demarcação está em andamento, tendo a Funai constituído grupo técnico para realizar estudos étnicos, antropológicos e histórico do Povo Migueleno. Os estudos da Funai também envolvem aspectos jurídicos, sociológicos, cartográficos, fundiário e ambiental, e estão sendo realizados em áreas de Guajará-Mirim, Costa Marques e São Francisco do Guaporé. O MPF/RO argumenta que é necessária formação técnica suficiente para eventual contraponto aos estudos da Funai e por esta razão recomendou que o ICMBio envie servidores com conhecimentos para acompanhar a demarcação da terra indígena do Povo Migueleno. *(MPF, 27/05/2011)*

JUSTIÇA MANDA PARALISAR PCHS

Os Ministérios Públicos Federal e do Estado de Rondônia ingressaram na Justiça com uma ação civil pública em que pedem a paralisação imediata das obras de três PCHs na bacia do rio Jamari. Na ação, os MPs apontam diversas irregularidades no licenciamento ambiental. A ação dos MPs é contra o Estado de Rondônia e a empresa Mega Energia, responsável pelas construções das PCHs Santa Cruz de Monte Negro, Jamari (no rio Jamari) e Canaã (no rio Canaã, afluente da margem direita do rio Jamari). As hidrelétricas serão em áreas dos municípios de Ariquemes, Monte Negro e Cacaulândia. Um parecer emitido por técnicos da Sedam informa que parte do território indígena Uru-eu-wau-wau será inundado pelos reservatórios da PCH Santa Cruz. A procuradora da República Lucyana Pepe e a promotora de Justiça Tâmera Padoin afirmam que, mesmo sabendo disto, a Sedam não ouviu nem a Funai nem a população indígena atingida. Além disto, não se estabeleceu as medidas mitigadoras e as soluções técnicas aos problemas que podem surgir naquela terra indígena, que é cortada pelo rio Jamari. A Sedam também não cobrou do empreendedor o inventário das famílias ribeirinhas que serão afetadas pelas usinas e não se sabe sequer quantas são. Outro problema é que há notícias de que pelo menos um sítio arqueológico será atingido e não há projeto de salvamento e monitoramento arqueológico aprovado pelo Instituto do Patrimônio Histórico e Artístico Nacional (IPHAN). Entretanto, os MPs informam que o empreendedor já começou a fazer escavações e remover o solo, "evidenciando o total descaso com o patrimônio da União". *(MPF/RO, 30/09/2011)*

GRILAGEM E INVASÕES AVANÇAM SOBRE TERRITÓRIO KARITIANA

Desde a década de 90, o povo Karitiana vem cobrando da Funai e dos demais órgãos competentes a demarcação do seu território tradicional, que ficou fora do território atual - na margem direita do Rio Candeias. Nesta luta, o território tradicional, que está cercado por fazendas, vem sendo ameaçado pelos grupos econômicos e grandes fazendeiros da região. A grande preocupação do povo é a mobilização dos fazendeiros que invadem o território tradicional desde a década de 90. Um grupo de políticos do Estado de Rondônia, aliados dos fazendeiros, organiza uma Audiência Pública e enviará uma delegação a Brasília para se contrapor aos direitos garantidos constitucionalmente aos povos indígenas. *(Cimi, 11/10/2011)*

JUIZ FECHA MADEIREIRAS QUE DEVASTAM TRÊS TIS

O MPF em Ji-Paraná conseguiu na Justiça o fechamento de nove madeireiras que extraíam ilegalmente grandes quantidades de madeiras nobres de três terras indígenas. A decisão refere-se às madeireiras instaladas em Boa Vista do Pacarana, no município de Espigão D'Oeste. Para o MPF, o distrito é o principal foco deste tipo de ação criminosa em Rondônia e está encravado no entorno das terras indígenas Sete de Setembro; Roosevelt; Zoró. Estas três terras indígenas são os únicos locais onde ainda há madeiras nobres em um raio de mais de 100 quilômetros de onde estão as madeireiras. *(MPF, 29/11/2011)*

OPERAÇÃO NA TI KARIPUNA FLAGRA EXTRAÇÃO DE MADEIRA

A Operação Karipuna, da Funai, encontrou nos primeiros três dias de fiscalização várias irregularidades na Terra Indígena Karipuna. Durante a operação ninguém foi preso, mas foram identificados vários focos de queimada a apenas um quilômetro da reserva, além de restos de acampamentos, clareiras e madeiras abandonadas a até oito quilômetros dentro da Reserva Karipuna. As áreas mais afetadas pelos invasores são as regiões ao sul, próximas a Porto Velho e Nova Mamoré, entre os distritos de União Bandeirantes e Nova Dimensão,

ACONTECEU

onde os fiscais encontraram invasão de terras, retirada ilegal de madeira, estradas na mata e queimadas. *(G1, 21/08/2012)*

DOIS ÍNDIOS SÃO ELEITOS VEREADORES

Esta é a primeira vez que índios vão ocupar duas das 11 cadeiras na Câmara de Vereadores no estado. Roberto Oro Win, do PSB, foi o candidato que mais recebeu votos, somando 569. O indígena mora e trabalha como agente de saúde na aldeia São Luiz - Rio Negro Ocaia. Arão Wao Hara Ororamxijein, do PTB, recebeu 552 votos, sendo o terceiro mais votado. Ele é da aldeia Laje Novo, localizada no Ramal Bom Sossego, próximo a Guajará-Mirim e trabalha como professor. *(G1, 09/10/2012)*

GUARASUGWE: MAIS UM POVO A SER RECONHECIDO

O povo Guarasugwe, ao contrário da extinção selada pelos órgãos oficiais, existe. Assim como dezenas de outros povos indígenas que mergulharam no silêncio epistêmico para não serem massacrados, os Guarasugwe emergem como o mais recente povo indígena resistente de Rondônia a exigir reconhecimento. Mesmo mantendo a identidade no anonimato, os Guarasugwe conservaram a língua materna, de tronco Tupi e usada no dia a dia, e agora estão cada vez mais seguros para mostrá-la aos demais povos indígenas e para a sociedade envolvente. Na cidade são considerados por alguns como índios bolivianos, mas é a partir de um levantamento linguístico realizado por Henri Ramirez, professor da Universidade Federal de Rondônia, que encontrou o casal José Frey Leite e sua esposa, atuais moradores de Pimenteiras (RO), que se comprova o contrário: são índios brasileiros que falam a língua pertencente ao povo Guarasugwe. No levantamento linguístico, realizado em 2007, o pesquisador constata que o casal fala perfeitamente a língua Guarasugwe. José Frey Leite nasceu em Riozinho, município de Pimenteiras, e é filho de Miguel Capitão e neto de Hierônimo Leite, antigo chefe dos Guarasugwe de Riozinho, território tradicional do povo Guarasugwe, atualmente invadido por fazendas. *(Cimi, 20/12/2012)*

PREFEITURAS DEVEM PRESTAR CONTAS SOBRE RECURSOS DA SAÚDE INDÍGENA

O MPF em Rondônia fez três recomendações aos municípios que recebem da União o Incentivo de Atenção Básica aos Povos Indígenas (IAB-PI), Guajará-Mirim, Porto Velho, Ji-Paraná, Vilhena, Cacoal e Alta Floresta, para que apresentem a prestação de contas do recurso enviado a cada município e destinado à saúde das populações indígenas. Também orienta que sejam elaborados planos de aplicação dos saldos remanescentes do IAB-PI, que constam em poder dos municípios. Os recursos remanescentes estão em caixa desde 2010. *(MPF, 13/12/2012)*

RONDÔNIA TEM 16 INQUÉRITOS CIVIS PÚBLICOS SOBRE TIS

O MPF possui 16 inquéritos civis públicos sobre questões relativas a áreas pleiteadas pelos indígenas e ainda não demarcadas, pretensões de revisões territoriais e invasões em territórios tradicionalmente ocupados. Cinco inquéritos tratam de pedidos de demarcação de terras feitos pelas etnias Wajuru, Aikanã, Djeoromitxi (Jabuti), Cujubim, Puruborá e Migueleno. Um outro trata do direito de uso, pelos índios Cassupá-Salamãi, de área na BR-364. O MPF também acompanha cinco pedidos de revisão de demarcação feitos pelos povos Karitiana, Kaxarari, Kwazá, Gavião e das etnias da terra indígena Tubarão Latundê. Para melhor proteção de seus territórios, os indígenas pedem que a Funai coloque placas informativas e faça outros procedimentos de identificação dos limites das demarcações. Quatro inquéritos civis públicos tratam deste assunto e são relativos às terras indígenas Tubarão Latundê (povos Aikanã, Canoé, Salamãi, Latundê e Sabanê), Sete de Setembro, Cinta Larga e Rio Negro Ocaia. Um inquérito trata especificamente da violação do cemitério indígena Wayoró, no distrito de Porto Rolim de Moura do Guaporé, no município de Alta Floresta D'Oeste. *(MPF, 18/04/2013)*

SURUÍ E CINTA-LARGA SOFREM COM PRECARIEDADE NA SAÚDE

Doenças que poderiam ser prevenidas e tratadas, como sarampo e tuberculose, ainda estão presentes nas terras dos suruí e cinta-larga. Em boa parte das aldeias, falta saneamento básico. Os índios argumentam que nos postos de saúde faltam medicamentos e que é precária a assistência prestada pela Sesai. A técnica de enfermagem do posto de saúde da aldeia, Luana Sousa Moraes explica que os índios também sofrem com doenças virais como gripe e pneumonia. Mas que a tuberculose é a que mais preocupa. Vizinhos dos suruí, os índios cinta-larga sofrem com a incidência de diabetes. A doença, antes inexistente entre os índios vem crescendo em função da mudança nos hábitos alimentares, em especial o consumo excessivo de alimentos à base de açúcar. *(Luciano Nascimento, Agência Brasil, 19/04/2013)*

PURUBORÁ REIVINDICAM TERRA

Um projeto para impedir o desaparecimento de uma língua indígena contribuiu para reunir os membros de uma etnia brasileira que se achava extinta há várias décadas. Entre os sobreviventes de uma etnia que o próprio Governo considerava como desaparecida desde a década de 1940 só restam quatro anciãos que ainda lembram a língua puruborá. O projeto para preservar a ameaçada língua, liderado pelo Museu Paraense Emílio Goeldi, não só conseguiu deixar registradas, em gravações de áudio e vídeo, conversas destes anciãos, mas também editar um vocabulário básico e montar uma escola para alfabetizar os demais membros do grupo. *(Agência EFE, 27/04/2013)*

GOVERNO ENTREGA LICENÇA DE PISCICULTURA AOS AMONDAWA

A Associação do Povo Indígena Amondawa, município de Mirante da Serra, será a primeira instituição indígena de Rondônia a receber licença de piscicultura da Secretaria de Estado do Desenvolvimento Ambiental (Sedam). O governador Confúcio Moura vai pessoalmente entregar ao povo indígena a licença ambiental da atividade de piscicultura, que vai beneficiar 30 famílias. Os Amondawa estão recebendo licença de operação para uma área de 3,4873 hectares de lâmina de água, podendo ser ampliada para 4,99 hectares, onde produzirá uma media de 10 toneladas de pescado por hectare, produzindo assim 50 tonelada/ano. *(Portal do Governo/RO, 18/10/2013)*

INDÍGENAS DECLARAM GUERRA À USINA TABAJARA

A quarta hidrelétrica na bacia do rio Madeira, prevista no PAC 2 para iniciar as obras no ano que vem e atualmente em licenciamento ambiental, segundo a assessoria da Aneel, é alvo de uma declaração de guerra de populações indígenas de Rondônia. Em encontro realizado no fim de outubro, em Humaitá, lideranças do Movimento Indígena Morogita-Kawahiva do Sul do Amazonas e Rondônia prepararam uma carta direcionada ao governo federal sobre sua insatisfação na construção de mais uma hidrelétrica. De acordo com o documento final, há uma margem de erro de até 20% nas estimativas de alagamento a ser causado pela barragem, o que poderia invadir a TIs Tenharim-Marmelo e outras próximas. Pelo menos 20 etnias estiveram presentes ao encontro, que foi organizado pela Organização dos Povos indígenas do Alto Madeira, da qual fazem parte os povos indígenas Tenharim, Parintintim, Mura, Torá, Pirahã, Apurinã e Miranha. Também contou com a participação de representantes dos povos Munduruku (PA), Zoró, Arara, Gavião e Karitiana (RO). *(L. Albuquerque, Amazônia Real, 25/11/2013)*

DILMA DEFENDE ESTRADA NOS LIMITES DA RESERVA KARIPUNA

A decisão da presidente Dilma Rousseff de intervir judicialmente na abertura da rodovia BR-421, na fronteira de Rondônia com a Bolívia, na quarta-feira (12) acirrou os ânimos da população do município de Guajará-Mirim. Segundo o MPF, a rodovia cortará uma unidade de conservação estadual, que fica nos limites da reserva Karipuna, onde vivem índios isolados. *(K. Brasil, Amazônia Real, 14/03/2014)*

RESPONSABILIDADES DE JIRAU COM ÍNDIOS É INVESTIGADA

O motivo da ação do MPF é que as TIs Karipuna, Ribeirão, Lage, Pakaa-Nova, Karitiana e Uru Eu Wau Wau estão na área de impacto da UHE de Jirau, conforme Estudos de Impactos Ambiental apresentados. Foi levada em conta as diversas reclamações relacionadas à demora na execução das medidas compensatórias pela construção da usina, apresentadas por indígenas das aldeias Alto Jamari, Jamari, 623, 621, Alto Jaru, Nova e Trincheira, localizadas na Terra Indígena Uru Eu Wau Wau. *(Jornal Rondônia VIP, 25/04/2014)*

RETIRADA ILEGAL DE MADEIRA EM TIS

Policiais federais participam de uma operação de combate à exploração ilegal de madeira em duas áreas indígenas do noroeste de Mato Grosso. A Operação Kalupsis (do grego acobertar, encobrir) também conta com a participação do Ibama. Durante a apuração, PF e Ibama identificaram que a madeira vinha sendo ilegalmente cortada e retirada do interior de duas áreas indígenas (Arara Rio Branco e Aripuanã). A operação criminosa era acobertada mediante a transferência de créditos florestais fictícios e fraudulentos. *(Jornal do Brasil, 12/05/2014)*

TAC PREVÊ CRIAÇÃO DE RESERVA PARA TERENA EM RONDÔNIA

O MPF de Vilhena firmou um TAC entre os indígenas Terena, Exército, Funai e Superintendência do Patrimônio da União (SPU). O termo estabelece que a SPU deverá ceder os lotes 42 e 43 do Setor Tenente Marques (Gleba Iquê) aos indígenas para criação de uma reserva no local. *(L. Sena, G1, 27/07/2014)*

INDÍGENAS DE GUAJARÁ-MIRIM RECEBERÃO AULAS VIA SATÉLITE

As aldeias Ricardo Franco, Sotério, Rio Negro Ocaia, Tanajura e Lage Novo, do município de Guajará-Mirim (RO), receberão, a partir de março deste ano, as primeiras aulas via satélite para indígenas cursarem o ensino médio. Segundo a coordenadoria de educação do município, o projeto solucionará a falta de professores em aldeias distantes. Para acompanhar as aulas, os alunos receberão kit's pedagógicos e material didático. O sistema via satélite contará também com um monitor da aldeia participando das transmissões. *(G1, 27/01/2015)*

SAFRA DE CASTANHA COM CERTIFICAÇÃO ORGÂNICA

O índio Catarino Gavião, 70 anos, ergueu nos ombros o saco de castanhas-do-brasil pesando 20 quilos, carregando-o por cinco minutos diante da mesa formada pelo vice-governador, Daniel Pereira, e procuradores da República, no auditório do Palácio Presidente Vargas, em Porto Velho. Esse gesto marcou a apresentação da safra indígena do Corredor Etnoambiental Tupi-Mondé com certificação orgânica. Incentivado pelo Projeto Pacto das Águas, os índios colhem, em média, 350 a 500 toneladas de castanha por ano. O corredor estende-se da Bacia do Juruena à região do rio Roosevelt. Em Rondônia, o projeto chegou às TIs do Igarapé Lourdes e Rio Branco. *(Governo do Estado de Rondônia, 20/03/2015)*

RONDÔNIA FAZ 1º CONCURSO PARA PROFESSOR INDÍGENA

O primeiro concurso para professores indígenas de Rondônia será realizado pela Fundação Carlos Augusto Bittencourt para preencher o quadro de profissionais do Governo. O edital público foi lançado em 22 de maio e oferece 130 vagas para cargo efetivo de professor indígena. Os aprovados darão aulas em escolas indígenas da rede estadual de ensino. *(MPF/RO, 03/06/2015)*

ENCONTRO DEBATE CRIAÇÃO DE ASSOCIAÇÃO DE MULHERES INDÍGENAS

Mulheres indígenas promoveram um encontro para debater a conquista de espaço delas na sociedade. Cerca de 80 índias, representando as 54 etnias de Rondônia, participaram do encontro. Entre os temas em debate estava a criação de uma associação que represente as mulheres indígenas rondonienses. *(G1, 30/09/2015)*

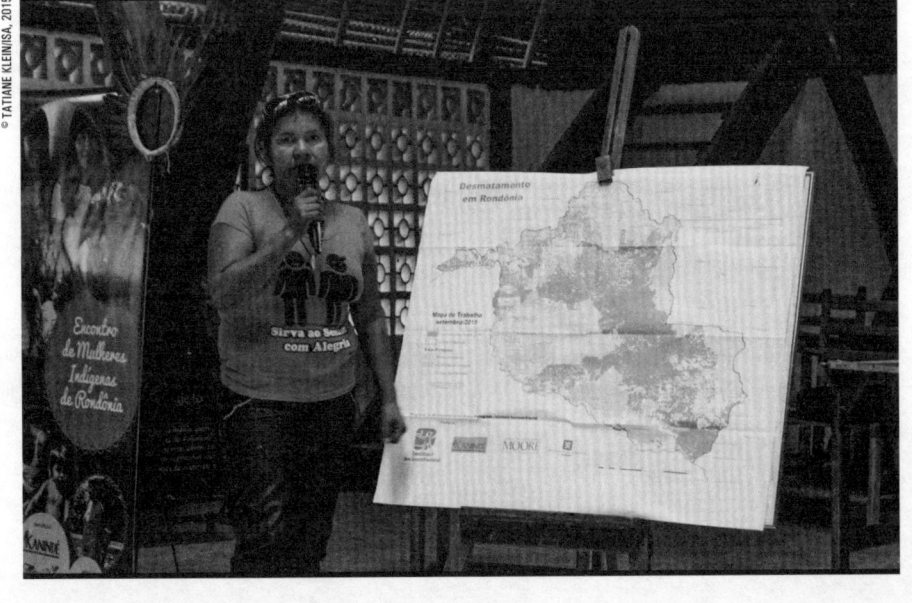

Elenisa Tupari, da coordenação da Associação das Guerreiras Indígenas de Rondônia (AGIR), fala sobre as ameaças às TIs na região de Guarajá Mirim, durante Encontro de Mulheres Indígenas de Rondônia, em Cacoal (RO). A AGIR foi criada no encontro, do qual participaram cerca de 50 mulheres indígenas.

AUTORIDADES VEEM IMPACTO DO GARIMPO NA TI ROOSEVELT

Autoridades federais e estaduais formaram uma comitiva para, nesta sexta-feira (23), visitar as terras do povo Cinta Larga, em Espigão D'Oeste. O objetivo é observar *in loco*, na reserva Roosevelt, a situação dos índios e o impacto do garimpo de diamantes na comunidade indígena. Participam da comitiva o governador do Estado, Confúcio Moura, o vice-governador, Daniel Pereira, os senadores Valdir Raupp e Acir Gurgacz, o presidente da Assembleia Legislativa, Maurão de Carvalho, deputados federais e estaduais, membros do Poder Judiciário, do Ministério Público e várias outras autoridades administrativas e representantes da sociedade e da imprensa. *(G1, 23/10/2015)*

OCUPAÇÃO TRADICIONAL DEVE SER RECONHECIDA EM CASO DE REMOÇÃO VIOLENTA

O procurador-geral da República, Rodrigo Janot, é favorável à repercussão geral do reconhecimento de área como de ocupação tradicional quando os indígenas foram removidos do local por atos de violência. O parecer no Recurso Extraordinário com Agravo 782.156/MT, enviado ao STF, reforça que a remoção de índios de suas terras por atos de violência "caracterizadores de esbulho não configura óbice ao reconhecimento do caráter permanente da posse indígena". O recurso foi impetrado pela União e pela Funai, que pede a repercussão geral do tema em ação movida por ex-proprietários de terra anexada à Área Indígena Aripuanã, em Mato Grosso. *(PGR, 03/11/2015)*

SURUÍ

LIDERANÇA SURUÍ DENUNCIA AMEAÇA DE MORTE EM BRASÍLIA

O líder indígena Almir Suruí denunciou durante reunião com representantes da Secretaria de Direitos Humanos e do Ministério do Meio Ambiente que vem sendo ameaçado de morte. O indígena questionou quais medidas serão tomadas pela Secretaria dos Direitos Humanos para sua proteção. Segundo Almir o caso não é recente. Faz dois anos que ele realizou uma reunião com vários órgãos do governo com o mesmo intuito: pedir medidas de segurança para garantir sua vida e de seu povo. No entanto, o cenário atual é de grande violência. "Sempre lidei com as ameaças de grupos que querem utilizar a floresta de maneira errada na nossa região, mas agora estou ainda mais preocupado, pois nas últimas semanas líderes do Povo Paiter Suruí também foram ameaçados", disse Almir Suruí. *(A Crítica (AM), 15/06/2011)*

SURUÍ VENDERÃO CARBONO COM SELO VERDE

Os Paiter Suruí, de Rondônia, receberam duas certificações internacionais que lhes permitirão fechar contratos para gerar créditos de carbono pelo desmatamento que evitarem em seu território. O projeto explora o chamado Redd (Redução de Emissões por Desmatamento), mecanismo que visa compensar financeiramente a manutenção de florestas tropicais, mitigando o gás carbônico que causa o aquecimento global.

O líder Almir Narayamoga Suruí, estima que o negócio possa gerar de R$ 2 milhões a R$ 4 milhões por ano até 2038. O dinheiro será aplicado em uma espécie de "fundo soberano" para alavancar atividades econômicas sustentáveis, como o turismo e a produção agrícola nas terras já desmatadas. O Projeto de Carbono Florestal Suruí, fruto de quatro anos de negociação, é o primeiro esquema indígena de Redd a receber os selos VCS (Verified Carbon Standard) e CCB (Climate, Community and Biodiversity). A validação do projeto ocorre no momento em que o Redd em TIs anda na berlinda no país. A Funai e a Advocacia-Geral da União investigam 30 contratos de compra de créditos de carbono fechados por aventureiros com índios Amazônia afora. Um deles, entre a empresa irlandesa Celestial Green e os líderes mundurucus, do Pará, proíbe a tribo de usar a própria terra. O único projeto apoiado pelo órgão é o dos suruís -porque a etnia resolveu esperar a validação antes de assinar contratos. *(C. Angelo, FSP, 09/04/2012)*

CONFLITO ENTRE PAITER E MADEIREIROS SE AGRAVA

O conflito entre indígenas paiter suruí e madeireiros da região de Cacoal agravou-se na madrugada desta quarta-feira (1). Tratores, caminhões, motocicletas e armas de fogo dos madeireiros foram incendiados no território indígena Sete de Setembro e os empresários acusam a comunidade indígena como responsável pela ação. Almir Suruí, líder do povo paiter suruí, esteve nas sedes do MPF e da Polícia Federal, em Ji-Paraná para entregar uma carta e informar sobre a situação do conflito. Em todo o percurso, foi escoltado pela Força Nacional, para garantir sua segurança. Segundo Almir o incêndio não foi causado pelo povo indígena. A carta pede, com urgência, proteção ao seu povo e a retirada dos madeireiros do território. Os madeireiros, segundo Almir Suruí, invadiram há três meses o território indígena e ameaçaram cerca de 1,3 mil índios. *(G1, 01/08/2012)*

LÍDER INDÍGENA GANHA PRÊMIO "HERÓI DA FLORESTA" DA ONU

Almir Suruí, líder indígena de Rondônia, é um dos vencedores do prêmio "Herói da Floresta" este ano. O título é concedido pelas Nações Unidas. A cerimônia oficial de entrega estava prevista para acontecer na noite desta quarta-feira (10) em Istambul (hora local), onde acontece o Fórum sobre Florestas da ONU, que congrega representantes de 197 país. Almir é o vencedor pela América Latina e o Caribe. *(G1, 10/04/2013)*

PRIMEIRA VENDA DE CARBONO CERTIFICADO EM TI

A tribo paiter-suruí, anunciou ontem a venda do primeiro lote de créditos de carbono certificado em território indígena. Feito de acordo com o mecanismo Redd, o Projeto de Carbono Florestal Suruí é o primeiro programa indígena a obter certificações internacionais VCS (Verified Carbon Standard) e CCB (Climate, Community and Biodiversity Standard). A primeira empresa a fechar negócio com os suruís é a Natura, que comprou 120 mil toneladas de carbono por R$ 1,2 milhão, de acordo com o líder Almir Suruí. Para a realização do projeto, foi feito um inventário do carbono estocado na floresta e uma estimativa de quanto seria perdido caso o desmate da área continuasse. *(FSP, 11/09/2013)*

PAITER SURUÍ PEDEM EXTINÇÃO DE PROJETO DE CARBONO

Uma declaração de lideranças das comunidades Paiter Suruí, na qual pedem a extinção do projeto de Redução de Emissões por Desmatamento e Degradação Florestal "plus" (REDD+) em suas terras pode ser um marco decisivo nas discussões acerca de projetos de sequestro de carbono e serviços ambientais em terras indígenas. O Projeto Suruí Carbono até então foi apresentado internacionalmente pelas organizações e empresas envolvidas como exemplo pioneiro, que poderia servir para a implementação de projetos similares em outras comunidades indígenas. Uma entrevista publicada pela *Revista Porantim* com o cacique Henrique Iabaday Suruí em dezembro do ano passado, assim como a declaração supracitada começam revelar o outro lado da história, mostrando graves impactos e efeitos desestruturantes do projeto sobre as comunidades. Levanta-se mais uma vez a questão, até que grau os programas de REDD e serviços ambientais não são soluções inadequadas para os problemas de comunidades indígenas em geral. *(Blog do Altino Machado, 12/01/2015)*

UNIÃO E ESTADO DEVEM ATENDER INDÍGENAS PELO SUS

O MPF em Ji-Paraná obteve sentença favorável na Justiça Federal que obriga a União e o Estado de Rondônia a realizarem, no prazo de 10 dias, exames de endoscopia, ultrassonografia e cirurgia para correção de catarata em indígenas da etnia Paiter Suruí. O MPF ingressou com ação civil pública após receber diversas reclamações sobre a insuficiência dos serviços prestados pela Casai - polo-base de Cacoal. *(MPF/RO, 31/03/2015)*

ÍNDIOS DO XINGU FAZEM INTERCÂMBIO COM SURUÍ

Lideranças indígenas de aproximadamente 12 etnias do Xingu participam de intercâmbio territorial com os Paiter Surui. Conforme os organizadores, o encontro tem por objetivo fortalecer a articulação entre os povos indígenas e promover a troca de conhecimentos sobre as estratégias de gestão territorial e ambiental de cada povo. De acordo com Dairir Waura, presidente do Instituto de Pesquisas Etno Ambiental do Xingu (Ipeax), o principal motivo da visita ao município é tirar dúvidas sobre o projeto pioneiro de crédito de carbono desenvolvido pelos Paiter Surui, que tem como foco promover a prevenção ambiental e sustentabilidade dos povos. *(G1, 20/07/2015)*

CRIMES AMBIENTAIS NA TI SETE DE SETEMBRO SERÃO INVESTIGADOS

A 6ª Câmara de Coordenação e Revisão do MPF solicitou à Polícia Federal, ao Ibama e à Funai que investigue denúncias de crimes ambientais na Ti Sete de Setembro. O território é ocupado pela etnia Paiter Suruí e é composta por 28 aldeias, espalhadas por um território de 248 mil hectares. Representantes do povo denunciaram ao MPF a ação de madeireiros na exploração ilegal de madeira em grande escala na TI. Indígenas relataram a saída de caminhões, durante a noite e madrugada, com grande quantidade de toras de árvores. *(PGR, 07/08/2015)*

ZORÓ

POVO ZORÓ: ESTRADAS E AMEAÇAS

A Coordenação das Organizações Indígenas da Amazônia Brasileira recebeu uma carta da APIZ - Associação do Povo Indígena Zoró, na qual as lideranças indígenas denunciam a ação madeireira na região de Espigão d'Oeste, bem como a estrada interestadual ligando Rondônia ao Mato Grosso que passa dentro da terra indígena, o que traz muitos problemas. Na ocasião da vigilância da TI Zoró, no dia 14 de janeiro de 2011, a equipe de fiscalização composta por indígenas, servidores da FUNAI e Polícia Militar Ambiental fizeram a apreensão do veículo e o deixaram na Aldeia Ipsyrej. Entretanto, os madeireiros roubaram o trator para continuarem a extração ilegal de madeira dentro da Terra Indígena. A COIAB reforçou o pedido da Associação do Povo Indígena Zoró, exigindo que a FUNAI, em ação conjunta com o Ministério Público, o IBAMA, a Polícia Federal e a Polícia Militar Ambiental, articulem uma reunião com os representantes do povo Zoró, o condomínio de fazendas da região, as empresas de ônibus que utilizam a estrada, bem como os governos de Rondônia e Mato Grosso, com o intuito de se resolver os transtornos que são causados ao povo indígena Zoró. *(Coiab, 12/02/2011)*

APURINÃ, JAMAMADI E PAUMARI CONHECEM TRABALHO DOS ZORÓ COM CASTANHA

A TI Zoró foi palco de um intercâmbio de experiências sobre manejo da castanha-do-Brasil e organização comunitária. O povo Apurinã da TI Caititu vem elaborando, nos últimos três anos, o diagnóstico socioeconômico da produção da castanha, que vai servir de base para a organização coletiva acerca do produto. O intercâmbio serviu como inspiração para a extração da castanha e para as práticas agroecológicas desenvolvidas na terra indígena. Os indígenas aproveitaram para dividir um pouco da vivência de cada povo nos usos dos recursos da floresta. Os Paumari demonstraram como fazem a coleta do cacho de açaí e os Apurinã mostraram como o povo faz o 'panaco', uma espécie de bolsa trançada com palha, usada para o transporte da própria castanha, mandioca, e outros. No último dia, todos foram ao município de Ji-Paraná para conhecer a estrutura da Associação do Povo Indígena Zoró (APIZ), onde eles fazem o armazenamento e o beneficiamento da castanha que vai ser comercializada. *(OPAN, 15/08/2014)*

CINTA LARGA

AÇÕES TENTAM IMPEDIR GARIMPO ENTRE OS CINTA LARGA

Desde 2004 foram ajuizadas dez ações civis públicas em favor do povo Cinta Larga, todas com o objetivo de defender a comunidade indígena, bem como, direta ou indiretamente, impedir o garimpo ilegal de diamantes. São várias as pretensões formuladas nestas ações, dentre as quais a lotação de um procurador federal em Cacoal para atender somente os indígenas; determinação ao governo federal para que venda os diamantes extraídos da terra indígena e invista o recurso junto ao povo Cinta Larga; afastamento de servidores da Funai envolvidos na exploração ilegal de diamantes, entre outras. Além das ações civis, várias outras providências foram adotadas no mesmo período, envolvendo ofícios expedidos, recomendações, reuniões, manifestações judiciais, juntada de documentos, despachos em inquéritos civis etc. Ao todo, foram 2638 providências, contemplando diversas áreas (Educação, Saúde, Combate à Exploração de Diamantes etc.). Na área da educação, o destaque é o acompanhamento da criação e implementação do território etnoeducacional Cinta Larga, o primeiro em Rondônia e o quarto do país, que tem por objetivo articular diversos órgãos públicos para o atendimento mais uniforme da educação escolar indígena. *(MPF, 19/04/2011)*

CINTA LARGA DIABÉTICOS

Os profissionais da área de saúde indígena, responsáveis pelas áreas de Cacoal, Pimenta Bueno e Espigão do Oeste têm se preocupado com o aumento do número de diabéticos nas aldeias cinta larga. Do total de indígenas atendidos nas 14 aldeias da região, cerca de 1,1 mil, pelo menos 25 apresentam o quadro da doença. Para a enfermeira da Sesai, Angélica de Souza Costa, o motivo da alta incidência, além da questão genética, é também a alimentação, e vem preocupando a todos. *(G1, 28/09/2012)*

CINTA LARGA FECHAM GARIMPO NO PARQUE DO ARIPUANÃ

No dia 11 de maio, indígenas do povo Cinta Larga fecharam, com o apoio da Funai, o garimpo laje, também conhecido como "garimpo do Roosevelt". A ação foi desenvolvida de maneira pacífica, sem confronto e sem a participação de forças policiais. Os indígenas, acompanhados pelos servidores da Funai, ocuparam o local do garimpo e determinaram que todos os garimpeiros se retirassem da terra indígena. No início deste ano, o povo Cinta Larga retomou o diálogo com a Funai no intuito de paralisar as atividades de mineração no interior da sua terra e retomar as atividades do Projeto Laje, rebatizado com nome de Projeto Assepnuún, em referência a um antigo guerreiro Cinta Larga. *(Funai, 17/06/2013)*

PGR AJUÍZA AÇÃO PARA VETAR MINERAÇÃO EM TI

O procurador-geral da República, Rodrigo Janot, ajuizou no Supremo Tribunal Federal Ação Cautelar (AC 3686) com o objetivo de manter decisão da Justiça Federal que determinou ao DNPM que cancele todas as autorizações de lavra ou de pesquisa mineral realizada na área habitada pelos indígenas Cinta Larga e no seu entorno. Conforme os autos, existem "sérios conflitos" entre índios, garimpeiros e mineradoras que atuam na região. A relatora da ação é a ministra Cármen Lúcia. *(STF, 04/08/2014)*

STJ MANTÉM VETO À MINERAÇÃO EM TERRAS CINTA LARGA

A 1ª Turma do Superior Tribunal de Justiça (STJ) confirmou decisão que impede a mineração nas terras dos Cinta Larga e em seu entorno. Ainda há um recurso sobre o caso para ser julgado no STJ, mas até lá deverá prevalecer acórdão do Tribunal Regional Federal da 1ª Região que considerou prejudicial a presença dos mineradores. *(Justiça em Foco, 24/03/2015)*

... E AGU IMPEDE CANCELAMENTO NO ENTORNO

A Advocacia-Geral da União (AGU) impediu, na Justiça, cancelamento de autorizações de lavra ou de pesquisa mineral nas áreas próximas às reservas indígenas Roosevelt, Aripuanã, Parque do Aripuanã e Serra Morena, habitadas pelos indígenas Cinta-Larga. Com a decisão, os procuradores afastaram liminar do Ministério Público Federal (MPF) que tentava suspender a atividade em um raio de 10 km em volta das terras. As unidades da AGU pediram a suspensão da decisão com urgência para evitar grave dano à exploração na área ao redor do Território Indígena (TI), que totaliza mais de 896 mil hectares. *(AGU, 10/01/2014)*

INVESTIGADOS PELA LAVA JATO FINANCIAVAM GARIMPO ILEGAL

A Polícia Federal deflagrou nesta terça-feira, 8, a operação Crátons, primeira oriunda de compartilhamento de informações da Lava Jato. Os investigadores descobriram uma rede de financiamento da extração ilegal de diamantes no chamado "garimpo Lage" (antigo Roosevelt) localizado na reserva indígena Parque do Aripuanã, dos índios cinta larga, que planejava investir R$ 1 milhão e estimava faturar R$ 6 milhões a cada 90 dias. Os dois nomes que ligam a Lava Jato ao esquema de extração ilegal de diamantes são o do doleiro Carlos Habib Chater, preso desde março de 2014 acusado de lavar dinheiro desviado da Petrobrás; e o do advogado Raul Canal, chefe do Raul Canal & Advogados Associados, com sede em Brasília e representação em vários Estados. A PF também identificou a participação de uma cooperativa e uma associação indígena na extração ilegal das pedras preciosas. Caciques cinta larga foram presos pela Operação. *(OESP, 09/12/2015)*

KASSUPÁ E SALAMÃI

KASSUPÁ E SALAMÃI REALIZAM ASSEMBLEIA GERAL

O eixo central do encontro foi a regularização da terra onde hoje vivem algumas famílias dos povos Cassupá e Salamãi, de propriedade do Ministério da Agricultura. A área localizada no KM 5,5 virou morada dos indígenas quando estes foram transferidos pela Funai para o local, em 1967. O governo federal já reconheceu que parte da terra pertence ao povo Cassupá e outra ao povo Salamãi, faltando agora a demarcação da área e a garantia da permanência dos indígenas no local. Outra questão discutida durante a assembleia foi a demarcação do território tradicional desses povos, que fica na Cascata, rio Pimenta Bueno e Santa Elina, município de Chupinguaia, ao sul do estado. Foi deste local que três famílias foram transferidas pela Funai em 1967, permanecendo um grupo maior ainda na área. *(Cimi, 22/06/2011)*

KASSUPÁ E SALAMÃI RECEBERÃO COMPENSAÇÕES DA UHE SANTO ANTÔNIO

Os kassupás e salamãis foram incluídos nas ações de mitigação e compensação a serem promovidas pelo consórcio Santo Antônio Energia S/A, que constrói a UHE Santo Antônio, no rio Madeira, em Porto Velho (RO). O povo Kassupá estava incluído no termo de referência feito pela Funai, não tendo ficado, contudo, expressa a referência à comunidade Kassupá e Salamãi localizada na BR-364 referida, o que ocasionou que não constassem explicitamente no programa de proteção aos povos indígenas da hidrelétrica. O MPF/RO fez contato com a Funai, que confirmou que os Kassupá e Salamãi estão na área de influência do Complexo Hidrelétrico do Rio Madeira e, portanto, devem receber mitigações e compensações dos empreendedores. *(MPF, 06/09/2011)*

ISOLADOS

MPF/MT REQUER DEMARCAÇÃO DE TI PIRIPKURA

Toda a documentação histórica já produzida anota que os Piripkura deslocam-se no interior de um território bem definido e os limites da terra indígena atualmente ocupada, correspondem apenas a uma parcela do território tradicional. No julgamento do mérito da ação, o MPF quer que seja determinada à Funai e à União que concluam o processo administrativo de demarcação e delimitação das terras dentro dos prazos legais. De acordo com a Nota Técnica da Funai nº 285/2010, por ainda não ter sido demarcada, a terra dos Piripkura tem sofrido grandes impactos, com a instalação de pastos e a abertura de estradas que facilitam a movimentação de ocupantes não indígenas e a manutenção de suas atividades econômicas. Essa ocupação acelerada no entorno da terra, propiciada pela abertura das estradas, poderá ocasionar um isolamento geográfico da área, fazendo com que fique circundada por pastagens e suscetíveis a impactos ambientais negativos, como queimadas, impedimento de fluxo de fauna e facilidade de invasão. Segundo os procuradores da República Mário Lúcio Avelar e Marcia Brandão Zollinger, o Poder Público está sendo omisso ao não finalizar o processo de demarcação da Terra Indígena Piripkura e, assim, permite que os indígenas isolados dessa etnia, que não têm contato com a sociedade nacional, sofram com as ameaças a sua sobrevivência trazidas pelas frentes de expansão econômica. *(MPF, 25/04/2013)*

KARITIANA DENUNCIAM AÇÃO DE MADEIREIROS CONTRA ISOLADOS

Três indígenas do povo Karitiana colhiam castanhas nas proximidades da aldeia quando se depararam com os isolados. Conforme relatos, era um grupo composto por cinco indígenas e não se sabe ao certo se o grupo é ainda maior. Os Karitiana temem que a área de perambulação dos isolados, longe das comunidades de indígenas já contatados, esteja sofrendo um processo de invasão pela ação truculenta de madeireiros, expondo os isolados a ondas de violência e os pressionando para perto da aldeia Karitiana. *(Cimi, 20/12/2012)*

Paresí
Rikbaktsa
Umutina
Isolados

12. Oeste do Mato Grosso

12. OESTE DO MATO GROSSO

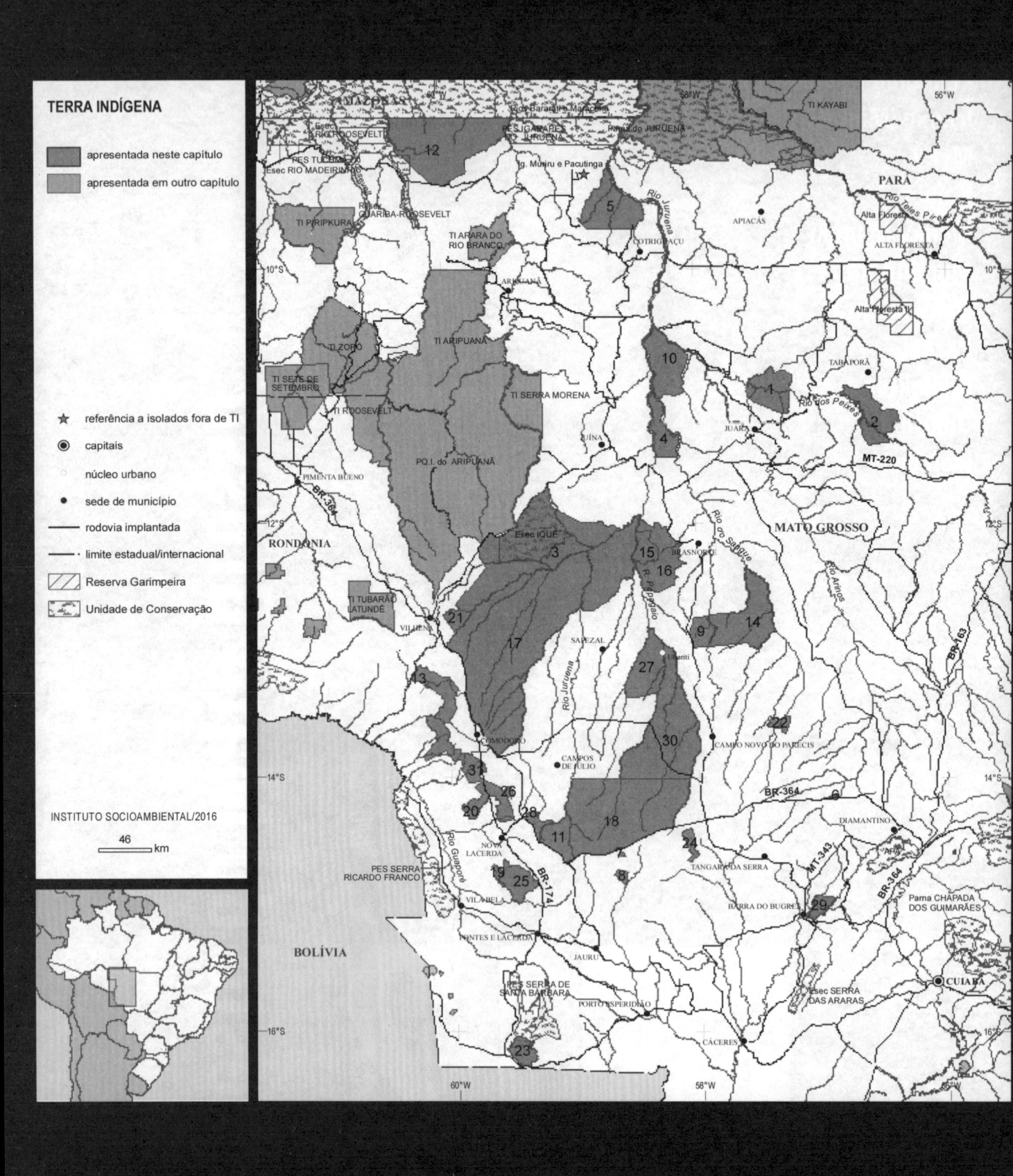

OESTE DO MATO GROSSO
Terras Indígenas
Instituto Socioambiental - 14/02/2017

Nº Mapa	Terra Indígena	Povo	População (nº, fonte, ano)	Situação Jurídica	Extensão (ha)	Município	UF
1	Apiaká-Kayabi	Apiaká, Kaiabi, Munduruku	885 - Siasi/Sesai : 2014	HOMOLOGADA. REG CRI E SPU. Decreto 394 de 24/12/1991 publicado em 26/12/1991. Reg. CRI no município de Juara e comarca de Porto dos Gaúchos (109.245 ha) Matr. 3428 Liv 2-RG, Fl 1V/2 em 19/08/88. Reg. SPU Certidão n. 19 em 24/11/88.	109.245	Juara	MT
2	Batelão	Kaiabi	150 - GT/Funai : 2001	Declarada. Portaria 2.136 de 14/12/2007 publicado em 17/12/2007.	117.050	Juara, Nova Canaã do Norte, Tabaporã	MT
3	Enawenê Nawê	Enawenê-nawê	737 - Siasi/Sesai : 2014	HOMOLOGADA. REG CRI E SPU. Decreto s/n de 02/10/1996 publicado em 04/10/1996. Reg. CRI no município de Juína, comarca de Cuiabá (390.706 ha) Matr. 53.945 .Liv.2-IQ, Fl 21/V em 18/11/96. Reg. CRI no município de Comodoro, comarca de Pontes e Lacerda (135.378 ha) Matr. 11.188, Liv.2-RG, Fl 01/V em 22/11/96. Reg. CRI no município de Campo Novo dos Parecis, comarca de Tangará da Serra (216.003 ha) Matr. 5.135 Liv. 2-RG, Fl 001 em 19/03/98. Reg. SPU Certidão 094 em 03/07/98.	742.088	Comodoro, Juína, Sapezal	MT
4	Erikpatsa	Rikbaktsa	676 - Paca : 2001	HOMOLOGADA. REG CRI E SPU. Decreto 398 de 24/12/1991 publicado em 26/12/1991. Reg. CRI no município e comarca de Diamantino (79.935 ha) Matr.17.609 Liv 2-Fl 01 em 22/02/85. Reg. SPU Certificado s/n em 18/11/87.	79.935	Brasnorte	MT
5	Escondido	Rikbaktsa	45 - Funai : 2002	HOMOLOGADA. REG CRI E SPU. Decreto s/n de 08/09/1998 publicado em 09/09/1998. Reg. CRI no município de Cotriguacu, comarca de Cuiabá (168.938 ha) Matr. 56.626 Lv. 2-JZ Fl. 048 em 15/03/99. Reg. SPU Certidão n. 63 de 21/07/99.	168.938	Cotriguaçu	MT
6	Estação Parecis	Paresí	26 - Siasi/Sesai : 2014	DECLARADA. Portaria 480 de 19/04/2016 publicado em 20/04/2016.	2.170	Diamantino	MT
7	Estivadinho	Paresí	37 - Siasi/Sesai : 2014	HOMOLOGADA. REG CRI E SPU. Decreto s/n de 12/08/1993 publicado em 13/08/1993. Reg. CRI no município e comarca de Tangará da Serra (2.031,9414 ha) Matr. 10.512 Liv. 2-RG Fl 001 em 20/09/93. Reg. SPU Certificado 62 em 19/01/94.	2.032	Tangará da Serra	MT
8	Figueiras	Paresí	21 - Siasi/Sesai : 2014	HOMOLOGADA. REG CRI E SPU. Decreto s/n de 03/07/1995 publicado em 04/07/1995. Reg. CRI no município e comarca de Barra do Bugres (9.858 ha) Matr.16.986, Liv. 2 RG, Fl.01 de 13/11/95. Reg. SPU Cert. n.005 em 13/03/96.	9.858	Barra do Bugres, Tangará da Serra	MT
9	Irantxe	Iranxe Manoki	373 - Siasi/Sesai : 2014	HOMOLOGADA. REG CRI E SPU. Decreto 98.827 de 15/01/1990 publicado em 16/01/1990. Reg. CRI no município e comarca de Diamantino, (45.555 ha) Matr.21.561 Liv 2 Fl. 01V/2 em 04/08/87. Reg. SPU n. 002 em 23/04/90.	45.555	Brasnorte	MT
10	Japuíra	Rikbaktsa	357 - IBGE : 2010	HOMOLOGADA. REG CRI E SPU. Decreto 386 de 24/12/1991 publicado em 26/12/1991. Reg. CRI de São José do Rio Claro, comarca de Diamantino,(152.509 ha) Matr. 25.230 Liv 2-CC Fl. 176 em 12/09/89. Reg. SPU Cert n. 030 em 06/06/94.	152.509	Juara	MT
11	Juininha	Paresí	70 - IBGE : 2010	HOMOLOGADA. REG CRI E SPU. Decreto s/n de 04/10/1993 publicado em 05/10/1993. Reg. CRI no município e comarca de Pontes e Lacerda, (70.537 ha) Matr. 8.783 , Liv 2-RG, Fl 001 em 27/10/93. Reg. SPU Certidão n. 27 de 03/05/94.	70.537	Conquista D'Oeste	MT
12	Kawahiva do Rio Pardo	Isolados do Rio Pardo	- :	DECLARADA. Portaria 481 de 19/04/2016 publicado em 20/04/2016.	411.848	Colniza	MT
13	Lagoa dos Brincos	Nambikwara, Nambikwara Negarotê	65 - Funai : 2002	HOMOLOGADA. REG CRI E SPU. Decreto s/n de 05/01/1996 publicado em 08/01/1996. Reg. CRI no município de V.Bela da Santíssima Trindade e na comarca de Pontes e Lacerda,(1.845 ha) Matr. 10.833, Liv. 2 RG, Fl. 01 em 18/01/96. Reg. SPU Cert.003 de 13/03/96.	1.845	Comodoro	MT
14	Manoki	Iranxe Manoki	250 - GT/Funai : 2000	DECLARADA. Portaria 1.429 de 04/08/2008 publicado em 05/08/2008.	206.445	Brasnorte	MT
15	Menku	Menky Manoki	129 - Bueno, A.C.V. : 2014	HOMOLOGADA. REG CRI E SPU. Decreto 94.013 de 11/02/1987 publicado em 12/02/1987. Reg. CRI no município e comarca de Diamantino,(47.094 ha) Matr. 21.183, Liv. 2, Fl.1 em 22/04/87. Reg. SPU Certif. s/n de 26/08/87.	47.094	Brasnorte	MT
16	Menkü (reestudo)	Menky Manoki	104 - GT Funai : 2012	IDENTIFICADA/APROVADA/FUNAI. SUJEITA A CONTESTAC. Despacho 125 de 18/04/2012 publicado em 19/04/2012.	146.398	Brasnorte	MT
17	Nambiquara	Nambikwara, Nambikwara Halotesu, Nambikwara Kithaulu, Nambikwara Sawentesu, Nambikwara Wakalitesu	476 - IBGE : 2010	HOMOLOGADA. REG CRI E SPU. Decreto 98.814 de 10/01/1990 publicado em 11/01/1990. Reg. CRI no município de Vila Bela da Santíssima Trindade, comarca de Pontes e Lacerda, Matr. 1.517 Liv. 02 -RG, Fl. 01/03 em 10.04.87. Reg. SPU cert. s/n de 28/10/87.	1.011.960	Comodoro	MT
18	Pareci	Paresí	919 - IBGE : 2010	HOMOLOGADA. REG CRI E SPU. Decreto 287 de 29/10/1991 publicado em 30/10/1991. Reg. CRI Matr. 5.014 Liv. 2, Fl. 1V/4V/5 em 20/02/87. Reg. SPU Certif. s/n de 18/05/87.	563.586	Tangará da Serra	MT
19	Paukalirajausu	Nambikwara	117 - Siasi/Sesai : 2014	IDENTIFICADA/APROVADA/FUNAI. SUJEITA A CONTESTAC. Despacho 49 de 27/09/2010 publicado em 28/09/2010.	8.400	Nova Lacerda, Vila Bela da Santíssima Trindade	MT
20	Pequizal	Nambikwara, Nambikwara Erihitaunsu, Nambikwara Alantesu	45 - Funai : 2002	HOMOLOGADA. REG CRI E SPU. Decreto s/n de 05/01/1996 publicado em 08/01/1996. Reg. CRI no município de Vila Bela da Santíssima Trindade, comarca Pontes e Lacerda (9.886 ha) Matr.10.834 Liv. 2 RG, Fl.01 em 18/01/96. Reg. SPU Cert. 004 em 13/03/96.	9.886	Nova Lacerda	MT
21	Pirineus de Souza	Nambikwara, Nambikwara Sabanê, Nambikwara Ilaklore, Nambikwara Idalamare, Nambikwara Mamaindê, Nambikwara Manduka, Nambikwara Tawandê	278 - IBGE : 2010	HOMOLOGADA. REG CRI E SPU. Decreto 89.579 de 24/04/1984 publicado em 25/04/1984. Reg. CRI no município de Vila Bela da Santíssima Trindade, comarca de Cáceres (28.212 ha) Matr. 16.525, Liv. 2-L-3, Fl. 280 em 06/08/84. Reg. SPU Certidão s/n. de 16/05/85.	28.212	Comodoro	MT

OESTE DO MATO GROSSO
Terras Indígenas (continuação)
Instituto Socioambiental - 14/02/2017

Nº Mapa	Terra Indígena	Povo	População (nº, fonte, ano)	Situação Jurídica	Extensão (ha)	Município	UF
22	Ponte de Pedra	Paresí	427 - Siasi/Sesai : 2014	DECLARADA. Portaria 3.078 de 27/09/2010 publicado em 28/09/2010.	17.000	Campo Novo do Parecis Diamantino Nova Maringá	MT
23	Portal do Encantado	Chiquitano	1.046 - IBGE : 2010	DECLARADA. Portaria 2.219 de 30/12/2010 publicado em 31/12/2010.	43.057	Pontes e Lacerda Porto Esperidião Vila Bela da Santíssima Trindade	MT
24	Rio Formoso	Paresí	166 - IBGE : 2010	HOMOLOGADA. REG CRI E SPU. Decreto 391 de 24/12/1991 publicado em 26/12/1991. Reg. CRI no município e comarca de Tangará da Serra (19.749 ha) Matr. 5.970 Liv. 2-RG Fl. 1V/2 em 03/10/88. Reg. SPU Certidão n. 025 em 12/12/88.	19.749	Tangará da Serra	MT
25	Sararé	Nambikwara Nambikwara Katitawlu Nambikwara Qualitsu Nambikwara Kalunhwasu Nambikwara Uaihlatisu Nambikwara Sayulikisu	188 - IBGE : 2010	HOMOLOGADA. REG CRI E SPU. Decreto 91.209 de 29/04/1985 publicado em 30/04/1985. Reg. CRI no município de Pontes e Lacerda comarca de Mirassol d´Oeste (67.419 ha) Matr. 4.220 Liv. 2 Fl. 1 em 19/08/85. Reg. SPU Certidão s/n. em 26/08/87.	67.420	Conquista D'Oeste Nova Lacerda Vila Bela da Santíssima Trindade	MT
26	Taihantesu	Nambikwara Nambikwara Wasusu	77 - Paca : 2001	HOMOLOGADA. REG CRI E SPU. Decreto s/n de 23/05/1996 publicado em 24/05/1996. Reg. CRI no município de Comodoro, comarca de Pontes e Lacerda (5.362 ha) Matr. 11.300 Liv. 2-RG Fl. 01 em 13/02/97. Reg. SPU Cert. n. 70 de 30/10/97.	5.372	Nova Lacerda	MT
27	Tirecatinga	Nambikwara Nambikwara Halotesu Nambikwara Sawentesu Nambikwara Wakalitesu	174 - IBGE : 2010	HOMOLOGADA. REG CRI E SPU. Decreto 291 de 29/10/1991 publicado em 30/10/1991. Reg. CRI no município e comarca de Diamantino, (130.575 ha) Matr. 17.608 Liv. 2 Fl. 01V em 22/02/85. Reg. SPU-MT Certidão s/n de 22/10/87.	130.575	Sapezal	MT
28	Uirapuru	Paresí	28 - Siasi/Sesai : 2014	DECLARADA. Portaria 497 de 20/03/2009 publicado em 23/03/2009.	21.680	Campos de Júlio Nova Lacerda	MT
29	Umutina	Iranxe Manoki Nambikwara Paresí Umutina	489 - Siasi/Sesai : 2013	HOMOLOGADA. REG CRI E SPU. Decreto 98.144 de 14/09/1989. Reg. CRI no município e comarca de Barra dos Bugres,(28.120 ha) Matr. 15.916 Liv. 2-RG Fl. 001 em 26/02/92. Reg. CRI no município de Rosário do Oeste/MT, Matr. 4.021, Liv. 3D, Fl. 270 em 22/04/60. Reg. SPU Certif. n. 002 em 30/01/95.	28.120	Barra do Bugres	MT
30	Utiariti	Paresí	406 - IBGE : 2010	HOMOLOGADA. REG CRI E SPU. Decreto 261 de 29/10/1991 publicado em 30/10/1991. Reg. CRI no município e comarca de Diamantino (412.304 ha) Matr. 17.607 Liv. 2, Fl. 01/02 em 22/02/85. Reg. SPU Certidão s/n de 22/10/87.	412.304	Campo Novo do Parecis Sapezal	MT
31	Vale do Guaporé	Nambikwara Nambikwara Waikisu Nambikwara Negarotê Nambikwara Erihitaunsu Nambikwara Alakatesu Nambikwara Mamaindê Nambikwara Hahaintesu Nambikwara Wasusu Nambikwara Alantesu Nambikwara Hoskokosu	482 - IBGE : 2010	HOMOLOGADA. REG CRI E SPU. Decreto 91.210 de 29/04/1985 publicado em 30/04/1985. Reg. CRI no município de Vila Bela da Santíssima Trindade, comarca Pontes e Lacerda (242.593 ha) Matr. 2.568 Liv. 02 Fl. 1/3V/4 em 07/06/88. Reg. SPU Certif. s/n de 27/10/87.	242.593	Comodoro Nova Lacerda	MT

RIO JURUENA

Barramentos e Transformações Entre os Enawenê-Nawê

Juliana de Almeida | Antropóloga, Núcleo de Estudos da Amazônia Indígena (NEAI), Ufam

A CONSTRUÇÃO DE PCHS NA BACIA DO RIO JURUENA CONTINUA TENDO IMPACTOS AVASSALADORES SOBRE OS ENAWENÊ-NAWÊ. AO BARRAR O RIO, OS NÃO INDÍGENAS FIZERAM DIMINUIR A DISPONIBILIDADE DE PESCADO NO TERRITÓRIO INDÍGENA E, AGORA, OS SERES-ESPÍRITOS EXIGEM DOS ENAWENÊ-NAWÊ NOVOS ESFORÇOS PARA OBTER PEIXES CRIADOS EM CATIVEIROS

A instalação de postos de cobrança de pedágio na Rodovia BR-174 pelo povo Enawenê-Nawê tem sido um assunto bastante controverso e, regionalmente, um sentimento de indignação tem acarretado conflitos entre indígenas e não indígenas. Os Enawenê-Nawê, que hoje somam 671 pessoas (Sesai, 2013), alegam dificuldades para garantir seu modo de vida, sua alimentação e seus rituais diante dos impactos decorrentes da expansão da agroindústria e da instalação de empreendimentos de infraestrutura energética na região. Na sua perspectiva, o pedágio constitui uma reparação dos danos causados pelos não indígenas, uma vez que a ampliação de sua dependência financeira é consequência da deterioração das condições ambientais do seu território e da alienação financeira dos seus recursos alimentares.

Desde 2009, quando uma avassaladora redução dos recursos pesqueiros se abateu sobre a Bacia do Rio Juruena, os Enawenê-Nawê vêm enfrentando um absoluto fracasso em suas pescarias. Este constitui certamente o dilema mais contundente de sua história recente, pois o pescado é um recurso estimado tanto para a alimentação, quanto para a manutenção das relações cosmopolíticas entre os humanos e os seres-espíritos. Os Enawenê-Nawê mantêm uma rigorosa dieta que exclui carnes vermelhas, sendo restrita ao consumo de peixes e de quatro tipos de aves. Por outro lado, no âmbito dos rituais – especialmente do ritual *Iyaõkwa*, seu mais longo e importante cerimonial – o oferecimento de comidas e bebidas e, sobretudo de peixe defumado, constitui o mecanismo por excelência para o apaziguamento e domesticação da fúria dos seres-espíritos, chamados *iyakaliti*.

A redução da oferta pesqueira coincide com a instalação do Complexo Hidrelétrico Juruena, formado por um conjunto de dez pequenas centrais hidrelétricas (PCHs), que somam 263,2 MW de potência instalada e são capitaneadas pelas empresas Maggi Energia S.A. e Juruena Participações e Investimentos S.A. Os próprios laudos técnicos ambientais elaborados como subsídio ao licenciamento destes empreendimentos alertavam para o possível impacto na ictiofauna local, como consequência da instalação de uma dezena de barramentos ao longo de cem quilômetros do Alto Rio Juruena. Somadas a esta previsão, as informações daqueles que vivem na região há séculos deixam poucas margens de dúvida: o pescado vem diminuindo sistematicamente desde a instalação das primeiras usinas de baixa potência.

Apesar desta situação-limite e da insistência dos Enawenê-Nawê, nenhuma investigação aprofundada foi levada a cabo nos últimos anos, tampouco algum estudo técnico independente foi desenvolvido para que se pudesse entender melhor este fenômeno – e pensar formas de contorná-lo. Grande parte dos dados disponíveis se restringe aos monitoramentos realizados pelas empresas responsáveis pelos empreendimentos, algo bastante controverso.

Em meio a estas circunstâncias, em 2010, o ritual *Iyaõkwa* foi registrado pelo Instituto do Patrimônio Histórico e Artístico Nacional (Iphan) como Patrimônio Cultural do Brasil. Em 2011, este ritual foi inserido, pela Unesco, na Lista do Patrimônio Cultural Imaterial em Necessidade de Salvaguarda Urgente.

Como vimos, o *Iyaōkwa* agencia processos socioculturais, políticos e agroecológicos, empenhando esforços para a manutenção de uma rede de relações sociocósmicas entre os humanos e os seres-espíritos. Anualmente, um dos momentos épicos do *Iyaōkwa* era a saída dos pescadores que permaneciam durante cerca de dois meses dispersos em quatro ou cinco barragens pesqueiras ao longo da malha fluvial do Juruena. Estes capturavam o pescado que abasteceria o ritual nos meses subsequentes, durante o período do plantio das roças de mandioca. No entanto, a partir de 2009, os peixes "sumiram".

Como a baixa pesqueira se deu de forma súbita, esperava-se que se tratasse de um evento passageiro. Em 2010, com o falecimento de um importante mestre de cantos, os Enawenê-Nawê decidiram não realizar a pescaria com barragens, sua principal modalidade de pesca. Eles acreditavam que isto pudesse ter impactos positivos, colaborando com o "retorno" dos peixes ao Rio Juruena. Mas, infelizmente, o que se viu nos anos posteriores foi a persistência do quadro de redução da oferta de peixes, sobretudo das espécies de migradoras, tais como piau e matrinxã.

Na esperança de que os peixes retornem, nos últimos dois anos os Enawenê-Nawê têm realizado a construção de apenas uma ou duas barragens pesqueiras. Enquanto poucos homens permanecem nestas barragens, os demais se encarregam de angariar os recursos financeiros necessários para a aquisição de peixes de criatório, alternativa da qual tem se lançado mão desde 2009, para garantir sua segurança alimentar e nutricional, bem como a realização dos seus cerimoniais.

O reconhecimento do *Iyaōkwa* pelo Iphan e pela Unesco abriu espaço ao debate sobre possíveis ações para contornar o contexto de ameaça tanto ao ritual quanto aos Enawenê-Nawê como um todo. As ações de salvaguarda do Ritual *Iyaōkwa* almejam minimizar a pressão dos indígenas pela disponibilização de recursos para a aquisição de pescado. Como alternativa à compra de peixe, medida considerada assistencialista e ineficaz no longo prazo, o Iphan e a Funai passaram a estimular o desenvolvimento de iniciativas para que os próprios Enawenê-Nawê instalassem tanques criatórios em seu território.

No entanto, essa proposta, que significava uma alteração significativa em relação às formas produtivas baseadas no manejo ecológico, esbarrou em questões cosmológicas difíceis de serem superadas. Do ponto de vista dos Enawenê-Nawê, não existe oposição entre extrativismo (pesca) e "criação". O que consideramos como da ordem do "natural", os peixes livres no rio, alimentando-se de frutas numa complexa rede ecológica de interação entre os ambientes aquáticos e terrestres, para os Enawenê-Nawê consiste na ação interventora dos seres-espíritos. Os *iyakaliti*, considerados "donos" dos peixes, são responsáveis pelo plantio das espécies frutíferas que lhes servem de alimento e pela delimitação de nichos, lagoas e cabeceiras dos rios, para a concentração do pescado. São também eles que seduzem os cardumes pelas trilhas das armadilhas de pesca, negociando posteriormente sua soltura com os Enawenê-Nawê.

Ocorre que a criação de peixes na aldeia poderia acarretar uma maior proximidade dos *iyakaliti* e, consequentemente, uma maior vulnerabilidade dos Enawenê-Nawê aos seus ataques. Gananciosos e insaciáveis, os seres-espíritos passariam a residir próximo às casas residenciais, de onde poderiam acompanhar de perto o crescimento dos peixes e ter certeza de que os Enawenê-Nawê estariam cumprindo a função de lhes ofertar todo o pescado. Por outro lado, a iniciativa poderia ser entendida como uma busca de autonomia por parte dos Enawenê-Nawê, desagradando os *iyakaliti*.

No sentido contrário, a compra do pescado parece encontrar uma maior permeabilidade no pensamento deste povo. Se até 2009 os Enawenê-Nawê ofereciam sal vegetal para que os *iyakaliti* liberassem os peixes presos em lagoas ou nas cabeceiras dos rios, a partir de então, sob o comando dos seres-espíritos, eles passaram a oferecer dinheiro em troca da soltura dos peixes aprisionados nos tanques criatórios dos não indígenas.

O extremo desgaste para a obtenção de novas fontes de renda torna-se menos dispendioso do que o risco de enfrentar a fúria dos *iyakaliti*, insatisfeitos com a proposta apresentada pelos órgãos governamentais. Isso nos ajuda a entender a iniciativa dos Enawenê-Nawê em negociar a construção de novas usinas no Rio Juruena, interessados nos recursos financeiros da compensação. Este povo, que ficou caracterizado como uma referência de resistência aos empreendimentos, alega agora que a falta de apoio para a aquisição do pescado não lhes deixa outra alternativa.

Mas a opção pela aquisição do pescado também reserva uma série de paradoxos, entre os quais destacamos dois principais, relacionados à quantidade e à diversidade das espécies consumidas. De um lado, é demandada a atuação permanente dos xamãs para persuadirem os *iyakaliti* a aceitarem o peixe comprado. Isso porque os peixes de cativeiro são diferentes dos "originais" e os seres-espíritos, saudosos do consumo de piaus e matrinxãs, não se sentem plenamente saciados com a oferta deste tipo de pes-

Pescadores enawenê-nawê navegando no Rio Juruena (MT).

cado (geralmente tambaqui), considerado de qualidade inferior. Por outro lado, ocorre uma significativa redução na quantidade do pescado. A compra de um volume de peixes similar aos obtidos por meio das barragens pesqueiras demandaria recursos exorbitantes, incompatíveis com as atuais fontes de renda dos Enawenê-Nawê e com as possibilidades de apoio oferecidas por instituições e órgãos públicos que os apoiam.

Com o agravamento das condições de vida dos Enawenê-Nawê e a ampliação da dependência de recursos e bens e consumo, ganha força a antiga demanda pela construção de uma estrada estabelecendo um acesso terrestre entre a aldeia e os núcleos urbanos da região. Em 2012, a abertura de uma estrada ligando a Aldeia Halataikiwa à Rodovia BR-174, no trecho entre os municípios de Juína (MT) e Vilhena (RO), inverteu a lógica de deslocamento fluvial para terrestre. Prontamente os Enawenê-Nawê iniciaram a substituição de suas embarcações náuticas por carros. As viagens que costumavam demorar cerca de seis a oito horas, e que gastavam uma quantidade considerável de combustível, passaram, a partir de então, a durar três horas.

Desde os anos 1980 os Enawenê-Nawê cogitavam a construção de uma estrada para facilitar o transporte da colheita de milho e o deslocamento de doentes em busca de tratamentos nas cidades circunvizinhas. Este pleito enfrentou forte oposição entre os indigenistas e pesquisadores, temerosos sobre os efeitos nocivos da facilitação do acesso aos núcleos urbano e foi adiado por quase vinte anos.

Após uma conflituosa negociação entre os indígenas e o ICMBIO – pelo fato do trajeto reivindicado cortar a Estação Ecológica do Rio Iquê, sobreposta à TI Enawenê-Nawê – em 2012 a estrada foi finalmente construída. Munidos de machados e motosserras, os Enawenê-Nawê deram início à abertura do ramal por livre iniciativa. Quando os representantes do poder público se deram conta, boa parte do trajeto já estava aberto e, diante do "fato consumado", a prefeitura de Juína cedeu o maquinário para a conclusão da estrada.

Na história dos Enawenê-Nawê, as estradas constituem metáforas das relações do contato. A BR-364, construída nos anos 1960, consolidou a ocupação da região noroeste de Mato Grosso por frentes colonizadoras responsáveis pela expansão da fronteira agrícola. Anos mais tarde, em 1997, ocorre a tentativa frustrada de abertura de uma estrada cortando a TI Enawenê-Nawê, ligando os municípios de Sapezal e Juína, ambos no Estado de Mato Grosso. Este evento é considerado o marco da abertura dos Enawenê-Nawê para o estabelecimento de relações mais intensas e sistemáticas com as frentes colonizadoras, desdobramento da aquisição de suas primeiras embarcações náuticas motorizadas, que possibilitaram a ampliação do número e da velocidade de seus deslocamentos.

Foi também durante este evento que, pela primeira vez, os Enawenê-Nawê ouviram falar do pedágio, moeda de troca oferecida por políticos e produtores rurais como forma de obter a autorização para a abertura da estrada, realizada de modo totalmente ilegal. Neste mesmo ano, políticos do município de Sapezal negociaram com os Paresi, que vivem ao sul do território enawenê-nawê, a instalação de um pedágio na Rodovia Nova Fronteira, como compensação pelo asfaltamento desta estrada. O marco temporal não deixa dúvidas: o final da década de 1990

Em protesto pelo não cumprimento de acordo para a pavimentação da estrada que dá acesso à aldeia, Enawenê-nawê bloqueiam ponte sobre o Rio Juruena, na rodovia MT-170.

foi um momento de ampliação da pressão regional pela abertura de novas vias de deslocamento, todas elas com o objetivo de subsidiar o escoamento da produção agrícola.

Anos mais tarde, em 2014, a possibilidade de instalar um pedágio na BR-174, tornou-se uma alternativa para o custeio das novas demandas financeiras, agravadas com a precarização dos recursos da TI Enawenê-Nawê. Ainda que os Enawenê-Nawê tenham recebido recursos indenizatórios pela construção do Complexo Hidrelétrico Juruena, a compensação demonstrou-se insuficiente para arcar com as novas despesas, especialmente os custos para aquisição do pescado.

O pedágio vem sendo alvo de críticas e questionamentos, contexto agravado no final de 2015, após um desentendimento que resultou na morte de dois jovens do município de Juína. Estes haviam tentado furar o bloqueio, negando-se a realizar o pagamento da taxa cobrada. Dois meses antes deste conflito, em outubro de 2015, um jovem enawenê-nawê havia sido baleado durante um confronto com caminhoneiros contrários a um bloqueio realizado na Rodovia MT-170 para cobrar melhorias no atendimento às políticas públicas na aldeia.

Desde o final de 2015, devido a ameaças cotidianas recebidas no telefone público da aldeia, a mobilidade dos Enawenê-Nawê foi restringida e eles estão impedidos de circular em Juína. Porém, o que chama a atenção nessa história é que tais ameaças, segundo os Enawenê-Nawê, não provêm dos familiares das vítimas, mas, sim, de pessoas que possuem títulos de propriedade na Microbacia do Rio Preto, área reivindicada pelos indígenas e que, atualmente, é alvo de um estudo da Funai para a definição do seu reconhecimento como Terra Indígena. O processo está paralisado desde 2014, tendo sido suspenso pela juíza federal Adverci Rates Mendes de Abreu, sob a alegação de que os direitos dos interesses dos produtores rurais da região não teriam sido levados em consideração pelo órgão indigenista.

O assédio vivenciado pelos Enawenê-Nawê inclui a proposta de uma permuta. Eles desistiriam da demarcação do Adowina – região pleiteada na Microbacia do Rio Preto – e, em troca, o processo judicial contra três pessoas acusadas pelos assassinatos seria encerrado. A proposta abrange ainda o fornecimento anual de uma cota de recursos para os rituais (milho e peixe), o cascalhamento e reparo anual da estrada que liga a aldeia à BR-174, além da regulamentação do pedágio. Fica claro que, tal como no caso da estrada ilegal construída em 1997, novamente o pedágio é utilizado sem nenhum respaldo legal, como moeda de barganha dos interesses de políticos e fazendeiros da região.

Da sua parte, os Enawenê-Nawê são categóricos em afirmar que não é mais possível viver sem recursos financeiros. Ressentem que, sem o pedágio, eles seriam praticamente forçados a comercializar madeira ou minérios para a obtenção de renda — pois disso depende o apaziguamento dos *iyakaliti* e, consequentemente, a própria vida. Essa é uma questão importante diante dos rumores de inúmeras tentativas de aliciamento de jovens enawenê-nawê por garimpeiros e madeireiros da região.

Ao barrar o rio, os não indígenas passaram a controlar a disponibilidade dos peixes, respondendo pelo seu manejo e controle. Com a transformação do pescado em mercadoria, os seres-espíritos exigem dos Enawenê-Nawê esforços para a obtenção dos peixes criados em cativeiros. Enquanto não se desenvolvem medidas efetivas de mitigação da baixa pesqueira na Bacia do Rio Juruena e perante a insuficiência dos recursos financeiros da compensação ambiental para arcar com a aquisição do pescado, os Enawenê-Nawê recorrem ao pedágio para o custeio de suas demandas alimentares e socioculturais. Se os não indígenas barram o rio, interrompendo aquele que é, por excelência, o fluxo dos deslocamentos dos Enawenê-Nawê; estes respondem interrompendo o fluxo rodoviarista, o que melhor caracteriza a sociedade brasileira. *(agosto, 2016)*

MANOKI/MỸKY

À Espera da Homologação da Antiga "Terra Nova"

Ana Cecilia Venci Bueno — Antropóloga, CestA/USP
André Lopes — Antropólogo, CEstA/USP

IMPEDIDOS DE RETOMAR A TI MANOKI, DECLARADA EM 2010 – MAS CONTESTADA NA JUSTIÇA –, OS MANOKI REALIZAM EXPEDIÇÕES PARA FISCALIZAR SUAS TERRAS, REATIVAM PRÁTICAS RITUAIS E ENFRENTAM IMPACTOS DE OBRAS DE INFRAESTRUTURA

Desde 2012, um grupo de homens manoki costuma realizar mensalmente expedições para monitorar o avanço de madeireiros e fazendeiros dentro do perímetro demarcado com placas da Funai – comumente arrancadas e perfuradas a balas – que delimitam a Terra Indígena Manoki, no noroeste do Mato Grosso. Com cerca de 250 mil hectares, essa terra foi reconhecida oficialmente pelo Governo Federal em 2008, declarada em 2010, mas até hoje os Manoki aguardam sua homologação para que possam voltar a circular e habitar aquela região novamente, sem serem intimidados. Existem atualmente três processos judiciais movidos por produtores rurais e suas associações, que contestam, na Justiça Federal, a legitimidade da demarcação.

Hoje os Manoki somam 373[1] indivíduos divididos em oito aldeias localizadas em um território que não coincide com sua área de ocupação tradicional. Essa área de aproximadamente 45 mil hectares, denominada TI Iranxe, em referência à denominação que o povo recebeu logo após os primeiros contatos com os

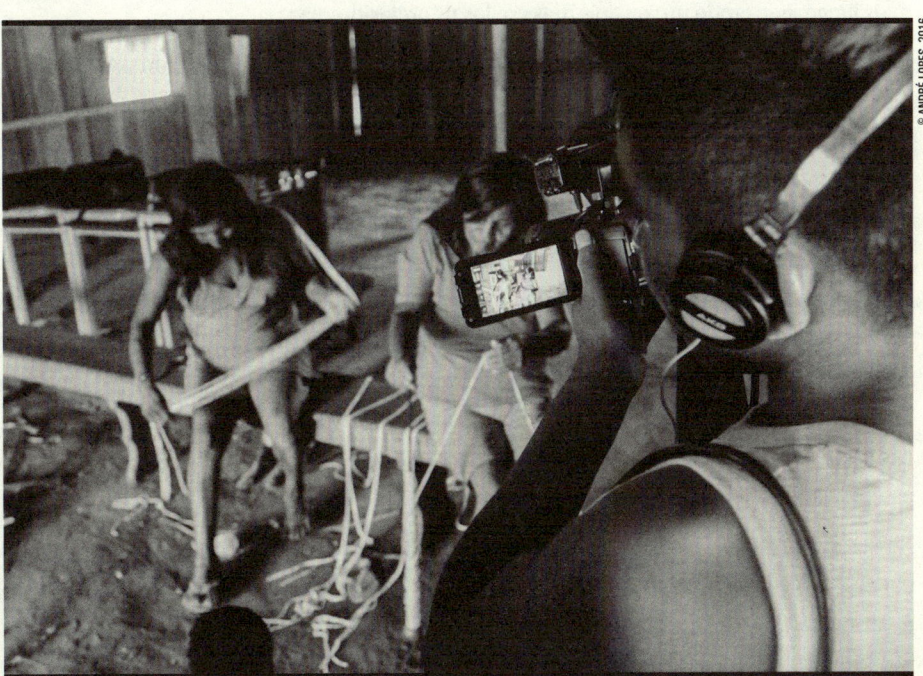

Jovens do povo Myky registram atividades de tecelagem feminina na Aldeia Japuíra (MT).

"brancos" (os primeiros registros são do início do século XX), é contígua à que pleiteiam. Exceto pelas expedições mensais, os Manoki não vivem ou fazem incursões cotidianas ao seu território de ocupação tradicional em razão das possíveis ameaças às quais estão expostos.

As viagens a esse território voltaram a ser feitas com o acesso dos Manoki aos recursos do ICMS ecológico, repassados pela prefeitura de Brasnorte de forma intermitente desde 2003; eles permitiram o início da fiscalização da terra pelos próprios indígenas. A partir de 2012, com o auxílio da Operação Amazônia Nativa (Opan), as viagens passaram a ser mais frequentes. Essa instituição indigenista apoiou a elaboração de um plano de gestão territorial manoki, em que uma das metas é o monitoramento e fiscalização permanentes do território.

Algumas expedições que os Manoki realizam são acompanhadas por servidores da Funai, ou mesmo da Opan, mas quando estes não estão presentes, os próprios Manoki, evitando o conflito direto com os ocupantes e invasores, reportam aos órgãos competentes qualquer ameaça ou crescimento de atividades ilegais em suas terras. Grande parte das ocorrências diz respeito ao aumento desenfreado de caminhos abertos no meio da mata para a extração e transporte de madeira ilegal e para a abertura de pasto ou terras para o plantio de monoculturas.

As viagens empreendidas pelo grupo normalmente duram um dia, quando percorrem em seus próprios veículos uma grande extensão do território. Nessa ocasião também aproveitam para levar suas espingardas e caçar aves e outros tipos de animais que encontram pelo caminho. Eventualmente fazem um trajeto mais longo, pousando um ou dois dias em locais preferidos para a pesca e a caça de animais já dificilmente encontrados na região de cerrado em que habitam atualmente.

Desde que voltaram a percorrer o seu território, no início desse século, procuraram conversar e informar os fazendeiros e demais ocupantes da região que aquele lugar era Terra Indígena. Inicialmente os encontros foram bastante agressivos e ameaçadores, mas, com o tempo e a insistência dos índios, alguns fazendeiros se retiraram da região, sobretudo após a demarcação da terra em 2010. Contudo, tendo em vista a demora na definição do processo ainda em curso – a assinatura da homologação, o registro em cartório e o pagamento das indenizações aos fazendeiros –, o assédio às terras manoki aumentou consideravelmente.

Nesses últimos anos, tem sido alarmante o aumento de estradas para escoamento de madeira retirada ilegalmente e o consequente aumento avassalador do desmatamento naquela região. Em 2013, durante uma expedição de monitoramento, cerca de 20 homens manoki interceptaram duas carretas carregadas de toras que seriam levadas a um município da região. Sem respaldo dos órgãos competentes para frear a ação dos invasores, os Manoki incendiaram a ponte sobre o Rio Membeca, que servia de acesso para o transporte. Após a ação, contudo, a ponte foi reconstruída pelos madeireiros, que continuaram a escoar madeira retirada ilegalmente do local. Em outras incursões ao território, a Funai e o Ibama aprenderam maquinário ilegal e expediram multas aos responsáveis pelas derrubadas mais recentes, o que, no entanto, não solucionou a questão.

A mudança dos Manoki de suas terras de ocupação mais antigas para outras adjacentes se deveu a fatores contingenciais que remontam o período entre as décadas de 1940 e 1970. A chegada de não indígenas à região do Mato Grosso em que viviam promoveu a morte de muitos índios, deflagrou surtos de doenças e intensificou brigas entre povos que viviam nas proximidades de seu território de ocupação. Nesse período, os Manoki, assim como inúmeras outras populações indígenas, temeram por sua sobrevivência e foram mudando suas aldeias de lugar.

Finalmente atravessaram o Rio Cravari e se estabeleceram em sua margem esquerda. Assediados desde a década de 1940 pelos missionários jesuítas da Missão de Diamantino – também conhecida como Missão Anchieta, que já desenvolvia seus trabalhos "civilizatórios" e de catequese desde os anos 1930 na região –, acabaram por buscar refúgio em suas instalações e começaram a "trabalhar para os padres". Isso até quando a quase totalidade da população que ainda vivia nas aldeias passou a morar em Utiariti, local em que os missionários protestantes e jesuítas edificaram suas missões e os últimos construíram um internato para jovens e crianças. Faziam visitas com alguma regularidade aos poucos parentes que permaneceram vivendo nas aldeias, e para lá se mudaram quando a missão chegou ao fim. Nessa época, alguns missionários, antevendo os problemas em relação à posse de terras na região, auxiliaram os Manoki no processo de reconhecimento e garantia daquela porção para onde fugiram, mas jamais pensaram os índios que estariam impossibilitados de retornar às suas antigas terras.

Desde 1991 os Manoki vêm questionando esse território que lhes foi designado a partir de 1968, que deu origem à TI Irantxe. Por meio de estudos antropológicos iniciados nos anos 1990, de documentos produzidos pelos missionários jesuítas e da memória dos mais velhos, puderam comprovar a sua ocupação nessa área adjacente que pleiteiam, entre o Rio Cravari e o Rio do Sangue, chamada, paradoxalmente, de "Terra Nova". Esta é uma região com características de mata e não de cerrado, como a que vivem atualmente. Os Manoki saíram daquele território, sobretudo, devido a disputas entre diferentes povos indígenas por terras em razão da aproximação de frentes colonizadoras na região, a massacres cometidos por seringueiros e a doenças que dizimaram a população.

O desejo de retorno a um espaço que consideram próprio, em que reconhecem os locais das antigas aldeias e roças, e onde encontravam animais, pescavam, coletavam e foram enterrados os seus mortos, é permanente. As narrativas dessas histórias são comuns a todos os Manoki: aos mais velhos, que vivenciaram a perda sequencial de seus parentes e a abrupta mudança; aos seus filhos, netos e bisnetos, que nasceram na atual TI Iranxe em uma época transicional, em meio aos padres, e acessam esses lugares do passado recente por meio dessas narrativas. Pouco a pouco contadas por seus pais e por seus descendentes já criados nas terras atuais de cerrado, de pouca variedade de cultivares na roça e de caça e pesca cada vez mais escassas, essas histórias vão constituindo suas memórias. É através delas que acessam um território e um passado comuns.

A RECENTE REATIVAÇÃO DE RITUAIS

Fazer roça sempre foi uma atividade muito importante na vida dos Manoki para a sua existência, manutenção e transformação como coletivo ameríndio. É ela que fornece alimentos para a subsistência das famílias e foi por meio dela que os mitos de sua origem narram a aquisição de aspectos importantes da cultura manoki – a variedade dos utensílios usados na roça; a domesticação e a diversificação de plantas cultivadas; os cantos e as relações com uma vasta gama de espíritos.

A produção farta de alimentos, tais como o beiju e a chicha de milho, é complementada pelos diversos animais que caçam e pescam para serem oferecidos em rituais ou no dia a dia para os "espíritos", aos quais também chamam de *yetá*, "vizinhos", "jararaca" ou "bichinho". O ritual pode durar vários dias, nos quais um grande número de pessoas dedica-se à produção de alimentos.

Uma parte dessa comida alimenta os participantes do ritual e outra é usada para alimentar os vizinhos, a quem devem extremo respeito. São eles que podem estabilizar ou desestabilizar a vida dos Manoki quando estes estão fazendo algo que os agrada ou desagrada; podem provocar sérios problemas para eles, como doenças e a morte. Para que esse desequilíbrio não ocorra, os Manoki devem sempre tratá-los com oferecimentos de alimentos e pedir proteção, união e saúde: para que uma doença seja curada ou para que uma briga seja desfeita, por exemplo. As relações que os Manoki constroem com os *Yetá* estão diretamente relacionadas às atividades na roça coletiva; cujos processos de derrubada e plantio são feitos por esses espíritos, com o auxílio dos homens.

Os Manoki contam que antigamente, antes da passagem pela missão, o ritual era realizado com muito mais frequência, geralmente no período de derrubada e no plantio da roça – em todas as aldeias onde havia a casa de *Yetá* – normalmente as maiores, sob responsabilidade de seus *tikãtas* (chefes), organizavam caçadas, pescarias e coleta de mandioca, milho, amendoim, entre outros produtos, que antecediam os trabalhos masculinos na roça para a produção abundante dos alimentos que seriam consumidos durante o período do ritual. Os chefes das grandes aldeias convidavam as aldeias vizinhas, cujos convidados levavam alguns dias caminhando nas trilhas que ligavam as suas aldeias até onde aconteceria o ritual.

Os Manoki ficaram muitos anos sem fazer a roça para o ritual depois de acabada a missão. As duas famílias que se recusaram a viver com os padres e permaneceram vivendo nas aldeias mantiveram a casa do vizinho e, de tempos em tempos, os visitantes que apareciam podiam fazer oferecimentos, mantendo as relações com os espíritos. Contudo, muitas famílias viviam e trabalhavam em diferentes localidades, e as relações com os vizinhos foram enfraquecidas. Quando voltaram a viver juntos, alguns homens retomaram o trabalho com os vizinhos, mas, após o falecimento prematuro do responsável pela organização do ritual, nenhum outro ocupou o seu lugar na organização das pessoas para o trabalho com *yetá*, e os grandes rituais para a derrubada e o plantio pararam de acontecer em 1996[2].

Em 2009, sob o comando de outro coordenador geral, organizaram o ritual, unindo-o à iniciação dos meninos, que vão ver o vizinho pela primeira vez. Após mais um hiato de cinco anos, repetiram-no em 2014, com uma nova iniciação dos meninos. Neste período, as aulas nas escolas são suspensas e as atividades do ritual são consideradas atividades escolares. Dessa forma consegue-se conciliar o calendário escolar com as práticas culturais uma única vez no ano – ou duas, caso ele se repita durante o plantio, como se costumava fazer. Nessas ocasiões privilegiadas para reunir diversos parentes de diferentes aldeias, muitos jovens que têm aprendido a manejar câmeras produzem fotos e vídeos, não apenas como forma de registro ou divulgação externa, mas como um novo suporte de sua memória social, cuja visualização futura visa gerar novos rituais.

Outra prática que vem sendo reativada e inserida no calendário escolar é o "jogo de cabeça", chamado de *ajãlí*. Os Manoki costumam jogar com os Mỹky – as duas únicas populações indígenas que falam o mesmo idioma de tronco linguístico isolado, com variações dialetais. Outros povos da região praticam variações do mesmo jogo, em que é comum se apostarem cultivares, artefatos e suas matérias primas. Os encontros para jogos de bola entre os Manoki e os Mỹky costumam durar de três a cinco dias e reúnem um grande contingente de ambas as populações em períodos de seca.

PEQUENAS CENTRAIS HIDROELÉTRICAS E OUTROS GRANDES DESAFIOS

Além do acentuado desmatamento ao redor da TI atual, cercada de fazendas de produção de soja que utilizam agrotóxicos em larga escala, a poucos quilômetros das aldeias, outra questão importante que atinge diretamente os modos de vida dos Manoki é a existência das PCHs no entorno de suas terras. É gritante a escassez de peixes em seus rios desde 2009, quando uma grande barragem foi construída. Hoje para comer peixe fresco é necessário se deslocar cerca de 80 quilômetros até a barragem da PCH Bocaiúva, e pescar o que conseguir para doação ou comercialização nas aldeias. Geralmente praticam a pesca subaquática, com arpão e máscara confeccionados artesanalmente nas aldeias, mas poucas famílias têm à disposição o combustível necessário para ir com alguma frequência ao local.

A Cravari Geração de Energia, empresa responsável pelo funcionamento da usina, tem um termo de cooperação até o final de sua concessão, mas claramente o acordo e as atividades decorrentes dele não são suficientes para compensar os impactos permanentes gerados na dinâmica da vida social local. Mesmo assim, ainda estão previstas ao menos mais duas PCHs no mesmo Rio Cravari, além da UHE Paiaguás, no Rio do Sangue, vizinha à TI Manoki.

Outros empreendimentos e obras causam potenciais impactos aos Manoki, como a construção da Linha de Transmissão 230KV Juína-Brasnorte, que já está em funcionamento e em fase de execução de seu Plano Básico Ambiental (PBA). Mais uma linha de transmissão deve ser construída em breve na região, de forma a transportar a energia gerada pelas novas usinas, principalmente para a região sudeste.

A própria execução dos PBAs, que se pretendem formas de compensação, geram conflitos e acentuam tensões já existentes nas comunidades. Em 2015, durante a mudança de gestão da Associação Watoholi, decidiu-se cindir a instituição e criar uma nova associação para gerir separadamente os recursos das aldeias da "região do Paredão". Atualmente os Manoki se distribuem em oito aldeias que se dividem em duas grandes "turmas", correspondentes às maiores aldeias, Cravari e Paredão, e às comunidades satélites que as circundam. Apesar de a Associação Watoholi possuir uma longa trajetória de gestão, há mais de uma década compondo em suas diretorias membros de ambas as regiões alternadamente, boa parte dos moradores da região do Paredão resolveu criar a Associação Manoki Pyta. A ideia de se criar uma nova associação não é recente e envolve motivos diversos, porém a decisão de concretizá-la foi tomada num contexto conflituoso – justamente quando o destino de veículos prometidos por meio da execução dos PBAs precisavam ser definidos. *(setembro, 2016)*

NOTAS

[1] Dados referentes a 2014, coletados em primeira mão por Bueno, A.C.V., 2015: *Fios de memórias. Um estudo sobre parentesco e história a partir da construção da genealogia manoki (irantxe)*, São Paulo:USP (TD).

[2] Porém, mesmo tendo organizadores, os rituais não eram feitos nessa época com a mesma frequência de outrora.

MỸKY AGUARDAM DEMARCAÇÃO DE TERRA DESDE 2012

Os Mỹky contam atualmente com uma população de 129 indivíduos (Bueno, 2014) que vivem em uma única aldeia, chamada Japuíra, na TI Menkü, região de transição entre cerrado e floresta amazônica a noroeste do Estado de Mato Grosso. A área habitada por eles dista cerca de 170 quilômetros do território habitado pelos Manoki. A TI é circunscrita pela margem direita do Rio Papagaio a oeste, chegando, ao norte, até a confluência deste e o Rio do Sangue, localizado a leste. Estes rios compõem a bacia do Rio Juruena, formador do Tapajós. A porção de terra onde estão estabelecidos atualmente corresponde, contudo, a apenas uma parcela do território de ocupação antiga que reconhecem como seu – o qual inclui o núcleo urbano do município de Brasnorte, fundado em 1989.

A demarcação da TI atual dos Mỹky, em 1987, garantiu para o grupo 47 mil hectares a 60 quilômetros da sede de Brasnorte e aconteceu dois anos antes de o município ser fundado. No entanto, atualmente a população pleiteia uma área de 146 mil hectares contígua ao território atual, delimitada conforme a portaria declaratória de 2012.

As terras requeridas no processo oferecem recursos fundamentais para os Mỹky, mas, por fazerem parte da área rural da cidade de Brasnorte, ocupada hoje por inúmeras propriedades, deve enfrentar muita resistência por parte dos ruralistas da região. Dois processos de produtores rurais do município já contestam a demarcação do território, contribuindo para retardar ainda mais a definição do caso.

As áreas de circulação, essenciais para a manutenção de seu modo de vida, estão sob a ameaça de expansão das atividades de monocultura, pecuária, caça e pesca ilegal na região. As consequentes queimadas no entorno, a poluição e o assoreamento das cabeceiras dos rios, além do desmatamento crescente na região provocam mudanças que afetam diretamente o modo de vida e de produção desse coletivo, que depende das roças, da pesca e da caça para subsistência e para a realização de suas festas e rituais. A abundância de alimentos é necessária para alimentar os espíritos, com os quais negociam o bem-estar e o ordenamento do mundo.

Atualmente não existem grandes obras de infraestrutura impactando diretamente o seu cotidiano, mas a população Mỹky já recebeu uma compensação em razão da construção de PCHs no Complexo do Juruena. A associação indígena local, criada em 2010 para receber aqueles recursos, tem organizado seminários e encontros para discutir os impactos desse tipo de empreendimento e outros temas importantes para a garantia de seus direitos. A associação elaborou em 2012, em parceria com a Opan, um plano de gestão territorial que visa auxiliar no planejamento de atividades e prioridades para o povo em seu território.

Em 2016, a comunidade Mỹky com o auxílio da equipe do Cimi articulou um acordo com a Secretaria de Educação de Mato Grosso para a implantação na aldeia do Ensino Médio Técnico profissionalizante em agroecologia, em regime modular. A iniciativa visa fortalecer as práticas de cultivo agrícola em sua grande diversidade de cultivares, proporcionando a circulação de saberes entre as diferentes gerações.

AS RELAÇÕES COM OS MANOKI

Mỹky e Manoki consideram-se povos distintos, contudo reconhecem um passado em que seus ascendentes mantinham intensas relações de visitas, festas, rituais, jogos de bola e casamentos. Essas populações compunham uma multiplicidade de aldeias, parte de um sistema supralocal aberto, dinamizado por processos de diferenciação interna. Porém, em razão de diversos eventos que remontam a colonização da região, houve um esgarçamento das redes de relações entre eles. Ao longo do tempo, dispersaram-se em meio às fugas de doenças e ataques promovidos pelos eventos de colonização da região desde o início do século XX e se tornaram distantes geograficamente, até perderem o contato uns com os outros por cerca de 70 anos.

O histórico de relações desses grupos com a sociedade nacional é bem distinto, mas, em ambos os casos, foi dramático e beirou o risco de desaparecimento físico dos coletivos. Enquanto os Manoki tiveram relações muito próximas com os missionários protestantes e católicos, os Mỹky permaneceram mais isolados. Em 1971, quando um grupo de índios manoki acompanhado de membros da missão jesuíta chegou à aldeia mỹky, eles eram apenas 23 sobreviventes. Anos antes, chegaram a contar com apenas nove indivíduos. Logo após esse contato inicial, houve o reconhecimento da proximidade linguística e de parentesco comum, e os Mỹky restabeleceram relações políticas e matrimoniais com os Manoki.

Desde então, a interação entre essas populações não cessou. Festas, rituais, jogos de bola e visitas a parentes fazem parte das relações entre eles que, além de compartilharem uma língua comum, compartilham também os mesmos conjuntos rituais, que vêm sendo praticados com mais frequência por ambos os grupos na última década. (Ana Cecília Venci Bueno e André Lopes, setembro, 2016)

ISOLADOS

Ameaças Reais aos Índios da TI Kawahiva do Rio Pardo

Elias dos Santos Bigio | Frente Etnoambiental Madeirinha-Juruena (FPEMJ), Funai

OS ÍNDIOS ISOLADOS QUE OCUPAM TRADICIONALMENTE A TERRA INDÍGENA KAWAHIVA DO RIO PARDO VIVEM EM UMA SITUAÇÃO DE EXTREMA VULNERABILIDADE E DE FUGA PERMANENTE, CAUSADA PELOS AVANÇOS DE GRILEIROS E MADEIREIROS SOBRE A ÁREA. ESSAS INVASÕES PODEM LEVAR AO EXTERMÍNIO DOS TUPI KAWAHIVA, COMO JÁ OCORREU EM OUTROS LOCAIS E SITUAÇÕES

Os índios isolados que ocupam tradicionalmente a Terra Indígena Kawahiva do Rio Pardo vivem em situação de extrema vulnerabilidade e de fuga permanente, em acampamentos provisórios que ocupam não mais que quatro a cinco dias, sem roçados.

Mesmo com todas as evidências da existência do grupo indígena isolado, o processo de regularização dessa área só teve início por força de uma ação civil pública ajuizada pelo Ministério Público Federal em Mato Grosso, a partir de uma denúncia da Opan. A Justiça determinou que a Funai mantivesse uma equipe de fiscalização e vigilância para coibir a invasão da TI e realizasse a identificação da terra. A identificação só viria em 2007 e, quase dez anos depois, a área seria declarada como de posse permanente dos Tupi Kawahiva, um povo em isolamento voluntário

Desconsiderando todas as provas da existência dos isolados Tupi Kawahiva, como o relatório de identificação da terra e duas perícias antropológicas feitas por determinação da Justiça Federal, o ex-presidente da Assembleia Legislativa de Mato Grosso, José Geraldo Riva, e o ex-governador deste Estado, Sinval Barbosa, fizeram gestões junto ao ministro da Justiça, José Eduardo Cardozo, pela anulação da Portaria 170/2007 da Funai – alegando que não existiam índios na TI Kawahiva do Rio Pardo.

Ainda em 2013, o Jornal Hoje, da TV Globo, veiculou uma reportagem com imagens de um grupo kawahiva durante deslocamento no interior da Terra Indígena, destacando os riscos que vivem esses índios por conta das invasões constantes a seu território.

Essas invasões começaram a se intensificar em 2012, como relata a equipe da Frente de Proteção Etnoambiental Madeirinha – Juruena (FPEMJ), da Funai, que atuou em campo nos últimos anos e tem se deparado quase cotidianamente com grileiros e madeireiros – que, sem qualquer temor e respeito às proibições legais, têm invadido a TI para grilagem de terra e exploração ilegal de madeira. Também há ocorrências de exploração mineral.

O que aumenta a vulnerabilidade dos índios é que as invasões, em sua maioria, acontecem por madeireiros que têm suas fazendas nos limites da terra, algumas delas, inclusive, com áreas sobrepostas à TI. Para ingressarem sem serem flagrados, eles construíram pontes sobre o Rio Guariba, além de uma estrada adentrando a terra. Em outubro de 2012, a equipe da Funai constatou ainda derrubadas irregulares de árvores, atividades de terraplanagem, recuperação de pontes e abertura de picadas no interior da TI, próximo aos limites das Fazendas Espigão e Coprodia, sem qualquer autorização da Funai.

Ainda em 2012, correram na região fortes boatos de que a TI Kawahiva do Rio Pardo e a Resex Guariba-Roosevelt sofreriam reduções em seus perímetros. As reduções seriam motivadas pela aquisição de áreas da Resex e da TI, inclusive sobreposta a ela, pelo então presidente da Assembleia Legislativa de Mato Grosso, o deputado estadual José Geraldo Riva. Os boatos estimularam novas invasões tanto na Resex quanto na TI.

Em 2013, a Funai foi informada de que a Secretaria de Estado de Meio Ambiente (Sema) do Mato Grosso havia emitido uma licença ambiental (nº 8291/2012), com validade até 2020, permitindo a exploração madeireira em uma das propriedades que tem parte de suas áreas sobrepostas à TI: a Fazenda Três Morrinhos, no município de Colniza (MT), de Alécio Jaruche. Esse plano de manejo foi posteriormente identificado como de posse de Jessica Giovanna Riva e outros. Nos limites da terra reconhecida aos Tupi Kawahiva existem ainda dois outros planos de manejo florestal; um deles, segundo o Ibama, já teve sua área totalmente explorada.

A área da Fazenda Morrinhos que foi licenciada para exploração de madeira pela Sema/MT, está a menos de 10 Km do local onde a Funai registrou recentemente diversos indícios de ocupação pelos isolados Tupi Kawahiva, inclusive com imagens de sua presença na região.

Durante um sobrevoo realizado em junho de 2013, em operação de fiscalização entre a Funai e o Ibama, foi verificada a existência de um garimpo em um afluente do Igarapé São Thomé, no limite sudeste da TI. Considerando que uma fofoca sobre qualquer resultado positivo da exploração mineral no local poderia estimular o deslocamento incontrolável de garimpeiros para a região, as ações de fiscalização foram intensificadas pelo Ibama e pela Força Nacional, e quando os servidores da Funai chegaram ao local, os garimpeiros já haviam se retirado.

No ano seguinte, 2014, as expedições de fiscalização no interior da TI e no limite com a Resex, registraram novas invasões para exploração ilegal de madeira. A primeira invasão levou à prisão e posterior liberação do madeireiro Antônio Marcos Laércio, conhecido na região como "Marquinhos", que confessou ter abatido 55 árvores de Ipê no interior TI e que planejava retirá-las no mesmo dia. No acampamento foram apreendidos ainda um trator esteira D4, motocicletas e armas de fogo; os demais madeireiros fugiram com a chegada dos policiais militares que acompanhavam a expedição. No mesmo ano, outra operação de fiscalização apreendeu um caminhão com toras, dois veículos e uma motocicleta, mas os madeireiros também fugiram.

Em 2015, a Funai voltou a receber denúncias de grilagem de terra e exploração de madeira no interior da TI, inclusive com marcação de lotes: dessa vez, as invasões partiam do interior da Resex, onde existe um acampamento de grileiros na margem esquerda do Rio Guariba. Segundo informações verificadas em uma expedição feita pelo coordenador da frente, Jair Candor, há três locais em que ocorre grilagem de terras no interior da TI, um deles próximo de onde, em junho de 2015, foram registradas algumas malocas dos isolados. Nessa mesma ocasião, os servidores da Funai constataram ainda que os madeireiros haviam construído uma ponte de madeira para facilitar o transporte da madeira retirada ilegalmente da TI e da Resex; uma ponte no mesmo local havia sido destruída pela Sema/MT.

Já em 2016, um proprietário de fazendas na região denunciou à Funai que a TI estava sendo invadida na margem direita do Guariba, abaixo da foz do Rio Pardo, para retirada de madeira. Segundo a denuncia, a invasão estava sendo realizada por donos de madeireiras e de fazendas da região.

INVASÕES ORQUESTRADAS

Em função da recorrência das invasões, em fevereiro de 2016, foi realizada uma nova expedição de fiscalização com o apoio do Ibama e de policiais da Polícia Militar de Mato Grosso, nos ramais e estradas da Resex que permitem o acesso à TI. Ainda que nenhum madeireiro ou grileiro tenha sido flagrado, os agentes puderam verificar a intensa ação de grileiros e madeireiros no interior da TI, que, segundo informações de moradores, teriam a intenção de explorar 200 alqueires de floresta. Um mês depois, o servidores da Funai descobriram que posseiros e grileiros estavam revitalizando a "Linha 60", ao sul da TI, para criar um ponto de apoio para a invasão da terra.

Essa tentativa de invasão estava acontecendo em uma área que fora grilada antes da identificação da TI, em 2001, e que havia sido desocupada por determinação de uma portaria da Funai. Os rastros deixados pelos invasores permitem afirmar que eles já estavam próximos do Rio Piranha, afluente do Aripuanã, no interior da TI, onde, em 2015, foram encontradas as malocas dos índios isolados. Logo em seguida, a equipe da Funai encontrou um grupo de grileiros de aproximadamente 30 pessoas no limite com a TI. O líder do grupo informou que estavam há mais de dez dias no local, incentivados por "um pessoal" que estaria comandando invasões em fazendas nos limites da terra, entre elas: a fazenda dos Irmãos Lacerda, conhecidos políticos da região de Cáceres (MT); a fazenda de José Riva, ex-deputado estadual por Mato Grosso; e ainda a fazenda de Magali Foze. A suspeita é que as invasões das propriedades estejam sendo utilizadas para despistar a grilagem de terras no interior da Terra Indígena.

Em maio de 2016, a equipe da frente verificou que os grileiros estavam demarcando lotes de terras na Fazenda Reunida, no limite com a TI Kawahiva do Rio Pardo; a fazenda está parcialmente sobreposta à TI. Essas invasões estão sendo feitas pelo mesmo grupo de pessoas que invadiu a TI nas regiões dos Rios Guariba e Pardo e também na região da Linha 60.

Apesar das fiscalizações para coibir a grilagem de terras no interior da TI, as invasões persistem na região, inclusive com a destruição das placas que indicam o limite da TI, como ocorreu na região da Linha 60. Como os loteamentos já estão prontos, muito provavelmente, na ausência de forças policiais para apoiar a Funai, a grilagem das terras pode vir a ser retomada.

Por tudo isso, é importante que as fiscalizações, com apoio do Ibama e da Polícia Militar, continuem e que a Polícia Federal investigue os mandantes das invasões à Terra Indígena, bem como a grilagem de terras no interior da área. É a impunidade que faz com que os invasores não se intimidem e continuem invadido a área. É preciso também reavaliar as licenças ambientais concedidas para a extração de madeira nas proximidades da TI, considerando a determinação de uma zona de amortecimento de 10 km, entre outras medidas. E, além disso, considerando o alto índice de violência na região do município de Colniza (MT), proteger os servidores públicos federais e estaduais que atuam em campo nas ações de proteção tanto da Reserva Extrativista como na TI Kawahiva do Rio Pardo.

Com a existência de uma forte campanha anti-indígena na região, negando a existência dos isolados na TI Kawahiva do Rio Pardo, tememos que os invasores destruam as provas da ocupação indígena ou que, até mesmo, matem os índios para ocuparem em definitivo o território indígena. Essas invasões podem levar ao extermínio dos isolados Tupi Kawahiva, como já ocorreu em outros locais e em outras situações. *(setembro, 2016)*

TERRAS INDÍGENAS

Novas Linhas Ameaçam a Vida dos Nambikwara

Anna Maria Ribeiro F. M. Costa | Historiadora, Instituto Histórico e Geográfico de Mato Grosso

NOS ÚLTIMOS ANOS, O AVANÇADO PROCESSO DE COLONIZAÇÃO E EXPLORAÇÃO ECONÔMICA NO ENTORNO DAS TIS NAMBIKWARA VEM PROVOCANDO VIOLÊNCIA E COBIÇA – E EXIGINDO DO ESTADO BRASILEIRO QUE DEMARQUE AS TERRAS AINDA PENDENTES

O povo Nambikwara, que soma hoje cerca de 3.000 pessoas, é formado por diversos grupos que ocupam três áreas culturais: Serra do Norte, Vale do Guaporé e Cerrado, entre as cabeceiras dos Rios Juruena, Roosevelt e Guaporé, a noroeste de Mato Grosso e ao sul de Rondônia. Este território é circundado a nordeste pelos Rikbaktsa, Enawenê-Nawê, Münkü, dentre outros; a sudeste pelos Paresi; a sudoeste pelos Chiquitano; ao norte pelos Aikanã e Cinta Larga.

Esses grupos partilham de uma mesma filiação linguística – a língua isolada Nambikwara – e elementos culturais comuns, embora cada um se distinga por determinados aspectos e por uma unidade social, política e econômica autônoma, com sua própria territorialidade. É a narigueira emplumada, adorno masculino, que identifica todos os grupos como pertencentes ao povo Nambikwara.

Hoje as TIs destinadas aos Nambikwara, em meio às cidades, agropecuárias e assentamentos, somam onze. Padecem de invasões de toda ordem, a ameaçar sua integridade física e cultural – um processo que repõe as violações de direitos sofridas por este povo desde o início do século passado.

LINHAS DO TEMPO

O processo de colonização ocorrido em Mato Grosso, que seguiu a trajetória da linha telegráfica instalada pelos trabalhos da Comissão Rondon, em 1907, atingiu de modo veemente os territórios de todos os grupos Nambikwara. Seu chão, de ocupação milenar, foi riscado por linhas abertas pelos poaeiros e seringueiros que invadiram os territórios indígenas em busca de cobiçados vegetais.

Anos mais tarde, na década de 1960, outras linhas cruzaram e fatiaram o território nambikwara, a separar as aldeias: da BR-029, renomeada como BR-364, e a BR-174. Nessa mesma década, chegaram também outras linhas; levada, por missionários protestantes, que documentaram a língua nambikwara do Cerrado para traduzir a Bíblia, desconsiderando o complexo mítico-religioso daqueles grupos.

Outros dos eventos de grande impacto no histórico de contato desse povo foi a criação da Reserva Nambikwara pela Funai em 1968. Desse ano em diante, os Halotesu, Kithaulhu, Sawentesu, Wakalitesu, Niyahlosu, Siwaihsu e Hinkatesu (Manduca), grupos que atualmente habitam o Cerrado, passaram a ser obrigados a viver em uma territorialidade definida por critérios alheios ao seu universo referencial. Hoje, esses grupos habitam as cabeceiras do Vale do Rio 12 de Outubro, área de transição entre o Cerrado, na TI Nambikwara, e a Serra do Norte, na TI Pirineus de Souza.

Na década de 1970, os Wasusu, Alantesu, Negarotê e Mamaindê também foram forçados a deixar suas aldeias para morar no Cerrado. A Funai passou a emitir certidões negativas às empresas agropecuárias interessadas em adquirir terras com incentivos fiscais do Governo Federal no território nambikwara, especialmente na região fértil do Vale do Guaporé. Face ao redimensionamento das políticas econômicas após 1964, as terras ocupadas pelos Nambikwara no Vale do Guaporé passaram a ser de interesse de ações estatais e particulares. Assim, a preocupação da Funai em reservar áreas aos Nambikwara do Cerrado se deu por conta da instalação das agropecuárias.

Outra tentativa de transferência foi imposta aos Hahaintesu e Waiksu, quando foram levados a Sararé – local em que não permaneceram em decorrência de doenças e conflitos entre os grupos. A pé, retornaram às suas aldeias. Na história nambikwara, esse momento ficou conhecido como "Biafra brasileiro". O impacto das transferências e a repercussão internacional obrigaram a Funai a rever sua política de destinação de terras aos Nambikwara. Só em 2014, as transferências e o escândalo das emissões de certidões negativas foram reconhecidos pela Comissão Nacional da Verdade como graves violações de direitos humanos cometidas pelo Estado brasileio contra os Nambikwara.

NOVAS LINHAS

Hoje, no Vale do Guaporé, inúmeros projetos se desenvolvem nas proximidades das áreas de ocupação dos Nambikwara: de assentamentos do Incra ao plantio de soja, passando pela mineração de níquel. Este último, na área dos Aikatesu, foi proposto pelo Projeto Morro Sem Boné, da Anglo American do Brasil.

Como as TIs do Mato Grosso apresentam ambiente geológico propício à mineração, especialmente de ouro e diamante, a aprovação pelo Congresso Nacional do Projeto de Lei que regulamenta a mineração em TIs é esperada com voracidade pelos empreendedores. Riscando o céu, onde está suspensa a figueira mítica dos Nambikwara, as linhas de transmissão de energia elétrica, gerada nas águas do Rio Madeira, seguem de Porto Velho (RO) a Araraquara (SP).

Ainda no Vale do Guaporé, no interior da TI Pequizal, uma ponte de concreto foi construída em 2016 sobre o Rio Novo, destinada à passagem de uma estrada vicinal que liga a BR-174 ao Rio Guaporé, levando até lá uma nova fronteira agrícola. Na TI Sararé, além da extração ilegal de madeira de lei, o retorno da exploração do ouro nas vertentes da Serra da Borda ainda assombra os Katitaulhu, que nos anos 1990 viram suas terras invadidas por cerca de 7.000 garimpeiros.

No Cerrado, o Complexo Hidrelétrico do Juruena também causa um intenso e extenso impacto ambiental sobre as TIs Nambikwara e Enawene-nawe. Ademais, empresas de extração ilegal de madeira itaúba atingem o interior da TI Nambikwara, cooptando indígenas a apoiarem o empreendimento. Nessa mesma terra, a falta de alternativas econômicas sustentáveis vem conduzindo os índios a vislumbrar o plantio de soja em terras próximas à cabeceira do Rio Camararé.

A BR-174, no trecho Juína (MT) a Vilhena (RO), entre as TIs Pirineus de Souza e o Parque Indígena do Aripuanã, ao sul, receberá asfaltamento que promoverá um fluxo ainda maior de veículos e gentes à região. Pirineus de Souza vem sofrendo também com a invasão por madeireiros, que praticam a extração ilegal de itaúba.

Os grupos Aikatesu e Hahaintesu, do Vale do Guaporé, reivindicam a demarcação de uma área às margens do Rio Guaporé que abrange uma região de pesca e onde há uma caverna sagrada, local para onde seguem suas almas após a morte. Os Mamaindê e Negarotê, da Serra do Norte, tentam recuperar as três lagoas sagradas que estão fora dos limites da TI Lagoa dos Brincos. Já os Niyahlosu, Siwaihsu e Hinkatesu reclamam, em função de direito legítimo, terras e caverna sagradas conhecidas por Morcegal, ainda não identificadas. Cada vez mais as instituições governamentais encontram obstáculos ao encaminhamento das demandas dos Nambikwara, ocasionando um sério risco de desaparecimento de grupos como unidades autônomas.

Se as linhas que cruzam as terras Nambikwara delineiam uma cartografia viva, reconfigurada pelas práticas cotidianas das aldeias e pelo contato com os não índios, os indígenas ressignificam a produção do espaço e reinventam seu próprio mundo. O protagonismo nambikwara é crescente: na luta por seus direitos constitucionais, eles são resguardados pelos ensinamentos dos pajés que, com a narigueira emplumada, chegam à copa da figueira mítica para revigorar suas forças. *(agosto, 2016)*

ACONTECEU

Grafismo Nambikwara
Fonte: "Viagem ao mundo indígena", Luís Donisete B. Grupioni, 1997

CHIQUITANO

MPF/MT RECOMENDA SUSPENSÃO DE LICENÇAS AMBIENTAIS

A Secretaria de Meio Ambiente (Sema) do Mato Grosso terá que suspender as licenças ambientais expedidas sobre a área correspondente à TI Portal do Encantado. É o que diz a recomendação expedida pelo MPF em 9 de maio, após receber denúncias da Funai e dos Chiquitano sobre a ocorrência de crimes ambientais. A Sema admitiu a existência de processos de licenciamento ambiental referentes a imóveis situados tanto no entorno quanto diretamente incidentes sobre a terra dos chiquitanos. O processo administrativo que visa reconhecer oficialmente a área como de ocupação tradicional pelos índios está no Ministério da Justiça aguardando a portaria de demarcação. *(MPF/MT, 20/05/2011)*

PESQUISADORA APRESENTA TESE SOBRE LÍNGUA AOS CHIQUITANO

O trabalho defendido em junho passado por Áurea Santana na UFG aborda aspectos sociolinguísticos da língua chiquitano nas comunidades de Vila Nova Barbecho, Acorizal, Central e Fazendinha, integrantes da TI Portal do Encantado, no município de Porto Esperidião. Os estudos da linguista já são utilizados pelos professores do povo Chiquitano para ensinar às crianças a língua. A ideia é que os Chiquitano continuem ações de revitalização da língua. Os anciões e lideranças foram unânimes em ressaltar a importância do trabalho. *(Blog da Funai, 08/11/2012)*

RIVA ACUSA FUNAI DE "FRAUDES E MENTIRAS" E QUER CPI

O deputado estadual José Riva (PSD) irá propor a criação de uma CPI para investigar a atuação da Funai em Mato Grosso. Entre as denúncias, está a de que reservas indígenas são criadas em áreas com grande potencial mineral e vegetal, altamente produtivas. "Denunciei a fraude dos Chuiquitanos. Eles são brasileiros descendentes de bolivianos", criticou. *(Mídia News, 21/08/2013)*

UMUTINA

PRIMEIRO ÍNDIO BOLSISTA DE INICIAÇÃO CIENTÍFICA DA FAPESP

Luciano Ariabo Kezo, de 22 anos, é umas das poucas pessoas que falam Umutina no mundo. Ele aprendeu a língua, considerada extinta pela Unesco, com um ancião da aldeia onde nasceu e cresceu, em Barra do Bugres. Ele agora estuda Letras na Federal de São Carlos e prepara um livro didático para ensinar umutina às crianças. A Fundação de Amparo à Pesquisa do Estado de São Paulo (Fapesp) pela primeira vez financia um projeto realizado por um indígena. Desde 2008, a UFSCar abre um vestibular exclusivo para alunos indígenas. Na TI Umutina moram mais de 500 índios de diferentes etnias. *(J. Deodoro, Estadão, 23/03/2012)*

NARRATIVA INDÍGENA PARA ALÉM DO LIVRO INFANTIL

Ariabo Kezo, que prepara gramática de seu idioma, o umutina, lança livro para crianças ['Boloriê: A Origem dos Alimentos'] como forma de afirmação e resistência. Os umutina-balatiponé são descendentes de 23 sobreviventes que, em meados dos anos 1940, instalaram-se na região de Barra dos Bugres. A língua majoritária passou a ser o português. *(W. Alves-Bezerra, OESP, 28/12/2015)*

APIAKÁ/KAYABI/MUNDURUKU

CASTANHA É FONTE DE RENDA DE ÍNDIOS

Indigenas Apiaká, Munduruku e Kaiabi do município de Juara, que habitam as margens do Rio dos Peixes na TI Kaiabi/Apiaka têm a sua principal fonte de renda ligada à castanha do Pará. Neste ano a colheita está mais fraca, mas mesmo assim já foram colhidas 30 toneladas. Os índios colhem a castanha inicialmente dentro dos limites da reserva e no final do período adentram as propriedades de fazendeiros que permitem a colheita. *(24 Horas News, 17/01/2011)*

MULHERES INDÍGENAS: 14 ANOS DE MOBILIZAÇÃO

Há 14 anos, sempre na semana da pátria, mulheres indígenas deixam as aldeias de norte a sul de Mato Grosso para discutir desafios comuns, em encontro promovido pela Takiná, uma das poucas organizações indígenas de abrangência estadual fundada em 2009, com o apoio do Cimi. Em 2015, o encontro foi realizado na TI Apiaká-Kayabi, onde em 2001 tudo começou. Em 2011, as anfitriãs fundaram a Associação de Mulheres Apiaká, Kayabi e Munduruku (Akamu) que conta com 69 associadas. Hoje, como elas dizem, há várias "cacicas", inclusive a da aldeia Mayrob. "Olhamos para a Associação Indígena de Mulheres Rikbaktsa (Aimurik) e pensamos que precisávamos nos fortalecer também", conta Agnes Fernandes França, presidente da Akamu. O próximo encontro da Takiná ocorrerá na aldeia Cravari, na TI Irantxe, do povo Manoki. *(A. Fanzeres, OPAN, 25/09/2015)*

RIKBAKTSA

ALDEIA S.A.

Índios Rikbatsa e Zoró garantem renda com a negociação de castanha e látex até com multinacional francesa. No ano passado, as duas etnias coletaram 130 toneladas de castanha-do-brasil e extraíram mais de 10 toneladas de látex. Nas terras dos Rikbatsa, há 13 galpões de armazenagem para 35 aldeias, além de uma máquina para acelerar o processo de secagem. Paulo Skirip, 40, presidente da Asirik (Associação do Povo Indígena Rikbatsa), diz que o objetivo é certificar a castanha produzida pela etnia. *(R. Vargas, FSP, 17/04/2011*

RIKBAKTSA E CINTA LARGA APRENDEM A MANEJAR CASTANHA

A Funai em Juína, em parceria com o projeto Pacto das Águas/Petrobras Ambiental, promoveu oficina para capacitar índios Rikbaktsa e Cinta Larga em boas práticas de manejo e secagem da castanha. A capacitação foi realizada entre 18 e 20 de junho, na aldeia Barro Vermelho (TI Erikbaktsa) em Brasnorte. O objetivo foi capacitar os envolvidos para a operação de um secador rotativo industrial doado pelo PNUD para a Associação Indígena Rikbaktsa. O equipamento possibilitará o beneficiamento de cinco toneladas por dia do produto que já tem certificação orgânica internacional. *(Blog da Funai, 26/06/2012)*

ANULAÇÃO DA HOMOLOGAÇÃO DA TI ESCONDIDO NEGADA

A AGU assegurou no TRF da 1ª Região (Brasília), a validade da demarcação da TI Escondido, ocupada pelos Rikbaktsa. A empresa Berneck Aglomerados S/A havia acionado a Justiça com o objetivo de pedir a anulação da homologação da demarcação datada de 09 de setembro de 1998. Os procuradores explicaram que a ação da empresa foi ajuizada em 2004 quando já teria prescrito a pretensão de reconhecimento da nulidade. *(B. Nogueira, AGU, 19/08/2013)*

ACONTECEU

MORRE UM GRANDE LÍDER: GERALDINO RIKBAKTSA

Geraldino Muitsy Rikbaktsa, do clã Makwaraktsa, faleceu no dia do Índio, dia 19 de abril de 2014. Sua morte foi pranteada por todos que, nos rituais de lamentação, orientaram seu espírito para encontrar o lugar dos antepassados, aos quais se juntou. Seu exemplo continuará sempre vivo entre os Rikbaktsa e entre os que o conheceram. *(R. Arruda, Carta Capital, 19/04/2015)*

NAMBIKWARA

TRF DETERMINA REPARO EM POSTO DE SAÚDE

O TRF da 1ª Região, em Brasília, manteve decisão de primeira instância que obriga a Funasa a reparar as irregularidades no único posto de atendimento aos nambikwaras no município de Comodoro. O relatório de uma antropóloga do MPF relata medicamentos armazenados com prazo vencido, presença de baratas, banheiros e bebedouros imundos, pia entupida e um bebê enfermo dormindo no chão sobre uma coberta rodeada de formigas na unidade. Dentre as obrigações do Executivo está a instalação de poços artesianos e sistema de armazenamento de água nas aldeias indígenas desprovidas de tais recursos. *(Diário de Cuiabá, 19/03/2011)*

MPF ABRE INQUÉRITO PARA APURAR IMPACTOS DE PCH

Em maio, o MPF/MT abriu inquérito para averiguar supostas irregularidades em processo de licenciamento ambiental da PCH Buriti e para apurar possíveis impactos aos indígenas Nambikwara na TI Tirecatinga, em Sapezal, onde fica o empreendimento. *(C. Piccioni, Olhar Direto, 06/06/2013)*

14 SÃO DENUNCIADOS POR GARIMPO ILEGAL

O MPF em Cáceres (MT) denunciou 14 pessoas por exploração ilegal de ouro no município de Pontes e Lacerda (MT), dentro da TI Sararé da etnia Nambikwara, que nos anos 90 chegou a ser ocupada por oito mil garimpeiros. O garimpo foi identificado pela Funai e desativado pela Polícia Militar em outubro de 2012. *(MPF/MT, 08/07/2013)*

ACUSADOS DE DESMATAMENTO TERÃO QUE PAGAR INDENIZAÇÃO

Dois acusados por desmatamento ilegal dentro da TI Sararé foram condenados a pagar indenização no valor de R$ 21 milhões por danos materiais. A perícia identificou o desmatamento ilegal de 5.659 hectares. A ação civil pública foi proposta pelo MPF em Cáceres em 2008. O desmatamento foi flagrado em 2002 por uma equipe de fiscalização da Funai e da Polícia Federal. *(MPF, 07/08/2013)*

MPF PEDE SUSPENSÃO DE PCH EM JUÍNA

O MPF/MT pediu à Justiça Federal em Cáceres, a suspensão do licenciamento da (PCH) Juína 117, que está prevista para ser construída no rio Juína, nos limites da TI Nambkiwara, entre os municípios de Campos de Júlio e Comodoro. Na ação, o MPF sustenta que indígenas afetados por obras precisam ser consultados antes da tomada de decisões. *(24 Horas News, 27/03/2014)*

NAMBIKWARA BLOQUEIAM BR-174, MOTORISTA ATROPELA ÍNDIO

O motorista de um carro atropelou um Nhambiquara na BR-174 em Comodoro nesta terça-feira (16), e quase foi linchado. O acidente ocorreu há 15 km de um bloqueio feito há cinco dias por cerca de 200 índios para a cobrança de pedágio. O indígena pilotava uma motocicleta supostamente embriagado, segundo a Polícia Rodoviária Federal (PRF). Após o acidente, conforme a PRF, os índios tentaram linchar o motorista e atear fogo no carro, mas a polícia interveio e evitou. De acordo com o líder Mané Nhambiquara, a revolta é diante da suspeita de que o atropelamento tenha sido proposital. Eles cobram melhorias nas estradas de acesso às aldeias, além de instalação de energia elétrica e licença para a plantação de alimentos. *(G1 Globo, 17/06/2015)*

ISOLADOS/KAWAHIVA

FUNAI TENTA PROTEGER ISOLADOS NA FLORESTA

Funcionários da Funai registraram imagens inéditas dos Kawahiva, uma das últimas tribos isoladas que vivem no Brasil. O território fica no município de Colniza, na divisa dos Estados de Mato Grosso e Amazonas. A rodovia MT-206 foi aberta para escoar a produção agrícola, mas por ela chegam também os madeireiros, os grileiros e os garimpeiros ilegais. Uma fazenda com galpão e mais de 15 casas foi construída dentro da terra dos índios. A Funai só se aproxima de uma tribo isolada quando ela corre risco de extermínio. Foi o que aconteceu em 2005, quando a terra dos kawahiva começou a ser vendida ilegalmente. O órgão estima que o grupo tenha pelo menos 32 indivíduos e quer que o governo declare esse território como área indígena. *(Jornal Hoje, 14/08/2013)*

VEREADOR NEGA QUE HAJA ÍNDIOS ISOLADOS

Em reação às primeiras imagens já produzidas e divulgadas dos índios Kawahiva na região de Colniza, o presidente da Câmara municipal da cidade, vereador Elpido Meira (PR), declarou nesta quarta-feira (14) que não há populações indígenas nas imediações. Para o parlamentar, os índios foram "implantados". A área delimitada pela Funai em 2007 foi objeto de disputas judiciais e hoje o local onde os Kawahiva foram avistados está logo ao lado de uma fazenda. A última decisão da Justiça Federal a respeito da demarcação é de julho deste ano e determina a continuidade do processo de homologação. *(G1 Globo, 14/08/2013)*

ENAWENÊ-NAWÊ

DNIT INVESTE R$ 28 MILHÕES EM RODOVIA QUE LIGA MT A RO

A BR-174, ligando Juína até a divisa com Rondônia (trecho de 174 quilômetros) será recuperada pelo Departamento Nacional de Infraestrutura de Transportes (DNIT), com investimentos de R$ 28 milhões. A rodovia é de chão e "corta" a Estação Ecológica Nacional de Ique, que [se sobrepõe à] TI Enawenê-Nawê, e margeia o Parque indígena do Aripuanã. A BR-174 foi implantada na década de 70. Foi também o início de um projeto de colonização, realizado pela extinta Companhia de Desenvolvimento de Mato Grosso (Codemat), em conjunto com a também extinta Superintendência de Desenvolvimento do Centro-Oeste (Sudeco), que deu origem ao município de Juína. *(A. Alves, Olhar Direto, 19/03/2011)*

ENAWENÊ-NAWÊ REIVINDICAM MELHORIAS NA SAÚDE

Representantes da etnia Enawenê-nawê, que é atendida pelo Dsei Cuiabá (pólo base de Brasnorte) estiveram com representantes da Sesai, nesta semana. Eles pedem reformas no posto de saúde, mais veículos e medicamentos. O diretor do Departamento de Gestão da Saúde Indígena (DGESI), Fernando Rocha, fez garantias aos indígenas. Uma equipe responsável pelo saneamento foi designada

ACONTECEU

para acompanhar as necessidades dos Enawenê-nawê e das obras que serão realizadas. *(Sesai, 25/03/2011)*

ICMBIO FORMA BRIGADA INDÍGENA NA ESEC DE IQUÊ

Incêndios florestais que ocorreram em 2010 nas áreas de sobreposição entre a Estação Ecológica (Esec) de Iquê e a TI Enawenê-Nawê criaram a oportunidade para a formação de uma brigada indígena voluntária. O curso formou 30 brigadistas. Os cursos foram promovidos pelo ICMBio em parceria com o Ibama, e contaram com o apoio da Funai e da Operação Amazônia Nativa (Opan). *(ICMBio, 27/06/2011)*

UNESCO ADICIONA RITUAL EM LISTA DE PATRIMÔNIO

A Unesco classificou o ritual "Yaokwa" dos enauenês-nauês como patrimônio imaterial que precisa de ações urgentes para a proteção. Segundo o órgão da ONU, os elementos que compõem o ritual amazônico estão inseridos em um ecossistema frágil, cuja continuidade depende da preservação do ambiente. A cerimônia se repete anualmente de dezembro a junho e envolve expedições para pesca, danças, ofertas de alimentos e músicas, como forma de apaziguar a ira dos espíritos. Segundo o Instituto Socioambiental, desde 2000 a organização social dos enauenês-nauês, que vivem no vale do rio Juruena, está ameaçada pelo projeto de construção de 11 pequenas centrais hidrelétricas. A decisão da Unesco ocorreu em Bali, Indonésia. *(V. Fornetti, FSP, 30/11/2011)*

ENAWENÊ NAWÊ MANTÊM PEDÁGIO

Os Enawenê Nawê montaram nesta terça-feira (25) um pedágio na MT-170, próximo à ponte do rio Juruena, em Juína. O G1 apurou que os indígenas estão cobrando R$ 100 para a passagem de caminhões e ônibus; R$ 60 de caminhões e carros e R$ 30 de motociclistas. O coordenador da Funai para a região noroeste de Mato Grosso, A. C. Aquino, afirmou que pelo menos 100 indígenas participam do pedágio. Ainda segundo Aquino, os indígenas vão pedir em Brasília a construção de uma farmácia, um posto de saúde na aldeia e a criação de uma estrada vicinal para ligar a aldeia à rodovia MT-170. Atualmente, o acesso à aldeia só é feito por meio de barcos pelo rio Juruena e o deslocamento passa de 10 horas. Com a estrada, de acordo com os índios, o tempo de percurso não iria passar de duas horas. Aquino apontou ainda que há menos de um ano, os índios fizeram um movimento parecido com as mesmas reivindicações, porém não foram atendidos e, por isso, voltaram a instalar o sistema de pedágio na rodovia. *(D. Maia, G1 Globo, 25/09/2012)*

PREFEITO DE JUÍNA CONTRA AMPLIAÇÃO DE TI

O prefeito de Juína, H. Bergamim, afirma que o projeto de ampliação da TI Enawenê-Nawê irá aniquilar a economia do município. A demarcação abrangerá, de acordo com Bergamim, 83% da extensão da cidade. O processo para aumentar a reserva tramita há cerca de 8 anos. *(L. Bólico, Olhar Direto, 31/03/2013)*

MPF REÚNE ÓRGÃOS PARA TRATAR DE PLEITO DOS ÍNDIOS

O MPF/MT reuniu-se nesta terça-feira, 4, com representantes da Funai, do Ibama, do ICMBio, do Departamento Nacional de Infraestrutura (DNIT) e do Governo do Mato Grosso. O objetivo foi encontrar solução para a construção da estrada ligando a aldeia Halaytawa, da etnia Enawenê Nawê, a trecho da BR 174, entre os municípios de Juína (MT) a Vilhena (RO). Na reunião, as lideranças Enawêne Nawê disseram que começaram a construir o ramal de acesso, e, dos 33km, faltam aproximadamente 2km. O intuito agora é legalizar esse ramal e realizar uma obra com profissionais especializados. O Estado do Mato Grosso se comprometeu a apresentar, em 45 dias, estudo com análise do traçado já aberto e indicar os custos da obra. Em seguida, o estudo será encaminhado ao MPF/MT, à Funai e ao ICMbio. A reunião foi realizada em Brasília na 6ª Câmara de Coordenação e Revisão do MPF (populações indígenas e comunidades tradicionais). *(MPF, 06/06/2013)*

FUNAI TEM 30 DIAS PARA CONCLUIR ESTUDO DE TI

Na sexta-feira (18/10), em decisão liminar, a Justiça Federal determinou prazo de 30 dias para que a Funai apresente o relatório sobre a TI Enawenê-Nawê, que servirá para a análise do pleito de inclusão da região do Rio Preto nos limites da TI. A decisão atendeu ao pedido do MPF que relatou a morosidade da Funai em concluir os estudos para revisão iniciados no ano 2000. Em sua decisão, o juiz federal F. Fiorenza, da Subseção Judiciária de Juína, afirma que "o perigo da demora é evidente, haja vista a documentação trazida aos autos revela a contínua degradação do Rio Preto, ocasionada pela utilização de substâncias tóxicas e atividades de garimpagem, bem como pela construção de pequenas hidrelétricas ao longo de sua cabeceira". *(MPF/PA, 22/10/2013)*

ENAWENÊ-NAWÊ FECHAM PONTE E COBRAM PEDÁGIO

Usuários da MT-170 estão revoltados com a cobrança de pedágio que indígenas da Enawenê Nawê estão fazendo na ponte sobre o rio Juruena, a 60 quilômetros de Juína. A cobrança foi iniciada na última segunda-feira (09) com cerca de 100 indígenas. Entre as reivindicações dos índios está a falta de remédios e melhorias no posto de saúde que existe na aldeia. Em setembro do ano passado, os indígenas também haviam bloqueado a MT-170 e cobrado pedágio. *(Nortão Notícias, 13/12/2013)*

ÍNDIOS LIBERAM PONTE APÓS UMA SEMANA DE PEDÁGIO

Conforme informações do G1, os indígenas disseram as reivindicações não foram atendidas e anunciaram que se o Governo não se pronunciar, eles retornarão a bloquear o acesso da região noroeste com o restante do Estado. *(Nortão Notícias, 16/12/2013)*

MPF RECOMENDA MANUTENÇÃO DE ESTRADA DE ACESSO A TI

O Governo do Estado deverá fazer a manutenção da estrada de acesso à Terra Indígena Enawenê Nawê, em Juína. A recomendação faz parte do acordo intermediado pelo MPF entre Governo do Estado, Funai, ICMBio e os indígenas. Desde 1998 os Enawenê Nawê pleiteiam a construção da estrada. Não tendo sido atendidos, os índios abriram a estrada no fim de 2013, que encontra-se em péssimo estado de conservação. Nos próximos 15 dias, o ICMBio deve apresentar um projeto para a manutenção contínua da estrada, mas a solução imediata da precariedade das condições da estrada ficou à cargo do Governo do Estado. Os procuradores da República não excluem a alternativa de levar o caso à Justiça Federal. *(MPF/MT, 19/09/2014)*

ENAWENÊ-NAWÊ É BALEADO EM ATAQUE DE CAMINHONEIROS

Daliameali Enawenê-Nawê acabou baleado no peito em Brasnorte, neste sábado, 24. O estado de saúde do indígena é considerado grave. O indígena estava com um grupo Enawenê que tentava se dirigir à cidade de Juína. No cami-

ACONTECEU

nho, foram atacados por caminhoneiros e fazendeiros que trancavam trecho da rodovia MT-170, que liga Brasnorte à vizinha Juína, na altura da ponte que passa sobre o rio Juruena, em protesto de retaliação contra os Enawenê, que, durante este sábado, cobravam pedágio no lado de Juína da ponte. *(Cimi, 25/10/2015)*

PF VAI INVESTIGAR SUMIÇO DE AMIGOS APÓS CONFLITO

A Polícia Federal se deslocou, nesta sexta-feira (11), para Juína para apurar o desaparecimento de dois amigos na última quarta-feira (9) após passarem por um bloqueio feito pelos Enawenê-nawê na BR-174. Segundo a PF, a suspeita das famílias de G. M. Santos Jr., de 24 anos, e M. C. Mendes, de 25 anos, é de que ambos tenham sido sequestrados pelos índios depois de um desentendimento no local do pedágio. Ambos estavam em uma caminhonete quando passaram pelo pedágio dos índios. Segundo a irmã de G., ambos pagaram o pedágio e passaram, mas os índios teriam alegado que eles atiraram contra uma placa. *(G1 Globo, 08/12/2015)*

PF APONTA 3 ÍNDIOS COMO SUSPEITOS DE HOMICÍDIO

A PF identificou pelo menos três suspeitos de envolvimento com o assassinato de dois jovens que haviam sido sequestrados pelos Enawenê-nawê. O A polícia ouviu indígenas, moradores da região e um funcionário da Funai que testemunhou as execuções na aldeia dos Enawenê-nawê. Caso a Justiça Federal defira o pedido de prisão preventiva, a própria PF deverá ficar responsável por localizar os suspeitos e realizar o cumprimento do mandado, mas há a possibilidade de os policiais negociarem a entrega dos suspeitos com os líderes da aldeia, segundo adiantou a assessoria de imprensa da PF. A PF também esclareceu que os suspeitos deste caso podem ser presos, pois, por terem contato rotineiro com centros urbanos o mundo exterior, não são considerados inimputáveis. Aos três dias de desaparecimento, os corpos dos amigos foram entregues à Polícia Civil e à PF pelos Enawenê-nawê. Eles marcaram um encontro com os policiais e compareceram com pinturas e trajes de guerra.
Os índios que os levaram afirmaram que várias pessoas na aldeia se envolveram com a execução. O caso gerou revolta em Juína, com novos bloqueios de rodovia. No fim de semana, a sede da Funai também teria sido apedrejada e atingida por tiros de arma de fogo. *(R. Dióz, G1 Globo, 14/12/2015)*

PARESÍ

ÍNDIOS QUEREM IMPEDIR COLHEITA DE SOJA EM MT

Produtores de soja de Campos de Júlio e Nova Lacerda estão enfrentando problemas para realizar a colheita em propriedades que foram demarcadas para a TI Uirapuru da etnia Paresí. Segundo a Federação da Agricultura e Pecuária de Mato Grosso (Famato), a área demarcada é de 21.680 hectares, dos quais 50% estão ocupados há mais de trinta anos por doze propriedades rurais. Conforme a Famato, os indígenas querem impedir a colheita da soja em 6 mil hectares, sendo que 4 mil hectares estão em uma só propriedade. Os produtores propõem uma trégua para realizar a colheita da soja, pois a demarcação ainda não foi homologada. *(V. Ferreira, Estadão, 23/02/2011)*

PROCURADORES AFASTAM PAGAMENTO DE INDENIZAÇÃO

A AGU confirmou, na Justiça, ser indevido o pagamento de indenização pela demarcação de TIs no município de Tangará da Serra. Em recurso no TRF da 1ª Região (Brasília), os autores da ação disseram que uma família possuía a propriedade legítima de um imóvel, adquirido do estado do Mato Grosso em 1960. A demarcação como Terra Indígena foi homologada pelo Decreto 63.368/68. Os procuradores atestaram que antes mesmo da transferência do imóvel à família dos autores da ação, a terra já era habitada pelos indígenas Paresí que já a utilizavam de maneira legítima. Além disso, afirmaram que a pretensão de indenização pelo valor da terra nua seria incabível, diante da expressa vedação contida no artigo 231 da Constituição Federal. *(W. Castro, AGU, 12/04/2013)*

MPF APURA IMPACTOS GERADOS POR PCH BACURI AOS PARESÍ

O MPF/MT instaurou no último dia 29 um inquérito civil público para apurar possíveis impactos ocasionados pela pequena central hidrelétrica (PCH) Bacuri, no rio Sacuriú-iná. De acordo com o inquérito, "a construção poderá causar impactos ao povo Paresí, da TI Ponte de Pedra", localizada na região de Campo Novo do Parecis. *(C. Piccioni, Olhar Direto, 06/06/2013)*

PARESÍ DEVEM SER OUVIDOS SOBRE IMPACTOS DE PCH

Por unanimidade, A 5ª Turma do TRF da 1ª Região [Brasília] determinou que indígenas sejam ouvidos sobre a implantação da PCH Salto Belo/Sacre2 já em operação no município de Brasnorte. O relator Souza Prudente avaliou que "apesar de a usina hidrelétrica em questão não se encontrar no perímetro da terra indígena dos Parecis, é certo que a referida área sofrerá o impacto de sua construção". O acórdão determinou que seja feito um estudo de impacto ambiental da obra e determinou multa diária de R$ 10 mil por dia em caso de descumprimento. *(F. Luche, Conjur, 18/11/2013)*

POLÍTICOS E PROCURADOR DISCUTEM REIVINDICAÇÕES

O governador S. Barbosa e o procurador-geral do Estado, J. Prochnow Jr., irão discutir com o deputado Wagner Ramos (PR), a viabilidade jurídica de três das principais reivindicações das lideranças paresi de Tangará da Serra, Campo Novo do Parecis, Sapezal e Conquista D'Oeste. Os Haliti Paresi, representados pelas Associações Waymare e Halitina, pedem a concessão do trecho Rio Papagaio/Rio Verde, da MT-235 e o reconhecimento do direito à cobrança de pedágio na área de Utiariti, entre Campo Novo do Parecis e Sapezal. O terceiro item é a manutenção deste trcho, que, segundo as lideranças, já vem sendo feita por meio de parceria entre as associações indígenas e o poder público. Outras reivindicações incluem parcerias agrícolas e royalties de PCHs. *(F. Leal, Assembléia Legislativa/MT, 26/02/2014)*

A BOLA: CABEÇABOL, ESPORTE DOS ÍNDIOS BRASILEIROS

O Cabeçabol, ou Jikunahaty, é um esporte em que os jogadores usam unicamente a cabeça para impulsionar a bola feita de látex. Nasceu há muito tempo nas aldeias da etnia Pareci e é disputado até hoje pelos povos locais. Com aproximadamente 30 cm de diâmetro, a bola é feita pelos índios a partir de um tipo de látex obtido da seiva da mangabeira, árvore típica do cerrado. Crianças e mulheres ficam de fora e o jogo é disputado em ocasiões especiais apenas pelos homens. Diferente do futebol, no Cabeçabol não existe gol. As equipes pontuam quando os adversários não conseguem devolver a bola para o campo do adversário. A bola não pode ser tocada com as mãos, pés ou outras partes do corpo, mas pode tocar o chão, antes de ser rebatida com a cabeça. *(Globo Esporte, 09/03/2014)*

ÍNDIOS APRENDEM A OPERAR MÁQUINAS

O projeto "Agricultura mecanizada" que ensina índios a operarem máquinas e equipamentos

ACONTECEU

agrícolas é desenvolvido há dez anos nas reservas Pareci e Utiariti por iniciativa de quatro associações indígenas.
O projeto tem o apoio da Funai e beneficia cerca de três mil índios. A renda gerada é usada para a compra de equipamento e contratação de pessoal para o trabalho nas lavouras. As máquinas modernas são compradas com recursos do projeto e exigem operadores capacitados que fazem um treinamento de uma semana. São cultivados arroz, feijão, soja e milho e os índios que trabalham na lavoura podem contar com uma renda, paga pelas associações, que varia de um a três salários mínimos. Foram investidos 48 mil reais em um curso para capacitar os indígenas. Um grupo de 50 parecis e manokis aprendeu nesta safra a pilotar plantadeira, colheitadeira e pulverizador. *(G1 Globo, 12/07/2014)*

PROCURADORIAS GARANTEM RESTITUIÇÃO DE TI

A AGU assegurou, na Justiça, a restituição de terras ocupadas pelos Parecis em Diamantino (MT). Particulares que se diziam donos das terras ajuizaram ação judicial contra a Funai com o objetivo de obter a reintegração de posse da área que está localizada em uma fazenda no MT. Alegaram que a terra teria sido invadida por mais de duzentos índios e que eles não ocupavam o terreno em 1988, quando foi promulgada a Constituição Federal. As procuradorias da AGU esclareceram que a literatura histórica aponta que, desde o século XIX, os índios Parecis, do subgrupo Kaxíniti, habitam as áreas da "Estação Pareci". Sustentaram que embora os indígenas tivessem sido retirados do local de direito de posse, eles nunca se desligaram da área. Destacaram que não poderia ser mantido o entendimento de que as terras tradicionalmente ocupadas pelos índios seriam somente aquelas ocupadas quando da promulgação da Constituição. *(AGU, 26/09/2014)*

MYKY

MYKY RETOMAM EXTRATIVISMO DA BORRACHA

Após 30 anos sem atividade extrativista da borracha, a aldeia myky (Japuíra), a 60 km de Brasnorte, volta a trabalhar com as seringueiras nativas existentes em seu território. A Empresa Mato-grossense de Pesquisa, Assistência e Extensão Rural (Empaer) foi a principal incentivadora. Hoje são 196 índios, formando um total de 26 famílias na aldeia Myky. Eles se mantiveram isolados da sociedade nacional até 1971, e fazem parte do grupo Manoki. Desde então, sofreram as consequências da especulação imobiliária e também com as doenças advindas do contato. Em 1968, os Manoki receberam do Governo Federal uma terra fora de sua área de ocupação histórica, cujas características ambientais inviabilizaram o uso tradicional dos recursos. "Há trinta anos nós fazíamos a extração da borracha da seringueira nativa quando era muito difícil o comércio, pois tinha que levar pra Cuiabá, uma, duas vezes por ano pra vender e era o sustento das famílias da aldeia", frisou Yamanxi Myky, chefe da aldeia. A proposta feita aos índios foi que a Empaer e a Prefeitura Municipal de Brasnorte busquem dar apoio na comercialização. Já na Aldeia dos Rikbatsa, a Empaer tem prestado assistência técnica na criação de peixes em tanque-rede no Rio do Sangue. Em dois tanques-rede, com capacidade para até 600 peixes adultos, são criados peixes Tambaquí e Matrinxã, aliando conhecimentos tradicionais dos indígenas às novas técnicas da piscicultura. *(C. Celina, Assessoria Empaer, 25/01/2011)*

JUSTIÇA FEDERAL IMPEDE A AMPLIAÇÃO DA TI MENKÜ

A Funai vai recorrer de uma decisão da Justiça Federal que tornou nulos todos os estudos realizados com a finalidade de revisar os limites da TI Menkü. O juiz federal titular da 21ª Vara, H. S. Dantas, determinou que a área da reserva já demarcada, com pouco mais de 47 mil hectares, não passe para quase 147 mil hectares. A decisão atende um pleito da Associação dos Produtores Rurais Unidos de Brasnorte (Aprub) e se pautou na chamada 'teoria do fato indígena', que atribuí às comunidades as terras ocupadas à época da promulgação da Constituição Federal de 1988. A TI Menkü foi homologada por decreto presidencial em 12 de fevereiro de 1987, mas para a Funai "a condicionante não veda em absoluto a revisão dos limites de TI, ainda que disso possa resultar em ampliação da área". *(L. J. Nascimento, G1 Globo, 20/05/2012)*

TRF CASSA LIMINAR E FUNAI DEVE RETOMAR AMPLIAÇÃO

A Funai obteve em Brasília decisão favorável junto ao Tribunal Regional Federal da 1ª Região para dar continuidade aos estudos de revisão e ampliação da TI Menkü. Com a vitória parcial, a Fundação pode a partir de agora dar sequência aos trâmites que antes estava impedida de fazer por decisão da Justiça Federal. *(G1 Globo, 05/07/2012)*

PRODUTORES DE BRASNORTE SE REÚNEM COM O GOVERNADOR

Produtores rurais de Brasnorte se reuniram ontem (17.07) com o governador de Mato Grosso, S. Barbosa, os deputados estaduais José Riva e Wagner Ramos e o presidente da Frente Parlamentar de Agricultura (FPA), deputado federal Homero Pereira. O objetivo do encontro foi apresentar o problema vivido pelos produtores que podem perder terras caso a Funai retome os estudos de revisão e ampliação da TI Menkü. Para o presidente da Federação da Agricultura e Pecuária de Mato Grosso (Famato), que reúne 86 sindicatos rurais de Mato Grosso, a reunião foi positiva. No encontro foi sugerido que a FPA agende uma reunião com a presidente Dilma Rousseff para tratar da questão de ampliação de TI's no estado. *(Famato, 18/07/2012)*

IRANTXE/MANOKI

ATAQUE A TIS: BRASNORTE NO TOPO DA DEVASTAÇÃO

Brasnorte, no noroeste de Mato Grosso, passou a liderar o ranking dos municípios que mais desmataram a Amazônia Legal. Em fevereiro de 2012, o Sistema de Alerta de Desmatamento (SAD) do Imazon detectou 12,6km2 totalmente devastados em 29 dias. A maior parte do desmatamento ocorreu no interior dessas áreas protegidas, em especial na TI Manoki, que representou, sozinha, 62,6% do desflorestamento em Brasnorte. Em outubro de 2011, a OPAN elaborou um relatório inédito de impactos socioambientais na TI Manoki, entregue por lideranças à presidência da Funai, em Brasília, para cobrar agilidade no processo de regularização da terra indígena. Isso inclui a retirada de proprietários e o pagamento de indenizações. "Há muito tempo estamos cobrando fiscalização, pois desde que nossa área foi demarcada a situação tem piorado. Tem madeireiro, fogo, soja. Estão até ampliando as áreas de lavoura dentro da terra É urgente apressar o processo para a homologação", alertou o cacique Manoel Kanuxi. As expedições ao território empreendidas pelos indígenas são mensais e acontecem com apoio da Funai e da Polícia Federal, para garantir a segurança dos Manoki. A realizada em setembro teve o suporte da OPAN e revelou que 20% da TI Manoki já tinham sido devastados. Na ocasião, foram vistos instrumentos de pesca predatória, rios assoreados, matas ciliares destruídas, colocando inclusive pontos de caça e de manejo, como o barreiro do rio São Benedito, em risco. Segundo o relatório, todos estes lugares e espécies vegetais e animais têm um 'dono' espiritual que deve ser respeitado e com os quais os Manoki devem interagir. A destruição dos recursos da área, assim, não é apenas uma perda de recursos, mas é uma alteração muito séria na ordem do mundo, repercutindo gravemente na vida e no cotidiano dos Manoki. Roças e caminhos abertos pelos índios na tentativa de consolidar seu domínio sobre o território foram destruídos para impedir a circulação dentro da área, o que evidencia a condição de pressão a que estão submetidos. Carros parados ao lado de materiais de construção na beira dos rios, placas da Funai arrancadas e alvejadas com tiros e até uma pista de pouso que está sendo recuperada atestam a má fé dos invasores. Em julho deste ano, um preposto dos fazendeiros chegou a apontar uma arma de fogo para os indígenas.

O território atualmente ocupado pelo povo Manoki, predominantemente de Cerrado, está praticamente todo cercado por lavouras de grãos e pastagens. Por causa disso, os indígenas têm sido diretamente afetados pelo despejo de agrotóxicos e, mais recentemente, pelo funcionamento da PCH Bocaiuva, que tem provocado uma drástica diminuição na abundância de peixes dentro da terra indígena. Nesse sentido, a plena ocupação do território tradicional na TI Manoki é essencial para a continuidade das práticas culturais e saúde dos indígenas. *(Opan, 22/03/2012)*

PROPRIETÁRIOS PEDEM QUE STF JULGUE CONFLITO

Empresas e proprietários de terras em Mato Grosso ajuizaram Reclamação (RCL 14016) no STF para que a Corte julgue processo relativo à demarcação de terras indígenas atualmente em tramitação na Justiça Federal daquele estado. O grupo alega a incompetência do Juízo da 3ª Vara da Seção Judiciária do Estado de Mato Grosso para julgar o litígio, que envolve, além dos proprietários de terras, o Estado de Mato Grosso e a União Federal. As áreas em questão, segundo seus proprietários, foram vendidas pelo estado na década de 1960. Em 2008, porém, uma portaria do Ministério da Justiça declarou-as como parte de território tradicionalmente ocupado pelo grupo indígena Irantxe, com base em estudos antropológicos da Funai. Os donos das terras questionaram o processo administrativo de demarcação da terra indígena e buscaram sua anulação na Justiça Federal de Mato Grosso. Como responsável pela emissão de títulos de propriedade das terras nos anos 60, o Estado de Mato Grosso ingressou no processo como litisconsorte ativo, posicionando-se ao lado dos proprietários. Com o ingresso do ente federativo, o grupo suscitou a incompetência do juízo de primeiro grau para dar prosseguimento à ação, com o argumento de que, estando o estado e a União em lados opostos da demanda, a competência para julgá-la seria do STF, conforme o artigo 102, inciso I, alínea "f" da Constituição da República. O questionamento foi rejeitado pelo juiz da 3ª Vara Federal, que entendeu que a ação tratava apenas de direito patrimonial, sem afetar o pacto federativo. *(STF, 25/06/2012)*

MOROSIDADE AGRAVA ILÍCITOS NA TI MANOKI

Duas carretas abarrotadas de toras foram interceptadas por 20 guerreiros indígenas durante o monitoramento regular que realizam no interior da TI Manoki, no último dia 2 de novembro de 2013. Elas transportavam madeira retirada ilegalmente por meio de uma ponte que dá acesso ao município de Nova Maringá, local em que os indígenas afirmam ser o destino da serragem das toras. A ponte, reconstruída clandestinamente por madeireiros, foi desta vez incendiada pelos Manoki na tentativa de impedir a entrada de mais invasores em seu território. Eles também flagraram uma pousada-pesqueiro em operação às margens do rio do Sangue, dentro da terra indígena. Segundo o coordenador regional da Funai em Juína, A. C. de Aquino, estava prevista para 2013 a realização do inventário patrimonial das benfeitorias de boa-fé na TI Manoki, mas a Funai respondeu aos índios que está sofrendo um contingenciamento generalizado de recursos, razão pela qual não pôde tomar providências. *(A. Fanzeres, Opan, 11/11/2013)*

JUSTIÇA DÁ 30 DIAS PARA FUNAI CONCLUIR DEMARCAÇÃO DE TI

A Justiça Federal de Mato Grosso obrigou a Funai e a União a concluírem em até 30 dias, o processo de demarcação da TI Manoki, bem como seu decreto homologatório. O descumprimento resultará em pagamento de indenização e o recurso deve ser destinado a um fundo federal. A obrigatoriedade resulta de uma decisão judicial proferida pelo juiz da 1o Vara Federal no Estado, I. Presser, datada de quarta-feira (2). De acordo com o magistrado, desde a criação da TI em 2008 por meio de decreto (1.428/2008), o processo ficou estagnado por mais de quatro anos. O magistrado fala em prejuízos à comunidade, cita ameaças à população indígena e elenca a exploração ilegal dos recursos naturais da reserva. Na decisão desta semana, o juiz federal condenou ainda União e Funai ao pagamento 'solidário' de R$ 30 mil (com juros de mora desde 6 de outubro de 1993) pelos danos morais coletivos causados aos Manoki em função da demora, bem como também pela comprovação dos crimes e danos ambientais. O valor deverá ser direcionado a um fundo federal. *(L. J. Nascimento, G1 Globo, 04/04/2014)*

PONTE PARA ESCOAR TORAS DA TI MANOKI É RECONSTRUÍDA

Faz menos de três meses que a Polícia Federal esteve no norte da TI Manoki junto com o Ibama para realizar uma ação de fiscalização que apreendeu maquinários e toneladas de madeira que eram extraídas clandestinamente da área. Há pouco mais de um ano, os Manoki incendiaram uma ponte de madeira construída com o único objetivo de servir como rota de escoamento de madeira ilegal de seu território até as serrarias do município de Nova Maringá, para além dos limites do rio do Sangue. Na primeira semana de novembro, eles se depararam com um caminhão carregado de cambará e cedrinho arrancados clandestinamente da terra indígena. E sua rota de saída era por aquela mesma ponte, que acaba de ser reconstruída pelos criminosos. Não faltam evidências sobre o avanço das agressões à TI Manoki. Receosos os Manoki eles apelam por uma ação enérgica por parte do governo. No entanto, a conclusão do processo de regularização fundiária encontra-se estacionada na Justiça. Segundo informou a Funai, duas ações movidas pela Associação de Produtores Rurais de Água da Prata e Associação de Produtores Rurais de Niterói de Brasnorte tiveram liminares que suspenderam o andamento da regularização fundiária da TI que tem 206 mil hectares. Apesar da decisão da juíza federal substituta da 21ª vara do Distrito Federal que, ainda em 2013, revogou as decisões anteriores, o processo administrativo não pode prosseguir por decisões da Justiça Federal em Mato Grosso decorrentes de ações da Associação de Produtores Rurais Esperança Ltda e da Associação de Produtores Rurais Estrela Dalva. *(Andreia Fanzeres, OPAN, 03/12/2015)*

13. Parque Indígena do Xingu

Kuikuro
Matipu
Mehinako
Nahukuá
Naruvotu
Tapayuna
Trumai
Waujá
Yawalapiti
Yudja (Juruna)

13. PARQUE INDÍGENA DO XINGU

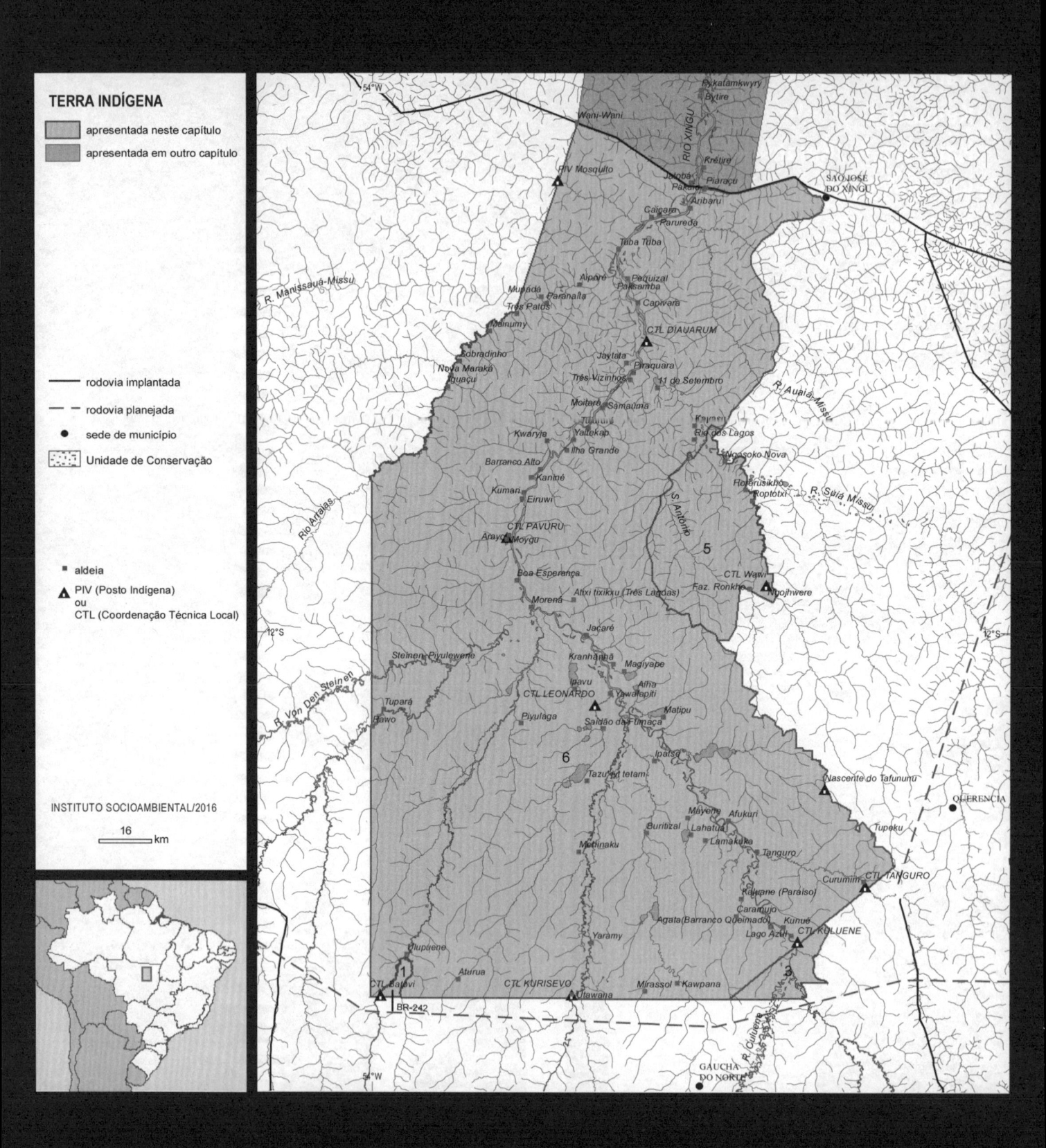

PARQUE INDÍGENA DO XINGU
Terras Indígenas
Instituto Socioambiental - 14/02/2017

Nº Mapa	Terra Indígena	Povo	População (nº, fonte, ano)	Situação Jurídica	Extensão (ha)	Município	UF
1	Batovi	Wauja	20 - Siasi/Sesai : 2013	HOMOLOGADA. REG CRI E SPU. Decreto s/n de 07/09/1998 publicado em 09/09/1998. Reg. CRI do município de Paranatinga, comarca de Chapada dos Guimarães (5.158 ha) Matr.5.356 Lv. 2-AK Fl 122 em 07/10/98. Reg. SPU Certidão n. 20 de 22/03/99.	5.159	Gaúcha do Norte Paranatinga	MT
s/I	Ikpeng	Ikpeng		EM IDENTIFICAÇÃO. Portaria 1.140 de 29/09/2005 publicado em 30/09/2005.		Feliz Natal Gaúcha do Norte Nova Ubiratã Paranatinga	MT
3	Pequizal do Naruvôtu	Naruvotu	69 - GT/Funai : 2003	HOMOLOGADA. Decreto s.n de 29/04/2016 publicado em 02/05/2016.	27.978	Canarana Gaúcha do Norte	MT
s/I	Rio Arraias	Kaiabi		EM IDENTIFICAÇÃO. Portaria 469 de 26/05/2003 publicado em 09/06/2003.		Marcelândia	MT
5	Wawi	Kisêdjê Tapayuna	457 - Siasi/Sesai : 2013	HOMOLOGADA. REG CRI E SPU. Decreto s/n de 08/09/1998 publicado em 09/09/1998. Reg. CRI no município de Querência, comarca de Canarana (150.329 ha) Matr. 6.447 Liv. 2-RG Fl. 1/v e 2/v em 09/12/98. Reg. SPU Certidão n. 22 de 22/03/99.	150.328	Querência São Félix do Araguaia	MT
6	Xingu	Aweti Kaiabi Nahukuá Yudja Kalapalo Kamaiurá Mehinako Matipu Naruvotu Kuikuro Kisêdjê Tapayuna Trumai Ikpeng Wauja Yawalapiti	6.090 - Siasi/Sesai : 2013	HOMOLOGADA. REG CRI E SPU. Decreto s/n de 25/01/1991 publicado em 26/01/1991. Reg. CRI no município de Juína, Matr.31.351 Liv. 2-DH, Fl. 160V em 05/11/87. Reg. CRI no município de Canarana, Matr. 3.293 Liv.2-B, Fl. 001 em 22/07/87. Reg. CRI no município de Sinop. Matr. 3.864 Liv 2 Fl. 01 em 27/07/87. Reg. CRI no município de São Félix do Aeaguaia, Matr. 7.401, Liv.2 Fl. 001 em 21/09/87. Reg. CRI no município de Luciara, Matr. 7.402 Liv 2 Fl. 001 em 21/09/87. Reg. CRI no município de Paranatinga, Matr. 31.350 Liv.2-DH, Fl. 159V em 05/11/87. Reg. SPU MT Certif. s/n de 18/05/87.	2.642.004	Canarana Feliz Natal Gaúcha do Norte Marcelândia Nova Ubiratã Paranatinga Querência São Félix do Araguaia São José do Xingu	MT

SAÚDE

Velhas e Novas Ameaças no Xingu

Douglas Rodrigues — Médico, Projeto Xingu, EPM/Unifesp
Sofia Mendonça — Médica, coordenadora do Projeto Xingu, EPM/Unifesp

O FANTASMA DA ASSIMILAÇÃO RONDA A SAÚDE INDÍGENA. O DESCOMPASSO ENTRE A AMPLIAÇÃO DOS INVESTIMENTOS E A BAIXA QUALIDADE DOS SERVIÇOS TEM EXPLICAÇÕES NO ATUAL MODELO DE GESTÃO DO SUBSISTEMA DE SAÚDE INDÍGENA, QUE ESTÁ DESCONSTRUINDO O PARADIGMA DA ATENÇÃO DIFERENCIADA. O TRABALHO COM OS ÍNDIOS TRANSFORMOU-SE NO TRABALHO PARA OS ÍNDIOS. A SAÚDE INDÍGENA NÃO SOBREVIVERÁ AO LOTEAMENTO POLÍTICO E À INTEGRAÇÃO PURA E SIMPLES AO SUS

A política nacional de saúde indígena, no período de 2011 a 2016, viveu a esperança, com a criação da Secretaria Especial de Saúde Indígena (Sesai), da consolidação da atenção diferenciada, do protagonismo indígena, da ampliação da cobertura dos serviços de saúde, do aumento dos recursos financeiros, materiais e de pessoal para o trabalho nas aldeias indígenas. Viveu a perspectiva de ampliar e qualificar as ações de saúde e da implementação de um modelo de atenção culturalmente sensível, baseado na promoção e na vigilância da saúde. No entanto, a política de saúde indígena perdeu-se no caminho, viveu a desesperança de ver tudo se perder, com uma gestão despreparada e aparelhada, denúncias de corrupção em muitos distritos, falta de investimento no interior das Terras Indígenas, desarticulação com os serviços de maior complexidade do Sistema Único de Saúde (SUS) e falta de combustível ou barcos para a entrada das equipes de saúde nas áreas indígenas, particularmente na região norte do país. A Atenção Diferenciada, conceito-chave para todo o Subsistema de Atenção à Saúde Indígena, o SasiSUS, foi sendo esquecida na prática e em todos os documentos oficiais.

O que vimos foi a instalação de um modelo centrado no médico, na doença e em uma abordagem individualizada que não prioriza a promoção e prevenção da saúde nas aldeias, acentuando a medicalização, principalmente depois da entrada dos médicos do Programa Mais Médicos (PMM) nas áreas indígenas em 2013.

Conforme dados do Ministério da Saúde, obtidos pelo *El País*[1], entre 2011 e 2015, a verba investida subiu 221%, chegando a 1.390 milhões de reais em 2015. Mas como este aumento de recursos tem impactado na saúde dos povos indígenas? Provavelmente este impacto foi diferente em cada Distrito, dependendo da região do país, do maior ou menor isolamento das aldeias, do grau e intensidade do contato com a sociedade do entorno, entre outros determinantes.

Trabalhos de conclusão do curso de especialização em Saúde Indígena oferecido aos médicos do PMM têm mostrado que em alguns Distritos, em especial na região Nordeste, a presença dos médicos garantiu melhores indicadores de saúde, programas nacionais de saúde foram implementados com relativo sucesso. Em outros Distritos, no entanto, temos acompanhado a recrudescência de várias doenças como malária, tuberculose, leishmaniose, infecções sexualmente transmissíveis e outros agravos.

No Xingu, os resultados desse aumento de recursos foi muito aquém do esperado. Alguns indicadores de saúde sofreram uma inversão da tendência de redução observada em anos anteriores. Infelizmente, não estão disponíveis informações e indicadores que possam servir para o monitoramento e a avaliação dos serviços oferecidos pelo Subsistema de Saúde Indígena e da situação de saúde de cada comunidade, em sua singularidade. Por essa razão, este texto não pretende explorar a situação da saúde indígena no país e sim apresentar uma reflexão sobre este cenário no contexto do Dsei Xingu, utilizando algumas informações oficiais e dos registros médicos e relatórios técnicos do Projeto Xingu.

MUDANÇAS RECENTES NA VIDA NO PARQUE INDÍGENA DO XINGU

Muitas foram as mudanças na vida dos xinguanos nos últimos cinco anos (2011 a 2016). Cresceu rapidamente o número de índios contratados pelo Dsei e pelas Secretarias Municipais de Saúde e Educação, multiplicaram-se as iniciativas de turismo e comercialização de produtos e artesanatos. Paralelamente, aumentou o acesso a benefícios sociais em dinheiro, como o auxílio-maternidade, a aposentadoria e o Bolsa Família, este último chegando a 785 famílias, cerca de 80% do total residente no Parque Indígena do Xingu (PIX)[2]. Em consequência da intensa monetarização da economia xinguana, tem aumentado a circulação dos índios pelos municípios do entorno, para retirar o benefício que é depositado nos bancos, fazer compras e conhecer as coisas da cidade. Todas estas mudanças têm impactado sua situação de saúde, e estão diretamente relacionadas a uma epidemia silenciosa de doenças antes inexistentes, de caráter crônico como: Síndrome Metabólica, Hipertensão Arterial Sistêmica e Diabetes Mellitus (*mais adiante*).

A última iniciativa de formação de Agentes Indígenas de Saúde (AIS) no Xingu encerrou-se em 2012 com a formação de 117 AIS provenientes de todas as regiões do Xingu. Com a missão de implantar um novo modelo de gestão na saúde indígena, a Sesai aumentou rapidamente o número de pessoas que passaram a compor as equipes de saúde. No Dsei Xingu, o aumento do número de profissionais possibilitou a composição do Núcleo de Atenção à Saúde Indígena (Nasi), na sede do Distrito, e o aumento das equipes nas Casas de Saúde Indígena (Casai) e em campo. Um número de profissionais antes inimaginável, incluindo seis médicos disponibilizados pelo PMM em 2013.

Para podermos refletir como esse aumento de investimento repercutiu nos principais indicadores de saúde no PIX, vamos examinar uma pequena série histórica de 2011 a 2016.

MORTALIDADE

Entre as mortes ocorridas neste período, observamos o aumento do número de casos de neoplasias, doenças cardiovasculares, desnutrição entre idosos e crianças, acidentes, prematuridade e doenças respiratórias, estas últimas particularmente entre as crianças. A maioria das mortes, nos últimos anos, tem acontecido nas cidades, em serviços de referência regionais do SUS (hospitais, policlínicas ou mesmo na Casai).

A Taxa de Mortalidade Infantil – que considera a morte de menores de um ano entre todos os nascimentos daquele mesmo ano – é um bom indicador para avaliar a qualidade de vida, acesso aos serviços de saúde, atenção básica em saúde de uma população.

Estes indicadores revelam que, paradoxalmente, em vez de melhorar os indicadores de saúde houve um retrocesso. Para entender este quadro é preciso muita cautela, são vários aspectos a serem considerados. Embora tenha ocorrido um grande aumento dos profissionais de campo, seu despreparo para o trabalho em área, a oferta irregular de insumos, medicamentos, equipamentos e o pouco investimento em infraestrutura e tecnologia adequada, somadas ao modelo médico centrado, contribuíram para a diminuição da resolutividade dos serviços de saúde no interior das áreas indígenas. Consequentemente, observa-se um aumento no número de remoções para serviços de saúde da região. A falta de articulação adequada com esses serviços especializados resulta, também, em baixa resolutividade e aumento da medicalização. Na atenção aos partos, por exemplo, houve aumento dos casos de prematuridade e mortes por septicemia neonatal, adquirida em ambiente hospitalar.

Em geral, a diminuição da mortalidade infantil está associada à diminuição da desnutrição e à detecção e tratamento precoce dos casos, principalmente das doenças mais comuns na infância, como as diarreias e doenças respiratórias, as maiores causas de mortalidade na infância. Nota-se que, com o grande aumento da equipe de profissionais não indígenas, houve um afastamento entre as equipes de campo e os agentes indígenas de saúde e parteiras. O vínculo entre as equipes indígena e não indígena se perdeu e, com isso, o acompanhamento dos casos de doenças diarreicas e principalmente respiratórias se fragmentou. Os AIS, em geral, detectavam precocemente os casos de doença respiratória, comunicavam-se com a equipe e juntos acompanhavam sua evolução. Esta prática se perdeu. O modelo médico centrado prevaleceu em detrimento do modelo da vigilância em saúde com

TABELA 1. DSEI XINGU: NÚMERO DE MORTES DE MENORES DE UM ANO POR LOCAL DE ÓBITO – 2011 A 2015

	2011	2012	2013	2014	2015
Cidade	4	3	4	9	10
Área	3	2	0	0	3

Fontes: Dsei Xingu/Sesai e Projeto Xingu.

FIGURA 1. DSEI XINGU: NÚMERO BRUTO DE MORTES POR ANO – 2011 A 2015

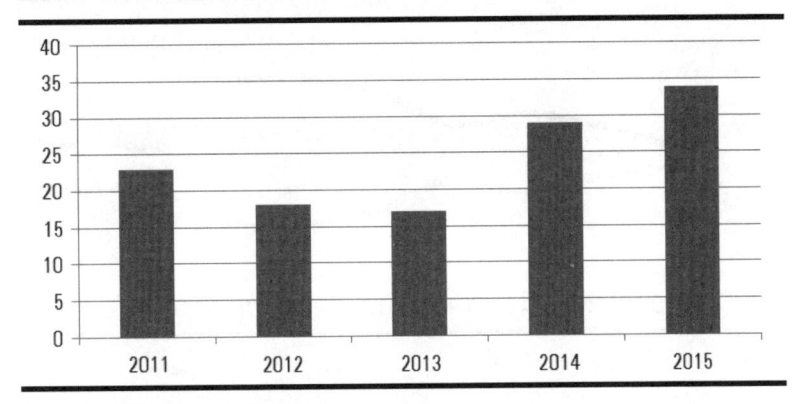

Fontes: Dsei Xingu/Sesai e Projeto Xingu.

FIGURA 2. DSEI XINGU E BRASIL: TAXAS DE MORTALIDADE INFANTIL – 2009 A 2015

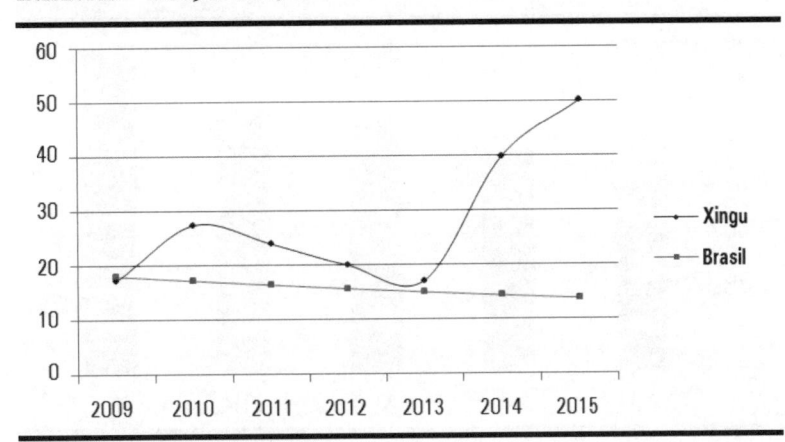

Fontes: Dsei Xingu/Sesai, Projeto Xingu e IBGE.

FIGURA 3. DSEI XINGU: NÚMERO DE MORTES INFANTIS DE ACORDO COM A IDADE DO ÓBITO – 2011 A 2015

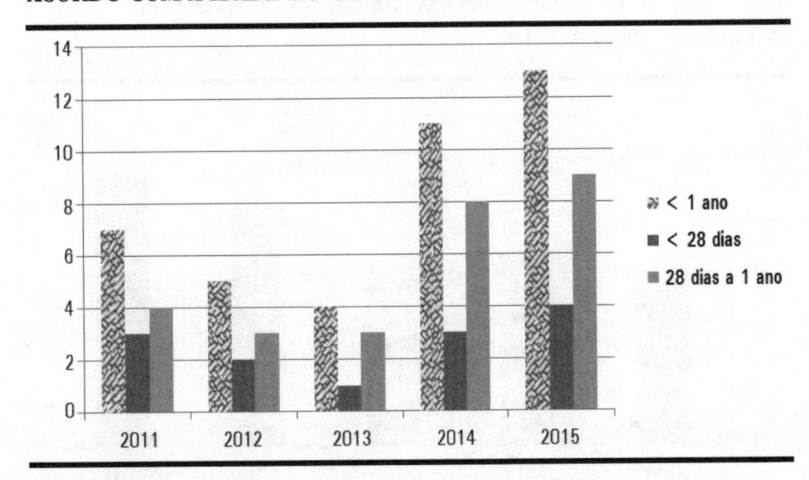

Fontes: Dsei Xingu/Sesai e Projeto Xingu.

a participação de todos os atores, desde a promoção, prevenção e recuperação da saúde.

Ainda com relação à resolutividade em área, a articulação que havia com os laboratórios regionais para a coleta de exames laboratoriais em campo, de gestantes e outros casos, com um fluxo rotineiro para as referências, em Sinop e Canarana, foi perdida. Com isso, todas as gestantes precisam sair de aeronave, carro ou barco, para fazer os seus exames pré-natais nas cidades do entorno. Tem sido implantada, pelos médicos do PMM, uma rotina de retirada das mulheres para a cidade quando chegam às 35 semanas de gestação para fazer os exames e para que tenham o parto hospitalar. Daí o aumento dos partos na cidade, para além do interesse em receber o auxílio-maternidade.

Esta é uma questão delicada que tem sido discutida pelas mulheres em diferentes espaços, como na capacitação em pré-natal para a equipe de saúde realizada este ano (2016) no Alto Xingu pela equipe do Projeto Xingu, com a participação de profissionais do Dsei Xingu. Parteiras, lideranças e profissionais de saúde puderam avaliar o acompanhamento das gestantes, propor adequações e buscar estratégias para implementação do programa de pré-natal em parceria com as parteiras e outros especialistas tradicionais. Em uma de suas falas, Sula Kamaiurá, Agente Indígena de Saúde, vice-presidente da Associação Yamurikumã de Mulheres Xinguanas, sintetizou um ponto fundamental dos debates:

"Hoje em dia o parto na aldeia virou uma urgência. Todos nós víamos o parto como um acontecimento normal no ciclo da vida. Hoje muitas famílias não querem que a mulher ganhe bebê nas aldeias. Assim estamos perdendo nossas parteiras, esse conhecimento está enfraquecendo. Algumas mulheres estão começando a se preocupar com isso. No Brasil inteiro está acontecendo isso, a prática da parteira tradicional está enfraquecendo... se a gente valorizar o nosso conhecimento e ampliar o conhecimento das parteiras trazendo também algumas práticas interessantes da biomedicina, conseguiremos fortalecer o conhecimento tradicional."

Mapulu Kamaiurá, Pajé e Parteira, contou que já acompanhou 31 partos, mas ela percebe que este conhecimento está sendo deixado para trás pela população do Xingu. O último parto acompanhado por ela foi em 2009. Ela já teve filho na cidade e avalia que o parto na aldeia é melhor para as mulheres:

"Quando a gente tem filho na aldeia temos a nossa mãe junto, ela nos ajuda, tem as parteiras, todas dando apoio à gestante. No hospital a pessoa não segue a dieta: assim que a criança nasce já oferecem suco e sopa, o que não está certo de acordo com as nossas regras. (...) Grávida não é doente. Aquela que está grávida vai ocupar colchão de paciente."

As parteiras foram muito enfáticas sobre o quanto as condições do parto em ambiente hospitalar estão distantes de suas práticas tradicionais. Elas reconhecem a preocupação dos profissionais não indígenas com a evolução e desfecho da gestação e os cuidados pós-parto sob o olhar da medicina ocidental. Contudo, consideram ideal que as gestantes saiam para referência somente quando necessário para realização de exames de rotina de pré-natal, regressando para aguardar o parto na aldeia. Sugeriram também o retorno da coleta dos exames em campo e a aquisição de um aparelho de ultrassonografia portátil para que o exame possa ser realizado também dentro de área. Sobre as condições de trabalho em área, foi colocada a necessidade de aquisição de materiais e instrumentos para o trabalho das parteiras e uma maior aproximação com a equipe de campo.

É importante ressaltar a necessidade de investimento em equipamentos, insumos e na articulação de uma rede de cuidado integral à saúde da mulher, desde a aldeia até as referências secundárias e terciárias quando for o caso.

DOENÇAS CRÔNICAS NÃO TRANSMISSÍVEIS

Quando observamos as doenças crônicas não transmissíveis também identificamos um expressivo aumento neste período como revelam os quadros ao lado.

Estes números devem estar relacionados às mudanças no modo de viver, trabalhar e comer entre as famílias

GRÁFICO 4. DSEI XINGU: LOCAL DE PARTO – 2009 A 2015

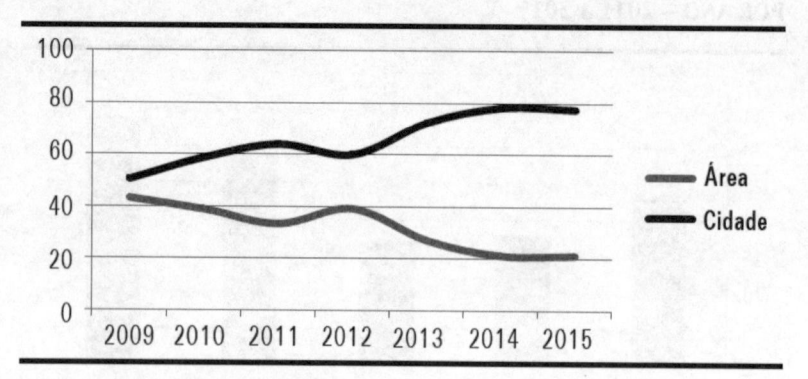

Fontes: Dsei Xingu/Sesai e Projeto Xingu

GRÁFICO 5. DSEI XINGU: NÚMERO DE CASOS DE HIPERTENSÃO ARTERIAL – 2011 A 2015

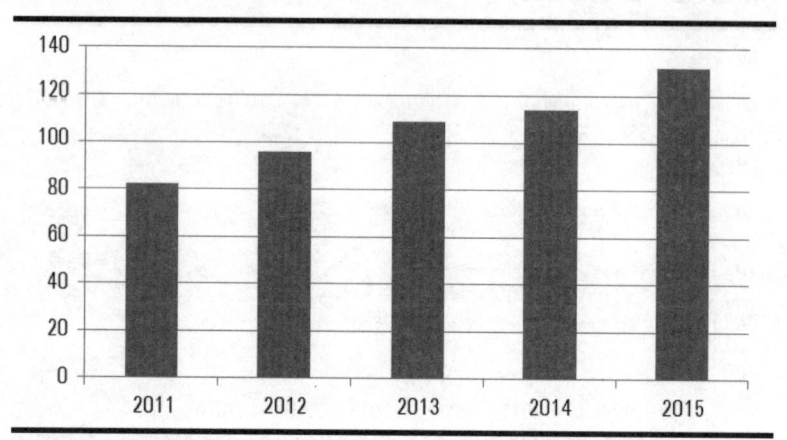

Fontes: Dsei Xingu/Sesai e Projeto Xingu.

GRÁFICO 6. DSEI XINGU: NÚMERO DE CASOS DE DIABETES MELLITUS – 2011 A 2015

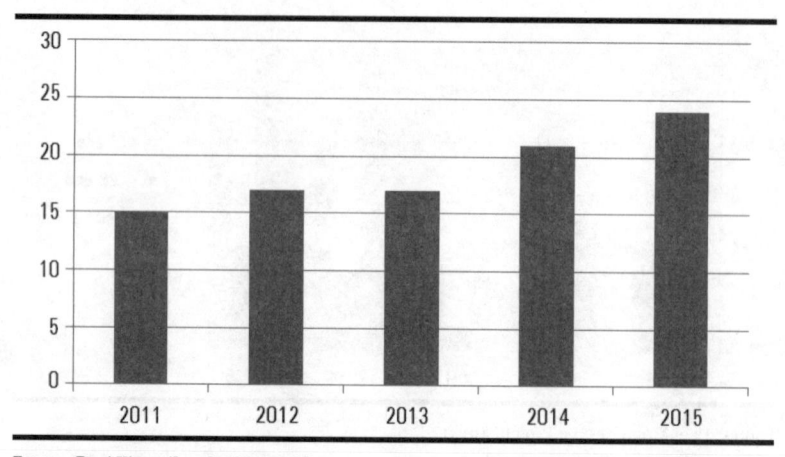

Fontes: Dsei Xingu/Sesai e Projeto Xingu.

xinguanas. Estes dados relacionam-se ao aumento da desnutrição entre as crianças e de mortes por doenças cardiovasculares como Acidentes Vasculares Cerebrais e Infartos Agudos do Miocárdio nos adultos. Vários estudos têm apontado a maior vulnerabilidade dos índios a essas doenças. Uma vez instaladas, por sua cronicidade, requerem a organização do processo de trabalho para o acompanhamento adequado dos doentes e a redução do risco de morte por complicações. De igual importância são as ações de promoção de saúde, que levem às comunidades as informações necessárias para a promoção de sua saúde. Esse trabalho dificilmente logrará êxito sem a participação dos índios, não valorizada no modelo médico centrado atualmente em curso.

RETRAÇÃO DAS AÇÕES DO PROJETO XINGU

Durante o período de 2013 a 2015, houve uma retração das ações do Projeto Xingu da EPM/Unifesp, principalmente no que se refere à seleção, acompanhamento e capacitação dos profissionais de campo e apoio à organização do processo de trabalho. Em 2012, com a perspectiva de elaborar de forma coletiva uma avaliação e diagnóstico da situação de saúde no Xingu, valorizar e planejar o que seria uma atenção diferenciada, foi realizada uma Oficina Distrital de Saúde Indígena com o tema "Construindo as linhas do cuidado integral na rede saúde indígena: como articular os cuidados e práticas tradicionais".

Durante a oficina, foi elaborado um diagnóstico da situação de saúde considerando vários eixos do processo de trabalho como: o sistema de informações, a gestão diferenciada, o controle social, a articulação com os serviços de saúde de referência regional, a articulação entre as práticas da biomedicina e práticas tradicionais, a formação de indígenas e não indígenas para o trabalho em saúde, a infraestrutura, os equipamentos, insumos e medicamentos para o trabalho de campo. Estiveram presentes todos os atores que produzem saúde: parteiras, pajés, rezadores, raizeiros, conselheiros, lideranças, profissionais de saúde indígenas e não indígenas e gestores. Foram levantadas várias propostas para organização do processo de trabalho e atenção diferenciada no Dsei Xingu. Infelizmente, muitas destas propostas permanecem no discurso, cada vez mais distanciado da prática cotidiana.

Ainda em 2012, foi concluída a formação dos Agentes Indígenas de Saúde na área de abrangência do Médio, Baixo e Leste Xingu pelo Projeto Xingu EPM/Unifesp, em parceria com o Dsei Xingu, a Escola de Saúde Pública da SES/MT e Seduc/MT. Os formandos também concluíram o Ensino Fundamental desenvolvido concomitante à formação em saúde. Já no último módulo, ao elaborar o plano de vida de cada um, os alunos apontaram a vontade de continuar seus estudos na área da saúde. Para a formatura, elaboraram um documento com a demanda pela continuidade do itinerário formativo em nível técnico em diferentes áreas da saúde, acopladas ao Ensino Médio. Desde então este tem sido um dos projetos em negociação.

O Projeto mantém as ações de imunização, com a vigilância em saúde nas aldeias – expandindo o numero de imunobiológicos, inclusive com a incorporação da vacina anti-HPV. A partir de 2015, a equipe do Projeto apoiou a capacitação e mudança de práticas relacionadas à imunização na área de abrangência do Alto Xingu, aumentando a cobertura vacinal da região e incorporando a vigilância em saúde nas aldeias. Também permanece desenvolvendo ações matriciais de saúde da mulher, como o rastreamento do câncer do colo do útero, colposcopia e outros procedimentos, ampliando a cobertura para a área de abrangência do Alto Xingu em 2014, a partir da demanda da Associação Yamurikumã das Mulheres Xinguanas.

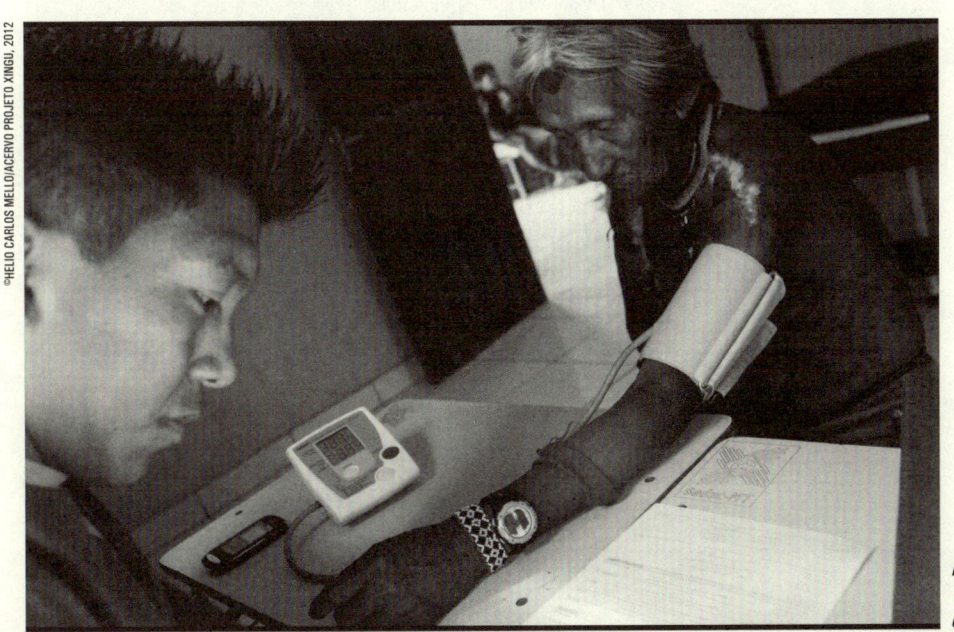

Pesquisa-ação sobre as Doenças Crônicas não Transmissíveis e Oficina de Culinária realizada entre os Yudja, Aldeia Tuba-Tuba, PIX.

Ao longo desta década, acompanhando as mudanças no modo de viver entre os povos do Xingu, detectamos o aumento das doenças crônicas não transmissíveis. Para entender como estas mudanças estão relacionadas a estes agravos, o Projeto Xingu passou a desenvolver atividades de pesquisa-ação nas aldeias, por etnia. Foram realizadas pesquisas, com o rastreamento da diabetes, hipertensão, síndrome metabólica e desnutrição; diagnóstico participativo sobre o uso abusivo de bebidas alcoólicas e outras drogas; e oficinas de culinária entre os Kisedje (2010 e 2011), Yudjá (2012) e parte do povo Kawaiwete (2014)[3]. Estas pesquisas e oficinas puderam evidenciar problemas de saúde, socializar informações e conhecimentos junto às comunidades; capacitar a equipe local de saúde e construir, de forma coletiva, estratégias para o seu enfrentamento.

A perspectiva para os próximos anos é ampliar o trabalho de campo, com aumento da cobertura das atividades de pesquisa-ação na investigação das novas doenças relacionadas às mudanças no modo de viver e retomada do processo de formação para os indígenas, em nível técnico na área da saúde, de forma integrada ao Ensino Médio, garantindo a possibilidade de continuidade de seu itinerário formativo.

PERSPECTIVAS FUTURAS DA SAÚDE INDÍGENA

Constatamos que o Subsistema de Saúde Indígena vem sendo desconstruído e com ele o paradigma da Atenção Diferenciada. Não são levadas a cabo adaptações dos programas e serviços de saúde que garantiriam a integralidade da atenção à saúde indígena, como previsto em lei. Os profissionais de saúde são alocados nos Dsei sem o devido preparo para o trabalho em um espaço intercultural. Não há educação permanente. O trabalho com os índios transformou-se no trabalho para os índios.

A ampliação da cobertura de serviços de saúde vem se dando de forma pouco efetiva, resultando na baixa qualidade e resolutividade dos serviços ofertados. Esse descompasso entre o aumento do investimento e os resultados obtidos, aparentemente paradoxal, encontra explicações no modelo de gestão e de atenção à saúde. A saúde indígena não sobreviverá ao loteamento político e a integração pura e simples ao Sistema Único de Saúde, nos moldes da municipalização dos serviços. O fantasma da assimilação vem rondando a saúde indígena.

Muitos são os desafios, mas acreditamos que e a consolidação do SasiSUS e do próprio SUS passa por uma gestão e atenção diferenciada e pelo protagonismo indígena na condução do processo de produção da saúde em seu território. *(novembro, 2016)*

NOTAS

[1] Sobre este tema, leia o "Especial Saúde Indígena" (D. Alameda e T. Bedinelli, 25/08/2015), publicada pelo *El País*. Disponível em: <brasil.elpais.com>

[2] Sobre este tema, leia a matéria "Bolsa Família altera rotina de indígenas na região do Xingu" (F. Maisonnave, 04/09/2016), publicada pela *Folha de São Paulo*. Disponível em: <folha.uol.com.br>.

[3] Para mais, visite o *site* do Projeto Xingu: <www.projetoxingu.unifesp.br/cms>.

XINGU/PANARÁ

Jovens Indígenas: Desafios das Novas Gerações

Amanda Horta	Antropóloga, doutoranda Museu Nacional/UFRJ
Camila Gauditano	Antropóloga
Fabiano Campelo Bechelany	Antropólogo, doutorando UnB
Rosana Gasparini	Geógrafa e educadora

DIFERENTES CULTURAS, DIFERENTES MODOS DE DEFINIR GRUPOS DE IDADE. NO PIX E NA TI PANARÁ, O CONCEITO DE JUVENTUDE PARECE TER SE FIRMADO APENAS RECENTEMENTE, A PARTIR DA EXPERIÊNCIA ESCOLAR. HOJE EM DIA, É COMUM DIZEREM QUE OS JOVENS PRECISAM DE DUAS CABEÇAS: UMA PARA AS PRÁTICAS TRADICIONAIS E OUTRA PARA AS NOVAS TECNOLOGIAS. MAS COMO ALIAR UNIVERSOS TÃO DISTINTOS?

Com base nos dados demográficos do IBGE de 2010 é possível perceber a centralidade da questão do jovem no universo indígena atual. No Parque ou Terra Indígena Xingu (PIX) e na Terra Indígena Panará, por exemplo, 60% da população têm menos de 15 anos e, se considerarmos jovens com até 25 anos, esse número aumenta para 79% da população. Um quadro semelhante ao xinguano e panará se apresenta em outras Terras Indígenas brasileiras. Mais do que um dado demográfico, a juventude é um tema de destaque nos debates atuais entre indígenas e indigenistas nas mais diversas regiões da América.

Para compreender esta situação e refletir sobre seus possíveis desdobramentos, já que a falta de homens e mulheres mais velhos impacta diretamente a transmissão de conhecimentos indígenas e a perspectiva de futuro das gerações mais novas, foi realizado o *Diagnóstico da Juventude na Terra Indígena Xingu e na Terra Indígena Panará*, promovido pelo Programa Xingu durante o ano de 2016.

O diagnóstico partiu da premissa de que cada povo estabelece suas categorias de idade de acordo com seus processos próprios de ensino e aprendizagem, e que a noção de *jovem* e *juventude* poderia ter se firmado na realidade indígena a partir da entrada da escola em suas terras. Neste sentido, questionou-se se o termo *juventude* era apropriado para se referir às diferentes realidades étnicas e se haveria uma equivalência de significados. Afinal, o significado atribuído ao termo *juventude* pela sociedade ocidental faz sentido para os povos indígenas?

Por ser difícil abarcar todos os povos das diferentes regiões do PIX, foi formulado um sistema diagnóstico por amostragem visando contemplar e representar a diversidade de povos que falam línguas de diferentes troncos e famílias. Participaram do *Diagnóstico da Juventude* os povos Kalapalo, Kuikuro, Matipu, Nahukua, Waura e Kamayura, que vivem no Alto Xingu, os Ikpeng e Trumai, que vivem no Médio Xingu, os Kawaiwete, no Baixo Xingu e os Kĩsêdjê, no Leste Xingu, na TI Wawi, além dos Panará, que vivem na TI Panará. Aldeias grandes e pequenas foram contempladas. A cidade de Canarana (MT) também foi incluída nesta amostragem para garantir a visão dos indígenas de diferentes povos que vivem fora da Terra Indígena.

Em cada aldeia foram entrevistadas pelo menos seis pessoas, três homens e três mulheres, de três faixas etárias: 15 a 25 anos, 26 a 40 anos e com mais de 40 anos – uma maneira de visualizar possíveis deslocamentos sobre o conceito de jovem em contextos étnicos diversos. Já na cidade, o critério de faixa etária foi mantido, mas o critério étnico variou conforme a disponibilidade dos par-

PIRÂMIDE ETÁRIA DO PARQUE INDÍGENA DO XINGU

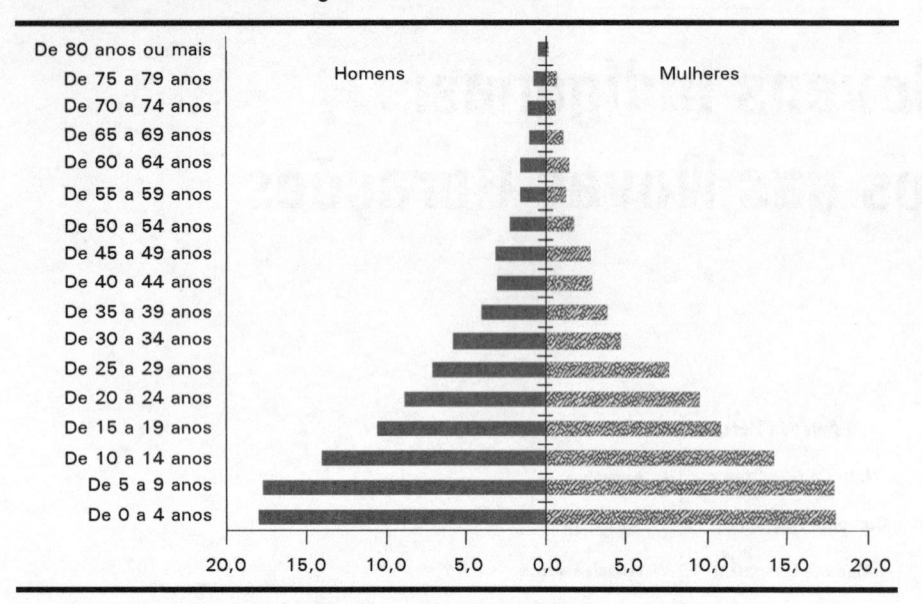

Faixa etária	Homens	Mulheres
De 80 anos ou mais		
De 75 a 79 anos		
De 70 a 74 anos		
De 65 a 69 anos		
De 60 a 64 anos		
De 55 a 59 anos		
De 50 a 54 anos		
De 45 a 49 anos		
De 40 a 44 anos		
De 35 a 39 anos		
De 30 a 34 anos		
De 25 a 29 anos		
De 20 a 24 anos		
De 15 a 19 anos		
De 10 a 14 anos		
De 5 a 9 anos		
De 0 a 4 anos		

Fonte: IBGE, Atlas do Censo Demográfico 2010: <http://censo2010.ibge.gov.br/apps/atlas>.

ticipantes. As conversas foram guiadas por temas que envolvem a realidade de todas as comunidades para compreender qual a perspectiva das gerações mais novas e mais velhas a respeito de cada um desses temas; e comparar o que é comum e/ou específico para cada povo. Os tópicos abordados foram expectativa de vida, família, autonomia alimentar, vida na aldeia, vida na cidade, renda, educação, cultura e tecnologia, e política.

A transmissão de conhecimentos foi um tema que atravessou todo o diagnóstico. Os indígenas ressaltaram que a priorização das atividades do calendário não indígena sobre as atividades tradicionais e o uso de novas tecnologias são um grande agente transformador no cotidiano das aldeias xinguanas e panará. A expectativa dos mais jovens é associar e bem administrar o convívio entre pessoas e conhecimentos indígenas e não indígenas e, neste sentido, reverbera a antiga tônica por parte dos mais velhos de que os jovens estão deixando a sua cultura para aprender a cultura não indígena. É importante ressaltar que os entrevistados, especialmente os de 15 a 25 anos, têm forte preocupação em dar continuidade aos saberes e práticas culturais de seu povo, fortalecer as relações de parentesco e interpessoais através da troca de alimentos, além de aprender os conhecimentos não indígenas para defender os direitos e as culturas indígenas. Desse modo, a formação escolar é vista como uma importante estratégia para a qualificação política, pois dentre todas as mudanças e rupturas que a escola traz, esta propõe também transformações positivas para a vida das comunidades no tocante a infraestrutura, saúde, educação e renda, por exemplo. É comum dizerem que os jovens precisam usar duas cabeças para lidar com realidades distintas. Ao mesmo tempo em que querem manter suas práticas culturais e seus direitos como indígenas, querem também fazer uso de novas tecnologias e, talvez, este seja o maior desafio atual: encontrar um ponto de equilíbrio entre prática e conhecimentos indígenas e não indígenas de forma complementar e não antagônica. Como aliar a atuação em universos tão distintos?

JOVEM INDÍGENA?

No Alto Xingu, as qualidades que definem o jovem são a força, o corpo jovem, a capacidade de lutar, de pintar e o fim da reclusão. O casamento é um marco na juventude alto-xinguana, assim como a ideia de acumulação de conhecimento, o que também é associado ao jovem que ainda não se casou, pois continua vivendo com os seus pais, aprende com eles e ainda não responde ao sogro. A resposta sobre quais os conhecimentos do jovem foi uníssona: lutar, dançar, pintar e roçar. Pode-se dizer, portanto, que os jovens alto-xinguanos são a beleza da comunidade, são a força de trabalho maior e os responsáveis por alegrar a vida.

Entre os Panará e Kawaiwete, os jovens são aqueles que estão em processo de transformação e negociação cultural, os que estão deixando de dançar, cantar e cortar o cabelo, mas que estão aprendendo a ler, escrever, falar português, fazer política atual e negociar com as autoridades. As principais características quanto ao ser jovem é a disposição física para as atividades, o cuidado com os filhos e a independência econômica em relação aos pais, além do engajamento em processos de aprendizagem – da própria cultura e da cultura dos brancos. Enquanto estão ativos, trabalhando e aprendendo, consideram-se jovens.

Entre os Ikpeng e Trumai, a noção de jovem está associada a quem trabalha, estuda e gosta de brincar, com disposição e aparência jovem. As atividades realizadas também são consideradas e, nesse sentido, pessoas mais velhas se consideram jovens, pois ainda realizam atividades específicas como ir à roça e carregar peso. Os jovens são aqueles que estão assumindo responsabilidades que antes delegavam aos pais, tios e avós, mas continuam a aprender; estão em fase de intensa aprendizagem e ainda não têm autonomia. Ser jovem também tem uma conotação política e significa preocupar-se mais com a sua comunidade e com o seu povo.

Já o Povo Kĩsêdjê não entende juventude como uma categoria separada ou independente da comunidade. Ser jovem, ali, envolve pessoas que estão em processo de formação – seja pela família, pela comunidade ou escola –, representam a continuidade e estão integradas ao ideal de coletivo kĩsêdjê e na sua manutenção. A noção de jovem está associada a pessoas que ainda não têm autonomia e estão aprendendo com os mais velhos.

RELAÇÃO ALDEIA, CIDADE E RENDA

Hoje, vários jovens estabelecem residência em cidades vizinhas, mas o número de jovens que vivem em Canarana é proporcionalmente muito pequeno se comparado ao número de jovens indígenas que vivem em suas aldeias. Há um desejo de enriquecer experiências de formação e trabalho fora do PIX e da TI Panará, mesmo que o ideal seja estudar em boas escolas indígenas em suas próprias aldeias, trabalhar em prol de suas comunidades e garantir o convívio com suas famílias. Para os jovens que vivem nas aldeias, a ideia de morar na cidade está diretamente associada à formação escolar e profissional e tem como objetivo o retorno para as aldeias para garantir a condição de vida, os valores indígenas e os direitos de suas comunidades. Os jovens que vivem, estudam e/ou trabalham em Canarana, geralmente estão acompanhando a família e o pai que foi trabalhar em instituições públicas (Funai, Dsei etc.) ou da sociedade civil (associações indígenas) para garantir no médio e longo prazos os direitos indígenas no Xingu. No entanto, a perspectiva é sempre de retorno para as suas aldeias.

A geração de renda é uma perspectiva dos jovens que vivem em Terra Indígena como possibilidade de deslocamento e aquisição, nas cidades, de bens de consumo necessários no dia a dia das aldeias: roupas, calçados, rede, cobertor, lanternas, gasolina para o barco, diesel para gerador, alimentos etc. Todas as casas de todas as regiões têm ao menos uma fonte de renda – seja salário, aposentadoria ou benefícios sociais, como o Bolsa Família. É de desejo dos jovens estudar e completar o segundo grau para terem maior chance de conquistar uma função remunerada ligada aos trabalhos necessários em suas comunidades.

ENSINO MÉDIO

As estratégias para o Ensino Médio no Xingu são claras: os jovens desejam cursos oferecidos em suas aldeias para que possam manter a convivência e o aprendizado com suas famílias e comunidades, com aulas dadas por professores indígenas e não indígenas, como forma de compartilhar experiências e vivências de universos distintos e aprofundar o aprendizado da língua portuguesa e da língua materna. Muitos dos que estão cursando o Ensino Médio têm o objetivo de trabalhar para a sua comunidade e conseguir algum tipo de renda.

A expectativa é que o conteúdo do Ensino Médio contemple os conhecimentos e valores indígenas, assim como aprofunde os conhecimentos não indígenas necessários para se relacionar politicamente com o universo não indígena, garantir seus direitos e manter sua identidade. Os povos envolvidos na implantação do Ensino Médio em suas comunidades querem conquistar na prática os direitos previstos nas propostas de diretrizes e bases para as escolas indígenas, além de garantir o ensino de seus conhecimentos aliado às disciplinas e conhecimentos não indígenas impostos pelas secretarias de Educação. Alguns alunos do Ensino Médio do Médio Xingu ressaltam, por exemplo, a importância e o interesse em disciplinas como Sociologia e Filosofia, por oferecerem a oportunidade de refletir diferentes perspectivas culturais como forma de compreender a própria realidade.

POLÍTICA

É unânime que as lideranças mais antigas são respeitadas incondicionalmente. No geral, diz-se que as lideranças antigas consultavam-se umas às outras para tomar uma decisão coletiva em nome do Xingu e, hoje, as lideranças mais jovens tomam decisões por si próprias e pouco escutam os mais velhos. As lideranças xinguanas atuais, e mais novas, estão bastante politizadas, entendem bem o que acontece e como acontece, porém nem sempre têm paciência e tempo para ouvir o que as lideranças mais velhas têm a dizer – e estas sentem-se desrespeitadas.

Esta é uma situação que impacta diretamente a transmissão de conhecimentos que tem sua rota alterada pelo modo de pensar e praticar a gestão política não indígena. Por outro lado, são as lideranças mais jovens que têm maior domínio sobre a política externa e sobre o sistema público. Reconhece-se que os acordos feitos por troca de palavras no passado, hoje não se sustentam mais; e que a valorização e a capacidade da oralidade e da boa oratória perderam forças para a escrita de documentos utilizada na prática das lideranças atuais. As pessoas mais velhas assinalam que as lideranças antigas conversavam com a comunidade, coisa que as jovens lideranças não fazem.

GÊNERO

Entre as mulheres do Médio, Baixo e Leste há uma ideia de que a condição feminina irá enfrentar grandes desafios no Xingu. O trabalho que elas têm em cuidar dos filhos e sustentar suas famílias irá aumentar. Elas estão preocupadas com as más condições das capoeiras no entorno de suas aldeias; com a provável falta de interesse de seus filhos em trabalhar na roça, já que a prioridade deles são os estudos; estão também atentas à necessidade que cada uma delas terá em lidar com a realidade não indígena e, com esta, interagir com seus conhecimentos, ao mesmo tempo em que praticam a cultura de seu povo e orientar seus filhos nesse campo. Há, portanto, uma ambiguidade em relação ao futuro: misturam-se desejos e receios sobre a continuidade cultural determinada pelo contexto social em intensa transformação.

É importante ressaltar que, por mais que as mulheres não estejam presentes no quadro de assalariados de forma equilibrada em comparação aos homens de suas comunidades, a renda familiar feminina tem aumentado seja pelo recebimento do Bolsa Família, que às vezes é a única renda de uma família, seja pelo aumento da venda de artesanatos produzido por elas, que também tem aumentado e estimulado a transmissão de conhecimentos femininos. Em todas as regiões xinguanas e também na TI Panará há um número crescente de mulheres interessadas em estudar e se profissionalizar nas áreas de saúde, educação e administração.

AUTONOMIA ALIMENTAR

A autonomia alimentar é um ponto de marcada preocupação dos povos xinguanos. Os entrevistados de todas as regiões preferem os alimentos indígenas ao não indígena: o peixe, pirão de peixe, beiju, mingau e a farinha são os campeões do paladar xinguano. Mas a roça, vista como uma atividade de lazer, trabalho e transmissão de práticas culturais, no que diz respeito aos mais jovens está sendo cotidianamente substituída pelas atividades não indígenas, especialmente pela escola. As aldeias que estão mais próximas dos Postos Indígenas, e que têm mais acesso à renda, são as que têm maior necessidade de complementar suas refeições com alimentos não indígenas. Ali, a segurança alimentar tradicional é garantida apenas pelos mais velhos, já que os mais jovens estão ocupados com o dia a dia da escola e com os serviços relativos aos postos indígenas. As aldeias menores e distantes dos Postos Indígenas ainda conseguem manter sua variedade alimentar, pois contam com a participação dos filhos e netos na lida da roça e utilizam o alimento não indígena apenas em momentos de escassez de peixe, em geral na época das chuvas. É comum as pessoas associarem o consumo cada vez maior dos alimentos não indígenas a doenças como diabetes, colesterol e hipertensão arterial, o que provoca impacto direto na qualidade de vida de suas famílias.

O processo de sedentarização das aldeias, o reincidente uso das áreas agriculturáveis ao redor das aldeias, a degradação dos solos e o distanciamento de terras férteis para fazer roça é uma preocupação de todos. As mudanças climáticas, também. O atraso das chuvas está alterando o ciclo da agricultura e interferindo no calendário de plantio de alimentos. Como o alimento está diretamente ligado ao bem viver e à saúde, todos os povos envolvidos no *Diagnóstico da Juventude na Terra Indígena Xingu e na Terra Indígena Panará*, e em especial os mais jovens, preocupam-se em garantir às próximas gerações a autonomia alimentar a partir da fartura de suas roças e alimentos tradicionais.

CONSIDERAÇÕES FINAIS

No contexto atual marcado por tantas mudanças – muitas delas já bastante consolidadas, como as escolas, o dinheiro e a proximidade das aldeias com as cidades – os jovens vão tentando costurar as duas faces de sua realidade. Cada grupo, e no limite, cada aldeia, descreveu qualidades distintas sobre seus jovens, mas deles sempre se espera uma figura de mediador entre os velhos tempos e os novos tempos, capaz de usar suas duas cabeças – uma com olhos para a vida na aldeia e outra com olhos para a vida nas cidades. Cada cabeça deve ser usada em uma situação específica, é claro, mas ambas são igualmente importantes, pois os documentos que um jovem produz com seus conhecimentos (sua cabeça) de branco são suas melhores armas para garantir que sua outra cabeça (aquela voltada para os conhecimentos tradicionais) tenha, no futuro breve, a possibilidade de viver de acordo com sua organização social, seus costumes, sua língua, crenças e tradições, como versa a Constituição Federal. *(dezembro, 2016)*

ATIX + 20

Muitos Desafios, Muito o que Comemorar

Maria Beatriz Monteiro — Cientista social, Programa Xingu/ISA
Renato A. V. Mendonça — Cientista social, Programa Xingu/ISA

AO LONGO DESTES 20 ANOS, O MAIOR DESAFIO DA ATIX FOI CONSOLIDAR A GOVERNANÇA INDÍGENA, CRIANDO ENTENDIMENTOS ENTRE OS DIFERENTES POVOS QUE A INTEGRAM PARA A DEFESA DE SEUS DIREITOS COMUNS

Fundada em 1995, a Associação Terra Indígena Xingu (Atix) representa 16 povos indígenas: Aweti, Ikpeng, Kalapalo, Kamaiurá, Kawaiwetá, Kĩsêdjê, Kuikuro, Matipu, Mehinako, Nahukuá, Naruvotu, Tapayuna, Trumai, Waurá, Yawalapiti, Yudja. O Parque Indígena do Xingu (PIX), um arranjo territorial que o Estado brasileiro impôs aos povos que habitam este território, foi criado em 1961 na região nordeste do estado do Mato Grosso, com a intenção de proteger um importante complexo cultural situado em uma área extremamente biodiversa. Nas últimas décadas, foram demarcadas e homologadas três Terras Indígenas contíguas ao PIX – Wawi, Batovi, Pequizal do Naruvôtu – que, junto a ele, totalizam 2,8 milhões de hectares, habitados por cerca de 7000 indígenas. A estas áreas contíguas, somam-se ainda as TIs Rio Arraias e Ikpeng, reivindicadas pelos Kawaiwetá e Ikpeng e atualmente em estudo pela Funai. Este conjunto de áreas regularizadas e em processo de regularização conforma um amplo território integrado que os indígenas passaram a chamar, nos últimos anos, de Território Indígena do Xingu (TIX).

Em setembro de 2015, a Associação Terra Indígena Xingu (Atix) comemorou na Aldeia Moygú, os 20 anos da sua criação, em uma bonita festa. Nos três dias de evento, os povos xinguanos compartilharam manifestações das diferentes culturas; muitas conversas, brincadeiras, lembranças e experiências que nos levavam à reflexão sobre o papel e os desafios que uma organização indígena, em um território multiétnico, enfrenta no contexto político-econômico brasileiro atual.

Aproximadamente 600 pessoas estiveram presentes no evento, entre elas representantes de todas as 16 etnias do TIX, exceto o povo Yawalapiti, que não compareceu devido ao luto pela morte do grande líder Pirakumã Yawalapiti, falecido em meados de 2015. Também compareceram representantes dos povos Kayapó Metyktire e Panará que já moraram no Xingu, além de representantes de organizações indígenas do Amazonas, Amapá e Maranhão. Entre os convidados não indígenas, marcaram presença diferentes apoiadores e parceiros dos xinguanos, como representantes da Fundação Rainforest da Noruega, do ISA, da Rede de Cooperação Amazônica (RCA), da Funai, bem como antropólogos e políticos locais.

Até meados dos anos 1980, os habitantes do PIX tinham pouco contato com mundo exterior, contando apenas com a presença da Funai. A partir da Constituição Federal de 1988, muitas transformações ocorreram nas políticas indigenistas brasileiras, no papel das organizações civis e nos projetos de fomento a alternativas econômicas, impulsionando a criação da Atix. O artigo 232 abre a possibilidade das organizações indígenas se constituírem como pessoas jurídicas e o associativismo institucionalizado passou a assumir cada vez mais funções que o Estado deixou de desempenhar diretamente.

A partir da construção das rodovias BR-163 e BR-158 e com a chegada de projetos agropecuário, da política de colonização e de incentivos fiscais, mudou completamente a paisagem e as relações políticas locais. Além do impressionante desmatamento na região, outra consequência marcante desta política são os dez municípios criados na região do PIX, a partir de empresas colonizadoras e grandes agropecuárias, ampliando as pressões e ameaças sobre os territórios indígenas xinguanos.

A Atix foi criada em resposta a estas mudanças, quando as lideranças e comunidades xinguanas buscavam novas formas de se organizar e fazer frente a estes processos. É um tipo de organização do mundo não indígena, com seus procedimentos e ritos demasiadamente burocráticos, que exige de seus diretores um profundo conhecimento do "mundo dos brancos". Essa apropriação de um instrumento completamente exterior às suas formas tradicionais de organização se tornou extremamente necessária em um contexto de rápidas e crescentes mudanças. Ao mesmo tempo em que exige um vasto conhecimento do universo não indígena, para conseguir se operar e se legitimar enquanto uma organização representativa do conjunto dos povos do PIX, ela precisa orientar seus trabalhos para atender aos anseios e necessidades de suas comunidades.

Mais do que isso, ela precisa respeitar os códigos de conduta que cultural e historicamente construídos por e entre estes povos. E esta construção não é recente. As relações de troca e interdependência entre os povos que vivem, sobretudo na parte sul do PIX, no chamado Complexo Cultural do Alto Xingu – que compreende os Kalapalo, Aweti, Kamaiurá, Kuikuro, Matipu, Mehinako, Nafukuá, Naruvôtu, Waurá, Yawalapiti e Trumai – vêm se consolidando há centenas, senão milhares de anos. Embora mais distanciados deste complexo, povos como os Kĩsêdjê e os Yudjá, também já viviam nesta região muito antes da chegada da expedição Roncador Xingu. Com a delimitação do Parque em 1961 e a transferência de outras etnias, como os Kawaiwete e Ikpeng, além de povos que hoje reconquistaram seus territórios tradicionais e não vivem mais no Parque, como os Panará e os Metyktire, os irmãos Villas-Bôas tiveram que se empenhar em promover a convivência pacífica entre estes diferentes povos, demonstrar que o inimigo contra que haveriam de lutar é comum a todos os povos indígenas e que a união entre eles seria muito mais vantajosa.

Ao longo de sua história, a Atix foi assumindo o desafio da construção da autonomia multiétnica na gestão do território xinguano, estimulando as relações pacíficas e o sentimento de unidade. Desde quando foi criada, têm buscado trabalhar questões de interesse comum aos diferentes povos do PIX. Sua estrutura administrativa estabelece a construção de um modelo de representatividade equilibrado entre as diferentes etnias. Sua assembleia, organizada e realizada anualmente, conta com ampla participação de todos os povos e é o principal espaço para discussões e decisões que afetam o conjunto dos povos do PIX. O maior desafio da Atix ao longo destes 20 anos foi consolidar uma forma de governança do território xinguano verdadeiramente indígena, buscando estabelecer entendimentos e acordos entre os diferentes povos. Com recursos financeiros, humanos e com tempo quase sempre limitado, o complexo papel de mediação política interna que a Atix tem que realizar, nos contextos indígena e não indígena, torna este desafio ainda maior.

Apesar das dificuldades enfrentadas no decorrer destes 20 anos, não faltam motivos para comemorar. Desde o início, a Atix vem se destacando pelo papel desempenhado na proteção e fiscalização territorial e na coordenação do sistema de transporte terrestre e fluvial. Firmou diversos convênios públicos, como para a construção de poços artesianos e para apoio à fiscalização do PIX. Teve grande participação na reorganização do atendimento à saúde e no reconhecimento das escolas indígenas do PIX.

Ao longo dos anos, a Atix vem se consolidando como uma associação respeitada e influente, ocupando diversos espaços na política indígena no plano regional e nacional. Faz parte do Conselho Distrital de Saúde Indígena do Xingu e possui assento na Comissão de Educação Escolar Indígena do MEC. Coordenou, em parceria com ISA e a Funai, a construção do Plano de Gestão do Xingu, e atualmente está trabalhando em sua implementação e no desenvolvimento do Protocolo de Consulta do Xingu. Por meio de diversos projetos, a Atix formou gestores indígenas capacitados que hoje atuam nas associações étnicas, na saúde indígena, na educação indígena, na Funai, entre outras instituições que trabalham no PIX. Também forma interlocutores indígenas que atuam na articulação política em defesa do território e na representação em reuniões com órgãos do governo.

Atualmente, a Atix é também membro do conselho deliberativo da Coordenação das Organizações Indígenas da Amazônia (Coiab), do Instituto de Manejo e Certificação Florestal e Agrícola (Imaflora), do conselho curador da Rede de Sementes do Xingu e participa da Rede de Cooperação Alternativa (RCA). O desenvolvimento de alternativas econômicas sustentáveis é uma das principais preocupação da Atix. Além de comercializar o Mel dos Índios do Xingu, a Atix se tornou um Organismo Participativo de Avaliação das Conformidades (Opac), desempenhando também a função de coordenar a certificação orgânica da produção do PIX. Além disso, é membro do conselho deliberativo do Instituto

Vista aérea da aldeia Moygu do povo Ikpeng, captada por um drone, durante celebração dos 20 anos da Atix (PIX).

de Manejo e Certificação Florestal e Agrícola (Imaflora) e possui assento na Subcomissão Temática de Sociobiodiversidade da Comissão Nacional de Agroecologia e Produção Orgânica (Cnapo); no Foro Brasileiro de Sistemas Participativos de Garantia (SPG); e no Foro Latino Americano de Agroecologia e SPG.

A história dos 20 anos da Atix em muito contribui para a reflexão a respeito da convivência pacífica que os povos xinguanos tiveram que desenvolver para atuar na dinâmica sociopolítica brasileira, pelo direito de continuar existindo como povos diferentes da sociedade nacional e diferentes entre si. *(setembro, 2016)*

PLANOS DE GESTÃO

Novas Formas de Governança Multiétnica

Ivã Gouvêa Bocchini | Indigenista, Programa Xingu/ISA

"SE QUER SER RESPEITADO, O QUE VOCÊ FAZ TEM QUE DURAR". ASSIM OS AVÓS ENSINAM OS NETOS. NÃO FOI DIFERENTE COM O PLANO DE GESTÃO DO TIX, QUE ENTRA EM VIGOR EM 2016. ESTÁ LANÇADA A OPORTUNIDADE DE IMPULSIONAR A AUTODETERMINAÇÃO DOS POVOS XINGUANOS PARA UM NOVO PATAMAR

Por séculos, os povos indígenas do Xingu cuidaram de seu território, bem mais extenso do que o atual, sem cidades, rodovias, fazendas ou hidrelétricas por perto. Nas últimas décadas, a degradação ambiental foi arrasadora. O desmatamento alcançou proporções alarmantes, fazendo do Território Indígena do Xingu (TIX) uma verdadeira ilha de floresta cercada pelo agronegócio. Além dos problemas ambientais, o aumento populacional entre os indígenas também vem colocando novos desafios para a gestão atual e futura de seus territórios e recursos.

O TIX é formado pelo Parque Indígena do Xingu (PIX) e mais três Terras Indígenas contíguas – Wawi, Batovi e Pequizal do Naruvôtu – que juntas totalizam 2,8 milhões de hectares. Mesmo sendo um dos maiores territórios indígenas do Brasil, é sempre bom lembrar que a primeira proposta de demarcação dos irmãos Villas-Bôas tinha 20 milhões de hectares. Atualmente, o TIX é habitado por 16 povos – Aweti, Ikpeng, Kalapalo, Kamaiurá, Kawaiweté, Kĩsêdjê, Kuikuro, Matipu, Mehinako, Nahukuá, Naruvôtu, Tapayuna, Trumai, Waurá, Yawalapiti e Yudja – cada um com sua própria língua e dialeto dos troncos Tupi, Karib, Aruak, Jê e Trumai. Os casamentos interétnicos são frequentes e é comum as pessoas falarem dois ou mais idiomas, além do português. Embora este opere atualmente, entre eles, como uma espécie de língua franca, as línguas maternas são dominantes no cotidiano das aldeias, o que exige, durante grandes reuniões, que se façam traduções que levam tempo e exigem habilidade. Arte e ciência em que os xinguanos se destacam pela excelência.

Em 2010, quando ocorreram as primeiras discussões para a formulação da Política Nacional de Gestão Ambiental e Territorial em Terras Indígenas (PNGATI), os xinguanos vinham também discutindo propostas para a comercialização de créditos de carbono no contexto do emergente mercado de redução de emissões decorrentes do desmatamento e da degradação florestal. Em dúvida sobre assinar ou não algum contrato e animados pelas discussões da PNGATI, optaram por elaborar um Plano de Gestão para o TIX que fosse feito com calma, no tempo deles, antes de tomar qualquer decisão. Para tanto, foi criado um Grupo de Coordenação composto pela Funai, a Associação Terra Indígena Xingu (Atix) e o Instituto Socioambiental (ISA).

DESAFIOS DA ATUALIDADE

Em 1961, quando o então chamado Parque Nacional do Xingu foi criado, a população, fragilizada pelas tragédias do contato, girava em torno de mil índios e cada etnia tinha apenas uma ou duas aldeias. Atualmente, conforme dados do último censo da Sesai/MS (2016), são pouco mais de 6.300 índios morando em 80 aldeias. Cerca de 78% da população tem até 25 anos, apontando para um crescimento populacional vertiginoso nos próximos anos.

Como tem sido regra na Amazônia Legal, a expansão de cidades e do agronegócio tem trazido impactos severos para os modos de vida dos povos indígenas. O Rio Xingu começa a dar sinais de assoreamento e diminuição de seu estoque pesqueiro. As espécies arbóreas utilizadas na construção de casas estão cada vez mais escassas. Os pequizais têm sofrido ataques de pragas da soja, enquanto insetos comestíveis, como grilos e gafanhotos, estão cada vez mais raros. Os caititus e queixadas, que não compõem a dieta da maioria desses povos, têm aumentado suas populações, provocando ataques às roças com frequência anormal. A supressão radical da cobertura florestal do entorno alterou, também, o regime de chuvas regional, tornando a floresta mais seca e vulnerável a incêndios, num acelerado processo de savanização da paisagem. Nesse contexto de aumento da população e desequilíbrio ecológico, a celebração de acordos interétnicos para a gestão dos recursos naturais do território se torna um dos principais objetivos do Plano de Gestão.

Outro desafio que o Plano de Gestão pretende enfrentar é o da relação política e institucional com o mundo dos "brancos". Os índios do TIX mantêm relações formais com prefeituras, secretarias, órgãos indigenistas do Governo Federal, instâncias do judiciário e legislativo de todos os níveis, além de universidades e organizações da sociedade civil de diferentes tipos que atuam junto a eles. Apesar da aparente coerência e requinte das instituições não indígenas, elas possuem um grande defeito: não dialogam entre si. Isso para não mencionar outros atores, como fazendeiros, comerciantes, bancos, agências de turismo, cada qual demandando, impondo ou propondo relações das mais diversas.

As "reuniões de branco" se proliferam no TIX sem que se respeitem os métodos, tempos e visões de mundo de cada povo. Não raro, uma mesma liderança participa, sem intervalos, de uma reunião em Cuiabá para discutir a construção de escolas pela Seduc, outra no TIX para definir o plano distrital de saúde indígena, outra com a prefeitura em Canarana para acertar a manutenção de estradas e outra em Brasília com a Funai para denunciar a entrada ilegal de turistas de pesca esportiva. Nesse ritmo e sem interlocução entre os temas e instituições, as decisões são tomadas de forma atropelada, desconexa, provocando conflitos de prioridade e desentendimentos entre os próprios representantes indígenas. Por isso, o Plano de Gestão tem também o objetivo de explicitar para todos os atores que participam, direta ou indiretamente, da governança do TIX, quais são as prioridades e orientações gerais para uma atuação eficaz e coordenada.

TEMAS PRIORITÁRIOS

A fim de abarcar os desafios da atualidade, os debates travados para a construção do Plano de Gestão percorreram temas centrais da vida xinguana. Alguns pontos "clássicos" indiscutivelmente importantes, como Território, Cultura, Saúde e Educação, foram

Cacique Kalopalo entrega certificado para o aluno Twikang Kaiabi na I Formação em Gestão Teritorial do Xingu, Diauarum.

prontamente incluídos no Plano. Além desses, eles optaram por priorizar, também, Soberania Alimentar, Alternativas Econômicas e Infraestrutura, compondo um conjunto de sete temas. Cada tema foi subdividido em problemas-chave a serem enfrentados no médio e longo prazo. Por sua vez, para cada problema foram elaboradas propostas, ora voltadas para os próprios índios ora endereçadas a instituições governamentais e não governamentais dos "brancos".

Foram formulados problemas específicos, como: "invasão do território por pescadores", "aumento do consumo de alimentos industrializados", "aumento da frequência e intensidade dos incêndios florestais", "dificuldade para incluir os saberes tradicionais no cotidiano da escola". Para cada problema foram levantadas propostas de ações envolvendo acordos internos, o poder público e os parceiros da sociedade civil. Assim, por exemplo, para o caso do aumento do consumo de alimentos industrializados, surgiram ideias como: as comunidades se organizarem para oferecer alimentação local em dias de reuniões; a Seduc adquirir alimentos produzidos na aldeia para a merenda escolar; e o ISA apoiar projetos de manejo de variedades agrícolas tradicionais que estão em risco de desaparecimento.

Nem sempre os diferentes povos apresentavam propostas coincidentes ou complementares. Nesses casos, ficaram explicitados no Plano de Gestão as divergências que surgiam. É o caso da entrada de missões religiosas, vista por uns como um problema a ser evitado a fim de não impactar os costumes tradicionais e por outros como uma mudança normal, que pode conviver com os costumes indígenas. Outro ponto de divergência é o turismo: algumas etnias desejam investir no turismo ecológico e cultural como alternativa de geração de renda, enquanto outras preferem proibir a entrada de turistas. Mas todos concordam que é preciso, no mínimo, regular a atividade, atualmente realizada de forma desordenada.

O Plano de Gestão não resolve todas as questões que preocupam os índios, mas colabora na identificação desses problemas e na definição de critérios mínimos que devem nortear discussões e ações futuras, respeitando os ritmos e prioridades indígenas.

GOVERNANÇA INTERNA DO TIX

Conforme se avançava na construção do Plano de Gestão do TIX, uma discussão de fundo ganhou corpo e se mostrou fundamental para a gestão do território: a Governança Interna do TIX. Construir acordos, definir prioridades, coordenar e monitorar a implementação do Plano de Gestão num território com 16 povos diferentes não é nada simples.

A partir de uma mistura de aspectos da tradição diplomática xinguana com elementos aprendidos no convívio com os brancos, nasceu a estrutura de governança interna do TIX, composta por três instâncias decisórias: Povo, Região, e Geral. O processo decisório interétnico se dá, assim, num movimento circular que começa em reuniões de povo, passa por reuniões regionais e se encerra em reuniões gerais. Cada povo define, de acordo com suas especificidades culturais, como participa da governança, organizando suas próprias reuniões internas e enviando suas comitivas de representantes para as reuniões regionais e gerais. A ATIX assume o papel de coordenadora da Estrutura de Governança Interna, mobilizando os participantes, mediando os debates e garantindo levando adiante os encaminhamentos. Brancos participam apenas se convidados. Pauta, agenda, métodos de debate e aprovação de propostas são todos definidos pelos índios e suas instituições.

PROTOCOLO DE CONSULTA DOS POVOS DO XINGU

Como se sabe, o Brasil é signatário da Convenção 169 da Organização Internacional do Trabalho (OIT) que garante o direito à consulta livre, prévia e informada aos povos indígenas em caso de decisões governamentais que possam afetá-los. Contudo, o direito à consulta não está regulamentado e os governantes têm se mostrado resistentes a debater seus projetos com os índios. Assim, diversos povos têm se organizado para definir, "de baixo para cima", o modo como querem ser consultados, definindo protocolos de consulta.

A Estrutura de Governança Interna do TIX, ao definir um método claro e legítimo de diálogo interétnico, é a base natural de qualquer processo de consulta aos povos xinguanos. Recentemente, no final de 2016, em reunião geral de governança, foi aprovado o Protocolo de Consulta dos Povos do TIX, estipulando regras e parâmetros para a consulta.

AUTODETERMINAÇÃO

Em 2016, enfim, entrou em vigor o Plano de Gestão do TIX, coroando um intenso processo de reflexão que durou cinco anos. Cinco anos de muito trabalho e esmero. Índio não ergue casa com esteio de madeira leve, não tece rede com remendo, não faz panela que racha no primeiro fogo. Assim os avós ensinam os netos: "se quer ser respeitado, o que você faz tem que durar muito tempo". Não foi diferente com o Plano de Gestão, objeto de longos e intensos debates. Está lançada a oportunidade de impulsionar a autodeterminação dos povos xinguanos para um novo patamar. Prefeituras, Secretarias, Ministérios, Funai, empresariado, ONGs e a sociedade brasileira em geral terão que se orientar pelas palavras dos índios, escritas no Plano de Gestão, antes de interferir, direta ou indiretamente, nos 2,8 milhões de hectares que foram destinados a essas 16 etnias. Mais do que usufrutuários, eles são os gestores principais de seus territórios. *(novembro, 2016)*

O líder Winti Suyá Kisêdjê explica aos participantes itens do Protocolo de Consulta.

TERRAS INDÍGENAS

Além dos Limites

Paulo Junqueira | Coordenador-adjunto do Programa Xingu/ISA

HÁ DÉCADAS, VÁRIOS POVOS FORAM ATRAÍDOS PARA O PIX, LIBERANDO SUAS TERRAS PARA A EXPANSÃO COLONIAL. APESAR DE TUDO, A LIGAÇÃO DOS ÍNDIOS COM SEUS ANTIGOS TERRITÓRIOS CONTINUA FORTE E MUITOS LUTAM PARA RETORNAR. É IMPERATIVO AGILIZAR E CONSOLIDAR OS PROCESSOS DE DEMARCAÇÃO DE TIS E DE PATRIMONALIZAÇÃO DE SÍTIOS SAGRADOS, ANTES QUE SEJA TARDE DEMAIS

O Parque Indígena do Xingu (PIX) foi criado em 1961, então com o nome Parque Nacional do Xingu, com 2,6 milhões hectares, uma área cerca de 10 vezes menor do que a proposta original feita pelos irmãos Villas-Bôas, que levava em consideração os territórios tradicionalmente ocupados por uma grande diversidade de povos indígenas, falantes de línguas Tupi, Karib, Aruak, Jê e Trumai. Com a não demarcação desses territórios, vários daqueles que se encontravam fora da área delimitada do Parque foram atraídos ao seu interior, liberando suas terras para a expansão colonial.

Desde então, os indígenas vêm acompanhando, indignados, locais de importância material e imaterial fundamental para eles serem transformados em fazendas e cidades. Para se ter uma dimensão da rapidez destas mudanças, entre 1976 e 1995, foram criados 19 novos municípios na região. Mas apesar de tudo, a ligação dos índios com seus antigos territórios ainda é forte. Muitos anciões têm este tempo vivo em suas memórias e alimentam a possibilidade de retornar a territórios situados para muito além dos limites atuais estabelecidos.

Os Panará, falantes de uma língua da família Jê, transferidos para o Parque em 1975, foram os primeiros a retomar seus territórios tradicionais. A atual TI Panará – situada ao norte do Parque e contígua às TIs Menkragnoti e Terena Gleba Iriri – compreende a região norte do território em que viviam antes de serem removidos para liberar espaço para a abertura da estrada BR-163 (Cuiabá-Santarém). A Funai concluiu o processo de identificação e delimitação em 1994 e, dois anos depois, os Panará iniciaram a abertura de aldeias e roçados em seu antigo território. Durante o tempo em que viveram no Parque, formaram várias aldeias em diferentes regiões do Rio Xingu e seus afluentes, na tentativa de se adaptar ao novo lar. Contudo, o Parque encontra-se em uma área de transição entre o cerrado e a floresta amazônica, uma formação vegetal bem diferente das florestas densas em meio às quais viviam. Muitos dos recursos que utilizavam no dia a dia – açaí, cacau, castanhas, taquaras, entre outros – eram raros, senão inexistentes no Parque. Lidar com um grande rio e grandes áreas alagadas também foi um grande desafio para eles.

Além da TI Panará, nas últimas décadas foram demarcadas três pequenas TIs em áreas contíguas aos limites do Parque, que atendem às demandas dos índios pelo retorno a seus territórios tradicionais. Os Kĩsêdjê (já conhecidos como Suyá), também falantes de uma língua Jê, puderam retornar a seus territórios com a homologação da TI Wawi em 1998, situada em uma região contígua ao limite leste do PIX. Eles haviam sido contatados em 1959 e logo depois foram convencidos a fazer uma aldeia próxima ao local chamado hoje Diauarum, na região da foz do Rio Suyá no Xingu. Desde então, fizeram seguidas mudanças de aldeia, sempre subindo o Rio Suyá, em direção à área onde moravam. Quando de sua mudança para a TI Wawi, em 2002, os Kĩsêdjê já moravam no Rio Suyá, perto do limite do Parque e bem próximo do local onde moravam quando foi feito o contato.

Nas aldeias kĩsêdjê também moram segmentos do povo Tapayuna, de língua Jê, que viviam às margens dos Rios Arinos e do Sangue, no norte do Mato Grosso. Depois de um contato traumático, em 1969, 41 de seus membros foram transferidos para o Parque, fazendo suas ocupações junto com os Kĩsêdjê. Atualmente, além da TI Wawi, existem também segmentos tapayuna morando na TI Capoto/Jarina, território dos Mebengôkrê, mais conhecidos como Kayapó, também falantes de uma língua Jê.

Os Naruvotu, falantes de uma língua Karib, começaram a retomar suas antigas áreas de ocupação tradicional em 2016, com a homologação da TI Pequizal do Naruvôtu, contígua ao limite sudeste do PIX, cujos estudos foram iniciados em 2003. Para marcar o início de sua reocupação do antigo território, atualmente em curso, a Associação Terra Indígena Xingu (Atix) realizou este ano sua já tradicional Assembleia Anual na recém-homologada TI.

Estas duas TIs mais a Batovi, com 5 mil hectares, ocupada pelos Wauja – povo de língua Aruak – somam cerca de 180 mil hectares, e, com o Parque, totalizam 2,8 milhões. Nos últimos anos, os 16 povos que atualmente habitam este o conjunto de TIs contíguas – Aweti, Ikpeng, Kalapalo, Kamaiurá, Kawaiweté, Kĩsêdjê, Kuikuro, Matipu, Mehinako, Nahukuá, Naruvotu, Tapayuna, Trumai, Waurá, Yawalapiti e Yudja – passaram a chamar esta ampla área de Território Indígena do Xingu (TIX). Com isso, abandonaram o conceito de Parque, bastante incômodo para eles, e incorporaram com mais propriedade o conjunto destas áreas vizinhas em uma única categoria.

Mas o TIX ainda não faz plena justiça territorial com os índios, pois que ainda há outras questões não resolvidas. Os Ikpeng, de língua Karib, habitavam a região a sudeste do Parque, numa vasta região entre os Rios Ronuro e Batovi, de onde foram transferidos pelo Estado para o PIX em 1967, quando estavam sendo ameaçados pela intensa ocupação do entorno de suas terras tradicionais, particularmente por causa do garimpo. Tanto o contato quanto a transferência foram amplamente registradas, compondo provas irrefutáveis de sua ocupação tradicional e do renitente esbulho sofrido por eles. Ainda assim, o processo de reconhecimento destes territórios ikpeng se arrasta na Funai desde 2005, sem perspectivas de andamento. Mas, assim como os demais povos em situação análoga, os Ikpeng estão formando aldeias cada vez mais próximas à região antes ocupada, em busca de seu ambiente familiar. Atualmente, duas de suas aldeias se situam no limite entre o TIX e a área em questão.

Os Yudja, falantes de uma língua Tupi, também conhecidos como Juruna, habitavam o Rio Xingu bem mais ao norte do PIX (rio abaixo), e há tempos almejam romper esse limite. Por conta de sua tradição de navegação, eles se autointitulam os donos do rio. No Parque, ressentem-se da falta de muitas das árvores que usavam tradicionalmente para fazer suas canoas. Além disso, a região onde moram atualmente é escassa em taquaras que usam para fazer flautas e flechas, dois objetos materiais associados a aspectos marcantes de sua cultura: a expressão musical e o uso de arco e flecha como instrumento de caça e guerra (que contrasta com as bordunas, amplamente disseminadas entre demais povos indígenas xinguanos). Sua reivindicação é terem reconhecia a TI, atualmente em identificação pela Funai, denominada de Kapôt Nhinore. Este nome foi dado pelos Mebengôkrê, também ocupantes tradicionais da área e copleiteantes da demarcação.

Também transferidos para o Parque, os Kawaiwete (Kaiabi), falantes de uma língua Tupi, ocupavam historicamente vastas porções territoriais na região das nascentes do Tapajós, entre os Rios Teles Pires e Arinos. Atualmente, parte deles compartilha com os Apiaká e os Munduruku duas diferentes TIs – a Kayabi (MT e PA) e a Apiaká-Kayabi (MT) – bem distantes uma da outra. Porém, uma parcela considerável dos Kawaiwete que foram para o Xingu não são oriundos de nenhuma dessas áreas e reivindicam o reconhecimento da TI Batelão, no norte do Mato Grosso, declarada pelo Ministério da Justiça em 2007, a partir de estudos iniciados em 2001. No ano seguinte (2008), contudo, a declaração foi suspensa por uma liminar judicial proposta por fazendeiros. Apenas em 19 de setembro de 2016, a Justiça Federal (MT) anulou a suspensão e ratificou o entendimento de que a Batelão é mesmo uma área ocupação tradicional dos Kawaiwete. Ainda cabem recursos, já que decisão é de 1ª instância, mas a sentença abre caminho para a conclusão do processo de demarcação, e, consequentemente, para o retorno dos Kawaiwete a seus territórios de ocupação tradicional, décadas depois.

RETOMADAS E PROCESSOS PATRIMONIALIZAÇÃO

Em 2010, o Instituto do Patrimônio Histórico e Artístico Nacional (Iphan) inseriu no *Livro de Tombo Arqueológico, Etnográfico e Paisagístico* as chamadas "Áreas Sagradas do Alto Xingu Kamukuaká e Sagihengu", cujos sítios arqueológicos, situados fora do Parque, são associados, respectivamente, ao ritual de furação de orelha e à gênese mítica do ritual do Kuarup, pelos Waurá, Kalapalo e outros povos do Alto Xingu. Conforme destacou a liderança kamaiurá Ianakula Podarte, que participou da 64ª reunião do Conselho Consultivo do Patrimônio Cultural do Iphan que aprovou o tombamento, Kamukuaká e Sagihengu têm tanta importância para os povos do Alto Xingu, como têm áreas sagradas como Jerusalém, Meca, Cristo Redentor, para diversos não indígenas[1].

O processo de patrimonialização destes sítios foi impulsionado pela implantação, na região de Sagihengu, situada no curso do Rio Culuene, da hidrelétrica Paranatinga II, cujas atividades foram iniciadas em 2008, antes da conclusão do processo de tombamento. Além desta ameaça sobre Sagihengu, é importante destacar também que o traçado da BR-242 passa a poucos metros do sítio de Kamukuaká, ameaçando gravemente sua integridade. Na prática, o tombamento ainda não acarretou nem na proteção dos sítios, nem na possibilidade de maior acesso dos índios à região, o que é percebido como uma perda, sobretudo pelos mais velhos, preocupados com a transmissão de conhecimentos relacionados a estes lugares para os mais jovens.

Assim como nesses dois casos, muitas outras obras são feitas no entorno do TIX sem o devido levantamento arqueológico e consulta aos índios, incorrendo no constante risco da destruição dessas paisagens, física e culturalmente imprescindíveis a esses povos.

ATUALIZANDO FORMAS DE VIVER NO TIX

No contemporâneo, os povos do Xingu aliam suas batalhas pelo reconhecimento de territórios com novas formas de manejar a terra e manter suas práticas culturais. Atualmente, a escassez de materiais que muitos encontraram no TIX é agravada por condições ambientais que o desmatamento e o intenso uso de agrotóxicos no entorno impuseram dentro dos limites, impactando a segurança alimentar destes povos.

A alteração do ciclo hidrológico, o surgimento de grandes incêndios florestais, de pragas em suas roças, o desaparecimento de insetos que compunham sua dieta alimentar, a diminuição do pescado e da caça, a finita disponibilidade de terras pretas utilizadas por eles para seus roçados e tantos outros impactos decorrentes das atividades no entorno dificultam ainda mais a vida dos índios. Enquanto seus territórios não são demarcados, buscam adaptar suas formas tradicionais de manejo e integrar novas tecnologias ao seu cotidiano, atualizando seus modos de viver no TIX.

AGILIZAR E CONSOLIDAR PARA FAZER JUSTIÇA

Nos últimos anos, propostas que, na prática, inviabilizam novas demarcações – como a PEC 215 que, entre outras, transfere para o Congresso Nacional a demarcação de novas terras – vêm se enraizando nos Poderes Executivo, Legislativo e Judiciário, a despeito dos incansáveis protestos. Nesse ínterim, as terras dos índios vão sendo aos poucos desfiguradas para se transformarem em extensas plantações, principalmente de soja para exportação, o que dificulta ainda mais o processo de reconhecimento de TIs, colocando em risco a sobrevivência e o bem-estar dos xinguanos, a partir de seus próprios termos. É imperativo agilizar e consolidar os processos de demarcação e patrimonialização sob o risco de ficar tarde a se fazer justiça. *(dezembro, 2016)*

NOTA

[1] Para mais, consulte o laudo antropológico para o MPF/MT produzido pelo antropólogo Carlos Fausto intitulado *A ocupação indígena do alto curso dos formadores do Rio Xingu e a cartografia sagrada alto-xinguana* (2004).

MUDANÇAS CLIMÁTICAS

Do Fogo Roubado ao Cultivo do Fogo Bom

Katia Yukari Ono | Ecóloga, Programa Xingu/ISA

A DEVASTAÇÃO VEM AFETANDO OS XINGUANOS NA FORMA DE SECAS, INCÊNDIOS E OUTRAS MUDANÇAS CLIMÁTICAS SEM PARALELO EM SUA HISTÓRIA, QUE EXIGEM RESPOSTAS URGENTES E COMPARTILHADAS. CONTUDO, AS DIFERENÇAS NOS MODOS DE MANEJAR O MUNDO, ENTRE OS INDÍGENAS, EVIDENCIAM QUE AÇÕES HOMOGÊNEAS, DE FORA PARA DENTRO, PODEM NÃO FUNCIONAR PARA A PREVENÇÃO DO FOGO. E GERAR AINDA NOVOS TRANSTORNOS

Território Indígena do Xingu (TIX) é o nome adotado, nos últimos anos, pelos 16 povos indígenas xinguanos para designar a área de 2,8 mil hectares em que habitam, formada pelo Parque Indígena do Xingu (PIX), criado em 1961, e outras três Terras Indígenas contíguas, demarcadas a partir da Constituição Federal de 1998: a Wawi, a Batovi e a Pequizal do Naruvôtu. Embora seja um território extenso, é apenas uma das extremidades do amplo corredor de Áreas Protegidas distribuídas ao longo da bacia do Rio Xingu.

No início dos anos 2000, o desmatamento ilegal ou legalizado promovido pelo agronegócio chegou aos limites do TIX, confirmando previsões catastróficas, já consideradas improváveis em um passado não muito distante. Por todo o entorno, florestas e cerrados passaram a se restringir ou às Unidades de Conservação – devidamente efetivadas – ou às ilhas de APPs e Reservas Legais das fazendas – quando respeitada a legislação vigente. Além de ter se consolidado em extensas faixas de terra – subtraindo a cobertura vegetal, destruindo nascentes e disseminando substâncias tóxicas – as forças do agronegócio também pressionam pela abertura de áreas consideradas "virgens", como as TIs, estimulando invasões e reivindicando a flexibilização da legislação nacional.

Nos últimos anos, os indígenas do TIX vêm sentido as consequências da devastação – direta e indireta – de suas áreas de ocupação tradicional, na forma de secas, incêndios e outras mudanças climáticas sem paralelo em sua história, que vêm colocando em risco suas vidas, impondo desafios de difícil entendimento e enfrentamento, que exigem respostas urgentes e compartilhadas. A degradação chegou ao centro das florestas altas, que ainda continuam de pé. A maior incidência de incêndios em matas densa tem afetado a vida dos xinguanos de diversas maneiras, impactando diretamente a alimentação, as construções e a medicina tradicional. Há alguns anos, os indígenas explicam que a alta concentração de umidade na floresta era capaz de conter o avanço do fogo, mesmo nos meses mais quentes e secos. Logo quando percebiam o aumento da umidade da floresta e a chegada das chuvas, faziam fogo e fumaça, justamente para que as nuvens se formassem e chuva caísse sobre seus roçados. Mas agora a mata está seca, com capacidade de ação e reação diminuída e, por isso, ocorrem, cada vez mais, gigantescas, devastadoras e incontroláveis queimadas.

Com efeito, as fortes imagens dos grandes incêndios que consomem e degradam muitos hectares são a evidência de que as mudanças climáticas são uma realidade do presente. Mas é importante lembrar que estas mudanças não se restringem ao fogo. O desmatamento e a degradação florestal aumentam a luminosidade, o calor, a evapotranspiração (perda de água para a atmosfera causada pela evaporação a partir do solo e pela

GRÁFICO 1. FOCOS DE QUEIMADA NO PIX (1995-2015)

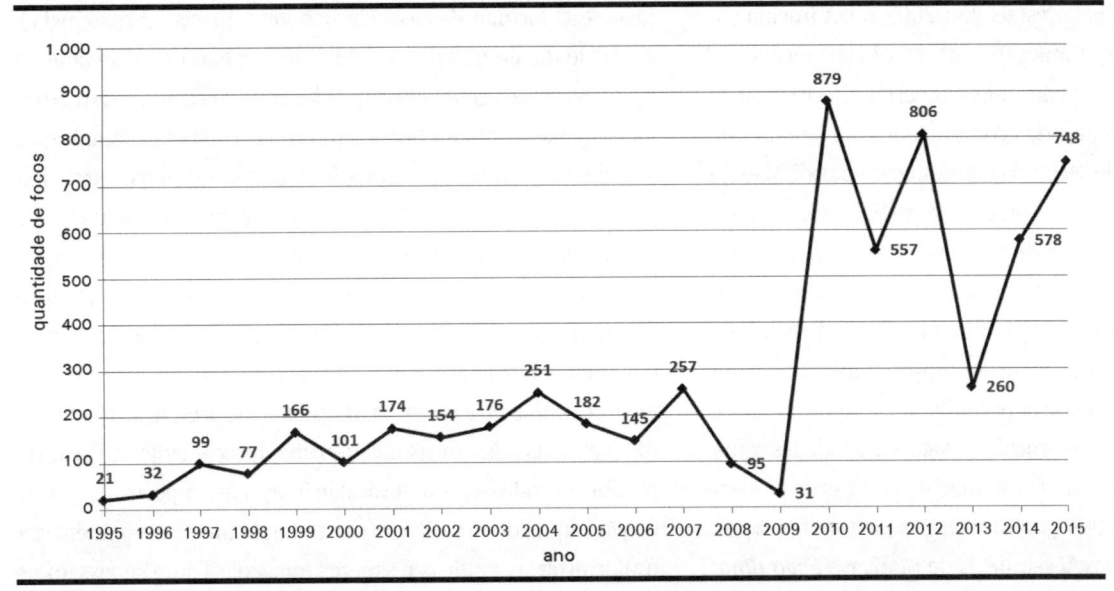

ano	1995	1996	1997	1998	1999	2000	2001	2002	2003	2004	2005	2006	2007	2008	2009	2010	2011	2012	2013	2014	2015
quantidade de focos	21	32	99	77	166	101	174	154	176	251	182	145	257	95	31	879	557	806	260	578	748

Fonte: Focos de calor detectados pelos satélites NOAA 12 e AQUA-MT (INPE, 2014); Limites do PIX (ISA, 2014).

transpiração das plantas) e modificam os fluxos de deslocamento do vento. Assim como as florestas, as lagoas marginais estão secando, diversos insetos de importância cultural e alimentar (como gafanhotos, grilos e formigas) estão sumindo, enquanto que as pragas agrícolas (como as lagartas nos milharais, os percevejos nos pequizais e porcos nos roçados) estão se proliferando. Além disso, já dito, a monocultura intensiva praticada na região envolve o uso indiscriminado de fertilizantes e, principalmente, de agrotóxicos, que contaminam diretamente os organismos na floresta que são transportados pelo vento, pelas nuvens e pela água, afetando em cadeia os diversos seres vivos, como as plantas, os animais e as pessoas. Todos estes fatores reduzem a capacidade do complexo florestal do TIX de amortecer os efeitos das mudanças climáticas globais, que se expressam com o aumento das queimadas.

Para conhecer melhor o histórico de ocorrências de incêndios e desmatamento, a equipe de Manejo do Fogo do ISA analisou mais de 70 imagens de satélite (Landsat), entre o período de 1984 a 2015, medindo as áreas de floresta atingidas pelo fogo no interior do PIX. O interessante é que as conclusões do estudo corroboram aquelas apresentadas pelos indígenas, evidenciando que as grandes queimadas e outros fenômenos associados são, de fato, muito recentes. A primeira, e inesperada, ocorrência de incêndio florestal de grandes proporções foi registrada em 1999, atingindo uma área 77 mil hectares. A segunda ocorrência aconteceu em 2007, alcançando 215 mil hectares. Mas foi em 2010 que ocorreu o maior incêndio quando o fogo atingiu cerca de 290 mil hectares de floresta, representando pouco mais de 10% da área total do PIX. A disparada de focos de calor registrada aponta também para um novo patamar na frequência de incêndios. De uma média era de 82 focos de calor/ano entre 1995 e 2000, passaram a ser registrados, aproximadamente, 638 focos/ano de 2010 a 2015, um aumento de 780%[1].

AS EXPERIMENTAÇÕES DE ALTERNATIVAS PARA O FOGO BOM

Todos esses grandes acontecimentos, os incêndios, as secas, bem como as mobilizações interinstitucionais e comunitárias para a contenção do fogo são intensos e muito recentes, sendo o ano de 2010 muito marcante. Até então, em tempos em que o clima e a floresta eram outros, a prevenção era praticamente desnecessária. Num universo com cerca de 86 aldeias, com expectativa de aumento populacional, a "atitude" preventiva tendia a recair sobre "a pessoa". O ato de colocar fogo em alguma coisa podia ser de uma criança, um velho, uma outra família ou comunidade, mas o de apagar não era de quase ninguém. Além disso, as soluções e explicações trazidas pelos indígenas nem sempre ou quase nunca são de fácil incorporação. Mas, apesar das dificuldades, a ocorrência de incêndios de grande porte é uma realidade, que torna necessária a construção de ações de combate para além do trabalho voluntário que coloca em risco as vidas dos indígenas.

É nesse contexto que os indígenas do TIX estão buscando formas de enfrentar os incêndios florestais. Em 2007, o ISA iniciou esforços em busca de alternativas para a prevenção aos incêndios, revendo, reorganizando e atualizando, o repertório conhecido de manejo do fogo entre as próprias comunidades, na tentativa de desenhar um conceito de "Acordos Comunitários para o Manejo do Fogo", próprios para cada comunidade. A partir de 2010, deu-se inicio à experimentação de práticas preventivas inspiradas em brigadas de incêndios florestais, inclusive com a distribuição de equipamentos básicos de contenção (bomba costais, abafadores e pinga-fogo) possibilitada pelo apoio de empresas do ramo (como a Indústria Guarany). A iniciativa permitiu aprimorar práticas e estratégias para queimada controlada do fogo em atividades como queima de roçados e sapezais. O conjunto das práticas de prevenção aos incêndios florestais experimentadas passou a compor, nos Acordos Comunitários, a estratégia de manter o *Fogo Bom*. Em 2016, 20 aldeias já dispunham de equipamentos e alguma vivência com práticas preventivas de queimadas controladas. Contudo, a abrangência dessas ações nas escalas de tempo, território e número de aldeias, está contingenciada pelas especificidades de cada comunidade, pelas condições climáticas de cada ano, mas também pela capacidade material e dos recursos humanos à disposição.

A expectativa ao final desses anos foi que as comunidades tivessem desenvolvido rotinas para planejar e implementar práticas preventivas em suas aldeias com autonomia. De fato, elas passaram a desenvolver, ao seu modo, iniciativas próprias de prevenção, refletindo a questão em projetos propostos a financiamentos de base comunitária; um tema que antes não era tratado nas instâncias formais das associações comunitárias. A relevância e a efetividade do trabalho colaborativo acabou impulsionando a ação dos órgãos governamentais federais e estaduais. Em 2013, foi formada a primeira Brigada Indígena (PrevFogo/Ibama), após grandes esforços de aproximação interinstitucionais entre a Funai, o Ibama, o ISA, a Associação Terra Indígena do Xingu (Atix) e as representações comunitárias. Entretanto, apesar de ter se consolidado e se tornado mais efetiva nos anos seguintes, a atuação destas brigadas tem sido marcada por um grande distanciamento dos valores e conhecimentos que as comunidades possuem do fogo, do ambiente e do clima. O trabalho de prevenção e controle de queimadas das roças é conduzido, basicamente, a partir de práticas e modelos preventivos não indígenas, importados de fora e aplicados lá dentro. Observa-se também uma forte tendência a uniformizar as práticas e saberes indígenas como se fossem os mesmos entre os diversos povos xinguanos.

Em 2015, o ISA iniciou, junto aos Waurá da aldeia Piyulaga (Alto Xingu), os Ikpeng de Moygu/Arayo (Médio Xingu) e Kawaiwete de Samaúma (Baixo Xingu), um projeto colaborativo e experimental de diagnóstico e mitigação dos impactados causados pela maior recorrência de incêndios e seca. As pesquisas são colaborativas, no intuito de estabelecer a partir do profundo conhecimento que os índios têm sobre as áreas degradadas pelo fogo e os modelos de recuperação florestal, possibilitando o adensamento de recursos dados como estratégicos pelos índios para diversos usos. Além disso, espera-se encaminhar ações que revertam, positivamente, o processo de degradação da resiliência socioambiental.

Brigada indígena de combate a incêndios florestais no Alto Xingu, PIX.

MANEJO DAS ROÇAS, MANEJO DO FOGO

No Xingu, o fogo é uma ferramenta imprescindível para o manejo de plantas e paisagens, associado à produção alimentar, à construção de habitações, à medicina e à vida espiritual. Embora os modos de manejar sejam baseados em práticas comuns – como a agricultura de corte e queima – as técnicas variam significativamente entre os diversos povos e regiões, desde a queima da roça até seu abandono para descanso, recuperação e uso futuro. Esta diversidade se manifesta também na ampla variedade de cultivares, estilos e predileções culinárias, que também influenciam a capacidade de regeneração das paisagens e, logo, sua a capacidade de adaptação aos impactos dos incêndios, secas e outras mudanças climáticas. Deste modo, entender estas diferenças é fundamental para a construção de alternativas eficazes e duradouras, que não se limitem à urgência do apagar o fogo.

No Baixo Xingu, entre Yudjá e Kawaiwete, o principal cultivar são as variedades da mandioca, plantadas em diversos tipos de terra – vermelha, cinza, preta – que são a base da "farinha-d'água", item indispensável em sua dieta cotidiana. Sobretudo nas terras pretas de índio, manejam roças multivariadas, nas quais se destacam uma grande diversidade de amendoins gigantes. Via de regra, suas roças – de mandioca ou policultivos – são abertas em clareiras no interior da mata que de certa forma imitam processos naturais de recomposição e enriquecimento da biodiversidade florestal.

No Alto Xingu, as aldeias tendem a ser mais populosas e as roças configuram grandes áreas que vão sendo abertas e ampliadas a partir do centro das aldeias. No Alto Xingu, as roças são compostas basicamente por muitas variedades de mandiocas, com as quais fazem polvilho e pererebá, um mingau do veneno da mandioca. Ao final do ciclos de roçado de mandioca, plantam pequi e mangaba, de uso alimentar futuro, que contribuem para a regeneração florestal e o enriquecimento da biodiversidade florestal. Nestas áreas cultivadas, são formados em meio aos roçados grandes sítios de sapê, um dos principais materiais das casas alto-xinguanas, que também são manejados com o fogo.

Entre o Baixo e o Alto Xingu, as diferenças nas técnicas de preparo sazonal do solo com técnicas de corte e queima também são consideráveis e fazem a diferença na construção de alternativas de enfrentamento às mudanças climáticas. Em linhas gerais, o período da seca vai de maio-junho a setembro-outubro, quando se iniciam as chuvas. Tanto no Alto quanto no Baixo Xingu a derruba é feita comumente entre abril e maio, no final do tempo das chuvas. O que varia significativamente são os momentos de fazer a queima da área de plantio e, por consequência, o próprio plantio. No Alto, os indígenas tradicionalmente colocam fogo nos roçados entre junho e setembro, no auge da seca. Antes, conforme as explicações indígenas, essa era uma técnica precisa, cirúrgica, mas agora não raro as chamas fogem ao controle, dando início a grandes incêndios que podem se estender por todo o período de seca, até a chegada das chuvas, destruindo florestas e animais, e colocando em alto risco sua segurança física e alimentar. Nos últimos anos, contudo, os ventos fortes que sopram nesses meses têm levado as cinzas embora. Com isso, os brotos das ramas de mandioca emergentes ficam fragilizadas, podendo morrer com a seca e a insolação, afetando a produtividade das roças, fenômeno que é muito percebido no caso dos índios do Alto Xingu.

Por sua vez, os Kawaiwete e Yudja do Baixo Xingu costumam fazer suas queimadas após os sinais das primeiras chuvas, com a chegada dos trovões e o adensamento das nuvens carregadas. Conforme seus argumentos, a razão principal para tal é o aumento da possibilidade de fixar no solo os nutrientes contidos nas cinzas da biomassa queimada, junto a terra, por meio da compactação promovida pela umidade e força das gotas de chuva. Antigamente, contudo, os sinais eram regulados, isto é, as primeiras chuvas eram continuadas e garantidas, permitindo o bom andamento das atividades. Hoje em dia, destacam que está tudo desregulado, pois os sinais aparecem, mas a chuva não cai e se cai é de forma descontinuada. Com isso, para evitar incêndios, eles têm experimentado fazer a queima logo após a primeira chuva do ciclo, uma vez que nesta época a mata já estará mais úmida. Além disso, um outro fator de preocupação entre eles é que seus roçados vêm sendo cada vez mais atacados, de modo intenso, por pragas associadas a estes e outros desequilíbrios ambientais, complicando ainda mais a situação.

CONQUISTA E CULTIVO DO FOGO BOM

Entre indígenas xinguanos, o domínio do fogo é importante não só por ter revolucionado suas formas de vida. Em diversas narrativas mitológicas, disseminadas entre diferentes povos e culturas, o fogo, atualmente dominado pelos humanos, foi roubado de outros animais. Ao tomá-lo da onça, do gavião ou da raposa, tomaram-lhes também qualidades como a força, o poder e a astúcia. Uma importante implicação deste ato é que, se o fogo era controlado por outros animais, seu roubo passa a exigir dos humanos a mesma capacidade de cuidar ou cultivar, sob o risco de perdê-lo para sempre para um outro tomador, com as mais graves consequências. *(setembro, 2016)*

NOTA

[1] Para mais, acesse as matérias "Análises mais detalhadas subsidiam ações de manejo do fogo no Parque Indígena do Xingu" (12/11/2014) e "De olho no Xingu (parte II) – Evolução dos focos de calor na Bacia do Xingu" (23/06/2016) publicadas no Blog do Xingu no *site* do ISA: <www.socioambiental.org>.

ALTERNATIVAS ECONÔMICAS

Do Mel Orgânico a Outras Iniciativas

Marcelo Silva Martins — Engenheiro-agrônomo, Programa Xingu, ISA

Fabrício Amaral — Cientista social, Programa Xingu, ISA

NOS ÚLTIMOS ANOS, OS XINGUANOS TÊM AMPLIADO SUA PRODUÇÃO COMERCIAL DE ALIMENTOS E ARTESANATOS, OFERTADOS EM MERCADOS URBANOS QUE VALORIZAM A SOCIOBIODIVERSIDADE NATIVA. O CREDENCIAMENTO DA ATIX COMO CERTIFICADORA ORGÂNICA, ALÉM DE INICIATIVAS COMO O SELO ORIGENS BRASIL, TÊM ESTIMULADO O APRIMORAMENTO DE SEUS PRODUTOS E PROCESSOS PRODUTIVOS

O fomento a alternativas econômicas para a geração de renda tem um longo histórico no Parque Indígena do Xingu (PIX), criado em 1961. Nos anos 1970, a Funai organizou grandes trabalhos coletivos com o intuito de vender a produção indígena nos postos administrativos e no entorno do Parque. Porém, os muitos problemas que surgiram na organização do trabalho, na comercialização dos produtos e na distribuição do dinheiro arrecadado levaram ao enfraquecimento da iniciativa. Desde a promulgação da Constituição Federal de 1988, as organizações não governamentais (ONGs) parceiras e as associações indígenas passaram a exercer maior protagonismo na condução das políticas indigenistas, entre as quais os projetos de geração de alternativas econômicas.

A partir de 1991, a Fundação Mata Virgem (FMV), posteriormente convertida em Associação Vida e Ambiente (AVA), contribuiu para a inserção comercial de produtos xinguanos, como o polvilho e a banana-passa, e desenvolveu treinamentos de indígenas para que se tornassem multiplicadores das regras básicas de acesso aos mercados, no âmbito do *Projeto de Apoio à Comercialização de Excedentes Ocasionais*. Em 1994-5, foi fundada, com o apoio da AVA, a Associação Terra Indígena Xingu (Atix), organização multiétnica que congrega os 16 povos que vivem no PIX e em três Terras Indígenas contíguas: a Wawi, a Batovi e a Pequizal do Naruvôtu. Esta extensa área totaliza 2,8 milhões de hectares e integra o que os indígenas vêm chamando de Território Indígena do Xingu (TIX). No mesmo contexto, foi fundado o Instituto Socioambiental (ISA), que incorporou ao Programa Xingu o acervo de experiências legadas pela FMV/AVA, dando sequência à parceria com a Atix. Com o apoio da Fundação Rainforest da Noruega (RFN), o Programa Xingu/ISA e a Atix fizeram uma reavaliação das iniciativas desenvolvidas até então, o que levou à concepção do *Projeto de Desenvolvimento de Alternativas Econômicas Sustentáveis*, visando, sobretudo: a segurança alimentar, o auto-controle da cadeia produtiva (incluindo o aumento da produção e o gerenciamento com foco na qualidade) e a comercialização.

Atualmente, parte da produção dos indígenas do TIX é ofertada em mercados da sociobiodiversidade, levando aos não índios das cidades um pouco de suas ricas tradições e modos de vida. As lojas do Pão de Açúcar e do Mercado Municipal de Pinheiros, em São Paulo, são alguns dos espaços que ofertam produtos feitos pelos povos do TIX. Além de artesanatos diversos – cerâmicas, panelas, tachos, cuias, beijuzeiras, esteiras, peneiras, cestos, redes, colares e pulseiras – uma ampla variedade de alimentos – pimentas, castanhas, óleo de pequi, méis e sal de aguapé – vêm despertando o interesse até mesmo de renomados chefs da alta culinária.

ARTESANATOS DOS POVOS XINGUANOS E CERÂMICA WAURÁ

As cores, traços e formas de cada cerâmica, colar, pulseira, arco, flecha, borduna, máscara, entre outros – confeccionados com materiais como palha, semente, madeira ou barro – carregam consigo as visões de mundo de seus produtores. Para os não índios, acostumados a apreciar as formas de arte ocidentais, é impossível não se surpreender com a beleza, a riqueza de detalhes e a profundidade das histórias e sentidos que são transmitidos para os artefatos. O conhecimento circula em todo o território, entre povos diversos, uns se apropriando dos ensinamentos dos outros.

Inajá e tucum se tornam bordunas, colares ou pulseiras. A natureza se encarrega de espalhar mais sementes e os povos indígenas de manejá-las para nunca faltar. Bancos em formas de animais com grafismos e desenhos nos levam a navegar num mundo prenhe de expressões culturais singulares. Toda esta riqueza material se converte em alternativa para a geração de renda familiar. Entre os projetos nessa direção, destacam-se as cerâmicas dos Waurá do Alto Xingu, modeladas com a argila escura *kamalu yalaki* e pelo espongiário lacustre *akukutai*, com técnicas milenares que lhes conferem alta qualidade e resistência. São artefatos como as panelas em forma de animais, com belas pinturas feitas em estilo marcante. As associações indígenas têm se esforçado na organização desses artesanatos junto aos produtores, mas ainda há muito para se fazer. O comércio, com todas suas nuances, é um dos maiores desafios devido à variedade das peças, à quantidade de produtores/as e ao estabelecimento de consensos sobre os preços.

ÓLEO DE PEQUI DOS KISEDJÊ

O tempo das chuvas também é o momento de fortalecer a produção das mais variadas cores e sabores dos pequis e das pimentas. O óleo de pequi, *hwin mbê* na língua dos Kisêdjê, é feito pelo método tradicional de extração da polpa, com água fria, rica em perfume, sabor, cor e com as propriedades preservadas no óleo. É muito usado e apreciado desde tempos imemoriais por este povo.

O projeto de fomento ao óleo de pequi como alternativa econômica começou em 2011. Seus usos comerciais são bastante variados. Na culinária, experimentada por diversos chefs, tem sido usado em receitas famosas como o arroz com pequi, frituras, massas, galinhadas, ou mesmo como azeite em saladas. Por sua consistência e altos teores de vitaminas, ferro e fósforo, pode também ser utilizado como repelente, hidratante e bronzeador para pele e cabelos, proporcionando um tom dourado que hidrata e nutre. Outra importante propriedade apresentada pelo óleo pequi, e que vem sendo atestada por pesquisas farmacológicas, é seu poder cicatrizante, anti-inflamatório e antibacteriano, além de sua capacidade de aliviar problemas respiratórios.

Os Kisedjê da TI Wawi, organizados na Associação Indígena Kisedjê (AIK), começaram o plantio do pequi como alternativa de geração de renda em 2006, utilizando três hectares de uma área degradada, onde havia fazendas antes de a TI ser demarcada. Trata-se de um sistema silvipastoril que consiste em formar pastos consorciados com pomares de pequi, contribuindo também com a recuperação das matas ciliares. Com a iniciativa, os indígenas produzem óleo de pequi e carne para consumo interno, além de fomentar a venda externa para custear suas despesas básicas. Em 2011, a AIK começou a extração do óleo, com apoio técnico do ISA e financeiro do Instituto Bacuri e do Grupo Rezek. Entre 2014, iniciaram a ampliação do pequizal com mais 60 hectares, financiados pelo Fundo Amazônia/BNDES. Sem dúvida, a iniciativa kisedjê, que adota padrões de produção socioambientalmente mais adequados em relação à pecuária tradicional, tem potencial para ser uma futura referência para a atividade na região.

Produção de óleo de pequi, na Aldeia Ngôjwêrê dos Kisêdjê, Terra Indígena Wawi.

PIMENTAS DOS WAURÁ, KISEDJÊ E KAWAIWETÉ

As diversas variedades de pimentas, um ingrediente indispensável na culinária xinguana, dão sabor especial aos mais variados alimentos: peixes, carnes, caldos e o típico mutape, espécie de pirão com farinha fina de mandioca. No modo tradicional de preparo, são cultivadas, colhidas, desidratadas e transformadas em pó. Em 2013, foram iniciados os trabalhos de fomento sua comercialização. À frente desta atividade estão as mulheres, que detêm as técnicas de preparo, se organizam em grupos para produzir, processar, e em consenso, decidir o destino da renda obtida. Três etnias se destacam na produção e comercialização da pimenta no Xingu: os Waurá, os Kisedjê e os Kawaiwetê.

A Associação Indígena Tulukai, que representa a aldeia Piyulaga do povo Waurá, investiu esforços no plantio de mudas variadas, em vários locais da aldeia, fortalecendo sua rede de produtoras e consolidando esta alternativa de geração de renda. Em 2016, as mulheres waurá de Piyulaga foram premiadas no 4º Prêmio Consulado da Mulher de Empreendedorismo Feminino, promovido pelo Instituto Consulado da Mulher, da fabricante de eletrodomésticos Consul. O Grupo de Mulheres Kisedjê, organizado na AIK, também tem investido esforços para produzir a pimenta para suas famílias e destinar o excedente para o comércio. Da mesma forma, as mulheres Kawaiwetê estão indo na mesma direção, com o acompanhamento da Atix.

MEL DOS ÍNDIOS DO XINGU

No PIX, o aproveitamento comercial da abelha-africanizada (*Apis mellifera*), criada em apiários, teve início em 1996 e, desde então, vêm ganhando destaque como negócio social entre os povos xinguanos. Atualmente, cerca de 100 produtores, em sua maioria jovens, participam do projeto *Mel dos Índios do Xingu*, que produz tanto para o consumo quanto para venda em mercados formais. Via de regra, os apicultores se organizaram em grupos de aldeias próximas, que se ajudam na produção, dão apoio técnico aos novos produtores e realizam o controle dos processos.

Para acessar os mercados formais, a Atix, assessorada pelo ISA, obteve no ano 2000, junto ao Ministério da Agricultura, Pecuária e Abastecimento (Mapa), o selo do Serviço de Inspeção Federal (SIF) que estabelece normas técnicas de qualidade, produção e processamento dos produtos apícolas, além de fiscalizar o cumprimento das normas pelos produtores. Em 2003, o *Mel dos Índios do Xingu* foi certificado como produto orgânico pelo Instituto Biodinâmico (IBD), instituição avaliadora reconhecida internacionalmente. Contudo, ao longo do tempo, a certificação por terceira parte, ou por auditoria, provou ser um sistema inadequado à realidade indígena, tanto por estar organizado em procedimentos burocráticos distantes de suas realidades, quanto por seu elevado custo financeiro que compromete o fluxo monetário dos pequenos produtores.

Desde 2006, vêm sendo desenvolvidos projetos para explorar o potencial econômico do mel das abelhas sem ferrão, também chamadas de nativas ou indígenas, muito apreciadas no TIX. Os Kawaiwetê, por exemplo, são grandes conhecedores das abelhas nativas e manejam quase quarenta espécies para diferentes usos. Destas, ao menos quatro apresentam potencial para a comercialização externa, atestada pelo interesse que seus sabores provocaram em renomados chefs da alta gastronomia. Nos últimos anos, foi desenvolvido um método de maturação do mel de abelhas sem ferrão que garante a estabilidade físico-química do produto, impedindo a fermentação e conservando seu sabor peculiar. Contudo, a expansão produtiva e a comercialização ainda esbarram na falta de regulamentação técnica e legal específica para sua entrada em mercados formais; um desafio para os próximos anos.

Em 2015, uma grande conquista para a venda do mel da *Apis* foi o credenciamento da Atix como certificadora de produtos orgânicos pelo Mapa. Os produtores indígenas organizaram seu próprio sistema de certificação orgânica, denominado Sistema Participativo de Garantia (SPG), que define e fiscaliza normas de

No Ministério da Agricultura, xinguanos comemoram aprovação do Sistema Participativo de Garantia adotado pela Atix, que possibilita que grupos de pequenos produtores se organizem para autocertificar seus produtos

qualidade, com base nos parâmetros legais estabelecidos pelo Mapa. A auto-organização da certificação é vantajosa por diversas razões, pois, além de reduzir custos, favorece e respeita as especificidades culturais dos povos indígenas que, afinal, podem se organizar à sua maneira para desenvolver os sistemas de controle e cumprir com as exigências formais. Por iniciativa própria dos indígenas, todas as fases da verificação dos produtores, nos critérios da conformidade orgânica, são registradas em audiovisual, garantindo maior transparência sobre a qualidade de seus produtos e procedimentos.

O *Mel dos Índios do Xingu* também aderiu ao *Selo Origens Brasil*, organizado pelo Instituto de Manejo Agrícola e Florestal (Imaflora) e lançado no início de 2016. A iniciativa conecta o consumidor ao produtor por meio de uma plataforma que permite identificar e rastrear a origem dos produtos feitos por populações indígenas e extrativistas que vivem no corredor de Áreas Protegidas da Bacia do Rio Xingu, disponibilizando informações sobre modos de vida, ambiente, formas de produção, época, lote, local e produtor. Além de atestar e dar transparência à qualidade dos produtos e processos produtivos, o Selo também contribui para a valorização dos serviços socioambientais prestados pelas populações indígenas e tradicionais.

O credenciamento da Atix como certificadora orgânica e iniciativas como o *Selo Origens Brasil* têm contribuído e estimulado a descentralização dos processos produtivos, com os grupos produtivos assumindo diretamente a condução dos processos de organização, planejamento e venda. Além disso, favorece e barateia a ampliação da formação técnica ofertada pelos apicultores mais experientes das aldeias, que ministram cursos e acompanham de perto o trabalho dos novos apicultores de seus grupos produtivos. A autocertificação orgânica atualmente foca a produção do mel da abelha-africanizada, mas o desenvolvimento do sistema poderá ser ampliado para todos os alimentos com potencial comercial, produzidos no TIX, como as pimentas, o óleo de pequi, o sal de aguapé, o mel de abelhas sem ferrão, os alimentos fornecidos para a merenda escolar, entre outros possíveis.

PARTICIPAÇÃO, EDUCAÇÃO E SUPERAÇÃO

A consolidação desses processos vem de encontro aos trabalhos desenvolvidos pelas associações indígenas e indigenistas no Xingu há mais de 20 anos. Não há superação dos erros se não houver a participação dos atores na elaboração e execução dos projetos. A parceria Atix e ISA concebe alternativas econômicas com potencial de mercado que respeitam e representam os modos de vida indígenas, mantendo o equilíbrio ambiental e sempre reavaliando os equívocos e acertos do passado, para melhor planejar os passos futuros. A aposta é na participação direta dos povos indígenas em todas as decisões que lhes dizem respeito. As iniciativas de geração de alternativas econômicas envolvem diversas consultas às várias etnias do TIX, garantindo tanto autonomia de governança quanto a gestão compartilhada.

A participação da juventude é um fato marcante em todos os empreendimentos. No caso dos homens é, principalmente, na apicultura que ocorre a inserção dos mais jovens e, no caso das jovens mulheres, isso ocorre mais no segmento de produção dos artesanatos e pimenta. Não podemos perder de vista o papel educativo no acompanhamento das associações indígenas do Xingu prestado pelo ISA, que atua como interlocutor junto aos órgãos de estado, entidades internacionais ou mesmo com outras ONGs, que têm levado os indígenas a lidarem com uma estrutura administrativa, financeira e burocrática que não fazia parte de suas vidas.

Durante a consolidação dos projetos, tornou-se necessário que os indígenas aprendessem a organizar as reuniões, registrá-las e gerenciar da melhor forma possível toda a estrutura, buscando soluções para os percalços que aparecem. A Atix, por exemplo, tem sido uma escola no desenvolvimento dessas habilidades organizacionais e, sobretudo, na interlocução entre os "de dentro" e os "de fora". Várias lideranças que atuam no território estão inseridas nessa associação multiétnica ou passaram por ela, assim como boa parte deles teve importante experiência política e intercultural durante a consolidação da apicultura, a alternativa econômica pioneira para a Atix.

Superar desafios organizacionais e de distribuição é uma tarefa constante, sendo também um grande aprendizado, como costumam dizer os representantes das associações. Isso implica lidar com a organização logística e comercial para acesso direto a consumidores que valorizam a origem e a cultura do produto, bem como a organização comunitária autônoma, de modo que, a vida tradicional seja um valor agregado aos produtos. Fortalecer a economia local, os negócios sociais por meio de empreendimentos sustentáveis comunitários, respeitar a autodeterminação dos povos indígenas, o valor cultural agregado, incorporar o valor dos serviços socioambientais prestados, ampliar o elo com os consumidores para o desenvolvimento de bases éticas comerciais que respeitem o modo de vida indígena são os preceitos necessários e fundamentais. Na geração de alternativas de econômicas, cada vez mais os povos do TIX ampliam sua autonomia, dependendo cada vez menos de assistência técnica e dispensando as políticas assistencialistas. *(dezembro, 2016)*

REDE DE SEMENTES DO XINGU

Sementes Indígenas que Geram Florestas e Conectam Culturas

Dannyel Sá Pereira da Silva | Biólogo, Programa Xingu/ISA

Rodrigo Gravina Prates Junqueira | Engenheiro-agrônomo, coordenador do Programa Xingu/ISA

A REDE DE SEMENTES É UM NEGÓCIO SOCIAL PIONEIRO NA AMAZÔNIA VOLTADO À PRODUÇÃO E COMERCIALIZAÇÃO COMUNITÁRIA DE SEMENTES PARA A RESTAURAÇÃO FLORESTAL. SUA CONSOLIDAÇÃO ENTRE OS INDÍGENAS EXPERIMENTA DESAFIOS RELACIONADOS À GESTÃO DO TERRITÓRIO MULTIÉTNICO DO XINGU EM UM MICROCOSMO SIGNIFICANTE DE RELAÇÕES ENTRE XINGUANOS E O ENTORNO

A Rede de Sementes do Xingu (RSX) é um desdobramento da Campanha Y Ikatu Xingu ("Salve a água boa do Xingu", na língua Kamaiurá), concebida no final dos anos 1990 e fundada em 2004, em resposta ao histórico de supressão e substituição da floresta e cerrado por pastagens e monoculturas de grãos, que culminou em altas taxas de desmatamento no Mato Grosso, as maiores da Amazônia brasileira desde 1988. Atualmente, 6,2 milhões de hectares estão desflorestados na porção mato-grossense da bacia do Rio Xingu, o que representa mais de um terço de sua área total. De acordo com a legislação florestal atual, são aproximadamente 200 mil hectares de Áreas de Proteção Permanente (APPs) e nascentes a serem reflorestadas. Em meio a esta imensa e emblemática região dominada pelo agronegócio está o Território Indígena do Xingu (TIX), que envolve o Parque Indígena do Xingu (PIX) e outras três Terras Indígenas contíguas – Wawi, Batovi, Pequizal do Naruvôtu – que, juntas, totalizam 2,8 milhões de hectares.

O desflorestamento vem acarretando impactos ambientais que os povos do Xingu perceberam, de imediato, pela deterioração da qualidade da água, que há tempos eles denunciam amplamente. As percepções indígenas e a urgência em cuidar das nascentes do Xingu, todas fora dos limites do TIX, motivaram o ISA e um conjunto de parceiros de diferentes setores a mobilizar a articulação da Campanha Y Ikatu Xingu, com o propósito de constituir uma governança ambiental compartilhada com indígenas, grandes e pequenos produtores rurais, governos e ONGs.

Para a restauração florestal acontecer na escala necessária, a técnica de semeadura direta foi aperfeiçoada, em função tanto dos melhores resultados ecológicos quanto dos menores custos operacionais. O aperfeiçoamento do plantio acabou gerando o aumento da demanda por sementes, impulsionando a criação, em 2007, de um sistema de produção e comercialização comunitário de sementes florestais: a Rede de Sementes do Xingu. Desde então, a RSX tem trilhado os caminhos necessários para seu fortalecimento como um negócio social de base florestal, tornando-se uma referência fundamental no setor de restauração ecológica.

A soma dos recursos gerados já alcançou R$ 2 mi de renda aos 420 coletores da iniciativa, oriundos da comercialização de 153,5 toneladas de mais de 250 espécies florestais, que possibilitaram o reflorestamento de mais de 3,5 mil hectares de florestas entre 2007 e 2015. Junto aos resultados comerciais expressivos, a construção participativa e dinâmica da engrenagem social produtiva tem sido premissa importante para a Rede ser capaz de acolher a ampla diversidade de visões de mundo presentes na iniciativa e superar os desafios da ampla escala geográfica da região de atuação. Estas conquistas, não apreensíveis apenas pelos indicadores quantitativos de comercialização, são imprescindíveis para dimensionar a relevância desta experiência para a superação dos gargalos encontrados no setor de restauração ecológico e nos negócios de base comunitária florestal.

ORGANIZAÇÃO INTERNA DA RSX

A RSX está organizada em 13 núcleos coletores distribuídos em 18 municípios do Mato Grosso e Pará. A diversidade sociocultural dos coletores de sementes integra uma vasta rede. São seis povos indígenas (os Ikpeng, Waurá, Yudja e Kawaiwete no TIX, os Panará na TI Panará e os Xavante nas TIs Marãiwatsédé e Pimentel Barbosa), além de agricultores familiares e coletores urbanos. Entre os indígenas, os xinguanos, que fizeram suas primeiras entregas de sementes em 2008, são os precursores. Desde então, a RSX não parou de se transformar e vem se consolidando cada vez mais no TIX.

Os fóruns de discussões, criados para traçar os caminhos da Campanha Y Ikatu Xingu para dar conta da demanda por sementes, imediatamente reconheceram a integridade territorial do TIX como peça-chave para o sucesso das ações de reflorestamento das cabeceiras do Xingu. Afinal, o único grande remanescente florestal na região é o TIX, que é, portanto, a principal fonte potencial de sementes. Na visão dos indígenas, tal fato representou, a princípio, uma aproximação simbolicamente contraditória com os agentes do entorno. Se o fazendeiro desmatou as nascentes e precisa reflorestá-las, os xinguanos creditavam aos próprios fazendeiros a responsabilidade de buscar alternativas para cumprir sua obrigação. Esta realidade está relacionada com as diferenças na forma de ocupar e viver no território, fisicamente representada pelo limite geográfico que reforça as fronteiras cosmológicas.

Neste sentido, a produção e a troca de sementes permitiram conciliar o potencial para a restauração florestal existente no território indígena com uma atividade de geração de renda que valoriza a biodiversidade e o território. Além disso, proporcionaram a convergência do diálogo entre fazendeiros e indígenas iniciado no II Encontro das Nascentes do Xingu, realizado em 2002, em Canarana. O desejo de contribuir com a recuperação das áreas degradadas das cabeceiras do Rio Xingu, que afeta diretamente os meios de vida de suas comunidades, articulado à oportunidade de retorno monetário efetivo tem sido a motivação do engajamento dos coletores xinguanos. Além disso, a viabilização do reflorestamento revela o comprometimento dos povos indígenas com a qualidade ambiental, beneficiando todos que dependem do Xingu.

Atualmente, o núcleo de coleta do TIX conta com aproximadamente 200 coletores, o que corresponde à quase metade dos coletores da Rede, distribuídos por três regiões administrativas do PIX: alto, médio e baixo. São nove aldeias de quatro povos: os Waurá (aldeias Piyulaga e Piyulewene), os Ikpeng (Moygu e Arayo), os Kawaiwete (Ilha Grande, Kwaruja, Tuiararé e Samaúma) e os Yudja (Tuba Tuba). Ao todo, essas aldeias já produziram e comercializaram cerca de 5,8 toneladas de sementes, correspondendo a R$ 170 mil em renda e conquistas para as comunidades.

No início da atuação xinguana em 2008, poucos jovens eram os coletores de sementes de suas respectivas comunidades. Nos anos seguintes, os processos de produção começaram a ser definidos com mais clareza, com apoio e acompanhamento dos técnicos do ISA, em parceria com as associações indígenas locais. Desde

Inauguração da Casa de Sementes na Aldeia Piyulaga. O local é apropriado para armazenar sementes florestais coletadas pelos indígenas do PIX.

então, a RSX cresceu e o reflexo positivo disso pôde ser observado quantitativamente pouco tempo depois, em 2012, quando a produção e comercialização de sementes pelos grupos do PIX atingiram seu auge até então. Outros eventos ocorridos neste ano foram significativos para incrementar a participação do PIX na Rede: uma casa de sementes foi construída na aldeia Tuba Tuba dos Yudja, e a aldeia Piyulaga dos Waurá foi reconhecida por membros de toda a Rede como o grupo de coleta que produziu as sementes 'mais limpas'.

Logo no ano seguinte, houve uma queda abrupta na demanda por sementes para restauração de APPs, influenciada fortemente pela revogação do Código Florestal Brasileiro. No entanto, independente do cenário de incerteza que se instaurou, a importância da RSX em contribuir para a recuperação das nascentes do Xingu se fortaleceu. Ainda em 2013, uma expedição com caciques e lideranças de diversos povos do TIX percorreu áreas em restauração florestal viabilizadas com sementes da RSX. Esta foi a primeira oportunidade dos indígenas conhecerem em campo os resultados concretos dos plantios realizados com as sementes produzidas pela RSX. A ocasião foi importante especialmente para reforçar a motivação dos grupos de coleta do PIX, pois puderam atestar que as sementes são destinadas exclusivamente para a restauração florestal. A expedição promoveu o diálogo entre os indígenas interessados em entender o porquê dos fazendeiros vizinhos ao TIX plantarem florestas, permitindo-os acessar diferentes explicações sobre os desafios enfrentados na recuperação das APPs de suas fazendas, reforçando a importância fundamental da RSX neste processo.

PARTICULARIDADES DOS NÚCLEOS DE COLETA INDÍGENAS

O perfil da organização interna do núcleo de coleta do PIX destaca a complexidade inerente à diversidade étnica e linguística, de realidades e de logística no contexto de interação com os sistemas econômicos das sociedades indígenas, ampliados por dispositivos de alteridade na relação com os sujeitos exteriores ao território indígena que repercutem nos desafios da gestão socioprodutiva. Os coletores do TIX estão subdivididos em sete grupos de coleta que envolvem uma ou mais aldeias, de acordo com a realidade geográfica e/ou de afinidade operacional, em que um coordenador indígena responsável pela articulação local dos coletores interage com um "elo" não indígena de interlocução entre esses grupos e a Central Administrativa da Rede. A difusão de informações importantes para o desenvolvimento da iniciativa, aliada à formação contínua de coletores e coordenadores indígenas, tanto em aspectos técnicos de manejo quanto em relação à gestão, foi decisivo para a construção participativa da experiência xinguana na Rede. Os espaços mais marcantes têm sido a reunião anual dos coletores do TIX, o momento em que discutem entre si suas demandas internas e também se preparam para encaminhar suas questões para o Encontro Geral da Rede de Sementes do Xingu.

Ao longo destes anos, as associações dos povos Ikpeng (Associação Indígena Moygu Comunidade Ikpeng), Waurá (Associação Indígena Tulukai e Associação Indígena Sapukuyawa Arakuni), Kawaiwete (Associação Tapawia) e Yudja (AssociaçãoYarikayu) têm apoiado a organização e a mobilização dos grupos de coleta, articulando-os internamente e com o arranjo geral da Rede. É por meio dessas associações que as sementes das comunidades do TIX são comercializadas. Esta integração entre associações e grupos de coleta tem sido um diferencial do núcleo de coleta do TIX no contexto de reconhecimento e valorização da diversidade sociocultural, promovida pela interação entre os coletores indígenas e não indígenas. Ao mesmo tempo, a estrutura descentralizada de gestão nos níveis locais tem permitido a solução autônoma de questões do ciclo produtivo que dizem respeito apenas ao grupo de coletores de determinada aldeia. Assim, a RSX se configura como uma importante oportunidade para os povos indígenas do TIX acessarem arranjos produtivos inovadores da economia da sociedade envolvente.

Neste sentido, a fundação da Associação Rede de Sementes do Xingu em 2014 é um fato relevante em diversos aspectos. A gestão sociopolítica compartilhada entre os diversos atores da iniciativa está fortalecida para lidar com o gargalos relacionados aos elementos de especificidades socioculturais do componente indígena na acomodação das diferentes visões de mundo. Por um lado, a participação indígena na Rede contribui para o reconhecimento da iniciativa ao promover o diálogo intercultural, a diversidade e a qualidade de espécies e sementes. Por outro, o respaldo proporcionado pelo volume de comercialização dos grupos não indígenas contribui para equalizar os custos operacionais e a demanda do mercado, ressaltando o caráter de negócio social da RSX.

O fortalecimento interno dos núcleos indígenas de coleta é um pré-requisito para garantir o seu protagonismo nos espaços de decisão da Rede diante da pluralidade étnica e de realidades presentes na RSX. Nesse sentido, a definição de critérios claros, construídos coletivamente, tem sido apontada como uma virtude para a promoção do encontro fértil entre as diferentes culturas e sociedades da região das cabeceiras do Rio Xingu que estão envolvidas na produção de sementes florestais, estabelecendo diretrizes para a construção uma gestão que contemple as peculiaridades intrínsecas de cada realidade. As particularidades do TIX relacionadas à diversidade étnica e ao número de aldeias, condicionando diferentes realidades na organização social dos grupos coletores, evidenciam uma das principais virtudes do núcleo de coleta xinguano: a diversidade de arranjos e alternativas para resolução das questões, proporcionando oportunidades para o desenvolvimento de inovações perante a complexidade da iniciativa.

O empoderamento observado na participação das mulheres, que compõem a principal parcela dos coletores indígenas, é um fator determinante para este fortalecimento interno dos grupos, considerado uma das fortalezas que constituem a atuação política do núcleo de coleta xinguano. As coletoras participam tanto das etapas de produção quanto exercendo papéis de liderança no planejamento dos rumos da iniciativa. O Movimento de Mulheres Yarang, do povo Ikpeng, é um emblema dessa participação. Criado em 2009, o trabalho das coletoras do TIX é reconhecido tanto em seu aspecto interno, próprio às aldeias, quanto junto às demais aldeias xinguanas e coletores não indígenas. Além disso, tem sido observado que, onde as mulheres atuam como protagonistas na produção, a renda gerada pela atividade de coleta de sementes é revertida prioritariamente para o benefício familiar.

Quanto às barreiras linguísticas, os jovens bilíngues que são cotados nas comunidades para facilitarem a interlocução entre os mundos indígenas e não indígenas contribuem significativamente em todas as etapas dos processos socioprodutivos. As atividades da Rede estimulam a curiosidade dos jovens pelo conhecimento dos recursos da floresta, levando-os a buscar a sabedoria dos anciões. Ao mesmo tempo, a Rede promove a interlocução desses saberes com as novidades da sociedade não indígena. Diante disso, a Rede tem propiciado oportunidades para estes jovens. Por exemplo, a construção do Plano de Ação da Juventude, em 2015, a partir da demanda de jovens já inseridos na Rede e também de outros que tinham interesse em conhecê-la pela primeira vez. No âmbito do Plano, está sendo implementada uma experiência piloto de investigação dos efeitos das mudanças climáticas na produção de sementes, por meio de uma pesquisa intercultural desenvolvida pelos jovens.

REFLORESTAMENTO COMO ALTERNATIVA ECONÔMICA

No bojo dessas questões, o Plano de Gestão do TIX, construído em conjunto pelos 16 povos que habitam o território e aprovado em 2015, reitera a comercialização das sementes florestais como uma alternativa econômica importante a partir da experiência piloto dos povos Ikpeng, Waurá, Kawaiwete e Yudja que tem despertado o interesse de outros povos. A RSX emerge, portanto, como uma iniciativa estratégica cuja consolidação contempla a expectativa dos povos do Xingu de geração de renda para as famílias, fortalecimento institucional das associações indígenas locais, além de operar também como um mecanismo significativo de gestão de um território multiétnico.

Por diversas razões, a experiência xinguana na RSX é um caso pioneiro, com potencial para contribuir em demais iniciativas de geração de renda que envolvam os povos indígenas no Brasil. A promoção de conhecimentos locais atrelados à conservação da biodiversidade, o aprimoramento da qualidade de vida familiar, o fortalecimento das relações de cooperação e organização social dos grupos familiares e comunitários de coletores de sementes constituem aspectos essenciais da trajetória da RSX. Esta realidade pode inspirar diversas instituições parceiras que atuam com povos indígenas e outras populações tradicionais, na medida em que se propõe a reconhecer e valorizar suas especificidades, criando mecanismos que promovem o respeito à diversidade cosmológica. Complementarmente, o caráter simbólico desempenhado pela semente, em si, enquanto elemento que conecta simultaneamente os diversos processos e agentes envolvidos colabora para a promoção do encontro fértil entre diferentes culturas e sociedades da região das cabeceiras do Rio Xingu, que estão envolvidas na produção e no plantio de sementes florestais.

(novembro, 2016)

ACONTECEU

Grafismo Kĩsêdjê
Fonte: Acervo/ISA

GERAL

POVOS DO XINGU QUEREM FORTALECIMENTO CULTURAL

O I Festival de Cultura Xinguana, em comemoração aos 50 anos do Parque Indígena do Xingu (PIX), mobilizou as comunidades para discussões sobre a influência dos costumes do "homem branco" e a necessidade de união para uma ação conjunta pela preservação do território e da cultura. Cerca de 500 indígenas dos diferentes povos estiveram reunidos, entre os dias 10 e 13 de junho, para relembrar a história da criação do parque, comemorar a data, avaliar a situação atual e planejar os próximos 50 anos. Como resultado, a Associação Terra Indígena Xingu (Atix) solicita que governo avalie a viabilidade de um encontro anual, ou pelo menos de 4 em 4 anos, que reúna as principais lideranças, mulheres e jovens dos 16 povos indígenas da região para discutir as demandas das comunidades. O coordenador regional da Funai no Xingu, Nhonkoberi Suya, avaliou o encontro como muito positivo. "O parque foi pensado para proteger a tradição e manter o xinguano com a cultura sempre viva. Com a chegada de tecnologia, televisão, motor, internet, tem mudado um pouco, mas a gente quer manter o Xingu com a tradição muito forte", disse. *(Funai, 15/06/2011)*

Apresentação de flautas Uruá por povos do Alto Xingu na aldeia kamaiurá da Lagoa Ipavu durante I Festival de Culturas Xinguanas, organizado para celebrar e refletir sobre os 50 anos do PIX

COREANOS SÃO PRESOS POR BIOPIRATARIA

Os coreanos presos na última segunda-feira, 11/11, na cidade de Canarana (MT), vivem nos EUA e um deles trabalha para uma empresa de cosméticos. As raízes e plantas apreendidas pelo Ibama e pela Funai são usadas pelos índios para fins cosméticos. Eles fizeram um acordo com os Kamaiurá, do Alto Xingu, e pagaram para obter raízes e plantas. Alertados pelo cacique kamaiurá Kotoki, que deveriam pedir autorização da Funai e do Conselho de Gestão do Patrimônio Genético, os estrangeiros alegaram que se pedissem teriam de pagar por isso. Relatos de índios de diversas comunidades revelam que esse grupo frequenta o PIX há tempos. Uma denúncia alertou a Funai sobre a presença deles em aldeias Waurá e Kamaiurá, e que tinham encomendado 10 quilos das plantas. Quando voltaram para buscar a encomenda acabaram presos, mas foram soltos já que a legislação brasileira só prevê advertências e multas nesse caso. *(I. Zanchetta, ISA, 17/11/2013)*

Raoni Metuktire (sentado) e Aritana Yawalapiti durante o "I Encontro Diversidade Sociambiental no Coração do Brasil" em que indígenas, ribeirinhos e pesquisadores se reuniram em Altamira para pensar novas formas de proteger o Xingu.

AS SANDÁLIAS DA POLÊMICA

A coleção Tribos, das Havaianas, leva ilustrações dos Yawalapiti, um dos povos do Alto do Xingu. Mas o que era para ser apenas mais uma ação promocional acabou abrindo a discussão sobre os direitos autorais dos indígenas, já que os grafismos são considerados uma propriedade coletiva e não um desenho de apenas um autor. Em julho de 2014, a agência de publicidade Almap BBDO, que atende o grupo Alpargatas, obteve o "direito de uso e reprodução de grafismos coletivos do povo Yawalapiti, (...) para a produção de kits promocionais a serem distribuídos gratuitamente em campanha e ação específica". Acontece que, a pessoa que assina o contrato, embora pertença à etnia, não é o chefe do grupo; o ideal é que os caciques dos demais povos do Alto do Xingu fossem consultados e,

ACONTECEU

O ADEUS DE TAKUMÃ

O mais conhecido e o mais célebre pajé do Alto Xingu se foi aos 82 anos. Takumã Kamaiurá que aparece à direita na foto de Sebastião Salgado, ao lado do filho Kotoki, vivia na aldeia Ipavu, e sempre foi muito influente no Alto Xingu, tanto do ponto de vista espiritual quanto político. Ele fez parte do arco de alianças dos irmãos Villas-Bôas, que batalharam pela criação do Parque do Xingu, em 1961 e suas histórias de pajelança corrreram o mundo. O indigenista e secretário executivo do ISA, André Villas-Bôas, que o conheceu, conta que sua ascendência política dentro do Parque do Xingu sempre foi muito forte e que foi com Takumã que o cacique kaiapó Raoni fez seu aprendizado de pajé. Ele deixa o filho, Kotoki, e a filha, Mapulu, ambos importantes lideranças kamaiurá da aldeia Ipavu. (ISA, 12/09/2014)

assim, evitar que qualquer um deles se sentisse lesado por identificar elementos comuns aos grafismos das demais etnias da região. Anuiá Yawalapiti, de 44 anos, da etnia que leva o seu nome, assina o contrato como representante do povo. Ele, que foi abordado no ano passado durante o 13º Encontro das Culturas Tradicionais, que acontece anualmente na Vila de São Jorge (em Goiás), recebeu 7.500 reais em troca da cessão dos direitos de reprodução, após ter o seu desenho escolhido entre ilustrações feitas por índios de outros povos no encontro. Em entrevista, Anuiá contou que aceitou o acordo porque as sandálias não seriam comercializadas. Procurada, a Alpargatas informou, em nota, que "as artes das sandálias (...) foram devidamente autorizadas através do termo de cessão de uso e reprodução de direitos autorais sobre grafismos indígenas, dentro da Lei de Direitos Autorais e da Portaria 177 da Funai, conforme contrato assinado pelo representante legal do povo Yawalapiti". *(M. Novaes, El País, 14/02/2015)*

QUARUP COMO PATRIMÔNIO CULTURAL

Os índios do Xingu estão em festa. É tempo de celebrar mortos e comemorar a vida com o Quarup. Neste domingo (23), encaminham pleito para que o ritual seja reconhecido como patrimônio cultural nacional. Neste fim de semana, quando assistirá ao Quarup da aldeia Kuikuro, no Xingu, o ministro Juca Ferreira (Cultura) deve receber a solicitação oficial das etnias para que a cerimônia vire patrimônio cultural. *(E. de Lucena, R. Lucena, FSP, 23/08/2015)*

IDIOMA YAWALAPITÍ EM RISCO DE EXTINÇÃO

Os índios iaualapitis, do parque do Xingu, correm sério risco de ver seu idioma desaparecer ao longo das próximas décadas. A ameaça, no entanto, não é o português, mas os idiomas de etnias indígenas vizinhas, como os camaiurás, os cuicuros e os meinacos, diz o linguista Angel Corbera Mori, pesquisador da Unicamp. Com 2,8 milhões de hectares, o PIX abriga quase 6.000 índios de 16 etnias. Segundo Mori, lá são faladas 11 línguas. O pesquisador diz que só 5 dos 230 iaualapitis

NO QUARUP, HOMENAGEM A DARCY RIBEIRO

Os índios recorreram à memória de Darcy Ribeiro, morto em 1997, para alertar os brancos dos perigos que rondam o PIX. "Homenageamos um grande homem branco, mas também queremos que os brancos respeitem nossos direitos e nossa terra", discursou o cacique Aritana, em reunião com jornalistas antes do início oficial da cerimônia. Os yawalapitis, uma das 16 etnias do Xingu e anfitriões deste Quarup, são um povo vigoroso e saudável, que praticamente renasceu com a criação do parque. Eram apenas 19 índios quando foram reagrupados pelos irmãos Villas-Bôas em 1961. Hoje, são quase trezentos, um terço crianças. O ciclo virtuoso dos últimos 51 anos, no entanto, deu sinais claros de inversão na celebração deste ano. "Antes, a gente só usava os rios para andar entre as aldeias. Agora, tivemos que abrir uma estrada porque tem lugares em que o barco não passa mais. O peixe, que é a base da nossa alimentação, também já não é tão farto", conta a índia Watatakalu, do Conselho de Mulheres Yawalapitis e uma das articuladoras da manifestação durante o Quarup.

A balsa de ferro, que até 2005 navegava por todo o parque durante o ano inteiro, está parada já há dois meses na margem do Tuatuari, rio que banha a Aldeia Yawalapiti, e só deve ganhar a água novamente em janeiro, no auge das chuvas.

"Desde a construção de uma PCH (hidrelétrica de pequeno porte) lá na cabeceira, há três anos, ela passa a maior parte do tempo parada aí", afirma Pirakumã, um dos líderes da aldeia. Essas mudanças no cotidiano dos povos do Xingu, para Pirakumã, são só uma pequena mostra do que está por vir, que ele classifica de "grande golpe nos direitos indígenas" que está sendo maquinado em Brasília.

É essa assombração que foi capaz de unir as 16 etnias do Xingu. Frequentemente adversários, todos os líderes do parque assinaram um manifesto endereçado à presidente Dilma Rousseff, que foi lido na abertura do cerimonial do Quarup e deveria ter sido entregue à ministra da Cultura, Ana de Hollanda. Para não receber a carta, a ministra se escondeu em uma oca e, no dia seguinte, justificou-se dizendo que o documento tratava de temas alheios à sua área, a da cultura. Watatakalu discorda: "A nossa cultura, a nossa tradição, a nossa vida é a nossa terra. Sem nossa terra e sem nossos rios não vai existir nada". A carta, marcada com o urucum da pintura ritual, foi recebida pelo senador Rodrigo Rollemberg (PSB-DF), que leu o documento no plenário do Senado e disse que vai entregá-lo à presidente Dilma. *(L. Leão, O Globo, 25/08/2012)*

podem ser considerados falantes fluentes da língua nativa. Todos os cinco têm mais de 50 anos. O cacique Aritana Yawalapiti, 63, é um dos falantes do idioma nativo. Ele se diz "muito preocupado". "Os jovens só falam línguas caribe [família linguística que inclui os idiomas calapalo, cuicuro, matipu e nahuquá." Segundo o cacique, a maioria dos sobreviventes à época da reunião promovida pelos Villas-Boas era de homens, que se casaram com mulheres de outras etnias. "E as crianças aprendem mais com a mãe", diz o cacique. *(R. Vargas, FSP, 05/11/2011)*

ASSOCIAÇÃO DAS MULHERES XINGUANAS

Com apenas seis anos de existência, a Associação Yamurikumã já tem história para contar. No final de 2014, a Associação Yamurikumã, com apoio da Funai, DSEI Xingu, ATIX e Instituto Catitu, realizou Rodas de Conversa das Mulheres Xinguanas nas aldeias Sobradinho, Kwarujá, Arayo e Yawalapíti, com o objetivo de mobilizar as mulheres xinguanas, consolidar a implantação da Yamurikumã. Foram abordados temas como o papel das lideranças tradicionais femininas, saúde da mulher, uso indevido das imagens das mulheres xinguanas, prostituição, lixo nas aldeias, entre outros. Em 2013, mais de duzentas e cinquenta indígenas compareceram ao encontro realizado pela Associação Yamurikumã em Canarana/MT. No ano seguinte, a Associação Yamurikumã participou de uma ação de rastreamento do câncer do colo do útero, em parceria com o Dsei Xingu e com a Escola Paulista de Desenvolvimento da Medicina (SPDM), percorrendo diversas aldeias no Parque do Xingu. A ação teve prosseguimento por meio de uma segunda expedição, a fim de iniciar o tratamento das indígenas diagnosticadas. *(Funai, 13/03/2015)*

MÁSCARAS WAURÁ CHEGAM AO MUSEU DO ÍNDIO

Os artesãos Daikir Talatalakuma Waurá e Karapotan Waurá, da Aldeia Piyulaga (Xingu), chegam ao Rio de Janeiro, a convite do Museu do Índio, para montar quatro máscaras tradicionais. O convite do Museu do Índio tem como objetivo principal a documentação do processo de montagem das máscaras dentro da instituição. Esse registro é importante para a transmissão de saberes e práticas na comunidade dessa etnia. As peças são utilizadas no ritual Iyãu Okawokala, uma cerimônia especial de cura somente realizada em casos de doença grave na aldeia. *(Museu do Índio, 12/06/2015)*

50 ANOS DE ASSISTÊNCIA MÉDICA

O Projeto Xingu nasceu há cinco décadas, a partir de um encontro entre o professor Roberto Geraldo Baruzzi – especialista em Medicina Tropical pela USP e doutor em Medicina Preventiva pela Escola Paulista de Medicina (EPM) da Unifesp – e Orlando Villas Bôas, então diretor do PIX. O sertanista propôs ao médico organizar uma equipe para avaliar as condições de saúde dos povos que viviam na área do parque. À época, a falta de assistência médica e sanitária regular acentuava o risco de extinção dos cerca de 1.500 indígenas, distribuídos em 16 etnias. A EPM criou um programa de extensão pioneiro, ancorado em três pilares: cadastramento médico, imunização e abertura do Hospital São Paulo como retaguarda de média e alta complexidade.

No início, as viagens a campo eram realizadas quatro vezes por ano, e a primeira delas se deu em 1965. O principal objetivo era, então, fazer o mapeamento da situação da saúde e dos principais problemas enfrentados pelas populações locais. Deu-se prioridade a campanhas de vacinação, além da assistência médica, curativa e preventiva. Houve, ao longo dos anos, uma troca consistente de saberes e conhecimentos, em um ambiente político nem sempre favorável, pois o projeto nasceu quando o país estava submetido ao regime militar.

Ao todo, mais de 500 pessoas já participaram das viagens ao Xingu desde a criação do projeto. Entre as principais conquistas do programa, estão o aumento da expectativa de vida dos indígenas, a queda da mortalidade infantil e a erradicação de doenças como sarampo, catapora, poliomielite e difteria. Além disso, os casos de malária, a principal epidemia que assolava esses povos, são muito raros e, quando ocorrem, não evoluem para óbito. Hoje, a sobrevivência dos povos xinguanos enfrenta a ameaça representada pelas novas doenças provenientes da mudança no modo de viver e nos hábitos alimentares como obesidade, dislipidemia, diabetes e hipertensão, além do paradoxal aumento da desnutrição. (Soraya Smaili, CartaCapital, 02/10/2015)

Dr. Roberto Baruzzi, médico da Escola Paulista de Medicina (EPM/Unifesp).

Jogos Indígenas 2015, que se realizaram na aldeia Kuikuro e contaram com 600 atletas de 14 aldeia, foi o maior evento esportivo da história do Xingu.

ACONTECEU

TATUAGEM E TECNOLOGIA A SERVIÇO DOS KAWAIWETE

A última etapa da Formação em Gestão Territorial e Serviços Socioambientais no Xingu teve início nesta quarta-feira (8), no Polo Diauarum, no PIX, e vai até o dia 24. O curso é conduzido pelo ISA e pela Atix e dele participam 32 indígenas vindos de várias regiões do PIX, que irão apresentar seus trabalhos de conclusão de curso (TCC). Um desses alunos é o cacique Pirasi Kaiabi que escolheu como tema de seu trabalho as pinturas corporais de seu povo ou *Jupot* como são chamadas as tatuagens na língua Kawaiwete.

Os Kawaiwete ou Kaiabi são a etnia mais populosa do PIX e poderão ser em breve a mais tatuada. Isso se depender dos esforços do cacique Pirasi. No mês de agosto ele articulou a vinda de uma tatuadora profissional à sua aldeia, a Ilha Grande, que marcou para sempre os rostos de 40 indígenas. Os homens receberam o mesmo desenho que o cacique, linhas que lembram o prolongamento do sorriso e as mulheres um desenho diferente logo abaixo do queixo. Em suas pesquisas, Pirasi descobriu que a tatuagem estava relacionada a uma das festas mais simbólicas de seu povo: a *Jowosi*, que havia muitos anos não se realizava e estava se perdendo na memória kaiabi. A *Jowosi* era o momento em que se comemoravam as antigas disputas por território e se exibia a cabeça do inimigo. Hoje, o cacique busca outros símbolos, que não a morte, para manter viva a festa tradicional, como os cantos, as comidas e, principalmente, a pintura corporal. Ele afirma que a *Jowosi* atualmente marca a passagem dos jovens para a vida adulta. Durante a festa os padrinhos da mesma etnia tatuam seus afilhados que após terem os corpos marcados também recebem um novo nome. Ele percebeu que os jovens não queriam mais tatuar os rostos e os velhos tatuados já estavam morrendo.

Pirasi explica que procurou a tatuagem do branco porque os mais novos não queriam passar pelo ritual feito com espinho e tintas extraídas de árvores tradicionais e poucas pessoas na aldeia dominam a técnica ancestral de fazer a tatuagem. O cacique também explica que a árvore tradicional de onde é extraído o líquido da tatuagem não é encontrada no Xingu, somente nas margens do Rio Teles Pires. Os Kawaiwete são originários da região do Alto Teles Pires e foram trazidos ao PIX pelos irmãos Villas-Bôas na década de 1960. Hoje, estão espalhados por diversas aldeias localizadas na região do Polo Diauarum, no PIX. *(ISA, 14/10/2014)*

DIREITOS TERRITORIAIS

PAGAMENTO POR TERRAS NO PIX É NEGADO

A Advocacia-Geral da União (AGU) confirmou, na Justiça, que o PIX pertence à União e a desapropriação da área não pode ser indenizada. Duas decisões favoráveis à AGU afastaram a possibilidade de ressarcimento aos expropriados. Em uma delas, os expropriados de área com cerca de mil hectares situados na região alegaram que teriam direito à indenização. Uma segunda ação foi ajuizada por posseiro de 25,780 hectares localizados em Cuiabá/MT, que pleiteava indenização devido à ocupação do Exército na área. Os dois pedidos de indenização foram analisados pela 1ª Vara da Seção Judiciária do Estado do Mato Grosso. Nas sentenças, entre outros pontos, o entendimento foi de que o artigo 231 da Constituição Federal dispõe que terras tradicionalmente ocupadas e habitadas por índios em caráter permanente são inalienáveis e indisponíveis, não produzindo efeitos jurídicos os atos que tenham por objeto a ocupação, o domínio e a posse. *(AGU, 21/03/2013)*

E NA TI WAWI TAMBÉM

A AGU evitou, na Justiça, o pagamento indevido de indenização pela desapropriação de propriedade de 3.870 hectares, localizada no município de Querência/MT, para demarcação da TI Wawi. Um proprietário ajuizou ação contra a Funai e a União, alegando que teria direito a indenização por ter parte de suas terras desapropriadas para ocupação da etnia Wawi, devendo o valor ser apurado em perícia. As Procuradorias Federal e da União no Estado do Mato Grosso (PF/MT e PU/MT) e a Procuradoria Federal Especializada junto à Fundação (PFE/Funai) destacaram que conforme previsto no artigo 1o do Decreto 20.910/32, a demarcação não poderia ser tratada como desapropriação indireta. Os advogados ressaltaram que o imóvel do autor é bem público integrante de seu patrimônio imobiliário, não sendo passível de apossamento por particular, tampouco poderia gerar direito à indenização. *(AGU, 15/09/2014)*

INDÍGENAS DO XINGU COBRAM DIREITO À TERRA

A Funai promoveu entre 12 e 15 de outubro em Canarana, a etapa Xingu da 1ª Conferência Nacional de Política Indigenista. Participaram lideranças indígenas dos povos que habitam a região do Xingu e do norte de Mato Grosso. O coordenador adjunto do Programa Xingu do ISA, Paulo Junqueira, disse que no documento final foram elencadas centenas de propostas, porém, a principal delas continua sendo a demarcação dos territórios e a garantia pela posse da terra. Junqueira explicou que o PIX é pequeno para abrigar todos os 16 povos indígenas que o habitam e começam a sofrer na pele essa restrição territorial. Terra agricultável e fontes de proteína estão escasseando, o fogo começa a se alastrar pelo PIX, o desmatamento no entorno aumenta, assim como o uso de agrotóxicos. "Os gafanhotos que eles comiam, não existem mais. Em contrapartida, uma praga está ameaçando os pequis. Do ponto de vista ambiental, eles têm muitos desafios para se adaptar, para lidar com o confinamento territorial em uma área cinco vezes menor do que eles ocupavam antes". Paulo Junqueira explicou ainda que também é uma grande preocupação dos indígenas a manutenção de suas culturas. "Outra questão que os desafia é a transição geracional. Tem uma nova geração de jovens que vivenciam uma situação de contato intenso. Chegar à cidade está fácil, a internet chegou lá, a televisão chegou lá, eles estão se casando fora, estudando fora, trabalhando fora. Isso coloca em risco a transmissão de conhecimentos importantes". O cacique Kuiussi Kisêdjê demonstrou sua preocupação: "Estão querendo ganhar dinheiro, o que está trazendo prejuízos pra nossa cultura. A gente não é mais aquela população indígena tradicional, pura. A gente está misturando, começando a casar com homem branco e isso é muito perigoso e pode acabar com nossa cultura e enfraquecer nossos direitos". *(Rafael Govari, ISA, 27/10/2015)*

GESTÃO AMBIENTAL E TERRITORIAL

XINGUANOS INCORPORAM TECNOLOGIA

Gestores territoriais do PIX participaram, entre 27 de junho e 4 de julho, em Canarana (MT), de um curso sobre Geoprocessamento Sociopolítico e Monitoramento Territorial. Realizado pelo ISA em parceria com a Atix e Funai, o curso contou com a participação de 20 gestores territoriais do PIX. Em 2014, 35 indígenas do PIX concluíram o curso de Gestão Territorial, que teve três anos de duração. Um dos desdobramentos foi a criação do Coletivo de Cartografia Sociopolítica do Xingu. O curso realizado em Canarana foi parte da estratégia de formação continuada focada nesse tema. O objetivo é que os gestores aprofundem seus

ACONTECEU

conhecimentos de maneira autônoma tendo condições de relacionar as novas tecnologias com o conhecimento tradicional para que, desta maneira, utilizem GPS, um software de geoprocessamento, e dados secundários disponíveis na rede para elaborar mapas e documentos que possam subsidiar a tomada de decisão comunitária e também pelo poder público. O curso contou com a presença do arqueólogo Michael Heckenberger, que apresentou parte de seus estudos (baseados em análises de imagens Landsat) sobre as tecnologias indígenas ancestrais desenvolvidas pelos povos xinguanos ao longo de milhares de anos e que tem relevância fundamental para os estudos de cartografia contemporânea. *(Rafael Govari e Fabio Moreira, ISA, 18/08/2015)*

ÍNDIOS AJUDAM A RECUPERAR POPULAÇÃO DE QUELÔNIOS

A associação entre índios e pesquisadores está ajudando a salvar os tracajás no PIX. A espécie de quelônio é muito apreciada como alimento pelos índios, mas está desaparecendo na região. Por isso, o povo camaiurá pediu ajuda à Embrapa e ao Ibama para recuperar a população desses bichos. Há quatro anos eles monitoram as praias da região e protegem os ninhos de tracajá com telas, para evitar que os filhotes sejam comidos por predadores. O trabalho tem surtido efeito: este ano, a expectativa é que 10 mil filhotes sejam soltos nas águas. a pesca do tracajá é proibida em todo o país, exceto nas terras indígenas. Os camaiurá, por enquanto, são os únicos índios engajados na manutenção da espécie. *(G1, 19/02/2011)*

CRIANÇA KAMAYURÁ CAUSA INCÊNDIO

O índio Auakamu Kamayurá falou que o tempo seco ajudou as chamas a se alastrarem. O índio disse que todos os condimentos e objetos que estavam dentro de cinco ocas foram destruídos pelo fogo. Nestas ocas moravam aproximadamente 160 índios, de acordo com Auakamu. Agora estas pessoas estão dormindo embaixo duas de árvores. *(G1 Globo, 13/03/2012)*

INCÊNDIO ATINGE TI WAWI E DESTRÓI 5 MIL HA

Um incêndio florestal no município de Querência já consumiu cerca de 5 mil hectares de vegetação nativa da TI Wawi, próxima ao PIX. Além das equipes do Corpo de Bombeiros, 53 brigadistas estão atuando no local e buscam controlar o incêndio. *(K. Martins, G1 Globo, 14/09/2012)*

GOVERNANTES ESTÃO DOENTES

Nesta sexta-feira (11), aconteceu o último evento organizado pelo ISA em Paris, durante as negociações para um novo acordo climático global, na Zona de Ação para o Clima (ZAC), espaço da Coalizão Climática 21: a projeção do filme *Para onde foram as andorinhas?*, feito em parceria com o Instituto Catitu. Tukupe Waura, que, junto com seu tio Yapatsiama, falou pela segunda vez ao público do ZAC, fez um alerta: "Nesse momento, os governantes do Brasil estão doentes. Precisam fazer tratamento com pajelança". Os presentes se surpreenderam com a fala de Yapatsiama, feita na língua Waura: "Tenho certeza de que o desaparecimento das cigarras tem a ver com o aumento da temperatura". Também as abelhas e os marimbondos sumiram: "Quando a gente vai para o mato, a gente se guia pelo marimbondo. É o nosso GPS". Para o ancião Waura, é preciso que os países europeus parem de incentivar o agronegócio brasileiro. *(T. Klein, ISA, 12/12/2015)*

Tukupe Waura (de pé) e o antropólogo Aloisio Calbazar (ISA), à dir., em evento realizado pelo ISA durante a COP-21 em Paris (França), onde indígenas do Alto Rio Negro (AM) e do PIX (MT) falaram de suas percepções sobre as mudanças climáticas. Tukupe lembrou que seu povo depende da floresta: "dinheiro não compra floresta, dinheiro não se come".

14. Goiás / Tocantins / Maranhão

- Apinajé
- Avá-Canoeiro
- Awá-Guajá
- Canela
- Gavião Pykobjê
- Gamela
- Guajajara
- Guarani Mbyá
- Ka'apor
- Ynĩ (Karajá)
- Karajá do Norte
- Krahô
- Krahô-Kanela
- Krenyê
- Krikati
- Javaé
- Tabajara
- Tapirapé
- Tapuia
- Tembé
- Timbira
- Xerente

14. GOIÁS
TOCANTINS
MARANHÃO

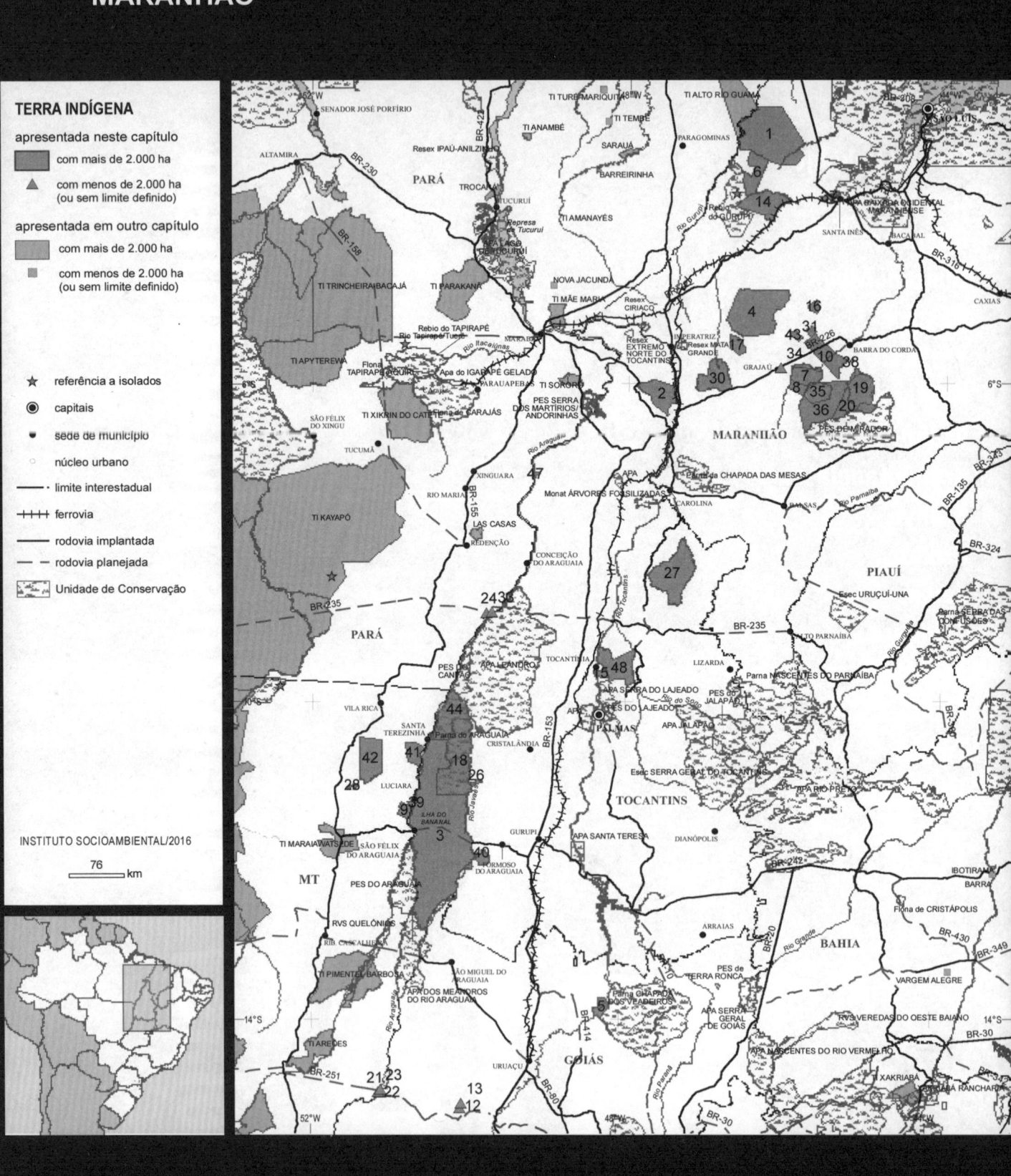

GOIÁS / TOCANTINS / MARANHÃO
Terras Indígenas
Instituto Socioambiental - 14/02/2017

Nº Mapa	Terra Indígena	Povo	População (nº, fonte, ano)	Situação Jurídica	Extensão (ha)	Município	UF
1	Alto Turiaçu	Guajá Tembé Ka'apor	1.500 - Siasi/Sesai : 2013	HOMOLOGADA. REG CRI E SPU. Decreto 88.002 de 28/12/1982 publicado em 29/12/1982. Reg. CRI do município e comarca de Turiaçu (156.650 ha) Mat. 1.708, Liv. 2-H Fl 146 em 11/03/88. Reg. CRI do município e comarca de Carutapera (292.674 ha) Mat. 154, Liv. 2 Fl 001 em 04/03/88. Reg. CRI do município de Godofredo Viana e comarca de Cândido Mendes (20.250 ha) Mat. 161 Liv. 2-A Fl 162 em 07/03/88. Reg. CRI do município e comarca de Cândido Mendes (9.100 ha) Mat. 210 Liv 2-C, Fl 16 em 07/03/88. Reg. CRI do município de Monção e comarca de Penalva (51.850 ha) Mat. 487 Liv. 2-D, Fl 41 em 28/03/83. Reg SPU Certidão n. 4 de 22/04/83	530.525	Araguanã Centro do Guilherme Centro Novo do Maranhão Maranhãozinho Nova Olinda do Maranhão Santa Luzia do Paruá Zé Doca	MA
2	Apinayé	Apinayé	2.342 - Siasi/Sesai : 2014	HOMOLOGADA. REG CRI E SPU. Decreto s/n de 03/11/1997 publicado em 04/11/1997. Reg. CRI no município e comarca de Tocantinopolis (63.358 ha) Mat. n.957 Liv 2-C, Fl 63 em 07/11/86. Reg. CRI no município e comarca de Itaguatins (28.100 ha) Mat. 390 Liv 2-B-2, Fl 131 em 17/03/98. Reg. CRI no município e comarca de Maurilandia (50.446 ha) Matr. n.14 Liv 2/RG , Fl 14 em 26/11/97. Reg. SPU Certidão TO 02 em 27/06/89.	141.904	Cachoeirinha Maurilândia do Tocantins São Bento do Tocantins Tocantinópolis	TO
3	Araguaia	Avá-Canoeiro Javaé Karajá Tapirapé	3.502 - Funasa/Palmas : 2010	HOMOLOGADA. REG CRI E SPU. Decreto s/n de 14/04/1998 publicado em 15/04/1998. Reg. CRI em Formoso do Araguaia Mat.n.4.2875 Liv.2-AA, Fl 141 em 17/06/98. Reg. SPU Certidão s/n de 31/01/01.	1.358.500	Formoso do Araguaia Lagoa da Confusão Pium	TO
4	Araribóia	Guajá Guajajara	5.317 - Funasa : 2010	HOMOLOGADA. REG CRI E SPU. Decreto 98.852 de 22/01/1990 publicado em 23/01/1990. Reg. CRI do município de Amarante do Maranhão e comarca de Grajaú (413.288 ha) Mat.1476 Liv 2I, Fl 211 em 19.06.90. Reg. SPU Certidão s/n de 12/12/96.	413.288	Amarante do Maranhão Arame Bom Jesus das Selvas Buriticupu Grajaú Santa Luzia	MA
5	Avá-Canoeiro	Avá-Canoeiro	7 - Siasi/Sesai : 2013	DECLARADA. Portaria 598 de 02/10/1996 publicado em 04/10/1996.	38.000	Colinas do Sul Minaçu	GO
6	Awá	Guajá	42 - Funasa : 2010	HOMOLOGADA. REG CRI E SPU. Decreto s/n de 19/04/2005 publicado em 20/04/2005. Reg CRI no município Centro Novo do Maranhão, Comarca Maracaçumé (70.473 ha) Matr.206 , Liv. 2-B, FL 112 em 15/08/2005. Reg. CRI no município Governador Newton Bello em andamento. Reg CRI no município S.João do Caru. Comarca de Bom Jardim (18.246 ha) Matr.954, liv.2-E/RG, Fl 07 em 24/08/2005. Reg CRI matr.1.584, Lv2-H Fl.184 Comarca de Zé Doca. Reg.CRI matr.1.585, Liv.2-H, Fl. 185 comarca de Zé Doca. Reg.SPU certidão n. 1 em 28/09/2009.	116.582	Centro Novo do Maranhão Governador Newton Bello Nova Olinda do Maranhão São João do Carú Zé Doca	MA
7	Bacurizinho	Guajajara	3.663 - Funai : 2003	HOMOLOGADA. REG CRI E SPU. Decreto 88.600 de 09/08/1983 publicado em 10/08/1983. Reg. CRI no município e comarca de Grajaú (82.432 ha) Mat.3426 Liv 2-Q Fl 07 em 27/01/84. Reg. SPU MA Certidão n. 165 Fls 286V/288V em 29/02/84.	82.432	Grajaú	MA
8	Bacurizinho (reestudo)	Guajajara		DECLARADA. Portaria 1.234 de 30/06/2008 publicado em 01/07/2008.	51.608	Grajaú	MA
9	Cacique Fontoura	Karajá	489 - GT/Funai : 2001	DECLARADA. Portaria 1.389 de 14/08/2007 publicado em 15/08/2007.	32.069	Luciára São Félix do Araguaia Lagoa da Confusão	MT TO
10	Cana Brava	Guajajara	4.510 - Funasa : 2010	HOMOLOGADA. REG CRI E SPU. Decreto 246 de 29/10/1991 publicado em 30/10/1991. Reg. CRI no município e comarca de Barra do Corda (137.329 ha) Matr. 13.091, Liv 2 AV, Fl 8 em 26/11/91. Reg. SPU Certidão s/n em 19/12/96.	137.329	Barra do Corda Grajaú Jenipapo dos Vieiras	MA
s/l	Canoanã	Javaé		EM IDENTIFICAÇÃO. Portaria 658 de 30/06/2009 publicado em 02/07/2009.		Formoso do Araguaia	TO
12	Carretão I	Tapuio	197 - Siasi/Sesai : 2014	HOMOLOGADA. REG CRI E SPU. Decreto 98.826 de 15/01/1990 publicado em 16/01/1990. Reg. CRI no município e comarca de Goiás (224 ha) Matr. 8.588 Liv 2-AE Fl 289 em 31/03/85. Reg. CRI no município e comarca de Rubiataba (741 ha) Matr. 2.712, Lv 20Q, Fl 220 em 25/11/90. Reg. CRI no município e comarca de Nova América (700 ha) Matr.739 Lv 2-C Fl.36 em 05/06/90. Reg. SPU GO 332 em 01/10/91.	1.666	Nova América Rubiataba	GO
13	Carretão II	Tapuio	162 - Funai/Goiás Velho : 2010	HOMOLOGADA. REG CRI E SPU. Decreto 98.825 de 15/01/1990 publicado em 16/01/1990. Reg. CRI no município e comarca de Nova América (77 ha) Matr 738 Liv 2-C Fl 35 em 04.06.90. Reg. SPU GO-303 em 18.09.90.	77	Nova América	GO
14	Caru	Guajá Guajajara	136 - Funai : 2003	HOMOLOGADA. REG CRI E SPU. Decreto 87.843 de 22/11/1982. Reg. CRI no município de Bom Jardim e comarca de Santa Inês (172.667 ha) Matr. 70 Liv 2-A Fl 73 em 28/03/83. Reg. SPU MA-161 em 22/04/83.	172.667	Bom Jardim São João do Carú	MA
15	Funil	Xerente	348 - Funasa/Palmas : 2011	HOMOLOGADA. REG CRI E SPU. Decreto 269 de 29/10/1991 publicado em 30/10/1991. Reg. CRI no município e comarca de Tocantínia (15.703 ha) Matr. 1.070, Liv 2 D, Fl 25 em 06/01/92. Reg. SPU GO 430 em 04/01/94.	15.703	Tocantínia	TO
16	Geralda/Toco Preto	Guajajara	969 - Funasa : 2010	HOMOLOGADA. REG CRI E SPU. Decreto s/n de 16/05/1994 publicado em 17/05/1994. Reg. CRI no município e comarca de Grajaú (18.506 ha) Matr. 6.350, Livro 2 AH, Fl. 66 em 22/01/96. Reg. SPU Cert. s/n em 12/12/96.	18.506	Arame Itaipava do Grajaú	MA
17	Governador	Gavião Pykopjê Guajajara Tabajara	655 - Funai : 2003	HOMOLOGADA. REG CRI E SPU.Decreto 88.001 de 28/12/1982 publicado em 29/12/1982. Reg. CRI do município de Amarante do Maranhão, comarca de Grajaú (41.643 ha) Matr. 376 Liv 2-D Fl 85 em 28/03/83. Reg. SPU MA-159 de 22/04/83.	41.644	Amarante do Maranhão	MA

GOIÁS / TOCANTINS / MARANHÃO
Terras Indígenas (continuação)
Instituto Socioambiental - 14/02/2017

Nº Mapa	Terra Indígena	Povo	População (nº, fonte, ano)	Situação Jurídica	Extensão (ha)	Município	UF
18	Inãwébohona	Avá-Canoeiro Javaé Karajá	226 - IBGE : 2010	HOMOLOGADA. REG CRI. Decreto s.n. de 18/04/2006 publicado em 19/04/2006. Reg CRI no município da Lagoa da Confusão, comarca de Cristalândia (249.438 ha) Matr.1.422 , Liv 2-F, Fl 43 em 18/10/2006. Reg CRI no município de Pium (em andamento). Ofício n. 347/DAF ao SPU em 10/04/2007.	377.114	Lagoa da Confusão Pium	TO
19	Kanela	Canela Ramkokamekrá	2.103 - Funasa/Palmas : 2011	HOMOLOGADA. REG CRI E SPU. Decreto 87.960 de 21/12/1982 publicado em 22/12/1982. Reg. CRI no município de Barra do Corda, Matr 7436 Liv 2-AC FL 08 em 23/03/83. Reg. SPU MA-160 em 12/04/83.	125.212	Barra do Corda Fernando Falcão	MA
20	Kanela/Memortumré	Canela Ramkokamekrá	1.961 - Relatório GT/Funai : 2004	IDENTIFICADA/APROVADA/FUNAI. SUJEITA A CONTESTAC. Despacho 549 de 28/08/2012 publicado em 29/08/2012.	100.221	Barra do Corda Fernando Falcão	MA
21	Karajá de Aruanã I	Karajá	213 - Funai/Goiás Velho : 2010	HOMOLOGADA. REG CRI E SPU. Decreto s/n de 12/09/2000 publicado em 13/09/2000. Reg. CRI no município e comarca de Aruanã (14 ha), Mat. 5.591 Lv 2-AD Fl 155 em 10/05/01. Reg. SPU Certidão s/n de 09/08/01.	14	Aruanã	GO
22	Karajá de Aruanã II	Karajá		HOMOLOGADA. REG CRI E SPU. Decreto s/n de 08/09/1998 publicado em 09/09/1998. Reg. CRI no município de Cocalinho, comarca de Água Boa (893 ha), Matr.4.171 Lv. 2/RG Fl. 01/V em 20/10/98. Reg. SPU Certidão n. 21 de 22/03/99.	893	Cocalinho	MT
23	Karajá de Aruanã III	Karajá	45 - IBGE : 2010	HOMOLOGADA. REG CRI E SPU. Decreto s/n de 12/09/2000 publicado em 13/09/2000. Reg. CRI no município e comarca de Aruanã (705 ha), Matr. 5.592 Lv 2-AD 1.156 em 10/05/01. Reg. SPU Certidão s/n de 07/08/01.	705	Aruanã	GO
24	Karajá Santana do Araguaia	Karajá	69 - Funasa/Palmas : 2011	HOMOLOGADA. REG CRI E SPU. Decreto 397 de 24/12/1991 publicado em 26/12/1991. Reg. CRI (1.485 ha) Matr. 826 Liv 2-D Fl. 01 em 10/03/88. Reg. SPU PA Certidão n. 1 em 08/03/89.	1.485	Santa Maria das Barreiras	PA
25	Kariri-Xokó do Bananal-DF	Kariri-Xokó Tuxá		RESERVADA. Contrato 72/2014 de 26/09/2014 publicado em 08/10/2014.	22	Brasília	DF
26	Krahô-Kanela	Krahô-Kanela	122 - Siasi/Sesai : 2014	RESERVADA. REG CRI. Decreto s/n. de 07/12/2006 publicado em 08/12/2006.	7.722	Lagoa da Confusão	TO
27	Kraolândia	Krahô	2.992 - Siasi/Sesai : 2014	HOMOLOGADA. REG CRI E SPU. Decreto 99.062 de 07/03/1990 publicado em 08/03/1990.Reg. CRI no município de Goiatins,(169.133 ha) Matr. 1.377 Liv 2-F Fl. 269 em 19/03/92. Reg. CRI no município de Itacajá (133.400 ha) , Matr. 2.150 Liv. 2-F Fl. 100 V em 19/03/92. SPU Certidão s/n de 02/06/92.	302.533	Goiatins Itacajá	TO
28	Krenrehé	Krenak Maxakali		RESERVADA. Outros 000 de 04/02/2014 publicado em 04/02/2014.	6.400	Luciára	MT
s/l	Krenyê	Krenyê		EM IDENTIFICAÇÃO. Portaria 205 de 11/03/2014 publicado em 12/03/2014.		Barra do Corda	MA
30	Krikati	Krikatí	1.016 - Siasi/Sesai : 2014	HOMOLOGADA. REG CRI. Decreto s/n de 27/10/2004 publicado em 28/10/2004. Reg CRI no município e comarca de Amarante (28.947 ha) Matr.2.842, Liv 2-0, FL.156 em 17/11/2005. Reg CRI no município Lajeado Novo , comarca de Porto Franco (6.229 ha) Matr.39, liv. 2-A/01, FL 94 (Gleba I) em 29/11/2005. Reg CRI no município de Lajeado Novo, comarca Porto Framnco (17.478 ha) Matr.94, Liv 2-A/01, FDI. 95 (Glea II) em 29/11/2005. Reg CRI no município e comarca de Montes Altos (85.156 ha) Matr.2.804, Liv.2-P, Fl 40 em 09/12/2005. Reg CRI no mnunicípio de Sitio Novo comarca de Montes Altos (6.966 ha) Matr.1.756, Liv 2-L, Fl 2 em 16/08/2005. Ofício n.081/DAF encaminhado ao SPU em 22/02/2006.	144.775	Amarante do Maranhão Lajeado Novo Montes Altos Ribamar Fiquene Sítio Novo	MA
s/l	Lago Grande (Karajá)	Karajá		EM IDENTIFICAÇÃO. Portaria 860 de 25/07/2008 publicado em 28/07/2008.		Santa Terezinha	MT
31	Lagoa Comprida	Guajajara	805 - IBGE : 2010	HOMOLOGADA. REG CRI E SPU. Decreto 313 de 29/10/1991 publicado em 30/10/1991. Reg. CRI no município e comarca de Barra do Corda,(13.198 ha) matr. 13.092, Liv. 2AV, Fl. 9 em 26/11/92. Reg. SPU Certidão s/n de 19/12/96.	13.198	Itaipava do Grajaú Jenipapo dos Vieiras	MA
33	Maranduba	Karajá	80 - Siasi/Sesai : 2014	HOMOLOGADA. REG CRI. Decreto s/n de 19/04/2005 publicado em 20/04/2005. Reg CRI no município e comarca de Araguacema (200 ha) Matr. n. 4.594 Liv 2-N Fl 190 dm 07/06/2005. Reg CRI no município de Santa Maria das Barreiras na comarca de Conceição do Araguaia (174 ha) Matr. n. 25.471 Liv. 2-CL, Fl - em 26/12/2005. 3Oficio/DAF encaminhado ao SPU, para registro, em 20/03/2006.	375	Santa Maria das Barreiras Araguacema	PA TO
34	Morro Branco	Guajajara	587 - IBGE : 2010	HOMOLOGADA. REG CRI E SPU. Decreto 88.610 de 09/08/1983 publicado em 11/08/1983. Reg. CRI no município e comarca de Grajaú,(48 ha) Matr. 3.427 Liv. 2-Q Fl. 08 em 27/01/84. Reg. SPU Certidão n. 01 em 29/02/84.	49	Grajaú	MA
35	Porquinhos	Canela Apanyekrá	677 - Funasa/Palmas : 2011	HOMOLOGADA. REG CRI E SPU. Decreto 88.599 de 09/08/1983 publicado em 10/08/1983. Reg. REG. no município e comarca de Barra do Corda, (79.520 ha) Matr. 8.081 Liv. 2-AE, Fl. 66 em 10/04/84. Reg. SPU Certif. n. 290 de 18/05/84.	79.520	Barra do Corda Fernando Falcão Grajaú	MA
36	Porquinhos dos Canela-Apãnjekra (reestudo)	Canela Apanyekrá	##############	DECLARADA. Portaria 3.508 de 21/10/2009 publicado em 22/10/2009.	221.480	Barra do Corda Fernando Falcão Formosa da Serra Negra Mirador	MA
37	Rio Pindaré	Guajajara	1.789 - Siasi/Sesai : 2014	HOMOLOGADA. REG CRI E SPU. Decreto 87.846 de 22/11/1982 publicado em 24/11/1982. Reg. CRI no município de Bom Jardim e comarca de Santa Inês (15.002 ha) Matr. 71 Liv. 2-A Fl. 74 em 28/03/83. Reg. SPU Cert. n.05 de 22/04/83.	15.002	Bom Jardim Monção	MA

GOIÁS / TOCANTINS / MARANHÃO
Terras Indígenas (continuação)
Instituto Socioambiental - 14/02/2017

Nº Mapa	Terra Indígena	Povo	População (nº, fonte, ano)	Situação Jurídica	Extensão (ha)	Município	UF
38	Rodeador	Guajajara	126 - Funasa : 2010	DOMINIAL INDÍGENA. REG CRI. Decreto 88.813 de 04/10/1983 publicado em 06/10/1983. Reg. CRI no município e comarca de Barra do Corda (2.319 ha) Matr. 7.994 Liv. 2-AD Fl. 277 em 26/01/84.	2.319	Barra do Corda	MA
39	São Domingos	Karajá	164 - Funasa/Palmas : 2011	HOMOLOGADA. REG CRI E SPU. Decreto 383 de 24/12/1991 publicado em 26/12/1991. Reg. CRI no município de Luciara e comarca de S.Felix do Araguaia (5.704 ha) Matr. 12.357 l iv. 2-RG Fl 1/2, em 07/11/1997). Reg. SPU Cert. n. 012 de 26/02/98.	5.705	Luciára São Félix do Araguaia	MT
40	Taego Ãwa	Avá-Canoeiro	25 - GT/Funai : 2012	DECLARADA. Portaria 566 de 11/05/2016 publicado em 12/05/2016.	28.510	Formoso do Araguaia	TO
41	Tapirapé/Karajá	Karajá Tapirapé	512 - Funasa/Palmas : 2011	HOMOLOGADA. REG CRI E SPU. Decreto 88.194 de 23/03/1983 publicado em 24/03/1983. Reg. CRI no município de Santa Terezinha, comarca de São Félix do Araguaia,(66.166 ha) Matr. 3.440 Liv.2 em 16/07/84. Reg. SPU-MT Certidão s/n de 08/07/87.	66.166	Luciára Santa Terezinha	MT
42	Urubu Branco	Tapirapé	583 - Siasi/Sesai : 2013	HOMOLOGADA. REG CRI E SPU. Decreto s/n de 08/09/1998 publicado em 09/09/1998. Reg. CRI no município de Confresa, comarca de São Félix do Araguaia (35.860 ha) Matr. 12.754 Lv. 2-RG Fl. 001 em 2/06/99. Reg. CRI no município de Porto Alegre do Norte, comarca São Félix do Araguaia (82.673 ha) Matr. 12.752 Lv. 2-RG Fl. 001 em 24/06/99. Reg. CRI no município de Santa Terezinha, comarca de São Félix do Araguaia (48.998 ha) Matr. 12.753 Liv. 2-RG Fl. 001 em 24/06/99. Reg. SPU Certidão n. 10 de 22/11/99.	167.533	Confresa Porto Alegre do Norte Santa Terezinha	MT
43	Urucu-Juruá	Guajajara	835 - IBGE : 2010	HOMOLOGADA. REG CRI E SPU. Decreto 382 de 24/12/1991 publicado em 26/12/1991. Reg. CRI no município e comarca de Grajaú, Matr. 5.664 Liv. 2-AD Fl. 126 em 17/02/92. Reg. SPU Cert. s/n de 19/12/96.	12.697	Grajaú Itaipava do Grajaú	MA
44	Utaria Wyhyna/Iròdu Iràna	Javaé Karajá	116 - Funasa/Palmas : 2011	DECLARADA. Portaria 3574 de 03/11/2010 publicado em 04/11/2010.	177.466	Pium	TO
s/I	Vila Real	Guajajara		EM IDENTIFICAÇÃO. Portaria 633 de 30/06/2003 publicado em 02/07/2003.		Barra do Corda	MA
s/I	Wahuri	Javaé		EM IDENTIFICAÇÃO. Portaria 658 de 30/06/2009 publicado em 02/07/2009.		Sandolândia	TO
47	Xambioá	Karajá do Norte Guarani Guarani Mbya	363 - Siasi/Sesai : 2013	HOMOLOGADA. REG CRI E SPU. Decreto s/n de 03/11/1997 publicado em 04/11/1997. Reg. CRI no município e comarca de Araguaína (3.326 ha) Matr. 221 Liv. 2/RG em 10/03/98. Reg. SPU-GO Cert. n. 460 em 05/05/98.	3.326	Santa Fé do Araguaia	TO
48	Xerente	Xerente	2.693 - Funasa/Palmas : 2011	HOMOLOGADA. REG CRI E SPU. Decreto 97.838 de 16/06/1989 publicado em 19/06/1989. Reg. CRI no município e comarca de Tocantínia,(167.542 ha) Matr. 601 Liv. 2-A Fl. 154 em 26/09/85. Reg. SPU GO-278 em 03/11/1987. Reg SPU GO- 370 em 15/10/1987.	167.542	Tocantínia	TO

AWÁ-GUAJÁ

A Floresta, o Fogo e os Jabutis

Uirá Felippe Garcia | Antropólogo, Universidade Federal de São Paulo

LOGO DEPOIS DE VEREM A TI AWÁ MOMENTANEAMENTE LIVRE DE INVASORES, EM 2015 OS AWÁ-GUAJÁ ENFRENTARAM A PIOR SECA JÁ VISTA DO LESTE AMAZÔNICO. VIOLENTOS INCÊNDIOS, CRIMINOSOS E ACIDENTAIS, SOMADOS AOS IMPACTOS DA EXTRAÇÃO ILEGAL DE MADEIRA E DA DUPLICAÇÃO DA ESTRADA DE FERRO DE CARAJÁS, CRIARAM UMA PAISAGEM DE DEVASTAÇÃO NOS TERRITÓRIOS GUAJÁ

O fogo que se abateu sobre as matas nas Terras Indígenas (TIs) Awá, Caru, Alto Turiaçu, além da Reserva Biológica (Rebio) do Gurupi, é um incêndio criminoso. Não somente porque os Awá afirmam ter sido obra de madeireiros e antigos posseiros. Muito menos apenas pelo capricho de uma dezena de homens que, respaldados por alguns mandantes, possam ter ateado fogo deliberadamente à mata, a fim de destruir a floresta e – dentre outros danos – prejudicar os indígenas. Se estivéssemos tratando apenas de incêndios criminosos planejados, o problema e sua resolução seriam mais simples. Ao contrário, queimar a floresta, mesmo de forma despropositada, parece ser a tônica para o desenvolvimento do Leste Amazônico, e a própria estrutura produtiva desta fronteira é repleta de vícios, nos colocando diante de um cenário de urgência sem precedentes, se comparado ao restante da Amazônia Legal. Apenas para reforçar que se trata aqui de um problema amazônico, embora o Maranhão seja uma área de transição entre o Nordeste brasileiro (com diferentes biomas) e a Amazônia, as três TIs junto com a Rebio do Gurupi se encontram inteiramente dentro do bioma amazônico, no qual a vegetação no Maranhão se encontra reduzida a menos de 25%[1].

Os incêndios de 2015 ocorreram na pior seca dos últimos 30 anos. A seca é explicada por um quadriênio de severas estiagens, iniciado em 2012, propiciadas pelas alterações do *El Niño* – amplamente noticiadas pela imprensa local – e sentidas em todo o estado. Diversos moradores da região do Rio Caru, assim como os próprios Guajá, disseram que essa foi a pior seca que já testemunharam. Não choveu sequer no mês de outubro – o meio do período seco –, quando costumam cair pancadas que

Na aldeia Juriti, TI Awá, mulheres e crianças caminham em área florestal que está se recuperando do grande incêndio de 2015. Ao centro, Pakawãj com seu filho na tipoia.

garantem uma sobrevida ao verão. Se fenômenos meteorológicos explicam a estiagem, eles não explicam totalmente os incêndios.

O tripé formado pelas (1º) "roças de toco", resultantes da agricultura de corte e queima; (2º) fogo nas pastagens para a produção de capim novo; e (3º) incêndios deliberadamente criminosos, são os responsáveis pelos incêndios de 2015. No Maranhão, as roças de coivara, com derrubada e queimadas em largas porções de terra (muitas delas clandestinas dentro das TIs), convivem como a expansão da pecuária[2].

Nos meses de outubro e novembro é comum que pequenos e grandes pecuaristas da Amazônia no Maranhão ateiem fogo em pastos antigos, visando o aparecimento de um capim novo, a brotar durante as chuvas de dezembro. Trata-se de uma prática desastrosa, tanto pela proximidade dos pastos (legais e ilegais) às florestas das TIs, quanto pelo fato do capim-braquiária (*Brachiaria sp.*), principal alimento do gado, ser extremamente inflamável. A queima de pastos, mais do que a queima de roças, talvez tenha sido o principal estopim dos incêndios no ano de 2015. Se olharmos inclusive os dados crescentes da produção pecuária na Amazônia maranhense, isso fica mais evidente. Após a desintrusão da TI Awá, e, embora nos arredores de antigos povoados como "Caju" e "Nova Olinda" não existam mais roças, há novas áreas de pasto, resultantes de invasões recentes. E o fogo desses pastos continuará se alastrando até o interior da TI Awá.

O resultado negativo veio mesmo para aqueles que atearam fogo. O aumento das temperaturas prejudicou a principal cultura dos pequenos produtores da região, o arroz. Uma praga de percevejo conhecido como "cangapara" ou "barata-do-arroz" (*Tibraca limbativentris*), que se alimenta da seiva do arroz, literalmente secou as lavouras da região. E de acordo com agrônomos com que conversei no Maranhão, a praga se beneficiou das ondas de calor advindas das queimadas. A falta de cuidados e pouca fiscalização após a desintrusão da TI Awá, que ocorreu entre os anos de 2013 e 2014, também foram um fator decisivo para as queimadas. Após o processo de retirada da população que vivia ilegalmente nas TIs, desde a área onde estavam os povoados até a floresta propriamente, não há qualquer contenção que impeça o avanço de um novo incêndio entre o pasto e a floresta. Além disso, é sintomático que o primeiro verão após a desintrusão da TI Awá, sem a ocupação das tropas federais, tenha sido justamente o verão em que a área tenha queimado tão violentamente, o que parece sugerir que muitas ações foram criminosas.

Caminhando pela floresta, como fazem os Guajá, é possível notar a quantidade de vegetação que foi carbonizada, e, mesmo assim, boa parte das árvores não tombaram demonstrando força e, esperamos, resiliência. Em vários pontos, o fogo se espalhou na sombra das árvores, sobre o tapete de folhas secas e os arbustos que cobrem a superfície da mata. Árvores menores, raízes, cipós, arbustos, gramíneas e outras folhagens desapareceram. Olhando "de cima", no entanto, a floresta – apesar de alguns clarões – parece ainda estar de pé. Para quem acompanhava a insurgência de focos de calor, como víamos nos sites do Instituto Nacional de Pesquisas Espaciais (Inpe) e do próprio ISA, era possível perceber como os focos apareciam em lugares isolados no meio da floresta, como se tivessem sido ateados de maneira criminosa.

Os Guajá defendem que parte do fogo foi ateado por madeireiros para prejudicá-los, inclusive como retaliação aos "Guardiões da Floresta" Ka'apor e Guajajara, ao mesmo tempo lembram que o fogo se espalhou rapidamente e sem controle pela vegetação rasteira, e apenas em alguns pontos formava clareiras. Menos do que separar qual incêndio foi acidental e qual foi criminoso, o que em um cenário com tamanhos ilícitos parece infrutífero, o que sugerem os Guajá é que nem todos os focos foram captados pelos satélites de monitoramento, justamente por não terem alterado tanto a topografia. Em outras palavras: o fogo pode ter destruído uma área ainda maior que aquela que acompanhávamos em tempo real com o monitoramento dos focos de calor.

Quanto ao impacto sobre a caça, o incêndio nas TIs espantou animais muito importantes para a alimentação das pessoas, tais como pacas. Os indígenas sabem que roedores como as pacas possuem um olfato apurado, e sentiram a fumaça de longe, por isso foram embora. Se, cada vez mais, o desmatamento tem levado os porcos-do-mato a invadirem plantações dentro e fora das TIs, após as queimadas, hordas de queixadas e caititus têm invadido as roças de mandioca dos indígenas e de moradores do entorno das TIs. Com a floresta reduzida pelas queimadas, o alimento desses animais – raízes e frutos de grandes árvores como a andiroba, maria-preta, tatajuba, copaíba, jatobá, dentre outras – desapareceu em diversas partes, restando aos pecaris ataques cada vez mais agressivos às roças.

CAMINHOS "ENTUPIDOS"

Nunca é demais lembrar que a floresta (*ka'á*) é o local ondes as pessoas melhor vivem e *habitat* do tripé fundamental à saúde humana: caça, plantas e mel. Os Guajá desenvolveram uma terapêutica específica, baseada em plantas arbustivas, cascas de árvores e frutinhos, cujos odores salutares garantem a "boa saúde" (*iku katy*, "estar bem"). Com as queimadas, boa parte

Txiparamanxa'á, acompanhado por seu filho Kiripí, carrega macaco guariba caçado por ele nas matas da TI Caru (MA).

desse estoque genético foi destruído. E sendo o "odor" algo que pode trazer ou não saúde, o fedor da fumaça queimando a floresta tem trazido fome e desconforto. Muitas das árvores que guardam o mel, alimento tão importante para o corpo e a alma, restaram carbonizadas, e mesmo as que queimaram pouco, ficaram com suas colmeias secas e inutilizadas. Andando pela floresta, o que vemos são buracos nos troncos de árvore, porém não há mais abelhas. Sumiram as trilhas de formiga-correição, os cupinzeiros, e mesmo os indesejados carrapatos, que proliferam na secura do verão, desapareceram na terra queimada. O incêndio também arruinou diversas espécies de taquara, tabocas (*Guadua sp.*), palmeiras-marajá (*Bactris acanthocarpa*) e tucumã (*Astrocaryum aculeatum*), enfim, toda a matéria-prima para a confecção de flechas. Os homens mais velhos, que caçam preferencialmente com flechas, sentiram diretamente: "Nossa floresta ficou como uma roça", relatou-me um senhor.

Um outro dado preocupante é que o incêndio acabou com as trilhas e caminhos que compõem todo o território. Se o que podemos pensar como "território" para os Guajá é justamente esse somatório de caminhos e trilhas que levam a lugares importantes (como retiros de caça, antigas aldeias, áreas de coleta), o fogo fez desmantelar toda uma rede de trilhas que ligavam diversos desses pontos. "*Jatuhu pea*, 'os caminhos entupiram'", comentou comigo Tatuxa'á, que vive na TI Caru. Imaginemos um povo que caminha há tanto tempo por vias conhecidas na floresta, que, de repente, desparecem? Foi exatamente isso o que aconteceu. O resultado é que as pessoas estão voltando a caminhar pelo que restou da mata, abrindo agora novos caminhos a facão.

APÓS A DESINTRUSÃO...

Mesmo após a dispendiosa operação de retirada dos ocupantes ilegais e benfeitorias da TI Awá, algumas informações seguem preocupantes. A porção norte da TI Caru, na divisa com a TI Awá, continua sendo explorada sem fiscalização. Fazendeiros de São João do Caru que ocupavam a TI Awá até a desintrusão continuam incitando as invasões, dizendo à população que ainda é possível reverter a homologação e a decisão judicial da desintrusão.

De acordo com informações da Frente de Proteção Etnoambiental Awá-Guajá, da Funai, o povoado Cabeça Fria, uma das antigas concentrações de posseiros na face norte da TI Awá, está ocupado por milhares de cabeças de gado que foram reintroduzidos à TI. Também de acordo com a Frente, ainda em 2016, cerca de uma centena de homens se reuniu no povoado de Santarém do Caru planejando uma invasão à Base Sul da TI Caru, mas foram neutralizados por forças policiais e pela Funai. A extração ilegal de madeira nas três áreas indígenas segue acontecendo. Os Guajá têm ouvido "zoadas" de motosserras na região do igarapé Juriti, bem como tiros de madeireiros que aproveitam os acampamentos ilegais para caçar.

Os Guajá também estão tendo que se ver com mudanças drásticas pelas quais seu território vem passando, como a duplicação da estrada de Ferro de Carajás (da Vale), cujo "Plano Básico Ambiental" (PBA) contempla apenas a TI Caru; ainda que os impactos alcancem as TIs Awá e Alto Turiaçu diretamente. A poluição desse empreendimento atinge níveis que sequer são previstos nos estudos de impacto ambiental, como os odores (já mencionados) e o barulho. Os Guajá fazem uma sofisticada leitura desses impactos, comparando seu conhecimento sobre a floresta baseado em dados sensoriais – para qual o silêncio e a atenção sonora são fundamentais – e o impacto que a duplicação da estrada de ferro, com suas alterações sonoras, fará na sua forma de conhecer ("escutar"). A própria palavra para "entender" ou "conhecer", na língua Guajá, é "escutar" (*nũ*).

MOSAICO DO GURUPI: SOBRE A URGÊNCIA DA CRIAÇÃO DE UMA ÁREA DE GESTÃO TERRITORIAL

A diversidade amazônica e os padrões de distribuição espacial das formas de vida que nela persistem estão diretamente ligadas aos povos amazônicos e seus processos de inovação socioculturais e ecológicos. Tais populações desenvolveram (e continuam a desenvolver) práticas agrícolas peculiares que produziram enriquecimento seletivo da floresta, intensificando a produção de plantas frutíferas e medicinais. Com seus sistemas de conhecimento, alteraram os solos, produzindo fertilidade e garantindo um potencial de cultivo ímpar para áreas originalmente inférteis da região.

A ocupação da Amazônia brasileira segue um padrão geográfico bem definido, e a zona de colonização mais antiga corresponde a sua porção nordeste, englobando o Estado do Maranhão e o Nordeste Paraense. Com sucessivas frentes de ocupação – a abertura da estrada que ligou Brasília a Belém nos anos 1960 e posteriormente, no final da década de 1970, a construção da ferrovia de Carajás – a região foi cortada de sul a norte e de leste a oeste. Como consequência, as ultimas quatro décadas têm sido marcadas pela "consolidação" desta região como área de produção mineral, pecuária, fornecedora de carvão vegetal para a indústria siderúrgica, e, mais recentemente, como produtora de soja. Este conjunto de atividades soma-se ao adensamento populacional, à concentração maior do número de municípios e à manutenção de atividades ilegais de extração madeireira, em uma paisagem onde 80% da cobertura florestal original já foi dizimada.

É justamente nesta porção nordeste da Amazônia, um cenário de transformação e destruição, que se localiza o que conhecemos como "Área de Endemismo Belém". Esta porção é assim chamada por conta da presença de elementos biológicos singulares, animais e plantas que somente ocorrem nesta porção da Amazônia, fracionada pela presença dos Rios Tocantins (PA), a oeste, e Pindaré (MA), a leste, que delimitam uma região de exclusividade de ocorrência de cerca de 31 espécies de aves, pelo menos de uma espécie de lagarto (Stenocercus dumerilii), além espécies de mamíferos como os macacos Cebus kaapori, Chiropotes satanas e Saguinus ursulus.

Mas, considerando-se que só 20% da floresta ainda permanece intacta nesta região a pergunta que surge é: Onde ainda podemos encontrar estes organismos? Eles conseguem conviver neste ambiente tão transformado pela exploração humana? De um modo geral, não. Apesar de ser verdade que algumas espécies de animais e vegetais se adaptam muito bem aos ambientes antropogênicos atuais, a maior parte não resiste a tais modificações, mantendo-se confinados às ilhas de floresta ainda restantes.

ONDE ESTÃO AS FLORESTAS?

O remanescente florestal que constitui a região é conformado pelas TIs Alto Turiaçu, Awá e Caru e pela Rebio do Gurupi, no oeste do Maranhão junto à fronteira com o Pará. Este bloco de floresta possui 10.882,51 km² de extensão e abrange parte de 12 municípios maranhenses, entre os Rios Gurupi e Pindaré e também é, em parte, cortado pelo Rio Turiaçu. Esta terras abrigam várias etnias e compõem, somadas à Rebio, o que hoje estamos chamando de Mosaico do Gurupi.

Existem no Brasil 13 mosaicos com gestão integrada formalizados, incluindo o "Mosaico do Oeste do Amapá e Norte do Pará", que integra Unidades de Conservação e Terras Indígenas. Embora ainda não exista um projeto para a formalização do "Mosaico Gurupi" como previsto na lei, usamos o termo "mosaico" devido à integração geográfica e ecológica da área. Este mosaico possui uma extensão de aproximadamente 10.882,51 km² de área continua (considerando a Rebio e as TIs Awa, Caru, Alto Turiaçu) e mais uma área com 3,7 mil km², que corresponde à TI Arariboia, que abriga os povos Guajajara e Awá-Guajá não contatados.

O Mosaico do Gurupi constitui-se hoje como refúgio tanto para espécies endêmicas quanto não endêmicas da biota amazônica, em situação de alta vulnerabilidade. Este mosaico representa ainda a última porção de territórios de povos indígenas cuja vulnerabilidade se expressa pelo confronto permanente entre seu modo de vida e as pressões e ataques do entorno, como invasões, caça, exploração ilegal de madeira e incêndios.

Atualmente um conjunto de pesquisadores de instituições diversas como o Museu Goeldi, ICMbio, INPE dentre outras instituições vem considerando a criação legal do Mosaico do Gurupi como uma área de gestão territorial. Com isso será possível otimizar os esforços, que até agora tem sido isolados, para a proteção da área como um todo.

Uma das medidas mais importantes e urgentes a serem tomadas é a promoção da restauração dentro e no entorno das áreas protegidas, recompondo os percentuais legalmente previstos para as áreas particulares em débito. Esta ação na escala do mosaico permitiria garantir a reprodução e melhoria das condições populacionais da fauna e flora ali existentes e daria aos povos indígenas a paz necessária para prosseguir em seus próprios curso de vida. (Marlúcia Bonifácio Martins/Museu Paraense Emílio Goeldi, e Uirá Garcia/Universidade Federal de São Paulo, outubro, 2016)

Chamados de "gente da floresta" (*awá ka'apara*) por uns, ou mesmo "gente braba" (*mihua*), por outros, os indígenas isolados sobrevivem de maneira surpreendente nessa paisagem caótica, cada vez mais ameaçados. Ao lado disso, encontramos as muitas conexões que os Guajá estão realizando com os Guajajara, a Frente de Proteção, o Conselho Indigenista Missionário (Cimi) e ONGs, como o Centro de Trabalho Indigenista (CTI) e Instituto Sociedade, População e Natureza (ISPN). Para tanto, em julho de 2016, ocorreu na TI Caru um encontro das quatro aldeias Guajá a fim de pensarem, junto com esses novos parceiros, a criação de uma associação indígena, cujos desdobramentos ainda não terminaram.

Em todo caso, me parece que essas pessoas, que durante tantas décadas foram retratadas como "exóticas", "nômades", "caçadores-coletores", "sobreviventes" e toda a sorte de adjetivos que ressaltavam uma equivocada primitividade, não querem mais esperar, e estão tentando gerir suas vidas, cujos desafios – como entrada de dinheiro com benefícios sociais, chegada de ONGs, compensações ambientais e mesmo de missionários (para o caso da TI Alto Turiaçu), os colocam em um momento de muitas incertezas, inclusive existenciais. E o maior desafio reside em garantir de forma conciliada a proteção dos recursos naturais, o desenvolvimento de fontes de renda sustentáveis e a manutenção da qualidade de vida.

OS JABUTIS SABIAM CORRER

Termino essa reflexão resgatando a iminência de novos incêndios que podem se abater na região, como o que estava em curso em setembro de 2016, na TI Arariboia. Os Guajá contam uma antiga história, de um tempo em que os jabutis sabiam correr. Corriam tão rápido quanto os porcos-do-mato. Se correr era bom para estes animais, as pessoas a todo tempo recebiam pancadas na canela dos quelônios em fuga. Nessa época viviam na terra os gêmeos Maíra e Gambá, irmãos que criaram boa parte das coisas hoje existentes. Cansados de se machucarem com a pancada dos jabutis, Maíra perguntou a Gambá: "Por que será que os jabutis correm tanto? É tão difícil pegá-los...". "Não sei, meu irmão", respondeu Gambá. Por fim, após capturarem e amarrarem com cipó-titica um desses animais, Maíra torceu as patas do jabuti e pediu para que Gambá o deixasse caminhar. Uma vez no chão, o jabuti não pôde mais correr pois suas patas estavam tortas. Este episódio fez com que os jabutis fossem fáceis de pegar.

O incêndio que consumiu as florestas do Maranhão no verão de 2015 deu poucas chances para os animais escaparem. Bichos de todas as espécies morreram às centenas. Macacos-pregos, capelões, cairaras, cuxius-pretos e outros primatas que buscaram refúgio nas copas das árvores morreram asfixiados. O mesmo aconteceu com preguiças e tamanduás-mirins (*Tamandua tetradactyla*). Estes últimos, supostamente estariam protegidos no alto das árvores, mas também morreram asfixiados pela fumaça. Os Guajá relatam que o barulho do corpo pesado desses mamíferos arborícolas, caindo a 20, 30 metros de altura, fora ouvido durante todo o verão. Animais menores que não conseguiram escapar, como pacas e cutias, morreram às dezenas, carbonizados. Era impossível andar pela mata sem sentir o cheiro de carne assada dentre as carcaças e outros restos de animais. Quelônios como as capiningas (*Trachemys adiutrix*) também morreram, já que os igarapés secaram ainda mais com os incêndios. Poucos animais se salvaram. Os tatus conseguiram cavar e se esconderam em buracos fundos; muitos deles sentiram a floresta queimar sobre suas cabeças, me relatou Piraima'á, que vive na aldeia Juriti. Animais maiores e mais ágeis, como as antas e tamanduás, conseguiram chegar a rios e igarapés maiores, que não secaram e impediram o prosseguimento do fogo. Os pássaros, por sua vez, voaram para longe e só voltaram no início das chuvas.

A temperatura do ambiente aumentou drasticamente. A floresta, do solo às copas, queimou violentamente. Se algumas cutias, pacas e veados, por exemplo, também conseguiram escapar correndo sobre o chão quente, os lentos jabutis, tais como panelas de pressão entupidas, incharam, incharam... até estourarem com o calor. Quando as chuvas de dezembro chegaram e o fogo se dissipou, a floresta estava repleta de carapaças de jabuti. Foram eles os que mais sofreram, pois diferentemente de muitos outros animais, os jabutis não "sabem correr", disseram depois os Guajá. Isso poderia ser trivial se um dia eles já não tivessem sabido, como mencionei na história acima. Houve um tempo que não havia queimadas criminosas e os jabutis podiam ser lentos. Hoje, porém, talvez fosse melhor que os jabutis vivessem como no início dos tempos, quando corriam. Todo o problema é que, como sabemos dos mundos ameríndios, a possibilidade de viver como no *início dos tempos* é uma outra maneira de anunciar o *final dos tempos*. Quando desejamos que o mito substitua a história, é por que algo de grave está em curso. *(outubro, 2016)*

NOTAS

[1] Fonte: Martins, Marlúcia Bonifácio & Tadeu Gomes de Oliveira (orgs). 2011. *Amazônia Maranhense: diversidade e conservação*. Belém: Museu Paraense Emílio Goeldi.

[2] Lembro aqui que a pecuária é a principal responsável pelo desmatamento da Amazônia como um todo. Ver Rivero et al. "Pecuária e desmatamento: uma análise das principais causas diretas do desmatamento na Amazônia". In *Nova economia*. vol.19 nº 1 Jan./Abr, 2009.

TI PORQUINHOS

O Golpe da Grilagem e do STF Contra os Canela e a Constituição

Bruno Nogueira Guimarães — Antropólogo, doutorando do PPGAS/MN/UFRJ

Marcele Garcia Guerra — Antropóloga, doutora pelo PPGAS/USP

HÁ MAIS DE 200 ANOS OS CANELA RESISTEM AO GENOCÍDIO E AO ETNOCÍDIO PROMOVIDO PELOS INVASORES "BRANCOS". ENTRE OS MAIS RECENTES GOLPES ESTÁ UMA DECISÃO DO STF, QUE EM 2014 DESCARTOU A REVISÃO DE LIMITES DA TI PORQUINHOS EM FAVOR DA GRILAGEM – DESCONSIDERANDO QUE A TERRA FOI DEMARCADA NA DITADURA MILITAR, COM CLAROS EQUÍVOCOS NA DEFINIÇÃO DE FRONTEIRAS

30 de setembro de 2014: por decisão unânime, a segunda turma do Supremo Tribunal Federal invalida a Portaria 3508, de 21 de outubro de 2009, em que o Ministério da Justiça reconhecia a área tradicional ocupada pelos índios Canela Apanjekra. A relatora do processo, Ministra Carmem Lúcia, acolheu a contestação da ampliação da Terra Indígena Porquinhos (MA), realizada pela prefeitura de Fernando Falcão (MA), assegurando que o território indígena grilado por fazendeiros da região permanecesse na mão destes. Um mandado de segurança impetrado pela mesma prefeitura fora julgado em 2009 pelo Superior Tribunal de Justiça, que analisou o mérito e, também por unanimidade, deu ganho de causa para os Canela. O expediente adotado pelo STF, revertendo a decisão do STJ, foi diferente: não analisou a situação da terra, tampouco os critérios de ocupação estabelecidos na Constituição Federal, em seu artigo 232. Antes, Carmem Lúcia evocou uma das condicionantes da demarcação de Raposa Serra do Sol, de 2008, que impede a ampliação de Terras Indígenas demarcadas.

Deve-se frisar que o voto de Carmen Lúcia, que foi acompanhado por seus pares, não tocou no ponto central do processo: a demarcação fraudulenta realizada entre 1977 e 1983 pela Funai, que excluiu da reserva a maior parte do território indígena, indispensável para o bem viver daqueles que ali habitam. O processo de revisão dos limites de Terra Indígena (instituído pelo decreto nº 22, de fevereiro de 1991) permite justamente a reconsideração das demarcações que possam ter sofrido com irregularidades, decorrentes de erros técnicos ou pressões políticas ou econômicas.

É límpido e cristalino que a demarcação da área ocupada pelos Apanjekra durante a ditadura militar se equivocou na definição das fronteiras. Se por erro técnico ou má-fé, está em aberto. As folhas dos processos 3125/77 e 3985/77 da Funai evidenciam isto: há erros nos memoriais descritivos, os rios aparecem com nomes trocados em um dos mapas e grande parte das terras utilizadas para abrir novas aldeias, caçar e fazer roças não foram incluídas nos limites da TI Porquinhos. As faltas já eram apontadas, na ocasião, por três antropólogos diferentes: o antropólogo Gilberto Azanha, consultado pela Funai acerca do território tradicional indígena (em 1978), em virtude do descontentamento dos índios com a área escolhida à revelia destes; a antropóloga do DGPI da Funai, Themis Quezado de Magalhães, que em 1980 acolhia as críticas de Azanha à demarcação proposta pela Funai (que fora influenciada pelo chefe de posto local); a antropóloga do DPO da Funai, Maria Auxiliadora de Sá Leão que, no documento final do processo 3985/77, indica que será necessário realizar o "acréscimo da área e a retirada dos invasores".

Além dos equívocos dos limites reais da ocupação indígena, a TI Porquinhos se tornou separada da TI Kanela, ocupada pelos Canela Ramkokamekra. Desde o século XIX, sabe-se que os índios

Timbira, dos quais os Canela fazem parte, estabelecem grandes redes de relações entre si, compondo um grande complexo sociocultural entre os Rios Parnaíba e Tocantins. Falantes da mesma língua (da família linguística Jê), casam entre si, transmitem conhecimentos rituais de uma aldeia para outra e compartilham territórios de caça, pesca e roçados. Estas relações são ainda mais intensas entre os Apanjekra e os Ramkokamekra, cujas aldeias distam 45 quilômetros uma da outra. No espaço entre ambas, é possível encontrar os vestígios de aldeias anteriores. A descontinuidade da demarcação, criando duas Terras Indígenas com um vazio entre ambas, colocou em risco a continuidade do contato entre as duas aldeias Canela e permitiu a degradação do território, que atualmente possui grandes monoculturas em algumas regiões. A grave violação dos princípios que orientam a demarcação de TI, bem como o desrespeito aos artigos 231 e 232 da Constituição Federal de 1988, são evidentes.

Mesmo morosamente, – o que levou o MPF a mover processo contra a Funai pela lentidão dos trabalhos – o processo demarcatório já se encontrava em estágio avançado e a demarcação física estava praticamente finalizada. Em audiência judicial de conciliação entre o MPF e a Funai, em 3 de setembro de 2014, ficou estabelecido que até dezembro o processo demarcatório estaria concluído, aguardando apenas a homologação. Estiveram presentes os representantes de cada órgão, da AGU e as lideranças indígenas.

Além da surpreendente decisão do STF, que anula um ato do Executivo sem julgar o seu mérito, está a forma com que se deu o julgamento: inserido na pauta às pressas, pegou os Apanjekra e os seus apoiadores de surpresa. As lideranças indígenas, que acompanham o mais importante processo jurídico de sua história, foram deixadas de lado.

Longe do ar-condicionado da corte em Brasília, as tensões entre os Canela e os habitantes do entorno de suas terras aumentou (sejam posseiros, fazendeiros ou moradores das cidades). A cada movimento em favor do processo demarcatório, surgem ameaças aos indígenas: em 2008, com o avanço dos trabalhos do GT de revisão dos limites da TI, um antigo funcionário público fraudou um abaixo-assinado em que os indígenas diziam estar satisfeitos com as fronteiras de seu território; no início de 2009, bem-sucedidos em obter um mandado de segurança paralisando temporariamente a atividade demarcatória, diversos fazendeiros ingressam na aldeia em caminhonetes, soltando fogos e brandindo o documento, dizendo que a Justiça cancelara a ampliação de Porquinhos. No final no ano, o STJ daria ganho de causa à Funai e aos indígenas, confirmando os estudos de ampliação dos limites.

Em 2011, funcionários da empresa contratada para realizar a delimitação física das fronteiras foram impedidos de trabalhar, com ameaças e comprometimento de sua integridade física, levando a Funai a suspender as atividades e solicitar o apoio da Polícia Federal. Com o retorno da empresa, acompanhada da PF, os grileiros mudaram a estratégia e passaram a ameaçar os indígenas, diretamente, anunciando ataques a Porquinhos e colocando em risco os Canela que fossem às cidades mais próximas, como Barra do Corda e Fernando Falcão. Como a polícia acompanhava apenas os funcionários, os Canela tiveram seu direito de ir e vir comprometido. Isto já ocorrera antes, quando, em 2011, foram impedidos pelos moradores de frequentar a escola do Sítio dos Arrudas (a sudoeste da aldeia, no limite leste da área ampliada da TI), única alternativa fora de Barra do Corda para cursar o Ensino Médio, já que a escola da aldeia, uma construção inconclusa que sofre com a falta de professores, oferece apenas o Ensino Fundamental, quando funciona.

A maior parte do território indígena que ficou de fora da primeira demarcação fora invadida recentemente. Já em 1978, Gilberto Azanha notou isto quando consultado pela Funai: algumas das fazendas que ali estavam foram estabelecidas após 1950. As restantes eram, quase todas, do início do século XX. Um exemplo paradigmático está no sul da TI Porquinhos: os Canela Kenkateje, habitantes da aldeia Chinela, foram traiçoeiramente massacrados pelos moradores do Sítio dos Arrudas em 1913. Estes chegaram à aldeia amistosamente, oferecendo paz e propondo uma festa; durante a madrugada, após embriagarem os indígenas, os acorrentaram e abriram fogo contra eles, tentando aniquilar os nativos das terras mais férteis da região. A maior parte daqueles que escaparam se juntou à aldeia dos Canela Apanjekra. A terra original foi, desde então, pleiteada pelos Canela, mas, após o massacre, ela se manteve no domínio dos genocidas.

Aliás, há mais de 200 anos os Canela resistem ao genocídio e ao etnocídio promovido pelos invasores "brancos", que lhes tomam a terra, derramam-lhes o sangue e lhes negam os direitos mais básicos. O golpe do STF, descartando a ampliação da TI em favor da grilagem, não é o primeiro nem será o último ataque que sofrerão. Mas continuarão resistindo. O MPF move recurso contra a decisão do Supremo.

INVASORES LOCAIS

Ambas as Terras Indígenas Canela (Porquinhos, dos Apanjekra, e Kanela, dos Ramkokamekra) sofreram intensamente com a pressão em seu entorno nos anos recentes. Além do conflito jurídico pela terra, que, enquanto não é resolvido, permite que o ambiente se degrade em pastos e monoculturas extensivas, a presença de madeireiros e caçadores atuando livremente no interior da TI é constante, reduzindo a riqueza ecológica e gerando insegurança para os moradores das aldeias.

Em Porquinhos, grande parte do norte da TI está ameaçado. A extração de madeira já comprometeu decisivamente várias regiões de caça e de roçado, especialmente na fronteira norte (a mais próxima de Barra do Corda). Por ali, além do constante desflorestamento, há ingresso de pescadores ilegais e, no limite noroeste, há focos de queimadas e invasão de caçadores. Dois dos principais cursos d'água que passam pela TI estão nas áreas invadidas: o Rio Enjeitado (no noroeste) e o Rio Corda, o maior da região. Desde 2008 há registros de carvoarias na cabeceira do Rio Corda, na divisa sudoeste da TI, colocando a mais importante fonte hídrica do território em xeque. Percorrendo a região com os Apanjekra em 2013, encontramos novos focos de carvoarias dentro da TI, avançando cada vez mais para dentro do território indígena. A maioria destas carvoarias está dentro da área ampliada, que está em disputa no STF.

A primeira negativa do Supremo em reconhecer o direito indígena aos próprios domínios tem contribuído para o aumento da degradação ambiental, em consonância com o que caracteriza o entorno da TI. No entorno oeste do território, onde há uma estrada que leva aos municípios de Grajaú e de Formosa da Serra Negra, há grandes plantações de monocultura (notadamente, a soja), que comprometem as nascentes dos cursos d'água e avançam sobre a área em disputa no STF, causando um dano ambiental difícil de se reverter. Ao longo desta estrada, dentro da TI Porquinhos, há grandes áreas de extração de madeira e queimadas, como ocorre nas regiões mais próximas às cidades. Assim, semelhante ao que se vê no norte (em direção a Barra do Corda) e no oeste (Grajaú) da TI, no leste (em direção a Fernando Falcão e onde Porquinhos se aproxima da TI Kanela) do território há um grande foco de carvoarias e queimadas, na região do Riacho e do Baixão do Papagaio. Por ali, passa a estrada que leva a Fernando Falcão e é onde está o Sítio dos Arrudas, povoado que mantém relações pouco amistosas com os indígenas, que evitam o trânsito pela área.

A TI Kanela, que abriga a maior aldeia Timbira existente (Escalvado, com mais de 2.500 pessoas), vê toda a sua porção leste ser agredida por caçadores ilegais, que abatem animais em grandes quantidades para vender sua carne nos comércios e restaurantes das cidades mais próximas, como ocorre também com a caça ilegal na TI Porquinhos. Esta é a região mais próxima de Fernando Falcão, pequeno município que se encontra há menos de dez quilômetros de distância da fronteira da Terra Indígena. Ali, são mais de 25 quilômetros de norte a sul em que a presença extensiva dos invasores (caçadores e madeireiros) pode ser identificada, ingressando até cinco quilômetros para o interior da TI e se aproximando da aldeia. A área, que tradicionalmente forneceu alimento para os Ramkokamekra, está gravemente ameaçada. A degradação acontece em ritmo acelerado e, mesmo com as denúncias realizadas pelos indígenas, pouco foi feito pelo poder público para coibir a destruição ecológica da TI Kanela, anunciando um cenário irreversível.

Não menos grave é a intensificação de carros passando pela estrada que corta a Terra Indígena. Em 19 de abril de 2014, Dia do Índio, os habitantes de Escalvado presenciaram um grande evento no pátio central de sua aldeia: sem aviso prévio, políticos regionais montaram um palanque e realizaram uma "cerimônia de inauguração" de uma estrada que facilitaria o acesso da aldeia ao município de Fernando Falcão. Com o destino final real sendo o Sítio dos Arrudas, as administrações locais tentaram dar uma aparência de prestação de serviço aos indígenas, que nunca foram consultados sobre a estrada em seu território, informados de seu trajeto ou dos danos acarretados.

Feita ao arrepio da lei, sem licença ambiental, autorização da Funai e à revelia da população atingida (contrariando a Convenção 169 da OIT), a nova estrada não apenas aumentou a quantidade de veículos que ingressam na TI, descontroladamente, como também a sua velocidade. As caminhonetes passaram a cruzar a aldeia sem qualquer cuidado com os moradores, especialmente as crianças, que não mais podem brincar livres ou frequentar o pátio central, cortado pela estrada. Os rituais e as festas, indispensáveis para o bem viver e realizados no meio da aldeia, estão comprometidos, em virtude dos automóveis que seguem em alta velocidade, mesmo de madrugada.

Para agravar a situação, a estrada foi construída utilizando os próprios recursos naturais da TI, derrubando árvores e deslocando enormes quantidades de cascalho, areia e terra. Os Ramkokamekra informam que o número de caçadores e madeireiros que já assolavam a porção leste do território aumentou consideravelmente, espalhando-se para outras regiões do interior de suas terras. O verniz oficial da estrada, realizada e inaugurada pelo poder público local, serve de salvo-conduto para os moradores, invasores e grileiros da região atravessarem sem cerimônia a aldeia, como se tivessem a autorização do poder público. As tensões locais se agravaram, e os Canela encaminharam uma denúncia do MPF-MA, articulando-se contra a destruição do território.

RESISTÊNCIA

Os Canela têm se organizado contra as ameaças sobre suas terras, feito novas alianças e renovado outras mais antigas. Na presente década, a frequência de viagens a Brasília e a São Luis aumentou e as lideranças das duas aldeias passaram a frequentar os principais espaços de representatividade indígena, como a APIB. O Cimi e o CTI foram vitais para o financiamento destas viagens, apoio local e assessoria especializada, especialmente em assuntos jurídicos, auxiliando os indígenas na compreensão dos caminhos institucionais para a contestação dos ataques sobre seu modo de vida.

O envolvimento com a Associação Wyty-Catë, representante dos povos Timbira, também cresceu e, junto a ele, novos projetos para se pensar o território e o seu manejo: desde 2010, já foram realizados dois Planos de Gestão Territorial e Ambiental das TIs Timbira, com participação de ambas aldeias, e um terceiro está previsto ainda para 2016. Enquanto isso, os Canela iniciaram duas brigadas de prevenção a incêndios nas TIs, junto ao Ibama, e pretendem expandir o controle sobre o território com o mapeamento via GPS e a fiscalização das áreas mais visadas pelos invasores.

Além da Ação Civil Pública, movida pelo MPF-MA contra o governo do Maranhão e a prefeitura de Fernando Falcão pela construção irregular da estrada, as mulheres ramkokamekra se organizaram contra os riscos trazidos pela obra. Ao fim de um dia de intenso trabalho, diversas lombadas, feitas de pedra, areia e água, estavam espalhadas pelas vias de acesso à aldeia. Os carros que passavam zunindo por Escalvado de repente encontraram um obstáculo que os lançou para o alto, os tirou da pista e demonstrou que, sim, havia alguém vivendo ali. As mulheres ramkokamekra mandavam um recado: não passarão sobre de nós. *(setembro, 2016)*

TIMBIRA

Compensação Ambiental e Governança Indígena

Juliana Noleto — Antropóloga, CTI
Priscila Chianca — Cientista social, CTI

APÓS UM LONGO HISTÓRICO DE TRATATIVAS, UM PROGRAMA DE APOIO ÀS COMUNIDADES INDÍGENAS IMPACTADAS PELA UHE DE ESTREITO FOI FIRMADO EM 2010. AGORA, OS TIMBIRA E A ASSOCIAÇÃO WYTY CATË ENFRENTAM O DESAFIO TÉCNICO E POLÍTICO DE GERIR ESSES RECURSOS, DEPOSITADOS EM UM FUNDO DE RENDIMENTOS, DE MODO A FORTALER O JEITO DE SER – *MEHIN* – TIMBIRA

Existem hoje 565 hidrelétricas em funcionamento no país, o que corresponde a cerca de 85% da energia elétrica gerada no Brasil. Desse total, dez Usinas Hidrelétricas estão localizadas na Bacia do Rio Tocantins (Agência Nacional de Energia Elétrica, 2014). O investimento e ampliação do potencial energético das bacias hidrográficas brasileiras se reflete no Plano Decenal de Expansão da Oferta de Energia Elétrica 2000-2009 (Eletrobrás) e no Programa de Aceleração do Crescimento (PAC), criado em 2007 e que prevê, no Cerrado, a construção de 86 Usinas Hidrelétricas nas Bacias do Araguaia – Tocantins, Juruena e Teles Pires. Do total de usinas planejadas, 20 delas estão localizadas na bacia do Rio Tocantins (Empresa de Pesquisa Energética, 2014).

É neste contexto que foi iniciado um grande empreendimento energético na região do sul do Maranhão e norte do Tocantins, área de extrema relevância para a conservação do Cerrado, onde incide um complexo de Terras Indígenas Timbira e Unidades de Conservação que, juntas, compõem importantes ilhas de biodiversidade diante de um cenário regional marcado por extensas áreas para a produção agropecuária. A Usina Hidrelétrica do Estreito, empreendimento que faz parte da Fase 1 do PAC, foi construída no Rio Tocantins, como uma iniciativa do consórcio Estreito Energia (Ceste), composto pelas empresas GDF Suez-Tractebel Energia, Alcoa Alumínio S/A, Vale S/A e Camargo Corrêa. Por meio de um investimento em torno de 5 bilhões de reais, a UHE de Estreito tem capacidade nominal instalada de 1087 MW, voltada prioritariamente para o atendimento da demanda energética do parque siderúrgico do Projeto Grande Carajás. Sua instalação também foi considerada estratégica para a viabilização da hidrovia Araguaia-Tocantins, cujo objetivo é o escoamento da soja produzida no sul do Maranhão para o porto de Itaqui, em São Luís.

O processo de licenciamento da UHE Estreito teve início entre 2000 e 2001. O Estudo de Impacto Ambiental (EIA/Rima) foi entregue ao Ibama em 2001 e a primeira rodada de audiências públicas aconteceu em 2002, nos municípios de Carolina e Estreito, no Maranhão. Nos referidos estudos, não estavam contempladas as Terras Indígenas impactadas pela UHE, sendo apenas o povo Krahô considerado como indiretamente impactado pelo empreendimento. Em 2002, a Funai se pronunciou solicitando complementações ao estudo de impacto para que este pudesse ter condições de emitir um parecer sobre a questão indígena na região afetada. O Ibama também solicitou complementações ao EIA, entregues ao final de 2004.

Em 2005, foi marcada uma segunda rodada de audiências públicas em cinco municípios atingidos pela barragem. Nestas audiências estiveram presentes não só os Krahô, mas também os Apinajé, Krikati e Gavião-Pykobjê, que reivindicavam sua inclusão nos estudos, pois não haviam sido contemplados anteriormente e sabiam dos impactos da barragem sobre seus territórios. A Associação Wyty Catë das Comunidades Timbira do Maranhão e Tocantins, além de instituições como o Centro de Trabalho Indigenista (CTI), cumpriram um importante papel na mobilização e articulação destes atores para a participação e inclusão dos indígenas no processo de licenciamento, de modo a apontar a inviabilidade do empreendimento, tendo em vista os impactos socioambientais que seriam gerados nas TIs Timbira da região de abrangência. A Funai, procurada por lideranças indígenas para que se posicionasse diante do impasse ocorrido nas audiências, encaminhou ofício ao Ibama solicitando que não liberasse a licença previa enquanto a questão indígena não fosse solucionada. No entanto, a licença foi concedida em abril de 2005, com 54 condicionantes, dentre elas a resolução dos problemas relacionados às Terras Indígenas.

No processo de interlocução entre as comunidades indígenas e os empreendedores houve diversas reuniões em Araguaína (TO), Carolina (MA) e em Brasília (DF). Os empreendedores demoraram a aceitar a inclusão das Terras Indígenas pleiteadas pelos indígenas, pelo movimento social e pela Funai. A participação dos indígenas nas audiências públicas, sua persistência e apelo a diferentes instâncias responsáveis pelo acompanhamento foram fundamentais para que estes povos fossem incluídos no processo de licenciamento ambiental da UHE Estreito, sendo contempladas as Terras Indígenas Kraholândia, Apinajé, Krikati e Governador.

O Estudo do Componente Indígena (ECI) foi realizado em meados de 2006 pelo CTI, em atendimento à demanda apresentada pelas lideranças Timbira, sendo entregue oficialmente ao final do ano, o que configurava um contrassenso do ponto de vista do processo de licenciamento ambiental. Este estudo é um instrumento que subsidia tecnicamente as tomadas de decisão do órgão licenciador e intervenientes, mas se deu de forma concomitante à concessão da Licença de Instalação pelo Ibama, autorizando a construção da usina hidrelétrica no final do mesmo ano, dando esteio para a implantação do canteiro de obras, iniciada em 2007.

Diante do contínuo não cumprimento do rito do licenciamento ambiental, a luta dos indígenas pela inviabilidade do empreendimento se esgotou e se reorientou para a luta por mecanismos de compensação que não gerassem tantos impactos como o próprio empreendimento – vide o conjunto de experiências não exitosas de compensação ambiental em Terras Indígenas no Brasil.

No decorrer dos Estudos do Componente Indígena foi realizado um amplo processo de consulta com as comunidades indígenas possivelmente impactadas pelo empreendimento. Como medidas mitigadoras e compensatórias resultantes desse trabalho, foram elencadas várias questões, das quais duas valem ser destacadas. Primeiro, o estabelecimento de condicionantes relacionadas à regularização fundiária das quatro TIs afetadas pelo empreendimento, pendências ainda não consolidadas (*ver tabela*).

A segunda medida, que previa um desenho inovador no campo dos planos de compensação ambiental, foi a proposta de criação de um Fundo de Compensação para atender, pelo tempo de vida útil da UHE, as demandas por segurança alimentar, territorial e cultural das aldeias Krahô, Apinajé, Krĩkati e Gavião-Pykopjê. Essas reivindicações dos indígenas seriam atendidas na forma de pequenos projetos financiados com os rendimentos dos recursos aplicados no Fundo. Este modelo foi discutido com os indígenas como um contraponto a outros tipos de compensação ambiental que simplesmente injetam recursos financeiros nas aldeias sem uma discussão sobre as gerações futuras e os impactos desses recursos na organização social do povo indígena.

A reflexão sobre o funcionamento do Fundo fez parte de um processo de organização interna para discussão das formas de repartição dos benefícios, os mecanismos de monitoramento e participação indígena nas tomadas de decisão, a entidade responsável pela implementação dos recursos, as demandas e desafios a serem refletidos nas linhas de ação dos projetos apoiáveis e as condições para a proposição de projetos.

CONDICIONANTES FUNDIÁRIAS DA UHE ESTREITO

Terra Indígena	Condicionantes propostas	Situação atual
Apinajé	Regularização fundiária. Reestudo de limites da Terra Indígena.	Aguarda-se a retomada dos estudos (Grupo Técnico) para a adequação dos limites da Terra Indígena à legislação atual.
Kraholândia	Regularização fundiária. Reestudo de limites da Terra Indígena.	Não há previsão de publicação de Grupo Técnico.
Governador	Regularização fundiária. Reestudo de limites da Terra Indígena.	Em 2008 foram iniciados os estudos para a identificação da Terra Indígena, de acordo com a legislação vigente. O procedimento foi paralisado judicialmente. Posteriormente, os estudos foram concluídos e aguarda-se aprovação do relatório pela Funai.
Krikati	Regularização fundiária. Conclusão da extrusão de não indígenas da TI Krikati, iniciada no início da década de 2000.	Processo de desintrusão ainda não concluído. Paralisado judicialmente.

Assim, após um longo histórico de interlocução e tratativas entre indígenas, empreendedor e Funai, o Programa de Apoio às Comunidades Indígenas, no âmbito da UHE de Estreito, implementado por meio dos rendimentos de um fundo de aplicação, comumente chamado de "Fundo Ceste", foi acordado em outubro de 2010.

A partir de 2011, cerca de dez anos após o início desta luta política, deu-se início à implementação do Programa, amparado por um Termo de Compromisso entre o Ceste e a Funai, no qual a Associação Wyty Catë figura, até o momento, como anuente interveniente pelo fato de desempenhar a função – previamente pactuada entre os indígenas beneficiários – de agência implementadora do Fundo. Mesmo com uma série de desafios para sua implementação, é um bom exemplo de arranjo institucional que favorece a governança de povos indígenas nos processos de compensação ambiental advinda de grandes projetos.

Os aportes financeiros aplicados no fundo totalizam um valor de R$ 16 milhões, a serem pagos em 11 parcelas em um período de 10 anos, conforme cronograma de operação das unidades geradoras e de desembolso subsequente ao completo funcionamento da usina. O acesso ao fundo se dá por meio de projetos elaborados por associações indígenas locais ou aldeias. Foram definidos eixos temáticos que orientam as atividades elegíveis para apoio: segurança cultural, segurança alimentar, segurança territorial, segurança ambiental e fortalecimento institucional das organizações locais.

Outra definição importante foi o aporte diferenciado de recursos para as Terras Indígenas mais próximas ao empreendimento e, consequentemente, mais impactadas por sua instalação e atividade. Assim, o povo Apinajé recebe 50% dos rendimentos da compensação, enquanto os Krahô 30% e os Krikati e Gavião-Pykobjê 10% cada. Tudo isso em forma de projetos.

DA PRODUÇÃO DE POLPA À TRANSFERÊNCIA DE TECNOLOGIA SOCIAL

O Centro de Trabalho Indigenista e a Associação Wyty Catë incentivam há mais de 20 anos alternativas de geração de renda e sustentabilidade territorial das comunidades indígenas do Sul do Maranhão e Norte do Tocantins. Ao longo desse período, agricultores familiares e suas organizações representativas foram os maiores aliados na busca por direitos e qualidade de vida associado à conservação do Cerrado. O Projeto Frutos do Cerrado, motivado pela pressão e expansão do agronegócio e dos grandes projetos sobre os povos indígenas, comunidades tradicionais e o bioma cerrado, buscou ao longo dos anos antecipar os efeitos desse modelo junto às comunidades localizadas no entorno das Terras Indígenas, apoiando diversas iniciativas de manejo os recursos naturais, formação de redes, cooperativas, criação e comercialização de produtos.

Criado a partir da experiência da FrutaSã, Indústria, Comércio e Exportação Ltda., o Frutos do Cerrado foi proposto, enquanto instrumento de inclusão e autonomia econômica, por meio do beneficiamento e comercialização de polpas de fruta nativas e exóticas. Entre 2010 e 2014, a agroindústria e o projeto Frutos do Cerrado focou suas ações em quatro grandes eixos: (1) a reestruturação da agroindústria; (2) a formação de redes e centros de apoio; (3) a transferência de melhores práticas de produção; (4) a habilitação das comunidades para o acesso a políticas publicas.

No eixo um, e a partir das normas estabelecidas pelo Ministério da Agricultura, Pecuária e Abastecimento (Mapa), toda a estrutura predial da empresa foi reformada e atualizada. Além disso, equipamentos foram substituídos para se adequarem às Boas Práticas de Fabricação (BPF). O objetivo foi, além de adequar o empreendimento às normas sanitárias, proporcionar uma estrutura adequada para as comunidades da região visando a produção e comercialização de polpa de fruta.

No eixo dois, buscou-se reavaliar, por meio de um diagnóstico participativo, o potencial produtivo da região e qualificar a demanda de assistência técnica dos atores envolvidos. Além disso, apoiou-se a produção descentralizada da agroindústria, a partir da construção de pequenos centros de coleta definidos conforme a especificidade de cada comunidade e distância para a FrutaSã. Notou-se que essa iniciativa permitiu a transferência de conhecimentos para as diversas famílias foco do trabalho, à medida que foi aprofundado o diálogo visando a autonomia de gestão dos centros de coleta.

Já no eixo três, trabalhou-se na melhoria do cultivo de frutas, padronização da produção, com a introdução de novas tecnologias produtivas e boas práticas de produção, visando aperfeiçoar a qualidade da matéria-prima comercializada com a agroindústria, além de aumentar o ingresso de recursos financeiros nas famílias parceiras do projeto.

No eixo quatro, focado na habilitação das comunidades para acesso a políticas públicas, foi trabalhada a inscrição dos parceiros na declaração de aptidão ao Programa Nacional de Fortalecimento da Agricultura Familiar (Pronaf). O acesso permitiu que parte das organizações envolvidas no projeto fossem integradas ao mercado da região, independente da FrutaSã.

Atualmente, a Associação Agroextrativista dos Pequenos Produtores (AAPPC), de Carolina (MA), fornece produtos dos advindos da agricultura familiar para as escolas municipais e estaduais, e em parceira com a prefeitura de Carolina estruturou uma pequena feira no município para venda do excedente da produção.

São muitos os desafios para a continuidade do projeto, o cumprimento da missão do empreendimento e a consolidação da cadeia de frutas na região. (Omar Silveira Junior, CTI, outubro de 2016)

ORGANOGRAMA DE FUNCIONAMENTO DO "FUNDO CESTE"

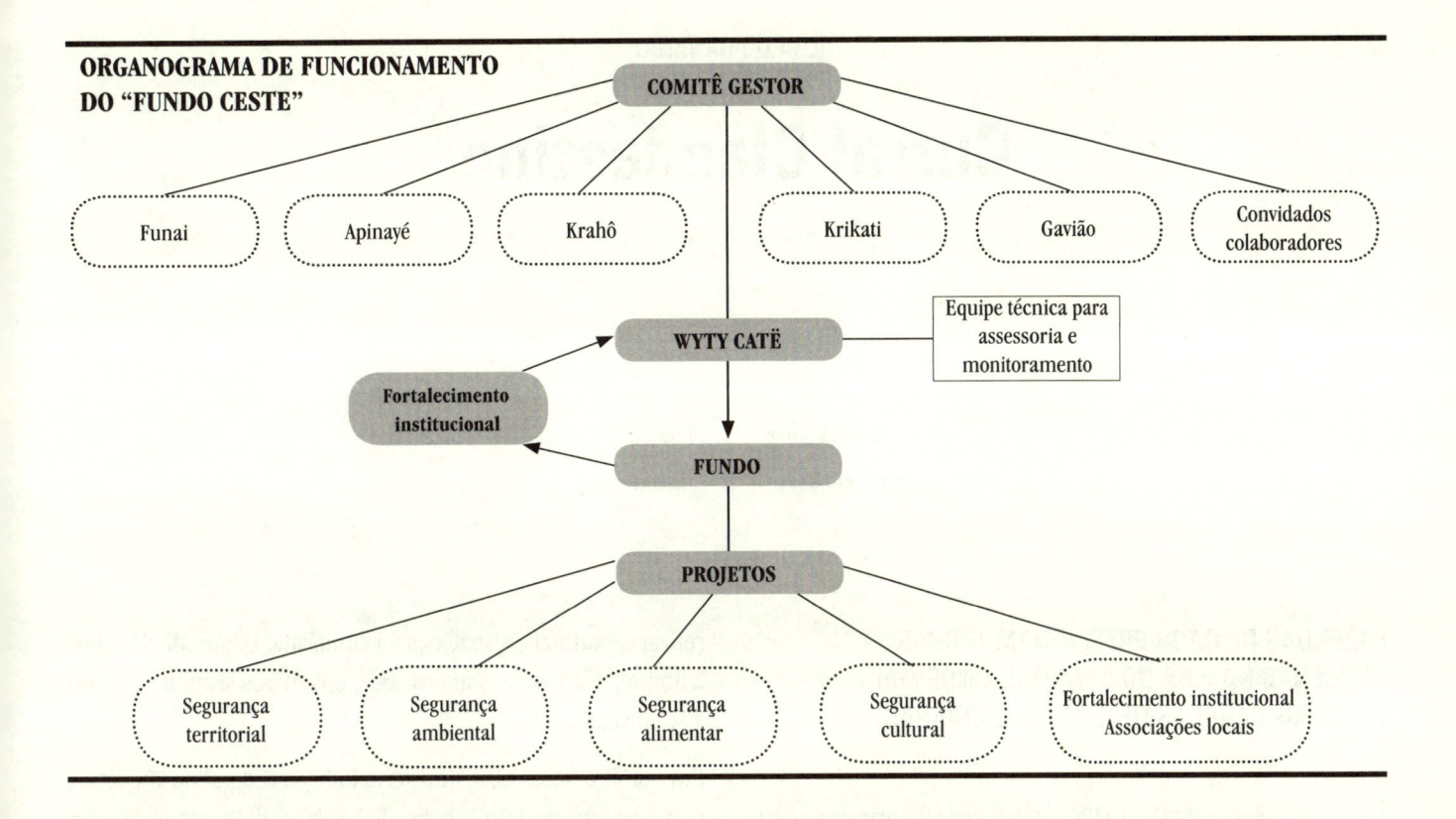

- COMITÊ GESTOR
  - Funai
  - Apinayé
  - Krahô
  - Krikati
  - Gavião
  - Convidados colaboradores
- WYTY CATË — Equipe técnica para assessoria e monitoramento
  - Fortalecimento institucional
- FUNDO
- PROJETOS
  - Segurança territorial
  - Segurança ambiental
  - Segurança alimentar
  - Segurança cultural
  - Fortalecimento institucional Associações locais

A Agência Implementadora, formada por coordenadores indígenas dos quatro povos beneficiados e assessores não indígenas, é responsável por apoiar as comunidades timbira na elaboração, implementação, monitoramento e prestação de contas dos projetos executados. Além disso, deve disseminar informações sobre o processo diferenciado de compensação ambiental. São necessárias rodadas de visitas às aldeias, em um processo de envolvimento das comunidades e organizações indígenas, bem como de formação de seus representantes. A Agência também é responsável por receber os projetos enviados pelas comunidades e submeter, após análise inicial, à apreciação do Conselho Gestor. Depois de aprovados, eles retornam para a Agência para que sejam descentralizados os recursos.

Todo o trabalho da Agência Implementadora é acompanhado pelo Conselho Gestor, que é a maior instância de monitoramento e tomada de decisão das ações relativas aos projetos e ao funcionamento do fundo. Nas reuniões do Conselho Gestor são apresentadas as prestações de contas, analisados e aprovados os projetos das aldeias e submetidos os planos de trabalho da agência implementadora, por exemplo. Os representantes indígenas do Conselho têm, ainda, o compromisso de fazer o repasse para suas aldeias e comunidades das decisões tomadas e das principais discussões travadas neste espaço. Além disso, podem levar para as reuniões do conselho eventuais dúvidas e sugestões que tenham surgido em suas bases.

O Conselho Gestor é formado por representantes das quatro TIs e servidores da Funai, com assento diferenciado para as TIs mais impactadas pelo empreendimento. Na oportunidade das reuniões, podem ser convidadas outras instituições como colaboradoras do trabalho (sem direito a voto). O Conselho Gestor tem o poder de decidir sobre o próprio desenho de governança previamente estabelecido, como tem acontecido na rodada de avaliação sobre o primeiro biênio de funcionamento do Programa e do Fundo, momento em que se tem discutido a proposta de criação de mais uma agência implementadora, também representada por uma associação indígena de um dos povos envolvidos na compensação.

O trabalho realizado pelos Timbira, em especial pela Associação Wyty Catë como Agência Implementadora de um Fundo com tamanha importância, é desafiador tanto do ponto de vista técnico quanto político. Requer diálogo, planejamento, articulação e mediação de conflitos para a contínua construção de caminhos na execução de um recurso de compensação ambiental que fortaleça o movimento do *krin* (aldeia) e o jeito de ser *mehin* (Timbira). Um desafio que desde já vem fortalecendo os povos Timbira nas suas discussões e articulações para a construção de uma relação cada vez mais autônoma diante da sociedade nacional e fortalecida diante dos grandes projetos de desenvolvimento que afetam diretamente os territórios indígenas. *(agosto, 2016)*

ILHA DO BANANAL

Curral Clandestino[1]

André Borges — Jornalista
Leonencio Nossa — Jornalista

FAZENDAS DE GADO PRESSIONAM TERRAS INDÍGENAS NA ILHA DO BANANAL, ONDE MAIS DE 93 MIL CABEÇAS DE GADO SÃO CRIADAS

Da Serra do Roncador (MT) à Ilha do Bananal (TO), o gado avança sobre áreas sensíveis de Cerrado e floresta. Sopés dos grandes granitos do norte do Mato Grosso e terras da maior ilha fluvial do mundo viraram pasto. Embora seja proibido criar gado em área indígena, na reserva dos Karajá, no Tocantins, fazendeiros já mantêm mais de 93 mil cabeças de gado.

Pressionados pela ocupação descontrolada do solo, índios passaram a fazer parte do negócio, arrendando terras para invasores que pagam pequenas quantias para ter acesso à ilha banhada pelos Rios Araguaia e Javaés. Vice-cacique da Aldeia Santa Isabel do Morro, onde vivem 900 índios, Txiarawa Karajá conta que a tribo recebe de R$ 30 mil a R$ 40 mil por ano para não impor resistência. O dinheiro, rateado entre 15 fazendeiros, é repassado aos índios em duas parcelas. "A gente sabe que não é legal, mas aceita essa situação porque precisa do recurso. Eu acho que é pouco, não dá para resolver nada. Mas, como a Funai não tem dinheiro, precisamos fazer isso."

Há mais de cinco décadas, fazendeiros chegaram para ocupar as terras. No fim dos anos 1980, auge das invasões, cerca de 11 mil não índios viviam na ilha, com 300 mil cabeças de gado se alimentado de pastagens nativas. Pressionada por organizações ambientais e sociais, a Funai fez uma série de operações nos anos 1990, reduzindo o número de não índios e a criação de bois. Em maio de 2008, a Justiça Federal deu um basta à situação. Àquela altura, havia mais de 200 pecuaristas na ilha, donos de 100 mil cabeças de gado. Eles receberam um prazo de 30 dias para retirar os animais. A sentença foi cumprida. Depois de décadas, a ilha voltava a ser dos índios. Mas, nos meses seguintes, voltou a ser invadida.

Em outubro de 2009, o Ministério Público Federal no Tocantins costurou uma decisão à revelia da Lei Federal. Foi selado "termo de compromisso" para permitir que o gado voltasse à Ilha do Bananal por meio de um "sistema de parceria entre indígenas e criadores não índios". A Funai se negou a assinar. Na época, o MPF argumentou que "a prática, embora ilegal, constituía fonte de subsistência a inúmeros membros das comunidades indígenas javaé e carajá e sua interrupção acarretou situação de carência econômica e alimentar a essas comunidades".

O retorno dos fazendeiros impunha regra clara: a quantidade máxima de bois na ilha era de 20 mil cabeças. Em outubro passado, a Agência de Defesa Agropecuária do Tocantins divulgou dados de uma campanha de vacinação, que evidenciaram o desrespeito à lei. A agência "celebrou" um recorde: 93.243 bovinos, quase cinco vezes o total permitido, foram imunizados. Em 2014, o número havia sido de 75.185 cabeças vacinadas contra febre aftosa.

Nos últimos anos, duas Terras Indígenas foram reconhecidas sobre áreas que então faziam parte de uma Unidade de Conservação, o Parque Nacional do Araguaia. Para o diretor de Criação e Manejo de Unidades de Conservação do Instituto Chico Mendes, Sérgio Brant Rocha, a mudança selou o destino da Ilha do Bananal, porque a Funai não conseguiu proteger a terra. "É uma situação absurda. A gente protegeu a ilha a vida inteira. Já havíamos levado todos os pecuaristas para fora de lá, mas hoje o gado voltou."

Na outra margem do rio, em São Félix do Araguaia, o sucateamento da Funai expõe a fragilidade da instituição. Não há sequer uma canoa para servidores chegarem à ilha e ouvirem os índios. Funcionários são obrigados a fazer "vaquinhas" para comprar água potável ou lâmpadas. "Reconhecemos as dificuldades enfrentadas não apenas por essa, mas também por outras coordenações técnicas locais da Funai, fruto de fragilidades orçamentárias e de recursos humanos", informou a direção do órgão, em Brasília.

Ignorada pelo Ministério Público, pelos governos de Tocantins e Mato Grosso e pela Justiça Federal, a Funai declarou "posicionamento contrário à prática de arrendamento em terras indígenas, tendo em vista que, além de ilegal, a atividade não acarreta maiores ganhos aos indígenas e limita o uso de suas terras". O contrato firmado entre índios e não índios, lembra a fundação, é nulo, conforme entendimento de tribunais. "Pouco importa o nome (arrendamento, parceria, prestação de serviços), a forma do ajuste (contrato escrito, contrato verbal, termo) ou eventual concordância de algum índio. Para caracterizar a ilicitude, basta haver uso ou exploração da terra indígena por terceiro estranho ao grupo indígena."

NOVA ESTRADA DIVIDE OS KARAJÁ

A Ilha do Bananal e o destino dos Karajá estão prestes a serem atravessados por uma estrada federal. Sokrowé Karajá, pajé da aldeia Santa Isabel do Morro, ergue o braço para apontar a região da reserva ambiental onde está prevista a abertura de um longo trecho da BR-242. A rodovia levaria o asfalto para dentro da maior ilha fluvial do mundo, uma área equivalente a mais de três vezes o tamanho do Distrito Federal, com quase 20 mil quilômetros quadrados.

É ali que estão quatro mil índios da etnia símbolo do Brasil na propaganda da ditadura do Estado Novo, de 1937 a 1945, e representados numa cédula de mil cruzeiros, do Banco Central, que circulou de 1990 a 1994. A estrada ainda não cruzou os rios, mas divide os índios. O vice-cacique Txiarawa Karajá tenta conter os efeitos das promessas de autoridades da região. "Sou contra a estrada. Quando BR entra em terra indígena traz confusão, traz drogas. Não é bom para nosso povo", afirma. O pajé Sokrowé Karajá, por sua vez, avalia que a rodovia trará benefícios. "A gente poderia vender coisas na estrada, cobrar pedágio", diz.

A falta de consenso entre os índios passa ao largo dos planos costurados sem divergências pelos poderes público e privado. Em setembro passado, políticos, fazendeiros e empresários de Mato Grosso e Tocantins se juntaram em uma viagem por 90 quilômetros de estradas de terra dentro da ilha para defender a ligação dos dois Estados. Em motocicletas, carros e caminhões, fizeram o "Rally Logístico", evento regado a álcool e mulheres para mostrar que, na seca, entre maio e outubro, é possível fazer a travessia. Na cheia, entre novembro e abril, os trechos ficam intrafegáveis, parte embaixo d'água.

A chamada Rodovia Transbananal faz parte de um projeto idealizado pelo governo Juscelino Kubitschek e iniciado pelos militares, em 1973. A ilha entrou no mapa do traçado da BR-242, que corta o Mato Grosso e avança pelo Tocantins, com centenas de quilômetros de estrada de terra e, dali, segue asfaltada até o litoral da Bahia, somando 2,3 mil quilômetros. Políticos e empresários dizem que dependem apenas de um decreto da Presidência da República para o início da obra, reduzindo em 1.100 quilômetros o transporte de cargas de Leste a Oeste do País, desafogando os portos de Santos (SP) e Paranaguá (PR). Nas planilhas, se estima que R$ 1 bilhão será despejado na construção da estrada. A coordenação da Funai em São Félix do Araguaia informou que nunca recebeu estudo sobre quais seriam os impactos da obra na vida dos Karajá, Javaé e Avá-canoeiro. A informação foi confirmada pela sede da autarquia, em Brasília. "A Funai não tem conhecimento do projeto, e não foi instada a se manifestar", declarou. "Conforme prevê a legislação ambiental, a Funai, como órgão indigenista oficial, tem a obrigação de se manifestar em todo e qualquer licenciamento de obras que afetem, direta ou indiretamente, as terras e comunidades indígenas." *(julho, 2016)*

NOTA

[1] Versão editada das reportagens "Fazendas de gado pressionam florestas e terras indígenas" e "Nova estrada divide índios de mil cruzeiros", do especial *Terra Bruta*, publicado pelo jornal *O Estado de S. Paulo*, em 16/07/2016.

KARAJÁ/JAVAÉ

Nó na Garganta

Eduardo S. Nunes | Antropólogo

NOS ÚLTIMOS ANOS, UMA GRANDE ONDA DE SUICÍDIOS SE TORNOU UM VERDADEIRO NÓ NA GARGANTA DOS KARAJÁ, JAVAÉ E SEUS PARCEIROS. EXPLICAÇÕES, HÁ VÁRIAS, E, AO MESMO TEMPO, NENHUMA QUE BASTE

Suicídios nunca foram parte do universo Karajá, povo falante de uma língua macro-jê, com cerca de três mil pessoas, cujas aldeias se espalham pelo Rio Araguaia (GO, MT, TO e PA), concentrando-se na Ilha do Bananal (TO), aqui em destaque. O primeiro caso registrado data de 2002. Antes disso, os indígenas dão conta de duas ou três tentativas esparsas. Até 2008, contudo, foram cinco novos casos. Mas o pior e ainda estava por vir. Em fevereiro de 2010, um rapaz de 23 anos se suicidou enforcado. Essa morte, a primeira utilizando este método, marcou o início de uma crise de grandes proporções. Duas semanas depois, ocorreu outro óbito similar e, daí em diante, episódios trágicos como esses se tornaram cada vez mais frequentes. Conforme dados oficiais do Dsei/Araguaia (Sesai/MS), foram sete mortes em 2011, oito em 2012, duas em 2013, seis em 2014, dez em 2015 e seis em 2016 (jan.-set.). No total, de 2010 até o presente, foram 41 casos de suicídio por enforcamento. Considerando-se o total aproximado de sua população (três mil pessoas), as taxas de suicídio entre os Karajá igualam ou superam, dependendo do ano, casos dramáticos como o dos Ticuna do Alto Solimões ou o dos Guarani do Mato Grosso do Sul. Isso sem mencionar as muitas tentativas de suicídio (não fatais), sobre as quais não há cômputos sistemáticos. O Dsei/Araguaia conta com duas psicólogas (uma no Polo de São Félix do Araguaia e outra no de Santa Terezinha) que acompanham e registram os casos. Muitas tentativas, contudo, acabam não chegando ao conhecimento da equipe de atenção à saúde indígena. O único ano para o qual se tem dados mais sistemáticos é 2012, quando a Sesai/Brasília enviou uma equipe multidisciplinar, contando com três psicólogas, para uma ação emergencial nas aldeias do Médio Araguaia, devido ao aumento repentino do número de óbitos em 2011. Apenas naquele ano, foram registradas 95 tentativas por enforcamento, além de 26 outras ameaças. A maioria das mortes – 88% (36/41) – foi de jovens do sexo masculino, em geral solteiros em idade casável ou recém-casados, pais de filhos pequenos. A faixa etária com maior incidência é a dos 15 a 19 anos, com 19 casos, 46% do total. Porém, se considerarmos também as tentativas, observa-se que o número de homens mais velhos, mulheres e mesmo crianças não é desprezível. O mais jovem a se suicidar foi um garoto de 11 anos. Embora afete toda a região do Médio Araguaia, o problema é mais agudo nas grandes aldeias – que, a despeito de serem ritualmente muito ativas e de manterem sua vida tradicional bastante viva, são os sítios que apresentam mais problemas cotidianos, de diversas ordens (o consumo excessivo de álcool, por exemplo). Santa Isabel, Fontoura e Macaúba, as três maiores (com respectivamente 704, 696 e 369 habitantes – veja a tabela), concentram 28 dos 41 casos de suicídios (68%). Dentre estas, Santa Isabel, a maior e uma das mais antigas aldeias karajá, é a que apresenta a situação mais delicada: só ali foram 18 óbitos, 44% do total. Se consideramos também JK e Wataú (e Wàrebia), as três pequenas aldeias vizinhas que se desmembraram de Santa Isabel ao longo dos anos 2000, esse número sobe para 23, ou 56% do total de suicídios por enforcamento. A leitora ou o leitor deve ter em mente que este texto versa principalmente sobre a situação de Santa Isabel (e das três pequenas aldeias vizinhas), pois foi ali que realizei pesquisas de campo para meu doutoramento, entre 2012 e 2015.

DE REPENTE...

Desde o início, os Karajá apontam uma gama de causas para essas mortes trágicas. Entre elas, figuram problemas como dificuldades financeiras, a falta de trabalho remunerado, o consumo excessivo de álcool e outras drogas (principalmente a gasolina inalada), problemas familiares de várias ordens (sobretudo os conjugais) e a falta de interesse dos jovens pelo que os Karajá chamam de sua "cultura". Já os não indígenas, como jornalistas e profissionais da rede de atenção à saúde indígena local, tenderam, pelo menos a princípio, a destacar o consumo excessivo de álcool e os problemas decorrentes dos mais de trezentos anos de relações com os brancos.

O acúmulo de informações, porém, foi tornando cada vez mais claro que o consumo de álcool não é senão um fator secundário. A grande maioria das tentativas ocorreu com pessoas sóbrias, e apenas em uma parcela muito pequena dos óbitos as vítimas estavam embriagadas ou faziam uso regular de bebida. Quanto à relação com os não indígenas, os próprios Karajá apontam uma série de transformações em seu mundo atual relacionadas à proximidade com o mundo dos brancos, e consideram várias delas problemáticas. Ainda sim, eles não traçam relações de causalidade direta para com os casos de suicídio. Ademais, o problema não parece coincidir com nenhuma mudança notável na situação sociopolítica karajá ao longo dos últimos anos. O arrendamento de pastagens para o gado no interior da Ilha do Bananal (que, apesar de constitucionalmente vedado, é viabilizado por um acordo de cooperação ou "sistema de parceria") permaneceu mais ou menos como na última década. As relações com os regionais têm-se mantido relativamente pacíficas (a despeito de problemas de invasão e do preconceito nutrido para com os índios). Além disso, apesar de ameaças como a construção da rodovia TO 500 (ou "Transbananal"), prevista para cortar a Ilha de um lado a outro, seu território tradicional é, em maior parte, assegurado por Terras Indígenas já demarcadas, cujos recursos naturais disponíveis são ainda fartos.

Mas os Karajá apontam ainda uma outra causa para os enforcamentos: a feitiçaria. Mesmo pessoas que apontam para alguma outra possível causa em geral também confirmam a existência desse feitiço chamado de *bàtòtàka* (fala feminina) ou *bàtòtaa* (fala masculina), expressão que poderíamos traduzir por "amarrar a garganta". As vítimas apresentam sintomas comuns a outros tipos de enfeitiçamento, como dores de cabeça e dormência no corpo. Mas a principal questão apontada é uma mudança repentina de comportamento. Dizem que a pessoa está normal e, "de repente aquilo vem na cabeça: eu vou me matar". Relatos desse tipo são inúmeros. Outro sintoma recorrente é que o enfermo escuta vozes dizendo para ele ou ela se enforcar. O feiticeiro faz o feitiço (um objeto no qual ele incorpora uma série de substâncias

KARAJÁ

SUICÍDIOS POR ENFORCAMENTO POR ALDEIA 2010 A 2016 (JAN./SET.)

Terra Indígena	Aldeia	População (2015)	Nº de óbitos
PI Araguaia	Fontoura	696	3
PI Araguaia	JK	64	4
PI Araguaia	Macaúba	369	7
PI Araguaia	Nova Tytèma	76	1
PI Araguaia	Santa Isabel	704	18
PI Araguaia	Watau	73	1
TI Karajá/Tapirapé	Hãwalòra	265	2
TI Karajá/Tapirapé	Itxala	110	4
TI São Domingos	São Domingos	184	1
		2.541	23

Fonte: Sesai/MS e Dsei Araguaia

SUICÍDIOS POR FAIXA ETÁRIA 2010 A 2016 (JAN./JUL.)

Faixa Etária	Nº de casos
10 a 14	5
15 a 19	19
20 a 24	5
25 a 29	7
30 ou mais	5
Total	**40**

Fonte: Sesai/MS e Dsei Araguaia

destinadas a produzir efeitos específicos) e, em geral, enterra-o perto da casa da pessoa que deseja atingir. Depois, à distância, ele o "benze", enviando uma ou várias entidades que se introduzem no corpo da vítima, provocando uma transformação radical em seus afetos: o alegre se torna triste, o calmo e mesurado se converte em rude e agressivo, alguém que está bem passa a pensar em se matar. De repente...

Uma outra evidência apontada pelos indígenas de que se trata de feitiçaria é a forma como os enforcamentos acontecem: as vítimas amarram a corda em um anteparo relativamente baixo, como a travessa de uma casa, passam a forca ao redor do pescoço e dobram os joelhos, deixando o corpo pesar. Se a pessoa estivesse "normal", argumentam, ela se levantaria no momento em que se sentisse sufocada; porém, além de seu estado alterado, as entidades que estão com a pessoa puxam-na para baixo, provocando a asfixia. Alguns dos jovens que sobreviveram a uma tentativa afirmaram que não sentiram dor ao se enforcar. Este, com efeito, é um sintoma comum não apenas a outros tipos de enfeitiçamento, mas também ao estado de alteração dos homens que se transformam ritualmente em *woràsỹ* (coletividade anônima dos mortos) ou em *aõni aõni* (coletividade de espíritos animais), momentos em que também se diz que essas entidades "entram no corpo" dos homens. Além de adquirirem uma força extraordinária, diz-se que eles "não sentem nada" quando furados por espinhos ou mesmo quando se machucam de maneira mais grave.

Diante de tudo isso, para a maioria dos Karajá, as mortes por enforcamento não são propriamente suicídios, mas sim homicídios. Cada nova morte resulta quase sempre na acusação de um culpado, aquele que lançou o feitiço sobre a vítima. Na aldeia Santa Isabel, um rapaz tido como feiticeiro quase foi morto por um homem que perdera dois filhos enforcados em menos de um ano. Ele, sua família e vários outros estavam convencidos de que havia sido ele que jogara o feitiço nos adolescentes. E sendo esse tipo de adoecimento causado por feitiço, só um xamã-curador (*òhutibèdu* ou *tèytèdỹỹdu*) pode tratar o enfermo, removendo as entidades que povoam seu interior (se for o caso, o minúsculo objeto patogênico introjetado em seu corpo) e ministrando medicamentos (à base de ervas) a fim de anular os efeitos do malefício.

INVENÇÃO DE FEITICEIRO

A história sobre a origem e o criador desse feitiço de enforcamento é muito bem conhecida entre os Karajá. O primeiro caso, ocorrido em 2010, envolveu um rapaz da aldeia Itxala (TI Karajá/Tapirapé), contígua à Ilha do Bananal. Ali também morava um velho, parente próximo do rapaz que se suicidou, tido por muitos Karajá como o mais poderoso dos feiticeiros. Segundo relatos, diante do sofrimento causado pela morte do jovem, o velho disse que, dali em diante, todo o povo Karajá também sofreria da mesma maneira. Conta-se, então, que ele pegou um pedaço da corda com a qual o rapaz tinha se enforcado e utilizou-a como matéria-prima para produzir o malefício. Duas semanas depois, um jovem de 16 anos se enforcou e veio a óbito na aldeia vizinha, Hãwalòra, na mesma TI. De março a maio do ano seguinte, aconteceram mais três enforcamentos fatais em Itxala. Diante do sucesso de sua "invenção", conta-se que o velho entregou o feitiço para outros feiticeiros, para que levassem-no para as outras aldeias. Em setembro daquele ano, aconteceu a primeira morte por enforcamento rio acima, na aldeia JK (PI Araguaia) que, já dito, se desmembrou da grande Santa Isabel, maior aldeia Karajá. Em fins de 2011 e início de 2012, mais cinco casos ocorreram apenas em Santa Isabel. Dali o problema se espalhou: mortes também ocorreram nas aldeias Fontoura e Macaúba e, nos anos seguintes, também em São Domingos (TI homônima) e Nova Tytèma (PI Araguaia), chegando também aos Javaé, grupo de cerca de 1.500 pessoas, falante da mesma língua que os Karajá, cujas aldeias se distribuem em cinco TIs em diversas fases de regularização, ao longo do rio Javaés e Ilha do Bananal.

Há pouco contava que, em Santa Isabel, um rapaz tido por feiticeiro quase foi morto pelo pai de dois adolescentes que se enforcaram. Após o ocorrido, este rapaz foi morar em Buridina (TI Karajá de Aruanã), no município de Aruanã (GO), aldeia mais ao sul do território ocupado pelos Karajá. Lá, ele encontrou um homem javaé de meia-idade, também suspeito de praticar feitiçaria, que estava em visita a parentes. Conta-se, então, que o jovem lhe entregou o feitiço, o que, para os Karajá de quem ouvi essa história, explica a ocorrência do primeiro suicídio entre os Javaé, pouco tempo depois de este homem ter retornado para sua aldeia. Desde então, entre 2012 a 2015, já foram 11 mortes entre os Javaé (dados oficiais Dsei/Tocantins).

Os índios, porém, contam que esse não foi o primeiro feitiço a tomar dimensões coletivas. Nos anos 1980, muitos casos de afogamento foram atribuídos a um feitiço. Na década seguinte, um surto de "loucura" (*itxỹtè*) acometeu uma série de jovens, que pegavam qualquer objeto que lhes servisse como arma e avançavam sobre as pessoas, queimavam casas etc. Depois, os seis suicídios ocorridos entre 2002 e 2008 também foram atribuídos a dois feitiços diferentes. E, como toda "invenção de feiticeiro", como os Karajá dizem, a única solução é que um xamã-curador localize os malefícios, os desenterre e os elimine (queimando o objeto-feitiço, na maioria dos casos).

Em relação ao "surto de loucura" dos anos 1990, um xamã de Santa Isabel me relatou a maneira como ele acabou com aquele feitiço, retirando-o de dentro de um cupinzeiro e queimando-o, com o testemunho de várias pessoas de sua aldeia. Em 2011, os Karajá solicitaram apoio da Dsei/Araguaia (Sesai) para trazer uma xamã kamayurá, parente de uma Kamayurá casada entre os Karajá. A xamã foi a Santa Isabel no início de 2012, onde desvelou e queimou três malefícios: ela tirou um de dentro do rio, protegido por uma sucuri colocada pelo feiticeiro, desenterrou outro na base da torre de televisão onde duas pessoas tinham morrido anos antes, e um terceiro ao lado da casa de um rapaz que morrera enforcado no ano anterior. Essa ação resultou em alguns meses de calmaria, até novas mortes voltarem a acontecer no final de 2012. Mais recentemente, em 2016, ela retornou a Santa Isabel. Dessa feita, porém, conduziu apenas tratamentos individuais, e novos casos continuaram a ocorrer.

Mas por que, então, os próprios xamãs-curadores karajá não tiram esse feitiço? Eles poderiam fazê-lo, é certo, mas não o fazem, dentre outros motivos, por medo. Dizem que os feiticeiros que carregam tal malefício são todos jovens que "têm a mão ruim", pessoas que geralmente não são xamãs reconhecidos e que apenas aprenderam a manipular feitiços. Caso um xamã retire o malefício, os feiticeiros poderão se voltar contra ele, atacando a ele próprio ou algum de seus parentes próximos. Além do mais, o feitiço de enforcamento se espalhou de tal maneira que se tornou extremamente difícil de se combater. Pois, como contam os xamãs, os feiticeiros foram passando a 'fórmula' de um para o outro, de modo que, em uma única aldeia, pode haver vários bàtòtaa wèdu, "donos/mestres do feitiço de enforcamento". Com efeito, feitiços desse tipo têm sido periodicamente desvelados e destruídos pelos xamãs de cada aldeia, mas novos continuam a aparecer.

NÓ NA GARGANTA

Assim, se, por um lado, os casos de enforcamento são uma entre outras "ondas" de feitiço que, espera-se, passará; por outro, a situação assumiu proporções assustadoras e inéditas, o que coloca um ar de incerteza sobre a questão, principalmente para os Karajá. Com o passar do tempo a ideia do enforcamento foi se tornando cada vez mais presente no ambiente das aldeias, e começaram a ocorrer casos que até mesmo xamãs dizem não ter sido causados por feitiço. O problema, assim, começou a assumir um caráter epidêmico, se é possível dizer: qualquer discussão que tire uma pessoa do sério pode levá-la a pensar em se matar, ameaçar ou mesmo tentar.

Com efeito, a cada ano que passa, e mais mortes ou tentativas acontecem, a situação se torna cada vez mais indecifrável para os Karajá. A questão do feitiço permanece, e algumas pessoas ainda sustentam outras explicações (como problemas familiares ou dificuldades financeiras). Mas, desde o início, e cada vez mais, os Karajá dizem que isso os deixa confusos. Por mais que possa haver explicações imediatas, como podem tantos jovens se matar, e em sequência? Como pode uma "onda" de feitiço se espalhar tanto e por tanto tempo? Será mesmo que estamos diante de uma "epidemia" passageira, ou os Karajá terão que se acostumar a perder seus filhos, sobrinhos e netos enforcados? No cotidiano das aldeias, a vida segue sem que se consiga esquecer os enforcamentos, pois mal se vence um luto e outra morte acontece.

Explicações, há várias, e, ao mesmo tempo, nenhuma que baste. Os enforcamentos se tornaram um verdadeiro nó na garganta dos Karajá e de seus parceiros. A situação é demasiado complicada e complexa, dificilmente prestando-se a algum tipo de explicação conclusiva: é preciso respeitar o espaço da dúvida, da incerteza e da incompreensão. Pois é nele que os Karajá têm habitado.

A Sesai/Brasília e o Dsei/Araguaia têm acompanhado a situação por meio do setor de Saúde Mental, cuja proposta é constituir uma rede de atendimento e acolhimento – rede essa que não precisa se restringir aos profissionais da atenção à saúde indígena, podendo ser composta também pelos serviços especializados da RAPS (Rede de Atenção Psicossocial), por xamãs e outros agentes. O Dsei/Araguaia, entretanto, ainda não conseguiu estruturar tal rede. As duas psicólogas lotadas nos Polos Base de São Félix do Araguaia e de Santa Terezinha vêm acompanhando as pessoas e famílias que vivenciaram tentativas ou mortes por enforcamento. Mas ainda que seu trabalho surta efeitos, há muitíssimos mais casos do que as duas profissionais podem acompanhar. Algumas instituições públicas e privadas, bem como profissionais independentes, têm demonstrado, em virtude desse problema, interesse em atuar junto aos Karajá. Mas, até o momento, as únicas ações feitas foram pontuais, como algumas oficinas e seminários. Os Karajá têm abraçado todas as propostas de iniciativa que chegam até eles, no anseio por conseguir alguma ajuda para lidar com a situação. Muito embora eles não tenham, em geral, uma ideia clara de que tipo de ação seria adequado para enfrentar o problema dos enforcamentos. Muitas são as ideias, voltando-se na maioria das vezes ou para geração de renda (fala-se, por exemplo, de projetos de criação ou manejo de peixes, de plantio de roça, de incremento do potencial comercial de seu rico artesanato e de qualificação profissional com vistas à obtenção de trabalhos assalariados) ou para atividades de interesse dos jovens (esportes, produção de filmes, internet). Os Karajá se cansaram de reuniões para debater as causas do problema, enquanto novos casos não param de ocorrer. Muito já se foi discutido, e o que eles esperam, agora, são ações. E ações mais duradouras. É menos por um projeto pontual que eles anseiam, do que por parceiros de trabalho que possam ajudá-los a desatar, aos poucos, o nó em suas gargantas. Os suicídios, com efeito, não precisam ser "explicados": é preciso reconhecer os fatores de risco já identificados (dentre eles as várias possíveis causas apontadas pelos índios) e atuar sobre eles. *(setembro, 2016)*

ACONTECEU

Grafismo Javaé
Fonte: Acervo ISA

BRASÍLIA

OCUPAÇÃO INDÍGENA É INVADIDA POR EMPREITEIRA

O Santuário dos Pajés, onde residem cerca de 30 indígenas há mais de quatro décadas, foi invadido nesta segunda-feira. A invasão contou com a chancela do governador A. Queiroz, que nomeou A. Gomes, ex-homem forte de Arruda, para reassumir a presidência da Terracap, Companhia Imobiliária de Brasília. Gomes é também advogado da Emplav, empresa que fez o ataque. O advogado alegou que dos 50 ha que os índios consideram como terras do Santuário, apenas 4 ha pertencem a eles, e que a área é uma das que a empresa comprou em 2007 da Terracap. *(D. Ramalho, CMI, 04/10/2011)*

O NOVO FAROESTE CABOCLO DO CERRADO

O território reivindicado por Santxiê é hoje o metro quadrado mais caro do país. Cada lote foi negociado por cerca de 15 milhões de reais pela Terracap. Duzentos apartamentos já foram vendidos na planta a uma média de 1,5 milhão cada. Em 2009 uma ação civil pública impediu a Terracap de reformatar parte do setor noroeste, defendendo ali a demarcação legal do Santuário dos Pajés. A Procuradoria da República do Distrito Federal, também solicitou à Funai a criação de um GT para decidir de uma vez por todas se o local é território indígena, ou não. Essa era inclusive o condicionante da Licença Prévia concedida pelo Instituto Brasília Ambiental. Os lotes começaram a ser leiloados em 2008. Só dois anos mais tarde, em 2010, a Funai publicou portaria no DOU autorizando uma diligência técnica. A conclusão do antropólogo J. Eremites foi de que os Funi-ôs Tapuia eram uma comunidade tradicional e recomendava a criação de 50 ha de TI. O resultado do seu trabalho foi defendido pela Associação Brasileira de Antropologia (ABA), mas a Funai reprovou o laudo e solicitou estudos complementares. *(T. Foresti, Carta Capital, 02/11/2011)*

ACORDO VIABILIZA RESERVA INDÍGENA NO SETOR NOROESTE

Representantes dos Kariri-Xocó e Tuxá reuniram-se dia 18 com o presidente da Terracap, diretores da Associação dos Dirigentes de Empresas do Mercado Imobiliário do Distrito Federal e o consultor jurídico do Governo do DF, acompanhados pela Funai. A Terracap se comprometeu a doar à União uma área de 12 ha localizada dentro da Área de Relevante Interesse Ecológico Cruls, criada em 2008, para a constituição de uma Reserva Indígena. Esta área se insere nos 50 ha que são objeto de proposta pelo MPF. A Terracap deverá se responsabilizar também pela infraestrutura e um plano de recuperação ambiental. *(Funai, 19/10/2011)*

FULNI-Ô TAPUYA NÃO ACEITAM ACORDO

O advogado da etnia Fulni-ô Tapuya, A. Foina, afirma que o grupo que representa não está incluído no acordo divulgado. *(R. Céo, G1 Globo, 01/02/2012)*

ÍNDIOS OCUPAM TERRACAP

Cerca de 20 índios Kariri Xocó e Tuchá ocuparam o prédio da Terracap, em Brasília, nesta quinta-feira (18). Eles pediam o cumprimento de um acordo feito em 2011. *(G1 Globo, 18/10/2012)*

GOIÁS

DEMARCAÇÃO DA TI KARAJÁS DE ARUANÃ I É REGULAR

O TRF da 1.ª Região decidiu que não houve irregularidade na homologação da demarcação da TI Karajás de Aruanã I. Um dos recursos que pedia a anulação foi o da TV Anhanguera (afiliada da TV Globo), que alegou ter adquirido o imóvel há mais de 25 anos. O juiz federal convocado sustentou que a existência de propriedade, devidamente registrada, não inibe a Funai de investigar e demarcar TIs. Seu voto foi acompanhado pelos demais magistrados. *(Âmbito Jurídico, 17/09/2013)*

PROCURADOR VISITA TIS CARRETÃO I E II

Acompanhado de representantes da Funai, o procurador da república em Anápolis (GO) teve a oportunidade de conhecer as principais queixas dos Tapuias, em especial as dificuldades com transporte, saúde, educação, bem como em relação à má qualidade da água em uma parcela da área. *(MPF/GO, 13/06/2014)*

NASCE AVÁ-CANOEIRO EM GOIÁS

Desde 1992, os avás-canoeiros estavam reduzidos a seis pessoas em uma reserva entre Minaçu e Colinas do Sul (GO). O bebê Paxeo é o 7º integrante do grupo. Eles foram realocados para a construção da usina hidrelétrica de Serra da Mesa em 1996. As compensações não chegaram à aldeia. "Aqui só dá milho pequenininho", disse Iawi. Após o fim do convênio em 2002, os índios chegaram a mendigar por cestas básicas. Quando pareciam fadados ao desaparecimento, Niwatima, de 24 anos, conheceu e se casou com o índio tapirapé Kapitomy'i, de 26 anos. Da relação nasceu Paxeo, em 28 de janeiro de 2012. *(D. Fariello, O Globo, 24/02/2013)*

NOVO CONVÊNIO ENTRE UHE SERRA DA MESA E FUNAI EM FAVOR DOS AVÁ-CANOEIRO

O novo convênio assegura que os índios sejam ouvidos sobre a destinação dos recursos. O termo também prevê a possibilidade de capacitação para criação de gado. É Kapitomy'i, o tapirapé que gerou Paxeo e que desponta como sucessor de Iawi na liderança dos Avá, quem traz a experiência no trato com o gado para corte. *(D. Fariello, O Globo, 24/02/2013)*

IAWI, CACIQUE AVÁ-CANOEIRO, ESTÁ SEM TRATAMENTO

Desde removidos para a construção da hidrelétrica Serra da Mesa, há 19 anos, os sobreviventes dessa etnia receberam mais de R$ 10 milhões em compensações financeiras de Furnas, mas a burocracia impede o cacique de ter acesso aos recursos necessários ao seu tratamento. A presidente interina da Funai, M. A. Assirati, tenta colocar à disposição recursos do convênio da Funai para custear o tratamento. *(D. Fariello, O Globo, 23/06/2013)*

GRAVIDEZ RENOVA ESPERANÇA DOS AVÁ-CANOEIRO

Da união entre Niwathima e o tapirapé Kapitmomy`i já nasceram o garoto Pantx'o, prestes a completar quatro anos, e a menina Mareapatyre, de oito meses. Niwathima está grávida do terceiro bebê, que será o nono membro do grupo. *(M. Longo, O Popular/GO, 04/11/2015)*

TOCANTINS/MATO GROSSO

DECISÃO MANTÉM NÃO ÍNDIOS, NA URUBU BRANCO

A Funai pediu ao STF a suspensão imediata de liminar concedida pelo TRF da 1ª Região. A Funai alega que a área de 167,5 mil ha, homologada, é vital para os Tapirapé [e que] a permanência dos posseiros permite a continuidade de atividades ilícitas. *(Notícias STF, 16/09/2011)*

PM PRENDE SEIS NA URUBU BRANCO

Eles foram contratados por um fazendeiro para retirar especificamente pau-brasil. Os trabalhadores estavam acampados em barracos de lona em condição insalubre. *(P. Araújo, G1 Globo, 13/10/2011)*

TAPIRAPÉ RETOMAM DUAS FAZENDAS NA URUBU BRANCO

Segundo a Funai, a atitude é uma forma de protesto. Os índios também são contrários à construção da hidrelétrica São Manoel, no Rio Teles Pires. *(D. Maia, G1 Globo, 19/10/2011)*

STJ DETERMINA RETIRADA DE NÃO ÍNDIOS DA URUBU BRANCO

O Tribunal entendeu que a permanência dos particulares na TI já reconhecida contribuía para o aumento dos conflitos fundiários. *(R. Braga, AGU, 01/01/2012)*

TAPIRAPÉ REALIZAM SEMINÁRIO DE JOVENS PESQUISADORES

A Escola Estadual Indígena Tapi'itãwa e o povo Apyãwa (Tapirapé) da TI Urubu Branco realizaram o IV Seminário de Jovens Pesquisadores Apyãwa, na aldeia Tapi'itãwa, com a participação de todas as comunidades: Akara'ytãwa, Myryxitãwa, Tapi'itãwa, Tapiparanytãwa, Towajaatãwa, Wiriaotãwa. Após as apresentações, os sábios comentaram os trabalhos, compondo uma verdadeira banca avaliadora. *(N. Korira'i Tapirapé, Blog da Funai, 14/02/2013)*

MORRE MISSIONÁRIA QUE VIVIA HÁ ANOS COM OS TAPIRAPÉ

Morreu hoje em Confresa (MT) a Irmã Genoveva (90 anos), que vivia há 60 anos junto aos Tapirapé em Urubu Branco. O quase extermínio dos Tapirapé se deu a partir de 1909, quando a população de aproximadamente 2000 índios foi exposta a doenças. Outro agravante foram as disputas com os Kayapó, que viviam na mesma região. Em 1947 a aldeia Tampiitãwa foi praticamente destruída e várias mulheres e meninas raptadas. Com a chegada das irmãzinhas, em 1952, a situação começou a ser controlada. *(Cimi, 24/09/2013)*

TAPIRAPÉ/APYÃWA DENUNCIAM CONSTRUÇÃO DA MT-100

O documento, encaminhado ao MPF/MT em 2013, apresenta denúncias de tentativas de aliciamento, visto que políticos ofereceram caminhonetes em troca da abertura da estrada. Direitos como posto de saúde, escola e posto de vigilância também foram oferecidos para que aceitassem a construção. *(Cimi, 27/01/2014)*

INVASÕES SÃO AMPLIADAS NA TI URUBU BRANCO

Após a deflagração da operação da PF a pedido do MPF/MT, mais de uma dezena de inquéritos policiais foram instaurados. Armas de fogo, motosserras e documentos comprovam a comercialização ilícita de terras. Constatou-se ampliação das áreas desmatadas para a agropecuária e, inclusive, a abertura de pistas de pouso. *(MPF/MT, 28/04/2015)*

KANELA DO ARAGUAIA DEVEM TER ATENDIMENTO DE SAÚDE

Em 2011, o MPF instaurou um procedimento administrativo depois de receber a notícia de que os Kanela residentes em São Félix do Araguaia, Luciara e Santa Terezinha não estão recebendo atendimento por não serem aldeados. A informação foi confirmada pelo Dsei Araguaia que indicou a ausência de obrigatoriedade de atendimento aos índios que não vivem em TIs. Para a procuradora da República M. B. Zollinger, a Constituição de 1988 não autoriza a discriminação entre "aldeados" ou "não aldeados". Ainda segundo a procuradora, o julgamento do Recurso Especial no 1.064.009-SC no STJ considerou que o "status de índio não depende do local em que se vive". *(MPF/MT, 19/07/2012)*

KANELA DO ARAGUAIA FAZEM RETOMADA EM LUCIARA (MT)

Um grupo de 100 indígenas retomou, no final do mês de junho, uma área que compõe o território tradicional. A ocupação se deu no local onde ficava a pousada Recanto do Lago Bonito, já patrimônio da União, compondo a Gleba São Pedro. A ação dos Kanela ocorreu de forma pacífica. *(Cimi, 03/07/2015)*

TOCANTINS

AVÁ-CANOEIRO DO ARAGUAIA QUEREM TERRA E INDENIZAÇÃO

Atualmente eles vivem em um espaço de 12 m X 30 m na aldeia Canoanã, da etnia Javaé. Os Avá-Canoeiro, que vinham fugindo desde o atual norte de Goiás, foram contatados de forma violenta em 1973. Forçosamente alojados em Canoanã, não faziam parte da vida político-cultural local, eram tratados e se sentiam como cativos de guerra. Tanto a antropóloga Patrícia Mendonça responsável pelo levantamento, quanto o MPF reconhecem que os Javaé também foram vítimas do Estado, quando receberam compulsoriamente o grupo com o qual tinham histórico de conflitos. Sobreviveram o mais velho, Tutal e seus filhos Kaukama e Agakã. Em relacionamentos com índios javaé e tuxá, nasceram mais filhos e netos que garantiram a continuidade da etnia, que soma hoje cerca de 20 pessoas. O grupo mantém a língua tupi-guarani. *(MPF/TO, 15/09/2011)*

NASCE MAIS UMA CRIANÇA AVÁ-CANOEIRO NO ARAGUAIA

Em junho nasceu o pequeno Ijahi Tuagaik na Aldeia Santa Isabel do Morro (TO), a segunda criança a nascer em 2014. Atualmente, o povo Ãwa soma 25 pessoas. *(Funai, 16/07/2014)*

AVÁ-CANOEIRO DO ARAGUAIA PERDEM SEU LÍDER

Alvos de graves violações de direitos humanos documentadas pela Comissão Nacional da Verdade (CNV), os Avá-Canoeiro sofrem com a perda de Tutawa Ãwa. Com mais de 80 anos, ele morreu em um hospital de Gurupi (TO), vitimado por um infarto em 6 de junho. Tutawa Ãwa liderava seus descendentes na tentativa de retomar seu território de ocupação tradicional, a TI Taego Ãwa - já reconhecida pela Funai em 2012, com uma área de 29 mil hectares. A morte indignou a comunidade, especialmente porque o enterro não pode ser realizado em seu refúgio tradicional, o Capão da Areia, na Mata Azul, dentro da TI, ocupada desde a década de 1990 por um assentamento do Incra. A luta pelo reconhecimento do território já dura mais de 40 anos. *(Tatiane Klein, ISA, 21/06/2015)*

PIRARUCU DA DISCÓRDIA NA ILHA DO BANANAL

Para os Karajá e Javaé da Ilha do Bananal (TO), a pesca representa a principal atividade econômica e fonte de proteína na dieta alimentar. Contudo, nas TIs Inãwébohona e Utaria Wyhina Irána Iródu, sobrepostas ao Parque Nacional do Araguaia (PNA), gerenciado pelo ICMBio, praticar a pesca para fins comerciais é incompatível. Da Ilha, 562 mil hectares estão sob o regime de dupla-afetação. O restante pertence à TI Parque Indígena do Araguaia (PQARA), onde vivem cerca de cinco mil índios, somando os Javaé, os Karajá e alguns poucos Ava Canoeiro, conforme a Funasa. A incoerência que gerou embates cria, agora, a oportunidade de uma gestão participativa em que agentes do ICMBio e índios buscam compatibilizar exploração com preservação. O foco dos índios é o pirarucu, maior peixe de escamas de água doce do Brasil, ameaçado de extinção. Eles querem viabilizar seu comércio num programa de manejo sustentável. Longe de entrar em conflito novamente com as aldeias, o analista ambiental R. J. Merisse conta que o PNA prioriza a aproximação com as comunidades. *(L. Marinho, O Eco, 06/01/2011)*

BONECAS KARAJÁ: PATRIMÔNIO CULTURAL DO BRASIL

Os modos de fazer as Bonecas Karajá, inscritos no livro das Formas de Expressão e dos Saberes, foram reconhecidos como Patrimônio Cultural Brasileiro em 25 de janeiro de 2012. De acordo com o Departamento de Patrimônio Imaterial (DPI), além de ser uma fonte de renda, as Bonecas representam uma expressão cultural e artística de extrema importância. *(Iphan, 30/03/2012)*

TI XERENTE DEVE SER PAVIMENTADA

Depois de anos, indígenas e governo dão os primeiros passos rumo a um entendimento sobre o asfaltamento da rodovia TO-010 e a retomada das obras da ponte que liga Tocantínia a Rio do Sono, dentro da TI Xerente. Por um lado, o receio dos Xerente com os impactos sociais e ambientais. Por outro, o Governo tentando convencer os indígenas que a pavimentação pode trazer benefícios e que os impactos podem ser minimizados. *(E. Silva, Jornal Stylo, 20/07/2011)*

XERENTE PROTESTAM CONTRA ESCOLAS PRECÁRIAS

Enquanto os alunos estudam em condições precárias, próximo do local há um prédio novo abandonado. A escola tem 115 alunos. A obra concluída e abandonada desde 2012, poderia ser a alternativa. *(G1 Globo, 01/04/2013)*

APINAJÉ SÃO CONTRA A UHE SERRA QUEBRADA

A hidrelétrica, prevista para entrar em operação na divisa do Tocantins com o Maranhão em 2013 é quase uma ofensa para os Apinajé. Há mais de dez anos, os índios que habitam a região conhecida como "Bico do Papagaio" se opõem à liberação do projeto do consórcio Eletronorte/Camargo Corrêa. Segundo a EPE, os fabricantes de alumínio Alcoa (EUA) e Billiton (ING) são os interessados na usina. A TI Apinajé, 141.904 hectares com projeto de ser ampliada, vem desde a década de 50 sofrendo duras intervenções de obras governamentais. Foi cortada por ferrovias (Carajás e Norte-Sul), rodovias (BR 153, Transamazônica e TOs 126 e 134), linhas de tensão (Linhão de Tucuruí), sofreu os impactos de hidrelétricas (Estreito e Lajeado), e se prepara pra chegada da Hidrovia Tocantins/Araguaia. Mas nenhum desses empreendimentos gerou tanta preocupação nos Apinajés como a UHE Serra Quebrada, que "comerá" cerca de 14% da TI nas margens do Rio Tocantins, onde existem babaçuais e de onde os índios retiram a maior parte do sustento das 1700 pessoas que vivem nas 24 aldeias. O aumento do desmatamento para pastagem, plantação de soja e eucalipto também é uma reclamação dos índios. *(L. Marinho, O Eco, 27/06/2011)*

MUNICÍPIO É CONDENADO POR DANOS MORAIS AOS APINAJÉ

A 5.ª Turma do TRF1 condenou o município de Cachoeirinha (TO) ao pagamento de R$ 100 mil por danos morais aos Apinajé das Aldeias de Buriti Comprido, Cocalinho e Palmeiras [TI Apinayé]. A petição descreve que o prefeito adentrou a aldeia Cocalinho sem autorização, fez promessas e não as cumpriu, gerando conflito. Após o acirramento dos ânimos, ele permitiu que fosse realizada uma ação de resgate de um trator que fora retido pelos índios. Cinco cidadãos do município, sendo um secretário municipal, invadiram a TI, inclusive atirando. Dias depois, a aldeia foi destruída por um incêndio criminoso. *(Portal do Norte, 05/11/2013)*

RITUAL APINAJÉ É REALIZADO NA ALDEIA BOI MORTO

Em julho foi celebrado na TI Apinajé o tradicional Ritual Pàrkaper, ou Tora Grande. Ao menos 300 pessoas de 12 aldeias Apinajé se reuniram na aldeia Boi Morto. Algumas famílias krahô da aldeia Cachoeira também participaram. São realizadas corridas de toras, cantorias, choros, cortes de cabelo e danças em memória das pessoas falecidas. *(Associação União das Aldeias Apinajé - PEMPXÀ, 29/07/2014)*

APINAJÉ DIVULGAM MANIFESTO CONTRA O DESMATAMENTO

É inaceitável que o Instituto Natureza do Tocantins tenha emitido licenças ambientais para desmatamento nos entorno da TI Apinajé, sem consultar nossas organizações, a Funai, o Ibama e o MPF. Avisamos que se no prazo de 15 dias nada for feito para impedir, estamos decididos a confrontar com não-índios. Se alguma violência, e/ou morte acontecer a nosso povo, o Estado Brasileiro, as empresas e os órgãos públicos serão diretamente responsabilizados. *(Associação União das Aldeias Apinajé - PEMPXÀ, 30/12/2014)*

APINAJÉ EXPANDEM ROÇAS COM SEMENTES CRIOULAS

Em 2014 continuamos nossos pequenos projetos de roças iniciados em 2013, mesmo com poucos recursos do Programa Básico Ambiental Timbira. Também estamos disseminando as sementes crioulas adquiridas dos camponeses do Bico do Papagaio e nas Feiras de Sementes dos povos Caiapó e Krahô. *(Associação União das Aldeias Apinajé – PEMPXÁ, 19/01/2015)*

DESMATAMENTO E CARVOARIA NO ENTORNO DA TI APINAJÉ

Na manhã do dia 27/01/2015, agentes da Companhia de Polícia Rodoviária Ambiental (Cipra) do Tocantins e servidores da Funai realizaram diligencias em regiões limítrofes à terra Apinajé, na BR 230, em Tocantinópolis e São Bento do Tocantins. As licenças emitidas pelo Naturantins autorizam o corte de diversas árvores nativas do cerrado. Todas as madeiras exploradas são usadas em uma carvoaria instalada no local. Essa mesma carvoaria e o desmatamento já tinham sido embargados em 2013. *(Associoação União das Aldeias Apinajé – PEMPXÁ, 28/01/2015)*

INCÊNDIOS MULTIPLICAM-SE NA TI APINAJÉ

Em agosto, centenas de hectares de campos e florestas foram destruídos. Duas casas foram queimadas. Em circunstâncias parecidas, em setembro de 2010 um incêndio de grandes proporções também queimou casas. Esses desastres ambientais são implicações das mudanças climáticas. É necessário elaborarmos um plano conjunto de prevenção e enfrentamento. *(PEMPXÀ, 26/08/2015)*

KRAHÔ FORMAM BRIGADA DE COMBATE A INCÊNDIOS

Servidores da Funai formaram a primeira brigada indígena voluntária na TI Kraolândia/TO. Esse é um projeto piloto que será acompanhado pela CR de Palmas. *(Funai, 13/10/2011)*

KRAHÔ FAZEM OPÇÃO POR AULAS FORA DE SALA

Durante reunião intermediada pelo MPF/TO na aldeia Pedra Branca, da etnia Krahô (Goiatins), lideranças indígenas expuseram a técnicos da

ACONTECEU

Seduc a intenção de adotar um modelo de aula a ser ministrada à comunidade que aborde algumas disciplinas em ambientes fora de sala, a exemplo de experiência verificada em escola indígena no município de São Gabriel da Cachoeira (AM) por professores da escola da aldeia durante intercâmbio de professores indígenas. Segundo liderança da aldeia, este modelo possibilitará resgatar elementos da cultura tradicional dos krahô. *(MPF/TO, 25/05/2012)*

CAMINHÃO TOMBA E DEIXA TRÊS APINAJÉS MORTOS

Cerca de 75 indígenas eram transportados na BR-010 da Aldeia Nova (Goiatins) com destino a Itacajá. Eles iriam participar da 9ª Feira Krahô de Sementes Tradicionais. O cacique contou que o caminhão foi cedido pela Prefeitura de Itacajá. O motorista, que dirigia em alta velocidade, fugiu do local. 56 pessoas foram hospitalizadas. *(G1 Globo, 15/10/2013)*

9ª FEIRA DE SEMENTES NA TI KRAHOLÂNDIA

A feira do povo Krahô, na aldeia Kapey, teve sua organização abalada por um trágico acidente no primeiro dia do evento. Os índios decidiram adiar os rituais fúnebres e dar continuidade ao evento. A feira acontece de dois em dois anos desde 2003. Além da troca de sementes, a feira é também um momento para articulação política dos índios entre si e com parceiros. Além dos Krahô, estavam presentes representantes dos Xerente, Apinajé, Guarani Kawoiá (MS), Xavante (MT), Guajajara (MA), Kaxinauá (AC) e Kaiapó (PA). *(MPF/TO, 16/10/2013)*

KRAHÔ É MORTO A FACADAS NA KRHAOLANDIA

Um krahô da Aldeia Pedra Furada (Goiatins), foi assassinado a facadas dentro da área indígena. Conforme a PM, o assassino teria ido à aldeia procurar uma índia, com quem teria tido um relacionamento amoroso. Ao chegar no local, teria se envolvido em uma discussão com o índio e acabou o matando. Ainda conforme a polícia, o suspeito fugiu e está desaparecido. *(Jornal do Tocantins, 12/05/2014)*

MARANHÃO

ATENDIMENTO A SAÚDE É PRECÁRIO NA TI KANELA MEMORTUMRÉ

Seis pessoas do povo Memortunré Canela morreram em novembro com o vírus Influenza A, H1N1. Outras duas pessoas apresentaram sintomas de tuberculose. Já foram realizadas várias reuniões para tentar solucionar o problema, mas sem sucesso. *(Cimi, 08/12/2014)*

INDÍGENA É BALEADO NA TI KRIKATI

Os Krikati acreditam que esse fato tem haver com o processo em curso de desintrusão da terra. A terra foi demarcada em 1997, homologada 2004, mas ainda não foi desintrusada. Sem a desintrusão os conflitos entre os Krikati, fazendeiros e lavradores têm aumentado. *(Cimi, 17/03/2011)*

KRIKATI REIVINDICAM ACORDO QUE REMONTA AOS ANOS 1970

No início do janeiro, os Krikati, da TI Krikati realizaram protestos para reivindicar o cumprimento de acordo feito com a Eletronorte nos anos 1970, que permitiu que fossem instaladas torres de linhas de transmissão de energia em seu território. Eles bloquearam a estrada MA-080 e derrubaram duas torres de transmissão que interligam a subestação de Imperatriz e Presidente Dutra. Porém o fornecimento de energia não foi interrompido de acordo com comunicado da Eletronorte. Diante dessas manifestações, o governo federal enviou tropas do Exército à TI, embora a Funai estivesse mediando o diálogo entre índios e Eletronorte. Declarada em 1992, a TI Krikati foi homologada em 2004, mas até hoje permanecem as ocupações não indígenas em áreas de seu território. A extrusão, iniciada em 1999, não foi concluída. As questões de saúde, saneamento e educação continuam na pauta. *(ISA, 16/01/2014)*

LIMINAR SUSPENDE DESINTRUSÃO DA TI KRIKATI

Fomos surpreendidos com a liminar da Juíza Federal da 2ª Vara de Imperatriz que suspendeu a desintrusão da TI Krikati. A suspensão da desocupação vai acarretar uma série de conflitos entre indígenas e fazendeiros, que convivem numa área separada apenas por uma estrada vicinal. *(Povo Krikati, Combate Racismo Ambiental, 22/07/2014)*

MADEIREIROS E ESTRADA AMEAÇAM OS GAVIÃO PYKOBJÊ

Os Gavião Pykobjê da TI Governador somam uma população aproximada de 900 habitantes residindo em seis aldeias: Governador, Rubiácea, Riachinho, Aldeia Nova, Monte Alegre e Água Viva. No território habita também uma população Guajajara em três outras aldeias. Nos últimos anos, o tensionamento diante da abertura do processo de revisão de limites da TI, vem sendo acompanhado de recorrentes embates com madeireiros, cujas atividades ilícitas são favorecidas por uma estrada de rodagem municipal que atravessa a TI, se constituindo como a principal via de acesso à área Gavião, à Reserva Biológica do Gurupi e à TI Araribóia. A referida estrada foi aberta sem a obediência dos procedimentos para o licenciamento ambiental e trouxe à reboque o aumento da presença de brancos nas aldeias, acidentes, atropelamentos e invasões. A intensificação da presença de madeireiros tem levado as lideranças Gavião a manifestarem sua oposição por meio do fechamento temporário da estrada e retenção dos caminhões de madeira, ações que os colocam em confronto direto com os madeireiros e que resultam em inúmeras ameaças de morte. Nesse contexto, os Gavião vêm sofrendo retaliações como o corte de energia das aldeias, recusa no atendimento dos hospitais e estabelecimentos comerciais e ameaças de ataque às aldeias. *(CTI, 22/01/2013)*

GREENPEACE LIGA DESMATAMENTO A PRODUÇÃO DE CARROS

De acordo com o estudo, até 90% do ferro-gusa produzido na região de Carajás é exportado para siderúrgicas dos EUA, que fornecem para grandes montadoras. Quase 60% da madeira que entra nos fornos de carvão são provenientes de desmatamento ilegal, pressionando áreas protegidas que incluem terras indígenas – como Awá, Alto Rio Guamá, Alto Turiaçu e Caru, além da reserva biológica Gurupi. *(G1 Globo, 14/05/2012)*

GUAJAJARA FAZEM REFÉNS EM PROTESTO NA TI CARU

O prefeito de Alto Alegre do Pindaré, A. Botelho, negociou a libertação de cinco funcionários da Vale, que ficaram reféns durante 30 horas pelos índios Guajajara da aldeia Maçaranduba, na TI Caru. As reivindicações corriam em torno da criação de um posto de saúde e a reforma de uma escola de ensino fundamental, segundo o prefeito, promessas da Funai e Funasa feitas em 2010. *(Imparcial online, 10/02/2011)*

ENCONTRADO GRUPO AWÁ ISOLADO NA TI ARARIBOIA

Em fevereiro, indígenas do povo Tenetehara/Guajajara tiveram contato com grupo isolado na TI Araribóia. Lideranças informaram à equipe do Cimi Regional Maranhão que o indígena Clóvis Guajajara encontrou um jovem Awá próximo à aldeia Vargem Limpa. O jovem saiu correndo, mas retornou com seu grupo, composto de cinco integrantes. Houve uma tentativa de diálogo, sem sucesso. A região da TI onde o grupo foi avistado é um dos últimos lugares que não tinham a ação predatória dos madeireiros. *(Cimi, 28/03/2011)*

CIMI DENUNCIA ATAQUE A ISOLADOS NA TI ARARIBOIA

O Cimi do Maranhão denunciou a morte de uma criança de 8 anos, que teria sido queimada por madeireiros na TI Araribóia, no ano passado. A criança pertence a um grupo de índios isolados Awá-Guajá. "Soubemos do caso quando prestávamos socorro a outros índios. Eles nos relataram a morte. Agora, devem ter corrido para áreas mais afastadas", disse Luiz Carlos Guajajara, liderança indígena que vive na aldeia Zutiwa, em Arame (MA). *(G. Araújo, G1 Globo, 06/01/2012)*

FUNAI LOCAL DIZ QUE ASSASSINATO DE ISOLADO É BOATO

Técnicos da Funai de Imperatriz (MA) afirmaram em nota que as notícias de que uma criança Awá-Guajá foi queimada viva não passam de "boatos sem fundamentos". Sem visitar o local e baseando-se em relatos, os técnicos da Funai afirmam estar indignados com a divulgação de "mentiras com requintes de crueldade". *(A. Rodrigues, Agência Brasil, 10/01/2012)*

FUNAI BRASÍLIA APURA DENÚNCIA NA TI ARARIBOIA

Segundo C. Travassos, coordenador geral de índios isolados, "o isolamento dos índios que teriam sido atacados aliado com a confirmada presença ilegal de madeireiros nos obrigam a não encerrar a apuração". *(G. Araújo, G1 Globo, 10/01/2012)*

COMISSÃO COMPROVA ATAQUE A ISOLADOS

Comissão composta por integrantes do Cimi, OAB e Sociedade Maranhense de Direitos Humanos comprova ataque ao grupo Awá-Guajá em situação de isolamento na TI Araribóia. Os membros da comissão encontraram o acampamento destruído e as marcas da presença de madeireiros. *(Cimi, 13/01/2012)*

GUAJAJARA DA TI CANABRAVA INTERDITAM BR-226

Os índios se queixam que estão há sete anos sem água tratada na aldeia e cobram da Funasa, a construção imediata de um poço artesiano em Coquinho. *(G1 Globo, 21/03/2012)*

LIDERANÇA GUAJAJARA É MORTA NA TI CANABRAVA

A índia M. A. Guajajara, líder da aldeia Coquinho II, teria sido executada com dois tiros em represália a uma manifestação realizada pela aldeia da qual ela era cacique. De acordo com informações veiculadas na imprensa, os índios da aldeia Coquinho II pretendem bloquear o tráfego na rodovia BR-226 amanhã como forma de protesto pelo assassinato e também para chamar atenção das autoridades públicas. *(MPF/MA, 02/05/2012)*

ÍNDIOS BLOQUEIAM FERROVIA CARAJÁS

O bloqueio ocorre em trecho próximo à Aldeia Maçaranduba, no município de Alto Alegre do Pindaré. A mobilização reúne cerca de 200 índios das etnias Krenjê, Tenetehara, Awá-Guajá, Apãniekra, Ramkokramekra, Gavião e Krikati. Esta é a segunda vez, em menos de uma semana, que os índios bloqueiam a ferrovia. As más condições de saúde levaram os índios, no último dia 24, a ocupar a sede da Funasa, em São Luís, onde permaneceram durante dez dias. Entre as reivindicações, está a substituição dos coordenadores do Dsei Maranhão. De acordo com a cacique da Aldeia Maçaranduba, Marcilene Guajajara, a Vale comprometeu-se a fazer a interlocução com o governo a respeito do pleito dos índios. "Nos dez dias em que estávamos em São Luís, seis índios morreram nas aldeias. Me diz se não é uma situação revoltante?", reclamou. *(L. Nascimento, Agência Brasil, 10/07/2013)*

PF E IBAMA CONTRA CRIME AMBIENTAL CIBERNÉTICO

Os criminosos invadiam os computadores de outras empresas e furtavam "créditos" de produtos florestais para empresas fantasmas ou irregulares que, ato contínuo, confeccionavam documentos florestais (DOFs) falsos para "esquentar" madeira e carvão extraídos ilicitamente, principalmente da Reserva Biológica do Gurupi e TIs Awá, Caru, Alto Turiaçu e Alto Rio Guamá. *(Ibama, 06/12/2013)*

SERVIDORES SÃO PRESOS POR DESMATAMENTO ILEGAL

A PF prendeu o superintendente regional do Incra/MA, A. C. de Souza, e mais 22 pessoas entre servidores do Ibama e da Secretaria Estadual do Meio Ambiente. Ele é suspeito de comandar um grupo de servidores da área ambiental que arrecadavam cerca de R$ 2,5 milhões por mês em propina pagas por madeireiros ilegais que atuam nas TIs Alto Turiaçu, Awa-Guaja e Caru, onde ainda há aldeias isoladas. A quadrilha também atuava na Reserva Biológica do Gurupi. *(A. Werneck, O Globo, 03/12/2014)*

DESOCUPAÇÃO DA TI AWÁ LEVA À INVASÃO DA TI ALTO TURIAÇU

Os madeireiros que saíram da TI Awá migraram para a TI Alto Turiaçu e lotearam entre si áreas de desmatamento e estão ameaçando os índios de morte. A denúncia é da Associação Indígena Kaaportarupi, que representa os ka'apor. Uma das aldeias, a Gurupiúna, chegou a ser invadida por um bando armado. Em setembro passado, os índios chegaram a impedir a saída de seis invasores durante três dias e e liberação teve de ser negociada. Um mês depois, líderes das aldeias voltaram a ser ameaçados por invasores e os indígenas tiveram de se refugiar na mata. De acordo com a nota, os índios passaram a apreender por conta própria tratores, motos e armas usados por invasores. Até mesmo um homem conhecido como grande madeireiro na região teria sido feito refém pelos índios e liberado após negociações com servidores da Funai. *(O Globo, 15/01/2014)*

GOVERNO CONCLUI RETIRADA DE NÃO ÍNDIOS DA TI AWÁ

A TI Awá foi totalmente desocupada por não índios, como informou na semana passada um comunicado da Funai. Na terça-feira (15), um juiz e um procurador federal foram até a aldeia Juriti, entregar aos Awá-Guajá o auto de desintrusão. A Funai também têm uma estrutura de proteção montada numa base de operações ao norte, onde existia o povoado de Vitória da Conquista. *(M. Jungmann, EBC, 27/04/2014)*

ISOLADOS FAZEM CONTATO APÓS AMEAÇAS DE MADEIREIROS

Três isolados awa-guajá fizeram contato para pedir auxílio contra as ameças de madeireiros, segundo informações da ONG Survival International divulgadas no dia 21 de janeiro e o relato de uma equipe de voluntários do Cimi. Os Awá

ACONTECEU

Guerreiros Ka'apor em expedição de busca para expulsar madeireiros da TI Alto Turiaçu, próximo ao município de Centro do Guilherme (MA).

que fizeram contato foram Amakaria (mulher), Jakarewyj (mulher) e Irahoa (homem), filho de Jakarewyj. Amakaria teria contado que vários parentes teriam sido contatados por uma equipe do governo brasileiro entre 1980 e 1990, mas decidiram viver isolados. Segundo informações da ONG, aproximadamente 100 Awás isolados correm risco de dizimação por causa da ameaça de fazendeiros, madeireiros e mineradores. *(G1 Globo, 26/01/2015)*

DESASTRE SANITÁRIO ATINGE AWÁ RECÉM-CONTATADOS

Uma Awá, dos três recém-contatados, encontra-se prostrada por causa de uma doença que se seguiu ao contato. De acordo com outros Awá, o marido de Jakarewyj e outros parentes haviam morrido por causa de gripe. Os Awá e a Survival International apelaram para que as autoridades brasileiras enviassem especialistas para tratar a Jakarewyj como questão de urgência. *(Survival International, 20/04/2015)*

KA'APOR DA TI ALTO TURIAÇU LANÇAM MANIFESTO

Nós, povo Ka'apor da TI Alto Turiaçu, reunimos nos dias 01 a 04/06/2013 na aldeia Xiépihurenda e 09 a 12/06/2013 na Aldeia Turizinho para discutir os problemas que afetam nosso povo, desde a educação até a gestão de nosso território. Demos uma atenção maior para a invasão de nosso território e pensar no futuro de nossa floresta e de nossos filhos. Aproveitamos para olhar os anos que o Estado, através da FUNAI e outros órgãos não deram a devida atenção para nosso povo e território, deixando que permitissem que fosse invadido.

Assim como nós, outros povos no Maranhão e no Brasil estão sofrendo ataques, invasão e até assassinatos. Isso prova o descaso do governo do Maranhão e do governo federal com a defesa de nossos direitos, de nossa vida. Nossos parentes Gavião, da Terra Indígena Governador, estão sofrendo como a gente. Não vamos ficar parados e nem aceitamos que esses fazendeiros e madeireiros queiram governar para seus parentes e grupos políticos. Estamos unidos com os parentes Gavião, por isso somos solidários. A luta deles é nossa luta.

Não vamos aceitar mais ataques e ameaças. Por isso, decidimos cuidar e proteger nosso território e não esperar mais pela Funai, pelo governo. Eles sempre pedem para esperar. Enquanto isso os invasores destroem nossos bens naturais, enganam nosso povo, dão bebidas para nossos parentes, levam nossas caças, tiram alimento de nossos filhos. Só nós sabemos de nossos problemas porque sentimos e sofremos. Só nós sabemos os caminhos que temos que seguir. Não aceitamos mais que o governo decida e faça por nós. Nós mesmos vamos vigiar, proteger e trabalhar a gestão de nosso território.

Também reunidos no Instituto La Salle (dos Irmãos Lassalistas) nos dias 17 a 19/09/2013 para conversar sobre nossa educação, avaliar a falta de respeito da SEDUC com nossa escolarização. Nesse momento, continuamos discutindo a elaboração de nosso Projeto Pedagógico e Curricular e organização de nossa educação nas aldeias. Não queremos mais vestir "roupa velha, dos brancos". Queremos vestir a nossa própria roupa, uma educação com o nosso rosto, com a cultura e identidade Ka'apor e não Kamará (brancos).

Vamos continuar lutando por nossos direitos juntamente com milhões de parentes pelo Brasil afora. Não aceitamos que nossos bens naturais sejam roubados, nossa floresta destruída, nossa cultura ameaçada, nossa dignidade seja ferida. Todo apoio e solidariedade aos parentes Gavião, do Maranhão e todos os parentes que estão sofrendo ameaças e assassinatos no Brasil.

Presidente Médici, MA, 19 de junho de 2013. Lideranças, caciques, mulheres, crianças, professores Ka'apor, Comissão de Educação Ka'apor. *(Cimi/Combate ao Racismo Ambiental, 19/06/2013)*

KA'APOR DA TI ALTO TURIAÇU ALERTAM PARA CONFLITO

A situação se agravou na semana passada, depois que um grupo de cerca de 90 indígenas realizou uma operação de monitoramento na floresta e apreendeu armas, motosserras, motocicletas, caminhões e tratores. Desde o ano passado, os Ka'apor têm realizado de forma autônoma atividades de monitoramento territorial e ambiental. Porém, essas ações estão resultando em represálias por parte dos madeireiros. Os indígenas afirmam que têm controle apenas sobre 70% de seu território. Várias lideranças estão perseguidas e não podem sair de suas aldeias. *(L. Lila, Greenpeace, 30/06/2014)*

AGÊNCIA REGISTRA AÇÃO DOS KA'APOR

Madeireiros que trabalhavam ilegalmente foram amarrados e agredidos por índios armados antes de serem expulsos da TI Alto Turiaçu. A ação foi registrada em imagens divulgadas nesta quinta (4) pela agência Reuters. O episódio ocorreu entre os municípios de Centro do Guilherme e Nova Olinda do Maranhão. Em janeiro, a Funai informou que dois ka'apor haviam sido baleados após abordarem madeireiros na reserva. Cerca de 900 índios vivem na terra Alto Turiaçu. *(L. Reis, FSP, 05/09/2014)*

KA'APOR INTENSIFICAM MONITORAMENTO

No dia 17 de outubro, cerca de 50 indígenas Ka'apor fecharam mais um ramal de entrada de madeireiros na TI Alto Turiaçu, município de Centro do Guilherme. Na ocasião do fechamento, encontram vereador, fazendeiro, delegado e pastor evangélico intermediando e derrubando madeira ilegalmente. *(Vias de Fato, 31/10/2014)*

DOIS KA'APOR ESTÃO DESAPARECIDOS

Ontem, uma das aldeias da TI Alto Turiaçu foi invadida por pistoleiros e madeireiros que ameaçaram e agrediram lideranças, tentando impedir os trabalhos de vigilância na TI. *(Vias de Fato, 05/12/2014)*

LIDERANÇA KA'APOR É ASSASSINADA

No dia 26 de abril de 2015, foi assassinado o indígena Eusébio Ka'apor, e segundo informações de indígenas, o crime foi cometido por madeireiros da região. *(Vias de Fato, 28/04/2015)*

MADEIREIROS ATIRAM CONTRA LIDERANÇA DA TI ALTO TURIAÇU

Uma das lideranças Ka'apor mais combativas na defesa da TI Alto Turiaçu sofreu um atentado na última quinta-feira (16), quando visitou uma das oito áreas de proteção criadas na TI para impedir a ação de madeireiros. As investigações sobre o assassinato de Eusébio continuam paralisadas. Nenhum dos madeireiros apontados foi intimado a depor. *(Cimi, 22/07/2015)*

KA'APOR USAM TECNOLOGIA NA PROTEÇÃO TERRITORIAL

No final de agosto de 2015, ativistas do Greenpeace trabalharam com 12 lideranças Ka'apor, moradores da TI Alto Turiaçu para começar a integrar o uso de tecnologia às atividades autônomas de monitoramento e proteção do seu território tradicional. Entre as ferramentas sugeridas e adotadas na ação pelas lideranças Ka'apor estão mapas mais precisos, armadilhas fotográficas e rastreadores via satélite. *(Greenpeace, 09/09/2015)*

FOGO ALASTRA-SE E AMEAÇA TERRAS INDÍGENAS

Um incêndio que começou há mais de um mês continua ameaçando comunidades indígenas de recente contato e isolados. Iniciado na TI Alto Turiaçu, o fogo rapidamente alastrou-se para as TIs Awa e Caru, atingindo uma população de 365 indígenas Awa-Guaja e cerca de 60 índios isolados. O alto índice de desmatamentos, que circundam e invadem as TIs, aumenta a incidência de queimadas na região. Há suspeitas de que haja incêndios criminosos. Recentemente, a TI Araribóia perdeu cerca de 220 mil hectares de floresta, mais da metade de sua extensão total. O fogo deixou em perigo 12 mil Guajajara e 80 Awá. Os indígenas denunciaram que o fogo foi criminoso, o que foi confirmado depois pelo Ibama. *(I. Harari, ISA, 04/12/2015)*

15. Leste do Mato

15. LESTE DO MATO GROSSO

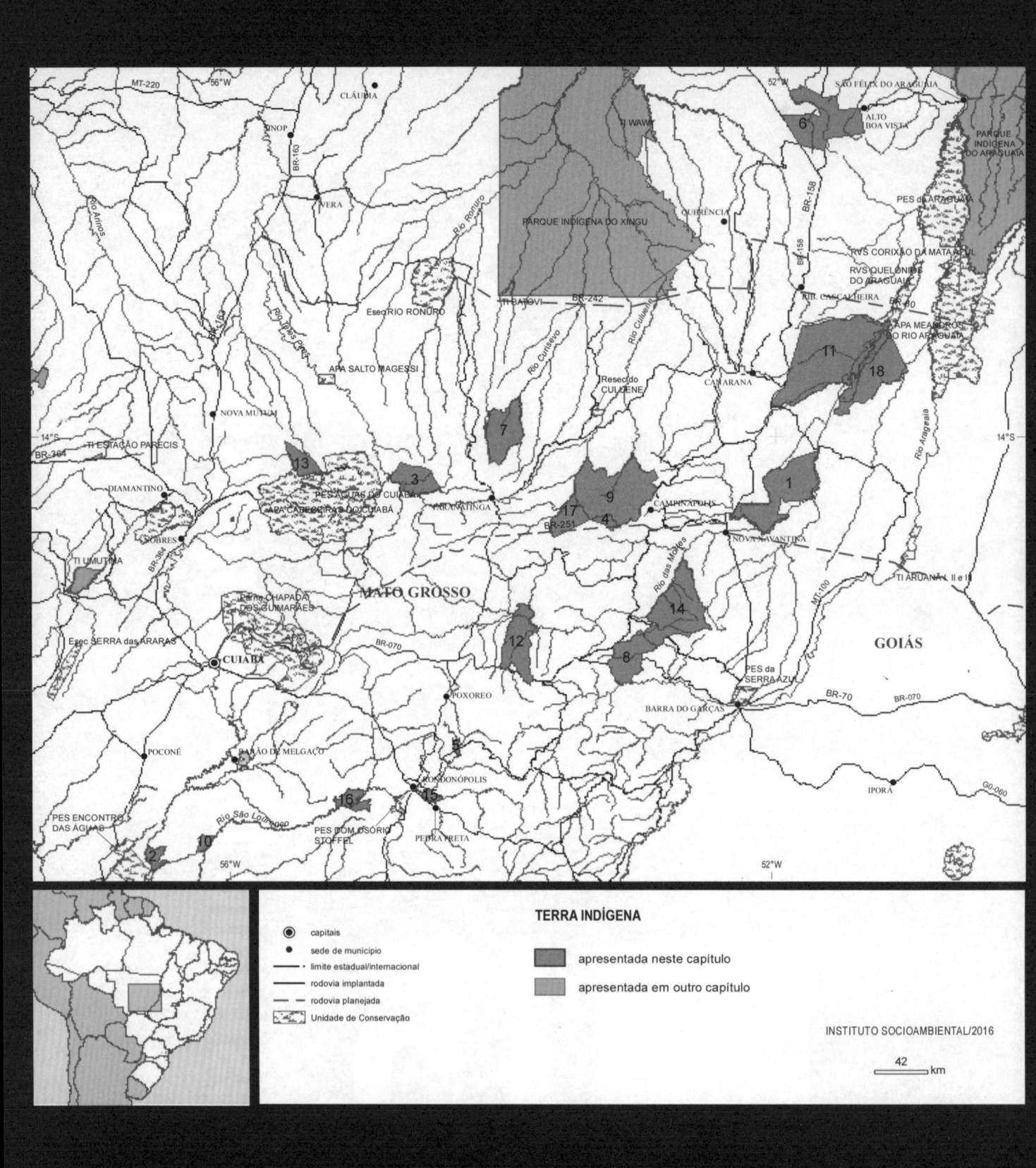

LESTE DO MATO GROSSO
Terras Indígenas
Instituto Socioambiental - 14/02/2017

Nº Mapa	Terra Indígena	Povo	População (nº, fonte, ano)	Situação Jurídica	Extensão (ha)	Município	UF
1	Areões	Xavante	1.342 - Funai/Barra do Garças : 2010	HOMOLOGADA. REG CRI E SPU. Decreto s/n de 03/10/1996 publicado em 04/10/1996. Reg. CRI no município e comarca de Água Boa (218.515 ha) Matr.3.562, Liv. 2/RG, Fl.001/V em 18/10/96. Reg SPU Certidão n. 71 em 30/01/97.	218.515	Nova Nazaré	MT
2	Baía dos Guató	Guató	202 - Siasi/Sesai : 2014	DECLARADA. Portaria 1.750 de 22/05/2009 publicado em 25/05/2009.	19.164	Barão de Melgaço Poconé	MT
3	Bakairi	Bakairi	734 - Siasi/Sesai : 2014	HOMOLOGADA. REG CRI E SPU. Decreto 293 de 29/10/1991 publicado em 30/10/1991. Reg. CRI do município de Paranatinga, comarca de Cuiabá (61.405 ha) Matr.29.146, Liv.2-CU, Fl 59V/60 em 08/04/87. Reg. SPU Certificado s/n em 18/05/87.	61.405	Paranatinga Planalto da Serra	MT
4	Chão Preto	Xavante	56 - Funai : 2002	HOMOLOGADA. REG CRI E SPU. Decreto s/n de 30/04/2001 publicado em 02/05/2001. Reg. CRI no município de Campinápolis, comarca de Nova Xavantina (12.740 ha) Matr.12.542 Lv 2 RG Fl.001 em 01/04/02. Reg. SPU Certidão n. 4 de 22/05/02.	12.740	Campinápolis	MT
5	Jarudore	Bororo		RESERVADA/SPI. REG CRI E SPU. Decreto 684 de 31/12/1945. Reg. CRI no município e comarca de Poxoréu (4.706 ha) Matr. 3.547, Liv. 3-C, Fl. 162V/3 em 20/08/58. Reg. SPU Certidão s.n. em 18/05/87.	4.706	Poxoréo	MT
6	Marãiwatsédé	Xavante	781 - Siasi/Sesai : 2013	HOMOLOGADA. REG CRI E SPU. Decreto s/n de 11/12/1998 publicado em 14/12/1998. Reg. CRI no município de Alto Boa Vista, comarca de São Félix do Araguaia (125.354 ha) Matr. 12.670 Lv 2-RG Fl 001v em 04/99. Reg. CRI no município e comarca de São Félix do Araguaia (39.866 ha) Matr. 12.669 Lv 2-RG Fl 001/v em 08/04/99. Reg. SPU Certidão n. 83 de 08/09/99.	165.241	Alto Boa Vista Bom Jesus do Araguaia São Félix do Araguaia	MT
7	Marechal Rondon	Xavante	551 - Funai/Barra do Garças : 2010	HOMOLOGADA. REG CRI E SPU. Decreto s/n de 03/10/1996 publicado em 04/10/1996. Reg. CRI no município de Paranatinga, comarca Chapada dos Guimarães (98.500 ha) , Matr. 3.810 Liv. 2-Z, Fl. 193 em 16/12/96. Reg. SPU n.72 em 30/01/97.	98.500	Paranatinga	MT
8	Merure	Bororo	657 - IBGE : 2010	HOMOLOGADA. REG CRI E SPU. Decreto 94014 de 11/02/1987 publicado em 12/02/1987. Reg. CRI no município e comarca de Barra do Garças (38.561 ha) , Matr. 42.359 Liv Fl 42.359 em 28/03/96. Reg. CRI no município de General Carneiro,comarca de Barra do Garças (43.750 ha) Matr. 42.358 em 28/03/96. Reg. SPU Certif. s/n de 06/11/87.	82.301	Barra do Garças General Carneiro	MT
9	Parabubure	Xavante	3.819 - Funai/Barra do Garças : 2010	HOMOLOGADA. REG CRI E SPU. Decreto 306 de 29/10/1991 publicado em 30/10/1991. Reg. CRI no município e comarca de Nova Xavantina (224.447 ha) Matr. 4791, Liv. 2, Fl.OLV/02 em 11/07/88. Reg. SPU Cert. s/n de 26/08/87.	224.447	Campinápolis Nova Xavantina	MT
10	Perigara	Bororo	104 - IBGE : 2010	HOMOLOGADA. REG CRI E SPU. Decreto 385 de 24/12/1991 publicado em 26/12/1991. Reg. CRI no município de Barão de Melgaço, comarca de Cuiabá (10.740 ha) Matr. 46.357, Liv. 2-RG, Fl. 1 em 17/02/92. Reg. SPU Cert.16 de 02/02/94.	10.740	Barão de Melgaço	MT
11	Pimentel Barbosa	Xavante	1.759 - Funai/Barra do Garças : 2010	HOMOLOGADA. REG CRI E SPU. Decreto 93.147 de 20/08/1986 publicado em 21/08/1986. Reg. CRI no município de Ribeirão Cascalheira comarca de Canarana (163.593 ha) Matr. 4.134, Liv 2-RG Fl. 01 em 05/05/94. Reg. CRI no município e comarca de Canarana,(165.373 ha) Matr. 4.135, Liv. 2-RG Fl.01 em 05/05/94. Reg. SPU Certificado n. 35 de 17/06/94.	328.966	Água Boa Canarana Nova Nazaré Ribeirão Cascalheira	MT
12	Sangradouro/Volta Grande	Bororo Xavante	882 - IBGE : 2010	HOMOLOGADA. REG CRI E SPU. Decreto 249 de 29/10/1991 publicado em 30/10/1991. Reg. CRI no município de General Carneiro (37.990 ha), Matr. 40.152 em 31/08/93. Reg. CRI no município de Poxoréu (50.650 ha), Liv. 2AG/RG. Fl. 93 em 21/09/93. Reg. CRI no município de Novo São Joaquim/Barra do Garças (11.640 ha), Matr. 40.151 em 05/01/88. Reg. SPU Cert. n. 024 de 19/09/96.	100.280	General Carneiro Novo São Joaquim Poxoréo	MT
13	Santana	Bakairi	206 - Siasi/Sesai : 2014	HOMOLOGADA. REG CRI E SPU. Decreto 98.143 de 14/09/1989 publicado em 15/09/1989. Reg. CRI no município de Nobres, comarca de Rosário do Oeste (35.4y70 ha) Matr. 11.421 Liv. 2/RG, Fl. 1V/2 em 08/04/91. Reg. SPU Cert. n. 006 de 26/6/91.	35.471	Nobres	MT
14	São Marcos (Xavante)	Xavante	2.848 - Funai/Barra do Garças : 2010	RESERVADA. REG CRI E SPU. Decreto 76.215 de 05/09/1975 publicado em 08/09/1975. Reg. CRI Matr. 34.112 Liv. 2-RG em 27/04/89. Reg. SPU Certificado n. 31 de 10/06/94.	188.478	Barra do Garças	MT
15	Tadarimana	Bororo	604 - Siasi/Sesai : 2014	HOMOLOGADA. REG CRI E SPU. Decreto 300 de 29/10/1991 publicado em 30/10/1991. Reg. CRI no município e comarca de Rondonópolis,(9.785 ha) Matr. 41.509, Liv. 2- RG em 06/12/91. Reg. SPU Cert. s/n de 18/05/87.	9.785	Pedra Preta Rondonópolis	MT
16	Teresa Cristina	Bororo	506 - Siasi/Sesai : 2013	DECLARADA. EM REVISÃO. Portaria 1.134 de 29/09/2005 publicado em 30/09/2005.	34.149	Santo Antônio do Leverger	MT
17	Ubawawe	Xavante	395 - Siasi/Sesai : 2013	HOMOLOGADA. REG CRI E SPU. Decreto s/n de 30/08/2000 publicado em 31/08/2000. Reg. CRI no município de Novo São Joaquim, comarca de Barra do Garças (52.234 ha) Matr. 46.114 Lv. 2-RG Fl. 46.114 em 21/09/00. Reg. SPU Certidão n. 1 de 08/03/01.	52.234	Santo Antônio do Leste	MT
18	Wedezé	Xavante	100 - GT/Funai : 2011	IDENTIFICADA/APROVADA/FUNAI. SUJEITA A CONTESTAC. Despacho 676 de 23/12/2011 publicado em 26/12/2011.	145.881	Cocalinho	MT

XAVANTE

Mais um Ciclo de Vida, Morte e Luta

Guilherme Falleiros | Antropólogo, CEstA/USP

ELETRICIDADE, CELULARES, *WI-FI* NAS ESCOLAS, BOLSA FAMÍLIA, NOVOS ALIMENTOS, DIABETES, DEMARCAÇÕES AMEAÇADAS, CONFLITOS ARMADOS: SÃO MUITAS AS NOVIDADES NAS ALDEIAS XAVANTE. MAS MESMO SEM TER PARA ONDE CORRER, E COM CORPOS ENFRAQUECIDOS, OS XAVANTE TÊM MANTIDO SUA ORGANIZAÇÃO PARA CONFRONTAR AS IMPOSIÇÕES DOS BRANCOS

Trabalhei com o povo Xavante das TIs Sangradouro e Pimentel Barbosa, no Mato Grosso, numa pesquisa etnográfica cuja primeira viagem a campo foi em 2008 e a última em 2011, mas voltei em 2012 para visitá-los, mostrar meu trabalho acadêmico pronto e passar umas "férias". Esperava, como de costume, ficar bastante tempo ao ar livre em atividades divertidas, laboriosas e cerimoniais junto aos homens do meu "grupo", como dizem os Xavante em seu português peculiar. A constituição das pessoas masculinas xavantes tem como um de seus processos a participação nesses "grupos", que a Antropologia chama de "classes de idade". As classes são divididas em duas metades que competem entre si, numa luta de classes lúdica.

Mas meus planos foram frustrados: já no primeiro dia, apressado para mostrar que tinha aprendido a ser gente, resolvi cavocar a terra atrás de uma raiz medicinal e me expus demais ao clima do cerrado, já um tanto alterado pela nova era do Antropoceno. Daí, durante a noite, fui acometido de uma ardência inédita

O ancião Paulão e sua roça, Terra Indígena Marãiwatsédé.

TI MARÃIWATSÉDÉ E POPULAÇÃO XAVANTE SOFREM COM IMPACTO DE AGROTÓXICOS

Em dezembro de 2012, a equipe de pesquisadores do Núcleo de Estudos Ambientais e Saúde do Trabalhador (NEAST), localizado no Instituto de Saúde Coletiva (ISC) da Universidade Federal de Mato Grosso (UFMT do campus de Cuiabá), recebeu do fotógrafo belga André Ginoux um conjunto de fotos mostrando um sobrevoo de avião pulverizando agrotóxicos em uma Terra Indígena (TI) Xavante no estado de Mato Grosso. A foto mostra a pulverização exatamente em cima das casas da aldeia. Segundo Ginoux, a aldeia sobre a qual o avião pulverizava "veneno" estava mergulhada dentro das plantações de soja das fazendas do agronegócio que estão nos limites da TI.

Enquanto a equipe se mobilizava para encaminhar a denúncia para as autoridades competentes, em 28 de março de 2013 o NEAST/UFMT recebeu, por intermédio de seus pesquisadores, uma solicitação do diretor do Departamento de Vigilância em Saúde Ambiental e Saúde do Trabalhador do Ministério da Saúde (MS) e do coordenador de Planejamento em Gestão Ambiental da Funai para participar de cooperação técnica na investigação dos óbitos de quatro crianças indígenas xavantes (menores 5 anos) da TI Marãiwatsédé. Os óbitos ocorreram por suspeita de intoxicação por agrotóxicos entre dezembro de 2012 e março de 2013 após denuncia.

Após esta solicitação encaminhada ao NEAST/UFMT, a reitora da UFMT determinou por meio de Portaria uma equipe de pesquisadores da área de biologia, agronomia, química e antropologia coordenados pelo NEAST. Esta equipe em conjunto com os parceiros do Conselho Indigenista Missionário (Cimi), da Comissão Pastoral da Terra (CPT), do Fórum Mato-Grossense de Meio Ambiente e Desenvolvimento (Formad), da Operação Amazônia Nativa (Opan), da Secretaria Estadual de Saúde de Mato Grosso (SES-MT) e do Distrito Sanitário Especial Indígena Xavante (Dsei Xavante), elaborou um pré-projeto de avaliação sociossanitária-ambiental para TI Marãiwatsédé. O projeto, aprovado pelos Xavante, foi aceito em 2013 pelo Ministério da Saúde, com promessa de financiamento pela Organização Pan-Americana da Saúde, e ainda está em curso, mas já tem alguns resultados diagnósticos.

HISTÓRICO DE DEVASTAÇÃO (E CONTAMINAÇÃO)

Em 2012, dos 165.000 hectares de Marãiwatsédé haviam sido desmatados cerca de 80% de suas matas, que foram griladas desde os anos 1950. Em 1966, os Xavante em Marãiwatsédé foram retirados da área por aviões da Força Aérea Brasileira (FAB) e, levados a 400 km ao sul para TI São Marcos – onde já viviam Xavante de outras regiões do leste de Mato Grosso. Enquanto os indígenas eram exilados de suas terras, Marãiwatsédé era comercializada e desmatada para o plantio de pastagens para bovinos até os anos 2000, quando chegariam o plantio de soja, milho e arroz. Segundo dados da Associação de Educação e Assistência Social Nossa Senhora da Assunção-Operação Amazônia Nativa, em dezembro de 2012 estavam plantados na TI cerca de 60 mil hectares de soja, 20 mil de milho e 40 mil de pastagens.

Em 1998, a TI Marãiwatsédé foi homologada, mas só em 2004 os Xavante conseguiram retornar ao território original, por força de uma sentença proferida pela ministra relatora, Ellen Gracie, do Supremo Tribunal Federal (STF). Ao retornarem à TI, em agosto de 2004, eles se depararam com uma situação ambiental catastrófica: dos 66% da vegetação primária existentes em 1992, apenas 13% estavam em pé. Em 17 anos, 103.628 hectares de mata e cerrado foram derrubados enquanto o processo judicial se arrastava nos tribunais federais. Em 2010, uma decisão unânime 5ª Turma do Tribunal Regional Federal da 1ª Região reconheceu o direito dos Xavante à TI Marãiwatsédé, determinando então a retirada dos ocupantes não indígenas da terra. Em dezembro de 2012, o Exército Brasileiro, apoiado em decreto presidencial, ocupou a área para cooperar no processo de desintrusão dos fazendeiros/ocupantes não indígenas da TI e em 4 de abril de 2013 o Governo Federal oficialmente devolveu a área aos indígenas – mas sem proceder a qualquer avaliação sanitária ou ambiental.

Assim, os Xavante em Marãiwatsédé, um total de 980 indígenas, incluindo 330 crianças menores de 5 anos, se viram expostos aos impactos da cadeia produtiva do agronegócio principalmente para a saúde como resíduos de agrotóxicos e montes de fertilizantes que estavam espalhados pelo território. Um dos estudos conduzidos no âmbito do projeto verificou a contaminação hídrica por agrotóxicos na TI e revela outros impactos negativos do agronegócio na saúde da comunidade xavante.

RESULTADOS

Através da quantificação da produção agrícola e uso de agrotóxicos entre 2003 e 2012, antes da desintrusão da TI, o estudo verificou um

---

nos braços, que amanheceram cobertos de bolhas enormes. Mostrei-as para meus parentes adotivos, pois é costume entre os Xavante adotarem estrangeiros que lhes visitam – que moram um pouco com sua gente e lhes trazem muitos presentes. Mas ninguém sabia ao certo o que era aquilo, nem mesmo o mais velho herbalista da aldeia – meu pai adotivo.

Perguntei-me se seria um castigo do povo invisível que cuida dessas raízes medicinais, mostrando que meu corpo de branco não era assim tão parente daquela gente quanto eu pensava ser.

Ou o efeito de algum agrotóxico novo despejado sobre a região, já que as terras xavantes são como oásis de Cerrado cercados de latifúndios transgênicos por todos os lados. De todo modo, o médico da cidade de Primavera do Leste (MT) também não soube me dizer o motivo daquela queimação.

Por conta disso, minha rotina idealizada teve de ser alterada e passei bastante tempo dentro de casa, hospedado pela família de um irmão mais velho adotivo. Meus trabalhos de férias passaram a ser cozinhar para a família (o que pareceu agradar-

aumento anual no consumo de agrotóxicos, sendo o glifosato, o metamidofós e o 2,4-D, os mais utilizados. Dos sete pontos amostrados das análises químicas para detecção da presença de agrotóxicos na água superficial e sedimento de rio, foi detectado resíduo do agrotóxico permetrina (na concentração de 0.19 μ/l) em um ponto, que é uma lagoa onde se encontra uma nova aldeia localizada no centro da TI. A concentração é menor do que os valores máximos permitidos para o agrotóxico na legislação de potabilidade da água (Portaria MS nº 2.914/2011). No entanto, são preocupantes as implicações da presença dessa substância e outras dentro da TI, já que durante a pesquisa encontramos montes de fertilizantes e embalagens de agrotóxicos espalhados pela TI. Onde os ecossistemas aquáticos e animais como as abelhas são extremamente vulneráveis a essas substâncias e estudos com animais apontam irritações oculares e dermatológicas, além de danos no fígado, nervos e sistema imunológico para o princípio ativo encontrado na analise. Não faltam relatos dos Xavante de adoecimento após consumo de água desse local. Cabe ressaltar que foram investigados apenas 12 tipos de agrotóxicos nas análises de água (o glifosato e 2,4-D não estavam inclusos), por conta da capacidade analítica do laboratório.

Outros levantamentos também foram concluídos pelo projeto por meio de dissertações de mestrado como, a verificação da hipótese de contaminação em peixes por agrotóxicos; análise da vulnerabilidade programática da atenção à saúde da criança Xavante, no polo base Marãiwatsédé e análise do estado nutricional das crianças Xavante menores de cinco anos no contexto de conflitos socioambientais.

Outros trabalhos ainda serão concluídos com os objetivos de compreender os sentidos atribuídos pelos indígenas às mortes das crianças por meio de análise do contexto familiar, social, político e de saúde em que ocorreram as mortes e entender os desfechos sociossanitários e ambientais associados a processos geradores de conflitos e de injustiça ambiental. Após essa etapa diagnóstica, o projeto tem previsão de propor planos de ação e monitoramento para mitigação dos agravos humanos e danos ambientais e de recuperação das matas ciliares dos córregos na TI. (Franccco Antonio Lima, NEAST/UFMT, outubro de 2016)

-lhes), aprofundar meus estudos da língua xavante – chamada de *a'uwẽ mreme* ("fala de gente") e... ver televisão. Pois uma das mudanças mais marcantes nessa época em grande parte das aldeias xavantes foi a chegada do Luz Para Todos entre 2011 e 2012 que, junto com o Bolsa Família e outros programas do tipo, trouxe para seu povo a rotina dos eletrodomésticos, do maior acesso a alimentos industrializados e até mesmo à internet através de celulares, com aparelhos de *wi-fi* instalados em algumas escolas indígenas.

Passei um período sem visitar-lhes desde então, tendo retornado apenas recentemente, mas essa novidade eletroeletrônica garantiu que mantivéssemos contato *on-line*, principalmente com os mais jovens através do Facebook. Pelo bate-papo "inbox" da rede social nós trocávamos saudações, "bom dia" (*rowa'awẽ*), "bom meio dia" (*abdzumawẽ*), "boa tarde" (*hoiwahöwẽ*) e "boa noite" (*marawẽ*), pedidos e convites de visitas, notícias de viagens, de saúde e também de luto – já que o povo Xavante faz questão de informar, mesmo a caras-pálidas adotivos como eu, sobre mortes em suas grandes famílias.

Nesses papos sempre nos referimos entre si pelos termos de parentesco e relação adequados, como "pai-tio" (*damama*), "filho-sobrinho" (*dará*, ou *aibö* para quem já passou pela adolescência), colega de "grupo" (*datsi'utsu*) etc, ou fazemos chacotas e provocações infindáveis entre membros dos "grupos" adversários, dizendo que não sabem correr, que tem pé comprido, cabeça inchada, que são pescoçudos, fracotes, preguiçosos ou mulherengos.

Mas o desenvolvimentismo destas épocas não lhes trouxe apenas mil maravilhas da comunicação. Os problemas de comunicação também aumentaram, em certo sentido: com TVs dentro das casas e internet nos celulares, poucas pessoas têm ânimo para ir ao pátio da aldeia à noite para as assembleias diuturnas que, em algumas aldeias, especialmente as menores, começam a rarear. Em algumas escolas indígenas, o corpo docente e de funcionários, todo ele formado por pessoas xavante, tem tentado tomar algumas medidas para coibir isso, como desligar o *wi-fi* à noite, gerando até certa rebelião da juventude antenada. Essas "novidades" têm gerado até cisões: motivos alegados por indígenas que abandonaram uma aldeia na TI Pimentel Barbosa neste período para criar uma nova aldeia incluem os excessos da energia elétrica, tanto seu custo em dinheiro quanto seus danos – muito barulho, por exemplo –, de modo que partiram para um local sem os fios da eletricidade.

Todavia, o efeito mais mortal deste desenvolvimento recaiu menos sobre as falas do que sobre os corpos. Os Xavantes são muitas vezes louvados pela mídia como povo resistente e bem "conservado", mantendo sua língua nativa e sua cultura tradicional. Mas sabem bem que sua cultura não é apenas "simbólica", ela está na própria natureza de suas vidas. Pois o resultado do confinamento territorial xavante em Terras Indígenas descontínuas, picotadas pela quantidade hegemônica de fazendas de monocultura de grãos e gado, foi afetar drasticamente seu modo de vida seminômade de caça e coleta. O Cerrado reduzido já não pode oferecer tudo o que lhes dava antes; os animais rareiam, as raízes coletadas também; as águas estão poluídas e suas roças, muito mais voltadas para a vida festiva e cerimonial, não suprem o que é necessário para o seu dia a dia. O alimento, que conseguem com o pouco dinheiro que têm e as cestas básicas que recebem do governo, acaba sendo rico em açúcares (como arroz, macarrão, biscoitos, refrigerantes e até mesmo açúcar refinado) e baixo em outros nutrientes. O resultado é uma epidemia de *diabetes mellitus* que toma quase 50% da população e, para piorar, uma das mais altas taxas de mortalidade infantil do país, principalmente por desnutrição e diarreia – empatando, nesses tristes óbitos, com os Yanomami do norte amazônico.

Isso faz pensar se o projeto de desenvolvimento não tem contribuído com o etnocídio genocida deste povo, que resiste bravamente com sua cultura, mas que não tem mais para onde correr, como fazia nos séculos passados. E apesar de que tenham conseguido retomar a TI Marãiwatsédé – de onde vieram alguns antepassados e mesmo vários moradores de aldeias das terras de Sangradouro e Pimentel Barbosa, expulsos de lá pelos posseiros e removidos pelo Exército na década de 1950 –, e que a Funai tenha autorizado estudos para a retomada da terra de Wedezé, à margem direita do Rio das Mortes, ambas as terras foram bastante desmatadas ao longo das últimas décadas.

Alguns argumentos críticos dos brancos ainda afirmam que a morte de suas crianças se dá devido a seu "atraso", por não quererem adotar um modelo agrícola mais produtivo, como se o agronegócio que os cerca fosse sinônimo de evolução cultural. Ou, pior: alguns brancos culpam seu sistema de casamento, que permite que homens e mulheres tenham mais de um parceiro ou parceira e que, por motivos de ciúme, as crianças sejam abandonadas. O que me parece um erro de interpretação e observação, já que as extensas famílias xavantes e a existência de várias "mães" e "pais" fazem com que mais pessoas cuidem umas das outras.

Mas essas doenças e mortes aconteceriam exatamente por causa da suposta "evolução" agricultural, se formos levar em conta a opinião dos próprios Xavante sobre isso. Bernardina 'Rẽnherẽ, pós-graduada em Educação Escolar Indígena, que fez sua pesquisa sobre a crise alimentar xavante, recuperando saberes antigos sobre alimentos do Cerrado, afirma que antigamente seu povo era mais forte e que está ficando fraco graças à comida dos *waradzu* ("brancos", "não índios") – o que demanda um lento processo de reeducação alimentar para melhorar.

Acredito que essa mudança foi bastante repentina, considerando que viviam de um modo que levou séculos para se adaptar ao Cerrado, bioma que era pleno naquela região antes da chegada da colonização capitalista. Pois mudanças repentinas de perspectiva parecem afetar gravemente a saúde dos corpos. Todavia, neste campo tiveram um reforço tradicional nos últimos dois anos: o retorno da grande festa do *Darini*, que ocorre a cada dez ou 12 anos, responsável pela passagem de fase do xamanismo coletivo xavante, fortalecendo seu poder de cura. Essas festas foram acontecendo de Terra Indígena em Terra Indígena, das oito terras xavantes. Não foi simultaneamente, mas numa espécie de reação em cadeia, marcando tanto sua identidade como "Gente" *A'uwẽ* – afinal, todos a praticam – quanto sua autonomia e fragmentação em terras e aldeias diferentes – já que cada aldeia faz quando acha que é o momento certo. O que parece ter vindo em boa hora.

Enfim, mesmo com corpos enfraquecidos, continuam a ter uma ótima organização para a luta, com suas famílias, seus "grupos", aldeias e alianças entre pessoas de várias aldeias, reunindo-se para confrontar as imposições dos brancos através de passeatas, protestos e bloqueios nas estradas. Estes bloqueios marcaram os últimos cinco anos, não só por conta das falhas de assistência à saúde por parte dos governos locais e da União, mas também devido a projetos do Governo Federal para a ampliação e construção de estradas e ferrovias passando pelo leste mato-grossense. Segundo indígenas, essas rodovias trazem atropelamentos, doenças para a caça e para os humanos.

E a luta continua na recuperação do território tradicional de Marãiwatsédé, marcada, neste período, por embates físicos e jurídicos envolvendo conflitos entre Governo Federal, Funai, governo estadual, Ministério Público, Tribunal Regional Federal, grandes fazendeiros, colonos e, obviamente, indígenas. Apesar da desintrusão ter sido declarada concluída no início de 2013, a presença de posseiros na região, conflitos armados e incêndios criminosos não cessaram.

Neste processo, projetos agroflorestais e de sociobiodiversidade, apoiados por organizações da sociedade civil, têm ajudado os Xavante em Marãiwatsédé a recuperar sementes e frutas nativas que fizeram parte de sua alimentação nos últimos séculos. Afinal, a recuperação da vitalidade do povo Xavante tem a ver com a qualidade de sua relação com o território, cuja avaliação de sucesso só pode ser feita por sua própria gente. *(setembro, 2016)*

BORORO

Conflitos na Terra Indígena Meruri

André Drago | Antropólogo, CEstA/USP

O ESTABELECIMENTO, NOS ÚLTIMOS ANOS, DE ALDEIAS XAVANTE NO LIMITE NORTE DA TERRA INDÍGENA MERURI, RECONHECIDA AOS BORORO, ACIRROU RIVALIDADES CUJAS ORIGENS DEVEM-SE BUSCAR NÃO NA INIMIZADE SUPOSTAMENTE TRADICIONAL ENTRE OS DOIS GRUPOS, MAS NA INABILIDADE DOS MISSIONÁRIOS SALESIANOS E DOS ÓRGÃOS INDIGENISTAS OFICIAIS EM MEDIAR AS RELAÇÕES ENTRE ELES

Estimada em cerca de 524 pessoas, distribuídas em cinco aldeias (Meruri, Garças, Koge Ekureu, Tori Kujagu e Nabure Eiao), a população bororo da TI Meruri queixa-se, há anos, de invasões a seu território cometidas por seus vizinhos Xavante da TI São Marcos. Segundo fontes diversas, os Xavante adentram o norte da terra bororo em suas caçadas, empregando, inclusive, o fogo em tais atividades.

Mestre Mário, salesiano que vive há décadas entre os Boe, como se autodenominam os Bororo, conta que a região que se estende do Morro da Providência à cabeceira do Boqueirão, área de quase treze mil hectares também ao norte da TI Meruri e interna a ela, após conflitos, foi gradualmente ocupada pelos Xavante sob a justificativa de que, sendo estes mais numerosos, teriam maior necessidade de terras. Mais recentemente, uma conhecida liderança xavante fundou uma nova comunidade, chamada Guadalupe, exatamente na linha divisória entre São Marcos e Meruri. Considerada provocativa pelos Boe, a ação deu lugar a protestos junto à Funai que, até o momento, em nada resultaram. Para algumas lideranças boe, tal retardo no atendimento à querela evidencia o tratamento privilegiado que os órgãos públicos dispensariam aos Xavante, considerados por muitos matogrossenses, e até por ditos "estudiosos", como um grupo indígena mais "tradicional", "mais forte e com mais recursos para a sobrevivência" do que os Boe.

É fato que, em 2006, a pedido de uma facção xavante, a Funai estabeleceu um Núcleo Local de Assistência em General Carneiro – hoje desativado – visando, justamente, o "fortalecimento das aldeias que compõem o Vale do Penório", onde se localiza a polêmica aldeia Guadalupe e outras pequenas comunidades xavante. Ademais, a última reaviventação dos limites da TI Meruri empreendida pela Funai foi sustada pelos Xavante.

O prospecto da realização de grandes obras nas sub-bacias do Rio das Mortes e do Garças, como a construção da barragem de Toricoejo, tem contribuído para exacerbar as tensões: os Boe temem que impactos socioambientais negativos causados aos Xavante de São Marcos conduzam ao recrudescimento dos conflitos e a novas invasões. Tal apreensão foi comunicada por "várias lideranças e figuras importantes de Meruri" aos autores dos "Estudos Etnoecológicos dos Impactos Socioambientais do AHE Toricoejo e Sistema de Transmissão de Uso Exclusivo" (CTI/Funai, 2011). De acordo com uma notícia veiculada pelo portal matogrossense *Olhar Direto* em setembro de 2013, os Boe de Meruri, sentindo-se negligenciados, fizeram de refém um motorista de ônibus que prestava serviço dentro da TI, exigindo, para sua liberação, um posicionamento mais firme das autoridades e da Funai com relação aos avanços xavante. No ano seguinte, a Procuradoria da República em Barra do Garças (MT) instaurou inquérito civil, ainda inconcluso, para apurar e investigar a questão.

A história dos conflitos entre os Boe e os Xavante é, por certo, longa e se vincula ao que poderíamos até chamar de uma "inimizade tradicional"; não obstante, imputo as presentes disputas territoriais à inabilidade dos órgãos indigenistas oficiais (SPI e Funai) e a desastradas iniciativas missionárias salesianas.

Segundo os salesianos, bem como outras fontes históricas, grupos provenientes de Goiás identificados por não índios como "Xavante", deslocados pelas "vanguardas de nossa civilização", começam a afluir ao leste matogrossense apenas por volta da metade do século XIX. Com sua população já muito reduzida por conflitos e doenças, esses grupos ocupam, a princípio, uma estreita faixa de terra entre o Araguaia e o Rio das Mortes. Na década de 1890, novamente repelidos por colonos, radicam-se mais ao sul e sudoeste de Mato Grosso, à margem esquerda do Rio das Mortes, nas proximidades da Serra do Roncador. Mormente extrínseca à demarcação das terras indígenas boe, a região, tradicionalmente ocupada pelos por eles, fora, anos antes, esvaziada de seus primitivos habitantes e assim tornada "disponível" graças à "política de redução" e "pacificação" (isto é, desarmamento) levada a cabo pelas missões salesianas que se estabeleceram na sub-bacia do Rio das Garças junto aos Boe. Após a chegada dos Xavante, seguem-se numerosas e violentas escaramuças com os Boe ao longo das primeiras décadas do século XX.

Por volta de meados desse mesmo século, expulsos por fazendeiros da área conhecida como Parabubure, famintos e padecendo de sarampo e gripe, grupos xavante buscam proteção e tratamento junto aos salesianos da missão boe de Meruri (Sagrado Coração). Para os missionários, a aproximação era muito bem-vinda: desde o início do século XX eles se empenhavam – e fracassavam – em "levar o Evangelho" àqueles "selvagens orgulhosos, indômitos e ferozes", com vistas a pacificá-los e também "os ingratos e traiçoeiros lugares do Rio das Mortes", tão necessários ao "desenvolvimento regional".

Ademais, tendo, a partir de uma miríade de reveses, decretado melancolicamente a falência do projeto de catequese entre os Boe ainda na década de 1920, há muito os salesianos contemplavam a possibilidade de transferir a "boa luta" para novas frentes, talvez mais ao norte, "mais longe da ocupação brasileira", junto a indígenas em condições mais prístinas. Eis, então, que lhes ocorre instalar os Xavante tête-à-tête com os Boe em Meruri. Persuadidos pelos missionários, os Boe assentem; porém, muito cedo recomeçam os conflitos e, quando os controversos hóspedes ameaçam matar a liderança boe Frederico Coqueiro, os padres decidem transferi-los para a Colônia de Sangradouro e para o sítio da futura TI São Marcos.

Recuperados graças à assistência salesiana e, agora, muito numerosos, os Xavante, mais "autênticos" aos olhos dos regionais, reorientam a política indigenista oficial a seu favor e, portanto, em detrimento dos Boe, tidos como "beberrões", "mansos", "preguiçosos", "aculturados". Em 1972, quatro anos antes da demarcação da TI Meruri, decretou-se a criação das reservas xavante de São Marcos, Areões, Pimentel Barbosa, Couto Magalhães; Sangradouro, antiga Colônia São José da missão salesiana entre os Boe e, então, ainda residência de dezenas destes, foi inadvertidamente declarada também uma reserva de "posse exclusiva xavante" – eis um precedente inquietante que os Boe têm em mente e que evocam no contexto das atuais questões fundiárias.

No princípio do século passado, Sangradouro, então uma fazenda nas proximidades de uma estação telegráfica, foi adquirida pelos missionários mediante compra financiada pelo Governo Federal para servir de "depósito permanente e reprodutivo de rezes e animais muares, e cavalares, indispensáveis para o abastecimento, custeio e serviço" das colônias junto aos Boe e sob a promessa, que consta em registros salesianos, de ser posteriormente entregue, em lotes, "como propriedade definitiva" aos "capitães ou chefes de família" boe "que houvessem residido longamente nas colônias". Fundada em 1905, a Colônia de São José (Sangradouro) abrigava, em 1931, 185 Boe e, em 1960, após a transferência dos Xavante promovida pelos missionários, cerca de uma dúzia de famílias boe; depois de 1972, quando a terra foi declarada como posse exclusiva xavante, a população boe de Sangradouro declinou paulatinamente: nos anos de 1990, reduzia-se a meros 25 indivíduos ocupando um pequeno lote à parte.

Interlocutores boe, ex-residentes de Sangradouro, informaram-me que, em 2015, desentendimentos com os Xavante resultaram na expulsão dos últimos Boe que viviam naquelas terras – acontecimento, portanto, simultâneo ao acirramento das disputas territoriais em Meruri.

Percebe-se, assim, que os presentes conflitos fundiários entre os Xavante de São Marcos e os Boe da TI Meruri ressoam velhas querelas do complexo histórico da relação entre os dois grupos indígenas, o SPI/Funai e os salesianos – bem como outras, atuais, que, também vinculadas a essa história, desenrolam-se noutras Terras Indígenas (ou seja, na TI Sangradouro).

Tentei demonstrar que o anseio dos Boe, sua apreensão ante a possibilidade de um mau desfecho para a questão com os Xavante e sua impaciência ante a letargia de órgãos e poderes públicos são justificados, e que se deve urgente e ostensiva atenção e cuidados ao problema que, ao fim e ao cabo, é um dos muitos corajosamente enfrentados pelos Boe: a TI Jarudori, há muito demarcada e homologada, foi a tal ponto invadida por regionais que, hoje, encontra-se ocupada por uma pequena cidade e quase inteiramente privada de habitantes indígenas; também as TIs Teresa Cristina e Tadarimana sofrem, há décadas, com invasões e outras formas de apropriação indevida. *(setembro, 2016)*

ACONTECEU

Grafismo Xavante
Fonte: Desenho de Öwa'ũ Ruri'ö

BAKAIRI

PROJETO DE GESTÃO PARA LIDERANÇAS FEMININAS

Logo depois da Festa do Milho, no dia 15 de janeiro, na Aldeia Kuyakware em Paranatinga, será lançado o Projeto 'Enren Enamado', sob execução do Instituto Yukamaniru de Apoio às Mulheres Indígenas Bakairi. O nome do projeto vem do Bakairi e significa 'Buriti' e Criação'. Objetiva um novo olhar sobre a exploração e o uso sustentável dos buritis existentes na TI Bakairi. Está prevista a criação de um viveiro de plantas e um banco de sementes tradicionais, a promoção da recuperação dos buritizais das áreas degradadas, a capacitação de mulheres nas áreas de gestão e, finalmente, servir como base promotora de um encontro de mulheres Bakairi. *(L. Menoli, Índios Online, 13/01/2012)*

PLANEJAMENTO DE GESTÃO AMBIENTAL DOS BAKAIRI

O povo Bakairi deu início a uma iniciativa de planejamento ambiental e territorial de suas terras em um encontro realizado no último mês de outubro. O projeto tem a colaboração da Coordenação Regional da Funai (Cuiabá) e do Projeto GATI (Gestão Ambiental e Territorial Indígenas), apoiado pelo PNUD. O evento discutiu a elaboração e o financiamento dos Planos de Gestão Territorial e Ambiental (PGTA) das TIs Bakari e Santana. Foi realizado um mutirão de coleta de lixo. O uso extensivo de agrotóxicos nos entornos do território indígena causam preocupação. Para minimizar as consequências do problema - como a poluição da água e a diminuição dos peixes do rio -, serão formados agentes indígenas ambientais. Sua função será monitorar as divisas do território e denunciar atos ilícitos, como incêndios, pesca e caça predatórias e invasões. *(Nações Unidas, 01/12/2014)*

BORORO

POVO BORORO RETOMA TI TEREZA CRISTINA

Cansados de esperar, os Bororo da TI Tereza Cristina iniciaram a retomada de mais de 34 mil hectares de seu território. Nesta sexta-feira (21) um grupo ocupou a fazenda rio Vermelho, encravada na porção não homologada do território demarcado pelo Marechal Cândido Rondon em 1897 com 65.923 hectares. Após um estudo efetivado pela Funai em 2003, nada mais foi feito. A região vem sendo utilizada de maneira sazonal para a criação de gado. Desde a demarcação executada em 1897, o território foi seguidamente loteado pelo governo estadual, apesar das denúncias feitas pelos membros do então Serviço de Proteção ao Índio (SPI) e, posteriormente, por funcionários da Funai. *(Cimi, 21/10/2011)*

DEFENSOR CRIA ASSOCIAÇÃO NA TI JARUDÓRE

Após convite do Cimi, o Defensor Público responsável pela Coordenadoria de Direitos Humanos da Defensoria, Roberto T. V. Curvo, foi à TI Jarudóri, em Poxoréu, e criou a Associação Kiedu Kuri. Cerca de 60 indígenas residem no local. Dentre os objetivos da associação estão a defesa dos direitos coletivos ao território e ao patrimônio cultural. Além disso, a mesma deve trabalhar em prol de uma educação escolar diferenciada, assim como promover Ação Civil Pública e outras iniciativas judiciais e extrajudiciais, com a finalidade de defender os direitos e interesses do seu povo. *(Defensoria Pública/MT, 01/12/2014)*

BORORO SABE CHORAR SEUS MORTOS

A TI Meruri ocupa 82 mil hectares no município de General Carneiro (MT). Nesta área homologada em 1987 vivem pouco mais de 400 índios, distribuídos entre as aldeias Meruri e Garças. A reportagem documentaria parte dos ritos funerários em homenagem ao líder José Carlos Meruri Ekureo, morto em 19 de junho passado, aos 80 anos. Era o último grande chefe de ritual Bororo da aldeia Garças. Em setembro, seu corpo ainda descansava no centro da aldeia, em uma cova rasa, sob um manto de terra e folhas de palmeiras. Em breve sua alma estaria livre para percorrer o caminho até a aldeia dos que morrem. Porém, a comunidade ainda teria de aguardar. Em vez de colocarem preparados que acelerariam o processo de decomposição, passaram resina, o que acabou por impermeabilizar a pele. O engano aconteceu porque morrera justamente aquele que detinha tais conhecimentos. Mais um sinal de que a comunidade teria de reaprender nos livros e com os anciãos de outras aldeias. Ao final, os ossos deverão receber um ornamento especial e ser enterrados ou depositados numa lagoa. No caso, o ritual seria finalizado com uma bênção católica e os ossos sepultados no cemitério da aldeia vizinha, Meruri, onde se instalou uma missão salesiana em 1902. Representantes de outras aldeias Bororo também compareceram. *(L. Zvarick, Rede Brasil Atual, 07/02/2015)*

© ROBERTO CASTRO/ME, 2015

Indígenas Bororo/Boe participam da Cerimônia de Encerramento dos I Jogos Mundiais Indígenas.

XAVANTE

MORTES DE ÍNDIOS SERÃO COMBATIDAS COM RECURSOS

A Sesai anunciou ontem a assinatura de convênio com a ONG Organização Nossa Tribo (ONT), no valor de R$ 2,07 milhões, para ampliar as ações de saúde na TI Parabubure. De acordo com o órgão, 504 servidores estarão disponíveis para o atendimento da comunidade xavante. A Sesai anunciou também a reestruturação e autonomia do Distrito Sanitário Especial Indígena Xavante (Dsei) e polos base. A Sesai também informou que seis novas viaturas foram adquiridas e uma empresa foi contratada para a manutenção dos 15 veículos, parados por falta de reparos mecânicos. *(F. Amorim, Diário de Cuiab, 13/01/2011)*

APÓS MORTES, ÍNDIOS INVADEM SEDE DA FUNASA

Um total de 89 crianças da etnia Xavante morreram em 2011 no Mato Grosso. Desde o dia 8 de fevereiro, representantes de várias aldeias da região de Barra do Garças invadiram a sede da Funasa. Cerca de 30 índios continuam no local. A aldeia que mais registrou mortes de crianças foi a São Marcos, nas proximidades de Barra do Garças. A aldeia é liderada pelo cacique Raimundo Urebete Airero e, segundo ele, 38 crianças com idades entre 0 e 4 anos morreram no local em 2011. Em entrevista ao G1, ele contou que na maioria das vezes o diagnóstico era de que as crianças sofriam de desnutrição. Gilberto Vieira, coordenador do Cimi em Cuiabá, afirmou que as doenças que atingem as crianças há anos são praticamente as mesmas: "desnutrição e problemas respiratórios, doenças de fácil tratamento". Ele afirmou ainda que o índice de mortes aumentou depois que um grupo de atendimento de emergência montado pela Sesai em 2010 deixou de atender as aldeias xavantes. O Ministério da Saúde informou que desde 2010 houve um reforço nas ações de saúde na região de Barra do Garças, inclusive com a contratação de 143 profissionais de saúde. *(I. Vilela, G1 Globo, 16/02/2012)*

AUMENTO DA OBESIDADE HIPERTENSÃO E DIABETES

A obesidade é um problema de saúde entre adultos indígenas xavante. A informação vem da pesquisa do aluno de doutorado em Epidemiologia em Saúde Pública da Escola Nacional de Saúde Pública (Ensp/Fiocruz) Felipe Guimarães Tavares. Dela, participaram 479 indígenas (homens e mulheres), sendo que mais da metade da população apresentava excesso de peso. O estudo é um inquérito nutricional realizado na população xavante das terras indígenas Pimentel Barbosa e Wedezé com idade de 15 anos em diante, de junho a agosto de 2011. Foram investigadas 8 das 10 aldeias existentes no território. Além do elevado domínio de sobrepeso e obesidade, estudos mais recentes evidenciaram o surgimento de doenças e agravos não transmissíveis (DANT), como hipertensão e diabetes, além das doenças infecciosas e parasitárias que ainda ocupam lugar de destaque. Nesses estudos, foram encontradas prevalências de 17% e 25% de hipertensão arterial e diabetes mellitus tipo 2 entre os xavante do Mato Grosso, respectivamente. *(Agência Fiocruz de Notícias, 30/06/2014)*

A INVASÃO DO AÇÚCAR

Estudo do endocrinologista João Paulo Botelho Vieira Filho, professor adjunto da Unifesp, aponta que, em duas das principais terras xavantes, Sangradouro e São Marcos, a prevalência de diabetes é de 28,2%. Na população brasileira, é de 7,6%. Vieira Filho visita as aldeias anualmente desde 1976. Ainda naquela década, a Funai criou o "Projeto Arroz" para reverter a escassez de alimentos. "Após o projeto, os índios foram abandonando as roças. E abandonaram o seu cardápio tradicional, que incluía gafanhotos assados, formigas e larvas, ricos em proteínas". Entre os anos 1980 e 1990, chegou o refrigerante. Nos anos 2000, o governo passou a enviar cestas básicas com goiabada, açúcar, macarrão, farinha. Isso causou um desequilíbrio no organismo dos xavantes. Segundo Vieira Filho, são propensos à obesidade e ao diabetes pois desenvolveram um mecanismo genético que retém energia, vital para tempos de escassez alimentar. Aposentadorias e o Bolsa Família facilitaram o acesso à cidade mais próxima, a 50 km de Sangradouro, e sua variedade de comida industrial. A estrutura escassa também dificulta a prevenção. O posto de saúde da aldeia principal está fechado há anos. As crianças sofrem com o descontrole nutricional. Os bebês nascem com mais de cinco quilos, muitas vezes com deficiências físicas, como lábio leporino e sem orelhas. Abortos e diabetes em adolescentes também são comuns. Segundo Vieira Filho, a solução é voltar à alimentação tradicional e adquirir novos hábitos. Em 2014, a cada três dias, uma criança xavante morreu. A principal causa: diarreia. A estatística é de relatório do Cimi com base em dados da Sesai. Nenhuma etnia perdeu tantas crianças de até cinco anos de idade no ano passado. Ao todo, foram 116 mortes. O número representa 14% do total de crianças indígenas mortas no país (785) em 2014. As mortes, porém, concentram-se em aldeias longe das de Sangradouro, que contam com o apoio de uma missão salesiana desde 1957. Segundo o médico, a falta de saneamento é a grande responsável pela alta mortalidade. Sem estruturas adequadas de banheiro, os indígenas fazem suas necessidades próximos a riachos. Os rios também são contaminados por agrotóxicos. *(L. Reis, FSP, 09/08/2015)*

DIABETES ENTRE OS XAVANTE

Sobre diabetes entre os xavante ("Invasão do açúcar", "Cotidiano", 9/8), esclarecemos que a invasão de áreas xavantes e a fragmentação em terras descontínuas impossibilitam o cultivo tradicional. A urbanização, o acesso aos alimentos industrializados e o fluxo de dinheiro sem a devida educação alimentar agravam o problema. A Warã acredita nas seguintes soluções: revisão das demarcações, criando interligações no território e garantindo livre circulação, a promoção das práticas tradicionais de agricultura, caça e coleta, a educação alimentar e a melhoria no atendimento de saúde. *(Hiparidi Toptiró, conselheiro da Associação Xavante Warã em Barra do Garças/MT, Painel do Leitor, FSP, 10/09/2015)*

MPF REALIZA AUDIÊNCIA PARA TRATAR SOBRE ATENDIMENTO DE SAÚDE

"O futuro das políticas públicas de saúde para o povo Xavante" é o tema da audiência pública que será realizada no dia 10 de dezembro na UFMT em Barra do Garças, pelo MPF em conjunto com os órgãos federais responsáveis pela prestação dos serviços de saúde para os indígenas. O objetivo é reunir autoridades públicas, movimentos sociais, representantes do povo xavantes, prestadores de serviço e demais cidadãos para o debate sobre as deficiências existentes no serviço de saúde oferecido aos Xavantes e a elaboração de propostas concretas para a solução dos problemas vivenciados pelos índios em todas as esferas do Sistema Único de Saúde. A audiência pública é organizada em conjunto pelo Ministério Público Federal, Distrito Sanitário Especial Indígena Xavante (Dsei Xavante) e pelo Conselho Distrital de Saúde Indígena Xavante (Condisi Xavante). *(Só Notícias, 26/11/2015)*

FUNAI APROVA ESTUDO QUE RECONHECE A TI WEDEZÉ

Localizada no município de Cocalinho (MT), da etnia Xavante. A coleta de informações começou em 2009 e foi realizada por um grupo técnico nomeado pelo governo federal. De acordo com a Funai, o território possui 145.881 hectares e está localizada na margem direita do Rio das Mortes, paralelo à terra indígena Pimentel Barbosa, que se situa na margem oposta.

Segundo o estudo, desde a década de 1970 há indícios de famílias Xavantes residindo na margem direita do Rio das Mortes, na região de Wedezé. De acordo com relatório, em 2009 a população da TI Pimentel Barbosa e Wedezé era de 1466 pessoas, em 10 aldeias. A população da aldeia Wedezé, estabelecida em 2009 na margem direita do Rio das Mortes, atingiu em julho de 2011 um total de 100 pessoas. *(L. J. Nascimento, G1 Globo, 29/12/2011)*

XAVANTE/ TI MARÃIWATSÉDÉ

GOVERNO DO ESTADO PROPÕE TRANSFERIR A TI DE MARÃIWATSÉDÉ

O maior foco de desmatamento detectado pelo Inpe em abril na Amazônia Legal é uma área de 68,8 km² dentro da TI Marãiwatsédé. As imagens de satélite dão a impressão de que se trata de uma área que vem sendo degradada há algum tempo. Na semana passada, na tentativa de dar uma solução ao conflito entre índios e fazendeiros, o governo de Mato Grosso entregou ao Ministério da Justiça um documento propondo a transferência da reserva indígena para uma nova área, também na região do Araguaia. A Funai, órgão subordinado ao ministério, logo em seguida publicou um comunicado rechaçando essa possibilidade. "A proteção constitucional garantida às terras indígenas veda qualquer possibilidade de transação das áreas reconhecidas como de uso tradicional", argumentou a Funai. *(D. Barbosa, G1 Globo, 23/05/2011)*

ÓRGÃOS DISCUTEM PLANO PARA DESOCUPAR A TI

A coordenadora da 6ª Câmara de Coordenação e Revisão do MPF, Deborah Duprat, se reuniu com representantes do Ibama, Funai, Incra, Polícia Federal, Cimi e Câmara dos Deputados para tratar da desocupação, por parte dos não-índios, da TI Marãiwatsédé. A reunião foi realizada por solicitação da procuradora da República Marcia Brandão Zollinger, de Mato Grosso. O pedido da procuradora da República baseia-se na decisão do TRF1, de outubro de 2010. Na ocasião, o TRF1 negou provimento ao recurso contra a decisão de primeira instância da Justiça Federal em Mato Grosso que determinou, em 2007, a saída de todos os ocupantes não-índios da área. *(24 Horas News, 01/06/2011)*

PROCURADOR RECORRE PARA RETIRADA

A Procuradoria Regional da República da 1ª região ingressou com recurso pedindo a retirada imediata dos 7 mil produtores rurais da TI Marãiwatsédé. Outras 160 mil cabeças de gado também ocupam a reserva. Os 960 índios da etnia Xavante ocupam cerca de 10% da área. O procurador geral da república, G. G. Branco afirmou estar contrário à proposta do governo do Estado em transferir os índios para o Parque do Araguaia e expôs que esta não pode ser justificativa para suspender a decisão que já havia garantido a retirada dos não-índios. *(A. Alves, Gazeta Digital, 13/07/2011)*

MARÃIWATSÉDÉ RENDE IMPOSTO VERDE PARA ALTO DE BOA VISTA

Depois de 9 anos de vigência da lei 73/2000 do ICMS Ecológico em Mato Grosso, o estado começou a considerar critérios qualitativos para efetuar o repasse de recursos financeiros aos municípios que abrigam unidades de conservação e terras indígenas. A partir de 2011, o número de focos de calor nas áreas protegidas influenciará o cálculo. Isso vai evitar que municípios indiferentes à qualidade ambiental de suas áreas continuem arrecadando milhões apenas pela existência dessas zonas. Este é o caso de Alto Boa Vista, um dos recordistas de arrecadação do ICMS Ecológico em Mato Grosso graças à TI Marãiwatsédé. Esse território foi responsável pelo repasse de R$ 1,97 milhão só no ano passado, embora a terra indígena tenha mais de 85% de área devastada. *(O Eco, 21/07/2011)*

FUNAI PEDE SUSPENSÃO DE DECISÃO DO TRF SOBRE A TI

A Funai ajuizou, nesta sexta-feira (04), a Suspensão de Segurança (SS) 4512, em que pede ao STF a suspensão da decisão de desembargador do TRF-1, que sustou o processo de regularização definitiva, em favor dos índios xavante, da TI Marãiwatsédé. A decisão teve como fundamento a suposta possibilidade de acordo em face de projeto de lei aprovado pela Assembleia Legislativa do Estado de Mato Grosso e sancionada pelo governador daquele Estado, pelo qual se autoriza a permuta da área em litígio por área correspondente localizada no Parque Estadual do Araguaia, a fim de transformá-la na TI Marãiwatsédé. *(Notícias STF, 08/11/2011)*

TRABALHO COM SEMENTES FORTALECE PRESENÇA XAVANTE

Em 2011, os Xavante decidiram participar da Rede de Sementes do Xingu através do núcleo de São Félix do Araguaia. Duas vezes ao ano, as mulheres coletoras que se inscreveram na atividade elaboram uma lista potencial de sementes disponíveis no território, estimam quanto pretendem coletar e enviam a informação para a Rede. O trabalho inclui a preocupação de não exaurir as árvores matrizes e boas práticas de armazenamento e ao beneficiamento das sementes. *(Opan, 20/01/2012)*

TRAÇADO DA BR-158 VAI CONTORNAR RESERVA INDÍGENA

O traçado da BR-158 não vai passar por dentro da TI Marãiwatsédé. O anúncio foi feito nesta terça-feira (20) pelo diretor geral do Dnit, general J. Fraxe. A Funai colocou empecilhos para a construção do asfalto no trecho de 120 quilômetros que atravessa a reserva. *(V. Tavares, Olhar Direto, 20/03/2012)*

BR-158 É BLOQUEADA POR ÍNDIOS E BRANCOS

A BR-158 foi fechada, em dois pontos, (23) por posseiros e índios xavantes que vivem na gleba Suia-Missú em protesto contra decisão judicial que determina a desintrusão da área. O grupo de xavantes participa da manifestação estaria disposto inclusive a "entrar em guerra" contra outros indígenas da mesma etnia contrários à permanência de posseiros. Um bloqueio teve início neste sábado no Posto da Mata com os posseiros. O outro bloqueio está ocorrendo no posto Arnô com um grupo de xavantes. Entre os índios, um grupo esta disposto a aceitar uma área no município de Novo Santo Antônio e a abrir mão da 'reserva' na Suiá-Missú. Porém, outro grupo liderado pelo índio Damião não aceita essa hipótese. O bloqueio é organizado pela Associação dos Produtores da Suiá-Missú (Aprosum). Eles Hoje, quatro mil pessoas moram na gleba que virou um distrito de Alto Boa Vista. *(M. Coutinho & R. Couto, Olhar Direto, 23/06/2012)*

FUNAI AMPLIA O DIÁLOGO PARA A DESINTRUSÃO

A presidenta da Funai, Marta Azevedo, recebeu nesta quarta-feira (11) comitiva liderada pelo

ACONTECEU

governador do Mato Grosso, Silval Barbosa, acompanhado de parlamentares e produtores da região. A intenção foi ampliar o diálogo sobre a situação da TI Marãiwatsédé, homologada por decreto presidencial em 1998. *(Funai, 12/07/2012)*

POSSEIROS USAM TÁTICAS DE GUERRILHA PARA IMPEDIR DESPEJO

Posseiros que protestam contra a retirada de suas famílias do distrito de Posto da Mata, em Alto Boa Vista (MT), passaram a usar táticas de guerrilha no fim da primeira semana de operações da força-tarefa do governo federal. Ontem pela manhã, eles serraram e queimaram uma ponte de madeira na BR-158. No início da noite de quinta-feira, armaram uma emboscada para forças federais de segurança. O objetivo era interceptar um caminhão que transportava móveis de uma das famílias despejadas de Marãiwatsédé. *(D. Carvalho & J. Varella, FSP, 16/12/2012)*

BISPO É AMEAÇADO E CRESCE TENSÃO

Após determinação do STF, está ocorrendo a retirada de fazendeiros e posseiros da TI Marãiwatsédé. Pessoas e entidades que defendem a devolução das terras aos xavantes estão sob ameaças constantes, entre elas o bispo dom Pedro Casaldáliga. Reconhecido por defender os xavantes, ele foi retirado este fim de semana da cidade devido às ameaças de morte e escoltado pela PF até Brasília. O Cimi divulgou nota com assinatura de 15 entidades na qual denuncia as ameaças. Segundo levantamento do MPF, grande parte das áreas da TI Marãiwatsédé está nas mãos de 22 grandes posseiros. O grupo, constituído de prefeitos, ex-prefeitos, vereadores, empresários e até um desembargador, de acordo com o levantamento, é dono de mais de 32 fazendas, o equivalente a 44,6 mil hectares dos 165.241 hectares homologados em 1998. *(F. Lessa, Estadão, 10/12/2012)*

APESAR DOS CONFLITOS, SEGUE A DESINTRUSÃO

A poeira formada pelo vaivém de caminhões carregados com a mobília e os restos das casas compõe a imagem do último dia dado pela Justiça para a desocupação do vilarejo de Posto da Mata que concentrou há dois meses o foco de resistência dos não índios contrários à saída da TI de Marãiwatsédé, localizada no município de Alto Boa Vista. Até esta quinta-feira (3), 60% dos produtores rurais já haviam deixado

XAVANTE NA RIO+20: "VINTE ANOS DE ESPERA É MUITO TEMPO"

O cacique Damião Paridzané foi ao Rio Centro para exigir o cumprimento da decisão que determina a retirada dos invasores da TI Marãiwatsédé (MT), de onde o povo Xavante foi retirado em 1966 pelo governo militar. Damião esteve na Eco 92 para cobrar o retorno de seu povo para Marãiwatsédé. Sua terra foi prometida, mas desde então loteada e desmatada. Hoje Marãiwatsédé é a terra indígena mais devastada da Amazônia brasileira. Leia a carta do cacique na íntegra:

"Exma. Sra. Presidenta Dilma Rousseff

Eu, cacique Damião Paridzané, vim à Rio+20 com representantes do povo Xavante exigir que o governo brasileiro garanta a implementação imediata do plano de desintrusão da Terra Indígena Marãiwatsédé (MT), permitindo a ocupação integral do nosso território, que foi prometido 20 anos atrás na Eco 92.

Nesses 20 anos que se passaram, Marãiwatsédé se transformou na Terra Indígena mais desmatada da Amazônia brasileira, envergonhando todo o nosso país com a devastação criminosa que produtores de soja e de gado estão ainda fazendo na nossa terra sagrada. Vinte anos também não foram suficientes para que a Justiça brasileira tivesse a força necessária para fazer valer a decisão que respeita a Constituição Federal e os povos indígenas, tomada por unanimidade e determinando a retirada dos invasores, pois todos entraram em nossa terra ilegalmente, de má fé.

Apesar de termos nosso território reconhecido, demarcado e homologado desde 1998, ocupamos 5% da área que é de nosso direito porque fazendeiros e políticos nos ameaçam, destroem a nossa mata em Marãiwatsédé deixando nossa comunidade sem caça, sem frutos e sem os remédios tradicionais de que precisamos. Eles também despejam agrotóxicos nos rios que abastecem a nossa aldeia, por isso muitas crianças estão doentes, com diarreia, vômito e pneumonia. Enquanto estamos aqui no Rio de Janeiro, recebemos a notícia de que mais uma criança faleceu na aldeia por desnutrição. Nós lutamos e sofremos muito para estar aqui hoje. Não queremos perder a viagem. Viemos a Rio+20 pedir que o governo federal finalmente cumpra a decisão da Justiça, que no mês passado derrubou a liminar que suspendia a retirada dos fazendeiros. Agora, a desintrusão está novamente autorizada. Queremos que o governo permita uma transição rápida da terra invadida ao povo Xavante, garantindo assistência para a nossa integridade física, cultural e a recuperação das áreas devastadas nesses 20 anos.

Vinte anos de espera é muito tempo.

Eu fui criado em Marãiwatsédé antes do contato com o homem branco. Estou lutando há 46 anos. Eu era criança quando o governo retirou minha comunidade nos aviões da FAB em 1966. Desde aquela época estamos lutando para voltar e retomar nossa terra. Estou cansado. Mas não vou desistir. Nunca. Cacique Damião Paridzané". (Campanha "Marãiwatsédé: A terra é dos Xavante", 21/06/2012)

Xavante em manifestação pela desintrusão da TI Marãiwatsédé com corrida de toras durante a Rio+20, no Rio de Janeiro.

o distrito. Segundo a Justiça, quem não deixar Posto da Mata até esta sexta-feira (4) terá bens confiscados e será processado pelo crime de desobediência a uma ordem judicial. Muitos deles ainda precisam colher o que plantaram na última safra. Uma plantação de arroz presente em 50 hectares de área, por exemplo, terá perda total. Para a Funai, a desocupação da Terra Indígena de Marãiwatsédé foi satisfatória, apesar do registro de um conflito entre produtores e homens da Força Nacional de Segurança na primeira ação de desocupação que terminou com vários feridos dos dois lados. O processo de desocupação dividiu a TI Marãiwatsédé em quatro áreas, pelo plano, foram desocupadas primeiro as grandes propriedades, seguidas pelas médias e pequenas. A comunidade de Posto da Mata foi a última a ser desocupada. *(D. Maia, G1 Globo, 04/01/2013)*

DESINTRUSÃO DA TI É CONCLUÍDA

A desintrusão da TI Marãiwatsédé foi totalmente concluída. Domingo (27), o oficial de Justiça realizou o último sobrevoo para verificar a situação da área e, ontem (28), entregou à Funai o "Auto de desocupação final". Foram verificados 619 pontos entre residências e comércios, tanto na área rural como no distrito de Posto da Mata. Todos estão desocupados. Placas de identificação do território começaram a ser afixadas hoje. O Incra realizou o cadastro de 235 famílias para assentamento em projetos da região. Criado em 19 de dezembro de 2012, no município de Alto da Boa Vista, o Projeto Casulo, denominado "PAC Vida Nova", receberá inicialmente 30 famílias oriundas de Posto da Mata. Para isso, conta com o apoio da Prefeitura e do Exército na abertura de estradas e outras medidas de infra-estrutura. Além do Projeto Casulo, foram oferecidos lotes no assentamento Santa Rita, em Ribeirão Cascalheira. A força-tarefa do governo federal que cumpriu o mandado de desocupação e agora realiza a segurança da área é composta por servidores da Secretaria-Geral da Presidência da República, Funai, Incra, Polícia Federal, Polícia Rodoviária Federal, Censipam, Força Nacional e conta com apoio logístico do Exército. *(Funai, 29/01/2013)*

ATO MARCA A DEVOLUÇÃO DA TI MARÃIWATSÉDÉ

Na última sexta-feira, 5, a aldeia Marãiwatsédé amanheceu em festa. Para celebrar a devolução da terra tradicional ao povo Xavante, mulheres e homens, crianças e velhos receberam uma comitiva do governo federal com faixas, danças e corrida de tora. A força-tarefa responsável pela operação contou com a participação de diversos órgãos do governo federal e das forças policiais. *(Funai, 09/04/2013)*

ANTIGOS POSSEIROS VOLTAM A OCUPAR A TI

Menos de três meses após o fim da ação de retirada dos não índios da TI Marãiwatsédé, e apenas duas semanas depois de representantes do governo federal terem organizado uma cerimônia para oficializar a concessão de uso da área aos xavantes, antigos posseiros estão retornando à área. Segundo o coordenador regional da Funai em Ribeirão Cascalheira (MT), P. R. de Azevedo, os posseiros – que chamou de "manifestantes" – estavam concentrados fora da área indígena desde o fim da ação de desintrusão. No domingo (21), cerca de 50 pessoas se deslocaram até o local conhecido como Posto da Mata, no interior da reserva, e se concentraram a apenas 20 km da aldeia xavante *(A. Rodrigues, Agência Brasil, 23/04/2013)*

TRABALHADORES RURAIS MANTÉM OCUPAÇÃO DA TI

Cerca de 40 famílias de trabalhadores rurais que viviam na TI Marãiwatsédé, continuam protestando contra o que classificam como demora do Incra em assentá-las em um local adequado. Os manifestantes permanecem acampados próximo ao cruzamento das rodovias federais BR 158 e 242. Eles dizem que só deixam o local após o Incra atender a todas as suas reivindicações. Temendo conflitos, o MPF pediu à Justiça Federal que determine o restabelecimento da ordem de desocupação da terra indígena e o reforço do contingente de policiais federais e da Força Nacional, presente no local desde o início da ação de retirada dos não índios. *(A. Rodrigues, Agência Brasil, 25/04/2013)*

JUSTIÇA DETERMINA RETIRADA DE POSSEIROS

Um mandado de desocupação imediata foi concedido hoje (7) pelo juiz da 1ª Vara Federal, J. S. da Silva. Em resposta à petição ajuizada pelo MPF nessa quarta-feira (5), o magistrado determinou que, se necessário, as polícias Federal e Rodoviária Federal e a Força Nacional devem prestar auxílio "total e irrestrito" à retirada dos não índios da reserva de 165 mil hectares. *(A. Rodrigues, Agência Brasil, 07/06/2013)*

FUNAI E XAVANTE DISCUTEM AÇÕES CONJUNTAS

A presidenta da Funai, Maria Augusta Assirati recebeu ontem, 26/06, o cacique xavante Damião Paridzané e sua comitiva, vindos da TI Marãiwatsédé (MT) para discutir ações conjuntas de recuperação e reconstrução do território tradicional dos povos daquela região. A Funai e o povo Xavante planejam a recuperação ambiental do território através do Plano de Gestão Ambiental e Territorial de Marãwaitsédé. De acordo com o cacique Damião, os xavante sabem que o processo é lento, mas estão dispostos a trazer a mata e os animais de volta. Vão plantar árvores nativas, árvores frutíferas e roças. Os xavante também planejam reconstruir três aldeias que serão localizadas em pontos estratégicos da área. Querem que todas elas tenham serviços básicos necessários para se viver bem, como escolas, energia elétrica, posto de saúde e etc. *(Funai, 27/06/2013)*

FOGO CONSOME QUASE 20% DA TI

Cerca de 20% dos 165 mil hectares da TI Marãiwatsédé foram consumidos ao longo do último mês por focos de incêndios que, segundo o Ibama, têm origem criminosa. Brigadistas do Prevfogo, do instituto, foram enviados ao local, mas enfrentam dificuldades para trabalhar em função da "ação criminosa de vândalos, que estão ateando fogo em várias partes da terra indígena", conforme informou o Ibama. A presença policial foi requisitada. Com base em dados de satélites usados para monitorar os focos de calor na região, os técnicos do Prevfogo identificaram, nos últimos 30 dias, 120 focos de incêndio no interior da área indígena. A maioria próximo às rodovias que cortam ou circundam a área indígena. O cacique Damião disse que a suspeita recai sobre antigos posseiros da área, pessoas que voltaram a se instalar no interior da terra indígena. *(A. Rodrigues, Agência Brasil, 22/08/2013)*

XAVANTE DE MARÃIWATSÉDÉ SÃO RECADASTRADAS NO BOLSA FAMÍLIA

Em uma parceria entre a Coordenação Regional de Ribeirão Cascalheira (Funai) e a prefeitura de Bom Jesus do Araguaia, técnicos realizaram um levantamento das famílias com perfil de atendimento pelo Programa Bolsa Família na Aldeia Marãiwatsédé. Em três dias de atendimento no local já foram preenchidos 61 formulários, com expectativa de que seja elevado o quantitativo de beneficiários dentro dos eixos principais de assistência do Programa, ressaltando-se que o objetivo a médio prazo é a superação da dependência de tais ações e que os beneficiários consigam superar sua situação de vulnerabilidade atual. *(Funai, 28/08/2013)*

ACONTECEU

ÍNDIOS FAZEM PEDÁGIO PARA COMPRAR COMIDA APÓS INCÊNDIO

Os xavantes, que estão de volta à Marãiwatsédé, estão cobrando pedágio de motoristas que passam pela BR 158 sob argumento que precisam de recursos financeiros após as queimadas que destruíram mais de 70% da área indígena recém-integrada após a retirada dos agricultores da Suiá-Missu. Os índios informaram a um carreteiro que o pedágio é para comprar alimentos depois do incêndio que destruiu as pastagens na semana passada. O fogo somente parou com as chuvas de 6 de setembro. Agricultores vizinhos a Marãiwatsédé disseram que os índios estão parando todos os veículos e cobrando de R$ 10,00 a R$ 200,00 dos motoristas. *(R. Couto, Olhar Direto, 11/09/2013)*

PF VOLTA A MARÃIWATSÉDÉ PARA CONTER INVASÃO

Equipes das polícias Federal e Rodoviária Federal retornaram hoje à TI Marãiwatsédé, no nordeste do Mato Grosso, para impedir uma nova invasão de não índios. A ação atende decisão da Justiça Federal em Cuiabá, por sua vez obtida por um pedido do MPF. A área voltou a ser invadida no último fim de semana de forma organizada, depois que homens da Força Nacional de Segurança (FNS) deixaram-na, na semana passada. *(ISA, 28/01/2014)*

FUNAI REALIZ MONITORAMENTO NA MARÃIWATSÉDÉ

Equipes da Fundação Nacional do Índio, juntamente com a PF, realizaram diligências de monitoramento territorial na região da TI Marãiwatsédé. As equipes se mobilizaram após denúncias de que posseiros haviam invadido a área. Na ação, realizada entre os dias 03 e 07 deste mês, não foram encontrados invasores na região. Entretanto, as equipes se depararam com pontes destruídas, o que dificultou o acesso à TI, além de encontrarem incendiada a Base Operacional usada pelas equipes da Funai para monitoramento e fiscalização da região. *(Funai, 13/02/2014)*

Cacique Damião Paridzané, que luta há mais de 40 anos pela TI Marãiwatsédé, é homenageado por Dilma Rousseff com o Prêmio Direitos Humanos, em dezembro de 2014. Em sua 20ª edição, o prêmio fez 21 condecorações e duas menções honrosas: uma ao cacique xavante e outra ao educador Paulo Freire.

INVASORES SÃO RETIRADOS DA TI

Na quinta-feira (27/03), uma operação conjunta da Polícia Federal, Polícia Rodoviária Federal, Funai e Ministério Público Federal retirou as 70 pessoas que ocupavam ilegalmente a terra indígena Marãiwatsédé, do povo Xavante, que fica na região noroeste de Mato Grosso. *(MPF/MT, 02/04/2014)*

EXTINTA AÇÃO DE INDENIZAÇÃO A POSSEIROS RETIRADOS DE MARÃIWATSÉDÉ

A Justiça Federal em Mato Grosso extinguiu o processo movido pela Associação dos Produtores Rurais da Suiá-Missú (Aprosum) que pedia indenização aos não índios que foram retirados da TI Marãiwatsédé. A ação da Aprosum tinha ainda o objetivo de impedir nova desintrusão da terra, permitindo a permanência até a conclusão de todo o litígio. O juiz alega que a ação deve ser extinta prematuramente por causa da falta de condições da ação para o enfrentamento do mérito. *(G1 Globo, 02/04/2014)*

MPF DENUNCIA 13 POSSEIROS POR INVASÕES

Conforme o MPF, as 13 pessoas foram denunciadas pelos crimes de invasão de terras públicas, resistência, associação criminosa, incêndio, roubo, corrupção ativa, incitação ao crime e crime de dano. Alguns dos denunciados faziam parte da Associação dos Produtores Rurais de Suiá-Missú (Aprosum). Uma operação da PF em agosto de 2014, prendeu os principais líderes do grupo. Segundo o MPF, os 'líderes' do grupo tentavam convencer a opinião pública de que o retorno do povo xavante ao território prejudicaria supostos direitos de pequenos produtores rurais e famílias humildes. No entanto, as investigações demonstraram que se tratava, na verdade, de uma ação articulada para manipular grupos populares para defender os interesses de grandes produtores rurais e políticos da região, que tinham fazendas dentro dos limites de Marãiwatsédé. *(G1 Globo, 17/09/2015)*

Aranã
Guarani Mbyá
Kaxixó
Krenak
Tikmũ'ũn (Maxakali)
Mucurim
Pataxó
Pataxó Hã-Hã-Hãe
Puri
Tupinambá
Tupiniquim
Xakriabá

16. Leste

16. LESTE

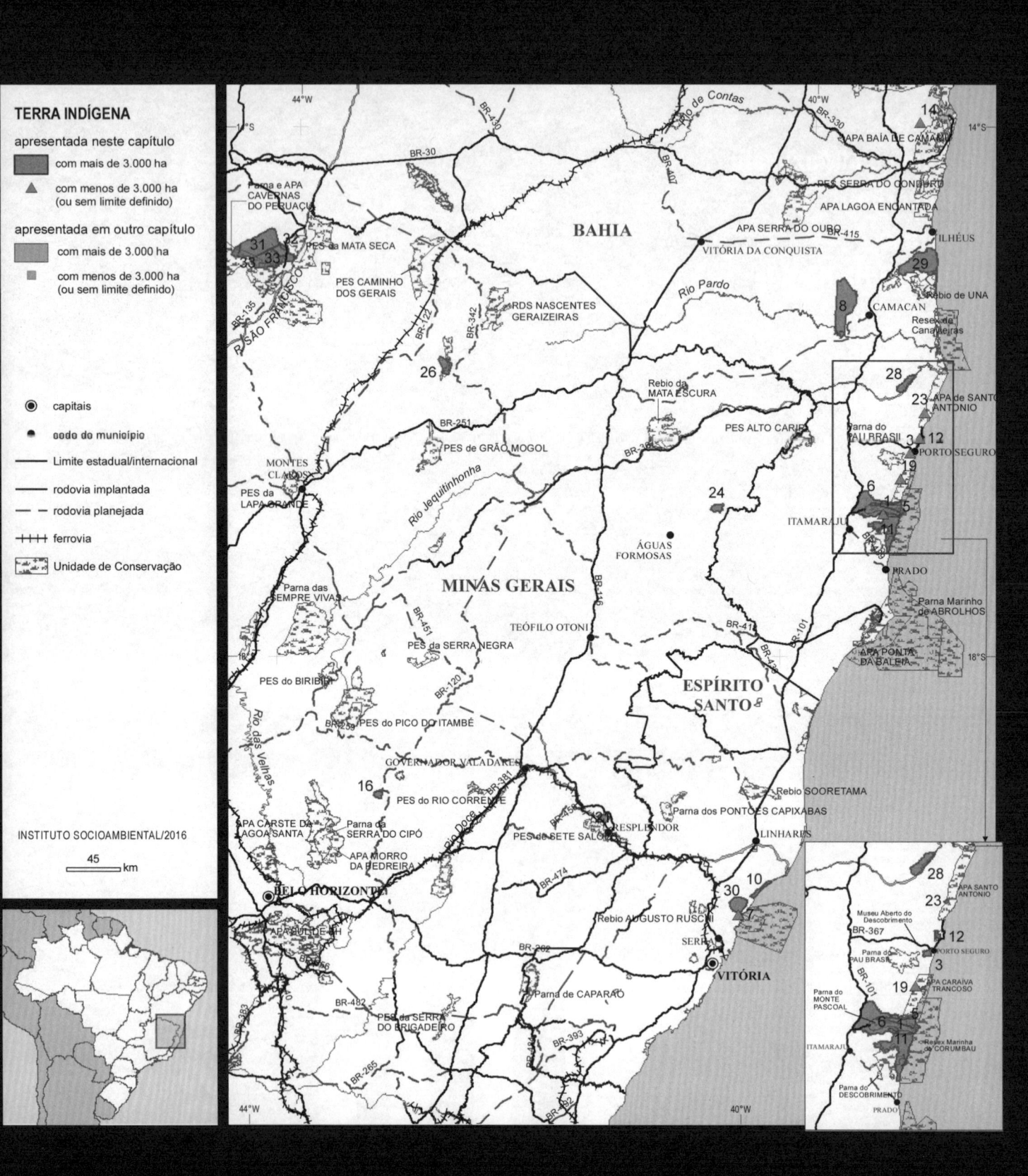

LESTE
Terras Indígenas
Instituto Socioambiental - 14/02/2017

Nº Mapa	Terra Indígena	Povo	População (nº, fonte, ano)	Situação Jurídica	Extensão (ha)	Município	UF
1	Águas Belas	Pataxó	228 - IBGE : 2010	HOMOLOGADA. REG CRI E SPU. Decreto s/n de 08/09/1998 publicado em 09/09/1998. Reg. CRI na comarca de Prado, Mat.n.13.751, Lv RG, em 11/01/00. Reg. SPU certidão n. 02 em 03/05/2004.	1.189	Prado	BA
3	Aldeia Velha	Pataxó	883 - Siasi/Sesai : 2013	DECLARADA. Portaria 4.221 de 31/12/2010 publicado em 03/01/2011.	2.001	Porto Seguro	BA
s/l	Aranã	Aranã		EM IDENTIFICAÇÃO. Portaria 1.028 de 12/09/2005 publicado em 13/09/2005.		Araçuaí	MG
5	Barra Velha	Pataxó	2.992 - Funasa : 2010	HOMOLOGADA. REG CRI E SPU. Decreto 396 de 24/12/1991 publicado em 26/12/1991. Reg. CRI do município e comarca de Porto Seguro (8.627 ha) Mat.14.548 Liv.2-RG em 03/02/92. Reg. SPU Certidão n. 060 em 27/09/96.	8.627	Porto Seguro	BA
6	Barra Velha do Monte Pascoal (reestudo)	Pataxó	4.649 - Funasa : 2010	IDENTIFICADA/APROVADA/FUNAI. SUJEITA A CONTESTAC. Despacho 04 de 27/02/2008 publicado em 29/02/2008.	44.121	Itabela Itamaraju Porto Seguro Prado	BA
7	Caieiras Velhas II	Guarani Guarani Mbya Guarani Ñandeva	20 - Kahn, Marina : 2014	HOMOLOGADA. REG CRI. Decreto s/n de 19/04/2004 publicado em 20/04/2004. Ofício ao SPU n. 389/DAF em 25/06/04. Reg CRI no município de Aracruz, comarca de Aracruz (57 ha). Reg SPU Certidão n. 002 em 29/05/07.	57	Aracruz	ES
8	Caramuru / Paraguassu	Pataxó Hã-Hã-Hãe	2.801 - Siasi/Sesai : 2014	RESERVADA/SPI. Decreto 1916 de 09/08/1926 publicado em 09/08/1926.	54.000	Camacan Itaju do Colônia Pau Brasil	BA
s/l	Cinta Vermelha de Jundiba	Pataxó Pankararu		EM IDENTIFICAÇÃO. Portaria 1.520 de 04/12/2012 publicado em 06/12/2012.		Araçuaí	MG
10	Comboios	Tupiniquim	534 - Funasa : 2010	HOMOLOGADA. Decreto s.n. de 05/11/2010 publicado em 08/11/2010. Reg. CRI do município e comarca de Aracruz (1.983 ha) Matr AV/3239 Lv 2-JZ Fl 239 H em 17/03/99 (área antiga). Reg. SPU Certidão s/n de 01/04/03 (área antiga).	3.872	Aracruz	ES
11	Comexatiba (Cahy-Pequi)	Pataxó	732 - GT Funai : 2013	IDENTIFICADA/APROVADA/FUNAI. SUJEITA A CONTESTAC. Despacho 42 de 22/07/2015 publicado em 27/07/2015.	28.077	Prado	BA
12	Coroa Vermelha	Pataxó	1.546 - Anaí : 1998	HOMOLOGADA. REG CRI E SPU. Decreto s/n de 09/07/1998 publicado em 10/07/1998. Reg. CRI no município e comarca de Porto Seguro (827 ha) Matr.20.189 Lv 2-RG Fl 001 em 10/06/99. Reg. CRI no município de Santa Cruz de Cabrália, comarca de Porto Seguro (589 ha) Matr. 20.188 Lv 2-RG Fl. 001 em 10/06/99. Reg CRI no município de Sanata Cruz de Cabrália, comarca de Porto Seguro (77 ha) Matr.20.287 Liv.2-RG F 001 em 10/06/99. Reg. SPU Certidão n. 54 de 30/06/99.	1.493	Porto Seguro Santa Cruz Cabrália	BA
14	Fazenda Bahiana (Nova Vida)	Pataxó Hã-Hã-Hãe	84 - Siasi/Sesai : 2014	RESERVADA. REG CRI. Decreto s/n de 11/12/1998 publicado em 14/12/1998. Reg. CRI no município de Camamu (344 ha) Matr. 1.787, Liv. 2-RG Fl.192 em 4/12/87.	304	Camamu	BA
16	Fazenda Guarani	Krenak Pataxó	335 - Siasi/Sesai : 2014	HOMOLOGADA. REG CRI E SPU. Decreto 270 de 29/10/1991 publicado em 30/10/1991. Reg. CRI no município de Carmésia, comarca de Ferros (3.165 ha) Matr. 1.169 Lv 2-L Fl 143 em 24/06/97. Reg. CRI no município de Senhora do Porto, comarca de Guanhães (104 ha) Matr. 10.770, Liv. 2/RG, Fl 01 em 14/08/97. Reg. SPU Cert. 001 em 12/02/98.	3.270	Carmésia Dores de Guanhães	MG
19	Imbiriba	Pataxó	395 - IBGE : 2010	HOMOLOGADA. REG CRI. Decreto s/n. de 12/03/2007 publicado em 13/03/2007. Reg.CRI matr.n.28.591, liv. 2-RG, Fl 01/02v comarca de Porto Seguro.	408	Porto Seguro	BA
20	Kaxixó	Kaxixó	227 - Siasi/Sesai : 2014	IDENTIFICADA/APROVADA/FUNAI. SUJEITA A CONTESTAC. Despacho 269 de 22/03/2013 publicado em 26/03/2013.	5.411	Martinho Campos Pompéu	MG
21	Krenak	Krenak	343 - Siasi/Sesai : 2014	HOMOLOGADA. REG CRI E SPU. Decreto s/n de 19/04/2001 publicado em 20/04/2001. Reg. CRI em Resplendor Matr. 11.559, Liv. 3-M, Fl. 130V em 23/05/39. Reg CRI no município e comarca de Resplendor (4.039 ha) Matr. 10.399m Liv. 2-O, Fl 129 em 28/05/2001. Reg. SPU Cert. n. 220-MG em 20/03/40. Reg. SPU Cert. n. 001 em 18/12/2001.	4.039	Resplendor	MG
s/l	Krenak de Sete Salões	Krenak		EM IDENTIFICAÇÃO. Portaria 193 de 28/02/2013 publicado em 04/03/2013.		Resplendor	MG
23	Mata Medonha	Pataxó	194 - IBGE : 2010	HOMOLOGADA. REG CRI E SPU. Decreto s/n de 23/05/1996 publicado em 24/05/1996. Reg. CRI no município de Sta. Cruz de Cabrália, comarca de Porto Seguro (549 ha) Mat. 18.365 Liv. 2-RG, FL 01 em 16/02/97. Reg. SPU Cert. n.051 de 29/08/97.	549	Santa Cruz Cabrália	BA
24	Maxakali	Maxakali	1.555 - Siasi/Sesai : 2014	HOMOLOGADA. REG CRI E SPU. Decreto s/n de 02/10/1996 publicado em 04/10/1996. Reg. CRI no município de Bertópolis, comarca de Águas Formosas (5.305 ha) , Matr. 3.427 Liv.2-K, em 17/10/96. Reg. SPU Cert. n.002 de 27/12/96.	5.305	Bertópolis Santa Helena de Minas	MG
s/l	Pankararu de Araçuaí	Pankararu	258 - Siasi/Funasa : 2010	DOMINIAL INDÍGENA. Terra doada pela Diocese de Araçuaí (Fonte Cimi).		Coronel Murta	MG
26	Riachão/Luiza do Vale	Xakriabá	3 - Funai : 1989	DOMINIAL INDÍGENA. REG CRI. Reg. CRI no município de Rio Pardo de Minas, Matr. 922 Liv. 2A em 19/02/79.	9.709	Rio Pardo de Minas Serranópolis de Minas	MG
28	Tupinambá de Belmonte	Tupinambá	74 - Siasi/Sesai : 2014	IDENTIFICADA/APROVADA/FUNAI. SUJEITA A CONTESTAC. Despacho 530 de 22/04/2013 publicado em 23/04/2013.	9.521	Belmonte	BA
29	Tupinambá de Olivença	Tupinambá	4.631 - Siasi/Sesai : 2014	IDENTIFICADA/APROVADA/FUNAI. SUJEITA A CONTESTAC. Despacho 24 de 17/04/2009 publicado em 20/04/2009.	47.376	Buerarema Ilhéus Una	BA
30	Tupiniquim	Guarani Guarani Mbya Guarani Ñandeva Tupiniquim	2.464 - Funasa : 2010	HOMOLOGADA. REG.CRI Decreto s.n. de 05/11/2010 publicado em 08/11/2010.	14.282	Aracruz	ES
31	Xakriabá	Xakriabá	7.999 - Siasi/Sesai : 2014	HOMOLOGADA. REG CRI E SPU. Decreto 94.608 de 14/07/1987. Reg. CRI no município de Itacarambi, comarca de Januaria (46.414 ha) Matr. 10.043 Liv. 2-BD Fl. 60 em 18/02/88. Reg. SPU Cert. n. 001 de 21/05/96.	46.415	Itacarambi São João das Missões	MG

LESTE
Terras Indígenas (continuação)
Instituto Socioambiental - 14/02/2017

Nº Mapa	Terra Indígena	Povo	População (nº, fonte, ano)	Situação Jurídica	Extensão (ha)	Município	UF
33	Xakriabá (reestudo)	Xakriabá		IDENTIFICADA/APROVADA/PELA FUNAI. SUJEITA A CONTESTAÇÕES. Suspensa por decisão da Justiça. Despacho do presidente da Funai aprovando o reestudo daTI. Publicado em 07/10/2014. A Justiça determina que suspendam o Processo Administrativo FUNAI/BSB 08620.040804/20013-89 de identificação, delimitação e ampliação da TI Xakriabá publicado em 16/04/2015.	43.357	Cônego Marinho Itacarambi São João das Missões	MG
32	Xakriabá Rancharia	Xakriabá	871 - Siasi/Sesai : 2014	HOMOLOGADA. REG CRI E SPU. Decreto s/n de 05/05/2003 publicado em 06/05/2003. Reg CRI no município de Itacarambi comarca de Januária (113 ha) Matr. 16.173 , Li v.2-CP Fl. 135 em 26/09/2003. Reg CRI no município de São João das Missões comarca de Manga (6.684 ha) Matr. 10.939, Liv. 2-RG, FL em 18/05/2004. Registro SPU certidão n. 2 de 18/02/2005.	6.798	São João das Missões	MG

TUPINAMBÁ

Doze Anos de Luta Pela Demarcação da TI Tupinambá de Olivença

Daniela Fernandes Alarcon | Antropóloga, doutoranda no Museu Nacional/UFRJ

EM DOZE ANOS, OS TUPINAMBÁ RETOMARAM CERCA DE 90 FAZENDAS NA SERRA DO PADEIRO, NO EXTREMO OESTE DA TERRA QUE AGUARDAM VER DEMARCADA DESDE 2004. ESSA ACELERAÇÃO NO PROCESSO DE RETOMADA É ACOMPANHADA POR UMA OFENSIVA DA FRENTE CONTRÁRIA À DEMARCAÇÃO, COM O APOIO DAS FORÇAS REPRESSIVAS DO ESTADO, EXPONDO OS TUPINAMBÁ A UMA AMPLA GAMA DE VIOLAÇÕES DE DIREITOS

Desde 2004, o povo Tupinambá aguarda a conclusão do processo de demarcação da TI Tupinambá de Olivença, no sul da Bahia. Em 2012, o processo chegou às mãos do ministro da Justiça, mas a assinatura da portaria declaratória não ocorreu até hoje. Nesse quadro, os Tupinambá vêm levando a cabo ações coletivas conhecidas como retomadas de terras – processos de recuperação, pelos indígenas, de áreas por eles tradicionalmente ocupadas e que se encontravam em posse de não índios. Só na aldeia Serra do Padeiro, extremo oeste da TI, cerca de 90 fazendas foram retomadas entre maio de 2004 e maio de 2016.

Antes do início do processo de retomada, os Tupinambá viviam no interior de fazendas, mantendo com os pretensos proprietários dessas áreas relações de meação ou trabalho assalariado, entre outras; em pequenos sítios, que haviam logrado manter em sua posse, a despeito do avanço dos não índios; ou haviam se mudado para outras localidades, como sedes de municípios da região ou metrópoles do Centro-Sul do país. A expansão capitalista sobre essas terras de ocupação tradicional, com a fixação de grandes porções do território em fazendas pretensamente pertencentes a não índios, está atrelada à cacauicultura e ao turismo. Sobretudo a partir do último

Zabumbeiros durante a Puxada do Mastro de São Sebastião na faixa costeira da TI Tupinambá de Olivença. O festejo anual é um importante dispositivo de afirmação da presença tupinambá na região, mobilizando indígenas de diversas localidades.

quartel do século XIX, diferentes mecanismos de expropriação territorial passaram a ser empregados contra os Tupinambá, que, por sua vez, engendraram um conjunto de estratégias para a defesa de seu território.

No marco do processo de retomada, os Tupinambá ampliaram significativamente a área que ocupam. Contudo, ela permanece descontínua, já que persistem no território fazendas e sítios que não estão em posse dos indígenas. Entre os não índios que seguem vivendo na Serra do Padeiro, hoje se encontram apenas posseiros e sitiantes. Os indígenas dessa aldeia têm como diretriz não ocupar áreas de indivíduos que dependam da terra para morada e sustento, aguardando que sejam reassentados e indenizados pelas benfeitorias de boa-fé. Não se dispõe de dados precisos acerca do número de habitantes indígenas da TI, mas, considerando as informações oficiais disponíveis, pode-se estimar uma população de cerca de cinco mil pessoas, que vivem em diferentes localidades, unidas historicamente por vínculos de parentesco e pela partilha de uma identidade comum.

Neste texto, busco delinear brevemente o quadro da disputa em torno do território tupinambá no último período, debruçando-me mais detidamente sobre o contexto da aldeia Serra do Padeiro, onde vivem cerca de 450 indígenas, e onde venho pesquisando desde 2010. Abordarei, especificamente, a aceleração do processo de retomada, a partir de meados de 2013; a subsequente ocupação militar do território tupinambá; o processo de criminalização dos indígenas, em particular as mais recentes prisões de lideranças, em 2014 e 2016; e a suspensão judicial do processo demarcatório da TI Tupinambá de Olivença, ocorrida também neste último ano.

RETOMADAS DE TERRAS E OCUPAÇÃO MILITAR

Em 2013, a mobilização das forças repressivas do Estado para atuação na disputa pelo território tupinambá adquiriu outra escala. Por determinação de José Eduardo Cardozo, então ministro da Justiça, em 20 de agosto, agentes da Força Nacional de Segurança Pública (FNSP) instalaram-se nas imediações da TI, com o alegado objetivo de frear o conflito entre índios e não índios contrários à demarcação. Em janeiro do ano seguinte, agentes da FNSP e da Polícia Federal (PF) empreenderam ações de reintegração de posse em quatro fazendas retomadas na Serra do Padeiro. Na ocasião, os indígenas recolheram mais de duas dezenas de cápsulas disparadas de munição letal para fuzil. Ainda em janeiro, três bases policiais foram instaladas na TI, dando-se início à ocupação militar permanente de um território

indígena já reconhecido pelo Estado. No mês seguinte, cerca de 500 soldados do Exército deslocaram-se à região, por ordem da presidenta Dilma Rousseff, em uma operação de "garantia da lei e da ordem", referida como Operação Ilhéus. Ainda que o Exército tenha deixado a área em meados de julho de 2014, a presença da FNSP foi prolongada sucessivas vezes, a pedido de Jacques Wagner, então governador da Bahia – a última portaria de prorrogação data de 27 de novembro daquele ano e manteve os agentes na área por mais 90 dias.

A mobilização, por parte do Estado, de um aparato de repressão dessa envergadura tem em sua raiz a aceleração sem precedentes do processo de retomada, acompanhada por uma ofensiva da frente contrária à demarcação. Em maio de 2013, os Tupinambá da Serra do Padeiro estavam em posse de 22 fazendas retomadas, como resultado de um processo de recuperação territorial desatado em 2004. De junho a dezembro de 2013, isto é, em um intervalo de seis meses, 45 novas áreas foram recuperadas, apenas nessa aldeia. Cumpre notar, ainda, que a ampla maioria das retomadas realizadas nesse segundo período ocorreu em agosto: 31 fazendas foram recuperadas naquele mês, permitindo o retorno das famílias extensas para os locais identificados como de origem de seus troncos.

Nesse quadro, a frente contrária à demarcação desencadeou uma nova ofensiva. Na noite de 14 de agosto, um caminhão que transportava estudantes do Colégio Estadual Indígena Tupinambá Serra do Padeiro (CEITSP) foi alvejado. Ninguém foi baleado, mas estilhaços do para-brisas feriram dois estudantes não indígenas. Em 16 de agosto, um grupo de não índios bloqueou a BR-101, rodovia que cruza Buerarema. Pelo menos três veículos de órgãos governamentais foram retidos e incendiados pelos manifestantes. Um dos carros transportava indígenas para tratamento de saúde em um hospital próximo; ninguém se feriu. Uma agência do Banco do Brasil foi depredada e uma unidade da Empresa Baiana de Alimentos (Ebal), estatal que comercializa alimentos a famílias de baixa renda, foi saqueada. Na madrugada do dia 17, um ônibus utilizado para transportar estudantes do CEITSP foi incendiado. No dia 20, em Buerarema, os manifestantes atearam fogo a outros três veículos de órgãos governamentais. Na mesma data, como se indicou, instalaram-se na área os agentes da FNSP. Sua presença, contudo, não coibiu a violência contra os indígenas. Quatro dias depois de sua chegada, casas pertencentes a indígenas foram incendiadas na cidade de Buerarema. Nos últimos anos, tem-se denunciado ainda a ocorrência de numerosos assassinatos de indígenas, em circunstâncias não esclarecidas. O mais recente deles teve lugar em 26 de novembro

Em 2014, um mandado de prisão temporária impediu que o cacique Babau fosse ao Vaticano denunciar a situação dos Tupinambá e outros povos. Na foto, Babau (à esq.) após participar de uma audiência unificada das comissões de Direitos Humanos da Câmara e do Senado, antes de se apresentar à Polícia Federal.

de 2016, quando Luiz Viana Lima, morador da Serra do Padeiro, foi morto a tiros, em uma emboscada.

Note-se, porém, que o recurso à violência direta, muitas vezes favorecido pelo modo como têm se portado as forças de repressão do Estado, é apenas uma das vias de atuação do campo contrário à demarcação. Na tentativa de obstruir o andamento do processo administrativo de demarcação da TI Tupinambá de Olivença, indivíduos e grupos mobilizados contra o reconhecimento dos direitos territoriais dos indígenas têm também pressionado o Poder Executivo e recorrido ao Poder Judiciário.

ENCARCERAMENTO DE LIDERANÇAS

A criminalização de lideranças tem sido uma estratégia reiteradamente empregada no caso tupinambá: no transcurso do processo demarcatório, vários indígenas, de diferentes regiões da TI, têm sido presos ou indiciados. Por exemplo, Rosivaldo Ferreira da Silva (cacique Babau), liderança da aldeia Serra do Padeiro, foi encarcerado quatro vezes por determinação de processos judiciais recobertos de arbitrariedades e ilegalidades. Na mais longa dessas prisões, em 2010, ele permaneceu cinco meses encarcerado, parte dos quais em um presídio de segurança máxima em Mossoró, Rio Grande do Norte. Vale considerar alguns elementos das duas últimas prisões do cacique, ocorridas em 2014 e 2016.

Em 24 de abril de 2014, o cacique Babau foi preso. Cinco dias depois, uma decisão liminar do Superior Tribunal de Justiça (STJ) determinou sua libertação, por estarem ausentes os requisitos legais exigidos para a aplicação de prisão temporária. O cacique era acusado de envolvimento no assassinato de um pequeno agricultor, ocorrido em 10 de fevereiro, na zona rural de Una, e teve sua prisão temporária decretada dez dias após o incidente. A existência do mandado de prisão, contudo, só veio à tona em abril – menos de 24 horas depois de o cacique receber o passaporte para viajar ao Vaticano, para efetuar denúncias ao papa –, em uma decisão salpicada de expressões como "virar índio", "supostos índios" e "milícia criminosa travestida de silvícola".

O inquérito policial que embasou o mandado de prisão temporária correu em segredo de justiça. Sem apresentar qualquer indício de que Babau houvesse participado do homicídio, a decisão sustentava-se apenas no relato de uma testemunha não identificada. Note-se que apenas testemunhas de acusação foram ouvidas; a polícia alegou à Justiça não ter conseguido encontrar o cacique Babau para que ele prestasse depoimento. A justificativa para o cerceamento de defesa causa espanto, já que Babau é assistido desde 2010 pelo Programa de Proteção aos Defensores de Direitos Humanos, pois é ameaçado de morte. Ademais, como se viu, Babau vivia à época em um território militarmente ocupado – nada mais conhecido que seu paradeiro.

Já no dia 7 de abril de 2016, o cacique Babau e seu irmão José Aelson Ferreira da Silva foram presos em flagrante por agentes da Polícia Militar (PM) e conduzidos à sede da PF em Ilhéus. No dia seguinte, o juiz federal Lincoln Pinheiro Costa, da Vara Única de Ilhéus, decretou a prisão preventiva dos irmãos, acusados de porte ilegal de arma de fogo de uso permitido, posse ou porte ilegal de arma de fogo de uso restrito, lesão corporal, ameaça, resistência e desacato. Cumpre notar que todas as acusações são negadas pelos indígenas, que alegam terem sido objeto de um flagrante forjado. Ainda no dia 8, ambos foram transferidos ao

Presídio Advogado Ariston Cardoso, em Ilhéus, a despeito dos apelos efetuados por diversas entidades civis, preocupadas com os riscos que recairiam sobre os indígenas se mantidos naquela instituição. Já no dia 11, Costa concedeu a José Aelson liberdade provisória, sem fiança, e substituiu a prisão preventiva imposta ao cacique Babau por prisão domiciliar, sob a condição de que ele se comprometesse a "não praticar atos contra a ordem social".

As prisões ocorreram na esteira da operação de reintegração de posse da fazenda São Jorge, situada na faixa costeira da TI e explorada pelo Areal Bela Vista Ltda. Desde outubro de 2015, o acesso à área estava bloqueado pelos Tupinambá. Tal ação visava impedir a retirada diária de toneladas de areia para a construção civil, que acarreta severos impactos socioambientais, como a destruição da mata nativa, inclusive de piaçabais, explorados economicamente pelos indígenas; a expulsão de animais ameaçados de extinção, como o mico-leão-dourado; e o acelerado assoreamento dos Rios Ipanema e Sirihiba, de onde provém a água consumida pelos indígenas. A retirada de areia impacta, ainda, a religiosidade dos Tupinambá, já que a atividade vem destruindo a mata de onde os indígenas retiram, todos os anos, o tronco de madeira utilizado para a construção do mastro de São Sebastião, no festejo conhecido como Puxada do Mastro. Note-se que as prisões do cacique Babau e de José Aelson aconteceram dois dias após uma audiência de conciliação no marco do processo movido pelo Areal Bela Vista contra os indígenas, ocasião em que os indígenas rechaçaram a possibilidade de "composição amigável do litígio", exigindo, ao contrário, que cessem as atividades predatórias no interior de seu território.

SUSPENSÃO DO PROCESSO DEMARCATÓRIO

Em 2013, a Associação dos Pequenos Agricultores, Empresários e Residentes na Pretensa Área Atingida pela Demarcação de Terra Indígena de Ilhéus, Una e Buerarema, estabelecida em 2009, impetrou um mandado de segurança preventivo (processo nº 041083486.2013.3.00.0000) em face do ministro da Justiça, solicitando o impedimento da demarcação da TI Tupinambá de Olivença. Em 5 de abril de 2016, contrariando manifestação do Ministério Público Federal (MPF), o ministro relator do processo, Napoleão Nunes Maia Filho, do STJ, concedeu medida liminar determinando a suspensão imediata do processo de demarcação até o julgamento final da ação. Alegadamente em defesa da "lisura procedimental necessária ao processo demarcatório", Maia Filho reviu decisão por ele proferida em 11 de dezembro de 2013, que indeferira o pedido de liminar.

Na petição, a associação acusou o processo administrativo de demarcação de ter incorrido em vícios formais. Contudo, uma rápida leitura do Decreto nº 1.775/1996, que regulamenta a demarcação de TIs, derruba prontamente as alegações acatadas pelo ministro relator do processo. A petição sustenta, ainda, estar demonstrada "histórica e sociologicamente" a inexistência da etnia Tupinambá no sul da Bahia, admitindo a existência genérica de alguns "poucos" indígenas na área, mas negando a tradicionalidade da ocupação. Nesse sentido, solicita a extinção do procedimento demarcatório, argumentando que, no caso em questão, só caberia a eventual constituição de reserva indígena – nas palavras de Maia Filho, com extensão "incomparavelmente menor" que aquela da TI –, por meio de desapropriação de áreas de particulares mediante prévia indenização pela terra.

Não é demais lembrar que os estudos de identificação e delimitação da TI comprovaram cabalmente a tradicionalidade da ocupação tupinambá, tendo sido aprovados pela Fundação Nacional do Índio (Funai) em 17 de abril 2009; que os três contralaudos (antropológico, etno-histórico e jurídico) apresentados no marco das contestações à demarcação foram todos indeferidos, por carecerem de embasamento teórico e empírico; e, finalmente, que o contexto tupinambá tem ensejado, nos últimos anos, ampla produção acadêmica, que desconstrói em absoluto as alegações da petição.

Em 14 de setembro de 2016, os ministros da primeira seção do STJ derrubaram, por unanimidade, o mandado de segurança concedido liminarmente em abril. Desse modo, não há mais impedimentos legais para que o Poder Executivo cumpra suas obrigações legais, levando a termo um procedimento marcado, em todas as etapas, pela violação dos prazos legais. Em 2 de março de 2012, após analisar e rejeitar as contestações à demarcação, a Funai encaminhou o processo ao Ministério da Justiça (MJ) e, desde então, ele está parado nas mãos do ministro. Em 5 de abril do mesmo ano, a consultoria jurídica do ministério manifestou-se pela aprovação dos estudos elaborados pelo órgão indigenista, mas Cardozo deixou a titularidade da pasta sem assinar a portaria declaratória. Até a conclusão deste texto, o ministro da Justiça, Alexandre de Moraes, tampouco havia tomado providências. Em face da demora, o MPF propôs seguidas ações civis públicas responsabilizando o Estado por morosidade e omissão.

É importante notar que, em diferentes ocasiões, Cardozo prestou declarações à imprensa defendendo "mediação" e "diálogo", sugerindo, espantosamente, a ponderação de direitos hierarquicamente desiguais, isto é, o direito territorial indígena e o direito à propriedade e à posse da terra. Em setembro de 2013, o então

Stefhany Ferreira da Silva, durante encontro de jovens realizado na aldeia Serra do Padeiro, TI Tupinambá de Olivença.

ministro instalou um fórum interinstitucional para tratar do caso tupinambá, com forte presença das forças repressivas do Estado. Em seguida, junto a Wagner, reuniu-se com lideranças indígenas e pretensos proprietários de terras em uma "mesa de diálogo". Em outra ocasião, extrapolando suas atribuições legais, reportou-se aos indígenas condicionando a assinatura da portaria declaratória à não realização de retomadas de terras e à celebração de "acordos" entre índios e não índios, prevendo inclusive a alteração dos limites da TI, com redução de sua área.

Na mesma direção, Costa – que, na posição de juiz, tomou para si o papel de "mediação de conflito"– tem se manifestado publicamente em defesa da demarcação descontínua do território tupinambá (em "ilhas"). Em outubro de 2015, após participar de um encontro de "mediação" promovido pelo juiz, o secretário de Justiça, Direitos Humanos e Desenvolvimento Social do Estado da Bahia, Geraldo Reis, deixou claro seu entendimento acerca do processo demarcatório: "Precisamos sair de um jogo em que todos perdem, para um posicionamento político institucional favorável a uma solução amigável".

Como se vê, o descumprimento pelo Governo Federal de suas atribuições legais e a atuação enviesada de parte do Judiciário, potencializados pelos discursos discriminatórios difundidos pela imprensa hegemônica, têm exposto o povo Tupinambá a uma ampla gama de violações de direitos, em um cenário de violência cotidiana, praticada, direta e indiretamente, por uma parcela da sociedade regional e mesmo por agentes do Estado. A conclusão do processo demarcatório da TI Tupinambá de Olivença é a única forma de pôr fim ao conflito instalado na região, garantindo os direitos de índios e não índios, e reparando as injustiças historicamente cometidas contra os primeiros. *(novembro, 2016)*

PATAXÓ

A Luta por Comexatiba

Sheila Brasileiro | Antropóloga, MPF
Tatiane Klein | Antropóloga, ISA

DESDE QUE FOI IDENTIFICADA PELA FUNAI EM JULHO DE 2015, A TI COMEXATIBA TEM SIDO PALCO DE AGRESSÕES VIOLENTAS CONTRA O POVO PATAXÓ – SITUAÇÕES QUE SE REPETEM HÁ MAIS DE 15 ANOS E QUE REMONTAM A UM PASSADO DE GRILAGEM E VIOLÊNCIA

Desde o final do século XX, o povo indígena Pataxó – que historicamente dominava, junto com os Maxacali, a área que hoje corresponde ao extremo-sul baiano – vem se empenhando em promover a recomposição de seu território de ocupação tradicional, do qual foi rechaçado ao longo dos séculos XVIII e XIX.

Só no início deste século, em dezembro de 2013, no entanto, é que a Funai publicou uma portaria determinando um prazo – de 120 dias – para a entrega do relatório de identificação de uma das terras que fazem parte desse território: a TI Comexatiba (Cahy-Pequi), cujos estudos haviam sido iniciados em 2005. Descontentes com a morosidade do processo de regularização, em fevereiro de 2014, os Pataxó ocuparam a sede administrativa do Parque Nacional do Descobrimento, reivindicando a identificação de Comexatiba e a expedição da portaria declaratória da TI Barra Velha, outra área de ocupação tradicional pataxó.

Em julho de 2015, o resumo do relatório seria finalmente publicado, identificando uma área de cerca de 28 mil hectares e 78 ocupações não indígenas nos limites da TI. Além das ocupações de particulares, o relatório de identificação da TI apontou sobreposições da área delimitada com 19,6% do Parque Nacional do Descobrimento, com 93,95% do Projeto de Assentamento Fazenda Cumuruxatiba e com 30,37% do Projeto de Assentamento Fazendas Reunidas Corumbau. Na porção sobreposta ao PND, criado em 1999 no contexto das comemorações oficiais dos "Quinhentos Anos do Descobrimento do Brasil", estão cinco das seis principais aldeias pataxó – Kaí, Pequi, Tibá, Alegria Nova e Monte Dourado –, onde vivem cerca de 300 famílias.

Desde a publicação do relatório, a TI Comexatiba passou a ser palco de agressões violentas, destacando-se os episódios ocorridos em agosto de 2015, quando homens armados invadiram a Aldeia Kaí durante a madrugada e incendiaram o centro cultural que continha objetos de uso tradicional e religioso da aldeia. Em 7 de setembro de 2015, indivíduos não identificados atiraram no veículo do cacique da comunidade Kaí; e na noite de 23 de setembro, um veículo que fazia o transporte escolar indígena foi emboscado por homens armados, que desferiram diversos disparos contra o veículo e o incendiaram.

O processo de regularização da TI Comexatiba recebeu mais de 170 contestações administrativas e, paralelamente, tramitam na Justiça Federal de Teixeira de Freitas uma dezena de ações de reintegração de posse impetradas pelo ICMBio, pelo Incra e por particulares. Ainda que as liminares de reintegração de posse concedidas no âmbito dessas ações tenham sido suspensas em caráter preliminar pelo Tribunal Regional Federal da 1ª Região (TRF-1), a posse indígena da área reconhecida como TI permanece precária. O território enfrenta ainda a oposição do setor hoteleiro do distrito de Cumuruxatiba, que ficou fora da área identificada, mas está cercado por aldeias pataxó.

TERRAS GRILADAS

Segundo a antropóloga Leila Burger Sotto-Maior, coordenadora do grupo de trabalho constituído para realizar estudos de identificação da TI Comexatiba, no século XX as terras dos antigos aldeamentos indígenas litorâneos nos municípios de Porto Seguro e Prado foram ocupadas por "diferentes projetos de povoamento", de forma que as famílias indígenas ali residentes foram compelidas a migrar para áreas interiores, de mata, na região onde posteriormente foi instalado o Parque Nacional do Descobrimento.

Nos depoimentos concedidos a Sotto-Maior, os Pataxó destacam que as famílias indígenas foram retiradas de suas terras em diversos períodos do século XX, de modo compulsório; as que resistiram foram espancadas e ameaçadas de morte. A empresa mais conhecida pela utilização de métodos violentos na retirada de regionais e índios das áreas pretendidas para exploração madeireira era a Fazenda Brasil-Holanda S.A., ou Bralanda.

Instalada na década de 1970 na região, a Bralanda era um consórcio extrativista binacional que durante muitos anos grilou e explorou extensas áreas da Mata Atlântica. Contava com colaboradores truculentos, como agentes policiais, e com a conivência de autoridades locais. Em entrevista concedida à antropóloga Sotto-Maior em 2005, o então deputado Guilherme Menezes (PT/BA) relatou que de fato a Bralanda havia expulsado muitas famílias indígenas e regionais de áreas cobiçadas para a retirada da madeira.

A despeito das duras restrições e ameaças dos grandes fazendeiros e políticos da região, os Pataxó jamais deixaram de transitar pela área hoje ocupada pelo Parque, de inestimável relevância simbólica para o grupo. Em um artigo publicado em 2010, Maria Geovana Batista confirmou a tradicionalidade da presença indígena em toda a área abrangida pelo Parque: "No interior das terras griladas pela Bralanda, no interior do atual PND há marcos ou marcações feitas com piquetes, além de vestígios da presença indígena, ainda muito viva e recente, materializada por fruteiras plantadas por seus antigos moradores, vestígios de fogueiras, fogões, construções, etc.".

As terras "griladas" pela Bralanda constituem hoje a maior porção da área do PND, que apresenta um traçado extremamente irregular. Assim como Batista, Sotto-Maior reconheceu que, apesar das ameaças e expulsões perpetradas ao longo do século XX, os Pataxó continuaram frequentando o território hoje constituído como Parque. A implantação do PND vedou aos índios a recuperação de suas terras, analogamente ao que ocorreu com o Parque Nacional de Monte Pascoal, sobreposto à TI Barra Velha.

Conhecida como "aldeia mãe" dos Pataxó, Barra Velha foi implantada em 1860 para usufruto dos Pataxó; já o Parque Nacional de Monte Pascoal foi decretado em 1943 e implantado fisicamente em 1961. No processo de regularização da TI Barra Velha, concluído em 1991, foi subtraída a área delimitada como Parque, inclusive os férteis manguezais tradicionalmente utilizados para a subsistência dos Pataxó. Segundo uma informação da Funai de 1997, os Pataxó desfrutavam de toda a região compreendida entre os Rios Corumbau e Cemitério, e do Monte Pascoal ao Oceano, mas, a partir de 1965, foram confinados a 210 hectares de terra pelo Instituto Brasileiro de Desenvolvimento Florestal (IBDF), o atual Ibama.

Como a demarcação de Barra Velha, em 1991, não se fundamentou nos estudos e pareceres técnicos previstos na legislação, a área identificada como Terra Indígena foi "cedida" pelo antigo

Durante a Mobilização Nacional Indígena em Brasília, Pataxó protestam em reunião de instalação da comissão especial da PEC 215/00. Eles também reivindicam a demarcação das TIs Comexatiba e Barra Velha do Monte Pascoal.

ICMBIO QUER RETIRADA DE PATAXÓ DA TI COMEXATIBA

O Parque Nacional do Descobrimento, criado em 1999, foi ampliado em 2012, com um decreto que prevê dupla afetação – uma forma de gestão compartilhada – em caso de sobreposição com Terras Indígenas. No entanto, o ICMBio tem mantido uma posição contrária ao reconhecimento da TI Comexatiba. Em 2015, uma ação judicial movida pelo órgão ambiental há dez anos contra a demarcação transitou em julgado, logo depois de o órgão ter decidido abandonar as tratativas com a Funai na Câmara de Conciliação e Arbitragem da Advocacia-Geral da União da Secretaria Geral da Presidência da República.

A Funai havia apelado ao TRF-1 que aguardasse a publicação do relatório de identificação da TI para julgar a ação, mas o ICMBio pediu a retomada do julgamento e ganhou, meses antes da identificação da terra. Em 2015, após a publicação do relatório de identificação, o órgão indigenista voltou à Justiça para pedir que o ICMBio fizesse a gestão compartilhada da área sobreposta, mas o tribunal extinguiu a ação no início de 2016.

A decisão favorável ao ICMBio apoiou-se, então, no Estatuto do Índio para sustentar que a identificação da terra pela Funai não seria suficiente para que a TI Comexatiba fosse reconhecida como tradicionalmente indígena. O TRF-1 também levava em conta uma manifestação do então presidente do ICMBio, Claudio Maretti, afirmando que as tratativas de conciliação não seriam continuadas porque entendia que a preservação do Parque Nacional tornava ambientalmente inviável qualquer forma de ocupação humana – em clara contradição com propostas de gestão compartilhada já apoiadas pelo órgão.

Para o jurista e professor de direito ambiental Carlos Marés, da Pontifícia Universidade Católica do Paraná (PUC/PR), o ICMBio e o TRF-1 estão equivocados. Ele esclarece que para ser considerada indígena, segundo a Constituição de 1988, a terra não precisa do decreto de homologação: "É um direito que vem da origem. Portanto, a demarcação, ou o reconhecimento público, é apenas o reconhecimento de um direito preexistente", explica. "A não ser que o Estado diga que os índios não existem e portanto não têm território", provoca o professor.

Em março de 2016, às vésperas da execução da reintegração de posse, com uso de força policial, o TRF-1 suspendeu a ação. Na decisão, a desembargadora Mônica Sifuentes acatou o pedido do procurador João Akira Omoto, do Ministério Público Federal (MPF), para reconsiderar o julgamento que determinou a expulsão das famílias pataxó que vivem na área sobreposta ao Parque Nacional. Segundo o MPF, o tribunal errou ao julgar o fato sem considerar que o relatório de identificação da TI já havia sido publicado pela Funai.

O TRF-1 também apoiou-se em decisões do Supremo Tribunal Federal (STF) para questionar o argumento da ação do ICMBio de que só haveria dupla afetação na área de sobreposição com o Parque quando a área fosse homologada pela Presidência da República. Citando uma decisão do ministro Ricardo Lewandowski sobre a TI Ibirama Laklano, a desembargadora considerou que a demarcação de TIs é um ato meramente formal e só reconhece um direito preexistente, garantido pela Constituição. Agora, a ação de reintegração de posse segue suspensa até que o ICMBio seja ouvido no processo; e o direito dos Pataxó à terra segue ameaçado.

Mandỹ Pataxó, da aldeia Alegria Nova, denuncia o ICMBio por ter impedido judicialmente a circulação de veículos de transporte escolar nas aldeias sobrepostas ao Parque: "Toda vida a gente teve problema. A forma que eles lidam com a gente é caluniando e querendo desconstruir a imagem nossa. Eu acredito que nós somos os verdadeiros professores do meio ambiente. Nós colocamos um cocar na cabeça e mostramos que nós temos equilíbrio. Já eles, não".

A antropóloga da Funai Leila Burger Sotto-Maior acompanhou as negociações entre Funai, ICMBio e lideranças indígenas na Câmara de Conciliação da AGU por nove anos e conta que já houve momentos de abertura com ICMBio, mas que a pressão contrária à TI sempre existiu. "Em 2014, em uma reunião em Brasília, um representante de alto escalão do ICMBio rasgou o Decreto nº 7747/2012, que diz respeito à PNGATI, na frente de todos os presentes, afirmando que o instrumento não existe e que era bobagem insistir naquilo. Para ele, a única forma era desafetar o Parque ou os índios saírem de lá. O processo de Comexatiba sempre foi mais conturbado e menos aceito pelo ICMBio do que o de Barra Velha, mas não saberia dizer a razão real – já que a sobreposição é só em cerca de 19% de uma área que já é de capoeira", rememora.

Já para José Augusto Laranjeiras Sampaio, da Anaí, a posição do órgão pode ter a ver com as negociações da sobreposição da TI Barra Velha: "As dificuldades do ICMBio são por conta da expectativa tácita que eles tinham de que, tendo cedido à sobreposição com o [Parque Nacional] Monte Pascoal, os Pataxó não reivindicariam Descobrimento. E eles reivindicam com toda legitimidade", avalia o antropólogo.

O Plano de Manejo do Parque Nacional do Descobrimento, de 2014, sustenta em vários momentos que a ocupação pataxó em Comexatiba seria recente e que o modo de vida nas aldeias Pequi, Tibá, Barra do Cahy, Alegria Nova e Monte Dourado gera pressões sobre os recursos da UC, com atividades como a caça, o uso do fogo e da lenha e o extrativismo de subsistência. Mas as pesquisas para o relatório de identificação dizem o contrário: as retomadas foram feitas sobre lugares de moradia e de esconderijo dos Pataxó entre as décadas de 1930 e 1980, onde os técnicos, entre eles agentes ambientais do próprio ICMBio, encontraram antigas roças, moradias e paisagens produzidas pela presença indígena. Além disso, segundo Sotto-Maior, mesmo tendo aberto roçados após as retomadas, muitas áreas foram recompostas a partir da ocupação Pataxó. (Tatiane Klein, ISA, março de 2016)

IBDF, em acordo selado com a Funai já em 1980 e, nessa partilha, coube aos Pataxó apenas a metade norte do seu território de uso tradicional. Cientes de haverem sido esbulhados, eles passaram a reivindicar a revisão de limites da TI Barra Velha.

Em 1999, a Procuradoria da República em Ilhéus (BA) recomendou à Funai que promovesse em caráter de urgência os estudos para a revisão de limites da TI e, em agosto do mesmo ano, o órgão instituiu um grupo técnico para identificar a TI Corumbauzinho e revisar os limites da TI Barra Velha. No dia seguinte, os Pataxó ocuparam a área delimitada como Parque.

O grupo técnico constituído pela Funai sofreu diversas pressões e revezes, foi paralisado em mais de uma ocasião por falta de recursos financeiros e não entregou o relatório, estabelecendo um impasse. Assim, a Funai o destituiu e constituiu outros grupos técnicos para identificar o território pataxó: em 2005 e 2006, o GT de revisão de limites da TI Barra Velha e o GT de identificação e delimitação da TI Corumbauzinho; entre 2005 e 2007, o GT de identificação e delimitação da TI Cahy-Pequi.

Em 2008, a Funai publicou no Diário Oficial da União o resumo do relatório de identificação da TI Barra Velha, incorporando a antes designada TI Corumbauzinho, mas no prazo de 90 dias a comunidade pataxó e a Frente de Resistência e Luta Pataxó protocolaram uma contestação aos limites territoriais definidos no relatório.

Terminado o prazo para as contestações e assinado o acordo de gestão compartilhada do Parque Nacional do Monte Pascoal, firmado em 2010, o procedimento demarcatório de Barra Velha encontra-se paralisado por ordem judicial. Três liminares concedidas pelo STJ impedem que o Ministro da Justiça assine a portaria declaratória dessa Terra Indígena. *(setembro, 2016)*

MINAS GERAIS

Os Tikmũ'ũn e Seus Caminhos

Suely Maxakali	Fotógrafa e presidente da Associação Maxakali de Aldeia Verde
Isael Maxakali	Cineasta e professor
Douglas Ferreira	Antropólogo, doutorando na UFSC
Eduardo Pires Rosse	Etnomusicólogo, professor na UFMG
Ricardo Jamal	Etnomusicólogo, doutorando na UFMG
Roberto Romero	Antropólogo, doutorando no Museu Nacional/UFRJ
Rosângela Tugny	Etnomusicóloga, professora da UFSB

VIVENDO EM TERRAS QUE SOMAM JUNTAS POUCO MAIS DE 6 MIL HECTARES, OS TIKMŨ'ŨN, OU MAXAKALI, MANTÊM UM DESEJO INCONTIDO DE PERCORRER ESPAÇOS. POR MEIO DESSES DESLOCAMENTOS, ELES SE ENCONTRAM COM OS *YÃMĨYXOP*, OS ESPÍRITOS QUE AJUDARAM SEUS ANTEPASSADOS A ESCAPAR DA VIOLÊNCIA DOS BRANCOS. QUASE EXTINTOS, OS TIKMŨ'ŨN COM SEUS *YÃMĨYXOP* NOS LEMBRAM, A CADA INSTANTE, QUE O MUNDO PODE E DEVE DEVIR OUTRO

"Os Tikmũ'ũn sempre andaram por aqui, nestas terras que vocês, brancos, chamam de Vale do Mucuri e que nós chamamos kõnãg mõg yok, 'onde o rio corre reto'. Fazíamos uma aldeia, caçávamos, pescávamos e dançávamos com os yãmĩyxop (espíritos) e depois de um tempo os mais velhos se reuniam e decidiam se mudar de novo. Antigamente não havia brancos. Eles mataram muitos Tikmũ'ũn e trouxeram doenças. Os 'padres de roupa vermelha'[1] (ãmãnex xax ãta) traziam para os Tikmũ'ũn panos que espalhavam sarampo e varíola. Quando um adoecia, todos se separavam. Foi assim mesmo que aconteceu aqui perto, em Itambacuri (MG). Os Tikmũ'ũn subiram até o Vale do Jequitinhonha, onde hoje fica Araçuaí (MG). Outros vieram do sul da Bahia, assim como fizeram os Botocudo que foram subindo do Espírito Santo até chegarem em Teófilo Otoni (MG).

Quando se encontravam, os Tikmũ'ũn e os Botocudo brigavam. Mas havia o espírito de uma criança, yãmĩy nãg, que sempre nos avisava quando alguma ameaça como os brancos ou os botocudo se aproximava. À noite, ele vinha e o avisava: 'Pai! Pai! Vocês devem partir! Os brancos estão vindo para te matar!'. E então os Tikmũ'ũn fugiam. Por fim, chegamos onde hoje ficam as aldeias de Água Boa e Pradinho e nos escondemos em mĩkax kaka, 'debaixo da pedra'. Quando os brancos se aproximavam ou os Tikmũ'ũn ouviam passar um avião, corriam para dentro de uma gruta em Água Boa. Os brancos iam embora, pensando que tinham acabado com todos, mas eles estavam lá, escondidos. Com o tempo, não teve mais jeito e eles tiveram que se envolver com os brancos. Os brancos traziam uma faca e eles trocavam por terra, traziam um boi, e eles trocavam por terra. Os brancos tiravam foto dos homens e das mulheres e diziam: 'Aqui está a alma (koxuk) de vocês! Se vocês não forem embora, vamos destruir vocês!'. E os Tikmũ'ũn, com medo de perderem seus yãmĩyxop (espíritos), fugiam. Assim, os fazendeiros foram tomando as nossas terras e derrubando toda a mata. Nós mesmos vimos com nossos próprios olhos a mata grande. Mas com o tempo os fazendeiros derrubaram tudo e a floresta virou capim. Nós, Tikmũ'ũn, tivemos que escolher: ou perdíamos a terra ou perdíamos a língua. Preferimos perder a terra do que perder a língua. Se tivéssemos escolhido perder a língua, já não existiríamos mais.

Hoje, a terra onde vivemos é pequenininha. A terra, as águas, o céu, o sol e o vento hoje estão doentes. Por que estão doentes? Porque a mata acabou, os rios secaram e as nossas águas adoeceram. O corpo da terra está quente. Plantamos sementes e mudas, mas elas não crescem mais. Mesmo se molharmos, não crescem tão rápido como crescem com a água da chuva. A mata hoje está fraca. Não há mais árvores altas e fortes como as que viviam aqui antigamente. A chuva e os ventos estão com raiva e não querem mais cair ou soprarem por aqui. Por isso a terra está tão quente. Quando a água dos lagos evapora, se transforma em nuvens vermelhas, que também estão doentes e esquentam a terra. Chove forte, mas a chuva que cai hoje em dia adoece as nossas crianças. Antigamente, nossas crianças não adoeciam como hoje, porque havia muita mata. Hoje elas começam a tossir, a gripar e a queixar dor de garganta, dor de cabeça. Mas os brancos chegaram e derrubaram toda a mata, poluíram os rios, construíram usinas hidrelétricas e acabaram com os peixes. Nossos avós viviam até os cem anos. Mas nós não chegaremos mais nesta idade, porque hoje temos muitas doenças que antes não tínhamos e já não comemos como antigamente.

Ainda assim, os Tikmũ'ũn sabem curar a terra. Nós podemos trazer de volta a mata, as frutas e os bichos. Quando chegamos aqui, em Aldeia Verde, a mata era pequena. Os fazendeiros que viviam aqui tinham queimado tudo e só víamos braquiária. Depois que chegamos, a mata voltou a crescer. Os brancos têm poucos filhos hoje em dia, mas nós não. Nós temos muitos filhos e um dia a nossa terra não suportará mais tanta gente. Ou vamos todos virar branco e morar em casas compridas de cimento como nas cidades? Nós morando em baixo, nossos filhos no andar de cima, nossos netos e os filhos dos nossos netos em cima deles? E como os yãmiĩyxop (espíritos) vão fazer para buscar comida nestas casas? Vamos ter que descer de elevador para levar comida para os yãmiĩy? Ou amarrar um cipó bem comprido para eles subirem, como macacos, buscando comida? Não vai dar!

Por isso nós sempre pedimos para o governo aumentar as nossas terras. Mas os governos não reconhecem que somos indígenas vivendo em Minas Gerais e que temos ainda a nossa cultura viva. Que aqui também nós temos as nossas madeiras vivas, que são gente, e que precisamos criar os seus filhos para continuar existindo os remédios da mata e a água que faz as nossas crianças crescerem fortes como as árvores. Hoje, os pajés tikmũ'ũn estão muito tristes. Estão se matando para não terem que continuar assistindo a tudo de ruim que acontece por aqui. Os yãmiĩyxop já não têm mais onde caçar, banhar ou o que comer. Daí a preocupação que não sai da cabeça deles. Por isso, muitas vezes, os pajés preferem se matar. Eles pensam: 'Eu vou me matar! Eu vou viver com os yãmiĩyxop e de lá vou cuidar dos Tikmũ'ũn!'. Eles morrem, mas continuam aqui, entre nós, caminhando pela mata, com os yãmiĩyxop. Aqui, os yãmiĩyxop já não podem caminhar, como faziam antigamente. Os cantos já não surgem mais. Os fazendeiros nos cercaram. Por onde a gente anda, vemos cercas e placas dizendo "proibido caçar e pescar". Os fazendeiros são todos onças. Não dá pra continuarmos vivendo assim!"

Jovens tikmũ'ũn caçam capivaras na TI Maxakali, Pradinho (MG).

A presente narrativa de dois autores deste texto, Isael Maxakali e Sueli Maxakali, traz as notícias mais recentes do seu povo, os Tikmũ'ũn, falantes da língua Maxakali, pertencente à família Maxakali (Macro-Jê), a única hoje falada entre as demais línguas que compunham esta família, como a Pataxó, Makoni, Kopoxó, Koropó, Malali, Kumanaxó, Kutaxó, Paname, Makuni, Kopoxó e Pirixu. Somam cerca de 2.122 pessoas[2], distribuídas em terras que, juntas, chegam apenas a 6.020 hectares. Nos municípios de Santa Helena de Minas (MG) e Bertópolis (MG) situa-se a Terra indígena Maxakali, subdividida em Água Boa e Pradinho. No município de Ladainha (MG) a Aldeia Verde, e no município de Teófilo Otoni (MG) a Aldeia Cachoeirinha.

Segundo as informações dos Tikmũ'ũn, seus antepassados vieram de variadas regiões, trazendo, cada grupo, parcelas dos repertórios de cantos e rituais de povos que denominam como yãmĩyxop. Embora sejam sistematicamente e indevidamente tratados como um único povo, estes Tikmũ'ũn mantêm ativa a memória da diversidade dos seus grupos originários que percorreram durante os séculos XVIII, XIX e XX os espaços compreendidos entre o litoral sul da Bahia e o leste de Minas Gerais, ao longo dos vales dos Rios Jequitinhonha, Mucuri, Buranhém, Jucuruçu (ou Rio do Prado), Itanhém (ou Rio Alcobaça) e outros rios menores.

Vários são os processos e etapas de demanda de revisão territorial para os povos tikmũ'ũn desde seu primeiro contato com o SPI entre 1910 e 1915, demonstrando um longo e sangrento histórico de pressão dos fazendeiros do entorno. Ainda assim, as soluções tomadas estão longe de assegurar-lhes um território dotado das condições mínimas necessárias para sua reprodução física e cultural. As ações da Funai têm sido todas de caráter emergencial, em vários casos caracterizadas como ações de segurança pública, fazendo constantemente apelo às forças policiais. Apesar de o Estado ter sido notificado por várias vezes, nenhuma ação satisfatória, gerada a partir de um estudo criterioso sobre estes povos e sua ocupação tradicional, foi realizada, configurando uma grave indefinição nas políticas de ampliação do território ou de regularização fundiária das terras tradicionalmente ocupadas pelos Tikmũ'ũnn.

Haja vista o alarme feito por inúmeros antropólogos e indigenistas em carta enviada à 6ª Câmara do Ministério Público Federal, no ano de 2012. A carta foi uma solicitação à Funai de tomada de ações visando pôr termo à extrema vulnerabilidade social dos moradores da Aldeia Cachoeirinha – situação marcada pelo isolamento em relação a outros grupos; pela dificuldade da entrada de veículos na aldeia; grave depopulação; dependência de cestas básicas; estímulo ao alcoolismo com assédio à compra de cachaça nas cidades vizinhas e em alambique próximo à aldeia; além de um atendimento deficitário dos órgãos de saúde pública – dificuldades que permanecem, já que não há respostas substanciais dos órgãos responsáveis.

A exemplo do que estamos evidenciando, a terra onde está justamente a Aldeia Cachoeirinha, juntamente com aquela onde está a Aldeia Verde, decorrem de um grave conflito ocorrido em 2005, envolvendo vários subgrupos tikmũ'ũn, que resultou na expulsão de dois deles da TI Maxakali e em uma intervenção massiva da Polícia Federal. Deste processo é que decorreu a compra, em clima de urgência e tensão, dessas duas novas reservas. Historicamente, constata-se que apenas em situações de graves conflitos é que os órgãos reconhecem a necessidade de sua presença e atuação junto aos Tikmũ'ũn. Desta forma, o problema fundiário estrutural sempre foi camuflado – e tratado – naqueles momentos de guerra como "casos de polícia".

Todas as atuais terras tikmũ'ũn são exemplo da política territorial herdada da época do SPI – política integracionista segundo a qual as áreas demarcadas destinam-se apenas a postergar e amenizar um pouco a passagem, tida como inexorável e irreversível, do estado tradicional da vida das comunidades indígenas para o estado da civilização nacional moderna. Tais terras não correspondem às áreas de uso e ocupação tradicional dos grupos aos quais são destinadas. Nunca houve para os Tikmũ'ũn um estudo de identificação e delimitação territorial nos moldes do que estabelece a legislação atual. Nunca houve um estudo que defina e destine a eles as terras em condições garantidas pela Constituição Federal em seu artigo 231, parágrafo 1º.

Além de habitarem um território mínimo, os Tikmũ'ũn sofrem da perda das qualidades ambientais básicas, que já há muito tempo não existem em suas terras e na região que os circunda. Isto ameaça tremendamente a reprodução dessas populações e de seus modos de vida. Não há mais frutas, caça, peixes e água de qualidade. Em todas as terras em que vivem, os poucos cursos d'água apontam índices de contaminação elevados. Em Água Boa e Pradinho, as cabeceiras dos rios que cortam a TI Maxakali não foram incluídas na última demarcação. Esta localidade é devastada e dominada pelo capim-colonião. Na Aldeia Verde não há praticamente cursos de água ou lagoas. Contam quase exclusivamente com água encanada pelo antigo fazendeiro e um pequeno riacho também contaminado. Estas condições ambientais degradadas impossibilitam uma existência mínima para qualquer grupo humano que viva em zona rural, mas, levando em consideração as especificidades socioculturais dos Tikmũ'ũn, o problema se torna ainda mais grave.

Tais especificidades socioculturais partem, por exemplo, do desejo incontido de percorrer os espaços. Através desses deslocamentos é que os antepassados tikmũ'ũn puderam encontrar os *yãmiĩyxop*, aqueles mesmos que os ajudavam a escapar da violência dos brancos. Mas houve um tempo em que não se pôde mais fugir. Agora a terra está pequena e as pessoas doentes.

Apesar de viverem confinados, os Tikmũ'ũn estão sempre a traçar linhas de fuga. Dia após dia, continuam a entrecortar os limites impostos a eles pela invenção dos estados de Minas Gerais e Bahia, sendo vistos frequentemente nas cidades de Almenara (MG), Rubim (MG), Itanhém (BA), Medeiros Neto (BA), Vereda (BA), Itamaraju (BA) e em várias outras localidades. Nessas ocasiões, os funcionários da Funai são chamados a repatriá-los às aldeias pelas autoridades locais, incomodadas com as desordens que eles trazem ou apiedadas pela condição aparentemente miserável. Mas quando falam sobre as viagens a estes lugares, os Tikmũ'ũn as descrevem sempre como passeios prazerosos e momentos de intensa alegria. Quando retornam às suas aldeias, outras festas os esperam. Essas festas são vistas pelos brancos como "rituais", com muitas músicas, danças, brincadeiras, namoros, banquetes e a presença dos *yãmiĩyxop*, pessoas que trazem corpos brilhantes, olhos vendados e que causam muita comoção entre as crianças, os homens e as mulheres.

A TERRA DOS *YÃMIĨYXOP*

Este mundo múltiplo, feito através dos *yãmiĩyxop*, pode ser vislumbrado em uma enorme produção de livros, filmes e CDs empreendida pelos Tikmũ'ũn nos últimos anos. Vários livros foram escritos em parceria com seus pajés e professores, que demonstram a profundidade do seu conhecimento com relação ao território. Todas essas publicações são bilíngues, trazendo uma imensa riqueza poético-musical. O cinema tikmũ'ũn já é consagrado por festivais de filmes etnográficos, com vários filmes premiados. Por exemplo, o filme "Caçando Capivara", de cineastas da TI do Pradinho, foi premiado como melhor média-metragem do Festival Internacional de Cinema Ambiental (FICA), em 2010.

Além de todas essas iniciativas, os Tikmũ'ũn entregaram, recentemente, na I Conferência Nacional da Política Indigenista (CNPI), organizada pela Funai em 2015, três mapas que situam lugares que não estão contidos na atual TI Maxakali. Na entrega dos mapas, pajés homens e mulheres tikmũ'ũn trouxeram a emanação dos seus *yãmiĩyxop* através dos cantos e dos objetos e desenhos presentes em seus corpos que são formas de abrir caminhos e criar deslocamentos. No vídeo do fotógrafo e videasta Edgar Kanaykô podemos ver vários destes momentos em que diferentes pessoas tikmũ'ũn se deslocam pelos espaços da escola indígena com os mapas em suas mãos. Seus corpos estão todos pintados com as imagens que aprenderam com os *yãmiĩyxop*. Em um destes momentos, Dalvina Maxakali, Edna Maxakali e Arnalda Maxakali, importantes mulheres-pajés, entregam aos representantes da Funai um dos seus mapas. Elas trazem consigo os cantos de *Mõgmõka* (gavião-espírito), *Kõmãyxop* (amigos rituais) e *Ãmkak* (arara-espírito). Dalvina, ao entregar o mapa, diz: "Estamos entregando esse documento para que o governo veja e conheça a nossa terra verdadeira, a terra dos *yãmiĩyxop*"[3].

Os lugares que foram desenhados nos mapas são repletos de histórias que surgiram da relação dos seus antepassados-*yãmiĩyxop* com eles. Esses mapas desenham histórias como aquelas que ocorreram na região do Córrego do Norte (*Puxap Hep*), entre os Tikmũ'ũn e os Botocudos. Os cantos do espírito-papagaio/ *Putuxop* abrem o mundo para a intensidade destas relações. Uma sequência de cantos do espírito-morcego/*Xũnĩm* narra a trajetória do personagem *Xuxtupnãg* nas proximidades do município de Batinga (BA). No ritual do espírito-macaco/*Po'op*, uma sequência de cantos abre para uma série de eventos ocorridos em *Katamakxit*/Gameleira com Cipó – localidade que está nas proximidades de Vila Formosa (MG). Vários anciãos e anciãs lembram-se de terem vivido momentos da sua infância neste lugar, narrando momentos de caça, pesca e rituais ali realizados.

Estes espaços aparecem nas narrativas tikmũ'ũn como um mundo múltiplo de seres e cheios de vida, e o relato de Isael e Sueli Maxakali traz, como um alento para os tempos atuais, a boa nova: é que os Tikmũ'ũn podem curar a terra, mas não sem poderem habitá-la e utilizá-la, como deve ser por direito. Quase extintos, os Tikmũ'ũn com seus *yãmiĩyxop* nos lembram, a cada instante, que o mundo pode e deve devir outro. *(setembro, 2016)*

NOTAS

[1] Provável referência aos padres capuchinhos, responsáveis pela implantação das missões em toda a região do Vale do Mucuri entre os séculos XIX e XX.

[2] Conforme dados atualizados obtidos junto às Coordenações Técnicas Locais – CTL da Fundação Nacional do Índio – Funai, localizadas nas cidades de Santa Helena de Minas (MG) e Teófilo Otoni (MG).

[3] Conforme o filme "Povo Tikmũ'ũn/Maxakali – ritual de entrega dos mapas/ documentos I CNPI", disponível em: <https://www.youtube.com/watch?v=- -DL-QrP08yY>..

ESPÍRITO SANTO

"A Cidade Está Chegando"

Celeste Ciccarone | Antropóloga, docente da UFES

NO PONTO EXTREMO DA CAMINHADA DE UMA FAMÍLIA EXTENSA GUIADA POR UMA XAMÃ, OS GUARANI MBYA E ÑANDEVA NO NORTE DO ESPÍRITO SANTO TÊM EMPREENDIDO MOVIMENTOS DE FORTALECIMENTO DE SEU MODO DE SER (*ÑANDE REKO*), ENQUANTO ENFRENTAM OS IMPACTOS DA MONOCULTURA DE EUCALIPTO E DE OBRAS DE INFRAESTRUTURA EM SUAS TERRAS

A ocupação guarani no litoral norte do Espirito Santo, que remonta a meados da década de 1960, representa o ponto extremo da migração da família extensa guiada pela *kunhakarai* (mulher xamã) Tatatxi Yva Retée, a grande líder espiritual do povo Guarani, ao longo de seu extenso território denominado *yvy rupa*, o mundo terreno habitado cuja única fronteira é o mar. O domínio deste território contínuo que compreende o Brasil e os países vizinhos do Cone Sul historicamente invadido e fisicamente fragmentado, com numerosas aldeias distribuídas de forma dispersas, é realizado mobilizando relações de reciprocidade e deslocamentos em rede, entre eles, os processos migratórios. Durante a caminhada (*oguata*), Tatatxi Yva Retée liderou a fundação de vários aldeamentos (*tekoa*) no litoral sudeste brasileiro em áreas de Mata Atlântica, bioma que referencia a realização do modo de vida e do devir guarani, vislumbrados em sonhos e reconhecidos como antigas ocupações dos antepassados pelos peculiares acidentes geográficos e marcos históricos como ruínas, estes últimos originários da aldeia Porto Lindo (*Yvy Katu*) em Japorã, município do extremo sul de Mato Grosso do Sul, divisa com o Paraguai. Famílias ñandeva começaram a chegar e se fixar no aldeamento de Boa Esperança (*Tekoa Pora*), fundado pela líder xamânica, a partir da década de 1990, selando alianças de casamento com a família extensa mbya e mantendo ativas as redes de parentesco que favoreceram o fluxo de parentes para as aldeias no Espirito Santo.

A maioria da população guarani que habita o litoral norte do município de Aracruz é constituída por Mbya – etnônimo rejeitado pelos descendentes diretos da líder xamânica que se autodenominam exclusivamente como Ñandeva (os que somos nós) e cujas famílias detêm a liderança política das aldeias (*tekoa*) Boa Esperança atualmente com 38 famílias, Três Palmeiras (*Mboapy Pindo*) com 34 famílias e Piraquê-açu, nome do rio que margeia o aldeamento, com nove famílias, todas localizadas numa faixa de área continua ao longo da rodovia litorânea. As aldeias Três Palmeiras e Piraquê-açu foram constituídas por desmembramentos/dissidências da família extensa, com unidades familiares provenientes de Boa Esperança e de outros aldeamentos guarani, sobretudo da região sudeste do país, vinculados por redes de parentesco, sendo esta característica da dinâmica de sua expansão territorial.

As três aldeias, habitadas quase que exclusivamente por Guarani, com algumas famílias constituídas a partir de relacionamentos com *jurua* (não índios), ocupam um pequeno nicho de Mata Atlântica ameaçado pelo intenso monocultivo de eucalipto da multinacional Aracruz Celulose (atual Fibria), implementado durante o período da ditadura militar. Nessa época, em colaboração com o Governo Estadual e Federal, a região foi esvaziada, com a remoção forçada dos Guarani junto a uma família de Tupinikim – povo indígena que habita uma extensa área na região do município de Aracruz –, e transferidos para Penitenciaria Indígena "Fazenda Guarani", no município de Carmésia (MG), onde ficaram detidos ao longo de seis anos.

A progressiva desertificação da área com aridez do solo, redução da biodiversidade e mudanças climáticas como longos períodos de seca provocados pela agroindústria dificultam a manutenção das atividades indígenas de autossustentação, como os cultivos e a coleta de matérias primas para produção de artesanato e de demais atividades econômicas. Tal condição de vulnerabilidade foi agravada nos últimos anos pelos impactos provocados pela implementação de empreendimentos industriais de grande e médio porte, como os que compõem o complexo portuário do litoral norte de Aracruz, constituído, além do Portocel para exportação de celulose branqueada, pelo Estaleiro Jurong Aracruz (EJA) (2012) e o Terminal Industrial Imetame (2014) de apoio às atividades de exploração de petróleo e gás no Espírito Santo.

O pesado investimento na industrialização da região se evidencia pela existência de um total de mais de 15 empreendimentos com processo de licenciamento ambiental em aberto, desencadeando várias ações de protesto dos indígenas e contribuindo para o crescimento das ocupações urbanas – que vêm acossando e cercando os Guarani em seus aldeamentos. "A cidade está chegando", afirma Antonio Carvalho, Wera Kwaray, cacique da aldeia Boa Esperança.

Neste contexto de intensificação da presença e contato com os *jurua*, o etnoturismo vem se constituindo como uma das principais atividades econômicas, propiciando a continuidade da venda de artesanato, já que há um forte fluxo turístico na região litorânea e que em 2010 uma aldeia cenográfica foi criada para filmagens do longa-metragem "Como a Noite Apareceu" (2012). O lugar, denominado *aldeia temática* pelos Guarani, está situado às margens do Rio Piraquê-açu e é parte estratégica do programa de visitação turística aos aldeamentos da faixa litorânea.

Nos últimos anos, os Guarani têm investido em ações de fortalecimento étnico favorecidas pelos incentivos proporcionados pelas políticas culturais. Além do documentário *Reikwaapa*, sobre ritos de passagem, realizado em parceria com um cineasta independente em 2013, durante os anos de 2014 e 2015 foram realizadas pesquisas e produções audiovisuais pelos Guarani das aldeias no Espírito Santo e no Rio de Janeiro, no âmbito do programa de Inventário Nacional de Referencias Culturais, do Iphan, em parceria com o Museu do Índio. O interesse pela linguagem audiovisual se evidencia ainda na produção de materiais didáticos pelos professores guarani que participam, desde 2014, dos programas de formação continuada (Ação Saberes Indígenas na Escola e Curso de Licenciatura Intercultural Indígena) junto à Universidade Federal do Espírito Santo (Ufes).

Estratégias de política cultural, assim como investimento em pequenos projetos agroflorestais de plantios de mudas nativas, criações de animais silvestres e meliponicultura proporcionada pelo Plano de Sustentabilidade Tupinikim e Guarani (PSTG) desenvolvido pela Kamboa, organização não governamental que atua com recursos da Fibra, vêm ocorrendo nos últimos anos no meio de uma progressiva deterioração das condições de vida com emergências de doenças que mobilizam frequentes demandas de intervenções xamânicas, sendo a expansão da ocupação territorial e a busca de lugares idôneos para fortalecimento do modo de ser (*ñande reko*) e devir guarani sempre mais prementes no horizonte dos Guarani.

NOVOS ALDEAMENTOS

Desde o último conflito fundiário, protagonizado junto aos Tupinikim pela retomada das terras ainda invadidas pela Aracruz Celulose (Fibria), foram criados novos aldeamentos, como Olho d'Agua (11 famílias); Boa Vista (três famílias), na divisa da área de Boa Esperança com a área do aldeamento tupinikim Caieiras Velhas; e, mais recentemente, Nova Esperança (*Ka'aguy Porã*), em processo de formação com previsão de ocupação de 27 famílias.

Todas as novas ocupações, lideradas por famílias mbya, conforme sua dinâmica e perspectiva territorial, exigiram a identificação de lugares mais afastados dos *jurua*, com requisitos ecológicos e simbólicos para criação do *tekoa*, como nascentes, cursos d'agua e nichos de flora e fauna nativas da Mata Atlântica. A proteção destes locais e o investimento na recuperação de áreas degradadas pelo extenso plantio de eucaliptos, com pequenos cultivos, vem ocorrendo desde 2015. Atividades como a criação de viveiros, reflorestamento e recuperação de várias nascentes têm sido desenvolvidas com o apoio do Programa de Pequenos Projetos de Gestão Ambiental e Territorial Indígena (PPP-Gati) na área da aldeia Nova Esperança, dada a importância hídrica da região com lagoas e afluentes dos Rios Sauê, Guaxindiba e Sahy.

Para a fundação desta nova aldeia, têm sido mobilizados vários apoios e realizadas ações solidárias como mutirões, envolvendo setores da sociedade não indígena e os vizinhos Tupinikim, graças ao movimento de articulação e divulgação nas redes sociais encabeçado por Marcelo Djekupe, presidente da Associação Indígena Guarani (AIG). A organização é sediada na aldeia Três Palmeiras e Djekupe é o líder do grupo de famílias que está se deslocando para o lugar, no anseio de fortalecer o modo de ser guarani, fazer seus cultivos e proteger a área de investidas predatórias. Não faltaram, neste sentido, tentativas de interromper o movimento de ocupação territorial desencadeado pelo grupo de famílias, entre eles incêndios dolosos na área conhecida como "Reserva", um refúgio de animais, com nichos de matas e cursos d'água.

Somando as áreas das aldeias mais recentes e de Boa Esperança e Três Palmeiras, os Guarani ocupam 800 hectares localizados na Terra Indígena (TI) Tupinikim, que totaliza 14.282,8 ha após a homologação, em 2011, da ampliação e unificação das TIs Caieiras Velhas e Pau Brasil. Considerando ainda que o aldeamento guarani de Piraquê-açu constitui a área de delimitação da TI Tupinikim Caieiras Velhas II, homologada e registrada em 2007, com 57,39 ha, constata-se que os Guarani que habitam a região litorânea do município de Aracruz não obtiveram ainda reconhecimento jurídico-administrativo de seus direitos sobre as terras que tradicionalmente ocupam e sobre as quais obtiveram usufruto exclusivo – objeto tanto de acordo tácito com os Tupinikim quanto de litígios na disputa dos recursos e ocupação das áreas. É o que ocorre na aldeia Boa Vista: mesmo sendo de ocupação exclusiva dos Mbya, é sucessivamente reivindicada por famílias tupinikim para seu uso comum.

No interior do Espírito Santo, na região da Serra do Caparão, entre os municípios de Dores do Rio Preto e Divino São Lourenço, os Mbya ocupam de forma intermitente desde 1999 uma área de 30 hectares de Mata Atlântica, rica em biodiversidade e recursos hídricos. Há aproximadamente seis anos a área foi reocupada por famílias mbya provenientes da aldeia Boa Esperança e do aldea-

NOVE ANOS DE ENROLAÇÃO

De fato – até a data de fechamento desta publicação – a Funai não fez sua parte no cumprimento do TAC. Além da crônica falta de caixa, o coordenador da CTL Aracruz, Vilson Oliveira Jaguareté, arrisca uma explicação, embora sem respaldo documental. A Procuradoria Jurídica da Funai seria desfavorável aos termos do TAC assinado pelo presidente Márcio Meira, que respondia pelo órgão no período. Foram dois TACs. Um de 03/12/2007 e outro de out/2008, este re--ratificando (sic) o original para "ajustar obrigações recíprocas (...) de modo a compor adequadamente os interesses das partes – da Fibria S/A, das comunidades indígenas e da administração pública através da Funai". O que estava em jogo não era tanto o conteúdo do primeiro, mas o formato do benefício material que não reverteria em dinheiro líquido diretamente para as aproximadamente 700 famílias indígenas na época (hoje, números imprecisos anunciam aproximadamente 1.100 famílias em 12 aldeias). Sucessivos desencontros de expectativas e de interpretações sobre quem devia o quê para quem apenas aumentava a confusão. O TAC original, em linhas gerais, dava à Aracruz Celulose o direito de retirar todo o eucalipto plantado sobre a área de 10.996 ha, reconhecidos os plantios como "derivados de boa-fé". Além disso, contrataria e financiaria estudos etnoambientais cujos resultados reverteriam em recomendações e diretrizes para a formulação de projetos aos quais seriam aportados três milhões de reais. À Funai caberia elaborar um plano de aplicação de recursos de mesmo valor, ou seja, mais três milhões de reais para as duas associações investirem em "um programa emergencial de atendimento às necessidades mais prementes das comunidades indígenas".

A empresa retirou a madeira e a Funai, com aval dos índios, indicou a Anaí-BA para fazer o Estudo Etnoambiental TI Tupiniquim e TI Comboios (2010). O trabalho é excelente porque indica os rumos para um cuidadoso e longo processo de recuperação ambiental e sociocultural do território. As lideranças chiaram (afinal, esperava--se indenização em dinheiro/família) e a Funai, em vez de se apropriar do estudo e sintonizar sua parte do TAC no próprio conceito que estava instituindo à época com a PNGATI, só colocou lenha na fogueira. Transferiu para a Anaí o ônus de formular, a toque de caixa, em caráter complementar, um conjunto de projetos "de curto prazo", no formato da única cartilha que o indigenismo de carreira sabe ler: criação de galinhas e pintinhos, ração, tanque rede, muda de cítricos e assim por diante... Enquanto isso, e na expectativa de receberem dinheiro, os índios só aumentavam suas dívidas na praça. Os comerciantes locais, nada ingênuos e com sentimentos pouco solidários à ampliação da TI, liberavam geral a venda no fiado. Esse ambiente de destemperança gerou a re-retificação do TAC que veio como uma luva para resolver parte do problema da Funai obrigada a acalmar os ânimos das associações e lideranças indígenas de um lado e dos comerciantes de outro.

No TAC retificador acordou-se que a empresa já pagaria R$ 1,2 milhão repartidos entre AITG, AITC e Funai, o que veio cobrir a dívida das associações. E o R$ 1,8 milhão remanescente seria pago com a execução dos projetos pela Funai. A Fibria fez sua parte, e, em nove anos, a Funai não. Sua administração de hoje põe em jogo o que fez a de ontem, apesar de estarem sob a égide do mesmo governo e do mesmo partido (pelo menos antes do impeachment da presidente Dilma). Isto é: a Procuradoria Jurídica da Funai de hoje entende que não cabe ao órgão investir R$ 3 milhões para restaurar as condições ambientais necessárias à reprodução física e cultural de índios que têm a posse de um território devastado pelo setor privado. É um argumento legítimo, de fato, mas... seria menos legítimo quando o TAC foi assinado pela primeira vez? O que mudou no meio do caminho? Como se sentem os técnicos da CGEtno desenhando e redesenhando planos de reflorestamento da TI Tupinikim, ou os da CGGam obrigados a receber anualmente comitivas de Tupiniquim e Guarani cobrando os projetos de "desenvolvimento comunitário"?

Enquanto isso, para amenizar a situação, algumas lideranças sugerem à Fibria que volte a fazer contratos de fomento florestal, a exemplo do que a empresa faz com pessoas físicas ou jurídicas fora da TI. Para a Fibria, seria um excelente negócio, mas ela não se propõe a fechar nenhum contrato que conote arrendamento de terras. A solução estaria nas associações organizarem-se como produtoras e vendedoras de madeira para a maior empresa exportadora de celulose do mundo. (Marina Kahn, antropóloga, outubro de 2016)

mento de Sapukai (Angra dos Reis/RJ). A população do *Tekoa Yy Rêntxãkã*, que significa água cristalina, totaliza atualmente entre 5 e 6 famílias com um total de 15 a 20 pessoas, uma vez que é constante o fluxo de indígenas para a localidade, provenientes das aldeias do litoral norte do estado, sobretudo do *tekoa* Boa Esperança. Considerado um lugar eleito pelos seus requisitos ecológicos e simbólicos, como as águas limpas e abundantes das cachoeiras, lagoas e cursos d'água, a presença de taquaras, árvores e animais sagrados, como o porco do mato (*koxi*), e com a força de suas praticas rituais na casa de reza, o *tekoa* se constitui atualmente como referência territorial no Espírito Santo para o exercício do ideário de vida terrena e devir guarani.

O conflito gerado pela situação de sobreposição do aldeamento com o Parque Nacional (Parna) do Caparaó diz respeito a uma área de amortecimento que passou a ser incorporada na UC com a ampliação do Parque, após a ocupação indígena. A região se tornou ponto de referência de comunidades e de empreendimentos turísticos alternativos com ocupações na UC, os quais aparentemente não se tornaram alvo da fiscalização dos gestores do Parque, do Ibama e atualmente, do Instituto Chico Mendes (ICMBio). As tensões desencadeadas pelas constantes intervenções destes órgãos para retirar os Guarani da área e reprimir as ações de manejo florestal dos indígenas, no entanto, exigiram a atuação do MPF em Cachoeiro de Itapemirim (ES), conseguindo uma trégua temporária no conflito, até que um laudo antropológico, previsto para janeiro de 2017, descreva a situação da área.
(setembro, 2016)

ACONTECEU

ESPÍRITO SANTO

TUPINIKIM E GUARANI RECLAMAM ACORDO COM EX-ARACRUZ

O decreto homologando as TIs Tupinikim e de Comboios, em Aracruz, norte do Estado, totalizando pouco mais de 18.154 ha, foi um dos mais importantes do governo Lula na área indígena. Porém, desde a demarcação das terras em 2007, a situação pouco mudou. O registro das terras, entre outras providências prometidas na ocasião, ainda não saiu do papel. Segundo os indígenas, falta vontade do poder público e também verba para subsidiar as ações. Após as portarias demarcatórias de 2007, quando os índios assinaram Termo de Ajustamento de Conduta (TAC) com a ex-Aracruz para terem de volta as suas terras, o objetivo era colocar em prática sua cultura de manejo e produção de alimentos, buscando projetos autosustentáveis, mas segundo os índios ainda não foram garantidos meios para a autogestão das comunidades. *(F. Bernardes, Século Diário, 04/04/2011)*

PROTESTO OBRIGA VALE A NEGOCIAR

A Vale apresentou uma contraproposta no de R$ 2 milhões de indenização às lideranças indígenas das aldeias de Comboios e Córrego do Ouro, em Aracruz. Os índios realizam protestos há duas semanas, devido à recusa da mineradora em compensá-los pelo uso das terras há 30 anos, para passagem de sua ferrovia. O valor pleiteado anteriormente é de R$ 19 milhões. Esse total tem como base o necessário para o desenvolvimento da agricultura tradicional, principal demanda dos índios. Sem apoio do poder público e com os impactos gerados por décadas pelos plantios de eucalipto da Aracruz Celulose (Fibria), as famílias indígenas enfrentam dificuldades. O pagamento da indenização deveria ter sido acordado com os índios em uma reunião que aconteceria no último dia 18, quando, ao invés disso, a Vale enviou, por mensagem SMS, uma contraproposta de R$ 400 mil. Por conta disso, os índios optaram por fechar, em forma de protesto, a estrada de ferro da Vale, que corta as aldeias. *(Any Cometti, Século Diário, 31/03/2014)*

...PETROBRAS TAMBÉM

A Petrobras teve de mandar representantes ao ES depois de ignorar por três anos o apelo dos índios para indenizá-los pelo uso de suas terras com um gasoduto. Neste momento, lideranças indígenas se reúnem com os representantes da empresa que vieram do Rio de Janeiro, nas instalações do Sesc, em Aracruz. Enquanto isso, a rodovia ES-010, continua interditada no trecho do território indígena. Segundo o cacique Pedro Silva Karai, da aldeia de Piraquê-Açu, a intenção não é prejudicar quem quer que seja, mas eles exigem que seus direitos sejam respeitados. Os índios calculam que a indenização atinja um valor próximo de R$ 450 mil (R$ 45 mil por aldeia). *(U. Coimbra, Século Diário/ES, 27/08/2015)*

... E A EMPRESA DE ENERGIA DO ES

Após um dia de negociações, o MPF/ES conseguiu reverter a situação de possível conflito entre as comunidades Tupinikim e Guarani e a empresa Espírito Santo Centrais Elétricas S/A (Escelsa), em Aracruz. As comunidades reivindicam uma compensação financeira por parte da empresa que tem torres de transmissão de energia instaladas nas terras indígenas. Os representantes das comunidades ocupam a área onde estão localizadas as torres desde o dia 30 de novembro. *(MPF/ES, 11/12/2015)*

MINAS GERAIS

DEMARCAÇÕES E AMEAÇAS AOS XAKRIABÁ EM DEBATE

A Comissão de Direitos Humanos da Assembleia Legislativa de Minas Gerais (ALMG) realizou nesta sexta-feira (8), na aldeia Várzea Grande em Itacarambi, uma audiência pública. Aproximadamente 1.500 índios Xakriabá participaram. Os estudos realizados pela Funai identificaram aproximadamente 44 mil hectares. A área se estende às margens do Rio São Francisco. O conflito vem se acirrando desde 2007, quando o povo Xakriabá reiniciou ações de retomada. A última ação aconteceu em 1º de setembro de 2013, quando o povo Xakriabá retomou a fazenda São Judas Tadeu nas aldeias Vargem Grande e Caraíbas, de 6 mil hectares, fato que provocou reações de políticos e fazendeiros da região. *(Cimi, 12/11/2013)*

ÍNDICE DE SUICÍDIOS ENTRE JOVENS XACRIABÁ PREOCUPA

A Comissão de Direitos Humanos da ALMG realizou uma audiência pública nesta quinta-feira (28/11/13) para discutir e tentar obter soluções para o problema. As lideranças convidadas não puderam comparecer porque tiveram que participar de uma reunião de emergência no MPF em Governador Valadares. De acordo com o autor do requerimento para a reunião, deputado Arlen Santiago (PTB), nos últimos anos foram registrados 15 suicídios. *(Assembléia Legislativa/MG, 28/11/2013)*

REINTEGRAÇÃO DE POSSE NA TI XAKRIABÁ É SUSPENSA

O presidente do STF, Joaquim Barbosa, suspendeu, no dia 14 de março, a ordem judicial expedida pela 2ª Vara Federal de Montes Claro, e confirmada pela 5ª Turma do TRF1, que determinava a retirada de cerca de 500 indígenas da Fazenda São Judas Tadeu, em Itacarambi. Esta decisão vem coroar a resistência e mobilização do povo Xakriabá. *(Cimi, 20/03/2014)*

UHE POMPEU AMEAÇA OS KAXIXÓ

A Funai tem apenas 17 funcionários para analisar 620 processos de licenciamento ambiental no país. Entre eles há três hidrelétricas que prometem fazer barulho: Pompéu (MG), Resplendor (MG) e São Luiz do Tapajós (PA). Todas elas alagarão terras indígenas. O caso mais delicado é a de Pompéu, cujo reservatório inundará a única aldeia dos caxixós, cuja terra não foi sequer declarada. Para piorar, o licenciamento da hidrelétrica é conduzido pelo governo do Estado, não pelo Ibama. Os Estados não têm regras definidas para o licenciamento, ao contrário da esfera federal, cujas regras foram dadas em outubro passado por uma portaria interministerial. Ela define, por exemplo, que o chamado componente indígena do licenciamento seja feito mesmo para terras ainda sem demarcação. *(C. Angelo, FSP, 14/04/2012)*

FUNAI APROVA TI KAXIXÓ, PREFEITURA CONTESTA

A Funai aprovou hoje o estudo que identifica e delimita uma área de 5.411 mil ha nas cidades de Martinho Campos e Pompéu. Com base em estudos da Sesai, o estudo concluiu que 93 índios viviam na TI até o ano passado. O prefeito de Pompéu, Joaquim Reis, garantiu que a prefeitura vai tomar todas as medidas cabíveis para evitar a criação de uma reserva indígena no município e a eventual retirada de não-índios da área. *(A. Rodrigues, Agência Brasil, 26/03/2013)*

PATAXÓ LUTAM POR ALDEIA EM PARQUE ESTADUAL

Os Pataxó que vivem hoje na Aldeia Geru Tucunã, Açucena (MG), são originários da TI Barra Velha (BA). Saíram em decorrência da

ACONTECEU

criação do PN do Monte Pascoal, onde houve um conflito em 1951, chamado de "Fogo de 51". Minas Gerais recebeu um grupo que se fixou na década de setenta na Fazenda Guarani, em Carmésia, que funcionava como prisão indígena. No início da década de oitenta, os Pataxó começaram a lutar pela regularização da Fazenda Guarani que ocorreu em 1988. A população foi aumentando e um grande incêndio na TI em 2002 impactou bastante o meio ambiente e a produção agrícola. O grupo que hoje se chama Geru Tucunã viveu este processo. O Instituo Estadual de Florestas (IEF) ofereceu um território dentro do PE Rio Correntes. No dia 23 de julho de 2010, as famílias Pataxó ocuparam o parque e deram início à construção da Aldeia Geru Tucunã. A situação no local tem se complicado em decorrência da mudança dos gestores do IEF que não encaminharam solução para regularizar a questão. *(P. Matos Camargo, Combate Racismo Ambiental, 23/01/2014)*

MINERODUTO IMPACTA TI FAZENDA GUARANI

Por 525 Km, o projeto Minas-Rio, da Anglo American, vai unir, por meio de um mineroduto, a extração de minério de ferro, em MG, ao porto, no RJ. Enquanto os tubos vão sendo enterrados, um rastro de insatisfação vai se abrindo. Em novembro passado, os Pataxó da TI Fazenda Guarani, fecharam a rodovia MG-232, em protesto contra a redução no volume do rio do Peixe, que passa pelo local. "Até hoje não explicaram nada", reclama o cacique da aldeia Imbiruçu, Romildo Alves de Conceição, Txonãg na língua nativa. Ele teme que a redução do volume do rio prejudique a pesca, base da alimentação dos 350 moradores das três aldeias da TI. A Funai diz que não foi comunicada oficialmente sobre os impactos. *(A. P. Pedrosa e Q. Ariadne, O Tempo, 24/03/2014)*

DEMARCAÇÃO PARA OS ARANÃ, MUCURIÑ E HÃ HÃ HÃE

O MPF em Governador Valadares (MG) ajuizou três ações civis públicas em favor dos Aranã, Mucuriñ e Pataxó Hã Hã Hãe. O povo Aranã reside nos municípios de Coronel Murta e Araçuaí, no Vale do Jequitinhonha. Desde 2003, a Funai vem adiando a realização dos estudos para identificação e delimitação. O povo mucuriñ requereu em 2005 a abertura de processo e até hoje não recebeu qualquer resposta. Vivendo dispersos no município de Campanário, eles passam por situações de difícil sobrevivência. Para o procurador, a postura omissa da Funai alcança níveis dramáticos no caso dos pataxós hã hã hãe. Esse povo, originário do sul da Bahia, foi trazido para o Vale do Jequinhonha pela própria Funai na década de 70. Passados 40 anos, nunca foram instalados em uma terra onde pudessem perpetuar sua cultura e costumes. A Funai informou que, no caso de indígenas oriundos de outros estados, devem ser esgotadas todas as tentativas para seu retorno ou ser providenciada sua instalação em outra TI junto com outros povos. *(MPF/MG, 30/06/2011)*

KRENAK ENCONTRAM PEIXES MORTOS NO RIO DOCE

O povo Krenak, que vive as margens do rio Doce, em Resplendor (MG), tem sofrido com a falta de chuvas. Ao que se sabe, é incontável o número de animais que está morrendo por falta de água. Para piorar, os peixes do rio Doce têm aparecido mortos boiando em grande quantidade. Os Krenak estão preocupados com a seca e com a situação das águas do rio, que nos últimos dias tem apresentado cheiro forte e cor esverdeada. *(Jornal Figueira, 30/01/2015)*

ANISTIA AOS KRENAK POR ATOS DA DITADURA

O MPF requereu ao Ministro da Justiça, J. E. Cardozo, que conceda anistia política ao povo Krenak, conforme prevê o artigo 2º da Lei 10.559/2002. O ato resultaria no reconhecimento oficial das violações aos direitos humanos perpetradas por agentes de estado, com um pedido público de desculpas. No caso dos Krenak, a ditadura militar provocou prejuízos gravíssimos. Para o procurador da República E. Antonio Dias "os dois exílios a que foram submetidos, a proibição de que se comunicassem na língua materna, a prática de tortura, a instalação do chamado reformatório, o funcionamento da Guarda Rural Indígena e os graves danos psicológicos que esse contexto repressivo gerou, configuram verdadeiro genocídio cultural". *(MPF/MG, 25/03/2015)*

KRENAK PROTESTAM CONTRA SAMARCO E MORTE DO RIO

Parte dos 800 km de extensão do rio Doce, contaminado pela lama espessa que escoa há 10 dias de duas barragens de rejeitos da mineradora Samarco, atravessa a reserva dos Krenak. Toda a água utilizada por 350 índios vinha dali. Sem água há mais de uma semana, sujos e com sede, eles decidiram interromper em protesto a Estrada de Ferro Vitória-Minas, por onde a Vale, controladora da Samarco e da ferrovia, transporta seus minérios para exportação. Sentados ao longo dos trilhos enferrujados, sob o sol de 41 graus, os índios cantam uma música de compasso lento, marcado pelas batidas de cajados de madeira no chão, tudo no idioma krenak. A 500 metros dali, dezenas de vagões, carregados de toneladas de minério de ferro que seguiriam para portos no Espírito Santo, estão parados na ferrovia. Eles prometem continuar lá - a menos, dizem, que representantes da Vale apareçam para discutir com eles a recuperação do rio sagrado e um esquema de fornecimento de água por caminhões pipa. *(L. Kawaguti e R. Senra, BBC Brasil, 15/11/2015)*

SUL DA BAHIA

FILHO DE CACIQUE HÃ HÃ HÃE SOFRE ATENTADO

Jefferson Pataxó, 28, permanece internado em Itabuna, sul da Bahia. Ele foi alvo de uma emboscada no último domingo (10), na cidade de Pau Brasil. O cacique Gerson Pataxó, pai de Jefferson, enviou ofício para solicitar a presença da PF com o fim de desarmar fazendeiros. Os conflitos envolvem as fazendas Santa Maria, Água da Serra, Santo Antonio e Oriente, que juntas perfazem mais de 4 mil hectares, retomadas pelos índios em outubro do ano passado. Os índios reivindicam a posse de 54,1 mil hectares [TI Caramuru/Paraguassu]. *(Bahia Notícias, 15/04/2011)*

PATAXÓ HÃ HÃ HÃE AMPLIAM OCUPAÇÕES

Cerca de 500 Pataxó Hã-Hã-Hãe ocuparam 46 fazendas próximas ao município de Itaju de Colônia, no sul da Bahia. O objetivo é pressionar o STF a julgar a demarcação da TI Caramuru-Paraguaçu, área que abrange todas as fazendas. A Funai diz que a área em questão foi demarcada em 1937 e que, desse modo, os invasores seriam os fazendeiros. A Funai informou ainda que, em 1982, entrou com ação de nulidade de títulos das fazendas, mas ressaltou que, até o momento, nada foi julgado pelo Supremo. *(P. Peduzzi, Agência Brasil, 24/02/2012)*

STF CONFIRMA TI CARAMURU/ PARAGUASSU

A ação movida pela Funai há mais de 30 anos voltou à pauta do Supremo ontem (2/5), em regime de urgência, a pedido da ministra Carmen Lúcia O julgamento que havia sido retirado da pauta do plenário do STF em 20 de outubro de 2010, foi retomado ontem, por conta da situação de violência contra a retomada pataxó hã hã hãe. Foram sete votos parcialmente favoráveis à procedência da ação da Funai; o único a manifestar sua total contrariedade foi o ministro Marco Aurélio. Em seu voto, Eros Grau foi favorável à anulação de todos os 400 títulos de propriedade indicados na ação inicial da Funai - estivessem eles dentro ou fora da área da TI. Entretanto, a síntese dos votos da maioria dos ministros divergiu do relator, firmando que só devem ser considerados nulos os títulos que incidem sobre os 54 mil hectares da TI. Não participaram os ministros Dias Toffoli, Gilmar Mendes e Ricardo Lewandowiski. *(Tatiane Klein, ISA, 03/05/2012)*

NA TI COMEXATIBA, PATAXÓ RETOMAM ÁREA DE FAZENDA

Os Pataxó retomaram no dia 18 área da Fazenda Santa Lúcia, com 54 hectares, dentro dos limites da demarcação da TI Cahy-Pequi (Comexatibá) no Parque Nacional do Descobrimento. Lideranças informam que estão sendo ameaçadas por homens que se passam por policiais militares. Antes da chegada do invasor, a área era de mata nativa, derrubada para dar lugar ao pasto. *(Cimi, 22/11/2012)*

... POUSADA

Cerca de 200 pataxós ocuparam uma pousada de luxo e outras duas propriedades no balneário de Cumuruxatiba, em Prado. Segundo o Cimi, o dono da pousada de luxo, um holandês, reagiu à ocupação com tiros. Porém, ninguém ficou ferido. As outras propriedades (imóveis rurais) pertencem a suíços e, segundo os índios, as três áreas estão dentro da TI Cahy-Pequi [Comexatiba]. Há problemas de sobreposição de áreas do ICMBio e do Incra. *(Bahia Notícias, 02/12/2013)*

... E ASSENTAMENTO

Em Prado, sul da Bahia, cerca de 400 Pataxó retomaram 30 hectares da TI Comexatiba. A área ocupada é parte dos 62 lotes situados num assentamento do Incra, instalado dentro dos limites identificados como tradicionais pela Funai. O território reivindicado pelos Pataxó de Cahy Pequi abrange ainda áreas do PNl do Descobrimento, fato que somado ao assentamento trava o processo demarcatório em desencontros não apenas com o Incra, mas também envolvendo o ICMBio, órgão responsável pelo parque. *(R. Santana, Cimi, 06/02/2014)*

O índio pataxó Hã-hã-hãe Tawary Titiah, da etnia Bainã, do sul da Bahia, denuncia a invasão de suas terras, já demarcadas pelo STF, por madeireiros e jagunços para a retirada ilegal de madeira.

LIDERANÇAS SOFREM ATENTADO

Lideranças pataxó da TI Comexatibá, no distrito de Cumuruxatiba, município de Prado (BA), denunciam que no último dia 7, homens armados atacaram a tiros, na estrada que dá acesso à aldeia Cahy, o veículo em que estava o cacique da comunidade, além de outros três Pataxó. Não houve feridos. O ataque acontece na esteira de outras ofensivas contra a comunidade, que reivindica a demarcação do território já identificado pela Funai com pouco mais de 28 mil hectares. Em agosto, Cahy teve o centro cultural incendiado e atentados diários contra a comunidade, composta por 72 famílias. Os 28 mil hectares da TI Comexatibá são alvos da cobiça de empresários, fazendeiros, grileiros e madeireiros. O território abrange ainda o PN do Descobrimento, que tem colocado o ICMBio, responsável pela reserva, em rota de colisão com a presença indígena. O território está perto do mar e às margens da BR-101, portanto empreendimentos de turismo, imobiliários e resorts foram construídos ou estão no raio de interesse de investidores. *(Cimi, 14/09/2015)*

HOSTILIDADE IMPERA NA TI COMEXATIBA

Dentro da área delimitada estão 78 propriedades, dentre elas hotéis de luxo. O estudo está em fase de contestação. Os índios intensificaram as ocupações de terra e agora já são 18 fazendas ocupadas, segundo lideranças indígenas. Do outro lado, os fazendeiros têm reagido com ataques violentos. Esta semana, o alvo dos capangas dos fazendeiros foram crianças que eram transportadas em uma Kombi. Eles bloquearam a estrada que liga Prado a Cumuruxatiba, fazendo com que o veículo parasse, deram três tiros e depois atearam fogo. O motorista e as três crianças conseguiram fugir ilesos do ataque. *(Aratu Online/BA, 26/09/2015)*

PATAXÓ DE COROA VERMELHA COMBINAM TRADIÇÕES E TURISMO

Um curto passeio de carro a partir do centro de Porto Seguro leva à aldeia da Jaqueira que faz parte da TI Coroa Vermelha, em Santa Cruz Cabrália. A Aldeia Pataxó Coroa Vermelha reúne cinco mil indígenas. A professora da UFBA Maria Rosário Carvalho conta que a TI foi demarcada a partir de 1996, na praia de mesmo nome, junto à área de 72 ha da Reserva da Jaqueira, distante cerca de sete quilômetros em direção à mata. "A Reserva da Jaqueira é um bom exemplo de projeto de ecoturismo, que busca aliar a preservação ambiental da única área de mata da aldeia com a atividade turística e, de forma complementar, retomar uma forma tradicional de vida", avalia. *(C. Massari, O Globo, 27/11/2012)*

CACIQUE É CRIMINALIZADO

O cacique da aldeia Coroa Vermelha, Aruã Pataxó, que é também vereador em Santa Cruz Cabrália e presidente da Federação Indígena das Nações Pataxó e Tupinambá do Extremo Sul da Bahia (Fínpat), foi criminalizado pela JF e MPF em Eunápolis, de 'invasão de prédio público e cárcere privado' por ter participado de um protesto em julho de 2008, quando mais de 200 indígenas ocuparam, pacificamente, a sede do Iphan em Porto Seguro. *(Cimi, 31/07/2015)*

PATAXÓ DA TI BARRA VELHA OCUPAM FAZENDA

Cerca de 70 famílias Pataxós, das aldeias Meio da Mata, Boca da Mata, Barra Velha e Guaxuma, ocuparam nesta quarta-feira (13) uma fazenda de eucalipto, às margens da BR-101, no distrito de Monte Pascoal, em Itabela (BA). A fazenda pertence à empresa Veracel Celulose. Para os índios as aldeias têm necessidades de escolas, estradas, saúde e a demarcação de sua áreas. *(Giro de Notícias, 13/03/2013)*

PATAXÓ RESTAURAM FLORESTA

Considerada uma área prioritária para a conservação (*hotspot*) dentro da Mata Atlântica, o Parna Monte Pascoal, criado em 1961, está em boa parte rodeado por aldeias pataxós que ficam nas TIs Barra Velha e Águas Belas. Na década de 80, ao perceberem que a caça e a pesca escasseava, sob a liderança do pajé Manoel Santana, hoje com 90 anos, os Pataxós decidiram se dedicar à atividade de restaurar a paisagem florestal. Antes acusados de retirar madeira da floresta para fazer artesanato, os indígenas vivem um processo de transição em que abandonam a extração de madeira nativa e passam a ser os restauradores oficiais de floresta. Os Pataxós tem como vizinhos uma grande empresa de celulose, fazendeiros de gado, proprietários de extensas áreas de cultivo de mamão e cafeicultores. *(Fabíola Ortiz, O Eco, 02/12/2013)*

DOIS PATAXÓ SÃO DENUNCIADOS POR MORTE DE FAZENDEIRO

Dois Pataxó foram denunciados na JF pelo assassinato e pela ocultação de cadáver de um fazendeiro. O crime contra o fazendeiro R. Santos, 55, segundo a PF, ocorreu por motivo de vingança. O produtor rural teria tentado matar três índios. O clima de hostilidade teve início com a ocupação de 15 fazendas por parte dos indígenas, em abril deste ano. A situação piorou com o desaparecimento do fazendeiro, em 10 de agosto, e voltou a ficar tensa nesta semana com a denúncia contra os índios na Justiça e com as reintegrações de posse ocorridas nesta quarta-feira (26). Os índios defendem a demarcação da TI de Barra Velha, considerada sua "aldeia mãe". *(M. Bittencourt, UOL Notícias, 27/11/2014)*

LÍDER PATAXÓ É ASSASSINADO NA TI IMBIRIBA

Um pataxó foi morto a tiros na aldeia Imbiriba, em Porto Seguro, na noite de segunda-feira (10). Agnaldo Oliveira Brás, 31 anos, havia acabado de jantar na sala de casa com os dois filhos, duas filhas e sua esposa, quando foi surpreendido por um homem armado. Um dos seus filhos, 12, também foi atingido de raspão. "Ele era servidor público, trabalhava como sub-administrador da aldeia. Recentemente muitas pessoas na região de Imbiriba estavam sendo presas por tráfico de drogas e porte de armas. Tinha gente que achava que era Agnaldo que fazia essas denúncias", afirma a delegada. *(Correio 24 horas, 11/03/2014)*

TUPINAMBÁ RETOMAM TERRITÓRIOS

Na mesma semana em que cerca de 100 lideranças de 16 etnias dos povos indígenas do estado da Bahia estão em Brasília reivindicando a demarcação de seus territórios tradicionais, aproximadamente 300 indígenas Tupinambá de Olivença intensificam o processo de retomadas de fazendas na Serra do Padeiro, entre Buerarema, Ilhéus e Una. No total, entre os dias 2 e 13 de agosto, 40 propriedades foram retomadas, em território já reconhecido como indígena pela Funai. *(Patrícia Bonilha, Cimi, 14/08/2013)*

PROPRIETÁRIOS PROTESTAM, FN MONTA BASE

A Força Nacional de Segurança montou nesta terça-feira (20) uma base em Buerarema para evitar novos atos de violência em protestos organizados por produtores rurais contra a demarcação da TI Tupinambá de Olivença. Os atos começaram na quarta-feira passada (14), quando um caminhão que transportava estudantes da E.E. Indígena Tupinambá Serra do Padeiro foi alvejado por tiros. Na sexta-feira (16), produtores rurais e moradores de Buerarema bloquearam a BR-101 por várias horas. Pelo menos três carros de órgãos governamentais foram incendiados pelos manifestantes. Uma agência do Banco do Brasil foi depredada e uma unidade da Ebal (Empresa Baiana de Alimentos) foi saqueada. Sábado (17), um ônibus utilizado para levar crianças até a escola indígena também foi incendiado em Una. Na terça-feira (20), mais três carros de órgãos governamentais, entre eles um da Funasa, foram incendiados em Buerarema. Os produtores rurais responsabilizam os tupinambás pelos atos de violência, embora imagens divulgadas pela imprensa local mostrem que as ações não foram praticadas pelos indígenas. "O conflito está sendo causado pelos índios, que estão expulsando os agricultores familiares das áreas", afirmou Zenilton Rosa, diretor do Sindicato dos Produtores Rurais de Una. *(G. Balza, UOL, 21/08/2013)*

Lideranças do povo Pataxó questionam o presidente da comissão especial para tratar da PEC 215/00, que visa transferir ao Congresso a decisão final sobre as demarcações de TIs.

TRÊS TUPINAMBÁS SÃO MORTOS EM EMBOSCADA

O MPF em Ilhéus/BA requisitou à PF investigações acerca da morte de três índios da comunidade Tupinambá de Olivença, ocorridas na última sexta-feira, 8 de novembro, na localidade conhecida como "Mamão". De acordo com os procuradores da República, as informações coletadas revelam que os três foram emboscados por três homens armados que estavam em duas motocicletas, e mortos por disparos de armas de fogo. *(MPF/BA, 12/11/2013)*

JAGUNÇOS INCENDEIAM CASAS E ESPANCAM INDÍGENAS

Desta vez, a cena dos crimes foi o município de Itapebi. Na última sexta-feira, 7, dezoito jagunços - dentre eles dois ex-policiais - fortemente armados circularam na aldeia Encanto da Patioba, renderam três homens, duas mulheres e duas crianças, espancaram dois idosos e um casal, mataram animais domésticos e de criação, roubaram bens, ameaçaram estuprar uma das mulheres e incendiaram todas as 28 casas da aldeia. O cacique Astério Ferreira do Porto, de 63 anos. relata que apanhou muito, "Tudo pra gente entregar onde estavam as outras lideranças que eles estavam procurando". Ele conta que a maior parte da comunidade conseguiu fugir para o mato porque foram avisados minutos antes que eles estavam "descendo pra aldeia". *(Patrícia Bonilha, Cimi, 12/03/2014)*

LÍDER TUPINAMBÁ É PRESO E APONTA PERSEGUIÇÃO

O líder tupinambá conhecido como cacique Babau Tupinambá, entregou-se, no início hoje (24/4) à PF em Brasília. Ele havia acabado de participar de uma audiência pública na Câmara em que denunciou, mais uma vez, vários assassinatos e outros crimes cometidos contra os Tupinambá, as ameaças de morte que vem sofrendo e a omissão do governo em demarcar a TI Tupinambá de Olivença. Babau foi preso em cumprimento do mandado de prisão temporária, de 30 dias, expedido pela Justiça de Una (BA), em 20/2, sob acusação de homicídio qualificado do agricultor Juracyr Santana, no dia 10/2. No dia 16/4, o cacique obteve o passaporte para viajar ao Vaticano, a convite da CNBB. Um dia depois, a PF solicitou o documento, alegando que haveriam pelo menos quatro mandados de prisão contra ele. Segundo reportagem do Cimi, três mandados estão arquivados. Babau afirma que o mandado de prisão só veio à público agora para impedi-lo de viajar e denunciar a situação de seu povo. Ele nega qualquer envolvimento com o crime de que é acusado. Babau contou que, nos últimos quatro meses, oito índios foram assassinados na região de Una, onde está a TI Tupinambá de Olivença, apesar da ocupação do Exército e da Força Nacional de Segurança. *(Oswaldo Braga de Souza, ISA, 24/04/2014)*

TUPINAMBÁ PROTESTAM CONTRA ASSASSINATOS

Um grupo tupinambá protesta desde segunda-feira (4) na rodovia BA-001, no sul da Bahia, por causa do assassinato do agente indígena de saúde Adenilson da Silva Nascimento, o Pinduca, 54, morto numa emboscada na sexta-feira (1), na estrada que liga Ilhéus ao município de Una, perto da aldeia Serra das Trempes, na TI Tupinambá de Olivença. Segundo o Cimi, ele voltava de uma pescaria com a mulher, o filho de um ano e uma filha de 15. A família foi cercada por três homens armados e encapuzados. Atingido por tiros, o indígena morreu na hora. A mulher dele foi baleada na perna e nas costas, mas sobreviveu. Os dois filhos não sofreram ferimentos. *(C. Camargo, FSP, 05/05/2015)*

Tupinambá reuniram-se com assessores do Ministério da Justiça, em Brasília, para tratar dos conflitos na Terra Indígena Tupinambá de Olivença, com mais de 47 mil hectares.

CASAL TUPINAMBÁ É DECAPITADO

Os corpos de um casal tupinambá do distrito de Sapucaeira, Ilhéus, foram encontrados com as cabeças decapitadas nesta quinta-feira, 24. *(A Tarde/BA, 25/09/2015)*

INDÍGENAS DEVEM FICAR NA TI TUPINAMBÁ DE BELMONTE

A sentença que determinava a retirada de índios Tupinambá de uma fazenda em Belmonte, no sul da Bahia, foi suspensa pelo STF. A sentença foi proferida no dia 16 de julho, pelo ministro Ricardo Lewandowski, e divulgada na terça-feira (21). A JF em Eunápolis concedeu o pedido de reintegração de posse da propriedade, determinando a retirada imediata dos índios. No entanto, após recurso da Funai, o caso foi levado ao STF. Lewandowski apontou que o pedido da Funai é constitucional. Na defesa, um representante da Funai informou ao STF que chegou a ser autorizado o uso de força policial para auxiliar retirada da comunidade indígena. *(G1 Globo, 22/07/2015)*

17. Mato Grosso do S

17. MATO GROSSO DO SUL

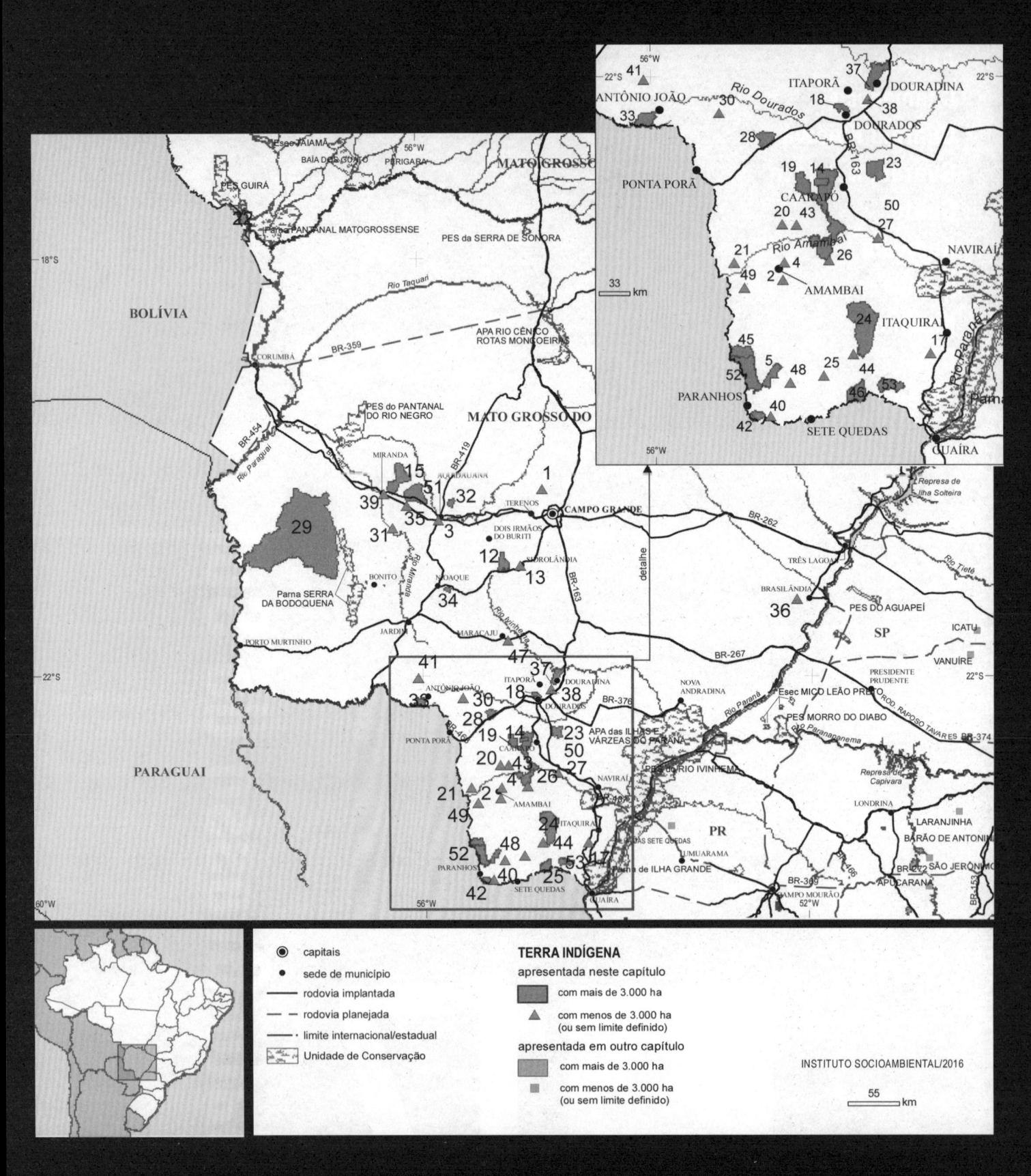

capitais
sede de município
— rodovia implantada
-- rodovia planejada
— limite internacional/estadual
Unidade de Conservação

TERRA INDÍGENA
apresentada neste capítulo
- com mais de 3.000 ha
- com menos de 3.000 ha (ou sem limite definido)

apresentada em outro capítulo
- com mais de 3.000 ha
- com menos de 3.000 ha (ou sem limite definido)

INSTITUTO SOCIOAMBIENTAL/2016

MATO GROSSO DO SUL
Terras Indígenas
Instituto Socioambiental - 14/02/2017

Nº Mapa	Terra Indígena	Povo	População (nº, fonte, ano)	Situação jurídica	Extensão (ha)	Município	UF
1	Água Limpa	Terena		EM IDENTIFICAÇÃO. Portaria 948 de 08/10/1999 publicado em 27/10/1999.	0	Campo Grande Rochedo	MS
2	Aldeia Limão Verde	Guarani Guarani Kaiowá	1.801 - Siasi/Sesai : 2014	RESERVADA/SPI. REG CRI. Decreto 835 de 14/11/1928 publicado em 14/11/1928. Reg. CRI Matr 274 Liv. 3 Fl. 54 em 07/06/65.	660	Amambaí	MS
3	Aldeinha	Terena	403 - Siasi/Sesai : 2014	EM IDENTIFICAÇÃO/REVISÃO. Portaria 1.688/E de 16/08/1984 publicado em 17/08/1984.	4	Anastácio	MS
4	Amambai	Guarani Guarani Kaiowá Guarani Ñandeva	8.036 - Siasi/Sesai : 2014	HOMOLOGADA. REG CRI E SPU. Decreto 277 de 29/10/1991 publicado em 30/10/1991. Reg. CRI Matr.1081, Liv.3,Fl 191 em 25/03/66. Título definitivo em 12/80. Reg. SPU Certidão n.03 em 06/01/94.	2.429	Amambaí	MS
5	Arroio-Korá	Guarani Guarani Kaiowá Guarani Ñandeva	599 - Siasi/Sesai : 2014	HOMOLOGADA. Suspensa parcialmente por liminar da Justiça. Decreto s.n. de 21/12/2009 publicado em 22/12/2009.	7.175	Paranhos	MS
s/l	Bacia Amambaipeguá	Guarani Guarani Kaiowá Guarani Ñandeva		EM IDENTIFICAÇÃO. Portaria 788 de 10/07/2008 publicado em 14/07/2008.		Amambaí Aral Moreira Caarapó Coronel Sapucaia Juti Laguna Carapã	MS
s/l	Bacia Apapegua	Guarani Guarani Kaiowá Guarani Ñandeva		EM IDENTIFICAÇÃO. Portaria 793 de 10/07/2008 publicado em 14/07/2008.		Antônio João Bela Vista Guia Lopes da Laguna Jardim Ponta Porã	MS
s/l	Bacia Brilhante-Peguá	Guarani Guarani Kaiowá Guarani Ñandeva		EM IDENTIFICAÇÃO. Portaria 791 de 10/07/2008 publicado em 14/07/2008.		Douradina Dourados Maracaju Rio Brilhante	MS
s/l	Bacia Dourados-Amambaipeguá	Guarani Guarani Kaiowá Guarani Ñandeva		EM IDENTIFICAÇÃO. Portaria 789 de 10/07/2008 publicado em 14/07/2008.		Amambaí Caarapó Dourados Fátima do Sul Juti Laguna Carapã Naviraí Vicentina	MS
s/l	Bacia Iguatemipeguá	Guarani Guarani Kaiowá Guarani Ñandeva		EM IDENTIFICAÇÃO. Portaria 790 de 10/07/2008 publicado em 14/07/2008.		Amambaí Aral Moreira Coronel Sapucaia Dourados Iguatemi Paranhos Tacuru	MS
s/l	Bacia Nhandeva-Pegua	Guarani Guarani Kaiowá Guarani Ñandeva		EM IDENTIFICAÇÃO. Portaria 792 de 10/07/2008 publicado em 14/07/2008.		Coronel Sapucaia Dourados Eldorado Iguatemi Japorã Paranhos Sete Quedas Tacuru	MS
12	Buriti	Terena	2.543 - Funai/Campo Grande : 2010	DECLARADA. Portaria 3.079 de 27/09/2010 publicado em 28/09/2010.	17.200	Dois Irmãos do Buriti Sidrolândia	MS
13	Buritizinho	Terena	668 - Funai/Campo Grande : 2010	HOMOLOGADA. REG CRI E SPU. Decreto s/n de 23/05/1996 publicado em 24/05/1996. Reg. CRI do município e comarca de Sindrolândia (9,7428 centiares) Matric. n.1.800, Liv. 2-RG, Fl.01 em 10/06/96. Reg. SPU Certidão 001 em 20/01/97.	10	Sidrolândia	MS
14	Caarapó	Guarani Guarani Kaiowá Guarani Ñandeva	4.930 - Siasi/Sesai : 2014	HOMOLOGADA. REG CRI E SPU. Decreto 250 de 29/10/1991 publicado em 30/10/1991. Reg. CRI Matr. 28.904, Liv.3-AP, Fl. 123 em 08/06/65. Reg. CRI no município e comarca de Caarapó (3.594 ha) Matr. n. 6.594 , Lv. Fl 42 em 17/12/91. Reg. SPU Certidão n.04 em 11/01/94.	3.594	Caarapó	MS
15	Cachoeirinha	Terena	4.920 - Funai/Campo Grande : 2010	DECLARADA. Suspensa parcialmente por liminar da Justiça. Outros 2.556 de 29/01/2010 publicado em 29/01/2010.	36.288	Aquidauana Miranda	MS
17	Cerrito	Guarani Guarani Kaiowá Guarani Ñandeva	586 - Siasi/Sesai : 2014	HOMOLOGADA. REG SPU. Decreto s/n de 21/05/1992 publicado em 22/05/1992. Reg. SPU Certidão n. 07 de 13/01/94.	2.040	Eldorado	MS
18	Dourados	Guarani Guarani Kaiowá Guarani Ñandeva Terena	15.023 - Siasi/Sesai : 2014	RESERVADA/SPI. REG CRI. Decreto 401 de 03/09/1917. Título definitivo de 26/12/65. Reg. CRI Matr. 31.675 LIV 3-AS Fl 61 em 25/02/86. Reg. CRI Dourados Matr.3.539 LIV. 3-AS, Fl 61 em 03/06/71.	3.475	Dourados	MS
19	Dourados-Amambaipeguá I	Guarani Guarani Kaiowá Guarani Ñandeva	5.800 - GT Funai : 2016	IDENTIFICADA/APROVADA/FUNAI. SUJEITA A CONTESTAC. Despacho 59 de 12/05/2016 publicado em 13/05/2016.	55.600	Amambaí Caarapó Laguna Carapã	MS
20	Guaimbé	Guarani Guarani Kaiowá	496 - Siasi/Sesai : 2014	HOMOLOGADA. REG CRI E SPU. Decreto 89.580 de 24/04/1984 publicado em 25/04/1984. Reg. CRI no município e comarca de Ponta Porã (716,9316 ha) Matr. 15.813 Liv 02 em 28/05/84. Reg. SPU MS-374 de 07/11/84.	717	Laguna Carapã	MS
21	Guasuti	Guarani Guarani Kaiowá	670 - Siasi/Sesai : 2014	HOMOLOGADA. REG SPU. Decreto s/n de 21/05/1992 publicado em 22/05/1992. Reg CRI no município de Aral Moreira (em andamento). Reg. SPU Certidão n. 06 de 12/01/94.	930	Aral Moreira	MS

MATO GROSSO DO SUL
Terras Indígenas (continuação)
Instituto Socioambiental - 14/02/2017

Nº Mapa	Terra Indígena	Povo	População (nº, fonte, ano)	Situação jurídica	Extensão (ha)	Município	UF
22	Guató	Guató	198 - Siasi/Sesai : 2014	HOMOLOGADA. REG CRI E SPU. Decreto s/n de 10/02/2003 publicado em 11/02/2003. Reg CRI no município e comarca de Corumbá (9.550 ha) Matr.24.808 Liv. 2-RG, Fl 01 em 12/12/2003. Reg CRI no município de comarca de Corumbá (1.434 ha) Matr. 24.809 Liv 2-RG, Fl 01 em 12/12/2003. Reg. SPU Certidão n. 1 de 12/03/04.	10.984	Corumbá	MS
23	Guyraroká	Guarani Guarani Kaiowá	525 - IBGE : 2010	DECLARADA. Suspensa por decisão da Justiça. Portaria 3.219 de 07/10/2009 publicado em 08/10/2009.	11.440	Caarapó	MS
24	Iguatemipeguá I	Guarani Guarani Kaiowá Guarani Ñandeva	1.793 - GT Funai : 2008	IDENTIFICADA/APROVADA/FUNAI. SUJEITA A CONTESTAC. Despacho 01 de 07/01/2013 publicado em 08/01/2013.	41.571	Iguatemi	MS
25	Jaguapiré	Guarani Guarani Kaiowá	1.093 - Siasi/Sesai : 2014	HOMOLOGADA. REG CRI. Decreto s/n de 23/11/1992 publicado em 24/11/1992. Reg CRI no município de Tacuru e Comarca de Iguatemi (874 ha) Matr.R-2-5.084 Liv 2-RG. Ficha 01/04 em 27/11/2006. Reg.CRI no município de Tacuru e Comarca de Iguatemi (1.467 ha) Matr.R-1 5.127, Liv.2-RG, Ficha 01 em 02/07/2007.	2.342	Tacuru	MS
26	Jaguari	Guarani Guarani Kaiowá Guarani Ñandeva	383 - Siasi : 2014	HOMOLOGADA. REG CRI E SPU. Decreto s/n de 21/05/1992 publicado em 22/05/1992. Reg. CRI de Amambai (404 ha) Mat. 12.571 Liv. 2-RG Fl. 01V em 09/06/92. Reg. SPU Cert. n. 08 em 17/01/94.	405	Amambaí	MS
27	Jarara	Guarani Guarani Kaiowá Guarani Ñandeva	303 - Siasi/Sesai : 2014	HOMOLOGADA. Decreto s/n de 12/08/1993 publicado em 13/08/1993. Registgro no CRI de Juti (em andamento) segundo lista de terras registradas da Funai em junho de 2007. Ofício ao SPU n. 363/DAF de 26/11/93.	479	Juti	MS
28	Jata Yvary	Guarani Guarani Kaiowá Guarani Ñandeva	480 - GT/Funai : 2004	DECLARADA. Portaria 499 de 25/04/2011 publicado em 26/04/2011.	8.800	Ponta Porã	MS
29	Kadiwéu	Chamacoco Kinikinau Kadiwéu Terena	1.697 - Siasi/Sesai : 2014	HOMOLOGADA. REG CRI E SPU. Decreto 89.578 de 24/04/1984 publicado em 25/04/1984. Reg. CRI do município e comarca de Porto Murtinho (538.535 ha), Matr. 1/1154, L.2 Fls 1/2 em 22/05/04. Reg. SPU-MS Cert. 52 de 06/11/84.	538.536	Corumbá Porto Murtinho	MS
s/I	Kokue Y	Guarani Guarani Kaiowá		EM IDENTIFICAÇÃO. Portaria 957 de 24/09/2002 publicado em 26/09/2002.		Antônio João Ponta Porã	MS
31	Lalima	Terena	1.508 - Siasi/Sesai : 2014	HOMOLOGADA. REG CRI E SPU. Decreto s/n de 23/05/1996 publicado em 24/05/1996. Reg. CRI no município e comarca de Miranda (3.000 ha) , Matr. 6.849, Liv. 2-R, Fl. 137 em 02/07/96. Reg. SPU Cert n.002 de 21/01/97.	3.000	Miranda	MS
32	Limão Verde	Terena	1.267 - Siasi/Sesai : 2014	HOMOLOGADA REG CRI E SPU. Suspensa por decisão da Justiça. Decreto s/n de 10/02/2003 publicado em 11/02/2003. Reg CRI no município e comarca de Aquidauana (5.377 ha) Matr.13.561, Liv. 2-RG, Ficha 01v/03 em 22/04/2003. Reg.SPU certidão n.18 de 13/08/2008.	5.377	Aquidauana	MS
33	Ñande Ru Marangatu	Guarani Guarani Kaiowá	1.218 - Siasi/Sesai : 2014	HOMOLOGADA. Suspensa parcialmente por liminar da Justiça. Decreto s/n. de 28/03/2005 publicado em 29/03/2005.	9.317	Antônio João	MS
34	Nioaque	Terena	1.533 - Siasi/Sesai : 2014	HOMOLOGADA. REG CRI E SPU. Decreto 307 de 29/10/1991 publicado em 30/10/1991. Reg. CRI Matr. no município e com arca de Nioaque (3.029 ha) 881, Liv. 2-RG Fl. 001 em 21/11/91. Reg. SPU Cert. n. 09 de 18/01/94.	3.029	Nioaque	MS
35	Nossa Senhora de Fátima	Terena		RESERVADA. REG CRI. Terra adquirida para os Terena.	89	Miranda	MS
36	Ofaié-Xavante	Ofaié	69 - Siasi/Sesai : 2014	DECLARADA. Portaria 264 de 28/05/1992 publicado em 29/05/1992.	1.937	Brasilândia	MS
37	Panambi - Lagoa Rica	Guarani Guarani Kaiowá	1.016 - Siasi/Sesai : 2014	IDENTIFICADA/APROVADA/FUNAI. SUJEITA A CONTESTAC. Despacho 524 de 09/12/2011 publicado em 12/12/2011.	12.196	Douradina Itaporã	MS
38	Panambizinho	Guarani Guarani Kaiowá	414 - Siasi/Sesai : 2014	HOMOLOGADA. REG CRI E SPU. Decreto s/n de 27/10/2004 publicado em 28/10/2004. Reg CRI no município e comarca de Dourados (1.272 ha) Matr.75.027 LivRG Fl 01 em 02/02/2005. Registro SPU certidão n. 12 de 19/04/2005.	1.272	Dourados	MS
39	Pilade Rebuá	Terena	2.104 - Funai/Campo Grande : 2010	HOMOLOGADA. REG CRI E SPU. Decreto 299 de 29/10/1991 publicado em 30/10/1991. Reg. CRI no município e comarca de Miranda Matr. 6.139 Liv 2-P Fl. 57/58 em 18/03/92. Reg. SPU Cert. n.02 de 28/12/93.	208	Miranda	MS
40	Pirajuí	Guarani Guarani Ñandeva	2.443 - Siasi/Sesai : 2014	HOMOLOGADA. REG CRI E SPU. Decreto 93.067 de 06/08/1986 publicado em 07/08/1986. Reg. CRI no município e comarca de Sete Quedas,(2.118 ha) Matr. 683 Liv. 2-RG Fl. 01/02 em 30/09/91. Reg. SPU MS 001 em 10/03/92.	2.118	Paranhos	MS
41	Pirakuá	Guarani Guarani Kaiowá	537 - Siasi/Sesai : 2014	HOMOLOGADA. REG CRI E SPU. Decreto de 13/08/1992 publicado em 14/08/1992. Reg. CRI no município e comarca de Bela Vista(2.384 ha). Matr. 8.624 Liv. 2-RG Fl. 01V em 22/04/93. Reg. SPU Cert. 01 em 23/12/93.	2.384	Bela Vista Ponta Porã	MS
42	Potrero Guaçu	Guarani Guarani Ñandeva	786 - Siasi/Sesai : 2014	DECLARADA. Portaria 298 de 13/02/2000 publicado em 17/04/2000.	4.025	Paranhos	MS
43	Rancho Jacaré	Guarani Guarani Kaiowá	444 - Siasi/Sesai : 2014	HOMOLOGADA. REG CRI E SPU. Decreto 89.422 de 08/03/1984. Reg. CR no município e comarca de Ponta Porã (777 ha) Matr. 15.814 Liv. 02 Fl. 1V/2 em 28/05/84. Reg. SPU Cert. n. 058 , Reg. MS-375 em 17/12/84.	778	Laguna Carapã	MS
44	Sassoró	Guarani Guarani Kaiowá Guarani Ñandeva	2.422 - Siasi/Sesai : 2014	RESERVADA/SPI. REG CRI. Decreto 835 de 14/11/1928. Reg. CRI Matr. 271 Liv. 3 Fl. 53 em 07/06/65.	1.923	Tacuru	MS
45	Sete Cerros	Guarani Guarani Kaiowá Guarani Ñandeva	612 - Siasi/Sesai : 2014	HOMOLOGADA. Decreto s/n de 01/10/1993 publicado em 04/10/1993.	8.584	Paranhos	MS
46	Sombrerito	Guarani Guarani Ñandeva	209 - Siasi/Sesai : 2014	DECLARADA. Portaria 3.076 de 27/09/2010 publicado em 28/09/2010.	12.608	Sete Quedas	MS
47	Sucuriy	Guarani Guarani Kaiowá	393 - Siasi/Sesai : 2014	HOMOLOGADA. REG CRI E SPU. Decreto s/n de 14/04/1998 publicado em 15/04/1998. Reg. CRI no município e comarca de Maracaju (535 ha) Matr. 8.254 Lv. 2-RG Fl. 001 em 08/09/98. Reg. SPU Certidão n. 36 de 09/12/03.	535	Maracaju	MS

MATO GROSSO DO SUL
Terras Indígenas (continuação)
Instituto Socioambiental - 14/02/2017

Nº Mapa	Terra Indígena	Povo	População (nº, fonte, ano)	Situação jurídica	Extensão (ha)	Município	UF
48	Takuaraty/Yvykuarusu	Guarani Guarani Kaiowá	591 - IBGE : 2010	HOMOLOGADA. Decreto s/n de 01/10/1993 publicado em 04/10/1993.	2.609	Paranhos	MS
49	Taquaperi	Guarani Guarani Kaiowá	3.339 - Siasi/Sesai : 2014	RESERVADA/SPI. REG CRI. Decreto 835 de 14/11/1928. Reg. CRI Matr. 272 Liv. 3 Fl. 53 em 07/06/65.	1.886	Coronel Sapucaia	MS
50	Taquara	Guarani Guarani Kaiowá	294 - Siasi/Sesai : 2014	DECLARADA. Suspensa parcialmente por liminar da Justiça. Portaria 1.701 de 15/07/2010 publicado em 16/07/2010.	9.700	Juti	MS
51	Taunay/Ipegue	Terena	4.090 - Funai/Campo Grande : 2010	DECLARADA. Portaria 497 de 29/04/2016 publicado em 02/05/2016.	33.900	Aquidauana	MS
52	Ypoi-Triunfo	Guarani Guarani Ñandeva	869 - GT Funai : 2009	IDENTIFICADA/APROVADA/FUNAI. SUJEITA A CONTESTAC. Despacho 27 de 14/04/2016 publicado em 19/04/2016.	19.756	Paranhos	MS
53	Yvy Katu	Guarani Guarani Ñandeva	4.030 - Funasa : 2008	DECLARADA. Portaria 1.289 de 30/06/2005 publicado em 04/07/2005.	9.454	Japorã	MS

GUARANI

Situação Territorial dos Kaiowá e Guarani Hoje

Levi Marques Pereira | Antropólogo, professor na UFGD

NOS ÚLTIMOS CINCO ANOS, A VIOLÊNCIA CONTRA AS COMUNIDADES INDÍGENAS EM MATO GROSSO DO SUL PASSOU A SER MAIS INTENSA E COTIDIANA. DE UM LADO, O SEGMENTO RURALISTA, CONTRÁRIO ÀS DEMARCAÇÕES; DO OUTRO, OS INDÍGENAS, CADA VEZ MAIS DETERMINADOS EM ASSEGURAR A POSSE DE SUAS TERRAS

A violência contra as comunidades indígenas Guarani Kaiowá e Guarani Ñandeva continua forte e cotidiana. De um lado, o segmento ruralista mais intolerante às demarcações tem usado de todos os instrumentos para evitar a permanência dos indígenas nas terras por eles reivindicadas – recorrendo inclusive à força física, com uso de seguranças de empresas particulares.

Por outro lado, os indígenas seguem cada vez mais determinados em assegurar a posse das terras e cada vez menos dispostos a esperar soluções do governo no sentido de garantia de seus direitos. Cada vez parecem confiar menos na capacidade do governo em conduzir os processos de demarcação até sua conclusão e sentem que os ruralistas estão cada vez mais articulados e ocupando mais espaço político.

Os problemas são múltiplos. Um dos mais graves é a judicialização de todos os procedimentos administrativos de demarcação das terras. Os advogados dos proprietários descobriram que podem travar o andamento do reconhecimento das terras recorrendo sistematicamente à Justiça. São centenas de ações na justiça contra as demarcações de terras no estado, em ações de diversas naturezas. Isso torna impossível ao Ministério Público Federal (MPF) e à Funai fazer a defesa eficiente dos indígenas em todas essas ações. Os advogados dos proprietários estão conscientes de que têm poucas chances de êxito no questionamento dos argumentos antropológicos e sabem que na via judicial podem levar vantagem – até pelo perfil da maior parte dos juízes, pouco afeitos ao reconhecimento do direito indígena, e à própria forma de funcionamento do Judiciário, que recepciona os recursos com a consequente morosidade dos processos. A dificuldade do Judiciário reconhecer a legitimidade dos processos de demarcação de terras em Mato Grosso do

Dia de despejo na TI Yvy Katu em 2013, que acabou não acontecendo.

Sul fica patente, por exemplo, na anulação da Portaria Declaratória da Terra Indígena Guyraroka, desconsiderando argumentos históricos e antropológicos da ocupação e apoiado exclusivamente em argumentos jurídicos, em franca desconsideração da legislação indigenista do país.

Outra estratégia dos setores anti-indígenas tem sido a criminalização dos apoiadores, através do artifício das Comissões Parlamentares de Inquérito e da quebra de sigilos telefônicos e bancários. Em Mato Grosso do Sul também já ocorre, desde vários anos, a criminalização de lideranças indígenas, além de atropelamentos em rodovias, em situações não esclarecidas.

Ezequiel João, liderança Guarani Kaiowá, protesta contra anulação da TI Panambi-Lagoa-Rica e pede a terra de volta.

O setor ruralista mais anti-indígena exerce hegemonia sobre os sindicatos rurais e federações de classe, e também sobre os políticos vinculados ao setor do agronegócio, que é bem diversificado, mas que fecham posições contra os indígenas. Há casos, por exemplo, de políticos ruralistas eleitos, tendo como principal bandeira o posicionamento contrário à demarcação de Terras Indígenas. Muitas vezes eles possuem terras incluídas em processos de demarcação, como nos casos das TIs Guyra Roka e Ñande Ru Marangatu. Isso gera uma confusão entre a defesa de interesses particulares, de interesses da categoria dos produtores e do agronegócio como um todo, que economicamente nem sempre se opõem diretamente à demarcação. Os políticos ruralistas descobriram também, com a bandeira anti-indígena, uma forma de conseguir financiamento para suas campanhas: os sindicatos rurais da região são importantes financiadores dessas candidaturas

Desta forma, políticos e líderes ruralistas descobriram uma forma de transformar um problema numa oportunidade política e econômica. Estes são os principais expoentes da radicalização contra os indígenas em Mato Grosso do Sul.

Mais recentemente, os problemas políticos vividos na esfera federal, com o afastamento da presidenta, a desmontagem de seu governo e a montagem de um governo mais conservador, criaram a sensação de ausência do Estado na região. Os proprietários se sentiram no direito de agir por conta própria, contando com o apoio de um governo que reconhecem como mais favorável aos seus interesses. A prisão de um proprietário responsável por ataque armado contra indígena em Caarapó pode ser uma sinalização de que o Estado não permitirá estas atrocidades, mas o panorama continua incerto.

Um ponto positivo é que em Dourados e em Campo Grande surgiram vários seminários acadêmicos e espaços de discussão política, principalmente ligados às universidades federais, mobilizando centenas de alunos e professores em apoio aos Guarani Kaiowá e Guarani Ñandeva. Também organizaram campanhas de arrecadação de donativos (roupas e alimentos) e estão bastante presentes nas áreas de conflito. Outro ponto positivo é que os apoiadores no nível local, incluindo as lideranças indígenas, têm se articulado com apoiadores de outros estados, produzindo muitas notas de repúdio aos massacres. As redes sociais também têm sido muito acionadas para veicular informações alternativas à grande mídia, pouco afeita a veicular informações confiáveis sobre as violências sofridas pelas comunidades.

Os indígenas de MS também têm recebido manifestações de apoio de muitos outros povos indígenas de diferentes estados brasileiros, inclusive com fechamento de rodovias e pressão para que o governo assegure os direitos dos povos no MS. O movimento indígena tem se empenhado em ampliar a conexão com instituições fora do Brasil, que de alguma forma possam exercer alguma cobrança sobre o governo brasileiro.

No período anterior a este, algumas importantes iniciativas do governo brasileiro ocorreram no sentido de corrigir sua omissão histórica do Estado. Podemos listar: a) a assinatura do Compromisso de Ajustamento de Conduta em 2007, que estabelecia a exigência da regularização das terras de 28 comunidades nele incluídas; b) a emissão de portarias da Funai de criação de seis Grupos Técnicos de Identificação e Delimitação de Terras Indígenas, em 2008, em atendimento às exigências contratuais do CAC; c) iniciativas de intervenção do Conselho Nacional de Justiça, buscando a construção de soluções jurídicas para mediar os conflitos entre proprietários rurais e comunidades indígenas. Tais iniciativas, orientadas para a promoção do reconhecimento e demarcação das Terras Indígenas, foram sistematicamente boicotadas no período seguinte por setores contrários ao reconhecimento dos direitos territoriais indígenas, eficientemente organizados e com grande aporte político e financeiro.

Mulheres indígenas da comunidade Kurusu Amba, em Coronel Sapucaia (MS) vivem em barracas de lona.

Efetivamente pouco se fez: nos nove anos de assinatura do TAC, somente três relatórios foram publicados pela Funai, mesmo sendo esta a primeira fase do processo de reconhecimento territorial. Na atualidade, são grandes os riscos de os direitos específicos da população indígena, assegurados na legislação maior, se tornarem letra morta, entre outros motivos, porque o órgão indigenista oficial se encontra desaparelhado para realizar a demarcação das terras.

MODALIDADES DE ASSENTAMENTO

Independente desse contexto, os Kaiowá e os Guarani em MS seguem vivendo em diversas modalidades de assentamento, ocupando pequenas porções de terras situadas em uma faixa de terra de cerca de 150 quilômetros ao longo da fronteira com o Paraguai, entre a cidade de Bela Vista e o Rio Paraná. Sofrem com a falta de oferta de serviços básicos, como água, assistência social, saúde e educação, documentação e segurança, problemas que tendem a ser mais intensos nos assentamentos sem regularização da terra. Estas modalidades de assentamento são:

•**Reservas demarcadas pelo SPI** entre 1915 e 1928, com o objetivo explícito de nelas recolher dezenas de comunidades que viviam na região e, no pequeno espaço da reserva, desenvolver programas e projetos para assimilar os indígenas à condição de trabalhadores nacionais. São oito: Dourados, Caarapó, Amambai, Limão Verde, Taquaperi, Sassoró, Pirajuí e Porto Lindo, ocupando uma área total de menos de 19 mil hectares.

Após 1928, somente em 1984, ou seja, 56 anos depois, o governo se viu obrigado a reconhecer outras TIs para os Kaiowá e Guarani. Foram elas Rancho Jacaré e Guaimbé, no atual município de Laguna Carapã, ambas com menos de oitocentos hectares. O reconhecimento se deu por conta da remoção da comunidade, que se tornou pública e foi contestada por setores da sociedade civil. Daquela data em diante ocorreu a organização do movimento indígena e a atuação firme em defesa do reconhecimento de suas terras, apoiados por setores da sociedade brasileira e internacional, defensores dos direitos indígenas. Essas comunidades preservam com carinho a história de luta pela demarcação de sua terra e o empenho mantido no enfrentamento de situações conflituosas que se estenderam por décadas, entendidas como uma guerra na qual os indígenas saíram vencedores. As Terras Indígenas se diferenciam das reservas por terem sido resultado da demanda de comunidades específicas, que se esforçam para se recomporem de modo autônomo nos espaços de ocupação tradicional.

•**Terras Indígenas regularizadas e em posse dos indígenas**, também com pequenas extensões, demarcadas pela Funai a partir de 1985. Algumas delas ainda com pendências judiciais. Rancho Jacaré, Guaimbé, Pirakuá, Jarará, Paraguassu, Jaguapiré, Sete Serros, Cerrito, Guasuty, Jaguary e Panambizinho são espaços reivindicados por comunidades específicas, que lograram ter pelo menos parte das terras de ocupação tradicional oficialmente reconhecidas.

- **Terras Indígenas com processos administrativos inconclusos**, invariavelmente com ações judiciais e com posse apenas parcial dos indígenas, sendo frequente a ocorrência de embates com os proprietários particulares das terras.

- **Ocupações indígenas que aguardam instauração de procedimentos administrativos** para demarcação. Dezenas de comunidades encontram-se nessa situação, e o fato de não existir procedimentos administrativos dificulta as ações de defesas na esfera judicial.

- **Acampamentos indígenas** em margens de rodovia à espera de regularização territorial.

- **Famílias indígenas vivendo no espaço urbano**. Muitas vezes não são reconhecidos como indígenas pelos órgãos indigenistas e, portanto, não têm acesso aos serviços básicos. Entretanto, sofrem forte preconceito dos outros moradores da cidade por serem indígenas. É comum serem denominados como "índios desaldeados", já que no imaginário da maior parte dos sul-mato-grossenses "lugar de índio é na reserva". Inclusive agentes públicos associam o direito ao acesso aos programas destinados à população indígena a localização da família na reserva, de modo que "índio desaldeado" é também uma categoria de negação de direitos.

Os Kaiowá e Guarani se reconhecem enquanto tais independentemente de estarem vivendo em reservas, Terras Indígenas regularizadas, Terras Indígenas em fase de regularização, acampamento em margens de rodovia ou periferia de cidade. Tal reconhecimento resulta da manutenção de vínculos com os parentes, formando redes que incorporam pessoas vivendo nas distintas formas de assentamento. Também é comum uma pessoa circular em distintas formas de assentamento ou ter residência simultânea em mais de um lugar. O recolhimento dos indígenas nas reservas foi a política de Estado mais efetiva e permanente em MS. As iniciativas de reconhecimento dos direitos territoriais sempre foram esporádicas, oscilantes, descontínuas e ineficazes.

Disso resultam modalidades de assentamento como as reocupações e os acampamentos que se constituem em estratégias de recusa ao reservamento. A incapacidade do órgão indigenista oficial em assegurar os direitos territoriais dos Kaiowá e Guarani gera grande vulnerabilidade para as comunidades, expostas à violência dos conflitos pela disputa pela terra, quando estão fora das reservas e, à violência interna e carência de toda ordem,

quando se recolhem nas aglomerações constituídas nas reservas, que reúnem milhares de pessoas.

Nos últimos anos, a vida nas reservas se tornou insuportável para a maior parte das comunidades aí recolhidas. São enormes dificuldades de convivência por conta de disputas por espaço, conflitos políticos e religiosos, exaustão dos recursos naturais e dificuldade de colocar em operação as formas próprias de sociabilidade. Nas condições de vida encontradas na reserva, a parentela perde gradativamente a capacidade de resolução de conflitos, prolongando e expandindo as tensões.

Nas reservas, problemas sociais, como a violência, consumo abusivo de bebidas e de outras drogas, alcançam índices epidêmicos, exigindo soluções que nunca aparecem. As autoridades públicas se recusam a reconhecer a questão fundiária como pano de fundo de toda essa problemática. Em meio a tantas dificuldades, grupos de parentesco, de modo crescente, vêm se articulando para recuperar a posse de antigos territórios de ocupação tradicional, dos quais foram expropriados ao longo do século XX e onde acreditam que, com a recuperação da posse da terra, poderão retomar práticas de convivência mais harmônicas.

Nos últimos anos vem ocorrendo intensa movimentação de várias comunidades buscando se 'desconfinar' das reservas, pois, na expressão de um líder da Reserva de Dourados, "a reserva está transbordando de gente". As recuperações de posse por parte de coletivos indígenas são tentativas de fazer respeitar seus direitos territoriais, mesmo à custa de muitos conflitos e mortes, já que a reação dos proprietários rurais tem sido cada vez mais incisiva, recorrendo inclusive aos serviços de empresas de segurança rural envolvidas em planejamento e execução de assassinatos de lideranças indígenas.

"OS BRANCOS DEVORARAM TODA NOSSA FLORESTA"

Além da perda do território, outro grave problema para os Kaiowá e Guarani é viverem em espaço totalmente impactado pelo desmatamento realizado por particulares que implantaram pastagens e monocultivos nas terras antes utilizadas exclusivamente em suas práticas tradicionais de manejo e plantações.

A vegetação original no território tradicional era composta por áreas de floresta tropical, um prolongamento da formação florestal característica da mata atlântica, denominada de Mata de Dourados, que se estendia desde o Rio Vacaria, ocupando grande parte do sul do MS, até o norte do estado do Paraná e leste do Paraguai. Em muitos lugares a mata alta cedia lugar ao

TERRA INDÍGENA DOURADOS, CEM ANOS DEPOIS

Às vésperas de completar cem anos de criação pelo SPI como Posto Indígena Francisco Horta Barbosa em 1917, a atual TI de Dourados, formada pelas aldeias Bororó e Jaguapirú, abriga hoje 11.925 pessoas em 3.500 hectares, segundo dados do IBGE. Lideranças indígenas e as agências indigenistas, como a Funai e a Sesai, estimam que o número chegue a 17 mil, com uma maioria populacional dos Kaiowá, seguida pelos Terena e Guarani, vivendo na mesma área criada pelo Estado no início do século XX.

O adensamento populacional, efeito da recuperação demográfica comum aos povos indígenas no Brasil, no contexto da TI Dourados é uma questão complexa e produz muitas reflexões nos moradores e nas agências, governamentais e não governamentais, que atuam na área. Ele também faz com que a gestão da vida coletiva requeira um intenso grau de mobilização das pessoas em relação ao funcionamento do "sistema da aldeia", modos como a vida coletiva é gerida tradicionalmente pelas lideranças em diferentes formas de ação política.

Diante desse quadro, lideranças identificadas como tradicionais, mulheres e homens xamãs, junto com suas famílias, têm se mobilizado para retomar territórios de ocupação tradicional no entorno da reserva – e da cidade de Dourados. De 2011 para cá, muitas famílias passaram a retomar áreas contíguas às reservas, como uma forma acelerar a publicação dos relatórios de identificação de terras tradicionalmente ocupadas, iniciados em 2007. Entre a primeira retomada em 2011, Ñu Verá, e as mais recentes, somam-se em 2016 cerca de dez.

Na reserva há ainda lideranças constituídas, responsáveis pela articulação com os poderes públicos e agências não indígenas. Esse "cargo" também é chamado de "capitania", termo que os moradores usam para enfatizar as dinâmicas coletivas da função de gestão comunitária, em oposição à figura do capitão, instituído pelo SPI e pela Funai. Hoje, a "capitania" é eleita através de processos de consulta interna e cada aldeia possui um conselho, presidido pelo capitão e pelo vice-capitão.

Eles se aplicam a mediar ou resolver os "problemas internos", muitas vezes tensionamentos políticos causados pela proximidade em que as pessoas vivem hoje: um padrão de assentamento das famílias muito distante do modo como viviam anteriormente, nos seus tekoha. Entre os vários problemas, o da segurança pública frequentemente é debatido e promove discussões acaloradas entre as famílias e lideranças. São inúmeros casos que mobilizam a atuação da capitania, temas que frequentemente ganham projeção no noticiário local: pequenos furtos, disputas por limites internos, pensões alimentícias, brigas entre os alunos nas escolas e até questões mais graves, como homicídios. Mas como instituir políticas internas de segurança ainda é um tema controverso.

Uma situação constantemente evocada é a demanda por policiamento interno. Quando o SPI criou os postos indígenas, quem desempenhava o papel de "polícia" era o capitão – práticas sempre lembradas pelos indígenas como violenta e injusta. Com a promulgação da Constituição em 1988, a figura do capitão e da polícia passou a ser contestada, até serem extintas via decreto da Funai em 2008. Todavia, os serviços de segurança pública regionais não passaram realizar o policiamento ostensivo nas aldeias, sob a justificativa de que as TIs, seus bens e patrimônios seriam "assunto federal". Nos últimos anos, foram deflagradas operações especiais de enfrentamento à violência interna e ao tráfico de drogas, entre elas a Operação Tekoha, composta pela Funai, Polícia Federal, MPF e Força Nacional de Segurança e lideranças indígenas. Imaginava-se que, a partir da operação, as forças policiais de MS se responsabilizariam pelo atendimento às áreas indígenas, mas isso não ocorreu. Ao final da segunda fase da operação, a Tekoha II, cessaram as atividades de ronda e monitoramento e a violência interna voltou a aumentar.

Em julho de 2016, a Polícia Militar de Dourados iniciou um planejamento do policiamento permanente às aldeias, após uma intensa e longa negociação das lideranças, vereadores indígenas, gestores municipais e com o Governo do Estado. Em novembro teve início a fiscalização da documentação de condutores e veículos na TI, por conta de denúncias de comércio e receptação de motocicletas furtadas. As blitze realizadas, no entanto, não confirmaram as denúncias, mas passaram a servir para a apreensão dos veículos dirigidos sem habilitação pelos indígenas – medidas que não foram bem recepcionadas.

Em uma reunião convocada às pressas pelas lideranças, que contou com a presença do comandante do batalhão da PM de Dourados, muitos questionaram a atuação policial. Ao pedir a palavra na reunião, uma liderança tradicional defendeu as formas como usam os veículos: "Na cidade o que manda no sistema dos brancos é a lei. Aqui na aldeia nosso sistema é a cultura e na nossa cultura, a gente sempre andou assim". As questões colocadas por esta reflexão apontam para os efeitos que a extensão das políticas públicas promovem nos modos como os indígenas refletem sobre essas relações, porque é comum na região um discurso, promovido pelos meios de comunicação e o agronegócio, que caracteriza o cotidiano da aldeia como violento e hostil.

O "sistema de aldeia" condensa um conjunto de relações e reflexões indígenas sobre a intensificação da dependência das ações do Estado e das condições colocadas pela vida na reserva. A cultura (com e sem aspas), quando acionada como meio para ação política indígena, coloca múltiplos desafios para os gestores e operadores das políticas e direitos, fazendo com que tenham que repensar os dispositivos normativos existentes através dos direitos específicos Kaiowá, Guarani e Terena – e suas transformações ao longo da história das relações com os brancos. (Diógenes E. Cariaga, PPGAS/UFSC, novembro, 2016)

cerrado e áreas de transição entre mata e cerrado, isso formava um mosaico de tipos de formações florestais, assegurando a possibilidade de explorar recursos variados, distribuídos em uma pequena extensão geográfica. Geralmente a localização da aldeia – *tekoha* – privilegiava a ocorrência desta variedade de cobertura florestal, o que permitia a aplicação de um amplo leque de formas de manejo e exploração de recursos variados. O acesso a recursos variados vinculava-se ao ciclo de econômico anual e às formas de mobilidade próprias a esses povos.

A partir da década de 1970, a floresta desapareceu quase completamente. "*Karai roupa ñande ka'aguype* – os brancos devoraram toda nossa floresta", afirmam consternados os indígenas idosos, enfatizando a irracionalidade da ocupação econômica na região. Hoje, em lugar da floresta, predomina agricultura mecanizada e pastagens cultivadas, mesmo nos pequenos espaços reocupados pelos indígenas. Com a quase extinção das matas escassearam a caça, os remédios de ervas e extratos animais, os materiais para a construção casas e dos instrumentos de uso rituais. A terra infestada de gramíneas invasoras provoca o descontrole do fogo, resultando em queimadas gigantescas. O solo gradativamente perde fertilidade, não é mais possível praticar a agricultura itinerante, "já não existe mais animais e pássaros, a terra não produz mais, está cansada, a vida do índio ficou triste, esta terra deve desaparecer", afirmam repetidamente os xamãs, chamando a atenção para a irracionalidade das formas de uso da terra, o que pode levar a destruição do mundo. Entretanto, os Kaiowá e Guarani continuam a existir e seguem confiando no poder de suas rezas para recompor a fertilidade da terra, fazer o mato crescer novamente, chamar de volta os bichos, e seus donos (*jara*) para, dessa forma, recompor o mundo rico em diversidade que os não indígenas insistem em destruir. *(agosto, 2016)*

Lideranças participam da Aty Guasu, a grande assembleia do povo Guarani Kaiowá, na aldeia Jaguapiru, Terra Indígena de Dourados (MS).

DIREITOS HUMANOS

Crônica de um Genocídio em Marcha

Spensy Pimentel — Antropólogo, professor na UFSB

Tatiane Klein — Antropóloga, ISA

A LUTA DOS GUARANI KAIOWÁ E ÑANDEVA GANHOU ATENÇÃO NO BRASIL E NO MUNDO NESTE ÚLTIMO PERÍODO, MAS ISSO NÃO FOI SUFICIENTE PARA BARRAR A ESCALADA DE VIOLÊNCIA CONTRA LIDERANÇAS E COMUNIDADES

Há cinco anos, a situação generalizada de violações de direitos entre as populações indígenas de Mato Grosso do Sul já era reconhecida por entidades de direitos humanos e pelas Nações Unidas como a mais grave do país. Entre os fatores estavam: 1) a grande escala envolvida – já que trata-se da segunda maior população indígena no país, mais de 85 mil pessoas, só perdendo para o Amazonas; 2) a longa duração de alguns problemas, como os suicídios – que já são denunciados como uma epidemia pelas lideranças indígenas há quase 35 anos; 3) a virulência e intransigência dos ruralistas que se opõem aos indígenas, inviabilizando qualquer perspectiva de acordo geral em curto prazo.

O que mudou de lá para cá? Sobretudo, o último quinquênio foi marcado por uma visibilização inédita dos problemas em Mato Grosso do Sul. Se, em 2011, os Guarani Kaiowá e os Guarani Ñandeva ainda eram grupos pouco conhecidos fora dos círculos indigenistas, de lá para cá a tragédia vivida por esses povos cruzou com a evolução da internet, tornando-os ícones da luta indígena no Brasil e no mundo.

NÍSIO GOMES, DESAPARECIDO

Na manhã de 18 de novembro de 2011, na área conhecida como Guaiviry, região de fronteira com o Paraguai, o líder kaiowá Nísio Gomes foi vítima de um ataque organizado por paramilitares a mando de fazendeiros locais, executado a tiros de calibre 12.

Após dois dias da morte do jovem Simião Vilhalva, 24 anos, lideranças guarani kaiowá reuniram-se um velório simbólico em Brasília (DF). O protesto passou pelo Ministério da Agricultura, pelo Supremo Tribunal Federal e pelo Congresso Nacional.

Os suspeitos de participação no ataque, acusados também pelo desaparecimento do corpo do cacique, foram presos logo no mês seguinte, mas soltos cinco dias depois.

As investigações relacionadas ao desaparecimento de Nísio ganharam um tratamento inédito pelos órgãos responsáveis. Em setembro de 2012, a Polícia Federal finalizou a segunda fase do inquérito prendendo oito suspeitos, entre eles o presidente do Sindicato Rural de Aral Moreira (MS), Osvin Mittanck. A conclusão foi que alguns dos fazendeiros presos sabiam exatamente onde o corpo estaria escondido. As buscas pelo corpo continuaram e, três meses depois, o Ministério Público Federal (MPF) ofereceu denúncia contra 19 pessoas.

A celeridade quase inédita na apuração da morte de Nísio Gomes talvez não tivesse sido a mesma se não fosse pela pressão da opinião pública em torno do caso. Poucos dias depois do desaparecimento foi criado o perfil da Aty Guasu – a Grande Assembleia Guarani Kaiowá – no Facebook[1], para difundir as denúncias sobre as violações de direitos envolvendo os Guarani Kaiowá e Guarani Ñandeva. Na rede, usuários passaram a demonstrar solidariedade trocando suas fotos de perfil por uma imagem do líder desaparecido.

Por quase um ano, o perfil seguiu divulgando comunicados da Aty Guasu e das comunidades em áreas de retomada como Pyelito Kue, Arroio Korá, Ypo'i, Ita'y, Guyra Kambiy, Apyka'i e tantas outras, sofrendo ameaças ou mesmo agressões, como incêndios, por parte dos chamados "pistoleiros" – paramilitares contratados por fazendeiros, frequentemente funcionários de empresas de segurança privada.

#SOMOSTODOSGUARANIKAIOWÁ

De tempos em tempos, até hoje, a Aty Guasu conclama seus seguidores no Facebook a apoiar acampamentos ameaçados por ordens de despejo, geralmente decisões liminares expedidas por juízes de primeira instância. Foi uma dessas ameaças, ao acampamento de Pyelito Kue/Mbarakay, em Iguatemi, que "viralizou", gerando uma inédita onda de comoção.

Compreendida como um anúncio de suicídio coletivo, a carta foi o que bastou para que milhares, país e mundo afora, se solidarizassem. Usuários da Facebook trocaram seus sobrenomes para "Guarani Kaiowá", em sinal de apoio. Artistas tiravam fotos segurando cartazes de apoio – alguns mencionaram o episódio em apresentações públicas. No início de novembro de 2012, manifestações de rua foram registradas em mais de 50 cidades do país, além de Europa, Estados Unidos, México e até mesmo na Nova Zelândia.

Quando os veículos de comunicação tradicionais foram atrás da história, os Guarani Kaiowá já eram famosos. O Conselho da Aty Guasu e a Associação Cultural de Realizadores Indígenas de Mato Grosso do Sul (Ascuri) foram ágeis em registrar um depoimento com Apykaa Rendy, liderança de Pyelito, com a posição da comunidade sobre o equívoco: "Se a gente vai se suicidar? Nós não nos entregaremos fácil. É por causa da terra que estamos aqui. Nós estamos unidos com o mesmo sentimento e com a mesma palavra para morrermos na nossa terra. Esta terra é nossa mesmo!", explicou.

Em evidente reação ao caso, em outubro de 2012 o despejo foi suspenso por decisão do TRF-3 e, em janeiro do ano seguinte, a Funai publicou o relatório de identificação da Terra Indígena Iguatemi-Peguá I (Pyelito Kue/Mbarakay), com 41.571 hectares de extensão. Mas esse interesse sem precedentes não impediu que os ataques e ameaças de despejo contra acampamentos guarani kaiowá e ñandeva continuassem.

A própria comunidade de Pyelito foi logo depois impedida por decisões judiciais de ocupar a extensão completa da TI identificada pela Funai, passando a viver em uma faixa de apenas cem hectares em 2013. Em fevereiro de 2014, eles retomaram mil hectares sobrepostos a uma fazenda e, pouco mais de um ano depois, foram atacados: pelo menos oito pessoas ficaram feridas e outras 26 foram rendidas, amarradas, colocadas em caminhonetes e levadas de volta às margens da rodovia MS-295.

SINDICATOS, DESPEJOS, MORTES

Com a falência das negociações e a falta de perspectiva de solução para os problemas fundiários, em 2014, algumas comunidades kaiowa e ñandeva passaram a adotar uma estratégia de ocupação das sedes das fazendas sobrepostas às áreas requeridas – conforme já vinha acontecendo na região ocupada pelos Terena.

A tensão nas retomadas seguiu por todo esse período, num padrão estabelecido desde 2008, quando os ruralistas do estado declararam "guerra aos índios" – conforme se lia na capa dos principais jornais da região. Os anúncios de guerra não cessaram nesse último período: em 2012, por exemplo, o fazendeiro Luis Carlos da Silva Vieira, conhecido como Lenço Preto, foi indiciado por convocar uma "guerra" contra a comunidade na TI Arroio-Korá, em Paranhos (MS).

Em 2013, a estratégia de arrecadar recursos para custear a contratação de empresas de segurança e financiar ações judiciais contra as demarcações se fortaleceu, como ficou patente com a realização do Leilão da Resistência (ver Aconteceu, pp. 764-765).

Em 2015, um dos organizadores do Leilão, Reinaldo Azambuja (PSDB/MS) seria eleito governador do estado.

Em 2014 ocorreu o fechamento por ordem judicial das sedes da Gaspem, empresa que oferecia serviços de segurança em fazendas e que teve alguns de seus funcionários acusados de participação nos assassinatos dos líderes indígenas Dorvalino Rocha e Nísio Gomes. O MPF, que propôs ação pedindo a dissolução da empresa, apontou a possível participação em ataques a comunidades como Lagoa Rica, Laranjeira Ñanderu, Ñande Ru Marangatu, Sombrerito, Pyelito Kue e Guaiviry.

Nesse contexto, que apontava para a possibilidade de recrudescimento da repressão contra as ocupações de terras pelos indígenas, uma série de ataques se abateu sobre a comunidade de Kurusu Amba, também com participação de entidades representativas dos ruralistas do estado. Em outubro de 2014, as 50 famílias Kaiowá retomaram parte seu território tradicional em Coronel Sapucaia (MS) e em março do ano seguinte a ação de reintegração de posse da área foi suspensa pelo presidente STF, Ricardo Lewandowski. Mesmo assim, em junho de 2015, a comunidade foi alvo de um ataque a tiros e teve seus barracos incendiados.

A ação dos fazendeiros foi precedida por uma reunião na sede do Sindicato Rural de Amambai (MS), com a presença de representantes da Federação dos Produtores Rurais do Mato Grosso do Sul (Famasul), do vice-prefeito de Amambai, Edinaldo Luiz Bandeira, do vereador e presidente da Câmara Municipal do município, Jaime Bambil Marques, e comandantes das polícias Militar e Civil.

Em agosto seria a vez da TI Ñande Ru Marangatu – uma área já homologada, mas suspensa pela Justiça desde 2005 – ver um de seus jovens ser assassinado em meio a um despejo extrajudicial. A ação de expulsão que levou à morte de Simião Vilhalva foi iniciada por um comboio de 40 caminhonetes e aconteceu imediatamente após uma breve reunião no Sindicato Rural de Antônio João (MS), em que proprietários rurais, revoltados, decidiram retomar à força a posse das fazendas que incidem sobre a Terra Indígena. Segundo o jornal Dourados News, durante o encontro, a presidente do Sindicato, Roseli Maria Ruiz, discursou: "Eu não acredito em mais nada, nem na Justiça e nem no Cimi. Estou indo agora para as minhas propriedades para retomá-las". A reunião contava com a presença dos deputados federais Luiz Henrique Mandetta (DEM/MS), Tereza Cristina (PSB/MS) e do senador Waldemir Moka (PMDB/MS).

A divulgação do caso e a indignação de organizações indígenas e indigenistas não foram suficientes para que providências efetivas fossem tomadas para estancar a violência. Houve inclusive tentativas de incriminar os próprios indígenas pela morte e, mais de um ano depois, ninguém havia sido indiciado no inquérito conduzido pela Polícia Federal. Ataques a outra comunidade, Guyra Kambiy, na TI Panambi/Lagoa Rica, aconteceram uma semana depois do assassinato de Vilhalva e de uma visita do ministro da Justiça ao Estado. De novo, o envolvimento de um sindicato rural foi apontado e o MPF chegou a pedir a abertura de um inquérito para averiguar a participação de fazendeiros da região Itaporã, Douradina e Dourados nos ataques.

O ano de 2016 não seria diferente. Um despejo extrajudicial no município de Caarapó (MS), em junho, levou à morte de mais um indígena: o agente de saúde Clodiodi Aquileu Rodrigues de Souza. Como no caso anterior, cerca de 70 fazendeiros deslocaram-se em caminhonetes até o território tradicional conhecido como Toro Passo e atacaram a tiros os cerca de cem indígenas que haviam retomado essa área da TI Dourados-Amambaipegua I, reconhecida pela Funai um mês antes.

As investigações, capitaneadas por uma força-tarefa instituída pelo Procurador-Geral da República, Rodrigo Janot, indicaram que fazendeiros estavam diretamente envolvidos no ataque – o que já era apontado por um relatório da Comissão de Direitos Humanos da Câmara dos Deputados. Em junho, o MPF denunciou 12 pessoas pelos crimes de formação de milícia privada, homicídio, lesão corporal, constrangimento ilegal e dano qualificado e, em agosto, o processo culminou com a prisão preventiva dos investigados.

Vivendo em 3.500 hectares onde foram confinados pelo Serviço de Proteção ao Índio (SPI), no início do século XX, os Guarani Kaiowá e Guarani Ñandeva mobilizam-se pela demarcação de terras na região de Caarapó há mais de 30 anos. Em 2013, o jovem Denilson Barboza já havia sido assassinado enquanto pescava no território tradicional de Pindo Roky, sobre o qual incide uma das fazendas contíguas à Reserva Indígena Caarapó. Réu confesso, o fazendeiro pediu reintegração de posse da área tão logo os indígenas retomaram a área em que jaz hoje o corpo de Denilson.

ATÉ QUANDO?

Esta cronologia, que destaca apenas algumas das evidências do genocídio em curso em Mato Grosso do Sul, também indica que não só a inação do poder Executivo e as conhecidas ameaças legislativas aos direitos indígenas são combustíveis para a situação descrita aqui.

A chuva de decisões liminares que movimenta a fila dos despejos, somada a julgados de tribunais superiores, como os da

"FEIJÃO VELHO SÓ SE COZINHA NA PRESSÃO"

Nós gostaríamos de levantar nossa voz para aqueles que desejam saber bem porque nós fizemos esta nova retomada. Nós caminhamos apenas uns 1.500 metros ao norte do nosso antigo acampamento, para levantar uns barracos para nós e uma casinha para a Cruz, para plantar comida para nós. Caminhamos em direção à terra produtiva, porque aqui [em nosso antigo acampamento] já vivemos amontoados como larvas de uma coisa podre.

Nós fizemos de coragem e fomos [fazer a retomada], porque senão esperamos em vão pelo poder executivo, judicial e político. Saímos pois sabemos que eles não virão nos dizer "tenham aqui sua terra, peguem aqui o seu direito".

Nós sabemos que entre os poderosos do executivo, legislativo, judicial e político estão os que têm preconceito, os que levantam falsos sobre nós e dão testemunhos em contra de nosso povo, por exemplo, que não trabalhamos. E se nós não trabalhamos (como os não indígenas acham que devíamos) é porque não temos condição. Se cortar a linha de crédito dos grandes proprietários, eles não vão produzir. Para esses nós não valemos nada. Somos motivo de gozação. Nosso direito está em vão no papel. Se vamos ao banco pedir financiamento, não há crédito para nós. Nosso direito à terra é uma esperança vã.

Nós sabemos que para vereador, deputado, senador, prefeito, governador e presidente servimos só para votar. Mas não temos opção, temos que votar. Cheios de bicho de pé, de verme, de doença... temos que votar. Se não, quando vamos oferecer nosso serviço para trabalhar, como gari, temos que pagar primeiro uma multa.

Nossa vida não vale nada para os poderosos. Eles nos usam como querem. Só nossa morte vale alguma coisa. Só a morte lhes move. A lei não move nada. Eles usam a lei contra nós; eles viram a lei a seu favor. Os políticos fazem acordos com os poderosos, com os donos da terra. Eles mesmos são também proprietários de terra!

Dentro da lei está tudo: direito humano, meio ambiente, propriedade, trânsito, capacete, animais, demarcação! Há lei para cachorro, bosque, água e lixo. Os políticos apreciam e apoiam a lei da biodiversidade, a lei do uso do capacete, a lei sobre a Petrobras! Eles respeitam. Mas quando se trata de demarcação, deixa para mais tarde, para mais tarde, para mais tarde.

E como a lei não traz vida e não é viva para nós, nós ficamos sem lei de novo. O artigo 231 da Carta Magna não quer dizer nada para nós, se não nos devolvem parte da nossa terra, para vivermos nossa cultura. Nós tambem percebemos que também há travas para a ação do Ministério Público Federal, da Funai, da Polícia Federal, da Força Nacional... E nós nos perguntamos: Será que estes órgãos de justiça não podem contra os poderosos?

Enquanto isso, nós vivemos como no Oriente Médio! Vivemos apertados nestas três hectares. Já somos mais de cem pessoas nesta franja de terra. Meia hectare é puro varjão. Nós vivemos aqui sem justiça.

As pessoas vêm nos olhar como se olhassem porco num chiqueiro. Só um momento. Nós recebemos um pouco para comer e somos novamente deixados. Somos tidos como animais. Não somos gente, não temos direito humano para os poderosos.

Mesmo os não indígenas bem intensionados vem apressados nos ver. Logo vão embora, em seus carros. Não esperam que nós falemos.

E nós ficamos sem justiça, com pés e mãos amarrados pelo próprio governo e pelos poderosos do poder legislativo e judiciário. Precisamos de ajuda da sociedade para desamarrar.

E quando policiais e outras autoridades vêm até aqui, só eles eles querem falar. Nos têm como ignorantes. Eles não querem saber nada de nós. Não perguntam por exemplo porque fizemos nova retomada, porque saímos de nosso antigo acampamento e fomos tentar providenciar para nós um lugar onde futuramente podemos viver nossa cultura. Nós ao contrário vivemos perguntando aos não indígenas.

O processo de nossa terra já é bem antigo. E como feijão velho só cozinha na pressão. O processo está engavetado e se nós não avançarmos, se nós mesmos não o fizermos caminhar, ele não vai chegar

Ricardo Jorge, 69, e sua esposa Neusa Concianza, 71, em frente a sua casa de rezas na TI Panambi-Lagoa Rica (MS), onde está a comunidade de Guyra Kambiy. A identificação dessa TI aconteceu em 2011 e foi anulada em 2016 por sentença de juiz federal em Dourados com base na tese do "marco temporal".

a termo nunca! Nós vivemos sobre 2,5 hectares e temos 0,5 hectare de varjão. Mas nós precisamos não só de varjão, não só de mata, mas também terra para trabalhar, terra produtiva para produzir comida para nós.

Já não temos mais lugar aqui. Continua chegando gente aqui, que já não tem lugar em outras aldeias. Nós Kaiowa somos muito e a terra já não se expande, já não se estica mais, como no princípio.

Porque entramos na terra do não indígena, na verdade na nossa terra? Porque aqui onde moramos não temos onde plantar, na aldeia velha tampouco há terra para plantar. Por isso fizemos nova retomada. Porque essa é uma ação da nossa cultura. Nós temos que caminhar, se necessário, para viver.

Nós entramos à procura de terra. Os não indígenas porém entraram à procura de nossas vidas. Eles queriam nos balear, nos matar. Eles ofereceram dinheiro no povoado vizinho para quem nos matar. Ele juntou os Che ra'ato [alusão a paraguaios] para nos matar. Nós não queremos matar ninguém, só queremos terra para plantar comida.

Porque retrocedemos? Porque não houve segurança e porque não queremos mortos. Nós só queremos terra. Durante três dias fomos alvos de armas de fogo; nós só tínhamos estilinque, bastão pintado e flecha. Mas eles estavam impregnados de reza. As avós, os avós, as crianças, os homens e as mulheres nos fortalecemos na reza e fizemos frente a eles. Eles queimaram nossos barracos, nossas roupas brancas e nossos enfeites religiosos, queimaram também a Cruz que levamos.

Depois disso, nós recuamos. A Funai nos pediu para recuar. E nós recuamos. E nós nos sentimos bem porque não houve mortos. Mas nós também nos sentimos mal por termos recuado, porque nossa necessidade recuou conosco e nós não podemos viver assim muito tempo.

Se alguém tivesse morrido no conflito, será que o processo da nossa terra teria "caminhado"? Será que teriam ampliado a área de nosso acampamento? Nós pedimos a todas as pessoas que tem alguma consideração por nós para nos ajudar. Nós precisamos da nossa terra. Para isso, as autoridades têm o poder em suas mãos; mas entendemos que as pessoas e instituiçoes podem ajudar, para que as autoridades tenham alguma consideração pela nossa história e pelo nosso presente e agilizem a demarcação.

Nós lamentamos a morte de todos os Kaiowa assassinados como Simeão por causa de sua luta pela terra e pedimos a todas as autoridades e à justiça que estas mortes não fiquem impunes. Se ficarem impunes fortalecerão aos malfeitores e a seus mandantes. Os Kaiowá, ao contrário, serão diminuidos, menosprezados.

Nós também desejamos cantar o nosso bom modo de viver. Queremos renovar nossos enfeites rituais [muitos foram queimados no confronto] para esperar ao som de nossos cantos e nossas rezas pela demarcasão, em paz, para que nossos filhos e nossas filhas sejam felizes e tenham lindas flores!

E que a Bondade de Nosso Pai nos abençoe. (Comunidade Kaiowá – Acampamento Guyra Kambiy, 6 e 14 de setembro de 2015)

2ª Turma do STF que anularam as demarcações das TIs Guyra Roka, dos Guarani Kaiowá, e Limão Verde, dos Terena, com base na controversa tese do "marco temporal" de ocupação, jogam responsabilidade também sobre o poder Judiciário. Vale lembrar que, em 2014, o esbulho dos territórios guarani para fins de colonização e as remoções forçadas para reservas, foram reconhecidos como graves violações de direitos humanos pelo Relatório da Comissão Nacional da Verdade, mas as decisões seguem ignorando este fato.

Enquanto isso, a população indígena de Mato Grosso do Sul segue suportando alguns dos mais altos índices de violência e de suicídios, conforme têm apontado sistematicamente os Relatórios de Violência contra os Povos Indígenas no Brasil, do Conselho Indigenista Missionário (Cimi). Em 2011, o Cimi registrou 45 casos de suicídios entre os Guarani Kaiowá e Ñandeva; em 2013, foram 74 e, em 2015, 45 – mais da metade do registrado entre povos indígenas no Brasil no mesmo ano[2]. O mesmo aconteceu com os homicídios, que foram de 31 em 2011 a 36 em 2015, passando por um pico de 41 assassinatos em 2014, o que representa 47% da média nacional de assassinatos entre indígenas aferidos no relatório[3].

Contra esse moto-perpétuo de violações de direitos que os afligem, os Guarani Kaiowa e Ñandeva seguem renovando suas estratégias, fortalecidos por suas próprias formas próprias de organização política. Enquanto muitos tentam jogar uma pá de cal na luta pela recuperação dos territórios, os Guarani Kaiowá e Ñandeva respondem com a força de suas palavras, com a alegria de seus cantos/rezas e denunciam uma realidade de sofrimento ao mesmo tempo em que a transformam, embelezando a terra com o movimento incessante de retorno a seus *tekoha*. *(março, 2017)*

NOTAS

[1] Disponível em: <http://www.facebook.com/aty.guasu>.

[2] Dados da Secretaria Especial de Saúde Indígena (Sesai), sistematizados pelo Cimi no Relatório de Violência contra Povos Indígenas 2015, p. 120.

[3] Dados da Secretaria Especial de Saúde Indígena (Sesai), sistematizados pelo Cimi no Relatório de Violência contra Povos Indígenas 2015, p. 83.

PARAGUAI

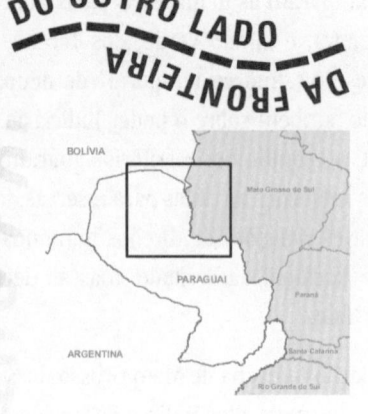

Ñane retã: o Território Guarani e as Fronteiras

Rosa Sebastiana Colman | Demógrafa e geógrafa, professora Faind/UFGD

MESMO NÃO FAZENDO SENTIDO PARA OS POVOS FALANTES DE GUARANI, AS FRONTEIRAS NACIONAIS VÊM, DESDE O PERÍODO COLONIAL, MARCANDO E DEMARCANDO SUA HISTÓRIA. AGORA, NO PARAGUAI, COMO NO BRASIL, OS "TERRITÓRIOS DE COMUNICAÇÃO" GUARANI ENFRENTAM UMA MESMA AMEAÇA: O AVANÇO DO AGRONEGÓCIO

No final de setembro de 2016, um violento despejo se abateu sobre a comunidade ava guarani de Sauce, no distrito de Minga Porã, Paraguay. Determinada pelo juizado de Minga Porã, a ordem de despejo havia sido solicitada por Hermann Hut, que alega a propriedade de terras na região e é genro do atual vice-presidente do Paraguai, Juan Afara. A comunidade, que teve uma casa de rezas queimada durante a ação da polícia paraguaia, é uma das que foram expulsas de suas terras durante a construção da Hidrelétrica de Itaipu do lado paraguaio, na década de 1970.

Essa é uma das formas de violações de direitos a que estão submetidos hoje os povos indígenas, em especial os povos guarani falantes, no Paraguai. Cabe destacar que no Paraguai vivem hoje 493 comunidades indígenas, em 1.163.1277 hectares de terras, segundo dados do III Censo Nacional de Población y Viviendas (2012). Desse total, 351 comunidades, ou 70%, declararam ao Censo ter título de seus imóveis, o que não significa, no entanto, que seus direitos territoriais estejam protegidos. Jorge Servín[1] identifica alguns dos principais pontos de ameaça: acesso insuficiente às terras; degradação e exploração indiscriminadas; falta de garantias e ações legais ante a invasão das terras indígenas por camponeses sem terra; insegurança alimentar; falta de assistência sanitária; falta de programas de educação diferenciada. Entre os problemas mais graves está o "aluguel", ou arrendamento, de terras, que também foi registrada pelo Censo Indígena de 2012: hoje, 208 comunidades indígenas sofrem com os impactos do arrendamento.

Tais situações, infelizmente, não se distanciam do que os Guarani enfrentam hoje no Brasil – e são causadas por um mesmo motivo: o avanço do agronegócio. Três meses antes, em julho de 2016, outro despejo acontecia em Dourados, Mato Grosso do Sul: a comunidade de Apyka'i, de Damiana Cavanha, do povo Kaiowá, foi expulsa da terra que estavam ocupando e lutando para reaver, em uma área de monocultura de cana-de-açúcar. O processo já dura mais de 15 anos, marcado por uma série de despejos, e mesmo a Funai tendo criado um Grupo de Trabalho para realizar o estudo de identificação da TI, foram expulsos com um forte aparato policial, retornando para as margens da BR-463. Assim, de um lado e de outro da "fronteira", o direito dos povos Guarani a permanecer em seus territórios têm sido atacado.

Outro aspecto que afeta hoje a territorialidade guarani é a fragmentação imposta pela criação dos Estados Nacionais. Em agosto de 2016, realizamos uma viagem de estudos com as turmas de Ciências Humanas do Curso da Licenciatura Intercultural Indígena Teko Arandu (Faind/UFGD) para Yvy Pyte, no Paraguai. Este local é considerado pelos Kaiowá/Paĩ Tvyterã como o Centro da terra. Foi neste lugar que se originou a humanidade e toda a região é marcada pela religiosidade e espiritualidade kaiowá. O local, onde está o Cerro Guasu (ou *Jasuka Renda*), no entanto, está em área de propriedade particular de um brasileiro, a Estância Pai Kuara; assim, apesar de ser sagrado e mítico para os Kaiowá e Guarani, é de acesso restrito para as comunidades do entorno. A viagem foi marcante para todos os participantes, mas de modo especial para o estudante Marcos Gomes, da TI Ramada/Sassoró (MS), que visitou parentes, levou fotos para mostrar e registrou outras com os parentes do Paraguai para trazer aos parentes no Brasil. Seu pai saiu de Yvy Pyte ainda menino e nunca mais voltou.

Histórias como essa não são incomuns. Tradicionalmente, os Guarani se territorializavam de acordo com vários fatores, segundo o antropólogo Levi Marques Pereira: a disponibilidade de locais com

Mulheres Guarani Kaiowa e Guarani Ñandeva participam de assembleia da Aty Guasu na TI Panambi-Lagoa Rica. Encontro reúne lideranças indígenas, anciãos e rezadores.

recursos naturais considerados apropriados, ou seja, locais livres de ameaças sobrenaturais; a proximidade de parentelas aliadas; a habilidade do líder em reunir a parentela e resolver os problemas; e a incidência ou não de doenças ou mortes. Os Guarani trabalham com noções e conceitos próprios de fronteira, uma ideia mais sociológica e ideológica, que inclui e exclui, definindo quem pertence e quem não pertence a determinada coletividade, estabelecendo os limites a partir dos quais eles não se sentem "a gosto", como Meliá observou durante reunião sobre o projeto "Os Guarani no Mercosul", em Foz do Iguaçu (PR), em 2007. A prática guarani de fronteira tem relação com a ecologia, o parentesco e a economia.

Desta forma, também as cercas e malhas viárias reconfiguram as rotas de trânsito. Segundo Meliá (2007), os territórios indígenas seriam, acima de tudo, "territórios de comunicação", prenhes de memória e de história, que podem ser visualizados por marcas, tais como caminhos, casas, recursos naturais e acontecimentos específicos. Referindo-se às fronteiras guarani, Melià entende que são parte da sua identidade, remetendo para o seu modo de ser. Por isso, sob a ótica indígena, essas fronteiras podiam ser relativizadas em determinados casos, como pelos casamentos ou pelas dinâmicas de alianças. Essas redes seguem, no presente, plenamente em vigor, constituindo e desconstruindo fronteiras, entendidas como dinâmicas e não fixas.

Não fazem sentido, para os Guarani, as fronteiras nacionais, embora, desde o período colonial, sua história venha sendo fortemente marcada e demarcada por elas; os Guarani, vale destacar, buscam ignorá-las, resistindo a esse tipo de enquadramento – como comumente são taxados por setores contrários ao reconhecimento de seus territórios no Brasil.

Em 2009, no âmbito do projeto de Apoio ao Fortalecimento das Políticas Públicas entre os Guarani na região das fronteiras entre o Paraguai, Argentina e Brasil, foi possível constatar como, para eles, essas fronteiras seguem não fazendo sentido: todos os participantes da viagem sentiam-se e reconheciam-se como parentes. A história de vida de um dos integrantes dessa viagem, Santiago Franco, Guarani Mbya do Rio Grande do Sul, permite compreender bem essa afirmação. Ele nasceu no Paraguai, morou na Argentina e agora mora em Porto Alegre, no Brasil. Logo no início da viagem já se reencontrou com seu tio, Hilário Acosta, morador da Província de Misiones, Argentina, outro participante da viagem, que há muito tempo não via. E, assim, em quase todas as aldeias visitadas, os participantes da iniciativa encontravam parentes e ou conhecidos.

Porém, ficou claro, também, que, apesar dos esforços dos Guarani em ignorar as fronteiras nacionais, essas interpõem dificuldades crescentes a sua circulação e a seus direitos, como bem expressa o depoimento do mesmo Santiago: "Os governos nos limitando, dividindo-nos, deixando sem espaço, negando nossos direitos!". Da mesma forma, outro participante, Joaquim Adiala Hara, Ava-Guarani de Porto Lindo, Japorã (MS), afirma: "Nós Guarani que somos Mbya, Guarani Ñandeva, Kaiowá, Paĩ Tvyterã, não somos diferentes porque sempre fomos um grande povo, com autonomia e sem fronteira. Somos os verdadeiros donos dessa imensa terra que se chama América". Seu relato confirma a percepção guarani sobre as fronteiras nacionais.

A necessidade de, a cada momento, ter que pedir licença nas aduanas/alfândegas e comunicar a saída e entrada nos diversos países gerava uma situação de visível incômodo aos integrantes da viagem. "Por que não se tem liberdade para circular livremente nos três países?", perguntavam eles, considerando, especialmente, que, "guarani é guarani em todos os lugares".

São, certamente, inúmeros os povos que se encontram em situação idêntica à dos Guarani, ao longo de toda a fronteira do Brasil. Podíamos citar aqui os Tikuna, Tukano e diversos outros povos no estado do Amazonas, os Makuxi, Wapixana e Yanomami, em Roraima, e tantos outros. São povos que, em diversos momentos de nossa história, desempenharam papel relevante na garantia das fronteiras nacionais, como está bem documentado.

É relevante destacar que a maior parte dos deslocamentos espaciais transfronteiriços, envolvendo povos indígenas, referem-se a deslocamentos espaciais ou à mobilidade espacial dentro de um mesmo território ancestral, fenômeno, aliás, muito anterior às próprias fronteiras nacionais e coloniais. Isso decorre diretamente do fato de que as fronteiras impostas pelos Estados Nacionais ignoraram, completamente, as fronteiras territoriais indígenas, cortando e fragmentando o território de um mesmo povo.

Esse é um ponto de maior relevância para as discussões sobre políticas públicas no âmbito do Mercosul, porque, como veremos, é esse exatamente o caso dos Guarani. Segundo dados publicados em 2006 pela Comissão Econômica para a América Latina e o Caribe (Cepal), trata-se de uma migração fronteiriça: nove de cada dez migrantes indígenas no Brasil são de um país vizinho.

As fronteiras guarani, num passado relativamente recente, passaram a confrontar-se com as fronteiras dos estados nacionais e, também, com frentes econômicas de expansão territorial, alterando essas fronteiras e desfigurando o território, mediante a imposição de novas marcas. À medida que as regiões fronteiriças dos Estados Nacionais vão sendo ocupadas – transformando-se em fronteiras vivas –, crescem as interferências na vida dos povos transfronteiriços, através da imposição de modelos linguísticos e educacionais distintos, bem como de sistemas de atendimento à saúde, de políticas de garantia de territórios e sua exploração.

Não existem políticas linguísticas comuns nos diferentes Estados Nacionais em relação ao Guarani, ao seu uso nas escolas como língua de instrução ou como segunda língua, ao registro das variedades dialetais e à coleta de literatura oral. Políticas, eventualmente em prática, não foram suficientemente estudadas, acompanhadas e avaliadas, nem houve, tampouco, intercâmbios de experiências entre as instâncias interessadas. Sequer se conhecem com precisão os dados demográficos sobre os falantes de Guarani, sendo que diferentes fontes apresentam dados, às vezes, contraditórios.

No entanto, apesar dessa imposição dos Estados Nacionais, existe consenso entre os pesquisadores de que os Guarani seguem com suas dinâmicas internas e próprias de definição e redefinição das fronteiras culturais. Percebe-se, claramente, a persistência transfronteiriça das redes de relacionamento, através das quais os Guarani de Mato Grosso do Sul, do litoral e de outras regiões do Brasil, seguem mantendo intensas e variadas trocas com seus parentes que residem na Argentina e no Paraguai. O mesmo se verifica entre os Kaiowá e Guarani, de Mato Grosso do Sul, onde persistem, também, os deslocamentos espaciais transfronteiriços. Trata-se, claramente, da persistência de deslocamentos espaciais dentro do mesmo território guarani.

Ao analisar o fenômeno desses deslocamentos espaciais transfronteiriços, segundo os dados da Cepal, verifica-se, desde 1990, clara tendência de aumento na "migração internacional indígena" e que esse fenômeno está relacionado diretamente à situação dos territórios e dos seus recursos naturais – em especial à situação de ocupação das Terras Indígenas por terceiros, os não índios, gerando um clima de muita violência. Esses são apontados como fatores que impulsionam deslocamentos espaciais temporários e/ou definitivos. Além disto, principalmente, o que se observa entre os Kaiowá e Guarani, podemos citar as políticas sociais e o processo de reconhecimento territorial como fatores de impulsão de deslocamentos.

É lógico que políticas anti-indígenas mais agressivas, verificadas em determinado país, podem motivar deslocamentos espaciais maiores para o outro lado da fronteira nacional, em busca de melhores condições de vida, ou seja, melhores condições para a vivência de sua cultura, sempre dentro do mesmo território. Por isso, em muitos casos, mesmo em se tratando de deslocamentos espaciais dentro do mesmo território tradicional, esses podem ser caracterizados, segundo a Cepal, como mobilidade espacial forçada, porque são decorrentes da total falta de condições de vida em determinado país (violência generalizada). Seguramente essa é a causa de alguns deslocamentos espaciais verificados entre os Guarani hoje.

O estudo da Cepal destaca com propriedade que a especial vinculação aos territórios por parte dos povos indígenas representa um fator que, ao mesmo tempo em que facilita deslocamentos espaciais transfronteiriços dentro do mesmo território indígena, dificulta deslocamentos espaciais para fora do território ancestral. Um segundo fator a explicar a "menor intensidad de la inmigración internacional indígena", ou "una menor propensión a migrar que las no indígenas" (2006, p. 214)[2], seria o fato de os povos indígenas, em decorrência de sua condição de pobreza e discriminação, apresentarem extrema vulnerabilidade.

Há, no entanto, outro aspecto referente às fronteiras no Mercosul, que é importante trazer para as discussões aqui em curso. Analisando a história da ocupação regional, especialmente das regiões fronteiriças entre o Brasil e Paraguai, percebe-se que essas fronteiras foram, historicamente, e ainda são, completamente permeáveis e até ignoradas quando se trata de interesses das grandes empresas transnacionais, especialmente brasileiras, na exploração dos recursos naturais.

É o que se verificou no período pós-guerra do Paraguai – no tempo da exploração dos ervais – destacando-se a aquisição pela Companhia Matte Larangeira, em 1902, de uma área de 80 mil hectares de terra, na zona do Salto Del Guairá, Paraguai. Em períodos mais recentes houve, ainda, um importante deslocamento de colonos e de grandes empresários brasileiros, especialmente entre 1962-1972, processo amplamente conhecido no Brasil. Segundo Nickson (1976, p. 15)[3], em 1972, no Departamento de Canindeyu, os brasileiros constituíam cerca de 43% da população total.

Segundo esse mesmo autor, com a proibição de exportação de madeira não cerrada nos anos 1970 por parte do Paraguai, um florescente comércio de contrabando de troncos se desenvolveu na região, beneficiando os estados brasileiros e gerando a rápida destruição das matas em toda a região que constitui o território tradicional dos Paĩ Tvyterã. Nickson destaca, com ênfase, a participação dos grandes proprietários brasileiros no processo de desalojamento de camponeses e comunidades indígenas, ocupantes tradicionais daquelas terras, processo que se agrava com a transferência da soja para essa mesma região.

A situação, em 2016, mais de 40 anos depois não é diferente. Nas regiões do Paraguai em que a presença de brasileiros é maciça, como as cidades de Santa Rita, San Alberto, Katueté e Nova Esperança, a língua portuguesa e os costumes brasileiros são impostos – aliados à expansão das fronteiras agrícolas e do agronegócio brasileiro, expulsando os Guarani de suas terras.
(setembro, 2016)

NOTAS

[1] SERVÍN, Jorge. Tierras y territorios de los pueblos indígenas en el Paraguay actual: datos, desafios y consideraciones. I Seminário de etnologia Guarani, FAIND/UFGD, Dourados, 2016.

[2] CEPAL. Panorama Social da América Latina. *Publicación de las Naciones Unidas*. Santiago de Chile: CEPAL, 2006.

[3] Estudo de Andrew Nickson, apresentado na Conferência sobre Desarrollo Del Amazonas em Sete Países, organizada pelo Centre of Latin American Studies, Universidad de Cambridge, nos dias 23 a 26 de setembro de 1976.

MAPA GUARANI CONTINENTAL

O objetivo da elaboração do Mapa Guarani Continental é identificar as características do território atualmente ocupado pelos povos de língua e cultura guarani no continente americano, com destaque para a diversidade socioambiental, cultural e linguística – um esforço para dar visibilidade às ameaças ao território e ao modo de ser guarani no Brasil, Paraguai, Argentina e Bolívia. O Mapa pode, ainda, auxiliar na compreensão da extraordinária capacidade demonstrada por esses povos de seguir sendo guarani após cinco séculos de intensa pressão colonial, e ser um instrumento de apoio às suas demandas por territórios e por políticas públicas que respeitem sua autonomia enquanto povos vivendo em distintos países, mas aproximados pelo compartilhamento de uma tradição linguística e cultural.

Os territórios de ocupação tradicional dos povos de língua e cultura guarani acabaram cindidos por fronteiras de Estados nacionais que não contemplaram suas formas de territorialidade. Tais Estados se articulam a partir de distintas legislações indigenistas e formas específicas de avanço e consolidação de frentes de expansão econômica, via de regra desconsiderando a presença indígena e suas formas organizacionais. A despeito das especificidades históricas, políticas e econômicas de cada um dos países, os Guarani continuam praticando a comunicação em línguas de entendimento comum entre as comunidades radicadas nos distintos países. A interação entre as comunidades está alicerçada em redes de trocas matrimoniais e práticas de eventos festivos, políticos e religiosos que transcendem as fronteiras nacionais.

De modo destacado, se apropriam de recursos de comunicação, como as novas mídias, e de meios de transportes, para intensificar a interação e a articulação de movimentos políticos e culturais, a partir de demandas de suas próprias comunidades. O projeto, através da confecção do mapa e demais subsídios, registra como os Guarani têm efetivado sua reprodução social no contexto transfronteiriço e quais os principais desafios por eles enfrentados nos distintos países. Trata-se de instrumento de fácil visualização de dados importantes, como quem são os povos guarani, onde estão e como vivem.

Os dados levantados nos quatro países mostram uma população total estimada em 284.800 habitantes guarani (Mapa Guarani Continental, 2016), distribuídos num amplo território de ocupação tradicional, dividido por fronteiras dos quatro Estados nacionais estabelecidos no século XIX. Neste amplo território, compartilhado com vários outros povos, indígenas e não indígenas, os Guarani mantêm uma intensa mobilidade, produzida por padrões culturalmente estabelecidos, ou em função de deslocamentos resultados da ocupação de suas terras por frentes de expansão econômica, cada vez mais intensas. Nos diversos países, seguem produzindo seus coletivos em interação constante com enorme gama de instituições dos Estados nacionais e de suas sociedades civis.

De modo criativo, os Guarani atualizam e desenvolvem novos modos de assentamento em pequenas porções seus territórios tradicionais, o que lhes permite seguir produzindo suas formações sociais, mesmo em condições extremamente adversas. Os conhecimentos sobre os ambientes de florestas, fauna, rios, campos, etc, e sobre os diversos guardiões não humanos associados a esses ambientes, permite aos Guarani expandir sua capacidade de compreender o mundo em transformação em que vivem e desenvolver formas de atuar sobre ele. Ampliar o conhecimento destas condições e dos desafios enfrentados, numa visão que integre as especificidades do conjunto dos Guarani, é o principal alvo do projeto do mapeamento, realizado a partir de uma rede de colaboradores dos quatro países composta por pesquisadores e indigenistas, mas também com a colaboração efetiva das lideranças indígenas e suas organizações.

A principal dificuldade enfrentada na composição do Mapa foi lidar com as diversidades de arranjos legais, legislações indigenistas e configurações históricas distintas em cada país, sendo que tal diversidade tem implicações profundas na situação territorial e nas condições de vida dos Guarani em cada país. Tais dificuldades aumentaram devido aos problemas políticos vivenciados no Brasil e a tentativa de criminalização dos movimentos indígenas e indigenistas. A despeito das dificuldades, o Projeto está em fase conclusiva e os resultados serão apresentados e divulgados ainda no segundo semestre de 2016.

A realização do mapa no Brasil, na área mais extensa do habitat guarani, foi possível pela colaboração eficiente das principais organizações da Sociedade Civil com atividades de apoio aos povos Guarani, o Cimi, CTI, ISA, CIPCA, Endepa, Conapi, Conselho Continental Guarani, Aty Guasu, entre outros. (Georg Grünberg e Levi Marques Pereira, setembro de 2016)

POPULAÇÃO GUARANI

Argentina	54.825
Bolívia	83.019
Brasil	85.255
Paraguai	61.701
Total	284.800

Comunidades Guarani na América do Sul

TERENA

Poké'exa ûti: o Difícil Caminho da Luta pelo Território

Luiz Henrique Eloy Amado | Advogado, doutorando em Antropologia no Museu Nacional/UFRJ

NOS ÚLTIMOS ANOS, O POVO TERENA, POR MEIO DO CONSELHO DO POVO TERENA E DE SUAS ASSEMBLEIAS, TEM LUTADO POR SEUS DIREITOS E PELO RECONHECIMENTO FORMAL DOS TERRITÓRIOS TRADICIONALMENTE OCUPADOS

O estado de Mato Grosso do Sul concentra atualmente a segunda maior população indígena no Brasil, destacando-se os seguintes povos: Terena, Guarani Nhandeva, Guarani Kaiowá, Kadiwéu, Kinikinau, Guató, Atikum, Kamba e Ofaié. Atualmente, as comunidades indígenas sofrem com problemas sociais de várias ordens, que incluem a educação, desassistência a saúde, violência e desnutrição. Toda essa problemática está intimamente ligada à questão territorial, resultado de processos de perda da terra que se deram de maneira diferente com relação a cada povo.

Nos últimos quatro anos, o povo Terena, organizado por meio do Conselho do Povo Terena, constituído por caciques e líderes de retomadas, tem feito o enfrentamento na luta pelos seus direitos, especialmente no que diz respeito ao reconhecimento formal dos territórios tradicionalmente ocupados. Através da realização da Hanaiti Ho'únevo Têrenoe (Grande Assembleia Terena)[1], as lideranças têm discutido e tomado decisões importantes sobre o território, saúde, educação, sustentabilidade e política de representação nas instâncias institucionais.

A 1ª Assembleia Terena foi realizada em 2014 na Aldeia Imbirussú, na TI Taunay/Ipegue, e contou com a participação de caciques terena, lideranças do povo Kinikinau e Kadiwéu. O documento final pontua que foi a primeira vez, desde a guerra do Paraguai, que os povos indígenas do Pantanal se reuniram novamente.

Após a primeira grande assembleia, outras grandes reuniões foram realizadas entre 2014 e 2016: a 2ª Assembleia Terena – Aldeia Moreira, na TI Pilade Rebuá, em novembro de 2012; 3ª Assembleia Terena – Acampamento Terra Vida, na TI Buriti, em maio de 2013; 4ª Assembleia Terena – Aldeia Brejão, na TI Nioaque, em novembro de 2013; 5ª Assembleia Terena – Aldeia Babaçu, na TI Cachoeirinha, em maio de 2014; 6ª Assembleia Terena – Aldeia Lalima, na TI Lalima, em novembro de 2014; 7ª Assembleia Terena – Aldeia Cachoeirinha, na TI Cachoeirinha, em maio de 2015; e a 8ª Assembleia Terena – Aldeia Água Branca, na TI Nioaque, em março de 2016.

A categoria "terra tradicionalmente ocupada" foi reconhecida pelo texto constitucional de 1988 e vem sendo objeto de luta dos povos indígenas de Mato Grosso do Sul, especialmente pelos Terena, Guarani, Kaiowá e Kadiwéu. Mesmo a Constituição de 1988 reconhecendo o direito originário dos povos indígenas aos seus territórios tradicionais e impondo prazo de cinco anos para a demarcação e homologação de todas as TIs, ainda hoje várias comunidades estão fora de seus territórios tradicionais aguardando o reconhecimento jurídico-formal de sua terra.

A conduta territorial que antes usurpava, invadia e despejava comunidades inteiras de seus territórios tradicionais, hoje se traduz numa "conduta política", sistematizada no conjunto de articulações estatais imbricadas em todas as instâncias de poder da máquina estatal, com o nítido objetivo de impedir o reconhecimento dessas terras tradicionais. Os dispositivos constitucionais que reconhecem essa diversidade de territorialidades – Estado pluriétnico –, um processo de ruptura e de conquista, não resultaram em nenhuma adoção de política étnica e nem de ações governamentais capazes de reconhecer efetivamente esses territórios.

Nessa luta pelo território, diferentes estratégias permeiam o interior das comunidades, como as retomadas e questões externas, como ações governamentais. Fica nítida, por meio delas, a distinção entre as formas de territorialidade estatais, baseadas no reconhecimento formal, e as formas de territorialidade indígena, como as retomadas e autodemarcações. Na territorialidade estatal, que tem por objetivo reconhecer formalmente determinado território a um determinado povo indígena, é preciso entender como o Estado brasileiro regula e reconhece esses territórios[2].

Na década de 1980, pesquisadores ligados ao "Projeto de Estudos sobre Terras Indígenas no Brasil: invasões, uso de solo e recursos naturais (PETI)", desenvolvido no Museu Nacional, procuraram debruçar-se sobre os modos como o Estado brasileiro formulava e definia as Terras Indígenas. É justamente neste plano que se abre a possibilidade de refletir, na tentativa de compreender como a "conduta política" atual não tem contemplado os povos indígenas e, consequentemente, os seus territórios tradicionais.

Atualmente, o povo Terena está distribuído nas seguintes TI Taunay-Ipegue, Limão Verde, Cachoeirinha, Pilad Rebuá, Lalima, Buriti, Nioaque, Buritizinho e nas aldeias urbanas localizadas em Campo Grande. Tais terras são reservas indígenas demarcadas na época do Serviço de Proteção ao Índio (SPI), à exceção da TI Limão Verde, demarcada de acordo com o preceito constitucional de 1988. Posto isso, têm-se como principais entraves à demarcação dos territórios indígenas a judicialização das demarcações e o modelo de "desenvolvimento" adotado pelo Estado brasileiro, opção que não contempla as comunidades, ainda vistas como empecilhos ao dito "desenvolvimento".

No que tange à judicialização, são latentes as inúmeras ações judiciais em trâmite perante a Justiça Federal de Mato Grosso do Sul, bem como os recursos interpostos perante o Tribunal Regional Federal da 3ª Região, a segunda instância de jurisdição. Como se sabe, o procedimento de demarcação de TI está previsto para tramitar na via administrativa, iniciando-se na Funai e sendo concluindo com expediente da presidência da República (atos do poder Executivo).

No entanto, com as ações intentadas pelos interessados na não demarcação, os procedimentos ficam paralisados por força de decisão judicial, baseadas apenas em argumentos jurídicos de cunho civilista (Código Civil), enquanto o direito dos povos indígenas foi tratado com profundidade pelo direito constitucional (Constituição Federal). O levantamento das ações judiciais demonstra justamente essa tendência do judiciário federal de Mato Grosso do Sul.

Em levantamento feito em 2015, constatou-se que na Justiça Federal de Mato Grosso do Sul estavam em trâmite aproximadamente 388 processos judiciais que versavam sobre demarcação de TI e demais conflitos possessórios. Desse total, 154 processos tramitavam na subseção judiciária de Campo Grande; 73 processos em Dourados; 93 em Ponta Porã; e 68 em Naviraí. Estas são apenas ações tramitando em primeira instância, sem contar outras centenas de recursos pendentes nos tribunais de segunda instância.

No Supremo Tribunal Federal (STF) localizamos 13 ações judiciais envolvendo demarcação de TIs. Há casos em que o estado de Mato Grosso do Sul ingressa como parte no processo, atuando como assistente litisconsorcial do fazendeiro; o que faz a ação ser deslocada da Vara Federal de primeira instância para o STF.

Esta sistêmica ação por parte do estado (leia-se: governador) tem o nítido objetivo de levar o processo para o STF e, consequentemente, aumentar a demora por uma decisão do poder Judiciário. Como a judicialização tem sido um dos principais entraves às demarcações, são várias as manobras processuais para o retardamento da prestação jurisdicional, entre eles, o ingresso do Estado como parte nos processos.

Diante da inércia do poder público em cumprir a determinação constitucional de demarcar as TIs, o Conselho do Povo Terena, por meio de seus caciques e lideranças, deliberou a imediata retomada de seus territórios. Nesta esteira, nos últimos quatro anos os Terena reocuparam aproximadamente 45 mil hectares de terras, constituindo inúmeros acampamentos indígenas. No município de Dois Irmãos do Buriti, temos as retomadas 10 de maio, Pahô Sîni, Terra Vida e Cambará. No município de Miranda estão as retomadas Maraoxapá, Mãe Terra, Charqueada e Kuixóxono Utî. Em Aquidauana estão as retomadas Esperança, Maria do Carmo, Cristalina, Ouro Preto, Persistência, Capão da Arara, Ipanema, Touro e Santa Fé.

É justamente neste contexto de conflito fundiário que Oziel Gabriel, liderança terena, foi morto na manhã do dia 30 de maio de 2013, depois de ser gravemente ferido por projétil de arma de fogo em uma área retomada pelo povo Terena pertencente à TI Buriti, declarada em 2010 como de ocupação tradicional. O episódio se deu quando a Polícia Federal, usando de um violento *modus operandi* desproporcional, em uma ação mal planejada, iniciou a execução da reintegração de posse da área ocupada pela comunidade, que vem sendo reivindicada pelo ex-deputado estadual Ricardo Bacha, com bombas de feito

Terena percorrem a aldeia clamando por justiça pela morte de Oziel Terena Gabriel, 35, morto durante reintegração de posse na TI Buriti (MS).

moral, *spray* de pimenta e tiros de armas letal e não letal. Em 2016, as investigações do Ministério Público Federal (MPF) concluíram que o projétil que atingiu Oziel partiu de uma arma da Polícia Federal.

Ainda em 2013, o líder Paulino Terena foi atacado em sua comunidade por quatro homens encapuzados. O atentado foi atribuído a produtores rurais da região, em disputa na Justiça pela posse de territórios reivindicados pelos Terena. Importante lembrar que foi nesta mesma região que, em 4 de junho de 2011, um ônibus que transportava cerca de 30 estudantes terena, a maioria entre 15 e 17 anos, foi atacado com pedras e coquetéis molotov. Seis pessoas, incluindo o motorista, sofreram queimaduras e quatro foram internadas em estado grave. A estudante Lurdesvoni Pires, de 28 anos, faleceu, vítima de ferimentos causados pelas queimaduras. O ataque está intimamente ligado ao contexto da disputa pela demarcação de TIs.

O contexto de Mato Grosso do Sul é extremo ao ponto de a violência do campo se institucionalizar nas agências estatais e setores de representação do agronegócio. A violência é, ao mesmo tempo, velada e declarada. Foi assim que, no final de 2013, a Associação dos Criadores de Mato Grosso do Sul (Acrissul) e a Federação da Agricultura e Pecuária de Mato Grosso do Sul (Famasul), com o apoio da bancada ruralista do Congresso Nacional, lançaram a convocação da realização do chamado "Leilão da Resistência", grande ato político que tinha como fim maior a arrecadação de fundos para a formação de uma grande milícia armada para fazer a segurança de propriedades rurais e promover ataques a comunidades indígenas.

O Conselho Terena e a Aty Guasu, Grande Assembleia dos povos Kaiowá e Guarani, ingressaram com ação judicial para barrar o "Leilão da Resistência". O processo foi distribuído à 2ª Vara Federal de Campo Grande, e, no dia 4 de dezembro de 2013, a juíza Janete Lima Miguel determinou que as entidades ruralistas se abstivessem de realizar o leilão argumentando que "esse comportamento por parte da parte [fazendeiros] não pode ser considerado lícito, visto que pretendem substituir o Estado na solução do conflito existente entre a classe ruralista e os povos indígenas" e que "tem o poder de incentivar a violência (...) e colide com os princípios constitucionais do direito à vida, à segurança e à integridade física".

Numa manobra processual, em menos de 48 horas depois, as entidades ruralistas conseguiram afastar a magistrada do caso e, após o tribunal nomear outro magistrado, o leilão foi liberado pelo juiz Pedro Pereira dos Santos. A decisão, no entanto, impôs condicionantes: 1) O dinheiro arrecadado com o leilão deveria ser depositado numa conta judicial e controlado pela Justiça; 2) Os leiloeiros deveriam discriminar os nomes dos arrematadores e os valores pagos; 3) A utilização dos recursos arrecadados com o leilão só poderá ser feita depois da Justiça ouvir o Ministério Público Federal (MPF) e as organizações indígenas Aty Guasu e Conselho Terena.

É notório, de igual modo, o processo de criminalização de lideranças indígenas e aliados do movimento indígena em curso no Estado e no Brasil. Eu mesmo enfrentei, em menos de dois anos, processos disciplinares na Ordem dos Advogados do Brasil, seccional Mato Grosso do Sul (OAB/MS), um deles com pedido de cassação de meu registro como advogado, assinado pela Comissão do Agronegócio da entidade.

A perseguição aumentou depois que apoei a ação judicial que suspendeu a realização do chamado "Leilão da Resistência", criando obstáculos intangíveis aos realizadores do evento. Em março de 2014, os ruralistas também manejaram uma ação judicial para tentar impedir que eu defendesse minha dissertação[3] de mestrado dentro da TI, justamente porque tratava do direito territorial dos povos indígenas.

Nesta esteira, em 2015 foi instalada pela Assembleia Legislativa de Mato Grosso do Sul uma Comissão Parlamentar de Inquérito (CPI) para investigar o Conselho Indigenista Missionário (CIMI). Proposta pela deputada ruralista Mara Caseiro, esta CPI foi um verdadeiro instrumento de perseguição a indigenistas e lideranças indígenas do Estado. A Justiça Federal em Campo Grande, atendendo pedido da Defensoria Pública da União, concedeu liminar suspendendo a CPI, no entanto o estado de Mato Grosso do Sul ingressou na demanda e recorreu ao Tribunal Regional Federal da 3ª Região, que suspendeu a liminar possibilitando que a CPI prosseguisse com os trabalhos. Importante registrar que o Conselho do Povo Terena foi a organização indígena mais perseguida por esta CPI.

A luta do povo Terena é incansável. No final de 2015 foram surpreendidos pela decisão da Segunda Turma do STF que anulou a demarcação da única Terra Indígena terena demarcada após 1988, a TI Limão Verde, localizada em Aquidauana. A demarcação da TI Buriti também foi anulada pelo TRF da 3ª Região e inúmeras decisões liminares têm sido prolatadas em ações de reintegração de posse contra comunidades indígenas.

Entra em cena a discussão do chamado "marco temporal" suscitado pela primeira vez no STF no julgamento do caso da Raposa Serra do Sol. A tese defendida por parte da Segunda Turma do STF é a de que o direito dos povos indígenas à posse de seus territórios tradicionais teria como condição a presença das comunidades nas terras que reivindicam na data de promulgação da Constituição, 5 de outubro de 1988.

Outra possibilidade seria a comprovação do esbulho renitente, ou seja, a resistência das comunidades indígenas à invasão de seus territórios por meio do conflito físico ou reivindicando a posse na Justiça. Cabe salientar que os povos indígenas, o MPF e a Funai refutam esta tese inconstitucional, pois não é possível a sua aplicação no contexto de intensas violações que os povos indígenas foram alvo nesses mais de 516 anos.

Fica evidente que as decisões do poder Judiciário baseadas no marco temporal são equivocadas, já que a atual Constituição não limita os direitos originários dos povos indígenas a 5 de outubro de 1988, pelo contrário: impõe prazo para que o Estado brasileiro conclua a demarcação desses territórios. Cabe registrar que Terra Indígena e posse nativa são conceitos mais amplos que permanência física em certo espaço territorial. Na perspectiva de terra tradicionalmente ocupada por este ou aquele povo indígena, vale dizer, prevalece toda a área necessária à reprodução física e cultural do povo.

O povo Terena tem demonstrado forte resistência em sua história imbricada às ações estatais de que foram alvo, entretanto seguem firmes, fortalecendo-se enquanto povo indígena e gritando a palavra de ordem *"Poké'exa ûti!"*, "nosso território tradicional (nossa terra)". Pronunciando essas palavras é que, nos últimos anos, as lideranças terena têm retomado territórios tradicionais e resistido no difícil da caminho da luta por seus direitos. *(outubro, 2016)*

DEMARCAÇÕES

"O Governo Perdeu uma Oportunidade Histórica de Resolver essa Questão"

Equipe de edição

EM ENTREVISTA AO ISA, MARCO ANTONIO DELFINO DE ALMEIDA, PROCURADOR DA REPÚBLICA EM DOURADOS, FALA DA IMPORTÂNCIA DA ATUAÇÃO DO MINISTÉRIO PÚBLICO FEDERAL NA APURAÇÃO DE CRIMES CONTRA OS GUARANI KAIOWÁ E RESPONSABILIZA O ESTADO BRASILEIRO PELA INÉRCIA NA SOLUÇÃO DAS VIOLAÇÕES DE DIREITOS COMETIDAS HÁ DÉCADAS CONTRA OS POVOS INDÍGENAS NO ESTADO

Pouco menos de um mês depois do ataque que vitimou o Clodiodi Rodrigues, na recém-demarcada TI Dourados-Amambaipegua I, houve um novo ataque em Caarapó (MS), com características muito parecidas. As respostas esboçadas pelo estado têm sido suficientes para evitar que ataques ocorram?

A Força-Tarefa [Avá-Guarani] permitiu, graças ao suporte fornecido pela Procuradoria-Geral da República, uma atuação mais presente e imediata na cena. Se não fosse a Força-Tarefa, essa investigação, na velocidade em que foi empreendida, não seria possível. Essa resposta do Estado, tanto por parte do MPF, quanto por parte da PF e da Força Nacional, que começou a atuar de uma maneira mais presente, tende a fazer com que novos episódios sejam de alguma forma evitados. Essa é a minha avaliação.

Mas houve outros ataques ou ameaças: o Conselho Indigenista Missionário chegou a informar ataques em Kurusu Ambá, em Coronel Sapucaia, e também um incidente em Apyka'i, em Dourados.

Em Apyka'i, a gente tem uma foto de uma pessoa que supostamente teria tentado incendiar os locais onde os indígenas estavam ocupando. Mas não havia presença de arma de fogo; longe de ser algo comparável à mobilização na Fazenda Ivu [Caarapó] – e que também já ocorreu em outros locais, como Ñanderu Marangatu, Kurusu Ambá, Douradina etc. – e que em alguns casos descamba efetivamente para formação de milícias.

O senhor identifica algo de diferente nessa nova onda de ataques?

O que salta aos olhos relativamente aos ataques é a virulência com que eles foram cometidos e uma alteração no modus operandi. O *modus operandi* dos ataques [anteriores] era eminentemente no-

Procurador da República em Dourados (MS), Marco Antonio Delfino de Almeida.

Guarani Kaiowá e indígenas do Rio Grande do Sul protestam em frente ao Palácio do Planalto, em Brasília (DF), pela demarcação de Terras Indígenas.

turno, mas, com raras exceçoes, visava vitimar fatalmente os indígenas. Eles usavam elementos surpresa, violência, mas visavam promover uma desocupação forçada. Às vezes essa violência era direcionada a algumas pessoas consideradas como lideranças, como é o caso do Nísio [Gomes], como é o caso dos professores [Ypo'i], como é o caso do Marcos Veron, do Dorival Benites, em Sombrerito... A própria atuação daquela empresa de segurança [Gaspem] contratada para a retirada de indígenas, ela era eminentemente noturna. O que obviamente chama a atenção – e a gente até pode discutir de uma forma mais aprofundada se isso tem a ver com um radicalismo conservador – é que nesse caso, especificamente, além de ser feito durante o dia, ele claramente teve o objetivo de matar as pessoas. Os tiros foram direcionados para que as pessoas fossem mortas. Não há dúvidas de que havia a intenção de matar o maior número possível de pessoas. É uma mudança extremamente preocupante.

Circularam boatos de que a publicação do relatório de identificação da TI Dourados Amambaipegua I tinha a ver com o afastamento de Dilma Rousseff, mas em 2007 a Funai tinha firmado um Compromisso de Ajustamento de Conduta (CAC) com o MPF para identificar essa e outras terras guarani no sul do estado. Qual sua opinião?

A inércia do estado nesse processo é o maior responsável por essa violência. Em 1973, a Lei 6.001 estabelecia um prazo [para a demarcação das Terras Indígenas]; 1978 passou e nada aconteceu. Em 1988 veio a Constituição e um novo prazo foi estabelecido; 1996 passou, e nada aconteceu. É importante salientar as consequências dessa inação. Em 1974, por exemplo, ainda no prazo de cinco anos, Caarapó tinha 100 serrarias. Cem. Era uma área completamente florestada, em que a terra valia praticamente nada. Então se lá atrás, em 1974 ou 1975, esses processos de demarcação fossem efetivados, nem o custo das benfeitorias teria que ser arcada pelo governo federal.

Vamos pular para 1992. De 1992 até o *boom* das *commodities*, o valor das benfeitorias era muito superior ao valor da terra. Então, o governo perdeu uma oportunidade histórica de resolver essa questão quando as benfeitorias valiam muito menos. E foi justamente no prazo que a legislação estabeleceu. Se até 1995, 1996, ainda que com os atrasos burocráticos, esses processos de demarcação fossem realizados, muito provavelmente nós não teríamos essa tensão. Hoje a terra vale absolutamente muito mais que as benfeitorias. Esse é o ponto. Obviamente a gente pode associar isso a outras questões, mas a raiz é econômica. Em 2003 e 2004, quando teve uma seca na região de Dourados, as pessoas ofereciam fazendas ao Incra para desapropriação. Ofereciam porque era muito mais vantajoso obter algum tipo de receita do Incra do que produzir nas condições que haviam. Essa oportunidade foi perdida pela inação do Estado.

Então é absolutamente louvável a iniciativa de efetuar o CAC. Mas do ponto de vista eminentemente jurídico é um absurdo que nós tenhamos de celebrar esse compromisso, porque, via de regra, os compromissos de ajuste de conduta se referem a leis que por algum motivo têm dificuldades de ser implementadas.

Se eu tentar explicar para qualquer pessoa com formação jurídica que more na Europa ou nos Estados Unidos que nós estabelecemos um acordo para que o governo cumpra a Constituição... É algo que beira o surrealismo. E que ele [o governo] assinou, estabeleceu prazos e não cumpriu, nem no plano administrativo nem no plano judicial... Nós tivemos que responsabilizar o ministro da Justiça e o presidente da Funai para que eles cumpram algo básico: o processo de demarcação. E quanto mais esses processos são postergados, mais tensões serão geradas. O Governo Federal promoveu o processo de colonização, por meio da denominada Marcha para o Oeste. Houve todo um estímulo governamental para que houvesse a colonização. Não é crível que agora o governo simplesmente pare e não tenha nada a ver com esse processo.

Uma das demandas dos fazendeiros é serem indenizados pela terra nua e não só pelas benfeitorias. Qual é a posição do MPF sobre a criação de mecanismos pra que isso ocorra?

É fundamental que o governo tome uma decisão, porque em hipótese alguma é possível negociar direitos. E as comunidades que experimentaram deslocamentos forçados devem ser reparadas por meio da devolução de seus territórios originais. Ao mesmo tempo, [deve haver] uma solução a médio prazo que promova indenização dos produtores rurais. Talvez um dos grandes problemas do governo anterior foi tentar fazer uma solução jurídica. Ela gera uma imprevisibilidade orçamentária que no momento me parece impossível de ser gerenciada. O governo perdeu a oportunidade de ter implementado isso anteriormente quando os recursos eram mais amplos, e a gente sabe que não são hoje. Eu opino para uma solução construída para o Mato Grosso do Sul, que não gere qualquer tipo de precedente ou qualquer tipo de alteração do quadro normativo existente. Vários exemplos mostram que às vezes uma determinada norma em um caso específico é um absurdo. Me parece que é o caso de Mato Grosso do Sul.

Também tem a questão das indenizações aos indígenas pelos passivos ambientais, não?

É uma questão interessante. Os indígenas já me falaram: "Mas e as malfeitorias?". O que os indígenas recebem não é a Terra Indígena que eles ocupavam; é algo totalmente descaracterizado. Então é necessário que nós aloquemos os recursos necessários para que eles possam recuperar ambientalmente esse território. Essa indenização, ou esse estímulo econômico, tem que vir, para que essas comunidades tenham autonomia.

O MPF defende a finalização dos processos de demarcação, mas existem muitas TIs que, mesmo demarcadas, estão sendo anuladas pela Justiça, com base na ideia de que os indígenas tinham que estar ocupando a área em 1988, o chamado "Marco Temporal" – ou brigando na Justiça pela sua demarcação. E os juízes têm derrubado demarcações mesmo quando está comprovado que houve esbulho e graves violações de direitos que impediram essa presença. Não é contraditório?

A gente não pode partir para um processo de simplificação das exceções, especialmente por conta do conceito de "esbulho renitente". No caso específico da Terra Indígena Limão Verde [anulada por decisão STF em 2014], os indígenas eram submetidos ao regime disciplinar do Serviço de Proteção ao Índio (SPI), que estabelecia que pessoas que fossem consideradas nocivas, podiam ser simplesmente removidas. Obviamente, dentro desse contexto amplo, um indígena que reivindica um território é um indígena nocivo às populações vizinhas. Qual é a margem que essas pessoas tinham para reivindicar [suas terras]? Como um indígena teria acesso ao poder judiciário nessa época? Outro exemplo muito claro é o de Rancho Jakaré. Em 1978, no Brasil, uma pessoa coloca pessoas num caminhão e leva a 300 km de distância.

Por que o indígena tem limitação na sua reparação? Por que eu não tenho o que é meu hoje? Porque me foi tirado. Como foi tirado? Foi tirado violentamente e porque o Estado se omitiu – ou ele mesmo efetuou esse processo de remoção. Então por que, no meu caso, eu tenho tolhido o meu direito de reparação? Essa diferenciação em castas, com direitos diferenciados, é algo que persiste. Por que na própria Comissão Nacional da Verdade (CNV) os indígenas viraram um anexo sem relevância jurídica? Porque a gente ainda tem um estranhamento e uma dificuldade de considerar os indígenas como integrantes da sociedade brasileira. Essa sociedade que se supõe multidiversa, pluriétnica, que a Constituição de 1988 trouxe infelizmente ainda tem muita dificuldade de sair do papel. E as decisões, as políticas públicas, acabam de alguma forma comprovando isso. *(agosto, 2016)*

GERAL

MORRE ÍNDIA GUATÓ DE 111 ANOS

Uma das índias mais velhas do Estado, Júlia Caetano, de 111 anos, morreu na manhã de hoje (2) de falência múltipla dos órgãos. Júlia era da etnia Guató e uma das poucas representantes de seu povo que falava fluentemente o idioma tradicional - considerado ameaçado de extinção pela Unesco. *(Campo Grande News, 02/04/2011)*

PLANTIO DE CANA EM TIS NÃO DEVE TER RECURSOS PÚBLICOS

A Justiça negou pedido da Federação da Agricultura de Mato Grosso do Sul (Famasul) para que o MPF fosse impedido de enviar a Recomendação n. 09/2010 a instituições financeiras. Desde outubro do ano passado, o MPF expediu a recomendação aos Bancos BNDES, do Brasil e Itaú para impedir que financiamentos públicos sejam garantidos para áreas reconhecidas como de tradicional ocupação indígena; a recomendação lista 39 áreas nesta situação em Mato Grosso do Sul. *(M. Christovão, Cimi, 26/07/2011)*

DEPUTADOS APROVAM FUNDO PARA AQUISIÇÃO DE TIS

Foi aprovado em segunda votação o projeto de lei que cria o Fundo Estadual para Aquisição de Terras Indígenas em Mato Grosso do Sul. Como recebeu emenda, a matéria ainda passará por redação final. Constituem as receitas do fundo: transferências da União, contribuição de empresas, transferências à conta do Orçamento Geral do Estado, auxílios e contribuições de entidades públicas e privadas, juros bancários, rendimentos de aplicações financeiras e doações. *(H. Gimenes e T. Moya, Portal ALMS, 30/11/2011)*

FAZENDEIROS QUEREM SUSPENDER DEMARCAÇÕES

Produtores rurais de Mato Grosso do Sul se reuniram com a ministra-chefe da Casa Civil, Gleisi Hoffmann, para pedir a suspensão da demarcação de TIs no estado até que os processos sejam submetidos a pareceres da Embrapa e dos ministérios da Agricultura e do Desenvolvimento Agrário. Segundo o presidente da Frente Nacional Agropecuária, Francisco Maia, os produtores saíram da reunião de hoje sem respostas do governo e que os produtores rurais do sul do estado estão dispostos "a parar o país" para cobrar uma decisão do governo federal em relação aos conflitos fundiários em Mato Grosso do Sul. *(L. Lourenço, Agência Brasil, 28/05/2013)*

FAZENDEIRA VIRA ANTROPÓLOGA E FAZ LAUDOS CONTRA ÍNDIOS

Roseli Ruiz tem diploma de antropóloga e faz perícias em terras em litígio. Sua filha, Luana, dirige a ONG Recovê – "conviver", em guarani. Mas ambas estão entre os mais ferrenhos defensores dos proprietários rurais de Mato Grosso do Sul na disputa de terras com indígenas. "Fui invadida em 1998 e, no ano seguinte, fui fazer direito para entender esse desmando. No decorrer do curso detectei que o que estava fundamentando não era a legislação, e sim um relatório antropológico", explica Roseli, que fez uma pós-graduação na Universidade Sagrado Coração, em Bauru (SP). A propriedade fica em Antônio João (a 280 km ao sul de Campo Grande), na fronteira com o Paraguai, e tem 10 mil hectares. Uma parte minoritária está tomada por famílias guaranis-caiovás. Com o tempo, conta Roseli, ela passou a fazer relatórios antropológicos em vários Estados, como Mato Grosso e Paraná. Seu próximo trabalho será na área da Raposa Serra do Sol, em Roraima. *(F. Maisonnave, FSP, 09/06/2013)*

FAZENDEIROS QUEREM R$ 1 BI PARA ENTREGAR TERRAS

Fazendeiros das áreas ocupadas por indígenas em todo o MS estipularam o preço de R$ 1 bilhão pelo pagamento dos 72 mil hectares que, segundo eles, correspondem à área total das 65 fazendas ocupadas por terenas, guaranis e índios de outras etnias no estado. O presidente da Associação dos Criadores do MS, Francisco Maia, afirmou que um estudo que lista todas as fazendas em questão, junto com a proposta de venda, já está nas mãos do governo federal desde 2010. *(P. Redondo, Midiamax News, 10/06/2013)*

RECURSOS DO TESOURO PODERÃO SER USADOS

O governo federal poderá destinar recursos do Tesouro Nacional para a compra de terras e para a indenização de agricultores em Mato Grosso do Sul. O anúncio foi feito pelo ministro da Secretaria-Geral da Presidência da República, Gilberto Carvalho, em reunião em Campo Grande (MS). Carvalho informou que a presidente Dilma Rousseff autorizou o uso dos recursos. *(OESP, 21/06/2013)*

NOVE TIS EM MS REQUEREM SOLUÇÃO IMEDIATA

Análise feita pelo Conselho Nacional de Justiça (CNJ) concluiu que nove áreas demarcadas ou em processo de demarcação no estado estão em situação crítica e exigem solução imediata do poder público para que sejam evitados novos conflitos. Uma das áreas é a da fazenda Buriti, ocupada desde 15 de maio. Há outras oito áreas consideradas "críticas": as TIs Cachoeirinha, Taunay-Ypegue, Arroio Korá, Ñanderu Marangatu, Panambi, Potrero Guaçu, Taquara e Ypo'i. *(T. Freire, CNJ, 10/07/2013)*

MORTES DE CRIANÇAS AUMENTAM 43,5%

Mortes de crianças de 1 a 4 anos aumentaram 43,5% em Mato Grosso do Sul entre 2011 e 2012. É o que aponta relatório divulgado esta semana pelo Condisi de Mato Grosso do Sul. A alta está relacionada a falta de estrutura nas Unidades Básicas de Saúde. *(IHU, 28/10/2013)*

FUNDO PARA FINANCIAR 'GUERRA' CONTRA ÍNDIOS

Ontem à noite, no auditório da Associação dos Criadores de MS (Acrissul), em torno de 50 produtores rurais discutiam a promoção de leilões de gado como meio de arrecadar dinheiro e, com isso, custear a contratação de empresas de segurança para proteger as áreas rurais e também para bancar recursos judiciais. O presidente da Acrissul, Chico Maia, idealizador da proposta do leilão, não quis admitir o termo milícia contudo, ao expor o objetivo seu argumento, deixou a entender que os fazendeiros, "já desacreditados no Estado e no Poder Judiciário" precisam logo de uma mobilização. "A Constituição garante que é direito do cidadão defender seu patrimônio, sua vida. Guarda, segurança, custa dinheiro. Para entrarmos numa batalha precisamos de recurso. Imagine se precisamos da força de 300 homens, precisamos de recurso para mobilização", disse Chico Maia. *(Correio do Estado, 08/11/2013)*

JUSTIÇA VETA LEILÃO

A Justiça Federal em Mato Grosso do Sul suspendeu leilão organizado por líderes ruralistas. Agendado para o próximo sábado, o "Leilão da Resistência", iniciativa da Acrissul, esperava levantar R$ 3 milhões para despesas com advogados, divulgação e contratação de segurança privada. A juíza Janete Cabral atendeu

ACONTECEU

a um pedido de duas entidades indígenas e considerou que o leilão constitui um incentivo à violência fundiária. "A Constituição proíbe a criação de milícias, e esse leilão teria um fim totalmente ilícito", disse o advogado Luís Eloy, das entidades indígenas. A Justiça fixou multa de R$ 200 mil em caso de descumprimento da decisão. *(FSP, 05/12/2013)*

... INDÍGENAS ENTRAM COM MANDADO DE SEGURANÇA

O juiz Pedro Pereira dos Santos, da 4ª Vara da Justiça Federal de Campo Grande reverteu a decisão anterior e liberou a realização do Leilão da Resistência, evento que venderá gado e soja para financiar seguranças armados contra indígenas. Na manhã do sábado, 7, indígenas Guarani, Kaiowá e Terena entraram com mandado de segurança pedindo a suspensão dos efeitos da nova decisão. *(R. Sposati, Cimi, 07/12/2013)*

... FAZENDEIROS ARRECADAM MAIS DE R$ 600 MIL

Realizado na tarde de ontem (7), Leilão da Resistência arrecadou R$ 640,5 mil em arremates de lotes de gado e cereais. A entrega dos animais será feita neste domingo (8) aos compradores. *(Noticidade, 09/12/2013)*

... MAS TÊM QUE ENTREGAR DINHEIRO À JUSTIÇA

Começa a correr o prazo estabelecido pela Justiça Federal para que fazendeiros entreguem à Justiça o valor total arrecadado. Segundo a decisão, montante angariado no Leilão da Resistência deve ser depositado em juízo e só poderá ser utilizado com a aprovação dos indígenas e do MPF. *(R. Sposati, Cimi, 27/01/2014)*

EMPRESAS LIGADAS A MORTES DE ÍNDIOS SÃO FECHADAS

Armas e munições também foram recolhidas. Todos os serviços de segurança oferecidos pela Gaspem são considerados ilegais. *(MPF/MS, 11/03/2014)*

FUNAI É MULTADA EM R$ 1,7 MI POR NÃO DEMARCAR TIS

O MPF em Mato Grosso do Sul irá pedir execução judicial de multa contra a Funai, por descumprimento do Termo de Ajustamento de Conduta (TAC) firmado em 2007, prevendo a demarcação dos territórios indígenas em Mato Grosso do Sul. A multa diária é de mil reais e o valor acumulado chega a R$ 1,716 milhão (calculado em 13/06). *(MPF/MS, 0/06/2014)*

Comunidade de Curral de Arame, do povo Guarani Kaiowá, aguarda demarcação vivendo às margens da BR-463, em Dourados (MS).

Brasil é cobrado na OEA por violência contra povos indígenas. Em Brasília (DF), Elizeu Lopes, do Conselho da Aty Guasu, protesta contra genocídio do povo Guarani Kaiowá em Mato Grosso do Sul

SUSPENSA LICENÇA DE USINA EM TI DE MS

Justiça Federal determinou a suspensão do licenciamento ambiental de três Pequenas Centrais Hidrelétricas (PCH) que seriam construídas no Rio Amambai (MS). De acordo com o MPF, os estudos não levaram em conta os impactos em sítios arqueológicos e terras indígenas existentes na área a ser afetada. Os processos só poderão ser retomados após manifestação da Funai e do Iphan. Não foram previstas também medidas compensatórias para os impactos nas TIs Amambai, Guaimbé, Jarara, Jaguari e Rancho Grande. *(OESP, 12/10/2014)*

ACONTECEU

KINIKINAU REALIZAM SUA PRIMEIRA ASSEMBLEIA

Sem território próprio, vindos das aldeias de São João (Reserva Indígena Kadiwéu) e das Aldeias Terena de Mãe Terra, Limão Verde, Cachoeirinha, Cabeceira, Lalima, entre outras, os Kinikinau durante a assembleia foram se reagrupando em torno da ideia de diversos grupos familiares, hoje divididos, que constituem um único povo comum. Para além do povo Kinikinau, de seus estudiosos e sabedores (tradicionais e acadêmicos), se fizeram presentes também representantes do povo Terena, Guarani e Kaiowá, Atikum e estudiosos não indígenas que são referência na história e cultura Kinikinau como Aila Villela Bolzan, Giovane José da Silva e Iara Quelho de Castro. *(M. Rempel, Cimi, 09/11/2014)*

MJ PROMETE FORÇA-TAREFA PARA RETIRAR ÍNDIOS DE TIS

Após reunião tensa com representantes da bancada federal, estadual, governador do Estado Reinaldo Azambuja (PSDB), representantes de entidades e ruralistas que tiveram terras ocupadas por índios, o ministro da Justiça, José Eduardo Cardozo, se comprometeu em fazer força-tarefa para retirar indígenas que ocuparam fazendas na região Sul do Estado desde o final do mês passado. *(J. Benitez, Midiamax, 14/07/2015)*

ALEMS CRIA CPI PARA INVESTIGAR CIMI

A ato da Mesa Diretora da Assembleia Legislativa de Mato Grosso do Sul que cria a CPI para investigar denúncias de que o Cimi estaria financiando e incentivando as ocupações indígenas no estado foi publicado no Diário Oficial nesta terça-feira (22). O pedido de criação da CPI foi apresentado pela deputada Mara Caseiro (PT do B), 3ª vice-presidente da Assembleia Legislativa, por meio de dois requerimentos. *(G1, 22/09/2015)*

FUNAI EMPERRA TI OFAYÉ-XAVANTE HÁ 22 ANOS

O MPF em Três Lagoas estuda as medidas que serão adotadas no caso da inércia da Funai em finalizar a demarcação da TI Ofayé-Xavante, no município de Brasilândia. A área de 1.937 hectares foi reconhecida como tradicionalmente indígena pela Portaria n.º 264/92 do Ministério da Justiça. A colocação de marcos físicos nas divisas da terra, a última etapa antes da homologação da demarcação pela presidente da República, ainda não foi cumprida pela Funai. Há 22 anos a comunidade aguarda para exercer seu direito à terra. Em agosto passado, o MPF expediu recomendação à Funai para que finalizasse o procedimento demarcatório. A Fundação solicitou, por duas vezes, extensão do prazo inicial de 30 dias, no que foi atendida. Por fim, informou que a demarcação física estaria prevista para o biênio 2014/2015, mas não apresentou qualquer documento que comprovasse a afirmação. Mesmo as ações judiciais que contestavam a demarcação da já foram todas julgadas. Ainda no século XIX, a maior parte da comunidade foi expulsa pelos colonos que chegavam ao então Mato Grosso. O grupo remanescente, que ocupava área na região de Brasilândia, foi expulso da terra em 1978 e se espalhou pelo estado. Oito anos depois, os indígenas atravessaram o estado a pé para retornar às suas terras tradicionais, onde foram recebidos como estranhos. Passaram a ocupar uma área provisória, após acordo com a Funai. Em 1997, a Companhia Energética de São Paulo (CESP), anunciou a construção da Usina Hidrelétrica Sérgio Motta no Rio Paraná, que iria inundar a aldeia dos ofayé. A Cesp e a Funai celebraram acordo para transferir os índios para uma área de 484 hectares – que hoje é a parte alta da aldeia. Em 2002, o MPF firmou um Termo de Ajustamento de Conduta com a CESP, em que a empresa se comprometia a oferecer uma contrapartida pela inundação da terra indígena. Com os recursos, uma outra área foi adquirida, tornando-se a parte baixa da aldeia. (MPF, 14/01/2015)

© LAILA MENEZES/CIMI, 2011

Outra CPI, já aprovada pela Mesa Diretora da Assembleia Legislativa do Mato Grosso do Sul, aguarda instalação em 2015: a CPI do Genocídio, reivindicada pela sociedade civil e movimentos sociais para apurar que crimes impunes contra os povos indígenas.

ATIKUM

ACORDO DESTINA ÁREA PARA INDÍGENAS ATIKUM

Acordo assinado entre a Secretaria de Patrimônio da União (SPU) e a Prefeitura de Nioaque vai destinar área permanente para indígenas Atikum, em Mato Grosso do Sul. Atualmente, cerca de 100 atikum vivem na TI Nioaque, da etnia Terena. O acordo prevê a permuta de uma área da União de 251 hectares no município de Caracol (MS) para a prefeitura, responsável por vender o imóvel e adquirir outro em Nioaque. A área a ser adquirida pelo município, mediante oitiva e concordância prévia da comunidade atikum, será registrada em nome da União, com usufruto para os indígenas. A Prefeitura tem prazo de 3 anos para efetuar a compra. *(MPF/MS, 19/11/2013)*

LEILÃO PARA COMPRAR TERRA ATIKUM

Um leilão de terras da União para comprar terras para moradia de índios Atikum, ocorrerá na próxima terça-feira (12). Com o valor obtido, o objetivo é adquirir uma área o mais perto possível de onde os índios vivem atualmente, próximos a indígenas da etnia Terena, no município de Nioaque (MS). *(EBC, 07/08/2014)*

ACONTECEU

Atualmente cerca de cem Atikum vivem na TI Nioaque, do povo Terena, em Mato Grosso do Sul.

GUARANI KAIOWA/ GUARANI ÑANDEVA

TRF-3 GARANTE PERMANÊNCIA EM KURUSU AMBÁ

A 1ª Turma do TRF-3 garantiu, em decisão unânime, a permanência dos indígenas Guarani Kaiowá de Kurusu Ambá em um pequeno pedaço de sua terra tradicional, retomado em 24 novembro de 2009. O território tem cerca de 2,2 mil hectares e está em estudo pela Funai. *(C. Cerqueira, Cimi, 11/08/2011)*

JUSTIÇA NEGA ANULAÇÃO DA TI SUCURI'Y

TRF3 negou o pedido dos fazendeiros para anular o processo demarcatório realizado pela Funai na TI Sucuri'y, de 535 hectares, localizada no município de Maracaju (MS). Segundo o MPF de Mato Grosso do Sul, a Justiça considerou a demarcação válida e não permitiu que novos recursos seguissem para instâncias superiores, o que resultou no trânsito em julgado da ação. *(V. Ferreira, Estadão, 22/08/2012)*

TI JATAYVARY É MANTIDA

A Primeira Seção do STJ manteve o ato do ministro da Justiça que declarou a terra indígena denominada Jatayvary, localizada em Mato Grosso do Sul, como de posse permanente dos índios Guarani Kaiowa. O colegiado não acolheu os pedidos dos proprietários rurais que queriam a anulação da portaria assinada pelo ministro da Justiça. *(STJ, 08/10/2014)*

ACUSADO DE MATAR CACIQUE SE ENTREGA 12 ANOS DEPOIS

Acusado de matar o cacique Marcos Veron, em janeiro de 2003, Nivaldo Alves de Oliveira, 52 anos, denunciado pelo MPF em Mato Grosso do Sul, se apresentou nesta sexta-feira (23), na Procuradoria da República em Dourados. Veron morreu no dia 12 de janeiro de 2003, aos 73 anos, depois de ser agredido com socos, pontapés e coronhadas de espingarda na cabeça, na fazenda Brasília do Sul, em Juti. Segundo o MPF, Oliveira estava foragido há 12 anos, desde que teve prisão preventiva decretada. *(G1, 23/01/2015)*

GUARANI ÑANDEVA SÃO FERIDOS EM ATAQUE A POTRERO GUASU

Um ataque a tiros iniciado no final da madrugada deste sábado, 19, contra a comunidade do tekoha Potrero Guasu, município de Paranhos (MS), deixou, até a publicação desta notícia, três Guarani Ñandeva feridos a tiros de arma de fogo. *(Cimi, 18/09/2015)*

TI ARROIO-KORA

STF IMPEDE DEMARCAÇÃO

Decisão do presidente do STF, ministro Gilmar Mendes, impede demarcação em mais quatro fazendas de Paranhos: Polegar (1.573 hectares), São Judas Tadeu (3.804 hectares), Porto Domingos (760 hectares) e Potreiro-Corá (444 hectares). Com a nova decisão, a demarcação fica impedida em aproximadamente 94% da área total da TI Arroio-Korá, que é de 7.175

Dezesseis dias depois de voltar de um protesto em Brasília diante do Supremo STF, a líder kaiowá Marinalva Manoel, 27, foi assassinada a golpes de faca em Dourados (MS). Mãe de dois filhos, ela pertencia à comunidade Ñu Porã, um conjunto de barracos de lona onde vivem 28 famílias.

ACONTECEU

hectares. *(F. Mathias, Campo Grande News, 21/01/2010)*

FAZENDEIRO ANUNCIA GUERRA CONTRA ÍNDIOS E É INDICIADO

O fazendeiro Luis Carlos da Silva Vieira, conhecido como "Lenço Preto", foi indiciado pela Polícia Federal na última quinta-feira (30) pelo crime previsto no artigo 286 do Código Penal Brasileiro, que é incitar publicamente a prática de um crime. Ele declarou em entrevista gravada e em vídeo ao Midiamax que estaria convocando pessoas para a "guerra" contra os índios na região de Paranhos. Lenço Preto é herdeiro de terra na região e tinha gado em uma das fazendas retomadas no último dia 10 de agosto na tekohá Arroio Corá. *(E. Araujo e E. Cácere, Midiamax News, 03/09/2012)*

ÍNDIOS DENUNCIAM NOVO ATAQUE

Guarani-kaiowá que ocupam desde 10 de agosto uma área declarada como terra indígena no município de Paranhos, denunciaram que teriam sofrido novo ataque por parte de pistoleiros na última sexta-feira (7). Não houve feridos e a Força Nacional esteve no local, acionada pela Funai. Segundo relatos de índios que estão na tekohá (lugar onde se vive, no idioma nativo) Arroyo Corá, aproximadamente dez homens em uma caminhonete e mais dois a cavalo teriam se aproximado do grupo atirando para o alto. *(E. Cáceres, Midiamax News, 10/09/2012)*

TI YVY KATU

TRF MANTÉM DEMARCAÇÃO

Por unanimidade, a 1ª Turma do TRF rejeitou os argumentos apresentados pela Agropecuária Pedra Branca Ltda, que pretendia anular a demarcação da TI Ivy Katu. *(MPF, 06/05/2011)*

GUARANI VÃO RESISTIR A REINTEGRAÇÃO DE POSSE

Há 45 dias acampados em seu próprio território, os Guarani Ñandeva não dão sinal de que irão ceder às pressões de fazendeiros e às reintegrações de posse contra as ocupações de 14 propriedades que incidem sobre a TI Yvy Katu. Segundo a comunidade, 100% dos 7,5 mil hectares antes ocupados por fazendas está sob o controle dos Guarani. *(R. Sposati, Cimi, 25/11/2013)*

REINTEGRAÇÕES DE POSSE ANULADAS

A Justiça anulou ordens de reintegração de posse em três fazendas que incidem na TI Yvy Katu em Japorã. Na sentença, o juiz afirmou que "não há justo título na propriedade do autor, tampouco posse lícita fundada em terra tradicionalmente indígena que o legitime a ingressar com o presente feito". Também deixou aberta a possibilidade de indenização ao proprietário pela União "a qual lhe teria concedido título dominial da área demarcada". *(MPF/MS, 20/05/2014)*

PLENÁRIO DO STF NEGA ANULAÇÃO

O Plenário do Supremo Tribunal Federal (STF) decidiu, por unanimidade, negar recurso em um mandado de segurança que pretendia anular a demarcação da TI Yvy Katu onde vivem cerca de cinco mil Guarani Ñandeva. O ministro e relator Ricardo Lewandowski, reiterou suas decisões anteriores, de 2009 e 2010, quando o mesmo mandado foi negado pela 1ª Turma do STF. *(C. Fasolo, Cimi, 10/10/2014)*

JUSTIÇA AUTORIZA PERMANÊNCIA DE INDÍGENAS

A Justiça Federal autorizou a permanência da comunidade guarani-kaiowá de Yvy Katu na Fazenda Paloma, em Japorã, a 470 quilômetros de Campo Grande. A decisão acatou argumentos do MPF de Mato Grosso do Sul e negou o pedido de reintegração de posse dos fazendeiros. O órgão ainda reconheceu a legalidade do processo de demarcação de terra, validado pelo STF. *(G1, 07/07/2015)*

TI TAKUARATY/YVYKUARUSU

ÍNDIO É ASSASSINADO A TIROS

Segundo relatos passados ao Cimi, o índio guarani-caiová Celso Rodrigues, 42 anos, estava a caminho do trabalho, até uma fazenda, quando foi bloqueado por dois pistoleiros. Ainda não há informações sobre o paradeiro dos pistoleiros. Pai da vítima, o cacique Nicolau Guarani-Caiová informou que Rodrigues foi bloqueado por dois homens, enquanto passava perto de um córrego. Rodrigues é o terceiro indígena baleado nas últimas semanas. O primeiro morreu e o segundo está em estado grave no hospital. *(A. Borges, Valor Econômico, 12/06/2013)*

... E FUNCIONÁRIO DE FAZENDA É PRESO

O funcionário da fazenda Califórnia, em Paranhos, Ivonei Gabriel Vieira, de 34 anos, foi preso no fim da tarde desta quinta-feira como suspeito do assassinato do indígena Celso Figueiredo, de 34 anos, por volta das 5h30min. Ele nega o crime, mas foi autuado em flagrante por homicídio doloso. De acordo com noticiado pelo site A Gazeta News, na casa de Ivonei foram encontradas munições, uma espingarda calibre 28, uma camiseta branca com resquícios de sangue e um capacete na cor preta. *(N. Castro, Campo Grande News, 13/06/2013)*

TI YPO'I

ÍNDIO MORRE ESPANCADO EM PARANHOS

O indígena da etnia guarani-kaiowá Teodoro Ricardi, de 25 anos, morreu após ser espancando no acampamento Ypo'i em Paranhos. Segundo o Cimi, a comunidade teria visto homens que fazem a segurança da fazenda São Luiz atacando Teodoro. *(N. Vasconcelos, MS Record, 28/09/2011)*

MPF/MS DENUNCIA SEIS POR MORTE DE PROFESSORES

Seis pessoas foram denunciadas pelo MPF/MS pelo envolvimento no ataque à comunidade indígena Ypo'i e a morte dos professores indígenas Jenivaldo Vera e Rolindo Vera. Entre os denunciados estão políticos e fazendeiros da região. *(MPF/MS, 23/11/2011)*

... E JUSTIÇA ACEITA PROCESSO

Para a Justiça, a denúncia do MPF reúne provas de materialidade do crime e indícios de autoria. Os réus são Fermino Aurélio Escolbar Filho, Rui Evaldo Nunes Escobar e Evaldo Luís Nunes Escobar - filhos do proprietário da Fazenda São Luís -, Moacir João Macedo - vereador e presidente do Sindicato Rural de Paranhos-, Antônio Pereira - comerciante da região -, e Joanelse Tavares Pinheiro - ex-candidato a prefeito de Paranhos. *(MPF, 23/01/2012)*

BRIGA POR TERRA DEIXA ÍNDIOS FORA DA ESCOLA

Cerca de 65 crianças e adolescentes da comunidade indígena Ypo'i estão fora das salas de aula este ano porque foram impedidas de se

ACONTECEU

Lideranças da Aty Guasu e procurador Thiago dos Santos Luz, do MPF em Ponta Porã (MS), que conduz as investigações sobre o ataque à comunidade indígena de Ypo'i, onde professores indígenas desapareceram.

locomover dentro de São Luiz, em Paranhos (MS), para pegar o ônibus escolar, segundo denúncia do MPF. *(OESP, 07/03/2011)*

TI DOURADOS

ACORDO PARA REGULARIZAÇÃO DE PLANTIO

O MPF/MS firmou um acordo com os índios das aldeias Bororó e Jaguapiru, em Dourados, para acabar com o plantio de soja transgênica e o arrendamento de terras na reserva indígena. O TAC foi assinado por 31 índios, totalizando 568 hectares regularizados. *(MPF, 17/03/2011)*

ÍNDIOS OCUPAM TERRA EM DOURADOS

Indígenas das aldeias Bororó e Jaguapiru deram início a ocupação de uma área de 26 hectares às margens do anel viário, nas imediações do residencial Monte Carlo e aos fundos da Aldeia Bororó em Dourados. Barracos de lona estão sendo montados aos poucos e a expectativa da comunidade é de reunir 120 famílias nos próximos dias. *(V. Araújo, Dourados Agora, 06/06/2011)*

COMÉRCIO RETÉM CARTÕES DE ÍNDIOS

Proprietários de alguns mercados e mercearias dentro e fora da RI de Dourados estariam retendo cartões bancários de índios para liberarem compras, principalmente de bebidas alcoólicas. De acordo com lideranças das aldeias Jaguapirú e Bororó, os comerciantes denunciados seriam do ramo alimentício e vestuário. Eles estariam espalhados pela Reserva e bairros de Dourados. *(V. Araújo, O Progresso, 13/06/2011)*

MORTALIDADE INFANTIL É MAIOR QUE MÉDIA NACIONAL

A taxa de mortalidade infantil nas aldeias indígenas de Dourados ainda preocupa autoridades de saúde em Mato Grosso do Sul e no país. Dados da Funasa, divulgados pela Sesai, apontam que em 2010 houve 32,11 mortes de crianças de até 1 ano de idade para cada mil nascimentos nas aldeias do município. O índice está 13 pontos acima da taxa brasileira, que é de 19,00 para cada mil nascimentos, segundo dados mais recentes do Datasus, divulgados pelo Ministério da Saúde. *(T. Queiroz, G1, 09/08/2011)*

FORÇA NACIONAL E PF CONTINUARÃO NAS ALDEIAS

Em portaria publicada no Diário Oficial da União no dia nesta segunda-feira (17) o Ministério da Justiça garante a permanência da Força Nacional nas aldeias de Dourados. A portaria que garante um prazo de 60 dias pode ser prorrogada pelo ministério. *(A. F. Brito, Midiamax, 19/10/2011)*

FALTA DE DOCUMENTOS IMPEDE ACESSO A CESTAS BÁSICAS

Indígenas da região de Dourados que não têm documentos como CPF e RG, reclamam que não conseguem receber cestas básicas distribuídas nas aldeias a cada dois meses pelo MDS. Luiza Ramos Romeiro, mãe de três filhos, diz que não consegue as cestas porque faltam documentos. "Não dá para pegar a cesta porque eu não tenho documento. Na minha casa é difícil porque eu não pego a cesta", conta. *(G1, 27/08/2013)*

BACIA DOURADOPEGUA

INCÊNDIO DEVASTA ACAMPAMENTO

O fogo iniciou no canavial e usina de São Fernando que ocupam a terra ancestral da comunidade Apy Ka'y. De acordo com a Polícia Militar Ambiental, destruiu uma área de cerca de 1.000 hectares, incluindo o acampamento indígena. A causa do incêndio ainda não foi confirmada. *(S. Pimentel, Survival International, 27/08/2013)*

APÓS SEIS MORTES, GUARANI KAIOWÁ RETOMAM FAZENDAS

A comunidade Guarani Kaiowá do acampamento indígena Apyka'i, às margens da rodovia BR-463, retomou parte do território reivindicado como tradicional, onde hoje incide a fazenda Serrana, por volta das 9 da noite deste domingo, 15. As famílias estão acampadas há 14 anos no local. Em março, uma criança Kaiowá de quatro anos morreu atropelada na estrada. Além dela, outros quatro moradores da comunidade faleceram, vítimas de atropelamentos, e uma sexta pessoa foi morta envenenada por agrotóxicos utilizados nas plantações que circundam o acampamento. *(R. Sposati, Cimi, 16/09/2013)*

ANULADA REINTEGRAÇÃO DE POSSE DE PASSO PIRAJU

A Justiça anulou sentença de reintegração de posse contra os indígenas de Passo Piraju, comunidade localizada na região de Dourados. A decisão, do TRF-3 determina ainda a realização de perícia antropológica na região reivindicada como de posse tradicional indígena. Durante o processo, os indígenas não poderão ser retirados dos 40 hectares que ocupam, em meio a extensos canaviais, e às margens do Rio Dourados. *(MPF/MS, 17/04/2015)*

ACONTECEU

TI GUYRA ROKA

SHELL-COSAN DESISTE DE COMPRAR CANA DE TIS

A Raízen, gigante brasileira do setor sucroalcooleiro das empresas Cosan e Shell, firmou um acordo com a Funai pelo qual se compromete a não mais comprar cana de açúcar cultivada em áreas pertencentes a comunidades indígenas. Em maio de 2010, o MPF/MS acusou a Cosan de adquirir cana de açúcar cultivada ilegalmente na reserva indígena Guyraroká, que havia sido delimitada um ano antes pelo Ministério da Justiça. Na ocasião, a Cosan negou que era proprietária de lavouras. *(BBC Brasil, 13/06/2012)*

MPF PEDE R$ 170 MI PARA COMUNIDADE

MPF ajuizou ação contra a União e a Funai, em que pede indenização de R$ 170 milhões por danos morais e materiais sofridos pela comunidade indígena Guyraroká, expulsa de seu território tradicional - em Caarapó (MS) - há 100 anos, no processo de colonização de Mato Grosso do Sul. O MPF quer que o valor seja revertido em políticas públicas destinadas aos indígenas de Guyraroká. *(MPF/MS, 19/06/2012)*

STF REVOGA DEMARCAÇÃO

Diversos protestos de lideranças Guarani Kayowá aconteceram nesta semana, em Brasília (DF), diante da revogação, pela segunda turma do STF, da Portaria Declaratória no 3.219, de 2009, que reconheceu a Terra Indígena Guyraroká, em MS, como de ocupação tradicional indígena. A demarcação só dependia da sanção da presidenta Dilma Rousseff, mas o STF alegou o argumento do marco temporal como justificativa para a revogação. Segundo eles, os Guarani Kayowá não teriam o direito às terras porque, em 1988, ano da Constituição Federal, os índios não ocupavam as respectivas terras *(B. Pava, Brasil de Fato, 17/10/2014)*

Guarani Kaiowá do tekoha Apyka'i retomaram parte do seu território tradicional, impactado pela Fazenda Serrana.

Comunidade de Passo Piraju, em Dourados (MS), abriga 45 famílias indígenas, vivendo em uma pequena área em meio a plantações de agricultura comercial.

TI CAARAPÓ / DOURADOS AMAMBAI-PEGUA I

FAZENDEIRO CONFESSA CRIME...

Na manhã desta quinta-feira a Delegada Magali Leite Cordeiro, concedeu entrevista à imprensa e comunicou que foi encontrado na casa do fazendeiro Orlandino Carneiro Gonçalves uma espingarda calibre 22. O fazendeiro de 61 anos, se apresentou na terça-feira (19) à noite na delegacia de Caarapó e confessou ter atirado contra Denilson Barbosa de 15 anos no último domingo (17) em sua propriedade. Gonçalves confirmou ter feitos disparos contra os adolescentes após ouvir latidos dos cães que correram para a área de criadouro de peixes. Quando viu que feriu um dos garotos, tentou socorrê-lo, mas escutou alguns barulhos e ficou com medo de retaliação e abandonou o garoto. *(M. Pavão e O. Duarte, Dourados News, 21/02/2013)*

... E PEDE REINTEGRAÇÃO DE POSSE!

O fazendeiro Orlandino Gonçalvez Carneiro entrou com pedido de reintegração de posse contra os indígenas. O processo foi distribuído na quinta-feira, 21, no final da tarde, na 1a. Vara Cível da Comarca de Caarapó da Justiça estadual. *(R. Sposati, Cimi, 22/02/2013)*

ACONTECEU

GOVERNO DE MS PEDE FORÇA NACIONAL APÓS MORTE DE ÍNDIO

O governador de Mato Grosso do Sul, Reinaldo Azambuja, pediu ontem a presença da Força Nacional no município de Caarapó, região de Dourados, onde no dia anterior a liderança indígena Clodiodi Aquileu Rodrigues de Souza, de 26 anos, foi morto a tiros que atingiram outras seis pessoas, incluindo uma criança. De acordo com o ISA, "às 10h da manhã de anteontem, cerca de 70 fazendeiros deslocaram-se com caminhonetes até o território indígena de Toro Passo e atacaram a tiros os cerca de 100 indígenas, que haviam retomado a área, sobreposta à Fazenda Ivu e a outras propriedades, na noite de domingo". *(OESP, 16/06/2016)*

À direita, cacique Damiana Cavanha, do tekoha Apyka'i, em 2013, durante gravações do filme "Martírio", de Vincent Carelli

KADIWÉU

ÍNDIOS PERMANECEM EM FAZENDA HÁ 22 DIAS

Grupo de 15 índios da etnia kadiwéu continua acampado na Fazenda Santa Clara, há 22 dias e a decisão sobre a situação caberá ao STF; A Justiça Federal de Mato Grosso do Sul afirmou não ter competência para julgar o pedido de revigoramento da liminar que mantém a posse da fazenda aos proprietários. Por conta disso, o processo seguiu nesta segunda-feira para Brasília. *(J. Almoas, Campo Grande News, 04/04/2011)*

APÓS DECISÃO A FAVOR DOS PATAXÓ, KADIWÉU RETOMAM TERRAS

Aproximadamente 150 índios kadiwéus estão ocupando quatro fazendas na região do pantanal - entre os municípios de Porto Murtinho e Corumbá. A ocupação se deu depois que o STF concluiu que como nulos 186 títulos de propriedades concedidos a fazendeiros e agricultores dentro da reserva Caramuru-Catarina Paraguassu, no sul da Bahia. *(M. Sá, Midiamax, 08/05/2012)*

DEVASTAÇÃO AMBIENTAL NA TI KADIWÉU

A ocupação irregular de 155 mil hectares da TI Kadiwéu por fazendeiros deixou um rastro de destruição ambiental. O MPF constatou in loco corte seletivo de árvores nativas e desmatamento em larga escala para construção de uma pista de pouso de 760 metros de comprimento por 30 metros de largura. O Ibama lavrou auto de apreensão do material. Foram descobertas 262 lascas de madeira nobre, como ipê e aroeira - utilizada geralmente para cercas - e 73 palanques - troncos de até 3,2 metros - utilizados para construções. Todas as 23 fazendas ocupadas pelos indígenas desde 27 de abril pertencem à TI Kadiwéu, demarcada pelo governo federal em 1981. *(MPF, 24/05/2012)*

JUSTIÇA DÁ 30 DIAS PARA KADIWÉU DEIXAREM FAZENDAS

A Justiça Federal em Campo Grande deu prazo de 30 dias para que índios da etnia kadiwéu deixem as fazendas que ocupam desde maio de 2012. A decisão, em caráter liminar, atende ao pedido de reintegração de posse feito pelos donos das propriedades. A saída dos kadiwéu será acompanhada pela polícia e servidores da Funai. *(G1, 12/09/2012)*

KADIWÉU RETOMAM FAZENDA

Cerca de 300 indígenas do povo Kadiwéu retomaram, no último sábado, uma das 24 fazendas incidentes em 160 mil hectares da terra indígena demarcada em 1900 e homologada em 1984. Representantes Kadiwéu estarão em Brasília nesta terça-feira, 27, junto com lideranças Guarani Kaiowá e Terena, para mais uma reunião da mesa de diálogo com o governo federal que trata de soluções referentes ao conflito fundiário no estado. *(R. Santana, Cimi, 27/08/2013)*

RELATÓRIO FIGUEIREDO REVELA EXPULSÃO

Documento produzido pela Associação de Criadores de Sul de Mato Grosso em 5 de janeiro de 1963 e anexado à extensa investigação feita pelo procurador Jader de Figueiredo para o Ministério do Interior relata pedido do mais famoso líder da repressão do Estado Novo de Getúlio Vargas, o então senador Filinto Müller, que rogava para que o general comandante da 9ª Região Militar fosse informado do conflito armado. Müller afirmou que trataria pessoalmente da situação com a direção do Serviço de Proteção ao Índio (SPI), reportadamente suspeito, segundo Figueiredo em seu relatório, revelado pelo Estado de Minas/Correio. As terras desses Kadweus, 374 mil hectares em um local chamado Nabileque, foram usurpadas, deles, assim como ocorreu com áreas de diversas outras tribos. Segundo o inquérito, os terrenos foram dados a eles por dom Pedro II, pela participação decisiva que tiveram na Guerra do Paraguai. No entanto, ele diz em outro trecho do texto, elas "foram invadidas por poderosos fazendeiros e é muito difícil retirá-los um dia". *(F. Canêdo, CB, 21/04/2013)*

TERENA

STF ANULA HOMOLOGAÇÃO DA TI LIMÃO VERDE

A 2ª Turma do STF volta a colocar em questão o direito de um povo indígena à terra: os Terena da Terra Indígena Limão Verde. Publicado em 12 de fevereiro, o acórdão da decisão, favorável à anulação da portaria que reconhece a TI Limão Verde como área tradicionalmente ocupada pelos índios, é o primeiro a incidir sobre uma terra que chegou ao último estágio do processo demarcatório - a homologação, ocorrida em 2003 -, mas o terceiro a se valer

ACONTECEU

da tese do "marco temporal" para tanto. A Funai deve recorrer da decisão. *(T. Klein, ISA, 26/03/2015)*

TERENA RETOMAM TERRAS EM MIRANDA...

Ontem (4) indígenas do povo Terena da TI Cachoeirinha, ocuparam duas fazendas incidentes em seu território tradicional. A fazenda "Charqueado" foi ocupada às 9h30 e, por volta das 14h, também foi ocupada a fazenda "Petrópolis", em posse do ex-governador do MS, Pedro Pedrossian. Os Terena retomaram uma pequena parte do total de 36.288 hectares da T.I. Cachoeirinha. *(Cimi, 05/04/2011)*

... E FAZENDEIROS PROMETEM REAGIR

Um grupo de ao menos dez fazendeiros da região de Miranda passou parte desta terça-feira (5) em frente à propriedade do ex-governador Pedro Pedrossian, ocupada desde ontem por ao menos 130 índios terena. A ideia é fazer os índios desistirem de novas ocupações que estariam sendo planejadas para os próximos dias. *(C. Bejarano, Midiamax News, 05/04/2011)*

ÔNIBUS COM ESTUDANTES TERENA É INCENDIADO

Um ônibus que transportava cerca de 35 estudantes índios foi atingido por um coquetel molotov na noite de sexta-feira, dentro da aldeia dos índios terena em Miranda. Muitos índios ficaram queimados e quatro estão internados em estado grave nesta capital. *(P. Yafusso, O Globo, 06/06/2011)*

TERENA RETOMAM FAZENDA

Um grupo de 30 Terena ocupou a fazenda São Pedro do Paratudal, em Miranda (MS), região do Pantanal, no final da tarde desta quinta-feira, 3. Arrendada para criadores de gado, a propriedade incide sobre a TI Cachoeirinha, declarada pelo Ministério da Justiça em 2007. Não houve conflito. A retomada faz parte da Mobilização Nacional Indígena, convocada pela APIB, em defesa dos direitos constitucionais e pela demarcação de terras. *(R. Sposati, Mobilização Nacional Indígena, 04/10/2013)*

... E JUSTIÇA DETERMINA REINTEGRAÇÃO

A Justiça determinou nesta terça-feira (15) a reintegração de posse da chácara Boa Esperança, em Miranda. Os índios relatam atentados e policiais federais foram para o local. *(G1, 15/10/2013)*

DEPOIS DE 6H, ÍNDIOS LIBERAM TRÂNSITO NA BR-163

Os terenas liberaram o trânsito na BR-163 após seis horas de protesto. A interdição começou às 4h, próximo a Jaraguari, e terminou por volta de 10h30. Durante negociação, a Funai propôs um reunião em Brasília para discutir a demarcação da aldeia Buriti. Cerca de 20 policiais do Grupo de Choque do Núcleo de Operações Especiais da PRF (Polícia Rodoviária Federal) foram ao local. Os indígenas vão permanecer próximo à rodovia e prometem novo bloqueio caso as negociações não evoluam. *(A. dos Santos e V. Escalante, Campo Grande News, 18/05/2011)*

TERENA PERMANECEM NA TI BURITI

Em decisão liminar publicada hoje, o TRF3, em São Paulo, deferiu a liminar que pedia a suspensão da reintegração de posse contra os indígenas Terena, da Terra Indígena Buriti Os Terena estão acampados na área desde o dia 12 deste mês, quando realizaram retomada de parcela de sua terra tradicional, nos municípios de Sidrolândia e Dois Irmãos do Buriti. Eles aguardam agora, que a Funai conclua imediatamente os procedimentos de demarcação que já foram iniciados. *(Cimi, 20/05/2011)*

JUIZ DETERMINA REINTEGRAÇÃO

A Justiça Federal de Campo Grande concedeu reintegração de posse ao proprietário da Fazenda Esperança, ocupada desde o dia 31 de maio por índios da Comunidade Taunay-Ipegue. A decisão proferida pelo juiz federal da 1ª Vara de Campo Grande, Renato Toniasso, na última sexta-feira (14). *(Agência Brasil, 18/06/2013)*

TERENA RETOMAM FAZENDAS

Cerca de 500 indígenas do povo Terena retomaram, na madrugada desta segunda-feira (27), três fazendas que estão localizadas dentro da TI Taunay/Ipegue, no município de Aquidauana, Mato Grosso do Sul. O procedimento administrativo de ampliação da área, demarcada originalmente em 1905 pelo marechal Cândido Rondon, tramita há quase 30 anos. *(Cimi, 27/07/2015)*

LÍDER TERENA É BALEADO

Um dos líderes do grupo de índios terenas que reivindicam a demarcação da TI Pilad Rebuá foi baleado na madrugada de hoje (19), em Miranda. Paulino da Silva Terena, 31 anos, estava saindo de casa, no Acampamento Moreira, por volta das 4h30, quando percebeu a aproximação de pessoas estranhas. Um dos tiros acertou a perna direita do líder terena. Outros dois projéteis atingiram o carro de Paulino. *(A. Rodrigues, EBC, 19/05/2014)*

E JUSTIÇA DETERMINA REINTEGRAÇÃO DE POSSE

A 4ª Vara Federal de Campo Grande, Mato Grosso do Sul, determinou a reintegração de posse de área retomada pelo povo Terena na TI Pillad Rebuá, município de Miranda, região do Pantanal. Ainda não há um dia definido para a reintegração. *(R. Santana, Cimi, 29/07/2014)*

Guarani Ñandeva
Kaingang
Krenak
Pankararé
Pankararu
Potiguara
Tapeba
Terena
Tuxá
Xetá
Xokleng

18. Sul

18. SUL

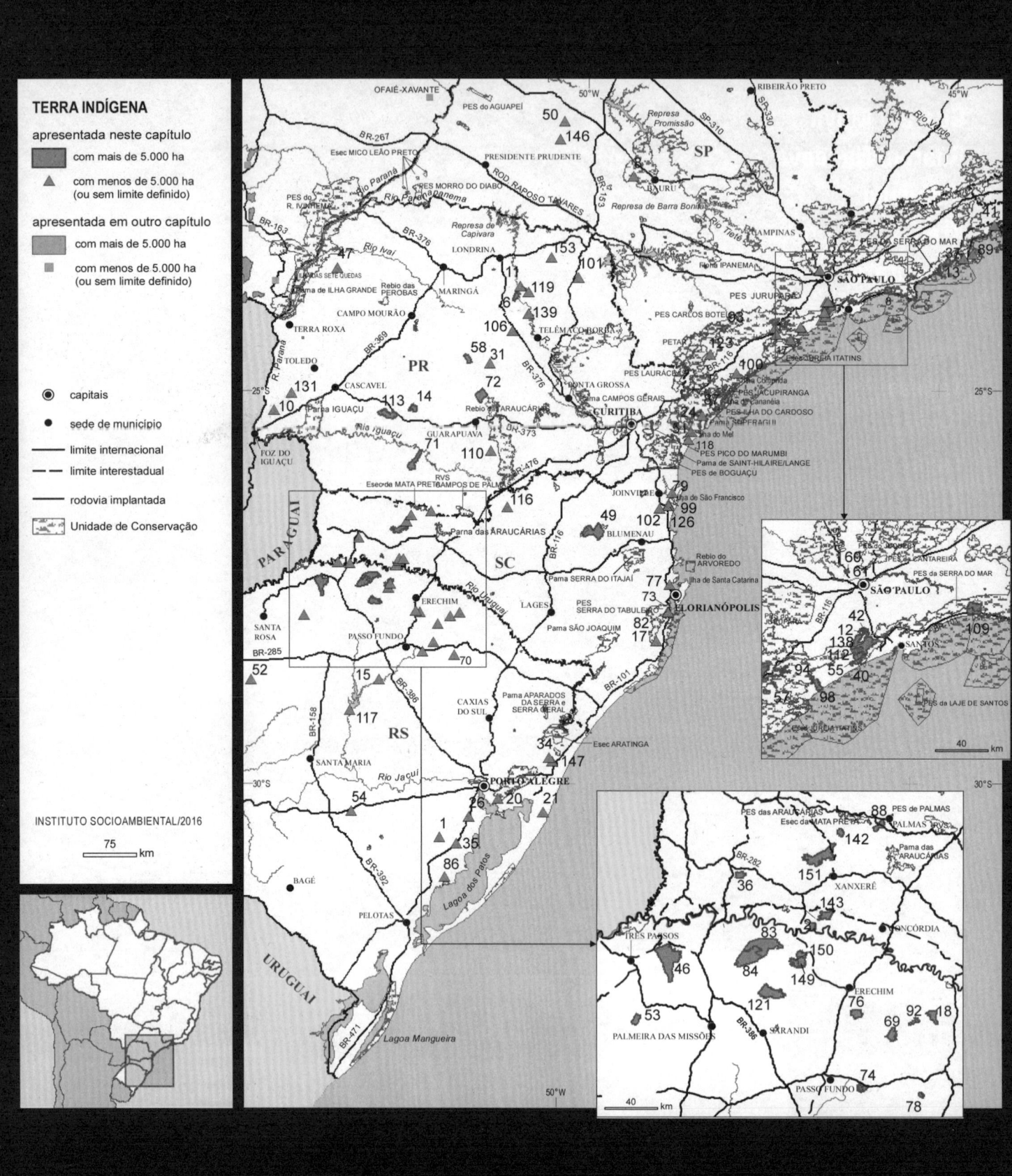

SUL
Terras Indígenas
Instituto Socioambiental - 14/02/2017

Nº Mapa	Terra Indígena	Povo	População (nº, fonte, ano)	Situação Jurídica	Extensão (ha)	Município	UF
1	Água Grande	Guarani / Guarani Mbya	53 - Funasa/Passo Fundo : 2010	RESERVADA. Decreto 40.482 de 29/11/2000 publicado em 30/11/2000.	165	Camaquã	RS
2	Aldeia Kondá	Kaingang	379 - Funasa : 2010	RESERVADA. Decreto s.n. de 29/04/2016 publicado em 02/05/2016.	2.300	Chapecó	SC
s/I	Aldeia Renascer	Guarani / Guarani Ñandeva		EM IDENTIFICAÇÃO. Portaria 1.438 de 06/10/2010 publicado em 07/10/2010.		Ubatuba	SP
s/I	Amâncio e Mbiguaçu	Guarani		EM IDENTIFICAÇÃO. Portaria 957 de 20/07/2012 publicado em 24/07/2012.		Biguaçu	SC
5	Amba Porã	Guarani / Guarani Mbya	67 - GT Funai : 2010	IDENTIFICADA/APROVADA/FUNAI. SUJEITA A CONTESTAC. Despacho 87 de 19/08/2016 publicado em 24/08/2016.	7.204	Miracatu / Sete Barras	SP
6	Apucarana	Kaingang	1.752 - Siasi/Sesai : 2014	RESERVADA/SPI. REG CRI. Escritura Pública de 28/12/1953. Reg. CRI no município e comarca de Londrina (6.300ha) Matr. n. 8.485, Liv 3-K em 19/09/55.	5.575	Tamarana	PR
s/I	Arandu Mirim (Saco do Mamanguá)	Guarani / Guarani Mbya		EM IDENTIFICAÇÃO. Portaria 184 de 05/03/2008 publicado em 06/02/2008.		Parati	RJ
8	Araribá	Guarani / Guarani Ñandeva / Terena	616 - Siasi/Sesai : 2014	HOMOLOGADA. REG CRI E SPU. Decreto 308 de 29/10/1991 publicado em 30/10/1991Reg. CRI no município e comarca de Bauru (1.930 ha) Mat. n. 64.634, Liv.2-RG, FI 001 em 22/08/97. Reg SPU Certidão n.05 em 19/11/2004.	1.930	Avaí	SP
s/I	Arroio do Conde	Guarani / Guarani Mbya		EM IDENTIFICAÇÃO. Portaria 902 de 17/08/2009 publicado em 18/08/2009.		Eldorado do Sul	RS
10	Avá Guarani/Ocoí	Guarani / Guarani Ñandeva	743 - Siasi/Sesai : 2014	DOMINIAL INDÍGENA. REG CRI. Escritura Pública de 30/11/1976. Reg. CRI Matr. 8.689, Liv 02 FI 01 em 26.07.85.	251	São Miguel do Iguaçu	PR
11	Barão de Antonina I	Guarani / Guarani Ñandeva / Kaingang	460 - Funai/Chapecó : 2010	HOMOLOGADA. REG CRI E SPU. Decreto 285 de 29/10/1991 publicado em 30/10/1991. Reg. CRI no município e comarca de São Jerônimo da Serra (3.750 ha) Mat. 5.661 Liv. 2-RG FI 01 em 29/07/92. Reg. SPU Certidão n. 32 de 24/06/77 e Certidão s/n em 31/07/98.	3.751	São Jerônimo da Serra	PR
12	Barragem	Guarani / Guarani Mbya	867 - Funai/Litoral Sudeste : 2010	HOMOLOGADA. REG CRI E SPU. Decreto 24.223 de 14/04/1987 publicado em 15/04/1987.Reg. CRI no município e comarca de São Paulo (26 ha), Matr 204/607 Liv 2-RG FI 1/2 em 23.09.87. Reg. SPU Certidão 32 de 09/09/98.	26	São Paulo	SP
14	Boa Vista (Sul)	Kaingang	169 - Siasi/Sesai : 2014	DECLARADA. Suspensa parcialmente por liminar da Justiça. Portaria 839 de 28/05/2010 publicado em 31/05/2010.	7.344	Laranjeiras do Sul	PR
13	Boa Vista do Sertão do Promirim	Guarani / Guarani Mbya	175 - Siasi/Sesai : 2013	IDENTIFICADA/APROVADA/FUNAI. SUJEITA A CONTESTAC. Despacho 529 de 22/04/2013 publicado em 23/04/2013. Reg. CRI no município e comarca de Ubatuba (801 ha) Matr. 2-23078 Lv. 2/RG FI 01V em 07/11/00. Reg. SPU Certidão n. 30 de 09/09/98.	5.420	Ubatuba	SP
15	Borboleta	Kaingang	#############	EM IDENTIFICAÇÃO. Portaria 782 de 09/08/2002 publicado em 15/08/2002.	0	Espumoso	RS
17	Cachoeira dos Inácios	Guarani / Guarani Mbya	316 - Siasi/Sesai : 2014	RESERVADA. Escritura Pública.	80	Imaruí	SC
18	Cacique Doble	Guarani / Guarani Mbya / Guarani Ñandeva / Kaingang	815 - Funasa : 2010	HOMOLOGADA. REG CRI E SPU. Portaria 1210 de 14/10/2008 publicado em 20/10/2008. Reg. CRI no município e comarca de Cacique Doble (4.426 ha) Matr. 875, Liv 2/RG, FI 01/02 em 05/06/91. Reg. SPU Certidão s/n de 29/12/94.	4.426	Cacique Doble	RS
s/I	Cambirela	Guarani / Guarani Mbya		EM IDENTIFICAÇÃO. Portaria 798 de 25/05/2011 publicado em 26/05/2011.		Palhoça	SC
20	Cantagalo	Guarani / Guarani Mbya	145 - Funasa/Passo Fundo : 2010	HOMOLOGADA. REG CRI. Decreto s.n. de 11/10/2007 publicado em 15/10/2007. Reg. CRI matr.61.829, liv.2-RG, Fls 01/02 Comarca de Viamão.	284	Porto Alegre / Viamão	RS
21	Capivari	Guarani / Guarani Mbya	60 - Siasi/Sesai : 2014	HOMOLOGADA. REG CRI E SPU. Decreto s/n de 18/04/2001 publicado em 19/04/2001. Reg CRI no município de Palmares do Sul , comarca de Palmares do Sul/RS (43 ha) Matr. n. 8.329 Liv.2-RG, FI 01 em 11/10/2002.Reg. SPU Certidão s/n de 08/01/03.	43	Palmares do Sul	RS
s/I	Carazinho	Kaingang		EM IDENTIFICAÇÃO. Portaria 1.161 de 23/08/2010 publicado em 24/08/2010.		Carazinho	RS
23	Carreteiro	Kaingang	197 - Siasi/Sesai : 2014	HOMOLOGADA. REG CRI E SPU. Decreto s/n de 27/03/1991 publicado em 28/03/1991. Reg. CRI no município e comarca de Tapejara (602 ha) Matr.8.412, Liv.2/RG, FI. 01/V em 16/05/91. Reg. SPU Certidão s/n de 29/12/94.	602	Água Santa	RS
24	Cerco Grande	Guarani / Guarani Mbya	25 - GT Funai : 2015	IDENTIFICADA/APROVADA/FUNAI. SUJEITA A CONTESTAC. Despacho 57 de 11/05/2016 publicado em 12/05/2016.	1.390	Guaraqueçaba	PR
s/I	Corveta I e II	Guarani / Guarani Mbya		EM IDENTIFICAÇÃO. Portaria 641 de 19/06/1998 publicado em 25/06/1998.			
26	Coxilha da Cruz	Guarani / Guarani Mbya	128 - Funasa/Passo Fundo : 2010	RESERVADA. Decreto 40.481 de 29/11/2000 publicado em 30/11/2000.	202	Barra do Ribeiro	RS
27	Djaikoaty	Guarani / Guarani Mbya	42 - GT Funai: : 2012	IDENTIFICADA/APROVADA/FUNAI. SUJEITA A CONTESTAC. Despacho 86 de 19/08/2016 publicado em 24/08/2016.	1.216	Miracatu	SP
s/I	Estrela	Kaingang	125 - Siasi/Sesai : 2014	EM IDENTIFICAÇÃO. Portaria 531 de 14/04/2010 publicado em 14/05/2010.		Estrela	RS
31	Faxinal	Kaingang	683 - Siasi/Sesai : 2014	HOMOLOGADA. REG CRI. Decreto 252 de 29/10/1991 publicado em 30/10/1991. Reg. CRI Matr. EP 172 de 05/09/59. Reg. CRI no município e comarca de Candido de Abreu (2.043 ha) Matr. 4.250, Livro 2, FI 01 Verso 2 em 09/04/92.	2.043	Cândido de Abreu	PR
s/I	Garuva	Guarani / Guarani Mbya		EM IDENTIFICAÇÃO. Portaria 641 de 19/06/1998 publicado em 25/06/1998.		Garuva	SC
s/I	Guarani do Rio Pequeno	Guarani / Guarani Mbya		EM IDENTIFICAÇÃO. Portaria 113 de 18/02/2008 publicado em 19/02/2008.		Parati	RJ
34	Guarani Barra do Ouro	Guarani / Guarani Mbya	185 - Siasi/Funasa : 2010	HOMOLOGADA. REG CRI E SPU. Decreto s/n de 18/04/2001 publicado em 19/04/2001. Reg. CRI no município de Caraã, comarca de Santo Antonio da Patrulha (610 ha) Matr. 17.004 Lv 2-RG FI 1/V em 19/04/02. Reg. CRI no município de Maquiné, comarca de Osório (1.454 ha) Matr. 98.260 Lv 2-RG FI 1/2 em 15/04/02. Reg. CRI no município de Riozinho, comarca de Taquara (201 ha) Matr. n.11.917 Lv 2-RG GI 1 em 23/04/02. Reg. SPU Certidão s/n de 04/06/02.	2.266	Caraá / Maquiné / Riozinho	RS
35	Guarani de Águas Brancas	Guarani / Guarani Mbya	39 - Funai/Passo Fundo : 1994	DECLARADA. Portaria 104 de 13/02/1996 publicado em 14/02/1996.	230	Arambaré	RS
36	Guarani de Araça'í	Guarani / Guarani Ñandeva	73 - Funasa : 2010	DECLARADA. Suspensa por decisão da Justiça. Portaria 790 de 19/04/2007 publicado em 20/04/2007.	2.721	Cunha Porã / Saudades	SC
37	Guarani de Araponga	Guarani / Guarani Mbya	40 - Funai/Litoral Sudeste : 2010	HOMOLOGADA. REG CRI E SPU. Decreto s/n em 03/07/1995 publicado em 04/07/1995. Reg. CRI no município e comarca de Parati (213 ha) Matr.1.881 Liv.2-A, FI 2466 em 08/03/96. Reg. SPU Cert. n.12 em 16/04/96.	213	Parati	RJ
s/I	Guarani de Barão de Antonina	Guarani / Guarani Ñandeva	117 - Siasi/Sesai : 2014	EM IDENTIFICAÇÃO. Portaria 1.088 de 07/11/2007 publicado em 08/11/2007.		Barão de Antonina	SP

SUL
Terras Indígenas (continuação)
Instituto Socioambiental - 14/02/2017

Nº Mapa	Terra Indígena	Povo	População (nº, fonte, ano)	Situação Jurídica	Extensão (ha)	Município	UF
s/I	Guarani de Itaporanga	Guarani Guarani Ñandeva	31 - Siasi/Sesai : 2014	EM IDENTIFICAÇÃO. Portaria 1.088 de 07/11/2007 publicado em 08/11/2007.		Itaporanga	SP
40	Guarani do Aguapeú	Guarani Guarani Mbya	95 - IBGE : 2010	HOMOLOGADA. REG CRI E SPU. Decreto s/n de 08/09/1998 publicado em 09/09/1998. Reg. CRI no município de Mongaguá, comarca de Itanhaém (4.372 ha) Matr.192.516 Lv 2/RG Fl. 001/V em 13/10/98. Reg SPU Certidão n 06 em 19/11/2004.	4.372	Mongaguá	SP
41	Guarani do Bracuí	Guarani Guarani Mbya	379 - Siasi/Sesai : 2013	HOMOLOGADA. REG CRI E SPU. Decreto s/n de 03/07/1995 publicado em 04/07/1995. Reg. CRI no município e comarca de Angra dos Reis (2.127 ha) Matr. n. 13.309 Liv. 2-BE Fl 258 em 14/09/95. Reg. SPU Cert. n. 020 em 15/09/97.	2.127	Angra dos Reis	RJ
42	Guarani do Krukutu	Guarani Guarani Mbya	254 - IBGE : 2010	HOMOLOGADA. REG CRI E SPU. Decreto 94.222 de 14/04/1987 publicado em 15/04/1987. Reg. CRI no município e comarca de S.Paulo (26 ha) Matr. 204608 Liv 2 Fl 01 em 23/09/87. Reg. SPU Certidão n. 26 de 09/09/98.	26	São Paulo	SP
s/I	Guarani no Lami	Guarani		EM IDENTIFICAÇÃO. Portaria 1.426 de 14/11/2012 publicado em 19/11/2012.		Porto Alegre	RS
45	Guarani Votouro	Guarani Guarani Ñandeva	43 - Funasa : 2010	HOMOLOGADA. REG CRI E SPU. Decreto s/n de 11/12/1998 publicado em 14/12/1998. Reg. CRI no município e comarca de São Valentim (717 ha) Matr.003 Lv 2-RG Fl. 1 em 04/02/99. Reg. SPU Certidão s/n de 15/01/01.	717	Benjamin Constant do Sul	RS
46	Guarita	Guarani Guarani Mbya Guarani Ñandeva Kaingang	5.776 - Siasi/Sesai : 2014	HOMOLOGADA. REG CRI E SPU. Decreto s/n de 04/04/1991 publicado em 05/04/1991. Reg. CRI no município e comarca de Tenente Portela (23.406 ha) Matr.10.539, Liv.2 RG, Fl.01/V, em 17/05/91. Reg. SPU Cert. s/n em 29/12/94.	23.406	Erval Seco Redentora Tenente Portela	RS
47	Herarekã Xetá	Xetá	159 - GT de Identificação : 2013	IDENTIFICADA/APROVADA/FUNAI. SUJEITA A CONTESTAC. Despacho 53 de 25/06/2014 publicado em 01/07/2014.	2.686	Ivaté	PR
49	Ibirama-La Klãnõ	Guarani Guarani Mbya Guarani Ñandeva Kaingang Xokleng	2.057 - Siasi/Sesai : 2013	DECLARADA. Portaria 1.128 de 13/08/2003 publicado em 14/08/2003. Reg. CRI no município e comarca de Ibirama, (14.084 ha) Matr. 14./704 Livr.2-RG, Fl. 1V/2V em 28/02/96 (área antiga). Reg. SPU Cert. n. 494 em 03/07/96 (área antiga).	37.018	Doutor Pedrinho Itaiópolis José Boiteux Vitor Meireles	SC
50	Icatu	Kaingang Terena	148 - Siasi/Sesai : 2014	HOMOLOGADA. REG CRI. Decreto 314 de 29/10/1991 publicado em 30/10/1991. Reg. CRI matr.41.979, Liv2-F, Fl 001 Comarca de Penápolis.	301	Braúna	SP
51	Ilha da Cotinga	Guarani Guarani Mbya	52 - Siasi/Sesai : 2013	HOMOLOGADA. REG CRI E SPU. Decreto s/n de 16/05/1994 publicado em 17/05/1994. Reg. CRI no município e comarca de Paranaguá. (827 ha) Matr. 48.041/2 Liv 1, Fl 01 em 28/06/94. Reg. CRI no município e comarca de Paranaguá. (873 ha) Matr. 48.042/2 Liv 1, Fl 01 em 28/06/94. Reg. SPU Cert. n. 10 de 2/08/94.(antigo). Reg SPU Certidão s.n. em 21/01/99.	1.701	Paranaguá	PR
52	Inhacapetum	Guarani Guarani Mbya	180 - Funasa/Passo Fundo : 2010	RESERVADA. Decreto 40.483 de 29/11/2000 publicado em 30/11/2000.	236	São Miguel das Missões	RS
53	Inhacorá	Kaingang	1.133 - Siasi/Sesai : 2014	HOMOLOGADA. REG CRI E SPU. Decreto s/n de 27/03/1991 publicado em 28/03/1991. Reg. CRI no município de Santo Augusto, Matr.13.800, (2,843 ha) Liv.2/RG, Fl.001V/002 em 13/05/91. Reg. SPU Cert. s/n em 29/12/94.	2.843	São Valério do Sul	RS
54	Irapuã	Guarani Guarani Mbya	77 - Siasi/Sesai : 2014	DECLARADA. Portaria 569 de 11/05/2016 publicado em 12/05/2016.	222	Caçapava do Sul	RS
55	Itaóca	Guarani Guarani Mbya Guarani Ñandeva	90 - Funai/Litoral Sudeste : 2010	DECLARADA. Portaria 292 de 13/04/2000 publicado em 17/04/2000.	533	Mongaguá	SP
s/I	Itapuã	Guarani Guarani Mbya Guarani Ñandeva		EM IDENTIFICAÇÃO. Portaria 874 de 31/07/2008 publicado em 01/08/2008.		Viamão	RS
57	Itariri (Serra do Itatins)	Guarani Guarani Ñandeva	88 - Siasi/Sesai : 2014	HOMOLOGADA. REG CRI E SPU. Decreto 94.225 de 14/04/1987 publicado em 15/04/1987. Reg. CRI no município de Itariri comarca de Itanhaem (1.212 ha) Matr. 142.028 Liv 2 Fl. 01 em 09.09.87. Reg. SPU Certidão n. 31 de 09/09/98.	1.212	Itariri	SP
58	Ivaí	Kaingang	1.552 - Siasi/Sesai : 2013	HOMOLOGADA. REG CRI E SPU. Decreto 377 de 24/12/1991 publicado em 26/12/1991. Reg. CRI no município de Pitanga, comarca de Laranjeiras do Sul (3.652 ha), Matr. 17.489, Liv. 2 RG, Fl. 01, em 07/02/92. Reg. CRI no município de Manoel Ribas, comarca de Ivaiporã (3.654 ha), Matr. 25.752, Fl. 01. Reg. SPU cert n. 10 em 02/08/94.	7.306	Manoel Ribas Pitanga	PR
60	Jaraguá	Guarani Guarani Mbya Guarani Ñandeva	586 - GT Relatório Funai : 2013	HOMOLOGADA. REG CRI E SPU. Decreto 94.221 de 14/04/1987 publicado em 15/04/1987. Reg. CRI Matr 92.210 e 92.211 Liv 2 Fl. 1/2 em 27.11.87. Reg. SPU Certidão n. 25 de 09/09/98.	532	São Paulo	SP
61	Jaraguá (reestudo)	Guarani Guarani Mbya Guarani Ñandeva		DECLARADA. Suspensa por decisão da Justiça. Portaria 581 de 29/05/2015 publicado em 01/06/2015.	0	Osasco São Paulo	SP
s/I	Ka´aguy Guaxy/Palmital	Guarani Guarani Mbya	58 - Siasi/Sesai : 2014	EM IDENTIFICAÇÃO. Portaria 574 de 17/05/2006 publicado em 18/05/2006.		União da Vitória	PR
63	Ka´aguy Mirim	Guarani Guarani Mbya	114 - Siasi/Sesai : 2014	IDENTIFICADA/APROVADA/FUNAI. SUJEITA A CONTESTAC. Despacho 88 de 19/08/2016 publicado em 24/08/2016.	1.190	Miracatu Pedro de Toledo	SP
s/I	Ka´aguy Poty	Guarani Guarani Mbya	55 - Siasi/Sesai : 2014	EM IDENTIFICAÇÃO. Portaria 52 de 21/01/2008 publicado em 19/02/2008.		Estrela Velha	RS
s/I	Ka´agy Hovy	Guarani Guarani Mbya		EM IDENTIFICAÇÃO. Portaria 1.564 de 19/10/2010 publicado em 20/10/2010.		Iguape	SP
66	Kaingang de Iraí	Kaingang	644 - Siasi/Sesai : 2013	HOMOLOGADA. REG CRI E SPU. Decreto s/n de 04/10/1993 publicado em 05/10/1993. Reg. CRI no município de Iraí, Matr. 5.594 Liv. 2-RG s/fl. em 22/03/94. Reg. SPU Cert. s/n de 05/04/94.	280	Iraí	RS
s/I	Karuguá (Araçá´i)	Guarani Guarani Mbya	68 - Siasi/Sesai : 2014	EM IDENTIFICAÇÃO. Portaria 615 de 11/06/2008 publicado em 12/06/2008.		Piraquara	PR
s/I	Lageado do Bugre	Kaingang	112 - Siasi/Sesai : 2014	EM IDENTIFICAÇÃO. Portaria 1.161 de 23/08/2010 publicado em 24/08/2010.		Lajeado do Bugre	RS
69	Ligeiro	Kaingang	1.453 - Siasi/Sesai : 2014	HOMOLOGADA. REG CRI E SPU. Decreto s/n de 27/03/1991 publicado em 28/03/1991. Reg. CRI no município e comarca de Tapejara,(4.565 ha)m Matr. 8.413, Liv. 2/RG, Fl. 01V em 16/05/91. Reg. SPU Cert. s/n de 29/12/94.	4.565	Charrua	RS
s/I	Lomba do Pinheiro	Guarani		EM IDENTIFICAÇÃO. Portaria 1.426 de 14/11/2012 publicado em 19/11/2012.		Capivari do Sul Viamão	RS
71	Mangueirinha	Guarani Guarani Mbya Kaingang	765 - Siasi/Sesai : 2013	DOMINIAL INDÍGENA. REG CRI. Decreto 64 de 02/03/1903. Reg. CRI no município de Mangueirinha, comarca de Palma (7.400 ha), Matr. 13.244 Liv 3-O Fl. 168/169 em 10/02/61.	16.375	Mangueirinha	PR

SUL
Terras Indígenas (continuação)
Instituto Socioambiental - 14/02/2017

Nº Mapa	Terra Indígena	Povo	População (nº, fonte, ano)	Situação Jurídica	Extensão (ha)	Município	UF
72	Marrecas	Guarani, Guarani Ñandeva, Kaingang	665 - Siasi/Sesai : 2014	DOMINIAL INDÍGENA. REG CRI. Decreto 89.495 de 25/03/1984. Reg. CRI no município de Guarapuava, Matr. 16966, Liv. 02/RG, Fl. 23B em 01/07/85.	16.839	Guarapuava, Prudentópolis, Turvo	PR
73	Massiambu/Palhoça	Guarani, Guarani Mbya		EM IDENTIFICAÇÃO. Portaria s/n de 06/05/1999 publicado em 10/05/1999.	0	Palhoça	SC
74	Mato Castelhano-FÁg TY KA	Kaingang	304 - Siasi/Sesai : 2014	IDENTIFICADA/APROVADA/FUNAI. SUJEITA A CONTESTAC. Despacho 39 de 10/05/2016 publicado em 11/05/2016.	3.567	Mato Castelhano	RS
76	Mato Preto	Guarani, Guarani Mbya, Guarani Ñandeva	78 - Siasi/Sesai : 2014	DECLARADA. Suspensa por decisão da Justiça. Port. n. 2.222 de 21/092012, publicada em 25/09/2012, do ministro da Justiça declara de posse indígena a TI. A Justiça Federal seção Judiciária do RS, Primeira Vara Federal de Erechim declara nulo o processo administrativo FUNAI/BSB/1150/07 e da Portaria Declaratória no 2.222	4.230	Erebango, Getúlio Vargas	RS
77	Mbiguaçu	Guarani, Guarani Mbya, Guarani Ñandeva	114 - IBGE : 2010	HOMOLOGADA. REG CRI E SPU. Decreto s/n de 05/05/2003 publicado em 06/05/2003. Reg CRI no município e comarca de Biguaçu (49 ha) Matr. 17.542 Liv .2-CT, Fls 106 em 14/08/2003. Reg CRI no município e comarca de Biguaçu (10 ha) Matr. 17.543 Liv.2-CT Fls 107 em 14/08/2003. Reg. SPU Certidão n. 34 de 11/09/03.	59	Biguaçu	SC
78	Monte Caseros	Kaingang	568 - Siasi/Sesai : 2013	HOMOLOGADA. REG CRI E SPU. Decreto s/n de 11/12/1998 publicado em 14/12/1998. Reg. CRI no município de Ibiraiaras, comarca de Lagoa Vermelha (539,7690 ha) Matr.18.144 Liv. 2-RG em 17/05/99. Reg. CRI no município de Muliterno, comarca de Lagoa Vermelha (572,6415 ha) Matr. 18.145 Liv. 2-RG em 17/05/99. Reg. SPU Certidão s/n de 02/07/99.	1.112	Ibiraiaras, Muliterno	RS
79	Morro Alto	Guarani, Guarani Mbya	159 - Siasi/Sesai : 2014	DECLARADA. Suspensa por liminar da Justiça. Portaria 152 de 25/01/2012 publicado em 26/01/2012.	893	São Francisco do Sul	SC
s/I	Morro do Coco	Guarani, Guarani Mbya		EM IDENTIFICAÇÃO. Portaria 874 de 31/07/2008 publicado em 01/08/2008.		Barra do Ribeiro	RS
s/I	Morro do Osso	Guarani, Guarani Mbya		EM IDENTIFICAÇÃO. Portaria 531 de 14/04/2010 publicado em 14/05/2010.		Porto Alegre	RS
82	Morro dos Cavalos	Guarani, Guarani Mbya, Guarani Ñandeva	119 - IBGE : 2010	DECLARADA. Portaria 771 de 18/04/2008 publicado em 22/04/2008.	1.988	Palhoça	SC
83	Nonoai	Guarani, Guarani Mbya, Guarani Ñandeva, Kaingang	2.638 - IBGE : 2010	RESERVADA/SPI. Decreto 13.795 de 10/07/1962 publicado em 10/07/1962.	14.910	Alpestre, Gramado dos Loureiros, Nonoai, Planalto, Rio dos Índios	RS
84	Nonoai Rio da Várzea	Kaingang	548 - IBGE : 2010	HOMOLOGADA. REG CRI E SPU. Decreto s/n de 10/02/2003 publicado em 11/02/2003. Reg CRI no município Gramado dos Loureiros, comarca de Nonoai (2.910 ha) Matr. 10.176, Liv 2-RG, FL 01/01v em 07/07/2003. Reg CRI no município de Liberato Salzano, comarca de Constantina (2.988 ha) Matr. 8.760, Liv 2-RG, Ficha 01/01v em 03/07/2003. Reg.CRI no município e comarca de Nonoai (8.030 ha) Matr.10.174 Liv. 2-RG Fl 01/01v em 07/07/2003. Reg CRI no município e comarca de Planalto (1.254 ha) Matr. 5.084 Liv. 2-RG, Ficha 01 em 02/07/2003. Reg CRI no município de Trindade do Sul, comarca de Nonoai (232 ha) Matr. 10.175 Liv. 2-RG, FL 01/01v em 07/07/2003. Reg. SPU Certidão s/n de 16/09/03.	16.415	Gramado dos Loureiros, Liberato Salzano, Nonoai, Planalto, Trindade do Sul	RS
s/I	Novo Xengu	Kaingang	135 - Siasi/Sesai : 2014	EM IDENTIFICAÇÃO. Portaria 475 de 14/05/2009 publicado em 15/05/2009.		Constantina, Novo Xingu	RS
86	Pacheca	Guarani, Guarani Mbya	72 - Funasa/Passo Fundo : 2010	HOMOLOGADA. REG CRI E SPU. Decreto s/n de 01/08/2000 publicado em 02/08/2000. Reg. CRI no município e comarca de Camacã (1.852 ha) Matr. 26.393 Lv2-RG Fl. 01/02 em 19/09/00. Reg. SPU Certidão s/n de 15/01/01.	1.852	Camaquã	RS
87	Pakurity (Ilha do Cardoso)	Guarani, Guarani Mbya	130 - GT-Funai : 2016	IDENTIFICADA/APROVADA/FUNAI. SUJEITA A CONTESTAC. Portaria 56 de 11/05/2016 publicado em 12/05/2016.	5.730	Cananéia	SP
88	Palmas	Kaingang	755 - Siasi/Sesai : 2014	HOMOLOGADA. REG CRI. Decreto s/n. de 19/04/2007 publicado em 20/04/2007. Reg ,CRI no município e comarca de Abelardo Luz (2.240) Matr.7.357 , Liv. 2-RG , Fls 01 em 20/08/2007. Reg CRI n.12.907, Liv. RG, Ficha 12.907 Comarca de Palmas.	3.800	Palmas, Abelardo Luz	PR, SC
89	Parati-Mirim	Guarani, Guarani Mbya	171 - Funai/Litoral Sudeste : 2010	HOMOLOGADA. REG CRI E SPU. Decreto s/n de 05/01/1996 publicado em 08/01/1996. Reg. CRI no município de Parati Mirim, Matr. 1.882 Liv. 2-A Fl. 2.467 em 08/03/96. Reg. SPU Cert. n.11 de 16/04/96.	79	Parati	RJ
s/I	Passo Grande	Guarani, Guarani Mbya		EM IDENTIFICAÇÃO. Portaria 902 de 17/08/2009 publicado em 18/08/2009.		Barra do Ribeiro	RS
92	Passo Grande do Rio Forquilha	Kaingang	1.008 - Siasi/Sesai : 2014	DECLARADA. Portaria 498 de 25/04/2011 publicado em 26/04/2011.	1.916	Cacique Doble, Sananduva	RS
93	Peguaoty	Guarani, Guarani Mbya	126 - Siasi/Sesai : 2014	IDENTIFICADA/APROVADA/FUNAI. SUJEITA A CONTESTAC. Despacho 58 de 11/05/2016 publicado em 12/05/2016.	6.230	Sete Barras	SP
94	Peruíbe	Guarani, Guarani Ñandeva	134 - IBGE : 2010	HOMOLOGADA. REG CRI. Decreto s/n de 16/05/1994 publicado em 17/05/1994. Reg. CRI no município de Peruibe, comarca de Itanhaém (480 ha) Matr. 176.125 em 22/06/94. Ofício ao SPU n. 230/DAF em 20/06/94.	480	Peruíbe	SP
s/I	Petim/Arasaty	Guarani, Guarani Mbya		EM IDENTIFICAÇÃO. Portaria 902 de 17/08/2009 publicado em 18/08/2009.		Guaíba	RS
98	Piaçaguera	Guarani, Guarani Ñandeva	350 - Funai/Litoral Sudeste : 2010	HOMOLOGADA. Decreto s.n. de 29/04/2016 publicado em 02/05/2016.	2.773	Peruíbe	SP
99	Pindoty	Guarani, Guarani Mbya	70 - GT/Funai : 2003	DECLARADA. Suspensa por liminar da Justiça. Portaria 2.564 de 23/08/2010 publicado em 24/08/2010.	3.294	Araquari, Balneário Barra do Sul	SC
100	Pindoty/Araçá-Mirim	Guarani, Guarani Mbya	84 - GT Funai : 2012	IDENTIFICADA/APROVADA/FUNAI. SUJEITA A CONTESTAC. Despacho 384 de 29/12/2016 publicado em 27/01/2017. O presidente da Funai aprova os estudos de identificação da TI	1.030	Iguape, Pariquera-Açu	SP
101	Pinhalzinho	Guarani, Guarani Ñandeva	129 - Siasi/Sesai : 2013	DOMINIAL INDÍGENA. REG CRI. Portaria 1.934/E de 27/08/1985. Reg. CRI Matr. 3.655 Liv 02 em 06/03/86.	593	Tomazina	PR
102	Piraí	Guarani, Guarani Mbya	155 - Funasa : 2010	DECLARADA. Portaria 2.907 de 01/09/2009 publicado em 02/09/2009.	3.017	Araquari	SC

SUL
Terras Indígenas (continuação)
Instituto Socioambiental - 14/02/2017

Nº Mapa	Terra Indígena	Povo	População (nº, fonte, ano)	Situação Jurídica	Extensão (ha)	Município	UF
s/I	Ponta da Formiga	Guarani Guarani Mbya		EM IDENTIFICAÇÃO. Portaria 874 de 31/07/2008 publicado em 01/08/2008.		Barra do Ribeiro	RS
s/I	Pontão	Kaingang		EM IDENTIFICAÇÃO. Portaria 1.135 de 29/09/2005 publicado em 30/09/2005.		Pontão	RS
s/I	Por Fi Ga	Kaingang	128 - Siasi/Sesai : 2014	RESERVADA. Outros s.n. de 30/10/2014 publicado em 31/10/2014.	8	São Leopoldo	RS
106	Queimadas	Kaingang	610 - Funai/Chapecó : 2010	HOMOLOGADA. REG CRI E SPU. Decreto s/n de 23/05/1996 publicado em 24/05/1996. Reg. CRI no municipio e comarca de Ortigueira,(3.077 ha) Matr. 4.164 Liv.1-RG, Fl. 001 em 19/06/96. Reg. SPU Cert. s/n. de 31/07/98.	3.077	Ortigueira	PR
s/I	Reta	Guarani Guarani Mbya		EM IDENTIFICAÇÃO. Portaria 641 de 19/06/1998 publicado em 25/06/1998.			
109	Ribeirão Silveira	Guarani Guarani Mbya Guarani Ñandeva	474 - Siasi/Sesai : 2014	DECLARADA. Portaria 1.236 de 30/06/2008 publicado em 01/07/2008.	8.500	Bertioga Salesópolis São Sebastião	SP
110	Rio Areia	Guarani Guarani Mbya	141 - Siasi/Sesai : 2014	HOMOLOGADA. REG CRI E SPU. Decreto s/n de 14/04/1998 publicado em 15/04/1998. Reg. CRI no município de Inácio Martins, comarca de Irati (401 ha) Matr.8.702 Fl. 01/02 em 08/03/93. Reg. SPU Cert. n.15 de 01/01/94.	1.352	Inácio Martins	PR
s/I	Rio Bonito	Guarani Guarani Mbya		EM IDENTIFICAÇÃO. Portaria 641 de 19/06/1998 publicado em 25/06/1998.			
112	Rio Branco (do Itanhaém)	Guarani Guarani Mbya	94 - Siasi/Sesai : 2014	HOMOLOGADA. REG CRI E SPU. Decreto 94.224 de 14/04/1987 publicado em 15/04/1987. Reg. CRI no município de São Vicente (426 ha), Matr. 112.580 e 112581 Liv. 2, Fl. 001 em 29/02/88. Reg. CRI no município de São Paulo, (619 ha), Matr. 204.606 Liv. 2-RG, Fl. 01 em 23/09/87. Reg. CRI no município de Itanhaém (1.809 ha), Matr. 142.027 Liv. 2-RG, Fl. 02 em 08/09/87. Reg. SPU Certidão n. 29 de 08/09/98.	2.856	Itanhaém São Paulo São Vicente	SP
113	Rio das Cobras	Guarani Guarani Mbya Kaingang	325 - Siasi/Sesai : 2014	HOMOLOGADA. REG CRI E SPU. Decreto 290 de 29/10/1991 publicado em 30/10/1991. Reg. CRI no mmunicipio e comarca de Laranjeiras do Sul (18.681 ha) Matr. 11.604, Liv. 212-AU, Fl. 268 em 29/02/84. Reg. SPU Certidão s/n. em 19/02/1999.	18.682	Espigão Alto do Iguaçu Nova Laranjeiras	PR
s/I	Rio do Meio	Guarani Guarani Mbya		EM IDENTIFICAÇÃO. Portaria 641 de 19/06/1998 publicado em 25/06/1998.			
115	Rio dos Índios	Kaingang	143 - Siasi/Sesai : 2014	DECLARADA. Portaria 3.895 de 23/12/2004 publicado em 24/12/2004.	715	Vicente Dutra	RS
116	Rio dos Pardos	Xokleng	22 - Siasi/Sesai : 2014	HOMOLOGADA. REG CRI E SPU. Decreto s/n de 12/09/2000 publicado em 13/09/2000. Reg. CRI no município e comarca de Porto União (758 ha) Matr. 16.495 Liv - Fl. 16.495 em 19/10/01. Reg. SPU Certidão n. 30 de 01/01/02.	758	Porto União	SC
117	Salto Grande do Jacuí	Guarani Guarani Mbya	423 - Siasi/Sesai : 2014	HOMOLOGADA. REG CRI E SPU. Decreto s/n de 11/12/1998 publicado em 14/12/1998. Reg CRI no municipio de Salto do Jacui, comarca de Arroio do Tigre (234 ha) Matr. n. 1.480 Liv 2-RG Fl 01 em 21/01/1999. Reg. SPU Certidão s/n de 20/11/02.	234	Salto do Jacuí	RS
118	Sambaqui	Guarani Guarani Mbya	31 - GT Funai : 2015	IDENTIFICADA/APROVADA/FUNAI. SUJEITA A CONTESTAC. Despacho 29 de 14/04/2016 publicado em 19/04/2016.	2.795	Pontal do Paraná	PR
119	São Jerônimo da Serra	Guarani Guarani Ñandeva Kaingang	674 - Funai/Chapecó : 2010	HOMOLOGADA. REG CRI E SPU. Decreto 286 de 29/10/1991 publicado em 30/10/1991. Reg. CRI no município e comarca de São Jerônimo da Serra, (1.339 ha) Matr. 5.662 Liv. 2-RG Fl. 01 em 29/07/92. Reg. SPU Cert. n. s/n, em 31/07/1998	1.339	São Jerônimo da Serra	PR
121	Serrinha	Kaingang	1.760 - Siasi/Sesai : 2013	RESERVADA/SPI. Portaria 562 de 05/06/2008 publicado em 06/06/2008.	11.950	Constantina Engenho Velho Ronda Alta Três Palmeiras	RS
s/I	Taim	Guarani Guarani Mbya		EM IDENTIFICAÇÃO. Portaria 1.136 de 12/11/1993.		Rio Grande	RS
123	Takuari Eldorado	Guarani Guarani Mbya Guarani Ñandeva	492 - Siasi/Sesai : 2013	RESERVADA. Portaria 1.669 de 12/12/2012 publicado em 17/12/2012.	2.190	Eldorado	SP
s/I	Tapy'i (Rio Branquinho)	Guarani Guarani Mbya		EM IDENTIFICAÇÃO. Portaria 1.562 de 19/10/2010 publicado em 20/10/2010.		Cananéia	SP
126	Tarumã	Guarani Guarani Mbya	20 - Funasa : 2010	DECLARADA. Portaria 2.747 de 20/09/2009 publicado em 21/08/2009.	2.172	Araquari Balneário Barra do Sul	SC
s/I	Tekoa Guaviraty (Subaúma)	Guarani Guarani Mbya		EM IDENTIFICAÇÃO. Portaria 1.564 de 19/10/2010 publicado em 20/10/2010.		Iguape Pariquera-Açu	SP
s/I	Tekoa Itaoka (Icapara II)	Guarani Guarani Mbya		EM IDENTIFICAÇÃO. Portaria 1.564 de 19/10/2010 publicado em 20/10/2010.		Iguape Pariquera-Açu	SP
s/I	Tekoa Jejyty (Toca do Bugio)	Guarani Guarani Mbya		EM IDENTIFICAÇÃO. Portaria 1.564 de 19/10/2010 publicado em 20/10/2010.		Iguape Pariquera-Açu	SP
s/I	Tekoa Pyau	Guarani Mbya		RESERVADA. Outros s.n. de 03/10/2015 publicado em 03/10/2015.	15		
131	Tekohá Añetete	Guarani Guarani Ñandeva	510 - Siasi/Sesai : 2014	RESERVADA. Decreto s/n de 27/07/2000 publicado em 28/07/2000.	1.774	Diamante D'Oeste	PR
s/I	Tekoha Araguaju	Guarani Guarani Ñandeva		EM IDENTIFICAÇÃO. Portaria 136 de 06/02/2009 publicado em 09/02/2009.		Guaíra	PR
s/I	Tekoha Jevy	Guarani Guarani Mbya		EM IDENTIFICAÇÃO. Portaria 416 de 20/05/2015 publicado em 21/05/2015.		Parati	RJ
s/I	Tekoha Marangatu	Guarani Guarani Ñandeva		EM IDENTIFICAÇÃO. Portaria 136 de 06/02/2009 publicado em 09/02/2009.		Terra Roxa	PR
s/I	Tekoha Porã	Guarani Guarani Ñandeva		EM IDENTIFICAÇÃO. Portaria 136 de 06/02/2009 publicado em 09/02/2009.		Guaíra	PR
138	Tenondé Porã	Guarani Guarani Mbya Guarani Ñandeva	1.175 - Steigerwald : 2015	DECLARADA. Portaria 548 de 05/05/2016 publicado em 06/05/2016. declara de posse permanente indígena a TI	15.969	Mongaguá São Bernardo do Campo São Paulo São Vicente	SP
139	Tibagy/Mococa	Kaingang	155 - Funai/Chapecó : 2010	HOMOLOGADA. REG CRI E SPU. Decreto s/n de 23/05/1996 publicado em 24/05/1996. Reg. CRI no município e comarca de Ortigueira,(859 ha) Matr. 4.163 Liv 2-RG Fl. 001 em 19/06/96. Reg. SPU Cert. s/n de 31/07/98.	859	Ortigueira	PR

SUL
Terras Indígenas (continuação)
Instituto Socioambiental - 14/02/2017

Nº Mapa	Terra Indígena	Povo	População (nº, fonte, ano)	Situação Jurídica	Extensão (ha)	Município	UF
140	Toldo Chimbangue	Kaingang	531 - Funasa : 2010	HOMOLOGADA. REG CRI E SPU. Decreto 315 de 29/10/1991 publicado em 30/10/1991. Reg. CRI no município e comarca de Xapecó,(988 ha) Matr. 47.667 Liv. 2-RG Fl. s/n em 15/10/93. Reg. SPU Cert. n. 349 de 30/08/94.	988	Chapecó	SC
141	Toldo Chimbangue II	Guarani Guarani Mbya Guarani Ñandeva Kaingang	84 - Funasa : 2010	HOMOLOGADA. REG CRI. Decreto s/n. de 21/12/2006 publicado em 22/12/2006. Reg. CRI matr. n. 85.044 Liv.2-RG, Ficha 01 Comarca de Chapecó.	954	Chapecó	SC
142	Toldo Imbu	Kaingang	381 - Siasi/Sesai : 2014	DECLARADA. Portaria 793 de 19/04/2007 publicado em 20/04/2007.	1.965	Abelardo Luz	SC
143	Toldo Pinhal	Kaingang	189 - Siasi/Sesai : 2014	DECLARADA. Portaria 795 de 19/04/2007 publicado em 20/04/2007.	4.846	Arvoredo Paial Seara	SC
146	Vanuire	Kaingang Krenak	177 - Funai/Litoral Sudeste : 2010	HOMOLOGADA. REG CRI E SPU. Decreto 289 de 29/10/1991 publicado em 30/10/1991. Reg. CRI no município de Bauru, Matr. 4.104, Liv.3-D, Fl. 199 em 07/06/17. Reg. CRI no município de Tupã (708,9304 ha) Matr. 37.200 Lv. 2-RG Fl. 01 em 05/10/00. Reg SPU Certidão n. 04 e 06 em 19/11/2004.	709	Tupã	SP
147	Varzinha	Guarani Guarani Mbya	64 - IBGE : 2010	HOMOLOGADA. REG CRI E SPU. Decreto s/n de 10/02/2003 publicado em 11/02/2003. Reg CRI no município de Caraá , comarca Santo Antonio da Patrulha (619 ha) Matr.17.454 Liv 2-RG Fl,01/01v em 03/07/2003. Reg CRI no município de Maquiné, comarca de Osório (156 ha) Matr.99.166 Liv. 2-RG , Fl 01/01/v em 03/07/2003. Reg. SPU Certidão s/n de 16/09/03.	776	Caraá Maquiné	RS
148	Ventarra	Kaingang	196 - Funasa : 2010	HOMOLOGADA. REG CRI E SPU. Decreto s/n de 14/04/1998 publicado em 15/04/1998. Reg. CRI matr.20.008 Liv.2-RG, Fl.01 e 02 Comarca de Getulio Vargas.	772	Erebango	RS
149	Votouro	Kaingang	1.055 - Funasa : 2010	HOMOLOGADA. REG CRI E SPU. Decreto s/n de 30/08/2000 publicado em 31/08/2000. Reg. CRI no município de Benjamim Constant do Sul (3.341 ha) Matr. 1.340 Lv. 2-RG Fl. 1 em 07/11/00. Reg. SPU Certidão s/n de 04/06/02.	3.041	Benjamin Constant do Sul	RS
150	Votouro-Kandóia	Kaingang	176 - Funasa : 2010	IDENTIFICADA/APROVADA/FUNAI. SUJEITA A CONTESTAC. Despacho 62 de 07/12/2009 publicado em 08/12/2009.	5.977	Benjamin Constant do Sul Faxinalzinho	RS
151	Xapecó	Guarani Guarani Mbya Kaingang	5.338 - Funai/Chapecó : 2010	HOMOLOGADA. REG CRI. Decreto 297 de 29/10/1991 publicado em 30/10/1991. Reg. CRI no município de Abelardo Luz, comarca de Xanxerê , Matr. 7.548 Liv.3-D, Fl. 213 em 16/10/65 e Matr. 11.485 Liv. 3-F, Fl. 189 em 14/06/71.	15.623	Abelardo Luz Entre Rios Ipuaçu	SC
152	Xapecó Glebas A e B	Kaingang	845 - GT/Funai : 2001	DECLARADA. Portaria 792 de 19/04/2007 publicado em 20/04/2007.	660	Abelardo Luz Ipuaçu	SC
153	Yvyporã Laranjinha	Guarani Guarani Ñandeva Kaingang	184 - Siasi/Sesai : 2013	DECLARADA. Portaria 796 de 19/04/2007 publicado em 20/04/2007.	1.238	Santa Amélia	PR

PARANÁ

Xetá: a Renitente Batalha

Edilene Coffaci de Lima — Antropóloga, UFPR
Maria Angelita da Silva — Doutoranda em Educação, UEM
Rafael Pacheco — Mestrando em Antropologia, UFPR

EM 2016 COMPLETAM-SE 60 ANOS DO CONTATO OFICIAL DOS XETÁ COM OS SERTANISTAS DO EXTINTO SPI. DE LÁ PARA CÁ, A HISTÓRIA DA RELAÇÃO DESTE POVO TUPI-GUARANI COM OS BRANCOS É MARCADA POR ESBULHOS, MASSACRES E AS MAIS DIVERSAS VIOLAÇÕES DE DIREITOS. É TAMBÉM UMA SAGA DE RESISTÊNCIA PELO SEU PLENO RECONHECIMENTO ENQUANTO POVO INDÍGENA, PELO DIREITO DE RETORNAR ÀS SUAS TERRAS E DE VIVEREM JUNTOS E COM DIGNIDADE

"Nós somos xetá, esperneie quem quiser e quem não quiser", diz, indignado, o vice-cacique Xetá Claudemir ao jornal Portal UEM (TV UEM, 2016), em resposta a afirmações de um historiador em uma matéria veiculada no Paraná TV, da afiliada paranaense da Rede Globo. Segundo o historiador, em 2016, os Xetá seriam considerados "extintos" pela Funai porque não seriam Xetás "genuínos".

De fato, ao longo deste pouco mais de meio século de contato, prevalece entre gestores públicos e na opinião pública geral a ideia dos Xetá como povo extinto – o que os tem levado recentemente a disputar lugares de fala na opinião pública, jornais, espaços acadêmicos e do movimento indígena, para reafirmarem sua existência, perseverança e apresentarem suas demandas.

EXTINTOS

Lutando pelo seu pleno reconhecimento enquanto povo indígena, os Xetá têm diante de si categorias sociais com as quais têm de lidar: "extintos", "misturados", "miscigenados", "puros", "genuínos", "sobreviventes", "descendentes", "remanescentes" etc. A apropriação e mobilização que fazem delas têm implicações tanto no modo de se reconhecerem na diáspora, quanto de se diferenciarem das outras etnias com quem hoje compõem famílias e seus interlocutores políticos no campo das relações interétnicas.

Historicamente designados por Botocudo, Aré, Notobotocudo, Yvaparé, Šsetá, Chetá, Héta e Xetá; os Xetá antigamente designavam uns aos outros por *ñanderetá* ("nós", "gente", "nossa gente", "gente como nós"). Eles foram contatados pelo SPI na região de Serra dos Dourados, noroeste paranaense, em meados dos anos 1950, e sua experiência com os brancos tomou a forma de um genocídio engendrado pelo próprio Estado – desencadeado no período de expansão da monocultura cafeeira ao longo da faixa noroeste do estado e da colonização dirigida executada pelo governo do Paraná e companhias colonizadoras privadas.

Na reocupação do território Xetá, o SPI e a colonizadora Companhia Brasileira de Imigração e Colonização (Cobrimco), braço imobiliário do Grupo Bradesco) e colonos particulares conduziram, no território Xetá, uma onda de sequestros de crianças e sua "distribuição" – e consequente dispersão – entre famílias de colonos. Marcam o período também remoções forçadas, desaparecimentos em caminhões e massacres a aldeias inteiras.

Deste genocídio, amplamente registrado e denunciado pela imprensa local, na década de 1990 restavam oito sobreviventes, tendo sido, ainda, "espalhados" por diversas TIs e abandonados pelo órgão indigenista, principalmente a partir da década de 1960. O resultado do contato foi a desagregação social forçada dos Xetá e a sua transformação em desterrados, moradores de Terras Indígenas que não lhes eram reconhecidas.

Atualmente, ainda dispersos, os Xetá vivem como "inquilinos" ou "emprestados", como dizem, dos Kaingang e Guarani que os "acolheram" em suas terras, e com quem vivem "misturados" por coabitação e casamentos, e em áreas urbanas, nos Estados do Paraná e Santa Catarina, não sendo improvável que outros se encontrem em outros locais. Entre aqueles que são conhecidos, a maior parte vive nas terras Kaingang da TI São Jerônimo e na aldeia urbana multiétnica Kakané Porã, na periferia do extremo sul de Curitiba (PR). Conforme dados da Funai (2014), entre 1997 e 2013, a população triplicou: de 50 pessoas a 159, aproximadamente 40 famílias. Como exilados, travam há 18 anos a batalha do retorno ao noroeste paranaense.

RENITENTE ESBULHO

O antigo território Xetá, na Serra dos Dourados, transformou-se, a partir da expansão cafeeira das décadas de 1940 e 1950, nos municípios de Ivaté, Douradina, Umuarama, Cruzeiro do Oeste, Icaraíma e Cianorte.

Em 2014 a Funai publicou relatório de identificação e delimitação da TI Herareka Xetá, cujos estudos iniciaram em 1999. Após 14 anos de idas e vindas, uma redução de 10 mil hectares e de uma ação civil pública movida pelo MPF condenando a União a dar prosseguimento à demarcação foi, finalmente, reconhecida área de 2.686 hectares como território Xetá. E só. Repetindo a tônica dos 60 anos de esbulho, Herarekã Xetá permanece apenas no papel. Como no papel, entre as décadas de 1960 e 80, permaneceu o parque ao qual deveriam ser deslocados, aquele de Sete Quedas, depois inundado.

Desde os primeiros anos do contato, removidos e impedidos de voltarem à sua terra, os Xetá são alvo de uma ampla campanha midiática difamatória orquestrada pelo setor ruralista e seus aliados políticos, na onda anti-indígena que assola do Paraná, e da qual os Avá-Guarani, no extremo oeste do estado, também são vítimas.

Tikuein (à esq.) e Kuein, do povo Xetá.

Como propagou em 2014 o Canal Rural, José Eduardo Meireles, gerente da Fazenda São Francisco, que incide sobre o território reconhecido pela Funai (e obviamente é uma das contestadoras do estudo), contratou um antropólogo para concluir, à revelia da história, que os Xetá seriam em verdade índios paraguaios que apenas "passaram" pela região hoje em litígio[1]. A alcunha de "paraguaios" tem longa duração e já havia sido registrada nos anos 1960 pelo médico e antropólogo José Loureiro Fernandes.

Hoje ainda o contexto todo se faz desfavorável ao Xetá: no mesmo fatídico ano de 2013, quando a então ministra-chefe da Casa Civil Gleisi Hoffman firmou pacto com o agronegócio para suspender o reconhecimento TIs no Sul do país, a Agência Nacional do Petróleo, Gás Natural e Biocombustíveis (ANP) anunciou a 12ª Rodada de Licitações de blocos exploratórios na Bacia do Rio Paraná de chamados recursos não convencionais, como o gás folhelho, e que incidia sobre a terra Xetá.

Outra vez o desenvolvimentismo alcança os Xetá e o esbulho se repete: usurpado pelo governo do Paraná nos anos 1950, parte do território Xetá na região do Salto de Sete Quedas foi reconhecido em 1961 pelo decreto presidencial nº 50.665. Só no papel. Por força da construção da hidrelétrica de Itaipu pelos militares, em 1981 o general-ditador Figueiredo baixou o decreto nº 86.071, anulou o território indígena, mandou vender a madeira da área, e Sete Quedas foi inundada.

DO LUTO À LUTA

Os velhos Tikuein, Tuca e Kuein, sobreviventes do contato – os dois primeiros recentemente falecidos – são considerados os "guardiões da memória" do Povo Xetá. Por mais de 30 anos, os três se empenharam em reagrupar seus parentes e garantir a eles uma terra comum. Em depoimento à Comissão Estadual da Verdade Teresa Urban, em 2014, Claudemir Xetá contou que, nos inícios de 2000, quando o velho líder Tikuein, seu pai, bateu à porta da Funai em Brasília para reivindicar sua terra de volta, o indigenista de plantão se assustou e disse: "Mas vocês não existem!", ao que Tikuein respondeu: "Vocês tão achando que é assombração que tá aqui?". A assombração levou uma equipe da Funai à TI São Jerônimo e desencadeou o processo de demarcação da TI Herareka Xetá.

Com a morte de Tikuein e Tuca, em 2005 e 2007, respectivamente, os Xetá passaram por um longo período de luto. Claudemir, Dival e Julio Cezar da Silva, filhos do velho Tikuein, vêm assumindo posições de liderança nos últimos anos e têm tomado a frente nos processos políticos e de representação das comunidades

Xetá, articulando e engajando as famílias neles. Sob anuência e incentivo do cacique João da Silva Kaingang, da TI São Jerônimo, os Xetá passaram a eleger caciques e vice-caciques, que são hoje Dival e Claudemir.

Em 2015, fundaram a Associação Indígena da Etnia Xetá (AIEX), que sugere um momento de redefinição de estratégias e retomada de autonomia política nos "assuntos Xetá", dentro e fora da TI. Desde então, os Xetá têm sido representados em suas demandas pela Associação. Em uma de suas primeiras comunicações, endereçou ofícios à Confederação Nacional dos Bispos do Brasil (CNBB), repudiando a contestação da demarcação de seu território pelo ex-arcebispo de Umuarama (PR). Também vem acionando o MPF quanto a direitos como registro civil, previdência social e outros.

Até a morte, Tikuein, um homem que falava com espelhos para não esquecer sua língua, sobrevivente do contato e um dos "guardiães da memória" do povo, trabalhou junto ao linguista Aryon Rodrigues (UnB) para o registro da língua Xetá, com o propósito de revitalizá-la. O estabelecimento e a garantia do ensino escolar da língua xetá na Escola Cacique Kofej, da TI São Jerônimo, bem como a produção de materiais didáticos que contemplem a sua atualidade histórica são as principais demandas da comunidade junto à Secretaria de Educação do Paraná.

As demandas, no entanto, enfrentam certa indisposição do poder público, como lembra Dona Belarmina, kaingang e viúva de Tuca. Desde 2013, os Xetá mantêm diálogos com a Coordenação das Escolas Indígenas e com o Departamento da Diversidade para dialogar sobre currículo e proposta de escola bilíngue xetá.

TERRITÓRIO XETÁ: CRONOLOGIA DO ESBULHO

1949
Notícias da presença dos Xetá em Serra dos Dourados pelo SPI.
Concessão pelo Governo do Paraná da Gleba Serra dos Dourados à Companhia de Colonização Suemitsu Miymura e Cia. Ltda.

1951
Substituição dos títulos à Cobrimco pela extinta Fundação Paranaense de Colonização e Imigração (FPCI).

1961
Decreto nº 50.665, de 30.05.1961: cria o Parque Nacional de Sete Quedas, considerando, entre outros, "a necessidade de resguardar-se a posse das terras ocupadas pelos índios Xetas e de outras tribos que habitam a região, na forma do que preceitua o art. 216 da Constituição Federal
Art. 1º Fica criado, na região de Guaíra ou Sete Quedas, no Estado do Paraná, o Parque Nacional de Sete Quedas, subordinado ao Serviço Florestal do Ministério da Agricultura.
Art. 2º A área do Parque será constituída pelo arquipélago fluvial situado no Rio Paraná, de jusante da Barra do Rio Ivaí ao Salto de Sete Quedas, incluindo as ilhas e ilhotas situadas nos territórios do Estados do Paraná e Mato Grosso, entre elas a Ilha Grande ou de Sete Quedas e a dos Bandeirantes, acrescidas das faixas de terras compreendidas entre a Estrada de Ferro Maringá-Guaíra, o Rio Paraná e o Rio Pequiri, à jusante da futura ponte sôbre êsse rio, na referida ferrovia e da que perlonga o Rio Paraná, até o leito da Estrada de Ferro Guaíra – Pôrto – Mendes. A referida área ficará limitada, ao Norte, pelo habitat dos índios Xetas e o Rio Ivaí; ao Oeste, por êsse rio até a sua confluência com o Rio Paraná e, daí em diante, por êsse rio até um ponto situado a um (1) quilômetro ao norte do Pôrto Camargo; ao Sul, por uma linha sêca, ligando êsse ponto às cabeceiras do arrôio Duzentos e Quinze e, a Leste, por êsse arrôio, em tôda a sua extensão.
Art. 3º A área definitiva do Parque será fixada depois de indispensável estudo e reconhecimento da região, a ser realizado sob a orientação e fiscalização do Serviço Florestal, com a colaboração do Serviço de Proteção aos Índios, que adotará as medidas tendentes a resguardar os interêsses dos índios que habitam a região. (...)"

1981
Decreto 86.071, de 04.06.1981
"Art. 1º. Fica extinto o Parque Nacional de Sete Quedas, localizado no Estado do Paraná, criado pelo Decreto nº 50.665, de 30 de maio de 1961.
Art. 2º. O Instituto Brasileiro de Desenvolvimento Florestal – IBDF tomará as providências necessárias ao aproveitamento e alienação da madeira existente na área do Parque a ser inundada, que se encontra sob a sua administração, revertendo os valores alcançados em benefício de outras Unidades de Conservação (...)"

1982
Inundação de Sete Quedas pelo lago da UHE Itaipu

1999
Criação do Grupo de Trabalho Interinstitucional para estudo de viabilidade de reagrupamento dos Xetá.

2000
Criação de Grupo Técnico da Funai.

2010
Ação Civil Pública do MPF condenando a União e a Funai a prosseguirem com o procedimento de demarcação da TI Herarekã Xetá.

2012
Criação de Grupo de Trabalho Xetá (GT Xetá), por iniciativa MPF, PCA/UEM e povo Xetá.

2013
Elaboração do "Plano de Vida", pelo GT Xetá e convite à Funai.

2014
Publicação pela Funai do Resumo do Relatório Circunstanciado de Identificação e Delimitação da TI Herarekã Xetá no Diário Oficial.

2016
Dpto. de Proteção Territorial da Funai adia análise de contestações do RCID.

Destaca-se no período o engajamento dos descendentes xetá na realização do Projeto Jané Rekó Paranuhá – O Contar de Nossa Existência (Eduem, 2013) junto ao Laboratório de Arqueologia, Etnologia e Etno-História da Universidade Estadual de Maringá (UEM), uma experiência de formação de professores que resultou em estudos históricos, documentais, e na produção de um material didático bilíngue português/Xetá.

Por meio da AIEX, os Xetá pretendem realizar projetos econômicos, como o Projeto de Turismo Comunitário com base na agricultura familiar indígena. Em vista do fracasso no diálogo com o Departamento de Proteção Territorial da Funai, os Xetá decidiram dar corpo a esse projeto em parceria com as Secretarias Estaduais de Turismo e de Abastecimento e Agricultura e com a UEM, já tendo realizado, em 2016, uma oficina de manejo de mudas na TI São Jerônimo.

No âmbito dos recentes processos – ainda em curso no Brasil – de revisitação da memória das graves violações de direitos humanos ocorridas no período 1946-1988, a Comissão Nacional da Verdade (CNV) relatou em 2014 o extermínio Xetá, ao qual deu contornos de genocídio, com amparo na Lei 2.889/1956, considerando-o um caso emblemático da produção de vazios demográficos por meio de desagregação social forçada (separação de famílias, "distribuição" de seus membros e imposição de impedimentos a sua reunificação e autodeterminação). O Relatório da CNV é um primeiro passo, e muito importante, no reconhecimento pelo Estado brasileiro de que os Xetá, assim como outros povos indígenas, foram alvo de ações de genocídio, e pelas quais devem ser reparados. Há, no entanto, muito ainda a fazer.

No Paraná, a Comissão Estadual da Verdade Teresa Urban (CEV-PR) reuniu um conjunto vultoso de documentos – materiais acadêmicos, além de cadernetas de campo de pesquisadores e correspondências de agentes governamentais – que atestam não só a presença dos Xetá no noroeste paranaense quanto as omissões por parte do Estado brasileiro quando do avanço dos colonizadores e quando os Xetá, distribuídos em diferentes localidades, foram praticamente "jogados no esquecimento" na década de 1960. Claudemir e Dival Xetá estiveram em Maringá em 2014 para prestar depoimentos à CEV-PR, e essa é uma das formas de mobilização da memória histórica pelos descendestes Xetá em suas lutas atuais.

CADÊ NOSSOS DIREITOS?

A negação do reconhecimento dos Xetá por parte de órgãos públicos tem resultado em inúmeras violações de direitos. Entre os que agora parecem mais graves, são aqueles relacionados à saúde e ao registro civil.

A inexistência civil de alguns dos Xetá é um de seus principais problemas, o que impede, por exemplo, que Ana Maria Xetá tenha tratamento e medicamentos contínuos pelo SUS, obrigando-a a depender da boa vontade da família de colonos que a "pegou" para "criar" – isto é, que a retirou de sua família indígena. Providências quanto a esses direitos básicos de subsistência estão sendo buscadas, ainda sem sucesso, pelos Xetá junto ao MPF por meio da AIEX. Já Maria Rosa Tiguá batalha desde 2011 para conseguir sua aposentadoria. Grandes dificuldades se colocam. Tiguá carecia de uma "validação" de sua condição indígena, por meio de uma declaração de um cacique – figura que até então os Xetá não tinham, além de estarem à margem dos critérios exigidos pelos trâmites gerais de solicitação de aposentadoria. Outra dificuldade para a tramitação do processo de aposentadoria está no componente de pertença ao território tradicional: a confirmação de sua pertença à região de Umuarama (PR) também exige provas documentais, que, ao longo do tempo, tentam-se invalidar.

As histórias citadas são de algumas das crianças, hoje adultas, conhecidas como sobreviventes da tentativa de extermínio. Elas demonstram que a negação dos direitos territoriais é o que mais tem afetado a dignidade do povo Xetá. Mas mesmo sofrendo com esses inúmeros tipos de abuso e descaso, a memória viva dos Xetá persiste.

Por fim, paira ainda um mistério sobre a morte do ancião Tikuein. Em dezembro 2005, ele foi a Brasília para um período de trabalho junto ao linguista Aryon Rodrigues, na UnB, e para reivindicar, junto à Funai, a demarcação da terra Xetá. Na TI São Jerônimo, sua família recebeu notícias de que Tikuein havia adoecido subitamente e sido hospitalizado, tendo morrido na UTI. Na certidão de óbito: "derrame". Dez dias após a morte, seu corpo retornou à família repleto de hematomas e marcas. Com suspeitas, seus familiares pediram ao MPF uma investigação, que foi aberta e arquivada ainda na fase de inquérito policial por "falta de informações relevantes". Insatisfeitos, em 2013 os familiares do velho líder pediram ao MPF a reabertura das investigações, mas, até agora, nenhuma notícia. *(agosto, 2016)*

NOTA

[1] Consta que a área da Fazenda São Francisco foi adquirida pela Santa Maria Agropecuária Industrial S/A de Amador Aguiar e outros, em 1967. Segundo a *Revista Dinheiro Rural* (edição 36, out. 2007), a Santa Maria Agropecuária é uma empresa da família Aguiar, fundada por Amador Aguiar em 1967, e trata-se de um conglomerado de seis fazendas que produzem cana-de-açúcar, gado de corte e laranja.

GUARANI

Avanços e Retrocessos nos Direitos Territoriais no Sul e Sudeste do Brasil

Eliza B. Castilla | Centro de Trabalho Indigenista (CTI)

A RETROSPECTIVA DAS DEMARCAÇÕES DE TIS NO PAÍS DEIXA CLARO O QUANTO A FALTA DE PRIORIDADE E A MOROSIDADE DO GOVERNO EM REGULARIZAR AS TERRAS GUARANI TÊM CONTRIBUÍDO PARA O ESBULHO, A VIOLÊNCIA CONTRA OS ÍNDIOS E A JUDICIALIZAÇÃO EM LARGA ESCALA DOS PROCESSOS. AOS PEQUENOS AVANÇOS, A DURAS PENAS CONQUISTADOS, SOMAM-SE RETROCESSOS À GARANTIA DOS DIREITOS TERRITORIAIS DESTE POVO

O *Atlas das terras Guarani no Sul e Sudeste do Brasil*, uma publicação do CTI lançada no ano de 2015[1], identifica aproximadamente 258 aldeias guarani, dentre as quais incluem-se aldeias antigas, locais de uso e áreas esbulhadas. Atualmente, 153 aldeias são ocupadas pelos Guarani, e, destas, apenas 17 tiveram seu processo de demarcação plenamente concluído[2]; tais áreas, porém, totalizam somente cerca de 30.000 hectares para posse exclusiva dos Guarani.

Nas gestões de Fernando Henrique Cardoso, Luís Inácio Lula da Silva e Dilma Rousseff, foram abertos processos e iniciados os procedimentos para a regularização de 58 terras guarani – sendo 18, 35 e cinco em cada gestão, respectivamente. Deste montante, apenas quatro terras tiveram seus processos plenamente concluídos.

Importante salientar que, das 153 terras atualmente ocupadas pelos Guarani nas regiões Sul e Sudeste do Brasil, cerca de 60 encontram-se em processo de demarcação – sejam paralisados, seja apresentando progressos demasiadamente lentos –, ao passo que outras 70 permanecem sem nenhum tipo de providência administrativa.

Dos processos em curso, cabe aqui ressaltar que diversas Terras Indígenas cujos GTs de Identificação foram constituídos entre 2007 e 2008, passados mais de sete anos, ainda não tiveram os relatórios publicados pela Funai. São elas: as Ponta da Formiga, Petim/Arasaty, Passo Grande, Arroio do Conde, todas no Rio Grande do Sul); Karuguá (Araçá'i), no Paraná; as TIs Guarani de Itaporanga e Guarani de Barão de Antonina, em São Paulo; e as TIs Araponga e Guarani do Rio Pequeno, no Rio de Janeiro. É também de 2008 a portaria da Funai que constitui o GT para estudos de readequação dos limites da TI Paraty Mirim e para a identificação dos limites da TI Arandu Mirim, ambas no município de Paraty (RJ). Tais áreas, por serem cercadas por valorizadas praias do litoral fluminense, têm forte apelo turístico e estão sujeitas à especulação imobiliária. De tempos em tempos, reverberam boatos da construção de condomínios de alto padrão na região. Os relatórios seguem não publicados.

Apesar da necessidade e urgência da demarcação das terras guarani, a morosidade na realização dos procedimentos de identificação, delimitação e etapas legais necessárias para sua completa regularização, tende a acentuar e a potencializar a situação de vulnerabilidade à qual as comunidades ficam submetidas.

Toma-se como exemplo a Terra Indígena Morro dos Cavalos, em Palhoça (SC): a TI teve o início de seu processo de demarcação em 2001; em 2008 sua portaria declaratória foi assinada e até o momento não foi homologada. A extrusão da área segue a passos lentos. O conflito com o Governo Estadual e pretensos proprietários atingiu os tribunais superiores, motivou campanhas difamatórias da mídia local e tem gerado atentados contra a comunidade nos limites de suas terras e até mesmo nas cidades do entorno.

Vista aérea da BR-101 e da TI Morro dos Cavalos (à esq.), Santa Catarina.

Os Guarani resistem em parcos espaços, buscando manter a configuração de Yvyrupa, seu território tradicional, que abrange as regiões Sul e Sudeste do Brasil, Nordeste da Argentina e Leste do Paraguai, e ao qual se sobrepuseram fronteiras nacionais e estaduais. As pressões externas que tais comunidades sofrem por vezes tornam-se insustentáveis e provocam o deslocamento de famílias para outras áreas, abandonando aldeias que, não raras vezes, voltam a ser almejadas e reocupadas. As terras guarani, ainda que desocupadas por um grupo familiar, seja por motivos internos ou externos à sua organização social, ficam marcadas nas histórias, pelos nascimentos, por seus cemitérios, por suas espécies sagradas, pelos sonhos e pelas lembranças.

A morosidade no reconhecimento das terras e a celeridade na criação e liberação dos empreendimentos de infraestrutura que as entrecortam, trouxeram e trazem danos irreparáveis à população guarani. Nestas áreas, enquanto comunidades sofrem violências variadas – do preconceito às ameaças de morte, de humilhações e difamações públicas à negação de direitos territoriais e sociais básicos – empreendimentos se desdobram, sucumbindo cemitérios, antigas trilhas, antigas aldeias, áreas de uma ocupação histórica que mais a frente será novamente negada.

As frentes de ataque são inúmeras. Nos últimos anos, a proposição de ações judiciais tem sido utilizada para promover mais obstáculos aos já dificultados e morosos processos de demarcação. Parte dos poucos avanços conquistados nos últimos anos sofreu ou ainda sofre ameaças de retrocesso. São incidentes processos que visam anular ou extinguir portarias declaratórias nas TIs Pindoty, Tarumã, Piraí, Morro Alto e Morro dos Cavalos (SC) e TI Jaraguá (São Paulo, SP).

Inúmeros também são os processos que visam à reintegração de posse a favor de órgãos governamentais, ambientais ou de supostos proprietários. Nestes casos, a defesa jurídica das comunidades tem conseguido mantê-las na área enquanto os processos judiciais se desenrolam. As exceções são situações em que ocorre a desocupação forçada e a expulsão dos índios por fazendeiros que formam milícias armadas, como em caso recente no Tekoha Pyahu, em Guaíra (PR).

Já as reintegrações de posse movidas pelo próprio governo, como nos casos do Governo Estadual de São Paulo, de Santa Catarina, e do ICMBio no Paraná, alegam que as Terras Indígenas incidem em Unidade de Conservação e, em detrimento do diálogo para uma gestão compartilhada, que uniria esforços e interesses comuns na preservação ambiental, optam por recorrer à justiça para que os guarani sejam retirados da área; são exemplos: TI Paranapuã, TI Peguaoty e Jaraguá, em São Paulo; Tekoa Itaty (Morro dos Cavalos), em Santa Catarina; e Tekoa Kuaray Raxa, no Paraná.

Mas avanços também ocorreram nestes últimos anos, ainda que tímidos frente às reais necessidades das comunidades guarani. Entre 2010 e 2015, foram iniciados 17 processos de identificação e delimitação de terras guarani na região. Entre eles podemos destacar as dez Terras Indígenas do Vale do Ribeira, em São Paulo.

No Oeste do Paraná, aldeias dos municípios de Guaíra e Terra Roxa, alvo de ataques sucessivos por parte da população local, também voltaram a ter seus estudos de campo para a identificação de terras e dão nova esperança às comunidades.

Foram ainda aprovados e publicados pela Funai os relatórios de identificação e delimitação das TIs Djaiko-aty, Amba Porã,

OS AVÁ-GUARANI EM GUAÍRA E TERRA ROXA

Os cerca de 1.500 Guarani em Guaíra e Terra Roxa, no Oeste do Paraná, vivem, atualmente, em 14 tekoha onde há pequenos fragmentos florestais, resquícios de um intenso processo de desmatamento decorrente da ocupação não-indígena do solo, utilizada sobretudo para o monocultivo de soja e de milho transgênico. Como muitas das aldeias são vizinhas das plantações, sem quaisquer barreiras entre elas e suas casas, quintas ou roças, os Guarani têm sofrido com o envenenamento do solo, dos rios e da própria população por agrotóxico – além de enfrentarem o risco de perda de suas sementes tradicionais por contaminação pelas espécies transgênicas.

A situação dos índios Avá-Guarani de Guaíra e de Terra Roxa e a atual configuração de suas terras estão relacionados ao processo histórico de expropriação dos indígenas de suas terras tradicionalmente ocupadas, ocorrido notadamente a partir do século XX, e a seus movimentos de resistência. Na violenta história da região – em que, já no século XVI, foi relatada a significativa presença de índios Guarani – destacam-se a exploração dos ervais pela Cia. Matte Laranjeira, no início do século XX; os projetos de colonização do Oeste do Paraná e a política de remoção dos índios para as reservas em Mato Grosso do Sul; e a construção da Usina Binacional de Itaipu, no final da década de 1970, quando apenas uma pequena área no município de São Miguel do Iguaçu foi reservada aos indígenas – a Reserva Indígena do Ocoʾy.

Marcado por torturas, trabalhos forçados e mortes, esse processo está na memória de muitos xamoĩ e xaryʾi (anciãos e anciãs) que, todavia, resguardam-se de falar sobre esses acontecimentos tristes, pois os sentimentos podem lhes enfraquecer física e espiritualmente. Rememorar é, porém, imprescindível para compreender o contexto atual de conflito em que os indígenas de Guaíra e Terra Roxa se encontram. Nos anos 1990, foi iniciado um movimento de retomada das terras tradicionalmente ocupadas pelos Avá-Guarani; hoje, elas seguem em processo de reconhecimento, sob grande vulnerabilidade: a maior parte dos processos de demarcação está judicializada, com ações de reintegração de posse na iminência de serem efetivadas.

As terras atualmente utilizadas pelos Guarani, além de intensamente degradadas, são de tamanho insuficiente para que desenvolvam satisfatoriamente sua agricultura tradicional – levando-os a uma situação de insegurança alimentar e de dependência de políticas de distribuição de cestas básicas por parte dos Governos Federal e Municipal. Não são raros os momentos em que a fome se faz presente de forma intensa nas aldeias, já que a distribuição de alimentos não é regular e que parte das roças são destruídas nos períodos de muita chuva ou de seca prolongada.

Paralelamente, os Avá-Guarani sofrem as consequências de uma campanha veemente de ódio que se materializou na região – para além de uma série de ofensivas, como ataques a tiros, sequestros, atropelamentos, ameaças e todo tipo de agressões físicas e verbais. Os produtores rurais, sujeitos manifestos dessa violência, estão organizados em torno da Organização Nacional de Garantia ao Direito de Propriedade (ONGDIP), com sede em Guaíra (PR), por meio da qual disseminam a campanha de ódio entre a população.

No estado do Paraná – o segundo maior produtor de soja no país – as monoculturas de grãos são altamente tecnificadas. Essa economia "moderna" do agronegócio está diretamente associada aos graves conflitos socioambientais que lá ocorrem. Ressaltando sua responsabilidade na geração de dividendos milionários, ruralistas e políticos na região discursam em favor da produção agropecuária; a terra para a reprodução da vida, segundo os costumes, crenças e tradições dos povos indígenas, é subestimada em relação à garantia da propriedade privada capitalista.

Os povos indígenas são hostilizados – isso quando não classificados como "bugres" e "paraguaios" e, portanto, sem direito à terra – por não produzirem tal qual os ruralistas, por dependerem de cestas básicas e, ainda, lutarem por mais terras. Nesse sentido, os fazendeiros de Guaíra e Terra Roxa não estão sós: estão articulados com os ruralistas de todo o país. Configura-se, assim, tanto uma disputa pela apropriação da renda fundiária das terras onde vivem os povos indígenas quanto uma disputa pela apropriação tradicional por parte dos indígenas das terras onde estão os produtores de grãos.

É diante dessa situação que o povo Avá-Guarani luta hoje em Guaíra e Terra Roxa. Enquanto resistem às ameaças de despejo, seus tekoha estão, aos poucos, sendo transformados: deixando de ser cobertas por braquiária, soja ou eucalipto, elas ganham roças guarani, cultivadas com grande diversidade de espécies de milho, feijão, mandioca, amendoim e batata doce, entre outros alimentos. As variedades arbóreas por eles plantadas começam a fornecer frutas, sombra e materiais para o fabrico de artesanatos e rituais. As casas de reza (oga pysy ou jeroky aty) abrigam rituais e encontros, onde, unidos, os Guarani buscam fortalecer sua luta e seu próprio modo de viver – que rema na contracorrente da barbárie civilizatória, imbuída do discurso do progresso. (Camila Salles e Teresa Paris, CTI, agosto de 2016)

Ilson Soares, liderança avá-guarani, do Tekoa Y'Hovy, em Guaíra (PR): "O oeste do Paraná está se tornando um novo Mato Grosso do Sul".

Ka'aguy Mirim, Peguaoty, Pakurity, no Vale do Ribeira (SP); e Cerco Grande e Sambaqui, no Paraná. A TI Boa Vista do Sertão do Promirim, em Ubatuba (SP), por sua vez, teve seus limites readequados e aprovados pela Funai.

A TI Irapuá (RS), que teve os seus estudos para demarcação iniciados em 1993 e aprovados em 1999 pela Funai, finalmente obteve sua portaria declaratória, em maio de 2016. Foram 17 anos de espera entre a delimitação e a publicação da portaria. Ressalta-se que, em 23 anos de processo, esta terra ainda não foi homologada.

A TI Mato Preto (RS), apesar de também ter obtido a portaria declaratória em 2012 e de ter documentos datados de 1929 que comprovam a ocupação guarani datada de 1929, com a mobilização dos setores contrários, em 2014, foi um dos alvos das chamadas "Mesas de diálogo", que procuraram negociar a diminuição dos limites da área, já estudados, identificados, aprovados e declarados.

As portarias declaratórias das TIs Jaraguá e Tenondé Porã (SP), assinadas em 2015 e 2016, respectivamente, demonstraram a importância e eficácia da mobilização indígena, que conseguiu chamar a atenção da mídia e uniu apoiadores da sociedade civil e simpatizantes na capital paulista.

A única terra guarani homologada desde 2010 foi a TI Piaçaguera, em Peruíbe (SP), cuja comunidade foi alvo de forte pressão para a instalação de um porto no local – uma das últimas áreas de restinga do litoral paulista.

Se houve avanços no reconhecimento dos direitos territoriais indígenas neste último quinquênio, eles se deram em virtude principalmente das mobilizações dos povos indígenas na luta pelos seus direitos. A demarcação das Terras Indígenas, em especial das terras guarani no Sul e Sudeste do Brasil, bem como no Mato Grosso do Sul, deveriam ser tratadas como assunto de interesse máximo pelo Estado, fazendo valer a Constituição Federal e a condição indelével dos avanços já conquistados.

Infelizmente, a atuação governamental segue em sentido oposto. Diante do cenário calamitoso que se desdobra, a articulação e a mobilização destes povos são armas essenciais para fazer frente a tantas ofensivas aos seus direitos territoriais e humanos.
(agosto, 2016)

NOTAS

[1] Disponível na biblioteca digital do CTI: http://bd.trabalhoindigenista.org.br/livro/atlas-das-terras-guarani-no-sul-e-sudeste-do-brasil-2015.

[2] Considera-se aqui como processos plenamente concluídos os que já obtiveram a homologação da terra, a extrusão de ocupantes não indígenas e o registro nos cartórios de imóveis.

GUARANI

Jaguata Joupive'i: Caminhando Todos Juntos

Marcos Tupã — Coordenador Tenondé da CGY
Marcelo Hotimsky — Assessor da CGY

A COMISSÃO GUARANI YVYRUPA (CGY) É UMA ORGANIZAÇÃO POLÍTICA DE TODO O POVO GUARANI QUE ARTICULA NACIONALMENTE A LUTA PELO RECONHECIMENTO DE SUAS TERRAS – DO RIO GRANDE DO SUL ATÉ O LITORAL DO ESPÍRITO SANTO. FORAM MUITAS LUTAS NOS ÚLTIMOS CINCO ANOS

Muitas mudanças ocorreram nos últimos anos para o povo Guarani. A CGY se consolidou mais enquanto organização política; novos projetos de fortalecimento político e cultural foram desenvolvidos; alguns dos processos de reconhecimento territorial avançaram e, infelizmente, alguns retrocederam. Optamos, portanto, em aproveitar esse espaço para relatar algumas das principais lutas que ocorreram nos últimos cinco anos, buscando, através da voz de diferentes lideranças Guarani, apontar algumas importantes conquistas que se concretizaram no período, assim como as preocupações que hoje existem e alguns apontamentos sobre os caminhos que essa luta deve seguir, além dos desafios que deverá encarar.

No texto principal, Jera Poty, liderança da Aldeia Kalipety, nos conta do processo de luta no qual os Guarani da capital paulista se engajaram nos últimos tempos. Processo que, através de novas parcerias, manifestações e retomadas de terras tradicionais, levou os Guarani a conquistarem a portaria declaratória das duas Terras Indígenas localizadas na cidade de São Paulo.

Joel Pereira e Maurício Gonçalves, lideranças do Rio Grande do Sul, contam da importância da conquista de algumas terras adquiridas no estado, que tiraram parte considerável das comunidades da situação dos acampamentos na beira da estrada no qual viviam, ressaltando, contudo, a importância da luta pelo fortalecimento da cultura Guarani – difícil de ser vivida ainda nessas terras pequenas e bem degradadas nas quais ainda se encontram, reforçando a necessidade da luta pelo reconhecimento de suas terras tradicionais.

Já Eunice Kerexu, de Morro dos Cavalos, conta das dificuldades crescentes encontradas para o reconhecimento de sua terra, ao mesmo tempo em que afirma uma maior união das lideranças e um aumento dos apoiadores, principalmente das universidades da região. Por fim, Ilson Soares, cacique da Aldeia Y'hovy, nos fala do preconceito vivido e dos violentos ataques sofridos pelas comunidades guarani no Oeste do Paraná, apontando as grandes dificuldades que ainda existem para que os Guarani possam ter seus direitos territoriais reconhecidos.

▶ SÃO PAULO

"*AGUYJEVETE* PRA QUEM LUTA!"

Jera Poty, liderança da aldeia Kalipety, TI Tenondé Porã

Em 2012, pra gente, Guarani da capital de São Paulo, estava muito claro que as coisas não estavam boas. As coisas estavam absolutamente gritantes. Uma cultura que precisa de um território tão amplo pra se desenvolver e dar continuidade pro nosso modo de ser, o *nhanderekó*, estava há muito tempo prejudicada. A gente começou a sentir que de fato somos um povo mais calmo, mais paciente, mais cauteloso, mais de paz, mas já tinha esperado demais – e que estava na hora de pensar em outros tipos de estratégias, de movimento, de luta, pra começar então uma nova história.

Primeiro, a gente se viu em um momento muito angustiante de estar vivendo numa terra muito pequena com um número muito grande [de pessoas], já tendo muitos problemas de organização social, de política interna, de sustentabilidade, de entrada de coisas como bebida alcoólica e drogas de forma mais forte. Isso se somou ao fato de que tinha lideranças mais jovens também atuando. Eu lembro muito bem do Tiago, superjovenzinho e, de repente, era liderança na aldeia Tenondé Porã, onde tem quase mil pessoas. Ele carrega um fardo muito grande de ser liderança, de pensar em lutar pelo seu povo... E quando alguém fala "Vamos pra rua! Vamos fechar a Bandeirantes", ele, diferente dos mais velhos, que tem mais esse pensamento de viver na tranquilidade, é um dos primeiros que fala: "Bora fechar tudo! Vamos pra cidade do *jurua* [não indígena], pra aldeia do *jurua*, gritar com *jurua* pra lutar pelo nosso direito!".

E, assim como tem lideranças mais jovens, também tem atuação de lideranças mais experientes, que já viveram também toda a situação ruim de sempre ir atrás, esperar, sempre ter paciência e nada acontecer. Daí quando os mais velhos veem os mais jovens, os *xondaros* e as *xondarias* (guerreiros e guerreiras), dispostos a fazer outras coisas diferentes, então eles também não têm muita coisa pra perder. E acontece uma somatória de pessoas que viveram em mundos diferentes, que tiveram coisas diferentes, em aldeias diferentes, com a única necessidade de garantir um espaço mais correto pra se viver dignamente o nosso *nhandereko*. Enfim, o que aconteceu é que os Guarani estavam no limite, sufocados; como eu mesmo estava sufocada, plantando milho, mandioca, batata em lugar superpequeno e querendo ampliar isso.

A gente começou então a concretizar essa ideia de fazer algo que mudasse o rumo do nosso modo de luta pra uma outra situação e ver o que é que dava. A primeira coisa foi o fechamento da [Rodovia dos] Bandeirantes. Eu ainda sinto no meu corpo a sensação de muitos momentos desses dias de preparo pra ir pra Bandeirantes. Foi um momento muito importante, porque os Guarani de fato honraram essa cultura que tem como um dos ensinamentos ser calmo, ser tranquilo, fazer as coisas devagar, fazer as coisas com muita cautela.

E essa coisa não era pequena, era muito grande! Quando eu me vi alguns minutos antes de descer na Bandeirantes, entrei em pânico geral. Mas eu já estava ali e tinha que ir. Era ir ou ir. E a gente, que estava esperando pacientemente o governo dizer que de fato tínhamos o direito de ter nossas terras garantidas, acordou pra uma outra manhã. Acho que a força a coragem que a gente pede todo dia pra *Nhanderu* chegou naquele momento, pra uma outra situação. Depois disso, e até agora, muita gente, inclusive eu, ficou muita abastecida dessa coragem e desse pensamento de que a gente vai começar a fazer movimento e luta agora de forma diferente. Não vamos ficar só esperando.

Nesse momento de uma luta, feita em conjunto com vários parceiros, ficou muito claro o protagonismo, a participação política efetiva da Comissão Guarani Yvyrupa. Que se dividiu ali entre muitos Guarani: Guarani homem, Guarani mulher, Guarani criança. Porque a ideia da CGY é que todo mundo que é Guarani faz parte dela. Pra mim não teve uma pessoa que movimentou isso na CGY. Foram muitas pessoas, inclusive os *xondaros* e *xondarias jurua*. Ela também se fortaleceu, só que junto com o povo Guarani, e hoje tem uma legitimidade muito importante pra gente.

Nesse sentido, quando um Guarani vai pra algum movimento falando pela CGY, ele tem que pensar que de fato ela tem uma importância muito grande e que, assim como no ensinamento profundo dos *xeramoi* [anciões], *nhandekuery* [nosso povo] tem que ter muita bondade, muita generosidade, muito *mborayvu* como a gente fala. E se tem *mborayvu*, não vai querer passar um por cima do outro, não vai querer desrespeitar o outro, não vai querer ser maior do que ninguém, você nunca vai querer mais do que você precisa, quer sempre viver com o suficiente. O Guarani tem que fortalecer isso pra continuar fortalecendo o movimento nas bases, nas aldeias, mas também fortalecer a CGY.

O que eu acho que a CGY tem que fazer depois desses anos de luta é manter um caráter sempre muito coletivo; ter uma estratégia de existência muito coletiva. Os Guarani em cada região têm que ter uma participação efetiva mesmo; não tornar a CGY como outras instituições, organizações ou associações indígenas que têm um padrão muito *jurua*. Porque toda força e todo o resultado positivo e coragem dos Guarani aconteceu por conta da coletividade, do que se somou do coletivo dos corações Guarani e dos coletivos dos corações *jurua*. Para essa luta continuar forte, pros Guarani continuarem fortes, a CGY tem que ser muito coletiva, ela não pode se engessar num padrão de organização *jurua*.

A gente foi pras ruas, parou rodovias, foi fazer atos e depois disso tudo ficou esperando algo mais positivo, porque a gente, de alguma forma, tinha sido ouvido pelos *jurua* na cidade. Através principalmente do apoio que tivemos dos parceiros que trabalham nas mídias, que têm o trabalho grandioso de levar a imagem, o sentido e o objetivo da luta, das organizações sociais pras pessoas, o que as mídias grandes não fazem. Dessa forma, os *jurua* estavam entendendo e conhecendo um pouco a realidade das aldeias na capital de São Paulo. Porém, apesar de a gente ter conseguido fazer um barulho, ter conseguido uma visibilidade muito boa de forma inédita, a gente não tinha conseguido ainda concretizar a nossa demarcação.

Por isso, participando da equipe de lideranças da [Aldeia] Tenondé Porã, a gente começou a pensar como daria continuidade pra essa luta. A gente não podia ficar parando a Bandeirantes todo dia. Concluímos que teria força mostrar pro governo *jurua* – na época pro ministro José Eduardo Cardozo – que a gente estava querendo de fato ter esse direito de forma concreta, fazendo retomadas em uma área já reconhecida pela Funai.

Então, a gente começou a estudar algumas áreas que estavam dentro desse território reconhecido como área indígena, dentro de um estudo antropológico, mapeado por profissionais e pelos próprios Guarani. A primeira área que a gente resolveu retomar foi aqui, a aldeia Kalipety, uma área que teoricamente tinha dono, mas que o dono tinha abandonado há mais de dez anos. Era uma área que tinha eucalipto, mas tinha Guarani nascido aqui, que, meu pai contou, tinha plantado eucalipto aqui pros *jurua*.

A gente estava ansioso pra iniciar essa retomada, porque era muito representativo pra mim e pras pessoas que estavam comigo. Na primeira noite não teve nada, foi muito bom, a gente tava muito alegre, gostando da área. A gente sofreu alguns incidentes e alguns Guarani mais velhos falaram que era pra gente sair daqui, pra não correr nenhum risco. Isso bem no início. Como eu era a única mulher, pras mulheres da minha família eu é que tinha que convencer todo mundo a voltar pra Tenondé e deixar tudo pra trás; porque tinha *jurua* ameaçando, tinha entrado carro e os caras tinham saído pra fora e atirado pra cima. Mas a gente decidiu juntos ficar.

Os *xondaro* da Tenondé inteira se mobilizaram, vieram pra cá. Dormimos noites e noites, revezamos no mirante de guarda; eu fiquei de guarda com minha sobrinha muitas vezes de noite. Tudo aquilo era muito representativo pra mim e eu pensava: "É isso que a gente tem que fazer". Foi uma experiência muito válida que eu nunca vou esquecer na minha vida. Todos os sentimentos bons que eu senti, todas as alegrias, piadas, brincadeiras, do medo, da correria, do trabalho... tudo foi muito válido, principalmente agora que eu tô aqui deitada na rede depois de molhar os cinco tipos de batata-doce guarani que eu já consegui recuperar aqui nessa aldeia Kalipety.

Depois disso o *xeramoi* Kuaray Poty, lá da aldeia do Jaraguá, que é um *xeramoi* super-respeitado, pediu apoio pra Tenondé Porã pra fazer uma outra retomada de uma área. De novo a gente fez o mesmo esquema, só que já mais preparado, com a experiência do Kalipety. E foi de novo uma experiência muito boa. Hoje tem famílias morando lá e o lugar vai trazer muitas coisas boas pro futuro. É o que importa.

Em 2016, antes da Dilma [Rousseff] sofrer o *impeachment*, a gente teve um momento muito crucial. Ela indicou o Eugenio Aragão como Ministro da Justiça e tinha liberado pra ele demarcar e regularizar todas as Terras Indígenas em que não tivesse conflito. Então, a gente sabia que era um momento essencial pra Tenondé Porã e viu que era preciso pressionar de novo o governo. Então a gente levou os *xondaros* e a *xondarias* pra ocupar o escritório da presidência [da República] em São Paulo. Foi até minha mãe que se preocupava muito com essa situação de enfrentar os *jurua*: de repente ela tava lá no escritório da

Jera Poty, liderança da Tekoa Kalipety, uma das seis aldeias da TI Tenondé Porã em São Paulo (SP), fala durante cerimônia de assinatura da portaria declaratória da área, após mobilização dos Guarani. Ao fundo (da esq. para dir.) Elias Honório, cacique; Fernando Haddad, prefeito de São Paulo; Eugênio Aragão, ministro da Justiça; e Pedro Vicente, cacique.

presidência, na Avenida Paulista, gritando com *jurua* e falando que ia amanhecer lá se fosse preciso.

E eu e o Pedro Vicente, *xondaro ruvixa* [chefe dos guerreiros] da Tenondé, fomos no mesmo dia pra Brasília pra conversar com o Eugenio Aragão, pra convencer e brigar pela portaria declaratória – enquanto os *xondaros*, *xondarias* e o cacique Elias ficavam em São Paulo, ocupando o escritório da presidência, pressionando ele a nos receber. Antes deles chegarem lá a gente tinha sido atendido só pela assistente especial do Eugenio Aragão, mas, depois que o pessoal ocupou o escritório, a gente foi recebido pelo Ministro.

O Pedro falou rapidamente com ele, mas muito certeiro: "Você sabe por que eu tô aqui. Eu quero terra. É por isso que os *xondaros* estão lá no escritório ocupando e não vão sair de lá enquanto a gente não der uma resposta positiva pra eles". E eu levei uma terra ruim, seca, lá da Tenondé, e uma terra superboa, do Kalipety, e fiz uma exposição pro Ministro. Do lado da terra seca e dura, coloquei lata de cerveja, salgadinho, bolacha, enfim, só comida ruim, só coisas ruins. Do lado da terra pretinha, fofinha, gostosinha, coloquei batata-doce, mandioca, milho. E falei: "Essa terra que é Tenondé, que é de 26 hectares só; a gente vive e come isso. Enquanto aqui, no Kalipety, a gente vive e come isso. Então vamos avaliar juntos, porque vocês têm que decretar como a gente vai viver agora a longo prazo".

Aí o Eugenio Aragão falou: "Eu vou amanhã pra São Paulo e vou assinar amanhã. Tá pronto? Você apronta?", ele perguntou pra assistente. A assistente falou: "Tá pronto. Faz tempo que tá pronto". E ele veio. E todos os Guarani, os *xondaros*, as *xondarias*, minha mãe, o cacique... Todos que ocuparam a Secretaria da Presidência no dia anterior voltaram lá pra participar da assinatura da portaria. Eu atribuo tudo o que aconteceu a todos os *nhandekuery* e a todos os parceiros *jurua* que estavam lá apoiando também. A cada um deles e a todos os espíritos de todos os povos, de todas as matas que tem nesse planeta terra, a todos os *ija*, os donos que, depois de *Nhanderu*, cuidam desse planeta. E pra isso a gente fala *Aguyjevete*. *Aguyjevete* pra quem luta! *(julho, 2016)*

▶ RIO GRANDE DO SUL

"NÃO PODEMOS MAIS FUGIR DA LUTA"

Maurício Gonçalves, coordenador-geral da CGY

Nossa mobilização é pela reconquista do espaço, pelas terras que estão em demarcação. A principal luta é por essas terras que precisamos reconquistar, pra que as famílias possam viver de acordo com a cultura, como o povo Guarani Mbya. O povo Guarani está muito articulado através de suas organizações regionais e da Comissão Guarani Yvyrupa. Isso tem nos fortalecido muito na região Sul e Sudeste. Nossa mobilização tem acompanhando sempre os acontecimentos em nível nacional. Aqui no Sul temos nos mobilizado também. Em Porto Alegre, por exemplo, tem uma lei do estado que busca restringir os direitos indígenas no estado (PL 31). Tudo isso é mobilização que temos feito em nível de estado. Há uma compreensão de todas as lideranças de que precisamos estar fortes e unidos. As conquistas têm sido muito importantes. Teve uma consolidação de pensarmos, enquanto Mbya, que não podemos mais fugir da luta; não tem mais espaço pra fugir. Temos parentes em acampamentos em beira de estrada. Tudo isso nos leva a pensar que temos que nos organizar através de associações, do movimento nacional. Precisamos fazer um enfrentamento junto ao governo, uma discussão qualificada com nossas lideranças. E conquistamos algumas terras importantes pra sobrevivência de nosso povo. No Rio Grande do Sul conseguimos algumas terras via compensação, não pelos artigos 231 e 232 da Constituição. São terras pequenas, mas que ajudam a trazer mais tranquilidade pras famílias, que antes estavam na beira de estrada. Ajuda a ter mais tranquilidade pra viver e organizar a luta. O desafio é grande. Temos que continuar mobilizados pelas nossas organizações: CAPI, a Comissão Nhemongueta e nossa organização nacional, a CGY. A situação é gravíssima. Demarcação paralisada, GTs parados e as leis que garantem o direito indígena sendo ameaçadas. Precisamos fortalecer nossas aldeias, pedir orientação pros nossos *karai* (rezadores), pros nossos mais velhos, pra que *Nhanderu* ilumine a luta do povo Guarani. *(julho, 2016)*

"A MOBILIZAÇÃO É A BUSCA DO TERRITÓRIO"

Joel Pereira, cacique da Aldeia Mato Preto, TI Mato Preto

Pro Guarani a mobilização é estratégia de como fazer para o governo e a sociedade não indígena conseguir ver o lado do indígena. Ainda estamos tendo essa mobilização. Esse é o lado positivo. Mas ainda é muito preocupante a questão territorial. Tem várias aldeias no Rio Grande do Sul que não tem seu território; a maioria é acampamento. Mas com as mobilizações conseguimos algumas terras, muitas adquiridas por projeto do próprio Governo Federal. A mobilização é a busca do território. Teve também coisa negativa e temos discutindo isso em várias reuniões. As aldeias sofrem ameaças, invasões e isso afeta a questão cultural. Essa é uma questão preocupante hoje, principalmente pros jovens. É uma batalha que fica pras lideranças pra além da questão da terra. Uma coisa que me preocupa muito é a questão cultural, principalmente pros mais jovens, que ficam muito influenciados pelas coisas do *jurua*. Por isso é muito importante buscar forças a partir dos *xeramoi*, dos mais velhos. Isso não pode ser deixado de lado. Precisamos conversar mais sobre isso, buscar apoio e a opinião dos mais velhos, que hoje têm ficado de lado. Isso vai fortalecer a nós, lideranças, e devemos repassar isso pros mais jovens também. *(julho, 2016)*

▶ SANTA CATARINA

"OS ATAQUES TÊM SIDO CADA VEZ MAIORES"

Eunice Kerexu, liderança da TI Morro dos Cavalos

No meu ponto de vista, a gente tem duas coisas sobre a luta do povo Guarani. Por um lado, os ataques têm sido cada vez maiores, de todas as formas: questão de terras, criminalização de lideranças, questões judiciais e da sociedade mesmo. E também a gente tem a imprensa, que tenta desmobilizar a luta indígena aqui do sul, e os governos, que não reconhecem e negam até o último fio de cabelo o nosso território. Por outro lado, por causa disso, talvez, hoje as lideranças também estão se organizando mais. Existe mais diálogo entre as lideranças e uma fala só. E junto com isso vem a questão dos estudantes das universidades, das universidades que nos apoiam. Nos últimos anos os estudantes indígenas também ganharam um potencial grande e têm participado mais nas lutas. *(julho, 2016)*

▶ OESTE DO PARANÁ

"O OESTE DO PARANÁ ESTÁ SE TORNANDO UM MATO GROSSO DO SUL"

Ilson Soares, cacique da aldeia Y'hovy, município de Guaíra

Cada passo que vai dar precisa ser muito bem calculado. A gente fez passeatas na cidade acompanhando as mobilizações nacionais, mostrando que a gente também existe, que a gente está aqui, num território tradicional. Dizem que a gente não é índio, que a gente não existe. Nos negam o direito de existir, o direito de ser índio. A gente tem tentado se reunir, discutir entre as lideranças o que fazer enquanto a gente está em acampamento. A gente sabe que tem várias ameaças de retrocesso das conquistas de direitos indígenas como um todo. Em nível nacional a gente tem sofrido um ataque sistemático à Constituição Federal. Ameaças de PEC, PLP, privatizações que constantemente ameaçam os direitos indígenas. Temos participado das mobilizações com outros povos indígenas, em Brasília e no Mato Grosso do Sul. Temos participado das assembleias da Arpinsul, da APIB e da CGY. Mas a questão do Oeste do Paraná fica meio escondida ainda. A gente espera que tenha um avanço melhor daqui pra frente porque temos perdido muito. Nesses longos anos de contato com o homem branco a gente só tem perdido: perdido terra, parte da cultura. E perdemos também lideranças, membros da comunidade que estão em acampamentos, como está acontecendo no Mato Grosso do Sul. O que está sendo feito no Mato Grosso do Sul, eles também vão começar a fazer no Oeste do Paraná; o que acontece aqui repercute lá e o que acontece lá repercute aqui. *(julho, 2016)*

JUDICIALIZAÇÃO

Os Amigos da Onça

Bruno M. Morais | Advogado e antropólogo, Comissão Guarani Yvyrupa

NOS ÚLTIMOS ANOS, A LUTA PELO RECONHECIMENTO DAS TERRAS INDÍGENAS GUARANI PASSOU A ENFRENTAR NOVOS INIMIGOS: DE UM LADO, A INTOLERÂNCIA DE ÓRGÃOS AMBIENTAIS EM CASOS DE SOBREPOSIÇÃO COM UNIDADES DE CONSERVAÇÃO; DO OUTRO, O USO DA TESE DO "MARCO TEMPORAL" E DA IDEIA DE ESBULHO RENITENTE PARA ANULAR PROCESSOS DE DEMARCAÇÃO NA JUSTIÇA

Dona Elza me mostra o punhado de espigas de *avatxi ete'i*, o milho crioulo guarani, em uma sacola plástica dependurada na casa de rezas. Sobrou pouco da safra este ano, mas ela está feliz em plantar. Antes de chegar ao *tekoa* Kuaray Haxa, foram três anos sem um palmo de terra, três anos sem enterrar uma semente. Apesar das dificuldades e do receio de serem despejados por força do processo judicial que o ICMBio move contra a comunidade, as seis famílias do Kuaray Haxa abriram no ano de 2015 pequenos roçados e colheram algum milho, alguma mandioca, alguma banana. Em 2016 querem replantar os frutos da safra anterior.

O *tekoa* Kuaray Haxa é uma aldeia sobreposta a uma Unidade de Conservação de proteção integral gerida pelo ICMBio: a Reserva Biológica (Rebio) Bom Jesus, localizada entre os municípios de Antonina e Guaraqueçaba (PR). O ICMBio move contra a comunidade uma ação civil pública que pede o despejo: aos olhos dos gestores ambientais e seus procuradores, não se trata de uma ocupação tradicional já que os índios teriam chegado à área apenas em 2011; a Rebio foi criada no ano seguinte, 2012.

Uma liminar foi deferida em primeira instância e o despejo viria a cabo, caso o tribunal não houvesse revisto a posição e decidido a favor da permanência dos índios enquanto Funai e ICMBio tratam de chegar a um acordo[1]. A despeito da decisão, os técnicos do órgão insistem que a presença das seis famílias guarani mbyá instaladas nos poucos hectares de uma fazenda abandonada coloca em risco a preservação dos animais ameaçados de extinção, que habitam a reserva. Há, alegam eles, evidências de que onças-pintadas habitam o local.

"MARCO TEMPORAL" E "RENITENTE ESBULHO"

A comunidade semeia o milho, mas recursos correm nos tribunais superiores e os procuradores invocam a chamada tese do "marco temporal": com base em um suposto entendimento da 2ª Turma do Supremo Tribunal Federal no julgamento de três mandados de segurança, espalhou-se pelas instâncias inferiores do Judiciário a posição de que só seriam tradicionalmente ocupadas e, portanto, dignas de demarcação, as terras em que os indígenas estivessem efetivamente em posse no momento da promulgação da Constituição, em 5 de outubro de 1988. O que não satisfaz, claramente, o caso do *tekoa* Kuaray Haxa.

A tese do marco temporal coaduna com um segundo entendimento, também derivado desses julgados, que passou conhecido como "renitente esbulho". Trata-se de uma exceção à regra do marco temporal nos casos em que houver prova contundente de que a comunidade indígena foi expulsa de suas terras de maneira conflituosa. O problema é que, por "prova contundente", a 2ª Turma do Supremo exige necessariamente o registro de graves conflitos ou de medidas judiciais propostas pelos indígenas contra os invasores, no intento de resguardar os seus direitos. Vale lembrar que, até pouco tempo atrás, a lei imperava a tutela e quaisquer atos públicos tomados pelos indígenas, inclusive a autuação de demandas judiciais, exigiam a chancela do Estado.

Essas duas teses afetam diretamente os avanços no processo demarcatório das terras do sul e do sudeste nos últimos dez anos, especialmente as terras guarani. Já em São Paulo, três liminares

Cacique Elias, da aldeia Tenondé Porã, à frente de manifestação no centro de São Paulo, em julho de 2015. Depois da portaria declaratória da TI Jaraguá, Guarani Mbya eguiram lutando pelo portaria da TI Tenondé Porã, emitida em maio de 2016.

concedidas em primeira instância, e no Superior Tribunal de Justiça (STJ), sustaram os efeitos da declaração da TI Jaraguá como de posse tradicional do povo Guarani pelo ministro da Justiça[2]. Este último caso demonstra o equívoco em estender esses dois entendimentos sem contexto às contestações de demarcação de TIs. Menor Terra Indígena do Brasil, a TI Jaraguá concentra, nos dias de hoje, mais de mil guarani em uma área regularizada de 1,7 hectares "demarcada" no ano de 1987, no município de São Paulo (SP). "Demarcada" segue entre aspas por uma razão. Ao tempo em que se reconheceu a posse indígena sobre essa gleba, os termos do procedimento de demarcação eram outros e não levavam em conta a necessidade de um estudo antropológico que delimitasse a área necessária à reprodução física e cultural do povo. Pelo contrário. O paradigma da "assimilação" pautava a relação dos indígenas com o Estado nacional e a reservação de pequenas glebas era de fato um instrumento da política tutelar: ao mesmo passo em que inviabilizava a reprodução da vida sob os usos e costumes indígenas, liberava as terras ocupadas pelos índios à colonização.

TI JARAGUÁ: O VÍCIO DA ASSIMILAÇÃO

Os estudos promovidos no âmbito do procedimento demarcatório alcançaram registros da ocupação indígena no Pico do Jaraguá ainda nos anos 1950, quando na região ainda havia mata em pé e as famílias indígenas ali estabelecidas se relacionavam com uma segunda ocupação na zona sul da cidade – hoje reconhecida como TI Tenondé Porã –, e dali em um passo às aldeias do litoral e Serra do Mar.

A cidade se expandiu ao pé do pico e duas rodovias recortaram o terreno ilhando as famílias: nos limites, de um lado, está a Rodovia Anhanguera; do outro, a Rodovia dos Bandeirantes. A mata, antes utilizada pelas famílias indígenas para caça e pesca, foi divida em glebas e lotes, e aqui e ali surgiram pretensos proprietários. O que restou em pé foi transformado, por ato do governo do Estado, no Parque Estadual (PES) do Jaraguá.

Sem lugar em meio a essas transformações, as famílias indígenas foram se acomodando em uma gleba de 1,7 hectares posteriormente reconhecida como "Terra Indígena". Com efeito, a área "demarcada" corresponde às medidas de um terreno particular, cuja posse foi reconhecida como dos índios e, de acordo com a legislação vigente à época, foi registrado como patrimônio da União.

Com o passar do tempo, novas famílias chegaram ao local, o terreno tornou-se absolutamente insuficiente para a reprodução do modo de vida da comunidade e sequer contemplava os roçados, abertos nas glebas lindeiras; quanto menos as áreas de mata utilizadas para a coleta e caça, cercadas com arame pelo PES do Jaraguá. Os Guarani se acomodaram como puderam no lote demarcado e, à medida em que consolidavam a ocupação nas glebas adjacentes, chegavam à comunidade pelos oficiais de justiça as notificações de reintegração de posse – a consequência de uma "demarcação" fundada em critérios outros que não o da tradicionalidade da ocupação é a insegurança jurídica. De todo modo, a reservação da área de 1,7 hectares, sem estudos técnicos, não atende às balizas do artigo 231 para a definição de Terras Indígenas.

Nos anos 2000, em razão das demandas da comunidade guarani e das exigências do MPF, a Funai viabilizou a atualização dos limites da TI Jaraguá a partir de um novo procedimento demarcatório. Foram mais de dez anos de estudos antropológicos, históricos e ambientais, que resultaram em uma proposta de reconhecimento de 532 hectares tradicionalmente ocupados pelos Guarani nas imediações do Pico do Jaraguá. A delimitação contempla, como áreas de habitação permanente, as três aldeias atualmente existentes: os *tekoa* Ytu e Itawerá, circunscritos na demarcação original de 1,7 hectares; o *tekoa* Pyau, em lote lindeiro e marginal à Rodovia dos Bandeirantes; e do outro lado do pico, o *tekoa* Itakupe. Como área de manejo e preservação ambiental, a TI Jaraguá sobrepõe-se em 308 hectares à Unidade de Conservação, isto é, cerca de 58% de sua área total.

Note-se que, das três ocupações mencionadas, duas delas e justo as maiores são ocupações precárias, estão sobre supostas propriedades particulares, e pendem na justiça pedidos de reintegração de posse[3]. Em 2015, a polícia já batia à porta do *tekoa* Itakupe, pronta a cumprir uma decisão liminar que ordenava o despejo, quando, em Brasília, o então Ministro Justiça declarou a TI Jaraguá como de posse exclusiva do povo Guarani. O risco de despejo foi afastado, por oora, mas as ações possessórias correm no judiciário[4] e agora vão somadas a ações que contestam o próprio procedimento de demarcação. Três ações judiciais questionam a legalidade da portaria do ministro, tanto em primeira instância quanto em tribunais superiores – o argumento? Uma derivação da tese do "marco temporal": tal como proscrita a demarcação das terras que não fossem efetivamente ocupadas pelos índios em 5 de outubro de 1988, seria ilegal o procedimento demarcatório que vise atualizar os limites de uma Terra Indígena. Para os advogados desta tese, o advento de uma nova ordem constitucional e de um novo marco para a relação do Estado com os índios não seria em si mesmo motivo suficiente para justificar novas demarcações. Nos três processos, liminares foram concedidas em favor dos autores, suspendendo o efeito da portaria.

DEMARCAÇÃO COMO REPARAÇÃO HISTÓRICA

Esses argumentos fazem mira praticamente em todos os procedimentos demarcatórios em curso hoje sobre terras guarani do sul e sudeste do país. Com base nos ideais da assimilação que guiavam a política indigenista, a pressão sobre as ocupações desse povo foi intensificada a partir da década de 1940. Os esforços do órgão indigenista em concentrar as aldeias livres em glebas artificialmente delimitadas e sob administração dos chamados "postos indígenas", senão por ação direta ao menos por omissão, o Estado fez uso ou ratificou o emprego de força para remover os índios de suas terras tradicionais. Não são poucos os relatos de violência, intensificados sob a égide da ditadura militar como registra o relatório temático da Comissão Nacional da Verdade que veio a público em 2014.

Política do SPI, continuada pela Funai, fez com que quase todas as famílias Guarani do Estado do Paraná, por exemplo, foram deslocadas a terras de outros povos supostamente mais dispostos à agricultura e à relação com a sociedade nacional. As pretensões do órgão indigenista eram que os povos Kaingang "amansassem" e "civilizassem" os Guarani. Hoje no *tekoa* Kuaray Haxa, Dona Elza e seu marido abandonaram a TI Mangueirinha, antigo Posto Indígena, e empreenderam uma verdadeira caminhada do interior do Estado do Paraná até o litoral, perfazendo o caminho contrário ao percorrido pelos caminhões do órgão indigenista, que levaram seu avô à terra Kaingang. Agora, abrem os primeiros roçados, plantando o milho, a mandioca e a banana, reinventando o modo de vida antes impossível em terra alheia.

Três liminares, como já se disse, suspenderam a demarcação da TI Jaraguá. O *tekoa* Kuaray Haxa ainda teme que o STJ reforme a decisão da segunda instância e volte a ordenar que a comunidade deixe a área. Todas essas decisões bebem, direta ou indiretamente, da tese do marco temporal e do renitente esbulho, invocando supostos limites constitucionais definidos pelo STF ao reconhecimento e à garantia dos direitos indígenas. O equívoco está, no entanto, em estender as supostas balizas da jurisprudência sem contextualizá-las em cada terra; na história do povo Guarani, especificamente; e, de maneira mais geral, na história da relação do Estado brasileiro com os povos indígenas.

Esse alerta já estava contido no voto do ministro. Carlos Ayres Britto, relator no julgamento do paradigmático caso Raposa/Serra do Sol, apontado, aliás, como ponto de partida desses entendimentos no judiciário. No exercício de sua decisão, o Ministro a todo tempo faz referência à Constituição Federal de 1988 como marco inovador ao alterar as bases ideológicas da relação entre indígenas e Estado, de modo que teses como a do "marco temporal" e prova estrita do "renitente esbulho" parecem um tanto fora de lugar. Vistas a partir da história desse povo, as demarcações de TIs têm um sentido último de reparação pelas injustas remoções, pelos deslocamentos forçados, pelo esbulho e pela violência a que o Estado em ação ou omissão patrocinou contra os Guarani.

DOIS CAMINHOS

Há dois anos a Comissão Guarani Yvyrupa, organização política que articula as aldeias do Sul e do Sudeste do país, vem tentando organizar uma estrutura própria de assessoria para o monitoramento e a incidência em demandas jurídicas. Nosso trabalho tem sido o de apresentar, insistentemente, as bifurcações no caminho da justiça: de um lado, a Constituição impera o reconhecimento das Terras Indígenas como fundamento de uma nova relação entre Estado e povos indígenas; do outro, teses como a do "marco temporal" e a prova estrita do "renitente esbulho" espalham-se em primeiras instâncias e tribunais superiores, perpetuando o projeto de Estado e sociedade que reservava aos índios a assimilação forçada à sociedade nacional, que é o mesmo que dizer o seu desaparecimento.

Independente da direção adotada pelas cortes, os Guarani têm deixado explícita sua disposição em refundar seu modo de vida. Parece irônico, assim, que, no caso da TI Jaraguá, uma das decisões faça referências ao suposto perigo que a presença indígena impõe às jaguatiricas que habitam o parque; que, contra o *tekoa* Kuaray Haxa, a reintegração de posse tenha sido pedida em favor das onças-pintadas...

Ora, o mito Guarani narra que, no tempo em que a terra era habitada por onças, uma mulher a que chamam *Nhandexy* – "Nossa Mãe" – vagava pelo mundo, grávida de gêmeos, buscando o caminho pelo qual o Demiurgo subiu à sua morada. A certo ponto, ela se depara com uma bifurcação: à direita, o caminho certo levava à morada divina; à esquerda, estava o covil das feras. Por equívoco, *Nhandexy* toma o caminho errado e é devorada pelas onças originárias, mas seus filhos sobrevivem para vingar a mãe e povoar o mundo.

Diante de dois caminhos, o Judiciário tem, talvez, a primeira oportunidade de pesar a Justiça ao lado dos devorados e não dos devoradores, na guarida da Constituição. *(agosto, 2016)*

NOTAS

[1] Refiro-me à Ação Civil Pública nº 5000189-75.2014.404.7008, processada atualmente na 11ª Vara Federal de Curitiba.

[2] Tratam-se dos MS 22086/DF, e MS 22072/DF, ambos sob relatoria do Min. Humberto Martins, no Superior Tribunal de Justiça; e da Ação Ordinária nº0019314-18.2015.403.6100, em trâmite na 4ª Vara Cível Federal de São Paulo. O efeito das decisões também foram sentidos sobre a TI Araça'i, em Santa Catarina quando, no julgamento da Apelação Cível nº 5000201-60.2012.404.7202/SC, a 4ª Turma do Tribunal Regional Federal da 4ª Região anulou a demarcação. Mais recentemente, e também em Santa Catarina, as teses do marco temporal e renitente esbulho fundamentaram a sentença da 2ª Vara Cível Federal de Joinville que anulou o procedimento demarcatório das TIs Pindoty, Piraí e Tarumã.

[3] Dois deles, incidentes sobre o *tekoa* Pyau, têm decisão desfavorável aos índios em primeira instância, nomeadamente a Ação Possessória nº 0001247 88 2004.4.03.6100, movida pelo espólio de José Álvaro Pereira Leite; e a Ação Possessória, nº 0035095 03.2003.4.03.6100, autuada por Manuel Fernando e Benta Rodrigues contra a comunidade, ambas com sentença da 8ª Vara Cível Federal de São Paulo e recursos em trâmite no Tribunal Regional da 3ª Região.

[4] A Reintegração de Posse nº 0028364-20.2005.4.03.6100, movida por Antonio Tito Costa e outros, pende contra o *tekoa* Itakupe ainda sem uma solução definitiva da 10ª Vara Cível Federal de São Paulo.

RIO GRANDE DO SUL

Territorialidades Indígenas e Singularidades em seu Reconhecimento

Rodrigo Allegretti Venzon | Cientista Social, coordenador do Conselho Estadual dos Povos Indígenas no Rio Grande do Sul

ÁREAS RESERVADAS E DISPONIBILIZAÇÃO DE TERRAS PÚBLICAS ESTADUAIS OU MUNICIPAIS RESULTAM EM PONTILHAMENTO MAIS DENSO DE COMUNIDADES INDÍGENAS NOS TERRITÓRIOS KAINGANG, GUARANI E CHARRUA

O processo de reconhecimento das Terras Indígenas (TIs) no Rio Grande do Sul guarda características singulares se comparado a outras regiões brasileiras, em razão de sua situação de fronteira e da história local de seu indigenismo.

A escravidão por vicentinos e lagunistas no século XVII dizimou e assimilou os Carijó/Guarani litorâneos. As disputas militares entre portugueses e castelhanos afetaram drasticamente, entre os séculos XVII e XIX, as territorialidades Charrua, Minuano/Guenoa e Tape/Guarani.

A partir da segunda metade do século XIX, com a Lei de Terras de 1850, o Império estabelece aldeamentos para disponibilizar os campos do Planalto à colonização, com pecuária muar e bovina, por militares paulistas. Nesse período, são estabelecidos aos Kaingang os aldeamentos de Campina, Estiva, Nonoai, Pinheiro Ralo, Campo do Meio e Pontão; aos Kaingang e Xokleng o aldeamento de Santa Izabel, e aos Guarani e Charrua o aldeamento de São Vicente.

Na primeira metade do século XX, o Estado do Rio Grande do Sul reconheceu e demarcou parcela desses aldeamentos e ainda de outras terras que não estavam inclusas neles, como os toldos Votouro e Ventarra, para liberar áreas à colonização agrícola. Nesse sentido, estabeleceu aos Kaingang, além dos já citados, os toldos Inhacorá (em Campina), Guarita (em Estiva), Nonoai (em Nonoai), Serrinha (em Pinheiro Ralo), Ligeiro e Carreteiro (em Campo do Meio), Monte Caseros (em Santa Izabel) e Fachinal – que engloba as terras indígenas Cacique Doble e parcela de Passo Grande do Rio Forquilha (em Pontão).

Aos Guarani, foram reconhecidos e demarcados os toldos Guarani do Rio Liso, que está hoje parcialmente contido na TI Guarani Votouro; Guarani do Paiol Grande, onde se situa a TII Mato Preto; Guarani de Santa Rosa, no município de Crissiumal; Guarani de Santo Cristo, no município de Alecrim; e Guarani do Lagoão de Soledade, no município de Arroio do Tigre. Os toldos reconhecidos e demarcados aos Guarani não possuíam correlação com os aldeamentos do século XIX por se situarem em regiões que originalmente constituíam florestas.

Com o esgotamento da fronteira agrícola no Rio Grande do Sul, as mesmas terras reconhecidas como toldos passam a ser colonizadas total ou parcialmente pelo estado na segunda metade do século XX.

A ação tutelar do Serviço de Proteção ao Índio (SPI) e da Fundação Nacional do Índio (Funai) esteve pautada entre as décadas de 1920 e de 1980 em tentativas de confinamento dos povos Kaingang e Guarani em sete TIs situadas no extremo norte do Rio Grande do Sul: Inhacorá, Guarita, Nonoai, Votouro, Ligeiro, Carreteiro e Cacique Doble. Nesse período, essas terras foram exploradas intensivamente pela extração madeireira e na produção agrícola de trigo e milho, utilizando a mão de obra indígena, sendo os indígenas discordantes dessas práticas estatais nefastas muitas vezes torturados e expulsos de suas terras. Essas terras também eram arrendadas pelo poder público a famílias de camponeses sem-terra, expulsos delas pelos próprios indígenas em 1978 e 1979.

Desde 1985, os Kaingang e Guarani iniciaram sua luta pelo reconhecimento, junto à Funai, de terras que não haviam sido reconhecidas pelo Estado do Rio Grande do Sul ao longo do século XX. Esses estudos resultam no reconhecimento pelo Governo Federal após a promulgação da Constituição Federal de 1988 da TI Kaingang de Iraí (com superfície muito inferior à indicada pela comunidade como de sua ocupação tradicional); da TI Nonoai/Rio da Várzea (sobre parcela do toldo Nonoai transformada em parque florestal estadual em 1941); e da TI Guarani da Barra do Ouro.

No que se refere às terras dos toldos que foram colonizadas e tituladas a agricultores possuidores de boa-fé, a partir da Constituição Estadual de 1989, o Estado do Rio Grande do Sul tem procedido a indenização de títulos ou o reassentamento dos agricultores – e a União a indenização das benfeitorias. Já foram restituídos desde então aos Kaingang e Guarani cerca de 20 mil hectares nas TIs Votouro, Guarani Votouro, Ventarra, Monte Caseros, Nonoai e Serrinha.

Dessas Terras Indígenas, apenas Ventarra e Monte Caseros passaram pelos ritos administrativos do reconhecimento federal, ficando, contudo, com suas superfícies restritas aos antigos limites dos toldos em face à tensão fundiária presente no momento dos estudos, embora os indígenas apontassem que suas terras de ocupação tradicional transcendem tais limites. Votouro, Guarani Votouro, Nonoai e Serrinha tiveram procedimentos de regularização fundiária, mas, à exceção de Votouro, no grupo de trabalho que resultou no reconhecimento da TI Votouro/Kandóia, as demais terras ainda não tiveram estudos para o reconhecimento de seus espaços de ocupação tradicional em acordo com os critérios da Constituição Federal de 1988. Falta ainda ao Estado indenizar os títulos e à União as benfeitorias incidentes nos espaços colonizados dos toldos Inhacorá, Cacique Doble – não inclusos nas superfícies atuais dessas TIs – e as parcelas reconhecidas como toldos incidentes nas TIs Mato Preto e Passo Grande do Rio Forquilha. Os demais toldos demarcados e reconhecidos aos Guarani ainda não passaram por estudos antropológicos ou levantamentos fundiários.

Para além das TIs já mencionadas, nas últimas três décadas a União reconheceu aos Kaingang as Terras Indígenas Rio dos Índios e Mato Castelhano, e aos Guarani as Terras Indígenas Varzinha, Capivari, Cantagalo, Guarani de Águas Brancas, Pacheca, Irapuá e Salto Grande do Jacuí. Várias delas ainda não tiveram seu reconhecimento administrativo em todas as etapas ou a sua regularização fundiária concluídos. Muitos outros grupos de trabalho seguem em andamento sem previsão de que algum dia seus estudos sejam finalizados. Contudo, mesmo quando essas TIs são homologadas permanece o impasse quanto à indenização justa dos ocupantes não indígenas de boa-fé.

Um Grupo de Trabalho constituído em 2013 e 2014 pela Procuradoria Geral do Estado para estudar essa questão apontou que competiria à União, a exemplo do Estado no que se refere aos toldos, indenizar os títulos nulos e de boa-fé de agricultores, em razão do confinamento dos Kaingang e Guarani promovido pelo SPI e pela Funai no norte do estado ao longo do século XX e ao fato da União não ter demarcado tais terras para o usufruto exclusivo das comunidades indígenas antes da colonização pelo Estado, conforme previam as constituições federais que antecederam a de 1988,. Essa deliberação, porém, ainda não transitou na esfera administrativa.

O arrefecimento do poder tutelar a partir de 1988 permitiu aos Kaingang, Guarani, Charrua e Xokleng restabelecerem seus fluxos territoriais em uma dimensão mais ampla sobre as regiões habitadas por seus antepassados, por vezes estabelecendo territorializações a partir da mediação dessas comunidades com o estado ou com municípios. No ano 2000, o Estado reservou aos Guarani as terras Água Grande, Coxilha da Cruz e Inhacapetum. Em 2014, reservou aos Kaingang a terra Faxinal, em Água Santa, e, aos Guarani, a terra de Piquiri, em Cachoeira do Sul. Também procedeu a cessão de uso por 20 anos à União de Guaviraty Porã aos Guarani, em Santa Maria, e aos Kaingang de uma pequena gleba inclusa da TI Votouro/Kandóia em Faxinalzinho. Encontram-se em tramitação administrativa os espaços Guarani situados em terras públicas estaduais das aldeias Itapoty (em Riozinho); Pindo Mirĩ (em Viamão); Pyaú (em Palmares do Sul); Guajayvi (em Charqueadas); Tavaí (em Cristal); e Ka'arandy (em Camaquã).

Outras comunidades se estabeleceram em terras cedidas por municípios – , como as aldeias Kaingang Fó Sa, em Lajeado, e Pãnónh, em Farroupilha; a aldeia Guarani Araxaty em Cachoeira do Sul; e a aldeia Guarani Kapi'i Ovy em Pelotas – ou desapropriados pelos municípios em favor das comunidades indígenas, tais como as aldeias Kaingang Fág Nhin e Kó Mág, Guarani Anhetengua (junto à área dominial de mesmo nome) e Charrua Polidoro, em Porto Alegre; a aldeia Kaingang Por Fi Ga, em São Leopoldo; e a aldeia Kaingang, em Pelotas. Ou mesmo em espaços cedidos por particulares, como as aldeias Guarani Guyra Nhendu, na linha Solidão, em Maquiné, e Nhu'ũ Poty, em Barra do Ribeiro.

No caso do Teko'a Pyaú, em Santo Ângelo, as terras foram adquiridas em 2015 para a comunidade Guarani pelo MPF com recursos de aplicação de multas.

Os processos de licenciamento da duplicação de rodovias federais também resultaram, na última década, na constituição de áreas reservadas aos Guarani (BR-101 e BR-116) e aos Kaingang (BR-386). Correlacionado à BR 101 estão Campo Bonito (em Torres), Pindoty (em Riozinho) e Sol Nascente (em Osório). Na abrangência do impacto da BR 116, Tape Porã (em Guaíba e Barra do Ribeiro), Ka'aguy Porã, Guapoy e Yvy Poty (em Barra do Ribeiro), Yvy'a Poty e Tenondé (em Camaquã), Mirĩ (em Mariana Pimentel) e Guajayvi Poty (em Canguçu). Já com relação à BR 386, estão Tãnh/Coqueiro (em Estrela), Pó Mág (em Tabaí), Ka Mág (em Farroupilha), Por Fi Ga (em São Leopoldo, junto à área desapropriada pelo município) e mais outras três áreas em Porto Alegre.

Por fim, há aqueles espaços adquiridos pelas próprias comunidades indígenas – ou em posse delas – em lugares ocupados por seus antepassados, como é o caso das aldeias Kaingang Tupẽ Pãn (em Porto Alegre); Kẽtỹjug Tẽgtũ (em Santa Maria); Fág Nor (em Pontão, deslocados por decisão judicial para terras públicas estaduais em Passo Fundo); Sẽgu (em Constantina); Vyj Kupri (em Carazinho); Campo do Meio (em Gentil); e Krẽnor (em Lajeado do Bugre); das aldeias Guarani Ka'aguy Poty (em Estrela Velha); Anhetengua e Pindo Poty (em Porto Alegre); Pekuruty (em Eldorado do Sul); Nhundy (em Viamão); Ka'amirindy Yy Pa'ũ, na Ilha da Estância dos Povos (em Palmares do Sul); e no Rio Capivari (em Capivari do Sul); e da área dominial dos descendentes da indígena Xokleng Zág, autodenominados comunidade Zagaua (em São Francisco de Paula).

Embora todos esses espaços territoriais signifiquem muito pouco em termos de dimensão territorial, sua distribuição geográfica pontilhada redesenha os espaços habitados pelos antepassados desses povos indígenas. Nesse sentido, contribuem para a permanência dessas comunidades em suas regiões de origem e para a manutenção de suas memórias históricas e mitológicas, de seus modos de viver e de seus conhecimentos sobre a biodiversidade dos biomas Pampa, Mata Atlântica e Zona Costeira – na esperança de que um dia tenham restituídos os espaços necessários a sua reprodução física e cultural conforme usos, costumes e tradições, bem como aqueles imprescindíveis à sustentabilidade ambiental de seus espaços de vida. *(agosto, 2016)*

KAINGANG

E o Rio Secou: Impactos da Primeira UHE na Bacia do Tibagi (PR)

Paulo Roberto Homem de Góes | Antropólogo, UFPR

NO PARANÁ, OS KAINGANG ENFRENTAM HÁ ALGUNS ANOS OS IMPACTOS DE PROJETOS DE HIDRELÉTRICOS SOBRE SUAS TERRAS – JÁ ILHADAS PELO CULTIVO DE TRANSGÊNICOS E AMEAÇADAS PELO ARRENDAMENTO. ELES PERMANECEM FORTALECIDOS POR SUAS MOBILIZAÇÕES POLÍTICAS

Dona Balbina assava os pequenos peixes na laje de pedra por onde, dias atrás, corria o Rio Tibagi. Alguns exemplares de cascudinho ainda sobreviviam nos poços mais fundos em que ainda havia água. Dona Balbina fitava aquele cenário novo e contou que já havia visto a lua esconder o sol por três vezes, que viu uma queimada grande que fez a comunidade fugir, mas não pensava que veria o rio secar. A anciã kaingang não fala português, seus netos estimam que ela tenha aproximadamente 90 anos. Vive na Terra Indígena (TI) Mococa há muitas décadas. Era junho de 2012 e o consórcio responsável pela construção da UHE Mauá iniciava o enchimento do reservatório. O eixo da usina hidrelétrica foi construído a aproximadamente 4.700 metros, rio acima da TI.

As últimas três edições desta publicação trataram das tensões entre os projetos de aproveitamento hidrelétricos do Rio Tibagi e as territorialidades kaingang, guarani ñandeva e xetá no norte do Estado do Paraná. A região possui atualmente oito TIs e uma população de aproximadamente 4.000 indígenas.

Embora não tenham sido suficientes para evitar a construção da UHE, as manifestações de lideranças indígenas, antropólogos, organizações não governamentais, da Funai e de representantes do Ministério Público Federal foram fundamentais para que alguns equívocos e omissões do processo de licenciamento ambiental da UHE Mauá fossem minimizados.

Tendo como referência um recomendação técnica do Ministério Público de Londrina, a equipe de consultoria contratada para realizar reuniões com as comunidades indígenas elaborou um estudo histórico e sociológico que revelou que, embora localizadas em outra bacia hidrográfica daquela onde estava sendo instalada a UHE, as comunidades guarani das TIs São Jerônimo, Laranjinha, Ywy Porã e Pinhalzinho deveriam ser inseridas no processo de licenciamento, por conta das relações genealógicas e históricas que estabeleciam.

Deste modo, embora os estudos de impacto tenham contemplado apenas as TIs Queimadas e Mococa, localizadas no município de Ortigueira, o Projeto Básico Ambiental – Componente Indígena (PBA-CI) contempla também as Terras Indígenas Apucaraninha, Barão de Antonina, São Jerônimo, Laranjinha, Ywy Porã e Pinhalzinho. As ações mitigatórias previstas nesse projeto foram iniciadas em julho de 2012 e contam com 58 indígenas contratados, além de consultores não indígenas trabalhando com o apoio a cultivos orgânicos, criação de animais, sistemas agroflorestais, oficinas de audiovisual e artesanato, entre outros.

Diante do contexto mais amplo, são pequenas vitórias. Salvo as próprias comunidades indígenas, o acompanhamento da execução das ações previstas neste PBA tem sido mínimo. Exemplo disto é que até agora não foi concretizada a compra de nenhuma das áreas previstas no projeto para as comunidades indígenas.

Desde 2010, no Paraná, inexiste Coordenação Regional (CR) da Funai, não obstante os inúmeros protestos dos indígenas, promessas de autoridades e elaboração de termos de ajustamento de conduta. As Coordenações Técnicas Locais (CTLs) dispõem de poucos profissionais e mínima estrutura logística. Em quatro anos de execução das ações do PBA-CI, por exemplo, seis técnicos diferentes foram designados pela Coordenação Geral de Licenciamento Ambiental da Funai para participar das discussões.

Durante o seminário de avaliação do processo, realizado em dezembro de 2015, as lideranças indígenas foram enfáticas ao reafirmar a necessidade de acompanhamento institucional das ações.

Ao longo do período de construção da usina, o licenciamento da UHE Mauá fora centralizado no Ministério Público Federal de Londrina. Após o início de sua operação, no entanto, o acompanhamento do MPF relativo às questões indígenas passaram a ser encaminhadas para os procuradores de Ponta Grossa, Apucarana, Londrina ou Jacarezinho, dependendo do município de localização da TI.

Este cenário de pouco acompanhamento institucional ao longo da execução dos projetos de mitigação de impactos dificulta a avaliação sobre sua efetividade e fortalece posicionamentos do empreendedor de que as ações previstas devam ser "quitadas" à revelia dos objetivos propostos ou da manifestação das comunidades impactadas.

Embora seja um exemplo positivo em um contexto mais amplo, a questão agora é: quem dirá se as ações efetivamente mitigaram os impactos da UHE Mauá nos territórios indígenas?

MOBILIZAÇÕES KAINGANG

A soma da área total de TIs homologadas no estado do Paraná, 85.235 hectares, equivale a pouco mais de 0,4 % do território paranaense. É eloquente que em 2015 a área destinada exclusivamente ao cultivo de soja tenha sido de 5.240.000 hectares, o equivalente a mais de 26% da área total do estado. Parte considerável do que resta de florestas e refúgios para animais se encontram na Serra do Mar, no Parque Nacional do Iguaçu e nas TIs.

Não bastasse estarem ilhados em um mar de cultivos transgênicos, os Kaingang têm suas terras constantemente assediadas por propostas de arrendamento. Em paralelo ao contexto promovido pelo agronegócio operam também inúmeros outros empreendimentos. O caso da TI Queimadas, no divisor de águas das bacias dos Rios Tibagi e Ivaí, é emblemático neste sentido.

Contando atualmente com uma população kaingang de 680 pessoas, a TI Queimadas sintetiza um contexto de acúmulos de passivos ambientais aliados a uma incapacidade de planejamento, execução e monitoramento das ações de mitigação de impacto ambiental pelas instituições responsáveis.

Em novembro de 2013, a ferrovia que corta a TI em 5.750 metros foi paralisada pela comunidade indígena. A empresa que é responsável pela concessão da linha férrea desde 1994 havia recorrido da decisão judicial que previa pagamento de indenização pelos passivos ambientais. Após liberarem a ferrovia, os Kaingang seguiram com o ônibus da comunidade para a sede da empresa em Curitiba, onde negociaram um acordo que prevê pagamentos mensais para cada família até que haja decisão final da Justiça sobre o montante da indenização.

Dois meses após este acordo com a concessionária, em janeiro de 2014, comerciantes da cidade de Ortigueira organizaram um protesto contra a concessionária do pedágio da rodovia BR-376, que liga Curitiba a Londrina e passa a 280 metros do limite leste da TI Queimadas.

Haviam acordado com a Polícia Federal bloquear a rodovia por duas horas, porém alguns moradores do município solicitaram apoio dos Kaingang que, então, assumiram o protesto e bloquearam estradas vicinais que possibilitariam rotas alternativas. Houve articulação com moradores de outras terras kaingang, como Mococa, Faxinal e Apucaraninha, e a rodovia permaneceu bloqueada por doze horas. A concessionária acordou que realizaria melhorias nos acessos da Terra Indígena e outras obras de infraestrutura.

Em abril de 2014, dois funcionários de Furnas que fariam a manutenção das linhas de transmissão oriundas de Itaipu que cortam a TI foram detidos pelas lideranças indígenas. Como declarado para a imprensa, essa havia sido uma estratégia da chefia indígena desde que eleita, e a reivindicação por indenização ocorre em paralelo à necessidade do empreendimento renovar os estudos de impacto ambiental. Houve negociações e foi elaborado um acordo entre Furnas e a comunidade até que sejam realizados os estudos necessários.

Não bastassem as interferências diretas e não mitigadas, foi inaugurada, em 2016, uma fábrica com capacidade de produção de 1,5 milhão de toneladas/ano de celulose na região de Ortigueira; este empreendimento vem sendo considerado com um dos maiores do mundo no setor.

ARTESANATO E PRODUÇÃO DE AUTONOMIA

A produção e comercialização de artesanato está entre as atividades que envolvem maior número de famílias nas TIs dos rios

Tibagi e Ivaí. O artesanato é responsável pela geração de parte significativa da renda familiar entre os Kaingang, pelo manejo das áreas florestais e fortalecimento de vínculos sociais e culturais.

Através da confecção os balaios, muitos símbolos presentes nas narrativas kaingang são materializados nas tramas da taquarinha. O sistema de coleta e beneficiamento envolve, via de regra, grande parte da família extensa: enquanto um grupo de homens e mulheres fica responsável por manejar a taquara na floresta, grupos de mulheres firmam acordos de remuneração ou troca de dias para o beneficiamento e confecção dos balaios, cestarias e outros produtos.

A comercialização geralmente envolve dias de viagens e longas distâncias. Muitas vezes a família segue com a produção acumulada de várias semanas para cidades distantes mais de 500 quilômetros de sua residência.

Tal forma de organizar as atividades assegura, através de muito trabalho, uma autonomia da família com relação à geração de renda, promove um controle sobre o tempo das atividades diferente dos empregos nas fazendas e fortalece uma ampla rede de vínculos parentais em torno das etapas de produção.

A comercialização dos artesanatos é uma solução kaingang de valorização da floresta em pé em um contexto histórico e geográfico em que, em poucos anos, talvez só nas TIs reste algum remanescente florestal passível de manejo – que não esteja relacionado às monoculturas de *pinus* e eucalipto para produção de celulose. *(agosto, 2016)*

"NOS DIZIAM QUE ERA A SOLUÇÃO DOS PROBLEMAS"

Ivan Bribis, formado em Direito, nascido na TI Apucaraninha, em Tamarana (PR), participa do movimento indígena ativamente e já fez parte da Comissão Nacional de Política Indígena (CNPI), da Articulação dos Povos Indígenas no Brasil (APIB) e do Conselho Indígena Estadual do Paraná.

Qual é sua leitura do atual contexto político no Brasil com relação aos povos indígenas e como tem visto a atuação do movimento indígena no sul do país?

Ivan Bribis: *No Congresso Nacional há várias discussões que constituem retrocessos de nossos direitos. Dentre essas, a PEC 215 é vista por nós como uma das piores; se for aprovada o fato é que nunca mais se demarca Terra Indígena no Brasil! A proposta da PEC 65 sobre o Licenciamento Ambiental, que está no Senado, vai possibilitar ainda mais os ataques sobre nossas Terras. Nós, do movimento indígena nacional passamos pelo período mais anti-indígena na história. Sabemos que essas propostas estão sendo articuladas pela bancada BBB (boi, bala e Bíblia) do Congresso Nacional. O movimento indígena do Sul do Brasil hoje é tido como um movimento forte, apesar das dificuldades, e tem como foco a resistência, a luta e debates sobre os empreendimentos que afetam e irão afetar nossas Terras Indígenas. Sabemos que, se não nos organizarmos, sofreremos os efeitos desses retrocessos. Nossa população está crescendo e a luta pela terra é uma questão de sobrevivência de nossos povos. Muitos caciques e lideranças não entenderam ainda; falta Terra e isto é uma luta coletiva. Temos que buscar ações positivas de parcerias com articulações, principalmente nos casos de empreendimentos e demarcações. Os povos indígenas precisam de alternativas na geração de renda para assegurar que seus filhos e netos permaneçam nas aldeias e vivendo bem.*

O povo Kaingang se destaca historicamente por seu poder de mobilização. Você entende que a luta Kaingang tem sido efetiva?

IB: *Temos, ao longo dos tempos, nossas mobilizações para proteção de nossas terras e cultura. Isto é histórico e nossa demanda hoje é a questão fundiária, pois falta terra para garantirmos nosso sustento e também [para] manter nossa cultura e nosso modo de vida garantido constitucionalmente. No final da década de 1990, havia uma grande discussão com relação a construções de barragens no Rio Tibagi. Uma das primeiras a ser discutida foi a UHE São Jerônimo, que alagaria as TIs Apucaraninha, Barão de Antonina e Mococa. Com muita luta e resistência, da população indígena e ribeirinha, este projeto não avançou, embora esteja novamente nos assombrando hoje, com discussões sobre a retomada de sua construção. Nós estivemos articulados com movimentos sociais da sociedade civil, Igreja Católica, Movimento dos Atingidos por Barragens (MAB), Ministério Público Federal (MPF), Ministério Público Estadual (MPE/PR) e antropólogos de distintas instituições que foram essenciais para nos embasar em nesta luta incansável. Em 2005 assumimos o Conselho Indígena Estadual do Paraná e começamos a participar de audiências públicas nas cidades, com o objetivo de que a população refletisse e fosse mais informada sobre o assunto. Nos diziam que era a solução dos problemas, inclusive na geração de emprego e renda. Usando exemplos de empreendimentos deste porte que atingiram comunidades indígenas em outras regiões e Estados, as informações eram distorcidas pelo empreendedor. Apesar de toda mobilização, a UHE Mauá foi instalada. Começou, então, uma luta na busca de garantir os projetos de mitigação e compensação; sempre destacamos o território indígena, sítios arqueológicos que contam nossa história. Com isso, foi criado, a pedido dos defensores envolvidos, uma Câmara Técnica específica junto com o Iphan e outra referente aos povos indígenas. Esta mobilização foi muito importante para que pudéssemos garantir de modo mais próximo do justo uma compensação equitativa do impacto ambiental, social e cultural gerado pelo empreendimento.* (Paulo Roberto Homem de Góes, agosto de 2016)

ACONTECEU

RIO GRANDE DO SUL

EMPRESA É CONDENADA POR ARRENDAR A TI NONOAI

A Justiça Federal de Carazinho (RS) condenou uma empresa agrícola do município de Planalto, no interior do Rio Grande do Sul, por arrendamento irregular de terras indígenas e obtenção de empréstimos bancários em nome de membros da comunidade da Reserva de Nonoai. A sentença, publicada na sexta-feira (24/2), também determinou o pagamento de indenização de mais de R$ 1 milhão por danos morais e materiais causados ao grupo de indígenas. Além do pagamento da indenização, a sentença também condenou a empresa a se abster de intermediar financiamentos, celebrar contratos ou realizar negócios com os indígenas e, ainda, a quitar todos os empréstimos bancários feitos em nome da comunidade. *(Consultor Jurídico, 29/02/2012)*

GOVERNO FAZ PROPOSTAS PARA IMPASSE DAS TIS

O Governo do Estado reuniu-se nesta segunda-feira (19), em Erechim, com agricultores (representados pela Federação dos Trabalhadores em Agricultura Familiar - Fetraf) e MPF, Funai, e o Incra, a fim de solucionar a questão da possibilidade de reintegração de posse das áreas indígenas no Estado. Ainda nesta semana, o Governo gaúcho reúne-se com os indígenas. Cerca de 60 terras no Rio Grande do Sul são reivindicadas pela comunidade indígena. O grupo de trabalho - formado pelo chefe de gabinete do governador, Ricardo Zamora, o secretário de Desenvolvimento Rural e Pesca, Ivar Pavan, a Procuradoria Geral do Estado e Assessoria Superior do governador - elaborou um conjunto de proposições para solucionar o impasse. - Viabilizar indenização (recursos obtidos em parceria com Governo Federal) aos agricultores de algumas áreas que foram colonizadas ilegalmente, ou seja, eram indígenas e foram comercializadas; - Revisão das portarias já publicadas, de Mato Preto (Getúlio Vargas) e Passo Grande da Forquilha (Sananduva); - Suspensão da publicação de novas portarias até que se defina uma política de garantia dos direitos das partes. *(Governo do RS, 19/08/2013)*

ÍNDIOS E AGRICULTORES REJEITAM PROPOSTA

Tanto o presidente da FETAG, que representa os agricultores familiares do Rio Grande do Sul, quanto um líder indígena kaingang do Norte do Estado consultado pela reportagem rejeitaram, hoje à tarde, a ideia de trocar as terras que estão em litígio na região pelos mais de 6 mil hectares que o Piratini ofereceu hoje à União para dissolver o conflito. A proposta de reassentamento, trazida nessa manhã pelo secretário-chefe da Casa Civil, Carlos Pestana, ocorre três dias depois de grupos indígenas protestarem em frente ao Piratini pedindo aceleração na demarcação de terras. No mesmo dia, pequenos agricultores reivindicaram, durante a abertura oficial da Expointer, o fim das demarcações pela Funai. *(Rádio Guaíba, 02/09/2013)*

KAINGANG OCUPAM FLORESTA NACIONAL PARA PEDIR TERRA

Um grupo de cerca de 60 caingangues mantém sob ocupação duas casas funcionais, um galpão e um terreno da Floresta Nacional de Passo Fundo, em Mato Castelhano, no norte do Rio Grande do Sul, há uma semana. Os índios pedem que a União acelere o processo de reconhecimento de 3,5 mil hectares - 1,3 mil da floresta e mais 2,2 mil de áreas exploradas por agricultores - para a comunidade. É a quarta vez que se instalam no local. As anteriores foram em 2005, 2010 e 2013. A Advocacia-Geral da União (AGU) já pediu a reintegração de posse à Justiça, que não havia se manifestado até o final da tarde desta segunda-feira. *(Elder Ogliari, Estadão, 13/01/2014)*

PF INVESTIGA ARRENDAMENTO DA TI CACIQUE DOUBLE

As denúncias sobre arrendamento de terras indígenas, que é proibido por lei, foram feitas pelo procurador Rodinei Candeia ao Ministério da Justiça. Na última semana, uma índia, considerada importante testemunha, prestou depoimento à Polícia Federal e contou que os índios recebiam alimentos como pagamento pelo arrendamento das terras. Quatro agricultores e um índio de Cacique Double, na Região Norte do RS, são acusados de envolvimento em arrendamento de terras em uma aldeia da cidade. O crime é de usurpação de bens da união, com penas que podem chegar a cinco anos de prisão. *(Giovani Grizotti, G1, 20/01/2014)*

KAINGANG RETOMAM PARTE DE SEU TERRITÓRIO TRADICIONAL

Os Kaingang da TI Passo Grande do Rio Forquilha, estão desde 22 de junho(2015) obstruindo as entradas e saídas de parte da área já reconhecida pela Funai como Terra Indígena. O objetivo do povo é, essencialmente fazer com que o processo demarcatório seja finalizado e eles possam ocupar seu território tradicional. Devido à ação contrária dos fazendeiros ocupantes da área indígena, e pela pressão do governo do estado do Rio Grande do Sul, os trabalhos foram paralisados. O MPF a Funai e integrantes do governo estadual representado pela Procuradoria Geral do Estado, estabeleceram um acordo de que até setembro de 2013 a demarcação física da terra seria concluída. No entanto o procurador do Estado, Rodinei Candeia, passou a manifestar sua contrariedade com os procedimentos demarcatórios das TIs, especialmente através dos meios de comunicação com o objetivo de desqualificar a Funai, seus servidores, os integrantes dos GTs que prestam serviço ao órgão indigenista e a indivíduos e entidades que apoiam a causa indígena no RS. As manifestações do procurador do Estado estimularam, na região norte do RS, uma intensa mobilização de autoridades municipais contra as demarcações das Tis. *(Cimi, 26/06/2015)*

ARRENDAMENTOS SÃO PROIBIDOS PELA JUSTIÇA

Em caráter liminar, a ação pedia que toda a safra colhida nessas terras fosse sequestrada judicialmente, bem como o valor arrecadado com ela, e que ambos fossem destinados a projetos e ações que beneficiassem toda a comunidade da Terra Indígena Serrinha, projetos esses a serem desenvolvidos pela Funai, com a participação da comunidade indígena, e submetidos à avaliação do MPF e da Justiça. Outro pedido formulado ainda era de que fossem imediatamente cessados os arrendamentos. *(MPF/RS, 16/09/2015)*

GUARANI

AGRICULTURA APROVA SUSTAÇÃO DA TI MATO PRETO

A Comissão de Agricultura, Pecuária, Abastecimento e Desenvolvimento Rural aprovou na quarta-feira (7) proposta que anula os efeitos da portaria do Ministério da Justiça (2.222/12-MJ) que concede aos grupos indígenas Guarani Chiripá e Mbya, da terra Mato Preto, o direito de posse de um território de 4,2 mil hectares nos municípios de Erebango, Erechim e Getúlio Vargas, no Rio Grande do Sul. A proposta consta do Projeto de Decreto Legislativo (PDC) 712/12, do deputado Alceu Moreira (PMDB-RS). *(Agência Câmara, 12/08/2013)*

ACONTECEU

LÍDER GUARANI-MBYA É ENCONTRADO MORTO

O Cimi denunciou anteontem (8) que um líder político e religioso guarani-mbya do município de Palmares do Sul Foi encontrado morto, boiando na Lagoa dos Patos, próximo a uma ilha onde habitam algumas famílias indígenas da região. O cacique se chamava Inácio Lopes, e havia se destacado nos últimos anos por sua liderança junto à Comissão de Terra Guarani, posteriormente denominada de Conselho de Articulação do Povo Guarani (CAPG). Na primeira semana de outubro ele foi convocado pelas famílias que vivem na ilha da Lagoa dos Patos para realizar rituais de cura em uma criança que se encontrava muito doente. No domingo (6), as famílias guarani sentiram falta de Inácio, começaram a procurá-lo e, na manhã de anteontem, o corpo foi localizado boiando próximo à ilha. *(Rede Brasil Atual, 10/10/2013)*

JUSTIÇA DETERMINA QUE FUNAI DEVE DEMARCAR TI

Nesta semana, foi concluído o julgamento dos recursos de apelação contra a decisão do juiz federal de Erechim que, acolhendo pedidos do Ministério Público Federal, condenou a Funai e a União a prosseguir o processo demarcatório da área indígena de Mato Preto e ao Incra e ao Estado do Rio Grande do Sul a promover o reassentamento ou indenização dos colonos no processo no 5003707-08.2012.404.7117. *(MPF/RS, 28/01/2014)*

GOVERNO FORÇA ACORDO PARA DIMINUIR TI MATO PRETO

Diante do conflito entre índios e agricultores do norte gaúcho, o ministro José Eduardo Cardozo forçou nesta quinta-feira, 22, um acordo para reduzir o território dos guaranis da comunidade de Mato Preto, no município de Getúlio Vargas. Cardozo pretende diminuir de 4,2 mil para 600 hectares a área definida por uma portaria que assinou há dois anos. A proposta foi discutida no final da tarde com os guaranis e os agricultores. Os índios, no entanto, não foram convidados para a entrevista coletiva. *(Estadão, 22/05/2014)*

JUSTIÇA ANULA PORTARIA DE DEMARCAÇÃO DA TI MATO PRETO

A 1ª Vara Federal de Erechim (RS) anulou a portaria do Ministério da Justiça que declarou como de ocupação tradicional indígena guarani uma área de 4.230 hectares localizada entre os municípios de Erechim, Erebango e Getúlio Vargas. Em novembro de 2012, 108 produtores rurais residentes na região afetada ajuizaram ação ordinária contra a Funai e a União contestando o relatório e pleiteando a declaração de nulidade do ato normativo editado pelo Ministério da Justiça. *(Justiça Federal - Seção Judiciária do Rio Grande do Sul, 09/09/2015)*

PARCERIA VIABILIZA COMPRA DE TERRA AOS GUARANI

Uma atuação conjunta do Ministério Público do Trabalho (MPT) e do MPF de Santo Ângelo, os quais com a chancela do Poder Judiciário destinaram recursos vinculados a ações em trâmite junto à Vara do Trabalho de Santo Ângelo e à 2ª Vara Federal de Santo Ângelo, possibilitou a aquisição de 15 hectares de terra localizada na colônia Buriti, município de Santo Ângelo, para a instalação da Aldeia Indígena Guarani Tekoá Pyau, a qual se encontra provisoriamente em terreno cedido pela Prefeitura na localidade da Barra do São João. Após a solicitação da comunidade indígena, instaurou-se um inquérito civil na Procuradoria da República de Santo Ângelo com o objetivo de acompanhar as medidas a serem tomadas pelos órgãos e instituições competentes para reconhecer a área da comunidade Guarani de Santo Ângelo como terra indígena. Com base nesse projeto, os próprios indígenas escolheram uma área adequada à manutenção de sua cultura, a qual foi adquirida por R$ 130 mil - R$ 100 mil destinado pelo MPT e R$ 30 mil pelo MPF - pela Associação Guarani Tekoá. *(MPF/RS, 03/10/2015)*

SANTA CATARINA

JUSTIÇA MANTÉM DEMARCAÇÃO DE TERRA KAINGANG

A Procuradoria Seccional da União (PSU) em Chapecó garantiu, na Justiça, a manutenção da Portaria n 793/2007 do Ministério da Justiça, que reconheceu de posse permanente do Grupo Indígena Kaingang, a Terra Indígena Toldo Imbú, situada no Município de Abelardo Luz, no estado de Santa Catarina, com área aproximada de 1.965 ha. Com base no laudo antropológico realizado por técnicos contratados pela FUNAI, os advogados da União contestaram a afirmação dos autores de que nunca teria havido índios na área demarcada. O juízo acatou os argumentos da União e considerou que a Terra Indígena Toldo Imbú é objeto de "renitente esbulho por não-índios", o que não afasta a tradicionalidade da ocupação, conforme o entendimento fixado pelo Supremo Tribunal Federal no caso Raposa Serra do Sol. *(Alanéa Priscila Coutinho, AGU, 25/01/2011)*

JUSTIÇA DETERMINA COMPRA DE TERRAS KAINGANG

O Ministério Público Federal em Santa Catarina obteve na Justiça a garantia de que a Funai terá que adquirir aproximadamente 500 ha de terra destinados à ocupação de indígenas Kaingang da Aldeia Kondá. Em 1998, um grupo técnico designado pela Funai identificou que o centro da cidade de Chapecó é território tradicional das famílias Kaingang. Sendo impossível a demarcação, foi eleita uma área de 2.300 ha ecologicamente adequada ao exercício pleno de costumes e tradições para criação de reserva indígena. Contudo, a área em questão seria afetada pelo aproveitamento hidrelétrico da Foz do Chapecó. Por isso, a Funai e a Aneel firmaram Termo de Conduta para integrar o edital de licitação, estabelecendo que 1.500 ha seriam adquiridos pelo vencedor do certame e os outros 800 ha, pela Funai. Devido à urgência de transferir as famílias Kaingang acampadas irregularmente no centro da cidade, a Fundação adquiriu 300 ha de imediato. E, em maio de 2010, o Consórcio Energético Foz do Chapecó cumpriu seu compromisso, adquirindo 1.500 ha. Porém, decorridos mais de dez anos, a Funai ainda não adquiriu 500 ha faltantes para totalizar os 800 ha a que se comprometeu. *(MPF, 19/04/2013)*

JUSTIÇA ANULA AMPLIAÇÃO DA TI TOLDO PINHAL

A Justiça Federal anulou portaria do Ministério da Justiça que ampliou de 893 para 4.846 hectares a reserva indígena Toldo Pinhal, situada nos municípios de Seara, Paial e Arvoredo, no Oeste catarinense. A decisão unânime do TRF 4ª Região, sediado em Porto Alegre, nesta quarta-feira (17) atendeu ao pedido dos agricultores e da Procuradoria Geral do Estado (PGE) e reformou sentença do Juízo Federal de Chapecó que, em 2013, tinha indeferido solicitação para anular o ato da União. *(PGE-SC, 18/06/2015)*

TRF-4 CONFIRMA DA PORTARIA DA TI GUARANI DE ARAÇA'Í

A decisão do tribunal foi dada após recurso do MPF em ação do Movimento de Defesa da Propriedade e Dignidade (DPD), que buscava a anulação da portaria. A Justiça Federal de primeira instância julgou procedente o pedido da ação, declarando a nulidade da Portaria no

790 e determinando a imediata suspensão dos seus efeitos. O MPF e a Funai, então, apelaram ao TRF4 contra a sentença. No julgamento, o relator do processo, o juiz federal João Pedro Gebran Neto, reconheceu que, entre os requisitos para a demarcação da terra indígena, está a tradicionalidade, entendida como a vontade de permanecer no local, com o objetivo de manter a cultura indígena. *(MPF, 16/07/2012)*

TRF-4 REVÊ DECISÃO E ANULA PORTARIA DECLARATÓRIA

A 4ª Turma do TRF 4ª Região decidiu ontem (5/5) dar provimento a recurso ajuizado pelos produtores rurais do oeste catarinense e considerar nulo acórdão proferido em 2012 que dava validade à portaria declaratória da Terra de Araçá'i (790/2007), do Ministério da Justiça. O Movimento DPD, que representa os proprietários na região, recorreu ao tribunal pedindo a revisão da decisão. Conforme a relatora do processo, desembargadora federal Vivian Josete Pantaleão Caminha, a turma teria deixado de avaliar a tese dos produtores rurais sobre a inexistência de ocupação indígena tradicional na área em litígio. *(TRF4ª Região, 06/05/2013)*

JUSTIÇA ANULA PORTARIA QUE RECONHECEU A TI MATO PRETO

A recente decisão é da 4ª Turma do TRF 4ª, que atendeu aos argumentos apresentados pela Procuradoria Geral do Estado (PGE), junto com os agricultores que possuem títulos de propriedade no local, e reformou deliberação de 2012 do mesmo tribunal, que reconhecia a reserva silvícola Araçá'i. A demarcação implicaria na saída do local de 131 famílias de pequenos agricultores, que trabalham em regime de subsistência, totalizando 417 pessoas. O unânime acórdão do TRF foi baseado no fato de que as terras em discussão não eram ocupadas por índios desde 1963 e também que, em outubro de 1988, data da promulgação da Constituição Federal, a área não era objeto de litígio nem estava judicializada. Segundo jurisprudência do STF, só devem ser declaradas áreas indígenas aquelas que estavam ocupadas por índios quando proclamada a Constituição, o que não é o caso da TI Guarani de Araçá'i, reconhecida em 2007, pela Portaria No 790, do Ministério da Justiça. *(Governo de Santa Catarina, 18/05/2015)*

ESTADO ENTRA COM AÇÃO PARA ANULAR TI MORRO DOS CAVALOS

O Estado de Santa Catarina pediu a anulação da demarcação da terra indígena no Morro dos Cavalos, em Palhoça, na Grande Florianópolis. O Estado argumenta que o estudo antropológico para demarcar a terra é inválido porque levou em conta a presença indígena encontrada no local em 2002. No final da petição, a Procuradoria requer que – 'na pior das hipóteses', no caso de manutenção da demarcação - o STF exclua dos limites da terra indígena o leito da BR-101 Sul, a sua faixa de servidão administrativa e a área dos túneis. *(Governo do Estado de Santa Catarina, 26/01/2014)*

FUNAI PEDE PROTEÇÃO DA PF PARA GUARANI EM MORRO DOS CAVALOS

Representantes da Funai temem que o pedido de anulação do processo de demarcação da terra indígena de Morro dos Cavalos - protocolado pelo Estado de Santa Catarina no STF possa incitar confrontos entre os índios e as famílias não indígenas que vivem no local. Por isso, a regional Litoral Sul encaminhará ainda nesta semana um relatório para a Polícia Federal, alertando sobre os riscos e pedindo a proteção dos índios. *(Diário Catarinense, 27/01/2014)*

JUSTIÇA CONDENA DNIT E FATMA A INDENIZAREM OS ÍNDIOS

Ação promovida pelo MPF/SC, a Justiça Federal condenou o Departamento Nacional de Infraestrutura de Transportes (Dnit) e a Fundação do Meio Ambiente de Santa Catarina (Fatma) ao pagamento de R$ 100 mil por danos morais à comunidade da TI Morro dos Cavalos. A Fatma foi responsabilizada por ter expedido a licença, assim permitindo a intervenção ilegal. Já o Dnit foi condenado por permitir que a empresa retirasse minério da área sabidamente de usufruto exclusivo dos Indígenas. *(Cimi, 09/04/2014)*

LIDERANÇA DE MORRO DOS CAVALOS SOFRE ATENTADO

Na madrugada de ontem (19/10), a cacica da comunidade Guarani da TI Morro dos Cavalos, sofreu o sexto atentado deste ano. Uma pessoa disparou dez vezes contra a escola e as casas que ficam no seu entorno. Com a arma em uma mão e uma lanterna na outra, o desconhecido cruzou, caminhando, a passarela sobre a BR 101 que corta a terra indígena. Se não bastassem os tiros, gritou palavrões contra os Guarani e prometeu matar a cacica Kerexu Yxapyry (Eunice Antunes). Há cerca de três meses os indígenas sofreram várias ameaças, o que fez o MPF a solicitar a presença da Polícia Militar através de rondas na aldeia para evitar qualquer violência. No entanto, essas rondas foram paralisada no final do mês de agosto. *(Cimi, 20/10/2015)*

TERRA NO EXTREMO OESTE É COMPRADA PARA OS GUARANI

O Governo do Estado anunciou, nesta quarta-feira, 20, a compra de 800 hectares de terra, em Bandeirante, no Extremo Oeste, para abrigar as cerca de 30 famílias de índios Guaranis, que hoje moram de favor em uma área cedida provisoriamente pela tribo Kaingang, em Chapecó. A decisão foi tomada durante reunião, em Florianópolis, com os secretários da Agricultura, João Rodrigues, da Administração, Derly de Anunciação, da Casa Civil, Nelson Serpa, e agricultores de Cunha Porã e Saudades. Também participaram representantes do movimento de Defesa de Propriedade, Dignidade e Justiça Social (DPD), da Fetaesc, Fetraf Sul e Senar. O presidente do DPD, Paulo Huf, disse que os agricultores estavam com muita expectativa para que os impasses fossem resolvidos. *(Governo de Santa Catarina, 20/11/2013)*

XOKLENG
IBIRAMA LA KLÃNÕ

MPF/SC QUER SUSPENDER LICENCIAMENTO DE PCH

O MPF/SC ajuizou ação civil pública contra a Fatma, a Hidrelétrica Pardos S/A e o Ibama, requerendo a suspensão imediata do licenciamento ambiental da Pequena Central Hidrelétrica (PCH) Rio dos Pardos, localizada no município de Porto União. Conforme a ação, ajuizada pelo procurador da República em Caçador, Anderson Lodetti Cunha de Oliveira, as licenças ambientais prévia e de instalação, concedidas pela Fatma, contêm diversas irregularidades, entre as quais a falta de estudos adequados dos impactos da obra sobre a fauna, além dos possíveis impactos sobre a comunidade indígena Xokleng, localizada a 1,5 km da barragem. *(MPF, 20/07/2011)*

XOKLENG OCUPAM FAZENDA E REBIO EM SANTA CATARINA

Índios Xokleng da reserva Duque de Caxias, são apontados pela Polícia Militar como autores de invasões e protestos ocorridos entre a última quinta-feira (17) e esta terça-feira (22). O problema foi motivado por um processo de demarcação de área indígena. Hoje, está em tramitação no Supremo Tribunal Federal. *(Janara Nicoletti, G1, 23/10/2013)*

ACONTECEU

XOKLENG INICIAM MAPEAMENTO DE SEU TERRITÓRIO

Os Xokleng da Terra Indígena (TI) Ibirama, localizada em Santa Catarina, sob orientação do Projeto Cartografia Social e com apoio do Projeto GATI, estão iniciando um processo de mapeamento histórico-cultural do seu território tradicional. A referência temporal utilizada é a implantação, há mais de 30 anos, da barragem no rio Itajaí do Norte (ou Hercílio) que corta a TI no sentido noroeste-sudeste e que interferiu drasticamente na ocupação territorial e na tradicionalidade Xokleng. *(Funai, 28/03/2014)*

XOKLENG PRESSIONAM PARA DEFINIÇÃO DE SUAS TERRAS

Colunas feitas de toras de madeira, paredes de tábuas velhas, tetos de lona ou plástico e piso de chão batido. Esta é a estrutura sob a qual vivem 60 famílias vindas da Terra Indígena Laklãnõ-Xokleng, em José Boiteux. Acampados na Barragem Norte, os índios ergueram barracos, tomaram a torre de controle e impedem a entrada de funcionários do Estado. O sistema para prevenção de cheias está parado e assim ficará, segundo eles, até que haja uma solução às reivindicações da comunidade: a definição da demarcação das terras indígenas e a construção de casas fora da área de alagamento da barragem. *(Aline Camargo, Jornal de Santa Catarina, 18/04/2015)*

PARANÁ

PF FAZ OPERAÇÃO NA RI MANGUEIRINHA

Homens da Polícia Federal de Guarapuava, região centro-oeste do Estado, realizaram na manhã desta quinta-feira (23), a Operação Tacape, cumprindo quatro mandados de busca e apreensão e dois mandados de prisão preventiva expedidos pela Justiça Federal de Pato Branco, no sudoeste do Estado. Sem incidentes, a operação terminou com a prisão do vice-cacique na própria reserva. Já o cacique se apresentou espontaneamente na Superintendência da PF no Paraná, em Curitiba, sendo que o mandado de prisão preventiva foi cumprido após ele ter sido interrogado. O objetivo principal da operação era prender o atual cacique e o vice-cacique da Reserva Indígena de Mangueirinha, no município de Mangueirinha, também na região centro-oeste, além de apreender armas de fogo e munições. *(Alexandre Sanches, O Diário.com, 23/01/2014)*

KAINGANG E GUARANI DISCUTEM INVENTÁRIO FLORESTAL

A agenda faz parte de uma articulação entre o Projeto GATI, Funai e lideranças da TI Mangueirinha com o Serviço Florestal Brasileiro (SFB), que, com apoio da Organização das Nações Unidades para Agricultura e Alimentação (FAO) e o Fundo Mundial para o Meio Ambiente (GEF), realiza o Inventário Florestal Nacional (IFN). O encontro teve como objetivo principal discutir a possibilidade de se realizar o primeiro inventário florestal em terra indígena utilizando a metodologia estabelecida para o IFN. A TI possui uma grande área de cobertura florestal nativa e preservada, sendo um dos principais remanescentes de floresta de araucária do Brasil. *(GATI, 20/05/2015)*

PF FAZ REINTEGRAÇÃO DE ÁREA OCUPADA POR ÍNDIOS EM PALMAS

A Polícia Federal em Guarapuava, em ação conjunta com a Polícia Militar, em Pato Branco, deflagraram na manhã desta sexta-feira (7), a "Operação Reintegração", visando o cumprimento de mandado de reintegração de posse em área limítrofe com a Reserva Indígena de Palmas, invadida por índios kaingangs dissidentes, bem como 11 mandados de prisão preventiva e de busca e apreensão expedidos pela Justiça Federal em Pato Branco. *(Bonde, 07/10/2011)*

KAINGANG RETOMAM TERRAS EM PALMAS

Segundo o cacique Mauri dos Santos Oliveira, o local é o mesmo em que, há dois anos, eles realizaram uma ocupação e que agora está sendo retomado. Na época, o proprietário entrou com uma ação de reintegração de posse e a comunidade indígena foi intimada a sair pacificamente das terras. Até nesta sexta-feira, pelo menos cinco comunidades indígenas estavam apoiando a ocupação à movimentação, entre elas a comunidade da Terra Indígena de Mangueirinha, de Clevelândia e mais três de Santa Catarina, a Terra Indígena Toldo Ximbangue, de Pinhal e Condá. Segundo ele, são mais de 300 indígenas ajudando na ocupação. *(Dayanne do Nascimento, Diário do Sudoeste, 13/10/2014)*

FURNAS DEVE FAZER ESTUDOS PARA INDENIZAR KAINGANG POR LINHÃO

No último dia 6 de agosto, o MPF em Apucarana promoveu uma reunião pública entre os índios Kaingang da TI Queimadas, Furnas e a Funai. Na reunião, que ocorreu no município de Ortigueira, a Funai se comprometeu a fornecer Termo de Referência para que Furnas realize estudos visando indenizar e compensar a comunidade indígena pelos danos socioeconômicos, ambientais e culturais sofridos deste a instalação da linha. Além disso, os estudos deverão corrigir e mitigar os impactos gerados e formalizar as formas de acesso de Furnas à área para manutenção periódica das torres. Também ficou definido que Furnas apoiará as atividades produtivas dos indígenas, inicialmente, ao longo dos estudos de licenciamento. *(MPF/PR, 08/08/2014)*

DEMARCAÇÃO DE TERRA XETÁ É LEVADA A BETO RICHA

O presidente do Sindicato Rural de Ivaté, Sr. Júlio César Meneguetti, esteve em audiência com o governador Beto Richa em sua visita na Expo Umuarama no dia 17/03, juntamente com o deputado estadual Nelson Garcia, o Sr. Lazaro Pires e o Sr. Moacir Kleber Geraldi, membros da comissão dos produtores rurais do município de Ivaté e Umuarama na questão Indígena Xetás. O grupo pediu o apoio do governador Beto Richa e do secretário da Agricultura do Estado do Paraná, Noberto A. Ortigara, para uma solução que não seja desfavorável aos produtores e não cause prejuízos e danos para a eles e consequentemente aos municípios da região. O Sr. Julio Meneguetti disse que ficou satisfeito com o encontro, pois tanto o governador como o secretario de agricultura se comprometeram em apoiar os produtores rurais para que se resolva da melhor forma possível. *(Umuarama Ilustrada, 19/03/2011)*

RURALISTAS CONSEGUEM ADIAR DEMARCAÇÃO DE TI

Uma discussão que se estende há 10 anos tem tirado o sono de muitos produtores rurais de Umuarama e Ivaté, no entanto, a ação de ruralistas da região com apoio da Federação da Agricultura do Estado do Paraná (Faep) conseguiu um estudo antropológico que retarda a demarcação estabelecida pela Funai, mostrando que impossibilidades de vestígios históricos dos Xetás na área pré-demarcada. Em 2003, a Funai encaminhou um estudo ao Governo Federal para que fosse estabelecida uma área de 12,5 mil hectares - mais de 5,5 mil alqueires - entre os distritos de Serra dos Dourados, Santa Eliza e o município de Ivaté. O estudo foi avaliado e, de lá para cá, segundo a Embrapa afirmou que não existe vestígio de aldeias fixadas na região até 1988. Quem garante o sossego aos produtores da região é

ACONTECEU

o deputado federal e, vice-líder do governo na Câmara, Osmar Serraglio (PMDB-PR). *(Umuarama - PR, 16/06/2013)*

MPF PEDE SUSPENSÃO DA 12ª RODADA DE LICITAÇÕES DA ANP

A ação pede liminar para suspender imediatamente os resultados e questiona a permissão para exploração de gás de folhelho (ou gás de xisto) na Bacia do Rio Paraná, no sul do país. A procuradoria solicita ainda que a possível exploração dos blocos deve levar em consideração "a participação das pessoas que serão impactadas diretamente pela exploração, como os moradores da Terra Indígena Xetá e da comunidade quilombola Manoel Ciríaco dos Santos, que não foram consultados previamente". *(Antonio Pita, Exame, 02/06/2014)*

FUNAI RECONHECE TI XETÁ E ATRAPALHA CAMPANHA DE GLEISI

Nos últimos dias de junho, a Funai delimitou 2,8 mil hectares do município do Ivaté (PR) para os índios Xetá. Ministra da Casa Civil até o início do ano, Gleisi prometeu à bancada ruralista, forte no Paraná, que o governo não demarcaria novas reservas até que fosse aprovada uma nova legislação sobre o assunto. O despacho da Funai atropelou também o deputado Osmar Serraglio (PMDB-PR), relator do projeto sobre demarcações. Pior: Ivaté é o principal reduto eleitoral de Serraglio. *(Leonel Rocha, Época, 06/07/2014)*

KAINGANG DE IVAÍ CONTRA USINA SANTO CRISTALINO

Um grupo de indígenas Kaingang, de Manoel Ribas, ocupou ontem uma estrada e ameaçou atear fogo na rede de energia nas proximidades da Usina Santo Cristalino para reivindicar o pagamento de indenização. Os índios querem uma compensação da área utilizada pela empresa já que, segundo o cacique Dirceu Santiago, a tribo não deu autorização para a instalação da rede elétrica nas terras indígenas. *(TN Online, 07/11/2011)*

KAINGANG PROTESTAM CONTRA BLOQUEIO DE SOJA DA TI

Cerca de 400 índios da Aldeia Ivaí protestaram sobre o bloqueio de mais de 40 mil sacas de soja em uma cooperativa de Manoel Ribas, no norte do Paraná, na tarde de terça-feira (18). O cacique da aldeia, Ademir Pereira Cispim, disse que os índios plantaram porque a Funai liberou as terras. "Eu não sei o que aconteceu que depois a Justiça acabou bloqueando a nossa colheita e alegou que a terra não poderia ser arrendada, mas não é isso que estávamos fazendo. Nós plantamos porque a Funai já tinha liberado tudo", defende. Ele confirmou que os índios estão passando por necessidades. *(Rômulo Vandresen Schiroff, G1, 19/06/2013)*

MPF INVESTIGA SITUAÇÃO DEGRADANTE EM ALDEIAS

O Ministério Público Federal (MPF) instaurou 45 procedimentos administrativos e um investigatório criminal após verificar as péssimas condições de vida dos índios guarani em Guaíra e Terra Roxa, no Oeste do Paraná. Conforme o relatório feito pelos procuradores, em apenas 3 das 13 áreas os indígenas contam com água potável. Há casos de aldeias onde os guaranis bebem água de mananciais, alguns contaminados por agrotóxicos e fertilizantes. Os procuradores também relatam a existência de atitudes racistas em relação aos índios que frequentam escolas da rede pública, com episódios de agressões psicológicas e corte da merenda escolar como forma de castigo. Em razão da hostilidade, os casos de suicídios começaram a ser frequentes entre os jovens. Dois casos foram registrados nos últimos seis meses. *(Denise Paro, Gazeta do Povo (Curitiba, 16/06/2013)*

COMISSÃO DA VERDADE OUVE INDÍGENAS NO OESTE DO PARANÁ

Acompanhada de profissionais do CTI, associação que acompanha a etnia desde o final da década de 70, foram ouvidos relatos que corroboram com as denúncias feitas no relatório "Violações dos direitos humanos e territoriais dos guarani no oeste do Paraná", entregue à CNV na última semana pela antropóloga Maria Inês Ladeira. De acordo com o documento, os indígenas passaram a ser perseguidos principalmente a partir do final da década de 40, quando foi construído um quartel do Exército no meio da terra guarani e se intensificou um processo, incentivado pelo governo, de colonização da região. Segundo os mais de vinte depoimentos coletados nos quatro dias de diligência, os índios que não fugiram muitas vezes eram obrigados a trabalhar em condições de semi-escravidão. Alguns, mesmo colaborando com o "homem branco", eram mortos no final do trabalho. Itaipu. Na aldeia Oco'y, próximo da represa, os indígenas que conseguiram fugir, muitas vezes para o Paraguai ou ainda estados vizinhos, ainda tiveram um novo desafio: quando voltaram tiveram negados seus poucos direitos, pois o Estado acusava-os de não serem índios nem brasileiros. Isso aconteceu porque a construção da Usina de Itaipu incidiu sobre o território Guarani, que teve parte de sua área alagada com o aumento de volume de água no rio Paraná. De acordo com o relatório do CTI, o responsável pelo processo de indenização e desapropriação de terras guarani que seriam inundadas foi Célio Horst, filho de criação do ditador Ernesto Geisel. Segundo Maria Rita Kehl, a questão da demarcação e homologação das terras Oco'y irão constar entre as recomendações da CNV. *(CNV, 09/04/2014)*

EM GUAÍRA, COMUNIDADE GUARANI RETOMA ALDEIA Y'HOVY

Após retomarem durante a madrugada desta terça-feira (04/11) parte do território da aldeia Y'Hovy, a comunidade guarani no município de Guaíra, oeste do Paraná, amanheceu sob ameaças com a presença de diversos automóveis, supostamente a mando de fazendeiros e proprietários da região. Além destes, policiais militares do Batalhão de Polícia de Fronteira também monitoravam a aldeia. No espaço, pertencente ao Tekoha Y'Hovy, em que os indígenas utilizam para a coleta e reprodução da vida, está sendo construído um condomínio residencial que vai acabar com o pouco que resta de mata nativa na região. *(CTI, 04/11/2014)*

ALDEIA KUARAY HAXA DEVE PERMANECER EM ÁREA DE SOBREPOSIÇÃO

A comunidade Guarani da aldeia Kuaray Haxa, no município de Guaraqueçaba - PR, conseguiu ontem (18/11) uma importante vitória na justiça derrubando a sentença de primeira instância que previa a reintegração de posse na área e a retirada das famílias para outro local. A ação contra os indígenas é movida pelo Instituto Chico Mendes de Conservação da Biodiversidade (ICMBio) que pretende a desocupação da área da aldeia em sobreposição com a Reserva Biológica Bom Jesus Em julgamento do Tribunal Regional Federal da 4ª Região (TRF4), os desembargadores reconheceram que a presença da comunidade na área não traz nenhum prejuízo à unidade de conservação. *(CTI, 19/11/2014)*

SÃO PAULO

TI ITAOCA, EM MONGAGUÁ, É RECONHECIDA

O juiz Marcelo Souza Aguiar, da 2ª Vara Federal de Santos, reconheceu, em sentença assinada no dia 13 de abril, a demarcação da TI Itaoca,

ACONTECEU

em Mongaguá. A sentença julgou improcedentes os pedidos formulados por fazendeiro que, há dez anos, movia a ação contra a Funai, pedindo a nulidade do processo administrativo que declarou a área como sendo terra indígena. No curso da ação também ficou provado que o fazendeiro não era proprietário da terra objeto de disputa. Parecer da Fundação Instituto de Terras do Estado de São Paulo (Itesp) comprovou a irregularidade do segundo registro da fazenda no Cartório de Registro de Imóveis, pois a matrícula apresentada ao Judiciário não respeitou os limites da trancrição da qual derivou. *(MPF, 19/04/2011)*

CIDADE DE SP TEM 38 POVOS INDÍGENAS

Levantamento da ONG Opção Brasil mostra que Região Metropolitana vivem 54 etnias diferentes - 38 só na capital. A exemplo de migrantes das zonas rurais e sertões, os indígenas de São Paulo chegam em busca de emprego e vivem principalmente em bairros pobres da periferia. Os Guarani, índios autóctones que viviam no estado antes da chegada dos portugueses, são a única etnia a viver em aldeias na cidade. As outras 53 etnias são formadas por índios que moram em bairros e favelas da metrópole. Assim como os migrantes nordestinos, os Pancararu começaram a chegar da zona do sertão do São Francisco, em Pernambuco, em meados da década de 1950, em busca de emprego. Eles foram chamados para cortar árvores em loteamento no bairro do Morumbi, zona sul, e depois ajudaram nas obras da construção do estádio do São Paulo. Instalaram-se nos terrenos vizinhos, descampados que viraram a Favela Real Parque, hoje em processo de urbanização. Estima-se que existam cerca de 3 mil Pancararu na capital, o que os tornaria uma das etnias mais numerosas da cidade. Dados do Censo 2010 do IBGE apontaram redução entre aqueles que se declaram indígenas na Grande São Paulo e na capital. Há dez anos, 33 mil pessoas diziam ser indígenas na metrópole. Atualmente são 21 mil. O levantamento mais completo na capital havia sido feito no ano passado (2010) pela Funai e apontou a existência de 22 etnias na metrópole paulista. *(OESP, 17/07/2011)*

DNIT TERÁ DE RETIRAR VAGÕES DA TI ARARIBÁ

A Justiça Federal em Bauru, no interior do Estado de São Paulo, determinou ao Departamento Nacional de Infraestrutura Terrestre (Dnit) que retire 74 vagões que estão abandonados na aldeia indígena Araribá, no município de Avaí, também no interior do Estado. O Dnit justificou a permanência dos vagões no local alegando falta de espaço no Pátio de Triagem Paulista em Bauru. Para a juíza federal, "nenhum dos argumentos serve para legitimar a omissão verificada". *(Estadão, 17/08/2011)*

FOGO EM ALDEIA EM SÃO SEBASTIÃO (SP)

Um incêndio atingiu nesta sexta-feira (23) uma aldeia que fica em São Sebastião, no litoral de São Paulo. O fogo foi controlado no início da tarde. Ninguém ficou ferido. Dos 2 mil metros quadrados que a reserva possui, 600 foram consumidos pelo fogo, que durou três horas. Os bombeiros dizem que quatro ocas estão totalmente queimadas e cerca de 30 índios ficaram desabrigados. Segundo testemunhas, o incêndio começou em uma oca, enquanto uma índia cozinhava. *(G1, 23/12/2011)*

GUARANI DE SP PRODUZEM MUDAS DE JUÇARA

Indígenas Tupi Guarani e Guarani Mbya do estado de São Paulo estão produzindo mudas de palmeira juçara, com o objetivo de reflorestar suas terras, recuperar o meio ambiente e comercializar o excedente como garantia de renda para as comunidades. Em 2011, as aldeias Rio Branco, em Itanhaém, e Bananal, em Peruíbe, produziram 6 mil mudas, com apoio da Funai. A expectativa da Coordenação Técnica Local (CTL) de Itanhaém, ligada à Coordenação Regional Litoral Sudeste da Funai, é que, em 2012, o trabalho de produção de mudas seja ampliado, com produção de 20 mil mudas. Os índios Tupi Guarani das aldeias Piaçaguera e Nhamandu Mirim, município de Peruíbe, e os Guarani Mbya, da aldeia Itaóca, município de Mongaguá, também vão participar do projeto. O preço médio da muda da palmeira no mercado é de R$ 1,00, quando comprado em quantidade. *(Funai, 31/01/2012)*

ALDEIA AGUAPEÚ RECEBE PLACAS DE ENERGIA SOLAR

A Funai, por meio da CTL de Itanhaém SP, articulou, junto à concessionária de energia do estado a instalação de 18 placas fotovoltaicas para captação de energia solar na aldeia Aguapeú, no município de Mongaguá. A aldeia abriga famílias Guarani M'bya e antes dela, a aldeia Tangará, no município de Itanhaém, recebeu 12 placas, em 2011. Além das duas aldeias que dispõem de energia solar, outras seis - Itaoca, em Mongaguá; Urui-ty, em Miracatu; e Piaçaguera, Bananal, Nhamandú, Taniguá, todas em Peruíbe - utilizam energia elétrica. *(Blog da Funai, 08/03/2013)*

INDÍGENAS PRESERVAM MATA ATLÂNTICA

Os dados da pesquisa TIs na Mata Atlântica: pressões e ameaças, recentemente lançada pela Comissão Pró-Índio de São Paulo, são um indicativo de que, apesar de todas as pressões, os índios têm conseguido conservar os seus territórios. As nove terras indígenas estudadas estão localizadas na Ecorregião da Serra do Mar, distribuídas por uma região que abrange desde o extremo sul da região metropolitana de São Paulo no planalto, estendendo-se pela Serra do Mar, até o litoral. A análise do desmatamento indica que, em 2011, em seis das nove terras indígenas estudadas, as áreas desmatadas representavam menos de 4% da dimensão total. A maior porcentagem de desmatamento atinge 10,5% na TI Piaçaguera, que foi alvo de exploração mineral e é cortada por uma rodovia. A análise da evolução temporal das imagens de satélite (período 2000 - 2011) indica que em seis das nove terras indígenas ocorreu uma diminuição da área desmatada no período. Na TI Bananal (Peruíbe) o índice se manteve estável e nos dois casos onde ocorreu o aumento - Ribeirão Silveira e Rio Branco do Itanhaém - este foi de menos de um ponto percentual. Na TI Itaóca os índices apontam para uma diminuição do desmatamento de 7,4 pontos percentuais no período entre 2000 e 2011. *(Bianca Pyl, Envolverde, 24/05/2013)*

ÍNDIOS FECHAM RODOVIA POR ARQUIVAMENTO DE PEC 215

Cerca de 200 índios guarani que moram em aldeias localizadas no município de São Paulo fecharam pacificamente no início da manhã de hoje (26) a Rodovia dos Bandeirantes, sentido capital, na altura do km 20, zona noroeste da cidade. A Comissão Guarani Yvyrupá também exige que o ministro da Justiça, José Eduardo Cardozo, autorize imediatamente a publicação das portarias declaratórias de duas terras indígenas localizadas na capital: a Terra Indígena Tenondé Porã, na zona sul, e a Terra Indígena do Jaraguá, zona noroeste. Outra reivindicação dos indígenas que fecharam a Rodovia dos Bandeirantes é o fim dos processos judiciais movidos pelo governo do estado de São Paulo contra povos guarani cujos territórios se sobrepõem aos limites de parques estaduais. A manifestação de hoje faz parte da jornada nacional de lutas convocada pela Articulação dos Povos Indígenas do Brasil para barrar o

ACONTECEU

avanço da PEC 215 no Congresso nacional *(Tadeu Breda, Rede Brasil Atual, 26/09/2013)*

GUARANI PASSAM A NOITE NO MUSEU ANCHIETA

Os índios guaranis que ocuparam hoje (16) o Museu Anchieta, no Pátio do Colégio, centro de São Paulo, reivindicam que o ministro da Justiça, José Eduardo Cardozo, assine uma portaria para regularizar as terras que eles ocupam há anos na capital paulista, zona oeste, e Tenondé Porã, no extremo sul da cidade. O diretor do local, padre Carlos Contieri, de início tentou negociar com os índios a saída do local, alegando, principalmente, que se tratava de um local particular. Mas depois acabou autorizando a permanência. *(Agência Brasil, 16/04/2014)*

CANETA DE PRESENTE PARA O MINISTRO DECLARAR TIS

Índios guaranis fabricaram uma caneta – decorada com o tradicional trançado da tribo – e a enviaram a José Eduardo Cardozo. Eles pedem que o ministro da Justiça assine a demarcação das Terras Indígenas Tenondé Porã e Jaraguá, na periferia da Grande São Paulo. O rastreamento dos Correios mostra que o presente já chegou ao ministério. *(Sonia Racy, OESP, 19/04/2014)*

PROTESTO GUARANI NA ABERTURA DA COPA DO MUNDO

Com apenas 13 anos de idade, o guarani Werá Jeguaka Mirim conseguiu chamar a atenção do mundo todo para a causa indígena no Brasil. O jovem foi um dos índios convidados para participar da cerimônia de abertura da Copa do Mundo. Com uma faixa escondida dentro da roupa, Werá driblou a segurança do evento e aproveitou a ocasião para pedir agilidade na demarcação das terras indígenas. As fotos sobre o protesto feito dentro da Arena Corinthians, zona leste paulistana, rodaram o mundo. O pai dele, o escritor indígena Olívio Jekupe, conta que tem recebido moções de apoio de diversas partes do mundo. "O mundo todo está querendo saber o que é demarcação. E agora a palavra demarcação está rodando o mundo todo", comemorou. *(Daniel Mello, EBC, 13/06/2014)*

MINISTRO DA JUSTIÇA DECLARA TI JARAGUÁ

Portaria Declaratória da Terra Indígena Jaraguá, de ocupação tradicional do povo indígena Guarani, localizada no Município de São Paulo – SP. A assinatura dessa Portaria reveste-se de grande significado, visto que a comunidade indígena encontrava-se confinada em apenas 1,7 hectares, vivendo em condições extremamente precárias. Não obstante, vivendo numa pequena porção de mata atlântica em plena região metropolitana de São Paulo, os Guarani conseguiram manter sua língua, rituais e práticas tradicionais em meio a um cenário de urbanização intensa e impactado por grandes obras. *(Ministério da Justiça, 29/05/2015)*

ÍNDIOS FATURAM 160 MIL COM MANDIOCA

As aldeias indígenas Kopenoty, Nimuendajú, Ekeruá e Tereguá, localizadas na TI Araribá, no município de Avaí (SP), comemoram o resultado da safra da mandioca de 2012/2013. Comparado com a safra de 2011/2012, a área plantada teve um aumento de 58% e a renda da produção triplicou. O faturamento é resultado da implantação do "Projeto Microbacias II - Processamento da Mandioca", uma parceria entre a Secretaria de Agricultura, por meio da Coordenadoria de Assistência Técnica Integral (CATI), e a Secretaria da Justiça e da Defesa da Cidadania, através do Instituto de Terras do Estado de São Paulo (ITESP). Com a implantação do projeto de processamento da mandioca que passa pelas etapas de colheita, pesagem, lavagem, corte, descascamento e acondicionamento, a caixa do produto final que antes custava R$ 8 subiu para R$ 18. Ao todo foram comercializadas 200 toneladas de mandioca processada, que proporcionaram um faturamento de R$ 160 mil, além da criação de 25 novos empregos diretos nas aldeias. *(SJDC/Governo de SP, 18/09/2013)*

RIO DE JANEIRO

ÍNDIOS DEBATEM GESTÃO DA TI GUARANI DO BRACUÍ (RJ)

Entre os dias 2 a 4 de junho, o Projeto GATI (GEF/PNUD/Funai) realizou oficina para discutir os passos para elaboração do Plano de Gestão Territorial e Ambiental (PGTA) dos Guarani da Terra Indígena Guarani do Bracuí (RJ), que é uma das áreas de referencia do projeto. A oficina aconteceu na aldeia Sapukai e reuniu cerca de 40 participantes, entre lideranças tradicionais, mulheres e jovens da TI para esclarecer dúvidas e organizar um plano de trabalho para orientar a construção do PGTA da TI Guarani do Bracuí. "Hoje em dia tem muita invasão de não índios nas matas, para caçar e para tirar madeira. Nós temos muita dificuldade para vigiar nossa terra, precisamos de apoio para vigiar e evitar essas invasões", afirmou o professor Argemiro. *(PNGATI, 01/07/2014)*

ORGANIZAÇÕES INDÍGENAS E DE APOIO

A lista abaixo apresenta uma relação de 245 organizações indígenas das mais atuantes e expressivas em termos de mobilização política, captação de recursos e outras atividades, muito embora algumas delas com atuação intermitente. Este conjunto representa apenas uma parcela de um total de 936 organizações inventariadas pelo Programa de Monitoramento de Áreas Protegidas do ISA, das quais 45 figuram como inativas. Longe de uma forma associativa única, a listagem evidencia a multiplicidade de formas adotadas como resposta tanto aos desafios locais – de aldeias, comunidades ou Terras Indígenas – quanto aos mais abrangentes, em âmbito regional ou nacional.

A relação completa de organizações indígenas encontra-se atualizada e disponível nos sites do programa: <https://pib.socioambiental.org> e <https://terrasindigenas.org.br/>.

Caso haja sugestões de organizações a serem acrescentadas à lista, é possível enviar as informações também pelo site: <https://pib.socioambiental.org/pt/c/iniciativas-indigenas/organizacoes-indigenas/formulario-organizacoes-indigenas>.

COM SITE

Ação dos Jovens Indígenas de Dourados (AJI, MS) – <http://www.jovensindigenas.org.br/>
Articulação dos Povos e Organizações Indígenas do Nordeste, Minas Gerais e Espírito Santo (APOINME) – <http://www.apoinme.blogspot.com>
Articulação dos Povos Indígenas da Região Sul (ARPINSUL) – <fb.me/ARPINSULBRASIL/>
Articulação dos Povos Indígenas do Brasil (APIB) –<https://mobilizacaonacionalindigena.wordpress.com/>
Associação Aliança dos Povos do Roncador (MT) – <http://www.wedera.blogspot.com.br>
Associação Artístico Cultural Nhandeva (RJ) – <http://www.nhandeva.org>
Associação Ashaninka do Rio Amônia (APIWTXA, AC) – <http://www.apiwtxa.blogspot.com.br/>
Associação Comunitária Indígena da Aldeia Nova Município de Amarante do Maranhão (ASCIAM) – <http://aldeianovamaranhao.blogspot.com.br/>
Associação Cultural de Realizadores Indígenas (ASCURI, MS)<https://www.youtube.com/channel/UC_EvIOBMTbte94t3YtjWT_Q>] e <fb.me/ascuri.brasil>
Associação das Mulheres Yanomami Kumirayoma (AMY Kumirayoma, AM/RR) – <fb.me/Kumirayoma>
Associação de Mulheres Indígenas de Dourados (AMID, MS) – <http://amid-ms.blogspot.com.br/>
Associação do Movimento dos Agentes Agroflorestais Indígenas do Acre (AMAAIAC) –<http://www.amaaiac.org.br/>
Associação do Povo Indígena Maraguá (ASPIM, AM) – <on.fb.me/1TDgVVx>
Associação do Povo Indígena Zoró Pangyjej (APIZ, RO) – <fb.me/apiz.zoro>
Associação do Povo Ye'Kuana do Brasil (APYB, RR) – <fb.me/yekwn>
Associação dos Povos Indígenas Karipuna (RO) – <fb.me/abytucuapoika2017>
Associação Floresta Protegida (AFP, PA) – <http://www.florestaprotegida.org.br/>
Associação Gãbgir do Povo Indígena Paiter Suruí (RO) – <https://goo.gl/OIrVBv>
Associação Indígena dos Povos Kokama (PTKRKTT, AM) – <fb.me/AssociacaoIndigenaDosPovosKokamaPtkrktt>
Associação Indígena Guarani Mboapy Pindó (AIG BOAPYPINDÓ, ES) –<http://bit.ly/1nMLGeS>
Associação Indígena Guateká (MS) – <http://assindguateka.org/>
Associação Indígena Matis (AIMA, AM) – <fb.me/aimamatis>
Associação Indígena Moygu Comunidade Ikpeng (AIMCI, MT) – <http://www.ikpeng.org/>
Associação Indígena Pahyhy'p (AIP, PA) – <http://www.aipariri.org/>
Associação Indígena Tulukai (AIT, MT) – <fb.me/tulukaiwaura>
Associação Metareilá do Povo Indígena Suruí (GAMEBEY, RO) – <http://www.paiter.org/>
Associação Nunerimane dos Povos Indígenas Apurinã de Rondônia (ANPIAR) – <fb.me/anpiar>
Associação Panará Iakiô (MT) – <on.fb.me/1P6dH9Y>
Associação Terra Indígena Xingu (ATIX, MT) – <fb.me/atixxingu>
Associação União das Aldeias Apinajé – PEMPXÀ (TO) – <http://www.uniaodasaldeiasapinaje.blogspot.com.br>
Associação Watoholy (MT) – <on.fb.me/1NPPX5J>
Associação Xavante Warã (MT) – <http://www.wara.nativeweb.org/>
Associação Yamurikumã das Mulheres Xinguanas (AYMXI, MT) – <on.fb.me/1QG2VaN>
Centro Histórico Cultural Tapuias Paiacus da Lagoa do Apodi (CHCTPLA, RN) – <http://chctpla.blogspot.com.br/>
Comissão de Articulação dos Povos Indígenas de São Paulo (CAPISP) – <fb.me/capisp>
Comissão Guarani Yvyrupa (CGY) – <fb.me/yvyrupa> / <http://www.yvyrupa.org.br/>
Conselho das Aldeias Wajãpi (APINA, AP) –<http://www.apina.org.br>
Conselho dos Povos Indígenas de Minas Gerais (COPIMG) –<http://www.pataxomg.wordpress.com/>
Conselho Indígena de Roraima (CIR) – <http://www.cir.org.br>
Consórcio dos Produtores Sateré Mawé (CPSM, AM) – <http://www.nusoken.com/>
Coordenação das Organizações e Povos Indígenas do Amazonas (COIPAM) –<http://coipam.blogspot.com.br/>
Coordenação e Articulação dos Povos Indígenas Xavante (COAPIX, MT) –<http://on.fb.me/1SXSD9c>

ORGANIZAÇÕES INDÍGENAS E DE APOIO

Coordenadoria das Associações Indígenas do Médio e Baixo Rio Negro (CAIMBRN/FOIRN, AM) – <https://goo.gl/h2TaER /https://caimbrn.wordpress.com/>
Coordenação das Organizações dos Povos Indígenas no Ceará (COPICE) –<on.fb.me/1VnwqzF>
Coordinadora de las Organizaciones Indígenas de la Cuenca Amazonica (COICA) –<http://coica.org.ec/web/>
Escola Indígena Baniwa e Coripaco Pamáali (EIBC/FOIRN, AM) – <http://www.pamaali.wordpress.com> e <fb.me/escolapamaali>
Federação das Organizações Indígenas do Rio Negro (FOIRN, AM) – <http://www.foirn.org.br>, <http://www.foirn.wordpress.com/> e <fb.me/foirn>
Grande Assembleia do Povo Guarani Kaiowá Aty Guasu – <http://www.atyguasu.blogspot.com.br/> e <fb.me/aty.guasu>
Hutukara Associação Yanomami (HAY, RR) –<http://www.hutukara.org/>
Instituto Florestal Yabner Suruí (RO) – <http://www.Institutoyabner.blogspont.com/>
Instituto Kabu (PA) – <http://www.kabu.org.br>
Instituto Raoni (IR, MT) – <http://www.institutoraoni.com.br>
Organização dos Povos Indígenas Xavante (OPIX, MT) –<http://www.aldeiasangradouro.blogspot.com.br>
Organização dos Professores Indígenas do Acre (OPIAC) – <http://www.opiac.org.br/>
Organização Indígena da Bacia do Içana (OIBI/FOIRN, AM) – <http://www.artebaniwa.org.br/>

SEM SITE
Articulação dos Povos Indígenas da Região Sudeste (ARPINSDESTE)
Associação Agroextrativista Poyanawa do Barão e Ipiranga (AAPBI, AC)
Associação Aldeia Vila Vitória – Favela (AVFVLA, CE)
Associação Arte Poranga Indígena do Rio Negro (AAPIRN/FOIRN, AM)
Associação Aulukumã do Alto Xingu (MT)
Associação Comunidade Indígena Mäkraré (MÄKRARÉ, MA)
Associação Comunidade Indígena Waimiri–Atroari (ACIWA, AM)
Associação Comunitária Indígena de Bracuí (ACIBRA, RJ)
Associação Comunitária Indígena Guarani Tjero Mirim Ba'E Kuai (SP)
Associação Comunitária Indígena Oco'y (ACIOC, PR)
Associação Cultural dos Povos Indígenas do Médio Solimões e Afluentes (ACPIMSA, AM)
Associação da Comunidade Indígena da Reserva Kadiwéu (ACIRK, MS)
Associação da Comunidade Indígena Xukuru do Ororubá (ACIXO, PE)
Associação da Comunidade Indígena do Rio Preto (ACIRP/FOIRN, AM)
Associação da Escola Enu Yumakine – Pamuri Mahsa (AEITEP/FOIRN, AM)
Associação da Escola Indígena Tukano Ye'pa Mahsã (AEITYM/FOIRN, AM)
Associação da Escola Indígena Tukano Yupuri (AEITY/FOIRN, AM)
Associação da Escola Indígena Tuyuka Utapinopona (AEITU/FOIRN, AM)
Associação da Escola Khumunu Wuu Kotiria (ASEKK/FOIRN, AM)
Associação das Aldeias Marubo do Rio Ituí (OIMA, AM)
Associação das Comunidades Indígenas do Baixo Rio Negro (ACIBRN/FOIRN, AM)
Associação das Comunidades Indígenas do Médio Rio Negro (ACIMRN/FOIRN, AM)
Associação das Comunidades Indígenas do Médio Rio Tiquié (ACIMET/FOIRN, AM)
Associação das Comunidades Indígenas do Rio Ayari (ACIRA/FOIRN, AM)
Associação das Comunidades Indígenas do Rio Castanha (ACIRC/FOIRN, AM)
Associação das Comunidades Indígenas do Rio Içana (ACIRI/FOIRN, AM)
Associação das Comunidades Indígenas do Rio Japú (ACIRJA/FOIRN, AM)
Associação das Comunidades Indígenas do Rio Negro (ACIRNE/FOIRN, AM)
Associação das Comunidades Indígenas do Rio Umari (ACIRU/FOIRN, AM)
Associação das Comunidades Indígenas do Rio Xié (ACIRX/FOIRN, AM)
Associação das Comunidades Indígenas e Ribeirinhas (ACIR/FOIRN, AM)
Associação das Comunidades Indígenas Putira Kapuamu (ACIPK/FOIRN, AM)
Associação das Escolas e Comunidades Indígenas do Povo Yuhupdeh (AECIPY, AM)
Associação das Guerreiras Indígenas de Rondônia (AGIR)
Associação das Mulheres Artesãs Ticuna de Bom Caminho (AMATÜ, AM)
Associação das Mulheres de Assunção do Içana (AMAI/FOIRN, AM)
Associação das Mulheres Indígenas Baniwa (AMIBI/FOIRN, AM)
Associação das Mulheres Indígenas da Região de Taracuá (AMIRT/FOIRN, AM)
Associação das Mulheres Indígenas do Alto Rio Negro (AMARN, AM)
Associação das Mulheres Indígenas do Distrito de Iauaretê (AMIDI/FOIRN, AM)

ORGANIZAÇÕES INDÍGENAS E DE APOIO

Associação das Mulheres Indígenas do Médio Purus (AMIMP, AM)
Associação das Mulheres Indígenas do Médio Solimões e Afluentes (AMIMSA, AM)
Associação das Mulheres Indígenas do Município de Tapauá (AMIMT, AM)
Associação das Mulheres Indígenas Sateré–Mawé (AMISM, AM)
Associação das Tribos Indígenas do Alto Rio Tiquié (ATRIART/FOIRN, AM)
Associação de Desenvolvimento Comunitário do Povo Indígena Marubo do Rio Curuçá (ASDEC, AM)
Associação de Mulheres Indígenas de Pari Cachoeira (AMIPC, AM)
Associação do Povo Indígena Wai Wai (APIW, RR)
Associação do Povo Indígena Wai Wai Xaary (APIWX, RR)
Associação do Povo Shawadawa do Igarapé Humaitá (APSIH, AC)
Associação dos Agentes Indígenas de Saúde do Alto Rio Negro (AAISARN/FOIRN, AM)
Associação dos Agentes Indígenas de Saúde do Médio Solimões (AAISMS, AM)
Associação dos Artesãos Indígenas de São Gabriel da Cachoeira (ASSAI–SGC/FOIRN, AM)
Associação dos Baniwa do Rio Içana e Cuiari (ABRIC/FOIRN, AM)
Associação dos Caciques Indígenas de São Paulo de Olivença (ACISPO, AM)
Associação dos Estudantes Indígenas do Amazonas (AEIAM)
Associação dos Povos Indígenas da Terra São Marcos (APITSM, RR)
Associação dos Povos Indígenas de Roraima (APIRR)
Associação dos Povos Indígenas do Mapuera (APIM, AP)
Associação dos Povos Indígenas do Oiapoque (APIO, AP)
Associação dos Povos Indígenas do Rio Humaitá (ASPIRH, AC)
Associação dos Povos Indígenas Tabajaras em Crateús (APITC, CE)
Associação dos Povos Indígenas Tiriyó, Kaxuyana e Txikuyana (APITIKATXI, AP)
Associação dos Povos Yanomami de Roraima (HWENAMA)
Associação dos Produtores Agroextrativistas Hunikui do Caucho (APAHC, AC)
Associação dos Professores do rio Marau e Urupadi (WOMUPE, AM)
Associação dos Professores Indígenas do Alto Rio Negro (APIARN/FOIRN, AM)
Associação dos Seringueiros Kaxinawá do Rio Jordão (ASKARJ, AC)
Associação dos Trabalhadores Indígenas do Distrito de Iauaretê (ATIDI/FOIRN, AM)
Associação Enumaniá (MT)
Associação Hopep dos Índios Trumai (AHIT, MT)
Associação Indígena Ahira (MT)
Associação Indígena Ahukugi (MT)
Associação Indígena Akwe (AIA, TO)
Associação Indígena Baré do Alto Rio Negro – João Garrido Melgueiro (AIBARN/FOIRN, AM)
Associação Indígena Calabaça de Crateús (AICC, CE)
Associação Indígena da Área de Canafé e Jurubaxi (AIACAJ/FOIRN, AM)
Associação Indígena da Bacia do Aracá e Demeni (AIBAD/FOIRN, AM)
Associação Indígena da Etnia Xetá (AIEX, PR)
Associação Indígena da Língua e Cultura Tariana do Distrito de Iauaretê (AILCTDI/FOIRN, AM)
Associação Indígena das Mulheres Apiaká, Kayabi e Munduruku (AKAMU, MT)
Associação Indígena de Balaio (AINBAL/FOIRN, AM)
Associação Indígena de Barcelos (ASIBA/FOIRN, AM)
Associação Indígena de Desenvolvimento Comunitário de Cucuí (AIDCC/FOIRN, AM)
Associação Indígena de Saúde Pública de Iauaretê (AISPI/FOIRN, AM)
Associação Indígena do Baixo Rio Içana (AIBRI/FOIRN, AM)
Associação Indígena do Baixo Rio Negro e Caurés (AIBRNC, AM)
Associação Indígena do Povo Assurini Trocará (AIPAT, PA)
Associação Indígena do Povo Aweti (AIPA, MT)
Associação Indígena do Povo Kotiria (Aipok, AM)
Associação Indígena Floresta e Paudairi (AIFP/FOIRN, AM)
Associação Indígena Kariri de Crateús (A–I–KA–CRA, AC)
Associação Indígena Kisêdjê (AIK, MT)
Associação Indígena Krajé (AIK, TO)
Associação Indígena Kuikuro do Alto Xingu (AIKAX, MT)
Associação Indígena Matipu (AIMA, MT)
Associação Indígena Myrená (MT)

ORGANIZAÇÕES INDÍGENAS E DE APOIO

Associação Indígena Nafukuá de Produtividade (AINAP, MT)
Associação Indígena Potyra Kapoamo (AIP, AM)
Associação Indígena Sapukuyawa Arakuni (AISA, MT)
Associação Indígena Tapawia (AIT, MT)
Associação Indígena Tulukai (AIT, MT)
Associação Indígena Tupiniquim e Guarani (AITG, ES)
Associação Indígena Ulupuene (AIU, MT)
Associação Kanamary do Vale do Javari (AKAVAJA, AM)
Associação Katukina do Campinas (AKAC, AC)
Associação Kuluene Yanumaka (AKY, MT)
Associação Marubo de São Sebastião (AMAS, AM)
Associação Marubo de São Salvador (AMASS, AM)
Associação Panará Iakiô (MT)
Associação Pequizal do Naruvoto (MT)
Associação Raízes Indígenas dos Potyguara em Crateús (ARINPOC, CE)
Associação Sociocultural Yawanawá (ASCY, AC)
Associação Tangurinho (MT)
Associação Texoli (TANER, RR)
Associação Wajãpi Terra Ambiente e Cultura (AWATAC, AP)
Associação Wyty–Catë das Comunidades Timbira do Maranhão e Tocantins (WYTY–CATË)
Associação Yamurikumã das Mulheres Xinguanas (AYMXI, MT)
Associação Yanomami do Rio Cauaburis e Afluentes (AYRCA, AM)
Associação Yanomami do Rio Marauiá e do Rio Preto (KURIKAMA, AM)
Associação Yarikayu (MT)
Associação Yawalapiti Awapá (AYA, MT)
Associação Yudjá Mïratú da Volta Grande do Xingu (AYMÏX, PA)
Centro de Formação e Documentação Wajãpi (CFDW, AP)
Centro de Organizacao do Povo Kawaiwete (COK, MT)
Centro Indígena de Formação e Cultura Raposa Serra do Sol (CIFCRSS, RR)
Comissão de Professores Timbira (MA)
Comunidades Indígenas de Pari–Cachoeira (CIPAC/FOIRN, AM)
Conselho Comunitário Indígena Pitaguary de Maracanaú (COIPY, CE)
Conselho das Organizações Indígenas do Povo Javaé da Ilha do Bananal (CONJABA, TO)
Conselho de Articulação Indígena do Povo Pitaguary (CAINPY, CE)
Conselho do Povo Indígena Ingarikó (COPING, RR)
Conselho dos Povos de Jutaí (COPIJU, AM)
Conselho dos Povos Indígenas de Cratéus e Região (CINCRAR, CE)
Conselho dos Professores Indígenas do Alto Rio Negro (COPIARN/FOIRN, AM)
Conselho Geral da Tribo Sateré Mawé (CGTSM, AM)
Conselho Geral da Tribo Ticuna (CGTT, AM)
Conselho Indígena dos rios Tapajós e Arapiuns (CITA, PA)
Conselho Indígena Estadual do Paraná (CIEP)
Cooperativa Agroextrativista Yawanawá (COOPYAWA, AC)
Cooperativa Kayapó de Produtos da Floresta Ba–Y (COOBA–Y, PA)
Coordenação das Organizações e Articulações dos Povos Indígenas do Maranhão (COAPIMA)
Coordenação das Organizações Indígenas da Amazônia Brasileira (COIAB)
Coordenação das Organizações Indígenas do Povo Cinta Larga (PATJAMAAJ, RO)
Coordenação das Organizações Indígenas Kaixana do Alto Solimões (AM)
Coordenadoria das Associações Baniwa e Coripaco (CABC/FOIRN, AM)
Coordenadoria das Associações Indígenas do Alto Rio Negro–Xié (CAIARNX/FOIRN, AM)
Coordenadoria das Associações Indígenas do Médio e Baixo Rio Negro (CAIMBRN/FOIRN, AM)
Coordenadoria das Organizações Indígenas do Distrito de Iauaretê (COIDI/FOIRN, AM)
Coordenadoria das Organizações Indígenas do Rio Tiquié, Baixo Uaupés e Afluentes (COITUA/FOIRN, AM)
Escola Indígena Baniwa e Coripaco Pamáali (EIBC/FOIRN, AM)
Federação das Organizações e Comunidades Indígenas do Médio Purus (FOCIMP, AM)
Federação do Povo Hunikui do Acre (FEPHAC)
Instituto de Pesquisa Etno Ambiental do Xingu (IPEAX, MT)

ORGANIZAÇÕES INDÍGENAS E DE APOIO

Mobilização dos Povos Indígenas do Cerrado (MOPIC)
Movimento Jovem Ikpeng (MJI, MT)
Movimento Munduruku Ipereg Ayu (MMIA, PA)
Organização das Comunidades Indígenas de Assunção do Içana (OCIDAI/FOIRN, AM)
Organização das Comunidades Indígenas do Alto Rio Negro (OCIARN/FOIRN, AM)
Organização das Mulheres Indígenas de Roraima (OMIR)
Organização das Nações Indígenas do Alto Papuri (ONIARP/FOIRN, AM)
Organização das Nações Indígenas do Médio Rio Papuri (ONIMRP/FOIRN, AM)
Organização das Nações Indígenas dos Kubeos do Alto Rio Uaupés (ONIKARVA, AM)
Organização de Mulheres Indígenas de Manaus (OMISM, AM)
Organização dos Povos Indígenas de Roraima (OPIR)
Organização dos Povos Indígenas do Médio Purus (OPIMP, AM)
Organização dos Povos Indígenas do Município de Fonte Boa (OPIFB, AM)
Organização dos Povos Indígenas Huni Kuin do Alto Rio Purus (OPIHARP, AM)
Organização dos Professores Indígenas de Roraima (OPIRR)
Organização dos Professores Indígenas do Médio Solimões e Afluentes (OPIMSA, AM)
Organização dos Professores Sateré–Mawé (OPISM, AM)
Organização dos Professores Indígenas Sateré–Mawé dos rios Andirá e Waikurapá (OPISMA, AM)
Organização Geral dos Professores Ticuna Bilingues (OGPTB, AM)
Organização Geral dos Mayoruna (OGM, AM)
Organização Indígena Coripaco do Alto Rio Içana (OICAI/FOIRN, AM)
Organização Indígena da Bacia do Içana (OIBI/FOIRN, AM)
Organização Indígena do Centro Iauaretê (OICI/FOIRN, AM)
Organização Indígena para o Desenvolvimento Sustentável (OIDS/FOIRN, AM)
Organização Indígena Portal do Xingu (MT)
Sociedade de Defesa dos Índios Unidos de Roraima (Sodiur)
Sociedade dos Índios Unidos do Norte de Roraima (Sodiurr)
União das Comunidades Indígenas do Distrito de Iauaretê (UCIDI/FOIRN, AM)
União das Mulheres Artesãs Indígenas do Médio Rio Negro (UMAI/FOIRN, AM)
União das Mulheres Indígenas do Rio Ayari (UMIRA/FOIRN, AM)
União das Nações Indígenas Baniwa (UNIB/FOIRN, AM)
União das Nações Indígenas do Baixo Içana (UNIBI/FOIRN, AM)
União das Nações Indígenas do Distrito de Iauaretê (UNIDI/FOIRN, AM)
União das Nações Indígenas do Rio Uaupés Acima (UNIRVA/FOIRN, AM)
União dos Povos Indígenas do Médio Rio Solimões e Afluentes (Unipi–MSRA, AM)
União dos Povos Indígenas do Vale do Javari (UNIVAJA, AM)

SIGLAS

AAA Associação (Norte) Americana de Antropologia **AAAS** Avaliação Ambiental da Área Sedimentar **AAPPC** Associação Agroextrativista dos Pequenos Produtores **AATI** Associações de Autoridades Tradicionais Indígenas **AATZOT** Associación de Autoridades Tradicionales Indígenas de los Capitanes Indígenas del Pira Paraná **ABA** Associação Brasileira de Antropologia **ABEP** Associação Brasileira de Estudos Populacionais **Abin** Agência Brasileira de Inteligência **Abralin** Associação Brasileira de Linguística **AC** Acre **Acaipi** Associación de Capitanes y Autoridades Tradicionales Indígenas del Pirá Paraná **Acitam** Asociación de Cabildos Indígenas del Trapecio Amazónico **ACO** Ação Cível Ordinária **ACP** Ação Civil Pública **Acrissul** Associação dos Criadores de MS **ACT** Acordo de Cooperação Técnica **ACT/Brasil** Equipe de Conservação da Amazônia **Adapec** Agência de Defesa Agropecuária do Tocantins **Ader** Associação para o Desenvolvimento, a Educação e a Pesquisa **Adin** Ação Direta de Inconstitucionalidade **ADR/Funai** Administração Regional **AEI** Auxiliar de Enfermagem Indígena **AER/Funai** Administração Executiva Regiona **AFC** Alliance for Change **Agma** Agência Goiana do Meio Ambiente **Agmarn** Agência Goiana de Meio Ambiente e Recursos Naturais **AGO** Assembleia Geral Ordinária **AGU** Advocacia Geral da União **AIA** Avaliação Ambiental Integrada **Aidesep** Asociación Interétnica para el Desarrollo de la Selva Peruana **AIDS** Acquired Immune Deficiency Syndrome **Aima** Agentes Indígenas de Manejo Ambiental **Aidesep** Asociación Interétnica de Desarrollo de la Selva Peruana **AIS** Agente Indígena de Saúde **AISB** Agente Indígenas de Saúde Bucal **AL** Alagoas **AL** Amazônia Legal **AM** Amazonas **Amazonastur** Empresa Estadual de Turismo do Amazonas **Anac** Agência Nacional de Aviação Civil **Aneel** Agência Nacional de Energia Elétrica **Andi** Atenção Nutricional à Desnutrição Infantil **ANH** Agencia Nacional de Hidrocarburos **ANP** Agência Nacional do Petróleo, Gás Natural e Biocombustíveis **Anpoll** Associação Nacional de Pós Graduação e Pesquisa em Letras e Linguística **Antaq** Agência Nacional de Transporte Aquaviários **Anvisa** Agência Nacional de Vigilância Sanitária **AP** Amapá **AP** Área Protegida **APA** Área de Proteção Ambiental **API** Assessores Pedagógicos Indígenas **APMT** Agência Presbiteriana de Missões Transculturais **APNU** A Partnership for National Unity **Apitu** Associação dos Povos Indígenas do Tumucumaque **APP** Área de Preservação Permanente **ARS** Agência Regional de Saúde **Ascom** Assessoria de Comunicação **Asfax** Associação dos Fazendeiros do Rio Xingu e Araguaia **Asprim** Associação dos Produtores Rurais de Primavera do Leste **Assflor** Associação Agroextrativista Sementes da Floresta **Assottrut** Associação de Trabalhadores Rurais em Regime Familiar do Truaru **Atai** Agente Territorial e Ambiental Indígena **Atesg** Associação dos Trabalhadores de Enfermagem de São Gabriel **Aticoya** Asociación de Autoridades Indígenas del Resguardo Tikuna, Kokama, Yagua **AVC** Acidente Vascular Cerebral **AXS** Associação Xingu Sustentável **Azcaita** Asociación Zonal de Cabildos Indígenas de Tierras Altas **BA** Bahia **BBC** British Broadcasting Corporation **BID** Banco Interamericano de Desenvolvimento **BNDES** Banco Nacional de Desenvolvimento Econômico e Social **Bope** Batalhão de Operações de Policiamento Especializado **BPBES** Plataforma Brasileira da Biodiversidade e Serviços Ecossistêmicos **CAC** Compromisso de Ajustamento de Conduta **CAE** Conselho Municipal de Alimentação Escola **Cafi/Coiab** Centro Amazônico de Formação Superior **Canoa** Cooperação e Articulação do Noroeste Amazônico **Capyh** Coletivo de Apoio aos Povos Yuhupdëh e Hupd'äh **Casai** Casa de Apoio à Saúde do Índio **Cati** Coordenadoria de Assistência Técnica Integral **CB** Correio Brasiliense **CC/Sema** Sistema de Cadastro de Consumidores de Produtos Florestais **CCB** Climate, Community and Biodiversity **CCPY** Comissão Pró Yanomami **CD Rom** Compact Disc Read Only Memory **CD4** Cluster of Differentation **CDB** Convenção sobre Diversidade Biológica **CDDPH** Conselho de Defesa dos Direitos da Pessoa Humana **CDI** Comitê para a Democratização da Informática **CE** Ceará **CEA** Comissão Especial de Análise **CEB** Comunidade Eclesial de Base **Cedi** Centro Ecumênico de Documentação e Informação **CEE** Conselho Estadual de Educação **CEF** Caixa Econômica Federal **CEITSP** Colégio Estadual Indígena Tupinambá Serra do Padeiro **Cejusc** Centro Judiciário de Solução de Conflitos e Cidadania **Celade** Centro Latinoamericano y Caribeño de Demografía **Celpa** Central de Energia Elétrica do Pará **CEM** Companhia Energética Meridional **Cemat** Centrais Elétricas Mato grossenses **Cemig** Companhia Energética de Minas Gerais **Cepal** Comisión Económica para América Latina **Cerma** Centre de Recherches sur les Mondes Américains **CERR** Companhia Energética de Roraima **Ceste** Consórcio Estreito de Energia **Cesta** Centro de Estudos Ameríndios **Ceuc** Centro Estadual de Unidades de Conservação **CF** Constituição Federal **CGEE** Centro de Gestão e Estudos Estratégicos **CGEEI** Coordenação Geral de Educação Escolar Indígena **CGGAM** Coordenação Geral de Gestão Ambiental **CGEN** Conselho de Gestão do Patrimônio Genético **CGI** Grupo de Consciência Indígena **CGIIRC/Funai** Coordenação Geral de Índios Isolados e Recém Contatados **CGMT/Funai** Coordenação Geral de Monitoramento Territorial **CGPC** Coordenação Geral de Promoção da Cidadania **CGPIMA/Funai** Coordenação Geral de Patrimônio Indígena e Meio Ambiente **CGU** Controladoria Geral da União **CHCTPLA** Centro Histórico Cultural Tapuias Paiacus da Lagoa do Apodi **Chesf** Companhia Hidroelétrica do São Francisco **CHT** Complexo Hidrelétrico do Tapajós **CI** Conservação Internacional **CIDH** Comissão Interamericana de Direitos Humanos **CIGCOE** Companhia Independente de Gerenciamento de Crises e Operações Especiais **Cimi** Conselho Indígena Missionário **Cimtar** Cabildo Indígena Mayor de Tarapacá **Cinep** Centro Indígena de Estudos e Pesquisas **Cipiaci** Comitê Indígena Internacional para a Proteção dos Povos em Isolamento e Contato Inicial da Amazônia **CIPP** Complexo Industrial e Portuário do Pecém **CLT** Consolidação das Leis Trabalhistas **CLPI** Consulta Livre Prévia Informada **CMA** Comando Militar da Amazônia **Cmam/Funai** Coordenação de Meio Ambiente **CME** Conselho Municipal de Educação **CMG** Coeficiente de Mortalidade Geral **CMI** Coeficiente de Mortalidade Infantil **CMR** Companhia de Mineração de Rondônia **CNA** Confederação Nacional da Agricultura **Cnapo** Comissão Nacional de Agroecologia e Produção Orgânica **CNBB** Conferência Nacional dos Bispos do Brasil **CNI** Confederação Nacional da Indústria **CNJ** Conselho Nacional de Justiça **CNM** Comunidad Nativa Matsés **CNPI** Comissão Nacional de Política Indigenista **CNPI** Conferência Nacional de Política Indigenista **CNPI** Conselho Nacional de Política Indigenista **CNPI** Conselho Nacional de Proteção ao Índio **CNPq** Conselho Nacional de Desenvolvimento Científico e Tecnológico **CNPT/Ibama** Centro Nacional de Populações Tradicionais **CNRS** Centre National de la Recherche Scientifique (Centro nacional de Pesquisa Científica) **CNS** Conselho Nacional dos Seringueiros/Conselho Nacional de Populações Extrativistas **CNSI** Conferência Nacional de Saúde Indígena **CNV** Comissão Nacional da Verdade **Coaf** Controle de Atividades Financeiras **Codemat** Companhia de Desenvolvimento de Mato Grosso **Coelba** Companhia de Eletricidade da Bahia **Coema** Conselho Estadual do Meio Ambiente **Cofopri** Comisión de Formalización de la Propiedad Privada **Compesa** Companhia Pernambucana de Saneamento **Conab** Companhia Nacional de Abastecimento **Conaq** Coordenação Nacional de Articulação das Comunidades Quilombolas **Condef/Coiab** Conselho Deliberativo e Fiscal da Coordenação **Coneei** Conferência Nacional de Educação Escolar Indígena **Condisi** Conselho Distrital de Saúde Indígena **Conplei** Conselho Nacional de Pastores e Líderes Evangélicos Indígenas **Consun** Conselho Universitário **Contag** Confederação Nacional dos Trabalhadores na Agricultura **Coomflona** Cooperativa Mista Flona Tapajós Verde **Cooplam** Cooperativa de Produtores Leite de Autaz Mirim **COP-15** Conferência do Clima das Nações Unidas em Copenhague **Copel** Companhia Paranaense de Energia Elétrica **Core/RR** Coordenação Regional da Funasa em Roraima **CPF** Cadastro da Pessoa Física **CPI** Comissão Pró-Índio **CPI** Comissão Parlamentar de Inquérito **CPO-d** Dentes Cariados, Perdidos e Obturados **CPR** Casa do Produtor Rural **CPRM** Companhia de Pesquisa e Recursos Minerais **CPT** Comissão Pastoral da Terra **CR** Coordenação Regional **CRI** Cartório de Registro de Imóveis **CRO** Conselho Regional de Odontologia **CTA** Conhecimento Tradicional Associado **CTI** Centro de Trabalho Indigenista **CTL** Coordenação Técnica Local **Cufa** Central Única de Favelas **Cuia** Comissão Universidades para os Índios **CUT** Central Única dos Trabalhadores **CVP** Cernambi Virgem Prensada **CVRD** Companhia Vale do Rio Doce **Daci** Dirección de Pueblos Indígenas en Aislamiento y Contacto Inicial **Dain** Diretório Acadêmico Indígena **DAP** Diâmetro à Altura do Peito **DDASS** Direção Departamental de Assistência Sanitária **DELEMAPH** Delegacia de Repressão a Crimes Contra o Meio Ambiente e o Patrimônio Histórico **DEM** Democratas **Denit** Departamento Nacional de Infraestrutura de Transporte **DF** Distrito Federal **DGESI** Departamento de Gestão da Saúde Indígena **DFID** Department For International Development **DII/FUNAI** Departamento de Índios Isolados **DMP** Departamento de Medicina Preventiva **Dnit** Departamento Nacional de Infraestrutura e Transporte **DNPM** Departamento Nacional de Produção Mineral **DNUDPI** Declaração das Nações Unidas sobre os direitos dos Povos Indígenas **DOU** Diário Oficial da União **DPDS** Departamento de Promoção ao Desenvolvimento Sustentável **DPG** Departamento de Patrimônio Genético do MMA **DPI/Iphan** Departamento de Patrimônio Imaterial **DPT** Diretoria de Proteção Territorial **Dsei** Distrito Sanitário Especial Indígena **DSG** Diretoria do Serviço Geográfico do Exército **DST** Doença Sexualmente Transmissível **DSY** Distrito Sanitário Yanomami **DVD** Digital Versatile Disc **EAD** Ensino à Distância **ECI** Estudo de Componente Indígena **EDBC** Estratégia de Desenvolvimento de Baixo Carbono **EDS** Associação Expedicionários da Saúde **EIA Rima** Estudo de Impacto Ambiental e Relatório de Impacto Ambiental **EIBH** Estudos Integrado de Bacias Hidrográficas **EJA** Educação de Jovens e Adultos **ELDP** Endangered Languages Documentation Program **Emade** Empresa Amazonense de Dendê **Emarc** Escola Agrícola **Embrapa** Empresa Brasileira de Pesquisa Agropecuária **Empaer** Empresa Mato grossense de Pesquisa, Assistência e Extensão Rural **ENSP** Escola Nacional de Saúde Pública **Enei** Encontro Nacional de Estudantes Indígenas **EPE** Empresa de Pesquisa Energética **EPI** Estatuto dos Povos Indígenas **EPM** Escola Paulista de Medicina **Erea** Equipe de Recherche en Ethnologie Amérindienne **ES** Espírito Santo **Esec** Estação Ecológica **ETCL** Equipe Técnica Cinta Larga **EUA** Estados Unidos da América **FAB** Força Aérea Brasileira **Faep** Federação da Agricultura do Estado do Paraná **FAERR** Federação da Agricultura e Pecuária do Estado de Roraima **Famato**

SIGLAS

Federação Mato grossense da Agricultura **FAO/ONU** Organização das Nações Unidas para a Alimentação e a Agricultura **Fapeam** Fundação de Amparo à Pesquisa do Estado do Amazonas **Fapesp** Fundação de Amparo à Pesquisa do Estado de São Paulo **Farc** Forças Armadas Revolucionárias da Colômbia **Feconatiya** Federação de Comunidades Nativas Ticunas e Yaguas **Fecotyba** Federación de Comunidades Ticunas y Yaguas del Bajo Amazonas **Fema** Fundação Estadual do Meio Ambiente **Fenamad** Federación Nativa del Río Madre de Dios y Afluentes **Fepi** Fundação Estadual dos Povos Indígenas do Amazonas **FES** Floresta Estadual **Fetag** Federação dos Trabalhadores na Agricultura **Fetraf** Federação dos Trabalhadores em Agricultura Familiar **FFLCH** Faculdade de Filosofia, Letras e Ciências Humanas (USP) **FGTS** Fundo de Garantia do Tempo de Serviço **FHC** Fernando Henrique Cardoso **Fiei** Formação Intercultural de Educadores Indígenas **Fiesp** Federação das Indústrias do Estado de São Paulo **Fiocruz** Fundação Instituto Oswaldo Cruz **FIP** Fundo de Investimentos e Participações Amazônia Energia **Flona** Floresta Nacional **Flotas** Florestas Estaduais **FN** Força Nacional **FNMA** Fundo Nacional do Meio Ambiente **Formad** Fórum Mato Grossense de Meio Ambiente e Desenvolvimento **Forp** Faculdade de Odontologia de Ribeirão Preto (USP) **FPA** Frente Parlamentar de Agricultura **FPE** Frente de Proteção Etnoambiental **FPE** Fundo de Participação dos Estados e do Distrito Federal **FPEVJ** Frente de Proteção Etno Ambiental Vale do Javari **FPEYY** Frente de Proteção Etnoambiental Yanomami e Ye'kuana **FSC** Forest Stewardship Council **FSP** Folha de São Paulo **Fubra** Fundação Universitária de Brasília **Funai** Fundação Nacional do Índio **Funasa** Fundação Nacional de Saúde **Funatura** Fundação Pró Natureza **Funbio** Fundo Brasileiro para Biodiversidade **Funcef** Fundação dos Economiários Federais **FVA** Fundação Vitória Amazônia **FVPP** Fundação Viver Produzir e Preservar **FVS** Fundação Vigilância em Saúde **GCI** Grupo de Consciência Indígena **GDF** Gaz de France **GEF** Global Environmental Facility **Gesac** Governo Eletrônico, Serviço de Atendimento ao Cidadão **GO** Goiás **GPS** Global Positioning System **GSI** Gabinete de Segurança Institucional da Presidência da República **GT** Grupo Técnico **GT** Grupo de Trabalho **GTE** Grupo Técnico Especializado **GTI** Grupo de Trabalho Interministerial **GTZ** Deutsche Gesellschaft für Technische Zusammenarbeit (Agência de Cooperação Técnica Alemã) **HIV** Human Immunodeficiency Virus **HOY** Horonami Organización Yanomami **HP** Hewlett Packard **HPV** Human Papiloma Virus **HUFPB** Hospital Universitário da Universidade da Paraíba **IABPI** Incentivo de Atenção Básica à Saúde dos Povos Indígenas **Ibama** Instituto Brasileiro do Meio Ambiente e dos Recursos Naturais Renováveis **IBC** Instituto del Bien Común **IBDF** Instituto Brasileiro de Desenvolvimento Florestal **IBDS** Instituto Brasileiro pelo Desenvolvimento Sanitário **IBGE** Instituto Brasileiro de Geografia e Estatística **IBICT** Instituto Brasileiro de Informação em Ciência e Tecnologia **Ibram** Instituto do Meio Ambiente e dos Recursos Hídricos (DF) **IB** Instituto Botânico **ICMBio** Instituto Chico Mendes de Conservação da Biodiversidade **ICOM** International Council of Museums (Conselho Internacional de Museus) **ICPIRN** Instituto dos Conhecimentos e Pesquisas Indígenas do Rio Negro **Idam** Instituto de Desenvolvimento Agropecuário do Amazonas **Ideflor** Instituto de Desenvolvimento Florestal do Pará **Idesam** Instituto de Conservação e Desenvolvimento Sustentável do Amazonas **IDSM** Instituto de Desenvolvimento Sustentável Mamirauá **IEB** Instituto Internacional de Educação **IEF** Instituto Estadual de Florestas **IER** Instituto de Educação Rural **Iepé** Instituto de Pesquisa e Formação em Educação Indígena **Ifam** Instituto Federal do Amazonas **IFN** Inventário Florestal Nacional **IFP** International Fellowships Program **IFPA** Instituto Federal do Pará **IFRR** Instituto Federal de Roraima **IGD** Índice de Gestão Descentralizada do Programa **IIRSA** Iniciativa para a Integração da Infraestrutura Regional Sul Americana **ILM** Interventores em Língua Materna **ILMD** Instituto Leônidas e Maria Deane (Fiocruz) **Imaflora** Instituto de Manejo e Certificação Florestal e Agrícola **Imip** Instituto Materno Infantil de Pernambuco **Imip** Instituto de Medicina Integral Professor Fernando Figueira **Incra** Instituto Nacional de Colonização e Reforma Agrária **Indepa** Instituto Nacional de Desarrollo de los Pueblos Andinos, Amazónicos y Afroperuanos **INDL** Inventário Nacional da Diversidade Linguística **Inep** Instituto Nacional de Estudos e Pesquisa Educacionais **Inesc** Instituto de Estudos Socioeconômicos **Infoplan** Conferência Nacional de Produtores e Usuários de Informações Estatísticas, Geográficas e Ambientais **Inpa** Instituto Nacional de Pesquisas da Amazônia **Inpe** Instituto Nacional de Pesquisas Espaciais **Inpi** Instituto Nacional de Propriedade Industrial **Insi** Instituto Nacional de Saúde Indígena **IP** Intellectual Property **IPA** Instituto de Permacultura da Amazônia **Ipam** Instituto de Pesquisa Ambiental da Amazônia **IPBES** Plataforma Intergovernamental da Biodiversidade e Serviços Ecossistêmicos **IPCC** Painel Intergovernamental sobre Mudanças Climáticas **IPÊ** Instituto de Pesquisa Ecológica **Ipec** Instituto de Pesquisa Clínica Evandro Chagas **Iphan** Instituto do Patrimônio Histórico Artístico Nacional **IPJB/RJ** Instituto de Pesquisas Jardim Botânico do Rio de Janeiro **Ipol** Instituto de Investigação e Desenvolvimento em Política Linguística **IRD** Institut de Recherche pour le Développement **ISA** Instituto Socioambiental **ISC** Instituto de Saúde Coletiva **ISPN** Instituto Sociedade, População e Natureza **Iteracre** Instituto de Terras do Acre **Iterpa** Instituto de Terras do Pará **Itesp** Instituto de Terras do Estado de São Paulo **IUCN** International Union for Conservation of Nature **Ivic** Instituto Venezuelano de Investigações Científicas **Jibat** Jogos Indígenas do Baixo Tapajós **JF** Justiça Federal **Jocum** Jovens com uma Missão **KfW** Kreditanstalt für Wiederaufbau **Lacen** Laboratório Central de Saúde Pública **Lali** Laboratório de Línguas Indígenas (UnB) **LI** Licença de Instalação **LMF** Laboratório de Manejo de Fauna **LO** Licença de Operação **LP** Licença Prévia **MA** Maranhão **MAB** Movimento dos Atingidos por Barragens **Mast** Museu de Astronomia e Ciências Afins **MCH** Mini Central Hidrelétrica **MCT** Ministério da Ciência e Tecnologia **MDA** Ministério do Desenvolvimento Agrário **MDS** Ministério do Desenvolvimento Social e Combate à Fome **MEC** Ministério da Educação e Cultura **MEIAM** Movimento dos Estudantes Indígenas do Amazonas **Mercosul** Mercado Comum do Sul **Mesa** Ministério Extraordinário de Segurança Alimentar e Combate à Fome **Meva** Missão Evangélica da Amazônia **MG** Minas Gerais **Micali** Ministério de Capacitação de Lideranças Indígenas **Minc** Ministério da Cultura **MIT** Massachusetts Institute of Technology **MJ** Ministério da Justiça **MMA** Ministério do Meio Ambiente **MME** Ministério das Minas e Energia **MMT** Movimento Minha Terra **MNHN** Muséum National d'Histoire Naturel **MNTB** Missão Novas Tribos do Brasil **MSU EUA** Universidade do Estado de Michigan **MP** Ministério do Planejamento **MPEG** Museu Paraense Emilio Goeldi **MPF** Ministério Público Federal **MPT** Ministério Público do Trabalho **MRE** Ministério das Relações Exteriores **MRN** Mineração Rio do Norte **MS** Mato Grosso do Sul **MST** Movimento dos Trabalhadores Rurais Sem Terra **MT** Mato Grosso **MTD** Movimento dos Trabalhadores Desempregados **MTE** Ministério do Trabalho e Emprego **Musa** Museu da Amazônia **MWh** Megawatt Hora **NAU** Núcleo de Antropologia Urbana (USP) **Neast** Núcleo de Estudos Ambientais e Saúde do Trabalhador **Nei** Núcleo de Educação Indígena **Nedifac** Núcleo Estadual para o Desenvolvimento e Integração da Faixa de Fronteira do Estado do Acre **Nimos** Natioonal Instituut voor Milieu em Ontwikkeling in Suriname (Instituto Nacional de Meio Ambiente e Desenvolvimento no Suriname) **NRDDB** North Rupununi District Development Board **NSA** Notícias Socioambientais **NSF** National Science Foundation (UK) **OAB** Ordem dos Advogados do Brasil **OACNUDH** Oficina do Alto Comissariado das Nações Unidas para os Direitos Humano **ODK** Sistema Open Data Kit **OEA** Organização dos Estados Americanos **Oesp** O Estado de S. Paulo **OGM** Organismos Geneticamente Modificados **Oipus** Organización de Piaroas Unidos del Sipapo **OIT** Organização Internacional do Trabalho **OMS** Organização Mundial de Saúde **ONF** Office National des Forêts (Secretaria Nacional de Florestas) **ONG** Organização Não Governamental **ONGDIP** Organização Nacional de Garantia ao Direito de Propriedade **ONT** Organização Nossa Tribo **ONU** Organização das Nações Unidas **Opan** Operação Amazônia Nativa **ORM** Organizações Rômulo Maiorana **Orpia** Organización Regional de los Pueblos Indígenas de Amazonas **Orpio** Organización Regional de los Pueblos Indígenas del Oriente **Oscip** Organização da Sociedade Civil de Interesse Público **OTCA** Organização do Tratado de Cooperação Amazônica **PA** Pará **PAA** Programa de Aquisição de Alimentos **PAC** Programa de Aceleração do Crescimento **Paca** Proteção Ambiental Cacoalense **Pacta** Populações, Agrobiodiversidade e Conhecimentos Tradicionais Agregados **PAE** Projeto de Assentamento Agroextrativista **PAG** Parque Nacional Amazonense da Guiana **Pahef** Pan American Health and Education Foundation **Parest** Parque Estadual **Parna** Parque Nacional **Paranacre** Companhia Paranaense de Colonização Agropecuária e Industrial do Acre **PAWC** Projeto Agroflorestal da Aldeia Wassu Cocal **PB** Paraíba **PBA** Plano Básico Ambiental **PBBI** Programa Biodiversidade Brasil Itália **PBF** Programa Bolsa Família **P&C** Princípios e Critérios **PCH** Pequenas Centrais Hidrelétricas **PDC** Projeto de Decreto Legislativo de Concessão **PDE** Plano de Desenvolvimento da Educação **PDL** Projeto de Desenvolvimento Locais **PDPI/MMA** Projeto Demonstrativo dos Povos Indígenas **PDR** Plano Diretor Regional **PDT** Partido Democrático Trabalhista **PE** Pernambuco **PEC** Projeto de Emenda Constitucional **PEI** Plano de Etnodesenvolvimento do Território Indígena **PET** Programa de Educação Tutorial **PF** Polícia Federal **PGR** Procuradoria Geral da República **PGTA** Plano de Gestão Territorial e Ambiental **PI** Piauí **Piasol** Polícia Indígena do Alto Solimões **PIB** Produto Interno Bruto **Pibid** Programa Institucional de Bolsa de Iniciação à Docência **PIEI MG** Programa de Implantação das Escolas Indígenas de Minas Gerais **PIN** Posto Indígena **PIX** Parque Indígena do Xingu **PL** Projeto de Lei **PLC** Projeto de Lei de Conversão **PMDB** Partido do Movimento Democrático Brasileiro **PMG** Projeto Mbyá Guarani **PMM** Programa Mais Médicos **PMX** Programa Médio Xingu **PNA** Parque Nacional do Araguaia **Pnad** Pesquisa Nacional por Amostra de Domicílios **Pnap** Plano Estratégico Nacional de Áreas Protegidas **Pnaspi** Política Nacional de Atenção à Saúde dos Povos Indígenas **PNGATI** Política Nacional de Gestão Territorial e Ambiental de Terras Indígenas **PNHR** Programa Nacional de Habitação Rural **PNMA** Política Nacional do Meio Ambiente **PNMC** Plano Nacional de Mudanças Climáticas **PNMT** Parque Nacional Montanhas do Tumucumaque **PNN** Parque Nacional Natural

SIGLAS

PNRG Parque Natural Regional da Guiana **PNSD** Parque Nacional da Serra do Divisor **Pnud** Programa das Nações Unidas para o Desenvolvimento **PP** Partido Progressista **PPA** Plano Plurianual **PPCDAM** Plano de Ação para Prevenção e Controle do Desmatamento na Amazônia Legal **PPDI** Projeto Político Pedagógico Indígena **PPGAS** Programa de Pós Graduação em Antropologia Social **PPP** Planos Político Pedagógicos **PPP** People's Progressive Party **PPP ECOS** Programa de Pequenos Projetos Ecossociais **PPPISM** Proposta Político Pedagógica Indígena Sateré Mawé **PPS** Partido Popular Socialista **PPT** Plano de Proteção Territorial **PPTAL** Projeto Integrado de Proteção às Terras e Populações Indígenas da Amazônia Legal Brasileira **PR** Paraná **PRN/ISA** Programa Rio Negro **Prodes** Programa de Avaliação do Desflorestamento na Amazônia Legal (Inpe) **ProDoclin** Programa de Documentação de Línguas Indígenas **ProDocsom** Programa de Documentação de 'Musicalidades Indígenas' **Proind** Pedagogia Intercultural Indígena **Pronaf** Programa Nacional de Fortalecimento da Agricultura Familiar **PRTB** Partido Renovador Trabalhista Brasileiro **PSA** Projeto Saúde e Alegria **PSB** Partido Socialista Brasileiro **PSC** Partido Social Cristão **PSDB** Partido da Social Democracia Brasileira **Psei** Processo de Seleção Especial Indígena **PSF** Programa Saúde da Família **PSTG** Plano de Sustentabilidade Tupinikim e Guarani **PSW** Programa de Saúde Wajãpi **PSY** Plan de Salud Yanomami **PT** Partido dos Trabalhadores **PUC** Pontifícia Universidade Católica **PV** Partido Verde **PV** Posto de Vigilância **PWA** Programa Waimiri Atroari **Rani** Registro de Nascimento Indígena **Raisg** Red Amazónica de Información Socioambiental Georreferenciada **RCA** Rede de Cooperação Alternativa **RCID** Relatório Circunstanciado de Identificação e Delimitação **RDS** Reserva de Desenvolvimento Sustentável **RE** Recurso Extraordinário **Rebio** Reserva Biológica **REDD** Redução de Emissões por Desmatamento e Degradação **Resex** Reserva Extrativista **Reuni** Reestruturação e Expansão das Universidades Federais **RFN** Rainforest Foundation Noruega **RG** Registro Geral **RH** Recursos Humanos **Rima** Relatório de Impacto sobre o Meio Ambiente **RJ** Rio de Janeiro **RN** Rio Grande do Norte **RO** Rondônia **RR** Roraima **RS** Rio Grande do Sul **RSX** Rede de Sementes do Xingu **RT** Reservas Territoriais **S.A.** Sociedade Anônima **SAF** Sistema Agroflorestal **SasiSUS** Subsistema de Atenção à Saúde Indígena **SAT** Sistema Agrícola Tradicional **SB** Saúde Bucal **SBPC** Sociedade Brasileira para o Progresso da Ciência **SC** Santa Catarina **SDE** Secretaria de Defesa Econômica **SDOM** Schéma Départemental d'Orientation Minière (Esquema Departamental de Orientação Mineral) **SDR** Secretaria do Desenvolvimento Rural, Pesca e Cooperativismo **SDS** Secretaria de Estado do Meio Ambiente e Desenvolvimento Sustentável **SE** Sergipe **Seae** Secretaria de Acompanhamento Econômico **Seape** Secretaria Executiva Adjunta de Projetos Especiais **Secadi/MEC** Secretaria de Educação Continuada, Alfabetização, Diversidade e Inclusão **SECD/RR** Secretaria de Educação, Cultura e Desporto **Secoya** Serviço e Cooperação com o Povo Yanomami **Secult** Secretaria de Cultura do Estado do Amapá **SEDH** Secretaria Especial dos Direitos Humanos **Seduc** Secretaria Estadual de Educação **SEDR** Secretaria de Extrativismo e Desenvolvimento Rural e Sustentável **Seed** Secretaria de Educação do Estado **SEE RR** Secretaria de Educação de Roraima **Seii/Funai** Serviço de Informação Indígena **Seind** Secretaria de Estado para os Povos Indígenas **Sema** Secretaria Estadual do Meio Ambiente **Semace** Secretaria de Meio Ambiente do Estado do Ceará **Semec** Secretaria Municipal de Educação **Semed** Secretaria Municipal de Educação **Senai** Serviço Nacional de Aprendizagem Industrial **Senar** Serviço Nacional de Aprendizagem Rural **Seplan** Secretaria de Estado de Gestão e Planejamento **Sernamp** Servicio Nacional de Áreas Naturales Protegidas por el Estado **SES** Secretaria Estadual de Saúde **Sesai** Secretaria Especial de Saúde Indígena **Sesau** Secretaria de Saúde do Estado de Roraima **SFB** Sistema Florestal Brasileiro **SGPR** Secretaria Geral da Presidência da República **Siasi** Sistema de Informações de Atenção à Saúde Indígena **SID/MinC** Secretaria da Identidade e da Diversidade Cultural **Sidra** Sistema IBGE de Recuperação Automática **SIL** Summer Institute of Linguistics, hoje Sociedade Internacional de Lingüística **SIM** Sistema de Informação sobre Mortalidade **SIN** Sistema Interligado Nacional **Sinfra** Secretaria de Infra Estrutura **Sintran** Sindicato dos Trabalhadores em Área Indígena no Estado de Roraima **Sipam** Sistema de Proteção da Amazônia **Sivep** Sistema de Informação de Vigilância Epidemiológica **SME** Secretaria Municipal de Educação **Snuc** Sistema Nacional de Unidades de Conservação da Natureza **SP** São Paulo **SPDM/Unifesp** Sociedade Paulista para o Desenvolvimento da Medicina **SPG** Sistemas Participativos de Garantia **SPI** Serviço de Proteção ao Índio **SPII** Sistema de Proteção do Índio Isolado **SPU** Secretaria de Patrimônio da União **SSDI** Support for Sustainable Development of the Interior (Desenvolvimento Sustentável do Interior) **SSL** Saúde Sem Limites **STF** Supremo Tribunal Federal **STJ** Superior Tribunal de Justiça **Suframa** Superintendência da Zona Franca de Manaus **SUS** Sistema Único de Saúde **TAC** Termo de ajustamento de Conduta **TCC** Trabalho de Conclusão de Curso **TCU** Tribunal de Contas da União **TEE** Territórios Etnoeducacionais **Terracap** Companhia Imobiliária do Distrito Federal **TI** Terra Indígena **TIX** Território Indígena do Xingu **TNC** The Nature Conservancy **TNL PCS S/A** Tele Norte Leste Participações **TO** Tocantins **TRF** Tribunal Regional Federal **TRIPs** Agreement on Trade Related Aspects of Intellectual Property Rights **TRQ** Território Remanescente de Quilombo **TVCA** Televisão Centro América **UAB** Untamed Angling do Brasil **UC** Unidade de Conservação **UCDB** Universidade Católica Dom Bosco **Udesc** Universidade do Estado de Santa Catarina **UEA** Universidade Estadual do Amazonas **UECE** Universidade Estadual do Ceará **UEL** Universidade Estadual de Londrina **UEM** Universidade Estadual de Maringá **UERJ** Universidade Estadual do Rio de Janeiro **UERN** Universidade Estadual do Rio Grande do Norte **UEPA** Universidade do Estado do Pará **Ufam** Universidade Federal do Amazonas **UFC** Universidade Federal do Ceará **UFGD** Universidade Federal da Grande Dourados **UFM** Unevangelized Filds Mission **UFMG** Universidade Federal de Minas Gerais **UFMT** Universidade Federal do Mato Grosso **Ufopa** Universidade Federal do Oeste do Pará **UFPA** Universidade Federal do Pará **UFPB** Universidade Federal da Paraíba **UFPE** Universidade Federal de Pernambuco **UFPR** Universidade Federal do Paraná **UFRGS** Universidade Federal do Rio Grande do Sul **UFRJ** Universidade Federal do Rio de Janeiro **UFRR** Universidade Federal de Roraima **UFSC** Universidade Federal de Santa Catarina **UFSCar** Universidade Federal de São Carlos **UHE** Usina Hidrelétrica **UnB** Universidade de Brasília **Unesco** Organização das Nações Unidas para a Educação, Ciência e Cultura **Unesp** Universidade Estadual de São Paulo **Unifesp** Universidade Federal de São Paulo **UNI** União das Nações Indígenas **Unicamp** Universidade Estadual de Campinas **Unicef** Fundo das Nações Unidas para a Infância **Unifap** Universidade Federal do Amapá **UNFPA** Fundo de População da ONU **Usma** Unidade de Saúde e Meio Ambiente (Unifesp) **USP** Universidade de São Paulo **VAI** Valorização da Agricultura Indígena **VCS** Verified Carbon Standard **VIDS** Association of Indigenous Leaders of Suriname (Associação das Lideranças de Aldeias Indígenas do Suriname) **VM** Visão Mundial **VSAT** Very Small Aperture Terminal **WCS** Wildlife Conservation Society **WWF** World Wildlife Foundation (Fundo Mundial para a Natureza) **ZAC** Zona de Ação para o Clima **ZAE** Zoneamento Agroecológico **ZDU** Zonas de Direito de Uso **ZEE** Zoneamento Econômico Ecológico **Zuei** Zona de Uso Especial Indígena

FONTES

JORNAIS IMPRESSOS E ONLINE

Norte
A Crítica – AM – http://acritica.uol.com.br
Boa Vista News – RR – http://www.bvnews.com.br
Fato Amazônico – AM - http://fatoamazonico.com
Folha de Boa Vista – RR - http://www.folhabv.com.br
Folha do Progresso – PA - http://www.folhadoprogresso.com.br
O Imparcial – MA - https://oimparcial.com.br
Jornal Rondônia VIP – RO - http://jornalrondoniavip.com.br
Jornal Stylo – TO - http://www.portalstylo.com.br
Jornal do Tocantins – TO - http://www.jornaldotocantins.com.br
O Liberal – PA - http://www.orm.com.br
Marabá Notícias – PA - http://marabanoticias.com.br
Notícias do Acre – AC - http://www.agencia.ac.gov.br
Página 20 – AC - http://pagina20.net
Portal O Norte – TO - http://www.portalonorte.com.br
Rondonotícias – RO - http://www.rondonoticias.com.br
Roraima Em Foco – RR - http://www.roraimaemfoco.com
Vias de Fato – MA - www.viasdefato.jor.br

Centro-Oeste
24 Horas News – MT – http://www.24horasnews.com.br
Campo Grande News – MS - https://www.campograndenews.com.br
Correio Braziliense – DF - www.correiobraziliense.com.br
Correio do Estado – MS - http://www.correiodoestado.com.br
Diário de Cuiabá – MT - http://www.diariodecuiaba.com.br
Diário Digital (MS Record) – MS - http://www.diariodigital.com.br
Dourados Agora – MS - http://www.douradosagora.com.br
Dourados News – MS - http://www.douradosnews.com.br
Gazeta Digital – MT – http://www.gazetadigital.com
Mídia News – MT – http://www.midianews.com.br
Midiamax – MS - http://www.midiamax.com.br
Nortão Notícias – MT - http://www.nortaonoticias.com.br
Noticidade – MS - http://www.noticidade.com
Olhar Direto – MT - http://www.olhardireto.com.br
O Popular – GO - www.opopular.com.br
O Progresso – MS - http://www.progresso.com.br
Só Notícias – MT - http://www.sonoticias.com.br

Nordeste
Alagoas 24 Horas – AL - http://www.alagoas24horas.com.br
Aratu Online – BA - http://www.aratuonline.com.br
Bahia Notícias – BA - http://www.bahianoticias.com.br
Correio 24 Horas – BA - http://www.correio24horas.com.br
Diário do Nordeste – CE - http://diariodonordeste.verdesmares.com.br
O Estado CE – CE - http://www.oestadoce.com.br
Giro de Notícias – BA - http://www.girodenoticias.com
O Povo – CE - http://www.opovo.com.br
A Tarde – BA - http://atarde.uol.com.br
TNH1 – AL - http://www.tnh1.com.br
Tribuna Hoje – AL - http://tribunahoje.com

Sul
Bonde – PR - http://www.bonde.com.br
Diário Catarinense – SC - http://dc.clicrbs.com.br/sc
Diário do Sudoeste – PR - http://www.diariodosudoeste.com.br
O Diário.com – PR - http://maringa.odiario.com
Gazeta do Povo – PR – http://www.gazetadopovo.com.br
Jornal de Santa Catarina – SC - http://jornaldesantacatarina.clicrbs.com.br/sc

Rádio Guaíba – RS - http://www.radioguaiba.com.br
TN Online – PR - http://tnonline.uol.com.br
Umuarama Ilustrado – PR - http://www.ilustrado.com.br/jornal

Sudeste
Brasil de Fato – SP – http://www.brasildefato.com.br
El País Brasil – SP - http://brasil.elpais.com
O Estado de São Paulo (OESP) – SP – http://www.estadao.com.br
Folha de S. Paulo (FSP) – SP – http://www.folha.com.br
O Globo – RJ – http://oglobo.globo.com
Jornal do Brasil – RJ - http://www.jb.com.br
Jornal Figueira – MG - www.figueira.jor.br
Século Diário – ES – http://www.seculodiario.com.br
O Tempo – MG - http://www.otempo.com.br
Valor Econômico – SP - http://www.valor.com.br

AGÊNCIAS DE NOTÍCIAS

Agência Brasil (Radiobrás) – DF - http://agenciabrasil.ebc.com
Agência Câmara – Brasília – DF - http://www2.camara.gov.br
Agência Carta Maior – SP - http://www.cartamaior.com.br
Agência EFE – RJ - http://www.efe.com
Agência Pará de Notícias – PA - http://www.agenciapara.com.br

PORTAIS E SITES

Advocacia Geral da União (AGU) – DF – http://www.agu.gov.br
Amazônia - http://amazonia.org.br
Articulação dos Povos Indígenas do Brasil (Apib) - https://mobilizacaonacionalindigena.wordpress.com
Assembleia Legislativa do Estado de Minas Gerais - http://www.almg.gov.br/home/index.html
Assembleia Legislativa do Estado do Mato Grosso - http://www.al.mt.gov.br
Assembleia Legislativa do Estado de Mato Grosso do Sul - http://www.al.ms.gov.br
Assembleia Legislativa do Estado de Roraima - http://www.al.rr.gov.br/portal
Amazônia Real – http://amazoniareal.com.br
Âmbito Jurídico – http://www.ambito-juridico.com.br/site
Antonio Correa Neto Online – www.correaneto.com.br
Associação União das Aldeias Apinajé - http://uniaodasaldeiasapinaje.blogspot.com.br
BBC Brasil - http://www.bbc.com/portuguese
Biblioteca Itinerante Barca das Letras - http://barcadasletras.blogspot.com.br
Blog do Altino Machado - http://www.altinomachado.com.br
Brasil 247 - http://www.brasil247.com/pt
Canal Energia - http://www.canalenergia.com.br
Centro de Mídia Independente (CMI) - https://midiaindependente.org
Centro de Trabalho Indigenista (CTI) – http://www.trabalhoindigenista.org.br
Conselho Indigenista Missionário (Cimi) - http://www.cimi.org.br
Conselho Indígena de Roraima (CIR) – RR - http://www.cir.org.br
Conselho Nacional de Justiça (CNJ) - http://www.cnj.jus.br
Coordenação das Organizações Indígenas da Amazônia Brasileira (Coiab) – AM - www.coiab.com.br
Combate Racismo Ambiental - http://racismoambiental.net.br
Comissão Nacional da Verdade – DF - http://www.cnv.gov.br
Conselho Regional de Odontologia de Roraima – RR - http://www.crorr.org.br

FONTES

Consultor Jurídico - http://www.conjur.com.br
Defensoria Pública do Estado de Mato Grosso – MT - http://www.defensoriapublica.mt.gov.br/portal
O Eco - http://www.oeco.org.br
Eco Amazônia - http://www.ecoamazonia.org.br
Embrapa – DF – http://www.embrapa.br
Empaer – MT - http://www.empaer.mt.gov.br
FAB - http://www.fab.mil.br/index.php
Famato – MT - http://sistemafamato.org.br
Fiocruz – RJ - https://portal.fiocruz.br/pt-br
Foirn – AM - http://www.foirn.org.br
Funai – DF – http://www.funai.gov.br
G1 (Globo) – http://g1.globo.com
Greenpeace - http://www.greenpeace.org/brasil/pt
Hutukara Associação Yanomami – RR - http://www.hutukara.org
Ibama – DF – http://www.ibama.gov.br
ICMBio – DF – http://www.icmbio.gov.br
Iepé - http://www.institutoiepe.org.br
Índios Online - http://www.indiosonline.net
InfoAmazônia - https://infoamazonia.org/pt
Instituto Humanitas Unisinos (IHU) - http://www.ihu.unisinos.br
ISA (Notícias Socioambientais) – http://www.socioambiental.org
Iphan – DF - http://portal.iphan.gov.br
Janete Capiberibe/Blog – AP - http://www.janetecapiberibe.com.br
Justiça Em Foco - http://www.justicaemfoco.com.br
Justiça Federal - http://www.cjf.jus.br/cjf
Kanindé - http://www.kaninde.org.br
Ministério da Justiça – DF - http://www.justica.gov.br
Ministério Público Federal (MPF) – DF – http://www.pgr.mpf.gov.br
Museu do Índio – RJ - http://www.museudoindio.gov.br
Organização das Nações Unidas (ONU) - http://www.onu.org.br
Operação Amazônia Nativa (OPAN) - http://www.amazonianativa.org.br
Portal Amazônia - http://portalamazonia.com
Portal Brasil - http://www.brasil.gov.br
Portal do Governo do Amapá - http://www.ap.gov.br
Portal do Governo do Rio Grande do Sul - http://www.rs.gov.br
Portal do Governo de Rondônia - http://www.rondonia.ro.gov.br
Portal do Governo de Roraima - http://www.rr.gov.br
Portal do Governo de Santa Catarina - http://www.sc.gov.br
Portal da Saúde - http://portalsaude.saude.gov.br
Procuradoria Geral do Estado de Santa Catarina - http://www.pge.sc.gov.br
Procuradoria-Geral da República - http://www.mpf.mp.br/pgr
Rádios EBC - http://radios.ebc.com.br
Rede Brasil Atual - http://www.redebrasilatual.com.br
Repórter Brasil - http://reporterbrasil.org.br
Secretaria de Estado para Povos Indígenas (AM) (Seind) – AM http://portaldaseind.blogspot.com.br
Secretaria da Justiça e da Defesa da Cidadania (SP) - http://www.justica.sp.gov.br/sites/SJDC
Secretaria Municipal de Educação (Semed Manaus) – AM - http://semed.manaus.am.gov.br
Sesai - http://portalsaude.saude.gov.br/index.php/o-ministerio/principal/secretarias/secretaria-sesai
Superior Tribunal de Justiça (STJ) - http://www.stj.jus.br
Supremo Tribunal Federal (STF) – DF - http://www.stf.jus.br
Survival International - http://www.survivalbrasil.org
Taqui Pra Ti - http://www.taquiprati.com.br
Terra Magazine - http://terramagazine.terra.com.br
Tribunal de Justiça de Roraima – RR - http://www.tjrr.jus.br
Tribunal Regional Federal da 4ª Região - http://www2.trf4.jus.br/trf4
UOL - https://www.uol.com.br

REVISTAS, PERIÓDICOS E INFORMATIVOS

Revista Carta Capital – SP – http://www.cartacapital.com.br
Revista Digital Envolverde – SP – http://www.envolverde.com.br
Revista Época – SP – http://revistaepoca.globo.com
Revista Exame – SP – http://exame.abril.com.br
Revista Rever – SE – https://reveronline.com
Revista Veja – SP - http://veja.abril.com.br

ÍNDICE GERAL

002 **EM MEMÓRIA**

005 **SUMÁRIO**

007 **APRESENTAÇÃO**

009 **LISTA DE POVOS INDÍGENAS NO BRASIL**

018 **PALAVRAS INDÍGENAS**
- 020 **Uma mulher contra o fim do mundo** – Lauriene Seraguza
- 021 **"Se não tiver mais reza, o mundo vai acabar"** – Estela Vera
- 022 **Transformações nas relações: mudanças nos corpos e no padrão alimentar dos Wajãpi** – Dominique Tilkin Gallois, Juliana Rosalen
- 023 **"Conversamos com o que a gente cultiva"** – Ajãreaty Wajãpi
- 026 **Movimentos na terra** – Equipe de Edição
- 027 **"Antes do contato a terra era tão aberta…"** – Wisio Kawaiwete
- 030 **Nós, mulheres Xavante** – Camila Gauditano
- 031 **"A gente aprende observando as mães"** – Aracy Xavante
- 034 **As mulheres coletoras do Xingu** – Equipe de Edição
- 035 **"Minhas filhas estão me chamando de semente"** – Magaró Ikpeng
- 037 **"Todo mundo tem que ser Yarang"** – Koré Ikpeng
- 038 **Somar lutas e somar saberes entre mulheres** – Patrícia C. Rosa
- 039 **"É hora de seguirmos construindo esses laços de poder entre as mulheres"** – Josiane Tutchiauna
- 041 **"Nós temos muito valor e conhecimento"** – Orcinda Ïpüna
- 042 **Caminhos que se encontram, nas aldeias e nas cidades** – Valéria Macedo
- 043 **"As meninas aprendem sentando perto das mais velhas"** – Fátima Iauanique, Denise Ianairu
- 046 **Uma mulher com história** – Oiara Bonilla
- 047 **"Agora vivemos na mistura"** – Fátima Paumari
- 048 **Mulheres poderosas: produção da comida, construção da pessoa e do modo de ser Tukano** – Melissa Santana de Oliveira
- 049 **"Tinham muitas práticas boas, os antigos"** – Catarina Pedrosa

TEMAS

51 **QUEM, QUANTOS, ONDE?**
DEMOGRAFIA
- 53 **O que o Censo de 2020 pode revelar sobre os povos indígenas no Brasil?** – Marta Maria Azevedo, Alessandra Traldi Simoni, Anne Karoline Rocha da Cruz

LÍNGUAS INDÍGENAS
- 58 **Línguas silenciadas, novas línguas** – Bruna Franchetto

ISOLADOS
- 62 **Novos desafios da ação indigenista oficial** – Fabrício Amorim
- 64 **box Saúde para povos indígenas isolados e de recente contato** – Clarisse Jabur

67 **LEGISLAÇÃO**
JUDICIÁRIO
- 69 **O "marco temporal" e a reinvenção das formas de violação dos direitos indígena** – Juliana de Paula Batista, Maurício Guetta

MARCO TEMPORAL
- 73 **O caráter permanente dos direitos indígenas na Constituição Federal de 1988** – Equipe de edição

LEGISLATIVO
- 76 **O Estado longe de ser Democrático e de Direito** – Juliana de Paula Batista, Maurício Guetta
- 79 **box Licenciamento ambiental em xeque** – Maurício Guetta

CONVENÇÃO OIT 169
- 80 **Regulamentação do Direito de Consulta no Brasil** – Erika Yamada
- 83 **Elaborações indígenas do direito de consulta no Brasil** – Luis Donisete Benzi Grupioni
- 85 **box Protocolo de consulta e consentimento wajãpi** – Luis Donisete Benzi Grupioni

BIODIVERSIDADE
- 86 **O novo marco legal e a erosão dos direitos** – Nurit Bensusan

BPBES
- 89 **Conhecimentos e práticas dos povos indígenas e tradicionais** – Manuela Carneiro da Cunha

91 **POLÍTICA INDIGENISTA**
POLÍTICA INDIGENISTA
- 93 **A Funai da interinidade** – Márcio Santilli

FUNAI
- 96 **"Diante da pressão, o que mais importa é o diálogo"** – Entrevista de Antônio da Costa à equipe de edição
- 100 **Galeria da crise permanente** – Equipe de edição
- 105 **box As três CNPIs e seus desdobramentos** – Equipe de edição
- 106 **Comissão Nacional da Verdade reconhece violações de direitos dos povos indígenas** – Tatiane Klein

BOLSA FAMÍLIA
- 107 **A Diferença e o benefício** – Bruno Guimarães, Oiara Bonilla, Spensy Pimentel

ÍNDICE GERAL

ESCOLA INDÍGENA
111 **Que educação diferenciada é essa?** – Luis Donisete Benzi Grupioni

ENSINO SUPERIOR
114 **Povos indígenas na universidade: avanços e desafios** – Antônio Carlos de Souza Lima

SAÚDE INDÍGENA
118 **Cenários e tendências da saúde dos povos indígenas no Brasil** – Carlos E. A. Coimbra Jr., Ana Lúcia Pontes, Ricardo Ventura Santos

123 **Jornadas cirúrgicas em aldeias isoladas** – Equipe de edição

125 **Cronologia do caos** – Equipe de edição

133 TERRAS INDÍGENAS

GESTÃO TERRITORIAL E AMBIENTAL
135 **Desafios da implementação da PNGATI** – Jaime Siqueira

139 **"PNGATI é resultado do esforço do movimento indígena e indigenista"** – Entrevista de Mário Nicácio Wapichana à equipe de edição

MINERAÇÃO
142 **Interesses minerários nas TIs na Amazônia Legal** – Equipe de edição

ANTROPOCENO
144 **Últimas notícias sobre a destruição do mundo** – Eduardo Viveiros de Castro

148 **box Mudanças climáticas, organizações e povos indígenas** – Adriana Ramos

TIS E UCS
149 **Sobreposições em números** – Fany Pantaleoni Ricardo, Silvia de Melo Futada

154 **Oportunidades eternamente perdidas?** – Milene Maia Oberlaender

156 **box TIs e outros territórios tradicionalmente ocupados se complementam?** – Leandro Mahalem de Lima

157 PROTAGONISMO INDÍGENA

POLÍTICA INDÍGENA
159 **"Se não fosse a persistência, já tínhamos acabado"** – Entrevista de Aílton Krenak à equipe de edição

MOBILIZAÇÃO NACIONAL INDÍGENA
166 **"Não admitiremos nenhum retrocesso nos nossos direitos"** – Equipe de edição

167 **box Manifesto em defesa da Constituição Federal, dos direitos territoriais indígenas, quilombolas, de outras populações e da mãe natureza** – Mobilização Nacional Indígena

168 **box "A gente enfrenta o preconceito duas vezes, por ser indígena e por ser mulher"** – Entrevista de Sônia Guajajara à equipe de edição

PRODUÇÃO AUDIOVISUAL
171 **Vídeo nas aldeias comemora 30 anos** – Diego Matos

REGIÕES GEOGRÁFICAS

205 1. NOROESTE AMAZÔNICO

PATRIMÔNIO SOCIOAMBIENTAL
209 **Geografias indígenas e lugares sagrados** – Aline Scolfaro

RIO NEGRO
213 **Manejo do mundo e planos de gestão** – Carla Dias, Renato Martelli Soares

DO OUTRO LADO DA FRONTEIRA-COLÔMBIA
216 **La Amazonia frente a posibles escenarios de paz** – Natalia Hernández Escobar

ALTERNATIVAS ECONÔMICAS
219 **A boa pimenta que vem dos territórios da diversidade** – Adeilson Lopes da Silva

TURISMO
224 **Pesca esportiva em Terras Indígenas no Médio Rio Negro** – Camila Barra

HUPD'ÄH E YUHUPDËH
228 **Das comunidades ao "Beiradão"** – Bruno Marques, Danilo Paiva Ramos, Henrique Junio Felipe, Pedro Lolli

231 **box Os PGTAs dos Hupd'äh e Yuhupdëh** – Bruno Marques, Danilo Paiva Ramos, Henrique Junio Felipe e Pedro Lolli

SUICÍDIOS
232 **São Gabriel e suas mortes** – Natalia Viana

BOLSA FAMÍLIA
236 **"A Gente que Anda" e os Percursos da "Cidadania"** – Adriana Athila

CONHECIMENTO INDÍGENA
240 **Pesquisas interculturais, do local ao global** – Aloisio Cabalzar

Aconteceu
243 Geral
246 Alto Rio Negro
247 Exploração sexual
248 Médio e Baixo Rio Negro
248 Educação Indígena
250 Mineração
250 Foirn
251 Saúde
252 Pesca
252 Sistema Agrícola

ÍNDICE GERAL

253   2.1 RORAIMA SERRA E LAVRADO

RAPOSA SERRA DO SOL

257   **Dez anos depois da homologação** – Joenia Wapichana

ENERGIA

261   **Raposa Serra do Sol e dos ventos** – Ciro Campos

INGARIKÓ

265   **Areruya: religião sem fronteiras** – Dilson Ingarikó, Virgínia Amaral

269   **box Ingarikó discutem gestão do Parque Nacional Monte Roraima e turismo** – Ana Paula Caldeira Souto Maior

DO OUTRO LADO DA FRONTEIRA-GUIANA

270   **Entre futuros distintos** – Lisa Katharina Grund

Aconteceu

273   Geral
273   Educação
275   Segurança alimentar
278   Energia elétrica
278   Saúde
279   Crimes e justiça

281   2.2 RORAIMA / MATA

GARIMPO

285   **O povo Yanomami está contaminado por mercúrio** – Marcos Wesley de Oliveira

288   **box Yanomami "isolados"** – Marcos Wesley de Oliveira

YE'KWANA

289   **Em busca de bons caminhos a trilhar** – Majoí Gongora

YANOMAMI

293   **Conhecimento indígena: cogumelos comestíveis sanöma** – Moreno Saraiva Martins

GESTÃO TERRITORIAL

297   **O desafio de proteger a maior Terra Indígena do Brasil** – Estevão Benfica Senra

300   **box Yanomami festejam saída dos últimos fazendeiros** – Estevão Benfica Senra, Ana Paula Caldeira Souto Maior

YANOMAMI

301   **A dança das cadeiras na saúde** – Rogério Duarte do Pateo

DO OUTRO LADO DA FRONTEIRA-VENEZUELA

304   **O desafio de viver dos dois lados da fronteira** – Marcos Wesley de Oliveira

YANOMAMI

307   **Amostras de sangue repatriadas dos Estados Unidos são enterradas** – Ana Paula Caldeira Souto Maior, Estevão Benfica Senra

WAIMIRI ATROARI

310   **Linhas, mapas e fronteiras: desafios à territorialidade Kinja** – Rodrigo Folhes

Aconteceu

313   Yanomami
314   Waimiri Atroari

317   3. AMAPÁ / NORTE DO PARÁ

COMPLEXO DO TUMUCUMAQUE

321   **Um cipoal de identidades e territorialidades** – Denise Fajardo Grupioni

ZO'É

325   **Ameaças e desafios da construção de uma política indigenista** – Fabio A. Nogueira Ribeiro

SAÚDE INDÍGENA

329   **Avanços e retrocessos na atenção à saúde dos Wajãpi** – Juliana Rosalen

330   **box "Kusiwarã é a base de todos os conhecimentos que nós temos"** – Dominique Tilkin Gallois

DO OUTRO LADO DA FRONTEIRA-GUIANA FRANCESA

334   **Modernidade na Mata** – Eliane Camargo

MOSAICO DA AMAZÔNIA ORIENTAL

337   **Uma articulação entre UCs e TIs** – Décio Yokota

GESTÃO TERRITORIAL E AMBIENTAL

341   **Experiências dos povos indígenas no Oiapoque** – Ana Paula Nóbrega da Fonte, Roselis Remor de Souza Mazurek

343   **box Zoneamento das Terras Indígenas na região do Oiapoque** – Roselis Remor de Souza Mazurek

Aconteceu

346   Geral
346   Oiapoque
347   Norte do Pará
347   Wajãpi
347   Zo'é

349   4. SOLIMÕES

MÉDIO SOLIMÕES

355   **Prossegue o movimento de "Passar para Indígena"** – Deborah de Magalhães Lima

MÉDIO SOLIMÕES

358   **Reconhecer-se indígena, o primeiro passo** – Rafael Barbi Costa e Santos

TICUNA

361   **A "Polícia Indígena do Alto Solimões" e outras ações propositivas** – Mislene Metchacuna Martins Mendes

DO OUTRO LADO DA FRONTEIRA-PERU / COLÔMBIA

364   **Entre os Tikuna, dois processos** – Jean-Pierre Goulard

Aconteceu

366   Médio Solimões
368   Alto Solimões

ÍNDICE GERAL

371   **5. JAVARI**

SAÚDE
375   **À beira do contágio** – Maria Emília Coelho
376   **box Nas mãos do pajé** – Bárbara M. Arisi

MATSÉS / MAYURUNA
379   **Luta por direitos nos dois lados da fronteira** – Helena Ladeira, Victor Gil

GESTÃO TERRITORIAL
382   **Kanamari se fortalecem para garantir seu bem-estar** – Victor Gil, Pollyana Mendonça
385   **box Tyohom-Dyapa**

DO OUTRO LADO DA FRONTEIRA-FRONTEIRA BRASIL/PERU
386   **A grave situação dos isolados na bacia Javari-Jaquirana** – Hilton S. Nascimento, Beatriz Huertas

KORUBO/MATIS
390   **Tensões e distensões na linha tênue entre o isolamento e o contato** – Fabrício Amorim

PETRÓLEO E GÁS
394   **Retomada da exploração de petróleo e gás no Vale do Javari** – Conrado R. Octavio

Aconteceu
398   Geral
398   Saúde / Cidadania
400   Isolados

401   **6. JURUÁ / JUTAÍ / PURUS**

JAMAMADI/HI-MERIMÃ
407   **A vida errante, o isolamento e o contato** – Daniel Cangussu, Karen Shiratori

PAUMARI
410   **A precarização da vida e o desenvolvimentismo batendo à porta** – Oiara Bonilla

JARAWARA
414   **Invasões íntimas: a BR-319 e as pressões sobre as terras Jarawara** – Fabiana Maizza

JUMA
418   **As palavras de Aruká** – Gabriel Uchida
420   **box "Como que não tem mais Juma?"** – Aruká Juma

Aconteceu
421   Geral
423   Kaxarari e Kassupá

425   **7. TAPAJÓS / MADEIRA**

MUNDURUKU
431   **Queremos respeito, estamos defendendo a vida** – Jairo Saw

TI SAWRE MUYBU
434   **A incômoda existência** – Maurício Torres

MOVIMENTO IPEREĞ AYU
437   **Habilidades de quem sabe se defender** – Rosamaria Loures, Maurício Torres

MUNDURUKU
440   **Ibaorebu, educação que empodera** – André R.F. Ramos, Izabel Gobbi

BAIXO TAPAJÓS
443   **Lutando por direitos, apesar do forte preconceito** – Florêncio Almeida Vaz Filho, João Antônio Tapajós Pereira, Luana da Silva Cardoso

SATERÉ-MAWÉ
447   **Às armas da educação** – Ana Luísa Sertã, Ana Letícia de Fiori, José Agnello A. D. de Andrade, Marielli Bimbatti Mazzochi
450   **box As associações de mulheres Sateré-Mawé** – Ana Luisa Sertã

MURA
451   **Respeito e convivência como aliados da conservação** – Sergio Sakagawa, Henrique Pereira dos Santos, Juliane Franzen Stancik

Aconteceu
454   Alto Tapajós
456   Médio Tapajós
458   Baixo Tapajós
458   Sateré-Mawé
458   Mura/Pirahã
459   Kawahiva
459   TI Tenharim Marmelos

461   **8. SUDESTE DO PARÁ**

BELO MONTE
467   **O nefasto legado** – André Villas-Bôas, Biviany Rojas Garzón, Carolina Reis, Ana de Francesco

CRONOLOGIA
471   **UHE Belo Monte 2011-2016** – Equipe de edição

ARAWETÉ
478   **A barragem e a canoa de Jawïtï** – Guilherme Orlandini Heurich

PARAKANÃ
481   **Desintrusão da TI Apyterewa** – Fabian Kürten, Camilo da Costa

DEMARCAÇÃO
484   **A Cachoeira Seca é dos Arara** – Isabel Harari

KARARAÔ
487   **Faccionalismo e dinamismo de um subgrupo Mẽbêngôkré** – Sayonara Maria Oliveira da Silva, Luís Carlos Sampaio, Daniel Tiberio Luz

MẼBÊNGÔKRE-KAYAPÓ
490   **Estratégias de luta e o papel de suas organizações** – Adriano Jerozolimski, Fernando Niemeyer

ÍNDICE GERAL

TI TRINCHEIRA/BACAJÁ
497   **Ngô Beyêt: água suja, parada, morta** – Thais Mantovanelli

AKRÃTIKATÊJÊ
501   **Paiaré, uma história de resistência** – Ribamar Ribeiro Junior

Aconteceu
504   Geral
504   Gavião Akrãtikatêjê
504   Gavião Parkatêjê
505   Asurini
505   Tembé
505   Terena
505   Juruna
505   Arara
505   Parakanã
506   Kayapó
507   Xikrin
507   Xipaya
507   Aikewara/Suruí

509   9. NORDESTE

DEMARCAÇÕES
515   **Terras Indígenas no Nordeste: novo balanço** – Ugo Maia Andrade, Maria Rosário de Carvalho

RIO GRANDE DO NORTE/PIAUÍ
519   **Invisibilidade, resistência e reconhecimento indígena** – José Glebson Vieira, Cinthya Kós

TI TAPEBA
523   **Acordão assegura demarcação?** – Henyo Trindade Barretto Filho

CEARÁ
527   **Terra dos Tremembé é ameaçada por *resort* espanhol** – Ciro Barros

XUKURU DO ORORUBÁ
531   **A luta não tem fim** – Clarissa Martins Lima

Aconteceu
534   Ceará / Geral
534   Ceará / Anacé
535   Paraíba / Potiguara
535   Pernambuco
538   Alagoas e Sergipe
540   Bahia

541   10. ACRE

ASHNINKA DA APIWTXA
545   **Expandindo os horizontes da gestão territorial e ambiental** – Coletivo de Líderes, Carolina Schneider Comandulli

KATUKINA
548   **Canteiro de obras, insegurança alimentar e outros problemas socioambientais** – Ruth Beirigo

FRONTEIRA ACRE/PERU
552   **Articulações transfronteiriças para a defesa dos direitos indígenas** – Maria Luiza Pinedo Ochoa, Maria Emilia Coelho

DO OUTRO LADO DA FRONTEIRA-PERU
556   **A década do contato** – Glenn H. Shepard Jr.

AGENTES AGROFLORESTAIS INDÍGENAS
560   **Novos atores nas Terras Indígenas do Acre** – Renato Antonio Gavazzi

CONVENÇÃO 169 - OIT
564   **Oficinas Sobre o Direito de Consulta aos Povos Indígenas no Acre** – Vera Olinda Sena, Gleyson Teixeira

HUNI KUIN
567   **Mahku: um movimento de pesquisadores-artistas indígenas** – Amilton Pelegrino de Mattos
569   **box Vende a tela, compra a terra** – Ibã Huni Kuin

Aconteceu
570   Saúde/Geral
570   Demarcação/Gestão Territorial
570   Isolados
571   Yawanawa

573   11. RONDÔNIA

KARITIANA
577   **"Fazendeiro passou trator em cima do cemitério do meu pai"** – Felipe Vander Velden

CINTA LARGA
580   **Garimpo de diamantes: destruição ambiental e etnocídio** – Nadja W. Marin
582   **box Projeto de lei e o futuro do garimpo Laje**

HIDRELÉTRICAS
584   **Complexo do rio Madeira: notas sobre a controvérsia** – Gilles de Catheu
588   **box A Amazônia como esperança e solução** – Washington Novaes

PAITER SURUÍ
589   **A luta para proteger o território** – Ivaneide Bandeira Cardozo

Aconteceu
591   Geral
594   Suruí
595   Zoró
595   Cinta Larga
596   Kassupá e Salamãi
596   Isolados

ÍNDICE GERAL

597 12. OESTE DO MATO GROSSO

RIO JURUENA
- 601 **Barramentos e transformações entre os Enawenê-Nawê** – Juliana de Almeida

MANOKI/MÝKY
- 605 **À espera da homologação da antiga "Terra Nova"** – Ana Cecília Venci Bueno, André Lopes
- 609 **box Myky aguardam demarcação de terra desde 2012** – Ana Cecília Venci Bueno, André Lopes

ISOLADOS
- 610 **Ameaças reais aos índios da TI Kawahiva do Rio Pardo** – Elias dos Santos Bigio

TERRAS INDÍGENAS
- 613 **Novas linhas ameaçam a vida dos Nambikwara** – Anna Maria Ribeiro F. M. Costa

Aconteceu
- 615 Chiquitano
- 615 Umutina
- 615 Apiaká/Kayabi/Munduruku
- 615 Rikbaktsa
- 616 Nambikwara
- 616 Isolados/Kawahiva
- 616 Enawenê-Nawê
- 618 Paresí
- 619 Myky
- 619 Irantxe/Manoki

621 13. PARQUE INDÍGENA DO XINGU

SAÚDE
- 625 **Velhas e novas ameaças no Xingu** – Douglas Rodrigues, Sofia Mendonça

XINGU/PANARÁ
- 631 **Jovens indígenas: desafios das novas gerações** – Amanda Horta, Camila Gauditano, Fabiano Campelo Bechelany, Rosana Gasparini

ATIX + 20
- 635 **Muitos desafios, muito o que comemorar** – Maria Beatriz Monteiro, Renato A. V. Mendonça

PLANOS DE GESTÃO
- 638 **Novas formas de governança multiétnica** – Ivã Gouvêa Bocchini

TERRAS INDÍGENAS
- 641 **Além dos limites** – Paulo Junqueira

MUDANÇAS CLIMÁTICAS
- 644 **Do fogo roubado ao cultivo do fogo bom** – Katia Yukari Ono

ALTERNATIVAS ECONÔMICAS
- 648 **Do mel orgânico a outras iniciativas** – Marcelo Silva Martins, Fabrício Amaral

REDE DE SEMENTES DO XINGU
- 652 **Sementes indígenas que geram florestas e conectam culturas** – Dannyel Sá Pereira da Silva, Rodrigo Gravina Prates Junqueira

Aconteceu
- 656 Geral
- 659 Direitos territoriais
- 659 Gestão ambiental e territorial

661 14. GOIÁS / TOCANTINS / MARANHÃO

AWÁ-GUAJÁ
- 667 **A floresta, o fogo e os jabutis** – Uirá Garcia
- 670 **box Mosaico do Gurupi: sobre a urgência da criação de uma área de Gestão Territorial** – Marlúcia Bonifácio Martins, Uirá Garcia

TI PORQUINHOS
- 672 **O golpe da grilagem e do STF contra os Canela e a Constituição** – Bruno Nogueira Guimarães, Marcele Garcia Guerra

TIMBIRA
- 676 **Compensação ambiental e governança indígena** – Juliana Noleto, Priscila Chianca
- 678 **box Da produção de polpa à transferência de tecnologia social** – Omar Silveira Junior

ILHA DO BANANAL
- 680 **Curral clandestino** – André Borges, Leonencio Nossa

KARAJÁ/JAVAÉ
- 682 **Nó na garganta** – Eduardo S. Nunes

Aconteceu
- 686 Brasília
- 686 Goiás
- 686 Tocantins/Mato Grosso
- 687 Tocantins
- 689 Maranhão

693 15. LESTE DO MATO GROSSO

XAVANTE
- 697 **Mais um ciclo de vida, morte e luta** – Guilherme Falleiros
- 698 **box TI Marãiwatsédé e população Xavante sofrem com impacto de agrotóxicos** – Francco Antonio Lima

BORORO
- 701 **Conflitos na Terra Indígena Meruri** – André Drago

Aconteceu
- 703 Bakairi
- 703 Bororo
- 704 Xavante
- 705 Xavante/TI Marãiwatsédé

ÍNDICE GERAL

709 16. LESTE

TUPINAMBÁ
713 **Doze anos de luta pela demarcação da TI Tupinambá de Olivença** – Daniela Fernandes Alarcon

PATAXÓ
718 **A luta por Comexatibá** – Sheila Brasileiro, Tatiane Klein
720 **box ICMBIO quer retirada de Pataxó da TI Comexatibá** – Tatiane Klein

MINAS GERAIS
722 **Os Tikmũ'ũn e seus caminhos** – Suely Maxakali, Isael Maxakali, Douglas Ferreira, Eduardo Pires Rosse, Ricardo Jamal, Roberto Romero, Rosângela Tugny

ESPÍRITO SANTO
726 **"A cidade está chegando"** – Celeste Ciccarone
728 **box Nove anos de enrolação** – Marina Kahn

Aconteceu
730 Espírito Santo
730 Minas Gerais
731 Sul da Bahia

735 17. MATO GROSSO DO SUL

GUARANI
741 **Situação territorial dos Kaiowá e Guarani hoje** – Levi Marques Pereira
745 **box Terra Indígena Dourados, cem anos depois** – Diógenes Cariaga

DIREITOS HUMANOS
747 **Crônica de um genocídio em marcha** – Spensy Pimentel, Tatiane Klein
750 **box "Feijão velho só se cozinha na pressão"** – Comunidade Kaiowá Acampamento Guyra Kambiy

DO OUTRO LADO DA FRONTEIRA - PARAGUAI
752 **Ñane retã: o território guarani e as fronteiras** – Rosa Sebastiana Colman
756 **box Mapa Guarani continental** – Georg Grünberg e Levi Marques Pereira

TERENA
757 **Poké'exa ûti: o Difícil Caminho da Luta pelo Território** – Luiz Henrique Eloy Amado

DEMARCAÇÕES
761 **"O governo perdeu uma oportunidade histórica de resolver essa questão"** – Entrevista de Marco Antonio Delfino de Almeida à equipe de edição

Aconteceu
764 Geral
766 Atikum
767 Guarani Kaiowá / Guarani Ñandeva
767 TI Arroio-Korá
768 TI Yvy Katu
768 TI Takuaraty/Yvykuarusu
768 TI Ypo'i
769 TI Dourados
770 TI Guyra Roka
770 TI Caarapó / Dourados Amanbai-Pegua I
771 Kadiwéu
771 Terena

773 18. SUL

PARANÁ
781 **Xetá: a renitente batalha** – Edilene Coffaci de Lima, Maria Angelita da Silva, Rafael Pacheco Marinho

GUARANI
785 **Avanços e retrocessos nos direitos territoriais no Sul e Sudeste do Brasil** – Eliza B. Castilla
787 **box Os Avá-Guarani em Guaíra e Terra Roxa** – Camila Salles, Teresa Paris

GUARANI
789 *Jaguata Joupive'i*: **caminhando todos juntos** – Marcos Tupã, Marcelo Hotimsky

JUDICIALIZAÇÃO
794 **Os amigos da onça** – Bruno M. Morais

RIO GRANDE DO SUL
798 **Territorialidades indígenas e singularidades em seu reconhecimento** – Rodrigo Allegretti Venzon

KAINGANG
801 **E o rio secou: impactos da primeira UHE na Bacia do Tibagi (PR)** – Paulo Roberto Homem de Góes
803 **box "Nos diziam que era a solução dos problemas"** – Paulo Roberto Homem de Góes

Aconteceu
804 Rio Grande do Sul
804 Guarani
805 Santa Catarina
806 Xokleng / Ibirama La Klãnõ
807 Paraná
808 São Paulo
810 Rio de Janeiro

811 ORGANIZAÇÕES INDÍGENAS

816 SIGLAS

819 FONTES

PAPEL
Miolo impresso em papel OffSet 75 g/m² e Pólen Bold 70 g/m²
Encarte cor em papel Couché Fosco 115 g/m²
Guardas em papel Couché Fosco 170 g/m²
Capa em Cartão TP Premium 250 g/m², revestida em Couché Fosco 150 g/m²

IMPRESSÃO E ACABAMENTO

IPSIS Gráfica e Editora
São Paulo - SP

TIRAGEM DESTA EDIÇÃO

2.000 exemplares

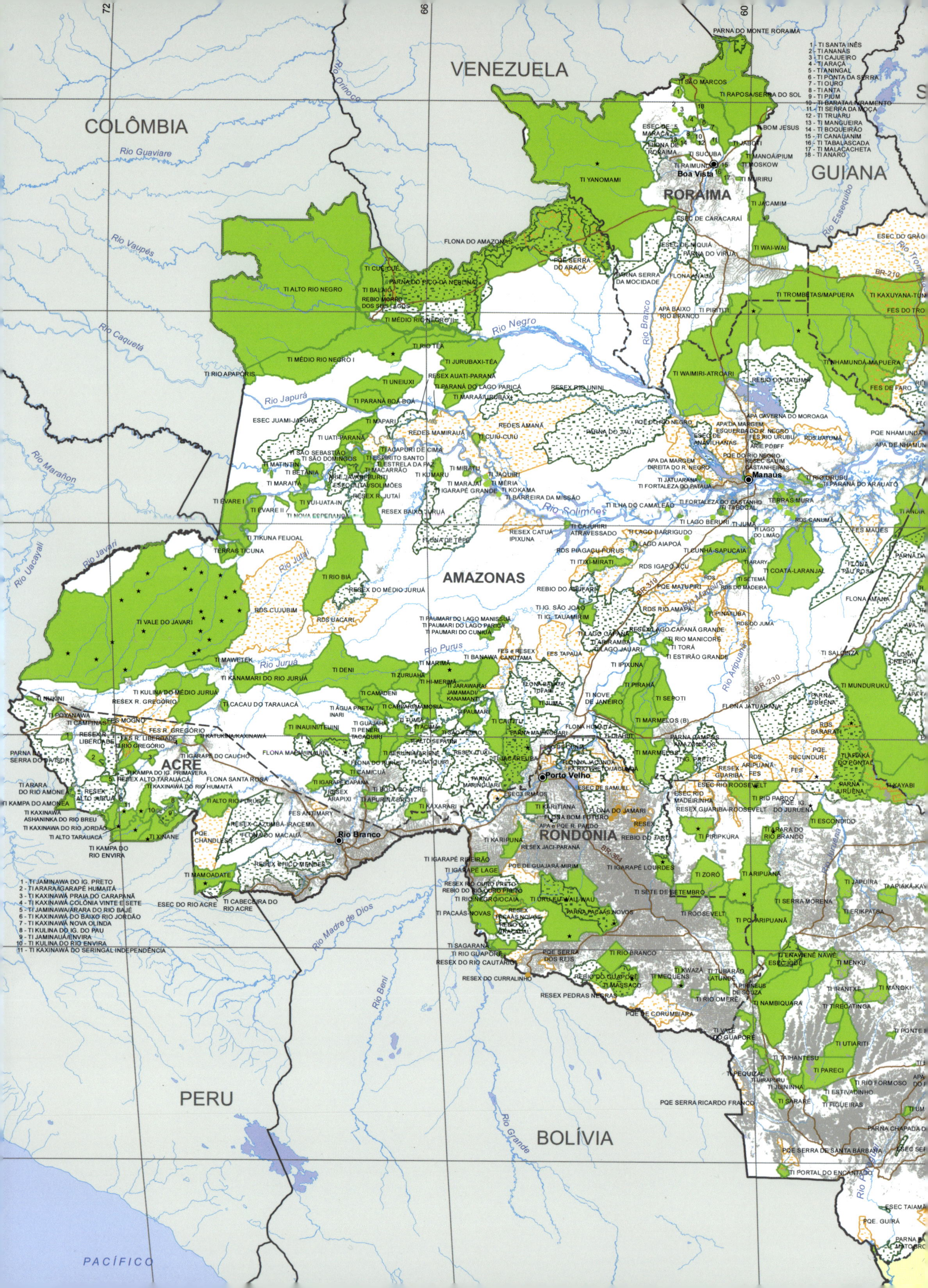